Dicionário

Oxford Escolar

para estudantes brasileiros de inglês

português-inglês
inglês-português

OXFORD
UNIVERSITY PRESS

OXFORD
UNIVERSITY PRESS

Great Clarendon Street, Oxford, OX2 6DP, United Kingdom

Oxford University Press is a department of the University of Oxford. It furthers the University's objective of excellence in research, scholarship, and education by publishing worldwide. Oxford is a registered trade mark of Oxford University Press in the UK and in certain other countries

First published in 1999
Third edition 2018
Edição atualizada conforme o Acordo Ortográfico da Língua Portuguesa

2022 2021 2020
10 9 8 7 6 5 4 3 2

ISBN: 978 0 19 440357 3 Book in pack
ISBN: 978 0 19 440359 7 App in pack
ISBN: 978 0 19 440356 6 Pack

Typeset by Sharon McTeir, Creative Publishing Services

Printed in China

This book is printed on paper from certified and well-managed sources

ACKNOWLEDGEMENTS

Third edition edited by: Mark Temple, assisted by Luzia Araújo and Daniel Veloso

Back cover photograph: Oxford University Press building/David Fisher

Front cover photographs: Shutterstock (Salvador da Bahia/lazyllama, Rio de Janeiro/f11photo, Amazon wetland/Felipe Frazão)

We would like to thank the following for their permission to reproduce photographs: BananaStock p.318 (girl's face); Classet pp.321 (5), 328 (3,12); Corbis pp.313 (1–3, 6,7), 323 (4, 5); Corel pp.323 (1–3, 6–8, 11), 312 (1,3), 319 (11), 316 (3, 5 8, 10, 11, 13, 14), 323 (1, 2, 6, 7), 325 (1–10), 326 (2–4, 6–13), 327 (1, 2, 4–7, 10, 15, 17), 328 (1–7, 10–13), 329 (1–12), 330 (1–14), 331 (1–9), 332 (1–12); Digital Vision pp.311 (5,9), 316 (4); Hemera Technologies Inc. pp.311 (7), 313 (4), 314 (1–11), 319 (10), 324 (9), 328 (8, 9); Ingram p.321 (6); John Birdsall Social Issues Photo Library p.320 (2, 7, 9); John Walmsley, Education Photos p.320 (1, 4, 8); Photodisc pp.311 (4, 10), 313 (5), 315 (1–11), 319 (1–9, 12–16), 316 (1, 2, 6, 7, 9, 12), 320 (5), 321 (1), 326 (5), 327 (3, 8, 9, 11–14); Punchstock pp.322 (2–6, 8), 334 (7, 11); Stockbyte pp.316 (11), 319 (17–22), 326 (1)

Índice

Contracapa Como utilizar o *Oxford Escolar*

vi–vii Teste sobre o dicionário

viii–ix Pronúncia

1–302 **Dicionário português-inglês**

303–341 Páginas de estudo

343–755 **Dicionário inglês-português**

756–761 Expressões numéricas

762–765 Nomes geográficos

766–767 The United States of America and Canada

768–769 The British Isles

770 Australia and New Zealand

771 Abreviaturas e símbolos

772–773 Verbos irregulares

Teste sobre o dicionário

Para demonstrarmos como o *Dicionário Oxford Escolar* pode ajudar na aprendizagem do inglês, propomos este pequeno teste, que pode ser respondido com a consulta ao dicionário.

PORTUGUÊS-INGLÊS

Em geral, uma palavra pode ter várias traduções. O *Oxford Escolar* lhe ajuda a encontrar a palavra certa para o que precisa, tendo em parênteses um outro significado quando há mais de uma tradução possível.

1 Como você diria em inglês: "Tenho que arrumar o meu quarto"?

2 Você está conversando com um amigo australiano sobre esportes e quer falar "tempo técnico". Você diz "technical time", mas ele não compreende. O que você deveria ter dito?

Também fornecemos informações sobre o uso das palavras em inglês, principalmente quando este uso é diferente do português.
Corrija as frases a seguir:

3 Bolivia is a country in development. (desenvolvimento)

4 She gave me a good advice. (conselho)

Para encontrar a tradução adequada, também é importante saber escolher a palavra apropriada, levando em consideração se o contexto é formal ou informal.
Como você traduziria estas frases?

5 (*a um amigo*) Vou cumprimentar o Marco.

6 (*em um caixa eletrônico*) Insira seu cartão.

Para poder se expressar bem em inglês, é importante saber qual preposição acompanha um determinado verbo. Mostramos isto entre parênteses ao lado da tradução.
Complete estas frases:

7 A Vera é completamente louca pelo Pedro.
Vera is crazy _________ Pedro.

8 Todos nós nos fantasiamos de pirata.
We all dressed up _________ pirates.

Você também irá aprender a utilizar expressões coloquiais em inglês.

9 Procure uma forma coloquial de dizer bom dia.

10 Procure duas formas de dizer não há de quê.

As ilustrações e as páginas coloridas lhe ajudam a aprender palavras de uma mesma categoria e a entender as diferenças entre as expressões e palavras do inglês que são muito parecidas. Você encontrará uma explicação ilustrada junto aos verbetes que geralmente apresentam esta dificuldade.

11 Em inglês há duas formas de dizer sombra. Quais são elas e qual a diferença entre elas?

12 Consulte as páginas coloridas e verifique como se diz esgrima.

No meio do dicionário você também encontrará páginas de estudo, nas quais apresentamos informações adicionais sobre o inglês.

13 Encontre uma palavra nova nesta edição do *Oxford Escolar* que veio como um empréstimo do português brasileiro (ver página Novas palavras).

14 Como você diria sidewalk no inglês britânico? (ver página O inglês nos Estados Unidos e na Grã-Bretanha)

15 A palavra inglesa lunch não significa "lanche". O que ela significa? (ver página Falsos cognatos)

O *Oxford Escolar* lhe ajuda a ampliar seu vocabulário. Nele você encontrará as palavras mais usadas pelos americanos e ingleses, incluindo as mais atuais.

1 Uma pessoa que exagera nas reações pode ser descrita como cyberbully, key worker ou drama queen?

2 Qual destas três palavras não é usado no contexto da internet: post, seed ou flame?

Você também poderá procurar expressões idiomáticas e *phrasal verbs*.

3 Se alguém lhe disser: "I lost my temper yesterday", você iria sugerir que ela fosse até o setor de "Achados e Perdidos"?

4 O que há em comum entre estas expressões: give sb a buzz, hold the line, put sb through e hang up?

Entender a cultura de cada país nos ajuda a aprender um idioma. Com base nisso, este dicionário lhe apresenta alguns elementos importantes da cultura americana e inglesa.

5 O que quer dizer "the Stars and Stripes"?

6 O que são os bank holidays? Em que dia eles caem?

E também lhe dizemos quando uma palavra é usada somente nos Estados Unidos ou na Grã-Bretanha.

7 Se alguém lhe chama de homeboy, esta pessoa é inglesa ou americana?

8 Onde a televisão é chamada de "the box"?

O *Oxford Escolar* também lhe ajuda com a gramática e a ortografia do idioma inglês. Você pode usar o dicionário para se certificar sobre como uma palavra é escrita, pois lhe mostramos as formas irregulares do plural, do particípio passado, etc.

9 Qual é o plural de trolley?

10 Qual é a forma com ing (gerúndio) do verbo chat?

Você também encontrará informações que lhe ajudarão a entender os aspectos gramaticais das palavras. Verdadeiro ou falso?

11 Yet só se usa em frases afirmativas.

12 Chewing gum é um substantivo contável.

Além disso, lhe mostramos a pronúncia das palavras inglesas, e muitos símbolos fonéticos aparecem no rodapé da página.

13 Preste atenção na pronúncia de I'll, aisle e isle. O que você nota?

14 Quais letras não são pronunciadas nas palavras wrist e salmon?

15 Imagine que você quer passar este endereço de e-mail para uma amiga inglesa: paulo.martins@indie.br Como você o lê?

Respostas

PORTUGUÊS-INGLÊS **1.** I have to clean up my room. **2.** timeout **3.** Bolivia is a developing country. **4.** She gave me (some/a piece of) good advice. **5.** I'm going to say hi to Marco. **6.** Insert your card. **7.** about **8.** as **9.** morning! **10.** you're welcome *ou* not at all **11.** Shadow e shade. *Shadow* refere-se a uma silhueta projetada no chão, etc. e *shade* refere-se a um local com ausência de sol. **12.** fencing **13.** açai **14.** pavement **15.** almoço

INGLÊS- PORTUGUÊS **1.** drama queen **2.** seed **3.** não **4.** Todas estão relacionadas com conversas ao telefone. **5.** bandeira dos Estados Unidos **6.** Feriados. Caem sempre na segunda-feira. **7.** americana **8.** na Grã-Bretanha **9.** trolleys **10.** chatting **11.** *falso* **12.** *falso* **13.** A pronúncia de todas é a mesma. **14.** W e L **15.** Paulo Martins at indie dot b r

Pronúncia

Símbolos fonéticos

Consoantes

p	**pen** /pen/	s	**see** /siː/
b	**bad** /bæd/	z	**zoo** /zuː/
t	**tea** /tiː/	ʃ	**shoe** /ʃuː/
d	**did** /dɪd/	ʒ	**vision** /ˈvɪʒn/
k	**cat** /kæt/	h	**hat** /hæt/
g	**get** /get/	m	**man** /mæn/
tʃ	**chain** /tʃeɪn/	n	**now** /naʊ/
dʒ	**jam** /dʒæm/	ŋ	**sing** /sɪŋ/
f	**fall** /fɔːl/	l	**leg** /leg/
v	**van** /væn/	r	**red** /red/
θ	**thin** /θɪn/	j	**yes** /jes/
ð	**then** /ðen/	w	**wet** /wet/

Vogais e ditongos

iː	**see** /siː/	ʌ	**cup** /kʌp/
i	**happy** /ˈhæpi/	ɜː	**fur** /fɜːr/
ɪ	**sit** /sɪt/	ə	**about** /əˈbaʊt/
e	**ten** /ten/	eɪ	**say** /seɪ/
æ	**cat** /kæt/	oʊ	**go** /goʊ/
ɑː	**hot** /hɑːt/	aɪ	**five** /faɪv/
ɑː	**bath** (*GB*) /bɑːθ/	ɔɪ	**join** /dʒɔɪn/
ɒ	**long** (*GB*) /lɒŋ/	aʊ	**now** /naʊ/
ɔː	**saw** /sɔː/	ɪr	**near** /nɪr/
ʊ	**put** /pʊt/	er	**hair** /her/
u	**actual** /ˈæktʃuəl/	ʊr	**pure** /pjʊr/
uː	**too** /tuː/		

Palavras que podem ser pronunciadas de maneiras diferentes

Há palavras em inglês que podem ser pronunciadas de maneiras diferentes. Neste dicionário, mostramos as formas mais comuns, separadas por vírgula e ordenadas de acordo com a frequência de uso:

either /ˈaɪðər, ˈiːðər/

Se a pronúncia da palavra variar muito no inglês britânico, ela será indicada após a pronúncia americana, precedida da abreviatura *GB*:

address /ˈædres; *GB* əˈdres/

Algumas palavras de uso frequente (**an, and, as, can, from, of**, etc.) podem ser pronunciadas de duas formas diferentes, uma átona e outra tônica. A forma átona aparece primeiro, por ser a mais comum. A forma tônica é utilizada quando a palavra aparece no final de uma frase ou quando queremos dar a ela uma ênfase especial, por exemplo:

for /fər, fɔːr/:
I'm waiting for a bus. /fər/
What are you waiting for? /fɔːr/
It's not from Chloe, it's for her. /fɔːr/

No inglês britânico, nunca pronunciamos o **r** final de uma palavra, a não ser quando a palavra seguinte começa com uma vogal. Por exemplo, o **r** de *car* não é pronunciado na frase *His car broke down*, mas sim em *His car is brand new*.

No inglês britânico, o som da vogal em palavras como **hot** é mais curto que no inglês americano.

Acento tônico

O símbolo /ˈ/ aparece antes do acento tônico principal da palavra:

able /ˈeɪbl/
O acento tônico recai sobre a primeira sílaba da palavra.
ability /əˈbɪləti/
O acento tônico recai sobre a segunda sílaba da palavra.

As palavras longas podem ter mais de um acento tônico: o principal e um ou mais secundários. O acento tônico secundário é precedido pelo símbolo /ˌ/. A palavra secretarial /ˌsekrəˈteriəl/, por exemplo, tem seu acento tônico secundário na sílaba /ˌsek/ e o principal na sílaba /ˈte/.

Ao juntarmos as palavras em uma frase, o acento tônico principal da primeira palavra às vezes ocupa o lugar do acento tônico secundário, a fim de evitar que haja duas sílabas tônicas seguidas. Por exemplo, ˌ**after**ˈ**noon** têm seu acento tônico principal na terceira sílaba, mas na frase ˌ**afternoon** ˈ**tea**, a sílaba **noon** não é a tônica. Na palavra ˌ**well** ˈ**known**, o acento tônico principal é **known**, mas na frase ˌ**well-known** ˈ**actor**, esta mesma sílaba não é mais a tônica.

Palavras derivadas

Quando adicionamos sufixos para formar outras palavras, a pronúncia da palavra derivada corresponde à pronúncia da palavra original mais a pronúncia da terminação. Nestes casos, não é dada a transcrição fonética, visto que ela é óbvia:

consciously = **conscious** + **ly**
/ˈkɑːnʃəsli/ = /ˈkɑːnʃəs/ + /li/

Entretanto, às vezes, o acento tônico da palavra se altera ao adicionarmos uma nova terminação. Nestes casos, indicamos a pronúncia da palavra derivada:

impossible /ɪmˈpɑːsəbl/
impossibility /ɪmˌpɑːsəˈbɪləti/

No caso das palavras derivadas terminadas em -**tion**, o acento tônico quase sempre recai sobre a penúltima sílaba. Portanto, não apresentamos a transcrição fonética de tais palavras:

alter /ˈɔːltər/
alteration /ˌɔːltəˈreɪʃn/

Desinências

-able	/əbl/	laughable
-ably	/əbli/	arguably
-ally	/əli/	casually
-ance, -ence	/əns/	annoyance, competence
-ant, -ent	/ənt/	disinfectant, divergent
-bly	/bli/	sensibly
-cy	/si/	truancy
-en	/ən/	woolen
-er, -or	/ər/	attacker, narrator
-ful	/fəl/	disgraceful
-fully	/fəli/	painfully
-hood	/hʊd/	brotherhood
-ing	/ɪŋ/	thrilling
-ish	/ɪʃ/	feverish
-ism	/ɪzəm/	vandalism
-ist	/ɪst/	environmentalist
-ive	/ɪv/	creative
-ize	/aɪz/	computerize
-izer	/aɪzər/	fertilizer
-less	/ləs/	fearless
-ly	/li/	boldly
-ment	/mənt/	astonishment
-ness	/nəs/	consciousness
-ous	/əs/	envious
-ship	/ʃɪp/	craftsmanship
-some	/səm/	quarrelsome
-tion	/ʃn/	liberation
-y	/i/	silky

Aa

a[1] *art* the: *A casa é velha.* The house is old. ◇ *A Maria ainda não chegou.* Maria hasn't arrived yet. ➲ *Ver nota em* THE
LOC **a de/que...** *Ver* O/A DE... *em* O[1]

a[2] *pron* **1** (*ela*) her: *Surpreendeu-a.* It surprised her. ◇ *Eu a vi sábado à tarde.* I saw her on Saturday afternoon. **2** (*coisa*) it: *Eu recebi a carta, mas ainda não a li.* I received the letter, but I didn't read it yet.

a[3] *prep*
- **direção 1** to: *Vou ao Rio.* I'm going to Rio. ◇ *Ela se dirigiu a mim.* She came up to me.
- **posição 2**: *à esquerda* on the left ◇ *ao meu lado* by my side ◇ *Eles estavam sentados à mesa.* They were sitting at the table.
- **distância 3**: *a dez quilômetros daqui* ten kilometers from here
- **tempo 4** (*com horas, idade*) at: *às doze* at twelve o'clock ◇ *aos sessenta anos* at (the age of) sixty **5** (*com data, parte do dia*): *Estamos a dois de janeiro.* It's January second. ◇ *à tarde* in the afternoon ◇ *à noite* at night ◇ *amanhã à noite* tomorrow night ◇ *hoje à noite* tonight ◇ *ontem à noite* last night
- **frequência 6**: *Tenho aula de direção às segundas.* I have my driving lessons on Mondays.
- **modo, meio 7**: *ir a pé* to go on foot ◇ *Faça à sua maneira.* Do it your way. ◇ *vestir-se à francesa* to dress French-style ◇ *lavar à mão* to handwash ◇ *Funciona à pilha.* It runs on batteries.
- **objeto indireto 8** to: *Dê a seu irmão.* Give it to your brother.
- **outras construções 9** (*distribuição, velocidade*) at: *Cabem três a cada um.* It works out at three each. ◇ *Eles iam a 60 quilômetros por hora.* They were going at 60 kilometers an hour. **10** (*tarifa, preço*) a; per (*mais formal*): *cinco dólares à hora* five dollars an hour **11** (*quantidade, medida*) by: *vender algo à dúzia* to sell sth by the dozen **12** (*Esporte*): *Eles ganharam de três a zero.* They won three to nothing. ◇ *Eles empataram por dois a dois.* They tied at two.

aba *sf* **1** (*chapéu*) brim: *um chapéu de ~ larga* a wide-brimmed hat **2** (*de caixa*) flap

abacate *sm* avocado (*pl* avocados)

abacaxi *sm* **1** (*fruta*) pineapple **2** (*problema*) problem

abadia *sf* abbey (*pl* abbeys)

abafado, -a *adj* **1** (*tempo*) sultry: *Está muito ~ hoje.* It's very sultry today. ◇ *um dia muitíssimo ~* a stiflingly hot day **2** (*aposento*) stuffy **3** (*ruído*) muffled *Ver tb* ABAFAR

abafar ▸ *vt* **1** (*ruído*) to muffle **2** (*notícia, escândalo*) to suppress **3** (*fogo*) to smother
▸ *vi* (*fazer sucesso*) to steal the show

abaixar ▸ *vt* **1** (*voz*) to lower **2** (*som*) to turn *sth* down: *Você poderia ~ o volume da televisão?* Could you turn down the TV?
▸ **abaixar-se** *vp* to bend down

abaixo ▸ *adv* **1** (*para baixo*) down: *rua/escada ~* down the street/stairs **2** (*embaixo*) below: *Veja quadro ~.* See the box below.
▸ *interj* **abaixo...!** down with...!
LOC **abaixo de** below: *temperaturas ~ de zero* temperatures below zero ◆ **ir/vir abaixo 1** (*edifício*) to collapse **2** (*governo*) to fall ◆ **mais abaixo 1** (*mais longe*) further down: *na mesma rua, mais ~* further down the street **2** (*em sentido vertical*) lower down: *Ponha o quadro mais ~.* Put the picture lower down. ◆ **pôr abaixo 1** (*edifício*) to knock *sth* down **2** (*governo*) to bring *sth* down *Ver tb* ENCOSTA, RIO, RUA

abaixo-assinado *sm* petition

abajur *sm* lampshade

abalar *vt* **1** (*estremecer*) to shake **2** (*impressionar*) to shock

abalo *sm* (*choque*) shock **LOC** **abalo sísmico** (earth) tremor

abanar ▸ *vt* **1** (*rabo*) to wag **2** (*braços, bandeira*) to wave
▸ **abanar-se** *vp* (*com leque*) to fan (yourself) **LOC** **abanar a cabeça** (*em sinal de negação*) to shake your head

abandonado, -a *adj* **1** (*pessoa, animal, carro*) abandoned **2** (*propriedade*) derelict: *um terreno ~* a derelict plot of land *Ver tb* ABANDONAR

abandonar *vt* **1** to abandon: *~ uma criança/um animal/um projeto* to abandon a child/an animal/a project **2** (*sair de*) to leave: *~ a sala* to leave the room **3** (*esquecer-se de*) to desert: *Os meus amigos nunca me abandonariam.* My friends would never desert me. **4** (*desistir*) to give *sth* up: *Não abandone os seus sonhos.* Don't give up your dreams. **5** (*Esporte*) to withdraw from *sth*: *~ uma competição* to withdraw from a competition

abarrotado, -a *adj* packed (*with sth*): *um armário ~ de roupa* a closet packed with clothes *Ver tb* ABARROTAR

A

abarrotar *vt* to fill *sth* full (*of sth*): *Ele abarrotou a casa com livros.* He filled his house full of books.

abastecer ▸ *vt* **1** to supply *sb* (*with sth*): *A fazenda abastece de ovos toda a cidade.* The farm supplies the whole town with eggs. **2** (*com combustível*) to fill *sth* up (*with sth*)
▸ **abastecer-se** *vp* **abastecer-se de** to stock up on *sth*: *abastecer-se de farinha* to stock up on flour

abastecimento *sm* **1** (*ato*) supplying: *Quem se encarrega do ~ das tropas?* Who is in charge of supplying the troops? **2** (*provisão*) supply: *controlar o ~ de água* to regulate the water supply

abater ▸ *vt* **1** (*árvore*) to fell **2** (*animal*) to slaughter **3** (*debilitar*) to weaken **4** (*preço*) to reduce
▸ **abater-se** *vp* **abater-se sobre** to fall on *sb/sth*

abatido, -a *adj* **1** (*deprimido*) depressed **2** (*fisionomia*) haggard **3** (*debilitado*) weak *Ver tb* ABATER

abatimento *sm* reduction

abdicar *vi* (*rei, rainha*) to abdicate (*in favor of sb*)

abdome (*tb* **abdômen**) *sm* abdomen

abdominal ▸ *adj* abdominal
▸ **abdominais** *sm* **1** (*músculos*) abdominal muscles **2** (*exercícios*) sit-ups: *fazer abdominais* to do sit-ups

abecedário *sm* alphabet

abelha *sf* bee

abelhudo, -a ▸ *adj* **1** (*intrometido*) interfering **2** (*bisbilhoteiro*) nosy
▸ *sm-sf* busybody (*pl* busybodies)

abençoar *vt* to bless

aberto, -a *adj* **1** ~ **(a)** open (to *sb/sth*): *Deixe a porta aberta.* Leave the door open. ◇ *~ ao público* open to the public ◇ *O caso continua em ~.* The case is still open. **2** (*torneira*) running: *deixar uma torneira aberta* to leave a faucet running **3** (*zíper, botão*) undone: *Sua braguilha está aberta.* Your fly is undone. **4** (*céu*) clear **5** (*pessoa*) (**a**) (*liberal*) open-minded (**b**) (*acessível*) friendly **LOC** *Ver* BOCA, CÉU, MENTALIDADE; *Ver tb* ABRIR

abertura *sf* **1** opening: *a cerimônia de ~* the opening ceremony **2** (*fenda*) crack **3** (*Mús*) overture

abismado, -a *adj* astonished (*at/by sth/sb*)

abismo *sm* **1** (*Geog*) abyss **2** ~ **entre...** gulf between...: *Há um ~ entre nós.* There is a gulf between us.

abóbada *sf* vault

abóbora *sf* **1** squash **2** (*tipo moranga*) pumpkin

abobrinha *sf* zucchini (*pl* zucchini/zucchinis); courgette (*GB*)

abolição *sf* abolition

abolir *vt* to abolish

abono *sm* (*gratificação*) bonus (*pl* bonuses): *~ de fim de ano* Christmas bonus

abordagem *sf* (*assunto, problema*) approach: *a ~ de um tema* the approach to a topic

abordar *vt* **1** (*pessoa*) to approach **2** (*assunto, problema*) to deal with *sth* **3** (*barco*) to board

aborrecer ▸ *vt* to annoy: *Não aborreça as crianças.* Stop annoying the children.
▸ **aborrecer-se** *vp* to get annoyed (*with sb*) (*at/about sth*): *Ela se aborreceu com o que eu disse.* She got annoyed at what I said.

aborrecido, -a *adj* **1** (*chato*) boring: *um discurso ~* a boring speech **2** (*irritado*) annoyed (*with sb*) (*at/about sth*): *Ele está ~ comigo por causa do carro.* He's annoyed with me about the car. **3** (*que irrita*) annoying *Ver tb* ABORRECER

aborrecimento *sm* annoyance

abortar *vi* **1** (*acidentalmente*) to have a miscarriage **2** (*voluntariamente*) to have an abortion

aborto *sm* **1** (*acidental*) miscarriage: *ter um ~* to have a miscarriage **2** (*provocado*) abortion

abotoar *vt* to button *sth* (up): *Abotoei a camisa dele.* I buttoned (up) his shirt.

abraçar *vt* to hug; to embrace (*formal*): *Ela abraçou os filhos.* She hugged her children.

abraço *sm* hug; embrace (*formal*)
LOC **um abraço/um grande abraço** love/lots of love: *Dê um ~ nos seus pais (por mim).* Give my love to your parents.

abrandar ▸ *vt* (*dor*) to ease
▸ *vi* **1** (*chuva, dor*) to ease off **2** (*vento*) to drop

abrangente *adj* comprehensive

abranger *vt* to include

abrasador, -ora *adj* (*calor*) scorching

abreviar *vt* **1** (*nome, palavra*) to abbreviate **2** (*texto*) to cut *sth* down **3** (*viagem, etc.*) to cut *sth* short

abreviatura *sf* abbreviation

abridor *sm* opener: *~ de latas* can-opener

abrigado, -a *adj* **1** (*lugar*) sheltered **2** (*pessoa*) well wrapped-up *Ver tb* ABRIGAR

abrigar ▸ *vt* to shelter *sb/sth* (*from sth*) ▸ **abrigar-se** *vp* **1** (*com roupa*) to wrap up: *Abrigue-se bem.* Wrap up well. **2 abrigar-se de** to shelter from *sth*: *abrigar-se do frio/de uma tempestade* to shelter from the cold/from a storm

abrigo *sm* shelter LOC **ao abrigo de** sheltered from *sth*: *ao ~ da chuva* sheltered from the rain

abril *sm* April (*abrev* Apr.) ➲ *Ver exemplos em* JANEIRO LOC *Ver* PRIMEIRO

abrir ▸ *vt* **1** to open: *Não abra a janela.* Don't open the window. ◇ *~ fogo* to open fire ◇ *~ o ferrolho* to unbolt the door **2** (*torneira, gás*) to turn *sth* on **3** (*túnel*) to bore **4** (*buraco*) to make **5** (*cortinas*) to draw *sth* back **6** (*zíper, botão*) to undo ▸ *vi* **1** (*abrir a porta*) to open up: *Abra!* Open up! **2** (*sinal de trânsito*) to turn green **3** (*flor*) to open **4** (*zíper, botão*) to come undone **5** (*tempo*) to clear up ▸ **abrir-se** *vp* **1** to open: *A porta se abriu.* The door opened. **2** (*desabafar*) to open up: *Ele acabou se abrindo e me contou tudo.* He finally opened up and told me everything. LOC **abrir caminho** to make way (*for sb/sth*): *Abram caminho para a ambulância!* Make way for the ambulance! ◆ **abrir mão de** to forgo ◆ **abrir o apetite** to give *sb* an appetite ◆ **abrir o jogo** to come clean (*with sb*) ◆ **abrir os braços** to stretch out your arms ◆ **abrir uma exceção** to make an exception ◆ **não abrir o bico/a boca** not to say a word: *Ele não abriu a boca o dia inteiro.* He didn't say a word all day. ◆ **num abrir e fechar de olhos** in the twinkling of an eye

abrupto, -a *adj* abrupt

absolutamente *adv* **1** (*para intensificar*) absolutely: *É ~ necessário chegar a um acordo.* It is absolutely necessary to come to an agreement. **2** (*com sentido negativo*): *—Você se importa? —Absolutamente.* "Do you mind?" "Not at all."

absoluto, -a *adj* absolute: *conseguir a maioria absoluta* to obtain an absolute majority

absolver *vt* **1** (*Relig*) to absolve *sb* (*from/of sth*) **2** (*Jur*) to acquit *sb* (*of sth*)

absolvição *sf* **1** (*Relig*) absolution: *dar a ~* to give absolution **2** (*Jur*) acquittal

absorto, -a *adj* **1** (*pensativo*) lost in thought **2 ~ (em)** (*concentrado*) engrossed: *Ela estava completamente absorta na leitura do livro.* She was completely engrossed in her book. *Ver tb* ABSORVER

absorvente ▸ *adj* **1** (*papel*) absorbent **2** (*livro, filme, etc.*) absorbing ▸ *sm* sanitary napkin; sanitary towel (*GB*)

absorver *vt* to absorb: *~ um líquido/odor* to absorb a liquid/smell

abstêmio, -a *sm-sf* teetotaler

abster-se *vp* **~ (de)** to abstain (from *sth*): *~ de beber/fumar* to abstain from drinking/smoking ◇ *O deputado se absteve.* The congressman abstained.

abstinência *sf* abstinence LOC *Ver* SÍNDROME

abstrato, -a *adj* abstract

absurdo, -a ▸ *adj* **1** (*sem sentido*) absurd **2** (*inaceitável*) unacceptable ▸ *sm* nonsense [*não contável*]

abundância *sf* abundance

abundante *adj* abundant

abusado, -a *adj* (*atrevido*) sassy; cheeky (*GB*) LOC **ser abusado (com)** to go too far (with *sb*): *Você foi muito ~ com ela.* You went too far with her. *Ver tb* ABUSAR

abusar *vt, vi* **1 ~ (de)** (*aproveitar-se*) to abuse *sth*: *Não abuse da confiança dele.* Don't abuse his trust. **2** (*exagerar no consumo*) to eat, drink, etc. too much: *Você está abusando do chocolate.* You're eating too much chocolate. ◇ *Não abuse da medicação.* Don't take too much of the medicine.

abuso *sm* abuse LOC **abuso de confiança** breach of trust ◆ **ser um abuso**: *É um ~!* That's outrageous!

abutre *sm* vulture

a/c *abrev* (in) care of (*abrev* c/o)

acabado, -a *adj* **1** finished **2**: *uma palavra acabada em "r"* a word ending in "r" **3** (*exausto*) worn out **4** (*envelhecido*) old-looking: *Ele está bem ~ para a idade que tem.* He looks a lot older than he is. *Ver tb* ACABAR

acabamento *sm* finish

acabar ▸ *vt, vi* **~ (de)** (*terminar*) to finish (*sth/doing sth*): *Ainda não acabei o artigo.* I haven't finished the article yet. ◇ *Tenho de ~ de lavar o carro.* I must finish washing the car. ◇ *O espetáculo acaba às três.* The show finishes at three. ▸ *vt* **1 ~ com** (**a**) (*pessoa*) to be the death of *sb*: *Você vai ~ comigo.* You'll be the death of me. (**b**) (*relação*) to break up with *sb*: *Acabei com o Paulo.* I broke up with Paulo. (**c**) (*pôr fim*) to put an end to *sth*: *~ com a injustiça* to put an end to injustice (**d**) (*esgotar*) to use *sth* up: *Você acabou com o meu perfume.* You used up all my perfume. (**e**) (*arruinar*) to ruin: *Aquele xampu acabou com o meu cabelo.* That shampoo ruined my hair. **2 ~ em**

A

A

to end in *sth*: *Acaba em ponta.* It ends in a point. ◇ *Acaba em "s" ou "z"?* Does it end in an "s" or a "z"?
▸ *vi* **1** (*esgotar-se*) to run out (of *sth*): *Acabou o café.* We ran out of coffee. **2** (*água, luz, etc.*) to go off: *Acabou a água lá em casa.* The water went off at home. **3 ~ (em algo/fazendo algo)** to end up: *~ na miséria* to end up broke ◇ *O copo vai ~ se quebrando.* The glass will end up broken. ◇ *Acabei cedendo.* I ended up giving in. **4 ~ de fazer algo** (*feito há pouco*) to have just done sth: *Acabo de vê-lo.* I've just seen him. LOC **acabar mal**: *Isto vai ~ mal.* No good can come of this. ◇ *Esse menino vai ~ mal.* That boy will come to no good. ◆ **acabou-se!** that's it!

academia *sf* academy (*pl* **academies**): *~ militar/de polícia* military/police academy ◇ *a Academia Brasileira de Letras* the Brazilian Academy of Letters LOC **academia de ginástica** gym

acadêmico, -a *adj* academic: *ano ~* academic year

acalmar ▸ *vt* **1** (*nervos*) to calm **2** (*dor*) to relieve
▸ *vi* (*vento, dor*) to abate
▸ **acalmar-se** *vp* to calm down: *quando se acalmarem os ânimos* once everybody has calmed down

acampamento *sm* camp: *~ de verão* summer camp

acampar *vi* to camp: *ir ~* to go camping

acanhado, -a *adj* **1** (*pessoa*) shy **2** (*local*) cramped

ação *sf* **1** action: *entrar em ~* to go into action ◇ *um filme de ~* an action movie ◇ *~ criminosa/legal* criminal/legal action **2** (*ato*) deed: *uma boa/má ~* a good/bad deed **3** (*Fin*) share **4** (*Jur*) claim (*for sth*): *mover uma ~ por algo* to put in a claim for sth LOC **ação judicial** lawsuit

acariciar *vt* **1** (*pessoa*) to caress **2** (*animal*) to pet

acarretar *vt* (*problemas*) to cause

acasalar *vi* to mate

acaso *sm* chance: *Encontrei-os por ~.* I met them by chance. LOC **ao acaso** at random: *Escolha um número ao ~.* Choose a number at random. *Ver tb* PURO

acatar *vt* (*leis, ordens*) to obey

aceitar *vt* **1** to accept: *Você vai ~ a oferta deles?* Are you going to accept their offer? ◇ *Aceitam-se cartões de crédito.* We accept credit cards. **2** (*concordar*) to agree *to do sth*

aceitável *adj* acceptable (*to sb*)

aceito, -a *adj* LOC **ser aceito** (*por instituição*) to be admitted to *sth*: *As mulheres serão aceitas no exército.* Women will be admitted to the army. *Ver tb* ACEITAR

aceleração *sf* acceleration

acelerador *sm* gas pedal; accelerator (*GB*)

acelerar *vt, vi* to accelerate LOC **acelerar o passo** to quicken your pace

acenar *vi* (*saudar*) to wave (*to sb*) LOC **acenar (que sim) com a cabeça** to nod

acender ▸ *vt* **1** (*cigarro, vela, fogo*) to light **2** (*luz*) to turn *sth* on: *Acenda a luz.* Turn the light on. ◇ *Acendeu-se uma luz vermelha.* A red light came on.
▸ *vi* **1** (*fósforo, lenha*) to light: *Se estiver molhado, não acende.* It won't light if it's wet. **2** (*luz*) to come on

aceno *sm* **1** (*com a mão*) wave **2** (*com a cabeça*) nod

acento *sm* accent: *~ agudo/circunflexo* acute/circumflex accent

acentuar ▸ *vt* **1** (*palavra*) to accent: *Acentuem as seguintes palavras.* Put the accents on the following words. **2** (*enfatizar*) to highlight
▸ **acentuar-se** *vp* (*aumentar*) to increase

acepção *sf* sense: *na ~ da palavra* in the strict sense of the word

acerca *adv* LOC **acerca de** about; concerning (*formal*)

acertado, -a *adj* **1** (*correto*) right: *a decisão acertada* the right decision **2** (*sensato*) smart: *uma ideia acertada* a smart idea *Ver tb* ACERTAR

acertar *vt* **1** (*relógio*) to set **2 ~ em** (*ao disparar*) to hit: *~ no alvo* to hit the target **3** (*teste, jogo*) to get *sth* right: *Só acertei duas perguntas do teste.* I only got two questions right in the test. **4 ~ em/com** (*adivinhar*) to guess: *~ na resposta* to guess the answer LOC **acertar contas com alguém** to get even with sb ◆ **acertar na bucha/na mosca** to hit the nail on the head ◆ **não acertar uma** to be unable to do anything right: *Hoje você não está acertando uma.* You can't do anything right today.

aceso, -a *adj* **1** (*com chama*) (**a**) (*com o verbo "estar"*) lit: *Vi que o fogo estava ~.* I noticed that the fire was lit. (**b**) (*depois de um substantivo*) lighted: *um cigarro ~* a lighted cigarette **2** (*luz*) on: *A luz estava acesa.* The light was on. *Ver tb* ACENDER

acessar *vt* to access

acessível *adj* accessible

acesso *sm* **~ (a) 1** access (to *sb/sth*): *~ à casa-forte* access to the strongroom ◇ *a porta de ~ à cozinha* the door into the kitchen ◇ *ter ~ à internet* to have

Internet access **2** *(via de entrada)* approach (to *sth*): *São quatro os ~s ao palácio.* There are four approaches to the palace. **3 ~ de** fit of *sth*: *um ~ de raiva* a fit of rage

acessório *sm* accessory (*pl* accessories)

acetona *sf* nail polish remover

achado *sm* **1** *(descoberta)* find **2** *(pechincha)* bargain *Ver tb* ACHAR

achar *vt* **1** *(encontrar)* to find: *Não estou achando o meu relógio.* I can't find my watch. **2** *(parecer)*: *Acho que ele está triste.* He seems very sad to me. ◇ *Achei o seu pai muito melhor.* I thought your father was looking a lot better. **3** *(pensar)* to think: *Ele acha que é muito esperto.* He thinks he's very smart. ◇ *Quem eles acham que são?* Who do they think they are? LOC **achar ruim** to get mad (*about sth*) ◆ **achar-se o máximo** to think you are the best: *Ele se acha o máximo.* He thinks he's the best. ◆ **acho que sim/não** I think so/I don't think so

achatar *vt* to flatten

acidentado, -a *adj* **1** *(terreno)* rugged **2** *(estrada)* bumpy **3** *(cheio de peripécias)* eventful: *uma viagem acidentada* an eventful trip

acidental *adj* accidental: *morte ~* accidental death

acidente *sm* **1** accident: *~ de trânsito* traffic accident ◇ *sofrer um ~* to have an accident **2** *(Geog)* (geographical) feature LOC **acidente aéreo/de automóvel** plane/car crash

ácido, -a ▸ *adj (sabor)* sharp
▸ *sm* acid LOC *Ver* CHUVA

acima *adv* up: *morro/ladeira ~* up the hill ◇ *rua/escadas ~* up the street/stairs LOC **acima de** above: *A água nos chegava ~ dos joelhos.* The water came above our knees. ◆ **acima de tudo** above all ◆ **mais acima 1** *(mais longe)* further along: *na mesma rua, mais ~* further along the street **2** *(em sentido vertical)* higher up: *Ponha o quadro mais ~.* Put the picture higher up. *Ver tb* ENCOSTA, RIO, RUA

acionar *vt* to set *sth* in motion

acne *sf* acne

aço *sm* steel: *~ inoxidável* stainless steel

acocorar-se *vp* to squat (down)

acolhedor, -ora *adj* welcoming

acolher *vt* **1** *(convidado, ideia, notícia)* to welcome: *Ele me acolheu com um sorriso.* He welcomed me with a smile. **2** *(refugiado, órfão)* to take *sb* in

acolhida *sf* welcome

acomodar-se *vp* **1** *(instalar-se)* to settle down: *Ele se acomodou no sofá.* He settled down on the couch. **2** *(relaxar, resignar-se)*: *Eles se acomodaram e a relação se deteriorou.* They started to take the relationship for granted and it went downhill. ◇ *Detesto meu emprego mas me acomodei a ele.* I hate my job, but I got resigned to it. **3** *(adaptar-se)* to get used to *sth*: *Acabei me acomodando ao novo estilo de vida.* I got used to the new lifestyle in the end.

acompanhamento *sm* **1** *(de um prato)* side order **2** *(Mús)* accompaniment

acompanhante *smf* **1** *(companhia)* companion **2** *(Mús)* accompanist **3** *(de pessoa idosa)* carer

acompanhar *vt* **1** to go/come with *sb/sth*: *Você me acompanha?* Will you come with me? ◇ *Nós os acompanhamos à estação.* We took them to the station. ◇ *o código de acesso que acompanha o livro* the access code that goes with the book **2** *(Mús)* to accompany: *A irmã o acompanhava ao piano.* His sister accompanied him on the piano.

aconchegante *adj (lugar)* cozy

aconchegar ▸ *vt* **1** *(em cama)* to tuck *sb* in **2** *(abrigar)* to wrap *sb/sth* up (*in sth*): *Ela aconchegou o bebê na manta.* She wrapped the baby up in the blanket.
▸ **aconchegar-se** *vp* **1** *(acomodar-se)* to curl up: *Ela se aconchegou no sofá.* She curled up on the couch. **2** *(encostar-se)* to huddle (together): *Aconchegaram-se uns aos outros para não sentir frio.* They huddled together against the cold.

aconselhar *vt* to advise *sb* (*to do sth*): *Aconselho-o a aceitar esse emprego.* I advise you to accept that job. ◇ *—Compro-o? —Não te aconselho.* "Should I buy it?" "I wouldn't advise you to."

aconselhável *adj* advisable: *pouco ~* inadvisable

acontecer *vi* to happen: *Não quero que isso volte a ~.* I don't want it to happen again. LOC **aconteça o que acontecer** come what may ◆ **acontece que...** it so happens that... ◆ **caso aconteça que/não vá acontecer que...** (just) in case...

acontecimento *sm* event

acordado, -a *adj* awake: *Você está ~?* Are you awake? LOC *Ver* SONHAR; *Ver tb* ACORDAR

acordar ▸ *vt* to wake *sb* up: *A que horas quer que o acorde?* What time do you want me to wake you up?
▸ *vi* to wake up

acorde *sm (Mús)* chord

acordeão *sm* accordion

acordo *sm* agreement: *chegar a um ~ em relação a algo* to reach an agreement on sth LOC **acordo ortográfico** spelling reform ◆ **de acordo** OK ◆ **de acordo com** (*lei, norma*) in accordance with *sth* ◆ **estar de acordo (com)** to agree (with *sb/sth*): *Estamos os dois de ~.* We both agree. ◇ *Estou de ~ com os termos do contrato.* I agree with the terms of the contract. ◇ *Estamos de ~?* Are we all agreed? ◆ **pôr-se de acordo** to reach an agreement (*to do sth*)

acostamento *sm* (*estrada*) breakdown lane; hard shoulder (*GB*)

acostumado, -a *adj* used to *sb/sth/doing sth*: *Ela está acostumada a se levantar cedo.* She's used to getting up early. *Ver tb* ACOSTUMAR-SE

acostumar-se *vp* ~ **(a)** to get used to *sb/sth/doing sth*: *~ ao calor* to get used to the heat ◇ *Você vai ter de se acostumar a madrugar.* You'll have to get used to getting up early.

açougue *sm* butcher shop

> Na Grã-Bretanha, muitas lojas levam o nome do profissional que nelas trabalha + **'s**, como por exemplo, **butcher's** ou **baker's**. O plural destas palavras é **butchers, bakers**, etc. Nos Estados Unidos, estas lojas chamam-se **butcher's shop, bakery**, etc.

açougueiro *sm* butcher

acreditar *vt, vi* to believe: *Não acredito.* I don't believe it. ◇ *Não acredite nele.* Don't believe him. ◇ *~ em Deus* to believe in God ◇ *Acredite se quiser...* Believe it or not...

acrescentar *vt* to add

acréscimo *sm* **1** (*aumento*) increase **2 acréscimos** (*Esporte*)stoppage time [*não contável*]

acrobacia *sf* acrobatics [*pl*]: *fazer ~s* to perform acrobatics

acrobata *smf* acrobat

açúcar *sm* sugar: *um torrão de ~* a lump of sugar LOC **açúcar cristal** granulated sugar ◆ **açúcar mascavo** brown sugar ◆ **açúcar refinado** white sugar *Ver tb* USINA

açucareiro *sm* sugar bowl

acudir *vt* ~ **a** to go to *sb/sth*: *~ a alguém* to go to sb's aid

acumular ▸ *vt* **1** to accumulate **2** (*fortuna*) to amass

▸ **acumular-se** *vp* to accumulate

acupuntura *sf* acupuncture

acusação *sf* accusation: *fazer uma ~ contra alguém* to make an accusation against sb

acusado, -a *sm-sf* accused: *os ~s* the accused

acusar *vt* **1** (*culpar*) to accuse *sb* (*of sth/doing sth*) **2** (*Jur*) to charge *sb* (*with sth/doing sth*): *~ alguém de homicídio* to charge sb with homicide

acústica *sf* acoustics [*pl*]: *A ~ desta sala não é muito boa.* The acoustics in this hall aren't very good.

adaptador *sm* adapter

adaptar ▸ *vt* to adapt: *~ um romance para o teatro* to adapt a novel for the stage

▸ **adaptar-se** *vp* **adaptar-se (a) 1** (*habituar-se*) to adapt (to *sth*): *adaptar-se às mudanças* to adapt to change **2** (*adequar-se*) to fit in (with *sth*): *É o que melhor se adapta às nossas necessidades.* It's what fits in best with our needs.

adentro *adv*: *Ela entrou sala ~ aos gritos.* She came into the room screaming. ◇ *O trabalho avançou noite ~.* The work went on into the night. LOC *Ver* MAR

adepto, -a *sm-sf* follower

adequado, -a *adj* right: *Este não é o momento ~.* This isn't the right moment. ◇ *um vestido ~ à ocasião* the right dress for the occasion

aderir ▸ *vt, vi* ~ **(a)** (*colar*) to stick (*sth*) (to *sth*)

▸ *vt* ~ **a 1** (*organização, partido, causa*) to support **2** (*ideia*) to uphold

adesão *sf* **1** (*organização*) entry (*into/to sth*): *a ~ do Brasil ao Mercosul* Brazil's entry into Mercosur **2** (*apoio*) support

adesivo, -a *adj* adhesive

adeus! *interj* goodbye; bye (*coloq*)

adiantado, -a ▸ *adj* **1** (*relógio*) fast: *O seu relógio está cinco minutos ~.* Your watch is five minutes fast. **2** (*quase pronto*): *A minha tese está bastante adiantada.* My thesis is nearly finished. **3** (*em comparações*) ahead: *Estamos muito ~s em relação à outra turma.* We're way ahead of the other class. **4** (*avançado*) advanced: *Esta criança está muito adiantada para a sua idade.* This child is very advanced for his age. *Ver tb* ADIANTAR

▸ *adv* in advance: *pagar ~* to pay in advance ◇ *chegar ~* to arrive early

adiantamento *sm* advance: *Pedi um ~.* I asked for an advance.

adiantar ▸ *vt* **1** (*trabalho*) to get ahead with *sth* **2** (*dinheiro*) to advance *sth (to sb)*: *Ele me adiantou dois mil reais.* He advanced me two thousand reals. **3** (*relógio*) to put *sth* forward: *Não esqueça de ~ o relógio uma hora.* Don't forget to put your watch forward one hour. **4** (*conseguir*) to achieve: *Não vai ~ nada discutirmos.* We won't achieve anything by arguing.

▸ *vi* **1** (*relógio*) to gain: *Este relógio adianta.* This clock gains. **2** (*valer a pena*): *Não adianta gritar, ele é surdo.* There's no point in shouting — he's deaf.
▸ **adiantar-se** *vp* **adiantar-se a** to get ahead of *sb/sth*: *Ele se adiantou aos rivais.* He got ahead of his rivals.

adiante *adv* forward: *um passo ~* a step forward LOC **ir adiante (com)** to go ahead (with *sth*) ◆ **levar algo adiante** to go through with sth ◆ **mais adiante** **1** (*espaço*) further on **2** (*tempo*) later

adiar *vt* **1** to put *sth* off; to postpone (*mais formal*) **2** (*pagamento*) to defer

adição *sf* addition

adicionar *vt* to add *sth* (*to sth*)

adivinhar *vt* to guess: *Adivinhe o que eu tenho aqui.* Guess what I have here LOC **adivinhar o futuro** to tell fortunes

adivinho *sm* (*vidente*) fortune-teller

adjetivo *sm* adjective

administração *sf* **1** administration: *os custos de ~* administration costs ◇ *a ~ de uma empresa* running a business **2** (*Pol*) government: *a ~ municipal/regional* local/regional government LOC **administração de empresas** business administration; business studies (*GB*)

administrador, -ora *sm-sf* administrator

administrar *vt* **1** (*dirigir*) to run; to manage (*mais formal*): *~ uma empresa* to run a business **2** (*lidar*) to manage: *Eu não consigo ~ tudo isso ao mesmo tempo.* I can't manage all this at the same time. **3** (*aplicar*) to administer *sth* (*to sb*): *~ um medicamento/castigo* to administer medicine/a punishment

administrativo, -a *adj* administrative

admiração *sf* **1** (*respeito*) admiration **2** (*espanto*) amazement

admirador, -ora *sm-sf* admirer

admirar ▸ *vt* **1** (*contemplar*) to admire: *~ a paisagem* to admire the scenery **2** (*espantar*) to amaze: *Muito me admira que você tenha sido aprovado.* I'm amazed you passed.
▸ **admirar-se** *vp* **admirar-se (com)** to be surprised (at *sb/sth*): *Não me admiro.* I'm not surprised.

admirável *adj* **1** (*digno de respeito*) admirable **2** (*espantoso*) amazing

admissão *sf* admission (*to sth*)

admitir *vt* **1** (*culpa, erro*) to admit: *Admito que a culpa foi minha.* I admit (that) it was my fault. **2** (*deixar entrar*) to admit *sb/sth* (*to sth*): *Fui admitido na escola.* I was admitted to the school. **3** (*permitir*) to allow: *Não admito falta de respeito.* I won't allow any insolence.

adoçante *sm* sweetener

adoção *sf* adoption

adoçar *vt* to sweeten

adoecer *vi* ~ **(de)** to fall sick (with *sth*) ➲ *Ver nota em* DOENTE

adoidado *adv*: *Ele bebe ~.* He drinks like crazy. LOC *Ver* CURTIR

adolescência *sf* adolescence

adolescente *smf* adolescent

adorar *vt* **1** (*gostar de*) to love *sth/doing sth*: *Adoro batatas fritas.* I love French fries. ◇ *Adoramos ir ao cinema.* We love going to the movies. **2** (*amar*) to adore **3** (*Relig*) to worship

adorável *adj* adorable

adormecer ▸ *vi* **1** (*cair no sono*) to fall asleep: *Adormeci vendo televisão.* I fell asleep watching TV. **2** (*perna, etc.*) to go numb
▸ *vt* (*criança*) to get *sb* off to sleep

adormecido, -a *adj* sleeping, asleep: *uma criança adormecida* a sleeping child ◇ *estar ~* to be asleep ➲ *Ver nota em* ASLEEP; *Ver tb* ADORMECER

adornar *vt* to decorate; to adorn (*formal*)

adorno *sm* **1** decoration; adornment (*mais formal*) **2** (*objeto*) ornament

adotar *vt* to adopt

adotivo, -a *adj* **1** adopted: *filho ~* adopted child **2** (*pais*) adoptive LOC *Ver* MÃE

adquirir *vt* **1** to acquire: *~ riqueza/fama* to acquire wealth/fame **2** (*comprar*) to buy LOC *Ver* IMPORTÂNCIA, VÍCIO

adubar *vt* (*terra*) to fertilize

adubo *sm* fertilizer

adular *vt* to flatter

adultério *sm* adultery

adulto, -a *adj, sm-sf* adult LOC *Ver* IDADE

advérbio *sm* adverb

adversário, -a *sm-sf* adversary (*pl* adversaries)

advertência *sf* warning

advertir *vt* **1** (*avisar*) to warn *sb* (*about/of sth*): *Adverti-os do perigo.* I warned them of the danger. **2** (*dizer*) to tell: *Eu adverti você!* I told you so! **3** (*repreender*) to reprimand

advocacia *sf* law: *Ele trabalha em um escritório de ~.* He works in a law firm. ◇ *exercer/praticar ~* to practice law

advogado, -a *sm-sf* lawyer

Lawyer é um termo genérico aplicado aos vários tipos de advogados.

A

A

Nos Estados Unidos, usa-se a palavra **attorney** para descrever os diferentes tipos de advogado: **criminal attorney**, **tax attorney**, **defense attorney**, **corporate attorney**.

Na Grã-Bretanha, existe uma distinção entre **barrister**, o advogado que pode atuar em todos os tribunais, e **solicitor**, que apenas pode atuar nos tribunais inferiores e que fornece assessoria legal e prepara os documentos de que o seu cliente necessita.

LOC **advogado do diabo** devil's advocate

aéreo, -a *adj* **1** air: *tráfego ~* air traffic **2** (*vista, fotografia*) aerial **3** (*distraído*) absent-minded LOC *Ver* ACIDENTE, COMPANHIA, CORREIO, FORÇA, LINHA, PONTE, VIA

aeróbica *sf* aerobics [*não contável*]

aerodinâmico, -a *adj* aerodynamic

aeromoça *sf* flight attendant

aeronave *sf* aircraft (*pl* **aircraft**)

aeroporto *sm* airport: *Vamos buscá--los no ~.* We're going to meet them at the airport.

aerossol *sm* aerosol

afanar *vt* (*roubar*) to swipe: *Afanaram o meu celular.* Somebody swiped my phone.

afastado, -a *adj* **1** (*parente*) distant **2** (*distante*) remote **3** (*retirado*) isolated **4 ~ de...** (*longe de*) far from... *Ver tb* AFASTAR

afastar ▸ *vt* **1** (*mover*) to move *sth* (along/down/over/up): *Afaste um pouco a sua cadeira.* Move your chair over/back a bit. **2** (*retirar*) to move *sth/sb* away (*from sth/sb*): *~ a mesa da janela* to move the table away from the window **3** (*distanciar*) to distance *sb/sth* (*from sb/sth*): *A desavença nos afastou dos meus pais.* The disagreement distanced us from my parents. **4** (*apartar*) to separate *sb/sth from sb/sth*: *Os pais o afastaram dos amigos.* His parents stopped him from seeing his friends.
▸ **afastar-se** *vp* **1** (*desviar-se*) to move (over): *Afaste-se, você está atrapalhando.* Move over, you're in the way. **2 afastar-se (de)** (*distanciar-se*) to move away (from *sb/sth*): *afastar-se de um objetivo/da família* to move away from a goal/from your family ◇ *Não se afastem muito.* Don't go too far away. **3 afastar-se de** (*caminho*) to leave LOC **afastar-se do tema** to wander off the subject

afável *adj* friendly

afeição *sf* (*afeto*) affection

afeiçoar-se *vp* ~ **(a)** to become attached (to *sb/sth*): *Nós nos afeiçoamos muito ao nosso cão.* We've become very attached to our dog.

afeminado, -a *adj* effeminate

aferrolhar *vt* to bolt

afetado, -a *adj* **1** (*pessoa, estilo*) affected: *Que menina mais afetada!* What an affected little girl! **2** (*efeminado*) effeminate *Ver tb* AFETAR

afetar *vt* to affect: *A pancada afetou a audição dele.* The blow affected his hearing. ◇ *A morte dele me afetou muito.* I was deeply affected by his death.

afetivo, -a *adj* (*carência, problema*) emotional: *carência afetiva* emotional deprivation

afeto *sm* affection

afetuoso, -a *adj* affectionate

afiado, -a *adj* sharp *Ver tb* AFIAR

afiar *vt* to sharpen

aficionado, -a *sm-sf* **1** (*esportes, música pop*) fan: *Sou um grande ~ por futebol.* I'm a great soccer fan. **2** (*música clássica, teatro, etc.*) enthusiast

afilhado, -a *sm-sf* **1** (*masc*) godson **2** (*fem*) god-daughter **3 afilhados** godchildren

afiliação *sf* ~ **(a)** (*partido, clube*) membership (of *sth*)

afiliar-se *vp* ~ **(a)** (*organização, partido*) to join *sth*

afim *adj* similar

afinado, -a *adj* **1** (*motor*) tuned **2** (*instrumento, voz*) in tune *Ver tb* AFINAR

afinal *adv* after all LOC *Ver* CONTA

afinar *vt* to tune

afinidade *sf* affinity LOC **por afinidade** by marriage: *Somos primos por ~.* We're cousins by marriage.

afirmação *sf* statement

afirmar *vt* to state

afirmativo, -a *adj* affirmative

afixar *vt* (*cartaz, aviso*) to put *sth* up

aflição *sf* (*ansiedade*) anxiety

afligir(-se) *vt, vi, vp* to worry (*about sb/sth*): *Você não deve se afligir com o atraso deles.* Don't worry if they're late.

aflito, -a *adj* upset *Ver tb* AFLIGIR(-SE)

afobação *sf* fluster

afobar ▸ *vt* to rush
▸ **afobar-se** *vp* to get flustered

afogar(-se) *vt, vp* to drown: *Ele se afogou devido à forte correnteza.* He was drowned by the strong current. LOC *Ver* MORRER

afônico, -a *adj* LOC **estar afônico** to have lost your voice ◆ **ficar afônico** to lose your voice

afora *adv* LOC **e por aí afora** and so on *Ver tb* PORTA

África *sf* Africa

africano, -a *adj, sm-sf* African

afronta *sf* insult

afrouxar *vt* **1** to loosen: ~ *a gravata* to loosen your tie **2** (*regras*) to relax LOC *Ver* CINTO

afta *sf* canker sore; mouth ulcer (*GB*)

afugentar *vt* to frighten *sb/sth* away

afundar ▸ *vt* to sink: *Uma bomba afundou o barco.* A bomb sank the boat. ▸ *vi* **1** (*ir ao fundo*) to sink **2** (*ruir*) to collapse: *A ponte afundou.* The bridge collapsed. **3** (*negócio*) to go under: *Muitas empresas afundaram.* Many businesses went under.

agachar-se *vp* to crouch (down)

agarrar ▸ *vt* **1** (*apanhar*) to catch: ~ *uma bola* to catch a ball **2** (*segurar*) to hold: *Agarre isto e não deixe cair.* Hold this and don't drop it. **3** (*pegar firmemente*) to grab: *Ele me agarrou pelo braço.* He grabbed me by the arm. ▸ **agarrar-se** *vp* **agarrar-se (a)** to hold on (to *sb/sth*): *Agarre-se a mim.* Hold on to me. ◇ *agarrar-se ao corrimão* to hold on to the railing LOC *Ver* TOURO

agasalhado, -a *adj* (*pessoa*): *bem-agasalhado* well wrapped up ◇ *Você está pouco ~.* You're not very warmly dressed. *Ver tb* AGASALHAR

agasalhar ▸ *vt* to wrap *sb* up: *Agasalhe bem a criança.* Wrap the child up well. ▸ *vi* (*peça de roupa*) to keep *sb* warm: *Esse cachecol não agasalha nada.* That scarf won't keep you warm. ▸ **agasalhar-se** *vp* to wrap up: *Agasalhe-se que está frio lá fora.* Wrap up warm — it's cold outside.

agência *sf* **1** (*empresa*) agency (*pl* agencies) **2** (*repartição*) office: ~ *de correios* post office LOC **agência (de avaliação) de risco** ratings agency ◆ **agência de turismo/viagens** travel agency ◆ **agência funerária** funeral home; undertaker's (*GB*)

agenda *sf* datebook; diary (*pl* diaries) (*GB*) LOC **agenda de telefone/endereços** address book

agente *smf* **1** (*representante, Cinema, Teat*) agent: *o ~ da atriz* the actress's agent **2** (*polícia*) police officer ➲ *Ver nota em* POLICIAL

ágil *adj* agile

agilidade *sf* agility

agilizar *vt* to speed *sth* up: *Para cumprir os prazos precisamos ~ o sistema.* We need to speed up the system to meet the deadlines.

agir *vi* to act

agitação *sf* agitation

agitado, -a *adj* **1** (*vida, dia*) hectic **2** (*mar*) rough **3** (*pessoa*) agitated *Ver tb* AGITAR

agitar *vt* **1** (*frasco*) to shake: *Agite (bem) antes de usar.* Shake (well) before use. **2** (*braços*) to wave

agonia *sf* agony: *Esperar os resultados do exame foi pura ~.* It was agony waiting for my exam results. ◇ *Ai que ~! Não aguento mais esperar por este telefonema.* This is agony! I can't wait for this call anymore.

agonizar *vi* to be dying

agora *adv* now: *E ~, o que é que vou fazer?* Now what am I going to do? ◇ *Só ~ é que cheguei.* I only just arrived. LOC **agora mesmo 1** (*neste momento*) right now: *Venha aqui ~ mesmo!* Come here right now! **2** (*em seguida*) right away: *Eu lhe dou isto ~ mesmo.* I'll give it to you right away. ◆ **agora que...** now that...: *Agora que você chegou podemos começar.* Now that you're here we can start. ◆ **até agora** up until now ◆ **de agora em diante** from now on ◆ **por agora** for the time being

agosto *sm* August (*abrev* Aug.) ➲ *Ver exemplos em* JANEIRO

agouro *sm* omen

agradar *vt* ~ **a** to please *sb*: *Eles são muito difíceis de ~.* They're very hard to please.

agradável *adj* pleasant LOC **agradável à vista/ao ouvido** pleasing to the eye/ear

agradecer *vt* to thank *sb* (*for sth/doing sth*): *Agradeço muito a sua ajuda.* Thank you very much for your help. ◇ *Eu agradeceria se você chegasse na hora.* I'd be grateful if you could be here on time.

agradecido, -a *adj* grateful: *Estou muito ~ ao senhor.* I'm very grateful to you. *Ver tb* AGRADECER

agradecimento *sm* thanks [*pl*]: *umas palavras de ~* a few words of thanks LOC **os meus agradecimentos!** many thanks!

agrário, -a *adj* (*lei, reforma*) land: *reforma agrária* land reform

agravamento *sm* worsening: *o ~ da crise* the worsening of the crisis

agravar ▸ *vt* to make *sth* worse ▸ **agravar-se** *vp* to get worse

agredir *vt* to attack

agressão *sf* aggression: *um ato de ~* an act of aggression

agressivo, -a *adj* aggressive

agressor, -ora *sm-sf* aggressor

A

agrião *sm* watercress [*não contável*]

agrícola *adj* agricultural LOC *Ver* PRODUTO, TRABALHO

agricultor, -ora *sm-sf* farmer

agricultura *sf* farming; agriculture (*mais formal*)

agridoce *adj* (*Cozinha*) sweet and sour

agroecologia *sf* agroecology

agrônomo, -a *sm-sf* agronomist LOC *Ver* ENGENHEIRO

agroturismo *sm* agritourism

agrupar ▸ *vt* to group *sb/sth* together ▸ **agrupar-se** *vp* **1** (*juntar-se*) to gather together **2** (*formar grupos*) to get into groups: *agrupar-se quatro a quatro* to get into groups of four

água *sf* water LOC **água corrente** running water ◆ **água da torneira** tap water ◆ **água doce/salgada** fresh/salt water: *peixes de ~ doce* freshwater fish ◆ **água mineral com/sem gás** sparkling/non-carbonated mineral water ◆ **água oxigenada** hydrogen peroxide ◆ **água potável** drinking water ◆ **água sanitária** (household) bleach ◆ **dar água na boca** to be mouthwatering *Ver tb* CLARO, ESTAÇÃO, GOTA, JOGAR, PANCADA, PEIXE, PROVA, TEMPESTADE

aguaceiro *sm* shower

água-de-colônia *sf* eau de cologne

aguado, -a *adj* (*café, sopa*) watery

aguardar *vt, vi* to wait (for *sb/sth*)

aguardente *sf* sugar cane liquor: *~ de cana* sugar cane liquor

água-viva *sf* jellyfish (*pl* **jellyfish**)

aguçado, -a *adj* **1** (*sentidos*) acute **2** (*ouvido*) keen

agudo, -a ▸ *adj* **1** acute: *uma dor aguda* an acute pain ◇ *ângulo/acento ~* acute angle/accent **2** (*som, voz*) high-pitched ▸ *sm* (*Mús*) treble [*não contável*]: *Não se ouvem bem os ~s.* You can't hear the treble very well.

aguentar ▸ *vt* **1** to put up with *sb/sth*: *Você vai ter de ~ a dor.* You'll have to put up with the pain. ❶ Quando a frase é negativa, usa-se normalmente **stand**: *Não aguento este calor.* I can't stand this heat. ◇ *Não os aguento.* I can't stand them. **2** (*peso*) to take: *A ponte não aguentou o peso do caminhão.* The bridge couldn't take the weight of the truck.
▸ *vi* **1** (*durar*) to last: *O carpete ainda aguenta mais um ano.* The carpet should last another year. **2** (*esperar*) to hold on: *Aguente um pouco que estamos quase lá.* Hold on — we're almost there. **3** (*resistir*) to hold: *Esta prateleira não vai ~.* This shelf won't hold. **4** (*suportar*) to put up with it: *Mesmo não gostando, você tem de se ~.* You may not like it, but you'll just have to put up with it. LOC *Ver* PONTA

águia *sf* eagle

agulha *sf* needle: *enfiar a linha na ~* to thread a needle ◇ *~s de pinheiro* pine needles LOC *Ver* PROCURAR

ah! ah! ah! *interj* ha! ha!

ai! *interj* **1** (*de dor*) ow! **2** (*de aflição*) oh (dear)!

aí (*tb* **ali**) *adv* there: *Aí vão eles.* There they go. ◇ *Fique aí!* Stay there! ◇ *Eles estão aí!* There they are! ◇ *uma moça que passava por aí* a girl who was passing by *Ver tb* DAÍ LOC **aí dentro/fora** in/out there: *—Onde está o meu casaco? —Aí dentro do armário.* "Where's my jacket?" "It's in the closet." ◆ **aí embaixo/em cima** down/up there: *Os meus livros estão aí embaixo?* Are my books down there? ◆ **aí mesmo** right there ◆ **e aí?** (*cumprimento*) what's up? ◆ **foi aí que...** that's where...: *Foi aí que caí.* That's where I fell. ◆ **por aí 1** (*naquela direção*) that way **2** (*em lugar indeterminado*): *Andei por aí.* I've been out. ◇ *dar uma volta por aí* to go out for a walk

AIDS *sf* AIDS

ainda *adv* **1** (*em orações afirmativas e interrogativas*) still: *Ainda faltam duas horas.* There are still two hours to go. ◇ *Você ~ mora em Londres?* Do you still live in London? **2** (*em orações negativas e interrogativas negativas*) yet: *Ainda não estão maduras.* They're not ripe yet. ◇ *—Ainda não lhe responderam? —Ainda não.* "Haven't they written back yet?" "No, not yet." ➲ *Ver nota em* STILL **3** (*em orações comparativas*) even: *Gosto ~ mais desta.* I like this one even better. ◇ *Ela pinta ~ melhor.* She paints even better. LOC **ainda bem que...** it's just as well that...: *Ainda bem que já o fiz!* It's just as well I've already done it! ◆ **ainda por cima** on top of everything: *E, ~ por cima, você ri!* And on top of everything, you stand there laughing!

aipim *sm* cassava

aipo *sm* celery

ajeitar *vt* (*arrumar*) to adjust

ajoelhar-se *vp* to kneel (down)

ajuda *sf* help [*não contável*]: *Obrigado pela sua ~.* Thanks for your help. ◇ *Necessito de ~.* I need some help. ◇ *Ele me levantou sem ~ de ninguém.* He lifted me up by himself.

ajudante *adj, smf* assistant

ajudar *vt, vi* to help *sb* (*to do sth*): *Posso ~?* Can I help?

ajuizado, -a *adj* sensible

ajustar ▸ *vt* **1** to adjust **2** (*apertar*) to take *sth* in: *~ uma saia* to take a skirt in ▸ **ajustar-se** *vp* **ajustar-se a** to adjust to *sth*

ajuste *sm* LOC **ajuste de contas** settling of accounts

ala *sf* wing: *a ~ leste do edifício* the east wing of the building ◇ *a ~ liberal do partido* the liberal wing of the party

alagamento *sm* flooding [*não contável*]

alameda *sf* avenue (*abrev* Av./Ave.)

alargamento *sm* **1** (*local*) expansion: *o ~ do aeroporto* the expansion of the airport **2** (*prazo*) extension

alargar ▸ *vt* **1** to widen **2** (*prazo*) to extend **3** (*peça de roupa*) to let *sth* out ▸ *vi* to stretch: *Estes sapatos alargaram.* These shoes have stretched.

alarmante *adj* alarming

alarmar ▸ *vt* to alarm ▸ **alarmar-se** *vp* **alarmar-se (com)** to be alarmed (at *sth*)

alarme *sm* alarm: *dar o ~* to raise the alarm ◇ *Soou o ~.* The alarm went off. LOC **alarme de incêndio** fire alarm

alastrar *vt, vi* to spread

alavanca *sf* lever: *Em caso de emergência, puxar a ~.* In case of emergency, pull the lever. LOC **alavanca de câmbio** gear shift; gearstick (*GB*)

albergue *sm* LOC **albergue da juventude** youth hostel

álbum *sm* album

alça *sf* **1** (*vestido, mochila, etc.*) strap **2** (*sacola, mala*) handle

alcachofra *sf* artichoke

alçada *sf* power: *Isso não é da minha ~.* That's not within my power.

alcançar *vt* **1** to reach: *Não consigo alcançá-lo.* I can't reach it. **2** (*conseguir*) to achieve: *~ os objetivos* to achieve your objectives **3** (*apanhar*) to catch up to *sb*; to catch *sb* up (*GB*): *Não consegui alcançá-los.* I couldn't catch up to them. ◇ *Vá andando que depois alcanço você.* You go on — I'll catch up to you. **4** (*triunfo*) to win: *A equipe alcançou uma grande vitória.* The team won a great victory.

alcance *sm* **1** reach: *fora do seu ~* out of your reach **2** (*arma, emissora, telescópio*) range: *mísseis de médio ~* medium-range missiles

alcatrão *sm* tar

álcool *sm* alcohol LOC **sem álcool** non-alcoholic *Ver tb* CERVEJA

alcoólatra *smf* alcoholic

alcoólico, -a *adj, sm-sf* alcoholic LOC **não alcoólico** (*bebida*) non-alcoholic

alcoolismo *sm* alcoholism

aldeia *sf* small town; small village (*GB*): *uma pessoa da ~* a villager ➲ *Ver nota em* VILLAGE

alecrim *sm* rosemary

alegar *vt* to allege: *Alegam que houve fraude.* They allege that a fraud took place. ◇ *Eles alegam que não têm dinheiro.* They say they have no money.

alegórico, -a *adj* LOC *Ver* CARRO

alegrar ▸ *vt* **1** (*fazer feliz*) to make *sb* happy: *A carta me alegrou muito.* The letter made me very happy. **2** (*animar*) (**a**) (*pessoa*) to cheer *sb* up: *Tentamos ~ os idosos.* We tried to cheer the old people up. (**b**) (*festa*) to liven *sth* up: *Os mágicos alegraram a festa.* The magicians livened up the party. **3** (*casa, lugar*) to brighten *sth* up ▸ **alegrar-se** *vp* **1 alegrar-se (com/por)** to be pleased (about *sth*/to do *sth*): *Ele se alegrou com a minha chegada.* He was pleased to see me. ◇ *Alegro-me ao ouvir isto.* I'm pleased to hear it. **2 alegrar-se por alguém** to be delighted for sb: *Alegro-me por vocês.* I'm delighted for you.

alegre *adj* **1** (*feliz*) happy **2** (*de bom humor*) cheerful: *Ele é uma pessoa ~.* He's a cheerful person. **3** (*música, espetáculo*) lively **4** (*cor, sala*) bright

alegria *sf* joy: *gritar/pular de ~* to shout/jump for joy LOC *Ver* SALTAR, VIBRAR

aleijado, -a *adj* crippled *Ver tb* ALEIJAR

aleijar *vt* (*mutilar*) to maim

Aleluia *sf* LOC *Ver* SÁBADO

além ▸ *adv* over there ▸ *sm* **o além** the afterlife LOC **além de 1** (*no espaço*) beyond: *~ do rio* beyond the river **2** (*afora*) besides **3** (*número*) (well) over: *Eram ~ de mil pessoas.* There were well over a thousand people. **4** (*assim como*) as well as: *Além de inteligente ele é muito trabalhador.* He's not only intelligent, he's very hard-working too. ♦ **além disso** besides ♦ **além do mais** (and) what's more: *Além do mais, não creio que eles venham.* What's more, I don't think they'll come. ♦ **mais além** (*mais longe*) further on

Alemanha *sf* Germany

alemão, -ã *adj, sm-sf, sm* German: *os alemães* the Germans ◇ *falar ~* to speak German LOC *Ver* PASTOR

alergia *sf* ~ **(a)** allergy (*pl* allergies) (to *sth*): *ter ~ a algo* to be allergic to sth

alérgico, -a *adj* ~ **(a)** allergic (to *sth*) LOC *Ver* RINITE

A

alerta ▸ *sm* alert: *em estado de ~* on alert ◇ *Deram o ~.* They gave the alert.
▸ *adj* alert (*to sth*)

alertar *vt* to alert *sb* (*to sth*): *Eles nos alertaram contra o perigo.* They alerted us to the danger.

alfabético, -a *adj* alphabetical

alfabetização *sf* literacy

alfabetizado, -a *adj* literate: *Há cursos para que os adultos se tornem ~s.* There are adult literacy courses available. *Ver tb* ALFABETIZAR

alfabetizar *vt* to teach *sb* to read and write

alfabeto *sm* alphabet

alface *sf* lettuce

alfândega *sf* customs [*pl*]: *Passamos pela ~.* We went through customs.

alfandegário, -a *adj* LOC *Ver* DIREITO

alfazema *sf* lavender

alfinete *sm* pin LOC **alfinete de segurança** safety pin ➲ *Ver ilustração em* PIN

alga *sf* **1** (*nome genérico*) algae [*pl*]: *O lago está cheio de ~s.* The pond is full of algae. **2** (*de água salgada*) seaweed [*não contável*]

algarismo *sm* numeral: *~s arábicos/romanos* Arabic/Roman numerals

algazarra *sf* uproar

álgebra *sf* algebra

algemar *vt* to handcuff

algemas *sf* handcuffs

algo ▸ *pron* something, anything ❶ A diferença entre **something** e **anything** é a mesma que entre **some** e **any**. ➲ *Ver nota em* SOME
▸ *adv* pretty: *~ ingênuo* pretty naive ➲ *Ver nota em* FAIRLY

algodão *sm* **1** (*planta, fibra*) cotton **2** (*Med*) cotton; cotton wool (*GB*): *Tapei os ouvidos com ~.* I put cotton balls in my ears. LOC **algodão doce** cotton candy; candyfloss (*GB*)

alguém *pron* someone, anyone: *Você acha que ~ vem?* Do you think anyone will come? ❶ A diferença entre **someone** e **anyone** (ou **somebody** e **anybody**) é a mesma que entre **some** e **any**. ➲ *Ver nota em* SOME

> Note que **someone** e **anyone** são seguidos de verbo no singular, mas podem ser seguidos de um adjetivo ou pronome no plural (p.ex. "their"): *Alguém se esqueceu do casaco.* Someone left their coat behind.

algum, -uma ▸ *adj* **1** some, any: *Comprei alguns livros para você se entreter.* I bought you some books to keep you occupied. ◇ *Algum problema?* Is there a problem? ➲ *Ver nota em* SOME **2** (*poucos*) a few: *alguns amigos* a few friends **3** (*com número*) several: *algumas centenas de pessoas* several hundred people **4** (*um que outro*) the occasional: *Poderão ocorrer alguns chuviscos.* There may be the occasional shower.
▸ *pron*: *Alguns de vocês são muito preguiçosos.* Some of you are very lazy. ◇ *Alguns protestaram.* Some (people) protested. ◇ *Com certeza foi ~ de vocês.* It must have been one of you. ◇ *—Quantos você quer? —Alguns.* "How many would you like?" "Just a few."
LOC **alguma coisa** something, anything ❶ A diferença entre **something** e **anything** é a mesma que entre **some** e **any**. ➲ *Ver nota em* SOME ◆ **algumas vezes** sometimes ◆ **alguma vez** ever: *Você esteve lá alguma vez?* Have you ever been there? ◆ **algum dia** some day ◆ **em alguma coisa** in any way: *Se eu puder ajudar em alguma coisa...* If I can help in any way... ◆ **em algum lugar/em alguma parte** somewhere, anywhere ❶ A diferença entre **somewhere** e **anywhere** é a mesma que entre **some** e **any**. ➲ *Ver nota em* SOME

alheio, -a *adj* **1** (*de outro*) someone else's: *em casa alheia* in someone else's house **2** (*de outros*) other people's: *meter-se na vida alheia* to interfere in other people's lives **3** ~ **a** (*distraído*) oblivious to *sth* **4** (*retraído*) withdrawn

alho *sm* garlic LOC *Ver* CABEÇA, DENTE

alho-poró *sm* leek

ali *adv Ver* AÍ

aliado, -a ▸ *adj* allied
▸ *sm-sf* ally (*pl* **allies**) *Ver tb* ALIAR-SE

aliança *sf* **1** (*união*) alliance: *uma ~ entre cinco partidos* an alliance of five parties **2** (*anel*) wedding ring

aliar-se *vp* ~ **(a/com/contra)** to form an alliance (with/against *sb/sth*)

aliás *adv* **1** (*a propósito*) by the way; incidentally (*mais formal*) **2** (*contudo*) nevertheless **3** (*ou seja*) that is **4** (*senão*) otherwise **5** (*além disso*) what's more; furthermore (*formal*)

álibi *sm* alibi (*pl* **alibis**)

alicate *sm* pliers [*pl*]: *Onde está o ~?* Where are the pliers? ◇ *Preciso de um ~.* I need a pair of pliers. ➲ *Ver nota em* PAIR LOC **alicate de unhas** nail clippers [*pl*]

alicerce *sm* foundation

alienado, -a *adj, sm-sf* LOC **ser (um) alienado** to be on another planet

alienígena *adj, smf* alien

alimentação *sf* **1** *(ação)* feeding **2** *(comida)* food **3** *(dieta)* diet: *uma ~ equilibrada* a balanced diet **4** *(máquina)* supply: *A ~ da máquina é automática.* The machine is supplied automatically.

alimentar ▸ *vt* **1** to feed *sb/sth (on/with sth)*: *~ os cavalos com feno* to feed the horses (on) hay ◇ *~ uma impressora laser* to feed a laser printer **2** *(esperanças)* to raise: *Não adianta ~ esperanças.* It's no good raising people's hopes.
▸ *vi* to be nourishing: *Isso alimenta bem.* It's very nourishing.
▸ **alimentar-se** *vp* **1** *(comer)* to eat: *Você precisa se ~ melhor.* You need to eat better. **2 alimentar-se de** to live on *sth*

alimentício, -a *adj* **1** *(próprio para comer)* food: *produtos ~s* foodstuffs **2** *(nutritivo)* nutritional: *o valor ~* the nutritional value LOC *Ver* GÊNERO, PENSÃO

alimento *sm (comida)* food

alinhar *vt (pôr em linha)* to line *sb/sth* up

alisador ▸ *adj*: *produtos ~es* hair-straightening products
▸ *sm* hair straightener

alisar *vt* to smooth

alistamento *sm (Mil)* enlistment *(in sth)*

alistar-se *vp* **~ (em)** to enlist (in *sth*)

aliviar *vt* to relieve: *~ a dor* to relieve pain ◇ *A massagem me aliviou um pouco.* The massage made me feel a little better.

alívio *sm* relief: *Que ~!* What a relief! ◇ *Foi um ~ para todos.* It came as a relief to everybody.

alma *sf* soul: *uma ~ nobre* a noble soul ◇ *Não se via viva ~.* There wasn't a soul to be seen. LOC **ter alma de artista, líder, etc.** to be a born artist, leader, etc. *Ver tb* CORPO

almirante *smf* admiral

almoçar *vi* to have lunch: *A que horas vamos ~?* What time are we having lunch? ◇ *O que vamos ~ hoje?* What are we having for lunch today?

almoço *sm* lunch: *O que a gente tem para o ~?* What are we having for lunch?

almofada *sf* cushion

almôndega *sf* meatball

alô *interj (telefone)* hello

alojamento *sm* **1** *(temporário)* lodging **2** *(permanente)* housing **3** *(estudantes)* dormitory (*pl* **dormitories**); hall of residence (*pl* **halls of residence**) *(GB)*

alojar ▸ *vt* **1** to accommodate: *O hotel tem capacidade para ~ 200 pessoas.* The hotel can accommodate 200 people. **2** *(sem cobrar)* to put *sb* up: *Depois do incêndio alojaram-nos numa escola.* After the fire, they put us up in a school.
▸ **alojar-se** *vp* to stay: *Os voluntários alojaram-se em tendas improvisadas.* The volunteers stayed in temporary tents.

alongamento *sm* **1** *(prazo, cílios, etc.)* extension: *O juiz solicitou um ~ do prazo.* The judge asked for the deadline to be extended. **2** *(Esporte)* stretching

alongar ▸ *vt* to extend: *~ os cílios* to have eyelash extensions
▸ **alongar-se** *vp (falando)* to go on for too long LOC **alongar as costas, as pernas, etc.** to stretch your back, legs, etc.

aloprado, -a *adj* nuts

alpendre *sm* porch

alpinismo *sm* mountain climbing: *fazer ~* to go mountain climbing

alpinista *smf* mountaineer

alta *sf (preço, valor)* rise LOC **dar alta a alguém** to discharge sb (from hospital) ◆ **ter alta** to be discharged (from hospital)

altar *sm* altar

alterado, -a *adj (ânimos)* worked up: *Os ânimos ficaram ~s durante a reunião.* People got very worked up during the meeting. *Ver tb* ALTERAR

alterar ▸ *vt* to alter
▸ **alterar-se** *vp* **1** *(mudar)* to change **2** *(irritar-se)* to get worked up

alternado, -a *adj* alternate: *em dias ~s* on alternate days *Ver tb* ALTERNAR

alternar *vt, vi* **1** to alternate **2 ~ (com) (para)** to take turns (with *sb*) *(to do sth)*: *Alterno com o David para acabar a tarefa.* I take turns with David to finish the job.

alternativa *sf* **1 ~ (a)** alternative (to *sth*): *É a nossa única ~.* It's our only alternative. **2** *(em múltipla escolha)* answer

alternativo, -a *adj* alternative

altitude *sf* height; altitude *(mais formal)*: *a 3.000 metros de ~* at an altitude of 3,000 meters

altivo, -a *adj* lofty

alto, -a ▸ *adj* **1** tall, high

> **Tall** é usado normalmente para pessoas, árvores e edifícios que são tanto altos como estreitos: *o edifício mais alto do mundo* the tallest building in the world ◇ *uma menina muito alta* a very tall girl. **High** é muito utilizado com substantivos abstratos: *níveis de poluição altos* high levels of pollution ◇ *juros altos* high interest rates, e para nos referirmos à altitude em relação ao nível do mar: *La Paz é a capital mais alta do mundo.* La Paz is the highest capital in the world.

A

A

Os antônimos de **tall** são **short** e **small**, e o antônimo de **high** é **low**. As duas palavras têm em comum o substantivo **height** (= *altura*).

2 (*comando, funcionário*) high-ranking **3** (*classe social, região*) upper: *o ~ Amazonas* the upper Amazon **4** (*som, voz*) loud: *Não ponha a música tão alta.* Don't play the music so loud.
▸ *adv* **1** (*pôr, subir*) high: *Você pendurou o quadro ~ demais.* You've hung the picture too high (up). **2** (*falar, tocar*) loud: *Não fale tão ~.* Don't talk so loud. ◇ *A música estava tocando muito ~.* The music was very loud.
▸ *sm* top
▸ *interj* **alto!** halt! LOC **alta costura** haute couture ◆ **alta fidelidade** hi-fi ◆ **de alta categoria** first-rate ◆ **do alto de** from the top of ◆ **fazer algo por alto** to do sth superficially ◆ **os altos e baixos de algo** the ups and downs of sth ◆ **por alto** roughly: *Assim por ~, deviam ser umas 500 pessoas.* I think there were roughly 500 people. *Ver tb* CLASSE, DEFINIÇÃO, ESTIMA, FAROL, FOGO, LER, MÃO, OLHO, PONTO, POTÊNCIA, TORRE

alto-falante *sm* loudspeaker: *Anunciaram pelos ~s.* They announced it over the loudspeakers.

altura *sf* **1** height: *cair de uma ~ de três metros* to fall from a height of three meters **2** (*época*) time [*não contável*]: *nesta/por esta ~* at/around this time (of the year) LOC **a certa altura** at a given moment ◆ **a esta altura** at this stage ◆ **altura máxima** maximum headroom ◆ **estar à altura da situação** to be equal to the task ◆ **na altura de**: *Fica na ~ da rodoviária.* It's up near the bus terminal. ◆ **nessa altura** at that time ◆ **ter dois, etc. metros de altura** (*coisa*) to be two, etc. meters high *Ver tb* SALTO[1]

alucinação *sf* hallucination: *Você está com alucinações!* You're hallucinating!

alucinante *adj* (*emocionante*) awesome

alucinar *vi* to hallucinate

aludir *vt* ~ **a** to allude to *sb/sth*

alugar *vt* **1** (*aluguel*) (**a**) (*referindo-se à pessoa que toma de aluguel*) to rent, to hire (**b**) (*referindo-se ao proprietário que aluga*) to rent *sth* out, to hire *sth* out

Nos Estados Unidos, *alugar* traduz-se por **rent** para a pessoa que toma de aluguel, e **rent out** para o proprietário que aluga: *Aluguei um apartamento em São Paulo.* I rented an apartment in São Paulo. ◇ *Eles alugaram a casa de praia para turistas no verão passado.* They rented out their beach house to tourists last summer.

Na Grã-Bretanha, **hire** (e **hire out** para o proprietário que aluga) são empregados quando se aluga algo por pouco tempo, tal como um carro ou um terno: *Mais vale você alugar um carro.* You'd be better off hiring a car. ◇ *Ele alugou um terno para o casamento.* He hired a suit for the wedding. ◇ *Eles ganham a vida alugando cavalos para turistas.* They make their living hiring (out) horses to tourists. **Rent** implica períodos mais longos, por exemplo quando se aluga uma casa ou um quarto: *Quanto me custaria alugar um apartamento com dois quartos?* How much would it cost me to rent a two-bedroomed apartment? ◇ *uma empresa que aluga eletrodomésticos* a company that rents out household appliances. **Let sth (out)** é utilizado apenas com casas ou quartos: *Há um apartamento para alugar no nosso edifício.* There's an apartment to let in our building.

2 (*importunar*) to bother: *Pare de me ~ que eu tenho mais o que fazer!* Stop bothering me! I have a lot to do.

aluguel *sm* **1** (*ato de alugar*) rental; hire (*GB*): *uma empresa de ~ de automóveis* a car rental company **2** (*preço*) (**a**) rental; hire charge (*GB*) (**b**) (*casa, quarto*) rent: *Você pagou o ~?* Did you pay the rent? ➲ *Ver nota em* ALUGAR

alumínio *sm* aluminum; aluminium (*GB*)

aluno, -a *sm-sf* student

alusão *sf* allusion LOC **fazer alusão a** to allude to *sth/sb*

alvo *sm* target: *tiro ao ~* target shooting

alvoroço *sm* **1** (*barulho*) racket: *Por que tanto ~?* What's all the racket about? **2** (*distúrbio*) disturbance: *O ~ levou a polícia a intervir.* The disturbance led the police to intervene.

amabilidade *sf* kindness: *Ela é a ~ em pessoa.* She's kindness itself.

amaciante *sm* fabric softener

amaciar *vt* to soften

amador, -ora *adj, sm-sf* amateur: *uma companhia de teatro ~* an amateur theater company ◇ *Para ~es não tocam mal.* They don't play badly for amateurs.

amadurecer *vi* **1** (*fruta*) to ripen **2** (*pessoa*) to mature

amainar *vi* (*vento*) to die down

amaldiçoar *vt* to curse

amamentar *vt* **1** (*pessoa*) to nurse; to breastfeed (*GB*) **2** (*animal*) to suckle

amanhã ▸ *sm* future: *Preciso pensar no ~.* I need to think about the future.
▸ *adv* tomorrow: *Amanhã é sábado, não é?* Tomorrow is Saturday, isn't it? ◇ *o jornal de ~* tomorrow's paper LOC **amanhã de manhã** tomorrow morning ◆ **até amanhã!** see you tomorrow! ◆ **depois de amanhã** the day after tomorrow *Ver tb* DIA

amanhecer[1] ▸ *vi* to dawn: *Já amanhecia o dia.* Day was already dawning.
▸ *v imp verbo impessoal*: *Amanheceu muito cedo.* Dawn broke very early. ◇ *Amanheceu chovendo.* It was raining when dawn broke.

amanhecer[2] *sm* **1** (*madrugada*) dawn: *Levantamo-nos ao ~.* We got up at dawn. **2** (*nascer do sol*) sunrise: *contemplar o ~* to watch the sunrise

amante ▸ *adj* loving: *~ de música* music-loving
▸ *smf* lover: *uma pessoa ~ de ópera* an opera lover

amar *vt* to love

amarelar *vi* **1** (*ficar amarelo*) to go yellow **2** (*acovardar-se*) to chicken out (*of sth*): *No final ele amarelou e não fez o bungee jump.* In the end he chickened out of the bungee jump.

amarelinha *sf* hopscotch

amarelo, -a ▸ *adj* **1** (*cor*) yellow: *É ~.* It's yellow. ◇ *Eu estava de ~.* I was wearing yellow. ◇ *pintar algo de ~* to paint sth yellow ◇ *o menino da camisa amarela* the boy in the yellow shirt **2** (*semáforo*) amber
▸ *sm* yellow: *Não gosto de ~.* I don't like yellow. LOC *Ver* PÁGINA

amargo, -a *adj* bitter LOC *Ver* CHOCOLATE

amargura *sf* **1** (*tristeza*) sorrow: *um olhar de ~* a sorrowful look **2** (*ressentimento*) bitterness: *Ela se tornou uma pessoa com muita ~.* She became very bitter.

amarrar *vt* **1** to tie *sb/sth* up: *Eles o amarraram com uma corda.* They tied him up with a rope. **2** (*Náut*) to moor

amarrotar ▸ *vt* **1** (*papel*) to crumple *sth* (up) **2** (*roupa*) to crease
▸ *vi* (*roupa*) to crease: *Esta saia amarrota facilmente.* This skirt creases easily.

amassar *vt* **1** to crumple **2** (*massa de pão*) to knead **3** (*batatas*) to mash **4** (*cimento*) to mix **5** (*carro*) to dent

amável *adj* ~ **(com)** kind (to *sb*): *Foi muito ~ da parte deles me ajudar.* It was very kind of them to help me. ◇ *Obrigado, você é muito ~.* Thank you, you're very kind.

Amazonas *sm* **o Amazonas** the Amazon

âmbar *sm* amber

ambição *sf* ambition

ambicionar *vt* (*desejar*) to want: *O que eu mais ambiciono é...* What I want more than anything else is...

ambicioso, -a *adj* ambitious

ambiental *adj* environmental

ambientalista *smf* environmentalist

ambiente ▸ *adj* background: *música ~* background music
▸ *sm* **1** (*natureza, meio que nos rodeia*) environment: *O ~ familiar nos influencia muito.* Our family environment has a great influence on us. **2** (*atmosfera*) atmosphere: *um ~ poluído/abafado* a polluted/stuffy atmosphere ◇ *O local tem bom ~.* The place has a good atmosphere. LOC *Ver* MEIO, TEMPERATURA

ambíguo, -a *adj* ambiguous

âmbito *sm* (*campo de ação*) scope LOC **de âmbito nacional** nationwide

ambos, -as *num numeral* both (of us, you, them): *Dou-me bem com ~.* I get along well with both of them. ◇ *Ambos gostamos de viajar.* Both of us like traveling./We both like traveling.

ambulância *sf* ambulance

ambulante *adj* traveling: *um circo ~* a traveling circus LOC **(vendedor, -ora) ambulante** street trader

ameaça *sf* threat: *estar sob ~* to be under threat

ameaçador, -ora *adj* threatening

ameaçar *vt* to threaten (*to do sth*): *Ameaçaram matá-lo.* They threatened to kill him. ◇ *Eles os ameaçaram com um processo judicial.* They threatened to take them to court. ◇ *Ele me ameaçou com uma faca.* He threatened me with a knife.

ameixa *sf* plum LOC **ameixa seca** prune

ameixeira *sf* plum tree

amém *interj* amen

amêndoa *sf* almond

amendoeira *sf* almond tree

amendoim *sm* peanut

ameno, -a *adj* **1** (*temperatura, clima*) mild **2** (*agradável*) pleasant: *uma conversa amena* a pleasant conversation

América *sf* America LOC **América Central/Latina** Central/Latin America ◆ **América do Norte/Sul** North/South America

americano, -a *adj, sm-sf* American

ametista *sf* amethyst

amianto *sm* asbestos

amido *sm* starch

A

amigável *adj* friendly
amígdala (*tb* **amídala**) *sf* tonsil: *Fui operado das ~s.* I had my tonsils out.
amigdalite (*tb* **amidalite**) *sf* tonsillitis [*não contável*]
amigo, -a ▸ *adj* **1** (*voz*) friendly **2** (*mão*) helping
▸ *sm-sf* friend: *a minha melhor amiga* my best friend ◇ *Ele é um ~ íntimo meu.* He's a very close friend of mine. ◇ *ter ~s nas altas esferas* to have friends in high places LOC **ser muito amigo(s)** to be good friends (*with sb*): *Somos muito ~s.* We're good friends.
amistoso *sm* (*Futebol*) friendly
amizade *sf* **1** (*relação*) friendship: *acabar com uma ~* to end a friendship **2 amizades** friends: *Não faço parte do seu grupo de ~s.* I don't belong to his circle of friends. LOC **fazer amizade** to make friends *with sb*
amnésia *sf* amnesia
amolação *sf* **1** (*incômodo*) bore; drag (*coloq*) **2** (*aborrecimento*) irritation
amolar *vt* **1** (*afiar*) to sharpen **2** (*importunar*) to bother
amolecer *vt, vi* to soften
amoníaco *sm* ammonia
amontoar ▸ *vt* **1** (*empilhar*) to pile *sth* up **2** (*acumular*) to amass: *~ tralha* to collect junk
▸ **amontoar-se** *vp* **1** to pile up: *O trabalho foi se amontoando.* The work steadily piled up. **2 ~ em** (*apinhar*) to cram into *sth*: *Todos se amontoaram no carro.* They all crammed into the car.
amor *sm* love: *uma canção/história de ~* a love song/story ◇ *o ~ da minha vida* the love of my life ◇ *carta de ~* love letter LOC **amor à primeira vista** love at first sight: *Foi ~ à primeira vista.* It was love at first sight. ◆ **fazer amor com** to make love (to/with *sb*) ◆ **pelo amor de Deus!** for God's sake! ◆ **por amor à camisa**: *Ele só trabalha por ~ à camisa.* He only works because he enjoys it.
amordaçar *vt* to gag: *Os assaltantes o amordaçaram.* The robbers gagged him.
amoroso, -a *adj* **1** (*relativo ao amor*) love: *vida amorosa* love life **2** (*carinhoso*) loving
amor-próprio *sm* **1** (*orgulho*) pride **2** (*autoestima*) self-esteem
amostra *sf* (*Med, Estatística, mercadoria*) sample: *uma ~ de sangue* a blood sample ◇ *~ grátis* free sample
amparar ▸ *vt* to protect (and support) *sb/sth* (*against sb/sth*): *Todos precisamos de alguém que nos ampare.* We all need someone to protect and support us.
▸ **amparar-se** *vp* **amparar-se em** (*apoiar-se*) to seek the support of *sb/sth*: *Ele amparou-se na família.* He sought the support of his family.
amparo *sm* support
ampère *sm* amp
ampliação *sf* **1** enlargement **2** (*negócio, império*) expansion
ampliar *vt* **1** (*Fot*) to enlarge **2** (*aumentar*) to extend: *~ o estabelecimento* to extend the premises **3** (*negócio, império*) to expand
amplificador *sm* amplifier
amplificar *vt* (*som*) to amplify
amplo, -a *adj* **1** wide: *uma ampla variedade de produtos* a wide range of goods **2** (*lugar*) spacious: *um apartamento ~* a spacious apartment
amputar *vt* to amputate
amuado, -a *adj* sulky *Ver tb* AMUAR
amuar *vi* to sulk
amuleto *sm* charm
analfabetismo *sm* illiteracy
analfabeto, -a *adj, sm-sf* illiterate: *ser um ~* to be illiterate
analgésico *sm* painkiller
analisar *vt* to analyze
análise *sf* analysis (*pl* analyses) LOC *Ver* ÚLTIMO
anão, anã *adj, sm-sf* dwarf (*pl* dwarfs/dwarves): *uma conífera anã* a dwarf conifer
anarquia *sf* anarchy
anarquista *adj, smf* anarchist
anatomia *sf* anatomy (*pl* anatomies)
anchova *sf* anchovy (*pl* anchovies)
ancinho *sm* rake
âncora ▸ *sf* anchor: *lançar/levantar ~* to drop/weigh anchor
▸ *smf* (*TV, Rádio*) anchor
andaime *sm* scaffolding [*não contável*]: *Há ~s por todo lado.* There's scaffolding everywhere.
andamento *sm* **1** (*progresso*) progress **2** (*rumo*) direction LOC **dar andamento a algo** (*processo*) to set sth in motion ◆ **em andamento** (*em execução*) in progress: *O projeto já está em ~.* The project is already underway.
andar[1] ▸ *vi* **1** (*caminhar*) to walk: *Fomos andando até o cinema.* We walked to the movie theater.

Em inglês, existem várias maneiras de se dizer *andar*. A palavra com sentido mais geral é **walk**. Todos os demais verbos têm uma particularidade que os diferencia. Eis alguns deles:

creep = mover-se furtivamente

pace = andar de lá para cá

plod = caminhar com dificuldade, pesadamente

stagger = cambalear

stride = andar a passos largos

stroll = dar uma volta, passear

Assim, pode-se dizer, por exemplo: *I crept upstairs, trying not to wake my parents.* ◇ *She paced up and down the corridor.* ◇ *We plodded on through the rain and mud.* ◇ *We strolled along the beach.*

2 ~ **de** to ride: ~ *de bicicleta* to ride a bike **3** (*estar*) to be: ~ *ocupado/deprimido* to be busy/depressed ◇ *Ela anda à procura de um apartamento.* She's looking for an apartment. **4** (*mover-se*) to move: *Essa fila não anda.* This line isn't moving.
▸ *vt* ~ **por** to be about *sth*: *Ele deve ~ aí pelos 50 anos.* He must be about 50.
LOC anda! hurry up! ❶ Para outras expressões com **andar**, ver os verbetes para o substantivo, adjetivo, etc., p.ex. **andar à deriva** em DERIVA e **andar de gatinhas** em GATINHAS.

andar² *sm* (*modo de caminhar*) walk: *Eu o reconheci pelo ~.* I recognized him by his walk.

andar³ *sm* (*edifício*) floor: *Moro no terceiro ~.* I live on the fourth floor. ◇ *Moro no ~ de baixo/cima.* I live on the floor below/above. ➲ *Ver nota em* FLOOR
LOC de dois, etc. andares (*edifício*) two-story, etc.: *um prédio de cinco ~es* a five-story building

andorinha *sf* swallow

anedota *sf* joke

anel *sm* ring **LOC anel rodoviário/viário** beltway; ring road (*GB*)

anemia *sf* anemia

anêmico, -a *adj* anemic

anestesia *sf* anesthetic: *Deram-me uma ~ geral/local.* They gave me a general/local anesthetic.

anestesiar *vt* to anesthetize

anexo, -a ▸ *adj* (*folha, documento, arquivo*) attached
▸ *sm* **1** (*edifício*) annex **2** (*arquivo*) attachment

anfetamina *sf* amphetamine

anfíbio, -a ▸ *adj* amphibious
▸ *sm* amphibian

anfiteatro *sm* **1** (*romano*) amphitheater **2** (*sala de aula*) lecture hall; lecture theatre (*GB*)

anfitrião, -ã *sm-sf* **1** (*masc*) host **2** (*fem*) hostess

angariar *vt* (*fundos*) to raise

anglicano, -a *adj, sm-sf* Anglican

anglo-saxão, -ã *adj, sm-sf* Anglo-Saxon

Angola *sf* Angola

angolano, -a *adj, sm-sf* Angolan

ângulo *sm* angle: ~ *reto/agudo/obtuso* right/acute/obtuse angle ◇ *Eu vejo as coisas por outro ~.* I see things from a different angle.

angústia *sf* anguish: *Ele gritou com ~.* He cried out in anguish.

animação *sf* **1** (*alegria*) liveliness **2** (*entusiasmo*) enthusiasm

animado, -a *adj* **1** lively: *uma festa/cidade animada* a lively party/city **2** (*entusiasmado*) enthusiastic **LOC** *Ver* DESENHO; *Ver tb* ANIMAR

animal ▸ *adj, sm* animal: ~ *doméstico/selvagem* domestic/wild animal ◇ *o reino ~* the animal kingdom
▸ *adj* (*legal*) cool: *um jogo muito ~* a really cool game

animar ▸ *vt* **1** (*pessoa*) to cheer *sb* up **2** (*conversa, jogo*) to liven *sth* up **3** (*apoiar*) to cheer *sb* on: ~ *a equipe* to cheer the team on
▸ **animar-se** *vp* to cheer up: *Anime-se!* Cheer up!

ânimo ▸ *sm* spirits [*pl*]: *Faltava-nos ~.* Our spirits were low.
▸ *interj* **ânimo!** cheer up!

aniquilar *vt* to annihilate

anistia *sf* amnesty (*pl* amnesties)

aniversário *sm* **1** (*de pessoa*) birthday: *O meu ~ é segunda-feira.* It's my birthday on Monday. ◇ *Feliz Aniversário!* Happy Birthday! **2** (*de instituição, evento*) anniversary (*pl* anniversaries): *o ~ do nosso casamento* our (wedding) anniversary

anjo *sm* angel **LOC anjo da guarda** guardian angel *Ver tb* SONHAR

ano *sm* year: *o ~ todo* all year (round) ◇ *todos os ~s* every year ◇ ~ *acadêmico/escolar* academic/school year ◇ *Feliz Ano Novo!* Happy New Year! **LOC ano bissexto** leap year ◆ **ano sim, ano não** every other year ◆ **de dois, etc. anos**: *uma mulher de trinta ~s* a woman of thirty/a thirty-year-old woman ◆ **fazer anos**: *Segunda-feira faço ~s.* It's my birthday on Monday. ◆ **os anos 50, 60, etc.** the 50s, 60s, etc. ◆ **ter dois, etc.**

A

anos to be two, etc. (years old): *Tenho dez ~s.* I'm ten (years old). ◇ *Quantos ~s você tem?* How old are you? ➲ *Ver nota em* OLD *Ver tb* COMPLETAR, CURSO, DAQUI, MENOR, NOITE, PASSAGEM

anoitecer[1] *v imp verbo impessoal* to get dark: *No inverno anoitece mais cedo.* In winter it gets dark earlier.

anoitecer[2] *sm* dusk: *ao ~* at dusk LOC **antes/depois do anoitecer** before/after dark

ano-luz *sm* light year

anônimo, -a *adj* anonymous: *uma carta anônima* an anonymous letter LOC *Ver* SOCIEDADE

anorexia *sf* anorexia

anoréxico, -a *adj* anorexic

anormal *adj* abnormal: *um comportamento ~* abnormal behavior

anotar *vt* to note *sth* down: *Anotei o endereço.* I noted down the address.

ânsia *sf* **1** ~ **(de)** longing (for *sth/to do sth*): *a ~ de vencer* the will to win **2** ~ **(por)** desire (for *sth*): *~ por bons resultados* a desire to get good results LOC **ter ânsia de vômito** to feel like throwing up

ansiar *vt* ~ **por** to long for *sth*

ansiedade *sf* anxiety (*pl* **anxieties**)

ansioso, -a *adj* anxious

antártico, -a ▸ *adj* Antarctic ▸ *sm* **o Antártico** (*oceano*) the Antarctic Ocean LOC *Ver* CÍRCULO

antebraço *sm* forearm

antecedência *sf* LOC **com antecedência** in advance: *com dois anos de ~* two years in advance

antecedentes *sm* (*criminais*) record: *~ criminais* a criminal record

antecipadamente *adv* in advance

antecipar *vt* **1** (*prever*) to anticipate **2** (*evento, data*) to bring *sth* forward: *Queremos ~ o exame uma semana.* We want to bring the test forward a week.

antemão *adv* LOC **de antemão** beforehand

antena *sf* **1** (*TV, Rádio*) antenna; aerial (*GB*) **2** (*Zool*) antenna LOC **antena parabólica** satellite dish

antenado, -a *adj* savvy; switched on (*GB*): *As crianças são muito antenadas hoje em dia.* Kids these days are very savvy. ◇ *Julia está sempre antenada ao que se passa a sua volta.* Julia never misses a trick.

anteontem *adv* the day before yesterday LOC **anteontem à noite** the night before last

antepassado, -a *sm-sf* ancestor

anterior *adj* previous

antes *adv* (*previamente*) before: *Já tinha sido discutido ~.* We had discussed it before. ➲ *Ver nota em* AGO LOC **antes de** before *sth/doing sth*: *~ do Natal* before Christmas ◇ *~ de ir para a cama* before going to bed ♦ **antes de mais nada** first of all

anti *smf* (*Futebol*) rival fan

antiaderente *adj* non-stick

antibiótico *sm* antibiotic

anticoncepcional *adj* contraceptive: *métodos anticoncepcionais* contraceptive methods

anticorpo *sm* antibody (*pl* **antibodies**)

antidoping *sm* LOC *Ver* TESTE

antídoto *sm* ~ **(contra)** antidote (to *sth*)

antigamente *adv* in the old days

antigo, -a *adj* **1** old: *prédios ~s* old buildings ◇ *o meu ~ chefe* my old boss **2** (*Hist*) ancient: *a Grécia antiga* ancient Greece

antiguidade *sf* **1** (*época*) ancient times [*pl*] **2** (*no trabalho*) seniority **3** (*objeto*) antique: *loja de ~s* antique shop

anti-higiênico, -a *adj* unhygienic

anti-horário *adj* (*sentido*) counterclockwise; anticlockwise (*GB*)

antílope *sm* antelope

antipatia *sf* LOC **ter antipatia por alguém** to dislike sb

antipático, -a *adj* (*pessoa*) unpleasant

antiquado, -a *adj* old-fashioned

antiquário *sm* (*loja*) antique shop

antirroubo *adj* anti-theft: *dispositivo ~* anti-theft device

antisséptico, -a *adj* antiseptic

antônimo *sm* opposite: *Qual é o ~ de alto?* What's the opposite of tall?

antropologia *sf* anthropology

antropólogo, -a *sm-sf* anthropologist

anual *adj* annual

anualmente *adv* annually

anular[1] *vt* **1** (*gol, ponto*) to disallow **2** (*votação*) to declare *sth* invalid **3** (*casamento*) to annul

anular[2] *sm* (*dedo*) ring finger

anunciar *vt* **1** (*informar*) to announce: *Anunciaram o resultado pelos alto-falantes.* They announced the result over the loudspeakers. **2** ~ **(em...)** (*fazer publicidade*) to advertise (in/on...): *~ na televisão* to advertise on TV

anúncio *sm* **1** (*imprensa, televisão*) advertisement; ad (*coloq*) **2** (*pôster*) poster **3** (*declaração*) announcement LOC *Ver* BLOQUEADOR

ânus *sm* anus (*pl* anuses)

anzol *sm* fish hook

ao *prep* **+ infinitivo 1** when: *Caíram na risada ao me ver.* They burst out laughing when they saw me. **2** (*simultaneidade*) as: *Eu o vi ao sair.* I saw him as I was leaving. *Ver tb* A

aonde *adv* where: *Aonde você vai?* Where are you going? LOC **aonde quer que** wherever: *Pelé é bem recebido ~ quer que ele vá.* Pelé is popular wherever he goes.

apagado, -a *adj* **1** (*pessoa*) (**a**) (*sem energia*) listless (**b**) (*abatido*) depressed (**c**) (*sem graça*) dull **2** (*cor*) dull LOC **estar apagado 1** (*luz*) to be off **2** (*fogo*) to be out *Ver tb* APAGAR

apagar ▸ *vt* **1** (*com borracha*) to erase: ~ *uma palavra* to erase a word **2** (*quadro*) to clean **3** (*fogo*) to put *sth* out **4** (*vela*) to blow *sth* out **5** (*cigarro*) to stub *sth* out **6** (*luz*) to switch *sth* off **7** (*arquivo*) to delete

▸ *vi* to go out: *Minha vela/meu cigarro apagou.* My candle/cigarette went out.

apaixonado, -a ▸ *adj* **1** (*enamorado*) in love **2** (*intenso*) passionate: *um temperamento muito ~* a very passionate temperament **3 ~ por** wild about *sth*

▸ *sm-sf* lover: *os ~s por computador* computer lovers/lovers of computers *Ver tb* APAIXONAR

apaixonar ▸ *vt* to win *sb's* heart

▸ **apaixonar-se** *vp* **apaixonar-se (por)** to fall in love (with *sb/sth*)

apalpar *vt* **1** to touch **2** (*indecentemente*) to paw **3** (*examinando, procurando*) to feel: *O médico apalpou a minha barriga.* The doctor felt my stomach. ◇ *Ele apalpou os bolsos.* He felt his pockets.

apanhado *sm* summary (*pl* summaries): *fazer um ~ da situação* to summarize the situation

apanhar ▸ *vt* **1** to catch: ~ *uma bola* to catch a ball ◇ *Foram apanhados em flagrante.* They were caught red-handed. ◇ ~ *um resfriado* to catch a cold ◇ ~ *um trem* to catch a train **2** (*objeto caído*) to pick *sth* up: *Apanhe o lenço.* Pick up the handkerchief. **3** (*colher*) to pick: ~ *flores/fruta* to pick flowers/fruit **4** (*transportes*) to take: *Prefiro ~ o ônibus.* I'd rather take the bus. **5** (*ir buscar*) to pick *sb/sth* up: ~ *as crianças na escola* to pick the children up from school **6** (*encontrar*) to get hold of *sb*

▸ *vi* to get a spanking: *Olha que você vai ~!* You'll get a spanking if you're not careful! LOC ℹ Para expressões com **apanhar**, ver os verbetes para o substantivo, adjetivo, etc., p.ex. **apanhar frio** em FRIO e **apanhar de surpresa** em SURPRESA.

aparafusar *vt* to screw *sth* down/in/on: ~ *a última peça* to screw the last piece on

aparar *vt* to trim

aparecer *vi* **1** to appear: *Ele aparece muito na televisão.* He appears a lot on TV. **2** (*alguém/algo que se tinha perdido*) to turn up: *Perdi os óculos mas eles acabaram aparecendo.* I lost my glasses but they turned up in the end. **3** (*chegar*) to show up: *Pedro apareceu por volta das dez.* Pedro showed up around ten. **4** (*ser visível*) to show: *A mancha aparece muito?* Does the stain really show?

5 ~ (para) (*fantasma*) to appear (to *sb*)

aparecimento *sm* appearance

aparelhagem *sf* equipment LOC **aparelhagem de som** sound system

aparelho *sm* **1** (*máquina*) machine: *Como funciona este ~?* How does this machine work? **2** (*doméstico*) appliance **3** (*rádio, televisão*) set **4** (*Anat*) system: *o ~ digestivo* the digestive system **5** (*para os dentes*) braces [*pl*] brace (*GB*): *Vou ter que usar ~.* I'm going to have to wear braces. **6** (*Ginástica*) apparatus [*não contável*] LOC **aparelho auditivo** hearing aid ◆ **aparelho de barbear** shaver ◆ **aparelho de som** stereo (system)

aparência *sf* appearance LOC **as aparências enganam** appearances are deceptive ◆ **ter boa aparência** to look good *Ver tb* MANTER

aparentar *vt* (*idade*) to look: *Ele aparenta ter uns 50 anos.* He looks about 50.

aparente *adj* apparent: *sem nenhum motivo ~* for no apparent reason

aparição *sf* **1** (*Relig*) vision **2** (*fantasma*) apparition

apartamento *sm* apartment; flat (*GB*): *prédios de ~s* apartment buildings LOC *Ver* BLOCO, COLEGA, CONJUGADO

apartar *vt* (*briga*) to break *sth* up

apavorado, -a *adj* terrified

apaziguar *vt* to appease

apear-se *vp* (*cavalo*) to dismount: ~ *do cavalo* to dismount

apegado, -a *adj*: *ser ~ a algo* to be very attached to sth

apego *sm* **~ (a)** attachment (to *sb/sth*)

apelar *vi* **1** to appeal: *Apelaram para a nossa generosidade.* They appealed to our generosity. ◇ *Apelaram contra a sentença.* They appealed against the sentence. **2 ~ para** (*recorrer a algo*) to resort to *sth*: *Não gosto de programas que apelam para a vulgaridade.* I don't like programs that resort to vulgarity.

apelidar *vt* ~ **alguém de** to nickname sb *sth*

apelido *sm* nickname

apelo *sm* appeal: *fazer um ~ a alguém* to appeal to sb

apenas *adv* only: *Eu trabalho ~ aos sábados.* I only work on Saturdays. ◇ *Ele é ~ uma criança.* He's only a child.

apêndice *sm* (*Anat, livro, etc.*) appendix (*pl* appendices)

apendicite *sf* appendicitis [*não contável*]

aperceber-se *vp* ~ **de** to realize *sth*

aperfeiçoamento *sm* improvement

aperfeiçoar *vt* (*melhorar*) to improve: *Quero ~ o meu alemão.* I want to improve my German.

aperitivo *sm* **1** (*bebida*) aperitif **2** (*comida*) appetizer

apertado, -a *adj* **1** (*justo*) tight: *Essa saia está um pouco apertada para você.* That skirt's a little tight on you. **2** (*gente*) squashed together **3** (*sem dinheiro*) hard up **4** (*curva*) sharp *Ver tb* APERTAR

apertar ▸ *vt* **1** (*botão, interruptor*) to press: *Aperte a tecla duas vezes.* Press the key twice. **2** (*campainha*) to ring **3** (*parafuso, tampa, nó*) to tighten: *~ as cordas de uma raquete* to tighten the strings of a racket **4** (*cinto de segurança*) to fasten **5** (*mãos*) to shake **6** (*gatilho*) to pull **7** (*roupa larga*) to take *sth* in

▸ *vi* **1** (*roupa*) to be too tight (for *sb*): *Esta calça está me apertando.* These pants are too tight (for me). **2** (*sapatos*) to pinch

▸ **apertar-se** *vp* **apertar-se (contra)** to squeeze up (against *sb/sth*) LOC *Ver* CINTO

aperto *sm* **1** (*pressão*) pressure **2** (*situação difícil*) fix LOC **ter um aperto na garganta** to have a lump in your throat

apesar *adv* LOC **apesar de... 1** (*com substantivo ou pronome*) in spite of...: *Fomos ~ da chuva.* We went in spite of the rain. **2** (*com infinitivo*) although...: *Apesar de ser arriscado...* Although it was risky... ◆ **apesar de que...** although...: *Apesar de que tivesse gostado...* Although he'd enjoyed it... ◆ **apesar de tudo** in spite of everything ◆ **apesar disso** however

apetecer *vi* **1** (*dar vontade*) to be/look appetizing: *Este ensopado me apetece.* This stew looks very appetizing. **2** (*estar disposto*) to be in the mood *to do sth/ for (doing) sth*

apetite *sm* appetite: *ter bom ~* to have a good appetite LOC **bom apetite!** enjoy your meal! *Ver tb* ABRIR

apetitoso, -a *adj* appetizing

apetrechos *sm* **1** gear [*não contável*]: *~ de caça* hunting gear **2** (*de pesca*) tackle [*não contável*]

ápice *sm* LOC **no ápice** at the peak *of sth*

apimentado, -a *adj* **1** (*comida*) spicy **2** (*comentário, etc.*) risqué

apinhado, -a *adj* crowded

apitar *vi* **1** (*polícia, árbitro*) to blow your whistle (*at sb/sth*): *O polícial apitou em nossa direção.* The police officer blew his whistle at us. **2** (*chaleira, trem*) to whistle

apito *sm* whistle: *o ~ do trem* the whistle of the train

aplainar *vt* (*madeira*) to plane

aplaudir *vt, vi* to applaud; to clap (*mais coloq*): *~ de pé* to give a standing ovation

aplauso *sm* applause [*não contável*]: *~s calorosos* loud applause

aplicação *sf* **1** application **2** (*da lei*) enforcement **3** (*dinheiro*) investment

aplicado, -a *adj* **1** (*pessoa*) hard-working **2** (*ciência, etc.*) applied: *matemática aplicada* applied mathematics *Ver tb* APLICAR

aplicar ▸ *vt* **1** to apply *sth* (*to sth*): *~ uma regra* to apply a rule ◇ *Aplique a pomada sobre a zona afetada.* Apply the ointment to the affected area. **2** (*pôr em prática*) to put *sth* into practice: *Vamos ~ o que aprendemos.* Let's put what we've learned into practice. **3** (*lei*) to enforce **4** (*dinheiro*) to invest

▸ **aplicar-se** *vp* **aplicar-se (a/em)** to apply yourself (to *sth*): *aplicar-se nos estudos* to apply yourself to your studies

aplicativo (*tb* **app**) *sm* (*Informát*) app

aplicável *adj* ~ **(a)** applicable (to *sb/sth*)

aplique *sm* **1** (*luz*) wall light **2** (*cabelo*) hairpiece

apoderar-se *vp* ~ **de 1** to take possession of *sth* **2** (*com força*) to seize: *Apoderaram-se das joias.* They seized the jewels.

apodrecer *vt, vi* to rot

apoiado, -a *adj* ~ **em/sobre/contra 1** (*inclinado*) leaning against *sth*: *~ contra a parede* leaning against the wall ➲ *Ver ilustração em* LEAN **2** (*descansando*) resting on/against *sth*: *Sua cabeça estava apoiada nas costas da cadeira.* His head was resting on the back of the chair. *Ver tb* APOIAR

apoiar ▸ *vt* **1** to lean *sth against/on sth*: *Não apoie isso contra a parede.* Don't lean it against the wall. ➲ *Ver ilustração em* LEAN **2** (*descansar*) to rest *sth on/ against sth*: *Apoie a cabeça no meu ombro.* Rest your head on my shoulder. **3** (*defender*) to support: *~ uma greve/um*

companheiro to support a strike/colleague **4** (*dar apoio*) to back *sb/sth* up: *Os meus pais me apoiaram tantas vezes.* My parents have backed me up so often.
▸ **apoiar-se** *vp* to lean *on/against sth*: *apoiar-se à parede* to lean against the wall

apoio *sm* support: *~ moral* moral support

apólice *sf* (*seguros*) policy (*pl* policies): *adquirir uma ~* to take out a policy

apologia *sf* ~ **(de)** defense (of *sb/sth*)

apontador *sm* pencil sharpener

apontamento *sm* note

apontar *vt* **1** to aim *sth* (*at sb/sth*): *Ele apontou o revólver para mim.* He aimed his gun at me. **2** (*indicar*) to point *sth* out: *~ um erro* to point out a mistake ◇ *~ algo num mapa* to point sth out on a map **3** (*razões*) to put *sth* forward

aporrinhar *vt* to annoy; to bug (*coloq*): *Pare de me ~!* Stop annoying me!

após *prep* **1** (*depois*) after: *dia ~ dia* day after day **2** (*atrás de*) behind: *A porta fechou-se ~ ela entrar.* The door closed behind her.

aposentado, -a ▸ *adj* retired: *estar ~* to be retired
▸ *sm-sf* senior citizen *Ver tb* APOSENTAR-SE

aposentadoria *sf* **1** (*serviço*) retirement **2** (*pensão*) pension

aposentar-se *vp* to retire

aposta *sf* bet: *fazer uma ~* to make a bet

apostar *vt* ~ **(em)** to bet (on *sb/sth*): *~ num cavalo* to bet on a horse ◇ *Aposto o que você quiser como eles não vêm.* I bet you anything they won't come.

apostila *sf* (spiral-bound) textbook

apóstolo *sm* apostle

apóstrofo *sm* apostrophe ➲ *Ver pág. 310*

apreciação *sf* appreciation

apreciar *vt* **1** to appreciate: *Aprecio um trabalho bem feito.* I appreciate a job well done. **2** (*pessoa*) to think highly of *sb*: *Eles te apreciam muito.* They think very highly of you. **3** (*avaliar*) to assess **4** (*gostar*) to enjoy: *Aprecio um bom vinho.* I enjoy a good wine.

apreço *sm* regard (*for sb/sth*): *ter grande ~ por alguém* to hold sb in high regard

apreender *vt* **1** (*confiscar*) to seize: *A polícia apreendeu 10 kg de cocaína.* The police seized 10 kg of cocaine. **2** (*compreender*) to grasp: *~ o sentido de algo* to grasp the meaning of sth

apreensão *sf* **1** (*bens, contrabando*) seizure **2** (*conhecimentos*) grasp **3** (*preocupação*) apprehension

apreensivo, -a *adj* apprehensive

aprender *vt, vi* to learn: *~ francês/a dirigir* to learn French/to drive ◇ *Você devia ~ a ouvir os outros.* You should learn to listen to other people.

aprendiz *smf* apprentice: *um ~ de eletricista* an apprentice electrician

aprendizagem *sf* **1** learning: *a ~ de uma língua* learning a language **2** (*profissional*) training **3** (*de um ofício*) apprenticeship LOC *Ver* CURVA

apresentação *sf* **1** presentation: *a ~ dos prêmios* the presentation of the prizes **2** (*aparência física*) appearance: *A ~ é muito importante para uma entrevista de emprego.* Appearance is very important in job interviews. **3** (*espetáculo*) performance **4 apresentações** introductions: *Você ainda não fez as apresentações.* You still haven't introduced us. LOC *Ver* CARTA

apresentador, -ora *sm-sf* presenter

apresentar ▸ *vt* **1** to present (*sb*) (with *sth*); to present (*sth*) (*to sb*): *Ele apresentou as provas ao juiz.* He presented the judge with the evidence/the evidence to the judge. ◇ *~ um programa* to present a program **2** (*pessoa*) to introduce *sb* (*to sb*): *Quando é que você vai apresentá-la a nós?* When are you going to introduce her to us? ◇ *Te apresento meu marido.* Let me introduce my husband.

Há várias formas de apresentar as pessoas em inglês segundo o grau de formalidade da situação, por exemplo: "Nick, meet Lucy." (*coloq*); "Helen, this is my daughter Jane"; "May I introduce you. Dr. Mitchell, this is Mr. Jones. Mr. Jones, Dr. Mitchell." (*formal*). Quando você é apresentado a alguém, pode responder "Hi", "Hello" ou "Nice to meet you" se a situação é informal, ou "How do you do?" se é uma situação formal. A um "How do you do?", a outra pessoa responde "How do you do?"

3 (*exibir*) to show **4** (*queixa*) to make: *~ uma queixa* to make a complaint **5** (*demissão*) to tender **6** (*espetáculo*) to premiere
▸ **apresentar-se** *vp* **1** (*a um desconhecido*) to introduce yourself (*to sb*) **2** (*comparecer*) to report (*to sb/sth*) **3** (*artista*) to perform

apressar ▸ *vt* to rush: *Não me apresse.* Don't rush me.
▸ **apressar-se** *vp* **1** to hurry up **2 apressar-se a** to hasten *to do sth*: *Apressei-me a agradecê-los.* I hastened to thank them.

A

aprimorar *vt* to improve: ~ *os seus dotes culinários* to improve your cooking

aprofundar ▸ *vt* **1** (*conhecimentos*) to go deeper into *sth* **2** (*escavar*) to make *sth* deeper
▸ **aprofundar-se** *vp* **aprofundar-se em**: *aprofundar-se num assunto* to deepen your knowledge of a subject

aprontar ▸ *vt* (*terminar*) to finish
▸ *vi* (*fazer algo errado*) to be up to something: *As crianças devem estar aprontando.* The kids must be up to something.
▸ **aprontar-se** *vp* to get ready (*for sth/ to do sth*)

apropriado, -a *adj* appropriate

aprovação *sf* **1** (*consentimento*) approval **2** (*em exame*) pass

aprovado, -a *adj* (*Educ*): *ser* ~ to pass *Ver tb* APROVAR

aprovar ▸ *vt* **1** (*aceitar*) to approve of *sb/ sth*: *Não aprovo o comportamento deles.* I don't approve of their behavior. **2** (*candidato, lei*) to pass
▸ *vi* (*Educ*) to pass

aproveitamento *sm* **1** (*uso*) use **2** (*Educ*) grades [*pl*]: *O aluno tem bom ~ em todas as disciplinas.* The student gets good grades in all his subjects.

aproveitar ▸ *vt* **1** (*utilizar*) to use: ~ *bem o tempo* to use your time well **2** (*recursos naturais*) to make use of *sth*: ~ *a energia solar* to make use of solar energy **3** (*oportunidade*) (*tirar proveito*) to take advantage of *sb/sth*: *Aproveitei a viagem para visitar o meu irmão.* I took advantage of the trip to visit my brother.
▸ **aproveitar-se** *vp* **aproveitar-se (de)** to take advantage (of *sb/sth*)

aproximação *sf* **1** (*chegada*) approach **2** (*proximidade*) nearness

aproximado, -a *adj* approximate LOC *Ver* CÁLCULO; *Ver tb* APROXIMAR

aproximar ▸ *vt* **1** (*coisas*) to bring *sth* closer **2** (*pessoas*) to bring *sb* together
▸ **aproximar-se** *vp* **1** to approach; to get closer (*mais coloq*): *Aproxima-se o Natal.* Christmas is approaching. **2 aproximar-se (de)** (*acercar-se*) to approach *sb/sth*

aptidão *sf* **1** aptitude: *teste de ~* aptitude test **2** (*talento*) gift: *ter ~ para a música* to have a gift for music LOC *Ver* EXAME

apunhalar *vt* to stab

apuração *sf* **1** (*averiguação*) investigation **2** (*aperfeiçoamento*) refinement **3** (*de votos*) counting

apurado, -a *adj* **1** (*paladar*) refined **2** (*ouvido*) keen *Ver tb* APURAR

apurar *vt* **1** (*averiguar*) to investigate **2** (*melhorar*) to refine **3** (*votos*) to count

apuro *sm* **1** (*situação difícil*) fix [*sing*]: *tirar alguém de um ~* to get sb out of a fix **2 apuros** trouble [*não contável*]: *estar em ~s* to be in trouble

aquarela *sf* watercolor LOC *Ver* PINTAR

aquário ▸ *sm* aquarium (*pl* **aquariums/ aquaria**)
▸ **Aquário** *sm* (*astrol*) Aquarius: *Minha irmã é de ~.* My sister is (an) Aquarius. ◇ *nascido sob o signo de ~* born under Aquarius

aquático, -a *adj* **1** (*Biol*) aquatic **2** (*Esporte*) water: *esportes ~s* water sports LOC *Ver* ESQUI, PARQUE

aquecedor *sm* heater: ~ *elétrico/a gás* electric/gas heater ◇ ~ *de água* water heater

aquecer ▸ *vt* **1** to heat *sth* up **2** (*pessoa, músculo*) to warm *sb/sth* up
▸ *vi* (*ficar muito quente*) to get very hot: *O motor aqueceu demais.* The engine overheated.
▸ **aquecer-se** *vp* (*pessoa, Esporte*) to warm up

aquecimento *sm* **1** (*sistema*) heating: ~ *central* central heating **2** (*Esporte*) warm-up: *exercícios de ~* warm-up exercises ◇ *Antes de começar vamos fazer um ~.* We're going to do a warm-up before we start.

aqueduto *sm* aqueduct

aquele, -a *pron* **1** (*adjetivo*) that (*pl* **those**) **2** (*substantivo*) (**a**) (*coisa*) that one (*pl* **those (ones)**): *Este carro é meu e ~ é do Pedro.* This car's mine and that one is Pedro's. ◇ *Prefiro ~s.* I prefer those (ones). (**b**) (*pessoa*): *Você conhece ~s ali?* Do you know those people? ◇ *Olha ~ lá, ele é um gato.* Look at him over there, he's gorgeous.

aqui *adv* **1** (*lugar*) here: *Estão ~.* They're here. ◇ *É ~ mesmo.* It's right here. *Ver tb* DAQUI **2** (*agora*) now: *de ~ por diante* from now on ◇ *Até ~ tudo bem.* So far so good. **3** (*ao telefone*): *Aqui é a Ana. Posso falar com o Paulo?* This is Ana. May I speak to Paulo? LOC **aqui (por) perto** near here ◆ **aqui vou eu!** here I come! ◆ **por aqui (por favor)** this way (please)

aquilo *pron*: *Você está vendo ~?* Can you see that? LOC **aquilo que...** what...: *Lembre-se daquilo que a sua mãe sempre dizia.* Remember what your mother always used to say.

aquisitivo, -a *adj* LOC *Ver* PODER[2]

ar *sm* air: *ar puro* fresh air LOC **ao ar livre** in the open air: *um concerto ao ar livre* an open-air concert ◆ **dar-se ares** to put on airs ◆ **estar no ar** (*programa*) to be on the air ◆ **ir/voar pelos ares** to blow up ◆ **tomar ar** to get a breath of fresh air *Ver tb* CORRENTE, FALTA, PERNA, PISTOLA

árabe ▸ *adj* **1** (*povo, cultura*) Arab **2** (*língua*) Arabic
▸ *smf* (*pessoa*) Arab
▸ *sm* (*língua*) Arabic

arábico, -a *adj* Arabic LOC *Ver* NUMERAÇÃO

arado *sm* plow

arame *sm* wire LOC **arame farpado** barbed wire *Ver tb* REDE

aranha *sf* spider LOC *Ver* TEIA

arar *vt* to plow

arbitragem *sf* **1** arbitration **2** (*Esporte*) refereeing **3** (*Tênis, Beisebol, Críquete*) umpiring

arbitrar *vt* **1** to referee **2** (*Tênis, Beisebol, Críquete*) to umpire **3** (*mediar*) to mediate

arbitrário, -a *adj* arbitrary

árbitro, -a *sm-sf* **1** referee **2** (*Tênis, Beisebol, Críquete*) umpire **3** (*mediador*) arbitrator LOC *Ver* QUARTO

arbusto *sm* bush

arca *sf* (*caixa*) chest

arcar *vt* ~ **com 1** (*consequências*) to face *sth*: *Vocês terão que ~ com as consequências.* You'll have to face the consequences. **2** (*custos*) to bear *sth*: *A escola vai ~ com todos os custos da viagem.* The school will bear all the costs of the trip.

arcebispo *sm* archbishop

arco *sm* **1** (*Arquit*) arch **2** (*Mat*) arc: *um ~ de 36°* a 36° arc **3** (*Esporte, Mús*) bow: *um ~ e flecha* a bow and arrow **4** (*de cabelo*) hairband **5 arcos** arcade: *os ~s da praça* the arcade around the square LOC **arco e flecha** (*Esporte*) archery *Ver tb* TIRO

arco-íris *sm* rainbow: *Olha, um ~.* Look! There's a rainbow.

ar-condicionado *sm* air conditioning

ardente *adj* **1** (*que arde*) burning **2** (*apaixonado*) ardent

arder *vi* **1** (*queimar*) to burn **2** (*olhos*) to sting: *Meus olhos estão ardendo.* My eyes are stinging.

ardor *sm* ardor

ardósia *sf* slate: *um telhado de ~* a slate roof

área *sf* **1** area: *~ de não fumantes* no-smoking area ◇ *a ~ de um retângulo* the area of a rectangle **2** (*profissional*) field: *Jorge trabalha na ~ financeira.* Jorge works in finance.

areia *sf* sand: *brincar na ~* to play in the sand LOC **areia movediça** quicksand *Ver tb* BANCO, CASTELO

arejar ▸ *vt* (*quarto, roupa*) to air
▸ *vi* to get some fresh air

arena *sf* **1** arena **2** (*Boxe*) ring

arenque *sm* herring

arfar *vi* to puff and pant

Argentina *sf* Argentina

argentino, -a *adj, sm-sf* Argentinian

argila *sf* clay

argola *sf* **1** ring: *as ~s olímpicas* the Olympic rings **2** (*brinco*) hoop earring LOC **argola de nariz** nose ring

argumentar *vt, vi* to argue

argumento *sm* **1** (*razão*) argument: *os ~s a favor e contra* the arguments for and against **2** (*Cinema, Liter*) plot

árido, -a *adj* arid

Áries *sm* Aries ➲ *Ver exemplos em* AQUÁRIO

aristocracia *sf* aristocracy (*pl* aristocracies)

aristocrata *smf* aristocrat

aritmética *sf* arithmetic

arma *sf* weapon: *~s nucleares/químicas* nuclear/chemical weapons ❶ Em alguns contextos, diz-se **arms**: *traficante de ~s* arms dealer ◇ *a indústria de ~s* the arms industry. LOC **arma branca** knife ◆ **arma de fogo** firearm ◆ **arma do crime** murder weapon

armação *sf* **1** (*quadro, de óculos*) frame **2** (*golpe*) trap: *Foi tudo ~ dos empresários.* It was all a trap set by the bosses.

armadilha *sf* trap: *cair numa ~* to fall into a trap

armadura *sf* armor [*não contável*]: *uma ~* a suit of armor

armamentista *adj* LOC *Ver* CORRIDA

armamento *sm* arms [*pl*]

armar *vt* **1** (*fornecer armas*) to arm *sb (with sth)*: *Armaram os soldados com pistolas.* They armed the soldiers with pistols. **2** (*móvel, modelo, etc.*) to assemble **3** (*barraca, estante*) to put *sth* up **4** (*esquema*) to think *sth* up; to invent (*mais formal*): *Os diretores armaram um esquema para desviar fundos.* The directors thought up a scheme to divert funds. LOC **armar confusão** to cause chaos ◆ **armar um barraco/escândalo** to make a fuss *Ver tb* MÃO

armarinho *sm* haberdashery

armário *sm* **1** cupboard **2** (*para roupa*) closet; wardrobe (*GB*) LOC **armário de remédios** medicine chest ◆ **armário embutido** built-in closet/wardrobe

armazém *sm* **1** (*edifício*) warehouse **2** (*depósito*) storeroom **3** (*loja*) store

armazenamento *sm* storage

armazenar *vt* to store

aro *sm* **1** (*argola*) ring **2** (*roda, óculos*) rim

aroma *sm* aroma ➲ *Ver nota em* SMELL

A

aromático, -a *adj* aromatic

arpão *sm* harpoon

arqueologia *sf* archeology

arqueológico, -a *adj* archeological

arqueólogo, -a *sm-sf* archeologist

arquibancada *sf* bleachers [*pl*] terraces [*pl*] (*GB*)

arquipélago *sm* archipelago (*pl* archipelagos/archipelagoes)

arquitetar *vt* (*plano, projeto*) to devise

arquiteto, -a *sm-sf* architect

arquitetura *sf* architecture

arquivar *vt* **1** (*classificar*) to file **2** (*assunto*) to shelve

arquivo *sm* **1** (*Informát, polícia*) file: *salvar/deletar um ~* to save/delete a file **2** (*Hist*) archive(s): *um ~ histórico* historical archives **3** (*móvel*) file cabinet; filing cabinet (*GB*)

arraigado, -a *adj* deep-rooted: *um costume muito ~* a deep-rooted custom

arrancar ▸ *vt* **1** (*remover*) to take *sth* off; to remove (*mais formal*): *Arranque a etiqueta do preço.* Take the price tag off. **2** (*extrair*) to take *sb/sth* out (*of sth*): *O dentista arrancou um dente dele.* The dentist pulled his tooth out. **3** (*tirar com violência*) to snatch *sth* (*from sb*) **4** (*pelo, dente, etc.*) to pull *sth* out: *~ um prego* to pull a nail out **5** (*planta*) to pull *sth* up: *~ as ervas daninhas* to pull up the weeds **6** (*página*) to tear *sth* out **7** (*informação, confissão*) to extract **8** (*risos, aplausos*) to draw: *Ivete Sangalo arrancou aplausos da plateia com sua apresentação.* Ivete Sangalo's performance drew applause from the audience.
▸ *vi* **1** (*motor*) to start **2** (*partir*) to set off
▸ **arrancar-se** *vp* to run off: *Os ladrões se arrancaram assim que ouviram um barulho.* The thieves ran off the moment they heard a noise.

arranha-céu *sm* skyscraper

arranhão *sm* scratch

arranhar *vt* **1** to scratch: *~ o carro* to scratch your car ◇ *Ouvi o cão ~ a porta.* I heard the dog scratching at the door. **2** (*idioma*) to have a smattering of *sth*: *~ italiano* to have a smattering of Italian

arranjar ▸ *vt* **1** (*pôr em ordem*) to put *sth* in order **2** (*conseguir*) to get: *Não sei onde é que ela arranjou o dinheiro.* I don't know where she got the money from. ◇ *Você me arranja uma cerveja?* Can you get me a beer, please? **3** (*encontrar*) to find: *Tenho que ~ uma saída.* I have to find a way out.
▸ **arranjar-se** *vp* **1** (*dar certo*) to work out: *No fim tudo se arranjou.* It all worked out in the end. **2** (*virar-se*) to manage; to get by (*mais coloq*): *A comida é pouca, mas nós nos arranjamos.* There's not much food, but we manage. LOC **arranjar coragem** to pluck up courage ◆ **arranjar problemas** to cause trouble ◆ **arranjar um jeito** to find a way (*to do sth/of doing sth*): *Arranjamos um jeito de entrar na festa.* We found a way of getting into the party.

arranjo *sm* arrangement

arranque *sm* (*motor*): *Tenho problemas com o ~.* I have problems starting the car.

arrasado, -a *adj* (*deprimido*) devastated: *~ com a perda do filho* devastated by the loss of his son *Ver tb* ARRASAR

arrasar ▸ *vt* **1** to destroy: *A guerra arrasou a cidade.* The war destroyed the city. **2** (*vencer*) to whip; to thrash (*GB*)
▸ *vi* (*fazer sucesso*) to be a great success: *A Madonna arrasou em seus shows.* Madonna's shows were a great success. ◇ *A equipe local arrasou.* The local team were fantastic.

arrastar ▸ *vt* **1** to drag: *Não arraste os pés.* Don't drag your feet. ◇ *Eles não queriam ir, tive que arrastá-los.* They didn't want to go, so I had to drag them away. **2** (*vento, água*) to carry *sb/sth* away: *A criança foi arrastada pela correnteza.* The child was carried away by the current.
▸ **arrastar-se** *vp* **1** (*rastejar*) to crawl: *arrastar-se pelo chão* to crawl across the floor **2** (*processo, situação*) to drag (on) **3 arrastar-se (diante de)** (*humilhar-se*) to grovel (to *sb*)

arrebentação *sf* (*no mar*) surf

arrebentar ▸ *vt, vi* **1** (*estourar*) to burst **2** (*vidro, corda, etc.*) to break
▸ *vi* **1** (*ondas*) to break **2** (*fazer sucesso*) to be great: *O último show do U2 arrebentou.* U2's last show was great.

arrebitado, -a *adj* (*nariz*) turned-up

arrecadar *vt* **1** (*impostos*) to collect **2** (*fundos*) to raise: *Arrecadaram um dinheirão.* They raised a lot of money.

arrecife *sm* (coral) reef

arredondar *vt* to round *sth* off

arredores *sm* outskirts: *Eles vivem nos ~ de Recife.* They live on the outskirts of Recife.

arregaçar *vt* **1** (*mangas, calças*) to roll *sth* up: *Ele arregaçou as calças.* He rolled up his pants. ◇ *de mangas arregaçadas* with your sleeves rolled up **2** (*saia*) to lift *sth* (up)

arregalar *vt* LOC **arregalar os olhos**: *O garotinho arregalou os olhos quando viu tanto brinquedo.* The little boy's eyes almost popped out of his head when he saw so many toys.

arreganhar *vt* LOC **arreganhar os dentes** to bare your teeth

arreios *sm* harness

arremedar *vt* to mimic

arremessar *vt* (*bola, etc.*) to throw

arrendar *vt* to lease

arrepender-se *vp* ~ **(de) 1** (*lamentar*) to regret *sth/doing sth*: *Eu me arrependo de ter dito isso.* I regret saying it. ◇ *Você vai se arrepender!* You'll regret it! **2** (*pecado*) to repent (*of sth*)

arrependido, -a *adj* LOC **estar arrependido (de)** to be sorry (for/about *sth*) *Ver tb* ARREPENDER-SE

arrependimento *sm* **1** (*pesar*) regret **2** (*Relig*) repentance

arrepiado, -a *adj* **1** (*pele*) covered in goose bumps **2** (*cabelo*) standing on end: *Fiquei de cabelos ~s com a história.* The story made my hair stand on end. *Ver tb* ARREPIAR

arrepiar ▸ *vt* (*horrorizar*) to horrify ▸ **arrepiar-se** *vp* **1** to shiver **2** (*cabelos*) to stand on end LOC **de arrepiar os cabelos** horrific

arrepio *sm* shiver

arriscado, -a *adj* **1** (*perigoso*) risky **2** (*audaz*) daring *Ver tb* ARRISCAR

arriscar ▸ *vt* to risk: ~ *a saúde/o dinheiro/a vida* to risk your health/money/life ▸ **arriscar-se** *vp* to take risks/a risk: *Se eu fosse você, não me arriscaria.* If I were you, I wouldn't risk it. LOC *Ver* PELE

arroba *sf* (*Informát*) at

O símbolo **@** lê-se **at**: *tiago@rednet.br* lê-se "tiago at rednet dot b r" /daːt biː ɑːr/.

arrogância *sf* arrogance

arrogante *adj* arrogant

arrombar *vt* **1** (*porta*) to force **2** (*casa*) to break into *sth* **3** (*cofre*) to crack

arrotar *vi* to burp

arroto *sm* burp

arroz *sm* rice

arroz-doce *sm* rice pudding

arruinar ▸ *vt* to ruin: *A tempestade arruinou as colheitas.* The storm ruined the crops. ▸ **arruinar-se** *vp* (*falir*) to go bankrupt

arrumadeira *sf* chambermaid

arrumado, -a *adj* **1** neat **2** (*vestido*) dressed *Ver tb* ARRUMAR

arrumar ▸ *vt* **1** (*ordenar*) to clean *sth* up: *Será que você podia ~ o seu quarto?* Could you clean up your room? **2** (*mala*) to pack: *Você já arrumou as malas?* Have you packed yet? **3** (*mentira, desculpa*) to think *sth* up; to invent (*mais formal*) **4** (*emprego*) to find ▸ **arrumar-se** *vp* **1** (*preparar-se*) to get ready **2** (*enfeitar-se*) to dress up

arsenal *sm* arsenal

arsênico *sm* arsenic

arte *sf* **1** art: *uma obra de ~* a work of art ◇ *~s marciais* martial arts **2** (*habilidade*) skill (*at sth/doing sth*) LOC **artes plásticas** fine arts ◆ **fazer arte** to get up to mischief

artéria *sf* artery (*pl* arteries)

arterial *adj* LOC *Ver* PRESSÃO

artesanal *adj* handmade

artesanato *sm* **1** (*habilidade*) craftsmanship **2** (*produtos*) handicrafts [*pl*]: *o ~ brasileiro* Brazilian handicrafts

ártico, -a ▸ *adj* Arctic ▸ *sm* **o Ártico** (*oceano*) the Arctic Ocean LOC *Ver* CÍRCULO

articulação *sf* **1** (*Anat, Mec*) joint **2** (*pronúncia*) articulation

articular *vi* (*pronunciar bem*) to speak clearly

artificial *adj* artificial LOC *Ver* RESPIRAÇÃO

artifício *sm* LOC *Ver* FOGO

artigo *sm* **1** (*Jornalismo, Gram*) article: *Espero que publiquem o meu ~.* I hope they publish my article. ◇ *o ~ definido* the definite article **2 artigos** (*produtos*) goods: *~s de luxo* luxury goods

artilharia *sf* artillery

artilheiro, -a *sm-sf* top goalscorer

artista *smf* artist

artístico, -a *adj* artistic

artrite *sf* arthritis [*não contável*]

árvore *sf* tree: *~ frutífera* fruit tree LOC **árvore genealógica** family tree

as *art, pron Ver* OS

ás *sm* ace: *o ás de copas* the ace of hearts ➲ *Ver nota em* BARALHO LOC **ser um ás** (*pessoa*) to be a genius: *Ele é um ás da música.* He's a musical genius. ◇ *um ás do ciclismo* a top cyclist

asa *sf* **1** wing: *as ~s de um avião* the wings of a plane **2** (*de utensílio*) handle LOC *Ver* BATER

asa-delta *sf* **1** (*aparelho*) hang glider **2** (*Esporte*) hang-gliding: *saltar/voar de ~* to go hang-gliding

ascendente ▸ *smf* (*ancestral*) ancestor ▸ *sm* (*astrol*) ascendant: *Eu sou de gêmeos com ~ em câncer.* I'm a Gemini and my ascendant is Cancer. ▸ *adj* (*que sobe*) rising: *uma curva ~* a rising curve

ascensão *sf* **1** (*partido, figura pública*) rise **2** (*empregado, Esporte*) promotion

asco *sm* LOC **dar asco** to make *sb* (feel) sick: *O cheiro de peixe me dá ~.* The smell of fish makes me feel sick. ◇ *Essa gente me dá ~.* Those people make me sick. ◆ **ter asco de** to hate *sb/sth*: *Eu tenho ~ de pessoas falsas!* I hate two-faced people!

asfaltar *vt* to asphalt

asfalto *sm* asphalt

asfixia *sf* suffocation; asphyxia (*mais formal*)

asfixiar *vt* **1** (*com fumaça, gás*) to suffocate; to asphyxiate (*mais formal*) **2** (*com uma almofada*) to smother

Ásia *sf* Asia

asiático, -a *adj, sm-sf* Asian

asilo *sm* **1** (*lar*) home **2** (*Pol*) asylum: *procurar ~ político* to seek political asylum

asma *sf* asthma

asmático, -a *adj, sm-sf* asthmatic

asneira *sf*: *Mas que ~!* What a dumb thing to do! ◇ *dizer ~s* to talk nonsense

aspargo *sm* asparagus [*não contável*]

aspas *sf* quotation marks; quotes (*coloq*) ➲ *Ver pág. 310* LOC **entre aspas** in quotes

aspecto *sm* **1** (*aparência*) look: *A sua avó não está com bom ~.* Your granny doesn't look very well. **2** (*faceta*) aspect: *o ~ jurídico* the legal aspect

Asperger *sm* LOC **(síndrome de) Asperger** Asperger's syndrome

áspero, -a *adj* **1** (*superfície*) rough **2** (*pessoa*) strict

aspirador *sm* vacuum cleaner: *passar o ~* to vacuum

aspirar *vt* **1** (*com aspirador*) to vacuum **2** (*máquina*) to suck *sth* up **3** (*respirar*) to breathe *sth* in **4** ~ **a** to aspire to *sth*: *~ a um salário decente* to aspire to a decent salary

aspirina *sf* aspirin: *tomar uma ~* to take an aspirin

asqueroso, -a *adj* disgusting

assado, -a *adj* roast: *frango ~ (no forno)* roast chicken LOC **assado na brasa** grilled: *costeletas assadas na brasa* grilled chops *Ver tb* ASSAR

assadura *sf* rash

assalariado, -a *sm-sf* salaried employee

assaltante *smf* **1** (*agressor*) assailant **2** (*banco, loja, etc.*) robber **3** (*casa*) burglar ➲ *Ver nota em* THIEF **4** (*de pessoa*) mugger

assaltar *vt* **1** (*atacar*) to attack **2** (*banco, loja*) (*pessoa*) to rob ➲ *Ver nota em* ROB **3** (*casa*) to burglarize; to burgle (*GB*): *Assaltaram a nossa casa.* Our house was burglarized. **4** (*pessoa fora de casa*) to mug: *Fui assaltado no metrô.* I was mugged on the subway. **5** (*roubar à mão armada*) to hold *sb/sth* up: *~ uma sucursal do Banco Central* to hold up a branch of the Central Bank **6** (*saquear*) to raid

assalto *sm* **1** ~ **(a)** (*agressão*) attack (on *sb*) **2** (*banco, loja, pessoa*) robbery (*pl* **robberies**): *Fui vítima de um ~.* I was robbed. **3** (*casa, escritório*) burglary (*pl* **burglaries**); break-in (*mais coloq*): *No domingo houve três ~s nesta rua.* There were three burglaries in this street on Sunday. ➲ *Ver nota em* THEFT **4** (*pessoa fora de casa*) mugging **5** (*roubo à mão armada*) hold-up: *Fizeram um ~ a uma joalheria.* They held up a jewelry store. **6** (*saque*) raid (on *sth*): *o ~ ao supermercado* the supermarket raid **7** (*Boxe*) round

assar ▸ *vt* **1** (*carne*) to roast **2** (*pão, batata*) to bake

▸ *vi* (*passar calor*) to roast: *Com este calor vamos ~ na praia.* We'll roast on the beach in this heat.

assassinar *vt* to murder

> Também existe o verbo **assassinate** e os substantivos **assassination** (*assassinato*) e **assassin** (*assassino*), mas estes só se utilizam quando se trata de uma pessoa importante: *Quem é que assassinou o senador?* Who assassinated the senator? ◇ *Houve uma tentativa de assassinato do presidente.* There was an assassination attempt on the president. ◇ *um assassino contratado* a hired assassin.

assassinato *sm* murder: *cometer um ~* to commit (a) murder ➲ *Ver nota em* ASSASSINAR

assassino, -a ▸ *sm-sf* murderer

▸ *adj* (*olhar*) murderous *Ver tb* ASSASSINAR

assediar *vt* (*perseguir*) to besiege

assédio *sm* **1** harassment: *~ sexual* sexual harassment **2** (*perseguição*): *Ela correu para evitar o ~ dos fãs.* She ran to escape the fans besieging her.

assegurar ▸ *vt* **1** (*garantir*) to ensure: *~ que tudo funciona* to ensure that everything works **2** (*afirmar*) to assure: *Ela nos assegurou que não os viu.* She assured us that she didn't see them.

▸ **assegurar-se** *vp* (*certificar-se*) to make sure (*of sth/that...*): *Assegure-se de que está tudo em ordem.* Make sure everything's OK.

assembleia *sf* **1** (*reunião*) meeting **2** (*Pol*) assembly (*pl* **assemblies**): *Assembleia Nacional* National Assembly

assemelhar-se *vp* ~ **a** to look like *sb/sth*

assentar ▸ *vt* to settle: ~ *os sem-terra* to settle the landless
▸ *vi* **1** (*pó, sedimento*) to settle **2** (*pessoa*) to settle down

assentir *vt, vi* **1** (*consentir*) to agree (*to sth*): *Ele não gostou do meu plano, mas acabou assentindo.* He didn't like my plan, but he finally agreed to it. **2** (*com a cabeça*) to nod

assento *sm* seat

assessor, -ora *sm-sf* advisor

assessoria *sf* advisory body (*pl* bodies) LOC **assessoria de imprensa** press office

assim *adv* **1** (*deste modo, como este*) like this: *Segure-o ~.* Hold it like this. **2** (*daquele modo, como aquele*) like that: *Quero um carro ~.* I want a car like that. **3** (*portanto*) so; therefore (*mais formal*) LOC **assim, assim** so so ◆ **assim como** as well as ◆ **assim de grande, gordo, etc.** this big, fat, etc. ◆ **assim é que se fala/faz!** well said/well done! ◆ **assim que** as soon as: ~ *que você chegar* as soon as you arrive ◆ **como assim?** how do you mean? ◆ **e assim por diante/sucessivamente** and so on (and so forth) ◆ **por assim dizer** so to speak

assimilar *vt* to assimilate

assinalar *vt* **1** (*marcar*) to mark: *Assinale os erros em vermelho.* Mark the mistakes in red. **2** (*mostrar*) to point *sth* out: ~ *algo num mapa* to point sth out on a map

assinante *smf* subscriber

assinar ▸ *vt, vi* to sign: *Assine na linha pontilhada.* Sign on the dotted line.
▸ *vt* (*revista*) to subscribe to *sth*

assinatura *sf* **1** (*nome*) signature **2** (*ato*) signing: *a ~ do contrato* the signing of the contract **3** (*publicação*) subscription **4** (*Teat*) season ticket

assistência *sf* **1** (*ajuda*) help; assistance (*mais formal*): *prestar ~ a alguém* to give sb assistance **2** (*a doentes*) care: ~ *médica* healthcare ◇ ~ *hospitalar* hospital treatment LOC **assistência social** social services [*pl*] ◆ **assistência técnica** technical support

assistente *smf* assistant LOC **assistente pessoal** personal assistant (*abrev* PA) ◆ **assistente social** social worker

assistir *vt* ~ **(a) 1** (*estar presente em*) to attend: ~ *a uma aula/reunião* to attend a class/meeting ◇ ~ *a um espetáculo* to go to a show **2** (*ver*) to watch: ~ *a um programa de televisão* to watch a program on TV **3** (*testemunhar*) to witness: ~ *a um acidente* to witness an accident **4** (*ajudar*) to assist **5** (*médico*) to treat: *Que médico o assistiu?* Which doctor treated you? LOC *Ver* MORTE

A

assoalho *sm* wooden floor

assoar *vt* LOC **assoar o nariz** to blow your nose

assobiar *vt, vi* to whistle: ~ *uma melodia* to whistle a tune

assobio *sm* whistle: *os ~s do vento* the whistling of the wind

associação *sf* association: ~ *de moradores* residents' association

associar ▸ *vt* to associate *sb/sth* (*with sb/sth*): ~ *o calor às férias* to associate hot weather with being on vacation
▸ **associar-se** *vp* to go into partnership

associativismo *sm* collective cooperation

assombração *sf* ghost

assombrado, -a *adj* **1** (*lugar*) haunted: *uma casa assombrada* a haunted house **2** (*pessoa*) amazed (*at/by sth*)

assombro *sm* amazement LOC **ser um assombro** to be amazing: *A casa é um ~.* The house is amazing.

assumir ▸ *vt* **1** (*compromissos, obrigações*) to take *sth* on **2** (*responsabilidade*) to accept **3** (*culpa*) to admit
▸ **assumir(-se)** *vi, vp* (*orientação sexual*) to come out

assunto *sm* **1** (*tema*) subject: *Qual era o ~ da conversa?* What was the subject of conversation? ◇ *mudar de ~* to change the subject **2** (*questão*) matter: *um ~ de interesse geral* a matter of general interest **3** (*Pol*) affair LOC **assunto encerrado!** subject closed! ◆ **o assunto do dia** the topic of the day *Ver tb* DIRETO, BORRACHA, ÍNDICE

assustador, -ora *adj* frightening; scary (*coloq*)

assustar ▸ *vt* to frighten; to scare (*mais coloq*): *O cachorro me assustou.* The dog scared me.
▸ **assustar-se** *vp* to be frightened *by/of sb/sth*; to be scared *by/of sb/sth* (*mais coloq*): *Você se assusta com tudo.* You're frightened of everything.

asterisco *sm* asterisk

astral ▸ *adj* (*astrol*) astral
▸ *sm* **1** (*lugar, personalidade*) vibe(s): *O bar tem bom ~.* The bar has good vibes. **2** (*humor*) mood: *Cleide não está num bom ~ hoje.* Cleide isn't in a good mood today. LOC *Ver* MAPA

astro *sm* star

astrologia *sf* astrology

astrólogo, -a *sm-sf* astrologer

astronauta *smf* astronaut

astronomia *sf* astronomy

astrônomo, -a *sm-sf* astronomer

astuto, -a *adj* shrewd

ata *sf* minutes [*pl*]

atacado *sm* LOC **por atacado** (*vender, comprar*) wholesale

atacante *smf* **1** (*Esporte*) striker **2** (*agressor*) attacker

atacar *vt* to attack

atadura *sf* (*bandagem*) bandage: *~ de gaze* gauze bandage

atalho *sm* short cut: *ir por um ~* to take a short cut

ataque *sm* **1 ~ (a/contra)** (*agressão*) attack (on *sb/sth*): *um ~ ao governo* an attack on the government **2 ~ de** (*riso, tosse, raiva, etc.*) fit (of *sth*): *um ~ de tosse/ciúmes* a coughing fit/a fit of jealousy **3** (*investida*) raid (on *sth*): *efetuar um ~* to raid **4** (*Esporte*) offense; attack (*GB*) LOC **ataque de nervos** fit of hysteria *Ver tb* CARDÍACO

atar *vt* to tie *sb/sth* (up): *Eles ataram nossas mãos.* They tied our hands.

atarefado, -a *adj* **1** (*pessoa*) busy **2** (*dia*) hectic

atarracado, -a *adj* (*pessoa*) stocky

atarraxar *vt* (*parafusos*) to screw *sth* down/in/on

até ▸ *prep*

• **tempo 1** until, till

Usa-se **until** tanto em inglês formal como informal. **Till** é utilizado sobretudo no inglês falado e não deve ser usado no início de uma oração: *Estarei lá até as sete.* I'll be there until/till seven.

• **lugar 2** (*distância*) as far as...: *Eles vieram comigo ~ Belo Horizonte.* They came with me as far as Belo Horizonte. **3** (*altura, quantidade*) up to...: *A água chegou ~ aqui.* The water came up to here. **4** (*para baixo*) down to...: *A saia vem ~ os tornozelos.* The skirt comes down to my ankles.

• **saudações 5** see you...: *Até amanhã/segunda!* See you tomorrow/on Monday! ◇ *Até logo!* See you (later)! ▸ *adv* even: *Até eu fiz.* Even I did it. ◇ *Até me deram dinheiro.* They even gave me money. LOC **até quando** how long: *Você vai ficar até quando?* How long are you staying? *Ver tb* DESDE

ateliê *sm* (*Arte*) studio (*pl* studios)

atenção ▸ *sf* attention
▸ *interj* **atenção!** look out! LOC *Ver* CHAMAR, DESVIAR, PRENDER, PRESTAR

atenciosamente *adv* (*forma de despedida em cartas*) Sincerely (yours); Yours sincerely (*GB*) ➲ *Ver nota em* SINCERELY

atencioso, -a *adj* **1** (*respeitoso*) considerate **2** (*amável*) kind

atender *vt* **1** (*numa loja*) to serve: *Já foram atendidos?* Are you being served? **2** (*receber*) to see: *O médico tem que ~ muitas pessoas.* The doctor has to see a lot of patients. **3** (*tarefa, problema, pedido*) to deal with *sth*: *Só atendemos casos urgentes.* We only deal with emergencies. **4** (*responder*) to answer: *~ à porta/o telefone* to answer the door/phone

atendimento *sm* (*serviço*) service LOC *Ver* CENTRAL, HORÁRIO

atentado *sm* **1** (*tentativa de assassinato*) attempt on *sb*'s life: *um ~ contra dois senadores* an attempt on the lives of two senators **2** (*ataque*) attack (on *sb/sth*): *um ~ a um quartel do exército* an attack on an army barracks

atento, -a *adj* (*com atenção*) attentive: *Eles ouviram ~s.* They listened attentively. LOC **estar atento a algo 1** (*vigiar*) to watch out for sth: *estar ~ à chegada do trem* to watch out for the train **2** (*prestar atenção*) to pay attention to sth ◆ **estar atento a alguém 1** (*vigiar*) to keep an eye on sb: *Fique ~ às crianças.* Keep an eye on the children. **2** (*prestar atenção*) to be attentive to sb: *Ele estava muito ~ aos seus convidados.* He was very attentive to his guests.

aterrador, -ora *adj* terrifying

aterrissagem *sf* landing: *fazer uma ~ forçada* to make an emergency landing LOC *Ver* TREM

aterrissar *vi* (*pousar*) to land: *Vamos ~ em Los Angeles.* We will be landing at Los Angeles.

aterro *sm* landfill

aterrorizar *vt* **1** (*amedrontar*) to terrify: *Aterrorizava-me a ideia de que eles pudessem pôr a porta abaixo.* I was terrified they might break the door down. **2** (*com violência*) to terrorize

atestado *sm* certificate: *~ de óbito* death certificate ◇ *~ médico* sick note

ateu, ateia *sm-sf* atheist: *ser ~* to be an atheist

atingir *vt* **1** (*alcançar*) to reach: *~ a linha de chegada* to reach the finishing line **2** (*com arma de fogo, alvo*) to hit: *A bala atingiu-o na perna.* The bullet hit him in the leg. **3** (*objetivo*) to achieve **4** (*afetar*) to affect: *Muitas empresas foram atingidas pela crise.* Many companies were affected by the crisis. **5** (*criticar*) to get to *sb*: *Ele se sentiu atingido pelo comentário.* The remark really got to him.

atirar ▸ *vt* **1** to throw *sth* (*to sb*): *As crianças atiravam pedras.* The children were throwing stones. ❶ Quando se atira algo em alguém com a intenção de ferir, usa-se **throw sth at sb/sth**: *atirar pedras na polícia* to throw stones at the police. **2** ~ **(contra)** (*com força ou violência*) to hurl *sb/sth* (against *sth*): *Ela o atirou contra a parede.* She hurled him against the wall. **3** (*com arma*) to shoot at *sb/sth*

▸ **atirar-se** *vp* **1** (*lançar-se*) to throw yourself: *atirar-se da janela/dentro d'água* to throw yourself out of the window/into the water **2 atirar-se em cima de** (*com força ou violência*) to pounce on *sb/sth*: *Eles se atiraram em cima de mim/do dinheiro.* They pounced on me/the money. LOC **atirar ao chão** to knock *sb* over

atitude *sf* attitude (*to/toward sb/sth*) LOC **tomar uma atitude** to do something *about sth/sb*: *Se você não tomar uma ~, eu vou.* If you don't do something about it, I will.

ativar *vt* to activate: *~ um mecanismo* to activate a mechanism

atividade *sf* activity (*pl* activities)

ativismo *sm* activism

ativista *smf* activist

ativo, -a *adj* active

atlântico, -a ▸ *adj* Atlantic

▸ *sm* **o Atlântico** the Atlantic (Ocean)

atlas *sm* atlas

atleta *smf* athlete

atlético, -a *adj* athletic

atletismo *sm* athletics [*não contável*]

atmosfera *sf* atmosphere: *~ pesada* oppressive atmosphere

atmosférico, -a *adj* atmospheric: *condições atmosféricas* atmospheric conditions

ato *sm* **1** (*ação, Teat*) act: *um ~ violento* an act of violence ◇ *uma peça em quatro ~s* a play in four acts **2** (*cerimônia*) ceremony (*pl* ceremonies): *o ~ de encerramento* the closing ceremony LOC **no ato 1** (*no momento*) on the spot: *pagar no ~ da compra* to pay on the spot **2** (*imediatamente*) right away: *Levantei-me no ~.* I stood up right away.

atolado, -a *adj* **1** (*atoleiro*) stuck (*in sth*) **2** (*trabalho*) overwhelmed (*with sth*): *Estou ~ de trabalho esta semana.* I'm overwhelmed with work this week.

atoleiro *sm* bog

atômico, -a *adj* atomic

átomo *sm* atom

atônito, -a *adj* speechless: *ficar ~* to be speechless

ator, atriz *sm-sf* **1** (*masc*) actor **2** (*fem*) actress ➲ *Ver nota em* ACTRESS LOC **ator/atriz principal** male/female lead

atordoar *vt* **1** (*golpe, notícia*) to stun **2** (*som*) to deafen

atormentar *vt* to torment

atração *sf* attraction: *uma ~ turística* a tourist attraction ◇ *sentir ~ por alguém* to feel attracted to sb

atraente *adj* attractive

atrair *vt* **1** to attract: *~ os turistas* to attract tourists ◇ *Os homens mais velhos me atraem.* I'm attracted to older men. **2** (*ideia*) to appeal to *sb*

atrapalhar ▸ *vt* **1** (*confundir*) to confuse **2** (*incomodar*) to be in the way of *sb/sth*; to be in *sb's* way: *Avise se essas caixas estiverem atrapalhando.* Tell me if those boxes are in your way. ◇ *Estou te atrapalhando?* Am I in your way? **3** (*perturbar*) to disturb

▸ **atrapalhar-se** *vp* to get confused: *Eu me atrapalhei na prova oral e rodei.* I got confused in the oral and failed.

atrás *adv* **1** (*no fundo, na parte de trás*) at the back: *Eles sentam sempre ~.* They always sit at the back. **2** (*sentido temporal*) ago: *anos ~* years ago LOC **andar/estar atrás de alguém/algo** to be after sb/sth ◆ **atrás de 1** behind: *~ de nós/da casa* behind us/the house **2** (*depois de*) after: *Ele fumou um cigarro ~ do outro.* He smoked one cigarette after another. ◆ **ir atrás de alguém/algo** (*seguir*) to follow sb/sth ◆ **não ficar (muito) atrás** to be just like *sb/sth*: *Ela não fica muito ~ de você.* She's just like you. *Ver tb* VOLTAR

atrasado, -a *adj* **1** (*país, região*) backward **2** (*publicação, salário*) back: *os números ~s de uma revista* the back issues of a magazine **3** (*relógio*) slow: *O seu relógio está ~ dez minutos.* Your watch is ten minutes slow. **4** (*pagamento, renda*) late LOC **chegar/estar atrasado** to arrive/be late: *O trem chegou uma hora ~.* The train was an hour late. ◆ **estar atrasado no trabalho, etc.** to be behind with your work, etc.: *Ela está atrasada nos pagamentos.* She's behind with her payments. *Ver tb* ATRASAR

atrasar ▸ *vt* **1** (*retardar*) to delay; to hold *sb/sth* up (*mais coloq*): *O acidente atrasou todos os voos.* The accident held up all the flights. **2** (*relógio*) to put *sth* back: *~ o relógio uma hora* to put the clock back an hour

▸ *vi* **1** (*trem, ônibus*) to be delayed; to be held up (*mais coloq*): *O trem atrasou e cheguei tarde no emprego.* The train was delayed and I was late for work.

2 *(relógio)* to be slow
▸ **atrasar-se** *vp (chegar tarde)* to be late: *Vou procurar não me ~ mais.* I'll try not to be late again.

atraso *sm* **1** *(demora)* delay: *Alguns voos sofreram ~s.* Some flights were subject to delays. **2** *(subdesenvolvimento)* backwardness LOC **(estar) com atraso** (to be) late: *Começou com cinco minutos de ~.* It began five minutes late.

atrativo, -a ▸ *adj* attractive
▸ *sm* **1** *(coisa que atrai)* attraction: *um dos ~s da cidade* one of the city's attractions **2** *(interesse)* appeal *[não contável]* **3** *(pessoa)* charm

através *adv* LOC **através de 1** through: *Ele corria ~ do bosque.* He was running through the woods. **2** *(de um lado para o outro)* across: *Eles correram ~ do parque/dos campos.* They ran across the park/fields.

atravessar ▸ *vt* **1** to cross: *~ a rua/fronteira* to cross the street/border ◇ *~ a rua correndo* to run across the street ◇ *~ o rio a nado* to swim across the river **2** *(perfurar, experimentar)* to go through *sth*: *A bala atravessou o coração dele.* The bullet went through his heart. ◇ *Eles estão atravessando uma grave crise.* They're going through a serious crisis.
▸ **atravessar-se** *vp* **1** *(no caminho)* to block *sb's* path: *Um elefante se atravessou no nosso caminho.* An elephant blocked our path. **2** *(na garganta)*: *Uma espinha se atravessou na minha garganta.* A bone got stuck in my throat.

atrelar *vt* to hitch: *~ um reboque ao trator* to hitch a trailer to the tractor

atrever-se *vp* ~ **(a)** to dare *(do sth)*: *Não me atrevo a te pedir dinheiro.* I don't dare ask you for money. ➲ *Ver nota em* DARE

atrevido, -a *adj* **1** *(audaz)* daring **2** *(malcriado)* sassy; cheeky *(GB) Ver tb* ATREVER-SE

atrevimento *sm* **1** *(audácia)* daring **2** *(insolência)* nerve: *Que ~!* What a nerve!

atribuir *vt* **1** *(causa)* to attribute *sth (to sb/sth)* **2** *(conceder)* to award: *~ um prêmio a alguém* to award a prize to sb **3** *(culpa, responsabilidade)* to lay *sth* on *(sb)*: *Ela sempre atribui a culpa a outra pessoa.* She always lays the blame on someone else. **4** *(importância)* to attach: *Não atribua muita importância ao caso.* Don't attach too much importance to the matter. **5** *(cargo, função)* to assign *sth (to sb/sth)*

atributo *sm* attribute

atrito *sm* friction *[não contável]*: *Parece existir certo ~ entre ele e o patrão.* There seems to be some friction between him and the boss.

atriz *sf* actress, actor ➲ *Ver nota em* ACTRESS

atrocidade *sf* atrocity *(pl* **atrocities***)*

atrofiar ▸ *vt, vi* to atrophy: *Este tipo de trabalho atrofia o cérebro.* Your brain wastes away doing this kind of work.

atropelado, -a *adj (por um veículo)*: *Ele morreu ~.* He was run over by a car and killed. *Ver tb* ATROPELAR

atropelamento *sm*: *Houve um ~ na rua de casa.* Someone was run over on my street.

atropelar *vt* to run *sb* over: *Um carro me atropelou.* I was run over by a car.

atuação *sf (desempenho)* performance

atual *adj* **1** *(relativo ao momento presente)* current: *o estado ~ das obras* the current state of the building work **2** *(relativo à atualidade)* present-day: *a ciência ~* present-day science

atualidade *sf* **1** *(tempo presente)* present (times) **2 atualidades** news *[não contável]* LOC **da atualidade** topical: *assuntos/temas da ~* topical issues

atualizado, -a *adj* up to date: *uma versão atualizada* an up-to-date version ➲ *Ver nota em* WELL BEHAVED; *Ver tb* ATUALIZAR

atualizar ▸ *vt* **1** *(informação, dados)* to update **2** *(computador)* to upgrade
▸ **atualizar-se** *vp* to get up to date

atualmente *adv* currently

atuar *vi* **1** *(artista)* to perform **2** *(agir)* to act

atum *sm* tuna *(pl* **tuna***)*

aturar *vt (aguentar)* to put up with *sb/sth*: *Aturei seu mau humor muitos anos.* I put up with his bad moods for years. ◇ *Tive que ~ o filme inteiro.* I had to sit through the entire movie.

atxim! *(tb* **atchim!***) interj* achoo!

> A pessoa que espirra desculpa-se com **excuse me!** Algumas pessoas à sua volta costumam dizer **bless you!**, entretanto muitas vezes não dizem nada.

au-au *sm, interj* woof

audácia *sf* **1** *(ousadia)* daring **2** *(insolência)* audacity

audacioso, -a *adj* bold

audição *sf* **1** *(ouvido)* hearing: *perder a ~* to lose your hearing **2** *(teste)* audition **3** *(concerto)* recital

audiência *sf* **1** *(telespectadores)* audience: *o programa de maior ~* the program with the largest audience **2** *(Jur)* hearing LOC *Ver* CAMPEÃO, ÍNDICE

audiovisual *adj* audio-visual

auditivo, -a *adj* LOC *Ver* APARELHO

auditoria *sf* audit

auditório *sm* **1** *(edifício)* concert hall **2** *(ouvintes)* audience

auge *sm* peak: *estar no ~ da fama* to be at the peak of your fame

aula *sf* **1** lesson: *~s de direção* driving lessons **2** *(na escola)* class LOC **dar aulas (de)** to teach *(sth)* *Ver tb* MATAR, SALA

aumentar ▸ *vt* **1** to increase: *~ a competitividade* to increase competition **2** *(volume)* to turn *sth* up **3** *(lupa, microscópio)* to magnify
▸ *vi* to increase: *A população está aumentando.* The population is increasing.

aumento *sm* **1** rise; increase *(mais formal)* *(in sth)*: *Haverá um ~ de temperatura.* There will be a rise in temperature. ◇ *um ~ populacional* an increase in population **2** *(salarial)* raise; rise *(GB)*: *pedir um ~* to ask for a raise

aurora *sf* dawn

ausência *sf* absence

ausentar-se *vp* ~ **(de) 1** *(país, etc.)* to be away (from...) **2** *(sala)* to be out (of...): *Eu me ausentei da sala apenas por alguns minutos.* I was only out of the room for a few minutes.

ausente ▸ *adj* ~ **(de)** absent (from...): *Ele estava ~ da reunião.* He was absent from the meeting.
▸ *smf* absentee

austeridade *sf* austerity

austero, -a *adj* austere

Austrália *sf* Australia

australiano, -a *adj, sm-sf* Australian; Aussie *(coloq)*

autenticado, -a *adj (fotocópia, documento)* certified

autêntico, -a *adj* genuine; authentic *(mais formal)*: *um Renoir ~* an authentic Renoir

autoadesivo, -a ▸ *adj* self-adhesive
▸ *sm* sticker

autobiografia *sf* autobiography *(pl* autobiographies*)*

autobiográfico, -a *adj* autobiographical

autodefesa *sf* self-defense

autódromo *sm* racetrack

autoescola *sf* driving school

autoestrada *sf* freeway; motorway *(GB)* ➲ *Ver nota em* RODOVIA

autografar *vt* to autograph

autógrafo *sm* autograph

automático, -a *adj* automatic LOC *Ver* CAIXA[3], LAVAGEM, LAVANDERIA, PILOTO

automatizar *vt* to computerize

automobilismo *sm* auto racing; motor racing *(GB)*

automobilista *smf* racing driver

automóvel *sm* automobile; car *(GB)* LOC *Ver* PERSEGUIÇÃO

autonomia *sf* autonomy

autônomo, -a *adj* **1** *(Pol)* autonomous **2** *(trabalhador)* self-employed

autópsia *sf* autopsy *(pl* autopsies*)*

autor, -ora *sm-sf* **1** *(escritor)* author **2** *(compositor musical)* composer **3** *(crime)* perpetrator

autoral *adj* LOC *Ver* DIREITO

autoridade *sf* **1** authority *(pl* authorities*)* **2** *(pessoa)* expert

autorização *sf* authorization

autorizar *vt* **1** *(ação)* to authorize: *Não autorizaram a greve.* The strike was unauthorized. **2** *(dar o direito)* to give *sb* the right *(to do sth)*: *O cargo autoriza-nos a utilizar um carro oficial.* The job gives us the right to use an official car.

autorretrato *sm* self-portrait

autossuficiente *adj* self-sufficient

auxiliar[1] ▸ *adj* auxiliary: *o pessoal ~* the auxiliary staff
▸ *smf* assistant

auxiliar[2] *vt* to assist

auxílio *sm* **1** help: *O ~ não tardará a chegar.* Help will be here soon. ◇ *prestar ~ a alguém* to help sb **2** *(monetário, financeiro)* aid

avalanche *sf* avalanche

avaliação *sf* **1** *(Educ, verificação)* assessment **2** *(cálculo do valor)* valuation

avaliar *vt* **1** to value *sth (at sth)*: *O anel foi avaliado em um milhão de reais.* The ring was valued at a million reals. **2** *(Educ, verificação)* to assess: *~ um aluno/os resultados* to assess a student/the results **3** *(situação, riscos)* to weigh *sth* up

avançado, -a *adj* advanced *Ver tb* AVANÇAR

avançar ▸ *vt* **1** *(objeto)* to move *sth* forward: *Avancei um peão.* I moved a pawn forward. **2** *(sinal)* to go through *sth*: *Ele avançou o sinal.* He went straight through the light.
▸ *vi* to advance

avanço *sm* advance: *os ~s da medicina* advances in medicine

avarento, -a *(tb* avaro, -a*)* ▸ *adj* stingy
▸ *sm-sf* miser

avareza *sf* stinginess

avatar *sm* avatar

ave *sf* bird: *~s de rapina* birds of prey LOC **ser uma ave rara** to be an oddball

aveia *sf* oats [*pl*]

avelã *sf* hazelnut

ave-maria *sf* Hail Mary: *rezar três ~s* to say three Hail Marys

avenida *sf* avenue (*abrev* Av/Ave.)

avental *sm* **1** (*na cozinha*) apron **2** (*no trabalho*) coat; overall (*GB*): *~ de laboratório* lab coat

aventura *sf* **1** (*peripécia*) adventure **2** (*caso amoroso*) fling

aventurar(-se) *vi, vp* to venture *into sth*: *Ele aventurou-se pela mata em busca de comida.* He ventured into the forest in search of food.

aventureiro, -a ▸ *adj* adventurous ▸ *sm-sf* adventurer

averiguar *vt* **1** (*investigar*) to check *sth* out **2** (*descobrir*) to find *sth* out; to discover (*mais formal*)

aversão *sf* aversion: *ter ~ à matemática* to have an aversion to math

avessas *sf* LOC **às avessas 1** (*ao revés*) the wrong way round **2** (*de cabeça para baixo*) upside down ➲ *Ver ilustração em* CONTRÁRIO

avesso *sm* (*tecido*) wrong side LOC **ao/pelo avesso** inside out: *O seu suéter está pelo ~.* Your sweater is inside out. ➲ *Ver ilustração em* CONTRÁRIO *Ver tb* VIRAR

avestruz *smf* ostrich

aviação *sf* aviation: *~ civil* civil aviation

avião *sm* airplane; plane (*mais coloq*) LOC **ir/viajar de avião** to fly ♦ **por avião** (*correio*) by airmail

aviário, -a *adj* LOC *Ver* GRIPE

avisar *vt* **1** (*informar*) to let *sb* know (*about sth*): *Avise-me quando eles chegarem.* Let me know when they arrive. **2** (*prevenir*) to warn: *Estou avisando, se você não pagar...* I'm warning you, if you don't pay... LOC **sem avisar**: *Eles vieram sem ~.* They turned up unexpectedly. ◇ *Ele foi embora sem ~.* He left without telling anyone.

aviso *sm* **1** notice: *Fechado até novo ~.* Closed until further notice. ◇ *Você já entregou seu ~ prévio?* Did you hand in your notice yet? **2** (*advertência*) warning: *sem ~ prévio* without prior warning LOC *Ver* QUADRO

avistar *vt* to catch sight of *sth*

avo *sm*: *um doze ~s* one twelfth

avô, avó *sm-sf* **1** (*masc*) grandfather; grandpa (*coloq*) **2** (*fem*) grandmother; grandma (*coloq*) **3 avós** grandparents: *na casa dos meus avós* at my grandparents' (house)

avoado, -a *adj* absent-minded

avulso, -a *adj* loose: *bombons ~* loose chocolates

axila *sf* armpit

azar ▸ *sm* **1** (*acaso*) chance: *jogo de ~* game of chance **2** (*falta de sorte*) bad luck ▸ *interj*: *Azar o dele!* That's his problem! LOC **estar com azar** to be out of luck ♦ **por azar** unfortunately: *Por ~ não o tenho comigo.* Unfortunately I don't have it with me.

azarado, -a *adj* unlucky: *Eles são ~s mesmo!* They're so unlucky!

azarar *vt* to hit on *sb*

azedar *vi* (*vinho, creme, etc.*) to go/turn sour; to go off (*GB*)

azedo, -a *adj* **1** (*leite, vinho, caráter*) sour **2** (*comida*) bad

azeite *sm* olive oil

azeitona *sf* olive: *~s recheadas/sem caroço* stuffed/pitted olives

azia *sf* heartburn

azul *adj, sm* blue ➲ *Ver exemplos em* AMARELO

azulejo *sm* tile

azul-marinho *adj, sm* navy blue ➲ *Ver exemplos em* AMARELO

azul-turquesa *adj, sm* turquoise ➲ *Ver exemplos em* AMARELO

Bb

baba *sf* **1** (*de pessoa, cachorro*) dribble **2** (*de quiabo, lesma*) slime

babá *sf* nanny (*pl* **nannies**)

babado *sm* **1** (*roupa*) frill **2** (*fofoca*) gossip [*não contável*]: *Tenho uns ~s pra te contar.* I have some gossip for you. **3** (*confusão*) chaos [*não contável*]: *Rolou um ~ forte!* It was complete chaos!

babador (*tb* **babadouro**) *sm* bib

babar-se *vp* **1** to dribble **2 ~ (por)** to dote (on *sb*): *Ela se baba toda pelos netos.* She dotes on her grandchildren.

babysitter *smf* babysitter

bacalhau *sm* cod: *~ (seco)* salt cod

bacia *sf* **1** (*recipiente*) bowl **2** (*Geog*) basin: *a ~ do São Francisco* the São Francisco basin **3** (*Anat*) pelvis

baço *sm* spleen

bacon *sm* bacon

bactéria *sf* bacterium (*pl* **bacteria**)

badalada *sf* (*relógio*) stroke: *as doze ~s da meia-noite* the twelve strokes of midnight LOC **dar duas, etc. badaladas**

B

to strike two, etc.: *O relógio deu seis ~s.* The clock struck six.

badalado, -a *adj* (*muito falado*) much talked-about: *uma festa badalada* a much talked-about party

badulaques *sm* odds and ends

bafo *sm* bad breath [*não contável*]

bafômetro *sm* Breathalyzer®: *fazer o teste do ~* to be breathalyzed

bagaço *sm* residue LOC **estar um bagaço** to be worn out

bagageiro *sm* (*no teto de carro*) luggage rack

bagagem *sf* baggage: *Não tenho muita ~.* I don't have much baggage. ◇ *preparar a ~* to pack your bags LOC **bagagem de mão** carry-on baggage; hand luggage (*GB*) *Ver tb* COLETA, DEPÓSITO, EXCESSO

bago *sm* grape: *um ~ de uva* a grape

baguete *sf* baguette

bagunça *sf* (*desordem*) mess: *Mas que ~ que está o seu escritório!* Your office is a real mess!

bagunceiro, -a ▸ *adj* **1** (*desorganizado*) disorganized **2** (*arruaceiro*): *Seus amigos são muito ~s.* His friends are always making trouble.
▸ *sm-sf* (*arruaceiro*) troublemaker

baia *sf* (*para animais*) stall

baía *sf* bay

bailado *sm* **1** (*Balé*) ballet **2** (*dança*) dance

bailarino, -a *sm-sf* dancer

baile *sm* dance LOC **baile à fantasia** costume party; fancy dress party (*GB*) ◆ **baile de formatura** prom ◆ **baile de gala** ball ◆ **baile de máscaras** masked ball

bainha *sf* **1** (*costura*) hem **2** (*arma*) sheath

bairrista *adj, smf* (person who is) excessively proud of their hometown, region, etc.

bairro *sm* **1** neighborhood: *Fui criado neste ~.* I grew up in this neighborhood. **2** (*zona típica*) quarter: *o ~ dos pescadores* the fishermen's quarter **3** (*divisão administrativa*) district LOC **do bairro** local: *o padeiro do ~* the local baker

baixa *sf* **1** (*preço*) fall (*in sth*): *uma ~ no preço do pão* a fall in the price of bread **2** (*Mil*) casualty (*pl* casualties)

baixar ▸ *vt* **1** (*pôr mais para baixo*) to bring *sth* down: *Baixe-o um pouco mais.* Bring it down a bit. **2** (*olhos, cabeça, voz*) (*persiana*) to lower **3** (*som*) to turn *sth* down **4** (*preço*) to bring *sth* down; to lower (*mais formal*) **5** (*Internet*) to download
▸ *vi* **1** (*temperatura*) to fall: *Baixou a temperatura.* The temperature has fallen. **2** (*maré*) to go out **3** (*preços*) to come down: *O pão baixou de novo.* (The price of) bread has come down again. **4** (*inchaço*) to go down LOC **baixar a crista de alguém** to take sb down a peg or two

baixaria *sf*: *Saiu briga na festa, virou a maior ~.* A fight broke out at the party and it all turned very nasty. ◇ *Ele bebe demais e aí começa com a ~.*He drinks too much and gets really nasty.

baixela *sf* tableware

baixista *smf* bass guitarist

baixo[1] *sm* (*instrumento*) bass

baixo[2] *adv* **1** (*posição*) below: *desde ~* from below **2** (*em edifício*) downstairs: *o vizinho de ~* the man who lives downstairs **3** (*a pouca altura*) low: *O avião voou ~ sobre as casas.* The plane flew low over the houses. **4** (*suavemente*) quietly: *Fale mais ~.* Talk more quietly. LOC **o de baixo** the bottom one ◆ **para baixo** downward ◆ **por baixo de** under *Ver tb* ALTO, BOCA, CABEÇA, CIMA, PANO, ROUPA, VIRAR

baixo, -a *adj* **1** low: *As notas dele têm sido muito baixas.* His grades have been very low. ◇ *uma sopa de baixas calorias* a low-calorie soup ◇ *A televisão está baixa demais.* The TV's on too low. **2** (*pessoa*) short **3** (*voz*) quiet: *falar em voz baixa* to speak quietly/softly **4** (*atitude*) mean LOC *Ver* CLASSE, FAROL, GOLPE

bajulação *sf* flattery [*não contável*]

bajular *vt* to flatter

bala *sf* **1** (*arma*) bullet **2** (*doce*) candy; sweet (*GB*) LOC **como uma bala** like a shot *Ver tb* COLETE, PROVA

balada *sf*: *A ~ ontem estava ótima!* We had a great night out last night! ◇ *Vamos pra ~ hoje?* Are we going out tonight?

baladeiro, -a *adj, sm-sf* clubber: *Você e muito ~!* You really like to party!

balaio *sm* basket

balança *sf* **1** (*instrumento*) scale; scales [*pl*] (*GB*): *~ de banheiro* bathroom scale **2** (*Com*) balance LOC **balança comercial** balance of trade

balançar(-se) *vt, vp* **1** to swing **2** (*cadeira de balanço, barco*) to rock

balanço *sm* **1** balance: *~ positivo/negativo* a positive/negative balance **2** (*número de vítimas*) toll **3** (*em parque, etc.*) swing: *brincar no ~* to play on the swings LOC **fazer um balanço** to take stock (*of sth*): *Preciso fazer um ~ das minhas tarefas.* I need to take stock of what I have to do. *Ver tb* CADEIRA

balão *sm* **1** balloon: *uma viagem de ~* a balloon trip **2** (*em história em quadrinhos*) speech bubble LOC **dar (um) balão em**

alguém to stand sb up ♦ **fazer um balão** (*trânsito*) to make a U-turn

B

balbuciar *vt, vi* **1** (*gaguejar*) to stammer **2** (*falar sem clareza*) to mumble: *Ele balbuciou umas palavras.* He mumbled a few words.

balcão *sm* **1** (*loja*) counter **2** (*informações, recepção*) desk **3** (*bar*) bar: *Eles estavam sentados ao ~ tomando café.* They were sitting at the bar drinking coffee. **4** (*Teat*) balcony; circle (*GB*)

balconista *smf* salesclerk; shop assistant (*GB*)

balde *sm* bucket LOC *Ver* JOGAR

baldeação *sf* transfer LOC **fazer baldeação** to change: *Tivemos que fazer ~ duas vezes.* We had to change twice.

baldio, -a *adj* LOC *Ver* TERRENO

balé *sm* ballet

baleia *sf* whale LOC **estar uma baleia (de gordo)** to be very overweight

baliza *sf* **1** (*Esporte*) goal **2** (*Náut*) buoy **3** (*Aeronáut*) beacon LOC **fazer baliza** to reverse into a parking space

balneário *sm* beach resort

balsa *sf* ferry (*pl* ferries)

balzaquiano, -a *adj, sm-sf* (person) in their thirties

bambo, -a *adj* **1** (*frouxo*) slack **2** (*vacilante*) wobbly LOC *Ver* CORDA, PERNA

bambu *sm* bamboo: *uma mesa de ~* a bamboo table

banalidade *sf* triviality (*pl* trivialities)

banana *sf* banana LOC *Ver* PREÇO

bananeira *sf* banana tree LOC *Ver* PLANTAR

banca *sf* LOC **banca de feira** market stall ♦ **banca de jornal** newsstand ♦ **banca examinadora** examination board

bancada *sf* **1** (*de trabalho*) bench **2** (*de cozinha*) counter; worktop (*GB*)

bancar *vt* **1** (*custear*) to finance **2** (*fingir*) to act (like) *sth*: *Ele gosta de ~ o milionário.* He enjoys acting like a millionaire. ◇ *~ o palhaço* to act the fool

bancário, -a ▸ *adj* bank: *conta bancária* bank account
▸ *sm-sf* bank clerk LOC *Ver* TRANSFERÊNCIA

bancarrota *sf* bankruptcy LOC **ir à bancarrota** to go bankrupt

banco *sm* **1** bank: *o Banco do Brasil* the Bank of Brazil ◇ *~ de sangue* blood bank **2** (*parque, Esporte*) bench **3** (*Cozinha, bar*) stool **4** (*igreja*) pew **5** (*carro*) seat LOC **banco de areia** sandbank ♦ **banco de dados** database ♦ **banco do(s) réu(s)** (*Jur*) dock: *estar no ~ dos réus* to be in the dock

banda *sf* **1** band **2** (*filarmônica*) brass band **3** (*lado*) side LOC **banda larga** broadband

Band-Aid® *sm* Band-Aid®; plaster (*GB*)

bandeira *sf* **1** flag: *As ~s estão a meio mastro.* The flags are flying at half-mast. **2** (*Mil*) colors [*pl*] LOC **bandeira branca** white flag ♦ **dar bandeira** to invite attention

bandeirada *sf* (*táxi*) minimum fare LOC **bandeirada de largada/chegada** (*Automobilismo*) starting/chequered flag

bandeirante *sf* **1** (*escoteira*) Girl Scout **2** (*Hist*) pioneer

bandeirinha *smf* (*Futebol*) assistant referee

bandeja *sf* tray LOC **dar de bandeja** to hand *sb sth* on a plate

bandido, -a *sm-sf* **1** (*fora da lei*) bandit **2** (*pessoa marota*) villain

bando *sf* **1** group: *um ~ de repórteres* a group of reporters **2** (*quadrilha*) gang **3** (*aves*) flock **4** (*leões*) pride

bandolim *sm* mandolin

bangalô *sm* beach hut

banguela *adj* toothless

banha *sf* (*Cozinha*) lard

banhado, -a *adj* bathed: *~ em lágrimas/suor/sangue* bathed in tears/sweat/blood LOC **banhado a ouro/prata** gold-plated/silver-plated *Ver tb* BANHAR

banhar ▸ *vt* **1** to bathe; to bath (*GB*) **2** (*em metal*) to plate *sth* (*with sth*)
▸ **banhar-se** *vp* to take a bath; to have a bath (*GB*)

banheira *sf* bathtub; bath (*GB*)

banheiro *sm* **1** bathroom **2** (*em edifício público, restaurante*) restroom; toilet (*GB*): *Por favor, onde é o ~?* Can you tell me where the restroom is? ➲ *Ver nota em* BATHROOM

banhista *smf* bather

banho *sm* **1** (*em banheira*) bath: *tomar ~* to take a bath **2** (*de chuveiro*) shower: *De manhã tomo sempre um ~ de chuveiro.* I always take a shower in the morning. LOC **banho de loja** makeover ♦ **dar um banho de algo** to spill sth *on/over sb* ♦ **levar um banho de algo**: *Levei um ~ de cerveja.* I got beer spilled all over me. ♦ **tomar banho de sol** to sunbathe ♦ **vai tomar banho!** get lost! *Ver tb* CALÇÃO, ROUPA, SAL, TRAJE

banir *vt* to banish

banqueiro, -a *sm-sf* banker

banqueta *sf* stool: *trepar numa ~* to stand on a stool

banquete *sm* banquet (*formal*); dinner: *Deram um ~ em sua honra.* They gave a dinner in his honor.

baque *sm* **1** crash: *Ouvi um ~.* I heard a crash. **2** (*golpe*) blow

baqueta *sf* (*para tambor*) drumstick

bar *sm* **1** (*bebidas alcoólicas*) bar **2** (*lanchonete*) snack bar **3** (*armário*) liquor cabinet; drinks cabinet (*GB*)

baralho *sm* deck of cards; pack of cards (*GB*)

Nos Estados Unidos e na Grã-Bretanha, assim como no Brasil, utiliza-se o baralho francês. Este tem 52 cartas que se dividem em quatro *naipes* ou **suits**: **hearts** (*copas*), **diamonds** (*ouros*), **clubs** (*paus*) e **spades** (*espadas*). Cada um tem um **ace** (*ás*), **king** (*rei*), **queen** (*dama*), **jack** (*valete*), e nove cartas numeradas de 2 a 10. Antes de se começar a jogar, *embaralham-se* (**shuffle**), *cortam-se* (**cut**) e *dão-se* (**deal**) as cartas.

barão, -onesa *sm-sf* **1** (*masc*) baron **2** (*fem*) baroness

barata *sf* cockroach

barato *sm* (*curtição*): *A festa foi o maior ~.* The party was awesome.

barato, -a ▸ *adj* cheap: *Aquele é mais ~.* That one's cheaper.
▸ *adv*: *comprar algo ~* to buy sth cheaply

barba *sf* beard: *deixar crescer a ~* to grow a beard ◇ *um homem de ~* a man with a beard LOC **fazer a barba** to (have a) shave *Ver tb* PINCEL

barbante *sm* string

barbaridade *sf* **1** (*brutalidade*) barbarity (*pl* **barbarities**) **2** (*disparate*) nonsense [*não contável*]: *Não diga ~s!* Don't talk nonsense!

barbatana *sf* fin

barbeador *sm* razor: *um ~ elétrico* an electric razor

barbear(-se) *vt, vp* to shave: *Você se barbeou hoje?* Did you shave today? LOC *Ver* APARELHO, CREME, LÂMINA

barbearia *sf* barbershop; barber's (*GB*) ➲ *Ver nota em* AÇOUGUE

barbeiragem *sf* careless mistake: *Sou péssimo motorista, faço uma ~ atrás da outra.* I'm a terrible driver — I make one mistake after another.

barbeiro ▸ *sm* **1** (*pessoa*) barber **2** (*local*) barbershop; barber's (*GB*) ➲ *Ver nota em* AÇOUGUE
▸ **barbeiro, -a** *adj, sm-sf* (*motorista*) bad driver: *Ele é muito ~.* He's a terrible driver.

barco *sm* **1** boat: *dar um passeio de ~* to go for a ride in a boat **2** (*navio*) ship ➲ *Ver nota em* BOAT LOC **barco a motor** motorboat ◆ **barco a remo** rowboat; rowing boat (*GB*) ◆ **barco a vapor** steamship ◆ **barco à vela** sailboat; sailing boat (*GB*) ◆ **ir de barco** to go by boat/ship

barítono *sm* baritone

barman *sm* bartender; barman (*GB*)

barômetro *sm* barometer

barra *sf* **1** bar: *uma ~ de ferro* an iron bar ◇ *uma ~ de chocolate* a chocolate bar **2** (*costura*) hem LOC **barra (inclinada)** (*Informát*) (forward) slash ◆ **barra invertida** (*Informát*) backslash ➲ *Ver pág. 310* ◆ **barra lateral** (*Informát*) sidebar *Ver tb* CÓDIGO, FORÇAR

barraca *sf* **1** (*de camping*) tent: *montar/desmontar uma ~* to put up/take down a tent **2** (*de praia*) beach bar **3** (*de feira*) stall

barraco *sm* **1** (*edifício*) shack **2** (*confusão*) commotion LOC *Ver* ARMAR

barragem *sf* (*represa*) dam

barranco *sm* ravine LOC *Ver* TRANCO

barra-pesada *adj* **1** (*pessoa*) aggressive **2** (*lugar*) rough: *um bairro ~* a rough neighborhood **3** (*situação*) tough: *O exame foi ~.* The test was really tough.

barrar *vt* to bar

barreira *sf* **1** barrier: *a ~ da língua* the language barrier ◇ *A ~ estava levantada.* The barrier was up. **2** (*Futebol*) wall **3** (*Esporte*) hurdle: *os 400 metros com ~s* the 400 meters hurdles LOC *Ver* QUEDA

barrento, -a *adj* muddy

barricada *sf* barricade

barriga *sf* **1** (*estômago*) stomach: *Estou com dor de ~.* I have a stomach ache. **2** (*ventre*) belly (*pl* **bellies**) (*coloq*) **3** (*pança*) paunch: *Você está ganhando ~.* You're getting a paunch. LOC **barriga da perna** calf (*pl* **calves**) *Ver tb* CHORAR, ENCHER

barrigudo, -a *adj* pot-bellied

barril *sm* barrel

barro *sm* **1** (*argila*) clay **2** (*lama*) mud LOC **de barro** earthenware: *panelas de ~* earthenware pots

barroco, -a *adj, sm* baroque

barulheira *sf* racket: *Que ~!* What a racket!

barulhento, -a *adj* noisy

barulho *sm* noise: *Não faça ~.* Don't make any noise. ◇ *O carro faz muito ~.* The car is very noisy.

base *sf* **1** base: *~ militar* military base **2** (*fundamento*) basis (*pl* **bases**): *A confiança é a ~ da amizade.* Trust is the basis of friendship. LOC **com base em** based on *sth Ver tb* ESPACIAL

baseado *sm* joint

B

B

basear ▸ *vt* to base *sth on sth*: *Basearam o filme num romance.* They based the movie on a novel.
▸ **basear-se** *vp* **basear-se em 1** (*pessoa*) to have grounds (*for sth/doing sth*): *Em que você se baseia para afirmar isso?* What grounds do you have for saying that? **2** (*teoria, filme*) to be based on *sth*

básico, -a *adj* basic LOC *Ver* CESTA, PRETINHO

basquete (*tb* **basquetebol**) *sm* basketball

bastante ▸ *adj* **1** (*muito*): *Tenho ~ coisa para fazer.* I have a lot of things to do. ◇ *Faz ~ tempo desde a última vez em que a visitei.* It's been a long time since I last visited her. **2** (*suficiente*) enough: *Temos ~ dinheiro.* We have enough money.
▸ *pron* **1** (*muito*) quite a lot **2** (*suficiente*) enough
▸ *adv* **1** (+ *adjetivo/advérbio*) pretty: *Ele é ~ inteligente.* He's pretty smart. ◇ *Eles leem ~ bem para a idade.* They read pretty well for their age. ➲ *Ver nota em* FAIRLY **2** (*o suficiente*) enough: *Você comeu ~.* You've eaten enough. **3** (*muito*) a lot: *Aprendi ~ em três meses.* I learned a lot in three months.

bastão *sm* **1** stick **2** (*Esporte*) bat: *~ de beisebol* baseball bat

bastar *vi* to be enough LOC **basta!** that's enough!

bastidores *sm* (*Teat*) wings LOC **nos bastidores** (*fig*) behind the scenes

batalha *sf* battle LOC *Ver* CAMPO

batalhão *sm* battalion LOC **para um batalhão**: *Temos comida para um ~.* We have enough food to feed an army.

batalhar ▸ *vi* to work hard (*to do sth*): *Temos que ~ para atingir nossos objetivos.* We must work hard to reach our goals.
▸ *vt* to fight (for *sth*): *Preciso ~ um emprego.* I need to fight for a job.

batata *sf* potato (*pl* **potatoes**) LOC **batatas fritas 1** (*de pacote*) (potato) chips; crisps (*GB*) **2** (*tipo francesa*) (French) fries; chips (*GB*) *Ver tb* PURÊ

batata

French fries (*GB* **chips**)

potato chips (*GB* **crisps**)

batata-doce *sf* sweet potato (*pl* potatoes)

bate-boca *sm* argument: *ter um ~* to have an argument

batedeira *sf* (*tb* **batedor** *sm*) **1** whisk **2** (*eletrodoméstico*) mixer

batedor, -ora *sm-sf* LOC **batedor de carteiras** pickpocket

batente *sm* **1** (*de porta*) frame **2** (*trabalho*) work

bate-papo *sm* chat: *Ficamos no ~ até clarear o dia.* We stayed chatting till dawn. LOC *Ver* SALA

bater ▸ *vt* **1** to beat: *~ o adversário/o recorde mundial* to beat your opponent/the world record ◇ *~ ovos* to beat eggs **2** (*creme*) to whip **3** (*bola*) to bounce **4** (*asas*) to flap **5** (*horas*) to strike: *O relógio bateu seis horas.* The clock struck six. **6 ~ em/com/contra** to hit: *Um dos meninos bateu no outro.* One of the kids hit the other. ◇ *Bati com a cabeça.* I hit my head. ◇ *O carro bateu contra a árvore.* The car hit the tree. **7 ~ em** (*luz, sol*) to shine on *sth*: *O sol batia na cara dela.* The sun was shining on her face. **8 ~ em** (*assunto*) to go on about *sth*
▸ *vi* **1** to beat: *O coração dela batia aceleradamente.* Her heart was beating fast. **2** to crash: *Vá devagar ou você vai acabar batendo.* Go slowly or you'll crash.
LOC **bater à máquina** to type ◆ **bater as asas** (*fugir*) to take flight ◆ **bater as botas** (*morrer*) to buy the farm; to kick the bucket (*GB*) ◆ **bater boca** to quarrel ◆ **bater carteiras** to pick pockets: *Bateram minha carteira.* I had my pocket picked. ◆ **bater (com) a porta** to slam the door ◆ **bater na mesma tecla** to go on about the same thing ◆ **bater na porta 1** to knock at the door **2** (*fig*): *O Natal está batendo na porta.* Christmas is just around the corner. ◆ **bater o pé 1** to stamp: *~ (com) o pé no chão* to stamp your foot on the ground **2** (*fig*) to refuse to budge ◆ **bater o queixo** to shiver ◆ **bater os dentes**: *Ele batia os dentes de frio.* His teeth were chattering. ◆ **bater palmas** to clap ◆ **não bater bem (da bola/cabeça)** to be nuts *Ver tb* MÁQUINA

bateria *sf* **1** (*Eletrôn, Mil*) battery (*pl* **batteries**): *A ~ descarregou.* The battery is flat. **2** (*Mús*) drums [*pl*]: *Charlie Watts na ~.* Charlie Watts on drums.

baterista *smf* drummer

batida *sf* **1** (*coração*) (heart)beat **2** (*Mús*) beat **3** (*bebida*) rum cocktail **4** (*com o carro*) crash **5** (*policial*) raid

batido, -a *adj* **1** (*assunto*) old hat: *Isso já está muito ~.* That's old hat by now. **2** (*roupa*) worn *Ver tb* BATER

batismal *adj* baptismal: *pia ~* font

batismo *sm* **1** *(sacramento)* baptism **2** *(ato de dar um nome)* christening LOC *Ver* NOME

batizado *sm* baptism

batizar *vt* **1** *(Relig)* to baptize **2** *(dar um nome)* **(a)** *(a uma pessoa)* to christen: *Vamos batizá-la com o nome de Marta.* We're going to christen her Marta. **(b)** *(a um barco, um invento)* to name

batom *sm* lipstick

batucar ▸ *vi* to beat out a rhythm ▸ *vt* to beat *sth* out: *Vamos ~ um samba.* Let's play a samba.

batuta *sf* baton

baú *sm* trunk ➲ *Ver ilustração em* LUGGAGE

baunilha *sf* vanilla

bazar *sm* **1** dime store; pound shop *(GB)* **2** *(da pechincha)* thrift store; charity shop *(GB)*

bêbado, -a *adj, sm-sf* drunk LOC **bêbado como um gambá** (as) drunk as a skunk; (as) drunk as a lord *(GB)*

bebê *sm* baby *(pl* babies*)* LOC *Ver* CARRINHO, CHÁ

bebedeira *sf*: *tomar uma ~ (de uísque)* to get drunk (on whiskey)

bebedor, -ora *sm-sf* drinker

bebedouro *sm* water cooler

beber *vt, vi* to drink: *Beba tudo.* Drink it up. ◇ *~ à saúde de alguém* to drink to sb's health LOC **beber aos goles/golinhos** to sip ◆ **beber como uma esponja** to drink like a fish

beberrão, -ona *sm-sf* heavy drinker

bebida *sf* drink: *~ não alcoólica* non-alcoholic drink LOC **bebida energética/isotônica** energy/sports drink

beça *sf* LOC **à beça**: *divertir-se à ~* to have a great time ◇ *Eles têm livros à ~.* They have lots of books.

beco *sm* alley *(pl* alleys*)* LOC **beco sem saída** dead end

bedelho *sm* LOC *Ver* METER

bege *adj, sm* beige ➲ *Ver exemplos em* AMARELO

beicinho *sm* LOC **fazer beicinho** to pout

beija-flor *sm* hummingbird

beijar(-se) *vt, vp* to kiss: *Ela me beijou na testa.* She kissed me on the forehead. ◇ *Eles nunca se beijam em público.* They never kiss in public.

beijo *sm* kiss: *Dê um ~ na sua prima.* Give your cousin a kiss. ◇ *Nós nos demos um ~.* We kissed each other. ◇ *atirar um ~ a alguém* to blow sb a kiss LOC *Ver* COBRIR

beira *sf* LOC **à beira de 1** *(lit)* beside: *à ~ da estrada/do rio* beside the road/river ◇ *à ~ d'água* at the water's edge **2** *(fig)* on the verge of *sth*: *à ~ das lágrimas* on the verge of tears

beirada *sf* edge: *a ~ do telhado* the edge of the roof

beira-mar *sf* LOC **à beira-mar** by/near the ocean: *uma casa à ~* a house by the ocean

beisebol *sm* baseball

belas-artes *sf* fine arts LOC *Ver* ESCOLA

beleza *sf* **1** *(qualidade)* beauty *(pl* beauties*)* **2** *(coisa bela)*: *O casamento estava uma ~.* The wedding was wonderful. LOC *Ver* CONCURSO, INSTITUTO, SALÃO

beliche *sm* **1** *(em casa)* bunk bed **2** *(em barco)* bunk

bélico, -a *adj* war: *armas bélicas* weapons of war

beliscão *sm* pinch LOC **dar um beliscão** to pinch

beliscar ▸ *vt (apertar)* to pinch ▸ *vt, vi (comida)* to nibble: *Temos algo para ~?* Is there anything to nibble?

belo, -a *adj* beautiful

bem[1] *adv* **1** well: *portar-se ~* to behave well ◇ *Não me sinto ~ hoje.* I don't feel well today. ◇ *Você fala ~ português.* You speak Portuguese very well. **2** *(de acordo, adequado)* OK: *Pareceu-lhes ~.* They thought it was OK. ◇ *—Você me empresta? —Está ~, mas tenha cuidado.* "Can I borrow it?" "OK, but be careful." **3** *(estado de espírito, aspecto, cheiro, sabor)* good: *Estou muito ~ aqui.* I feel very good here. ◇ *Você parece ~.* You look good. ◇ *Como cheira ~!* It smells really good! **4** *(corretamente)*: *Respondi ~ à pergunta.* I gave the right answer. **5** *(muito)* very: *Está ~ sujo.* It's very dirty. ◇ *Foi ~ caro.* It was very expensive. **6** *(exatamente)*: *Não foi ~ assim que aconteceu.* It didn't happen quite like that. ◇ *Foi ~ aqui que o deixei.* I left it right here. LOC **bem como** as well as ◆ **muito bem!** (very) good! ◆ **por bem**: *É melhor que você o faça por ~.* It would be better if you did it willingly. ◆ **por bem ou por mal** whether you like it or not, whether he/she likes it or not, etc. ❶ Para outras expressões com **bem**, ver os verbetes para o adjetivo, verbo, etc., p.ex. **bem feito** em FEITO e **chegar bem** em CHEGAR.

bem[2] *sm* **1** good: *o ~ e o mal* good and evil ◇ *São gente de ~.* They're good-hearted people. **2 bens** possessions LOC **bens de consumo** consumer goods ◆ **bens imóveis** real estate *[não contável]* ◆ **para meu, seu, etc. bem** for my, your, etc. own sake ◆ **para o bem de** for the good of *sb/sth Ver tb* MAL[2]

B

bem-comportado, -a *adj* well behaved ➲ *Ver nota em* WELL BEHAVED

bem-disposto, -a *adj* LOC **estar bem-disposto** to feel good: *Estou muito ~ hoje.* I'm feeling really good today.

bem-educado, -a *adj* well mannered ➲ *Ver nota em* WELL BEHAVED

bem-ensinado, -a *adj* well trained ➲ *Ver nota em* WELL BEHAVED

bem-estar *sm* well-being

bem-humorado, -a *adj* good-tempered

bem-intencionado, -a *adj* well meaning ➲ *Ver nota em* WELL BEHAVED

bem-sucedido, -a *adj* successful

bem-vestido, -a *adj* well dressed ➲ *Ver nota em* WELL BEHAVED

bem-vindo, -a *adj* welcome: *Bem-vindo a São Paulo!* Welcome to São Paulo!

bem-visto, -a *adj* well thought of

bênção *sf* blessing: *dar a ~ a alguém* to bless sb

bendito, -a *adj* blessed

beneficente *adj* charity: *obras ~s* charity work ◇ *uma instituição ~* a charity

beneficiar(-se) *vt, vp* to benefit: *Eles se beneficiaram com o desconto.* They benefitted from the reduction.

benefício *sm* benefit: *em seu ~* for your benefit

benéfico, -a *adj* **1** beneficial **2** (*salutar*) healthy: *um clima ~* a healthy climate **3** (*favorável*) favorable: *ventos ~s* favorable winds

bengala *sf* **1** (*bastão*) walking stick **2** (*pão*) baguette

benigno, -a *adj* benign

benzer ▸ *vt* to bless
▸ **benzer-se** *vp* to cross yourself

berço *sm* crib; cot (*GB*) LOC **nascer em berço de ouro/ter berço** to be born into a wealthy family

berinjela *sf* eggplant; aubergine (*GB*)

bermuda *sf* Bermuda shorts [*pl*]: *uma ~ amarela* a pair of yellow Bermuda shorts ➲ *Ver notas em* CALÇA, PAIR

berrante *adj* **1** (*cor*) loud **2** (*coisa*) flashy: *Ele se veste de uma forma muito ~.* He wears very flashy clothes.

berrar *vt, vi* **1** (*gritar*) to shout **2** (*chorar*) to howl

berro *sm* shout: *dar ~s* to shout LOC **aos berros** at the top of your voice

besouro *sm* beetle

besta ▸ *sf* beast
▸ *smf* (*pessoa*) idiot
▸ *adj* (*pedante*) pretentious LOC **ficar besta (com algo)** to be amazed (at/by sth) *Ver tb* METIDO

besteira *sf* dumb thing; stupid thing (*GB*): *Olha a ~ que você fez!* Look what a dumb thing you've done! ◇ *Não chore por uma ~ dessas!* Don't cry about something so dumb! LOC **dizer/falar besteiras** to talk nonsense

beterraba *sf* beet; beetroot (*GB*)

bexiga *sf* **1** (*Anat*) bladder **2** (*marca da varíola*) pockmark **3 bexigas** (*Med*) smallpox [*não contável*]

bezerro, -a *sm-sf* calf (*pl* calves)

Bíblia *sf* Bible

bíblico, -a *adj* biblical

bibliografia *sf* bibliography (*pl* bibliographies)

biblioteca *sf* library (*pl* libraries)

bibliotecário, -a *sm-sf* librarian

bica *sf* water outlet LOC *Ver* SUAR

bicada *sf* (*pássaro*) peck

bicampeão, -eã *sm-sf* two-time champion

bicar *vt, vi* (*pássaro*) to peck

bicarbonato *sm* bicarbonate

bíceps *sm* biceps (*pl* biceps)

bicho *sm* **1** (*inseto*) bug **2** (*animal*) animal **3** (*estudante*) freshman (*pl* -men); fresher (*GB*) LOC **bicho de pelúcia** stuffed animal; soft toy (*GB*) ◆ **bicho de sete cabeças** big deal: *fazer um ~ de sete cabeças de alguma coisa* to make a big deal out of sth ◇ *Não é nenhum ~ de sete cabeças.* It's no big deal. ◆ **bicho do mato** (*pessoa insociável*) loner ◆ **que bicho mordeu você?** what's eating you? ◆ **virar um bicho** to get mad

bicho-da-seda *sm* silkworm

bicho-papão *sm* bogeyman

bicicleta *sf* bicycle; bike (*mais coloq*): *Você sabe andar de ~?* Can you ride a bike? ◇ *ir de ~ para o trabalho* to ride your bike to work ◇ *dar um passeio de ~* to go for a ride on your bicycle LOC **bicicleta de corrida/montanha** racing/mountain bike ◆ **bicicleta ergométrica** exercise bike *Ver tb* GOL

bicicletário *sm* bike rack

bico *sm* **1** (*pássaro*) beak **2** (*de caneta*) nib **3** (*gás*) burner **4** (*sapato*) toe **5** (*bule, chaleira*) spout **6** (*emprego*) casual work [*não contável*]: *Ele vive de fazer ~s.* He makes a living from casual work. **7** (*do seio*) nipple **8** (*mamadeira*) teat **9** (*boca*) mouth LOC **bico calado!** don't say a word! *Ver tb* ABRIR, CALAR

bicudo, -a *adj* (*pontiagudo*) pointed

bidê *sm* bidet

bife *sm* steak ℹ Um bife pode ser **rare** (= malpassado), **medium rare** (= no ponto), ou **well done** (= bem passado).

bifurcação *sf* fork

bifurcar-se *vp* to fork

bigode *sm* **1** *(pessoa)* mustache: *um homem de ~* a man with a mustache **2** *(gato)* whiskers *[pl]*

bijuteria *sf* costume jewelry

bilhão *sm* billion

bilhar *sm (jogo)* pool, billiards *[não contável]*

O bilhar americano, de 16 bolas, se chama **pool**, e o bilhar de 22 bolas (*sinuca*), muito popular na Grã-Bretanha, se chama **snooker**. **Billiards** se refere à modalidade que se joga somente com três bolas.

bilhete *sm* **1** *(passagem)* ticket: *comprar um ~ de avião* to buy an airline ticket **2** *(recado)* note: *Viu o ~ que deixaram para você?* Did you see the note they left for you? LOC **bilhete de ida e volta** round-trip ticket; return (ticket) *(GB)* ♦ **bilhete simples/de ida** one-way ticket; single (ticket) *(GB)*

bilheteria *sf* **1** *(estação, Esporte)* ticket office **2** *(Cinema, Teat)* box office

biliar *adj* LOC *Ver* VESÍCULA

bilíngue *adj* bilingual

bílis *sf* bile

binário, -a *adj* binary

bingo *sm* **1** *(jogo)* bingo: *jogar ~* to play bingo **2** *(sala)* bingo hall

binóculo *sm* binoculars *[pl]*: *Onde está o ~?* Where are the binoculars?

biocombustível *sm* biofuel

biodegradável *adj* biodegradable

biodiesel *sm* biodiesel

biodiversidade *sf* biodiversity

biodiverso, -a *adj* biodiverse

biografia *sf* biography *(pl* **biographies***)*

biologia *sf* biology

biológico, -a *adj* biological

biólogo, -a *sm-sf* biologist

biomassa *sf* biomass

biombo *sm* screen

biopirataria *sf* biopiracy

bip *sm* pager

bipolar *adj (Psic)* bipolar

biquíni *sm* bikini *(pl* **bikinis***)*

birra *sf* **1** *(teimosia)* stubbornness **2** *(mau gênio)* tantrum: *fazer ~* to throw a tantrum

birrento, -a *adj (teimoso)* stubborn

biruta *smf (amalucado)* lunatic

bis! *interj* encore!

bisavô, -ó *sm-sf* **1** *(masc)* great-grandfather **2** *(fem)* great-grandmother **3 bisavós** great-grandparents

bisbilhotar *vi* to pry *(into sth)*

bisbilhoteiro, -a ▸ *adj* nosy ▸ *sm-sf* snoop

bisbilhotice *sf* prying *[não contável]*: *Não quero ~s no escritório.* I don't want any prying in the office.

biscate *sm* odd job: *fazer (uns) ~s* to do some odd jobs

biscoito *sm* **1** *(doce)* cookie; biscuit *(GB)* **2** *(salgado)* cracker

bisnaga *sf* **1** *(recipiente)* tube ➲ *Ver ilustração em* CONTAINER **2** *(pão)* French bread ➲ *Ver ilustração em* PÃO

bisneto, -a *sm-sf* **1** *(masc)* great-grandson **2** *(fem)* great-granddaughter **3 bisnetos** great-grandchildren

bispo *sm* bishop

bissexto *adj* LOC *Ver* ANO

bissexual *adj, smf* bisexual

bisturi *sm* scalpel

bit *sm (Informát)* bit

bitolado, -a ▸ *adj* narrow-minded ▸ *sm-sf*: *Eles são um bando de ~s.* They're a really narrow-minded bunch. ◇ *as pessoas bitoladas ao trabalho* workaholics

blá-blá-blá *sm*: *Esse ~ não leva à nada.* This conversation is pointless. ◇ *Ficamos de ~ a noite toda.* We yakked away all night.

blasfemar *vi* to blaspheme

blasfêmia *sf* blasphemy *(pl* **blasphemies***)*: *dizer ~s* to blaspheme

blazer *sm* blazer

blecaute *sm* blackout

blefar *vi* to bluff

blefe *sm* bluff

blindado, -a ▸ *adj* **1** *(veículo)* armored **2** *(porta)* reinforced *Ver tb* BLINDAR ▸ *sm* armored car

blindar *vt* **1** *(revestir)* to steel-plate **2** *(proteger)* to shield

blitz *sf (inspeção surpresa)* police check

bloco *sm* **1** block: *um ~ de mármore* a marble block **2** *(programa de TV)*: *O presidente é entrevistado no último ~.* The president will be interviewed in the last part of the program. **3** *(Pol)* bloc LOC **bloco de apartamentos** apartment building; block of flats *(GB)* ♦ **bloco de carnaval** carnival troupe ♦ **bloco de notas/papel** writing pad

blog *sm* blog

blogagem *sf* blogging LOC **blogagem coletiva** collective blogging

blogosfera *sf* (*Internet*) blogosphere

blogueiro, -a *sm-sf* blogger

bloqueador *sm* LOC **bloqueador de anúncios** (*Internet*) ad blocker

bloquear *vt* **1** (*obstruir*) to block: *~ o caminho/uma estrada* to block access/a road ◇ *~ um jogador* to block a player **2** (*Mil*) to blockade

bloqueio *sm* **1** (*Esporte*) block **2** (*Mil*) blockade

blusa *sf* **1** (*de mulher*) blouse **2** (*suéter*) sweater

blusão *sm* **1** jacket: *um ~ de couro* a leather jacket **2** (*de ginástica, jogging*) sweatshirt

blush *sm* blusher

boa *sf* LOC **estar numa boa** to be doing fine ◆ **numa boa** without any problems: *—Você pode me dar uma mãozinha? —Claro, numa ~!* "Could you give me a hand?" "Sure, no problem."

boas-festas *sf*: *desejar ~ a alguém* to wish sb a merry Christmas

boas-vindas *sf* welcome: *dar as ~ a alguém* to welcome sb

boate *sm* (night)club

boato *sm* rumor: *Ouvi um ~ de que eles estão para se casar.* I heard a rumor (that) they're going to get married. LOC *Ver* CORRER

bobagem *sf* dumb thing; stupid thing (*GB*): *Não diga bobagens.* Don't talk dumb.

bobeada *sf* stupid mistake

bobear *vi* **1** (*cometer erro*) to make a silly mistake **2** (*desperdiçar oportunidade*) to miss an opportunity **3** (*não prestar atenção*): *Se ~, perde o jogo.* If you don't watch out, you'll lose the game.

bobina *sf* **1** (*fio*) spool; reel (*GB*) **2** (*Eletrôn, arame*) coil

bobo, -a *adj* **1** (*tonto*) silly **2** (*ingênuo*) naive: *Você é tão ~.* You're so naive.

boca *sf* **1** (*Anat*) mouth: *Não fale com a ~ cheia.* Don't talk with your mouth full. **2** (*entrada*) entrance: *a ~ do túnel* the entrance to the tunnel **3** (*fogão*) burner LOC **apanhar alguém com a boca na botija** to catch sb red-handed ◆ **boca de fumo** drugs den ◆ **boca de sino** flares [*pl*] ◆ **de boca em boca**: *A história foi passando de ~ em ~.* The story did the rounds. ◆ **de boca para baixo/cima** (*virado*) face down/up ◆ **de boca suja** foul-mouthed ◆ **dizer algo da boca para fora** to say sth without meaning it ◆ **ficar de boca aberta** (*de surpresa*) to be dumbfounded *Ver tb* ABRIR, ÁGUA, CALAR, RESPIRAÇÃO

bocado *sm* **1** (*pedaço*) piece **2** (*um pouco*) a little; a bit (*mais coloq*): *um ~ de açúcar* a little sugar **3** (*muito*) a lot; loads (*coloq*): *um ~ de gente* a lot of people **4** (*relativo a tempo*) while: *Um ~ mais tarde tocou o telefone.* The telephone rang a while later. ◇ *Cheguei há um ~.* I arrived some time ago. LOC **maus bocados** (*dificuldades*) a bad patch [*sing*]: *atravessar maus ~s* to go through a bad patch

bocal *sm* (*Mús*) mouthpiece

boca-livre *sf* party with free food and drink: *O bar está promovendo uma ~ nesta sexta-feira.* The bar is offering free food and drink this Friday.

bocejar *vi* to yawn

bocejo *sm* yawn

bochecha *sf* cheek

bochechar *vi* to rinse (out) your mouth

bodas *sf* LOC **bodas de diamante/ouro/prata** diamond/golden/silver wedding anniversary (*pl* **anniversaries**)

bode *sm* **1** (*animal*) goat

> **Goat** é o substantivo genérico. Para nos referirmos só ao macho dizemos **billy goat**, e à fêmea **nanny goat**. *Cabrito* traduz-se por **kid**.

2 (*confusão*) fix: *Os dois foram pegos colando e deu o maior ~ para eles.* The two of them were caught cheating and got into a real fix. LOC **bode expiatório** scapegoat

boêmio, -a *sm-sf* bohemian

bofetada *sf* slap (in the face): *Ela me deu uma ~.* She slapped me (in the face).

boi *sm* steer LOC *Ver* COMER

boia *sf* **1** (*para nadar*) (**a**) float; rubber ring (*GB*) (**b**) (*de braço*) armband **2** (*pesca*) float **3** (*comida*) chow LOC **boia salva-vidas** life preserver; lifebuoy (*GB*)

boiar *vi* to float LOC **estar/ficar boiando em algo** (*fig*) not to have a clue about sth: *Ele falou duas horas sobre o assunto e eu fiquei boiando.* He spoke for two hours about it and I didn't have a clue what he was talking about.

boicotar *vt* to boycott

boicote *sm* boycott

boina *sf* beret

bola *sf* **1** ball: *uma ~ de tênis* a tennis ball ◇ *uma ~ de cristal* a crystal ball **2** (*sabão, chiclete*) bubble: *fazer ~s de sabão* to blow bubbles LOC **bola de neve** snowball ◆ **bolas de naftalina**

mothballs ◆ **dar bola para** to be interested in *sb* ◆ **não dar bola para** to ignore *sb* *Ver tb* BATER, PISAR

bolacha *sf* **1** (*biscoito*) cookie; biscuit (*GB*) **2** (*bofetada*) slap **3** (*para copos*) coaster

bolada *sf* **1** (*quantia*): *uma ~ de dinheiro* a pile of cash **2** (*pancada*): *Levou uma ~ no rosto.* He was hit in the face by the ball.

bolar *vt* (*inventar*) to think *sth* up

boletim *sm* (*publicação*) bulletin LOC **boletim de ocorrência** (*abrev* **BO**) police report ◆ **boletim (escolar)** report card; school report (*GB*) ◆ **boletim informativo/meteorológico** news/weather report ◆ **boletim médico** medical report

bolha ▸ *sf* **1** (*em líquido, saliva*) bubble **2** (*na pele*) blister
▸ *smf* (*pessoa*) bore

boliche *sm* bowling: *jogar ~* to go bowling ◇ *pista de ~* bowling alley

bolinha *sf* polka dot: *uma saia de ~s* a polka-dot skirt

bolinho *sm* **1** ball: *~s de carne* meatballs **2** (*muffin*) muffin

Bolívia *sf* Bolivia

boliviano, -a *adj, sm-sf* Bolivian

bolo *sm* cake: *um ~ de aniversário* a birthday cake LOC **dar o bolo em alguém** to stand sb up ◆ **levar um bolo** to be stood up *by sb* *Ver tb* CEREJA

bolor *sm* mold LOC **criar/ter bolor** to go/be moldy

bolorento, -a *adj* moldy

bolsa *sf* **1** bag ➲ *Ver ilustração em* CONTAINER **2** (*de mulher*) purse; handbag (*GB*) **3** (*concentração*) pocket: *uma ~ de ar* an air pocket **4** (*Com*) stock exchange: *a Bolsa de Londres* the London Stock Exchange LOC **bolsa (a) tiracolo** shoulder bag ◆ **bolsa de estudos** scholarship

bolso *sm* pocket: *Está no ~ do meu casaco.* It's in my coat pocket. LOC **de bolso** pocket(-sized): *guia de ~* pocket guide *Ver tb* LIVRO

bom, boa ▸ *adj* **1** good: *Essa é uma boa notícia.* That's good news. ◇ *É ~ fazer exercício.* It is good to exercise. **2** (*amável*) nice: *Eles foram muito bons comigo.* They were very nice to me. **3** (*comida*) tasty **4** (*correto*) right: *Você não está no ~ caminho.* You're on the wrong road. **5** (*doente, aparelho*) fine: *Estive doente mas agora já estou ~.* I was sick but I'm fine now.
▸ *interj* **1** (*para concluir*) well: *Bom, acho que isso é tudo.* Well, I think that's all. **2** (*para iniciar um novo assunto*) OK: *Bom, vamos passar ao próximo item.* OK, let's go on to the next point. LOC **está bom** that's fine

bomba *sf* **1** (*Mil*) bomb: *~ atômica* atomic bomb ◇ *colocar uma ~* to plant a bomb **2** (*notícia*) bombshell **3** (*água, ar*) pump: *~ de ar* air pump **4** (*doce*) eclair **5** (*Esporte*) steroids [*pl*] LOC **levar bomba** to fail; to flunk (*coloq*): *Levei ~ em matemática.* I flunked math.

bombar *vt, vi* (*Internet*) to (make *sth*) go viral: *dicas para ~ o seu perfil* tips to make your profile go viral ◇ *como saber o que está bombando no Twitter* how to find out what's trending on Twitter

bombardear *vt* **1** (*com bombas*) to bomb **2** (*com mísseis/perguntas*) to bombard: *Bombardearam-me com perguntas.* They bombarded me with questions.

bomba-relógio *sf* time bomb

bombeiro, -a *sm-sf* **1** firefighter ➲ *Ver nota em* POLICIAL **2** (*encanador*) plumber LOC *Ver* CARRO, CORPO

bombom *sm* chocolate candy (*pl* chocolate candies); chocolate (*GB*): *uma caixa de bombons* a box of chocolate candy

bombordo *sm* port: *a ~* to port

bom-dia *sm* LOC **dar bom-dia** to say good morning

bondade *sf* goodness LOC **ter a bondade de** to be so kind as *to do sth*: *Tenha a ~ de se sentar.* Kindly take a seat.

bonde *sm* streetcar; tram (*GB*)

bondinho *sm* cable car

bondoso, -a *adj* ~ **(com)** kind (to *sb/sth*)

boné *sm* cap

boneco, -a *sm-sf* **1** (*brinquedo*) doll: *uma boneca de trapos* a rag doll **2** (*de um ventríloquo, manequim*) dummy (*pl* dummies) LOC **boneco de neve** snowman (*pl* -men)

bonitinho, -a *adj* cute

bonito, -a *adj* **1** pretty: *Ela está sempre muito bonita.* She always looks very pretty. ◇ *Que bebê ~!* What a pretty baby! **2** (*homem*) good-looking **3** (*coisa, animal*) beautiful: *uma casa/voz bonita* a beautiful house/voice

bônus *sm* bonus (*pl* bonuses)

boquiaberto, -a *adj* (*surpreendido*) speechless

borboleta *sf* **1** (*Zool*) butterfly (*pl* butterflies) **2** (*portão*) turnstile LOC *Ver* GRAVATA, NADAR, NADO

borbulha *sf* **1** (*em líquido*) bubble **2** (*na pele*) pimple: *Estou cheio de ~s no rosto.* My face has broken out.

borbulhar *vi* to bubble

B

borda *sf* **1** edge: *na ~ da mesa* on the edge of the table **2** (*objeto circular*) rim: *a ~ do copo* the rim of the glass **3** (*lago, mar*) shore **4** (*de navio*) side (of the ship): *debruçar-se sobre a ~* to lean over the side (of the ship)

bordado *sm* embroidery [*não contável*]: *um vestido com ~s nas mangas* a dress with embroidery on the sleeves

bordar *vt* (*costura*) to embroider

bordel *sm* brothel

bordo *sm* LOC **a bordo** on board: *subir a ~ do avião* to board the plane

borracha *sf* **1** (*material*) rubber **2** (*para apagar*) eraser; rubber (*GB*) LOC **passar uma borracha sobre o assunto** to wipe the slate clean ◆ *Ver tb* BOTE, ESPUMA

borracharia *sf* tire repair shop

borracheiro, -a *sm-sf* tire repairer

borrão *sm* **1** (*mancha*) smudge: *cheio de borrões* full of smudges **2** (*rascunho*) rough draft

borrar *vt* (*sujar*) to smudge

borrifar *vt* to sprinkle

bosque *sm* woods [*pl*]

bota *sf* boot LOC *Ver* BATER, GATO

botânica *sf* botany

botânico, -a *adj* botanical LOC *Ver* JARDIM

botão *sm* **1** button: *Você está com um ~ aberto.* One of your buttons is undone. ◇ *O ~ vermelho é o do volume.* The red button is the volume control. **2** (*flor*) bud: *um ~ de rosa* a rosebud LOC *Ver* FUTEBOL

botar ▸ *vt* **1** (*pôr*) to put: *Quer ~ esses livros na prateleira?* Could you put these books on the shelf? **2** (*vestir*) to put *sth* on: *Botei o paletó e saí.* I put on my jacket and left.

▸ *vi* (*pôr ovos*) to lay eggs LOC **botar defeito** to find fault (*with sb/sth*) ◆ **botar em dia** to catch up on *sth*: *Preciso ~ a matéria em dia.* I need to catch up on my studies. ◆ **botar para fora 1** (*expulsar*) to kick *sb/sth* out **2** (*externar emoção*): *~ emoção para fora* to show your feelings *Ver tb* FOGO, RUA

bote *sm* boat LOC **bote de borracha** (rubber) dinghy (*pl* **dinghies**) *Ver tb* SALVA-VIDAS

boteco *sm* (small) bar

botija *sf* LOC *Ver* BOCA

botijão *sm* cylinder: *~ de gás/oxigênio* gas/oxygen cylinder

Botox® *sm* Botox®

bovino, -a *adj* LOC *Ver* GADO

boxe *sm* boxing LOC *Ver* LUTA

boxeador, -ora *sm-sf* boxer

boxear *vi* to box

brabo, -a *adj* **1** (*zangado*) angry (*with sb*) (*about sth*) **2** (*severo*) strict **3** (*intenso*): *um calor ~/uma gripe braba* extreme heat/a bad case of the flu

braçada *sf* **1** (*Natação*) stroke **2** (*quantidade*) armful: *uma ~ de flores* an armful of flowers

braçadeira *sf* **1** (*tira de pano*) armband **2** (*para cano, mangueira*) bracket

bracelete *sm* bracelet

braço *sm* **1** arm: *Quebrei o ~.* I broke my arm. ➲ *Ver nota em* ARM **2** (*rio*) branch **3** (*mar*) inlet LOC **dar o braço a torcer** to give in ◆ **de braço dado** arm in arm ◆ **ficar de braços cruzados**: *Não fique aí de ~s cruzados! Faça alguma coisa.* Don't just stand there! Do something. ◆ **ser o braço direito de alguém** to be sb's right-hand man *Ver tb* ABRIR, CADEIRA, CHAVE, CRUZAR

braguilha *sf* fly: *A sua ~ está aberta.* Your fly is undone.

branco, -a ▸ *adj* white: *pão/vinho ~* white bread/wine ➲ *Ver exemplos em* AMARELO

▸ *sm-sf* (*pessoa*) white man/woman (*pl* **men/women**): *os ~s* white people

▸ *sm* **branco** (*cor*) white LOC **branco como a neve** as white as snow ◆ **em branco** blank: *um cheque/uma página em ~* a blank check/page ◆ **passar em brancas nuvens** to go unnoticed ◆ **ter um branco** to go blank *Ver tb* ARMA, BANDEIRA, CHEQUE, VOTO

brando, -a *adj* **1** soft: *regras brandas* soft laws ◇ *um professor ~* a soft teacher **2** (*doença, clima*) mild: *o tipo mais ~ da gripe aviária* the mildest form of bird flu **3** (*vento*) light LOC *Ver* COZINHAR, FOGO

branquear(-se) *vt, vi, vp* to whiten

brasa *sf* ember LOC **em brasa** red-hot: *carvão em ~* red-hot coal *Ver tb* ASSADO, PISAR, PUXAR

brasão *sm* coat of arms

Brasil *sm* Brazil

brasileiro, -a *adj, sm-sf* Brazilian: *os ~s* the Brazilians

bravo, -a ▸ *adj* **1** (*corajoso*) brave **2** (*animal*) fierce **3** (*zangado*) angry **4** (*mar*) rough

▸ *interj* **bravo!** bravo!

brecar *vt, vi* to brake

brecha *sf* **1** gap **2** (*Jur*) loophole

brechó *sm* thrift store; charity shop (*GB*)

brega *adj* tacky

brejo *sm* marsh LOC **ir para o brejo** to go down the drain

breu *sm* pitch LOC *Ver* ESCURO

breve *adj* **1** short: *uma estada* ~ a short stay **2** *(ao falar)* brief: *ser* ~ to be brief LOC **até breve!** see you soon! ◆ **em breve** soon *Ver tb* DENTRO

briga *sf* fight: *procurar* ~to be looking for a fight ◇ *meter-se numa* ~ to get into a fight

brigada *sf* **1** *(Mil)* brigade **2** *(polícia)* squad: *a* ~ *de homicídios/antidroga* the homicide/drug squad

brigadeiro *sm* **1** *(bombom)* chocolate truffle **2** *(Aeronáut)* brigadier

brigão, -ona *sm-sf* troublemaker

brigar *vt, vi* ~ **(com) (por) 1** *(discutir)* to argue (with *sb*) (about/over *sth*): *Não briguem por isso.* Don't argue over this. **2** *(zangar-se)* to have a row (with *sb*) (about/over *sth*): *Acho que ele brigou com a namorada.* I think he's had a row with his girlfriend. **3** *(lutar)* to fight (with *sb*) (for/against/over *sb/sth*): *As crianças estavam brigando pelos brinquedos.* The children were fighting over the toys.

brilhante ▸ *adj* **1** *(luz, cor)* bright **2** *(superfície)* shiny **3** *(fenomenal, perfeito)* great: *Fiz um exame* ~. I did really well on the exam.
▸ *sm* diamond

brilhar *vi* **1** to shine: *Os olhos deles brilhavam de alegria.* Their eyes shone with joy. ◇ *Olhe como brilha!* Look how shiny it is! **2** *(lâmpada)* to give off light: *Aquela lâmpada de rua não brilha muito.* That street light doesn't give off much light. **3** ~ **(em)** *(distinguir-se)* to do really well (in *sth*): *Ela brilhou em matemática este ano.* She did really well in math this year.

brilho *sm* **1** brightness: *o* ~ *da lâmpada* the brightness of the lamp **2** *(cabelo, sapatos)* shine **3** *(metal, olhos)* gleam **4** *(fogo)* blaze **5** *(batom)* lip gloss

brincadeira *sf* **1** *(piada)* joke: *Não trate isso como uma* ~. Don't treat it as a joke. ◇ *Deixe de ~s!* Stop messing around! **2** *(jogo)* game LOC **brincadeira de criança** child's play ◆ **brincadeira de mau gosto** practical joke ◆ **de brincadeira** for fun ◆ **fora de brincadeira** joking apart ◆ **levar algo na brincadeira** to treat sth as a joke ◆ **nem por brincadeira!** no way!

brincalhão, -ona ▸ *adj* playful
▸ *sm-sf* joker: *Ele é um autêntico* ~. He's a real joker.

brincar *vi* **1** *(criança)* to play **2** *(gracejar)* to joke: *dizer algo brincando* to say sth as a joke LOC **brincar com alguém** *(amolar)* to pull sb's leg ◆ **fazer algo brincando** to do sth easily: *Ela nada 3.000 metros brincando.* She can swim 3,000 meters easily.

brinco *sm* earring LOC **estar um brinco** to be spotless

brinco-de-princesa *sm* fuchsia

brindar *vt* **1** ~ **(a)** to drink a toast (to *sb/sth*): *Brindemos à felicidade deles.* Let's drink (a toast) to their happiness. **2** ~ **alguém com algo** *(presentear)* to give sth to sb

brinde *sm* **1** *(saudação)* toast **2** *(presente)* gift LOC **fazer um brinde** to drink a toast (*to sb/sth*)

brinquedo *sm* **1** toy **2** *(em parque de diversões)* ride LOC **de brinquedo** toy: *caminhão de* ~ toy truck

brisa *sf* breeze

britânico, -a *adj, sm-sf* British: *os ~s* the British ➲ *Ver nota em* GRÃ-BRETANHA LOC *Ver* ILHA

broa *sf* corn bread

broca *sf* drill

broche *sm* *(joia)* pin; brooch *(GB)*

brochura *sf* **1** *(folheto)* brochure **2** *(livro)* paperback

brócolis *sm* broccoli [*não contável*]

bronca *sf* reprimand; telling-off (*pl* tellings-off) *(GB)* LOC **dar bronca em alguém** to scold sb

bronco, -a ▸ *adj* stupid
▸ *sm-sf* idiot

bronquite *sf* bronchitis [*não contável*]

bronze *sm* bronze

bronzeado, -a ▸ *adj* tanned
▸ *sm* (sun)tan *Ver tb* BRONZEAR

bronzeador *sm* suntan lotion

bronzear ▸ *vt* *(pele)* to tan
▸ **bronzear-se** *vp* to get a suntan

brotar *vi* **1** *(plantas)* to sprout **2** *(flores)* to bud **3** *(líquido)* to gush (out) (*from sth*)

broto *sm* **1** *(muda)* shoot **2** *(de flor, folha)* bud

broxa *sf* brush ➲ *Ver ilustração em* BRUSH

bruços *sm* LOC **de bruços** *(posição)* face down

brusco, -a *adj* **1** *(repentino)* sudden **2** *(pessoa)* abrupt

brutal *adj* brutal

bruto, -a ▸ *adj* **1** *(força)* brute **2** *(pessoa)* heavy-handed **3** *(peso, rendimento)* gross
▸ *sm-sf* *(pessoa violenta)* brute: *Você é mesmo um ~!* You're such a brute! LOC **em bruto** in the raw: *ter um talento ainda em* ~ to have raw talent *Ver tb* PETRÓLEO, PRODUTO

bruxa *sf* **1** *(feiticeira)* witch **2** *(mulher feia)* hag LOC *Ver* CAÇA[1]

bruxaria *sf* witchcraft [*não contável*]

B

bruxo *sm* **1** (*feiticeiro*) wizard **2** (*adivinho*) psychic: *Você deve ser ~.* You must be psychic.

bucha *sf* **1** plug: *Ele tapou o buraco com uma ~.* He plugged the hole. **2** (*esponja*) loofah LOC *Ver* ACERTAR

budismo *sm* Buddhism

budista *adj, smf* Buddhist

bueiro *sm* storm drain

búfalo *sm* buffalo (*pl* **buffalo/buffaloes**)

bufar *vi* **1** (*de cansaço*) to pant **2** (*de raiva*) to snort

bufê *sm* **1** (*refeição*) buffet **2** (*móvel*) buffet; sideboard (*GB*) **3** (*serviço*) catering service

bujão *sm* (gas) cylinder

bula *sf* instructions (for use) [*pl*]

buldogue *sm* bulldog

bule *sm* **1** (*chá*) teapot **2** (*café*) coffee pot

bunda *sf* butt; bum (*GB*) LOC *Ver* PÉ

buquê *sm* **1** (*de flores*) bunch; bouquet (*mais formal*): *um ~ de rosas* a bunch of roses **2** (*de vinho*) bouquet

buraco *sm* **1** hole: *fazer um ~* to make a hole **2** (*em estrada*) pothole: *Estas estradas estão cheias de ~s.* These roads are full of potholes. **3** (*de agulha*) eye **4** (*jogo*) rummy LOC **buraco da fechadura** keyhole

burburinho *sm* **1** (*falatório*) murmuring **2** (*fofoca*) gossip [*não contável*]

burlar *vt* **1** (*enganar*) to evade: *~ a justiça/os impostos* to evade justice/taxes **2** (*fraudar*) to swindle *sb* (*out of sth*): *Ele burlou os investidores em milhões de dólares.* He swindled the investors out of millions of dollars. **3** (*vigilância*) to get past *sb/sth*: *Eles só conseguiram fugir porque burlaram os guardas.* They only managed to escape because they got past the guards.

burocracia *sf* **1** bureaucracy **2** (*papelada excessiva*) red tape

burocrático, -a *adj* bureaucratic

burrada *sf* dumb thing; stupid thing (*GB*): *Foi uma ~ o que você fez.* That was a really dumb thing to do.

burro, -a ▸ *adj* (*estúpido*) dumb; thick (*GB*)
▸ *sm-sf* **1** (*animal*) donkey (*pl* **donkeys**) **2** (*pessoa*) idiot: *o ~ do meu cunhado* my idiotic brother-in-law LOC **burro de carga** (*pessoa*) gofer ◆ **ser burro como/que nem uma porta** to be (as) thick as two short planks

busca *sf* ~ **(de)** search (for *sb/sth*): *Abandonaram a ~ do corpo.* They abandoned the search for the body. ◇ *Realizaram uma ~ nos bosques.* They searched the woods. LOC **em busca de** in search of *sb/sth* ◆ **ferramenta/mecanismo/site de busca** search engine

buscar *vt* **1** (*recolher alguém*) (**a**) (*de carro*) to pick *sb* up: *Fomos buscá-lo na estação.* We went to pick him up at the train station. (**b**) (*a pé*) to meet **2** (*procurar*) to look for *sb/sth* LOC **ir/vir buscar alguém/algo** to go/come and get sb/sth: *Fui ~ o médico.* I went to get the doctor. ◇ *Tenho de ir ~ pão.* I have to go and get some bread. ◆ **mandar buscar alguém/algo** to send for sb/sth

bússola *sf* compass

busto *sm* **1** bust **2** (*escultura*) torso (*pl* **torsos**)

butique *sf* boutique

buzina *sf* horn: *tocar a ~* to blow your horn

buzinada *sf* honking

buzinar *vi* to honk: *O motorista buzinou para mim.* The driver honked at me.

byte *sm* (*Informát*) byte

Cc

cá *adv*: *Venha cá.* Come here. ◇ *Chegue-o mais para cá.* Bring it closer. LOC **cá entre nós** between you and me *Ver tb* LÁ[1]

cabana *sf* shack

cabeça ▸ *sf* **1** head **2** (*juízo*) sense: *Que falta de ~ a sua!* You have no sense!
▸ *smf* (*líder*) leader LOC **cabeça de alho** head of garlic ◆ **cabeça de vento** scatterbrain ◆ **dar na cabeça** to take it into your head *to do sth*: *Deu-me na ~ ir fazer compras.* I took it into my head to go shopping. ◇ *Ele só faz o que dá na ~ dele.* He only does what he wants to. ◆ **de cabeça 1** (*mergulho*) headlong: *atirar-se de ~ na piscina* to dive headlong into the swimming pool **2** (*mentalmente*) in my, your, etc. head: *Não sou capaz de fazer uma conta de ~.* I can't add in my head. **3** (*de memória*) from memory; off the top of your head (*coloq*): *Assim de ~ não sei responder à pergunta.* I can't give an answer off the top of my head. ◆ **de cabeça para baixo** upside down ➲ *Ver ilustração em* CONTRÁRIO ◆ **estar/andar com a cabeça nas nuvens/na lua** to have your head in the clouds ◆ **estar com a cabeça girando** to feel dizzy ◆ **estar com a cabeça num turbilhão** to be confused ◆ **fazer a cabeça de alguém** to persuade sb *to do sth*: *Os meus pais estão querendo fazer a minha ~ para estudar medicina.* My parents are trying

to persuade me to go to medical school. ◆ **meter/enfiar algo na cabeça** to take it into your head to do sth ◆ **não estar bom da cabeça** not to be right in the head ◆ **por cabeça** a/per head ◆ **ter cabeça** to be smart; to be bright *(GB)* *Ver tb* ABANAR, ACENAR, BATER, BICHO, DOR, ENTRAR, ESQUENTAR, LAVAR, PÉ, PERDER, QUEBRAR, SUBIR

cabeçada *sf* **1** *(golpe)* head butt **2** *(Futebol)* header LOC **dar uma cabeçada 1** *(no teto, etc.)* to bang your head *(on sth)* **2** *(na bola)* to head

cabeça-dura *adj, smf* stubborn: *Você é um ~.* You're so stubborn!

cabeçalho *sm* **1** *(jornal)* masthead **2** *(página, documento)* heading

cabecear *vi (Futebol)* to head: *~ para a rede* to head the ball into the net

cabeceira *sf* **1** head: *sentar-se à ~ da mesa* to sit at the head of the table **2** *(de cama)* headboard

cabeçudo, -a *adj (teimoso)* pigheaded

cabeleira *sf* **1** *(postiça)* wig **2** *(verdadeira)* head of hair

cabeleireiro, -a *sm-sf* **1** *(pessoa)* hairdresser **2** *(local)* hairdresser; hairdresser's *(GB)* ➲ *Ver nota em* AÇOUGUE

cabelo *sm* hair: *usar o ~ solto* to wear your hair loose ◇ *ter o ~ encaracolado/liso* to have curly/straight hair ◇ *Os meus ~s se arrepiaram.* My hair stood on end. LOC **estar pelos cabelos** to be fed up ◆ **cortar/fazer/pintar o cabelo 1** *(o próprio)* to cut/do/dye your hair: *pintar o ~ de castanho* to dye your hair dark brown **2** *(no cabeleireiro)* to have your hair cut/done/dyed *Ver tb* ARREPIAR, CORTE[1], ESCOVA, LAVAR, SOLTAR

cabeludo, -a *sm-sf* **1** long-haired: *Meu filho é ~.* My son has long hair. ◇ *Ele está ~.* His hair's too long. **2** *(problema, etc.)* thorny LOC *Ver* COURO

caber *vi* **1 ~ (em)** to fit (in/into *sth*): *A minha roupa não cabe na mala.* My clothes won't fit in the suitcase. **2** *(passar)* to go through *sth*: *O piano não cabia na porta.* The piano wouldn't go through the door. **3 ~ a** to be up to *sb* *(to do sth)*: *Cabe a você fazer o jantar hoje.* It's up to you to make dinner today.**4** *(vir a propósito)* to be appropriate *(to do sth)*: *Não cabe aqui fazer comentários.* It's not the appropriate time to comment. LOC **não caber em si** to be bursting *with sth*: *não ~ em si de felicidade/alegria/contente* to be bursting with happiness

cabide *sm* **1** *(de armário)* (clothes) hanger: *Pendure seu terno num ~.* Put your suit on a hanger. **2** *(de pé)* coat stand **3** *(de parede)* coat hook

cabimento *sm* suitability LOC **ter/não ter cabimento** to be appropriate/to be out of the question

cabine *(tb* **cabina***) sf* **1** *(avião)* cockpit **2** *(barco)* cabin **3** *(caminhão)* cab LOC **cabine eleitoral** polling booth ◆ **cabine (telefônica/de telefone)** phone booth; phone box *(GB)*

cabisbaixo, -a *adj (abatido)* downcast

cabo *sm* **1** cable **2** *(de aparelho elétrico)* cord; lead *(GB)* **3** *(panela, vassoura, etc.)* handle **4** *(Náut)* rope **5** *(Geog)* cape: *o Cabo da Boa Esperança* the Cape of Good Hope **6** *(Mil)* corporal: *o Cabo Ramos* Corporal Ramos LOC **dar cabo 1** *(estragar)* to ruin: *Alguém deu ~ do DVD.* Somebody ruined the DVD. **2** *(acabar)* to finish *sth* (up): *Vou dar ~ desta torta.* I'm going to finish up this pie. ◆ **de cabo a rabo** from beginning to end ◆ **levar a cabo** to carry *sth* out *Ver tb* TELEVISÃO

cabra *sf* nanny goat ➲ *Ver nota em* BODE

cabra-cega *sf (jogo)* blind man's bluff

cabreiro, -a *adj* ~ **(com) 1** *(desconfiado)* suspicious (about *sth*) **2** *(zangado)* angry (at/about *sth*)

cabrito, -a *sm-sf* kid

caca *sf* poo

caça[1] *sf* **1** *(caçada)* hunting: *ir à ~* to go hunting ◇ *Não gosto de ~.* I don't like hunting. **2** *(com espingarda)* shooting **3** *(animais)* game: *Nunca provei carne de ~.* I've never tried game. LOC **andar/ir à caça de** *(fig)* to be after *sb/sth* ◆ **caça às bruxas** witch-hunt ◆ **ir à caça 1** to go hunting **2** *(com espingarda)* to go shooting

caça[2] *sm (Aeronáut)* fighter (plane)

caçada *sf* **1** hunt: *uma ~ ao elefante* an elephant hunt **2** *(com espingarda)* shoot

caçador, -ora *sm-sf* hunter

caça-minas *sm* minesweeper

caça-níqueis *sm* slot machine; fruit machine *(GB)*

cação *sm* dogfish

caçar ▸ *vt* **1** to hunt **2** *(com espingarda)* to shoot **3** *(capturar)* to catch: *~ borboletas* to catch butterflies
▸ *vi* **1** to hunt **2** *(com espingarda)* to shoot

cacarejar *vi* to cackle

caçarola *sf* casserole ➲ *Ver ilustração em* POT

cacatua *sf* cockatoo *(pl* **cockatoos***)*

cacau *sm* **1** *(planta)* cacao **2** *(em pó)* cocoa LOC *Ver* MANTEIGA

C

cacetada *sf* whack

cacete *sm* stick

cachaça *sf* sugar-cane liquor

cachê *sm* fee

cachecol *sm* scarf (*pl* **scarves**)

cachimbo *sm* pipe: *fumar ~* to smoke a pipe ◇ *o ~ da paz* the pipe of peace

cacho *sm* **1** (*frutas*) bunch **2** (*cabelo*) curl

cachoeira *sf* waterfall

cachorrinho, -a *sm-sf* puppy (*pl* **puppies**) LOC *Ver* NADAR

cachorro, -a *sm-sf* **1** (*animal*) dog ➲ *Ver nota em* CÃO **2** (*pessoa*) scoundrel: *Que ~! Como é que ele me fez uma coisa dessas?* What a scoundrel! How could he do such a thing to me?

cachorro-quente *sm* hot dog

caco *sm* **1** (*louça, vidro*) piece **2** (*pessoa*) wreck

cacto *sm* cactus (*pl* **cactuses/cacti**)

caçula ▸ *adj* youngest: *o filho ~* the youngest child
▸ *smf* youngest child; baby of the family (*mais coloq*)

cada *adj* **1** each: *Deram um presente a ~ criança.* They gave each child a present. ➲ *Ver nota em* EVERY **2** (*com expressões numéricas, com expressões de tempo*) every: *~ semana/vez* every week/time ◇ *~ dez dias* every ten days **3** (*com valor exclamativo*): *Você diz ~ coisa!* The things you come out with! LOC **cada qual** everyone ◆ **cada um** each (one): *Cada um valia 5.000 dólares.* Each one cost 5,000 dollars. ◇ *Deram um saco a ~ um de nós.* They gave each of us a bag./They gave us each a bag. ◆ **para cada...** between: *um livro para ~ dois/três alunos* one book between two/three students ❶ Para outras expressões com **cada**, ver os verbetes para o substantivo, adjetivo, etc., p.ex. **cada coisa a seu tempo** em COISA e **de cada vez** em VEZ.

cadarço *sm* shoelace

cadastrar(-se) *vt, vp* to register: *~ na Receita Federal* to register with the Internal Revenue Service

cadastro *sm* **1** (*bancário*) records [*pl*]: *O meu ~ no banco estava errado.* My personal records at the bank were wrong. **2** (*Internet*) registration: *fazer um ~ no Facebook®* to register on Facebook® LOC **cadastro eleitoral** electoral register

cadáver *sm* corpse; body (*pl* **bodies**) (*mais coloq*)

cadeado *sm* padlock: *fechado a ~* padlocked

cadeia *sf* **1** chain: *uma ~ de hotéis* a chain of hotels/a hotel chain **2** (*prisão*) prison: *estar na ~* to be in prison LOC **cadeia montanhosa** mountain range

cadeira *sf* **1** (*móvel*) chair: *sentado numa ~* sitting on a chair **2** (*teatro, etc.*) seat **3** (*disciplina*) specialty (*pl* **specialties**); subject (*GB*): *A ~ dela é literatura inglesa.* Her specialty is English literature. LOC **cadeira de balanço** rocking chair ◆ **cadeira de braços** armchair ◆ **cadeira de rodas** wheelchair *Ver tb* CHÁ

cadela *sf* bitch ➲ *Ver notas em* BITCH, CÃO

cadente *adj* LOC *Ver* ESTRELA

caderneta *sf* **1** (*caderno*) notebook **2** (*investimento*) passbook **3** (*escolar*) report card LOC **caderneta de poupança** savings account

caderno *sm* **1** notebook: *~ de espiral* spiral-bound notebook **2** (*do jornal*) section: *~ de esportes* sports section

caducar *vi* **1** (*documento, prazo*) to expire **2** (*pessoa*) to become senile

cafajeste *sm* scoundrel

café *sm* **1** coffee: *Você quer um ~?* Would you like a cup of coffee? **2** (*estabelecimento*) cafe LOC **café (da manhã)** breakfast: *Vocês já tomaram ~?* Did you have breakfast yet? ◆ **café expresso** espresso (*pl* **espressos**) ◆ **café (preto)/com leite** black coffee/coffee with milk ◆ **café solúvel** instant coffee

cafeeiro, -a ▸ *adj* coffee: *a indústria cafeeira* the coffee industry
▸ *sm* coffee plant

cafeína *sf* caffeine: *sem ~* caffeine-free

cafeteira *sf* coffee pot LOC **cafeteira elétrica** coffee maker

cafona *adj* tacky

cafuné *sm*: *Adoro um ~.* I love having my hair stroked.

cãibra *sf* cramp: *~ no estômago* stomach cramps

caído, -a *adj* LOC **caído do céu**: *um presente ~ do céu* a real godsend *Ver tb* CAIR

caipira *smf* hick

cair ▸ *vi* **1** to fall: *Cuidado para não ~.* Careful you don't fall. ◇ *~ na armadilha* to fall into the trap ◇ *Caía a noite.* Night was falling. ➲ *Ver nota em* DROP **2** (*dente, cabelo*) to fall out: *O cabelo dele está caindo.* His hair is falling out. **3** (*soltar-se*) to come off: *Um dos seus botões caiu.* One of your buttons has come off.
▸ *vt* ~ **sobre** (*responsabilidade, suspeita*) to fall on *sb*: *Todas as suspeitas caíram sobre mim.* Suspicion fell on me. LOC **ao cair da tarde/noite** at dusk/at nightfall ◆ **cair bem/mal 1** (*roupa*) to look good/bad on *sb*: *Este vestido não me cai nada*

bem. This dress doesn't look good on me at all. **2** (*alimento*) to agree/not to agree *with sb*: *Café não me cai bem.* Coffee doesn't agree with me. **3** (*fazer um bom efeito*) to make a good/bad impression: *O discurso do presidente caiu muito bem.* The president's speech went down very well. ℹ Para outras expressões com **cair**, ver os verbetes para o substantivo, adjetivo, etc., p.ex. **cair na farra** em FARRA e **cair na rede** em REDE .

cais *sm* wharf (*pl* wharves)

caixa[1] *sf* **1** box: *uma ~ de papelão* a cardboard box ◇ *uma ~ de bombons* a box of chocolates ➲ *Ver ilustração em* CONTAINER **2** (*ovos*) carton **3** (*vinho*) case LOC **caixa de descarga** cistern ◆ **caixa de ferramentas** toolbox ◆ **caixa de isopor** (*com gelo*) cooler; cool box (*GB*) ◆ **caixa de mudanças/marchas** gearbox ◆ **caixa de primeiros socorros** first-aid kit ◆ **caixa do correio** mailbox ➲ *Ver ilustração em* MAILBOX ◆ **caixa postal** PO box

caixa[2] *sf* **1** (*supermercado*) checkout **2** (*outras lojas*) cash desk **3** (*banco*) teller's window LOC **caixa econômica** savings bank ◆ **caixa registradora** cash register ◆ **fazer a caixa** to cash out; to cash up (*GB*)

caixa[3] *sm* LOC **caixa eletrônico/automático** ATM; cash machine (*GB*)

caixa[4] *smf* (*pessoa*) cashier

caixão *sm* casket; coffin (*GB*)

caixa-preta *sf* black box

caixote *sm* **1** (*de papelão*) cardboard box **2** (*de madeira*) crate

cajadada *sf* LOC *Ver* MATAR

caju *sm* cashew LOC *Ver* CASTANHA

cal *sf* lime

calabouço *sm* dungeon

calado, -a *adj* **1** quiet: *O seu irmão está muito ~ hoje.* Your brother is very quiet today. **2** (*em completo silêncio*) silent: *Ele permaneceu ~.* He remained silent. *Ver tb* CALAR

calafrio *sm* shiver LOC **dar calafrios** to send shivers down your spine ◆ **sentir/estar com calafrios** to shiver

calamidade *sf* calamity (*pl* calamities)

calar ▸ *vt* (*pessoa*) to get *sb* to be quiet
▸ **calar-se** *vp* **1** (*não falar*) to say nothing: *Prefiro me ~.* I'd rather say nothing. **2** (*deixar de falar ou fazer barulho*) to be quiet; to shut up (*coloq*): *Cale-se!* Be quiet! ◇ *Dê isso a ele, quem sabe ele se cala.* Give it to him and see if he shuts up. **3** (*não revelar*) to keep quiet about *sth* LOC **calar a boca/o bico** to shut up: *Faça essas crianças calarem a boca!* Tell those children to shut up! *Ver tb* BICO

calça *sf* **calças** pants [*pl*] trousers [*pl*] (*GB*): *Não encontro a(s) ~(s) do pijama.* I can't find my pajama pants.

> **Pants, trousers, shorts**, etc. são palavras que só existem no plural em inglês, portanto, para nos referirmos a "uma calça" ou "umas calças", utilizamos **some pants** ou **a pair of pants**: *Ele estava usando uma calça velha.* He was wearing some old pants/an old pair of pants. ◇ *uma calça preta* a pair of black pants ➲ *Ver notas em* PAIR, UNDERPANTS

calçada *sf* sidewalk; pavement (*GB*): *Já puseram as mesas na ~?* Did they put the tables out (on the sidewalk) yet? ◇ *Vamos sentar na ~.* Let's sit outside

calçado *sm* footwear

calcanhar *sm* (*pé, sapato*) heel

calção *sm* **calções** shorts [*pl*] LOC **calção de banho** swimming trunks [*pl*]: *Esse ~ de banho é pequeno demais para você.* Those swimming trunks are too small for you. ℹ Note que *um calção de banho* corresponde a **some swimming trunks** ou **a pair of swimming trunks**. ➲ *Ver notas em* CALÇA, PAIR

calcar *vt* **1** (*pisar*) to stand on *sb's* foot **2** (*comprimir*) to stick *sth* (*to sth*)

calçar ▸ *vt* **1** (*sapato*) to take: *Que número você calça?* What size (shoe) do you take? **2** (*pessoa*) to put *sb's* shoes on: *Você pode ~ os sapatos no garotinho?* Can you put the little boy's shoes on for him?
▸ **calçar-se** *vp* to put your shoes on

calcinha *sf* **calcinhas** panties [*pl*] knickers [*pl*] (*GB*): *Há uma ~ limpa na gaveta.* There's a pair of clean panties in the drawer. ➲ *Ver notas em* CALÇA, PAIR

cálcio *sm* calcium

calço *sm* wedge

calculadora *sf* calculator

calcular *vt* **1** to work *sth* out; to calculate (*mais formal*): *Calcule quanto necessitamos.* Work out how much we need. **2** (*supor*) to guess; to reckon (*GB*): *Calculo que haja umas 60 pessoas.* I guess there must be around 60 people.

cálculo *sm* calculation: *Segundo os meus ~s são 105.* It's 105 according to my calculations. ◇ *Tenho de fazer uns ~s antes de decidir.* I have to do some calculations before deciding. LOC **cálculo renal** (*Med*) kidney stone ◆ **(fazer) um cálculo aproximado** (to make) a rough estimate

calda *sf* syrup: *pêssegos em ~* peaches in syrup

C

caldeira *sf* boiler

caldo *sm* **1** (*para cozinhar*) stock: *~ de galinha* chicken stock **2** (*sopa*) broth

calefação *sf* heating: *~ central* central heating

calendário *sm* calendar

calha *sf* (*cano*) gutter

calhambeque *sm* (*carro em más condições*) jalopy (*pl* **jalopies**); banger (*GB*)

calhar *vi* (*acontecer*) to happen: *Calhou eu estar em casa senão...* It's a good job I happened to be at home, otherwise... LOC **vir a calhar** to come in handy

calibre *sm* caliber: *uma pistola de ~ 38* a .38 caliber gun

cálice *sm* **1** (*copo*) wine glass **2** (*sagrado*) chalice

caligrafia *sf* **1** (*letra*) handwriting **2** (*Arte*) calligraphy

calista *smf* podiatrist; chiropodist (*GB*)

calma *sf* calm: *manter a ~* to keep calm LOC **ir com calma** to take it easy: *Vá com ~.* Take it easy. ◆ **perder a calma** to lose your temper ◆ **(tenha) calma!** calm down!

calmante *sm* tranquilizer

calmo, -a *adj* **1** (*relaxado*) calm; laid-back (*coloq*) **2** (*local*) quiet: *Moro num bairro ~.* I live in a quiet neighborhood. **3** (*mar*) calm

calo *sm* **1** (*dedo do pé*) corn **2** (*mão, planta do pé*) callus (*pl* **calluses**) LOC *Ver* PISAR

calor *sm* heat LOC **estar com calor** (*pessoa*) to be/feel hot ◆ **estar/fazer calor** (*tempo*) to be hot: *Faz muito ~.* It's very hot. ➲ *Ver nota em* QUENTE *Ver tb* MORRER

calorento, -a *adj* **1** hot, warm ➲ *Ver nota em* QUENTE **2** (*pessoa*) sensitive to the heat

caloria *sf* calorie: *uma dieta baixa em ~s* a low-calorie diet ◇ *queimar ~s* to burn off the calories

caloroso, -a *adj* warm: *uma recepção calorosa* a warm welcome

calote *sm* swindle LOC **dar/passar (o) calote (em)** to avoid paying (*sb*): *Ela deu o ~ no supermercado.* She left the supermarket without paying for anything. ◇ *Ele dá ~ até nos amigos.* He even swindles his friends.

caloteiro, -a *adj, sm-sf*: *Não vendo nada a ~s.* I don't sell anything to people who don't pay.

calouro, -a *sm-sf* **1** (*escola, universidade*) freshman (*pl* **-men**); fresher (*GB*) **2** (*artista*) new talent: *um show de ~s* a new talent show

calvo, -a *adj* bald: *ficar ~* to go bald

cama *sf* bed: *ir para a ~* to go to bed ◇ *Você ainda está na ~?* Are you still in bed? ◇ *enfiar-se/meter-se na ~* to get into bed ◇ *sair da ~* to get out of bed ◇ *fazer a ~* to make the bed ◇ *estar/ficar de ~* to stay in bed LOC **cama de casal/solteiro** double/single bed ◆ **cama elástica** trampoline *Ver tb* ROLAR

camada *sf* **1** layer: *a ~ de ozônio* the ozone layer **2** (*tinta, verniz*) coat

camaleão *sm* chameleon

câmara *sf* **1** chamber: *música de ~* chamber music **2** *Ver* CÂMERA LOC **câmara de ar** inner tube ◆ **câmara municipal 1** (*organismo*) council **2** (*edifício*) city hall *Ver tb* MÚSICA

camarada ▸ *adj* **1** (*compreensível*) sympathetic **2** (*preço*) reasonable ▸ *smf* **1** (*Pol*) comrade **2** (*colega*) buddy (*pl* **buddies**)

camaradagem *sf* comradeship

camarão *sm* shrimp; prawn (*GB*)

camareiro, -a *sm-sf* cleaner

camarim *sm* dressing room

camarote *sm* **1** (*navio*) cabin **2** (*Teat*) box

cambalear *vi* to reel: *Ele cambaleou até o ponto do ônibus.* He reeled toward the bus stop.

cambalhota *sf* **1** (*pessoa*) somersault: *dar uma ~* to do a somersault **2** (*veículo*): *O carro deu três ~s.* The car turned over three times.

câmbio *sm* (*Fin*) exchange rate LOC **câmbio negro** (currency) black market *Ver tb* ALAVANCA, CASA

cambista *smf* **1** (*oficial*) foreign exchange agent **2** (*ilegal*) scalper; ticket tout (*GB*)

camburão *sm* police van

camélia *sf* camellia

camelo *sm* camel

camelô *sm* street peddler

câmera *sf* (*Cinema, Fot*) camera LOC **câmera de vídeo** camcorder ◆ **em câmera lenta** in slow motion

caminhada *sf* **1** walk: *Foi uma longa ~.* It was a long walk. **2** (*por montanha, deserto, etc.*) trek

caminhão *sm* truck; lorry (*pl* **lorries**) (*GB*) LOC **caminhão de mudanças** moving van; removal van (*GB*) ◆ **caminhão do lixo** garbage truck; dustcart (*GB*)

caminhar ▸ *vi* to walk ➲ *Ver nota em* ANDAR[1] ▸ *vt* to cover: *Caminhamos 150 km.* We covered 150 km.

caminho *sm* **1** way: *Não me lembro do ~.* I can't remember the way. ◇ *Encontrei-a no ~.* I met her on the way. ◇ *Sai do ~!* Get out of the way!

◇ *Fica no meu ~.* It's on my way. **2** (*estrada não asfaltada*) track **3 ~ (de/para)** (*rumo*) path (to *sth*): *o ~ da fama* the path to fame LOC **(estar) a caminho de...** to be on the/your way to... ♦ **estar no caminho certo/errado** to be on the right/wrong track ♦ **pelo caminho** as I, you, etc. go (along): *A gente decide pelo ~.* We'll decide as we go along. ♦ **pôr-se a caminho** to set off *Ver tb* ABRIR, CORTAR, ERRAR, LONGO

caminhoneiro, -a *sm-sf* truck driver; lorry driver (*GB*)

caminhonete *sf* pickup (truck)

camisa *sf* shirt LOC *Ver* AMOR, MANGA[1]

camiseta *sf* **1** (*camisa*) T-shirt **2** (*roupa de baixo*) undershirt; vest (*GB*)

camisinha *sf* condom

camisola *sf* nightgown

camomila *sf* camomile: *um chá de ~* a cup of camomile tea

campainha *sf* bell: *tocar a ~* to ring the bell

campanário *sm* belfry (*pl* belfries)

campanha *sf* campaign: *~ eleitoral* election campaign

campeão, -eã *sm-sf* champion: *o ~ do mundo* the world champion LOC **campeão de audiência** (*TV*) top-rated program

campeonato *sm* championship(s): *o Campeonato Mundial de Atletismo* the World Athletics Championships

camping *sm* **1** (*atividade*) camping **2** (*local*) campground; campsite (*GB*)

campo *sm* **1** (*natureza*) country: *viver no ~* to live in the country **2** (*terra de cultivo*) field: *~s de cevada* barley fields **3** (*paisagem*) countryside [*não contável*]: *O ~ é lindo em abril.* The countryside is beautiful in April. **4** (*âmbito, Fís, Informát*) field: *~ magnético* magnetic field ◇ *o ~ da engenharia* the field of engineering **5** (*Esporte*) (**a**) (*Futebol, Rúgbi*) field; pitch (*GB*): *entrar em ~* to come out onto the field (**b**) (*estádio*) ground **6** (*acampamento*) camp: *~ de prisioneiros* prison camp LOC **campo de batalha** battlefield ♦ **campo de concentração** concentration camp ♦ **campo de golfe** golf course ♦ **campo petrolífero** oilfield ♦ **no campo contrário** (*Esporte*) away: *jogar no ~ contrário* to play away *Ver tb* MEIO

camponês, -esa *sm-sf* peasant

campus *sm* (*universitário*) campus (*pl* campuses)

camuflagem *sf* camouflage

camuflar *vt* to camouflage

camundongo *sm* mouse (*pl* mice)

camurça *sf* (*pele*) suede

cana *sf* (sugar) cane

Canadá *sm* Canada

cana-de-açúcar *sf* sugar cane

canadense *adj, smf* Canadian

canal *sm* **1** (*estreito marítimo natural, TV*) channel: *um ~ de televisão* a TV channel **2** (*estreito marítimo artificial, de irrigação*) canal: *o ~ de Suez* the Suez Canal **3** (*Med*) duct **4** (*Odontologia*) root canal

canário *sm* (*pássaro*) canary (*pl* canaries)

canção *sf* (*Mús*) song LOC **canção de ninar** lullaby (*pl* lullabies)

cancelamento *sm* cancellation

cancelar *vt* to cancel: *~ um voo/uma reunião* to cancel a flight/meeting

câncer ▸ *sm* cancer: *~ do pulmão* lung cancer

▸ **Câncer** *sm* (*astrol*) Cancer ➲ *Ver exemplos em* AQUÁRIO

candidatar-se *vp* **1** (*em eleições*) to run (*for sth*): *~ a senador* to run for the senate **2 ~ a** (*emprego, bolsa*) to apply for *sth*

candidato, -a *sm-sf* **~ (a) 1** candidate (for *sth*): *o ~ à presidência do clube* the candidate for chair of the club **2** (*emprego, bolsa, curso*) applicant (for *sth*)

candidatura *sf* **~ (a)** (*cargo*) candidacy (for *sth*): *retirar a sua ~* to withdraw your candidacy ◇ *Ele apresentou a sua ~ ao senado.* He's running for the senate.

caneca *sf* mug: *~ de cerveja* beer mug ➲ *Ver ilustração em* CUP

canela *sf* **1** (*especiaria*) cinnamon **2** (*perna*) shin LOC *Ver* ESTICAR

caneta *sf* pen LOC **caneta esferográfica** ballpoint (pen) ♦ **caneta hidrográfica** marker ♦ **caneta marca texto** highlighter

caneta-tinteiro *sf* fountain pen

canga *sf* sarong

canguru *sm* kangaroo (*pl* kangaroos)

canhão *sm* (*de artilharia*) cannon LOC **ser um canhão** to be really ugly

canhoto, -a *adj* left-handed

canibal *smf* cannibal

canil *sm* kennel

canino, -a ▸ *adj* canine

▸ *sm* (*dente*) canine (tooth)

canivete *sm* pocketknife; penknife (*GB*)

canja *sf* **1** (*caldo*) chicken soup **2** (*coisa fácil*) a breeze: *O exame foi ~.* The test was a breeze. LOC **dar uma canja** do a turn

cano *sm* **1** pipe: *Rebentou um ~.* A pipe burst. **2** (*espingarda*) barrel: *uma espingarda de dois ~s* a double-barreled shotgun LOC **cano de descarga** exhaust ♦ **cano de esgoto** drainpipe ♦ **dar/levar**

o cano: *Rafael me deu o ~/Levei o ~ do Rafael.* Rafael stood me up/I was stood up by Rafael.

canoa *sf* canoe

C

canoagem *sf* canoeing: *praticar ~* to go canoeing

cansaço *sm* tiredness LOC *Ver* MORTO

cansado, -a *adj* **1 ~ (de)** (*fatigado*) tired (from *sth/doing sth*): *Estão ~s de tanto correr.* They're tired from all that running. **2 ~ de** (*farto*) sick of *sb/sth/doing sth*: *Estou ~ de tanto falar.* I'm sick of talking so much. LOC *Ver* VISTA; *Ver tb* CANSAR

cansar ▸ *vt* **1** (*fatigar*) to tire *sb/sth* (out) **2** (*aborrecer, fartar*): *Cansa-me ter que repetir as coisas.* I'm sick of having to repeat things.
▸ *vi* to be tiring: *Trabalhar com crianças cansa muito.* Working with children is very tiring.
▸ **cansar-se** *vp* **cansar-se (de)** to get tired (of *sb/sth/doing sth*): *Ele se cansa muito facilmente.* He gets tired very easily.

cansativo, -a *adj* **1** tiring: *A viagem foi cansativa.* It was a tiring trip. **2** (*pessoa*) tiresome

cantada *sf* LOC **dar uma cantada em alguém** to make a pass at sb: *Ele me deu uma ~.* He made a pass at me.

cantar ▸ *vt* **1** to sing **2** (*seduzir*) to make a pass at *sb*
▸ *vi* **1** to sing **2** (*cigarra, pássaro pequeno*) to chirp **3** (*galo*) to crow LOC **cantar vitória antes do tempo** to count your chickens before they're hatched

cântaro *sm* pitcher LOC *Ver* CHOVER

cantarolar *vt, vi* to hum

canteiro *sm* **1** (*de flores*) flower bed **2** (*de obras*) construction site

cântico *sm* chant LOC **cântico de Natal** Christmas carol

cantiga *sf* ballad

cantil *sm* **1** (*para água*) canteen **2** (*para bebidas alcoólicas*) (hip) flask

cantina *sf* (*escola, fábrica*) canteen

canto[1] *sm* **1** (*Arte*) singing: *estudar ~* to study singing **2** (*canção, poema*) song

canto[2] *sm* corner

cantor, -ora *sm-sf* singer

canudo *sm* (*bebidas*) (drinking) straw

cão *sm* dog

> Quando queremos nos referir apenas à fêmea, dizemos **bitch**. Os filhotes chamam-se **puppies**.

LOC **cão de guarda** guard dog ◆ **cão que ladra não morde** his/her bark is worse than his/her bite ◆ **de cão** lousy: *um dia de ~* a lousy day ◆ **ser como cão e gato** to fight like cats and dogs *Ver tb* VIDA

caolho, -a *adj* one-eyed

caos *sm* chaos [*não contável*]: *Minha vida está um ~.* My life is in chaos.

capa *sf* **1** cover **2** (*álbum*) sleeve **3** (*peça de vestuário*) (**a**) (*comprida*) cloak (**b**) (*curta*) cape LOC **capa de chuva** raincoat ◆ **(livro de) capa dura** hardcover; hardback (*GB*) ◆ **(livro de) capa mole** paperback

capacete *sm* helmet: *usar ~* to wear a helmet

capacho *sm* (*tapete*) doormat

capacidade *sf* **~ (de/para) 1** capacity (for *sth*): *uma grande ~ de trabalho* a great capacity for work ◇ *um hotel com ~ para 300 pessoas* a hotel with capacity for 300 guests **2** (*aptidão*) ability (*to do sth*): *Ela tem ~ para fazê-lo.* She has the ability to do it.

capataz *sm* foreman (*pl* **-men**)

capaz *adj* **~ (de)** capable (of *sth/doing sth*): *Quero pessoas ~es e trabalhadoras.* I want capable, hard-working people. LOC **ser capaz de** (*poder*) to be able *to do sth*: *Não sei como eles foram ~es de lhe dizer daquela forma.* I don't know how they could tell her like that. ◇ *Não sou ~ de fazer isso.* I just can't do it. ◆ **ser capaz de/que...** (*talvez*) to be possible to *do sth* /that...: *É ~ que eu chegue hoje.* It's possible that I'll arrive today/I might arrive today. ◇ *É ~ de chover.* It might rain.

capela *sf* chapel

capelão *sm* chaplain

capeta *sm* **1** (*diabo*) devil **2** (*criança*) brat

capital ▸ *sf* capital
▸ *sm* (*Fin*) capital

capitalismo *sm* capitalism

capitalista *adj, smf* capitalist

capitão, -ã ▸ *sm-sf* captain: *o ~ do time* the team captain
▸ *smf* (*Mil*) captain

capítulo *sm* **1** (*livro*) chapter: *Em que ~ você está?* What chapter are you on? **2** (*TV, Rádio*) episode

capô *sm* (*carro*) hood; bonnet (*GB*)

capotar *vi* (*carro*) to overturn: *O carro capotou três vezes.* The car turned over three times.

caprichar *vt* **~ em** to take a lot of care over *sth*

capricho *sm* **1** (*desejo*) whim: *os ~s da moda* the whims of fashion **2** (*esmero*) care: *As crianças fazem o dever de casa com muito ~.* The children take great care over their homework. **3** (*teimosia*) obstinacy LOC **fazer os caprichos de alguém** to give in to sb's whims

caprichoso, -a *adj* meticulous

Capricórnio *sm* Capricorn ➲ *Ver exemplos em* AQUÁRIO

cápsula *sf* capsule: *~ espacial* space capsule

captar *vt* **1** (*atenção*) to attract **2** (*sinal, onda*) to pick *sth* up **3** (*compreender*) to grasp

captura *sf* **1** (*fugitivo*) capture **2** (*armas, drogas*) seizure LOC **captura de tela** (*Informát*) screenshot

capturar *vt* **1** (*fugitivo*) to capture **2** (*armas, drogas*) to seize

capuz *sm* hood

caqui *sm* persimmon

cáqui *adj, sm* khaki: *uma calça ~* a pair of khaki pants ➲ *Ver exemplos em* AMARELO

cara ▸ *sf* **1** (*rosto*) face **2** (*aspecto*) look: *Não vou com a ~ dele.* I don't much like the look of him. **3** (*expressão*) expression: *com uma ~ pensativa* with a thoughtful expression
▸ *sm* (*indivíduo*) guy LOC **cair de cara no chão** to fall flat on your face ◆ **cara a cara** face to face ◆ **cara de pau**: *Que ~ de pau!* What a nerve! ◇ *O ~ saiu sem pagar.* What a nerve! He left without paying. ◆ **cara ou coroa** heads or tails ◆ **dar as caras** to put in an appearance ◆ **dar de cara com 1** (*pessoa*) to bump into *sb* **2** (*coisa*) to come across *sth* ◆ **dar na cara de alguém** to slap sb ◆ **de cara** straight (away): *Eu lhe disse de ~ que não estava interessado.* I told him straight that I wasn't interested. ◆ **de cara cheia** (*bêbado*) drunk ◆ **estar com uma cara boa** (*pessoa*) to look well ◆ **estar na cara** to be obvious ◆ **ficar com cara de tacho** to look a fool ◆ **ir com a cara de alguém** (*gostar*) to like sb: *A minha mãe foi com a sua ~.* My mother really liked you. ◇ *Não vou com a ~ dele.* I can't stand him. ◆ **ser cara de um, focinho do outro** to be like two peas in a pod ◆ **ter cara de garoto** to look very young *Ver tb* CUSTAR, ENCHER, FECHAR, METER, QUEBRAR, TACAR, VIRAR

caracol *sm* **1** (*animal*) snail **2** (*cabelo*) curl LOC *Ver* ESCADA

característica *sf* characteristic

característico, -a *adj* characteristic

caracterizar ▸ *vt* **1** (*distinguir*) to characterize **2** (*Cinema, Teat*) to dress *sb* up *as sb/sth*: *Caracterizaram-me de marinheiro.* They dressed me up as a sailor.
▸ **caracterizar-se** *vp* **caracterizar-se de** to dress up as *sb/sth*

caramba! *interj* wow LOC **pra caramba**: *Choveu pra ~.* It rained a lot. ◇ *divertir-se pra ~* to have a terrific time ◇ *Tive de esperar pra ~.* I had to wait for hours.

carambola *sf* starfruit (*pl* **starfruit**)

caramelo *sm* **1** (*bala*) candy **2** (*açúcar queimado*) caramel

caranguejo *sm* crab

carão *sm* LOC **passar um carão** to die of embarrassment

caratê *sm* karate: *fazer ~* to do karate

caráter *sm* **1** character: *um defeito de ~* a character defect **2** (*índole*) nature LOC **a caráter**: *vestir-se a ~* to dress to the occasion ◆ **ter bom/mau caráter** to be good-natured/ill-natured ◆ **ter muito/pouco caráter** to be strong-minded/weak-minded

carboidrato *sm* carbohydrate

carbonizado, -a *adj* charred

carbono *sm* carbon LOC *Ver* DIÓXIDO, MONÓXIDO, PEGADA

carcereiro, -a *sm-sf* jailer

cardápio *sm* menu: *Não estava no ~.* It wasn't on the menu.

cardeal *sm* (*Relig*) cardinal

cardíaco, -a *adj* LOC **ataque cardíaco/parada cardíaca** heart attack; cardiac arrest (*mais formal*)

cardinal *adj* cardinal

cardume *sm* (*peixes*) shoal

careca ▸ *adj* bald: *ficar ~* to go bald
▸ *sf* bald patch

carecer *vt* ~ **de 1** (*ter falta*) to lack: *Carecemos de remédios.* We lack medicines. **2** (*precisar*) to need

carente *adj* ~ **(de)** deprived (of *sth*)

careta *sf* grimace LOC **fazer careta(s)** to make/pull a face (*at sb*); to grimace (*mais formal*): *Não faça ~, coma.* Don't make a face — just eat it.

caretão, -ona (*tb* careta) ▸ *adj* tight-assed; square (*GB*)
▸ *sm-sf* tight-ass; square (*GB*): *Você é um ~.* You're such a tight-ass.

carga *sf* **1** (*ação*) loading: *~ e descarga* loading and unloading **2** (*peso*) load: *~ máxima* maximum load **3** (*mercadorias*) (**a**) (*avião, barco*) cargo (*pl* **cargoes/cargos**) (**b**) (*caminhão*) load (**c**) (*trem*) freight **4** (*explosivo, munição, Eletrôn*) charge: *uma ~ elétrica* an electric charge **5** (*obrigação*) burden **6** (*caneta*) refill LOC **carga horária** workload ◆ **por que cargas-d'água...?** why the hell...? *Ver tb* BURRO, TREM

cargo *sm* **1** post: *um ~ importante* an important post **2** (*Pol*) office: *o ~ de prefeito* the office of mayor

C

cariar *vi* (*dente*) to decay
caricatura *sf* caricature: *fazer uma ~* to draw a caricature
caricaturista *smf* caricaturist
carícia *sf* caress LOC **fazer carícias** to caress
caridade *sf* charity: *viver da ~ alheia* to live on charity ◊ *uma instituição/obra de ~* a charity
caridoso, -a *adj* **~ (com/para com)** charitable (to/toward *sb*)
cárie *sf* **1** (*doença*) tooth decay [*não contável*]: *para prevenir a ~* to prevent tooth decay **2** (*buraco*) cavity (*pl* **cavities**): *Tenho uma ~ num molar.* There is a cavity in one of my molars.
carimbar *vt* to stamp: *~ uma carta/um passaporte* to stamp a letter/passport
carimbo *sm* **1** stamp **2** (*em carta*) postmark
carinho *sm* **1** (*afeto*) affection **2** (*delicadeza*) care: *Ele trata as coisas dele com muito ~.* He takes great care of his things. LOC **com carinho** (*em cartas*) with love ♦ **ter carinho por alguém/algo** to be fond of sb/sth
carinhoso, -a *adj* **1 ~ (com)** affectionate (toward *sb/sth*) **2** (*abraço*) warm **3** (*pai, marido, etc.*) loving: *um pai e marido ~* a loving husband and father
carioca *adj, smf* (person) from Rio de Janeiro: *os ~s* the people of Rio de Janeiro
carnal *adj* (*sensual*) carnal
carnaval *sm* carnival LOC *Ver* PULAR, TERÇA-FEIRA
carne *sf* **1** (*alimento*) meat: *Gosto da ~ bem-passada.* I like my meat well done.

Em inglês, existem palavras diferentes para os animais e a carne que deles se obtém: do *porco* **(pig)** obtém-se **pork**, da *vaca* **(cow)**, **beef**, da *vitela* **(calf)**, **veal**. **Mutton** é a carne da *ovelha* **(sheep)** e **lamb**, a do *cordeiro*.

2 (*Anat, Relig, fruta*) flesh LOC **carne moída** ground beef; mince (*GB*) ♦ **carnes frias** cold cuts; cold meats (*GB*) ♦ **em carne e osso** in the flesh ♦ **em carne viva** (red and) raw: *Você está com o joelho em ~ viva.* Your knee is red and raw. ♦ **ser de carne e osso** to be only human *Ver tb* UNHA
carnê *sm* payment book
carneiro *sm* **1** (*animal*) ram **2** (*carne*) mutton
carne-seca *sf* beef jerky; dried salted beef (*GB*)
carnificina *sf* massacre
carnívoro, -a *adj* carnivorous
caro, -a ▸ *adj* **1** expensive **2** (*em cartas*) dear
▸ *adv*: *pagar muito ~* to pay a lot for sth
LOC **custar/pagar caro** to cost *sb* dearly: *Eles pagarão ~ pelo erro.* Their mistake will cost them dearly.
carochinha *sf* LOC *Ver* HISTÓRIA
caroço *sm* **1** (*Med*) lump: *Apareceu um ~ na minha mão.* I have a lump on my hand. ◊ *um molho com ~s* a lumpy sauce **2** (*fruto*) pit; stone (*GB*)
carona *sf* ride; lift (*GB*): *dar ~ a alguém* to give sb a ride LOC **apanhar/pedir carona** to hitch a ride (*with sb*) ♦ **ir de carona** to hitchhike
carpa *sf* carp (*pl* **carp**)
carpete *sm* carpet
carpintaria *sf* carpentry
carpinteiro *sm* carpenter
carranca *sf* (*cara feia*) frown
carrapato *sm* tick
carregado, -a *adj* **1 ~ (de/com)** loaded (with *sth*): *uma arma carregada* a loaded gun ◊ *Eles vinham ~s com malas.* They were loaded down with suitcases. **2 ~ de** (*responsabilidades*) weighed down with *sth* **3** (*atmosfera*) stuffy *Ver tb* CARREGAR
carregador *sm* **1** charger: *~ de pilhas* battery charger **2** (*profissão*) porter
carregamento *sm* **1** (*ação*) loading: *O ~ do navio levou vários dias.* Loading the ship took several days. **2** (*mercadorias*) **(a)** (*avião, navio*) cargo (*pl* **cargoes/cargos**) **(b)** (*caminhão*) load
carregar *vt* **1 (a)** to load: *Eles carregaram o caminhão com caixas.* They loaded the truck with boxes. ◊ *~ uma arma* to load a weapon **(b)** (*caneta, isqueiro*) to fill **(c)** (*pilha, bateria*) to charge **2 (a)** (*levar*) to carry: *Sou sempre eu que carrego tudo.* I always end up carrying everything. **(b)** (*responsabilidade*) to shoulder **3** (*problema, dívida*): *Há semanas que carrego este resfriado.* I've had this cold for weeks now.
carreira *sf* **1** (*pequena corrida*) run **2** (*profissão*) career: *Estou no melhor momento da minha ~.* I'm at the peak of my career. LOC **sair às carreiras** to dash off
carreta *sf* (*caminhão*) tractor-trailer; articulated lorry (*pl* **lorries**) (*GB*)
carretel *sm* (*bobina*) spool; reel (*GB*)
carrinho *sm* **1** (*de compras*) cart; trolley (*pl* **trolleys**) (*GB*): *~ de supermercado* shopping cart **2** (*de brinquedo*) (toy) car LOC **carrinho de bebê** baby carriage; pram (*GB*) ♦ **carrinho de criança** stroller; pushchair (*GB*) ♦ **carrinho de mão** wheelbarrow *Ver tb* ELÉTRICO

carro *sm* car: *~ esporte* sports car ◇ *ir de ~* to go by car LOC **carro alegórico** float ◆ **carro alugado** rental car; hire car (*GB*) ◆ **carro de bombeiros** fire engine ◆ **carro de corrida** race car; racing car (*GB*) ◆ **carro fúnebre** hearse *Ver tb* ELÉTRICO

carro-bomba *sm* car bomb

carroça *sf* cart

carroceria *sf* **1** (*de carro, ônibus*) bodywork [*não contável*] **2** (*de caminhão*) back (of the truck)

carro-forte *sm* armored van

carro-leito *sm* sleeping car

carro-pipa *sm* tanker

carrossel *sm* merry-go-round

carruagem *sf* carriage

carta *sf* **1** (*missiva*) letter: *pôr uma ~ no correio* to mail a letter ◇ *~ registrada/urgente* certified/express letter ◇ *Alguma ~ para mim?* Is there any mail for me? **2** (*de baralho*) (playing) card: *jogar ~s* to play cards ➲ *Ver nota em* BARALHO **3** (*navegação*) chart **4** (*documento*) charter LOC **carta de apresentação** cover letter ◆ **dar as cartas** to give the orders: *Agora, eu é que dou as ~s aqui.* Now I'm the one who's giving the orders here. *Ver tb* PAPEL

cartão *sm* **1** card: *~ de crédito/embarque* credit/boarding card ◇ *~ de Natal* Christmas card ◇ *Deram o ~ amarelo a ele.* He was shown the yellow card. **2** (*material*) cardboard LOC **cartão de incentivo/premiação** reward card ◆ **cartão de memória** memory card *Ver tb* PAGAR

cartão-postal *sm* postcard

cartaz *sm* poster: *afixar um ~* to put up a poster LOC **em cartaz** (*Cinema, Teat*) showing: *Está em ~ há um mês.* It's been showing for a month. ◇ *entrar/ficar em ~* to open/run *Ver tb* PROIBIDO

carteira *sf* **1** (*porta-notas*) wallet **2** (*de escola, etc.*) desk LOC **carteira de habilitação/motorista** driver's license; driving licence (*GB*) ◆ **tirar a carteira (de motorista)** to pass your driving test *Ver tb* BATEDOR, IDENTIDADE

carteiro *sm* letter carrier; postman (*pl* -men) (*GB*)

cartela *sf* **1** (*de jogo*) card **2** (*de comprimidos*) blister pack

cartola *sf* top hat

cartolina *sf* card

cartomante *smf* clairvoyant

cartório *sm* (*registro civil*) registrar of vital statistics; register office (*GB*)

cartucho *sm* cartridge

cartunista *smf* cartoonist

carvalho *sm* oak (tree)

carvão *sm* coal LOC **carvão vegetal/de lenha** charcoal

casa *sf* **1** (*residência*) (**a**) house: *procurar ~ para morar* to look for a house ◇ *~ de campo* country house (**b**) (*apartamento*) apartment; flat (*GB*) (**c**) (*prédio*) apartment building; block of flats (*GB*) **2** (*lar*) home: *Não há nada como a nossa ~.* There's no place like home. **3** (*empresa*) company (*pl* **companies**): *uma ~ comercial* a commercial company **4** (*Xadrez, Damas*) square **5** (*botão*) buttonhole LOC **Casa da Moeda** mint ◆ **casa de câmbio** bureau de change (*pl* **bureaus/bureaux de change**) ◆ **casa de saúde** hospital ◆ **casa geminada 1** duplex; semi-detached house (*GB*) **2** (*dos dois lados*) row house; terraced house (*GB*) ◆ **casa lotérica** lottery agency (*pl* **agencies**) ◆ **em casa** at home: *trabalhar em ~* to work at home

No inglês americano, costuma-se usar **home** sem a preposição **at** com os verbos **be** e **stay**: *Fiquei em ~.* I stayed home. ◇ *A sua mãe está em ~?* Is your mother home?

◆ **ir para a casa de** to go to *sb's* (house): *Vou para a ~ dos meus pais.* I'm going to my parents' (house). ◆ **ir para casa** to go home ◆ **na casa de** at *sb's* (house): *Estarei na ~ da minha irmã.* I'll be at my sister's house. ⓘ Em linguagem coloquial, assim como no Brasil, omite-se a palavra "house": *Eu estava na Ana.* I was at Ana's. ◆ **passar pela casa de alguém** to drop in on sb: *Passo pela sua ~ amanhã.* I'll drop in on you tomorrow. ◆ **ser de casa** to be like one of the family *Ver tb* CHEGAR, DESAFORO, DONA, MUDAR(-SE), TRABALHO

casaca *sf* LOC *Ver* VIRAR

casaco *sm* **1** (*sobretudo*) coat: *Vista o ~.* Put your coat on. **2** (*de malha*) cardigan

casado, -a ▸ *adj* married: *ser ~ (com alguém)* to be married (to sb)
▸ *sm-sf* married man/woman (*pl* **men/women**) *Ver tb* CASAR(-SE)

casal *sm* **1** couple: *Eles fazem um lindo ~.* They make a delightful couple. **2** (*animais*) pair LOC *Ver* CAMA, QUARTO

casamento *sm* **1** (*instituição*) marriage **2** (*cerimônia*) wedding: *aniversário de ~* wedding anniversary ◇ *Amanhã vamos a um ~.* We're going to a wedding tomorrow.

Wedding refere-se à cerimônia, e **marriage** refere-se ao matrimônio como instituição. Nos Estados Unidos e na Grã-Bretanha, os casamentos são celebrados tanto na *igreja* (a **church**

C

wedding) como no *registro civil* (a **civil ceremony**). A *noiva* (**bride**) costuma ser acompanhada por *damas de honra* (**bridesmaids**). O *noivo* (**groom**) é acompanhado pelo **best man** (normalmente o seu melhor amigo). Depois da cerimônia realiza-se a *recepção* (**reception**).

LOC **casamento gay** gay marriage *Ver tb* PEDIDO

casar(-se) *vi, vp* **1** to get married: *Adivinhe quem vai ~?* Guess who's getting married? **2 casar-se com** to marry *sb*: *Nunca me casarei com você.* I'll never marry you. LOC **casar na igreja/no civil** to get married in a church/in a civil ceremony ➲ *Ver nota em* CASAMENTO

casca *sf* **1** (*ovo, noz*) shell: *~ de ovo* eggshell **2** (*limão, laranja*) peel [*não contável*] **3** (*banana*) skin **4** (*queijo*) rind ➲ *Ver nota em* PEEL **5** (*pão*) crust ➲ *Ver ilustração em* PÃO **6** (*árvore*) bark **7** (*cereal*) husk

cascalho *sm* (*pedra britada*) gravel

cascata *sf* **1** waterfall **2** (*mentira*) lie: *Esta história é ~.* That story's a lie.

cascavel *sf* rattlesnake

casco *sm* **1** (*animal*) hoof (*pl* hoofs/hooves) **2** (*barco*) hull **3** (*garrafa vazia*) empty bottle

cascudo *sm* cuff (around the ears): *dar um ~ a alguém* to cuff sb around the ears

caseiro, -a ▸ *adj* **1** homemade: *geleia caseira* homemade jam **2** (*pessoa*) home-loving: *ser muito ~* to love being at home

▸ *sm-sf* (*empregado*) housekeeper LOC *Ver* COMIDA, FABRICAÇÃO

caso ▸ *sm* **1** case: *em qualquer ~* in any case **2** (*aventura amorosa*) (love) affair; fling (*mais coloq*)

▸ *conj* if: *Caso ele lhe pergunte...* If he asks you... LOC **caso contrário** otherwise ♦ **em caso de** in the event of *sth*: *Quebrar o vidro em ~ de incêndio.* Break the glass in the event of fire. ♦ **em todo caso** in any case ♦ **fazer pouco caso de** to take no notice of *sth* ♦ **no caso de...** if... ♦ **no melhor/pior dos casos** at best/worst ♦ **ser um caso à parte** to be different: *O Felipe é um ~ à parte porque ele não tem onde morar.* Felipe is different because he has nowhere to live. ♦ **vir/não vir ao caso** to be relevant/irrelevant *Ver tb* ACONTECER, TAL, ÚLTIMO

caspa *sf* dandruff

casquinha *sf* (*sorvete*) (ice-cream) cone: *uma ~ de chocolate* a chocolate ice-cream cone

cassar *vt* **1** to take *sth* away (*from sb/sth*): *Cassaram a minha carteira de motorista.* I had my driver's license taken away. **2** (*político*) to ban *sb* from office

cassete *sm* LOC *Ver* FITA

cassetete *sm* (*de polícia*) nightstick; truncheon (*GB*)

cassino *sm* casino (*pl* casinos)

casta *sf* caste

castanha *sf* (*fruto*) chestnut LOC **castanha de caju** cashew nut

castanha-do-pará *sf* Brazil nut

castanho, -a *adj, sm* brown: *olhos ~s* brown eyes ◇ *Ele tem cabelo ~.* He has brown hair. ➲ *Ver exemplos em* AMARELO

castanholas *sf* castanets

castelo *sm* castle LOC **castelo de areia** sandcastle

castiçal *sm* candlestick

castigar *vt* to punish *sb* (*for sth*): *Fui castigado por ter mentido.* I was punished for telling lies.

castigo *sm* punishment: *crime e ~* crime and punishment ◇ *Ficamos de ~ durante o recreio.* We were kept in during recess as a punishment.

casto, -a *adj* chaste

castor *sm* beaver

castrar *vt* **1** to castrate **2** (*animal doméstico*) to neuter **3** (*cavalo*) to geld

casual *adj* chance: *um encontro ~* a chance meeting

casualidade *sf* chance LOC *Ver* PURO

casulo *sm* (*inseto*) cocoon

catalisador *sm* **1** (*Quím*) catalyst **2** (*carro*) catalytic converter

catálogo *sm* catalog LOC *Ver* TELEFÔNICO

catapora *sf* chicken pox [*não contável*]

catar *vt* to pick *sth* up

catarata *sf* **1** (*cascata*) waterfall **2** (*Med*) cataract

catarro *sm* catarrh

catástrofe *sf* catastrophe

cata-vento *sm* **1** (*weather*) weathervane **2** (*moinho*) windmill

catecismo *sm* catechism

catedral *sf* cathedral

catedrático, -a *sm-sf* head of department

categoria *sf* **1** (*classe*) category (*pl* categories) **2** (*nível*) level: *um torneio de ~ intermediária* an intermediate-level tournament **3** (*social, profissional*) status: *a minha ~ profissional* my professional status LOC **de primeira/segunda/terceira categoria** first-rate/second-rate/third-rate *Ver tb* ALTO

categórico, -a *adj* categorical

cativante *adj* captivating

cativar *vt* (*atrair*) to captivate

cativeiro *sm* **1** (*animal*) captivity **2** (*de sequestro*): *A polícia estourou o ~ do empresário.* The police broke into the place where the businessman was being held.

cativo, -a *adj, sm-sf* captive

catolicismo *sm* Catholicism

católico, -a *adj, sm-sf* Catholic: *ser ~* to be a Catholic

catorze *num numeral, sm Ver* QUATORZE

cauda *sf* **1** (*animal*) tail **2** (*vestido*) train LOC *Ver* PIANO

caule *sm* (*planta*) stalk

causa *sf* **1** (*origem, ideal*) cause: *a principal ~ do problema* the main cause of the problem ◇ *Ele abandonou tudo pela ~.* He gave up everything for the cause. **2** (*motivo*) reason: *sem ~ aparente* for no apparent reason **3** (*Jur, ação judicial*) case LOC **por causa de** because of *sb/sth*

causar *vt* **1** to cause: *~ a morte/ferimentos/danos* to cause death/injury/damage **2** (*sentimentos*): *Causou-me uma grande alegria.* It made me very happy.

cautela *sf* caution LOC **com cautela** cautiously ◆ **por cautela** as a safeguard ◆ **ter cautela** to be careful

cauteloso, -a *adj* cautious

cavado, -a *adj* (*roupa*) low-cut

cavalar *adj* (*dose*) huge

cavalaria *sf* **1** (*Mil*) cavalry **2** (*Hist*) chivalry

cavalariça *sf* stable

cavaleiro *sm* **1** (*pessoa a cavalo*) rider **2** (*Hist*) knight

cavalete *sm* **1** (*Arte*) easel **2** (*suporte*) trestle

cavalgar *vt, vi* ~ **(em)** to ride (on *sth*)

cavalheiro *sm* gentleman (*pl* **-men**): *O meu avô era um verdadeiro ~.* My grandfather was a real gentleman.

cavalo *sm* **1** (*animal*) horse **2** (*Xadrez*) knight **3** (*Mec*) horsepower (*abrev* hp): *um motor com doze ~s* a twelve horsepower engine **4** (*Ginástica*) (vaulting) horse LOC **cavalo de corrida(s)** racehorse *Ver tb* RABO

cavalo, -a *sm-sf* (*pessoa*) brute

cavalo-marinho *sm* sea horse

cavalo-vapor *sm* horsepower

cavanhaque *sm* goatee

cavar *vt, vi* to dig

caveira *sf* skull

caverna *sf* cavern

caviar *sm* caviar

caxias *adj, smf* (*aluno*) grind; swot (*GB*): *Ela é muito ~.* She's a real grind.

caxumba *sf* mumps [*não contável*]: *estar com ~* to have (the) mumps

CD *sm* CD: *um CD do Eminem* an Eminem CD

CD-ROM *sm* CD-ROM

cebola *sf* onion

cebolinha *sf* green onion; spring onion (*GB*)

cê-dê-efe (*tb* **CDF**) *smf* grind; swot (*GB*)

ceder ▸ *vt* **1** to hand *sth* over (*to sb*): *~ o poder* to hand over power **2** (*lugar*) to give *sth* up (*to sb*): *Cedi o meu lugar a um senhor idoso.* I gave my seat up to an old gentleman. **3** (*emprestar*) to lend: *A professora cedeu o seu dicionário a um dos alunos.* The teacher lent her dictionary to one of her students.
▸ *vi* **1** (*transigir*) to give in (*to sb/sth*): *É importante saber ~.* It's important to know how to give in gracefully. **2** (*não resistir*) to give way: *A prateleira cedeu com o peso de tantos livros.* The shelf gave way under all the books. LOC **ceder a palavra** to call upon *sb* to speak ◆ **ceder a passagem** to yield; to give way (*GB*)

cedilha *sf* cedilla

cedo *adv* early: *Ele chegou de manhã ~.* He arrived early in the morning. LOC **mais cedo ou mais tarde** sooner or later ◆ **quanto mais cedo melhor** the sooner the better ◆ **tão cedo** so soon: *Não vou embora tão ~.* I'm not leaving so soon.

cedro *sm* cedar

cédula *sf* banknote LOC **cédula eleitoral** ballot *Ver tb* IDENTIDADE

cegar *vt* to blind: *As luzes me cegaram.* I was blinded by the lights.

cego, -a ▸ *adj* **1** ~ **(de)** blind (with *sth*): *ficar ~* to go blind ◇ *~ de raiva* blind with rage **2** (*faca*) blunt
▸ *sm-sf* blind person (*pl* **people**): *uma coleta para os ~s* a collection for the blind
ⓘ Hoje em dia, ao se referir aos cegos, é preferível dizer **people who are visually impaired**.

cegonha *sf* stork

cegueira *sf* blindness

ceia *sf* dinner, supper

ceifar *vt* to reap

cela *sf* cell

celebração *sf* celebration

celebrar *vt* to celebrate: *~ um aniversário* to celebrate a birthday ◇ *~ uma missa* to celebrate mass

célebre *adj* famous

celeiro *sm* barn

celeste (*tb* **celestial**) *adj* heavenly

C

C

celofane *sm* cellophane: *papel ~* cellophane (paper)
célula *sf* cell
celular *sm* (*telefone*) cell phone; mobile (phone) (*GB*)
celulite *sf* cellulite
cem ▸ *num numeral* a hundred: *Ela faz ~ anos hoje.* She's a hundred today. ◇ *Havia ~ mil pessoas lá.* There were a hundred thousand people there.

Normalmente, traduz-se por **one hundred** quando se quer enfatizar a quantidade: *Eu disse cem, e não duzentos.* I said one hundred, not two.

▸ *sm* hundred LOC **cem por cento** a hundred per cent
cemitério *sm* **1** cemetery (*pl* cemeteries) **2** (*de igreja*) graveyard
cena *sf* scene: *primeiro ato, ~ dois* act one, scene two ◇ *fazer uma ~* to make a scene LOC **em cena** showing: *A peça está em ~ desde o Natal.* The play's been showing since Christmas. ◆ **entrar em cena 1** (*entrar no palco*) to come on/onstage **2** (*entrar em ação*) to start up ◆ **pôr em cena** to stage
cenário *sm* **1** (*contexto, roteiro*) setting **2** (*arranjo de palco*) set **3** (*panorama*) scene: *o ~ musical* the music scene
cenografia *sf* set design
cenoura *sf* carrot
censo *sm* census (*pl* censuses)
censor, -ora *sm-sf* censor
censura *sf* censorship LOC **censura livre** general audience; certificate U (*GB*)
censurar *vt* **1** (*livro, filme*) to censor **2** (*condenar*) to censure
centavo *sm* cent LOC **estar sem um centavo** to be broke
centeio *sm* rye
centelha *sf* spark
centena *sf* **1** (*cem*) hundred: *unidades, dezenas e ~s* hundreds, tens and units **2** (*cem aproximadamente*) a hundred or so: *uma ~ de espectadores* a hundred or so spectators ➲ *Ver pág. 756* LOC **centenas de...** hundreds of...: *~s de pessoas* hundreds of people
centenário *sm* centennial; centenary (*pl* centenaries) (*GB*): *o ~ da sua fundação* the centennial of its founding ◇ *o sexto ~ do seu nascimento* the 600th anniversary of his birth
centésimo, -a *num numeral, sm* hundredth: *um ~ de segundo* a hundredth of a second
centígrado *sm* Celsius, centigrade (*abrev* C): *cinquenta graus ~s* fifty degrees Celsius

Nos Estados Unidos, utiliza-se o sistema **Fahrenheit** para medir a temperatura, o qual é também utilizado por algumas pessoas na Grã-Bretanha: *A temperatura é de 21 graus.* The temperature is seventy degrees Fahrenheit.

centímetro *sm* centimeter (*abrev* cm): *~ quadrado/cúbico* square/cubic centimeter ➲ *Ver pág. 759*
cento ▸ *num numeral, sm* a hundred (*pl* hundred): *~ e sessenta e três* a hundred and sixty-three ➲ *Ver pág. 756*
▸ *sm* hundred LOC **por cento** percent: *50 por ~ da população* 50 percent of the population
centopeia *sf* centipede
central ▸ *adj* central: *aquecimento ~* central heating
▸ *sf* **1** (*energia*) power plant: *uma ~ elétrica* a power plant **2** (*repartição principal*) head office LOC **central de atendimento (ao cliente)** call center ◆ **central telefônica** telephone exchange *Ver tb* AMÉRICA
centrar ▸ *vt* **1** (*colocar no centro*) to center: *~ uma fotografia numa página* to center a photo on a page **2** (*atenção, olhar*) to focus *sth on sth*: *Eles centraram as críticas no governo.* They focused their criticism on the government.
▸ *vi* (*Esporte*) to center (the ball): *Ele centrou e o colega marcou o gol.* He centered the ball and his teammate scored.
centro *sm* **1** center: *o ~ das atenções* the center of attention **2** (*de uma cidade*) downtown: *o ~ da cidade* downtown ◇ *um apartamento no ~* a downtown apartment ◇ *ir ao ~* to go downtown LOC **centro comercial** (shopping) mall ◆ **centro cultural** arts center ◆ **centro de ensino técnico-profissional** community college; technical college (*GB*) ◆ **centro de turismo** tourist information center *Ver tb* MESA
centroavante *sm* (*Futebol*) center forward
CEP *sm* zip code; postcode (*GB*)
cera *sf* wax LOC *Ver* DEPILAÇÃO, LÁPIS
cerâmica *sf* ceramics [*não contável*] pottery [*não contável*] (*mais coloq*)
cerca¹ *sf* (*vedação*) fence LOC **cerca viva** hedge
cerca² *adv* LOC **cerca de** about: *O trem atrasou ~ de uma hora.* The train was about an hour late. ◇ *Ele chegou há ~*

de uma hora. He arrived about an hour ago.

cercar *vt* **1** (*vedar*) to fence *sth* in **2** (*rodear*) to surround **3** (*sitiar*) to besiege

cereal *sm* **1** (*planta, grão*) cereal **2 cereais** cereal: *Como cereais no café da manhã*. I have cereal for breakfast.

cerebral *adj* (*Med*) brain: *um tumor ~* a brain tumor LOC *Ver* LAVAGEM

cérebro *sm* **1** (*Anat*) brain **2** (*pessoa*) brains [*sing*]: *o ~ da quadrilha* the brains behind the gang

cereja *sf* cherry (*pl* cherries) LOC **a cereja do bolo** the icing on the cake

cerejeira *sf* cherry tree

cerimônia *sf* ceremony (*pl* ceremonies) LOC **sem cerimônia** unceremoniously

cerquilha *sf* pound sign; hash sign (*GB*)

cerração *sf* fog

certamente *adv* definitely

certeiro, -a *adj* accurate

certeza *sf* certainty (*pl* certainties) LOC **com certeza** definitely: *Vou com ~*. I'm definitely going. ♦ **dar certeza** to confirm: *Ela não deu ~ se viria ou não*. She didn't confirm if she'd be coming or not. ♦ **ter certeza** to be sure (*of sth/that...*): *Tenho ~ de que não o fizeram*. I'm sure they didn't do it.

certidão *sf* (*nascimento, casamento*) certificate

certificado, -a ▸ *adj* (*documento*) certified
▸ *sm* certificate LOC *Ver* ESCOLAR; *Ver tb* CERTIFICAR

certificar ▸ *vt* to certify
▸ **certificar-se** *vp* **certificar-se (de)** (*verificar*) to make sure (of *sth*)

certo, -a ▸ *adj* **1** certain: *Eles só estão lá a certas horas do dia*. They're only there at certain times of the day. ◇ *com certa ansiedade* with a certain amount of anxiety **2** (*correto*) right: *Quantas das suas respostas estavam certas?* How many of your answers were right?
▸ *adv* (*responder, agir*) correctly: *Respondi ~ a todas as perguntas*. I answered all the questions correctly.
▸ *interj* **certo!** right LOC **ao certo** for certain: *Não sei ao ~ o que aconteceu*. I don't know for certain what happened. ♦ **até certo ponto** up to a point ♦ **dar certo** to work: *O plano não deu ~*. The plan didn't work. ♦ **de certo modo/certa forma** in a way ♦ **o mais certo é...**: *O mais ~ é eles chegarem tarde*. They're bound to be late. ♦ **ter por/como certo que...** to take it for granted that... *Ver tb* CAMINHO

cerveja *sf* beer: *Duas ~s, por favor*. Two beers, please. LOC **cerveja sem álcool** alcohol-free beer *Ver tb* FÁBRICA

cesariana *sf* Cesarean

cessar *vt, vi* ~ **(de)** to stop (*doing sth*) LOC **sem cessar** incessantly

cessar-fogo *sm* ceasefire

cesta *sf* **1** (*recipiente, Esporte*) basket **2** (*com tampa*) hamper: *~ de Natal* Christmas hamper LOC **cesta básica** (family) shopping basket ♦ **cesta de papéis** wastebasket; waste-paper basket (*GB*) ➲ *Ver ilustração em* GARBAGE CAN ♦ **fazer cesta** (*Esporte*) to score a basket

cesto *sm* basket: *um ~ de frutas* a basket of fruit LOC **cesto de lixo** wastebasket; waste-paper basket (*GB*) ➲ *Ver ilustração em* GARBAGE CAN ♦ **cesto de roupa suja** laundry basket

cético, -a ▸ *adj* skeptical
▸ *sm-sf* skeptic

cetim *sm* satin

céu *sm* **1** (*firmamento*) sky (*pl* skies) **2** (*Relig*) heaven **3** (*da boca*) roof LOC **a céu aberto** (*ao ar livre*) in the open air *Ver tb* CAÍDO

cevada *sf* barley

chá *sm* tea: *Você quer (um) ~?* Would you like a (cup of) tea? LOC **chá de bebê** baby shower ♦ **chá de ervas** herbal tea ♦ **chá de panela** bridal shower ♦ **tomar chá de cadeira** to be a wallflower *Ver tb* COLHER[1]

chácara *sf* **1** (*casa de campo*) house in the country **2** (*pequena fazenda*) smallholding

chacina *sf* massacre

chacota *sf* mockery: *ser motivo de ~* to be a laughing stock

chafariz *sm* (*fonte*) fountain

chalé *sm* chalet

chaleira *sf* teakettle; kettle (*GB*)

chama *sf* flame: *estar em ~s* to be in flames

chamada *sf* **1** call: *fazer uma ~ (telefônica)* to make a (phone) call **2** (*exames*): *Fiquei para segunda ~, em dezembro*. I'll retake the exam in December. **3** (*televisão*) preview LOC **chamada fria** (*vendas*) cold call ♦ **dar uma chamada** to tell *sb* off ♦ **fazer a chamada** (*na escola*) to call the roll; to take the register (*GB*) ♦ **levar uma chamada** to get told off *Ver tb* COBRAR, INTERURBANO

chamado, -a ▸ *adj* so-called: *o ~ Terceiro Mundo* the so-called Third World
▸ *sm* call: *Ele recebeu um ~ urgente*. He got an urgent call. *Ver tb* CHAMAR

C

C

chamar ▸ *vt* to call: *O nome dele é Antônio, mas todos o chamam de Toninho.* His name's Antônio, but everyone calls him Toninho. ◇ *~ a polícia* to call the police
▸ **chamar-se** *vp* to be called: *Eu me chamo Ana.* My name's Ana./I'm called Ana. ◇ *Como você se chama?* What's your name? LOC **chamar a atenção** **1** *(sobressair)* to attract attention: *Ele se veste assim para ~ a atenção.* He dresses like that to attract attention. **2** *(surpreender)* to surprise: *Chamou-nos a atenção você ter voltado sozinha.* We were surprised that you came back alone. **3** *(repreender)* to scold *Ver tb* MANDAR

chamativo, -a *adj (cor)* flashy

chaminé *sf* **1** chimney (*pl* chimneys) **2** *(navio)* funnel

champanhe *sm* champagne

champignon *sm* mushroom

chamuscar *vt* to singe

chance *sf* chance *to do sth*: *ter a ~ de fazer algo* to have the chance to do sth ◇ *Acho que tenho bastante ~ de passar.* I think I have a good chance of passing. ◇ *não ter a menor ~ de fazer algo* to have no chance of doing sth

chantagear *vt* to blackmail *sb (into doing sth)*

chantagem *sf* blackmail LOC **fazer chantagem com alguém** to blackmail sb

chantagista *smf* blackmailer

chantilly *sm* whipped cream

chão *sm* **1** *(superfície da Terra)* ground: *cair no ~* to fall (to the ground) **2** *(piso)* floor: *Cuidado para não riscar o ~.* Be careful not to scratch the floor. LOC *Ver* ATIRAR, CARA, PANO, PÉ

chapa *sf* **1** *(lâmina, Fot)* plate: *~s de aço* steel plates **2** *(radiografia)* X-ray **3** *(placa)* license plate; number plate *(GB)* **4** *(grelha)* hotplate LOC **na chapa** **1** *(pão)* toasted **2** *(carne)* grilled

chapada *sf* plateau (*pl* plateaus/plateaux)

chapado, -a *adj (drogado)* stoned

chapelaria *sf (tb* **chapeleiro** *sm) (guarda-volumes)* coat check; cloakroom *(GB)*

chapéu *sm (cabeça)* hat

charada *sf* riddle: *decifrar uma ~* to solve a riddle

charge *sf* cartoon

charía *sf (lei islâmica)* sharia

charlatão, -ona *sm-sf* quack

charme *sm* charm: *Ele tem muito ~.* He has a lot of charm. LOC **fazer charme/charminho** to use your charm

charter *adj* LOC *Ver* voo

charuto *sm* cigar

chassi *sm* chassis (*pl* chassis)

chatear ▸ *vt* **1** *(irritar)* to annoy: *O que mais me chateia é que...* What annoys me most of all is that... **2** *(pedir com insistência)* to pester: *Ele só parou de nos ~ quando lhe compramos a bicicleta.* He kept pestering us until we bought him the bike. ◇ *Pare de me ~!* Stop pestering me! ▸ *vi (importunar)* to be a nuisance
▸ **chatear-se** *vp* **chatear-se (com) (por)** **1** *(irritar-se)* to get annoyed (with *sb*) (at/about *sth*) **2** *(ficar triste)* to get upset: *Não se chateie com isso.* Don't get upset over it.

chatice *sf* **1** *(incômodo)* pain (in the neck): *Estas moscas são uma ~.* These flies are a real pain. **2** *(tédio)* bore: *Esse filme é uma ~ só!* This movie is a real bore!

chato, -a *adj* **1** *(plano)* flat: *ter pé ~* to have flat feet **2** *(entediante)* boring: *Que ~!* What a bore! ◇ *Não seja ~!* Don't be such a pain! **3** *(maçante)* annoying: *Que criança mais ~!* What an annoying child! ◇ *Eles são muito ~s.* They're a real pain in the neck. **4** *(constrangedor)* awkward: *É ~ chegar na festa sozinho.* It's awkward arriving at the party on your own. **5** *(falta de educação)* rude: *É ~ chegar atrasado ao teatro.* It's rude to arrive at the theater late. **6** *(enjoado)* fussy; picky *(coloq)*

chave *sf* ~ **(de)** key (*pl* keys) (to *sth*): *a ~ do armário* the key to the closet ◇ *a ~ da porta* the door key ◇ *a ~ do sucesso deles* the key to their success ◇ *fator/pessoa ~* key factor/person LOC **a sete chaves/debaixo de chave** under lock and key ◆ **chave de braço** armlock: *dar uma ~ de braço em alguém* to put sb in an armlock ◆ **chave de fenda** screwdriver ◆ **chave inglesa** (monkey) wrench *Ver tb* FECHAR

chaveiro *sm* **1** *(objeto)* key ring **2** *(pessoa)* locksmith

checar *vt* to check: *Você checou se o preço está correto?* Did you check that the price is right?

check-in *sm* check-in LOC **fazer o check-in** to check (*sth*) in: *Você já fez o ~ (das malas)?* Did you check in (the cases) yet?

check-up *sm (Med)* checkup: *fazer um ~* to have a checkup

chefe *smf* **1** *(superior)* boss: *ser o ~* to be the boss **2** *(de um grupo)* head: *~ de* *departamento/estado* head of department/state **3** (*de uma tribo, polícia*) chief LOC **chefe da quadrilha** ringleader ◆ **chefe de cozinha** chef ◆ **chefe de família** head of a/the household

chefiar *vt* to lead

chegada *sf* arrival LOC **dar uma chegada em** to stop by *sth* *Ver tb* BANDEIRADA, LINHA

chegado, -a *adj* LOC **ser chegado a algo** to love: *Ele é ~ a uma cerveja.* He just loves beer. ◆ **ser chegado a alguém** to be close to sb: *Eles são muito chegados a nós.* We're very close.

chegar ▸ *vt, vi* to arrive (*at/in...*): *Chegamos ao aeroporto às cinco horas.* We arrived at the airport at five o'clock. ◇ *Cheguei à Inglaterra um mês atrás.* I arrived in England a month ago. ◇ *O trem chega sempre atrasado.* The train is always late. ➲ *Ver nota em* ARRIVE
▸ *vt* **1** (*aproximar*) to bring *sth* closer (*to sb/sth*): *Ele chegou o microfone à boca.* He brought the microphone to his mouth. **2** ~ **a** to reach: *~ a uma conclusão* to reach a conclusion ◇ *A minha filha já chega no meu ombro.* My daughter reaches my shoulder now.
▸ *vi* **1** (*aproximar-se*) to get closer (to *sb/sth*): *Chegue mais perto.* Come closer. **2** (*tempo*) to come: *quando ~ o verão* when summer comes ◇ *Chegou o momento de...* The time came to... **3** (*bastar*) to be enough: *Chega!* That's enough! ◇ *A comida não chegou para todos.* There wasn't enough food for everyone. ◇ *3.000 reais chegam.* 3,000 reals is enough. **4** (*mover-se*) to move: *Chegue mais pra lá um pouco!* Move along a bit! LOC **aonde você, ele, etc. quer chegar?** what are you, is he, etc. getting at? ◆ **chegar a fazer algo** (*conseguir*) to manage to do sth ◆ **chegar ao fim** to come to an end ◆ **chegar a ser** to become ◆ **chegar a tempo** to be on time ◆ **chegar bem** to arrive safely ◆ **chegar cedo/tarde** to be early/late ◆ **chegar em casa** to arrive home; to get home (*mais coloq*) ◆ **estar chegando**: *O seu pai deve estar chegando.* Your father should be here any time now.

cheia *sf* flood

cheio, -a *adj* **1** full (*of sth*): *A sala estava cheia de fumaça.* The room was full of smoke. ◇ *O ônibus estava completamente ~.* The bus was totally packed. **2** (*coberto*) covered *in/with sth*: *O teto estava ~ de teias de aranha.* The ceiling was covered in cobwebs. LOC **em cheio** (*precisamente*) on target: *O tiro acertou em ~.* The shot was right on target. ◆ **estar cheio de alguém/algo** (*estar farto*) to be sick of sb/sth ◆ **ser cheio da nota** (*ser rico*) to be loaded ◆ **ser cheio de si** (*convencido*) to be full of yourself *Ver tb* CARA, CHORAR, SACO

cheirar *vt, vi* ~ **(a)** to smell (of *sth*): ~ *mal* to smell bad ◇ ~ *à tinta* to smell of paint ➲ *Ver nota em* SMELL LOC **cheirar a queimado** to smell of burning ◆ **não cheirar bem** (*fig*) to smell fishy: *Esta história não me cheira bem.* There's something fishy about this story. *Ver tb* FLOR, MARAVILHA

cheiro *sm* smell (*of sth*): *Sentia-se um ~ de rosas/queimado.* There was a smell of roses/burning. ◇ *Esse perfume tem um ~ bom.* That perfume smells good. ➲ *Ver nota em* SMELL LOC *Ver* SENTIR

cheiroso, -a *adj* sweet-smelling

cheque *sm* check: *um ~ no valor de...* a check for... ◇ *depositar/descontar um ~* to pay in/cash a check LOC **cheque de viagem** traveler's check ◆ **cheque em branco** blank check ◆ **cheque sem fundos** bad check ◆ **cheque visado** authorized check *Ver tb* PAGAR, TALÃO

chiado *sm* **1** (*rato, bicicleta*) squeak **2** (*freios, pneus*) screech

chiar *vi* **1** (*rato, bicicleta*) to squeak: *A corrente da minha bicicleta chia.* My bicycle chain squeaks. **2** (*toucinho*) to sizzle **3** (*freios, pneus*) to screech **4** (*reclamar*) to complain: *O jogo está encerrado e não adianta ~!* The game is over, so there's no point in complaining!

chiclete *sm* (chewing) gum [*não contável*]: *um ~ de hortelã* some spearmint gum

chicotada *sf* **1** (*golpe*) lash **2** (*som*) crack

chicote *sm* whip

chifre *sm* horn LOC *Ver* TOURO

Chile *sm* Chile

chileno, -a *adj, sm-sf* Chilean

chilique *sm* LOC **ter um chilique 1** (*desmaiar*) to faint **2** (*enervar-se*) to throw a tantrum

chimpanzé *sm* chimpanzee

China *sf* China LOC *Ver* NEGÓCIO

chinelo *sm* **1** (*de quarto*) slipper **2** (*de dedo*) flip-flop

chinês, -esa ▸ *adj, sm* Chinese: *falar ~* to speak Chinese
▸ *sm-sf* Chinese man/woman (*pl* men/women): *os ~s* the Chinese

chip *sm* chip

chique *adj* **1** posh: *a zona ~ da cidade* the posh part of the city **2** (*bem-vestido*) stylish

chiqueiro *sm* pigsty (*pl* pigsties)

C

chispar *vi* (*faiscar*) to flash: *Os olhos dela chisparam.* Her eyes flashed. LOC **ir, sair, etc. chispando** to rush off, out, etc.: *Ele saiu chispando.* He rushed off/out. ◇ *Tenho que ir ao mercado chispando.* I have to rush off to the market.

chocalho *sm* **1** bell **2** (*de bebê*) rattle

chocante *adj* shocking

chocar[1] ▸ *vt* to shock: *As condições do hospital nos chocaram muito.* We were very shocked by conditions in the hospital.
▸ **chocar-se** *vp* **chocar-se (com/contra)** **1** to crash (into *sth*): *chocar-se com outro veículo* to crash into another vehicle **2** (*pessoa*) to bump (into *sb*)

chocar[2] *vt* (*ovo*) to hatch

chocolate *sm* chocolate LOC **chocolate amargo/ao leite** dark/milk chocolate

chofer *sm* chauffeur

chope *sm* (*cerveja*) (draft) beer

choque *sm* **1** (*colisão, ruído*) crash **2** (*confronto*) clash **3** (*eletricidade*) (electric) shock: *levar um ~* to get a shock **4** (*desgosto*) shock LOC *Ver* PISTOLA, POLÍCIA

chorão *sm* (*árvore*) weeping willow

chorar *vi* to cry: *~ de alegria/raiva* to cry with joy/rage ◇ *pôr-se a ~* to burst into tears LOC **chorar a perda de alguém/algo** to grieve for sb/sth ◆ **chorar até não poder mais/chorar rios de lágrimas** to cry your eyes out ◆ **chorar de barriga cheia** to have nothing to complain about *Ver tb* DESATAR

choro *sm* crying

chover *vi* to rain: *Choveu toda a tarde.* It rained all afternoon. LOC **chover a cântaros** to pour (with rain): *Chove a cântaros.* It's pouring (with rain). ◆ **chover granizo** to hail

chuchu *sm* chayote

chulé *sm* foot odor (*formal*): *Usar tênis sem meia dá um ~ terrível.* Wearing sneakers without socks makes your feet stink.

chumaço *sm* (*de algodão, gaze, etc.*) wad

chumbo *sm* **1** (*metal*) lead **2** (*negativa*) fail: *Levei ~!* I failed! **3** (*peso*): *Esta mala está um ~!* This case weighs a ton! LOC *Ver* GASOLINA

chupar *vt* **1** to suck **2** (*absorver*) to soak *sth* up: *Esta planta chupa muita água.* This plant soaks up a lot of water. LOC **chupar o dedo 1** (*lit*) to suck your thumb **2** (*ficar sem nada*) to end up with nothing: *Nós ficamos chupando o dedo.* We ended up with nothing.

chupeta *sf* pacifier; dummy (*pl* dummies) (*GB*)

churrascaria *sf* grill (restaurant)

churrasco *sm* barbecue: *fazer um ~* to have a barbecue

churrasqueira *sf* barbecue

churrasquinho *sm* kebab

chutar ▸ *vt* **1** (*dar chute*) to kick **2** (*arriscar*) to guess
▸ *vi* (*Esporte*) to shoot (at *sb/sth*): *~ no gol/para a trave* to shoot at goal

chute *sm* **1** kick: *dar um ~ no gato* to give the cat a kick **2** (*Futebol*) shot LOC **no chute**: *acertar no ~* to get sth right by guessing *Ver tb* LIVRE

chuteira *sf* cleat; football boot (*GB*) LOC *Ver* PENDURAR

chuva *sf* **1** rain: *um dia de ~* a rainy day **2 ~ de** (*pó, dinheiro, presentes, etc.*) shower of *sth* **3 ~ de** (*balas, pedras, murros, insultos*) hail of *sth* LOC **chuva ácida** acid rain ◆ **chuva radioativa** radioactive fallout ◆ **debaixo de/da chuva** in the rain *Ver tb* CAPA

chuvarada *sf* downpour

chuveiro *sm* shower: *tomar banho de ~* to take a shower

chuviscar *vi* to drizzle

chuvoso, -a *adj* rainy

ciberagressor, -ora *sm-sf* cyberbully (*pl* cyberbullies)

ciberespaço *sm* cyberspace

ciberguerra *sf* cyberwar

cibernauta *smf* Internet user

cibernética *sf* cybernetics [*não contável*]

cibersexo *sm* cybersex

cicatriz *sf* scar

cicatrizar *vi* to heal

ciclismo *sm* cycling: *fazer ~* to go cycling

ciclista *smf* cyclist

ciclo *sm* cycle: *um ~ de quatro anos* a four-year cycle ◇ *um ~ de palestras* a round of talks

ciclone *sm* cyclone

ciclovia *sf* bike path; cycle lane (*GB*)

cidadania *sf* citizenship

cidadão, -dã *sm-sf* citizen

cidade *sf* city (*pl* cities), town

> **City** ou **town**? **City** refere-se a uma cidade grande e importante como, por exemplo, Nova York, Rio, etc. **Town** é uma cidade menor: *Brotas é uma cidade turística.* Brotas is a tourist town.

LOC **cidade natal** home town ♦ **cidade universitária** (university) campus (*pl* campuses)

ciência *sf* **1** science **2 ciências** (*Educ*) science [*não contável*]: *o meu professor de ~s* my science teacher ◇ *Estudei ~s.* I studied science. LOC *Ver* COMPUTAÇÃO

ciente *adj* ~ **de** aware of *sth*: *não estar ~ de algo* to be unaware of sth

científico, -a *adj* scientific LOC *Ver* FICÇÃO

cientista *smf* scientist

cifra *sf* (*número*) figure: *uma ~ de um milhão de reais* a figure of one million reals

cifrão *sm* dollar/real sign

cigano, -a *adj, sm sf* gypsy (*pl* gypsies)

cigarra *sf* cicada

cigarro *sm* cigarette LOC **cigarro eletrônico** e-cigarette

cilada *sf* trap: *cair numa ~* to fall into a trap

cilíndrico, -a *adj* cylindrical

cilindro *sm* cylinder

cílio *sm* eyelash

cima *adv* **1** up: *aquele castelo lá em ~* that castle up there ◇ *da cintura para ~* from the waist up **2** (*andar*) upstairs: *Eles moram em ~.* They live upstairs. ◇ *os vizinhos de ~* our upstairs neighbors LOC **dar em cima de alguém** to come on to sb ♦ **de cima a baixo 1** up and down: *Ele me olhou de ~ a baixo.* He looked me up and down. **2** (*completamente*) from top to bottom: *mudar alguma coisa de ~ a baixo* to change sth from top to bottom ♦ **em cima (de) 1** (*em*) on: *Deixe-o em ~ da mesa.* Leave it on the table. **2** (*sobre*) on top (*of sb/sth*): *Deixei-o em ~ dos outros DVDs.* I put it on top of the other DVDs. ◇ *Leve o que está em ~.* Take the top one. ♦ **estar/ficar em cima de alguém** to be on sb's back ♦ **ficar em cima do muro** to sit on the fence ♦ **para cima** upwards: *Mova um pouco o quadro para ~.* Move the picture up a bit. ♦ **para cima de 1** (*para o cimo de*) onto: *O gato pulou para ~ da mesa.* The cat jumped onto the table. **2** (*mais de*) over: *Eram para ~ de mil.* There were over a thousand. ♦ **para cima e para baixo** up and down: *mover alguma coisa para ~ e para baixo* to move sth up and down ♦ **por cima (de)** over: *pôr uma coberta por ~ do sofá* to put a blanket over the couch *Ver tb* AÍ, AINDA, BOCA, LÁ[1], OLHAR[1], PARTIR, PESO

cimento *sm* cement

cinco *num numeral, sm* **1** five **2** (*data*) fifth ➲ *Ver exemplos em* SEIS

cineasta *smf* movie director

cinema *sm* **1** (*Arte*) cinema **2** (*sala*) (movie) theater; cinema (*GB*): *ir ao ~* to go to the movies LOC **de cinema** (*festival, crítico*) movie; film (*GB*): *um ator/diretor de ~* a movie actor/director

cinematográfico, -a *adj* movie; film (*GB*): *a indústria cinematográfica* the movie industry

cínico, -a ▸ *adj* cynical
▸ *sm-sf* cynic

cinquenta *num numeral, sm* **1** fifty **2** (*quinquagésimo*) fiftieth ➲ *Ver exemplos em* SESSENTA

cinta *sf* **1** (*cintura*) waist **2** (*peça de roupa*) girdle

cintilar *vi* **1** (*estrelas*) to twinkle **2** (*luz*) to glimmer **3** (*pedras, objetos, etc.*) to glitter

cinto *sm* belt LOC **afrouxar/apertar o cinto** (*fig*) to start spending more/to tighten your belt ♦ **cinto (de segurança)** seat belt

cintura *sf* waist LOC *Ver* JOGO

cinza ▸ *sf* ash
▸ *adj, sm* gray: *um casaco ~ escuro* a dark gray jacket LOC *Ver* QUARTA-FEIRA

cinzeiro *sm* ashtray

cinzel *sm* chisel

cinzento, -a ▸ *adj* **1** (*cor*) gray ➲ *Ver exemplos em* AMARELO **2** (*tempo*) dull: *Está um dia ~.* It's a dull day.
▸ *sm* gray

cio *sm* LOC **estar no cio** to be in heat; to be on heat (*GB*)

cipreste *sm* cypress

circo *sm* circus (*pl* circuses)

circuito *sm* **1** (*Esporte*) track: *O piloto deu dez voltas no ~.* The driver did ten laps of the track. **2** (*Eletrôn*) circuit

circulação *sf* **1** circulation **2** (*trânsito*) traffic LOC **circulação sanguínea/do sangue** circulation: *má ~ do sangue* poor circulation *Ver tb* IMPOSTO

circular[1] *adj, sf* circular: *uma mesa ~* a round table ◇ *enviar uma ~* to send out a circular

circular[2] ▸ *vt, vi* to circulate: *~ uma carta* to circulate a letter
▸ *vi* **1** (*carro*) to drive: *Carros estão impedidos de ~ na cidade aos domingos.* Driving in the city on Sundays is not allowed. **2** (*ônibus, trem*) to run **3** (*pedestre*) to walk: *~ pela esquerda* to walk on the left **4** (*rumor*) to go around

círculo *sm* **1** circle: *formar um ~* to form a circle **2** (*associação*) society (*pl* societies) LOC **círculo polar ártico/antártico**

C

Arctic/Antarctic Circle ◆ **círculo vicioso** vicious circle

circuncidar *vt* to circumcise

circunferência *sf* (*perímetro*) circumference

circunflexo, -a *adj* circumflex

circunscrição *sf* LOC **circunscrição eleitoral** constituency (*pl* constituencies)

circunstância *sf* circumstance: *nas ~s* under the circumstances

cirurgia *sf* surgery: *~ estética/plástica* cosmetic/plastic surgery

cirurgião, -ã *sm-sf* surgeon

cirúrgico, -a *adj* surgical: *uma intervenção cirúrgica* an operation

cisco *sm* speck: *Estou com um ~ no olho.* There's something in my eye.

cisma *sf* (*ideia fixa*) fixation

cismar *vt* **1** to decide *to do sth/that...*: *Ele cismou de comprar uma moto.* He's decided to buy a motorbike. ◇ *Eles cismaram que eu sou da Bahia.* They got it into their heads that I was from Bahia. **2 ~ com** (*antipatizar*) to take a dislike to *sb/sth*: *Ela cismou com o meu amigo.* She took a dislike to my friend.

cisne *sm* swan

cisterna *sf* (*depósito*) tank

citação *sf* (*frase*) quotation

citar *vt* **1** (*fazer referência*) to quote (*from sb/sth*) **2** (*mencionar*) to mention: *Prefiro não ~ nomes!* I prefer not to mention any names! **3** (*Jur*) to summons

cítrico *adj* citric: *os ~s* citrus fruits

ciúme *sm* **ciúmes** jealousy: *São só ~s.* You're just jealous. ◇ *Ele sentiu ~s.* He felt jealous. LOC **fazer ciúmes a alguém** to make sb jealous ◆ **ter ciúmes (de alguém)** to be jealous (of sb) *Ver tb* MORTO

ciumento, -a *adj* jealous

cívico, -a *adj* **1** (*obrigações*) civic **2** (*relativo ao bem público*) public-spirited: *sentido ~* public-spiritedness

civil ▸ *adj* civil: *um confronto ~* a civil disturbance
▸ *smf* civilian LOC *Ver* CASAR(-SE), ENGENHEIRO, ESTADO, UNIÃO

civilização *sf* civilization

civilizado, -a *adj* civilized

civismo *sm* public spirit

clã *sm* clan

clamor *sm* shouts [*pl*]: *o ~ da multidão* the shouts of the crowd

clandestino, -a ▸ *adj* **1** (*ilegal*) clandestine **2** (*operação policial*) undercover
▸ *sm-sf* (*imigrante*) illegal immigrant

clara *sf* (*ovo*) egg white

claraboia *sf* skylight

clarão *sm* flash

clarear ▸ *vi* **1** (*céu*) to clear up: *Clareou por volta das cinco.* It cleared up around five o'clock. **2** (*tempo, dia*) to brighten up **3** (*amanhecer*) to get light
▸ *vt* (*cabelo*) to lighten

clareira *sf* (*bosque*) clearing

clareza *sf* clarity: *falar com ~* to speak clearly

claridade *sf* (*luz*) light

clarim *sm* bugle

clarinete *sm* clarinet

claro, -a ▸ *adj* **1** clear: *um céu ~/uma mente clara* a clear sky/mind **2** (*cor*) light: *verde ~* light green **3** (*luminoso*) bright **4** (*cabelo*) fair
▸ *adv* clearly: *falar ~* to speak clearly
▸ *interj* **claro!** of course LOC **claro que não** of course not ◆ **claro que sim** of course ◆ **deixar claro** to make *sth* clear ◆ **em claro**: *Passei a noite em ~.* I spent a sleepless night. ◆ **ser claro como água** to be crystal clear *Ver tb* DIA

classe *sf* class: *Ele estuda na minha ~.* He's a student in my class. LOC **classe alta/baixa/média** upper/lower/middle class(es) ◆ **de primeira/segunda classe 1** first-rate/second-rate: *um restaurante de segunda ~* a second-rate restaurant **2** (*meios de transporte*) first-class/second-class: *viajar de primeira ~* to travel first-class ◆ **ter classe** to have class: *Sidney não tem ~.* Sidney has no class.

clássico, -a ▸ *adj* **1** (*Arte, Hist, Mús*) classical **2** (*habitual*) usual: *o comentário ~* the usual comment
▸ *sm* **1** classic **2** (*Futebol*) classico (*pl* classicos); derby (*pl* derbies) (*GB*)

classificação *sf* **1** classification **2** (*nota escolar*) grade; mark (*GB*): *boa ~* good grades **3** (*descrição*) description: *O comportamento dele não merece outra ~.* His behavior cannot be described in any other way. **4** (*Esporte*): *jogo/partida de ~* qualifying match ◇ *O tenista alemão está à frente na ~ mundial.* The German player is number one in the world rankings. ◇ *a ~ geral para a taça* the league table

classificado *sm* classified ad

classificar ▸ *vt* **1** (*ordenar*) to classify: *~ os livros por assunto* to classify books by subject **2** (*descrever*) to label *sb* (as) *sth*: *Classificaram-na de excêntrica.* They labeled her (as) an eccentric.
▸ **classificar-se** *vp* **classificar-se (para)** to qualify (for *sth*): *classificar-se para a final* to qualify for the final LOC **classificar-se em segundo, terceiro, etc. lugar** to come second, third, etc.

classificatório, -a *adj* qualifying
claustro *sm* cloister
claustrofobia *sf* claustrophobia
claustrofóbico, -a *adj* claustrophobic
cláusula *sf* clause
clave *sf* (*Mús*) clef LOC **clave de sol/fá** treble/bass clef
clavícula *sf* collarbone
clero *sm* clergy [*pl*]
clicar ▸ *vi* ~ **(em)** (*Informát*) to click (on *sth*): *Clique duas vezes no ícone.* Double-click on the icon. ◇ ~ *com o botão direito (do mouse)* to right-click ▸ *vt* (*fotografar*) to snap
clichê *sm* (*lugar-comum*) cliché
cliente *smf* **1** (*loja, restaurante*) customer **2** (*empresa*) client
clientela *sf* customers [*pl*]
clima *sm* **1** climate: *um ~ úmido* a damp climate **2** (*ambiente*) atmosphere: *um ~ de cordialidade/tensão* a friendly/tense atmosphere **3** (*atração*): *Está rolando um ~ entre Sílvia e Alberto.* There's a bit of a thing going between Sílvia and Alberto.
climatizado, -a *adj* air-conditioned
clímax *sm* climax
clínica *sf* clinic
clínico, -a ▸ *adj* clinical ▸ *sm-sf* doctor LOC **clínico geral** GP *Ver tb* OLHO
clipe *sm* **1** (*papel*) paper clip **2** (*vídeo*) video (*pl* videos)
clique *sm* click: *dar um ~ em algo* to click on sth LOC **clique duplo** double click
clonar *vt* to clone
clone *sm* clone
cloro *sm* chlorine
clorofila *sf* chlorophyll
clube *sm* (night)club
coadjuvante ▸ *smf* (*Cinema, Teat*) co-star ▸ *adj* supporting: *melhor ator ~* best supporting actor
coador *sm* (*leite, chá*) strainer
coagir *vt* to coerce *sb* (*into sth/doing sth*)
coágulo *sm* clot
coalhar *vi* **1** (*leite*) to curdle **2** (*iogurte*) to set
coalizão *sf* coalition: *um governo de ~* a coalition government
coar *vt* **1** (*chá*) to strain **2** (*café*) to filter
coaxar *vi* to croak
cobaia *sf* guinea pig
coberta *sf* **1** (*cama*) bedspread **2** (*navio*) deck
coberto, -a *adj* **1** ~ **(com/de/por)** covered (in/with *sth*): *~ de manchas* covered in stains ◇ *A cadeira estava coberta com um lençol.* The chair was covered with a sheet. **2** (*instalação*) indoor: *uma piscina coberta* an indoor swimming pool *Ver tb* COBRIR
cobertor *sm* blanket: *Cubra-o com um ~.* Put a blanket over him.
cobertura *sf* **1** (*revestimento*) covering **2** (*sorvete, etc.*) topping **3** (*Jornalismo, TV*) coverage **4** (*apartamento*) penthouse: *um apartamento de ~* a penthouse apartment
cobiça *sf* **1** (*avidez*) greed **2** (*inveja*) envy **3** ~ **de** lust for *sth*: *a sua ~ de poder/riquezas* their lust for power/riches
cobiçar *vt* **1** (*ambicionar*) to covet **2** (*invejar*) to envy: *Cobiço a moto dele.* I envy him his motorbike.
cobra *sf* snake LOC **dizer cobras e lagartos de alguém** to call sb every name in the book
cobrador, -ora *sm-sf* **1** (*ônibus*) ticket collector; conductor (*GB*) **2** (*dívidas, faturas*) collector
cobrança *sf* **1** (*dívida, impostos*) collection **2** (*preço, tarifa*) charging **3** (*Futebol, de falta*) free kick: *fazer uma ~* to take a free kick **4** (*em relacionamento*) demand: *Ela fazia tantas ~s que ele não aguentou.* She made so many demands on him that in the end he couldn't take it.
cobrar *vt* **1** to charge (*sb*) (*for sth*): *Cobraram-me 10 reais por um café.* They charged me 10 reals for a coffee. **2** (*imposto, dívida*) to collect **3** (*custar*) to cost: *A guerra cobrou muitas vidas.* The war cost many lives. LOC **a cobrar** cash on delivery (*abrev* COD) ◆ **chamada/ligação a cobrar** collect call; reverse charge call (*GB*) ◆ **cobrar a/de mais/menos** to overcharge/undercharge *Ver tb* NOTA, REMESSA, TELEFONAR
cobre *sm* copper
cobrir *vt* **1** to cover *sb/sth* (*with sth*): *~ uma ferida com uma atadura* to cover a wound with a bandage ◇ *~ as despesas de viagem* to cover traveling expenses ◇ *A CBS cobriu todas as partidas.* CBS covered all the matches. **2** (*Cozinha*) to coat *sth* (*with/in sth*) LOC **cobrir de beijos** to smother *sb* with kisses
Coca-Cola® *sf* Coke®
cocaína *sf* cocaine
coçar ▸ *vt* to scratch: *Você pode ~ minhas costas?* Can you scratch my back? ▸ *vi* to itch: *Minhas costas estão coçando.* My back is itching.

C

cócega *sf* LOC **fazer cócegas** to tickle ♦ **sentir cócegas** to be ticklish: *Sinto muitas ~ nos pés.* My feet are very ticklish.

coceira *sf* itching: *Estou com uma ~ na cabeça.* My head itches.

cochichar *vt, vi* to whisper

cochilar *vi* **1** (*dormir*) to snooze: *Gosto de ~ depois do almoço.* I like to have a snooze after lunch. **2** (*descuidar-se*) to be distracted

cochilo *sm* **1** (*sono*) snooze **2** (*descuido*) oversight

coco *sm* (*fruto*) coconut LOC *Ver* LEITE

cocô *sm* poop; poo (*GB*): *fazer ~* to poop

cócoras *sf* LOC **de cócoras** squatting: *pôr-se de ~* to squat

codificar *vt* (*Informát*) to encode

código *sm* code: *Qual é o ~ de Recife?* What's the (area) code for Recife? LOC **código da estrada** Highway Code ♦ **código de barras** bar code ♦ **código postal** zip code; postcode (*GB*)

coeficiente *sm* LOC *Ver* INTELIGÊNCIA

coelho, -a *sm-sf* rabbit

> **Rabbit** é o substantivo genérico, **buck** refere-se apenas ao macho. Quando queremos nos referir apenas à fêmea, utilizamos **doe**.

LOC *Ver* MATAR

coentro *sm* cilantro; coriander (*GB*)

coerência *sf* **1** (*lógica*) coherence **2** (*congruência*) consistency

coexistência *sf* coexistence

cofre *sm* safe

cogitação *sf* LOC **fora de cogitação** out of the question

cogumelo *sm* mushroom LOC **cogumelo venenoso** toadstool

coice *sm* **1** kick: *dar ~s* to kick **2** (*de arma*) recoil

coincidência *sf* coincidence: *por ~* by coincidence ◇ *Que ~!* What a coincidence!

coincidir *vt, vi* ~ **(com) 1** (*acontecimentos, resultados*) to coincide; to clash (*mais coloq*) (with *sth*): *Espero que não coincida com os meus exames.* I hope it doesn't clash with my exams. **2** (*estar de acordo*) to tally (with *sth*): *A notícia não coincide com o que aconteceu.* The news doesn't tally with what happened.

coiote *sm* coyote

coisa *sf* **1** thing: *Uma ~ ficou clara…* One thing is clear… ◇ *As ~s vão bem para eles.* Things are going well for them. ◇ *Coloque suas ~s no quarto de hóspedes.* Put your things in the guest room. **2** (*algo*) something: *Eu queria lhe perguntar uma ~.* I wanted to ask you something. **3** (*nada*) nothing, anything: *Não há ~ mais impressionante do que o mar.* There's nothing more impressive than the ocean. ➲ *Ver nota em* NADA **4 coisas** (*assuntos*) affairs: *Primeiro quero tratar das minhas ~s.* I want to sort out my own affairs first. ◇ *Ele nunca conta as ~s da sua vida particular.* He never talks about his personal life. LOC **cada coisa a seu tempo** all in good time ♦ **coisa de** roughly: *Durou ~ de uma hora.* It lasted roughly an hour. ♦ **coisas da vida!** that's life! ♦ **como são as coisas!** would you believe it! ♦ **não dizer coisa com coisa**: *Desde o acidente ele não diz ~ com ~.* Since the accident he hasn't been able to put two words together. ♦ **não ser grande coisa** to be nothing special ♦ **ou coisa assim** or so: *uns doze ou ~ assim* a dozen or so ♦ **ou coisa parecida** or something like that ♦ **por uma coisa/coisinha de nada** over the slightest thing ♦ **que coisa!** for goodness' sake! ♦ **que coisa mais estranha!** how odd! ♦ **ser coisa de alguém**: *Esta brincadeira deve ser ~ da minha irmã.* This joke must be my sister's doing. ♦ **ser pouca coisa** (*ferimento*) not to be serious ♦ **ter coisa (por trás de algo)**: *Tem ~ por trás dessa oferta.* There's a catch to that offer. ♦ **uma coisa puxa a outra** one thing leads to another ♦ **ver tal/semelhante coisa**: *Alguma vez você viu tal ~?* Did you ever see anything like it? *Ver tb* ALGUM, ESPORTIVO, OUTRO, QUALQUER

coitado, -a *adj* poor: *Coitado do menino!* Poor kid!

cola *sf* **1** (*adesivo*) glue **2** (*cópia*) crib

colaboração *sf* collaboration: *fazer algo em ~ com alguém* to do sth in collaboration with sb

colaborador, -ora *sm-sf* **1** collaborator **2** (*escritor*) contributor

colaborar *vt, vi* ~ **(com) (em) 1** (*cooperar*) to collaborate (with *sb*) (on *sth*) **2** (*contribuição*) to contribute (*sth*) (to *sth*): *Ela colabora com jornais e revistas.* She contributes to newspapers and magazines. ◇ *Ela colaborou com 50 reais.* She contributed 50 reals.

colagem *sf* collage: *fazer uma ~* to make a collage

colapso *sm* collapse

colar[1] *sm* necklace: *um ~ de esmeraldas* an emerald necklace

colar² ▸ *vt* (*com cola*) to glue *sth* (together): *~ uma etiqueta num pacote* to glue a label on a package
▸ *vi* **1** (*aderir*) to stick **2** (*desculpa, história*) to be believed: *Não vai ~.* Nobody's going to believe that. **3** (*copiar*) to cheat
▸ *vt, vi* (*Informát*) to paste

colarinho *sm* collar: *o ~ da camisa* shirt collar

colateral *adj* collateral LOC *Ver* EFEITO

colcha *sf* bedspread LOC **colcha de retalhos** patchwork quilt

colchão *sm* mattress: *~ de ar* air mattress

colchete *sm* **1** (*costura*) fastener **2** (*sinal*) square bracket LOC **colchete (macho e fêmea)** hook and eye (fastener)

colchonete *sm* **1** (*para dormir*) sleeping mat **2** (*para ginástica*) exercise mat

coleção *sf* collection

colecionador, -ora *sm-sf* collector

colecionar *vt* to collect

colega *smf* **1** (*companheiro*) colleague: *um ~ meu* a colleague of mine **2** (*amigo*) friend LOC **colega de apartamento** roommate; flatmate (*GB*) ◆ **colega de quarto** roommate ◆ **colega de turma** classmate *Ver tb* EQUIPE

colégio *sm* (*Educ*) (private) school ➲ *Ver nota em* SCHOOL LOC **colégio de padres/freiras** Catholic school ◆ **colégio interno** boarding school

coleira *sf* (*cão, gato*) collar

cólera *sf* **1** (*raiva*) fury **2** (*doença*) cholera

colesterol *sm* cholesterol

coleta *sf* collection LOC **coleta de bagagem** baggage claim

colete *sm* vest; waistcoat (*GB*) LOC **colete à prova de bala(s)** bulletproof vest ◆ **colete salva-vidas** life jacket

coletiva *sf* (*entrevista*) press conference

coletivo, -a ▸ *adj* **1** collective **2** (*transport*) public
▸ *sm* (*Esporte*) training session: *A seleção fez um ~ ontem.* The squad trained together yesterday. LOC *Ver* BLOGAGEM, ENTREVISTA, TRANSPORTE

colheita *sf* **1** harvest: *A ~ deste ano será boa.* It's going to be a good harvest this year. **2** (*vinho*) vintage

colher¹ *sf* **1** (*objeto*) spoon **2** (*conteúdo*) spoonful **3** (*pedreiro*) trowel LOC **colher de chá** teaspoon ◆ **colher de pau** wooden spoon

colher² *vt* **1** (*frutos, flores, legumes*) to pick **2** (*cereais*) to harvest

colherada *sf* spoonful: *duas ~s de açúcar* two spoonfuls of sugar

cólica *sf* **1** (*de bebê*) colic [*não contável*] **2** (*menstrual*) cramps [*pl*]

coligação *sf* coalition

colina *sf* hill

colírio *sm* eye drops [*pl*] LOC **ser um colírio (para os olhos)** to be cute

colisão *sf* collision (*with sth*): *uma ~ de frente* a head-on collision

colmeia *sf* beehive

colo *sm* (*regaço*) lap

colocar *vt* **1** (*posicionar*) to put; to place (*mais formal*): *Isto me coloca numa situação difícil.* This puts me in an awkward position. **2** (*bomba*) to plant **3** (*vestir*) to put *sth* on: *Vou ~ uma blusa.* I'm going to put a blouse on. **4** (*problema, questões*) to raise: *~ dúvidas/perguntas* to raise doubts/questions LOC **colocar os pingos nos is** to dot your i's and cross your t's

Colômbia *sf* Colombia

colombiano, -a *adj, sm-sf* Colombian

cólon *sm* colon

colônia¹ *sf* **1** colony (*pl* colonies) **2** (*comunidade*) community (*pl* communities): *a ~ italiana de São Paulo* São Paulo's Italian community

colônia² *sf* (*perfume*) cologne: *pôr ~* to put (some) cologne on

colonial *adj* colonial

colonização *sf* colonization

colonizador, -ora ▸ *adj* colonizing
▸ *sm-sf* settler

colono, -a *sm-sf* settler

coloquial *adj* colloquial

colorau *sm* red spice mix

colorido, -a *adj* colorful *Ver tb* COLORIR

colorir *vt* to color *sth* (in)

coluna *sf* **1** column **2** (*Anat*) spine LOC **coluna social** gossip column ◆ **coluna vertebral 1** (*Anat*) spinal column **2** (*fig*) backbone

colunável *smf* society figure

colunista *smf* columnist

com *prep* **1** with: *Vivo ~ os meus pais.* I live with my parents. ◇ *Pregue-o ~ um percevejo.* Hang it up with a thumbtack. ◇ *Com que é que se limpa?* What do you clean it with?

Às vezes traduz-se *com* por **and**: *pão com manteiga* bread and butter ◇ *água com açúcar* sugar and water. Também se pode traduzir por **to**: *Com quem você estava falando?* Who were you talking to? ◇ *Ela é simpática com todo o mundo.* She's pleasant to everyone.

C

2 *(conteúdo)* of: *uma mala ~ roupa* a suitcase (full) of clothes ◇ *um balde ~ água e sabão* a bucket of soapy water **3** *(em expressões com o verbo "estar")*: *estar ~ pressa* to be in a hurry ◇ *estar ~ calor/fome/sono* to be hot/hungry/sleepy

C

coma *sm ou sf (Med)* coma: *estar/entrar em ~* to be in/go into a coma

comadre *sf*: *Somos ~s.* She's my child's godmother/I'm her child's godmother.

comandante *sm* **1** *(Aeronáut, Mil)* commander **2** *(aeronave, navio)* captain

comando *sm* **1** *(Mil, Informát)* command: *entregar/tomar o ~* to hand over/take command **2** *(liderança)* leadership: *ter o dom do ~* to have leadership qualities

combate *sm* combat: *soldados mortos em ~* soldiers killed in combat ◇ *O ~ foi feroz.* There was fierce fighting. LOC **de combate** fighter: *avião/piloto de ~* fighter plane/pilot

combater ▸ *vt* to combat: *~ o terrorismo* to combat terrorism
▸ *vi* to fight

combinação *sf* **1** *(mistura, de um cofre)* combination **2** *(peça de vestuário)* slip

combinado, -a *adj* agreed: *Vejo vocês no local ~.* I'll see you where we agreed to meet. LOC **está combinado!** it's a deal! *Ver tb* COMBINAR

combinar ▸ *vt* **1** to combine **2** *(roupa)* to match: *Estes sapatos não combinam com a bolsa.* Those shoes don't match the purse. **3** *(cores)* to go *with sth*: *O preto combina com qualquer cor.* Black goes with any color. **4** *(planejar, definir)* to arrange: *Combinei com a Guida de ir ao cinema.* I arranged with Guida to go to the movies.
▸ *vi* to go together: *Cor de laranja e vermelho não combinam.* Orange and red don't go together.

comboio *sm* convoy

combustão *sf* combustion

combustível ▸ *adj* combustible
▸ *sm* fuel

começar *vt, vi* ~ **(a)** to begin, to start (*sth/doing sth/to do sth*): *De repente ele começou a chorar.* He suddenly started to cry. ◇ *para ~* to start with ➲ *Ver nota em* START LOC **começar com o pé direito** to get off to a good start *Ver tb* ZERO

começo *sm* beginning; start *(mais coloq)* ➲ *Ver nota em* BEGINNING LOC **do começo ao fim** from start to finish

comédia *sf* comedy *(pl* comedies*)* LOC **comédia musical** musical ♦ **ser uma comédia** to be a laugh: *O cara é uma ~.* That guy's a real laugh.

comediante *smf* **1** comedian **2** *(ator cômico)* comic actor ➲ *Ver nota em* ACTRESS

comemoração *sf* **1** *(recordação)* commemoration: *um monumento em ~ aos mortos de guerra* a monument to commemorate the war dead **2** *(celebração)* celebrations *[pl]*: *A ~ estendeu-se pela noite adentro.* The celebrations continued well into the night.

comemorar *vt* **1** *(lembrar)* to commemorate **2** *(celebrar)* to celebrate

comentar *vt* **1** *(analisar)* to comment on *sth* **2** *(dizer)* to say: *Ele se limitou a ~ que estava doente.* He would only say that he was sick. **3** *(falar mal de)* to make comments about *sb/sth*

comentário *sm* **1** *(observação)* remark: *fazer um ~* to make a remark **2** *(Futebol, etc.)* commentary *(pl* commentaries*)* LOC **comentário de texto** textual criticism ♦ **fazer comentários** to comment (*on sb/sth*) ♦ **sem comentários** no comment

comentarista *smf* commentator

comer ▸ *vt* **1** to eat: *~ um sanduíche* to eat a sandwich **2** *(omitir)* to miss *sth* out: *~ uma palavra* to miss a word out **3** *(Xadrez, Damas)* to take **4** *(insetos)* to eat *sb* alive: *Os mosquitos me comeram vivo.* The mosquitoes practically ate me alive.
▸ *vi* to eat: *Ele não quer ~.* He doesn't want to eat anything. ◇ *~ fora* to eat out LOC **comer como um boi** to eat like a horse ♦ **dar de comer** to feed *sb/sth*

comercial *adj* commercial LOC *Ver* BALANÇA, CENTRO

comercializar *vt* ~ **(em)** to trade (in *sth*)

comerciante *smf* *(dono de loja)* storekeeper; shopkeeper *(GB)*

comércio *sm* **1** *(lojas)* stores *[pl]* shops *[pl] (GB)*: *O ~ abre às 8 da manhã.* The stores open at 8 in the morning. **2** *(transação)* trade: *~ exterior* foreign trade LOC **comércio eletrônico** e-commerce

comestível ▸ *adj* edible
▸ **comestíveis** *sm (víveres)* foodstuffs

cometa *sm* comet

cometer *vt* **1** *(delito) (infração)* to commit **2** *(erro)* to make

comichão *sf* **1** *(coceira)* itch: *Sinto uma ~ nas costas.* My back is itching. **2** *(desejo premente)* urge (*to do sth*): *Desde que enviuvou, ela tem essa ~ de viajar.* Since she was widowed she's had an urge to travel.

comício *sm (Pol)* rally *(pl* rallies*)*

cômico, -a ▸ *adj* **1** (*engraçado*) funny **2** (*de comédia*) comedy ▸ *sm-sf* **1** comedian **2** (*ator cômico*) comic actor ➲ *Ver nota em* ACTRESS

comida *sf* **1** (*alimentos*) food: *~ leve/pesada* light/rich food **2** (*refeição*) meal: *Ela me telefona sempre na hora da ~.* She always calls me at mealtimes. LOC **comida caseira** home cooking ◆ **comida pronta** convenience food

comigo *pron* with me: *Venha ~.* Come with me. ◇ *Ele não quer falar ~.* He doesn't want to speak to me. LOC **comigo mesmo/próprio** with myself: *Estou contente ~ mesma.* I'm pleased with myself.

comilão, -ona ▸ *adj* greedy ▸ *sm-sf* glutton

cominho *sm* cumin

comissão *sf* (*remuneração, comitê*) commission: *10% de ~* 10% commission ◇ *por ~* on commission ◇ *a Comissão Europeia* the European Commission

comissário, -a *sm-sf* **1** (*polícia*) superintendent **2** (*membro de comissão*) commissioner **3** (*de bordo*) flight attendant

comitê *sm* committee

comitiva *sf* entourage

como ▸ *adv* **1** (*modo, na qualidade de, segundo*) as: *Respondi ~ pude.* I answered as best I could. ◇ *Levei-o para casa ~ recordação.* I took it home as a souvenir. ◇ *Como eu estava dizendo…* As I was saying… **2** (*comparação, exemplo*) like: *Ele tem um carro ~ o nosso.* He has a car like ours. ◇ *chás ~ o de camomila* herbal teas like chamomile ◇ *macio ~ a seda* smooth as silk **3** (*em interrogativas*) (**a**) (*de que modo*) how: *Como se traduz esta palavra?* How do you translate this word? ◇ *Como é que você pôde omitir isso?* How could you not tell me? ◇ *Não sabemos ~ aconteceu.* We don't know how it happened. (**b**) (*quando não se ouviu ou entendeu algo*) sorry; pardon (*mais formal*): *Como? A senhora pode repetir?* Sorry? Could you say that again? **4** (*em exclamações*): *Como você se parece com o seu pai!* You're just like your father! ▸ *conj* (*causa*) as: *Como cheguei cedo, preparei um café para mim.* As I was early, I made myself a cup of coffee. ▸ *interj* **como!** what: *Como! Você ainda não se vestiu?* What! Aren't you dressed yet? LOC **como é?** (*descrição*) what is he, she, it, etc. like? ◆ **como é isso?** how come? ◆ **como é que…?** how come…?: *Como é que você não saiu?* How come you didn't go out? ◇ *Como é que eu podia saber!* How was I supposed to know! ◆ **como que…?**: *Como que você não sabia?* What do you mean, you didn't know? ◆ **como se** as if: *Ele me trata ~ se eu fosse sua filha.* He treats me as if I were his daughter.

Neste tipo de expressões é mais correto dizer "as if I/he/she/it **were**", contudo atualmente na linguagem falada usa-se muito "as if I/he/she/it **was**".

◆ **como vai/vão…?** how is/are…?: *Como vai você?* How are you? ◇ *Como vão os seus pais?* How are your parents?

cômoda *sf* dresser

comodidade *sf* **1** (*conforto*) comfort **2** (*conveniência*) convenience

comodista *adj, smf*: *Meu irmão é ~.* My brother tends to put up with things rather than try to change them. ◇ *Os ~s não se preocupam em crescer profissionalmente.* People who just like an easy life aren't interested in professional development.

cômodo, -a ▸ *adj* **1** (*confortável*) comfortable: *uma poltrona cômoda* a comfortable armchair **2** (*conveniente*) convenient: *É muito ~ esquecer o assunto.* It's very convenient just to forget it all. ▸ *sm* room

comovente (*tb* **comovedor, -ora**) *adj* moving

comover *vt* to move

compact disc *sm* CD

compacto, -a *adj* compact

compadecer-se *vp* ~ **(de)** to feel sorry (for *sb*)

compadre *sm* **1** (*amigo*) buddy (*pl* buddies) **2** (*padrinho*): *Somos ~s.* He's my child's godfather/I'm her child's godfather.

compaixão *sf* pity; compassion (*mais formal*): *ter ~ de alguém* to take pity on sb

companheirismo *sm* comradeship

companheiro, -a *sm-sf* **1** (*amigo*) friend; companion (*mais formal*) **2** (*em casal*) partner **3** (*em trabalho*) colleague **4** (*em turma*) classmate LOC *Ver* EQUIPE

companhia *sf* company (*pl* companies): *Ele trabalha numa ~ de seguros.* He works for an insurance company. LOC **companhia aérea** airline ◆ **fazer companhia a alguém** to keep sb company

comparação *sf* comparison: *Esta casa não tem ~ alguma com a anterior.* There's no comparison between this house and the old one. LOC **em comparação com** compared with/to *sb/sth*

comparar *vt* to compare *sb/sth* (*with/ to sb/sth*): *Não compare São Paulo com Minas!* You can't compare São Paulo with Minas!

C

comparável *adj* ~ **a/com** comparable to/with *sb/sth*

comparecer *vi* **1** to appear; to turn up (*mais coloq*) **2** ~ **a** to attend: *Você precisa ~ às aulas.* You must attend the classes.

compartilhar *vt* to share

compartimento *sm* compartment

compasso *sm* **1** (*Mat*) compass **2** (*Mús*) (**a**) (*ritmo*) beat: *Siga o ~ da bateria.* Follow the beat of the drums. (**b**) (*tempo*) time: *o ~ de três por quatro* three-four time (**c**) (*divisão de pentagrama*) bar: *os primeiros ~s de uma sinfonia* the first bars of a symphony LOC *Ver* MARCAR

compatível *adj* compatible

compatriota *smf* fellow countryman/ woman (*pl* -men/-women)

compensação *sf* compensation LOC **em compensação** on the other hand

compensar ▸ *vt* **1** (*duas coisas*) to make up for *sth*: *para ~ a diferença de preços* to make up for the difference in price **2** (*uma pessoa*) to repay *sb* (*for sth*): *Não sei como compensá-los por tudo o que fizeram.* I don't know how to repay them for all they've done. **3** (*cheque*) to clear ▸ *vi* to be worth *it/doing sth*: *A longo prazo compensa.* It's worth it in the long run. ◇ *Não compensa ir só por uma hora.* It's not worth going just for one hour.

competência *sf* **1** (*aptidão*) competence: *falta de ~* incompetence **2** (*responsabilidade*) responsibility: *Isto é de minha ~.* This is my responsibility.

competente *adj* competent

competição *sf* competition

competir *vt* (*concorrer*) to compete for *sth*: *~ pelo título* to compete for the title LOC **competir a alguém** to be sb's responsibility (*to do sth*): *Compete a mim escolher o novo assistente.* It's my responsibility to choose the new assistant.

competitivo, -a *adj* competitive

complemento *sm* **1** (*suplemento*) supplement **2** (*Gram*) object

completar *vt* to complete LOC **completar 10, 30, etc. anos (de idade)** to be 10, 30, etc. (years old)

completo, -a *adj* complete: *a coleção completa* the complete collection ◇ *instruções completas* full instructions ◇ *duas horas completas* two whole hours LOC **por completo** completely *Ver tb* NOME, PENSÃO

complexado, -a *adj*: *uma pessoa muito complexada* a person with a lot of hang-ups

complexo, -a *adj, sm* ▸ *adj* complex ▸ *sm* complex; hang-up (*coloq*): *ter ~ de superioridade* to have a superiority complex

complicado, -a *adj* **1** complicated **2** (*pessoa*) difficult *Ver tb* COMPLICAR

complicar ▸ *vt* to complicate: *~ as coisas* to complicate things ▸ **complicar-se** *vp* to become complicated LOC **complicar(-se) a vida** to make life difficult for yourself

complô *sm* plot

componente *sm* **1** (*parte*) component **2** (*de grupo*) member: *os ~s da equipe* the team members

compor ▸ *vt* to compose ▸ **compor-se** *vp* **compor-se de** to consist of *sth*: *O curso compõe-se de seis matérias.* The course consists of six subjects.

comportamento *sm* behavior: *O ~ deles foi exemplar.* Their behavior was exemplary.

comportar-se *vp* to behave

composição *sf* composition

compositor, -ora *sm-sf* composer

composto, -a ▸ *adj* **1** compound: *palavras compostas* compound words **2** ~ **de/por** consisting of *sth* ▸ *sm* compound *Ver tb* COMPOR

compota *sf* **1** (*doce*) preserve **2** (*fruta cozida*) stewed fruit: *~ de maçã* stewed apples

compra *sf* purchase: *uma boa ~* a good buy LOC **fazer (as) compras** to do the shopping ◆ **ir às compras** to go shopping

comprador, -ora *sm-sf* buyer; purchaser (*formal*)

comprar *vt* to buy: *Quero ~ um presente para eles.* I want to buy them a present. ◇ *Você compra isso para mim?* Will you buy this for me? ◇ *Comprei a bicicleta de um amigo.* I bought the bike from a friend. ➲ *Ver nota em* GIVE LOC **comprar a prazo** to buy *sth* in installments *Ver tb* FIADO

compreender *vt* **1** (*entender*) to understand: *Os meus pais não me compreendem.* My parents don't understand me. **2** (*incluir*) to include

compreensão *sf* understanding LOC **ter/mostrar compreensão** to be understanding (*toward sb*)

compreensivo, -a *adj* understanding (*toward sb*)

comprido, -a *adj* long: *O casaco é muito ~ para você.* That coat's too long for you. ◇ *É uma história muito comprida.* It's a very long story. LOC **ao comprido** lengthwise

comprimento *sm* length: *nadar seis vezes o ~ da piscina* to swim six lengths (of the pool) ◇ *Quanto é que mede de ~?* How long is it? ◇ *Tem cinquenta metros de ~.* It's fifty meters long.

comprimido *sm* (*medicamento*) tablet

comprometer ▸ *vt* **1** (*pôr em risco*) to compromise **2** (*obrigar*) to commit *sb to sth/doing sth*
▸ **comprometer-se** *vp* **1** (*dar a sua palavra*) to promise: *Comprometi-me a ir.* I promised to go. **2** (*em casamento*) to get engaged (*to sb*)

comprometido, -a *adj* **1** ~ **(com)** (*ocupado*) committed (to *sth*) **2** ~ **(com)** (*compromissado*) dating (*sb*): *Não posso ficar com você, estou ~ com a Juliana.* I can't see you — I'm dating Juliana. **3** (*prejudicado*) compromised *Ver tb* COMPROMETER

compromisso *sm* **1** (*obrigação*) commitment: *O casamento é um grande ~.* Marriage is a big commitment. **2** (*acordo*) agreement **3** (*encontro, matrimonial*) engagement: *Não posso ir pois tenho um ~.* I can't go as I have a prior engagement. ❶ A palavra **compromise** não significa "compromisso", mas *acordo*. LOC **por compromisso** out of a sense of duty ◆ **sem compromisso** no obligation

comprovação *sf* proof

comprovante *sm* **1** (*pagamento*) receipt **2** (*identidade*) proof: *apresentar um ~ de endereço* to provide proof of address

comprovar *vt* to prove

compulsivo, -a *adj* compulsive LOC *Ver* TRANSTORNO

computação *sf* computing: *~ em/na nuvem* cloud computing LOC **ciência da computação** computer science/graphics *Ver tb* ENGENHEIRO

computador *sm* computer

Após ligar o computador, deve-se fazer o login (**log in/on**). Às vezes é necessário digitar uma senha (**key in/enter your password**) e então pode-se abrir um arquivo (**open a file**). Pode-se também navegar na internet (**surf the Net**) e mandar mensagens pelo correio eletrônico aos amigos (**e-mail your friends**). Não se deve esquecer de salvar (**save**) os documentos, e é sempre uma boa ideia fazer uma cópia de segurança (**make a backup copy**). Finalmente, desliga-se o computador após se fazer o logoff (**log off/out**).

LOC **computador pessoal** personal computer (*abrev* PC)

computador

comum *adj* **1** common: *um problema ~* a common problem ◇ *características comuns a um grupo* characteristics common to a group **2** (*compartilhado*) joint: *um esforço ~* a joint effort ◇ *um amigo ~* a mutual friend LOC **ter algo em comum** to have sth in common *Ver tb* GENTE, VALA

comungar *vi* to take communion

comunhão *sf* communion: *fazer a primeira ~* to make your first communion

comunicação *sf* **1** communication: *a falta de ~* lack of communication **2** (*comunicado*) statement **3** (*curso*) media studies [*não contável*] LOC *Ver* MEIO, VEÍCULO

comunicado *sm* announcement

comunicar ▸ *vt* to report: *Eles comunicaram as suas suspeitas à polícia.* They reported their suspicions to the police.
▸ **comunicar-se** *vp* **comunicar-se (com)** **1** to communicate (with *sb/sth*): *Tenho dificuldades em me ~ com os outros.* I find it difficult to communicate with other people. **2** (*pôr-se em contato*) to get in touch (with *sb*): *Não consigo me ~ com eles.* I can't get in touch with them. **3** (*quarto*) to be adjoining (to *sth*): *O meu quarto se comunica com o seu.* We have adjoining rooms.

comunicativo, -a *adj* communicative

comunidade *sf* community (*pl* communities)

comunismo *sm* communism

comunista *adj, smf* communist

côncavo, -a *adj* concave

C

conceber *vt, vi* to conceive

conceder *vt* **1** to give: *~ um empréstimo a alguém* to give sb a loan ◇ *O senhor pode me ~ uns minutos, por favor?* Could you please spare me a few minutes? **2** *(prêmio, bolsa)* to award: *Concederam-me uma bolsa.* I was awarded a scholarship. LOC *Ver* EQUIVALÊNCIA

conceito *sm* **1** *(ideia)* concept **2** *(opinião)* opinion: *Não sei que ~ você tem de mim.* I don't know what you think of me. **3** *(nota)* grade; mark *(GB)*: *Que ~ você obteve na prova?* What (grade) did you get in the test?

conceituado, -a *adj* highly regarded ➲ *Ver nota em* WELL BEHAVED

concentração *sf* **1** *(mental)* concentration: *falta de ~* lack of concentration **2** *(Esporte)* training camp LOC *Ver* CAMPO

concentrado, -a ▸ *adj* **1** *(pessoa)*: *Eu estava tão ~ na leitura que não ouvi você entrar.* I was so immersed in my book that I didn't hear you come in. **2** *(substância)* concentrated
▸ *sm* concentrate: *~ de uva* grape concentrate *Ver tb* CONCENTRAR

concentrar ▸ *vt* **1** *(atenção)* to focus *(attention) on sth* **2** *(esforços)* to concentrate *(your efforts) (on sth/doing sth)*
▸ **concentrar-se** *vp* **concentrar-se (em)** **1** to concentrate (on *sth/doing sth*): *Concentre-se no que está fazendo.* Concentrate on what you're doing. **2** *(prestar atenção)* to pay attention (to *sth*): *sem se ~ nos detalhes* without paying attention to detail **3** *(aglomerar-se)* to gather: *Os manifestantes se concentraram em frente à sede da empresa.* The demonstrators gathered in front of the company headquarters.

concepção *sf* **1** *(criação)* conception **2** *(opinião)* opinion: *Na minha ~...* In my opinion...

concerto *sm* **1** *(recital)* concert **2** *(composição musical)* concerto *(pl* **concertos***)*

concessão *sf* concession: *fazer uma ~* to make a concession

concessionária *sf* dealer: *uma ~ de automóveis* a car dealer

concha *sf* **1** shell **2** *(de sopa)* ladle

conciliar *vt* to combine: *~ o trabalho com a família* to combine work with family life

conciso, -a *adj* concise

concluir ▸ *vt, vi (terminar)* to finish; to conclude *(formal)*
▸ *vt (deduzir)* to conclude: *Concluíram que ele era inocente.* They concluded that he was innocent.

conclusão *sf* conclusion: *chegar a/tirar uma ~* to reach/draw a conclusion ◇ *a ~ da redação* the conclusion of the essay

concordar *vt, vi* to agree *(with sb) (about/on sth/to do sth)*: *Concordamos em tudo.* We agree on everything. ◇ *Concordam comigo em que ele é um rapaz estupendo.* They agree with me that he's a great kid. ◇ *Concordamos em voltar ao trabalho.* We agreed to return to work.

concorrência *sf* competition LOC **fazer concorrência (a)** to compete (with *sb/sth*)

concorrente *smf* **1** *(competição, concurso)* contestant **2** *(adversário)* rival **3** *(Com)* competitor

concorrer *vt, vi* ~ **(a)** **1** *(candidatar-se)* to apply (for *sth*): *~ a um emprego* to apply for a job **2** *(competir)* to compete (for *sth*) **3** *(a concurso)* to take part (in *sth*) **4** *(a cargo público)* to run (for *sth*): *~ à presidência* to run for president

concorrido, -a *adj* **1** *(cheio de gente)* crowded **2** *(popular)* popular *Ver tb* CONCORRER

concreto *sm* concrete

concreto, -a *adj* **1** *(específico)* specific **2** *(real)* concrete: *Preciso de uma prova concreta.* I need concrete evidence.

concurso *sm* **1** *(Esporte, jogos de habilidade)* competition **2** *(TV, Rádio)* game show **3** *(para emprego)* open competition LOC **concurso de beleza** beauty contest

condão *sm* LOC *Ver* VARINHA

conde, -essa *sm-sf* **1** *(masc)* count **2** *(fem)* countess

condecoração *sf* medal

condenação *sf* **1** *(sentença)* conviction **2** *(censura)* condemnation

condenado, -a *sm-sf* convicted prisoner

condenar *vt* **1** *(desaprovar)* to condemn **2** *(Jur)* **(a)** *(a uma pena)* to sentence *sb (to sth)*: *~ alguém à morte* to sentence sb to death **(b)** *(por um delito)* to convict *sb (of sth)*

condensar(-se) *vt, vp* to condense LOC *Ver* LEITE

condescendente *adj* **1** *(transigente)* easygoing: *Os pais são muito ~s com ele.* His parents are very easygoing with him. **2** *(com ares de superioridade)* condescending: *um risinho ~* a condescending smile

condessa *sf Ver* CONDE

condição *sf* **1** condition: *Eles estabeleceram as condições.* They laid down the conditions. ◇ *A mercadoria chegou em perfeitas condições.* The goods arrived in perfect condition. ◇ *Faço-o com a ~ de que você me ajude.* I'll do it on condition that you help me. **2** (*social*) status LOC **estar em condições (de) 1** (*fisicamente*) to be fit (*to do sth*) **2** (*financeiramente*) to be able to afford *to do sth*: *Não estou em condições de comprar um carro.* I can't afford to buy a car. **3** (*ter a possibilidade*) to be in a position *to do sth* ◆ **sem condições** unconditional(ly): *uma rendição sem condições* an unconditional surrender ◇ *Ele aceitou sem condições.* He accepted unconditionally.

condicionador *sm* conditioner: *~ para cabelos* hair conditioner

condicional *adj, sm* conditional LOC *Ver* LIBERDADE

condimento *sm* seasoning

condomínio *sm* **1** (*taxa*) service charge **2** (*copropriedade*) condominium; condo (*pl* **condos**) (*coloq*)

condução *sf* **1** (*meio de transporte*) mode of transportation; mode of transport (*GB*): *Temos que pegar duas conduções para chegar em casa.* We have to use two modes of transportation to get home. **2** (*de carro*): *Eu vou de ~ para o trabalho.* I drive to work.

conduta *sf* behavior

conduto *sm* (*tubo*) pipe LOC **conduto do lixo** garbage chute

conduzir *vt* **1** (*levar*) to lead: *As pistas conduziram-nos ao ladrão.* The clues led us to the thief. **2** (*negociações, negócio*) to carry *sth* out

cone *sm* cone

conectar(-se) *vt, vp* to connect

conexão *sf* **~ (com)**; **~ (entre)** connection (to/with *sth*); connection (between...): *A ~ à internet caiu.* The Internet connection failed.

confecção *sf* clothing manufacturing business: *Eu vou abrir uma ~.* I'm going to start up a small business making clothes.

confeitaria *sf* cake shop

conferência *sf* **1** (*exposição oral*) lecture **2** (*congresso*) conference

conferir ▸ *vt* **1** (*verificar*) to check **2** (*comparar*) to compare **3** (*dar*) to award
▸ *vi* to tally (with *sth*)

confessar ▸ *vt, vi* **1** to confess (to *sth*/*doing sth*): *Tenho que ~ que prefiro o seu.* I must confess I prefer yours. ◇ *~ um crime/homicídio* to confess to a crime/murder ◇ *Eles confessaram ter assaltado o banco.* They confessed to robbing the bank. **2** (*Relig*) to hear (*sb's*) confession: *Não confessam aos domingos.* They don't hear confessions on Sundays.

▸ **confessar-se** *vp* (*Relig*) to go to confession LOC **confessar a verdade** to tell the truth

confiança *sf* **1 ~ (em)** confidence (in *sb/sth*): *Eles não têm muita ~ nele.* They don't have much confidence in him. **2** (*familiaridade*) familiarity: *tratar alguém com demasiada ~* to be over-familiar with sb LOC **confiança em si mesmo/próprio** self-confidence: *Não tenho ~ em mim mesmo.* I don't have much self-confidence. ◆ **de confiança** trustworthy: *um empregado de ~* a trustworthy employee *Ver tb* ABUSO, DIGNO

confiante *adj* **~ (em)** confident (of *sth*): *estar ~ de que...* to be confident that...

confiar *vt* **1 ~ em** to trust: *Confie em mim.* Trust me. **2** (*entregar em confiança*) to entrust *sb/sth* with *sth*: *Sei que posso ~ a ele a organização da festa.* I know I can entrust him with the arrangements for the party.

confiável *adj* reliable

confidência *sf* confidence LOC **em confidência** in confidence

confidencial *adj* confidential

confidente *adj, smf*: *um amigo ~* a friend you can confide in ◇ *Juliana é minha única ~.* Juliana's the only person I can confide in.

confirmação *sf* confirmation

confirmar *vt* to confirm

confiscar *vt* to seize: *A polícia confiscou-lhes os documentos.* The police seized their documents.

confissão *sf* confession

conflito *sm* conflict: *um ~ entre as duas potências* a conflict between the two powers LOC **conflito de interesses** conflict of interest *Ver tb* ENTRAR

conformar-se *vp* **~ (com) 1** to be happy (with *sth*/*doing sth*): *Eu me conformo com uma nota cinco.* I'll be happy with a pass. ◇ *Eles se conformam com pouco.* They're easily pleased. **2** (*resignar-se*) to resign yourself *to sth*: *Não me agrada, mas terei que me conformar.* I don't like it, but I'll just have to resign myself to it.

conforme ▸ *prep* **1** (*de acordo com*) according to *sth*: *~ os planos* according to the plans **2** (*dependendo de*) depending on *sth*: *~ o seu tamanho* depending on its size
▸ *conj* **1** (*depende*) it all depends **2** (*de acordo com o que*) according to what: *~ ouvi dizer* from what I've heard **3** (*à*

C

C

medida que) as: ~ *eles forem entrando* as they come in

conformista *adj, smf*: *Sou um ~ assumido.* I admit I'm someone who puts up with things. ◇ *Não devemos ter uma atitude ~ para com o governo.* We shouldn't just let the government do what it wants.

confortar *vt* to comfort

confortável *adj* comfortable

conforto *sm* comfort

confrontar *vt* **1** (*encarar*) to bring *sb* face to face *with sb/sth* **2** (*comparar*) to compare *sb/sth with sb/sth*

confronto *sm* **1** confrontation **2** (*paralelo*) comparison

confundir ▸ *vt* **1** to confuse: *Não me confunda.* Don't confuse me. ◇ *Creio que você me confundiu com outra pessoa.* You must have confused me with someone else. **2** (*misturar*) to mix *sth* up: *Você confunde sempre tudo.* You always mix everything up.
▸ **confundir-se** *vp*: *Qualquer um pode se ~.* Anyone can make a mistake.

confusão *sf* **1** (*falta de clareza*) confusion: *causar ~* to cause confusion **2** (*equívoco*) mistake: *Deve ter havido uma ~.* There must have been a mistake. **3** (*desordem*) mess: *Mas que ~!* What a mess! **4** (*problema*) trouble [*não contável*]: *Não se meta em confusões.* Don't get into trouble. **5** (*tumulto*) commotion: *Era tamanha a ~ que a polícia teve de intervir.* There was such a commotion that the police had to intervene. LOC **fazer confusão** to get confused *Ver tb* ARMAR

confuso, -a *adj* **1** (*pouco claro*) confusing: *As indicações que ele me deu eram muito confusas.* The directions he gave me were very confusing. ◇ *uma mensagem confusa* a garbled message **2** (*perplexo*) confused

congelado, -a ▸ *adj* frozen
▸ *sm* frozen food(s): *o balcão de ~s* the frozen food counter *Ver tb* CONGELAR

congelador *sm* freezer

congelar *vt* to freeze

congestionado, -a *adj* **1** (*ruas*) congested **2** (*nariz*) stuffed up; blocked up (*GB*): *Ainda estou com o nariz ~.* My nose is still stuffed up. *Ver tb* CONGESTIONAR

congestionamento *sm* (*trânsito*) congestion [*não contável*]: *provocar um ~* to cause congestion

congestionar *vt* to bring *sth* to a standstill: *O acidente congestionou o trânsito.* The accident brought the traffic to a standstill.

congresso *sm* congress ➲ *Ver nota em* CONGRESS

conhaque *sm* brandy (*pl* brandies)

conhecer *vt* **1** to know: *Conheço muito bem Paris.* I know Paris very well. ◇ *Não conheço o Japão.* I've never been to Japan. **2** (*uma pessoa pela primeira vez*) to meet: *Conheci-os nas férias.* I met them on vacation. **3** (*saber da existência*) to know of *sb/sth*: *Você conhece um bom hotel?* Do you know of a good hotel? **4** (*passar a ter conhecimento sobre*) to get to know: *~ novas culturas* to get to know other cultures ◇ *Quero ~ a Austrália.* I'd like to visit Australia. LOC **conhecer algo como a palma da mão** to know sth like the back of your hand ◆ **conhecer de vista** to know *sb* by sight *Ver tb* PRAZER

conhecido, -a ▸ *adj* (*famoso*) well known: *um ~ sociólogo* a well-known sociologist ➲ *Ver nota em* WELL BEHAVED
▸ *sm-sf* acquaintance *Ver tb* CONHECER

conhecimento *sm* knowledge [*não contável*]: *Eles puseram à prova os seus ~s.* They put their knowledge to the test. ◇ *É do ~ de todos.* It's common knowledge. LOC **tomar conhecimento de algo** to find out about sth: *Tomei ~ do ocorrido pelo rádio.* I found out about what happened from the radio. *Ver tb* TRAVAR

cônico, -a *adj* conical

conífera *sf* conifer

conjugação *sf* conjugation

conjugado *sm* LOC **(apartamento) conjugado** studio (*pl* studios)

conjugar *vt* to conjugate

conjunção *sf* conjunction

conjuntivite *sf* conjunctivitis [*não contável*]

conjunto *sm* **1** (*de objetos, obras*) collection **2** (*totalidade*) whole: *a indústria alemã no ~* German industry as a whole **3** (*musical*) group **4** (*roupa*) outfit: *Ela está usando um ~ de saia e casaco.* She's wearing a skirt and matching jacket. **5** (*Mat*) set **6** (*agrupamento de edifícios*) complex: *um ~ de escritórios* an office complex ◇ *~ residencial* housing development LOC **em conjunto** together

conosco *pron* with us: *Você vem ~?* Are you coming with us?

conquista *sf* **1** conquest **2** (*êxito*) achievement: *uma de suas maiores ~s* one of his greatest achievements ◇ *Tive muitas ~s em minha vida.* I've achieved a lot in my life.

conquistador, -ora ▸ *adj* conquering ▸ *sm-sf* conqueror

conquistar *vt* **1** (*Mil*) to conquer **2** (*ganhar, obter*) to win: *Ele conquistou 43% dos votos.* He won 43% of the votes. **3** (*seduzir*) to win *sb* over LOC **conquistar sucesso** to succeed

consagrar *vt* **1** (*dedicar*) to devote *sth* (*to sth*): *~ a vida ao esporte* to devote your life to sport **2** (*tornar famoso*) to establish *sb/sth* (*as sth*): *A exposição consagrou-o como pintor.* The exhibition established him as a painter.

consciência *sf* **1** (*sentido moral*) conscience **2** (*conhecimento*) consciousness: *~ da diferença de classes* class-consciousness LOC **ter a consciência limpa/tranquila** to have a clear conscience ♦ **ter a consciência pesada** to have a guilty conscience ♦ **ter/tomar consciência de algo** to be/become aware of sth *Ver tb* PESAR[1]

consciente *adj* **1** (*acordado*) conscious **2** ~ **(de)** (*ciente*) aware (of *sth*); conscious (of *sth*) (*mais formal*) **3** (*responsável*): *Ele é muito ~.* He has a great sense of responsibility.

conscientizar ▸ *vt* to make *sb* aware (*of sth*): *~ a população para a necessidade de cuidar do meio ambiente* to make people aware of the need to take care of the environment
▸ **conscientizar-se** *vp* to become aware (*of sth*)

conseguir *vt* **1** (*obter*) to get: *~ um visto* to get a visa ◇ *~ que alguém faça algo* to get sb to do sth **2** (*alcançar*) to achieve: *para ~ os nossos objetivos* to achieve our aims **3** (*ganhar*) to win: *~ uma medalha* to win a medal **4 + infinitivo** to manage *to do sth*: *Consegui convencê-los.* I managed to persuade them.

conselheiro, -a *sm-sf* advisor

conselho *sm* **1** (*recomendação*) advice [*não contável*]

Há algumas palavras em português, como *conselho*, *notícia*, etc., que possuem tradução não contável em inglês (**advice**, **news**, etc.). Existem duas formas de utilizar essas palavras. "Um conselho/uma notícia" diz-se **some advice/news** ou **a piece of advice/news**: *Vou te dar um conselho.* I'll give you some advice/a piece of advice. ◇ *Tenho uma ótima notícia para você.* I have some good news/a piece of good news for you.Quando se utiliza no plural (*conselhos*, *notícias*, etc.) traduz-se pelo substantivo não contável correspondente (**advice**, **news**, etc.): *Não segui seus conselhos.* I didn't follow her advice. ◇ *Tenho boas notícias.* I've got some good news.

2 (*organismo*) council

consentimento *sm* consent

consentir *vt* **1** (*tolerar*) to allow: *Não consentirei que você me trate assim.* I won't allow you to treat me like this. **2** ~ **(em)** (*concordar*) to agree (to *do sth*): *Ela consentiu em vender a casa.* She agreed to sell the house.

consequência *sf* **1** consequence: *arcar com as ~s* to face the consequences **2** (*resultado*) result: *como/em ~ daquilo* as a result of that

consertar *vt* (*reparar*) to fix: *Eles vêm ~ a máquina de lavar.* They're coming to fix the washing machine.

conserto *sm* repair: *fazer uns ~s* to do repairs LOC **não tem conserto 1** (*objeto, problema*) it can't be fixed **2** (*pessoa*) he's/she's a hopeless case

conserva *sf* canned food: *tomates em ~* canned tomatoes

conservação *sf* **1** (*do meio ambiente*) conservation **2** (*de alimentos*) preserving

conservador, -ora *adj, sm-sf* conservative

conservante *sm* preservative

conservar *vt* **1** (*preservar*) to preserve **2** (*coisas*) to keep: *Ainda conservo as cartas dele.* I still have his letters. **3** (*calor*) to retain

conservatório *sm* conservatory (*pl* conservatories)

consideração *sf* **1** (*reflexão, cuidado*) consideration: *levar algo em ~* to take sth into consideration ◇ *Foi falta de ~ de vocês.* It was inconsiderate of you. **2** ~ **(por)** (*respeito*) respect (for *sb*) LOC **com/sem consideração** considerately/inconsiderately ♦ **em/por consideração a** out of consideration for

considerar *vt* **1** (*examinar*) to weigh *sth* up; to consider (*mais formal*): *~ os prós e os contras* to weigh up the pros and cons **2** (*ver, apreciar*) to regard *sb/sth* (*as sth*): *Considero-a a nossa melhor jogadora.* I regard her as our best player. **3** (*pensar em*) to think about *sth/doing sth*: *Não considerei essa possibilidade!* I hadn't thought of that! **4** (*respeitar*) to respect: *Os funcionários o consideram muito.* The employees have a lot of respect for him.

considerável *adj* considerable

consigo *pron* **1** (*ele, ela*) with him/her **2** (*eles, elas*) with them **3** (*coisa, animal*) with it LOC **consigo mesmo/próprio** with himself, herself, etc.

C

consistente *adj* **1** (*constante, firme*) consistent **2** (*espesso*) thick: *um creme ~* a thick cream **3** (*refeição*) big: *um café da manhã ~* a big breakfast

consistir *vt* **~ em 1** to entail *sth/doing sth*; to consist in *sth/doing sth* (*formal*): *O meu trabalho consiste em atender o público.* My work entails dealing with the public. **2** (*ser composto de*) to consist of *sth*: *Meu flat consiste em um quarto e um banheiro.* There's a bedroom and a bathroom in my aparthotel.

consoante *sf* consonant

consolação *sf* consolation: *prêmio de ~* consolation prize

consolar *vt* to console

console *sm* console

consolo *sm* consolation

conspiração *sf* conspiracy (*pl* conspiracies)

constante *adj* constant

constar *vt* **~ (de) 1** (*figurar*) to appear (in *sth*): *O seu nome não consta da lista.* Your name doesn't appear on the list. **2** (*consistir*) to consist of *sth*: *A peça consta de três atos.* The play consists of three acts. LOC **consta que...** it is said that...: *Consta que esta cidade já foi muito bonita.* It is said that this city was once very beautiful.

constatar *vt* **1** (*perceber*) to notice: *Constatamos que faltava um documento.* We noticed that a document was missing. **2** (*comprovar*) to establish: *Foi constatado que ele participou do crime.* It was established that he took part in the crime.

constelação *sf* constellation

constipação *sf* **1** (*prisão de ventre*) constipation **2** (*resfriado*) cold: *Estou com uma ~.* I have a cold. ◊ *apanhar uma ~* to catch a cold

constipado, -a *adj* **1** (*com prisão de ventre*) constipated **2** (*com resfriado*): *Estou ~.* I have a cold. *Ver tb* CONSTIPAR-SE

constipar-se *vp* to catch a cold

constitucional *adj* constitutional

constituição *sf* constitution

constituir *vt* to be; to constitute (*formal*): *Pode ~ um perigo para a saúde.* It may constitute a health hazard.

constrangedor, -ora *adj* embarrassing: *uma situação ~a* an embarrassing situation

constranger *vt* to embarrass

construção *sf* building; construction (*mais formal*) LOC **em construção** under construction

construir *vt, vi* to build: *~ um futuro melhor* to build a better future

construtor *sm* builder; construction company owner (*mais formal*)

construtora *sf* builder; construction company (*pl* construction companies) (*mais formal*)

cônsul, consulesa *sm-sf* consul

consulado *sm* consulate

consulta *sf* **1** consultation **2** (*médica*) doctor's appointment LOC **de consulta**: *horário de ~* office hours ◊ *livros de ~* reference books *Ver tb* MARCAR

consultar *vt* **1** to consult *sb/sth* (*about sth*): *Eles nos consultaram sobre a questão.* They consulted us about the matter. **2** (*palavra, dado*) to look *sth* up: *Consulte o dicionário para ver o que a palavra significa.* Look the word up in the dictionary to find out what it means. LOC **consultar o travesseiro (sobre algo)** to sleep on sth

consultor, -ora *sm-sf* consultant

consultório *sm* (*de médico*) doctor's office; surgery (*pl* surgeries) (*GB*)

consumado, -a *adj* LOC *Ver* FATO

consumidor, -ora ▸ *adj* consuming: *países ~es de petróleo* oil-consuming countries
▸ *sm-sf* consumer

consumir *vt* **1** to consume: *um país que consome mais do que produz* a country that consumes more than it produces **2** (*energia*) to use: *Este aquecedor consome muita eletricidade.* This radiator uses a lot of electricity. **3** (*destruir*) to destroy: *O incêndio consumiu a fábrica.* The factory was destroyed by fire. LOC **consumir de preferência antes de...** best before...

consumo *sm* consumption LOC *Ver* BEM[2], IMPRÓPRIO, SONHO

conta *sf* **1** (*Com, Fin*) account: *~ de poupança* savings account **2** (*fatura*) (**a**) bill: *a ~ do gás/da luz* the gas/electricity bill (**b**) (*num restaurante*) check; bill (*GB*): *Garçom, a ~!* Could I have the check, please? **3** (*operação aritmética*) sum: *A ~ não dá certo.* I can't get this sum to come out right. **4** (*colar*) bead LOC **afinal de/no final/no fim das contas** after all ♦ **dar conta de** to cope with *sth*: *Não dou ~ desse trabalho todo.* I can't cope with all this work. ♦ **dar-se conta de 1** to realize (*that...*): *Dei-me ~ de que eles não estavam ouvindo.* I realized (that) they weren't listening. **2** (*ver*) to notice *sth/that...* ♦ **em conta** (*preço*) reasonable ♦ **fazer contas** to work *sth* out ♦ **fazer de conta** (*fingir*) to pretend: *Ele nos viu mas fez de ~ que não.* He saw us, but pretended that he hadn't. ♦ **não ser da conta de alguém** to be none of sb's business: *Não é da sua ~.* It's none of your business. ◆ **perder a conta (de)** to lose count (of *sth*) ◆ **por conta própria** (*trabalhador*) self-employed: *trabalhar por ~ própria* to be self-employed ◆ **sem conta** countless: *vezes sem ~* countless times ◆ **ter/levar em conta 1** (*considerar*) to bear *sth* in mind: *Terei em ~ os seus conselhos.* I'll bear your advice in mind. **2** (*fazer caso*) to take *sth* to heart: *Não leve isso em ~.* Don't take it to heart. ◆ **tomar conta de 1** (*responsabilizar-se*) to take charge of *sth* **2** (*cuidar de alguém*) to take care of *sb* *Ver tb* ACERTAR, AJUSTE, FIM, PEDIR

contabilidade *sf* **1** (*contas*) accounts [*pl*]: *a ~ da empresa* the company's accounts ◇ *fazer a ~* to do the accounts **2** (*profissão*) accounting; accountancy (*GB*)

conta-corrente *sf* checking account; current account (*GB*)

contador, -ora *sm-sf* accountant LOC **contador de histórias** storyteller

contagem *sf* counting LOC **contagem regressiva** countdown

contagiar *vt* to infect

contagioso, -a *adj* contagious

contaminação *sf* contamination

contaminar *vt* to contaminate

contanto *adv* LOC **contanto que** as long as: *Iremos à praia ~ que não chova.* We'll go to the beach as long as it doesn't rain.

contar ▸ *vt* **1** (*enumerar, calcular*) to count: *Ele contou o número de passageiros.* He counted the number of passengers. **2** (*narrar, explicar*) to tell: *Eles nos contaram uma história.* They told us a story. ◇ *Conte-me o que aconteceu ontem.* Tell me what happened yesterday. **3 ~ com** (*esperar*) to count on *sb/sth*: *Conto com eles.* I'm counting on them. **4 ~ com** (*ter*) to have: *O time conta com muitos bons jogadores.* The team has a lot of good players. **5** (*denunciar*) to tell (on *sb*): *Ele me viu copiando e foi ~ ao professor.* He saw me copying and told on me to the teacher. ◇ *Vou ~ à mamãe.* I'm going to tell mommy.
▸ *vi* (*enumerar, valer*) to count: *~ nos dedos* to count on your fingers ◇ *Sua opinião não conta.* Her opinion doesn't count. LOC **contar fazer algo** to expect to do sth ◆ **contar vantagem** to boast

contatar *vt* to contact: *Tentei ~ a minha família.* I tried to contact my family.

contato *sm* contact LOC **manter-se/entrar em contato com alguém** to keep/get in touch with sb ◆ **perder contato com alguém** to lose touch with sb ◆ **pôr alguém em contato com alguém** to put sb in touch with sb

contêiner *sm* **1** (*para transporte de carga*) container **2** (*para entulho*) Dumpster®; skip (*GB*)

contemplar ▸ *vt* **1** to look at *sb/sth*: *~ um quadro* to look at a painting **2** (*considerar*) to consider: *~ uma possibilidade* to consider a possibility
▸ *vt, vi* to meditate (*on sth*)

contemporâneo, -a *adj, sm-sf* contemporary (*pl* contemporaries)

contentar-se *vp* **~ com** to be satisfied with *sth*: *Ele se contenta com pouco.* He's easily pleased.

contente *adj* **1** (*feliz*) happy **2 ~ (com)** (*satisfeito*) pleased (with *sb/sth*): *Estamos ~s com o novo professor.* We're pleased with the new teacher.

conter ▸ *vt* **1** to contain: *Este texto contém alguns erros.* This text contains a few mistakes. **2** (*reprimir*) to hold *sth* back: *O menino não conseguia ~ as lágrimas.* The little boy couldn't hold back his tears. **3** (*inflação*) to control **4** (*rebelião*) to suppress
▸ **conter-se** *vp* to contain yourself

conterrâneo, -a *sm-sf* fellow countryman/woman (*pl* -men/-women)

conteúdo *sm* **1** (*de recipiente, livro*) contents [*pl*]: *o ~ de uma garrafa* the contents of a bottle **2** (*de texto, discurso, programa, etc.*) content

contexto *sm* context

contigo *pron* with you: *Ele saiu ~.* He left with you. ◇ *Quero falar ~.* I want to talk to you. LOC **contigo mesmo/próprio** with yourself

continente *sm* continent

continuação *sf* **1** continuation **2** (*de filme*) sequel

continuar *vt, vi* **1** (*atividade*) to carry on (*with sth/doing sth*); to continue (*with sth/doing sth/to do sth*) (*mais formal*): *Continuaremos a apoiar você.* We'll continue to support you. ◇ *Continue!* Carry on! **2** (*estado*) to be still...: *Continua muito quente.* It's still very hot. LOC **continuar na mesma** to be just the same

contínuo, -a *adj* **1** (*sem interrupção*) continuous **2** (*repetido*) continual ➲ *Ver nota em* CONTINUAL

conto *sm* **1** story (*pl* stories): *~s de fadas* fairy stories ◇ *Conte-me um ~.* Tell me a story. **2** (*gênero literário*) short story (*pl* stories)

contornar *vt* **1** (*esquina, edifício*) to go around *sth* **2** (*problema, situação*) to get around *sth* **3** (*desenho*) to outline

contorno *sm* (*perfil*) outline

contra *prep* **1** against: *a luta ~ o crime* the fight against crime ◇ *Coloque-se ~ a parede.* Stand against the wall. ◇ *uma*

C

vacina ~ a AIDS a vaccine against AIDS ◇ *Você é a favor ou ~?* Are you for or against? **2** (*com verbos como lançar, disparar, atirar*) at: *Eles lançaram pedras ~ as janelas.* They threw stones at the windows. **3** (*com verbos como chocar, arremeter*) into: *O meu carro chocou-se ~ a parede.* My car crashed into the wall. **4** (*golpe, ataque*) on: *Ela deu com a cabeça ~ a porta.* She banged her head on the door. ◇ *um atentado ~ a vida dele* an attempt on his life **5** (*resultado*) to: *Eles ganharam por onze votos ~ seis.* They won by eleven votes to six. **6** (*de frente para*) facing: *sentar-se ~ o sol* to sit facing the sun LOC **ser do contra** to disagree: *Eles gostam de ser do ~.* They like to disagree. *Ver tb* PRÓ

contra-atacar *vt* to fight back

contra-ataque *sm* counterattack

contrabaixo *sm* (*instrumento*) double bass

contrabandista *smf* smuggler

contrabando *sm* **1** (*atividade*) smuggling **2** (*mercadoria*) contraband

contração *sf* contraction

contracapa *sf* **1** (*livro*) back cover **2** (*revista*) back page

contracheque *sm* paycheck; payslip (*GB*)

contradição *sf* contradiction

contraditório, -a *adj* contradictory

contradizer *vt* to contradict

contragosto *sm* LOC **a contragosto** reluctantly

contraindicado, -a *adj* contraindicated

contrair ▸ *vt* to contract: *~ dívidas/malária* to contract debts/malaria
▸ **contrair-se** *vp* (*materiais, músculos*) to contract LOC **contrair matrimônio** to get married (*to sb*)

contramão ▸ *adv* out of your way: *O novo supermercado é muito ~ para mim.* The new supermarket is really out of my way.
▸ *adj, sf* (in) the wrong direction (of a one-way street): *entrar na ~* to go the wrong way

contrariar *vt* (*aborrecer*) to annoy

contrariedade *sf* (*aborrecimento*) annoyance

contrário, -a ▸ *adj* **1** (*equipe, opinião, teoria*) opposing **2** (*direção, lado*) opposite **3** ~ **a** (*pessoa*) opposed (to *sth*)
▸ *sm* opposite LOC **ao contrário 1** (*mal*) wrong: *Tudo me sai ao ~!* Everything's going wrong for me! **2** (*inverso*) the other way round: *Fiz tudo ao ~ de você.* I did everything the other way round from you. **3** (*de cabeça para baixo*) upside down **4** (*do avesso*) inside out: *Você está com o suéter ao ~.* Your sweater's on inside out. **5** (*de trás para frente*) backwards; back to front (*GB*) ◆ **ao contrário de** unlike: *Ao ~ de você, eu detesto futebol.* Unlike you, I hate soccer. ◆ **do contrário** otherwise ◆ **pelo contrário** on the contrary *Ver tb* CAMPO, CASO

contrário

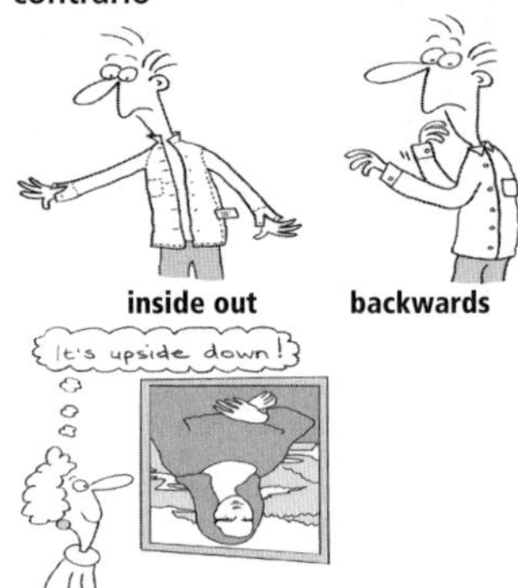

inside out

backwards

upside down

contrastante *adj* contrasting

contrastar *vt, vi* ~ **(com)** to contrast (*sth*) (with *sth*): *~ alguns resultados com os outros* to contrast one set of results with another

contraste *sm* contrast

contratação *sf* **1** (*trabalhadores*) hiring; contracting (*mais formal*) **2** (*Esporte*) signing: *a ~ de um novo jogador* the signing of a new player

contratante *smf* contractor

contratar *vt* **1** (*pessoal*) to hire; to employ (*mais formal*) **2** (*detetive, decorador, etc.*) to employ **3** (*esportista, artista*) to sign *sb* on/up

contratempo *sm* **1** (*problema*) setback **2** (*acidente*) mishap

contrato *sm* contract

contravenção *sf* contravention: *a ~ da lei* breaking the law

contribuição *sf* ~ **(para)** contribution (to *sth*)

contribuinte *smf* taxpayer

contribuir *vi* **1** to contribute (*sth*) (*to/toward sth*): *Eles contribuíram com dez milhões de reais para a construção do hospital.* They contributed ten million reals toward building the hospital. **2** ~ **para fazer algo** (*ajudar*) to help to do sth: *Isso contribuirá para melhorar a* *imagem dele.* This will help to improve his image.

controlar *vt* to control: *~ as pessoas/a situação* to control people/the situation

controle *sm* **1** control: *perder o ~* to lose control ◇ *~ de natalidade* birth control ◇ *estar sob/fora de ~* to be under/ out of control **2** (*de polícia*) checkpoint LOC **controle remoto** remote (control)

controvérsia *sf* controversy (*pl* controversies)

controvertido, -a *adj* controversial

contudo *conj* however

contundente *adj* **1** (*instrumento*) blunt **2** (*comentário*) cutting

contundir *vt* to bruise: *Ele contundiu o joelho.* He bruised his knee.

contusão *sf* bruise

convalescer *vi* to convalesce

convenção *sf* convention

convencer ▸ *vt* **1** to convince *sb* (*of sth/ that...*): *Eles nos convenceram de que estava certo.* They convinced us it was right. **2** (*persuadir*) to persuade *sb* (*to do sth*): *Veja se o convence a vir.* See if you can persuade him to come.
▸ **convencer-se** *vp* **convencer-se de (que)** to convince yourself (that...): *Você tem que se ~ de que tudo já passou.* You have to convince yourself that it's all over.

convencido, -a *adj* **1** (*vaidoso*) conceited **2** (*convicto*) sure (*of sth/that...*): *Estou ~ de que ele é grego.* I'm sure he's Greek. *Ver tb* CONVENCER

convencional *adj* conventional

conveniência *sf* LOC *Ver* LOJA

conveniente *adj* convenient: *uma hora/um lugar ~* a convenient time/ place LOC **ser conveniente fazer algo**: *É ~ chegar meia hora antes do espetáculo.* You should arrive half an hour before the show.

convênio *sm* **1** agreement **2** (*medicina*): *Você tem ~?* Do you have medical insurance? ◇ *Não atendemos seu ~.* You are not covered for our services.

convento *sm* **1** (*para freiras*) convent **2** (*para frades*) monastery (*pl* monasteries)

conversa *sf* talk: *Precisamos ter uma ~.* We need to talk. ◇ *É tudo ~.* It's all talk. LOC **conversa fiada** idle chatter ◆ **deixar de conversa** to get to the point ◆ **ir na conversa de alguém** to let yourself be persuaded by sb ◆ **puxar/travar conversa** to strike up a conversation (*with sb*) *Ver tb* JOGAR

conversação *sf* conversation: *um tópico de ~* a topic of conversation

conversão *sf* conversion

conversar *vi* to talk; to chat (*mais coloq*) (*to/with sb*) (*about sth/sb*): *Conversamos sobre atualidades.* We talked about current affairs.

conversível *adj, sm* convertible

converter ▸ *vt* **1** to turn *sb/sth into sth*: *A casa dele foi convertida num museu.* His house was turned into a museum. **2** (*Relig*) to convert *sb* (*to sth*)
▸ **converter-se** *vp* **1 converter-se em** to turn into *sth*: *O príncipe converteu-se em sapo.* The prince turned into a toad. **2 converter-se a** to convert to *sth*: *converter-se ao catolicismo* to convert to Catholicism

convés *sm* deck: *subir ao ~* to go up on deck

convexo, -a *adj* convex

convicção *sf* conviction: *dizer algo com ~* to say something with conviction

convicto, -a *adj* convinced

convidado, -a *adj, sm-sf* guest: *Os ~s chegarão às sete.* The guests will arrive at seven. ◇ *o artista ~* the guest artist *Ver tb* CONVIDAR

convidar *vt* to invite *sb* (*to/for sth/to do sth*): *Ela me convidou para a sua festa.* She invited me to her party.

convincente *adj* convincing

convir *vi* **1** (*ser conveniente*) to suit: *Faça o que melhor lhe convier.* Do whatever suits you best. **2** (*ser aconselhável*): *Convém que você reveja tudo.* You'd better go over it again. LOC **como me convier** however I, you, etc. want: *Vou fazer como me convier.* I'll do it however I want. ◆ **não convém...** it's not a good idea...: *Não convém chegar tarde.* It's not a good idea to arrive late.

convite *sm* invitation (*to sth/to do sth*): *~ de casamento* wedding invitation

convivência *sf* living together: *É difícil a ~ com ele.* He's difficult to live with.

conviver *vi* to live together, to live *with sb/sth*: *Eles são incapazes de ~ um com o outro.* They're incapable of living together/living with one another.

convocação *sf* **1** (*greve, eleições*) call: *a ~ de uma greve/eleições* the call for a strike/elections **2** (*para reunião, julgamento*) summons

convocar *vt* **1** (*greve, eleições, reunião*) to call: *~ uma greve geral* to call a general strike **2** (*citar*) to summon: *~ os dirigentes para uma reunião* to summon the leaders to a meeting

convulsão *sf* convulsion

cooperar *vi* **~ (com) (em)** to cooperate (with *sb*) (in/on *sth*) (with *sb*) (on *sth*); to

C

work together (*mais coloq*): *Ele se recusou a ~ com eles no projeto.* He refused to cooperate with them on the project. ◇ *Vamos ~ para preservar a Amazônia.* Let's work together to conserve the Amazon.

cooperativa *sf* cooperative

cooperativo, -a *adj* cooperative

coordenada *sf* coordinate

coordenar *vt* to coordinate

copa *sf* **1** (*árvore*) top **2** (*aposento*) pantry (*pl* pantries) **3** (*Futebol*) cup: *a Copa do Mundo* the World Cup **4 copas** (*naipe*) hearts ➲ *Ver nota em* BARALHO

copeira *sf* maid

cópia *sf* copy (*pl* copies): *fazer/tirar uma ~ de algo* to make a copy of sth LOC **cópia de segurança** backup (copy) ◆ **cópia impressa** printout

copiadora *sf* photocopier

copiar ▸ *vt, vi* to copy (*sth*): *Você copiou este quadro a partir do original?* Did you copy this painting from the original? ◇ *Copiei do Luís.* I copied from Luís. ◇ *~ e colar* copy and paste
▸ *vt* (*escrever*) to copy *sth* down: *Os alunos copiaram o que o professor escreveu.* The students copied down what the teacher wrote.

copiloto *smf* **1** (*avião*) co-pilot **2** (*automóvel*) co-driver

copo *sm* glass: *um ~ de água* a glass of water LOC **copo de plástico/papel** plastic/paper cup *Ver tb* TEMPESTADE

coque *sm* (*penteado*) bun: *Ela está sempre de ~.* She always wears her hair in a bun.

coqueiro *sm* coconut palm

coqueluche *sf* (*Med*) whooping cough

coquetel *sm* **1** (*bebida*) cocktail **2** (*reunião*) cocktail party

cor¹ *sm* LOC **saber algo de cor (e salteado)** to know sth by heart

cor² *sf* color: *~es vivas* bright colors ◇ *de ~ clara/escura/lisa* light/dark/plain (colored) LOC **em cores**: *uma televisão em ~es* a color TV ◆ **de cor** colored: *lápis de ~* colored pencils

coração *sm* heart: *no fundo do seu ~* in his heart of hearts ◇ *em pleno ~ da cidade* in the very heart of the city LOC **com o coração na mão** (*inquieto*) on tenterhooks: *Você nos deixou com o ~ na mão a noite toda.* You kept us on tenterhooks all night long. ◆ **de coração/do fundo do meu coração** from the heart: *Estou falando do fundo do meu ~.* I'm speaking from the heart. ◆ **ter bom coração** to be kind-hearted *Ver tb* OLHO, SOFRER, TRIPA

corado, -a *adj* **1** (*de saúde, pelo sol*) ruddy **2** (*de vergonha, embaraço*) flushed

coragem *sf* courage LOC **ter coragem de fazer algo** to dare (to) do sth: *Você tem ~ de saltar de paraquedas?* Would you dare to do a parachute jump? ◇ *Ele teve a ~ de me desafiar!* He dared to defy me! ➲ *Ver nota em* DARE ◆ *Ver* ARRANJAR

corajoso, -a *adj* courageous

coral *sm* **1** (*Zool*) coral **2** (*Mús*) choir

corante *adj, sm* coloring: *sem ~s nem conservantes* no artificial colorings or preservatives

corar *vi* to blush

corcunda ▸ *adj* hunched
▸ *smf* hunchback: *o Corcunda de Notre Dame* the Hunchback of Notre Dame
▸ *sf* hump: *a ~ do camelo* the camel's hump

corda *sf* **1** rope: *uma ~ de pular* a jump rope ◇ *Amarre-o com uma ~.* Tie it with some rope. **2** (*Mús*) string: *instrumentos de ~* stringed instruments **3** (*para secar roupa*) clothesline LOC **corda bamba** tightrope ◆ **cordas vocais** vocal cords ◆ **dar corda a alguém** to encourage sb (to talk) ◆ **dar corda num relógio** to wind up a clock/watch ◆ **estar com a corda no pescoço** to be in a fix

cordão *sm* **1** (*barbante*) cord **2** (*sapato*) (shoe)lace: *amarrar os cordões dos sapatos* to tie your shoelaces **3** (*joia*) chain **4** (*policial*) cordon LOC **cordão umbilical** umbilical cord

cordeiro *sm* lamb

cor-de-rosa *adj, sm* pink ➲ *Ver exemplos em* AMARELO

cordilheira *sf* mountain range: *a ~ dos Andes* the Andes

coreografia *sf* choreography

coreto *sm* bandstand

coriza *sf* runny nose: *ter ~* to have a runny nose

córnea *sf* cornea

córner *sm* (*Futebol*) corner: *bater um ~* to take a corner

corneta *sf* **1** (*com pistões*) cornet **2** (*sem pistões*) bugle

coro *sm* choir LOC **em coro** in unison: *Eles gritaram em ~ que sim.* They all shouted "yes" in unison.

coroa ▸ *sf* **1** crown **2** (*de flores*) wreath
▸ *smf* (*pessoa*) oldie LOC *Ver* CARA

coroação *sf* coronation

coroar *vt* to crown: *Ele foi coroado rei.* He was crowned king.

coronel *sm* colonel

corpete *sm* bodice

corpo *sm* body (*pl* bodies) LOC **corpo de bombeiros 1** fire department; fire brigade (*GB*) **2** (*edifício*) fire station ◆ **de corpo e alma** wholeheartedly ◆ **de corpo inteiro** full-length: *uma fotografia de ~ inteiro* a full-length photograph ◆ **tirar o corpo fora** to duck out *of sth*

corporal *adj* body: *linguagem ~* body language LOC *Ver* ÍNDICE

corpulento, -a *adj* burly

correção *sf* correction: *fazer correções num texto* to make corrections to a text LOC **correção salarial/monetária** wage/monetary adjustment

corre-corre *sm* rush: *Estou num ~ hoje.* I'm in a rush today.

corredeira *sf* rapids [*pl*]

corrediço, -a *adj* LOC *Ver* PORTA

corredor *sm* **1** corridor: *O elevador fica no fim do ~.* The elevator is at the end of the corridor. **2** (*igreja, avião, teatro*) aisle

corredor, -ora *sm-sf* (*atleta*) runner

correia *sf* **1** strap: *~ do relógio* watch strap **2** (*máquina*) belt: *~ transportadora/do ventilador* conveyor/fan belt

correio *sm* **1** mail; post (*GB*): *Chegou pelo ~ na quinta-feira.* It came in Thursday's mail. ◇ *votar pelo ~* to vote by mail ➲ *Ver nota em* MAIL **2** (*edifício*) post office: *Onde é o ~?* Where's the post office? LOC **correio aéreo** airmail ◆ **correio de voz** voice mail ◆ **correio expresso** express mail ◆ **pôr no correio** to mail; to post (*GB*) *Ver tb* CAIXA[1], ELETRÔNICO

corrente ▸ *adj* **1** (*comum*) common: *de uso ~* commonly used **2** (*atual*) current: *despesas/receitas ~s* current expenses/receipts

▸ *sf* **1** (*água, eletricidade*) current: *Eles foram arrastados pela ~.* They were swept away by the current. **2** (*bicicleta*) chain LOC **corrente de ar** draft ◆ **corrente sanguínea** bloodstream ◆ **o ano, mês, etc. corrente** this year, month, etc. *Ver tb* ÁGUA

correr ▸ *vi* **1** to run: *As crianças corriam pelo pátio de recreio.* The children were running around in the playground. ◇ *Saí e corri atrás dele.* I ran out after him. ◇ *Quando me viu, ele desatou a ~.* He ran away when he saw me. **2** (*despachar-se*) to hurry: *Não corra, você ainda tem tempo.* There's no need to hurry. You still have time. **3** (*líquidos*) to flow: *A água corria pela rua.* Water was flowing down the street. **4** (*boato, notícia*) to go around: *Corria o boato de que ela ia se casar.* There was a rumor going around that she was getting married. **5** (*resultar*) to go: *A excursão correu muito bem.* The trip went really well.

▸ *vt* **1** (*Esporte*) to compete in *sth*: *~ os 100 metros com barreiras* to compete in the 100 meters hurdles **2** (*risco*) to run: *Ela corre o risco de perder o emprego.* She runs the risk of losing her job. LOC **correr o boato** to be rumored (*that...*): *Corre o ~ de que eles estão arruinados.* It's rumored (that) they're ruined. ◇ *Correu o ~ de que ele estava morto.* He was rumored to be dead. ◆ **correr perigo** to be in danger ◆ **fazer algo correndo** to do sth in a rush ◆ **sair correndo** to dash off

correspondência *sf* **1** (*cartas*) correspondence **2** (*relação*) relation LOC *Ver* VENDA

correspondente ▸ *adj* **1** ~ **(a)** corresponding (to *sth*): *as palavras ~s às definições* the words corresponding to the definitions **2** (*adequado*) relevant: *apresentar os documentos ~s* to produce the relevant documents **3** ~ **a** for: *matéria ~ ao primeiro semestre* subjects for the first semester

▸ *smf* correspondent

corresponder ▸ *vt* to correspond to *sth*: *Esse texto corresponde a outra fotografia.* This text corresponds to another photo.

▸ **corresponder-se** *vp* **corresponder-se (com)** to write to *sb*: *Correspondiam-se regularmente.* They wrote to each other regularly.

corretivo *sm* **1** (*para apagar*) correction fluid **2** (*cosmético*) concealer **3** (*castigo*) punishment: *A palmatória foi usada antigamente como ~ nas escolas.* In the past slapping was used as a punishment in schools.

correto, -a *adj* **1** correct: *a resposta correta* the correct answer ◇ *O seu avô é sempre muito ~.* Your grandfather is always very correct. ◇ *ecologicamente/politicamente ~* environmentally-friendly/politically correct **2** (*honesto*) honest: *Como sempre muito ~, pagou suas dívidas em dia.* Honest as always, he paid his debts on the dot. **3** (*justo*) fair: *O técnico sempre foi muito ~ com os jogadores.* The coach was always very fair to the players.

corretor *sm* (*para apagar*) correction fluid LOC **corretor ortográfico** spellchecker

corretor, -ora *sm-sf* (*profissão*) broker LOC **corretor de imóveis** real estate agent; estate agent (*GB*)

corrida *sf* **1** race: *~ de revezamento/sacos* relay/sack race ◇ *~ de cavalos* horse race **2** (*táxi*) ride: *Quanto é a ~ até a estação?* How much is it to the station? LOC **corrida armamentista** arms race

C

◆ **corrida automobilística** motor race *Ver tb* BICICLETA, CARRO, CAVALO

corrigir *vt* **1** to correct: *Corrija-me se eu estiver errada.* Correct me if I'm wrong. **2** (*Educ*) to grade; to mark (*GB*): ~ *provas* to grade tests

C

corrimão *sm* (*escada*) banister(s): *descer pelo* ~ to slide down the banister

corriqueiro, -a *adj* (*habitual*) ordinary: *acontecimentos* ~*s* ordinary events

corromper *vt* to corrupt

corrosão *sf* corrosion

corrupção *sf* corruption

corrupto, -a *adj* corrupt: *um político* ~ a corrupt politician

cortada *sf* (*Esporte*) smash LOC **dar uma cortada em alguém** to snap at sb

cortante *adj* sharp: *um objeto* ~ a sharp object

cortar ▸ *vt* **1** to cut: *Corte-o em quatro pedaços.* Cut it into four pieces. **2** (*água, luz, telefone, parte do corpo, ramo*) to cut *sth* off: *Cortaram o telefone/gás.* The telephone/gas has been cut off. ◇ *A máquina cortou um dedo a ele.* The machine cut off one of his fingers. **3** (*com tesoura*) to cut *sth* out: *Cortei a figura de uma revista velha.* I cut the picture out of an old magazine. **4** (*rasgar*) to slash: *Cortaram os meus pneus.* They slashed my tires. **5** (*no trânsito*) to cut in on *sb*: *Ele me cortou e quase bati.* He cut in on me and I almost crashed.
▸ *vi* to cut: *Esta faca não corta.* This knife doesn't cut. LOC **cortar caminho** to take a short cut *Ver tb* CABELO, LIGAÇÃO

corte[1] *sm* cut: *Ele sofreu vários* ~*s no braço.* He suffered several cuts to his arm. LOC **corte de cabelo** haircut ◆ **corte de energia** power outage; power cut (*GB*) ◆ **corte e costura** dressmaking

corte[2] *sf* (*de um reino*) court

cortejo *sm* **1** (*carnaval*) parade **2** (*religioso, fúnebre*) procession

cortesia *sf* courtesy (*pl* **courtesies**): *por* ~ out of courtesy

cortiça *sf* cork

cortiço *sm* building inhabited by poor families

cortina *sf* curtain: *abrir/fechar as* ~*s* to draw the curtains

coruja *sf* owl

corvo *sm* raven

coser *vt, vi* to sew: ~ *um botão* to sew a button on

cosmético, -a *adj, sm* cosmetic

cósmico, -a *adj* cosmic

cosmos *sm* cosmos

costa *sf* coast: *na* ~ *sul* on the south coast

costas *sf* **1** back: *Estou com dor nas* ~. My back hurts. **2** (*Natação*) backstroke: *100 metros de* ~ 100 meters backstroke LOC **às costas** on your back ◆ **de costas**: *Fique de* ~ *contra a parede.* Stand with your back to the wall. ◇ *ver alguém de* ~ to see sb from behind ◆ **de costas um para o outro** back to back ◆ **fazer algo nas costas de alguém** to do sth behind sb's back ◆ **ter as costas quentes** to have friends in high places *Ver tb* DOR, NADAR, VOLTAR

costela *sf* rib

costeleta *sf* **1** chop: ~*s de porco* pork chops **2** (*vitela*) cutlet **3 costeletas** (*suíças*) sideburns

costumar *vt* **1** (*no presente*) to usually do sth: *Não costumo tomar café da manhã.* I don't usually have breakfast. ➲ *Ver nota em* ALWAYS **2** (*no passado*) used to do sth: *Costumávamos visitá-lo no verão.* We used to visit him in the summer. ◇ *Não costumávamos sair.* We didn't use to go out. ➲ *Ver nota em* USED TO

costume *sm* **1** (*de uma pessoa*) habit: *Temos o* ~ *de ouvir rádio.* We're in the habit of listening to the radio. **2** (*de um país*) custom: *É um* ~ *brasileiro.* It's a Brazilian custom. LOC **como de costume** as usual: *Ele está atrasado, como de* ~. He's late as usual. ◆ **de costume** usual: *mais simpático do que de* ~ nicer than usual *Ver tb* PERDER

costura *sf* **1** (*atividade*) sewing: *uma caixa de* ~ a sewing box **2** (*de peça de roupa*) seam: *A* ~ *do casaco se desfez.* The seam of the coat came undone. LOC *Ver* ALTO, CORTE[1]

costurar *vt, vi* to sew: ~ *um botão* to sew a button on

costureiro, -a *sm-sf* dressmaker

cota *sf* (*de sócio, membro*) fee: *a* ~ *de sócio* the membership fee

cotação *sf* **1** (*de preços*) estimate; quote (*coloq*): *fazer uma* ~ *de preços* to get some quotes **2** (*Fin*) value: *A* ~ *do dólar bateu recorde hoje.* The dollar reached a record high today.

cotado, -a *adj* (*conceituado*) highly rated ➲ *Ver nota em* WELL BEHAVED LOC **bem cotado** favorite: *o candidato mais bem cotado* the favorite candidate

cotelê *sm* LOC *Ver* VELUDO

cotidiano, -a ▸ *adj* everyday
▸ *sm* everyday life: *O* ~ *dela é muito chato.* Her everyday life is a grind.

cotonete *sm* Q-tip®; cotton bud (*GB*)

cotovelada *sf* **1** *(para chamar a atenção)* nudge: *Ele me deu uma ~.* He gave me a nudge. **2** *(violenta, para abrir caminho)*: *Abri caminho às ~s.* I elbowed my way through the crowd.
cotovelo *sm* elbow LOC *Ver* DOR, FALAR
couraça *sf* **1** *(tartaruga)* shell **2** *(blindagem)* armor-plate
couraçado *sm* battleship
couro *sm* leather: *uma jaqueta de ~* a leather jacket LOC **couro cabeludo** scalp
couve *sf* spring greens [*pl*] LOC **couve crespa** savoy cabbage
couve-de-bruxelas *sf* Brussels sprout
couve-flor *sf* cauliflower
cova *sf* **1** *(buraco)* hole: *cavar uma ~* to dig a hole **2** *(sepultura)* grave
covarde ▸ *adj* cowardly: *Não seja ~.* Don't be so cowardly.
▸ *smf* coward
covardia *sf* cowardice [*não contável*]: *Isso é uma ~.* This is pure cowardice.
coveiro, -a *sm-sf* gravedigger
covil *sm* **1** den **2** *(ladrões)* hideout
covinha *sf* *(queixo, rosto)* dimple
coxa *sf* **1** *(pessoa)* thigh **2** *(galinha)* drumstick
coxo, -a *adj* **1** *(pessoa)*: *ser ~* to have a limp ◇ *Ele ficou ~ depois do acidente.* The accident left him with a limp. **2** *(animal)* lame
cozido, -a ▸ *adj* cooked
▸ *sm* stew LOC *Ver* OVO
cozimento *sm* cooking: *tempo de ~* cooking time
cozinha *sf* **1** *(lugar)* kitchen **2** *(culinária)* cooking: *a ~ chinesa* Chinese cooking LOC *Ver* CHEFE, UTENSÍLIO
cozinhar *vt, vi* to cook: *Não sei ~.* I can't cook. LOC **cozinhar demais** to overcook ◆ **cozinhar em fogo brando** to simmer
cozinheiro, -a *sm-sf* cook: *ser bom ~* to be a good cook
crachá *sm* *(insígnia)* badge
craniano *adj* LOC *Ver* TRAUMATISMO
crânio *sm* skull; cranium (*pl* craniums/ crania) *(mais formal)* LOC **ser um crânio** to be brainy
craque *smf* **1** expert **2** *(Esporte)* star
crasso, -a *adj* serious: *um erro ~* a grave error
cratera *sf* crater
cravar *vt* **1** *(faca, punhal)* to stick *sth into sth/sb*: *Ele cravou a faca na mesa.* He stuck the knife into the table. **2** *(unhas, garras, dentes)* to dig *sth into sth/sb*: *O gato cravou as unhas na perna dele.* The cat dug its claws into his leg.
cravo *sm* **1** *(flor)* carnation **2** *(Cozinha)* clove **3** *(na pele)* blackhead
crawl *sm* crawl LOC *Ver* NADAR
creche *sf* nursery (*pl* nurseries)
crédito *sm* credit: *comprar algo a ~* to buy sth on credit LOC *Ver* PAGAR
credo ▸ *sm* creed
▸ *interj* **credo!** good heavens! LOC *Ver* LIBERDADE
credor, -ora *sm-sf* creditor
crédulo, -a *adj* gullible
cremar *vt* to cremate
crematório *sm* crematorium (*pl* crematoriums/crematoria)
creme ▸ *sm* cream: *Põe um pouco de ~ nas costas.* Put some cream on your back. ◇ *~ de cogumelos* cream of mushroom soup
▸ *adj* cream: *um cachecol ~* a cream(-colored) scarf LOC **creme chantilly** whipped cream ◆ **creme de barbear** shaving cream ◆ **creme de leite** (dairy) cream ◆ **creme de limpeza** cleanser *Ver tb* HIDRATANTE
cremoso, -a *adj* creamy
crença *sf* belief
crente *smf* **1** believer **2** *(evangélico)* evangelist
crepe *sm* **1** *(panqueca)* pancake ➲ *Ver nota em* TERÇA-FEIRA **2** *(tecido)* crêpe
crepúsculo *sm* twilight
crer *vt, vi* **1** to believe (*in sb/sth*): *~ na justiça* to believe in justice **2** *(pensar)* to think: *Eles creem ter descoberto a verdade.* They think they've uncovered the truth. LOC **creio que sim/não** I think so/I don't think so ◆ **ver para crer** seeing is believing
crescente *adj* growing LOC *Ver* ORDEM, QUARTO
crescer *vi* **1** to grow: *Como o seu cabelo cresceu!* Hasn't your hair grown! **2** *(criar-se)* to grow up: *Eu cresci no campo.* I grew up in the country. **3** *(Cozinha)* to rise: *O bolo não cresceu.* The cake didn't rise. LOC **deixar crescer o cabelo, a barba, etc.** to grow your hair, a beard, etc. ◆ **quando crescer** when I, you, etc. grow up: *Quero ser médico quando ~.* I want to be a doctor when I grow up.
crescido, -a *adj* **1** *(adulto)* grown-up: *Os filhos deles já são ~s.* Their children are grown-up now. **2** *(maduro)* old: *Você não acha que já está bastante ~ para essas brincadeiras?* Don't you think you're too old for that kind of game?
crescimento *sm* growth

C

crespo, -a *adj* (*cabelo*) frizzy LOC *Ver* COUVE

cria *sf* (*leão, tigre*) young

criação *sf* **1** creation: *a ~ de empregos* job creation **2** (*de animais*) breeding: *~ de cães* dog breeding **3** (*educação*) upbringing LOC **criação de gado** livestock farming *Ver tb* FILHO, IRMÃO, MÃE

criacionismo *sm* creationism

criado, -a *sm-sf* servant

criado-mudo *sm* bedside table

criador, -ora *sm-sf* **1** creator **2** (*de animais*) breeder LOC **criador de gado** livestock farmer/breeder

criança *sf* child (*pl* children); kid (*mais coloq*): *São ~s adoráveis.* They're wonderful kids. LOC **desde criança**: *Eu a conheço desde ~.* I've known her all my life. ◇ *amigos desde ~* lifelong friends ◆ **ser criança** (*infantil*) to be childish *Ver tb* BRINCADEIRA, CARRINHO

criar ▸ *vt* **1** to create: *~ problemas* to create problems ◇ *~ inimigos* to make enemies **2** (*educar*) to bring *sb* up **3** (*empresa*) to set *sth* up **4** (*gado*) to rear **5** (*cães, cavalos*) to breed
▸ **criar-se** *vp* (*pessoa*) to grow up: *Criei--me na cidade.* I grew up in the city. LOC **criar distúrbios** to make trouble ◆ **criar juízo** to come to your senses ◆ **criar raízes 1** (*planta*) to take root **2** (*pessoa*) to put down roots

criatividade *sf* creativity

criativo, -a *adj* creative

criatura *sf* creature

crime *sm* crime: *cometer um ~* to commit a crime LOC *Ver* ARMA

criminoso, -a *adj, sm-sf* criminal

crina *sf* mane

crioulo, -a ▸ *adj* creole
▸ *sm-sf* (*pessoa*) black man/woman (*pl* men/women)

crise *sf* **1** crisis (*pl* crises) **2** (*histeria, nervos*) fit

crisma *sf* confirmation

crista *sf* **1** crest **2** (*galo*) comb LOC *Ver* BAIXAR

cristal *sm* crystal: *um vaso de ~* a crystal vase ◇ *os cristais* the glassware LOC *Ver* AÇÚCAR

cristaleira *sf* glass cabinet

cristalino, -a *adj* (*água*) crystal clear

cristão, -ã *adj, sm-sf* Christian

cristianismo *sm* Christianity

Cristo *sm* Christ LOC **antes/depois de Cristo** B.C./A.D. ❶ As abreviaturas significam **before Christ/Anno Domini**.

critério *sm* **1** (*princípio*) criterion (*pl* criteria) **2** (*capacidade de julgar, Jur*) judgement: *Deixo a seu ~.* I'll leave it to your judgement.

crítica *sf* **1** criticism: *Estou farta das suas ~s.* I've had enough of your criticism. **2** (*num jornal*) review: *A peça teve ~s excelentes.* The play got excellent reviews. **3** (*conjunto de críticos*) critics [*pl*]: *Foi bem recebida pela ~.* It was well received by the critics.

criticar *vt, vi* to criticize

crítico, -a ▸ *adj* critical
▸ *sm-sf* critic

crivar *vt* (*perfurar*) to riddle: *~ alguém de balas* to riddle sb with bullets

crocante *adj* (*alimento*) crunchy

crochê *sm* crochet: *fazer ~* to crochet

crocodilo *sm* crocodile LOC *Ver* LÁGRIMA

croissant *sm* croissant

cromo *sm* (*Quím*) chromium

cromossomo *sm* chromosome

crônico, -a *adj* chronic

cronista *smf* (*Jornalismo*) columnist

cronológico, -a *adj* chronological

cronometrar *vt* to time

cronômetro *sm* (*Esporte*) stopwatch

croquete *sm* croquette

crosta *sf* (*ferida*) scab LOC **a crosta terrestre** the earth's crust

cru, crua *adj* **1** (*não cozido*) raw **2** (*realidade*) harsh **3** (*linguagem*) crude

crucificar *vt* to crucify

crucifixo *sm* crucifix

cruel *adj* cruel

crueldade *sf* cruelty (*pl* cruelties)

crustáceo *sm* crustacean

cruz ▸ *sf* cross: *Assinale a resposta com uma ~.* Put an X next to the answer.
▸ *interj* **cruzes!** good Lord! LOC **Cruz Vermelha** Red Cross ◆ **entre a cruz e a espada** between a rock and a hard place

cruzado, -a *adj* (*cheque*) crossed LOC *Ver* BRAÇO, FOGO, PALAVRA, PERNA; *Ver tb* CRUZAR

cruzamento *sm* **1** (*de estradas*) intersection; junction (*GB*): *Quando chegar ao ~ vire à direita.* Turn right when you reach the intersection. **2** (*de etnias*) cross: *um ~ de raças* a crossbreed

cruzar ▸ *vt* **1** to cross: *~ as pernas* to cross your legs ◇ *~ a bola* to cross the ball **2** (*animais*) (**a**) (*de mesma raça*) to breed (**b**) (*de raças diferentes*) to cross **3** (*informações*) to compare
▸ **cruzar-se** *vp* to meet (*sb*): *Cruzamo--nos no caminho.* We met on the way.

LOC **cruzar os braços 1** to fold your arms **2** (*fig*) to stop doing sth: *Os trabalhadores da fábrica vão ~ os braços hoje.* The factory workers will stop work today. *Ver tb* BRAÇO

cruzeiro *sm* (*viagem*) cruise: *fazer um ~* to go on a cruise

Cuba *sf* Cuba

cubano, -a *adj, sm-sf* Cuban

cúbico, -a *adj* cubic: *metro ~* cubic meter LOC *Ver* RAIZ

cubículo *sm* cubicle

cubo *sm* cube: *~ de gelo* ice cube LOC *Ver* ELEVADO

cuco *sm* cuckoo

cueca *sf* **cuecas** underpants [*pl*] ❶ Note que *uma cueca* traduz-se por **some underpants** ou **a pair of underpants**. ➲ *Ver notas em* CALÇA, PAIR, UNDERPANTS

cuidado ▸ *sm* **1** care **2 ~ com**: *Cuidado com o cão!* Beware of the dog! ◇ *Cuidado com o degrau!* Watch out for the step! ◇ *Cuidado com a cabeça!* Mind your head!▸ *interj* **cuidado!** look out!: *Cuidado! Lá vem um carro.* Look out! There's a car coming. LOC **com (muito) cuidado** (very) carefully ◆ **ter cuidado (com)** to be careful (with *sb/sth*): *Teremos que ter ~.* We'll have to be careful.

cuidadoso, -a *adj* **~ (com)** careful (with *sth*): *Ele é muito ~ com os brinquedos.* He's very careful with his toys.

cuidar ▸ *vt, vi* **~ (de)** to take care of *sb/sth*: *Você pode ~ das crianças?* Could you take care of the children?
▸ **cuidar-se** *vp* to take care of yourself: *Cuide-se (bem).* Take care of yourself.

cujo, -a *pron* whose: *Aquela é a moça ~ pai me apresentaram.* That's the girl whose father was introduced to me. ◇ *a casa cujas portas você pintou* the house whose doors you painted

culatra *sf* (*arma*) butt LOC *Ver* TIRO

culinária *sf* cookery: *um livro de ~* a cookbook

culote *sm* fat thighs [*pl*]

culpa *sf* **1** (*responsabilidade*) fault: *A ~ não é minha.* It isn't my fault. **2** (*sentimento*) guilt LOC **por culpa de** because of *sb/sth* ◆ **pôr a culpa (de algo) em alguém** to blame sb (for sth) ◆ **ter culpa** to be to blame (*for sth*): *Ninguém tem ~ do que se passou.* Nobody is to blame for what happened.

culpado, -a ▸ *adj* **~ (de/por)** guilty (of/about *sth*): *ser ~ de homicídio* to be guilty of murder ◇ *sentir-se ~ por algo* to feel guilty about sth *Ver tb* CULPAR
▸ *sm-sf* culprit

culpar *vt* to blame *sb* (*for sth*): *Culpam-me pelo que aconteceu.* They blame me for what happened. ➲ *Ver nota em* BLAME

cultivar *vt* **1** (*terra*) to cultivate **2** (*plantas*) to grow

cultivo *sm* cultivation

culto, -a ▸ *adj* **1** (*pessoa*) cultured **2** (*linguagem, expressão*) formal
▸ *sm* **1 ~ (a)** (*veneração*) worship (of *sb/sth*): *o ~ do Sol* sun worship **2** (*seita*) cult: *membros de um novo ~ religioso* members of a new religious cult **3** (*missa*) service

cultuar *vt* to worship

cultura *sf* culture

cultural *adj* cultural LOC *Ver* CENTRO

cume *sm* top: *chegar ao ~* to reach the top

cúmplice *smf* accomplice

cumprimentar *vt* **1** to say hi (to *sb*); to greet (*mais formal*): *Ele me viu mas não me cumprimentou.* He saw me but didn't say hi. **2 ~ (por)** (*felicitar*) to congratulate *sb* (on *sth*)

cumprimento *sm* **1** (*saudação*) greeting **2** (*elogio*) compliment **3 cumprimentos** best wishes; regards (*mais formal*): *Eles lhe enviam seus ~s.* They send their regards.

cumprir *vt* **1** (*tarefa*) to carry *sth* out **2** (*profecia, obrigação*) to fulfill: *~ o seu dever* to do your duty **3** (*promessa*) to keep **4** (*prazo*) to meet: *Cumprimos o prazo.* We met the deadline. **5** (*pena*) to serve **6** (*lei, ordem*) to obey **7 ~ a alguém fazer algo** to be sb's responsibility to do sth LOC **cumprir a sua parte** to do your bit: *Eu cumpri a minha parte.* I did my bit. ◆ **fazer cumprir algo** (*lei, etc.*) to enforce sth

cúmulo *sm* LOC **ser o cúmulo** to be the limit: *Isto é o ~!* That's the limit! ◇ *É o ~ da ganância.* It's the height of greed.

cunha *sf* wedge

cunhado, -a *sm-sf* **1** (*masc*) brother-in-law (*pl* **brothers-in-law**) **2** (*fem*) sister-in-law (*pl* **sisters-in-law**) **3 cunhados**: *meus ~s* my brother-in-law and his wife/my sister-in-law and her husband

cupim *sm* termite

cupom *sm* coupon

cúpula *sf* dome LOC *Ver* REUNIÃO

cura *sf* cure LOC **ter/não ter cura** to be curable/incurable

curandeiro, -a *sm-sf* **1** (*feiticeiro*) healer **2** (*charlatão*) quack

curar ▸ *vt* **1** (*sarar*) to cure *sb* (of *sth*): *Esses comprimidos me curaram do resfriado.* These pills cured my cold.

C

2 (*ferida*) to dress **3** (*alimentos*) to cure
▸ **curar-se** *vp* **curar-se (de)** (*ficar bom*) to recover (from *sth*): *O menino se curou do sarampo.* The little boy recovered from the measles.

curativo *sm* **1** (*tratamento*) treatment: *sala de ~s* treatment room **2** (*de uma ferida*) dressing: *Depois de lavar a ferida, aplique o ~.* After washing the wound, apply the dressing. **3** (*Band-Aid®*) Band-Aid®; plaster (*GB*)

curinga *sm* (*Cartas*) joker

curiosidade *sf* curiosity (*pl* curiosities) LOC **por curiosidade** out of curiosity: *Entrei por pura ~.* I entered out of sheer curiosity. ◆ **ter curiosidade (de)** to be curious (about *sth*): *Tenho ~ de saber como eles são.* I'm curious to find out what they're like.

curioso, -a ▸ *adj* curious
▸ *sm-sf* **1** (*observador*) onlooker **2** (*indiscreto*) busybody (*pl* busybodies) LOC **estar curioso (por)** to be curious (about *sth*)

curral *sm* (*gado*) pen

currículo *sm* **1** (*tb* **curriculum vitae**) résumé; curriculum vitae (*abrev* CV) (*GB*) **2** (*Educ*) syllabus (*pl* syllabuses/syllabi) **3** (*empregado, estudante*) record: *ter um bom ~ acadêmico* to have a good academic record

curso *sm* **1** course: *o ~ de um rio* the course of a river ◇ *~s de línguas* language courses **2** (*licenciatura*) degree: *fazer um ~ de advocacia* to do a law degree ◇ *~ universitário/superior* college degree LOC **o ano/mês em curso** the current year/month

cursor *sm* cursor

curta-metragem *sm* (*Cinema*) short

curtição *sf* **1** fun [*não contável*]: *O show foi uma ~.* The show was great fun. **2** (*couro*) tanning

curtir *vt* **1** (*couro*) to tan: *~ peles* to tan leather hides **2** (*gostar*) to like: *Curto à beça esta música.* I really love this music. LOC **curtir muito/adoidado** to have a great time: *Curti muito as minhas férias.* I had a great time on vacation.

curto, -a *adj* short: *Essas calças ficam curtas em você.* Those pants are too short for you. ◇ *uma camisa de manga curta* a short-sleeved shirt LOC *Ver* FILME, PAVIO, PRAZO

curto-circuito *sm* short-circuit

curva *sf* **1** (*linha, gráfico*) curve: *desenhar uma ~* to draw a curve **2** (*estrada, rio*) bend: *uma ~ perigosa/fechada* a dangerous/sharp bend LOC **curva de aprendizagem** learning curve

curvar(-se) *vt, vp* to bend: *~ a cabeça* to bend your head

curvo, -a *adj* curved: *uma linha curva* a curved line

cuspir ▸ *vt* to spit *sth* (out)
▸ *vi* to spit: *~ em alguém* to spit at sb

custa *sf* **custas** (*Jur*) costs LOC **à custa de** **1** (*a expensas de*) at *sb's* expense: *à nossa ~* at our expense ◇ *à ~ dos pais* at their parents' expense **2** (*com o auxílio de*) by means of: *à ~ de muito esforço* by means of hard work *Ver tb* VIVER

custar ▸ *vt* **1** (*valer*) to cost: *O bilhete custa 30 dólares.* The ticket costs 30 dollars. ◇ *O acidente custou a vida de cem pessoas.* The accident cost the lives of a hundred people. **2** (*achar difícil*) to find it hard (*to do sth*): *Custa-me muito levantar cedo.* I find it very hard to get up early.
▸ *vi* (*ser difícil*) to be hard: *Custa acreditar.* It's hard to believe. ◇ *Custa perguntar a ela?* Is it so hard to ask her? LOC **custar muito/pouco** **1** (*dinheiro*) to be expensive/cheap **2** (*esforço*) to be hard/easy ◆ **custar os olhos da cara** to cost an arm and a leg ◆ **custe o que custar** at all costs ◆ **não custa nada (fazer algo)** there's no harm in doing sth: *Não custa nada perguntar!* There's no harm in asking! *Ver tb* CARO, NOTA, QUANTO

custear *vt* to finance

custo *sm* cost: *o ~ de vida* the cost of living LOC **a custo** with difficulty ◆ **a todo o custo** at all costs

custódia *sf* custody

customizar *vt* to customize

cutícula *sf* cuticle

cútis *sf* **1** (*pele*) skin **2** (*tez*) complexion

cutucar *vt* **1** (*com cotovelo*) to nudge **2** (*com dedo*) to poke (at) *sth* **3** (*com instrumento*) to prod

Dd

dado *sm* **1** (*informação*) information [*não contável*]: *um ~ importante* an important piece of information ➲ *Ver nota em* CONSELHO **2** **dados** (*Informát*) data: *processamento de ~s* data processing **3** (*de jogar*) dice (*pl* dice): *lançar/atirar os ~s* to roll the dice LOC **dados pessoais** personal details *Ver tb* BANCO

dado, -a *adj* **1** given: *em ~ momento* at a given moment **2** (*afável*) friendly LOC **dado que** given that *Ver tb* MÃO *Ver tb* DAR

daí (*tb* **dali**) *adv* **1** (*espaço*) from there: *Ele saiu daí, daquela porta.* He came out from there, through that door. ◇ *Sai*

~! Get out of there! **2** (*tempo*): *~ em/por diante* from then on LOC **daí a um ano, mês, uma hora, etc.** one year, month, hour, etc. later ♦ **e daí?** so what? *Ver tb* POUCO

daltônico, -a *adj* color-blind

dama *sf* **1** (*senhora*) lady (*pl* **ladies**) **2** (*Cartas*) queen **3 damas** checkers; draughts (*GB*) LOC **dama de honra** bridesmaid ➲ *Ver nota em* CASAMENTO

damasco *sm* apricot

danado, -a *adj* **1** (*zangado*) angry **2** (*travesso*) naughty

dança *sf* dance LOC *Ver* PISTA

dançar *vt, vi* to dance: *tirar alguém para ~* to ask sb to dance

dançarino, -a *sm-sf* dancer

danificar *vt* to damage

dano *sm* damage [*não contável*]: *A chuva causou muitos ~s.* The rain caused a great deal of damage. LOC **danos e prejuízos** damages *Ver tb* PERDA

daqui *adv* **1** (*espaço*) from here: *Daqui não se vê nada.* You can't see a thing from here. **2** (*tempo*): *~ em/por diante* from now on LOC **daqui a dois, três, etc. anos** in two, three, etc. years time ♦ **daqui a pouco** in a little while ♦ **daqui a um ano, mês, uma hora, etc.** in a year's, month's, hour's, etc. time

dar *vt* **1** to give: *Ele me deu a chave.* He gave me the key. ◇ *Que susto você me deu!* You gave me such a fright! ➲ *Ver nota em* GIVE **2** (*quando não se quer mais algo*) to give *sth* away: *Vou ~ as suas bonecas.* I'm going to give your dolls away. **3** (*aula*) to teach: *~ aula de ciências* to teach science **4** (*trabalho para casa*) to set: *O nosso professor sempre dá lição de casa.* Our teacher always sets homework. **5** (*relógio*) to strike: *O relógio deu dez horas.* The clock struck ten. ◇ *Já deram cinco horas?* Is it five o'clock already? **6** (*fruto, flor*) to bear **7** (*calcular*): *Quantos anos você dá para ela?* How old do you think she is? **8** (*Cartas*) to deal **9** (*ser suficiente*) to be enough: *Isto dá para todos?* Is it enough for everyone? **10** (*ataque*) to have: *Deu-lhe um ataque de tosse.* He had a coughing fit. **11** (*luz*) to shine: *A luz dava direto nos meus olhos.* The light was shining right in my eyes. **12 ~ com** to hit: *Ele deu com o joelho na mesa.* He hit his knee against the table. **13 ~ para** to overlook: *A varanda dá para a praça.* The balcony overlooks the square. **14 ~ para** (*pessoa*) to be good as *sth*: *Eu não dava para professora.* I'd be no good as a teacher. **15 ~ em** (*levar a*) to lead to *sth*: *Esta conversa vai ~ em confusão.* This conversation will lead to confusion. ◇ *Isto não vai ~ em nada.* This won't get us anywhere. ◇ *Nossos esforços não deram em nada.* Our efforts came to nothing. **16 ~ em** (*bater*) to hit: *Ela deu na cara dele.* She hit him across the face. LOC **dar-se bem/mal 1** (*com alguém*) to get along well/badly (*with sb*): *Ela se dá bem com a sogra.* She gets along well with her mother-in-law. **2** (*em algo*) to do well/badly: *Ela se deu bem na prova.* She did well in the test. ♦ **dar uma de**: *Não dê uma de pai para cima de mim.* Don't act as if you were my father. ❶ Para outras expressões com **dar**, ver os verbetes para o substantivo, adjetivo, etc., p.ex. **dar uma cabeçada** em CABEÇADA e **dar um passeio** em PASSEIO.

dardo *sm* **1** (*Esporte*) javelin: *lançamento de ~* javelin throwing **2 dardos** darts: *jogar ~s* to play darts

data *sf* date: *~ de nascimento* date of birth ◇ *~ de encerramento* closing date ◇ *Qual é a ~ de hoje?* What's the date today? LOC **data de validade** expiration date; sell-by date (*GB*)

DDD *abrev* Direct Distance Dialing (*abrev* DDD): *Qual é o ~?* What's the area code?

DDI *abrev* International Direct Dialing (*abrev* IDD): *Qual é o ~?* What's the country code?

de *prep*

- **posse 1** (*de alguém*): *o livro do Pedro* Pedro's book ◇ *o cachorro dos meus amigos* my friends' dog ◇ *É dela/da minha avó.* It's hers/my grandmother's. **2** (*de algo*): *uma página do livro* a page of the book ◇ *os cômodos da casa* the rooms in the house ◇ *o porto de Santos* Santos harbor
- **origem, procedência 3** from: *Eles são de Manaus.* They're from Manaus. ◇ *de Londres a São Paulo* from London to São Paulo
- **meio de transporte 4** by: *de trem/avião/carro* by train/plane/car
- **em descrições de pessoas 5** (*qualidades físicas*) (**a**) with: *uma menina de cabelo loiro* a girl with fair hair (**b**) (*roupa, cores*) in: *a senhora do vestido verde* the woman in the green dress **6** (*qualidades não físicas*) of: *uma pessoa de muito caráter* a person of great character ◇ *uma mulher de 30 anos* a woman of 30
- **em descrições de coisas 7** (*qualidades físicas*) (**a**) (*material*): *um vestido de linho* a linen dress (**b**) (*conteúdo*) of: *um copo de leite* a glass of milk **8** (*qualidades não*

D

físicas) of: *um livro de grande interesse* a book of great interest

- **tema, disciplina 9**: *um livro/professor de física* a physics book/teacher ◊ *uma aula de história* a history class
- **com números e expressões de tempo 10**: *mais/menos de dez* more/less than ten ◊ *um selo de um real* a one real stamp ◊ *um quarto de quilo* a quarter of a kilo ◊ *de noite/dia* at night/during the day ◊ *às dez da manhã* at ten in the morning ◊ *de manhã/tarde* in the morning/afternoon ◊ *de abril a junho* from April to June ◊ *do dia 8 até o dia 15* from the 8th to the 15th
- **série 11**: *de quatro em quatro metros* every four meters ◊ *de meia em meia hora* every half hour
- **agente 12** by: *um livro de Drummond* a book by Drummond ◊ *seguido de três jovens* followed by three young people
- **causa 13**: *morrer de fome* to die of hunger ◊ *Pulamos de alegria.* We jumped for joy.
- **outras construções 14**: *o melhor ator do mundo* the best actor in the world ◊ *de um trago* in one gulp ◊ *mais rápido do que o outro* faster than the other one ◊ *um daqueles livros* one of those books

debaixo *adv* **1** underneath: *Leve o que está ~.* Take the one underneath. **2 ~ de** under: *Está ~ da mesa.* It's under the table. ◊ *Nós nos abrigamos ~ de um guarda-chuva.* We took cover under an umbrella. ◊ *~ de chuva* in the rain LOC *Ver* CHAVE

debate *sm* debate: *ter um ~* to hold a debate

debater ▸ *vt* (*discutir*) to debate ▸ **debater-se** *vp* to struggle

débil *adj* weak: *Ele tem um coração ~.* He has a weak heart.

debilidade *sf* weakness

debilitado, -a *adj* weak

débito *sm* (*Fin*) debit

debochar *vt* **~ de** to mock

deboche *sm* mockery [*não contável*]

debruçar-se *vp* (*inclinar-se*) to lean over: *Não se debruce na janela.* Don't lean out of the window.

década *sf* decade LOC **a década de oitenta, noventa, etc.** the eighties, nineties, etc. [*pl*]

decadência *sf* **1** (*declínio*) decline **2** (*corrupção*) decadence

decadente *adj* decadent

decalque *sm* tracing: *papel de ~* tracing paper ◊ *fazer (um) ~ de algo* to trace sth

decapitar *vt* **1** (*punição*) to behead **2** (*acidentalmente*) to decapitate

decente *adj* decent

decepar *vt* to cut *sth* off

decepção *sf* disappointment: *ser uma ~* to be a disappointment ◊ *ter uma ~* to be disappointed

decepcionante *adj* disappointing

decepcionar *vt* **1** (*desiludir*) to disappoint: *O livro me decepcionou.* The book was disappointing. **2** (*falhar*) to let *sb* down: *Você me decepcionou novamente.* You've let me down again.

decididamente *adv* definitely

decidido, -a *adj* (*determinado*) determined: *uma pessoa muito decidida* a very determined person *Ver tb* DECIDIR

decidir ▸ *vt, vi* to decide: *Decidiram vender a casa.* They decided to sell the house.
▸ **decidir-se** *vp* **1** to make up your mind: *Decida-se!* Make up your mind! **2 decidir-se por** to opt for *sth/sb*: *Todos nos decidimos pelo vermelho.* We all opted for the red one.

decifrar *vt* **1** (*mensagem*) to decode **2** (*escrita*) to decipher **3** (*enigma*) to solve

decimal *adj, sm* decimal

décimo, -a *num numeral, sm* tenth ➲ *Ver exemplos em* SEXTO LOC **décimo primeiro, segundo, terceiro, etc.** eleventh, twelfth, thirteenth, etc. ➲ *Ver pág. 756*

decisão *sf* decision: *tomar uma ~* to make a decision

decisivo, -a *adj* decisive

declaração *sf* **1** declaration: *uma ~ de amor* a declaration of love **2** (*manifestação pública, Jur*) statement: *A polícia ouviu a ~ dele.* The police took his statement. LOC **declaração de renda** (income) tax return *Ver tb* PRESTAR

declarar ▸ *vt* **1** to declare: *Algo a ~?* Anything to declare? **2** (*em público*) to state: *segundo o que declarou o ministro* according to the minister's statement
▸ **declarar-se** *vp* **1** to come out: *declarar-se a favor de/contra algo* to come out in favor of/against sth **2** (*confessar amor*): *Ele se declarou para mim.* He told me he loved me. **3** (*Jur*) to plead: *declarar-se culpado/inocente* to plead guilty/not guilty

declínio *sm* decline

decodificador *sm* decoder

decodificar *vt* to decode

decolagem *sf* (*avião*) takeoff

decolar *vi* (*avião*) to take off

decompor(-se) *vt, vp (apodrecer)* to decompose
decoração *sf* **1** *(ação, adorno)* decoration **2** *(estilo)* decor LOC **decoração de interiores** interior design
decorar¹ *vt (ornamentar)* to decorate
decorar² *vt (memorizar)* to learn *sth* by heart
decorrer *vi* **1** *(tempo)* to pass: *Decorreram dois dias desde a partida dele.* Two days have passed since he left. **2** *(suceder)* to take place **3** *(resultar)* to result (*from sth*): *Alguns danos decorreram da falta de cuidado.* There was some damage as a result of carelessness. LOC **com o decorrer do tempo** in time
decotado, -a *adj* low-cut
decote *sm* neckline LOC **decote em V** V-neck
decrescente *adj (em declínio)* falling LOC *Ver* ORDEM
decreto *sm* decree
decreto-lei *sm* act
dedal *sm* thimble
dedão *sm* **1** *(da mão)* thumb **2** *(do pé)* big toe
dedetizar *vt* to spray
dedicação *sf* dedication
dedicar ▸ *vt* **1** to devote *sth to sb/sth*: *Eles dedicaram a vida aos animais.* They devoted their lives to animals. **2** *(canção, poema)* to dedicate *sth* (*to sb*): *Dediquei o livro ao meu pai.* I dedicated the book to my father. **3** *(exemplar)* to autograph
▸ **dedicar-se** *vp* **dedicar-se a**: *A que você se dedica no seu tempo livre?* What do you do in your free time? ◇ *Ele se dedica a comprar e vender antiguidades.* He buys and sells antiques for a living.
dedicatória *sf* dedication
dedinho *sm* little finger; pinkie *(mais coloq)* LOC **dedinho do pé** little toe
dedo *sm* **1** *(da mão)* finger **2** *(do pé)* toe **3** *(medida)* half an inch: *Ponha dois ~s de água na panela.* Put an inch of water in the pan. LOC **dedo anular/médio/indicador** ring/middle/index finger ◆ **dedo mindinho** little finger; pinkie *(mais coloq)* ◆ **dedo polegar** thumb *Ver tb* CHUPAR, ESCOLHER, METER, NÓ
dedurar *vt* to tell on *sb*
deduzir *vt* **1** *(concluir)* to deduce **2** *(descontar)* to deduct *sth* (*from sth*)
defeito *sm* **1** fault; defect *(mais formal)*: *um ~ na instalação elétrica* a fault in the electrical system ◇ *um ~ na fala* a speech defect ◇ *achar/pôr ~ em tudo* to find fault with everything **2** *(veículo)* breakdown: *estar/ficar com ~* to break down **3** *(roupa)* flaw ➲ *Ver nota em* MISTAKE LOC *Ver* BOTAR
defeituoso, -a *adj* defective; faulty *(mais coloq)*
defender ▸ *vt* **1** to defend *sb/sth* (*against/from sb/sth*) **2** *(gol)* to save
▸ **defender-se** *vp* **1 defender-se (de)** to defend yourself (against/from *sb/sth*) **2** *(justificar-se)* to stand up for yourself
defensiva *sf* LOC **(estar) na defensiva** (to be) on the defensive
defensivo, -a *adj* defensive
defensor, -ora *sm-sf* defender
defesa ▸ *sf* **1** defense: *as ~s do corpo* the body's defenses ◇ *uma equipe com uma boa ~* a team with a good defense **2** *(Esporte)* save: *O goleiro fez uma ~ incrível.* The goalie made a spectacular save.
▸ *smf (Esporte)* defender LOC *Ver* LEGÍTIMO
deficiência *sf* **1** *(falta)* deficiency *(pl* deficiencies) **2** *(Med)* disability *(pl* disabilities) ➲ *Ver nota em* DEFICIENTE
deficiente ▸ *adj* **1 ~ (em)** *(carente)* deficient (in *sth*) **2** *(imperfeito)* defective **3** *(Med)* disabled: *~ físico/mental* physically/mentally disabled
▸ *smf* disabled person: *lugares reservados a ~s* seats reserved for disabled people

Hoje em dia, ao se referir aos deficientes, é preferível dizer **people with disabilities**: *um plano para integrar os deficientes ao mercado de trabalho* a plan to bring people with disabilities into the workplace.

definição *sf* **1** *(de palavra, imagem)* definition **2** *(decisão)* decision (*on/about sth*): *Queremos uma ~ sobre a situação do jogador.* We want a decision on/about the player's future. ◇ *A ~ da equipe não foi anunciada.* The final team has not been announced. LOC **de alta definição** high-definition *(abrev* HD)
definido, -a *adj (artigo)* definite *Ver tb* DEFINIR
definir *vt* **1** *(explicar)* to define **2** *(decidir)* to decide (on) *sth*: *Temos que ~ o dia do exame.* We have to decide (on) when to have the test.
definitivamente *adv* **1** *(para sempre)* for good: *Ele voltou ~ para o seu país.* He went back to his own country for good. **2** *(de forma determinante)* definitely
definitivo, -a *adj* **1** *(total)* final: *o número ~ de vítimas* the final death toll **2** *(solução)* definitive **3** *(permanente)* permanent

D

deformar ▸ *vt* **1** (*corpo*) to deform **2** (*peça de vestuário*) to pull *sth* out of shape **3** (*imagem, realidade*) to distort ▸ **deformar-se** *vp* **1** (*corpo*) to become deformed **2** (*peça de vestuário*) to lose its shape

D

defumar *vt* (*alimentos*) to smoke

defunto, -a ▸ *adj* deceased ▸ *sm-sf* corpse

degenerado, -a *adj, sm-sf* degenerate *Ver tb* DEGENERAR

degenerar *vi* to degenerate

degolar *vt* to cut *sb*'s throat

degradante *adj* degrading

degrau *sm* **1** (*de escada fixa*) step **2** (*de escada portátil*) rung

deitado, -a *adj* LOC **estar deitado 1** (*na cama*) to be in bed **2** (*estendido*) to be lying down: *Estava ~ no chão.* He was lying on the floor. *Ver tb* DEITAR

deitar ▸ *vt* **1** (*pôr na cama*) to put *sb* to bed **2** (*estender*) to lay *sb/sth* down ▸ **deitar-se** *vp* **1** (*ir para a cama*) to go to bed: *Você deveria se ~ cedo hoje.* You should go to bed early tonight. ◇ *Está na hora de nos deitarmos.* It's time for bed. **2** (*estender-se*) to lie down: *deitar-se de lado/costas/bruços* to lie on your side/back/to lie face down ➲ *Ver nota em* LIE[2]

deixar ▸ *vt* **1** to leave: *Onde é que você deixou as chaves?* Where did you leave the keys? ◇ *Deixe isso para depois.* Leave it until later. ◇ *Deixe-me em paz!* Leave me alone! **2** (*abandonar*) to give *sth* up: *~ o emprego* to give up work **3** (*permitir*) to let *sb* (*do sth*): *Os meus pais não me deixam sair à noite.* My parents don't let me go out at night. **4 ~ de** (**a**) (*parar*) to stop *doing sth*: *Deixou de chover.* It's stopped raining. (**b**) (*abandonar*) to give up *(doing) sth*: *~ de fumar* to give up smoking ◇ *~ de estudar* to give up your studies ▸ *v aux* + **particípio**: *A notícia nos deixou preocupados.* We were worried by the news. LOC **deixar cair** to drop: *Deixei o sorvete cair.* I dropped my ice cream. ➲ *Ver nota em* DROP ◆ **deixa comigo!** leave it to me! ◆ **(não) deixar de ir** (not) to miss *sth*: *Você não pode ~ de ir à exposição.* You shouldn't miss the exhibition. ❶ Para outras expressões com **deixar**, ver os verbetes para o substantivo, adjetivo, etc., p.ex. **deixar escapar** em ESCAPAR e **deixar alguém plantado** em PLANTADO.

dela 1 (*de pessoa*) her(s)

> Note que *dela* pode-se traduzir por pronome em inglês: *Esse colar era dela.* This necklace used to be hers. ◇ *Não são dela, são dele.* They're not hers – they're his., ou também por adjetivo: *Os pais dela não a deixam sair à noite.* Her parents don't let her go out at night. *Um amigo dela* traduz-se por **a friend of hers** porque significa *um dos amigos dela*.

2 (*de coisa, animal*) its

delação *sf* (*denúncia*) whistle-blowing LOC **delação premiada** plea bargaining deal

delas their(s) ➲ *Ver nota em* DELA

delatar *vt* to inform on *sb*

delator, -ora *sm-sf* **1** tattletale; telltale (*GB*) **2** (*da polícia*) informer

dele 1 (*de pessoa*) his ➲ *Ver nota em* DELA **2** (*de coisa, animal*) its

delegação *sf* delegation: *uma ~ de paz* a peace delegation

delegacia *sf* LOC **delegacia de polícia** police station

delegado, -a *sm-sf* (*Pol*) delegate LOC **delegado de polícia** police chief

deles their(s) ➲ *Ver nota em* DELA

deletar *vt* (*Informát*) to delete

deliberado, -a *adj* deliberate

delicadeza *sf* **1** delicacy **2** (*tato*) tact: *Você podia ter dito com mais ~.* You could have put it more tactfully. ◇ *É uma falta de ~.* It's very tactless. **3** (*cortesia*) thoughtfulness **4** (*cuidado*) care

delicado, -a *adj* **1** (*frágil, sensível, complicado*) delicate **2** (*cortês*) thoughtful: *Você é sempre tão ~.* You're always so thoughtful.

delícia *sf* **1** (*prazer*) delight: *Que ~!* How delightful! **2** (*comida*) delicacy (*pl* **delicacies**): *ser uma ~* to be delicious

deliciar ▸ *vt* to delight ▸ **deliciar-se** *vp* **deliciar-se com** to take delight in *sth/doing sth*

delicioso, -a *adj* **1** (*comida*) delicious **2** (*encantador*) delightful

delineador *sm* eyeliner

delinquência *sf* crime LOC **delinquência juvenil** juvenile delinquency

delinquente *smf* delinquent

delirante *adj* (*arrebatador*) thrilling

delirar *vi* **1** (*Med*) to be delirious **2** (*dizer disparates*) to talk nonsense **3** (*sentir com grande intensidade*) to go wild: *Ela delirou com a notícia.* She went wild at the news.

delito *sm* crime: *cometer um ~* to commit a crime

delta *sm* delta

demais ▸ *adv* **1** (*com substantivo não contável*) too much: *Há comida ~.* There's

too much food. **2** (*com substantivo contável*) too many: *Você comprou coisas ~.* You bought too many things. **3** (*modificando um verbo*) too much: *beber/comer ~* to drink/eat too much **4** (*modificando um adjetivo ou advérbio*) too: *grande/depressa ~* too big/fast
▸ *pron* (the) others: *Só veio o Paulo; os ~ ficaram em casa.* Paulo came on his own; the others stayed at home. ◇ *ajudar os ~* to help others LOC **ser demais** (*ser muito bom*) to be something else

demanda *sf* LOC **sob demanda** on demand: *impressão/vídeo sob ~* on-demand video/printing

demão *sf* coat: *uma ~ de tinta* a coat of paint

demasiado, -a ▸ *adj* **1** (*com substantivo não contável*) too much **2** (*com substantivo contável*) too many
▸ *adv* **1** (*modificando um verbo*) too much **2** (*modificando um adjetivo ou advérbio*) too

demissão *sf* **1** (*voluntária*) resignation: *Ele apresentou a sua ~.* He handed in his resignation. **2** (*involuntária*) dismissal

Quando alguém perde o emprego porque a empresa precisa cortar custos, utiliza-se a palavra **layoff** ou, em inglês britânico, **redundancy**. As formas verbais são **lay sb off** ou **make sb redundant**.

LOC *Ver* PEDIR

demitir ▸ *vt* to dismiss; to fire (*mais coloq*) ➲ *Ver nota em* DEMISSÃO
▸ **demitir-se** *vp* **demitir-se (de)** to resign (from *sth*): *demitir-se de um cargo* to resign from a job

democracia *sf* democracy (*pl* democracies)

democrata *smf* democrat

democrático, -a *adj* democratic

demolição *sf* demolition

demolir *vt* to demolish

demônio *sm* **1** (*diabo*) devil **2** (*espírito*) demon

demonstração *sf* **1** (*apresentação*) demonstration **2** (*manifestação*) sign: *uma ~ de afeto* a sign of affection

demonstrar *vt* **1** (*provar*) to prove **2** (*mostrar*) to show **3** (*explicar*) to demonstrate

demora *sf* delay: *sem ~* without delay

demorado, -a *adj* long *Ver tb* DEMORAR

demorar *vi* to take (time) (*to do sth*): *A sua irmã está demorando.* Your sister's taking a long time. ◇ *Eles demoraram muito a responder.* It took them a long time to reply. ◇ *Demoro duas horas para chegar em casa.* It takes me two hours to get home. LOC **não demorar (nada)** not to be long: *Não demore.* Don't be long. ◇ *Não demorou nada para fazer.* It didn't take long to do.

densidade *sf* density

denso, -a *adj* **1** dense: *vegetação densa* dense vegetation **2** (*consistência*) thick: *um molho ~* a thick sauce

dentada *sf* bite

dentadura *sf* teeth [*pl*]: *~ postiça* false teeth

dental *adj* dental LOC *Ver* FIO

dente *sm* **1** tooth (*pl* teeth) **2** (*de garfo, ancinho*) prong LOC **dente de alho** clove of garlic ◆ **dente de leite** baby tooth; milk tooth (*GB*) ◆ **dente de siso** wisdom tooth *Ver tb* ARREGANHAR, BATER, ESCOVA, LÍNGUA, PASTA[2]

dentista *smf* dentist

dentro *adv* **1** inside, in: *A rebelião começou ~ da prisão.* The riot began inside the prison. ◇ *ali/aqui ~* in there/here **2** (*edifício*) indoors: *Prefiro ficar aqui ~.* I'd rather stay indoors. **3 ~ de** (**a**) (*espaço*) in/inside: *~ do envelope* in/inside the envelope (**b**) (*tempo*) in: *~ de uma semana* in a week ◇ *~ de três meses* in three months' time LOC **de dentro** from (the) inside ◆ **dentro em breve/pouco** very soon ◆ **estar por dentro de algo** (*ter conhecimento*) to be in the know about sth: *Ela estava por ~ da história toda.* She was in the know about the whole story. ◆ **mais para dentro** further in ◆ **para dentro** in: *Põe a barriga para ~.* Pull your stomach in. ◆ **por dentro** (on the) inside: *pintado por ~* painted on the inside *Ver tb* AÍ, LÁ[1]

dentuço, -a *adj* buck-toothed: *uma mulher dentuça* a woman with buck teeth

denúncia *sf* **1** (*acidente, delito*) report **2** (*revelação*) disclosure **3** (*alegação*) allegation

denunciar *vt* **1** to report: *Eles me denunciaram à polícia.* They reported me to the police. **2** (*revelar*) to denounce

deparar *vt* **~ com** (*encontrar*) to come across *sth*

departamento *sm* department LOC *Ver* LOJA

dependência *sf* **1** (*droga*) dependency **2** (*casa*) room **3 dependências** premises: *Proibido fumar nas ~s do prédio.* No smoking on the premises.

depender *vt* **1 ~ de** (**a**) to depend on *sth*/on *whether...*: *Depende do tempo.* It depends on the weather. ◇ *Isso depende de você me trazer o dinheiro (ou não).*

D

That depends on whether you bring me the money (or not). (**b**) (*economicamente*) to be dependent on *sb/sth* **2** ~ **de alguém** to be up to sb (*whether...*): *Depende do meu chefe eu poder tirar um dia de folga ou não.* It's up to my boss whether I can have a day off or not.

D

depilação *sf* hair removal LOC **depilação com cera** waxing

depilar *vt* **1** (*pernas, axilas*) (**a**) (*com cera*) to wax: *Tenho de ~ as pernas antes de sairmos de férias.* I must have my legs waxed before we go on vacation. (**b**) (*com lâmina*) to shave **2** (*sobrancelhas*) to pluck

depoimento *sm* **1** (*na delegacia*) statement **2** (*no tribunal*) testimony (*pl* testimonies)

depois *adv* **1** (*mais tarde*) afterward, later: *Depois ele disse que não tinha gostado.* He said afterward he hadn't liked it. ◇ *Eles saíram pouco ~.* They came out shortly afterward. ◇ *Só muito ~ é que me disseram.* They didn't tell me until much later. **2** (*a seguir, em seguida*) then: *Bata os ovos e ~ adicione o açúcar.* Beat the eggs and then add the sugar. ◇ *Primeiro vem o hospital e ~ a farmácia.* First there's the hospital and then the drugstore. LOC **depois de** after *sth/doing sth*: *~ das duas* after two o'clock ◇ *~ de falar com eles* after talking with them ◇ *A farmácia fica ~ do banco.* The drugstore is after the bank. ◆ **e depois?** then what? *Ver tb* LOGO

depor ▸ *vi* **1** (*na delegacia*) to make a statement **2** (*no tribunal*) to testify
▸ *vt* (*governo*) to overthrow

deportar *vt* to deport

depositar *vt* **1** (*dinheiro*) to pay *sth* in: *~ dinheiro numa conta bancária* to pay money into a bank account **2** (*confiança*) to place: *~ a sua confiança em alguém* to place your trust in sb

depósito *sm* **1** (*reservatório*) tank: *~ de água* water tank **2** (*armazém*) warehouse **3** (*dinheiro*) deposit LOC **depósito de bagagem** baggage room; left luggage office (*GB*) ◆ **depósito de lixo** garbage dump; rubbish dump (*GB*)

depredado, -a *adj* (*zona, edifício*) run-down

depredar *vt* to vandalize

depressa ▸ *adv* **1** (*em breve*) soon: *Volte ~.* Come back soon. **2** (*rapidamente*) quickly: *Por favor, doutor, venha ~.* Please, doctor, come quickly.
▸ *interj* **depressa!** hurry up!

depressão *sf* depression

deprimente *adj* depressing

deprimido, -a *adj* depressed: *estar/ficar ~* to be/get depressed

deprimir *vt* to depress

deputado, -a *sm-sf* deputy (*pl* deputies)

> Nos Estados Unidos, o equivalente a *deputado federal* é **Representative** (*abrev* **Rep.**) e na Grã-Bretanha, **Member of Parliament** (*abrev* **MP**).

deriva *sf* LOC **à deriva** adrift ◆ **andar à deriva** to drift

derivar *vt* ~ **de 1** (*Ling*) to derive from *sth* **2** (*proceder*) to stem from *sth*

derramamento *sm* spilling LOC **derramamento de sangue** bloodshed

derramar *vt* **1** (*verter*) to spill: *Derramei um pouco de vinho no tapete.* I spilled some wine on the carpet. **2** (*despejar*) to pour **3** (*sangue, lágrimas*) to shed

derrame *sm* stroke

derrapagem *sf* skid: *ter/sofrer uma ~* to skid

derrapar *vi* to skid

derreter(-se) *vt, vp* **1** (*manteiga, gordura*) to melt **2** (*neve, gelo*) to thaw

derrota *sf* defeat

derrotar *vt* to defeat

derrubar *vt* **1** (*edifício*) to knock *sth* down; to demolish (*mais formal*) **2** (*fazer cair*) to knock *sb/sth* over: *Cuidado para não ~ esse vaso.* Be careful you don't knock that vase over. **3** (*porta*) to batter *sth* down **4** (*governo, regime*) to bring *sth* down **5** (*árvore*) to cut *sth* down **6** (*abater*) to lay *sb* low: *Essa gripe me derrubou.* I was laid low by the flu.

desabafar ▸ *vt* ~ **com alguém** to confide in sb
▸ **desabafar(-se)** *vi, vp* to let off steam

desabar *vi* to collapse

desabilitar *vt* (*Informát*) to disable

desabitado, -a *adj* uninhabited

desabotoar *vt* to unbutton

desabrigado, -a ▸ *adj* homeless
▸ *sm-sf* homeless person: *os ~s* the homeless

desabrochar *vi* to blossom

desacato *sm* disrespect: *~ às autoridades* disrespect for the authorities

desacelerar *vt, vi* to slow (*sth*) down

desacompanhado, -a *adj* unaccompanied

desacordado, -a *adj* unconscious: *ficar ~* to remain unconscious

desacreditado, -a *adj* discredited

desafiar *vt* **1** (*provocar*) to challenge *sb* (*to sth*): *Desafio você para um jogo de damas.* I challenge you to a game of checkers. **2** (*perigo*) to defy

desafinado, -a *adj* out of tune *Ver tb* DESAFINAR

desafinar *vi* **1** *(ao cantar)* to sing out of tune **2** *(instrumento)* to be out of tune **3** *(músico)* to play out of tune

desafio *sm* challenge

desaforo *sm* insult: *Que ~!* What an insult! LOC **não levar desaforo para casa** to give as good as you get

desagradar *vt* to displease

desagradável *adj* unpleasant

desaguar *vi* ~ **em** *(rio)* to flow into *sth*

desajeitado, -a *adj* clumsy

desamarrar ▸ *vt* to untie
▸ *vi* to come undone: *O cadarço desamarrou.* My shoestring came undone.

desamassar *vt* **1** *(papel)* to smooth *sth* out **2** *(metal)* to straighten *sth* out

desamparado, -a *adj* helpless

desanimado, -a *adj* **1** *(pessoa)* downhearted **2** *(festa)* dull *Ver tb* DESANIMAR

desanimador, -ora *adj* discouraging

desanimar ▸ *vt* to discourage
▸ **desanimar-se** *vp* to lose heart

desaparecer *vi* to disappear
LOC **desaparecer do mapa** to vanish off the face of the earth

desaparecido, -a ▸ *adj* missing
▸ *sm-sf* missing person *(pl* **people**) *Ver tb* DESAPARECER

desaparecimento *sm* disappearance

desapercebido, -a *adj* unnoticed: *passar ~* to go unnoticed

desapertar *vt* to loosen: *Desapertei o cinto.* I loosened my belt.

desapontado, -a *adj* disappointed: *ficar ~* to be disappointed *Ver tb* DESAPONTAR

desapontamento *sm* disappointment

desapontar *vt* to disappoint

desarmamento *sm* disarmament: *o ~ nuclear* nuclear disarmament

desarmar *vt* **1** *(pessoa, exército)* to disarm **2** *(desmontar)* to take *sth* apart; to dismantle *(mais formal)* **3** *(bomba)* to defuse

desarrumado, -a *adj* messy *Ver tb* DESARRUMAR

desarrumar *vt* **1** *(bagunçar)* to mess *sth* up **2** *(desfazer as malas)* to unpack

desastrado, -a *adj* clumsy

desastre *sm* **1** *(acidente)* accident: *um ~ de automóvel* a car crash **2** *(catástrofe)* disaster

desastroso, -a *adj* disastrous

desatar ▸ *vt* **1** *(nó, corda)* to untie **2** ~ **a** *(começar)* to start *doing sth/to do sth*: *Eles desataram a correr.* They started to run.
▸ **desatar-se** *vp* to come undone: *Um dos meus cadarços desatou-se.* One of my laces came undone. LOC **desatar a rir/chorar** to burst out laughing/crying

desatento, -a *adj* distracted

desativar *vt* **1** *(bomba)* to defuse **2** *(fábrica)* to shut *sth* down

desatualizado, -a *adj* **1** *(máquina, livro)* outdated **2** *(pessoa)* out of touch

desbastar *vt* **1** *(cabelo)* to thin **2** *(arbusto, etc.)* to prune

desbloquear *vt* **1** *(rua, acesso)* to unblock **2** *(celular, etc.)* to unlock

desbocado, -a *adj* foul-mouthed

desbotar *vt, vi (perder a cor)* to fade: *A sua saia desbotou.* Your skirt's faded.

descabelar *vt*: *O vento me descabelou.* The wind messed up my hair.

descafeinado, -a *adj* decaffeinated

descalço, -a *adj* barefoot: *Gosto de andar ~ na areia.* I love walking barefoot on the sand. ◇ *Não ande ~.* Don't go around in your bare feet. LOC *Ver* PÉ

descampado *sm* open countryside *[não contável]*

descansar ▸ *vt, vi* to rest: *~ os olhos* to rest your eyes ◇ *Deixe-me ~ um pouco.* Let me rest for a few minutes.
▸ *vi (fazer uma pausa)* to take a break: *Vamos terminar isto e depois ~ cinco minutos.* Let's finish this and then take a five-minute break.

descanso *sm* **1** *(repouso)* rest: *O médico recomendou ~ e ar fresco.* The doctor prescribed rest and fresh air. **2** *(no trabalho)* break: *trabalhar sem ~* to work without a break **3** *(de pratos)* place mat LOC *Ver* TELA

descarado, -a *adj* sassy; cheeky *(GB)*

descaramento *sm* nerve: *Que ~!* What (a) nerve!

descarga *sf* **1** *(mercadoria)* unloading: *a carga e ~ de mercadoria* the loading and unloading of goods **2** *(elétrica)* discharge **3** *(banheiro)* flush: *puxar a ~* to flush the toilet LOC *Ver* CAIXA[1], CANO

descarregado, -a *adj (pilha, bateria)* dead; flat *(GB) Ver tb* DESCARREGAR

descarregar ▸ *vt* **1** to unload: *~ um caminhão/um revólver* to unload a truck/gun **2** *(raiva, frustração)* to vent
▸ *vi (pilha, bateria)* to go flat

descarrilamento *sm* derailment

descarrilar *vi* to be derailed: *O trem descarrilou.* The train was derailed.

descartar ▸ *vt* **1** to rule *sb/sth* out: *~ um candidato/uma possibilidade* to rule out a candidate/possibility **2** *(Cartas)* to discard

D

▸ **descartar-se** *vp* **descartar-se de** to get rid of *sb/sth*

descartável *adj* disposable

descascar ▸ *vt* **1** *(fruta)* to peel: *~ uma laranja* to peel an orange **2** *(ervilhas, marisco, nozes)* to shell
▸ *vi (pele)* to peel

descaso *sm* **1** ~ **(com)** *(indiferença)* disregard (for/of *sb/sth*) **2** *(negligência)* neglect

descendência *sf* descendants *[pl]*

descendente *smf* descendant

descender *vt* ~ **de** *(família)* to be descended from *sb*: *Ele descende de um príncipe russo.* He's descended from a Russian prince.

descer ▸ *vt* **1** *(levar/trazer)* to take/to bring *sth* down: *Você me ajuda a ~ a mala?* Could you help me take my suitcase down? ◇ *Temos de ~ esta cadeira até o segundo andar?* Do we have to take this chair down to the second floor? **2** *(ir/vir para baixo)* to go/to come down: *~ o morro* to go/come down the hill
▸ *vi* **1** *(ir/vir para baixo)* to go/to come down: *Poderia ~ até a recepção, por favor?* Could you come down to reception, please? ➲ *Ver nota em* IR **2** ~ **(de)** (**a**) *(automóvel)* to get out (of *sth*): *Nunca desça do carro enquanto ele estiver em movimento.* Never get out of a moving car. (**b**) *(transporte público, cavalo, bicicleta)* to get off (*sth*): *~ do ônibus* to get off the bus LOC *Ver* ESCADA

descida *sf* **1** *(declive)* descent: *O avião teve problemas durante a ~.* The plane had problems during the descent. **2** *(ladeira)* slope: *uma ~ suave/acentuada* a gentle/steep slope

desclassificação *sf* failure to qualify (*for sth*): *A ~ da seleção foi uma surpresa.* The team's failure to qualify was a surprise.

descoberta *sf* discovery (*pl* discoveries): *fazer uma grande ~* to make a great discovery

descobridor, -ora *sm-sf* discoverer

descobrimento *sm* discovery (*pl* discoveries)

descobrir *vt* **1** *(encontrar)* to discover: *~ uma ilha* to discover an island **2** *(dar-se conta, averiguar)* to find *sth* (out); to discover *(mais formal)*: *Descobri que estavam me enganando.* I found out they were deceiving me. **3** *(destapar, desvendar)* to uncover

descolado, -a *adj* **1** *(desgrudado)* unstuck **2** *(desembaraçado)* streetwise *Ver tb* DESCOLAR

descolar ▸ *vt* **1** *(tirar)* to pull *sth* off **2** *(conseguir)* to get: *Meu tio vai me ajudar a ~ um emprego.* My uncle's going to help me get a job. **3** *(dar)* to give: *Dá para me ~ uns trocados?* Do you have any spare change to give me?
▸ *vi (soltar)* to come off: *A asa descolou.* The handle came off.

desconcertado, -a *adj* embarrassed (*by sb/sth*): *Fico ~ sempre que a encontro.* I get embarrassed every time I meet her. *Ver tb* DESCONCERTAR

desconcertar *vt* to puzzle: *A reação dele me desconcertou.* His reaction puzzled me.

desconfiado, -a *adj* suspicious: *Você é muito ~.* You have a very suspicious mind. *Ver tb* DESCONFIAR

desconfiar *vt* **1** ~ **de** to distrust: *Ele desconfia até da própria sombra.* He doesn't trust anyone. **2** ~ **(de)** *(suspeitar)* to suspect *sb* (*of sth/doing sth*): *Ela desconfia que o marido tenha um caso.* She suspects her husband of having an affair. **3** *(supor)* to have a feeling: *Desconfio que vai chover.* I have a feeling it's going to rain.

desconfortável *adj* uncomfortable

desconforto *sm* discomfort

descongelar *vt (geladeira, alimento)* to defrost

desconhecer *vt* not to know: *Desconheço a razão.* I don't know why.

desconhecido, -a ▸ *adj* unknown
▸ *sm-sf* stranger *Ver tb* DESCONHECER

descontar *vt* **1** *(subtrair)* to deduct **2** *(fazer um desconto)* to give a discount (*on sth*) **3** *(cheque, vale postal)* to cash **4** *(ir à forra)* to pay *sb* back (*for sth*): *Descontei tudo o que ela me fez.* I paid her back for everything she did to me.

descontente *adj* ~ **(com)** dissatisfied (with *sb/sth*)

desconto *sm* discount: *Eles me fizeram um ~ de cinco por cento na televisão.* They gave me a five per cent discount on the TV.

descontração *sf (informalidade)* informality

descontrair-se *vp* to relax

descontrolado, -a *adj* **1** *(máquina)* out of control **2** *(pessoa)* hysterical *Ver tb* DESCONTROLAR-SE

descontrolar-se *vp* **1** *(pessoa)* to break down: *Ela se descontrolou completamente quando soube do acidente.* She broke down completely when she heard of the accident. **2** *(máquina)* to get out of control

desconversar *vi* to change the subject

descrever *vt* to describe

descrição *sf* description

descuidado, -a *adj* **1** *(desatento)* careless **2** *(desleixado)* scruffy *Ver tb* DESCUIDAR

descuidar ▸ *vt* to neglect
▸ **descuidar-se** *vp*: *Eu me descuidei da hora.* I didn't notice the time.

descuido *sm* carelessness [*não contável*]: *O acidente ocorreu devido a um ~ do motorista.* The accident was due to the driver's carelessness. ◇ *Num momento de ~ dele, o cachorro fugiu.* He wasn't paying attention and the dog ran away.

desculpa *sf* **1** *(justificativa)* excuse (*for sth/doing sth*): *Ele arranja sempre uma ~ para não vir.* He always finds an excuse not to come/for not coming. ◇ *Isto não tem ~.* There's no excuse for this. **2** *(pedido de perdão)* apology (*pl* **apologies**) LOC *Ver* PEDIDO, PEDIR

desculpar ▸ *vt* to forgive
▸ **desculpar-se** *vp* to apologize (*for sth*): *Eu me desculpei a ela por não ter escrito.* I apologized to her for not writing.
LOC **desculpa, desculpe, etc. 1** *(para pedir desculpa)* sorry: *Desculpe-me o atraso.* Sorry I'm late. ◇ *Desculpe-me por interromper.* Sorry to interrupt. ◇ *Desculpe, pisei em você?* Excuse me, did I step on your foot? **2** *(para chamar a atenção)* excuse me: *Desculpe! O senhor tem horas, por favor?* Excuse me, do you have the time, please? ➲ *Ver nota em* EXCUSE

desde *prep* since: *Moro nesta casa ~ 2001.* I've lived in this house since 2001. ➲ *Ver nota em* FOR LOC **desde... até...** from... to...: *A loja vende ~ roupas até barcos.* The store sells everything from clothing to boats. ◆ **desde quando...? 1** how long...?: *Desde quando você a conhece?* How long have you known her? **2** *(denotando descrédito ou reprovação)* since when...?: *Desde quando você gosta de ler?* Since when have you liked reading? ◆ **desde que... 1** *(depois que)* since: *~ que eles foram embora...* Since they left... **2** *(contanto que)* as long as: *~ que você me avise* as long as you let me know

desdém *sm* scorn: *um olhar de ~* a scornful look

desdenhoso, -a *adj* scornful

desdobrar ▸ *vt* *(mapa, papel)* to unfold
▸ **desdobrar-se** *vp* *(esforçar-se)* to do your utmost

desejar *vt* **1** *(querer)* to want: *O que deseja?* What would you like? **2** *(ansiar)* to wish for *sth*: *O que mais eu podia ~?* What more could I wish for? **3** *(boa sorte)* to wish *sb sth*: *Eu te desejo boa sorte.* I wish you luck.

desejo *sm* **1** wish: *Faça um ~.* Make a wish. **2** *(anseio)* desire **3** *(mulher grávida)* craving: *ter ~ de algo* to have a craving for sth

desemaranhar *vt* to disentangle

desembaraçado, -a *adj* **1** *(desinibido)* free and easy **2** *(engenhoso)* resourceful **3** *(expedito)* efficient *Ver tb* DESEMBARAÇAR

desembaraçar ▸ *vt* to untangle: *~ o cabelo* to get the tangles out of your hair
▸ **desembaraçar-se** *vp* **desembaraçar-se de** to get rid of *sb/sth*

desembarcar ▸ *vt* *(mercadoria, pessoa)* to land
▸ *vi* to disembark

desembarque *sm* **1** *(num aeroporto)* arrivals lounge **2** (**a**) *(carga)* unloading (**b**) *(passageiros)* disembarkation: *O ~ atrasou duas horas.* It took two hours to disembark.

desembocar *vi* **~ em 1** *(rio)* to flow into *sth* **2** *(rua, túnel)* to lead to *sth*

desembolsar *vt* to pay

desembrulhar *vt* to unwrap: *~ um pacote* to unwrap a package

desempatar *vi* **1** *(Esporte)* to play off **2** *(Pol)* to break the deadlock

desempate *sm* playoff

desempenhar *vt* **1** *(tarefa, atividade, etc.)* to carry *sth* out, to perform **2** *(função) (obrigação)* to fulfill **3** *(papel)* to play

desempenho *sm* performance: *um motor de alto ~* a high-performance engine

desempregado, -a ▸ *adj* unemployed
▸ *sm-sf* unemployed person: *os ~s* the unemployed

desemprego *sm* unemployment

desencaminhar ▸ *vt* to lead *sb* astray
▸ **desencaminhar-se** *vp* to go astray

desencontrar-se *vp* to miss one another

desencorajar *vt* to discourage

desenferrujar *vt* **1** *(metal)* to remove the rust from *sth* **2** *(língua)* to brush up (on) *sth*: *~ o meu francês* to brush up (on) my French

desenhar *vt, vi* **1** to draw **2** *(vestuário, mobília, produtos)* to design

desenhista *smf* **1** draftsman/woman (*pl* **-men/-women**) **2** *(gráfico, de moda, de web)* designer

desenho *sm* **1** *(Arte)* drawing: *estudar ~* to study drawing ◇ *Faça um ~ da sua família.* Draw a picture of your family.

2 *(forma)* design: ~ *gráfico* graphic design **3** *(padrão)* pattern LOC **desenho animado** cartoon

desenrolar ▸ *vt* **1** *(papel)* to unroll **2** *(cabo)* to unwind
▸ **desenrolar-se** *vp (história)* to unfold: *A história se desenrolou de forma estranha.* The story unfolded in a strange way.

desenterrar *vt* **1** to dig *sth* up: ~ *um osso* to dig up a bone **2** *(descobrir)* to unearth

desentupir *vt* to unblock

desenvoltura *sf (desembaraço)* self-confidence: *Ele tem muita ~.* He's full of confidence.

desenvolvedor, -ora *sm-sf (Informát)* (software) developer

desenvolver(-se) *vt, vp* to develop: ~ *os músculos* to develop your muscles

desenvolvimento *sm* development LOC **em desenvolvimento** developing: *países em ~* developing countries

desequilibrar-se *vp* to lose your balance

deserto, -a ▸ *adj* deserted
▸ *sm* desert LOC *Ver* ILHA

desertor, -ora *sm-sf* deserter

desesperado, -a *adj* desperate *Ver tb* DESESPERAR

desesperar ▸ *vt* to drive *sb* to despair: *Desesperava-o não ter trabalho.* Not having a job was driving him to despair.
▸ *vi* to despair

desespero *sm* despair: *para ~ meu/dos médicos* to my despair/the despair of the doctors

desfavorável *adj* unfavorable

desfazer ▸ *vt* **1** *(nó, embrulho)* to undo **2** *(cama)* to unmake **3** *(dúvida)* to dispel **4** *(engano)* to correct **5** *(desmontar)* to break *sth* up: ~ *um quebra-cabeça* to break up a puzzle
▸ **desfazer-se** *vp* **1** *(costura, nó)* to come undone **2** *(derreter-se)* to melt **3** *(desmanchar-se)* to fall to pieces **4** *(despedaçar)* to break: *O vaso se desfez em mil pedaços.* The vase broke into a thousand pieces. **5 desfazer-se de** to get rid of *sb/sth*: *desfazer-se de um carro velho* to get rid of an old car LOC *Ver* MALA[1]

desfecho *sm* **1** *(resultado)* outcome **2** *(final)* ending

desfeita *sf* insult

desfigurar *vt (tornar feio)* to disfigure

desfilar *vi* **1** to march **2** *(na avenida)* to parade **3** *(na passarela)* to model

desfile *sm* parade LOC **desfile de moda** fashion show

desforra *sf* revenge

desgastante *adj (cansativo)* stressful

desgastar ▸ *vt* **1** *(objeto)* to wear *sth* away **2** *(pessoa)* to wear *sb* out **3** *(relação)* to spoil
▸ **desgastar-se** *vp* **1** *(objeto)* to wear away **2** *(pessoa)* to wear yourself out **3** *(relação)* to deteriorate

desgaste *sm* **1** *(máquina, mobília)* wear and tear **2** *(físico, emocional)* strain **3** *(relação)* deterioration **4** *(rochas)* erosion

desgosto *sm (tristeza)* sorrow: *A decisão dele causou-lhes um grande ~.* His decision caused them great sorrow. LOC **dar desgosto (a)** to upset: *Ele dá muito ~ aos pais.* He's always upsetting his parents. *Ver tb* MATAR

desgraça *sf* **1** *(má sorte)* misfortune: *Têm-lhes acontecido muitas ~s.* They've suffered many misfortunes. **2** *(calamidade)* tragedy *(pl* **tragedies***)*

desgraçado, -a ▸ *adj* **1** *(sem sorte)* unlucky **2** *(infeliz)* unhappy: *levar uma vida desgraçada* to lead an unhappy life
▸ *sm-sf* **1** *(infeliz)* wretch **2** *(pessoa má)* swine

desgrudar *vt (descolar)* to unstick LOC **não desgrudar os olhos de 1** not to take your eyes off *sth/sb*: *Ele não desgruda os olhos da professora.* He never takes his eyes off the teacher. **2** *(TV, computador, etc.)* to be glued to *sth*: *Ela não desgruda os olhos da TV.* She's always glued to the TV. ◆ **não (se) desgrudar de alguém** to be inseparable from sb: *Tânia não desgruda do namorado.* Tânia and her boyfriend are inseparable.

desidratação *sf* dehydration

design *sm (forma)* design

designar *vt* **1** *(para cargo)* to appoint *sb (sth/to sth)*: *Ele foi designado presidente/para o cargo.* He was appointed chairman/to the post. **2** *(lugar)* to designate *sth (as sth)*: ~ *o Rio como o local dos jogos* to designate Rio as the venue for the Games

designer *smf* designer

desigual *adj* **1** *(tratamento)* unfair **2** *(terreno)* uneven **3** *(luta)* unequal

desigualdade *sf* inequality *(pl* inequalities*)*

desiludir *vt* to disappoint

desilusão *sf* disappointment: *sofrer uma ~ (amorosa)* to be disappointed (in love)

desimpedir *vt* to clear

desinchar ▸ *vt* to make *sth* go down: *A pomada vai ~ o seu dedo.* This cream

will make the swelling in your finger go down.
▸ *vi* to go down

desinfetante *sm* disinfectant

desinfetar *vt* to disinfect

desinibido, -a *adj* uninhibited

desinstalar *vt* (*Informát*) to uninstall

desintegração *sf* disintegration

desintegrar-se *vp* to disintegrate

desinteressar-se *vp* ~ **de** to lose interest in *sb/sth*

desinteresse *sm* lack of interest

desistir *vt, vi* ~ **(de)** to give *sth* up, to give up (*doing sth*): *Não desista.* Don't give up.

deslanchar *vt, vi* to get (*sth*) off the ground: *Agora o projeto vai ~.* Now the project will get off the ground.

desleal *adj* disloyal

desleixado, -a *adj* **1** (*pouco cuidadoso*) sloppy **2** (*desmazelado*) scruffy

desligado, -a *adj* **1** (*aparelho*) (switched) off **2** (*pessoa*) absent-minded *Ver tb* DESLIGAR

desligar ▸ *vt* **1** (*apagar*) to turn *sth* off **2** (*de tomada*) to unplug
▸ **desligar-se** *vp* **1** (*aparelho*) to go off **2** (*de alguém*) to turn your back *on sb/sth* **3** (*de empresa*) to leave: *Ele se desligou da empresa.* He left the company. **4** (*distrair-se*) to switch off LOC **desligar (o telefone)** to hang up (*on sb*): *Ele desligou na minha cara.* He hung up on me. ◇ *Não desligue, por favor.* Please hold.

deslizamento *sm* LOC **deslizamento de terra** landslide

deslizar *vi* to slide: *~ no gelo* to slide on the ice LOC **deslizar numa onda** to ride a wave

deslize *sm* (*lapso*) slip

deslocado, -a *adj* (*pessoa*) out of place: *sentir-se ~* to feel out of place *Ver tb* DESLOCAR

deslocar ▸ *vt* to dislocate
▸ **deslocar-se** *vp* to go: *Eles se deslocam para todo lado de táxi.* They go everywhere by taxi.

deslumbrante *adj* dazzling: *uma iluminação/atuação ~* a dazzling light/performance

deslumbrar *vt* to dazzle

desmaiado, -a *adj* (*pessoa*) unconscious *Ver tb* DESMAIAR

desmaiar *vi* to faint

desmaio *sm* fainting fit LOC **ter um desmaio** to faint

desmancha-prazeres *smf* spoilsport

desmanchar ▸ *vt* **1** (*estragar*) to spoil **2** (*relacionamento*) to break *sth* off **3** (*cabelo*) to mess *sth* up **4** (*costura*) to undo **5** (*equipe, etc.*) to disrupt
▸ **desmanchar(-se)** *vi, vp* **1** (*costura*) to come undone **2** (*dissolver*) to melt

desmantelar *vt* to dismantle

desmatamento *sm* deforestation

desmentir *vt* to deny

desmontar *vt* **1** to take *sth* apart: *~ uma bicicleta* to take a bicycle apart **2** (*andaime, estante, tenda*) to take *sth* down **3** (*destruir*) to smash: *A criança desmontou por completo os brinquedos.* The child smashed his toys to pieces. **4** ~ **de** (*de animal*) to dismount from *sth*

desmoralizar *vt* to demoralize

desmoronamento *sm* (*edifício*) collapse

desmoronar *vi* to collapse

desnatado, -a *adj* LOC *Ver* LEITE

desnecessário, -a *adj* unnecessary

desnorteado, -a *adj* disoriented

desnutrição *sf* malnutrition

desobedecer *vt, vi* to disobey: *~ às ordens/aos seus pais* to disobey orders/your parents

desobediência *sf* disobedience

desobediente *adj* disobedient

desobstruir *vt* to unblock

desocupado, -a *adj* **1** (*lugar*) vacant: *um lote ~* a vacant lot **2** (*pessoa*) free: *Estou ~ hoje.* I'm free today.

desodorante *sm* deodorant

desodorizador *sm* air freshener

desolado, -a *adj* **1** (*lugar*) desolate **2** (*pessoa*) devastated

desonesto, -a *adj* dishonest

desordeiro, -a *sm-sf* troublemaker

desordem *sm* mess: *Peço desculpa pela ~.* Excuse the mess. ◇ *A casa estava em ~.* The house was a mess.

desordenado, -a *adj* messy *Ver tb* DESORDENAR

desordenar *vt* to mess *sth* up: *Você desordenou todos os meus livros!* You've messed up all my books!

desorganizado, -a *adj* disorganized

desorientado, -a *adj* (*confuso, sem rumo*) disoriented *Ver tb* DESORIENTAR

desorientar ▸ *vt* to disorient
▸ **desorientar-se** *vp* to become disoriented

despachado, -a *adj* (*descolado*) on the ball: *É um cara ~.* He's really on the ball. *Ver tb* DESPACHAR

despachar ▸ *vt* **1** (*mercadoria*) to dispatch **2** (*bagagem*) to check *sth* in
▸ **despachar-se** *vp* **despachar-se de** to get

D

rid of *sb/sth*: *Ele se despachou de nós rapidamente.* He soon got rid of us.

desparafusar *vt* to unscrew

despedaçar ▸ *vt* to smash
▸ **despedaçar-se** *vp* **1** (*estilhaçar-se*) to smash **2** (*cair aos pedaços*) to fall apart

D

despedida *sf* **1** farewell: *jantar de ~* farewell dinner **2** (*celebração*) farewell party (*pl* parties) LOC **despedida de solteiro** bachelor party; stag night (*GB*)

despedir ▸ *vt* (*empregado*) to dismiss; to fire (*mais coloq*)
▸ **despedir-se** *vp* **despedir-se (de)** to say goodbye (to *sb/sth*): *Eles nem sequer se despediram.* They didn't even say goodbye.

despeitado, -a *adj* spiteful

despejar *vt* **1** (*esvaziar*) to empty: *Despeje o cesto de papéis.* Empty the wastebasket. **2** (*resíduos*) to dump **3** (*para um recipiente*) to pour: *Despeje o leite em outra xícara.* Pour the milk into another cup. **4** (*de casa, apartamento*) to evict

despencar *vi* to plummet

despensa *sf* pantry (*pl* pantries)

despenteado, -a *adj* disheveled: *Você está todo ~.* Your hair's messy. *Ver tb* DESPENTEAR

despentear *vt* to mess *sb's* hair up: *Não me despenteie.* Don't mess my hair up.

despercebido, -a *adj* unnoticed: *passar ~* to go unnoticed

desperdiçar *vt* to waste: *Não desperdice esta oportunidade.* Don't waste this opportunity.

desperdício *sm* waste

despertador *sm* alarm (clock): *Pus o ~ para as sete.* I set the alarm for seven. ➲ *Ver ilustração em* RELÓGIO LOC *Ver* RÁDIO[2]

despertar ▸ *vt* **1** (*pessoa*) to wake *sb* up: *A que horas você quer que eu o desperte?* What time do you want me to wake you up? **2** (*interesse, suspeitas*) to arouse
▸ **despertar(-se)** *vi, vp* to wake up

despesa *sf* expense

despir ▸ *vt* **1** (*roupa*) to take *sth* off **2** (*pessoa*) to undress
▸ **despir-se** *vp* to get undressed

despistar *vt* **1** (*desorientar*) to confuse **2** (*escapar a*) to throw *sb* off the scent: *Ele despistou a polícia.* He threw the police off the scent.

despovoado, -a *adj* uninhabited

desprender ▸ *vt* to unhook
▸ **desprender-se** *vp* to come off

desprendimento *sm* (*desapego*) detachment

despreocupado, -a *adj* carefree

desprevenido, -a *adj* unprepared LOC **apanhar/pegar alguém desprevenido** to catch sb unawares

desprezar *vt* **1** (*menosprezar*) to despise; to look down on *sb* (*mais coloq*): *Eles desprezavam os outros alunos.* They looked down on the other students. **2** (*rejeitar*) to refuse: *Eles desprezaram a nossa ajuda.* They refused our help.

desprezo *sm* contempt: *mostrar ~ por alguém* to show contempt for sb

desproporcional *adj* out of proportion (*with sth*)

desprovido, -a *adj* ~ **de 1** (*de algo de que se precisa*) lacking in *sth* **2** (*de algo ruim*) free from *sth*

desqualificação *sf* disqualification

desqualificar *vt* to disqualify: *Ele foi desqualificado por trapacear.* He was disqualified for cheating.

desrespeitador, -ora *adj* ~ **com/para com** disrespectful (to *sb/sth*)

destacar ▸ *vt* **1** (*salientar*) to point *sth* out: *O professor destacou vários aspectos da sua obra.* The teacher pointed out various aspects of his work. **2** (*arrancar*) to tear *sth* out (*of sth*) **3** (*separar*) to detach *sth* (*from sth*)
▸ **destacar-se** *vp* to stand out: *O vermelho destaca-se contra o verde.* The red stands out against the green.

destampar *vt* to take the lid off *sth*: *~ uma panela* to take the lid off a pot

destaque *sm* **1** (*proeminência*) prominence **2** (*de noticiário*) headline: *A reeleição do presidente é ~ na imprensa.* The president's re-election made the headlines. **3** (*pessoa*): *O ~ da seleção inglesa foi Hart.* Hart was the outstanding England player. LOC **de destaque** prominent: *um membro de ~ da comunidade* a prominent member of the community ◆ **em destaque 1** (*em texto*) highlighted **2** (*Fot*) in focus **3** (*na mídia*) in the headlines: *O seu vídeo foi ~ na mídia esta semana.* Her video was in the headlines this week. **4** (*na escola*): *Meu filho foi ~ na escola este ano.* My son was an outstanding student this year.

destemido, -a *adj* fearless

destinatário, -a *sm-sf* addressee

destino *sm* **1** (*sina*) fate **2** (*rumo*) destination LOC **com destino a...** for...: *o navio com ~ a Recife* the boat for Recife

destoar *vt, vi* ~ **(de)** to clash (with *sth*)

destro, -a *adj* (*que usa a mão direita*) right-handed

destroçar *vt* **1** to destroy **2** (*fazer em pedaços*) to smash: *Destroçaram os vidros da vitrine.* They smashed the shop window. **3** *(arruinar)* to ruin: *~ a vida de alguém* to ruin sb's life

destroços *sm* wreckage *[não contável]*

destruição *sf* destruction

destruir *vt* to destroy

destrutivo, -a *adj* destructive

desumano, -a *adj* inhuman

desuso *sm* disuse: *cair em ~* to fall into disuse

desvalorização *sf* devaluation

desvalorizar ▸ *vt* **1** *(perder o valor)* to devalue **2** *(pessoa)* to undervalue
▸ **desvalorizar-se** *vp* **1** *(perder o valor)* to depreciate **2** *(pessoa)* to undervalue yourself

desvantagem *sf* disadvantage: *estar em ~* to be at a disadvantage

desviar ▸ *vt* **1** to divert: *~ o trânsito* to divert the traffic **2** *~* **de** *(carro)* to swerve: *Desviei o carro para não bater.* I swerved to avoid crashing the car. **3** *(dinheiro)* to embezzle
▸ **desviar-se** *vp* to get out of the way
LOC **desviar a atenção** to distract *sb's* attention ◆ **desviar o olhar** to look away

desvio *sf* **1** *(trânsito)* diversion **2** *(volta)* detour: *Tivemos que fazer um ~ de cinco quilômetros.* We had to make a five-kilometer detour. **3** *~* **(de)** *(irregularidade)* deviation (from *sth*) **4** *(fundos)* embezzlement

detalhadamente *adv* in detail

detalhado, -a *adj* detailed *Ver tb* DETALHAR

detalhar *vt* **1** *(contar com detalhes)* to give details *of sth* **2** *(especificar)* to specify

detalhe *sm* detail

detalhista *adj* meticulous

detectar *vt* to detect

detector *sm* detector: *um ~ de mentiras/metais* a lie/metal detector

detenção *sf* arrest

deter ▸ *vt* **1** to stop **2** *(prender)* to arrest **3** *(possuir)* to have
▸ **deter-se** *vp* to stop

detergente *sm* detergent LOC **detergente para a louça** dishwashing liquid; washing-up liquid *(GB)*

deteriorar ▸ *vt (danificar)* to damage
▸ **deteriorar-se** *vp* to deteriorate

determinação *sf* **1** *(firmeza)* determination: *Sua ~ em vencer era incrível.* His determination to win was incredible. **2** *(ordem)* order: *Fomos liberados por ~ do presidente.* We were freed on the president's orders.

determinado, -a *adj* **1** *(certo)* certain: *em ~s casos* in certain cases **2** *(decidido)* determined: *uma pessoa muito determinada* a very determined person *Ver tb* DETERMINAR

determinar *vt* **1** *(estabelecer)* to determine **2** *(decidir)* to decide **3** *(ordenar)* to order: *O juiz determinou que o réu se sentasse.* The judge ordered the accused to sit down.

D

detestar *vt* to hate *sb/sth/doing sth*; to detest *sb/sth/doing sth (mais formal)*

detetive *smf* detective: *~ particular* private detective

detido, -a ▸ *adj*: *estar/ficar ~* to be under arrest
▸ *sm-sf* detainee *Ver tb* DETER

detonado, -a *adj (pessoa, objeto)* worn out *Ver tb* DETONAR

detonar *vt* **1** *(explodir)* to detonate **2** *(criticar)* to criticize *sth* severely **3** *(comer)* to wolf *sth* down: *Ele detonou um hambúrguer em 10 segundos.* He wolfed a hamburger down in 10 seconds.

deus *sm* god LOC **Deus me livre!** God forbid! ◆ **meu Deus!** (oh) my God! ◆ **se Deus quiser** God willing ◆ **só Deus sabe/sabe Deus** God knows *Ver tb* AMOR, GRAÇA

deusa *sf* goddess

devagar ▸ *adv* slowly
▸ *interj* **devagar!** slow down LOC **devagar e sempre** slowly but surely

dever[1] *vt* **1 + substantivo** to owe: *Te devo 3.000 reais/uma explicação.* I owe you 3,000 reals/an explanation. **2 + infinitivo (a)** *(no presente ou futuro, orações afirmativas)* must: *Você deve obedecer às regras.* You must obey the rules. ◇ *Ela já deve estar em casa.* She must be home by now. ➲ *Ver nota em* MUST **(b)** *(no presente ou futuro, orações negativas)*: *Não deve ser fácil.* It can't be easy. **(c)** *(no passado ou condicional)* should: *Faz uma hora que você devia estar aqui.* You should have been here an hour ago. ◇ *Você não devia sair assim.* You shouldn't go out like that. ◇ *Você devia ter dito isso antes de sairmos!* You should have said so before we left! **3** to be due *to sth*: *Isto se deve à falta de fundos.* This is due to a lack of funds. LOC **como deve ser**: *um escritório como deve ser* a real office ◇ *fazer algo como deve ser* to do something right

dever[2] *sm* **1** *(obrigação moral)* duty *(pl* duties): *cumprir um ~* to do your duty **2 deveres** *(Educ)* homework *[não contável]*: *fazer os ~es* to do your homework ◇ *O professor passa muitos ~es.* Our teacher gives us a lot of homework.

devidamente *adv (corretamente)* duly; properly *(mais coloq)*

devido, -a *adj* (*correto*) proper LOC **devido a** due to *sb/sth* *Ver tb* DEVER[1]

devolução *sf* **1** (*artigo*) return: *a ~ de produtos defeituosos* the return of defective goods **2** (*dinheiro*) refund

devolver *vt* **1** to return: *Você devolveu os livros à biblioteca?* Did you return the books to the library? **2** (*dinheiro*) to refund: *O dinheiro lhe será devolvido.* Your money will be refunded.

devoto, -a ▸ *adj* devout
▸ *sm-sf* devotee

dez *num numeral, sm* **1** ten **2** (*data*) tenth ➲ *Ver exemplos em* SEIS

dezembro *sm* December (*abrev* Dec.) ➲ *Ver exemplos em* JANEIRO

dezena *sf* **1** (*Mat, número coletivo*) ten **2** (*aproximadamente*) about ten: *uma ~ de pessoas/vezes* about ten people/times

dezenove *num numeral, sm* **1** nineteen **2** (*data*) nineteenth ➲ *Ver exemplos em* SEIS

dezesseis *num numeral, sm* **1** sixteen **2** (*data*) sixteenth ➲ *Ver exemplos em* SEIS

dezessete *num numeral, sm* **1** seventeen **2** (*data*) seventeenth ➲ *Ver exemplos em* SEIS

dezoito *num numeral, sm* **1** eighteen **2** (*data*) eighteenth ➲ *Ver exemplos em* SEIS

dia *sm* **1** day: *—Que ~ é hoje? —Terça-feira.* "What day is it today?" "Tuesday." ◇ *no ~ seguinte* on the following day ◇ *Está um ~ bonito hoje.* It's a nice day today. **2** (*em datas*): *Termina no ~ 15.* It ends on the 15th. ◇ *Eles chegaram no ~ 10 de abril.* They arrived on April 10. ❶ Diz-se "April tenth" ou "the tenth of April". LOC **ao/por dia** a day: *três vezes ao ~* three times a day ◆ **bom dia!** good morning; morning (*mais coloq*) ◆ **de dia/durante o dia** in the daytime/during the day: *Eles dormem de ~.* They sleep during the day. ◆ **dia claro** daylight: *Já era ~ claro quando fui dormir.* It was already daylight when I went to bed. ◆ **dia das mães/dos pais** Mother's/Father's Day ◆ **dia de Natal** Christmas Day ➲ *Ver nota em* NATAL ◆ **dia de Reis** Epiphany ◆ **dia de semana** weekday ◆ **dia dos namorados** Valentine's Day ➲ *Ver nota em* VALENTINE'S DAY ◆ **dia livre/de folga 1** (*não ocupado*) free day **2** (*sem ir trabalhar*) day off: *Amanhã é o meu ~ livre.* Tomorrow's my day off. ◆ **dia sim, dia não** every other day ◆ **dia útil** working day ◆ **estar/andar em dia** to be up to date ◆ **o dia de amanhã** in the future ◆ **pôr em dia** to bring *sb/sth* up to date ◆ **ser (de) dia** to be light ◆ **todos os dias** every day ➲ *Ver nota em* EVERYDAY *Ver tb* ALGUM, ASSUNTO, BOTAR, HOJE, NOITE, OUTRO, QUINZE, ROMPER

diabetes (*tb* **diabete**) *sm ou sf* diabetes [*não contável*]

diabético, -a *adj, sm-sf* diabetic

diabo *sm* devil LOC **do(s) diabo(s)**: *Está um frio dos ~s.* It's freezing. ◇ *um problema dos ~s* one hell of a problem ◆ **por que diabo(s)...?** why the hell...?: *Por que ~s você não me disse?* Why the hell didn't you tell me? *Ver tb* ADVOGADO, FEIO

diagnóstico *sm* diagnosis (*pl* diagnoses)

diagonal *adj, sf* diagonal

diagrama *sm* diagram

dialeto *sm* dialect: *um ~ do inglês* a dialect of English

diálogo *sm* dialogue

diamante *sm* diamond LOC *Ver* BODAS

diâmetro *sm* diameter

diante *prep* LOC **diante de 1** (*espaço*) in front of *sb/sth*: *Ela estava sentada ~ dele.* She was sitting in front of him. **2** (*perante*) (**a**) (*pessoa*) in the presence of: *Você está ~ do futuro presidente.* You're in the presence of the future president. (**b**) (*coisa*) up against: *Estamos ~ de um grande problema.* We're up against a major problem. *Ver tb* ASSIM, HOJE

dianteira *sf* **1** (*carro*) front **2** (*liderança*) lead: *ir na ~* to be in the lead

dianteiro, -a *adj* front

diária *sf* **1** (*de hotel*) (*empregada, etc.*) daily rate **2** (*de viagem*) daily allowance

diário, -a ▸ *adj* daily
▸ *sm* **1** (*jornal*) daily (*pl* **dailies**) **2** (*pessoal*) diary (*pl* **diaries**) LOC *Ver* USO

diarista *sf* maid who is paid by the day

diarreia *sf* diarrhea [*não contável*]

dica *sf* tip

dicionário *sm* dictionary (*pl* **dictionaries**): *Procure no ~.* Look it up in the dictionary. ◇ *um ~ bilíngue* a bilingual dictionary

didático, -a *adj* educational LOC *Ver* LIVRO, MATERIAL

diesel *sm* diesel: *motor a ~* diesel engine

dieta *sf* diet: *estar de ~* to be on a diet

dietético, -a *adj* diet: *chocolate ~* diet chocolate

difamar *vt* **1** (*oralmente*) to slander **2** (*por escrito*) to libel

diferença *sf* **1 ~ em relação a/entre** difference between *sth and sth*: *O Rio tem duas horas de ~ em relação a Nova York.* There's a two hour time difference between Rio and New York. **2 ~ (de)** difference (in/of *sth*): *Não há muita ~ de preço entre os dois.* There's not much difference in price between the two. ◇ *~ de opinião* difference of opinion ◇ *Que ~ faz?* What difference does it make?

diferenciar ▸ *vt* to differentiate *sth* (*from sth*); to differentiate (between) *sth and sth* ▸ **diferenciar-se** *vp*: *Eles não se diferenciam em nada.* There's no difference between them. ◇ *Como se diferenciam?* What's the difference?

diferente *adj* **~ (de/para)** different (from/than/to *sb/sth*): *Pensamos de modo/maneira ~.* We think differently.

difícil *adj* difficult

dificuldade *sf* difficulty (*pl* **difficulties**): *criar/causar ~s* to create difficulties **LOC ter dificuldade (de fazer algo)** to have trouble (*doing sth*): *Tive ~ de passar em matemática.* I had trouble passing math.

dificultar *vt* **1** (*tornar difícil*) to make *sth* difficult **2** (*progresso, mudança*) to hinder

difundido, -a *adj* widespread *Ver tb* DIFUNDIR

difundir ▸ *vt* **1** (*TV, Rádio*) to broadcast **2** (*publicar*) to publish **3** (*oralmente*) to spread ▸ **difundir-se** *vp* (*notícia, luz*) to spread

digerir *vt* to digest

digestão *sf* digestion **LOC fazer a digestão** to wait for your food to go down: *Ainda estou fazendo a ~.* I'm just waiting for my food to go down.

digestivo, -a *adj* digestive: *o aparelho ~* the digestive system

digitação *sf* **LOC** *Ver* ERRO

digital *adj* digital **LOC** *Ver* IMPRESSÃO, LIVRO

digitalização *sf* digitization

digitalizar *vt* to digitize

digitar *vt* **1** (*senha, etc.*) to enter; to key *sth* (in) (*mais coloq*) **2** (*texto, trabalho, etc.*) to type

dígito *sm* digit: *um número de telefone com seis ~s* a six-digit phone number

dignar-se *vp* **~ a** to deign *to do sth*

dignidade *sf* dignity

digno, -a *adj* **1** decent: *o direito a um trabalho ~* the right to a decent job **2 ~ de** worthy of *sth*: *~ de atenção* worthy of attention **LOC digno de confiança** reliable

dilatar(-se) *vt, vp* **1** (*distender(-se), aumentar*) to expand **2** (*poros, pupilas*) to dilate

dilema *sm* dilemma

diluir *vt* **1** (*sólido*) to dissolve **2** (*líquido*) to dilute **3** (*molho, tinta*) to thin

dilúvio *sm* deluge **LOC o Dilúvio** the Flood

dimensão *sf* **1** dimension: *a quarta ~* the fourth dimension ◇ *as dimensões de uma sala* the dimensions of a room **2** (*extensão*) extent: *Não conhecemos a ~ do problema.* We don't know the extent of the problem.

diminuição *sf* fall (*in sth*): *uma ~ no número de acidentes* a fall in the number of accidents

diminuir ▸ *vt* to reduce: *Diminua a velocidade.* Reduce your speed. ▸ *vi* **1** (*reduzir-se*) to drop: *Os preços diminuíram.* Prices have dropped. **2** (*febre*) to subside **3** (*ruído*) to die down

diminutivo, -a *adj, sm* diminutive

dinâmica *sf* (*interação*) dynamics [*pl*]: *Esta equipe tem uma ~ fantástica.* This team has great dynamics.

dinâmico, -a *adj* dynamic

dinamite *sf* dynamite

dinastia *sf* dynasty (*pl* **dynasties**)

dinheirão *sm* fortune: *Custa um ~.* It costs a fortune.

dinheiro *sm* money [*não contável*]: *Você tem algum ~?* Do you have any money? ◇ *Necessito de ~.* I need some money. **LOC andar/estar mal de dinheiro** to be short of money ◆ **dinheiro trocado** loose change *Ver tb* LAVAGEM, PAGAR

dinossauro *sm* dinosaur

dióxido *sm* dioxide **LOC dióxido de carbono** carbon dioxide

diploma *sm* diploma **LOC** *Ver* ESCOLAR

diplomacia *sf* diplomacy

diplomado, -a *adj* qualified: *uma enfermeira diplomada* a qualified nurse

diplomata *smf* diplomat

diplomático, -a *adj* diplomatic

dique *sm* dike

direção *sf* **1** (*rumo, Cinema*) direction: *Eles iam na ~ contrária.* They were going in the opposite direction. ◇ *sair em ~ a Belém* to set off for Belém ◇ *ir em ~ a alguém/algo* to go toward sb/sth **2** (*empresa*) management **3** (*volante*) steering: *~ hidráulica* power steering **4** (*aula*) driving: *aulas de ~* driving lessons **LOC** *Ver* MUDANÇA

direita *sf* **1** right: *É a segunda porta à ~.* It's the second door on the right. ◇ *Quando chegar ao sinal de trânsito, vire à ~.* Turn right at the traffic lights. **2** (*mão*) right hand: *escrever com a ~* to be right-handed LOC **a direita** (*Pol*) the right ♦ **de direita** right-wing

direito, -a ▸ *adj* **1** (*destro*) right: *quebrar o pé* ~ to break your right foot **2** (*reto*) straight: *Este quadro não é* ~. That picture isn't straight. ◇ *Sente* ~ *na cadeira.* Sit up straight. **3** (*aprumado*) upright ▸ *sm* **1** (*oposto de avesso*) right side **2** (*faculdade legal ou moral*) right: *Com que* ~ *você entra aqui?* What right do you have to come in here? ◇ *os* ~*s humanos* human rights ◇ *o* ~ *de voto* the right to vote **3** (*curso*) law **4** (*pé*) right foot LOC **dar o direito a (fazer) algo** to entitle *sb* to (do) sth ♦ **direitos alfandegários** customs duties ♦ **direitos autorais** copyright ♦ **estar no seu direito** to be within your rights: *Estou no meu* ~. I'm within my rights. ♦ **não está direito!** it's not fair! ♦ **ter o direito a algo/de fazer algo** to be entitled to sth/to do sth *Ver tb* BRAÇO, COMEÇAR, TORTO

diretamente *adv* straight: *Regressamos* ~ *a São Paulo.* We went straight back to São Paulo.

direto, -a ▸ *adj* **1** direct: *um voo* ~ a direct flight ◇ *Qual é o caminho mais* ~? What's the most direct route? **2** (*franco*) frank ▸ *adv* **1** straight: *Vá* ~ *para casa.* Go straight home. ◇ *Fomos* ~ *falar com o instrutor.* We went straight to talk to the instructor. **2** (*constantemente*): *Ele reclama* ~. He's always complaining. LOC **ir direto ao assunto** to get to the point

diretor, -ora *sm-sf* **1** director: ~ *artístico/financeiro* artistic/financial director ◇ *um* ~ *de cinema* a movie director **2** (*escola*) principal; head teacher (*GB*) **3** (*jornal, editora*) editor

diretoria *sf* **1** (*empresa*) (**a**) (*diretores*) board (**b**) (*sala*) boardroom **2** (*escola*) principal; head teacher (*GB*)

dirigente ▸ *adj* **1** (*Pol*) ruling **2** (*gerente*) management: *a equipe* ~ the management team ▸ *smf* (*Pol*) leader

dirigir ▸ *vt* **1** (**a**) (*carro*) to drive: *Estou aprendendo a* ~. I'm learning to drive. (**b**) (*moto*) to ride **2** (*peça de teatro, filme, trânsito*) to direct **3** (*orquestra*) to conduct **4** (*carta, mensagem*) to address *sth to sb/sth* **5** (*debate, campanha, expedição, partido*) to lead **6** (*negócio*) to run ▸ **dirigir-se** *vp* **1 dirigir-se a/para** to head for...: *dirigir-se à fronteira* to head for the border **2 dirigir-se a** (**a**) (*falar*) to speak to *sb* (**b**) (*por carta*) to write to *sb* LOC **dirigir a palavra** to speak *to sb*

discar *vt, vi* to dial: *Você discou errado.* You dialed the wrong number.

disciplina *sf* **1** discipline: *manter a* ~ to maintain discipline **2** (*matéria*) subject: *Levei bomba em duas* ~*s.* I flunked two subjects.

discípulo, -a *sm-sf* **1** (*seguidor*) disciple **2** (*aluno*) student

disc-jóquei *smf* disc jockey (*pl* jockeys) (*abrev* DJ)

disco *sm* **1** (*Mús*) record: *gravar/pôr um* ~ to make/play a record **2** (*Informát, objeto circular*) disk: *o* ~ *rígido* the hard disk **3** (*Esporte*) discus LOC **disco voador** flying saucer

discordar *vt, vi* ~ **(de)** to disagree (*with sb*) (*about/on sth*)

discoteca *sf* **1** (*clube noturno*) club **2** (*coleção*) music collection LOC **de discoteca** (*música*) disco: *um ritmo de* ~ a disco beat

discreto, -a *adj* **1** (*prudente*) discreet **2** (*modesto*) unremarkable

discrição *sf* discretion

discriminação *sf* discrimination: *a* ~ *racial* racial discrimination ◇ *a* ~ *contra as mulheres* discrimination against women

discriminar *vt* to discriminate against *sb*

discurso *sm* speech: *fazer um* ~ to make a speech

discussão *sf* **1** (*debate*) discussion **2** (*briga*) argument LOC *Ver* ENTRAR

discutir ▸ *vt* **1** ~ **(sobre)** (*debater*) to discuss: ~ *política* to discuss politics **2** (*questionar*) to question: ~ *uma decisão* to question a decision ▸ *vi* (*brigar*) to argue (*with sb*) (*about/over sth*) LOC *Ver* GOSTO

disenteria *sf* dysentery

disfarçar ▸ *vt* to disguise: ~ *a voz* to disguise your voice ◇ ~ *uma cicatriz* to hide a scar ▸ *vi* (*fingir*) to pretend: *Disfarce, faça como se você não soubesse de nada.* Pretend you don't know anything.

disfarce *sm* disguise

dislexia *sf* dyslexia

disléxico, -a *adj, sm-sf* dyslexic

disparado, -a *adj* LOC **sair disparado/em disparada** to shoot out (*of*...): *Eles saíram* ~*s do banco.* They shot out of the bank. *Ver tb* DISPARAR

disparar ▸ *vt, vi* to shoot: ~ *uma flecha* to shoot an arrow ◇ *Não disparem!* Don't shoot! ◇ *Eles disparavam contra tudo o que se movesse.* They were shooting at everything that moved. ▸ *vi* **1** (*arma, dispositivo*) to go off: *A pistola* *disparou.* The pistol went off. **2** (*preços*) to shoot up

disparate *sm* **1** (*dito*) nonsense [*não contável*]: *Não diga ~s!* Don't talk nonsense! **2** (*feito*) stupid thing

disparo *sm* shot

dispensar *vt* **1** (*passar sem*) to dispense with *sth*: *Dispense apresentações.* Don't bother with introductions. **2** (*de exame, prova*) to let *sb off sth*: *Como ele tinha boas notas, dispensaram-no do exame.* He got such good grades that they let him off the test. **3** (*de um cargo*) to relieve *sb of sth*: *Ele foi dispensado do cargo.* He was relieved of his duties.

dispersar(-se) *vt, vi, vp* to disperse

disponível *adj* available

dispor ▸ *vt* **1** to arrange: *Dispus os livros em pequenas pilhas.* I arranged the books in small piles. **2** ~ **de** (**a**) (*ter*) to have (**b**) (*utilizar*) to use: ~ *das suas economias* to use your savings
▸ **dispor-se** *vp* **dispor-se a** to offer *to do sth*: *Dispus-me a ajudar mas recusaram a minha ajuda.* I offered to help but they turned me down.

disposição *sf* (*arrumação*) arrangement LOC **estar a disposição de alguém** to be at sb's disposal ◆ **estar com disposição para** to feel like *doing sth*: *Hoje estou com ~ para o trabalho.* I feel like working today.

dispositivo *sm* device

disposto, -a *adj* **1** (*ordenado*) arranged **2** (*solícito*) willing: *Estou ~ a ajudar.* I'm willing to help. **3** ~ **a** (*decidido*) prepared *to do sth*: *Não estou ~ a me demitir.* I'm not prepared to resign. LOC **não estar bem disposto** not to feel well: *Não estou bem ~ hoje.* I don't feel well today. *Ver tb* DISPOR

disputa *sf* **1** (*briga*) argument **2** (*competição*) competition

disputado, -a *adj* **1** (*competitivo*) fiercely contested **2** (*procurado*) sought after *Ver tb* DISPUTAR

disputar *vt* **1** (*prêmio, eleição, etc.*) to contest **2** (*partida*) to play

disquete *sm* floppy disk

dissecar *vt* to dissect

dissertação *sf* paper LOC **dissertação de mestrado** master's dissertation

dissimuladamente *adv* surreptitiously

dissimular ▸ *vt* to hide
▸ *vi* to pretend

dissolver(-se) *vt, vp* **1** (*num líquido*) to dissolve: *Dissolva o açúcar no leite.* Dissolve the sugar in the milk. **2** (*manifestação*) to break (*sth*) up: *A manifestação dissolveu-se imediatamente.* The demonstration broke up immediately.

dissuadir *vt* to dissuade *sb* (*from sth/doing sth*)

distância *sf* distance: *A que ~ fica o próximo posto de gasolina?* How far is it to the next gas station? LOC **a/à distância** at/from a distance ◆ **a muita/pouca distância de...** a long way/not far from...: *a pouca ~ de nossa casa* not far from our house *Ver tb* SALTO[1]

D

distanciar ▸ *vt* **1** (*no espaço, tempo*) to distance **2** (*pessoas*) to drive *sb* apart
▸ **distanciar-se** *vp* **1** (*afastar-se*) to move away **2** (*pessoas*) to grow apart

distante *adj* distant

distinção *sf* distinction: *fazer distinções* to make distinctions LOC **sem distinção de raça, sexo, etc.** regardless of race, gender, etc.

distinguir ▸ *vt* **1** to distinguish *sb/sth* (*from sb/sth*): *Você consegue ~ os machos das fêmeas?* Can you distinguish the males from the females? ◇ *Não consigo ~ os dois irmãos.* I can't tell the brothers apart. **2** (*divisar*) to make *sth* out: *~ uma silhueta* to make out an outline
▸ **distinguir-se** *vp* **distinguir-se por** to be known for *sth*: *Ele se distingue pela tenacidade.* He's known for his tenacity.

distinto, -a *adj* **1** (*diferente*) different (*from/than/to sb/sth*) **2** (*som, ruído*) distinct **3** (*eminente*) distinguished

distorcer *vt* (*alterar*) to distort: *~ uma imagem/os fatos* to distort an image/the facts

distração *sf* **1** (*divertimento, esquecimento*) distraction **2** (*falta de atenção*) absentmindedness **3** (*descuido*) oversight

distraído, -a *adj* absentminded LOC **estar/ir distraído** to be miles away ◆ **fazer-se de distraído** to pretend not to notice *Ver tb* DISTRAIR

distrair ▸ *vt* **1** (*entreter*) to keep *sb* amused: *Contei histórias para distraí-los.* I told them stories to keep them amused. **2** (*fazer perder a atenção*) to distract *sb* (*from sth*): *Não me distraia do meu trabalho.* Don't distract me from my work.
▸ **distrair-se** *vp* **1 distrair-se com algo/fazendo algo** (**a**) (*passar o tempo*) to pass the time doing sth (**b**) (*gostar de*) to enjoy doing sth: *Eu me distraio lendo.* I enjoy reading. **2** (*descuidar-se*) to be distracted: *Distraí-me por um instante.* I was distracted for a moment.

distribuição *sf* **1** distribution **2** (*correspondência*) delivery **3** (*casa, apartamento*) layout

distribuir *vt* **1** (*entregar*) to hand *sth* out; to distribute (*mais formal*): *As equipes distribuirão alimentos aos refugiados.* Food will be distributed to the refugees by the teams. **2** (*repartir*) to share *sth* out

D

distrito *sm* district

distúrbio *sm* **1** (*perturbação*) disturbance **2** (*violento*) riot **3** (*doença*) disorder LOC *Ver* CRIAR

ditado *sm* **1** (*para ser escrito*) dictation: *Vamos fazer um ~.* We're going to do a dictation. **2** (*provérbio*) saying: *Como diz o ~...* As the saying goes...

ditador, -ora *sm-sf* dictator

ditadura *sf* dictatorship: *durante a ~ militar* under the military dictatorship

ditar *vt* to dictate

dito, -a *adj* LOC **dito de outra forma/maneira** in other words ◆ **(foi) dito e feito** no sooner said than done *Ver tb* DIZER

ditongo *sm* diphthong

divã *sm* divan

diversão *sf* **1** (*distração*) amusement **2** (*prazer*) fun [*não contável*]: *Pintar para mim é uma ~.* I paint for fun. **3** (*espetáculo*) entertainment: *lugares de ~* places of entertainment LOC *Ver* PARQUE

diverso, -a *adj* **1** (*variado, diferente*) different (*from/than/to sb/sth*): *pessoas de diversas origens* people from different backgrounds **2 diversos** (*vários*) various: *O livro cobre ~s aspectos.* The book covers various aspects.

divertido, -a *adj* **1** (*engraçado*) funny **2** (*agradável*) enjoyable: *umas férias divertidas* an enjoyable vacation ➲ *Ver nota em* FUN LOC **estar/ser (muito) divertido** to be (great) fun *Ver tb* DIVERTIR

divertimento *sm* amusement

divertir ▸ *vt* to amuse

▸ **divertir-se** *vp* **1** to enjoy yourself: *Divirta-se!* Enjoy yourself!/Have a good time! **2 divertir-se (a/com/fazendo algo)** to enjoy *sth/doing sth*: *Eles se divertem irritando as pessoas.* They enjoy annoying people.

dívida *sf* debt: *estar em ~ (para) com o banco* to be in debt to the bank

dividir ▸ *vt* **1** to divide *sth* (up): *~ o trabalho/o bolo* to divide (up) the work/cake ◇ *~ algo em três partes* to divide sth into three parts ◇ *Dividiram-no entre os filhos* They divided it between their children. **2** (*Mat*) to divide *sth* (*by sth*): *~ oito por dois* to divide eight by two **3** (*partilhar*) to share: *~ um apartamento* to share an apartment

▸ **dividir(-se)** *vt, vp* **dividir(-se) (em)** to split (into *sth*): *dividir-se em duas facções* to split into two factions LOC **dividir meio a meio** to go halves (*on sth*): *Vamos ~ a conta meio a meio.* Let's split the check.

divino, -a *adj* divine

divisa *sf* **1** (*fronteira*) border: *a ~ entre São Paulo e Minas Gerais* the border between São Paulo and Minas Gerais **2 divisas** (*dinheiro*) (foreign) currency: *pagar em ~s* to pay in foreign currency

divisão *sf* **1** division: *a ~ da antiga Iugoslávia* the division of former Yugoslavia ◇ *um time da primeira ~* a first-division team **2** (*compartimento*) compartment: *uma gaveta com duas divisões* a drawer with two compartments LOC **fazer divisão de** to share *sth*: *fazer ~ das despesas* to share expenses

divisória *sf* partition

divorciado, -a *adj* divorced *Ver tb* DIVORCIAR-SE

divorciar-se *vp* ~ **(de)** to get divorced (from *sb*)

divórcio *sm* divorce

divulgar ▸ *vt* **1** (*notícia*) to spread **2** (*produto*) to market **3** (*tornar público*) to publish

▸ **divulgar-se** *vp* (*notícia*) to spread

dizer *vt* to say, to tell

> *Dizer* geralmente se traduz por **say**: *—São três horas, disse a Rosa.* "It's three o'clock," said Rosa. ◇ *O que é que ele disse?* What did he say? Quando especificamos a pessoa com quem estamos falando, é mais natural utilizar **tell**: *Ele me disse que ia chegar tarde.* He told me he'd be late. ◇ *Quem te disse?* Who told you? **Tell** também é utilizado para dar ordens: *Ela me disse que lavasse as mãos.* She told me to wash my hands. ➲ *Ver nota em* SAY

LOC **digamos...** let's say...: *Digamos às seis.* Let's say six o'clock. ◆ **digo...** I mean...: *Custa quatro, digo cinco mil reais.* It costs four, I mean five, thousand reals. ◆ **não (me) diga!** you don't say! ◆ **sem dizer nada** without a word ❶ Para outras expressões com **dizer**, ver os verbetes para o substantivo, adjetivo, etc., p.ex. **por assim dizer** em ASSIM e **dizer tolices** em TOLICE.

dó[1] *sm* LOC **dar dó** to be a pity: *Dá dó jogar fora tanta comida.* It's a pity to throw away so much food. ◆ **sem dó nem piedade** ruthless: *uma pessoa sem* *dó nem piedade* a ruthless person ♦ **ter dó de alguém** to take pity on sb

dó² *sm* (*Mús*) C: *em dó maior* in C major

doação *sf* donation: *fazer uma* ~ to make a donation

doador, -ora *sm-sf* donor: *um* ~ *de sangue* a blood donor

doar *vt* to donate

dobra *sf* **1** fold **2** (*livro, envelope*) flap

dobradiça *sf* hinge

dobradinha *sf* (*Cozinha*) tripe [*não contável*]

dobrar ▸ *vt* **1** (*sobrepor*) to fold: ~ *um papel em oito* to fold a piece of paper into eight **2** (*curvar, flexionar*) to bend: ~ *o joelho/uma barra de ferro* to bend your knee/an iron bar **3** (*duplicar*) to double: *Eles dobraram a oferta.* They doubled their offer. **4** (*esquina*) to turn
▸ *vi* (*sinos*) to toll
▸ **dobrar-se** *vp* (*curvar-se*) to bend (over)

dobrável *adj* folding: *uma cama* ~ a folding bed

dobro *sm* twice as much/many: *Custa o ~.* It costs twice as much. ◇ *Ela ganha o ~ de mim.* She earns twice as much as me. ◇ *Havia lá o ~ das pessoas.* There were twice as many people there. ◇ *com o ~ da largura* twice as wide

doca *sf* dock

doce ▸ *adj* **1** sweet: *um vinho* ~ a sweet wine **2** (*pessoa, voz*) gentle
▸ *sm* sweet **LOC** **doce de leite** caramelized condensed milk *Ver tb* ÁGUA, ALGODÃO, FLAUTA, PÃO

docente ▸ *adj* teaching: *corpo* ~ teaching staff
▸ *smf* **1** teacher **2** (*em universidade*) professor; lecturer (*GB*)

dócil *adj* docile

documentação *sf* **1** (*de um carro, etc.*) documents [*pl*] **2** (*de uma pessoa*) identity card; ID (card) (*mais coloq*)

documentário *sm* documentary (*pl* documentaries): *Esta noite vai passar um ~ sobre a Índia.* There's a documentary tonight about India.

documento *sm* **1** document **2 documentos** (**a**) (*de uma pessoa*) identity card; ID (card) (*mais coloq*): *Eles me pediram os ~s.* They asked to see my ID. (**b**) (*de um carro, etc.*) documents

doença *sf* **1** illness: *recuperar-se de uma ~ grave* to recover from a serious illness **2** (*infecciosa, contagiosa*) disease: ~ *hereditária/de Parkinson* hereditary/Parkinson's disease ➲ *Ver nota em* DISEASE

doente ▸ *adj* sick, ill

> **Sick** e **ill** significam ambos *doente*, porém não são intercambiáveis.
>
> **Sick** é a palavra mais comum nos Estados Unidos: *estar/ficar doente* to be/get sick, mas na Grã-Bretanha ela é usada normalmente diante de um substantivo: *cuidar de um animal doente* to look after a sick animal, ou quando nos referimos a faltas na escola ou no trabalho por motivo de doença: *Há 15 alunos dispensados por motivo de doença.* There are 15 children off sick. Neste último caso diz-se *out sick* nos Estados Unidos.
>
> Na Grã-Bretanha, contanto que não preceda um substantivo, usa-se mais comumente **ill**: *estar/ficar doente* to be/fall ill, e quando utilizamos **sick** com um verbo como **be** ou **feel**, não significa estar doente, e sim "estar com enjoo": *Estou enjoado.* I feel sick.

▸ *smf* **1** sick person ❶ Quando queremos nos referir aos doentes em geral, dizemos **the sick**: *cuidar dos doentes* to care for the sick. **2** (*paciente*) patient **LOC** **deixar alguém doente** (*farto*) to make sb sick

doer ▸ *vi* **1** to hurt: *Isto não vai ~ nada.* This won't hurt (you) at all. ◇ *A minha perna/o meu estômago está doendo.* My leg/stomach hurts. **2** (*cabeça, dentes*) to ache: *A minha cabeça está doendo.* I have a headache.
▸ *vt* to hurt: *Doeu-me muito eles não me terem apoiado.* I was very hurt by their lack of support. **LOC** *Ver* FEIO

doidão, -ona *adj* stoned

doidice *sf* **1** (*loucura*) madness **2** (*ideia*) crazy idea

doido, -a ▸ *adj* ~ **(por)** crazy (about *sb/sth*): *ficar* ~ to go crazy ◇ *Ele é ~ por você.* He's crazy about you.
▸ *sm-sf* lunatic: *Eles dirigem como ~s.* They drive like lunatics. **LOC** **cada doido com a sua mania** each to his own ♦ **ser doido varrido** to be as mad as a hatter

doído, -a *adj Ver* DOLORIDO

dois, duas *num numeral, sm* **1** two **2** (*data*) second ➲ *Ver exemplos em* SEIS **LOC** **cada dois dias, duas semanas, etc.** every other day, week, etc. ♦ **os dois/as duas** both: *as duas mãos* both hands ◇ *Nós ~ fomos.* We both went/Both of us went. ♦ **dois a dois** in pairs ♦ **nenhum dos dois/nenhuma das duas** neither of them *Ver tb* VEZ

dois-pontos *sm Ver* COLON ➲ *Ver pág. 310*

dólar *sm* dollar

D

dolorido, -a *adj* **1** (*com dor*) sore: *Estou com o ombro ~.* My shoulder is sore. **2** (*que provoca dor*) painful

doloroso, -a *adj* painful

dom *sm* gift: *o ~ da palavra* the gift of the gab

domar *vt* **1** to tame **2** (*cavalo*) to break *a horse* in

doméstica *sf* (*empregada*) maid

domesticar *vt* to domesticate

doméstico, -a *adj* **1** household: *tarefas domésticas* household chores **2** (*animal*) domestic LOC *Ver* EMPREGADO, TAREFA, TRABALHO

domicílio *sm* home; residence (*formal*): *mudança de ~* change of address ◇ *entrega/serviço em ~* delivery service

dominante *adj* dominant

dominar *vt* **1** to dominate: *~ os demais* to dominate other people **2** (*língua*) to be fluent in *sth*: *Ele domina bem o russo.* He's fluent in Russian. **3** (*matéria, técnica*) to be good at *sth*

domingo *sm* Sunday (*abrev* Sun.) ➲ *Ver exemplos em* SEGUNDA-FEIRA LOC **Domingo de Ramos/Páscoa** Palm/Easter Sunday

domínio *sm* **1** (*controle*) control: *o seu ~ da bola* his ball control **2** (*língua*) command **3** (*técnica*) mastery **4** (*setor, campo*) field **5** (*território, Informát*) domain LOC **ser de/do domínio público** to be common knowledge

dominó *sm* (*jogo*) dominoes [*não contável*]: *jogar ~* to play dominoes

dona *sf*: *Dona Fernanda (Costa)* Mrs. (Fernanda) Costa *Ver tb* DONO LOC **dona de casa** housewife (*pl* housewives)

donativo *sm* donation

dono, -a *sm-sf* **1** owner **2** (*bar, pensão*) (**a**) (*masc*) landlord (**b**) (*fem*) landlady (*pl* landladies) LOC **ser dono do seu nariz** to know your own mind

dopado, -a *adj* LOC **estar dopado** to be on drugs

dopagem *sf* (*tb* **doping** *sm*) doping

dor *sf* **1** pain: *algo contra/para a ~* something for the pain ◇ *Ela está com ~?* Is she in pain? **2** (*mágoa*) grief LOC **dor de cabeça, dentes, ouvidos, etc.** headache, toothache, earache, etc.: *estar com ~ de cabeça/estômago* to have a headache/stomachache ◆ **dor de cotovelo** jealousy: *ter/estar com ~* to be jealous ◆ **dor nas costas** backache ◆ **dor de garganta** sore throat: *Ele está com ~ de garganta.* He has a sore throat. *Ver tb* ESTOURAR, ESTREMECER

dormente *adj* numb: *Estou com a perna ~.* My leg's gone to sleep.

dormir *vi* **1** to sleep: *Não consigo ~.* I can't sleep. ◇ *Não dormi nada.* I didn't sleep a wink. **2** (*estar adormecido*) to be asleep: *enquanto a minha mãe dormia* while my mother was asleep **3** (*cair no sono*) to fall asleep: *Dormi no meio do filme.* I fell asleep in the middle of the film. **4** (*dormitar*) to doze off LOC **dormir com as galinhas** to go to bed early ◆ **dormir como uma pedra** to sleep like a log ◆ **não deixar dormir** to keep *sb* awake *Ver tb* HORA, PÃO

dormitório *sm* **1** bedroom **2** (*coletivo*) dormitory (*pl* dormitories); dorm (*coloq*)

dorsal *adj* LOC *Ver* ESPINHA

dosagem *sf* dosage

dose *sf* **1** (*Med*) dose **2** (*bebida alcoólica*) shot: *Vou tomar uma ~ de uísque.* I'm going to have a shot of whiskey. LOC **em doses homeopáticas** in small doses

dossiê *sm* (*processo*) dossier

dotado, -a *adj* **1** (*talentoso*) gifted **2 ~ de** (*qualidade*) endowed with *sth*: *~ de inteligência* endowed with intelligence

dote *sm* **1** (*de uma mulher*) dowry (*pl* dowries) **2** (*talento*) gift

dourado, -a *adj* **1** gold: *uma bolsa ~* a gold bag ◇ *cores/tons ~s* gold colors/tones **2** (*revestido de ouro*) gold-plated **3** (*cabelo*) golden **4** (*comida*) golden brown LOC *Ver* PEIXE

doutor, -ora *sm-sf* doctor (*abrev* Dr.)

doutrina *sf* doctrine

doze *num numeral, sm* **1** twelve **2** (*data*) twelfth ➲ *Ver exemplos em* SEIS

dragão *sm* dragon

drama *sm* drama LOC **fazer drama** to make a fuss (*about/over sth*)

dramático, -a *adj* dramatic

dramatizar *vt, vi* to dramatize: *Agora vão ~ a obra e fazer um seriado de televisão.* They're going to dramatize the book for television. ◇ *Não dramatize!* Don't be over-dramatic!

dramaturgo, -a *sm-sf* playwright

driblar *vt, vi* (*Esporte*) to dribble

droga ▸ *sf* **1** (*substância*) drug: *uma ~ leve/pesada* a soft/hard drug **2 as drogas** (*vício, tráfico*) drugs: *a luta contra as ~s* the fight against drugs ◇ *uma campanha contra as ~s* an anti-drugs campaign **3** (*coisa de má qualidade*) garbage
▸ *interj* **droga!** damn LOC *Ver* TRÁFICO

drogado, -a ▸ *adj* on drugs: *estar ~* to be on drugs
▸ *sm-sf* drug addict *Ver tb* DROGAR

drogar ▸ *vt* to drug
▸ **drogar-se** *vp* to take drugs

drogaria *sf* drugstore; chemist's (*GB*) ➲ *Ver nota em* AÇOUGUE

drone *sm* drone

duas *adj, pron Ver* DOIS

dublar *vt* to dub: ~ *um filme em português* to dub a movie into Portuguese

dublê *smf* **1** (*substituto*) stand-in **2** (*para cenas perigosas*) (**a**) (*masc*) stuntman (*pl* -men) (**b**) (*fem*) stuntwoman (*pl* -women)

ducha *sf* shower: *tomar uma* ~ to take a shower

duelo *sm* duel

duende *sm* elf (*pl* elves)

duna *sf* dune

duo *sm* **1** (*composição*) duet **2** (*par*) duo (*pl* duos)

duodécimo, -a *num numeral, sm* twelfth

dupla *sf* **1** pair **2 duplas** (*Esporte*) doubles *Ver tb* DUPLO

dúplex *sm* duplex

duplicar *vi* to double

duplo, -a *num numeral, adj* **1** double: *com (um)* ~ *sentido* with a double meaning ◇ *álbum* ~ double album **2** (*nacionalidade, personalidade, comando*) dual LOC *Ver* CLIQUE, ESTACIONAR, MÃO, PISTA

duque, -esa *sm-sf* **1** (*masc*) duke **2** (*fem*) duchess ❶ O plural de **duke** é "dukes", mas quando dizemos *os duques* referindo-nos ao duque e à duquesa, traduzimos por "the duke and duchess".

duração *sf* **1** length: *a* ~ *de um filme* the length of a movie ◇ *Qual é a* ~ *do contrato?* How long is the contract for? **2** (*lâmpada, pilha*) life: *pilhas de longa* ~ long-life batteries

durante *prep* during, for: ~ *o concerto* during the concert ◇ ~ *dois anos* for two years

Utilizamos **during** quando queremos nos referir ao tempo ou ao momento em que se inicia a ação, e **for** quando se especifica a duração da ação: *Senti-me mal durante a reunião.* I felt sick during the meeting. ◇ *Ontem à noite choveu durante três horas.* Last night it rained for three hours.

durar *vi* to last: *A crise durou dois anos.* The crisis lasted two years. ◇ ~ *muito* to last a long time ◇ *Durou pouco.* It didn't last long.

Durex® LOC *Ver* FITA

duro, -a ▸ *adj* **1** hard: *A manteiga está dura.* The butter's hard. ◇ *uma vida dura* a hard life ◇ *ser* ~ *com alguém* to be hard on sb **2** (*castigo, clima, crítica*) harsh **3** (*forte, resistente, carne*) tough: *É preciso ser* ~ *para sobreviver.* You have to be tough to survive. **4** (*pão*) stale **5** (*sem dinheiro*) broke

▸ *adv* hard: *trabalhar* ~ to work hard LOC **a duras penas** with great difficulty ◆ **duro de ouvido** hard of hearing ◆ **estar duro** to be broke *Ver tb* OSSO, OVO

dúvida *sf* **1** (*incerteza*) doubt: *sem* ~ *(alguma/nenhuma)* without a doubt ◇ *longe de* ~ beyond (all) doubt **2** (*problema*) question: *Alguma* ~*?* Are there any questions? ◇ *O professor passou a aula toda tirando* ~*s.* The teacher spent the whole class answering questions. LOC **estar em dúvida** to be in some doubt ◆ **não há dúvida (de) que...** there is no doubt that... ◆ **sem dúvida!** absolutely! *Ver tb* SOMBRA, VIA

duvidar ▸ *vt, vi* ~ **(de/que...)** to doubt: *Duvido!* I doubt it. ◇ *Você duvida da minha palavra?* Do you doubt my word? ◇ *Duvido que seja fácil.* I doubt it'll be easy.

▸ *vt* ~ **de alguém** to mistrust sb: *Ela duvida de todos.* She mistrusts everyone.

duvidoso, -a *adj* (*suspeito*) dubious: *um penalty* ~ a dubious penalty

duzentos, -as *num numeral, sm* two hundred ➲ *Ver exemplos em* SEISCENTOS

dúzia *sf* dozen: *uma* ~ *de pessoas* a dozen people LOC **às dúzias** by the dozen

DVD *sm* DVD

Ee

e *conj* **1** (*aditiva*) and: *meninos e meninas* boys and girls **2** (*em interrogativas*) and what about...?: *E você?* And what about you? **3** (*para designar as horas*) after; past (*GB*): *São duas e dez.* It's ten after two. **4** (*em numerais*): *vinte e dois* twenty-two

ébano *sm* ebony

ebulição *sf* boiling LOC *Ver* PONTO

echarpe *sf* scarf (*pl* scarves)

eclesiástico, -a *adj* ecclesiastical

eclipse *sm* eclipse

eco *sm* echo (*pl* echoes): *A gruta fazia* ~. The cave had an echo.

ecologia *sf* ecology

ecológico, -a *adj* ecological

ecologista ▸ *adj* environmental: *grupos* ~*s* environmental groups

▸ *smf* environmentalist

ecologização *sf* greening

economia *sf* **1** economy (*pl* economies): *a* ~ *do nosso país* our country's economy **2 economias** (*poupanças*) savings

3 *(Ciências)* economics *[não contável]* LOC **fazer economia (de)** to save *(sth)*

econômico, -a *adj* **1** *(que gasta pouco)* economical: *um carro muito ~* a very economical car **2** *(Econ)* economic ➲ *Ver nota em* ECONOMICAL LOC *Ver* CAIXA²

economista *smf* economist

E

economizar *vt, vi* to save: *~ tempo/dinheiro* to save time/money

ecossistema *sm* ecosystem

edição *sf* **1** *(publicação)* publication **2** *(tiragem, versão, TV, Rádio)* edition: *a primeira ~ do livro* the first edition of the book ◇ *~ pirata/semanal* pirate/weekly edition

edificar *vt, vi* to build

edifício *sm* building

edital *sm* official announcement (of dates, results, etc.)

editar *vt* **1** *(publicar)* to publish **2** *(preparar texto, Informát)* to edit

editor, -ora *sm-sf* **1** *(empresário)* publisher **2** *(de textos, TV, Rádio)* editor

editora *sf (casa editorial)* publisher: *De que ~ é?* Who are the publishers?

editorial ▸ *adj (setor)* publishing: *o mundo ~* the publishing world
▸ *sm (em jornal)* editorial
▸ *sf (casa editorial)* publisher

edredom *(tb* **edredão**) *sm* **1** quilt **2** *(grosso)* comforter; duvet *(GB)*

educação *sf* **1** *(ensino)* education: *~ sexual* sex education **2** *(criança)* upbringing: *Eles tiveram uma boa ~.* They were well brought up. **3** *(civilidade)* manners *[pl]*: *Ela não tem ~ nenhuma!* She has no manners. LOC **educação física** physical education *(abrev* P.E.) ◆ **fazer algo por educação** to do sth to be polite: *Não o faça só por ~.* Don't do it just to be polite. ◆ **ser boa/má educação** to be good/bad manners *(to do sth)*: *Bocejar é má ~.* It's bad manners to yawn. *Ver tb* FALTA

educado, -a *adj* polite *Ver tb* EDUCAR

educador, -ora *sm-sf* educator

educar *vt* **1** *(ensinar)* to educate **2** *(criar)* to bring *sb* up: *É difícil ~ bem os filhos.* It's difficult to bring your children up well. **3** *(adestrar)* to train

educativo, -a *adj* **1** educational: *brinquedos ~s* educational toys **2** *(sistema)* education: *o sistema ~* the education system LOC *Ver* MATERIAL

efeito *sm* **1** effect: *fazer ~* to have an effect **2** *(bola)* spin: *A bola vinha com ~.* The ball had (a) spin on it. LOC **efeito colateral** side effect ◆ **efeito estufa** greenhouse effect ◆ **ficar sem efeito** *(contrato, acordo)* to become invalid ◆ **para todos os efeitos** for all intents and purposes *Ver tb* SURTIR

efeminado, -a *adj Ver* AFEMINADO

efervescente *adj* effervescent

efetivo, -a *adj (permanente)* permanent

efetuar ▸ *vt* to carry *sth* out; to effect *(formal)*: *~ um ataque/uma prova* to carry out an attack/a test ◇ *~ mudanças* to effect change
▸ **efetuar-se** *vp* to take place

eficaz *adj* **1** *(que produz efeito)* effective: *um remédio ~* an effective remedy **2** *(eficiente)* efficient

eficiência *sf* efficiency

eficiente *adj* efficient

egocêntrico, -a *adj* self-centered

egoísmo *sm* selfishness

egoísta *adj* selfish

égua *sf* mare

ei! *interj* hey!: *Ei, cuidado!* Hey, watch out!

eixo *sm* **1** *(rodas)* axle **2** *(Geom, Geog, Pol)* axis *(pl* axes) LOC **estar/andar fora dos eixos** to be disturbed *Ver tb* ENTRAR

ela *pron* **1** *(pessoa)* **(a)** *(sujeito)* she: *Ela e a Maria são primas.* She and Maria are cousins. **(b)** *(complemento, em comparações)* her: *É para ~.* It's for her. ◇ *Você é mais alto do que ~.* You're taller than her. **2** *(coisa)* it LOC **é ela 1** it's her **2** *(ao telefone)* speaking ◆ **ela mesma/própria** (she) herself: *Foi ~ mesma que me disse.* It was she herself who told me.

elaborar *vt (redigir)* to draw *sth* up: *~ um relatório* to draw up a report

elástico, -a ▸ *adj* **1** elastic **2** *(atleta)* supple
▸ *sm* **1** *(material)* elastic **2** *(para papéis)* rubber band LOC *Ver* CAMA

ele *pron* **1** *(pessoa)* **(a)** *(sujeito)* he: *Ele e o José são primos.* He and José are cousins. **(b)** *(complemento, em comparações)* him: *É para ~.* It's for him. ◇ *Você é mais alta do que ~.* You're taller than him. **2** *(coisa)* it: *Perdi o relógio e não posso ficar sem ~.* I've lost my watch and I can't do without it. LOC **é ele 1** it's him **2** *(ao telefone)* speaking ◆ **ele mesmo/próprio** (he) himself: *Foi ~ mesmo que me disse.* It was he himself who told me.

elefante *sm* elephant

elegância *sf* elegance

elegante *adj* elegant

eleger *vt* to elect: *Vão ~ um novo presidente.* They are going to elect a new president.

eleição *sf* **1** *(escolha)* choice **2 eleições** election(s): *convocar eleições* to call an election LOC **eleições legislativas**

general election ◆ **eleições municipais** local elections

eleito, -a *adj* **1** (*Pol*) elected **2** (*escolhido*) chosen

eleitor, -ora *sm-sf* voter

eleitorado *sm* electorate

eleitoral *adj* electoral: *campanha ~* electoral campaign ◇ *lista ~* list of (election) candidates LOC *Ver* CABINE, CADASTRO, CÉDULA, CIRCUNSCRIÇÃO, SEÇÃO

elementar *adj* elementary

elemento *sm* **1** element: *O custo foi um ~ chave na nossa decisão.* Cost was a key element in our decision. ◇ *os ~s da tabela periódica* the elements of the periodic table **2** (*equipe*) member **3** (*informação*) fact **4** (*pessoa*): *ser mau ~* to be a bad person

elenco *sm* (*Cinema, Teat*) cast

eles, elas *pron* **1** (*sujeito*) they **2** (*complemento, em comparações*) them: *Isto é para ~.* This is for them. LOC **são eles** it's them ◆ **eles mesmos/próprios** (they) themselves: *Foram elas mesmas que me disseram.* It was they themselves who told me.

eletricidade *sf* electricity

eletricista *smf* electrician

elétrico, -a ▸ *adj* **1** electric, electrical

Empregamos **electric** quando queremos nos referir a eletrodomésticos e dispositivos elétricos específicos, como por exemplo *electric razor/car/fence*. Utiliza-se também em frases feitas, como *electric shock*, e em sentido figurado, em expressões como *The atmosphere was electric.* **Electrical** refere-se à eletricidade num sentido mais geral, como por exemplo *electrical engineering* ou *electrical goods/appliances*.

2 (*pessoa*) hyperactive

▸ *sm* streetcar; tram (*GB*) LOC **carros/carrinhos elétricos** bumper cars *Ver tb* CAFETEIRA, ENERGIA, INSTALAÇÃO, SKATE, TRIO

eletrodo *sm* electrode

eletrodoméstico *sm* electrical appliance

eletrônica *sf* electronics [*não contável*]

eletrônico, -a ▸ *adj* electronic LOC **correio/endereço eletrônico** e-mail (address) ➲ *Ver nota em* E-MAIL *Ver tb* CAIXA[3], CIGARRO, COMÉRCIO, LEITOR, LIVRO, PORTEIRO, SECRETÁRIO

elevado, -a *adj* high: *temperaturas elevadas* high temperatures LOC **elevado ao quadrado/cubo** squared/cubed ◆ **elevado a quatro, etc.** (raised) to the power of four, etc. *Ver tb* ELEVAR

elevador *sm* elevator; lift (*GB*): *chamar o ~* to call the elevator

elevar ▸ *vt* to raise: *~ o nível de vida* to raise the standard of living
▸ **elevar-se** *vp* to rise

eliminação *sf* elimination

eliminar *vt* to eliminate

eliminatória *sf* **1** (*concurso, competição*) qualifying round **2** (*Natação, Atletismo, etc.*) heat

eliminatório, -a *adj* preliminary

elipse *sf* ellipse

elite *sf* elite

elo *sm* LOC **elo de ligação** link

elogiar *vt* to praise *sb/sth* (*for sth*): *Elogiaram-no por sua coragem.* They praised him for his courage.

elogio *sm* praise [*não contável*]: *Fizeram muitos ~s a você.* They were full of praise for you. ◇ *Não era uma crítica, mas um ~.* It wasn't meant to be a criticism so much as a compliment.

em *prep*

- **lugar 1** (*dentro*) in: *As chaves estão na gaveta.* The keys are in the drawer. **2** (*dentro, com movimento*) into: *Ele entrou no quarto.* He went into the room. **3** (*sobre*) on: *Está na mesa.* It's on the table. **4** (*cidade, país, campo*) in: *Eles trabalham em Fortaleza/no campo.* They work in Fortaleza/in the country. **5** (*meios de transporte*): *no avião/trem* on the plane/train ◇ *Entre no carro.* Get in/into the car. **6** (*ponto de referência*) at

Quando nos referimos a um lugar, não o considerando como uma área mas como um ponto de referência, utilizamos **at**: *Espere-me na esquina.* Wait for me at the corner. ◇ *Encontramo-nos na estação.* We'll meet at the station. Também se utiliza **at** quando queremos nos referir a lugares onde as pessoas trabalham, estudam ou se divertem: *Eles estão na escola.* They're at school. ◇ *Os meus pais estão no teatro.* My parents are at the theater. ◇ *Trabalho no supermercado.* I work at the supermarket.

- **com expressões de tempo 7** (*meses, anos, séculos, estações*) in: *no verão/no século XII* in the summer/the twelfth century **8** (*dia*) on: *O que foi que você fez na véspera de Ano-Novo?* What did you do on New Year's Eve? ◇ *É numa segunda-feira.* It falls on a Monday. **9** (*Natal, Páscoa, momento*) at: *Vou sempre para casa no Natal.* I always go home at Christmas. ◇ *neste momento* at this moment **10** (*dentro de*) in: *Estarei aqui em uma hora.* I'll be here in an hour.

E

• **outras construções 11** (*modo*) in: *pagar em reais* to pay in reals ◇ *Perguntei-lhe em inglês.* I asked him in English. ◇ *de porta em porta* from door to door ◇ *Ela gasta o dinheiro todo em roupa.* She spends all her money on clothes. **12** (*assunto*): *um perito em computadores* an expert in/on computers ◇ *formar-se em Letras/Economia* to graduate in Arts/Economics **13** (*estado*) in: *em boas/más condições* in good/bad condition ◇ *uma máquina em funcionamento* a machine in working order **14** (+ *complemento*): *O termo caiu em desuso.* The term has fallen into disuse. ◇ *Nunca confiei nele.* I never trusted him.

E

emagrecer *vi* to lose weight: ~ *três quilos* to lose three kilograms

e-mail *sm* e-mail

emancipar-se *vp* to become independent

emaranhar(-se) *vt, vp* (*cabelo*) to get (*sth*) tangled (up)

embaçado, -a *adj* **1** (*imagem, foto*) blurred: *Sem óculos vejo tudo ~.* Everything looks blurred without my glasses. **2** (*vidro*) steamed up

embaçar ▸ *vt* **1** (*vapor*) to cause *sth* to steam up **2** (*olhos*) to cause *sth* to mist over
▸ **embaçar(-se)** *vi, vp* **1** (*vapor*) to steam up **2** (*olhos*) to mist over

embaixada *sf* embassy (*pl* **embassies**)

embaixador, -ora *sm-sf* ambassador

embaixo *adv* **1** (*na parte de baixo*) below; at the bottom (*mais coloq*): *Devemos assinar ~.* We have to sign at the bottom. **2** (*debaixo*) underneath: *uma blusa sem nada ~* a blouse with nothing underneath LOC **embaixo de** under: *~ da mesa* under the table ◆ **mais embaixo** further down *Ver tb* AÍ, LÁ[1]

embalado, -a *adj* LOC **embalado a vácuo** vacuum-packed *Ver tb* EMBALAR

embalagem *sf* packaging LOC *Ver* PORTE

embalar *vt* **1** (*produto*) to pack **2** (*bebê*) to rock

embaraçado, -a *adj* **1** (*emaranhado*) tangled (up) **2** (*constrangido*) embarrassed *Ver tb* EMBARAÇAR

embaraçar ▸ *vt* **1** (*desconcertar*) to embarrass **2** (*cabelo*) to get *sth* tangled (up)
▸ **embaraçar-se** *vp* to get tangled (up)

embaraçoso, -a *adj* embarrassing

embaralhar ▸ *vt* **1** (*Cartas*) to shuffle **2** (*misturar*) to mix *sth* up: *A bibliotecária embaralhou os livros todos.* The librarian mixed up all the books. **3** (*confundir*) to confuse: *Não me embaralhe.* Don't confuse me.
▸ **embaralhar-se** *vp* **embaralhar-se (com/em)** to get confused (about/over *sth*): *Ele sempre se embaralha com as datas.* He always gets confused over dates.

embarcação *sf* boat; vessel (*mais formal*) ➲ *Ver nota em* BOAT

embarcar ▸ *vt* **1** (*passageiros*) to embark **2** (*mercadorias*) to load
▸ *vi* to board; to embark (*mais formal*)

embarque *sm* boarding: *O avião está pronto para o ~.* The plane is ready for boarding. LOC **sala/setor de embarque** boarding area; departure lounge (*GB*) *Ver tb* PORTÃO

emblema *sm* emblem

embolsar *vt* to pocket: *Eles embolsaram um dinheirão.* They pocketed a fortune.

embora ▸ *conj* although: *~ eu não gostasse dele* although I didn't like him
▸ *adv* away: *levar algo ~* to take sth away LOC **ir embora 1** (*partir*) to leave: *Ele já foi ~.* He already left. **2** (*afastar-se*) to go away: *Vá ~!* Go away! *Ver tb* MANDAR

emboscada *sf* ambush: *armar uma ~ para alguém* to set an ambush for sb

embreagem *sf* clutch: *pisar na/apertar a ~* to press the clutch

embriagar ▸ *vt* to get *sb* drunk
▸ **embriagar-se** *vp* **embriagar-se (com)** to get drunk (on *sth*)

embrião *sm* embryo (*pl* **embryos**)

embrulhar *vt* **1** (*envolver*) to wrap *sb/sth* (up) (*in sth*): *Quer que embrulhe?* Would you like me to wrap it? **2** (*confundir*) to confuse; to muddle *sth* up (*GB*): *Ela fala tão rápido, que embrulha as palavras todas.* She speaks so quickly that she gets her words confused. **3** (*estômago*) to upset LOC **embrulhar para presente** to gift-wrap: *Podia ~ para presente, por favor?* Could you gift-wrap it, please?

embrulho *sm* package LOC *Ver* PAPEL

emburrado, -a *adj* sulky: *ficar ~* to sulk

embutido, -a *adj* LOC *Ver* ARMÁRIO

emenda *sf* (*Jur*) amendment

emendar ▸ *vt* **1** (*erros, defeitos*) to correct **2** (*danos*) to repair **3** (*lei*) to amend
▸ **emendar-se** *vp* to mend your ways

emergência *sf* emergency (*pl* **emergencies**) LOC *Ver* SERVIÇO

emergente *adj* LOC *Ver* PAÍS

emigração *sf* emigration

emigrante *adj, smf* emigrant

emigrar *vi* to emigrate

emissão *sf* emission

emissora *sf* (TV/radio) station

emitir *vt* **1** (*calor, luz, som*) to emit **2** (*documento, relatório, etc.*) to issue: *~ um passaporte* to issue a passport **3** (*opinião*) to give

emoção *sf* **1** (*comoção*) emotion **2** (*entusiasmo*) excitement: *Que ~!* How exciting!

emocionado, -a *adj* emotional *Ver tb* EMOCIONAR

emocionante *adj* **1** (*comovedor*) moving **2** (*entusiasmante*) exciting

emocionar ▸ *vt* **1** (*comover*) to move **2** (*excitar*) to thrill
▸ **emocionar-se** *vp* **1** (*comover-se*) to be moved (*by sth*) **2** (*entusiasmar-se*) to get excited (*about/at/by sth*)

emoji *sm* emoji

emoldurar *vt* to frame

emoticon *sm* emoticon

emotivo, -a *adj* emotional

empacotar *vt* to wrap *sth* up

empada *sf* pie ➲ *Ver nota em* PIE

empadão *sm* pie ➲ *Ver nota em* PIE

empalidecer *vi* to go pale

empanturrar-se *vp* ~ **(de/com)** to stuff yourself (with *sth*): *Nós nos empanturramos de lagosta.* We stuffed ourselves with lobster.

empatado, -a *adj* LOC **estar empatado**: *Quando fui embora, eles estavam ~s.* They were even when I left. ◇ *Estão ~s em quatro a quatro.* They're tied at four-four. *Ver tb* EMPATAR

empatar *vt, vi* **1** (*Esporte*) (**a**) (*em relação ao resultado final*) to tie (*with sb*); to draw (*with sb*) (*GB*): *Empataram com o Palmeiras.* They tied with Palmeiras. (**b**) (*no marcador*) to equalize: *Temos que ~ antes do intervalo.* We must equalize before half-time. **2** (*votação, concurso*) to tie (*with sb*) LOC **empatar em/por zero a zero, um a um, etc.** to tie at zero, at one, etc.

empate *sm* tie; draw (*GB*): *um ~ por dois a dois* a two-two tie LOC *Ver* GOL

empatia *sf* empathy: *sentir ~ com alguém* to empathize with sb

empenhado, -a *adj* LOC **estar empenhado (em fazer algo)** to be determined (to do sth) *Ver tb* EMPENHAR

empenhar ▸ *vt* to pawn
▸ **empenhar-se** *vp* **empenhar-se (em)** (*esmerar-se*) to do your utmost (*to do sth*)

empenho *sm* ~ **(de/em/por)** determination (*to do sth*)

emperrar *vi* to jam

empestear *vt* to make *sth* stink (*of sth*)

empilhar *vt* to stack

empinado, -a *adj* (*nariz*) turned-up

empinar ▸ *vt* (*papagaio*) to fly: *~ papagaio* to fly a kite
▸ *vi* (*cavalo*) to rear up

empírico, -a *adj* empirical

empolgante *adj* exciting

empolgar ▸ *vt* to get *sb* going: *O show empolgou a plateia.* The show got the crowd going.
▸ **empolgar-se** *vp* **empolgar-se (com)** to get excited (about *sth/sb*): *Nós nos empolgamos com o resultado.* We got excited about the result.

E

empreendedor, -ora *adj* enterprising

empregado, -a *sm-sf* employee LOC **empregada (doméstica)** maid ◆ **empregado de escritório** office worker

empregador, -ora *sm-sf* employer

empregar *vt* **1** (*dar trabalho*) to employ **2** (*utilizar*) to use **3** (*tempo, dinheiro*) to spend: *Empreguei tempo demais nisto.* I spent too long on this. ◇ *~ mal o tempo* to waste your time

emprego *sm* **1** (*trabalho*) job: *conseguir um bom ~* to get a good job ➲ *Ver nota em* WORK **2** (*Pol*) employment LOC *Ver* OFERTA

empresa *sf* **1** (*Com*) company (*pl* companies) **2** (*projeto*) enterprise LOC **empresa de laticínios** dairy (*pl* dairies) ◆ **empresa estatal/pública** state-owned company ◆ **empresa privada** private company *Ver tb* ADMINISTRAÇÃO

empresarial *adj* business: *tino ~* business sense

empresário, -a *sm-sf* **1** businessman/woman (*pl* -men/-women) **2** (*de um artista*) agent

emprestado, -a *adj*: *Não é meu, é ~.* It's not mine, it's borrowed. ◇ *Por que é que você não pede ~ a ele?* Why don't you ask him if you can borrow it? LOC *Ver* PEDIR; *Ver tb* EMPRESTAR

emprestar *vt* to lend: *Emprestei os meus livros a ela.* I lent her my books. ◇ *Você me empresta?* Can I borrow it? ◇ *Empresto se você tiver cuidado.* I'll lend it to you if you're careful. ➲ *Ver nota em* BORROW

empréstimo *sm* loan

empunhar *vt* **1** (*de forma ameaçadora*) to brandish **2** (*ter na mão*) to hold

empurrão *sm* push: *dar um ~ em alguém* to give sb a push LOC **aos empurrões**: *Eles saíram aos empurrões.* They pushed their way out.

empurrar *vt* **1** to push: *Não me empurre!* Don't push me! ➲ *Ver ilustração em* PUSH **2** (*carro de mão, bicicleta*) to wheel

3 *(obrigar)* to push *sb into doing sth*: *A família empurrou-a para o curso de direito.* Her family pushed her into studying law.

emudecer *vi* **1** *(perder a fala)* to go dumb **2** *(calar-se)* to go quiet

encabeçar *vt* to head: *Ela encabeça o movimento.* She heads the movement.

E

encabulado, -a *adj* embarrassed (*about sth*)

encadear *vt (ideias)* to link

encadernar *vt (livro)* to bind

encaixar ▸ *vt* **1** *(colocar, meter)* to fit *sth* (*into sth*) **2** *(juntar)* to fit *sth* together: *Estou tentando ~ as peças do quebra-cabeça.* I'm trying to fit the pieces of the jigsaw together.
▸ *vi* to fit: *Não encaixa.* It doesn't fit.
▸ **encaixar-se** *vp* **encaixar-se (em)** *(enquadrar-se)* to fit in (with *sb/sth*): *Tentaremos encaixar-nos no seu horário.* We'll try to fit in with your schedule.

encaixotar *vt* to box *sth* up

encalhado, -a *adj* **1** *(sem namorado)* single; on the shelf *(coloq)* **2** *(produto)* unsold **3** *(embarcação)* beached *Ver tb* ENCALHAR

encalhar *vi (embarcação)* to run aground

encaminhar ▸ *vt* **1** *(aconselhar)* to put *sb* on the right track **2** *(processo)* to set *sth* in motion **3** *(enviar)* to send **4** *(e-mail)* to forward
▸ **encaminhar-se** *vp* **encaminhar-se para** to head (for...): *Eles se encaminharam para casa.* They headed for home.

encanador, -ora *sm-sf* plumber

encanamento *sm* plumbing *[não contável]*

encantado, -a *adj* **1 ~ (com)** delighted (about/at/with *sb/sth*) **2 ~ (por)** delighted (to do sth)/(that...): *Estou encantada por terem vindo.* I'm delighted (that) you've come. **3** *(enfeitiçado)* enchanted: *um reino ~* an enchanted kingdom LOC *Ver* PRÍNCIPE; *Ver tb* ENCANTAR

encantador, -ora *adj* lovely

encantar *vt (enfeitiçar)* to cast a spell on *sb/sth*

encanto *sm* **1** *(feitiço)* spell: *quebrar um ~* to break a spell **2** *(charme)* charm: *Use seus ~s para conquistá-lo.* Use your charms to win him over. LOC **como que por encanto** as if by magic ◆ **ser um encanto** to be lovely

encapar *vt* to cover *sth* (*with sth*): *~ um livro* to cover a book

encaracolado, -a *adj* curly: *Tenho o cabelo ~.* I have curly hair. *Ver tb* ENCARACOLAR

encaracolar ▸ *vt* to curl
▸ *vi* to go curly: *Com a chuva o meu cabelo encaracolou.* My hair's gone curly in the rain.

encarar *vt* **1** *(enfrentar)* to face: *~ a realidade* to face (up to) reality **2** *(olhar fixamente)* to stare *at sb*

encarcerar *vt* to imprison

encardido, -a *adj (roupa)* yellowish

encargo *sm* **1** *(responsabilidade)* responsibility *(pl* **responsibilities**): *Um dos ~s dela é supervisionar o trabalho da equipe.* One of her responsibilities is to supervise the work of the team. **2** *(tarefa)* errand: *Tenho uns ~s para resolver.* I have to do a few errands.

encarnar *vt (representar)* to embody

encarregado, -a ▸ *adj* in charge (*of sth/doing sth*): *o juiz ~ do caso* the judge in charge of the case ◇ *Você fica encarregada de receber o dinheiro.* You're in charge of collecting the money.
▸ *sm-sf (de grupo de trabalhadores)* foreman/woman *(pl* **-men/-women**) *Ver tb* ENCARREGAR

encarregar ▸ *vt (mandar)* to put *sb* in charge *of doing sth*: *Encarregaram-me de regar o jardim.* They put me in charge of watering the garden.
▸ **encarregar-se** *vp* **encarregar-se de** **1** *(cuidar)* to take care of *sb/sth*: *Quem se encarrega do bebê?* Who's looking after the baby? **2** *(ser responsável)* to be in charge of *sth* **3** *(comprometer-se)* to undertake *to do sth*

encarte *sm* **1** *(no jornal, etc.)* supplement **2** *(álbum)* sleeve notes *[pl]*

encenar *vt* **1** *(representar)* to stage **2** *(adaptar)* to dramatize

encerar *vt* to wax

encerramento *sm* closure LOC **de encerramento** closing: *ato/discurso de ~* closing ceremony/speech

encerrar *vt, vi* **1** to shut (*sb/sth*) (up) **2** *(terminar)* to end

encestar *vi (Basquete)* to score (a basket)

encharcado, -a *adj* **1** soaked **2** *(terreno)* covered with puddles LOC **ficar encharcado até os ossos** to get soaked through *Ver tb* ENCHARCAR

encharcar ▸ *vt (molhar)* to soak: *Você me encharcou a saia.* You've made my skirt soaking wet!
▸ **encharcar-se** *vp* to get soaked

enchente *sf* flood

encher ▸ *vt* **1** to fill *sb/sth* (*with sth*): *Encha a jarra de água.* Fill the pitcher

with water. ◇ *O garçom voltou a ~ o meu copo.* The waiter refilled my glass. **2** (com ar) to blow *sth* up; to inflate (mais formal): *~ uma bola* to blow up a ball **3** (incomodar) to annoy; to bug (coloq): *Pare de me ~.* Stop bugging me.
▸ **encher-se** *vp* **1** to fill (up) (*with sth*): *A casa encheu-se de convidados.* The house filled (up) with guests. **2** (ao comer) to stuff yourself (*with sth*) **3** (cansar-se) to get fed up (*with sth*): *Já me enchi de suas brincadeiras.* I'm sick of his jokes. LOC **encher a barriga (de)** to stuff yourself (with *sth*) ◆ **encher a cara** to get drunk ◆ **encher o saco (de alguém)** to annoy *sb*: *Não encha o saco!* Stop being so annoying!

enchimento *sm* (ombreira) padding: *Ele não gosta de paletó com ~ nos ombros.* He doesn't like jackets with padded shoulders.

enciclopédia *sf* encyclopedia

encoberto, -a *adj* (céu, dia) overcast

encobrir *vt* **1** to conceal: *~ um crime* to conceal a crime **2** (delinquente) to harbor

encolher *vi* to shrink: *Não encolhe em água fria.* It doesn't shrink in cold water. LOC **encolher os ombros** to shrug your shoulders

encomenda *sf* **1** (Com) order: *fazer/anular uma ~* to place/cancel an order **2** (pacote) package: *mandar uma ~ pelo correio* to mail a package ➲ *Ver nota em* PACKAGE LOC **feito sob encomenda 1** made to order **2** (roupa) made to measure

encomendar *vt* to order: *Já encomendamos o sofá na loja.* We ordered the couch from the store.

encontrar ▸ *vt* to find: *Não encontro o meu relógio.* I can't find my watch
▸ **encontrar-se** *vp* **encontrar-se (com) 1** (pessoa) (**a**) (marcar encontro) to meet (*sb*): *Decidimos encontrar-nos na livraria.* We decided to meet at the bookstore. (**b**) (por acaso) to run into *sb*: *Encontrei-me com ela no supermercado.* I ran into her in the supermarket. **2** (estar) to be LOC **encontrar um rumo na vida** to get on in life

encontro *sm* **1** (casal) date **2** (reunião) meeting LOC **ir de encontro a 1** (carro, etc.) to run into *sth/sb*: *O carro foi de ~ à árvore.* The car ran into the tree. **2** (pessoa) to bump into *sth/sb* *Ver tb* MARCAR

encorajar *vt* to encourage *sb* (*to do sth*): *Eu os encorajei a estudar mais.* I encouraged them to study harder.

encorpado, -a *adj* **1** (pessoa) well built ➲ *Ver nota em* WELL BEHAVED **2** (vinho) full-bodied

encosta *sf* slope LOC **encosta acima/abaixo** uphill/downhill

encostar *vt* **1** (apoiar) to lean *sth* (*on sb/sth*): *Ele encostou a cabeça no meu ombro.* He leaned his head on my shoulder. **2** (pôr contra) to put *sth against sth*: *Ele encostou a cama na janela.* He put his bed against the window. **3 ~ em** (tocar) to touch *sb/sth*: *Não encoste em mim!* Don't touch me!

encosto *sm* (assento) back

encravado, -a *adj* LOC *Ver* UNHA

encrenca *sf* trouble [não contável]: *meter-se em ~s* to get into trouble

encrenqueiro, -a *sm-sf* troublemaker

encurralar *vt* (pessoa) to corner

encurtar *vt* to shorten

endereço *sm* address LOC *Ver* AGENDA, ELETRÔNICO

endireitar(-se) *vt, vp* to straighten (*sth*) (up): *Endireite as costas.* Straighten your back. ◇ *Endireite-se!* Stand up straight!

endividar-se *vp* to get into debt

endoidecer *vi* to go crazy

endurecer *vt* **1** to harden **2** (músculos) to firm *sth* up

energético, -a ▸ *adj* energy: *a política energética* energy policy
▸ *sm* energy drink

energia *sf* energy: *~ nuclear/solar* nuclear/solar energy ◇ *Não tenho ~ nem para me levantar da cama.* I don't even have the energy to get out of bed. LOC **energia elétrica/eólica** electric/wind power *Ver tb* CORTE[1]

enérgico, -a *adj* **1** (vigoroso) energetic **2** (firme) strict

enervar ▸ *vt* **1** (irritar) to get on *sb*'s nerves **2** (pôr nervoso) to make *sb* nervous
▸ **enervar-se** *vp* **1** (zangar-se) to get worked up **2** (pôr-se nervoso) to get nervous: *Não se enerve.* Calm down! **3 enervar-se (com) (por)** (irritar-se) to get annoyed (with *sb*) (at/about *sth*)

enésimo, -a *adj* (Mat) nth LOC **pela enésima vez** for the umpteenth time

enevoado, -a *adj* **1** (com névoa) misty **2** (com nuvens) cloudy

enfaixar *vt* to bandage *sb/sth* (up): *Enfaixaram-me o tornozelo.* They bandaged (up) my ankle.

enfarte *sm* heart attack

ênfase *sf* emphasis (*pl* emphases)

enfatizar *vt* to stress

E

enfeitar *vt* to decorate: *~ a casa para o Natal* to decorate the house for Christmas

enfeite *sm* decoration: *~s de Natal* Christmas decorations

enfeitiçado, -a *adj* (*fascinado*) bewitched *Ver tb* ENFEITIÇAR

enfeitiçar *vt* to cast a spell (on *sb*); to bewitch (*mais formal*)

enfermagem *sf* nursing: *tirar o curso de ~* to train as a nurse

enfermaria *sf* ward

enfermeiro, -a *sm-sf* nurse

enferrujado, -a *adj* rusty *Ver tb* ENFERRUJAR

enferrujar ▸ *vt* to corrode
▸ *vi* to go rusty: *A tesoura enferrujou.* The scissors have gone rusty.

enfiar *vt* **1** (*introduzir*) to put *sth in sth*: *Ele enfiou as mãos nos bolsos.* He put his hands in his pockets. **2** (*calças, camisa*) to put *sth* on **3** (*agulha*) to thread LOC *Ver* CABEÇA

enfim *adv* **1** (*finalmente*) at last: *Enfim você chegou!* You're here at last! **2** (*em resumo*) in short: *Enfim, apanharam-nos desprevenidos.* To cut a long story short, they caught us unawares. **3** (*bem*) (oh) well: *Enfim, é a vida.* Oh well, that's life.

enforcar(-se) ▸ *vt, vp* to hang (yourself)

No sentido de *enforcar*, o verbo **hang** é regular, portanto para formar o passado basta acrescentar **-ed**.

▸ *vt, vi* to take *sth* off: *Vou enforcar a segunda-feira.* I'm going to take Monday off.

enfraquecer *vt* to weaken

enfrentar *vt* **1** to face: *O país enfrenta uma crise profunda.* The country is facing a serious crisis. **2** (*encarar*) to face up to *sth*: *~ a realidade* to face up to reality **3** (*Esporte*) to take *sb* on: *O Brasil enfrentará a Argentina na Copa América.* Brazil will take on Argentina in the Copa America.

enfumaçado, -a *adj* smoky

enfurecer ▸ *vt* to infuriate
▸ **enfurecer-se** *vp* **enfurecer-se (com) (por)** to become furious (with *sb*) (at *sth*)

enganado, -a *adj* wrong: *estar ~* to be wrong ◇ *A não ser que eu esteja ~...* Unless I'm mistaken... *Ver tb* ENGANAR

enganar ▸ *vt* **1** (*mentir*) to lie to *sb*: *Não me engane.* Don't lie to me. ➲ *Ver nota em* LIE[2] **2** (*ser infiel*) to cheat on *sb*
▸ **enganar-se** *vp* **1 enganar-se (em/sobre)** (*confundir-se*) to be wrong (about *sth*): *Aí é que você se engana.* You're wrong about that. **2** (*errar*): *enganar-se de estrada* to take the wrong road **3** (*iludir-se*) to fool yourself LOC *Ver* APARÊNCIA

engano *sm* **1** (*erro*) mistake: *cometer um ~* to make a mistake ◇ *por ~* by mistake **2** (*mal-entendido*) misunderstanding LOC **é engano** (*ao telefone*) wrong number

engarrafado, -a *adj* (*trânsito*) in gridlock: *O trânsito está muito ~ hoje.* The traffic's terrible today. *Ver tb* ENGARRAFAR

engarrafamento *sm* (*trânsito*) traffic jam

engarrafar ▸ *vt* **1** (*envasar*) to bottle **2** (*trânsito*) to block
▸ *vi* (*trânsito*) to get congested

engasgar-se *vp* **1 ~ (com)** to choke (on *sth*): *Engasguei-me com uma espinha.* I choked on a bone. **2** (*com palavra*) to get stuck: *Engasgo-me sempre nesta palavra.* I always get stuck on that word.

engatar *vt* **1** (*atrelar*) to hitch: *~ um trailer ao trator* to hitch a trailer to the tractor **2** (*gancho, anzol*) to hook **3** (*marcha*): *Tenho dificuldade para ~ a segunda neste carro.* I have difficulty putting the car into second.

engatinhar *vi* to crawl

engavetamento *sm* (*acidente*) pile-up

engavetar ▸ *vt* (*arquivar*) to shelve
▸ *vi* (*bater*) to crash

engenharia *sf* engineering

engenheiro, -a *sm-sf* engineer LOC **engenheiro agrônomo** agronomist ◆ **engenheiro civil/de computação** civil/computer engineer

engenho *sm* **1** (*fazenda*) sugar plantation **2** (*máquina, aparelho*) device

engenhoca *sf* contraption

engenhoso, -a *adj* ingenious

engessado, -a *adj* in a cast: *Estou com o braço ~.* My arm's in a cast. *Ver tb* ENGESSAR

engessar *vt* (*Med*) to put *sth* in a cast: *Engessaram a minha perna.* They put my leg in a cast.

engolir *vt, vi* **1** (*ingerir*) to swallow: *Engoli um caroço de azeitona.* I swallowed an olive pit. ◇ *~ o orgulho* to swallow your pride ◇ *Ele engoliu a história da promoção do Miguel.* He swallowed the story about Miguel's promotion. **2** (*comer muito rápido*) to gobble *sth* (up/down) **3** (*suportar*) to put up with *sth*: *Não sei como você consegue ~ isso.* I don't know how you put up with it.

LOC **engolir em seco** to swallow hard ♦ **engolir sapo** to bite your tongue

engordar ▸ *vt* to fatten *sb/sth* (up) ▸ *vi* **1** (*pessoa*) to gain weight: *Engordei muito.* I've gained a lot of weight. **2** (*alimento*) to be fattening: *Os doces engordam.* Desserts are fattening.

engordurar *vt* **1** (*com gordura*) to grease **2** (*com óleo*) to oil

engraçadinho, -a *adj, sm-sf* (*atrevido*) sassy; cheeky (*GB*): *Não se meta a ~ comigo!* Don't you get smart with me!

engraçado, -a *adj* funny; amusing (*mais formal*): *Não acho essa piada muito engraçada.* I don't find that joke very funny. LOC **fazer-se de engraçado** to play the clown ♦ **que engraçado!** how funny!

engradado *sm* crate

engravidar *vt, vi* to get (*sb*) pregnant

engraxar *vt* (*sapatos*) to polish

engraxate *smf* shoeshine man/woman/boy/girl

engrossar *vi* **1** (*tornar espesso*) to thicken **2** (*ser grosseiro*) to turn nasty

enguiçar *vi* (*motor, máquina*) to break down

enigma *sm* enigma

enjaular *vt* to cage

enjoado, -a *adj* **1** nauseous; sick (*GB*): *Estou um pouco ~.* I'm feeling a little nauseous. **2** (*farto*) sick and tired: *Já estou ~ de suas queixas.* I'm sick and tired of your complaints. **3** (*chato*) fussy; picky (*coloq*) *Ver tb* ENJOAR

enjoar ▸ *vt* **1** to make *sb* feel nauseous; to make *sb* feel sick (*GB*): *Esse cheiro me enjoa.* That smell makes me feel nauseous. ➲ *Ver nota em* DOENTE **2** (*aborrecer*) to get on *sb's* nerves: *A música deles está começando a enjoá-la.* Their music is starting to get on her nerves. ▸ *vi* **1** to get nauseous; to get sick (*GB*): *Enjoo quando vou no banco de trás.* I get nauseous if I sit in the back seat. **2** (*em barco*) to get seasick **3 ~ de** (*cansar-se*) to get fed up with *sth*: *Já enjoei de jogar cartas.* I'm sick of playing cards.

enjoativo, -a *adj* nauseating

enjoo *sm* (*náusea*) nausea; sickness (*GB*)

enlatados *sm* canned foods

enlatar *vt* to can

enlouquecedor, -ora *adj* maddening

enlouquecer ▸ *vi* to go wild: *O público enlouqueceu de entusiasmo.* The audience went wild with excitement. ▸ *vt* to drive *sb* wild

enluarado, -a *adj* moonlit: *uma noite enluarada* a moonlit night

enorme *adj* enormous; massive (*mais coloq*): *uma ~ afluência de turistas* a massive influx of tourists

enquanto *conj* **1** (*simultaneidade*) while: *Ele canta ~ pinta.* He sings while he paints. **2** (*tanto tempo quanto*) as long as: *Aguente-se ~ for possível.* Put up with it as long as you can. LOC **enquanto isso** meanwhile ♦ **enquanto que** whereas: *Ficaram todos no hotel, ~ que eu fiquei na casa de amigos.* They all stayed at the hotel, whereas I stayed with friends. ♦ **por enquanto** for the time being

E

enraivecido, -a *adj* enraged

enredo *sm* plot

enriquecer ▸ *vt* (*fig*) to enrich: *~ o vocabulário* to enrich your vocabulary ▸ *vi* to get rich

enrolação *sf* (*ao falar e em textos escritos*) waffle

enrolado, -a *adj, sm-sf* (*pessoa*) complicated *Ver tb* ENROLAR

enrolar ▸ *vt* **1** (*fio, papel*) to roll *sth* up: *~ um cigarro* to roll a cigarette **2** (*cabelo*) to curl **3** (*enganar*) to deceive; to con (*coloq*): *Não se deixe ~.* Don't let yourself be conned. ▸ *vi* **1** (*dar voltas*) to beat around the bush; to beat about the bush (*GB*): *Vá direto ao ponto e não enrole.* Get straight to the point and stop beating around the bush. **2** (*perder tempo*) to mess around ▸ **enrolar-se** *vp* (*confundir-se*) to get mixed up

enroscar ▸ *vt* **1** (*tampa*) to screw *sth* on: *Enrosque bem a tampa.* Screw the top on tightly. **2** (*peças, porcas*) to screw *sth* together ▸ **enroscar-se** *vp* **1** (*gato, cão*) to curl up **2** (*cobra*) to coil up **3** (*enredar-se*) to get tangled (up) (*in sth*)

enrugar(-se) *vt, vi, vp* to wrinkle LOC **enrugar a testa** to frown

ensaboar *vt* to soap

ensaiar *vt, vi* **1** to practice **2** (*Mús, Teat*) to rehearse

ensaio *sm* **1** (*experiência*) test: *um tubo de ~* a test tube **2** (*Mús, Teat*) rehearsal **3** (*Liter*) essay LOC **ensaio geral** dress rehearsal

ensanguentado, -a *adj* bloodstained

enseada *sf* cove

ensebado, -a *adj* (*sujo*) greasy

ensinar *vt* **1** to teach *sth*, to teach *sb to do sth*: *Ele ensina matemática.* He teaches math. ◇ *Quem ensinou você a jogar?* Who taught you how to play? **2** (*mostrar*) to show: *Ensine-me o caminho.* Show me the way.

E

ensino *sm* **1** teaching **2** (*sistema educativo*) education LOC **ensino fundamental/médio/superior** primary/secondary/higher education *Ver tb* CENTRO, ESCOLA

ensolarado, -a *adj* sunny

ensopado, -a ▸ *adj* soaked: *A chuva me deixou ~.* I got soaked in the rain.
▸ *sm* stew

ensurdecedor, -ora *adj* deafening

ensurdecer ▸ *vt* to deafen
▸ *vi* to go deaf: *Você corre o perigo de ~.* You run the risk of going deaf.

entalar(-se) *vt, vi, vp* **~ (com/em)** to get (*sth*) stuck (in/on *sth*): *O anel entalou no meu dedo.* The ring got stuck on my finger.

entanto *adv* LOC **no entanto** however; nevertheless (*mais formal*) ◆ **e no entanto...** and yet...

então *adv* **1** (*nesse momento*) then **2** (*naquela altura*) at that time **3** (*nesse caso*) so: *Eles não vinham, ~ fui-me embora.* They didn't come so I left. ◇ *Quer dizer, ~, que vão mudar?* So you're moving, are you? LOC **desde então** since then ◆ **e então?** what then?

entardecer *sm* dusk: *ao ~* at dusk

enteado, -a *sm-sf* **1** (*masc*) stepson **2** (*fem*) stepdaughter **3 enteados** stepchildren

entediar ▸ *vt* to bore: *A aula está me entediando.* The class is boring.
▸ **entediar-se** *vp* **entediar-se (com)** to get bored (with *sth/sb*)

entender ▸ *vt* **1** to understand: *Não entendo isso.* I don't understand. ◇ *fácil/difícil de ~* easy/difficult to understand **2 ~ de** (*saber*) to know about *sth*: *Não entendo muito disso.* I don't know much about this.
▸ **entender-se** *vp* **entender-se (com)** **1** (*dar-se bem*) to get along (with *sb*): *Nós nos entendemos muito bem.* We get along very well. **2** (*conciliar-se*) to make up (with *sb*) LOC **dar a entender** to imply ◆ **entender mal** to misunderstand ◆ **estou me fazendo entender?** do you see what I mean? ◆ **eu entendo que...** I think (that)... ◆ **não entender nada**: *Não entendi nada do que ele disse.* I didn't understand a word he said. *Ver tb* PATAVINA

entendido, -a ▸ *sm-sf* **~ (em)** expert (at/in/on *sth*)
▸ *interj*: *Entendido!* Right! ◇ *Entendido?* All right?

enterrar *vt* **1** to bury **2** (*afundar*) to sink: *~ os pés na areia* to sink your feet into the sand

enterro *sm* **1** funeral: *Havia muita gente no ~.* There were a lot of people at the funeral. **2** (*sepultamento*) burial

entoar *vt* **1** (*cantar*) to sing **2** (*dar o tom*) to pitch

entonação *sf* intonation

entornar *vt* to spill: *Tenha cuidado, você vai ~ o café.* Be careful or you'll spill the coffee.

entorpecente *sm* narcotic

entorse *sf* (*Med*) sprain

entortar ▸ *vt* (*curvar*) to bend
▸ *vi* (*empenar*) to warp

entrada *sf* **1 ~ (em)** (*ação de entrar*) (**a**) entry (into/to *sth*): *Entrada proibida.* No entry. (**b**) (*clube, associação, hospital, instituição*) admission (to *sth*): *Os sócios não pagam ~.* Admission is free for members. ◇ *~ grátis/livre* free admission **2** (*bilhete*) ticket: *As ~s estão esgotadas.* The tickets have sold out. **3** (*porta*) entrance (*to sth*): *Espero você na ~.* I'll wait for you at the entrance. **4** (*primeiro pagamento*) deposit (*on sth*): *dar 20% de ~* to pay a 20% deposit **5** (*prato*) appetizer LOC **dar entrada** (*em centro hospitalar*): *Ele deu ~ no Hospital de São José às 4.30.* He was admitted to São José Hospital at 4:30. ◆ **entrada franca** free admission *Ver tb* MEIO, PROIBIDO

entrar *vt, vi* **1 ~ (em)** to go in/inside, to go into...: *Não me atrevi a ~.* I didn't dare (to) go in. ◇ *Não entre no meu escritório quando eu não estou.* Don't go into my office when I'm not there. ◇ *~ em pormenores* to go into detail **2 ~ (em)** (*passar*) to come in/inside, to come into...: *Peça para ele ~.* Ask him to come in. ◇ *Não entre no meu quarto sem bater.* Knock before you come into my room. **3 ~ para** (*ingressar*) (**a**) (*instituição, clube*) to join: *~ para o exército* to join the army (**b**) (*profissão, esfera social*) to enter **4 ~ (em)** (**a**) (*trem, ônibus*) to get on (*sth*) (**b**) (*automóvel*) to get in, to get into *sth*: *Entrei no táxi.* I got into the taxi. **5** (*caber*) (**a**) (*roupa*) to fit: *Esta saia não me entra.* This skirt doesn't fit (me). (**b**) **~ (em)** to fit (in/into *sth*): *Não creio que entre no porta-malas.* I don't think it'll fit in the trunk. **6 ~ (em)** (*participar*) to take part (in *sth*): *Eu não quis ~ na brincadeira.* I didn't want to take part in the fun. **7 ~ com** (*contribuir*) to give: *Entrei com 20 reais para ajudar os desabrigados.* I gave 20 reals to help the homeless. LOC **entrar em conflito (com alguém)** to clash (with sb) ◆ **entrar em discussões** to start arguing: *Não vamos ~ em discussões.* Let's not argue about it. ◆ **entrar em férias** to start your vacation ◆ **entrar em pânico** to panic

◆ **entrar em vigor** *(lei)* to come into force ◆ **entrar na cabeça de alguém** to be understood by sb: *Não me entra na cabeça.* I just don't understand. ◆ **entrar nos eixos 1** *(normalizar-se)* to go back to normal **2** *(ter bom senso)* to get back on the straight and narrow ◆ **entrar numa fria** to get into a fix ◆ **entrar por um ouvido e sair pelo outro** to go in one ear and out the other *Ver tb* CONTATO, MODA

entre *prep* **1** *(duas coisas, pessoas)* between: *~ a loja e o cinema* between the store and the movie theater **2** *(mais de duas coisas, pessoas)* among: *Nós nos sentamos ~ as árvores.* We sat down among the trees. **3** *(no meio)* somewhere between: *uma cor ~ o verde e o azul* somewhere between green and blue LOC **entre si 1** *(duas pessoas)* each other: *Elas falavam ~ si.* They were talking to each other. **2** *(várias pessoas)* among themselves: *Os garotos discutiam o assunto ~ si.* The boys were discussing it among themselves.

entre

a small house **between** two large ones

a house **among** some trees

entreaberto, -a *adj (porta)* ajar *Ver tb* ENTREABRIR

entreabrir *vt* **1** to open *sth* half way **2** *(porta)* to leave *sth* ajar

entrega *sf* **1** handing over: *a ~ do dinheiro* handing over the money **2** *(mercadorias, correio)* delivery *(pl* **deliveries***)*: *o homem das ~s* the delivery man LOC **entrega em domicílio** delivery service ◆ **entrega de medalhas** award ceremony ◆ **entrega de prêmios** prize-giving *Ver tb* TAXA

entregador, -ora *sm-sf* delivery man/woman *(pl* **men/women***)*

entregar ▸ *vt* **1** to hand *sb/sth* over *(to sb)*: *~ os documentos/as chaves* to hand over the documents/keys ◇ *~ alguém às autoridades* to hand sb over to the authorities **2** *(prêmio, medalhas)* to present *sth (to sb)* **3** *(correio, mercadorias)* to deliver

▸ **entregar-se** *vp* **entregar-se (a) 1** *(render-se)* to give yourself up; to surrender *(mais formal)* (to *sb*): *Eles se entregaram à polícia.* They gave themselves up to the police. **2** *(dedicar-se)* to devote yourself to *sb/sth*

entrelinhas LOC *Ver* LER

entretanto *conj* however

entretenimento *sm* **1** *(diversão)* entertainment **2** *(passatempo)* pastime

entreter ▸ *vt* **1** *(demorar)* to keep: *Não quero ~ o senhor por muito tempo.* I don't want to keep you long. **2** *(divertir)* to keep *sb* amused **3** *(distrair)* to keep *sb* busy: *Entretenha-o enquanto eu faço as compras.* Keep him busy while I go shopping.

▸ **entreter-se** *vp* **entreter-se (com)**: *É só para me ~.* I do it just to pass the time. ◇ *Eu me entretenho com qualquer coisa.* I'm easily amused.

entrevista *sf* interview LOC **entrevista coletiva** press conference

entrevistado, -a *sm-sf* interviewee

entrevistador, -ora *sm-sf* interviewer

entrevistar *vt* to interview

entristecer ▸ *vt* to make *sb* sad: *Entristece-me pensar que não tornarei a ver você.* It makes me sad to think I won't see you again.

▸ *vi* ~ **(com/por)** to be sad (about *sth*)

entroncamento *sm (ferroviário, rodoviário)* intersection; junction *(GB)*

entrosar-se *vp* **1** ~ **(com)** *(relacionar-se)* to get along well (with *sb*) **2** *(adaptar-se)* to fit in

entulhar *vt* **1** *(abarrotar)* to cram *sth* full (*with sth*) **2** *(amontoar)* to clutter *sth* (up) (*with sth*)

entulho *sm* **1** *(de construção)* rubble *[não contável]* **2** *(lixo)* junk *[não contável]*

entupir ▸ *vt* to block *sth* (up)

▸ **entupir-se** *vp* **1** *(bloquear)* to get blocked **2 entupir-se (de)** *(comida)* to stuff yourself (with *sth*) LOC *Ver* NARIZ

enturmar-se *vp* to make friends

entusiasmado, -a *adj* thrilled

entusiasmo *sm* ~ **(por)** enthusiasm (for *sth*) LOC **com entusiasmo** enthusiastically

entusiasta *smf* enthusiast

entusiástico, -a *adj* enthusiastic

enumerar *vt* to list; to enumerate *(formal)*

enunciar *vt* to enunciate

envelhecer *vt, vi* to age: *Ele envelheceu muito.* He's aged a lot.

envelope *sm* envelope

envenenar *vt* to poison

E

envergonhado, -a *adj* **1** (*tímido*) shy **2** (*embaraçado*) embarrassed: *estar/ficar ~* to be embarrassed *Ver tb* ENVERGONHAR

envergonhar ▸ *vt* **1** (*humilhar*) to make *sb* feel ashamed **2** (*embaraçar*) to embarrass: *A maneira como você se veste me envergonha.* The way you dress embarrasses me.
▸ **envergonhar-se** *vp* **1** (*arrepender-se*) to be ashamed (*of sth/doing sth*): *Eu me envergonho de ter mentido a eles.* I'm ashamed of having lied to them. **2** (*sentir-se incomodado*) to feel embarrassed

envernizar *vt* to varnish

enviado, -a *sm-sf* **1** (*emissário*) envoy **2** (*Jornalismo*) correspondent: *~ especial* special correspondent

enviar *vt* to send ➲ *Ver nota em* GIVE

enviesado, -a *adj* (*torto*) crooked

envio *sm* **1** (*ação*) sending; dispatch (*mais formal*) **2** (*remessa*) remittance

enviuvar *vi* to be widowed

envolvente *adj* absorbing

envolver ▸ *vt* (*implicar*) to involve *sb* (*in sth*)
▸ **envolver-se** *vp* **1 envolver-se (em)** (*disputa, assunto*) to get involved (in *sth*) **2 envolver-se com** (*caso amoroso*) to get involved with *sb*

envolvido, -a *adj* LOC **andar/estar envolvido com alguém** to be involved with sb ◆ **estar envolvido com algo** to be busy with sth *Ver tb* ENVOLVER

enxada *sf* hoe

enxaguar *vt* to rinse

enxame *sm* swarm

enxaqueca *sf* migraine

enxergar *vt* to see LOC **não enxergar um palmo adiante do nariz** to be blind as a bat

enxerido, -a *adj* nosy

enxerto *sm* graft

enxofre *sm* sulfur

enxotar *vt* (*moscas*) to shoo *sth* away

enxoval *sm* **1** (*da noiva*) trousseau (*pl* trousseaus/trousseaux) **2** (*de bebê*) layette

enxugar ▸ *vt* **1** (*secar*) to dry **2** (*suor, lágrimas*) to wipe *sth* (away): *Ele enxugou as lágrimas.* He wiped his tears away. **3** (*simplificar*) to simplify
▸ *vi* to dry

enxuto, -a *adj* **1** (*seco*) dry **2** (*corpo*) in good shape: *Considerando a idade que tem, ele está bem ~.* He's in really good shape for his age. *Ver tb* ENXUGAR

enzima *sf* enzyme

eólico, -a *adj* LOC *Ver* ENERGIA

epicentro *sm* epicenter

epidemia *sf* epidemic: *uma ~ de cólera* a cholera epidemic

epilepsia *sf* epilepsy

epiléptico, -a (*tb* **epilético, -a**) *adj, sm-sf* epileptic

episódio *sm* **1** episode: *uma série com cinco ~s* a serial in five episodes **2** (*história curiosa ou divertida*) anecdote

época *sf* **1** time: *naquela ~* at that time ◇ *a ~ mais fria do ano* the coldest time of the year **2** (*era*) age **3** (*temporada*) season: *a ~ das chuvas* the rainy season

equação *sf* equation LOC **equação de segundo/terceiro grau** quadratic/cubic equation

Equador *sm* Ecuador

equador *sm* equator

equatorial *adj* equatorial

equatoriano, -a *adj, sm-sf* Ecuadorean

equilátero, -a *adj* LOC *Ver* TRIÂNGULO

equilibrar *vt* to balance

equilíbrio *sm* **1** balance: *manter/perder o ~* to keep/lose your balance ◇ *~ de forças* balance of power **2** (*Fís*) equilibrium

equilibrista *smf* **1** (*acrobata*) acrobat **2** (*de corda bamba*) tightrope walker

equino, -a *adj* LOC *Ver* GADO

equipamento *sm* **1** equipment [*não contável*] **2** (*Esporte*) gear [*não contável*]

equipar ▸ *vt* **1** to equip *sb/sth* (*with sth*): *~ um escritório* to equip an office**2** (*roupa, Náut*) to supply *sb/sth* (*with sth*): *~ o time com chuteiras* to supply the team with cleats
▸ **equipar-se** *vp* to kit yourself out

equipe *sf* team: *uma ~ de futebol* a soccer team ◇ *uma ~ de peritos* a team of experts LOC **colega/companheiro de equipe** teammate *Ver tb* TRABALHO

equitação *sf* horseback riding; riding (*GB*)

equivalência *sf* equivalence LOC **conceder/obter equivalência** to recognize: *obter a ~ da licenciatura* to have your degree recognized

equivalente *adj, sm* equivalent

equivaler *vt* ~ **a** to be equivalent to *sth*: *Equivaleria a mil reais.* That would be equivalent to one thousand reals.

equivocado, -a *adj* wrong: *estar ~* to be wrong *Ver tb* EQUIVOCAR-SE

equivocar-se *vp* to be wrong (about *sth*)

equívoco *sm* **1** (*erro*) mistake: *cometer um ~* to make a mistake **2** (*mal-entendido*) misunderstanding

era *sf* **1** age: *Vivemos na ~ dos computadores.* We live in the computer age. **2** *(Geol)* era LOC **era glacial** ice age

ereção *sf* erection

ergométrico, -a *adj* LOC *Ver* BICICLETA

erguer ▸ *vt* **1** *(levantar)* to lift *sth* up **2** *(cabeça)* to hold *your head* up **3** *(monumento)* to erect
▸ **erguer-se** *vp (levantar-se)* to get up

erosão *sf* erosion LOC *Ver* SOFRER

erótico, -a *adj* erotic

erotismo *sm* eroticism

errado, -a *adj* wrong: *Eles tomaram a decisão errada.* They made the wrong decision. LOC **dar errado** to go wrong: *Deu tudo ~!* It all went wrong! *Ver tb* CAMINHO

errar ▸ *vt* **1** *(resposta)* to get *sth* wrong **2** *(falhar)* to miss: *O caçador errou o tiro.* The hunter missed.
▸ *vi* **1** *(enganar-se)* to make a mistake **2** *(vaguear)* to wander **3** *(não acertar)* to miss LOC **errar o caminho** to lose your way

erro *sm* mistake: *cometer um ~* to make a mistake ◇ *~s de ortografia* spelling mistakes ➲ *Ver nota em* MISTAKE LOC **erro de digitação** typo *(pl* typos) *Ver tb* INDUZIR

erupção *sf* **1** eruption **2** *(Med)* rash

erva *sf* **1** *(Med, Cozinha)* herb **2** *(maconha)* pot LOC **erva daninha** weed *Ver tb* CHÁ

erva-doce *sf* anise

ervilha *sf* pea

esbanjar *vt (dinheiro)* to squander LOC **esbanjar alegria, saúde, etc.** to be bursting with joy, health, etc.

esbarrão *sm* bump: *Ele me deu um ~.* He bumped into me.

esbarrar *vt* ~ **com/em/contra 1** *(topar, encontrar)* to bump into *sb/sth*: *Esbarrei com a sua irmã no parque.* I bumped into your sister in the park. **2** *(problema)* to come up against *sth*

esbelto, -a *adj* **1** *(magro)* slender **2** *(elegante)* graceful

esboço *sm* **1** *(Arte)* sketch **2** *(ideia geral)* outline **3** *(texto)* draft

esbofetear *vt* to slap

esborrachar-se *vp* to sprawl: *Ele se esborrachou no chão.* He fell sprawling to the ground.

esbranquiçado, -a *adj* whitish

esbravejar *vt, vi* to shout

esbugalhado, -a *adj (olhos)* bulging LOC **com os olhos esbugalhados** goggle-eyed

esburacado, -a *adj (rua)* full of potholes

escada *(tb* **escadas**) *sf* **1** *(de um edifício)* stairs *[pl]*; staircase

Stairs refere-se somente aos degraus, que também podem ser chamados de **steps**, sobretudo se estiverem no exterior de um edifício: *Caí escada abaixo.* I fell down the stairs. ◇ *ao pé da escada* at the foot of the stairs. **Staircase** refere-se a toda a estrutura da escada, a escadaria: *A casa tem uma escada antiga.* The house has an old staircase.

2 *(portátil)* ladder LOC **descer/subir as escadas** to go downstairs/upstairs ◆ **escada de incêndio** fire escape ◆ **escada em caracol** spiral staircase ◆ **escada rolante** escalator *Ver tb* VÃO

escala *sf* **1** scale: *numa ~ de um a dez* on a scale of one to ten **2** *(viagem)* stopover LOC **escala musical** scale ◆ **fazer escala** *(de avião)* to stop over

escalada *sf* **1** *(montanha)* ascent **2** *(guerra)* escalation: *a ~ da violência no Oriente Médio* the escalation of violence in the Middle East

escalar *vt* **1** *(montanha)* to climb (up) *sth* **2** *(equipe)* to select

escaldar ▸ *vt* **1** *(legumes)* to blanch **2** *(queimar)* to scald
▸ *vi (estar muito quente)* to be boiling hot: *Tenha cuidado que a sopa está escaldando.* Be careful, the soup is boiling hot.

escaleno, -a *adj* LOC *Ver* TRIÂNGULO

escalope *sm* cutlet

escama *sf* scale

escancarado, -a *adj (porta)* wide open

escandalizar *vt* to shock

escândalo *sm* scandal: *causar um ~* to cause a scandal LOC **dar escândalo** to make a scene ◆ **ser um escândalo** to be outrageous *Ver tb* ARMAR

escandaloso, -a *adj* scandalous

escanear *vt* to scan

escangalhar-se *vp* to fall apart

escaninho *sm (cartas, chaves)* pigeonhole

escanteio *sm (Futebol)* corner (kick)

escapada *sf* **1** *(fuga)* escape **2** *(viagem)* short break: *uma ~ de fim de semana* a weekend break

escapamento *sm* **1** *(veículo)* exhaust **2** *(gás)* leak

escapar ▸ *vt, vi* **1** ~ **(de)** *(fugir)* to escape (from *sb/sth*): *O papagaio escapou da gaiola.* The parrot escaped from its cage. **2** ~ **(de)** *(sobreviver)* to survive *sth*: *Todos escaparam do acidente.* Everyone survived the accident. **3** *(gás, líquido)* to leak
▸ *vt* **1** ~ **(a)** *(evitar)* to escape: *~ à justiça* to escape justice **2** *(segredo)*

(*involuntariamente*) to let slip *sth*: *Escapou-me (da boca) que ela estava grávida.* I let (it) slip that she was pregnant. **3** (*pormenores, oportunidade*) to miss: *A você não escapa nada.* You don't miss a thing. **LOC deixar escapar 1** (*pessoa*) to let *sb* get away **2** (*oportunidade*) to let slip *sth*: *Você deixou ~ a oportunidade da sua vida.* You let slip the chance of a lifetime. ◆ **escapar por um fio/triz** to escape by the skin of your teeth

escapatória *sf* way out (*pl* ways out)

escapulir *vt, vi* **1** (*escapar*) to slip away **2 ~ de/de entre** to slip out of *sth*: *~ das mãos* to slip out of your hands **3** (*fugir*) to run away

escarcéu *sm* (*alvoroço*) racket

escarola *sf* (*Bot*) endive

escarrado, -a *adj*: *Ela é a cópia escarrada da mãe.* She's the spitting image of her mother. *Ver tb* ESCARRAR

escarrar ▸ *vt* to spit *sth* out ▸ *vi* to spit

escassear *vi* to be scarce

escassez *sf* shortage: *Há ~ de professores.* There is a shortage of teachers.

escasso, -a *adj* little: *A ajuda que eles receberam foi escassa.* They received very little help. ◇ *devido ao ~ interesse* due to lack of interest

escavação *sf* excavation

escavadeira *sf* digger

escavar *vt* **1** to dig: *~ um túnel* to dig a tunnel **2** (*arqueol*) to excavate

esclarecer *vt* **1** (*explicar*) to clarify **2** (*crime*) to clear *sth* up: *~ um assassinato* to solve a murder

esclarecido, -a *adj* educated

esclerosado, -a *adj* senile

escocês, -esa ▸ *adj* Scottish ▸ *sm-sf* Scotsman/woman (*pl* -men/-women): *os escoceses* the Scots

Escócia *sf* Scotland ➲ *Ver nota em* GRÃ-BRETANHA

escola *sf* school: *Iremos depois da ~.* We'll go after school. ◇ *Terça-feira vou à ~ falar com o seu professor.* On Tuesday I'm going to the school to talk to your teacher. ➲ *Ver nota em* SCHOOL **LOC escola de belas-artes** art school ◆ **escola de ensino fundamental I** elementary school; primary school (*GB*) ◆ **escola de ensino fundamental II** junior high school; secondary school (*GB*) ◆ **escola de ensino médio** senior high school; secondary school (*GB*) ◆ **escola de samba** samba school ◆ **escola maternal** kindergarten ◆ **escola particular/pública** private/public school

> Nos Estados Unidos, uma escola pública é uma **public school**. Na Grã-Bretanha, contudo, as **public schools** são colégios particulares tradicionais e com muito prestígio, por exemplo Eton e Harrow. A escola pública é chamada de **state school** na Grã--Bretanha.

◆ **escola secundária** high school; secondary school (*GB*) ◆ **escola superior (técnica)** technical school; technical college (*GB*) *Ver tb* MESA

escolado, -a *adj* experienced (*in sth*)

escolar *adj* **1** school: *o ano ~* the school year **2** (*sistema*) education: *o sistema ~* the education system **LOC certificado/diploma escolar** high school diploma *Ver tb* BOLETIM, FÉRIAS, MATERIAL, MENSALIDADE, PASSE, PERÍODO, TAREFA

escolha *sf* choice: *não ter ~* to have no choice **LOC** *Ver* MÚLTIPLO

escolher *vt* to choose: *~ entre duas coisas* to choose between two things **LOC escolher a dedo** to hand-pick

escolta *sf* escort

escoltar *vt* to escort

escombros *sm* rubble [*não contável*]: *reduzir algo a ~* to reduce sth to rubble ◇ *um monte de ~* a pile of rubble

esconde-esconde *sm* hide-and-seek: *brincar de ~* to play hide-and-seek

esconder ▸ *vt* to hide *sb/sth* (*from sb/sth*): *Eles me esconderam da polícia.* They hid me from the police. ◇ *Não tenho nada a ~.* I have nothing to hide. ▸ **esconder-se** *vp* to hide (*from sb/sth*): *De quem vocês estão se escondendo?* Who are you hiding from?

esconderijo *sm* hiding place

escondido, -a *adj* (*oculto*) hidden **LOC às escondidas** in secret *Ver tb* ESCONDER

escore *sm* score

escorpião ▸ *sm* (*animal*) scorpion ▸ **Escorpião** *sm* (*astrol*) Scorpio ➲ *Ver exemplos em* AQUÁRIO

escorredor *sm* **1** (*verduras*) colander **2** (*louça*) dish rack

escorregadio, -a *adj* slippery

escorregador *sm* (*parque*) slide

escorregão *sm* slip: *dar um ~* to slip

escorregar *vt, vi* **1** (*pessoa*) to slip (*on sth*): *Escorreguei numa mancha de óleo.* I slipped on a patch of oil. **2 ~ (de/por entre)** to slip (out of/from *sth*): *O sabão escorregou das mãos dele.* The soap slipped from his hands.

escorrer ▸ *vt* (*pratos, verduras*) to drain ▸ *vi* **1** to drain: *Deixe os pratos escorrendo.* Leave the dishes to drain. **2** (*pingar*) to drip **3 ~ (por)** to slide (along/down *sth*): *A chuva escorria pelos vidros.* The rain slid down the windows. **LOC** *Ver* NARIZ

escoteiro, -a *sm-sf* scout

escotilha *sf* hatch

escova *sf* brush ➲ *Ver ilustração em* BRUSH **LOC** **escova de cabelo/dentes/unhas** hairbrush/toothbrush/nail brush ◆ **escova progressiva** hair straightening ◆ **fazer escova no cabelo** to have a blow-dry

escovar *vt* **1** to brush: ~ *os dentes* to brush your teeth **2** (*cão, cavalo*) to groom

escravidão *sf* slavery

escravizar *vt* to enslave

escravo, -a *adj, sm-sf* slave: *ser ~ do dinheiro* to be a slave to money ◇ *tratar alguém como um ~* to treat sb like a slave

escrever ▸ *vt* **1** to write: ~ *um livro* to write a book **2** (*Ortografia*) to spell: *Não sei como se escreve.* I don't know how to spell it. ◇ *Como se escreve?* How do you spell it?
▸ *vi* to write: *Você nunca me escreve.* You never write to me. ◇ *Ele ainda não sabe ~.* He can't write yet. **LOC** **escrever à mão** to write *sth* by hand *Ver tb* MÁQUINA

escrita *sf* writing

escrito, -a *adj* written: *pôr algo por ~* to put sth in writing **LOC** **escrito à mão/à máquina** handwritten/typed *Ver tb* ESCREVER

escritor, -ora *sm-sf* writer

escritório *sm* **1** (*local de trabalho*) office: *Ela nos recebeu no seu ~.* She saw us in her office. **2** (*casa*) study (*pl* **studies**): *Os livros dela estão todos no ~.* All her books are in the study. **LOC** *Ver* EMPREGADO, MESA

escritura *sf* **1** (*documento legal*) deed **2 Escritura(s)** Scripture(s): *a Sagrada Escritura/as Sagradas Escrituras* the Holy Scripture(s)

escrivaninha *sf* (*mesa*) desk

escrúpulo *sm* scruple: *não ter ~s* to have no scruples

escrupuloso, -a *adj* scrupulous

escudo *sm* shield: ~ *protetor* protective shield

esculachado, -a *adj* (*desleixado*) sloppy: *Ele se veste de um jeito muito ~.* He's a very sloppy dresser.

esculacho *sm* (*repreensão*) lecture: *levar um ~* to get a lecture

esculpir *vt, vi* to sculpt

escultor, -ora *sm-sf* sculptor

escultura *sf* sculpture

escuna *sf* (*Náut*) schooner

escurecer ▸ *vt* to darken
▸ *v imp verbo impessoal* to get dark

escuridão *sf* darkness

escuro, -a ▸ *adj* (*cabelo, pele*) dark
▸ *sm* dark: *Tenho medo do ~.* I'm scared of the dark. **LOC** **às escuras** in the dark: *Ficamos às escuras.* We were left in the dark. ◆ **escuro como o breu** pitch-black *Ver tb* ÓCULOS, TIRO

escutar *vt, vi* to listen (to *sb/sth*)

> Em inglês, utiliza-se **listen to** quando se presta atenção em algo que se escuta e **hear** quando se ouve algo simplesmente pelo fato de se ter ouvidos e ser capaz de captar sons: *Você nunca me escuta.* You never listen to me. ◇ *Escute! Você está ouvendo isso?* Listen! Can you hear it?

esfaquear *vt* to stab

esfarrapado, -a *adj* **1** (*roto*) ragged **2** (*inconsistente*) feeble: *desculpas esfarrapadas* feeble excuses

esfera *sf* sphere

esferográfica *sf* ballpoint pen

esfinge *sf* sphinx

esfolar *vt* (*arranhar*) to graze: ~ *a mão* to graze your hand

esfomeado, -a *adj* starving

esforçado, -a *adj* hard-working: *O meu filho é muito ~ nos estudos.* My son studies very hard.

esforçar-se *vp* ~ **(para/por)** to try (hard) (*to do sth*): *Eles se esforçaram muito.* They tried very hard. ➲ *Ver nota em* TRY

esforço *sm* **1** effort: *fazer um ~* to make an effort ◇ *O médico recomendou que não fizesse muito ~.* The doctor told me not to overdo it. **2** (*tentativa*) attempt (*at doing sth/to do sth*): *num último ~ para evitar um desastre* in a last attempt to avoid disaster **LOC** **sem esforço** effortlessly *Ver tb* MEDIR

esfregão *sm* mop

esfregar *vt* **1** (*limpar*) to scrub **2** (*friccionar*) to rub: *O garotinho esfregava os olhos.* The little boy was rubbing his eyes. **3** (*panela, tacho*) to scour **LOC** **esfregar as mãos** to rub your hands together

esfriar ▸ *vi* to get cold: *A sua sopa está esfriando.* Your soup's getting cold.
▸ *v imp verbo impessoal* to cool down: *De noite esfria um pouco.* It gets a little cooler at night.

esgarçar *vt, vi* to fray

esgotado, -a *adj* **1** (*cansado*) worn out; exhausted (*mais formal*) **2** (*produtos,* *entradas*) sold out **3** (*edição*) out of print **LOC deixar esgotado** (*cansar*) to wear *sb* out: *As crianças me deixam esgotada.* The children wear me out. *Ver tb* LOTAÇÃO *Ver tb* ESGOTAR

esgotamento *sm* (*cansaço*) exhaustion **LOC esgotamento nervoso** nervous breakdown

E

esgotar ▸ *vt* **1** to exhaust: ~ *um tema* to exhaust a subject **2** (*produtos, reservas*) to use *sth* up: *Esgotamos todo o nosso estoque.* We've used up all our supplies.
▸ **esgotar-se** *vp* **1** to run out: *A minha paciência está se esgotando.* My patience is running out. **2** (*livro, ingressos*) to sell out

esgoto *sm* drain **LOC** *Ver* CANO, REDE

esgrima *sf* (*Esporte*) fencing: *praticar* ~ to fence

esgueirar-se *vp* to sneak off

esguichar ▸ *vi* to spurt (out)
▸ *vt* **1** to squirt **2** (*com mangueira*) to hose *sb/sth* down

esguicho *sm* (*jato*) jet: *um ~ de água quente* a jet of hot water

esmagar *vt* **1** to crush: ~ *alho* to crush garlic **2** (*coisa mole, inseto*) to squash

esmalte *sm* enamel **LOC esmalte de unhas** nail polish

esmeralda *sf* emerald

esmerar-se *vp* ~ **(por)** to try very hard (*to do sth*): *Esmere-se um pouco mais.* Try a little harder. ➲ *Ver nota em* TRY

esmero *sm* (great) care **LOC com esmero** (very) carefully

esmigalhar *vt* **1** to break *sth* into small pieces **2** (*pão, bolachas*) to crumble *sth* (up)

esmo *sm* **LOC a esmo** (*sem rumo*) aimlessly: *andar a ~ pela cidade* to wander aimlessly around the city

esmola *sf*: *Nós demos uma ~ a ele.* We gave him some money. ◇ *Uma ~, por favor.* Can you spare any change, please? **LOC** *Ver* PEDIR

esmorecer *vi* to lose heart

esmurrar *vt* to punch

esnobar ▸ *vi* **1** (*ser esnobe*) to be snobbish: *Sem querer esnobar...* Without wanting to be snobbish... **2** (*exibir-se*) to show off: *Ela adora ~ usando suas joias.* She loves to show off her jewelry.
▸ *vt* (*menosprezar*) to snub

esnobe ▸ *adj* snobbish
▸ *smf* snob

espacial *adj* space: *missão/voo ~* space mission/flight **LOC estação/base espacial** space station *Ver tb* NAVE, ÔNIBUS, SONDA, TRAJE

espaço *sm* **1** space **2** (*lugar vago*) room: *Há ~ na minha mala para o seu suéter.* There's room in my suitcase for your sweater. **3** (*local*) place **4** (*em branco*) blank: *Preencha os ~s com as preposições.* Fill in the blanks with prepositions. **LOC ir para o espaço** (*fig*) to go up in smoke

espaçoso, -a *adj* (*aposento*) spacious

espada *sf* **1** (*arma*) sword **2 espadas** (*naipe*) spades ➲ *Ver nota em* BARALHO **3** (*heterossexual*) straight **LOC** *Ver* CRUZ

espaguete *sm* spaghetti: *Adoro ~.* I love spaghetti.

espairecer *vt, vi* (*distrair-se*) to relax

espalhado, -a *adj* **1** (*disperso*) scattered **2** (*pelo chão*) lying (around): ~ *pelo chão* lying on the floor ◇ *Deixaram tudo ~.* They left everything lying around. *Ver tb* ESPALHAR(-SE)

espalhafatoso, -a *adj* **1** (*extravagante*) over the top: *Ela se veste de maneira muito espalhafatosa.* She wears very outlandish clothes. **2** (*barulhento*) loud

espalhar(-se) *vt, vp* **1** (*dispersar*) to scatter **2** (*notícia, boato*) to spread

espanador *sm* (feather) duster

espancamento *sm* beating

espancar *vt* to beat *sb* up

Espanha *sf* Spain

espanhol, -ola ▸ *adj, sm* Spanish: *falar ~* to speak Spanish
▸ *sm-sf* Spaniard: *os espanhóis* the Spanish

espantalho *sm* scarecrow

espantar ▸ *vt* **1** (*surpreender*) to amaze **2** (*afugentar*) to drive *sb/sth* away
▸ **espantar-se** *vp* **1** (*surpreender-se*) to be amazed: *Eles se espantaram em nos ver.* They were amazed to see us. **2** (*assustar-se*) to be frightened

espanto *sm* amazement: *olhar com ~* to look in amazement ◇ *ter cara de ~* to look amazed

espantoso, -a *adj* amazing

esparadrapo *sm* Band-Aid®; plaster (*GB*)

esparramar ▸ *vt* **1** (*espalhar*) to scatter: ~ *os brinquedos pelo chão* to scatter toys on the floor **2** (*entornar*) to spill: *Cuidado para não ~ o leite.* Careful you don't spill the milk.
▸ **esparramar-se** *vp* (*sentar-se de qualquer jeito*) to sprawl: *Ele se esparramou no sofá e ali ficou o dia todo.* He sprawled on the couch and stayed there all day.

espatifar ▸ *vt* (*destruir*) to smash
▸ **espatifar-se** *vp* (*de carro, moto*) to crash

espátula *sf* spatula

especial *adj* special **LOC** *Ver* NADA

especialidade *sf* specialty; speciality (*GB*) (*pl* **specialties/specialities**)

especialista *smf* ~ **(em)** specialist (in *sth*): *um ~ em informática* an IT specialist

especializado, -a *adj* **1** ~ **(em)** specialized (in *sth*) **2** (*trabalhador*) skilled *Ver tb* ESPECIALIZAR-SE

especializar-se *vp* ~ **(em)** to specialize (in *sth*)

especialmente *adv* **1** (*sobretudo*) especially: *Adoro animais, ~ gatos.* I love animals, especially cats. **2** (*em particular*) particularly **3** (*exclusivamente*) specially: *~ desenhado para deficientes* specially designed for disabled people ➲ *Ver nota em* SPECIALLY

especiaria *sf* spice

espécie *sf* **1** (*Biol*) species (*pl* **species**): *uma ~ em vias de extinção* an endangered species **2** (*tipo*) kind: *Era uma ~ de verniz.* It was a kind of varnish. LOC **pagar em espécie** to pay (in) cash

especificar *vt* to specify

específico, -a *adj* specific

espécime (*tb* **espécimen**) *sm* specimen

espectador, -ora *sm-sf* **1** (*Esporte*) spectator **2** (*TV*) viewer **3** (*Teat, Mús*) member of the audience

espectro *sm* **1** (*fantasma*) specter **2** (*Fís*) spectrum

especulação *sf* speculation

especular *vt, vi* ~ **(sobre)** to speculate (about/on *sth*)

espelho *sm* mirror: *ver-se/olhar-se no ~* to look (at yourself) in the mirror LOC **espelho retrovisor** rear view mirror

espelunca *sf* (*lugar escuro e sujo*) dive

espera *sf* wait LOC **estar à espera de** to be waiting for *sb/sth* *Ver tb* LISTA, SALA

esperança *sf* hope

esperar ▸ *vt* to wait for *sb/sth*, to expect, to hope

Os três verbos **wait**, **expect** e **hope** significam *esperar*, contudo não devem ser confundidos.

Wait indica que uma pessoa está à espera de que alguém chegue ou de que algo aconteça: *Espere por mim, por favor.* Wait for me, please. ◇ *Estou esperando o ônibus.* I'm waiting for the bus. ◇ *Estamos esperando que pare de chover.* We're waiting for it to stop raining.

Expect é utilizado quando o que se espera é não apenas lógico como muito provável: *Havia mais trânsito do que eu esperava.* There was more traffic than I had expected. ◇ *Estava esperando um e-mail dele ontem, mas não recebi nada.* I was expecting an e-mail from him yesterday, but I didn't receive one. Se uma mulher está grávida, diz-se também **expect**: *Ela está esperando bebê.* She's expecting a baby.

Com **hope** exprime-se o desejo de que algo aconteça ou tenha acontecido: *Espero voltar a vê-lo em breve.* I hope to see you again soon. ◇ *Espero que sim/não.* I hope so/not.

▸ *vi* to wait: *Estou farta de ~.* I'm tired of waiting. LOC **fazer alguém esperar** to keep sb waiting ♦ **ir esperar alguém** to meet sb: *Você tem que ir ~ o Luís na estação.* You have to meet Luís at the train station. ♦ **(não) saber o que esperar** (not) to know what to expect

esperma *sm* sperm

espernear *vi* **1** to kick (your feet) **2** (*fazer birra*) to throw a tantrum

espertalhão, -ona *sm-sf* sharp operator

esperto, -a *adj* smart; bright (*GB*) LOC **fazer-se de esperto** to be/get smart: *Não se faça de ~ comigo.* Don't get smart with me.

espesso, -a *adj* thick

espessura *sf* thickness: *Esta tábua tem dois centímetros de ~.* This piece of wood is two centimeters thick.

espetacular *adj* spectacular

espetáculo *sm* **1** spectacle: *um ~ impressionante* an impressive spectacle **2** (*diversão*) show LOC **dar espetáculo** to make a spectacle of yourself *Ver tb* MUNDO, SALA

espetada *sf* prick: *Dei uma ~ no dedo.* I pricked my finger.

espetar ▸ *vt* **1** (*cravar*) to stick **2** (*com alfinete*) to prick
▸ **espetar-se** *vp* **espetar-se (em)** (*picar-se*) to prick yourself (on/with *sth*): *Espetei-me num espinho.* I pricked my finger on a thorn. ◇ *Tenha cuidado para não se ~ com a tesoura.* Be careful you don't hurt yourself with the scissors.

espetinho *sm* kebab

espevitado, -a *adj* **1** (*vivo*) lively **2** (*atrevido*) sassy; cheeky (*GB*)

espiada *sf* peep LOC **dar uma espiada em alguém/algo** to have/take a look at sb/sth

espião, -ã *sm-sf* (*tb* **espia** *smf*) spy (*pl* **spies**)

E

espiar *vt, vi* **1** (*olhar*) to peek (at *sb/sth*): *Não me espie.* Don't peek. **2** (*espionar*) to spy (on *sb*)

espichar *vt* (*esticar*) to stretch

espiga *sf* (*milho*) ear

espinafre *sm* spinach

espingarda *sf* shotgun: *~ de dois canos* double-barreled shotgun

E

espinha *sf* **1** (*peixe*) bone **2** (*acne*) pimple LOC **espinha dorsal** spine

espinho *sm* **1** thorn: *uma rosa sem ~s* a rose without thorns **2** (*de animal*) spine

espionagem *sf* spying; espionage (*mais formal*): *Fui acusado de ~.* I was accused of spying.

espiral *adj, sf* spiral

espírito *sm* **1** spirit: *~ de equipe* team spirit **2** (*humor*) wit LOC **espírito de porco** wet blanket ◆ **espírito esportivo** sportsmanship ◆ **Espírito Santo** Holy Spirit *Ver tb* ESTADO, PRESENÇA

espiritual *adj* spiritual

espiritualismo *sm* spiritualism

espirituoso, -a *adj* witty: *um comentário ~* a witty remark

espirrar *vi* **1** (*pessoa*) to sneeze ➲ *Ver nota em* ATXIM! **2** (*fritura*) to spit: *O óleo espirrou da frigideira.* The oil spat from the frying pan.

espirro *sm* sneeze

esplanada *sf* esplanade

esplêndido, -a *adj* splendid

esponja *sf* sponge LOC *Ver* BEBER

espontâneo, -a *adj* spontaneous

espora *sf* spur

esporádico, -a *adj* sporadic

esporte ▸ *sm* sport: *Você pratica algum ~?* Do you play any sports?

> Em inglês, há três construções possíveis quando se fala de esportes. Para *jogar futebol, golfe, basquete*, etc., usa-se **play + substantivo**, p.ex. **play soccer, golf, basketball**, etc. *Fazer aeróbica, ginástica, judô*, etc. diz-se **do + substantivo**, p.ex. **do aerobics, gymnastics, judo**, etc. *Fazer natação, caminhada, ciclismo*, etc. diz-se **go + -ing**, p.ex. **go swimming, hiking, cycling**, etc. A última construção se usa, principalmente, quando existe em inglês um verbo específico para tal esporte, como **swim, hike** ou **cycle**.

▸ *adj* (*vestuário*) casual: *roupa/sapatos ~* casual clothes/shoes LOC **esportes radicais** extreme sports ◆ **por esporte** for fun: *Ele trabalha por ~.* He works just for fun.

esportista *smf* **1** (*masc*) sportsman (*pl* -men) **2** (*fem*) sportswoman (*pl* -women) **3 esportistas** sportspeople ➲ *Ver nota em* POLICIAL

esportivo, -a *adj* **1** sports: *competição esportiva* sports competition **2** (*comportamento*) sporting: *um comportamento pouco ~* bad sportsmanship LOC **levar as coisas na esportiva** to take sth lightly *Ver tb* ROUPA, ESPÍRITO

esposo, -a *sm-sf* **1** (*masc*) husband **2** (*fem*) wife (*pl* wives)

espreguiçadeira *sf* sunlounger

espreguiçar-se *vp* to stretch

espreita *sf* LOC **estar à espreita 1** (*vigiar*) to be on the lookout *for sb/sth* **2** (*esperar escondido*) to lie in wait (*for sb/sth*)

espreitar *vt, vi* **1** (*espiar*) to spy (*on sb*): *~ pelo buraco da fechadura* to spy through the keyhole **2** (*esperar escondido*) to lie in wait (for *sb/sth*): *O inimigo espreitava na escuridão.* The enemy lay in wait in the darkness.

espremedor *sm* **1** (*de frutas*) juicer **2** (*de batatas*) (potato) masher **3** (*de alho*) garlic press

espremer ▸ *vt* (*fruta*) to squeeze *sth* (out)

▸ **espremer-se** *vp* to squeeze (*into, past, through, etc. sth*): *Todos se espremeram no sofá para ver o jogo.* Everyone squeezed onto the sofa to watch the game.

espuma *sf* **1** foam **2** (*cerveja*) froth **3** (*sabonete, xampu*) lather **4** (*banho*) bubble: *um banho de ~* a bubble bath **5** (*mar*) surf LOC **espuma (de borracha)** foam (rubber) ◆ **fazer espuma 1** (*ondas*) to foam **2** (*sabão*) to lather

espumante ▸ *adj* (*vinho*) sparkling

▸ *sm* sparkling wine

esquadra *sf* **1** (*Náut*) fleet **2** (*Mil*) squad

esquadrão *sm* squadron

esquadro *sm* triangle; set square (*GB*)

esquartejar *vt* to cut *sth* up

esquecer(-se) *vt, vp* **1** to forget *sth/ to do sth*: *~ o passado* to forget the past ◇ *Eu me esqueci de comprar sabão em pó.* I forgot to buy detergent. **2** (*deixar*) to leave *sth* (behind): *Esqueci o guarda-chuva no ônibus.* I left my umbrella on the bus.

esquecido, -a *adj* (*pessoa*) forgetful *Ver tb* ESQUECER(-SE)

esquelético, -a *adj* (*muito magro*) scrawny ➲ *Ver nota em* MAGRO

esqueleto *sm* **1** (*Anat*) skeleton **2** (*estrutura*) framework

esquema *sm* **1** (*diagrama*) diagram **2** (*resumo*) outline **3** (*plano*) plan

esquentado, -a *adj*: *Geraldo é muito ~.* Geraldo loses his temper very easily. *Ver tb* ESQUENTAR

esquentar *vt, vi* to warm (*sth*) up: *Esquente o leite, mas não deixe ferver.* Warm up the milk, but don't let it boil. ◇ *Como esquentou depois da chuva!*It's really warmed up since the rain! LOC **esquentar a cabeça** (*preocupar-se*) to worry about sth: *Pare de ~ a cabeça.* Stop worrying about it.

esquerda *sf* **1** left: *Siga pela ~.* Keep left. ◇ *É a segunda porta à ~.* It's the second door on the left. ◇ *dirigir pela ~* to drive on the left ◇ *a casa da ~* the house on the left ◇ *Vire à ~.* Turn left. **2** (*mão*) left hand: *escrever com a ~* to be left-handed LOC **a esquerda** (*Pol*) the left: *A ~ ganhou as eleições.* The left won the election. ◆ **de esquerda** left-wing: *grupos de ~* left-wing groups *Ver tb* ZERO

esquerdo, -a *adj* left: *Quebrei o braço ~.* I broke my left arm. ◇ *a margem esquerda do Sena* the left bank of the Seine LOC *Ver* LEVANTAR

esqui *sm* **1** (*objeto*) ski (*pl* **skis**) **2** (*Esporte*) skiing LOC **esqui aquático** waterskiing: *fazer ~ aquático* to go waterskiing *Ver tb* PISTA

esquiar *vi* to ski: *Eles esquiam todos os fins de semana.* They go skiing every weekend.

esquilo *sm* squirrel

esquimó *sm* Eskimo (*pl* **Eskimo/Eskimos**) ❶ Os próprios esquimós preferem o termo **the Inuit** [*pl*].

esquina *sf* corner: *Espere-me na ~.* Wait for me on the corner. ◇ *A casa que faz ~ com a Rua da Moeda.* It's the house on the corner of Rua da Moeda. LOC **virando a esquina** (just) around the corner

esquisito, -a *adj* (*estranho*) strange: *uma maneira muito esquisita de falar* a very strange way of speaking

esquivar-se *vp* ~ **(de) 1** to dodge **2** (*pessoa*) to avoid

esquizofrenia *sf* schizophrenia

esquizofrênico, -a *adj, sm-sf* schizophrenic

esse, -a *pron* **1** (*adjetivo*) this; that (*pl* **these/those**) ❶ Utiliza-se **this** para objetos ou pessoas próximos da pessoa que fala, e **that** para quando estejam mais distantes. **2** (*substantivo*) (**a**) (*coisa*) that/this one (*pl* **those/these (ones)**): *Não quero ~/~s.* I don't want this one/these. (**b**) (*pessoa*): *Foi essa aí!* It was her! ◇ *Não vou com ~s aí.* I'm not going with those people.

essência *sf* essence

essencial *adj* ~ **(para)** essential (to/for *sth*)

esses, -as *pron Ver* ESSE

esta *pron Ver* ESTE

estabelecer ▸ *vt* **1** (*determinar, ordenar*) to establish: *~ a identidade de uma pessoa* to establish a person's identity **2** (*criar*) to set *sth* up: *~ uma sociedade* to set up a partnership **3** (*recorde*) to set ▸ **estabelecer-se** *vp* **1** (*fixar-se*) to settle **2** (*num negócio*) to set up: *estabelecer-se por conta própria* to set up your own business

estabelecimento *sm* establishment

estabilidade *sf* stability

estabilizar(-se) *vt, vp* to stabilize

estábulo *sm* cowshed

estaca *sf* **1** stake **2** (*tenda*) peg LOC **voltar à estaca zero** to go back to square one

estação *sf* **1** station: *Onde fica a ~?* Where's the station? **2** (*do ano*) season LOC **estação hidromineral/de águas** spa ◆ **estação ferroviária** train station *Ver tb* ESPACIAL

estacionamento *sm* **1** (*ato*) parking **2** (*vaga*) parking space **3** (*local*) parking lot; car park (*GB*): *um ~ subterrâneo* an underground parking lot

estacionar *vt, vi* to park: *Onde é que você estacionou?* Where did you park? LOC **estacionar em fila dupla** to double-park

estadia (*tb* **estada**) *sf* **1** stay: *a sua ~ no hospital* his stay in the hospital **2** (*gastos*) living expenses [*pl*]: *pagar os custos de viagem e ~* to pay travel and living expenses

estádio *sm* (*Esporte*) stadium (*pl* **stadiums/stadia**)

estadista *smf* **1** (*masc*) statesman (*pl* **-men**) **2** (*fem*) stateswoman (*pl* **-women**) **3 estadistas** statespeople ➲ *Ver nota em* POLICIAL

estado *sm* **1 Estado** state: *a segurança do Estado* state security ◇ *chefe de Estado* head of state **2** (*condição médica*) condition: *O ~ dela não é grave.* Her condition isn't serious. LOC **em bom/mau estado 1** in good/bad condition **2** (*estrada*) in a good/bad state of repair ◆ **estado civil** marital status ◆ **estado de espírito** state of mind *Ver tb* GOLPE, SECRETARIA

Estados Unidos *sm* the United States (*abrev* US/USA)

estadual *adj* state: *lei ~* state law

E

estafa *sf* **1** (*cansaço*) fatigue **2** (*esgotamento nervoso*) nervous breakdown

estafado, -a *adj* (*cansado*) exhausted

estagiário, -a *sm-sf* trainee

estágio *sm* **1** (*fase*) stage **2** (*treinamento*) internship; work placement (*GB*)

estagnado, -a *adj* stagnant *Ver tb* ESTAGNAR

estagnar *vi* **1** to stagnate **2** (*negociações*) to come to a standstill

estalactite *sf* stalactite

estalagmite *sf* stalagmite

estalar ▸ *vt* **1** to crack **2** (*língua*) to click **3** (*dedos*) to snap
▸ *vi* **1** to crack **2** (*lenha*) to crackle

estaleiro *sm* shipyard

estalido *sm* **1** crack **2** (*fogueira*) crackle

estalo *sm* **1** (*som*) crack **2** (*língua*) click: *dar um ~ com a língua* to click your tongue **3** (*dedos*) snap LOC **de estalo** suddenly ◆ **ter/dar um estalo**: *De repente me deu um ~.* Suddenly it all clicked. ◇ *Eu tive um ~ e encontrei a solução.* The solution suddenly occurred to me.

estampa *sf* **1** (*desenho*) pattern: *uma camiseta com ~* a patterned T-shirt **2** (*ilustração*) plate: *~s coloridas* color plates

estampado, -a *adj* patterned *Ver tb* ESTAMPAR

estampar *vt* (*imprimir*) to print

estandarte *sm* banner

estanho *sm* tin

estante *sf* bookcase

estar ▸ *vi* **1** to be: *~ doente/cansado* to be sick/tired ◇ *A Ana está em casa?* Is Ana home? ◇ *Está em todos os jornais.* It's in all the papers. ◇ *Estamos no dia 3 de maio.* It's the third of May. ◇ *Quanto estão as bananas?* How much are the bananas? **2** (*aspecto*) to look: *Você está muito bonito hoje.* You look very nice today. **3** ~ **em** (*consistir*) to lie in *sth*: *O êxito do grupo está na sua originalidade.* The group's success lies in their originality.
▸ *v aux* to be doing sth: *Eles estavam jogando.* They were playing.
▸ *v imp verbo impessoal* (*clima*): *Está frio/calor/ventando.* It's cold/hot/windy.
LOC **está bem 1** (*de acordo*) OK: *—Pode me emprestar? —Está bem.* "Could you lend it to me?" "OK." **2** (*chega*) that's enough ◆ **estar aí (mesmo)** (*estar chegando*) to be (just) around the corner: *O verão está aí.* Summer's just around the corner. ◆ **estar com alguém** (*apoiar*) to be rooting for *sb*: *Ânimo, que nós estamos com você!* Go for it, we're rooting for you! ◆ **estar com/sem**: *Ela está com gripe.* She has the flu. ◇ *Estou sem dinheiro.* I have no money. ◆ **estar/ficar bom** to be/get well ◆ **estar que...**: *Estou que nem me aguento em pé.* I'm dead on my feet. ◆ **não estar nem aí** not to care (*about sth/sb*): *Ela não está nem aí com você.* She doesn't care about you. ◆ **não estar para** not to be in the mood for *sth*: *Não estou para brincadeiras.* I'm not in the mood for jokes. ❶ Para outras expressões com **estar**, ver os verbetes para o substantivo, adjetivo, etc., p.ex. **estar numa boa** em BOA e **estar em jogo** em JOGO.

estardalhaço *sm* (*ruído*) racket: *fazer ~* to make a racket

estatal *adj* state-owned: *empresa ~* state-owned company

estático, -a *adj* static

estatística *sf* **1** (*Ciência*) statistics [*não contável*] **2** (*cifra*) statistic

estátua *sf* statue

estatura *sf* height: *uma mulher de ~ mediana* a woman of average height ◇ *Ele é de baixa ~.* He's short.

estatuto *sm* statute

estável *adj* stable

este, -a *pron* **1** (*adjetivo*) this (*pl* **these**) **2** (*substantivo*) this one (*pl* **these (ones)**): *Prefiro aquele terno a ~.* I prefer that suit to this one. ◇ *Você prefere ~s?* Do you prefer these ones?

esteira *sf* (beach) mat LOC **esteira de ginástica** treadmill ◆ **esteira rolante** conveyor belt

estender ▸ *vt* **1** (*esticar, braço, mão*) to stretch *sth* out **2** (*alargar*) to extend: *~ uma mesa* to extend a table ◇ *~ o prazo das matrículas* to extend the registration period **3** (*desdobrar, espalhar*) to spread *sth* (out): *~ um mapa sobre a mesa* to spread a map out on the table **4** (*roupa no varal*) to hang *sth* out: *Ainda tenho que ~ a roupa.* I still have to hang the laundry out.
▸ **estender-se** *vp* **1** (*deitar-se*) to lie down ➲ *Ver nota em* LIE² **2** (*no espaço*) to stretch: *O jardim se estende até o lago.* The garden stretches down to the lake. **3** (*no tempo*) to last: *O debate se estendeu por horas e horas.* The debate lasted for hours. **4** (*propagar-se*) to spread: *A epidemia se estendeu país afora.* The epidemic spread throughout the country. **5 estender-se sobre** (*alongar-se*) to speak at length about *sth*

estendido, -a *adj* **1** (*pessoa*) lying: *Ele estava ~ no chão.* He was lying on the floor. **2** (*roupa*): *A roupa já está estendida.* The laundry is already out on the line. **3** (*braços, pernas*) outstretched *Ver tb* ESTENDER

estepe *sm* (*pneu*) spare tire
esterco *sm* manure
estéreo *adj, sm* stereo
estereótipo *sm* stereotype
estéril *adj* sterile
esterilizar *vt* to sterilize
esterlina *adj* sterling: *libras ~s* pounds sterling
esteroide *sm* steroid
estética *sf* aesthetics [*não contável*]
esteticista *smf* beautician
estético, -a *adj* aesthetic
estetoscópio *sm* stethoscope
estibordo *sm* starboard
esticada *sf* LOC **dar uma esticada**: *Depois da festa, demos uma ~ num clube.* After the party we went on to a club.
esticado, -a *adj* (*estendido*) tight: *Verifique-se de que a corda está bem esticada.* Make sure the rope is really tight. *Ver tb* ESTICAR
esticar ▸ *vt* **1** to stretch: *~ uma corda* to stretch a rope tight **2** (*braço, perna*) to stretch *sth* out **3** (*alisar*) to smooth **4** (*continuar um programa*): *Vamos ~ num clube.* Let's go on to a club.
▸ **esticar-se** *vp* (*espreguiçar-se*) to stretch LOC **esticar as canelas** to kick the bucket
estilhaçar(-se) *vt, vp* to shatter
estilista *smf* **1** (*moda*) fashion designer **2** (*cabeleireiro*) hair stylist
estilo *sm* style: *ter muito ~* to have a lot of style LOC **com muito estilo** stylish: *vestir-se com muito ~* to dress stylishly ◆ **de estilo** period: *móveis de ~*period furniture ◆ **estilo de vida** lifestyle
estima *sf* esteem LOC **ter alguém em alta/grande estima** to think highly of sb
estimação *sf* esteem LOC **de estimação** favorite: *o meu cobertor de ~* my favorite blanket ◇ *objetos de ~* objects of sentimental value ◇ *um animal de ~* a pet
estimar *vt* **1** (*gostar*) to be fond of *sb*: *Nós a estimamos muito.* We're very fond of her. **2** (*calcular*) to estimate
estimativa *sf* estimate
estimulante ▸ *adj* stimulating
▸ *sm* stimulant
estimular *vt* **1** (*incitar*) to stimulate **2** (*animar*) to encourage
estímulo *sm* ~ **(para)** stimulus (*pl* stimuli) (to/for *sth/to do sth*) LOC **dar estímulo a** to encourage *sb/sth* ◆ **sem estímulo** demotivated
estivador *sm* longshoreman; docker (*GB*)
estofamento *sm* (*carro, móvel*) upholstery [*não contável*]
estofar *vt* (*móvel, carro*) to upholster
estojo *sm* **1** (*lápis, instrumento musical*) case **2** (*maquiagem, joias*) box **3** (*unhas*) manicure set LOC **estojo de primeiros socorros** first aid kit
estômago *sm* stomach
estoque *sm* stock(s) LOC *Ver* PONTA
estória *sf Ver* HISTÓRIA
estorvar *vt* **1** (*incomodar*) to annoy **2** (*dificultar*) to block: *~ as saídas de incêndio* to block the fire exits
estourado, -a *adj* **1** (*temperamental*) temperamental **2** (*cansado*) worn out; exhausted (*mais formal*) *Ver tb* ESTOURAR
estourar *vi* **1** (*balão, pneu*) to burst **2** (*bomba*) to explode **3** (*guerra*) to break out **4** (*escândalo*) to break **5** (*fazer sucesso*) to make it big LOC **estar estourando de dor de cabeça** to have a splitting headache
estouro *sm* (*explosão*) explosion
estrábico, -a *adj* cross-eyed
estrabismo *sm* squint
estrada *sf* road LOC **estrada de ferro** railroad; railway (*GB*) ◆ **estrada de rodagem** freeway; motorway (*GB*) ➲ *Ver nota em* RODOVIA ◆ **estrada de terra** dirt road *Ver tb* CÓDIGO
estrado *sm* platform
estragado, -a *adj* **1** (*alimento*) spoiled; off (*GB*): *O peixe estava ~.* The fish was spoiled. **2** (*máquina*) out of order *Ver tb* ESTRAGAR
estragar ▸ *vt* **1** to ruin: *A chuva estragou os nossos planos.* The rain ruined our plans. **2** (*aparelho*) to break **3** (*mimar*) to spoil
▸ **estragar-se** *vp* **1** (*não funcionar*) to break down **2** (*comida*) to go bad
estrago *sm* (*dano*) damage [*não contável*]: *causar/sofrer ~s* to cause/suffer damage
estrangeiro, -a ▸ *adj* foreign
▸ *sm-sf* foreigner LOC **no/para o estrangeiro** abroad
estrangular *vt* to strangle
estranhar *vt* **1** to find *sth* strange: *No princípio você vai ~, mas vai acabar se acostumando.* At first you'll find it strange, but you'll get used to it in the end. ◇ *Estranhei o seu comportamento.* I found your behavior strange. **2** (*não se adaptar*) not to like *sb*: *O bebê estranhou a babá nova.* The baby didn't like the new nanny. LOC **estar estranhando alguém**: *Estou estranhando você! Você nunca recusa um convite!* That's not like

E

you. You never refuse an invitation! ◇ *Está me estranhando?* Who do you take me for?

estranho, -a ▸ *adj* strange ▸ *sm-sf* stranger LOC **esse nome, rosto, etc. não me é estranho** that name, face, etc. rings a bell *Ver tb* COISA

estratagema *sm* scheme: *Estou farta dos seus ~s para ganhar mais dinheiro!* I'm sick of your schemes to earn more money.

estratégia *sf* strategy (*pl* strategies)

estratégico, -a *adj* strategic

estrato *sm* (*Geol, Sociol*) stratum (*pl* strata)

estreante *adj, smf* ▸ *adj*: *Há seis equipes ~s na Copa do Mundo.* There are six teams making their World Cup debuts. ▸ *smf* beginner

estrear *vt* **1**: *Estou estreando estes sapatos.* I am wearing new shoes. **2** (*filme, peça de teatro*) to première

estreia *sf* **1** (*filme, peça de teatro*) première **2** (*ator*) debut

estreitar(-se) *vt, vi, vp* to narrow

estreito, -a ▸ *adj* narrow ▸ *sm* strait(s): *o ~ de Bering* the Bering Strait(s)

estrela *sf* star: *~ polar* pole star ◇ *um hotel de três ~s* a three-star hotel ◇ *uma ~ de cinema* a movie star LOC **estrela cadente** shooting star ◆ **ver estrelas** to see stars

estrelado, -a *adj* **1** (*noite, céu*) starry **2** (*figura*) star-shaped LOC *Ver* OVO; *Ver tb* ESTRELAR

estrela-do-mar *sf* starfish (*pl* starfish)

estrelar *vt* **1** (*em filme*) to star in *sth* **2** (*ovos*) to fry

estrelato *sm* stardom: *chegar ao ~* to become a star

estremecer *vt, vi* (*tremer*) to shake LOC **estremecer de dor** to wince with pain ◆ **estremecer de medo** to tremble with fear

estressado, -a *adj* stressed (out)

estressante *adj* stressful

estresse *sm* stress: *sofrer de ~* to suffer from stress

estria *sf* **1** groove **2** (*pele*) stretch mark

estribeira *sf* LOC **perder as estribeiras** to lose your temper

estribilho *sm* chorus

estribo *sm* stirrup

estridente *adj* (*som*) shrill

estrito, -a *adj* strict

estrofe *sf* verse

estrondo *sm* bang: *A porta se fechou com um grande ~.* The door slammed shut. ◇ *o ~ do trovão* the rumble of thunder

estrondoso, -a *adj* **1** (*aplauso*) thunderous: *aplausos ~s* thunderous applause **2** (*sucesso*) resounding

estrutura *sf* structure

estuário *sm* estuary (*pl* estuaries)

estudante *smf* student: *um grupo de ~s de medicina* a group of medical students

estudar *vt, vi* to study: *Gostaria de ~ francês.* I'd like to study French. ◇ *Ela estuda num colégio particular.* She's at a private school.

estúdio *sm* (*Cinema, Fot, TV*) studio (*pl* studios)

estudioso, -a *adj* hard-working; studious (*mais formal*)

estudo *sm* **1** study (*pl* studies): *realizar ~s sobre algo* to carry out a study of sth **2 estudos** education: *não ter ~s* to lack education LOC **em estudo** under consideration *Ver tb* BOLSA

estufa *sf* (*para plantas*) greenhouse LOC *Ver* EFEITO

estupendo, -a *adj* fantastic

estupidez *sf* **1** (*grosseria*) rudeness **2** (*burrice*) stupidity (*pl* stupidities): *o cúmulo da ~* the height of stupidity

estúpido, -a ▸ *adj* **1** (*grosseiro*) rude **2** (*burro*) stupid ▸ *sm-sf* idiot

estuprador *sm* rapist

estupro *sm* rape

esturricado, -a *adj* burned

esvaziar ▸ *vt* **1** to empty *sth* (out) (*into sth*): *Vamos ~ aquela caixa.* Let's empty (out) that box. **2** (*tirar o ar*) to let the air out of *sth*: *Esvaziaram meus pneus.* They let the air out of my tires. ▸ **esvaziar-se** *vp* **1** (*ficar vazio*) to become empty **2** (*perder o ar*) to go down; to deflate (*mais formal*)

etapa *sf* stage: *Fizemos a viagem em duas ~s.* We did the trip in two stages. ◇ *por ~s* in stages

etário, -a *adj* LOC *Ver* FAIXA

etc. *sm* et cetera (*abrev* etc.)

eternidade *sf* **1** eternity **2 uma eternidade** forever: *Você demorou uma ~.* You took forever.

eterno, -a *adj* eternal

ética *sf* **1** (*princípios morais*) ethics [*pl*] **2** (*Filosofia*) ethics [*não contável*]

ético, -a *adj* ethical

etimologia *sf* etymology (*pl* etymologies)

etiqueta *sf* **1** label ➲ *Ver ilustração em* RÓTULO **2** *(social)* etiquette LOC **etiqueta de preço** price tag
etiquetar *vt* to label
etnia *sf* ethnic group
étnico, -a *adj* ethnic
eu *pron* **1** *(sujeito)* I: *minha irmã e eu* my sister and I **2** *(em comparações, com preposição)* me: *como eu* like me ◇ *exceto eu* except (for) me ◇ *Você chegou antes do que eu.* You got here before me. ◇ *incluindo eu* including me LOC **eu?** me?: *Quem? Eu?* Who do you mean? Me? ◆ **eu mesmo/próprio** I myself: *Eu mesmo o farei.* I'll do it myself. ◇ *Fui eu mesma quem lhe disse.* I was the one who told you. ◆ **se eu fosse você** if I were you: *Se eu fosse você, não iria.* If I were you, I wouldn't go. ◆ **sou eu** it's me
eucalipto *sm* eucalyptus (*pl* eucalyptuses/eucalypti)
eucaristia *sf* Eucharist
euforia *sf* euphoria
eufórico, -a *adj* euphoric
euro *sm* euro (*pl* euros/euro)
Europa *sf* Europe
europeu, -eia *adj, sm-sf* European
eutanásia *sf* euthanasia
evacuar *vt* to evacuate: *O público evacuou o cinema.* The audience evacuated the movie theater. ◇ *Evacuem a sala, por favor.* Please clear the hall.
evangelho *sm* gospel: *o ~ segundo São João* the Gospel according to Saint John
evangélico, -a ▸ *adj* evangelical ▸ *sm-sf* evangelist
evaporar(-se) *vt, vp* to evaporate
evasão *sf* **1** *(fuga)* escape **2** *(subterfúgio)* evasion: *~ fiscal* tax evasion
evasiva *sf* excuse: *Não me venha com ~s.* Don't give me excuses.
evento *sm* **1** *(acontecimento)* event: *os ~s dos últimos dias* the events of the past few days **2** *(incidente)* incident
eventual *adj (fortuito)* accidental
evidência *sf* evidence
evidente *adj* obvious
evitar *vt* **1** *(prevenir)* to avert: *~ uma catástrofe* to avert a disaster **2** *(esquivar-se)* to avoid *sb/sth/doing sth*: *Ele faz de tudo para me ~.* He does everything he can to avoid me. ◇ *Ela evitou o meu olhar.* She avoided my gaze. **3** *(golpe, obstáculo)* to dodge LOC **não consigo/posso evitar** I, you, etc. can't help it ◆ **se você pudesse evitar** if you could help it
evolução *sf* **1** *(Biol)* evolution **2** *(desenvolvimento)* development
evoluir *vi* **1** *(Biol)* to evolve **2** *(desenvolver-se)* to develop
ex *pref, smf* ex: *o meu ex-namorado* my ex-boyfriend
exagerado, -a *adj* **1** exaggerated: *Não seja ~.* Don't exaggerate. **2** *(excessivo)* excessive: *O preço me parece ~.* I think the price is excessive. *Ver tb* EXAGERAR
exagerar *vt, vi* **1** to exaggerate: *~ a importância de algo* to exaggerate the importance of sth ◇ *Não exagere.* Don't exaggerate. **2** *(na crítica)* to go too far: *Acho que você exagerou com suas palavras.* I think you went too far with what you said.
exalar ▸ *vt* **1** *(ar)* to breathe *sth* out **2** *(gás, vapor, odor)* to give *sth* off ▸ *vi* to breathe out; to exhale *(mais formal)*
exaltado, -a *adj* **1** *(irritado)* angry (*with/at sb*) (*at/about sth*) **2** *(excitado)* in a state of excitement: *Os ânimos estão ~s.* Feelings are running high. *Ver tb* EXALTAR
exaltar ▸ *vt (elogiar)* to praise ▸ **exaltar-se** *vp* **1** *(irritar-se)* to get annoyed (*with sb*) (*at/about sth*) **2** *(excitar-se)* to get excited
exame *sm (Educ)* exam; examination *(formal)*: *prestar/repetir um ~* to take/retake an exam LOC **exame de sangue** blood test ◆ **exame de motorista** driving test ◆ **exame médico/de aptidão física** physical; medical *(GB)*: *Você tem que fazer um ~ médico.* You have to have a physical. *Ver tb* PRESTAR
examinador, -ora *sm-sf* examiner LOC *Ver* BANCA
examinar *vt* to examine
exatamente *interj* exactly
exato, -a *adj* **1** *(correto)* exact: *Necessito das medidas exatas.* I need the exact measurements. ◇ *dois quilos ~s* exactly two kilos **2** *(descrição, relógio)* accurate: *Não me deram uma descrição muito exata.* They didn't give me a very accurate description.
exaustivo, -a *adj* **1** *(cansativo)* exhausting **2** *(abrangente)* thorough
exausto, -a *adj* exhausted
exaustor *sm (de ar)* extractor (fan)
exceção *sf* exception LOC **com exceção de** except (for) *sb/sth* *Ver tb* ABRIR
exceder ▸ *vt* to exceed ▸ **exceder-se** *vp* **exceder-se em** to overdo *sth*: *Acho que você se excedeu no sal.* I think you put in too much salt.
excelência *sf* LOC **por excelência** par excellence ◆ **Sua Excelência** His/Her

E

Excellency ◆ **Vossa Excelência** Your Excellency

excelente *adj* **1** (*resultado, referência, tempo*) excellent **2** (*qualidade, nível*) top **3** (*preço, recorde*) unbeatable **4** (*atuação*) outstanding

excêntrico, -a *adj* eccentric

excepcional *adj* exceptional

excessivo, -a *adj* excessive

excesso *sm* ~ **(de)** excess (of *sth*): *o ~ de carros nas ruas* the excessive number of cars in the streets LOC **em excesso** too much ◆ **excesso de bagagem** excess baggage ◆ **excesso de velocidade** speeding: *Ele foi multado por ~ de velocidade.* He got a ticket for speeding.

exceto *prep* except (for)*sb/sth*: *todos ~ eu* everyone except (for) me ◇ *todos ~ o último* all of them except (for) the last one

excitado, -a *adj* **1** (*sexualmente*) aroused **2** ~ **com** (*agitado*) excited about/at/by *sth*: *Estão muito ~s com a viagem.* They're very excited about the trip. *Ver tb* EXCITAR

excitar ▸ *vt* to excite
▸ **excitar-se** *vp* **1** (*sexualmente*) to get aroused **2 excitar-se com** (*agitado*) to get excited about/at/by *sth*

exclamação *sf* exclamation LOC *Ver* PONTO

exclamar *vt, vi* to exclaim

excluir *vt* to exclude *sb/sth* (*from sth*)

exclusiva *sf* (*reportagem*) exclusive

exclusivo, -a *adj* exclusive

excomungar *vt* to excommunicate

excursão *sf* trip; excursion (*mais formal*): *fazer uma ~* to go on a trip

excursionista *smf* tourist

executar *vt* **1** (*realizar*) to carry *sth* out: *~ um projeto* to carry out a project **2** (*pena de morte, Jur, Informát*) to execute

executivo, -a *adj, sm-sf* executive: *órgão ~* executive body ◇ *um ~ importante* an important executive LOC *Ver* PODER²

exemplar ▸ *adj* exemplary
▸ *sm* copy (*pl* **copies**): *vender mil ~es de um livro* to sell a thousand copies of a book

exemplo *sm* example: *Espero que isto lhe sirva de ~.* Let this be an example to him. LOC **dar o exemplo** to set an example ◆ **por exemplo** for example (*abrev* e.g.)

exercer *vt* **1** (*profissão*) to practice: *~ a advocacia/medicina* to practice law/medicine **2** (*autoridade, poder, direitos*) to exercise **3** (*função*) to fulfill **4** (*cargo*) to hold **5** (*influência, etc.*) to exert

exercício *sm* **1** exercise: *Você deveria fazer mais ~.* You should exercise more. **2** (*Educ*) problem: *fazer um ~ de matemática* to do a math problem **3** (*profissão*) practice

exército *sm* army (*pl* **armies**): *alistar-se no ~* to enlist in the army

exibição *sf* exhibition LOC **em exibição** (*filme, peça*) showing

exibicionista *smf* exhibitionist

exibido, -a *sm-sf* show-off

exibir ▸ *vt* **1** (*expor*) to exhibit **2** (*filme*) to show **3** (*Informát*) to view
▸ **exibir-se** *vp* to show off: *Eles gostam de se ~.* They love showing off.

exigência *sf* **1** (*requisito*) requirement **2** (*imposição*) demand (*for sth/that...*)

exigente *adj* **1** (*que pede muito*) demanding **2** (*rigoroso*) strict

exigir *vt* **1** (*pedir*) to demand *sth* (*from sb*): *Exijo uma explicação.* I demand an explanation. **2** (*requerer*) to require: *Isto exige uma preparação especial.* It requires special training. LOC *Ver* RESGATE

exilado, -a ▸ *adj* exiled
▸ *sm-sf* exile *Ver tb* EXILAR

exilar ▸ *vt* to exile *sb* (*from...*)
▸ **exilar-se** *vp* **exilar-se (em)** to go into exile (in...)

exílio *sm* exile

existência *sf* existence

existente *adj* existing

existir *vi* **1** to exist: *Essa palavra não existe.* That word doesn't exist. **2** (*haver*): *Não existe espírito de colaboração.* There is no spirit of cooperation.

êxito *sm* success LOC **ter êxito** to be successful

exótico, -a *adj* exotic

expandir(-se) *vt, vp* to expand

expansão *sf* expansion

expectativa *sf* expectation: *Foi além das minhas ~s.* It exceeded my expectations. ◇ *A ~ está aumentando.* Expectation is growing. LOC **estar/ficar na expectativa** to be on the lookout (*for sth*) ◆ **expectativa de vida** life expectancy

expedição *sf* (*viagem*) expedition

expediente *sm* (*horário de trabalho*) working hours [*pl*]: *O ~ está encerrado por hoje.* We've finished working for the day. LOC *Ver* MEIO

expedir *vt* **1** (*carta, encomenda*) to send **2** (*visto, passaporte*) to issue

experiência *sf* **1** experience: *anos de ~ de trabalho* years of work experience ◇ *Foi uma grande ~.* It was a great experience. **2** *(teste)* experiment: *fazer uma ~* to carry out an experiment LOC **sem experiência** inexperienced

experiente *adj* experienced

experimental *adj* experimental: *em caráter ~* on an experimental basis

experimentar ▸ *vt* **1** *(testar)* to try *sth* out: *~ uma nova marca de batom* to try out a new brand of lipstick **2** *(tentar, provar)* to try (*doing sth*): *Você experimentou abrir a janela?* Did you try opening the window? ◇ *Experimentei (de) tudo sem sucesso.* I tried everything but without success. ◇ *Você já experimentou este bolo?* Did you try this cake? ➲ *Ver nota em* TRY **3** *(roupa)* to try *sth* on **4** *(mudança)* to experience
▸ *vi* to experiment (*with sth*)

experimento *sm (tb* **experimentação** *sf)* experiment: *fazer um ~* to conduct an experiment

expiatório, -a *adj* LOC *Ver* BODE

expiração *sf (respiração)* exhalation; breathing out *(mais coloq)*

expirar ▸ *vt, vi* to breathe (*sth*) out; to exhale *(mais formal)*: *Inspire (o ar) pelo nariz e expire pela boca.* Breathe in through your nose and out through your mouth.
▸ *vi (prazo)* to expire

explicação *sf* explanation

explicar *vt* to explain *sth* (*to sb*): *Ele me explicou os seus problemas.* He explained his problems to me.

explodir *vt, vi (destruir)* to blow (*sth*) up; to explode *(mais formal)*: *~ um edifício* to blow up a building

explorador, -ora *sm-sf* **1** *(pesquisador)* explorer **2** *(oportunista)* exploiter

explorar *vt* **1** *(investigar)* to explore **2** *(abusar)* to exploit

explosão *sf* explosion: *uma ~ nuclear* a nuclear explosion ◇ *a ~ demográfica* the population explosion

explosivo, -a *adj, sm* explosive

expor ▸ *vt* **1** *(pintura, escultura)* to exhibit **2** *(ideias)* to present **3** *(produtos)* to display **4** *(submeter)* to subject *sb/sth to sth*: *Expuseram o metal ao calor.* The metal was subjected to heat.
▸ **expor-se** *vp* **expor-se a** to expose yourself to *sth*: *Não se exponha demais ao sol.* Don't stay out in the sun too long.

exportação *sf* export LOC *Ver* IMPORTAÇÃO

exportador, -ora ▸ *adj* exporting: *os países ~es de petróleo* the oil-exporting countries
▸ *sm-sf* exporter

exportar *vt* to export

exposição *sf* **1** *(de arte)* exhibition: *uma ~ de fotografia* an exhibition of photographs ◇ *montar uma ~* to put on an exhibition **2** *(de um tema)* presentation **3** *(na mídia, etc.)* exposure

expositor, -a *sm-sf* exhibitor

exposto, -a *adj (pintura, escultura, produtos)* on show *Ver tb* EXPOR

expressão *sf* expression LOC *Ver* LIBERDADE

expressar *vt* to express

expressivo, -a *adj* **1** expressive: *um trecho musical muito ~* a very expressive piece of music **2** *(olhar)* meaningful

expresso, -a *adj* express: *correio ~* express mail LOC *Ver* CAFÉ, VIA

exprimir *vt* to express

expulsão *sf* expulsion

expulsar *vt* **1** to expel *sb (from...)*: *Vão expulsá-la da escola.* They're going to expel her (from school). **2** *(Esporte)* to send *sb* off: *Ele foi expulso (do campo).* He was sent off (the field).

êxtase *sm* ecstasy *(pl* ecstasies*)*

extensão *sf* **1** *(superfície)* area: *uma grande ~ de terra* a large area of land **2** *(duração)*: *uma grande ~ de tempo* a long period of time **3** *(prazo, acordo, telefone)* extension **4** *(conhecimento)* extent **5** *(dimensão)*: *Qual é a ~ da pista?* How long is the runway? ◇ *Qual é a ~ do problema?* How important is the problem?

extenso, -a *adj* **1** *(grande)* extensive **2** *(comprido)* long LOC **por extenso** in full: *escrever algo por ~* to write sth out in full

exterior ▸ *adj* **1** outside: *as paredes ~es* the outside walls **2** *(superfície)* outer: *a camada ~ da Terra* the outer layer of the Earth **3** *(comércio, política)* foreign: *política ~* foreign policy
▸ *sm* outside: *o ~ da casa* the outside of the house ◇ *do ~ do teatro* from outside the theater LOC **no/para o exterior** abroad: *Ela foi trabalhar no ~ dois anos atrás.* She went to work abroad two years ago. *Ver tb* MINISTÉRIO, MINISTRO

exterminar *vt* to exterminate

externo, -a *adj* external: *influências externas* external influences LOC *Ver* USO

extinção *sf* extinction: *espécies em (vias de) ~* endangered species

extinguir ▸ *vt* **1** *(fogo)* to put *sth* out **2** *(espécie)* to wipe *sth* out
▸ **extinguir-se** *vp* **1** *(fogo)* to go out **2** *(espécie)* to become extinct

extinto, -a *adj* extinct *Ver tb* EXTINGUIR

extintor *sm* (fire) extinguisher

extorsão *sf* extortion

extra ▸ *adj* **1** (*adicional*) extra: *uma camada ~ de verniz* an extra coat of varnish **2** (*superior*) top quality
▸ *smf* (*Cinema, Teat*) extra LOC *Ver* HORA

extracurricular *adj* extracurricular: *atividades ~es* extracurricular activities

extrair *vt* to extract *sth from sb/sth*: *~ ouro de uma mina* to extract gold from a mine ◇ *~ informações de alguém* to extract information from sb

extraordinário, -a *adj* **1** (*excepcional*) extraordinary: *uma mulher/reunião extraordinária* an extraordinary woman/meeting **2** (*excelente*) excellent: *A comida estava extraordinária.* The food was excellent. **3** (*especial*) special: *edição/missão extraordinária* special edition/mission

extraterrestre ▸ *adj* extraterrestrial
▸ *smf* alien

extrato *sm* **1** extract **2** (*de conta*) statement LOC **extrato de tomate** tomato puree

extravagante *adj* extravagant

extraviar ▸ *vt* to lose
▸ **extraviar-se** *vp* to go astray: *A carta deve ter se extraviado.* The letter must have gone astray.

extremidade *sf* (*ponta*) end

extremo, -a *adj, sm* extreme: *um caso ~* an extreme case ◇ *fazer algo com ~ cuidado* to do sth with extreme care ◇ *ir de um ~ ao outro* to go from one extreme to another LOC *Ver* ORIENTE

extrovertido, -a *adj, sm-sf* extrovert: *Ele é muito ~.* He's a real extrovert.

Ff

fá *sm* F: *fá maior* F major LOC *Ver* CLAVE

fã *smf* fan: *um ~ de futebol* a soccer fan

fábrica *sf* **1** factory (*pl* factories): *uma ~ de conservas* a canning factory **2** (*cimento, tijolos*) works LOC **fábrica de cerveja** brewery (*pl* breweries) ◆ **fábrica de papel** paper mill

fabricação *sf* manufacture: *~ de aviões* aircraft manufacture LOC **de fabricação brasileira, holandesa, etc.** made in Brazil, Holland, etc. ◆ **de fabricação caseira** homemade

fabricante *smf* manufacturer

fabricar *vt* to manufacture; to make (*mais coloq*): *~ automóveis* to manufacture cars LOC **fabricar em série** to mass-produce

fabuloso, -a *adj* fabulous

faca *sf* knife (*pl* knives) LOC **ser uma faca de dois gumes** to be a double-edged sword

facada *sf* **1** (*com faca*) stab: *matar alguém a ~s* to stab sb to death **2** (*preço*) rip-off LOC **dar uma facada em alguém** (*pedir dinheiro*) to get money out of sb

façanha *sf* exploit

facção *sf* (*Mil, Pol*) faction

face *sf* **1** face **2** (*Geom*) side LOC **em face de** in view of ◆ **face a face** face to face

fachada *sf* (*Arquit*) facade; front (*mais coloq*): *a ~ do hospital* the front of the hospital

facho *sm* beam: *um ~ de luz* a beam of light

fácil *adj* easy: *É mais ~ do que parece.* It's easier than it looks. ◇ *Isso é ~ de dizer.* That's easy enough to say.

facilidade *sf* **1** ease **2** (*talento*) gift: *ter ~ para línguas* to have a gift for languages

faculdade *sf* **1** (*capacidade*) faculty (*pl* faculties): *em pleno poder das suas ~s mentais* in full possession of his mental faculties **2** (*Educ*) (**a**) (*universidade*) college: *um colega da ~* a college friend (**b**) **Faculdade** Faculty (*pl* Faculties): *Faculdade de Letras* Arts Faculty ❶ Para algumas disciplinas, diz-se também **school**: *Faculdade de Administração/Direito* business/law school.

facultativo, -a *adj* optional

fada *sf* fairy (*pl* fairies): *conto de ~s* fairy tale

fadiga *sf* fatigue

faisão *sm* pheasant

faísca *sf* spark: *soltar ~s* to send out sparks

faixa *sf* **1** (*estrada*) lane: *~ de ônibus/bicicletas* bus/bicycle lane **2** (*tira de pano*) sash **3** (*artes marciais*) belt: *ser ~ preta* to be a black belt **4** (*de propaganda*) banner **5** (*Mús*) track **6** (*atadura*) bandage LOC **faixa etária** age group ◆ **faixa para pedestres** crosswalk; pedestrian crossing (*GB*)

fala *sf* (*faculdade, Cinema, Teat*) speech

falado, -a *adj* spoken: *o inglês ~* spoken English LOC *Ver* RETRATO; *Ver tb* FALAR

falador, -ora ▸ *adj* talkative
▸ *sm-sf* chatterbox

falante ▸ *adj* talkative
▸ *smf* speaker: *~ nativo* native speaker

falar *vt, vi* **1** ~ **(com alguém) (de/sobre alguém/algo)** to speak, to talk (to sb) (about sb/sth): *Fale mais alto/baixo.* Speak louder/more quietly.

Speak e **talk** têm praticamente o mesmo significado, contudo, normalmente se utiliza **speak** em situações mais formais: *falar em público* to speak in public ◇ *Fale mais devagar.* Speak more slowly. Também utilizamos **speak** quando nos referimos a "falar ao telefone": *Posso falar com o Flávio?* Can I speak to Flávio? **Talk** é utilizado em contextos mais informais, geralmente com a ideia de "conversar": *Falamos a noite inteira.* We talked all night. ◇ *Estão falando de nós.* They're talking about us. ◇ *Eles estão falando de se mudar.* They're talking about moving. ◇ *falar de política* to talk about politics.

2 (*dizer*) to say, to tell: *O que você falou?* What did you say? ◇ *Ela me falou que você estava aqui.* She told me you were here. ➲ *Ver nota em* SAY **3** (*língua*) to speak: *Você fala russo?* Do you speak Russian? LOC **falar pelos cotovelos** to talk a blue streak; to talk nineteen to the dozen (*GB*) ♦ **falar sério** to be serious: *Você está falando sério?* Are you serious? ♦ **não falar com alguém** not to be on speaking terms with sb ♦ **para falar a verdade** to tell the truth ♦ **por falar nisso** by the way ♦ **quem fala?** (*ao telefone*) who's calling? ♦ **sem falar em alguém/algo** not to mention sb/sth *Ver tb* BESTEIRA, OUVIR

falatório *sm* (*ruído de vozes*) talking

falcão *sm* falcon

falcatrua *sf* (*fraude*) scam

falecer *vi* to pass away

falecido, -a ▸ *adj* late: *o ~ presidente* the late president
▸ *sm-sf* deceased (*pl* **deceased**): *os familiares do ~* the family of the deceased *Ver tb* FALECER

falecimento *sm* death

falência *sf* bankruptcy (*pl* **bankruptcies**) LOC **ir à falência** to go bankrupt ♦ **levar à falência** to make *sb* bankrupt

falha *sf* **1** (*erro*) mistake; error (*mais formal*): *devido a uma ~ humana* due to human error ➲ *Ver nota em* MISTAKE **2** (*problema*) fault: *uma ~ nos freios* a fault in the brakes **3** (*imperfeição*) flaw **4** (*omissão*) omission

falhar *vi* **1** to fail: *Minha vista está começando a ~.* My eyesight's failing. **2** (*carro*) to misfire: *O motor está falhando.* The engine keeps misfiring.

falido, -a *adj* (*Fin*) bankrupt *Ver tb* FALIR

falir *vi* to go bankrupt

falsificação *sf* forgery (*pl* **forgeries**)

falsificar *vt* to forge

falso, -a *adj* **1** false: *um alarme ~* a false alarm **2** (*de imitação*) fake: *diamantes ~s* fake diamonds **3** (*documento*) forged **4** (*dinheiro*) counterfeit **5** (*pessoa*) two-faced LOC *Ver* PISAR, REBATE

falta *sf* **1** (*carência*) lack: *~ de ambição* lack of ambition **2** (*erro*) mistake **3** (*Esporte*) foul: *cometer uma ~* to commit a foul **4** (*ausência*): *Você já teve três ~s este mês.* You've already missed school three times this month. ◇ *Não quero que a professora me dê ~.* I don't want to be marked absent. LOC **estar/ficar com falta de ar** to get out of breath ♦ **falta de educação** rudeness: *Que ~ de educação!* How rude! ♦ **falta de jeito** clumsiness ♦ **fazer falta 1** (*ser preciso*) to need *sb/sth*: *Um carro me faz ~.* I need a car. ◇ *Pode levar que não me faz ~.* Take it. I don't need it. ◇ *Esse lápis não vai te fazer ~?* Won't you need that pencil? **2** (*provocar saudade*) to miss *sb/sth*: *Os meus pais me fazem muita ~.* I really miss my parents. ♦ **sem falta** without fail *Ver tb* SENTIR

faltar ▸ *vi* **1** (*necessitar*) to need *sb/sth*: *Falta-lhes carinho.* They need affection. ◇ *Falta um gerente aqui.* This place needs a manager. ◇ *Faltam dez reais para completar o valor da passagem.* I need ten reals to buy the ticket. ◇ *Faltam medicamentos em muitos hospitais.* Many hospitals lack medicines. **2** (*não estar*) to be missing: *Falta alguém?* Is anyone missing? ◇ *Cinco alunos faltaram.* Five students were absent. **3** (*restar tempo*): *Falta muito para o almoço?* Is it long till lunch? ◇ *Falta pouco para a nossa formatura.* It's not long now until our graduation. ◇ *Faltam dez minutos (para que termine a aula).* There are ten minutes to go (until the end of the class). ◇ *Faltam dez (minutos) para as nove.* It's ten to nine. **4** (*enfraquecer*) to flag: *Começam a me ~ as forças.* My strength is flagging.
▸ *vt* **~ a 1** (*escola, trabalho*) (**a**) (*intencionalmente*) to skip: *~ às aulas* to skip class (**b**) (*não intencional*) to miss: *~ a uma aula* to miss a class **2** (*prometido*) to break: *~ ao prometido* to break your promise LOC **era só o que faltava!** that's all I/we needed! ♦ **faltar ao respeito** to be disrespectful ♦ **faltar um parafuso (em alguém)** to have a screw loose

fama *sf* **1** (*celebridade*) fame: *alcançar a ~* to achieve fame **2 ~ (de)** (*reputação*) reputation (for *sth/doing sth*): *ter boa/má ~* to have a good/bad reputation ◇ *Ele tem ~ de ser duro.* He has a reputation for being strict.

F

famigerado, -a *adj* **1** (*malfeitor*) notorious **2** (*célebre*) famous

família *sf* family (*pl* **families**): *uma ~ numerosa* a large family ◇ *A minha ~ é do norte.* My family is from the north.

Existem duas formas de se dizer o nome de família em inglês: usando a palavra **family** ("the Robertson family") ou usando o sobrenome no plural ("the Robertsons").

F

LOC **mãe/pai de família** mother/father ◆ **ser de família** to run in the family: *Esse mau gênio dele é de ~.* That bad temper of his runs in the family. *Ver tb* CHEFE

familiar ▸ *adj* **1** (*da família*) family: *laços ~es* family ties **2** (*conhecido*) familiar: *um rosto ~* a familiar face
▸ *smf* relative

faminto, -a *adj* starving

famoso, -a *adj* **~ (por) 1** (*célebre*) famous (for *sth*): *tornar-se ~* to become famous **2** (*com má fama*) notorious (for *sth*): *Ele é ~ pelo mau gênio.* He's notoriously bad-tempered.

fanático, -a *sm-sf* fanatic

fanatismo *sm* fanaticism

fanhoso, -a *adj* (*voz*) nasal

faniquito *sm* LOC **ter/dar (um) faniquito** to get flustered

fantasia *sf* **1** fantasy (*pl* **fantasies**): *É só uma ~ da cabeça dele.* It's just a fantasy of his. **2** (*máscara*) costume; fancy dress (*GB*): *uma loja que aluga ~s* a store that rents costumes LOC *Ver* BAILE

fantasiar-se *vp* **~ (de)** (*para uma festa*) to dress up (as *sb/sth*): *Ela se fantasiou de Catwoman.* She dressed up as Catwoman.

fantasma *sm* ghost: *uma história de ~s* a ghost story

fantástico, -a *adj* fantastic

fantoche *sm* puppet

faqueiro *sm* set of silverware; set of cutlery (*GB*)

faraó *sm* pharaoh

faraônico, -a *adj* large-scale

farda *sf* uniform: *estar de ~* to be in uniform

fardado, -a *adj* uniformed

farejar ▸ *vi* **1** (*cheirar*) to sniff around **2** (*pesquisar*) to snoop around: *A polícia andou farejando por aqui.* The police were snooping around here.
▸ *vt* **1** (*cheirar*) to sniff **2** (*seguir o rastro*) to follow the scent of *sb/sth*

farinha *sf* flour LOC **ser farinha do mesmo saco** to be all the same: *Os políticos são todos ~ do mesmo saco.* Politicians are all the same.

farmacêutico, -a ▸ *adj* pharmaceutical
▸ *sm-sf* pharmacist

farmácia *sf* pharmacy (*pl* **pharmacies**): *Há uma ~ por aqui?* Is there a pharmacy around here? ➲ *Ver nota em* PHARMACY LOC **farmácia de plantão** all-night pharmacy

faro *sm* (*cão*) smell LOC **ter faro** to have a nose *for sth*: *Eles têm ~ para antiguidades.* They have a nose for antiques.

faroeste *sm* (*filme*) western

farofeiro, -a *sm-sf* day tripper

farol *sm* **1** (*torre*) lighthouse **2** (*carro, moto*) headlight **3** (*bicicleta*) (bicycle) light **4** (*de trânsito*) traffic light LOC **farol alto** brights [*pl*] full beam (*GB*) ◆ **farol baixo** low beam, dipped headlights [*pl*] (*GB*)

farolete *sm* parking light; sidelight (*GB*)

farpa *sf* **1** (*lasca de madeira*) splinter **2** (*arame*) barb

farpado, -a *adj* LOC *Ver* ARAME

farra *sf* **1** party (*pl* **parties**): *A criançada caiu na ~.* The kids were partying. **2** (*verbas públicas*) overspending [*não contável*]: *a ~ do orçamento 2016* the overspending in the 2016 budget

farrapo *sm* rag

farrear *vi* to party

farsa *sf* **1** (*fingimento*) sham **2** (*Teat*) farce

fartar-se *vp* **1 ~ (de)** (*cansar-se*) to be sick (of *sb/sth*) **2** (*empanturrar-se*) (**a**) to be stuffed: *Comi até me fartar.* I ate until I was stuffed. (**b**) **~ de** to stuff yourself (with *sth*): *Eu me fartei de bolo.* I stuffed myself with cakes.

farto, -a *adj* **~ (de) 1** (*cheio*) full (of *sth*) **2** (*cansado*) sick (of *sb/sth*): *Estou ~ de você/de suas queixas.* I'm sick of you/of your complaints.

fartura *sf* (*abundância*) abundance

fascículo *sm* installment: *publicar/vender algo em ~s* to publish/sell sth in installments

fascinante *adj* fascinating

fascinar *vt* to fascinate

fascismo *sm* fascism

fascista *adj, smf* fascist

fase *sf* stage; phase (*mais formal*): *a ~ inicial/classificatória* the preliminary/qualifying stage LOC **em fase de** in the process of *doing sth*: *Estamos em ~ de reestruturação.* We are in the process of restructuring.

fashion *adj* **1** (*atual*) trendy: *Suzana está usando um vestido super ~.*

Suzana's wearing a very trendy dress. **2** *(relativo à moda)* fashion: *o mundo ~* the world of fashion

fatal *adj* fatal: *um acidente ~* a fatal accident

fatalidade *sf* misfortune

fatia *sf* slice: *duas ~s de pão* two slices of bread ➲ *Ver ilustração em* PÃO **LOC em fatias** sliced

fatigado, -a *adj* tired

fatigante *adj* tiring

fato *sm* **1** fact **2** *(acontecimento)* event: *a sua versão dos ~s* his version of events **LOC de fato** in fact ♦ **pelo fato de** because: *Pelo ~ de ser rico, ele acha que tem direito a privilégios.* Because he's rich, he thinks he's entitled to special treatment. ◇ *pelo simples ~ de eu ter dito a verdade* just because I spoke the truth ♦ **um fato consumado** a fait accompli

fator *sm* factor: *um ~ chave* a key factor ◇ *protetor solar ~ 20* factor 20 sunscreen

fatura *sf* invoice

fauna *sf* wildlife; fauna *(mais formal)*

fava *sf* lima bean; broad bean *(GB)*

favela *sf* shanty town

favelado, -a *sm-sf* shanty-town dweller

favo *sm* **LOC favo (de mel)** honeycomb

favor *sm* favor: *Pode me fazer um ~?* Can you do me a favor? ◇ *pedir um ~ a alguém* to ask sb a favor ◇ *Faça o ~ de entrar.* Do come in. **LOC a favor de** in favor of *sb/sth*: *Somos a ~ de agir.* We're in favor of taking action. ♦ **por favor 1** *(para pedir algo)* please ➲ *Ver nota em* PLEASE **2** *(para chamar a atenção)* excuse me

favorável *adj* favorable

favorecer *vt* **1** to favor: *Estas medidas nos favorecem.* These measures favor us. **2** *(roupa, penteado)* to suit: *O vermelho lhe favorece.* Red suits you.

favoritismo *sm* favoritism

favorito, -a *adj, sm-sf* favorite

fax *sm* fax: *enviar um ~* to send a fax ◇ *Mandaram por ~.* They faxed it.

faxina *sf* clean: *O seu quarto está precisando de uma boa ~.* Your room needs a good clean.

faxineiro, -a *sm-sf* cleaner

fazenda *sf* **1** *(tecido)* cloth **2** *(propriedade rural)* farm **LOC** *Ver* MINISTÉRIO, MINISTRO

fazer ▸ *vt*

• **to make 1** *(fabricar)*: *~ bicicletas/uma blusa* to make bicycles/a blouse ◇ *~ um bolo* to make a cake **2** *(barulho, cama)*: *Você nunca faz a cama de manhã.* You never make your bed in the morning. **3** *(comentário, promessa, esforço)*: *Você tem que ~ um esforço.* You must make an effort. **4** *(amor)*: *Faça amor, não faça guerra.* Make love, not war. **5** *(tornar)*: *Dizem que o sofrimento nos faz mais fortes.* They say suffering makes us stronger. ➲ *Ver exemplos em* MAKE

• **to do 6** *(quando falamos de uma atividade sem dizer do que se trata)*: *O que vamos ~ esta tarde?* What should we do this afternoon? ◇ *Faço o que posso.* I do what I can. ◇ *Conte para mim o que você faz na escola.* Tell me what you do at school. **7** *(estudos)*: *~ os deveres* to do your homework ◇ *~ contas* to do arithmetic **8** *(favor)*: *Você me faz um favor?* Can you do me a favor? ➲ *Ver exemplos em* DO

• **outros usos: 9** to get *sb to do sth*: *Eles nos fazem vir todos os sábados.* They're getting us to come in every Saturday. ◇ *Eu os fiz trocarem o pneu.* I got them to change the tire. **10** *(quando outra pessoa realiza a ação)* to have *sth* done: *Estão fazendo obra na casa.* They're having the house done up. **11** *(anos)* to be: *Ela faz 16 anos em agosto.* She'll be 16 in August. **12** *(escrever)* to write: *~ uma redação* to write an essay **13** *(desenhar)* to draw: *~ um desenho* to draw a picture **14** *(pintar)* to paint **15** *(nó)* to tie: *~ um laço* to tie a bow **16** *(pergunta)* to ask: *Por que é que você faz tantas perguntas?* Why do you ask so many questions? **17** *(papel)* to play: *Fiz o papel de Julieta.* I played the part of Juliet. **18** *(Esporte)*: *~ judô/aeróbica* to do judo/aerobics ◇ *~ ciclismo/alpinismo* to go bike riding/climbing ➲ *Ver nota em* ESPORTE

▸ *v imp verbo impessoal* **1** *(tempo cronológico)*: *Faz dez anos que me casei.* I got married ten years ago. ➲ *Ver nota em* AGO **2** *(tempo meteorológico)*: *Faz frio.* It's cold. ◇ *Fez um tempo ótimo no verão passado.* The weather was beautiful last summer. **3** *(temperatura)*: *Está fazendo 30°C no Rio hoje.* It's 86°F in Rio today. ➲ *Ver nota em* CENTÍGRADO

▸ **fazer-se** *vp* **fazer-se de** to pretend to be *sth*: *Não se faça de surdo.* Don't pretend you didn't hear me. ◇ *Ele se faz de rico mas é um pé-rapado.* He acts like he's rich but really he doesn't have a cent. ◇ *Não se faça de esperta comigo.* Don't get smart with me. **LOC fazer bem/mal 1** *(ao agir)* to be right/wrong *(to do sth)*: *Fiz bem em ir?* Was I right to go? **2** *(para a saúde)* to be good/bad *for sb/sth*: *Fumar faz mal.* Smoking is bad for you. ♦ **fazer pouco (de)** to undervalue *sb/sth* ♦ **fazer que...** to pretend: *Ele fez que não me viu.* He pretended not to see me. ♦ **fazer-se passar por...** to

F

pass yourself off as *sb/sth*: *Ele se fez passar por filho do dono.* He passed himself off as the owner's son. ◆ **fazer uma das suas** to be up to his, her, etc. old tricks again: *O Antônio voltou a ~ uma das suas.* Antônio's been up to his old tricks again. ◆ **não faz mal** (*não importa*) it doesn't matter: *Não faz mal se você o perdeu.* It doesn't matter if you lost it. ◆ **o que (é que) você faz? 1** (*profissão*) what do you do?: *—O que é que ela faz? —É professora.* "What does she do?" "She's a teacher." **2** (*neste momento*) what are you doing?: *—Oi, o que você está fazendo? —Estou vendo um filme.* "Hi, what are you doing?" "Watching a movie." ❶ Para outras expressões com **fazer**, ver os verbetes para o substantivo, adjetivo, etc., p.ex. **fazer contas** em CONTA e **fazer falta** em FALTA .

faz-tudo *smf* jack of all trades

fé *sf* faith (*in sb/sth*) LOC **de boa-fé/má-fé** in good/bad faith

febre *sf* **1** (*temperatura alta*) temperature: *ter ~* to have a temperature ◇ *Ele tem 38° de ~.* He has a temperature of 100°. ◇ *Baixou/Subiu a sua ~.* Your temperature has gone down/up. **2** (*doença, agitação*) fever: *~ amarela* yellow fever ◇ *a ~ das eleições* election fever **3** (*mania*) craze: *A ~ do animal de estimação virtual já passou.* The craze for virtual pets is over.

fechada *sf* LOC **dar uma fechada** (*trânsito*) to cut *sb* off; to cut in *on sb* (*GB*) ◆ **levar uma fechada** to be cut off; to be cut up (*GB*)

fechado, -a *adj* **1** closed; shut (*mais coloq*) **2** (*à chave*) locked **3** (*espaço*) enclosed **4** (*torneira*) turned off **5** (*cara*) stern **6** (*pessoa*) reserved **7** (*tempo*) overcast: *Leve guarda-chuva, o tempo está ~.* Take an umbrella. It's looking overcast. **8** (*sinal*) red: *O sinal está ~.* The stoplight is red. **9** (*curva*) sharp LOC *Ver* MENTALIDADE, NEGÓCIO; *Ver tb* FECHAR

fechadura *sf* lock LOC *Ver* BURACO

fechamento *sm* (*ato de encerrar*) closure

fechar ▸ *vt* **1** to close; to shut (*mais coloq*): *Feche a porta.* Shut the door. ◇ *Fechei os olhos.* I closed my eyes. **2** (*permanentemente*) to close *sth* down: *Fecharam mais duas fábricas na região.* They closed down two more factories in the area. **3** (*gás, torneira*) to turn *sth* off **4** (*envelope*) to seal **5** (*negócio*) to close: *~ um negócio* to close a business deal

▸ *vi* **1** (*encerrar expediente*) to close; to shut (*mais coloq*): *Não fechamos para o almoço.* We don't close for lunch. **2** (*sinal de trânsito*) to turn red: *O sinal fechou.* The stoplight turned red. **3** (*tempo*) to cloud over: *O tempo fechou bem na hora em que íamos sair.* It clouded over just as we were leaving.

▸ **fechar-se** *vp* **1** to close; to shut (*mais coloq*): *A porta se fechou.* The door closed. ◇ *Meus olhos estavam se fechando.* My eyes were closing. **2** (*a si próprio*) (**a**) to shut yourself in (**b**) (*com chave*) to lock yourself in LOC **fechar a cara** to frown ◆ **fechar à chave** to lock ◆ **fechar a porta na cara de alguém** to shut the door in sb's face ◆ **fechar com tranca** to bolt *Ver tb* ABRIR

fecho *sm* **1** (*zíper*) zipper; zip (*GB*): *Não consigo subir o ~.* I can't do my zipper up. ◇ *Abra o ~ (do meu vestido).* Unzip my dress for me. **2** (*colar, pulseira*) clasp LOC **fecho de segurança** safety catch

fecundar *vt* to fertilize

feder *vi* to stink

federação *sf* federation

federal *adj* federal

fedido, -a *adj* stinking *Ver tb* FEDER

fedor *sm* stink

feijão *sm* beans [*pl*]

feijoada *sf* bean stew

feio, -a *adj* **1** (*aspecto*) ugly: *uma pessoa/casa feia* an ugly person/house **2** (*desagradável*) nasty: *Que costume mais ~.* That's a very nasty habit. **3** (*mal-educado*) rude: *É ~ falar de boca cheia.* It's rude to talk with your mouth full. LOC **ser feio de doer/como o diabo** to be as ugly as sin

feira *sf* **1** fair: *~ do livro/industrial* book/trade fair **2** (*mercado*) market LOC *Ver* BANCA

feirante *smf* (market) vendor; stallholder (*GB*)

feiticeiro, -a *sm-sf* **1** (*bruxo*) (**a**) (*masc*) wizard (**b**) (*fem*) witch **2** (*curandeiro*) witch doctor

feitiço *sm* spell

feito, -a ▸ *adj* **1** (*manufaturado*) made: *~ à mão/máquina* handmade/ machine-made ◇ *É ~ de quê?* What's it made of? **2** (*adulto*) grown: *um homem ~* a grown man

▸ *sm* (*façanha*) deed

▸ *interj* **feito!** it's a deal! LOC **bem feito!** it serves you right! ◆ **o que foi feito de...?**: *O que foi ~ da sua irmã?* What became of your sister? *Ver tb* DITO, FRASE; *Ver tb* FAZER

feiura *sf* ugliness

feixe *sm* **1** bundle **2** (*de luz*) beam

felicidade *sf* **1** happiness: *cara de* ~ a happy face **2 felicidades** best wishes (*on sth*)

felicitar *vt* to congratulate *sb* (*on sth*): *Eu o felicitei por sua promoção.* I congratulated him on his promotion.

feliz *adj* happy LOC **Feliz aniversário!** Happy birthday! ♦ **Feliz Natal!** Merry Christmas!

felizmente *adv* fortunately

felpudo, -a *adj* downy

feltro *sm* felt

fêmea *sf* female: *um leopardo* ~ a female leopard ➲ *Ver nota em* FEMALE LOC *Ver* COLCHETE

feminino, -a *adj* **1** female: *o sexo* ~ the female sex **2** (*característico da mulher, Gram*) feminine ➲ *Ver nota em* FEMALE **3** (*Esporte, moda*) women's: *a equipe feminina* the women's team

feminismo *sm* feminism

feminista *adj, smf* feminist

fenda *sf* **1** crack **2** (*ranhura*) slot **3** (*em saia*) slit LOC *Ver* CHAVE

feno *sm* hay

fenomenal *adj* fantastic

fenômeno *sm* phenomenon (*pl* phenomena): *~s climatológicos* meteorological phenomena LOC **ser um fenômeno** to be fantastic: *Este ator é um ~.* This actor is fantastic.

fera *sf* wild animal LOC **estar uma fera** to be furious: *O seu pai está uma ~.* Your father is furious. ♦ **ficar uma fera** to be furious; to flip (out) (*coloq*) ♦ **ser fera em algo** to be a whiz at sth: *ser ~ em matemática* to be a math whiz

feriado *sm* holiday: *Amanhã é ~ (nacional).* Tomorrow's a holiday.

férias *sf* vacation, holiday (*GB*): *estar/sair de ~* to be/go on vacation ◇ *Vamos sempre para a praia nas ~.* We always spend our vacation at the beach. LOC **férias escolares** school vacation; school holidays (*GB*) *Ver tb* ENTRAR

ferido, -a *sm-sf* casualty (*pl* casualties)

ferimento *sm* (*tb* **ferida** *sf*) **1** injury (*pl* injuries) **2** (*bala, navalha*) wound

> **Wound** ou **injury/injure**? **Wound** é utilizado quando nos referimos a ferimentos causados por uma arma (p.ex. uma navalha, pistola, etc.) de forma deliberada: *ferimentos de bala* gunshot wounds ◇ *A ferida não tardará a cicatrizar.* The wound will soon heal. ◇ *Ele foi ferido durante a guerra.* He was wounded in the war.
>
> Se o ferimento é o resultado de um acidente, utilizamos **injury** ou **injure**, que às vezes também se podem traduzir por *lesão* ou *lesionar*: *Ele apenas sofreu ferimentos leves.* He only suffered minor injuries. ◇ *O capacete protege os jogadores de possíveis lesões cerebrais.* Helmets protect players from head injuries. ◇ *Os estilhaços de vidro feriram várias pessoas.* Several people were injured by flying glass.

ferir *vt* **1** to injure: *gravemente ferido* badly injured **2** (*bala, navalha*) to wound **3** (*ofender*) to hurt ➲ *Ver nota em* FERIMENTO

fermentar *vt, vi* to ferment

fermento *sm* yeast LOC **fermento em pó** baking powder

feroz *adj* **1** (*pessoa*) fierce **2** (*animal*) ferocious

ferrado, -a *adj* LOC **estar ferrado** to be in a fix: *Se o banco não liberar o empréstimo, estou ~.* I'm in a real fix if the bank doesn't give me the loan. ♦ **estar ferrado no sono** to be fast asleep *Ver tb* FERRAR

ferradura *sf* horseshoe

ferragem *sf* **1** (*objetos*) hardware [*não contável*]: *loja de ferragens* hardware store **2 ferragens** (*destroços*) wreckage [*não contável*]

ferramenta *sf* tool LOC *Ver* BUSCA, CAIXA[1]

ferrão *sm* (*inseto*) sting: *cravar o ~ em alguém* to sting sb

ferrar ▸ *vt* (*cavalo*) to shoe ▸ **ferrar-se** *vp* ~ **(em)** to flunk; to fail (*GB*): *A metade da turma se ferrou no vestibular.* Half the class flunked the university entrance exam.

ferreiro *sm* (*pessoa*) blacksmith

férreo, -a *adj* LOC *Ver* VIA

ferro *sm* (*material, eletrodoméstico*) iron: *uma barra de ~* an iron bar ◇ *~ batido/fundido* wrought/cast iron LOC *Ver* ESTRADA, MÃO

ferroada *sf* (*abelha, vespa*) sting

ferrolho *sm* bolt

ferro-velho *sm* (*local*) junkyard; scrapyard (*GB*)

ferrovia *sm* railroad; railway (*GB*)

ferroviário, -a ▸ *adj* railroad; railway (*GB*): *estação ferroviária* railroad station ▸ *sm-sf* railroad/railway worker

ferrugem *sf* (*metal*) rust

fértil *adj* fertile

fertilizante *sm* fertilizer

ferver ▸ *vt, vi* to boil: *O leite está fervendo.* The milk is boiling. ◇ *Sinto o sangue ~ só de lembrar.* Just thinking about it makes my blood boil.

▸ *vi* (*estar muito quente*) to be boiling hot: *A sopa está fervendo.* The soup is boiling hot.

festa *sf* **1** (*celebração*) party (*pl* **parties**): *dar uma ~ de aniversário* to hold a birthday party **2 festas** (*festividades*): *as ~s locais* the local festival LOC **Boas festas!** Merry Christmas! ◆ **fazer festa(s) (a) 1** (*animal*) to pet **2** (*pessoa*) to caress ◆ **festa do pijama** sleepover

festejar *vt, vi* to celebrate

festival *sm* festival

festividade *sf*: *as ~s natalinas* the Christmas festivities ◇ *as ~s locais* the local festival

fetiche *sm* fetish

fétido, -a *adj* foul

feto *sm* fetus (*pl* **fetuses**)

fevereiro *sm* February (*abrev* Feb.) ➲ *Ver exemplos em* JANEIRO

fiado, -a *adj, adv* LOC **comprar/vender fiado** to buy/sell (*sth*) on credit *Ver tb* CONVERSA

fiador, -ora *sm-sf* guarantor

fiança *sf* (*Jur*) bail [*não contável*]: *uma ~ de 3.000 reais* bail of 3,000 reals LOC *Ver* LIBERDADE

fiapo *sm* thread

fiasco *sm* fiasco (*pl* **fiascoes/fiascos**)

fibra *sf* fiber LOC **fibra de vidro** fiberglass

ficar ▸ *vi* **1** (*estar situado*) to be: *Onde fica a casa deles?* Where's their house? ◇ *A escola fica muito perto da minha casa.* The school is very near my house. **2 + adjetivo** (**a**) to get: *Ele ficou doente.* He got sick. ◇ *Estou ficando velho.* I'm getting old. (**b**) (*tornar-se*) to go: *~ careca/cego/louco* to go bald/blind/crazy **3** (*permanecer, hospedar-se*) to stay: *~ na cama/em casa/num hotel* to stay in bed/ at home/at a hotel **4** (*roupa*) to look: *Que tal fica?* How does it look? ◇ *Esse pulôver fica muito bem em você.* That sweater looks really good on you. ◇ *Este vestido fica muito mal em mim.* This dress doesn't look good on me. ◇ *Você fica bem de cabelo curto.* You look good with short hair. ◇ *A saia ficava muito grande em mim.* The skirt was very big for me. **5** (*em competição*) to come: *Ficamos em terceiro lugar no concurso.* We came third in the competition. **6** (*restar*) to be left (over): *Se tiramos três de cinco, ficam dois.* If you take three from five you get two.
▸ *vt* **1 ~ com** (*guardar*) to keep: *Fique com o troco.* Keep the change. **2 ~ de** (*concordar*) to agree *to do sth*: *Ficamos de nos encontrar na terça.* We agreed to meet on Tuesday. **3 ~ de** (*prometer*) to promise *to do sth*: *Ele ficou de me ajudar.* He promised to help me. **4 ~ em** (*custar*) to cost: *O jantar ficou em cinquenta reais.* The meal cost fifty reals. **5 ~ sem** (**a**) (*perder*) to lose: *Ela ficou sem emprego e sem casa.* She lost her job and her home. (**b**) (*esgotar-se*): *Fiquei sem dinheiro trocado.* I ran out of change. **6 ~ com** (*relação amorosa*) to make out with *sb*; to get off with *sb* (*GB*): *Ela ficou com um cara muito gato ontem.* She made out with a gorgeous guy yesterday. LOC **ficar na sua** to get on with your own life: *Não se meta, fique na sua.* Stay out of it and get on with your own life. ◆ **ficar bem/mal fazer algo** to be polite/rude to do sth: *Não fica bem não retornar o convite.* It's rude not to return an invitation. ❶ Para outras expressões com **ficar**, ver os verbetes para o substantivo, adjetivo, etc., p.ex. **ficar para trás** em TRÁS e **ficar uma fera** em FERA.

ficção *sf* fiction LOC **ficção científica** science fiction; sci-fi (*coloq*)

ficha *sf* **1** (*de fichário*) (index) card **2** (*médica, na polícia*) record: *~ médica/na polícia* medical/police record **3** (*formulário*) form: *preencher uma ~* to fill in a form **4** (*de fliperama, etc.*) token **5** (*peça de jogo*) piece LOC **dar a ficha de alguém** to give *sb* the low-down on sb

fichar *vt* (*polícia*) to open a file on *sb*

fichário *sm* **1** file **2** (*caixa*) card catalog; card index (*GB*) **3** (*móvel*) filing cabinet LOC *Ver* PASTA[1]

fidelidade *sf* faithfulness LOC *Ver* ALTO

fiel *adj* **~ (a) 1** faithful (to *sb/sth*): *O filme é muito ~ ao livro.* The movie is very faithful to the book. ◇ *Muitos homens não são fiéis a suas mulheres.* Lots of men are unfaithful to their wives. **2** (*leal*) loyal (to *sb/sth*): *É muito ~ a seus amigos.* He's very loyal to his friends. **3** (*princípios, palavra*) true to *sth*: *~ às suas ideias* true to his ideas

fígado *sm* liver

figo *sm* fig

figueira *sf* fig tree

figura *sf* (*personalidade, ilustração, Geom*) figure: *uma ~ política* a political figure LOC **estar uma figura** to look ridiculous: *Ele estava uma ~ com aquele blusão!* He looked ridiculous in that jacket! ◆ **ser uma figura** to be a (real) character: *Só mesmo a Anna para fazer uma dessas! Ela é uma ~!* Only Anna could do a thing like that! She's a real character!

figurante *smf* (*Cinema, Teat*) extra

figurão *sm* big shot
figurinha *sf* (*de coleção*) picture card
figurinista *smf* designer
figurino *sm* (*Cinema, Teat*) costumes [*pl*]
fila *sf* **1** (*um ao lado do outro*) row: *Sentaram-se na primeira/última ~.* They sat in the front/back row. **2** (*um atrás do outro*) line; queue (*GB*): *Formem uma ~.* Get in line. LOC **(em) fila indiana** (in) single file ◆ **fazer fila** to line up; to queue (up) (*GB*) *Ver tb* ESTACIONAR, FURAR
filar *vt* (*dinheiro, cigarros, etc.*) to bum *sth* (*off sb*): *Filei um cigarro dele.* I bummed a cigarette off him.
filarmônica *sf* philharmonic (orchestra)
filé *sm* **1** (*de carne*) steak ➲ *Ver nota em* BIFE **2** (*de peixe*) filet
fileira *sf* **1** (*um ao lado do outro*) row: *uma ~ de crianças/árvores* a row of children/ trees **2** (*um atrás do outro*) line
filhinho, -a *sm-sf* LOC **filhinho de papai** rich kid
filho, -a *sm-sf* **1** (*masc*) son **2** (*fem*) daughter **3 filhos** children: *Não temos ~s.* We don't have any children. ◇ *Eles têm três ~s, duas meninas e um menino.* They have two daughters and a son. LOC **filho de criação** foster child ◆ **filho único** only child: *Sou ~ único.* I'm an only child. *Ver tb* TAL
filhote *sm* **1** cub: *um ~ de leão* a lion cub **2** (*cachorro*) puppy (*pl* puppies) **3** (*gato*) kitten
filial *sf* (*empresa*) branch
filiar-se *vp* **~ a** to join: *Resolvi me filiar ao partido.* I decided to join the party.
filmadora *sf* camcorder
filmagem *sf* filming: *a ~ de uma série televisiva* the filming of a TV serial
filmar *vt* to film LOC *Ver* VÍDEO
filme *sm* **1** (*Cinema*) movie; film (*GB*) **2** (*Fot*) film LOC **filme de cowboy/ bangue-bangue** western ◆ **filme de longa/curta metragem** feature film/ short (film) ◆ **filme de suspense** thriller ◆ **filme mudo** silent movie/film ◆ **passar um filme** to show a movie/film *Ver tb* TERROR
filosofia *sf* philosophy (*pl* philosophies)
filósofo, -a *sm-sf* philosopher
filtrar *vt* to filter
filtro *sm* filter LOC **filtro de papel** filter paper ◆ **filtro solar** sunscreen
fim *sm* **1** end: *no ~ do mês* at the end of the month ◇ *Fica no ~ do corredor.* It's at the end of the corridor. ◇ *Não é o ~ do mundo.* It's not the end of the world. ➲ *Ver nota em* FINAL **2** (*finalidade*) purpose LOC **a fim de** in order to *do sth* ◆ **é o fim da picada** it's the last straw ◆ **estar a fim de fazer algo** to feel like doing sth: *Não estou a ~ de discutir.* I don't feel like arguing. ◆ **fim de semana** weekend: *Só nos vemos nos fins de semana.* We only see each other on the weekends. ➲ *Ver nota em* WEEKEND ◆ **no fim das contas** after all ◆ **no fim de** (*tarde*) late: *no ~ da tarde de ontem* late yesterday evening ◇ *terça-feira no ~ do dia* late last Tuesday ◆ **por fim** at last ◆ **sem fim** endless ◆ **ter por fim** to aim *to do sth* ◆ **ter um fim em mente** to have an end in mind *Ver tb* CHEGAR, COMEÇO, CONTA, PRINCÍPIO
final ▸ *adj* final: *a decisão ~* the final decision
▸ *sm* **1** end: *a dois minutos do ~* two minutes from the end **2** (*romance, filme*) ending: *um ~ feliz* a happy ending
▸ *sf* final: *a ~ da Copa* the Cup Final
LOC **ao final** at the end, in the end

At the end é uma expressão neutra: *O curso dura seis meses e você recebe um diploma no final.* The course runs for six months and you get a diploma at the end.Utiliza-se **in the end** quando se faz referência a um longo período de tempo com muitas mudanças ou problemas: *Não se preocupe, você vai ver que no final tudo acaba bem.* Don't worry, it will all work out in the end."No final de" traduz-se sempre por **at the end of**: *no final da fila/da partida* at the end of the line/game.

Ver tb CONTA, PONTO, PROVA, QUARTA, RETA
finalidade *sf* (*objetivo*) purpose
finalista *adj, smf* finalist: *as equipes ~s* the finalists ◇ *Ele foi um dos ~s do torneio.* He reached the final.
finalizar *vt* to finish
finanças *sf* **1** (*economia*) finances: *As minhas ~ andam um pouco em baixa.* My finances aren't too good at the moment. **2** (*departamento*) finance department
financiar *vt* to finance
fincar *vt* **1** (*apoiar*) to plant *sth on sth*: *Ele fincou os cotovelos na mesa.* He planted his elbows on the table. **2** (*estaca*) to drive *sth into sth*: *~ estacas na terra* to drive stakes into the ground **3** (*olhos*) to fix *your eyes on sb/sth*
fingido, -a *adj, sm-sf* two-faced: *Não acredite nela, ela é uma fingida.* She's so two-faced. Don't believe a word she says. *Ver tb* FINGIR
fingimento *sm* pretense
fingir *vt, vi* to pretend: *Ele deve estar fingindo.* He's probably just pretending.

F

◇ *Eles fingiram não nos ver.* They pretended they hadn't seen us.

fino, -a *adj* **1** *(livro, tronco, braço, etc.)* slim **2** *(cabelo, folha, lápis)* fine **3** *(dedos, cintura)* slender **4** *(elegante)* classy: *Ela é uma moça muito fina.* She's a very classy lady. **5** *(educado)* polite LOC **a fina flor** the crème de la crème *Ver tb* GENTE, MALHA, SAL

fio *sm* **1** thread: *~ de seda* silk thread ◇ *Perdi o ~ da meada.* I lost the thread of the argument. **2** *(de metal, elétrico)* wire: *~ de aço/cobre* steel/copper wire ◇ *~ elétrico* wire **3** *(de líquido)* trickle: *um ~ de água/óleo* a trickle of water/oil **4** *(faca, navalha)* blade LOC **dias, horas, etc. a fio** days, hours, etc. on end ◆ **estar por um fio**: *A vida dele está por um ~.* His life's hanging by a thread. ◆ **fio dental 1** *(Odontologia)* dental floss [*não contável*] **2** *(biquíni)* G-string bikini (*pl* **bikinis**) ◆ **por um fio** by the skin of your teeth: *Eles se livraram de um acidente por um ~.* They very nearly had an accident. ◆ **sem fio** cordless: *um telefone sem ~* a cordless phone *Ver tb* ESCAPAR

firma *sf* company (*pl* **companies**)

firme *adj* **1** *(rijo)* firm: *um colchão ~* a firm mattress **2** *(sólido)* solid **3** *(relacionamento)* steady **4** *(tempo)* settled: *O tempo estará ~ no final de semana.* The weekend weather will be settled. LOC *Ver* MANTER, NAMORAR, SEGURAR, TERRA

fiscal ▸ *adj* tax: *encargos fiscais* taxes ▸ *smf* tax inspector LOC *Ver* FRAUDE, PARAÍSO, SELO

fiscalização *sf* **1** *(ato de fiscalizar)* inspection **2** *(entidade)* authorities [*pl*]: *a ~ aduaneira* the customs authorities

fiscalizar *vt* **1** *(inspecionar)* to inspect **2** *(exame)* to invigilate

física *sf* physics [*não contável*]

físico, -a ▸ *adj* **1** physical **2** *(necessidades, funções, contato)* bodily: *necessidades físicas* bodily needs
▸ *sm-sf (cientista)* physicist
▸ *sm* **físico** *(de pessoa)* physique LOC *Ver* EDUCAÇÃO, PREPARO

fisionomia *sf (expressão)*: *Você está com uma ~ cansada.* You look tired.

fisioterapeuta *smf* physical therapist; physiotherapist *(GB)*

fisioterapia *sf* physical therapy; physiotherapy *(GB)*

fita *sf* **1** tape: *~ isolante/magnética* insulating/magnetic tape **2** *(cabelo)* band: *uma ~ para o cabelo* a hair band **3** *(tira, máquina)* ribbon LOC **fita cassete** tape ◆ **fita Durex®** Scotch tape®; Sellotape® *(GB)* ℹ Na Grã-Bretanha, a palavra **durex®** significa *preservativo*. ◆ **fita métrica** tape measure

fitar *vt* to stare at *sb/sth*

fivela *sf* **1** *(cinto)* buckle **2** *(cabelo)* barrette; hairslide *(GB)*

fixador *sm* hairspray

fixar *vt* **1** to fix: *Temos que ~ o espelho na parede.* We have to hang the mirror on the wall. ◇ *~ um preço/uma data* to fix a price/date **2** *(memorizar)* to memorize **3** *(atenção)* to focus (*sth*) (*on sb/sth*): *Devemos ~ nossa atenção neste problema.* We need to focus (our attention) on this problem. LOC *Ver* PROIBIDO

fixo, -a *adj* **1** fixed: *um preço ~* a fixed price **2** *(permanente)* permanent: *um posto/contrato ~* a permanent post/contract LOC *Ver* IDEIA, LINHA, PREÇO, RADAR

flácido, -a *adj* flabby

flagrante *sm* LOC **em flagrante** red-handed: *apanhar alguém em ~* to catch sb red-handed

flamingo *sm* flamingo (*pl* **flamingos/flamingoes**)

flanco *sm* flank

flanela *sf* flannel

flash *sm (Fot)* flash

flat *sm* aparthotel ℹ Na Grã-Bretanha, utiliza-se a palavra **flat** para se referir simplesmente a um apartamento.

flauta *sf* flute LOC **flauta doce** recorder

flautista *smf* flutist

flecha *sf* arrow LOC *Ver* ARCO

flertar *vi* to flirt

flexão *sf* push-up (*pl* **push-ups**)

flexionar *vt* to flex

flexível *adj* flexible

fliperama *sm* pinball

floco *sm* flake: *~s de neve* snowflakes

flor *sf* **1** flower: *~es secas* dried flowers **2** *(árvore frutífera, arbusto)* blossom [*contável*]: *a ~ da amendoeira/laranjeira* almond/orange blossom LOC **em flor** in bloom ◆ **estar na flor da idade** to be in the prime of life ◆ **não ser flor que se cheire** to be a nasty piece of work *Ver tb* FINO, NERVO

flora *sf* flora

florescer *vi* **1** *(planta)* to flower **2** *(árvore frutífera, arbusto)* to blossom **3** *(fig)* to flourish: *A indústria de informática está florescendo.* The computer industry is flourishing.

floresta *sf* forest: *~ tropical* tropical rainforest

florestal *adj* forest: *um incêndio ~* a forest fire

florista *sf* florist

fluência *sf* fluency: *Ela fala francês com ~.* She speaks fluent French.
fluido *sm* fluid
fluir *vi* to flow
fluminense *adj, smf* (person) from Rio de Janeiro State: *os ~s* the people of Rio de Janeiro State
flúor *sm* **1** *(gás)* fluorine **2** *(dentifrício)* fluoride
fluorescente *adj* fluorescent LOC *Ver* LÂMPADA
flutuar *vi* to float: *A bola flutuava sobre a água.* The ball was floating on the water.
fluvial *adj* river: *o transporte ~* river transportation
fluxo *sm* flow
fobia *sf* phobia
foca *sf* seal
focalizar *vt* **1** *(focar)* to focus *sth (on sb/sth)* **2** *(assunto, problema)* to approach
focinheira *sf* muzzle
focinho *sm* **1** muzzle **2** *(porco)* snout LOC *Ver* CARA
foco *sm* **1** *(luz)* focus *(pl* focuses*)* **2** *(ponto de vista)* angle: *abordar um assunto sob um ~ diferente* to approach an issue from a different angle **3** *(origem)* source: *o ~ da epidemia* the source of the epidemic
fofo, -a *adj* **1** *(macio)* soft **2** *(encantador)* lovely **3** *(animal, bebê, etc.)* cute
fofoca *sf* gossip [*não contável*]: *Você ouviu a última ~?* Did you hear the latest gossip?
fofoqueiro, -a *sm-sf* gossip
fogão *sm* *(Cozinha)* stove; cooker *(GB)*
fogo *sm* fire LOC **em fogo brando/alto** over a low/high heat ◆ **fogo cruzado** crossfire ◆ **fogos (de artifício)** fireworks: *soltar ~s* to set off fireworks ◆ **pôr/botar/tacar fogo** to set fire *to sth*: *Puseram ~ na casa.* They set fire to the house. ◆ **ter fogo** *(isqueiro)* to have a light: *Você tem ~?* Do you have a light? *Ver tb* ARMA, COZINHAR, PEGAR, PROVA
fogueira *sf* bonfire ➲ *Ver nota em* BONFIRE NIGHT
foguete *sm* rocket
foice *sf* **1** *(pequena)* sickle **2** *(grande)* scythe
folclore *sm* folklore
folder *sm* leaflet ❶ Note que a palavra inglesa **folder** significa "pasta".
fole *sm* LOC *Ver* GAITA
fôlego *sm* breath LOC **sem fôlego** out of breath: *Estou sem ~.* I'm out of breath. ◆ **tomar fôlego** to take a deep breath *Ver tb* RECUPERAR

folga *sf* **1** *(dia livre)* day off: *ter/tirar (um dia de) ~* to have a day off **2** *(espaço livre)* gap
folgado, -a *adj* **1** *(roupa)* loose-fitting **2** *(pessoa)* sassy; cheeky *(GB)* **3** *(desocupado)* free: *Estou ~ hoje.* I'm free today.
folha *sf* **1** leaf *(pl* leaves*)*: *as ~s de uma árvore* the leaves of a tree **2** *(livro, jornal)* page: *virar a ~* to turn over (the page) **3** *(de papel)* sheet (of paper): *uma ~ em branco* a clean sheet of paper **4** *(metal, faca)* blade LOC **folha de pagamento** payroll *Ver tb* NOVO, OURO
folhagem *sf* foliage
folhear *vt* **1** *(virar folhas)* to leaf through *sth*: *~ uma revista* to leaf through a magazine **2** *(ler por alto)* to glance at *sth*: *~ o jornal* to glance at the paper
folheto *sm* **1** *(de publicidade)* brochure: *um ~ de viagens* a travel brochure **2** *(de informação)* leaflet: *Arranjei um ~ com o horário.* I picked up a leaflet with the schedule.
folião, -ona *sm-sf* reveler
fome *sf* hunger, starvation, famine

Não se deve confundir as palavras **hunger, starvation** e **famine**.

Hunger é o termo geral, e utiliza-se em casos como: *fazer greve de fome* to go on (a) hunger strike, ou para exprimir um desejo: *fome de conhecimento/poder* hunger for knowledge/power.

Starvation refere-se à fome sofrida durante um prolongado período de tempo: *Deixaram-no morrer de fome.* They let him die of starvation. O verbo **starve** significa *morrer de fome* e também é utilizado na expressão: *Estou morto de fome.* I'm starving.

Famine refere-se à fome que afeta um grande número de pessoas e é normalmente consequência de uma catástrofe natural: *uma população enfraquecida pela fome* a population weakened by famine ◇ *A seca foi seguida de longos meses de fome.* The drought was followed by months of famine.

LOC **estar com/ter fome** to be hungry: *O bebê está com ~.* The baby is hungry. ◆ **passar/sentir fome** to go/feel hungry ◆ **ter uma fome de lobo** to be starving *Ver tb* LOUCO, MATAR, MORTO
fone *sm* *(telefone)* receiver LOC **fones de ouvido** headphones
fonte *sf* **1** *(nascente)* spring **2** *(numa praça, num jardim)* fountain **3** *(origem)* source: *~s próximas do governo* sources

F

close to the government **4** (*cabeça*) temple

fora ▸ *adv* **1** ~ **(de)** outside: *Está rachado por ~.* It's cracked on the outside. **2** (*ausente de casa*) out: *jantar ~* to eat out ◊ *Passam o dia todo ~.* They're out all day. **3** (*em viagem*) away: *Ele está ~ a negócios.* He's away on business. **4** ~ **(de)** (*no exterior*) abroad: *Ele estudou ~.* He studied abroad. ◊ *~ do Brasil* outside Brazil **5** ~ **de** (*fig*) out of *sth*: *~ de controle/perigo* out of control/danger ◊ *~ do normal* out of the ordinary ◊ *Manter ~ do alcance das crianças.* Keep out of reach of children.
▸ *interj* **fora!** get out!
▸ *prep* (*com exceção de*) apart from *sb/sth*
▸ *sm* mistake: *Dei um ~ daqueles!* I made a big mistake. ➲ *Ver nota em* MISTAKE LOC **dá o fora!** get lost! ◆ **de fora**: *Ela está com a barriga de ~.* Her belly's showing. ◆ **deixar alguém fora de si** to drive sb crazy ◆ **fora de si** beside himself, herself, etc. ◆ **levar um fora** to get dumped (*by sb*) *Ver tb* AÍ, BOTAR, LÁ[1], MODA

forasteiro, -a *sm-sf* stranger

forca *sf* **1** (*cadafalso*) gallows [*pl*] **2** (*jogo*) hangman

força *sf* **1** (*potência, Fís, Mil, Pol*) force: *a ~ da gravidade* the force of gravity ◊ *as ~s armadas* the armed forces **2** (*energia física*) strength [*não contável*]: *recobrar as ~s* to get your strength back ◊ *Não tenho ~s para continuar.* I don't have the strength to carry on. LOC **à força** (*violentamente*) by force: *Eles o removeram à ~.* They removed him by force. ◆ **com força 1** (*usando força, intensamente*) hard: *puxar uma corda com ~* to pull a rope hard **2** (*firmemente*) tight: *Segure com ~!* Hold on tight! ◆ **dar uma força a alguém** to help sb out (*with sth*) ◆ **fazer força** to make an effort ◆ **força aérea** air force ◆ **força de vontade** willpower

forçar *vt* **1** (*obrigar*) to force **2** (*excesso de esforço*) to strain: *~ a vista* to strain your eyes LOC **forçar a barra** to force the issue

forjar *vt* to forge

forma *sf* **1** (*contorno*) shape: *em ~ de cruz* in the shape of a cross **2** (*modo*) way: *Desta ~ é mais fácil.* It's easier if you do it this way. LOC **de forma espontânea, indefinida, etc.** spontaneously, indefinitely, etc. ◆ **estar/ficar em forma** to be/get in (good) shape *Ver tb* CERTO, DITO, MANTER, PLENO

fôrma *sf* **1** mold **2** (*Cozinha*) baking tin LOC *Ver* PÃO

formação *sf* **1** formation: *a ~ de um governo* the formation of a government **2** (*educação*) education LOC **formação profissional** vocational training

formado, -a *adj* LOC **ser formado em** to be a graduate in *sth*: *Ele é ~ em Medicina.* He graduated from medical school. *Ver tb* FORMAR

formal *adj* formal

formar ▸ *vt* **1** (*criar*) to form: *~ um grupo* to form a group **2** (*educar*) to educate
▸ *vi* (*Mil*) to fall in: *Formar!* Fall in!
▸ **formar-se** *vp* **1** (*tomar forma*) to form **2** (*Educ*) to graduate (*in sth*): *Ela se formou pela Universidade de São Paulo.* She graduated from São Paulo University.

formatar *vt* (*Informát*) to format

formato *sm* format

formatura *sf* graduation: *Você vai à minha festa de ~?* Are you coming to my graduation party? LOC *Ver* BAILE

formiga *sf* ant

formigamento *sm* pins and needles [*não contável*]: *Sinto um ~.* I have pins and needles.

formigueiro *sm* **1** (*buraco*) ants' nest **2** (*montículo*) anthill

fórmula *sf* formula (*pl* **formulas/formulae**)

formulário *sm* form: *preencher um ~* to fill in a form

fornecedor, -ora *sm-sf* supplier

fornecer *vt* to supply (*sb*) (*with sth*): *Ele me forneceu os dados.* He supplied me with the information.

fornecimento *sm* supply

forno *sm* **1** oven: *acender o ~* to turn the oven on ◊ *Esta sala é um ~.* It's like an oven in here. **2** (*fornalha*) furnace **3** (*cerâmica, tijolos*) kiln

forquilha *sf* (*jardim, bicicleta*) fork

forra *sf* LOC **ir à forra** to get your own back: *Ele resolveu ir à ~.* He decided to get his own back.

forrar *vt* **1** (*roupa, parede*) to line *sth* (*with sth*): *~ uma caixa com veludo* to line a box with velvet **2** (*cadeira, almofada, etc.*) to cover *sth* (*with sth*)

forro *sm* **1** (*interior*) lining: *pôr ~ num casaco* to put a lining in a coat **2** (*exterior*) cover

fortalecer *vt* to strengthen

fortaleza *sf* fortress

forte ▸ *adj* **1** strong: *um cheiro muito ~* a very strong smell **2** (*chuva, neve*) heavy **3** (*dor, crise*) severe **4** (*abraço*) big **5** (*filme, peça*) powerful **6** (*musculoso*) muscular
▸ *sm* **1** (*Mil*) fort **2** (*facilidade*) strong

F

point: *Matemática não é o meu ~.* Math isn't my strong point.
fortuna *sf* fortune: *fazer uma ~* to make a fortune
fosco, -a *adj* **1** (*vidro*) frosted **2** (*superfície*) matte
fosforescente *adj* phosphorescent
fósforo *sm* **1** (*para acender*) match: *acender um ~* to light a match **2** (*Quím*) phosphorus
fossa *sf* pit LOC **estar na fossa** (*triste*) to be down
fóssil *sm* fossil
foto *sf* photo (*pl* photos)
fotocópia *sf* photocopy (*pl* photocopies)
fotocopiar *vt* to photocopy
fotogênico, -a *adj* photogenic
fotografar *vt* to photograph
fotografia *sf* **1** (*atividade*) photography **2** (*imagem*) photo (*pl* photos); photograph (*mais formal*): *um álbum de ~s* a photograph album ◇ *~ de passaporte* passport photo ◇ *Ele tirou uma ~ minha.* He took a photo of me.
fotográfico, -a *adj* photographic LOC *Ver* MÁQUINA, REPÓRTER
fotógrafo, -a *sm-sf* photographer
foz *sf* mouth
fração *sf* fraction
fracassar *vi* **1** to fail **2** (*planos*) to fall through
fracasso *sm* **1** failure **2** (*filme, festa, etc.*) flop
fraco, -a *adj* **1** weak: *um café ~* a weak coffee ◇ *Sou muito ~ em história.* I'm very weak at history. **2** (*sem qualidade*) poor: *O seu trabalho de casa está muito ~.* Your homework is very poor. **3** (*som*) faint **4** (*luz*) dim **5** (*chuva*) light LOC *Ver* PONTO
frade *sm* friar
frágil *adj* fragile
fragmento *sm* fragment
fralda *sf* diaper; nappy (*pl* nappies) (*GB*): *trocar a ~ de um bebê* to change a baby's diaper
framboesa *sf* raspberry (*pl* raspberries)
França *sf* France
francamente ▸ *adv* frankly: *Disse a ela ~ o que pensava.* I told her frankly what I thought.
▸ *interj* **francamente!** honestly
francês, -esa ▸ *adj, sm* French: *falar ~* to speak French
▸ *sm-sf* Frenchman/woman (*pl* -men/-women): *os franceses* the French
franco, -a *adj* **1** (*sincero*) frank **2** (*claro*) marked: *um ~ declínio* a marked decline

LOC **para ser franco...** to be quite honest... *Ver tb* ENTRADA
frango *sm* chicken: *~ assado/na brasa* roast/barbecued chicken
franja *sf* **1** (*cabelo*) bangs [*pl*] fringe (*GB*) **2 franjas** (*adorno*) fringe: *um casaco de couro com ~s* a fringed leather jacket
franquear *vt* (*carta, encomenda*) to pay postage on *sth*
franqueza *sf* frankness: *Falemos com ~.* Let's be frank.
franquia *sf* **1** (*correio*) postage **2** (*seguro*) deductible; excess (*GB*) **3** (*empresa*) franchise
franzir *vt* **1** (*costura*) to gather **2** (*enrugar*) to crease LOC **franzir a testa/as sobrancelhas** to frown ◆ **franzir o nariz** to wrinkle your nose
fraqueza *sf* weakness
frasco *sm* **1** (*perfume, medicamento*) bottle **2** (*conservas, compota*) jar ➲ *Ver ilustração em* CONTAINER
frase *sf* **1** (*oração*) sentence **2** (*locução*) phrase LOC **frase feita** set phrase
fraternal (*tb* **fraterno, -a**) *adj* brotherly; fraternal (*mais formal*): *o amor ~* brotherly love
fraternidade *sf* brotherhood
fratura *sf* fracture
fraturar *vt* to fracture
fraudar *vt* to defraud
fraude *sf* fraud LOC **fraude fiscal** tax evasion
fraudulento, -a *adj* fraudulent
freada *sf*: *Ouviu-se uma ~.* There was a screech of brakes. LOC **dar uma freada** to slam on the brakes
frear *vi* to brake: *Freei de repente.* I slammed on the brakes.
freguês, -esa *sm-sf* (*cliente*) customer
freguesia *sf* (*clientela*) customers [*pl*]
freio *sm* brake: *Os meus ~s falharam.* My brakes failed. ◇ *pisar no/soltar o ~* to put on/release the brake(s) LOC **freio de mão** emergency brake; handbrake (*GB*)
freira *sf* nun LOC *Ver* COLÉGIO
frenético, -a *adj* hectic
frente *sf* front: *uma ~ fria* a cold front LOC **à/em frente** forward: *Dei um passo à ~.* I took a step forward. ◇ *o motorista à ~* the driver in front ◇ *Siga sempre em ~ até o fim da rua.* Go straight on to the end of the road. ◆ **à frente de 1** (*encarregado de*) in charge of *sth*: *Ele está à ~ da empresa.* He's in charge of the company. **2** (*na dianteira*) ahead of *sb/sth*: *Ela está à ~ de seu tempo.* She's ahead of her

F

time. ◆ **da frente** front: *os assentos da ~* the front seats ◆ **de frente 1** (*voltada*) facing *sb/sth*: *Ele sentou-se de ~ para a parede.* He sat facing the wall. **2** (*bater*) head-on: *Os carros bateram de ~.* The cars crashed head-on. ◆ **em frente (de)** across (from *sb/sth*); opposite (*GB*): *A minha casa fica em ~ do estádio.* My house is across from the stadium. ◇ *o senhor sentado em ~* the man sitting across from me ◇ *O hospital fica em ~.* The hospital is just across the road. ◆ **estar na frente** (*em competição*) to be in the lead ◆ **fazer frente a alguém/algo** to stand up to sb/sth ◆ **frente a frente** face to face ◆ **na frente (de)** in front (of *sb/sth*): *na ~ da televisão* in front of the television ◇ *Ela me contou na ~ de outras pessoas.* She told me in front of other people. ◇ *Sente na ~, se não consegue ver o quadro.* Sit at the front if you can't see the board. ◆ **para a frente** forward ◆ **pela frente** ahead: *Temos uma longa viagem pela ~.* We have a long trip ahead of us. *Ver tb* LONGO, PARTE, SEMPRE, TRÁS, VIRAR

frente

They're sitting **across from** each other. She's sitting **in front of** him.

frentista *smf* gas station attendant; petrol station attendant (*GB*)

frequência *sf* frequency (*pl* frequencies) **LOC com frequência** often ◆ **com que frequência?** how often?

frequentar *vt* (*lugar, curso*) to go to...; to attend (*mais formal*): *Eles frequentam a mesma escola.* They go to the same school.

frequente *adj* frequent

frequentemente *adv* often

frescão *sm* air-conditioned bus

fresco, -a *adj* **1** (*temperatura, roupa*) cool: *O dia está um pouco ~.* It's fairly cool today. ◇ *Está ~ à noite.* It's cool at night. ➲ *Ver nota em* FRIO **2** (*comida, ar*) fresh: *apanhar/tomar ar ~* to get some fresh air **3** (*notícia*) latest: *notícias frescas* the latest news **4** (*cheio de manias*) fussy **LOC** *Ver* TINTA

frescobol *sm* beach tennis

frescura *sf* **LOC ter frescura** to be fussy: *Eu não tenho ~.* I'm not fussy.

fresta *sf* crack

fretar *vt* to charter **LOC** *Ver* VOO

friccionar *vt* to rub

frigideira *sf* frying pan: *~ antiaderente* non-stick frying pan ➲ *Ver ilustração em* POT

frio, -a ▸ *adj, sm* cold: *Ela é muito fria com a família.* She's very cold toward her family. ◇ *Feche a porta, senão entra ~.* Shut the door, or you'll let the cold in.

> Não se deve confundir as palavras **cold**, **chilly** e **cool**.
>
> **Cold** indica uma temperatura baixa: *Este inverno foi muito frio.* It was a very cold winter. **Chilly** utiliza-se quando não está muito frio, porém um friozinho que incomoda: *Está friozinho lá fora. Ponha um casaco.* It's chilly outside. Put a jacket on. **Cool** significa mais *fresco* do que frio e expressa uma temperatura agradável: *Lá fora está calor, mas aqui está fresco.* It's hot outside but it's nice and cool in here.
> ➲ *Ver nota em* QUENTE

▸ **frios** *sm* (*carnes*) cold cuts; cold meats (*GB*) **LOC apanhar frio** to catch (a) cold ◆ **estar frio** to be cold: *Está muito ~ na rua.* It's very cold outside. ◆ **estar com/passar/sentir frio** to be/feel cold: *Estou com ~.* I'm cold. ◇ *Estou com ~ nas mãos.* My hands are cold. *Ver tb* CHAMADA, JOGAR, MORRER, MORTO, SUAR, TÁBUA, TREMER

friorento, -a *adj*: *Sou muito ~.* I feel the cold a lot.

frisar *vt* **1** (*cabelo*) to crimp **2** (*enfatizar*) to stress

fritar *vt, vi* to fry

frito, -a *adj* fried **LOC estar frito** (*em apuros*) to be done for *Ver tb* BATATA, OVO *Ver tb* FRITAR

fronha *sf* pillowcase

fronteira *sf* border; frontier (*mais formal*): *atravessar a ~* to cross the border ◇ *na ~ com a Argentina* on the border with Argentina ➲ *Ver nota em* BORDER **LOC fazer fronteira (com)** to border on...: *A Argentina faz ~ com o Brasil.* Argentina borders on Brazil.

frota *sf* fleet

frouxo, -a ▸ *adj* (*elástico, corda*) slack ▸ *smf* (*pessoa*) coward; chicken (*coloq*)

frustração *sf* frustration

frustrado, -a ▸ *adj* frustrated ▸ *sm-sf*: *Ele é um ~.* He feels like a failure.

frustrante *adj* frustrating

fruta *sf* fruit: *Você quer (uma) ~?* Do you want some fruit? ◇ *~s secas* dried fruit

fruteira *sf* (*prato*) fruit bowl

frutífero, -a *adj* **1** fruit: *uma árvore frutífera* a fruit tree **2** (*proveitoso*) fruitful

fruto *sm* **1** fruit **2** (*resultado*) result: *Isto é ~ de muito trabalho.* This is the result of a lot of hard work. LOC **dar fruto** to bear fruit ◆ **frutos do mar** seafood [*não contável*]

fuga *sf* escape

fugaz *adj* fleeting

fugir *vt, vi* ~ **(de) 1** (*país*) to flee (*sth*): *Fugiram do país.* They fled the country. **2** (*prisão*) to escape (from *sb/sth*): *Fugiram da prisão.* They escaped from prison. **3** (*casa, colégio*) to run away (from *sth*)

fugitivo, -a *adj, sm-sf* fugitive

fulano, -a *sm-sf* so-and-so (*pl* so-and-sos): *Imagine que vem ~...* Just imagine so-and-so comes... LOC **(o senhor) fulano de tal** Mr. So-and-so

fuligem *sf* soot

fulminante *adj* **1** (*ataque, etc.*) fatal **2** (*olhar*) withering

fulo, -a *adj* furious: *estar ~ (de raiva/da vida)* to be furious

fumaça *sf* **1** smoke: *Havia muita ~.* There was a lot of smoke. **2** (*carro*) fumes [*pl*]: *a ~ do cano de descarga* exhaust fumes

fumante *smf* smoker LOC **fumante ou não fumante?** (*em transportes, restaurantes*) smoking or non-smoking?

fumar *vt, vi* to smoke: *~ cachimbo* to smoke a pipe ◇ *Você devia deixar de ~.* You should quit smoking. ◇ *Proibido ~.* No smoking.

fumo *sm* (*tabaco*) tobacco LOC *Ver* BOCA

função *sf* **1** (*cargo, papel*) role **2** (*aparelho*) function

funcionamento *sm* operation: *pôr algo em ~* to put sth into operation LOC *Ver* HORÁRIO

funcionar *vi* to work: *O alarme não funciona.* The alarm doesn't work. ◇ *Como é que funciona?* How does it work?

funcionário, -a *sm-sf* **1** employee **2** (*representante de organização*) official: *um ~ do governo/da ONU* a government/UN official LOC **funcionário público** civil servant

fundação *sf* foundation

fundador, -ora ▸ *sm-sf* founder ▸ *adj* charter; founder (*GB*): *os membros ~es* the charter members

fundamental *adj* fundamental LOC *Ver* ENSINO, ESCOLA

fundamento *sm* **1** (*motivo*) grounds [*pl*] **2** (*princípio*) fundamental LOC **sem fundamento** unfounded: *uma acusação sem ~* an unfounded accusation

fundar *vt* to found

fundir(-se) *vt, vp* to melt: *~ queijo* to melt cheese

fundo, -a ▸ *adj* deep: *um poço muito ~* a very deep well ▸ *sm* **1** bottom: *ir ao ~ da questão* to get to the bottom of the matter **2** (*mar, rio*) bed **3** (*quarto, cenário*) back: *no ~ do restaurante* at the back of the restaurant ◇ *o quarto dos ~s* the back room **4** (*quadro*) background **5 fundos** (*financiamento*) funds: *angariar ~s* to raise funds LOC **a fundo** thorough: *uma revisão a ~* a thorough review ◆ **de fundo 1** (*Atletismo*) long-distance: *uma corrida de ~* a long-distance race **2** (*Esqui*) cross-country ◆ **fundo musical/música de fundo** background music ◆ **no fundo 1** (*apesar das aparências*) deep down: *Você diz que não, mas no ~ você se importa.* You say you don't mind, but deep down you do. **2** (*na realidade*) basically: *No ~ todos nós pensamos o mesmo.* We all basically think the same. ◆ **sem fundo** bottomless *Ver tb* CHEQUE, CORAÇÃO, PANO, PRATO

fúnebre *adj* **1** (*para um funeral*) funeral: *a marcha ~* the funeral march **2** (*triste*) gloomy LOC *Ver* CARRO, SERVIÇO

funeral *sm* funeral

funerária *sf* funeral home; undertaker's (*GB*) ➲ *Ver nota em* AÇOUGUE LOC *Ver* AGÊNCIA

fungo *sm* fungus (*pl* fungi/funguses)

funil *sm* funnel

furacão *sm* hurricane

furado, -a *adj* **1** (*pneu*) flat: *É o segundo pneu ~ esta semana.* That's the second flat I've had this week. **2** (*calçado*): *O seu sapato está ~.* You have a hole in your shoe. **3** (*cano*) leaky **4** (*orelha*) pierced LOC *Ver* PNEU, TOSTÃO; *Ver tb* FURAR

furar *vt* **1** to make a hole in *sth* **2** (*com máquina de furar*) to drill a hole in *sth*: *Os pedreiros furaram o cimento.* The workmen drilled a hole in the cement. **3** (*folha com furador*) to punch holes in *sth* **4** (*orelha*) to pierce **5** (*bola, pneu*) to puncture **6** (*fila, etc.*) to jump: *~ o sinal* to jump the lights **7** (*não cumprir*) to let *sb* down:

F

Ela furou comigo duas vezes esta semana. She let me down twice this week. **8** (*greve*) to break LOC **furar a fila** to jump the line; to jump the queue (*GB*)

furgão *sm* van

fúria *sf* fury LOC **com fúria** furiously

furioso, -a *adj* furious: *Eu estava ~ com ela.* I was furious with her. LOC **ficar furioso** to fly into a rage

furo *sm* **1** (*pneu*) flat (tire); puncture (*GB*): *remendar um ~* to fix a flat (tire) **2** (*buraco*) hole **3** (*jornalístico*) scoop **4** (*gafe*) blunder LOC **dar um furo** to goof: *Que ~ que eu dei!* I really goofed!

furtar *vt* to steal

furtivo, -a *adj* furtive

furto *sm* theft

fusão *sf* **1** (*empresas, partidos políticos*) merger **2** (*Fís*) fusion: *~ nuclear* nuclear fusion **3** (*gelo, metais*) melting LOC *Ver* PONTO

fusível *sm* fuse: *Queimaram os fusíveis.* The fuses blew.

fuso *sm* LOC **fuso horário** time zone

futebol *sm* soccer; football (*GB*)

> Nos Estados Unidos, usa-se apenas o termo **soccer**, para não haver confusão com o futebol americano.

LOC **futebol de salão** five-a-side soccer/football ◆ **futebol de botão** table soccer/football

fútil *adj* **1** (*frívolo*) frivolous **2** (*insignificante*) trivial

futuro, -a *adj, sm* future: *ter um bom ~ pela frente* to have a good future ahead of you LOC *Ver* ADIVINHAR

fuzil *sm* rifle

Gg

gabarito *sm* list of (exam) answers

gabar-se *vt* ~ **(de)** to boast (about/of *sth*)

gabinete *sm* **1** (*escritório*) office **2** (*Pol*) Cabinet

gado *sm* livestock LOC **gado (bovino)** cattle [*pl*] ◆ **gado equino/ovino** horses/sheep [*pl*] ◆ **gado suíno** pigs [*pl*] *Ver tb* CRIAÇÃO, CRIADOR

gafanhoto *sm* **1** grasshopper **2** (*praga*) locust

gafe *sf* blunder: *cometer uma ~* to make a blunder

gago, -a *adj, sm-sf*: *os ~s* people who stutter LOC **ser gago** to have a stutter

gaguejar *vt, vi* to stutter

gaiola *sf* cage

gaita *sf* (*instrumento musical*) harmonica LOC **gaita de foles** bagpipes [*pl*]

gaivota *sf* seagull

gala *sf* gala: *um jantar de ~* a gala dinner LOC *Ver* BAILE

galáctico, -a *adj* galactic

galão[1] *sm* (*uniforme*) stripe

galão[2] *sm* (*medida*) gallon (*abrev* gal.)

galáxia *sf* galaxy (*pl* **galaxies**)

galera *sf* **1** (*turma*) gang **2** (*torcida*) fans [*pl*]

galeria *sf* (*Arte, Teat*) gallery (*pl* **galleries**): *uma ~ de arte* an art gallery ➲ *Ver nota em* MUSEU

galês, -esa ▸ *adj, sm* Welsh: *falar ~* to speak Welsh
▸ *sm-sf* Welshman/woman (*pl* **-men/-women**): *os galeses* the Welsh LOC *Ver* PAÍS

galgo *sm* greyhound

galho *sm* branch LOC *Ver* QUEBRAR

galinha *sf* **1** (*ave*) hen **2** (*carne*) chicken LOC **galinha-d'Angola** guinea fowl (*pl* **guinea fowl**) *Ver tb* DORMIR

galinheiro *sm* hen house

galo *sm* **1** (*ave*) rooster **2** (*inchaço*) bump: *Eu tinha um ~ na cabeça.* I had a bump on my head. LOC *Ver* MISSA

galocha *sf* rubber boot; wellington (boot) (*GB*)

galopar *vt, vi* to gallop: *ir ~* to go for a gallop

galope *sm* gallop LOC **a galope**: *Eles partiram a ~.* They galloped off.

galpão *sm* shed

gama *sf* range: *uma grande ~ de cores* a wide range of colors

gamão *sm* backgammon

gambá *sm* skunk LOC *Ver* BÊBADO

gambiarra *sf* (*solução improvisada*) workaround: *Essa ~ que você fez não vai funcionar!* That workaround of yours isn't going to work! ◇ *fazer uma ~ no motor* to do a quick fix on the engine

ganância *sf* greed

ganancioso, -a *adj* greedy

gancho *sm* hook

gandula *smf* **1** (*masc*) ballboy **2** (*fem*) ballgirl

gangorra *sf* seesaw

gangrena *sf* gangrene

gângster (*tb* **gangster**) *sm* gangster

gangue *sf* gang: *uma ~ de contrabandistas* a gang of smugglers

ganhador, -ora ▸ *adj* winning
▸ *sm-sf* winner

ganhar ▸ *vt* **1** (*dinheiro, respeito*) to earn: *Este mês ganhei pouco.* I didn't earn much this month. ◇ ~ *a vida* to earn your living ◇ *Ele ganhou o respeito de todos.* He earned everybody's respect. **2** (*prêmio, jogo, guerra*) to win: ~ *na loteria* to win the lottery ◇ *Quem é que ganhou o jogo?* Who won the match? **3** ~ **de** (*derrotar*) to beat: *O Brasil ganhou da Holanda.* Brazil beat Holland. **4** (*presente*) to get; to receive (*mais formal*) **5** (*conseguir*) to gain (*by/from sth*): *O que é que eu ganho em te dizer?* What do I gain by telling you?
▸ *vi* (*vencer*) to win LOC **ganhar o pão de cada dia** to earn your living ◆ **ganhar tempo** to save time ◆ **sair ganhando** to do well *out of sth*: *Saí ganhando com a reestruturação.* I did well out of the reorganization. *Ver tb* IMPORTÂNCIA

ganho *sm* gain LOC *Ver* PERDA

ganir *vi* to whine

ganso *sm* goose (*pl* **geese**)

garagem *sf* garage

garanhão *sm* stallion

garantia *sf* guarantee

garantir ▸ *vt* **1** to guarantee: *Garantimos a qualidade do produto.* We guarantee the quality of the product. **2** (*assegurar*) to assure: *Eu te garanto que eles virão.* They'll come, I assure you.
▸ *vp* **garantir-se** (*precaver-se*) to be sure (*about sth*): *Vou levar as chaves para me* ~. I'll take the keys just to be sure.

garça *sf* heron

garçom *sm* waiter

garçonete *sf* waitress

garfo *sm* fork

gargalhada *sf* roar of laughter

gargalo *sm* neck: *o* ~ *de uma garrafa* the neck of a bottle ◇ *beber pelo* ~ to drink straight out of the bottle

garganta *sf* **1** (*Anat*) throat: *Estou com dor de* ~. I have a sore throat. **2** (*Geog*) gorge LOC *Ver* APERTO, DOR, NÓ, PASTILHA

gargantilha *sf* choker (necklace)

gargarejar *vi* to gargle

gari *sm* **1** (*varredor*) street sweeper **2** (*lixeiro*) garbage man (*pl* **men**); dustman (*pl* **dustmen**) (*GB*)

garimpar *vi* to prospect

garoa *sf* drizzle

garoto, -a *sm-sf* **1** (*masc*) boy **2** (*fem*) girl LOC **garoto de programa** male prostitute; rent boy (*GB*) *Ver tb* CARA

garra[1] *sf* **1** (*animal*) claw **2** (*ave de rapina*) talon

garra[2] *sf* (*entusiasmo*) drive

garrafa *sf* bottle LOC **de/em garrafa** bottled: *Compramos leite em* ~. We buy bottled milk. ◆ **garrafa térmica** Thermos®

garrafão *sm* (*recipiente*) flagon

garupa *sf* LOC **ir na garupa** to ride pillion

gás *sm* **1** gas: *Cheira a* ~. It smells of gas. **2 gases** (*Med*) gas [*não contável*] wind [*não contável*] (*GB*): *O bebê está com gases.* The baby has gas. **3** (*pessoa*) get-up-and-go: *uma pessoa de pouco* ~ a person with very little get-up-and-go LOC **com gás** (*bebida*) sparkling ◆ **gás lacrimogêneo** tear gas ◆ **sem gás** (*bebida*) non-carbonated; still (*GB*) *Ver tb* ÁGUA

G

gasoduto *sm* gas pipeline

gasolina *sf* gas; petrol (*GB*) LOC **gasolina sem chumbo** unleaded gasoline/petrol *Ver tb* INDICADOR, POSTO, TANQUE

gasoso, -a *adj* **1** (*Quím*) gaseous **2** (*bebida*) sparkling

gastador, -ora ▸ *adj*: *os turistas ~es* tourists who spend a lot of money
▸ *sm-sf* spendthrift

gastar ▸ *vt* **1** (*dinheiro*) to spend *sth* (*on sb/sth*): *Gasto muito em revistas.* I spend a lot on magazines. **2** (*consumir*) to use: ~ *menos eletricidade* to use less electricity **3** (*desperdiçar*) to waste: ~ *tempo e dinheiro* to waste time and money
▸ **gastar (-se)** *vt, vp* (*calçado*) to wear (*sth*) out: ~ *um par de botas* to wear out a pair of boots

gasto, -a ▸ *adj* **1** (*dinheiro*) spent: *calcular o dinheiro* ~ to work out what you've spent **2** (*água, eletricidade, etc.*) (**a**) (*usado*) used (**b**) (*desperdiçado*) wasted **3** (*roupa, sapatos*) worn out
▸ *sm* **1** (*dinheiro*) expense: *Não ganho nem para os ~s.* I don't earn enough to cover my expenses. **2** (*água, energia, gasolina*) consumption *Ver tb* GASTAR

gatilho *sm* trigger: *apertar o* ~ to pull the trigger

gatinhas *sf* LOC **andar de gatinhas** to crawl ◆ **de gatinhas** on all fours

gato, -a *sm-sf* **1** (*animal*) cat

Tomcat ou **tom** é um gato macho, e **kittens** são os gatinhos. Os gatos ronronam (**purr**) e miam (**meow**).

2 (*pessoa*): *Ele é um* ~! He's gorgeous! LOC **fazer gato em algo** (*ligação elétrica, etc.*) to hook up to sth ◆ **Gata Borralheira** Cinderella ◆ **Gato de Botas** Puss in Boots ◆ **gato siamês** Siamese *Ver tb* CÃO, VENDER

gaúcho, -a *adj, sm-sf* (person) from Rio Grande do Sul: *os ~s* the people of Rio Grande do Sul
gaveta *sf* drawer
gavião *sm* hawk
gay *adj, sm* gay LOC *Ver* CASAMENTO
gaze *sf* **1** (*tecido*) gauze **2** (*curativo*) bandage
gazela *sf* gazelle
geada *sf* frost
gel *sm* gel: *~ de banho* shower gel
G
geladeira *sf* refrigerator; fridge (*coloq*)
gelado, -a *adj* **1** (*congelado*) frozen: *um lago ~* a frozen pond **2** (*pessoa, quarto*) freezing: *Estou ~.* I'm freezing! **3** (*bebida*) ice-cold *Ver tb* GELAR
gelar *vt, vi* to chill; to get (*sth*) cold (*mais coloq*)
gelatina *sf* **1** (*substância*) gelatin **2** (*Cozinha*) Jell-O®; jelly (*GB*)
geleia *sf* **1** jam: *~ de pêssego* peach jam **2** (*de laranja*) marmalade LOC **geleia real** royal jelly
geleira *sf* glacier
gelo *sm* ice [*não contável*]: *Traga-me um pouco de ~.* Bring me some ice. ◊ *~ picado* crushed ice LOC **dar o gelo** to give *sb* the cold shoulder *Ver tb* HÓQUEI, PEDRA, QUEBRAR
gema *sf* **1** (*ovo*) (egg) yolk **2** (*pedra preciosa*) gem
gêmeo, -a ▸ *adj, sm-sf* twin: *irmãs gêmeas* twin sisters
▸ **Gêmeos** *sm* (*astrol*) Gemini ➲ *Ver exemplos em* AQUÁRIO LOC *Ver* SIAMÊS
gemer *vi* **1** (*pessoa*) to groan **2** (*animal*) to whine
gemido *sm* **1** (*pessoa*) groan: *Ouviam-se os ~s do doente.* You could hear the sick man groaning. **2** (*animal*) whine: *os ~s do cão* the whining of the dog
geminado, -a *adj* LOC *Ver* CASA
gene *sm* gene
genealógico, -a *adj* LOC *Ver* ÁRVORE
general *sm* (*Mil*) general
generalizado, -a *adj* widespread *Ver tb* GENERALIZAR
generalizar *vt, vi* to generalize: *Não se pode ~.* You can't generalize.
genérico, -a *adj* generic
gênero *sm* **1** (*tipo*) kind: *problemas desse ~* problems of that kind **2** (*Arte, Liter*) genre **3** (*Gram*) gender **4 gêneros** (*mercadoria*) goods LOC **algo do gênero** something like that: *pimenta ou algo do ~* pepper or something like that ◆ **gênero policial** crime writing ◆ **gêneros alimentícios** foodstuffs ◆ **não fazer o gênero de alguém** not to be sb's thing: *Este tipo de música não faz o meu ~.* This kind of music's not my thing.
generosidade *sf* generosity
generoso, -a *adj* generous: *Ele é muito ~ com os amigos.* He is very generous to his friends.
genética *sf* genetics [*não contável*]
genético, -a *adj* genetic
gengibre *sm* ginger
gengiva *sf* gum
genial *adj* brilliant: *uma ideia/um pianista ~* a brilliant idea/pianist
gênio *sm* ~ **(em/para)** genius (*pl* geniuses) (at *sth/doing sth*): *Você é um ~ para consertar coisas.* You're a genius at fixing things. LOC **ter (mau) gênio** to have a bad temper: *Que ~ que você tem!* What a temper you have!
genital *adj* genital LOC *Ver* ÓRGÃO
genômica *sf* genomics [*não contável*]
genro *sm* son-in-law (*pl* sons-in-law)
gentalha *sf* the masses [*pl*]
gente *sf* people [*pl*]: *Havia muita ~.* There were a lot of people.

> Em inglês, a palavra *gente* é frequentemente traduzida por pronomes pessoais: *A gente ficou na festa até tarde.* We stayed at the party until late. ◊ *Eles não viram a gente.* They didn't see us.

LOC **gente comum** ordinary folk ◆ **gente grande** grown-ups [*pl*] ◆ **ser boa gente/gente fina** to be a nice person
gentil *adj* kind LOC **ser muito gentil da sua parte, da parte dele, etc.** to be very kind of you, him, etc.: *É muito ~ da parte dela.* It's very kind of her.
gentileza *sf* kindness: *Foi muita ~ da sua parte.* That was very kind of you. LOC **por gentileza** please: *Por ~, queiram apertar os cintos.* Please fasten your seat belts. ◆ **que gentileza!** how thoughtful! ◆ **ter a gentileza de** to be so kind as *to do sth*
genuíno, -a *adj* genuine
geografia *sf* geography
geográfico, -a *adj* geographical
geógrafo, -a *sm-sf* geographer
geolocalização *sf* geolocation
geologia *sf* geology
geológico, -a *adj* geological
geólogo, -a *sm-sf* geologist
geometria *sf* geometry
geométrico, -a *adj* geometric
geração *sf* generation LOC *Ver* ÚLTIMO
gerador *sm* generator
geral ▸ *adj* **1** general: *assembleia ~* general meeting ◊ *o desejo ~ da população*

the general wish of the population **2** *(generalizado)* widespread: *Houve comoção ~.* There was widespread confusion. ◇ *A alegria foi ~.* Everyone was happy. **3** *(total)* total: *o número ~ de alunos* the total number of students
▸ **gerais** *sf (arquibancada)* bleachers; terraces *(GB)* LOC **em geral/de um modo geral** as a general rule ◆ **no geral** in general *Ver tb* CLÍNICO, ENSAIO

gerânio *sm* geranium

gerar *vt* **1** *(eletricidade, causar)* to generate: *~ energia* to generate energy **2** *(conceber)* to conceive

gerência *sf* management

gerenciador *sm (Informát)* manager

gerenciamento *sm (Informát)* management

gerente *smf* manager

gergelim *sm* sesame seeds *[pl]*

gerir *vt* to run: *~ um negócio* to run a business

germe *sm* germ

germinar *vi* to germinate

gesso *sm* **1** *(substância)* plaster **2** *(Med)* plaster cast

gestante *sf* pregnant woman *(pl* women*)*

gestão *sf* **1** *(de empresa, etc.)* management **2** *(Pol)* government: *durante a ~ de FHC* during the FHC government

gesticular *vi* to gesticulate

gesto *sm* gesture: *um ~ simbólico* a symbolic gesture ◇ *comunicar/falar por ~s* to communicate by gestures

gibi *sm* comic (book)

gigante ▸ *adj* **1** gigantic **2** *(Bot)* giant: *um olmo ~* a giant elm
▸ *sm* giant LOC *Ver* RODA

gigantesco, -a *adj* enormous

gilete *sf* razor blade

gim *sm* gin

gim-tônica *sm* gin and tonic

ginástica *sf* **1** gymnastics *[não contável]*: *campeonato de ~ desportiva* gymnastics championships **2** *(educação física)* physical education *(abrev* P.E.*)*: *um professor de ~* a P.E. teacher LOC **fazer ginástica** to exercise; to work out *(mais coloq) Ver tb* ACADEMIA, ESTEIRA

ginecologia *sf* gynaecology

ginecologista *smf* gynaecologist

girafa *sf* giraffe

girar *vt, vi* **1** to turn: *~ o volante para a direita* to turn the steering wheel to the right ◇ *A chave não gira.* The key won't turn. **2** *(pião)* to spin LOC **girar em torno de** to revolve around *sb/sth*: *A Terra gira em torno do Sol.* The earth revolves around the sun. *Ver tb* CABEÇA

girassol *sm* sunflower

giratório, -a *adj* LOC *Ver* PORTA

gíria *sf* **1** *(linguagem coloquial)* slang **2** *(profissional)* jargon

girino *sm* tadpole

giro *sm* turn

giz *sm* chalk: *Dê-me um (pedaço de) ~.* Give me a piece of chalk. ◇ *~es coloridos* colored chalks

glacial *adj* **1** *(vento)* icy **2** *(temperatura)* freezing **3** *(época, zona)* glacial **4** *(olhar, atmosfera)* frosty LOC *Ver* ERA

glândula *sf* gland

glicose *(tb* **glucose***) sf* glucose

global *adj* **1** *(mundial)* global: *o aquecimento ~* global warming **2** *(geral)* overall: *uma visão ~* an overall view

globalização *sf* globalization

globo *sm* globe: *o ~ terrestre* the globe LOC **globo ocular** eyeball

glória *sf* glory: *fama e ~* fame and glory

glossário *sm* glossary *(pl* **glossaries***)*

glutão, -ona ▸ *adj* greedy
▸ *sm-sf* glutton

gnomo *sm* gnome

goiaba *sm* guava

gol *sm* goal: *marcar/levar um ~* to score/concede a goal ◇ *um empate sem ~* a scoreless tie LOC **gol de bicicleta**: *marcar ~ de bicicleta* to score with a bicycle kick ◆ **gol de empate** equalizer *Ver tb* MARCAR

gola *sf* collar LOC **gola em V** V-neck ◆ **gola rulê** turtleneck; polo neck *(GB)*

gole *sm* sip: *tomar um ~ de café* to have a sip of coffee LOC **aos goles** in sips *Ver tb* BEBER

golear ▸ *vt*: *A Alemanha goleou a Holanda por cinco a zero.* Germany beat Holland five to nothing.
▸ *vi* to score a lot of goals

goleiro, -a *sm* goalkeeper; goalie *(coloq)*

golfe *sm* golf LOC *Ver* CAMPO

golfinho *sm* dolphin

golfo *sm* gulf: *o ~ Pérsico* the Persian Gulf

golpe *sm* **1** *(pancada, emocional)* blow: *A morte dela foi um duro ~ para nós.* Her death came as a heavy blow to us. **2** *(ato desonesto)* con: *Ela deu um ~ na família.* She conned her family. LOC **golpe baixo** dirty trick: *dar um ~ baixo em alguém* to play a dirty trick on sb ◆ **golpe de estado** coup ◆ **golpe de mestre** masterstroke

gomo *sm (fruta)* segment

gorar *vi (fracassar)* to founder

gordo, -a ▸ *adj* **1** (*pessoa, animal*) fat

> **Fat** é a palavra mais comum, porém existem outras palavras mais educadas. **Overweight** é a palavra mais neutra, enquanto **plump** e **chubby** têm conotação mais positiva.

2 (*alimento*) fatty **3** (*quantia*) generous: *uma gorda gratificação* a generous bonus
▸ *sm-sf* fat man/woman (*pl* **men/women**): *os ~s* fat people

G

gorducho, -a *adj* chubby ➲ *Ver nota em* GORDO

gordura *sf* **1** fat: *Frite as panquecas num pouco de ~.* Fry the pancakes in a little fat. **2** (*sujeira*) grease LOC **gorduras trans** trans fats

gorduroso, -a (*tb* **gordurento, -a**) *adj* greasy

gorila *sm* gorilla

gorjeta *sf* tip: *Deixamos ~?* Should we leave a tip? ◇ *Dei a ele três dólares de ~.* I gave him a three-dollar tip.

gororoba *sf* muck

gorro *sm* (wooly) hat

gosmento, -a *adj* slimy

gostar *vt* **~ (de) 1** to like *sth/doing sth*: *Não gosto disso.* I don't like it. ◇ *Eles gostam de passear.* They like walking. ◇ *Gosto da maneira como ela explica as coisas.* I like the way she explains things. ◇ *Não gosto nem um pouco de me levantar cedo.* I hate having to get up early.

> **Like to do** ou **like doing**?
>
> No sentido de "divertir-se fazendo algo", usa-se normalmente **like doing sth**: *Você gosta de pintar?* Do you like painting? No sentido de "preferir fazer algo", utiliza-se **like to do sth**: *Eu gosto de tomar um banho antes de dormir.* I like to take a shower before I go to bed.

2 (*sentimentalmente*) to have a crush on *sb*: *Acho que ele gosta de você.* I think he has a crush on you. LOC **gostar mais de** to prefer *sth/doing sth*: *Gosto mais do vestido vermelho.* I prefer the red dress. ◆ **gostar muito (de)** to thoroughly enjoy *sth/doing sth*: *Gostei muito.* I thoroughly enjoyed it.

gosto *sm* **1** taste: *Ele fez um comentário de mau ~.* His remark was in bad taste. ◇ *Temos ~s totalmente diferentes.* Our tastes are completely different. ◇ *para todos os ~s* to suit all tastes ◇ *Coloque sal a ~.* Add salt to taste. **2** (*prazer*) pleasure: *ter o ~ de fazer algo* to have the pleasure of doing sth LOC **gosto não se discute** there's no accounting for taste ◆ **sem gosto** tasteless ◆ **ter gosto (de algo)** to taste (of sth): *Tem um ~ delicioso!* It tastes delicious! ◇ *Tem ~ de salsa.* It tastes of parsley. ◇ *Tem ~ de queimado.* It tastes burned. *Ver tb* SENTIR

gostosão, -a ▸ *adj* gorgeous
▸ *sm-sf* **1** (*masc*) hunk **2** (*fem*) stunner

gostoso, -a *adj* **1** (*comida*) tasty **2** (*lugar*) nice **3** (*pessoa*) gorgeous

gota *sf* drop LOC **ser a última gota/a gota-d'água** to be the last straw

goteira *sf* (*fenda*) leak: *Sempre que chove, temos ~s.* The roof leaks every time it rains.

gotejar *vi* to drip

gótico, -a *adj, sm* Gothic

governador, -ora *sm-sf* governor

governamental *adj* government: *fontes governamentais* government sources

governanta *sf* housekeeper

governante ▸ *adj* governing
▸ *smf* leader

governar *vt* **1** (*país*) to govern **2** (*barco*) to steer

governo *sm* government: *~ federal/central* federal/central government ◇ *durante o ~ de FHC* during the FHC government

gozar ▸ *vt* **~ (de) 1** (*fazer troça*) to make fun of *sb/sth*: *Pare de me ~!* Stop making fun of me! **2** (*desfrutar*) to enjoy *sth/doing sth*: *~ de boa saúde* to enjoy good health ◇ *~ umas férias na praia* to enjoy a beach vacation
▸ *vi* (*sexo*) to have an orgasm; to come (*coloq*)

GPS *sm* GPS; satnav (*GB*)

Grã-Bretanha *sf* Great Britain (*abrev* GB)

> A Grã-Bretanha (**Great Britain**) é composta de três países: Inglaterra (**England**), Escócia (**Scotland**) e País de Gales (**Wales**). Junto com a Irlanda do Norte (**Northern Ireland**), forma o Reino Unido (**the United Kingdom**).

graça *sf* **1** (*elegância, Relig*) grace **2** (*piada*) witty remark: *Ela nos fez rir com as suas ~s.* She made us laugh with her witty remarks. LOC **dar graças a Deus** to count yourself lucky: *Dou-lhe cinco reais, e dê ~s a Deus!* I'll give you five reals, and you can count yourself lucky. ◆ **de graça** free: *Os aposentados viajam de ~.* Senior citizens travel free. ◇ *Vamos ver se entramos de ~.* Let's see if we can get in for free. ◆ **graças a...** thanks to *sb/sth*: *Graças a você, consegui o emprego.* Thanks to you, I got the job. ◇ *Graças a Deus!* Thank God! ♦ **sem graça 1** (*monótono*) dull **2** (*com embaraço*) embarrassed: *ficar sem ~* to be embarrassed ◇ *deixar alguém sem ~* to embarrass sb ♦ **ser uma graça** to be beautiful: *Esse vestido é uma ~.* That dress is beautiful. ♦ **ter graça** to be funny: *Não tem ~ nenhuma, sabia?* It's not funny, you know. ◇ *As suas piadas não têm ~ nenhuma.* Your jokes aren't the least bit funny.

grade *sf* **1** (*janela, carro*) grille **2 grades** (**a**) (*varanda, vedação*) railings: *pular por cima de umas ~s de ferro* to jump over some iron railings (**b**) (*prisão*) bars: *atrás das ~s* behind bars **3** (*programação*) schedule; timetable (*GB*)

graduado, -a *sm-sf* (*diplomado*) graduate *Ver tb* GRADUAR

gradual *adj* gradual

graduar ▸ *vt* (*regular*) to adjust ▸ **graduar-se** *vp* to graduate (*in sth*) (*from...*)

grafeno *sm* graphene

gráfica *sf* (*local*) print shop; printer's (*GB*) ➲ *Ver nota em* AÇOUGUE

gráfico, -a ▸ *adj* graphic ▸ *sm* graph

grafite *sm* **1** (*pintura*) graffiti [*não contável*]: *A parede estava coberta de ~.* The wall was covered in graffiti. **2** (*lápis*) lead

grafiteiro, -a *sm-sf* graffiti artist

gralha *sf* rook

grama[1] *sf* grass: *Proibido pisar na ~.* Keep off the grass.

grama[2] *sm* gram (*abrev* g) ➲ *Ver pág. 758*

gramado *sm* **1** (*em jardim*) lawn **2** (*em campo de futebol, etc.*) turf

gramática *sf* grammar

grampeador *sm* stapler

grampear *vt* **1** (*papéis*) to staple **2** (*telefone*) to tap

grampo *sm* **1** (*para cabelo*) hair clip **2** (*para papéis*) staple **3** (*para carro*) clamp **4** (*de telefone*) bug

granada *sf* (*projétil*) grenade

grande *adj* **1** (*tamanho*) big; large (*mais formal*): *uma casa/cidade ~* a big house/city ◇ *Grande ou pequeno?* Large or small? ➲ *Ver nota em* BIG **2** (*sério*) big: *um ~ problema* a big problem **3** (*número, quantidade*) large: *um ~ número de pessoas* a large number of people ◇ *uma ~ quantidade de areia* a large amount of sand **4** (*notável*) great: *um ~ músico* a great musician LOC **(a/uma) grande parte de** most of: *Grande parte do público era formada por crianças.* Most of the audience members were children. *Ver tb* ESTIMA, GENTE, OLHO, PORTE, POTÊNCIA, SORTE

grandeza *sf* grandeur LOC *Ver* MANIA

granel *sm* LOC **a granel** in bulk

granito *sm* granite

granizo *sm* hail: *tempestade de ~* hailstorm LOC *Ver* CHOVER

granja *sf* **1** (*chácara*) small farm **2** (*de aves*) poultry farm

grão *sm* **1** grain: *um ~ de areia* a grain of sand **2** (*semente*) seed **3** (*café*) bean **4** (*poeira*) speck LOC **grão de soja** soybean; soya bean (*GB*)

grão-de-bico *sm* garbanzo (*pl* garbanzos); chickpea (*GB*)

grasnar *vi* **1** (*pessoa*) to shriek **2** (*pato*) to quack

gratidão *sf* gratitude: *Que falta de ~!* How ungrateful!

gratificante *adj* satisfying

grátis *adj* free: *As bebidas eram ~.* The drinks were free.

grato, -a *adj* grateful: *Sou muito ~ a ela.* I'm very grateful to her.

gratuitamente *adv* **1** (*de graça*) for free: *Estavam distribuindo ingressos ~.* They were handing out free tickets. **2** (*sem motivo*) gratuitously

gratuito, -a *adj* **1** (*de graça*) free **2** (*sem motivo*) gratuitous

grau *sm* **1** level: *o ~ de poluição* pollution levels ◇ *O ~ de dificuldade do exame foi alto.* The test was very difficult. **2** (*temperatura, ângulo*) degree: *queimaduras de terceiro ~* third-degree burns LOC **graus abaixo de zero** below (zero): *Está fazendo dois ~s abaixo de zero.* It's two below (zero). *Ver tb* PRIMO

gravação *sf* recording

gravador *sm* tape recorder

gravadora *sf* record company (*pl* companies)

gravar *vt* **1** (*som, imagem*) to record **2** (*metal, pedra*) to engrave **3** (*memorizar*) to memorize LOC *Ver* VÍDEO

gravata *sf* **1** (*roupa*) tie: *Todos estavam usando ~.* They were all wearing ties. **2** (*golpe*) armlock LOC **gravata borboleta** bow tie

grave *adj* **1** serious: *um problema/uma doença ~* a serious problem/illness ◇ *Ele sofreu ferimentos ~s.* He was seriously injured. **2** (*solene*) solemn: *uma expressão ~* a solemn expression **3** (*som, nota*) low: *O baixo produz sons ~s.* The bass guitar produces low notes. **4** (*voz*) deep **5** (*acento*) grave

gravemente *adv* seriously

graveto *sm* twig

grávida *adj* pregnant: *Ela está ~ de cinco meses.* She's five months pregnant.
gravidade *sf* **1** *(Fís)* gravity **2** *(importância)* seriousness
gravidez *sf* pregnancy *(pl* **pregnancies***)*
gravura *sf* **1** *(em metal, pedra, etc.)* engraving **2** *(em livro)* illustration
graxa *sf* **1** *(calçado)* (shoe) polish: *Passe ~ nos sapatos.* Polish your shoes. **2** *(máquina)* grease
Grécia *sf* Greece
grego, -a *adj, sm-sf, sm* Greek: *os ~s* the Greeks ◇ *falar ~* to speak Greek
grelha *sf* grill: *bife na ~* grilled steak
grelhar *vt* to grill
grêmio *sm (estudantes)* student union
greve *sf* strike: *estar em/fazer ~* to be/go on strike ◇ *~ geral/de fome* general/hunger strike
grevista *smf* striker
grid *sm* LOC **grid de largada** *(Automobilismo)* starting grid
grife *sf* label LOC **de grife** designer: *roupa/sapatos de ~* designer clothes/shoes
grilo *sm* cricket
grinalda *sf* garland
gringo, -a ▸ *adj* foreign
▸ *sm-sf* foreigner
gripe *sf* (the) flu *[não contável]*: *Estou com ~.* I have (the) flu. LOC **gripe aviária** bird flu
grisalho, -a *adj* gray: *ser ~* to have gray hair
gritar *vi* **1** *(falar alto)* to shout *(at sb)*: *Não grite (comigo)!* Don't shout at me! ➲ *Ver nota em* SHOUT **2** *(de horror, etc.)* to scream: *~ de dor* to scream with pain
grito *sm* **1** shout: *Ouvimos um ~.* We heard a shout. **2** *(auxílio, alegria)* cry *(pl* cries*)*: *~s de alegria* cries of joy **3** *(dor, horror)* scream LOC **aos gritos** at the top of your voice: *O professor pediu aos ~s que nos calássemos.* The teacher shouted at us to be quiet. ◆ **dar um grito** to scream
groselha *sf* currant
grosseiro, -a *adj* **1** *(pessoa, tecido, linguagem)* coarse **2** *(piada, comentário)* rude
grosseria *sf* **1** *(comentário)* rude remark: *dizer ~s* to make rude remarks **2** *(comportamento)* rudeness: *Foi muita ~ sua.* It was very rude of you.
grosso, -a ▸ *adj* **1** thick **2** *(voz)* deep
▸ *adj, sm-sf (mal-educado)* rude: *Você é um ~.* You're very rude. LOC *Ver* VISTA
grossura *sf* **1** *(espessura)* thickness: *Esta tábua tem dois centímetros de ~.* This piece of wood is two centimeters thick. **2** *(grosseria)* rudeness
grua *sf* crane
grudar *vt, vi* to stick: *O chão da cozinha está grudando de gordura.* The kitchen floor is sticky with grease.
grunhir *vi* **1** *(pessoa, porco)* to grunt **2** *(resmungar)* to grumble
grupo *sm* **1** group: *Formamos ~s de seis.* We got into groups of six. ◇ *Gosto de trabalho em ~.* I enjoy group work. **2** *(musical)* band LOC **grupo sanguíneo** blood group
gruta *sf* **1** *(natural)* cave **2** *(artificial)* grotto *(pl* **grottoes/grottos***)*
guarda ▸ *smf* **1** *(polícia)* police officer ➲ *Ver nota em* POLICIAL **2** *(vigilante)* guard: *~ de segurança* security guard
▸ *sf* **1** *(sentinela)* guard: *montar ~* to mount guard **2** *(custódia)* custody: *Ela ganhou a ~ do filho.* She was awarded custody of her son. LOC *Ver* CÃO
guarda-chuva *sm* umbrella: *abrir/fechar um ~* to put up/take down an umbrella
guarda-costas *smf* bodyguard: *rodeado de ~* surrounded by bodyguards
guardador, -ora *sm-sf* parking attendant
guarda-florestal *smf* forest ranger
guardanapo *sm* napkin: *~s de papel* paper napkins
guarda-noturno *sm* nightwatchman *(pl* -men*)*
guardar *vt* **1** *(manter)* to keep: *Guarde o seu bilhete.* Keep your ticket. ◇ *Você pode ~ o lugar para mim?* Can you keep my place? ◇ *~ um segredo* to keep a secret **2** *(recolher)* to put *sth* away: *Já guardei toda a roupa de inverno.* I put away all my winter clothes. **3** *(vigiar)* to guard: *~ os prisioneiros/o cofre-forte* to guard the prisoners/safe **4** *(memorizar)* to remember LOC **guardar rancor a/contra** to bear a grudge against *sb*: *Não lhe guardo nenhum rancor.* I don't bear him any grudge.
guarda-roupa *sm* wardrobe
guarda-sol *sm (sombrinha)* sunshade
guardião, -ã *sm-sf* guardian
guarita *sf* **1** *(sentinela)* sentry box **2** *(portaria)* janitor's quarters; porter's lodge *(GB)*
guarnição *sf* **1** *(Cozinha)* garnish: *uma ~ de legumes* a garnish of vegetables **2** *(Mil)* garrison
gude *sm* marbles *[não contável]*: *jogar bola de ~* to play marbles
guerra *sf* war: *estar em ~* to be at war ◇ *durante a Primeira Guerra Mundial* during the First World War ◇ *declarar*

G

~ *a alguém* to declare war on sb ◇ *filmes de ~* war films LOC *Ver* NAVIO

guerreiro, -a ▸ *adj* (*bélico*) warlike ▸ *sm-sf* warrior

guerrilha *sf* **1** (*grupo*) guerrillas [*pl*] **2** (*tipo de guerra*) guerrilla warfare

gueto *sm* ghetto (*pl* **ghettoes/ghettos**)

guia ▸ *smf* (*pessoa*) guide ▸ *sm* **1** (*pessoa, livro*) guide: ~ *de hotéis* hotel guide **2** (*estudos*) prospectus (*pl* **prospectuses**): *A universidade publica um ~ anual.* The university publishes a prospectus every year. LOC **guia turístico 1** (*pessoa*) tour guide **2** (*livro*) guide(book)

guiar ▸ *vt* (*indicar o caminho*) to guide ▸ *vt, vi* to drive LOC **guiar-se por algo**: *guiar-se por um mapa/pelas estrelas* to use a map/the stars to navigate ◇ *Você não deve se ~ pelas aparências.* You can't go by appearances.

guichê *sm* **1** (*banco, correios*) counter **2** (*Cinema, Teat*) ticket window

guidão (*tb* **guidom**) *sm* (*bicicleta*) handlebar [*ger pl*]

guinada *sf* **1** (*carro*) swerve: *dar uma ~* to swerve **2** (*Náut*) lurch

guinchar[1] *vi* **1** (*pessoa*) to shriek **2** (*ave*) to screech

guinchar[2] *vt* (*carro*) to tow *sth* (away): *O meu carro foi guinchado.* My car was towed away.

guincho *sm* **1** (*pessoa*) shriek **2** (*ave*) screech **3** (*veículo*) tow truck **4** (*máquina*) winch

guindaste *sm* crane

guisado *sm* stew

guitarra *sf* (electric) guitar

guitarrista *smf* guitarist

guizo *sm* bell

gula *sf* gluttony

guloseima *sf* tidbit; titbit (*GB*)

guloso, -a ▸ *adj* gluttonous ▸ *sm-sf* glutton

gume *sm* LOC *Ver* FACA

guri, -a *sm-sf* kid

guru *smf* guru

Hh

hábil *adj* **1** skillful: *um jogador muito ~* a very skillful player **2** (*astuto*) clever: *uma manobra ~* a clever move

habilidade *sf* skill

habilidoso, -a *adj* handy

habilitação *sf* **habilitações** qualifications: ~ *acadêmicas* academic qualifications LOC *Ver* CARTEIRA

habitação *sf* housing [*não contável*]: *o problema da ~* the housing problem

habitante *smf* inhabitant

habitar *vt* ~ **(em)** to live in...: *os animais que habitam os bosques* the animals that live in the woods

habitat *sm* habitat

hábito *sm* habit: *adquirir o ~ de fazer algo* to get into the habit of doing sth LOC **como (é) de hábito** as usual: *Como de ~, ele está atrasado.* As usual, he's late. ◆ **por hábito** out of habit: *Faço isso mais por ~ do que por vontade.* I do it more from habit than because I want to.

habitual *adj* **1** (*normal*) usual **2** (*cliente, leitor, visitante*) regular

habituar ▸ *vt* (*acostumar*) to get *sb/sth* used to *sth/doing sth*: ~ *uma criança a se deitar cedo* to get a child used to going to bed early ▸ **habituar-se** *vp* **habituar-se (a)** **1** (*acostumar-se*) to get used to *sth/doing sth*: *Você vai acabar se habituando.* You'll get used to it eventually. **2** (*prazer, vício*) to acquire a taste for *sth*: *habituar-se à boa vida* to acquire a taste for the good life

hálito *sm* breath: *ter mau ~* to have bad breath

hall *sm* (entrance) hall

haltere *sm* dumb-bell

halterofilismo *sm* weightlifting

hambúrguer *sm* hamburger; burger (*mais coloq*)

hamster *sm* hamster

handebol (*tb* **handball**) *sm* handball

haras *sm* stud (farm)

harmonia *sf* harmony (*pl* **harmonies**)

harmônica *sf* **1** (*acordeão*) concertina **2** (*gaita*) harmonica

harpa *sf* harp

haste *sf* **1** (*de metal*) rod **2** (*de madeira*) stick **3** (*planta*) stem **4** (*bandeira*) flagpole **5** (*óculos*) arm LOC *Ver* MEIO

haver ▸ *v aux* **1** (*tempos compostos*) to have: *Haviam me dito que viriam.* They had told me they would come. **2** ~ **que** must: *Há que ser valente.* You must be brave. **3** ~ **de**: *Hei de chegar lá.* I'll get there. ▸ *v imp verbo impessoal* **1** (*existir*) there is/are

There is é utilizado com substantivos no singular e substantivos não contáveis: *Há uma garrafa de vinho na*

mesa. There's a bottle of wine on the table. ◇ *Não há pão.* There isn't any bread. ◇ *Não havia ninguém.* There wasn't anyone.

There are é utilizado com substantivos no plural: *Quantas garrafas de vinho há?* How many bottles of wine are there?

2 (*tempo cronológico*): *Há dez anos que me casei.* I got married ten years ago. ◇ *Eles tinham se conhecido há/havia dois meses.* They had met two months earlier. ◇ *Você mora aqui há muito tempo?* Have you been living here long? ◇ *Há anos que nos conhecemos.* We've known each other for years. ◇ *Eles estão esperando há duas horas.* They've been waiting for two hours. ◇ *Há quanto tempo você está no Rio?* How long have you been in Rio? ➲ *Ver nota em* AGO LOC **haja o que houver** whatever happens ◆ **haver-se com alguém** to answer to sb: *Se bater no meu irmão você vai ter de se ~ comigo!* If you hit my brother you'll have me to answer to! ◆ **não há de quê** you're welcome; not at all (*mais formal*) ◆ **o que é que há?** what's up?

hectare *sm* hectare (*abrev* ha)
hélice *sf* propeller
helicóptero *sm* helicopter
hélio *sm* helium
hematoma *sm* bruise
hemisfério *sm* hemisphere: *o ~ norte/sul* the northern/southern hemisphere
hemofílico, -a *sm-sf* hemophiliac
hemorragia *sf* hemorrhage
hepatite *sf* hepatitis [*não contável*]
hera *sf* ivy
herança *sf* inheritance
herbívoro, -a *adj* herbivorous
herdar *vt* to inherit *sth* (*from sb*)
herdeiro, -a *sm-sf* ~ **(de)** heir (to *sth*): *o ~ do trono* the heir to the throne ❶ Também existe o feminino **heiress**, porém só é usado quando queremos nos referir a uma herdeira rica. LOC *Ver* PRÍNCIPE
hereditário, -a *adj* hereditary
hermético, -a *adj* airtight
hérnia *sf* hernia
herói, heroína *sm-sf* **1** (*masc*) hero (*pl* heroes) **2** (*fem*) heroine
heroico, -a *adj* heroic
heroína *sf* (*droga*) heroin
hesitar *vt, vi* (**~ em**) to hesitate (*to do sth*): *Não hesite em perguntar.* Don't hesitate to ask.
heterogêneo, -a *adj* heterogeneous
heterossexual *adj, smf* heterosexual
hexágono *sm* hexagon
hibernação *sf* hibernation
hibernar *vi* to hibernate
híbrido, -a *adj* hybrid
hidrante *sm* (fire) hydrant
hidratante *adj* moisturizing LOC **creme/loção hidratante** moisturizer
hidráulico, -a *adj* hydraulic: *energia/bomba hidráulica* hydraulic power/pump
hidrelétrico, -a *adj* hydroelectric: *represa/usina hidrelétrica* hydroelectric dam/plant
hidrogênio *sm* hydrogen
hidrográfico, -a *adj* LOC *Ver* CANETA
hidromineral *adj* LOC *Ver* ESTAÇÃO
hiena *sf* hyena
hierarquia *sf* hierarchy (*pl* hierarchies)
hieróglifo *sm* hieroglyphic
hífen *sm* (*Ortografia*) hyphen ➲ *Ver pág. 310*
higiene *sf* hygiene: *a ~ oral/pessoal* oral/personal hygiene
higiênico, -a *adj* hygienic LOC *Ver* PAPEL
hindu *adj, smf* (*Relig*) Hindu
hino *sm* hymn LOC **hino nacional** national anthem
hipermercado *sm* superstore
hipermetrope *adj* farsighted; longsighted (*GB*)
hipermetropia *sf* farsightedness; longsightedness (*GB*): *ter ~* to be farsighted
hipertensão *sf* high blood pressure
hípico, -a *adj* horseback riding; horse riding (*GB*): *clube ~/corrida hípica* horseback riding club/competition
hipismo *sm* horseback riding; riding (*GB*)
hipnose *sf* hypnosis
hipnotizar *vt* to hypnotize
hipocondríaco, -a *adj, sm-sf* hypochondriac
hipocrisia *sf* hypocrisy: *Deixe de ~!* Don't be such a hypocrite!
hipócrita ▸ *adj* hypocritical ▸ *smf* hypocrite
hipódromo *sm* racetrack; racecourse (*GB*)
hipopótamo *sm* hippo (*pl* hippos) ❶ **Hippopotamus** é o termo científico.
hipótese *sf* **1** (*possibilidade*) possibility (*pl* possibilities) **2** (*suposição*) hypothesis (*pl* hypotheses) LOC **em hipótese alguma** under no circumstances ◆ **na hipótese**

H

de in the event of ◆ **na melhor/pior das hipóteses** at best/worst

histeria *sf* hysteria: *Ele teve um ataque de ~.* He became hysterical.

histérico, -a *adj* hysterical LOC **ficar histérico** to have hysterics

história *sf* **1** history: *~ antiga/natural* ancient/natural history ◇ *Passei em ~.* I passed history. **2** (*relato*) story (*pl* stories): *Conte-nos uma ~.* Tell us a story. **3** (*mentira*) lie: *Não me venha com ~s.* Don't tell lies. LOC **deixar de história(s)** to get to the point ◆ **histórias da carochinha** fairy tales ◆ **história em quadrinhos** comic strip *Ver tb* CONTADOR, TERROR

historiador, -ora *sm-sf* historian

histórico, -a ▸ *adj* **1** (*da história*) historical: *documentos/personagens ~s* historical documents/figures **2** (*importante*) historic: *um acordo ~* a historic agreement
▸ *sm* record: *~ médico* medical record

hoje *adv* today LOC **de hoje**: *a música de ~* the music of today ◇ *o jornal de ~* today's paper ◆ **de hoje em diante** from now on ◆ **hoje em dia** nowadays *Ver tb* NOITE

Holanda *sf* Holland

holandês, -esa ▸ *adj, sm* Dutch: *falar ~* to speak Dutch
▸ *sm-sf* Dutchman/woman (*pl* -men/-women): *os holandeses* the Dutch

holocausto *sm* holocaust: *um ~ nuclear* a nuclear holocaust

holofote *sm* **1** (*em estádios*) floodlight **2** (*no teatro*) spotlight

holograma *sm* hologram

homem *sm* **1** man (*pl* men): *o ~ moderno* modern man ◇ *uma conversa de ~ para ~* a man-to-man talk **2** (*humanidade*) mankind: *a evolução do ~* the evolution of mankind ➲ *Ver nota em* MAN LOC **de/para homem** for men: *roupa de ~* menswear ◆ **tornar-se homem** to grow up *Ver tb* NEGÓCIO

homem-rã *sm* frogman (*pl* -men)

homenagear *vt* to pay tribute to *sb/sth*

homenagem *sf* tribute: *fazer uma ~ a alguém* to pay tribute to sb LOC **em homenagem a** in honor of *sb/sth*

homeopatia *sf* homeopathy

homeopático, -a *adj* homeopathic LOC *Ver* DOSE

homicida *smf* murderer

homicídio *sm* homicide

homogêneo, -a *adj* homogeneous

homônimo *sm* **1** homonym **2** (*xará*) namesake

homossexual *adj, smf* homosexual

honestidade *sf* honesty

honesto, -a *adj* honest

honorários *sm* fees

honra *sf* honor: *É uma grande ~ para mim estar aqui hoje.* It's a great honor for me to be here today. ◇ *o convidado de ~* the guest of honor LOC **com muita honra!** and proud of it! ◆ **ter a honra de** to have the honor of *doing sth* *Ver tb* DAMA, PALAVRA

honrado, -a *adj* honest *Ver tb* HONRAR

honrar *vt* to honor *sb* (*with sth*)

hóquei *sm* field hockey; hockey (*GB*) LOC **hóquei no gelo** hockey; ice hockey (*GB*)

hora *sf* **1** hour: *A aula dura duas ~s.* The class lasts two hours. ◇ *120 km por ~* 120 km an hour **2** (*relógio, momento, horário*) time: *Que ~s são?* What time is it? ◇ *A que ~s eles vêm?* What time are they coming? ◇ *a qualquer ~ do dia* at any time of the day ◇ *na ~ do almoço/jantar* at lunchtime/dinner time **3** (*encontro*) appointment: *Tenho ~ marcada no dentista.* I have a dental appointment. LOC **bem na/em cima da hora** in the nick of time: *Você chegou bem na ~.* You arrived in the nick of time. ◆ **estar na hora de** to be time *to do sth*: *Está na ~ de ir para a cama.* It's time to go to bed. ◇ *Acho que está na ~ de irmos embora.* I think it's time to leave. ◆ **fazer hora** to kill time ◆ **ficar/passar horas** to spend ages (*doing sth*): *Ele passa ~s no banheiro.* He spends forever in the bathroom. ◆ **hora de dormir** bedtime ◆ **hora do rush** rush hour ◆ **horas extras** overtime [*não contável*] ◆ **horas vagas** spare time [*não contável*]: *O que é que você faz nas ~s vagas?* What do you do in your spare time? ◆ **já era hora** about time too ◆ **na hora 1** (*pontualmente*) on time: *chegar/partir na ~* to arrive/to leave on time **2** (*naquele momento*) at the time: *Na ~ eu não soube o que dizer.* At the time I didn't know what to say. **3** (*imediatamente*) instantly ◆ **na hora H** when it comes to the crunch ◆ **passar horas a fio/horas e horas fazendo algo** to do sth for hours on end ◆ **perder a hora 1** (*dormir demais*) to oversleep **2** (*esquecer da hora*) to lose track of time *Ver tb* MARCAR, ÚLTIMO

horário *sm* **1** (*aulas, transportes*) schedule; timetable (*GB*) **2** (*consulta, trabalho, visita*) hours [*pl*]: *O ~ de trabalho é das nove às seis.* Office hours are from nine to six. **3** (*hora*) time: *Que ~ você marcou no dentista?* What time is your dental appointment? **4** *(de aula)* period: *Tenho português no primeiro ~.* I have Portuguese first period. LOC **horário de atendimento/funcionamento** opening hours *[pl]* ◆ **horário de pico** rush hour ◆ **horário de verão** summer time ◆ **horário nobre** prime time *Ver tb* CARGA, FUSO

horizontal *adj* horizontal

horizonte *sm* horizon: *no ~* on the horizon

hormônio *sm* hormone

horóscopo *sm* horoscope

horrível *adj* awful

horror *sm* **1** horror: *um grito de ~* a cry of horror ◇ *os ~es da guerra* the horrors of war **2 horrores** loads (*of sth*): *Eles se divertiram ~es na festa.* They had loads of fun at the party. LOC **dizer horrores de** to say horrible things about *sb/sth* ◆ **que horror!** how awful! ◆ **ter horror a** to hate *sth/doing sth*

horroroso, -a *adj* **1** *(aterrador)* horrific: *um incêndio ~* a horrific fire **2** *(muito feio)* hideous: *Ele tem um nariz ~.* He has a hideous nose. **3** *(mau)* awful: *O tempo está ~.* The weather's awful. ◇ *Faz um calor ~.* It's awfully hot.

horta *sf* vegetable garden

hortaliça *sf* vegetables *[pl]*

hortelã *sf* mint

hospedagem *sf* accommodation(s)

hospedar ▸ *vt* to put *sb* up: *Vamos ~ uns amigos no próximo fim de semana.* We have some friends coming to stay with us next weekend.
▸ **hospedar-se** *vp* to stay: *hospedar-se num hotel* to stay at a hotel

hóspede *smf* guest LOC *Ver* QUARTO

hospício *sm* psychiatric hospital

hospital *sm* hospital

hospitaleiro, -a *adj* hospitable

hospitalidade *sf* hospitality

hospitalizar *vt* to hospitalize

hostil *adj* hostile

hotel *sm* hotel

humanidade *sf* humanity *(pl* humanities*)*

humanitário, -a *adj* humanitarian

humano, -a ▸ *adj* **1** human: *o corpo ~* the human body ◇ *direitos ~s* human rights **2** *(compreensivo, justo)* humane: *um sistema judicial mais ~* a more humane judicial system
▸ *sm* human being

humildade *sf* humility

humilde *adj* humble

humilhação *sf* humiliation

humilhante *adj* humiliating

humilhar *vt* to humiliate

humor *sm* humor: *ter senso de ~* to have a sense of humor ◇ *~ negro* black humor LOC **estar de bom/mau humor** to be in a good/bad mood

humorista *smf* **1** *(de palco)* **(a)** *(masc)* comedian **(b)** *(fem)* comedienne **2** *(escritor)* humorist

humorístico, -a *adj* comedy: *um seriado ~* a comedy series

iate *sm* yacht

içar *vt* to hoist

ICMS *sm Ver* IMPOSTO

ícone *sm* icon

ida *sf* outward journey; way there *(mais coloq)*: *durante a ~* on the way there LOC **ida e volta 1** there and back: *Ida e volta são três horas.* It's three hours there and back. **2** *(bilhete)* round trip; return *(GB) Ver tb* BILHETE

idade *sf* age: *com a/na sua ~* at your age ◇ *crianças de todas as ~s* children of all ages ◇ *estar numa ~ difícil* to be at an awkward age ◇ *Que ~ eles têm?* How old are they? LOC **a Idade Média** the Middle Ages *[pl]* ◆ **da minha idade** my, your, etc. age: *Não havia ninguém da minha ~.* There wasn't anyone my age. ◆ **de idade** elderly: *um senhor de ~* an elderly gentleman ◆ **idade adulta** adulthood ◆ **não ter idade (para)** to be too young/too old (for *sth/to do sth*) ◆ **ter idade (para)** to be old enough (for *sth/to do sth*) *Ver tb* FLOR, MAIOR, MENOR, TERCEIRO

ideal *adj, sm* ideal: *Isso seria o ~.* That would be ideal. ◇ *Ele é um homem sem ideais.* He's a man without ideals.

idealista ▸ *adj* idealistic
▸ *smf* idealist

idealizar *vt* to idealize

ideia *sf* **1** idea: *Tenho uma ~.* I have an idea. ◇ *ter ~s malucas* to have strange ideas ◇ *a ~ de democracia* the idea of democracy **2 ideias** *(ideologia)* beliefs: *~s políticas/religiosas* political/religious beliefs LOC **ideia fixa** obsession ◆ **não fazer/ter a menor/mínima ideia** not to have a clue (*about sth*) ◆ **que ideia!** you must be joking! *Ver tb* MUDAR(-SE)

idem *pron* **1** *(numa lista)* ditto ➲ *Ver nota em* DITTO **2** *(igualmente)*: *Ele é um descarado e o filho ~.* He's a cheeky so-and-so and the same goes for his son.

idêntico, -a *adj* ~ **(a)** identical (to *sb/sth*): *gêmeos ~s* identical twins ◇ *É ~ ao meu.* It's identical to mine.

identidade *sf* identity (*pl* **identities**) LOC **carteira/cédula de identidade** ID (card); identity card (*mais formal*)

identificação *sf* identification

identificar ▸ *vt* to identify
▸ **identificar-se** *vp* **1** (*mostrar identificação*) to identify yourself **2 identificar-se com** to identify with *sb/sth*: *identificar-se com o personagem principal* to identify with the main character

ideologia *sf* ideology (*pl* **ideologies**)

idioma *sm* language

idiomático, -a *adj* idiomatic: *expressão idiomática* idiom

idiota ▸ *adj* dumb; stupid (*GB*)
▸ *smf* idiot: *Que ~ que ele é!* What an idiot he is!

idiotice *sf* stupidity LOC **dizer idiotices** to talk nonsense

ídolo *sm* idol

idoso, -a ▸ *adj* elderly
▸ *sm-sf* elderly man/woman (*pl* **men/women**): *os ~s* the elderly LOC *Ver* LAR

iglu *sm* igloo (*pl* **igloos**)

ignorância *sf* ignorance LOC *Ver* PARTIR

ignorante ▸ *adj* ignorant
▸ *smf* **1** (*pessoa sem instrução*) moron **2** (*pessoa grosseira*) rude person (*pl* **people**)

ignorar *vt* **1** (*desconhecer*) not to know: *Ignoro se já saíram.* I don't know if they've already left. **2** (*não prestar atenção*) to ignore: *Ela me ignorou a festa toda.* She ignored me during the whole party.

igreja *sf* church: *a ~ Católica* the Catholic Church ➲ *Ver nota em* SCHOOL LOC *Ver* CASAR(-SE)

igual ▸ *adj* **1** equal: *Todos os cidadãos são iguais.* All citizens are equal. ◇ *A é ~ a B.* A is equal to B. **2** ~ **(a)** (*idêntico*) the same (as *sb/sth*): *Aquela saia é ~ à sua.* That skirt is the same as yours. **3** (*Mat*): *Dois mais dois é ~ a quatro.* Two plus two equals four.
▸ *smf* equal LOC **sem igual** unrivaled

igualar ▸ *vt* **1** (*ser igual*) to equal **2** (*fazer igual*) to make *sb/sth* equal **3** (*nivelar*) to level
▸ *vi* ~ **(a) 1** to be the equal (of *sb/sth*) **2** (*ficar no mesmo nível*) to be level (with *sth*)

igualdade *sf* equality

igualmente ▸ *adv* equally: *São ~ culpados.* They are equally to blame.
▸ *interj* **igualmente!** the same to you!

iguaria *sf* delicacy (*pl* **delicacies**)

ilegal *adj* illegal

ilegível *adj* illegible

ileso, -a *adj* unharmed: *escapar/sair ~* to escape unharmed

ilha *sf* island LOC **as Ilhas Britânicas** the British Isles ◆ **ilha deserta** desert island

ilhéu, -oa *sm-sf* islander

ilimitado, -a *adj* unlimited: *quilometragem ilimitada* unlimited mileage

ilógico, -a *adj* illogical

iludir ▸ *vt* to deceive
▸ **iludir-se** *vp* **iludir-se (em)** to delude yourself (into *sth/doing sth*); to fool yourself (into *sth/doing sth*) (*mais coloq*): *Não se iluda em pensar que você está livre.* Don't fool yourself into thinking you're free.

iluminação *sf* lighting

iluminado, -a *adj* ~ **(com)** lit (up) (with *sth*): *A cozinha estava iluminada com velas.* The kitchen was lit with candles. *Ver tb* ILUMINAR

iluminar ▸ *vt* **1** to light *sth* up: *~ um monumento* to light up a monument **2** (*apontar uma luz*) to shine a light on *sth*: *Ilumine a caixa dos fusíveis.* Shine a light on the fuse box.
▸ **iluminar-se** *vp* to light up: *O rosto dele se iluminou.* His face lit up.

ilusão *sf* illusion LOC **ilusão de óptica** optical illusion ◆ **perder as ilusões** to become disillusioned ◆ **ter ilusões** to cherish fond hopes

ilustração *sf* illustration

ilustrar *vt* to illustrate

ilustre *adj* illustrious

ímã *sm* magnet

imagem *sf* **1** image: *Os espelhos distorciam a sua ~.* The mirrors distorted his image. ◇ *Gostaria de mudar de ~.* I'd like to change my image. **2** (*TV*) picture

imaginação *sf* imagination

imaginar *vt* to imagine: *Imagino que já saíram.* I imagine they must have left by now. ◇ *Imagino que sim.* I imagine so. ◇ *Imagine!* Just imagine!

imaginário, -a *adj* imaginary

imaturo, -a *adj* immature

imbecil ▸ *adj* dumb; stupid (*GB*)
▸ *smf* idiot: *Cale-se, ~!* Be quiet, you idiot!

imediações *sf* LOC **nas imediações (de)** in the vicinity (of *sth*)

imediato, -a *adj* immediate

imenso, -a *adj* **1** immense **2** (*sentimentos*) great: *uma alegria/dor imensa* great happiness/sorrow

imigração *sf* immigration

imigrante *smf* immigrant

I

imigrar *vi* to immigrate
imitação *sf* imitation LOC **de imitação** fake
imitar *vt* **1** (*copiar*) to imitate **2** (*reproduzir*) to mimic: *Ele imita muito bem os professores.* He's really good at mimicking the teachers. **3** (*falsificar*) to fake
imobiliária *sf* (*agência*) real estate agency; estate agency (*GB*)
imoral *adj* immoral
imortal *adj, smf* immortal
imóvel *adj* still: *permanecer* ~ to stand still LOC *Ver* BEM², CORRETOR
impaciência *sf* impatience
impacientar ▸ *vt* to exasperate
▸ **impacientar-se** *vp* **impacientar-se (com)** to lose your patience (with *sb/sth*)
impaciente *adj* impatient
impacto *sm* impact
ímpar *adj* **1** (*Mat*) odd: *números ~es* odd numbers **2** (*único*) unique
imparcial *adj* unbiased
impasse *sm* deadlock
impecável *adj* impeccable
impedido, -a *adj* **1** blocked **2** (*Futebol*) offside *Ver tb* IMPEDIR
impedimento *sm* **1** (*obstáculo*) obstacle **2** (*Jur*) impediment **3** (*Futebol*) offside
impedir *vt* **1** (*passagem*) to block *sth* (up) **2** (*impossibilitar*) to prevent *sb/sth* (*from doing sth*): *A chuva impediu que se celebrasse o casamento.* The rain prevented the wedding from taking place. ◇ *Ninguém pode impedi-lo de fazer o que quer.* Nobody can stop you from doing what you want.
impenetrável *adj* impenetrable
impensável *adj* unthinkable
imperador, -triz *sm-sf* **1** (*masc*) emperor **2** (*fem*) empress
imperativo, -a *adj, sm* imperative
imperdível *adj* unmissable: *uma oportunidade/um show* ~ an unmissable opportunity/show
imperdoável *adj* unforgivable
imperfeição *sf* flaw; imperfection (*mais formal*)
imperial *adj* imperial
imperialismo *sm* imperialism
império *sm* empire
impermeável ▸ *adj* waterproof
▸ *sm* raincoat
impertinente *adj* impertinent
impessoal *adj* impersonal
implacável *adj* (*impiedoso*) ruthless
implantar *vt* to introduce: *Querem ~ um novo sistema.* They want to introduce a new system.
implicante *adj* nagging
implicar *vt* **1** (*comprometer*) to implicate: *Implicaram-no no assassinato.* He was implicated in the murder. **2** (*significar*) to imply **3** (*acarretar*) to involve **4** ~ **com** to pick on *sb*
implícito, -a *adj* implicit
implorar *vt* to beg *sb* for *sth*; to beg *sb to do sth*: *Implorei ajuda aos meus amigos.* I begged my friends for help.
impor ▸ *vt* **1** (*ordem, silêncio*) to impose: ~ *condições/uma multa* to impose conditions/a fine **2** (*respeito*) to command
▸ **impor-se** *vp* (*fazer-se respeitar*) to command respect
importação *sf* import: *a ~ de trigo* the import of wheat ◇ *reduzir as importações* to reduce imports LOC **de importação e exportação** import-export: *um negócio de ~ e exportação* an import-export business
importador, -ora *sm-sf* importer
importância *sf* **1** importance **2** (*quantidade*) amount: *a ~ da dívida* the amount owed LOC **adquirir/ganhar importância** to become important ◆ **dar pouca importância a algo** to play sth down: *Ela sempre dá pouca ~ aos seus sucessos.* She always plays down her achievements. ◆ **não tem importância** it doesn't matter ◆ **sem importância** unimportant
importante *adj* important: *É muito ~ que você assista às aulas.* It's very important that you attend the classes. LOC **o importante é que...** the main thing is that...
importar¹ *vt* to import: *O Brasil importa petróleo.* Brazil imports oil.
importar² ▸ *vi* **1** (*ter importância*) to matter: *O que importa é ter boa saúde.* Good health is what matters most. ◇ *Não importa.* It doesn't matter. **2** (*preocupar*) to care (about *sb/sth*): *Não me importa o que eles pensam.* I don't care what they think. ◇ *Pouco me importa.* I couldn't care less.
▸ **importar-se** *vp* **1** (*incomodar-se*) to mind: *Você se importa que eu saia um pouco antes?* Do you mind if I leave a little early? ◇ *Você se importa de fechar a porta?* Would you mind shutting the door? ◇ *Não me importo de levantar cedo.* I don't mind getting up early. **2 importar-se (com)** (*preocupar-se*) to care (about *sb/sth*): *Ele parece não se ~ com os filhos.* He doesn't seem to care about his children. ◇ *Claro que eu me importo!* Of course I care!

impossível *adj, sm* impossible: *Não peça o ~.* Don't ask (for) the impossible.

imposto *sm* tax: *isento de ~s* tax-free LOC **Imposto de Renda** (*abrev* **IR**) income tax ◆ **Imposto sobre Circulação de Mercadorias e Serviços** (*abrev* **ICMS**) value added tax (*abrev* VAT) (*GB*) *Ver tb* LIVRE

impostor, -ora *sm-sf* impostor

impotente *adj* impotent

impreciso, -a *adj* inaccurate

imprensa *sf* **1 a imprensa** the press: *Estava lá toda a ~ internacional.* All the international press was there. **2** (*prelo*) printing press LOC **imprensa sensacionalista/marrom** gutter press *Ver tb* ASSESSORIA, LETRA, LIBERDADE

imprescindível *adj* indispensable

impressão *sf* **1** (*sensação*) impression: *causar boa/má ~* to make a good/bad impression ◇ *O Rui deve ter ficado com uma má ~ de mim.* Rui must have got a bad impression of me. **2** (*processo*) printing: *pronto para ~* ready for printing LOC **impressão digital** fingerprint ◆ **ter a impressão de que...** to get the feeling that...

impressionante *adj* **1** impressive: *um feito ~* an impressive achievement **2** (*espetacular*) striking: *uma beleza ~* striking beauty **3** (*comovente*) moving **4** (*chocante*) shocking

impressionar *vt* **1** to impress: *A eficiência dela me impressiona.* I'm impressed by her efficiency. **2** (*emocionar*) to move: *O final me impressionou muito.* I found the ending very moving. **3** (*desagradavelmente*) to shock: *O acidente nos impressionou muito.* The accident really shocked us.

impressionável *adj* impressionable

impresso, -a ▸ *adj* printed ▸ *sm* (*folheto*) leaflet LOC *Ver* CÓPIA; *Ver tb* IMPRIMIR

impressora *sf* printer

imprestável *adj* (*inútil*) useless

imprevisível *adj* unpredictable

imprevisto, -a ▸ *adj* unforeseen ▸ *sm*: *Surgiu um ~.* Something unexpected has come up.

imprimir *vt* to print

impróprio, -a *adj* ~ **(para)** unsuitable (for *sb/sth*) LOC **impróprio para consumo** unfit for (human) consumption

improvável *adj* unlikely

improvisar *vt* to improvise

imprudente *adj* **1** rash **2** (*motorista*) reckless

impulsivo, -a *adj* impulsive

impulso *sm* **1** impulse: *agir por ~* to act on impulse **2** (*empurrão*) boost: *O bom tempo deu um tremendo ~ ao turismo.* The good weather gave an enormous boost to tourism.

impuro, -a *adj* impure

imundície *sf* filth: *Esta cozinha está uma ~.* This kitchen is filthy.

imundo, -a *adj* filthy

imune *adj* ~ **(a)** immune (to *sth*): *~ à dor/doença* immune to pain/disease

imunidade *sf* immunity: *gozar de/ter ~ diplomática* to have diplomatic immunity

inabalável *adj* **1** adamant: *uma recusa ~* an adamant refusal **2** (*crença, opinião*) unshakeable

inacabado, -a *adj* unfinished

inaceitável *adj* unacceptable

inacessível *adj* inaccessible

inacreditável *adj* unbelievable

inadequado, -a *adj* inappropriate

inadiável *adj* pressing: *um compromisso ~* a pressing engagement

inadmissível *adj* unacceptable: *um comportamento ~* unacceptable behavior

inalador *sm* inhaler

inalar *vt* to inhale

inato, -a *adj* innate

inauguração *sf* opening; inauguration (*formal*): *a cerimônia de ~* the opening ceremony

inaugurar *vt* to open; to inaugurate (*formal*)

incansável *adj* tireless

incapaz *adj* ~ **de** incapable of *sth/doing sth*: *São ~es de prestar atenção.* They're incapable of paying attention.

incendiar ▸ *vt* to set fire to *sth*: *Um louco incendiou a escola.* A madman set fire to the school. ▸ **incendiar-se** *vp* to catch fire

incendiário, -a *sm-sf* **1** (*criminoso*) arsonist **2** (*revolucionário*) agitator

incêndio *sm* fire: *apagar um ~* to put out a fire LOC **incêndio premeditado** arson *Ver tb* ALARME, ESCADA

incenso *sm* incense

incentivar *vt* **1** (*despertar interesse*) to motivate: *É preciso ~ os alunos.* You have to motivate the students. **2** (*promover*) to encourage: *~ o uso do transporte público* to encourage the use of public transport

incentivo *sm* incentive LOC *Ver* CARTÃO

incerto, -a *adj* uncertain

I

inchaço *sm* (*tb* **inchação** *sf*) (*Med*) swelling: *Parece que o ~ diminuiu.* The swelling seems to have gone down.

inchado, -a *adj* **1** swollen: *um braço/pé ~* a swollen arm/foot **2** (*estômago*) bloated *Ver tb* INCHAR

inchar *vi* to swell (up): *Meu tornozelo inchou.* My ankle has swollen up.

incidente *sm* incident

incinerar *vt* **1** to incinerate **2** (*cadáver*) to cremate

incisivo, -a ▸ *adj* **1** (*cortante*) sharp **2** (*comentário, etc.*) incisive
▸ *sm* incisor

incitar *vt* to incite *sb* (*to sth*)

I

inclinado, -a *adj* **1** (*terreno, telhado, etc.*) sloping **2** (*pessoa, edifício*) leaning LOC *Ver* BARRA; *Ver tb* INCLINAR

inclinar ▸ *vt* **1** to tilt **2** (*cabeça*) to nod
▸ **inclinar(-se)** *vi, vp* to lean: *O edifício inclina para o lado.* The building leans to one side.

incluído, -a *adj* including LOC **(com) tudo incluído** all included: *São 10.000 reais com tudo ~.* It's 10,000 reals all included. *Ver tb* INCLUIR

incluir *vt* to include: *O preço inclui o serviço.* The price includes a service charge. ◇ *incluindo eu* including me

inclusive *adv* **1** (*até mesmo*) including: *Trabalho todos os dias, ~ no fim de semana.* I work every day, including weekends. **2** (*incluindo-se*) inclusive: *da página 7 à página 10, ~* from page 7 to page 10 inclusive

incógnita *sf* mystery (*pl* **mysteries**)

incógnito, -a *adj, adv* incognito: *viajar ~* to travel incognito

incolor *adj* colorless

incomodar ▸ *vt* **1** (*importunar, perturbar*) to bother: *Desculpe-me por vir incomodá-lo a esta hora.* I'm sorry to bother you at this time. **2** (*interromper*) to disturb: *Ela não quer que ninguém a incomode enquanto trabalha.* She doesn't want to be disturbed while she's working.
▸ *vi* to be a nuisance: *Não quero ~.* I don't want to be a nuisance.
▸ **incomodar-se** *vp* **1 incomodar-se (com)** (*importar-se*) to care about *sth*: *Não me incomodo com o que as pessoas possam pensar.* I don't care what people might think. **2 incomodar-se (em)** (*dar-se ao trabalho*) to bother (*to do sth*): *Ele nem se incomodou em responder à minha carta.* He didn't even bother to reply to my letter. LOC **não incomodar** do not disturb ◆ **você se incomoda se...?** do you mind if...?: *Você se incomoda se eu abrir a janela?* Do you mind if I open the window?

incômodo, -a ▸ *adj* uncomfortable
▸ *sm* **1** (*dor*) discomfort [*não contável*] **2** (*chatice*) inconvenience [*não contável*]: *causar ~ a alguém* to cause inconvenience to sb ◇ *Desculpem-nos o ~.* We apologize for any inconvenience. LOC **se não for incômodo** if it's no trouble

incomparável *adj* (*ímpar*) unique: *uma experiência/obra de arte ~* a unique experience/work of art

incompatível *adj* incompatible

incompetente *adj, smf* incompetent

incompleto, -a *adj* **1** incomplete: *informação incompleta* incomplete information **2** (*por terminar*) unfinished

incompreensível *adj* incomprehensible

incomunicável *adj* **1** cut off: *Ficamos incomunicáveis devido à neve.* We were cut off by the snow. **2** (*preso*) in solitary confinement

inconfundível *adj* unmistakable

inconsciente ▸ *adj* **1** unconscious: *O doente está ~.* The patient is unconscious. ◇ *um gesto ~* an unconscious gesture **2** (*irresponsável*) irresponsible
▸ *sm* unconscious
▸ *smf* (*irresponsável*): *Você é um ~.* You're so irresponsible.

inconscientemente *adv* without realizing

incontável *adj* countless

inconveniente ▸ *adj* **1** (*inoportuno, incômodo*) inconvenient: *uma hora ~* an inconvenient time **2** (*pouco apropriado*) inappropriate: *um comentário ~* an inappropriate comment
▸ *sm* **1** (*dificuldade, obstáculo*) problem: *Surgiram alguns ~s.* Some problems have arisen. **2** (*desvantagem*) disadvantage: *O maior ~ de viver aqui é o barulho.* The main disadvantage of living here is the noise.

incorporação *sf* **~ (a)** (*admissão*) entry (into/to *sth*)

incorporado, -a *adj* **~ a** incorporated into *sth*: *novos vocábulos ~s à língua* new words incorporated into the language *Ver tb* INCORPORAR

incorporar *vt* to incorporate *sth* (*in/into sth*)

incorreto, -a *adj* **1** (*errado*) incorrect **2** (*comportamento*) improper

incriminar *vt* to incriminate

incrível *adj* incredible: *Por ~ que pareça, ...* Incredible as it may seem, ...

incrustar-se *vp* (*projétil*): *A bala se incrustou na parede.* The bullet embedded itself in the wall.

incubadora *sf* incubator

incubar *vt, vi* to incubate

inculto, -a *adj* uneducated

incurável *adj* incurable

indagação *sf* inquiry (*pl* **inquiries**)

indecente *adj* **1** (*roupa*) indecent **2** (*espetáculo, gesto, linguagem*) obscene **3** (*piada*) dirty LOC *Ver* PROPOSTA

indeciso, -a *adj* (*pessoa*) indecisive

indefeso, -a *adj* defenseless

indefinido, -a *adj* **1** (*Ling*) indefinite **2** (*cor, idade, forma*) indeterminate

indelicado, -a *adj* impolite

indenizar *vt* to pay *sb* compensation (*for sth*)

independência *sf* independence

independente *adj* independent LOC **independente/independentemente de...** irrespective of...: *~ do número de alunos* irrespective of the number of students ♦ **tornar-se independente** (*país, colônia*) to gain independence

indescritível *adj* indescribable

indestrutível *adj* indestructible

indeterminado, -a *adj* **1** (*período*) indefinite: *uma greve por tempo ~* an indefinite strike **2** (*cor, idade, forma*) indeterminate

Índia *sf* India

indiano, -a *adj, sm-sf* Indian LOC *Ver* FILA

indicação *sf* **1** sign **2 indicações** (**a**) (*instruções*) instructions: *Siga as indicações do folheto.* Follow the instructions in the leaflet. (**b**) (*caminho*) directions: *pedir indicações* to ask for directions **3** (*cargo, prêmio*) nomination **4** (*recomendação*) recommendation

indicado, -a *adj* **1** (*adequado*) suitable (*for sb/sth*): *Eles não são os candidatos mais ~s para este trabalho.* They're not the most suitable candidates for the job. **2** (*marcado*) specified: *a data indicada no documento* the date specified in the document **3** (*aconselhável*) advisable *Ver tb* INDICAR

indicador *sm* **1** indicator **2** (*dedo*) index finger LOC **indicador de gasolina** gas gauge; petrol gauge (*GB*)

indicar *vt* **1** (*mostrar*) to show; to indicate (*mais formal*): *~ o caminho* to show the way **2** (*cargo, prêmio*) to nominate *sb* (*for/as sth*) **3** (*recomendar*) to recommend: *O livro que me indicou é ótimo.* The book he recommended me is excellent.

índice *sm* **1** index **2** (*de inflação, mortalidade, etc.*) rate: *~ de natalidade* birth rate LOC **índice (de assuntos)** table of contents ♦ **índice de audiência** (*TV*) ratings [*pl*] ♦ **índice de massa corporal** body mass index (*abrev* BMI)

indício *sm* **1** (*sinal*) sign **2** (*pista*) clue

Índico *sm* **o Índico** the Indian Ocean

indiferença *sf* indifference

indiferente *adj* indifferent (*to sb/sth*); not interested (*in sb/sth*) (*mais coloq*): *Ela é ~ à moda.* She isn't interested in fashion. LOC **me é indiferente** I, you, etc. don't care ♦ **ser indiferente** (*não importar*): *É ~ que seja branco ou preto.* It doesn't matter if it's black or white.

indígena ▸ *adj* **1** indigenous **2** (*índio*) Indian
▸ *smf* **1** native **2** (*índio*) Indian

indigestão *sf* indigestion

indignado, -a *adj* indignant (*at/about sth*) *Ver tb* INDIGNAR

indignar ▸ *vt* to infuriate
▸ **indignar-se** *vp* **indignar-se (com) (por)** to get angry (with/at *sb*) (at/about *sth*)

indigno, -a *adj* **1** (*desprezível*) contemptible **2 ~ de** unworthy of *sb/sth*: *um comportamento ~ de um diretor* behavior unworthy of a (school) principal

índio, -a *adj, sm-sf* (American) Indian: *os ~s* the Indians ❶ Os índios da América do Norte também se chamam **Native Americans**.

indireta *sf* hint: *Não perceberam a ~.* They didn't take the hint. LOC **dar uma indireta** to drop a hint

indireto, -a *adj* indirect

indiscreto, -a *adj* indiscreet

indiscrição *sf* indiscretion: *Perdoe a minha ~, mas...* Pardon my asking/Pardon me, but... ◇ *se não for ~ da minha parte* if you don't mind me/my asking

indispensável *adj* essential LOC **o indispensável** the essentials [*pl*]

indisposto, -a *adj* (*maldisposto*) not well: *Ele está ~.* He isn't well.

individual *adj* individual

individualista *adj* individualist

indivíduo *sm* **1** individual **2** (*homem*) guy: *Quem é aquele ~?* Who's that guy?

índole *sm* nature: *uma pessoa de boa ~* a good-natured person

indolor *adj* painless

indomável *adj* fierce

indubitável *adj* undoubted

indulto *sm* pardon: *O juiz concedeu o ~ a ele.* The judge pardoned him.

I

indústria *sf* industry (*pl* **industries**): ~ *alimentícia/siderúrgica* food/iron and steel industry

industrial ▸ *adj* industrial ▸ *smf* industrialist

induzir *vt* (*persuadir*) to persuade *sb to do sth* LOC **induzir alguém ao erro** to mislead sb

inédito, -a *adj* **1** (*original*) unheard-of **2** (*livro*) unpublished

ineficaz *adj* ineffective

ineficiente *adj* inefficient

inegável *adj* undeniable

inércia *sf* inertia

I

inerente *adj* ~ **(a)** inherent (in *sb/sth*): *problemas ~s ao cargo* problems inherent in the job

inesgotável *adj* **1** (*interminável*) inexhaustible **2** (*incansável*) tireless

inesperado, -a *adj* unexpected

inesquecível *adj* unforgettable

inestimável *adj* invaluable: *ajuda ~* invaluable help

inevitável *adj* inevitable

inexato, -a *adj* inaccurate

inexperiência *sf* inexperience

inexperiente *adj* inexperienced

infalível *adj* infallible

infância *sf* childhood LOC *Ver* JARDIM

infantaria *sf* infantry

infantil *adj* **1** (*para crianças*) children's: *literatura/programação ~* children's books/programs **2** (*inocente*) childlike: *um sorriso ~* a childlike smile **3** (*pejorativo*) childish: *Não seja ~.* Don't be so childish. LOC *Ver* PARQUE

infarto *sm* heart attack

infecção *sf* infection

infeccionar ▸ (*tb* **infectar**) *vt* to infect *sb/sth* (*with sth*) ▸ *vi* to become infected: *A ferida infeccionou.* The wound became infected.

infeccioso, -a *adj* infectious

infelicidade *sf* **1** unhappiness **2** (*desgraça*) misfortune

infeliz ▸ *adj* **1** unhappy **2** (*inoportuno*) unfortunate: *um comentário ~* an unfortunate remark ▸ *smf* unfortunate person (*pl* **people**)

infelizmente *adv* unfortunately

inferior *adj* ~ **(a) 1** inferior (to *sb/sth*): *de uma qualidade ~ à sua* inferior in quality to yours **2** (*mais baixo*) lower (than *sth*): *uma taxa de natalidade ~ à do ano passado* a lower birth rate than last year's

inferno *sm* hell: *ir para o ~* to go to hell ◇ *tornar a vida de alguém um ~* to make life hell for sb

infestar *vt* to infest

infiel *adj* unfaithful (*to sb/sth*): *Ele foi ~ a ela.* He was unfaithful to her.

infiltrar-se *vp* **1** to filter (in/out): *A luz infiltrava-se pelas frestas.* Light was filtering in through the cracks. **2** (*líquido*) to seep (in/out): *A água se infiltrou pela parede.* Water was seeping in through the wall.

infinidade *sf* **1** infinity **2** (*grande quantidade*) a great many: *uma ~ de gente/coisas* a great many people/things

infinitivo *sm* infinitive

infinito, -a *adj* infinite: *É preciso ter uma paciência infinita.* You need infinite patience.

inflação *sf* inflation

inflacionário, -a *adj* inflationary

inflamação *sf* (*Med*) inflammation

inflamado, -a *adj* inflamed: *O meu tornozelo está um pouco ~.* My ankle is slightly inflamed. *Ver tb* INFLAMAR(-SE)

inflamar(-se) *vt, vp* **1** (*incendiar-se*) to ignite **2** (*Med*) to become inflamed

inflamável *adj* inflammable

inflar ▸ *vt* (*inchar*) to blow *sth* up; to inflate (*mais formal*) ▸ **inflar-se** *vp* to inflate

influência *sf* influence (*on/over sb/sth*): *Não tenho qualquer ~ sobre ele.* I have no influence over him.

influenciar *vt* to influence: *Não quero ~ a sua decisão.* I don't want to influence your decision.

influente *adj* influential: *ter amigos ~s* to have friends in high places

influir *vt* ~ **em** to influence *sb/sth*

infográfico *sm* infographic

informação *sf* **1** information (*on/about sb/sth*) [*não contável*]: *pedir ~* to ask for information ◇ *segundo as informações deles* according to their information **2** (*notícias*) news [*não contável*]: *A televisão oferece muita ~ esportiva.* There's a lot of sports news on television. ➲ *Ver nota em* CONSELHO **3 informações** (*recepção*) information desk LOC **informações telefônicas** directory assistance [*não contável*] directory enquiries (*GB*)

informal *adj* **1** (*cerimônia, etc.*) informal: *uma reunião ~* an informal gathering **2** (*roupa*) casual

informante *smf* informer

informar ▸ *vt* **1** ~ **(de/sobre)** (*notificar*) to inform *sb* (of/about *sth*); to tell *sb* (about *sth*) (*mais coloq*): *Devemos ~ a*

polícia sobre o acidente. We must inform the police of the accident. ◇ *~ alguém do que aconteceu na reunião* to tell sb what happened at the meeting **2** *(anunciar)* to announce: *Informaram no rádio que...* It was announced on the radio that...
▸ **informar-se** *vp* **informar-se (sobre/de)** to find out (about *sb/sth*): *Tenho de me ~ sobre o que aconteceu.* I must find out what happened.

informática *sf* information technology *(abrev* IT)

informativo, -a *adj* LOC *Ver* BOLETIM

informatizar *vt* to computerize

infração *sf* **1** violation: *uma ~ de trânsito* a traffic violation **2** *(acordo, contrato, regra)* breach (*of sth*): *uma ~ da lei* a breach of the law

infraestrutura *sf* infrastructure

infravermelho, -a *adj* infrared

infundado, -a *adj* unfounded

infusão *sf* infusion

ingênuo, -a *adj* **1** *(inocente)* innocent **2** *(crédulo)* naive

ingerir *vt* to consume

Inglaterra *sf* England ➲ *Ver nota em* GRÃ-BRETANHA

inglês, -esa ▸ *adj, sm* English: *falar ~* to speak English
▸ *sm-sf* Englishman/woman *(pl* -men/ -women): *os ingleses* the English LOC *Ver* CHAVE, MOLHO[1]

ingrato, -a *adj* **1** *(pessoa)* ungrateful **2** *(trabalho, tarefa)* thankless

ingrediente *sm* ingredient

íngreme *adj* steep

ingresso *sm* admission (*to sth*)

inibição *sf* inhibition

inibir ▸ *vt* to inhibit
▸ **inibir-se** *vp* to feel inhibited

iniciação *sf* **~ (a) 1** introduction (to *sth*): *uma ~ à música* an introduction to music **2** *(rito)* initiation (into *sth*)

inicial *adj, sf* initial LOC *Ver* PÁGINA, PONTAPÉ

iniciar *vt* **1** *(começar)* to begin: *~ a reunião* to begin the meeting **2** *(negócio)* to start *sth* (up) **3** *(reformas)* to initiate LOC **iniciar (a) viagem (para)** to set out (for...)

iniciativa *sf* initiative: *ter ~* to show initiative ◇ *tomar a ~* to take the initiative ◇ *por ~ própria* on your own initiative

início *sm* beginning: *desde o ~ da sua carreira* from the beginning of his career ◇ *no ~ de...* at the beginning of... ➲ *Ver nota em* BEGINNING LOC **dar início** to begin ◆ **estar no início** to be in its early stages

inimigo, -a *adj, sm-sf* enemy *(pl* enemies): *as tropas inimigas* the enemy troops

injeção *sf* injection; shot *(coloq)*: *dar uma ~ em alguém* to give sb a shot

injetar *vt* to inject

injustiça *sf* injustice LOC **ser uma injustiça** to be unfair: *É uma ~.* It's unfair.

injusto, -a *adj* **~ (com/para)** unfair (on/ to *sb*): *É ~ para os outros.* It's unfair on the others.

inocência *sf* innocence

inocente ▸ *adj* **1** innocent: *Sou ~.* I'm innocent. ◇ *fazer-se de ~* to play the innocent ◇ *uma brincadeira ~* a harmless joke **2** *(ingênuo)* naive
▸ *smf* innocent

inodoro, -a *adj* odorless

inofensivo, -a *adj* harmless LOC *Ver* MENTIRA

inoportuno, -a *adj* inopportune: *um momento ~* an inopportune moment

inovador, -ora *adj* innovative

inoxidável *adj* stainless: *aço ~* stainless steel

inquebrável *adj* unbreakable

inquérito *sm* investigation: *um ~ policial* a police investigation

inquietação *(tb* **inquietude***)* *sf* anxiety *(pl* anxieties)

inquieto, -a *adj* **~ (com)** *(preocupado)* worried (about *sb/sth*)

inquilino, -a *sm-sf* tenant

insatisfatório, -a *adj* unsatisfactory

insatisfeito, -a *adj* dissatisfied (*with sb/sth*)

inscrever ▸ *vt* **1** *(em lista)* to sign *sb* up **2** *(matricular)* to enroll: *Vou ~ o meu filho na escola.* I'm going to enroll my son in school. **3** *(gravar)* to inscribe
▸ **inscrever-se** *vp* **~ (em) 1** *(curso, lista)* to enroll: *Eu me inscrevi no judô.* I enrolled for judo classes. **2** *(competição, concurso)* to enter

inscrição *sf* **1** *(gravura)* inscription **2** *(registro)* registration **3** *(curso, exército)* enrollment

insegurança *sf* insecurity

inseguro, -a *adj* **1** *(pessoa)* insecure **2** *(perigoso)* unsafe **3** *(passo, voz)* unsteady

insensato, -a *adj* foolish

insensível *adj* **1 ~ (a)** insensitive (to *sth*): *~ ao frio/sofrimento* insensitive to cold/suffering **2** *(membro, nervo)* numb

inseparável *adj* inseparable

inserir *vt* to put *sth* in, to put *sth* into *sth*; to insert *(mais formal)*

I

inseticida *sm* insecticide

inseto *sm* insect

insignificante *adj* insignificant

insinuação *sf* insinuation

insinuar *vt* to insinuate: *Você está insinuando que eu estou mentindo?* Are you insinuating that I'm lying?

insípido, -a *adj* **1** (*comida*) bland **2** (*pessoa*) dull

insistente *adj* **1** (*com palavras*) insistent **2** (*atitude*) persistent

insistir *vt, vi* ~ **(em)** to insist (on *sth/doing sth*): *Ele insistiu que fôssemos.* He insisted that we should go.

I

insolação *sf* sunstroke [*não contável*]: *ter (uma)* ~ to get sunstroke

insolente *adj* insolent

insônia *sf* insomnia

insosso, -a *adj* **1** (*comida*) bland **2** (*pessoa*) dull

inspeção *sf* inspection: *realizar uma ~ nas escolas* to carry out an inspection of schools

inspecionar *vt* to inspect

inspetor, -ora *sm-sf* inspector

inspiração *sf* **1** (*criativa*) inspiration **2** (*respiração*) inhalation; breathing in (*mais coloq*)

inspirar ▸ *vt* to inspire *sb* (with *sth*): *Esse médico não me inspira muita confiança.* This doctor doesn't inspire me with much confidence.
▸ *vt, vi* (*respirar*) to breathe (*sth*) in
▸ **inspirar-se** *vp* **inspirar-se (em)** to get inspiration (from *sth*): *O autor se inspirou num fato verídico.* The author got his inspiration from a real-life event.

instabilidade *sf* (*tempo*) uncertainty

instalação *sf* **1** installation **2 instalações** facilities: *instalações culturais/esportivas* cultural/sports facilities LOC **instalação elétrica** (electrical) wiring

instalar ▸ *vt* to install
▸ **instalar-se** *vp* **1** (*em cidade, país*) to settle (down) **2** (*numa casa*) to move *into sth*: *Acabamos de nos ~ na nova casa.* We just moved into our new house. **3** (*pânico, medo*) to spread: *O pânico se instalou.* Panic spread.

instantâneo, -a *adj* **1** (*rápido*) instantaneous **2** (*café*) instant

instante *sm* moment: *naquele mesmo ~* at that very moment ◇ *a qualquer ~* at any moment ◇ *por um ~* for a moment LOC **a todo instante** constantly ◆ **dentro de instantes** shortly: *Retomaremos a transmissão dentro de ~s.* We will shortly resume transmission. ◆ **de um instante para o outro** suddenly

instável *adj* **1** unstable: *Ele é uma pessoa muito ~.* He's very unstable. **2** (*tempo*) changeable

instinto *sm* instinct LOC **por instinto** instinctively

instituição *sf* institution

instituto *sm* institute LOC **instituto de beleza** beauty salon/parlor ◆ **Instituto Nacional de Seguridade Social** (*abrev* **INSS**) Welfare Department; Department of Social Security (*GB*)

instrução *sf* **1** (*treinamento*) training **2** (*educação*) education: *uma pessoa sem ~* an uneducated person **3 instruções** instructions: *instruções de uso* instructions for use

instrumental *adj* instrumental

instrumento *sm* instrument

instrutor, -ora *sm-sf* instructor

insubordinado, -a *adj* rebellious

insucesso *sm* failure

insuficiência *sf* **1** (*falta*) lack **2** (*Med*) failure: *~ cardíaca/renal* heart/kidney failure **3** (*deficiência*) inadequacy (*pl* inadequacies)

insuficiente *adj* **1** (*escasso*) insufficient **2** (*deficiente*) inadequate

insulina *sf* insulin

insultar *vt* to insult

insulto *sm* insult

insuperável *adj* **1** (*feito, beleza*) matchless **2** (*dificuldade*) insuperable **3** (*qualidade, oferta*) unbeatable

insuportável *adj* unbearable

intacto, -a (*tb* **intato, -a**) *adj* **1** (*não tocado*) untouched **2** (*não danificado*) intact: *A reputação dele permanece intacta.* His reputation remains intact.

íntegra *sf* LOC **na íntegra** in its entirety: *Meu artigo foi publicado na ~.* My article was published in its entirety. ◇ *Veja o edital na ~.* Read the whole list.

integração *sf* ~ **(em)** integration (into *sth*)

integral *adj* (*completo*) full: *Vou pagar o valor ~.* I'm going to pay the full amount. LOC **(em/de) período/tempo integral** full-time: *Procuram alguém para trabalhar em período ~.* They're looking for someone to work full-time. *Ver tb* LEITE, PÃO

integrante *smf* member

integrar-se *vp* ~ **(em)** to integrate (into *sth*)

integridade *sf* integrity

íntegro, -a *adj* honest

inteirar-se *vp* ~ **(de)** **1** (*descobrir*) to find out (about *sth*) **2** (*notícia*) to hear (about *sth*): *Já me inteirei do que aconteceu com o seu avô.* I heard what happened to your grandfather.

inteiro, -a *adj* **1** (*completo*) whole; entire (*mais formal*) **2** (*intato*) intact LOC *Ver* CORPO

intelectual *adj, smf* intellectual

inteligência *sf* intelligence LOC **coeficiente/quociente de inteligência** intelligence quotient (*abrev* IQ)

inteligente *adj* intelligent

intenção *sf* intention: *ter más intenções* to have evil intentions LOC **com más intenções** maliciously ◆ **fazer algo com boas intenções** to mean well: *Ele o fez com boas intenções.* He meant well. ◆ **ter a intenção de** to intend *to do sth*: *Temos a ~ de comprar um apartamento.* We intend to buy an apartment. ◇ *Eu não tive a ~ de magoá-la.* I didn't mean to hurt you. *Ver tb* SEGUNDO

intencional *adj* deliberate

intensidade *sf* **1** intensity **2** (*corrente elétrica, vento, voz*) strength

intensificar(-se) *vt, vp* to intensify

intensivo, -a *adj* intensive LOC *Ver* UNIDADE

intenso, -a *adj* **1** intense: *uma onda de frio/calor ~* a spell of intense cold/heat **2** (*chuva, neve, trânsito, trabalho*) heavy: *um ritmo ~ de trabalho* a heavy work schedule **3** (*dor, crise*) severe

interação *sf* interaction

interatividade *sf* interactivity

interativo, -a *adj* interactive

intercâmbio *sm* exchange LOC *Ver* VIAGEM

interceder *vt* ~ **(a favor de/por)** to intervene (on *sb's* behalf): *Eles intercederam por mim.* They intervened on my behalf.

interditado, -a *adj* closed

interessado, -a *adj* ~ **(em)** interested (in *sb/sth/doing sth*): *Não estou ~.* I'm not interested. ◇ *Você está ~ em participar?* Are you interested in taking part? *Ver tb* INTERESSAR

interessante *adj* interesting

interessar ▸ *vt* **1** ~ **a alguém** (*despertar o interesse*): *A arte nos interessa.* We're interested in art. ➲ *Ver nota em* BORING **2** ~ **alguém (em algo)** to interest sb (in sth): *Ele não conseguiu ~ o público na reforma.* He wasn't able to interest the public in the reforms. **3** (*dizer respeito a*) to concern: *Este assunto não lhe interessa.* This matter does not concern you. ▸ **interessar-se** *vp* **interessar-se por** **1** (*mostrar interesse*) to show (an) interest in *sth*: *O diretor interessou-se pela minha obra.* The director showed (an) interest in my work. **2** (*como passatempo*) to get into *sth/doing sth*: *Ela se interessou muito pelo xadrez.* She's really gotten into chess. LOC **não interessa** it doesn't matter: *Não interessa o que você diga, eu vou deixá-la.* It doesn't matter what you say, I'm leaving her. ◆ **que me interessa?** what's it to me, you, etc?

interesse *sm* **1** ~ **(em/por)** interest (in *sb/sth*): *O romance suscitou grande ~.* The novel aroused a lot of interest. ◇ *Eles não mostram qualquer ~ pelo trabalho que fazem.* They show no interest in their work. ◇ *ter ~ pela política* to be interested in politics **2** (*egoísmo*) self-interest: *Eles o fizeram por puro ~.* They did it purely out of self-interest. LOC *Ver* CONFLITO

interface *sf* interface

interferência *sf* interference: *O programa foi afetado por ~.* The program was affected by interference.

interferir *vt, vi* ~ **(em)** to interfere (in *sth*): *Deixe de ~ nos meus assuntos.* Stop interfering in my affairs.

interfone *sm* intercom

interino, -a *adj* acting: *o diretor ~ da escola* the acting principal of the school

interior ▸ *adj* **1** inner: *um quarto ~* an inner room **2** (*bolso*) inside ▸ *sm* **1** (*parte interna*) interior: *o ~ de um edifício/país* the interior of a building/country **2** (*fora da capital*) countryside: *Meu pai mora no ~.* My father lives in the countryside. LOC *Ver* DECORAÇÃO

interjeição *sf* interjection

intermediário, -a ▸ *sm-sf* **1** (*mediador*) mediator: *A ONU atuou como intermediária no conflito.* The UN acted as a mediator in the conflict. **2** (*mensageiro*) go-between (*pl* go-betweens) **3** (*Com*) middleman (*pl* -men) ▸ *adj* intermediate

intermédio *sm* LOC **por intermédio de** through

interminável *adj* endless

internacional *adj* international

internar *vt*: *Ele foi internado no hospital.* He was admitted to the hospital. ◇ *Eles internaram o pai num asilo.* They put their father into a retirement home.

internato *sm* boarding school

internauta *smf* Internet user

internet *sf* Internet ➲ *Ver pág. 164*

I

Em inglês, utiliza-se **Internet** com maiúscula e quase sempre com o artigo definido **the**: *Eu achei isso na internet.* I found it on the Internet. Entretanto, quando este precede um substantivo, não se utiliza o artigo definido: *um provedor de internet* an Internet service provider.

LOC *Ver* NAVEGAR, PÁGINA, PROVEDOR

internetês *sm* chatspeak

interno, -a ▸ *adj* **1** internal: *órgãos ~s* internal organs **2** (*comércio, política, voo*) domestic: *comércio ~* domestic trade **3** (*face, parte*) inner: *a parte interna da coxa* the inner thigh
▸ *sm-sf* (*aluno*) boarder LOC *Ver* COLÉGIO, PRODUTO

I

interpretação *sf* interpretation

interpretar *vt* **1** to interpret: *~ a lei* to interpret the law **2** (*Cinema, Teat, Mús*) to perform LOC **interpretar mal** to misinterpret: *Você interpretou mal as minhas palavras.* You misinterpreted what I said.

intérprete *smf* **1** (*tradutor*) interpreter **2** (*Cinema, Teat, Mús*) performer

interrogar *vt* to question

interrogatório *sm* interrogation

interromper *vt* **1** to interrupt: *Não me interrompa.* Don't interrupt me. ◇ *~ um programa* to interrupt a program **2** (*trânsito, aula*) to disrupt: *As obras irão ~ o trânsito.* The roadwork will disrupt the traffic. **3** (*suspender*) to call *sth* off: *A competição foi interrompida por falta de segurança.* The competition was called off owing to a lack of security.

interrupção *sf* interruption

interruptor *sm* switch

interurbano, -a *adj* intercity: *serviços ~s* intercity services LOC **chamada/ligação interurbana** long-distance call: *fazer uma ligação interurbana* to call long distance

intervalo *sm* **1** (*Teat, etc.*) intermission; interval (*GB*): *durante o ~ (da peça)* during the intermission **2** (*período*) interval: *com ~s de meia hora* at half-hourly intervals **3** (*aula, programa de televisão*) break **4** (*Esporte*) halftime: *No ~ estava três a um.* The score was three to one at halftime.

intervir ▸ *vt, vi* **~ (em)** to intervene (in *sth*): *A polícia teve de ~.* The police had to intervene.
▸ *vi* (*falar*) to speak

intestino *sm* intestine: *~ delgado/grosso* small/large intestine LOC *Ver* PRENDER

intimidade *sf* **1** (*privacidade*) privacy: *o direito à ~* the right to privacy **2** (*familiaridade*) familiarity: *tratar alguém com demasiada ~* to be too familiar with sb. LOC **ter intimidade com alguém** to be close to sb

intimidar *vt* to intimidate

íntimo, -a *adj* **1** intimate: *uma conversa íntima* an intimate conversation **2** (*amizade, relação*) close: *Eles são amigos ~s.* They're very close friends. LOC **no íntimo** deep down

intitulado, -a *adj* (*livro, filme*) called; entitled (*mais formal*)

intolerância *sf* intolerance

intolerante *adj* intolerant

intolerável *adj* intolerable

intoxicação *sf* poisoning: *~ alimentar* food poisoning ❶ Note que a palavra **intoxication** traduz-se por *embriaguez*.

intragável *adj* **1** (*comida*) inedible **2** (*pessoa*) unbearable

intriga *sf* **1** (*maquinação, romance*) intrigue: *~s políticas* political intrigues **2** (*filme*) plot **3** (*mexerico*) gossip [*não contável*]: *Não gosto de ~s.* I don't like gossip.

internet

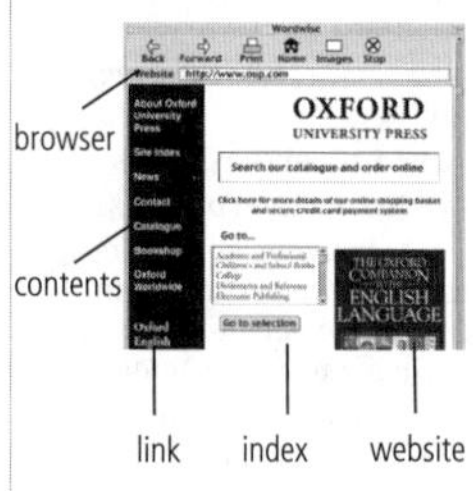

Para ter acesso à Internet (**access the Net**), é necessário um navegador (**browser**). Na página inicial, pode-se fazer uma busca (**do a search**) através de uma ferramenta de busca (**search engine**) ou clicar em um link (**click on a link**). Isto permite o acesso a outras páginas, nas quais pode-se ler um jornal ou fazer uma compra em linha (**online**), baixar um arquivo (**download a file**), fazer o upload de fotos (**upload photos**) ou participar de um chat (**chatroom**).

www.oup.com lê-se "www dot oup dot com".

intrigado, -a *adj* intrigued: *Eu fiquei ~ com a resposta dela.* I was intrigued by her reply.

introdução *sf* introduction: *uma ~ à música* an introduction to music

introduzir *vt* **1** *(inserir)* to put *sth* in, to put *sth* into *sth*; to insert *(mais formal)*: *Introduza a moeda na fenda.* Insert the coin into the slot. **2** *(lançar)* to introduce: *Novas leis foram introduzidas este ano.* New laws were introduced this year.

intrometer-se *vp* ~ **(em)** to interfere (in *sth*); to meddle (in/with *sth*) *(mais coloq)*: *Não quero me intrometer em assuntos de família.* I don't want to meddle in family affairs.

intrometido, -a *adj* interfering *Ver tb* INTROMETER-SE

introvertido, -a ▸ *adj* introverted
▸ *sm-sf* introvert

intruso, -a *sm-sf* intruder

intuição *sf* intuition: *Respondi por ~.* I answered intuitively.

intuir *vt* to sense

inúmero, -a *adj* countless: *inúmeras vezes* countless times

inundação *sf* flood

inundar(-se) *vt, vp* to flood: *Inundaram-se os campos.* The fields flooded.

inútil ▸ *adj* useless: *cacarecos inúteis* useless junk ◇ *Será um esforço ~.* It'll be a waste of time. ◇ *É ~ tentar.* It's pointless trying.
▸ *smf* good-for-nothing

invadir *vt* to invade

invalidez *sf* disability *(pl* **disabilities***)*

inválido, -a ▸ *adj (pessoa)* disabled
▸ *sm-sf* disabled person: *os ~s* the disabled ➲ *Ver nota em* DEFICIENTE

invasão *sf* invasion

invasor, -ora ▸ *adj* invading
▸ *sm-sf* invader

inveja *sf* envy: *fazer algo por ~* to do sth out of envy ◇ *Que ~!* I really envy you! LOC **fazer inveja** to make *sb* jealous ◆ **ter inveja** to be jealous (*of sb/sth*) *Ver tb* MORTO

invejar *vt* to envy

invejoso, -a *adj* envious

invenção *sf* **1** invention **2** *(mentira)* lie: *Não é verdade, são invenções dela.* It's not true; she's lying.

invencível *adj* invincible

inventar *vt* **1** *(criar)* to invent: *Gutenberg inventou a imprensa.* Gutenberg invented the printing press. **2** *(conceber)* to think *sth* up; to devise *(mais formal)* **3** *(desculpa, história)* to make *sth* up; to invent *(mais formal)*: *Não é verdade, você está inventando.* It's not true; you're just making it up. LOC **inventar de fazer algo** to take it into your head to do sth: *Agora, ele inventou de correr no parque.* Now he's got it in his head to go running in the park.

invento *sm* invention

inventor, -ora *sm-sf* inventor

inverno *sm* winter: *no ~* in (the) winter ◇ *roupa de ~* winter clothes LOC *Ver* JARDIM

inverso, -a *adj* **1** *(proporção)* inverse **2** *(ordem)* reverse **3** *(direção)* opposite: *em sentido ~* in the opposite direction

invertebrado, -a *adj, sm* invertebrate

inverter *vt (trocar)* to reverse: *~ os papéis* to reverse roles LOC *Ver* BARRA

invés *sm* LOC **ao invés de...** instead of...

investigação *sf* ~ **(de/sobre) 1** investigation (into *sth*): *Será feita uma ~ do acidente.* There'll be an investigation into the accident. **2** *(científica, acadêmica)* research (into/on *sth/sb*) *[não contável]*: *Estão realizando um trabalho de ~ sobre a malária.* They're doing research on malaria.

investigador, -ora *sm-sf* investigator

investigar *vt* **1** to investigate: *~ um caso* to investigate a case **2** *(cientista, acadêmico)* to do research (*into/on sth/sb*): *Estão investigando o vírus da AIDS.* They're doing research on the AIDS virus.

investimento *sm (Fin)* investment

investir *vt, vi* ~ **(em)** *(tempo, dinheiro)* to invest (*sth*) (in *sth*): *Investiram dez milhões de dólares na companhia.* They invested ten million dollars in the company.

invicto, -a *adj* unbeaten: *Ele está contente, porque o time dele continua ~.* He's happy because his team's still unbeaten.

invisível *adj* invisible

invólucro *sm* wrapper

iodo *sm* iodine

ioga *sf* yoga: *fazer ~* to do yoga

iogurte *sm* yogurt: *~ desnatado* low-fat yogurt

ir ▸ *vi* **1** to go: *Eles vão a Roma.* They're going to Rome. ◇ *Como vão as coisas com o seu namorado?* How are things going with your boyfriend? ◇ *ir de carro/trem/avião* to go by car/train/plane ◇ *ir a pé* to go on foot

Em vez do verbo **go**, é comum se utilizar em inglês um verbo que especifique o tipo ou meio de deslocamento,

I

p. ex: *Eu vou de carro para o trabalho.* I drive to work.

Lembre-se de que, em inglês, *ir* traduz--se por **come** quando se está próximo da pessoa com quem se está falando: *Estou indo!* Coming! ◇ *Estou indo para Oxford amanhã, então nos veremos.* I'm coming to Oxford tomorrow so I'll see you then.

2 ~ **com** (*roupa, cores*) to go with (*sth*): *O casaco não vai com a saia.* The jacket doesn't go with the skirt. **3** (*desempenhar*): *Fomos bem na prova.* We did well in the test. **4** (*Mat*): *22 e vão dois* 22 and carry two
▸ *v aux* **1** (+ *infinitivo*) (**a**) to be going *to do sth*: *Vamos vender a casa.* We're going to sell the house. ◇ *Íamos comer quando tocou o telefone.* We were just going to eat when the phone rang. (**b**) (*em ordens*) to go *and do sth*: *Vá falar com o seu pai.* Go and talk to your father. **2** (+ *gerúndio*) (**a**) (*iniciar*) to start *doing sth*: *Vá pondo a mesa.* Start setting the table. (**b**) (*indicando simultaneidade*) to go on *doing sth*: *Ela ia comendo enquanto ele falava.* She went on eating while he was talking.
▸ **ir-se** *vp* **1** (*partir*) to leave **2** (*ficar sem algo*): *Droga, foram-se minhas férias.* Darn it, there goes my vacation. LOC **ir contra alguém** to go against sb ◆ **ir dar em** (*rua*) to lead to *sth*: *Este caminho vai dar na cidade.* This road leads to the city. ◆ **ir de 1** (*vestido*) to be dressed in *sth*: *ir de azul* to be dressed in blue **2** (*disfarce*) to be dressed as *sb/sth*: *Fui de palhaço.* I was dressed as a clown. ◆ **ir indo**: *—Como vai a sua mãe? —Vai indo.* "How's your mother?" "Not so bad." ◇ *Vamos indo.* We're doing OK. ◆ **já vou!** coming! ◆ **vamos...?** (*sugestões*) shall we...?: *Vamos comer?* Shall we eat? ◇ *Vamos ver?* Shall we go and see? ◆ **vamos!** come on!: *Vamos, senão perdemos o trem!* Come on or we'll miss the train! ◇ *Vamos, Flamengo!* Come on, Flamengo! ❶ Para outras expressões com **ir**, ver os verbetes para o substantivo, adjetivo, etc., p. ex. **ir às compras** em COMPRA e **ir a pique** em PIQUE.

íris *sf* iris

Irlanda *sf* Ireland LOC **Irlanda do Norte** Northern Ireland ➲ *Ver nota em* GRÃ-BRETANHA

irlandês, -esa ▸ *adj, sm* Irish: *falar* ~ to speak Irish
▸ *sm-sf* Irishman/woman (*pl* -men/-women): *os irlandeses* the Irish

irmandade *sf* **1** (*entre homens*) brotherhood **2** (*entre mulheres*) sisterhood **3** (*confraria*) association

irmão, -ã *sm-sf* **1** (*masc*) brother: *Tenho um ~ mais velho.* I have an older brother. **2** (*fem*) sister: *a minha irmã mais nova* my youngest sister ❶ Usam-se também estas traduções no sentido religioso, mas neste caso são grafadas com maiúscula: *o irmão Francisco* Brother Francis. **3 irmãos**

Às vezes dizemos *irmãos* referindo--nos a irmãos e irmãs. Nesses casos, diz-se normalmente **brothers and sisters**: *Você tem irmãos?* Do you have any brothers and sisters? ◇ *Somos seis irmãos.* I have five brothers and sisters. ◇ *São dois irmãos e três irmãs.* There are two boys and three girls.

LOC **irmão/irmã de criação 1** (*masc*) stepbrother **2** (*fem*) stepsister *Ver tb* SIAMÊS

ironia *sf* irony (*pl* ironies): *uma das ~s da vida* one of life's little ironies

irônico, -a *adj* ironic

irracional *adj* irrational

irreal *adj* unreal

irreconhecível *adj* unrecognizable

irregular *adj* **1** irregular: *verbos ~es* irregular verbs ◇ *um batimento cardíaco ~* an irregular heartbeat **2** (*superfície*) uneven **3** (*anormal*) abnormal: *uma situação ~* an abnormal situation **4** (*contrário à lei*): *Os documentos dela estão ~es.* Her documents are not in order.

irrelevante *adj* irrelevant

irremediável *adj* irremediable: *uma perda/falha ~* an irremediable loss/mistake

irrequieto, -a *adj* restless: *uma criança irrequieta* a restless child

irresistível *adj* irresistible: *uma atração/força ~* an irresistible attraction/force ◇ *Eles tinham uma vontade ~ de se ver.* They were dying to see each other.

irresponsável *adj* irresponsible: *Você é tão ~!* You're so irresponsible!

irrigação *sf* irrigation

irritante *adj* annoying

irritar ▸ *vt* to irritate
▸ **irritar-se** *vp* **1 irritar-se (com) (por)** to get annoyed (with *sb*) (at/about *sth*): *Ele se irrita por qualquer coisa.* He's easily annoyed. **2** (*Med*) to become irritated

isca *sf* bait LOC *Ver* MORDER

isento, -a *adj* ~ **(de) 1** (*não obrigado*) exempt (from *sth*) **2** (*livre*) free (from *sth*): *~ de impostos* tax-free

islâmico, -a *adj* Islamic

islamismo *sm* Islamism

islamita *(tb* **islamista***) adj, smf* Islamist

isolado, -a *adj* isolated: *casos ~s* isolated cases *Ver tb* ISOLAR

isolante *adj* insulating

isolar *vt* **1** *(separar)* to isolate *sb/sth* *(from sb/sth)* **2** *(deixar incomunicável)* to cut *sb/sth* off *(from sb/sth)*: *A aldeia foi isolada pelas cheias.* The village was cut off by the floods. **3** *(com material isolante)* to insulate **4** *(polícia)* to cordon *sth* off LOC **isola!** knock on wood; touch wood *(GB)*

isopor *sm (material)* Styrofoam®; polystyrene *(GB)* LOC *Ver* CAIXA[1]

isósceles *adj* LOC *Ver* TRIÂNGULO

isotônico, -a *adj* LOC *Ver* BEBIDA

isqueiro *sm* lighter

isso *pron* that, this: *O que é ~?* What's this? LOC **é isso!/isso mesmo!** that's right! ◆ **isso é que não!** definitely not! ◆ **nem por isso**: *Nem por ~ vou deixar de falar com ela.* That doesn't mean I'm going to stop talking to her. ◆ **para isso** in order to do that ◆ **por isso 1** *(portanto)* so; therefore *(mais formal)* **2** *(por causa disso)*: *Foi por ~ que liguei.* That's why I called.

isto *pron* this: *Que é ~?* What's this? ◇ *Temos que acabar com ~.* We have to put a stop to this. LOC **isto é…** that is (to say)…

Itália *sf* Italy

italiano, -a *adj, sm-sf, sm* Italian: *os ~s* the Italians ◇ *falar ~* to speak Italian

item *sm* **1** point: *Não concordo com este ~.* I don't agree with this point. **2** *(numa lista)* item

itinerário *sm* itinerary *(pl* itineraries*)*; route *(mais coloq)*

Jj

já *adv* **1** *(referindo-se ao passado)* already: *Você já acabou?* Did you finish it already? ➲ *Ver nota em* YET **2** *(referindo-se ao presente)* now: *Ele estava muito doente mas agora já está bom.* He was sick but he's fine now. **3** *(em ordens)* this minute: *Venha aqui já!* Come here this minute! ◇ *Quero que você faça já.* I want you to do it this minute. **4** *(alguma vez)* ever: *Você já andou de avião?* Did you ever fly in an airplane? **5** *(uso enfático)*: *Já sei.* I know. ◇ *Sim, já entendi.* Yes, I understand. ◇ *Você já vai ver.* Just you wait and see. LOC **é para já!** coming up! ◆ **já que** since ◆ **já vou!** coming!

jabuti *sm* tortoise

jaca *sf* jackfruit

jacaré *sm* alligator LOC *Ver* PEGAR

jade *sm* jade

jaguar *sm* jaguar

jamais *adv* never: *Jamais conheci alguém assim.* I've never known anyone like him. ➲ *Ver nota em* ALWAYS

janeiro *sm* January *(abrev* Jan.*)*: *Os exames são em ~.* We have exams in January. ◇ *O meu aniversário é no dia 12 de ~.* My birthday's (on) January 12. ❶ Diz-se "January twelfth" ou "the twelfth of January".

janela *sf* window

jangada *sf* raft

jantar[1] *sm* dinner: *O que temos para o ~?* What's for dinner? ◇ *Comi uma omelete no ~.* I had an omelet for dinner. LOC **dar um jantar** to have a dinner party

jantar[2] ▸ *vi* to have dinner
▸ *vt* to have *sth* for dinner LOC *Ver* MESA, SALA

Japão *sm* Japan

japonês, -esa ▸ *adj, sm* Japanese: *falar ~* to speak Japanese
▸ *sm-sf* Japanese man/woman *(pl* men/women*)*: *os japoneses* the Japanese

jaqueta *sf* jacket

jarda *sf* yard

jardim *sm* garden LOC **jardim botânico** botanical garden ◆ **jardim de infância** preschool ◆ **jardim de inverno** conservatory *(pl* conservatories*)* ◆ **jardim público** public gardens *[pl]* ◆ **jardim zoológico** zoo

jardinagem *sf* gardening

jardineira *sf* **1** *(vaso)* window box **2** *(peça de vestuário)* (**a**) *(macacão)* overalls *[pl]* dungarees *[pl] (GB)* ➲ *Ver ilustração em* OVERALL (**b**) *(vestido)* sweater

jardineiro, -a *sm-sf* gardener

jargão *sm* jargon

jarra *sf* **1** *(flores)* vase **2** *(bebida)* pitcher; jug *(GB)*

jarro *sm* pitcher; jug *(GB)*

jato *sm* jet

jaula *sf* cage

javali *sm* wild boar *(pl* boar/boars*)*

jazida *sf* **1** *(Geol)* deposit: *uma ~ de carvão* a coalfield **2** *(arqueol)* site

jeans *sm* **1** *(calça)* jeans *[pl]*: *Quero comprar uns ~.* I want to buy some jeans/a pair of jeans. ➲ *Ver notas em* CALÇA, PAIR **2** *(tecido)* denim: *uma jaqueta de ~* a denim jacket

jeitinho *sm (solução ilícita)*: *o ~ brasileiro* the Brazilian way of doing things *Ver tb* JEITO LOC **dar um jeitinho** to find a way (*to do sth*): *Tem como você dar um ~ para mim?* Can you find a way to help me out? ◇ *Ele deu um ~ de livrar-se da acusação.* He managed to escape prosecution.

jeito *sm* **1** (*modo*) way: *Não gosto do ~ como ele fala.* I don't like the way he talks. **2** (*habilidade*) skill LOC **apanhar/pegar o jeito** to get the hang of sth: *Ela já começa a pegar o ~ do inglês.* She's getting the hang of English now. ◆ **com jeito** carefully ◆ **dar um jeito em** (*reparar*) to fix: *Veja se você dá um ~ na televisão.* See if you can fix the TV. ◆ **dar um (mau) jeito no pé/tornozelo** to sprain your foot/ankle ◆ **de jeito nenhum!** no way! ◆ **de qualquer jeito** any old way: *Ele deixa sempre a roupa de qualquer ~.* He always leaves his clothes any old way. ◆ **ter jeito de** to look like *sb/sth*: *Ele tem cada vez mais o ~ do pai.* He looks more and more like his father. ◆ **ter jeito para** to have flair for *sth/doing sth*; to be good at *sth/doing sth* (*mais coloq*): *ter ~ para carpintaria* to be good at carpentry ◇ *ter ~/não ter ~ para a matemática* to have a good head/to have no head for math *Ver tb* ARRANJAR, FALTA

jeitoso, -a *adj* (*hábil*) skillful

jejum *sm* fast: *40 dias de ~* 40 days of fasting LOC **em jejum**: *Estou em ~.* I've had nothing to eat or drink.

jesuíta *adj, sm* Jesuit

jiboia *sf* boa (constrictor)

jihad *sm* jihad

jihadista *smf* jihadi

jipe *sm* Jeep®

joalheiro, -a *sm-sf* jeweler

joalheria *sf* jewelry store; jeweller's (*GB*) ➲ *Ver nota em* AÇOUGUE

joaninha *sf* ladybug; ladybird (*GB*)

joelheira *sf* **1** (*Esporte*) kneepad **2** (*Med*) knee support **3** (*remendo*) knee patch

joelho *sm* knee LOC **de joelhos**: *Todo mundo estava de ~s.* Everyone was kneeling down. ◇ *Você terá de me pedir de ~s.* You'll have to get down on your knees and beg. ◆ **pôr-se de joelhos** to kneel (down)

jogada *sf* move

jogador, -ora *sm-sf* **1** (*competidor*) player: *~ de futebol/tênis* soccer/tennis player **2** (*apostador*) gambler

jogar ▸ *vt, vi* **1** to play: *~ bola/futebol* to play soccer ◇ *Esta semana o Palmeiras joga fora de casa.* Palmeiras is playing away this week. ◇ *~ limpo/sujo* to play fair/dirty ➲ *Ver nota em* ESPORTE **2** (*apostar*) to bet: *~ 30.000 reais num cavalo* to bet 30,000 reals on a horse ◇ *~ na loteria* to buy a lottery ticket
▸ *vt* (*atirar*) to throw: *Jogue os dados.* Throw the dice. ◇ *~ algo no lixo* to throw sth in the garbage ◇ *~ fora uma oportunidade única* to throw away a unique opportunity ◇ *~ dinheiro fora* to throw your money away LOC **jogar conversa fora** to pass the time of day ◆ **jogar um balde de água fria em algo** to pour/throw cold water on sth

jogging *sm* **1** (*Esporte*) jogging: *fazer ~* to go jogging **2** (*roupa*) sweatsuit; tracksuit (*GB*)

jogo *sm* **1** game: *~s de computador/tabuleiro* computer/board games ◇ *~ de azar* game of chance ◇ *Ela ganhou por três ~s a um.* She won by three games to one. **2** (*vício*) gambling **3** (*conjunto*) set: *um ~ de chaves* a set of keys LOC **estar em jogo** to be at stake ◆ **jogo da velha 1** tic-tac-toe; noughts and crosses (*GB*) **2** (*tecla*) pound sign; hash (sign) (*GB*) ◆ **jogo da verdade** truth or dare ◆ **jogo de palavras** pun ◆ **jogo limpo/sujo** fair/foul play ◆ **jogo massivo** (*jogos de computador*) MMO ◆ **Jogos Olímpicos** Olympic Games ◆ **pôr em jogo** (*arriscar*) to put *sth* at stake ◆ **ter jogo de cintura** (*ser flexível*) to be adaptable *Ver tb* ABRIR

joia *sf* **1** (*pedra*) jewel **2 joias** jewelry [*não contável*]: *As ~s estavam no cofre.* The jewelry was in the safe. ◇ *~s roubadas* stolen jewelry **3** (*coisa, pessoa*) treasure: *Você é uma ~.* You're a treasure.

jóquei *smf* jockey (*pl* jockeys)

jornada *sf* **1** day: *uma ~ de trabalho de oito horas* an eight-hour working day **2** (*viagem*) journey (*pl* journeys)

jornal *sm* newspaper; paper (*mais coloq*) LOC *Ver* BANCA

jornaleiro, -a *sm-sf* newsdealer; newsagent (*GB*)

jornalismo *sm* journalism

jornalista *smf* journalist

jorrar *vi* to gush out

jorro *sm* **1** jet **2** (*muito abundante*) gush: *sair aos ~s* to gush out

jovem ▸ *adj* young: *Ela é a mais ~ da família.* She's the youngest in the family.
▸ *smf* **1** (*rapaz*) young man/woman (*pl* men/women) **2 jovens** young people; kids (*coloq*)

juba *sf* mane

jubileu *sm* jubilee: *~ de prata* silver jubilee

judeu, -ia ▸ *adj* Jewish
▸ *sm-sf* Jew

judiar *vt* to mistreat

judicial *adj* LOC *Ver* AÇÃO

judiciário, -a *adj* LOC *Ver* PODER[2]

judô *sm* judo: *fazer ~* to do judo

juiz, juíza *sm-sf* **1** (*Jur*) judge **2** (*Futebol, Boxe, etc.*) referee **3** (*Tênis, Beisebol, Críquete*) umpire

juízo ▸ *sm* **1** (*sensatez*) (common) sense: *Você não tem um pingo de ~.* You don't have an ounce of common sense. **2** (*opinião*) opinion: *emitir um ~* to give an opinion
▸ *interj* **juízo!** behave! LOC **não estar bom do juízo** not to be in your right mind *Ver tb* CRIAR, PERDER

julgamento *sm* **1** judgment: *Confio no ~ das pessoas.* I trust people's judgment. **2** (*Jur*) trial

julgar *vt* **1** to judge **2** (*achar*) to think: *Ele se julga muito esperto.* He thinks he's very smart. LOC **julgar mal** to misjudge

julho *sm* July (*abrev* Jul.) ➲ *Ver exemplos em* JANEIRO

junho *sm* June (*abrev* Jun.) ➲ *Ver exemplos em* JANEIRO

júnior *adj, sm* (*Esporte*) junior: *Ela joga nos juniores.* She plays in the junior team.

junta *sf* **1** (*articulação*) joint **2** (*comitê*) board: *a ~ médica* the medical board

juntar ▸ *vt* **1** (*pôr lado a lado*) to put *sb/sth* together: *Juntamos as mesas?* Should we put the tables together? **2** (*unir*) to join *sth* (together): *Juntei os dois pedaços.* I joined the two pieces (together). **3** (*reunir*) to get *sb* together **4** (*adicionar*) to add: *Junte um pouco de água.* Add a little water. **5** (*dinheiro*) (**a**) (*poupar*) to save *sth* (up): *Estou juntando dinheiro para comprar um skate.* I'm saving up for a skateboard. (**b**) (*angariar*) to raise
▸ **juntar-se** *vp* **1** (*reunir-se*) to gather: *Um monte de gente se juntou à volta dele.* A crowd of people gathered around him. **2** (*para fazer algo*) to get together (*to do sth*): *Toda a turma se juntou para comprar o presente.* Everyone in the class got together to buy the present. **3** (*associar-se*) to join *sth*: *Ele se juntou à equipe.* He joined the team. **4** (*casal*) to move in together

junto, -a ▸ *adj* **1** together: *todos ~s* all together ◇ *Estudamos sempre ~s.* We always study together. **2** (*próximo*) close together: *As árvores estão muito juntas.* The trees are very close together.
▸ *adv* **1** **~ a/de** next to: *O cinema fica ~ ao café.* The movie theater is next to the cafe. **2** **~ com** with

Júpiter *sm* Jupiter

juramento *sm* oath LOC *Ver* PRESTAR

jurar *vt, vi* to swear

júri *sm* jury (*pl* juries): *O ~ saiu para deliberar.* The jury retired to consider its verdict.

juro *sm* **juros** interest [*não contável*]: *com 10% de ~s* at 10% interest

justamente *adv* **1** (*exatamente*) just: *Ele chegou ~ quando eu estava saindo.* He arrived just as I was leaving. **2** (*com justiça*) fairly

justiça *sf* **1** justice: *Espero que seja feita ~.* I hope justice is done. **2** (*retribuição*) law: *Não faça ~ com as próprias mãos.* Don't take the law into your own hands. LOC **fazer justiça a alguém** to do sb credit: *O seu comportamento lhe faz ~.* Your behavior does you credit. *Ver tb* PALÁCIO

justificar *vt* to justify

justificável *adj* justifiable

justo, -a ▸ *adj* **1** (*razoável*) fair: *uma decisão justa* a fair decision **2** (*correto, exato*) right: *o preço ~* the right price **3** (*apertado*) tight: *Esta saia está muito justa em mim.* This skirt is very tight on me. ◇ *um vestido ~* a tight dress
▸ *adv* just: *Encontrei-o ~ onde você me disse.* I found it just where you told me. ◇ *Chegaram ~ quando estávamos para ir embora.* They arrived just as we were leaving.

juvenil *adj* **1** (*caráter*) youthful **2** (*para jovens*): *a moda ~* young people's fashion **3** (*Esporte*) junior LOC *Ver* DELINQUÊNCIA

juventude *sf* **1** (*idade*) youth **2** (*os jovens*) young people [*pl*]: *a ~ de hoje* young people today LOC *Ver* ALBERGUE

karaokê *sm* karaoke

kart *sm* go-kart

kitesurf *sm* kitesurfing: *fazer ~* to go kitesurfing

kitinete (*tb* **quitinete**) *sf* studio (*pl* studios)

kiwi *sm* kiwi (*pl* kiwis)

Ll

lá¹ *adv* there: *Tenho um amigo lá.* I have a friend there. LOC **até lá 1** (*no espaço*) (as far as) there: *Temos que caminhar até lá.* We have to walk there. ◇ *A fazenda vai até lá.* The farm goes out to there. **2** (*no tempo*) by then: *Até lá já estarei casada.* I'll be married by then. ◆ **de lá para cá 1** (*de um lado para o outro*): *Passei o dia de lá para cá.* I've been running around all day. ◇ *Tenho andado de lá para cá à sua procura.* I've been looking for you everywhere. **2** (*desde então*) since then: *De lá para cá não vendemos mais nada.* We haven't sold anything since then. ◆ **lá dentro/fora** inside/outside ◆ **lá em cima/embaixo 1** up/down there **2** (*numa casa*) upstairs/downstairs ◆ **lá para dentro/fora** inside/outside: *Vamos lá para fora.* Let's go outside. ◆ **mais para lá** further over: *empurrar a mesa mais para lá* to push the table further over ◆ **para lá de 1** (*mais de*) more than: *Eram para lá de cem.* There were more than a hundred of them. **2** (*para além de*) beyond: *Fica para lá de Manaus.* It's beyond Manaus. ◆ **sei lá!** how should I know!

lá² *sm* (*Mús*) A: *lá menor* A minor

lã *sf* wool: *um suéter de ~* a wool sweater

labareda *sf* flame

lábio *sm* lip LOC *Ver* LER, PINTAR

labirinto *sm* **1** labyrinth **2** (*num jardim*) maze

laboratório *sm* laboratory (*pl* laboratories); lab (*coloq*)

laço *sm* **1** (*laçada*) bow: *dar um ~* to tie a bow **2** (*fita*) ribbon: *Ponha-lhe um ~ no cabelo.* Put a ribbon in her hair. **3** (*vínculo*) tie: *~s de família* family ties ◇ *~s de amizade* bonds of friendship **4** (*de vaqueiro*) lasso (*pl* lassos/lassoes)

lacre *sm* seal

lacrimejar *vi* to water: *Meus olhos estão lacrimejando.* My eyes are watering.

lacrimogêneo, -a *adj* LOC *Ver* GÁS

lácteo, -a *adj* (*produto*) dairy LOC *Ver* VIA

lacuna *sf* **1** (*omissão*) gap **2** (*espaço em branco*) blank: *preencher as ~s* to fill in the blanks

ladeira *sf* slope

lado *sm* **1** side: *Um triângulo tem três ~s.* A triangle has three sides. ◇ *no ~ da caixa* on the side of the box ◇ *Vivem no outro ~ da cidade.* They live on the other side of town. ◇ *ver o ~ bom das coisas* to look on the bright side ◇ *Vamos jogar em ~s opostos.* We'll be playing on different sides. **2** (*lugar*) place: *de um ~ para o outro* from one place to another ◇ *em algum/nenhum ~* somewhere/nowhere **3** (*direção*) way: *Foram por outro ~.* They went a different way. ◇ *Foi cada um para seu ~.* They all went their separate ways. ◇ *olhar para todos os ~s* to look in all directions LOC **ao lado 1** (*perto*) (very) near: *Fica aqui ao ~.* It's very near here. **2** (*vizinho*) next door: *o edifício ao ~* the building next door ◆ **ao lado de** next to *sb/sth*: *Ela se sentou ao ~ da amiga.* She sat down next to her friend. ◇ *Fique ao meu ~.* Stand next to me. ◆ **deixar/pôr de lado** to set *sth* aside ◆ **de lado** on its/their side: *pôr algo de ~* to put sth on its side ◆ **de lado a lado/de um lado ao outro** from one side to the other ◆ **do lado** next door: *os vizinhos do ~* the next-door neighbors ◆ **do lado de fora 1** (*desde fora*) from outside: *do ~ de fora do teatro* from outside the theater **2** (*no lado de fora*) outside ◆ **em/por todo o lado** all over the place ◆ **estar/ficar do lado de alguém** to be on sb's side/take sb's side: *De que ~ você está?* Whose side are you on? ◆ **lado a lado** side by side ◆ **passar ao lado** (*sem ver*) to go straight past *sb/sth* ◆ **por todo(s) o(s) lado(s)** all around: *Havia livros por todos os ~s.* There were books everywhere. ◆ **por um lado... por outro (lado)** on the one hand... on the other (hand) *Ver tb* OUTRO, VIRAR

ladrão, -a *sm-sf* **1** thief (*pl* thieves) **2** (*de casas*) burglar **3** (*de bancos*) robber ➲ *Ver nota em* THIEF

ladrar *vi* to bark LOC *Ver* CÃO

ladrilhar *vt* to tile

ladrilho *sm* tile

lagarta *sf* caterpillar

lagartixa *sf* gecko (*pl* geckos)

lagarto *sm* lizard

lago *sm* **1** (*natural*) lake **2** (*jardim, parque*) pond

lagoa *sf* **1** (*lago pequeno*) small lake **2** (*laguna*) lagoon

lagosta *sf* lobster

lágrima *sf* tear LOC **lágrimas de crocodilo** crocodile tears *Ver tb* CHORAR

laje *sf* **1** (*de pavimento*) flagstone **2** (*para construção*) slab

lajota *sf* **1** (*interior*) floor tile **2** (*exterior*) paving stone

lama *sf* mud

lamacento, -a *adj* muddy

lambada *sf* **1** (*paulada*) blow **2** (*dança*) lambada

lamber ▸ *vt* to lick: ~ *os dedos* to lick your fingers
▸ **lamber-se** *vp* **1** (*pessoa*) to lick your lips **2** (*gato*) to wash itself

lambreta® *sf* scooter

lambuzar *vt* to smear

lamentar ▸ *vt* to regret *sth/doing sth*: *Lamentamos ter-lhe causado tanto transtorno.* We regret having caused you so much trouble. ◇ *Lamentamos comunicar-lhe que…* We regret to inform you that… ◇ *Lamento muito.* I'm very sorry.
▸ **lamentar-se** *vp* to complain (*about sth*): *Agora não adianta nada a gente se* . It's no use complaining now.

lamentável *adj* **1** (*aspecto, condição*) pitiful **2** (*erro, injustiça*) regrettable

lâmina *sf* blade LOC **lâmina de barbear** razor blade

lâmpada *sf* light bulb: *A ~ queimou.* The bulb has blown. LOC **lâmpada fluorescente** fluorescent light

lança *sf* spear

lançamento *sm* **1** (*navio*) (*míssil, produto*) launch: *o ~ do novo livro* the launch of the new book **2** (*filme, etc.*) release: *o ~ do seu novo disco* the release of their new album **3** (*Esporte*) throw: *O último ~ dele foi o melhor.* His last throw was the best. **4** (*bomba*) dropping LOC **lançamento (lateral)** (*Futebol*) throw-in

lançar ▸ *vt* **1** (*navio, míssil, produto*) to launch **2** (*filme, etc.*) to release **3** (*atirar*) to throw **4** (*bomba*) to drop
▸ **lançar-se** *vp* **lançar-se sobre** to pounce on *sb/sth*: *Eles se lançaram sobre mim /o dinheiro.* They pounced on me/the money. LOC *Ver* MAR

lance *sm* **1** (*arremesso*) throw **2** (*de escada*) flight **3** (*leilão*) bid LOC **o lance é…** the thing is…: *O ~ é evitar conflitos.* The thing is to avoid conflict.

lancha *sf* launch

lanchar ▸ *vt* to have *sth* as a snack
▸ *vi* to have a snack: *Costumo ~ às quatro.* I normally have a snack at four.

lanche *sm* snack: *fazer um ~* to have a snack

lancheira *sf* lunch box

lanchonete *sf* snack bar

lânguido, -a *adj* languid

lantejoula *sf* sequin

lanterna *sf* **1** lantern **2** (*de bolso*) flashlight; torch (*GB*) **3** (*último*) bottom: *Meu time ocupa a ~ do campeonato.* My team is bottom of the league.

lanterninha *smf* **1** (*masc*) usher **2** (*fem*) usherette

lapela *sf* lapel

lápide *sf* gravestone

lápis *sm* pencil: ~ *de cor* colored pencils LOC **a lápis** in pencil ◆ **lápis de cera** crayon

lapiseira *sf* mechanical pencil; propelling pencil (*GB*)

lapso *sm* **1** (*esquecimento*) slip **2** (*engano*) mistake: *Foi um ~ da minha parte.* It was a mistake on my part. ➲ *Ver nota em* MISTAKE

lar *sm* **1** (*casa*) home: ~ *doce* ~ home sweet home **2** (*família*) family: *casar-se e formar um ~* to get married and start a family LOC **lar de assistência/idosos** retirement home; care home (*GB*)

laranja ▸ *sf* (*fruto*) orange
▸ *adj, sm* (*cor*) orange ➲ *Ver exemplos em* AMARELO

laranjada *sf* orangeade

laranjeira *sf* orange tree: *flor de ~* orange blossom

lareira *sf* fireplace: *sentados junto à ~* sitting by the fireplace ◇ *Acenda a ~.* Light the fire.

largada *sf* LOC *Ver* BANDEIRADA, GRID

largar *vt* **1** (*soltar*) to let go of *sb/sth*: *Largue-me!* Let go of me! ◇ *Não largue a minha mão.* Don't let go of my hand. **2** (*deixar cair*) to drop **3** (*abandonar*) to leave: *Ele largou a mulher e o emprego.* He left his wife and his job. **4** (*vício*) to quit *sth*: *ajudar fumantes a ~ o vício* to help smokers quit

largo, -a ▸ *adj* **1** wide: *uma estrada larga* a wide road **2** (*roupa*) baggy: *um suéter ~* a baggy sweater ◇ *A cintura é larga demais.* The waist is too big. **3** (*ombros, costas*) broad: *Ele tem os ombros ~s.* He has broad shoulders. ➲ *Ver nota em* BROAD
▸ *sm* (*praça*) square LOC *Ver* BANDA, RÉDEA

largura *sf* width: *Qual é a ~ da tela?* How wide is it? ◇ *Tem dois metros de ~.* It's two meters wide.

laringite *sf* laryngitis [*não contável*]

larva *sf* **1** (*nos alimentos*) maggot **2** (*Zool*) larva (*pl* larvae)

lasanha *sf* lasagne

lasca *sf* (*madeira*) splinter

lascar *vt* to chip

laser *sm* laser LOC *Ver* RAIO[1]

lata *sf* **1** (*embalagem*) can; tin (*GB*) **2** (*material*) tin LOC **de/em lata** canned; tinned (*GB*) ◆ **lata de lixo** garbage can; dustbin (*GB*) ➲ *Ver ilustração em* GARBAGE CAN

latão *sm* brass

lataria *sf* (*carroceria*) bodywork

latejar *vi* to throb

lateral ▸ *adj* side: *uma rua ~* a side street

▸ *sm* (*Futebol*) back: *~ direito* right back **LOC** *Ver* BARRA

latido *sm* bark: *Ouvia-se o ~ de um cão ao longe.* You could hear a dog barking in the distance.

latifúndio *sm* large estate

latim *sm* Latin

latino, -a *adj* Latin: *a gramática latina* Latin grammar **LOC** *Ver* AMÉRICA

latir *vi* to bark

latitude *sf* latitude

lava *sf* lava

lavabo *sm* **1** (*lavatório*) sink; washbasin (*GB*) **2** (*banheiro*) bathroom; toilet (*GB*): *Onde é o ~, por favor?* Where's the bathroom, please? ➲ *Ver nota em* BATHROOM

L

lavadora *sf* washing machine

lavagem *sf* **1** laundry **2** (*para porco*) swill **LOC** **lavagem a seco** dry cleaning ◆ **lavagem automática** car wash ◆ **lavagem cerebral** brainwashing: *fazer uma ~ cerebral em alguém* to brainwash sb ◆ **lavagem de dinheiro** money laundering

lava-louças *sf* dishwasher

lavanda *sf* lavender

lavanderia *sf* **1** laundry (*pl* **laundries**) **2** (*tinturaria*) dry-cleaners [*pl*] ➲ *Ver nota em* AÇOUGUE **3** (*parte da casa*) utility room **LOC** **lavanderia automática** laundromat®; launderette (*GB*)

lavar ▸ *vt* **1** to wash: *~ a roupa/os pés* to wash your clothes/feet **2** (*dinheiro*) to launder

▸ **lavar-se** *vp* to wash (yourself) **LOC** **lavar a cabeça/o cabelo** to wash your hair ◆ **lavar a louça** to do the dishes ◆ **lavar à mão** to wash *sth* by hand ◆ **lavar a roupa suja em público** to wash your dirty linen in public ◆ **lavar a seco** to dry-clean *Ver tb* MÁQUINA

lavatório *sm* **1** sink; washbasin (*GB*) **2** (*banheiro*) restroom; toilet (*GB*) ➲ *Ver nota em* BATHROOM

lavoura *sf* farm work

lavrador, -ora *sm-sf* **1** (*proprietário*) small farmer **2** (*empregado*) farm laborer

lavrar *vt* to plow

laxante *adj, sm* laxative

lazer *sm* leisure: *uma viagem de ~* a pleasure trip

leal *adj* **1** (*pessoa*) loyal (*to sb/sth*) **2** (*animal*) faithful (*to sb*)

lealdade *sf* loyalty (*to sb/sth*)

leão, leoa ▸ *sm-sf* **1** (*masc*) lion **2** (*fem*) lioness

▸ **Leão** *sm* (*astrol*) Leo (*pl* **Leos**) ➲ *Ver exemplos em* AQUÁRIO

lebre *sf* hare **LOC** *Ver* VENDER

lecionar *vt, vi* to teach

legal *adj* **1** (*Jur*) legal **2** (*ótimo*) cool: *Ele é um cara ~.* He's a cool guy. ◇ *Mas que ~!* Cool!

legalizar *vt* to legalize

legenda *sf* **1** (*mapa*) key **2** (*imagem*) caption **3 legendas** (*Cinema, TV*) subtitles

legislação *sf* legislation

legislar *vi* to legislate

legislativo, -a *adj* **LOC** *Ver* ELEIÇÃO, PODER[2]

legítimo, -a *adj* legitimate **LOC** **em legítima defesa** in self-defense

legível *adj* legible

legume *sm* vegetable

lei *sf* **1** law: *ir contra a ~* to break the law ◇ *a ~ da gravidade* the law of gravity **2** (*parlamento*) act **LOC** *Ver* PROJETO

leigo, -a *adj*: *Sou ~ no assunto.* I know very little about the subject.

leilão *sm* auction

leitão, -oa *sm-sf* suckling pig

leite *sm* milk: *Acabou o ~.* We've run out of milk. ◇ *Compro ~?* Should I buy some milk? **LOC** **leite condensado** condensed milk ◆ **leite de coco** coconut milk ◆ **leite desnatado** skim milk; skimmed milk (*GB*) ◆ **leite em pó** powdered milk ◆ **leite integral** whole milk; full-fat milk (*GB*) ◆ **leite semidesnatado** two percent milk; semi-skimmed milk (*GB*) *Ver tb* CAFÉ, CHOCOLATE, CREME, DENTE, DOCE, PUDIM

leiteiro, -a ▸ *adj* dairy: *uma vaca leiteira* a dairy cow

▸ *sm-sf* milkman (*pl* **-men**)

leito *sm* bed **LOC** *Ver* ÔNIBUS

leitor *sm* (*Informát*) reader: *~ de cartão* card reader **LOC** **leitor eletrônico** e-reader

leitor, -ora *sm-sf* reader

leitura *sf* reading: *O meu passatempo favorito é a ~.* My favorite hobby is reading.

lema *sm* **1** (*Com, Pol*) slogan **2** (*regra de conduta*) motto (*pl* **mottoes/mottos**)

lembrança *sf* **1** (*presente*) souvenir **2** (*recordação*) memory (*pl* **memories**) **3** (*ideia*) idea **4 lembranças** regards: *Dê ~s a ele.* Give him my regards. ◇ *A* *minha mãe manda ~s.* My mother sends her regards.

lembrar ▸ *vt* **1 ~ algo a alguém** to remind sb (about sth/to do sth): *Lembre-me de comprar pão.* Remind me to buy some bread. ◇ *Lembre-me amanhã, senão esqueço.* Remind me tomorrow or I'll forget. **2** (*por associação*) to remind *sb of sb/sth*: *Ele me lembra o meu irmão.* He reminds me of my brother. ◇ *Sabe o que/quem esta canção me lembra?* Do you know what/who this song reminds me of? ➲ *Ver nota em* REMIND
▸ **lembrar-se** *vp* **lembrar-se (de)** (*recordar-se*) to remember (*sth/doing sth/to do sth*): *Não me lembro do nome dele.* I can't remember his name. ◇ *Lembre-se que amanhã você tem prova.* Remember that you have a test tomorrow. ◇ *que eu me lembre* as far as I remember ◇ *Lembro-me de tê-los visto.* I remember seeing them. ◇ *Lembre-se de pôr a carta no correio.* Remember to mail the letter. ➲ *Ver nota em* REMEMBER

leme *sm* **1** (*objeto*) rudder **2** (*posição*) helm: *Quem ia ao ~?* Who was at the helm?

lenço *sm* **1** (*mão*) handkerchief (*pl* handkerchiefs/handkerchieves) **2** (*cabeça, pescoço*) scarf (*pl* scarfs/scarves) LOC **lenço de papel** tissue

lençol *sm* sheet

lenda *sf* legend

lenha *sf* firewood LOC *Ver* CARVÃO

lenhador, -ora *sm-sf* woodcutter

lentamente *adv* slowly

lente *sf* lens (*pl* lenses): *~s de contato* contact lenses

lentilha *sf* lentil

lento, -a *adj* slow LOC *Ver* CÂMERA

leopardo *sm* leopard

lepra *sf* leprosy

leproso, -a *sm-sf* leper

leque *sm* **1** fan **2** (*variedade*) range: *um amplo ~ de opções* a wide range of options

ler *vt, vi* to read: *Leia a lista para mim.* Read me the list. LOC **ler a sorte** to tell *sb's* fortune ◆ **ler em voz alta/baixa** to read aloud/read to yourself ◆ **ler nas entrelinhas** to read between the lines ◆ **ler o pensamento** to read *sb's* mind ◆ **ler os lábios** to lip-read

lesão *sf* **1** injury (*pl* injuries): *lesões graves* serious injuries **2** (*fígado, rim, cérebro*) damage [*não contável*] LOC ➲ *Ver nota em* FERIMENTO

lesar *vt* (*enganar*) to con *sb* (*out of sth*): *Ele foi lesado em 40.000 reais.* They conned him out of 40,000 reals.

lésbica *sf* lesbian

lesma *sf* **1** (*bicho*) slug **2** (*pessoa*) slowpoke; slowcoach (*GB*)

leste *adj, sm* east (*abrev* E): *a/no ~* in the east ◇ *na costa ~* on the east coast ◇ *mais a ~* further east

letivo, -a *adj* school: *ano ~* school year

letra *sf* **1** (*alfabeto*) letter: *~ maiúscula* capital letters **2** (*escrita*) (hand)writing: *Não entendo a sua ~.* I can't read your (hand)writing. **3** (*canção*) lyrics [*pl*] **4** (*num cartaz, letreiro*) lettering [*não contável*]: *As ~s são pequenas demais.* The lettering is too small. **5 Letras** (*Educ*) arts: *Faculdade de Letras* Arts Faculty LOC **letra de imprensa** block capitals [*pl*] ◆ **tirar algo de letra** to take sth in your stride *Ver tb* PÉ

letreiro *sm* (*aviso*) sign

léu *sm* LOC **ao léu**: *andar ao ~* to walk aimlessly ◇ *Ele está ao ~.* He's taking it easy.

leucemia *sf* leukemia

levadiço, -a *adj* LOC *Ver* PONTE

levantamento *sm* survey (*pl* surveys): *efetuar um ~* to carry out a survey LOC **levantamento de pesos** weightlifting

levantar ▸ *vt* **1** to raise: *Levante o braço esquerdo.* Raise your left arm. ◇ *~ o moral/a voz* to raise your spirits/voice ◇ *~ dinheiro* to raise money **2** (*coisa pesada, tampa*) (*pessoa*) to lift *sth/sb* up: *Levante essa tampa.* Lift up the lid.
▸ **levantar-se** *vp* **1** (*ficar de pé*) to stand up **2** (*da cama*) to get up: *Tenho de me ~ cedo normalmente.* I normally have to get up early. LOC **levantar pesos** (*Esporte*) to do weight training ◆ **levantar-se com o pé esquerdo** to get out on the wrong side of bed ◆ **levantar voo** to take off

levar ▸ *vt* **1** to take: *Leve as cadeiras para a cozinha.* Take the chairs to the kitchen. ◇ *Levarei uns dois dias para consertá-lo.* It'll take me a couple of days to fix it. ◇ *Levaram-me para casa.* They took me home. ◇ *O ladrão levou o DVD.* The thief took the DVD (player).

Quando a pessoa que fala se oferece para levar algo a quem ouve, utiliza-se **bring**: *Não precisa vir aqui, eu levo para você na sexta-feira.* There's no need for you to come here – I'll bring it to you on Friday. ➲ *Ver ilustração em* TAKE ➲ *Ver nota em* GIVE

2 (*carga*) to carry: *Ele se ofereceu para ~ a mala.* He offered to carry her suitcase. **3** (*palmada, bofetada*) to get: *Pedro*

L

se preparou para a cena em que levaria uma bofetada. Pedro got ready for the scene where he got hit. **4** (*dirigir*) to drive: *Quem é que levava o carro?* Who was driving? **5** (*ter*) to have: *Eu não levava dinheiro.* I didn't have any cash on me. **6** (*tomar emprestado*) to borrow: *Posso ~ o seu carro?* Can I borrow your car? ➲ *Ver ilustração em* BORROW
▸ *vi* (*conduzir*) to lead *to sth* LOC **levar a mal** to take offense (*at sb/sth*): *Não me leve a mal.* Don't take offense. ◆ **levar a melhor** to come off best: *Você quer ~ a melhor em tudo.* You always want to come off best at everything. ◆ **levar consigo** (*dinheiro, documentos*) to have *sth* on you: *Não levo um tostão comigo.* I don't have a cent on me. ❶ Para outras expressões com **levar**, ver os verbetes para o substantivo, adjetivo, etc., p.ex. **levar bomba** em BOMBA e **levar a cabo** em CABO.

L

leve *adj* **1** light: *comida/roupa ~* light food/clothing ◇ *ter sono ~* to sleep lightly **2** (*que quase não se nota*) slight **3** (*ferimentos*) minor **4** (*ágil*) agile LOC **de leve 1** (*superficialmente*) superficially **2** (*levemente*) lightly *Ver tb* PEGAR

lhama *sm* (*animal*) llama

lhe *pron* **1** (*ele, ela, coisa*) (**a**) (*complemento*) him/her/it: *Eu a vi, mas não lhe contei nada.* I saw her but I didn't tell her anything. ◇ *Vamos comprar-lhe um vestido.* We're going to buy her a dress. (**b**) (*partes do corpo, objetos pessoais*): *Tiraram-lhe a carteira de identidade.* They took away his identity card. **2** (*você*) (**a**) (*complemento*) you: *Fiz-lhe uma pergunta.* I asked you a question. (**b**) (*partes do corpo, objetos pessoais*): *Tenha cuidado, ou ainda ~ roubam a carteira.* Be careful your wallet isn't stolen.

lhes *pron* **1** (*eles, elas, coisas*) them: *Dei-lhes tudo o que tinha.* I gave them everything I had. ◇ *Comprei-lhes um bolo.* I bought them a cake./I bought a cake for them. **2** (*vocês*) you: *Eu ~ pedi para não contarem a ninguém.* I asked you not to tell anyone. **3** (*partes do corpo, objetos pessoais*): *Apertei-lhes as mãos.* I shook hands with them.

libélula *sf* dragonfly (*pl* **dragonflies**)

liberado, -a *adj* **1** (*sem preconceitos*) liberated: *O Rio é uma cidade muito liberada.* Rio is a very liberated city. **2** (*disponível, grátis*) free *Ver tb* LIBERAR

liberal *adj, smf* liberal

liberar *vt* **1** (*dispensar*) to let *sb* go: *O professor liberou os alunos mais cedo.* The teacher let the students go early. **2** (*autorizar*) to authorize: *O pagamento foi liberado ontem.* The payment was authorized yesterday. **3** (*legalizar*) to legalize: *~ o uso de drogas* to legalize drug use **4** (*tornar disponível*) to release: *liberada versão 5.1 do software* version 5.1 of the software released **5** (*abrir*) to open: *O túnel está liberado para o tráfego.* The tunnel is now open to traffic.

liberdade *sf* freedom LOC **liberdade condicional** parole ◆ **liberdade de credo** religious freedom ◆ **liberdade de expressão/imprensa** freedom of speech/the press ◆ **liberdade sob fiança** bail: *ser posto em ~ sob fiança* to be released on bail ◆ **pôr em liberdade** to release: *Dois dos suspeitos foram postos em ~.* Two of the suspects were released. ◆ **tomar a liberdade** to take the liberty *of doing sth*

libertação *sf* **1** (*país*) liberation **2** (*presos*) release

libertar *vt* **1** (*país*) to liberate **2** (*prisioneiro*) to release

libra ▸ *sf* **1** (*moeda*) pound: *cinquenta ~s (£50)* fifty pounds ◇ *~s esterlinas* pounds sterling ➲ *Ver pág. 760* **2** (*peso*) pound (*abrev* lb.) ➲ *Ver pág. 758*
▸ **Libra** *sf* (*astrol*) Libra ➲ *Ver exemplos em* AQUÁRIO

lição *sf* **1** lesson: *lições de inglês* English lessons ◇ *Sua atitude positiva em relação a doença é uma ~ de vida para todos.* Her positive attitude to the illness is a lesson to us all. **2** (*dever de casa*) homework [*não contável*] LOC **dar uma lição em alguém** to teach sb a lesson ◆ **levar uma lição** to learn a lesson

licença *sf* **1** (*autorização*) permission (*to do sth*): *pedir/dar ~* to ask/give permission **2** (*documento*) license: *~ de importação* import license **3** (*férias*) leave: *Estou de ~.* I'm on leave. ◇ *Pedi uma semana de ~.* I asked for a week off. LOC **com licença** excuse me: *Com ~, posso passar?* Excuse me, could you let me through? ◆ **licença médica** sick leave

licenciado, -a *sm-sf* **~ (em)** graduate teacher (in *sth*): *~ em biologia* graduate teacher in biology

licenciar-se *vp* **~ (em)** to gain a teaching degree (in *sth*); to gain a teaching qualification (in *sth*) (*GB*): *~ em história* to become a history teacher

licenciatura *sf* **1** (*diploma*) teaching degree; teaching qualification (*GB*) **2** (*curso*) undergraduate course

licor *sm* liqueur

lidar *vt* **~ com** to deal with *sb/sth*

líder *smf* leader

liderança *sf* leadership

liderar *vt* to lead

liga *sf* **1** league: *a ~ de basquete* the basketball league **2** (*para meias*) garter

ligação *sf* **1** link **2** (*telefônica*) (phone) call **3** (*transportes*) connection **4** (*amorosa*) affair LOC **cair/cortar a ligação** (*telefone*) to be cut off: *Estávamos falando e de repente caiu a ~.* We were talking when suddenly we got cut off. ◇ *Cortaram a ~.* We were cut off. ◆ **fazer ligação (com algo)** (*transportes*) to connect (with sth) *Ver tb* COBRAR, ELO, INTERURBANO, RETORNAR

ligada *sf* call: *Dê uma ~ para mim quando chegar.* Give me a call when you get there.

ligado, -a *adj* **1** (*televisão, luz*) (switched) on **2 ~ em** (*interessado*) into *sth*: *Ela é ligada em música pop.* She's into pop music. **3** (*relacionado*) connected (*with sth*) **4** (*sob efeito de drogas*) wired LOC **estar ligado**: *Esse é o meu mundo, está ~?* This is my world, you know? *Ver tb* LIGAR

ligamento *sm* ligament: *sofrer uma ruptura de ~* to tear a ligament

ligar ▸ *vt* **1** (*televisão, luz*) to turn *sth* on **2** (*aparelho na tomada*) to plug *sth* in **3** (*carro, motor*) to start

▸ *vt, vi* **1** (*unir, relacionar*) to connect (*sth*) (*to/with sth*): *~ a impressora ao computador* to connect the printer to the computer **2 ~ (para)** (**a**) (*telefonar*) to call: *Alguém ligou?* Did anyone call? ◇ *Ele ligou para a polícia.* He called the police. (**b**) (*prestar atenção*) to take notice (of *sb/sth*): *Ele não liga nem um pouco para o que eu lhe digo.* He doesn't take any notice of what I say. ◇ *Ela não ligou a mínima para mim a noite toda.* She took no notice of me all night. (**c**) (*dar importância*) to care (about *sth*): *Não ligo (para essas coisas).* I don't care (about such things).

ligeiramente *adv* slightly

ligeiro, -a *adj* **1** (*que quase não se nota, pouco intenso*) slight: *um ~ sotaque português* a slight Portuguese accent **2** (*rápido*) fast **3** (*ágil*) agile

lilás *sm* lilac ➲ *Ver exemplos em* AMARELO

lima[1] *sf* (*ferramenta*) file

lima[2] *sf* (*fruta*) sweet lime

limão *sm* **1** (*verde*) lime **2** (*amarelo*) lemon

limiar *sm* threshold: *no ~ do novo século* on the threshold of the new century

limitação *sf* limitation

limitado, -a *adj* limited: *um número ~ de lugares* a limited number of places LOC *Ver* SOCIEDADE; *Ver tb* LIMITAR

limitar ▸ *vt* to limit

▸ **limitar-se** *vp* **limitar-se a**: *Limite-se a responder à pergunta.* Just answer the question.

limite *sm* **1** limit: *o ~ de velocidade* the speed limit **2** (*Geog, Pol*) boundary (*pl* boundaries) ➲ *Ver nota em* BORDER LOC **passar dos limites** (*pessoa*) to go too far ◆ **sem limites** unlimited

limo *sm* slime

limoeiro *sm* **1** (*fruto verde*) lime tree **2** (*fruto amarelo*) lemon tree

limonada *sf* **1** (*de fruto verde*) limeade **2** (*de fruto amarelo*) lemonade LOC *Ver* SODA

limpador *sm* LOC **limpador de para-brisas** windshield wiper; windscreen wiper (*GB*)

limpar ▸ *vt* **1** to clean: *Tenho que ~ os vidros.* I have to clean the windows. **2** (*passar um pano*) to wipe **3** (*roubar*) to clean *sb/sth* out: *Assaltaram a minha casa e limparam tudo.* They broke into my house and completely cleaned me out.

▸ *vi* (*tempo*) to clear (up)

▸ **limpar-se** *vp* to clean yourself up

limpeza *sf* **1** (*ação de limpar*) cleaning: *produtos de ~* cleaning products **2** (*asseio*) cleanliness LOC **limpeza de pele** facial *Ver tb* CREME

limpo, -a ▸ *adj* **1** clean: *O hotel era bem ~.* The hotel was very clean. **2** (*sem nuvens*) clear: *um céu ~* a clear sky **3** (*sem dinheiro*) broke

▸ *adv* fair: *jogar ~* to play fair LOC **passar a limpo (algo)** to copy *sth* out (neatly) ◆ **tirar a limpo** (*esclarecer*) to get to the bottom of *sth*: *Vou tirar essa história a ~!* I'm going to get to the bottom of this! *Ver tb* CONSCIÊNCIA, JOGO, PRATO

lince *sm* lynx (*pl* lynx/lynxes)

linchar *vt* to lynch

lindo, -a *adj* beautiful

língua *sf* **1** (*Anat*) tongue: *mostrar a ~ para alguém* to stick your tongue out at sb ◇ *perder a ~* to lose your tongue **2** (*idioma*) language: *Sou formado em Língua Portuguesa.* I have a degree in Portuguese. LOC **dar com a língua nos dentes** to let the cat out of the bag ◆ **de língua portuguesa, francesa, etc.** Portuguese-speaking, French-speaking, etc. ◆ **língua materna** mother tongue *Ver tb* PAPA[2], PONTA

linguado *sm* sole (*pl* sole)

linguagem *sf* **1** language **2** (*falada*) speech

linguarudo, -a ▸ *adj*: *Eles são muito ~s.* They're always gossiping.

▸ *sm-sf* gossip

L

linguiça *sf* sausage

linguística *sf* linguistics [*não contável*]

linha *sf* **1** line: *uma ~ reta* a straight line ◇ *~ divisória* dividing line **2** (*fio*) (piece of) thread: *um carretel de ~* a spool of thread **3** (*estrada de ferro*) track: *a ~ do trem* the train track LOC **em linha** online ◆ **linha aérea** airline ◆ **linha de chegada** finishing line ◆ **linha de ônibus** bus route ◆ **linha fixa** landline *Ver tb* MANTER

linho *sm* **1** (*Bot*) flax **2** (*tecido*) linen: *uma saia de ~* a linen skirt

lipoaspiração *sf* liposuction

liquidação *sf* **1** (*dívida, conta*) settlement **2** (*saldo*) sale: *a ~ de verão* the summer sales

liquidar *vt* **1** (*dívida, conta*) to settle **2** (*negócio*) to liquidate **3** (*produto*) to clear **4** (*matar*) to kill

L

liquidificador *sm* blender

líquido, -a ▸ *adj* **1** liquid **2** (*Econ*) net: *rendimento ~* net income ◇ *peso ~* net weight

▸ *sm* liquid: *Só posso tomar ~s.* I can only have liquids.

lírio *sm* lily (*pl* **lilies**)

liso, -a *adj* **1** (*plano*) flat **2** (*suave*) smooth **3** (*sem adornos, de uma só cor*) plain **4** (*cabelo*) straight **5** (*sem dinheiro*) broke

lisonjear *vt* to flatter

lisonjeiro, -a *adj* flattering

lista *sf* **1** list: *~ de compras* shopping list ◇ *fazer uma ~* to make a list **2** (*telefônica*) phone book: *Procure na ~.* Look it up in the phone book. **3** (*de nomes*) roll: *~ eleitoral* electoral roll LOC **lista de espera** waiting list *Ver tb* TELEFÔNICO

listra (*tb* **lista**) *sf* stripe

listrado, -a *adj* striped

literal *adj* literal

literário, -a *adj* literary

literatura *sf* literature

litoral *sm* coastline

litro *sm* liter (*abrev* l): *meio ~* half a liter ➲ *Ver pág. 758*

livrar ▸ *vt* to save *sb/sth from sth/doing sth*

▸ **livrar-se** *vp* **livrar-se (de) 1** (*escapar*) to get out of *sth/doing sth*: *Livrei-me do serviço militar.* I got out of doing my military service. **2** (*desembaraçar-se*) to get rid of *sb/sth*: *Queria me ~ deste aquecedor.* I wanted to get rid of this heater. LOC *Ver* DEUS

livraria *sf* bookstore; bookshop (*GB*)
❶ A palavra **library** não significa "livraria", mas *biblioteca*.

livre *adj* free: *Sou ~ para fazer o que quiser.* I'm free to do what I want. ◇ *Esta cadeira está ~?* Is this seat free? ◇ *Você está ~ no sábado?* Are you free on Saturday? ◇ *~ iniciativa* free enterprise LOC **chute/tiro livre** free kick ◆ **livre de impostos** tax-free *Ver tb* AR, CENSURA, DIA, LUTA, NADO, VOO

livre-arbítrio *sf* free will

livro *sm* book LOC **livro de bolso** paperback ◆ **livro didático; livro-texto** textbook ◆ **livro de receitas** cookbook ◆ **livro digital/eletrônico** e-book

lixa *sf* **1** sandpaper **2** (*unhas*) nail file

lixar ▸ *vt* **1** (*madeira*) to sand **2** (*unha*) to file

▸ **lixar-se** *vp* **lixar-se (para)** not to care (about *sth/sb*: *Levei bomba, mas estou pouco me lixando.* I failed my exams, but I couldn't care less.

lixeira *sf* garbage can; dustbin (*GB*) ➲ *Ver ilustração em* GARBAGE CAN

lixeiro *sm* garbage man (*pl* **men**); dustman (*pl* **-men**) (*GB*)

lixo *sm* garbage [*não contável*] rubbish [*não contável*] (*GB*): *lata de ~* garbage can ◇ *jogar algo no ~* to throw sth away ➲ *Ver nota em* GARBAGE LOC **estar/ficar um lixo 1** to be garbage; to be rubbish (*GB*): *Meu desenho ficou um ~.* My drawing was garbage. **2** (*de aparência horrível*) to look terrible *Ver tb* CAMINHÃO, CESTO, CONDUTO, DEPÓSITO, PÁ

ló *sm* LOC *Ver* PÃO

lobo, -a *sm-sf* wolf (*pl* **wolves**) LOC *Ver* FOME

locadora *sf* rental company (*pl* **companies**)

local ▸ *adj* local

▸ *sm* **1** place **2** (*acidente, crime*) scene **3** (*concerto, jogo*) venue **4** (*de interesse histórico, para construção*) site **5** (*instalações*) premises [*pl*]: *O ~ é bastante grande.* The premises are pretty big. LOC **local de nascimento 1** birthplace **2** (*em impressos*) place of birth

localidade *sf* **1** locality (*pl* **localities**) **2** (*aldeia*) small town; village (*GB*)

localizar *vt* **1** (*encontrar*) to locate **2** (*contatar*) to get hold of *sb*: *Passei toda a manhã tentando ~ você.* I've been trying to get hold of you all morning.

loção *sf* lotion LOC *Ver* HIDRATANTE

locar *vt* to rent

locutor, -ora *sm-sf* **1** (*rádio*) announcer **2** (*que lê as notícias*) newscaster; newsreader (*GB*)

lodo *sm* mud

lógica *sf* logic

lógico, -a *adj* **1** (*normal*) natural: *É ~ que você se preocupe.* It's only natural that you're worried. ◇ *É ~ que não!* Of course not! **2** (*Filosofia*) logical

logo ▸ *adv* (*imediatamente*) at once ▸ *conj* therefore: *Penso, ~ existo.* I think therefore I am. LOC **até logo!** see you (later)! ◆ **logo depois** soon afterward: *Ele chegou ~ depois.* He arrived soon afterward. ◆ **logo mais** later: *Eu te conto ~ mais.* I'll tell you later. ◆ **logo que** as soon as

logotipo *sm* logo (*pl* **logos**)

loiro, -a *adj* fair, blonde

Fair refere-se apenas ao cabelo loiro natural, e **blonde** (ou **blond**) refere-se tanto ao cabelo naturalmente loiro como pintado: *Ele é loiro.* He has fair/blonde hair. ➲ *Ver nota em* BLONDE

loja *sf* store; shop (*GB*): *~ de ferragens* hardware store ◇ *~ de produtos naturais* health food store LOC **loja de conveniência/departamentos** convenience/department store *Ver tb* BANHO

lojista *smf* storekeeper; shopkeeper (*GB*)

lombada *sf* **1** (*livro*) spine **2** (*estrada*) speed bump

lombo *sm* **1** (*Cozinha*) loin: *~ de porco* loin of pork **2** (*Anat*) back

lona *sf* canvas

longa-metragem *sm* feature film

longe *adv* ~ **(de)** a long way (away) (from *sb/sth*): *Fica muito ~ daqui.* It's a long way (away) from here. ➲ *Ver nota em* FAR LOC **ao longe** in the distance ◆ **de longe 1** (*distância*) from a distance **2** (*uso enfático*) by far: *Ela é de ~ a mais inteligente.* She's by far the most intelligent. ◆ **ir longe** to go far: *Essa menina vai ~.* That girl will go far. ◆ **ir longe demais** to go too far ◆ **longe disso** far from it

longitude *sf* longitude

longo, -a *adj* long LOC **ao longo de 1** (*espaço*) along...: *Fomos caminhar ao ~ da praia.* We went for a walk along the beach. **2** (*tempo*) throughout...: *ao ~ do dia* throughout the day ◆ **ter um longo caminho pela frente** to have a long way to go *Ver tb* FILME, PRAZO

lontra *sf* otter

losango *sm* **1** diamond **2** (*Geom*) rhombus (*pl* **rhombuses**)

lotação *sf* (public) minivan; people carrier (*GB*) LOC **lotação esgotada** sold out

lotado, -a *adj* **1** packed **2** (*hotel*) full *Ver tb* LOTAR

lotar *vt* to fill *sth* up

lote *sm* **1** (*terreno*) plot **2** (*quantidade*) lot: *um ~ de mercadorias roubadas* a lot of stolen goods

loteria *sf* lottery (*pl* **lotteries**)

lotérico, -a *adj* LOC *Ver* CASA

louça *sf* china LOC *Ver* DETERGENTE, LAVAR, MÁQUINA

louco, -a ▸ *adj* crazy (*about sth/sb*; mad (*about sth/sb* (*GB*): *ficar ~* to go crazy ◇ *Sou ~ por chocolate.* I'm crazy about chocolate. ▸ *sm-sf* madman/woman (*pl* **-men/-women**) LOC **estar louco de fome** to be starving ◆ **estar louco para fazer algo** to be dying to do something: *Estou ~ para vê-la.* I'm dying to see her. ◆ **ser louco de pedra** to be completely nuts

loucura *sf* **1** madness [*não contável*] **2** (*disparate*) crazy thing: *Fiz muitas ~s.* I've done a lot of crazy things. ◇ *É uma ~ ir sozinho.* It's crazy to go alone.

louro *sm* **1** (*Cozinha*) bay leaf (*pl* **bay leaves**): *uma folha de ~* a bay leaf **2** (*papagaio*) parrot **3** (*para coroa*) laurel

louro, -a *adj Ver* LOIRO

lousa *sf* chalkboard; blackboard (*GB*)

louva-a-deus *sm* (praying) mantis

louvar *vt* to praise *sb/sth* (*for sth*): *Louvaram-no pela sua coragem.* They praised him for his courage.

louvável *adj* praiseworthy

louvor *sm* praise

lua *sf* moon: *uma viagem à Lua* a trip to the moon ◇ *~ cheia/nova* full/new moon LOC **estar na lua/no mundo da lua** to be miles away ◆ **lua de mel** honeymoon *Ver tb* CABEÇA

luar *sm* moonlight LOC **ao luar** in the moonlight

lubrificante *sm* lubricant

lubrificar *vt* to lubricate

lúcido, -a *adj* lucid

lucrar *vt* ~ **(com)** to profit from *sth*

lucrativo, -a *adj* lucrative

lucro *sm* profit: *dar/ter ~* to make a profit LOC *Ver* PARTICIPAÇÃO

lugar *sm* **1** place: *Gosto deste ~.* I like this place. **2** (*posto*) position: *ocupar um ~ importante na empresa* to have an important position in the firm **3** (*Cinema, Teat, veículo*) seat: *Ainda tem ~ no ônibus?* Are there any seats left on the bus? **4** (*espaço*) room: *Não tem ~ para mais ninguém.* There's no room for anyone else. LOC **dar lugar a algo** to cause sth ◆ **em lugar nenhum** nowhere, anywhere

L

Utiliza-se **nowhere** quando o verbo está na afirmativa em inglês: *Desse modo não iremos a lugar nenhum.* At this rate we'll get nowhere. Utiliza--se **anywhere** quando o verbo está na negativa: *Não o encontro em nenhuma parte.* I can't find it anywhere.

◆ **em primeiro, segundo, etc. lugar** **1** *(posição)*: *Em primeiro ~ está o ciclista espanhol.* The Spanish cyclist is in first place. ◇ *A equipe francesa ficou classificada em último ~.* The French team came last. **2** *(em discurso)* first of all, secondly, etc.: *Em último ~...* Last of all... ◆ **lugar de nascimento** birthplace ◆ **no seu lugar** if I were you: *No seu ~, eu aceitaria o convite.* If I were you, I'd accept the invitation. ◆ **ter lugar** *(ocorrer)* to take place: *O acidente teve ~ às duas da madrugada.* The accident took place at two in the morning. ◆ **tomar o lugar de alguém/algo** *(substituir)* to replace sb/sth: *O computador tomou o ~ da máquina de escrever.* Computers have replaced typewriters. *Ver tb* ALGUM, CLASSIFICAR, OUTRO, PRIMEIRO, QUALQUER

lugar-comum *sm* cliché

lúgubre *adj* gloomy

lula *sf* squid (*pl* **squids/squid**)

luminária *sf* **1** lamp **2** *(de papel)* paper lantern **3 luminárias** *(iluminação de festa)* lights

luminoso *sm* neon sign LOC *Ver* SINAL

lunar *adj* lunar

lunático, -a *adj, sm-sf* lunatic

luneta *sf* telescope

lupa *sf* magnifying glass

lustrar *vt* to polish

lustre *sm* **1** *(brilho)* shine **2** *(luminária)* chandelier

luta *sf* ~ **(por/contra)** fight (for/against sb/sth): *a ~ pela igualdade/contra a poluição* the fight for equality/against pollution LOC **luta de boxe** boxing match ◆ **luta livre** wrestling

lutador, -ora *sm-sf* **1** fighter: *Ele é um ~.* He's a real fighter. **2** *(de luta livre)* wrestler

lutar *vi* **1** to fight: *~ pela liberdade* to fight for freedom ◇ *~ contra os preconceitos raciais* to fight racial prejudice **2** *(Esporte)* to wrestle

luto *sm* mourning: *um dia de ~* a day of mourning LOC **estar de luto** to be in mourning (*for sb/sth*)

luva *sf* **1** glove **2** *(com um só dedo)* mitten LOC **cair como uma luva** to fit like a glove

luxo *sm* luxury (*pl* **luxuries**): *Não posso me permitir tais ~s.* I can't afford such luxuries. LOC **de luxo** luxury: *um apartamento de ~* a luxury apartment *Ver tb* PERMITIR

luxuoso, -a *adj* luxurious

luxúria *sf* lust

luz *sf* **1** light: *acender/apagar a ~* to turn the light on/off ◇ *Este apartamento tem muita ~.* This apartment gets a lot of light. ◇ *ver algo contra a ~* to look at sth against the light **2** *(eletricidade)* electricity: *Ficamos sem ~ durante a tempestade.* The electricity went off during the storm. **3** *(dia)* daylight: *em plena ~ do dia* in broad daylight LOC **à luz de velas** by candlelight ◆ **dar à luz** to give birth (to *sb*): *Ela deu à~ uma menina.* She gave birth to a baby girl. ◆ **luz de vela/do sol** candlelight/sunlight ◆ **vir à luz** *(segredo)* to come to light *Ver tb* POSTE, TRAZER

Mm

maca *sf (Med)* stretcher

maçã *sf* apple LOC **maçã do rosto** cheekbone

macabro, -a *adj* macabre

macacão *sm* **1** *(roupa informal)* jumpsuit **2** *(para trabalho)* coveralls [*pl*] overalls [*pl*] *(GB)* **3** *(calça com peito)* overalls [*pl*] dungarees [*pl*] *(GB)* ➲ *Ver ilustração em* OVERALL

macaco, -a ▸ *sm-sf* **1** *(com rabo)* monkey (*pl* **monkeys**) **2** *(sem rabo)* ape
▸ *sm (carro)* jack

maçaneta *sf* **1** *(porta)* doorknob **2** *(gaveta)* knob

macarrão *sm* pasta

machado *sm* ax

machismo *sm* machismo

machista *adj, smf* sexist: *propaganda ~* sexist advertising ◇ *O meu chefe é um ~ de primeira.* My boss is a real male chauvinist.

macho ▸ *adj, sm* **1** male: *uma ninhada de dois ~s e três fêmeas* a litter of two males and three females ◇ *É ~ ou fêmea?* Is it a he or a she? ➲ *Ver nota em* FEMALE **2** *(varonil)* macho: *Esse cara é ~.* He's a very macho guy.
▸ *sm* plug ➲ *Ver ilustração em* TOMADA
LOC *Ver* COLCHETE

machucar *vt* to hurt

maciço, -a *adj* **1** *(objeto)* solid **2** *(quantidade)* massive: *uma dose maciça* a massive dose

macieira *sf* apple tree

macio, -a *adj* **1** (*tenro*) tender: *carne macia* tender meat **2** (*suave*) soft: *um colchão ~* a soft mattress

maço *sm* **1** (*tabaco*) pack; packet (*GB*): *um ~ de cigarros* a pack of cigarettes ➲ *Ver ilustração em* CONTAINER **2** (*folhas, notas*) bundle

maconha *sf* dope: *fumar ~* to smoke dope

macrobiótico, -a *adj* macrobiotic

macumba *sf* voodoo: *fazer ~* to practice voodoo

madame *sf* rich lady (*pl* **ladies**)

madeira *sf* **1** (*material*) wood: *O carvalho é uma ~ de grande qualidade.* Oak is a high-quality wood. ◇ *feito de ~* made of wood **2** (*para construção*) timber: *a ~ do telhado* the roof timbers LOC **de madeira** wooden: *uma cadeira/viga de ~* a wooden chair/beam

madeixa *sf* (*de cabelo*) lock

madrasta *sf* stepmother

madre *sf* LOC **madre (superiora)** Mother Superior

madrepérola *sf* mother-of-pearl

madrinha *sf* **1** (*batismo*) godmother **2** (*casamento*) woman who acts as a witness at a wedding ➲ *Ver nota em* CASAMENTO

madrugada *sf*: *às duas da ~* at two in the morning ◇ *na ~ de sexta para sábado* in the early hours of Saturday morning LOC **de madrugada** (very) early: *Ele se levantou de ~.* He got up very early.

madrugar *vi* to get up early

maduro, -a *adj* **1** (*fruta*) ripe **2** (*de meia-idade*) middle-aged: *um homem ~* a middle-aged man **3** (*sensato*) mature: *O Luís é muito ~ para a idade que tem.* Luís is very mature for his age.

mãe *sf* mother: *ser ~ de dois filhos* to be the mother of two children LOC **mãe adotiva/de criação** foster mother ◆ **mãe solteira** single mother *Ver tb* DIA, FAMÍLIA, ÓRFÃO, PLACA

maestro *sm* conductor

máfia *sf* mafia: *a ~ da droga* the drugs mafia ◇ *a Máfia* the Mafia

magia *sf* magic: *~ branca/negra* white/black magic

mágico, -a ▸ *adj* magic: *poderes ~s* magic powers
▸ *sm-sf* (*ilusionista*) magician LOC *Ver* OLHO

magistério *sm* **1** (*ensino*) teaching: *A Helena ingressou muito cedo no ~.* Helena started teaching very young. **2** (*professores*) teachers [*pl*]

magistrado, -a *sm-sf* magistrate

magnata *smf* tycoon; magnate (*mais formal*)

magnético, -a *adj* magnetic

magnetismo *sm* magnetism

magnífico, -a *adj* wonderful: *O tempo estava ~.* The weather was wonderful.

mago *sm* wizard LOC *Ver* REI

mágoa *sf* (*pesar*) sorrow

magoado, -a *adj* hurt: *Fiquei muito ~ com o fato de eles não terem me apoiado.* I was very hurt by their lack of support. *Ver tb* MAGOAR

magoar *vt* to hurt

magro, -a *adj* **1** thin, slim

> **Thin** é a palavra mais geral para dizer *magro* e pode ser utilizada para pessoas, animais e coisas. **Slim** só se utiliza em relação a uma pessoa magra e com boa aparência, e **petite** para uma mulher pequena e magra. Existe também a palavra **skinny**, que significa *magricela*.

2 (*carne*) lean

maio *sm* May ➲ *Ver exemplos em* JANEIRO

maiô *sm* swimsuit

maionese *sf* mayonnaise

maior *adj*

- **uso comparativo 1** (*tamanho*) bigger (*than sth*): *São Paulo é ~ do que o Rio.* São Paulo is bigger than Rio. ◇ *~ do que parece* bigger than it looks **2** (*importância*) greater (*than sth*): *Tenho problemas ~es do que esse.* I have bigger problems than that. **3** (*idade*) older **4** (*altura*) taller **5** (*preço*) higher: *O preço é ~ nesta loja.* It's more expensive in this store.
- **uso superlativo 6** (*tamanho*) biggest: *o ~ dos três, quatro, etc.* the biggest of the three, four, etc. ◇ *o ~ dos dois* the bigger (one) of the two **7** (*importância*) greatest: *Um dos ~es escritores atuais.* One of today's greatest writers. **8** (*idade*) oldest **9** (*altura*) tallest **10** (*preço*) lowest
- **outros usos 11** (*Mús*) major: *em dó ~* in C major LOC **a maior parte (de)** most (of *sb/sth*): *A ~ parte são católicos.* Most of them are Catholics. ◆ **ser maior de idade** to be 18 or over: *Ela não é ~ de idade.* She's under 18.

maioria *sf* majority (*pl* **majorities**): *obter a ~ absoluta* to get an absolute majority LOC **a maioria de...** most (of...): *A ~ de nós gosta.* Most of us like it. ◇ *A ~ dos ingleses prefere viver no campo.* Most English people would rather live in the country. ➲ *Ver nota em* MOST

maioridade *sf* adulthood

mais ▸ *adv*
- **uso comparativo 1** more (*than sb/sth*): *Ela é ~ alta/inteligente do que eu.* She's taller/more intelligent than me. ◇ *Você viajou ~ do que eu.* You've traveled more than I have. ◇ *~ de quatro semanas* more than four weeks ◇ *Gosto ~ do seu.* I like yours better. ◇ *durar/trabalhar ~* to last longer/work harder ◇ *São ~ de duas horas* It's just after two.
- **uso superlativo 2** most (*in/of...*): *o edifício ~ antigo da cidade* the oldest building in town ◇ *o ~ simpático de todos* the nicest one of all ◇ *a loja que vendeu ~ livros* the store that has sold most books

Quando o superlativo se refere a apenas duas coisas ou pessoas, utiliza-se a forma **more** ou **-er**. Compare as seguintes frases: *Das duas camas, qual é a mais confortável?* Which bed is more comfortable? ◇ *Qual é a cama mais confortável da casa?* Which is the most comfortable bed in the house?

M

- **com pronomes negativos, interrogativos e indefinidos 3** else: *Se você tem ~ alguma coisa para me dizer...* If you have anything else to say to me... ◇ *Mais alguma cosa?* Anything else? ◇ *~ nada/ninguém* nothing more/no one else ◇ *Que ~ posso fazer por vocês?* What else can I do for you?
- **outras construções 4** (*exclamações*): *Que paisagem ~ bonita!* What beautiful scenery! ◇ *Que cara ~ chato!* What a boring guy! **5** (*negativas*) only: *Não sabemos ~ do que aquilo que disseram no rádio.* We only know what was reported on the radio.

▸ *sm, prep* plus: *Dois ~ dois são quatro.* Two plus two is four. LOC **a mais** too much, too many: *Você pagou três dólares a ~.* You paid three dollars too much. ◇ *Há duas cadeiras a ~.* There are two chairs too many. ◆ **até mais!** see you (later)! ◆ **mais ou menos 1** (*não muito bem*): *—Que tal vão as coisas? —Mais ou menos.* "How are things?" "So-so." ◇ *O negócio vai ~ ou menos.* Business isn't going too well. **2** (*aproximadamente*) about: *~ ou menos 100 pessoas* about 100 people ◆ **mais que nada** particularly ◆ **por mais que** however much: *Por ~ que você grite...* However much you shout... ◆ **sem mais nem menos 1** (*sem pensar*) just like that: *Você decidiu assim, sem ~ nem menos?* So you made your mind up, just like that? **2** (*sem avisar*) out of the blue: *Bem, se você lhe disser assim sem ~ nem menos...* Well, if you tell him out of the blue like that... ❶ Para outras expressões com **mais**, ver os verbetes para o adjetivo, advérbio, etc., p.ex. **mais além** em ALÉM e **nunca mais** em NUNCA.

maisena® *sf* cornstarch; cornflour (*GB*)

maiúscula *sf* capital letter; upper-case letter (*mais formal*) LOC **com maiúscula** with a capital letter ◆ **em maiúsculas** in capitals

Majestade *sf* Majesty (*pl* **Majesties**): *Sua/Vossa ~* His/Your Majesty

major *sm* major

mal[1] *adv* **1** badly: *comportar-se/falar ~* to behave/speak badly ◇ *um trabalho ~ pago* a poorly/badly paid job ◇ *A minha avó ouve muito ~.* My grandmother's hearing is very bad. **2** (*aspecto*) bad: *Este casaco não fica ~.* This jacket doesn't look bad. **3** (*erradamente, moralmente*) wrong: *Você escolheu ~.* You made the wrong choice. ◇ *responder ~ a uma pergunta* to give the wrong answer ◇ *Fica ~ você responder à sua mãe.* It's wrong to talk back to your mother. **4** (*quase não*) hardly: *Mal falaram.* They hardly spoke. **5** (*quase nunca*) hardly ever: *Agora ~ os vemos.* We hardly ever see them now. **6** (*pouco mais de*) scarcely: *Mal faz um ano.* It's scarcely a year ago. LOC **andar/estar mal de** (*de dinheiro*) to be short of *sth* ◆ **estar/passar mal** (*de saúde*) to be/feel sick: *A vovó está ~ (de saúde).* Grandma's not feeling well.

mal[2] *sm* **1** (*dano*) harm: *Não lhe desejo nenhum ~.* I don't wish you any harm. ◇ *Ele não fez por ~.* He didn't mean any harm. ◇ *Que ~ eu lhe fiz?* What have I done to upset you? **2** (*Filosofia*) evil: *o bem e o ~* good and evil **3** (*doença*) disease: *Ele tem um ~ incurável.* He has an incurable disease. **4** (*problema*) problem: *A venda da casa nos salvou de ~es maiores.* The sale of the house saved us from having further problems. LOC **não faz mal** never mind ◆ **não há mal que não venha para bem** every cloud has a silver lining

mal[3] *conj* (*assim que*) as soon as: *Mal eles chegaram, ela saiu.* She left as soon as they arrived.

mala[1] ▸ *sf* **1** (*viagem*) suitcase; case (*mais coloq*) ➲ *Ver ilustração em* LUGGAGE **2** (*carro*) trunk; boot (*GB*) LOC **fazer/desfazer a(s) mala(s)** to pack/unpack

mala[2] ▸ *adj* boring: *A menina é muito ~.* She's really boring.

▸ *smf* bore: *Você convidou aquele ~ para a festa?* You invited that bore to the party?

malabarismo *sm* juggling [*não contável*] LOC **fazer malabarismos** to juggle

mal-agradecido, -a *adj* ungrateful

malagueta *sf* chili (*pl* **chilies**)

malandro, -a ▸ *adj* **1** *(preguiçoso)* lazy **2** *(patife)* double-dealing **3** *(astuto)* wily ▸ *sm-sf* **1** *(preguiçoso)* layabout **2** *(patife)* hustler

mal-assombrado, -a *adj* haunted

malcriado, -a *adj* rude

maldade *sf* wickedness *[não contável]*: *Foi uma ~ da sua parte.* That was a wicked thing you did.

maldição *sf* curse

maldito, -a ▸ *adj* **1** *(Relig)* damned **2** *(fig)* wretched: *Estes ~s sapatos me apertam!* These wretched shoes are too tight for me!▸ *interj* **maldito!** damn *Ver tb* MALDIZER

maldizer *vt* to curse

maldoso, -a *adj* **1** *(malicioso)* nasty: *Que comentário ~!* What a nasty remark! **2** *(mau)* wicked: *uma pessoa extremamente maldosa* an extremely wicked person

mal-educado, -a *adj* **1** rude: *Que crianças mal-educadas!* What rude children! **2** *(ao falar)* foul-mouthed

mal-entendido *sm* misunderstanding: *Foi um ~.* It was a misunderstanding.

mal-estar *sm* **1** *(indisposição)*: *Sinto um ~ geral.* I don't feel too good. **2** *(inquietação)* unease: *As palavras dele causaram ~ no meio político.* His words caused unease in political circles.

malfeitor, -ora *sm-sf* criminal

malha *sf* **1** *(rede)* mesh **2** *(tricô)* knitting *[não contável]* **3** *(roupa de malha)* knitwear *[não contável]* **4** *(Balé, Ginástica)* leotard **5** *(casaco)* sweater LOC **cair na malha fina** to be investigated by the tax authorities ◆ **de malha** *(tecido)* cotton jersey

malhação *sf (Ginástica)* workout

malhado, -a *adj* **1** *(musculoso)* (well) toned ➲ *Ver nota em* WELL BEHAVED **2** *(animal)* spotted *Ver tb* MALHAR

malhar ▸ *vi (exercitar-se)* to work out ▸ *vt* **1** *(exercitar)* to exercise **2** *(criticar)* to criticize

mal-humorado, -a *adj* LOC **estar mal-humorado** to be in a bad mood ◆ **ser mal-humorado** to be bad-tempered

malícia *sf* malice

malicioso, -a *adj* **1**: *Você é muito ~.* You bring sex into everything. **2** *(vírus, etc.)* malicious

maligno, -a *adj (Med)* malignant

má-língua *sf* gossip: *Dizem as más-línguas que...* Gossip has it that...

mal-intencionado, -a *adj* malicious

malnutrido, -a *adj* malnourished

malpassado, -a *adj (bife)* rare ➲ *Ver nota em* BIFE

malte *sm* malt

maltratar *vt* to mistreat: *Disseram que tinham sido maltratados.* They said they had been mistreated. ◇ *Maltrataram-nos física e verbalmente.* We were subjected to physical and verbal abuse.

maluco, -a ▸ *adj* ~ **(por)** crazy; mad *(GB)* (about *sb/sth*): *A minha prima é ~ por desenhos animados.* My cousin is crazy about cartoons.
▸ *sm-sf* madman/madwoman *(pl* -men/-women*)*

maluquice *sf* **1** *(loucura)* madness *[não contável]* **2** *(ideia)* crazy idea **3** *(disparate)* crazy thing: *Fiz muitas ~s.* I've done a lot of crazy things.

malvado, -a *adj* wicked

malvisto, -a *adj* LOC **ser malvisto** to be frowned upon

mama *sf* breast: *câncer de ~* breast cancer

mamadeira *sf* (baby) bottle

mamãe *sf* mom; mum *(GB)* ℹ As crianças pequenas dizem **mommy**, ou **mummy** na Grã-Bretanha.

mamão *sm* papaya

mamar *vi* to nurse; to feed *(GB)*: *Ele adormece assim que termina de ~.* He falls asleep as soon as he's finished nursing. LOC **dar de mamar** to nurse; to breastfeed *(GB)*

mamífero *sm* mammal

mamilo *sm* nipple

manada *sf* herd: *uma ~ de elefantes* a herd of elephants

mancada *sf* blunder

mancar ▸ *vi* to limp
▸ **mancar-se** *vp (entender indiretas)* to get the message

mancha *sf* **1** *(sujeira)* stain: *uma ~ de gordura* a grease stain **2** *(pele)* spot LOC **mancha de óleo** oil slick *Ver tb* NASCENÇA

manchado, -a *adj* ~ **(de)** *(sujo)* stained (with *sth*): *uma carta manchada de sangue/tinta* a bloodstained/ink-stained letter *Ver tb* MANCHAR

manchar ▸ *vt (sujar)* to get *sth* dirty: *Não manche a toalha.* Don't get the tablecloth dirty.
▸ *vi* to stain

manchete *sf (jornal)* headline

manco, -a *adj* lame

mandachuva *smf* big shot

mandado *sm (Jur)* warrant: *um ~ de busca* a search warrant

mandamento *sm (Relig)* commandment

mandão, -ona *adj, sm-sf* bossy: *Você é um ~.* You're so bossy.

mandar ▸ *vt* **1** *(ordenar)* to tell *sb to do sth*: *Ele mandou as crianças se calarem.* He told the children to be quiet. ◇ *Ela gosta de ~ nos outros.* She likes telling other people what to do. ➲ *Ver nota em* ORDER **2** *(enviar)* to send: *Mandei um e-mail para você.* I sent you an e-mail. ➲ *Ver nota em* GIVE **3** *(levar)* to have *sth* done: *Vou ~ limpá-lo.* I'm going to have it cleaned.
▸ *vi* **1** *(governo)* to be in power **2** *(ser o chefe)* to be the boss; to be in charge *(mais formal)* LOC **mandar alguém passear** to tell sb to get lost ◆ **mandar chamar alguém** to send for sb ◆ **mandar embora** *(demitir)* to fire *sb* *Ver tb* BUSCAR

mandato *sm* mandate

M

mandíbula *sf* jaw

mandioca *sf* cassava

maneira *sf* **1 ~ (de)** *(modo)* way (of *doing sth*): *a ~ dela de falar/vestir* her way of speaking/dressing ◇ *Desta ~ é mais fácil.* It's easier this way. **2 maneiras** manners: *boas ~s* good manners LOC **à minha maneira** my, your, etc. way ◆ **de maneira que** *(de modo que)* so (that): *Fechei a porta de ~ que ele não ouvisse a conversa.* I closed the door so (that) he didn't hear the conversation. ◆ **de qualquer/toda maneira** anyway ◆ **maneira de ser**: *É a minha ~ de ser.* It's just the way I am. ◆ **não haver maneira de** to be impossible *to do sth*: *Não havia ~ de o carro pegar.* It was impossible to start the car. ◆ **que maneira de...!** what a way to...!: *Que ~ de dirigir!* What a way to drive! *Ver tb* DITO, NENHUM, SEGUINTE

maneirar *vt, vi* to go easy (on *sth*): *Pediram que maneirássemos no barulho.* They asked us to go easy on the noise.

maneiro, -a *adj* cool: *Foi uma festa maneira.* The party was really cool.

manejar *vt* **1** to handle: *~ uma arma* to handle a weapon **2** *(máquina)* to operate

manequim *sm (em vitrine)* dummy *(pl* dummies)

manga[1] *sf* sleeve: *uma camisa de ~ comprida/curta* a long-sleeved/short-sleeved shirt LOC **em mangas de camisa** in shirtsleeves ◆ **sem mangas** sleeveless

manga[2] *sf (fruta)* mango *(pl* mangoes)

mangá *sm* manga

mangueira *sf* **1** *(água)* hose **2** *(árvore)* mango tree

manha *sf* **1** *(esperteza, astúcia)* cunning [*não contável*]: *Ele usou de todas as ~s para conseguir ser promovido.* He used all his cunning to get promoted. ◇ *ter muita ~* to be very cunning **2** *(fingimento)* act: *Isso é ~, eu mal toquei nele.* That's (all) an act — I hardly touched him. LOC **fazer manha** *(fingir)* to put on an act

manhã *sf* morning: *Ele parte esta ~.* He's leaving this morning. ◇ *na ~ seguinte* the following morning ◇ *às duas da ~* at two o'clock in the morning ◇ *O exame é segunda de ~.* The test is on Monday morning. ◇ *Partimos amanhã de ~.* We're leaving tomorrow morning. ➲ *Ver nota em* MORNING LOC *Ver* AMANHÃ, CAFÉ

mania *sf* **1** *(hábito)* quirk: *Todos nós temos as nossas pequenas ~s.* We all have our little quirks. **2** *(obsessão)*: *Isso está virando uma ~ sua!* You're getting obsessed about it! **3** *(modismo)* craze: *Está uma mania de tablets agora.* Tablets are all the rage at the moment. LOC **ter a mania de fazer algo** to have the strange habit of doing sth ◆ **ter mania de grandeza/perseguição** to have delusions of grandeur/a persecution complex *Ver tb* DOIDO, PERDER

maníaco, -a *adj (obcecado)* obsessive

manicure ▸ *sf* manicure
▸ *smf (pessoa)* manicurist

manifestação *sf* **1** *(de protesto)* demonstration **2** *(expressão)* expression: *uma ~ de apoio* an expression of support

manifestante *smf* demonstrator

manifestar ▸ *vt* **1** *(opinião)* to express **2** *(mostrar)* to show
▸ **manifestar-se** *vp* **1 manifestar-se (contra/a favor de)** *(expressar opinião)* to speak out (against/in favor of *sth*) **2 manifestar-se (contra/a favor de)** *(protestar)* to demonstrate (against/in favor of *sth*) **3** *(doença)* to appear

manifesto, -a ▸ *adj* clear; manifest *(formal)*
▸ *sm* manifesto *(pl* manifestos/manifestoes)

manipular *vt* **1** to manipulate: *Não se deixe ~.* Don't let yourself be manipulated. **2** *(eleições, etc.)* to rig: *~ os resultados das eleições* to rig the election results

manivela *sf* handle

manjar *sm* **1** *(sobremesa)* dessert **2** *(iguaria)* delicacy *(pl* delicacies)

manjericão *sm* basil

manobra *sf* maneuver

manobrar *vi* to maneuver

manobrista *smf* valet
mansão *sf* mansion
manso, -a *adj* **1** *(animal)* tame **2** *(pessoa)* meek
manta *sf* blanket: *Cubra-o com uma ~.* Put a blanket over him.
manteiga *sf* butter LOC **manteiga de cacau** cocoa butter
manter ▸ *vt* **1** *(conservar)* to keep: *~ a comida quente* to keep food hot ◇ *~ uma promessa* to keep a promise **2** *(economicamente)* to support: *~ uma família de oito pessoas* to support a family of eight **3** *(afirmar)* to maintain
▸ **manter-se** *vp (situação, problema)* to remain LOC **manter a linha/manter-se em forma** to keep in shape ◆ **manter as aparências** to keep up appearances ◆ **manter-se em pé** to remain standing ◆ **manter-se firme** to stand firm ◆ **manter vivo** to keep *sb/sth* alive: *~ viva a esperança* to keep hope alive *Ver tb* CONTATO
mantimento *sm* **mantimentos** provisions
manual ▸ *adj* manual
▸ *sm* **1** manual: *~ de instruções* handbook **2** *(Educ)* textbook LOC *Ver* TRABALHO
manufaturar *vt* to manufacture
manuscrito, -a ▸ *adj* handwritten
▸ *sm* manuscript
manusear *vt* to handle: *~ alimentos* to handle food
manutenção *sf* maintenance
mão *sf* **1** hand: *Levante a ~.* Put your hand up. ◇ *estar em boas ~s* to be in good hands **2** *(tinta)* coat **3** *(animal)* paw LOC **à mão 1** *(perto)* at hand: *Você tem um dicionário à ~?* Do you have a dictionary at hand? **2** *(manualmente)* by hand: *Deve ser lavado à ~.* It needs to be washed by hand. ◇ *feito/escrito à ~* handmade/handwritten ◆ **à mão armada** armed: *um assalto à ~ armada* an armed robbery ◆ **dar a mão** to hold *sb's* hand: *Dê-me a ~.* Hold my hand. ◆ **dar uma mão** to give *sb* a hand ◆ **dar uma mão de obra** to be hard work: *Vai dar uma ~ de obra fazer a mudança.* The move is going to be hard work. ◆ **de mão dupla/única** two-way/one-way: *uma rua de ~ única* a one-way street ◆ **de mãos dadas** hand in hand (*with sb*): *Eles passeavam de ~s dadas.* They were walking along hand in hand. ◆ **em mãos** in person: *Entregue-o em ~s.* Give it to him in person. ◆ **estar à mão** to be close by ◆ **fora de mão** *(fora de caminho)* out of the way: *Fica fora de ~ para nós.* It's out of our way. ◆ **mão de ferro** firm hand ◆ **mão de obra** labor ◆ **mãos ao alto!** hands up! *Ver tb* ABRIR, BAGAGEM, CARRINHO, CONHECER, CORAÇÃO, ESCREVER, ESCRITO, ESFREGAR, FREIO, LAVAR, METER, PÁSSARO, PINTADO, SEGUNDO, TACAR
mão-aberta *smf* generous person (*pl* people)
mapa *sm* map: *Está no ~.* It's on the map. LOC **mapa astral** birth chart *Ver tb* DESAPARECER
mapa-múndi *sm* world map
mapear *vt* to map
maquete *sf* model
maquiador, -ora *sm-sf* makeup artist
maquiagem *sf* makeup [*não contável*]
maquiar ▸ *vt* to make *sb* up
▸ **maquiar-se** *vp* to put on your makeup
máquina *sf* **1** machine: *~ de costura* sewing machine ◇ *~ de café* espresso machine **2** *(trem)* engine LOC **escrever/bater à máquina** to type ◆ **máquina de escrever** typewriter ◆ **máquina de lavar** washing machine ◆ **máquina de lavar louça** dishwasher ◆ **máquina de vender** vending machine ◆ **máquina fotográfica** camera *Ver tb* BATER, ESCRITO
maquinaria *sf* machinery [*não contável*]
maquinista *smf* engineer; train driver *(GB)*
mar *sm* ocean, sea

> A palavra **ocean** é mais comum nos Estados Unidos, embora se use também a palavra **sea**: *uma casa perto do mar* a house near the ocean ◇ *viajar por mar* to travel by sea. Na Grã-Bretanha utiliza-se mais a palavra **sea**, porém, quando nos referimos aos oceanos num contexto geográfico, usa-se **ocean**.

LOC **lançar-se ao mar** to put out to sea ◆ **mar adentro** out to sea *Ver tb* FRUTO
maracujá *sm* passion fruit (*pl* passion fruit)
maratona *sf* marathon
maravilha *sf* wonder LOC **cheirar/ter um sabor que é uma maravilha** to smell/taste wonderful ◆ **fazer maravilhas** to work wonders: *Este xarope faz ~s.* This cough syrup works wonders. ◆ **que maravilha!** how wonderful! *Ver tb* MIL
maravilhoso, -a *adj* wonderful
marca *sf* **1** *(sinal)* mark **2** *(produtos de limpeza, alimentos, etc.)* brand: *uma ~ de jeans* a brand of jeans **3** *(carros, eletrodomésticos, etc.)* make: *De que ~ é o seu carro?* What make is your car? LOC **de**

marca: *produtos de ~* branded goods ◇ *roupa de ~* designer clothes ♦ **marca registrada** (registered) trademark

marcação *sf* **1** *(de pontos)* scoring: *A ~ deve estar errada.* The scoring must be wrong. **2** *(de um adversário)* marking LOC **estar de marcação com** *(perseguição)* to make *sb's* life difficult: *O chefe dela está de ~ com ela.* Her boss is making her life difficult.

marcador *sm* **1** *(Esporte, painel)* scoreboard **2** *(de livro)* bookmark

marcar ▸ *vt* **1** to mark: *~ o chão com giz* to mark the ground with chalk **2** *(data)* to fix **3** *(gado)* to brand **4** *(indicar)* to say: *O relógio marcava cinco horas.* The clock said five o'clock. **5** *(Esporte)* (**a**) *(gol)* to score: *Ele marcou três gols.* He scored three goals. (**b**) *(adversário)* to mark: *Temos que ~ o Messi.* We have to mark Messi.
▸ *vi* **1** *(gol)* to score: *Eles marcaram no primeiro tempo.* They scored in the first half. **2** *(impedir o jogo do adversário)* to defend: *Marcamos bem hoje.* We defended well today. LOC **marcar encontro (com)** to arrange to meet *sb* ♦ **marcar hora/uma consulta** to make an appointment ♦ **marcar o compasso/ritmo** to beat time ♦ **marcar gol contra** to score an own goal

M

marca-texto *sm* highlighter (pen)

marcha *sf* **1** *(bicicleta, carro)* gear: *trocar de ~* to shift gear ◇ *um carro com cinco ~s* a car with a five-speed transmission **2** *(Mil, Mús, de protesto)* march **3** *(Esporte)* walk LOC **dar marcha à ré** to reverse *Ver tb* CAIXA[1]

marcial *adj* martial

marco *sm* *(ponto de referência)* landmark

março *sm* March *(abrev* Mar.*)* ➲ *Ver exemplos em* JANEIRO

maré *sf* **1** tide: *~ alta/baixa* high/low tide ◇ *Subiu/Baixou a ~.* The tide came in/went out. **2** *(série)* run: *uma ~ de sorte* a run of good luck ◇ *uma ~ de desgraças* a series of misfortunes

maremoto *sm* tidal wave

maresia *sf* sea air

marfim *sm* ivory

margarida *sf* daisy *(pl* **daisies***)*

margarina *sf* margarine

margem *sf* **1** *(rio, canal)* bank **2** *(de lago)* shore **3** *(numa página)* margin **4** *(oportunidade)* room *(for sth)*: *~ para dúvida* room for doubt LOC **à margem**: *viver à ~ da sociedade* to live on the fringes of society ◇ *Eles o deixam à ~ de tudo.* They leave him out of everything.

marginal ▸ *adj, smf (pessoa)* delinquent
▸ *sf (estrada)* road: *~ de costeira/rio* coast road/road along the river bank ◇ *~ da rodovia* access road ◇ *~ do Tietê* the Tietê freeway

marginalizado, -a ▸ *adj* **1** *(pessoa)* marginalized: *sentir-se ~* to feel marginalized **2** *(zona)* deprived
▸ *sm-sf* underprivileged person: *os ~s* the underprivileged

marido *sm* husband

marina *sf* marina

marinha *sf* navy *(pl* **navies***)*
LOC **a Marinha Mercante** the Merchant Marine; the Merchant Navy *(GB)*

marinheiro *sm* sailor

marinho, -a *adj* **1** marine: *vida/poluição marinha* marine life/pollution **2** *(aves, sal)* sea: *aves marinhas* seabirds

marionete *sf* puppet: *teatro de ~s* puppet show

mariposa *sf* moth

marisco *sm* shellfish *(pl* **shellfish***)*

marítimo, -a *adj* **1** *(povoação, zona)* coastal **2** *(porto, rota)* sea: *porto ~* sea port ◇ *transportes ~s* transport by sea **3** *(Jur)* maritime

marketing *sm* marketing

marmelada *sf* **1** *(doce)* quince jelly **2** *(sacanagem)*: *A eleição foi uma ~.* The election was fixed.

mármore *sm* marble

marquês, -esa *sm-sf* **1** *(masc)* marquess **2** *(fem)* marchioness

marqueteiro, -a ▸ *adj*: *O Luiz é muito ~, sabe se promover muito bem!*Luiz is great at self-promotion.
▸ *sm-sf (Pol)* spin doctor

marquise *sf* awning

marrom *adj, sm* brown ➲ *Ver exemplos em* AMARELO LOC *Ver* IMPRENSA

Marte *sm* Mars

martelar *vt, vi* **1** to hammer *sth* (in): *~ um prego* to hammer a nail in **2** *(insistir)*: *Martelei tanto a canção que eles acabaram aprendendo.* I went over and over the song with them until they learned it. **3** *(piano)* to bang away on *the piano*

martelo *sm* hammer

mártir *smf* martyr

marxismo *sm* Marxism

marzipã *sm* marzipan

mas *conj* but: *devagar ~ com segurança* slowly but surely

mascar *vt, vi* to chew

máscara *sf* mask LOC *Ver* BAILE

mascarar *vt* to mask

mascavo *adj* LOC *Ver* AÇÚCAR

mascote *sf* mascot

masculino, -a *adj* **1** male: *a população masculina* the male population **2** (*característico do homem, Gram*) masculine ➲ *Ver nota em* FEMALE **3** (*Esporte, moda*) men's: *a prova masculina dos 100 metros* the men's 100 meters

masmorra *sf* dungeon

massa *sf* **1** mass: *~ atômica* atomic mass ◇ *uma ~ de gente* a mass of people **2** (*macarrão*) pasta **3** (*para torta, empada*) pastry: *~ folhada* puff pastry **4** (*para pão*) dough LOC **de massa** mass: *cultura de ~* mass culture ◆ **massa de modelar** play dough; plasticine® (*GB*) *Ver tb* ÍNDICE

massacrar *vt* **1** (*chacinar*) to massacre **2** (*estafar*) to exhaust: *Trabalhar dez horas por dia anda me massacrando.* Working ten hours a day is exhausting me.

massacre *sm* massacre

massagear *vt* to massage

massagem *sf* massage: *Você me faz uma ~ nas costas?* Can you massage my back for me?

massagista *smf* **1** (*masc*) masseur **2** (*fem*) masseuse

massivo, -a *adj* massive LOC *Ver* JOGO

mastigar *vt, vi* to chew: *Você deve ~ bem a comida.* You should chew your food thoroughly.

mastro *sm* **1** (*barco*) mast **2** (*bandeira*) flagpole

masturbar-se *vp* to masturbate

mata *sf* forest

matado, -a *adj* (*malfeito*) badly done *Ver tb* MATAR

matadouro *sm* slaughterhouse

matança *sf* slaughter

matar *vt* **1** to kill: *Vou ~ você!* I'm going to kill you! ◇ *~ o tempo* to kill time **2** (*terminar*) to finish *sth* off: *Posso ~ esta bebida?* Can I finish that drink off? LOC **matar a fome**: *Compramos frutas para ~ a fome.* We bought some fruit to keep us going. ◆ **matar a sede** to quench your thirst ◆ **matar a tiro** to shoot *sb* dead ◆ **matar aula** to skip class ◆ **matar de desgosto** to make *sb*'s life a misery ◆ **matar dois coelhos de uma só cajadada** to kill two birds with one stone ◆ **matar as saudades**: *para ~ as saudades* for old time's sake ◇ *~ as saudades dos amigos* to meet up with your old friends ◆ **matar-se de fazer algo** to wear yourself out doing sth: *Matamo-nos de estudar/trabalhar.* We wore ourselves out studying/working.

mate *sm* (*Xadrez*) mate

matemática *sf* math; maths (*GB*); mathematics (*formal*): *Ele é muito bom em ~.* He's very good at math.

matemático, -a ▸ *adj* mathematical ▸ *sm-sf* mathematician

matéria *sf* **1** matter: *~ orgânica* organic matter **2** (*disciplina, tema*) subject: *ser um perito na ~* to be an expert on the subject **3** (*no jornal, etc.*) article **4** (*de estudo*) syllabus (*pl* syllabuses/syllabi)

material ▸ *adj* material ▸ *sm* **1** (*matéria, dados*) material: *um ~ resistente ao fogo* fire-resistant material ◇ *Tenho todo o ~ de que necessito para o artigo.* I have all the material I need for the article. **2** (*equipamento*) equipment [*não contável*]: *~ esportivo/de laboratório* sports/laboratory equipment LOC **material didático/educativo** teaching materials [*pl*] ◆ **material escolar** school supplies [*pl*]

materialista ▸ *adj* materialistic ▸ *smf* materialist

matéria-prima *sf* raw material

maternal *adj* motherly; maternal (*mais formal*) LOC *Ver* ESCOLA

maternidade *sf* **1** (*condição*) motherhood; maternity (*mais formal*) **2** (*hospital*) maternity hospital

materno, -a *adj* **1** (*maternal*) motherly: *amor ~* motherly love **2** (*parentesco*) maternal: *avô ~* maternal grandfather LOC *Ver* LÍNGUA

matilha *sf* (*cães*) pack

matinal *adj* morning: *um voo ~* a morning flight ◇ *no fim da sessão ~* at the end of the morning session

matiz *sm* (*cor*) shade

mato *sm* scrubland *Ver* BICHO

matraca *sf* (*tagarela*) talkative person (*pl* people)

matrícula *sf* (*inscrição*) registration: *Já começaram as ~s.* Registration has begun. LOC **(número de) matrícula** license number; registration number (*GB*)

matricular(-se) *vt, vp* to enroll

matrimônio *sm* marriage ➲ *Ver nota em* CASAMENTO LOC *Ver* CONTRAIR

matriz *sf* **1** (*fotografia, cópia*) original **2** (*Mat*) matrix (*pl* matrices) **3** (*sede*) head office

maturidade *sf* maturity

matutino, -a ▸ *adj* morning: *cursos ~s* morning classes ▸ *sm* (*jornal*) morning paper

mau, má *adj* **1** bad: *uma pessoa má* a bad person ◇ *~s modos/~ comportamento* bad manners/behavior ◇ *Tivemos* *muito ~ tempo.* We had very bad weather. **2** (*inadequado*) poor: *má alimentação/visibilidade* poor food/visibility ◇ *devido ao ~ estado do terreno* due to the poor condition of the ground **3** (*travesso*) naughty: *Não seja ~ e beba o leite.* Don't be naughty — drink up your milk.

mau-caráter *adj, smf*: *Ela é muito ~.* She can't be trusted.

mau-olhado *sm* evil eye

mauricinho *sm* preppy (*pl* preppies); rich kid (*GB*)

mausoléu *sm* mausoleum

maus-tratos *sm* ill-treatment [*não contável*]: *Eles sofreram ~ na prisão.* They were subjected to ill-treatment in prison. ◇ *~ contra crianças* child abuse

maxilar *sm* jaw

máxima *sf* **1** (*ditado*) maxim **2** (*temperatura*) maximum temperature: *Santos registrou a ~ de 45°C.* Santos registered a maximum temperature of 113°F.

M

maximizar *vt* to maximize

máximo, -a ▸ *adj* maximum: *temperatura máxima* maximum temperature ◇ *Temos um prazo ~ de sete dias para pagar.* We have a maximum of seven days in which to pay.
▸ *sm* maximum: *um ~ de dez pessoas* a maximum of ten people LOC **ao máximo**: *Devemos aproveitar os nossos recursos ao ~.* We must make the most of our resources. ◇ *Esforcei-me ao ~.* I tried my very best. ◆ **no máximo 1** (*numeral*) at most: *Cabem no ~ 20 pessoas aqui.* 20 people will fit in here at most. **2** (*com expressões de tempo*) at the latest: *Vou esperá-lo até às cinco no ~.* I'll wait for you till five at the latest. ◆ **o máximo possível** as much as possible ◆ **ser o máximo** to be great: *Sua tia é o ~!* Your aunt is great! *Ver tb* ACHAR, ALTURA, VELOCIDADE

me *pron* **1** (*complemento*) me: *Você não me viu?* Didn't you see me? ◇ *Dê-me isso.* Give me that. ◇ *Compre-me aquilo!* Buy that for me! **2** (*reflexivo*) (myself): *Eu me vi no espelho.* I saw myself in the mirror. ◇ *Vesti-me imediatamente.* I got dressed right away.

meados *sm* LOC **em/nos meados de...** in the middle of...

mecânica *sf* mechanics [*não contável*]

mecânico, -a ▸ *adj* mechanical
▸ *sm-sf* mechanic

mecanismo *sm* mechanism LOC *Ver* BUSCA

mecha *sf* **1** (*vela*) wick **2** (*bomba*) fuse **3** (*de cabelo*) lock **4 mechas** (*penteado*) highlights: *fazer ~s* to have your hair highlighted

medalha *sf* medal: *~ de ouro* gold medal LOC *Ver* ENTREGA

média *sf* **1** average: *em ~* on average **2** (*Mat*) mean

mediador, -ora *sm-sf* moderator

mediano, -a *adj* average: *de estatura mediana* of average height

medicamento *sm* medicine: *receitar um ~* to prescribe a medicine

medicar *vt* (*tratar*) to treat

medicina *sf* medicine

médico, -a ▸ *adj* physical; medical (*GB*): *um exame ~* a physical (examination)
▸ *sm-sf* doctor: *ir ao ~* to go to the doctor's LOC *Ver* BOLETIM, LICENÇA

médico-legista, médica-legista *sm-sf* forensic expert

medida *sf* **1** (*extensão*) measurement: *Quais são as ~s desta sala?* What are the measurements of this room? **2** (*unidade, precauções*) measure: *pesos e ~s* weights and measures ◇ *Será preciso tomar ~s a esse respeito.* Something must be done about it. LOC **à medida que** as: *à ~ que a doença for avançando* as the illness progresses ◆ **(feito) sob medida** (made) to measure ◆ **ficar na medida** to be a perfect fit ◆ **na medida do possível** as far as possible *Ver tb* MEIO

medieval *adj* medieval

médio, -a *adj* **1** medium: *de tamanho ~* of medium size **2** (*mediano, normal*) average: *temperatura/velocidade média* average temperature/speed **3** (*dedo*) middle LOC *Ver* CLASSE, ENSINO, ESCOLA, IDADE, ORIENTE, PORTE, PRAZO

medíocre *adj* mediocre

medir *vt, vi* to measure: *~ a cozinha* to measure the kitchen ◇ *A mesa mede 1,50 m de comprimento e 1 m de largura.* The table measures 1.50 m long by 1 m wide. ◇ *Quanto você mede?* How tall are you? LOC **medir as palavras** to weigh your words ◆ **não medir esforços** to spare no efforts

meditar ▸ *vt* ~ **(em)** (*refletir*) to ponder *sth*: *Ele meditou na resposta.* He pondered his reply.
▸ *vi* (*fazer meditação*) to meditate

mediterrâneo, -a *adj, sm* Mediterranean

medo *sm* fear (*of sb/sth/doing sth*): *o ~ de voar/do fracasso* fear of flying/failure LOC **com/por medo de** for fear of *sb/sth/doing sth*: *Não fiz com ~ de ralharem comigo.* I didn't do it for fear of getting into trouble. ◆ **ficar com/sentir/ter medo** to be frightened (*of sb/sth/doing sth*); to be scared (*of sb/sth/doing* *sth*) (*mais coloq*): *Senti muito ~.* I was very frightened. ◇ *Ele tem muito ~ de cães.* He's very scared of dogs. ◇ *Você teve ~ de ser reprovado?* Were you afraid you would fail? ◆ **que medo!** how scary! *Ver tb* ESTREMECER, METER, MORRER, MORTO

medonho, -a *adj* **1** (*assustador*) frightening **2** (*horrível*) horrible

medroso, -a *adj* fearful

medula *sf* marrow: *~ óssea* bone marrow

medusa *sf* jellyfish (*pl* jellyfish)

mega *adj, adv* mega: *Vai ser uma ~ festa.* The party's going to be mega.

meia[1] *sf* **1** (*curta*) sock **2** (*longa*) stocking **3 meias** (*meia-calça*) pantyhose; tights (*GB*)

meia[2] ▸ *sf* **1** (*hora*): *São três e ~.* It's three thirty. ➲ *Ver nota em* HALF **2** (*números de telefone*) six
▸ *smf* (*Futebol, jogador*) midfielder *Ver tb* MEIO

meia-armador, -ora *sm-sf* (*Futebol*) playmaker

meia-calça *sf* **meias-calças** pantyhose; tights (*GB*)

meia-idade *sf* middle age: *uma pessoa de ~* a middle-aged person

meia-noite *sf* midnight: *Eles chegaram à ~.* They arrived at midnight.

meia-tigela *sf* LOC **de meia-tigela** second-rate: *um ator de ~* a second-rate actor

meia-volta *sf* LOC **dar meia-volta** to turn around: *Ela deu ~ e voltou para trás.* She turned around and went back.

meigo, -a *adj* sweet

meio, -a ▸ *adj* (*metade de*) half a, half an: *meia garrafa de vinho* half a bottle of wine ◇ *meia hora* half an hour
▸ *adv* half: *Quando ele chegou estávamos ~ adormecidos.* We were half asleep when he arrived. ◇ *Estou ~ cansado.* I'm pretty tired.
▸ *sm* **1** (*centro*) middle: *uma praça com uma banca de jornais no ~* a square with a newsstand in the middle **2** (*ambiente*) environment **3** (*social*) circle: *~s financeiros* financial circles **4** (*procedimento, recurso*) means (*pl* means): *~ de transporte* means of transportation ◇ *Eles não têm ~s para comprar uma casa.* They don't have enough money to buy a house.
▸ *num numeral* half (*pl* halves): *Dois ~s dão um inteiro.* Two halves make a whole. LOC **a meia haste** at half-mast ◆ **de meio expediente** part-time: *um emprego de ~ expediente* a part-time job ◆ **e meio** and a half: *um quilo e ~ de tomates* one and a half kilos of tomatoes ◇ *Demoramos duas horas e meia.* It took us two and a half hours. ◆ **meia (entrada)** half-price ticket ◆ **meias medidas** half measures ◆ **meio ambiente** environment ◆ **meio de campo** midfield: *um jogador de ~ de campo* a midfield player ◆ **meio de comunicação** medium (*pl* media) ◆ **meio mundo** lots of people [*pl*] ◆ **não ser de meias palavras**: *Ele não é de meias palavras.* He doesn't beat around the bush. ◆ **no meio de** in the middle of *sth*: *no ~ da manhã/tarde* in the middle of the morning/afternoon ◆ **por meio de** by means of *sth Ver tb* DIVIDIR, PENSÃO, VOLTA

meio-dia *sm* noon: *Eles chegaram ao ~.* They arrived at noon. ◇ *a refeição do ~* the midday meal

meio-fio *sm* curb

meio-irmão, meia-irmã *sm-sf* **1** (*masc*) half-brother **2** (*fem*) half-sister

meio-tempo *sm* (*Futebol*) half-time LOC **nesse meio-tempo** in the meantime

meio-termo *sm* compromise: *chegar a um ~* to reach a compromise

mel *sm* honey LOC *Ver* FAVO

melado, -a ▸ *adj* **1** (*grudento*) sticky **2** (*muito doce*) very sweet
▸ *sm* (*de cana*) molasses

melancia *sf* watermelon

melancólico, -a *adj* melancholy

melão *sm* melon

melhor ▸ *adj, adv* (*uso comparativo*) better (*than sb/sth*): *Eles têm um apartamento ~ do que o nosso.* They have a better apartment than ours. ◇ *Sinto-me muito ~.* I feel much better. ◇ *quanto antes ~* the sooner the better ◇ *Você canta ~ do que eu.* You're a better singer than me. ◇ *É ~ você levar o guarda-chuva.* You'd better take your umbrella.
▸ *adj, adv, smf* ~ **(de)** (*uso superlativo*) best (in/of *sth*): *o meu ~ amigo* my best friend ◇ *Ela é a ~ da turma.* She's the best in the class. ◇ *o que ~ canta* the one who sings best LOC **fazer o melhor possível** to do your best: *Compareça ao exame e faça o ~ possível.* Just turn up at the exam and do your best. ◆ **melhor do que nunca** better than ever ◆ **o melhor é (que)...** the best thing is (that)...: *Se você não sabe a resposta, o ~ é ficar calado.* If you don't know the answer, the best thing is to keep quiet. ◆ **ou melhor** I mean: *cinco, ou ~, seis* five, I mean six ◆ **tanto melhor** so much the better *Ver tb* CASO, LEVAR, VEZ

M

melhora *sf* improvement (*in sb/sth*): *a ~ do seu estado de saúde* the improvement in his health LOC **melhoras!** get well soon!

melhorar ▸ *vt* to improve: *~ as estradas* to improve the roads
▸ *vi* **1** to improve: *Se as coisas não melhorarem…* If things don't improve… **2** (*doente*) to get better: *Melhore logo!* Get well soon!

melindroso, -a *adj* (*suscetível*) touchy

melodia *sf* tune

melro *sm* blackbird

membrana *sf* membrane

membro *sm* **1** member: *tornar-se ~* to become a member **2** (*Anat*) limb

meme *sm* meme

memorável *adj* memorable

memória *sf* **1** memory: *Você tem boa ~.* You have a good memory. ◇ *perder a ~* to lose your memory **2 memórias** (*autobiografia*) memoirs LOC **de memória** by heart: *saber algo de ~* to know something by heart *Ver tb* CARTÃO, PUXAR

M

memorizar *vt* to memorize

menção *sf* mention

mencionar *vt* to mention
LOC **para não/sem mencionar…** not to mention…

mendigar *vt, vi* to beg (for *sth*): *~ comida* to beg for food

mendigo, -a *sm-sf* beggar

menina *sf* LOC **ser a menina dos olhos de alguém** to be the apple of sb's eye *Ver tb* MENINO

meninice *sf* childhood

menino, -a *sm-sf* **1** (*masc*) boy **2** (*fem*) girl LOC **menino prodígio** child prodigy (*pl* child prodigies)

menopausa *sf* menopause

menor ▸ *adj*
- **uso comparativo 1** (*tamanho*) smaller (*than sth*): *O meu jardim é ~ do que o seu.* My yard is smaller than yours. **2** (*idade*) younger **3** (*altura*) shorter **4** (*preço*) lower: *O preço é ~ nesta loja.* It's cheaper in this store.
- **uso superlativo 5** (*tamanho*) smallest: *o ~ dos três, quatro, etc.* the smallest of the three, four, etc. ◇ *o ~ dos dois* the smaller of the two **6** (*idade*) youngest **7** (*altura*) shortest **8** (*preço*) lowest
- **outros usos 9** (*Mús*) minor: *uma sinfonia em mi ~* a symphony in E minor

▸ *smf* (*menor de idade*) minor: *Não se serve álcool a ~es.* We do not serve alcohol to minors. LOC **menor de 18, etc. anos**: *Proibida a entrada a ~es de 18 anos.* No entry for under-18s. ◆ **ser menor de idade** to be under 21

menos ▸ *adv*
- **uso comparativo 1** less (*than sb/sth*): *Dê-me ~.* Give me less. ◇ *Demorei ~ do que pensava.* It took me less time than I thought it would.

> Com substantivos contáveis a forma mais correta é **fewer**, apesar de cada vez mais pessoas utilizarem **less**: *Havia menos gente/carros que ontem.* There were fewer people/cars than yesterday. ➲ *Ver nota em* POUCO

- **uso superlativo 2** least (*in/of…*): *a ~ faladora da família* the least talkative member of the family ◇ *o aluno que ~ estuda* the student who works least

> Com substantivos contáveis a forma mais correta é **fewest**, apesar de cada vez mais pessoas utilizarem **least**: *a turma com menos alunos* the class with fewest students ➲ *Ver nota em* POUCO

▸ *prep* **1** (*exceto*) except: *Foram todos ~ eu.* Everyone went except me. **2** (*Mat, temperatura*) minus: *Cinco ~ três são dois.* Five minus three is two. ◇ *Estamos com ~ dez graus.* It's minus ten.
▸ *sm* (*sinal matemático*) minus (sign)
LOC **a menos 1** less: *Estamos a ~ de três dias da prova.* We're less than three days away from the test. ◇ *Gostaria de pesar três quilos a ~.* I'd like to be three kilos lighter. **2** (*quantidade*) too little, too few: *Deram-me dez reais a ~.* They gave me ten reals too little. ◇ *três garfos a ~* three forks too few ➲ *Ver nota em* POUCO ◆ **a menos que** unless: *a ~ que pare de chover* unless it stops raining ◆ **ao/pelo menos** at least: *Dê pelo ~ um para mim.* Give me at least one. ◆ **menos mal!** thank goodness! *Ver tb* MAIS

menosprezar *vt* to despise

mensageiro, -a *sm-sf* messenger

mensagem *sf* message LOC **mensagem de texto** text message

mensal *adj* monthly: *um salário ~* a monthly salary

mensalidade *sf* monthly fee
LOC **mensalidade escolar** (monthly) tuition fees [*pl*]

menstruação *sf* menstruation; period (*mais coloq*)

menstruada *adj* LOC **estar/ficar menstruada** to have/start your period

menta *sf* mint

mental *adj* mental

mentalidade *sf* mentality (*pl* mentalities) LOC **ter uma mentalidade**

aberta/fechada to be open-minded/ narrow-minded

mente *sf* mind LOC **ter algo em mente** to have sth in mind *Ver tb* FIM

mentir *vt, vi* to lie: *Não minta para mim!* Don't lie to me! ➲ *Ver nota em* LIE[2]

mentira *sf* lie: *contar/dizer ~s* to tell lies ◇ *Isso é ~!* That's a lie! LOC **mentira inofensiva** white lie

mentiroso, -a ▸ *adj* deceitful: *uma pessoa mentirosa* a deceitful person ▸ *sm-sf* liar

menu *sm* menu: *Não estava no ~.* It wasn't on the menu.

mercadinho *sm* convenience store; corner shop (*GB*)

mercado *sm* market: *Comprei no ~.* I bought it at the market. LOC **mercado de trabalho** job market ◆ **mercado negro** black market *Ver tb* PESQUISA

mercadoria *sf* goods [*pl*]: *A ~ estava danificada.* The goods were damaged. LOC *Ver* IMPOSTO

mercante *adj* LOC *Ver* MARINHA

mercearia *sf* grocery store

mercenário, -a *adj, sm-sf* mercenary (*pl* **mercenaries**): *tropas mercenárias* mercenaries

Mercosul *sm* Mercosur

mercúrio *sm* **1** (*Quím*) mercury **2 Mercúrio** (*planeta*) Mercury

merecer *vt* to deserve: *Você merece um castigo.* You deserve to be punished. ◇ *A equipe mereceu perder.* The team deserved to lose.

merecido, -a *adj* well deserved: *uma vitória bem-merecida* a well-deserved victory ➲ *Ver nota em* WELL BEHAVED; *Ver tb* MERECER

merenda *sf* snack LOC **merenda (escolar)** school lunch

merengue *sm* (*Cozinha*) meringue

mergulhador, -ora *sm-sf* **1** diver **2** (*Esporte*) scuba-diver

mergulhar *vi* to dive

mergulho *sm* **1** (*ação*) dive **2** (*Esporte*) (**a**) (*com tubo de oxigênio*) scuba diving: *praticar ~* to go scuba diving (**b**) (*com snorkel*) snorkeling **3** (*nadando*) dip: *ir dar um ~* to go for a dip LOC *Ver* TRAJE

meridional *adj* southern

mérito *sm* merit LOC **ter mérito** to be praiseworthy

meritocracia *sf* meritocracy

mero, -a *adj* mere: *Foi mera coincidência.* It was mere coincidence.

mês *sm* month: *no ~ passado/que vem* last/next month ◇ *no início do ~* at the beginning of the month LOC **mês sim, mês não** every other month ◆ **num mês** (*no prazo de um mês*) within a month: *Fechou num ~.* It closed within a month. ◆ **por mês 1** (*em cada mês*) a month: *Quanto você gasta por ~?* How much do you spend a month? **2** (*mensalmente*) monthly: *Somos pagos por ~.* We're paid monthly. *Ver tb* CURSO

mesa *sf* table: *Não ponha os pés na ~.* Don't put your feet on the table. ◇ *Sentamo-nos à~?* Should we sit at the table? LOC **mesa de centro/jantar** coffee/dining table ◆ **mesa (de escritório/ escola)** desk ◆ **pôr/tirar a mesa** to set/ clear the table *Ver tb* TÊNIS, TOALHA

mesada *sf* allowance

mesa-redonda *sf* panel

mesmo, -a ▸ *adj* **1** (*idêntico*) same: *ao ~ tempo* at the same time ◇ *este ~ rapaz* this very boy ◇ *Moro no ~ prédio que ele.* I live in the same building as him. **2** (*uso enfático*) myself, yourself, etc.: *Eu ~ o vi.* I saw it myself. ◇ *estar em paz consigo ~* to be at peace with yourself ◇ *a princesa, ela mesma* the princess herself

▸ *pron* same one: *Ela é a mesma que veio ontem.* She's the same woman who came yesterday.

▸ *adv* **1** (*exatamente*) right: *Prometo-lhe que faço hoje ~.* I promise you I'll get it done today. **2** (*no caso, apesar de*) even: *~ quando* even when ◇ *nem ~* not even ◇ *Eles não quiseram vir, ~ sabendo que você estava aqui.* They didn't want to come, even though they knew you were here. **3** (*de verdade*) really: *É uma maçã ~!* It really is an apple! LOC **esse mesmo** the very same ◆ **isso mesmo!** that's right! ◆ **mesmo assim** even so: *Mesmo assim, eu não aceitaria.* Even so, I wouldn't accept. ◆ **mesmo que/se** even if: *Venha, ~ que seja tarde.* Come along, even if it's late. ◆ **o mesmo** the same: *Vou querer o ~ de sempre.* I'll have the same as usual. ◇ *O ~, por favor!* Same again, please! ◆ **para mim dá no mesmo/na mesma** It's all the same to me, you, etc. ◆ **por isso mesmo** that's why *Ver tb* AGORA, AÍ

mesquinho, -a *adj* (*avarento*) stingy

mesquita *sf* mosque

mestiço, -a *adj, sm-sf* (person) of mixed race

mestrado *sm* master's (degree)

mestre, -a *sm-sf* **1** (*educador*) teacher **2 ~ (de/em)** (*figura destacada*) master: *um ~ do xadrez* a chess grand master LOC *Ver* GOLPE

meta *sf* **1** (*objetivo*) goal: *alcançar uma ~* to achieve a goal **2** (*Atletismo*) finishing line: *o primeiro a atravessar a ~* the first to cross the finishing line LOC *Ver* TIRO

metabolismo *sm* metabolism

metade *sf* half (*pl* **halves**): *Metade dos deputados votou contra.* Half the Representatives voted against it. ◇ *partir algo pela ~* to cut sth in half LOC **na/pela metade (de)** halfway (through *sth*): *Saímos na ~ do filme.* We left halfway through the movie. ◇ *Paramos na ~ do caminho.* We'll stop halfway. ◇ *A garrafa estava pela ~.* The bottle was half empty. ◆ **pela metade do preço** half-price: *Comprei pela ~ do preço.* I bought it half-price.

metáfora *sf* metaphor

metal *sm* metal

metálico, -a *adj* **1** metal: *uma barra metálica* a metal bar **2** (*brilho, som*) metallic

metanfetamina *sf* (crystal) meth; methamphetamine (*mais formal*)

meteorito *sm* meteorite

meteoro *sm* meteor

meteorológico, -a *adj* weather; meteorological (*mais formal*) LOC *Ver* BOLETIM

meteorologista *smf* weather forecaster

meter ▸ *vt* **1** to put: *Onde você meteu as minhas chaves?* Where did you put my keys? ◇ *Meti 2.000 reais na minha conta.* I put 2,000 reals into my account. **2** (*introduzir*) to introduce **3** (*implicar*) to involve: *Melhor não ~ o chefe na confusão.* It's best not to get the boss involved in all this.

▸ **meter-se** *vp* **1** (*introduzir-se*) to get into *sth*: *meter-se na cama/debaixo do chuveiro* to get into bed/the shower **2** (*involver-se, interessar-se*) to get involved in *sth*: *meter-se na política* to get involved in politics **3** (*nos assuntos de outro*) to interfere (*in sth*): *Eles se metem em tudo.* They interfere in everything. **4 meter-se com** to pick on *sb* LOC **meter a mão em/na cara de alguém** to hit sb ◆ **meter medo** to frighten; to scare (*mais coloq*): *As ameaças dele não me metem nenhum medo.* His threats don't scare me. ◆ **meter o bedelho** to interfere (*in sth*): *Faça o favor de não ~ o bedelho na minha vida!* Please don't interfere in my life! ◆ **meter o dedo no nariz** to pick your nose ◆ **meter o nariz** to poke/stick your nose *into sth* ◆ **meter o pau em alguém/algo** to run sb/sth down ◆ **meter os pés pelas mãos** to get into a tangle ◆ **meter-se na vida dos outros** to poke your nose into other people's business ◆ **meter-se onde não se é chamado** to poke your nose in (where it's not wanted) *Ver tb* CABEÇA

meticuloso, -a *adj* (*cuidadoso*) meticulous

metido, -a *adj* **1** (*pretensioso*) conceited **2** (*intrometido*) nosy: *Não seja ~, ninguém pediu a sua opinião.* Don't be so nosy. No one asked you for your opinion. LOC **metido a besta** big-headed *Ver tb* METER

método *sm* method

metragem *sf* (*medida*) area in meters LOC *Ver* FILME

metralhadora *sf* machine gun

métrico, -a *adj* metric: *o sistema ~* the metric system LOC *Ver* FITA

metro *sm* **1** (*medida*) meter (*abrev* **m**): *os 200 ~s de nado de peito* the 200 meters breaststroke ◇ *Vende-se por ~.* It's sold by the meter. ➲ *Ver pág. 759* **2** (*fita para medir*) tape measure

metrô *sm* subway; underground (*GB*): *Podemos ir de ~.* We can go there on the subway.

> O metrô de Londres chama-se **the tube**: *Pegamos o último metrô.* We caught the last tube.

metrossexual *adj, sm* metrosexual

meu, minha *pron* **1** (*seguido de substantivo*) my: *os ~s amigos* my friends **2** (*não seguido de substantivo*) mine: *Estes livros são ~s.* These books are mine. ❶ Note que *um amigo meu* traduz-se por **a friend of mine** pois significa *um dos meus amigos*.

mexer ▸ *vt, vi* **1** (*mover*) to move: *Não consigo ~ as pernas.* I can't move my legs. **2** (**a**) (*líquido*) to stir: *Não pare de ~ a sopa.* Keep stirring the soup. (**b**) (*salada*) to toss **3 ~ (em)** (**a**) (*tocar*) to touch: *Não mexa nisso!* Don't touch it! (**b**) (*bisbilhotar*) to poke around (in *sth*): *Você está sempre mexendo nas minhas coisas.* You're always poking around in my things. **4 ~ com** (**a**) (*comover*) to affect; to get to *sb* (*coloq*): *Sabe que esse filme mexeu comigo?* The movie really got to me, you know. (**b**) (*irritar*) to tease: *Não faça caso, ele só está mexendo com você.* Ignore him — he's only teasing you. (**c**) (*trabalhar*) to work with *sth*: *O seu pai mexe com o quê?* What does your father do?

▸ **mexer-se** *vp* **1** (*mover-se*) to move: *Não se mexa!* Don't move! **2** (*apressar-se*) to get a move on: *Mexa-se ou perderemos o trem.* Get a move on or we'll miss the train. LOC *Ver* VIRAR

M

mexericar *vi* to gossip
mexerico *sm* gossip [*não contável*]
mexeriqueiro, -a *adj, sm-sf* gossip: *Não gosto de pessoas mexeriqueiras.* I don't like people who are always gossiping.
mexicano, -a *adj, sm-sf* Mexican
México *sm* Mexico
mexido, -a *adj* LOC *Ver* OVO
mexilhão *sm* mussel
mi *sm* (*Mús*) E: *mi maior* E major
miar *vi* to meow
miau *sm* meow ➲ *Ver nota em* GATO
michê *sm* male prostitute; rent boy (*GB*)
mico *sm* **1** (*macaco*) (capuchin) monkey **2** (*embaraço*) embarrassment: *Ela pagou o maior ~ entrando no banheiro masculino.* She suffered the embarrassment of going into the men's room. ◇ *Que ~!* How embarrassing!
micróbio *sm* germ; microbe (*mais formal*)
microblog *sm* microblog
microcefalia *sf* microcephaly
microcomputador *sm* personal computer (*abrev* PC)
microfone *sm* microphone; mike (*coloq*)
micro-ondas *sm* microwave
micro-ônibus *sm* minibus
micropagamento *sm* micropayment
microscópio *sm* microscope
mídia *sf* media [*pl*] ➲ *Ver nota em* MEDIA
LOC **mídias sociais** social media
migalha *sf* crumb: *~s de bolacha* cookie crumbs
migração *sf* migration
migrar *vi* to migrate
mijar *vi* to pee
mil *num numeral, sm* **1** (a) thousand: *~ pessoas* a thousand people ◇ *uma conta de cinco ~ reais* a bill for five thousand reals

> Também se pode traduzir **mil** por **one thousand** quando é seguido de outro número: *mil trezentos e sessenta* one thousand three hundred and sixty, ou quando se deseja dar mais ênfase: *Eu disse mil, não dois mil.* I said one thousand, not two.
>
> De 1.100 a 1.900 é muito frequente usar as formas **eleven hundred, twelve hundred, etc.**: *uma corrida de mil e quinhentos metros* a fifteen hundred meters race.

2 (*anos*): *em 1600* in sixteen hundred ◇ *1713* seventeen thirteen ◇ *o ano 2000* (the year) two thousand ➲ *Ver pág. 756*
LOC **às mil maravilhas** wonderfully ♦ **estar a mil 1** (*atarefado*) to be working like crazy **2** (*entusiasmado*) to go into overdrive: *Ela está a ~ com os preparativos da festa.* She's gone into overdrive getting ready for the party.
milagre *sm* miracle
milênio *sm* millennium
milésimo, -a *num numeral, sm* thousandth: *um ~ de segundo* a thousandth of a second
milha *sf* mile
milhão *sm* million (*pl* million): *dois milhões, trezentos e quinze* two million three hundred and fifteen ◇ *Tenho um ~ de coisas para fazer.* I have a million things to do. ➊ *Ver nota em* MILLION
LOC **milhões de...** millions of...: *milhões de partículas* millions of particles
milhar *sm* thousand (*pl* thousand)
LOC **aos milhares** in their thousands ♦ **milhares de...** thousands of...: *~es de moscas/pessoas* thousands of flies/people
milho *sm* **1** (*planta*) corn; maize (*GB*) **2** (*verde*) (**a**) (*em lata*) corn; sweetcorn (*GB*) (**b**) (*na espiga*) corn on the cob
milímetro *sm* millimeter (*abrev* mm) ➲ *Ver pág. 759*
milionário, -a *adj, sm-sf* millionaire
militar ▸ *adj* military: *uniforme ~* military uniform
▸ *smf* soldier: *O meu pai era ~.* My father was in the army.
mim *pron* me: *É para ~?* Is it for me? ◇ *Não gosto de falar de ~ (mesma).* I don't like talking about myself.
mimar *vt* to spoil
mímica *sf* **1** mime: *fazer ~* to mime **2** (*jogo*) charades [*não contável*]
mímico, -a *sm-sf* mime
mimo *sm* (*carinho*) fuss [*não contável*]: *As crianças precisam de ~s.* Children need to be made a fuss of.
mina *sf* **1** mine: *uma ~ de carvão* a coal mine **2** (*lapiseira*) lead LOC **mina (de ouro)** (*negócio lucrativo*) gold mine ♦ **mina (terrestre)** land mine
mindinho *sm* **1** (*da mão*) little finger; pinkie (*mais coloq*) **2** (*do pé*) little toe
mineiro, -a ▸ *adj* **1** mining: *várias empresas mineiras* several mining companies **2** (*de Minas Gerais*) from Minas Gerais
▸ *sm-sf* **1** miner **2** (*de Minas Gerais*) person from Minas Gerais: *os ~s* the people of Minas Gerais
mineral *adj, sm* mineral LOC *Ver* ÁGUA
minério *sm* ore: *~ de ferro* iron ore

M

mingau *sm* porridge
minguante *adj* (*lua*) waning LOC *Ver* QUARTO
minhoca *sf* earthworm
miniatura *sf* miniature
mínima *sf* (*temperatura*) low: *A ~ será de sete graus.* The temperature will fall to a low of seven degrees. LOC **não dar a mínima (para) 1** (*não valorizar*) not to care (about *sb/sth*) **2** (*não dar atenção*) to take no notice (of *sb/sth*) *Ver tb* IDEIA
minimizar *vt* **1** to minimize **2** (*dar pouca importância*) to play *sth* down
mínimo, -a ▸ *adj* **1** (*menor*) minimum: *a tarifa mínima* the minimum charge **2** (*insignificante*) minimal: *A diferença entre eles era mínima.* The difference between them was minimal.
▸ *sm* minimum: *reduzir ao ~ a poluição* to cut pollution to the minimum LOC **no mínimo** at least ◆ **o mínimo que...** the least...: *O ~ que podem fazer é devolver o dinheiro.* The least they can do is give the money back. *Ver tb* IDEIA, SALÁRIO
minissaia *sf* miniskirt
minissérie *sf* miniseries (*pl* miniseries)
ministério *sm* (*Pol, Relig*) ministry (*pl* ministries) LOC **Ministério da Fazenda** Treasury Department ◆ **Ministério das Relações Exteriores** State Department (*USA*); Foreign Office (*GB*)
ministro, -a *sm-sf* minister: *o Ministro da Educação brasileiro* the Brazilian Minister for Education LOC **Ministro da Fazenda** Secretary of the Treasury (*USA*); Chancellor of the Exchequer (*GB*) ◆ **Ministro das Relações Exteriores/do Exterior** Secretary of State (*USA*); Foreign Secretary (*GB*)
minoria *sf* minority (*pl* minorities) LOC **ser a minoria** to be in the minority
minúscula *sf* small letter; lower-case letter (*mais formal*)
minúsculo, -a *adj* **1** (*diminuto*) tiny **2** (*letra*) small; lower-case (*mais formal*): *um "m" ~* a small "m"
minuto *sm* minute: *Espere um ~.* Just a minute.
miolo *sm* **1** (*pão*) soft part of the bread **2** (*cérebro*) brain
míope *adj* nearsighted; shortsighted (*GB*)
miopia *sf* nearsightedness; shortsightedness (*GB*)
mira *sf* **1** (*arma*) sight **2** (*objetivo*) aim
miragem *sf* mirage
mirante *sm* viewpoint

miserável ▸ *adj* **1** (*pobre*) (very) poor **2** (*sórdido, escasso*) miserable: *um quarto/salário ~* a miserable room/income **3** (*infeliz*) wretched
▸ *smf* **1** (*desgraçado*) wretch **2** (*avarento*) cheap; mean (*GB*)
miséria *sf* **1** (*pobreza*) poverty **2** (*quantidade pequena*) pittance: *Ele ganha uma ~.* He earns a pittance. LOC *Ver* PETIÇÃO
missa *sf* mass LOC **missa do galo** midnight mass
missão *sf* mission
míssil *sm* missile
missionário, -a *sm-sf* missionary (*pl* missionaries)
mistério *sm* mystery (*pl* mysteries) LOC **não ter mistério** to be easy *to do sth*: *O software não tem ~.* The software is easy to use. ◆ **fazer mistério** to be secretive (*about sth*)
misterioso, -a *adj* mysterious
misto, -a ▸ *adj* **1** mixed: *uma equipe mista* a mixed team **2** (*escola*) coeducational
▸ *sm* mixture
misto-quente *sm* toasted ham and cheese sandwich
mistura *sf* **1** mixture: *uma ~ de azeite e vinagre* a mixture of oil and vinegar **2** (*tabaco, álcool, café, chá*) blend **3** (*racial, social, musical*) mix
misturar ▸ *vt* **1** to mix: *Misturar bem os ingredientes.* Mix the ingredients well. **2** (*desordenar*) to get *sth* mixed up: *Não misture as fotografias.* Don't get the photos mixed up. **3** (*amalgamar*) to blend **4** (*salada*) to toss
▸ **misturar-se** *vp* (*envolver-se*) to mix (*with sb*): *Ele não quer se ~ com a gente do povoado.* He doesn't want to mix with people from the town.
mito *sm* **1** (*lenda*) myth **2** (*pessoa famosa*) legend: *Ele é um ~ do futebol brasileiro.* He's a Brazilian soccer legend.
mitologia *sf* mythology
miúdo, -a ▸ *adj* (*pequeno*) small
▸ **miúdos** *sm* **1** (*ave*) giblets **2** (*boi*) offal [*não contável*]
mixagem *sf* mixing [*não contável*]
mixar *vt* (*Mús*) to mix
mixaria *sf* **1** (*miséria*) pittance **2** (*muito barato*): *Ela paga uma ~ por seus sapatos.* She gets her shoes for almost nothing.
mixo (*tb* **mixe**) *adj* **1** (*de má qualidade*) crummy **2** (*insignificante*) measly
mobília *sf* furniture LOC **com/sem mobília** furnished/unfurnished
mobiliar *vt* to furnish
mobiliário *sm* furniture

moçambicano, -a *adj, sm-sf* Mozambican

Moçambique *sm* Mozambique

mochila *sf* backpack ➲ *Ver ilustração em* LUGGAGE

mochileiro, -a *sm-sf* backpacker

mocinho, -a *sm-sf*: *O ~ ganhou.* The good guy won.

moço, -a ▸ *sm-sf* young man/woman (*pl* men/women): *uma moça de 25 anos* a young woman of twenty-five ▸ *adj* young

moda *sf* fashion: *seguir a ~* to follow fashion LOC **à moda de**: *pizza à ~ do chef* the chef's specialty pizza ◆ **estar/entrar na moda** to be/become fashionable ◆ **fora de moda** old-fashioned ◆ **sair de moda** to go out of fashion *Ver tb* DESFILE, ÚLTIMO

modelar *vt* LOC *Ver* MASSA

modelo ▸ *sm* **1** model: *Ele é um ~ de aluno.* He's a model student. **2** (*roupa*) style: *Temos vários ~s de casaco.* We have several styles of jacket. ▸ *smf* (*pessoa*) model

moderação *sf* moderation: *beber com ~* to drink in moderation

moderado, -a *adj* moderate *Ver tb* MODERAR

moderar *vt* **1** (*velocidade*) to reduce **2** (*violência*) to control

modernizar *vt* to modernize

moderno, -a *adj* modern

modéstia *sf* modesty

modesto, -a *adj* modest

modificar *vt* **1** (*mudar*) to change **2** (*Gram*) to modify

modo *sm* **1** (*maneira*) way (*of doing sth*): *um ~ especial de rir* a special way of laughing ◇ *Ele o faz do mesmo ~ que eu.* He does it the same way as me. **2 modos** (*maneiras*) manners: *maus ~s* bad manners LOC **a/do meu modo** my, your, etc. way: *Prefiro fazer as coisas do meu ~.* I prefer to do things my way. ◆ **de modo que** (*portanto*) so ◆ **de qualquer modo/de todo modo** anyway ◆ **de tal modo que** so much that: *Ele gritou de tal ~ que perdeu a voz.* He shouted so much that he lost his voice. *Ver tb* CERTO, GERAL, NENHUM

módulo *sm* module

moeda *sf* **1** (*metal*) coin: *Você tem uma ~ de 50 centavos?* Do you have a 50 cent coin? **2** (*unidade monetária*) currency (*pl* currencies): *a ~ britânica* British currency LOC *Ver* CASA

moedor *sm* **1** (*de café*) grinder **2** (*de carne*) mincer

moer *vt* **1** (*alimentos*) to grind **2** (*cansar*) to wear *sb* out LOC *Ver* CARNE

mofado, -a *adj* moldy

mofo *sm* mold

mogno *sm* mahogany

moinho *sm* mill LOC **moinho de vento** windmill

moisés *sm* travel crib; carrycot (*GB*)

moita *sf* bush LOC **na moita** on the quiet: *fazer algo na ~* to do sth on the quiet ◇ *Eu os vi entrar na ~.* I saw them sneak in.

mola *sf* (*peça de aço*) spring

molar *sm* (*dente*) molar

moldar *vt* to mold

molde *sm* **1** (*fôrma*) mold **2** (*costura*) pattern **3** (*para desenhar*) template

moldura *sf* frame

mole *adj* **1** (*macio*) soft **2** (*indisposto*): *Este calor deixa a gente ~.* This heat leaves you with no energy. **3** (*fácil*): *O jogo do Brasil vai ser ~.* Brazil's game will be a breeze.

molécula *sf* molecule

moleque *sm* street urchin

moletom *sm* **1** (*blusão*) sweatshirt **2** (*calça*) sweatpants [*pl*] **3** (*conjunto*) sweatsuit; tracksuit (*GB*)

moleza *sf* **1** softness **2** (*fraqueza*) weakness **3** (*preguiça*) listlessness LOC **ser (uma) moleza** (*ser fácil*) to be a breeze

molhado, -a *adj* wet *Ver tb* MOLHAR

molhar ▸ *vt* **1** to get *sb/sth* wet: *Não molhe o chão.* Don't get the floor wet. ◇ *~ os pés* to get your feet wet **2** (*regar*) to water **3** (*mergulhar*) to dip: *~ o pão na sopa* to dip bread in soup ▸ **molhar-se** *vp* to get wet: *Você se molhou?* Did you get wet?

molho[1] *sm* **1** sauce: *~ de tomate* tomato sauce **2** (*para carne*) gravy **3** (*para salada*) dressing LOC **molho inglês** Worcester sauce ◆ **pôr de molho** to soak

molho[2] *sm* (*feixe*) sprig

molinete *sm* reel

molusco *sm* mollusc

momento *sm* **1** moment: *Espere um ~.* Just a moment. ◇ *a qualquer ~* at any moment ◇ *neste ~* at this moment **2** (*período*) time: *nestes ~s de crise* at this time of crisis LOC **a todo momento** constantly ◆ **de um momento para o outro** suddenly ◆ **do momento** contemporary: *o melhor cantor do ~* the best contemporary singer ◆ **em momento nenhum** never: *Em ~ nenhum pensei que o fariam.* I never thought they would do it. ◆ **no momento** for the moment: *No ~ tenho bastante trabalho.* I have enough work for the moment. ♦ **no momento em que...** just when...

monarca *smf* monarch

monarquia *sf* monarchy (*pl* monarchies)

monção *sf* monsoon

monetário, -a *adj* monetary **LOC** *Ver* CORREÇÃO

monge, monja *sm-sf* **1** (*masc*) monk **2** (*fem*) nun

monitor *sm* (*Informát*) monitor ➲ *Ver ilustração em* COMPUTADOR

monopólio *sm* monopoly (*pl* monopolies)

monopolizar *vt* to monopolize

monótono, -a *adj* monotonous

monotrilho *sm* monorail

monóxido *sm* **LOC** **monóxido de carbono** carbon monoxide

monstro *sm* monster: *um ~ de três olhos* a three-eyed monster

M

monstruoso, -a *adj* (*terrível, enorme*) monstrous

montado, -a *adj* ~ **em** riding: ~ *num cavalo/numa motocicleta* riding a horse/a motorcycle *Ver tb* MONTAR

montagem *sf* **1** (*máquina*) assembly: *linha de ~* assembly line **2** (*Cinema*) montage

montanha *sf* **1** mountain: *no alto de uma ~* on the top of a mountain **2** (*tipo de paisagem*) mountains [*pl*]: *Prefiro a ~ à praia.* I prefer the mountains to the beach. **3** (*muitos*) a lot of *sth*: *uma ~ de cartas* a lot of letters **LOC** *Ver* BICICLETA

montanha-russa *sf* roller coaster

montanhismo *sm* mountaineering

montanhoso, -a *adj* mountainous **LOC** *Ver* CADEIA

montão *sm* loads (*of sth*): *um ~ de dinheiro* loads of money

montar ▸ *vt* **1** (*criar*) to set *sth* up: ~ *um negócio* to set up a business **2** (*máquina*) to assemble **3** (*barraca de camping*) to pitch **4** (*espetáculo*) to put *sth* on **5** ~ **em** (*cavalo, bicicleta*) to get on (*sth*)
▸ *vi* to ride: *Gosto de ~ a cavalo.* I like horseback riding. ◇ *botas/roupa de ~* riding boots/clothes

monte *sm* **1** hill **2** (*em nome próprio*) Mount: *o Monte Everest* Mount Everest **3** (*pilha*) pile: *um ~ de areia* a pile of sand **LOC** **um monte de** (*grande quantidade*) lots of: *Havia um ~ de carros.* There were lots of cars. *Ver tb* VENDER

monumento *sm* monument

morada *sf* home; residence (*formal*)

morador, -ora *sm-sf* resident

moral ▸ *adj* moral
▸ *sf* **1** (*princípios*) morality **2** (*de história*) moral
▸ *sm* (*ânimo*) morale: *O ~ está baixo.* Morale is low.

morango *sm* strawberry (*pl* strawberries)

morar *vi* to live: *Onde você mora?* Where do you live? ◇ *Moram em Ipanema/no quinto andar.* They live in Ipanema/on the fifth floor.

mórbido, -a *adj* morbid

morcego *sm* bat

mordaça *sf* **1** gag **2** (*para cachorro*) muzzle

morder *vt, vi* to bite: *O cão me mordeu na perna.* The dog bit my leg. ◇ *Mordi a maçã.* I bit into the apple. **LOC** **morder a isca** to take the bait *Ver tb* BICHO, CÃO

mordida *sf* bite

mordomia *sf* **1** (*benefício*) benefit; perk (*coloq*) **2** (*regalia*) luxury

mordomo *sm* butler

moreno, -a *adj* **1** (*pele*) dark: *A minha irmã é mais morena do que eu.* My sister's much darker than me. **2** (*bronzeado*) tanned: *ficar ~* to tan

morfina *sf* morphine

moribundo, -a *adj* dying

mormaço *sm* sultry weather

morno, -a *adj* lukewarm

morrer *vi* to die: ~ *de enfarte/num acidente* to die of a heart attack/in an accident **LOC** **deixar morrer** (*motor*) to stall: *Deixei ~ o carro.* I stalled the car. ♦ **morrer afogado** to drown ♦ **morrer de calor** to be sweltering: *Estou morrendo de calor.* I'm sweltering. ♦ **morrer de fome** to starve: *Estou morrendo de fome!* I'm starving! ♦ **morrer de frio** to be freezing (cold) ♦ **morrer de medo** to be scared stiff ♦ **morrer de rir** to die laughing ♦ **morrer de tédio** to be bored stiff ♦ **morrer de vergonha** to die of embarrassment ♦ **morrer de vontade de fazer algo** to be dying to do sth *Ver tb* ONDE, SONO

morro *sm* **1** hill **2** (*favela*) shanty town

mortadela *sf* bologna; mortadella (*GB*)

mortal ▸ *adj* **1** mortal: *pecado ~* mortal sin **2** (*veneno, inimigo*) deadly
▸ *smf* mortal

mortalidade *sf* mortality

morte *sf* death **LOC** **morte assistida** assisted suicide *Ver tb* PENA[2], PENSAR, VEZ

morto, -a ▸ *adj* dead: *Tinha sido dada por morta.* They had given her up for dead. ◇ *A cidade fica praticamente morta durante o inverno.* The town is

practically dead in winter.
▸ *sm-sf* dead person: *os ~s (na guerra)* the (war) dead LOC **estar morto de vontade de fazer algo** to be dying to do sth ◆ **morto de cansaço** dead tired ◆ **morto de frio/fome** freezing/starving ◆ **morto de inveja** green with envy ◆ **morto de medo** scared to death ◆ **morto de raiva/ciúme(s)** eaten up with anger/jealousy ◆ **morto de sede** dying of thirst ◆ **morto de tédio** bored to death ◆ **morto de vergonha** extremely embarrassed ◆ **não ter onde cair morto** to have nothing to call your own *Ver tb* PESO, PONTO, VIVO *Ver tb* MORRER

mosaico *sm* mosaic

mosca *sf* fly (*pl* flies) LOC **estar às moscas** to be deserted: *O bar estava às ~s.* The bar was deserted. ◆ **não faz mal a uma mosca** he, she, it, etc. wouldn't hurt a fly *Ver tb* ACERTAR

mosquiteiro *sm* mosquito net

mosquito *sm* mosquito (*pl* mosquitoes/mosquitos)

mostarda *sf* mustard

mosteiro *sm* monastery (*pl* monasteries)

mostra *sf* **1** (*sinal*) sign: *dar ~s de cansaço* to show signs of fatigue **2** (*exposição*) exhibition

mostrador *sm* (*de relógio*) dial

mostrar ▸ *vt* to show: *Eles mostraram muito interesse por ela.* They showed great interest in her.
▸ **mostrar-se** *vp* (*parecer*) to seem: *Ele se mostrou um pouco pessimista.* He seemed rather pessimistic.

motel *sm* love hotel ❶ A palavra inglesa **motel** significa um hotel na estrada, com estacionamento.

motim *sm* mutiny (*pl* mutinies)

motivar *vt* **1** (*causar*) to cause **2** (*incentivar*) to motivate

motivo *sm* **1** reason (*for sth*): *o ~ da nossa viagem* the reason for our trip ◇ *por ~s de saúde* for health reasons ◇ *Ele se zangou comigo sem nenhum ~.* He became angry with me for no reason. **2** (*crime*) motive **3** (*Arte*) motif

motoboy *sm* motorcycle courier

motocicleta (*tb* **moto**) *sf* motorcycle, motorbike: *andar de ~* to ride a motorcycle

> Nos Estados Unidos, utiliza-se normalmente **motorcycle** para motos grandes, e **motorbike** para motos menores. Na Grã-Bretanha as duas palavras são sinônimas.

motociclismo *sm* motorcycling

motociclista *smf* motorcyclist; biker (*mais coloq*)

motor *sm* engine, motor ➲ *Ver nota em* ENGINE LOC *Ver* BARCO

motorista *smf* driver LOC *Ver* CARTEIRA, EXAME

motoserra *sf* chainsaw

mouse *sm* (*Informát*) mouse ➲ *Ver ilustração em* COMPUTADOR

movediço, -a *adj* unstable LOC *Ver* AREIA

móvel ▸ *adj* mobile
▸ *sm* **1** piece of furniture: *um ~ muito bonito* a beautiful piece of furniture **2 móveis** (*conjunto*) furniture [*não contável*]: *Os móveis estavam cobertos de pó.* The furniture was covered in dust.

mover(-se) *vt, vp* to move: *~ uma peça de xadrez* to move a chess piece ◇ *Não se mova ou eu atiro.* Don't move or I'll shoot.

movimentado, -a *adj* **1** (*ativo*) busy: *Tivemos um mês muito ~.* We had a very busy month. **2** (*animado*) lively: *um bar muito ~* a very lively bar *Ver tb* MOVIMENTAR(-SE)

movimentar(-se) *vt, vp* to move

movimento *sm* **1** movement: *um ligeiro ~ da mão* a slight movement of the hand ◇ *o ~ operário/romântico* the labor/Romantic movement **2** (*andamento*) motion: *O carro estava em ~.* The car was in motion. ◇ *pôr algo em ~* to set sth in motion **3** (*agitação*): *Há muito ~ nas ruas.* The streets are very busy. ◇ *Como está o ~ da loja?* Has the store been busy?

MPME *sf* small or medium-sized business

muamba *sf* contraband

muambeiro, -a *sm-sf* smuggler

muçulmano, -a *adj, sm-sf* Muslim

muda *sf* **1** (*cortada de outra planta*) cutting **2** (*retirada do solo*) seedling LOC **muda de roupa** change of clothes

mudança *sf* **1 ~ (de)** change (in/of *sth*): *uma ~ de temperatura* a change in temperature ◇ *Houve uma ~ de planos.* There was a change of plan. **2** (*casa*) move LOC **estar de mudança** to be moving ◆ **mudança de direção/sentido** U-turn *Ver tb* CAIXA[1], CAMINHÃO

mudar(-se) *vt, vi, vp* **1** (*de posição*) (*de casa*) to move: *Mudaram as minhas coisas para outro escritório.* They moved all my things to another office. ◇ *Mudamos para o número três.* We moved to number three. ◇ *mudar-se para longe da família* to move away

M

from your family **2** ~ **(de)** *(modificar)* to change: ~ *de assunto* to change the subject ◊ *Ele mudou muito nestes últimos anos.* He's changed a lot in the last few years. LOC **mudar de casa** to move ♦ **mudar de ideia/opinião** to change your mind ♦ **mudar de roupa** to change

mudo, -a *adj* **1** *(sem voz)* mute **2** *(telefone)* dead **3** *(letra)* silent: *Meu nome é Rodnei, com "d" ~.* My name is Rodnei, with a silent D. LOC **ficar mudo** to be speechless *Ver tb* FILME

mugido *sm* moo

mugir *vi* **1** *(vaca)* to moo **2** *(touro)* to bellow

muito, -a ▸ *adj*

- **em orações afirmativas 1** a lot of *sth*: *Tenho ~ trabalho.* I have a lot of work. ◊ *Havia ~s carros.* There were a lot of cars.
- **em orações negativas e interrogativas 2** *(+ substantivo não contável)* much; a lot of *sth* *(mais coloq)*: *Ele não tem muita sorte.* He doesn't have much luck. ◊ *Você toma ~ café?* Do you drink a lot of coffee? **3** *(+ substantivo contável)* many; a lot of *sth* *(mais coloq)*: *Não havia ~s ingleses.* There weren't many English people.
- **outras construções 4**: *Você está com muita fome?* Are you very hungry? ◊ *há ~ tempo* a long time ago

▸ *pron* **1** *(em orações afirmativas)* a lot: *~s dos meus amigos* a lot of my friends **2** *(em orações negativas e interrogativas)* much *(pl* many*)* ➲ *Ver nota em* MANY

▸ *adv* **1** a lot: *Ele se parece ~ com o pai.* He's a lot like his father. ◊ *O seu amigo vem ~ aqui.* Your friend comes around here a lot. ◊ *trabalhar ~* to work hard **2** *(+ adjetivo/advérbio, em respostas)* very: *Eles estão ~ bem/cansados.* They're very well/tired. ◊ *~ devagar/cedo* very slowly/early ◊ *—Você está cansado? —Não ~.* "Are you tired?" "Not very." ◊ *—Você gostou? —Muito.* "Did you like it?" "Very much." **3** *(com formas comparativas)* much: *Você é ~ mais velho do que ela.* You're much older than her. ◊ *~ mais interessante* much more interesting **4** *(muito tempo)* a long time: *há ~* a long time ago ◊ *Eles chegaram ~ antes de nós.* They got here a long time before us. **5** *(+ substantivo)*: *Ele é ~ homem.* He's a real man. LOC **muito bem!** well done! ♦ **quando muito** at the most *Ver tb* CURTIR

mula *sf* mule

muleta *sf* crutch

mulher *sf* **1** woman *(pl* women*)* **2** *(esposa)* wife *(pl* wives*)* LOC *Ver* NEGÓCIO

multa *sf* fine LOC **dar/passar uma multa** to fine: *Deram uma ~ a ele.* He's been fined.

multar *vt* to fine

multiculturalismo *sm* multiculturalism

multidão *sf* crowd

multijogador *adj* multiplayer: *modo ~* multiplayer mode

multimídia *adj, sf* multimedia

multinacional *adj, sf* multinational

multiplicação *sf* multiplication

multiplicar *vt (Mat)* to multiply: *~ dois por quatro* to multiply two by four

múltiplo, -a *adj* **1** *(não simples)* multiple: *uma fratura múltipla* a multiple fracture **2** *(numerosos)* numerous: *em ~s casos* in numerous cases LOC **múltipla escolha** multiple choice

multirracial *adj* multiracial

múmia *sf* mummy *(pl* mummies*)*

mundial ▸ *adj* world: *o recorde ~* the world record

▸ *sm* world championship: *o Mundial de Atletismo* the World Athletics Championships

mundo *sm* world: *dar a volta ao ~* to go around the world LOC **o mundo do espetáculo** show business ♦ **todo mundo** everyone, everybody: *A polícia interrogou todo ~ que estava lá.* The police questioned everyone who was there. *Ver tb* LUA, MEIO, NADA, VOLTA

munição *sf* ammunition *[não contável]*: *ficar sem munições* to run out of ammunition

municipal *adj* municipal LOC *Ver* CÂMARA, ELEIÇÃO

município *sm* municipality

mural *sm* mural

muralha *sf* wall: *a Muralha da China* the Great Wall of China

murcho, -a *adj* **1** *(flor)* withered **2** *(pessoa)* sad

murmurar *vt, vi* to murmur

murmúrio *sm* murmur: *o ~ do vento* the murmur of the wind

muro *sm* wall LOC *Ver* CIMA

murro *sm* punch: *dar um ~ em alguém* to punch sb

musa *sf* muse

musculação *sf* bodybuilding

muscular *adj* muscle: *uma lesão ~* a muscle injury

músculo *sm* muscle

musculoso, -a *adj* muscular

museu *sm* museum

Na Grã-Bretanha, utiliza-se normalmente as palavras **gallery** ou **art gallery** para os museus de arte em que se expõem principalmente quadros ou esculturas artísticas.

musgo *sm* moss

música *sf* **1** music: *Não gosto de ~ clássica.* I don't like classical music. **2** (*canção*) song LOC **música ao vivo** live music ◆ **música de câmara** chamber music *Ver tb* FUNDO

musical *adj, sm* musical LOC *Ver* COMÉDIA, ESCALA, FUNDO

músico, -a *sm-sf* musician

mutação *sf* mutation

mutante *adj, smf* mutant

mutilar *vt* to mutilate

mutirão *sm* collective effort

mutreta *sf* swindle

mutuamente *adv* each other, one another: *Eles se odeiam ~.* They hate each other. ➲ *Ver nota em* EACH OTHER

mútuo, -a *adj* mutual

Nn

nabo *sm* turnip

nação *sf* nation LOC *Ver* ORGANIZAÇÃO

nacional *adj* **1** (*da nação*) national: *a bandeira ~* the national flag **2** (*interno*) domestic: *o mercado ~* the domestic market LOC *Ver* ÂMBITO, HINO, INSTITUTO

nacionalidade *sf* **1** nationality (*pl* nationalities) **2** (*cidadania*) citizenship

nacionalista *adj* nationalist

nada ▸ *pron* nothing, anything

Utiliza-se **nothing** quando o verbo está na afirmativa em inglês e **anything** quando o verbo está na negativa: *Não sobrou nada.* There's nothing left. ◇ *Não tenho nada a perder.* I have nothing to lose. ◇ *Não quero nada.* I don't want anything. ◇ *Eles não têm nada em comum.* They don't have anything in common. ◇ *Você não quer nada?* Don't you want anything? ◇ *Não ouço nada.* I can't hear anything/a thing.

▸ *adv* at all: *Não está ~ claro.* It's not at all clear. LOC **de nada 1** (*sem importância*) little: *É um arranhão de ~.* It's only a little scratch. **2** (*exclamação*) you're welcome: *—Obrigado pelo jantar. —De ~!* "Thank you for the meal." "You're welcome!" ◆ **nada de especial/do outro mundo** nothing to write home about ◆ **nada disso!** no way! ◆ **nada de mais** nothing much ◆ **nada mais 1** (*é tudo*) nothing else: *Vou levar dinheiro e ~ mais.* I'm taking money and nothing else. **2** (*só*) only: *Tenho um, ~ mais.* I only have one. ◆ **por nada deste mundo**: *Esta criança não come por ~ deste mundo.* This child won't eat for love nor money. ◆ **quase nada** hardly anything

nadadeira *sf* **1** (*de peixe*) fin **2** (*de golfinho, foca, nadador*) flipper

nadador, -ora *sm-sf* swimmer

nadar *vi* to swim: *Não sei ~.* I can't swim. LOC **nadar cachorrinho** to do dog-paddle ◆ **nadar de costas/peito** to do (the) backstroke/breaststroke ◆ **nadar em estilo borboleta/crawl** to do (the) butterfly/crawl

nádega *sf* buttock

nado *sm* stroke LOC **a nado**: *Eles atravessaram o rio a ~.* They swam across the river. ◆ **nado de costas/peito/borboleta** backstroke/breaststroke/butterfly ◆ **nado livre** freestyle (swimming)

naftalina *sf* LOC *Ver* BOLA

naipe *sm* (*Cartas*) suit

namorado, -a *sm-sf* **1** (*masc*) boyfriend: *Você tem ~?* Do you have a boyfriend? **2** (*fem*) girlfriend LOC **ser namorados**: *Somos ~s há dois anos.* We've been dating for two years. *Ver tb* DIA

namorar ▸ *vt* to date; to go out with *sb* (*GB*)

▸ *vi* to date; to go out together (*GB*)

LOC **namorar firme** to be a item (*coloq*): *Eles estão namorando ~.* They're an item.

namoro *sm* relationship

não ▸ *adv* **1** (*resposta*) no: *Não, obrigado.* No, thank you. ◇ *Eu disse que ~.* I said no. **2** (*referindo-se a verbos, advérbios, frases*) not: *Não é um bom exemplo.* It's not a good example. ◇ *Não sei.* I don't know. ◇ *Começamos agora ou ~?* Are we starting now or not? ◇ *Claro que ~.* Of course not. **3** (*negativa dupla*): *Ele ~ sai nunca.* He never goes out. ◇ *Não sei nada de futebol.* I know nothing about soccer. **4** (*palavras compostas*) non-: *não fumante* nonsmoker

▸ *sm* no (*pl* noes): *um ~ categórico* a categorical no LOC **não é, foi, etc?**: *Hoje é terça-feira, ~ é?* Today is Tuesday, isn't it? ◇ *Você comprou, ~ comprou?* You did buy it, didn't you?

narcótico *sm* **narcóticos** drugs

narcotráfico *sm* drug trafficking

narina *sf* nostril

nariz *sm* nose: *Assoe o ~.* Blow your nose. LOC **estar com o nariz entupido/escorrendo** to have a blocked/runny nose *Ver tb* ARGOLA, DONO, ENXERGAR, FRANZIR, METER, TORCER

narrador, -ora *sm-sf* narrator

narrar *vt* to tell

narrativa *sf* narrative

nasal *adj* nasal

nascença *sf* birth: *Ela é cega de ~.* She was born blind. LOC **mancha/sinal de nascença** birthmark

nascente ▸ *adj* (*sol*) rising ▸ *sf* **1** (*água*) spring: *água de ~* spring water **2** (*rio*) source

nascer *vi* **1** (*pessoa, animal*) to be born: *Onde você nasceu?* Where were you born? ◇ *Nasci em 1991.* I was born in 1991. **2** (*sol, rio*) to rise **3** (*planta, cabelo, penas*) to grow **4** (*no corpo*) to appear: *Nasceu um caroço na minha perna.* A lump has appeared on my leg. LOC **nascer para ser ator, cantor, etc.** to be a born actor, singer, etc. ◆ **o nascer do sol** sunrise *Ver tb* BERÇO

N

nascimento *sm* birth: *data de ~* date of birth LOC **de nascimento** by birth: *ser brasileiro de ~* to be Brazilian by birth *Ver tb* LOCAL, LUGAR

nata *sf* cream

natação *sf* swimming: *Eu faço ~ aos domingos.* I go swimming on Sundays.

natal ▸ *adj* native: *terra ~* native land ▸ **Natal** *sm* Christmas: *Feliz Natal!* Merry Christmas! ◇ *Sempre nos reunimos no Natal.* We always get together at Christmas.

> Nos Estados Unidos e na Grã-Bretanha praticamente não se celebra a véspera de Natal ou a noite de Natal, **Christmas Eve**. O dia mais importante é o dia 25 de dezembro (**Christmas Day**), quando a família abre os presentes trazidos pelo Papai Noel, **Santa Claus**, ou **Father Christmas** na Grã-Bretanha.

LOC *Ver* CÂNTICO, CIDADE, DIA, NOITE, TERRA

natalidade *sf* birth rate

nativo, -a *adj, sm-sf* native

nato, -a *adj* born: *um músico ~* a born musician

natural *adj* **1** natural: *causas naturais* natural causes ◇ *É ~!* It's only natural! **2** (*fruta, flor*) fresh **3** (*espontâneo*) unaffected: *um gesto ~* an unaffected gesture LOC **ser natural de...** (*origem*) to come from... *Ver tb* TAMANHO

naturalidade *sf* **1** (*origem*): *de ~ paulista* born in São Paulo **2** (*simplicidade*): *com a maior ~ do mundo* as if it were the most natural thing in the world LOC **com naturalidade** naturally

naturalmente *adv* **1** (*de maneira natural*) naturally **2** (*certamente*) of course: *Sim, ~.* Yes, of course.

natureza *sf* nature LOC **por natureza** by nature

natureza-morta *sf* (*Arte*) still life (*pl* **lifes**)

naufragar *vi* to be shipwrecked

naufrágio *sm* shipwreck

náufrago, -a *sm-sf* castaway

náusea *sf* nausea LOC **dar náuseas** to make *sb* feel nauseous; to make *sb* feel sick (*GB*) ◆ **sentir/ter náuseas** to feel nauseous; to feel sick (*GB*)

náutico, -a *adj* sailing: *clube ~* sailing club

naval *adj* naval

navalha *sf* **1** (*arma*) knife (*pl* **knives**): *Fui atacado na rua com uma ~.* Someone pulled a knife on me in the street. **2** (*de barba*) (cut-throat) razor

nave *sf* (*igreja*) nave LOC **nave espacial** spaceship

navegação *sf* navigation

navegar *vi* **1** (*barcos*) to sail **2** (*aviões*) to fly **3** (*num site*) to navigate *sth/around sth* LOC **navegar na internet** to surf the Net

navio *sm* ship LOC **navio de guerra** warship

nazista *adj, smf* Nazi (*pl* **Nazis**)

neblina *sf* mist

necessaire *sf* toiletry bag; sponge bag (*GB*)

necessário, -a *adj* necessary: *Farei o que for ~.* I'll do whatever's necessary. ◇ *Não leve mais do que é ~.* Only take what you need. ◇ *Não é ~ que você venha.* There's no need for you to come. LOC **se for necessário** if necessary

necessidade *sf* **1** (*coisa imprescindível*) necessity (*pl* **necessities**): *O ar-condicionado é uma ~.* Air conditioning is a necessity. **2** ~ **(de)** need (for *sth/to do sth*): *Não vejo ~ de ir de carro.* I don't see the need to go by car. ◇ *Não há ~ de autorização.* There's no need for authorization. LOC **passar necessidade** to suffer hardship ◆ **sem necessidade** needlessly *Ver tb* PRIMEIRO

necessitado, -a *adj, sm-sf* ▸ *adj* (*pobre*) needy ▸ *sm-sf*: *ajudar os ~s* to help the needy *Ver tb* NECESSITAR

necessitar *vt, vi* ~ **(de)** to need

necrotério *sm* morgue

nectarina *sf* nectarine

negar ▸ *vt* **1** *(fato)* to deny *sth/doing sth/that...*: *Ele negou ter roubado o quadro.* He denied stealing the picture. **2** *(autorização, ajuda)* to refuse: *Negaram-nos a entrada no país.* We were refused entry into the country.
▸ **negar-se** *vp* **negar-se a** to refuse *to do sth*: *Eles se negaram a pagar.* They refused to pay.

negativa *sf (recusa)* refusal

negativo, -a *adj, sm* negative LOC *Ver* SALDO

negligente *adj* careless; negligent *(formal)*

negociação *sf* negotiation

negociante *smf* businessman/woman *(pl* -men/-women)

negociar *vt, vi* to negotiate

negócio *sm* **1** *(comércio, assunto)* business: *Muitos ~s fracassaram.* A lot of businesses went bust. ◇ *fazer ~* to do business ◇ *Negócios são ~s.* Business is business. ◇ *Estou aqui a ~s.* I'm here on business. **2** *(loja)* store; shop *(GB)*: *Eles têm um pequeno ~.* They have a small store. **3** *(troço)* thing: *Dê-me aquele ~.* Give me that thing. LOC **homem/mulher de negócios** businessman/woman *(pl* businessmen/women) ◆ **negócio da China** good business ◆ **negócio fechado!** it's a deal! ◆ **o negócio é o seguinte...** here's the deal...

negro, -a ▸ *adj, sm* black ➲ *Ver exemplos em* AMARELO
▸ *sm-sf* black man/woman *(pl* men/women): *os ~s* black people ➲ *Ver nota em* AFRICAN AMERICAN LOC *Ver* CÂMBIO, MERCADO, OVELHA

nem *conj* **1** *(negativa dupla)* neither... nor...: *Nem você ~ eu falamos francês.* Neither you nor I speak French. ◇ *Ele não disse ~ que sim ~ que não.* He didn't say yes or no. **2** *(nem sequer)* not even: *Nem ele mesmo sabe quanto ganha.* Not even he knows how much he earns. LOC **nem eu** neither am I, do I, have I, etc.: *—Não acredito. —Nem eu.* "I don't believe it." "Neither do I." ◆ **nem que** even if: *~ que me dessem dinheiro* not even if they paid me ◆ **nem sequer** not even ◆ **nem todos** not everyone ◆ **nem um** not a single (one): *Não tenho ~ um real sobrando.* I don't have a single real left. ◆ **nem uma palavra, um dia, etc. mais** not another word, day, etc. ◆ **que nem**: *correr que ~ um louco* to run like crazy

nenhum, -uma ▸ *adj* no, any

Utiliza-se **no** quando o verbo está na afirmativa em inglês: *Ainda não chegou nenhum aluno.* No students have arrived yet. ◇ *Ele não mostrou nenhum entusiasmo.* He showed no enthusiasm. Utiliza-se **any** quando o verbo está na negativa: *Ele não prestou nenhuma atenção.* He didn't pay any attention.

▸ *pron* **1** *(entre duas pessoas ou coisas)* neither, either

Utiliza-se **neither** quando o verbo está na afirmativa em inglês: *—Qual dos dois você prefere? —Nenhum.* "Which one do you prefer?" "Neither (of them)." Utiliza-se **either** quando o verbo está na negativa: *Não discuti com nenhum dos dois.* I didn't argue with either of them.

2 *(entre mais de duas pessoas ou coisas)* none: *Havia três, mas não sobrou ~.* There were three, but there are none left. ◇ *Nenhum dos concorrentes acertou.* None of the contestants got the right answer. LOC **de maneira nenhuma/modo nenhum!** certainly not!; no way! *(coloq) Ver tb* LUGAR, MOMENTO

neozelandês, -esa ▸ *adj* New Zealand
▸ *sm-sf* New Zealander; Kiwi *(coloq)*

nepotismo *sm* nepotism

nervo *sm* **1** nerve: *São os ~s.* It's just nerves. **2** *(carne)* gristle LOC **ter os nervos à flor da pele** to be high-strung; to be highly-strung *(GB) Ver tb* ATAQUE, PILHA

nervosismo *sm* nervousness

nervoso, -a *adj* **1** nervous: *o sistema ~* the nervous system ◇ *estar ~* to be nervous **2** *(célula, fibra, etc.)* nerve: *tecido ~* nerve tissue LOC **ficar nervoso** to get worked up *Ver tb* ESGOTAMENTO

neto, -a *sm-sf* **1** *(masc)* grandson **2** *(fem)* granddaughter **3 netos** grandchildren

Netuno *sm* Neptune

neurótico, -a *adj, sm-sf* neurotic

neutro, -a *adj* **1** neutral **2** *(Biol, Gram)* neuter

nevar *v imp verbo impessoal* to snow

neve *sf* snow LOC *Ver* BOLA, BONECO, BRANCO

névoa *sf* mist

nevoeiro *sm* fog: *Há muito ~.* It's very foggy.

nexo *sm* link LOC **estar sem/não ter nexo** to be incoherent; to make no sense *(mais coloq)*

nhoque *sm (Cozinha)* gnocchi *[não contável]*

nicotina *sf* nicotine

ninar *vt* LOC *Ver* CANÇÃO

ninguém *pron* no one, nobody: *Ninguém sabe disso.* No one knows this. ◇ *Ninguém mais estava lá.* There was nobody else there.

Note que, quando o verbo em inglês está na negativa, usamos **anyone** ou **anybody**: *Ele está zangado e não quer falar com ninguém.* He's angry and won't talk to anyone.

ninhada *sf* (*Zool*) litter

ninharia *sf* (*coisa de pouco valor*) peanuts [*pl*]: *Para ela, mil dólares é uma ~.* A thousand dollars is peanuts to her.

ninho *sm* nest: *fazer um ~* to build a nest

nítido, -a *adj* **1** (*claro*) clear **2** (*imagem*) sharp

nitrogênio *sm* nitrogen

nível *sm* **1** level: *~ da água/do mar* water/sea level ◇ *em todos os níveis* at all levels **2** (*qualidade, preparação*) standard: *um excelente ~ de jogo* an excellent standard of play LOC **nível de vida** standard of living *Ver tb* PASSAGEM

N

nivelar *vt* **1** (*superfície, terreno*) to level **2** (*desigualdades*) to even *sth* out

nó *sm* knot: *fazer/desfazer um ~* to tie/undo a knot LOC **nó dos dedos** knuckle ◆ **sentir um nó na garganta** to have a lump in your throat

nobre ▸ *adj* noble
▸ *smf* nobleman/woman (*pl* -men/-women) LOC *Ver* HORÁRIO

nobreza *sf* nobility

noção *sf* notion LOC **não ter (a menor) noção** to have no idea (*about sth*) ◆ **perder a noção do tempo** to lose track of time ◆ **ter noções de algo** to have a basic grasp of sth

nocaute *sm* knockout

nocivo, -a *adj* ~ **(para)** harmful (to *sb/sth*)

nódoa *sf* stain

nogueira *sf* walnut tree

noite *sf* night: *às dez da ~* at ten o'clock at night LOC **à noite** at night: *segunda-feira à ~* on Monday night ◆ **boa noite!** good night; night (*mais coloq*)

Utiliza-se **good night** apenas como forma de despedida. Para saudar alguém diz-se **good evening**: *Boa noite, senhoras e senhores.* Good evening, ladies and gentlemen.

◆ **da noite** evening: *sessão da ~* evening performance ◆ **da noite para o dia** overnight ◆ **de noite 1** (*à noite*) at night **2** (*escuro*) dark: *Já era de ~.* It was already dark. ◆ **esta noite/hoje à noite** tonight ◆ **noite de Natal/Ano Novo** Christmas Eve/New Year's Eve: *na ~ de Natal* on Christmas Eve ➲ *Ver nota em* NATAL; *Ver tb* ANTEONTEM, CAIR, ONTEM, VARAR, VESTIDO

noivado *sm* engagement: *anel de ~* engagement ring

noivo, -a *sm-sf* **1** (*prometido*) (**a**) (*masc*) fiancé (**b**) (*fem*) fiancée **2** (*em casamento, recém-casados*) (**a**) (*masc*) (bride)groom (**b**) (*fem*) bride ➲ *Ver nota em* CASAMENTO LOC **estar noivos** to be engaged ◆ **os noivos 1** (*em casamento*) the bride and groom **2** (*recém-casados*) the newly-weds *Ver tb* VESTIDO

nojento, -a *adj* **1** (*sujo*) filthy **2** (*repugnante*) disgusting **3** (*antipático*) obnoxious

nojo *sm* **1** (*náusea*) nausea **2** (*repugnância*) disgust: *Ele não conseguia esconder o ~ que sentia.* He couldn't hide his disgust. LOC **dar nojo**: *Rim me dá ~.* I can't stand kidneys. ◇ *Este país me dá ~.* This country makes me sick. ◆ **estar um nojo** to be filthy ◆ **que nojo!** how gross!

nômade ▸ *adj* nomadic
▸ *smf* nomad

nome *sm* **1** (**a**) name (**b**) (*em formulários*) first name ➲ *Ver nota em* MIDDLE NAME **2** (*Gram*) noun LOC **de nome** by name: *Conheço a diretora de ~.* I know the director by name. ◆ **em nome de** on behalf of *sb*: *Ele agradeceu a ela em ~ do presidente.* He thanked her on behalf of the president. ◆ **nome completo** full name ◆ **nome de batismo** first name ◆ **nome de solteira** maiden name ◆ **nome próprio** proper noun ◆ **o nome não me diz nada** the name doesn't ring a bell

nomear *vt* **1** (*mencionar*) to mention *sb's name*: *sem o ~* without mentioning his name **2** (*designar alguém para um cargo*) to appoint *sb* (*to sth*) **3** (*indicar para prêmio*) to nominate *sb* (*for sth*): *Ela foi nomeada para um Oscar.* She was nominated for an Oscar.

nono, -a *num numeral, sm* ninth ➲ *Ver exemplos em* SEXTO

nora *sf* (*parente*) daughter-in-law (*pl* daughters-in-law)

nordeste *adj, sm* **1** (*ponto cardeal, região*) northeast (*abrev* NE) **2** (*vento, direção*) north-easterly

nordestino, -a ▸ *adj* **1** (*região*) northeastern **2** (*do nordeste*) from the northeast: *música nordestina* music from the northeast
▸ *sm-sf* person from the northeast: *os ~s* the people of the northeast

norma *sf* rule LOC **(ter) como norma fazer/não fazer algo** to always/never do sth: *Como ~ não bebo durante as refeições.* I never drink at mealtimes.

normal *adj* **1** *(habitual)* normal: *o curso ~ dos acontecimentos* the normal course of events ◇ *É o ~.* That's the normal thing. **2** *(comum)* ordinary: *um emprego ~* an ordinary job **3** *(padrão)* standard: *o procedimento ~* the standard procedure

normalizar ▸ *vt (relações, situação)* to restore *sth* to normal
▸ *vi* to return to normal

normalmente *adv* normally ➲ *Ver nota em* ALWAYS

noroeste *adj, sm* **1** *(ponto cardeal, região)* northwest *(abrev* NW) **2** *(direção, vento)* north-westerly

norte *adj, sm* north *(abrev* N): *ao/no ~ do Brasil* in the north of Brazil ◇ *na costa ~* on the north coast LOC **perder o norte** to lose sight of reality *Ver tb* AMÉRICA, IRLANDA

nortista ▸ *adj* northern
▸ *smf* northerner

nos *pron* **1** *(complemento)* us: *Eles ~ viram.* They saw us. ◇ *Eles nunca ~ dizem a verdade.* They never tell us the truth. ◇ *Eles ~ prepararam o jantar.* They made dinner for us. **2** *(reflexivo)* ourselves: *Nós ~ divertimos muito.* We enjoyed ourselves very much. **3** *(recíproco)* each other, one another: *Nós ~ amamos muito.* We love each other very much. ➲ *Ver nota em* EACH OTHER

nós *pron* **1** *(sujeito)* we: *Nós também vamos.* We're going too. **2** *(complemento, em comparações)* us: *Ele tem menos dinheiro do que ~.* He has less money than us. LOC **entre nós** *(confidencialmente)* between ourselves ◆ **nós mesmos/próprios** we ourselves: *Fomos ~ mesmas que a construímos.* We built it ourselves. ◇ *Nós próprios te dissemos isso.* We told you so ourselves. ◆ **somos nós** it's us

nosso, -a *pron* **1** *(seguido de substantivo)* our: *nossa família* our family **2** *(não seguido de substantivo)* ours: *O seu carro é melhor do que o ~.* Your car is better than ours. ❶ Note que *uma amiga nossa* traduz-se por **a friend of ours** pois significa *uma das nossas amigas*.

nostalgia *sf* nostalgia

nostálgico, -a *adj* nostalgic

nota *sf* **1** *(Mús, recado, observação)* note: *Deixei uma ~ para você na cozinha.* I left you a note in the kitchen. **2** *(Educ)* grade; mark *(GB)*: *tirar boas ~s* to get good grades **3** *(dinheiro)* bill; note *(GB)*: *~s de dez dólares* ten-dollar bills **4** *(fiscal)* **(a)** *(ticket de compra)* receipt **(b)** *(fatura)* invoice LOC **custar/cobrar/pagar uma nota (preta)** to cost/charge/pay a fortune ◆ **tomar nota** to take note *(of sth)* *Ver tb* BLOCO, CHEIO

notar ▸ *vt (observar)* to notice: *Não notei nenhuma mudança.* I didn't notice any change.
▸ **notar-se** *vp* **1** *(sentir-se)* to feel: *Nota-se a tensão.* You can feel the tension. ◇ *Notava-se que ela estava nervosa.* You could tell she was nervous. **2** *(ver-se)*: *Não se nota a idade dele.* He doesn't look his age.

notável *adj* remarkable

notícia *sf* **1** news *[não contável]*: *Tenho uma má ~ para lhe dar.* I have some bad news for you. ◇ *As ~s são alarmantes.* The news is alarming ➲ *Ver nota em* CONSELHO **2** *(Jornalismo, TV)* news item LOC **dar notícias** to get in touch *(with sb)* ◆ **ter notícias de alguém** to hear from sb: *Você tem tido ~s da sua irmã?* Did you hear from your sister?

noticiário *sm* news *[sing]*: *Ligue a TV que está na hora do ~.* Turn on the TV — it's time for the news.

notificar *vt* to notify *sb (of sth)*

noturno, -a *adj* **1** night: *serviço ~ de ônibus* night bus service **2** *(aulas)* evening **3** *(animal)* nocturnal LOC *Ver* VIDA

nova *sf* news *[não contável]*: *Tenho boas ~s.* I have (some) good news. ➲ *Ver nota em* CONSELHO

novamente *adv* again: *Vou ter que fazer tudo ~.* I'll have to do it all again.

novato, -a ▸ *adj* inexperienced
▸ *sm-sf* beginner; rookie *(mais coloq)*

Nova Zelândia *sf* New Zealand

nove *num numeral, sm* **1** nine **2** *(data)* ninth ➲ *Ver exemplos em* SEIS

novecentos, -as *num numeral, sm* nine hundred ➲ *Ver exemplos em* SEISCENTOS

novela *sf* **1** *(Rádio, TV)* soap opera; soap *(coloq)* **2** *(livro)* novella

novelo *sm* ball: *um ~ de lã* a ball of wool

novembro *sm* November *(abrev* Nov.) ➲ *Ver exemplos em* JANEIRO

noventa *num numeral, sm* ninety ➲ *Ver exemplos em* SESSENTA

novidade *sf* **1** novelty *(pl* novelties): *a ~ da situação* the novelty of the situation ◇ *a grande ~ da temporada* the latest thing **2** *(alteração)* change: *Não há ~s com relação ao estado do doente.* There's no change in the patient's condition. **3** *(notícia)* news *[não contável]*: *Alguma ~?* Any news?

novilho, -a *sm-sf* **1** *(masc)* steer **2** *(fem)* heifer

N

novo, -a *adj* **1** new: *Esses sapatos são ~s?* Are those shoes new? **2** *(adicional)* further: *Surgiram ~s problemas.* Further problems arose. **3** *(jovem)* young: *Você é mais ~ do que ela.* You're younger than her. ◇ *o mais ~ dos dois* the younger of the two ◇ *o mais ~ da turma* the youngest in the class LOC **de novo** again ◆ **novo em folha** brand new ◆ **o que há de novo?** what's new?

noz *sf* **1** *(fruto da nogueira)* walnut **2 nozes** *(qualquer fruto de casca dura)* nuts *[pl]*

nu, nua *adj* **1** *(pessoa)* naked: *A criança estava nua.* The child was naked. **2** *(parte do corpo, vazio)* bare: *braços ~s/paredes nuas* bare arms/walls ➲ *Ver nota em* NAKED LOC **nu em pelo** stark naked ◆ **pôr a nu** to expose: *O filme põe a nu a corrupção do governo.* The movie exposes government corruption. *Ver tb* OLHO

nublado, -a *adj* cloudy *Ver tb* NUBLAR-SE

nublar-se *vp (céu)* to cloud over

nuca *sf* nape

nuclear *adj* nuclear

núcleo *sm* nucleus *(pl* nuclei)

nudez *sf* nudity

nulo, -a *adj* **1** *(inválido)* invalid: *um acordo ~* an invalid agreement **2** *(inexistente)* nonexistent: *As possibilidades são praticamente nulas.* The possibilities are almost nonexistent. LOC *Ver* VOTO

numeração *sf* **1** *(rua, casa, etc.)* numbers *[pl]* **2** *(roupas, sapato, etc.)* size LOC **numeração arábica/romana** Arabic/Roman numerals *[pl]*

numeral *sm* numeral

numerar *vt* to number

número *sm* **1** number: *um ~ de telefone* a phone number ◇ *~ par/ímpar* even/odd number **2** *(tamanho)* size: *Que ~ você calça?* What size shoe do you take? **3** *(publicação)* issue: *um ~ atrasado* a back issue **4** *(Teat)* act: *um ~ de circo* a circus act LOC **número primo** prime number ◆ **um sem número de...** hundreds of...: *Estive lá um sem ~ de vezes.* I've been there hundreds of times.

numeroso, -a *adj* **1** *(grande)* large: *uma família numerosa* a large family **2** *(muitos)* numerous: *em numerosas ocasiões* on numerous occasions

nunca *adv* never, ever

> Utiliza-se **never** quando o verbo está na afirmativa em inglês: *Nunca estive em Paris.* I've never been to Paris. Utiliza-se **ever** para exprimir ideias negativas ou com palavras como **no one**, **nothing**, etc: *sem nunca ver o sol* without ever seeing the sun ◇ *Nunca acontece nada.* Nothing ever happens. ➲ *Ver nota em* ALWAYS

LOC **mais (do) que nunca** more than ever: *Hoje está mais calor do que ~.* It's hotter than ever today. ◆ **nunca mais** never again ◆ **quase nunca** hardly ever: *Quase ~ nos vemos.* We hardly ever see each other. *Ver tb* MELHOR, TARDE[2]

núpcias *sf* wedding

nutrição *sf* nutrition

nutriente *sm* nutrient

nutritivo, -a *adj* nutritious

nuvem *sf* cloud: *computação na ~* cloud computing LOC **andar/estar nas nuvens** to have your head in the clouds *Ver tb* BRANCO, CABEÇA

Oo

o[1] *art* **1** the: *O trem chegou tarde.* The train was late. ➲ *Ver nota em* THE **2** *(para substantivar)* the... thing: *o interessante/difícil é...* the interesting/difficult thing is... LOC **o/a de... 1** *(posse)*: *O da Marisa é melhor.* Marisa's (one) is better. ◇ *Esta bagagem é a do Miguel.* These bags are Miguel's. **2** *(característica)* the one with...: *o de olhos verdes/de barba* the one with green eyes/the beard ◇ *Eu prefiro o de bolinhas.* I'd prefer the one with polka dots. **3** *(roupa)* the one in...: *o do casaco cinza* the one in the gray coat ◇ *a de vermelho* the one in red **4** *(procedência)* the one from...: *o de Cuiabá* the one from Cuiabá *Ver tb* OS ◆ **o/a que... 1** *(pessoa)* the one (who/that)...: *O que eu vi era mais alto.* The one I saw was taller. **2** *(coisa)* the one (which/that)...: *O que compramos ontem era melhor.* The one (that) we bought yesterday was nicer. **3** *(quem quer que)* whoever: *O que chegar primeiro faz o café.* Whoever gets there first has to make the coffee. ◆ **o que...**: *Você nem imagina o que foi aquilo.* You can't imagine what it was like. ◇ *o que não é verdade* which isn't true ◇ *Farei o que você disser.* I'll do whatever you say. ◆ **o que é meu** *(posse)*: *Tudo o que é meu é seu.* Everything I have is yours.

o[2] *pron* **1** *(ele)* him: *Expulsei-o de casa.* I threw him out of the house. ◇ *Vi-o no sábado à tarde.* I saw him on Saturday afternoon. **2** *(coisa)* it: *Onde é que você o guarda?* Where do you keep it? ◇ *Ignore-o.* Ignore it. **3** *(você)* you: *Eu o avisei!* I told you so!

oásis *sm* oasis (*pl* **oases**)
obcecado, -a *adj* ~ **(por)** obsessed (by/ with *sth/sb*): *Ele é ~ por livros.* He's obsessed with books.
obedecer *vi* to obey: ~ *aos pais* to obey your parents ◇ *Obedeça!* Do as you're told!
obediência *sf* obedience
obediente *adj* obedient
obesidade *sf* obesity
obeso, -a *adj* obese
obituário *sm* obituary (*pl* **obituaries**)
objetar *vt* to object
objetiva *sf* (*Fot*) lens
objetivo, -a ▸ *adj* objective
▸ *sm* **1** (*finalidade*) objective: *~s a longo prazo* long-term objectives **2** (*propósito*) purpose
objeto *sm* (*coisa, Gram*) object
oblíquo, -a *adj* oblique
oboé *sm* oboe
obra *sf* **1** work: *uma ~ de arte* a work of art ◇ *as ~ completas de Monteiro Lobato* the complete works of Monteiro Lobato **2** (*lugar em construção*) site: *Houve um acidente na ~.* There was an accident at the site. **3 obras** (*na estrada*) roadwork [*não contável*] roadworks [*pl*] (*GB*) **LOC em obras** under repair *Ver tb* MÃO
obra-prima *sf* masterpiece
obrigação *sf* obligation **LOC ter (a) obrigação de** to be obliged *to do sth*
obrigado, -a ▸ *adj* obliged: *sentir-se/ ver-se ~ a fazer algo* to feel obliged to do sth
▸ *interj* thank you; thanks (*mais coloq*): *Muito ~!* Thank you very much! ➲ *Ver nota em* PLEASE **LOC ser obrigado a** to have *to do sth*: *Somos ~s a trocá-lo.* We have to change it. *Ver tb* OBRIGAR
obrigar *vt* to force *sb to do sth*: *Obrigaram-me a entregar a mala.* They forced me to hand over the bag.
obrigatório, -a *adj* compulsory
obsceno, -a *adj* obscene
obscuridade *sf* (*anonimato*) obscurity: *viver na ~* to live in obscurity
obscuro, -a *adj* (*fig*) obscure: *um poeta ~* an obscure poet
observação *sf* observation: *capacidade de ~* powers of observation ◇ *fazer uma ~* to make an observation **LOC estar em observação** to be under observation
observador, -ora ▸ *adj* observant
▸ *sm-sf* observer
observar *vt* **1** (*olhar*) to watch; to observe (*formal*): *Eu observava as pessoas da minha janela.* I was watching people from my window. **2** (*notar*) to notice: *Você observou algo estranho nele?* Did you notice anything odd about him? **3** (*comentar*) to remark
observatório *sm* observatory (*pl* **observatories**)
obsessão *sf* obsession (*with sth/sb*): *uma ~ com motos/ganhar* an obsession with motorcycles/winning
obsessivo, -a *adj* obsessive **LOC** *Ver* TRANSTORNO
obsoleto, -a *adj* obsolete
obstáculo *sm* obstacle
obstante **LOC não obstante** however; nevertheless (*mais formal*)
obstetra *smf* obstetrician
obstinado, -a *adj* obstinate
obstruir *vt* to block *sth* (up): *~ a entrada* to block the entrance (up)
obter *vt* **1** to obtain; to get (*mais coloq*): *~ um empréstimo/o apoio de alguém* to get a loan/sb's support **2** (*vitória*) to score: *A equipe obteve a sua primeira vitória.* The team scored its first victory. **LOC** *Ver* EQUIVALÊNCIA
obturação *sf* (*dente*) filling
obturar *vt* to fill: *Vão ter que me ~ três dentes.* I have to have three teeth filled.
óbvio, -a *adj* obvious
ocasião *sf* **1** (*vez*) occasion: *em várias ocasiões* on several occasions **2** (*oportunidade*) opportunity (*pl* **opportunities**); chance (*mais coloq*) (*to do sth*): *uma ~ única* a unique opportunity
ocasionar *vt* to cause
oceano *sm* ocean
ocidental ▸ *adj* western: *o mundo ~* the western world
▸ *smf* westerner
ocidente *sm* west: *as diferenças entre o Oriente e o Ocidente* the differences between East and West
ócio *sm* **1** (*ociosidade*) idleness **2** (*folga*) leisure (time): *Durante o ~ leio e ouço música.* During my leisure time I read and listen to music.
oco, -a *adj* hollow
ocorrência *sf* incident **LOC** *Ver* BOLETIM
ocorrer *vi* **1** (*acontecer*) to happen; to occur (*formal*): *Não quero que volte a ~.* I don't want it to happen again. **2** (*lembrar*) to occur *to sb*: *Acaba de me ~ que...* It has just occurred to me that...
ocular *adj* **LOC** *Ver* GLOBO, TESTEMUNHA
oculista *smf* (*pessoa*) optician
óculos *sm* **1** glasses: *um rapaz loiro, de ~* a fair-haired boy with glasses ◇ *usar ~* to wear glasses **2** (*motociclista,*

esquiador, mergulhador) goggles LOC **óculos escuros** sunglasses; shades (*coloq*)
ocultar *vt* to hide *sb/sth* (*from sb/sth*): *Não tenho nada a ~.* I have nothing to hide.
ocupado, -a *adj* **1** ~ **(em/com)** (*pessoa*) busy (with *sb/sth*); busy (*doing sth*): *Se alguém telefonar, diga que estou ~.* If anyone calls, say I'm busy. **2** (*telefone*) busy; engaged (*GB*): *O telefone está ~.* The line's busy. **3** (*banheiro*) occupied; engaged (*GB*) **4** (*lugar, táxi*) taken: *Este lugar está ~?* Is this seat taken? *Ver tb* OCUPAR
ocupar *vt* **1** (*espaço, tempo*) to take up *sth*: *O artigo ocupa meia página.* The article takes up half a page. **2** (*cargo oficial*) to hold **3** (*país*) to occupy
odiar *vt* to hate *sb/sth/doing sth*: *Odeio cozinhar.* I hate cooking.
ódio *sm* hatred (*for/of sb/sth*) LOC **ter ódio de alguém/algo** to hate sb/sth
odioso, -a *adj* hateful
odontologia *sf* dentistry
odor *sm* odor ➲ *Ver nota em* SMELL
oeste *adj, sm* west (*abrev* W): *a/no ~* in the west ◇ *na costa ~* on the west coast ◇ *mais a ~* further west
ofegante *adj* breathless
ofegar *vi* to pant
ofender ▸ *vt* to offend
▸ **ofender-se** *vp* to take offense (*at sth*): *Você se ofende com pouco.* You take offense at the slightest thing.
ofensa *sf* offense
ofensiva *sf* offensive
ofensivo, -a *adj* offensive
oferecer ▸ *vt* **1** to offer: *Eles nos ofereceram um café.* They offered us a (cup of) coffee. **2** (*dar*) to give: *Eles me ofereceram este livro.* They gave me this book. ➲ *Ver nota em* GIVE **3** (*proporcionar*) to provide: *~ ajuda* to provide help
▸ **oferecer-se** *vp* **oferecer-se (para)** to volunteer (for *sth/to do sth*): *oferecer-se como voluntário* to volunteer
oferta *sf* **1** offer: *~ especial* special offer **2** (*Econ, Fin*) supply: *A procura é maior do que a ~.* Demand is greater than supply. LOC **em oferta** on sale ◆ **ofertas de emprego** job vacancies
oficial ▸ *adj* official
▸ *smf* (*polícia*) officer LOC **não oficial** unofficial
oficina *sf* **1** (*local, evento*) workshop: *uma ~ de carpintaria/teatro* a carpenter's/theater workshop **2** (*Mec*) garage
ofício *sm* (*profissão*) trade: *aprender um ~* to learn a trade LOC *Ver* OSSO

O

oh! *interj* gee: *Oh, sinto muito!* Gee, I'm sorry!
oi! *interj* hi ➲ *Ver nota em* OLÁ!
oitavo, -a *num numeral, sm* eighth ➲ *Ver exemplos em* SEXTO
oitenta *num numeral, sm* eighty ➲ *Ver exemplos em* SESSENTA
oito *num numeral, sm* **1** eight **2** (*data*) eighth ➲ *Ver exemplos em* SEIS
oitocentos, -as *num numeral, sm* eight hundred ➲ *Ver exemplos em* SEISCENTOS
olá! *interj* hello; hi (*coloq*)

A tradução mais geral é **hello**, que pode ser utilizada em qualquer situação e também para atender o telefone. **Hi** e **hey** são mais coloquiais e muito comuns. Muitas vezes estas palavras são seguidas de **how are you?** ou **how are you doing?** (*mais coloq*). A resposta pode ser **fine, thanks** ou **very well, thank you** (*formal*), e sobretudo nos Estados Unidos diz-se também **good**. ➲ *Ver nota em* HOW

olaria *sf* pottery
óleo *sm* **1** oil: *~ de girassol* sunflower oil ◇ *~ lubrificante* lubricating oil **2** (*bronzeador*) suntan lotion LOC **quadro/pintura a óleo** oil painting *Ver tb* MANCHA, PINTAR
oleoduto *sm* pipeline
oleoso, -a *adj* **1** (*pele, cabelo, superfície*) greasy **2** (*comida*) oily
olfato *sm* sense of smell
olhada *sf* (*vista de olhos*) glance; look (*mais coloq*): *só com uma ~* at a glance ◇ *Uma ~ é o suficiente.* Just a quick look will do. LOC **dar uma olhada** to glance *at sb/sth*; to take a quick look *at sb/sth* (*mais coloq*): *Só tive tempo de dar uma ~ no jornal.* I only had time to glance at the newspaper.
olhar[1] ▸ *vt* (*observar*) to watch: *Olhavam as crianças brincando.* They watched the children playing.
▸ *vi* to look: *~ para o relógio* to look at the clock ◇ *~ para cima/baixo* to look up/down ◇ *~ pela janela/por um buraco* to look out of the window/through a hole ◇ *Ele olhava muito para você.* He kept looking at you.

Em inglês, existem várias maneiras de se dizer *olhar*. A palavra com sentido mais geral é **look** e, no sentido de observar, **watch**. Todos os demais verbos têm uma particularidade que os diferencia. Eis alguns deles:

gaze = contemplar fixamente

glance = dar uma olhadela

glare = olhar ferozmente

peek = dar uma espiada rápida e furtiva

peep = dar uma espiada rápida e muitas vezes cautelosa

peer = olhar de maneira prolongada, às vezes com esforço, tentando enxergar

stare = olhar fixamente.

Assim, por exemplo, pode-se dizer: *Don't glare at me!* ◇ *They all stared at her in her orange trousers.* ◇ *He was gazing up at the stars.* ◇ *She glanced at the newspaper.*

▸ **olhar-se** *vp*: *Olhamo-nos e a porta se fechou.* We looked at each other and then the door closed. ◇ *Ela se olhava no espelho.* She looked at herself in the mirror. LOC **olha!** (*surpresa*) hey: *Olha! Está chovendo!* Hey, it's raining!◆ **olhar alguém de cima** to look down your nose at sb ◆ **por onde quer que se olhe** whichever way you look at it

olhar[2] *sm* look: *ter um ~ inexpressivo* to have a blank look (on your face) LOC *Ver* DESVIAR

olheiras *sf* dark rings under the eyes

olho *sm* eye: *Ela tem ~s negros.* She has dark eyes. ◇ *ter ~s salientes* to have bulging eyes ◇ *ter um bom ~ para os negócios* to have a good eye for business LOC **a olho nu** with the naked eye ◆ **com os olhos vendados** blindfold ◆ **estar de olho em** to have your eye on *sb/sth* ◆ **ficar de olho em** to keep an eye out for *sb/sth* ◆ **não tirar os olhos de (cima de)** not to take your eyes off *sb/sth* ◆ **olhar (bem) nos olhos** to look into *sb*'s eyes ◆ **olho grande** envy ◆ **olho mágico** (*porta*) peephole ◆ **olho roxo** black eye ◆ **o que os olhos não veem, o coração não sente** what the eye doesn't see, the heart doesn't grieve over ◆ **passar os olhos por alto** to skim through *sth* ◆ **pôr alguém no olho da rua**to fire sb ◆ **ter olho clínico** to have a sharp eye (*for sb/sth*) ◆ **ver com bons olhos** to approve of *sb/sth* *Ver tb* ABRIR, ARREGALAR, CUSTAR, DESGRUDAR, ESBUGALHADO, MENINA, PINTAR, PREGAR[2], RABO, SALTAR, SOMBRA, VISTA

Olimpíadas *sf* Olympic Games

olímpico, -a *adj* Olympic: *o recorde ~* the Olympic record LOC *Ver* JOGO, VILA

oliveira *sf* olive tree

ombro *sm* shoulder: *carregar algo nos ~s* to carry sth on your shoulders LOC *Ver* ENCOLHER

omelete *sf* omelet

omitir *vt* to leave *sth* out; to omit (*formal*)

onça *sf* (*animal*) jaguar LOC *Ver* TEMPO

onda *sf* wave: *~ sonora/de choque* sound/shock wave ◇ *~ curta/média/longa* short/medium/long wave LOC **ir na onda** to go with the flow ◆ **ir na onda de alguém** to be taken in by sb *Ver tb* DESLIZAR, PEGAR

onde *adv* **1** where: *Onde foi que você o colocou?* Where did you put it? ◇ *a cidade ~ nasci* the city where I was born ◇ *Deixe-o ~ você puder.* Leave it wherever you can. ◇ *um lugar ~ morar* a place to live **2** (*com preposição*): *um morro de ~ se vê o mar* a hill from where you can see the ocean ◇ *a cidade para ~ se dirigem* the city they're heading for ◇ *De ~ você é?* Where are you from? LOC **por onde?** which way?: *Por ~ eles foram?* Which way did they go?

ondulação *sf* **1** (*mar*) swell: *uma ~ forte* a heavy swell **2** (*cabelo*) wave

ondulado, -a *adj* **1** (*cabelo*) wavy **2** (*superfície*) undulating **3** (*cartão, papel*) corrugated

ONG *sf* NGO (*pl* **NGOs**)

Em inglês, utiliza-se o termo **NGO** sobretudo no contexto político. Para se referir a organizações como o Instituto Ayrton Senna, a Fundação Gol de Letra, etc., é mais comum se utilizar a palavra **charity** [*pl* **charities**] .

ônibus *sm* bus: *apanhar/perder o ~* to catch/miss the bus LOC **ônibus espacial** space shuttle ◆ **ônibus leito** luxury night bus *Ver tb* LINHA

on-line *adj, adv* online

ontem *adv* yesterday: *~ à tarde/de manhã* yesterday afternoon/morning ◇ *o jornal de ~* yesterday's paper LOC **ontem à noite** last night

ONU *sf Ver* ORGANIZAÇÃO

onze *num numeral, sm* **1** eleven **2** (*data*) eleventh ➲ *Ver exemplos em* SEIS

opaco, -a *adj* opaque

opção *sf* option: *Ele não tem outra ~.* He has no option.

opcional *adj* optional

ópera *sf* opera

operação *sf* **1** operation: *submeter-se a uma ~ cardíaca* to have a heart operation ◇ *uma ~ policial* a police operation **2** (*Fin*) transaction LOC *Ver* SALA

operado, -a *adj* LOC **ser operado** to have an operation *Ver tb* OPERAR

operador, -ora *sm-sf* operator

operar ▸ *vt* to operate on *sb*: *Tenho que ~ o pé.* I have to have an operation on my foot.

▸ *vi* to operate

O

operário, -a ▸ *adj* **1** (*família, bairro*) working-class **2** (*sindicato*) labor: *o movimento ~* the labor movement
▸ *sm-sf* manual worker

opinar *vt, vi* to give your opinion (*about/on sth*): *Se não opinarmos, nunca haverá mudanças.* If we don't give our opinion, nothing will ever change.

opinião *sf* opinion: *na minha ~* in my opinion ◇ *~ pública* public opinion
LOC *Ver* MUDAR(-SE)

oponente *smf* opponent

opor ▸ *vt* to offer: *~ resistência* to offer resistance
▸ **opor-se** *vp* **1 opor-se a** to oppose: *opor-se a uma ideia* to oppose an idea **2** (*objetar*) to object: *Irei à festa se os meus pais não se opuserem.* I'll go to the party if my parents don't object.

oportunidade *sf* chance; opportunity (*pl* **opportunities**) (*mais formal*): *Tive a ~ de ir ao teatro.* I had the chance to go to the theater.

oportunista *smf* opportunist

oportuno, -a *adj* right; opportune (*formal*): *o momento ~* the right moment ◇ *um comentário ~* an opportune remark

O

oposição *sf* opposition (*to sb/sth*): *o líder da ~* the leader of the Opposition

oposto, -a ▸ *adj* **1** (*extremo, lado, direção*) opposite (*of sth*) **2** (*diferente*) different (*from/than/to sb/sth*)
▸ *sm* opposite: *Ela fez exatamente o ~ do que eu lhe disse.* She did exactly the opposite of what I told her. *Ver tb* OPOR

opressão *sf* oppression

opressivo, -a *adj* oppressive

oprimir *vt* to oppress

optar *vt* ~ **por** to opt for *sth/to do sth*: *Eles optaram por continuar a estudar.* They opted to continue studying.

óptica *sf* LOC *Ver* ILUSÃO

ora *adv* now: *por ~* for now LOC **ora essa!** come now! ◆ **ora..., ora...** sometimes..., sometimes...: *Ora ele estuda, ~ não estuda.* Sometimes he studies, sometimes he doesn't. ◇ *Ora chove, ~ faz sol.* One minute it's raining, the next it's sunny.

oração *sf* **1** (*Relig*) prayer: *fazer uma ~* to say a prayer **2** (*Gram*) (**a**) sentence: *uma ~ composta* a complex sentence (**b**) (*proposição*) clause: *uma ~ subordinada* a subordinate clause

oral *adj, sf* oral

orar *vi* to pray

órbita *sf* **1** (*Astron*) orbit: *colocar algo em ~* to put sth into orbit ◇ *estar/entrar em ~* to be in/go into orbit **2** (*olho*) socket

orçamento *sm* **1** (*de gastos*) budget: *Não quero exceder o ~.* I don't want to exceed the budget. **2** (*estimativa*) estimate; quote (*mais coloq*): *Pedi que me fizessem um ~ para o banheiro.* I asked for an estimate for the bathroom.

ordem *sf* **1** order: *em/por ~ alfabética* in alphabetical order ◇ *por ~ de importância* in order of importance ◇ *dar ordens* to give orders ◇ *por ~ do juiz* by order of the court ◇ *a ~ dos franciscanos* the Franciscan Order **2** (*associação*) association: *a ~ dos médicos* the medical association **3** (*sacramento*) Holy Orders [*pl*] LOC **em ordem** in order ◆ **em ordem crescente/decrescente** in ascending/descending order ◆ **estar às ordens de** to be at *sb's* disposal: *Estou às suas ordens.* I am at your disposal.

ordenado *sm* (*salário*) salary (*pl* **salaries**)

ordenado, -a *adj* neat *Ver tb* ORDENAR

ordenar *vt* **1** (*fichários, etc.*) to put *sth* in order: *~ as fichas alfabeticamente* to put the cards in alphabetical order **2** (*mandar*) to order *sb to do sth*: *Ele ordenou que eu me sentasse.* He ordered me to sit down. ➲ *Ver nota em* ORDER

ordenhar *vt* to milk

ordinário, -a *adj* **1** (*comum*) ordinary **2** (*qualidade*) poor **3** (*vulgar*) vulgar

orelha *sf* **1** (*Anat*) ear **2** (*de livro*) flap
LOC **de orelha em pé** on your guard *Ver tb* PULGA

orelhão *sm* telephone booth; telephone box (*GB*)

orfanato *sm* orphanage

órfão, -ã *adj, sm-sf* orphan: *~s de guerra* war orphans ◇ *ser ~* to be an orphan
LOC **órfão de mãe/pai** motherless/fatherless

orgânico, -a *adj* organic

organismo *sm* **1** (*Biol*) organism **2** (*organização*) organization

organização *sf* organization; group (*mais coloq*): *organizações internacionais* international organizations ◇ *uma ~ juvenil* a youth group LOC **Organização das Nações Unidas** (*abrev* **ONU**) United Nations (*abrev* UN)

organizador, -ora ▸ *adj* organizing
▸ *sm-sf* organizer

organizar ▸ *vt* to organize
▸ **organizar-se** *vp* (*pessoa*) to get yourself organized: *Eu devia me ~ melhor.* I should get myself better organized.

órgão *sm* **1** (*Anat, Mús*) organ **2** (*entidade*) body (*pl* **bodies**); institution (*mais formal*)
LOC **órgãos genitais/sexuais** genitals

orgasmo *sm* orgasm
orgulhar ▸ *vt* to make *sb* proud
▸ **orgulhar-se** *vp* **orgulhar-se de** to be proud of *sb/sth*: *Nós nos orgulhamos muito de você.* We're very proud of you.
orgulho *sm* pride: *ferir o ~ de alguém* to hurt sb's pride
orgulhoso, -a *adj* proud
orientação *sf (instrução)* guidance
oriental ▸ *adj* eastern
▸ *smf* Asian: *Na minha classe há dois orientais.* There are two Asians in my class.

A palavra **Oriental** também existe em inglês, mas é preferível não usá-la como substantivo pois pode ser considerada ofensiva.

orientar ▸ *vt* **1** *(posicionar)* to position: *~ uma antena* to position an antenna **2** *(dirigir)* to show *sb* the way: *O policial os orientou.* The police officer showed them the way. **3** *(aconselhar)* to advise: *Ela me orientou em relação aos cursos.* She advised me about different courses.
▸ **orientar-se** *vp (encontrar o caminho)* to find your way around
oriente *sm* east LOC **o Oriente Próximo/Médio/o Extremo Oriente** the Near/Middle/Far East
orifício *sm* hole: *dois ~s de bala* two bullet holes
origem *sf* origin LOC **dar origem a** to give rise to *sth*
original *adj, sm* original LOC *Ver* VERSÃO
originar ▸ *vt* to lead to *sth*
▸ **originar-se** *vp* to start: *O rio se origina nas montanhas.* The river has its source in the mountains.
orla *sf* shore
ornamento *sm* decoration
orquestra *sf* **1** *(de música clássica)* orchestra: *~ sinfônica/de câmara* symphony/chamber orchestra **2** *(de música popular)* band: *~ de dança/jazz* dance/jazz band
orquídea *sf* orchid
ortografia *sf* spelling: *erros de ~* spelling mistakes
ortográfico, -a *adj* LOC *Ver* ACORDO, CORRETOR
orvalho *sm* dew
os, as ▸ *art* the: *os livros que comprei ontem* the books I bought yesterday ➲ *Ver nota em* THE
▸ *pron* them: *Vi-os/as no teatro.* I saw them at the theater. LOC **os/as de... 1** *(posse)*: *os da minha avó* my grandmother's **2** *(característico)* the ones (with...): *Prefiro os de ponta fina.* I prefer the ones with a fine point. ◇ *Gosto dos com motivo xadrez.* I like the checked ones. **3** *(roupa)* the ones in...: *as de vermelho* the ones in red **4** *(procedência)* the ones from...: *os de Salvador* the ones from Salvador ◆ **os/as que... 1** *(pessoas)* those: *os que se encontravam na casa* those who were in the house ◇ *os que têm que madrugar* those of us who have to get up early ◇ *Entrevistamos todos os que se candidataram.* We interviewed everyone who applied. **2** *(coisas)* the ones (which/that)...: *as que compramos ontem* the ones we bought yesterday
oscilar *vi* **1** *(pêndulo, etc.)* to swing **2** ~ **(entre)** *(preços, temperaturas)* to vary (from *sth to sth*): *O preço oscila entre cinco e sete dólares.* The price varies from five to seven dollars.
osso *sm* bone LOC **os ossos do ofício** part and parcel of the job ◆ **ser um osso duro de roer 1** *(rigoroso)* to be very strict: *O meu professor é um ~ duro de roer.* My teacher is very strict. **2** *(difícil)* to be a hard nut to crack *Ver tb* CARNE, PELE
ostentar *vt* **1** *(exibir)* to show **2** *(alardear)* to show *sth* off
ostra *sf* oyster
otário, -a *sm-sf* idiot: *Você pensa que sou ~?* Do you think I'm an idiot?
ótica *sf* **1** *(loja)* optician **2** *(ponto de vista)* viewpoint: *Na minha ~ eles estão errados.* From my viewpoint they're wrong. LOC *Ver* ILUSÃO; *Ver tb* ÓPTICA
otimismo *sm* optimism
otimista ▸ *adj* optimistic
▸ *smf* optimist
otimizar *vt* to optimize
ótimo, -a *adj* excellent
otorrino *smf* ear, nose and throat specialist
ou *conj* or: *Chá ou café?* Tea or coffee? LOC **ou... ou...** either... or...: *Ou você vai ou você fica.* Either you go or you stay.
ouriço-do-mar *sm* sea urchin
ouro *sm* **1** gold: *uma medalha de ~* a gold medal ◇ *ter um coração de ~* to have a heart of gold **2 ouros** *(naipe)* diamonds ➲ *Ver nota em* BARALHO LOC **nem tudo o que reluz é ouro** all that glitters is not gold ◆ **ouro em folha** gold leaf *Ver tb* BERÇO, BODAS, MINA
ousadia *sf* daring LOC **ter a ousadia de** to dare *to do sth*; to have the cheek *to do sth (GB)*

O

ousado, -a *adj* daring

outdoor *sm* billboard; hoarding (*GB*)

outono *sm* fall; autumn (*GB*): *no ~* in the fall

outro, -a ▸ *adj* another, other

> Usa-se **another** com substantivos no singular e **other** com substantivos no plural: *Não há outro trem até as cinco.* There isn't another train until five. ◇ *numa outra ocasião* on another occasion ◇ *Você tem outras cores?* Do you have any other colors? Também se utiliza **other** em expressões como: *o meu outro irmão* my other brother, mas quando *outro* é seguido de numerais, usa-se **another**: *Recebemos outras duas cartas.* We received another two letters.

▸ *pron* another (one) (*pl* **others**): *Você tem ~?* Do you have another (one)? ◇ *Não gosto destes. Você tem ~s?* I don't like these ones. Do you have any others? ◇ *um dia ou ~* one day or another
🛈 **O outro**, **a outra** traduzem-se por "the other one": *Onde está o outro?* Where's the other one? LOC **em outro lugar/em outra parte** somewhere else ◆ **outra coisa** something else: *Tinha outra coisa que eu queria te dizer.* There was something else I wanted to tell you.

> Se a oração é negativa, utiliza-se **anything else** se o verbo estiver na negativa. Senão, usa-se **nothing else**: *Eles não puderam fazer outra coisa.* They couldn't do anything else/They could do nothing else.

◆ **outro dia** (*passado*) the other day: *Outro dia eu vi sua mãe.* I saw your mother the other day. ◆ **outra vez** again: *Fui reprovado outra vez.* I failed again. ◆ **outro(s) tanto(s)** as much/as many again: *Ele me pagou 5.000 reais e ainda me deve ~ tanto.* He's paid me 5,000 reals and still owes me as much again. ◆ **por outro lado** on the other hand *Ver tb* COISA

outubro *sm* October (*abrev* Oct.) ➲ *Ver exemplos em* JANEIRO

ouvido *sm* **1** (*Anat*) ear **2** (*sentido*) hearing LOC **ao ouvido**: *Diga-me ao ~.* Whisper it in my ear. ◆ **dar ouvidos** to listen *to sb*: *Ela nunca me dá ~s.* She never listens to me. ◆ **de ouvido** by ear: *Toco piano de ~.* I play the piano by ear. ◆ **ser todo ouvidos** to be all ears ◆ **ter bom ouvido** to have a good ear *Ver tb* AGRADÁVEL, DURO, ENTRAR, FONE, PAREDE

ouvinte *smf* **1** listener **2** (*Educ, aluno*) auditor; unregistered student (*GB*)

ouvir *vt* **1** (*perceber sons*) to hear: *Não ouvi você entrar.* I didn't hear you come in.

> Com frequência, utilizam-se **can** ou **could** com o verbo **hear**: *Está ouvindo isso?* Can you hear that? Raramente se usa **hear** com tempos contínuos: *Não se ouvia nada.* You couldn't hear a thing.

2 (*escutar*) to listen (to *sb/sth*): *~ o rádio* to listen to the radio ➲ *Ver nota em* ESCUTAR LOC **de ouvir falar**: *Conheço-o de ~ falar, mas nunca fomos apresentados.* I've heard a lot about him, but we've never been introduced.

ova *sf* **ovas 1** (*Zool*) spawn [*não contável*]: *~s de rã* frog spawn **2** (*alimento*) roe LOC **uma ova!** no way!

oval *adj* oval

ovário *sm* ovary (*pl* **ovaries**)

ovelha *sf* **1** sheep (*pl* **sheep**): *um rebanho de ~s* a flock of sheep **2** (*fêmea*) ewe LOC **ovelha negra** black sheep

overdose *sf* overdose

ovino, -a *adj* LOC *Ver* GADO

óvni *sm* UFO (*pl* **UFOs**)

ovo *sm* egg: *pôr um ~* to lay an egg LOC **estar de ovo virado** to be in a bad mood ◆ **ovo cozido/duro** hard-boiled egg ◆ **ovo estrelado/frito** fried egg ◆ **ovo pochê** poached egg ◆ **ovos mexidos** scrambled eggs ◆ **ser um ovo** to be tiny: *O escritório é um ~.* The office is tiny. *Ver tb* PISAR

oxidar *vt, vi* to rust

oxigenado, -a *adj* (*cabelo*) bleached LOC *Ver* ÁGUA

oxigênio *sm* oxygen

ozônio *sm* ozone: *a camada de ~* the ozone layer

Pp

pá *sf* **1** shovel: *o balde e a pá* pail and shovel **2** (*Cozinha, porco, vaca*) shoulder LOC **da pá virada** wild ◆ **pá de lixo** dustpan ➲ *Ver ilustração em* BRUSH

pacas *adv* loads: *Ele bebeu ~.* He drank loads. ◇ *Me incomodou ~.* It really annoyed me.

pacato, -a *adj* **1** (*calmo*) calm; laid-back (*coloq*) **2** (*passivo*) passive **3** (*lugar*) peaceful

paciência ▸ *sf* **1** patience: *perder a ~* to lose your patience ◇ *A minha ~ está chegando ao fim.* My patience is wearing thin. **2** (*Cartas*) solitaire; patience (*GB*):

jogar ~ to play a game of solitaire ▸ *interj* **paciência!** oh well! LOC **ter paciência** to be patient

paciente *adj, smf* patient

pacífico, -a ▸ *adj* peaceful ▸ *sm* **o Pacífico** the Pacific (Ocean)

pacifista *smf* pacifist

pacote *sm* **1** (*comida*) packet: *um ~ de sopa* a packet of soup ➲ *Ver ilustração em* CONTAINER **2** (*embrulho*) package; parcel (*GB*) ➲ *Ver nota em* PACKAGE **3** (*Econ, Informát, turismo*) package: *~ turístico* package tour

pacto *sm* agreement

pactuar *vi* to make an agreement (*with sb*) (*to do sth*)

padaria *sf* bakery (*pl* bakeries) ➲ *Ver nota em* AÇOUGUE

padeiro, -a *sm-sf* baker

padrão *adj, sm* **1** (*norma*) standard **2** (*desenho*) pattern **3** (*modelo*) model **4** (*uniforme*) regulation LOC **padrão de vida** standard of living

padrasto *sm* stepfather

padre *sm* **1** priest **2 Padre** (*título*) father: *o Padre Garcia* Father Garcia ◇ *o Santo Padre* the Holy Father LOC *Ver* COLÉGIO

padrinho *sm* **1** (*batismo*) godfather **2** (*casamento*) man who acts as a witness at a wedding ➲ *Ver nota em* CASAMENTO **3 padrinhos** (*batismo*) godparents

padroeiro, -a *sm-sf* (*Relig*) patron saint: *São Sebastião é o ~ do Rio de Janeiro.* Saint Sebastian is the patron saint of Rio de Janeiro.

pagamento *sm* **1** (*salário*) pay [*não contável*] **2** (*dívida*) payment: *efetuar/fazer um ~* to make a payment LOC *Ver* FOLHA

pagão, -ã *adj, sm-sf* pagan

pagar ▸ *vt* to pay (for)*sth*: *~ as dívidas/os impostos* to pay your debts/taxes ◇ *O meu avô paga os meus estudos.* My grandfather is paying for my education. ▸ *vi* to pay: *Pagam bem.* They pay well. LOC **pagar adiantado** to pay (*sth*) in advance ◆ **pagar com cheque/cartão de crédito** to pay (*for sth*) by check/credit card ◆ **pagar em dinheiro** to pay (*for sth*) in cash ◆ **pagar o pato** to carry the can (*GB*) ◆ **você me paga!** you'll pay for this! *Ver tb* CARO, NOTA

página *sf* page: *na ~ três* on page three LOC **páginas amarelas** yellow pages ◆ **página inicial** (*Internet*) home page ◆ **página web/na internet** web page *Ver tb* PRIMEIRO

pai *sm* **1** father: *Ele é ~ de dois filhos.* He is the father of two children. **2 pais** parents; mom and dad (*coloq*) LOC *Ver* DIA, FAMÍLIA, ÓRFÃO, TAL

painel *sm* **1** panel: *~ de controle/instrumentos* control/instrument panel **2** (*de carro*) dashboard

pai-nosso *sm* Our Father: *rezar dois ~s* to say two Our Fathers

país *sm* country (*pl* countries) LOC **País de Gales** Wales ➲ *Ver nota em* GRÃ-BRETANHA ◆ **país emergente** developing country (*pl* countries)

paisagem *sf* landscape ➲ *Ver nota em* SCENERY

paisana *sf* LOC **à paisana 1** (*militar*) in civilian dress **2** (*polícia*) in plain clothes

paixão *sf* passion LOC **ter paixão por alguém/algo** to be crazy about sb/sth

palácio *sm* palace LOC **Palácio da Justiça** Law Courts [*pl*]

paladar *sm* **1** (*sentido*) taste **2** (*Anat*) palate

palavra *sf* word: *uma ~ com três letras* a three-letter word ◇ *em outras ~s* in other words ◇ *Dou-lhe a minha ~.* I give you my word. LOC **em poucas palavras** in a few words ◆ **palavra (de honra)!** honest! ◆ **palavras cruzadas** crossword: *fazer ~s cruzadas* to do crosswords ◆ **ter a última palavra** to have the last word (*on sth*) *Ver tb* CEDER, DIRIGIR, JOGO, MEDIR, MEIO, VOLTAR

palavrão *sm* swear word LOC **dizer/soltar (um) palavrão** to swear

palco *sm* **1** (*Teat, auditório*) stage: *entrar no/subir ao ~* to come onto the stage **2** (*lugar*) scene: *o ~ do crime* the scene of the crime

palerma *adj, smf* fool: *Não seja ~.* Don't be a fool.

palestra *sf* **1** talk **2** (*conferência*) lecture

paleta *sf* (*de pintor*) palette

paletó *sm* jacket

palha *sf* straw

palhaçada *sf* disgrace LOC **fazer palhaçadas** to play the fool

palhaço, -a *sm-sf* clown

palheiro *sm* hay loft LOC *Ver* PROCURAR

palheta *sf* plectrum (*pl* plectrums/plectra)

pálido, -a *adj* pale: *rosa ~* pale pink ◇ *ficar ~* to go pale

palito *sm* **1** (*para os dentes*) toothpick **2** (*de fósforo*) match LOC **estar um palito** to be as thin as a rake

palma *sf* palm LOC *Ver* BATER, CONHECER, SALVA[2]

palmada *sf* slap: *Fique quieto, senão vou lhe dar uma ~!* Be quiet, or I'll slap you!

palmeira *sf* palm (tree)

P

palmilha *sf* insole
palmito *sm* heart of palm
palmo *sm*: *Ele é um ~ mais alto do que eu.* He's several inches taller than me. LOC **palmo a palmo** inch by inch *Ver tb* ENXERGAR
pálpebra *sf* eyelid
palpitar *vi* (*coração*) to beat
palpite *sm* **1** (*pressentimento*) hunch **2** (*opinião*) opinion LOC **dar palpite** to put in your two cents' worth; to stick your oar in (*GB*)
pancada *sf* **1** blow: *uma ~ forte na cabeça* a severe blow to the head ◇ *Mataram-no a ~s.* They beat him to death. **2** (*acidente*): *Dei uma ~ com a cabeça.* I banged my head. **3** (*para chamar a atenção*) knock: *Ouvi uma ~ na porta.* I heard a knock on the door. ◇ *Dei umas ~s na porta.* I knocked on the door. LOC **pancada d'água** downpour
pâncreas *sm* pancreas
panda *sm* panda
pandeiro *sm* tambourine
pane *sf* breakdown LOC **dar pane** to break down
panela *sf* pot; (sauce)pan (*GB*): *Não esqueça de lavar as ~s.* Don't forget to do the pots and pans. LOC **panela de pressão** pressure cooker ➲ *Ver ilustração em* POT *Ver tb* CHÁ
panelinha *sf* (*grupo*) clique
panfleto *sm* pamphlet
pânico *sm* panic LOC *Ver* ENTRAR
pano *sm* **1** cloth, material, fabric

> **Cloth** é o termo mais geral para pano e o utilizamos tanto para nos referir ao pano usado na confecção de roupas, cortinas, etc. como para descrever o material com que é feita determinada coisa: *É feito de pano.* It's made of cloth. ◇ *um saco de pano* a cloth bag. Utilizamos **material** e **fabric** apenas quando queremos nos referir ao pano que se usa na confecção de vestuário e tapeçaria. **Material** e **fabric** são substantivos contáveis e não contáveis, ao passo que **cloth** é não contável quando significa "tecido": *Alguns tecidos encolhem ao lavar.* Some materials/fabrics shrink when you wash them. ◇ *Preciso de mais pano/tecido para as cortinas.* I need to buy some more cloth/material/fabric for the curtains.

2 (*Teat*) curtain: *Subiram o ~.* The curtain went up. LOC **pano de chão** floor cloth ◆ **pano de fundo** backdrop ◆ **pano de pó** duster ◆ **pano de prato** dish towel; tea towel (*GB*) ◆ **por baixo do pano** under the counter
panorama *sm* **1** (*vista*) view: *contemplar o bonito ~* to look at the beautiful view **2** (*perspectiva*) prospect
panqueca *sf* pancake
pantanal *sm* marshland [*não contável*]
pântano *sm* marsh
pantera *sf* panther
pantufa *sf* slipper
pão *sm* **1** bread [*não contável*]: *Você quer ~?* Do you want some bread? **2** (*individual*) (**a**) (*pequeno*) roll: *Eu quero três pães, por favor.* Could I have three rolls, please? (**b**) (*grande*) (round) loaf (*pl* (round) loaves) ➲ *Ver nota em* BREAD LOC **dizer/ser pão, pão, queijo, queijo** to call a spade a spade ◆ **pão de forma** sliced loaf (*pl* loaves) ◆ **pão de ló** sponge cake ◆ **pão doce** bun ◆ **pão dormido** stale bread ◆ **pão integral** wholewheat bread ◆ **pão sírio** pita (bread) *Ver tb* GANHAR

pão

Pão de Açúcar *sm* Sugar Loaf Mountain
pão-duro, pão-dura ▸ *adj* stingy ▸ *sm-sf* skinflint
pãozinho *sm* roll ➲ *Ver ilustração em* PÃO
papa[1] *sm* pope: *o Papa Francisco* Pope Francis
papa[2] *sf* (*bebê*) baby food LOC **não ter papas na língua** not to beat around the bush
papagaio *sm* **1** (*ave*) parrot **2** (*brinquedo*) kite
papai *sm* dad: *Pergunte ao ~.* Ask your dad. ❶ As crianças pequenas dizem **daddy**. LOC **Papai Noel** Santa Claus; Father Christmas (*GB*) *Ver tb* FILHINHO
papel *sm* **1** (*material*) paper [*não contável*]: *uma folha de ~* a sheet of paper ◇ *guardanapos de ~* paper napkins ◇ *~ quadriculado/reciclado* graph/recycled

P

paper **2** (*recorte, pedaço*) piece of paper: *anotar algo num ~* to note sth down on a piece of paper ◇ *O chão está coberto de papéis.* The ground is covered in pieces of paper. **3** (*personagem, função*) part; role (*mais formal*): *fazer o ~ de Otelo* to play the part of Othello ◇ *Terá um ~ importante na reforma.* It will play an important part in the reform. LOC **papel de carta** writing paper ◆ **papel de embrulho** wrapping paper ◆ **papel de parede** wallpaper ◆ **papel de presente** gift wrap ◆ **papel higiênico** toilet paper ◆ **papel principal/secundário** (*Cinema, Teat*) leading/supporting role ◆ **papel vegetal 1** (*para cozinhar*) waxed paper; greaseproof paper (*GB*) **2** (*de desenho*) tracing paper *Ver tb* BLOCO, CESTA, COPO, FÁBRICA, FILTRO, LENÇO

papelada *sf* paperwork

papel-alumínio *sm* aluminum foil; tinfoil (*GB*)

papelão *sm* cardboard: *uma caixa de ~* a cardboard box LOC **fazer um papelão** to make a fool of yourself

papelaria *sf* office supply store; stationer's (*GB*) ➲ *Ver nota em* AÇOUGUE

papo *sm* **1** (*conversa*) chat: *Vamos bater um ~?* Can we talk? **2** (*no rosto*) double chin LOC **não ter papo** to have nothing to say for yourself ◆ **ser um bom papo** to be good conversation

papoula *sf* poppy (*pl* poppies)

paquerar *vt, vi* to flirt (with *sb*): *Ele estava paquerando a garota ruiva.* He was flirting with the redhead.

par ▸ *adj* even: *números ~es* even numbers

▸ *sm* **1** (*em relação amorosa*) couple: *Eles fazem um lindo ~.* They make a really nice couple. **2** (*equipe, coisas*) pair: *o ~ vencedor do torneio* the winning pair in the tournament ◇ *um ~ de meias* a pair of socks **3** (*em jogos, dança*) partner: *Não posso jogar porque não tenho ~.* I can't play because I don't have a partner. LOC **aos pares** two by two: *Eles entraram aos ~es.* They went in two by two. ◆ **estar a par (de)** to be up to date (on *sth*): *Estou a ~ da situação.* I'm up to date on what's happening. ◆ **pôr alguém a par** to fill *sb* in (on *sth*): *Ele me pôs a ~ da situação.* He filled me in on what was happening. ◆ **sem par** incomparable

para *prep* **1** for: *muito útil ~ a chuva* very useful for the rain ◇ *muito complicado ~ mim* too complicated for me ◇ *Para que é que você o quer?* What do you want it for? ◇ *Comprei uma bicicleta ~ minha filha.* I bought a bicycle for my daughter. **2** (*a*) to: *Dê ~ o seu irmão.* Give it to your brother. **3 + infinitivo** to do sth: *Eles vieram ~ ficar.* They came to stay. ◇ *Eu o fiz ~ não incomodar você.* I did it so as not to bother you. ◇ *para não perdê-lo* so as not to miss it **4** (*futuro*): *Preciso dele ~ segunda-feira.* I need it for Monday. ◇ *Deve estar pronto lá ~ o outono.* It ought to be finished by fall. **5** (*em direção a*) to, toward: *Ela foi ~ a cama.* She went to bed. ◇ *Vou agora mesmo ~ casa.* I'm going home now. ◇ *Ele se dirigiu ~ a cama.* He moved toward the bed. ◇ *Eles já estão indo ~ lá.* They're on their way. **6** (*para expressar opiniões*): *Para mim eles não agiram certo.* In my opinion, they did the wrong thing. LOC **para isso**: *Foi ~ isso que você me chamou?* Is that why you called me? ◆ **para que...** so (that)...: *Ele os repreendeu ~ que não tornassem a fazer o mesmo.* He lectured them so (that) they wouldn't do it again. ◇ *Vim ~ que você tivesse companhia.* I came so (that) you'd have some company. ◆ **para si** to yourself: *dizer algo ~ si próprio* to say sth to yourself

parabenizar *vt* to congratulate

parabéns *sm* **1** (*aniversário, etc.*) best wishes (on...): *Parabéns pelo seu aniversário.* Best wishes on your birthday. **2** (*felicitação*) congratulations (*on sth/doing sth*): *Meus ~!* Congratulations! ◇ *Parabéns pelo seu novo emprego/por passar nos exames.* Congratulations on your new job/on passing your exams. LOC **dar os parabéns 1** (*por determinado êxito*) to congratulate *sb* (*on sth*) **2** (*por aniversário*) to wish *sb* a happy birthday ◆ **parabéns!** (*aniversário*) happy birthday!

parábola *sf* **1** (*bíblia*) parable **2** (*Geom*) parabola

parabólica *sf* (*antena*) satellite dish

para-brisa *sm* windshield; windscreen (*GB*) LOC *Ver* LIMPADOR

para-choque *sm* bumper

parada *sf* **1** stop: *~ de ônibus* bus stop ◇ *Desça na próxima ~.* Get off at the next stop. **2** (*pausa*) break: *Vamos dar uma ~.* Let's take a break. **3** (*desfile*) parade **4** (*assunto*) business [*não contável*]: *Tenho que resolver uma ~.* I have to take care of some business. **5** (*Med*): *~ cardíaca* cardiac arrest LOC **a parada de sucessos** the charts

paradeiro *sm* whereabouts [*pl*]

parado, -a *adj* **1** (*imóvel*) motionless **2** (*imobilizado*) at a standstill: *As obras estão paradas já faz dois meses.* The road construction has been at a standstill for two months. **3** (*desligado*) switched off *Ver tb* PARAR

P

parafuso *sm* screw: *apertar um ~* to tighten a screw LOC *Ver* FALTAR

parágrafo *sm* paragraph LOC *Ver* PONTO

Paraguai *sm* Paraguay

paraguaio, -a *adj, sm-sf* Paraguayan

paraíso *sm* paradise LOC **paraíso fiscal** tax haven ◆ **paraíso terrestre** heaven on earth

para-lama *sm* **1** (*de bicicleta*) fender; mudguard (*GB*) **2** (*de automóvel*) fender; wing (*GB*)

paralelo, -a *adj, sm* ~ **(a)** parallel (to *sth*): *linhas paralelas* parallel lines ◇ *estabelecer um ~ entre A e B* to draw a parallel between A and B

paralisado, -a *adj* **1** (*paralítico*) paralyzed **2** (*imobilizado*) at a standstill **3** (*desligado*) switched off LOC **ficar paralisado 1** (*atividades, etc.*) to be interrupted: *O trânsito ficou ~ da meia-noite às seis horas da manhã.* Traffic was interrupted between midnight and six in the morning. **2** (*de medo, etc.*) to freeze: *Ele ficou ~ ao ver a cobra.* He froze when he saw the snake. *Ver tb* PARALISAR

paralisar ▸ *vt* (*Med*) to paralyze
▸ *vt, vi* (*interromper*) to stop: *A greve paralisou as obras.* Work was stopped because of the strike.

P

paralisia *sf* paralysis [*não contável*]

paralítico, -a *adj* paralyzed: *ficar ~ da cintura para baixo* to be paralyzed from the waist down

parapeito *sm* windowsill

parapente *sm* paragliding: *fazer ~* to go paragliding

paraquedas *sm* parachute: *saltar de ~* to parachute

paraquedismo *sm* parachuting

paraquedista *smf* parachutist

parar *vt, vi* **1** to stop: *Pare o carro.* Stop the car. ◇ *O trem não parou.* The train didn't stop. ◇ *Parei para falar com uma amiga.* I stopped to talk to a friend. **2** ~ **de fazer algo** to stop *doing sth* LOC **ir parar em** to end up: *Foram ~ na prisão.* They ended up in prison. ◆ **não parar** to be always on the go ◆ **sem parar** nonstop: *trabalhar sem ~* to work non-stop ◆ **ser de parar o trânsito** (*muito atraente*) to be a stunner

para-raios *sm* lightning rod; lightning conductor (*GB*)

parasita *smf* **1** (*Biol*) parasite **2** (*pessoa*) freeloader; scrounger (*GB*)

parceiro, -a *sm-sf* partner: *Não posso jogar porque não tenho ~.* I can't play because I don't have a partner. ◇ *Ana veio com o ~ dela.* Ana came with her partner.

parcela *sf* **1** sector: *uma ~ da população* a sector of the population **2** (*pagamento*) installment

parcial *adj* **1** (*incompleto*) partial: *uma solução ~* a partial solution **2** (*partidário*) biased

pardal *sm* sparrow

parecer¹ *sm* opinion

parecer² ▸ *vi* **1** (*dar a impressão*) to seem: *Eles parecem (estar) muito seguros.* They seem very certain. ◇ *Parece que foi ontem.* It seems like only yesterday. **2** (*ter aspecto*) **(a) + adjetivo** to look: *Ela parece mais jovem do que é.* She looks younger than she is. **(b) + substantivo** to look like *sb/sth*: *Ela parece uma atriz.* She looks like an actress. **3** (*soar*) to sound: *Sua ideia me pareceu interessante.* Her idea sounded interesting.
▸ *vt* (*opinar*) to think: *Pareceu-me que ele não tinha razão.* I thought he was wrong.
▸ **parecer-se** *vp* **parecer-se (com) 1** (*pessoas*) **(a)** (*fisicamente*) to look alike, to look like *sb*: *Eles se parecem muito.* They look very much alike. ◇ *Você se parece muito com a sua irmã.* You look just like your sister. **(b)** (*em caráter*) to be like *sb*: *Nisso você se parece com o seu pai.* You're like your father in that respect. **2** (*coisas*) to be similar (to *sth*): *Parece-se muito com o meu.* It's very similar to mine. LOC **até parece que...!** anyone would think...: *Até parece que sou milionário!* Anyone would think I was a millionaire!

parecido, -a *adj* ~ **(com) 1** (*pessoas*) alike, like *sb*: *Vocês são tão ~s!* You're so alike! ◇ *Você é muito parecida com a sua mãe.* You're very like your mother. **2** (*coisas*) similar (to *sth*): *Eles têm estilos ~s.* They have similar styles. ◇ *Esse vestido é muito ~ com o da Ana.* That dress is very similar to Ana's. LOC **(ou) algo parecido** (or) something like that *Ver tb* COISA *Ver tb* PARECER²

parede *sf* wall: *~ divisória* partition wall ◇ *Há um pôster na ~.* There's a poster on the wall. LOC **as paredes têm ouvidos** walls have ears *Ver tb* PAPEL, SUBIR

parente *smf* relation: *~ próximo/afastado* close/distant relation LOC **ser parente (de alguém)** to be related (to sb)

parentesco *sm* relationship LOC **ter parentesco com** to be related to *sb*

parêntese (*tb* **parênteses**) *sm* (*sinal*) parenthesis (*pl* parentheses)brackets [*pl*] (*GB*) ➲ *Ver pág. 310* LOC **entre parênteses** in parentheses

parir *vt, vi* to give birth (*to sb/sth*)

parlamentar ▸ *adj* parliamentary ▸ *smf* congressman/woman (*pl* -men/-women); MP (*GB*)

parlamento *sm* parliament ➲ *Ver nota em* PARLIAMENT

parmesão *sm* parmesan

pároco *sm* parish priest

paródia *sf* parody (*pl* parodies)

paróquia *sf* **1** (*igreja*) parish church **2** (*comunidade*) parish

parque *sm* **1** (*jardim*) park **2** (*de bebê*) playpen LOC **parque aquático** water park ◆ **parque de diversões** amusement park ◆ **parque infantil** playground

parquímetro *sm* parking meter

parreira *sf* vine

parte *sf* **1** part: *três ~s iguais* three equal parts ◇ *Em que ~ da cidade você mora?* Which part of town do you live in? **2** (*pessoa*) party (*pl* parties): *a ~ contrária* the opposing party LOC **à parte 1** (*de lado*) aside: *Porei estes papéis à ~.* I'll put these documents aside. **2** (*separadamente*) separate(ly): *Para estas coisas, faça uma conta à ~.* Give me a separate bill for these items. ◇ *Vou pagar isto à ~.* I'll pay for this separately. **3** (*exceto*) apart from *sb/sth*: *À ~ isso, não aconteceu mais nada.* Apart from that nothing else happened. **4** (*diferente*) different: *um mundo à ~* a different world ◆ **a parte de baixo/cima** the bottom/top ◆ **a parte de trás/da frente** the back/front ◆ **da parte de alguém** on behalf of sb: *da ~ de todos nós* on behalf of us all ◆ **da parte de quem?** (*ao telefone*) who's calling? ◆ **dar parte** to report *sb/sth*: *dar ~ de alguém à polícia* to report sb to the police ◆ **de minha parte** as far as I am, you are, etc. concerned: *De nossa ~ não há nenhum problema.* As far as we're concerned, there's no problem. ◆ **em/por toda(s) a(s) parte(s)** everywhere ◆ **por partes** bit by bit: *Estamos consertando o telhado por ~s.* We're repairing the roof bit by bit. ◆ **tomar parte** to take part (*in sth*) *Ver tb* ALGUM, CASO, CUMPRIR, GENTIL, GRANDE, MAIOR, OUTRO, QUALQUER, SEXTO

parteira *sf* midwife (*pl* midwives)

participação *sf* **1** participation: *a ~ do público* audience participation **2** (*Com, Fin*) share **3** (*em filme, show, etc.*) appearance LOC **participação nos lucros** profit-sharing

participante ▸ *adj* participating: *os países ~s* the participating countries ▸ *smf* participant

participar *vi* ~ (**de**) to take part; to participate (*mais formal*) (in *sth*): *~ de um projeto* to take part in a project

particípio *sm* (*Gram*) participle

partícula *sf* particle

particular *adj* **1** (*privado*) private: *aulas ~es* private classes **2** (*característico*) characteristic: *Cada vinho tem um sabor ~.* Each wine has its own characteristic taste. LOC **em particular 1** (*especialmente*) in particular: *Suspeitam de um deles em ~.* They suspect one of them in particular. **2** (*confidencialmente*) in private: *Posso falar com você em ~?* Can I talk to you in private? *Ver tb* ESCOLA, SECRETÁRIO

particularmente *adv* **1** (*especialmente*) particularly: *as bebidas alcoólicas, ~ o vinho* alcoholic drinks, particularly wine **2** (*de forma pessoal*) personally: *Eu ~ não gosto muito de queijo.* Personally I don't like cheese much.

partida *sf* **1** (*saída*) departure: *~s nacionais/internacionais* domestic/international departures ◇ *o painel de ~s* the departures board ◇ *estar de ~* to be leaving **2** (*de corrida*) start **3** (*jogo*) game: *jogar uma ~ de xadrez* to have a game of chess ◇ *uma ~ de futebol* a soccer game LOC **dar partida** (*motor*) to start (*sth*) up *Ver tb* PONTO

P

partidário, -a ▸ *adj* ~ **de** in favor of *sth/doing sth*: *Não sou ~ desse método de ação.* I'm not in favor of that approach. ▸ *sm-sf* supporter

partido *sm* (*Pol*) party (*pl* parties) LOC **tirar partido de algo** to take advantage of sth ◆ **tomar o partido de alguém** to side with sb

partilhar *vt* to share

partir ▸ *vt* **1** to break **2** (*com faca*) to cut *sth* (up): *~ o bolo* to cut the cake **3** (*com as mãos*) to break *sth* (off): *Você me parte um pedaço de pão?* Could you break me off a piece of bread? **4** (*noz*) to crack **5** (*rachar*) to split
▸ *vi* (*ir-se embora*) to leave (*for...*): *Eles partem amanhã para Belém.* They're leaving for Belém tomorrow.
▸ **partir(-se)** *vi, vp* **1** (*quebrar*) to break **2** (*rachar*) to split **3** (*corda*) to snap LOC **a partir de** from... (on): *a ~ das nove da noite* from 9 p.m. on ◇ *a ~ de então* from then on ◇ *a ~ de amanhã* starting from tomorrow ◆ **partir do princípio que** to assume (that...): *Vamos ~ do princípio que teremos 50 convidados.* Let's assume we'll have 50 guests. ◆ **partir para a ignorância, violência, etc.** to resort to rudeness, violence, etc. ◆ **partir para cima de alguém** to go for sb ◆ **partir**

para outra to move on: *O melhor a fazer é ~ para outra.* The best thing to do is move on. *Ver tb* ZERO

partitura *sf* score

parto *sm* birth LOC *Ver* TRABALHO

Páscoa *sf* Easter LOC *Ver* DOMINGO

pasmado, -a *adj* amazed (*at/by sth*): *Fiquei ~ com a insolência deles.* I was amazed at their insolence.

passa *sf* (*uva*) raisin

passada *sf* step LOC **dar uma passada em** to stop by...; to call in at... (*GB*): *Dei uma ~ na casa da minha mãe.* I stopped by my mom's house.

passadeira *sf* **1** (*tapete*) (long) rug **2** (*empregada*) maid

passado, -a[1] *adj* **1** (*em mau estado*) (**a**) (*carne, peixe*) off (**b**) (*fruta, etc.*) bad **2** (*bife, etc.*): *bem-passado/~ demais* well done/overdone ➲ *Ver nota em* BIFE LOC **estar/ficar passado** not to be able to believe *sth*: *Ela ficou passada com o preço do vestido.* She couldn't believe how much the dress cost. *Ver tb* PASSAR

passado, -a[2] ▸ *adj* **1** (*dia, semana, mês, verão, etc.*) last: *terça-feira passada* last Tuesday **2** (*Gram, época*) past: *séculos ~s* past centuries
▸ *sm* past *Ver tb* PASSAR

P

passageiro, -a ▸ *sm-sf* passenger
▸ *adj* (*transitório*) passing

passagem *sf* **1** (*bilhete de viagem*) ticket **2** (*valor do bilhete*) fare: *A ~ mais barata é de 50 reais.* The cheapest fare is 50 reals. **3** passage: *a ~ do tempo* the passage of time **4** (*caminho*) way (through): *Por aqui não há ~.* There's no way through. LOC **de passagem** in passing ◆ **diga-se de passagem** by the way; incidentally (*mais formal*) ◆ **passagem de ano** New Year's Eve: *O que foi que você fez na ~ de ano?* What did you do on New Year's Eve? ◆ **passagem de nível** grade crossing; level crossing (*GB*) ◆ **passagem subterrânea** underpass *Ver tb* CEDER, PROIBIDO

passaporte *sm* passport

passar ▸ *vt* **1** to pass: *Pode me ~ esse livro?* Could you pass me that book, please? ◇ *Ela faz tricô para ~ o tempo.* She knits to pass the time. **2** (*período de tempo*) to spend: *Passamos a tarde/duas horas conversando.* We spent the afternoon/two hours talking. **3** (*ponte, rio, fronteira*) to cross **4** (*filme, programa*) to show: *Vai ~ um filme bom esta noite.* They're showing a good movie tonight. ◇ *O que é que está passando na televisão esta noite?* What's on TV tonight? **5** (*a ferro*) to iron: *~ uma camisa* to iron a shirt ◇ *É a minha vez de ~ a roupa.* It's my turn to do the ironing. **6** (*doença, vírus*) to pass *sth* on: *Você vai ~ o vírus para todo mundo.* You're going to pass your germs on to everybody. **7** (*aplicar*) to apply: *Passe um pouco de creme na pele.* Apply a little cream to your skin.
▸ *vt, vi* (*Educ*) to pass: *Passei na primeira.* I passed first time. ◇ *Passei em física.* I passed physics. ◇ *Passei na prova de física.* I passed the physics test. ◇ *Passei de ano.* I've moved up a year.
▸ *vi* **1** to pass: *A moto passou a toda a velocidade.* The motorcycle passed at top speed. ◇ *Passaram três horas.* Three hours passed. ◇ *Já passaram dois dias desde que ele telefonou.* It's two days since he phoned. ◇ *Como o tempo passa!* How time flies! ◇ *Esse ônibus passa pelo museu.* That bus goes past the museum. ◇ *~ por alguém na rua* to pass sb in the street **2** (*ir*) to go: *Amanhã passo pelo banco.* I'll go to the bank tomorrow. **3** (*visitar*) to stop by...; to call in at... (*GB*): *Vamos ~ na casa dela?* Shall we stop by her place? **4** (*terminar*) to be over: *Pronto, não chore que já passou.* Come on, don't cry, it's all over now. ◇ *A dor de cabeça dela já passou.* Her headache's better now.
▸ **passar-se** *vp* **1** (*acontecer*) to happen: *Passou-se o mesmo comigo.* The same thing happened to me. **2** (*romance, filme*) to be set (*in...*): *O filme se passa no século XVI.* The movie is set in the 16th century. LOC **como tem passado?** how have you been? ◆ **não passar de...** to be nothing but...: *Tudo isto não passa de um grande mal-entendido.* The whole thing's nothing but a misunderstanding. ◆ **o (que é) que se passa?** what's the matter? ◆ **passar alguém para trás** **1** (*negócios*) to con sb **2** (*romance*) to cheat on sb ◆ **passar (bem) sem** **1** (*sobreviver*) to do without *sb/sth*: *Passo bem sem a sua ajuda/sem você.* I can do without your help/without you. **2** (*omitir*) to skip: *~ sem comer* to skip a meal ◆ **passar por** **1** (*confundir-se*) to pass for *sb/sth*: *Essa garota passa facilmente por italiana.* That girl could easily pass for an Italian. **2** (*atravessar*) to go through *sth*: *Ela está passando por maus bocados.* She's having a hard time. ❶ Para outras expressões com **passar**, ver os verbetes para o substantivo, adjetivo, etc., p.ex. **passar um carão** em CARÃO e **passar fome** em FOME.

passarela *sf* **1** (*desfile*) catwalk **2** (*para pedestres*) footbridge

pássaro *sm* bird LOC **mais vale um pássaro na mão do que dois voando** a bird in the hand is worth two in the bush

passatempo *sm* hobby (*pl* hobbies): *como/por ~* as a hobby ◇ *O ~ favorito dela é a fotografia.* Her hobby is photography.

passe *sm* **1** (*trem, etc.*) season ticket **2** (*autorização, Futebol*) pass: *Você não pode entrar sem ~.* You can't get in without a pass. LOC **passe escolar** student card

passear *vi* **1** (*a pé*) to walk: *~ pela praia* to walk along the beach ◇ *levar o cachorro para ~* to take the dog for a walk **2** (*de carro*) to go for a drive **3** (*a cavalo, de bicicleta, barco, trem, etc.*) to go for a ride LOC *Ver* MANDAR

passeata *sf* march: *fazer uma ~ a favor de algo* to hold a march in support of sth

passeio *sm* **1** (*a pé*) walk **2** (*de bicicleta, a cavalo*) ride **3** (*de carro*) drive **4** (*excursão*) trip; excursion (*mais formal*) **5** (*calçada*) sidewalk; pavement (*GB*) LOC **dar um passeio 1** (*a pé*) to go for a walk **2** (*de carro*) to go for a drive **3** (*a cavalo, de bicicleta, barco, trem, etc.*) to go for a ride

passivo, -a *adj* passive: *O verbo está na voz passiva.* The verb is in the passive.

passo *sm* **1** step: *dar um ~ atrás/em frente* to take a step back/forward ◇ *um ~ para a paz* a step toward peace **2** (*ruído*) footstep: *Acho que ouvi ~s.* I think I heard footsteps. **3** (*ritmo*) pace: *Neste ~ não vamos chegar lá nunca.* We'll never get there at this rate. LOC **ao passo que...** while... ◆ **a passo de tartaruga** at a snail's pace ◆ **ficar a dois passos** to be just around the corner: *Fica a dois ~s daqui.* It's just around the corner from here. ◆ **passo a passo** step by step *Ver tb* ACELERAR

pasta[1] *sf* **1** (*maleta*) briefcase ➲ *Ver ilustração em* LUGGAGE **2** (*da escola*) school bag **3** (*de cartolina, plástico*) binder **4** (*de médico*) (doctor's) bag **5** (*Pol*) portfolio: *ministro sem ~* minister without portfolio LOC **pasta fichário** ring binder

pasta[2] *sf* paste: *Misturar até formar uma ~ espessa.* Mix to a thick paste. LOC **pasta de dentes** toothpaste

pastar *vi* to graze

pastel *sm* **1** (*para comer*) pastry (*pl* pastries) **2** (*Arte*) pastel LOC *Ver* ROLO

pastilha *sf* (*doce*) pastille LOC **pastilha para a garganta** throat lozenge ◆ **pastilha para tosse** cough drop

pasto *sm* pasture

pastor, -ora *sm-sf* **1** (*guardador de gado*) (**a**) (*masc*) shepherd (**b**) (*fem*) shepherdess **2** (*sacerdote*) minister LOC **pastor alemão** German shepherd

pata *sf* **1** (*pé de animal*) (**a**) (*quadrúpede com unhas*) paw: *O cachorro machucou a ~.* The dog hurt its paw. (**b**) (*casco*) hoof (*pl* hoofs/hooves): *as ~s de um cavalo* a horse's hooves **2** *Ver* PATO

patada *sf* kick: *Ele deu uma ~ na mesa.* He kicked the table. ◇ *levar uma ~* to be kicked LOC **dar uma patada em alguém** (*fig*) to be rude to sb ◆ **levar uma patada de alguém** (*fig*) to be treated rudely by sb

patamar *sm* **1** (*escada*) landing **2** (*nível*) level

patavina *pron* LOC **não entender/saber patavina** not to understand/know a thing: *Não sei ~ de francês.* I don't know a word of French.

patê *sm* pâté

patente *sf* patent

paternal *adj* fatherly; paternal (*mais formal*)

paternidade *sf* fatherhood; paternity (*mais formal*)

paterno, -a *adj* **1** (*paternal*) fatherly **2** (*parentesco*) paternal: *avô ~* paternal grandfather

pateta *smf* idiot

patife *sm* scoundrel

patim *sm* **1** (**a**) (*com rodas paralelas*) roller skate: *andar de patins* to roller skate (**b**) (*em linha*) Rollerblade® **2** (*de lâmina*) ice skate

patinação *sf* **1** (**a**) (*com rodas paralelas*) roller skating (**b**) (*em linha*) Rollerblading **2** (*de lâmina*) ice skating: *~ no gelo/artística* ice/figure skating LOC *Ver* PISTA

patinador, -ora *sm-sf* skater

patinar *vi* **1** (**a**) (*com rodas paralelas*) to roller skate (**b**) (*em linha*) to Rollerblade **2** (*de lâmina*) to ice skate

patinete *sf* scooter

patinho, -a *sm-sf* duckling ➲ *Ver nota em* PATO

pátio *sm* **1** (*de prédio*) courtyard **2** (*de escola*) playground

pato, -a *sm-sf* **1** duck

Duck é o substantivo genérico. Quando queremos nos referir apenas ao macho dizemos **drake**. **Ducklings** são os patinhos.

2 (*Esporte*) bad player LOC *Ver* PAGAR

patrão, -oa *sm-sf* boss

pátria *sf* (native) country

patricinha *sf* preppy (*pl* preppies); rich kid (*GB*)

patrimônio *sm* **1** (*herança*) heritage: *~ nacional* national heritage **2** (*bens*) property

P

patriota *smf* patriot
patriótico, -a *adj* patriotic
patriotismo *sm* patriotism
patrocinador, -ora *sm-sf* sponsor
patrocinar *vt* to sponsor
patrocínio *sm* sponsorship
patrono, -a *sm-sf Ver* PADROEIRO
patrulha *sf* patrol: *carro de ~* patrol car
patrulhar *vt, vi* to patrol
pau *sm* **1** wood: *Quebrei a janela com um pedaço de ~.* I broke the window with a piece of wood. **2** (*vara, graveto*) stick **3 paus** (*naipe*) clubs ➲ *Ver nota em* BARALHO LOC **a dar com o pau** loads of *sth*: *Havia gente a dar com o ~.* There were loads of people. ♦ **de pau** wooden: *perna de ~* wooden leg ♦ **levar pau** to flunk; to fail (*GB*) ♦ **nem a pau** no way: *Nem a ~ que eu vou ligar pra ela!* No way am I going to call her! *Ver tb* CARA, COLHER[1], METER
paulista *adj, smf* (person) from São Paulo State: *os ~s* the people of São Paulo State
paulistano, -a *adj, sm-sf* (person) from São Paulo (city): *os ~s* the people of São Paulo (city)
pausa *sf* pause: *fazer uma ~* to pause
pauta *sf* **1** (*de discussão*) agenda **2** (*Mús*) stave
pauzinhos *sm* (*talher*) chopsticks
pavão, -oa *sm-sf* **1** (*masc*) peacock **2** (*fem*) peahen
pavilhão *sm* **1** (*exposição*) pavilion: *o ~ da França* the French pavilion **2** (*Esporte*) gym
pavimentar *vt* to pave
pavimento *sm* **1** (*de rua*) surface **2** (*andar*) story (*pl* stories)
pavio *sm* **1** (*vela*) wick **2** (*bomba, fogos*) fuse LOC **ter o pavio curto** to have a short fuse
pavor *sm* terror: *um grito de ~* a cry of terror LOC **ter pavor de alguém/algo** to be terrified of sb/sth
paz *sf* peace: *plano de ~* peace plan ◇ *em tempo(s) de ~* in peacetime LOC **deixar em paz** to leave *sb/sth* alone: *Não me deixam em ~.* They won't leave me alone. ♦ **fazer as pazes** to make it up (*with sb*): *Eles fizeram as ~es.* They made it up.
pé *sm* **1** foot (*pl* **feet**): *o pé direito/esquerdo* your right/left foot ◇ *ter pé chato* to have flat feet **2** (*estátua, coluna*) pedestal **3** (*copo*) stem **4** (*abajur*) stand **5** (*mesa, cadeira*) leg **6** (*medida*) foot (*pl* **feet/foot**) (*abrev* ft.): *Voamos a 10.000 pés.* We are flying at 10,000 ft. LOC **ao pé da letra** literally ♦ **ao pé de** near: *Sentamos ao pé da lareira.* We sat by the fire. ♦ **a pé** on foot ♦ **dar/levar um pé na bunda** to dump *sb* /to be dumped ♦ **dar no pé** (*fugir*) to run off ♦ **dar pé 1** (*em água*): *Não dá pé.* I'm out of my depth. **2** (*ser possível*): *Amanhã não dá pé, que tal outro dia?* I can't manage tomorrow. What about another day? ♦ **de pés descalços** barefoot ♦ **dos pés à cabeça** from top to toe ♦ **estar de pé** to be standing (up) ♦ **ficar com o pé atrás** to be suspicious (*of sb/sth*) ♦ **ficar de pé** to stand up ♦ **ficar no pé de alguém** to nag sb ♦ **não ter pé nem cabeça** to be absurd ♦ **pôr os pés em** to set foot in *sth* ♦ **ter os pés no chão** to be down-to-earth *Ver tb* BATER, COMEÇAR, DEDINHO, JEITO, LEVANTAR, MANTER, METER, ORELHA, PEITO, PONTA
peão *sm* **1** (*trabalhador rural*) farm laborer **2** (*boiadeiro*) cowboy **3** (*Xadrez*) pawn
peça *sf* **1** (*Xadrez, Mús, etc.*) piece **2** (*Mec, Eletrôn*) part: *uma ~ sobressalente* a spare part **3** (*Teat*) play LOC **peça de roupa/vestuário** garment *Ver tb* PREGAR[2]
pecado *sm* sin
pecador, -ora *sm-sf* sinner
pecar *vi* to sin LOC **pecar por** to be too...: *Você peca por confiar demais.* You're too trusting.
pechincha *sf* bargain
pechinchar *vi* to haggle
peculiar *adj* **1** (*especial*) special **2** (*característico*) particular
pedacinho *sm* LOC **fazer em pedacinhos** (*papel, tecido*) to tear *sth* to shreds
pedaço *sm* piece: *um ~ de bolo/pão* a piece of cake/bread ◇ *Corte a carne em ~s.* Cut the meat into pieces. ◇ *Este livro está caindo aos ~s.* This book is falling to pieces.
pedágio *sm* toll
pedagogia *sf* education
pedagógico, -a *adj* educational
pedal *sm* pedal
pedalar *vi* to pedal
pedalinho *sm* (*embarcação*) pedalo (*pl* pedaloes/pedalos)
pedante *adj* pretentious
pé-de-pato *sm* (*nadador, etc.*) flipper
pedestre *smf* pedestrian LOC *Ver* FAIXA
pediatra *smf* pediatrician
pedicure *smf* **1** pedicure: *fazer um ~* to get a pedicure **2** (*pessoa*) podiatrist; chiropodist (*GB*)
pedicuro, -a *sm-sf Ver* PEDICURE
pedido *sm* **1** request (*for sth*): *um ~ de informação* a request for information ◇ *a ~ de alguém* at sb's request **2** (*Com*)

P

order LOC **pedido de casamento** marriage proposal ◆ **pedido de desculpa(s)** apology (*pl* apologies)

pedinte *smf* beggar

pedir *vt* **1** to ask (*sb*) for *sth*: *~ pão/a conta* to ask for bread/the check ◇ *~ ajuda aos vizinhos* to ask the neighbors for help **2** (*autorização, favor, dinheiro*) to ask (*sb*) *sth*: *Queria te ~ um favor.* I want to ask you a favor. ◇ *Eles estão pedindo 2.000 dólares.* They're asking 2,000 dollars. **3 ~ a alguém que faça/para fazer algo** to ask sb to do sth: *Ele me pediu que esperasse/para esperar.* He asked me to wait. **4** (*encomendar*) to order: *Como entrada pedimos sopa.* For our first course we ordered soup. LOC **pedir as contas** to quit ◆ **pedir demissão** to resign ◆ **pedir desculpa/perdão** to apologize (*to sb*) (*for sth*) ◆ **pedir emprestado** to borrow: *Ele me pediu o carro emprestado.* He borrowed my car. ➲ *Ver ilustração em* BORROW ◆ **pedir esmola** to beg *Ver tb* CARONA, RESGATE

pedra *sf* **1** stone: *uma ~ preciosa* a precious stone ◇ *um muro de ~* a stone wall **2** (*rocha*) rock **3** (*lápide*) tombstone **4** (*granizo*) hailstone LOC **pedra de gelo** ice cube ◆ **ser de pedra** (*insensível*) to be hard-hearted ◆ **ser uma pedra no sapato de alguém** to be a thorn in sb's side *Ver tb* DORMIR, LOUCO

pedrada *sf*: *Receberam-no a ~s.* They threw stones at him.

pedreira *sf* quarry (*pl* quarries)

pedreiro *sm* **1** builder; construction worker (*mais formal*) **2** (*que põe tijolos*) bricklayer

pedrinha *sf* pebble

pegada *sf* **1** (*pé, sapato*) footprint **2** (*animal*) track: *~s de urso* bear tracks LOC **pegada de carbono** carbon footprint ◆ **pegada digital** digital footprint

pegado, -a *adj* **~ a** (*muito perto*) right next to *sb/sth* *Ver tb* PEGAR

pegajoso, -a *adj* sticky

pegar ▸ *vt* **1** to catch: *~ uma bola* to catch a ball ◇ *Aposto que você não me pega!* I bet you can't catch me! ◇ *Eles foram pegos roubando.* They were caught stealing. ◇ *~ um resfriado* to catch a cold ◇ *Pegue o ônibus e desça no centro.* Catch the bus and get off downtown. **2** (*levar*) to take: *Pegue os livros que quiser.* Take as many books as you like. **3** (*buscar*) to get: *Pegue o controle remoto para mim.* Get me the remote (control). **4 ~ (em)** (*agarrar, segurar*) to take hold of *sth*: *Peguei-o pelo braço.* I took hold of his arm. ◇ *Pegue nesse lado que eu pego neste.* You take hold of that side and I'll take this one. **5** (*hábito, vício, sotaque*) to pick *sth* up **6** (*pessoa*) to pick *sb* up: *Pegamos você no aeroporto.* We'll pick you up at the airport.
▸ *vi* **1** (*motor, carro*) to start: *A moto não quer ~.* The motorbike won't start. **2** (*mentira, desculpa*) to be believed: *Não vai ~.* Nobody will believe that. **3** (*ideia, moda*) to catch on: *Não acho que essa moda vai ~.* I don't think that fashion will catch on. **4** (*colar-se*) to stick **5** (*doença*) to be catching
▸ **pegar-se** *vp* (*brigar*) to come to blows (*with sb*) LOC **pegar e...** to up and *do sth*: *Peguei e fui-me embora.* I upped and left. ◆ **pegar fogo** to catch fire ◆ **pegar jacaré** to bodysurf ◆ **pegar leve** to take it easy ◆ **pegar no sono** to fall asleep ◆ **pegar onda** to go surfing ◆ **pegar no tranco** (*motor*) to jump-start *Ver tb* TOURO

peidar *vi* to fart (*coloq*)

peito *sm* **1** chest: *Ele se queixa de dores no ~.* He's complaining of chest pains. **2** (*apenas mulheres*) (**a**) (*busto*) bust (**b**) (*mama*) breast **3** (*ave*) breast: *~ de frango* chicken breast LOC **no peito (e na raça)** whatever it takes ◆ **peito do pé** instep *Ver tb* NADAR, NADO

peitoril *sm* **1** ledge **2** (*janela*) windowsill

peixaria *sf* fish store; fishmonger's (*GB*) ➲ *Ver nota em* AÇOUGUE

peixe ▸ *sm* fish (*pl* fish): *Vou comprar ~.* I'm going to buy some fish. ◇ *~s de água doce* freshwater fish ➲ *Ver nota em* FISH
▸ **Peixes** *sm* (*astrol*) Pisces ➲ *Ver exemplos em* AQUÁRIO LOC **como um peixe fora d'água** like a fish out of water ◆ **peixe dourado** goldfish (*pl* goldfish)

peixe-espada *sm* swordfish

peixeiro, -a *sm-sf* fishmonger

pelada *sf* game of soccer: *Vamos jogar uma ~ no sábado?* Shall we play a game of soccer this Saturday?

pelado, -a *adj* **1** (*nu*) naked **2** (*raspado*) shaven

pele *sf* **1** (*Anat*) skin: *ter ~ branca/morena* to have fair/dark skin ◇ *um casaco de ~ de carneiro* a sheepskin coat **2** (*com pelo*) fur: *um casaco de ~* a fur coat LOC **arriscar/salvar a pele** to risk/save your neck ◆ **cair na pele de alguém** to make fun of sb ◆ **ser/estar só pele e osso** to be nothing but skin and bone *Ver tb* LIMPEZA, NERVO

pelicano *sm* pelican

película *sf* movie; film (*GB*)

pelo *sm* **1** hair: *ter ~s nas pernas* to have hair on your legs **2** (*pele de animal*) coat: *Esse cachorro tem um ~ muito*

P

macio. That dog has a very soft coat. LOC *Ver* NU

pelota *sf* ball LOC **dar pelota** to pay attention *to sth*: *Não dei ~ para o que ela disse.* I didn't pay attention to what she said.

pelotão *sm* platoon

pelúcia *sf* plush LOC *Ver* BICHO, URSO

peludo, -a *adj* **1** hairy: *braços ~s* hairy arms **2** (*animal*) furry

pena[1] *sf* (*ave*) feather: *um travesseiro de ~s* a feather pillow

pena[2] *sf* **1** (*tristeza*) sorrow **2** (*lástima*) pity: *Que ~ que você não possa vir!* What a pity you can't come! **3** (*condenação*) sentence: *Ele foi condenado a uma ~ de cinco anos.* He was given a five-year sentence. ◇ *cumprir ~* to serve a term in prison. LOC **dar pena**: *Essas crianças me dão tanta ~.* I feel so sorry for those children. ◆ **pena de morte** death penalty ◆ **ter pena de** to feel sorry for *sb/sth* ◆ **vale a pena.../não vale a pena...** it's worth *doing sth* /there's no point *in doing sth*: *Vale a ~ lê-lo.* It's worth reading. ◇ *Não vale a ~ gritar.* There's no point in shouting. *Ver tb* DURO

penal *adj* penal

P

penalidade *sf* penalty (*pl* penalties)

pênalti *sm* (*Esporte*) penalty (*pl* penalties): *cobrar/conceder um ~* to take/concede a penalty ◇ *marcar um (gol de) ~* to score (from) a penalty

penca *sf* (*bananas, etc.*) bunch

pendente ▸ *adj* **1** (*assunto, dívida, problema*) outstanding **2** (*decisão, veredicto*) pending

▸ *sm* pendant

pen drive *sm* flash drive; memory stick (*GB*)

pendurado, -a *adj* ~ **a/em** hanging on/from *sth* *Ver tb* PENDURAR

pendurar *vt* **1** to hang *sth* (*from/on sth*) **2** (*roupa*) to hang *sth* up **3** (*pagamento*) to buy *sth* on credit LOC **pendurar as chuteiras** (*aposentar-se*) to retire

peneira *sf* sifter; sieve (*GB*)

penetra *smf* gatecrasher: *entrar de ~ numa festa* to crash a party

penetrante *adj* **1** penetrating: *um olhar ~* a penetrating look **2** (*frio, vento*) bitter

penetrar *vt, vi* ~ **(em) 1** (*entrar*) to get into *sth*; to enter (*mais formal*): *A água penetrou no porão.* The water got into the basement. **2** (*bala, flecha, som*) to pierce: *A bala penetrou no coração dele.* The bullet pierced his heart.

penhasco *sm* cliff

penhor *sm* pledge

penhorar *vt* to pawn

penicilina *sf* penicillin

penico *sm* potty (*pl* potties)

península *sf* peninsula

pênis *sm* penis

penitência *sf* penance: *fazer ~* to do penance

penitenciária *sf* prison

penoso, -a *adj* **1** (*assunto, tratamento*) painful **2** (*trabalho, estudo*) difficult

pensamento *sm* thought LOC *Ver* LER

pensão *sf* **1** (*aposentadoria*) pension: *uma ~ de viúva* a widow's pension **2** (*residencial*) guest house LOC **pensão alimentícia** maintenance ◆ **pensão completa/meia pensão** full/half board

pensar *vt, vi* **1** ~ **(em)** to think (about/of *sb/sth/doing sth*): *No que você está pensando?* What are you thinking about? ◇ *Você só pensa em si próprio.* You only ever think of yourself. ◇ *Estamos pensando em casar.* We're thinking of getting married. ◇ *Pense num número.* Think of a number. **2** (*opinar*) to think *sth of sb/sth*: *Não pense mal deles.* Don't think badly of them. **3** (*ter decidido*): *Pensávamos ir amanhã.* We were thinking of going tomorrow. LOC **nem pensar!** no way! ◆ **pensando bem...** on second thoughts... ◆ **pensar na morte da bezerra** to daydream ◆ **sem pensar duas vezes** without thinking twice

pensativo, -a *adj* thoughtful

pensionista *smf* pensioner

pente *sm* comb

penteadeira *sf* dressing table

penteado, -a ▸ *adj*: *Você ainda não está penteada?* Haven't you done your hair yet?

▸ *sm* hairstyle LOC **andar/estar bem/mal penteado**: *Ela estava muito bem penteada.* Her hair looked really nice. ◇ *Ele anda sempre mal ~.* His hair always looks messy. *Ver tb* PENTEAR

pentear ▸ *vt* **1** to comb *sb's* hair: *Deixe-me ~ você.* Let me comb your hair. **2** (*cabeleireiro*) to do *sb's* hair

▸ **pentear-se** *vp* to comb your hair: *Penteie-se antes de sair.* Comb your hair before you go out.

penugem *sf* **1** (*ave*) down **2** (*pelo*) fluff

penúltimo, -a ▸ *adj* penultimate; second to last (*mais coloq*): *o ~ capítulo* the penultimate chapter ◇ *a penúltima parada* the second to last stop

▸ *sm-sf* last but one

penumbra *sf* half-light

pepino *sm* cucumber

pequeno, -a *adj* **1** small: *um ~ problema/detalhe* a small problem/detail ◇ *O quarto é ~ demais.* The room is too small. ◇ *Todas as minhas saias estão pequenas para mim.* All my skirts are too small for me. ➲ *Ver nota em* SMALL **2** *(criança)* little: *quando eu era ~* when I was little ◇ *as crianças pequenas* little children LOC *Ver* PORTE

pera *sf* pear

perante *prep* **1** before: *~ as câmaras* before the cameras ◇ *comparecer ~ o juiz* to appear before the judge **2** *(face a)* in the face of *sth*: *~ as dificuldades* in the face of adversity

perceber *vt* **1** *(notar)* to notice: *Eu percebi que você mudou o cabelo.* I noticed you've changed your hairstyle. **2** *(dar-se conta)* to realize: *Percebi que estava enganado.* I realized I was wrong.

percentagem *sf* percentage

percevejo *sm* **1** *(preguinho)* thumbtack; drawing pin *(GB)* **2** *(inseto)* bedbug

percorrer *vt* **1** to travel around...: *Percorremos a França de trem.* We traveled around France by train. **2** *(distância)* to cover: *Percorremos 150 km.* We covered 150 km.

percurso *sm* route

percussão *sf* percussion

perda *sf* **1** loss: *A partida dele foi uma grande ~.* His leaving was a great loss. **2** *(de tempo)* waste: *Isto é uma ~ de tempo.* This is a waste of time. LOC **perdas e danos** damages ◆ **perdas e ganhos** profit and loss *Ver tb* CHORAR

perdão ▸ *sm* forgiveness
▸ *interj* **perdão!** sorry ➲ *Ver nota em* EXCUSE LOC *Ver* PEDIR

perdedor, -ora ▸ *adj* losing: *a equipe perdedora* the losing team
▸ *sm-sf* loser: *ser um bom/mau ~* to be a good/bad loser

perder ▸ *vt* **1** to lose: *Perdi o relógio.* I lost my watch. ◇ *~ altura/peso* to lose height/weight **2** *(meio de transporte, oportunidade, filme)* to miss: *~ o ônibus/avião* to miss the bus/plane ◇ *Não perca esta oportunidade!* Don't miss this opportunity! **3** *(desperdiçar)* to waste: *~ tempo* to waste time ◇ *sem ~ um minuto* without wasting a minute
▸ *vi* **1** *~* **(em)** to lose (at *sth*): *Perdemos.* We lost. ◇ *~ no xadrez* to lose at chess **2** *(sair prejudicado)* to lose out: *Você é que perde.* It's your loss.
▸ **perder-se** *vp* to get lost: *Se não levar um mapa, você vai se ~.* You'll get lost if you don't take a map. LOC **não perder uma** *(ser muito esperto)* to be sharp as a tack ◆ **perder a cabeça/o juízo** to lose your head ◆ **perder o costume/a mania** to stop (*doing sth*): *~ o costume de roer as unhas* to stop biting your nails ❶ Para outras expressões com **perder**, ver os verbetes para o substantivo, adjetivo, etc., p.ex. **perder a hora** em HORA e **perder a vontade** em VONTADE.

perdido, -a *adj* **1** lost: *Estou completamente perdida.* I'm completely lost. **2** *(extraviado)* stray: *uma bala perdida* a stray bullet *Ver tb* PERDER

perdiz *sf* partridge *(pl* partridges/ partridge*)*

perdoar *vt* **1** to forgive *sb* (for *sth/doing sth*): *Você me perdoa?* Do you forgive me? ◇ *Jamais perdoarei o que ele fez.* I'll never forgive him for what he did. **2** *(dívida, obrigação, sentença)* to let *sb* off *sth*: *Ele me perdoou os mil reais que eu lhe devia.* He let me off the thousand reals I owed him.

perecível *adj* perishable

peregrinação *sf* pilgrimage: *fazer ~* to go on a pilgrimage

peregrino, -a *sm-sf* pilgrim

pereira *sf* pear tree

perene *adj* **1** everlasting **2** *(Bot)* perennial

perfeito, -a *adj* perfect LOC **sair perfeito** to turn out perfectly: *Saiu tudo ~ para nós.* It all turned out perfectly for us.

perfil *sm* **1** *(pessoa)* profile: *Ele é mais bonito de ~.* He's better-looking in profile. ◇ *um retrato de ~* a profile portrait ◇ *Ele não tem o ~ ideal para o emprego.* He doesn't have the right profile for the job. **2** *(edifício, montanha)* outline

perfumado, -a *adj* scented LOC **estar perfumado** *(pessoa)* to smell nice *Ver tb* PERFUMAR

perfumar ▸ *vt* to perfume
▸ **perfumar-se** *vp* to put perfume on

perfume *sm* perfume

perfurador *sm* hole punch(er)

pergaminho *sm* parchment

pergunta *sf* question: *fazer/responder a uma ~* to ask/answer a question

perguntar ▸ *vt* **1** to ask **2** *~* **por** (**a**) *(ao procurar alguém/algo)* to ask for *sb/sth*: *Esteve um homem aqui perguntando por você.* A man was here asking for you. (**b**) *(ao interessar-se por alguém)* to ask after *sb*: *Pergunte pelo filho mais novo dela.* Ask after her little boy. (**c**) *(ao interessar-se por algo)* to ask about *sth*: *Perguntei-lhe pelo exame.* I asked her about the test.
▸ *vi* to ask
▸ **perguntar-se** *vp* to wonder

periferia *sf* (*de cidade*) outskirts [*pl*]
periférico *sm* (*Informát*) peripheral
perigo *sm* danger: *estar em/fora de ~* to be in/out of danger **LOC** *Ver* CORRER
perigoso, -a *adj* dangerous
perímetro *sm* perimeter **LOC perímetro urbano** city limits [*pl*]
periódico, -a ▸ *adj* periodic
▸ *sm* **1** (*revista*) magazine **2** (*jornal*) newspaper
período *sm* period **LOC período escolar** semester; term (*GB*) *Ver tb* INTEGRAL
peripécia *sf* **1** (*imprevisto*) incident **2** (*aventura*) adventure **LOC cheio de/com muitas peripécias** very eventful: *uma viagem cheia de ~s* a very eventful trip
periquito *sm* parakeet
perito, -a *adj, sm-sf* ~ **(em)** expert (at/in/on *sth/doing sth*)
permanecer *vi* to remain; to be (*mais coloq*): *~ pensativo/sentado* to remain thoughtful/seated ◇ *Permaneci acordada toda a noite.* I was awake all night.
permanente ▸ *adj* permanent
▸ *sf* (*cabelo*) perm **LOC fazer permanente** to have your hair permed
permissão *sf* permission: *Ela pediu ~ para sair da sala.* She asked permission to leave the room.
permitir *vt* **1** (*deixar*) to let *sb* (*do sth*): *Permita-me ajudá-lo.* Let me help you. ◇ *Não me permitiriam.* They wouldn't let me. **2** (*autorizar*) to allow *sb to do sth*: *Não permitem que ninguém entre sem gravata.* No one is allowed in without a tie. ➲ *Ver nota em* ALLOW **LOC permitir-se o luxo (de)** to treat yourself (to *sth*): *Permiti-me o luxo de passar o fim de semana fora.* I treated myself to a weekend break.
permutação *sf* **1** permutation **2** (*troca*) exchange
perna *sf* leg: *quebrar a ~* to break your leg ◇ *cruzar/esticar as ~s* to cross/stretch your legs ◇ *~ de carneiro* leg of lamb **LOC com as pernas cruzadas** cross-legged ◆ **de pernas para o ar** upside down: *Estava tudo de ~s para o ar.* Everything was upside down. ◆ **ficar de perna bamba** to be terrified (*at sth*) ◆ **passar a perna em** to cheat *sb* *Ver tb* BARRIGA
pernil *sm* (*porco*) leg
pernilongo *sm* mosquito (*pl* mosquitoes/mosquitos)
pernoitar *vi* to spend the night
pérola *sf* pearl
perpendicular *adj, sf* perpendicular
perpétuo, -a *adj* perpetual **LOC** *Ver* PRISÃO
perplexo, -a *adj* puzzled: *Fiquei ~.* I was puzzled. **LOC deixar alguém perplexo** to leave sb speechless: *A notícia deixou-nos ~s.* The news left us speechless.
persa *adj* Persian
perseguição *sf* **1** pursuit: *A polícia saiu em ~ aos assaltantes.* The police went in pursuit of the robbers. **2** (*Pol, Relig*) persecution **LOC perseguição (de automóvel)** car chase *Ver tb* MANIA
perseguir *vt* **1** (*ir ao encalço de*) to chase; to pursue (*formal*) **2** (*importunar*) to stalk: *Meu ex me persegue na internet.* My ex is stalking me on the Internet. **3** (*buscar*) to pursue: *~ um objetivo* to pursue an objective **4** (*Pol, Relig*) to persecute
perseverança *sf* determination: *trabalhar com ~* to work with determination
persiana *sf* blind: *subir/baixar as ~s* to raise/lower the blinds
persistente *adj* persistent
persistir *vi* to persist (*in sth/in doing sth*)
personagem *sm ou sf* character: *o ~ principal* the main character
personalidade *sf* personality (*pl* personalities)
personalizado, -a *adj* personalized
perspectiva *sf* **1** perspective **2** (*vista*) view **3** (*para o futuro*) prospect: *boas ~s* good prospects
perspicácia *sf* insight
perspicaz *adj* perceptive
persuadir ▸ *vt* to persuade *sb* (*to do sth*): *Eu o persuadi a sair.* I persuaded him to come out.
▸ **persuadir-se** *vp* to become convinced (*of sth/that...*)
persuasivo, -a *adj* persuasive
pertencente *adj* ~ **a** belonging to *sb/sth*: *os países ~s ao Mercosul* the countries belonging to Mercosur
pertencer *vt* to belong *to sb/sth*: *Este colar pertencia à minha avó.* This necklace belonged to my grandmother.
pertences *sm* belongings
pertinente *adj* relevant
perto *adv* near(by): *Vivemos muito ~.* We live very near(by). ➲ *Ver nota em* NEAR **LOC de perto**: *Deixe-me vê-lo de ~.* Let me see it close up. ◆ **perto de** **1** (*a pouca distância*) near: *~ daqui* near here **2** (*quase*) nearly: *O trem atrasou ~ de uma hora.* The train was almost an hour late. *Ver tb* AQUI

P

perturbar *vt* **1** *(atrapalhar)* to disturb **2** *(assediar)* to hassle **3** *(abalar)* to unsettle

Peru *sm* Peru

peru, -ua *sm-sf* turkey (*pl* turkeys)

perua *sf* **1** *(veículo)* station wagon; estate car *(GB)* **2** *(mulher)* flashy woman (*pl* women)

peruano, -a *adj, sm-sf* Peruvian

peruca *sf* wig

perverso, -a *adj (malvado)* wicked

perverter *vt* to pervert

pervertido, -a *sm-sf* pervert

pesadelo *sm* nightmare

pesado, -a *adj* **1** heavy: *uma mala/comida pesada* a heavy suitcase/meal **2** *(sono)* deep **3** *(ambiente)* tense LOC *Ver* CONSCIÊNCIA; *Ver tb* PESAR[1]

pêsames *sm* condolences: *Os meus ~.* My deepest condolences. LOC **dar os pêsames** to offer *sb* your condolences

pesar[1] ▸ *vt* **1** to weigh: *~ uma mala* to weigh a suitcase ◇ *Isto pesa uma tonelada!* It weighs a ton! **2** *(avaliar)* to weigh *sth* (up): *Temos que ~ os prós e os contras.* We have to weigh (up) the pros and cons.
▸ *vi* **1** to weigh: *Quanto você pesa?* How much do you weigh? ◇ *Não pesa nada!* It hardly weighs a thing! **2** *(ser pesado)* to be heavy: *Esta encomenda pesa e bem!* This package is very heavy! **3** *(ter importância)* to be important: *Sua atitude vai ~ na hora da escolha.* Her attitude will be important when it comes to deciding.
▸ **pesar-se** *vp* to weigh yourself LOC **pesar na consciência** to weigh on your conscience: *Pesou-me na consciência.* I felt very guilty.

pesar[2] *sm (tristeza)* sorrow

pesca *sf* fishing: *ir à ~* to go fishing

pescador, -ora *sm-sf* fisherman/woman (*pl* -men/-women)

pescar ▸ *vi* to fish: *Eles tinham ido ~.* They'd gone fishing.
▸ *vt* to catch: *Pesquei duas trutas.* I caught two trout. LOC *Ver* VARA

pescoço *sm* neck: *Estou com dor no ~.* My neck hurts. LOC **estar até o pescoço** to be up to your ears (*in sth*): *Ele está endividado até o ~.* He's up to his ears in debt. *Ver tb* CORDA

peso *sm* weight: *ganhar/perder ~* to put on/lose weight ◇ *vender algo por ~* to sell sth by weight LOC **de peso 1** *(fig) (pessoa)* influential **2** *(assunto)* weighty ◆ **em peso** *(em sua totalidade)* whole: *a turma em ~* the whole class ◆ **peso morto** dead weight ◆ **tirar um peso de cima**: *Tiraram um grande ~ de cima de mim.* That's a great weight off my mind. *Ver tb* LEVANTAMENTO, LEVANTAR

pesqueiro, -a ▸ *adj* fishing: *um porto ~* a fishing port
▸ *sm (barco)* fishing boat

pesquisa *sf* **1** *(investigação científica)* research **2** *(Internet)* search LOC **pesquisa de mercado** market research

pesquisador, -ora *sm-sf* researcher

pesquisar *vt* to research

pesquisável *adj* searchable

pêssego *sm* peach

pessegueiro *sm* peach tree

pessimismo *sm* pessimism

pessimista ▸ *adj* pessimistic
▸ *smf* pessimist

péssimo, -a *adj* terrible: *Eles tiveram um ano ~.* They had a terrible year. ◇ *Sinto-me ~.* I feel terrible.

pessoa *sf* person (*pl* people): *milhares de ~s* thousands of people LOC **em pessoa** in person ◆ **por pessoa** per head: *1.000 reais por ~* 1,000 reals per head ◆ **ser (uma) boa pessoa/pessoa de bem** to be nice: *Eles são muito boas ~s.* They're very nice.

pessoal ▸ *adj* personal
▸ *sm* **1** *(grupo de pessoas)* people [*pl*]: *o ~ que se hospedou aqui* the people who stayed here **2** *(amigos)* gang *(coloq)*: *O ~ esteve aqui ontem.* The gang was here yesterday. ◇ *Pessoal, presta atenção!* Guys, pay attention! **3** *(grupo de funcionários)* staff **4** *(departamento)* personnel [*não contável*] LOC **assistente pessoal** personal assistant (*abrev* PA) *Ver tb* COMPUTADOR, DADO

pestana *sf* eyelash LOC **tirar uma pestana** to have forty winks

pestanejar *vi* to blink: *Eles nem pestanejaram.* They didn't even blink. LOC **sem pestanejar** without batting an eyelid: *Ele escutou a notícia sem ~.* He heard the news without batting an eyelid.

peste *sf* **1** *(doença)* plague: *~ bubônica* bubonic plague **2** *(pessoa, animal)* pest: *Esta criança é uma ~.* This kid's a pest.

pesticida *sm* pesticide

pétala *sf* petal

peteca *sf* shuttlecock LOC **não deixar a peteca cair** not to give up

petição *sf* petition: *elaborar uma ~* to draw up a petition LOC **(estar) em petição de miséria** (to be) in a terrible state: *A casa está em ~ de miséria.* The house is in a terrible state.

petiscar *vt (comer)* to nibble

P

petisco *sm* savory (*pl* **savories**); snack (*mais coloq*)

petroleiro *sm* oil tanker

petróleo *sm* oil: *um poço de ~* an oil well LOC **petróleo bruto** crude oil

petrolífero, -a *adj* LOC *Ver* CAMPO

pia *sf* sink

piada *sf* joke: *contar uma ~* to tell a joke

pianista *smf* pianist

piano *sm* piano (*pl* **pianos**): *tocar uma música ao ~* to play a piece of music on the piano LOC **piano de cauda** grand piano

pião *sm* top

piar *vi* to chirp

PIB *sm Ver* PRODUTO

picada *sf* **1** (*alfinete, agulha*) prick **2** (*mosquito, cobra*) bite **3** (*abelha, vespa*) sting: *Não se mexa senão você vai levar uma ~.* Don't move or you'll get stung. LOC *Ver* FIM

picadeiro *sm* **1** (*de circo*) (circus) ring **2** (*escola de equitação*) riding school

picante *adj* **1** (*Cozinha*) hot: *um molho ~* a hot sauce **2** (*anedota*) risqué; dirty (*mais coloq*)

picar ▸ *vt* **1** to prick: *~ alguém com um alfinete* to prick sb with a pin **2** (*mosquito, cobra*) to bite **3** (*abelha, vespa*) to sting **4** (*cebola, hortaliça*) to chop *sth* (up) ▸ *vi* **1** (*planta espinhosa*) to be prickly: *Tenha cuidado que elas picam.* Be careful, they're prickly. **2** (*produzir comichão*) to itch: *Este suéter pica.* This sweater is itchy.

pichação *sf* graffiti [*não contável*]

pichar *vt* **1** (*cobrir com piche*) to cover with pitch **2** (*grafitar*) to spray *sth* with graffiti **3** (*criticar*) to criticize

piche *sm* pitch

picles *sm* pickles

pico *sm* **1** (*ponta aguda*) point **2** (*cume*) peak LOC *Ver* HORÁRIO

picolé *sm* Popsicle®; ice lolly (*pl* **lollies**) (*GB*)

picuinha *sf* LOC **fazer/ficar de picuinha** to be spiteful

piedade *sf* **1** (*compaixão*) mercy (*on sb*): *Senhor, tende ~.* Lord have mercy. **2** (*devoção*) piety LOC *Ver* DÓ[1]

piedoso, -a *adj* (*religioso*) devout

piegas *adj* sappy; soppy (*GB*)

pifar *vi* (*estragar*) to break down: *A televisão pifou.* The TV broke down.

pijama *sm* pajamas [*pl*]: *Esse ~ fica pequeno em você.* Those pajamas are too small for you. ❶ Note que *um pijama* traduz-se por **a pair of pajamas**: *Coloque dois pijamas na mala.* Pack two pairs of pajamas. ➲ *Ver nota em* PAIR LOC *Ver* FESTA

pilantra *smf* crook

pilar *sm* pillar

Pilates *sm* Pilates

pilha *sf* **1** battery (*pl* **batteries**): *Acabaram as ~s.* The batteries are dead. **2** (*monte*) pile: *uma ~ de jornais* a pile of newspapers LOC **ser/estar uma pilha de nervos** to be a bundle of nerves

pilotar *vt* **1** (*avião*) to fly **2** (*carro*) to drive

piloto *sm* **1** (*avião*) pilot **2** (*carro*) racing driver LOC **piloto automático** automatic pilot

pílula *sf* pill

pimenta *sf* pepper

pimenta-malagueta *sf* chili (*pl* **chilies**)

pimentão *sm* pepper: *~ verde/vermelho* green/red pepper LOC *Ver* VERMELHO

pinça *sf* **1** tweezers [*pl*]: *uma ~ para as sobrancelhas* eyebrow tweezers **2** (*gelo*) tongs [*pl*] **3** (*Med*) calipers [*pl*] ➲ *Ver nota em* PAIR **4** (*caranguejo, lagosta*) pincer

pincel *sm* paintbrush ➲ *Ver ilustração em* BRUSH LOC **pincel de barba** shaving brush

pinga *sf* sugar-cane liquor

pingar ▸ *vi* **1** (*gotejar*) to drip **2** (*estar encharcado*) to be dripping wet ▸ *v imp verbo impessoal* (*chover*) to drizzle: *Está começando a ~.* It's starting to drizzle.

pingente *sm* pendant

pingo *sm* **1** (*gota*) drop **2** (*Ortografia*) dot LOC **um pingo de** a bit of *sth*: *Ele me deu só um ~ de suco.* He only gave me a little bit of juice. ◇ *Não dei um ~ de atenção ao professor.* I didn't pay the slightest attention to the teacher. *Ver tb* COLOCAR

pingue-pongue *sm* Ping-Pong®

pinguim *sm* penguin

pinha *sf* (*pinheiro*) pine cone

pinhal *sm* pine wood

pinhão *sm* pine nut

pinheiro *sm* pine (tree)

pino *sm* (*Mec*) pin

pinta *sf* **1** (*mancha, bola*) dot **2** (*na pele*) mole **3** (*aspecto*) look: *Não gosto da ~ deste cara.* I don't like the look of this guy. LOC **ter pinta de** to look like *sth*: *Esse cara tem ~ de galã de cinema.* That guy looks like a movie star.

pintado, -a *adj* painted: *As paredes estão pintadas de azul.* The walls are painted blue. LOC **pintado à mão** hand-painted *Ver tb* PINTAR

P

pintar ▸ *vt, vi* to paint: *~ as unhas* to paint your nails ◇ *~ uma parede de vermelho* to paint a wall red
▸ *vt* to color *sth* (in): *O garoto tinha pintado a casa de azul.* The little boy had colored the house blue. ◇ *Ele desenhou uma bola e depois pintou-a.* He drew a ball and then colored it in.
▸ **pintar-se** *vp* (*maquiar-se*) to put your makeup on: *Não tive tempo para me ~.* I didn't have time to put my makeup on. ◇ *Não me pinto.* I don't wear make-up. ◇ *Ela se pinta demais.* She wears too much make-up. LOC **pintar a óleo/aquarela** to paint in oils/watercolors ◆ **pintar o sete 1** (*traquinar*) to mess around **2** (*divertir-se*) to paint the town red ◆ **pintar os lábios/olhos** to put on your lipstick/eye makeup *Ver tb* CABELO

pinto *sm* chick

pintor, -ora *sm-sf* painter

pintura *sf* painting LOC *Ver* ÓLEO

pio *sm* (*som*) cheep LOC **não dar um pio** not to say a word

piolho *sm* louse (*pl* lice)

pioneiro, -a ▸ *adj* pioneering
▸ *sm-sf* pioneer: *um ~ da cirurgia plástica* a pioneer of plastic surgery

pior ▸ *adj, adv* (*uso comparativo*) worse (*than sb/sth*): *Este carro é ~ do que aquele.* This car is worse than that one. ◇ *Ela cozinha ainda ~ do que a mãe.* She's an even worse cook than her mother. ◇ *Sinto-me ~ hoje.* I feel worse today. ◇ *Foi ~ do que eu esperava.* It was worse than I had expected.
▸ *adj, adv, smf* ~ **(de)** (*uso superlativo*) worst (in/of *sth*): *Sou o ~ corredor do mundo.* I'm the worst runner in the world. ◇ *o ~ de tudo* the worst of all ◇ *o que canta ~* the one who sings worst LOC **o pior é que...** the worst thing is (that)... ◆ **tanto pior** too bad *Ver tb* CASO, VEZ

piorar ▸ *vt* to make *sth* worse
▸ *vi* to get worse: *Ele piorou muito desde a última vez que o vi.* He's much worse since the last time I saw him.

pipa *sf* **1** (*barril*) barrel **2** (*papagaio*) kite: *soltar ~* to fly a kite

pipoca *sf* popcorn

pique *sm* (*energia*) energy: *Estou com um ~ hoje!* I have loads of energy today. LOC **ir a pique 1** (*barco*) to sink **2** (*arruinar-se*) to go bust

piquenique *sm* picnic: *fazer um ~* to go for a picnic

pirado, -a *adj* nuts: *ser ~* to be nuts *Ver tb* PIRAR

pirâmide *sf* pyramid

piranha *sf* **1** (*peixe*) piranha **2** (*de cabelo*) bobby pin; hairgrip (*GB*)

pirar ▸ *vi* (*ficar maluco*) to go nuts
▸ **pirar(-se)** *vi, vp* (*fugir*) to clear off

pirata *adj, smf* pirate: *um barco ~* a pirate ship

pirataria *sf* piracy

piratear *vt* **1** (*DVD, etc.*) to pirate **2** (*sistema informático*) to hack into *sth*

pires *sm* saucer ➲ *Ver ilustração em* CUP

pirilampo *sm* firefly (*pl* fireflies)

piromaníaco, -a (*tb* **pirômano, -a**) *sm-sf* arsonist

pirralho, -a *sm-sf* kid

pirueta *sf* pirouette

pirulito *sm* lollipop

pisada *sf* **1** (*som*) footstep **2** (*marca*) footprint

pisar ▸ *vt* **1** to step on/in *sth*: *~ no pé de alguém* to step on sb's foot ◇ *~ numa poça de água* to step in a puddle **2** (*terra*) to stomp *sth* down; to tread *sth* down (*GB*) **3** (*acelerador, freio*) to put your foot on *sth* **4** (*dominar*) to walk all over *sb*: *Não deixe que pisem em você.* Don't let people walk all over you.
▸ *vi* to tread LOC **pisar em brasa** to be in a very difficult situation ◆ **pisar em falso** to stumble ◆ **pisar em ovos** to be very careful *with sb/sth* ◆ **pisar na bola** to overstep the mark ◆ **pisar no calo (de alguém)** touch a sore spot (with sb) ◆ **ver por onde se pisa** to tread carefully

piscadela *sf* wink

pisca-pisca *sm* turn signal; indicator (*GB*)

piscar ▸ *vt* **1** (*com um olho*) to wink: *Ele piscou para mim.* He winked at me. **2** (*farol*) to flash: *~ o farol* to flash your lights
▸ *vi* **1** (*com os dois olhos*) to blink **2** (*luz*) to flicker

piscina *sf* swimming pool

piso *sm* floor ➲ *Ver nota em* FLOOR
LOC **piso salarial** minimum wage

pista *sf* **1** (*rasto*) track(s): *seguir a ~ de um animal* to follow an animal's tracks **2** (*dado*) clue: *Dê-me mais ~s.* Give me more clues. **3** (*de corrida*) track: *uma ~ ao ar livre/coberta* an outdoor/indoor track **4** (*Atletismo, faixa, rodovia*) lane: *o atleta na ~ dois* the athlete in lane two **5** (*Aeronáut*) runway LOC **estar na pista de alguém** to be on sb's trail ◆ **pista de dança** dance floor ◆ **pista de esqui** ski slope ◆ **pista de patinação** skating rink ◆ **pista dupla** divided highway; dual carriageway (*GB*)

pistache *sm* pistachio (*pl* pistachios)

pistola *sf* gun LOC **pistola de ar comprimido** airgun ♦ **pistola de choque** Taser®

pistolão *sm* (*contato*) contacts [*pl*]: *Passaram porque tinham ~.* They passed thanks to their contacts. LOC *Ver* SERVIR

pitada *sf* (*sal*) pinch

pitoresco, -a *adj* picturesque

pitu *sm* crayfish (*pl* crayfish)

pivete *sm* (*menino ladrão*) street urchin

pizza *sf* pizza

pizzaria *sf* pizzeria

placa *sf* **1** (*lâmina, Geol*) plate: *~s de aço* steel plates ◇ *A ~ na porta diz "dentista".* The plate on the door says "dentist". **2** (*comemorativa*) plaque **3** (*em estrada*) sign **4** (*carro*) license plate; number plate (*GB*) LOC **placa de som/vídeo** sound/video card

placar *sm* scoreboard

plaina *sf* (*ferramenta*) plane

planador *sm* glider

planalto *sm* plateau (*pl* plateaus/ plateaux)

planar *vi* to glide

planejamento *sm* planning: *~ familiar* family planning

planejar *vt* to plan

planeta *sm* planet

planície *sf* plain

planilha *sf* spreadsheet

plano, -a ▸ *adj* flat: *uma superfície plana* a flat surface
▸ *sm* **1** (*desígnio*) plan: *Mudei de ~s.* I changed my plans. ◇ *Você tem ~s para sábado?* Do you have anything planned for Saturday? **2** (*nível*) level: *As casas foram construídas em ~s diferentes.* The houses were built on different levels. ◇ *no ~ pessoal* on a personal level **3** (*Cinema*) shot LOC *Ver* PRIMEIRO

planta *sf* **1** (*Bot*) plant **2** (*desenho*) (**a**) (*cidade, metrô*) map (**b**) (*Arquit*) plan **3** (*do pé*) sole

plantação *sf* plantation

plantado, -a *adj* LOC **deixar alguém plantado** to stand sb up *Ver tb* PLANTAR

plantão *sm* (*turno*) shift LOC **(estar) de plantão** (to be) on duty *Ver tb* FARMÁCIA

plantar *vt* to plant LOC **plantar bananeira** to do a handstand

plasma *sm* plasma LOC *Ver* TELA

plástica *sf* plastic surgery: *uma ~ de nariz/seios* a nose/boob job ◇ *uma ~ no rosto* a facelift

plástico, -a ▸ *adj* plastic: *cirurgião ~* plastic surgeon
▸ *sm* plastic: *um recipiente de ~* a plastic container ◇ *Tape-o com um ~.* Cover it with a plastic sheet. LOC *Ver* ARTE, COPO

plastificar *vt* to laminate

plataforma *sf* platform

plateia *sf* **1** (*parte do teatro*) orchestra [*sing*] stalls [*pl*] (*GB*) **2** (*público*) audience

platina *sf* platinum

plebiscito *sm* referendum: *realizar um ~* to hold a referendum

pleno, -a *adj* full LOC **em pleno...** (right) in the middle of...: *em ~ inverno* in the middle of winter ◇ *em ~ centro da cidade* right downtown ◇ *em plena luz do dia* in broad daylight ♦ **estar em plena forma** to be in peak condition

plugado, -a *adj* **1** (*Informát*) connected (*to sth*): *Estou ~ o dia todo na internet.* I'm on the Internet all day. **2** (*ligado*) savvy; switched on (*GB*): *Gosto de gente que está sempre plugada.* I like savvy people. *Ver tb* PLUGAR

plugar *vt* (*Informát*) to connect *sth* (*to sth*)

plugue *sm* plug ➲ *Ver ilustração em* TOMADA

plural *adj, sm* plural

plutônio *sm* plutonium

pneu *sm* tire LOC **pneu furado** flat (tire) ♦ **pneu recauchutado** retread

pneumonia *sf* pneumonia [*não contável*]: *apanhar uma ~* to catch pneumonia

pó *sm* **1** (*sujeira*) dust: *estar cheio de pó* to be covered in dust ◇ *Você está levantando pó.* You're kicking up the dust. **2** (*Cozinha, Quím, cosmético*) powder **3** (*cocaína*) coke LOC **tirar o pó (de)** to dust (*sth*) *Ver tb* FERMENTO, LEITE, PANO, SABÃO

pobre ▸ *adj* poor
▸ *smf* **1** poor person (*pl* people): *os ricos e os ~s* the rich and the poor **2** (*desgraçado*) poor thing: *O ~ está com fome!* He's hungry, poor thing! LOC **o pobre de...** poor old...: *o ~ do Henrique* poor old Henrique

pobreza *sf* poverty

poça *sf* (*charco*) puddle

pochê *adj* LOC *Ver* OVO

pochete *sf* fanny pack; bumbag (*GB*)

pocilga *sf* pigsty (*pl* pigsties)

poço *sm* **1** well: *um ~ de petróleo* an oil well **2** (*de elevador*) lift shaft

podar *vt* to prune

poder[1] *v aux* **1** can *do sth*; to be able *to do sth*: *Posso escolher Londres ou Rio.* I can choose London or Rio. ◇ *Eu não podia acreditar.* I couldn't believe it. ◇ *Desde então ele não pode mais andar.*

He hasn't been able to walk since then. ➲ *Ver nota em* CAN[2] **2** (*ter autorização*) can; may (*mais formal*): *Posso falar com o André?* Can I talk to André? ◇ *Posso sair?* May I go out? ➲ *Ver nota em* MAY **3** (*probabilidade*) may, could, might

O uso de **may**, **could** e **might** depende do grau de probabilidade de uma ação se realizar: **could** e **might** exprimem menos probabilidade que **may**: *Poderia ser perigoso.* It could/might be dangerous. ◇ *Eles podem chegar a qualquer momento.* They may arrive at any minute.

LOC até não poder mais (*estar cansado*) to be exhausted: *Corri até não ~ mais.* I ran until I was exhausted. ◇ *Gritamos até não ~ mais.* We shouted until we lost our voices. ◆ **não poder deixar de** can't/couldn't help *doing sth*: *Não pude deixar de ouvir os vizinhos discutindo.* I couldn't help hearing the neighbors quarreling. ◆ **poder com** to cope with *sth/sb*: *Não posso com essa criança.* I can't cope with this child. ◆ **pode-se/não se pode**: *Pode-se usar bermuda?* Is it all right if I wear Bermuda shorts? ◇ *Não se pode fumar aqui.* You can't smoke in here. ◆ **pode ser (que...)** maybe: *Pode ser que sim, pode ser que não.* Maybe, maybe not.

poder[2] *sm* power: *tomar o ~* to seize power **LOC poder aquisitivo** purchasing power ◆ **poder executivo** executive ◆ **poder judiciário** judiciary (*pl* judiciaries) ◆ **poder legislativo** legislature ◆ **ter algo em seu poder** to have sth in your possession

poderoso, -a *adj* powerful

pódio *sm* podium

podre *adj* **1** rotten: *uma maçã/sociedade ~* a rotten apple/society **2** (*exausto*) exhausted **LOC ser podre de rico** to be filthy rich

poeira *sf* dust: *~ radioativa* radioactive dust

poeirada *sf* cloud of dust

poeirento, -a *adj* dusty

poema *sm* poem

poesia *sf* **1** poetry: *a ~ épica* epic poetry **2** (*poema*) poem

poeta *sm* poet

poético, -a *adj* poetic

poetisa *sf* poet

point *sm* hang-out: *O ~ da galera é a Vila Madalena.* The gang likes to hang out at Vila Madalena.

pois *conj* **1** (*neste caso*) well: *Não está com vontade de sair? Pois então não saia.* You don't feel like going out? Well, don't then. **2** (*porque*) as: *Não fiz a lição, ~ não tive tempo.* I didn't do the homework because I didn't have time. **LOC pois é** (*ao concordar*) that's right ◆ **pois não?** (*numa loja*) can I help you?

polar *adj* polar **LOC** *Ver* CÍRCULO

polegada *sf* inch (*abrev* in.) ➲ *Ver pág. 759*

polegar *sm* thumb

poleiro *sm* **1** (*pássaros*) perch **2** (*galinhas*) roost

polêmica *sf* controversy (*pl* controversies)

polêmico, -a *adj* controversial

pólen *sm* pollen

polícia ▸ *smf* police officer
▸ *sf* police [*pl*]: *A ~ está investigando o caso.* The police are investigating the case. **LOC polícia de choque** riot police ◆ **polícia rodoviária** traffic police *Ver tb* DELEGACIA, DELEGADO

policial ▸ *adj* police: *barreira ~* police roadblock
▸ *smf* police officer

Pode-se dizer também **policeman** e **policewoman**, porém é preferível evitar-se o uso do sufixo **-man** em palavras que fazem referência a um trabalho ou a uma profissão, como p.ex. **salesman**, **chairman** ou **fireman**, a menos que se esteja falando realmente de um homem. No lugar delas, utilizam-se palavras que não fazem referência ao sexo da pessoa, como **salesperson**, **chair** ou **firefighter**. ➲ *Ver nota em* ACTRESS

LOC *Ver* GÊNERO

poliglota *adj, smf* polyglot

polimento *sm* polish: *dar um ~ nos móveis* to give the furniture a polish

pólio (*tb* **poliomielite**) *sf* polio

polir *vt* to polish

politécnico, -a *adj* polytechnic

política *sf* **1** politics [*não contável*]: *entrar para a ~* to go into politics **2** (*posição, programa*) policy (*pl* policies): *~ externa* foreign policy

político, -a ▸ *adj* political: *um partido ~* a political party
▸ *sm-sf* politician: *um ~ de esquerda* a left-wing politician

polo *sm* **1** (*Geog, Fís*) pole: *o ~ norte/sul* the North/South Pole **2** (*Esporte*) polo: *~ aquático* water polo

polpa *sf* pulp

poltrona *sf* (*cadeira*) armchair

poluição *sf* pollution

poluir *vt, vi* to pollute

polvilhar *vt* to sprinkle *sth* (*with sth*)
polvilho *sm* cassava flour
polvo *sm* octopus (*pl* octopuses)
pólvora *sf* gunpowder
pomada *sf* ointment
pombo, -a *sm-sf* **1** pigeon **2** (*branco*) dove: *a pomba da paz* the dove of peace
pomo *sm* LOC **pomo de adão** Adam's apple
pomposo, -a *adj* pompous
ponderar *vt, vi* ~ **(sobre)** to reflect (on/upon *sth*)
pônei *sm* pony (*pl* ponies)
ponta *sf* **1** (*faca, arma, pena, lápis*) point **2** (*língua, dedo, ilha, iceberg*) tip: *Não sinto as ~s dos dedos.* I can't feel my fingertips. **3** (*extremo, cabelo*) end: *na outra ~ da mesa* at the other end of the table ◇ *~s quebradas* split ends **4** (*Futebol*) winger **5** (*Cinema, TV*) small part LOC **aguentar/segurar as pontas** to hold on ♦ **de ponta a ponta/de uma ponta a outra**: *de uma ~ a outra de São Paulo* from one end of São Paulo to the other ♦ **estar na ponta da língua** to be on the tip of your tongue ♦ **na ponta dos pés** on tiptoe: *andar na ~ dos pés* to walk on tiptoe ◇ *Entrei na ~ dos pés.* I tiptoed in. ♦ **ponta de estoque** factory outlet ♦ **uma ponta de** a touch of *sth*: *uma ~ de inveja* a touch of envy *Ver tb* TECNOLOGIA
pontada *sf* twinge
pontapé *sm* kick: *Dei um ~ a ele.* I kicked him. LOC **pontapé inicial** (*Futebol*) kickoff
pontaria *sf* aim LOC **fazer pontaria** to take aim ♦ **ter boa/má pontaria** to be a good/bad shot
ponte *sf* bridge LOC **ponte aérea** shuttle service ♦ **ponte levadiça** drawbridge ♦ **ponte suspensa** suspension bridge
ponteiro *sm* hand: *~ dos segundos/minutos/das horas* second/minute/hour hand
pontiagudo, -a *adj* pointed
pontinha *sf* **1** (*pitada*) pinch: *uma ~ de sal* a pinch of salt **2** (*fig*) touch: *uma ~ de humor* a touch of humor LOC **da pontinha** just right
ponto *sm* **1** point: *Passemos ao ~ seguinte.* Let's move on to the next point. ◇ *Perdemos por dois ~s.* We lost by two points. ◇ *Cada pergunta vale dez ~s.* Each question is worth ten points. ◇ *em todos os ~s do país* all over the country **2** (*sinal de pontuação*) period; full stop (*GB*) ➲ *Ver pág. 310* **3** (*grau*) extent: *Até que ~ isso é verdade?* To what extent is this true? **4** (*costura, Med*) stitch: *Dê um ~ nessa bainha.* Put a stitch in the hem. ◇ *Levei três ~s.* I had three stitches. **5** (*parada*) stop: *~ de ônibus* bus stop **6** (*Informát*) dot: *O endereço é banco ~ com ~ br.* The URL is banco dot com dot br. LOC **ao ponto** (*carne*) medium rare ➲ *Ver nota em* BIFE ♦ **em ponto** exactly: *São duas em ~.* It's two o'clock exactly. ◇ *às seis e meia em ~* at six thirty on the dot ♦ **e ponto final!** and that's that! ♦ **estar a ponto de fazer algo 1** to be about to do sth: *Está a ~ de terminar.* It's about to finish. **2** (*por pouco*) to nearly do sth: *Ele esteve a ~ de perder a vida.* He nearly lost his life. ♦ **ponto alto** high point: *O ~ alto da noite foi a chegada dele.* His arrival was the high point of the evening. ♦ **ponto de ebulição/fusão** boiling point/melting point ♦ **ponto de exclamação** exclamation point; exclamation mark (*GB*) ➲ *Ver pág. 310* ♦ **ponto de interrogação** question mark ➲ *Ver pág. 310* ♦ **ponto de partida** starting point ♦ **ponto de referência** landmark ♦ **ponto de táxi** taxi stand; taxi rank (*GB*) ♦ **ponto de venda** store; shop (*GB*) ♦ **ponto de vista** point of view ♦ **ponto e vírgula** semicolon ➲ *Ver pág. 310* ♦ **ponto final** period; full stop (*GB*) ➲ *Ver pág. 310* ♦ **ponto fraco** weak point ♦ **ponto morto 1** (*carro*) neutral **2** (*negociações*) deadlock ♦ **ponto parágrafo** new paragraph ♦ **ponto por ponto** (*pormenorizadamente*) down to the last detail ♦ **ponto turístico** tourist attraction *Ver tb* CERTO
pontuação *sf* punctuation: *sinais de ~* punctuation marks ➲ *Ver pág. 310*
pontual *adj* punctual

> Utilizamos **punctual** quando queremos nos referir à qualidade ou virtude de uma pessoa: *É importante ser pontual.* It's important to be punctual. Quando queremos nos referir à ideia de "chegar a tempo" utilizamos a expressão **on time**: *Procure ser pontual.* Try to get there on time. ◇ *Ele nunca é pontual.* He's never on time/He's always late.

popa *sf* stern
população *sf* population: *a ~ ativa* the working population
popular *adj* **1** popular **2** (*preços*) affordable
pôquer *sm* poker
por *prep*
• **lugar 1** (*com verbos de movimento*): *Você vai passar ~ uma farmácia?* Are you going past a drugstore? ◇ *passar pelo centro de Paris* to go through the center of

P

Paris ◊ *Passo pela sua casa amanhã.* I'll stop by your house tomorrow. ◊ *viajar pela Europa* to travel around Europe ◊ *circular pela direita/esquerda* to drive on the right/left ◊ *~ aqui/ali* this/that way **2** (*com verbos como pegar, agarrar*) by: *Peguei-o pelo braço.* I grabbed him by the arm.

- **tempo 3** (*duração*) for: *só ~ uns dias* only for a few days ➲ *Ver nota em* FOR **4** (*perto de*) about: *Chegarei lá pelas oito.* I'll arrive (at) about eight.
- **causa 5**: *Foi cancelado ~ causa do mau tempo.* It was canceled because of bad weather. ◊ *Eu faria qualquer coisa ~ você.* I'd do anything for you. ◊ *fazer algo ~ dinheiro* to do sth for money ◊ *Ele foi despedido ~ furto/ser preguiçoso.* He was sacked for stealing/being lazy. ◊ *~ ciúme/costume* out of jealousy/habit
- **agente 6** by: *assinado por...* signed by... ◊ *pintado ~ Portinari* painted by Portinari
- **para com/a favor de 7** for: *sentir carinho ~ alguém* to feel affection for sb ◊ *Por que time você torce?* Which team do you root for?
- **com expressões numéricas 8**: *Mede sete ~ dois.* It measures seven by two. ◊ *50 reais ~ hora/por pessoa* 50 reals an hour/per person
- **outras construções 9** (*meio, modo*): *~ correio/avião* by mail/air ◊ *~ escrito* in writing ◊ *vender algo ~ metro* to sell sth by the meter **10** (*frequência*): *uma vez ~ ano* once a year **11** (*preço*) for: *Comprei-o ~ dois milhões de reais.* I bought it for two million reals. **12** (*substituição*): *Ela irá ~ mim.* She'll go instead of me. **13** (*sucessão*) by: *um ~ um* one by one **14 + adjetivo/advérbio** however: *Por mais simples que...* However simple... ◊ *Por mais que você trabalhe...* However hard you work... **15** (*inacabado*): *Os pratos ainda estavam ~ lavar.* The dishes still hadn't been done. ◊ *Tive que deixar o trabalho ~ acabar.* I had to leave the work unfinished. LOC **por isso** so: *Tenho muito trabalho, ~ isso vou chegar tarde.* I have a lot of work to do, so I'll arrive late. ◊ *Perdi-o, ~ isso não posso emprestá-lo.* I've lost it, so I won't be able to lend it. ◆ **por mim** as far as I am, you are, etc. concerned ◆ **por que/quê?** why: *Por que não?* Why not? ◊ *Ele não disse ~ que não viria.* He didn't say why he wasn't coming. ◊ *sem saber ~ quê* without knowing why

pôr ▸ *vt* **1** to put: *Ponha os livros sobre a mesa/numa caixa.* Put the books on the table/in a box. ◊ *~ o lixo na rua* to take out the garbage **2** (*parte do corpo*) to stick *sth* out: *Não ponha a língua de fora.* Don't stick your tongue out. ◊ *~ a cabeça para fora da janela* to stick your head out of the window **3** (*ligar*) to turn *sth* on: *~ o rádio para tocar* to turn on the radio **4** (*vestir*) to put *sth* on: *O que é que eu ponho?* What should I put on? **5** (*Mús*) to play **6** (*relógio*) to set: *Ponha o despertador para as seis.* Set the alarm for six. **7** (*servir*) to give: *Pode ~ mais um pouco de sopa, por favor?* Could you give me a little more soup please? **8** (*ovos*) to lay
▸ **pôr-se** *vp* **1** (*colocar-se*) to stand: *Ponha-se ao meu lado.* Stand next to me. **2** (*sol*) to set **3 pôr-se a** to start *doing sth/to do sth*: *Eles se puseram a correr.* They started to run. ◊ *pôr-se a chorar* to burst into tears LOC **pôr algo a perder** to ruin sth ❶ Para outras expressões com **pôr**, ver os verbetes para o substantivo, adjetivo, etc., p.ex. **pôr no correio** em CORREIO e **pôr abaixo** em ABAIXO.

porão *sm* **1** (*casa*) basement **2** (*avião, etc.*) hold: *no ~ do navio* in the ship's hold

porca *sf* **1** (*de parafuso*) nut **2** (*animal*) sow ➲ *Ver nota em* PORCO

porção *sf* (*comida*) portion: *Meia ~ de lulas, por favor.* A small portion of squid, please. LOC **uma porção de** (*muito*) a lot of *sth*; loads of *sth* (*coloq*): *Eu tenho uma ~ de coisas para fazer.* I have loads of things to do.

porcaria *sf* **1** (*sujeira*) filth **2** (*algo de má qualidade*) garbage [*não contável*] rubbish [*não contável*] (*GB*): *O filme é uma ~.* The movie is garbage. ➲ *Ver nota em* GARBAGE **3** (*comida*) junk (food) [*não contável*]: *Pare de comer ~s.* Stop eating junk (food). LOC **que porcaria de...!**: *Que ~ de tempo!* What lousy weather!

porcelana *sf* china; porcelain (*mais formal*): *um prato de ~* a china plate

porcentagem *sf Ver* PERCENTAGEM

porco, -a ▸ *adj* (*sujo*) filthy: *Ele é ~.* He's filthy.
▸ *sm-sf* **1** (*animal*) pig

Pig é o substantivo genérico. **Boar** refere-se apenas ao macho, e **sow** apenas à fêmea. **Piglet** é a cria do porco.

2 (*pessoa*) slob
▸ *sm* **porco** (*carne*) pork: *lombo de ~* loin of pork ➲ *Ver nota em* CARNE LOC *Ver* ESPÍRITO

porco-espinho *sm* porcupine

porém *conj* however

pormenor *sm* detail

pormenorizado, -a *adj* detailed *Ver tb* PORMENORIZAR

P

pormenorizar *vt* **1** (*contar em pormenores*) to give details of *sth* **2** (*especificar*) to specify

pornografia *sf* pornography

pornográfico, -a *adj* pornographic

poro *sm* pore

poroso, -a *adj* porous

porque *conj* (*explicação*) because: *Ele não vem ~ não quer.* He's not coming because he doesn't want to.

porquê *sm* **~ (de)** reason (for *sth*): *o ~ da greve* the reason for the strike

porquinho-da-índia *sm* guinea pig

porre *sm* LOC **de porre** drunk ♦ **ser/estar um porre** to be a drag ♦ **tomar um porre** to get wasted

porta *sf* door: *a ~ da frente/dos fundos* the front/back door ◇ *Há alguém à ~.* There's somebody at the door. LOC **porta corrediça/giratória/sanfonada** sliding/revolving/folding door ♦ **sair porta afora** to clear off *Ver tb* BATER, BURRO, FECHAR, SURDO, VÃO

porta-aviões *sm* aircraft carrier

porta-bandeira *sf* standard-bearer

porta-joias *sm* jewelry box

porta-luvas *sm* glove compartment

P

porta-malas *sm* trunk; boot (*GB*)

porta-níqueis *sm* change purse; purse (*GB*)

portanto *adv* therefore

portão *sm* gate LOC **portão de embarque** gate

porta-retrato *sm* (photo) frame

portaria *sf* **1** (*entrada*) entrance (hall) **2** (*decreto*) decree

portar-se *vp* to behave: *Porte-se bem.* Be good.

portátil *adj* portable: *uma televisão ~* a portable TV

porta-voz *smf* spokesperson (*pl* spokespersons/spokespeople) ➲ *Ver nota em* POLICIAL

porte *sm* **1** (*custo de envio*) postage **2** (*corpo*) body LOC **de pequeno/médio/grande porte** small/medium-sized/large: *uma empresa de grande ~* a large company ♦ **porte e embalagem** postage and packing [*não contável*] ♦ **porte registrado** registered mail

porteiro, -a *sm-sf* **1** (*edifício público*) custodian; caretaker (*GB*) **2** (*edifício residencial*) doorman (*pl* -men); porter (*GB*) LOC **porteiro eletrônico** intercom; Entryphone® (*GB*)

porto *sm* port: *um ~ comercial/pesqueiro* a commercial/fishing port

Portugal *sm* Portugal

português, -esa ▸ *adj, sm* Portuguese: *falar ~* to speak Portuguese
▸ *sm-sf* Portuguese man/woman (*pl* men/women): *os portugueses* the Portuguese

porventura *adv* by chance

posar *vi* to pose

pose *sf* (*postura*) pose

pós-escrito *sm* postscript (*abrev* P.S.)

pós-graduação *sf* graduate course; postgraduate course (*GB*)

pós-graduado, -a (*tb* **pós-graduando, -a**) *sm-sf* graduate student; postgraduate (*GB*)

posição *sf* position: *dormir numa má ~* to sleep in an awkward position

positivo, -a *adj* positive: *O resultado do teste foi ~.* The test was positive.

posse *sf* **1** (*possessão*) possession: *ter ~ de algo* to be in possession of sth **2 posses** (*dinheiro*) wealth [*não contável*]: *ter muitas ~s* to be very wealthy LOC **tomar posse** (*de um cargo*) to take up office

possessivo, -a *adj* possessive

possesso, -a *adj* furious LOC **ficar possesso** to fly into a rage

possibilidade *sf* possibility (*pl* possibilities) LOC **ter (muita) possibilidade de...** to have a (good) chance of *doing sth*

possível *adj* **1** possible: *É ~ que já tenham chegado.* It's possible that they've already arrived. **2** (*potencial*) potential: *um ~ acidente* a potential accident LOC **fazer (todo) o possível para** to do your best *to do sth Ver tb* MÁXIMO, MEDIDA, MELHOR

possuir *vt* **1** (*propriedade, carro, etc.*) to own **2** (*dinheiro, documento, etc.*) to possess; to have (*mais coloq*)

posta *sf* steak: *uma ~ de atum* a tuna steak

postal ▸ *adj* postal
▸ *sm* postcard LOC *Ver* CAIXA[1], CÓDIGO, REEMBOLSO, VALE[2]

postar ▸ **1** *vt* (*carta, encomenda*) to mail; to post (*GB*) **2** *vt, vi* (*comentário, etc. na internet*) to post
▸ **postar-se** *vp* to position yourself: *Ela se postou ao lado da janela.* She positioned herself by the window.

poste *sm* pole LOC **poste de luz** lamppost

pôster *sm* poster

posterior *adj* **~ (a) 1** (*tempo*) subsequent: *um acontecimento ~* a subsequent event ◇ *os anos ~es à guerra* the post-war years **2** (*lugar*): *na parte ~ do* *ônibus* at the back of the bus ◇ *a fileira ~ à sua* the row behind yours

postiço, -a *adj* false: *dentadura postiça* false teeth

posto *sm* **1** (*lugar*) place: *Todos a ~s!* Places, everyone! **2** (*em emprego*) position: *Ofereceram um novo ~ a ele.* They offered him a new position. LOC **posto de gasolina** gas station; petrol station (*GB*) ◆ **posto de saúde** health center

postura *sf* **1** (*corporal*) posture **2** (*atitude*) attitude (*to/toward sb/sth*)

potável *adj* LOC *Ver* ÁGUA

pote *sm* **1** (*de geleia, açúcar, cosméticos, etc.*) jar **2** (*de iogurte, etc.*) pot ➲ *Ver ilustração em* CONTAINER

potência *sf* power: *~ atômica/econômica* atomic/economic power ◇ *as grandes ~s* the Great Powers LOC **de alta/grande potência** powerful

potente *adj* powerful

potro, -a *sm-sf* foal

Foal é o substantivo genérico. Quando queremos nos referir apenas ao macho dizemos **colt**. **Filly** [*pl* **fillies**] aplica-se só à fêmea.

pouco, -a ▸ *adj, pron* **1** (*+ substantivo não contável*) not much; little (*mais formal*): *Tenho ~ dinheiro.* I don't have much money. ◇ *Eles demonstram ~ interesse.* They show little interest. **2** (*+ substantivo contável*) not many; few (*mais formal*): *Ele tem ~s amigos.* He doesn't have many friends. ◇ *Vieram muito ~s.* Not many people came. ◇ *em poucas ocasiões* on very few occasions

Little ou **few**? **Little** normalmente acompanha substantivos não contáveis, e o comparativo é **less**: *"I have very little money." "I have even less money (than you)."* —Tenho pouco dinheiro.—Tenho menos ainda (que você). **Few** normalmente acompanha substantivos no plural, e a forma comparativa é **fewer**: *fewer accidents, people, etc.* menos acidentes, pessoas, etc. Entretanto, no inglês falado usa-se mais **less** do que **fewer**, mesmo com substantivos no plural: *less accidents, people, etc.* ➲ *Ver notas em* FEW, LITTLE

▸ *adv* **1** not much: *Ele come ~ para o seu tamanho.* He doesn't eat much for someone his size. **2** (*pouco tempo*) not long: *Eu a vi há ~.* I saw her not long ago. **3** (*+ adjetivo*) not very: *Ele é ~ inteligente.* He's not very intelligent. LOC **aos poucos** gradually ◆ **daí/dali a pouco** shortly after; a bit later (*mais coloq*) ◆ **por pouco não...** nearly: *Por ~ não me atropelaram.* They nearly ran me over. ◆ **pouco a pouco** little by little ◆ **pouco mais de** only just; barely (*mais formal*): *Ela tem ~ mais de três anos.* She's only just turned three. ◆ **pouco mais/menos (de)** just over/under: *~ menos de 5.000 pessoas* just under 5,000 people ◆ **um pouco** a little: *um ~ mais/melhor* a little more/better ◇ *um ~ de açúcar* a little sugar ◇ *Espere um ~.* Wait a little. ❶ Para outras expressões com **pouco**, ver os verbetes para o substantivo, adjetivo, etc., p.ex. **ser pouca coisa** em COISA e **pouco provável** em PROVÁVEL.

poupador, -ora *sm-sf* saver

poupança *sf* savings [*pl*]: *toda a minha ~* all my savings LOC *Ver* CADERNETA

poupar ▸ *vt, vi* (*economizar*) to save: *~ tempo/dinheiro* to save time/money ▸ *vt* (*vida*) to spare: *~ a vida de alguém* to spare sb's life

pousada *sf* inn

pousar *vt, vi* ~ **(em/sobre)** to land (on *sth*)

pouso *sm* landing

povo *sm* people [*pl*]: *o ~ brasileiro* the Brazilian people

povoado *sm* **1** (*localidade*) (**a**) (*cidade pequena*) town (**b**) (*aldeia*) small town; village (*GB*) ➲ *Ver nota em* VILLAGE **2** (*conjunto de pessoas*) population

praça *sf* **1** (*espaço aberto*) square: *a ~ principal* the main square **2** (*mercado*) marketplace

prado *sm* meadow

praga *sf* **1** (*maldição*) curse: *rogar uma ~ a alguém* to put a curse on sb **2** (*coisa, pessoa importuna*) nuisance **3** (*abundância de coisas importunas*) plague: *uma ~ de mosquitos* a plague of mosquitoes **4** (*erva daninha*) weed

praguejar *vi* to swear

praia *sf* beach: *Passamos o verão na ~.* We spent the summer at the beach. LOC **não é a minha, etc. praia** it's not my, your, etc. thing: *Futebol não é a minha ~.* Soccer isn't my thing. *Ver tb* VÔLEI

prancha *sf* plank LOC **prancha de surfe/windsurfe** surfboard/windsurfer

prancheta *sf* **1** (*de apoio*) clipboard **2** (*de desenho*) drawing board

prata *sf* silver: *um anel de ~* a silver ring LOC *Ver* BANHADO, BODAS

prateado, -a *adj* **1** (*cor*) silver: *tinta prateada* silver paint **2** (*revestido de prata*) silver-plated

prateleira *sf* shelf (*pl* shelves)

prática *sf* **1** practice: *Em teoria funciona, mas na ~...* It's all right in theory, but in practice... ◇ *pôr algo em ~* to put sth into practice **2** (*Educ, aula*) practical

praticamente *adv* practically

praticante *adj* practicing: *Sou católico ~.* I'm a practicing Catholic.

praticar *vt* **1** to practice: *~ medicina* to practice medicine **2** (*Esporte*) to play: *Você pratica algum esporte?* Do you play any sports? ➲ *Ver nota em* ESPORTE

prático, -a *adj* practical

prato *sm* **1** (*utensílio*) plate **2** (*iguaria*) dish: *um ~ típico do país* a national dish **3** (*parte de uma refeição*) course: *o ~ principal* the main course **4 pratos** (*Mús*) cymbals **5** (*de disc-jóquei*) turntable LOC **pôr tudo em pratos limpos** to get things out into the open ♦ **prato fundo/de sopa** soup bowl ♦ **prato raso/de sobremesa** dinner/dessert plate *Ver tb* PANO

praxe *sf* custom

prazer *sm* pleasure: *Tenho o ~ de lhes apresentar o Dr. Garcia.* It is my pleasure to introduce Dr. Garcia. LOC **muito prazer!/prazer em conhecê-lo!** pleased to meet you

prazo *sm* (*período*): *o ~ de matrícula* the enrollment period ◇ *Temos um ~ de dois meses para pagar.* We have two months to pay. ◇ *O ~ acaba amanhã.* The deadline's tomorrow. LOC **a curto/médio/longo prazo** in the short/medium/long term *Ver tb* COMPRAR, VALIDADE

preâmbulo *sm* **1** (*prólogo*) introduction **2** (*rodeios*): *Deixe de ~s.* Stop beating around the bush.

precaução *sf* precaution: *tomar precauções contra incêndio* to take precautions against fire LOC **com precaução** carefully: *Dirijam com ~.* Drive carefully. ♦ **por precaução** as a precaution

precaver-se *vp* ~ **(de/contra)** to take precautions (against *sb/sth*)

precavido, -a *adj* prepared: *Eu não vou me molhar porque vim ~.* I won't get wet because I came prepared. *Ver tb* PRECAVER-SE

precedente ▸ *adj* preceding ▸ *sm* precedent: *abrir um ~* to set a precedent LOC **sem precedente** unprecedented

preceder *vt* to precede; to go/come before *sb/sth* (*mais coloq*): *O adjetivo precede o substantivo.* The adjective comes before the noun.

preceito *sm* rule

precioso, -a *adj* precious: *pedras preciosas* precious stones ◇ *o ~ dom da liberdade* the precious gift of freedom

precipício *sm* precipice

precipitação *sf* haste

precipitado, -a *adj* hasty: *uma decisão precipitada* a hasty decision *Ver tb* PRECIPITAR-SE

precipitar-se *vp* **1** (*não pensar*) to be hasty: *Pense bem, não se precipite.* Think it over. Don't be hasty. **2** (*atirar-se*) to throw yourself *out of sth*: *O paraquedista se precipitou do avião.* The parachutist threw himself out of the plane. **3 ~ sobre/em direção a** (*correr*) to rush toward *sb/sth*: *A multidão se precipitou em direção à porta.* The crowd rushed toward the door.

precisão *sf* accuracy LOC **com precisão** accurately

precisar *vt* **1 ~ (de)** to need: *Precisamos de mais quatro cadeiras.* We need four more chairs. ◇ *Você não precisa vir.* You don't need to come. **2** (*especificar*) to specify: *~ até o último detalhe* to specify every last detail LOC **precisa-se de...**: *Precisa-se de ajudante.* Assistant required.

preciso, -a *adj* **1** (*exato*) precise: *dar ordens precisas* to give precise instructions **2** (*necessário*) necessary: *Não foi ~ recorrerem aos bombeiros.* There was no need to call the fire department. ◇ *É ~ que você venha.* You must come.

preço *sm* price: *~s de fábrica* factory prices ◇ *Qual é o ~ do quarto de casal?* How much is the double room? LOC **a preço de banana** dirt cheap ♦ **a preço fixo** at a fixed price ♦ **não ter preço** to be priceless *Ver tb* ETIQUETA, METADE

precoce *adj* **1** (*criança*) precocious **2** (*prematuro*) premature: *calvície ~* premature balding

preconcebido, -a *adj* preconceived

preconceito *sm* prejudice: *Eles têm ~ contra tudo.* They have prejudices about everything.

predador, -ora ▸ *adj* predatory ▸ *sm* predator

pré-datado, -a *adj* post-dated

predileto, -a *adj* favorite

prédio *sm* **1** (*edifício*) building **2** (*de apartamentos*) apartment building; block of flats (*GB*)

predizer *vt* to predict

predominante *adj* predominant

preencher *vt* **1** (*formulário, ficha*) to fill *sth* in/out: *~ um formulário* to fill in a form **2** (*espaço, vazio, vaga*) to fill **3** (*requisitos*) to fulfill

pré-escolar *adj* preschool: *crianças em idade ~* preschool children

pré-estreia *sf* preview

pré-fabricado, -a *adj* prefabricated

prefácio *sm* preface

P

prefeito, -a *sm-sf* mayor

prefeitura *sf* **1** (*prédio*) city hall; town hall (*GB*) **2** (*cargo*): *Quem está na ~ da cidade atualmente?* Who's the current mayor? **3 Prefeitura** (city/town) council: *a Prefeitura de São Paulo* São Paulo City Council

preferência *sf* **1** (*predileção*) preference: *Tenho ~ por comida árabe.* I prefer Middle Eastern food. **2** (*prioridade*) priority: *Idosos e gestantes têm ~.* Elderly people and pregnant women have priority. LOC **dar preferência** (*no trânsito*) to give way *to sb/sth* ◆ **de preferência** preferably *Ver tb* CONSUMIR

preferencial ▸ *adj* preferential: *tratamento ~* preferential treatment
▸ *sf* (*rua*) main street LOC *Ver* SINAL

preferido, -a *adj, sm-sf* favorite *Ver tb* PREFERIR

preferir *vt* to prefer *sb/sth* (*to sb/sth*): *Prefiro chá a café.* I prefer tea to coffee. ◇ *Prefiro estudar de manhã.* I prefer to study in the morning.

Quando se pergunta o que uma pessoa prefere, utiliza-se **would prefer** quando se trata de duas coisas, e **would rather** quando se trata de duas ações, por exemplo: *Você prefere chá ou café?* Would you prefer tea or coffee? ◇ *Você prefere ir ao cinema ou ver um DVD?* Would you rather go to the movies or watch a DVD?
Para responder a este tipo de perguntas deve-se utilizar **I'd rather, he'd/ she'd rather**, etc: *—Você prefere chá ou café? —Prefiro chá.* "Would you prefer tea or coffee?" "I'd rather have tea, please." ◇ *—Você quer sair? —Não, prefiro ficar em casa esta noite.* "Would you like to go out?" "No, I'd rather stay home tonight." Note que **would rather** é sempre seguido do infinitivo sem **to**.

preferível *adj* preferable LOC **ser preferível** to be better (*to do sth*): *É ~ que você não entre agora.* You'd be better off not going in right now.

prefixo *sm* **1** (*Ling*) prefix **2** (*telefone*) area code

prega *sf* **1** fold: *O tecido caía formando ~s.* The fabric fell in folds. **2** (*saia*) pleat

pregado, -a *adj* **1** (*fixado*) fixed (*to sth*) **2** (*exausto*) worn out *Ver tb* PREGAR[2]

pregador *sm* (*de roupa*) peg

pregar[1] *vt, vi* (*Relig*) to preach LOC *Ver* SERMÃO

pregar[2] *vt* **1** (*prego*) to hammer *sth into sth*: *~ pregos na parede* to hammer nails into the wall **2** (*fixar algo com pregos*) to nail: *Pregaram o quadro na parede.* They nailed the picture to the wall. **3** (*botão*) to sew *sth* on LOC **não pregar olho** not to sleep a wink ◆ **pregar um susto em alguém** to give sb a fright ◆ **pregar uma peça** to play a dirty trick (*on sb*)

prego *sm* nail

preguiça *sf* **1** laziness **2** (*animal*) sloth LOC **dar preguiça** to feel sleepy: *Depois de comer me dá (uma) ~.* I always feel sleepy after lunch. ◆ **estar com/dar preguiça de fazer algo** not to feel like doing sth: *Dá ~ só de pensar em começar o trabalho.* I really don't feel like starting work. ◆ **que preguiça**: *Que ~, não estou com a menor vontade de levantar agora!* I really don't feel like getting up right now! ◆ **sentir/ter preguiça** to feel lazy

preguiçoso, -a ▸ *adj* lazy
▸ *sm-sf* lazy slob (*coloq*)

pré-histórico, -a *adj* prehistoric

prejudicar *vt* **1** (*causar dano*) to damage: *A seca prejudicou as colheitas.* The drought damaged the crops. ◇ *Fumar prejudica a saúde.* Smoking can damage your health. **2** (*atrapalhar*) to affect: *A ansiedade prejudicou meu raciocínio.* Anxiety affected my reasoning.

prejudicial *adj* ~ **(a) 1** harmful (to *sb/sth*) **2** (*saúde*) bad (for *sb/sth*): *Fumar é ~ à saúde.* Smoking is bad for your health.

prejuízo *sm* **1** (*Com*) loss: *A empresa teve muitos ~s.* The company suffered many losses. **2** (*dano*) harm [*não contável*]: *causar ~s a alguém* to cause sb harm LOC *Ver* DANO

preliminar ▸ *adj* preliminary
▸ *sf* (*Esporte*) preliminary (*pl* preliminaries)

prematuro, -a *adj* premature

premeditado, -a *adj* LOC *Ver* INCÊNDIO

pré-menstrual *adj* LOC *Ver* TENSÃO

premiação *sf* award ceremony (*pl* ceremonies) LOC *Ver* CARTÃO

premiado, -a ▸ *adj* **1** (*escritor, livro, etc.*) prizewinning **2** (*número, títulos*) winning
▸ *sm-sf* prizewinner LOC *Ver* DELAÇÃO; *Ver tb* PREMIAR

premiar *vt* **1** to award *sb* a prize: *Premiaram o romancista.* The novelist was awarded a prize. ◇ *Ele foi premiado com um Oscar.* He was awarded an Oscar. **2** (*recompensar*) to reward: *~ alguém pelo seu esforço* to reward sb for their efforts

P

prêmio *sm* **1** prize: *Ganhei o primeiro ~.* I won first prize. ◇ *~ de consolação* consolation prize **2** *(recompensa)* reward: *como ~ pelo seu esforço* as a reward for your efforts **3** *(de seguro)* premium LOC *Ver* ENTREGA

pré-natal *adj* prenatal; antenatal *(GB)*

prender ▸ *vt* **1** *(atar)* to tie *sb/sth* (up): *Ela prendeu o cachorro a um banco.* She tied the dog to a bench. **2** *(cabelo)* to tie *sth* back **3** *(com alfinetes)* to pin *sth (to/on sth)*: *Prendi a manga com alfinetes.* I pinned the sleeve on. **4** ~ **em** (**a**) *(por acidente)* to get *sth* caught in *sth*: *Prendi o dedo na porta.* I got my finger caught in the door. (**b**) *(trancar)* to shut *sb/sth* in *sth*: *Prenda o cachorro no canil.* Shut the dog in the kennel. **5** *(encarcerar)* to imprison; to lock *sb* up *(coloq)* **6** *(deter)* to arrest: *Prenderam-no.* They arrested him. **7** *(Mil)* to take *sb* prisoner **8** *(imobilizar)* to obstruct
▸ **prender-se** *vp* **1** *(agarrar-se)* to get caught *(in/on sth)*: *A minha manga se prendeu na porta.* My sleeve got caught in the door. **2** *(amarrar-se)* to get tied down LOC **prender a atenção** to grab *sb's* attention ◆ **prender o intestino** to make *sb* constipated

P

prenhe *adj* pregnant

prensa *sf* press: *~ hidráulica* hydraulic press

prensar *vt* to press

preocupação *sf* worry *(pl* worries*)*

preocupado, -a *adj (inquieto)* worried *(about sth)* *Ver tb* PREOCUPAR

preocupar ▸ *vt* to worry: *A saúde do meu pai me preocupa.* I'm worried about my father's health.
▸ **preocupar-se** *vp* **preocupar-se (com)** to worry (about *sb/sth*): *Não se preocupe comigo.* Don't worry about me.

preparação *sf* **1** preparation **2** *(treino)* training: *~ física* physical training

preparado, -a *adj* **1** *(pronto)* ready **2** *(pessoa)* qualified *Ver tb* PREPARAR

preparar ▸ *vt* to prepare; to get *sb/sth* ready *(mais coloq)*: *~ o jantar* to get dinner ready
▸ **preparar-se** *vp* **preparar-se para** to prepare for *sth*: *Ele está se preparando para fazer o teste de direção.* He's preparing for his driving test.

preparativos *sm* preparations

preparo *sm* preparation LOC **preparo físico** physical fitness

preposição *sf* preposition

prepotente *smf* arrogant

presa *sf* **1** *(caça)* prey *[não contável]* **2** *(de elefante)* tusk

prescindir *vt* ~ **de 1** *(privar-se)* to do without *sth*: *Não posso ~ do carro.* I can't do without the car. **2** *(desfazer-se)* to dispense with *sb/sth*; to get rid of *sb/sth* *(mais coloq)*: *Prescindiram do treinador.* They got rid of the coach.

presença *sf* presence: *A ~ dele me deixa nervosa.* His presence makes me nervous. LOC **presença de espírito** presence of mind

presenciar *vt* **1** *(testemunhar)* to witness: *Muita gente presenciou o acidente.* Many people witnessed the accident. **2** *(estar presente)* to attend

presente ▸ *sm* present: *dar/ganhar algo de ~* to give/receive sth as a present
▸ *adj* ~ **(em)** present (at *sth*): *entre os funcionários ~s na reunião* among those present at the meeting LOC *Ver* EMBRULHAR, PAPEL

presentear *vt* ~ **com** to give: *Ela me presenteou com um buquê de flores.* She gave me a bunch of flowers.

presépio *sm (natalino)* crèche; crib *(GB)*

preservação *sf* conservation

preservativo *sm* **1** *(camisinha)* condom **2** *(em comida)* preservative: *um suco de frutas sem ~s* fruit juice without preservatives

presidência *sf* **1** presidency: *a ~ de um país* the presidency of a country **2** *(clube, comitê, empresa, partido)* chair

presidencial *adj* presidential

presidente, -a *sm-sf* **1** *(Pol, de uma empresa)* president: *Presidente da República* President of the Republic **2** *(clube, comitê, empresa, partido)* chair ➲ *Ver nota em* POLICIAL

presidiário, -a *sm-sf* convict

presídio *sm* prison

presidir *vt* ~ **(a) 1** to preside at/over *sth* **2** *(reunião)* to chair: *O secretário presidirá a reunião.* The secretary will chair the meeting.

preso, -a ▸ *adj* **1** *(atado)* tied up **2** *(imobilizado)* stuck: *Meu sapato ficou ~ na grade.* My shoe got stuck in the grating.
▸ *sm-sf* prisoner LOC **estar preso** *(pessoa)* to be in prison *Ver tb* PRENDER

pressa *sf* hurry: *Não tem ~.* There's no hurry. LOC **às pressas** hurriedly ◆ **estar com/ter pressa** to be in a hurry: *Estava com tanta ~ que me esqueci de desligá-lo.* I was in such a hurry that I forgot to unplug it.

presságio *sm* omen

pressão *sf* pressure: *a ~ atmosférica* atmospheric pressure LOC **pressão**

arterial/sanguínea blood pressure *Ver tb* PANELA

pressentimento *sm* feeling: *Tenho um mau ~.* I have a bad feeling about it.

pressentir *vt* **1** (*sentir antecipadamente*) to sense: *~ o perigo* to sense danger **2** (*prever*) to have a feeling (*that...*)

pressionar *vt* **1** (*apertar*) to press: *Pressione a tecla duas vezes.* Press the key twice. **2** (*forçar*) to put pressure on *sb* (*to do sth*): *Não o pressione.* Don't put pressure on him.

prestação *sf* (*pagamento*) installment: *pagar algo a/em prestação* to pay for sth in installments

prestar *vt, vi* ~ **(para) 1** (*servir*) to do: *Este celular vai ~ em caso de emergência.* This cell phone will do for emergencies. ◇ *Isso presta para quê?* What's that for? ❶ Para dizer *não prestar* emprega-se **be no good**: *Meu carro não presta para este tipo de estrada.* My car's no good for this kind of road. **2** (*pessoa*) to be good (as *sth*): *Eu não prestaria para ser professora.* I'd be no good as a teacher. ◇ *Você não presta!* You're no good for anything! LOC **não prestar para nada** to be (utterly) useless: *Isto não presta para nada.* This is utterly useless. ◆ **prestar atenção** to pay attention ◆ **prestar declarações** to give evidence ◆ **prestar juramento** to take an oath ◆ **prestar-se ao ridículo** to lay yourself open to ridicule ◆ **prestar um exame** to take an exam ◆ **prestar um serviço** to provide a service

prestativo, -a *adj* helpful

prestes *adj* ~ **a** about *to do sth*: *Eu estava ~ a sair quando tocou o telefone.* I was just about to go out when the phone rang.

prestígio *sm* prestige: *de (muito) ~* (very) prestigious

presumir *vt* to presume

presunçoso, -a *adj* (*convencido*) conceited

presunto *sm* (cured) ham

pretender *vt* to intend *to do sth*: *Ele não pretende ficar na nossa casa, né?* He's not intending to stay at our house, is he? ◇ *Se você pretende ir sozinho, pode esquecer.* If you're thinking of going alone, forget it.

pretexto *sm* excuse: *Você sempre arranja algum ~ para não lavar a louça.* You always find some excuse not to do the dishes.

pretinho *sm* LOC **pretinho básico** little black dress

preto, -a *adj, sm* black: *uns sapatos ~s* a pair of black shoes ◇ *Ela se veste sempre de ~.* She always wears black. ➲ *Ver exemplos em* AMARELO LOC *Ver* CAFÉ

prevalecer *vi* to prevail (*over sb/sth*): *Prevaleceu a justiça.* Justice prevailed.

prevenção *sf* prevention

prevenido, -a *adj* **1** (*preparado*) prepared: *estar ~ para algo* to be prepared for sth **2** (*prudente*) prudent: *ser ~* to be prudent *Ver tb* PREVENIR

prevenir *vt* **1** (*evitar*) to prevent: *~ um acidente* to prevent an accident **2** (*avisar*) to warn *sb about/of sth*: *Eu o preveni do que eles estavam planejando.* I warned you about what they were planning.

prever *vt* to predict

previdência *sf* LOC **Previdência Social** welfare; social security (*GB*)

previdente *adj* farsighted

prévio, -a *adj* previous: *experiência prévia* previous experience ◇ *sem aviso ~* without prior warning

previsão *sf* forecast: *a ~ do tempo* the weather forecast

prezado, -a *adj* (*em correspondência*) dear: *Prezado Senhor/Prezada Senhora* Dear Sir/Dear Madam ➲ *Ver nota em* SINCERELY

primário, -a *adj* primary: *cor primária* primary color

primavera *sf* spring: *na ~* in (the) spring

primeira-dama *sf* first lady (*pl* ladies)

primeiro, -a ▸ *adj* first (*abrev* 1st): *primeira classe* first class ◇ *Gostei dele desde o ~ momento.* I liked him from the first moment. ◇ *o dia ~ de maio* the first of May

▸ *num numeral, sm-sf* **1** first (one): *Fomos os ~s a sair.* We were the first (ones) to leave. **2** (*melhor*) top: *Você é o ~ da turma.* You're top of the class.

▸ **primeira** *sf* (*marcha*) first (gear): *Engatei a primeira e saí a toda a velocidade.* I put it into first and sped off.

▸ *adv* first: *Prefiro fazer os deveres ~.* I'd rather do my homework first. LOC **à primeira vista** at first glance ◆ **de primeira** top-class: *um restaurante de ~* a top-class restaurant ◆ **de primeira necessidade** absolutely essential ◆ **em primeiro lugar** first of all ◆ **na primeira** first time: *Eu me saí bem na primeira.* I got it right first time. ◆ **primeiro de abril** April Fool's Day ◆ **primeira página** (*Jornalismo*) front page: *uma notícia de primeira página* front page news ◆ **primeira via** original (copy) ◆ **primeiro**

P

plano foreground ◆ **primeiros socorros** first aid [*não contável*] *Ver tb* CAIXA[1], CATEGORIA, ESTOJO, PRIMO

primeiro-ministro, primeira-ministra *sm-sf* prime minister (*abrev* PM)

primitivo, -a *adj* primitive

primo, -a *sm-sf* cousin LOC **primo de primeiro/segundo grau** first/second cousin *Ver tb* NÚMERO

princesa *sf* princess

principal *adj* main; principal (*mais formal*): *prato/oração ~* main meal/clause ◇ *o ~ país produtor de açúcar* the principal sugar-producing country in the world ◇ *Isso é o ~.* That's the main thing. LOC *Ver* ATOR, PAPEL

príncipe *sm* prince

O plural de **prince** é "princes", contudo, quando nos referimos a um casal de príncipes, dizemos "prince and princess": *Os príncipes nos receberam no palácio.* The prince and princess received us at the palace.

LOC **príncipe encantado** Prince Charming ◆ **príncipe herdeiro** crown prince

P

principiante *smf* beginner

princípio *sm* **1** (*início*) beginning: *no ~ do romance* at the beginning of the novel ◇ *desde o ~* from the beginning ➲ *Ver nota em* BEGINNING **2** (*conceito, moral*) principle LOC **a princípio** at first ◆ **do princípio ao fim** from beginning to end ◆ **em princípio** in principle ◆ **no princípio de...** at the beginning of...: *no ~ do ano/mês* at the beginning of the year/month ◆ **por princípio** on principle *Ver tb* PARTIR

prioridade *sf* priority (*pl* **priorities**)

prisão *sf* **1** (*local*) prison: *ir para a ~* to go to prison ◇ *Mandaram-no para a ~.* They sent him to prison. **2** (*clausura*) imprisonment: *dez meses de ~* ten months' imprisonment **3** (*detenção*) arrest LOC **prisão de ventre** constipation: *ter/ficar com ~ de ventre* to be/become constipated ◆ **prisão perpétua** life imprisonment

prisioneiro, -a *sm-sf* prisoner LOC **fazer prisioneiro** to take *sb* prisoner

privacidade *sf* privacy: *o direito à ~* the right to privacy

privada *sf* toilet seat

privado, -a *adj* **1** (*particular*) private **2 ~ de** (*destituído*) deprived (of *sth*): *Muitos idosos são ~s de carinho.* Many elderly people are deprived of affection. LOC *Ver* EMPRESA; *Ver tb* PRIVAR

privar ▸ *vt* to deprive *sb/sth* (*of sth*) ▸ **privar-se** *vp* **privar-se de** to do without *sth*

privatização *sf* privatization

privatizar *vt* to privatize

privilegiado, -a *adj* **1** (*excepcional*) exceptional: *uma memória privilegiada* an exceptional memory **2** (*favorecido*) privileged: *as classes privilegiadas* the privileged classes

privilégio *sm* privilege

pró *sm* LOC **os prós e os contras** the pros and cons

proa *sf* bow(s)

pro-ativo, -a *adj* proactive

probabilidade *sf* likelihood; probability (*pl* **probabilities**) (*mais formal*) LOC **contra todas as probabilidades** against all (the) odds

problema *sm* problem: *Não é ~ meu.* It's not my problem. LOC **problema seu!** tough! *Ver tb* ARRANJAR

procedência *sf* origin

procedente *adj* **~ de** from...: *o voo ~ de Curitiba* the flight from Curitiba

proceder ▸ *vt* **~ de** (*originar-se*) to come from...: *A língua portuguesa procede do latim.* Portuguese comes from Latin. ▸ *vi* (*comportar-se*) to behave: *Você precisa aprender a ~ corretamente.* You must learn to behave properly.

procedimento *sm* **1** (*método*) procedure: *de acordo com os ~s de praxe* according to established procedure **2** (*comportamento*) behavior

processador *sm* processor: *~ de alimentos/texto* food/word processor

processamento *sm* processing: *~ de dados/textos* data/word processing

processar *vt* **1** (*classificar*) to file **2** (*Informát*) to process **3** (*Jur*) (**a**) (*indivíduo*) to sue *sb* (*for sth*) (**b**) (*Estado*) to prosecute *sb* (*for sth/doing sth*): *Ela foi processada por fraude.* She was prosecuted for fraud.

processo *sm* **1** process: *um ~ químico* a chemical process **2** (*Jur*) (**a**) (*ação civil*) lawsuit (**b**) (*divórcio, falência*) proceedings [*pl*]

procissão *sf* procession

procura *sf* **1 ~ (de)** search (for *sth*) **2** (*Com*) demand: *oferta e ~* supply and demand LOC **à procura de**: *andar à ~ de alguém/algo* to be looking for sb/sth

procuração *sf* (*Jur*) power of attorney

procurador, -ora *sm-sf* **1** (*geral*) attorney general **2** (*público*) attorney (*pl* attorneys) ➲ *Ver nota em* ADVOGADO

procurar *vt* **1** to look for *sb/sth*: *Estou procurando trabalho.* I'm looking for work. **2** (*sistematicamente*) to search for *sb/sth*: *Usam cães para ~ drogas.* They use dogs to search for drugs. **3** (*em livro, lista*) to look *sth* up: *~ uma palavra no dicionário* to look a word up in the dictionary **4 ~ fazer algo** to try to do sth: *Vamos ~ descansar.* Let's try to rest. ➲ *Ver nota em* TRY **5 ~ (em)** to look (in/through *sth*): *Procurei no arquivo.* I looked in the file. **6** (*entrar em contato*) to get in touch with *sb*: *Ela nunca mais me procurou.* She never got in touch with me. LOC **procurar uma agulha num palheiro** to look for a needle in a haystack ◆ **procura-se** wanted: *Procura-se apartamento.* Apartment wanted.

prodígio *sm* prodigy (*pl* prodigies) LOC *Ver* MENINO

produção *sf* **1** production: *a ~ de aço* steel production **2** (*industrial, artística*) output

produtivo, -a *adj* productive

produto *sm* product: *~s de beleza/limpeza* beauty/cleaning products ➲ *Ver nota em* PRODUCT LOC **produto químico** chemical ◆ **produto interno bruto** (*abrev* **PIB**) gross domestic product (*abrev* GDP) ◆ **produtos agrícolas** agricultural produce [*não contável*] ◆ **produtos alimentícios** foodstuffs

produtor, -ora ▸ *adj* producing: *um país ~ de petróleo* an oil-producing country
▸ *sm-sf* producer

produtora *sf* (*Cinema*) production company (*pl* companies)

produzir ▸ *vt* to produce: *~ óleo/papel* to produce oil/paper
▸ **produzir-se** *vp* (*arrumar-se*) to get dressed up (*for sth*)

proeza *sf* exploit LOC **ser uma grande proeza** to be quite a feat

profecia *sf* prophecy (*pl* prophecies)

proferir *vt* **1** (*palavra, frase*) to utter **2** (*discurso*) to give **3** (*insultos*) to hurl **4** (*acusações*) to make **5** (*sentença*) to pass

professor, -ora *sm-sf* **1** teacher: *um ~ de geografia* a geography teacher **2** (*em universidade*) professor; lecturer (*GB*)

profeta, -isa *sm-sf* prophet

profissão *sf* profession ➲ *Ver nota em* WORK

profissional *adj, smf* professional LOC *Ver* FORMAÇÃO

profissionalizante *adj* (*curso*) vocational

profundidade *sf* depth: *a 400 metros de ~* at a depth of 400 meters ◇ *Tem 200 metros de ~.* It's 200 meters deep.

profundo, -a *adj* **1** deep: *uma voz profunda* a deep voice ◇ *cair num sono ~* to fall into a deep sleep **2** (*pensamento, pergunta, etc.*) profound

prognóstico *sm* (*Med*) prognosis (*pl* prognoses): *Qual é o ~ dos especialistas?* What do the specialists think?

programa *sm* **1** (*TV, Informát, etc.*) program: *um ~ de televisão* a TV program **2** (*matéria de uma disciplina*) syllabus (*pl* syllabuses/syllabi) **3** (*plano*) plan: *Você tem ~ para sábado?* Do you have anything planned for Saturday? LOC *Ver* GAROTO

programação *sf* **1** (*TV, Rádio*) programs [*pl*]: *a ~ infantil* children's programs **2** (*Informát*) programming **3** (*de cinema, etc.*) listings [*pl*] LOC **programação visual** graphic design

programador, -ora *sm-sf* (*Informát*) programmer

programar ▸ *vt* **1** (*férias, passeio, etc.*) to plan **2** (*compromisso, evento*) to schedule **3** (*dispositivo, relógio*) to set: *~ a televisão para gravar* to set the TV to record
▸ *vt, vi* (*Informát*) to program

progredir *vi* to make progress: *Ele progrediu muito.* He's made good progress.

progressista *adj, smf* progressive

progressivo, -a *adj* progressive LOC *Ver* ESCOVA

progresso *sm* progress [*não contável*]: *fazer ~* to make progress

proibição *sf* ban (*on sth*): *a ~ da caça à baleia* the ban on whaling

proibido, -a *adj* **1** forbidden: *O fruto ~ é o mais saboroso.* Forbidden fruit is the sweetest. **2** (*filme, livro, etc.*) banned LOC **entrada/passagem proibida** no entry: *Entrada proibida a menores de 18 anos.* No entry to persons under the age of 18. ◇ *Entrada proibida a cães.* No dogs allowed. ◆ **proibido fixar cartazes** post no bills ◆ **proibido fumar** no smoking *Ver tb* SENTIDO, TRÂNSITO *Ver tb* PROIBIR

proibir *vt* **1** not to allow *sb to do sth*; to forbid *sb to do sth* (*mais formal*): *Proibiram-na de comer doces.* She's not allowed to eat candy. ◇ *O meu pai me proibiu de sair à noite.* My father has forbidden me to go out at night. **2** (*oficialmente*) to ban *sb/sth* (*from doing sth*): *Proibiram o trânsito no centro da*

P

cidade. Traffic has been banned from downtown.

projetar *vt* **1** *(refletir)* to project: *~ uma imagem numa tela* to project an image onto a screen **2** *(Cinema)* to show: *~ slides/um filme* to show slides/a movie

projétil *sm* projectile

projeto *sm* **1** project: *Estamos quase no final do ~.* We're almost at the end of the project. **2** *(plano)* plan: *Você tem algum ~ para o futuro?* Do you have any plans for the future? **3** *(Arquit, Engenharia, etc.)* design LOC **projeto de lei** bill

projetor *sm* **1** *(lâmpada)* spotlight: *Vários ~es iluminavam o monumento.* The monument was lit up by several spotlights. **2** *(de slides, etc.)* projector

prol *sm* LOC **em prol de** for *sb/sth*: *a organização em ~ dos cegos* the society for the blind

prolongamento *sm* extension

prolongar ▸ *vt (tempo)* to prolong: *~ a vida de um doente* to prolong a patient's life
▸ **prolongar-se** *vp (demorar demais)* to drag on: *A reunião se prolongou até as duas.* The meeting dragged on till two.

promessa *sf* promise: *cumprir/fazer uma ~* to keep/make a promise

prometer *vt* to promise: *Eu prometo que vou voltar.* I promise I'll be back. ◇ *uma jovem que promete* a young woman of great promise

promissor, -ora *adj* promising

promoção *sf (campanha, ascensão)* promotion LOC **em promoção** on special offer

promotor, -ora *sm-sf* promoter LOC **promotor público** district attorney; public prosecutor *(GB)*

promover *vt* to promote: *~ o diálogo* to promote dialogue ◇ *Promoveram-no a capitão.* He was promoted to captain.

pronome *sm* pronoun

prontificar-se *vp* **~ a** to offer *to do sth*

pronto, -a ▸ *adj* **1** *(preparado)* ready *(for sth/to do sth)*: *Está tudo ~ para a festa.* Everything is ready for the party. ◇ *Estamos ~s para sair.* We're ready to leave. ◇ *O jantar está ~.* Dinner is ready. **2** *(cozido)* done: *O frango ainda não está ~.* The chicken isn't done yet.
▸ *interj* **pronto! 1** *(bom!)* right (then)! **2** *(e acabou!)* so there!: *Pois agora não vou, ~!* Well, now I'm not going, so there! LOC *Ver* COMIDA

pronto-socorro *sm* emergency room *(abrev* ER); accident and emergency *(abrev* A & E) *(GB)*

pronúncia *sf* pronunciation: *A sua ~ é muito boa.* Your pronunciation is very good.

pronunciar ▸ *vt* to pronounce
▸ **pronunciar-se** *vp* **pronunciar-se contra/a favor de** to speak out against/in favor of *sth*: *pronunciar-se contra a violência* to speak out against violence LOC **pronunciar (a) sentença** to pass sentence

propaganda *sf* **1** *(publicidade)* advertising: *fazer ~ de um produto* to advertise a product **2** *(material publicitário)* **(a)** leaflets *[pl]*: *A caixa do correio estava cheia de ~.* The mailbox was full of advertising leaflets. **(b)** *(para discoteca, etc.)* flyers *[pl]*: *Estavam distribuindo ~ do novo clube.* They were handing out flyers for the new club. ❶ No sentido pejorativo, a propaganda pelo correio se chama **junk mail** e a propaganda por e-mail se chama **spam**. **3** *(Pol)* propaganda: *~ eleitoral* election propaganda

propenso, -a *adj* **~ a** prone to *sth/to do sth*

propina *sf (suborno)* bribe

propor ▸ *vt (medida, plano)* to propose: *Eu lhe proponho um acordo.* I have a deal to put to you.
▸ **propor-se** *vp* **propor-se a 1** *(oferecer-se)* to offer *to do sth*: *Eu me propus a ajudar.* I offered to help. **2** *(decidir-se)* to set out *to do sth*: *Eu me propus a acabá-lo.* I set out to finish it.

proporção *sf* **1** *(relação, tamanho)* proportion **2** *(Mat)* ratio: *A ~ é de um rapaz para três moças.* The ratio of boys to girls is one to three.

propósito *sm* **1** *(intenção)* intention: *bons ~s* good intentions **2** *(objetivo)* purpose: *O ~ desta reunião é...* The purpose of this meeting is... LOC **a propósito** by the way ◆ **de propósito** on purpose

proposta *sf* proposal: *A ~ foi recusada.* The proposal was turned down. LOC **fazer propostas indecentes** to make improper suggestions

propriedade *sf* property *(pl* properties): *~ particular* private property ◇ *as ~s medicinais das plantas* the medicinal properties of plants

proprietário, -a *sm-sf* **1** owner **2** *(de casa alugada)* **(a)** *(masc)* landlord **(b)** *(fem)* landlady *(pl* landladies)

próprio, -a ▸ *adj* **1** *(de cada um)* my, your, etc. own: *Tudo o que você faz é em benefício ~.* Everything you do is for your own benefit. **2** *(mesmo)* **(a)** *(masc)* himself: *O ~ pintor inaugurou a exposição.* The painter himself opened the exhibition. **(b)** *(fem)* herself **(c)** *(plural)*

P

themselves **3** (*característico*) typical *of sb* **4** (*conveniente*) suitable: *Esse filme não é ~ para menores de 18 anos.* This movie isn't suitable for people under 18. **5** (*hora, momento*) right: *Este não é o momento ~ para perguntas.* This isn't the right time for questions. **6** (*particular*) original: *Ela tem um estilo ~ de vestir.* She dresses very originally.
▸ *pron* **o próprio/a própria** the very same LOC *Ver* CONTA, NOME

prorrogação *sf* **1** (*de um prazo*) extension **2** (*Esporte*) overtime [*não contável*]; extra time [*não contável*] (*GB*)

prosa *sf* prose

prospecto *sm* (*de propaganda*) leaflet

prosperar *vi* to prosper

prosperidade *sf* prosperity

próspero, -a *adj* prosperous

próstata *sf* prostate (gland)

prostituta *sf* prostitute

protagonista *smf* main character

protagonizar *vt* to star in *sth*: *Ben Affleck protagoniza o filme.* Ben Affleck stars in the movie.

proteção *sf* protection

proteger *vt* to protect *sb/sth* (*against/from sb/sth*): *Seu chapéu o protege do sol.* Your hat protects you from the sun.

proteína *sf* protein

protestante *adj, smf* Protestant

protestar *vt, vi* ~ **(contra/por)** (*reivindicar*) to protest (against/about/at *sth*): *~ contra uma lei* to protest against a law

protesto *sm* protest: *Ignoraram os ~s dos alunos.* They ignored the students' protests. ◇ *uma carta de ~* a letter of protest

protetor, -ora ▸ *adj* protective (*of/toward sb*)
▸ *sm* **1** (*solar*) suntan lotion **2** (*defensor*) protector LOC *Ver* TELA

protótipo *sm* prototype: *o ~ dos novos motores* the prototype for the new engines

protuberante *adj* (*olhos*) bulging

prova *sf* **1** test: *uma ~ de aptidão* an aptitude test ◇ *Esta tarde tenho ~ de francês.* I have a French test this afternoon. **2** (*Mat*) proof **3** (*Esporte*): *Hoje começam as ~s de salto em altura.* The high jump competition begins today. **4** (*amostra*) token: *uma ~ de amor* a token of love **5** (*Jur*) evidence [*não contável*]: *Não há ~s contra mim.* There's no evidence against me. LOC **à prova d'água** waterproof ◆ **à prova de bala/fogo/som** bulletproof/fireproof/soundproof ◆ **pôr alguém à prova** to put sb to the test ◆ **prova final** final (exam): *As ~s finais começam na semana que vem.* Finals start next week. *Ver tb* COLETE

provador *sm* fitting room

provar *vt* **1** (*demonstrar*) to prove: *Isto prova que eu tinha razão.* This proves I was right. **2** (*comida, bebida*) to try: *Nunca provei caviar.* I've never tried caviar. ◇ *Prove isto. Falta sal?* Try this. Does it need more salt? **3** (*roupa*) to try *sth* on

provável *adj* probable: *É muito ~ que chova.* It's probably going to rain. ◇ *É ~ que ele não esteja em casa.* He probably won't be in. LOC **pouco provável** unlikely

provavelmente *adv* probably

provedor *sm* LOC **Provedor de (Serviços de) Internet** Internet Service Provider (*abrev* ISP)

proveito *sm* benefit LOC **bom proveito!** enjoy your meal! ◆ **tirar proveito** to benefit *from sth*: *tirar o máximo ~ de algo* to get the most out of sth

proveniente *adj* ~ **de** from…: *o voo ~ de Madri* the flight from Madrid

provérbio *sm* proverb

proveta *sf* test tube: *bebê de ~* test-tube baby

providência *sf* (*medida*) measure LOC **tomar providências** to take measures

providenciar *vt* **1** to arrange for *sth*: *Vamos ~ o reembolso imediatamente.* We shall arrange for repayment immediately. **2** (*prover*) to provide

província *sf* province

provinciano, -a *adj* provincial

provir *vt* ~ **de** to come from *sth*: *A sidra provém da maçã.* Cider comes from apples.

provisório, -a *adj* provisional

provocação *sf* provocation: *resistir a provocações* to resist provocation

provocar *vt* **1** (*desafiar*) to provoke **2** (*causar*) to cause: *~ um acidente* to cause an accident **3** (*incêndio*) to start

proximidade *sf* nearness; proximity (*formal*): *a ~ do mar* the proximity of the ocean

próximo, -a ▸ *adj* **1** (*seguinte*) next: *a próxima parada* the next stop ◇ *o ~ mês/a próxima terça* next month/Tuesday **2** (*relativo a tempo*): *O Natal/verão está ~.* It will soon be Christmas/summer. ◇ *as próximas eleições* the forthcoming elections **3** ~ **(de)** (*relativo a intimidade*) close (to *sb/sth*): *um parente ~* a close relative ◇ *fontes próximas da família* sources close to the family

4 ~ **de** (*relativo a distância*) near *sb/sth*: *uma aldeia próxima de Goiás* a village near Goiás ➲ *Ver nota em* NEAR
▸ *sm* neighbor: *amar o ~* to love your neighbor LOC *Ver* ORIENTE

prudência *sf* caution LOC **com prudência** carefully: *dirigir com ~* to drive carefully

prudente *adj* **1** (*cuidadoso*) careful **2** (*sensato*) sensible: *um homem/uma decisão ~* a sensible man/decision

pseudônimo *sm* pseudonym

psicologia *sf* psychology

psicólogo, -a *sm-sf* psychologist

psicoterapeuta *smf* psychotherapist

psicoterapia *sf* psychotherapy

psiquiatra *smf* psychiatrist

psiquiatria *sf* psychiatry

psiu! *interj* (*silêncio!*) sh!

pub *sm* bar

> Na Grã-Bretanha, utiliza-se a palavra **pub** para se referir ao pub tradicional britânico. Hoje em dia existem muitos lugares que seguem padrões mais internacionais, e estes são chamados **bars**.

P

puberdade *sf* puberty

púbis (*tb* **pube**) *sm* pubis

publicação *sf* publication LOC **de publicação semanal** weekly: *uma revista de ~ semanal* a weekly magazine

publicar *vt* **1** to publish: *~ um romance* to publish a novel **2** (*divulgar*) to publicize

publicidade *sf* **1** publicity: *Fizeram muita ~ do caso.* The case had a lot of publicity. **2** (*propaganda*) advertising

publicitário, -a ▸ *adj* advertising: *uma campanha publicitária* an advertising campaign
▸ *sm-sf* advertising executive

público, -a ▸ *adj* public: *a opinião pública* public opinion ◇ *transporte ~* public transportation
▸ *sm* **1** public: *O ~ é a favor da nova lei.* The public is in favor of the new law. ◇ *aberto/fechado ao ~* open/closed to the public ◇ *falar em ~* to speak in public **2** (*espectadores*) audience LOC *Ver* DOMÍNIO, EMPRESA, ESCOLA, FUNCIONÁRIO, JARDIM, PROMOTOR, RELAÇÃO, SERVIÇO, TELEFONE

pudim *sm* pudding LOC **pudim de leite** flan; crème caramel (*GB*)

pudor *sm* shame LOC **sem pudor** shameless

pugilista *smf* boxer

puir *vt* to wear *sth* out: *Os suéteres dele ficam todos puídos nos cotovelos.* His sweaters are worn at the elbows.

pular *vi* **1** to jump: *~ corda* to jump rope **2** (*omitir*) to skip: *Pule esta parte do texto.* Skip this part of the text. LOC **pular carnaval** to celebrate carnival

pulga *sf* flea LOC **estar/ficar com a pulga atrás da orelha** to smell a rat

pulmão *sm* lung

pulmonar *adj* lung: *uma infecção ~* a lung infection

pulo *sm* jump LOC **dar pulos** to jump: *dar ~s de alegria* to jump for joy ◆ **dar um pulo a/até** to stop by...: *dar um ~ até o mercado para comprar leite* to stop by the market for some milk

pulôver *sm* sweater

púlpito *sm* pulpit

pulsação *sf* (*coração*) pulse: *O número de pulsações aumenta após o exercício.* Your pulse increases after exercise.

pulseira *sf* **1** (*bracelete*) bracelet **2** (*relógio*) strap

pulso *sm* **1** (*Anat*) wrist: *fraturar o ~* to fracture your wrist **2** (*Med*) pulse: *O seu ~ está muito fraco.* You have a very weak pulse. ◇ *O médico tomou o meu ~.* The doctor took my pulse.

pulverizador *sm* spray

pulverizar *vt* **1** (*vaporizar*) to spray *sth* (*with sth*): *As plantas devem ser pulverizadas duas vezes ao dia.* The plants should be sprayed twice a day. **2** (*destroçar*) to pulverize

puma *sm* puma

punhado *sm* handful: *um ~ de arroz* a handful of rice

punhal *sm* dagger

punhalada *sf* stab

punho *sm* **1** (*mão fechada*) fist **2** (*manga*) cuff **3** (*bastão*) handle **4** (*espada*) hilt

punir *vt* to penalize

punk *adj, smf* punk

pupila *sf* pupil

purê *sm* purée: *~ de maçã* apple purée LOC **purê (de batata)** mashed potatoes

pureza *sf* purity

purgatório *sm* purgatory

purificar *vt* to purify

puritanismo *sm* puritanism

puritano, -a ▸ *adj* **1** (*pudico*) puritanical **2** (*Relig*) Puritan
▸ *sm-sf* Puritan

puro, -a *adj* **1** pure: *ouro ~* pure gold **2** (*uso enfático*) simple: *a pura verdade* the simple truth **3** (*bebida alcoólica*) straight; neat (*GB*) **4** (*café*) black LOC **por**

puro acaso/pura casualidade by sheer chance

puro-sangue *sm* thoroughbred

púrpura *sf* purple

pus *sm* pus

puxa! *interj* **1** (*surpresa*) wow **2** (*irritação*) damn **3** (*desapontamento*) what a pity!

puxado, -a *adj* **1** (*difícil, cansativo*) hard: *O exame foi bem ~.* The test was really hard. ◇ *Tive um dia ~ hoje.* It's been a hard day today. **2** (*olhos*) slanting *Ver tb* PUXAR

puxador *sm* (*porta, gaveta*) handle

puxão *sm* tug: *dar um ~ no cabelo de alguém* to give sb's hair a tug ◇ *Senti um ~ na manga.* I felt a tug at my sleeve.

puxar *vt* **1** to pull ➲ *Ver ilustração em* PUSH **2 ~ a** to take after *sb*: *Ele puxou ao pai.* He takes after his father. **3 ~ para**: *O cabelo dele puxa para o loiro.* He has blondish hair. ◇ *cor-de-rosa puxando para o vermelho* pinkish red LOC **puxar a brasa para a sua sardinha** to look out for number one ◆ **puxar pela memória** to try to remember *Ver tb* COISA, CONVERSA

puxa-saco *adj, smf*: *Não dê uma de ~.* Don't be such a creep.

Qq

quadra *sf* **1** (*de esportes*) court: *~ de squash/tênis* squash/tennis court ◇ *Os jogadores já estão na ~.* The players are already on court. **2** (*quarteirão*) block: *A farmácia fica a duas ~s de casa.* The drugstore is two blocks from the house.

quadrado, -a ▸ *adj* square
▸ *sm* **1** square **2** (*figura, formulário*) box: *colocar uma cruz no ~* to place an "x" in the box LOC *Ver* ELEVADO, RAIZ

quadragésimo, -a *num numeral, sm* fortieth

quadriciclo *sm* four-wheeler; quad bike (*GB*)

quadril *sm* hip

quadrilha *sf* gang LOC *Ver* CHEFE

quadrinhos *sm* (*revista, jornal*) comic strip LOC *Ver* HISTÓRIA, REVISTA

quadro *sm* **1** (*numa sala de aula*) board: *ir ao ~* to go up to the board **2** (*Arte*) painting **3** (*funcionários*) staff [*não contável*] **4** (*tabela, gráfico, etc.*) box LOC **quadro de avisos** bulletin board; noticeboard (*GB*) *Ver tb* ÓLEO

quádruplo, -a ▸ *num numeral* quadruple
▸ *sm* four times: *Qual é o ~ de quatro?* What's four times four?

qual ▸ *pron* **1** (*pessoa*) whom: *Tenho dez alunos, dois dos quais são ingleses.* I have ten students, two of whom are English. ➲ *Ver nota em* WHOM **2** (*coisa, animal*) which: *Ela comprou vários livros, entre os quais o último de Paulo Coelho.* She bought several books, among which was Paulo Coelho's latest.
▸ *pron* **1** what: *Qual é a capital do Brasil?* What's the capital of Brazil? **2** (*quando há somente algumas possibilidades*) which (one): *Qual você prefere?* Which one do you prefer? ➲ *Ver notas em* QUE[1], WHAT LOC *Ver* CADA

qualidade *sf* quality (*pl* **qualities**): *a ~ de vida nas cidades* the quality of life in the cities LOC **na qualidade de** as: *na ~ de porta-voz* as a spokesperson

qualificação *sf* qualification

qualificar-se *vp* to qualify (*as sth*)

qualquer *pron* **1** any: *Tome ~ ônibus que vá para o centro.* Catch any bus that goes downtown. ◇ *em ~ caso* in any case ◇ *a ~ momento* at any time ➲ *Ver nota em* SOME **2** (*qualquer que seja*) any old: *Pegue um trapo ~.* Just use any old cloth. LOC **em qualquer lugar/parte** anywhere ◆ **por qualquer coisa** over the slightest thing: *Discutem por ~ coisa.* They argue over the slightest thing. ◆ **qualquer coisa** anything ◆ **qualquer um/uma 1** (*qualquer pessoa*) anyone: *Qualquer um pode se enganar.* Anyone can make a mistake. **2** (*entre dois*) either (one): *Qualquer um dos dois serve.* Either (of them) will do. ◇ *—Qual dos dois livros eu devo levar? —Qualquer um.* "Which of the two books should I take?" "Either one (of them)." **3** (*entre mais de dois*) any (one): *em ~ uma dessas cidades* in any one of those cities ◆ **um/uma qualquer** (*pessoa sem importância*) a nobody: *Ele não passa de um ~.* He's just a nobody.

quando *adv, conj* **1** when: *Eles desataram a rir ~ me viram.* They burst out laughing when they saw me. ◇ *Quando é que é a sua prova?* When's your test? ◇ *Passe no banco ~ quiser.* Stop by the bank whenever you want. **2** (*simultaneidade*) as: *Eu o vi ~ eu estava saindo.* I saw him as I was leaving. LOC **de quando em quando** from time to time ◆ **quando muito** at (the) most: *Havia uns dez ~ muito.* There were ten of them at the most.

quantia *sf* amount
quantidade *sf* **1** (*+ substantivo não contável*) amount: *uma pequena ~ de tinta* a small amount of paint **2** (*+ substantivo contável*) number: *Havia uma grande ~ de gente.* There were a large number of people. ◇ *Que ~ de carros!* What a lot of cars! **3** (*magnitude*) quantity LOC **em quantidade** in huge amounts
quanto, -a ▸ *pron*
• **uso interrogativo 1** (*com substantivo não contável*) how much: *Quanto dinheiro você gastou?* How much money did you spend? ◇ *De ~ você precisa?* How much do you need? **2** (*com substantivo contável*) how many: *Quantas pessoas estavam lá?* How many people were there?
• **uso exclamativo 3**: *Quanto vinho!* What a lot of wine! ◇ *Quantas turistas!* What a lot of tourists!
• **outras construções 4**: *Faça ~s testes forem necessários.* Do whatever tests are necessary. ◇ *Vou fazer quantas vezes forem necessárias.* I'll do it as many times as I have to. ◇ *Nós demos a ele o ~ tínhamos.* We gave him everything we had. ◇ *Chore o ~ quiser.* Cry as much as you like.
▸ *adv* (*uso exclamativo*): *Quanto eu gosto deles!*I'm so fond of them! LOC **quanto a...** as for... ◆ **(o) quanto antes** as soon as possible ◆ **quanto é/custa?** how much is it? ◆ **quanto mais/menos...** the more/less...: *Quanto mais ele tem, mais quer.* The more he has, the more he wants. ◇ *Quanto mais eu penso no assunto, menos eu entendo.* The more I think about it, the less I understand it. ◆ **quanto (tempo)/quantos dias, meses, etc?** how long...?: *Quanto tempo levou para você chegar lá?* How long did it take you to get there? ◇ *Há ~s anos você vive em Londres?* How long have you been living in London?
quarenta *num numeral, sm* forty ➲ *Ver exemplos em* SESSENTA
quarentena *sf* quarantine
Quaresma *sf* Lent: *Estamos na ~.* It's Lent.
quarta *sf* LOC **quartas de final** quarter-finals
quarta-feira (*tb* **quarta**) *sf* Wednesday (*pl* Wednesdays) (*abrev* Wed./Weds.) ➲ *Ver exemplos em* SEGUNDA-FEIRA LOC **Quarta-feira de Cinzas** Ash Wednesday
quarteirão *sm* (*de casas*) block
quartel *sm* **1** (*caserna*) barracks (*pl* barracks) **2** (*serviço militar*) military service: *Ele está no ~.* He's doing his military service. ◇ *entrar para o ~* to do your military service
quartel-general *sm* headquarters (*pl* headquarters) (*abrev* HQ)
quarto *sm* **1** room: *Não entre no meu ~.* Don't go into my room. **2** (*de dormir*) bedroom LOC **quarto de casal/solteiro** double/single room ◆ **quarto de hóspedes** guest room *Ver tb* COLEGA
quarto, -a ▸ *num numeral, sm* fourth (*abrev* 4th) ➲ *Ver exemplos em* SEXTO
▸ *sm* (*quantidade*) quarter: *um ~ de hora* a quarter of an hour
▸ **quarta** *sf* (*marcha*) fourth (gear)
LOC **quarto árbitro** (*Futebol*) fourth official ◆ **quarto crescente/minguante** first/last quarter
quase *adv* **1** (*em orações afirmativas*) nearly, almost

> Com frequência, **almost** e **nearly** são intercambiáveis: *Quase caí.* I almost/nearly fell. ◇ *Estava ~ cheio.* It was nearly/almost full.
> No entanto, apenas **almost** pode ser utilizado para modificar outro advérbio terminado em **-ly**: *almost completely* quase completamente, e para comparar duas coisas: *O barco parecia quase um brinquedo.* The boat looked almost like a toy. Na Grã-Bretanha, **nearly** pode ser modificado por **very** e **so**: *Por pouco eu não saí.* I very nearly left.

2 (*em orações negativas*) hardly: *Quase nunca a vejo.* I hardly ever see her. ◇ *Quase ninguém veio.* Hardly anyone came. ◇ *Não sobrou ~ nada.* There was hardly anything left. LOC **quase sempre** nearly always
quatorze (*tb* **catorze**) *num numeral, sm* **1** fourteen **2** (*data*) fourteenth ➲ *Ver exemplos em* SEIS
quatro *num numeral, sm* **1** four **2** (*data*) fourth ➲ *Ver exemplos em* SEIS LOC **ficar de quatro** to get down on all fours ◆ **quatro por quatro** (*abrev* **4x4**) four-by-four *Ver tb* RODA
quatrocentos, -as *num numeral, sm* four hundred ➲ *Ver exemplos em* SEISCENTOS
que[1] ▸ *pron*
• **interrogação 1** what: *Que horas são?* What time is it? ◇ *Em ~ andar você mora?* What floor do you live on?

> Quando existe um número limitado de possibilidades devemos usar **which** em vez de **what**: *Que carro vamos usar hoje? O seu ou o meu?* Which car shall we take today? Yours or mine?

• **exclamação 2** (*+ substantivo contável no plural e substantivo não contável*) what: *Que casas lindas!* What beautiful houses! ◇ *Não sei o ~ você quer.* I don't know what you want. ◇ *Que coragem!* What courage! ❶ Às vezes a estrutura *que + substantivo* traduz-se com um adjetivo em inglês. Nestes casos a tradução é **how**: *Que raiva/horror!* How annoying/awful! **3** (*+ substantivo contável no singular*) what a: *Que vida!* What a life! ▸ *adv* how: *Que interessante!* How interesting!

quê[1] *interj* what LOC **para quê?** what for? ◆ **não tem de quê** you're welcome; not at all (*mais formal*)

que[2] *pron*

• **sujeito 1** (*pessoas*) who: *o homem ~ esteve aqui ontem* the man who was here yesterday ◇ *A minha irmã, ~ vive lá, diz ~ é lindo.* My sister, who lives there, says it's pretty. **2** (*coisas*) that, which: *o carro ~ está estacionado na praça* the car that's parked in the square ◇ *Este edifício, ~ antes foi sede de governo, hoje é uma biblioteca.* This building, which previously housed the government, is now a library.

• **complemento 3** ❶ Em inglês é preferível não traduzir **que** quando este funciona como complemento, apesar de ser correto usar **that/who** com pessoas e **that/which** com coisas: *o livro que você me emprestou ontem* the book (that/which) you lent me yesterday ◇ *o rapaz que você conheceu em Roma* the boy (that/who) you met in Rome LOC **o que/a que/os que/as que** *Ver* O/A QUE... *em* O[1]

quê[2] *sm* (*toque*) touch: *O filme tem um ~ de Almodóvar.* The movie has a touch of Almodóvar about it.

que[3] *conj* **1** (*com orações subordinadas*) (that): *Ele disse ~ viria esta semana.* He said (that) he would come this week. ◇ *Espero ~ vocês se divirtam!* I hope you have a good time! ◇ *Foi para ele ~ eu contei.* He was the one I told. ◇ *Quero ~ você viaje de primeira classe.* I want you to travel first class. **2** (*em comparações*): *O meu irmão é mais alto (do) ~ você.* My brother's taller than you. **3** (*resultado*) (that): *Estava tão cansada ~ adormeci.* I was so tired (that) I fell asleep. **4** (*outras construções*): *Aumente o rádio ~ não estou ouvindo nada.* Turn the radio up — I can't hear a thing. ◇ *Não há dia em ~ não chova.* There isn't a single day when it doesn't rain.

quebra-cabeça *sm* puzzle: *montar um ~* to do a puzzle

quebrado, -a *adj* **1** broken **2** (*máquina*) out of order **3** (*carro*): *O carro está ~.* The car isn't working. **4** (*exausto*) worn out **5** (*falido*) broke *Ver tb* QUEBRAR

quebra-galho *sm* temporary solution

quebra-mar *sm* breakwater

quebra-molas *sm* speed bump

quebra-nozes *sm* nutcracker

quebra-quebra *sm* riot

quebrar ▸ *vt, vi* to break: *Quebrei o vidro com a bola.* I broke the window with my ball. ◇ *~ uma promessa* to break a promise
▸ *vi* **1** (*enguiçar*) to break down: *Meu carro quebrou no meio do trânsito.* My car broke down in the middle of the traffic. **2** (*falir*) to go bankrupt LOC **quebrar a cabeça 1** (*lit*) to crack your head open **2** (*fig*) to rack your brains: *Tenho quebrado a cabeça, mas não consigo resolver esse problema.* I've been racking my brains, but I can't solve this problem. ◆ **quebrar a cara** (*dar-se mal*) to take a tumble ◆ **quebrar a cara de alguém** to smash sb's face in ◆ **quebrar o gelo** to break the ice ◆ **quebrar um/o galho** to do *sb* a favor: *Dá para você ~ um galho para mim?* Can you do me a favor?

queda *sf* **1** fall: *uma ~ de três metros* a three-meter fall ◇ *~ livre* free fall ◇ *a ~ do governo* the fall of the government ◇ *uma ~ dos preços* a fall in prices **2** (*temperatura*) drop (*in sth*) **3** (*cabelo*) loss: *prevenir a ~ de cabelo* to prevent hair loss LOC **queda de barreira** landslide ◆ **ter (uma) queda por 1** (*pessoa*) to have a soft spot for *sb* **2** (*doces*) to have a sweet tooth: *as pessoas que têm ~ por doces* people with a sweet tooth *Ver tb* TIRO

queda-d'água *sf* waterfall

queijo *sm* cheese: *um sanduíche de ~* a cheese sandwich ◇ *~ ralado* grated cheese LOC *Ver* PÃO, TÁBUA

queimada *sf* **1** (*incêndio*) forest fire: *as ~s na Amazônia* the forest fires in the Amazon **2** (*jogo*) dodgeball

queimado, -a *adj* **1** burned **2** (*bronzeado*) tanned **3** (*calcinado*) charred LOC *Ver* CHEIRAR; *Ver tb* QUEIMAR

queimadura *sf* **1** burn: *~s de segundo grau* second-degree burns **2** (*com líquido fervente*) scald LOC **queimadura solar** sunburn [*não contável*]

queimar ▸ *vt* to burn: *Você vai ~ a omelete.* You're going to burn the omelet. ◇ *~ a língua* to burn your tongue
▸ *vi* **1** to be hot: *Está queimando!* It's very hot! **2** (*sol*) to be strong **3** (*fusível*) to blow: *Os fusíveis queimaram.* The fuses blew.
▸ **queimar-se** *vp* **1 queimar-se (com/em)** (*pessoa*) to burn yourself (on *sth*): *Eu me*

Q

queimei com a frigideira. I burned myself on the frying pan. **2** (*com o sol*) (**a**) to tan (**b**) (*excessivamente*) to burn

queixa *sf* complaint: *fazer ~ de alguém a/para alguém* to complain about sb to sb ◇ *apresentar uma ~* to report sth to the police

queixar-se *vp* ~ **(de)** to complain (about *sb/sth*): *Pare de se queixar.* Stop complaining.

queixo *sm* chin LOC **estar/ficar de queixo caído** to be open-mouthed *Ver tb* BATER

quem *pron* **1** (*sujeito*) who: *Quem me disse foi o meu irmão.* It was my brother who told me. **2** (*complemento*)

> Em inglês, é preferível não traduzir **quem** quando este funciona como complemento, apesar de ser correto usar **who** ou **whom**: *Quem eu quero ver é a minha mãe.* It's my mother I want to see. ◇ *O rapaz com quem eu a vi ontem é primo dela.* The boy (who) I saw her with yesterday is her cousin. ◇ *a atriz sobre quem se tem escrito tanto* the actress about whom so much has been written ◇ *Não tenho com quem conversar.* I don't have anyone to talk to.

3 (*em orações interrogativas*) who: *Quem é?* Who is it? ◇ *Quem é que você viu?* Who did you see? ◇ *Quem é que vem?* Who's coming? ◇ *Para ~ é este presente?* Who is this present for? ◇ *De ~ você está falando?* Who are you talking about? **4** (*qualquer um*) whoever: *Convide ~ você quiser.* Invite whoever you want. ◇ *O João, o Zé ou ~ quer que seja.* João, Zé or whoever. ◇ *Quem estiver a favor levante a mão.* Those in favor, raise your hands. LOC **de quem...?** (*posse*) whose...?: *De ~ é este casaco?* Whose coat is this? ◆ **quem me dera!** if only: *Tirar férias? Quem me dera!* Take a vacation? If only! ◇ *Quem me dera ganhar na loteria!* If only I could win the lottery! ◆ **quem quer que** whoever: *Quem quer que seja culpado será castigado.* Whoever is responsible will be punished.

quente *adj* **1** hot: *água ~* hot water ◇ *um dia muito ~* a very hot day **2** (*morno*) warm: *A cama está ~.* The bed is warm. ◇ *uma noite ~* a warm night

> Não se deve confundir as palavras **hot** e **warm**. **Hot** descreve uma temperatura bem mais quente do que **warm**. **Warm** corresponde a *morno* ou *ameno* e quase sempre tem conotações agradáveis. Compare os seguintes exemplos: *Não posso bebê-lo, está muito quente.* I can't drink it; it's too hot. ◇ *Que calor que faz aqui!* It's so hot in here! ◇ *um inverno quente* a warm winter. ➲ *Ver nota em* FRIO

LOC *Ver* COSTAS

quer *conj* LOC **quer...quer...** whether... or...: *Quer chova, ~ não chova* whether it rains or not ◇ *Quer queira, ~ não (queira)* whether you like it or not *Ver tb* QUEM

querer ▸ *vt* **1** to want: *Qual você quer?* Which one do you want? ◇ *Quero sair.* I want to go out. ◇ *Ele quer que vamos à casa dele.* He wants us to go to his house. ◇ *O que você quer de mim?* What do you want from me? ◇ *Como entrada, quero sopa de peixe.* I'd like fish soup to start with. ➲ *Ver nota em* WANT **2** (*amar*) to love
▸ *vi* to want to: *Não quero.* I don't want to. ◇ *Claro que ele quer.* Of course he wants to. LOC **como, quando, quanto, etc. você, ela, etc. quiser**: *Pode comer o quanto quiser.* You can eat as much as you like. ◇ *Podemos ir quando ela quiser.* We can go whenever she likes. ◆ **por querer** (*de propósito*) on purpose ◆ **querer dizer** to mean: *O que quer dizer esta palavra?* What does this word mean? ◇ *Quer dizer que ele saiu da empresa?* So he left the company then? ◆ **sem querer**: *Eu falei sem ~.* I didn't mean to say that. ◇ *Desculpe, foi sem ~.* Sorry, it was an accident.

querido, -a ▸ *adj* dear
▸ *sm-sf* sweetheart: *Meu ~!* Sweetheart! *Ver tb* QUERER

querosene *sm* kerosene ❶ Na Grã-Bretanha diz-se **paraffin** quando o querosene é utilizado para gerar luz e calor.

questão *sf* **1** question: *Isso está fora de ~!* That's out of the question! **2** (*assunto, problema*) matter: *É uma ~ de vida ou morte.* It's a matter of life and death. ◇ *em ~ de horas* in a matter of hours LOC **a questão é...** the thing is... ◆ **em questão** in question ◆ **fazer questão (de)** to insist (on *doing sth*): *Ele fez ~ de pagar.* He insisted on paying. ◆ **pôr algo em questão** to question sth

questionar *vt* to question

questionário *sm* questionnaire: *preencher um ~* to fill in a questionnaire

quiabo *sm* okra [*não contável*]

quicar *vi* (*bola*) to bounce: *Esta bola quica muito.* This ball is very bouncy.

quieto, -a *adj* **1** (*imóvel*) still **2** (*em silêncio*) quiet: *Eles têm estado muito*

~s, devem estar preparando alguma. They've been very quiet — they must be up to something.

quilate *sm* karat: *ouro 18 ~s* 18 karat gold

quilo *sm* kilo (*pl* **kilos**) (*abrev* kg) ➲ *Ver pág. 758*

quilométrico, -a *adj* (*fila, etc.*) very long

quilômetro *sm* kilometer (*abrev* km.) ➲ *Ver pág. 759*

quilowatt *sm* kilowatt (*abrev* KW)

química *sf* chemistry

químico, -a ▸ *adj* chemical ▸ *sm-sf* chemist LOC *Ver* PRODUTO

quina *sf* (*aresta*) edge: *a ~ da mesa* the edge of the table

quinhentos, -as *num numeral, sm* five hundred ➲ *Ver exemplos em* SEISCENTOS

quinoa *sf* quinoa

quinta-feira (*tb* **quinta**) *sf* Thursday (*pl* **Thursdays**) (*abrev* Thur./Thurs.) ➲ *Ver exemplos em* SEGUNDA-FEIRA LOC **Quinta--feira Santa** Maundy Thursday

quintal *sm* backyard ➲ *Ver nota em* BACKYARD

quinto, -a ▸ *num numeral, sm* fifth ➲ *Ver exemplos em* SEXTO ▸ **quinta** *sf* (*marcha*) fifth (gear) LOC **de quinta**: *un filme de quinta* a terrible movie

quinze *num numeral, sm* **1** fifteen **2** (*data*) fifteenth **3** (*hora*) a quarter: *Chegaram às ~ para as dez.* They arrived at a quarter to ten. ◇ *É uma e ~.* It's a quarter after one. ➲ *Ver exemplos em* SEIS LOC **quinze dias** two weeks [*pl*] fortnight (*GB*): *Vamos ficar apenas ~ dias.* We're only staying for two weeks.

quinzena *sf* (*quinze dias*) two weeks [*pl*] fortnight (*GB*): *a segunda ~ de janeiro* the last two weeks of January

quiosque *sm* **1** (*de praia, parque*) (open-air) refreshment stall **2** (*de shopping*) stand **3** (*multimídia*) information kiosk

quitar *vt* (*pagar*) to pay *sth* off: *~ uma dívida* to pay off a debt

quite *adj* even (*with sb*): *Assim estamos ~s.* That way we're even.

quitinete *sf Ver* KITINETE

quociente *sm* LOC *Ver* INTELIGÊNCIA

quota *sf Ver* COTA

rã *sf* frog

rabanete *sm* radish

rabino *sm* rabbi (*pl* **rabbis**)

rabiscar *vt, vi* **1** (*desenhar*) to doodle **2** (*escrever*) to scribble

rabisco *sm* **1** (*desenho*) doodle **2** (*escrita*) scribble

rabo *sm* **1** (*animal*) tail **2** (*pessoa*) backside; butt (*coloq*) LOC **pelo/com o rabo do olho** out of the corner of your eye ◆ **rabo de cavalo** (*cabelo*) ponytail *Ver tb* CABO

rabugento, -a *adj* grumpy

raça *sf* **1** (*humana*) race **2** (*animal*) breed: *De que ~ é?* What breed is it? LOC **de raça 1** (*cão*) pedigree **2** (*cavalo*) thoroughbred *Ver tb* PEITO

ração *sf* **1** (*para gado*) fodder **2** (*para cachorro*) dog food

racha *sf* **1** (*fenda*) crack **2** (*de carro*) joyride

rachar ▸ *vt* **1** (*dividir*) to split: *Vamos ~ a conta.* Let's split the check. **2** (*lenha*) to chop **3** (*estudar muito*) to study *sth* hard; to swot up *sth* (*GB*) ▸ *vi* (*fender*) to crack: *O espelho rachou.* The mirror cracked. LOC **de rachar**: *Faz um frio/calor de ~.* It's freezing cold/boiling hot.

racial *adj* racial: *discriminação ~* racial discrimination ◇ *relações raciais* race relations

raciocinar *vi* to think: *Ele não conseguia ~ com clareza.* He wasn't thinking clearly.

raciocínio *sm* reasoning

racional *adj* rational

racionamento *sm* rationing: *~ de água* water rationing

racionar *vt* to ration

racismo *sm* racism

racista *adj, smf* racist

radar *sm* radar [*não contável*]: *~es inimigos* enemy radar LOC **radar fixo** speed camera

radiador *sm* radiator

radiante *adj* **1** (*brilhante*) bright: *O sol estava ~.* The sun was shining brightly. **2** (*pessoa*) radiant: *~ de alegria* radiant with joy

radical *adj, smf* radical LOC *Ver* ESPORTE

rádio[1] *sm* (*Quím*) radium

rádio[2] *sm* radio (*pl* **radios**): *ouvir ~* to listen to the radio LOC **no rádio** on the radio: *Ouvi no ~.* I heard it on the radio. ◆ **rádio despertador** clock radio

radioativo, -a *adj* radioactive LOC *Ver* CHUVA

radiografia *sf* X-ray (*pl* **X-rays**): *fazer/tirar uma* ~ to take an X-ray

radiotáxi *sm* car service [*não contável*] minicab (*GB*)

raia *sf* **1** (*linha*) line: *Neste jogo, você perde ponto se passar da* ~. In this game you lose a point if you go over the line. **2** (*de pista, piscina*) lane **3** (*peixe*) ray

rainha *sf* queen

raio[1] *sm* **1** ray: *um* ~ *de sol* a ray of sunshine **2** (*weather*) lightning [*não contável*]: *Raios e trovões me assustam.* Thunder and lightning frighten me. LOC **raio laser** laser beam ◆ **raio X** X-ray

raio[2] *sm* **1** (*Geom*) radius (*pl* **radii**) **2** (*roda*) spoke LOC **num raio**: *Não havia uma única casa num* ~ *de dez quilômetros.* There were no houses within ten kilometers.

raiva *sf* **1** (*ira*) fury: *Que* ~*!* I was furious! **2** (*Med*) rabies [*não contável*]: *O cachorro tinha* ~. The dog had rabies. LOC **dar (uma) raiva** to make *sb* furious; to drive *sb* crazy (*mais coloq*): *Isso me dá uma* ~. It really drives me crazy. ◆ **estar/sentir/ficar com raiva (de alguém)** to be/feel/get furious (with sb) ◆ **ter raiva de alguém** to hate sb: *Ela tem uma* ~ *dele!* She really hates him. *Ver tb* MORTO

raivoso, -a *adj* **1** (*furioso*) furious: *Ele respondeu* ~. He replied furiously. **2** (*Med*) rabid: *um cachorro* ~ a rabid dog

R

raiz *sf* root LOC **raiz quadrada/cúbica** square/cube root *Ver tb* CRIAR

rajada *sf* **1** (*vento*) gust **2** (*disparos*) burst: *uma* ~ *de balas* a burst of gunfire

ralador *sm* grater

ralar ▸ *vt* **1** (*com ralador*) to grate **2** (*machucar*) to graze
▸ *vi* ~ **de** (*esforçar-se*) to try hard to *do sth* ➲ *Ver nota em* TRY

ralhar *vt* ~ **(com) (por)** to reprimand *sb* (for *sth*)

ralo *sm* drain

ralo, -a *adj* **1** (*líquido*) thin: *uma sopa rala* a thin soup **2** (*cabelo*) thinning

ramal *sm* **1** (*telefônico*) extension **2** (*ferroviário*) branch line

ramo *sm* **1** (*de flores*) bunch **2** (*de árvore, ciência*) branch: *um* ~ *de árvore* the branch of a tree ◇ *um* ~ *da filosofia* a branch of philosophy **3** (*setor*) field LOC *Ver* DOMINGO

rampa *sf* ramp

rancor *sm* resentment LOC *Ver* GUARDAR

rancoroso, -a *adj* resentful

rançoso, -a *adj* rancid

ranger ▸ *vi* (*porta, soalho*) to creak
▸ *vt* (*dentes*) to grind

rangido *sm* (*porta*) creak

ranhura *sf* groove

ranking *sm* ranking

rapar *vt* to shave

rapaz *sm* young man

rapel *sm* rappel; abseiling (*GB*)

rapidez *sf* speed LOC **com rapidez** quickly

rápido, -a ▸ *adj* **1** (*breve*) quick: *Posso fazer uma chamada rápida?* Can I make a quick phone call? **2** (*veloz*) fast: *um corredor* ~ a fast runner

Tanto **fast** quanto **quick** significam *rápido*, embora **fast** seja utilizado somente para descrever uma pessoa ou coisa que se move a grande velocidade: *a fast horse/car/runner* um cavalo/carro/corredor rápido, ao passo que **quick** refere-se a algo que se realiza em um curto espaço de tempo: *a quick decision/visit* uma decisão/visita rápida.

▸ *adv* quickly

raposa *sf* fox

raptar *vt* to kidnap

rapto *sm* kidnapping

raptor, -ora *sm-sf* kidnapper

raquete *sf* **1** racket: *uma* ~ *de tênis* a tennis racket **2** (*Tênis de mesa*) bat

raramente *adv* hardly ever; rarely (*mais formal*) ➲ *Ver nota em* ALWAYS

raro, -a *adj* (*pouco comum*) rare: *uma planta rara* a rare plant LOC *Ver* AVE

rascunho *sm* draft: *um* ~ *de uma redação* a rough draft of an essay

rasgar(-se) *vt, vp* to tear: *Rasguei minha saia num prego.* I tore my skirt on a nail. ◇ *Este tecido se rasga com facilidade.* This material tears easily. ◇ *Ele rasgou a carta.* He tore up the letter. ➲ *Ver ilustração em* TEAR[2]

raso, -a *adj* **1** (*pouco profundo*) shallow **2** (*colher, medida*) level **3** (*plano*) flat

raspadinha *sf* (*loteria*) scratch card

raspar *vt* **1** (*superfície*) to scrape *sth* (*off sth*): *Raspamos a tinta do chão.* We scraped the paint off the floor. **2** (*tocar de raspão*) to graze **3** (*barba, bigode*) to shave *sth* off: *Ele raspou o bigode.* He shaved his mustache off. LOC **passar raspando** (*teste*) to scrape through (*sth*)

rasteira *sf* LOC **passar uma rasteira** to trip *sb*: *Você passou uma* ~ *nele.* You tripped him.

rastejante *adj* **1** (*planta*) trailing **2** (*animal*) crawling

rastejar *vi* to crawl

rastrear *vt* to track: ~ *um voo/uma encomenda* to track a flight/delivery

rastro (*tb* **rasto**) *sm* **1** (*marca, pista*) trail: *Os cães seguiram o ~.* The dogs followed the trail. **2** (*barco*) wake **3** (*avião*) vapor trail LOC **de rastros**: *Ele se aproximou de ~s.* He crawled over. ♦ **perder o rastro** to lose track *of sb/sth* ♦ **sem deixar rastro** without a trace

rasurar *vt* to cross *sth* out

ratazana *sf* rat

rato *sm* (*camundongo*) mouse (*pl* mice)

ratoeira *sf* trap

razão *sf* reason (*for sth/doing sth*): *A ~ da demissão dele é óbvia.* The reason for his resignation is obvious. LOC **com razão** rightly so ♦ **dar razão a alguém** to admit sb is right ♦ **sem razão** for no reason ♦ **ter/não ter razão** to be right/wrong

razoável *adj* reasonable

ré[1] *sf* (*marcha*) reverse LOC *Ver* MARCHA

ré[2] *sm* (*Mús*) D: *ré maior* D major

ré[3] *sf Ver* RÉU

reabastecer(-se) *vt, vi, vp* **1** (*veículo*) to refuel **2** (*loja, etc.*) to restock

reabilitação *sf* **1** rehabilitation: *programas para a ~ de delinquentes* rehabilitation programs for juvenile delinquents **2** (*prédio*) renovation

reabilitar *vt* **1** to rehabilitate **2** (*prédio*) to renovate

reação *sf* reaction: ~ *em cadeia* chain reaction

readmitir *vt* to reinstate: *Readmitiram-no na empresa.* The company reinstated him.

reagir ▸ *vt, vi* ~ **(a) 1** to react (to *sb/sth*) **2** (*doente*) to respond (to *sb/sth*): *O doente não está reagindo ao tratamento.* The patient is not responding to treatment.
▸ *vi* (*em competição*) to fight back

reajustar *vt* (*preços, salários*) to increase

real[1] ▸ *adj* (*da monarquia*) royal
▸ *sm* (*unidade monetária brasileira*) real: *mil reais* a thousand reals LOC *Ver* GELEIA

real[2] *adj* **1** real: *o mundo ~* the real world ◇ *em tempo ~* real-time **2** (*caso, história*) true LOC **cair na real** to wise up

realçar *vt* **1** (*cor, beleza*) to bring *sth* out **2** (*dar ênfase*) to enhance

realidade *sf* reality (*pl* realities) LOC **na realidade** actually *Ver tb* TORNAR

realismo *sm* realism

realista ▸ *adj* realistic
▸ *smf* realist

realização *sf* **1** (*projeto, trabalho*) carrying out: *Eu me encarrego da ~ do plano.* I'll take charge of carrying out the plan. **2** (*sonho, objetivo*) fulfillment

realizar ▸ *vt* **1** (*levar a cabo*) to carry *sth* out: ~ *um projeto* to carry out a project **2** (*sonho, objetivo*) to fulfill **3** (*reunião, evento*) to hold
▸ **realizar-se** *vp* **1** (*tornar-se realidade*) to come true: *Os meus sonhos se realizaram.* My dreams came true. **2** (*pessoa*) to be fulfilled **3** (*reunião, evento*) to take place

realmente *adv* really

reanimar ▸ *vt* to revive
▸ *vi* **1** (*fortalecer-se*) to get your strength back **2** (*voltar a si*) to regain consciousness

reatar *vt* (*restabelecer*) to resume

reativar *vt* to revive

reator *sm* reactor: ~ *nuclear* nuclear reactor

reaver *vt* to get *sth* back; to retrieve (*formal*): *Você tem que ~ seus bens.* You must retrieve your belongings.

rebaixamento *sm* (*Esporte*) relegation

rebaixar ▸ *vt* **1** to humiliate **2** (*Esporte*) to relegate: *Eles foram rebaixados para o terceiro grupo.* They were relegated to the third division.
▸ **rebaixar-se** *vp* to lower yourself: *Eu não me rebaixaria a ponto de aceitar o seu dinheiro.* I wouldn't lower myself by accepting your money.

rebanho *sm* **1** (*ovelhas*) flock **2** (*gado*) herd

rebate *sm* LOC **rebate falso** false alarm

rebelde ▸ *adj* **1** rebel: *bases/tropas ~s* rebel bases/troops **2** (*espírito*) rebellious
▸ *smf* rebel

rebelião *sf* **1** rebellion **2** (*em presídio*) riot

rebentar ▸ *vi* **1** (*bomba*) to explode **2** (*balão, pneu, pessoa*) to burst **3** (*guerra, epidemia*) to break out **4** (*escândalo, tempestade*) to break
▸ *vt* (*balão*) to burst

rebobinar *vt* to rewind

rebocar *vt* (*carro*) to tow

reboque *sm* **1** (*ato*): *a ~* on tow ◇ *um carro com um trailer a ~* a car towing a trailer **2** (*veículo*) tow truck; breakdown truck (*GB*)

rebote *sm* (*Esporte*) rebound: *no ~* on the rebound

rebuliço *sm* **1** (*ruído*) racket **2** (*atividade*) hustle and bustle: *o ~ da capital* the hustle and bustle of the capital

recado *sm* message: *deixar (um) ~* to leave a message

R

recaída *sf* relapse: *ter uma ~* to have a relapse

recanto *sm* corner: *num tranquilo ~ de Parati* in a quiet corner of Parati

recarregar(-se) *vt, vp* to recharge

recauchutado, -a *adj* revamped LOC *Ver* PNEU; *Ver tb* RECAUCHUTAR

recauchutar *vt* to revamp

recear *vt* to fear

receber *vt* **1** to get; to receive (*mais formal*): *Recebi a sua carta.* I got your letter. **2** (*notícia*) to take: *Eles receberam a notícia com resignação.* They took the news philosophically. **3** (*pessoa*) (**a**) (*recepcionar*) to welcome: *Ele veio aqui fora nos ~.* He came out to welcome us. (**b**) (*como convidado*): *Ontem recebi uns amigos para jantar.* Last night I had some friends around for dinner. (**c**) (*atender*) to see: *O diretor não quis me ~.* The principal refused to see me. **4** (*pagamento*) to receive: *Ainda não recebi o pagamento por aquelas aulas.* I still haven't received payment for those classes. ◇ *Recebemos na quinta!* We get paid on Thursday!

receio *sm* fear

receita *sf* **1** (*Cozinha*) recipe (*for sth*): *Você tem que me dar a ~ deste prato.* You must give me the recipe for this dish. **2** (*Med*) prescription: *Só se vende mediante ~ (médica).* Only available on prescription. **3** (*rendimentos*) (**a**) (*instituição*) income (**b**) (*Estado, município*) revenue: *Departamento da Receita Federal* Internal Revenue Service LOC *Ver* LIVRO

receitar *vt* to prescribe

recém-casado, -a ▸ *adj* newly married ➲ *Ver nota em* WELL BEHAVED
▸ *sm-sf* newly-wed: *os ~s* the newly-weds

recém-nascido, -a ▸ *adj* newborn
▸ *sm-sf* newborn baby (*pl* babies)

recenseamento *sm* census (*pl* censuses)

recente *adj* recent

recepção *sf* reception

recepcionista *smf* receptionist

recessão *sf* recession: *~ econômica* economic recession

recheio *sm* **1** (*de bolo, torta, salgado*) filling: *pastéis com ~ de queijo* pastries with a cheese filling **2** (*de pizza, etc.*) topping **3** (*de ave, carne*) stuffing

rechonchudo, -a *adj* plump ➲ *Ver nota em* GORDO

recibo *sm* receipt

reciclagem *sf* recycling

reciclar *vt* to recycle

reciclável *adj* recyclable

recife *sm* reef

recipiente *sm* container ➲ *Ver ilustração em* CONTAINER

recital *sm* recital

recitar *vt* to recite

reclamação *sf* complaint: *fazer/apresentar uma ~* to make/lodge a complaint

reclamar ▸ *vt* to demand: *Eles reclamam justiça.* They are demanding justice.
▸ *vi* to complain

reclinar-se *vp* (*pessoa*) to lean back (*against/on sb/sth*) ➲ *Ver ilustração em* LEAN

reclinável *adj* reclining: *bancos reclináveis* reclining seats

recluso, -a *sm-sf* **1** (*solitário*) recluse **2** (*prisioneiro*) prisoner

recobrar *vt* to get *sth* back; to recover (*mais formal*): *~ a memória* to get your memory back ◇ *Tenho certeza de que ele irá ~ a visão.* I'm sure he'll recover his sight.

recolher ▸ *vt* **1** to collect **2** (*retirar de circulação*) to withdraw
▸ **recolher-se** *vp* (*ir dormir*) to go to bed LOC *Ver* TOQUE

recomeçar *vt, vi* to restart; to start (*sth*) again (*mais coloq*)

recomendação *sf* recommendation: *Fomos por ~ do meu irmão.* We went on my brother's recommendation.

recomendar *vt* to recommend

recompensa *sf* reward: *como ~ por algo* as a reward for sth

recompensar *vt* to reward *sb* (*for sth*)

reconciliar-se *vp* to make up (*with sb*): *Eles brigaram, mas já se reconciliaram.* They argued but now they've made up.

reconhecer *vt* **1** to recognize: *Não a reconheci.* I didn't recognize her. **2** (*admitir*) to admit: *~ um erro* to admit a mistake

reconhecimento *sm* recognition

reconstruir *vt* **1** (*casa, relação, etc.*) to rebuild **2** (*fatos, evento*) to reconstruct

recordação *sf* **1** (*memória*) memory (*pl* memories): *Tenho boas recordações da nossa amizade.* I have happy memories of our friendship. **2** (*turismo*) souvenir

recordar(-se) *vt, vp* ~ (**de**) to remember; to recall (*formal*): *Não me recordo do nome dele.* I can't remember his name. ◇ *Recordo-me de tê-lo visto.* I remember seeing it.

R

recorde *sm* record: *bater/deter um ~* to break/hold a record

recordista *smf* record holder

recorrer *vt* **1 ~ a** (*utilizar*) to resort to *sth* **2 ~ a** (*pedir ajuda*) to turn to *sb*: *Eu não tinha ninguém a quem ~.* I had no one to turn to. **3** (*Jur*) to appeal

recortar *vt* to cut *sth* out: *Recortei a fotografia de uma revista velha.* I cut the photograph out of an old magazine.

recorte *sm* (*de jornal, revista, etc.*) (press) clipping

recreio *sm* **1** (*pausa*) recess; break (*GB*): *Às onze saímos para o ~.* Recess is at eleven. **2** (*local*) playground LOC **de recreio** recreational

recruta *smf* recruit

recuar *vi* **1** (*retroceder*) to go back **2** (*desistir*) to back down **3** (*exército*) to retreat

recuperar ▸ *vt* **1** to get *sth* back; to recover (*mais formal*): *~ o dinheiro* to get the money back **2** (*tempo, aulas*) to make *sth* up: *Você vai ter que ~ as horas de trabalho.* You'll have to make up the time.
▸ **recuperar-se** *vp* to recover (*from sth*); to get over *sth* (*mais coloq*): *~ de uma doença* to recover from an illness LOC **recuperar o fôlego** to get your breath back ◆ **recuperar o sono** to catch up on sleep *Ver tb* SENTIDO

recurso *sm* **1** (*meio*) resort **2 recursos** resources: *~s humanos/econômicos* human/economic resources **3** (*Jur*) appeal LOC *Ver* ÚLTIMO

recusa *sf* refusal (*to do sth*)

recusar(-se) *vt, vp* to refuse: *~ um convite* to refuse an invitation ◇ *Recuseime a acreditar.* I refused to believe it.

redação *sf* **1** (*trabalho escolar*) essay: *escrever uma ~ sobre a sua cidade* to write an essay on your town **2** (*Jornalismo*) editorial department **3** (*modo de escrever*) (hand)writing

redator, -ora *sm-sf* (*Jornalismo*) editor

rede *sf* **1** (*Esporte, pesca, fig*) net: *~ de segurança* safety net **2** (*Informát, comunicações*) network: *~ de computadores* computer network ◇ *a ~ ferroviária/rodoviária* the railroad/road network **3 a Rede** (*Internet*) the Net **4** (*de dormir*) hammock **5** (*hotéis, lojas, etc.*) chain **6** (*elétrica*) grid LOC **cair na rede** to fall into the trap ◆ **rede de arame** wire netting ◆ **rede de esgoto** sewage system

rédea *sf* rein LOC **dar rédea (larga)** to give free rein *to sb/sth*

redemoinho (*tb* **rodamoinho**) *sm* **1** (*em rio*) whirlpool **2** (*de vento*) whirlwind

redigir *vt* to write: *~ uma carta* to write a letter

redondezas *sf* vicinity [*sing*]: *Você mora nas ~?* Do you live around here?

redondo, -a *adj* round: *em números ~s* in round numbers

redor *sm* LOC **ao/em redor (de)** around: *as pessoas ao meu ~* the people around me ◇ *em ~ da casa* around the house

redução *sf* reduction

reduzido, -a *adj* **1** (*pequeno*) small **2** (*limitado*) limited *Ver tb* REDUZIR

reduzir ▸ *vt* to reduce: *Ele reduziu o preço em 15%.* He reduced the price by 15 per cent.
▸ **reduzir-se** *vp* **reduzir-se a** to boil down to *sth*: *Tudo se reduz a...* It all boils down to... LOC **reduzir a velocidade** to slow down

reeleger *vt* to re-elect

reembolsar *vt* **1** (*quantidade paga*) to refund **2** (*gastos*) to reimburse

reembolso *sm* refund LOC **reembolso postal** collect on delivery; cash on delivery (*GB*) (*abrev* COD)

reencarnação *sf* reincarnation

reencontrar(-se) *vt, vp* to meet (*sb*) again: *Reencontramo-nos semana passada.* We met again last week.

refazer ▸ *vt* to redo
▸ **refazer-se** *vp* (*recuperar-se*) to get over *sth*; to recover (*from sth*) (*mais formal*): *Ainda não me refiz do susto.* I haven't gotten over the shock yet. LOC **refazer a vida** to rebuild your life

refeição *sf* meal: *uma ~ ligeira* a light meal

refeitório *sm* (*escola, fábrica*) canteen

refém *smf* hostage

referência *sf* reference: *ter boas ~s* to have good references ◇ *Com ~ à sua carta...* With reference to your letter... LOC **fazer referência a** to refer to *sb/sth* *Ver tb* PONTO

referendo *sm* referendum (*pl* referendums/referenda)

referente *adj* **~ a** regarding *sb/sth*

referir-se *vp* **~ a** to refer to *sb/sth*: *A que você se refere?* What are you referring to?

refil *sm* refill

refinado, -a *adj* LOC *Ver* AÇÚCAR

refinaria *sf* refinery (*pl* refineries)

refletir *vt, vi* **~ (sobre)** to reflect (on/upon *sth*)

reflexo, -a ▸ *adj* reflex: *uma ação ~* a reflex action

R

▸ *sm* **1** reflection: *Vi o meu ~ no espelho.* I saw my reflection in the mirror. **2** (*reação*) reflex: *ter bons ~s* to have good reflexes **3 reflexos** (*cabelo*) highlights

reflorestamento *sm* reforestation

reforçar *vt* to reinforce

reforço *sm* reinforcement

reforma *sf* **1** reform: *~ agrária* land reform **2** (*de um edifício*) renovation: *fechado para ~s* closed for renovation

reformar *vt* **1** to reform: *~ uma lei/um delinquente* to reform a law/a delinquent **2** (*edifício*) to renovate

reformatório *sm* reform school

refrão *sm* chorus

refrescante *adj* refreshing

refrescar ▸ *vt* **1** (*esfriar*) to cool **2** (*memória*) to refresh

▸ **refrescar-se** *vp* to freshen up

refresco *sm* fruit drink

refrigerante *sm* soft drink

refrigerar *vt* to refrigerate

refugiado, -a *sm-sf* refugee: *campo de ~s* refugee camp

refugiar-se *vp* ~ **(de)** to take refuge (from *sth*): *~ da chuva* to take refuge from the rain

refúgio *sm* refuge: *um ~ na montanha* a mountain refuge

regar *vt* to water

R

regata *sf* **1** (*competição*) regatta **2** (*camiseta*) tank top; vest (*GB*)

regatear *vt, vi* to haggle (over *sth*)

regenerar(-se) *vt, vp* to regenerate

regente *smf* **1** (*governante*) regent **2** (*maestro*) conductor

reger *vt* **1** (*país, sociedade*) to rule **2** (*orquestra*) to conduct

região *sf* region

regime *sm* **1** (*Pol, normas*) regime: *um ~ muito liberal* a very liberal regime **2** (*dieta*) diet: *estar de/fazer ~* to be/go on a diet

regimento *sm* regiment

regional *adj* regional

registrado, -a *adj* LOC *Ver* MARCA, PORTE; *Ver tb* REGISTRAR

registrador, -ora *adj* LOC *Ver* CAIXA²

registrar ▸ *vt* **1** to register: *~ um nascimento/uma carta* to register a birth/letter **2** (*alteração, acontecimento*) to record: *~ informação* to record information

▸ **registrar-se** *vp* **1** to register **2** (*hotel, etc.*) to check in: *registrar-se num hotel* to check into a hotel

registro *sm* **1** (*inscrição*) registration **2** (*histórico*) record **3** (*livro*) register **4** (*medidor*) meter **5** (*de encanamento*) stopcock

regra *sf* rule: *Isso vai contra as ~s da escola.* It's against the school rules. ◇ *via de ~* as a general rule

regressar *vi* to go/come back (*to...*): *Eles não querem ~ ao seu país.* They don't want to go back to their own country. ◇ *Acho que regressam amanhã.* I think they'll be back tomorrow.

regressivo, -a *adj* LOC *Ver* CONTAGEM

regresso *sm* return: *no meu ~ à cidade* on my return to the city

régua *sf* ruler

regulamento *sm* regulations [*pl*]

regular¹ *vt* to regulate

regular² *adj* regular: *verbos ~es* regular verbs ◇ *de altura ~* regular height LOC *Ver* VOO

regularidade *sf* regularity LOC **com regularidade** regularly

rei *sm* (*monarca*) king

> O plural de **king** é regular ("kings"), contudo quando dizemos *os reis* referindo-nos ao rei e à rainha, o equivalente em inglês é "the king and queen".

LOC **os Reis Magos** the Three Wise Men *Ver tb* DIA

reinado *sm* reign

reinar *vi* to reign

reincidir *vi* ~ **(em)** to relapse (into *sth*)

reiniciar *vt* **1** (*recomeçar*) to resume: *~ o trabalho* to resume work **2** (*Informát*) to reboot

reino *sm* **1** kingdom: *o ~ animal* the animal kingdom **2** (*âmbito*) realm LOC **o Reino Unido** the United Kingdom (*abrev* U.K.) ➲ *Ver nota em* GRÃ-BRETANHA

reivindicação *sf* demand (*for sth*)

reivindicar *vt* (*exigir*) to demand: *~ um aumento salarial* to demand a raise

rejeitar *vt* to reject

relação *sf* **1** ~ **(com)** relationship (with *sb/sth*): *manter relações com alguém* to have a relationship with sb **2** ~ **(entre)** (*ligação*) connection (between...) LOC **com/em relação a** in/with relation to *sb/sth* ◆ **relações públicas** public relations (*abrev* PR) ◆ **ter relações (sexuais) (com alguém)** to have sex (with sb) *Ver tb* MINISTÉRIO, MINISTRO

relacionado, -a *adj* ~ **(a/com)** related (to *sth*) LOC **ser bem relacionado** to be well connected ➲ *Ver nota em* WELL BEHAVED; *Ver tb* RELACIONAR

relacionamento *sm* (*relação*) relationship: *Devemos melhorar o nosso ~ com os vizinhos.* We must improve our relationship with our neighbors. ◇ *O nosso ~ é puramente profissional.* Our relationship is strictly professional.

relacionar ▸ *vt* to link *sth* (*to sth*); to relate *sth* (*to/with sth*) (*mais formal*): *Os médicos relacionam os problemas do coração com o estresse.* Doctors link heart disease to stress.
▸ **relacionar-se** *vp* **relacionar-se (com)** to mix (with *sb*)

relâmpago *sm* lightning [*não contável*]: *Um ~ e um trovão anunciaram a tempestade.* A flash of lightning and a clap of thunder heralded the storm. ◇ *uma viagem/visita ~* a lightning trip/visit

relance *sm* LOC **de relance**: *Só a vi de ~.* I only caught a glimpse of her.

relatar *vt* to relate

relatividade *sf* relativity

relativizar *vt* (*minimizar*) to downplay

relativo, -a *adj* **1** (*não absoluto*) relative: *Bem, isso é ~.* Well, it's all relative. **2 ~ a** relating (to *sb/sth*)

relato *sm* **1** (*narrativa*) narrative: *um ~ histórico* a historical narrative **2** (*descrição*) account: *fazer um ~ dos acontecimentos* to give an account of events

relatório *sm* report: *o ~ anual da empresa* the company's annual report

relaxado, -a *adj* **1** (*descansado*) relaxed **2** (*pouco cuidadoso*) sloppy **3** (*desmazelado*) scruffy

relaxamento *sm* relaxation: *técnicas de ~* relaxation techniques

relaxar *vt, vi* to relax: *Relaxe a mão.* Relax your hand. ◇ *Você precisa ~.* You need to relax.

relevância *sf* (*importância*) importance: *um acontecimento de ~ internacional* an event of international importance

relevante *adj* relevant

relevo *sm* **1** (*Geog*) relief: *um mapa em ~* a relief map ◇ *uma região com ~ acidentado* an area with a rugged landscape **2** (*importância*) importance

religião *sf* religion

religioso, -a ▸ *adj* religious
▸ *sm-sf* **1** (*masc*) monk **2** (*fem*) nun

relinchar *vi* to neigh

relíquia *sf* relic

relógio *sm* **1** clock: *Que horas são no ~ da cozinha?* What time does the kitchen clock say? ◇ *uma corrida contra o ~* a race against the clock **2** (*de pulso, bolso*) watch: *Meu ~ está atrasado.* My watch is slow. **3** (*medidor*) meter: *o ~ do gás* the gas meter LOC *Ver* CORDA

reluzir *vi* to shine LOC *Ver* OURO

relva *sf* grass

remar *vt, vi* **1** (*barco*) to row **2** (*canoa, caiaque*) to paddle

rematar *vt* (*terminar*) to finish *sb/sth* off

remate *sm* (*acabamento*) border: *um ~ de renda* a lace border

remediar *vt* to remedy: *~ a situação* to remedy the situation

remédio *sm* **1** (*medicamento*) medicine **2 ~ (para/contra)** (*cura, solução*) remedy (*pl* **remedies**); cure (*mais coloq*) (for *sth*) LOC **não ter outro remédio (senão...)** to have no choice (but to...) *Ver tb* ARMÁRIO

remela *sf* sleep [*não contável*]

remendar *vt* to mend

remendo *sm* patch

remessa *sf* **1** (*ação*) sending **2** (*carregamento*) consignment **3** (*dinheiro*) remittance LOC **remessa a cobrar** collect on delivery; cash on delivery (*GB*) (*abrev* COD)

remetente *smf* sender

remexer *vt* **1** (*terra*) to turn *sth* over **2 ~ em** (*gavetas, papéis*) to rummage among/in/through *sth*: *Alguém andou remexendo nas minhas coisas.* Someone's been rummaging through my things. **3 ~ em** (*assunto*) to bring *sth* up

remo *sm* **1** (*instrumento*) (**a**) (*de barco*) oar (**b**) (*de canoa, caiaque*) paddle **2** (*Esporte*) rowing: *um clube de ~* a rowing club ◇ *praticar ~* to row LOC **a remo**: *Eles atravessaram o rio a ~.* They rowed across the river. *Ver tb* BARCO

R

remontar *vt* ~ **a** *(evento, tradição)* to date back to *sth*

remorso *sm* remorse

remoto, -a *adj* remote: *uma possibilidade remota* a remote possibility LOC *Ver* CONTROLE

remover *vt* to remove

renal *adj* LOC *Ver* CÁLCULO

Renascença *sf (tb* **Renascimento** *sm)* Renaissance

renda[1] *sf (Fin)* income LOC *Ver* DECLARAÇÃO, IMPOSTO

renda[2] *sf (tecido)* lace

render ▸ *vt* **1** *(dinheiro)* to bring *sth* in **2** *(juros)* to earn **3** *(pessoa)* to force *sb* to surrender
▸ *vi* **1** *(ser lucrativo)* to pay off **2** *(dar para muito)* to go a long way: *Arroz rende muito.* Rice goes a long way. **3** *(durar muito)* to go on for a long time: *O assunto rendeu horas.* The whole business went on for a long time.
▸ **render-se** *vp (Mil)* to surrender *(to sb)*

rendição *sf* surrender

rendimento *sm* **1** *(Fin)* (**a**) *(renda)* income (**b**) *(lucro)* earnings *[pl]* **2** *(atuação)* performance: *o seu ~ acadêmico* his academic performance

renovação *sf* **1** renewal: *a data de ~* the renewal date **2** *(modernização)* modernization

renovar *vt* **1** to renew: *~ um contrato/o passaporte* to renew a contract/your passport **2** *(modernizar)* to modernize

rentável *adj* profitable: *um negócio ~* a profitable deal

rente ▸ *adj* ~ **a** level with *sth*: *~ ao chão* along the floor
▸ *adv*: *Ela cortou o cabelo bem ~.* She had her hair cropped.

renunciar *vt* ~ **a** **1** to renounce; to give *sth* up *(mais coloq)*: *~ a uma herança/um direito* to renounce an inheritance/a right **2** *(posto)* to resign from *sth*: *Ela renunciou ao cargo.* She resigned from her post.

reparar *vt* **1** ~ **em/que** to notice: *Reparei que os sapatos dele estavam molhados.* I noticed (that) his shoes were wet. **2** *(consertar)* to repair **3** *(remediar)* to remedy: *~ a situação* to remedy the situation

reparo *sm* **1** *(reparação)* repair: *Esta casa necessita de ~s.* This house is in need of repair. **2** *(comentário)* critical remark

repartir *vt* **1** *(dividir)* to share *sth* out: *~ o trabalho* to share out the work **2** *(distribuir)* to distribute

repelente *sm* insect repellent

repente *sm* outburst: *De vez em quando lhe dão uns ~s.* Now and then he has these outbursts. LOC **de repente** suddenly

repentino, -a *adj* sudden

repercussão *sf* repercussion

repertório *sm* repertoire

repescagem *sf (Esporte)* (qualification) playoff

repetição *sf* repetition

repetir ▸ *vt, vi* **1** to repeat: *Pode ~?* Could you repeat that please? ◇ *Não vou ~.* I'm not going to tell you again. **2** *(servir-se de mais comida)* to have some more (*of sth*): *Posso ~?* Can I have some more?
▸ **repetir-se** *vp* **1** *(acontecimento)* to happen again: *Que isto não se repita!* And don't let it happen again! **2** *(pessoa)* to repeat yourself

repleto, -a *adj* ~ **(de)** full (of *sth*)

replicar *vt, vi* to retort

repolho *sm* cabbage: *~ roxo* red cabbage

repor *vt* **1** *(no devido lugar)* to put *sth* back: *Repus o livro na estante.* I put the book back in the bookcase. **2** *(substituir)* to replace: *Você vai ter que ~ a garrafa de vinho que bebeu.* You'll have to replace the bottle of wine you drank.

reportagem *sf* **1** *(TV, Rádio)* report **2** *(Jornalismo)* article

repórter *smf* reporter LOC **repórter fotográfico** press photographer

repousar *vi* **1** to rest: *Você precisa ~.* You need to rest. **2** *(jazer)* to lie: *Os seus restos repousam neste cemitério.* His remains lie in this cemetery. ➲ *Ver nota em* LIE[2]

repouso *sm* **1** *(descanso)* rest **2** *(paz)* peace: *Não tenho um momento de ~.* I don't have a moment's peace.

repreender *vt* to reproach *sb (for/with sth)*

represa *sf* **1** *(barragem)* dam **2** *(em rio)* weir

represália *sf* reprisal

representação *sf* **1** representation **2** *(Teat)* performance

representante *smf* representative

representar *vt* **1** *(organização, país) (simbolizar)* to represent: *Eles representaram o Brasil nos Jogos Olímpicos.* They represented Brazil in the Olympics. ◇ *O verde representa a esperança.* Green represents hope. **2** *(quadro, estátua)* to depict: *O quadro representa uma batalha.* The painting depicts a battle. **3** *(Teat)* (**a**) *(peça teatral)* to perform (**b**) *(papel)* to play: *Ele representou o*

R

papel de Otelo. He played the part of Othello.

representativo, -a *adj* representative

repressão *sf* repression

repressivo, -a *adj* repressive

reprimenda *sf* reprimand

reprimido, -a *adj* repressed

reprodução *sf* reproduction

reproduzir ▸ *vt* **1** *(copiar)* to copy **2** *(procriar)* to breed: *espécies reproduzidas em cativeiro* species bred in captivity
▸ **reproduzir-se** *vp* to reproduce

reprovação *sf (em exame)* failure: *O índice de reprovações foi muito alto neste ano.* The failure rate was very high this year

reprovar *vt* **1** *(em exame)* to fail: *ser reprovado em duas disciplinas* to fail two subjects **2** *(desaprovar)* to disapprove of *sth*

réptil *sm* reptile

república *sf* republic

republicano, -a *adj, sm-sf* republican

repugnante *adj* revolting

reputação *sf* reputation: *ter boa/má ~* to have a good/bad reputation

requentar *vt* to warm *sth* up

requerente *smf* **1** *(candidato)* applicant *(for sth)* **2** *(que faz reclamação)* claimant

requerer *vt* to require

requerimento *sm* request *(for sth)*

requintado, -a *adj (gosto, objeto)* exquisite

requisito *sm* requirement

reserva ▸ *sf* **1** *(hotel, viagem, etc.)* reservation; booking *(GB)*: *fazer uma ~* to make a reservation **2** ~ **(de)** reserve(s) (of *sth*): *~s de petróleo* oil reserves **3** *(parque natural)* reserve
▸ *smf (Esporte)* reserve LOC **de reserva** spare: *um filme de ~* a spare roll of film

reservado, -a *adj* reserved *Ver tb* RESERVAR

reservar *vt* **1** *(guardar)* to save: *Reserve um lugar para mim.* Save me a place. **2** *(pedir antecipadamente)* to reserve; to book *(GB)*: *Quero ~ uma mesa para três.* I would like to reserve a table for three.

reservatório *sm* **1** *(tanque)* tank **2** *(para abastecimento de área, cidade)* reservoir

resetar *vt, vi (Informát, dispositivo)* to reset

resfriado, -a ▸ *adj*: *estar ~* to have a cold
▸ *sm* cold: *pegar um ~* to catch a cold *Ver tb* RESFRIAR(-SE)

resfriar(-se) *vi, vp* to catch a cold: *Saia da chuva ou vai acabar se resfriando.* Come in from the rain or you'll catch a cold.

resgatar *vt* **1** *(salvar)* to rescue *sb (from sth)* **2** *(recuperar)* to recover *sth (from sb/sth)*: *Conseguiram ~ o dinheiro.* They managed to recover the money.

resgate *sm* **1** *(salvamento)* rescue **2** *(pagamento)* ransom: *pedir um ~ elevado* to demand a high ransom LOC **exigir/pedir resgate por alguém** to hold sb to ransom

resguardar(-se) *vt, vp* to shelter *(sb/sth) (from sth)*: *resguardar-se da chuva* to shelter from the rain

residência *sf* residence

residencial *adj* residential

residente *smf* resident

resíduo *sm* **resíduos** waste *[não contável]*: *~s tóxicos* toxic waste

resistência *sf* **1** *(oposição, defesa)* resistance: *Ele não ofereceu qualquer ~.* He offered no resistance. **2** *(pessoa)* stamina: *Eles têm pouca ~.* They have very little stamina. **3** *(material)* strength

resistir ▸ *vt* ~ **a 1** *(suportar)* to withstand: *Os barracos não resistiram ao furacão.* The shacks weren't able to withstand the hurricane. **2** *(peso)* to take: *A ponte não resistirá ao peso daquele caminhão.* The bridge can't take the weight of that truck.
▸ *vi* **1** *(tentação)* to resist: *Não pude ~ e comi todos os doces.* I couldn't resist and I ate all the candy. **2** *(manter-se firme)* to hold on **3** *(debater-se)* to struggle

R

resmungar *vt, vi* to grumble *(about sth)*

resolver ▸ *vt* **1** *(problema, mistério, caso)* to solve **2** *(disputa)* to settle **3** ~ **fazer algo** to decide to do sth: *Resolvemos não dizer a ela.* We decided not to tell her.
▸ **resolver-se** *vp (decidir-se)* to make up your mind *(to do sth)*

respectivo, -a *adj* respective

respeitar *vt* **1** *(considerar)* to respect *sb/sth (for sth)*: *~ a opinião dos outros* to respect other people's opinions **2** *(código, sinal)* to obey: *~ os sinais de trânsito* to obey traffic signals

respeitável *adj* respectable: *uma pessoa/quantidade ~* a respectable person/amount

respeito *sm* ~ **(para com/por)** respect (for *sb/sth*): *~ pela natureza* respect for nature LOC **com respeito a/a respeito de** with regard to *sb/sth* ◆ **dizer respeito (a)** to concern: *Esse assunto não lhe diz ~.* This matter doesn't concern you. *Ver tb* FALTAR

respeitoso, -a *adj* respectful

respiração *sf* **1** *(respiramento)* breathing: *exercícios de ~* breathing exercises

2 (*fôlego*) breath: *ficar sem* ~ to be out of breath ◇ *conter/prender a* ~ to hold your breath LOC **respiração artificial** artificial respiration ♦ **respiração boca a boca** mouth-to-mouth resuscitation

respirar *vt, vi* to breathe: ~ *ar puro* to breathe fresh air ◇ *Respire fundo.* Take a deep breath.

resplandecente *adj* shining

resplandecer *vi* to shine

responder *vt, vi* **1** (*dar uma resposta*) to answer; to reply (to *sb/sth*) (*mais formal*): *Nunca respondem às minhas cartas.* They never answer my letters. ◇ ~ *a uma pergunta* to answer a question ◇ *Ele respondeu que não tinha nada a ver com o assunto.* He replied that he had nothing to do with it. **2** (*reagir*) to respond (*to sth*): ~ *a um tratamento* to respond to treatment **3** ~ **por** (*ser responsável*) to answer for *sb/sth*: *Não respondo por mim!* I won't answer for my actions! ◇ *Eu respondo por ele.* I'll answer for him. **4** (*replicar*) to answer back: *Não me responda!* Don't answer (me) back!

responsabilidade *sf* responsibility (*pl* responsibilities)

responsabilizar ▸ *vt* to hold *sb* responsible (*for sth/doing sth*)
▸ **responsabilizar-se** *vp* **responsabilizar-se (por)** to bear responsibility (for *sth/doing sth*): *Eu me responsabilizo pelas minhas decisões.* I take responsibility for my decisions.

R

responsável ▸ *adj* **1** responsible (*for sb/sth*) **2** (*de confiança*) reliable
▸ *smf*: *o* ~ *pelas obras* the person in charge of the building work ◇ *Os responsáveis se entregaram.* Those responsible gave themselves up. ◇ *Quem é o* ~ *por esta barulheira?* Who is responsible for this racket?

resposta *sf* **1** answer; reply (*pl* replies) (*mais formal*): *Eu quero uma* ~ *à minha pergunta.* I want an answer to my question. ◇ *Não tivemos nenhuma* ~. We didn't receive a single reply. **2** (*reação*) response (*to sth*): *uma* ~ *favorável* a favorable response

ressaca *sf* **1** (*bebedeira*) hangover: *estar de* ~ to have a hangover **2** (*mar*) undertow

ressaltar *vt* (*mencionar*) to point *sth* out: *Ele ressaltou que se tratava de um erro.* He pointed out that it was a mistake.

ressecado, -a *adj* **1** (*terra*) parched **2** (*pele*) dry

ressentimento *sm* resentment

ressentir-se *vp* to take offense (*at sth*): *Ela se ressentiu com o que eu disse.* She took offense at what I said.

ressoar *vi* **1** (*metal, voz*) to ring **2** (*retumbar*) to resound

ressurreição *sf* resurrection

ressuscitar ▸ *vi* (*Relig*) to rise from the dead
▸ *vt* (*Med*) to resuscitate

restabelecer ▸ *vt* **1** to restore: ~ *a ordem* to restore order **2** (*diálogo, negociações*) to resume
▸ **restabelecer-se** *vp* to recover (*from sth*): *Ele levou várias semanas para se* ~. He took several weeks to recover.

restar *vi* **1** (*haver*) to remain: *Resta ver se...* It remains to be seen whether... **2** (*ter*) to have *sth* left: *Ainda nos restam duas garrafas.* We still have two bottles left. ◇ *Não me resta nenhum dinheiro.* I don't have any money left.

restauração *sf* restoration

restaurante *sm* restaurant

restaurar *vt* to restore

resto *sm* **1** rest: *O* ~ *eu te conto amanhã.* I'll tell you the rest tomorrow. **2** (*Mat*) remainder **3 restos** (**a**) (*Arqueologia, etc.*) remains: ~*s mortais* mortal remains (**b**) (*comida*) leftovers

restrição *sf* restriction: *restrições à liberdade de expressão* restrictions on freedom of speech

restringir *vt* to restrict

resultado *sm* **1** result: *como* ~ *da luta* as a result of the fight **2** (*num concurso*) score: *o* ~ *final* the final score LOC **dar/não dar resultado** to be successful/unsuccessful

resultar *vt* ~ **(em/de)** to result (in/from *sth*)

resumir *vt* **1** to summarize: ~ *um livro* to summarize a book **2** (*concluir*) to sum *sth* up: *Resumindo,...* To sum up,...

resumo *sm* summary (*pl* summaries): ~ *informativo* news summary LOC **em resumo** in short

resvalar *vi* **1** to slip **2** (*veículo*) to skid

reta *sf* **1** (*linha*) straight line **2** (*estrada*) straight stretch LOC **reta final 1** (*Esporte*) home stretch **2** (*fig*) closing stages [*pl*]: *na* ~ *final da campanha* in the closing stages of the campaign

retalho *sm* (*tecido*) remnant LOC *Ver* COLCHA

retangular *adj* rectangular

retângulo *sm* rectangle LOC *Ver* TRIÂNGULO

retardado, -a *adj* **1** delayed: *de ação retardada* delayed-action **2** (*pessoa*) retarded

Hoje em dia, a palavra **retarded** é considerada ofensiva. Para descrever uma pessoa com deficiência mental é preferível dizer que ela tem **special needs** ou **a learning disability**.

retardatário, -a *sm-sf* straggler

reter *vt* **1** *(guardar)* to keep **2** *(deter)* to hold: *~ alguém contra a sua vontade* to hold sb against their will **3** *(memorizar)* to remember

reticências *sf* ellipsis *(pl* **ellipses***)*

retificar *vt* to rectify

retina *sf* retina

retirada *sf (Mil)* retreat

retirar ▸ *vt* **1** *(remover)* to withdraw *sth (from sb/sth)*: *~ a licença de alguém* to withdraw sb's license ◇ *~ uma revista de circulação* to withdraw a magazine from circulation **2** *(passagem, ticket)* to collect; to pick *sth* up *(mais coloq)* **3** *(desdizer)* to take *sth* back

▸ *vi (Mil)* to retreat

▸ **retirar-se** *vp (ir-se embora, desistir)* to withdraw *(from sth)*: *retirar-se de uma luta/da política* to withdraw from a fight/from politics

retiro *sm* retreat

reto, -a ▸ *adj* straight: *em linha reta* in a straight line

▸ *sm (Anat)* rectum *(pl* **rectums/recta***)*

LOC *Ver* SEMPRE

retocar *vt (maquiagem)* to touch *sth* up

retomar *vt* to resume: *~ o trabalho* to resume work

retoque *sm* finishing touch: *dar os últimos ~s num desenho* to put the finishing touches to a drawing

retornar *vi* to go back LOC **retornar a ligação** to call *sb* back

retorno *sm* **1** return: *o ~ à normalidade* the return to normality **2** *(em rua, estrada)* turn: *Faça o ~ e logo vire à direita.* Turn around and then take the first turn on the right. LOC **dar um retorno** to call *sb* back

retrasado, -a *adj* last *sth* but one: *na semana retrasada* the week before last

retratar *vt* **1** *(pintar)* to paint *sb's* portrait: *O artista retratou-a em 1897.* The artist painted her portrait in 1897. **2** *(Fot)* to take a picture *of sb/sth* **3** *(descrever)* to portray

retrato *sm* **1** *(quadro)* portrait **2** *(fotografia)* photograph **3** *(descrição)* portrayal LOC **retrato falado** composite picture

retribuir *vt* to return: *~ um favor* to return a favor

retrovisor *sm* rear-view mirror LOC *Ver* ESPELHO

retuitar *vt* to retweet

retuíte *sm* retweet

retumbante *adj* **1** *(tremendo)* resounding: *um fracasso ~* a resounding flop **2** *(recusa)* emphatic

retumbar *vt* to resound

réu, ré *sm-sf* accused LOC *Ver* BANCO

reumatismo *sm* rheumatism

reunião *sf* **1** *(de trabalho)* meeting: *Amanhã temos uma ~ importante.* We have an important meeting tomorrow. **2** *(social)* gathering; get-together *(coloq)* **3** *(reencontro)* reunion: *uma ~ de ex-alunos* a school reunion LOC **reunião de cúpula** summit (meeting)

reunir ▸ *vt* **1** to gather *sb/sth* together: *Reuni as minhas amigas/a família.* I gathered my friends/family together. **2** *(informação)* to collect **3** *(qualidades)* to have: *~ qualidades de liderança* to have leadership qualities

▸ **reunir-se** *vp* to meet: *Vamos nos ~ esta noite.* We're meeting this evening.

revanche *sf (vingança, em jogos)* revenge

reveillon *sm* New Year's Eve: *Quais são seus planos para o ~?* What are you doing on New Year's Eve?

revelação *sf* **1** revelation **2** *(Fot)* developing **3** *(pessoa, fato)* discovery *(pl* **discoveries***)*: *a ~ do ano* the discovery of the year

revelar *vt* **1** to reveal: *Ele nunca nos revelou o seu segredo.* He never revealed his secret to us. **2** *(Fot)* to develop **3** *(interesse, talento)* to show

rever *vt* **1** *(pessoa, lugar)* to see *sb/sth* again **2** *(fazer revisão)* to check: *~ um texto* to check a text

reverência *sf* bow: *fazer (uma) ~ a alguém* to bow to sb

reversível *adj* reversible

reverso *sm (moeda)* reverse

revés *sm* **1** *(contratempo)* setback: *sofrer um ~* to suffer a setback **2** *(Esporte)* backhand

revestir *vt (cobrir)* to cover

revezamento *sm (Esporte)*: *uma corrida de ~* a relay race

revezar ▸ *vt* **~ com** *(substituir)* to take over from *sb*: *Um colega revezou comigo.* A co-worker took over from me.

▸ **revezar-se** *vp (fazer por turnos)* to take turns *(doing sth)*

revirar *vt* to mess *sth* up: *Não revire as gavetas.* Don't mess the drawers up.

reviravolta *sf* **1** *(numa situação)* turnaround **2** *(com veículo)* U-turn

revisão *sf* **1** *(Educ)* review *[não contável]* revision *[não contável] (GB)*: *Hoje vamos*

R

fazer revisões. We're going to review today. ◇ *fazer uma ~ de algo* to review sth **2** (*verificação, inspeção*) check **3** (*veículo*) service

revista *sf* **1** (*publicação*) magazine **2** (*inspeção*) search **3** (*Teat*) revue **4** (*Mil*) review LOC **revista em quadrinhos** comic (book)

revistar *vt* to search: *Revistaram todos os passageiros.* All the passengers were searched.

reviver *vt, vi* to revive

revolta *sf* revolt

revoltado, -a *adj* (all) worked up: *O povo anda ~ com as eleições.* People are all worked up about the elections. *Ver tb* REVOLTAR-SE

revoltante *adj* outrageous

revoltar-se *vp* **1** ~ **(contra)** to rebel (against *sb/sth*) **2** ~ **(com)** (*indignar-se*) to be outraged (by *sth*)

revolto, -a *adj* **1** (*desarrumado*) messy **2** (*mar*) rough

revolução *sf* revolution

revolucionar *vt* to revolutionize

revolucionário, -a *adj, sm-sf* revolutionary (*pl* **revolutionaries**)

revólver *sm* revolver

rezar ▸ *vt* to say: ~ *uma oração* to say a prayer

▸ *vi* ~ **(por)** to pray (for *sb/sth*)

R

riacho *sm* stream

rico, -a ▸ *adj* rich: *uma família rica* a rich family ◇ ~ *em minerais* rich in minerals

▸ *sm-sf* rich man/woman (*pl* **men/women**): *os ~s* the rich LOC *Ver* PODRE

ricochetear *vi* to ricochet (*off sth*)

ridicularizar *vt* to ridicule

ridículo, -a *adj* ridiculous LOC *Ver* PRESTAR

rifa *sf* **1** (*sorteio*) raffle **2** (*bilhete*) raffle ticket

rifar *vt* to raffle

rígido, -a *adj* **1** (*teso*) rigid **2** (*severo*) strict: *Os pais dela são muito ~s.* Her parents are very strict.

rigor *sm* LOC *Ver* TRAJE

rigoroso, -a *adj* **1** (*severo*) strict **2** (*minucioso*) thorough **3** (*castigo, inverno*) harsh

rijo, -a *adj* tough

rim *sm* kidney (*pl* **kidneys**)

rima *sf* rhyme

rimar *vi* to rhyme

rímel *sm* mascara: *pôr ~* to put on mascara

ringue *sm* ring

rinite *sf* rhinitis LOC **rinite alérgica (sazonal)** hay fever

rinoceronte *sm* rhino (*pl* **rhinos**)

ⓘ **Rhinoceros** é o termo científico.

rinque *sm* rink: ~ *de patinação* ice-skating rink

rio *sm* river

> Em inglês **river** se escreve normalmente com letra maiúscula quando precede o nome de um rio: *o rio Amazonas* the River Amazon.

LOC **rio abaixo/acima** downstream/upstream *Ver tb* CHORAR

riqueza *sf* **1** (*dinheiro*) wealth [*não contável*]: *acumular ~s* to amass wealth **2** (*qualidade*) richness: *a ~ do terreno* the richness of the land

rir *vi* **1** to laugh: *desatar a ~* to burst out laughing

> Em inglês, existem várias maneiras de se dizer *rir*. A palavra com sentido mais geral é **laugh**. Todos os demais verbos têm uma particularidade que os diferencia. Eis alguns deles:
>
> **cackle** = dar uma gargalhada
>
> **chuckle** = rir consigo mesmo
>
> **giggle** = dar risadinhas
>
> **snicker** (*GB* **snigger**) = rir com sarcasmo
>
> **titter** = rir dissimuladamente
>
> Assim, pode-se dizer, por exemplo: *She chuckled to herself when she remembered what had happened.* ◇ *The girls giggled nervously as they waited for their turn.* ◇ *What are you snickering at?*

2 ~ **de** to laugh at *sb/sth*: *De que você está rindo?* What are you laughing at? ◇ *Sempre riem de mim.* They always laugh at me. **3** ~ **com alguém** to joke around with sb LOC *Ver* DESATAR, MORRER

risada *sf* laugh

risca *sf* line LOC **à risca** to the letter

riscar *vt* **1** (*rasurar*) to cross *sth* out: *Risque todos os adjetivos.* Cross out all the adjectives. **2** (*folha, livro*) to scribble on *sth*: *O Zé riscou o meu livro.* Zé scribbled on my book. **3** (*superfície*) to scratch: *Não risque o meu carro.* Don't scratch my car. **4** (*fósforo*) to strike

risco[1] *sm* **1** line: *fazer um ~* to draw a line **2** (*rasura*) crossing-out (*pl* **crossings-out**) **3** (*linha delimitadora*) mark

risco[2] *sm* risk: *Correm o ~ de perder o dinheiro.* They run the risk of losing their money. LOC *Ver* AGÊNCIA

riso *sm* **1** laugh: *um ~ nervoso/contagiante* a nervous/contagious laugh

◇ *um ataque de ~* a fit of laughter **2 risos** laughter [*não contável*]: *Ouviam-se os ~s das crianças.* You could hear the children's laughter.

risonho, -a *adj* **1** (*rosto*) smiling **2** (*pessoa*) cheerful

ritmo *sm* **1** (*Mús*) rhythm; beat (*mais coloq*): *acompanhar o ~* to keep in time with the beat **2** (*velocidade*) rate: *o ~ de crescimento* the growth rate ◇ *Se continuar neste ~ não vou durar muito.* I won't last long if I carry on at this rate. LOC **ritmo de vida** pace of life ♦ **ter ritmo 1** (*pessoa*) to have a good sense of rhythm **2** (*música*) to have a good beat *Ver tb* MARCAR

rito *sm* rite

ritual *sm* ritual

rival *adj, smf* rival

rixa *sf* **1** (*briga*) fight **2** (*discussão*) argument

robô *sm* robot

robusto, -a *adj* robust

roça *sf* **1** (*interior*) countryside [*não contável*] **2** (*plantação*) fields [*pl*]

roçar ▸ *vt* ~ **em 1** to brush against *sth*: *Rocei no vestido dela.* I brushed against her dress. **2** (*raspar*) to rub (against) *sth*: *O paralama roça na roda.* The fender rubs against the wheel. **3** (*bola, etc.*) to graze

▸ *vi* (*folhas secas, papel*) to rustle

rocha *sf* rock

rochedo *sm* cliff

rochoso, -a *adj* rocky

roda *sf* **1** wheel: *~ dianteira/traseira* front/back wheel **2** (*pessoas*) circle: *fazer uma ~* to form a circle LOC **roda gigante** (*parque de diversões*) Ferris wheel; big wheel (*GB*) *Ver tb* CADEIRA, TRAÇÃO

rodada *sf* (*Esporte, bebidas*) round

rodagem *sf* LOC *Ver* ESTRADA

rodamoinho *sm Ver* REDEMOINHO

rodapé *sm* **1** (*de piso*) baseboard; skirting board (*GB*) **2** (*de texto*) footnote

rodar ▸ *vt, vi* **1** to turn **2** (*girar rapidamente*) to spin **3** (*andar, circular*) to go around (*sth*): *Esta moto já rodou muitos países.* This motorcycle has been around a lot of countries.**4** (*Informát*) to run

▸ *vt* (*filme*) to film; to shoot (*mais coloq*)

rodear *vt* to surround *sb/sth* (*with sb/sth*)

rodeio *sm* (*de peões*) rodeo (*pl* **rodeos**) LOC **ficar com/fazer rodeios** to beat around the bush

rodela *sf* slice: *uma ~ de limão* a slice of lemon ◇ *Corte-o em ~s.* Cut it in slices

rodízio *sm* **1** (*revezamento*) rota **2** (*restaurante*) all-you-can-eat grill (restaurant) LOC **rodízio (de automóveis)** anti-congestion traffic restrictions [*pl*]

rodovia *sf* freeway; motorway (*GB*)

> As palavras **freeway**, **interstate** e **motorway** referem-se a estradas de duas ou mais pistas em cada direção, onde o tráfego pode fluir rapidamente por longas distâncias. Uma **expressway** é uma espécie de rodovia que corta uma cidade.

rodoviária *sf* bus station

rodoviário, -a *adj* road: *o transporte ~* road transport LOC *Ver* ANEL, POLÍCIA

roedor *sm* rodent

roer *vt* to gnaw (at/on) *sth*: *O cão roía o osso.* The dog was gnawing (on) a bone. LOC **roer as unhas** to bite your nails *Ver tb* OSSO

rogado, -a *adj* LOC **fazer-se de rogado** to play hard to get *Ver tb* ROGAR

rogar *vt* **1** (*suplicar*) to beg (*sb*) for *sth*: *Roguei-lhes que me soltassem.* I begged them to let me go. **2** (*rezar*) to pray: *Roguemos a Deus.* Let us pray.

roído, -a *adj* (*de inveja, etc.*) consumed: *~ de ciúme(s)/raiva* consumed with jealousy/anger *Ver tb* ROER

rojão *sm* (*foguete*) rocket

rolante *adj* LOC *Ver* ESCADA, ESTEIRA

rolar ▸ *vi* **1** to roll: *As pedras rolaram pelo precipício.* The rocks rolled down the cliff. **2** (*andar de um lado para o outro*) to go around: *Faz um mês que esta carta está rolando pelo escritório.* This letter has been going around the office for a month. **3** (*acontecer*) to go on: *O que é que está rolando?* What's going on? ◇ *Vai ~ uma festa hoje?* Is there a party tonight?

▸ *vt, vi* ~ **(para baixo/cima)** (*Informát*) to scroll (down/up) (*sth*) LOC **deixar rolar** to let (*sth*) go on: *Deixe a festa ~ até a hora em que todo mundo cansar.* Let the party go on till everyone gets tired. ◇ *Vamos deixar ~ e ver o que acontece.* Let's let things happen and see what comes out of it. ♦ **rolar na cama** to toss and turn

roldana *sf* pulley (*pl* **pulleys**)

roleta *sf* **1** (*em ônibus, estádios, etc.*) turnstile **2** (*jogo*) roulette

rolha *sf* cork: *tirar a ~ de uma garrafa* to uncork a bottle

rolo *sm* **1** roll: *~s de papel higiênico* toilet rolls ◇ *O ~ inteiro ficou desfocado.* The whole roll of film is blurred. **2** (*cabelo*) roller **3** (*embrulhada*): *Que ~!* What a mess! ◇ *Meteram-no num grande ~.*

They got him into trouble. LOC **rolo de pastel** rolling pin

romã *sf* pomegranate

romance *sm* **1** (*Liter*) novel: *~ policial* detective novel **2** (*namoro*) romance

romancista *smf* novelist

romano, -a *adj, sm-sf* Roman: *os ~s* the Romans LOC *Ver* NUMERAÇÃO

romântico, -a *adj, sm-sf* romantic

romper ▸ *vt* **1** to tear: *~ um ligamento* to tear a ligament ➲ *Ver ilustração em* TEAR[2] **2** (*contrato, acordo, noivado*) to break *sth* (off) **3 ~ com alguém** (*namorados*) to break up with sb

▸ **romper-se** *vp* (*corda*) to snap: *A corda se rompeu quando ele a puxou.* The rope snapped when he pulled it. LOC **ao romper do dia** at daybreak

roncar *vi* **1** to snore **2** (*barriga*) to rumble: *Minha barriga estava roncando.* My stomach was rumbling.

ronda *sf* round LOC **fazer a ronda 1** (*polícia*) to walk the beat **2** (*soldado, vigia*) to be on patrol

ronrom *sm* purr: *Ouvia-se o ~ do gato.* You could hear the cat purring.

ronronar *vi* to purr

roqueiro, -a *sm-sf* rock musician

rosa ▸ *sf* rose

▸ *adj, sm* pink ➲ *Ver exemplos em* AMARELO

R

rosário *sm* (*Relig*) rosary (*pl* **rosaries**): *rezar o ~* to say the rosary

rosbife *sm* roast beef

rosca *sf* **1** (*pão*) (ring-shaped) roll ➲ *Ver ilustração em* PÃO **2** (*parafuso*) thread LOC *Ver* TAMPA

rosé *adj* rosé

roseira *sf* rose bush

rosnar *vi* (*cão*) to growl

rosto *sm* face: *a expressão no seu ~* the look on his face LOC *Ver* MAÇÃ

rota *sf* route: *Que ~ vamos tomar?* What route will we take?

rotação *sf* rotation

rotatividade *sf* turnover: *~ de pessoal* staff turnover

rotatória *sf* rotary (*pl* **rotaries**); roundabout (*GB*)

roteador *sm* (*Informát*) router

roteiro *sm* **1** (*itinerário*) itinerary (*pl* **itineraries**) **2** (*Cinema*) script

rotina *sf* routine: *a ~ diária* the daily routine ◇ *inspeções de ~* routine inspections

rótula *sf* kneecap

rotular *vt* to label: *~ uma embalagem* to label a package ◇ *~ alguém de imbecil* to label sb a fool

rótulo *sm* label: *o ~ num pacote* the label on a package

rótulo

label

price tag

roubar ▸ *vt* **1** (*pessoa, banco, loja*) to rob: *~ um banco* to rob a bank **2** (*dinheiro, objetos*) to steal: *Roubaram o meu relógio.* They stole my watch. **3** (*casa*) to burglarize; to burgle (*GB*): *Roubaram a casa dos vizinhos.* Our neighbors' house was burglarized.

▸ *vi* to steal: *Ele foi expulso da escola por ~.* He was expelled for stealing. ➲ *Ver nota em* ROB

roubo *sm* **1** (*banco, loja, pessoa*) robbery (*pl* **robberies**): *o ~ do supermercado* the supermarket robbery ◇ *Fui vítima de um ~.* I was robbed. **2** (*objetos*) theft: *~ de carros/bicicletas* car/bicycle theft ➲ *Ver nota em* THEFT **3** (*preço excessivo*) rip-off: *Isso é um ~!* What a rip-off!

rouco, -a *adj* hoarse: *Fiquei ~ de tanto gritar.* I shouted myself hoarse.

roupa *sf* **1** (*de pessoas*) clothes [*pl*]: *~ infantil* children's clothes ◇ *~ usada/suja* second-hand/dirty clothes ◇ *Que ~ eu ponho?* What shall I wear? **2** (*para uso doméstico*) linens [*pl*]: *~ de cama* bed linens LOC **roupa de baixo** underwear ◆ **roupa de banho** swimwear ◆ **roupa esportiva** sportswear ◆ **roupa social** formal clothing *Ver tb* CESTO, LAVAR, MUDA, MUDAR(-SE), PEÇA, TÁBUA

roupão *sm* bathrobe

rouxinol *sm* nightingale

roxo, -a ▸ *adj* **1** (*de frio*) blue **2** (*de pancadas*) black and blue

▸ **roxo, -a** *adj, sm* (*cor*) purple ➲ *Ver exemplos em* AMARELO LOC *Ver* OLHO

rua ▸ *sf* street (*abrev* **St.**): *uma ~ de pedestres* a pedestrian street ◇ *Fica na ~ Augusta.* It's on Augusta Street.

Quando se menciona o número da casa ou porta, usa-se a preposição **at**: *Moramos no número 49 da rua Augusta.* We live at 49 Augusta Street. ➲ *Ver nota em* ROAD

▸ *interj* **rua!** (get) out! LOC **botar/pôr na rua 1** (*expulsar*) to throw *sb* out **2** (*despedir*) to fire *sb* ◆ **rua acima/abaixo** up/down the street *Ver tb* OLHO, VIVER

rubéola *sf* German measles [*não contável*]

rubi *sm* ruby (*pl* rubies)

ruborizar-se *vp* to blush

rúcula *sf* arugula; rocket (*GB*)

rude *adj* coarse

ruela *sf* backstreet

ruga *sf* wrinkle

rúgbi *sm* rugby

rugido *sm* roar

rugir *vi* to roar

ruído *sm* noise: *Você ouviu algum ~?* Did you hear a noise?

ruidoso, -a *adj* noisy

ruim *adj* (*mau*) bad LOC **dar ruim** not to work out: *O namoro deles deu ~.* Their relationship didn't work out. ◇ *Se você mexer no meu celular, vai dar ~!* If you mess around with my phone, I'll get angry! *Ver tb* ACHAR

ruína *sf* **1** ruin: *A cidade estava em ~s.* The city was in ruins. ◇ *~ econômica* financial ruin ◇ *levar alguém à ~* to ruin sb **2** (*desmoronamento*) collapse

ruir *vi* to collapse

ruivo, -a ▸ *adj* red-haired
▸ *sm-sf* redhead

rulê *adj* LOC *Ver* GOLA

rum *sm* rum

rumo *sm* **1** (*caminho, direção*) direction **2** (*avião, barco*) course: *O navio partiu ~ ao sul.* The ship set course southward. LOC **rumo a** bound for: *O navio ia ~ a Recife.* The ship was bound for Recife. ◆ **sem rumo** adrift *Ver tb* ENCONTRAR

rumor *sm* **1** (*notícia*) rumor: *Corre o ~ de que eles vão se casar.* There's a rumor going around that they're getting married. **2** (*murmúrio*) murmur

rural *adj* rural LOC *Ver* TURISMO

rush *sm* LOC *Ver* HORA

Rússia *sf* Russia

russo, -a *adj, sm-sf, sm* Russian: *os ~s* the Russians ◇ *falar ~* to speak Russian

rústico, -a *adj* rustic

Ss

sábado *sm* Saturday (*abrev* Sat.) LOC **Sábado de Aleluia** Holy Saturday; Easter Saturday (*GB*) ➲ *Ver exemplos em* SEGUNDA-FEIRA

sabão *sm* soap: *uma barra de ~* a bar of soap LOC **sabão em pó** detergent; washing powder (*GB*)

sabedoria *sf* wisdom

saber ▸ *vt* **1** to know: *Eu não soube o que dizer.* I didn't know what to say. ◇ *Não sei nada de mecânica.* I don't know anything about mechanics. ◇ *Eu sabia que ele voltaria.* I knew he would be back. ◇ *Já sei!* I know! **2** *~ fazer algo* (*ser capaz*): *Você sabe nadar?* Can you swim? ◇ *Não sei esquiar.* I can't ski. **3** *~ de* (*ter notícias*) to hear of *sb/sth*: *Nunca mais soubemos dele.* That was the last we heard of him. **4** (*descobrir*) to find *sth* out: *Eu soube ontem.* I found out yesterday.
▸ *vi* to know: *Sabe do que mais? O David vai se casar.* Know what? David's getting married. ◇ *Nunca se sabe.* You never know. ◇ *Como é que eu podia ~?* How should I know? LOC **que eu saiba** as far as I know ◆ **sei lá** God knows
ℹ Para outras expressões com **saber**, ver os verbetes para o substantivo, adjetivo, etc., p.ex. **não saber o que esperar** em ESPERAR e **saber algo de cor** em COR[1].

sabichão, -ona *sm-sf* know-it-all; know-all (*GB*)

sábio, -a *adj* wise

sabonete *sm* soap [*não contável*]: *um ~* a bar of soap

sabor *sm* **1** (*gosto*) taste: *A água não tem ~.* Water is tasteless. ◇ *Tem um ~ muito estranho.* It has a very strange taste. **2** (*aromatizante*) flavor: *Vem em sete ~es.* It comes in seven flavors. ◇ *Que ~ você quer?* Which flavor would you like? LOC **com sabor de** flavored: *um iogurte com ~ de banana* a banana-flavored yogurt *Ver tb* MARAVILHA

saborear *vt* **1** (*comida, bebida*) to savor **2** (*vitória, férias, sol, etc.*) to enjoy

saboroso, -a *adj* delicious

sabotagem *sf* sabotage

sabotar *vt* to sabotage

saca *sf* sack

sacada *sf* balcony (*pl* balconies)

sacal *adj* boring; a drag (*coloq*): *Trabalhar aos sábados é muito ~.* Working on Saturdays is a drag.

sacanagem *sf* (*sujeira*) dirty trick LOC **fazer sacanagem com alguém** to screw sb

sacanear *vt* **1** (*fazer sujeira*) to screw **2** (*tirar sarro*) to make fun of *sb*

sacar ▸ *vt* **1** (*entender*) to understand: *Ele não saca dessas coisas!* He doesn't understand these things! **2** (*dinheiro, arma,*

etc.) to take *sth* out
▸ *vi* (*Esporte*) to serve

sacarina *sf* saccharin

saca-rolhas *sm* corkscrew

sacerdote *sm* priest

saciar *vt* **1** (*fome, ambição, desejo*) to satisfy **2** (*sede*) to quench

saco *sm* **1** bag: *um ~ de plástico* a plastic bag ◇ *~ de dormir/viagem* sleeping/travel bag **2** (*saca*) sack **3** (*inconveniente*) pain: *Que ~!* What a pain! **4** (*chato*) bore; drag (*coloq*): *Este filme é um ~.* This movie's a drag. LOC **estar/ficar de saco cheio** to be/get fed up *with sb/sth* *Ver tb* ENCHER, FARINHA

sacola *sf* bag

sacramento *sm* sacrament

sacrificar ▸ *vt* to sacrifice: *Sacrifiquei tudo pela minha família.* I sacrificed everything for my family.
▸ **sacrificar-se** *vp* to make sacrifices: *Os meus pais se sacrificaram muito.* My parents made a lot of sacrifices.

sacrifício *sm* sacrifice: *Você terá que fazer alguns ~s.* You'll have to make some sacrifices.

sacudir *vt* **1** to shake: *~ a areia (da toalha)* to shake the sand off (the towel) **2** (*com mão, escova*) to brush *sth* (off): *~ a caspa do casaco* to brush the dandruff off your coat

sádico, -a ▸ *adj* sadistic
▸ *sm-sf* sadist

sadio, -a *adj* healthy

safar-se *vp* **1** (*desembaraçar-se*) to get by: *Estudam apenas o suficiente para se safarem.* They do just enough work to get by. **2** (*escapar*) to get away

safira *sf* sapphire

safra *sf* harvest: *a ~ de café* the coffee harvest

Sagitário *sm* Sagittarius ➲ *Ver exemplos em* AQUÁRIO

sagrado, -a *adj* **1** (*Relig*) holy: *um lugar ~* a holy place ◇ *a Bíblia Sagrada* the Holy Bible **2** (*intocável*) sacred: *Os domingos para mim são ~s.* My Sundays are sacred.

saia *sf* skirt

saibro *sm* clay

saída *sf* **1** (*ação de sair*) way out (*of sth*): *à ~ do cinema* on the way out of the movie theater **2** (*porta*) exit: *~ de emergência* emergency exit **3** (*avião, trem*) departure LOC *Ver* BECO

saideira *sf* last drink

sair ▸ *vt, vi* **1** (*partir, deixar*) to leave: *Saímos de casa às duas.* We left home at two. ◇ *A que horas sai o avião?* What time does the plane leave? **2** (*namorar, para se divertir*) to go out: *Ela está saindo com um amigo.* She's going out with a friend. ◇ *Ontem à noite saímos para jantar.* We went out for dinner last night. **3** (*ir/vir para fora*) to go/come out: *Saí para ver o que se passava.* I went out to see what was going on. ◇ *Ele não queria ~ do banheiro.* He wouldn't come out of the bathroom. ◇ *Não deixe o gato ~ para a rua.* Don't let the cat out onto the road. **4** (*cair*) to come off: *Saiu uma peça.* A piece came off. ◇ *O carro saiu da estrada.* The car came off the road.
▸ *vi* **1** (*flor, sol, produto, mancha, foto*) to come out: *O sol saiu à tarde.* The sun came out in the afternoon. ◇ *O filme sai em abril.* The movie is coming out in April. **2** (*resultar*) to turn out: *Que tal saiu a receita?* How did the recipe turn out? **3** (*na televisão, etc.*) to appear: *~ no jornal/na televisão* to appear in the paper/on TV **4** (*líquido*) to leak
▸ *vt* **1** ~ **de** (*superar*) to get through *sth*: *~ de uma situação difícil* to get through a tricky situation **2** ~ **a alguém** (*parecer-se*) to take after sb **3** ~ **a/por** (*custar*) to work out at *sth*: *Sai a 60 dólares o metro.* It works out at 60 dollars a meter.
▸ **sair-se** *vp* (*obter êxito*) to get on: *Ele tem se saído bem no trabalho/na escola.* He's getting on well at work/school. LOC **sair perdendo** to lose out ◆ **sair-se bem/mal** to come off well/badly ❶ Para outras expressões com **sair**, ver os verbetes para o substantivo, adjetivo, etc., p.ex. **sair às carreiras** em CARREIRA.

sal *sm* salt LOC **sais de banho** bath salts ◆ **sal fino** table salt ◆ **sem sal 1** (*comida*) unsalted **2** (*pessoa, filme, etc.*) dull

sala *sf* **1** room: *~ de reuniões* meeting room **2** (*em edifício comercial*) office **3** (*Cinema*) screen: *A ~ 1 é a maior.* Screen 1 is the biggest. LOC **fazer sala** to entertain *sb* ◆ **sala de aula** classroom ◆ **sala de bate-papo** chat room ◆ **sala de espera** waiting room ◆ **sala de espetáculo** (concert) hall ◆ **sala (de estar)** living room ◆ **sala de jantar** dining room ◆ **sala de operações** operating room; operating theatre (*GB*) *Ver tb* EMBARQUE

salada *sf* salad: *~ mista/de frutas* mixed/fruit salad

salame *sm* salami (*pl* **salamis**)

salão *sm* **1** (*de uma casa*) living room **2** (*de um hotel*) lounge LOC **salão de beleza** beauty salon *Ver tb* FUTEBOL

salarial *adj* LOC *Ver* CORREÇÃO, PISO

salário *sm* salary (*pl* **salaries**) LOC **salário mínimo** minimum wage

saldar *vt* (*conta, dívida*) to settle

saldo *sm* (*de uma conta*) balance LOC **estar com/ter saldo negativo** to be overdrawn; to be in the red (*coloq*)

salgadinho *sm* **salgadinhos 1** (*em pacotes*) (salted) snacks **2** (*em festa*) savories; snacks (*mais coloq*)

salgado, -a *adj* **1** (*gosto*) salty **2** (*em oposição a doce*) savory **3** (*preço*) steep LOC *Ver* ÁGUA

salgueiro *sm* willow

saliva *sf* saliva

salmão ▸ *sm* salmon (*pl* salmon) ▸ *adj, sm* (*cor*) salmon ➲ *Ver exemplos em* AMARELO

salmo *sm* psalm

salmoura *sf* brine

salpicar *vt* **1** (*sujar*) to splash *sb/sth* (*with sth*): *Um carro salpicou a minha calça.* A car splashed my pants. **2** (*polvilhar*) to sprinkle *sth* (*with sth*)

salsa *sf* parsley

salsão *sm* celery

salsicha *sf* frankfurter

saltar ▸ *vt* to jump: *O cavalo saltou a cerca.* The horse jumped the fence. ▸ *vi* **1** to jump: *Saltaram na água/pela janela.* They jumped into the water/out of the window. ◇ *Saltei da cadeira quando ouvi a campainha.* I jumped up from my chair when I heard the bell. **2** (*do ônibus*) to get off *sth* LOC **saltar à vista/aos olhos** to be obvious ◆ **saltar de alegria** to jump for joy

salto[1] *sm* **1** jump: *Atravessei o riacho com um ~.* I jumped over the stream. **2** (*pássaro, coelho, canguru*) hop **3** (*de trampolim*) dive **4** (*salto vigoroso, progresso*) leap **5** (*bola*) bounce LOC **dar saltos** (*pular*) to bounce ◆ **salto com vara** pole vault ◆ **salto em altura/distância** high/long jump

salto[2] *sm* (*calçado*) heel: *Ela nunca usa ~ (alto).* She never wears high heels. LOC **de salto (alto)** high-heeled ◆ **sem salto** flat

salva[1] *sf* (*planta*) sage

salva[2] *sf* (*tiro*) salvo (*pl* salvos/salvoes) LOC **salva de palmas** round of applause

salvação *sf* salvation

salvador, -ora *sm-sf* savior

salvamento *sm* rescue: *equipe de ~* rescue team

salvar ▸ *vt* to save: *O cinto de segurança salvou a vida dele.* The seat belt saved his life. ▸ **salvar-se** *vp* **1** (*sobreviver*) to survive **2** (*escapar*) to escape LOC **salve-se quem puder!** every man for himself! *Ver tb* PELE

salva-vidas *sm* (*pessoa*) lifeguard LOC **(bote) salva-vidas** lifeboat *Ver tb* BOIA, COLETE

salvo, -a ▸ *adj* safe ▸ *prep* except LOC **estar a salvo** to be safe ◆ **pôr-se a salvo** to reach safety ◆ **salvo se...** unless... *Ver tb* SÃO

samambaia *sf* fern

samba *sm* samba LOC *Ver* ESCOLA

sanção *sf* **1** (*castigo*) sanction: *sanções econômicas* economic sanctions **2** (*multa*) fine **3** (*aprovação*) ratification

sancionar *vt* **1** to sanction **2** (*confirmar*) to ratify

sandália *sf* **1** sandal **2** (*chinelo de dedo*) flip-flop

sanduíche *sm* sandwich: *um ~ de queijo* a cheese sandwich

sanfonado, -a *adj* LOC *Ver* PORTA

sangrar *vt, vi* to bleed: *Estou sangrando pelo nariz.* I have a nosebleed.

sangrento, -a *adj* **1** (*luta*) bloody **2** (*ferida*) bleeding

sangue *sm* blood: *dar/doar ~* to give blood LOC *Ver* CIRCULAÇÃO, DERRAMAMENTO, EXAME, SUAR

sangue-frio *sm* calm manner: *Admiro o seu ~.* I admire her calm manner. LOC **a sangue-frio** in cold blood ◆ **ter sangue-frio** to keep calm

sanguessuga *sf* leech

sanguíneo, -a *adj* blood: *grupo ~* blood group LOC *Ver* CIRCULAÇÃO, CORRENTE, GRUPO, PRESSÃO

sanidade *sf* health: *~ mental* mental health

sanitário, -a *adj* **1** (*de saúde*) health: *medidas sanitárias* health measures **2** (*de higiene*) sanitary LOC *Ver* ÁGUA, VASO

santo, -a ▸ *adj* **1** (*Relig*) holy **2** (*uso enfático*): *Ele vai para o trabalho todo ~ dia.* He goes to work every single day. ▸ *sm-sf* **1** saint: *Essa mulher é uma santa.* That woman is a saint. **2** (*título*) Saint (*abrev* St.): *Santo Antônio* Saint Anthony LOC *Ver* ESPÍRITO, QUINTA-FEIRA, SEXTA-SZZFEIRA, TERRA

santuário *sm* shrine

São *adj* Saint (*abrev* St.): *São Pedro* Saint Peter

são, sã *adj* **1** healthy: *um homem ~* a healthy man **2** (*de espírito*) sane LOC **são e salvo** safe and sound

sapatão *sf* dyke ℹ A palavra **dyke** é considerada ofensiva. A palavra mais comum é **lesbian**.

sapataria *sf* shoe store; shoe shop (*GB*)

sapateado *sm* tap-dancing

S

sapatilha *sf* **1** (*de pano*) canvas shoe **2** (*Balé, Tênis*) shoe

sapato *sm* shoe: *~s sem salto* flat shoes ◇ *~s de salto alto* high-heeled shoes LOC *Ver* PEDRA

sapinho *sm* (*Med*) thrush

sapo *sm* toad LOC *Ver* ENGOLIR

saque *sm* **1** (*Esporte*) serve **2** (*de dinheiro*) withdrawal **3** (*roubo*) looting

saquear *vt* **1** (*roubar*) to loot **2** (*despensa*) to raid

sarado, -a *adj* (*malhado*) (well) toned *Ver tb* SARAR

saraivada *sf* hail: *uma ~ de balas* a hail of bullets

sarampo *sm* measles [*não contável*]

sarar *vi* **1** (*ferida*) to heal (over/up) **2** (*doente*) to recover

sarcástico, -a *adj* sarcastic

sarda *sf* freckle

sardinha *sf* sardine LOC *Ver* PUXAR

sargento *sm* sergeant

sarjeta *sf* gutter

satélite *sm* satellite LOC *Ver* VIA

satisfação *sf* **1** (*prazer*) satisfaction: *Sinto ~ em poder fazer isso.* I'm pleased to be able to do it. **2** (*explicação*) explanation: *Não tenho que lhe dar ~.* I don't have to give you any explanation.

satisfatório, -a *adj* satisfactory

satisfazer ▸ *vt* **1** to satisfy: *~ a fome/curiosidade* to satisfy your hunger/curiosity ◇ *Nada o satisfaz.* He's never satisfied. **2** (*sede*) to quench **3** (*ambição, sonho*) to fulfill **4** (*agradar*) to please
▸ *vi* to be satisfactory

satisfeito, -a *adj* **1** satisfied (*with sth*): *um cliente ~* a satisfied customer **2** (*contente*) pleased (*with sb/sth*): *Estou muito satisfeita com o rendimento dos meus alunos.* I'm very pleased with my students' performance. **3** (*saciado*) full (up): *Não quero mais, estou ~.* No more, thank you — I'm full (up). LOC **dar-se por satisfeito** to be happy *with sth*: *Eu me daria por ~ com um seis.* I'd be happy with a pass. ◆ **satisfeito consigo mesmo/próprio** self-satisfied *Ver tb* SATISFAZER

saturado, -a *adj* **1** (*impregnado*) saturated (*with sth*) **2** (*farto*) sick *of sth*: *Estou ~ de tanto ouvir reclamação!* I'm sick of all these complaints!

Saturno *sm* Saturn

saudação *sf* **1** greeting **2 saudações** best wishes; regards (*mais formal*)

saudade *sf* **saudades 1** (*casa, país*) homesickness [*não contável*]: *sentir ~s de casa* to be homesick **2** (*pessoa*) longing [*não contável*] **3** (*passado, infância*) nostalgia [*não contável*] LOC **deixar saudades** to be missed: *Ele vai deixar ~s.* He'll be missed. ◆ **sentir/ter saudades de** to miss *sb/sth* *Ver tb* MATAR

saudar *vt* **1** (*cumprimentar*) to say hello (*to sb*); to greet (*mais formal*) **2** (*aclamar*) to cheer

saudável *adj* healthy

saúde ▸ *sf* health: *estar bem/mal de ~* to be in good/poor health ◇ *~ pública* public health
▸ *interj* **saúde! 1** (*brinde*) cheers **2** (*ao espirrar*) bless you ➲ *Ver nota em* ATXIM! LOC *Ver* CASA, POSTO

sauna *sf* sauna

saxofone *sm* saxophone; sax (*coloq*)

se[1] *pron*
- **reflexivo 1** (*ele, ela, coisa*) himself, herself, itself: *Ela se machucou.* She hurt herself. **2** (*você, vocês*) yourself (*pl* yourselves) **3** (*eles, elas*) themselves
- **recíproco 4** each other, one another: *Eles se amam.* They love each other. ◇ *Vocês se veem com muita frequência?* Do you see each other very often? ➲ *Ver nota em* EACH OTHER
- **apassivador 5**: *Registraram-se três mortes.* Three deaths were recorded. ◇ *Não se aceitam cartões de crédito.* We don't take credit cards.
- **impessoalidade 6**: *Diz-se que…* It's said (that)… ◇ *Vive-se bem aqui.* People live well here.

se[2] *conj* **1** if: *Se chover, não vamos.* If it rains, we won't go. ◇ *Se eu fosse rico, compraria uma moto.* If I were rich, I'd buy a motorbike. ❶ É mais correto dizer "if I/he/she/it **were**", contudo hoje em dia na linguagem falada usa-se frequentemente "if I/he/she/it **was**". **2** (*dúvida*) whether: *Não sei se fico ou se saio.* I don't know whether to stay or go. **3** (*desejo*) if only: *Se você tivesse me dito antes!* If only you'd told me before! LOC **se bem que** although

seboso, -a *adj* filthy

seca *sf* (*falta de chuva*) drought

secador *sm* dryer: *~ de cabelo* hair dryer

secadora *sf* clothes dryer

secamente *adv* (*dizer, responder*) coldly

seção *sf* **1** (*loja*) department: *~ masculina* menswear department **2** (*jornal, revista*) pages [*pl*]: *a ~ de esportes* the sports pages **3** (*Arquit, Mat, etc.*) section LOC **seção eleitoral** polling station

secar ▸ *vt* to dry: *Ele secou as lágrimas.* He dried his tears.

▸ *vi* **1** to dry **2** (*planta, rio, lago, terra, ferida*) to dry up

seco, -a *adj* **1** dry: *Está ~?* Is it dry? ◇ *um clima ~* a dry climate **2** (*frutos, flores*) dried: *figos ~s* dried figs **3** (*sem vida*) dead: *folhas secas* dead leaves **4** (*som, pancada*) sharp **5** (*pessoa*) cold **6** (*resposta*) curt LOC *Ver* AMEIXA, ENGOLIR, LAVAGEM, LAVAR

secretaria *sf* (*de escola*) admissions office LOC **Secretaria de Estado** government department

secretariado *sm* **1** (*curso*) secretarial course **2** (*organismo*) secretariat: *o ~ da ONU* the UN secretariat **3** (*sede do secretariado*) secretary's office

secretário, -a *sm-sf* secretary (*pl* secretaries) LOC **secretária eletrônica** answering machine ◆ **secretário particular** personal assistant (*abrev* PA)

secreto, -a *adj* secret

século *sm* **1** (*cem anos*) century (*pl* centuries): *no ~ XXI* in the 21st century ❶ Lê-se "in the twenty-first century". **2 séculos** ages: *Há ~s que eu sabia disso!* I've known that for ages!

secundário, -a *adj* secondary LOC *Ver* ESCOLA, PAPEL

seda *sf* silk: *uma camisa de ~* a silk shirt

sedativo *sm* sedative

sede[1] *sf* thirst LOC **ter/estar com sede** to be thirsty: *Tenho muita ~.* I'm very thirsty. *Ver tb* MATAR, MORTO

sede[2] *sf* **1** headquarters (*pl* headquarters) (*abrev* HQ) **2** (*Esporte*) venue

sedentário, -a *adj* sedentary

sediar *vt* to host: *~ as Olimpíadas* to host the Olympics

sedimento *sm* sediment

sedoso, -a *adj* silky: *cabelos ~s* silky hair

sedução *sf* **1** (*sexual*) seduction **2** (*encanto*) allure

sedutor, -ora ▸ *adj* **1** (*sentido sexual*) seductive **2** (*encantador*) alluring **3** (*tentador*) tempting

▸ *sm-sf* seducer

seduzir *vt* **1** (*sexualmente*) to seduce **2** (*desencaminhar*) to lead *sb* astray

segmento *sm* segment

segredo *sm* secret: *em ~* in secret

segregar *vt* (*separar*) to segregate *sb/sth* (*from sb/sth*)

seguido, -a *adj* in a row: *quatro vezes seguidas* four times in a row LOC **em seguida 1** (*depois, agora*) next: *E em seguida temos um filme de terror.* And next we have a horror movie. **2** (*imediatamente*) right away: *Li e dei para ele em seguida.* I read it and gave it to him right away. *Ver tb* SEGUIR

seguidor, -ora *sm-sf* follower

seguinte *adj* next: *no dia ~* the next day LOC **da seguinte maneira** as follows

seguir ▸ *vt* **1** to follow: *Siga-me.* Follow me. **2** (*carreira*) to pursue: *Ele resolveu ~ a carreira de médico.* He decided to pursue a medical career. **3** (*regras, ordens*) to abide by *sth*: *Seguiremos as normas.* We will abide by the rules.

▸ *vi* to go on (*doing sth*): *Siga até a praça.* Go on until you reach the square.

▸ **seguir-se** *vp* to ensue (*formal*): *Seguiram-se vinte anos de paz.* There ensued twenty years of peace. LOC **a seguir** (*depois*) afterwards ◆ **a seguir a...** after...

segunda-feira (*tb* **segunda**) *sf* Monday (*abrev* Mon.): *~ de manhã/à tarde* on Monday morning/afternoon ◇ *Não trabalho às ~s.* I don't work on Mondays. ◇ *~ sim, ~ não* every other Monday ◇ *Aconteceu ~ passada.* It happened last Monday. ◇ *Vemo-nos na ~ que vem.* We'll meet next Monday. ◇ *Este ano, o meu aniversário cai numa ~.* This year my birthday falls on a Monday. ◇ *Casam-se na ~, 25 de julho.* They're getting married on Monday, July 25. ❶ Lê-se "Monday, July twenty-fifth".

segundo[1] ▸ *prep* according to *sb/sth*: *~ ela/os planos* according to her/the plans

▸ *conj* **1** (*de acordo com o que*) from what...: *~ ouvi dizer* from what I heard said **2** (*à medida que*) as: *~ forem entrando* as they come in

segundo[2] *sm* (*tempo*) second

segundo, -a ▸ *adj, num numeral, sm* second (*abrev* 2nd) *Ver tb* SEXTO

▸ **segunda** *sf* (*marcha*) second (gear) LOC **de segunda mão** secondhand: *carros de segunda mão* secondhand cars ◆ **ter segundas intenções** to have ulterior motives *Ver tb* CATEGORIA, EQUAÇÃO, PRIMO

segurança ▸ *sf* **1** (*contra acidentes*) safety: *a ~ pública/nas estradas* public/road safety **2** (*contra um ataque, roubo, etc., garantia*) security: *controles de ~* security checks **3** (*certeza*) certainty **4** (*confiança*) confidence

▸ *smf* (*pessoa*) security guard LOC **com segurança** (*agir, afirmar, responder*) confidently *Ver tb* ALFINETE, CINTO, CÓPIA, FECHO

segurar ▸ *vt* **1** (*agarrar*) to hold **2** (*prender*) to fasten: *~ papéis com um clipe* to

S

fasten papers together with a paper clip **3** *(com companhia de seguros)* to insure *sb/sth* (against *sth*): *Quero ~ o carro contra incêndio e roubo.* I want to insure my car against fire and theft.
▸ **segurar-se** *vp* **segurar-se (em) 1** *(agarrar-se)* to hold on (to *sth*): *Segure-se no meu braço.* Hold on to my arm. **2** *(controlar-se)* to hold yourself back: *Tive que me ~ para não brigar com ela.* I had to hold myself back from arguing with her. LOC **segurar bem/firme** to hold *sth* tight *Ver tb* PONTA

seguridade *sf* LOC *Ver* INSTITUTO

seguro, -a ▸ *adj* **1** *(sem risco)* safe: *um lugar ~* a safe place **2** *(convencido)* sure: *Estou segura de que eles virão.* I'm sure they'll come. **3** *(confiável)* reliable: *Fontes seguras deram a informação.* The information was from reliable sources. **4** *(firme, bem apertado)* secure: *O gancho não estava bem ~.* The hook wasn't secure. **5** *(atado)* fastened: *A bagagem estava bem segura.* The baggage was tightly fastened. **6** *(preso)*: *Dois policiais o tinham bem ~.* Two policemen were holding him down.
▸ *sm* insurance *[não contável]*: *adquirir um ~ de vida* to take out life insurance ◇ *pôr algo no ~* to insure sth LOC **seguro de si** (self-)confident

seguro-desemprego *sm* unemployment (compensation); unemployment benefit *(GB)*

S

seio *sm (mama)* breast

seis *num numeral, sm* **1** six: *o número ~* number six ◇ *tirar ~ num exame* to get six in a test ◇ *O ~ vem depois do cinco.* Six comes after five. ◇ *Seis e três são nove.* Six and three are/make nine. ◇ *Seis vezes três (são) dezoito.* Three sixes are eighteen. **2** *(data)* sixth: *Fomos em 6 de maio.* We went on May 6. ❶ Lê-se "on May sixth". LOC **às seis** at six o'clock ◆ **cinco, etc. para as seis** five, etc. to six ◆ **dar seis horas** to strike six: *Deu ~ horas (no relógio).* The clock struck six. ◆ **quinze para as seis** a quarter to six ◆ **são seis horas** it's six o'clock ◆ **seis e cinco, etc.** five, etc. after six; five, etc. past six *(GB)* ◆ **seis em cada dez** six out of ten ◆ **seis e meia** six thirty ◆ **seis e quinze** a quarter after six; a quarter past six *(GB)* ➲ *Para mais informação sobre números, datas, etc., ver págs. 756-761.*

seiscentos, -as *num numeral, sm* six hundred: *~ e quarenta e dois* six hundred and forty-two ◇ *há ~ anos* six hundred years ago LOC **seiscentos e um, seiscentos e dois, etc.** six hundred and one, six hundred and two, etc. ➲ *Ver pág. 756*

seita *sf* sect

seiva *sf (Bot)* sap

sela *sf* saddle

selar[1] *vt* **1** *(fechar)* to seal: *~ um envelope/uma amizade* to seal an envelope/a friendship **2** *(pôr selo)* to stamp

selar[2] *vt (cavalo)* to saddle *sth* (up)

seleção *sf* **1** selection **2** *(equipe)* (national) team: *a ~ brasileira de basquete* the Brazilian basketball team LOC **seleção mirim** youth team

selecionar *vt* to select

seleto, -a *adj* select: *um grupo/restaurante ~* a select group/restaurant

selfie *sf* selfie: *tirar/fazer uma ~* to take a selfie

selim *sm (bicicleta)* saddle

selo *sm* **1** *(correios)* stamp: *Dois ~s para a Europa, por favor.* Two stamps for Europe, please. ◇ *Põe um ~ no postal.* Put a stamp on the postcard. **2** *(lacre)* seal LOC **selo fiscal** official stamp

selva *sf* jungle

selvagem *adj* **1** wild: *animais selvagens* wild animals **2** *(povo, tribo)* uncivilized

selvageria *sf* savagery

sem *prep* without: *~ sal* without salt ◇ *~ pensar* without thinking ◇ *Ela saiu ~ dizer nada.* She went out without saying anything. ◇ *Saíram ~ ninguém os ver.* They left without anyone seeing them.

semáforo *sm* traffic light

semana *sf* week: *a ~ passada/que vem* last/next week ◇ *duas vezes por ~* twice a week ◇ *hoje faz uma ~* a week ago today ◇ *de hoje a uma ~* in a week's time ◇ *~ sim, ~ não* every other week LOC *Ver* DIA, FIM

semanal *adj* **1** *(a cada semana)* weekly: *uma revista ~* a weekly magazine **2** *(por semana)*: *Temos uma hora ~ de educação física.* We have one hour of P.E. a week.

semear *vt* to sow: *~ trigo/uma terra* to sow wheat/a field

semelhança *sf* similarity *(pl* similarities*)* LOC **à semelhança de** just like: *à ~ do que aconteceu no ano passado* just like last year

semelhante *adj* **1** *(parecido)* similar: *um modelo ~ a este* a model similar to this one **2** *(tal)* such a: *Como você pôde fazer coisa ~?* How could you do such a thing? LOC *Ver* COISA

sêmen *sm* semen

semente *sf* seed

Na Grã-Bretanha, utiliza-se a palavra **pip** quando se trata de uma fruta que não tem muitas sementes (p.ex. maça, uva, tangerina, etc).

semestral *adj* half-yearly: *uma publicação ~* a half-yearly publication

semestre *sm* **1** (period of) six months: *durante o primeiro ~ de 1999* in the first six months of 1999 **2** (*Educ*) semester

semicírculo *sm* semicircle

semidesnatado, -a *adj* LOC *Ver* LEITE

semifinal *sf* semifinal

semifinalista *smf* semifinalist

seminário *sm* **1** (*aula*) seminar **2** (*Relig*) seminary (*pl* seminaries)

seminu, -nua *adj* half-naked

sempre *adv* always: *Você ~ diz o mesmo.* You always say the same thing. ◇ *Vivi ~ com os meus primos.* I've always lived with my cousins. ➲ *Ver nota em* ALWAYS LOC **como sempre** as usual ◆ **de sempre** (*habitual*) usual: *Nós nos encontramos no lugar de ~.* We'll meet in the usual place. ◆ **o de sempre** the usual (thing) ◆ **para sempre 1** (*permanentemente*) for good: *Estou deixando o Brasil para ~.* I'm leaving Brazil for good. **2** (*eternamente*) forever: *O nosso amor é para ~.* Our love will last forever. ◆ **sempre que...** whenever...: *Sempre que saímos de férias você fica doente.* Whenever we go on vacation you get sick. ◆ **sempre reto/em frente** straight on: *Siga ~ em frente até o fim da rua.* Go straight on to the end of the road. *Ver tb* DEVAGAR, QUASE

sem-terra *smf* landless person: *os ~* the landless

sem-teto *smf* homeless person: *os ~* the homeless

sem-vergonha *smf* scoundrel

senado *sm* senate ➲ *Ver nota em* CONGRESS

senador, -ora *sm-sf* senator

senão ▸ *conj* or else; otherwise (*mais formal*): *Cale-se, ~ vai apanhar.* Shut up, or else you'll get in trouble. ◇ *É melhor você vender agora, ~ vai perder dinheiro.* You'd better sell now, otherwise you'll lose money.
▸ *prep* but: *Você não faz nada ~ criticar.* You do nothing but criticize.
▸ *sm* fault: *Você encontra ~ em tudo.* You always find fault with everything.

senha *sf* **1** (*Informát*) password ➲ *Ver nota em* COMPUTADOR **2** (*caixa eletrônico*) PIN (number)

senhor ▸ *sm-sf* **1** (**a**) (*masc*) man (*pl* men): *Está aí um ~ que quer falar com você.* There's a man here who wants to talk to you. (**b**) (*fem*) lady (*pl* ladies) **2** (*antes do sobrenome*) (**a**) (*masc*) Mr.: *O ~ Lopes está?* Is Mr. Lopes in? (**b**) (*fem*) Mrs. **3** (*de cortesia*) (**a**) (*masc*) sir: *Bom dia, ~.* Good morning, sir. (**b**) (*fem*) madam (**c**) (*pl*) gentlemen/ladies: *Senhoras e senhores...* Ladies and gentlemen... **4** (*antes de cargo*): *o ~ Prefeito* the mayor **5** (*para chamar a atenção*) excuse me!: *(Minha) senhora! Deixou cair o bilhete.* Excuse me! You dropped your ticket.
▸ **senhor, -ora** *adj* lavish: *Eles deram uma senhora festa.* They held a lavish party. ◇ *Ele acaba de comprar um ~ apartamento.* He's just bought a luxury apartment.
▸ **Senhor** *sm* Lord
▸ **senhora** *sf* (*esposa*) wife (*pl* wives)
LOC **não senhor/senhora!** no way! ◆ **sim senhor!** too right!

senhorio, -a *sm-sf* **1** (*masc*) landlord **2** (*fem*) landlady (*pl* landladies)

senhorita *sf* Miss, Ms.

Utiliza-se **Miss** com o sobrenome ou com o nome e sobrenome: "Miss Jones" ou "Miss Mary Jones", no entanto nunca se utiliza só com o primeiro nome: *Telefone à Srta. Helena/à Srta. Helena Almeida.* Call Helena/Miss Helena Almeida.

Ms. é usado tanto para mulheres casadas como solteiras quando não se conhece (ou não se pretende diferenciar) o seu estado civil.

senil *adj* senile: *ficar ~* to go senile

sensação *sf* sensation: *causar ~* to cause a sensation

sensacional *adj* sensational

sensacionalista *adj* LOC *Ver* IMPRENSA

sensatez *sf* good sense

sensato, -a *adj* sensible

sensibilidade *sf* sensitivity

sensibilizar *vt* (*comover*) to touch

sensível *adj* **1** sensitive: *A minha pele é muito ~ ao sol.* My skin is very sensitive to the sun. ◇ *uma criança ~* a sensitive child **2** (*grande*) noticeable: *uma melhora ~* a noticeable improvement

senso *sm* sense: *~ de humor* sense of humor LOC **(bom) senso** (*sensatez*) (common) sense: *Você não tem o menor bom ~.* You're totally lacking in common sense. ◆ **ter o bom senso de...** to be sensible enough to...

sensual *adj* sensual

sentado, -a *adj* sitting; seated (*mais formal*): *Estavam ~s à mesa.* They were sitting at the table. ◇ *Ficaram ~s.* They remained seated. *Ver tb* SENTAR

sentar ▸ *vt* to sit *sb* (down): *Ele sentou o bebê no carrinho.* He sat the baby down in its stroller.
▸ **sentar-se** *vp* to sit (down): *Sente-se, por favor.* Sit down, please. ◇ *Nós nos sentamos no chão.* We sat (down) on the floor.

sentença *sf* (*Jur*) sentence LOC **passar uma sentença** to pass sentence (*on sb*) *Ver tb* PRONUNCIAR

sentenciar *vt* to sentence *sb* (*to sth*)

sentido ▸ *sm* **1** sense: *os cinco ~s* the five senses ◇ *Não faz ~.* It doesn't make sense. **2** (*significado*) meaning **3** (*direção*) direction
▸ *interj* **sentido!** attention LOC **perder/recuperar os sentidos** to lose/regain consciousness ◆ **pôr-se em sentido** to stand to attention ◆ **sem sentido 1** (*sem lógica*) meaningless **2** (*sem propósito*) pointless: *uma reunião sem ~* a pointless meeting ◆ **sem sentidos** unconscious ◆ **sentido proibido 1** (*em sinal de trânsito*) no entry **2**: *dirigir em sentido ~* to drive the wrong way ◆ **sentido único** one-way: *uma rua de ~ único* a one-way street *Ver tb* MUDANÇA, RECUPERAR, SEXTO

sentido, -a *adj* hurt: *estar ~ com algo* to be hurt about sth *Ver tb* SENTIR

sentimental *adj* **1** sentimental: *valor ~* sentimental value **2** (*vida*) love: *vida ~* love life

sentimento *sm* **1** feeling **2 sentimentos** (*pêsames*) condolences: *Os meus ~s.* My deepest condolences.

S

sentinela *sf* **1** (*Mil*) sentry (*pl* sentries) **2** (*vigia*) lookout: *estar de ~* to be on the lookout

sentir ▸ *vt* **1** to feel: *~ frio/fome* to feel cold/hungry **2** (*lamentar*) to be sorry about *sth*/(*that*)...: *Sinto muito não poder te ajudar.* I'm really sorry (that) I can't help you.
▸ **sentir-se** *vp* to feel: *Eu me sinto muito bem.* I feel fine. LOC **sentir cheiro de** to smell *sth* ◆ **sentir falta de alguém/algo** to miss sb/sth: *Sinto falta da minha cama.* I miss my own bed. ◆ **sentir gosto de** to taste *sth* ◆ **sinto muito** I'm (very) sorry ➲ *Ver nota em* SORRY *Ver tb* MEDO, NÁUSEA, PREGUIÇA, RAIVA, TESÃO

separação *sf* separation

separado, -a *adj* **1** (*estado civil*) separated: *—Solteira ou casada? —Separada.* "Married or single?" "Separated." **2** (*diferentes*) separate: *levar vidas separadas* to lead separate lives LOC **em separado** separately *Ver tb* SEPARAR

separar ▸ *vt* **1** to separate: *Separe as bolas vermelhas das verdes.* Separate the red balls from the green ones. **2** (*distanciar*) to move *sb/sth* away (*from sb/sth*) **3** (*guardar*) to put *sth* aside: *Separe um pão para mim.* Put a loaf aside for me.
▸ **separar-se** *vp* to separate; to split up (*mais coloq*): *Ela se separou do marido.* She separated from her husband. ◇ *Nós nos separamos no meio do caminho.* We split up halfway.

sepultar *vt* (*lit e fig*) to bury

sepultura *sf* grave

sequência *sf* sequence

sequer *adv* even: *Você nem ~ me telefonou.* You didn't even call me. ◇ *sem ~ se vestir* without even getting dressed LOC *Ver* NEM

sequestrador, -ora *sm-sf* **1** (*de pessoa*) kidnapper **2** (*de avião*) hijacker

sequestrar *vt* **1** (*pessoa*) to kidnap **2** (*avião*) to hijack

sequestro *sm* **1** (*pessoa*) kidnapping **2** (*avião*) hijacking

ser[1] ▸ *vi* **1** to be: *Ela é alta.* She's tall. ◇ *Sou de Pernambuco.* I'm from Pernambuco. ◇ *Dois e dois são quatro.* Two and two are four. ◇ *São sete horas.* It's seven o'clock. ◇ *—Quanto é? —São 320 reais.* "How much is it?" "(It's) 320 reals." ◇ *—Quem é? —É a Ana.* "Who's that?" "It's Ana." ◇ *Na minha família somos seis.* There are six of us in my family.

> Em inglês, utiliza-se o artigo indefinido **a/an** antes de profissões em orações com o verbo **be** se o substantivo for singular: *Ele é médico/engenheiro.* He's a doctor/an engineer.

2 ~ de (*material*) to be made of *sth*: *É de alumínio.* It's made of aluminum. **3 ~ sobre** (*filme, livro*) to be about *sth*: *O filme é sobre o quê?* What's the movie about? **4 ~ de** (*atividade, equipe, etc.*) to be a fan of *sth*: *É um concerto imperdível para quem é de música clássica.* The concert is unmissable for classical music fans.
▸ *v aux* to be: *Ele será julgado segunda-feira.* He will be tried on Monday. LOC **a não ser que...** unless... ◆ **como se (isso) fosse pouco** to top it all ◆ **é que...**: *É que não tenho vontade.* I just don't feel like it. ◆ **o que seja** whatever ◆ **ou seja** in other words: *No dia 17, ou seja, terça passada.* The 17th, in other words, last Tuesday. ◆ **se eu fosse...** if I were... ◆ **seja como for/seja o que for/seja quem for** no matter how/what/who: *Seja como for, nós vamos.* We're going no matter what. ◇ *Temos que ganhar seja como for.* We must win at all costs. ◆ **se não é/fosse por** if it weren't for *sb/sth* ◆ **se não fosse ele** if it weren't

for him, her, etc.: *Se não fosse ele, teriam me matado.* If it weren't for him, I would have been killed. ◆ **sou eu** it's me, you, etc. ❶ Para outras expressões com **ser**, ver os verbetes para o substantivo, adjetivo, etc., p.ex. **ser o cúmulo** em CÚMULO e **ser gago** em GAGO.

ser² *sm* being: *um ~ humano/vivo* a human/living being

serão *sm* LOC **fazer serão** to work late

sereia *sf* mermaid

sereno, -a ▸ *adj, sm* calm
▸ *sm (orvalho)* dew

seriado *sm* serial ➲ *Ver nota em* SERIES

série *sf* **1** *(conjunto, TV, etc.)* series *(pl* series*)*: *uma ~ de desastres* a series of disasters ◇ *uma ~ de TV* a TV series ➲ *Ver nota em* SERIES **2** *(escolar)* grade; year *(GB)*: *Passei para a sétima ~.* I'm going into seventh grade. LOC *Ver* FABRICAR

seringa *sf* syringe

sério, -a ▸ *adj* **1** serious: *um livro/assunto ~* a serious book/matter **2** *(responsável)* reliable: *Ele é um homem de negócios ~.* He's a reliable businessman. **3** *(honrado)* honest
▸ *adv* seriously: *Você está falando ~?* Are you serious? LOC **a sério** seriously: *levar algo a ~* to take sth seriously ◆ **tirar alguém do sério** to drive sb up the wall *Ver tb* FALAR

sermão *sm (Relig)* sermon LOC **dar/pregar (um) sermão** to give *sb* a lecture

serpentina *sf (de papel)* streamer

serra *sf* **1** *(ferramenta)* saw **2** *(região)* mountains *[pl]*: *uma casa na ~* a house in the mountains **3** *(Geog)* mountain range

serragem *sf* sawdust

serralheiro, -a *sm-sf* locksmith

serrar *vt* to saw *sth* (up): *Serrei a madeira.* I sawed up the wood.

serrote *sm* (hand)saw

sertanejo, -a ▸ *adj* from the countryside
▸ *sm-sf* person from the countryside

servente *sm (trabalhador)* laborer

serviço *sm* **1** service: *~ de ônibus* bus service ◇ *fazer o ~ militar* to do (your) military service **2** *(trabalho)* work: *Cheguei atrasado ao ~.* I was late for work. **3** *(tarefa)* job: *Tenho um ~ para você.* I have a job for you. LOC **de serviço** on duty: *estar de ~* to be on duty ◇ *o médico de ~* the doctor on duty ◆ **Serviço de Emergência** *(em hospital)* emergency room *(abrev* ER*)*; accident and emergency *(abrev* A & E*) (GB)* ◆ **serviço fúnebre** funeral ◆ **serviço público** civil service *Ver tb* PRESTAR

servidor *sm (Informát)* server

servir ▸ *vt, vi* **1** *(comida, bebida, Mil)* to serve: *Demoraram muito para nos ~.* They took a long time to serve us. ◇ *Sirvo-lhe um pouco mais?* Would you like some more? ◇ *~ na marinha* to serve in the navy **2** *(roupa)* to fit: *Estas calças não me servem mais.* These pants don't fit me any more.
▸ *vt* **1** ~ **de/como/para** to serve as *sth/to do sth*: *Serviu para esclarecer as coisas.* It served to clarify things. ◇ *A caixa me serviu de mesa.* I used the box as a table. **2** ~ **para** *(usar-se)* to be (used) for *doing sth*: *Serve para cortar.* It's used for cutting. ◇ *Para que é que serve?* What's it for? **3** ~ **de** *(atuar como)* to act as *sth*: *~ de intermediário* to act as an intermediary
▸ **servir-se** *vp (de comida)* to help yourself (*to sth*): *Eu me servi de salada.* I helped myself to salad. ◇ *Sirva-se.* Help yourself. LOC **não servir 1** *(utensílio)* to be no good (*for sth*): *Esta faca não serve para cortar carne.* This knife is no good for cutting meat. **2** *(pessoa)* to be no good *at sth*: *Não sirvo para ensinar.* I'm no good at teaching. ◆ **servir de pistolão** to pull strings (*for sb*)

sessão *sf* **1** session: *~ de treino/encerramento* training/closing session **2** *(Cinema)* showing **3** *(Teat)* performance LOC **sessão da tarde** matinée

sessenta *num numeral, sm* sixty: *~ e um, ~ e dois, etc.* sixty-one, sixty-two, etc. ◇ *os anos ~* the sixties ➲ *Ver pág. 756*

sesta *sf* nap: *fazer/tirar uma ~* to take a nap

seta *sf* arrow

sete *num numeral, sm* **1** seven **2** *(data)* seventh ➲ *Ver exemplos em* SEIS LOC **ter sete vidas** to have nine lives *Ver tb* CHAVE, PINTAR

setecentos, -as *num numeral, sm* seven hundred ➲ *Ver exemplos em* SEISCENTOS

setembro *sm* September *(abrev* Sept.*)* ➲ *Ver exemplos em* JANEIRO

setenta *num numeral, sm* seventy ➲ *Ver exemplos em* SESSENTA

setentrional *adj* northern

sétimo, -a *num numeral, sm* seventh ➲ *Ver exemplos em* SEXTO

setor *sm* **1** *(zona, indústria)* sector **2** *(grupo de pessoas)* section: *um pequeno ~ da população* a small section of the population LOC *Ver* EMBARQUE

seu, -a *pron* **1** *(seguido de substantivo)* **(a)** *(dele)* his **(b)** *(dela)* her **(c)** *(de objeto, animal, conceito)* its **(d)** *(deles, delas)* their **(e)** *(de você(s))* your **(f)** *(impessoal)* their: *Cada*

S

um tem a sua opinião. Everyone has their own opinion. **2** (*não seguido de substantivo*) (**a**) (*dele*) his (**b**) (*dela*) hers (**c**) (*deles, delas*) theirs (**d**) (*de você(s)*) yours ❶ Note que *um amigo seu* traduz-se por **a friend of yours**, etc. porque significa *um dos seus amigos*.

severo, -a *adj* **1** ~ **(com)** (*rígido*) strict: *O meu pai era muito ~ conosco.* My father was very strict with us. **2** (*castigo, crítica*) harsh **3** (*intenso*) severe: *um golpe ~* a severe blow

sexagésimo, -a *num numeral, sm* sixtieth: *Você é o ~ da lista.* You're (the) sixtieth on the list. ◇ *o ~ aniversário* the sixtieth anniversary ➲ *Ver pág. 756*

sexo *sm* sex

sexta-feira (*tb* **sexta**) *sf* Friday (*abrev* Fri.) ➲ *Ver exemplos em* SEGUNDA-FEIRA LOC **Sexta-feira Santa** Good Friday ♦ **sexta-feira treze** Friday the thirteenth

sexto, -a ▸ *num numeral* sixth: *a sexta filha* the sixth daughter ◇ *Ele é o ~ da família.* He's the sixth child in the family. ◇ *Fui o ~ a cruzar a linha de chegada.* I was the sixth to cross the finishing line. ◇ *D. João VI* John VI ❶ Lê-se "John the Sixth". ➲ *Ver pág. 756*

▸ *sm* sixth: *cinco ~s* five sixths ◇ *Moro no ~.* I live on the sixth floor. LOC **a/uma sexta parte** a sixth ♦ **sexto sentido** sixth sense

sexual *adj* **1** sexual: *assédio ~* sexual harassment **2** (*educação, órgãos, vida*) sex: *educação ~* sex education LOC *Ver* ÓRGÃO, RELAÇÃO

S

sexualidade *sf* sexuality

shopping (*tb* **shopping center**) *sm* (shopping) mall: *Você quer dar uma volta no ~?* Do you want to walk around the mall?

show *sm* show

si[1] *sm* (*Mús*) B: *si maior* B major

si[2] *pron* **1** (*ele*) himself: *Ele falava para si (mesmo).* He was talking to himself. **2** (*ela*) herself: *Ela só fala de si (mesma).* All she talks about is herself. **3** (*coisa*) itself: *O problema se resolveu por si (mesmo).* The problem resolved itself. **4** (*eles, elas*) themselves **5** (**a**) (*você*) yourself: *querer algo para si* to want sth for yourself (**b**) (*vocês*) yourselves ➲ *Ver nota em* YOU LOC **em si (mesmo)** in itself

siamês, -esa *adj* LOC **gêmeos/irmãos siameses** Siamese twins *Ver tb* GATO

siderurgia *sf* iron and steel industry

siderúrgica *sf* steelworks (*pl* steelworks)

siderúrgico, -a *adj* iron and steel: *o setor ~ brasileiro* the Brazilian iron and steel sector

sidra *sf* cider

sigilo *sm* secrecy

sigiloso, -a *adj* confidential

sigla *sf* acronym: *Qual é a ~ de...?* What's the acronym for...? ◇ *UE é a ~ da União Europeia.* UE stands for "União Europeia".

significado *sm* meaning

significar *vt* to mean *sth* (*to sb*): *O que significa esta palavra?* What does this word mean? ◇ *Ele significa muito para mim.* He means a lot to me.

significativo, -a *adj* significant: *um ~ aumento de salário* a significant raise

signo *sm* sign: *os ~s do zodíaco* the signs of the zodiac

sílaba *sf* syllable

silenciar *vt* **1** (*pessoa*) to silence **2** (*escândalo*) to hush *sth* up

silêncio *sm* silence: *A turma estava em ~ absoluto.* There was total silence in the classroom. ◇ *Silêncio, por favor.* Silence, please.

silenciosamente *adv* very quietly

silencioso, -a ▸ *adj* **1** (*em silêncio, calado*) silent: *A casa estava completamente silenciosa.* The house was totally silent. ◇ *um motor ~* a silent engine **2** (*tranquilo*) quiet: *uma rua muito silenciosa* a very quiet street

▸ *sm* (*de veículo*) muffler; silencer (*GB*)

silhueta *sf* silhouette

silício *sm* silicon: *uma plaqueta de ~* a silicon chip

silicone *sm* silicone LOC **pôr silicone** to have silicone implants

silvestre *adj* wild

sim *adv, sm* yes: —*Você quer um pouco mais?* —*Quero ~.* "Would you like a bit more?" "Yes, please." ◇ *Ele ainda não disse que ~.* He still hasn't said yes. ◇ *Ele respondeu com um tímido ~.* He replied with a shy yes.

simbólico, -a *adj* symbolic

simbolizar *vt* to symbolize

símbolo *sm* symbol

simétrico, -a *adj* symmetrical

similar *adj* ~ **(a)** similar (to *sb/sth*)

símio, -a *sm-sf* ape

simpatia *sf* (*atração*) liking LOC **ter simpatia por alguém** to like sb

simpático, -a *adj* nice: *Ela é uma moça muito simpática.* She's a very nice girl. ◇ *Ele me pareceu muito ~.* I thought he was very nice.

Note que **sympathetic** não significa "simpático", mas *compreensivo, solidário*: *Todos foram muito solidários.* Everyone was very sympathetic.

simpatizante *smf* sympathizer: *ser ~ do partido liberal* to be a liberal party sympathizer

simpatizar *vt* ~ **com** (*gostar de*) to like *sb/sth*: *Simpatizei com ele/o jeito dele.* I liked him/the look of him. ◇ *Nos simpatizamos com o bombeiro.* Our sympathies lie with the firefighter.

simples *adj* **1** simple: *O problema não é tão ~ como parece.* The problem's not as simple as it looks. ◇ *uma refeição ~* a simple meal ◇ *O coitado do rapaz é um pouco ~.* The poor boy's a little simple. **2** (*mero*): *É uma ~ formalidade.* It's just a formality. **3** (*único*) single **LOC** *Ver* BILHETE

simplicidade *sf* simplicity

simplificar *vt* to simplify

simulado, -a ▸ *adj* **1** simulated **2** (*exame*) practice; mock (*GB*)
▸ *sm* practice test; mock (*GB*)

simultâneo, -a *adj* simultaneous

sina *sf* fate

sinagoga *sf* synagogue

sinal *sm* **1** sign: *É um bom/mau ~.* It's a good/bad sign. ◇ *em ~ de protesto* as a sign of protest **2** (*de trânsito*) (**a**) (*placa*) road sign (**b**) (*semáforo*) traffic light: *O ~ abriu/fechou.* The traffic light turned green/red. **3** (*de pontuação*) punctuation mark **4** (*telefone*) tone: *o ~ de discar/ocupado* the dial tone/busy signal **5** (*pinta na pele*) mole **6** (*campainha*) bell **7** (*pagamento*) deposit **LOC** **dar sinal/sinais** to show signs *of sth/doing sth* ◆ **fazer sinal** to signal(*to sb*)(*to do sth*): *O motorista fazia ~ para mim.* The driver was signaling to me. ◇ *Ele me fez ~ para entrar.* He signaled to me to come in. ◆ **por sinal** by the way: *Vou encontrá-la na terça, que por ~, é seu aniversário.* I'm meeting her on Tuesday, which is her birthday, by the way. ◆ **sinal de via preferencial** yield; give way (*GB*): *Não vi o ~ de via preferencial.* I didn't see the Yield sign. ◆ **sinal luminoso** flare ◆ **sinal verde** green light *Ver tb* NASCENÇA

sinalização *sf* (*rodoviária*) road signs [*pl*]

sinalizar *vt* to signpost

sinceridade *sf* sincerity

sincero, -a *adj* sincere **LOC** **para ser sincero** to be honest

sincronizar *vt* to synchronize

sindicato *sm* (labor) union; (trade) union (*GB*): *o ~ dos mineiros* the miners' union

síndico *sm* building manager

síndrome *sf* syndrome **LOC** **síndrome de abstinência** withdrawal symptoms [*pl*] ◆ **síndrome de deficiência imunológica adquirida** acquired immune deficiency syndrome (*abrev* AIDS)

sinfonia *sf* symphony (*pl* symphonies)

sinfônico, -a *adj* **1** (*música*) symphonic **2** (*orquestra*) symphony: *orquestra sinfônica* symphony orchestra

singelo, -a *adj* simple

singular *adj* **1** (*único*) unique: *Ele é uma pessoa ~.* He's unique. **2** (*Gram*) singular

sinistro, -a *adj* sinister: *aspecto ~* sinister appearance

sino *sm* bell: *Soaram os ~s.* The bells rang out. **LOC** *Ver* BOCA

sinônimo, -a ▸ *adj* ~ **(de)** synonymous (with *sth*)
▸ *sm* synonym

sinopse *sf* (*de filme, livro, etc.*) synopsis (*pl* synopses)

síntese *sf* synthesis (*pl* syntheses) **LOC** **fazer uma síntese de** to sum *sth* up

sintético, -a *adj* **1** (*resumido*) concise **2** (*artificial*) synthetic

sintetizador *sm* synthesizer

sintoma *sm* symptom

sintonizador *sm* tuner

sintonizar *vt, vi* to tune (*sth*) in (*to sth*): *~ a BBC* to tune in to the BBC

sinuca *sf* snooker ➲ *Ver nota em* BILHAR

sinuoso, -a *adj* (*rio, estrada, etc.*) winding

sinusite *sf* sinusitis

sirene *sf* siren: *~ da polícia* police siren

siri *sm* crab

sírio, -a *adj* **LOC** *Ver* PÃO

sísmico, -a *adj* seismic **LOC** *Ver* ABALO

siso *sm* **LOC** *Ver* DENTE

sistema *sm* system: *~ político/educacional* political/educational system ◇ *o ~ solar* the solar system ◇ *~ operacional* operating system

sisudo, -a *adj* serious

site *sm* (web)site **LOC** *Ver* BUSCA

sítio *sm* **1** (*chácara*) small property in the country **2** (*cerco*) siege: *estado de ~* state of siege

situação *sf* situation: *Assim você me deixa numa ~ difícil.* You're putting me in an awkward situation. **LOC** *Ver* ALTURA

situado, -a *adj* situated *Ver tb* SITUAR

situar ▸ *vt* **1** (*colocar, edificar*) to place: *Situaram as tropas em volta do edifício.* They placed the troops around the building. ◇ *Resolveram ~ a nova ponte mais para norte.* They decided to place

S

the new bridge further to the north. **2** (*em mapa*) to find: *Situe Angola no mapa.* Find Angola on the map. **3** (*romance, filme*) to set *sth in...*
▸ **situar-se** *vp* **1** (*pôr-se*) to position yourself **2** (*estar situado*) to be situated

skate *sm* **1** (*prancha*) skateboard **2** (*Esporte*) skateboarding LOC **skate elêtrico** electric skateboard

skatista *smf* skateboarder

slide *sm* slide: *um ~ em cores* a color slide

slogan *sm* slogan

smartphone *sm* smartphone

smoking *sm* tuxedo (*pl* **tuxedos**); dinner jacket (*GB*)

SMS *sm* text (message)

só ▸ *adj* **1** (*sem companhia*) alone: *Ela estava só em casa.* She was alone in the house. **2** (*solitário*) lonely: *Ela é uma pessoa muito só.* She's a very lonely person.
▸ *adv* (*tb* **somente**) only: *Só trabalho aos sábados.* I only work on Saturdays. ◇ *Só te peço uma coisa.* I'm asking you only one thing. LOC **estar/sentir-se só** to be/feel lonely ◆ **não só...como/mas também...** not only...but also...

soar *vi* **1** (*alarme, sirene*) to go off **2** (*campainha, sino, telefone*) to ring **3** (*parecer*) to sound: *Como te soa este parágrafo?* How does this paragraph sound to you?

sob *prep* under

S

soberano, -a *adj, sm-sf* sovereign

sobra *sf* **1** (*excesso*) surplus **2 sobras** leftovers LOC **de sobra 1** (*suficiente*) plenty (of *sth*): *Há comida de ~.* There's plenty of food. ◇ *Temos tempo de ~.* We have plenty of time. **2** (*em demasia*) too much/many...: *Tenho trabalho de ~.* I have too much work.

sobrancelha *sf* eyebrow LOC *Ver* FRANZIR

sobrar *vi* **1** (*restar*) to be left (over): *Sobrou queijo de ontem.* There's some cheese left (over) from last night. **2** (*haver mais do que o necessário*) to be too much/many: *Sobram duas cadeiras.* There are two chairs too many. **3** (*estar de mais*) to be in the way: *Estamos sobrando aqui.* We're in the way here. LOC **sobrar algo a alguém** to have sth left: *Sobraram-me dois doces.* I have two pieces of candy left.

sobre *prep* **1** (*em cima de*) on: *~ a mesa* on the table **2** (*por cima, sem tocar*) over: *Voamos ~ o Rio de Janeiro.* We flew over Rio de Janeiro. **3** (*a respeito de*) about: *um filme ~ a Escócia* a movie about Scotland **4** (*num total de*) out of: *oito ~ dez* eight out of ten

sobreaviso *sm* LOC **estar/ficar de sobreaviso** to be on your guard

sobrecarregar *vt* to overload

sobreloja *sf* (*num edifício*) mezzanine

sobremesa *sf* dessert: *O que a gente tem de ~?* What's for dessert? ◇ *Comi bolo de ~.* I had cake for dessert. LOC *Ver* PRATO

sobrenatural *adj* supernatural

sobrenome *sm* family/last name; surname (*GB*)

sobrepeso *sm*: *crianças com ~* overweight children ◇ *evitar o ~* to prevent people from becoming overweight

sobressair *vi* to stick out; to protrude (*formal*)

sobressalente *adj* spare

sobressaltar *vt* to startle

sobressalto *sm* (*susto*) fright

sobretaxa *sf* surcharge

sobretudo[1] *sm* overcoat

sobretudo[2] *adv* especially ➲ *Ver nota em* SPECIALLY

sobrevivência *sf* survival

sobrevivente ▸ *adj* surviving
▸ *smf* survivor

sobreviver *vi* to survive

sobrevoar *vt, vi* to fly over (*sth*)

sobrinho, -a *sm-sf* **1** (*masc*) nephew **2** (*fem*) niece

> Às vezes dizemos *sobrinhos* ao nos referir a sobrinhos e sobrinhas. Nesses casos devemos dizer em inglês **nephews and nieces**: *Quantos sobrinhos você tem?* How many nephews and nieces do you have?

sóbrio, -a *adj* sober

social *adj* social LOC *Ver* ASSISTÊNCIA, ASSISTENTE, COLUNA, INSTITUTO, MÍDIA, PREVIDÊNCIA, ROUPA

socialismo *sm* socialism

socialista *adj, smf* socialist

sociável *adj* sociable

sociedade *sf* **1** society (*pl* **societies**): *~ de consumo* consumer society **2** (*Com*) company (*pl* **companies**) **3** (*parceria*) partnership LOC **sociedade anônima** public corporation; public limited company (*abrev* plc) (*GB*) ◆ **sociedade limitada** limited company (*abrev* Ltd)

sócio, -a *sm-sf* **1** (*clube*) member: *tornar-se ~ de um clube* to become a member of a club/to join a club **2** (*Com*) partner

sociologia *sf* sociology

sociólogo, -a *sm-sf* sociologist

soco *sm* punch: *Ele me deu um ~ no estômago.* He punched me in the stomach.

socorrer *vt* to help

socorro *sm, interj* help: *um pedido de ~* a cry for help LOC *Ver* ESTOJO, PRIMEIRO

soda *sf* **1** (*bicarbonato*) baking soda; sodium bicarbonate (*GB*) **2** (*bebida*) soda (water) LOC **soda (limonada)** soda; lemonade (*GB*)

sofá *sm* couch

sofá-cama *sm* sofa bed

sofisticado, -a *adj* sophisticated

sofrer ▸ *vt* **1** to have: *~ um acidente/ataque do coração* to have an accident/a heart attack ◇ *A cidade sofre com problemas de trânsito.* The city has traffic problems. **2** (*lesão, derrota, etc.*) to suffer **3** (*mudança*) to undergo
▸ *vi* ~ **(de)** to suffer (from *sth*): *Ele sofre de dor de cabeça/nas costas.* He suffers from headaches/backache. LOC **sofrer do coração** to have heart trouble ◆ **sofrer erosão** to erode ◆ **sofrer uma desilusão** to be disappointed: *Sofri uma desilusão amorosa.* I was unlucky in love.

sofrimento *sm* suffering

sofrível *adj* (*aceitável*) passable

sogro, -a *sm-sf* **1** (*masc*) father-in-law **2** (*fem*) mother-in-law **3 sogros** parents-in-law; in-laws (*coloq*)

soja *sf* soy; soya (*GB*) LOC *Ver* GRÃO

sol[1] *sm* sun: *O ~ batia no meu rosto.* The sun was shining on my face. ◇ *sentar-se ao/no ~* to sit in the sun ◇ *uma tarde de ~* a sunny afternoon LOC **de sol a sol** from morning to night ◆ **fazer sol** to be sunny ◆ **pôr do sol** sunset ◆ **tomar sol** to sunbathe *Ver tb* BANHO, LUZ, NASCER

sol[2] *sm* (*Mús*) G: *~ bemol* G flat LOC *Ver* CLAVE

sola *sf* sole: *sapatos com ~ de borracha* rubber-soled shoes

solar[1] *adj* (*do sol*) solar LOC *Ver* FILTRO, QUEIMADURA, TETO

solar[2] *sm* manor (house)

solavanco *sm* jolt

soldado *sm* soldier

soldar *vt* to solder

soleira *sf* (*de porta*) threshold

solene *adj* solemn

soletrar *vt* to spell

solicitação *sf* request

solicitar *vt* to request: *~ uma entrevista* to request an interview

solícito, -a *adj* (*prestativo*) helpful

solidão *sf* loneliness; solitude (*mais formal*)

solidariedade *sf* solidarity

solidário, -a *adj* supportive LOC **ser solidário com** to support *sb/sth*

solidez *sf* solidity

solidificar *vt, vi* to solidify

sólido, -a *adj, sm* solid

solista *smf* soloist

solitário, -a *adj* **1** (*sozinho*) solitary: *Ela leva uma vida solitária.* She leads a solitary life. **2** (*lugar*) lonely: *as ruas solitárias* the lonely streets

solo[1] *sm* **1** (*superfície da terra*) ground **2** (*terra*) soil

solo[2] *sm* (*Mús*) solo (*pl* solos): *tocar/cantar um ~* to play/sing a solo

soltar ▸ *vt* **1** (*largar*) to let go of *sb/sth*: *Solte essa criança!* Let go of that child! **2** (*deixar cair*) to drop ➲ *Ver nota em* DROP **3** (*libertar*) to release **4** (*cão*) to set *sth* loose **5** (*cabo, corda, grito, suspiro*) to let *sth* out: *Solte um pouco a corda.* Let the rope out a little. ◇ *~ um suspiro de alívio* to let out a sigh of relief **6** (*fumaça, cheiro*) to give *sth* off: *A chaminé estava soltando muita fumaça.* The chimney was giving off a lot of smoke. **7** (*velas*) to unfurl
▸ **soltar-se** *vp* **1** (*desprender-se*) to come/work loose **2** (*botão*) to come undone: *O botão da minha saia se soltou.* The button on my skirt came undone. LOC **soltar o cabelo** to let your hair down *Ver tb* PALAVRÃO

solteirão, -a *sm-sf* **1** (*masc*) bachelor **2** (*fem*) spinster ➲ *Ver nota em* SPINSTER

solteiro, -a ▸ *adj* single: *ser/estar ~* to be single
▸ *sm-sf* single man/woman (*pl* men/women) LOC *Ver* CAMA, DESPEDIDA, MÃE, NOME, QUARTO

solto, -a *adj* loose: *uma página solta/um parafuso ~* a loose page/screw ◇ *Uso sempre o cabelo ~.* I always wear my hair loose.

solução *sf* solution (*to sth*): *encontrar uma ~ para o problema* to find a solution to the problem

soluçar *vi* **1** (*chorar*) to sob **2** (*Med*) to hiccup

solucionar *vt* to solve: *~ um problema* to solve a problem

soluço *sm* **1** (*ao chorar*) sob **2** (*Med*) hiccup: *estar com ~(s)* to have the hiccups

solúvel *adj* soluble LOC *Ver* CAFÉ

solvente *adj, sm* solvent

som *sm* **1** sound: *Esta parede tem um ~ oco.* This wall sounds hollow. **2** (*música*) music: *Rolou um ~ legal na festa.* The music was great at the party. LOC *Ver* APARELHAGEM, APARELHO, PLACA, PROVA

S

soma *sf* sum: *fazer uma ~* to do a sum

somar *vt, vi* to add: *Some dois mais cinco.* Add two and five. ◇ *Vocês sabem ~?* Can you add?

sombra *sf* **1** (*ausência de sol*) shade: *Nós nos sentamos à/na ~.* We sat in the shade. ◇ *A árvore fazia ~ no carro.* The car was shaded by the tree. ◇ *Você está fazendo ~.* You're keeping the sun off me. **2** (*silhueta*) shadow: *projetar uma ~* to cast a shadow ◇ *Ela não é nem a ~ do que era.* She's a shadow of her former self. LOC **sem sombra de dúvida** undoubtedly ♦ **sombra (para os olhos)** eyeshadow

sombra

a **shadow** They're sitting in the **shade**.

sombreado, -a *adj* shady

sombrinha *sf* **1** (*guarda-sol*) sunshade **2** (*guarda-chuva*) umbrella

somente *adv Ver* SÓ

sonâmbulo, -a *sm-sf* sleepwalker

sonda *sf* (*Med*) probe LOC **sonda espacial** space probe

sondagem *sf* (*opinião, mercado*) poll: *uma ~ de opinião* an opinion poll

sondar *vt* **1** (*pessoa*) to sound *sb* out (*about/on sth*) **2** (*opinião, mercado*) to test LOC **sondar o terreno** (*averiguar*) to see how the land lies

soneca *sf* nap: *tirar uma ~* to take a nap

sonegar *vt* to evade

sonhador, -ora *sm-sf* dreamer

sonhar *vt, vi* **1 ~ (com)** (*dormindo*) to dream (about *sb/sth*): *Ontem à noite sonhei com você.* I dreamed about you last night. ◇ *Não sei se sonhei.* I don't know if I dreamed it. **2 ~ (em)** (*desejar*) to dream (of *doing sth*): *Sonham em ser famosos.* They dream of becoming famous. LOC **nem sonhando!** no chance! ♦ **sonhar acordado** to daydream ♦ **sonhar com os anjos** to have sweet dreams

sonho *sm* **1** (*dormindo, aspiração*) dream **2** (*Cozinha*) doughnut ➲ *Ver ilustração em* PÃO LOC **de sonho** dream: *uma casa de ~* a dream home ♦ **nem em sonho!** no chance! ♦ **sonho de consumo**: *Meu ~ de consumo é um apartamento com vista para o mar.* I'd love to buy an ocean-view apartment.

sonífero *sm* sleeping pill

sono *sm* **1** (*descanso*) sleep: *por falta de ~* due to lack of sleep ◇ *sono leve/pesado* light/deep sleep ◇ *Não deixe que isso lhe tire o ~.* Don't lose any sleep over it. **2** (*sonolência*) drowsiness LOC **dar sono 1** (*medicação*) to make *sb* drowsy: *Estes comprimidos dão ~.* These pills make you drowsy. **2** (*filme, discurso, etc.*) to send *sb* to sleep ♦ **estar caindo/morrendo de sono** to be dead on your feet ♦ **estar com/ter sono** to be sleepy *Ver tb* FERRADO, PEGAR, RECUPERAR

sonolento, -a *adj* sleepy

sonoro, -a *adj* **1** (*relativo ao som*) sound: *efeitos ~s* sound effects **2** (*voz*) loud LOC *Ver* TRILHA

sopa *sf* soup: *colher de ~* soup spoon LOC *Ver* PRATO

soprano *sf* soprano (*pl* sopranos)

soprar ▸ *vt* **1** (*para apagar*) to blow *sth* out: *~ uma vela* to blow out a candle **2** (*para esfriar*) to blow on *sth*: *~ a sopa* to blow on your soup
▸ *vi* to blow

sopro *sm* **1** blow: *Ele apagou todas as velas com um ~ só.* He blew out all the candles in one go. **2** (*vento*) gust

soquete *sf* sock

sórdido, -a *adj* sordid

soronegativo, -a *adj* HIV-negative

soropositivo, -a *adj* HIV-positive

sorridente *adj* smiling

sorrir *vi* to smile: *Ele sorriu para mim.* He smiled at me.

sorriso *sm* smile

sorte *sf* **1** luck: *Boa ~ no exame!* Good luck with your test! ◇ *dar/trazer boa/má ~* to bring good/bad luck ◇ *Que ~!* What a stroke of luck! **2** (*destino*) fate LOC **à sorte** at random ♦ **de sorte** lucky: *o meu número de ~* my lucky number ♦ **por sorte** fortunately ♦ **sorte grande** (*loteria*) first prize ♦ **ter pouca/má sorte** to be unlucky: *ter a má ~ de...* to be unlucky enough to... ♦ **ter sorte** to be lucky ♦ **tirar à sorte** to draw lots for *sth*: *Tiramos à ~.* We drew lots for it. *Ver tb* LER

sortear *vt* **1** (*tirar à sorte*) to draw lots for *sth* **2** (*rifar*) to raffle

sorteio *sm* **1** (*loteria*) draw **2** (*rifa*) raffle

sortido, -a *adj* (*variado*) assorted: *bombons ~s* assorted chocolates

sortimento *sm* selection: *Eles não têm um bom ~.* They don't have a very good selection.

sortudo, -a ▸ *adj* lucky
▸ *sm-sf* lucky person (*pl* **people**): *Você é um ~.* You're so lucky.

sorver *vt, vi* **1** to sip **2** (*com canudo*) to suck

sorvete *sm* **1** ice cream: *~ de chocolate* chocolate ice cream **2** (*feito com água*) sorbet

sorveteria *sf* ice-cream parlor

S.O.S. *sm* SOS: *enviar um ~* to send out an SOS

sósia *smf* double

sossegado, -a *adj* quiet: *deixar alguém ~* to leave sb in peace *Ver tb* SOSSEGAR

sossegar *vt, vi* to calm (*sb/sth*) down

sossego *sm* peace (and quiet)

sótão *sm* attic

sotaque *sm* accent: *falar com um ~ estrangeiro* to speak with a foreign accent

sova *sf* beating

sovaco *sm* armpit

sovina ▸ *adj* (*pessoa*) stingy
▸ *smf* miser

sozinho, -a *adj* **1** (*sem companhia*) alone: *Ela estava sozinha em casa.* She was alone in the house. **2** (*sem ajuda*) by myself, yourself, etc.: *Ele já come ~.* He can eat by himself now. ➲ *Ver nota em* ALONE

squash *sm* squash

standard *adj, sm* standard

status *sm* status

stress *sm Ver* ESTRESSE

suado, -a *adj* sweaty *Ver tb* SUAR

suar *vi* to sweat LOC **suar em bicas** to drip with sweat ◆ **suar frio** to come out in a cold sweat ◆ **suar sangue** to sweat blood

suave *adj* **1** (*cor, luz, música, pele, roupa, voz*) soft **2** (*superfície*) smooth **3** (*brisa, pessoa, curva, descida, som, exercícios*) gentle **4** (*castigo, clima, sabor*) mild **5** (*cheiro, perfume*) delicate **6** (*chuva, vento*) light

subconsciente *adj, sm* subconscious

subdesenvolvido, -a *adj* underdeveloped

subdesenvolvimento *sm* underdevelopment

subemprego *sm* (*Econ*) underemployment

subentender *vt* to assume: *Pelo seu comentário, subentende-se que você não gostou do filme.* From what you say, I assume you didn't like the movie.

subestimar *vt* to underestimate

subida *sf* **1** (*ação*) ascent **2** (*ladeira*) slope: *no alto desta ~* at the top of this slope **3** (*aumento*) rise (*in sth*): *uma ~ de preços* a rise in prices

subir ▸ *vt* **1** (*ir/vir para cima*) to go/come up *sth*: *~ uma rua* to go up a street **2** (*montanha, escada*) to climb: *~ o Everest* to climb Everest **3** (*pôr mais para cima*) to put *sth* up: *Suba o quadro um pouquinho.* Put the picture up a bit. **4** (*levantar*) to lift *sth* up: *Ele subiu a bagagem para o trem.* He lifted the baggage onto the train. **5** (*levar*) to take/bring *sth* up: *Ele subiu as malas até o quarto.* He took the suitcases up to the room. **6** (*preços*) to put *sth* up; to raise (*mais formal*) **7** (*persiana*) to raise
▸ *vi* **1** (*ir/vir para cima*) to go/come up: *~ no telhado* to go up onto the roof ◇ *Subam aqui para ver melhor.* Come up here so you can see better. **2** (*trepar*) to climb: *Ela gosta de ~ em árvores.* She loves climbing trees. **3** (*temperatura, rio*) to rise **4** (*maré*) to come in **5** (*preços*) to go up (in price): *A gasolina subiu.* Gasoline has gone up (in price). **6** ~ **(em)** (*transporte público, cavalo, bicicleta*) to get on (*sth*): *Subiram dois passageiros.* Two passengers got on. LOC **subir à cabeça (de alguém)** (*bebida, sucesso, cargo*) to go to sb's head ◆ **subir pelas paredes** (*ficar furioso*) to hit the roof *Ver tb* ESCADA

súbito, -a *adj* sudden

subjetivo, -a *adj* subjective

subjuntivo *sm* (*Gram*) subjunctive

sublinhar *vt* to underline

sublocar *vt* to sublet

submarino, -a ▸ *adj* underwater
▸ *sm* submarine

submergir *vt* to submerge

submeter ▸ *vt* **1** (*dominar*) to subdue **2** (*expor*) to subject *sb/sth to sth*: *~ os presos a torturas* to subject prisoners to torture **3** (*procurar aprovação*) to submit *sth* (*to sb/sth*): *Eles têm que ~ o projeto ao conselho.* They have to submit the plan to the council.
▸ **submeter-se** *vp* **submeter-se a 1** (*aceitar*) to submit to *sth*: *Ele se submeteu às exigências dela.* He submitted to her demands. **2** (*sofrer*) to undergo: *Ele se submeteu a várias operações.* He underwent several operations. LOC **submeter à votação** to put *sth* to the vote

submisso, -a *adj* submissive

submundo *sm* underworld

subnutrido, -a *adj* undernourished

S

subordinado, -a *adj, sm-sf* subordinate

subornar *vt* to bribe

suborno *sm* **1** (*ação*) bribery [*não contável*]: ***tentativa de ~*** attempted bribery **2** (*dinheiro*) bribe: ***aceitar ~s*** to accept/take bribes

subsidiar *vt* to subsidize

subsídio *sm* subsidy (*pl* **subsidies**)

subsistir *vi* to subsist (*on sth*)

subsolo *sm* basement

substância *sf* substance

substancial *adj* substantial

substantivo *sm* noun

substituição *sf* **1** (*permanente*) replacement **2** (*temporária, Esporte*) substitution

substituir *vt* **1** (*permanentemente*) to replace *sb/sth* (*with sb/sth*) **2** (*pontualmente*) to stand in for *sb*: ***O meu ajudante vai me ~.*** My assistant will stand in for me.

substituto, -a *adj, sm-sf* **1** (*permanente*) replacement: ***Estão à procura de um ~ para o chefe de pessoal.*** They're looking for a replacement for the personnel manager. **2** (*suplente*) substitute: ***um professor ~*** a substitute teacher

subterrâneo, -a *adj* underground **LOC** *Ver* PASSAGEM

subtração *sf* (*Mat*) subtraction

subtrair *vt* to take *sth* away; to subtract (*mais formal*): ***~ três de sete*** to take three away from seven

subúrbio *sm* **1** (*arredores*) suburb ❶ Em inglês a palavra **suburb** normalmente se refere a bairros de classe média. **2** (*bairro pobre*) slum

sucata *sf* scrap: ***vender um carro para ~*** to sell a car for scrap

suceder ▸ *vi* (*acontecer*) to happen (*to sb/sth*): ***Eu me lembrei do que havia sucedido aquela noite.*** I remembered what had happened that night.
▸ *vt* (*cargo, trono*) to succeed (*to sth*): ***O filho vai sucedê-lo no trono.*** His son will succeed to the throne.

sucessão *sf* succession

sucessivamente *adv* successively **LOC** *Ver* ASSIM

sucesso *sm* **1** (*êxito*) success: ***ter ~*** to be successful **2** (*Mús, Cinema*) hit: ***o seu último ~ comercial*** his latest box-office hit **LOC** *Ver* CONQUISTAR, PARADA

sucessor, -ora *sm-sf* **~ (a/de)** successor (*to sb/sth*): ***Ainda não nomearam a sucessora dela.*** They haven't yet named her successor.

suco *sm* juice: ***~ de laranja feito na hora*** freshly squeezed orange juice

suculento, -a *adj* **1** (*com bastante sumo*) juicy; succulent (*mais formal*) **2** (*apetitoso*) appetizing

sucursal *sf* branch

sudeste *adj, sm* **1** (*ponto cardeal, região*) southeast (*abrev* SE): ***a fachada ~ do edifício*** the south-east face of the building **2** (*vento, direção*) south-easterly: ***em direção ao ~*** in a south-easterly direction

súdito, -a *sm-sf* subject: ***um ~ britânico*** a British subject

sudoeste *adj, sm* **1** (*ponto cardeal, região*) southwest (*abrev* SW) **2** (*vento, direção*) south-westerly

suéter *sm* sweater

suficiente *adj* enough: ***Não há arroz ~ para tantas pessoas.*** There isn't enough rice for all these people. ◇ ***Serão ~s?*** Will there be enough (of them)? ◇ ***Ganho o ~ para viver.*** I earn enough to live on.

sufocante *adj* **1** (*escaldante*) stifling: ***Estava um calor ~.*** It was stiflingly hot. **2** (*asfixiante*) suffocating

sufocar ▸ *vt* **1** (*asfixiar*) to suffocate: ***A fumaça estava me sufocando.*** The smoke was suffocating me. **2** (*rebelião*) to put *sth* down
▸ *vi* to suffocate: ***Eu estava quase sufocando no metrô.*** I was almost suffocating on the subway.

sufoco *sm* **1** (*calor*): ***Que ~! Abra um pouco a janela.*** It's so hot in here! Open the window a little. **2** (*preocupação, agitação*) hassle: ***Ainda bem que o ~ dos exames já passou.*** I'm glad all the hassle of the exams is over.

sugerir *vt* to suggest *doing sth/that...*: ***Ele sugeriu que fôssemos embora.*** He suggested (that) we should leave. ◇ ***Sugiro que vamos ao cinema esta tarde.*** I suggest we go to the movies this evening.

sugestão *sf* suggestion

suicidar-se *vp* to commit suicide

suicídio *sm* suicide

suíno *sm* pig ➲ *Ver nota em* PORCO **LOC** *Ver* GADO

suíte *sf* suite

sujar ▸ *vt* to get *sth* dirty: ***Não suje a mesa.*** Don't get the table dirty. ◇ ***Você sujou o vestido de óleo.*** You got oil on your dress.
▸ **sujar-se** *vp* to get dirty

sujeira *sf* **1** dirt **2** (*sacanagem*) dirty trick **LOC** **fazer sujeira** to make a mess ♦ **fazer sujeira com alguém** to play a dirty trick on sb

sujeitar ▸ *vt* to subject *sb/sth to sth*
▸ **sujeitar-se** *vp* (*arriscar-se*) to risk *sth*:

S

Você se sujeita a ser multado. You're risking a fine.

sujeito, -a ▸ *adj* ~ **a** subject to *sth*: *Estamos ~s às regras do clube.* We are subject to the rules of the club.
▸ *sm* **1** (*tipo*) character **2** (*Gram*) subject

sujo, -a *adj* dirty **LOC** *Ver* BOCA, CESTO, JOGO

sul *adj, sm* south (*abrev* S): *no ~ da França* in the south of France ◇ *Fica ao ~ de Recife.* It's south of Recife. ◇ *na costa ~* on the south coast **LOC** *Ver* AMÉRICA

sulco *sm* **1** (*Agric, ruga*) furrow **2** (*disco, metal*) groove

sulista ▸ *adj* southern
▸ *smf* southerner

sultão, -ana *sm-sf* **1** (*masc*) sultan **2** (*fem*) sultana

suma *sf* **LOC** **em suma** in short

sumir *vi* **1** to vanish **2** ~ **com** to swipe *sth*

sumo *sm* (fruit) juice

sunga *sf* swimming trunks [*pl*] ➲ *Ver notas em* CALÇA, PAIR

sunita *adj, smf* (*Relig*) Sunni

suor *sm* sweat

superar ▸ *vt* **1** (*dificuldade, problema*) to overcome; to get over *sth* (*mais coloq*): *Superei o medo de voar.* I got over my fear of flying. **2** (*rival, recorde*) to beat **3** (*prova*) to pass **4** (*fazer melhor*) to surpass: *~ as expectativas* to surpass expectations ◇ *O time francês superou os italianos no jogo.* The French team outplayed the Italians.
▸ **superar-se** *vp* to excel yourself: *Nesse jogo os brasileiros se superaram.* The Brazilians really excelled themselves in this match.

superdotado, -a *adj* (*gênio*) gifted

superestimar *vt* to overestimate

superficial *adj* superficial

superfície *sf* **1** surface: *a ~ da água* the surface of the water **2** (*Mat, extensão*) area

supérfluo, -a *adj* **1** superfluous: *detalhes ~s* superfluous details **2** (*despesas*) unnecessary

super-herói *sm* superhero (*pl* superheroes)

superior ▸ *adj* **1** ~ (**a**) higher (than *sb/sth*): *um número 20 vezes ~ ao normal* a figure 20 times higher than normal ◇ *ensino ~* higher education **2** ~ (**a**) (*qualidade*) superior (to *sb/sth*): *Ele era ~ ao rival.* He was superior to his rival. **3** (*posição*) top: *o canto ~ esquerdo* the top left-hand corner ◇ *lábio ~* upper lip **4** (*oficial*) senior **5** (*Mil*) superior
▸ *sm* superior **LOC** *Ver* ENSINO, ESCOLA, MADRE

superioridade *sf* superiority

superlotado, -a *adj* packed: *Os ônibus estão sempre ~s.* The buses are always packed.

supermercado *sm* supermarket

superpovoado, -a *adj* overpopulated

superstição *sf* superstition

supersticioso, -a *adj* superstitious

supervisionar *vt* to supervise

suplemento *sm* supplement

súplica *sf* plea

suplicar *vt* to beg (*sb*) (*for sth*): *Eu supliquei a ele que não o fizesse.* I begged him not to do it.

suplício *sm* **1** (*tortura*) torture: *Estes saltos são um ~.* These high heels are torture. **2** (*experiência*) ordeal: *Aquelas horas de incerteza foram um ~.* Those hours of uncertainty were an ordeal.

supor *vt* to suppose: *Suponho que eles virão.* I suppose they'll come. ◇ *Suponho que sim/não.* I suppose so/not. **LOC** **supondo/suponhamos que...** supposing...

suportar *vt* **1** (*pessoa, situação*) to put up with *sb/sth*: *~ o calor* to put up with the heat ❶ Quando a frase é negativa, geralmente se utiliza **stand**: *Não a suporto.* I can't stand her. ◇ *Não suporto ter que esperar.* I can't stand waiting. **2** (*peso, pressão, dor*) to withstand **3** (*sustentar*) to support: *São as vigas que suportam o telhado.* The beams support the roof.

suporte *sm* **1** support **2** (*de prateleira*) bracket

suposição *sf* supposition

suposto, -a *adj* (*presumível*) alleged: *o ~ culpado* the alleged culprit *Ver tb* SUPOR

supremacia *sf* supremacy (*over sb/sth*)

supremo, -a *adj* supreme

suprimir *vt* **1** (*omitir, excluir*) to leave *sth* out: *Eu suprimiria este parágrafo.* I'd leave this paragraph out. **2** (*abolir*) to abolish: *~ uma lei* to abolish a law

surdez *sf* deafness

surdo, -a ▸ *adj* deaf: *ficar ~* to go deaf
▸ *sm-sf* deaf person (*pl* people): *uma escola especial para ~s* a special school for the deaf ❶ Hoje em dia, ao se referir aos surdos, é preferível dizer **people who are hearing-impaired**. **LOC** **fazer-se de surdo** to pretend not to hear ◆ **surdo como uma porta** as deaf as a post

surdo-mudo, surda-muda ▸ *adj* deaf and dumb
▸ *sm-sf* deaf mute ❶ Hoje em dia, ao se referir aos surdo-mudos, é preferível

dizer **people who are hearing and speech impaired**.

surfe *sm* surfing: *fazer/praticar ~* to go surfing LOC *Ver* PRANCHA

surfista *smf* surfer

surgir *vi* **1** (*aparecer*) to appear: *De onde é que isto surgiu?* Where did this appear from? **2** (*problema, complicação*) to arise: *Espero que não surja nenhum problema.* I hope no problems arise.

surpreendente *adj* surprising

surpreender *vt* **1** to surprise: *Surpreende-me que ele ainda não tenha chegado.* I'm surprised he hasn't arrived yet. **2** (*apanhar desprevenido*) to catch *sb* (unawares): *Surpreenderam os assaltantes.* They caught the robbers unawares. ◇ *Ele os surpreendeu roubando.* He caught them stealing.

surpreendido, -a *adj* surprised *Ver tb* SURPREENDER

surpresa *sf* surprise LOC **apanhar de surpresa** to take *sb* by surprise ◆ **fazer uma surpresa (a/para)** to surprise *sb*

surpreso, -a *adj* surprised *Ver tb* SURPREENDER

surra *sf* **1** (*de bater*) beating: *Deram uma ~ no juiz.* They gave the judge a beating. ◇ *A pessoa que deu uma ~ no menino foi presa.* The person who beat the boy was arrested. **2** (*de vencer*) whipping; thrashing (*GB*): *O Grêmio deu uma ~ neles.* Grêmio gave them a real whipping.

surrado, -a *adj* threadbare

surtar *vi* to get mad

surtir *vt* LOC **surtir efeito** to produce an effect

surto *sm* **1** (*epidemia, violência*) outbreak: *um ~ de cólera* an outbreak of cholera **2** (*de raiva*) fit

suscetível *adj* **1** (*melindroso*) touchy **2 ~ de** (*capaz*) liable to *do sth*

suspeita *sf* suspicion

suspeitar *vt, vi* ~ **(de/que...)** to suspect: *Suspeitam que o jovem seja um terrorista.* They suspect the young man of being a terrorist. LOC **eu já suspeitava!** just as I thought!

suspeito, -a ▸ *adj* suspicious ▸ *sm-sf* suspect

suspender *vt* **1** (*jogo, aluno*) to suspend: *O árbitro suspendeu o jogo durante meia hora.* The referee suspended the game for half an hour. **2** (*cancelar*) to cancel **3** (*adiar*) to postpone LOC *Ver* PONTE

suspense *sm* suspense: *estar em ~* to be in suspense LOC *Ver* FILME

suspensórios *sm* suspenders; braces (*GB*)

suspirar *vi* to sigh

suspiro *sm* **1** (*gemido*) sigh **2** (*merengue*) meringue

sussurrar *vt, vi* to whisper

sussurro *sm* whisper

sustenido, -a *adj* (*Mús*) sharp: *fá ~* F sharp

sustentar *vt* **1** (*suster*) to support; to hold *sth* up (*mais coloq*) **2** (*manter*) to maintain

sustento *sm* **1** (*alimento*) sustenance **2** (*suporte, apoio*) support

susto *sm* **1** (*medo, sobressalto*) fright: *Que ~ você me deu/pregou!* Oh, you gave me a fright! **2** (*falso alarme*) scare LOC *Ver* PREGAR[2]

sutiã *sm* bra

sutil *adj* subtle

Tt

tabacaria *sf* tobacconist; tobacconist's (*GB*) ➲ *Ver nota em* AÇOUGUE

tabaco *sm* tobacco

tabefe *sm* (*bofetada*) slap

tabela *sf* **1** (*lista, índice*) table: *~ de equivalências* conversion table **2** (*preços*) price list **3** (*marcador*) scoreboard **4** (*Basquete*) backboard

tablado *s* **1** (*palco*) stage **2** (*arquibancada*) bleachers [*pl*] terraces [*pl*] (*GB*)

tablet *sm* (*Informát*) tablet

tablete *sm* (*chocolate*) bar: *um ~ de chocolate* a candy bar

tabu *sm* taboo (*pl* taboos): *um tema/uma palavra ~* a taboo subject/word

tábua *sf* **1** plank: *uma ponte feita de ~s* a bridge made from planks **2** (*de madeira polida, prancha*) board LOC **tábua de passar roupa** ironing board ◆ **tábua de queijos/frios** selection of cheese/cold cuts

tabuada *sf* (*Mat*) multiplication table

tabuleiro *sm* board: *~ de xadrez* chessboard

tabuleta *sf* sign

taça *sf* **1** (*copo*) (champagne) glass: *uma ~ de champanhe* a glass of champagne **2 Taça** (*Esporte*) Cup

tacada *sf* **1** (*Bilhar, Beisebol*) shot **2** (*Golfe*) stroke LOC **de uma tacada só** at the same time

tacar *vt* to throw LOC **tacar a mão na cara de alguém** to slap sb in the face *Ver tb* FOGO

tachinha *sf* thumbtack; drawing pin (*GB*)

tacho *sm* LOC *Ver* CARA

taco *sm* **1** (*Bilhar*) cue **2** (*Golfe*) (golf) club **3** (*Beisebol*) bat

tagarela ▸ *adj* talkative
▸ *smf* **1** (*falador*) chatterbox **2** (*indiscreto*) gossip

tagarelar *vi* to chatter

tal *adj* **1** (+ *substantivo contável no plural e substantivo não contável*) such: *em tais situações* in such situations ◇ *uma questão de ~ gravidade* a matter of such importance **2** (+ *substantivo contável no singular*) such a: *Como você pode dizer ~ coisa?* How can you say such a thing? LOC **em tal caso** in that case ◆ **o/a tal 1** (*aparente*) the so-called: *A ~ esposa não era mais do que a cúmplice dele.* His so-called wife was only his accomplice. **2** (*o máximo*) the best: *Ele se acha o ~.* He thinks he's the best. ◆ **que tal? 1** (*como é/são?*) what is/are *sb/sth* like?: *Que ~ foi o filme?* What was the movie like? **2** (*sugestão*) how about...?: *Que ~ sairmos para jantar?* How about going out for dinner? ◆ **tal como 1** (*do modo*) the way: *Escreve-se ~ como se diz.* It's spelled the way it sounds. **2** (*como por exemplo*) like: *animais ameaçados de extinção, ~ como o panda* animals in danger of extinction, like the panda ◆ **tal e qual** exactly like *sb/sth*: *Ele é ~ e qual o pai.* He's exactly like his father. ◆ **tal pai, tal filho** like father, like son ◆ **um/uma tal de** a: *Telefonou um ~ de Luís Martins.* A Luís Martins called for you. *Ver tb* COISA, MODO

talão *sm* stub LOC **talão de cheques** checkbook

talco *sm* talc

talento *sm* talent (*for sth*): *Ele tem ~ para a música.* He has a talent for music.

talentoso, -a *adj* talented

talhar ▸ *vt* **1** (*madeira, pedra*) to carve: *~ algo em coral* to carve sth in coral **2** (*joia, vidro*) to cut
▸ *vi* (*leite, creme*) to curdle

talher *sm* **talheres** silverware [*não contável*] cutlery [*não contável*] (*GB*): *Só me falta pôr os ~es.* I just have to put out the silverware. ◇ *Ele ainda não aprendeu a usar os ~es.* He hasn't learned how to use a knife and fork yet.

talho *sm* cut

talismã *sm* good-luck charm

talo *sm* stem

talvez *adv* maybe

tamanco *sm* **1** (*de salto baixo*) clog **2** (*de salto alto*) mule

tamanduá *sm* anteater

tamanho, -a ▸ *adj* such: *Nunca ouvi tamanha estupidez.* I never heard anything so stupid.
▸ *sm* size: *Que ~ de camisa você veste?* What size shirt do you wear? ◇ *Que ~ tem a caixa?* What size is the box? ◇ *ser do/ter o mesmo ~* to be the same size LOC **em tamanho natural** life-sized: *uma foto em ~ natural* a life-sized photo

tâmara *sf* date

também *adv* also, too, as well

> **Too** e **as well** são colocados no final da frase: *Eu ~ quero ir.* I want to go too/as well. ◇ *Eu ~ cheguei tarde.* I was late too/as well. **Also** é a variante mais formal e coloca-se antes do verbo principal ou depois de um verbo auxiliar: *Também vendem sapatos.* They also sell shoes. ◇ *Conheci a Jane e os pais dela ~.* I've met Jane and I've also met her parents.

LOC **eu também** me too: *—Quero um sanduíche. —Eu ~.* "I want a sandwich." "Me too." ◆ **também não** neither, nor, either: *—Não vi esse filme. —Eu ~ não.* "I didn't see that movie." "Neither did I./Me neither./Nor did I." ◇ *—Não gosto. —Eu ~ não.* "I don't like it." "Nor do I./Neither do I./I don't either." ◇ *Eu ~ não fui.* I didn't go either. ➲ *Ver nota em* NEITHER *Ver tb* SÓ

tambor *sm* drum: *tocar ~* to play the drums

tamborim *sm* tambourine

tampa *sf* **1** lid **2** (*garrafa, tubo*) top **3** (*banheira, ralo*) plug LOC **tampa de rosca** screw top

tampão *sm* (*higiênico*) tampon

tampar *vt Ver* TAPAR

tampouco *adv* neither, nor, either
➲ *Ver nota em* NEITHER

tanga *sf* **1** (*indígena*) loincloth **2** (*biquíni*) (Brazilian) bikini (*pl* **bikinis**)

tangente *adj, sf* tangent

tangerina *sf* tangerine

tanque *sm* **1** (*reservatório, Mil*) tank **2** (*de lavar roupa*) sink LOC **tanque de gasolina** gas tank; petrol tank (*GB*)

tanquinho *sm* (*abdômen*) six-pack

tanto, -a ▸ *adj, pron* **1** (*referente a substantivo não contável*) so much: *Não ponha ~ arroz para mim.* Don't give me so much rice. ◇ *Eles me dão ~ por mês.* They give me so much a month. ◇ *Nunca tinha*

T

passado tanta fome. I'd never been so hungry. **2** *(referente a substantivo contável)* so many: *Havia tantas pessoas lá!* There were so many people there! ◇ *Por que você comprou ~s?* Why did you buy so many?
▸ *adv* **1** so much: *Comi ~ que nem posso me mexer.* I ate so much that I can't move. **2** *(tão rápido)* so fast: *Não corra ~.* Don't run so fast. LOC **às/até as tantas** in/until the small hours ◆ **de tantas em tantas horas, semanas, etc.** every so many hours, weeks, etc. ◆ **e tanto** great: *Ele é um cara e ~.* He's a great guy. ◆ **e tantos** *(com quantidade, idade)* odd: *quarenta e tantas pessoas* forty-odd people ◇ *Ele tem 50 e tantos anos.* He's fifty-odd. ◆ **tanto...como... 1** *(em comparações)* (**a**) *(+ substantivo não contável)* as much...as...: *Bebi tanta cerveja como você.* I drank as much beer as you. (**b**) *(+ substantivo contável)* as many...as...: *Não temos ~s amigos como antes.* We don't have as many friends as we used to. **2** *(os dois)* both...and...: *Tanto ele como a irmã sabiam.* He and his sister both knew. ◆ **tanto faz** *(dá na mesma)* it's all the same ◆ **tanto quanto/quantos... 1** *(quantidade)* as much/as many as...: *~s quantos forem necessários* as many as are needed **2** *(tempo)* as long as... ◆ **um tanto** *(bastante)* pretty: *É um ~ caro.* It's pretty expensive. *Ver tb* OUTRO

tão *adv* **1** *(+ adjetivo/advérbio)* so: *É ~ difícil que...* It's so hard that... ◇ *Não pensei que você chegaria ~ tarde.* I didn't think you'd be so late. ◇ *Não acho que ele seja ~ ingênuo assim.* I don't think he's that naive. **2** *(depois de um substantivo)* such: *Eu não esperava um presente ~ caro.* I wasn't expecting such an expensive present. ◇ *São umas crianças ~ boazinhas que...* They're such good children that... LOC **tão...como/quanto...** as... as...: *Ele é ~ elegante como o pai.* He's as elegant as his father.

tapa *sm* **1** *(amigável)* pat: *Ele me deu um ~ nas costas.* He gave me a pat on the back. **2** *(bofetada)* slap

tapado, -a *adj* **1** *(coberto)* covered *(with sth)* **2** *(ignorante)* dumb; thick *(GB) Ver tb* TAPAR

tapar *vt* **1** *(cobrir)* to cover *sb/sth (with sth)* **2** *(com tampa)* to put the top/lid on *sth*: *Tape a panela.* Put the lid on the pot. **3** *(com tampa de rosca)* to put the cap on *sth*: *~ a pasta de dentes* to put the cap on the toothpaste **4** *(caixa)* to close **5** *(buraco, goteira)* to stop *sth* (up) *(with sth)*: *Tapei os buracos com gesso.* I stopped (up) the holes with plaster. **6** *(a vista)* to block *sb's* view *(of sth)*

tapete *sm* **1** *(grande)* carpet **2** *(pequeno)* rug **3** *(capacho)* mat

tarado, -a ▸ *adj* ~ **por** crazy about *sb/sth*: *O João é completamente ~ pela Verinha.* João's really crazy about Verinha.
▸ *sm-sf* pervert

tarântula *sf* tarantula

tardar *vt, vi* to take a long time *(to do sth)*: *A encomenda não vai ~ a chegar.* The order won't take long to arrive. LOC **no mais tardar** at the latest: *Chegarei às quatro, no mais ~.* I'll be there at four, at the latest.

tarde[1] *sf* afternoon, evening: *O concerto é à ~.* The concert is in the afternoon/evening. ◇ *Eles chegaram domingo à ~.* They arrived on Sunday afternoon/evening. ◇ *Vejo você amanhã à ~.* I'll see you tomorrow afternoon/evening. ◇ *O que é que você vai fazer hoje à ~?* What are you doing this afternoon/evening? ◇ *às quatro da ~* at four o'clock in the afternoon ◇ *a programação da ~* afternoon viewing

Utiliza-se **afternoon** para o período do meio-dia até, aproximadamente, as seis da tarde, e **evening** para o período das seis da tarde até a hora de dormir. ➲ *Ver nota em* MORNING

LOC **boa tarde!** good afternoon/evening; afternoon/evening *(mais coloq) Ver tb* CAIR, CEDO, SESSÃO

tarde[2] *adv* late: *Nós nos levantamos ~.* We got up late. ◇ *Vou-me embora, que já é ~.* I'm off — it's getting late. ◇ *É ~ para telefonar.* It's too late to call them. LOC **antes tarde do que nunca** better late than never *Ver tb* CHEGAR

tarefa *sf* **1** task: *uma ~ impossível* an impossible task **2** *(obrigação)* duty *(pl duties)*: *Quais são as minhas ~s?* What are my duties? LOC **tarefas domésticas** housework *[não contável]* ◆ **tarefa escolar** homework *[não contável]*

tarifa *sf* **1** *(passagem)* fare **2** *(de serviço, bancária)* charge **3** *(imposto)* tariff

tartaruga *sf* **1** *(da terra)* tortoise **2** *(do mar)* turtle ❶ Em linguagem coloquial nos Estados Unidos, diz-se **turtle** para os dois tipos de tartaruga. LOC *Ver* PASSO

tática *sf* **1** tactics *[pl]*: *a ~ de guerra dos romanos* Roman military tactics ◇ *uma mudança de ~* a change of tactics **2** *(manobra)* tactic: *uma brilhante ~ eleitoral* a brilliant electoral tactic

tato *sm* **1** *(sentido)* sense of touch: *ter um ~ muito desenvolvido* to have a highly developed sense of touch ◇ *reconhecer*

T

algo pelo ~ to recognize sth by touch **2** (*habilidade*) tact: *Que falta de ~!* How tactless!

tatuagem *sf* tattoo (*pl* tattoos)

taxa *sf* **1** (*índice*) rate: ~ *de câmbio* exchange rate **2** (*imposto*) tax: ~ *de embarque* departure tax LOC **taxa de entrega** delivery charge

táxi *sm* taxi LOC *Ver* PONTO

taxista *smf* taxi driver

tchau! *interj* bye

te *pron* **1** (*complemento*) you: *Ele te viu?* Did he see you? ◇ *Eu ~ trouxe um livro.* I brought you a book. ◇ *Eu ~ escrevo em breve.* I'll write you soon. **2** (*parte do corpo, objetos pessoais*): *Não te engessaram o braço?* Didn't they put your arm in a cast?

teatral *adj* **1** (*comportamento, pessoa*) theatrical **2** (*relativo ao teatro*) theater: *companhia ~* theater company

teatro *sm* theater

teatrólogo, -a *sm-sf* playwright

tecer *vt* **1** to weave **2** (*aranha, bicho-da-seda*) to spin

tecido *sm* **1** (*pano*) fabric ➲ *Ver nota em* PANO **2** (*Anat*) tissue

tecla *sf* key (*pl* keys): *apertar uma ~* to press a key LOC *Ver* BATER

tecladista *smf* keyboard player

teclado *sm* keyboard ➲ *Ver ilustração em* COMPUTADOR

teclar ▸ *vt* (*digitar*) to key *sth* in ▸ *vi* (*bater papo*) to chat (online)

técnica *sf* (*método*) technique

técnico, -a ▸ *adj* technical ▸ *sm-sf* **1** technician **2** (*Esporte*) coach LOC *Ver* ASSISTÊNCIA, TEMPO

tecnologia *sf* technology (*pl* technologies) LOC **tecnologia de ponta** state-of-the-art technology

tecnológico, -a *adj* technological

tédio *sm* boredom: *Eu como por puro ~.* I eat out of sheer boredom. LOC *Ver* MORRER, MORTO

teia *sf* web LOC **teia de aranha** cobweb

teimar *vt, vi* to insist (on *sth*)

teimosia *sf* stubbornness

teimoso, -a *adj* stubborn

tela *sf* **1** (*TV, celular, etc.*): ~ *de computador* computer screen **2** (*Arte*) canvas **3** (*de arame*) wire mesh LOC **descanso/protetor de tela** (*Informát*) screen saver ◆ **tela de plasma** plasma screen *Ver tb* CAPTURA

telecomunicações *sf* telecommunications

teleférico *sm* **1** (*de cadeira*) chairlift **2** (*bondinho*) cable car

telefonar *vt, vi* to call LOC **telefonar a cobrar** to call collect; to reverse the charges (*GB*)

telefone *sm* **1** (*aparelho*) telephone; phone (*mais coloq*): *Ela está ao ~, falando com a mãe.* She's on the phone with her mother. ◇ *Você atende o ~?* Can you answer the phone? ◇ *Ana, ~!* Phone for you, Ana! ◇ *O ~ dá sinal de ocupado.* The line's busy. **2** (*número*) telephone number; phone number (*mais coloq*): *Você tem o meu ~?* Do you have my phone number? LOC **telefone celular** cell phone; mobile (phone) (*GB*) ◆ **telefone público** (public) pay phone *Ver tb* AGENDA, CABINE, DESLIGAR, TROTE

telefonema *sm* phone call

telefônico, -a *adj* telephone; phone (*mais coloq*): *fazer uma chamada telefônica* to make a phone call LOC **catálogo telefônico/lista telefônica** telephone directory; phone book (*mais coloq*) *Ver tb* CABINE, CENTRAL, INFORMAÇÃO

telefonista *smf* (telephone) operator

telegrama *sm* telegram

telejornal *sm* news [*sing*]: *A que horas é o ~?* What time is the news on?

telemarketing *sm* telemarketing

telenovela *sf* soap (opera)

teleobjetiva *sf* telephoto lens

telepatia *sf* telepathy

telescópio *sm* telescope

telespectador, -ora *sm-sf* viewer

teletexto *sm* teletext

teletrabalho *sm* teleworking [*não contável*]

televendas *sm* telesales

televisão *sf* television (*abrev* TV): *aparecer na ~* to be on television ◇ *Estávamos vendo ~.* We were watching television. ◇ *Ligue/desligue a ~.* Turn the TV on/off. ◇ *O que é que há hoje à noite na ~?* What's on TV tonight? LOC **televisão a cabo** cable TV *Ver tb* TRANSMITIR

telha *sf* (roof) tile LOC **como/o que me der na telha** however/whatever I, you, etc. want: *Vou fazer como me der na ~.* I'll do it however I want.

telhado *sm* roof

tema *sm* **1** subject: *o ~ de uma palestra/um poema* the subject of a talk/poem **2** (*Mús*) theme LOC *Ver* AFASTAR

temática *sf* subject matter

temer ▸ *vt, vi* to be afraid (of *sb/sth/doing sth*): *Temo me enganar.* I'm afraid of making mistakes. ◇ *Eu não disse nada, pois temi que ele se zangasse.* I didn't say it for fear of offending him. ▸ *vt* ~ **por** to fear for *sb/sth*: *O carro ia em tal velocidade, que temi pela segurança do motorista.* The car was going so fast that I feared for the driver's safety.

temor *sm* fear

temperado, -a *adj* **1** (*clima*) mild; temperate (*mais formal*) **2** (*comida*) (**a**) seasoned (**b**) (*salada*) dressed *Ver tb* TEMPERAR

temperamento *sm* temperament

temperar *vt* **1** (*comida*) to season **2** (*salada*) to dress

temperatura *sf* temperature LOC **temperatura ambiente** room temperature

tempero *sm* **1** (*comida*) seasoning **2** (*salada*) dressing

tempestade *sf* storm: *Vem aí uma ~.* There's a storm brewing. ◇ *Parece que vai haver ~.* It looks like there's going to be a storm. LOC **de tempestade** stormy: *época de ~* stormy season ◆ **uma tempestade num copo d'água** a tempest in a teapot; a storm in a teacup (*GB*)

tempestuoso, -a *adj* stormy

templo *sm* temple

tempo *sm* **1** time: *no ~ dos romanos* in Roman times ◇ *Há ~ que moro aqui.* I've been living here for some time. ◇ *no meu ~ livre* in my free time ◇ *passar o ~* to pass the time ◇ *Há quanto ~ você estuda inglês?* How long have you been studying English? **2** (*meteorológico*) weather: *Ontem fez bom/mau ~.* The weather was good/bad yesterday. **3** (*Gram*) tense **4** (*Esporte*) half (*pl* **halves**): *o primeiro ~* the first half LOC **antes do tempo** ahead of time ◆ **ao mesmo tempo (que)** at the same time (as *sb/sth*): *Falamos ao mesmo ~.* We spoke at the same time. ◇ *Ele acabou ao mesmo ~ que eu.* He finished at the same time as I did. ◆ **com o tempo** in time: *Com o ~ você vai entender.* You'll understand in time. ◆ **com tempo 1** (*de sobra*) in good time: *Avise-me com ~.* Let me know in good time. **2** (*longamente*) at length ◆ **de tempo(s) em tempo(s)** from time to time ◆ **do tempo do onça** as old as the hills ◆ **estar em tempo** to be in time *to do sth*: *Ainda está em ~ de você enviá-lo.* You're still in time to send it. ◆ **pouco tempo depois** soon afterwards ◆ **tempo técnico** (*Esporte*) timeout *Ver tb* CHEGAR, COISA, DECORRER, GANHAR, INTEGRAL, NOÇÃO, QUANTO

têmpora *sf* (*Anat*) temple

temporada *sf* **1** (*período de tempo*) time: *Ele esteve doente durante uma longa ~.* He was sick for a long time. ◇ *passar uma ~ no estrangeiro* to spend some time abroad **2** (*época*) season: *a ~ de beisebol* the baseball season

temporal *sm* storm

temporário, -a *adj* temporary

tenaz *adj* tenacious

tenazes *sf* tongs

tenda *sf* tent

tendão *sm* tendon

tendência *sf* **1** tendency (*pl* tendencies): *Ele tem ~ para engordar.* He has a tendency to put on weight. **2** (*moda*) trend: *as últimas ~s da moda* the latest fashion trends

tender *vt* ~ **a** to tend *to do sth*: *Ele tende a complicar as coisas.* He tends to complicate things.

tenente *sm* lieutenant

tênis *sm* **1** (*jogo*) tennis **2** (*calçado*) sneaker; trainer (*GB*) LOC **tênis de mesa** table tennis

tenista *smf* tennis player

tenor *sm* tenor

tenro, -a *adj* tender: *um bife ~* a tender steak

tensão *sf* **1** tension: *Havia uma grande ~ durante o jantar.* There was a lot of tension during dinner. ◇ *a ~ de uma corda* the tension of a rope **2** (*elétrica*) voltage: *cabos de alta ~* high-voltage cables LOC **tensão pré-menstrual** premenstrual syndrome/tension (*abrev* PMS/PMT) *Ver tb* TORRE

tenso, -a *adj* tense

tentação *sf* temptation: *Não pude resistir à ~ de comê-lo.* I couldn't resist the temptation to eat it. ◇ *cair em ~* to fall into temptation

tentáculo *sm* tentacle

tentador, -ora *adj* tempting

tentar *vt* **1** (*experimentar*) to try (*sth/to do sth*): *O que é que ele está tentando nos dizer?* What's he trying to tell us? ◇ *Tente.* Just try. ➲ *Ver nota em* TRY **2** (*seduzir*) to tempt: *A ideia de ir de férias está me tentando.* The idea of going on vacation is very tempting.

tentativa *sf* attempt: *na primeira ~* at the first attempt

tênue *adj* faint

teologia *sf* theology

teor *sm* **1** (*de gordura, álcool, etc.*) content: *Este vinho tem ~ alcoólico de 14%.* The alcohol content of this wine is 14%. ◇ *Esta cerveja tem alto ~ alcoólico.* This beer is very strong. **2** (*carta, texto*) contents [*pl*] **3** (*discurso*) tenor

T

teoria *sf* theory (*pl* **theories**): *em ~* in theory

teórico, -a *adj* theoretical

ter ▸ *vt*

• **posse 1** to have

Em inglês, existem duas formas para *ter* no presente: **have** e **have got**. **Have** é mais frequente nos Estados Unidos e é sempre acompanhado de um auxiliar nas orações negativas e interrogativas: *Você tem irmãos?* Do you have any brothers or sisters? ◇ *Ele não tem dinheiro nenhum.* He doesn't have any money. **Have got** não necessita de um auxiliar nas orações negativas e interrogativas:: *Have you got any brothers or sisters?* ◇ *He hasn't got any money.* Nos outros tempos verbais utiliza-se **have**: *Quando era pequena, eu tinha uma bicicleta.* I had a bicycle when I was little.

• **estado, atitude 2** (*idade, tamanho*) to be: *A minha filha tem dez anos.* My daughter is ten (years old). ◇ *Tem três metros de comprimento.* It's three meters long. **3** (*sentir, ter determinada atitude*) to be

Quando *ter* significa "sentir", em inglês utiliza-se o verbo **be** com um adjetivo, ao passo que em português usamos um substantivo: *Tenho muita fome.* I'm very hungry. ◇ *ter calor/frio/sede/medo* to be hot/cold/thirsty/frightened ◇ *Tenho um grande carinho pela sua mãe.* I'm very fond of your mother. ◇ *ter cuidado/paciência* to be careful/patient.

4 (*dor, doença*) to have: *~ pneumonia/dor de dente/febre* to have pneumonia/a toothache/a fever **5** (*amor, raiva, ódio*): *Ela tem um ódio tremendo dele.* She really hates him. ◇ *~ carinho por alguém* to care about sb

▸ *v aux* **1 ~ que/de fazer algo** to have to do sth: *Eles tiveram que ir embora imediatamente.* They had to leave right away. ◇ *Você tem que dizer a ele.* You must tell him. ➲ *Ver nota em* MUST **2 + particípio**: *Eles têm tudo planejado.* They have it all planned. ◇ *Eles tinham-me dito que viriam.* They had told me they would come. LOC **não tem de quê** you're welcome ◆ **não tenho nada com isso** it has nothing to do with me, you, etc. ◆ **ter a ver** (*assunto*) to have to do with *sb/sth*: *Mas o que é que isso tem a ver com o assunto?* What does that have to do with anything? ◇ *Isso não tem nada a ver (com o assunto).* That has nothing to do with it. ℹ Para outras expressões com **ter**, ver os verbetes para o substantivo, adjetivo, etc., p.ex. **ter cabeça** em CABEÇA e **ter graça** em GRAÇA.

terapeuta *smf* therapist

terapia *sf* therapy (*pl* **therapies**): *~ de grupo* group therapy LOC *Ver* UNIDADE

terça-feira (*tb* **terça**) *sf* Tuesday (*abrev* Tue./Tues.) ➲ *Ver exemplos em* SEGUNDA-FEIRA LOC **terça-feira de carnaval** Mardi Gras; Shrove Tuesday (*GB*)

Na Grã-Bretanha, terça-feira de carnaval também se chama **Pancake Day** porque é tradicional comer panquecas com suco de limão e açúcar nesse dia.

terceirização *sf* (*Econ*) outsourcing

terceirizar *vt* (*Econ*) to outsource

terceiro, -a ▸ *num numeral* third (*abrev* 3rd) ➲ *Ver exemplos em* SEXTO

▸ **terceiros** *sm* third party: *seguro contra ~s* third-party insurance

▸ **terceira** *sf* (*marcha*) third (gear)

LOC **terceira idade**: *atividades para a terceira idade* activities for senior citizens *Ver tb* CATEGORIA, EQUAÇÃO

terço ▸ *num numeral, sm* (*quantidade*) third: *dois ~s da população* two thirds of the population

▸ *sm* (*Relig*) rosary (*pl* **rosaries**): *rezar o ~* to say the rosary

terçol *sm* sty (*pl* **sties**): *Estou com ~.* I have a sty.

termas *sf* spa

térmico, -a *adj* thermal LOC *Ver* GARRAFA

terminação *sf* ending

terminal *adj, sm* terminal: *doentes terminais* terminally ill patients ◇ *~ de passageiros* passenger terminal

terminar *vt, vi* **1 ~ (de fazer algo)** to finish (doing sth): *Já terminei de fazer os deveres.* I've finished doing my homework. **2 ~ (em)** to end (in *sth*): *As festas terminam na segunda-feira.* The festivities end on Monday. ◇ *A manifestação terminou em tragédia.* The demonstration ended in tragedy.

termo *sm* **1** term: *em ~s gerais* in general terms **2** (*fim*) end

termômetro *sm* thermometer

LOC **pôr o termômetro** to take *sb's* temperature

termonuclear *adj* LOC *Ver* USINA

terno *sm* suit

terno, -a *adj* tender

terra *sf* **1** (*campo, terreno, por oposição ao mar*) land [*não contável*]: *cultivar a ~* to work the land ◇ *Ele vendeu as ~s da família.* He sold his family's land.

◇ *viajar por* ~ to travel by land **2** (*para plantas, terreno*) soil: *uma ~ fértil* fertile soil **3** (*chão*) ground: *Ele caiu por ~.* He fell to the ground. **4** (*pátria*) home: *costumes da minha ~* customs from back home **5 Terra** (*planeta*) earth: *A Terra é um planeta.* The Earth is a planet. **6** (*eletricidade*) ground; earth (*GB*): *O fio está ligado à ~.* The cable is grounded. **7** (*lugar*) place: *Ela viajou por muitas ~s.* She traveled around many places. LOC **deitar por terra** (*destruir*) to ruin ♦ **terra à vista!** land ahoy! ♦ **terra firme** dry land ♦ **terra natal** homeland ♦ **Terra Santa** the Holy Land *Ver tb* DESLIZAMENTO, ESTRADA

terraço *sm* terrace

terremoto *sm* earthquake; quake (*coloq*)

terreno *sm* land [*não contável*]: *um ~ muito fértil* very fertile land ◇ *Eles compraram um ~.* They bought some land. LOC **terreno baldio** empty lot (of land) *Ver tb* SONDAR

térreo *sm* ground floor ➲ *Ver nota em* FLOOR

terrestre *adj* land: *um animal/ataque ~* a land animal/attack LOC *Ver* CROSTA, MINA, PARAÍSO

território *sm* territory (*pl* **territories**)

terrível *adj* terrible: *Estou com uma dor de cabeça ~!* I have a terrible headache!

terror *sm* terror LOC **filme/história de terror** horror movie/story

terrorismo *sm* terrorism

terrorista *adj, smf* terrorist

tesão *sm* LOC **sentir/ter tesão 1 ~ (em)** to get turned on (by *sb/sth*) **2 ~ por** to have the hots for *sb*

tese *sf* thesis (*pl* **theses**)

teso, -a *adj* stiff

tesoura *sf* scissors [*pl*]

> **Scissors** é uma palavra plural em inglês; assim, para nos referirmos a *uma tesoura* utilizamos **some/a pair of scissors**: *Preciso de uma tesoura nova.* I need some new scissors/a new pair of scissors. ➲ *Ver nota em* PAIR

tesoureiro, -a *sm-sf* treasurer

tesouro *sm* **1** treasure: *encontrar um ~ escondido* to find hidden treasure ◇ *Você é um ~!* You're a treasure! **2 Tesouro** Treasury: *o Tesouro Nacional* the Treasury

testa *sf* (*Anat*) forehead LOC *Ver* ENRUGAR(-SE), FRANZIR

testamento *sm* **1** (*Jur*) will: *fazer um ~* to make a will **2 Testamento** Testament: *o Antigo/Novo Testamento* the Old/New Testament

testar *vt* **1** (*pôr a prova, Educ*) to test **2** (*experimentar*) to try *sth* out: *~ a máquina de lavar* to try out the washing machine **3** (*carro*) to test-drive

teste *sm* test: *fazer o ~ de gravidez* to have a pregnancy test LOC **teste antidoping** drug test: *O resultado do seu ~ antidoping foi positivo.* He tested positive.

testemunha *sf* witness LOC **ser testemunha de algo** to witness sth ♦ **testemunha ocular** eyewitness

testemunhar ▸ *vt* (*presenciar*) to witness
▸ *vi* (*Jur*) to testify

testemunho *sm* (*Jur*) evidence: *dar o seu ~* to give evidence

testículo *sm* testicle

teta *sf* **1** (*de animal*) teat **2** (*de mulher*) breast; tit (*gíria*)

teto *sm* **1** ceiling: *Há uma mancha de umidade no ~.* There's a damp patch on the ceiling. **2** (*carro*) roof (*pl* **roofs**) LOC **teto solar** sunroof

tetracampeão, -eã *sm-sf* four-time champion

tétrico, -a *adj* gloomy

teu, tua *pron* **1** (*seguido de substantivo*) your: *os teus livros* your books ◇ *Esses sapatos não são ~s.* Those shoes aren't yours. ◇ *Não é assunto ~.* That's none of your business. **2** (*não seguido de substantivo*) yours: *Esses sapatos não são os ~s.* Those shoes aren't yours. ❶ Note que *um amigo teu* traduz-se por **a friend of yours** pois significa *um dos teus amigos*.

têxtil *adj* textile

texto *sm* text LOC *Ver* COMENTÁRIO, MENSAGEM

textualmente *adv* word for word

textura *sf* texture

tez *sf* complexion

ti *pron* you

tiete *smf* fan: *Sou ~ da Ivete Sangalo.* I'm an Ivete Sangalo fan.

tigela *sf* bowl

tigre *sm* **1** (*masc*) tiger **2** (*fem*) tigress

tijolo *sm* brick

til *sm* tilde

tilintar ▸ *vt* **1** (*campainha*) to jingle **2** (*moedas*) to clink
▸ *sm* **1** (*campainha*) jingle [*sing*] **2** (*moedas*) clink

timão *sm* helm

timbre *sm* **1** (*Mús*) pitch: *Ele tem um ~ de voz muito alto.* He has a very high-pitched voice. **2** (*papel*) heading

T

time *sm* team
tímido, -a *adj* shy
tímpano *sm* (*ouvido*) eardrum
tim-tim *interj* cheers LOC **tim-tim por tim-tim** blow-by-blow: *Ela me contou a história ~ por ~.* She gave me a blow-by-blow account.
tingir *vt* to dye: *~ uma camisa de vermelho* to dye a shirt red
tinta *sf* **1** (*de pintar*) paint: *~ a óleo* oil paint **2** (*de escrever*) ink: *um desenho a ~* an ink drawing **3** (*para tingir, para o cabelo*) dye LOC **tinta fresca** (*aviso*) wet paint
tinto ▸ *adj* (*vinho*) red
▸ *sm* red wine
tinturaria *sf* **1** (*lavanderia a seco*) dry-cleaners [*pl*] ➲ *Ver nota em* AÇOUGUE **2** (*lavanderia*) laundry (*pl* laundries)
tio, -a *sm-sf* **1** (*masc*) uncle: *o ~ Daniel* Uncle Daniel **2** (*fem*) aunt **3 tios** uncle and aunt: *Vou para a casa dos meus ~s.* I'm going to my uncle and aunt's.
típico, -a *adj* **1** (*característico*) typical: *É ~ dela chegar tarde.* It's typical of her to be late. **2** (*tradicional*) traditional: *uma dança típica/um traje ~* a traditional dance/costume
tipo *sm* **1** type: *todo o ~ de gente* all types of people ◇ *Não é o meu ~.* He's not my type. **2** (*pessoa*) guy: *Que ~ mais feio!* What an ugly guy!
tique *sm* twitch
tira[1] *sf* **1** (*papel, pano*) strip: *Corte o papel em ~s.* Cut the paper into strips. **2** (*sapato*) strap **3** (*de história em quadrinhos*) comic strip
tira[2] *smf* (*polícia*) cop: *Aí vêm os ~s.* The cops are coming.
tiracolo *sm* LOC **a tiracolo** (*pessoa*) in tow: *com os filhos a ~* with her children in tow *Ver tb* BOLSA
tiragem *sf* (*jornal, revista*) circulation
tira-gosto *sm* appetizer
tirano, -a *sm-sf* tyrant
tirar *vt* **1** to take *sth* off/down; to remove (*mais formal*): *Tire o preço.* Take the price tag off. ◇ *Tire os sapatos.* Take your shoes off. ◇ *Tire as suas coisas da minha mesa.* Take your things off my desk. ◇ *Ele tirou o cartaz.* He took the poster down. **2** (*para fora*) to take *sb/sth* out (*of sth*): *Ele tirou uma pasta da gaveta.* He took a folder out of the drawer. ◇ *Tire as mãos dos bolsos!* Take your hands out of your pockets! **3** (*subtrair*) to take *sth* away (*from sb/sth*): *Se você tira um de três...* If you take one (away) from three... **4** (*mancha*) to remove **5** (*conseguir*) to get: *Ele tirou 3 na prova.* He got a 3 on the test. ◇ *Quanto foi que você tirou em matemática?* What did you get in math? **6** (*roubar*) to steal: *Quem é que me tirou a caneta?* Who stole my pen? **7** (*apetite*) to spoil **8** (*cópia*) to make **9** (*foto*) to take **10** (*mesa*) to clear **11** (*radiografia*) to take ❶ Para expressões com **tirar**, ver os verbetes para o substantivo, adjetivo, etc., p.ex. **tirar partido de algo** em PARTIDO e **tirar uma pestana** em PESTANA.
tiro *sm* **1** (*disparo*) shot **2** (*ferida de disparo*) bullet wound: *um ~ na cabeça* a bullet wound to the head LOC **dar um tiro** to shoot: *Ele deu um ~ em si mesmo.* He shot himself. ◆ **dar um tiro no escuro** to take a risk ◆ **sair o tiro pela culatra** to backfire ◆ **ser tiro e queda** to be a sure thing ◆ **tiro com arco** archery ◆ **tiro de meta** goal kick *Ver tb* LIVRE, MATAR, TROCAR
tirolesa *sf* zip line
tiroteio *sm* **1** (*entre polícia e criminosos*) shoot-out **2** (*ruído de disparos*) shooting [*não contável*]: *Ouvimos um ~ na rua.* We heard shooting in the street. **3** (*durante uma guerra*) fighting
titio, -a *sm-sf* **1** (*masc*) uncle **2** (*fem*) auntie
titular ▸ *adj*: *a equipe ~* the first team ◇ *um jogador ~* a first-team player
▸ *smf* (*passaporte, conta bancária*) holder
título *sm* **1** title: *Que ~ você deu ao seu romance?* What's the title of your novel? ◇ *lutar pelo ~* to fight for the title **2** (*Fin*) bond
toa *sf* LOC **à toa 1** (*sem motivo*) for nothing: *Não é à ~ que ele é considerado o nosso melhor jogador.* Not for nothing is he considered our best player. **2** (*desocupado*) at a loose end **3** (*ao acaso*) aimlessly
toalete ▸ *sf*: *fazer a ~* to get washed and dressed
▸ *sm* (*banheiro*) restroom; toilet (*GB*) ➲ *Ver nota em* BATHROOM
toalha *sf* towel: *~ de banho* bath towel LOC **toalha de mesa** tablecloth
tobogã *sm* slide
toca-CD *sm* CD player
toca-discos *sm* record player
toca-fitas *sm* tape deck
tocar ▸ *vt* **1** to touch **2** (*apalpar*) to feel: *Posso ~ o tecido?* Can I feel the fabric? **3** (*Mús*) to play: *~ violão* to play the guitar **4** (*sino*) (*campainha*) to ring **5** (*buzina, sirene*) to sound **6 ~ em** (*assunto, tema*) to touch on *sth* **7 ~ a** to be up to *sb to do sth*: *Não toca a mim decidir.* It's not up to me to decide.
▸ *vi* **1** (*Mús*) to play **2** (*campainha, telefone*) to ring

T

▸ **tocar-se** *vp* **1** (*encostar-se*) to touch **2** (*perceber*) to realize: *Nem me toquei que estava no caminho.* I didn't realize I was in the way. LOC **no que me toca** as far as I'm, you're, etc. concerned

tocha *sf* torch: *a ~ olímpica* the Olympic torch

toco *sm* **1** (*cigarro*) butt **2** (*árvore*) stump

todavia *conj* however

todo, -a ▸ *adj* **1** all: *Fiz o trabalho ~.* I did all the work. ◇ *Vão limpar todas as casas da cidade.* They're going to clean up all the buildings in the town.

Com um substantivo contável no singular, em inglês é preferível utilizar **the whole**: *Vão limpar o edifício todo.* They're going to clean the whole building.

2 (*cada*) every: *Levanto-me ~s os dias às sete.* I get up at seven every day. ➲ *Ver nota em* EVERY

▸ *pron* **1** all: *Todos gostamos da peça.* We all/All of us liked the play. **2** (*toda a gente*) everyone: *Todos dizem o mesmo.* Everyone says the same thing.

Note que **everyone** e **everybody** são acompanhados do verbo no singular, mas podem ser seguidos de um pronome no plural (p.ex. "their"): *Todos têm os seus lápis?* Does everyone have their pencils?

▸ **todo** *sm* whole: *considerado como um ~* taken as a whole LOC **ao todo** altogether: *Ao ~ somos dez.* There are ten of us altogether. ◆ **de todo** totally: *Não sou de ~ maluca.* I'm not totally nuts. ◆ **no todo** all in all: *No ~ até que foi uma boa experiência.* All in all, it was a good experience. ◆ **por todo o Brasil, todo o mundo, etc.** throughout Brazil, the world, etc. ❶ Para outras expressões com **todo**, ver os verbetes para o substantivo, adjetivo, etc., p.ex. **em todo o caso** em CASO e **a toda velocidade** em VELOCIDADE .

T

toldo *sm* **1** (*marquise*) awning **2** (*tenda grande*) marquee

tolerar *vt* **1** (*suportar*) to bear; to tolerate (*mais formal*): *Ele não tolera pessoas como eu.* He can't bear people like me. **2** (*consentir*) to turn a blind eye to *sth*: *O governo tolera a corrupção.* The government turns a blind eye to corruption.

tolice *sf* silly thing: *Discutimos por qualquer ~.* We argue over silly little things.

tolo, -a ▸ *adj* dumb, stupid

No inglês americano, **dumb** e **stupid** são praticamente sinônimos, mas **stupid** é um pouco mais forte: *uma desculpa tola* a dumb excuse ◇ *Não seja tolo, e pare de chorar.* Don't be so stupid and stop crying. No inglês britânico, diz-se **silly** ou **stupid**.

▸ *sm-sf* fool LOC **fazer-se de tolo** to act dumb

tom *sm* **1** tone: *Não me fale nesse ~!* Don't you take that tone of voice with me! ◇ *~ de discar* dial tone **2** (*cor*) shade **3** (*Mús*) key (*pl* **keys**) LOC **ser de bom tom** to be the done thing

tomada *sf* **1** plug: *~ de três pinos* three-pin plug ◇ *~ dupla/tripla* double/triple adaptor plug **2** (*fêmea*) outlet; socket (*GB*)

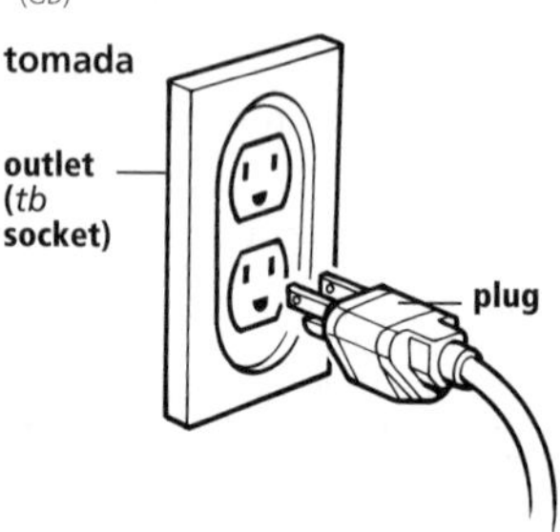

tomar *vt* **1** to take: *~ uma ducha* to take a shower ◇ *~ notas/precauções* to take notes/precautions ◇ *Tome uma aspirina antes de dormir.* Take an aspirin before you go to sleep. ◇ *As crianças tomam muito o meu tempo.* The children take up a lot of my time. **2** (*decisão*) to make **3** (*beber*) to drink: *O que é que você vai ~?* What would you like to drink? LOC **tome!** here!: *Tome, é para você!* Here, it's for you! ❶ Para outras expressões com **tomar**, ver os verbetes para o substantivo, adjetivo, etc., p.ex. **tomar conta** em CONTA e **tomar posse** em POSSE.

tomara *interj* LOC **tomara que** let's hope: *Tomara que não esfrie no feriado.* Let's hope it doesn't get cold for the holiday.

tomate *sm* tomato (*pl* **tomatoes**) LOC *Ver* EXTRATO, VERMELHO

tombar ▸ *vt* (*derrubar*) to knock *sth* down ▸ *vi* to fall down

tombo *sm* (*queda*) fall

tona *sf* LOC **vir à tona** to emerge

tonalidade *sf* **1** (*cor*) shade **2** (*Mús*) key (*pl* **keys**)

tonelada *sf* ton

tônico, -a ▸ *adj* (*Ling*) stressed ▸ *sm* tonic

tonto, -a *adj* **1** (*zonzo*) dizzy: *estar/ficar ~* to feel/get dizzy ◇ *Esses comprimidos me deixaram ~.* Those pills made me dizzy. **2** (*tolo*) dumb ➲ *Ver nota em* TOLO

tontura *sf* dizziness; vertigo (*mais formal*) LOC **estar com/ter tontura** to feel dizzy

topada *sf* LOC **dar uma topada (em)** to stub your toe (on *sth*)

topar ▸ *vt* (*aceitar*) to agree to *sth*: *Ela topou participar do concurso?* Did she agree to take part in the show?
▸ *vi* ~ **com** (*encontrar*) to bump into *sb/sth*: *Topei com o José na entrada do cinema.* I bumped into José on the way into the movie theater.

topete *sm* quiff

tópico *sm* main point

topo *sm* top

toque *sm* **1** (*pancada pequena*) tap **2** (*acabamento*) touch: *dar o ~ final em algo* to put the finishing touches on sth **3** (*campainha*) ring **4** (*telefone*) call LOC **dar um toque em alguém 1** (*mencionar*) to mention *sth to sb* **2** (*avisar*) to have a word with sb ◆ **toque de recolher** curfew

tórax *sm* thorax (*pl* thoraxes/thoraces)

torcedor, -ora *sm-sf* fan

torcer *vt* **1** to twist: *Ela torceu o braço dele.* She twisted his arm. **2** (*tornozelo, pulso*) to sprain **3** (*roupa*) (**a**) (*à mão*) to wring *sth* out (**b**) (*na máquina de lavar*) to spin **4** ~ **por** (*time, partido*) to root for *sb/sth* **5** ~ **por alguém/para que...** to keep your fingers crossed for sb/that...: *Amanhã tenho prova, torça por mim.* I have a test tomorrow. Keep your fingers crossed for me. ◇ *Torça para que eu consiga o emprego.* Keep your fingers crossed that I get the job. LOC **torcer o nariz** to turn your nose up (*at sth*)

torcicolo *sm* stiff neck: *Fiquei com ~.* I got a stiff neck.

tormento *sm* torment

tornar ▸ *vt* **1** (*fazer*) to make: *O livro tornou-o famoso.* The book made him famous. **2** (*transformar*) to turn *sth into sth*: *Estou pensando em ~ este quarto num escritório.* I'm thinking of turning this room into a study.
▸ *vi* ~ **a fazer algo** to do sth again
▸ **tornar-se** *vp* to become: *Ele se tornou um déspota.* He became a tyrant. LOC **tornar-se realidade** to come true

torneio *sm* tournament

torneira *sf* faucet; tap (*GB*): *abrir/fechar a ~* to turn the faucet on/off LOC *Ver* ÁGUA

torniquete *sm* (*Med*) tourniquet

torno *sm* LOC **em torno de 1** (*em volta de*) around: *em ~ da cidade* around the city **2** (*aproximadamente*) about: *Havia em ~ de 200 pessoas.* There were about 200 people. *Ver tb* GIRAR

tornozelo *sm* ankle: *Torci o ~.* I sprained my ankle. LOC *Ver* JEITO

toró *sm* downpour: *Vai cair um ~.* It's going to pour (with rain).

torpedo *sm* **1** (*bomba*) torpedo (*pl* torpedoes) **2** (*mensagem*) text (message)

torrada *sf* toast [*não contável*]: *Queimei as ~s.* I burned the toast. ◇ *uma ~ com geleia* a slice of toast with jelly

torradeira *sf* toaster

torrão *sm* lump: *um ~ de açúcar* a sugar lump

torrar ▸ *vt* **1** (*pão, frutos secos*) to toast **2** (*café*) to roast **3** (*dinheiro*) to blow
▸ *vi* (*ao sol*) to roast

torre *sf* **1** tower: *~ de controle* control tower **2** (*eletricidade, telecomunicações*) antenna; mast (*GB*) **3** (*Xadrez*) rook LOC **torre de alta tensão** (electric) tower; pylon (*GB*) ◆ **torre de vigia/vigilância** watchtower

torrencial *adj* torrential: *chuvas torrenciais* torrential rain

torresmo *sm* crackling [*não contável*]

torso *sm* torso (*pl* torsos)

torta *sf* tart, pie: *uma ~ de maçã* an apple tart/pie ➲ *Ver nota em* PIE

torto, -a *adj* **1** (*dentes, nariz, linha*) crooked **2** (*quadro, roupa*) lopsided: *Você não vê que o quadro está ~?* Can't you see the picture isn't straight? LOC **a torto e a direito** left, right and center

tortura *sf* torture

torturar *vt* to torture

tosar *vt* **1** (*ovelha*) to shear **2** (*cachorro*) to clip **3** (*cabelo*) to crop

tosse *sf* cough: *A fumaça de cigarro me dá ~.* Cigarette smoke makes me cough. LOC *Ver* PASTILHA

tossir *vi* **1** to cough **2** (*para aclarar a voz*) to clear your throat

tostão *sm* LOC **tostão furado**: *não ter um ~ furado* to be broke ◇ *não valer um ~ furado* not to be worth a penny

total ▸ *adj* **1** total: *um sucesso/fracasso ~* a total success/failure **2** (*apólice de seguros*) comprehensive
▸ *sm* total LOC **no total** altogether: *Somos dez no ~.* There are ten of us altogether.

totalizar *vt* to add *sth* up

totalmente *adv* totally

touca *sf* **1** (*de lã*) bonnet **2** (*de natação*) swimming cap **3** (*de banho*) shower cap

toucinho *sm* bacon

toupeira *sf* **1** (*animal*) mole **2** (*pessoa*) idiot

tourada *sf* bullfight

toureiro, -a *sm-sf* bullfighter

touro ▸ *sm* (*animal*) bull
▸ **Touro** *sm* (*astrol*) Taurus ➲ *Ver exemplos em* AQUÁRIO LOC **agarrar/pegar o touro pelos chifres** to take the bull by the horns

tóxico, -a ▸ *adj* toxic
▸ *sm* drug

toxicômano, -a *sm-sf* drug addict

TPM *sf* LOC *Ver* TENSÃO

trabalhador, -ora ▸ *adj* hard-working
▸ *sm-sf* worker: *~es qualificados/não qualificados* skilled/unskilled workers

trabalhar *vt, vi* to work: *Ela trabalha para uma empresa inglesa.* She works for an English company. ◇ *Nunca trabalhei como professora.* I've never worked as a teacher. ◇ *Em que trabalha a sua irmã?* What does your sister do? ◇ *~ a terra* to work the land

trabalho *sm* **1** work: *~ pesado* hard work ◇ *Tenho muito ~.* I have a lot of work. ◇ *Deram-me a notícia no ~.* I heard the news at work. **2** (*emprego*) job: *um ~ bem pago* a well-paid job ◇ *ficar sem ~* to lose your job ➲ *Ver nota em* WORK **3** (*na escola*) assignment: *fazer um ~ sobre o meio ambiente* to do an assignment on the environment LOC **dar trabalho** to give *sb* trouble: *Estas crianças dão muito ~.* These kids are a real handful. ◆ **dar-se ao trabalho de** to take the trouble *to do sth* ◆ **estar sem trabalho** to be out of work ◆ **trabalho agrícola** farm work [*não contável*] ◆ **trabalho de casa** (*Educ*) homework [*não contável*] ◆ **trabalho de/em equipe** teamwork [*não contável*] ◆ **trabalho de parto** labor ◆ **trabalho doméstico** housework [*não contável*] ◆ **trabalho forçado** hard labor ◆ **trabalhos manuais** arts and crafts *Ver tb* MERCADO

traça *sf* moth

tração *sf* LOC **(com) tração nas quatro rodas** (*veículo*) four-wheel drive

traçar *vt* **1** (*linha, mapa*) to draw **2** (*plano, projeto*) to draw *sth* up

traço *sm* **1** (*hífen*) dash ➲ *Ver pág. 310* **2** (*característica*) characteristic: *os ~s distintivos da sua obra* the distinctive features of her work **3** (*de lápis, pincel*) stroke **4 traços** (*do rosto*) features LOC **sem deixar traço(s)** without a trace: *Desapareceram sem deixar ~s.* They disappeared without a trace.

tradição *sf* tradition: *seguir uma ~ familiar* to follow a family tradition

tradicional *adj* traditional

tradução *sf* translation (*from sth*) (*into sth*): *fazer uma ~ do português para o russo* to do a translation from Portuguese into Russian

tradutor, -ora *sm-sf* translator

traduzir *vt, vi* to translate (*sth*) (*from sth*) (*into sth*): *~ um livro do francês para o inglês* to translate a book from French into English ➲ *Ver nota em* INTERPRET

tráfego *sm* traffic

traficante *smf* dealer: *um ~ de armas/drogas* an arms/drug dealer

traficar *vt, vi* to deal (in *sth*): *Eles traficavam drogas.* They dealt in drugs.

tráfico *sm* traffic LOC **tráfico de drogas** drug trafficking

tragada *sf* (*cigarro*) drag: *dar uma ~ num cigarro* to take a drag on a cigarette

tragar *vt* **1** (*bebida*) to swallow **2** (*fumaça*) to inhale **3** (*tolerar*) to bear; to tolerate (*mais formal*)

tragédia *sf* tragedy (*pl* tragedies)

trágico, -a *adj* tragic

trago *sm* mouthful LOC **tomar um trago** to have a drink

traição *sf* **1** betrayal: *cometer uma ~ contra os amigos* to betray your friends **2** (*contra o Estado*) treason: *Ele será julgado por alta ~.* He will be tried for high treason.

traidor, -ora *sm-sf* traitor

trailer *sm* **1** (*veículo*) trailer; mobile home (*GB*) **2** (*Cinema*) preview; trailer (*GB*)

training *sm* sweatsuit; tracksuit (*GB*)

trair ▸ *vt* **1** (*amigo, causa, etc.*) to betray **2** (*marido, namorada, etc.*) to cheat on *sb* **3** (*nervos*) to let *sb* down: *Os nervos me traíram.* My nerves let me down.
▸ **trair-se** *vp* to give yourself away: *Sem querer, ele se traiu.* He unintentionally gave himself away.

trajar *vt* to wear: *Ele trajava terno e gravata.* He was wearing a suit and tie.

traje *sm* **1** (*de um país, de uma região*) dress **2** (*de carnaval*) costume LOC **traje a rigor** evening dress ◆ **traje de banho** swimsuit ◆ **traje de mergulho** wetsuit ◆ **traje espacial** spacesuit

trajeto *sm* route: *o ~ do ônibus* the bus route ◇ *Este trem faz o ~ São Paulo-Rio.* This train runs on the São Paulo-Rio route.

trajetória *sf* trajectory (*pl* trajectories)

trama *sf* (*intriga*) plot

T

tramar *vt* to plot: *Sei que eles estão tramando alguma.* I know they're plotting something.

trâmite *sm* **trâmites** procedure: *Ele seguiu os ~s normais.* He followed the usual procedure.

trampolim *sm* **1** (*de ginasta*) trampoline **2** (*de piscina*) diving board: *pular do ~* to dive from the board

tranca *sf* **1** (*porta*) bolt **2** (*carro*) lock

trança *sf* braid; plait (*GB*): *Faça uma ~.* Braid your hair.

trancar *vt* to lock *sb/sth* up: *Você trancou o carro?* Did you lock the car?

tranco *sm* shake: *Dei um ~ e a porta se abriu.* I gave the door a shake and it opened. LOC **aos trancos e barrancos** in fits and starts *Ver tb* PEGAR

tranquilidade *sf* **1** calm: *um ambiente de ~* an atmosphere of calm ◇ *a ~ do campo* the peace and quiet of the countryside **2** (*espírito*) peace of mind

tranquilizante *sm* tranquilizer

tranquilizar ▸ *vt* **1** to calm *sb* down: *Ele não conseguiu tranquilizá-la.* He couldn't calm her down. **2** (*aliviar*) to reassure: *As notícias tranquilizaram-no.* The news reassured him.
▸ **tranquilizar-se** *vp* to calm down: *Tranquilize-se, que eles não tardam a chegar.* Calm down — they'll be here soon.

tranquilo, -a *adj* **1** calm **2** (*lugar*) peaceful LOC *Ver* CONSCIÊNCIA

trans *adj* LOC *Ver* GORDURA

transa *sf* sex: *Teve sua primeira ~ aos 16 anos.* She first had sex at sixteen.

transar *vi* (*ter relações sexuais*) to have sex

transatlântico *sm* (ocean) liner

transbordante *adj* ~ **(de)** overflowing (with *sth*): *~ de alegria* overflowing with joy

transbordar *vi* **1** (*rio*) to burst its banks **2** (*passar das bordas*) to overflow: *A banheira está quase transbordando!* The bathtub's almost overflowing!

transcrição *sf* transcription: *~ fonética* phonetic transcription

transeunte *smf* passerby (*pl* **passersby**)

transferência *sf* transfer LOC **transferência bancária** credit transfer

transferidor *sm* protractor

transferir *vt* to transfer *sb/sth* (to *sth*): *Transferiram três jogadores do Flamengo.* Three Flamengo players were transferred.

transformador *sm* transformer

transformar ▸ *vt* to transform *sth/sb* (*from sth*)(*into sth*)
▸ **transformar-se** *vp* **transformar-se em** to turn into *sb/sth*: *O sapo transformou-se num príncipe.* The frog turned into a prince.

transfusão *sf* (blood) transfusion

transgênero, -a *adj* transgender

transgênico, -a *adj* genetically modified (*abrev* GM)

transição *sf* transition

transitar *vi* to circulate

transitivo, -a *adj* transitive

trânsito *sm* traffic: *Há muito ~ no centro.* There's a lot of traffic downtown. LOC **trânsito proibido** no through traffic *Ver tb* PARAR

translado *sm Ver* TRASLADO

transmissão *sf* **1** (*Rádio, TV*) broadcast **2** (*Mec, num veículo*) transmission

transmitir *vt* **1** to transmit; to pass *sth* on (*to sb*) (*mais coloq*): *~ uma doença* to transmit a disease ◇ *Nós transmitimos a notícia a eles.* We passed the news on to them. **2** (*TV, Rádio*) to broadcast LOC **transmitir pela televisão** to televise

transparecer *vi* **1** (*verdade*) to come out **2** (*emoção, sentimento*) to be apparent LOC **deixar transparecer** (*emoção, sentimento*) to show

transparente *adj* **1** transparent: *O vidro é ~.* Glass is transparent. **2** (*roupa*) see-through: *uma blusa ~* a see-through blouse

transpiração *sf* perspiration

transpirar *vi* to perspire

transplantar *vt* to transplant

transplante *sm* transplant

transportador, -ora *sm-sf* carrier

transportar *vt* to carry

transporte *sm* transportation; transport (*GB*): *~ público* public transportation ◇ *O ~ marítimo é mais barato que o aéreo.* Sending goods by sea is cheaper than by air. LOC **transporte coletivo** public transportation/transport

transtornar *vt* **1** (*aborrecer*) to upset **2** (*atrapalhar*) to disrupt

transtorno *sm* **1** disruption **2** (*emocional*): *O divórcio causou um grande ~ a ela.* The divorce upset her a lot. **3** (*Med*) disorder: *~ bipolar* bipolar disorder LOC **transtorno obsessivo compulsivo** obsessive compulsive disorder (*abrev* OCD)

transversal *adj* transverse: *eixo ~* transverse axis ◇ *A Rua Pamplona é ~ à Avenida Paulista.* Rua Pamplona crosses Avenida Paulista.

trapaça *sf* swindle: *Que ~!* What a swindle!
trapacear *vt, vi* to cheat
trapézio *sm* **1** (*circo*) trapeze **2** (*Geom*) trapezoid; trapezium (*GB*)
trapezista *smf* trapeze artist
trapo *sm* old rag LOC **estar um trapo** to be a wreck: *Mal chegou aos 50 anos e já está um ~.* He's only 50, but he's a wreck already.
traqueia *sf* windpipe; trachea (*pl* **tracheae/tracheas**) (*mais formal*)
trás *adv* LOC **deixar para trás** to leave *sb/sth* behind ◆ **de trás** (*da traseira*) back: *a porta de ~* the back door ◆ **de trás para frente** backward; back to front (*GB*): *Você está com o suéter de ~ para frente.* Your sweater is on backward. ➲ *Ver ilustração em* CONTRÁRIO ◆ **ficar para trás** to fall behind: *Ele começou a ficar para ~ nos estudos.* He began to fall behind in his studies. ◇ *Ande, não fique para ~.* Come on, don't get left behind. ◆ **para trás** backward: *andar para ~* to walk backward ◇ *voltar para ~* to go back ◆ **por trás** behind: *Por ~ de tudo isto está...* Behind all this there's...
traseira *sf* back: *O caminhão bateu na ~ do meu carro.* The truck ran into the back of my car.
traseiro, -a ▸ *adj* back: *a porta traseira* the back door
▸ *sm* backside
traslado (*tb* **translado**) *sm* transfer
traste *sm* **1** (*coisa*) junk [*não contável*]: *uma loja cheia de ~s* a store full of junk **2** (*pessoa*): *Ela é um ~.* She's really useless.
tratado *sm* (*Pol*) treaty (*pl* **treaties**)
tratamento *sm* treatment: *o mesmo ~ para todos* the same treatment for everyone ◇ *um ~ contra a celulite* a treatment for cellulite
tratar ▸ *vt* **1** to treat: *Gostamos que nos tratem bem.* We like people to treat us well. **2** ~ **de** (*ter por assunto*) to be about *sth*: *O filme trata do mundo do espetáculo.* The movie is about show business. **3** ~ **de** (*assunto, problema*) to sort *sth* out: *Não se preocupe que eu trato do assunto.* Don't worry, I'll sort it out. **4** ~ **com** (*lidar*) to deal with *sb/sth*: *Não gosto de ~ com esse tipo de gente.* I don't like dealing with people like that.
▸ **tratar-se** *vp* (*cuidar-se*) to take care of yourself: *Você não parece bem, devia se ~ mais.* You don't look well — you should take more care of yourself.
LOC **trata-se de...** it's about...: *Trata-se do seu irmão.* It's about your brother.

T

trato *sm* **1** treatment **2** (*acordo*) deal: *fazer um ~* to make a deal
trator *sm* tractor
trauma *sm* trauma
traumatismo *sm* LOC **traumatismo craniano** concussion
travar ▸ *vt* **1** (*brecar*) to stop **2** (*trancar*) to lock
▸ *vi* (*roda*) to lock LOC **travar conhecimento com alguém** to make sb's acquaintance *Ver tb* CONVERSA
trave *sf* (*Esporte*) (goal)post: *A bola bateu na ~.* The ball hit the post.
travessa *sf* **1** (*rua*) side street: *Fica numa das ~s da Avenida Rio Branco.* It's on a side street off Avenida Rio Branco. **2** (*prato*) dish: *uma ~ de carne* a dish of meat
travessão *sm* **1** (*Ortografia*) dash ➲ *Ver pág. 310* **2** (*Futebol*) (cross)bar
travesseiro *sm* pillow LOC *Ver* CONSULTAR
travessia *sf* crossing
travesso, -a *adj* naughty
travessura *sf* mischief [*não contável*]: *Esse garoto só faz ~s.* That boy is always up to mischief. ◇ *Não faça ~s!* Don't be naughty!
travesti *sm* transvestite
trazer *vt* **1** to bring: *Traga-nos duas cervejas.* Bring us two beers. ◇ *Traga um travesseiro.* Bring a pillow (with you). ➲ *Ver ilustração em* TAKE ➲ *Ver nota em* GIVE **2** (*causar*) to cause: *O novo sistema vai nos ~ problemas.* The new system is going to cause us problems. LOC **trazer à luz** to bring *sth* (out) into the open
trecho *sm* **1** (*de caminho*) stretch: *um ~ perigoso* a dangerous stretch of road **2** (*de texto*) passage
treco *sm* thing LOC **ter um treco** to get sick; to be taken ill (*GB*): *Ele teve um ~ de repente e morreu.* He suddenly got sick and died.
trégua *sf* **1** (*de hostilidade*) truce: *romper uma ~* to break a truce **2** (*de incômodo*) rest; respite (*mais formal*)
treinador, -ora *sm-sf* **1** (*Esporte*) coach **2** (*de animais*) trainer
treinamento (*tb* **treino**) *sm* training
treinar ▸ *vt* **1** (*praticar*) to practice **2** (*uma equipe*) to coach
▸ **treinar(-se)** *vt, vi, vp* (*preparar-se fisicamente*) to train
trela *sf* leash; lead (*GB*) LOC **dar trela a alguém** to lead sb on
treliça *sf* trellis
trem *sm* train: *apanhar/perder o ~* to catch/miss the train ◇ *estação de ~*

railroad/train station ◇ *viajar de ~* to travel by train LOC **trem de aterrissagem** landing gear [*não contável*] ◆ **trem de carga** freight train; goods train (*GB*)

trema *sm* dieresis (*pl* **diereses**)

tremendo, -a *adj* **1** (*terrível*) terrible: *um ~ desgosto/uma dor tremenda* a terrible blow/pain **2** (*impressionante*) terrific: *Foi um sucesso ~.* It was a terrific success. ◇ *Aquela criança tem uma força tremenda.* That child is terrifically strong.

tremer *vi* **1 ~ (de)** to tremble (with *sth*): *A mulher tremia de medo.* The woman was trembling with fear. ◇ *A voz dele tremia.* His voice trembled. **2** (*edifício, móveis*) to shake: *O terremoto fez ~ o povoado inteiro.* The quake shook the whole town. LOC **tremer como vara verde** to be shaking like a leaf ◆ **tremer de frio** to shiver

tremor *sm* tremor: *um ligeiro ~ na voz dele* a slight tremor in his voice ◇ *um ~ de terra* an earth tremor

trena *sf* tape measure

trenó *sm* **1** sled; sledge (*GB*) **2** (*de cavalos, renas*) sleigh: *O Papai Noel viaja sempre de ~.* Santa always travels by sleigh.

trepadeira *sf* vine

trepar *vt, vi* **~ (em)** to climb (up) (*sth*): *~ numa árvore* to climb (up) a tree

três *num numeral, sm* **1** three **2** (*data*) third ➲ *Ver exemplos em* SEIS

treta *sf* (*briga*) fight

trevas *sf* darkness [*não contável*]

trevo *sm* **1** (*Bot*) clover **2** (*em rodovia*) intersection; junction (*GB*)

treze *num numeral, sm* **1** thirteen **2** (*data*) thirteenth ➲ *Ver exemplos em* SEIS

trezentos, -as *num numeral, sm* three hundred ➲ *Ver exemplos em* SEISCENTOS

triangular *adj* triangular

triângulo *sm* triangle LOC **triângulo equilátero/escaleno/isósceles** equilateral/scalene/isosceles triangle ◆ **triângulo retângulo** right-angled triangle

triatlo *sm* triathlon

tribo *sf* tribe

tribuna *sf* platform

tribunal *sm* court: *levar alguém a ~* to take sb to court ◇ *comparecer perante o ~* to appear before the court ◇ *o Supremo Tribunal* the Supreme Court

tributação *sf* taxation

tributo *sm* **1** (*imposto*) tax **2** (*homenagem*) tribute

tricampeão, -eã *sm-sf* three-time champion

triciclo *sm* tricycle

tricô *sm* knitting: *fazer ~* to knit

tricotar *vt, vi* to knit

trigêmeos, -as *sm-sf* triplets

trigo *sm* wheat

trilha *sf* (*caminho*) track LOC **fazer trilha** to go hiking ◆ **trilha sonora** soundtrack

trilho *sm* (*carril*) rail

trimestral *adj* quarterly: *contas trimestrais* quarterly bills

trimestre *sm* quarter

trincheira *sf* trench

trinco *sm* (*porta*) latch LOC **sair dos trincos** (*porta*) to come off its hinges

trindade *sf* trinity

trinque *sm* LOC **nos trinques** (*bem-vestido*) dressed up to the nines

trinta *num numeral, sm* **1** thirty **2** (*data*) thirtieth ➲ *Ver exemplos em* SESSENTA

trio *sm* trio (*pl* **trios**) LOC **trio elétrico** music float

tripa *sf* **tripas 1** (*Cozinha*) tripe [*não contável*] **2** (*intestinos*) gut LOC **fazer das tripas coração** to make a great effort

tripé *sm* tripod

triplicar *vt* to treble

triplo, -a ▸ *num numeral* triple: *salto ~* triple jump
▸ *sm* three times: *Nove é o ~ de três.* Nine is three times three. ◇ *Este tem o ~ do tamanho do outro.* This one's three times bigger than the other one. ◇ *Ele ganha o ~ do meu salário.* He earns three times as much as me.

tripulação *sf* crew

tripulante *smf* crew member

tripular *vt* (*avião, barco*) to man

triste *adj* **1 ~ (com/por)** sad (about *sth*): *estar/sentir-se ~* to be/feel sad **2** (*deprimente, deprimido*) gloomy: *uma paisagem/um quarto ~* a gloomy landscape/room

tristeza *sf* **1** sadness **2** (*melancolia*) gloom

triturar *vt* **1** to crush **2** (*especiarias, grãos*) to grind

triunfal *adj* **1** (*entrada*) triumphal **2** (*regresso*) triumphant

triunfante *adj* (*gesto, expressão*) triumphant

triunfar ▸ *vi* (*ganhar*) to win: *~ a qualquer preço* to win at any price
▸ *vt* **~ contra** to triumph over *sb/sth*: *Eles triunfaram contra os inimigos.* They triumphed over their enemies.

triunfo *sm* **1** (*Pol, Mil*) victory (*pl* **victories**) **2** (*feito pessoal, proeza*) triumph: *um ~ da engenharia* a triumph of engineering

trivial *adj* trivial

T

trivialidade *sf* triviality (*pl* trivialities)

triz *sm* LOC **por um triz** narrowly: *Não apanhei o trem por um ~.* I narrowly missed the train. ◇ *Escapei por um ~.* I had a narrow escape.

troca *sf* **1** (*permuta*) exchange: *uma ~ de impressões* an exchange of views **2** (*substituição*) replacement LOC **em troca (de)** in return for *sth/doing sth*: *Não receberam nada em ~.* They got nothing in return. ◇ *em ~ de você me ajudar com a matemática* in return for you helping me with my math ◆ **fazer a troca de algo** to change sth: *Faça a ~ do cartucho todo mês.* Change the cartridge every month.

trocadilho *sm* pun

trocado (*tb* **trocados**) *sm* loose change [*não contável*]

trocador, -ora *sm-sf* (*ônibus*) conductor

trocar ▸ *vt* **1** (*dinheiro*) to change *sth* (*into sth*): *~ reais por dólares* to change reals into dollars **2** (*permutar*) to exchange: *~ prisioneiros* to exchange prisoners ◇ *Se não ficar bem você pode ~.* You can exchange it if it doesn't fit you. **3** (*veículo*) to trade *sth* in (*for sth*): *Vou ~ o meu carro por um (carro) maior.* I'm going to trade in my car for a bigger one. **4** (*confundir*) to mix *sth* up: *Ele não presta atenção no que está fazendo e troca tudo.* He doesn't pay attention to what he's doing and mixes everything up. **5** *~* **de** to change: *~ de emprego/trem* to change jobs/trains ◇ *~ de sapatos* to change your shoes
▸ **trocar-se** *vp* to change: *Vou me ~ porque preciso sair.* I'm going to get changed because I have to go out.
LOC **trocar tiros** to exchange gunfire

troco *sm* **1** change: *Deram-me o ~ errado.* They gave me the wrong change. ◇ *Tem ~ para 50 reais?* Do you have change for 50 reals? **2** (*dinheiro trocado*) loose change LOC **dar o troco (a alguém)** (*responder*) to reply in kind: *Ela fez umas piadas a meu respeito mas eu lhe dei o ~.* She made a few jokes at my expense but I replied in kind.

troço *sm* thing LOC **ter um troço 1** (*ficar bravo*) to be (really) upset: *Quase tive um ~ quando recebi as notas.* I was really upset when I got my results. **2** (*ter um ataque*) to have a fit

troféu *sm* trophy (*pl* trophies)

troll *smf* (*Internet*) troll

trollar *vt, vi* (*Internet*) to troll

tromba *sf* **1** (*Zool*) (*de elefante*) trunk **2** (*de inseto*) proboscis (*pl* probosces/proboscises) **3** (*focinho*) snout LOC **estar/ficar de tromba** to be in/get into a bad mood: *Ela está de ~ porque não lhe emprestei o carro.* She's in a bad mood because I didn't lend her the car.

tromba-d'água *sf* (*chuva*) downpour: *Ontem caiu uma ~ daquelas.* There was a real downpour yesterday.

trombada *sf* crash: *dar/levar uma ~* to have a crash

trombadinha *sf* child thief (*pl* thieves)

trombone *sm* trombone

trombose *sf* thrombosis (*pl* thromboses)

trompete *sm* trumpet

tronco *sm* **1** (*de árvore*) trunk **2** (*parte do corpo*) torso (*pl* torsos)

trono *sm* throne: *subir ao ~* to come to the throne ◇ *o herdeiro do ~* the heir to the throne

tropa *sf* troop: *as ~s* the troops LOC **tropa(s) de choque** riot police [*pl*]

tropeção *sm* stumble LOC **dar um tropeção (em)** to trip (over/on *sth*)

tropeçar *vt, vi* ~ **(em) 1** (*cair*) to trip (over/on *sth*): *~ numa raiz* to trip over a root **2** (*problemas*) to come up against *sth*: *Tropeçamos em várias dificuldades.* We came up against several difficulties.

tropical *adj* tropical

trópico *sm* tropic: *o ~ de Câncer/Capricórnio* the Tropic of Cancer/Capricorn

trotar *vi* to trot

trote *sm* **1** (*de cavalo*) trot: *ir a ~* to go at a trot **2** (*brincadeira*) trick: *Passei um ~ em minha tia.* I played a trick on my aunt. LOC **trote (por telefone)** hoax call: *Levei um ~ pelo telefone.* I got a hoax call.

trouxa ▸ *sf* (*roupa*) bundle
▸ *smf* (*pessoa*) sucker

trovão *sm* thunder [*não contável*]: *Aquilo foi um ~?* Was that a clap of thunder? ◇ *raios e trovões* thunder and lightning

trovejar *v imp verbo impessoal* to thunder

trovoada *sf* thunder [*não contável*]

trufa *sf* truffle

trunfo *sm* **1** (*Cartas*) trump **2** (*vantagem*) asset: *A experiência é o seu ~ maior.* Experience is your greatest asset.

truque *sm* trick

truta *sf* trout (*pl* trout)

tu *pron* you

tubarão *sm* shark

tuberculose *sf* tuberculosis (*abrev* TB)

tubo *sm* **1** (*cano*) pipe **2** (*recipiente*) tube: *um ~ de pasta de dentes* a tube of toothpaste ➲ *Ver ilustração em* CONTAINER **LOC tubo de ensaio** test tube

tudo *pron* **1** all: *É ~ por hoje.* That's all for today. ◇ *no fim de ~* after all **2** (*todas as coisas*) everything: *Tudo o que eu te disse era verdade.* Everything I told you was true. **3** (*qualquer coisa*) anything: *O meu papagaio come de ~.* My parrot eats anything. **LOC dar/fazer tudo por algo** to give/do your all for sth ◆ **tudo bem?** how are things?

tufão *sm* typhoon

tuitar *vt, vi* to tweet

tuíte *sm* tweet

tule *sm* net: *cortinas de ~* net curtains

tulipa *sf* **1** (*flor*) tulip **2** (*copo*) beer glass

tumba *sf* **1** grave **2** (*mausoléu*) tomb: *a ~ de Lênin* Lenin's tomb

tumor *sm* tumor: *~ benigno/cerebral* benign/brain tumor

túmulo *sm* grave

tumulto *sm* **1** (*algazarra*) hubbub **2** (*movimento*) bustle [*não contável*] **3** (*motim*) rioting [*não contável*]

tumultuar ▸ *vt* to disrupt ▸ *vi* to cause trouble

túnel *sm* tunnel: *passar por um ~* to go through a tunnel

turbante *sm* turban

turbilhão *sm* whirlwind **LOC** *Ver* CABEÇA

turbina *sf* turbine **LOC turbina eólica** wind turbine

turbulência *sf* turbulence [*não contável*]

turismo *sm* tourism: *a indústria do ~* the tourist industry **LOC fazer turismo 1** (*por um país*) to travel: *fazer ~ pela África* to travel around Africa **2** (*por uma cidade*) to go sightseeing ◆ **turismo rural** agritourism *Ver tb* AGÊNCIA, CENTRO

turista *smf* tourist

turístico, -a *adj* **1** tourist: *uma atração turística* a tourist attraction **2** (*com muitos turistas*) popular with tourists: *Esta região não é muito turística.* This region isn't very popular with tourists. **3** (*com sentido pejorativo*) touristy: *Não gosto de cidades muito turísticas.* I don't like very touristy towns. **LOC** *Ver* GUIA, PONTO

turma *sf* **1** (*na escola*) class: *Estamos na mesma ~.* We're in the same class. **2** (*de amigos*) gang **LOC** *Ver* COLEGA

turnê *sf* tour **LOC estar em/fazer (uma) turnê** to be/go on tour

turno *sm* **1** (*trabalho*) shift: *~ do dia/da noite* day/night shift ◇ *trabalhar em ~s* to do shift work **2** (*em eleição*) round **3** (*vez*) turn **LOC em turnos** in turn: *A limpeza das escadas é feita em ~s.* We take turns cleaning the stairs.

turquesa *adj, sf* turquoise ➲ *Ver exemplos em* AMARELO

turvar ▸ *vt* **1** (*líquido*) to make *sth* cloudy **2** (*relações, assunto*) to cloud ▸ **turvar-se** *vp* **1** (*líquido*) to become cloudy **2** (*relações, assunto*) to become confused

turvo, -a *adj* **1** (*líquido*) cloudy **2** (*relações*) troubled **3** (*assunto*) murky

tutor, -ora *sm-sf* (*Jur*) guardian

Uu

ufa! *interj* phew: *Ufa, que calor!* Phew, it's hot!

ufo *sm* UFO (*pl* UFOs)

uh! *interj* (*nojo*) ugh: *Uh, que mau cheiro!* Ugh, what an awful smell!

uísque *sm* whiskey (*pl* whiskeys)

uivar *vi* to howl: *~ de dor* to howl in pain

uivo *sm* howl

úlcera *sf* ulcer

ultimamente *adv* recently

ultimato (*tb* **ultimátum**) *sm* ultimatum (*pl* ultimatums/ultimata)

último, -a ▸ *adj* **1** last: *o ~ episódio* the last episode ◇ *Vou dizer pela última vez.* I'm going to say it for the last time. ◇ *estes ~s dias* the last few days **2** (*mais recente*) latest: *a última moda* the latest fashion

Last refere-se ao último de uma série que já acabou: *o último álbum de John Lennon* John Lennon's last album, e **latest** refere-se ao último de uma série que ainda pode continuar.

3 (*mais alto*) top: *no ~ andar* on the top floor **4** (*mais baixo*) bottom: *Eles estão em ~ lugar na liga.* They're bottom of the league.
▸ *sm-sf* **1** last (one): *Fomos os ~s a chegar.* We were the last (ones) to arrive. **2** (*mencionado em último lugar*) latter ➲ *Ver nota em* LATTER **LOC à/na última hora** at the last moment ◆ **andar na última moda** to be fashionably dressed ◆ **de última geração** state of the art: *equipamento de última geração* state-of-the-art equipment ➲ *Ver nota em* WELL BEHAVED ◆ **em última análise** at the end of the day ◆ **em último caso/recurso** as a last resort ◆ **por último** finally *Ver tb* GOTA

ultraleve *sm* ultralight; microlight (*GB*)

ultrapassado, -a *adj* out of date *Ver tb* ULTRAPASSAR

ultrapassar *vt* **1** (*quantidade, limite, medida*) to exceed: *Ultrapassou os 170 km por hora.* It exceeded 170 km an hour. **2** (*veículo, pessoa*) to pass; to overtake (*GB*): *O caminhão me ultrapassou na curva.* The truck passed me on the curve.

ultrassonografia (*tb* **ultrassom**) *sf* ultrasound (scan)

ultravioleta *adj* ultraviolet (*abrev* UV)

um, uma[1] *art* **1** a, an

> A forma **an** é empregada antes de um som vocálico: *uma árvore* a tree ◇ *um braço* an arm ◇ *uma hora* an hour.
>
> No plural, utiliza-se **some** ou, em alguns casos, omite-se o artigo: *Preciso de uns sapatos novos.* I need some new shoes. ◇ *Já que você vai lá, compre umas bananas.* Get some bananas while you're there. ◇ *Você tem uns olhos muito bonitos.* You have beautiful eyes. ◇ *Tenho uns amigos maravilhosos.* I have (some) wonderful friends.

2 (*uso enfático*): *Está fazendo um calor!* It's so hot! ◇ *Estou com uma fome!* I'm starving! ◇ *Tive umas férias e tanto!* What a vacation I had!

um, uma[2] ▸ *num* one: *Eu disse um quilo e não dois.* I said one kilo, not two. ◇ *um, dois, três* one, two, three ◇ *à uma (hora)* at one (o'clock)
▸ *pron* **1** one: *Como ele não tinha gravata, eu lhe emprestei uma.* He didn't have a tie, so I lent him one. **2 uns**: *Uns gostam, outros não.* Some (people) like it, some don't. LOC **é uma hora** it's one o'clock ◆ **um ao outro** each other, one another: *Ajudaram-se uns aos outros.* They helped each other. ➲ *Ver nota em* EACH OTHER ◆ **um a um** one by one: *Ponha um a um.* Put them in one by one. ➲ *Para mais informação sobre o uso do numeral, ver ejemplos em* SEIS

umbigo *sm* navel; belly button (*coloq*)

umbilical *adj* LOC *Ver* CORDÃO

umedecer ▸ *vt* to moisten
▸ *vi* to get wet

umidade *sf* **1** damp: *Esta parede tem ~.* This wall's damp. **2** (*atmosfera*) humidity

úmido, -a *adj* **1** damp: *Estas meias estão úmidas.* These socks are damp. **2** (*ar, calor, lugar*) humid: *um país ~* a country with a humid climate ➲ *Ver nota em* MOIST

unânime *adj* unanimous

unção *sf*: *extrema ~* extreme unction

unha *sf* **1** (*mão*) (finger)nail: *roer as ~s* to bite your nails **2** (*pé*) toenail **3** (*garra*) claw LOC **fazer as unhas 1** (*as próprias*) to do your nails **2** (*no salão*) to have your nails done ◆ **ser unha e carne** to be inseparable ◆ **unha encravada** ingrown toenail *Ver tb* ALICATE, ESMALTE, ROER, TOURO

união *sf* **1** union: *a ~ monetária* monetary union **2** (*unidade*) unity: *A ~ é a nossa melhor arma.* Unity is our best weapon. **3** (*ato*) joining (together): *a ~ das duas partes* the joining together of the two parts LOC **união civil** civil partnership

único, -a ▸ *adj* **1** (*um só*) only: *a única exceção* the only exception **2** (*sem paralelo*) unique: *uma obra de arte única* a unique work of art
▸ *sm-sf* only one: *Ela é a única que sabe nadar.* She's the only one who can swim. LOC *Ver* FILHO, MÃO, SENTIDO

unidade *sf* **1** unit: *~ de medida* unit of measurement **2** (*união*) unity: *falta de ~* lack of unity LOC **Unidade de Terapia Intensiva** (*abrev* **UTI**) intensive care (unit)

unido, -a *adj* close: *uma família muito unida* a very close family ◇ *Eles são muito ~s.* They're very close. LOC *Ver* ORGANIZAÇÃO, REINO; *Ver tb* UNIR

unificar *vt* to unify

uniforme ▸ *adj* **1** uniform: *de tamanho ~* of uniform size **2** (*superfície*) even
▸ *sm* uniform LOC **com/de uniforme** in uniform: *alunos com ~* children in school uniform

unir ▸ *vt* **1** (*interesses, pessoas*) to unite; to bring *sb/sth* together (*mais coloq*): *os objetivos que nos unem* the aims that unite us **2** (*peças, objetos*) to join **3** (*estrada*) (*Ferrovia*) to link
▸ **unir-se** *vp* **unir-se a** to join: *Eles se uniram ao grupo.* They joined the group.

universal *adj* **1** universal **2** (*mundial*) world: *a história ~* world history

universidade *sf* university (*pl* universities); college

> Nos Estados Unidos, é mais comum a palavra **college**: *entrar para a universidade* to go to college. A palavra **university** refere-se normalmente a uma universidade onde se podem fazer estudos de pós-graduação.
>
> Na Grã-Bretanha, para se referir a universidade pode-se dizer simplesmente **university**. Um **college** ministra cursos técnicos de formação profissional. ➲ *Ver nota em* COLLEGE

U

universitário, -a ▸ *adj* college; university (*GB*): *estudos ~s* college studies ▸ *sm-sf* (*estudante*) college/university student LOC *Ver* CIDADE

universo *sm* universe

untar *vt* (*com manteiga, óleo, etc.*) to grease

urânio *sm* uranium

Urano *sm* Uranus

urbanização *sf* housing development

urbano, -a *adj* urban LOC *Ver* PERÍMETRO

urgência *sf* emergency (*pl* **emergencies**): *em caso de ~* in case of emergency

urgente *adj* **1** urgent: *um pedido/trabalho ~* an urgent order/job **2** (*correio*) express

urina *sf* urine

urinar ▸ *vi* to urinate
▸ **urinar-se** *vp* to wet yourself

urna *sf* **1** (*cinzas*) urn **2** (*Pol*) ballot box

urso, -a *sm-sf* bear LOC **urso de pelúcia** teddy bear

urso-branco *sm* polar bear

urtiga *sf* nettle

urubu *sm* vulture

Uruguai *sm* Uruguay

uruguaio, -a *adj, sm-sf* Uruguayan

usado, -a *adj* **1** (*de segunda mão*) second-hand: *roupa usada* second-hand clothes **2** (*gasto*) worn out: *sapatos ~s* worn-out shoes ➲ *Ver nota em* WELL BEHAVED; *Ver tb* USAR

usar *vt* **1** (*utilizar*) to use: *Uso muito o computador.* I use the computer a lot. **2** (*óculos, roupa, penteado, etc.*) to wear: *Ela usa óculos.* She wears glasses. ◇ *Que perfume você usa?* What perfume do you wear?

USB *sm* USB: *cabos ~* USB cables

usina *sf* factory (*pl* **factories**) LOC **usina hidrelétrica/termonuclear** hydro-electric/nuclear power plant ◆ **usina de açúcar** sugar refinery (*pl* refineries)

uso *sm* use: *instruções de ~* instructions for use LOC **de uso diário** everyday: *botas de ~ diário* everyday boots ◆ **para uso externo** (*pomada*) for external use

usuário, -a *sm-sf* user

utensílio *sm* **1** (*ferramenta*) tool **2** (*Cozinha*) utensil LOC **utensílios de cozinha** kitchenware [*não contável*]

útero *sm* womb

UTI *sf Ver* UNIDADE

útil *adj* useful LOC *Ver* DIA

utilidade *sf* usefulness LOC **ter muita utilidade** to be very useful

utilitário *sm* (*veículo*) SUV

utilizar *vt* to use

uva *sf* grape LOC **uva passa** raisin

vaca *sf* **1** (*animal*) cow **2** (*carne*) beef ➲ *Ver nota em* CARNE

vacilar *vi* to hesitate (*about/over sth/doing sth*)

vacina *sf* vaccine: *a ~ contra a pólio* the polio vaccine

vacinar *vt* to vaccinate: *Temos que ~ o cachorro contra a raiva.* We have to have the dog vaccinated against rabies.

vácuo *sm* vacuum LOC *Ver* EMBALADO

vadio, -a *adj* (*pessoa*) idle

vaga *sf* **1** (*emprego*) vacancy (*pl* **vacancies**): *~s de emprego* job vacancies **2** (*num curso, de estacionamento*) place: *Não há mais ~s.* There are no places left.

vagabundo, -a ▸ *adj* (*de má qualidade*) shoddy
▸ *sm-sf* bum; tramp (*GB*)

vaga-lume *sm* (*pirilampo*) glow-worm

vagão *sm* car: *~ de carga/passageiros* freight/passenger car

vagão-leito *sm* sleeping car

vagão-restaurante *sm* dining car

vagar[1] *vi* **1** (*lugar, mesa, etc.*) to become free **2** (*apartamento, quarto de hotel*) to become vacant **3** *Ver* VAGUEAR

vagar[2] *sm* LOC **com mais vagar** at a more leisurely pace ◆ **com vagar** at your leisure

vagaroso, -a *adj* slow

vagem *sf* string bean; French bean (*GB*)

vagina *sf* vagina

vago, -a *adj* **1** (*lugar, mesa, etc.*) free **2** (*apartamento, quarto de hotel*) vacant **3** (*impreciso*) vague: *uma resposta/semelhança vaga* a vague answer/resemblance LOC *Ver* HORA

vaguear *vi* to wander: *~ pelas ruas da cidade* to wander around the city streets

vaia *sf* booing [*não contável*]

vaiar *vt* to boo

vaidade *sf* vanity

vaidoso, -a *adj* vain

vaivém *sm* swinging: *o ~ do pêndulo* the swinging of the pendulum

vala *sf* ditch LOC **vala comum** common grave

vale[1] *sm* (*Geog*) valley (*pl* **valleys**)

vale[2] *sm* **1** (*cupom*) voucher **2** (*recibo*) receipt LOC **vale postal** money order; postal order (*GB*)

valente *adj* brave

valentia *sf* courage

valer ▸ *vt* **1** (*custar*) to cost: *O livro valia 100 reais.* The book cost 100 reals. **2** (*ter um valor*) to be worth: *Uma libra vale mais ou menos 1,90 dólar.* A pound is worth about $1.90.
▸ *vi* **1** (*ser permitido*) to be allowed: *Não vale colar.* No cheating. **2** (*documento*) to be valid: *Este passaporte não vale mais.* This passport is no longer valid. **3** (*ser importante*) to be important: *A opinião de meu pai vale muito para mim.* My father's opinion is very important to me.
▸ **valer-se** *vp* **valer-se de** to use: *Ele se valeu de todos os meios para atingir seus objetivos.* He used every means possible to achieve his objectives. LOC **isso não vale!** (*não é justo*) that's not fair! ◆ **não valer para nada** to be useless ◆ **para valer** (*a sério*) for real: *Desta vez é para ~.* This time it's for real. ◆ **vale mais...**: *Vale mais dizer a verdade.* It's better to tell the truth. *Ver tb* PENA[2]

vale-refeição *sm* luncheon voucher (*GB*)

valet *smf* valet

valete *sm* (*Cartas*) jack ➲ *Ver nota em* BARALHO

vale-transporte *sm* travel voucher

validade *sf* (*valor*) validity LOC **(prazo de) validade** expiration date; expiry date (*GB*)

válido, -a *adj* valid

valioso, -a *adj* valuable

valor *sm* **1** value: *Tem um grande ~ sentimental para mim.* It has great sentimental value for me. ◇ *um objeto de grande ~* a very valuable object **2** (*preço*) price: *As joias alcançaram um ~ muito alto.* The jewels fetched a very high price. **3** (*quantia*) amount: *Qual é o ~ da sua conta de telefone?* How much is your telephone bill? **4** (*pessoa*) worth: *mostrar o seu ~* to show your worth LOC **dar valor a** to value *sth*: *Ela não dá ~ ao que tem.* She doesn't value what she has. ◆ **sem valor** worthless

valorizar ▸ *vt* **1** (*dar valor a*) to value **2** (*aumentar o valor de*) to increase the value of *sth*
▸ **valorizar-se** *vp* **1** (*pessoa*) to value yourself: *Quem não se valoriza não é respeitado.* People don't respect those who don't value themselves. **2** (*aumentar o valor*) to go up (in price): *Os imóveis se valorizaram neste bairro.* House prices went up in this neighborhood.

valsa *sf* waltz

válvula *sf* valve

vampiro *sm* vampire

vandalismo *sm* vandalism

vândalo, -a *sm-sf* vandal

vanguarda *sf* **1** (*Mil*) vanguard **2** (*Arte*) avant-garde: *teatro de ~* avant-garde theater

vantagem *sf* **1** (*proveito*) advantage: *Morar no campo tem muitas ~s.* Living in the country has many advantages. ◇ *levar ~ sobre alguém* to have an advantage over sb ◇ *tirar ~ de algo* to take advantage of sth **2** (*liderança*) lead: *O time adversário tem uma ~ de dois pontos.* The opposing team has a lead of two points. LOC *Ver* CONTAR

vão, vã ▸ *adj* vain: *uma tentativa vã* a vain attempt
▸ *sm* gap LOC **em vão** in vain ◆ **vão da escada** stairwell ◆ **vão da porta** doorway

vapor *sm* **1** steam: *um ferro/uma máquina a ~* a steam iron/engine **2** (*Quím*) vapor: *~es tóxicos* toxic vapors LOC **a todo o vapor** flat out *Ver tb* BARCO

vaquinha *sf* (*dinheiro em comum*) pot; kitty (*pl* **kitties**) (*GB*)

vara *sf* **1** (*pau*) stick **2** (*Esporte*) pole LOC **vara de pescar** fishing rod *Ver tb* SALTO[1], TREMER

varal *sm* (*corda*) clothesline

varanda *sf* **1** (*alpendre*) porch; veranda (*GB*) **2** (*sacada*) balcony (*pl* **balconies**): *ir para a ~* to go out onto the balcony

varar *vt* (*perfurar*) to pierce LOC **varar a noite** to stay up all night

varejo *sm* retail trade LOC **a varejo** (*Com*) retail

vareta *sf* rod

variação *sf* variation: *ligeiras variações de pressão* slight variations in pressure

variar *vt, vi* **1** (*tornar/ser variado*) to vary: *Os preços variam de acordo com o restaurante.* Prices vary depending on the restaurant. **2** (*mudar*) to change: *Não varia no plural.* It doesn't change in the plural. LOC **para variar 1** (*para mudar*) for a change **2** (*como sempre*) as usual

variável ▸ *adj* changeable
▸ *sf* variable

varicela *sf* chickenpox [*não contável*]

variedade *sf* variety (*pl* **varieties**)

varinha *sf* LOC **varinha de condão** magic wand

varíola *sf* smallpox

V

vários, -as *adj, pron* various, several: *em várias ocasiões* on several occasions

variz *sf* varicose vein

varredor, -ora *sm-sf* sweeper: ~ *de rua* street sweeper

varrer *vt, vi* to sweep LOC *Ver* DOIDO

vasculhar *vt* to go through *sth*: *Não quero que você vasculhe as minhas gavetas.* I don't want you to go through my drawers.

vasilha *sf* **1** vessel **2** (*para comida*) bowl

vaso *sm* **1** (*para planta*) flowerpot **2** (*para flores cortadas, decoração*) vase **3** (*Anat, Bot*) vessel: *~s capilares/sanguíneos* capillary/blood vessels LOC **vaso sanitário** toilet bowl

vassoura *sf* **1** broom ➲ *Ver ilustração em* BRUSH **2** (*de bruxa*) broomstick

vassourinha *sf* (*de cabo curto*) brush ➲ *Ver ilustração em* BRUSH

vasto, -a *adj* vast

vazamento *sm* (*gás, água, etc.*) leak

vazar *vt, vi* (*líquido, gás, recipiente, notícia*) to leak: *A notícia da renúncia do presidente vazou para a imprensa.* The news of the president's resignation was leaked to the press.

vazio, -a ▸ *adj* empty: *uma caixa/casa vazia* an empty box/house

▸ *sm* emptiness; void (*formal*)

veado *sm* **1** (*animal*) deer (*pl* **deer**)

A palavra **deer** é o substantivo genérico, **stag** (ou **buck**) aplica-se apenas ao veado macho e **doe** apenas à fêmea. **Fawn** é a cria.

2 (*carne*) venison **3** (*homossexual*) fag; poof (*GB*) ❶ Estas duas palavras são consideradas ofensivas. A palavra mais comum é **gay**.

vedar *vt* **1** (*recipiente*) to seal **2** (*acesso*) to block **3** (*com cerca*) to fence *sth* off

vegetação *sf* vegetation

vegetal ▸ *adj* vegetable: *óleos vegetais* vegetable oils

▸ *sm* vegetable LOC *Ver* CARVÃO, PAPEL

vegetar *vi* **1** (*Bot*) to grow **2** (*pessoa*) to be a vegetable

vegetariano, -a *adj, sm-sf* vegetarian: *ser* ~ to be a vegetarian

veia *sf* vein

veículo *sm* vehicle LOC **veículo de comunicação** medium (*pl* **media**)

veio *sm* **1** (*rocha*) vein **2** (*mina*) seam **3** (*madeira*) grain

vela¹ *sf* **1** candle: *acender/apagar uma* ~ to light/put out a candle ◇ *um jantar à luz de ~s* a candlelit dinner **2** (*de motor*) spark plug LOC *Ver* LUZ

vela² *sf* **1** (*barco, moinho*) sail **2** (*Esporte*) sailing: *praticar* ~ to go sailing LOC *Ver* BARCO

velar ▸ *vt, vi* (*cadáver*) to keep vigil (over *sb*)

▸ *vt* (*doente*) to sit up with *sb*

veleiro *sm* sailboat; sailing boat (*GB*)

velejar *vi* to go sailing: *Fomos ~ este domingo.* We went sailing on Sunday.

velharia *sf* (*traste*) old thing

velhice *sf* old age

velho, -a ▸ *adj* old: *estar/ficar* ~ to look/get old ◇ *Sou mais ~ do que o meu irmão.* I'm older than my brother.

▸ *sm-sf* **1** old man/woman (*pl* **men/women**) **2 velhos** old people LOC **o mais velho** the oldest (one): *O mais ~ tem quinze anos.* The oldest (one) is fifteen. ◇ *o mais ~ da turma* the oldest (one) in the class ◇ *a mais velha das três irmãs* the oldest of the three sisters ➲ *Ver nota em* ELDER *Ver tb* JOGO

velocidade *sf* (*rapidez*) speed: *a ~ do som* the speed of sound ◇ *trens de alta* ~ high-speed trains LOC **a toda velocidade** at top speed ◆ **velocidade máxima** (*nas estradas*) speed limit *Ver tb* EXCESSO, REDUZIR

velocímetro *sm* speedometer

velódromo *sm* velodrome; cycle track (*mais coloq*)

velório *sm* wake

veloz *adj* fast: *Ele não é tão ~ como eu.* He isn't as fast as I am. ➲ *Ver nota em* RÁPIDO

veludo *sm* velvet LOC **veludo cotelê** corduroy: *calças de ~ cotelê* corduroy pants

vencedor, -ora ▸ *adj* **1** winning: *a equipe ~a* the winning team **2** (*país, exército*) victorious

▸ *sm-sf* **1** winner: *o ~ da prova* the winner of the competition **2** (*Mil*) victor

vencer ▸ *vt* **1** (*Esporte*) to beat: *Fomos vencidos na semifinal.* We were beaten in the semifinal. **2** (*Mil*) to defeat **3** (*superar*) to overcome: *O sono me venceu.* I was overcome with sleep.

▸ *vi* **1** to win: *Venceu a equipe visitante.* The visiting team won. **2** (*prazo, validade*) to expire **3** (*pagamento*) to be due: *O pagamento do empréstimo vence hoje.* Repayment of the loan is due today.

vencido, -a ▸ *adj* **1** (*derrotado*) beaten **2** (*prazo, validade*) expired: *Não utilize medicamentos ~s.* Don't use medicines that are past their expiration date. **3** (*pagamento*) due

▸ *sm-sf* loser: *vencedores e ~s* winners

and losers LOC **dar-se por vencido** to give in *Ver tb* VENCER

vencimento *sm* **1** (*data de pagamento*) due date: *Quando é o ~ do aluguel?* When's the rent due? **2** (*fim de prazo*) expiration date; expiry date (*GB*) **3** (*salário*) salary (*pl* **salaries**)

venda *sf* **1** (*em comércio*) sale: *à ~* for sale **2** (*para os olhos*) blindfold LOC **pôr à venda** to put *sth* on the market: *pôr a casa à ~* to put the house on the market ◆ **venda por correspondência** mail order *Ver tb* PONTO

vendar *vt* to blindfold LOC *Ver* OLHO

vendaval *sm* gale

vendedor, -ora *sm-sf* **1** seller **2** (*numa empresa*) salesperson (*pl* **-people**) ➲ *Ver nota em* POLICIAL **3** (*em loja*) salesclerk; shop assistant (*GB*) LOC *Ver* AMBULANTE

vender *vt* to sell: *Vão ~ o apartamento de cima.* The upstairs apartment is for sale. ➲ *Ver nota em* GIVE LOC **vender aos montes** to sell like hot cakes ◆ **vender gato por lebre** to take *sb* in ◆ **vende-se** for sale *Ver tb* FIADO, MÁQUINA

veneno *sm* **1** poison **2** (*de animal*) venom

venenoso, -a *adj* poisonous LOC *Ver* COGUMELO

veneziana *sf* shutter: *fechar as ~s* to close the shutters

Venezuela *sf* Venezuela

venezuelano, -a *adj, sm-sf* Venezuelan

ventania *sf* gale

ventar *vi* to be windy: *Estava ventando demais.* It was too windy.

ventilação *sf* ventilation

ventilador *sm* ventilator

V

vento *sm* wind LOC *Ver* CABEÇA, MOINHO

ventre *sm* **1** (*abdômen*) stomach **2** (*útero*) womb

ventríloquo, -a *sm-sf* ventriloquist

Vênus *sm* Venus

ver[1] ▸ *vt* **1** to see: *Há muito tempo que não a vejo.* I haven't seen her for a long time. ◇ *Você está vendo aquele edifício ali?* Can you see that building over there? ◇ *Quando vi que não ia conseguir, pedi ajuda.* When I saw I wasn't going to be able to do it, I asked for help. ◇ *Não vejo por quê.* I don't see why. **2** (*assistir*) to watch: *~ televisão* to watch TV **3** (*examinar, olhar*) to look at *sth*: *Preciso ~ com mais calma.* I need more time to look at it.

▸ *vi* to see: *Espere, vou ~.* Wait—I'll go and see. ◇ *Vamos ~ se eu passo desta vez.* Let's see if I pass this time.

▸ **ver-se** *vp* (*encontrar-se*) to be: *Eu nunca tinha me visto em tal situação.* I'd never been in a situation like that. LOC **dar para ver** (*prever*): *Dava mesmo para ~ que isso iria acontecer.* I could see it coming. ◆ **para você ver!** so there! ◆ **vai ver que...** maybe: *Vai ~ que eles não chegaram porque se perderam.* Maybe they didn't get here because they were lost. ◆ **veja só...!**: *Veja só, casar com aquele imprestável!* Imagine marrying that good-for-nothing! ◆ **viu!** you see: *Viu! Eu lhe falei.* You see! I told you.

ℹ Para outras expressões com **ver**, ver os verbetes para o substantivo, adjetivo, etc., p.ex. **ver estrelas** em ESTRELA e **ver para crer** em CRER.

ver[2] *sm* opinion: *a meu ~* in my opinion

veranista *smf* vacationer; holidaymaker (*GB*)

verão *sm* summer: *No ~ faz muito calor.* It's very hot in (the) summer. ◇ *as férias de ~* the summer vacation

verba *sf* funds [*pl*]

verbal *adj* verbal

verbete *sm* entry (*pl* **entries**): *um dicionário com 20.000 ~s* a dictionary with 20,000 entries

verbo *sm* verb

verdade *sf* truth: *Diga a ~.* Tell the truth. LOC **não é verdade?**: *Este carro é mais rápido, não é ~?* This car's faster, isn't it? ◇ *Você não gosta de leite, não é ~?* You don't like milk, do you? ◆ **na verdade** in fact; actually (*mais coloq*) ◆ **ser verdade** to be true: *Não pode ser ~.* It can't be true. ◆ **verdade?** really? *Ver tb* CONFESSAR, FALAR, JOGO

verdadeiro, -a *adj* true: *a verdadeira história*the true story

verde ▸ *adj* **1** (*cor*) green ➲ *Ver exemplos em* AMARELO **2** (*fruta*) unripe: *Ainda estão ~s.* They're not ripe yet.

▸ *sm* green LOC *Ver* SINAL, TREMER, ZONA

verdura *sf* **verduras** vegetables: *frutas e ~s* fruit and vegetables ◇ *As ~s fazem bem.* Vegetables are good for you. ◇ *sopa de ~s* vegetable soup

verdureiro *sm* greengrocer's ➲ *Ver nota em* AÇOUGUE

vereador, -ora *sm-sf* (town) councillor

veredicto *sm* verdict

vergonha *sf* **1** (*timidez*) shyness **2** (*embaraço*) embarrassment: *Que ~!* How embarrassing! **3** (*sentimento de culpa, pudor*) shame: *Você não tem ~ na cara.* You have no shame. ◇ *Ele teve ~ de confessar.* He was ashamed to admit it. LOC **ter/ficar com vergonha 1** (*ser *tímido)* to be shy: *Sirva-se, não fique com ~!* Don't be shy — help yourself! **2** *(sentir embaraço)* to be embarrassed *(at/about sth)*: *Tenho ~ de perguntar a eles.* I'm too embarrassed to ask them. ♦ **ter vergonha de alguém/algo** to be ashamed of sb/sth *Ver tb* MORRER, MORTO

vergonhoso, -a *adj* disgraceful

verídico, -a *adj* true

verificar *vt* to check

verme *sm* worm

vermelho, -a *adj, sm* red: *ficar ~* to go red ➲ *Ver exemplos em* AMARELO LOC **estar no vermelho** to be in the red ♦ **ficar vermelho como um pimentão/tomate** to go as red as a beet; to go as red as a beetroot *(GB) Ver tb* CRUZ

verniz *sm* **1** *(para madeira)* varnish **2** *(couro)* patent leather: *uma bolsa de ~* a patent leather purse

verruga *sf* wart

versão *sf* version LOC **em versão original** *(filme)* with subtitles

versátil *adj* versatile

verso[1] *sm* back: *no ~ do cartão* on the back of the card

verso[2] *sm* **1** *(linha de um poema)* line **2** *(poema)* verse **3** *(gênero literário)* poetry

vértebra *sf* vertebra *(pl* **vertebrae***)*

vertebrado, -a *adj, sm* vertebrate

vertebral *adj* LOC *Ver* COLUNA

vertical *adj* **1** vertical: *uma linha ~* a vertical line **2** *(posição)* upright: *em posição ~* in an upright position

vértice *sm* vertex *(pl* **vertexes/vertices***)*

vertigem *sf* vertigo: *sentir/ter ~* to have vertigo LOC **dar vertigem** to make *sb* dizzy

vesgo, -a *adj* cross-eyed

vesícula *sf* LOC **vesícula (biliar)** gall bladder

vespa *sf* **1** *(inseto)* wasp **2 Vespa®** scooter

véspera *sf* day before *(sth)*: *Deixei tudo preparado na ~.* I got everything ready the day before. ◇ *na ~ do exame* the day before the test

Também existe a palavra **eve**, que se usa quando se trata da véspera de uma festa religiosa ou de um acontecimento importante: *a véspera de Natal* Christmas Eve ◇ *na véspera das eleições* on the eve of the election.

LOC **em/nas vésperas de** just before *sth*: *em ~s de exames* just before the exams

vestiário *sm (Esporte)* locker room; changing room *(GB)*

vestibular *sm* university entrance examination

vestíbulo *sm* **1** *(entrada)* hall **2** *(Teat, Cinema, hotel)* foyer

vestido *sm* dress LOC **vestido de noite** evening dress ♦ **vestido de noiva** wedding gown; wedding dress *(GB)*

vestígio *sm* trace

vestir ▸ *vt* **1** to dress: *Vesti as crianças.* I got the children dressed. **2** *(usar)* to wear: *Ele vestia um terno cinza.* He was wearing a gray suit. **3** *(colocar)* to put *sth* on: *Vou ~ uma blusa, pois está frio.* It's cold — I'm going to put on a sweater. **4** *(tamanho)* to take: *~ calças tamanho quarenta* to take size forty pants ▸ **vestir(-se)** *vi, vp* **vestir(-se) (de)** to dress (in *sth*): *vestir-se bem/de branco* to dress well/in white ▸ **vestir-se** *vp* to get dressed: *Vá se ~ ou você vai chegar tarde.* Get dressed or you'll be late.

vestuário *sm* clothing LOC *Ver* PEÇA

veterano, -a ▸ *adj* experienced ▸ *sm-sf* veteran

veterinária *sf* veterinary science

veterinário, -a *sm-sf* veterinarian; vet *(mais coloq)*

veto *sm* veto *(pl* **vetoes***)*

véu *sm* veil

vexame *sm* disgrace LOC **dar vexame** to make a fool of yourself

vez *sf* **1** time: *três ~es por ano* three times a year ◇ *Ganho quatro ~es mais do que ele.* I earn four times as much as he does. ◇ *4 ~es 3 são 12.* 4 times 3 is 12. **2** *(turno)* turn: *Espere a sua ~.* Wait for your turn. LOC **às vezes** sometimes ♦ **cada vez mais** more and more: *Cada ~ há mais problemas.* There are more and more problems. ◇ *Você está cada ~ mais bonita.* You're looking prettier and prettier. ♦ **cada vez melhor/pior** better and better/worse and worse ♦ **cada vez menos**: *Tenho cada ~ menos dinheiro.* I have less and less money. ◇ *Cada ~ há menos alunos.* There are fewer and fewer students. ◇ *Nós nos vemos cada ~ menos.* We see less and less of each other. ♦ **cada vez que...** whenever... ♦ **de cada vez** *(individualmente)* in turns ♦ **de uma (só) vez** in one go ♦ **de uma vez por todas/de uma vez** once and for all: *Responda de uma ~!* Hurry up and answer! ♦ **de vez** for good: *Ele foi embora de ~.* He left for good. ♦ **de vez em quando** from time to time ♦ **duas vezes** twice ♦ **em vez de** instead of *sb/sth/doing sth* ♦ **era uma vez...** once upon a time there was... ♦ **muitas/poucas vezes** often/seldom ♦ **por sua vez** in turn: *Ele, por sua ~, respondeu que...*

V

He in turn answered that... ◆ **toda vez/todas as vezes** every time ◆ **uma vez** once ◆ **uma vez na vida, outra na morte** once in a blue moon ◆ **um de cada vez** one at a time *Ver tb* ALGUM, OUTRO, PENSAR

via *sf* **1** *(estrada)* road **2 vias** *(Med)* tract: *~s respiratórias* respiratory tract **3** *(cópia)* copy *(pl* copies) LOC **em duas, três, etc. vias** *(documento)* in duplicate, triplicate, etc. ◆ **(por) via aérea** *(correios)* (by) airmail ◆ **por via das dúvidas** just in case ◆ **via expressa** freeway; motorway *(GB)* ➲ *Ver nota em* RODOVIA ◆ **via férrea** railroad; railway *(GB)* ◆ **Via Láctea** Milky Way ◆ **via satélite** satellite: *uma ligação ~ satélite* a satellite link *Ver tb* PRIMEIRO

viaduto *sm* overpass; flyover *(GB)*

viagem *sf* journey *(pl* journeys); trip, travel

Não se deve confundir as palavras **travel**, **trip** e **journey**.

O substantivo **travel** é não contável e refere-se à atividade de viajar em geral: *As suas atividades favoritas são a leitura e viagens.* Her main interests are reading and travel. **Trip** e **journey** referem-se a uma viagem específica. **Trip** denota o deslocamento de um lugar a outro e também a estadia: *Que tal foi a sua viagem a Paris?* How was your trip to Paris? ◇ *uma viagem de negócios* a business trip. **Journey** utiliza-se sobretudo na Grã-Bretanha, e apenas denota o deslocamento de um lugar a outro: *A viagem foi cansativa.* The journey was exhausting.

Utilizam-se também outras palavras para designar uma viagem, entre elas **tour** e **voyage**. **Tour** é uma viagem organizada que se faz parando em diferentes lugares: *A Jane vai fazer uma viagem pela Terra Santa.* Jane is going on a tour of the Holy Land. **Voyage** é uma viagem longa, sobretudo por mar: *Cristóvão Colombo ficou famoso pelas suas viagens ao Novo Mundo.* Columbus is famous for his voyages to the New World. Utiliza-se também em sentido figurativo: *uma viagem de descoberta pessoal* a voyage of self-discovery.

LOC **boa viagem!** have a good trip! ◆ **estar/partir de viagem** to be/go away ◆ **viagem de intercâmbio** exchange visit *Ver tb* AGÊNCIA, CHEQUE, INICIAR

viajado, -a *adj* well traveled ➲ *Ver nota em* WELL BEHAVED; *Ver tb* VIAJAR

V

viajante *smf* **1** *(turista)* traveler: *um ~ incansável* a tireless traveler **2** *(passageiro)* passenger

viajar *vi* to travel: *~ de avião/carro* to travel by plane/car LOC **estar viajando** to be away

viário, -a *adj* LOC *Ver* ANEL

viatura *sf* police car

viável *adj* feasible

víbora *sf* viper

vibrar *vi* to vibrate LOC **vibrar de alegria** to be thrilled

vice-campeão, -ã *sm-sf* runner-up *(pl* runners-up)

vice-presidente, -a *sm-sf* vice-president

vice-versa *adv* vice versa

viciado, -a ▸ *adj* ~ **(em)** addicted (to *sth*); hooked (on *sth*) *(coloq)* ▸ *sm-sf* addict *Ver tb* VICIAR-SE

viciar-se *vp* ~ **(em)** to become addicted (to *sth*); to get hooked (on *sth*) *(coloq)*

vício *sm* **1** *(oposto de virtude)* vice: *Não tenho ~s.* I don't have any vices. **2** *(hábito)* addiction: *O jogo se transformou num ~.* Gambling became an addiction. LOC **adquirir/ter o vício de algo** to get/be addicted to sth; to get/be hooked on sth *(coloq)*

vicioso, -a *adj* vicious LOC *Ver* CÍRCULO

vida *sf* **1** life *(pl* lives): *Nunca na minha ~ vi uma coisa assim.* I've never seen anything like it in all my life. ◇ *Como é que vai a ~?* How's life? **2** *(sustento)* living: *ganhar a ~* to make a living LOC **com vida** alive: *Eles ainda estão com ~.* They're still alive. ◆ **isto é que é vida!** this is the life! ◆ **para toda a vida** for life ◆ **sem vida** lifeless ◆ **ter/levar uma vida de cão** to lead a dog's life ◆ **vida noturna** nightlife *Ver tb* COISA, COMPLICAR, ENCONTRAR, ESTILO, EXPECTATIVA, METER, NÍVEL, PADRÃO, REFAZER, RITMO, SETE, VEZ

videira *sf* vine

vidente *smf* clairvoyant

vídeo *sm* **1** video *(pl* videos) **2** *(aparelho)* VCR LOC **filmar/gravar em vídeo** to videotape; to video *(GB)* *Ver tb* CÂMERA, PLACA

videocassete *sm* **1** *(fita)* videotape **2** *(aparelho)* VCR

videoclipe *sm* video *(pl* videos)

videogame *sm* video game

videokê *sm* video karaoke

vidraça *sf* (window)pane

vidraceiro, -a *sm-sf* glazier

vidrado, -a *adj* LOC **estar vidrado (em alguém/algo)** to be nuts (about sb/sth)

vidro *sm* **1** glass: *uma garrafa de ~* a glass bottle ◇ *um pedaço de ~* a piece of glass **2** *(carro)* window: *Baixe/suba o ~.* Open/close the window. **3** *(vidraça)* (window)pane: *o ~ da janela* the windowpane **4** *(de geleia, maionese, etc.)* jar ➲ *Ver ilustração em* CONTAINER **5** *(de perfume, xampu, etc.)* bottle LOC *Ver* FIBRA

viga *sf* **1** *(madeira, concreto)* beam **2** *(metal)* girder

vigarice *sf* rip-off

vigarista *smf* con artist

vigente *adj* current LOC **ser vigente** to be in force

vigia ▸ *sf* **1** *(vigilância)* watch: *estar/ficar de ~* to keep watch **2** *(barco)* porthole ▸ *smf (pessoa)* guard LOC *Ver* TORRE

vigiar *vt* **1** *(prestar atenção, tomar conta)* to keep an eye on *sb/sth* **2** *(guardar)* to guard: *~ a fronteira/os presos* to guard the border/prisoners

vigilância *sf* surveillance LOC *Ver* TORRE

vigor *sm* **1** *(Jur)* force: *entrar em ~* to come into force **2** *(energia)* vigor LOC *Ver* ENTRAR

vigorar *vi (lei)* to be in force: *O acordo vigora desde o último dia 3.* The agreement has been in force since the 3rd.

vila *sf* **1** *(povoado)* small town **2** *(casa)* villa **3** *(bairro)* district LOC **vila olímpica** Olympic village

vilão, -ã *sm-sf* villain

vime *sm* wicker: *um cesto de ~* a wicker basket

vinagre *sm* vinegar

vinagrete *sm* vinaigrette

vinco *sm* crease

vínculo *sm* link

vingança *sf* revenge

vingar ▸ *vt* to avenge ▸ **vingar-se** *vp* to take revenge (*on sb*) (*for sth*): *Ele se vingou do que lhe fizeram.* He took revenge for what they'd done to him. ◇ *Hei de me ~ dele.* I'll get my revenge on him.

vingativo, -a *adj* vindictive

vinha *sf* vineyard

vinho *sm* wine: *Você quer um copo de ~?* Would you like a glass of wine? ◇ *~ branco/tinto/de mesa/espumante* white/red/table/sparkling wine

vinícola ▸ *sf* winery (*pl* **wineries**) ▸ *adj* wine: *indústria/região ~* wine industry/wine-growing region

vinicultor, -ora *sm-sf* wine producer

vinil *sm* vinyl

vinte *num numeral, sm* **1** twenty **2** *(data)* twentieth: *o século ~* the twentieth century ➲ *Ver exemplos em* SESSENTA

viola *sf* **1** *(caipira)* (Brazilian) guitar **2** *(tipo de violino)* viola

violação *sf* **1** *(estupro)* rape **2** *(transgressão, profanação)* violation

violador, -ora *sm-sf* rapist

violão *sm* guitar

violar *vt* **1** *(estuprar)* to rape **2** *(transgredir)* to break **3** *(profanar)* to violate

violência *sf* violence

violento, -a *adj* violent

violeta *adj, sf, sm* violet ➲ *Ver exemplos em* AMARELO

violinista *smf* violinist

violino *sm* violin

violoncelo *sm* cello (*pl* **cellos**)

vir ▸ *vi* **1** to come: *Venha aqui!* Come here! ◇ *Você nunca vem me ver.* You never come to see me. ◇ *Não me venha com desculpas.* Don't give me any excuses.

Na linguagem coloquial, **come + infinitivo** pode ser substituído por **come and + verbo**, especialmente ao se fazer pedidos e dar ordens: *Venha me ver amanhã.* Come and see me tomorrow.

2 *(voltar)* to be back: *Eu já venho.* I'll be back soon. **3** *(chegar)* to arrive: *Ela veio uma semana antes.* She arrived a week earlier.
▸ *v aux ~* **fazendo algo** to have been doing sth: *Há anos que venho te dizendo a mesma coisa.* I've been telling you the same thing for years. LOC **que vem** next: *terça que vem* next Tuesday ❶ Para outras expressões com **vir**, ver os verbetes para o substantivo, adjetivo, etc., p.ex. **vir a calhar** em CALHAR e **vir à tona** em TONA .

vira-casaca *smf* traitor

virada *sf* turn: *dar uma ~ para a esquerda* to turn left LOC **dar uma virada** *(fig)* to turn over a new leaf

vira-lata *adj, sm (cão)* mongrel

virar ▸ *vt* **1** to turn: *Virei a cabeça.* I turned my head. ◇ *Ele me virou as costas.* He turned his back on me. **2** *(derrubar)* to knock *sth* over: *As crianças viraram a lata de lixo.* The children knocked the garbage can over. **3** *(tornar-se)* to become: *Ele virou professor.* He became a teacher.
▸ *vi* **1** ~ **a** *(dobrar)* to turn: *~ à direita/esquerda* to turn right/left **2** *(carro)* to turn off **3** *(tempo)* to change: *O tempo virou de repente.* The weather suddenly changed. **4** *(na cama)* to turn over
▸ **virar-se** *vp* **1 virar-se (para)** to turn (to/toward *sb/sth*): *Ela se virou e olhou para mim.* She turned around and looked

V

at me. ◇ *Ele se virou para a Helena.* He turned toward Helena. **2** (*sair de dificuldades*) to manage (*to do sth*): *Você vai ter que se ~ de alguma forma.* You'll have to manage somehow. LOC **vira e mexe** every so often ◆ **virar a cara** to look the other way ◆ **virar a casaca** to be a traitor ◆ **virar de cabeça para baixo** to turn *sth* upside down: *Os ladrões viraram o apartamento de cabeça para baixo.* The burglars turned the apartment upside down. ◆ **virar de frente** to face forward ◆ **virar de lado** to turn (*sth*) sideways ◆ **virar do avesso** to turn *sth* inside out: *Eu virei o quarto do avesso e não encontrei o passaporte.* I turned the room inside out but couldn't find the passport. *Ver tb* BICHO, ESQUINA, OVO

virgem ▸ *adj* **1** virgin: *ser ~* to be a virgin ◇ *florestas virgens* virgin forests ◇ *azeite extra ~* extra virgin olive oil **2** (*CD, cassete*) blank

▸ *smf* virgin: *a Virgem Maria* the Virgin Mary

▸ **Virgem, Virgo** *sm* (*astrol*) Virgo (*pl* Virgos) ➲ *Ver exemplos em* AQUÁRIO

virgindade *sf* virginity

vírgula *sf* **1** (*pontuação*) comma ➲ *Ver pág. 310* **2** (*Mat*) point: *quarenta ~ cinco (40,5)* forty point five (40.5) ➲ *Ver pág. 757* LOC *Ver* PONTO

viril *adj* manly; virile (*mais formal*)

virilha *sf* groin

virilidade *sf* manliness; virility (*mais formal*)

virtual *adj* virtual: *a realidade ~* virtual reality

virtualmente *adv* virtually

virtude *sf* virtue: *a sua maior ~* your greatest virtue

V

virtuoso, -a ▸ *adj* (*honesto*) virtuous

▸ *sm-sf* virtuoso (*pl* virtuosos/virtuosi)

vírus *sm* virus (*pl* viruses)

visão *sf* **1** (*vista*) (eye)sight: *perder a ~ de um olho* to lose the sight of one eye **2** (*ponto de vista*) view: *uma ~ pessoal/de conjunto* a personal/an overall view **3** (*alucinação, instinto*) vision: *ter uma ~* to have a vision ◇ *um político com ~* a politician with great vision

visar *vi* ~ **fazer algo** to aim to do sth LOC *Ver* CHEQUE

vísceras *sf* guts

viscoso, -a *adj* viscous

viseira *sf* visor

visibilidade *sf* visibility: *pouca ~* poor visibility

visita *sf* **1** visit: *horário de ~(s)* visiting hours **2** (*visitante*) visitor: *Parece-me que você tem ~.* I think you have a visitor. LOC **fazer uma visita** to pay *sb* a visit

visitante ▸ *adj* visiting: *a equipe ~* the visiting team

▸ *smf* visitor: *os ~s do palácio* visitors to the palace

visitar *vt* to visit: *Fui visitá-lo no hospital.* I went to visit him in the hospital.

visível *adj* visible

visom *sm* mink

vista *sf* **1** (eye)sight: *As cenouras fazem bem à ~.* Carrots are good for your eyesight. ◇ *Ele foi operado da ~.* He had an eye operation. **2** (*panorama*) view: *a ~ do meu quarto* the view from my room ◇ *com ~ para o mar* with a view of the ocean LOC **à vista** in cash: *pagar (algo) à ~* to pay (for sth) in cash ◇ *Nesta loja só se vende à ~.* Cash only accepted in this store. ◆ **até a vista!** see you around/later! ◆ **(dar/passar) uma vista de olhos** (to have) a look (*at sb/sth*): *Uma ~ de olhos é o suficiente.* Just a quick look will do. ◆ **deixar algo à vista**: *Deixe-o à ~ para que eu não me esqueça.* Leave it where I can see it or I'll forget. ◆ **em vista de** in view of *sth*: *em ~ do que aconteceu* in view of what happened ◆ **fazer vista grossa** to turn a blind eye (*to sth*) ◆ **perder de vista** to lose sight *of sb/sth* ◆ **ter a vista cansada** to be farsighted ◆ **ter em vista** to bear *sth* in mind *Ver tb* AGRADÁVEL, AMOR, CONHECER, PONTO, PRIMEIRO, SALTAR, TERRA

visto *sm* visa: *~ de entrada* entry visa

visto, -a *adj* LOC **pelo visto** apparently ◆ **visto que** since *Ver tb* VER[1]

vistoria *sf* inspection

vistoso, -a *adj* eye-catching

visual ▸ *adj* visual

▸ *sm* **1** (**a**) (*disposição física*) layout (**b**) (*aparência*) look **2** (*vista*) view LOC *Ver* PROGRAMAÇÃO

vital *adj* **1** (*Biol*) life: *o ciclo ~* the life cycle **2** (*decisivo*) vital

vitalidade *sf* vitality

vitamina *sf* **1** vitamin: *a ~ C* vitamin C **2** (*bebida*) smoothie

vitela *sf* (*carne*) veal ➲ *Ver nota em* CARNE

vitelo, -a *sm-sf* calf (*pl* calves)

viticultura *sf* wine-growing

vítima *sf* **1** victim: *ser ~ de um roubo* to be the victim of a theft **2** (*de acidente, guerra*) casualty (*pl* casualties) LOC **fazer-se de vítima** to play the victim

vitória *sf* **1** victory (*pl* victories) **2** (*Esporte*) win: *uma ~ fora de casa* an away win **3** (*conquista*) achievement: *Sua promoção foi uma grande ~.* Her promotion was a great achievement. LOC *Ver* CANTAR

vitorioso, -a *adj* victorious LOC **sair vitorioso** to triumph

vitral *sm* stained glass window

vitrine *sf* store window; shop window (*GB*)

viúvo, -a ▸ *adj* widowed: *Ela ficou viúva muito jovem.* She was widowed at an early age.
▸ *sm-sf* **1** (*masc*) widower **2** (*fem*) widow

viva ▸ *sm* cheer
▸ *interj* **viva!** hooray: *Viva, passei!* Hooray! I passed! ◇ *Viva o presidente!* Long live the president!

viveiro *sm* **1** (*plantas*) nursery (*pl* nurseries) **2** (*peixes*) fish farm **3** (*aves*) aviary (*pl* aviaries)

viver ▸ *vt, vi* to live: *Ele viveu quase setenta anos.* He lived for almost seventy years. ◇ *Viva a sua vida.* Live your own life. ◇ *Como você vive bem!* What a nice life you have! ◇ *Eles vivem para os filhos.* They live for their children. ◇ *Não sei do que eles vivem.* I don't know what they live on. ◇ *Vivemos com 200 dólares por mês.* We live on 200 dollars a month.
▸ *vt* **1** (*experimentar*) to experience: *Vivemos grandes momentos na faculdade.* We had some great experiences at college. **2** (*interpretar*) to play (the role of): *Ela vive uma milionária no filme.* She plays (the role of) a millionaire in the movie. LOC **viver às custas de alguém** to live off sb ◆ **viver na rua** to be out all the time ◆ **viver rindo, brigando, etc.** to be always laughing, quarreling, etc.

víveres *sm* provisions

vivo, -a *adj* **1** (**a**) (*com substantivo*) living: *seres ~s* living beings ◇ *línguas vivas* living languages (**b**) (*depois de* ***ser*** *ou* ***estar***) alive: *Ele ainda é ~?* Is he still alive? **2** (*esperto*) smart **3** (*luz, cor, olhos*) bright **4** (*cheio de vida*) lively LOC **ao vivo** (*transmissão*) live ◆ **viva voz** speakerphone; hands-free phone (*GB*) ◆ **vivo ou morto** dead or alive *Ver tb* MANTER, MÚSICA

vizinhança *sf* **1** (*bairro*) neighborhood: *uma das escolas da ~* one of the neighborhood schools **2** (*vizinhos*) residents [*pl*]: *Toda a ~ saiu para a rua.* All the residents took to the streets.

vizinho, -a ▸ *adj* neighboring: *países ~s* neighboring countries
▸ *sm-sf* neighbor: *Como é que são os seus ~s?* What are your neighbors like?

voador, -ora *adj* flying LOC *Ver* DISCO

voar *vi* **1** to fly: *Voamos até Roma via Lisboa.* We flew to Rome via Lisbon. ◇ *O tempo voa.* Time flies. **2** (*com o vento*) to blow away: *O chapéu dele voou pelos ares.* His hat blew away. LOC **fazer algo voando** to do sth in a rush: *Saímos voando para o banco.* We rushed off to the bank.

vocabulário *sm* vocabulary (*pl* vocabularies)

vocação *sf* vocation

vocal *adj* vocal LOC *Ver* CORDA

vocalista *smf* lead singer

você *pron* you: *É ~?* Is that/it you? ◇ *Vocês devem ir.* You should go. LOC **você mesmo/próprio** you yourself: *Você mesma me contou.* You told me yourself. ◆ **vocês mesmos/próprios** you yourselves

vodca *sf* vodka

vogal *sf* (*letra*) vowel

volante *sm* (*veículo*) steering wheel

vôlei (*tb* **voleibol**) *sm* volleyball LOC **vôlei de praia** beach volleyball

volt *sm* volt

volta *sf* **1** (*regresso*) return: *Vejo você na ~.* I'll see you when I get back. **2** (*Esporte*) lap: *Eles deram três ~s na pista.* They did three laps of the track. LOC **dar a volta ao mundo** to go around the world ◆ **dar a volta em algo** (*virar*) to turn sth over ◆ **dar uma volta 1** (*a pé*) to go for a walk: *dar uma ~ no quarteirão* to go for a walk around the block **2** (*de carro*) to go for a drive: *sair para dar uma ~ (de carro)* to go out for a drive **3** (*de bicicleta, motocicleta, cavalo, etc.*) to go for a ride ◆ **dar voltas** to go around: *A Lua dá ~s ao redor da Terra.* The moon goes around the earth. ◇ *A Terra dá ~s sobre o seu eixo.* The earth spins on its axis. ◆ **dar voltas em algo** to turn sth: *Dou sempre duas ~s na chave.* I always turn the key twice. ◆ **em volta** around: *Havia muita gente em ~ dele.* There were a lot of people around him. ◆ **estar de volta** to be back: *Estou de ~ a Boston.* I'm back in Boston. ◆ **por volta de 1** (*cerca de*) about: *Éramos por ~ de cem.* There were about a hundred of us. **2** (*no tempo*) around: *Aconteceu por ~ do Natal.* It happened around Christmas. ◇ *Chegaremos por ~ das dez e meia.* We'll get there at around ten thirty. ➲ *Ver nota em* AROUND ◆ **volta e meia** every now and then *Ver tb* BILHETE, IDA

voltagem *sf* voltage

voltar ▸ *vi* **1** (*regressar*) to go/come back: *Voltei para casa.* I went back home. ◇ *Volte aqui.* Come back here. ◇ *A que horas você volta?* What time will you be back? **2 ~ a fazer algo** to do sth again: *Não volte a dizer isso.* Don't say that again.

V

▸ *vt* to turn: *Voltei a cabeça.* I turned my head. ◇ *Ele me voltou as costas.* He turned his back on me.
▸ **voltar-se** *vp* to turn around: *Ela se voltou e olhou para mim.* She turned around and looked at me. LOC **voltar a si** to come around ◆ **voltar as costas (a/para alguém/algo)** to turn your back (on sb/sth) ◆ **voltar atrás (com a palavra)** to go back (on your word)

volume *sm* **1** volume: *diminuir/aumentar o ~* to turn the volume down/up ◇ *Comprei o primeiro ~.* I bought the first volume. **2** *(embrulho)* package; parcel *(GB)*

volumoso, -a *adj* bulky: *Esta caixa é muito volumosa.* This box is very bulky. ◇ *É muito ~?* Does it take up much space?

voluntário, -a ▸ *adj* voluntary
▸ *sm-sf* volunteer: *Trabalho como ~.* I work as a volunteer.

volúvel *adj* **1** changeable **2** *(em relacionamentos)* fickle

vomitar ▸ *vt* to throw *sth* up: *Vomitei o jantar todo.* I threw up all my dinner.
▸ *vi* to throw up; to vomit *(mais formal)*: *Acho que vou ~.* I think I'm going to throw up.

vômito *sm* vomit *[não contável]* LOC *Ver* ÂNSIA

vontade *sf* **1** will: *Ele não tem ~ própria.* He has no will of his own. ◇ *contra a minha ~* against my will **2** *(desejo)* wishes *[pl]*: *Devemos respeitar a ~ dele.* We must respect his wishes. LOC **à vontade 1** *(como em sua própria casa)* at home: *Esteja/Fique à ~.* Make yourself at home. ◇ *Não me sinto à ~ com seus amigos.* I don't feel at home with his friends. **2** *(com liberdade)* quite happily: *Aqui as crianças podem brincar à ~.* The children can play here quite happily. ◆ **boa vontade** goodwill: *mostrar boa ~* to show goodwill ◆ **dar vontade de fazer algo** to make *sb* want to do sth: *O mau cheiro me deu ~ de vomitar.* The smell made me want to throw up. ◆ **de boa/má vontade** willingly/reluctantly: *Ela fez de má ~.* She did it reluctantly. ◆ **estar com/ter vontade (de)** to feel like *sth/doing sth*: *Estou com ~ de comer algo.* I feel like having something to eat. ◇ *Faço porque tenho ~.* I'm doing it because I feel like it. ◆ **perder a vontade de** to go off the idea *(of doing sth)*: *Perdi a ~ de ir ao cinema.* I went off the idea of going to the movies. *Ver tb* FORÇA, MORRER, MORTO

voo *sm* flight: *o ~ Lisboa-Recife* the Lisbon-Recife flight ◇ *~s domésticos/internacionais* domestic/international flights LOC **voo charter/fretado** charter flight ◆ **voo livre** gliding ◆ **voo regular** scheduled flight *Ver tb* LEVANTAR

vós *pron* you

vosso, -a *pron* **1** *(seguido de substantivo)* your **2** *(não seguido de substantivo)* yours

votação *sf* vote LOC *Ver* SUBMETER

votar *vi* to vote *(for sb/sth)*: *Votei no Partido Verde.* I voted for the Greens. ◇ *~ a favor de/contra algo* to vote for/against sth

voto *sm* **1** *(Pol)* vote: *100 ~s a favor e dois contra* 100 votes in favor, two against **2** *(Relig)* vow **3 votos** *(em cartas)* wishes: *~ de felicidade* best wishes LOC **fazer votos** to hope: *Faço ~s de que estejam todos bem.* I hope you're all well. ◆ **voto em branco/nulo** spoiled vote

vovô, -ó *sm-sf* **1** *(masc)* grandpa **2** *(fem)* grandma: *A vovó telefonou e mandou lembranças.* Grandma called and sent her love.

voz *sf* voice: *dizer algo em ~ alta/baixa* to say sth in a loud/quiet voice LOC **ter voz (ativa) (em)** to have a say (in *sth*): *Os alunos não tem ~ nesta escola.* The students have no say (in matters) at this school. *Ver tb* CORREIO, LER, VIVO

vulcão *sm* volcano *(pl* volcanoes*)*

vulgar *adj* **1** *(baixo, grosseiro)* vulgar **2** *(cafona)* tasteless; naff *(GB)*

vulnerável *adj* vulnerable

vulto *sm* figure: *Parece que vi um ~ se mexendo.* I thought I saw a figure moving.

Ww

walkie-talkie *sm* walkie-talkie

walkman® *sm* Walkman® *(pl* Walkmans*)*

watt *sm* watt: *uma lâmpada de 60 ~s* a 60-watt light bulb

w.c. *sm* bathroom; toilet *(GB)* ➲ *Ver nota em* BATHROOM

Web *sf* **a Web** the Web LOC *Ver* PÁGINA

webgrafia *sf* webliography *(pl* webliographies*)*

Wi-Fi® *sm* Wi-Fi®

windsurfe *sm* windsurfing: *praticar ~* to go windsurfing LOC *Ver* PRANCHA

windsurfista *smf* windsurfer

xadrez *sm* **1** (*jogo*) chess **2** (*tabuleiro e peças*) chess set **3** (*prisão*) slammer (*gíria*) **4** (*tecido*) check: *uma blusa* ~ a check blouse

xale *sm* shawl: *um* ~ *de seda* a silk shawl

xampu *sm* shampoo (*pl* **shampoos**): ~ *anticaspa* dandruff shampoo

xará *smf* namesake: *Somos ~s!* We have the same name!

xarope *sm* syrup: ~ *para a tosse* cough syrup

xeque *sm* (*Xadrez*) check

xeque-mate *sm* (*Xadrez*) checkmate: *dar* ~ *a alguém* to checkmate sb

xereta *adj* nosy

xerocar *vt* to photocopy

xerox® (*tb* **xérox**) *sm* **1** (*cópia*) photocopy (*pl* **photocopies**) **2** (*máquina*) photocopier

xícara *sf* cup: *uma* ~ *de café* a cup of coffee ➲ *Ver ilustração em* CUP

xiita *adj, smf* (*Relig*) Shiite

xilofone *sm* xylophone

xingar ▸ *vt, vi* to swear (at *sb*) ▸ *vt* ~ **de algo** (*chamar*) to call *sb* sth: *Ele me xingou de vagabundo.* He called me a bum.

xixi *sm* pee LOC **fazer xixi** to (have a) pee

xô! *interj* shoo!

xodó *sm* pet: *Ele é o* ~ *do professor.* He's the teacher's pet.

Zz

zaga *sf* defense

zagueiro, -a *sm-sf* defender

zangado, -a *adj* ~ **(com) (por)** mad (at/with *sb*) (about *sth*): *Estão ~s comigo.* They're mad at me. ◇ *Você parece* ~. You look pretty mad. *Ver tb* ZANGAR

zangar ▸ *vt* to make *sb* mad ▸ **zangar-se** *vp* **zangar-se (com) (por)** to be mad (at/with *sb*) (about *sth*): *Não se zangue com eles.* Don't be mad at them.

zarolho, -a *adj* **1** (*cego de um olho*) one-eyed **2** (*estrábico*) cross-eyed

zarpar *vi* ~ **(para/rumo a)** to set sail (for...): *O navio zarpou para Malta.* The boat set sail for Malta.

zás! *interj* bang

zebra *sf* zebra LOC **dar zebra 1** (*gerar resultado inesperado*) to produce an upset: *Pode dar* ~ *nas eleições de amanhã.* There could be an upset in tomorrow's elections. **2** (*dar errado*) not to work out: *Vamos fazer força para não dar* ~. Let's make an effort to make sure things work out. ◇ *Durma cedo para garantir que não vai dar* ~ *no exame.* Go to bed early so you don't mess up your exam.

zelador, -ora *sm-sf* custodian; caretaker (*GB*)

zelar *vt* ~ **por** to look after *sb/sth*

zé-ninguém *sm* LOC **ser um zé-ninguém** to be a nobody

zerar ▸ *vt* (*quitar*) to pay *sth* off ▸ *vt, vi* ~ **(em)** (*tirar zero*) to get zero (in *sth*): *Zerei na prova de matemática.* I got zero on the math test.

zero *sm* **1** zero; nought (*GB*): *um cinco e dois ~s* a five and two zeros ◇ ~ *vírgula cinco* zero point five ➲ *Ver págs. 756-757* **2** (*temperaturas, grau*) zero: *temperaturas abaixo de* ~ temperatures below zero ◇ *Está dez graus abaixo de* ~. It's minus ten. **3** (*em números de telefone*) O ❶ Pronuncia-se /oʊ/: *O meu telefone é dois-nove-zero-dois-quatro-zero-meia.* My telephone number is two nine O two four O six. **4** (*Esporte*) (**a**) nothing; nil (*GB*): *um a* ~ one to nothing (**b**) (*Tênis*) love: *quinze-zero* fifteen love LOC **começar/partir do zero** to start from scratch ◆ **estar a zero** to be broke ◆ **ser um zero à esquerda (em) 1** (*não saber nada*) to be useless (*at sth/doing sth*): *Sou um* ~ *à esquerda em matemática.* I'm useless at math. **2** (*não ser importante*) to be a nobody *Ver tb* ESTACA

zero-quilômetro ▸ *adj* brand new ▸ *sm* (*carro*) brand new car

zigue-zague *sm* zigzag: *um caminho em* ~ a zigzag path ◇ *andar em* ~ to zigzag

zika *sm* Zika (virus)

zinco *sm* zinc

zíper *sm* zipper; zip (*GB*)

zodíaco *sm* zodiac: *os signos do* ~ the signs of the zodiac

zoeira *sf* **1** (*ruído*) racket: *fazer* ~ to make a racket **2** (*gozação*) joke: *A* ~ *não tem limites.* There's no end to all the joking.

zombar *vt* ~ **de** to make fun of *sb/sth*

zona *sf* **1** (*área*) area: ~ *industrial/residencial* industrial/residential area **2** (*Anat, Geog, Mil*) zone: ~ *de fronteira/neutra* border/neutral zone **3** (*barulheira*) racket **4** (*bagunça*) mess: *Meu quarto está uma* ~. My room is a mess. LOC **zona norte, etc.** north, etc.: *a* ~ *sul*

da cidade the south of the city ◆ **zonas verdes** green spaces
zoneamento *sm* zoning
zonzo, -a *adj* dizzy
zoo (*tb* **zoológico**) *sm* zoo (*pl* **zoos**)
zoologia *sf* zoology
zoológico, -a *adj* LOC *Ver* JARDIM
zoom (*tb* **zum**) *sm* zoom (lens)
zumbi *adj, smf* zombie: ***parecer um ~*** to go around like a zombie
zumbido *sm* **1** (*inseto, ouvidos*) buzzing [*não contável*]: ***Ouvia-se o ~ das moscas.*** You could hear the flies buzzing. ◇ ***ter um ~ nos ouvidos*** to have a buzzing in your ears **2** (*máquina*) humming [*não contável*]
zumbir *vi* to buzz
zunzum *sm* (*boato*) rumor
zurrar *vi* to bray

Páginas de estudo

304 Preposições de lugar

305 Preposições de movimento

306 Modal verbs

307 Phrasal verbs

308–309 Como escrever cartas e e-mails

310 A pontuação no inglês

311–334 **Dicionário temático ilustrado**

- 311 Transportation
- 312 Homes in Britain
- 313 Homes in the US
- 314 Furniture
- 315 Stores
- 316 Leisure
- 317 Musical instruments
- 318 The body and face
- 319 Clothes
- 320 School subjects
- 321 In the classroom
- 322 Jobs
- 323–5 Sport
- 326 Food
- 327 Meals
- 328 Fruit
- 329 Vegetables
- 330–2 Animals
- 333 Reptiles and fish
- 334 Weather and seasons

335–337 Novas palavras

338–339 Falsos cognatos

340–341 O inglês nos Estados Unidos e na Grã-Bretanha

Preposições de lugar

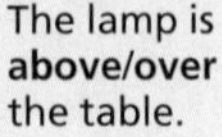

The lamp is **above/over** the table.

The meat is **on** the table.

The cat is **under** the table.

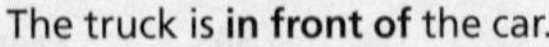

The truck is **in front of** the car.

The car is **behind** the truck.

Sam is **between** Kim and Tom.

Kim is **next to/beside** Sam.

The bird is **in/ inside** the cage.

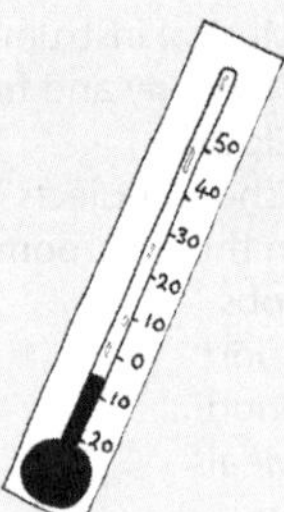

The temperature is **below** zero.

The girl is leaning **against** the wall.

Tom is **opposite/ across from** Kim.

The house is **among** the trees.

Preposições de movimento

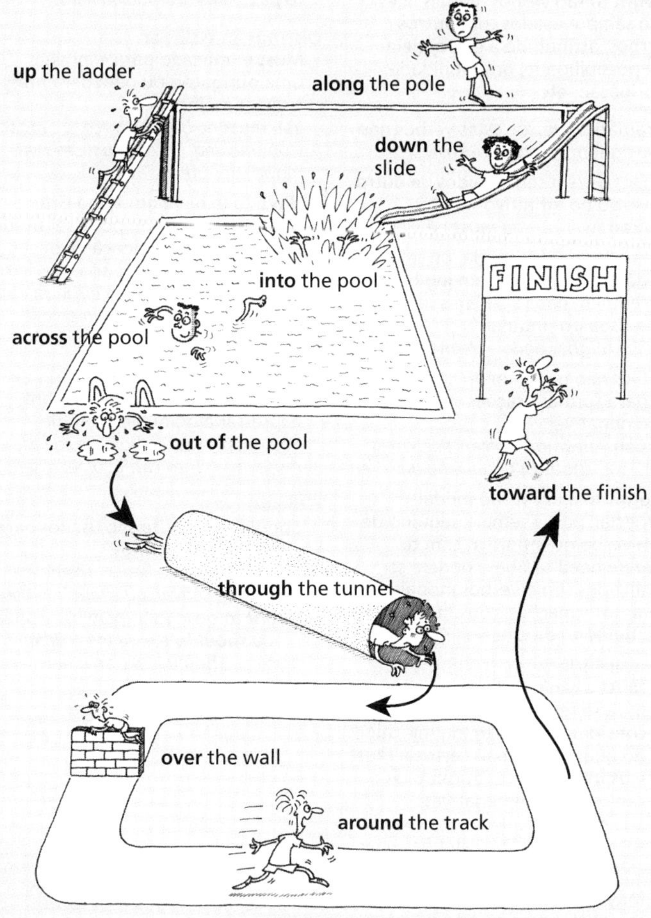

Modal verbs

Can, could, may, might, must, will, would, shall, should e **ought to** são verbos modais. Eles são sempre usados com outros verbos, atribuindo a eles a ideia de possibilidade, probabilidade, obrigação, etc.

Gramaticalmente, estes verbos não funcionam como os outros.

- Eles devem ser seguidos de outro verbo no infinitivo sem **to**:
  *I **can** swim. ◇ You **must** be Jane.*
- Sua forma não muda, ou seja, eles não tem a forma com **ing** ou **ed** e também não recebem **s** na terceira pessoa do singular:
  *She **might** know. ◇ He **may** be late.*
- Eles não precisam do auxiliar **do** para formar orações interrogativas e negativas:
  ***Can** you swim? ◇ I **can't** believe it. ◇ You **shouldn't** drink and drive.*

Ought to é um verbo modal especial, pois é sempre seguido de um verbo no infinitivo com **to**. **Dare** e **need** também podem ser utilizados como verbos modais. Para mais informações, consulte seus verbetes no dicionário.

Possibilidade e probabilidade

- **Must** e **can't** podem ser usados para se referir a algo que consideramos certo, ou seja, algo do qual temos mais certeza. **Must** é usado em frases afirmativas e **can't** em frases negativas.
  *You **must** be hungry – you haven't eaten all day. ◇ You **can't** be hungry – we just ate!*
- **May, might** ou **could** podem ser usados para se referir a algo que é possível, mas não certo de acontecer.
  *You **may** be right. ◇ He **might** be upstairs. ◇ She **may/might** not come if she's busy. ◇ She **could** be famous one day. ◇ It **could** be dangerous.*
- **Should** (e **ought to** na Grã-Bretanha) podem ser usados para previsões do futuro.
  *Five **should** be enough. ◇ She **ought to** pass – she has studied hard.*

Obrigação e dever

- **Must** é utilizado para expressar uma obrigação ou para dar ênfase a um conselho.
  *You **must** be back by three. ◇ I **must** stop smoking. ◇ You **must** see that movie – it's great!*
- **Have to** (e **have got to** na Grã-Bretanha) também pode ser usado para expressar obrigação e dever. No geral, **have got to** só é usado no presente. ➲ *Ver tb nota em* MUST
  *I **have to** hand my essay in before Friday. ◇ He **had to** stop smoking.*

Proibição

- **Mustn't** e **can't** são usados para expressar algo que é proibido.
  *You **mustn't** take photos inside the museum. ◇ They **can't** come in here.*

Conselhos

- **Should** e **ought to** são usados para dar e pedir conselhos.
  *You **should** go to bed. ◇ The police **should** do something about it. ◇ You **ought to** clean your room more often. ◇ You **shouldn't** leave the children alone. ◇ **Should** I take an umbrella?*

*You **shouldn't** leave the water running.*

Ofertas, sugestões e pedidos

- **Can, could, will** e **shall** (e nos Estados Unidos **should** também) são usados para oferecer, sugerir ou pedir algo.
  ***Can** I help you? ◇ **Could** you open the door, please? ◇ **Will** you sit down, please? ◇ **Will** you stay for dinner? ◇ **Should** we go out for a meal?*

Permissão

- **Can** e **could** são utilizados no presente e no passado para expressar permissão para fazer algo.
Can I go now? ◇ Could I possibly borrow your bike? ◇ You ***can*** *come if you want.*
- No presente, também podemos usar **may** e **might**, mas estes são mais formais.
May *I use your phone? ◇ Books* ***may*** *only be borrowed for two weeks. ◇ You* ***might*** *as well go home. ◇ I'll take a seat, if I* ***may***. *◇* ***Might*** *I make a suggestion?*

Capacidades e habilidades

- **Can** e **could** são utilizados para expressar as capacidades e habilidades de uma pessoa, para dizer o que uma pessoa sabe fazer, tanto no presente como no passado.
I ***can*** *speak Italian. ◇* ***Can*** *you ride a bike? ◇ She* ***couldn't*** *do it. ◇ I* ***could*** *run for miles when I was younger.*
- Lembre-se de que **be able to** também pode ser usado com este sentido. ➲ *Ver tb nota em* CAN[2]
He ***has been able*** *to swim for a year now. ◇ One day we* ***will be able*** *to travel to Mars.*

Phrasal verbs

Os *phrasal verbs* são verbos formados por duas ou três palavras. A primeira palavra é sempre um verbo, seguido de um advérbio (**lie down**), uma preposição (**look after sb/sth**) ou ambos (**put up with sb/sth**).

Os *phrasal verbs* aparecem no final do verbete do verbo principal na seção marcada com PHR V. Esta é a última parte do verbete **give**:

> PHR V **give sth away** entregar algo (de presente) ◆ **give sth/sb away** delatar algo/alguém
> **give (sb) back sth; give sth back (to sb)** devolver algo (a alguém)
> **give in (to sb/sth)** entregar os pontos (a alguém/algo) ◆ **give sth in** *(GB) (USA* **hand sth in**) entregar algo *(trabalho escolar, etc.)*
> **give sth out** distribuir algo
> **give up** desistir, render-se ◆ **give sth up; give up doing sth** deixar algo, deixar de fazer algo: *to give up smoking* parar de fumar ◇ *to give up hope* perder as esperanças

Como podemos ver, os *phrasal verbs* de cada verbo aparecem em ordem alfabética, conforme as partículas que os seguem (**away, back, in**, etc.)

Muitas vezes um *phrasal verb* pode ser substituído por outro verbo com o mesmo significado. Todavia, os *phrasal verbs* são muito usados no inglês oral e seus equivalentes são usados normalmente no inglês escrito ou em situações mais formais. Tanto **get over** como **overcome** significam "superar", mas são utilizados em contextos diferentes.

Algumas partículas têm significado especial que se mantém quando acompanham diferentes verbos. Observe o uso de **back, on** e **up** nas frases a seguir:
She wrote him but he never ***wrote back***.

They ***stayed on*** *for another week at the hotel. ◇* ***Drink up****! We have to go. ◇* ***Eat up*** *all your vegetables. They're good for you.*

Nestas frases **back** indica que algo é devolvido (uma ligação, uma carta), **on** confere aos verbos o sentido de continuidade e **up** indica que algo foi encerrado.

Como escrever cartas e e-mails

Cartas formais

Não escreva o seu nome no topo da carta.

Escreva seu endereço aqui, alinhado com a despedida e assinatura no final da carta. Você também pode preferir alinhar todos os parágrafos na margem esquerda da página.

3 Brook Road
St. Louis, Missouri
63130

Escreva o nome, cargo e endereço da pessoa a quem se dirige a carta.

Chris Summit
Director of Human Resources
BLC Computers
15 Laclede Street
St. Louis, Missouri 63157

Escreva a data completa aqui.

April 20, 2017

Use a forma de tratamento para a pessoa a quem a carta se dirige (*Mr.*, *Ms.*, etc..), acompanhada de seu sobrenome. Use as saudações *Dear Sir* ou *Dear Madam*, somente quando não souber o nome da pessoa.

Dear Mr. Summit,

Evite contrações.

I am writing to apply for the position of software technician advertised in *The Echo* on April 16. I have enclosed a copy of my résumé. ❶

Use conjunções e expressões formais.

Since graduating from the University of Michigan, I have been working in software design and have gained considerable experience in developing personalized packages. I am proficient at programming in five different languages. My job has also given me some insight into systems analysis. ❷

I am now seeking employment with a company where I can gain more experience and where there are more opportunities for promotion. I am sure I could make a significant contribution and would be happy to demonstrate some of my programs to you. ❸

I am available for an interview at your convenience and look forward to hearing from you soon. ❹

Termine sua carta com *Sincerely* ou *Sincerely Yours.*

Sincerely yours,

Andrew Mason

Andrew Mason

Assine acima do seu nome por extenso.

parágrafo ❶
Explique qual o cargo ao qual está se candidatando e como/onde você ficou sabendo sobre a vaga.

parágrafo ❷
Descreva brevemente suas principais qualificações e/ou experiências.

parágrafo ❸
Explique por que deseja este emprego e por que se considera capacitado para exercê-lo.

parágrafo ❹
Informe seus dados para contato e/ou sua disponibilidade para uma entrevista.

E-mails

Os e-mails podem ser informais ou formais, dependendo do relacionamento entre os indivíduos. Todavia, todos os e-mails devem seguir certas regras básicas:

- Apresentar um estilo consistente. Não mude do estilo formal para o informal ou vice-versa.
- As aparências ainda são importantes – lembre-se de usar parágrafos e frases bem construídas.
- Os e-mails devem ser curtos e objetivos.

Em um e-mail mais formal, sugere-se começar com *Dear*… , mas não há uma fórmula específica para você finalizar a mensagem; pode usar somente seu nome.

Exercício

Veja os dois e-mails diferentes, solicitando algo. O relacionamento entre o remetente e o destinatário é diferente em cada uma das mensagens. Use as expressões da lista abaixo para completar os espaços nos dois e-mails.

a I am writing to ask you
b Should we also
c We would like you to
d Could you
e I would be grateful if you
f Can you do this

Pedido informal a um colega de trabalho:

Andrew
1 __________ *re-order 20 boxes of the photocopy paper?* 2 __________ *and let me know the delivery date?* 3 __________ *get some boxes of staples too?*
Sarah

Pedido formal a alguém que você não conhece pessoalmente:

Dear Mr. Webb,
4 __________ *if you would be able to make a presentation at our board meeting on Thursday, February 7.*
5 __________ *talk about your current projects and how your consultants could help our company.*
6 __________ *could let me know as soon as possible.*
Regards,
Elaine Jackson

Respostas
1d 2f 3b 4a 5c 6e

A pontuação no inglês

. O ponto final (**period,** *GB* **full stop**) indica o final da frase se esta não for uma pergunta ou uma exclamação:
We're leaving now. Thank you.
É também utilizado em abreviaturas:
Walton St.
e em endereços da internet e de e-mails, onde se lê "dot":
www.oup.com

? O ponto de interrogação (**question mark**) indica o final de uma oração interrogativa direta:
"Who's that man?" Jenny asked.

! O ponto de exclamação (**exclamation point,** *GB* **exclamation mark**) indica o final de uma oração exclamativa, e também é utilizado com interjeições ou onomatopeias:
Oh no! The cat's been run over.
◇ Crash! ◇ Wow!

, A vírgula (**comma**) indica uma breve pausa dentro de uma frase:
I ran all the way to the station, but I still missed the train.
É também utilizada para citar uma pessoa, antes e depois das aspas:
Fiona said, "I'll help you." ◇ "I'll help you," she said.
e para separar os elementos de uma listagem:
This store sells books, magazines and computer games.
A vírgula também pode ser utilizada para separar um *question tag* do resto da frase:
It's pretty expensive, isn't it?

: Os dois pontos (**colon**) são utilizados para introduzir listagens:
There is a choice of main course: roast beef, turkey or omelet.

; O ponto e vírgula (**semicolon**) é utilizado no lugar da vírgula para separar os elementos de uma listagem, quando a frase já contém vírgulas:
The school uniform consists of navy blue skirt or pants; gray, white or pale blue shirt; navy sweater or cardigan.

' O apóstrofo (**apostrophe**) é usado para indicar que uma letra foi omitida, como no caso das contrações:
hasn't ◇ don't ◇ I'm ◇ he's
Ele também indica posse (genitivo):
my friend's car ◇ Jane's mother

"" As aspas (**quotation marks, quotes** ou *tb GB* **inverted commas**) podem ser simples (') ou duplas ("). Elas são utilizadas para introduzir as palavras ou pensamentos de uma pessoa:
"Come and see", said Martin.
Também se utilizam aspas para fazer referência a títulos de livros, filmes, etc.:
"Have you read 'Emma'?" he asked.

- O hífen (**hyphen**) é utilizado para unir duas ou mais palavras que formam uma unidade:
mother-in-law ◇ a ten-ton truck
É também utilizado para unir um prefixo a uma palavra:
non-violent ◇ anti-American
e em números compostos:
thirty-four ◇ seventy-nine

– O travessão (**dash**) é utilizado para separar uma oração ou explicação dentro de uma frase mais longa:
A few people – not more than ten – had already arrived.
Também pode ser empregado ao final de uma frase, para resumir seu conteúdo:
Men were shouting, women were screaming, children were crying – it was chaos.

/ A barra ou barra inclinada (**slash**) é usada para separar diferentes componentes em um endereço da internet. Ela também é chamada de **forward slash** para se diferenciar da barra invertida (**backslash**):
http://www.oup.com/elt

Transportation
Meios de transporte

2

1

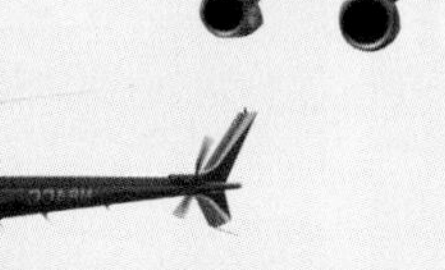

5

3

4

6

7

8

9

10

11

1 **helicopter** helicóptero
2 **airplane** (*GB* **aeroplane**) avião
3 **oil tanker** petroleiro
4 **sailboat** (*GB* **sailing boat**) barco à vela
5 **ferry** balsa
6 **bus** (*GB* **coach**) ônibus
7 **RV** (*GB* **camper**) motor-home
8 **truck** (*GB tb* **lorry**) caminhão
9 **car** carro, automóvel
10 **bicycle** bicicleta
11 **train** trem

MORE TO EXPLORE

cab	rail
caravan	scooter
cycle	ship
driver	speedboat
freeway	subway
minibus	SUV
minivan	taxi
moped	trailer
motorcycle	underground
people carrier	van

Homes in Britain
Casas na Grã-Bretanha

1 **thatched cottage** chalé com telhado de palha/sapé

2 **detached house** casa isolada

3 **bungalow** casa térrea, bangalô

4 **semi-detached house** casa geminada

5 **terraced house** casa geminada (*dos dois lados*)

6 **block of flats** bloco de apartamentos

MORE TO EXPLORE

attic	front door	maisonette
back door	garden	patio
balcony	ground floor	porch
bathroom	hall	roof
bedroom	kitchen	story
corridor	loft	upstairs
downstairs	lounge	yard

Homes in the US
Casas nos Estados Unidos

❶ **row house** casa geminada (*dos dois lados*)
❷ **apartment building** prédio
❸ **condominium** (*tb coloq* **condo**) condomínio
❹ **duplex** casa geminada
❺ **ranch house** casa térrea, bangalô
❻ **detached house** casa isolada
❼ **farm** fazenda

1

2

3

4

5

6

7

Furniture
Móveis

❶ **bed** cama
❷ **couch** sofá
❸ **cushion** almofada
❹ **armchair** poltrona, cadeira de braços
❺ **chair** cadeira
❻ **stool** banquinho, banqueta
❼ **table** mesa
❽ **dresser** (*tb esp GB* **chest of drawers**) cômoda
❾ **coffee table** mesa de centro
❿ (**picture**) **frame** moldura
⓫ **rug** tapete

MORE TO EXPLORE

bookcase
buffet
carpet
closet
cupboard
curtains
desk
mirror
pillow
poster
radiator
sideboard
wardrobe

Stores
Lojas

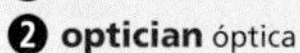

1. **newsstand** banca de jornais
2. **optician** óptica
3. **grocery store** (*GB* **grocer's**) mercearia, armazém
4. **bakery** (*GB tb* **baker's**) padaria
5. **butcher shop** (*GB* **butcher's**) açougue
6. **market** mercado
7. **flower shop** (*GB* **florist's**) floricultura
8. **dry-cleaners** tinturaria
9. **clothes store** (*GB* **clothes shop**) loja de roupa
10. **shopping center** (*GB* **shopping centre**) (*tb* **mall**) centro comercial
11. **hardware store** (*GB* **hardware shop**) loja de ferragens

MORE TO EXPLORE

bill	chemist's	laundromat®
bookstore	convenience store	newsdealer
boutique	counter	receipt
carrier bag	customer	takeout
cart	department store	till
checkout	drugstore	trolley

Leisure
Lazer

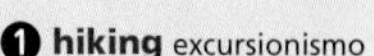

1. **hiking** excursionismo

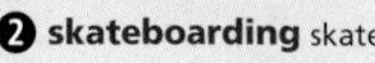

2. **skateboarding** skate
3. **painting** pintura
4. **meeting friends** encontrar-se com os amigos
5. **playing the guitar** tocar violão
6. **in-line skating** (*tb* **Rollerblading**) patinação sobre rodas
7. **reading** leitura
8. **working out** fazer exercício
9. **chess** xadrez
10. **dominoes** dominó
11. **pool** bilhar americano
12. **darts** dardos
13. **dice** dados
14. **cards** cartas

MORE TO EXPLORE

backpacking	clubbing	gaming
billiards	cookery	hobby
blogging	dancing	knitting
bowling	DIY	roller skating
camping	drawing	snooker

Musical instruments
Instrumentos musicais

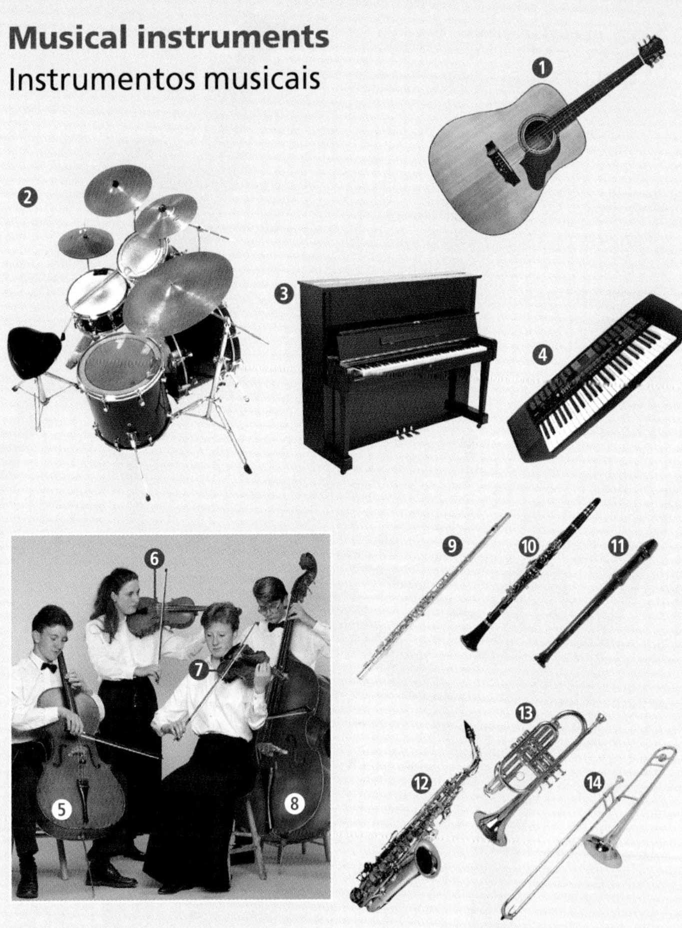

❶ **guitar** violão
❷ **drums** bateria
❸ **piano** piano
❹ **keyboard** teclado
❺ **cello** violoncelo
❻ **violin** violino
❼ **viola** viola
❽ **double bass** contra-baixo
❾ **flute** flauta
❿ **clarinet** clarinete
⓫ **recorder** flauta doce
⓬ **saxophone** saxofone
⓭ **trumpet** trumpete
⓮ **trombone** trombone

MORE TO EXPLORE

bow	note
brass	oboe
choir	percussion
composer	play
concert	quartet
conductor	score
drum	strings
grand piano	synthesizer
key	tune
musician	woodwind

The body and face
O corpo e a face

1. **foot** pé
2. **knee** joelho
3. **leg** perna
4. **bottom** traseiro
5. **back** dorso
6. **shoulder** ombro
7. **hand** mão
8. **arm** braço
9. **head** cabeça
10. **wrist** pulso
11. **finger** dedo
12. **hair** cabelo
13. **eye** olho
14. **ear** orelha
15. **nose** nariz
16. **mouth** boca
17. **neck** pescoço

ankle	face
cheek	lip
chin	stomach
elbow	thigh
eyebrow	toe
eyelash	tooth

Clothes
Vestuário

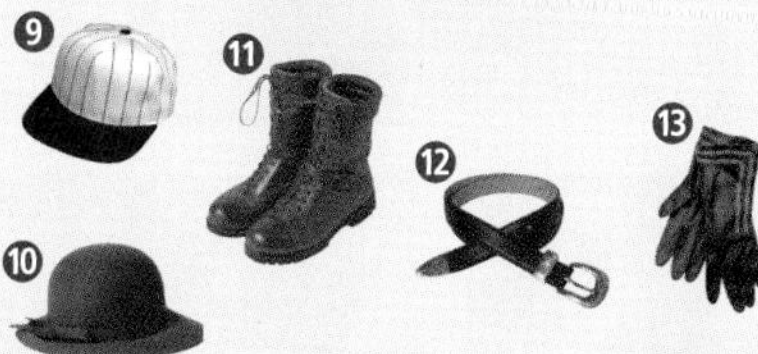

1. **wooly hat** gorro de lã
2. **hood** capuz
3. **sweatshirt** (blusão de) moletom
4. **sunglasses** óculos escuros
5. **leather jacket** blusão de couro
6. **sweater** suéter
7. **jeans** jeans
8. **shoe** sapato
9. **baseball cap** boné de beisebol
10. **hat** chapéu
11. **boot** bota
12. **belt** cinto
13. **glove** luva
14. **denim jacket** jaqueta de brim
15. **shoulder bag** bolsa tiracolo
16. **skirt** saia
17. **pantyhose** (*GB* **tights**) meia-calça
18. **shirt** camisa
19. **tie** gravata
20. **jacket** casaco curto, jaqueta
21. **briefcase** pasta executiva
22. **pants** (*GB* **trousers**) calça
23. **suit** terno

MORE TO EXPLORE

blouse	scarf
cargo pants	shorts
coat	sock
crop top	T-shirt
dress	thong
hoodie	tracksuit
raincoat	underwear
sandal	vest

School subjects
Matérias escolares

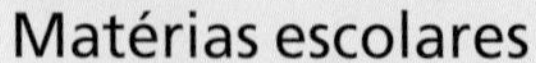

1 **English** inglês
2 **biology** biologia
3 **IT** (*tb* **computer science**) tecnologia da informação
4 **art** arte
5 **geography** geografia
6 **music** música
7 **home economics** economia doméstica
8 **math** (*GB* **maths**) matemática
9 **P.E.** educação física

MORE TO EXPLORE

break	physics
chemistry	recess
grade	review
gym	student
history	teacher
homework	test
lesson	timetable

In the classroom
Na sala de aula

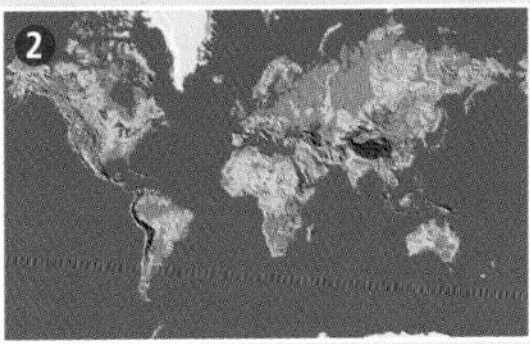

1. **board** quadro, lousa
2. **map** mapa
3. **textbook** livro-texto
4. **file** fichário, pasta suspensa
5. **notebook** caderno
6. **calculator** calculadora
7. **pencil case** estojo
8. **school bag** mochila
9. **eraser** (*GB* **rubber**) borracha
10. **pencil sharpener** apontador
11. **pencil** lápis
12. **ballpoint (pen)** (caneta) esferográfica
13. **felt-tip (pen)** caneta hidrográfica
14. **highlighter** caneta marcatexto
15. **ruler** régua

MORE TO EXPLORE

bulletin board	palmtop
compasses	pen
dictionary	register
stapler	wastebasket
noticeboard	whiteboard

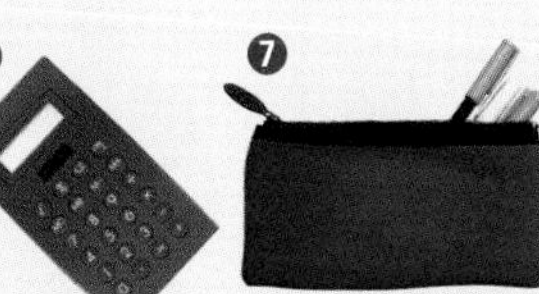
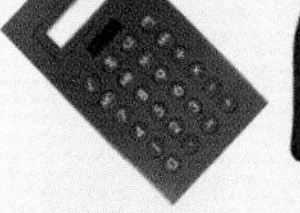

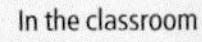

Jobs
Profissões

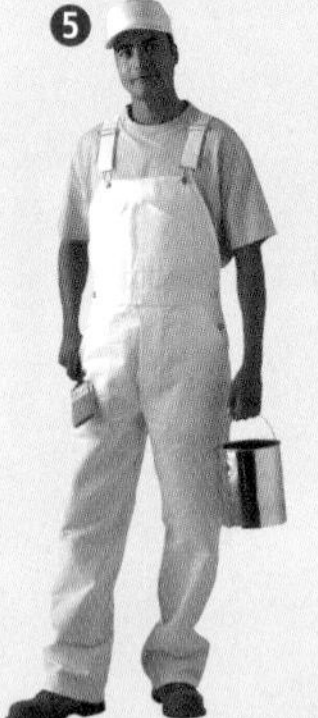

1. **cook** cozinheiro, -a
2. **fisherman** pescador, -ora
3. **teacher** professor, -ora
4. **hairdresser** cabeleireiro, -a
5. **painter** pintor, -ora
6. **nurse** enfermeiro, -a
7. **farmer** fazendeiro, -a, agricultor, -ora
8. **carpenter** carpinteiro, -a
9. **pilot** piloto

MORE TO EXPLORE

apprentice	manager
baker	plumber
barber	programmer
designer	salesclerk
doctor	secretary
letter carrier	technician

Sport
Esportes

1. **soccer** (*GB* **football**) futebol
2. **football** (*GB* **American football**) futebol americano
3. **volleyball** voleibol
4. **baseball** beisebol
5. **rugby** rúgbi
6. **jogging** cooper, jogging
7. **horseback riding** (*GB* **riding**) equitação
8. **basketball** basquete
9. **tennis** tênis

MORE TO EXPLORE

badminton	hockey
cheerleader	netball
cricket	squash
croquet	table tennis
golf	weightlifting
handball	wrestling

1. **fencing** esgrima
2. **gymnastics** ginástica (olímpica)
3. **boxing** boxe, pugilismo
4. **judo** judô
5. **cycling** ciclismo
6. **mountain biking** fazer mountain bike
7. **track and field** (*GB* **athletics**) atletismo
8. **snowboarding** snowboard, surf na neve
9. **skiing** esqui

MORE TO EXPLORE

bat	ground	race
club	helmet	racket
course	lane	score
court	net	slope
field	pitch	track

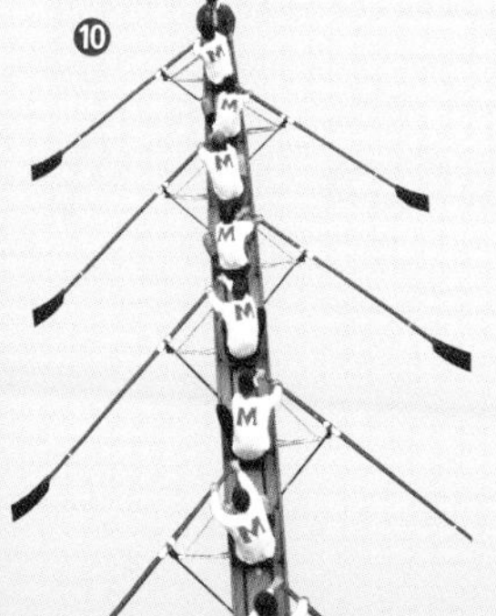

1. **scuba-diving** mergulho (*com tubo de oxigênio*)
2. **windsurfing** windsurfe
3. **sailing** navegação
4. **jet-skiing** andar de jet ski
5. **surfing** surfe
6. **kayaking** andar de caiaque
7. **waterskiing** esqui aquático
8. **white-water rafting** rafting
9. **swimming** natação
10. **rowing** remo

MORE TO EXPLORE

abseiling	kickboxing
climbing	kitesurfing
cross-country	mountaineering
diving	paragliding
downhill	rappel
hang-gliding	snorkeling

Food
Alimentos

1 **bagel** bagel
2 **roll** pãozinho
3 **bread** pão
4 **eggs** ovos
5 **pasta** massa(s), macarrão
6 **cheese** queijo
7 **ham** presunto
8 **beer** cerveja
9 **wine** vinho
10 **milk** leite
11 **milkshake** leite batido
12 **fruit juice** suco de fruta
13 **mineral water** água mineral

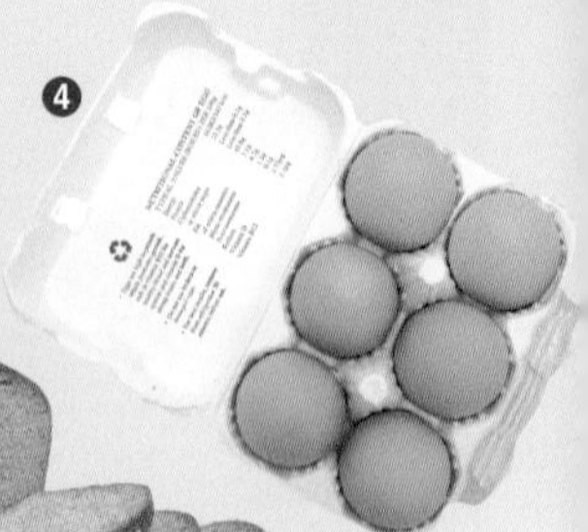

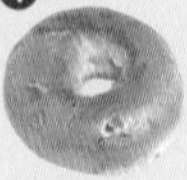

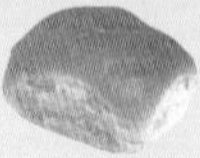

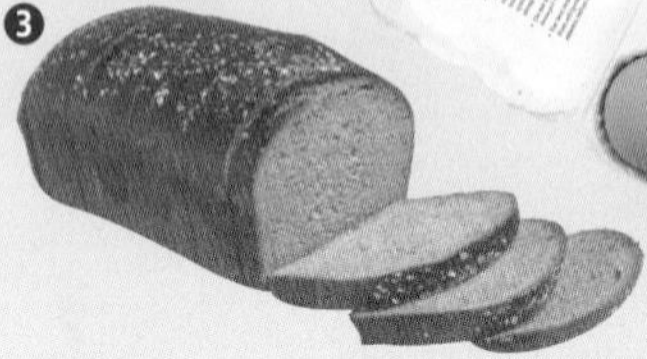

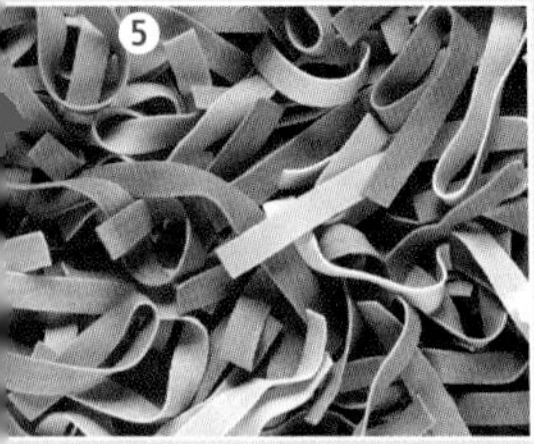

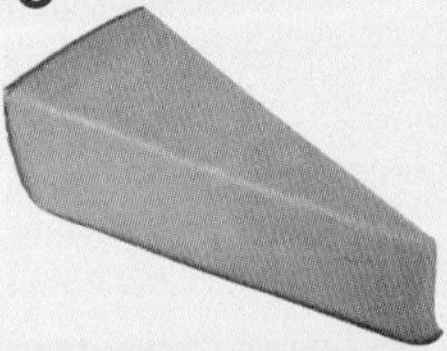

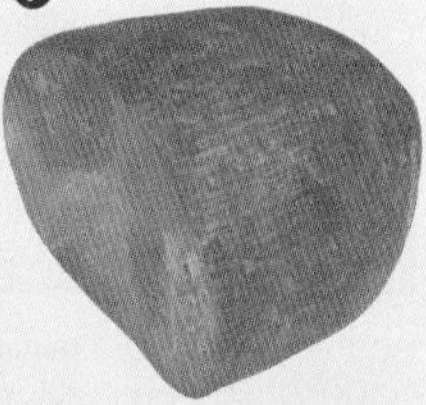

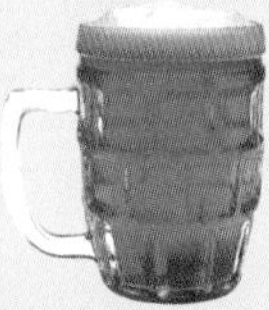

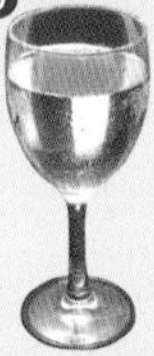

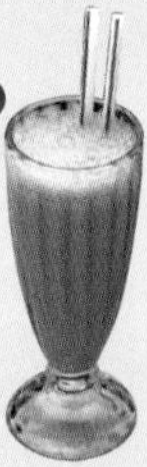

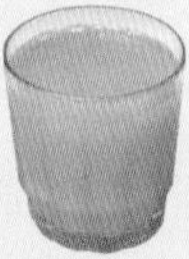

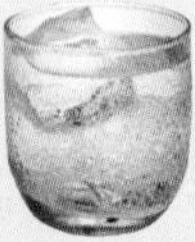

MORE TO EXPLORE

butter	margarine	pizza
curry	mayonnaise	sandwich
dip	pâté	sauce
hot dog	pickle	slice

Meals
Refeições

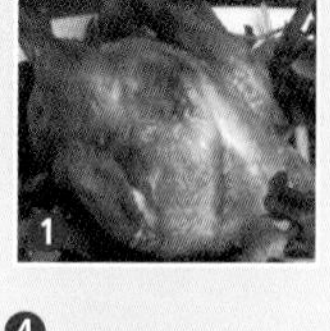

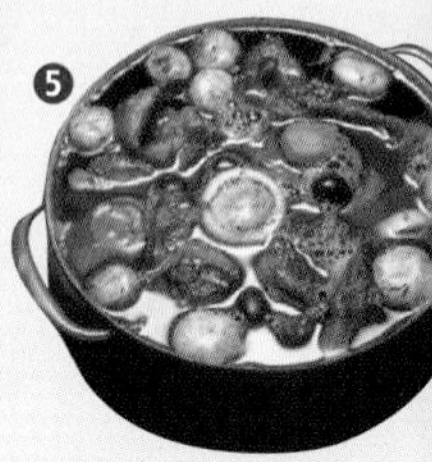

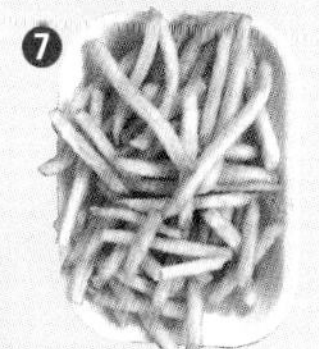

1. **roast chicken** frango assado
2. **fried egg** ovo estrelado/frito
3. **trout** truta
4. **roast beef** rosbife
5. **stew** guisado, ensopado
6. **soup** sopa, caldo
7. **french fries** (*GB* **chips**) batatas fritas
8. **jacket potato** batata assada
9. **spaghetti with tomato sauce** espaguete com molho de tomate
10. **muffins** bolinhos
11. **waffles** waffles
12. **cereal** cereal
13. **porridge** mingau (de aveia)
14. **apple pie** torta de maçã
15. **pumpkin pie** torta de abóbora
16. **ice cream** sorvete

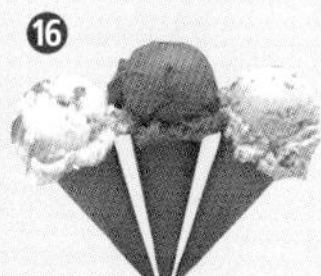

MORE TO EXPLORE

bowl	pepper
cream	plate
cup	salt
fork	saucer
knife	spoon
mustard	sugar
oil	vinegar

Fruit
Frutas

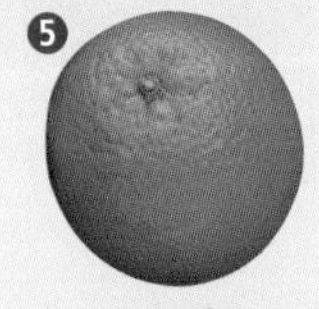

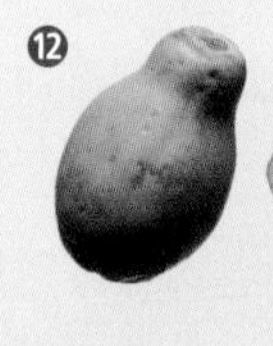

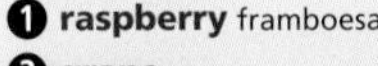

1. **raspberry** framboesa
2. **grape** uva
3. **mango** manga
4. **banana** banana
5. **orange** laranja
6. **lemon** limão amarelo
7. **lime** limão
8. **strawberry** morango
9. **pear** pera
10. **apple** maçã
11. **cherry** cereja
12. **papaya** mamão
13. **pineapple** abacaxi

MORE TO EXPLORE

apricot	pip
blackcurrant	pit
blueberry	plum
core	redcurrant
grapefruit	rind
melon	seed
peach	skin
peel	stalk

Vegetables
Verduras

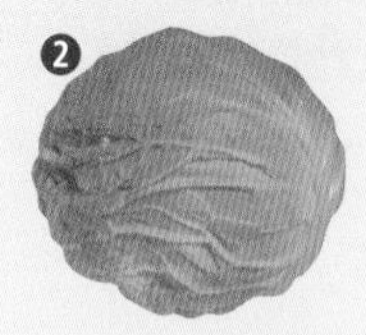

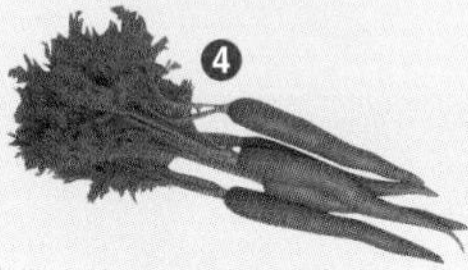

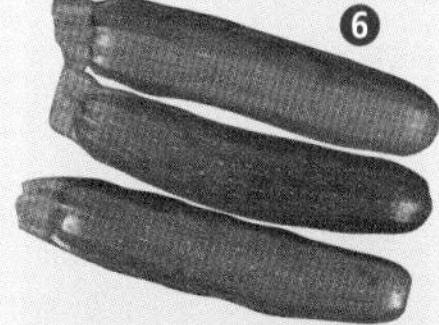
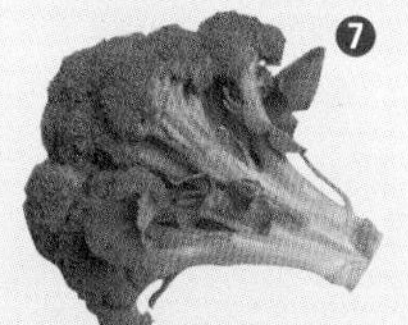

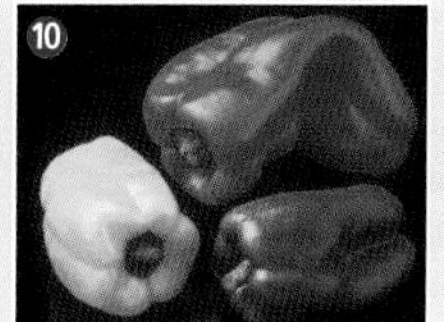
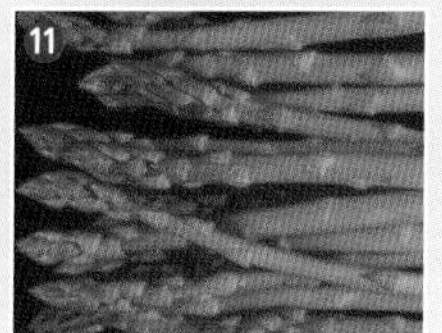
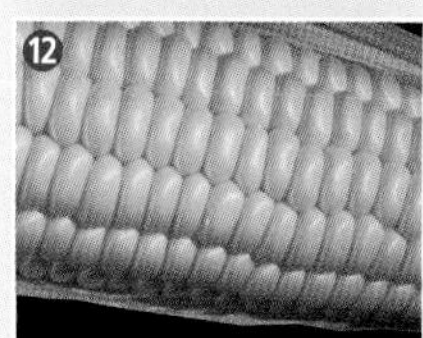

1. **lettuce** alface
2. **cabbage** couve, repolho
3. **celery** aipo
4. **carrot** cenoura
5. **radish** rabanete
6. **zucchini** (*GB* **courgette**) abobrinha
7. **broccoli** brócolis
8. **eggplant** (*GB* **aubergine**) berinjela
9. **spinach** espinafre
10. **bell pepper** (*GB* **pepper**) pimentão
11. **asparagus** aspargo(s)
12. **corncob** milho na espiga

MORE TO EXPLORE

bean	onion
cauliflower	parsley
cucumber	pea
garlic	potato
leek	pumpkin
mushroom	tomato

Animals
Animais

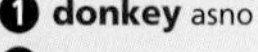

1. **donkey** asno
2. **cow** vaca
3. **calf** bezerro, terneiro
4. **horse** cavalo
5. **foal** potro
6. **sheep** ovelha
7. **lamb** cordeiro
8. **goat** bode, cabra
9. **cat** gato
10. **squirrel** esquilo
11. **dog** cachorro
12. **rabbit** coelho
13. **fox** raposa
14. **hare** lebre

MORE TO EXPLORE

antelope	fawn	kitten
ape	gerbil	panther
camel	guinea pig	pony
cheetah	hamster	puma
cub	kid	puppy

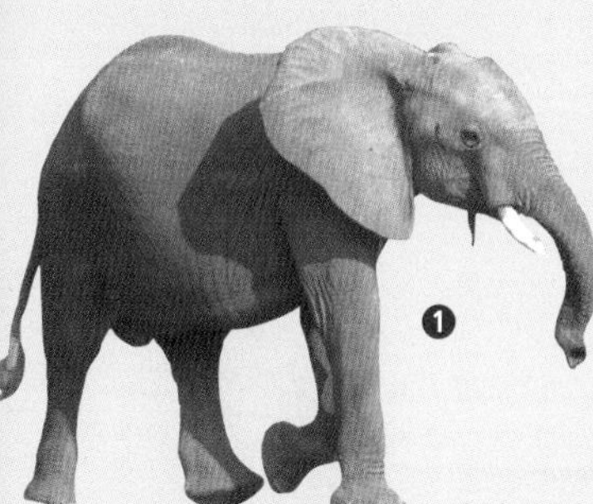

1. **elephant** elefante
2. **rhinoceros** (*tb coloq* **rhino**) rinoceronte
3. **buffalo** búfalo
4. **zebra** zebra
5. **hippopotamus** (*tb coloq* **hippo**) hipopótamo
6. **tiger** tigre
7. **giraffe** girafa
8. **leopard** leopardo
9. **lion** leão

MORE TO EXPLORE

endangered
extinct
habitat
hibernate
mammal
pet
prey
species
tame
wild
wildlife
young

7

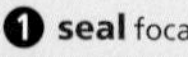

1. **seal** foca
2. **dolphin** golfinho
3. **otter** lontra
4. **polar bear** urso polar
5. **monkey** macaco
6. **gorilla** gorila
7. **koala** coala
8. **bear** urso
9. **chimpanzee** chimpanzé
10. **wolf** lobo
11. **llama** lhama
12. **deer** cervo

MORE TO EXPLORE

antler	mane
claw	paw
coat	snout
fur	tail
horn	whiskers

Reptiles and fish
Répteis e peixes

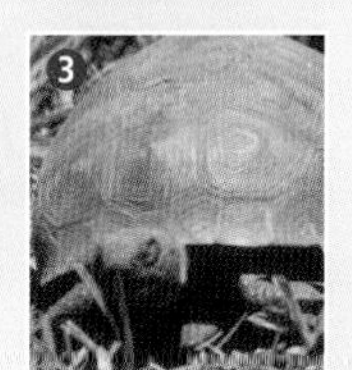

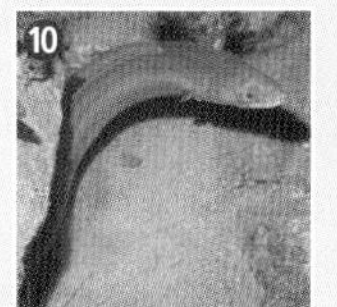

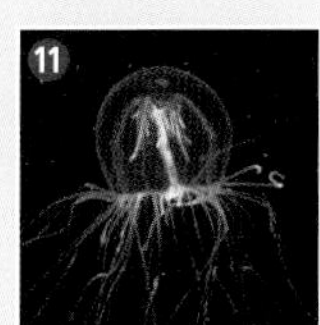

1. **snake** serpente
2. **lizard** lagarto
3. **tortoise** tartaruga (*terrestre*)
4. **turtle** tartaruga (*marinha*)
5. **crocodile** crocodilo
6. **salmon** salmão
7. **trout** truta
8. **lobster** lagosta
9. **starfish** estrela-do-mar
10. **eel** enguia
11. **jellyfish** água-viva
12. **shark** tubarão

MORE TO EXPLORE

alligator	freshwater	plaice
cod	goldfish	scale
crab	herring	shell
fin	piranha	shellfish

Weather and seasons
O clima e as estações do ano

1

2

4

3

1. **winter** inverno
2. **spring** primavera
3. **summer** verão
4. **fall** (*GB* **autumn**) outono
5. **rainbow** arco-íris
6. **snow** neve
7. **sunset** pôr do sol
8. **clouds** nuvens
9. **lightning** relâmpago, raio
10. **it's raining** está chovendo
11. **it's windy** está ventando

MORE TO EXPLORE

boiling	mist
chilly	sleet
fog	storm
freezing	sunny
hail	thunder

5

6

7

8

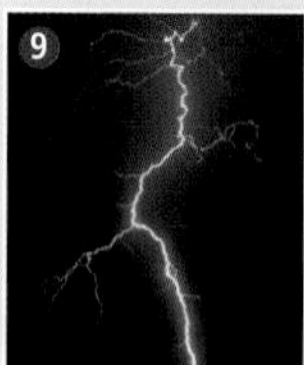
9

10

11

Novas palavras

Esta edição do dicionário *Oxford Escolar* traz muitas palavras novas! Veja algumas delas a seguir. Você consegue colocá-las na categoria certa?

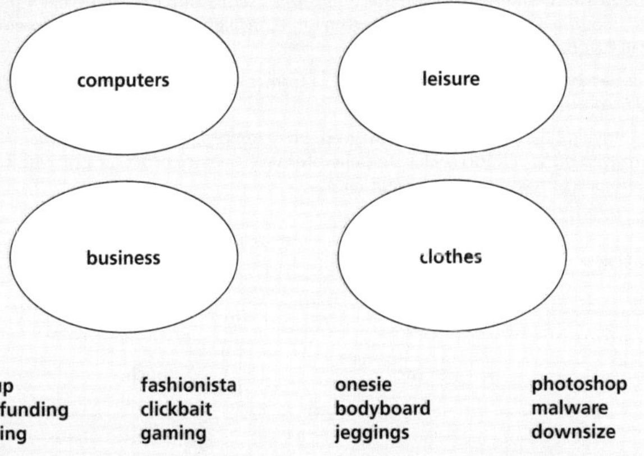

start-up	**fashionista**	**onesie**	**photoshop**
crowdfunding	**clickbait**	**bodyboard**	**malware**
glamping	**gaming**	**jeggings**	**downsize**

Como surgem as palavras novas?

A maioria delas não é totalmente nova. Em alguns casos, duas palavras são combinadas, como **crowdfunding**, junção de **crowd** (*multidão*) e **funding** (*financiamento*). Em outros, acrescentam-se prefixos e sufixos a palavras existentes para formar novos significados. Às vezes, palavras que já existem passam a ser usadas com outros significados: hoje em dia, um **tablet** é um dispositivo eletrônico, e não somente um comprimido, e **tweet** não é apenas uma palavra para expressar o som que os pássaros fazem, mas também uma nova forma de comunicação virtual (*tuite*).

Outras palavras chegam ao inglês como empréstimos de outras línguas, como **panini**, que vem do italiano.

Prefixos e sufixos

Os prefixos e sufixos são acrescentados a palavras que já existem para formar palavras novas. Por exemplo, se um organismo vegetal ou animal contém genes que vêm de outra espécie, diz-se que é **transgenic** (o prefixo *trans* traz a ideia de "para além de"). E o substantivo **blog** dá origem a **blogg*er*** (pessoa) e **blogg*ing*** (atividade).

As frases abaixo contêm palavras formadas com um prefixo ou sufixo que são novas nesta edição do *Oxford Escolar*. Use seu dicionário para descobrir que palavra está faltando nos espaços.

1 I prefer reading books to using an **e-**__________ .

2 The database is fully **search**__________ .

3 I often use **auto**__________ to fill in personal information online.

4 More and more transactions are made using **contact**__________ payments.

5 I decided to **un**__________ him when he started posting racist links on Facebook.

Quais desses prefixos e sufixos são parecidos em português?

Palavras compostas

É comum juntar duas palavras existentes para formar o que chamamos palavra composta. Por exemplo, se você usa o Twitter®, conhece muito bem as **hashtags**, combinação da palavra **hash** (nome do símbolo # em inglês) e **tag**. Às vezes, a palavra combinada é formada pela junção dos dois termos sem espaço, como no exemplo anterior, mas em outros casos é escrita com um espaço entre os termos (como em **card reader** (*leitor de cartão*).

Os balões abaixo trazem termos usados para formar seis novas palavras desta edição do *Oxford Escolar*.

Há uma nova palavra que começa com **web**, por exemplo, que significa "uma apresentação ou seminário realizado pela internet". Se você procurar por **web** no seu dicionário, encontrará a palavra **webinar**.

web inar	**green** ______	**info** ______
pay ______	**ear** ______	**touch** ______

Use seu dicionário para encontrar a palavra que significa:

1 a device which you touch in different places to operate a program
2 data shown in a chart or diagram to make it easier to understand
3 a feature on a website that prevents access unless the user has paid for it
4 things a company does to make people think they are concerned about the environment
5 a song that stays in your head a long time after you hear it

Você consegue combinar duas palavras para formar palavras compostas? A primeira foi feita como modelo.

Confira as respostas na seção principal do dicionário.

Palavras usadas de novas maneiras

Às vezes, uma palavra existente passa a ser usada de uma nova maneira. Ela pode adquirir um novo significado: um **drone**, por exemplo, também passou a ser um tipo de aeronave sem piloto. E há alguns anos você tinha que salvar seu trabalho no computador, mas hoje pode salvá-lo na **cloud** (*a nuvem*). É possível também que um substantivo comece a ser usado como verbo: é o caso de **trend**, por exemplo ("*…the words that are trending…*"; em português, "as palavras que estão sendo muito usadas…").

trend /trend/ *substantivo, verbo*
▸ *s* tendência LOC **set a/the trend** lançar moda *Ver tb* BUCK
▸ *vi* **1** tender a: *Prices have been trending upwards.* Os preços têm apresentado uma tendência de alta. **2** (*redes sociais*) bombar: *What's trending right now on Twitter?* O que está bombando agora no Twitter?

Os substantivos e adjetivos abaixo também passaram a ser usados como verbos:

mouse **troll** **weird**

Procure por essas palavras no seu dicionário e encontre as traduções desses verbos em português.

Palavras estrangeiras

Outra meio de criar palavras novas é o empréstimo de línguas estrangeiras.

Ligue a palavra à língua original da qual foi emprestada.

emoji	Afrikaans
barista	Quechua
quinoa	Italian
burrito	Brazilian Portuguese
açai	Japanese
biltong	Spanish

Respostas

Computers: photoshop, clickbait, malware; **Leisure**: bodyboard, glamping, gaming; **Business**: start-up, crowdfunding, downsize; **Clothes**: fashionista, jeggings, onesie

Prefixos e sufixos: 1. e-reader 2. searchable 3. autofill 4. contactless 5. unfriend

Palavras compostas: 1. touchpad 2. infographic 3. paywall 4. greenwash 5. earworm social media, wow factor, phone hacking, memory stick, fat finger

Palavras usadas de novas maneiras: **mouse** – passar o mouse; **troll** – trollar; **weird sb out** – causar estranheza a alguém

Palavras estrangeiras: emoji – Japanese; quinoa – Quechua; burrito – Spanish; açai – Brazilian Portuguese; biltong – Afrikaans

Falsos cognatos

Muitas palavras em inglês se parecem em sua forma com palavras em português. A maioria destas palavras tem também o mesmo significado, por exemplo, **geography** (geografia) ou **radio** (rádio). Entretanto, algumas são o que chamamos de falsos cognatos: palavras que se parecem, mas não têm o mesmo significado. A seguir, apresentamos uma lista com os falsos cognatos mais comuns, acompanhados das traduções para o português.

A palavra inglesa...	significa...
actual	exato; verdadeiro; propriamente dito
actually	na verdade; exatamente
advice	conselho
advise	aconselhar, recomendar; assessorar
barracks	quartel
cap	gorro; barrete; tampa; teto (*gastos*)
casual	superficial; sem importância; descontraído, informal; esportivo; ocasional
cigar	charuto
collar	colarinho; coleira
college	centro de ensino superior; universidade
comprehensive	abrangente, completo
compromise	acordo
contempt	desprezo
costume	traje; vestuário
cynic	malpensado
data	dados; informação
disgust	nojo, repugnância
educated	culto
enroll	inscrever(-se), matricular(-se)
eventual	final
eventually	finalmente
fabric	tecido
genial	afável
intend	pretender, ter a intenção de
intoxication	embriaguez
lecture	palestra; sermão
library	biblioteca
lunch	almoço
marmalade	geleia (*de frutos cítricos*)
mascara	rímel
notice	aviso; anúncio; (carta de) demissão
pretend	fingir, simular
record	registrar, anotar; gravar; marcar
resume	reatar; recuperar, retomar
sensible	sensato; acertado
sort	tipo
sympathetic	compreensivo, solidário; favorável

Há também palavras em inglês que se parecem com palavras em português, que podem significar o mesmo que seu equivalente em português, mas que têm um outro significado mais comum.

A palavra inglesa...	significa...	mas também pode significar...
argument	discussão	argumento
character	personagem	caráter
consistent	constante; coerente	consistente
demonstration	manifestação	demonstração
differ	não concordar, discordar	diferir
misery	tristeza, sofrimento	miséria
relative	parente	relativo
realize	dar-se conta (de), perceber	realizar

O mesmo ocorre quando traduzimos do português para o inglês. As palavras a seguir em português se parecem com palavras que existem em inglês, mas não significam necessariamente o mesmo. Quando tiver dúvida, o melhor é consultar o dicionário.

A palavra em português....	**se traduz..**
ação (*em bolsa*)	share
agenda (*de telefones, etc.*)	datebook, diary (*GB*)
assistir (*estar presente, ver*)	to attend; to watch
bife	steak
decepção	disappointment
gabinete (*escritório*)	office
(*mau/bom*) humor	(*bad/good*) mood
motel	love hotel
preservativo (*camisinha*)	condom
pretender	to intend
smoking	tuxedo, dinner jacket (*GB*)

Como encontrar as diferenças

A palavra em português *assistir* se traduz **assist** quando significa *ajudar*. Todavia, se utilizarmos *assistir* no sentido de *estar presente*, *ver* ou *testemunhar*, existem outras traduções.

assistir *vt* ~ **(a) 1** (*estar presente em*) to attend: ~ *a uma aula/reunião* to attend a class/meeting ◇ ~ *a um espetáculo* to go to a show **2** (*ver*) to watch: ~ *a um programa de televisão* to watch a program on TV **3** (*testemunhar*) to witness: ~ *a um acidente* to witness an accident **4** (*ajudar*) to assist **5** (*médico*) to treat

assist /əˈsɪst/ *verbo, substantivo*
▸ *vt, vi* (*formal*) ajudar, assistir
▸ *s* (*Esporte*) assistência

Cuidado ao usar palavras como estas, já que às vezes elas têm o mesmo significado nos dois idiomas, e outras vezes não!

1 Complete o quadro abaixo com a tradução das palavras **em negrito**:

assistir	→	assist	map
cliente	→	client	warn
prevenir	→	prevent	attend
planta	→	plant	company
admirar	→	admire	customer
sociedade	→	society	amaze

2 Agora escolha a palavra correta nas frases a seguir:

1 Did you ***assist/watch*** the game yesterday?
2 The store never has many ***clients/customers***.
3 I ***prevented/warned*** him that he would get into trouble.
4 When it's hot, water your ***maps/plants*** every day.
5 I was ***admired/amazed*** to see the results.
6 She left her job and set up her own ***company/society***.

Respostas
Exercício 1
1 assistir-assist-attend
2 cliente-client-customer
3 prevenir-prevent-warn
4 planta-plant-map
5 admirar-admire-amaze
6 sociedade-society-company

Exercício 2
1 watch
2 customers
3 warned
4 plants
5 amazed
6 company

O inglês nos Estados Unidos e na Grã-Bretanha

As diferenças entre o inglês americano e o britânico não se limitam somente à pronúncia, mas se aplicam também ao vocabulário, ortografia e estruturas gramaticais.

VOCABULÁRIO

Apesar do inglês britânico e o americano serem muito parecidos, existem diferenças lexicais importantes. A seguir alguns exemplos mais comuns:

USA	*GB*
candy	sweets
cell phone	mobile (phone)
fall	autumn
gas	petrol
movie theater	cinema
pants	trousers
(potato) chips	crisps
sidewalk	pavement
store	shop
trash	rubbish
zucchini	courgette

Este dicionário inclui o inglês americano e o britânico. Quando uma palavra tem uma variável geográfica, esta aparece no verbete correspondente.

eggplant /ˈegplænt; *GB* -plɑːnt/ (*GB* **aubergine**) *s* berinjela

aubergine /ˈoʊbərʒiːn/ *substantivo, adjetivo*
▸ *s* (*GB*) (*USA* **eggplant**) berinjela
▸ *adj* roxo

ORTOGRAFIA

No inglês britânico

O l final de alguns verbos é duplicado:

USA	*GB*
cance**l**ing	cance**ll**ing
trave**l**ed	trave**ll**ed

A terminação **ter** no inglês americano muda para **tre**:

USA	*GB*
cen**ter**	cen**tre**
thea**ter**	thea**tre**

A terminação **ense** no inglês americano muda normalmente para **ence**:

USA	*GB*
def**ense**	def**ence**
lic**ense**	lic**ence**

Muitas palavras que apresentam terminação **or** no inglês americano, assim como suas derivadas, no inglês britânico são escritas com **our**:

USA	*GB*
fav**or**	fav**our**
col**or**	col**our**
col**or**ful	col**our**ful

Várias palavras que são escritas com **og** ou **ogue** no inglês americano são escritas somente com **ogue** no inglês britânico:

USA	*GB*
catal**og**/catal**ogue**	catal**ogue**
dial**ogue**/dial**og**	dial**ogue**

Muitos dos verbos que em inglês americano só existem na forma **ize** podem finalizar com **ize** ou **ise** no inglês britânico. O mesmo ocorre com seus derivados:

USA	*GB*
real**ize**	real**ize**, **-ise**
real**iz**ation	real**iz**ation, **-is**ation

Todavia, há palavras como **advise**, **surprise** e **exercise** que são escritas com **ise** tanto no inglês americano como no britânico.

Outros casos em que a ortografia é diferente:

USA	*GB*
analyze	analyse
anemia	anaemia
check	cheque
cozy	cosy
gray	grey
jewelry	jewellery
mold	mould
pajamas	pyjamas
plow	plough
practice	practise (*verbo*)
skeptical	sceptical
tire	tyre

GRAMÁTICA

Present perfect e past simple

No inglês americano, pode-se utilizar o *past simple* com advérbios como **just**, **yet** e **already**. Já no inglês britânico utiliza-se o *present perfect* nestes casos:

USA	*GB*
I just saw her.	*I've just seen her.*
Did you hear the news yet?	*Have you heard the news yet?*
I already gave her my present.	*I have already given her my present.*

Have em frases interrogativas e negativas

Para indicar a ideia de posse, o inglês americano utiliza somente **have** quando a frase é negativa ou interrogativa. No inglês britânico pode-se utilizar **have** ou **have got**:

USA	*GB*
I don't have enough time.	*I haven't (got) enough time./I don't have enough time.*
Do you have a camera?	*Have you got a camera?/Do you have a camera?*

Gotten e *got*

No inglês americano o particípio passado de **get** é **gotten**, e no inglês britânico utiliza-se **got**:

USA	*GB*
Her driving has gotten much better.	*Her driving has got much better.*

Will e *shall*

No inglês americano se utiliza somente **will** para formar a primeira pessoa do futuro. No inglês britânico pode-se utilizar **shall** ou **will**:

USA	*GB*
I will be here tomorrow.	*I shall/will be here tomorrow.*

No inglês britânico também se utiliza **shall** para oferecer algo ou fazer uma sugestão. No inglês americano emprega-se **should**:

USA	*GB*
Should I open the window?	*Shall I open the window?*

Preposições e advérbios

USA	*GB*
to stay home	*to stay at home*
Monday through Friday	*Monday to Friday*
on the weekend	*at the weekend*
a quarter after ten	*a quarter past ten*
different from/than	*different from/to*

Verbos irregulares

Os verbos **burn, dream, lean, leap, learn, smell, spill** e **spoil** apresentam duas formas de passado e particípio, uma regular (**burned, dreamed,** etc.) e a outra irregular (**burnt, learnt,** etc.). No inglês americano utiliza-se somente a forma regular para o passado e particípio, mas no inglês britânico usam-se ambas as formas, indistintamente:

USA	*GB*
They burned the old sofa.	*They burned/burnt the old sofa.*

A, a /eɪ/ *s* (*pl* As, A's, a's)

Uso das letras

1 para soletrar

A, a: *"Alex" begins with (an) "A".* "Alex" começa com a letra "a". ◇ *"Lisa" ends in (an) "a".* (A palavra) "Lisa" termina com um "a". ◇ *Do you spell that with an "a" or an "e"?* Escreve-se com "a" ou com "e"? ◇ *"April" with a capital A* "Abril" com A maiúsculo ◇ *How many ls are there in "lily"?* A palavra "lily" tem quantos eles? ◇ *It's spelt d-e-e-p.* Soletra-se d-e-e-p.

2 notas musicais

A = lá, B = si, C = do, D = ré, E = mi, F = fá, G = sol: *A sharp* lá sustenido ◇ *B flat* si bemol

3 notas escolares

Na Grã-Bretanha, A é a nota mais alta e E a mais baixa. U significa reprovação: *She got a D for French.* Ela tirou D em francês. ◇ *I got two Bs and a C at A level.* Eu tirei dois Bs e um C no A-level. ◇ *He gave me 6 out of 10 for my homework.* Ele me deu 6 na lição de casa, que valia até 10.

A média da nota de um estudante nos Estados Unidos chama-se **GPA** ou **grade point average**.

⚷ **a** /ə; eɪ/ (*tb* **an** /ən; æn/) *art* ❶ **A, an** correspondem aos artigos *um, uma* em português, exceto nos seguintes casos: **1** (*números*): *a hundred and twenty people* cento e vinte pessoas **2** (*profissões*): *My mother is a lawyer.* Minha mãe é advogada. **3** por: *200 words a minute* 200 palavras por minuto ◇ *two dollars a dozen* dois dólares a dúzia **4** (*com desconhecidos*) um(a) tal (de): *Do we know a Tim Smith?* Conhecemos um tal de Tim Smith?

A1 /ˌeɪ ˈwʌn/ *adj* (*coloq*) ótimo: *The car was in A1 condition.* O carro estava em ótimo estado.

aback /əˈbæk/ *adv* LOC **be taken aback (by sb/sth)** ficar surpreso/chocado (com alguém/algo): *I was really taken aback.* Isso realmente me pegou de surpresa.

⚷ **abandon** /əˈbændən/ *vt* abandonar: *We abandoned the attempt.* Abandonamos o intento. ◇ *an abandoned baby/car/village* um bebê/carro/vilarejo abandonado

abbey /ˈæbi/ *s* (*pl* **abbeys**) abadia

abbreviate /əˈbriːvieɪt/ *vt* abreviar **abbreviation** *s* **1 ~ (of/for sth)** abreviação (de/para algo) **2** abreviatura

ABC /ˌeɪ biː ˈsiː/ *s* **1** abecedário **2** abecê

abdicate /ˈæbdɪkeɪt/ *vt, vi* abdicar: *to abdicate (all) responsibility* renunciar a toda responsabilidade

abdomen /ˈæbdəmən/ *s* abdome **abdominal** /æbˈdɑːmɪnl/ *adj* abdominal

abduct /æbˈdʌkt/ *vt* sequestrar **abduction** *s* sequestro

abide /əˈbaɪd/ *vt* **can't/couldn't ~ sb/sth** não conseguir suportar alguém/algo: *I can't abide them.* Não os suporto. PHR V **abide by sth 1** (*veredicto, decisão*) acatar algo **2** (*promessa*) cumprir algo

⚷ **ability** /əˈbɪləti/ *s* (*pl* **abilities**) **1** capacidade: *her ability to accept change* a capacidade dela para aceitar mudanças **2** habilidade, aptidão: *Despite his ability as a dancer…* Apesar das habilidades dele como bailarino… ◇ *to the best of your ability* da melhor forma possível

ablaze /əˈbleɪz/ *adj* **1** em chamas: *to set sth ablaze* colocar fogo em algo **2 be ~ with sth** resplandecer com algo: *The garden was ablaze with flowers.* O jardim estava resplandecente de flores.

⚷ **able** /ˈeɪbl/ *adj* **1 be ~ to do sth** poder fazer algo: *Will he be able to help you?* Ele poderá ajudá-lo? ◇ *They are not yet able to swim.* Eles ainda não sabem nadar. ➲ *Ver nota em* CAN[2] **2** (**abler**, **-est**) capaz: *the ablest student in the class* o aluno mais apto da classe ◇ *the less able members of society* os menos favorecidos da sociedade

abnormal /æbˈnɔːrml/ *adj* anormal **abnormality** /ˌæbnɔːrˈmæləti/ *s* (*pl* **abnormalities**) anomalia, anormalidade

aboard /əˈbɔːrd/ *adv, prep* a bordo (de): *Welcome aboard.* Bem-vindos a bordo. ◇ *aboard the ship* a bordo do navio

abode /əˈboʊd/ *s* (*formal*) domicílio LOC *Ver* FIXED

abolish /əˈbɑːlɪʃ/ *vt* abolir

abolition /ˌæbəˈlɪʃn/ *s* abolição

abominable /əˈbɑːmɪnəbl/ *adj* abominável

Aborigine /ˌæbəˈrɪdʒəni/ (*tb* **Aboriginal** /ˌæbəˈrɪdʒənl/) *s* aborígene (da Austrália) **Aboriginal** *adj* dos aborígenes (da Austrália)

abort /əˈbɔːrt/ **1** *vt, vi* (*Med*) abortar **2** *vt* cancelar: *They aborted the launch.* Eles cancelaram o lançamento.

abortion /ə'bɔːrʃn/ *s* aborto (*intencional*): *to have an abortion* abortar ➲ *Comparar com* MISCARRIAGE

abortive /ə'bɔːrtɪv/ *adj* (*formal*) fracassado: *an abortive coup* um golpe de Estado fracassado

abound /ə'baʊnd/ *vi* ~ **(with/in sth)** abundar, ser rico (em algo)

🔑 **about** /ə'baʊt/ *advérbio, preposição, adjetivo* ❶ Para o uso de **about** em PHRASAL VERBS, ver os verbetes dos verbos correspondentes, p.ex. **lie about** em LIE[2].

▸ *adv* **1** mais ou menos, aproximadamente: *about the same height as you* mais ou menos da sua altura **2** cerca de: *I got home at about half past seven.* Eu cheguei em casa lá pelas sete e meia. ➲ *Ver nota em* AROUND **3** (*esp GB*) por perto: *She's somewhere about.* Ela está por aqui. ◇ *There are no jobs about at the moment.* Não há empregos no momento. **4** quase: *Dinner's about ready.* O jantar está quase pronto. **5** (*esp GB*) de um lado para o outro: *I could hear people moving about.* Eu ouvia pessoas andando de um lado para outro. **6** (*esp GB*) aqui e ali: *People were standing about in the street.* Havia pessoas paradas na rua.

▸ *prep* **1** por: *papers strewn about the room* papéis espalhados pela sala ◇ *She's somewhere about the place.* Ela está em algum lugar por aqui. **2** sobre: *a book about flowers* um livro sobre flores ◇ *What's the book about?* Do que trata o livro? **3** (*com adjetivos*): *angry/happy about sth* zangado/feliz com algo **4** (*característica*): *There's something about her I like.* Há algo nela que me atrai. **LOC how/what about...? 1** (*pergunta*): *What about his car?* E o carro dele? **2** (*sugestão*) que tal...?: *How about going swimming?* Que tal irmos nadar?

▸ *adj* **LOC be about to do sth** estar prestes a fazer algo

🔑 **above** /ə'bʌv/ *advérbio, preposição*

▸ *adv* acima: *the people in the apartment above* as pessoas no apartamento de cima ◇ *children aged eleven and above* crianças de onze anos para cima

▸ *prep* **1** acima de, além de: *1,000 meters above sea level* 1.000 metros acima do nível do mar ◇ *I live in the apartment above the store.* Moro no apartamento acima da loja. **2** mais de: *above 50%* acima de 50% **LOC above all** acima de tudo, sobretudo

aboveboard /əˌbʌv'bɔːrd/ *adj, adv* acima de qualquer suspeita

abrasive /ə'breɪsɪv/ *adj* **1** (*pessoa*) grosso **2** (*substância*) abrasivo **3** (*superfície*) áspero: *abrasive paper* (papel de) lixa

abreast /ə'brest/ *adv* ~ **(of sb/sth)**: *to cycle two abreast* andar de bicicleta lado a lado (com alguém) **LOC keep abreast of sth** manter-se a par de algo

abridged /ə'brɪdʒd/ *adj* resumido, condensado

🔑 **abroad** /ə'brɔːd/ *adv* no exterior: *to go abroad* viajar para o exterior ◇ *Have you ever been abroad?* Você já foi ao exterior?

abrupt /ə'brʌpt/ *adj* **1** (*mudança, reação*) brusco, abrupto: *He was very abrupt with me.* Ele foi muito brusco comigo. **2** (*partida, etc.*) repentino

abs /æbz/ *s* [*pl*] (*coloq*) (*abrev de* **abdominals**) abdominais

abscess /'æbses/ *s* abscesso

abseil /'æbseɪl/ *vi* (*GB*) (*USA* **rappel**) fazer rapel **abseiling** *s* (*GB*) (*USA* **rappel**) rapel

🔑 **absence** /'æbsəns/ *s* **1** ausência: *absences due to illness* faltas por motivo de saúde **2** [*não contável*] ausência, falta: *the complete absence of noise* a ausência total de ruído ◇ *in the absence of new evidence* na falta de novas provas **LOC** *Ver* CONSPICUOUS

🔑 **absent** /'æbsənt/ *adj* **1** ausente: *to be absent from school* faltar na escola **2** distraído

absentee /ˌæbsən'tiː/ *s* ausente

absentminded /ˌæbsənt'maɪndɪd/ *adj* distraído

🔑 **absolute** /'æbsəluːt/ *adj* absoluto

🔑 **absolutely** /'æbsəluːtli/ *adv* **1** absolutamente, completamente: *Are you absolutely sure/certain that...?* Você tem certeza absoluta de que...? ◇ *You are absolutely right.* Você está com toda a razão. ◇ *It's absolutely essential/necessary that...* É imprescindível que... **2** (*em orações negativas*): *absolutely nothing* nada em absoluto **3** /ˌæbsə'luːtli/ (*concordando com algo*) claro (que sim): *Oh, absolutely!* Sem dúvida!

absolve /əb'zɑːlv/ *vt* ~ **sb (from/of sth)** absolver alguém (de algo)

🔑 **absorb** /əb'zɔːrb; əb'sɔːrb/ *vt* **1** absorver, assimilar: *easily absorbed into the bloodstream* facilmente absorvido pelo sangue ◇ *to absorb information* assimilar informação **2** amortecer: *to absorb the shock* amortecer o choque

absorbed /əb'zɔːrbd; əb'sɔːrbd/ *adj* absorto

absorbent /əb'zɔːrbənt; əb'sɔːr-/ *adj* (*papel, etc.*) absorvente

absorbing /əbˈzɔːrbɪŋ; əbˈsɔːr-/ *adj* (*livro, filme, etc.*) envolvente

absorption /əbˈsɔːrpʃn; əbˈzɔːrp-/ *s* **1** (*líquidos*) absorção **2** (*ideias*) assimilação

abstain /əbˈsteɪn/ *vi* ~ **(from sth)** abster-se (de algo)

abstention /əbˈstenʃn/ *s* abstenção

abstract /ˈæbstrækt/ *adjetivo, substantivo*
▸ *adj* abstrato
▸ *s* (*Arte*) obra de arte abstrata LOC **in the abstract** em abstrato

absurd /əbˈsɜːrd/ *adj* absurdo: *How absurd!* Que absurdo! ◇ *You look absurd in that hat.* Você fica ridículo com esse chapéu. **absurdity** *s* (*pl* **absurdities**) absurdo: *the absurdity of the situation* o absurdo da situação

abundance /əˈbʌndəns/ *s* (*formal*) abundância

abundant /əˈbʌndənt/ *adj* (*formal*) abundante

⚷ **abuse** *verbo, substantivo*
▸ *vt* /əˈbjuːz/ **1** abusar de: *to abuse your power* abusar de seu poder **2** insultar **3** maltratar
▸ *s* /əˈbjuːs/ **1** abuso: *drug abuse* abuso de drogas ◇ *human rights abuses* abuso contra os direitos humanos **2** [*não contável*] insultos: *They shouted abuse at him.* Eles o insultaram aos gritos. **3** maus-tratos: *child abuse* abuso infantil **abusive** /əˈbjuːsɪv/ *adj* ofensivo, grosseiro

abyss /əˈbɪs/ *s* (*formal*) (*lit e fig*) abismo

⚷ **academic** /ˌækəˈdemɪk/ *adjetivo, substantivo*
▸ *adj* **1** acadêmico **2** especulativo, teórico
▸ *s* acadêmico, -a

academy /əˈkædəmi/ *s* (*pl* **academies**) academia

açai /æˈsaɪiː/ *s* (*pl* **açai**) açaí

accelerate /əkˈseləreɪt/ *vt, vi* acelerar **acceleration** *s* aceleração **accelerator** (*USA tb* **gas pedal**) *s* acelerador

⚷ **accent** /ˈæksent; -sənt/ *s* **1** sotaque **2** acento tônico **3** acento (gráfico)

accentuate /əkˈsentʃueɪt/ *vt* **1** acentuar **2** ressaltar

⚷ **accept** /əkˈsept/ **1** *vt, vi* aceitar: *The machine only accepts quarters.* A máquina aceita somente moedas de 25 centavos. **2** *vt* admitir: *I've been accepted by the university.* Eu fui aceito na universidade. LOC *Ver* FACE VALUE

⚷ **acceptable** /əkˈseptəbl/ *adj* ~ **(to sb)** aceitável (para alguém)

acceptance /əkˈseptəns/ *s* **1** aceitação **2** aprovação

⚷ **access** /ˈækses/ *substantivo, verbo*
▸ *s* ~ **(to sb/sth)** acesso (a alguém/algo)
▸ *vt* **1** (*Informát*) acessar **2** (*formal*): *The roof can only be accessed by a ladder.* O acesso ao telhado se dá por uma escada.

ˈ**access course** *s* (*GB*) curso preparatório para a universidade

accessible /əkˈsesəbl/ *adj* acessível

accessorize (*GB tb* **-ise**) /əkˈsesəraɪz/ *vt* pôr acessórios em

accessory /əkˈsesəri/ *s* (*pl* **accessories**) **1** [*ger pl*] acessório **2** ~ **(to sth)** (*Jur*) cúmplice (de algo)

⚷ **accident** /ˈæksɪdənt/ *s* **1** acidente **2** acaso LOC **by accident 1** acidentalmente, sem querer **2** por acaso **3** por descuido

⚷ **accidental** /ˌæksɪˈdentl/ *adj* **1** acidental **2** casual

⚷ **accidentally** /ˌæksɪˈdentəli/ *adv* acidentalmente, sem querer

ˌ**accident and eˈmergency** *s* (*abrev* **A & E**) (*GB*) (*USA* **emergency room**) pronto-socorro

acclaim /əˈkleɪm/ *verbo, substantivo*
▸ *vt* aclamar
▸ *s* [*não contável*] aclamação: *The book received great critical acclaim.* O livro foi bastante elogiado pelos críticos.

accommodate /əˈkɑːmədeɪt/ *vt* **1** alojar, acomodar: *The hotel can accommodate up to a hundred guests.* O hotel hospeda até 100 pessoas. **2** ter capacidade/espaço para

⚷ **accommodations** /əˌkɑːməˈdeɪʃnz/ *s* [*pl*] (*GB* **accommodation** [*não contável*]) acomodação, habitação

accompaniment /əˈkʌmpənimənt/ *s* acompanhamento

⚷ **accompany** /əˈkʌmpəni/ *vt* (*pt, pp* **-ied**) acompanhar

accomplice /əˈkɑːmplɪs; *GB* əˈkʌm-/ *s* cúmplice

accomplish /əˈkɑːmplɪʃ; *GB* əˈkʌm-/ *vt* realizar, alcançar

accomplished /əˈkɑːmplɪʃt; *GB* əˈkʌm-/ *adj* talentoso: *an accomplished chef* um chef consumado

accomplishment /əˈkɑːmplɪʃmənt; *GB* əˈkʌm-/ *s* **1** realização **2** talento

accord /əˈkɔːrd/ *substantivo, verbo*
▸ *s* acordo LOC **in accord (with sth/sb)** (*formal*) de acordo (com algo/alguém) ◆ **of your own accord** por sua livre vontade

A

▸ *v* (*formal*) **1** *vi* ~ **(with sth)** concordar (com algo) **2** *vt* outorgar, conceder

accordance /əˈkɔːrdns/ *s* LOC **in accordance with sth** (*formal*) de acordo com algo

accordingly /əˈkɔːrdɪŋli/ *adv* **1** portanto, por conseguinte **2** de acordo: *to act accordingly* agir de acordo

according to /əˈkɔːrdɪŋ tə/ *prep* segundo

accordion /əˈkɔːrdiən/ *s* acordeão, sanfona

account /əˈkaʊnt/ *substantivo, verbo*

▸ *s* **1** (*Fin, Com, Informát*) conta: *checking account* conta-corrente ◇ *email account* (conta de) e-mail **2** fatura **3 accounts** [*pl*] contabilidade **4** relato, descrição LOC **by/from all accounts** pelo que dizem ◆ **of no account** (*formal*) sem qualquer importância ◆ **on account of sth** por causa de algo ◆ **on no account**; **not on any account** por nenhum motivo, de forma alguma ◆ **on this/that account** (*formal*) por esta/aquela razão ◆ **take account of sth**; **take sth into account** ter/levar algo em conta

▸ *v* PHR V **account for sth 1** explicar algo **2** prestar contas de algo **3** constituir algo: *Rice accounts for a fraction of exports.* O arroz constitui uma parte mínima das exportações.

accountable /əˈkaʊntəbl/ *adj* ~ **(to sb) (for sth)** responsável (perante alguém) (por algo) **accountability** /əˌkaʊntəˈbɪləti/ *s* responsabilidade da qual se deve prestar contas

accountant /əˈkaʊntənt/ *s* contador, -ora

accounting /əˈkaʊntɪŋ/ (*GB* **accountancy** /əˈkaʊntənsi/) *s* contabilidade

accumulate /əˈkjuːmjəleɪt/ *vt, vi* acumular(-se) **accumulation** *s* acumulação

accuracy /ˈækjərəsi/ *s* precisão

accurate /ˈækjərət/ *adj* preciso, exato: *an accurate shot* um tiro certeiro

accusation /ˌækjuˈzeɪʃn/ *s* acusação

accuse /əˈkjuːz/ *vt* ~ **sb (of sth)** acusar alguém (de algo): *He was accused of murder.* Ele foi acusado de assassinato. **the accused** *s* (*pl* **the accused**) o acusado, a acusada **accusingly** *adv*: *to look accusingly at sb* olhar para alguém de forma acusadora

accustomed /əˈkʌstəmd/ *adj* ~ **to sth** acostumado a algo: *to be accustomed to sth* estar acostumado com algo ◇ *to become/get/grow accustomed to sth* acostumar-se a/com algo

ace /eɪs/ *substantivo, adjetivo*

▸ *s* (*Cartas*) ás

▸ *adj* (*coloq*) de primeira, formidável

ache /eɪk/ *substantivo, verbo*

▸ *s* dor

▸ *vi* doer: *My stomach aches.* Estou com dor de estômago.

achieve /əˈtʃiːv/ *vt* **1** (*objetivo*) atingir **2** (*resultados, êxito*) obter

achievement /əˈtʃiːvmənt/ *s* realização, façanha

aching /ˈeɪkɪŋ/ *adj* dolorido

acid /ˈæsɪd/ *substantivo, adjetivo*

▸ *s* ácido

▸ *adj* (*tb* **acidic** /əˈsɪdɪk/) ácido **acidity** /əˈsɪdəti/ *s* acidez

ˌacid ˈrain *s* chuva ácida

acknowledge /əkˈnɑːlɪdʒ/ *vt* **1** reconhecer **2** (*carta*) acusar recebimento de **3**: *I was standing next to her, but she didn't even acknowledge my presence.* Eu estava ao lado dela, mas ela nem demonstrou ter notado minha presença. **acknowledgment** (*tb* **acknowledgement**) *s* **1** reconhecimento **2** prova de recebimento **3** agradecimento (*em um livro, etc.*)

acne /ˈækni/ *s* acne

acorn /ˈeɪkɔːrn/ *s* (*Bot*) bolota

acoustic /əˈkuːstɪk/ *adj* acústico **acoustics** *s* [*pl*] acústica

acquaintance /əˈkweɪntəns/ *s* **1** amizade, conhecimento **2** conhecido, -a LOC **make sb's acquaintance**; **make the acquaintance of sb** (*formal*) conhecer alguém (*pela primeira vez*)

acquainted /əˈkweɪntɪd/ *adj* (*formal*) familiarizado: *to become/get acquainted with sb* (vir a) conhecer alguém

acquiesce /ˌækwiˈes/ *vi* ~ **(in sth)** (*formal*) consentir (algo/em fazer algo); aceitar (algo) **acquiescence** *s* (*formal*) consentimento

acquire /əˈkwaɪər/ *vt* (*formal*) **1** (*conhecimento, posses*) adquirir **2** (*informação*) obter **3** (*reputação*) adquirir, ganhar

acquisition /ˌækwɪˈzɪʃn/ *s* aquisição

acquit /əˈkwɪt/ *vt* (-tt-) ~ **sb (of sth)** absolver alguém (de algo) **acquittal** *s* absolvição

acre /ˈeɪkər/ *s* acre (*4.047 metros quadrados*) ➲ *Ver pág. 759*

acrobat /ˈækrəbæt/ *s* acrobata

across /əˈkrɔːs; *GB* əˈkrɒs/ *adv, prep*

ℹ Para o uso de **across** em PHRASAL VERBS, ver os verbetes dos verbos correspondentes, p.ex. **get sth across** em GET.

1 de um lado a/para outro: *to swim across* atravessar a nado ◇ *to walk across the border* atravessar a fronteira a pé ◇ *to take the path across the fields* tomar o caminho que corta os campos **2** ao outro lado: *We were across in no time.* Chegamos ao outro lado num segundo. ◇ *from across the room* do outro lado da sala **3** sobre, ao longo de: *a bridge across the river* uma ponte sobre o rio ◇ *A branch lay across the path.* Havia um galho atravessado no caminho. **4** de largura: *The river is half a mile across.* O rio tem meia milha de largura.

aˈcross from *prep* em frente de

acrylic /əˈkrɪlɪk/ *adj, s* acrílico

act /ækt/ *substantivo, verbo*
▸ *s* **1** ato: *an act of violence/kindness* um ato de violência/bondade **2** (*Teat*) ato **3** número: *a circus act* um número de circo **4** (*Jur*) decreto LOC **get your act together** (*coloq*) organizar-se, tomar jeito ◆ **in the act (of doing sth)** no ato (de fazer algo) ◆ **put on an act** (*coloq*) fingir
▸ *v* **1** *vi* atuar **2** *vi* comportar-se **3** *vt* (*Teat*) fazer o papel de LOC *Ver* FOOL

acting /ˈæktɪŋ/ *substantivo, adjetivo*
▸ *s* [*não contável*] teatro, atuação: *his acting career* sua carreira de ator ◇ *Her acting was awful.* A atuação dela foi horrível.
▸ *adj* interino: *He was acting chairman at the meeting.* Ele atuou como presidente na reunião.

action /ˈækʃn/ *s* **1** ação: *to go into action* entrar em ação ◇ *action movie* filme de ação **2** [*não contável*] medidas: *to take action* tomar medidas **3** ato LOC **in action** em ação ◆ **out of action**: *This machine is out of action.* Esta máquina não está funcionando. ◆ **put sth into action** colocar algo em prática *Ver tb* COURSE, SPRING

activate /ˈæktɪveɪt/ *vt* ativar

active /ˈæktɪv/ *adjetivo, substantivo*
▸ *adj* **1** ativo: *to take an active part in sth* participar ativamente de algo ◇ *to take an active interest in sth* interessar-se vivamente por algo **2** (*vulcão*) em atividade
▸ *s* (*tb* ˌ**active ˈvoice**) (voz) ativa

activist /ˈæktɪvɪst/ *s* ativista

activity /ækˈtɪvəti/ *s* **1** (*pl* **activities**) atividade **2** [*não contável*] agitação

actor /ˈæktər/ *s* ator, atriz ➲ *Ver nota em* ACTRESS

actress /ˈæktrəs/ *s* atriz ❶ Muitos preferem o termo **actor** tanto para o feminino quanto para o masculino.

actual /ˈæktʃuəl/ *adj* **1** exato: *What were his actual words?* O que ele disse exatamente? **2** verdadeiro: *based on actual events* baseado em fatos reais **3** propriamente dito: *the actual city center* o centro da cidade propriamente dito **4** ❶ A palavra *atual* traduz-se como **current**. ➲ *Comparar com* CURRENT, PRESENT-DAY LOC **in actual fact** na verdade

actually /ˈæktʃuəli/ *adv* **1** na verdade, de fato **2** exatamente

Actually se usa principalmente:

1 para dar ênfase: *What did she actually say?* O que ela disse exatamente? ◇ *You actually met her?* Você a conheceu mesmo? ◇ *He actually expected me to leave.* Ele até esperava que eu fosse embora.

2 para corrigir um equívoco: *He's actually very bright.* Na verdade ele é muito inteligente. ◇ *Actually, my name's Sue, not Ann.* A propósito, meu nome é Sue e não Ann.

➲ *Comparar com* AT PRESENT *em* PRESENT, CURRENTLY

acupuncture /ˈækjupʌŋktʃər/ *s* acupuntura

acute /əˈkjuːt/ *adj* **1** extremo: *acute environmental problems* graves problemas ambientais ◇ *to become more acute* agravar-se **2** agudo: *acute appendicitis* apendicite aguda ◇ *acute angle* ângulo agudo **3** (*remorso, arrependimento*) profundo

ad /æd/ *s* (*coloq*) anúncio (*de publicidade*)

A.D. (*tb* **AD**) /ˌeɪ ˈdiː/ *abrev de* **anno domini** d.C. (depois de Cristo)

adamant /ˈædəmənt/ *adj* firme, inflexível: *He was adamant about staying.* Ele foi categórico quanto a ficar.

Adam's apple /ˌædəmz ˈæpl/ *s* (*Anat*) pomo de adão

adapt /əˈdæpt/ *vt, vi* adaptar(-se)
adaptable *adj* **1** (*pessoa*): *to learn to be adaptable* aprender a adaptar-se **2** (*aparelho, etc.*) adaptável **adaptation** *s* adaptação

adapter (*tb* **adaptor**) /əˈdæptər/ *s* adaptador

ˈad blocker *s* (*Internet*) bloqueador de anúncios

add /æd/ *vt* **1** adicionar, acrescentar **2** ~ **A to B**; ~ **A and B together** somar A

A

com B/A e B PHR V **add sth on (to sth)** acrescentar algo (a algo) ♦ **add to sth** **1** aumentar algo **2** ampliar algo ♦ **add up** (*coloq*) encaixar: *His story doesn't add up.* A história dele não faz sentido. ♦ **add (sth) up** somar (algo) ♦ **add up to sth** totalizar algo: *The check adds up to $40.* A conta dá um total de 40 dólares.

adder /ˈædər/ *s* víbora

addict /ˈædɪkt/ *s* viciado, -a: *drug/TV addict* viciado em drogas/TV **addicted** /əˈdɪktɪd/ *adj* ~ **(to sth)** viciado (em algo) **addiction** /əˈdɪkʃn/ *s* vício **addictive** /əˈdɪktɪv/ *adj* que vicia

⚷ **addition** /əˈdɪʃn/ *s* **1** incorporação **2** aquisição **3** (*Mat*) adição LOC **in addition** além disso ♦ **in addition to sth** além de algo

⚷ **additional** /əˈdɪʃənl/ *adj* adicional

additive /ˈædətɪv/ *s* aditivo

⚷ **address** *substantivo, verbo*
▸ *s* /ˈædres; *GB* əˈdres/ **1** endereço: *address book* caderno de endereços **2** discurso LOC *Ver* FIXED
▸ *vt* /əˈdres/ **1** (*carta, etc.*) endereçar **2** (*formal*) dirigir-se a (*uma pessoa*)

adept /əˈdept/ *adj* ~ **(at/in sth)** hábil (em algo)

⚷ **adequate** /ˈædɪkwət/ *adj* **1** adequado **2** aceitável

adhere /ədˈhɪr/ *vi* (*formal*) aderir PHR V **adhere to sth** (*formal*) (*crença*) aderir a algo

adhesive /ədˈhiːsɪv/ *adjetivo, substantivo*
▸ *adj* adesivo, aderente
▸ *s* adesivo

adjacent /əˈdʒeɪsnt/ *adj* adjacente

adjective /ˈædʒɪktɪv/ *s* adjetivo

adjoining /əˈdʒɔɪnɪŋ/ *adj* contíguo, adjacente

adjourn /əˈdʒɜːrn/ **1** *vt* adiar **2** *vt* (*reunião, sessão*) suspender **3** *vi* fazer uma pausa

⚷ **adjust** /əˈdʒʌst/ **1** *vt* ajustar, regular, arrumar **2** *vt, vi* ~ **(sth/yourself) (to sth)** adaptar algo/adaptar-se (a algo) **adjustable** *adj* regulável **adjustment** *s* **1** ajuste, modificação **2** adaptação

administer /ədˈmɪnɪstər/ *vt* **1** administrar **2** (*organização*) dirigir **3** (*castigo*) aplicar

administration /ədˌmɪnɪˈstreɪʃn/ *s* administração, direção

administrative /ədˈmɪnɪstreɪtɪv; *GB* -strətɪv/ *adj* administrativo

administrator /ədˈmɪnɪstreɪtər/ *s* administrador, -ora

admirable /ˈædmərəbl/ *adj* (*formal*) admirável

admiral /ˈædmərəl/ *s* almirante

⚷ **admiration** /ˌædməˈreɪʃn/ *s* admiração

⚷ **admire** /ədˈmaɪər/ *vt* admirar, elogiar **admirer** *s* admirador, -ora **admiring** *adj* cheio de admiração

admission /ədˈmɪʃn/ *s* **1** ~ **(to sth)** entrada, admissão (em algo) **2** ~ **(to sth)** (*colégio, etc.*) ingresso (em algo) **3** confissão

⚷ **admit** /ədˈmɪt/ (-tt-) **1** *vt, vi* ~ **(to) sth** confessar algo (*crime*); reconhecer algo (*erro*) **2** *vt* ~ **sb/sth (to/into sth)** deixar entrar, admitir alguém/algo (em algo) **admittedly** *adv*: *Admittedly, it is pretty expensive.* Deve-se admitir que isso é realmente caro.

adolescence /ˌædəˈlesns/ *s* adolescência

adolescent /ˌædəˈlesnt/ *adj, s* adolescente

⚷ **adopt** /əˈdɑːpt/ *vt* adotar **adopted** *adj* adotivo **adoption** *s* adoção

adore /əˈdɔːr/ *vt* adorar: *I adore cats.* Eu adoro gatos.

adorn /əˈdɔːrn/ *vt* (*formal*) adornar

adrenalin /əˈdrenəlɪn/ *s* adrenalina

adrift /əˈdrɪft/ *adj* à deriva

⚷ **adult** /ˈædʌlt; əˈdʌlt/ *adjetivo, substantivo*
▸ *adj* adulto, maior (de idade)
▸ *s* adulto, -a

adultery /əˈdʌltəri/ *s* adultério

adulthood /ˈædʌlthʊd; əˈdʌlthʊd/ *s* idade adulta

⚷ **advance** /ədˈvæns; *GB* ədˈvɑːns/ *substantivo, adjetivo, verbo*
▸ *s* **1** avanço **2** (*pagamento*) adiantamento LOC **in advance 1** de antemão **2** com antecedência **3** adiantado
▸ *adj* antecipado: *advance warning* aviso prévio
▸ *v* **1** *vi* avançar **2** *vt* adiantar

⚷ **advanced** /ədˈvænst; *GB* ədˈvɑːnst/ *adj* avançado

⚷ **advantage** /ədˈvæntɪdʒ; *GB* ədˈvɑːn-/ *s* **1** vantagem **2** benefício LOC **take advantage of sth** aproveitar-se de algo ♦ **take advantage of sth/sb** abusar de algo/alguém **advantageous** /ˌædvənˈteɪdʒəs/ *adj* vantajoso

advent /ˈædvent/ *s* **1** advento, vinda **2 Advent** (*Relig*) Advento

⚷ **adventure** /ədˈventʃər/ *s* aventura **adventurer** *s* aventureiro, -a **adventurous** *adj* **1** aventureiro **2** arriscado **3** ousado

adverb /ˈædvɜːrb/ *s* advérbio

adversary /ˈædvərseri; GB -səri/ *s* (*pl* **adversaries**) (*formal*) adversário, -a

adverse /ˈædvɜːrs/ *adj* **1** adverso **2** (*crítica*) negativo **adversely** *adv* negativamente

adversity /ədˈvɜːrsəti/ *s* (*pl* **adversities**) (*formal*) adversidade

⚷ **advertise** /ˈædvərtaɪz/ **1** *vt* anunciar **2** *vi* fazer propaganda **3** *vi* ~ **for sb/sth** procurar alguém/algo por anúncio

⚷ **advertisement** /ˌædvərˈtaɪzmənt; GB ədˈvɜːtɪsmənt/ (*GB tb* **advert** /ˈædvɜːrt/) *s* ~ **(for sth)** anúncio (de algo)

advertiser /ˈædvərtaɪzər/ *s* publicitário, -a; anunciante

⚷ **advertising** /ˈædvərtaɪzɪŋ/ *s* [*não contável*] **1** publicidade: *advertising campaign* campanha publicitária **2** anúncios

advertorial /ˌædvərˈtɔːriəl/ *s* anúncio publicitário em forma de artigo

⚷ **advice** /ədˈvaɪs/ *s* [*não contável*] conselho: *a piece of advice* um conselho ◇ *I asked for her advice.* Pedi-lhe conselho. ◇ *to seek/take legal advice* procurar/consultar um advogado ➲ *Ver nota em* CONSELHO

advisable /ədˈvaɪzəbl/ *adj* aconselhável

⚷ **advise** /ədˈvaɪz/ *vt, vi* **1** aconselhar, recomendar: *to advise sb to do sth/against doing sth* aconselhar/desaconselhar alguém a fazer algo ◇ *You would be well advised to...* Seria aconselhável... **2** assessorar **adviser** (*tb* **advisor**) *s* conselheiro, -a; assessor, -ora **advisory** /ədˈvaɪzəri/ *adj* consultivo

advocacy /ˈædvəkəsi/ *s* (*formal*) **1** ~ **of sth** apoio a algo; defesa de algo **2** advocacia

advocate *verbo, substantivo*
▸ *vt* /ˈædvəkeɪt/ (*formal*) apoiar: *I advocate a policy of reform.* Eu defendo uma política de reforma.
▸ *s* /ˈædvəkət/ **1** ~ **(of sth)** defensor, -ora (de algo) **2** (*Jur*) advogado, -a

aerial /ˈeriəl/ *substantivo, adjetivo*
▸ *s* (*GB*) (*USA* **antenna**) antena
▸ *adj* aéreo

aerobics /eˈroʊbɪks/ *s* [*não contável*] aeróbica

aerodynamic /ˌeroʊdaɪˈnæmɪk/ *adj* aerodinâmico

aeroplane /ˈerəpleɪn/ *s* (*GB*) (*USA* **airplane**) avião

aerosol /ˈerəsɔːl; GB -sɒl/ *s* aerossol

aesthetic (*USA tb* **esthetic**) /esˈθetɪk; GB iːsˈ-/ *adj* estético

AFAIK *abrev de* **as far as I know** (*coloq*) (*esp mensagens de texto, etc.*) pelo que eu sei

⚷ **affair** /əˈfer/ *s* **1** assunto: *current affairs* assuntos de atualidade ◇ *Department of Foreign Affairs* Ministério das Relações Exteriores ◇ *the Car Wash affair* o caso Lava Jato **2** acontecimento **3** caso (amoroso): *to have an affair with sb* ter um caso com alguém LOC *Ver* STATE

⚷ **affect** /əˈfekt/ *vt* **1** afetar, influir em **2** comover, emocionar

⚷ **affection** /əˈfekʃn/ *s* afeto **affectionate** /əˈfekʃənət/ *adj* ~ **(toward sb/sth)** afetuoso (com alguém/algo)

affinity /əˈfɪnəti/ *s* (*pl* **affinities**) (*formal*) afinidade

affirm /əˈfɜːrm/ *vt* (*formal*) afirmar, sustentar (*um ponto de vista*)

affirmative /əˈfɜːrmətɪv/ *adjetivo, substantivo*
▸ *adj* (*formal*) afirmativo
▸ *s* (*formal*): *She answered in the affirmative.* Ela concordou.

afˌfirmative ˈaction *s* ação afirmativa

afflict /əˈflɪkt/ *vt* (*formal*) afligir: *to be afflicted with sth* sofrer de algo

affluent /ˈæfluənt/ *adj* rico, opulento **affluence** *s* riqueza, opulência

⚷ **afford** /əˈfɔːrd/ *vt* **1** permitir-se (o luxo de) ❶ **Afford** em geral é usado com **can** ou **could**: *Can you afford it?* Você pode dar-se ao luxo disso? **2** (*formal*) proporcionar **affordable** *adj* acessível

afield /əˈfiːld/ *adv* LOC **far/further afield** afastado: *from as far afield as China* de lugares tão distantes como a China

afloat /əˈfloʊt/ *adj* **1** à tona **2** a bordo **3** (*Com*): *She fought to keep her business afloat.* Ela lutou muito para manter seu negócio funcionando.

⚷ **afraid** /əˈfreɪd/ *adj* **1 be ~ (of sb/sth/doing sth)** ter medo (de alguém/algo/fazer algo) **2 be ~ to do sth** ter medo de fazer algo **3 be ~ for sb/sth** temer por alguém/algo LOC **I'm afraid (that...)** Acho que..., Sinto muito, mas...: *I'm afraid so/not.* Temo que sim/não.

afresh /əˈfreʃ/ *adv* (*formal*) de novo

African /ˈæfrɪkən/ *adj, s* africano, -a

ˌAfrican AˈmerIcan *adj, s* afroamericano, -a

African American se refere à população de origem africana nos Estados Unidos. Na Grã-Bretanha diz-se

Afro-Caribbean, ou também **black**. A palavra **black** pode ser ofensiva nos Estados Unidos.

Afrikaans /ˌæfrɪˈkɑːns/ *s (idioma)* africâner

after /ˈæftər; GB ˈɑːf-/ *preposição, advérbio, conjunção*
▸ *prep* **1** depois de: *after doing your homework* depois de fazer a tarefa de casa ◇ *after lunch* depois do almoço ◇ *the day after tomorrow* depois de amanhã ◇ *It's a quarter after six.* São seis e quinze. **2** após, atrás: *time after time* repetidas vezes **3** *(busca)*: *They're after me.* Eles estão atrás de mim. ◇ *What are you after?* O que você está procurando? ◇ *She's after a job in advertising.* Ela está procurando um emprego em publicidade. **4**: *We named him after you.* Nós lhe pusemos seu nome. LOC **after all** depois de tudo, afinal (de contas)
▸ *adv* **1** depois: *soon after* logo depois ◇ *the day after* o dia seguinte **2** atrás: *She came running after.* Ela veio correndo atrás.
▸ *conj* depois de/que

aftermath /ˈæftərmæθ; GB ˈɑːf-/ *s [ger sing]* consequências: *in the aftermath of the war* no período subsequente à guerra

afternoon /ˌæftərˈnuːn; GB ˌɑːf-/ *s* tarde: *tomorrow afternoon* amanhã de tarde LOC **good afternoon** boa tarde ➲ *Ver notas em* MORNING, TARDE[1]

aftershave /ˈæftərʃeɪv; GB ˈɑːf-/ *s* loção pós-barba

aftersun /ˈæftərsʌn; GB ˈɑːf-/ *adj, s* (loção) pós-sol

afterthought /ˈæftərθɔːt; GB ˈɑːf-/ *s* ocorrência/reflexão tardia: *As an afterthought...* Pensando melhor...

afterward /ˈæftərwərd; GB ˈɑːf-/ *(tb* **afterwards**) *adv* depois, mais tarde: *shortly/soon afterward* logo depois

again /əˈgen; əˈgeɪn/ *adv* outra vez, novamente: *once again* mais uma vez ◇ *never again* nunca mais ◇ *Don't do it again.* Não faça mais isto. LOC **again and again** repetidamente ◆ **then/there again** por outro lado *Ver tb* NOW, OVER, TIME, YET

against /əˈgenst; əˈgeɪnst/ *prep* contra: *We were rowing against the current.* Nós estávamos remando contra a corrente. ◇ *Put the piano against the wall.* Ponha o piano encostado à parede. ◇ *The mountains stood out against the blue sky.* As montanhas sobressaíam-se contra o céu azul. ◇ *I'm against it.* Sou contra isso. ❶ Para o uso de **against** em PHRASAL VERBS, ver os verbetes dos verbos correspondentes, p.ex. **go against sb** em GO.

age /eɪdʒ/ *substantivo, verbo*
▸ *s* **1** idade: *to be six years of age* ter seis anos (de idade) ◇ *age group* faixa etária **2** velhice: *It improves with age.* Melhora com o tempo/a idade. **3** época, era **4 ages** *[pl] (coloq)* uma eternidade: *It's ages since I saw her.* Faz um tempão que não a vejo. LOC **age of consent** idade de consentimento ◆ **come of age** atingir a maioridade ◆ **under age** muito jovem, menor (de idade) *Ver tb* LOOK
▸ *vt, vi (part pres* **aging** *(GB tb* **ageing**)*; pt, pp* **aged** /eɪdʒd/*)* envelhecer

aged *adjetivo, substantivo*
▸ *adj* **1** /eɪdʒd/: *He died aged 81.* Ele morreu aos 81 anos (de idade). **2** /ˈeɪdʒɪd/ *(formal)* idoso, velho
▸ *s* /ˈeɪdʒɪd/ **the aged** *[pl]* os idosos

ageism /ˈeɪdʒɪzəm/ *s* discriminação devido à idade **ageist** *adj* que discrimina os idosos

agency /ˈeɪdʒənsi/ *s (pl* **agencies**) agência, organização

agenda /əˈdʒendə/ *s* pauta, ordem do dia ❶ A palavra *agenda* traduz-se como **datebook** ou **diary** (*GB*).

agent /ˈeɪdʒənt/ *s* agente, representante

aggravate /ˈægrəveɪt/ *vt* **1** agravar **2** *(coloq)* irritar **aggravating** *adj* irritante **aggravation** *s* **1** agravamento **2** *(coloq)* irritação, incômodo

aggression /əˈgreʃn/ *s [não contável]* agressão, agressividade

aggressive /əˈgresɪv/ *adj* agressivo

agile /ˈædʒl; GB -dʒaɪl/ *adj* ágil **agility** /əˈdʒɪləti/ *s* agilidade

aging *(GB tb* **ageing**) /ˈeɪdʒɪŋ/ *adjetivo, substantivo*
▸ *adj* **1** envelhecido **2** não tão jovem
▸ *s* envelhecimento

agitated /ˈædʒɪteɪtɪd/ *adj* agitado: *to get agitated* agitar-se **agitation** *s* **1** agitação, perturbação **2** *(Pol)* agitação

agnostic /ægˈnɑːstɪk/ *adj, s* agnóstico, -a

ago /əˈgoʊ/ *adv* atrás: *ten years ago* dez anos atrás ◇ *How long ago did she die?* Há quanto tempo ela morreu? ◇ *as long ago as 1950* já em 1950

Ago é utilizado com o *past simple* e o *past continuous*, mas nunca com o *present perfect*: *She arrived a few minutes ago.* Ela chegou alguns minutos atrás.

Com o *past perfect* se utiliza **before** ou **earlier**: *She had arrived two days before.* Ela havia chegado dois dias atrás.

agonize (*GB tb* **-ise**) /ˈægənaɪz/ *vi* ~ **(over/about sth)** atormentar-se (por/com algo) **agonizing** (*GB tb* **-ising**) *adj* **1** angustiante, agonizante **2** (*dor*) horroroso

agony /ˈægəni/ *s* (*pl* **agonies**) **1** agonia: *to be in agony* sofrer dores horrorosas/estar agonizante **2** (*coloq*): *It was agony!* Foi uma agonia!

ˈ**agony aunt** *s* (*GB*) conselheira sentimental (*numa revista, etc.*)

⚷ **agree** /əˈgriː/ **1** *vi* ~ **(with sb) (about/on sth)** estar de acordo, concordar (com alguém) (sobre algo): *They agreed with me on all the major points.* Eles concordaram comigo em todos os pontos principais. **2** *vi* ~ **(to sth)** consentir (em algo); concordar (com algo): *He agreed to let me go.* Ele concordou em me deixar ir. **3** *vt, vi* chegar a um acordo: *It was agreed that...* Concordou-se que... **4** *vi* concordar **5** *vt* (*relatório, etc.*) aprovar PHR V **not agree with sb** não fazer bem a alguém (*comida, clima*): *The climate doesn't agree with me.* O clima não me faz bem. **agreeable** *adj* (*formal*) **1** agradável **2** ~ **(to sth)** de acordo (com algo): *They are agreeable to our proposal.* Eles estão de acordo com a nossa proposta.

⚷ **agreement** /əˈgriːmənt/ *s* **1** conformidade, acordo **2** convênio, acordo **3** (*Com*) contrato LOC **in agreement with sth/sb** de acordo com algo/alguém

agribusiness /ˈægrɪbɪznəs/ *s* agronegócio

agriculture /ˈægrɪkʌltʃər/ *s* agricultura **agricultural** /ˌægrɪˈkʌltʃərəl/ *adj* agrícola

agritourism /ˈægrɪtʊrɪzəm/ *s* agroturismo

ah /ɑː/ *interj* oh!

aha /ɑːˈhɑː/ *interj* ahá!

⚷ **ahead** /əˈhed/ *adv* ❶ Para o uso de **ahead** em PHRASAL VERBS, ver os verbetes dos verbos correspondentes, p.ex. **press ahead** em PRESS. **1** adiante: *She looked (straight) ahead.* Ela olhou para frente. **2** próximo: *during the months ahead* durante os próximos meses **3** adiante, à frente: *the road ahead* a estrada adiante LOC **be ahead** estar na frente, levar vantagem

aˈ**head of** *prep* **1** na frente de: *directly ahead of us* bem na nossa frente **2** antes de: *We're a month ahead of schedule.* Estamos um mês adiantados em relação à programação. LOC **be/get ahead of sb/sth** estar/ficar na frente de alguém/algo

⚷ **aid** /eɪd/ *substantivo, verbo*
▸ *s* **1** ajuda **2** (*formal*) auxílio: *to come/go to sb's aid* vir/ir em auxílio de alguém **3** apoio LOC **in aid of sth/sb** (*GB*) em apoio a algo/alguém
▸ *vt* (*formal*) ajudar, facilitar

AIDS (*GB tb* **Aids**) /eɪdz/ *s* (*abrev de* **acquired immune deficiency syndrome**) AIDS

ailment /ˈeɪlmənt/ *s* indisposição, doença

⚷ **aim** /eɪm/ *verbo, substantivo*
▸ *v* **1** *vt, vi* ~ **(sth) (at sb/sth)** (*arma*) apontar (algo) (para alguém/algo) **2** *vt* ~ **sth at sb/sth** dirigir algo contra alguém/algo: *The course is aimed at young people.* O curso é voltado para os jovens. ◇ *She aimed a blow at his head.* Ela visou a cabeça dele para dar uma pancada. **3** *vi* ~ **at/for sth**; ~ **at doing sth** aspirar a algo; aspirar a fazer algo **4** *vi* ~ **to do sth** ter a intenção de fazer algo
▸ *s* **1** objetivo, propósito **2** pontaria LOC **take aim** apontar

aimless /ˈeɪmləs/ *adj* sem objetivo, sem propósito **aimlessly** *adv* sem rumo

ain't /eɪnt/ (*coloq*) **1** = AM/IS/ARE NOT *Ver* BE **2** = HAS/HAVE NOT *Ver* HAVE ❶ Essa forma não é considerada gramaticalmente correta.

⚷ **air** /er/ *substantivo, verbo*
▸ *s* ar: *air pollution* poluição atmosférica LOC **be on/off (the) air** (*TV, Rádio*) estar no ar/fora do ar ◆ **by air** de avião, por via aérea ◆ **give yourself/put on airs** dar-se ares (de superioridade) ◆ **in the air**: *There's something in the air.* Há algo no ar. ◆ **up in the air**: *The plan is still up in the air.* O plano ainda está no ar. *Ver tb* BREATH, CLEAR, OPEN, THIN
▸ *vt* **1** ventilar **2** (*roupa*) arejar **3** (*queixa, reclamação*) manifestar

airbase /ˈerbeɪs/ *s* base aérea

ˈ**air conditioned** *adj* com ar-condicionado ˈ**air conditioning** (*tb* ˈ**air con**) *s* ar-condicionado

⚷ **aircraft** /ˈerkræft; *GB* -krɑːft/ *s* (*pl* **aircraft**) avião, aeronave

airfare /ˈerfer/ *s* tarifa aérea

airfield /ˈerfiːld/ *s* aeródromo, campo de pouso

ˈ**air force** *s* força aérea

air freshener /ˈer freʃnər/ *s* desodorizador de ar

airhead /ˈerhed/ *s* (*coloq, pej*) idiota

A

ˈ**air hostess** *s* (*GB, antiq*) aeromoça

airline /ˈerlaɪn/ *s* companhia aérea **airliner** *s* avião de passageiros

airmail /ˈermeɪl/ *s* correio aéreo: *by airmail* por via aérea

airplane /ˈerpleɪn/ (*GB* **aeroplane**) *s* avião

⚷ **airport** /ˈerpɔːrt/ *s* aeroporto

ˈ**air raid** *s* ataque aéreo

airtight /ˈertaɪt/ *adj* hermético

airtime /ˈertaɪm/ *s* [*não contável*] **1** (*TV, Rádio*) tempo de mídia **2** franquia (*no celular*)

aisle /aɪl/ *s* passagem, corredor

akin /əˈkɪn/ *adj* ~ **to sth** (*formal*) semelhante a algo

⚷ **alarm** /əˈlɑːrm/ *substantivo, verbo*
▸ *s* **1** alarme: *to raise/sound the alarm* dar o alarme ◇ *a false alarm* um alarme falso **2** (*tb* **aˈlarm clock**) (relógio) despertador ➲ *Ver ilustração em* RELÓGIO **3** campainha de alarme
▸ *vt* alarmar

⚷ **alarmed** /əˈlɑːrmd/ *adj* ~ **(at/by sth)** alarmado (diante de/com algo): *to be/become/get alarmed* alarmar-se

⚷ **alarming** /əˈlɑːrmɪŋ/ *adj* alarmante

alas /əˈlæs/ *interj* (*antiq*) ai!, que desgraça!

albeit /ˌɔːlˈbiːɪt/ *conj* (*formal*) embora

album /ˈælbəm/ *s* álbum

⚷ **alcohol** /ˈælkəhɔːl; *GB* -hɒl/ *s* álcool: *alcohol-free* sem álcool

⚷ **alcoholic** /ˌælkəˈhɔːlɪk; *GB* -ˈhɒlɪk/ *adjetivo, substantivo*
▸ *adj* alcoólico
▸ *s* alcoólatra

alcoholism /ˈælkəhɔːlɪzəm; *GB* -hɒlɪ-/ *s* alcoolismo

ale /eɪl/ *s* cerveja

alert /əˈlɜːrt/ *adjetivo, substantivo, verbo*
▸ *adj* ~ **(to sth)** alerta (quanto a algo/para algo)
▸ *s* alerta: *bomb alert* alerta de bomba ◇ *to be on the alert* estar alerta
▸ *vt* ~ **sb (to sth)** alertar alguém (de algo)

A level *s* (*abrev de* **advanced level**) (*GB*)

> Os **A levels** são provas feitas pelos estudantes britânicos de dezessete ou dezoito anos que querem ingressar em uma universidade. Seria o equivalente ao vestibular no Brasil.

algae /ˈældʒiː; ˈælgiː/ *s* [*não contável, pl*] algas

algebra /ˈældʒɪbrə/ *s* álgebra

alibi /ˈæləbaɪ/ *s* (*pl* **alibis**) álibi

alien /ˈeɪliən/ *adjetivo, substantivo*
▸ *adj* **1** estranho **2** estrangeiro **3** ~ **to sb/sth** (*pej*) alheio a alguém/algo
▸ *s* **1** (*formal*) estrangeiro, -a **2** extraterrestre **alienate** *vt* alienar: *to feel alienated from sth* sentir-se isolado de algo **alienation** *s* alienação

alight /əˈlaɪt/ *adj* [*nunca antes do substantivo*]: *to be alight* estar em chamas ◇ *to set sth alight* fazer algo pegar fogo

align /əˈlaɪn/ **1** *vt, vi* ~ **(sth) (with sth)** alinhar algo, alinhar-se (com algo) **2** *vt* ~ **yourself with sb/sth** (*Pol*) aliar-se a alguém/algo

alike /əˈlaɪk/ *adjetivo, advérbio*
▸ *adj* [*nunca antes do substantivo*] **1** parecido: *to be/look alike* parecer-se **2** igual: *No two are alike.* Não há dois iguais.
▸ *adv* igualmente, do mesmo modo: *It appeals to young and old alike.* Atrai tanto a velhos quanto a jovens. LOC *Ver* GREAT

alimony /ˈælɪmoʊni; *GB* -məni/ *s* [*não contável*] pensão alimentícia (*para cônjuge separado*)

⚷ **alive** /əˈlaɪv/ *adj* [*nunca antes do substantivo*] **1** vivo, com vida **2** do mundo: *He's the best player alive.* Ele é o melhor jogador do mundo. ➲ *Comparar com* LIVING
LOC **alive and kicking** mais vivo do que nunca ◆ **keep sth alive 1** (*tradição*) conservar algo **2** (*recordação*) manter algo vivo na mente ◆ **keep yourself/stay alive** sobreviver

alkali /ˈælkəlaɪ/ *s* álcali **alkaline** *adj* alcalino

⚷ **all** /ɔːl/ *adjetivo, pronome, advérbio*
▸ *adj* **1** todo: *all four of us* nós quatro **2**: *He denied all knowledge of the crime.* Ele negou qualquer conhecimento do crime. LOC **not all that...** não tão... assim: *He doesn't sing all that well.* Ele não canta tão bem assim. ◆ **not as... as all that**: *They're not as rich as all that.* Eles não são tão ricos assim. ◆ **on all fours** de quatro *Ver tb* FOR
▸ *pron* tudo, todos: *I ate all of it.* Eu comi tudo. ◇ *All I want is...* Tudo o que quero é... ◇ *All of us liked it.* Todos nós gostamos. ◇ *Are you all going?* Vocês todos vão? LOC **all in all** no geral ◆ **at all**: *if it's at all possible* se houver a menor possibilidade ◆ **in all** no total ◆ **not at all 1** não, em absoluto **2** (*resposta*) de nada
▸ *adv* **1** totalmente: *all in white* todo de branco ◇ *all alone* completamente só **2** muito: *all excited* todo emocionado **3** (*Esporte*): *The score is two all.* Estão empatados em dois a dois. LOC **all along** o tempo todo ◆ **all but** quase: *It was all but impossible.* Foi quase

impossível. ◆ **all over 1** por toda parte **2**: *That's her all over.* Isso é típico dela. ◆ **all the better** tanto melhor ◆ **all the more** tanto mais, ainda mais ◆ **all too** demasiado: *I'm all too aware of the problems.* Conheço os problemas até demais. ◆ **be all for sth** estar/ser totalmente a favor de algo

ˌall-aˈround (*GB* **all-round**) *adj* [*antes do substantivo*] **1** geral **2** (*pessoa*) versátil

allegation /ˌæləˈgeɪʃn/ *s* alegação, denúncia (*sem provas*)

allege /əˈledʒ/ *vt* (*formal*) alegar **alleged** *adj* (*formal*) suposto **allegedly** /əˈledʒɪdli/ *adv* supostamente

allegiance /əˈliːdʒəns/ *s* lealdade

allergic /əˈlɜːrdʒɪk/ *adj* ~ **(to sth)** alérgico (a algo)

allergy /ˈælərdʒi/ *s* (*pl* **allergies**) alergia

alleviate /əˈliːvieɪt/ *vt* aliviar **alleviation** *s* alívio

alley /ˈæli/ *s* (*pl* **alleys**) (*tb* **alleyway** /ˈæliweɪ/) viela, passagem, beco LOC **(right) up your alley** (*GB* **(right) up your street**) (*coloq*): *This job seems right up your alley.* Este trabalho parece perfeito para você.

alliance /əˈlaɪəns/ *s* aliança

⚷ **allied** /ˈælaɪd/ *adj* **1** (*Pol*) aliado **2** ~ **(to/with sth)** (*formal*) relacionado (com algo) ❶ Neste sentido também se pronuncia /əˈlaɪd/.

allies *Ver* ALLY

alligator /ˈælɪgeɪtər/ *s* aligátor, jacaré

ˌall-inˈclusive *adj* (*viagem, etc.*) com tudo incluído

allocate /ˈæləkeɪt/ *vt* alocar **allocation** *s* distribuição

allot /əˈlɑːt/ *vt* (-tt-) ~ **sth (to sb/sth)** designar algo (a alguém/algo)

allotment /əˈlɑːtmənt/ *s* **1** distribuição **2** parcela **3** (*GB*) (*horta*) lote

ˌall-ˈout *adjetivo, advérbio*

▸ *adj* [*antes do substantivo*] total

▸ **ˌall ˈout** *adv* LOC **go all out** fazer/tentar todo o possível

⚷ **allow** /əˈlaʊ/ *vt* **1** ~ **sb/sth to do sth** permitir a alguém/algo que faça algo: *They don't allow me to stay out late.* Não posso ficar fora de casa até tarde. ◇ *Dogs are not allowed.* É proibida a entrada de cães.

Utiliza-se **allow** tanto no inglês formal quanto no coloquial, e a forma passiva **be allowed** é muito comum. **Permit** é uma palavra muito formal, sendo utilizada principalmente em linguagem escrita. **Let** é informal, e muito utilizada no inglês falado.

2 conceder **3** reservar, calcular: *I'd allow an hour to get there.* Eu calcularia uma hora para chegar lá. **4** (*formal*) admitir PHR V **allow for sth** levar algo em conta **allowable** *adj* admissível, permitido

allowance /əˈlaʊəns/ *s* **1** limite permitido **2** ajuda de custo, mesada: *travel allowance* auxílio-viagem LOC **make allowances (for sb)** fazer concessão a alguém ◆ **make allowance(s) for sth** levar algo em consideração

alloy /ˈælɔɪ/ *s* (*Quím*) liga

⚷ **all ˈright** (*tb* **alright**) *adjetivo, advérbio, interjeição*

▸ *adj, adv* (*coloq*) **1** bem: *Did you get here all right?* Foi fácil para você chegar até aqui? **2** (*adequado*): *The food was all right.* A comida não estava má. **3** (*uso enfático*): *That's him all right.* Tenho certeza de que é ele.

▸ *interj* (*coloq*) de acordo

ˌall-ˈround (*GB*) = ALL-AROUND

ˌall-ˈrounder *s* (*GB*) pau para toda obra

ˈall-time *adj* [*antes do substantivo*] de todos os tempos

⚷ **ally** *verbo, substantivo*

▸ *vt, vi* /əˈlaɪ/ (*pt, pp* **allied**) ~ **(yourself) with sb/sth** aliar-se a alguém/algo

▸ *s* /ˈælaɪ/ (*pl* **allies**) aliado, -a

almighty /ɔːlˈmaɪti/ *adj* **1** todo-poderoso **2** [*antes do substantivo*] (*coloq*) muito forte: *I heard the most almighty crash.* Eu ouvi um barulho muito forte.

almond /ˈɑːmənd/ *s* **1** amêndoa **2** (*tb* ˈ**almond tree**) amendoeira

⚷ **almost** /ˈɔːlmoʊst/ *adv* quase ➲ *Ver nota em* QUASE

⚷ **alone** /əˈloʊn/ *adj, adv* **1** só: *Are you alone?* Você está sozinha?

Note que **alone** não é utilizado antes de substantivo e é uma palavra neutra, ao passo que **lonely** pode ser utilizado antes do substantivo e sempre tem conotações negativas: *I want to be alone.* Quero ficar sozinho. ◇ *She was feeling very lonely.* Ela estava se sentindo muito só. ◇ *a lonely house* uma casa solitária.

2 somente: *You alone can help me.* Somente você pode ajudar-me. LOC **leave/let sb/sth alone** deixar alguém/algo em paz *Ver tb* LET

⚷ **along** /əˈlɔːŋ; *GB* əˈlɒŋ/ *preposição, advérbio* ❶ Para o uso de **along** em PHRASAL VERBS, ver os verbetes dos verbos correspondentes, p.ex. **get along** em GET.

▸ *prep* por, ao longo de: *a walk along the beach* uma caminhada ao longo da praia
▸ *adv* ❶ É comum utilizar-se **along** com verbos de movimento em tempo contínuo quando não se menciona o destino do movimento. Geralmente não é traduzido para o português: *I was driving along.* Eu estava dirigindo. ◇ *Bring some friends along (with you).* Traga alguns amigos com você. LOC **along with sb/sth** junto com alguém/algo ◆ **come along!** venha!

alongside /əˌlɔːŋˈsaɪd; *GB* əˌlɒŋ-/ *prep, adv* junto a, ao lado/longo de: *A car drew up alongside.* Um carro parou ao nosso lado.

aloud /əˈlaʊd/ *adv* **1** em voz alta **2** (bem) alto

alphabet /ˈælfəbet/ *s* alfabeto

alphabetical /ˌælfəˈbetɪkl/ *adj* alfabético: *in alphabetical order* por/em ordem alfabética

already /ɔːlˈredi/ *adv* já: *We got there at 6:30 but Martin had already left.* Chegamos às 6.30, mas Martin já tinha ido embora. ◇ *Have you already eaten?* Você já comeu? ◇ *Surely you aren't going already!* Você não está indo assim tão cedo! ➲ *Ver nota em* YET

alright = ALL RIGHT

also /ˈɔːlsoʊ/ *adv* também, além disso: *I've also met her parents.* Eu também conheci os pais dela. ◇ *She was also very rich.* Além disso, ela era muito rica. ➲ *Ver nota em* TAMBÉM

altar /ˈɔːltər/ *s* altar

alter /ˈɔːltər/ **1** *vt, vi* alterar(-se) **2** *vt* (*roupa*) ajustar: *The skirt needs altering.* A saia precisa de ajustes. **alteration** *s* **1** alteração **2** (*roupa*) ajuste

alternate *adjetivo, verbo*
▸ *adj* /ˈɔːltərnət; *GB* ɔːlˈtɜːnət/ alternado
▸ *vt, vi* /ˈɔːltərneɪt/ alternar(-se)

alternative /ɔːlˈtɜːrnətɪv/ *substantivo, adjetivo*
▸ *s* alternativa, opção: *She had no alternative but to leave.* Ela não teve alternativa senão ir embora.
▸ *adj* alternativo

alternatively /ɔːlˈtɜːrnətɪvli/ *adv* ou então

although (*USA, coloq* **altho**) /ɔːlˈðoʊ/ *conj* embora

altitude /ˈæltɪtuːd; *GB* -tjuːd/ *s* altitude

altogether /ˌɔːltəˈgeðər/ *adv* **1** completamente: *I don't altogether agree.* Eu não concordo totalmente. **2** no total **3**: *Altogether, it was disappointing.* No geral, foi decepcionante.

aluminum /əˈluːmɪnəm/ (*GB* **aluminium** /ˌæljəˈmɪniəm/) *s* alumínio: *aluminum foil* papel-alumínio

always /ˈɔːlweɪz/ *adv* sempre LOC **as always** como sempre

> A posição dos advérbios de frequência **always, never, ever, usually,** etc. depende do verbo que os acompanha. Ou seja, vão depois de verbos auxiliares e modais e diante dos demais verbos: *I have never visited her.* Eu nunca a visitei. ◇ *I am always tired.* Estou sempre cansado. ◇ *I usually go shopping on Mondays.* Eu geralmente faço compras às segundas-feiras.

am /əm; æm/ *Ver* BE

a.m. (*tb* **A.M.**) /ˌeɪ ˈem/ *abrev* da manhã: *at 1 a.m.* à uma da manhã ➲ *Ver nota em* P.M.

amalgam /əˈmælgəm/ *s* amálgama

amalgamate /əˈmælgəmeɪt/ *vt, vi* amalgamar(-se), fundir(-se)

amateur /ˈæmətər; -tʃər/ *adj, s* amador, -ora

amaze /əˈmeɪz/ *vt* assombrar

amazed /əˈmeɪzd/ *adj* **1** admirado, assombrado: *to be amazed at/by sth* estar/ficar admirado com algo **2** (*cara*) de assombro

amazement /əˈmeɪzmənt/ *s* assombro

amazing /əˈmeɪzɪŋ/ *adj* assombroso

ambassador /æmˈbæsədər/ *s* embaixador, -ora

amber /ˈæmbər/ *adj, s* âmbar

ambiguity /ˌæmbɪˈgjuːəti/ *s* (*pl* **ambiguities**) ambiguidade

ambiguous /æmˈbɪgjuəs/ *adj* ambíguo

ambition /æmˈbɪʃn/ *s* ambição

ambitious /æmˈbɪʃəs/ *adj* ambicioso

ambulance /ˈæmbjələns/ *s* ambulância

ambush /ˈæmbʊʃ/ *s* emboscada

amen (*tb* **Amen**) /ɑːˈmen; eɪˈ-/ *interj, s* amém

amend /əˈmend/ *vt* emendar, corrigir **amendment** *s* emenda

amends /əˈmendz/ *s* [*pl*] LOC **make amends (to sb) (for sth)** compensar (alguém) (por algo)

amenity /əˈmenəti; *GB* əˈmiːnə-/ *s* (*pl* **amenities**) [*ger pl*] **1** comodidade **2** instalação (*pública*)

amiable /ˈeɪmiəbl/ *adj* amigável, amável

amicable /ˈæmɪkəbl/ *adj* amistoso

amid /əˈmɪd/ (*tb* **amidst** /əˈmɪdst/) *prep* (*formal*) entre, em meio de/a: *amid all the confusion* em meio a toda a confusão

ammunition /ˌæmjuˈnɪʃn/ *s* [*não contável*] **1** munição **2** (*fig*) argumentos (*para discutir*)

amnesty /ˈæmnəsti/ *s* (*pl* **amnesties**) anistia

⚷ **among** /əˈmʌŋ/ (*tb* **amongst** /əˈmʌŋst/) *prep* entre (*mais de duas coisas ou pessoas*): *I was among the last to leave.* Fui dos últimos a sair. ➲ *Ver ilustração em* ENTRE

⚷ **amount** /əˈmaʊnt/ *substantivo, verbo*
▸ *s* **1** quantidade **2** (*fatura*) total **3** (*dinheiro*) soma LOC **any amount (of sth)** uma grande quantidade (de algo): *any amount of money* todo o dinheiro necessário
▸ *v* PHR V **amount to sth 1** chegar a algo: *The cost amounted to $250.* O custo chegou a 250 dólares. ◇ *Our information doesn't amount to much.* Não temos muitas informações. **2** equivaler a algo

amp /æmp/ *s* **1** ampere **2** (*coloq*) amplificador

amphibian /æmˈfɪbiən/ *s* anfíbio

amphitheater (*GB* **amphitheatre**) /ˈæmfɪθiːətər; *GB* -θɪətə(r)/ *s* anfiteatro

ample /ˈæmpl/ *adj* **1** abundante **2** (*suficiente*) bastante **3** (*extenso*) amplo **amply** /ˈæmpli/ *adv* amplamente

amplify /ˈæmplɪfaɪ/ *vt* (*pt, pp* **-fied**) **1** amplificar **2** (*formal*) (*relato, etc.*) aumentar **amplifier** *s* amplificador

amputate /ˈæmpjuteɪt/ *vt* amputar

⚷ **amuse** /əˈmjuːz/ *vt* **1** entreter **2** distrair, divertir **amusement** *s* **1** diversão, distração: *His eyes twinkled with amusement.* Os olhos dele cintilaram de prazer. **2** atração: *amusement park/arcade* parque de diversões/salão de fliperama

⚷ **amusing** /əˈmjuːzɪŋ/ *adj* divertido, engraçado

an *Ver* A

anaemia (*GB*) = ANEMIA

anaesthetic (*GB*) = ANESTHETIC

analogy /əˈnælədʒi/ *s* (*pl* **analogies**) analogia: *by analogy with sth* por analogia com algo

analyse (*GB*) = ANALYZE

⚷ **analysis** /əˈnæləsɪs/ *s* (*pl* **analyses** /-siːz/) **1** análise **2** psicanálise LOC **in the final/last analysis** no final das contas

analyst /ˈænəlɪst/ *s* analista

analytical /ˌænəˈlɪtɪkl/ (*tb* **analytic** /ˌænəˈlɪtɪk/) *adj* analítico

⚷ **analyze** (*GB* **analyse**) /ˈænəlaɪz/ *vt* analisar

anarchism /ˈænərkɪzəm/ *s* anarquismo **anarchist** *adj, s* anarquista

anarchy /ˈænərki/ *s* anarquia **anarchic** /əˈnɑːrkɪk/ *adj* anárquico

anatomy /əˈnætəmi/ *s* (*pl* **anatomies**) anatomia

ancestor /ˈænsestər/ *s* antepassado **ancestral** /ænˈsestrəl/ *adj* ancestral: *her ancestral home* a casa de seus antepassados **ancestry** /ˈænsestri/ *s* (*pl* **ancestries**) ascendência

anchor /ˈæŋkər/ *substantivo, verbo*
▸ *s* **1** âncora: *to be at anchor* estar ancorado **2** (*fig*) apoio, suporte **3** (*tb* **anchorman, anchorwoman**) (*TV, Rádio*) âncora LOC **drop/weigh anchor** lançar/levantar âncora
▸ *vt, vi* ancorar

anchovy /ˈæntʃoʊvi; *GB* -tʃəvi/ *s* (*pl* **anchovies**) anchova

⚷ **ancient** /ˈeɪnʃənt/ *adj* **1** antigo **2** (*coloq*) velhíssimo

⚷ **and** /n; ənd; ən; ænd/ *conj* **1** e **2** com: *bread and butter* pão com manteiga **3** (*números*): *one hundred and three* cento e três **4 go, come, try, etc. ~**: *Come and help me.* Venha me ajudar. **5** (*com adjetivos ou advérbios comparativos*): *bigger and bigger* cada vez maior **6** (*repetição*): *They shouted and shouted.* Eles gritaram sem parar. ◇ *I've tried and tried.* Eu tentei várias vezes.

anecdote /ˈænɪkdoʊt/ *s* anedota

anemia (*GB* **anaemia**) /əˈniːmiə/ *s* anemia **anemic** (*GB* **anaemic**) *adj* anêmico

anesthetic (*GB* **anaesthetic**) /ˌænəsˈθetɪk/ *s* anestesia: *to give sb an anesthetic* anestesiar alguém

angel /ˈeɪndʒl/ *s* anjo: *guardian angel* anjo da guarda ◇ *You're an angel!* Você é um anjo!

⚷ **anger** /ˈæŋgər/ *substantivo, verbo*
▸ *s* ira, raiva
▸ *vt* irritar, irar

⚷ **angle** /ˈæŋgl/ *s* **1** ângulo *Ver tb* RIGHT ANGLE **2** ponto de vista LOC **at an angle** inclinado

Anglican /ˈæŋglɪkən/ *adj, s* anglicano, -a (*da igreja estatal da Grã-Bretanha*)

angling /ˈæŋglɪŋ/ *s* pesca (com vara)

⚷ **angrily** /ˈæŋgrəli/ *adv* com raiva

⚷ **angry** /ˈæŋgri/ *adj* (**angrier, -iest**) **~ (with/at sb) (at/about sth)** irado (com alguém); com raiva (de alguém) (por causa de algo) LOC **get angry** irar-se, ficar com raiva ♦ **make sb angry** irritar alguém

anguish /ˈæŋgwɪʃ/ *s (formal)* angústia **anguished** *adj* angustiado

angular /ˈæŋgjələr/ *adj* **1** angular **2** *(feições)* anguloso **3** *(compleição)* ossudo

⚷ **animal** /ˈænɪml/ *s* animal: *animal experiments* experimentos com animais

animate *adjetivo, verbo*
▸ *adj* /ˈænɪmət/ *(formal)* vivo, animado
▸ *vt* /ˈænɪmeɪt/ animar

anime /ˈænɪmeɪ/ *s [não contável]* gênero de animação japonesa

⚷ **ankle** /ˈæŋkl/ *s* tornozelo

⚷ **anniversary** /ˌænɪˈvɜːrsəri/ *s (pl* **anniversaries**) aniversário LOC **diamond/golden/silver anniversary** bodas de diamante/ouro/prata

⚷ **announce** /əˈnaʊns/ *vt* anunciar *(tornar público)* **announcement** *s* aviso, anúncio *(em público)*: *to make an announcement* anunciar algo **announcer** *s (TV, Rádio)* locutor, -ora; apresentador, -ora

⚷ **annoy** /əˈnɔɪ/ *vt* irritar, incomodar **annoyance** *s* irritação, incômodo: *much to our annoyance* para nosso aborrecimento

⚷ **annoyed** /əˈnɔɪd/ *adj* ~ **(with sb) (at/about sth)** irritado, incomodado (com alguém) (por algo): *to get annoyed* irritar-se

⚷ **annoying** /əˈnɔɪɪŋ/ *adj* irritante

⚷ **annual** /ˈænjuəl/ *adj* anual

⚷ **annually** /ˈænjuəli/ *adv* anualmente

anonymity /ˌænəˈnɪməti/ *s* anonimato

anonymous /əˈnɑːnɪməs/ *adj* anônimo

anorak /ˈænəræk/ *s (esp GB)* casaco impermeável com capuz, anoraque

anorexia /ˌænəˈreksiə/ *s* anorexia **anorexic** *adj, s* anoréxico, -a

⚷ **another** /əˈnʌðər/ *adj, pron* (um) outro: *I'll do it another time.* Eu farei isso em uma outra hora. ◇ *one way or another* de uma maneira ou de outra ◇ *another one* mais um ◇ *another five* mais cinco
ℹ O plural do pronome **another** é **others**. *Ver tb* ONE ANOTHER ➲ *Ver nota em* OUTRO

⚷ **answer** /ˈænsər; GB ˈɑːn-/ *substantivo, verbo*
▸ *s* **1** resposta: *I called, but there was no answer.* Eu telefonei, mas ninguém atendeu. **2** solução LOC **have/know all the answers** *(coloq)* saber tudo (sobre um assunto) ♦ **in answer (to sth)** em resposta (a algo)
▸ *v* **1** *vt, vi* responder (a): *to answer the door* atender a porta **2** *vt (acusação)* responder a **3** *vt (pedido)* ouvir PHR V **answer (sb) back** replicar (a alguém) *(com insolência)* ♦ **answer for sb/sth** responder por alguém/algo ♦ **answer to sb (for sth)** responder a alguém (por algo), prestar contas a alguém

ˈ**answering machine** *(GB tb* **answerphone** /ˈænsərfoʊn; GB ˈɑːn-/) *s* secretária eletrônica

ant /ænt/ *s* formiga

antagonism /ænˈtægənɪzəm/ *s* antagonismo **antagonistic** /ænˌtægəˈnɪstɪk/ *adj* hostil

antenna /ænˈtenə/ *s* **1** *(pl* **-nae** /-niː/) *(inseto)* antena **2** *(pl* **antennas**) *(GB* **aerial**) *(TV, Rádio)* antena

anthem /ˈænθəm/ *s* hino: *national anthem* hino nacional

anthology /ænˈθɑːlədʒi/ *s (pl* **anthologies**) antologia

anthropology /ˌænθrəˈpɑːlədʒi/ *s* antropologia **anthropological** /ˌænθrəpəˈlɑːdʒɪkl/ *adj* antropológico **anthropologist** /ˌænθrəˈpɑːlədʒɪst/ *s* antropólogo, -a

antibiotic /ˌæntibaɪˈɑːtɪk/ *adj, s* antibiótico

antibody /ˈæntibɑːdi/ *s (pl* **antibodies**) anticorpo

⚷ **anticipate** /ænˈtɪsɪpeɪt/ *vt* **1** prever: *as anticipated* como previsto ◇ *We anticipate some difficulties.* Nós prevemos algumas dificuldades. **2** antecipar-se a

anticipation /ænˌtɪsɪˈpeɪʃn/ *s* **1** previsão **2** expectativa

anticlimax /ˌæntiˈklaɪmæks/ *s* anticlímax

anticlockwise /ˌæntiˈklɑːkwaɪz/ *adv, adj (GB) (USA* **counterclockwise**) em sentido anti-horário

antics /ˈæntɪks/ *s [pl]* palhaçadas

antidote /ˈæntidoʊt/ *s* ~ **(for/to sth)** antídoto (contra algo)

antiquated /ˈæntɪkweɪtɪd/ *adj* antiquado

antique /ænˈtiːk/ *substantivo, adjetivo*
▸ *s* antiguidade *(objeto)*: *antique shop* loja de antiguidades
▸ *adj* antigo *(ger objetos valiosos)* **antiquity** /ænˈtɪkwəti/ *s (pl* **antiquities**) antiguidade

antithesis /ænˈtɪθəsɪs/ *s (pl* **antitheses** /-siːz/) antítese

antivirus /ˈæntivaɪrəs/ *adj* antivírus: *to install antivirus software* instalar um antivírus

antler /ˈæntlər/ *s* **1** chifre de cervo, rena, alce **2 antlers** *[pl]* galhada

A

anus /ˈeɪnəs/ *s* ânus

anxiety /æŋˈzaɪəti/ *s* (*pl* **anxieties**) **1** ansiedade, preocupação **2 ~ for sth/to do sth** ânsia de algo/fazer algo

anxious /ˈæŋkʃəs/ *adj* **1 ~ (about sth)** preocupado (com algo): *an anxious moment* um momento de preocupação **2 ~ for sth/to do sth** ansioso por algo/para fazer algo

anxiously /ˈæŋkʃəsli/ *adv* ansiosamente

any /ˈeni/ *adjetivo, pronome, advérbio*

▸ *adj, pron* ➲ *Ver nota em* SOME

• **orações interrogativas 1**: *Do you have any cash?* Você tem dinheiro? **2** um pouco (de): *Do you know any French?* Você sabe um pouco de francês? **3** algum: *Are there any problems?* Há algum problema? ℹ Neste sentido, o substantivo só vai para o plural em inglês.

• **orações negativas 4**: *He doesn't have any friends.* Ele não tem amigos. ◇ *There isn't any left.* Não sobrou nada. ➲ *Ver nota em* NENHUM **5** (*uso enfático*): *We won't do you any harm.* Nós não vamos lhe fazer mal algum.

• **orações condicionais 6**: *If I had any relatives...* Se eu tivesse parentes... **7** um pouco de: *If he has any sense, he won't go.* Se ele tiver um mínimo de bom senso, não irá. **8** algum: *If you see any mistakes, tell me.* Se você vir algum erro, diga-me. ℹ Neste sentido, o substantivo só vai para o plural em inglês.

Nas orações condicionais, pode-se empregar a palavra **some** em vez de **any** em muitos casos: *If you need some help, tell me.* Se precisar de ajuda, diga-me.

• **orações afirmativas 9** qualquer: *just like any other boy* como qualquer outro menino ◇ *Take any one you like.* Pegue qualquer um que você quiser. **10** todo: *Give her any help she needs.* Dê a ela toda a ajuda de que precisar.

▸ *adv* (*antes de comparativo*) mais: *She doesn't work here any longer.* Ela não trabalha mais aqui. ◇ *I can't walk any faster.* Eu não consigo andar mais depressa.

anybody /ˈenibɑːdi/ *pron Ver* ANYONE

anyhow /ˈenihaʊ/ *adv* **1** (*coloq* ˌ**any old** ˈ**how**) de qualquer maneira, descuidadamente **2** de qualquer forma, mesmo assim

anymore /ˌeniˈmɔːr/ *adv* (*GB tb* **any** ˈ**more**) não... mais: *She doesn't live here anymore.* Ela não mora mais aqui.

anyone /ˈeniwʌn/ (*tb* **anybody**) *pron* **1** (*em orações interrogativas*) alguém: *Is anyone there?* Há alguém aí? **2** (*em orações negativas*) ninguém: *I can't see anyone.* Não consigo ver ninguém. ➲ *Ver nota em* NO ONE **3** (*em orações afirmativas*) qualquer pessoa: *Ask anyone.* Pergunte a qualquer um. ◇ *Invite anyone you like.* Convide quem você quiser. **4** (*em orações comparativas*) qualquer (outra) pessoa: *He spoke more than anyone.* Ele falou mais do que qualquer outra pessoa. ➲ *Ver notas em* EVERYONE, SOMEONE LOC **anyone else 1** qualquer outra pessoa: *Anyone else would have refused.* Qualquer outra pessoa teria recusado. **2** alguém mais: *Is anyone else coming?* Há mais alguém vindo? *Ver tb* GUESS

anything /ˈeniθɪŋ/ *pron* **1** (*em orações interrogativas*) algo: *Is anything wrong?* Há algo errado? ◇ *Is there anything in these rumors?* Há alguma verdade nestes boatos? **2** (*em orações afirmativas*) qualquer coisa, tudo: *We'll do anything you say.* Faremos tudo que você disser. **3** (*em orações negativas*) nada: *He never says anything.* Ele nunca diz nada. **4** (*em orações comparativas*) qualquer (outra) coisa: *It was better than anything he'd seen before.* Era melhor do que qualquer (outra) coisa que ele tinha visto antes. ➲ *Ver notas em* NO ONE, SOMETHING LOC **anything but**: *It was anything but pleasant.* Foi tudo menos agradável. ◇ *"Are you tired?" "Anything but."* —Você está cansado? —De maneira alguma. ◆ **as happy, quick, etc. as anything** (*coloq*) muito feliz, rápido, etc.: *I was as frightened as anything.* Eu fiquei muito assustado. ◆ **if anything**: *I'm a pacifist, if anything.* Eu sou pacifista, se é que sou algo.

anyway /ˈeniweɪ/ *adv* de qualquer forma, mesmo assim

anywhere /ˈeniwer/ (*USA tb coloq* **anyplace** /ˈenipleɪs/) *adv, pron* **1** (*em orações interrogativas*) em/a algum lugar **2** (*em orações afirmativas*) em/a qualquer lugar: *I'd live anywhere.* Eu moraria em qualquer lugar. ◇ *anywhere you like* onde você quiser **3** (*em orações negativas*) em/a lugar nenhum: *I didn't go anywhere special.* Não fui a nenhum lugar especial. ◇ *I don't have anywhere to stay.* Não tenho onde ficar. ➲ *Ver nota em* NO ONE **4** (*em orações comparativas*): *more beautiful than anywhere* mais bonito do que qualquer outro lugar ➲ *Ver nota em* SOMEWHERE LOC *Ver* NEAR

A

apart /əˈpɑːrt/ *adv* ❶ Para o uso de **apart** em PHRASAL VERBS, ver os verbetes dos verbos correspondentes, p.ex. **fall apart** em FALL. **1**: *The two men were five meters apart.* Os dois homens estavam a cinco metros um do outro. ◇ *They are a long way apart.* Estão muito distantes um do outro. **2** à parte **3** (em) separado: *They live apart.* Eles vivem separados. ◇ *I can't pull them apart.* Não consigo separá-los. LOC *Ver* JOKE, POLE

aˈpart from (*tb* **aside from**) *prep* exceto por, além de: *Who else was there apart from you?* Além de você, quem mais estava lá?

aparthotel /əˈpɑːrthoutel/ *s* flat

apartment /əˈpɑːrtmənt/ *s* apartamento: *apartment building* prédio

apathy /ˈæpəθi/ *s* apatia **apathetic** /ˌæpəˈθetɪk/ *adj* apático

ape /eɪp/ *substantivo, verbo*
▸ *s* macaco (*sem rabo*)
▸ *vt* (*GB*, *pej*) imitar

aperitif /əˌperəˈtiːf/ *s* (*esp GB*) aperitivo (*bebida alcoólica*)

API /ˌeɪ piː ˈaɪ/ *s* (*abrev de* **application programming index**) (*Informát*) API, interface de programação de aplicativos

apologetic /əˌpɑːləˈdʒetɪk/ *adj* de desculpa: *an apologetic look* um olhar de desculpa ◇ *to be apologetic (about sth)* desculpar-se (por algo)

apologize (*GB tb* **-ise**) /əˈpɑːlədʒaɪz/ *vi* ~ **(for sth)** desculpar-se (por algo)

apology /əˈpɑːlədʒi/ *s* (*pl* **apologies**) (pedido de) desculpa LOC **make no apology/apologies (for sth)** não se desculpar (por algo)

apostle /əˈpɑːsl/ *s* apóstolo

apostrophe /əˈpɑːstrəfi/ *s* apóstrofe ➲ *Ver pág. 310*

app /æp/ *s* app, aplicativo: *in-app purchases* compras dentro do aplicativo

appall (*GB* **appal**) /əˈpɔːl/ *vt* estarrecer: *He was appalled at/by her behavior.* Ele estava estarrecido com o comportamento dela. **appalling** *adj* estarrecedor, horrível

apparatus /ˌæpəˈrætəs; *GB* -ˈreɪtəs/ *s* [*não contável*] aparelho (*de ginástica ou laboratório*)

apparent /əˈpærənt/ *adj* **1** evidente: *to become apparent* tornar-se evidente **2** aparente: *for no apparent reason* sem motivo aparente

apparently /əˈpærəntli/ *adv* ao que parece: *Apparently not.* Aparentemente, não.

appeal /əˈpiːl/ *verbo, substantivo*
▸ *v* **1** *vi* ~ **(to sb) for sth** implorar algo (a alguém) **2** *vi* ~ **to sb to do sth** implorar a alguém para que faça algo **3** *vi* ~ **(to sb)** atrair alguém: *The idea has never appealed (to me).* A ideia nunca me atraiu. **4** *vi* apelar **5** *vt, vi* ~ **(sth) (to sb/sth)** (*sentença, decisão, etc.*) recorrer (a alguém/algo) (de algo)
▸ *s* **1** apelo: *an appeal for help* um apelo de ajuda **2** súplica **3** [*não contável*] atração **4** recurso: *appeal(s) court* tribunal de apelação **appealing** *adj* **1** atraente: *to look appealing* ter um aspecto atraente **2** suplicante

appear /əˈpɪr/ *vi* **1** aparecer: *to appear on TV* aparecer na TV **2** parecer: *You appear to have made a mistake.* Parece que você cometeu um erro. **3** (*acusado*) comparecer

appearance /əˈpɪrəns/ *s* **1** aparência: *to keep up appearances* manter as aparências **2** aparecimento

appendicitis /əˌpendəˈsaɪtɪs/ *s* [*não contável*] apendicite

appendix /əˈpendɪks/ *s* (*pl* **appendices** /-dɪsiːz/) (*Anat, Liter*) apêndice

appetite /ˈæpɪtaɪt/ *s* apetite: *to give sb an appetite* abrir o apetite de alguém LOC *Ver* WHET

appetizer (*GB tb* **appetiser**) /ˈæpɪtaɪzər/ *s* **1** aperitivo (*salgadinhos*) **2** (prato de) entrada

appetizing (*GB tb* **appetising**) /ˈæpɪtaɪzɪŋ/ *adj* apetitoso

applaud /əˈplɔːd/ *vt, vi* aplaudir **applause** *s* [*não contável*] aplausos: *a big round of applause* uma grande salva de palmas

apple /ˈæpl/ *s* **1** maçã **2** (*tb* ˈ**apple tree**) macieira *Ver tb* ADAM'S APPLE, BIG APPLE

appliance /əˈplaɪəns/ *s* aparelho: *electrical appliances* eletrodomésticos ◇ *kitchen appliances* eletrodomésticos de cozinha

applicable /əˈplɪkəbl; ˈæplɪkəbl/ *adj* aplicável, apropriado

applicant /ˈæplɪkənt/ *s* ~ **(for sth)** requerente, candidato (a algo) (*a uma vaga*)

application /ˌæplɪˈkeɪʃn/ *s* **1** ~ **(for sth/to do sth)** solicitação (de algo/para fazer algo): *application form* formulário para requerimento/inscrição **2** aplicação

applied /əˈplaɪd/ *adj* aplicado

🔑 **apply** /əˈplaɪ/ (*pt, pp* **applied**) **1** *vt* aplicar **2** *vt* (*força, etc.*) empregar: *to apply the brakes* frear **3** *vi* ~ **(for sth)** solicitar algo; inscrever-se (em algo) **4** *vi* ~ **(to sb/sth)** aplicar-se (a alguém/algo): *In this case, the condition does not apply.* Neste caso, a condição não se aplica. **5** *vt* ~ **yourself (to sth)** dedicar-se (a algo)

🔑 **appoint** /əˈpɔɪnt/ *vt* **1** ~ **sb (sth/to sth)** nomear alguém (algo/para algo) **2** (*formal*) (*hora, lugar*) marcar

🔑 **appointment** /əˈpɔɪntmənt/ *s* **1** compromisso (*profissional*): *to make a dental appointment* marcar hora com o dentista **2** (*ato*) nomeação **3** posto (*de trabalho*)

appraisal /əˈpreɪzl/ *s* avaliação, estimativa

🔑 **appreciate** /əˈpriːʃieɪt/ **1** *vt* apreciar **2** *vt* (*ajuda, etc.*) agradecer **3** *vt* (*problema, etc.*) compreender **4** *vi* (*Fin*) valorizar-se **appreciation** *s* **1** apreciação **2** agradecimento **3** valorização **appreciative** /əˈpriːʃətɪv/ *adj* **1** ~ **(of sth)** agradecido (por algo) **2** (*olhar, comentário*) de admiração **3** (*reação*) favorável, caloroso

apprehend /ˌæprɪˈhend/ *vt* (*formal*) apreender, capturar **apprehension** *s* apreensão: *filled with apprehension* apreensivo **apprehensive** *adj* apreensivo

apprentice /əˈprentɪs/ *s* aprendiz: *apprentice plumber* aprendiz de encanador **apprenticeship** *s* aprendizagem

🔑 **approach** /əˈproʊtʃ/ *verbo, substantivo*
▸ *v* **1** *vt, vi* aproximar-se (de) **2** *vt* ~ **sb (about/for sth)** procurar a alguém (para pedir/oferecer algo) (*ajuda*) **3** *vt* (*tema, pessoa*) abordar
▸ *s* **1** chegada **2** aproximação **3** acesso **4** ~ **(to sth)** abordagem (de algo)

🔑 **appropriate** *verbo, adjetivo*
▸ *vt* /əˈproʊprieɪt/ (*formal*) apropriar-se de
▸ *adj* /əˈproʊpriət/ **1** apropriado, adequado **2** (*momento, etc.*) oportuno **appropriately** *adv* apropriadamente, adequadamente

🔑 **approval** /əˈpruːvl/ *s* aprovação, autorização LOC **on approval** sob condição: *He bought it on approval.* Ele o comprou sob condição (de devolver).

🔑 **approve** /əˈpruːv/ **1** *vt* aprovar **2** *vi* ~ **(of sth)** consentir (algo); estar de acordo (com algo) **3** *vi* ~ **(of sb)**: *I don't approve of him.* Não o tenho em bom conceito.

🔑 **approving** /əˈpruːvɪŋ/ *adj* aprovador

🔑 **approximate** *adjetivo, verbo*
▸ *adj* /əˈprɑːksɪmət/ aproximado
▸ *vt, vi* /əˈprɑːksɪmeɪt/ ~ **(to) sth** (*formal*) aproximar-se de algo

🔑 **approximately** /əˈprɑːksɪmətli/ *adv* aproximadamente

apricot /ˈæprɪkɑːt; *GB* ˈeɪprɪ-/ *s* **1** damasco **2** (*tb* ˈ**apricot tree**) damasqueiro **3** (*cor*) damasco

🔑 **April** /ˈeɪprəl/ *s* (*abrev* **Apr.**) abril ➲ *Ver nota em* JANUARY

ˌ**April ˈFool's Day** *s* ℹ **April Fool's Day** é o primeiro de abril, ou o dia da mentira: *an April Fool's Day joke* uma pegadinha de primeiro de abril.

apron /ˈeɪprən/ *s* avental

apt /æpt/ *adj* apropriado LOC **be apt to do sth** ter tendência a fazer algo **aptly** *adv* apropriadamente

aptitude /ˈæptɪtuːd; *GB* -tjuːd/ *s* aptidão

aquarium /əˈkweriəm/ *s* (*pl* **aquariums** *ou* **aquaria** /-riə/) aquário

Aquarius /əˈkweriəs/ *s* Aquário ➲ *Ver exemplos em* AQUÁRIO

aquatic /əˈkwætɪk/ *adj* aquático

Arab /ˈærəb/ *adj, s* árabe

Arabic /ˈærəbɪk/ *adj, s* árabe (*idioma*)

arable /ˈærəbl/ *adj* cultivável: *arable land* terra de cultivo ◇ *arable farming* agricultura

arbitrary /ˈɑːrbətreri; *GB* -bɪtrəri/ *adj* arbitrário

arbitrate /ˈɑːrbɪtreɪt/ *vt, vi* arbitrar **arbitration** *s* arbítrio

arc /ɑːrk/ *s* arco

arcade /ɑːrˈkeɪd/ *s* galeria: *amusement arcade* salão de fliperama

arch /ɑːrtʃ/ *substantivo, verbo*
▸ *s* (*Arquit*) arco
▸ *vt, vi* arquear(-se)

archaic /ɑːrˈkeɪɪk/ *adj* arcaico

archbishop /ˌɑːrtʃˈbɪʃəp/ *s* arcebispo

archeology (*GB* **archaeology**) /ˌɑːrkiˈɑːlədʒi/ *s* arqueologia **archeological** (*GB* **archaeological**) /ˌɑːrkiəˈlɑːdʒɪkl/ *adj* arqueológico **archeologist** (*GB* **archaeologist**) /-kiˈɑːlədʒɪst/ *s* arqueólogo, -a

archer /ˈɑːrtʃər/ *s* arqueiro, -a **archery** *s* arco e flecha

archipelago /ˌɑːrkɪˈpeləgoʊ/ *s* (*pl* **archipelagos** *ou* **archipelagoes**) arquipélago

architect /ˈɑːrkɪtekt/ *s* arquiteto, -a

architecture /ˈɑːrkɪtektʃər/ *s* arquitetura **architectural** /ˌɑːrkɪˈtektʃərəl/ *adj* arquitetônico

archive /ˈɑːrkaɪv/ *s* arquivo (*histórico*)

A

archway /ˈɑːrtʃweɪ/ *s* arco (*arquitetônico*)

ardent /ˈɑːrdnt/ *adj* (*formal*) ardente, entusiasta

ardor (*GB* **ardour**) /ˈɑːrdər/ *s* (*formal*) fervor

arduous /ˈɑːrdʒuəs; *GB* ˈɑːdju-/ *adj* árduo

are /ər; ɑːr/ *Ver* BE

area /ˈeriə/ *s* **1** (*Geog*) zona, região: *area manager* gerente regional **2** superfície: *an area of ten square meters* uma área de dez metros quadrados **3** (*campo*) área: *areas such as education and training* áreas como educação e treinamento **4** recinto **5 the area** (*GB*) (*Futebol*) a área

ˈ**area code** *s* prefixo (de DDD)

aren't /ɑːrnt/ = ARE NOT *Ver* BE

arena /əˈriːnə/ *s* **1** (*Esporte*) estádio **2** (*circo*) picadeiro **3** (*praça de touros*) arena **4** (*formal*) âmbito

arguable /ˈɑːrgjuəbl/ *adj* **1**: *It is arguable that…* Pode-se argumentar que… **2** discutível **arguably** *adv* provavelmente

argue /ˈɑːrgjuː/ **1** *vi* ~ **(about/over sth)** discutir (sobre algo) **2** *vt, vi* ~ **(for/against) sth** argumentar (a favor de/contra) algo

argument /ˈɑːrgjumənt/ *s* **1** discussão: *to have an argument* discutir ➲ *Comparar com* DISCUSSION, ROW[2] **2** ~ **(for/against sth)** argumento (a favor de/contra algo)

arid /ˈærɪd/ *adj* árido

Aries /ˈeriːz/ *s* Áries ➲ *Ver exemplos em* AQUÁRIO

arise /əˈraɪz/ *vi* (*pt* **arose** /əˈroʊz/, *pp* **arisen** /əˈrɪzn/) **1** (*problema, oportunidade, etc.*) surgir, aparecer **2** (*questão, etc.*) colocar-se **3** (*tempestade*) formar-se **4** (*antiq*) levantar-se

aristocracy /ˌærɪˈstɑːkrəsi/ *s* (*pl* **aristocracies**) aristocracia

aristocrat /əˈrɪstəkræt; *GB* ˈærɪstəkræt/ *s* aristocrata **aristocratic** /əˌrɪstəˈkrætɪk; *GB* ˌærɪ-/ *adj* aristocrático

arithmetic /əˈrɪθmətɪk/ *s* aritmética: *mental arithmetic* cálculo mental

ark /ɑːrk/ *s* arca

arm /ɑːrm/ *substantivo, verbo*

▸ *s* **1** braço

> Note que, em inglês, as partes do corpo geralmente são precedidas por um adjetivo possessivo (**my**, **your**, **her**, etc.): *I've broken my arm.* Quebrei o braço.

2 (*camisa, etc.*) manga *Ver tb* ARMS **LOC arm in arm (with sb)** de braços dados *Ver tb* CHANCE, FOLD

▸ *vt, vi* armar(-se): *to arm yourself with sth* armar-se com/de algo

armament /ˈɑːrməmənt/ *s* [*ger pl*] armamento

armband /ˈɑːrmbænd/ *s* braçadeira

armchair /ˈɑːrmtʃer/ *s* poltrona, cadeira de braços

armed /ɑːrmd/ *adj* armado

the ˌarmed ˈforces *s* as forças armadas

ˌ**armed ˈrobbery** *s* assalto à mão armada

armistice /ˈɑːrmɪstɪs/ *s* armistício

armor (*GB* **armour**) /ˈɑːrmər/ *s* [*não contável*] **1** armadura: *a suit of armor* uma armadura **2** blindagem **LOC** *Ver* CHINK **armored** (*GB* **armoured**) *adj* **1** (*veículo*) blindado **2** (*barco*) encouraçado

armpit /ˈɑːrmpɪt/ *s* axila

arms /ɑːrmz/ *s* [*pl*] **1** armas: *arms race* corrida armamentista **2** brasão **LOC up in arms (about/over sth)** em pé de guerra (por algo)

army /ˈɑːrmi/ *s* (*pl* **armies**) exército

aroma /əˈroʊmə/ *s* fragrância, aroma

aromatherapy /əˌroʊməˈθerəpi/ *s* aromaterapia

aromatic /ˌærəˈmætɪk/ *adj* aromático

arose *pt de* ARISE

around /əˈraʊnd/ (*tb esp GB* **round**) *advérbio, preposição* ❶ Para o uso de **around** em PHRASAL VERBS, ver os verbetes dos verbos correspondentes, p.ex. **lie around** em LIE[2].

▸ *adv* (*tb esp GB* **about**) **1** mais ou menos: *around 200 people* aproximadamente 200 pessoas **2** cerca de: *around 1850* por volta de 1850

> Em expressões temporais, a palavra **around** não requer preposição, enquanto a palavra **about** é precedida normalmente pelas preposições **at**, **on**, **in**, etc: *around/at about five o'clock* por volta das cinco da tarde ◇ *around/on about June 15* por volta de 15 de junho.

3 por aqui: *There are few good plumbers around.* Não há muitos encanadores bons por aqui. **4** daqui para lá, de lá para cá, por aí: *I've been dashing around all morning.* Eu corri de lá para cá a manhã toda. **5** para trás: *to look around* olhar para trás

▸ *prep* **1** por: *to travel around the world* viajar pelo mundo inteiro ◇ *to show sb around the house* mostrar a casa a alguém **2** ao redor de, em volta de: *sitting around the table* sentados ao redor da mesa ◇ *She wrapped the towel around her waist.* Ela enrolou a toalha em volta da cintura. **3**: *just around the corner* virando a esquina

a͵round-the-ˈclock (*GB* **round-the-clock**) *adj* [*antes do substantivo*] 24 horas

arouse /əˈraʊz/ *vt* **1** suscitar **2** excitar (sexualmente) **3 ~ sb (from sth)** (*formal*) despertar alguém (de algo)

arrange /əˈreɪndʒ/ **1** *vt* dispor **2** *vt* arrumar **3** *vt* (*evento*) (*finanças, etc.*) organizar **4** *vt* (*flores*) arranjar **5** *vi* **~ for sb to do sth** providenciar para que alguém faça algo **6** *vi* **~ to do sth/that...** combinar de fazer algo/que... **7** *vt* (*consulta, reunião*) marcar **8** *vt* (*Mús*) fazer arranjo de

ar͵ranged ˈmarriage *s* casamento arranjado

arrangement /əˈreɪndʒmənt/ *s* **1** disposição **2** arranjo **3** acordo **4 arrangements** [*pl*] preparativos

arrest /əˈrest/ *verbo, substantivo*
▸ *vt* (*criminoso*) deter, prender
▸ *s* **1** detenção: *to be under arrest* estar detido/preso ◇ *to put sb under arrest* prender alguém **2**: *cardiac arrest* parada cardíaca

arrival /əˈraɪvl/ *s* **1** chegada **2** (*pessoa*): *new/recent arrivals* recém-chegados

arrive /əˈraɪv/ *vi* **1** chegar

Arrive in ou arrive at?

Utiliza-se **arrive in** quando se chega a um país ou a uma cidade: *When did you arrive in England?* Quando você chegou à Inglaterra?

Utiliza-se **arrive at** quando o verbo é seguido de um local específico, como um edifício, estação, etc: *We'll phone you as soon as we arrive at the airport.* Nós lhe telefonaremos assim que chegarmos ao aeroporto.

Note que "chegar em casa" traduz-se por **arrive home** ou **get home** (*mais coloq*).

2 (*coloq*) (*êxito*) chegar lá (em cima)

arrogant /ˈærəgənt/ *adj* arrogante **arrogance** *s* arrogância

arrow /ˈæroʊ/ *s* flecha, seta

arse /ɑːrs/ *s* (*GB, gíria*) bunda

arson /ˈɑːrsn/ *s* [*não contável*] incêndio premeditado

art /ɑːrt/ *s* **1** arte: *a work of art* uma obra de arte **2** [*não contável*] (*matéria escolar*) artes plásticas **3 the arts** [*pl*] as belas-artes: *the arts pages* o suplemento cultural **4 arts** [*pl*] (*estudos*) humanas: *Bachelor of Arts* Bacharel em Ciências Humanas **5** astúcia *Ver tb* STATE OF THE ART

artery /ˈɑːrtəri/ *s* (*pl* **arteries**) artéria

arthritis /ɑːrˈθraɪtɪs/ *s* [*não contável*] artrite **arthritic** /ɑːrˈθrɪtɪk/ *adj* artrítico

artichoke /ˈɑːrtɪtʃoʊk/ *s* alcachofra

article /ˈɑːrtɪkl/ *s* **1** artigo: *definite/indefinite article* artigo definido/indefinido **2** (*formal*): *articles of clothing* peças de roupa/vestuário

articulate *adjetivo, verbo*
▸ *adj* /ɑːrˈtɪkjələt/ que se exprime com clareza
▸ *vt, vi* /ɑːrˈtɪkjuleɪt/ (*formal*) articular

artificial /͵ɑːrtɪˈfɪʃl/ *adj* artificial

artillery /ɑːrˈtɪləri/ *s* artilharia

artisan /ˈɑːrtəzn; *GB* ͵ɑːtɪˈzæn/ *s* artesão, -ã ❶ A tradução normal de *artesão* é **craftsman** ou **craftswoman**.

artist /ˈɑːrtɪst/ *s* artista

artistic /ɑːrˈtɪstɪk/ *adj* artístico

artwork /ˈɑːrtwɜːrk/ *s* **1** arte-final (*numa publicação*) **2** obra de arte

arugula /æˈruːgələ; *GB* æˈruːgjʊlə/ (*GB* **rocket**) *s* rúcula

as /əz; æz/ *preposição, advérbio, conjunção*
▸ *prep* **1** (*na qualidade de*) como: *Treat me as a friend.* Trate-me como um amigo. ◇ *Use this glass as a vase.* Use este copo como vaso. **2** (*com profissões*) como/de: *to work as a waiter* trabalhar como garçom **3** (*quando alguém é/era*): *as a child* quando (era/se é) criança

Note que em comparações e exemplos se utiliza **like**: *a car like yours* um carro como o seu ◇ *big cities like New York and Chicago* cidades grandes como Nova York e Chicago.

▸ *adv* **as... as** tão... quanto/como: *She is as tall as me/as I am.* Ela é tão alta quanto eu. ◇ *I earn as much as her/as she does.* Ganho tanto quanto ela. ◇ *as soon as possible* o quanto antes
▸ *conj* **1** enquanto: *I watched her as she combed her hair.* Eu a observei enquanto ela se penteava. **2** como: *as you weren't there...* como você não estava lá... ◇ *as you can see* como você pode ver **3** tal como: *Leave it as you find it.* Deixe-o (tal) como você o encontrou.
LOC **as for sb/sth** em relação a alguém/algo: *As for you, you should be ashamed of yourself.* Quanto a você, deveria estar envergonhado de si próprio. ◆ **as from...; as of...**: *as from/of May 12* a partir de 12 de maio ◆ **as if; as though** como se: *as if nothing had happened* como se nada houvesse acontecido ◆ **as it is** em vista da situação: *I can't*

help. I have too much to do as it is. Não posso ajudar. Já tenho muito a fazer. ◆ **as many 1** tantos: *We no longer have as many members.* Já não temos tantos membros. **2** outros tantos: *four jobs in as many months* quatro empregos no mesmo número de meses ◆ **as many again/more** outros tantos ◆ **as many as 1**: *I didn't win as many as him.* Não ganhei tantos quanto ele. **2** até: *as many as ten people* até dez pessoas **3**: *You ate three times as many as I did.* Você comeu três vezes mais do que eu. ◆ **as many... as** tantos... quanto ◆ **as much 1** tanto: *I don't have as much as you.* Não tenho tanto quanto você. **2**: *I thought as much.* Foi o (mesmo) que eu pensei. ◆ **as much again** outro tanto ◆ **as to sth** quanto a/em relação a algo

ASAP (*tb* asap) /ˌeɪ es eɪ ˈpiː/ *abrev de* as soon as possible o mais rápido possível

asbestos /æsˈbestəs/ *s* amianto

ascend /əˈsend/ (*formal*) **1** *vi* ascender **2** *vt* (*escadas, trono*) subir (a)

ascendancy (*tb* ascendency) /əˈsendənsi/ *s* ~ **(over sb/sth)** (*formal*) influência, ascendência (sobre alguém/algo)

ascent /əˈsent/ *s* **1** ascensão **2** (*rua, monte*) subida

ascertain /ˌæsərˈteɪn/ *vt* (*formal*) averiguar

ascribe /əˈskraɪb/ *vt* ~ **sth to sb/sth** atribuir algo a alguém/algo

ash /æʃ/ *s* **1** cinza **2** (*tb* ˈash tree) freixo

⚷ **ashamed** /əˈʃeɪmd/ *adj* ~ **(of sb/sth)** envergonhado (de/por alguém/algo): *I'm ashamed to tell her.* Estou com vergonha de lhe contar.

ashore /əˈʃɔːr/ *adv* em/à terra: *to go ashore* desembarcar

ashtray /ˈæʃtreɪ/ *s* cinzeiro

ˌAsh ˈWednesday *s* Quarta-feira de Cinzas

ˌAsian Aˈmerican *adj, s* americano,-a com descendência asiática

⚷ **aside** /əˈsaɪd/ *advérbio, substantivo*
▸ *adv* ❶ Para o uso de **aside** em PHRASAL VERBS, ver os verbetes dos verbos correspondentes, p.ex. **put sth aside** em PUT. **1** para um lado **2** de reserva, de lado LOC *Ver* JOKE
▸ *s* aparte (*Teatro*)

aˈside from *prep Ver* APART FROM

⚷ **ask** /æsk; *GB* ɑːsk/ **1** *vt, vi* ~ **(sb) (sth)** perguntar (algo) (a alguém): *to ask about sth* perguntar a respeito de algo ◇ *I'll ask her later.* Vou lhe perguntar mais tarde. ◇ *to ask a question* fazer uma pergunta **2** *vt, vi* ~ **(sb) for sth**; ~ **sb to do sth** pedir algo (a alguém); pedir a alguém que faça algo **3** *vt* ~ **sb (to sth)** convidar alguém (para algo) LOC **be asking for trouble/it** (*coloq*) procurar sarna para se coçar ◆ **don't ask me!** (*coloq*) eu é que sei!, sei lá! ◆ **for the asking**: *The job is yours for the asking.* Se você quiser, basta pedir e o emprego é seu. PHR V **ask after sb** perguntar como alguém está ◆ **ask sb around/over** convidar alguém para vir à sua casa ◆ **ask for sb** pedir para falar com alguém ◆ **ask sb out** convidar alguém para sair

⚷ **asleep** /əˈsliːp/ *adj* adormecido: *to fall asleep* adormecer ◇ *fast/sound asleep* dormindo profundamente ❶ Note que não se utiliza **asleep** antes de substantivos; portanto, para traduzirmos "um bebê adormecido" teríamos que dizer *a sleeping baby*.

asparagus /əˈspærəgəs/ *s* [*não contável*] aspargo(s)

⚷ **aspect** /ˈæspekt/ *s* **1** aspecto (*de uma situação, um problema, etc.*) **2** (*formal*) (*edifício, terreno*) orientação

asphalt /ˈæsfɔːlt; *GB* -fælt/ *s* asfalto

asphyxiate /əsˈfɪksieɪt/ *vt* asfixiar

aspiration /ˌæspəˈreɪʃn/ *s* aspiração

aspirational /ˌæspəˈreɪʃənl/ *adj* (*classe, valor, etc.*) aspiracional, ambicioso

aspire /əˈspaɪər/ *vi* ~ **to sth** aspirar a algo: *aspiring musicians* músicos aspirantes

aspirin /ˈæsprɪn; -spərɪn/ *s* aspirina

ass /æs/ *s* **1** asno **2** (*coloq*) (*idiota*) burro **3** (*GB* arse) (*gíria*) bunda

assailant /əˈseɪlənt/ *s* (*formal*) agressor, -ora

assassin /əˈsæsn; *GB* -sɪn/ *s* assassino, -a **assassinate** *vt* assassinar **assassination** *s* assassinato ➲ *Ver nota em* ASSASSINAR

assault /əˈsɔːlt/ *verbo, substantivo*
▸ *vt* **1** agredir **2** (*sexualmente*) violar
▸ *s* **1** agressão **2** ~ **(on sb/sth)** ataque (contra alguém/algo) **3** (*sexual*) violação

assemble /əˈsembl/ **1** *vt, vi* reunir(-se) **2** *vt* (*máquina, móvel, etc.*) montar

assembly /əˈsembli/ *s* (*pl* **assemblies**) **1** Assembleia **2** (*escola*) reunião matinal **3** montagem: *assembly line* linha de montagem

assert /əˈsɜːrt/ *vt* **1** afirmar **2** (*direitos, etc.*) fazer valer **3** ~ **yourself** impor-se **assertion** *s* afirmação

assertive /əˈsɜːrtɪv/ *adj* firme, confiante

assess /ə'ses/ *vt* **1** avaliar **2** *(valor) (quantidade)* calcular **assessment** *s* avaliação **assessor** *s* avaliador, -ora

asset /'æset/ *s* **1** qualidade, vantagem: *to be an asset to sb/sth* ser de valor para alguém/algo **2 assets** *[pl] (Fin)* bens

assign /ə'saɪn/ *vt* designar

assignment /ə'saɪnmənt/ *s* **1** *(escola)* trabalho **2** missão

assimilate /ə'sɪməleɪt/ **1** *vt* assimilar **2** *vi* ~ **(into sth)** integrar-se (a algo)

assist /ə'sɪst/ *verbo, substantivo*
▸ *vt, vi (formal)* ajudar, assistir
▸ *s (Esporte)* assistência

assistance /ə'sɪstəns/ *s (formal)* **1** ajuda **2** auxílio

assistant /ə'sɪstənt/ *s* **1** ajudante, assistente **2** *(GB) Ver* SHOP ASSISTANT **3**: *assistant manager* subgerente

as,sistant refe'ree *(tb refe,ree's as'sistant) s (Futebol)* árbitro, -a auxiliar

associate *substantivo, verbo*
▸ *s* /ə'soʊʃiət; ə'soʊsi-/ sócio, -a
▸ *v* /ə'soʊʃieɪt; ə'soʊsi-/ **1** *vt* ~ **sb/sth (with sb/sth)** associar alguém/algo (com alguém/algo) **2** *vi* ~ **with sb** tratar, envolver-se com alguém

association /ə,soʊʃi'eɪʃn; ə,soʊsi-/ *s* **1** associação **2** envolvimento

assorted /ə'sɔːrtəd; *GB* -tɪd/ *adj* **1** variado **2** *(biscoitos, etc.)* sortido

assortment /ə'sɔːrtmənt/ *s* variedade, sortimento

assume /ə'suːm; *GB* ə'sjuːm/ *vt* **1** supor **2** dar por certo **3** *(formal) (expressão, identidade falsa)* adotar **4** *(formal) (controle)* assumir

assumption /ə'sʌmpʃn/ *s* **1** suposição: *to make assumptions about sth* supor algo **2** *(formal) (de poder, etc.)* tomada

assurance /ə'ʃʊrəns/ *s* **1** garantia **2** confiança

assure /ə'ʃʊr/ *vt* **1** assegurar **2** ~ **sb of sth** garantir algo a alguém: *We were assured that everything possible was being done.* Eles nos garantiram que estava sendo feito todo o possível. **3** ~ **sb of sth** convencer alguém de algo **4** ~ **yourself that...** assegurar-se de que... **assured** *adj* seguro LOC **be assured of sth** estar seguro quanto a algo

asterisk /'æstərɪsk/ *s* asterisco

asthma /'æzmə; *GB* 'æsmə/ *s* asma **asthmatic** /æz'mætɪk; *GB* æs'-/ *adj, s* asmático, -a

astonish /ə'stɑːnɪʃ/ *vt* assombrar **astonished** *adj* **1** admirado, assombrado: *to be astonished at/by sth* estar/ficar admirado com algo **2** *(cara)* de assombro

astonishing *adj* assombroso **astonishingly** *adv* incrivelmente **astonishment** *s* assombro

astound /ə'staʊnd/ *vt* deixar atônito: *to be astounded at/by sth* ficar perplexo com algo **astounding** *adj* incrível

astray /ə'streɪ/ *adv* LOC **go astray** extraviar-se *Ver tb* LEAD[1]

astride /ə'straɪd/ *prep*: *to sit astride a horse* sentar-se sobre um cavalo (com as pernas separadas)

astrology /ə'strɑːlədʒi/ *s* astrologia **astrologer** *s* astrólogo, -a **astrological** /,æstrə'lɑːdʒɪkl/ *adj* astrológico

astronaut /'æstrənɔːt/ *s* astronauta

astronomy /ə'strɑːnəmi/ *s* astronomia **astronomer** *s* astrônomo, -a **astronomical** /,æstrə'nɑːmɪkl/ *adj* **1** astronômico **2** *(coloq) (preço, quantia, etc.)* exorbitante

astute /ə'stuːt; *GB* ə'stjuːt/ *adj* astuto

asylum /ə'saɪləm/ *s* **1** asilo (político): *asylum seekers* buscadores de asilo **2** *(antiq)* hospício

at /ət; æt/ *prep* **1** *(posição)* em, a: *at home* em casa ◇ *at the door* à porta ◇ *at the top* no alto ◇ *You can find us at www.oup.com.* Você pode nos encontrar no site www.oup.com. ➲ *Ver notas em* ARROBA, EM **2** *(tempo)*: *at 3.35* às 3h 35 ◇ *at dawn* ao amanhecer ◇ *at times* às vezes ◇ *at night* à noite ◇ *at Christmas* no Natal ◇ *at the moment* no momento **3** *(preço, frequência, velocidade)* a: *at 70 k.p.h* a 70 km/h ◇ *at full volume* no máximo volume ◇ *two at a time* de dois em dois **4** *(para)*: *to stare at sb* olhar fixamente para alguém **5** *(reação)*: *surprised at sth* surpreso com algo ◇ *At this, she fainted.* Nesse momento, ela desmaiou. **6** *(atividade)* em: *She's at work.* Ela está trabalhando. ◇ *to be at war* estar em guerra ◇ *children at play* crianças brincando

ate *pt de* EAT

atheism /'eɪθiɪzəm/ *s* ateísmo **atheist** *s* ateu, ateia

athlete /'æθliːt/ *s* atleta

athletic /æθ'letɪk/ *adj* atlético

athletics *s* **1** *(USA)* esporte **2** *(GB) (USA* **track and field***)* atletismo

atlas /'ætləs/ *s* **1** atlas **2** *(de estradas)* mapa

ATM /,eɪ tiː 'em/ *s (abrev de* **automated teller machine***)* caixa eletrônico

atmosphere /'ætməsfɪr/ *s* **1** atmosfera **2** ambiente

atmospheric /,ætməs'ferɪk/ *adj* atmosférico

atom /ˈætəm/ *s* átomo
atomic /əˈtɑːmɪk/ *adj* atômico: *atomic weapons* armas nucleares
atrocious /əˈtroʊʃəs/ *adj* **1** atroz **2** péssimo **atrocity** /əˈtrɑːsəti/ *s* (*pl* **atrocities**) atrocidade
attach /əˈtætʃ/ *vt* **1** atar **2** juntar **3** (*documentos*) anexar **4**: *to attach importance/value to sth* dar importância/valor a algo
attached /əˈtætʃt/ *adj*: *to be attached to sb/sth* ter carinho por alguém/algo LOC *Ver* STRING
attachment /əˈtætʃmənt/ *s* **1** acessório **2** ~ **(to sth)** apego (a algo) **3** (*Informát*) anexo, documento anexado
attack /əˈtæk/ *verbo, substantivo*
▸ *vt, vi* atacar
▸ *s* ~ **(on sb/sth)** ataque (contra alguém/algo) **attacker** *s* agressor, -ora
attain /əˈteɪn/ *vt* alcançar, conseguir **attainment** *s* (*formal*) obtenção, realização
attempt /əˈtempt/ *verbo, substantivo*
▸ *vt* tentar: *to attempt to do sth* tentar fazer algo
▸ *s* **1** ~ **(at doing sth)**; ~ **(to do sth)** tentativa (de fazer algo) **2** atentado
attempted /əˈtemptɪd/ *adj*: *attempted robbery/murder* tentativa de roubo/assassinato
attend /əˈtend/ *vt, vi* **1** assistir (a): *to attend school* ir à escola **2** comparecer (a): *to attend a meeting* participar de uma reunião PHR V **attend to sb/sth** ocupar-se de/com alguém/algo **attendance** *s* **1** frequência (*às aulas, etc.*) **2** comparecimento: *Attendance at the event was poor.* Não compareceram muitas pesssoas ao evento. LOC **in attendance** (*formal*) presente
attendant /əˈtendənt/ *s* empregado, -a: *museum attendant* depositário do museu ◇ *gas station attendant* frentista *Ver tb* FLIGHT ATTENDANT
attention /əˈtenʃn/ *s, interj* atenção: *to catch sb's attention* chamar a atenção de alguém ◇ *for the attention of...* à atenção de... LOC *Ver* PAY
attentive /əˈtentɪv/ *adj* atento
attic /ˈætɪk/ *s* sótão
attitude /ˈætɪtuːd; *GB* -tjuːd/ *s* ~ **(to/toward sb/sth)** atitude (em relação a alguém/algo)
attn. *abrev* (*em textos comerciais*) aos cuidados de (*abrev* a/c)
attorney /əˈtɜːrni/ *s* (*pl* **attorneys**) **1** advogado, -a ➲ *Ver nota em* ADVOGADO **2** procurador, -ora
atˌtorney ˈgeneral (*tb* **Attorney General**) *s* (*pl* **attorneys general** *ou* **attorney generals**) **1** (*USA*) procurador, -ora geral do Estado **2** (*GB, Can*) procurador público, procuradora pública
attract /əˈtrækt/ *vt* **1** atrair **2** (*atenção*) chamar
attraction /əˈtrækʃn/ *s* **1** atração: *a tourist attraction* uma atração turística **2** atrativo
attractive /əˈtræktɪv/ *adj* **1** atraente **2** (*salário, etc.*) interessante
attribute *substantivo, verbo*
▸ *s* /ˈætrɪbjuːt/ atributo
▸ *vt* /əˈtrɪbjuːt/ ~ **sth to sb/sth** atribuir algo a alguém/algo
aubergine /ˈoʊbərʒiːn/ *substantivo, adjetivo*
▸ *s* (*GB*) (*USA* **eggplant**) berinjela
▸ *adj* roxo
auction /ˈɔːkʃn/ *substantivo, verbo*
▸ *s* leilão
▸ *vt* ~ **sth (off)** leiloar algo **auctioneer** /ˌɔːkʃəˈnɪr/ *s* leiloeiro, -a
audible /ˈɔːdəbl/ *adj* audível
audience /ˈɔːdiəns/ *s* **1** (*teatro, etc.*) público **2** (*TV, Rádio*) audiência **3** ~ **(with sb)** audiência (com alguém)
audio /ˈɔːdioʊ/ *adj* áudio: *audio equipment* aparelho de som
audit /ˈɔːdɪt/ *substantivo, verbo*
▸ *s* auditoria
▸ *vt* fazer auditoria de
audition /ɔːˈdɪʃn/ *substantivo, verbo*
▸ *s* audição
▸ *vi* ~ **(for sth)** apresentar-se em uma audição (para algo)
auditor /ˈɔːdɪtər/ *s* auditor, -ora
auditorium /ˌɔːdɪˈtɔːriəm/ *s* (*pl* **auditoriums** *ou* **auditoria** /-riə/) auditório
augmented reality /ɔːɡˌmentɪd riˈæləti/ *s* realidade aumentada
August /ˈɔːɡəst/ *s* (*abrev* **Aug.**) agosto ➲ *Ver nota em* JANUARY
aunt /ænt; *GB* ɑːnt/ *s* tia: *Aunt Louise* a tia Louise ◇ *my aunt and uncle* meus tios **auntie** (*tb* **aunty**) *s* (*coloq*) titia
au pair /ˌoʊ ˈper/ *s* (*GB*) estudante estrangeiro que mora com uma família em troca de serviços domésticos
Aussie /ˈɔːzi; *GB* ˈɒzi/ *adj, s* (*coloq*) australiano, -a
austere /ɔːˈstɪr; *GB* ɒˈ-/ *adj* austero **austerity** /ɔːˈsterəti; *GB* ɒˈ-/ *s* austeridade
authentic /ɔːˈθentɪk/ *adj* autêntico
authenticity /ˌɔːθenˈtɪsəti/ *s* autenticidade

A

author /ˈɔːθər/ *s* autor, -ora

authoritarian /əˌθɔːrəˈteriən; *GB* ɔːˌθɒrɪˈ-/ *adj, s* autoritário, -a

authoritative /əˈθɔːrəteɪtɪv; *GB* ɔːˈθɒrətətɪv/ *adj* **1** (*livro, fonte, etc.*) de grande autoridade, confiável **2** (*voz, etc.*) autoritário

authority /əˈθɔːrəti; *GB* ɔːˈθɒrə-/ *s* (*pl* authorities) autoridade LOC **have sth on good authority** saber algo de fonte segura

authorization (*GB tb* **-isation**) /ˌɔːθərəˈzeɪʃn; *GB* -raɪˈ-/ *s* autorização

authorize (*GB tb* **-ise**) /ˈɔːθəraɪz/ *vt* autorizar

autobiographical /ˌɔːtəˌbaɪəˈgræfɪkl/ *adj* autobiográfico

autobiography /ˌɔːtəbaɪˈɑːgrəfi/ *s* (*pl* autobiographies) autobiografia

autofill /ˈɔːtoʊfɪl/ *s* [*não contável*] (*Informát*) autopreenchimento

autograph /ˈɔːtəgræf; *GB* -grɑːf/ *substantivo, verbo*
- *s* autógrafo
- *vt* autografar

automate /ˈɔːtəmeɪt/ *vt* automatizar

automatic /ˌɔːtəˈmætɪk/ *adjetivo, substantivo*
- *adj* automático
- *s* **1** pistola automática **2** (*GB*) carro com câmbio automático

automatically /ˌɔːtəˈmætɪkli/ *adv* automaticamente

automation /ˌɔːtəˈmeɪʃn/ *s* automação

automobile /ˈɔːtəməbiːl/ *s* automóvel

autonomous /ɔːˈtɑːnəməs/ *adj* autônomo **autonomy** *s* autonomia

autopsy /ˈɔːtɑːpsi/ *s* (*pl* autopsies) autópsia

ˈ**auto racing** (*GB* **motor racing**) *s* (*Esporte*) automobilismo

autumn /ˈɔːtəm/ *s* (*esp GB*) (*USA* **fall**) outono

auxiliary /ɔːgˈzɪliəri/ *adj, s* (*pl* auxiliaries) auxiliar: *auxiliary verb* verbo auxiliar

avail /əˈveɪl/ *s* LOC **to little/no avail** (*formal*) em vão

availability /əˌveɪləˈbɪləti/ *s* disponibilidade

available /əˈveɪləbl/ *adj* disponível

avalanche /ˈævəlæntʃ; *GB* -lɑːnʃ/ *s* avalanche

avant-garde /ˌævɑ̃ː ˈgɑːrd; *GB* -vɒ̃ ˈ-/ *substantivo, adjetivo*
- *s* vanguarda
- *adj* vanguardista

avatar /ˈævətɑːr/ *s* avatar

avenue /ˈævənuː; *GB* -njuː/ *s* **1** (*abrev* **Av.**, **Ave.**) avenida, alameda ➲ *Ver nota em* ROAD **2** (*fig*) caminho

average /ˈævərɪdʒ/ *substantivo, adjetivo, verbo*
- *s* média: *on average* em média
- *adj* **1** médio: *average earnings* o salário médio **2** comum: *the average man* o homem comum **3** medíocre
- *vt* ter uma média de PHR V **average out (at sth)**: *It averages out at 10%.* Sai a uma média de 10%.

aversion /əˈvɜːrʒn; *GB* əˈvɜːʃn/ *s* aversão

avert /əˈvɜːrt/ *vt* **1** (*crise, etc.*) evitar **2** (*olhar*) desviar

aviation /ˌeɪviˈeɪʃn/ *s* aviação

avid /ˈævɪd/ *adj* ávido

avocado /ˌævəˈkɑːdoʊ/ *s* (*pl* avocados) abacate

avoid /əˈvɔɪd/ *vt* **1** ~ **sb/sth/doing sth** evitar alguém/algo/fazer algo: *She avoided going.* Ela evitou ir. **2** (*responsabilidade, etc.*) eximir-se de

await /əˈweɪt/ *vt* (*formal*) **1** estar à espera de **2** aguardar: *A surprise awaited us.* Uma surpresa nos aguardava.

awake /əˈweɪk/ *adjetivo, verbo*
- *adj* [*nunca antes do substantivo*] acordado
- *vt, vi* (*pt* awoke /əˈwoʊk/, *pp* awoken /əˈwoʊkən/) acordar(-se)

Os verbos **awake** e **awaken** são empregados somente em linguagem formal ou literária. A expressão mais comum é **wake (sb) up**.

awaken /əˈweɪkən/ *vt, vi* (*formal*) acordar(-se) ➲ *Ver nota em* AWAKE PHR V **awaken to sth** (*perigo, etc.*) dar-se conta de algo ◆ **awaken sb to sth** (*perigo, etc.*) despertar alguém para algo

award /əˈwɔːrd/ *verbo, substantivo*
- *vt* (*prêmio, etc.*) conceder
- *s* prêmio, recompensa

aware /əˈwer/ *adj* ~ **(of sth)** consciente, ciente (de algo): *She became aware that someone was following her.* Ela se deu conta de que alguém a perseguia. LOC **as far as I am aware** que eu saiba ◆ **make sb aware of sth** informar alguém de algo **awareness** *s* **1** consciência: *political awareness* consciência política **2** conhecimento: *public awareness* conhecimento público

away /əˈweɪ/ *adv* ❶ Para o uso de **away** em PHRASAL VERBS, ver os verbetes dos verbos correspondentes, p.ex. **waste away** em WASTE. **1** (*indicando distância*): *The hotel is two kilometers away.* O hotel fica a dois quilômetros (de distância). ◇ *It's a long way away.* Fica bem longe daqui. ◇ *They are away (on vacation) this week.* Eles estão viajando/fora esta semana. ◇ *Christmas is only a week away.* Falta apenas uma semana para o Natal.

É comum utilizar-se **away** com verbos de movimento, ou para indicar que uma ação é realizada de forma contínua. Geralmente não é traduzido para o português: *He limped away.* Ele saiu mancando. ◇ *I was working away all night.* Passei a noite toda trabalhando.

2 completamente: *The snow had melted away.* A neve se havia derretido completamente. **3** *(Esporte)* fora (de casa): *an away win* uma vitória fora de casa **LOC** *Ver* RIGHT

awe /ɔː/ *s* admiração, temor **LOC be/stand in awe of sb/sth** sentir-se intimidado por alguém/algo

awesome /ˈɔːsəm/ *adj* **1** impressionante **2** *(esp USA, coloq)* maneiro

⚷ **awful** /ˈɔːfl/ *adj* **1** *(coloq)* horrível **2** *(coloq) (uso enfático)*: *an awful lot of money* um monte de dinheiro **3** *(acidente, etc.)* horrível

⚷ **awfully** /ˈɔːfli/ *adv* terrivelmente: *I'm awfully sorry.* Sinto muitíssimo.

⚷ **awkward** /ˈɔːkwərd/ *adj* **1** *(momento, etc.)* inoportuno **2** *(sensação)* incômodo **3** *(situação)* embaraçoso **4** *(movimento)* desajeitado **5** *(pessoa)* difícil

awoke *pt de* AWAKE

awoken *pp de* AWAKE

ax *(tb esp GB* **axe***)* /æks/ *substantivo, verbo*
▸ *s* machado **LOC have an ax to grind** ter um interesse pessoal em algo
▸ *vt* **1** *(serviço, etc.)* cortar **2** *(pessoal, etc.)* despedir

axis /ˈæksɪs/ *s (pl* **axes** /-siːz/*)* eixo

axle /ˈæksl/ *s* eixo *(de rodas)*

aye /aɪ/ *interj (antiq)* sim: *The ayes have it.* Ganharam os que estavam a favor. ❶ **Aye** é comum na Escócia e no norte da Inglaterra.

Bb

B, b /biː/ *s (pl* **Bs, B's, b's***)* **1** B, b ➲ *Ver nota em* A, A **2** *(Mús)* si

babble /ˈbæbl/ *substantivo, verbo*
▸ *s* **1** *(vozes)* fala ininteligível, burburinho **2** *(bebê)* balbucio
▸ *vt, vi* balbuciar, falar de maneira confusa

babe /beɪb/ *s (coloq)* garota *(gatinha)*

⚷ **baby** /ˈbeɪbi/ *s (pl* **babies***)* **1** bebê: *a newborn baby* um recém-nascido ◇ *a baby girl* uma menina **2** *(animal)* filhote **3** *(esp USA, gíria)* amorzinho **babyish** *adj (ger pej)* infantil

ˈ**baby carriage** *(GB* **pram***) s* carrinho de bebê

babyfather /ˈbeɪbifɑːθər/ *(coloq* **babydaddy** /ˈbeɪbidædi/*) s* pai de uma criança *(que não é casado nem tem compromisso com a mãe)*

babymother /ˈbeɪbimʌθər/ *(coloq* **babymama** /ˈbeɪbimæmə/*) s* mãe de uma criança *(que não é casada nem tem compromisso com o pai)*

ˈ**baby shower** *s (esp USA)* chá de bebê

babysit /ˈbeɪbisɪt/ *vi (pt, pp* **babysat**; *part pres* **babysitting***)* cuidar de uma criança **babysitter** *s* babá que cuida de crianças na casa delas durante a ausência temporária dos pais ➲ *Comparar com* CHILDMINDER, NANNY

bachelor /ˈbætʃələr/ *s* **1** solteirão: *bachelor apartment* apartamento de solteiro ➲ *Comparar com* SPINSTER **2 Bachelor** *(Educ)* bacharel; graduado, -a

ˈ**bachelor party** *s (pl* **bachelor parties***)* *(GB* **stag night/party***)* despedida de solteiro

⚷ **back** /bæk/ *substantivo, adjetivo, advérbio, verbo*
▸ *s* **1** parte de trás: *There's room for three people in back.* Há espaço para três atrás/no banco de trás. ❶ Neste sentido, na Grã-Bretanha diz-se **in the back**. **2** dorso **3** *(página, etc.)* verso **4** costas: *to lie on your back* deitar-se de costas **5** *(cadeira)* encosto **LOC at/in the back of your mind** no fundo da sua mente ♦ **back to back** de costas um para o outro ♦ **back to front** *(GB) (USA* **backwards***)* de trás para frente ➲ *Ver ilustração em* CONTRÁRIO ♦ **be glad, etc. to see the back of sb/sth** *(esp GB, coloq)* alegrar-se por se ver livre de alguém/algo ♦ **behind sb's back** *(fig)* pelas costas (de alguém) ♦ **be on sb's back** *(coloq) (fig)* estar em cima de alguém ♦ **get/put sb's back up** *(coloq)* irritar alguém ♦ **have your back to the wall** *(coloq)* estar encurralado ♦ **turn your back on sb/sth** virar as costas para alguém/algo *Ver tb* KNOW, PAT
▸ *adj* **1** traseiro: *the back door* a porta dos fundos ◇ *on the back page* no verso da página **2** *(fascículo)* atrasado **LOC by/**

through the back door de maneira ilegal

▸ *adv* ❶ Para o uso de **back** em PHRASAL VERBS, ver os verbetes dos verbos correspondentes, p.ex. **go back** em GO. **1** (*movimento, posição*) para trás: *Stand well back.* Mantenha-se afastado. ◇ *a mile back* uma milha atrás **2** (*volta, repetição*) de volta: *They are back in power.* Eles estão de volta ao poder. ◇ *on the way back* na volta ◇ *to go there and back* ir lá e voltar **3** (*tempo*) lá (por): *back in the seventies* lá nos anos setenta ◇ *a few years back* há alguns anos **4** (*reciprocidade*): *He smiled back (at her).* Ele lhe sorriu de volta. LOC **go, etc. back and forth** ir, viajar de lá para cá *Ver tb* OWN

▸ *v* **1** *vt, vi* dar marcha a ré (em): *She backed (the car) out of the garage.* Ela saiu da garagem de marcha a ré. **2** *vt* apoiar **3** *vt* financiar **4** *vt* apostar em PHR V **back away (from sb/sth)** retroceder (diante de alguém/algo) ◆ **back down/off** desistir ◆ **back onto sth** (*GB*): *Our house backs onto the river.* A nossa casa dá fundos para o rio. ◆ **back sth up** (*Informát*) fazer um backup de algo

backache /ˈbækeɪk/ *s* dor nas costas

backbone /ˈbækboʊn/ *s* **1** coluna vertebral **2** firmeza

ˈ**back button** *s* (*Informát*) botão "voltar"

backcountry /ˈbækkʌntri/ *s* zona rural pouco habitada

backdrop /ˈbækdrɑːp/ (*GB tb* **backcloth** /ˈbækklɔːθ; *GB* -klɒθ/) *s* pano de fundo

backer /ˈbækər/ *s* patrocinador, -ora; financiador, -ora

backfire /ˌbækˈfaɪər/ *vi* **1** ~ **(on sb)** sair (a alguém) o tiro pela culatra **2** (*carro*) engasgar

⚷ **background** /ˈbækgraʊnd/ *s* **1** fundo: *background music* fundo musical **2** contexto **3** classe social, formação, origem

ˌ**back-ˈheel** *substantivo, verbo*

▸ *s* (*Futebol*) toque de calcanhar

▸ *vt* tocar de calcanhar

backing /ˈbækɪŋ/ *s* **1** respaldo, apoio **2** (*Mús*) acompanhamento

backlash /ˈbæklæʃ/ *s* [*sing*] reação violenta

backlog /ˈbæklɔːg; *GB* -klɒg/ *s* acúmulo: *a huge backlog of work* um monte de trabalho acumulado

backpack /ˈbækpæk/ *substantivo, verbo*

▸ *s* mochila ➲ *Ver ilustração em* BAG

▸ *vi* **go backpacking** viajar com mochila

backpacker *s* mochileiro, -a

ˌ**back ˈseat** *s* assento traseiro LOC **take a back seat** passar para o segundo plano

backside /ˈbæksaɪd/ *s* traseiro

backslash /ˈbækslæʃ/ *s* barra invertida ➲ *Comparar com* SLASH ➲ *Ver pág. 310*

backstage /ˌbækˈsteɪdʒ/ *adv* nos bastidores

backstroke /ˈbækstroʊk/ *s* nado de costas: *to do backstroke* nadar de costas

backup /ˈbækʌp/ *s* **1** apoio, assistência, reserva **2** (*Informát*) cópia de segurança ➲ *Ver nota em* COMPUTADOR

⚷ **backward** /ˈbækwərd/ *adjetivo, advérbio*

▸ *adj* **1** para trás: *a backward glance* uma olhada para trás **2** atrasado

▸ *adv* (*tb* **backwards**) **1** para trás **2** de costas: *He fell backward.* Ele caiu de costas. **3** (*GB* **back to front**) de trás para frente LOC **backward(s) and forward(s)** de um lado para o outro

backyard /ˌbækˈjɑːrd/ *s* quintal

Na Grã-Bretanha, **backyard** e **yard** referem-se à área pavimentada atrás de uma casa, e não ao jardim.

bacon /ˈbeɪkən/ *s* toicinho

⚷ **bacteria** /bækˈtɪriə/ *s* [*pl*] bactérias

⚷ **bad** /bæd/ *adj* (*comp* **worse** /wɜːrs/, *superl* **worst** /wɜːrst/) **1** mau: *It's bad for you/for your health.* Não faz bem à saúde. ◇ *This movie's not bad.* O filme não é nada mau. **2** (*erro, acidente, etc.*) grave **3** (*dor de cabeça, etc.*) forte **4**: *I have a bad knee.* Estou com dor no joelho. **5** (*comida*) estragado LOC **be bad at sth**: *I'm bad at math.* Eu sou ruim em matemática. ◆ **too bad** (*coloq*) **1** uma pena: *It's too bad you can't come.* (É uma) pena que você não possa vir. **2** (*irônico*) pior para você!, que pena! ❶ Para outras expressões com **bad**, ver os verbetes do substantivo, adjetivo, etc., p.ex. **in bad/good faith** em FAITH.

bade *pt de* BID[2]

badge /bædʒ/ *s* **1** distintivo, crachá **2** (*formal*) (*fig*) símbolo

badger /ˈbædʒər/ *s* texugo

ˌ**bad ˈhair day** *s* (*coloq*) dia de cão

ˌ**bad ˈlanguage** *s* linguagem chula

⚷ **badly** /ˈbædli/ *adv* (*comp* **worse** /wɜːrs/, *superl* **worst** /wɜːrst/) **1** mal: *It's badly made.* Está malfeito. **2** (*uso enfático*): *The house was badly damaged.* A casa estava bastante danificada. **3** (*necessitar, etc.*) com urgência LOC **(not) be badly off** (não) estar mal (de dinheiro)

badminton /ˈbædmɪntən/ *s* badminton

ˈ**bad-mouth** *vt* (*coloq*) falar mal de, criticar

⚷ ˌ**bad-ˈtempered** *adj* mal-humorado

baffle /ˈbæfl/ *vt* **1** confundir, desnortear **2** frustrar **baffling** *adj* que confunde

⚷ **bag** /bæg/ *s* bolsa, saco, sacola ➲ *Ver ilustração em* CONTAINER LOC **bags of sth** (*GB, coloq*) montanhas de algo ♦ **be in the bag** (*coloq*) estar no papo *Ver tb* LET, PACK

bagel /ˈbeɪgl/ *s* bagel (*pão em forma de anel*) ➲ *Ver ilustração em* PÃO

⚷ **baggage** /ˈbægɪdʒ/ *s* bagagem

ˈ**baggage claim** (*GB* ˈ**baggage reclaim**) *s* setor de bagagens

baggy /ˈbægi/ *adj* (**baggier**, **-iest**) (*roupas*) folgado

ˈ**bag lunch** (*GB* **packed lunch**) *s* almoço/sanduíche que se leva de casa

bagpipes /ˈbægpaɪps/ (*tb* **pipes**) *s* [*pl*] gaita de foles

baguette /bæˈget/ *s* baguete

bail /beɪl/ *substantivo, verbo*
▸ *s* [*não contável*] fiança, liberdade sob fiança: *He was granted bail.* Ele pode sair sob fiança.
▸ *v* PHR V **bail sb/sth out (of sth)** (*esp Fin*) salvar alguém/algo (de algo)

bailiff /ˈbeɪlɪf/ *s* **1** (*USA*) assistente do tribunal (*da polícia judicial*) **2** (*GB*) oficial de justiça

bailout /ˈbeɪlaʊt/ *s* (*Econ*) ajuda financeira (*a um país ou uma empresa*)

bait /beɪt/ *s* isca

⚷ **bake** /beɪk/ *vt, vi* (*pão, bolo, batata*) assar: *baking tray* assadeira ◇ *baked potato* batata assada com pele

baked ˈ**beans** *s* [*pl*] feijão com molho de tomate (*em lata*)

baker *s* **1** padeiro, -a **2 baker's** (*GB*) padaria ➲ *Ver nota em* AÇOUGUE **bakery** *s* (*pl* **bakeries**) padaria

⚷ **balance** /ˈbæləns/ *substantivo, verbo*
▸ *s* **1** equilíbrio: *to lose your balance* perder o equilíbrio **2** (*Fin*) saldo, balanço **3** (*instrumento*) balança LOC **be/hang in the balance** ter futuro incerto ♦ **catch/throw sb off balance** apanhar alguém desprevenido ♦ **on balance** (*GB*) considerando-se tudo
▸ *v* **1** *vi* ~ **(on sth)** equilibrar-se (sobre algo) **2** *vt* ~ **sth (on sth)** manter algo em equilíbrio (sobre algo) **3** *vt* equilibrar **4** *vt* compensar, contrabalançar **5** *vt, vi* (*contas*) (fazer) acertar

balcony /ˈbælkəni/ *s* (*pl* **balconies**) **1** sacada **2** (*Teat*) balcão

bald /bɔːld/ *adj* calvo, careca: *to go bald* ficar careca

⚷ **ball** /bɔːl/ *s* **1** (*Esporte*) bola **2** esfera **3** novelo **4** baile LOC **(be) on the ball** (estar) por dentro ♦ **get/set/start the ball rolling** (*conversa, atividade*) começar ♦ **have a ball** (*coloq*) divertir-se muito ♦ **play ball (with sb)** (*coloq*) (*fig*) entrar no jogo (com alguém)

ballad /ˈbæləd/ *s* balada

ˈ**ball boy** *s* (*Tênis*) catador de bola

ballerina /ˌbæləˈriːnə/ *s* bailarina

ballet /bæˈleɪ; *GB* ˈbæleɪ/ *s* balé: *ballet dancer* bailarino, -a

ˈ**ball game** *s* jogo de beisebol LOC **a (whole) different/new ball**

suitcase

backpack (*tb* **rucksack**)

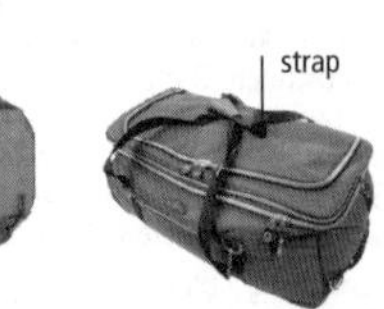

duffel bag (*GB* **holdall**)

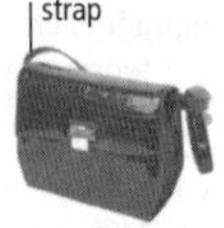

handbag (*USA tb* **purse**)

briefcase

carrier bag

basket

game (*coloq*): *It's a whole new ball game.* Agora são outros quinhentos.

ˈ**ball girl** *s* (*Tênis*) catadora de bola

balloon /bəˈluːn/ *s* balão

ballot /ˈbælət/ *s* votação: *absentee ballot* voto por correspondência

ˈ**ballot box** *s* urna (*eleitoral*)

ballpark /ˈbɔːlpɑːrk/ *s* **1** campo de beisebol **2** [*sing*]: *a ballpark figure* um cálculo/número aproximado

ˌ**ballpoint** ˈ**pen** (*tb* **ballpoint**) *s* (caneta) esferográfica

ballroom /ˈbɔːlruːm; -rʊm/ *s* salão de baile: *ballroom dancing* dança de salão

bamboo /ˌbæmˈbuː/ *s* bambu

ban /bæn/ *verbo, substantivo*

▸ *vt* (-nn-) proibir: *to ban sb from doing sth* proibir alguém de fazer algo

▸ *s* ~ **(on sth)** proibição (de algo)

banana /bəˈnænə; *GB* bəˈnɑːnə/ *s* banana: *banana skin* casca de banana

band /bænd/ *s* **1** (*Mús*) banda **2** (*de ladrões, etc.*) bando **3** faixa, fita **4** (*Rádio*) faixa **5** faixa: *the 25-35 age band* a faixa etária de 25 a 35 anos *Ver tb* RUBBER BAND

bandage /ˈbændɪdʒ/ *substantivo, verbo*

▸ *s* faixa (de gaze)

▸ *vt* ~ **sth (up)** enfaixar algo

ˈ**Band-Aid®** (*USA*) (*GB* **plaster**) *s* band-aid®, curativo

bandwagon /ˈbændwægən/ *s*

LOC **climb/jump on the bandwagon** (*coloq*) entrar na onda/moda

bandwidth /ˈbændwɪdθ/ *s* (*Informát*) largura de banda

bang /bæŋ/ *verbo, substantivo, advérbio, interjeição*

▸ *v* **1** *vt, vi* ~ **(on) sth** golpear algo: *He banged his fist on the table.* Ele deu um murro na mesa. ◇ *I banged the box down on the floor.* Atirei a caixa ao chão. ◇ *to bang (on) the door* bater na porta **2** *vt* ~ **your head, etc. (against/on sth)** bater a cabeça, etc. (contra algo) **3** *vi* ~ **into sth** chocar-se contra algo **4** *vi* (*porta, etc.*) bater

▸ *s* **1** golpe **2** explosão **3 bangs** [*pl*] (*GB* **fringe** [*sing*]) franja (de cabelo)

▸ *adv* (*esp GB, coloq*) justo, exatamente, completamente: *bang on time* na hora exata ◇ *bang up to date* totalmente em dia LOC **bang goes sth** (*GB, coloq*) ir algo por água abaixo: *Bang went his hopes of promotion.* E lá se foram as esperanças dele de promoção. ♦ **go bang** (*coloq*) explodir

▸ *interj* pum!, bang!

banger /ˈbæŋər/ *s* (*GB, coloq*) **1** salsicha **2** rojão **3** (*USA* **jalopy**) (*carro*) calhambeque

banish /ˈbænɪʃ/ *vt* desterrar, expulsar

banister /ˈbænɪstər/ *s* corrimão

bank /bæŋk/ *substantivo, verbo*

▸ *s* **1** banco: *bank manager* gerente de banco ◇ *bank statement* extrato bancário ◇ *bank account* conta bancária ◇ *bank balance* saldo bancário *Ver tb* BOTTLE BANK **2** barranca (*de rio, lago*) ➲ *Comparar com* SHORE LOC *Ver* BREAK

▸ *v* **1** *vt* (*dinheiro*) depositar (em banco) **2** *vi* ter conta (em um banco): *Who do you bank with?* Em que banco você tem conta? PHR V **bank on sb/sth** contar com alguém/algo **banker** *s* banqueiro, -a

ˌ**bank** ˈ**holiday** *s* (*GB*) feriado (nacional)

Na Grã-Bretanha há oito feriados em que os bancos fecham por lei. Normalmente caem na segunda-feira, de forma que se tem um final de semana prolongado, chamado **bank holiday weekend**: *We're coming back on bank holiday Monday.* Voltaremos no feriado da segunda-feira.

bankrupt /ˈbæŋkrʌpt/ *adj* falido: *to go bankrupt* falir **bankruptcy** *s* (*pl* bankruptcies) falência, quebra

banned *pt, pp de* BAN

banner /ˈbænər/ *s* faixa (de passeata), bandeira: *banner ads* banners publicitários

banning /ˈbænɪŋ/ *s* [*não contável*] proibição *Ver tb* BAN

banquet /ˈbæŋkwɪt/ *s* banquete

baptism /ˈbæptɪzəm/ *s* batismo

Baptist /ˈbæptɪst/ *s, adj* batista (*igreja protestante*)

baptize (*GB tb* **-ise**) /bæpˈtaɪz/ *vt* batizar

bar /bɑːr/ *substantivo, verbo, preposição*

▸ *s* **1** (*chocolate, sabão, etc.*) barra **2** (*café*) bar **3** balcão (*no bar*) **4** (*GB*) (*USA* **measure**) (*Mús*) compasso **5** barreira **6 the bar** [*sing*] (*Futebol*) o travessão *Ver tb* SPACE BAR LOC **behind bars** (*coloq*) atrás das grades

▸ *vt* (-rr-) ~ **sb from doing sth** impedir alguém de fazer algo LOC **bar the way** barrar o caminho

▸ *prep* exceto

barbarian /bɑːrˈberiən/ *s* bárbaro, -a **barbaric** /bɑːrˈbærɪk/ *adj* bárbaro

barbecue /ˈbɑːrbɪkjuː/ *s* churrasqueira, churrasco

B

barbed wire /ˌbɑːrbd ˈwaɪər/ *s* [*não contável*] arame farpado
barber /ˈbɑːrbər/ *s* barbeiro
barbershop /ˈbɑːrbərʃɑːp/ (*GB* **barber's**) *s* barbearia ➲ *Ver nota em* AÇOUGUE
ˈ**bar chart** (*tb* ˈ**bar graph**) *s* gráfico de barras
ˈ**bar code** *s* código de barras
bare /ber/ *adj* (**barer**, **-est**) **1** nu ➲ *Ver nota em* NAKED **2** descoberto **3**: *bare floors* pisos sem carpete ◇ *a room bare of furniture* uma sala sem móveis **4** mínimo: *the bare essentials* o mínimo essencial **barely** *adv* mal: *He can barely read.* Ele mal consegue ler.
barefoot /ˈberfʊt/ *adj adv* descalço
⚷ **bargain** /ˈbɑːrgən/ *substantivo, verbo*
▸ *s* **1** trato **2** barganha: *bargain prices* preços de banana LOC **in the bargain** (*GB* **into the bargain**) além disso *Ver tb* DRIVE
▸ *vi* **1** negociar **2** barganhar PHR V **bargain for/on sth** (*coloq*) esperar algo: *He got more than he bargained for.* Ele recebeu mais do que esperava. **bargaining** *s* [*não contável*] **1** negociação: *pay bargaining* negociações salariais **2** regateio
barge /bɑːrdʒ/ *s* barcaça
barista /bəˈriːstə/ *s* barista
baritone /ˈbærɪtoʊn/ *s* barítono
bark /bɑːrk/ *substantivo, verbo*
▸ *s* **1** casca (*de árvore*) **2** latido
▸ *v* **1** *vi* latir **2** *vt, vi* ~ **(out) sth** gritar algo (*ordens, perguntas*) **barking** *s* [*não contável*] latidos
barley /ˈbɑːrli/ *s* cevada
barmaid /ˈbɑːrmeɪd/ *s* (*GB*) (*USA* **bartender**) garçonete
barman /ˈbɑːrmən/ *s* (*pl* **-men** /ˈbɑːrmən/) (*esp GB*) (*USA* **bartender**) barman
barn /bɑːrn/ *s* celeiro
barometer /bəˈrɑːmɪtər/ *s* barômetro
baron /ˈbærən/ *s* barão
baroness /ˌbærəˈnes; *GB* ˈbærənəs/ *s* baronesa
barracks /ˈbærəks/ *s* (*pl* **barracks**) quartel
barrel /ˈbærəl/ *s* **1** barril, tonel **2** cano (*de arma*)
barren /ˈbærən/ *adj* árido, improdutivo
barrette /bæˈret/ (*GB* **hairslide**) *s* prendedor de cabelo
barricade /ˌbærɪˈkeɪd/ *substantivo, verbo*
▸ *s* barricada
▸ *vt* bloquear (com uma barricada) PHR V **barricade yourself in/inside** defender-se com barricadas
⚷ **barrier** /ˈbæriər/ *s* barreira
barrister /ˈbærɪstər/ *s* (*esp GB*) advogado, -a (*que trabalha nos tribunais*) ➲ *Ver nota em* ADVOGADO
barrow /ˈbæroʊ/ *s* carrinho de mão
bartender /ˈbɑːrtendər/ *s* **1** (*GB* **barman**) (*masc*) barman **2** (*GB* **barmaid**) (*fem*) garçonete (*no bar*)
⚷ **base** /beɪs/ *substantivo, verbo*
▸ *s* base LOC *Ver* TOUCH
▸ *vt* **1** basear **2 be based in/at…** ter base em…
baseball /ˈbeɪsbɔːl/ *s* beisebol
baseboard /ˈbeɪsbɔːrd/ (*GB* **skirting board**) *s* rodapé
basement /ˈbeɪsmənt/ *s* **1** porão **2** (*andar*) subsolo
bases 1 *pl de* BASE **2** *pl de* BASIS
bash /bæʃ/ *verbo, substantivo*
▸ *v* (*coloq*) **1** *vt, vi* golpear(-se) com força **2** *vt* ~ **your head, etc. (against/on sth)** bater a cabeça, etc. (contra/em algo)
▸ *s* (*coloq*) golpe forte LOC **have a bash (at sth)** (*GB, coloq*) tentar (algo)
⚷ **basic** /ˈbeɪsɪk/ *adj* **1** fundamental **2** básico **3** elementar **basics** *s* [*pl*] o essencial, o básico
⚷ **basically** /ˈbeɪsɪkli/ *adv* basicamente
basil /ˈbeɪzl; ˈbæzl/ *s* manjericão
basin /ˈbeɪsn/ *s* **1** (*esp GB*) *Ver* WASHBASIN **2** (*tigela, Geog*) bacia
⚷ **basis** /ˈbeɪsɪs/ *s* (*pl* **bases** /-siːz/) base: *on the basis of sth* baseando-se em algo ◇ *Payment will be made on a monthly basis.* O pagamento será efetuado todo mês. ◇ *on a regular basis* regularmente
basket /ˈbæskɪt; *GB* ˈbɑːskɪt/ *s* **1** cesta, cesto ➲ *Ver ilustração em* BAG **2** (*Esporte*) cesta: *to make/shoot a basket* marcar um ponto LOC *Ver* EGG
basketball /ˈbæskɪtbɔːl; *GB* ˈbɑːskɪt-/ *s* basquete
bass /beɪs/ *substantivo, adjetivo*
▸ *s* **1** [*não contável*] grave: *to turn up the bass* aumentar o (som) grave **2** (*cantor*) baixo **3** (*tb* **bass guitar**) baixo (elétrico) **4** *Ver* DOUBLE BASS
▸ *adj* grave: *bass clef* clave de fá
bat /bæt/ *substantivo, verbo*
▸ *s* **1** (*Beisebol, Críquete*) bastão, taco **2** (*GB*) (*USA* **paddle**) (*Tênis de mesa*) raquete **3** morcego
▸ *vt, vi* (**-tt-**) dar tacada (em) LOC **not bat an eye** (*GB* **not bat an eyelid**) (*coloq*) não pestanejar
batch /bætʃ/ *s* **1** lote **2** (*de pessoas*) leva **3** (*de pão, etc.*) fornada

bath /bæθ; *GB* bɑːθ/ *s* (*pl* **baths** /bæðz; *GB* bɑːðz/) **1** banho: *to take/have a bath* tomar banho **2** (*GB*) *Ver* BATHTUB *Ver tb* BUBBLE BATH

bathe /beɪð/ **1** *vt* (*olhos, ferida*) lavar **2** *vi* tomar banho de mar, rio, etc. **3** *vt* (*GB* **bath**) dar banho em

bathrobe /ˈbæθroʊb; *GB* ˈbɑːθ-/ (*GB* **dressing gown**) *s* roupão de banho, robe

bathroom /ˈbæθruːm; -rʊm; *GB* ˈbɑːθ-/ *s* **1** banheiro **2** toalete

No inglês americano, diz-se **bathroom** se estivermos em uma casa, e **men's room, women's/ladies' room**, ou **restroom** em um edifício público.

No inglês britânico, diz-se **toilet** ou **loo** (*coloq*) para nos referirmos aos banheiros das casas, e **the Gents, the Ladies, toilets, cloakroom** ou **WC** para banheiros em locais públicos.

bathtub /ˈbæθtʌb; *GB* ˈbɑːθ-/ *s* banheira

baton /bəˈtɑːn; *GB* ˈbætɒn/ *s* **1** (*polícia*) cassetete **2** (*Mús*) batuta **3** (*Esporte*) bastão

battalion /bəˈtæliən/ *s* batalhão

batter /ˈbætər/ **1** *vt* espancar: *to batter sb to death* matar alguém a pancadas **2** *vt, vi* ~ **(at/on) sth** dar murro em algo PHR V **batter sth down** derrubar algo

battered *adj* **1** estropiado **2** (*mulher, criança*) violentado

battery /ˈbætri/ *s* (*pl* **batteries**) **1** (*Eletrôn*) bateria, pilha **2** (*GB*): *battery hens* galinhas criadas industrialmente ➲ *Comparar com* FREE-RANGE

battle /ˈbætl/ *substantivo, verbo*
▸ *s* batalha, luta: *pitched battle* batalha campal LOC *Ver* FIGHT, WAGE
▸ *vi* ~ **(with/against sb/sth) (for sth)** lutar (com/contra alguém/algo) (por algo)

battlefield /ˈbætlfiːld/ (*tb* **battleground** /ˈbætlgraʊnd/) *s* campo de batalha

battleship /ˈbætlʃɪp/ *s* encouraçado

bauble /ˈbɔːbl/ *s* penduricalho, bugiganga

bawl /bɔːl/ **1** *vi* berrar **2** *vt* ~ **sth (out)** gritar algo

bay /beɪ/ *substantivo, verbo*
▸ *s* **1** baía **2** zona: *loading bay* zona de abastecimento **3** cavalo baio **4**: *bay leaf/tree* louro/loureiro LOC **hold/keep sb/sth at bay** manter alguém/algo a distância
▸ *vi* uivar

bayonet /ˈbeɪənət/ *s* baioneta

bay ˈwindow *s* janela (*saliente*)

bazaar /bəˈzɑːr/ *s* **1** bazar **2** bazar beneficente

B.C. (*tb* **BC**) /ˌbiː ˈsiː/ *abrev de* **before Christ** antes de Cristo

be /bi; biː/ *verbo* ❶ Para os usos de **be** com **there** ver THERE.
▸ *vi* **1** ser: *Life is unfair.* A vida é injusta. ◇ *"Who is it?" "It's me."* —Quem é?—Sou eu. ◇ *It's John's.* É de John. ◇ *Be quick!* Anda logo!◇ *I was late.* Cheguei atrasado. **2** (*estado*) estar: *How are you?* Como está? ◇ *Is he alive?* Ele está vivo? **3** (*localização*) estar: *Mary's upstairs.* Mary está lá em cima. **4** (*origem*) ser: *She's from Italy.* Ela é italiana. **5** (*só em tempos perfeitos*) visitar: *I've never been to Spain.* Nunca fui à Espanha. ◇ *Has the mailman been yet?* O carteiro já veio? ◇ *I've been downtown.* Fui ao centro. ❶ Às vezes **been** é utilizado como particípio de **go**. ➲ *Ver nota em* GO **6** (*idade*) ter: *He is ten (years old).* Ele tem dez anos. ➲ *Ver notas em* OLD, YEAR **7** estar com

Em português usa-se *estar com* com substantivos como *calor, frio, fome, sede*, etc., ao passo que em inglês usa-se **be** com o adjetivo correspondente: *I'm*

be

present simple			**past simple**
afirmativo		**negativo**	
	formas contraídas	*formas contraídas*	
I **am**	I**'m**	I**'m not**	I **was**
you **are**	you**'re**	you **aren't**	you **were**
he/she/it **is**	he**'s**/she**'s**/it**'s**	he/she/it **isn't**	he/she/it **was**
we **are**	we**'re**	we **aren't**	we **were**
you **are**	you**'re**	you **aren't**	you **were**
they **are**	they**'re**	they **aren't**	they **were**

forma em -ing **being** *particípio passado* **been**

hot/afraid. Estou com calor. ◇ *Are you in a hurry?* Você está com pressa?

B

8 (*tempo*): *It's cold/hot.* Está frio/quente. ◇ *It's foggy.* Está nebuloso. **9** (*medida*) medir: *He is six feet tall.* Ele mede 1,80 m. **10** (*hora*) ser: *It's two o'clock.* São duas horas. **11** (*preço*) custar: *How much is that dress?* Quanto custa aquele vestido? **12** (*Mat*) ser: *Two and two is/are four.* Dois e dois são quatro. LOC **sth is what it is** (*coloq*) é isso aí ℹ Para outras expressões com **be**, ver os verbetes do substantivo, adjetivo, etc, p.ex. **be a drain on sth** em DRAIN.

▸ *v aux* **1** (*com particípios para formar a voz passiva*) ser: *It was built in 1985.* Foi construído em 1985. ◇ *He was killed in the war.* Ele foi morto na guerra. ◇ *It is said that he is rich/He is said to be rich.* Dizem que ele é rico. **2** (*com -ing para formar os tempos contínuos*): *What are you doing?* O que você está fazendo? ◇ *I'm just coming!* Já vou! **3** (*com infinitivo*): *I am to inform you that...* Devo informar-lhe que... ◇ *They were to be married.* Eles iam se casar. **4** (*em perguntas*): *He isn't here, is he?* Ele não está aqui, está? ◇ *I'm right, aren't I?* Eu tenho razão, não tenho?

beach /biːtʃ/ *substantivo, verbo*
▸ *s* praia
▸ *vt* encalhar

bead /biːd/ *s* **1** conta **2 beads** [*pl*] colar de contas **3** (*de suor, etc.*) gota

beak /biːk/ *s* bico

beaker /ˈbiːkər/ *s* **1** proveta (*descartável*) **2** (*GB*) copo de plástico/papel

beam /biːm/ *substantivo, verbo*
▸ *s* **1** viga, trave **2** (*de luz*) feixe **3** (*de lanterna, etc.*) facho de luz
▸ *v* **1** *vi* ~ **(at sb)** sorrir (com alegria) (para alguém) **2** *vt* transmitir (*programa, mensagem*)

bean /biːn/ *s* **1** feijão: *kidney beans* feijão roxinho ◇ *bean sprouts* broto de feijão **2** vagem **3** (*café, cacau*) grão *Ver tb* JELLY BEAN

bear /ber/ *verbo, substantivo*
▸ *v* (*pt* **bore** /bɔːr/, *pp* **borne** /bɔːrn/) **1** *vt* suportar **2** *vt* resistir a: *It won't bear close examination.* Não resistirá a um exame detalhado. ◇ *It doesn't bear thinking about.* Ter arrepios só de pensar. **3** *vt* (*peso*) sustentar **4** *vt* (*despesas*) responsabilizar-se por **5** *vt* (*responsabilidade*) assumir **6** *vt* (*rancor, etc.*) guardar **7** *vt* (*assinatura, etc.*) levar **8** *vt* (*formal*) (*filho*) dar à luz **9** *vt* (*colheita, resultado*) produzir **10** *vi* (*estrada, etc.*) tomar uma determinada direção LOC **bear a resemblance to sb/sth** parecer com alguém/algo ◆ **bear little relation to sth** ter pouco a ver com algo ◆ **bear sb/sth in mind** ter alguém/algo em mente, lembrar alguém/algo *Ver tb* GRIN PHR V **bear sb/sth out** confirmar algo/a suspeita de alguém sobre algo ◆ **bear up (against/under sth)** aguentar (algo): *He's bearing up well under the strain of losing his job.* Ele está se segurando bem diante da pressão de perder o emprego. ◆ **bear with sb** ter paciência com alguém
▸ *s* urso *Ver tb* TEDDY BEAR

bearable /ˈberəbl/ *adj* tolerável

beard /bɪrd/ *s* barba **bearded** *adj* barbado, com barba

bearer /ˈberər/ *s* **1** (*notícias, cheque*) portador, -ora **2** (*formal*) (*documento*) titular

bearing /ˈberɪŋ/ *s* (*Náut*) marcação LOC **find/get/take your bearings** orientar-se ◆ **have a/no bearing on sth** ter/não ter relação com algo

beast /biːst/ *s* animal, besta: *wild beasts* feras

beat /biːt/ *verbo, substantivo*
▸ *v* (*pt* **beat**, *pp* **beaten** /ˈbiːtn/) **1** *vt* ~ **sb (at sth)** derrotar alguém (em algo): *She beat me at chess.* Ela me derrotou no xadrez. **2** *vt* golpear **3** *vt* (*metal, ovos, asas*) bater **4** *vt* (*tambor*) tocar **5** *vt, vi* ~ **(against/on) sth** bater em algo **6** *vi* (*coração*) bater **7** *vt* (*superar*) bater: *to beat the world record* bater o recorde mundial ◇ *Nothing beats home cooking.* Não há nada melhor do que comida caseira. LOC **beat around the bush** (*GB* **beat about the bush**) fazer rodeios ◆ **off the beaten track** (num lugar) fora do mapa PHR V **beat sb to it/sth** chegar primeiro: *Book now before sb beats you to it!* Seja o primeiro a fazer a reserva! ◆ **beat sb up** (*tb* **beat up on sb**) dar uma surra em alguém
▸ *s* **1** ritmo **2** (*tambor*) toque **3** (*polícia*) ronda **beating** *s* **1** (*castigo, derrota*) surra **2** (*porta, etc.*) bater **3** (*coração*) batida LOC **take some beating** (*GB*) ser difícil de superar

beautician /bjuːˈtɪʃn/ *s* esteticista

beautiful /ˈbjuːtɪfl/ *adj* **1** lindo **2** magnífico

beautifully /ˈbjuːtɪfli/ *adv* maravilhosamente

beauty /ˈbjuːti/ *s* (*pl* **beauties**) beleza: *beauty salon/parlor* salão de beleza

ˈ**beauty spot** *s* **1** pinta (*marca no rosto*) **2** (*GB*) paisagem de grande beleza

beaver /ˈbiːvər/ *s* castor

B

became *pt de* BECOME

because /bɪˈkɔːz; *GB* bɪˈkɒz/ *conj* porque

beˈcause of *prep* por causa de, devido a: *because of you* por causa de você

beckon /ˈbekən/ **1** *vi* ~ **to sb** acenar para alguém **2** *vt* chamar através de sinais

become /bɪˈkʌm/ *vi* (*pt* **became** /bɪˈkeɪm/, *pp* **become**) **1** (*com substantivo*) tornar-se, transformar-se em, fazer--se: *She became a doctor.* Ela se tornou médica. **2** (*com adjetivo*) ficar, virar: *to become fashionable* virar moda ◇ *She became aware that...* Ela se deu conta de que... *Ver tb* GET LOC **become of sb/sth** ser (feito) de alguém/algo: *What became of him?* Que fim levou ele?

bed /bed/ *s* **1** cama: *a single/double bed* uma cama de solteiro/casal ◇ *to make the bed* fazer a cama

Note que nas seguintes expressões não se usa o artigo definido em inglês: *to go to bed* ir para a cama ◇ *It's time for bed.* É hora de ir para a cama.

2 leito (*de rio*) **3** fundo (*do mar*) **4** *Ver* FLOWER BED LOC *Ver* WET

ˌbed and ˈbreakfast (*abrev* **B and BB & B**) *s* **1** pousada, hotel **2** (*GB*) cama e café

bedding /ˈbedɪŋ/ *s* [*não contável*] (*tb* **bedclothes** /ˈbedkloʊðz/ [*pl*]) roupa de cama

bedroom /ˈbedruːm; -rʊm/ *s* quarto (de dormir)

bedside /ˈbedsaɪd/ *s* cabeceira: *bedside table* criado-mudo

bedsit /ˈbedsɪt/ *s* (*GB*) (apartamento) conjugado

bedspread /ˈbedspred/ *s* colcha

bedtime /ˈbedtaɪm/ *s* hora de dormir

bee /biː/ *s* abelha

beech /biːtʃ/ (*tb* ˈ**beech tree**) *s* faia

beef /biːf/ *s* carne de vaca: *roast beef* rosbife ➲ *Ver nota em* CARNE

beefburger /ˈbiːfbɜːrgər/ *s* (*GB*) (*USA* **hamburger**) hambúrguer

beehive /ˈbiːhaɪv/ *s* colmeia

been /bɪn; *GB* biːn/ *pp de* BE

beep /biːp/ *verbo, substantivo*

▸ *v* **1** *vi* (*despertador*) tocar **2** *vt, vi* (*carro*) buzinar

▸ *s* **1** apito **2** som da buzina

beer /bɪr/ *s* cerveja *Ver tb* ROOT BEER

beet /biːt/ (*GB* **beetroot** /ˈbiːtruːt/) *s* beterraba

beetle /ˈbiːtl/ *s* besouro

before /bɪˈfɔːr/ *advérbio, preposição, conjunção*

▸ *adv* antes: *the day/week before* o dia/a semana anterior ◇ *I've never seen her before.* Nunca a vi antes.

▸ *prep* **1** antes de: *before lunch* antes do almoço ◇ *He arrived before me.* Ele chegou antes de mim. ◇ *the day before yesterday* anteontem **2** diante de: *right before my eyes* diante de meus próprios olhos **3** na frente de: *He puts his work before everything else.* Ele põe o trabalho na frente de tudo.

▸ *conj* antes que

beforehand /bɪˈfɔːrhænd/ *adv* de antemão

beg /beg/ (-gg-) **1** *vt, vi* ~ **sth (from sb)**; ~ **(for sth) (from sb)** mendigar (algo) (a alguém): *They had to beg (for) scraps from storekeepers.* Tiveram que mendigar sobras aos vendedores. **2** *vt* ~ **sb to do sth** suplicar a alguém que faça algo **3** *vt, vi* ~ **(sb) (for sth)** implorar (algo) (de/a alguém): *I begged him for forgiveness/more time.* Eu lhe implorei perdão/mais tempo. LOC **I beg your pardon** (*formal*) perdão ❶ Diz-se **I beg your pardon** para pedir a alguém perdão ou que repita o que disse. **beggar** *s* mendigo, -a **begging** *s* mendicância

begin /bɪˈgɪn/ *vt, vi* (*pt* **began** /bɪˈgæn/, *pp* **begun** /bɪˈgʌn/, *part pres* **beginning**) ~ **(doing/to do sth)** começar (a fazer algo): *Shall I begin?* Posso começar? ➲ *Ver nota em* START LOC **to begin with 1** para começar **2** a princípio **beginner** *s* principiante

beginning /bɪˈgɪnɪŋ/ *s* **1** começo, princípio: *from beginning to end* do início ao fim

At the beginning é usado para se referir ao lugar e à data em que algo começou: *at the beginning of the 19th century* no começo do século XIX. **In the beginning** significa "a princípio" e sugere contraste com uma situação posterior: *In the beginning he didn't want to go.* No começo ele não queria ir.

2 origem

begrudge /bɪˈgrʌdʒ/ *vt* **1** regatear: *to begrudge doing sth* fazer algo de má vontade **2** invejar: *You don't begrudge him his success, do you?* Você não pensa que o sucesso dele não seja merecido, não?

behalf /bɪˈhæf; *GB* bɪˈhɑːf/ *s* LOC **in/on behalf of sb**; **in/on sb's behalf** em nome de alguém

behave /bɪˈheɪv/ *vi* **1** ~ **well, badly, etc. (toward sb)** comportar-se bem, mal, etc. (com alguém) **2** ~ **(yourself)**

comportar-se (bem): *Behave yourself!* Comporte-se! **3 -behaved**: *well-/badly-behaved* bem-comportado/malcomportado

behavior (*GB* **behaviour**) /bɪˈheɪvjər/ *s* comportamento **behavioral** (*GB* **behavioural**) *adj* comportamental: *behavioural problems* problemas de comportamento

behind /bɪˈhaɪnd/ *preposição, advérbio, substantivo* ❶ Para o uso de **behind** em PHRASAL VERBS, ver os verbetes dos verbos correspondentes, p.ex. **stay behind** em STAY.

▸ *prep* **1** atrás de: *I put it behind the dresser.* Coloquei-o atrás do armário. **2** atrasado em relação a: *to be behind schedule* estar atrasado (em relação a um plano) **3** a favor de **4** por trás de: *What's behind this sudden change?* O que há por trás dessa mudança repentina?

▸ *adv* **1** atrás: *to look behind* olhar para atrás ◇ *He was shot from behind.* Atiraram nele pelas costas. ◇ *to leave sth behind* deixar algo para trás **2** ~ **(with/in sth)** atrasado (com algo)

▸ *s* traseiro

beige /beɪʒ/ *adj, s* (*cor*) bege

being /ˈbiːɪŋ/ *s* **1** ser: *human beings* seres humanos **2** existência LOC **come into being** nascer, originar-se

belated /bɪˈleɪtɪd/ *adj* tardio

belch /beltʃ/ *verbo, substantivo*

▸ *vi* arrotar

▸ *s* arroto

belief /bɪˈliːf/ *s* **1** crença **2** ~ **in sth/sb** confiança, fé em algo/alguém LOC **beyond belief** inacreditável ◆ **in the belief that...** pensando que... *Ver tb* BEST

believe /bɪˈliːv/ *vt, vi* crer, acreditar: *I believe so.* Acredito que sim. LOC **believe it or not** acredite se quiser *Ver tb* LEAD[1] PHR V **believe in sb** ter confiança em alguém ◆ **believe in sb/sth** acreditar em algo/alguém ◆ **believe in sth** acreditar, crer em algo **believable** *adj* acreditável **believer** *s* crente, pessoa que crê LOC **be a (great/firm) believer in sth** ser (grande) partidário de algo

bell /bel/ *s* **1** sino, sineta **2** campainha: *to ring the bell* tocar a campainha LOC *Ver* RING[2]

ˈ**bell-bottoms** *s* [*pl*] calça boca de sino

bellhop /ˈbelhɑːp/ (*tb* **bellboy** /ˈbelbɔɪ/) *s* carregador de malas (*em hotéis*)

bellow /ˈbeloʊ/ *verbo, substantivo*

▸ *v* **1** *vi* urrar **2** *vt, vi* berrar

▸ *s* **1** urro **2** berro

ˈ**bell pepper** (*GB* **pepper**) *s* pimentão

belly /ˈbeli/ *s* (*pl* **bellies**) **1** (*pessoa*) barriga, ventre **2** (*animal*) pança

bellyache /ˈbelieɪk/ *vi* (*coloq*) choramingar

ˈ**belly button** *s* (*coloq*) umbigo

ˈ**belly dancing** *s* dança do ventre

belong /bɪˈlɔːŋ; *GB* bɪˈlɒŋ/ *vi* **1** ~ **to sb/sth** pertencer a alguém/algo: *Who does this belong to?* De quem é isso? **2**: *Where does this belong?* Onde se guarda isso? **3** ~ **to sth** ser membro/sócio de algo **belongings** *s* [*pl*] pertences

below /bɪˈloʊ/ *preposição, advérbio*

▸ *prep* abaixo de, debaixo de: *five degrees below freezing* cinco graus abaixo de zero

▸ *adv* abaixo, embaixo: *above and below* em cima e embaixo

belt /belt/ *s* **1** cinto *Ver tb* SEAT BELT **2** (*Mec*) cinta, correia *Ver tb* CONVEYOR BELT **3** (*Geog*) zona LOC **be below the belt** ser um golpe baixo: *That remark was below the belt.* Aquele comentário foi um golpe baixo.

beltway /ˈbeltweɪ/ (*tb* ˈ**outer belt**) (*GB* **ring road**) *s* anel rodoviário

bemused /bɪˈmjuːzd/ *adj* perplexo

bench /bentʃ/ *s* **1** (*assento*) banco (*num parque, etc.*) **2 the bench** [*sing*] a magistratura **3** (*GB*) (*Pol*): *There was cheering from the Opposition benches.* A bancada da oposição estava vibrando. **4 the bench** [*sing*] (*Esporte*) a reserva

benchmark /ˈbentʃmɑːrk/ *s* ponto de referência

bend /bend/ *verbo, substantivo*

▸ *v* (*pt, pp* **bent** /bent/) **1** *vt, vi* dobrar(-se), curvar(-se) **2** *vi* ~ **(down)** agachar-se, inclinar-se

▸ *s* **1** curva **2** (*cano*) dobra LOC **around the bend** (*GB* **round the bend**) (*coloq*) louco: *She's gone completely round the bend.* Ela enlouqueceu completamente.

beneath /bɪˈniːθ/ *preposição, advérbio*

▸ *prep* (*formal*) **1** abaixo de, debaixo de **2** indigno de

▸ *adv* (*formal*) debaixo

benefactor /ˈbenɪfæktər/ *s* (*formal*) benfeitor, -ora

beneficial /ˌbenɪˈfɪʃl/ *adj* benéfico, proveitoso

benefit /ˈbenɪfɪt/ *substantivo, verbo*

▸ *s* **1** benefício: *to be of benefit to sb* ser benéfico para alguém **2** ação

beneficente **3** subsídio: *unemployment benefit* auxílio-desemprego LOC **give sb the benefit of the doubt** dar uma segunda chance a alguém
▸ *v* (-t- *ou* -tt-) **1** *vt* beneficiar **2** *vi* ~ **(from/by sth)** beneficiar-se, tirar proveito (de algo)

benevolent /bəˈnevələnt/ *adj* **1** (*formal*) benevolente **2** caridoso **benevolence** *s* (*formal*) benevolência

benign /bɪˈnaɪn/ *adj* benigno

bent /bent/ *adj* curvado, torcido, dobrado LOC **bent on (doing) sth** determinado a (fazer) algo *Ver tb* BEND

bequeath /bɪˈkwiːð/ *vt* ~ **sth (to sb)** (*formal*) legar algo (a alguém)

bequest /bɪˈkwest/ *s* (*formal*) legado

bereaved /bɪˈriːvd/ *adjetivo, substantivo*
▸ *adj* (*formal*) de luto: *recently bereaved families* famílias que perderam recentemente um ente querido
▸ *s* **the bereaved** (*pl* the bereaved) (*formal*) o enlutado, a enlutada **bereavement** *s* luto

beret /bəˈreɪ; *GB* ˈbereɪ/ *s* boina

Bermuda shorts /bərˌmjuːdə ˈʃɔːrts/ (*tb* **Bermudas**) *s* [*pl*] bermuda ➲ *Ver notas em* CALÇA, PAIR

berry /ˈberi/ *s* (*pl* **berries**) fruto silvestre

berserk /bərˈzɜːrk; -ˈsɜːrk/ *adj* louco de raiva: *to go berserk* perder a cabeça

berth /bɜːrθ/ *substantivo, verbo*
▸ *s* **1** (*navio*) beliche **2** (*trem*) cabine **3** (*Náut*) ancoradouro
▸ *vt, vi* atracar (*um navio*)

beset /bɪˈset/ *vt* (*pt, pp* **beset**; *part pres* **besetting**) (*formal*) assediar: *beset by doubts* corroído de dúvidas

beside /bɪˈsaɪd/ *prep* junto de, ao lado de LOC **beside yourself (with sth)** fora de si (por causa de algo)

besides /bɪˈsaɪdz/ *preposição, advérbio*
▸ *prep* **1** além de **2** exceto: *No one writes to me besides you.* Ninguém me escreve além de você.
▸ *adv* além disso

besiege /bɪˈsiːdʒ/ *vt* **1** sitiar **2** (*fig*) assediar

best /best/ *adjetivo, advérbio, substantivo*
▸ *adj* (*superl de* **good**) melhor: *the best dinner I've ever had* o melhor jantar de minha vida ◇ *the best soccer player in the world* o melhor jogador de futebol do mundo ◇ *my best friend* meu melhor amigo *Ver tb* GOOD, BETTER LOC **best before**: *best before May 2020* consumir antes de maio de 2020 ◆ **best wishes**: *Best wishes, Ann.* Abraços, Ann. ◇ *Give her my best wishes.* Dê lembranças a ela. ◆ **the/your best bet** (*coloq*) a/sua melhor opção
▸ *adv* (*superl* **well**) **1** mais bem, melhor: *best dressed* mais bem-vestido ◇ *Do as you think best.* Faça o que achar melhor. **2** mais: *his best-known book* seu livro mais famoso ◇ *Which one do you like best?* Qual você prefere? LOC **as best you can** o melhor que puder ◆ **I'd, etc. best (do sth)** *Ver* I'D, ETC. BETTER (DO STH) *em* BETTER
▸ *s* **the best** [*sing*] o melhor: *to want the best for sb* querer o melhor para alguém ◇ *She's the best by far.* Ela é de longe a melhor. ◇ *We're (the) best of friends.* Somos ótimos amigos. LOC **all the best** (*coloq*) **1** tudo de melhor **2** (*em cartas*) saudações ◆ **at best** na melhor das hipóteses ◆ **be at its/your best** estar em seu melhor momento ◆ **do/try your best** fazer o melhor possível ◆ **make the best of sth** tirar o melhor partido possível de algo ◆ **to the best of your knowledge/belief** que você saiba

best ˈman *s* padrinho (de casamento) ➲ *Ver nota em* CASAMENTO

bestseller (*tb* **best seller**) /ˌbestˈselər/ *s* sucesso de vendas, best-seller **bestselling** (*tb* **best-selling**) *adj* mais vendido

bet /bet/ *verbo, substantivo*
▸ *vt, vi* (*pt, pp* **bet**; *part pres* **betting**) ~ **(on) sth** apostar (em) algo: *I bet you (that) he doesn't come.* Aposto (com você) que ele não vem. LOC **I bet!** (*coloq*) **1** imagino!: *"I nearly died when she told me." "I bet!"* —Quase morri quando ela me contou. —Imagino. **2** duvido!: *"I'll do it." "Yeah, I bet!"* —Farei isso. —Duvido! ◆ **you bet...** (*coloq*) você acertou na mosca
▸ *s* aposta: *to place/put a bet (on sth)* apostar (em algo) LOC *Ver* BEST

betide /bɪˈtaɪd/ *v* LOC *Ver* WOE

betray /bɪˈtreɪ/ *vt* **1** (*país, princípios*) trair **2** (*segredo*) revelar **betrayal** *s* traição

better /ˈbetər/ *adjetivo, advérbio, substantivo*
▸ *adj* (*comp* **good**) melhor: *It was better than I expected.* Foi melhor do que eu esperava. ◇ *He's much better today.* Ele está muito melhor hoje. *Ver tb* BEST, GOOD LOC **be little/no better than...** não passar de...: *He is no better than a common thief.* Ele não passa de um ladrão comum. ◆ **get better** melhorar ◆ **have seen/known better days** estar gasto, não ser mais o que era *Ver tb* ALL, CHANGE, PART

▸ *adv* **1** (*comp* **well**) melhor: *She sings better than me/than I (do).* Ela canta melhor do que eu. **2** mais: *I like him better than before.* Gosto mais dele agora do que antes. LOC **be better off (doing sth)**: *He'd be better off leaving now.* Seria melhor (para ele) que ele fosse agora. ◆ **be better off (without sb/sth)** estar melhor (sem alguém/algo) ◆ **better late than never** (*refrão*) antes tarde do que nunca ◆ **better safe than sorry** (*refrão*) melhor prevenir do que remediar ◆ **I'd, etc. better (do sth)** é melhor (que se faça algo): *I'd better be going now.* Devo ir agora. *Ver tb* CHANGE, KNOW, SOON

▸ *s* (algo) melhor, mais: *I expected better of him.* Eu esperava mais dele. LOC **get the better of sb** levar vantagem sobre alguém: *His shyness got the better of him.* A timidez o venceu.

ˌbetter ˈhalf (*GB* **other half**) *s* (*coloq, hum*) outra metade

ˈbetting shop *s* (*GB*) casa de apostas

between /bɪˈtwiːn/ *preposição, advérbio*

▸ *prep* entre (*duas coisas/pessoas*) ➲ *Ver ilustração em* ENTRE

▸ *adv* (*tb* **in beˈtween**) no meio

beverage /ˈbevərɪdʒ/ *s* (*formal*) bebida

beware /bɪˈwer/ *vi* ~ **(of sb/sth)** ter cuidado (com alguém/algo) ❶ Utiliza-se **beware** somente no imperativo e infinitivo: *Beware of the dog.* Cão bravo.

bewilder /bɪˈwɪldər/ *vt* confundir **bewildered** *adj* perplexo **bewildering** *adj* desorientador **bewilderment** *s* perplexidade

bewitch /bɪˈwɪtʃ/ *vt* enfeitiçar, encantar

beyond /bɪˈjɑːnd/ *prep, adv* além (de) LOC **be beyond sb** (*coloq*): *It's beyond me.* Está além da minha compreensão.

BF (*tb* **bf**) /ˌbiː ˈef/ *abrev* (*coloq*) (*esp em mensagens de texto, etc.*) **1** (*abrev de* **boyfriend**) namorado **2** (*abrev de* **best friend**) melhor amigo, -a

BFN *abrev de* **bye for now** (*esp em mensagens de texto, etc.*) até mais

bias /ˈbaɪəs/ *s* **1** ~ **towards sb/sth** predisposição em relação a alguém/algo **2** ~ **against sb/sth** preconceito contra alguém/algo **3** parcialidade **biased** *adj* parcial

bib /bɪb/ *s* babador

Bible /ˈbaɪbl/ *s* Bíblia **biblical** (*tb* **Biblical**) /ˈbɪblɪkl/ *adj* bíblico

bibliography /ˌbɪbliˈɑːgrəfi/ *s* (*pl* **bibliographies**) bibliografia

biceps /ˈbaɪseps/ *s* (*pl* **biceps**) bíceps

bicker /ˈbɪkər/ *vi* ~ **(about/over sth)** bater boca (sobre/a respeito de algo)

bicycle /ˈbaɪsɪkl/ *s* bicicleta: *to ride a bicycle* andar de bicicleta

bid[1] /bɪd/ *verbo, substantivo*

▸ *vi* (*pt, pp* **bid**; *part pres* **bidding**) **1** (*leilão*) fazer uma oferta **2** (*Com*) licitar

▸ *s* **1** (*leilão*) lance **2** (*Com*) licitação: *a takeover bid* uma oferta **3** tentativa: *He made a bid for freedom.* Ele tentou obter a liberdade. **bidder** *s* lançador, -ora; licitante

bid[2] /bɪd/ *vi* (*pt* **bade** /beɪd; bæd/, *pp* **bidden** /ˈbɪdn/, *part pres* **bidding**) LOC *Ver* FAREWELL

bide /baɪd/ *vt* LOC **bide your time** esperar pelo momento certo

bidet /bɪˈdeɪ; *GB* ˈbiːdeɪ/ *s* bidê

biennial /baɪˈeniəl/ *adj* bienal

big /bɪg/ *adjetivo, advérbio, verbo*

▸ *adj* (**bigger, -est**) **1** grande: *the biggest desert in the world* o maior deserto do mundo ❶ **Big** e **large** descrevem o tamanho, capacidade ou quantidade de algo, porém **big** é menos formal. **2** maior, mais velho: *my big sister* minha irmã mais velha **3** (*decisão*) importante **4** (*erro*) grave **5** (*coloq*) do momento: *The band's very big in Japan.* A banda faz muito sucesso no Japão. LOC **a big fish/name/noise/shot** um manda-chuva ◆ **big business**: *This is big business.* É um negócio da China. ◆ **big deal!** (*irôn, coloq*) e daí! *Ver tb* FISH

▸ *adv* sem limitações: *Let's think big.* Vamos pensar grande.

▸ *v* (**-gg-**) PHR V **big sb/sth up** (*GB, coloq*) fazer altos elogios a alguém/algo

bigamy /ˈbɪgəmi/ *s* bigamia

the ˌBig ˈApple *s* [*sing*] (*coloq*) Nova York

biggie /ˈbɪgi/ *s* (*coloq*) coisa, pessoa ou evento importante

ˈbig-head *s* (*coloq, pej*) convencido, -a **ˌbig-ˈheaded** *adj* (*coloq, pej*) convencido, metido

bigoted /ˈbɪgətɪd/ *adj* fanático, intolerante

ˈbig time *substantivo, advérbio*

▸ *s* **the big time** (*coloq*) o estrelato

▸ *adv* (*coloq*): *He messed up big time.* Ele pisou na bola.

bike /baɪk/ *s* (*coloq*) **1** bicicleta **2** moto **biker** *s* motociclista **biking** /ˈbaɪkɪŋ/ *s* **1** ciclismo **2** motociclismo

bikini /bɪˈkiːni/ *s* (*pl* **bikinis**) biquíni

bilingual /ˌbaɪˈlɪŋgwəl/ *adj* bilíngue

bill /bɪl/ *substantivo, verbo*
▸ *s* **1** fatura, conta: *phone/gas bills* contas de telefone/gás ◇ *a bill for 5,000 dollars* uma conta de 5.000 dólares **2** (*GB* **note**) nota (*de dinheiro*): *a ten-dollar bill* uma nota de dez dólares **3** (*esp GB*) (*USA* **check**) (*restaurante, hotel*) conta **4** programa (*de cinema, etc.*) **5** projeto de lei **6** bico (*de ave*) **7** (*GB* **peak**) viseira (*de boné, quepe*) LOC **fill/fit the bill** preencher os requisitos *Ver tb* FOOT
▸ *vt* **1 ~ sb (for sth)** mandar a conta (de algo) a alguém **2** anunciar (*num programa*)

billboard /ˈbɪlbɔːrd/ *s* outdoor

billfold /ˈbɪlfoʊld/ (*GB* **wallet**) *s* carteira (*de dinheiro*)

billiards /ˈbɪljərdz; *GB* ˈbɪliədz/ *s* [*não contável*] bilhar (*de três bolas*): *billiard ball/table* bola/mesa de bilhar ➲ *Ver nota em* BILHAR

billing /ˈbɪlɪŋ/ *s*: *to get top/star billing* encabeçar o elenco

billion /ˈbɪljən/ *adj, s* bilhão (*mil milhões*) ➲ *Ver nota em* MILLION

biltong /ˈbɪltɔːŋ; *GB* -tɒŋ/ *s* [*não contável*] tipo de carne seca originária da cozinha sul-africana

bin /bɪn/ *s* **1** (*GB*) (*USA* **trash can**) lata, caixa: *waste-paper bin* cesta de lixo **2**: *bread bin* cesta

bind /baɪnd/ *verbo, substantivo*
▸ *vt* (*pt, pp* **bound** /baʊnd/) **1 ~ sb/sth (together)** atar alguém/algo **2 ~ A and B (together)** (*fig*) unir, ligar A a B **3 ~ sb (to sth)** obrigar alguém (a fazer algo)
▸ *s* [*sing*] **1** (*USA*) apuro, dificuldade: *I'm in a real bind.* Estou em apuros. **2** (*GB, coloq*) saco: *What a bind!* Que saco!

binder /ˈbaɪndər/ *s* fichário

binding /ˈbaɪndɪŋ/ *substantivo, adjetivo*
▸ *s* **1** encadernação **2** debrum
▸ *adj* **~ (on/upon sb)** obrigatório (a alguém)

binge /bɪndʒ/ *substantivo, verbo*
▸ *s* (*coloq*) farra: *to go on a drinking binge* ir tomar um porre
▸ *vi* **~ (on sth) 1** empanturrar-se (de algo) **2** beber (algo) até cair

bingo /ˈbɪŋgoʊ/ *s* bingo

binoculars /bɪˈnɑːkjələrz/ *s* [*pl*] binóculo

biochemical /ˌbaɪoʊˈkemɪkl/ *adj* bioquímico

biochemistry /ˌbaɪoʊˈkemɪstri/ *s* bioquímica **biochemist** *s* bioquímico, -a

biodegradable /ˌbaɪoʊdɪˈgreɪdəbl/ *adj* biodegradável

biodiesel /ˈbaɪoʊdiːzl/ *s* biodiesel

biodiverse /ˌbaɪoʊdaɪˈvɜːrs/ *adj* biodiverso

biodiversity /ˌbaɪoʊdaɪˈvɜːrsəti/ *s* biodiversidade

biofuel /ˈbaɪoʊfjuːəl/ *s* biocombustível

biographical /ˌbaɪəˈgræfɪkl/ *adj* biográfico

biography /baɪˈɑːgrəfi/ *s* (*pl* **biographies**) biografia **biographer** *s* biógrafo, -a

biological /ˌbaɪəˈlɑːdʒɪkl/ *adj* biológico

biology /baɪˈɑːlədʒi/ *s* biologia **biologist** *s* biólogo, -a

biomass /ˈbaɪoʊmæs/ *s* [*não contável*] biomassa

bipolar /ˌbaɪˈpoʊlər/ *adj* bipolar

bird /bɜːrd/ *s* ave, pássaro: *bird of prey* ave de rapina LOC *Ver* EARLY

Biro® /ˈbaɪroʊ/ *s* (*pl* **Biros**) (*GB*) (*USA* **ballpoint pen**) (caneta) esferográfica

birth /bɜːrθ/ *s* **1** nascimento: *birth rate* taxa de natalidade **2** parto **3** descendência, origem LOC **give birth (to sb/sth)** dar à luz (alguém/algo)

birthday /ˈbɜːrθdeɪ/ *s* aniversário: *Happy birthday!* Feliz aniversário!◇ *birthday card* cartão de aniversário

birthmark /ˈbɜːrθmɑːrk/ *s* marca de nascença

ˈbirth mother *s* mãe biológica

birthplace /ˈbɜːrθpleɪs/ *s* lugar de nascimento

biscuit /ˈbɪskɪt/ *s* **1** (*GB*) (*USA* **cookie**) bolacha, biscoito **2** pão pequeno

bisexual /ˌbaɪˈsekʃuəl/ *adj, s* bissexual

bishop /ˈbɪʃəp/ *s* bispo, -a

bison /ˈbaɪsn/ *s* (*pl* **bison**) bisão

bit /bɪt/ *s* **1 a bit** [*sing*] um pouco: *a bit tired* um pouco cansado ◇ *I have a bit of shopping to do.* Tenho que fazer umas comprinhas. ◇ *Wait a bit!* Espere um pouco! **2 ~ (of sth)** bocado, pedacinho (de algo) **3** [*sing*] (*esp GB, coloq*) bastante: *It rained quite a bit.* Choveu bastante. ◇ *It's worth a fair bit.* Isso vale muito. **4** freio (*para cavalo*) **5** (*Informát*) bit, bite LOC **a bit much** (*GB, coloq*) além do limite ◆ **bit by bit** pouco a pouco ◆ **bits and pieces** (*GB, coloq*) troços ◆ **do your bit** (*esp GB, coloq*) fazer a sua parte ◆ **not a bit; not one (little) bit** nem um pouco: *I don't like it one little bit.* Não gosto nem um pouco disso. ◆ **to bits** *Ver* TO PIECES *em* PIECE; *Ver tb* BITE

B

bitch /bɪtʃ/ *s* cadela ❶ A palavra **bitch** não significa *prostituta*. Neste contexto é simplesmente uma gíria ofensiva para referir-se a uma mulher. ➲ *Ver nota em* CÃO

bitcoin /ˈbɪtkɔɪn/ *s* criptomoeda (*sistema de moeda eletrônica*)

⚷ **bite** *verbo, substantivo*
▸ *v* (*pt* **bit** /bɪt/, *pp* **bitten** /ˈbɪtn/) **1** *vt, vi* ~ **(into sth)** morder (algo): *to bite your nails* roer as unhas **2** *vt* (*inseto*) picar
▸ *s* **1** mordida, dentada **2** mordida, bocado **3** picada **4** [*sing*] **a ~ (to eat)** (*coloq*): *Would you like a bite to eat?* Você quer comer algo? *Ver tb* SOUND BITE

⚷ **bitter** /ˈbɪtər/ *adjetivo, substantivo*
▸ *adj* **1** amargo **2** ressentido **3** gélido
▸ *s* (*GB*) cerveja amarga **bitterness** *s* amargura

⚷ **bitterly** /ˈbɪtərli/ *adv* amargamente: *It's bitterly cold.* Faz um frio de rachar.

bizarre /bɪˈzɑːr/ *adj* **1** bizarro **2** (*aparência*) esquisito

⚷ **black** /blæk/ *adjetivo, substantivo, verbo*
▸ *adj* (**blacker**, **-est**) **1** negro, preto: *a black and white movie* um filme em preto e branco ◇ *black eye* olho roxo ◇ *black market* câmbio negro **2** (*céu, noite*) escuro **3** (*café, chá*) puro
▸ *s* **1** preto **2** (*pessoa*) negro, -a ➲ *Ver nota em* AFRICAN AMERICAN
▸ *v* PHR V **black out** perder a consciência

blackberry /ˈblækberi; *GB* -bəri/ *s* (*pl* **blackberries**) amora silvestre

blackbird /ˈblækbɜːrd/ *s* melro

blackboard /ˈblækbɔːrd/ *s* quadro, lousa

ˈ**black currant** (*tb* **blackcurrant**) *s* groselha preta

blacken /ˈblækən/ *vt* **1** (*reputação, etc.*) manchar **2** escurecer

blacklist /ˈblæklɪst/ *substantivo, verbo*
▸ *s* lista negra
▸ *vt* pôr na lista negra

blackmail /ˈblækmeɪl/ *substantivo, verbo*
▸ *s* chantagem
▸ *vt* ~ **sb (into doing sth)** chantagear alguém (para que faça algo) **blackmailer** *s* chantagista

blacksmith /ˈblæksmɪθ/ *s* ferreiro, -a

blacktop /ˈblæktɑːp/ (*GB* **Tarmac®**) *s* asfalto

bladder /ˈblædər/ *s* bexiga

⚷ **blade** /bleɪd/ *s* **1** (*faca, patim, etc.*) lâmina *Ver tb* RAZOR BLADE **2** (*ventilador, remo*) pá **3** (*grama*) folha *Ver tb* SHOULDER BLADE

blag /blæg/ *vt* (**-gg-**) (*GB, coloq*) conseguir (*usando lábia*): *We blagged our way into the concert.* Conseguimos ingressos para o concerto com a nossa lábia.

⚷ **blame** /bleɪm/ *verbo, substantivo*
▸ *vt* **1** culpar: *He blames it on her/He blames her for it.* Ele a culpa por isso. ❶ Note que **blame sb for sth** é o mesmo que **blame sth on sb**. **2** (*em orações negativas*): *You couldn't blame him for being annoyed.* Não é à toa que ele ficou chateado. LOC **be to blame (for sth)** ser culpado (de algo)
▸ *s* ~ **(for sth)** culpa (por algo): *to lay/put the blame (for sth) on sb* pôr a culpa (por algo) em alguém ◇ *I always get the blame.* Eu sempre levo a culpa.

bland /blænd/ *adj* (**blander**, **-est**) insosso

⚷ **blank** /blæŋk/ *adjetivo, substantivo*
▸ *adj* **1** (*papel, cheque, etc.*) em branco **2** (*parede, espaço, etc.*) vazio **3** (*cassete*) virgem **4** (*rosto*) sem expressão
▸ *s* **1** espaço em branco, lacuna **2** (*tb* **blank cartridge**) cartucho sem bala

blanket /ˈblæŋkɪt/ *substantivo, adjetivo, verbo*
▸ *s* cobertor *Ver tb* WET BLANKET
▸ *adj* [*antes do substantivo*] geral
▸ *vt* (*formal*) cobrir (*por completo*)

blare /bler/ *vi* ~ **(out)** retumbar, buzinar

blasphemy /ˈblæsfəmi/ *s* (*pl* **blasphemies**) blasfêmia **blasphemous** *adj* blasfemo

blast /blæst; *GB* blɑːst/ *substantivo, verbo, interjeição*
▸ *s* **1** explosão **2** estrondo **3** rajada: *a blast of air* uma rajada de vento **4** [*sing*] (*esp USA, coloq*): *We had a blast at the party.* Nós nos divertimos muito na festa. LOC *Ver* FULL
▸ *vt* dinamitar: *to blast a hole in sth* fazer um buraco em algo (com dinamite ou bomba) PHR V **blast off** (*nave espacial*) ser lançado
▸ *interj* (*esp GB, coloq*) droga! **blasted** *adj* (*coloq*) maldito

blatant /ˈbleɪtnt/ *adj* descarado

blaze /bleɪz/ *substantivo, verbo*
▸ *s* **1** incêndio **2** fogueira **3** [*sing*] **a ~ of sth**: *a blaze of color* uma explosão de cores ◇ *a blaze of publicity* um estouro publicitário
▸ *vi* **1** arder **2** resplandecer **3** (*formal*): *Her eyes were blazing with fury.* Os olhos dela estavam chispando de raiva.

blazer /ˈbleɪzər/ *s* blazer: *a school blazer* um paletó de uniforme escolar

bleach /bliːtʃ/ *verbo, substantivo*
▸ *vt* alvejar
▸ *s* água sanitária

bleachers /ˈbliːtʃərz/ (*GB* **terraces**) *s* [*pl*] arquibancada descoberta

bleak /bliːk/ *adj* (**bleaker**, **-est**) **1** (*paisagem*) desolado **2** (*tempo*) sombrio **3** (*dia*) cinzento e deprimente **4** (*situação*) desanimador **bleakly** *adv* desoladamente **bleakness** *s* **1** desolação **2** inospitalidade

bleed /bliːd/ *vi* (*pt, pp* **bled** /bled/) sangrar **bleeding** *s* [*não contável*] hemorragia

bleep /bliːp/ *verbo, substantivo*
▸ *vi* apitar
▸ *s* apito

blemish /ˈblemɪʃ/ *substantivo, verbo*
▸ *s* mancha
▸ *vt* (*formal*) manchar

blend /blend/ *verbo, substantivo*
▸ *v* **1** *vt, vi* misturar **2** *vi* mesclar-se **PHR V** **blend in (with sth)** combinar (com algo)
▸ *s* mistura

blender /ˈblendər/ *s* liquidificador

bless /bles/ *vt* (*pt, pp* **blessed** /blest/) abençoar **LOC** **be blessed with sth** ter a sorte de possuir algo ◆ **bless you 1** que Deus te abençoe! **2** Saúde! (*ao espirrar*) ➲ *Ver nota em* ATXIM!

blessed /ˈblesɪd/ *adj* **1** sagrado **2** abençoado **3** (*antiq*, *coloq*): *the whole blessed day* todo o santo dia

blessing /ˈblesɪŋ/ *s* **1** bênção **2** [*ger sing*] aprovação **LOC** **it's a blessing in disguise** há males que vêm para bem

blew *pt de* BLOW

blind /blaɪnd/ *adjetivo, verbo, substantivo*
▸ *adj* cego ➲ *Ver nota em* CEGO **LOC** **turn a blind eye (to sth)** fazer vista grossa (para algo)
▸ *vt* **1** cegar **2** (*momentaneamente*) ofuscar
▸ *s* **1** persiana **2** **the blind** [*pl*] os cegos

ˌ**blind** ˈ**date** *s* encontro às cegas

blindfold /ˈblaɪndfoʊld/ *substantivo, verbo, advérbio*
▸ *s* venda (*para os olhos*)
▸ *vt* vendar os olhos
▸ *adv* com os olhos vendados

blindly /ˈblaɪndli/ *adv* cegamente

blindness /ˈblaɪndnəs/ *s* cegueira

bling /blɪŋ/ (*tb* ˌ**bling-**ˈ**bling**) *adj, s* (*coloq*) bling (*joias e roupas brilhantes usadas para chamar a atenção*)

blink /blɪŋk/ *verbo, substantivo*
▸ *vt, vi* ~ **(your eyes)** piscar
▸ *s* [*ger sing*] piscada

blip /blɪp/ *s* **1** pisca-pisca **2** pane momentânea

bliss /blɪs/ *s* [*não contável*] êxtase **blissful** *adj* extasiante

blister /ˈblɪstər/ *s* bolha

blistering /ˈblɪstərɪŋ/ *adj* **1** (*calor*) causticante **2** (*passo*) veloz

blitz /blɪts/ *s* ~ **(on sth)** blitz (contra algo)

blizzard /ˈblɪzərd/ *s* nevasca

bloated /ˈbloʊtɪd/ *adj* inchado

blob /blɑːb/ *s* pingo (*de líquido espesso*)

bloc /blɑːk/ *s* bloco (*de países, partidos*)

block /blɑːk/ *substantivo, verbo*
▸ *s* **1** (*pedra, gelo, etc.*) bloco **2** (*edifícios*) quarteirão **3** (*apartamentos*) prédio *Ver tb* TOWER BLOCK **4** (*ingressos, ações, etc.*) pacote: *a block reservation* uma reserva em massa **5** obstáculo, impedimento: *a mental block* um bloqueio mental *Ver tb* STUMBLING BLOCK **LOC** *Ver* CHIP
▸ *vt* **1** obstruir, bloquear **2** tapar, entupir **3** impedir **4** (*Esporte*) bloquear

blockade /blɑːˈkeɪd/ *substantivo, verbo*
▸ *s* (*Econ, Mil*) bloqueio
▸ *vt* bloquear (*porto, cidade, etc.*)

blockage /ˈblɑːkɪdʒ/ *s* **1** obstrução **2** bloqueio **3** impedimento

blockbuster /ˈblɑːkbʌstər/ *s* campeão de vendas/bilheteria

ˌ**block** ˈ**capitals** (*tb* ˌ**block** ˈ**letters**) *s* [*pl*] maiúsculas

blog /blɑːg/ *substantivo, verbo*
▸ *s* blog
▸ *vi* (**-gg-**) fazer um blog **blogger** *s* blogueiro, -a **blogging** *s* [*não contável*] blogagem

blogosphere /ˈblɑːgəsfɪr/ *s* **the blogosphere** [*sing*] (*coloq*) a blogosfera

blogroll /ˈblɑːgroʊl/ *s* lista de blogs recomendados

bloke /bloʊk/ *s* (*GB, coloq*) cara, sujeito

blonde (*tb* **blond**) /blɑːnd/ *adjetivo, substantivo*
▸ *adj* loiro ❶ A variante **blond** refere-se apenas ao sexo masculino. ➲ *Ver nota em* LOIRO
▸ *s* loira ❶ O substantivo se refere somente ao sexo feminino.

blood /blʌd/ *s* sangue: *blood test* exame de sangue ◇ *blood group* grupo sanguíneo ◇ *blood pressure* pressão arterial **LOC** *Ver* FLESH

bloodshed /ˈblʌdʃed/ *s* derramamento de sangue

bloodshot /ˈblʌdʃɑːt/ *adj* (*olhos*) injetado de sangue

ˈ**blood sports** *s* [*pl*] caça

bloodstream /ˈblʌdstriːm/ *s* corrente sanguínea

B

bloodthirsty /ˈblʌdθɜːrsti/ *adj* **1** *(pessoa)* cruel **2** *(filme, etc.)* violento, sangrento

bloody[1] /ˈblʌdi/ *adj* (**bloodier**, **-iest**) **1** ensanguentado **2** sanguinolento **3** *(batalha, etc.)* sangrento

bloody[2] /ˈblʌdi/ *adj, adv (GB, gíria)*: *That bloody car!* Diabo de carro! ◇ *He's bloody useless!* Ele é inútil!

bloom /bluːm/ *substantivo, verbo*
▸ *s* flor
▸ *vi* florescer

blossom /ˈblɑːsəm/ *substantivo, verbo*
▸ *s [ger não contável]* flores *(de árvore frutífera)*
▸ *vi* florescer

blot /blɑːt/ *substantivo, verbo*
▸ *s* **1** mancha **2** ~ **(on sth)** *(desonra)* mancha (em algo)
▸ *vt* (-tt-) **1** *(carta, etc.)* borrar, rasurar **2** *(com mata-borrão)* secar PHR V **blot sth out 1** *(memória, etc.)* apagar algo **2** *(vista, luz, etc.)* tapar algo

blotch /blɑːtʃ/ *s* mancha *(esp na pele)*
blotchy *adj* manchado

blouse /blaʊs; *GB* blaʊz/ *s* blusa

blow /bloʊ/ *verbo, substantivo*
▸ *v (pt* **blew** /bluː/, *pp* **blown** /bloʊn/) **1** *vt, vi* soprar **2** *vi (ação do vento)*: *to blow shut/open* fechar/abrir com força **3** *vt (vento, etc.)* levar: *The wind blew us toward the island.* O vento nos levou até a ilha. **4** *vt (apito)* tocar **5** *vi (apito)* soar **6** *vt* ~ **your nose** assoar o nariz
PHR V **blow away** ser carregado para longe (pelo vento) ◆ **blow sth away** *(vento)* arrastar algo para longe
blow down/over ser derrubado pelo vento ◆ **blow sb/sth down/over** *(vento)* derrubar alguém/algo
blow sth out apagar algo soprando
blow over passar *(tempestade, escândalo)*
blow up 1 *(bomba, etc.)* explodir **2** *(tempestade, escândalo)* estourar ◆ **blow sth up 1** *(dinamitar)* demolir algo **2** *(balão, etc.)* encher algo **3** *(Fot)* ampliar algo **4** *(assunto)* exagerar algo: *He blew it up out of all proportion.* Ele exagerou demais. ◆ **blow up (at sb)** *(coloq)* perder a paciência (com alguém)
▸ *s* ~ **(to sb/sth)** golpe (para alguém/algo) LOC **a blow-by-blow account, etc.** um relato, etc. tim-tim por tim-tim ◆ **come to blows (over sth)** cair de tapas (por causa de algo)

BLT /ˌbiː el ˈtiː/ *s (abrev de* **bacon, lettuce and tomato**) sanduíche de bacon, alface e tomate

blue /bluː/ *adjetivo, substantivo*
▸ *adj* **1** azul: *light/dark blue* azul claro/escuro **2** *(coloq)* triste **3** *(filme, etc.)* pornô
▸ *s* **1** azul **2 the blues** *[não contável] (Mús)* os blues **3 the blues** *[pl]* a depressão LOC **out of the blue** sem mais nem menos *Ver tb* ONCE

blueberry /ˈbluːberi; *GB* -bəri/ *s (pl* **blueberries**) mirtilo

ˌblue-ˈcollar *adj* de classe operária: *blue-collar workers* operários
➲ *Comparar com* WHITE-COLLAR

ˈblue jay *s* gaio-azul *(espécie de corvo)*

blueprint /ˈbluːprɪnt/ *s* ~ **(for sth)** anteprojeto (de algo)

Bluetooth® /ˈbluːtuːθ/ *s* Bluetooth®

bluff /blʌf/ *verbo, substantivo*
▸ *vi* blefar
▸ *s* blefe

blunder /ˈblʌndər/ *substantivo, verbo*
▸ *s* erro crasso
▸ *vi* cometer um erro crasso

blunt /blʌnt/ *adjetivo, verbo*
▸ *adj* (**blunter**, **-est**) **1** sem fio, cego **2** obtuso: *blunt instrument* instrumento sem pontas **3** curto e grosso: *to be blunt with sb* falar a alguém sem rodeios ◇ *His request met with a blunt refusal.* O pedido dele foi recusado incisivamente. **4** *(comentário)* brusco
▸ *vt* embotar, cegar

blur /blɜːr/ *substantivo, verbo*
▸ *s* borrão
▸ *vt, vi* (-rr-) **1** embaçar **2** *(diferença)* atenuar(-se) **blurred** *adj* embaçado

Blu-ray /ˈbluː reɪ/ *s* Blu-ray

blurt /blɜːrt/ *v* PHR V **blurt sth out** falar algo sem pensar

blush /blʌʃ/ *verbo, substantivo*
▸ *vi* corar
▸ *s* rubor

blusher /ˈblʌʃər/ *(USA tb* **blush**) *s* ruge

BMI /ˌbiː em ˈaɪ/ *abrev de* **body mass index** *(Med)* índice de massa corporal

BMX /ˌbiː em ˈeks/ *s* **1** BMX **2** bicicross

boar /bɔːr/ *s* **1** javali **2** varrão ➲ *Ver nota em* PORCO

board /bɔːrd/ *substantivo, verbo*
▸ *s* **1** tábua: *ironing board* tábua de passar roupa *Ver tb* DIVING BOARD, SKIRTING BOARD **2** quadro, lousa **3** *Ver* BULLETIN BOARD, MESSAGE BOARD **4** *(Xadrez, etc.)* tabuleiro: *board games* jogos de mesa **5** cartolina **6 the board (of directors)** a diretoria **7** *(refeição)* pensão: *full/half board* pensão completa/meia pensão LOC **above board** acima de qualquer suspeita ◆ **across the board** em todos os níveis: *a 10% pay increase across the board* um aumento geral de salário de

10% ◆ **on board** a bordo (de)
▸ *v* **1** *vi* embarcar **2** *vt* subir em
PHR V **board sth up** fechar algo com tábuas

boarder /ˈbɔːrdər/ *s* **1** *(colégio)* interno, -a **2** *(pensão)* hóspede

ˈ**boarding house** *s* pensão

ˈ**boarding pass** *(GB tb* ˈ**boarding card**) *s* cartão de embarque

ˈ**boarding school** *s* internato

boardwalk /ˈbɔːrdwɔːk/ *s* passarela de madeira para se caminhar na praia

boast /boʊst/ *verbo, substantivo*
▸ *v* **1** *vi* ~ **(about/of sth)** gabar-se (de algo) **2** *vt (formal)* ostentar: *The town boasts a famous museum.* A cidade ostenta um museu famoso.
▸ *s* ostentação **boastful** *adj* **1** exibido **2** vaidoso

boat /boʊt/ *s* **1** barco: *to go by boat* ir de barco ◇ *a boat trip* uma viagem de barco **2** bote: *boat race* regata **3** navio
LOC *Ver* SAME

Boat e **ship** têm significados muito semelhantes, porém **boat** geralmente se refere a embarcações menores.

bob /bɑːb/ *vi* (-bb-) ~ **(up and down)** *(na água)* balouçar PHR V **bob up** surgir, vir à tona

bobby /ˈbɑːbi/ *s (pl* **bobbies**) *(GB, antiq, coloq)* tira

bobsled /ˈbɑːbsled/ *(GB* **bobsleigh** /ˈbɑːbsleɪ/) *(tb* **bob**) *s* trenó *(de corrida)*

bode /boʊd/ *v* LOC **bode ill/well (for sb/sth)** *(formal)* ser de mau/bom agouro (para alguém/algo)

bodice /ˈbɑːdɪs/ *s* corpete

bodily /ˈbɑːdɪli/ *adjetivo, advérbio*
▸ *adj* do corpo, corporal
▸ *adv* à força

body /ˈbɑːdi/ *s (pl* **bodies**) **1** corpo: *body language* linguagem corporal **2** cadáver **3** grupo: *a government body* um órgão do governo **4** conjunto LOC **body and soul** de corpo e alma

ˈ**body bag** *s* saco para cadáver

bodyboard /ˈbɑːdibɔːrd/ *s* bodyboard **bodyboarding** *s* bodyboarding

bodybuilding /ˈbɑːdibɪldɪŋ/ *s* fisiculturismo

bodyguard /ˈbɑːdigɑːrd/ *s* **1** guarda-costas **2** *(grupo)* escolta

bodysuit /ˈbɑːdisuːt; *GB tb* -sjuːt/ *(GB* **body**) *s* body

bodywork /ˈbɑːdiwɜːrk/ *s [não contável]* carroceria

bog /bɑːg/ *substantivo, verbo*
▸ *s* **1** pântano, brejo **2** *(GB, coloq)* privada
▸ *v* (-gg-) PHR V **be/get bogged down (in sth) 1** *(lit)* atolar-se (em algo) **2** *(fig)* encrencar-se (em algo) **boggy** *adj* lodoso, lamacento

bogeyman /ˈboʊgimæn/ *s (pl* -men /-men/) *(tb* **boogeyman**) *s* bicho-papão

bogus /ˈboʊgəs/ *adj* falso, fraudulento

boil /bɔɪl/ *verbo, substantivo*
▸ *v* **1** *vt, vi* ferver **2** *vt (ovos)* cozinhar
PHR V **boil down to sth** resumir-se a algo ◆ **boil over** transbordar
▸ *s* furúnculo LOC **be on the boil** *(GB)* estar fervendo

boiler /ˈbɔɪlər/ *s* caldeira, aquecedor

ˈ**boiler suit** *s (esp GB)* macacão

boiling /ˈbɔɪlɪŋ/ *adj* **1** fervendo: *boiling point* ponto de ebulição **2** *(tb* ˌ**boiling** ˈ**hot**) pelando: *It's boiling (hot) today!* Hoje está pelando (de calor).

boisterous /ˈbɔɪstərəs/ *adj* animado, alvoroçado

bold /boʊld/ *adj* (**bolder**, **-est**) **1** valente **2** ousado, atrevido **3** nítido, claro **4** *(cor)* vivo **5** *(Tipografia)* em negrito LOC **be/make so bold (as to do sth)** *(formal)* atrever-se (a fazer algo) **boldly** *adv* **1** corajosamente **2** audaciosamente, atrevidamente **3** marcadamente **boldness** *s* **1** coragem **2** audácia, atrevimento

Bollywood /ˈbɑːliwʊd/ *s (coloq)* indústria cinematográfica da Índia ❶ A palavra **Bollywood** resulta da combinação das palavras Bombay (antigo nome da cidade de Mumbai) e Hollywood.

bologna /bəˈloʊnjə/ *s* mortadela

bolster /ˈboʊlstər/ *vt* ~ **sth (up)** sustentar algo

bolt /boʊlt/ *substantivo, verbo*
▸ *s* **1** trinco **2** parafuso **3**: *a bolt of lightning* um raio (de relâmpago)
▸ *vt* **1** passar o trinco em, trancar **2** ~ **A to B**; ~ **A and B together** prender A a B **3** *vi (cavalo)* disparar **4** *vi* sair em disparada **5** *vt* ~ **sth (down)** *(esp GB)* comer algo às pressas

bomb /bɑːm/ *substantivo, verbo*
▸ *s* **1** bomba: *bomb disposal* desarme de bombas ◇ *bomb scare* ameaça de bomba ◇ *to plant a bomb* plantar uma bomba **2 the bomb** *[sing]* a bomba atômica **3 a bomb** *[sing] (USA, coloq)* um fracasso LOC **go like a bomb** *(GB) (veículo)* ser rápido como um foguete *Ver tb* COST
▸ *v* **1** *vt* bombardear **2** *vt* plantar uma bomba em *(edifício, etc.)* **3** *vi* ~ **along, down, up, etc.** *(GB, coloq)* andar a mil por

hora **4** *vt, vi* (*USA, coloq*) (*exame, etc.*) levar bomba (em) **5** *vi* (*coloq*) ser um fracasso

B

bombard /bɑːmˈbɑːrd/ *vt* bombardear: *We were bombarbed with letters of complaint.* Fomos bombardeados com cartas de reclamação. **bombardment** *s* bombardeio

bomber /ˈbɑːmər/ *s* **1** (*avião*) bombardeiro **2** pessoa que planta bombas

bombing /ˈbɑːmɪŋ/ *s* **1** bombardeio **2** atentado com explosivos

bombshell /ˈbɑːmʃel/ *s* bomba: *The news came as a bombshell.* A notícia estourou como uma bomba.

bond /bɑːnd/ *substantivo, verbo*
▸ *s* **1** acordo **2** laço **3** título: *government bonds* títulos do governo **4 bonds** [*pl*] (*formal*) correntes
▸ *v* **1** *vt, vi* unir(-se) **2** *vi* ~ **(with sb)** tomar apego (a alguém)

bone /boʊn/ *substantivo, verbo*
▸ *s* **1** osso **2** (*peixe*) espinha LOC **be a bone of contention** ser o pomo da discórdia ◆ **have a bone to pick with sb** (*coloq*) ter contas para acertar com alguém ◆ **make no bones about sth** falar sobre algo sem rodeios *Ver tb* WORK
▸ *vt* desossar

ˌbone ˈdry *adj* completamente seco

ˈbone marrow *s* medula óssea, tutano

bonfire /ˈbɑːnfaɪər/ *s* fogueira

ˈBonfire Night *s*

A 5 de novembro comemora-se na Grã-Bretanha o que se chama **Bonfire Night**. As pessoas fazem fogueiras à noite e soltam fogos de artifício para relembrar o 5 de novembro de 1605, quando Guy Fawkes tentou incendiar o Parlamento.

bonnet /ˈbɑːnət; *GB* -nɪt/ *s* **1** (*bebê*) touca **2** (*mulher*) chapéu (*tipo touca*) **3** (*GB*) (*USA* **hood**) capô

bonus /ˈboʊnəs/ *s* (*pl* **bonuses**) **1** bônus: *a productivity bonus* um bônus de produtividade **2** (*fig*) bênção

bony /ˈboʊni/ *adj* **1** ósseo **2** cheio de espinhas **3** ossudo

boo /buː/ *verbo, substantivo, interjeição*
▸ *vt, vi* (*pt, pp* **booed**; *part pres* **booing**) vaiar
▸ *s* (*pl* **boos**) vaia
▸ *interj* u!

boob /buːb/ *substantivo, verbo*
▸ *s* **1** (*USA*) bobo, -a **2** (*GB, coloq*) besteira **3** (*gíria*) peito
▸ *vi* (*coloq*) fazer uma besteira

booby prize /ˈbuːbi praɪz/ *s* prêmio de consolação

booby trap /ˈbuːbi træp/ *s* armadilha (explosiva)

boogeyman /ˈbuːgimæn/ *s* = BOGEYMAN

book /bʊk/ *substantivo, verbo*
▸ *s* **1** livro: *book club* clube do livro ◇ *a phrase book* um guia de conversação ◇ *the phone book* a lista telefônica **2** caderno **3** caderno de exercícios **4 the books** [*pl*] as contas: *to do the books* fazer a contabilidade LOC **be in sb's bad/good books** (*esp GB, coloq*) estar na lista negra/gozar do favor de alguém ◆ **do sth by the book** fazer algo como manda o figurino/corretamente *Ver tb* COOK, LEAF, TRICK
▸ *v* **1** *vt, vi* reservar, fazer uma reserva **2** *vt* contratar **3** *vt* (*coloq*) (*polícia*) fichar **4** *vt* (*GB, coloq*) (*Esporte*) penalizar LOC **be booked up**; **be fully booked 1** ter a lotação esgotada **2** (*coloq*): *I'm booked up.* Não tenho hora na agenda. PHR V **book in; book into sth** (*GB*) registrar-se (em algo)

bookcase /ˈbʊkkeɪs/ *s* estante

booking /ˈbʊkɪŋ/ *s* (*esp GB*) reserva

ˈbooking office *s* (*GB*) bilheteria

booklet /ˈbʊklət/ *s* livreto, apostila

bookmaker /ˈbʊkmeɪkər/ (*coloq* **bookie** /ˈbʊki/) *s* banqueiro, -a (de apostas)

bookmark /ˈbʊkmɑːrk/ *substantivo, verbo*
▸ *s* **1** marcador de livros **2** (*Internet*) favorito
▸ *vt* (*Informát*) incluir na lista de favoritos

bookseller /ˈbʊkselər/ *s* livreiro, -a

bookshelf /ˈbʊkʃelf/ *s* (*pl* **-shelves** /-ʃelvz/) estante de livros

bookstore /ˈbʊkstɔːr/ (*GB* **bookshop** /ˈbʊkʃɑːp/) *s* livraria

boom /buːm/ *substantivo, verbo*
▸ *s* **1** ~ **(in sth)** boom (em algo): *a boom in sales* um rápido aumento nas vendas **2** estrondo
▸ *vi* **1** (*Econ*) prosperar **2** estrondear, retumbar

boomerang /ˈbuːməræŋ/ *s* bumerangue

boondocks /ˈbuːndɑːks/ (*tb* **boonies** /ˈbuːniz/) *s* [*pl*] (*USA, coloq, pej*) meio do mato

boost /buːst/ *verbo, substantivo*
▸ *vt* **1** (*negócios, confiança*) aumentar **2** (*moral*) levantar
▸ *s* **1** aumento **2** estímulo

boot /buːt/ *s* **1** bota **2** (*GB*) (*USA* **trunk**) porta-mala **3** (*USA*) *Ver* DENVER BOOT

LOC be given the boot; get the boot *(coloq)* levar um chute na bunda *Ver tb* FILL, TOUGH

booth /bu:θ; *GB* bu:ð/ *s* **1** barraca, tenda **2** cabine: *polling/phone booth* cabine eleitoral/telefônica

booty /ˈbu:ti/ *s* saque

booze /bu:z/ *substantivo, verbo*
▸ *s (coloq)* birita
▸ *vi (coloq)*: *to go out boozing* tomar um porre

⚷ **border** /ˈbɔ:rdər/ *substantivo, verbo*
▸ *s* **1** fronteira: *a border town* uma cidade fronteiriça

Border e **frontier** são usados para designar a divisão entre países ou estados, porém **border** se aplica unicamente a fronteiras naturais: *The river forms the border between the two countries.* O rio faz a fronteira entre os dois países. **Boundary**, por sua vez, compreende divisões entre áreas menores, tais como municípios.

2 *(num jardim)* canteiro **3** borda, margem
▸ *vt, vi* ~ **(on) sth** fazer limite com algo
PHR V border on sth chegar às raias de algo

borderline /ˈbɔ:rdərlaɪn/ *adjetivo, substantivo*
▸ *adj*: *a borderline case* um caso-limite
▸ *s* linha divisória

⚷ **bore** /bɔ:r/ *verbo, substantivo*
▸ *vt* **1** entediar **2** *(buraco)* perfurar *Ver tb* BEAR
▸ *s* **1** *(pessoa)* chato, -a **2** chatice, aporrinhação **3** *(espingarda)* calibre

⚷ **bored** /bɔ:rd/ *adj* entediado ➲ *Ver nota em* BORING

boredom /ˈbɔ:rdəm/ *s* tédio

⚷ **boring** /ˈbɔ:rɪŋ/ *adj* chato

Compare as duas orações: *He's bored.* Ele está entediado. ◇ *He's boring.* Ele é chato. Com adjetivos terminados em **-ed**, como *interested, tired*, etc., o verbo **be** expressa um estado e traduz-se como "estar", enquanto com adjetivos terminados em *-ing*, como *interesting, tiring*, etc., expressa uma qualidade e traduz-se como "ser".

⚷ **born** /bɔ:rn/ *verbo, adjetivo*
▸ *v* **LOC be born** nascer: *She was born in LA.* Ela nasceu em Los Angeles. ◇ *He was born blind.* Ele é cego de nascença.
▸ *adj [antes do substantivo]* nato: *He's a born actor.* Ele é um ator nato.

ˌ**born-aˈgain** *adj* convertido: *a born-again Christian* um cristão convertido

borne *pp de* BEAR

borough /ˈbɜ:roʊ; *GB* ˈbʌrə/ *s* município

⚷ **borrow** /ˈbɑ:roʊ/ *vt* ~ **sth (from sb/sth)** pedir (algo) emprestado (a alguém/ algo)

É comum em português mudar a estrutura e empregar o verbo *emprestar* antecedido de pronome: *Could I borrow a pen?* Você me empresta uma caneta?

borrower *s (esp Fin)* pessoa que pede algo emprestado **borrowing** *s* ato de pedir emprestado: *public sector borrowing* empréstimo ao governo

borrow

She's **lending** her son some money. He's **borrowing** some money from his mother.

bosom /ˈbʊzəm/ *s* peito, busto

⚷ **boss** /bɔ:s; *GB* bɒs/ *substantivo, verbo*
▸ *s* chefe
▸ *vt* ~ **sb (around/about)** *(pej)* dar ordens a alguém; mandar em alguém **bossy** *adj (pej)* mandão

botanical /bəˈtænɪkl/ *adj* botânico

botany /ˈbɑ:təni/ *s* botânica **botanist** *s* botânico, -a

botch /bɑ:tʃ/ *verbo, substantivo*
▸ *vt* ~ **sth (up)** *(coloq)* fazer algo malfeito
▸ *s (tb* ˈ**botch-up)** *(GB, coloq)* estrago

⚷ **both** /boʊθ/ *adj, adv, pron* ambos, -as, os dois/as duas: *Both of us went./We both went.* Nós dois fomos./Ambos fomos. **LOC both... and...** não só...como também...: *The report is both reliable and readable.* O relatório não só é confiável como também é interessante. ◇ *both you and me* tanto você quanto eu ◇ *He both plays and sings.* Ele tanto toca quanto canta.

⚷ **bother** /ˈbɑ:ðər/ *verbo, substantivo, interjeição*
▸ *v* **1** *vt* incomodar ➲ *Comparar com* DISTURB, MOLEST **2** *vt* preocupar: *What's bothering you?* O que está te

B

preocupando? **3** *vi* ~ **(to do sth)** dar-se ao trabalho de fazer algo: *He didn't even bother to say thank you.* Ele nem se deu ao trabalho de agradecer. **4** *vi* ~ **about sb/sth** preocupar-se com alguém/algo LOC **I can't be bothered (to do sth)** (*GB*) não estou com a mínima vontade (de fazer algo) ◆ **I'm not bothered** (*GB*) não estou nem aí
▸ *s* [*não contável*] incômodo
▸ *interj* (*GB*) que saco!

Botox® /ˈboʊtɑːks/ *substantivo, verbo*
▸ *s* Botox®
▸ *vt* (*tb* **botox**) usar Botox® em

bottle /ˈbɑːtl/ *substantivo, verbo*
▸ *s* **1** garrafa **2** frasco **3** mamadeira
▸ *vt* **1** engarrafar **2** armazenar em frascos

ˈ**bottle bank** *s* (*GB*) área para reciclagem de garrafas

bottom /ˈbɑːtəm/ *substantivo, adjetivo*
▸ *s* **1** (*colina, página, escada*) pé **2** (*mar, barco, xícara*) fundo **3** último, -a: *He's bottom of the class.* Ele é o último da classe. **4** (*rua*) fim **5** (*Anat*) traseiro **6**: *bikini bottom* parte inferior do biquíni ◇ *pajama bottoms* calças do pijama *Ver tb* ROCK BOTTOM LOC **be at the bottom of sth** estar por trás de algo ◆ **get to the bottom of sth** desvendar algo
▸ *adj* [*antes do substantivo*] inferior: *bottom lip* lábio inferior ◇ *the bottom step* o degrau de baixo

bough /baʊ/ *s* (*formal*) ramo

bought *pt, pp de* BUY

boulder /ˈboʊldər/ *s* rocha grande

bounce /baʊns/ *verbo, substantivo*
▸ *v* **1** *vt, vi* quicar, saltar **2** *vi* (*coloq*) (*cheque*) ser devolvido PHR V **bounce back** recuperar-se
▸ *s* quique

bouncer /ˈbaʊnsər/ *s* leão de chácara

bound /baʊnd/ *adjetivo, substantivo, verbo*
▸ *adj* **1** ~ **to do/be sth**: *You're bound to pass the exam.* Você certamente passará no exame. ◇ *It's bound to rain.* Vai chover com certeza. **2** obrigado (*por lei ou dever*) **3** ~ **for...** com destino a... LOC **bound up with sth** ligado a algo
▸ *s* pulo
▸ *vi* pular *Ver tb* BIND

boundary /ˈbaʊndri/ *s* (*pl* **boundaries**) limite, fronteira ➲ *Ver nota em* BORDER

boundless /ˈbaʊndləs/ *adj* sem limites

bounds /baʊndz/ *s* [*pl*] limites LOC **out of bounds** (*lugar*) interditado

bouquet /buˈkeɪ/ *s* **1** (*flores*) ramalhete **2** (*vinho*) buquê

bourgeois /ˌbʊrˈʒwɑː; ˈbʊrʒwɑː/ *adj, s* (*pl* bourgeois) burguês, -esa

bout /baʊt/ *s* **1** (*atividade*) período **2** ataque (*de uma enfermidade*) **3** (*Boxe*) combate

bow[1] /boʊ/ *s* **1** laço **2** (*Esporte, Mús*) arco

bow[2] /baʊ/ *verbo, substantivo*
▸ *v* **1** *vi* curvar-se, fazer reverência ➲ *Ver nota em* CURTSY **2** *vt* (*cabeça*) inclinar, abaixar
▸ *s* **1** reverência **2 bows** [*pl*] (*Náut*) proa

bowel /ˈbaʊəl/ *s* **1** [*ger pl*] (*Med*) intestino(s) **2** [*pl*] **the ~s of sth** (*fig*) as entranhas de algo

bowl /boʊl/ *substantivo, verbo*
▸ *s* **1** tigela ❶ **Bowl** é usado em muitas formas compostas cuja tradução se restringe geralmente a uma única palavra: *a fruit bowl* uma fruteira ◇ *a sugar bowl* um açucareiro ◇ *a salad bowl* uma saladeira. **2** bacia **3** taça **4** (*banheiro*) privada **5** (*boliche*) bola de madeira **6 bowls** [*não contável*] bocha *Ver tb* SUPER BOWL®
▸ *vt, vi* arremessar (a bola)

bowler /ˈboʊlər/ *s* **1** (*Críquete*) lançador, -ora **2** (*tb* **bowler hat**) (*esp GB*) (*USA* **derby**) chapéu-coco

bowling /ˈboʊlɪŋ/ *s* [*não contável*] boliche: *bowling alley* pista de boliche

bow tie /ˌboʊ ˈtaɪ/ *s* gravata borboleta

box /bɑːks/ *substantivo, verbo*
▸ *s* **1** caixa: *cardboard box* caixa de papelão ➲ *Ver ilustração em* CONTAINER **2** estojo (*de joias, maquiagem*) **3** (*Teat*) camarote **4** (*num formulário*) quadrado **5 the box** (*GB, coloq*) a TV *Ver tb* BALLOT BOX, LETTER BOX, WINDOW BOX LOC *Ver tb* THINK
▸ *v* **1** *vi* lutar boxe **2** *vt* ~ **sth (up)** encaixotar algo

boxer /ˈbɑːksər/ *s* **1** boxeador, -ora; pugilista **2** (*cão*) bóxer **3 boxers** (*tb* ˈ**boxer shorts**) [*pl*] cueca boxer

boxing /ˈbɑːksɪŋ/ *s* boxe, pugilismo

ˈ**Boxing Day** *s* (*GB*) 26 de dezembro ➲ *Ver nota em* NATAL

ˈ**box lunch** *s Ver* BAG LUNCH

ˈ**box office** *s* bilheteria

boy /bɔɪ/ *substantivo, interjeição*
▸ *s* **1** menino: *It's a boy!* É um menino! **2** filho, -a: *his eldest boy* seu filho mais velho ◇ *I have three children, two boys and one girl.* Tenho três filhos: dois filhos e uma filha. **3** moço, rapaz: *boys and girls* moços e moças
▸ *interj* (*esp USA, coloq*) ah!

ˈ**boy band** *s* boy band

boycott /ˈbɔɪkɑːt/ *verbo, substantivo*
▸ *vt* boicotear
▸ *s* boicote

boyfriend /ˈbɔɪfrend/ *s* namorado, -a: *Is he your boyfriend, or just a friend?* Ele é seu namorado ou apenas um amigo?

boyhood /ˈbɔɪhʊd/ *s* meninice, juventude *(de rapazes)*

boyish /ˈbɔɪɪʃ/ *adj* **1** *(homem)* de/como menino, juvenil **2** *(mulher)*: *She has a boyish figure.* Ela tem aparência de menino.

bra /brɑː/ *s* sutiã

brace /breɪs/ *vt* ~ **yourself (for sth)** preparar-se (para algo) *(difícil ou desagradável)*

bracelet /ˈbreɪslət/ *s* bracelete, pulseira

braces /ˈbreɪsɪz/ *s [pl]* **1** *(USA)* *(GB* **brace** *[sing])* aparelho *(para os dentes)* **2** *(GB)* *(USA* **suspenders***)* suspensório(ɛ)

bracing /ˈbreɪsɪŋ/ *adj* revigorante

bracket /ˈbrækɪt/ *substantivo, verbo*
▸ *s* **1** *(USA)* *(GB* ˌ**square** ˈ**bracket***)* colchete **2** *(GB)* *(USA* **parenthesis***)* parêntese: *in brackets* entre parênteses ◇ *in square brackets* entre colchetes ➲ *Ver pág. 310* **3** cantoneira **4** categoria: *the 20-30 age bracket* a faixa etária entre 20 e 30 anos
▸ *vt* **1** colocar entre parênteses **2** categorizar

brag /bræg/ *vi* (-gg-) ~ **(about sth)** *(pej)* gabar(-se) (de algo)

braid /breɪd/ *s* trança

brain /breɪn/ *s* **1** cérebro: *brain tumor* tumor cerebral **2 brains** *[pl]* miolos **3** mente **4 the brains** *[sing]*: *He's the brains of the family.* Ele é o cérebro da família. LOC **have sth on the brain** *(coloq)* estar com algo (metido) na cabeça *Ver tb* PICK, RACK **brainless** *adj* desmiolado, estúpido **brainy** *adj* (**brainier**, **-iest**) *(coloq)* inteligente

brainstorm /ˈbreɪnstɔːrm/ *(GB* **brainwave***)* *s* (súbita) boa ideia **brainstorming** *s [não contável]* busca de solução criativa: *a brainstorming session* uma reunião de criação

brainwash /ˈbreɪnwɔːʃ; *GB* -wɒʃ/ *vt* ~ **sb (into doing sth)** fazer lavagem cerebral em alguém (para que faça algo) **brainwashing** *s [não contável]* lavagem cerebral

brake /breɪk/ *substantivo, verbo*
▸ *s* freio: *emergency brake* freio de mão ◇ *to put on/apply the brake(s)* puxar o freio
▸ *vt, vi* frear: *to brake hard* frear de repente

bramble /ˈbræmbl/ *s* sarça, amoreira silvestre

bran /bræn/ *s* farelo de trigo

branch /bræntʃ; *GB* brɑːntʃ/ *substantivo, verbo*
▸ *s* **1** ramo **2** filial, agência: *your nearest/local branch* a agência mais próxima/local
▸ *v* PHR V **branch off 1** desviar-se **2** *(estrada, rio)* bifurcar-se ◆ **branch out (into sth)** expandir-se (em algo) *(ramo, atividade)*: *They are branching out into Eastern Europe.* Eles estão se expandindo para a Europa Oriental. ◇ *to branch out on your own* estabelecer-se por conta própria

brand /brænd/ *substantivo, verbo*
▸ *s* **1** *(Com)* marca *(produtos de limpeza, cigarros, roupas, alimentos, etc.)*: *brand name goods* produtos de marca ➲ *Comparar com* MAKE **2** tipo: *a strange brand of humor* um estranho tipo de humor
▸ *vt* **1** *(gado)* marcar **2** ~ **sb (as sth)** estigmatizar alguém (como algo)

brandish /ˈbrændɪʃ/ *vt* brandir

brand ˈ**new** *adj* novo em folha

brandy /ˈbrændi/ *s (pl* **brandies***)* conhaque

brash /bræʃ/ *adj (pej)* grosseiro, impetuoso **brashness** *s* grosseria

brass /bræs; *GB* brɑːs/ *s* **1** latão **2** *[não contável]* *(Mús)* metais

brat /bræt/ *s (coloq, pej)* pirralho, -a

bravado /brəˈvɑːdoʊ/ *s* bravata

brave /breɪv/ *adjetivo, verbo*
▸ *adj* (**braver**, **-est**) valente LOC **put on a brave face; put a brave face on sth** aceitar algo corajosamente
▸ *vt* **1** *(perigo, intempérie, etc.)* desafiar **2** *(dificuldades)* enfrentar

brawl /brɔːl/ *s* briga

brazil /brəˈzɪl/ *(tb* **braˈzil nut***)* *s* castanha-do-pará

BRB *abrev de* **be right back** *(esp em mensagens de texto, etc.)* já volto

breach /briːtʃ/ *substantivo, verbo*
▸ *s* **1** *(contrato, promessa, segurança)* quebra: *a breach of confidence/trust* um abuso de confiança **2** *(lei)* violação **3** *(relações)* rompimento
▸ *vt* **1** *(contrato, promessa)* quebrar **2** *(lei)* violar **3** *(muro, defesas)* abrir brecha em

bread /bred/ *s [não contável]* pão: *a slice of bread* uma fatia de pão ◇ *I bought a loaf/two loaves of bread.* Comprei um pão/dois pães. ❶ Note que o plural **breads** só é utilizado para referir-se a diferentes tipos de pão e não a vários pães. ➲ *Ver ilustração em* PÃO

breadcrumbs /ˈbredkrʌmz/ *s [pl]* farinha de rosca: *fish in breadcrumbs* peixe empanado

breadth /bredθ/ *s* **1** amplitude **2** largura

break /breɪk/ *verbo, substantivo*
▸ *v (pt* **broke** /broʊk/, *pp* **broken** /ˈbroʊkən/) **1** *vt* quebrar: *to break sth in two/in half* quebrar algo em dois/no meio ◇ *She's broken her leg.* Ela quebrou a perna. ❶ **Break** não se usa com materiais flexíveis, como tela ou papel. **2** *vi* quebrar-se, despedaçar-se **3** *vt (lei)* violar **4** *vt (promessa, palavra)* quebrar **5** *vt (recorde)* bater **6** *vt (queda)* amortecer **7** *vt (viagem)* interromper **8** *vi* fazer uma pausa: *Let's break for coffee.* Vamos fazer uma pausa para um café. **9** *vt (vontade, moral)* destruir **10** *vt (maus hábitos)* abandonar **11** *vt (código)* decifrar **12** *vt (cofre)* arrombar **13** *vi (tempo)* virar **14** *vi (tempestade, escândalo)* irromper **15** *vt, vi (notícia, história)* revelar(-se) **16** *vi (voz)* mudar de tom, engrossar: *Her voice broke as she told us the bad news.* A voz dela mudou quando ela nos deu a má notícia. ◇ *His voice broke when he was thirteen.* A voz dele engrossou quando ele tinha treze anos. **17** *vi (ondas)* rebentar LOC **break it up!** basta! ♦ **break the news (to sb)** dar a (má) notícia (a alguém) ♦ **not break the bank** *(coloq)* não doer no bolso: *A meal out won't break the bank.* Jantar fora não vai nos arruinar. *Ver tb* WORD

PHR V **break away (from sth)** escapar (de algo), romper (com algo)
break down 1 *(carro, máquina)* quebrar: *We broke down.* Nosso carro quebrou. **2** *(pessoa)* descontrolar-se: *He broke down and cried.* Ele pôs-se a chorar. **3** *(negociações)* falhar ♦ **break sth down 1** derrubar algo **2** analisar algo **3** decompor algo
break in arrombar ♦ **break into sth 1** *(ladrões)* invadir algo **2** *(mercado)* introduzir-se em algo **3** *(começar a fazer algo, irromper)*: *to break into a run* disparar a correr ◇ *He broke into a cold sweat.* Ele começou a suar frio.
break off 1 romper-se **2** parar de falar ♦ **break sth off 1** partir algo *(pedaço)* **2** romper algo *(compromisso)*
break out 1 *(epidemia)* surgir **2** *(guerra, violência)* irromper **3** *(incêndio)* começar **4** cobrir-se repentinamente de: *I've broken out in a rash.* De repente fiquei coberto de manchas. ♦ **break out (of sth)** fugir (de algo)
break through sth abrir caminho através de algo
break up 1 *(reunião)* dissolver-se **2** *(relacionamento)* terminar **3** *(esp GB)*: *The school breaks up on 20 July.* As aulas terminam no dia 20 de julho. **4** *(USA)* morrer de rir ♦ **break up (with sb)** terminar (um relacionamento) (com alguém) ♦ **break sth up 1** *(peça)* desmontar algo **2** *(relacionamento)* desmanchar algo **3** *(briga, oração)* separar algo
▸ *s* **1** intervalo: *a coffee break* uma pausa para o café **2** férias curtas: *a weekend break* uma viagem de fim de semana **3** *(GB) (USA* **recess**) *(Educ)* recreio **4** interrupção, mudança: *a break in the routine* uma quebra na rotina **5** *(coloq)* golpe de sorte **6** quebra, abertura LOC **give sb a break** dar uma folga a alguém ♦ **make a break (for it)** tentar escapar *(esp da prisão) Ver tb* CLEAN

breakable /ˈbreɪkəbl/ *adj* quebrável

breakdown /ˈbreɪkdaʊn/ *s* **1** avaria **2** *(saúde, etc.)* crise, colapso: *a nervous breakdown* um esgotamento nervoso **3** *(estatística)* análise

ˈ**breakdown lane** *(GB* **hard shoulder**) *s* acostamento

breakfast /ˈbrekfəst/ *s* café da manhã: *to have breakfast* tomar café da manhã *Ver tb* BED AND BREAKFAST

ˈ**break-in** *s* arrombamento *(ilegal)*

breakthrough /ˈbreɪkθruː/ *s* avanço (importante)

breast /brest/ *s* seio, peito *(de mulher)*: *breast cancer* câncer de mama
➲ *Comparar com* CHEST

breastfeed /ˈbrestfiːd/ *vt, vi (pt, pp* **breastfed** /-fed/) amamentar

breaststroke /ˈbreststroʊk/ *s* nado de peito: *to do breaststroke* nadar de peito

breath /breθ/ *s* fôlego, hálito, respiração: *to take a deep breath* respirar fundo ◇ *bad breath* mau hálito LOC **a breath of (fresh) air** um sopro de ar fresco ♦ **(be) out of breath** (estar) sem fôlego ♦ **catch your breath** *(GB tb* **get your breath (again/back)**) recuperar o fôlego ♦ **hold your breath 1** prender a respiração **2** *(fig)* ficar ansioso: *Don't hold your breath!* É melhor esperar sentado! ♦ **say sth, speak, etc. under your breath** sussurrar (algo) ♦ **take sb's breath away** deixar alguém boquiaberto *Ver tb* WASTE

breathalyze *(GB* **breathalyse**) /ˈbreθəlaɪz/ *vt* submeter ao teste do bafômetro: *Both drivers were breathalyzed at the scene of the accident.* Os dois motoristas fizeram o teste do bafômetro no local do acidente. **Breathalyzer®** (*GB* **breathalyser**) *s* bafômetro

breathe /bri:ð/ *vt, vi* respirar
LOC **breathe down sb's neck** (*coloq*) estar em cima de alguém ◆ **breathe (new) life into sth** dar vida (nova) a algo ◆ **not breathe a word (about/of sth)** não dizer uma palavra (sobre algo)
PHR V **breathe (sth) in** inspirar (algo) ◆ **breathe (sth) out** expirar (algo)

breathing /ˈbri:ðɪŋ/ *s* respiração: *heavy breathing* respiração pesada

breathless /ˈbreθləs/ *adj* ofegante, sem fôlego

breathtaking /ˈbreθteɪkɪŋ/ *adj* impressionante, extraordinário

breed /bri:d/ *verbo, substantivo*
▸ *v* (*pt, pp* **bred** /bred/) **1** *vi* (*animal*) reproduzir-se **2** *vt* (*gado*) criar **3** *vt* provocar, gerar: *Dirt breeds disease.* A sujeira gera doenças.
▸ *s* raça, casta

ˈ**breeding ground** *s* ~ **for sth** (*fig*) terreno fértil

breeze /bri:z/ *s* brisa

brew /bru:/ **1** *vt* (*cerveja*) produzir **2** *vt, vi* (*chá, café*) preparar, deixar(-se) em infusão: *Let the tea brew for a few minutes.* Deixe o chá em infusão por alguns minutos. **3** *vi* (*fig*) formar-se: *Trouble is brewing.* Está se armando um problema. **brewery** *s* (*pl* **breweries**) cervejaria

Brexit /ˈbreksɪt/ *s* saída do Reino Unido da União Europeia

bribe /braɪb/ *substantivo, verbo*
▸ *s* propina (*suborno*)
▸ *vt* ~ **sb (into doing sth)** subornar alguém (para que faça algo) **bribery** *s* [*não contável*] suborno (*ato*)

brick /brɪk/ *substantivo, verbo*
▸ *s* tijolo
▸ *v* PHR V **brick sth in/up** fechar algo com tijolos

bride /braɪd/ *s* noiva (*em um casamento*): *the bride and groom* os noivos ➲ *Ver nota em* CASAMENTO

bridegroom /ˈbraɪdgru:m/ (*tb* **groom**) *s* noivo (*em um casamento*) ➲ *Ver nota em* CASAMENTO

bridesmaid /ˈbraɪdzmeɪd/ *s* dama de honra (*em um casamento*) ➲ *Ver nota em* CASAMENTO

bridge /brɪdʒ/ *substantivo, verbo*
▸ *s* **1** ponte **2** (*fig*) vínculo
▸ *vt* LOC **bridge the gap/gulf (between A and B)** reduzir as diferenças (entre A e B)

bridle /ˈbraɪdl/ *s* freio (*cavalo*)

brief /bri:f/ *adjetivo, verbo*
▸ *adj* (**briefer, -est**) breve, curto LOC **in brief** em poucas palavras
▸ *vt* instruir, dar instruções a *Ver tb* BRIEFS

briefcase /ˈbri:fkeɪs/ *s* pasta executiva ➲ *Ver ilustração em* BAG

briefing /ˈbri:fɪŋ/ *s* briefing (*instruções ou informações essenciais*): *a press briefing* um briefing para a imprensa

briefly /ˈbri:fli/ *adv* **1** brevemente **2** em poucas palavras

briefs /bri:fs/ *s* [*pl*] **1** calcinha **2** cueca ➲ *Ver notas em* CALÇA, PAIR

brigade /brɪˈgeɪd/ *s* brigada

bright /braɪt/ *adj* (**brighter, -est**) **1** brilhante, luminoso: *bright eyes* olhos vivos **2** (*cor*) vivo, berrante **3** (*sorriso, expressão, caráter*) radiante, alegre **4** (*esp GB*) brilhante, inteligente LOC *Ver* LOOK
brighten **1** *vt, vi* clarear **2** *vi* ~ **(up)** (*tempo*) abrir **3** *vt, vi* ~ **(sth) (up)** alegrar algo; alegrar-se **brightness** *s* **1** brilho, luminosidade **2** alegria **3** inteligência

brightly /ˈbraɪtli/ *adv* **1** com brilho **2**: *brightly lit* com muita luz ◇ *brightly painted* pintado com cores vivas **3** radiantemente, alegremente

brilliant /ˈbrɪliənt/ *adj* **1** brilhante **2** (*GB, coloq*) genial **brilliance** *s* **1** brilho, resplendor **2** talento

brim /brɪm/ *s* **1** borda: *full to the brim* cheio até a borda **2** aba (*de chapéu*)

bring /brɪŋ/ *vt* (*pt, pp* **brought** /brɔ:t/) ➲ *Ver nota em* LEVAR **1** ~ **sb/sth (with you)** trazer alguém/algo (consigo): *Bring a sleeping bag with you.* Traga um saco de dormir. **2** ~ **sb sth**; ~ **sth for sb** trazer algo para alguém: *He always brings me a present./He always brings a present for me.* Ele sempre traz um presente para mim. ➲ *Ver nota em* GIVE **3** levar: *Can I bring a friend to your party?* Posso levar um amigo a sua festa? ➲ *Ver ilustração em* TAKE **4** (*ações judiciais*) instaurar **5** ~ **yourself to do sth** forçar-se a fazer algo: *I couldn't bring myself to tell her.* Eu não tive coragem de dizer-lhe.
🛈 Para expressões com **bring**, ver os verbetes do substantivo, adjetivo, etc, p.ex. **bring sth to a close** em CLOSE.
PHR V **bring sth about/on** provocar algo
bring sb around (*GB tb* **bring sb round**) (*tb* **bring sb to**) fazer alguém voltar a si ◆ **bring sb around (to sth)** convencer alguém (de algo)
bring sth back **1** restaurar algo **2** devolver algo **3** fazer pensar em algo

B

bring sth down 1 derrubar, derrotar algo **2** *(preços, etc.)* reduzir, abaixar algo
bring sth forward adiantar algo
bring sth in introduzir algo *(lei)*
bring sth off conseguir algo *(difícil)*
bring sth on provocar algo ◆ **bring sth on yourself** ter culpa de algo que aconteceu a si mesmo
bring sth out 1 *(produto)* produzir algo **2** *(livro)* publicar algo **3** *(significado)* realçar algo
bring sb round; bring sb to *Ver tb* BRING SB AROUND
bring sb/sth together reconciliar, reunir alguém/algo
bring sb up criar alguém: *She was brought up by her granny.* Ela foi criada pela avó. ➲ *Comparar com* EDUCATE ◆ **bring sth up 1** vomitar algo **2** mencionar algo

brink /brɪŋk/ *s [sing]* **the ~ (of sth)** a borda (de algo): *on the brink of war* à beira da guerra

brisk /brɪsk/ *adj* (**brisker**) **1** *(passo)* enérgico **2** *(negócio)* ativo

Brit /brɪt/ *s (coloq)* britânico, -a ➲ *Ver nota em* GRÃ-BRETANHA

brittle /ˈbrɪtl/ *adj* **1** quebradiço **2** *(fig)* frágil

bro /broʊ/ *s (pl* **bros**) *(esp USA, coloq)* brode, mano

broach /broʊtʃ/ *vt* abordar *(assunto)*

⚷ **broad** /brɔːd/ *adj* (**broader, -est**) **1** largo

> Para nos referirmos à distância entre os dois extremos de algo é mais comum utilizar **wide**: *The gate is four meters wide.* O portão tem quatro metros de largura. **Broad** é utilizado para nos referirmos a características geográficas: *a broad expanse of desert* uma ampla área desértica, e também em frases como: *broad shoulders* ombros largos.

2 *(sorriso)* amplo **3** *(esquema, acordo)* geral, amplo: *in the broadest sense of the word* no sentido mais amplo/geral da palavra LOC **in broad daylight** em plena luz do dia

broadband /ˈbrɔːdbænd/ *s* banda larga

ˌ**broad** ˈ**bean** *s (GB)* fava

⚷ **broadcast** /ˈbrɔːdkæst; *GB* -kɑːst/ *verbo, substantivo*
▸ *v (pt, pp* **broadcast**) **1** *vt, vi (TV, Rádio)* transmitir, emitir (programas) **2** *vt (opinião, etc.)* difundir
▸ *s* transmissão: *party political broadcast* horário eleitoral

broaden /ˈbrɔːdn/ *vt, vi* alargar(-se), ampliar(-se)

⚷ **broadly** /ˈbrɔːdli/ *adv* **1** amplamente: *smiling broadly* com um amplo sorriso **2** de maneira geral: *broadly speaking* falando em termos gerais

ˌ**broad-**ˈ**minded** *adj* liberal, tolerante

broccoli /ˈbrɑːkəli/ *s [não contável]* brócolis

brochure /broʊˈʃʊr; *GB* ˈbroʊʃə(r)/ *s* folheto, brochura *(esp turísticos ou de publicidade)*

broil /brɔɪl/ *vt* grelhar

broiler /ˈbrɔɪlər/ *(GB* **grill**) *s* grelha

broke /broʊk/ *adj (coloq)* sem dinheiro, quebrado LOC **go broke** quebrar *(negócio) Ver tb* BREAK

⚷ **broken** /ˈbroʊkən/ *adj* **1** quebrado, interrompido **2** destruído: *a broken marriage/home* um casamento/lar desfeito **3** *(coração)* partido **4** *[antes do substantivo] (língua)* não fluente: *to speak in broken English* falar em inglês não fluente *Ver tb* BREAK

broker /ˈbroʊkər/ *s Ver* STOCKBROKER

bronchitis /brɑːŋˈkaɪtɪs/ *s [não contável]* bronquite

bronze /brɑːnz/ *substantivo, adjetivo*
▸ *s* bronze
▸ *adj* de bronze, da cor do bronze

brooch /broʊtʃ/ *s (esp GB) (USA* **pin**) broche

brood /bruːd/ *vi* ~ **(over/on/about sth)** remoer algo

brook /brʊk/ *s* riacho

broom /bruːm/ *s* **1** vassoura ➲ *Ver ilustração em* BRUSH **2** *(Bot)* giesta

broomstick /ˈbruːmstɪk/ *s* (cabo de) vassoura

broth /brɑːθ/ *s* caldo

⚷ **brother** /ˈbrʌðər/ *s* irmão: *Does she have any brothers or sisters?* Ela tem irmãos? ◇ *Brother Luke* o Irmão Luke **brotherhood** *s* **1** irmandade **2** confraria **brotherly** *adj* fraternal

ˈ**brother-in-law** *s (pl* **brothers-in-law**) cunhado

brought *pt, pp de* BRING

brow /braʊ/ *s* **1** *(Anat)* fronte, testa ❶ A palavra mais comum é **forehead**. **2** *[ger pl] Ver* EYEBROW **3** *(colina)* cimo

⚷ **brown** /braʊn/ *adjetivo, substantivo, verbo*
▸ *adj* (**browner, -est**) **1** marrom **2** *(pelo, cabelo)* castanho **3** *(pele)* moreno **4** *(açúcar)* mascavo **5** *(urso)* pardo **6**: *brown bread/rice* pão/arroz integral **7**: *brown paper* papel pardo
▸ *s* marrom

▸ *vt, vi* (*Cozinha*) dourar(-se) **brownish** *adj* pardacento, acastanhado

brownie /ˈbraʊni/ *s* **1** tipo de bolo de chocolate (às vezes com nozes) **2 Brownie** (menina) bandeirante

ˈ**brownie point** *s* [*ger pl*] (*coloq*) crédito: *She's just trying to win brownie points with the boss.* Ela só quer ganhar pontos com o chefe.

browse /braʊz/ **1** *vt, vi* (*numa loja*) passar os olhos (por) **2** *vt, vi* ~ **(through) sth** (*revista, livro*) folhear (algo) **3** *vi* (*gado*) pastar

browser /ˈbraʊzər/ *s* (*Informát*) navegador, -ora

bruise /bruːz/ *substantivo, verbo*
▸ *s* **1** contusão **2** (*fruta*) machucadura
▸ *vt, vi* machucar(-se) **bruising** *s* [*não contável*]: *He had a lot of bruising.* Ele tinha muitas contusões.

⚿ **brush** /brʌʃ/ *substantivo, verbo*
▸ *s* **1** escova **2** escovão **3** pincel **4** broxa **5** escovada **6** ~ **with sb/sth** desentendimento com alguém/algo
▸ *v* **1** *vt* escovar: *to brush your hair/teeth* escovar o cabelo/os dentes **2** *vt* varrer **3** *vt, vi* ~ **(against/by/past) sb/sth** roçar(-se) (com/em) alguém/algo PHR V **brush sb/sth aside** fazer pouco caso de alguém/algo ◆ **brush sth up; brush up on sth** desenferrujar algo (*idioma, etc.*)

brushes

brusque /brʌsk; *GB* bruːsk/ *adj* (*comportamento, voz*) brusco

Brussels sprout /ˌbrʌslz ˈspraʊt/ (*tb* **sprout**) *s* couve-de-bruxelas

brutal /ˈbruːtl/ *adj* brutal **brutality** /bruːˈtæləti/ *s* (*pl* **brutalities**) brutalidade

brute /bruːt/ *substantivo, adjetivo*
▸ *s* **1** besta **2** bruto
▸ *adj* [*antes do substantivo*] bruto **brutish** *adj* brutal

BTW *abrev de* **by the way** (*em textos escritos*) a propósito

⚿ **bubble** /ˈbʌbl/ *substantivo, verbo*
▸ *s* bolha, borbulha: *to blow bubbles* fazer bolhas (de sabão)
▸ *vi* borbulhar, borbotar **bubbly** *adj* **1** borbulhante, efervescente **2** (*pessoa*) animado

ˈ**bubble bath** *s* espuma de banho

bubblegum /ˈbʌblgʌm/ *s* [*não contável*] chiclete (*de bola*)

buck /bʌk/ *substantivo, verbo*
▸ *s* **1** (*esp USA, coloq*) dólar: *This is going to cost big bucks!* Isto vai custar uma grana preta! **2** macho (*de coelho, veado*) ➲ *Ver notas em* COELHO, VEADO **3 the buck** [*sing*] a responsabilidade: *The buck stops here.* Eu assumo a responsabilidade. LOC **make a fast/quick buck** (*coloq, ger pej*) ganhar dinheiro fácil
▸ *vi* corcovear LOC **buck the trend** ir contra a corrente PHR V **buck sb up** (*GB, coloq*) animar alguém

bucket /ˈbʌkɪt/ *s* balde LOC *Ver* KICK

ˈ**bucket list** *s* lista de coisas a fazer antes de morrer

buckle /ˈbʌkl/ *substantivo, verbo*
▸ *s* fivela (*de cinto*)
▸ *v* **1** *vt* ~ **sth (on/up)** afivelar algo **2** *vt, vi* (*metal*) deformar(-se) **3** *vi* (*pernas*) dobrar-se

buck ˈ**naked** (*GB* **stark naked**) *adj* nu em pelo

bud /bʌd/ *s* **1** (*flor*) botão **2** gema (*em ramo, caule*)

Buddhism /ˈbʊdɪzəm/ *s* budismo **Buddhist** *adj, s* budista

budding /ˈbʌdɪŋ/ *adj* nascente

buddy /ˈbʌdi/ *s* (*pl* **buddies**) (*coloq*) colega (*amigo*)

budge /bʌdʒ/ **1** *vt, vi* mover(-se) **2** *vi* (*opinião*) ceder

budgerigar /ˈbʌdʒərigɑːr/ (*coloq* **budgie** /ˈbʌdʒi/) *s* periquito

⚿ **budget** /ˈbʌdʒɪt/ *substantivo, verbo*
▸ *s* **1** orçamento: *a budget deficit* um deficit orçamentário **2** (*Pol*) orçamento geral
▸ *v* **1** *vi* ~ **(for sth)** (*gastos*) planejar (para algo) **2** *vt* ~ **sth (for sth)** reservar algo (para algo); incluir algo num orçamento **budgetary** /ˈbʌdʒɪteri; *GB* -təri/ *adj* orçamentário

buff /bʌf/ *substantivo, adjetivo*
▸ *s* **1** aficionado, -a: *a movie buff* um

fanático por cinema **2** bege
▸ *adj* bege

B

buffalo /ˈbʌfəloʊ/ *s* (*pl* **buffalo** *ou* **buffaloes**) **1** búfalo **2** bisão

buffer /ˈbʌfər/ *s* proteção: *a buffer zone between the two sides in the conflict* uma zona-tampão entre os dois lados do conflito

buffet[1] /bəˈfeɪ; *GB* ˈbʊfeɪ/ *s* **1** lanchonete: *buffet car* vagão-restaurante **2** bufê **3** (*GB* **sideboard**) aparador

buffet[2] /ˈbʌfɪt/ *vt* abalar

bug /bʌg/ *substantivo, verbo*
▸ *s* **1** inseto **2** (*coloq*) vírus, infecção **3** (*Informát*) erro de programação **4** (*coloq*) microfone para escuta clandestina
▸ *vt* (**-gg-**) **1** (*telefone, etc.*) grampear **2** (*casa*) por um microfone secreto em **3** (*coloq*) irritar

buggy /ˈbʌgi/ *s* (*pl* **buggies**) (*GB*) **1** buggy **2** carrinho de bebê

⚷ **build** /bɪld/ *vt* (*pt, pp* **built** /bɪlt/) **1** construir **2** criar *Ver tb* WELL BUILT **PHR V build sth in; build sth into sth** **1** incorporar algo (em algo) **2** (*móvel*) embutir algo (em algo) ◆ **build on sth** basear-se em algo (*para progredir*): *This study builds on earlier work.* Este estudo toma por base trabalhos anteriores. ◆ **build up 1** intensificar-se **2** acumular-se ◆ **build sb/sth up** elogiar alguém/algo ◆ **build sth up 1** (*coleção*) ampliar algo **2** (*negócio*) desenvolver algo

builder /ˈbɪldər/ *s* construtor, -ora

⚷ **building** /ˈbɪldɪŋ/ *s* **1** edifício **2** construção

ˈ**building society** *s* (*GB*) sociedade de crédito imobiliário

buildup /ˈbɪldʌp/ *s* **1** aumento gradual **2** acúmulo **3** ~ **(to sth)** preparação (para algo) **4** publicidade

built *pt, pp de* BUILD

ˌ**built-**ˈ**in** *adj* embutido

ˌ**built-**ˈ**up** *adj* (*esp GB*) urbanizado: *built-up areas* áreas urbanizadas

bulb /bʌlb/ *s* **1** (*Bot*) bulbo **2** (*tb* **light bulb**) lâmpada elétrica

bulge /bʌldʒ/ *substantivo, verbo*
▸ *s* **1** protuberância **2** aumento (temporário)
▸ *vi* ~ **(with sth)** inchar (com algo) (*bolso, etc.*)

bulimia /buˈlɪmiə; buˈliːmiə; *GB tb* bjuˈlɪmiə/ *s* bulimia **bulimic** *adj, s* bulímico, -a

bulk /bʌlk/ *s* **1** volume: *bulk buying* compra no atacado **2** massa **3 the bulk (of sth)** a maior parte (de algo) **LOC in bulk 1** em grandes quantidades **2** a granel **bulky** *adj* (**bulkier, -iest**) volumoso

bull /bʊl/ *s* touro

bulldoze /ˈbʊldoʊz/ *vt* **1** (*escavadeira*) aplainar **2** derrubar

bulldozer /ˈbʊldoʊzər/ *s* escavadeira

⚷ **bullet** /ˈbʊlɪt/ *s* (*arma*) bala

bulletin /ˈbʊlətɪn/ *s* **1** (*declaração*) comunicado **2** boletim: *news bulletin* boletim de notícias

ˈ**bulletin board** *s* **1** (*GB* **noticeboard**) quadro de avisos **2** (*Internet*) foro de discussão, BBS

bulletproof /ˈbʊlɪtpruːf/ *adj* à prova de balas

bullfight /ˈbʊlfaɪt/ *s* tourada **bullfighter** *s* toureiro, -a **bullfighting** *s* tauromaquia

bullfrog /ˈbʊlfrɔːg; *GB* -frɒg/ *s* rã-touro

bullion /ˈbʊliən/ *s* ouro, prata (*em barras ou lingotes*)

bullring /ˈbʊlrɪŋ/ *s* praça de touros

bullseye /ˈbʊlzaɪ/ *s* mosca (*do alvo*)

bullshit /ˈbʊlʃɪt/ *s* [*não contável*] (*gíria*) (*coloq* **bull**) cascata: *That's bullshit!* Isto é só cascata!

bully /ˈbʊli/ *substantivo, verbo*
▸ *s* (*pl* **bullies**) agressor, -ora (*esp na escola*)
▸ *vt* (*pt, pp* **bullied**) intimidar **bullying** *s* [*não contável*] comportamento agressivo

bum /bʌm/ *substantivo, verbo*
▸ *s* (*coloq*) **1** (*GB*) (*USA* **butt**) bunda **2** (*USA*) vagabundo, -a
▸ *vt* ~ **sth (off sb)** (*coloq*): *Can I bum a cigarette off you?* Você me arruma um cigarro? **PHR V bum around** (*coloq*) vagabundear

bumbag /ˈbʌmbæg/ *s* (*GB*) (*USA* **fanny pack**) pochete

bumblebee /ˈbʌmblbiː/ *s* abelhão

bummer /ˈbʌmər/ *s* [*sing*] (*coloq*) chato: *It's a real bummer that she can't come.* Foi muito chato ela não ter vindo.

bump /bʌmp/ *verbo, substantivo*
▸ *v* **1** *vt* ~ **sth (against/on sth)** chocar algo (contra/em algo) **2** *vi* ~ **against/into sb/sth** chocar(-se) contra alguém/algo **PHR V bump into sb** (*coloq*) topar com alguém ◆ **bump sb off** (*coloq*) matar alguém
▸ *s* **1** baque **2** sacudida **3** (*Anat*) inchaço **4** protuberância **5** (*carro*) parte amassada *Ver tb* SPEED BUMP

bumper /ˈbʌmpər/ *substantivo, adjetivo*
▸ *s* para-choque: *bumper car* carrinho

de batida
▸ *adj* [*antes do substantivo*] abundante

bumpy /ˈbʌmpi/ *adj* (**bumpier**, **-iest**) **1** (*superfície*) desigual **2** (*estrada*) acidentado **3** (*voo*) turbulento

bun /bʌn/ *s* **1** pãozinho doce **2** pão redondo (*para hambúrguer, etc.*) ➲ *Ver ilustração em* PÃO **3** (*cabelo*) coque

⚷ **bunch** /bʌntʃ/ *substantivo, verbo*
▸ *s* **1** cacho (*de uvas, bananas*) **2** ramalhete (*de flores*) **3** maço (*de verduras, ervas*) **4** (*chaves*) molho **5** [*sing*] **a ~ (of sth)** (*esp USA, coloq*) uma penca (de algo): *I have a whole bunch of stuff to do today.* Eu tenho uma penca de coisas para fazer hoje. **6** [*sing*] (*coloq*) grupo: *They're a great bunch of kids.* Eles são um ótimo grupo de crianças.
▸ *vt, vi* franzir(-se)

bundle /ˈbʌndl/ *substantivo, verbo*
▸ *s* **1** (*roupas*) trouxa **2** feixe **3** (*notas, papéis*) maço
▸ *v* PHR V **bundle sth together/up** empacotar algo

bung /bʌŋ/ *substantivo, verbo*
▸ *s* rolha
▸ *vt* (*GB, coloq*) jogar: *Don't bung your clothes on the floor.* Não jogue suas roupas no chão. PHR V **bung sth up** **1** obstruir algo **2** (*GB*): *I'm all bunged up.* Estou com o nariz entupido.

bungalow /ˈbʌŋɡəloʊ/ *s* (*GB*) (*USA* **ranch house**) casa térrea, bangalô

bungee jumping /ˈbʌndʒi dʒʌmpɪŋ/ *s* bungee jumping (*esporte radical*)

bungle /ˈbʌŋɡl/ *vt* estragar, pôr a perder

bunk /bʌŋk/ *s* beliche LOC **do a bunk** (*GB, coloq*) sumir

bunny /ˈbʌni/ (*pl* **bunnies**) (*tb* ˈ**bunny rabbit**) *s* coelhinho ➲ *Ver nota em* COELHO

buoy /ˈbuːi; bɔɪ/ *substantivo, verbo*
▸ *s* boia
▸ *vt* **~ sb (up)** animar alguém

buoyant /ˈbuːjənt; *GB* ˈbɔɪənt/ *adj* (*Econ*) em alta

burble /ˈbɜːrbl/ *vi* **1** (*riacho*) murmurar **2 ~ (on) (about sth)** (*GB, pej*) resmungar (sobre algo)

burden /ˈbɜːrdn/ *substantivo, verbo*
▸ *s* **1** carga **2** (*formal*) fardo
▸ *vt* **1** carregar **2** (*fig*) sobrecarregar **burdensome** *adj* (*formal*) incômodo, opressivo

bureau /ˈbjʊroʊ/ *s* (*pl* **bureaus** (*GB tb* **bureaux** /-roʊz/)) **1** (*USA*) cômoda **2** (*GB*) escrivaninha **3** (*esp USA*) (*Pol*) repartição pública **4** (*GB*) agência: *employment bureau* agência de emprego

bureaucracy /bjʊˈrɑːkrəsi/ *s* (*pl* **bureaucracies**) burocracia **bureaucrat** /ˈbjʊrəkræt/ *s* burocrata **bureaucratic** /ˌbjʊrəˈkrætɪk/ *adj* burocrático

burger /ˈbɜːrɡər/ *s* hambúrguer

A palavra **burger** é muito usada em compostos como *cheeseburger* e *veggie burger* (hambúrguer vegetariano).

burglar /ˈbɜːrɡlər/ *s* (*ladrão*) arrombador, -ora: *burglar alarm* alarme contra roubo ➲ *Ver nota em* THIEF **burglarize** (*GB* **burgle**) *vt* roubar (*de uma casa*) ➲ *Ver nota em* ROB **burglary** *s* (*pl* **burglaries**) roubo (*de uma casa*) ➲ *Ver nota em* THEFT

burgundy /ˈbɜːrɡəndi/ *s* **1 Burgundy** (*vinho*) borgonha **2** (*cor*) vinho

burial /ˈberiəl/ *s* enterro

burly /ˈbɜːrli/ *adj* corpulento

⚷ **burn** /bɜːrn/ *verbo, substantivo*
▸ *v* (*pt, pp* **burned** *ou* **burnt** /bɜːrnt/) ➲ *Ver nota em* DREAM **1** *vt, vi* queimar(-se): *to be badly burned* sofrer queimaduras graves **2** *vi* arder: *a burning building* um edifício em chamas **3** *vi* (*olhos, ferida*) arder **4** *vi* (*luz*): *He left the lamp burning.* Ele deixou a luz acesa. **5** *vt*: *The furnace burns oil.* A caldeira funciona com petróleo. **6** *vt* (*CD, DVD*) gravar LOC **be burning to do sth** estar morrendo de vontade de fazer algo
▸ *s* queimadura

burner /ˈbɜːrnər/ *s* boca (*de fogão*)

burning /ˈbɜːrnɪŋ/ *adj* **1** ardente **2** (*vergonha*) intenso **3** (*assunto*) urgente

⚷ **burnt** /bɜːrnt/ *adj* queimado *Ver tb* BURN

burp /bɜːrp/ *verbo, substantivo*
▸ *v* (*coloq*) **1** *vi* arrotar **2** *vt* (*bebê*) fazer arrotar
▸ *s* (*coloq*) arroto

burrito /bʊˈriːtoʊ/ *s* (*pl* **-os**) burrito (*comida mexicana*)

burrow /ˈbɜːroʊ; *GB* ˈbʌroʊ/ *substantivo, verbo*
▸ *s* toca
▸ *vt* cavar (*toca*)

⚷ **burst** /bɜːrst/ *verbo, substantivo*
▸ *vt, vi* (*pt, pp* **burst**) **1** arrebentar **2** estourar **3** romper: *The river burst its banks.* O rio transbordou. LOC **be bursting to do sth** estar morrendo de vontade de fazer algo ◆ **be bursting (with sth)** estar lotado (de algo) ◆ **burst open** abrir-se de repente ◆ **burst out laughing** desatar a rir PHR V **burst in; burst into sth** irromper (em algo) (*sala, edifício, etc.*) ◆ **burst into sth**: *to burst into tears/flames* cair no choro/arder em chamas

B

◆ **burst out** sair de repente (*de uma sala*)
▸ *s* **1** (*raiva, etc.*) ataque **2** (*tiros*) rajada **3** (*aplausos*) salva

bury /ˈberi/ *vt* (*pt, pp* **buried**) **1** enterrar **2** sepultar **3** (*faca, etc.*) cravar **4**: *She buried her face in her hands.* Ela escondeu o rosto nas mãos.

bus /bʌs/ *s* (*pl* **buses**, *USA tb* **busses**) ônibus (*urbano*): *bus driver/conductor* motorista/cobrador de ônibus ◇ *bus stop* ponto de ônibus ➲ *Comparar com* COACH

bush /bʊʃ/ *s* **1** arbusto: *a rose bush* uma roseira **2** (*tb* **the bush**) mato LOC *Ver* BEAT **bushy** *adj* **1** (*barba*) cerrado **2** (*rabo*) peludo **3** (*planta*) frondoso

busily /ˈbɪzɪli/ *adv* atarefadamente

business /ˈbɪznəs/ *s* **1** [*não contável*] negócios: *business card* cartão de visitas ◇ *business studies* estudos de administração ◇ *a business trip* uma viagem de negócios **2** negócio, empresa **3** [*não contável*]: *It's none of your business!* Não é da sua conta! **4** [*não contável*] (*em uma reunião*) assuntos (a tratar): *any other business* e outros assuntos *Ver tb* SHOW BUSINESS LOC **be in business** (*coloq*) estar pronto para o que der e vier ◆ **do business with sb** fazer negócios com alguém ◆ **get down to business** ir ao que interessa ◆ **go out of business** falir ◆ **have no business doing sth** não ter direito de fazer algo ◆ **on business** a negócios *Ver tb* BIG, MEAN, MIND

businesslike /ˈbɪznəslaɪk/ *adj* **1** formal **2** profissional

businessman /ˈbɪznəsmæn/ *s* (*pl* **-men** /-men/) homem de negócios

businesswoman /ˈbɪznəswʊmən/ *s* (*pl* **-women** /-wɪmɪn/) mulher de negócios

busk /bʌsk/ *vi* tocar música em local público (*para arrecadar dinheiro*) **busker** *s* músico que toca na rua

bust /bʌst/ *substantivo, verbo, adjetivo*
▸ *s* **1** (*escultura*) busto **2** (*Anat*) peito
▸ *v* (*pt, pp* **busted** *ou* **bust**) (*coloq*) ➲ *Ver nota em* DREAM **1** *vt, vi* romper(-se) **2** *vt* revistar e deter: *He's been busted for drugs.* Ele foi detido por porte de drogas.
▸ *adj* (*coloq*) quebrado LOC **go bust** (*coloq*) falir

bustle /ˈbʌsl/ *verbo, substantivo*
▸ *vi* ~ **(around/about)** apressar(-se)
▸ *s* [*não contável*] ruído, alvoroço LOC *Ver* HUSTLE **bustling** *adj* alvoroçado

busy /ˈbɪzi/ *adjetivo, verbo*
▸ *adj* (**busier**, **-iest**) **1** ~ **(with sth/sb)** ocupado (com algo/alguém) **2** (*local*) movimentado **3** (*temporada*) agitado **4** (*programa*) apertado **5** (*telefone*) ocupado: *The line is busy.* A linha está ocupada.
▸ *vt* (*pt, pp* **busied**) ~ **yourself with sth**; ~ **yourself doing sth** ocupar-se com algo; ocupar-se em fazer algo

busybody /ˈbɪzibɑːdi/ *s* (*pl* **busybodies**) intrometido, -a

but /bʌt/ *conjunção, preposição*
▸ *conj* **1** mas: *Not only him but me too.* Não apenas ele, mas eu também. **2** senão: *What could I do but cry?* O que eu podia fazer senão chorar? LOC **but for sb/sth** se não fosse por alguém/algo ◆ **we can but hope, try, etc.** só nos resta esperar, tentar, etc.
▸ *prep* exceto: *nobody but you* ninguém, exceto você

butcher /ˈbʊtʃər/ *substantivo, verbo*
▸ *s* **1** açougueiro, -a **2** (*fig*) carniceiro, -a **3** **butcher's** açougue ➲ *Ver nota em* AÇOUGUE
▸ *vt* **1** (*animal*) abater e carnear **2** (*pessoa*) matar brutalmente

butler /ˈbʌtlər/ *s* mordomo

butt /bʌt/ *substantivo, verbo*
▸ *s* **1** culatra **2** (*cigarro*) toco **3** (*GB*) tonel **4** (*esp USA, coloq*) bunda LOC **be the butt of sth** ser o alvo de algo (*piadas, etc.*)
▸ *vt* dar cabeçadas em PHR V **butt in (on sb/sth)** (*coloq*) interromper (alguém/algo), intrometer-se (em algo)

butter /ˈbʌtər/ *substantivo, verbo*
▸ *s* manteiga
▸ *vt* untar com manteiga

buttercup /ˈbʌtərkʌp/ *s* botão-de-ouro

butterfly /ˈbʌtərflaɪ/ *s* (*pl* **butterflies**) borboleta LOC **have butterflies (in your stomach)** estar com frio na barriga

buttock /ˈbʌtək/ *s* nádega

button /ˈbʌtn/ *substantivo, verbo*
▸ *s* **1** botão **2** distintivo, crachá *Ver tb* BELLY BUTTON
▸ *vt, vi* ~ **(sth) (up)** abotoar algo; abotoar-se

buttonhole /ˈbʌtnhoʊl/ *s* casa de botão

buy /baɪ/ *verbo, substantivo*
▸ *vt* (*pt, pp* **bought** /bɔːt/) **1** ~ **sb sth**; ~ **sth (for sb)** comprar algo (para alguém): *He bought his girlfriend a present.* Ele comprou um presente para a namorada. ◇ *I bought one for myself for $10.* Eu comprei um para mim por dez dólares. ➲ *Ver nota em* GIVE **2** ~ **sth from sb** comprar algo de alguém
▸ *s* compra: *a good buy* uma boa compra

buyer /ˈbaɪər/ *s* comprador, -ora

buzz /bʌz/ *substantivo, verbo*
▸ *s* **1** (*tb* **buzzing**) zumbido **2** [*sing*] (*vozes*) burburinho **3** [*sing*] (*coloq*) prazer,

excitação: *I get a real buzz out of flying.* Eu adoro viajar de avião. LOC **give sb a buzz** (*coloq*) bater um fio com alguém
▸ *vi* zumbir PHR V **buzz off!** (*coloq*) vá embora!

buzzer /ˈbʌzər/ *s* campainha elétrica

buzzword /ˈbʌzwɜːrd/ *s* palavra de moda (*esp nos jornais, etc.*)

by /baɪ/ *preposição, advérbio* ❶ Para o uso de **by** em PHRASAL VERBS, ver os verbetes dos verbos correspondentes, p.ex. **get by** em GET.
▸ *prep* **1** por: *by mail* pelo correio ◇ *ten (multiplied) by six* dez multiplicado por seis ◇ *designed by Niemeyer* projetado por Niemeyer **2** ao lado de, junto a: *Sit by me.* Sente-se ao meu lado. ◇ *Keep the map by you.* Tenha o mapa à mão. **3** de: *by day/night* de dia/noite ◇ *by birth/profession* de nascença/profissão ◇ *a novel by Steinbeck* um romance de Steinbeck ◇ *to go by car/bicycle* ir de carro/bicicleta ◇ *two by two* de dois em dois **4** antes de: *to be home by ten o'clock* estar em casa antes das dez **5** segundo: *by my watch* segundo meu relógio **6** com: *to pay by check* pagar com cheque **7** à custa de: *by working hard* à custa de muito trabalho **8 by doing sth** fazendo algo: *Let me begin by saying...* Permitam-me que comece dizendo...
▸ *adv* LOC **go, drive, run, etc. by** passar por perto/diante ◆ **keep/put sth by** deixar algo para depois *Ver tb* LARGE

bye /baɪ/ (*tb* ˌ**bye-**ˈ**bye**) *interj* (*coloq*) tchau!

ˈ**by-election** *s* (*GB*) eleição extraordinária

bygone /ˈbaɪgɔːn; *GB* -gɒn/ *adj* passado

BYO /ˌbiː waɪ ˈoʊ/ (*tb* **BYOB** /biː ˌwaɪ oʊ ˈbiː/) *abrev de* **bring your own (bottle/beer)** traga a sua (bebida)

bypass /ˈbaɪpæs; *GB* -pɑːs/ *substantivo, verbo*
▸ *s* **1** estrada periférica **2** (*Med*) ponte de safena
▸ *vt* **1** contornar **2** evitar

byproduct /ˈbaɪprɑːdʌkt/ *s* **1** subproduto **2** (*fig*) consequência

bystander /ˈbaɪstændər/ *s* circunstante; espectador, -ora: *seen by bystanders* testemunhado por curiosos

byte /baɪt/ *s* (*Informát*) byte

Cc

C, c /siː/ *s* (*pl* **Cs, C's, c's**) **1** C,c ➲ *Ver nota em* A, A **2** (*Mús*) dó

cab /kæb/ *s* **1** táxi **2** (*de caminhão, trem*) cabine

cabbage /ˈkæbɪdʒ/ *s* couve, repolho

cabin /ˈkæbɪn/ *s* **1** (*Náut*) camarote **2** (*Aeronáut*) cabine de passageiros **3** cabana

ˈ**cabin crew** *s* tripulação (*em avião*)

cabinet /ˈkæbɪnət/ *s* **1** armário: *bathroom cabinet* armário de banheiro ◇ *drinks cabinet* móvel para armazenar bebidas *Ver tb* FILE CABINET **2 the Cabinet** (*Pol*) o Gabinete

cable /ˈkeɪbl/ *s* **1** cabo: *cable TV* TV a cabo **2** amarra

ˈ**cable car** *s* **1** bondinho **2** bonde (*de tração a cabo*)

cache /kæʃ/ *s* **1** esconderijo (*para armas, etc.*) **2** (*Informát*) cache

cackle /ˈkækl/ *verbo, substantivo*
▸ *vi* **1** (*galinha*) cacarejar **2** (*pessoa*) dar uma gargalhada ➲ *Ver nota em* RIR
▸ *s* **1** cacarejo **2** gargalhada desagradável

cactus /ˈkæktəs/ *s* (*pl* **cactuses** *ou* **cacti** /-taɪ/) cacto

CAD /kæd/ *s* (*abrev de* **computer-aided design**) CAD (*Desenho Assistido por Computador*)

cadet /kəˈdet/ *s* cadete

Caesarean (*esp GB*) = CESAREAN

café (*tb* **cafe**) /kæˈfeɪ; *GB* ˈkæfeɪ/ *s* café (*estabelecimento*)

cafeteria /ˌkæfəˈtɪriə/ *s* cantina

cafetière /ˌkæfəˈtjer/ *s* (*GB*) (*USA* **French press**) cafeteira (*de vidro com filtro de metal*)

caffeine /ˈkæfiːn/ *s* cafeína

cage /keɪdʒ/ *substantivo, verbo*
▸ *s* gaiola, jaula
▸ *vt* engaiolar, enjaular **caged** /keɪdʒd/ *adj* **1** enjaulado, engaiolado **2** (*frango*) confinado

cagey /ˈkeɪdʒi/ *adj* (**cagier, -iest**) ~ **(about sth)** (*coloq*) fechado (a respeito de algo): *He's very cagey about his family.* Ele é cheio de mistério sobre a família.

cagoule /kəˈguːl/ *s* (*GB*) capa com capuz

Cajun /ˈkeɪdʒn/ *adj* da cultura de origem francesa de Nova Orleans

cake /keɪk/ *s* bolo: *birthday cake* bolo de aniversário LOC **have your cake and eat it (too)** (*coloq*) assobiar e chupar cana ♦ **the icing/frosting on the cake** a cereja do bolo *Ver tb* PIECE

caked /keɪkt/ *adj* ~ **in/with sth** empastado de algo: *caked in/with mud* empastado de lama

C

calamity /kəˈlæməti/ *s* (*pl* **calamities**) calamidade

calculate /ˈkælkjuleɪt/ *vt* **1** calcular **2** avaliar LOC **be calculated to do sth** ser programado para fazer algo **calculating** *adj* calculista

calculation /ˌkælkjuˈleɪʃn/ *s* cálculo (*ação*)

calculator /ˈkælkjuleɪtər/ *s* calculadora

caldron = CAULDRON

calendar /ˈkælɪndər/ *s* calendário: *calendar month* mês civil

calf /kæf; *GB* kɑːf/ *s* (*pl* **calves** /kævz; *GB* kɑːvz/) **1** bezerro, terneiro ➲ *Ver nota em* CARNE **2** cria (*de foca, etc.*) **3** barriga da perna

caliber (*GB* **calibre**) /ˈkælɪbər/ *s* calibre

call /kɔːl/ *verbo, substantivo*

▸ *v* **1** *vt* chamar: *What's your dog called?* Como se chama seu cachorro? **2** *vi* ~ **(out) (to sb) (for sth)** chamar (alguém) (para algo): *I thought I heard someone calling.* Pensei ter ouvido alguém chamar. ◇ *She called to her father for help.* Ela gritou para o pai que a ajudasse. **3** *vt* ~ **sth (out)** gritar, chamar algo: *Why didn't you come when I called (out) your name?* Por que você não veio quando chamei? **4** *vt, vi* telefonar: *Can you call me a taxi?* Você pode chamar um táxi para mim? **5** *vt* chamar: *Please call me at seven o'clock.* Por favor me chame às sete. **6** *vi* ~ **(in/round) (on sb)**; ~ **(in/round) (at...)** (*esp GB*) visitar (alguém), passar (em...): *Let's call (in) on John/at John's house.* Vamos passar na casa do John. ◇ *He was out when I called (round).* Ele não estava quando fui visitá-lo. ◇ *Will you call in at the supermarket for some eggs?* Pode passar no supermercado para comprar ovos? **7** *vi* ~ **at...** (*GB*) (*trem*) parar em... **8** *vt* (*reunião, eleição*) convocar LOC **call collect** (*GB* **reverse (the) charges**) telefonar a cobrar ♦ **call it a day** (*coloq*) dar por encerrado: *Let's call it a day.* Chega por hoje. ♦ **call sb names** insultar alguém *Ver tb* QUESTION PHR V **call (sb) back 1** telefonar de novo (para alguém) **2** retornar a chamada (a alguém) ♦ **call by** (*GB, coloq*) dar uma passada: *Could you call by on your way home?* Pode passar por aqui no caminho de casa? ♦ **call for sb** buscar alguém: *I'll call for you at seven o'clock.* Vou te buscar às sete. ♦ **call for sth 1** requerer algo: *This calls for a celebration!* Isso é motivo para celebração. **2** clamar por algo ♦ **call sth off 1** cancelar algo **2** (*relação*) romper algo ♦ **call sb out** convocar, chamar alguém: *to call out the troops/the fire department* convocar as tropas/chamar os bombeiros ♦ **call sb up 1** (*esp USA*) (*por telefone*) ligar para alguém **2** (*GB*) recrutar alguém

▸ *s* **1** (*tb* ˈ**phone call**) chamada (telefônica): *to give sb a call* telefonar para alguém **2** grito, chamada **3** visita **4** (*de ave*) canto **5** [*não contável*] ~ **(for sth)**: *There isn't much call for such things.* Não há muita demanda para essas coisas. LOC **be on call** estar de plantão *Ver tb* CLOSE[1]

ˈ**call center** (*GB* ˈ**call centre**) *s* central de atendimento ao cliente (*por telefone*)

caller /ˈkɔːlər/ *s* **1** pessoa que chama ao telefone **2** visita

callous /ˈkæləs/ *adj* insensível, cruel

calm /kɑːm/ *adjetivo, substantivo, verbo*

▸ *adj* (**calmer**, **-est**) calmo

▸ *s* tranquilidade

▸ *v* PHR V **calm down** acalmar-se, tranquilizar-se: *Just calm down a little!* Acalme-se! ♦ **calm sb down** acalmar, tranquilizar alguém

calmly /ˈkɑːmli/ *adv* calmamente, com calma

calorie /ˈkæləri/ *s* caloria

calves *pl de* CALF

camcorder /ˈkæmkɔːrdər/ *s* câmera de vídeo, filmadora

came *pt de* COME

camel /ˈkæml/ *s* **1** camelo **2** (*cor*) bege

camera /ˈkæmərə/ *s* máquina fotográfica: *a television/video camera* uma câmera de televisão/vídeo

cameraman /ˈkæmrəmæn/ *s* (*pl* **-men** /-men/) operador cinematográfico/de vídeo

camerawoman /ˈkæmrəwʊmən/ *s* (*pl* **-women** /-wɪmɪn/) operadora cinematográfica/de vídeo

camouflage /ˈkæməflɑːʒ/ *substantivo, verbo*

▸ *s* camuflagem

▸ *vt* camuflar

camp /kæmp/ *substantivo, verbo, adjetivo*

▸ *s* acampamento: *concentration camp* campo de concentração

▸ *vi* acampar: *to go camping* acampar

▸ *adj* efeminado

campaign /kæmˈpeɪn/ *substantivo, verbo*

▸ *s* campanha

▸ *vi* ~ **(for/against sb/sth)** fazer campanha (a favor de/contra alguém/algo) **campaigner** *s* militante

ˈ**camp bed** *s* (*GB*) (*USA* **cot**) cama de campanha

camper /ˈkæmpər/ *s* **1** (*pessoa*) campista **2** (*USA*) (*GB* **caravan**) trailer **3** (*GB*) (*tb* ˈ**camper van**) (*USA* **RV**) motor-home

campground /ˈkæmpgraʊnd/ (*GB* **campsite** /ˈkæmpsaɪt/) *s* (área de) camping

⚷ **camping** /ˈkæmpɪŋ/ *s* [*não contável*] camping: *Do you go camping?* Você costuma acampar? ◇ *a camping trip* uma viagem de acampamento

campus /ˈkæmpəs/ *s* (*pl* **campuses**) campus (universitário)

⚷ **can¹** /kæn/ *substantivo, verbo*

▸ *s* lata: *a can of sardines* uma lata de sardinhas ◇ *a gasoline can* uma lata de gasolina ➲ *Ver ilustração em* CONTAINER **LOC** *Ver* CARRY

▸ *vt* (-nn-) enlatar, conservar em latas

⚷ **can²** /kæn/ *v modal* (*neg* **cannot** /ˈkænɑːt/ *ou* **can't** /kænt; *GB* kɑːnt/, *pt* **could** /kəd; kʊd/, **could not**, **couldn't** /ˈkʊdnt/)

> **Can** é um verbo modal que segue o infinitivo sem **to**. As orações interrogativas e negativas são construídas sem o auxiliar **do**. Só possui a forma presente: *I can't swim.* Não sei nadar., e pretérita, que também possui um valor condicional: *He couldn't do it.* Ele não conseguiu fazer isso. ◇ *Could you come?* Você pode vir?
>
> Quando queremos utilizar outras formas, temos que usar **be able to**: *Will you be able to come?* Você vai poder vir? ◇ *I'd like to be able to go.* Gostaria de poder ir.

• **possibilidade 1** poder: *We can catch a bus from here.* Podemos pegar um ônibus aqui. ◇ *She can be very forgetful.* Ela pode ser muito esquecida.

• **conhecimento, habilidade 2** saber: *They can't read or write.* Eles não sabem ler nem escrever. ◇ *Can you swim?* Você sabe nadar? ◇ *He couldn't answer the question.* Ele não soube responder à pergunta.

• **permissão 3** poder: *Can I open the window?* Posso abrir a janela? ◇ *You can't go swimming today.* Você não pode ir nadar hoje. ➲ *Ver nota em* MAY

• **oferecimento, sugestão, pedido 4** poder: *Can I help?* Posso ajudar? ◇ *We can eat out, if you want.* Podemos comer fora, se você quiser. ◇ *Could you help me with this box?* Pode me dar uma mão com esta caixa? ➲ *Ver nota em* MUST

• **com verbos de percepção 5**: *You can see it everywhere.* Vê-se isso em todo lugar. ◇ *She could hear them clearly.* Ela os ouvia claramente. ◇ *I can smell something burning.* Sinto um cheiro de queimado. ◇ *She could still taste the garlic.* Ela ainda sentia o gosto do alho.

• **incredulidade, perplexidade 6**: *I can't believe it.* Não acredito. ◇ *Whatever can they be doing?* Que diabo podem estar fazendo? ◇ *Where can she have put it?* Onde ela pode ter colocado isso?

canal /kəˈnæl/ *s* **1** canal **2** (*Anat*) canal, conduto: *the birth canal* o canal do parto

canary /kəˈneri/ *s* (*pl* **canaries**) canário

⚷ **cancel** /ˈkænsl/ (-l- (*GB* -ll-)) **1** *vt* (*voo, pedido, férias*) cancelar ➲ *Comparar com* POSTPONE **2** *vt, vi* (*contrato, etc.*) anular **PHR V** **cancel sth out** invalidar algo **cancellation** *s* cancelamento

Cancer /ˈkænsər/ *s* Câncer ➲ *Ver exemplos em* AQUÁRIO

⚷ **cancer** /ˈkænsər/ *s* [*não contável*] câncer

candid /ˈkændɪd/ *adj* franco

⚷ **candidate** /ˈkændɪdət; -deɪt/ *s* candidato, -a **candidacy** /ˈkændɪdəsi/ *s* (*pl* **candidacies**) candidatura

candle /ˈkændl/ *s* **1** vela **2** (*Relig*) círio

candlelight /ˈkændllaɪt/ *s* luz de vela

candlestick /ˈkændlstɪk/ *s* **1** castiçal **2** candelabro

⚷ **candy** /ˈkændi/ *s* (*pl* **candies**) **1** [*não contável*] doce **2** (*GB* **sweet**) doce (*caramelo, bombom, etc.*): *candy bar* barra (de chocolate) recheada *Ver tb* COTTON CANDY

candyfloss /ˈkændiflɔːs; *GB* -flɒs/ *s* (*GB*) (*USA* **cotton candy**) algodão-doce

cane /keɪn/ *s* **1** (*Bot*) cana **2** colmo (*de bambu, etc.*) **3** vara, bengala

canister /ˈkænɪstər/ *s* **1** lata (*de café, chá, biscoito*) **2** estopim

cannabis /ˈkænəbɪs/ *s* maconha

canned /kænd/ *adj* enlatado, de lata

cannibal /ˈkænɪbl/ *s* canibal

cannon /ˈkænən/ *s* (*pl* **cannon** *ou* **cannons**) canhão

cannot = CAN NOT *Ver tb* CAN²

canoe /kəˈnuː/ *s* canoa **canoeing** *s* canoagem

ˈ**can opener** (*GB* **tin opener**) *s* abridor de latas

C

C

canopy /ˈkænəpi/ *s* (*pl* **canopies**) **1** toldo, marquise **2** dossel **3** (*fig*) abóbada
can't = CAN NOT *Ver* CAN²
cantaloupe /ˈkæntəlu:p/ *s* cantalupo (*tipo de melão*)
canteen /kænˈti:n/ *s* **1** cantil **2** (*esp GB*) cantina
canter /ˈkæntər/ *verbo, substantivo*
▸ *vi* andar a galope curto
▸ *s* meio galope
canvas /ˈkænvəs/ *s* **1** lona **2** (*Arte*) tela
canvass /ˈkænvəs/ **1** *vt, vi* ~ **(sb) (for sth)** angariar votos (a alguém) (para algo) **2** *vt, vi* (*Pol*): *to canvass for/on behalf of sb* fazer campanha para alguém ◇ *to go out canvassing (for votes)* sair a angariar votos **3** *vt* (*opinião*) sondar
canyon /ˈkænjən/ *s* desfiladeiro
⚷ **cap** /kæp/ *substantivo, verbo*
▸ *s* **1** gorro: *baseball cap* boné de beisebol **2** barrete **3** tampa, tampão **4** ~ **(on sth)** (*gastos*) teto (para algo)
▸ *vt* (-pp-) superar LOC **to cap it all** (*coloq*) para completar
capability /ˌkeɪpəˈbɪləti/ *s* (*pl* **capabilities**) **1** capacidade, aptidão **2** potencial
⚷ **capable** /ˈkeɪpəbl/ *adj* capaz
⚷ **capacity** /kəˈpæsəti/ *s* **1** (*pl* **capacities**) capacidade: *filled to capacity* lotado **2** nível máximo de produção: *at full capacity* a todo vapor LOC **in your capacity as sth** em sua qualidade de algo
cape /keɪp/ *s* **1** capa **2** (*Geog*) cabo
caper /ˈkeɪpər/ *verbo, substantivo*
▸ *vi* (*formal*) saltitar
▸ *s* **1** (*coloq*) truque, travessura **2** alcaparra
capillary /ˈkæpəleri; *GB* kəˈpɪləri/ *s* (*pl* **capillaries**) vaso capilar
⚷ **capital** /ˈkæpɪtl/ *substantivo, adjetivo*
▸ *s* **1** capital: *capital gains/goods* ganhos/bens de capital **2** (*tb* ˌ**capital** ˈ**city**) capital **3** (*tb* ˌ**capital** ˈ**letter**) maiúscula **4** (*Arquit*) capitel LOC **make capital (out) of sth** tirar vantagem de algo
▸ *adj* **1** capital: *capital punishment* pena de morte **2** maiúscula
capitalism /ˈkæpɪtəlɪzəm/ *s* capitalismo
capitalist *adj, s* capitalista
capitalize (*GB tb* **-ise**) /ˈkæpɪtəlaɪz/ *vt* (*Fin*) capitalizar PHR V **capitalize on sth** aproveitar-se de algo, tirar partido de algo
capitulate /kəˈpɪtʃuleɪt/ *vi* ~ **(to sb/sth)** capitular (a alguém/algo)
cappuccino /ˌkæpuˈtʃi:noʊ/ *s* (*pl* **cappuccinos**) cappuccino
capricious /kəˈprɪʃəs/ *adj* (*formal*) caprichoso
Capricorn /ˈkæprɪkɔ:rn/ *s* Capricórnio ➲ *Ver exemplos em* AQUÁRIO
capsize /ˈkæpsaɪz; *GB* kæpˈsaɪz/ *vt, vi* (*embarcação*) virar(-se)
capsule /ˈkæpsl; *GB* -sju:l/ *s* cápsula
⚷ **captain** /ˈkæptɪn/ *substantivo, verbo*
▸ *s* **1** (*Esporte, Mil, Náut*) capitão, -ã **2** (*avião*) comandante
▸ *vt* capitanear, comandar **captaincy** *s* (*pl* **captaincies**) capitania
caption /ˈkæpʃn/ *s* **1** cabeçalho, título **2** (*Cinema, TV, ilustração*) legenda
captivate /ˈkæptɪveɪt/ *vt* cativar **captivating** *adj* cativante, encantador
captive /ˈkæptɪv/ *adjetivo, substantivo*
▸ *adj* cativo LOC **hold/take sb captive** manter alguém em cativeiro/capturar alguém
▸ *s* prisioneiro, -a; cativo, -a **captivity** /kæpˈtɪvəti/ *s* cativeiro
captor /ˈkæptər/ *s* captor, -ora
⚷ **capture** /ˈkæptʃər/ *verbo, substantivo*
▸ *vt* **1** capturar **2** (*Mil*) tomar **3** (*interesse, etc.*) atrair **4** (*Arte*) captar LOC **capture sb's heart** conquistar alguém
▸ *s* **1** captura **2** (*cidade*) conquista
⚷ **car** /kɑ:r/ *s* **1** (*USA tb* **automobile**) carro, automóvel: *by car* de carro ◇ *car accident* acidente de carro ◇ *car bomb* carro-bomba **2** (*trem*) vagão: *dining/sleeping car* vagão-restaurante/vagão-leito
carafe /kəˈræf/ *s* garrafa (*para água ou vinho*)
caramel /ˈkærəmel/ *s* caramelo (*açúcar queimado*)
carat = KARAT
caravan /ˈkærəvæn/ *s* **1** (*GB*) (*USA* **camper**) trailer: *caravan site* área para trailers **2** (*GB*) carroção **3** caravana (*de camelos*)
carb /kɑ:rb/ *s* (*coloq*) carbo
carbohydrate /ˌkɑ:rboʊˈhaɪdreɪt/ *s* carboidrato
carbon /ˈkɑ:rbən/ *s* **1** carbono: *carbon dioxide/monoxide* dióxido/monóxido de carbono ◇ *carbon dating* datar objetos através de técnica com carbono radioativo **2**: *carbon paper* papel-carbono
ˌ**carbon** ˈ**copy** *s* (*pl* **copies**) **1** cópia de papel-carbono **2** (*fig*) réplica: *She's a carbon copy of her sister.* Ela é a cara da irmã.
ˌ**carbon** ˈ**footprint** *s* pegada de carbono

ˌ**carbon ˈoffset** *s* compensação de carbono: *Wind energy companies sell carbon offsets.* Companhias de energia eólica vendem créditos de carbono.

ˈ**carbon trading** *s* [*não contável*] comércio de carbono

carburetor (*GB* **carburettor**) /ˈkɑːrbəreɪtər; *GB* ˌkɑːbəˈretə(r)/ *s* carburador

carcass (*tb* **carcase**) /ˈkɑːrkəs/ *s* **1** carcaça (*de frango, etc.*) **2** restos de um animal pronto para o consumo

carcinogenic /ˌkɑːrsɪnəˈdʒenɪk/ *adj* cancerígeno

ˈ**car crash** *s* **1** (*acidente*) batida de carro **2** (*coloq*) (*situação*) desastre

⚷ **card** /kɑːrd/ *s* **1** cartão **2** ficha: *card catalog* fichário **3** (*de sócio, identidade, etc.*) carteira **4** (*tb* **playing card**) carta **5** [*não contável*] cartolina LOC **get your cards/give sb their cards** (*GB, coloq*) ser despedido/despedir alguém ◆ **in the cards** (*GB* **on the cards**) (*coloq*) provável ◆ **lay your cards on the table** pôr as cartas na mesa ◆ **play your cards right** saber aproveitar as oportunidades

⚷ **cardboard** /ˈkɑːrdbɔːrd/ *s* papelão

cardholder /ˈkɑːrdhoʊldər/ *s* titular do cartão (*de banco, loja, etc.*)

cardiac /ˈkɑːrdiæk/ *adj* cardíaco

cardigan /ˈkɑːrdɪgən/ *s* cardigã

cardinal /ˈkɑːrdɪnl/ *adjetivo, substantivo*
▸ *adj* **1** (*formal*) (*regra, etc.*) fundamental **2** (*pecado, etc.*) cardeal
▸ *s* (*Relig*) cardeal

ˈ**card reader** *s* leitor de cartão

⚷ **care** /ker/ *substantivo, verbo*
▸ *s* **1** ~ **(over sth/in doing sth)** cuidado (com algo/ao fazer algo): *to take care* ter cuidado **2** atenção **3** preocupação LOC **(in) care of sb** (*abrev* **c/o**) (*correspondência*) aos cuidados de alguém ◆ **take care 1** ter cuidado **2 take care!** (*coloq*) (*despedida*) tchau e te cuida! ◆ **take care of sb/sth 1** cuidar de alguém/algo **2** encarregar-se de alguém/algo ◆ **take care of yourself** cuidar-se ◆ **take sb into care; put sb in care** (*GB*) colocar alguém aos cuidados de uma instituição (*crianças*)
▸ *vi* **1** ~ **(about sth)** importar-se (com algo): *I don't care (about) what she says.* Não ligo para o que ela diz. ◇ *See if I care.* Para mim tanto faz. **2** ~ **to do sth** querer fazer algo LOC **for all I, you, etc. care** pouco me, te, etc. importa ◆ **I, you, etc. couldn't care less** não estou, está, etc. nem aí PHR V **care for sb 1** cuidar de alguém **2** ter afeição por alguém ◆ **not care for sb/sth** (*formal*) não gostar de alguém/algo

⚷ **career** /kəˈrɪr/ *substantivo, verbo*
▸ *s* (*profissão*) carreira: *career prospects* perspectivas de trabalho ❶ "Seguir carreira universitária" diz-se **do a (college/university) degree**.
▸ *vi* correr a toda velocidade

carefree /ˈkerfriː/ *adj* despreocupado

⚷ **careful** /ˈkerfl/ *adj* **1**: *to be careful (about/of/with sth)* ter cuidado (com algo) **2** (*trabalho, etc.*) cuidadoso

⚷ **carefully** /ˈkerfəli/ *adv* com cuidado, cuidadosamente: *to listen/think carefully* escutar com atenção/pensar bem LOC *Ver* TREAD

caregiver /ˈkergɪvər/ (*GB* **carer** /ˈkerər/) *s* acompanhante (*de pessoa idosa ou doente*)

ˈ**care home** *s* (*GB*) (*tb esp USA* **reˈtirement home**) lar de assistência

⚷ **careless** /ˈkerləs/ *adj* **1** ~ **(about/with sth)** descuidado, desatento (com algo) **2** (*erro, motorista, etc.*) imprudente

caress /kəˈres/ *substantivo, verbo*
▸ *s* carícia
▸ *vt* acariciar

caretaker /ˈkerteɪkər/ *substantivo, adjetivo*
▸ *s* (*esp GB*) (*USA* **custodian**) zelador, -ora; porteiro, -a
▸ *adj* interino

cargo /ˈkɑːrgoʊ/ *s* (*pl* **cargoes** *ou* **cargos**) **1** carga **2** carregamento

ˈ**cargo pants** *s* [*pl*] calça cargo ➲ *Ver notas em* CALÇA, PAIR

caricature /ˈkærɪkətʃər; -tʃʊr/ *substantivo, verbo*
▸ *s* caricatura
▸ *vt* caricaturar

caring /ˈkerɪŋ/ *adj* afetuoso, humanitário: *a caring image* uma imagem humanitária

carjacking /ˈkɑːrdʒækɪŋ/ *s* sequestro relâmpago (*de carro*)

carnation /kɑːrˈneɪʃn/ *s* cravo

carnival /ˈkɑːrnɪvl/ *s* carnaval

carnivore /ˈkɑːrnɪvɔːr/ *s* carnívoro **carnivorous** /kɑːrˈnɪvərəs/ *adj* carnívoro

carol /ˈkærəl/ *s* cântico natalino

carousel /ˌkærəˈsel/ (*GB* **roundabout**) *s* carrossel

ˈ**car park** *s* (*GB*) (*USA* **parking lot**) estacionamento

carpenter /ˈkɑːrpəntər/ *s* carpinteiro, -a **carpentry** *s* carpintaria

⚷ **carpet** /ˈkɑːrpɪt/ *substantivo, verbo*
▸ *s* tapete, carpete *Ver tb* RED CARPET
▸ *vt* atapetar **carpeting** *s* [*não contável*] tapeçaria

C

C

carriage /ˈkærɪdʒ/ *s* **1** carruagem **2** (*GB*) (*USA* **car**) (*trem*) vagão (*de passageiros*) *Ver tb* BABY CARRIAGE

carriageway /ˈkærɪdʒweɪ/ *s* pista de rolamento *Ver tb* DUAL CARRIAGEWAY

carrier /ˈkæriər/ *s* **1** portador, -ora; transportador, -ora **2** (*empresa*) transportadora **3** (*GB*) (*tb* ˈ**carrier bag**) saco (*de plástico ou papel*) ➲ *Ver ilustração em* BAG; *Ver tb* LETTER CARRIER, PEOPLE CARRIER

⚷ **carrot** /ˈkærət/ *s* **1** cenoura **2** (*fig*) recompensa

⚷ **carry** /ˈkæri/ (*pt, pp* **carried**) **1** *vt* carregar: *to carry a gun* portar uma arma **2** *vt* sustentar **3** *vt* (*votação*) aprovar **4** *vt* ~ **yourself**: *She carries herself well.* Ela tem um porte elegante. **5** *vi* projetar--se: *Her voice carries well.* Ela tem uma boa projeção de voz. LOC **carry the can (for sth)** (*GB, coloq*) levar a culpa (por algo) ◆ **carry weight** pesar (numa decisão) *Ver tb* DAY PHR V **be/get carried away** entusiasmar-se, deixar-se levar ◆ **carry sth off 1** (*prêmio, etc.*) ganhar algo **2** sair-se bem em algo, realizar algo com êxito ◆ **carry on (with sth/doing sth); carry sth on** continuar (com algo/a fazer algo): *to carry on a conversation* manter uma conversa ◆ **carry sth out 1** (*promessa, ordem, etc.*) cumprir algo **2** (*plano, investigação, etc.*) levar algo a cabo ◆ **carry sth through** levar algo até o fim

ˈ**carry-out** (*GB* **takeaway**) *s* comida para viagem

cart /kɑːrt/ *substantivo, verbo*
▸ *s* **1** carroça **2** (*GB* **trolley**) carrinho (*de compras, etc.*) **3** (*GB* **buggy**) buggy
▸ *vt* transportar (em carroça) PHR V **cart sth around** (*GB tb* **cart sth about**) (*coloq*) carregar algo para cima e para baixo ◆ **cart sb/sth off/away** (*coloq*) carregar alguém/algo

carton /ˈkɑːrtn/ *s* caixa (de papelão) ➲ *Ver ilustração em* CONTAINER

cartoon /kɑːrˈtuːn/ *s* **1** charge, caricatura **2** história em quadrinhos **3** desenho animado **cartoonist** *s* caricaturista, cartunista

cartridge /ˈkɑːrtrɪdʒ/ *s* cartucho

carve /kɑːrv/ **1** *vt, vi* esculpir: *carved out of/from/in marble* esculpido em mármore **2** *vt, vi* (*madeira*) talhar **3** *vt* (*iniciais, etc.*) gravar **4** *vt, vi* (*carne*) trinchar PHR V **carve sth out (for yourself)** fazer-se algo: *She carved out a career for herself in law.* Ela se fez bem na carreira de direito. ◆ **carve sth up** (*pej*) repartir algo (*empresa, terra, etc.*) **carving** *s* escultura, obra de talha

ˈ**car wash** *s* lava-rápido

cascade /kæˈskeɪd/ *s* cascata

⚷ **case** /keɪs/ *s* **1** (*Med, Gram, situação*) caso: *It's a case of...* Trata-se de... **2** argumento(s): *to make out a case for sth* apresentar argumentos favoráveis a algo ◇ *There is a case for...* Há razões para... **3** (*Jur*) causa: *the case for the defense/prosecution* a causa para a defesa/acusação **4** estojo **5** caixa (*embalagem*) **6** *Ver* SUITCASE LOC **in any case** em todo caso ◆ **(just) in case...** se por acaso...: *in case it rains* caso chova

⚷ **cash** /kæʃ/ *substantivo, verbo*
▸ *s* [*não contável*] dinheiro (em espécie): *to pay (in) cash* pagar em dinheiro ◇ *cash card* cartão de saque ◇ *cash price* preço à vista ◇ *cash flow* fluxo de caixa ◇ *cash register* caixa (registradora) ◇ *to be short of cash* estar sem dinheiro *Ver tb* COLD CASH, HARD CASH LOC **cash on delivery** (*abrev* **COD**) pagamento contra entrega ◆ **cash up front** (*GB tb* **cash down**) pagamento à vista
▸ *vt* descontar: *to cash a check* descontar um cheque PHR V **cash sth in** trocar algo ◆ **cash in (on sth)** (*pej*) lucrar (com algo)

ˈ**cash-back** (*tb* **cashback**) *s* [*não contável*] **1** saque com cartão de débito no momento da compra **2** desconto ou bônus oferecido ao cliente para fechar um negócio

cashew /ˈkæʃuː; kæˈʃuː/ (*tb* ˈ**cashew nut**) *s* castanha de caju

cashier /kæˈʃɪr/ *s* caixa (*pessoa*)

ˈ**cash machine** (*GB tb* ˈ**cash dispenser, cashpoint®** /ˈkæʃpɔɪnt/) *s* caixa eletrônico

cashmere /ˈkæʒmɪr; ˈkæʃmɪr/ *s* cashmere

casino /kəˈsiːnoʊ/ *s* (*pl* **casinos**) cassino

cask /kæsk; *GB* kɑːsk/ *s* barril

casket /ˈkæskɪt; *GB* ˈkɑːskɪt/ *s* **1** (*USA*) caixão **2** (*GB*) caixa (*para joias, etc.*)

cassava /kəˈsɑːvə/ (*tb* **manioc**) *s* [*não contável*] aipim, mandioca

casserole /ˈkæsəroʊl/ *s* **1** (*tb* ˈ**casserole dish**) caçarola ➲ *Ver ilustração em* POT **2** ensopado

cassette /kəˈset/ *s* fita, cassete: *cassette player/recorder* toca-fitas/gravador

⚷ **cast** /kæst; *GB* kɑːst/ *substantivo, verbo*
▸ *s* **1** (*Teat*) elenco **2** (*Med*): *My arm's in a cast.* Meu braço está engessado. **3** (*Arte*) molde
▸ *vt* (*pt, pp* **cast**) **1** (*Teat*): *to cast sb as*

Othello dar a alguém o papel de Othello ◇ *casting director* diretor de elenco **2** (*formal*) atirar, lançar **3** (*olhar*) lançar: *to cast an eye over sth* dar uma olhada rápida em algo **4** (*sombra*) projetar **5** (*voto*) dar: *to cast your vote* votar LOC **cast a spell on sb/sth** lançar um feitiço em alguém/algo *Ver tb* CAUTION, DOUBT PHR V **cast sth/sb aside; cast sth off** (*formal*) desfazer-se de algo/alguém

castaway /ˈkæstəweɪ; *GB* ˈkɑːstə-/ *s* náufrago, -a

caste /kæst; *GB* kɑːst/ *s* casta: *caste system* sistema de castas

ˌcast ˈiron *substantivo, adjetivo*
▸ *s* ferro fundido
▸ *adj* ˌ**cast-ˈiron 1** de ferro fundido **2** (*constituição*) de ferro **3** (*álibi*) forte

⚷ **castle** /ˈkæsl; *GB* ˈkɑːsl/ *s* **1** castelo **2** (*Xadrez*) torre

castrate /ˈkæstreɪt; *GB* kæˈstreɪt/ *vt* castrar **castration** *s* castração

casual /ˈkæʒuəl/ *adj* **1** superficial: *a casual acquaintance* um conhecido ◇ *a casual glance* uma espiada **2** (*comentário*) sem importância **3** (*comportamento*) descontraído, informal: *casual sex* sexo sem compromisso **4** (*roupa*) esportivo **5** (*GB*) (*trabalho*) ocasional **casually** *adv* **1** informalmente **2** descontraidamente **3** casualmente **4** (*GB*) temporariamente

casualty /ˈkæʒuəlti/ *s* **1** (*pl* **casualties**) vítima; ferido, -a **2** (*GB*) (*tb* ˈ**casualty department**) (*USA* **emergency room**) pronto-socorro

⚷ **cat** /kæt/ *s* **1** gato: *cat food* ração para gatos ➲ *Ver nota em* GATO **2** felino: *big cat* felino selvagem LOC *Ver* LET

catalog (*tb esp GB* **catalogue**) /ˈkætəlɔːg; *GB* -lɒg/ *substantivo, verbo*
▸ *s* **1** catálogo **2** (*fig*): *a catalogue of disasters* uma série de desastres
▸ *vt* catalogar

catalyst /ˈkætəlɪst/ *s* catalisador

catapult /ˈkætəpʌlt/ *substantivo, verbo*
▸ *s* (*GB*) (*USA* **slingshot**) estilingue, atiradeira
▸ *vt* atirar com estilingue

cataract /ˈkætərækt/ *s* (*Geog, Med*) catarata

catarrh /kəˈtɑːr/ *s* catarro (*secreção*)

catastrophe /kəˈtæstrəfi/ *s* catástrofe **catastrophic** /ˌkætəˈstrɑːfɪk/ *adj* catastrófico

⚷ **catch** /kætʃ/ *verbo, substantivo*
▸ *v* (*pt, pp* **caught** /kɔːt/) **1** *vt, vi* apanhar: *Here, catch!* Pega! **2** *vt* agarrar, pegar **3** *vt* (*surpreender*) pegar: *to be caught doing sth* ser pego fazendo algo **4** *vt* ver: *I'll catch you later.* Eu te vejo mais tarde. **5** *vt* ~ **sth (in/on sth)** prender algo (em/com algo): *He caught his finger in the door.* Ele prendeu o dedo na porta. **6** *vt* (*Med*) ser contagiado por, pegar **7** *vt* ouvir, compreender **8** *vi* (*fogo*) pegar LOC **catch it** (*GB*) (*coloq*): *You'll catch it!* Você vai se dar mal! ❶ Para outras expressões com **catch**, ver os verbetes do substantivo, adjetivo, etc, p.ex. **catch fire** em FIRE.
PHR V **catch at sth** agarrar-se a algo
catch on (*coloq*) entrar na moda, pegar ◆ **catch on (to sth)** (*coloq*) entender (algo)
catch sb out 1 fazer uma pegadinha com alguém: *They tried to catch her out with a diffocult question.* Eles tentaram pegá-la com uma pergunta difícil.**2** pegar alguém de surpresa **3** (*Beisebol, etc.*) eliminar alguém no passe de bola
be/get caught up in sth estar/ficar envolvido em algo ◆ **catch up (on sth)** pôr-se/pôr algo em dia ◆ **catch up (with sb)** (*GB tb* **catch sb up**) alcançar alguém
▸ *s* **1** ação de apanhar (*esp uma bola*) **2** captura **3** (*peixe*) pesca **4** trinco, fecho **5** [*sing*]: *He's a good catch.* Ele é um bom partido. **6** (*fig*) mutreta: *It's catch-22/It's a catch-22 situation.* Se correr o bicho pega, se ficar o bicho come. **catcher** *s* (*Beisebol*) apanhador, -ora **catching** *adj* contagioso

catchment area /ˈkætʃmənt eriə/ *s* (*GB*) área de residência

catchphrase /ˈkætʃfreɪz/ *s* frase feita (*de pessoa famosa*)

ˈ**catch-up** *s* **1** [*não contável*] recuperação: *It was a month of catch-up for them.* Para eles, foi um mês para recuperar o atraso. **2** atualização: *We must get together for a catch-up.* Precisamos nos ver para pôr os assuntos em dia. **3** (*TV*) sob demanda

catchy /ˈkætʃi/ *adj* (**catchier, -iest**) (*coloq*) (*Mús*) que pega fácil: *a catchy tune* uma canção que pega

catechism /ˈkætəkɪzəm/ *s* catecismo

categorical /ˌkætəˈgɔːrɪkl; *GB* -ˈgɒrɪ-/ *adj* (*formal*) **1** (*resposta*) categórico **2** (*recusa*) terminante **3** (*regra*) final **categorically** /ˌkætəˈgɔːrɪkli; *GB* -ˈgɒrɪ-/ *adv* categoricamente

categorize (*GB tb* **-ise**) /ˈkætəgəraɪz/ *vt* classificar

⚷ **category** /ˈkætəgɔːri; *GB* -gəri/ *s* (*pl* **categories**) categoria

cater /ˈkeɪtər/ *vt, vi* ~ **(for sb/sth)**; ~ **(for) sth** (*para festa, empresa, etc.*) fornecer algo para alguém/algo: *to cater for a party* fornecer comida a uma festa **PHR V cater for/to sb/sth**: *to cater for all tastes* satisfazer a todos os gostos ◇ *novels that cater to the mass market* romances que se destinam ao mercado em massa **catering** *s [não contável]* serviço de bufê: *the catering industry* a indústria de bufê

caterpillar /ˈkætərpɪlər/ *s* lagarta

ˈCaterpillar track® *s* lagarta, esteira *(de trator, tanque)*

catfish /ˈkætfɪʃ/ *s (pl* **catfish***)* bagre

cathedral /kəˈθiːdrəl/ *s* catedral

Catholic /ˈkæθlɪk/ *adj, s* católico, -a **Catholicism** /kəˈθɑːləsɪzəm/ *s* catolicismo

cattle /ˈkætl/ *s [pl]* gado

catwalk /ˈkætwɔːk/ *(USA tb* **runway***) s* passarela *(moda)*

caught *pt, pp de* CATCH

cauldron *(tb* **caldron***)* /ˈkɔːldrən/ *s* caldeirão

cauliflower /ˈkɔːliflaʊər; *GB* ˈkɒli-/ *s* couve-flor

cause /kɔːz/ *verbo, substantivo*

▸ *vt* causar

▸ *s* **1** ~ **(of sth)** causa (de algo) **2** *[não contável]* ~ **(for sth)** motivo, razão (de/para algo): *cause for complaint/to complain* motivo de queixa

causeway /ˈkɔːzweɪ/ *s* estrada ou caminho elevado

caustic /ˈkɔːstɪk/ *adj* **1** cáustico **2** *(comentário, etc.)* mordaz

caution /ˈkɔːʃn/ *substantivo, verbo*

▸ *s* **1** precaução, cautela: *to exercise extreme caution* agir de forma extremamente cautelosa **2** *(GB)* intimação **LOC throw/cast caution to the wind(s)** fazer algo sem pensar nas consequências

▸ *v* **1** *vt, vi* ~ **(sb) against sth** advertir (alguém) contra algo **2** *vt* avisar **cautionary** /ˈkɔːʃəneri; *GB* -nəri/ *adj* de advertência: *a cautionary tale* um relato de advertência

cautious /ˈkɔːʃəs/ *adj* ~ **(about sb/sth)** cauteloso (com alguém/algo): *a cautious driver* um motorista precavido **cautiously** *adv* cautelosamente

cavalry /ˈkævlri/ *s* cavalaria

cave /keɪv/ *substantivo, verbo*

▸ *s* caverna, gruta: *cave painting* pintura rupestre

▸ *v* **PHR V cave in 1** desabar **2** *(fig)* ceder

caveman /ˈkeɪvmæn/ *s (pl* **-men** /-men/*)* homem das cavernas

cavern /ˈkævərn/ *s* caverna **cavernous** *adj (formal)* cavernoso

caviar *(tb* **caviare***)* /ˈkæviɑːr/ *s* caviar

cavity /ˈkævəti/ *s (pl* **cavities***)* **1** cavidade **2** cárie

CBT /ˌsiː biː ˈtiː/ *s (abrev de* **cognitive behavioral therapy***)* terapia cognitivo-comportamental

CCTV /ˌsiː siː tiː ˈviː/ *abrev de* **closed-circuit television** circuito interno de televisão

⚷ **CD** /ˌsiː ˈdiː/ *s* CD: *CD player/writer* tocador/gravador de CD ➲ *Ver ilustração em* COMPUTADOR

CD-ROM /ˌsiː diː ˈrɑːm/ *s* CD-ROM

⚷ **cease** /siːs/ *vt, vi (formal)* cessar, terminar: *to cease to do sth* parar de fazer algo

ceasefire /ˈsiːsfaɪər/ *s* cessar-fogo

ceaseless /ˈsiːsləs/ *adj (formal)* incessante

cede /siːd/ *vt (formal)* ceder

⚷ **ceiling** /ˈsiːlɪŋ/ *s* **1** teto **2** *(de preços, salários, etc.)* teto, limite

⚷ **celebrate** /ˈselɪbreɪt/ **1** *vt* celebrar **2** *vi* festejar **3** *vt (formal)* homenagear **celebrated** *adj* célebre **celebratory** /ˈseləbrətɔːri; *GB* ˌseləˈbreɪtəri/ *adj* comemorativo, festivo

⚷ **celebration** /ˌselɪˈbreɪʃn/ *s* comemoração: *in celebration of sth* em comemoração a algo

celebrity /səˈlebrəti/ *s (pl* **celebrities***)* celebridade

celery /ˈseləri/ *s* aipo

⚷ **cell** /sel/ *s* **1** cela **2** *(Biol, Pol, Eletrôn)* célula *Ver tb* STEM CELL **3** *Ver* CELL PHONE

cellar /ˈselər/ *s* porão: *wine cellar* adega

cellist /ˈtʃelɪst/ *s* violoncelista

cello /ˈtʃeloʊ/ *s (pl* **cellos***)* violoncelo

⚷ **ˈcell phone** *(tb* **cellphone, ˌcellular ˈphone***)* *(GB* **mobile phone, mobile***) s* (telefone) celular

cellular /ˈseljələr/ *adj* celular

Celsius /ˈselsiəs/ *(abrev* **C***) adj* centígrado ➲ *Ver nota em* CENTÍGRADO

cement /sɪˈment/ *substantivo, verbo*

▸ *s* cimento

▸ *vt* **1** cimentar, revestir de cimento **2** *(fig)* fortalecer

cemetery /ˈseməteri; *GB* -tri/ *s (pl* **cemeteries***)* cemitério (municipal) ➲ *Comparar com* CHURCHYARD, GRAVEYARD

censor /ˈsensər/ *substantivo, verbo*

▸ *s* censor, -ora

▸ *vt* censurar **censorship** *s [não contável]* censura

censure /ˈsenʃər/ *verbo, substantivo*
▸ *vt* ~ **sb (for sth)** (*formal*) censurar alguém (por algo)
▸ *s* (*formal*) censura (*reprimenda*)

census /ˈsensəs/ *s* (*pl* **censuses**) censo

cent /sent/ *s* centavo, cêntimo ➲ *Ver pág. 760*

centennial /senˈteniəl/ (*GB tb* **centenary** /senˈtenəri; *GB* -ˈtiːnə-/) *s* centenário

center (*GB* **centre**) /ˈsentər/ *substantivo, verbo*
▸ *s* **1** centro: *the center of town* o centro da cidade **2** núcleo: *a center of commerce* um centro comercial **3 the center** [*sing*] (*Pol*) o centro: *a center party* um partido de centro **4** (*tb* ˌ**center** ˈ**forward**) (*Esporte*) centroavante
▸ *vt, vi* centrar(-se) PHR V **center (sth) around/on sb/sth** concentrar algo, concentrar-se em alguém/algo

ˌ**center** ˈ**back** (*tb* ˌ**center** ˈ**half**) (*GB* **centre back/half**) *s* (*Esporte*) zagueiro, -a central

centigrade /ˈsentɪgreɪd/ (*abrev* **C**) *adj* centígrado ➲ *Ver nota em* CENTÍGRADO

centimeter (*GB* **centimetre**) /ˈsentɪmiːtər/ *s* (*abrev* **cm**) centímetro

centipede /ˈsentɪpiːd/ *s* centopeia

central /ˈsentrəl/ *adj* central: *central Boston* o centro de Boston ◇ *It is central to government policy.* Isso é central na política do governo. **centralization** (*GB tb* **-isation**) /ˌsentrələˈzeɪʃn; *GB* -laɪˈ-/ *s* centralização **centralize** (*GB tb* **-ise**) *vt* centralizar **centrally** *adv* centralmente

centre (*GB*) = CENTER

century /ˈsentʃəri/ *s* (*pl* **centuries**) século LOC *Ver* TURN

cereal /ˈsɪriəl/ *s* cereal

cerebral /səˈriːbrəl; *GB* ˈserəbrəl/ *adj* cerebral

ceremonial /ˌserɪˈmoʊniəl/ *adj, s* cerimonial

ceremony /ˈserəmoʊni; *GB* -məni/ *s* (*pl* **ceremonies**) cerimônia

certain /ˈsɜːrtn/ *adjetivo, pronome*
▸ *adj* **1** certo: *That's far from certain.* Não é nada certo. ◇ *It is certain that he'll be elected/He is certain to be elected.* Ele certamente será eleito. **2** determinado: *to a certain extent* até um certo ponto **3** (*formal*) tal: *a certain Mr. Brown* um tal de Sr Brown LOC **for certain** com certeza ◆ **make certain (that...)** assegurar-se (de que...) ◆ **make certain of (doing) sth** fazer algo a fim de obter um determinado resultado
▸ *pron* ~ **of...** (*formal*): *certain of those present* alguns dos presentes

certainly /ˈsɜːrtnli/ *adv* **1** com certeza **2** (*como resposta*) claro: *Certainly not!* Claro que não!

certainty /ˈsɜːrtnti/ *s* (*pl* **certainties**) certeza

certificate /sərˈtɪfɪkət/ *s* **1** certificado: *doctor's certificate* atestado médico **2** certidão (*de nascimento, etc.*)

certify /ˈsɜːrtɪfaɪ/ *vt* (*pt, pp* **-fied**) **1** atestar **2** (*tb* **certify insane**) (*GB*) (*Jur*): *He was certified (insane).* Ele foi declarado louco.

Cesarean /sɪˈzeriən/ (*tb* **Cesarean section, Caesarean**) *s* cesariana

chain /tʃeɪn/ *substantivo, verbo*
▸ *s* **1** corrente: *chain reaction* reação em cadeia **2** (*de lojas, hotéis, etc.*) cadeia **3** (*Geog*) cordilheira LOC **in chains** acorrentado
▸ *vt* ~ **sb/sth (up)** prender alguém/algo com corrente

chainsaw /ˈtʃeɪnsɔː/ *s* motosserra

ˈ**chain-smoke** *vt vi* fumar (cigarros) em cadeia

ˈ**chain store** *s* rede de lojas

chair /tʃer/ *substantivo, verbo*
▸ *s* **1** cadeira: *Pull up a chair.* Sente-se. ◇ *easy chair* poltrona *Ver tb* ROCKING CHAIR **2 the chair** [*sing*] (*reunião*) a presidência, o/a presidente **3 the (electric) chair** a cadeira elétrica **4** cátedra
▸ *vt* presidir (*reunião*)

chairlift /ˈtʃerlɪft/ *s* teleférico

chairman /ˈtʃermən/ *s* (*pl* **-men** /-mən/) presidente, -a ➲ *Ver nota em* POLICIAL

chairperson /ˈtʃerpɜːrsn/ *s* presidente, -a

chairwoman /ˈtʃerwʊmən/ *s* (*pl* **-women** /-wɪmɪn/) presidenta ➲ *Ver nota em* POLICIAL

chalet /ʃæˈleɪ; *GB* ˈʃæleɪ/ *s* chalé (*esp de estilo suíço*)

chalk /tʃɔːk/ *substantivo, verbo*
▸ *s* **1** (*Geol*) greda **2** giz: *a piece/stick of chalk* um pedaço de giz
▸ *v* PHR V **chalk up sth** (*coloq*) somar algo (*vitórias, etc.*)

chalkboard /ˈtʃɔːkbɔːrd/ (*GB* **blackboard**) *s* quadro-negro, lousa

challenge /ˈtʃælɪndʒ/ *substantivo, verbo*
▸ *s* desafio: *to issue a challenge to sb* lançar um desafio a alguém
▸ *vt* **1** ~ **sb (to sth)** desafiar alguém (para algo) **2** interpelar **3** (*autoridade, etc.*) contestar **4** (*trabalho, etc.*) estimular **challenger** *s* **1** concorrente **2** (*Esporte*)

C

desafiante **challenging** *adj* estimulante, desafiante

chamber /ˈtʃeɪmbər/ *s* câmara: *chamber music* música de câmara ◇ *Chamber of Commerce* Câmara de Comércio

chambermaid /ˈtʃeɪmbərmeɪd/ *s* camareira

champagne /ʃæmˈpeɪn/ *s* champanhe

champion /ˈtʃæmpiən/ *substantivo, verbo*
▸ *s* **1** (*Esporte, etc.*) campeão, -ã: *the defending/reigning champion* o atual campeão **2** defensor, -ora (*de uma causa*)
▸ *vt* defender **championship** *s* campeonato: *world championship* campeonato mundial

chance /tʃæns; *GB* tʃɑːns/ *substantivo, verbo*
▸ *s* **1** acaso **2** casualidade: *a chance meeting* um encontro casual **3** probabilidade **4** oportunidade **5** risco LOC **by (any) chance** por acaso ◆ **no chance** (*coloq*) nem pensar ◆ **not stand a chance (of doing sth)** não ter a menor chance (de fazer algo) ◆ **on the (off) chance (that...)** por via das dúvidas, na dúvida de que...: *to do sth on the off chance* fazer algo com pouca chance de obter sucesso ◆ **take a chance (on sth)** correr o risco (de algo) ◆ **take chances** arriscar-se ◆ **the chances are (that)...** (*coloq*) o mais provável é que... *Ver tb* STAND
▸ *vt* ~ **doing sth** correr o risco de fazer algo LOC **chance your arm/luck** (*coloq*) arriscar-se PHR V **chance on/upon sb/sth** encontrar com alguém/encontrar algo por acaso

chancellor /ˈtʃænsələr; *GB* ˈtʃɑːn-/ *s* **1** chanceler **2** (*GB*): *Chancellor of the Exchequer* Ministro da Fazenda **3** (*universidade*) reitor honorário, reitora honorária

chandelier /ˌʃændəˈlɪr/ *s* lustre

change /tʃeɪndʒ/ *verbo, substantivo*
▸ *v* **1** *vt, vi* mudar: *to change your clothes* mudar de roupa **2** *vt, vi* ~ **(sb/sth) (into sth)** transformar alguém/algo, transformar-se (em algo) **3** *vt* ~ **sth (for sth)**; ~ **sth (into sth)** trocar algo (por algo): *to change reals into dollars* trocar reais por dólares ◇ *to change planes* trocar de avião **4** *vi* ~ **from sth into sth** passar de algo para algo **5** *vi* fazer baldeação LOC **change hands** trocar de dono ◆ **change your mind** mudar de ideia ◆ **change your tune** (*coloq*) virar a casaca *Ver tb* CHOP, PLACE PHR V **change back into sth 1** (*roupa*) vestir algo outra vez **2** voltar a ser algo ◆ **change into sth** (*roupa*) vestir algo ◆ **change over (from sth) (to sth)** passar (de algo) (para algo)
▸ *s* **1** mudança **2** troca: *a change of socks* um par de meias extra **3** baldeação **4** [*não contável*] trocado: *loose change* dinheiro miúdo/trocado **5** [*não contável*] troco (*dinheiro*) LOC **a change for the better/worse** uma mudança para melhor/pior ◆ **a change of heart** uma mudança de atitude ◆ **for a change** para variar ◆ **make a change** (*esp GB*) mudar o estado das coisas: *It makes a nice change to have good news.* Receber boas notícias faz a coisa mudar de figura. **changeable** *adj* variável

changeover /ˈtʃeɪndʒoʊvər/ *s* transição (*esp de um sistema a outro*)

ˈ**change purse** (*GB* **purse**) *s* porta-moedas

ˈ**changing room** *s* (*esp GB*) (*USA* **locker room**) vestiário

channel /ˈtʃænl/ *substantivo, verbo*
▸ *s* **1** (*TV, Rádio*) canal **2** via (*de comunicação*): *worldwide distribution channels* canais de distribuição mundial **3** (*rio, etc.*) leito **4** (*Geog*) canal
▸ *vt* (-ll- (*USA tb* -l-)) **1** ~ **sth (into sth)** canalizar algo (em algo) **2** sulcar

chant /tʃænt; *GB* tʃɑːnt/ *substantivo, verbo*
▸ *s* **1** (*Relig*) cântico **2** (*multidão*) toada, canção
▸ *vt, vi* **1** (*Relig*) cantar **2** (*multidão*) entoar, cantarolar

chaos /ˈkeɪɑːs/ *s* [*não contável*] caos: *to cause chaos* causar confusão **chaotic** /keɪˈɑːtɪk/ *adj* caótico

chap /tʃæp/ *s* (*GB, coloq*) cara: *He's a good chap.* Ele é um cara legal.

chapel /ˈtʃæpl/ *s* capela

chaplain /ˈtʃæplɪn/ *s* capelão

chapped /tʃæpt/ *adj* (*pele, lábios*) rachado

chapter /ˈtʃæptər/ *s* **1** capítulo **2** época

char /tʃɑːr/ *vt, vi* (-rr-) tostar, queimar

character /ˈkærəktər/ *s* **1** caráter: *character references* referências pessoais **2** (*coloq*) peça, figura **3** personagem (*de ficção*): *the main character* o protagonista **4** (*formal*) reputação: *character assassination* difamação LOC **in/out of character** típico/atípico (de alguém)

characteristic /ˌkærəktəˈrɪstɪk/ *adjetivo, substantivo*
▸ *adj* característico
▸ *s* traço, característica **characteristically** /ˌkærəktəˈrɪstɪkli/ *adv*: *His answer was characteristically frank.* Ele respondeu com a franqueza habitual.

characterize (*GB tb* -ise) /ˈkærəktəraɪz/ *vt* **1** caracterizar: *It is characterized* *by...* Caracteriza-se por... **2 ~ sb/sth as sth** retratar alguém/alguma coisa como algo **characterization** (*GB tb* **-isation**) /ˌkærəktərəˈzeɪʃn; *GB* -raɪˈ-/ *s* descrição, caracterização

charade /ʃəˈreɪd; *GB* ʃəˈrɑːd/ *s* **1** farsa, charada **2 charades** [*não contável*] mímica (*jogo de adivinhação*)

charcoal /ˈtʃɑːrkoʊl/ *s* **1** carvão vegetal **2** (*Arte*) carvão **3** (*tb* **charcoal gray**) (*cor*) cinza-escuro

charge /tʃɑːrdʒ/ *substantivo, verbo*
▸ *s* **1 ~ (for sth)** taxa (cobrada) (por algo): *Is there a charge?* Cobra-se alguma taxa (por isso)? ◇ *free of charge* grátis **2** acusação: *to bring/press charges against sb* processar alguém **3** (*tb* ˈ**charge account**) conta de débito: *Will that be cash or charge?* Vai pagar em dinheiro ou debitar na conta? ◇ *charge card* cartão de débito **4** (*Mil*) carga **5** carga (*elétrica, de arma*) **6** (*Esporte*) ataque **7** (*animais*) investida LOC **in charge (of sb/sth)** encarregado (de alguém/algo): *Who's in charge here?* Quem é o encarregado aqui? ◆ **in/under sb's charge** sob os cuidados de alguém ◆ **take charge (of sth)** assumir a responsabilidade por algo *Ver tb* REVERSE
▸ *v* **1** *vt, vi* cobrar: *They charged me $50 for dinner.* Eles me cobraram 50 dólares pelo jantar. **2** *vt* **~ sth (to sth)** pôr, debitar algo (na conta de alguém) **3** *vt* **~ sb (with sth)** acusar alguém (de algo) **4** *vt, vi* **~ (sb/sth)**; **~ at sb/sth** lançar-se (contra alguém/algo): *The children charged up/down the stairs.* As crianças correram pelas escadas acima/abaixo. ◇ *Charge!* Atacar! **5** *vt, vi* **~ (sb/sth)**; **~ at sb/sth** (*animal*) investir (contra alguém/algo) **6** *vt* (*pilha, revólver*) carregar **7** *vt* **~ sb with sth** (*formal*) incumbir alguém de algo **chargeable** *adj* **1 ~ to sb/sth** (*pagamento*) debitado na conta de alguém/algo **2** (*salário, etc.*) tributável

charger /ˈtʃɑːrdʒər/ *s* carregador: *battery charger* carregador de bateria

chariot /ˈtʃæriət/ *s* carro de guerra, biga

charisma /kəˈrɪzmə/ *s* carisma **charismatic** /ˌkærɪzˈmætɪk/ *adj* carismático

charitable /ˈtʃærətəbl/ *adj* **1** caridoso **2** bondoso **3** (*organização*) beneficente

charity /ˈtʃærəti/ *s* **1** (*pl* **charities**) instituição de caridade, ONG: *for charity* com fins beneficentes ➲ *Ver nota em* ONG **2** caridade **3** (*formal*) compaixão

ˈ**charity shop** *s* (*GB*) *Ver* THRIFT SHOP

charm /tʃɑːrm/ *substantivo, verbo*
▸ *s* **1** charme **2** amuleto: *a charm bracelet* uma pulseira de berloques **3** feitiço LOC *Ver* WORK
▸ *vt* encantar LOC **a charmed life** uma vida afortunada PHR V **charm sth out of sb** conseguir alguma coisa de alguém por meio de charme **charming** *adj* encantador, charmoso

chart /tʃɑːrt/ *substantivo, verbo*
▸ *s* **1** carta de navegação **2** gráfico: *flow chart* fluxograma **3 the charts** [*pl*] (*Mús*) as paradas de sucesso
▸ *vt* mapear: *to chart the course/the progress of sth* traçar o percurso/a evolução de algo

charter /ˈtʃɑːrtər/ *substantivo, verbo*
▸ *s* **1** estatuto: *the United Nations charter* a Carta das Nações Unidas **2** [*não contável*] frete: *a charter flight* um voo fretado
▸ *vt* **1** conceder autorização a **2** (*avião*) fretar **chartered** *adj* (*GB*) habilitado: *chartered accountant* perito-contador

chase /tʃeɪs/ *verbo, substantivo*
▸ *vt, vi* **1 ~ (after) sb/sth** perseguir alguém/algo: *I'm chasing a promotion.* Estou cavando uma promoção. **2 ~ (after) sb** (*coloq*) correr atrás de alguém: *He's always chasing (after) women.* Ele está sempre correndo atrás de mulheres. PHR V **chase about, around, etc.** (*coloq*) correr de lá para cá ◆ **chase sb/sth away, off, out, etc.** botar alguém/algo para fora ◆ **chase sth down** (*GB* **chase sth up**) averiguar o que se passou com algo ◆ **chase sb up** contatar alguém (*para lembrá-lo de fazer algo*)
▸ *s* **1** perseguição **2** (*animais*) caça

chasm /ˈkæzəm/ *s* (*formal*) abismo

chassis /ˈʃæsi/ *s* (*pl* **chassis** /-siz/) chassi

chastened /ˈtʃeɪsnd/ *adj* (*formal*) **1** escaldado **2** (*tom de voz*) submisso **chastening** *adj* que serve de lição

chastity /ˈtʃæstəti/ *s* castidade

chat /tʃæt/ *substantivo, verbo*
▸ *s* bate-papo: *chat room* sala de bate-papo (virtual)
▸ *vi* (-tt-) **~ (to/with sb) (about sth/sb)** bater papo (com alguém) (sobre algo/alguém) PHR V **chat sb up** (*GB, coloq*) dar em cima de alguém **chatty** *adj* (**chattier, -iest**) (*esp GB, coloq*) **1** (*pessoa*) conversador **2** (*carta, etc.*) informal

chatspeak /ˈtʃætspiːk/ *s* [*não contável*] (*coloq*) internetês

chatter /ˈtʃætər/ *verbo, substantivo*
▸ *vi* **1 ~ (away/on)** tagarelar **2** (*macaco*) chiar **3** (*pássaro*) chilrar **4** (*dentes*) tiritar
▸ *s* [*não contável*] tagarelice

chatterbox /ˈtʃætərbɑːks/ *s* (*coloq*) tagarela

C

C

chauffeur /ʃoʊˈfɜːr; *GB* ˈʃoʊfə(r)/ *substantivo, verbo*
▸ *s* chofer
▸ *vt* ~ **sb (around)** dar uma de chofer para alguém; conduzir alguém (*num carro*)

chauvinism /ˈʃoʊvɪnɪzəm/ *s* chauvinismo: *male chauvinism* machismo **chauvinist** *s* chauvinista **chauvinistic** /ˌʃoʊvɪˈnɪstɪk/ *adj* chauvinista

chav /tʃæv/ *s* (*GB, gíria*) jovem de baixa formação escolar que se comporta de maneira antissocial e usa roupas de grife

⚷ **cheap** /tʃiːp/ *adjetivo, advérbio, substantivo*
▸ *adj* (cheaper, -est) **1** barato *Ver tb* DIRT CHEAP **2** econômico **3** de má qualidade **4** (*comentário, piada, etc.*) vulgar **5** (*USA, coloq, pej*) (*GB* **mean**) pão-duro LOC **cheap at the price** caro mas que vale a pena
▸ *adv* (cheaper) (*coloq*) barato LOC **be going cheap** estar em oferta ◆ **sth does not come cheap**: *Success doesn't come cheap.* O sucesso não vem de graça.
▸ *s* LOC **on the cheap** abaixo do custo **cheapen** *vt* **1** ~ **yourself** rebaixar-se **2** baixar o preço de

⚷ **cheaply** /ˈtʃiːpli/ *adv* barato, por baixo preço

cheapo /ˈtʃiːpoʊ/ *adj* (*coloq, pej*) barato e de má qualidade

cheapskate /ˈtʃiːpskeɪt/ *s* (*coloq, pej*) muquirana, pão-duro

⚷ **cheat** /tʃiːt/ *verbo, substantivo*
▸ *v* **1** *vt* enganar **2** *vi* trapacear **3** *vi* (*colégio*) colar **4** *vi* ~ **(on sb)** ser infiel (a alguém) PHR V **cheat sb (out) of sth** defraudar alguém de algo
▸ *s* (*esp GB*) **1** (*USA tb* **cheater** /ˈtʃiːtər/) trapaceiro, -a **2** [*sing*] trapaça, fraude **3** (*jogos eletrônicos*) truque

⚷ **check** /tʃek/ *verbo, substantivo, adjetivo*
▸ *v* **1** *vt, vi* verificar, revisar *Ver tb* DOUBLE-CHECK **2** *vt* examinar **3** *vt* deter **4** *vt* controlar **5** *vt* (*GB* **tick**) marcar com um X **6** *vt* (*na chapelaria*) guardar (*casacos, etc.*) PHR V **check (sth) for sth** examinar algo cuidadosamente para algo ◆ **check in (at...); check into...** (*hotel, etc.*) registrar-se (em...) ◆ **check sth in** despachar algo (*bagagem*) ◆ **check sb/sth off** (*GB* ˌ**tick sb/sth** ˈ**off**) ticar alguém/algo de uma lista ◆ **check out (of...)** (*hotel, etc.*) pagar a conta e partir (de...) ◆ **check sb/sth out 1** investigar alguém/algo **2** (*coloq*) dar uma checada em alguém/algo ◆ **check up on sb** vigiar alguém ◆ **check up on sth** verificar algo
▸ *s* **1** controle, verificação **2** investigação **3** (*GB* **bill**) (*restaurante*) conta: *The check, please.* A conta, por favor. **4** (*GB* **cheque**) cheque: *to pay by check* pagar com cheque ◇ *check card* cartão de garantia de cheque **5** (*Xadrez*) xeque **6** (*tb* ˈ**check mark**) (*GB* **tick**) tique *Ver tb* COAT CHECK, RAIN CHECK, REALITY CHECK LOC **hold/keep sth in check** conter/controlar algo
▸ *adj* (*tb* **checked**) de xadrez (*estampa*)

check

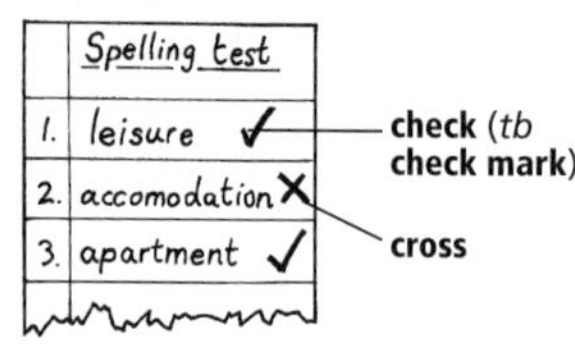

checkbook (*GB* **chequebook**) /ˈtʃekbʊk/ *s* talão de cheques

checkers /ˈtʃekərz/ (*GB* **draughts**) *s* [*não contável*] (jogo de) damas

ˈ**check-in** *s* check-in

ˈ**checking account** (*GB* **current account**) *s* conta corrente

checklist /ˈtʃeklɪst/ *s* lista

checkmate /ˌtʃekˈmeɪt; ˈtʃekmeɪt/ (*tb* **mate**) *s* xeque-mate

checkout /ˈtʃekaʊt/ *s* **1** caixa (*numa loja*) **2** (*num hotel*) ato de pagar a conta antes de partir

checkpoint /ˈtʃekpɔɪnt/ *s* (ponto de) controle

checkroom /ˈtʃekruːm; -rʊm/ (*GB* **cloakroom**) *s* chapelaria

checkup /ˈtʃekʌp/ *s* exame preventivo

⚷ **cheek** /tʃiːk/ *s* **1** bochecha **2** (*GB*) descaramento: *What (a) cheek!* Que cara de pau! LOC *Ver* TONGUE **cheeky** *adj* (cheekier, -iest) (*GB*) (*USA* **sassy**) (*coloq*) atrevido

cheekbone /ˈtʃiːkboʊn/ *s* osso zigomático

cheer /tʃɪr/ *verbo, substantivo*
▸ *v* **1** *vt, vi* aclamar, dar vivas (a) **2** *vt* animar, alegrar: *to be cheered by sth* animar-se com algo PHR V **cheer sb on** torcer por alguém ◆ **cheer up** animar-se: *Cheer up!* Anime-se! ◆ **cheer sb up** animar alguém ◆ **cheer sth up** alegrar algo
▸ *s* ovação, aplauso: *Three cheers for...!* Três vivas para...! **cheery** *adj* (cheerier, -iest) (*coloq*) alegre, animado

cheerful /ˈtʃɪrfl/ *adj* **1** alegre, bem-disposto **2** agradável

cheering /ˈtʃɪrɪŋ/ *s [não contável]* aclamação

cheerio /ˌtʃɪriˈoʊ/ *interj (GB, coloq)* tchau!

cheerleader /ˈtʃɪrliːdər/ *s* animador, -ora *(de torcida)*

cheers /tʃɪrz/ *interj* **1** saúde! **2** *(GB, coloq)* tchau! **3** *(GB, coloq)* obrigado!

cheese /tʃiːz/ *s* queijo: *Would you like some cheese?* Você quer queijo? ◇ *a wide variety of cheeses* uma grande variedade de queijos

cheesecake /ˈtʃiːzkeɪk/ *s* torta de queijo

cheetah /ˈtʃiːtə/ *s* chita

chef /ʃef/ *s* chefe de cozinha

chemical /ˈkemɪkl/ *adjetivo, substantivo*
▸ *adj* químico
▸ *s* produto químico

chemist /ˈkemɪst/ *s* **1** químico, -a **2** *(GB) (USA* **pharmacist***)* farmacêutico, -a **3 chemist's** *(GB) (USA* **drugstore***)* farmácia

chemistry /ˈkemɪstri/ *s* química

cheque *(GB)* = CHECK

chequebook *(GB)* = CHECKBOOK

cherish /ˈtʃerɪʃ/ *vt (formal)* **1** *(liberdade, tradições, etc.)* valorizar **2** *(pessoa)* estimar, cuidar **3** *(esperança)* acalentar **4** *(recordação)* guardar com carinho

cherry /ˈtʃeri/ *s (pl* **cherries***)* **1** cereja **2** *(tb* **ˈcherry tree***) (árvore)* cerejeira **3** *(tb* **ˌcherry ˈred***) (cor)* vermelho-cereja

chess /tʃes/ *s* xadrez

chessboard /ˈtʃesbɔːrd/ *s* tabuleiro de xadrez

chest /tʃest/ *s* **1** caixa **2** peito *(tórax)* ➲ *Comparar com* BREAST **LOC get sth off your chest** colocar algo para fora, desabafar (algo)

chestnut /ˈtʃesnʌt/ *s* **1** castanha **2** *(tb* **ˈchestnut tree***) (árvore)* castanheira **3** *(cor)* castanho **4 old chestnut** *(coloq)* história/piada surrada

ˌchest of ˈdrawers *s* cômoda

chew /tʃuː/ *vt* ~ **sth (up)** mastigar algo **PHR V chew sth over** *(coloq)* ruminar algo

ˈchewing gum *s [não contável]* chiclete

chewy /ˈtʃuːi/ *adj* **1** *(caramelo)* mastigável **2** *(alimento)* difícil de mastigar

Chicana /tʃɪˈkɑːnə/ *s* mulher dos EUA de origem mexicana

Chicano /tʃɪˈkɑːnoʊ; *GB tb* -ˈkeɪnoʊ/ *s (pl* **-os***)* habitante dos EUA de origem mexicana

chick /tʃɪk/ *s* pinto

chicken /ˈtʃɪkɪn/ *substantivo, verbo, adjetivo*
▸ *s* **1** *(carne)* frango **2** *(ave)* galinha *Ver tb* HEN, ROOSTER
▸ *v* **PHR V chicken out (of sth)** *(coloq)* dar para trás (em algo)
▸ *adj [nunca antes do substantivo] (coloq)* covarde

chicken pox /ˈtʃɪkɪn pɑːks/ *(tb* **chickenpox***) s [não contável]* catapora

chickpea /ˈtʃɪkpiː/ *s* grão-de-bico

chief /tʃiːf/ *substantivo, adjetivo*
▸ *s* chefe
▸ *adj* principal **chiefly** *adv* **1** sobretudo **2** principalmente

chieftain /ˈtʃiːftən/ *s* chefe *(de tribo, clã)*

child /tʃaɪld/ *s (pl* **children** /ˈtʃɪldrən/*)* **1** criança: *children's clothes/television* roupa/programação infantil ◇ *child benefit* salário-família **2** filho, -a: *an only child* um filho único **3** *(fig)* produto: *She's a child of the nineties.* Ela é uma criança dos anos noventa. **LOC be child's play** *(coloq)* ser uma barbada

childbirth /ˈtʃaɪldbɜːrθ/ *s [não contável]* parto

childcare /ˈtʃaɪldker/ *s* assistência à infância: *childcare facilities* serviços de assistência à infância

childhood /ˈtʃaɪldhʊd/ *s* infância, meninice

childish /ˈtʃaɪldɪʃ/ *adj (ger pej)* infantil: *to be childish* portar-se como criança

childless /ˈtʃaɪldləs/ *adj* sem filhos

childlike /ˈtʃaɪldlaɪk/ *adj* de criança

childminder /ˈtʃaɪldmaɪndər/ *s (GB)* babá que cuida de crianças em sua própria casa ➲ *Comparar com* BABYSITTER, NANNY

children *pl de* CHILD

chili /ˈtʃɪli/ *(GB* **chilli***) s (pl* **chilies/chillies***) (tb* **ˈchili pepper***)* pimenta-malagueta

chill /tʃɪl/ *substantivo, verbo*
▸ *s* **1** frio **2** resfriado: *to catch/get a chill* resfriar-se **3** *[sing]* calafrio
▸ *v* **1** *vt* gelar: *I'm chilled to the bone.* Estou congelada até os ossos. **2** *vt, vi (comida)* refrigerar, esfriar(-se): *chilled and frozen foods* alimentos frios e congelados

chilling /ˈtʃɪlɪŋ/ *adj* aterrorizante

chilly /ˈtʃɪli/ *adj* frio: *It's chilly today.* Está fazendo um pouco de frio hoje. ➲ *Ver nota em* FRIO

chime /tʃaɪm/ *substantivo, verbo*
▸ *s* **1** repique *(de sino, relógio)* **2** carrilhão
▸ *vi* repicar

C

chimney /ˈtʃɪmni/ *s* (*pl* chimneys) chaminé

chimpanzee /ˌtʃɪmpænˈziː/ (*coloq* chimp /tʃɪmp/) *s* chimpanzé

C

chin /tʃɪn/ *s* queixo LOC **keep your chin up** (*esp GB, coloq*) manter o moral para cima

china /ˈtʃaɪnə/ *s* **1** porcelana **2** louça

chink /tʃɪŋk/ *s* fresta, abertura LOC **a chink in sb's armor** o ponto fraco de alguém

chip /tʃɪp/ *substantivo, verbo*
▸ *s* **1** pedaço **2** (*madeira*) lasca **3** rachadura **4** (*GB*) (*USA* **fry, French fry**) batata frita **5** (*USA*) (*GB* **crisp**) batata frita (*em sacos*) ➲ *Ver ilustração em* BATATA **6** (*cassino*) ficha **7** microchip LOC **a chip off the old block** (*coloq*) filho de peixe, peixinho é ◆ **have a chip on your shoulder** (*coloq*) ter complexo de inferioridade
▸ *vt, vi* lascar(-se), rachar PHR V **chip away at sth** quebrar algo pedaço por pedaço, destruir algo pouco a pouco ◆ **chip in (with sth)** (*coloq*) **1** (*comentário*) interromper uma conversa (dizendo algo) **2** (*dinheiro*) contribuir (com algo)
chippings *s* [*pl*] (*GB*) **1** cascalho **2** (*tb* ˈ**wood chippings**) lascas de madeira

chipmunk /ˈtʃɪpmʌŋk/ *s* tâmia (*gênero de esquilo norte-americano*)

chiropodist /kɪˈrɑːpədɪst/ *s* (*esp GB*) (*tb esp USA* **podiatrist**) podólogo, -a **chiropody** (*tb esp USA* **podiatry**) *s* podologia

chirp /tʃɜːrp/ *substantivo, verbo*
▸ *s* **1** gorjeio **2** (*grilo*) cricri
▸ *vi* **1** gorjear **2** (*grilo*) fazer cricri

chirpy /ˈtʃɜːrpi/ *adj* (*coloq*) animado (*pessoa*)

chisel /ˈtʃɪzl/ *substantivo, verbo*
▸ *s* cinzel
▸ *vt* (-ll- (*USA tb* -l-)) **1** cinzelar: *finely chiselled features* feições bem delineadas **2** (*com cinzel*) talhar

chivalry /ˈʃɪvəlri/ *s* **1** cavalaria **2** cavalheirismo

chives /tʃaɪvz/ *s* [*pl*] cebolinha

chloride /ˈklɔːraɪd/ *s* cloreto

chlorine /ˈklɔːriːn/ *s* cloro

chock-a-block /ˌtʃɑːk ə ˈblɑːk/ (*tb* **chocka** /ˈtʃɑːkə/) *adj* ~ **(with sth/sb)** (*GB, coloq*) abarrotado (de algo/alguém)

chock-full /ˌtʃɑːk ˈfʊl/ *adj* ~ **(of sth/sb)** (*coloq*) repleto (de algo/alguém)

chocolate /ˈtʃɑːklət/ *s* **1** chocolate: *milk/dark chocolate* chocolate com leite/chocolate amargo **2** bombom **3** (*cor*) chocolate

choice /tʃɔɪs/ *substantivo, adjetivo*
▸ *s* **1** escolha: *to make a choice* escolher **2** seleção **3** possibilidade: *If I had the choice...* Se dependesse de mim... ◇ *I had no choice but to go.* Não tive outra escolha a não ser partir. LOC **by/out of choice** por decisão própria
▸ *adj* (choicer, -est) [*antes do substantivo*] **1** de qualidade **2** seleto

choir /ˈkwaɪər/ *s* coro: *choirboy* menino de coro

choke /tʃoʊk/ **1** *vi* ~ **(on sth)** engasgar-se (com algo): *to choke to death* morrer engasgado **2** *vt* afogar, sufocar **3** *vt* ~ **sth (up) (with sth)** obstruir algo (com algo) PHR V **choke sth back** (*lágrimas, ira*) conter algo

cholera /ˈkɑːlərə/ *s* cólera

cholesterol /kəˈlestərɔːl; *GB* -rɒl/ *s* colesterol

choose /tʃuːz/ (*pt* chose /tʃoʊz/, *pp* chosen /ˈtʃoʊzn/) **1** *vi* ~ **(between A and/or B)** escolher, selecionar (entre A e B) **2** *vt* ~ **sb/sth (as sth)** eleger, escolher alguém/algo (como algo): *They chose her as director.* Eles a escolheram como diretora. **3** *vt* ~ **A from B** preferir A a B **4** *vt* (*Esporte*) selecionar **5** *vt, vi* ~ **(to do sth)** decidir (fazer algo) **6** *vi* preferir: *whenever I choose* quando me convém LOC *Ver* PICK **choosy** *adj* (choosier, -iest) (*coloq*) exigente, difícil de agradar

chop /tʃɑːp/ *verbo, substantivo*
▸ *vt* (-pp-) **1** ~ **sth (up) (into sth)** cortar algo (em pedaços): *to chop sth in two* partir algo pela metade **2** ~ **sth (up) (into sth)** picar algo; cortar algo em pedaços **3** (*coloq*) reduzir LOC **chop and change** (*GB, coloq*) mudar de opinião a toda hora PHR V **chop sth down** abater algo (*árvore*) ◆ **chop sth off (sth)** cortar algo (de algo)
▸ *s* **1** machadada **2** golpe **3** (*carne*) costeleta

chopper /ˈtʃɑːpər/ *s* **1** machadinha **2** (*carne*) cutelo **3** (*coloq*) helicóptero

ˈ**chopping block** (*GB* ˈ**chopping board**) *s* tábua de cortar

choppy /ˈtʃɑːpi/ *adj* (choppier, -iest) agitado (*mar*)

chopsticks /ˈtʃɑːpstɪks/ *s* [*pl*] pauzinhos (chineses)

choral /ˈkɔːrəl/ *adj* coral (*de coro*)

chord /kɔːrd/ *s* acorde

chore /tʃɔːr/ *s* tarefa (*do dia a dia*): *household chores* afazeres domésticos

choreography /ˌkɔːriˈɑːgrəfi; *GB* ˌkɒriˈ-/ *s* coreografia **choreographer** *s* coreógrafo, -a

chorus /ˈkɔːrəs/ *substantivo, verbo*
▸ *s* (*pl* **choruses**) **1** (*Mús, Teat*) coro: *chorus girl* corista **2** refrão LOC **in chorus** em coro
▸ *vt* cantar em coro

chose *pt de* CHOOSE

chosen *pp de* CHOOSE

chow /tʃaʊ/ *s* (*gíria*) boia (*comida*)

Christ /kraɪst/ (*tb* **Jesus**, ˌ**Jesus** ˈ**Christ**) *s* Cristo

christen /ˈkrɪsn/ *vt* batizar **christening** *s* batismo

Christian /ˈkrɪstʃən/ *adj, s* cristão, -ã **Christianity** /ˌkrɪstiˈænəti/ *s* cristianismo

ˈ**Christian name** *s* (*GB*) nome de batismo

Christmas /ˈkrɪsməs/ *s* Natal: *Christmas card* cartão de Natal ◇ *Christmas Day/Eve* dia/véspera de Natal ◇ *Merry/Happy Christmas!* Feliz Natal! ➲ *Ver nota em* NATAL

chrome /kroʊm/ *s* cromo

chromium /ˈkroʊmiəm/ *s* cromo: *chromium-plating/chromium-plated* cromado

chromosome /ˈkroʊməsoʊm/ *s* cromossomo

chronic /ˈkrɑːnɪk/ *adj* **1** crônico **2** (*mentiroso, alcoólatra, etc.*) inveterado

chronicle /ˈkrɑːnɪkl/ *substantivo, verbo*
▸ *s* crônica
▸ *vt* (*formal*) registrar

chrysalis /ˈkrɪsəlɪs/ *s* (*pl* **chrysalises**) crisálida

chubby /ˈtʃʌbi/ *adj* gorducho ➲ *Ver nota em* GORDO

chuck /tʃʌk/ *vt* (*coloq*) **1** (*esp GB*) jogar **2** ~ **sth (in/up)** abandonar algo **3** (*GB*) (*namorado, etc.*) terminar com PHR V **chuck sth away/out** (*esp GB*) jogar algo fora ◆ **chuck sb out** (*esp GB*) botar alguém para fora

chuckle /ˈtʃʌkl/ *verbo, substantivo*
▸ *vi* rir consigo mesmo ➲ *Ver nota em* RIR
▸ *s* riso contido

chum /tʃʌm/ *s* (*antiq, coloq*) camarada

chunk /tʃʌŋk/ *s* pedaço grande **chunky** *adj* (**chunkier**, **-iest**) **1** maciço **2** (*pessoa*) baixo e troncudo

⚷ **church** /tʃɜːrtʃ/ *s* igreja: *to go to church* ir à missa/ao culto ◇ *church hall* salão paroquial ➲ *Ver nota em* SCHOOL

churchyard /ˈtʃɜːrtʃjɑːrd/ *s* cemitério de igreja ➲ *Comparar com* CEMETERY

churn /tʃɜːrn/ **1** *vt* ~ **sth (up)** (*água, lama*) agitar algo **2** *vi* (*águas*) agitar-se **3** *vt, vi* (*estômago*) virar PHR V **churn sth out** (*coloq, ger pej*) produzir algo em série

chute /ʃuːt/ *s* **1** calha (*para mercadorias ou detritos*) **2** (*GB*) (*USA* **water slide**) (*piscina*) tobogã

CIA /ˌsiː aɪ ˈeɪ/ *abrev de* **Central Intelligence Agency** Agência Central de Inteligência Americana

cider /ˈsaɪdər/ *s* sidra ❶ Nos Estados Unidos, **cider** pode ter conteúdo alcoólico ou não, mas, na Grã-Bretanha, sempre contém álcool.

cigar /sɪˈgɑːr/ *s* charuto

⚷ **cigarette** /ˈsɪgəret; *GB* ˌsɪgəˈret/ *s* cigarro: *cigarette butt* toco de cigarro

cilantro /sɪˈlæntroʊ/ (*GB* **coriander**) *s* coentro

cinder /ˈsɪndər/ *s* [*ger pl*] cinza

⚷ **cinema** /ˈsɪnəmə/ *s* **1** (*GB*) (*USA* **theater, movie theater**) (sala de) cinema **2** (*esp GB*) (*USA* **the movies** [*pl*]) cinema (*arte*)

cinnamon /ˈsɪnəmən/ *s* canela

⚷ **circle** /ˈsɜːrkl/ *substantivo, verbo*
▸ *s* **1** círculo: *to stand in a circle* formar um círculo **2** (*GB*) (*USA* **balcony**) (*Teat*) balcão *Ver tb* DRESS CIRCLE, TRAFFIC CIRCLE LOC **go around in circles** marcar passo *Ver tb* FULL, VICIOUS
▸ *v* **1** *vt, vi* dar uma volta/voltas (em) **2** *vt* rodear **3** *vt* marcar com um círculo

circuit /ˈsɜːrkɪt/ *s* **1** turnê **2** volta **3** pista **4** (*Eletrôn*) circuito *Ver tb* SHORT CIRCUIT

circular /ˈsɜːrkjələr/ *adjetivo, substantivo*
▸ *adj* redondo, circular
▸ *s* circular

circulate /ˈsɜːrkjəleɪt/ *vt, vi* circular

circulation /ˌsɜːrkjəˈleɪʃn/ *s* **1** circulação **2** (*periódico, etc.*) tiragem

circumcise /ˈsɜːrkəmsaɪz/ *vt* circuncidar **circumcision** /ˌsɜːrkəmˈsɪʒn/ *s* circuncisão

circumference /sərˈkʌmfərəns/ *s* circunferência

⚷ **circumstance** /ˈsɜːrkəmstæns; *GB* -stəns/ *s* **1** circunstância **2 circumstances** [*pl*] situação econômica LOC **in/under no circumstances** de jeito algum ◆ **in/under the circumstances** em tais circunstâncias

circus /ˈsɜːrkəs/ *s* (*pl* **circuses**) circo

cistern /ˈsɪstərn/ *s* **1** caixa-d'água **2** reservatório

cite /saɪt/ *vt* (*formal*) **1** citar **2** (*USA*) (*Mil*) fazer menção a

⚷ **citizen** /ˈsɪtɪzn/ *s* cidadão, -ã *Ver tb* SENIOR CITIZEN **citizenship** *s* cidadania

citrus /ˈsɪtrəs/ *adj* cítrico: *citrus fruit(s)* frutas cítricas

C

C

🔑**city** /ˈsɪti/ *s* (*pl* cities) **1** cidade (*grande*): *city center* centro da cidade ➲ *Ver nota em* CIDADE; *Ver tb* INNER CITY **2 the City** (*GB*) o centro financeiro de Londres

ˌcity ˈhall *s* prefeitura, câmara municipal

civic /ˈsɪvɪk/ *adj* **1** municipal: *civic center* centro municipal de cultura e lazer **2** cívico

civics /ˈsɪvɪks/ *s* [*não contável*] (*Educ*) educação moral e cívica

🔑**civil** /ˈsɪvl/ *adj* **1** civil: *civil law* código/direito civil ◇ *civil rights/liberties* direitos civis ◇ *civil strife* dissensão social **2** gentil, cortês

civilian /səˈvɪliən/ *s* civil

civilization (*GB tb* **-isation**) /ˌsɪvələˈzeɪʃn; *GB* -laɪˈ-/ *s* civilização

civilized (*GB tb* **-ised**) /ˈsɪvəlaɪzd/ *adj* civilizado

ˌcivil ˈpartnership *s* união civil

ˌcivil ˈservant *s* funcionário público, funcionária pública

the ˌcivil ˈservice *s* a Administração Pública

clad /klæd/ *adj* ~ **(in sth)** (*formal*) vestido (de algo)

🔑**claim** /kleɪm/ *verbo, substantivo*
▸ *vt* **1** exigir **2** afirmar, alegar **3** reivindicar, solicitar **4** (*formal*) (*vidas*) tomar
▸ *s* **1** ~ **(for sth)** reivindicação, solicitação (de algo) **2** ~ **(against sb/sth)** reclamação, reivindicação (em relação a alguém/algo) **3** ~ **(on/to sth)** direito (sobre/a algo) **4** afirmação, alegação *Ver tb* BAGGAGE CLAIM LOC **lay claim to sth** reivindicar algo *Ver tb* STAKE **claimant** *s* requerente

clairvoyant /klerˈvɔɪənt/ *s* clarividente

clam /klæm/ *substantivo, verbo*
▸ *s* amêijoa
▸ *v* (-mm-) PHR V **clam up** (*coloq*) calar a boca

clamber /ˈklæmbər/ *vi* trepar (*esp com dificuldade*)

clammy /ˈklæmi/ *adj* úmido, pegajoso

clamor (*GB* **clamour**) /ˈklæmər/ *substantivo, verbo*
▸ *s* clamor, rebuliço
▸ *vi* ~ **for sth/to do sth** (*formal*) exigir (fazer) algo aos gritos

clamp /klæmp/ *substantivo, verbo*
▸ *s* **1** grampo **2** fixador **3** (*GB*) (*tb* ˈ**wheel clamp**) (*USA* **Denver boot, boot**) bloqueador de roda (*para carro estacionado ilegalmente*)
▸ *vt* **1** segurar **2** (*carro*) prender com bloqueador PHR V **clamp down on sb/sth** impor restrições a alguém/algo

clampdown /ˈklæmpdaʊn/ *s* ~ **(on sth)** restrição (a algo); medidas drásticas (contra algo)

clan /klæn/ *s* clã

clandestine /klænˈdestɪn; ˈklændəstaɪn/ *adj* (*formal*) clandestino

clang /klæŋ/ *substantivo, verbo*
▸ *s* tinido (*metálico*)
▸ *vi* tinir

clank /klæŋk/ *verbo, substantivo*
▸ *vt, vi* (*correntes, maquinaria*) retinir
▸ *s* tinido

🔑**clap** /klæp/ *verbo, substantivo*
▸ *v* (-pp-) **1** *vt, vi* aplaudir **2** *vt*: *to clap your hands (together)* bater palmas ◇ *to clap sb on the back* dar um tapinha nas costas de alguém
▸ *s* **1** aplauso **2**: *a clap of thunder* uma trovoada **clapping** *s* [*não contável*] aplausos

clarify /ˈklærəfaɪ/ *vt* (*pt, pp* **-fied**) esclarecer **clarification** *s* esclarecimento

clarinet /ˌklærəˈnet/ *s* clarinete

clarity /ˈklærəti/ *s* lucidez, clareza

clash /klæʃ/ *verbo, substantivo*
▸ *vi* **1** ~ **(with sb)** enfrentar alguém, enfrentar-se **2** ~ **(with sb) (over/on sth)** divergir fortemente (de alguém) (sobre algo) **3** (*datas*) coincidir **4** (*cores*) destoar **5** chocar-se (*com ruído*)
▸ *s* **1** briga **2** ~ **(over sth)** divergência (a respeito de algo): *a clash of interests* um conflito de interesses **3** estrondo

clasp /klæsp; *GB* klɑːsp/ *substantivo, verbo*
▸ *s* fecho
▸ *vt* apertar (*com as mãos/os braços*)

🔑**class** /klæs; *GB* klɑːs/ *substantivo, verbo, adjetivo*
▸ *s* **1** classe: *They're in class.* Eles estão na sala de aula. ◇ *class struggle/system* luta/sistema de classes **2** categoria: *They are not in the same class.* Eles não se comparam. *Ver tb* FIRST CLASS, HIGH-CLASS, SECOND CLASS LOC **cut/skip class** (*coloq*) matar aula ♦ **in a class of your, its, etc. own** sem par
▸ *vt* ~ **sb/sth (as sth)** classificar alguém/algo (como algo)
▸ *adj* (*coloq*) de grande categoria

🔑**classic** /ˈklæsɪk/ *adjetivo, substantivo*
▸ *adj* **1** clássico **2** típico: *It was a classic case.* Foi um caso típico.
▸ *s* clássico

classical /ˈklæsɪkl/ *adj* clássico

classification /ˌklæsɪfɪˈkeɪʃn/ *s* **1** classificação **2** categoria

classified /ˈklæsɪfaɪd/ *adj* **1** classificado **2** confidencial **3**: *classified advertisements/ads* classificados

classify /ˈklæsɪfaɪ/ *vt* (*pt, pp* **-fied**) classificar

classmate /ˈklæsmeɪt; *GB* ˈklɑːs-/ *s* colega de classe

⚷ **classroom** /ˈklæsruːm; -rʊm; *GB* ˈklɑːs-/ *s* sala de aula

classy /ˈklæsi; *GB* ˈklɑːsi/ *adj* (**classier, -iest**) (*formal*) cheio de estilo, classudo

clatter /ˈklætər/ *verbo, substantivo*
▸ *vi* **1** fazer estardalhaço (*com pratos, etc.*) **2** (*trem*) sacolejar ruidosamente
▸ *s* (*tb* **clattering**) **1** estardalhaço **2** (*trem*) ruído (ao sacolejar)

clause /klɔːz/ *s* **1** (*Gram*) oração **2** (*Jur*) cláusula

claustrophobia /ˌklɔːstrəˈfoʊbiə/ *s* claustrofobia **claustrophobic** *adj* claustrofóbico

claw /klɔː/ *substantivo, verbo*
▸ *s* **1** garra **2** (*gato*) unha **3** (*caranguejo*) pinça
▸ *vt* arranhar

clay /kleɪ/ *s* **1** argila, barro **2** (*Tênis*) saibro

⚷ **clean** /kliːn/ *adjetivo, verbo*
▸ *adj* (**cleaner, -est**) **1** limpo: *to wipe sth clean* limpar algo com um pano **2** (*papel*) em branco LOC **make a clean break (with sth)** romper definitivamente (com algo)
▸ *vt, vi* limpar PHR V **clean sth off/from sth** tirar algo de algo (*sujeira*) ◆ **clean sb out** (*coloq*) depenar alguém ◆ **clean sth out** fazer uma limpeza caprichada em algo ◆ **clean (sth) up** limpar (algo): *to clean up your image* melhorar a própria imagem

ˌclean-ˈcut *adj* (*rapaz*) alinhado, bem definido

cleaner /ˈkliːnər/ *s* **1** faxineiro, -a **2** (*produto*) limpador **3 cleaner's** [*pl*] tinturaria ➲ *Ver nota em* AÇOUGUE

cleaning /ˈkliːnɪŋ/ *s* limpeza (*atividade*)

cleanliness /ˈklenlinəs/ *s* limpeza (*qualidade*)

cleanly /ˈkliːnli/ *adv* perfeitamente

cleanse /klenz/ *vt* **1** limpar profundamente **2** ~ **sb/sth (of/from sth)** (*formal*) purificar alguém/algo (de algo) **cleanser** *s* **1** produto de limpeza **2** (*para o rosto*) creme de limpeza

ˌclean-ˈshaven *adj* de cara raspada

ˈclean-up *s* limpeza geral

⚷ **clear** /klɪr/ *adjetivo, verbo, advérbio*
▸ *adj* (**clearer, -est**) **1** claro: *Are you quite clear about what the job involves?* Está claro para você que tipo de trabalho é esse? **2** (*tempo, céu*) limpo, desanuviado **3** (*água, cristal*) transparente **4** (*transmissão*) nítido **5** (*consciência*) tranquilo **6** livre: *to keep next weekend clear* deixar o próximo fim de semana livre ◇ *clear of debt* sem dívidas LOC **(as) clear as day** claro como água ◆ **(as) clear as mud** (*coloq*) nada claro ◆ **in the clear** (*coloq*) **1** fora de suspeita **2** fora de perigo ◆ **make sth clear (to sb)** deixar algo claro (para alguém) *Ver tb* CRYSTAL
▸ *v* **1** *vt* ~ **sth (off/from sth)** remover algo (de algo): *to clear the table* limpar a mesa **2** *vt* desobstruir **3** *vt* (*pessoas*) dispersar **4** *vt* (*obstáculo*) transpor **5** *vt* (*dúvida*) esclarecer **6** *vi* (*tempo, céu*) desanuviar-se **7** *vi* (*água*) clarear **8** *vt* ~ **sb (of sth)** absolver alguém (de algo): *to clear your name* limpar seu nome **9** *vt* ~ **sth (with sb)** autorizar algo, obter autorização para algo (com alguém) LOC **clear the air** esclarecer as coisas PHR V **clear (sth) away/up** arrumar algo, pôr algo em ordem ◆ **clear off** (*coloq*) cair fora ◆ **clear (sth) out** esvaziar e limpar algo, *I found the letters when I was clearing out.* Eu achei as cartas quando estava fazendo uma arrumação. ◆ **clear up** (*tempo*) desanuviar-se ◆ **clear sth up** esclarecer algo
▸ *adv* **1** ~ **(of sth)** distante (de algo): *He injured his arm as he jumped clear of the car.* Ele machucou o braço ao pular para longe do carro. **2** com clareza LOC **keep/stay/steer clear (of sb/sth)** manter-se distante (de alguém/algo)

clearance /ˈklɪrəns/ *s* **1** despejo: *forest clearances* desmatamentos ◇ *clearance sale* liquidação **2** vão **3** autorização

ˌclear-ˈcut *adj* bem definido

ˌclear-ˈheaded *adj* lúcido

clearing /ˈklɪrɪŋ/ *s* **1** clareira (*de bosque*) **2** [*não contável*] (*GB*) sistema usado por universidades para preencher vagas remanescentes antes do início do ano acadêmico: *She got into university through clearing.* Ela ingressou na universidade por meio de vagas remanescentes.

⚷ **clearly** /ˈklɪrli/ *adv* claramente

ˌclear-ˈsighted *adj* lúcido

cleavage /ˈkliːvɪdʒ/ *s* decote

clef /klef/ *s* (*Mús*) clave: *bass clef* clave de fá

clementine /ˈkleməntiːn/ *s* tangerina

clench /klentʃ/ *vt* cerrar (*punhos, dentes*)

clergy /ˈklɜːrdʒi/ *s* [*pl*] clero
clergyman /ˈklɜːrdʒimən/ *s* (*pl* -men /ˈklɜːrdʒimən/) **1** clérigo **2** pastor anglicano ➲ *Ver nota em* PRIEST

C

clerical /ˈklerɪkl/ *adj* **1** de escritório: *clerical staff* pessoal administrativo **2** (*Relig*) eclesiástico
clerk /klɜːrk; *GB* klɑːk/ *s* **1** auxiliar de escritório **2** (*prefeitura, tribunal*) escrevente **3** (*tb* ˈ**desk clerk**) recepcionista **4** *Ver* SALES CLERK
clever /ˈklevər/ *adj* (**cleverer, -est**) **1** esperto **2** habilidoso: *to be clever at sth* ter aptidão para algo **3** engenhoso **4** (*GB, coloq, pej*) espertalhão: *He's too clever (by half).* Ele é muito pretensioso. **cleverness** *s* esperteza, habilidade, astúcia
cliché /kliːˈʃeɪ; *GB* ˈkliːʃeɪ/ *s* clichê
click /klɪk/ *verbo, substantivo*
▸ *v* **1** *vt, vi*: *to click your fingers* estalar os dedos ◇ *to click your heels* bater os saltos ◇ *to click open/shut* abrir(-se)/fechar(-se) com um estalo **2** *vi* (*câmera, etc.*) clicar **3** *vt, vi* ~ **(on) sth** (*Informát*) clicar (em) algo **4** *vi* (*coloq*) (*amizade*) entrosar **5** *vi* (*coloq*): *Suddenly it clicked. I realized my mistake.* De repente a ficha caiu. Eu me dei conta do meu erro.
▸ *s* **1** clique **2** estalido **3** batida (de saltos)
clickbait /ˈklɪkbeɪt/ *s* [*não contável*] (*coloq, pej*) (*Internet*) conteúdo para atrair a atenção de usuários para que cliquem em links para outras páginas
ˈ**click-through** *s* (*Internet*) clique para outro site: *a low click-through rate* uma baixa taxa de cliques
client /ˈklaɪənt/ *s* cliente
clientele /ˌklaɪənˈtel; *GB* ˌkliːənˈ-/ *s* clientela
cliff /klɪf/ *s* penhasco, precipício
climate /ˈklaɪmət/ *s* clima: *climate change* mudança climática ◇ *the economic climate* a situação econômica
climax /ˈklaɪmæks/ *s* clímax
climb /klaɪm/ *verbo, substantivo*
▸ *v* **1** *vt, vi* escalar **2** *vt, vi* subir: *The road climbs steeply.* A estrada é muito íngreme. **3** *vt, vi* trepar **4** *vi* (*em sociedade*) ascender LOC *Ver* BANDWAGON PHR V **climb down 1** descer **2** (*fig*) admitir um erro ◆ **climb out of sth 1** (*cama*) levantar-se de algo **2** (*carro, etc.*) descer de algo ◆ **climb (up) on to sth** subir em algo ◆ **climb up sth** subir, trepar em algo
▸ *s* **1** escalada, subida **2** ladeira **climber** *s* alpinista
climbing /ˈklaɪmɪŋ/ (*tb* ˈ**rock climbing**) *s* alpinismo: *to go climbing* praticar alpinismo
clinch /klɪntʃ/ *vt* **1** (*negócio, etc.*) fechar **2** (*campeonato, etc.*) ganhar **3** (*vitória, etc.*) assegurar: *That clinched it.* Foi o que faltava para decidir.
cling /klɪŋ/ *vi* (*pt, pp* **clung** /klʌŋ/) ~ **(on) to sb/sth** agarrar-se, grudar-se em alguém/algo: *to cling to each other* dar-se um abraço apertado **clingy** /ˈklɪŋi/ (*tb* **clinging**) *adj* **1** (*roupa*) justo **2** (*ger pej*) (*pessoa*) agarrado, grudento
ˈ**cling film** *s* (*GB*) (*USA* **plastic wrap**) papel filme (*para embalar comida*)
clinic /ˈklɪnɪk/ *s* clínica
clinical /ˈklɪnɪkl/ *adj* **1** clínico **2** (*pej*) impessoal
clink /klɪŋk/ **1** *vi* tilintar **2** *vt*: *They clinked glasses.* Tocaram as taças num brinde.
clip /klɪp/ *substantivo, verbo*
▸ *s* **1** clipe **2**: *hair clip* grampo (de cabelo)
▸ *vt* (**-pp-**) **1** cortar **2** ~ **sth (on) to sth** prender algo a algo (com um grampo): *to clip sth together* prender algo com um clipe
clipboard /ˈklɪpbɔːrd/ *s* **1** prancheta **2** (*Informát*) área de transferência
clipping /ˈklɪpɪŋ/ (*tb* ˈ**press clipping**) *s* (*jornal, etc.*) recorte
clique /kliːk/ *s* (*ger pej*) panelinha (*grupo de pessoas*)
cloak /kloʊk/ *substantivo, verbo*
▸ *s* capa, manto
▸ *vt* (*formal*) encobrir: *cloaked in secrecy* envolto em mistério
cloakroom /ˈkloʊkruːm; -rʊm/ *s* **1** (*esp GB*) (*USA tb* **coat check, coatroom**) (*num teatro, etc.*) chapelaria **2** (*GB*) (*USA* **restroom**) banheiro (público) ➲ *Ver nota em* BATHROOM
clock /klɑːk/ *substantivo, verbo*
▸ *s* **1** relógio (*de parede ou de mesa*) ➲ *Ver ilustração em* RELÓGIO **2 the clock** [*sing*] (*esp GB, coloq*) o medidor de quilometragem LOC **around the clock** vinte e quatro horas por dia ◆ **put/turn the clock back** voltar ao passado, retroceder
▸ *vt* cronometrar PHR V **clock in/on** (*GB*) (*USA* **punch in**) marcar o ponto (*na chegada ao trabalho*) ◆ **clock off/out** (*GB*) (*USA* ˌ**punch** ˈ**out**) marcar o ponto (*na saída do trabalho*) ◆ **clock up sth** registrar, acumular algo: *I clocked up 50 miles a day.* Alcancei a marca de 50 milhas por dia.
clockwise /ˈklɑːkwaɪz/ *adv, adj* em sentido horário

clockwork /ˈklɑːkwɜːrk/ *s* mecanismo de relógio LOC **like clockwork** às mil maravilhas, conforme o planejado

clog /klɑːg/ *substantivo, verbo*
▸ *s* tamanco
▸ *v* **1** *vt* ~ **sth (up) (with sth)** entupir, emperrar algo (com algo) **2** *vi* ~ **(up) (with sth)** entupir-se, emperrar-se (com algo)

cloister /ˈklɔɪstər/ *s* claustro

clone /kloʊn/ *substantivo, verbo*
▸ *s* clone
▸ *vt* clonar **cloning** *s* clonagem

close[1] /kloʊs/ *adjetivo, advérbio*
▸ *adj* (closer, -est) **1** ~ **(to sth)** próximo, perto (de algo): *close to tears* quase chorando **2** (*parente*) próximo **3** (*amigo*) íntimo **4** (*vínculos, etc.*) estreito **5** ~ **to sb** (*emocionalmente*) chegado a alguém **6** (*vigilância*) rigoroso **7** (*exame*) minucioso **8** (*Esporte, competição*) acirrado **9** (*tempo*) abafado LOC **it/that was a close call/shave** (*coloq*) escapou por um triz ◆ **keep a close eye/watch on sb/sth** manter alguém/algo sob forte vigilância
▸ *adv* (closer, -est) (*tb* **close ˈby**) perto: *to get close/closer to sth* aproximar-se de algo LOC **close on/to** quase ◆ **close together** próximo, lado a lado **closeness** *s* **1** proximidade **2** intimidade

close[2] /kloʊz/ *verbo, substantivo*
▸ *vt, vi* **1** fechar(-se) **2** (*reunião, etc.*) terminar LOC **close your mind to sth** recusar-se a considerar algo PHR V **close (sth) down** (*empresa, etc.*) fechar (algo) (*definitivamente*) ◆ **close in** (*inimigo, noite, névoa*) aproximar-se: *The night is closing in.* Está escurecendo.
▸ *s* [*sing*] (*formal*) fim: *toward the close of sth* próximo do fim de algo LOC **bring sth to a close** concluir algo ◆ **come/draw to a close** chegar ao fim

closed /kloʊzd/ *adj* fechado: *a closed door* uma porta fechada *Ver tb* CLOSE[2] ➲ *Comparar com* SHUT

close-knit /ˌkloʊs ˈnɪt/ *adj* muito unido (*comunidade, etc.*)

closely /ˈkloʊsli/ *adv* **1** de perto: *a scream, closely followed by a shot* um grito, seguido logo após de um tiro **2** atentamente **3** (*examinar*) minuciosamente **4**: *a closely contested/fought match* um jogo disputado pau a pau

closet /ˈklɑːzət; *GB* -zɪt/ *s* (*esp USA*) armário, guarda-roupa ➲ *Comparar com* CUPBOARD

close-up /ˈkloʊs ʌp/ *s* primeiro plano, close

closing /ˈkloʊzɪŋ/ *adjetivo, substantivo*
▸ *adj* final: *closing date/time* data/horário de encerramento
▸ *s* fechamento

closure /ˈkloʊʒər/ *s* **1** fechamento **2** [*não contável*] desfecho: *The conviction of the murderer gave her a sense of closure.* A condenação do assassino deu a ela a sensação de que estava tudo acabado.

clot /klɑːt/ *s* **1** (*tb* ˈ**blood clot**) coágulo **2** (*GB, antiq, coloq*) imbecil

cloth /klɔːθ; *GB* klɒθ/ *s* (*pl* ~s /klɔːðz; *GB* klɒθs/) **1** tecido, fazenda **2** pano ➲ *Ver nota em* PANO

clothe /kloʊð/ *vt* ~ **sb/yourself (in sth)** (*formal*) vestir alguém/vestir-se (de algo)

clothes /kloʊðz/ *s* [*pl*] roupa *Ver tb* PLAIN CLOTHES

clothesline /ˈkloʊðzlaɪn; ˈkloʊzlaɪn/ *s* varal

clothespin /ˈkloʊðzpɪn; ˈkloʊz-/ (*GB* ˈ**clothes peg**) *s* pregador (de roupa)

clothing /ˈkloʊðɪŋ/ *s* vestuário: *the clothing industry* a indústria de vestuário ◇ *an item of clothing* uma peça de roupa

cloud /klaʊd/ *substantivo, verbo*
▸ *s* **1** nuvem **2 the cloud** [*sing*] (*Internet*) a nuvem
▸ *v* **1** *vt* (*razão*) ofuscar **2** *vt* (*assunto*) complicar **3** *vi* ~ **(over)** (*formal*) (*expressão*) anuviar-se PHR V **cloud over** (*tempo*) fechar **cloudless** *adj* sem nuvens **cloudy** *adj* nublado

clout /klaʊt/ *substantivo, verbo*
▸ *s* **1** influência **2** (*esp GB, coloq*) cascudo
▸ *vt* (*coloq*) dar um cascudo em

clove /kloʊv/ *s* **1** cravo (*especiaria*) **2** *clove of garlic* dente de alho

clover /ˈkloʊvər/ *s* trevo

clown /klaʊn/ *s* palhaço, -a

club /klʌb/ *substantivo, verbo*
▸ *s* **1** clube **2** boate **3** porrete **4** *Ver* GOLF CLUB **5 clubs** [*pl*] (*naipe*) paus ➲ *Ver nota em* BARALHO
▸ *vt* (-bb-) dar uma porretada em: *to club sb to death* matar alguém a porretadas PHR V **club together (to do sth)** (*GB*) fazer uma vaquinha (para fazer algo) **clubber** *s* baladeiro, -a **clubbing** *s* [*não contável*]: *to go clubbing* frequentar casas noturnas

clue /kluː/ *s* **1** ~ **(to sth)** pista (de algo) **2** indício **3** (*palavra cruzada*) definição LOC **not have a clue** (*coloq*) **1** não fazer a menor ideia **2** ser inútil

clump /klʌmp/ *s* grupo (*de plantas, etc.*)

clumsy /ˈklʌmzi/ *adj* (**clumsier, -iest**) **1** desajeitado, deselegante **2** malfeito

clung *pt, pp de* CLING

clunky /ˈklʌŋki/ *adj* (*esp USA, coloq*) desajeitado

cluster /ˈklʌstər/ *substantivo, verbo*
▸ *s* grupo
▸ *vi* ~ **(together)** apinhar-se

clutch /klʌtʃ/ *verbo, substantivo*
▸ *vt* **1** (*tomar*) apertar, segurar com força **2** (*apanhar*) agarrar PHR V **clutch at sth/sb** (tentar) agarrar-se a algo/alguém
▸ *s* **1** embreagem **2 clutches** [*pl*] (*coloq*) garras

clutter /ˈklʌtər/ *verbo, substantivo*
▸ *vt* ~ **sth (up)** (*pej*) entulhar algo
▸ *s* (*pej*) desordem, bagunça

CMS /ˌsiː em ˈes/ *s* (*abrev de* **content management system**) (*Internet*) sistema de gestão de conteúdo

coach /koʊtʃ/ *substantivo, verbo*
▸ *s* **1** (*Esporte*) treinador, -ora **2** conselheiro, -a: *life coach* conselheiro (de desenvolvimento) pessoal **3** (*esp GB*) professor, -ora particular **4** (*GB*) (*USA* **bus**) ônibus ➲ *Comparar com* BUS **5** (*GB*) *Ver* CARRIAGE **6** carruagem **7** (*USA*) (*avião*) classe econômica
▸ *vt* **1** ~ **sb (for sth)** (*Esporte*) treinar alguém (para algo) **2** ~ **sb (in sth)** dar aulas particulares (de algo) a alguém **coaching** *s* [*não contável*] treinamento, preparação

coal /koʊl/ *s* **1** carvão: *coal mine* mina de carvão **2** brasa: *hot coals* brasas

coalfield /ˈkoʊlfiːld/ *s* região carbonífera

coalition /ˌkoʊəˈlɪʃn/ *s* coalizão

coarse /kɔːrs/ *adj* (**coarser, -est**) **1** (*areia, etc.*) grosso **2** (*material, mãos*) áspero **3** vulgar **4** (*linguagem, pessoa*) grosseiro **5** (*piada*) obsceno

coast /koʊst/ *substantivo, verbo*
▸ *s* costa
▸ *vi* **1** (*carro, etc.*) andar em ponto morto **2** (*bicicleta*) ir sem pedalar **coastal** *adj* costeiro

coastguard /ˈkoʊstgɑːrd/ *s* guarda costeira

coastline /ˈkoʊstlaɪn/ *s* litoral

coat /koʊt/ *substantivo, verbo*
▸ *s* **1** casaco, sobretudo: *white coat* avental/jaleco **2** (*animal*) pelo, lã **3** (*pintura*) camada, mão
▸ *vt* ~ **sth (with/in sth)** cobrir, banhar, revestir algo (de algo) **coating** *s* camada, revestimento

ˈcoat check (*tb* **coatroom** /ˈkoʊtruːm; -rʊm/) (*GB* **cloakroom**) *s* (*num teatro, etc.*) chapelaria

coax /koʊks/ *vt* ~ **sb into/out of sth/doing sth**; ~ **sb to do sth** convencer, persuadir alguém (a fazer/deixar de fazer algo) PHR V **coax sth out of/from sb** conseguir algo de alguém

cobbles /ˈkɑːblz/ (*tb* **cobblestones** /ˈkɑːblstoʊnz/) *s* [*pl*] pedras de calçamento

cobweb /ˈkɑːbweb/ *s* teia de aranha

cocaine /koʊˈkeɪn/ *s* cocaína

cock /kɑːk/ *s* (*GB*) (*USA* **rooster**) galo

cockney /ˈkɑːkni/ *adjetivo, substantivo*
▸ *adj* do leste de Londres
▸ *s* **1** (*pl* **cockneys**) nativo, -a do leste de Londres **2** dialeto do leste de Londres

cockpit /ˈkɑːkpɪt/ *s* cabine (de piloto)

cockroach /ˈkɑːkroʊtʃ/ *s* barata

cocktail /ˈkɑːkteɪl/ *s* (*lit e fig*) coquetel

cocoa /ˈkoʊkoʊ/ *s* **1** cacau **2** (*bebida*) chocolate

coconut /ˈkoʊkənʌt/ *s* coco

cocoon /kəˈkuːn/ *s* **1** (*larva*) casulo **2** (*fig*) manto

cod /kɑːd/ *s* (*pl* **cod**) bacalhau (fresco)

code /koʊd/ *substantivo, verbo*
▸ *s* **1** código **2** (*mensagem*) palavra-chave: *code name* codinome
▸ *vt* codificar

coerce /koʊˈɜːrs/ *vt* ~ **sb (into sth/doing sth)** (*formal*) coagir alguém (a fazer algo)

coercion /koʊˈɜːrʒn; *GB* -ˈɜːʃn/ *s* (*formal*) coação, coerção

coffee /ˈkɔːfi; *GB* ˈkɒfi/ *s* **1** café: *coffee bar/house/shop* café ◇ *coffee pot/maker* cafeteira ◇ *coffee table* mesa de centro **2** (*cor*) café LOC *Ver tb* WAKE

coffin /ˈkɔːfɪn; *GB* ˈkɒfɪn/ *s* caixão

cog /kɑːg/ *s* **1** dente de engrenagem **2** engrenagem, roda dentada

cogent /ˈkoʊdʒənt/ *adj* (*formal*) convincente

cognitive behavioral therapy (*GB* **cognitive behavioural therapy**) /ˌkɑːgnətɪv bɪˌheɪvjərəl ˈθerəpi/ *s Ver* CBT

cognoscenti /ˌkɑːnjəˈʃenti/ *s* **the cognoscenti** [*pl*] (*formal*) os especialistas

coherent /koʊˈhɪrənt/ *adj* **1** coerente **2** (*fala*) inteligível

coil /kɔɪl/ *substantivo, verbo*
▸ *s* **1** rolo **2** (*serpente*) rosca **3** (*anticoncepcional*) DIU
▸ *vt, vi* ~ **(sth) (up) (around sth)** enrolar algo (em algo); enrolar-se, enroscar-se (em algo)

coin /kɔɪn/ *substantivo, verbo*
▸ *s* moeda
▸ *vt* cunhar

coincide /ˌkoʊɪnˈsaɪd/ *vi* ~ **(with sth)** coincidir (com algo)

coincidence /koʊˈɪnsɪdəns/ *s* coincidência

coke /koʊk/ *s* **1 Coke®** Coca-Cola® **2** *(coloq)* coca **3** coque

colander /ˈkɑːləndər; *GB* ˈkʌlən-/ *s* escorredor *(de macarrão, etc.)*

cold /koʊld/ *adjetivo, substantivo*
▸ *adj* (**colder, -est**) **1** *(água, comida, objeto, tempo)* frio ➲ *Ver nota em* FRIO **2** *(pessoa)*: *I'm cold.* Estou com frio. LOC **get cold 1** esfriar **2** ficar frio ◆ **get/have cold feet** *(coloq)* ficar com/ter medo
▸ *s* **1** frio **2** resfriado: *to have a cold* estar resfriado ◇ *to catch (a) cold* resfriar-se

ˌcold-ˈblooded *adj* **1** *(Biol)* de sangue frio **2** insensível

ˌcold ˈcall *s* chamada fria *(para vender produto, etc.)*

ˌcold ˈcash (*GB* **hard cash**) *s* dinheiro vivo

ˈcold cuts (*GB* **ˌcold ˈmeats**) *s [pl]* frios

coleslaw /ˈkoʊlslɔː/ *s* salada de repolho cru com molho

colic /ˈkɑːlɪk/ *s [não contável]* cólica

collaboration /kəˌlæbəˈreɪʃn/ *s* **1** colaboração **2** colaboracionismo

collage /kəˈlɑːʒ; *GB* ˈkɒlɑːʒ/ *s* colagem

collagen /ˈkɑːlədʒən/ *s* colágeno

collapse /kəˈlæps/ *verbo, substantivo*
▸ *vi* **1** desabar, despencar **2** desmaiar **3** *(coloq)* cair: *When I get home I collapse on the couch.* Quando chego em casa, caio no sofá. **4** *(negócio, etc.)* fracassar **5** *(valor)* despencar, desvalorizar **6** *(móvel, etc.)* dobrar
▸ *s* **1** fracasso **2** queda (rápida) **3** *(Med)* colapso

collar /ˈkɑːlər/ *s* **1** *(camisa, etc.)* colarinho **2** *(cão)* coleira *Ver tb* BLUE-COLLAR, WHITE-COLLAR

collarbone /ˈkɑːlərboʊn/ *s* clavícula

collateral /kəˈlætərəl/ *substantivo, adjetivo*
▸ *s [não contável] (Fin)* garantia
▸ *adj (formal)* colateral

colleague /ˈkɑːliːg/ *s* colega *(de trabalho)*

collect /kəˈlekt/ *verbo, adjetivo, advérbio*
▸ *v* **1** *vt* recolher: *collected works* obras completas **2** *vt* ~ **sth (up/together)** juntar, reunir algo **3** *vt (dados)* coletar **4** *vt, vi (fundos, impostos)* arrecadar (dinheiro) **5** *vt (selos, moedas, etc.)* colecionar **6** *vi (multidão)* reunir-se **7** *vi (pó, água)* acumular
▸ *adj, adv* a cobrar *(chamada)* LOC *Ver* CALL

collector *s* colecionador, -ora

collection /kəˈlekʃn/ *s* **1** coleção **2** coleta *(de dados, igreja, etc.)* **3** ajuntamento, grupo

collective /kəˈlektɪv/ *adj, s* coletivo

college /ˈkɑːlɪdʒ/ *s* **1** centro de ensino superior *Ver tb* TECHNICAL COLLEGE **2** *(USA)* universidade *Ver tb* JUNIOR COLLEGE ➲ *Ver nota em* UNIVERSIDADE **3** *(GB)*

> Algumas universidades britânicas tradicionais, como Oxford e Cambridge, dividem-se em instituições chamadas **colleges**: *a college tour of Oxford* um tour pelos colégios de Oxford.

collide /kəˈlaɪd/ *vi* ~ **(with sth/sb)** colidir (com algo/alguém)

collision /kəˈlɪʒn/ *s* colisão

colloquial /kəˈloʊkwiəl/ *adj* coloquial

colon /ˈkoʊlən/ *s* **1** dois-pontos ➲ *Ver pág. 310* **2** *(Anat)* cólon

colonel /ˈkɜːrnl/ *s* coronel

colonial /kəˈloʊniəl/ *adj* colonial

colonize (*GB tb* **-ise**) /ˈkɑːlənaɪz/ *vt* colonizar **colonization** (*GB tb* **-isation**) /ˌkɑːlənəˈzeɪʃn; *GB* -naɪˈ-/ *s [não contável]* colonização

colony /ˈkɑːləni/ *s* (*pl* **colonies**) colônia

color (*GB* **colour**) /ˈkʌlər/ *substantivo, verbo*
▸ *s* **1** cor **2 colors** *[pl] (time, partido, etc.)* cores LOC **be/feel off color** *(GB, coloq)* estar indisposto
▸ *v* **1** *vt, vi* colorir, pintar **2** *vi* ~ **(at sth)** enrubescer (por algo) **3** *vt (afetar)* influenciar **4** *vt (julgamento)* deturpar PHR V **color sth in** colorir algo

ˈcolor-blind (*GB* **ˈcolour-blind**) *adj* daltônico

colored (*GB* **coloured**) /ˈkʌlərd/ *adj* **1** de uma determinada cor: *cream-colored* (de) cor creme **2** *(antiq ou pej) (pessoa)* de cor

colorful (*GB* **colourful**) /ˈkʌlərfl/ *adj* **1** colorido, vibrante **2** *(personagem, vida)* fascinante

coloring (*GB* **colouring**) /ˈkʌlərɪŋ/ *s* **1** corante **2** colorido **3** tez

colorless (*GB* **colourless**) /ˈkʌlərləs/ *adj* **1** incolor, sem cor **2** *(personagem, estilo)* sem graça

colossal /kəˈlɑːsl/ *adj* colossal

colt /koʊlt/ *s* potro ➲ *Ver nota em* POTRO

column /ˈkɑːləm/ *s* coluna

C

C

coma /ˈkoʊmə/ *s* coma

comb /koʊm/ *substantivo, verbo*
▸ *s* pente
▸ *v* **1** *vt* pentear **2** *vt, vi* ~ **(through) sth (for sb/sth)** vasculhar, esquadrinhar algo (em busca de alguém/algo)

combat /ˈkɑːmbæt/ *substantivo, verbo*
▸ *s* combate
▸ *vt* combater, lutar contra

combination /ˌkɑːmbɪˈneɪʃn/ *s* combinação

combine /kəmˈbaɪn/ **1** *vt, vi* combinar(-se) **2** *vi* ~ **with sth/sb** (*Com*) unir-se com algo/alguém **3** *vt* (*qualidades*) reunir

combo /ˈkɑːmboʊ/ *s* (*pl* **-os**) (*coloq*) **1** (*Mús*) combo **2** combo, combinado: *I'll have the steak and chicken combo platter.* Vou querer o combo de filé de frango.

come /kʌm/ *vi* (*pt* **came** /keɪm/, *pp* **come**) **1** vir: *to come running* vir correndo ➲ *Ver notas em* IR, VIR **2** chegar **3** percorrer **4** (*posição*) ser: *to come first* ser o primeiro **5** (*resultar*): *It came as a surprise.* Foi uma surpresa. ◇ *to come undone* desatar-se **6** ~ **to/into sth**: *to come to a halt* parar ◇ *to come into a fortune* herdar uma fortuna **7** (*orgasmo*) gozar
LOC **come off it!** (*coloq*) pare com isso! ◆ **come to nothing; not come to anything** não dar em nada ◆ **come what may** aconteça o que acontecer ◆ **when it comes to (doing) sth** quando se trata de (fazer) algo ❶ Para outras expressões com **come**, ver os verbetes do substantivo, adjetivo, etc, p.ex. **come of age** em AGE.
PHR V **come about (that...)** ocorrer, suceder (que...)
come across sb/sth dar de cara com alguém/algo
come along 1 chegar, aparecer **2** vir também **3** progredir
come apart desfazer-se
come around (*GB tb* **come round**) recuperar a consciência ◆ **come around (to...)** *Ver* COME OVER (TO...)
come away (from sth) desprender-se (de algo) ◆ **come away with sth** partir, ir-se embora com algo: *We came away with the impression that they were lying.* Partimos com a impressão de que eles estavam mentindo.
come back voltar
come by sth 1 (*obter*) conseguir algo **2** (*receber*) adquirir algo
come down 1 (*preços, temperatura, etc.*) baixar **2** desmoronar, vir abaixo ◆ **come down with sth** pegar algo (*doença*)
come forward oferecer-se
come from... ser de...: *Where do you come from?* De onde você é?
come in 1 entrar: *Come in!* Entre! **2** chegar **3** (*maré*) subir ◆ **come in for sth** receber algo (*crítica, etc.*)
come off 1 (*mancha*) sair **2** (*peça*): *Does it come off?* Isso sai? **3** (*jogador*) sair do campo **4** (*coloq*) (*plano*) ter sucesso, dar certo ◆ **come off (sth)** soltar-se, desprender-se (de algo) ◆ **come off it**: (*coloq*) *Come off it! We don't have a chance.* Nada disso! Não temos a menor chance.
come on 1: *Come on!* Vamos! **2** (*ator*) entrar em cena **3** (*jogador*) entrar em campo **4** progredir
come out 1 sair **2** revelar(-se) **3** assumir (*declarar-se homossexual*) ◆ **come out with sth** sair-se com algo (*palavras*)
come over (to...) (*GB tb* **come around/round (to...)**) dar uma passada (em...): *Would you like to come over (to our house) later?* Você gostaria de passar lá em casa mais tarde? ◆ **come over sb** apossar-se de alguém: *I can't think what came over me.* Não sei o que deu em mim.
come round (*GB*) *Ver* COME AROUND
come through (sth) sobreviver (a algo)
come to recuperar a consciência ◆ **come to sth 1** somar algo **2** chegar a algo
come up 1 (*planta, sol*) nascer **2** (*assunto*) surgir ◆ **come up against sth/sb** confrontar algo/alguém ◆ **come up to sb** acercar-se de alguém

comeback /ˈkʌmbæk/ *s* retorno

comedian /kəˈmiːdiən/ *s* humorista; cômico, -a

comedy /ˈkɑːmədi/ *s* (*pl* **comedies**) **1** comédia **2** comicidade

comet /ˈkɑːmət; *GB* -mɪt/ *s* cometa

comfort /ˈkʌmfərt/ *substantivo, verbo*
▸ *s* **1** bem-estar, conforto **2** consolo **3** [*ger pl*] comodidade
▸ *vt* consolar

comfortable /ˈkʌmfərtəbl; ˈkʌmftəbl/ *adj* **1** confortável **2** (*vitória*) fácil **3** (*margem, maioria, etc.*) amplo

comfortably /ˈkʌmfərtəbli; ˈkʌmftəbli/ *adv* **1** de forma confortável **2** (*ganhar, etc.*) facilmente LOC **be comfortably off** viver bem (financeiramente)

comforter /ˈkʌmfərtər/ (*GB* **duvet, quilt**) *s* edredom

comfy /ˈkʌmfi/ *adj* (**comfier, -iest**) (*coloq*) confortável

comic /ˈkɑːmɪk/ *adjetivo, substantivo*
▸ *adj* cômico

▸ *s* **1** (*tb* ˈ**comic book**) revista em quadrinhos, gibi **2** humorista, cômico

coming /ˈkʌmɪŋ/ *substantivo, adjetivo*
▸ *s* [*sing*] **1** chegada **2** (*Relig*) vinda
▸ *adj* próximo

comma /ˈkɑːmə/ *s* vírgula ➲ *Ver pág. 310*

command /kəˈmænd; *GB* kəˈmɑːnd/ *verbo, substantivo*
▸ *v* **1** *vt* ordenar **2** *vt, vi* mandar (em) **3** *vt* (*formal*) (*recursos*) dispor de **4** *vt* (*formal*) (*vista*) possuir **5** *vt* (*respeito*) inspirar **6** *vt* (*atenção*) atrair
▸ *s* **1** ordem **2** (*Mil, Informát*) comando: *to take command of sth* tomar o comando de algo **3** (*idioma*) domínio **commander** *s* **1** (*Mil*) comandante **2** chefe **commandment** *s* (*Relig*) mandamento

commemorate /kəˈmeməreɪt/ *vt* comemorar

commence /kəˈmens/ *vt, vi* (*formal*) dar início (a), começar

commend /kəˈmend/ *vt* **1** ~ **sb (for/on sth)** elogiar alguém (por algo) **2** ~ **sb to sb** (*formal*) recomendar alguém a alguém **commendable** *adj* (*formal*) louvável, digno de elogio

comment /ˈkɑːment/ *substantivo, verbo*
▸ *s* comentário: *"No comment."* "Sem comentário."
▸ *vi* **1** comentar **2** ~ **(on sth)** fazer comentários (sobre algo)

commentary /ˈkɑːmənteri; *GB* -tri/ *s* (*pl* **commentaries**) comentário

commentator /ˈkɑːmənteɪtər/ *s* comentarista

commerce /ˈkɑːmɜːrs/ *s* comércio ❶ A palavra mais comum é **trade**.

commercial /kəˈmɜːrʃl/ *adjetivo, substantivo*
▸ *adj* **1** comercial **2** (*direito*) mercantil **3** (*TV, Rádio*) patrocinado por anúncios de publicidade
▸ *s* comercial (*TV, Rádio*)

commercialize (*GB tb* **-ise**) /kəˈmɜːrʃəlaɪz/ *vt* comercializar **commercialization** (*GB tb* **-isation**) /kəˌmɜːrʃələˈzeɪʃn; *GB* -laɪˈ-/ *s* comercialização

commission /kəˈmɪʃn/ *substantivo, verbo*
▸ *s* **1** (*percentagem, organização*) comissão: *to work on commission* trabalhar por comissão **2** encargo
▸ *vt* **1** encarregar **2** encomendar

commissioner /kəˈmɪʃənər/ *s* comissário, -a (*encarregado de um departamento*)

commit /kəˈmɪt/ (-tt-) **1** *vt* cometer **2** *vt, vi* ~ **(yourself) (to sth/to doing sth)** comprometer-se (a algo/fazer algo); assumir compromisso **3** *vt*: *to commit sth to memory* memorizar algo

commitment /kəˈmɪtmənt/ *s* **1** ~ **(to sb/sth)**; ~ **(to do sth)** compromisso (com alguém/algo); compromisso (de fazer algo) **2** comprometimento

committee /kəˈmɪti/ *s* comitê

commodity /kəˈmɑːdəti/ *s* (*pl* **commodities**) **1** mercadoria **2** produto

common /ˈkɑːmən/ *adjetivo, substantivo*
▸ *adj* **1** habitual **2** ~ **(to sb/sth)** comum (a alguém/algo) **3** (*GB, pej*) ordinário, vulgar LOC **in common** em comum
▸ *s* **1** (*tb* ˈ**common land**) terra comunitária **2 the Commons** (*GB*) *Ver* HOUSE OF COMMONS

commonly /ˈkɑːmənli/ *adv* geralmente

commonplace /ˈkɑːmənpleɪs/ *adj* trivial

ˌ**common** ˈ**sense** *s* bom senso

commotion /kəˈmoʊʃn/ *s* alvoroço

communal /kəˈmjuːnl; *GB tb* ˈkɒmjənl/ *adj* comunal

commune /ˈkɑːmjuːn/ *s* comuna

communicate /kəˈmjuːnɪkeɪt/ *vt, vi* comunicar(-se)

communication /kəˌmjuːnɪˈkeɪʃn/ *s* **1** comunicação **2** (*formal*) mensagem

communicative /kəˈmjuːnɪkeɪtɪv; *GB* -kətɪv/ *adj* comunicativo, extrovertido

communion /kəˈmjuːniən/ (*tb* ˌ**Holy Com**ˈ**munion**) *s* comunhão

communiqué /kəˌmjuːnəˈkeɪ; *GB* kəˈmjuːnɪkeɪ/ *s* comunicado

communism /ˈkɑːmjunɪzəm/ *s* comunismo **communist** *adj, s* comunista

community /kəˈmjuːnəti/ *s* (*pl* **communities**) **1** comunidade: *community center/service* centro/serviço comunitário **2** (*de expatriados, etc.*) colônia

comˌ**munity** ˈ**sentence** *s* (*GB*) (*Jur*) sentença de prestação de serviços comunitários

commute /kəˈmjuːt/ *vi* viajar (diariamente) para o trabalho **commuter** *s* pessoa que viaja de casa para o trabalho

compact *adjetivo, substantivo*
▸ *adj* /ˈkɑːmpækt; *GB* kəmˈpækt/ compacto
▸ *s* /ˈkɑːmpækt/ **1** estojo de pó de arroz **2** carro compacto

ˌ**compact** ˈ**disc** *s* (*abrev* **CD**) compact disc

companion /kəmˈpæniən/ *s* companheiro, -a **companionship** *s* companheirismo

company /ˈkʌmpəni/ *s* (*pl* **companies**) **1** (*abrev* **Co.**) (*Com*) companhia, empresa

2 *(Mús, Teat)* companhia **3** *[não contável]* companhia: *I always enjoy her company.* Sempre gostei da companhia dela. LOC **keep sb company** fazer companhia a alguém *Ver tb* PART

C

comparable /ˈkɑːmpərəbl/ *adj* ~ **(to/with sb/sth)** comparável (a alguém/algo)

comparative /kəmˈpærətɪv/ *adj* **1** comparativo **2** relativo

comparatively /kəmˈpærətɪvli/ *adv* relativamente

compare /kəmˈper/ **1** *vt* ~ **sb/sth with/to sb/sth** comparar alguém/algo com alguém/algo **2** *vi* ~ **(with/to sb/sth)** comparar-se (com alguém/algo)

comparison /kəmˈpærɪsn/ *s* comparação LOC **there's no comparison** não há comparação

compartment /kəmˈpɑːrtmənt/ *s* compartimento

compass /ˈkʌmpəs/ *s* **1** bússola **2 compasses** *[pl]* compasso

compassion /kəmˈpæʃn/ *s* compaixão **compassionate** *adj* compassivo

compatible /kəmˈpætəbl/ *adj* compatível

compel /kəmˈpel/ *vt* (-ll-) *(formal)* **1** obrigar **2** forçar **compelling** *adj* **1** irresistível **2** *(motivo)* eloquente **3** *(argumento)* convincente

compensate /ˈkɑːmpenseɪt/ **1** *vi* ~ **(for sth)** compensar (por algo) **2** *vt* ~ **sb (for sth)** indenizar alguém (por algo) **compensation** *s* **1** compensação **2** indenização

compete /kəmˈpiːt/ *vi* **1** ~ **(with/against sb) (for sth)** competir (com alguém) (por algo) **2** ~ **(in sth)** *(Esporte)* competir (em algo)

competent /ˈkɑːmpɪtənt/ *adj* competente **competence** *s* competência, capacidade

competition /ˌkɑːmpəˈtɪʃn/ *s* **1** competição, concurso **2** ~ **(between/with sb) (for sth)** competição (entre/com alguém) (por algo) **3 the competition** *[sing]* a concorrência

competitive /kəmˈpetətɪv/ *adj* competitivo

competitor /kəmˈpetɪtər/ *s* competidor, -ora; concorrente

compilation /ˌkɑːmpɪˈleɪʃn/ *s* compilação

compile /kəmˈpaɪl/ *vt* compilar

complacent /kəmˈpleɪsnt/ *adj* ~ **(about sth)** *(ger pej)* satisfeito consigo próprio (em relação a algo) **complacency** *s* satisfação consigo próprio

complain /kəmˈpleɪn/ *vi* ~ **(to sb) (about sth/that...)** queixar-se (a alguém) (de algo/de que...)

complaint /kəmˈpleɪnt/ *s* **1** queixa, reclamação **2** *(Med)* doença

complement *substantivo, verbo*
▸ *s* /ˈkɑːmplɪmənt/ **1** ~ **(to sth)** complemento (de/para algo) **2** lotação
▸ *vt* /ˈkɑːmplɪment/ complementar **complementary** /ˌkɑːmplɪˈmentri/ *adj* ~ **(to sth)** complementar (a algo)

complete /kəmˈpliːt/ *verbo, adjetivo*
▸ *vt* **1** completar **2** terminar **3** *(formulário)* preencher
▸ *adj* **1** completo **2** total **3** terminado **4** ~ **with sth** com algo incluído: *The book, complete with DVD, costs 35 dollars.* O livro, com DVD incluído, custa 35 dólares.

completely /kəmˈpliːtli/ *adv* completamente, totalmente

completion /kəmˈpliːʃn/ *s* **1** conclusão **2** *(GB)* finalização do contrato de venda *(de uma residência)*

complex *adjetivo, substantivo*
▸ *adj* /kəmˈpleks; *GB* ˈkɒmpleks/ complexo
▸ *s* /ˈkɑːmpleks/ complexo: *inferiority complex* complexo de inferioridade

complexion /kəmˈplekʃn/ *s* **1** tez, cútis **2** *(fig)* caráter

compliance /kəmˈplaɪəns/ *s* conformidade: *in compliance with the law* de acordo com a lei

complicate /ˈkɑːmplɪkeɪt/ *vt* complicar

complicated /ˈkɑːmplɪkeɪtɪd/ *adj* complicado

complication /ˌkɑːmplɪˈkeɪʃn/ *s* complicação

compliment *substantivo, verbo*
▸ *s* /ˈkɑːmplɪmənt/ **1** elogio: *to pay sb a compliment* fazer um elogio a alguém **2 compliments** *[pl]* *(formal)* cumprimentos: *with the compliments of the manager* com os cumprimentos do gerente
▸ *vt* /ˈkɑːmplɪment/ ~ **sb (on sth)** cumprimentar, felicitar alguém (por algo) **complimentary** /ˌkɑːmplɪˈmentri/ *adj* **1** lisonjeiro **2** *(entrada, etc.)* grátis

comply /kəmˈplaɪ/ *vi* (*pt, pp* **complied**) ~ **(with sth)** agir/estar em conformidade (com algo)

component /kəmˈpoʊnənt/ *substantivo, adjetivo*
▸ *s* **1** componente **2** *(Mec)* peça
▸ *adj*: *component parts* peças integrantes

compose /kəmˈpoʊz/ *vt* **1** *(Mús)* compor **2** *(texto)* redigir **3** *(formal)* *(ideias)* pôr no lugar **4 ~ yourself** *(formal)* acalmar-se **composed** *adj* **1 be composed of sth** ser composto de algo **2** sereno **composer** *s* compositor, -ora

composition /ˌkɑːmpəˈzɪʃn/ *s* **1** composição **2** *(colégio)* redação

compost /ˈkɑːmpoʊst; *GB* -pɒst/ *s* adubo

composure /kəmˈpoʊʒər/ *s* serenidade

compound *substantivo, adjetivo, verbo*
▸ *s* /ˈkɑːmpaʊnd/ **1** composto **2** recinto
▸ *adj* /ˈkɑːmpaʊnd/ composto
▸ *vt* /kəmˈpaʊnd/ agravar

comprehend /ˌkɑːmprɪˈhend/ *vt (formal)* compreender *(inteiramente)* **comprehensible** *adj* **~ (to sb)** *(formal)* compreensível (para alguém) **comprehension** *s* compreensão

comprehensive /ˌkɑːmprɪˈhensɪv/ *adjetivo, substantivo*
▸ *adj* abrangente, completo
▸ *s (tb* **ˌcompreˈhensive school**) *(GB)* escola secundária estatal *(de 11 a 16/18 anos)*

compress /kəmˈpres/ *vt* **1** comprimir **2** *(argumento, tempo)* condensar **compression** *s* compressão

comprise /kəmˈpraɪz/ *vt* **1** constar de **2** formar

compromise /ˈkɑːmprəmaɪz/ *substantivo, verbo*
▸ *s* acordo
▸ *v* **1** *vi* **~ (on sth)** chegar a um acordo (sobre algo) **2** *vt* comprometer **compromising** *adj* comprometedor

compulsion /kəmˈpʌlʃn/ *s* **~ (to do sth)** **1** compulsão (de fazer algo) **2** desejo irresistível (de fazer algo)

compulsive /kəmˈpʌlsɪv/ *adj* **1** compulsivo **2** *(jogador)* inveterado **3** *(leitura, etc.)* absorvente, fascinante

compulsory /kəmˈpʌlsəri/ *adj* **1** obrigatório **2** *(aposentadoria)* compulsório

⚷ **computer** /kəmˈpjuːtər/ *s* computador: *computer game* jogo de computador ◇ *computer programmer* programador ➲ *Ver nota em* COMPUTADOR **computerize** *(GB tb* **-ise**) *vt* informatizar **computing** *(tb* **comˌputer ˈscience**) *s* informática

comˌputer-ˈliterate *adj* com conhecimentos de informática

comrade /ˈkɑːmræd; *GB* -reɪd/ *s* **1** *(Pol)* camarada **2** compañero, -a

con /kɑːn/ *substantivo, verbo*
▸ *s (coloq)* trapaça: *con artist/man* trapaceiro LOC *Ver* PRO
▸ *vt* (-nn-) *(coloq)* **1 ~ sb (out of sth)** trapacear alguém (tirando algo) **2 ~ sb (into doing sth)** induzir alguém (a fazer algo)

conceal /kənˈsiːl/ *vt (formal)* **1** ocultar **2** *(alegria)* dissimular

concede /kənˈsiːd/ *vt* **1** admitir **2** conceder **3** *(gol)* levar: *England conceded a goal in the second half.* A Inglaterra levou um gol no segundo tempo.

conceit /kənˈsiːt/ *s* presunção **conceited** *adj* presunçoso

conceivable /kənˈsiːvəbl/ *adj* concebível **conceivably** *adv* possivelmente

conceive /kənˈsiːv/ *vt, vi* **1** conceber **2 ~ (of) sth** *(formal)* imaginar algo

⚷ **concentrate** /ˈkɑːnsntreɪt/ *vt, vi* concentrar(-se)

⚷ **concentration** /ˌkɑːnsnˈtreɪʃn/ *s* concentração

⚷ **concept** /ˈkɑːnsept/ *s* conceito

conception /kənˈsepʃn/ *s* **1** concepção **2** ideia

⚷ **concern** /kənˈsɜːrn/ *verbo, substantivo*
▸ *vt* **1** dizer respeito a: *as far as I am concerned* no que me diz respeito/quanto a mim **2** tratar de **3 ~ yourself with/about sth** interessar-se por algo **4** preocupar
▸ *s* **1** preocupação **2** interesse **3** negócio LOC *Ver* GOING

⚷ **concerned** /kənˈsɜːrnd/ *adj* preocupado LOC **be concerned with sth** tratar de algo

⚷ **concerning** /kənˈsɜːrnɪŋ/ *prep (formal)* **1** a respeito de **2** no que se refere a

⚷ **concert** /ˈkɑːnsərt/ *s* concerto: *concert hall* sala de concertos

concerted /kənˈsɜːrtɪd/ *adj* **1** *(ataque)* coordenado **2** *(tentativa, esforço)* conjunto

concerto /kənˈtʃɜːrtoʊ/ *s (pl* **concertos**) concerto *(peça musical)*

concession /kənˈseʃn/ *s* **1** *(Fin)* concessão **2** *(GB)* desconto para determinada categoria de pessoas

conciliation /kənˌsɪliˈeɪʃn/ *s* conciliação **conciliatory** /kənˈsɪliətɔːri; *GB* -təri/ *adj* conciliador

concise /kənˈsaɪs/ *adj* conciso

⚷ **conclude** /kənˈkluːd/ **1** *vt, vi (formal)* concluir **2** *vt* **~ that...** chegar à conclusão de que... **3** *vt (acordo)* firmar

⚷ **conclusion** *s* conclusão LOC *Ver* JUMP

conclusive /kənˈkluːsɪv/ *adj* conclusivo, decisivo

concoct /kənˈkɑːkt/ *vt* **1** fabricar **2** *(desculpa)* inventar **3** *(plano, intriga)* tramar **concoction** *s* **1** mixórdia **2** *(líquido)* mistura

concord /ˈkɑːŋkɔːrd/ *s (formal)* concórdia, harmonia

C

concourse /ˈkɑːŋkɔːrs/ *s* saguão (*de edifício*)

⚿ **concrete** /ˈkɑːŋkriːt/ *adjetivo, substantivo*
▸ *adj* **1** de concreto **2** concreto, tangível
▸ *s* concreto

C

concur /kənˈkɜːr/ *vi* (-rr-) ~ **(with sb) (in sth)** (*formal*) estar de acordo, concordar (com alguém) (sobre algo) **concurrent** /kənˈkɜːrənt; *GB* -ˈkʌrənt/ *adj* simultâneo **concurrently** *adv* ao mesmo tempo

concussion /kənˈkʌʃn/ *s* concussão cerebral

condemn /kənˈdem/ *vt* **1** ~ **sb/sth (for/as sth)**; ~ **sb (to sth)** condenar alguém/algo (por algo); condenar alguém (a algo) **2** (*edifício*) declarar impróprio para uso **condemnation** /ˌkɑːndemˈneɪʃn/ *s* condenação

condensation /ˌkɑːndenˈseɪʃn/ *s* condensação

condense /kənˈdens/ **1** *vt, vi* ~ **(sth) (into sth)** condensar algo/condensar-se (em algo) **2** *vt* ~ **sth (into sth)** resumir algo (em algo)

condescend /ˌkɑːndɪˈsend/ *vi* ~ **to do sth** dignar-se a fazer algo **condescending** *adj* desdenhoso

⚿ **condition** /kənˈdɪʃn/ *substantivo, verbo*
▸ *s* **1** estado, condição **2**: *to be out of condition* estar fora de forma **3** (*contrato*) requisito **4 conditions** [*pl*] circunstâncias, condições **5** (*Med*) enfermidade crônica **LOC on condition (that)...** com a condição de que... ♦ **on one condition** com uma condição ♦ **on/under no condition** (*formal*) de modo algum *Ver tb* MINT
▸ *vt* **1** condicionar, determinar **2** acondicionar

conditional /kənˈdɪʃənl/ *adj, s* condicional: *to be conditional on/upon sth* depender de algo

conditioner /kənˈdɪʃənər/ *s* **1** condicionador **2** amaciante (de roupa)

condo /ˈkɑːndoʊ/ *s* (*pl* **condos**) (*esp USA, coloq*) condomínio

condolence /kənˈdoʊləns/ *s* [*ger pl*] condolência: *to give/send your condolences* dar os pêsames

condom /ˈkɑːndəm; *GB* -dɒm/ *s* preservativo, camisinha

condominium /ˌkɑːndəˈmɪniəm/ *s* (*esp USA*) condomínio

condone /kənˈdoʊn/ *vt* **1** tolerar **2** (*abuso*) sancionar

conducive /kənˈduːsɪv; *GB* -ˈdjuː-/ *adj* ~ **to sth** propício a algo

⚿ **conduct** *substantivo, verbo*
▸ *s* /ˈkɑːndʌkt/ **1** conduta **2** ~ **of sth** gestão de algo
▸ *vt* /kənˈdʌkt/ **1** (*investigação, experimento, etc.*) levar a cabo **2** (*orquestra*) reger, dirigir **3** guiar **4** ~ **yourself** (*formal*) comportar-se **5** (*Eletrôn*) conduzir

conductivity /ˌkɑːndʌkˈtɪvəti/ *s* (*Fís*) condutividade

conductor /kənˈdʌktər/ *s* **1** (*Mús*) diretor, -ora (*de orquestra*) **2** (*trem*) revisor, -ora **3** (*esp GB*) (*ônibus*) cobrador, -ora ❶ Para motorista de ônibus, diz-se **driver**. **4** (*Eletrôn*) condutor

cone /koʊn/ *s* **1** cone **2** (*sorvete*) casquinha **3** pinha (*de pinheiro, etc.*)

conˈfectioner's sugar (*GB* ˈ**icing sugar**) *s* açúcar de confeiteiro

confectionery /kənˈfekʃəneri; *GB* -nəri/ *s* [*não contável*] doces

confederation /kənˌfedəˈreɪʃn/ *s* confederação

confer /kənˈfɜːr/ (-rr-) (*formal*) **1** *vi* deliberar **2** *vi* ~ **with sb** conferenciar com alguém **3** *vt* ~ **sth (on/upon sb)** (*título, etc.*) conferir algo (a alguém)

⚿ **conference** /ˈkɑːnfərəns/ *s* **1** congresso: *conference hall* sala de conferência **2** (*discussão*) reunião

confess /kənˈfes/ *vt, vi* confessar(-se): *to confess (to) sth* confessar algo **confession** *s* confissão

confide /kənˈfaɪd/ *vt* ~ **sth to sb** confiar algo a alguém (*segredos, etc.*) **PHR V confide in sb** fazer confidências a alguém

⚿ **confidence** /ˈkɑːnfɪdəns/ *s* **1** ~ **(in sb/sth)** confiança (em alguém/algo) **2** autoconfiança **3** (*formal*) confidência **LOC take sb into your confidence** confidenciar a alguém *Ver tb* STRICT, VOTE **confidential** /ˌkɑːnfɪˈdenʃl/ *adj* **1** confidencial **2** (*tom, etc.*) de confiança

⚿ **confident** /ˈkɑːnfɪdənt/ *adj* **1** seguro (de si mesmo) **2** ~ **of sth/that...** confiante em algo/em que...: *to be confident that...* ter confiança em que...

⚿ **confidently** /ˈkɑːnfɪdəntli/ *adv* com confiança

⚿ **confine** /kənˈfaɪn/ *vt* **1** confinar, encarcerar: *to be confined to bed* ficar acamado **2** limitar **confinement** *s* confinamento: *solitary confinement* (prisão em) solitária

⚿ **confined** /kənˈfaɪnd/ *adj* restrito (*espaço*)

confines /ˈkɑːnfaɪnz/ *s* [*pl*] (*formal*) confins

⚿ **confirm** /kənˈfɜːrm/ *vt* confirmar **confirmed** *adj* inveterado

confirmation /ˌkɑːnfərˈmeɪʃn/ *s* confirmação

confiscate /ˈkɑːnfɪskeɪt/ *vt* confiscar

⚷ **conflict** *substantivo, verbo*
▸ *s* /ˈkɑːnflɪkt/ conflito
▸ *vi* /kənˈflɪkt/ ~ **(with sth)** divergir (de algo) **conflicting** /kənˈflɪktɪŋ/ *adj* divergente: *conflicting evidence* provas discrepantes

conform /kənˈfɔːrm/ *vi* **1** ~ **to sth** adaptar-se a algo **2** seguir as regras **3** ~ **to/with sth** ajustar-se a algo **conformist** *s* conformista **conformity** *s* (*formal*) conformidade: *in conformity with sth* de acordo com algo

⚷ **confront** /kənˈfrʌnt/ *vt* confrontar, enfrentar: *They confronted him with the facts.* Confrontaram-no com os fatos. **confrontation** /ˌkɑːnfrənˈteɪʃn; *GB* -frʌn-/ *s* confronto

⚷ **confuse** /kənˈfjuːz/ *vt* **1** confundir **2** desorientar **3** (*assunto*) complicar

⚷ **confused** /kənˈfjuːzd/ *adj* confuso: *to get confused* ficar confuso

⚷ **confusing** /kənˈfjuːzɪŋ/ *adj* que confunde

⚷ **confusion** /kənˈfjuːʒn/ *s* confusão

congeal /kənˈdʒiːl/ *vi* coagular-se, solidificar-se

congenial /kənˈdʒiːniəl/ *adj* **1** ~ **(to sb)** agradável (para alguém) **2** ~ **(to sth)** (*formal*) propício (a algo)

congenital /kənˈdʒenɪtl/ *adj* congênito

congested /kənˈdʒestɪd/ *adj* ~ **(with sth)** congestionado (de algo)

congestion /kənˈdʒestʃən/ *s* congestionamento, congestão

conˈgestion charge *s* (*GB*) taxa de congestionamento (*de trânsito*)

conglomerate /kənˈglɑːmərət/ *s* conglomerado (*de empresas*)

congratulate /kənˈgrætʃuleɪt/ *vt* ~ **sb (on sth)** parabenizar alguém (por algo) **congratulation** *s* felicitação LOC **Congratulations!** Parabéns!

congregate /ˈkɑːŋgrɪgeɪt/ *vi* reunir-se **congregation** *s* congregação

⚷ **congress** /ˈkɑːŋgrəs; *GB* -gres/ *s* **1** congresso **2 Congress** (*USA*) (*Pol*) Congresso

O Congresso americano é formado por duas câmaras: o Senado (**the Senate**) e a Câmara dos Deputados (**the House of Representatives**). No Senado há dois representantes por estado, e na Câmara dos Deputados o número de representantes de um estado depende de sua população.

congressional /kənˈgreʃənl/ *adj* de congresso

congressman (*tb* **Congressman**) /ˈkɑːŋgrəsmən; *GB* -gres-/ *s* (*pl* -men /ˈkɑːŋgrəsmən; *GB* -gres-/) deputado federal

congresswoman (*tb* **Congresswoman**) /ˈkɑːŋgrəswʊmən; *GB* -gres-/ *s* (*pl* -women /-wɪmɪn/) deputada federal

conical /ˈkɑːnɪkl/ *adj* cônico

conifer /ˈkɑːnɪfər/ *s* conífera

conjecture /kənˈdʒektʃər/ *s* (*formal*) **1** conjetura **2** [*não contável*] conjeturas

conjunction /kənˈdʒʌŋkʃn/ *s* (*Gram*) conjunção LOC **in conjunction with sth/sb** (*formal*) junto com algo/alguém

conjure /ˈkʌndʒər/ *vi* fazer truques mágicos PHR V **conjure sth up 1** fazer algo aparecer através de mágica **2** (*imagem, etc.*) evocar algo **3** (*espírito*) invocar algo **conjurer** *s* mágico, -a

⚷ **connect** /kəˈnekt/ **1** *vt, vi* conectar(-se) **2** *vt, vi* (*aposentos*) comunicar(-se) **3** *vt* ~ **sb/sth (with sb/sth)** relacionar alguém/algo (com alguém/algo): *connected by marriage* aparentados por casamento **4** *vt* ~ **sb (with sb)** (*telefone*) ligar alguém (com alguém) **5** *vi* ~ **(with sth)** (*transport*) fazer conexão (com algo) **connected** *adj* ~ **(with sb/sth)** relacionado (com alguém/algo)

⚷ **connection** /kəˈnekʃn/ *s* **1** conexão **2** relação **3** (*transport*) ligação LOC **have connections** ter contatos ◆ **in connection with sb/sth** com relação a alguém/algo

connectivity /ˌkɑːnekˈtɪvɪti/ *s* conectividade

connoisseur /ˌkɑːnəˈsɜːr; -ˈsʊr/ *s* conhecedor, -ora; experto, -a

conquer /ˈkɑːŋkər/ *vt* **1** conquistar **2** vencer, derrotar **conqueror** *s* **1** conquistador, -ora **2** vencedor, -ora

conquest /ˈkɑːŋkwest/ *s* conquista

conscience /ˈkɑːnʃəns/ *s* consciência (*moral*) LOC **have sth on your conscience** estar com a consciência pesada sobre algo

conscientious /ˌkɑːnʃiˈenʃəs/ *adj* consciencioso: *conscientious objector* pessoa que tem objeções de consciência

⚷ **conscious** /ˈkɑːnʃəs/ *adj* **1** consciente **2** (*esforço, decisão*) intencional **consciously** *adv* deliberadamente **consciousness** *s* **1** percepção **2** ~ **(of sth)** consciência (de algo)

C

C

conscript /ˈkɑːnskrɪpt/ *s* recruta **conscription** /kənˈskrɪpʃn/ *s* serviço militar (*obrigatório*)

consecrate /ˈkɑːnsɪkreɪt/ *vt* consagrar

consecutive /kənˈsekjətɪv/ *adj* consecutivo

consent /kənˈsent/ *verbo, substantivo*
▸ *vi* ~ **(to sth)** consentir (em algo)
▸ *s* consentimento LOC *Ver* AGE

⚷ **consequence** /ˈkɑːnsəkwens; *GB* -sɪkwəns/ *s* **1** [*ger pl*] consequência: *as a/in consequence of sth* por/em consequência de algo **2** (*formal*) importância

consequent /ˈkɑːnsəkwənt; *GB* -sɪkwənt/ *adj* (*formal*) **1** resultante **2** ~ **on/upon sth** que resulta de algo **consequently** *adv* por conseguinte

conservation /ˌkɑːnsərˈveɪʃn/ *s* conservação, proteção: *energy conservation* conservação de energia ◇ *conservation area* zona preservada

⚷ **conservative** /kənˈsɜːrvətɪv/ *adjetivo, substantivo*
▸ *adj* **1** conservador **2 Conservative** (*GB*) (*Pol*) conservador
▸ *s* (*tb* **Conservative**) conservador, -ora

conservatory /kənˈsɜːrvətɔːri; *GB* -tri/ *s* (*pl* **conservatories**) **1** (*GB*) jardim de inverno **2** (*USA*) (*GB* **conservatoire** /kənˈsɜːrvətwɑːr/) (*Mús*) conservatório

conserve /kənˈsɜːrv/ *vt* **1** conservar **2** (*energia*) economizar **3** (*forças*) reservar **4** (*natureza*) proteger

⚷ **consider** /kənˈsɪdər/ *vt* **1** considerar: *to consider doing sth* pensar em fazer algo **2** levar em consideração

⚷ **considerable** /kənˈsɪdərəbl/ *adj* (*formal*) considerável

⚷ **considerably** /kənˈsɪdərəbli/ *adv* (*formal*) consideravelmente, muito

considerate /kənˈsɪdərət/ *adj* ~ **(toward sb)** atencioso (com alguém)

⚷ **consideration** /kənˌsɪdəˈreɪʃn/ *s* **1** (*formal*) consideração: *It is under consideration.* Está sendo considerado. **2** fator LOC **take sth into consideration** levar algo em consideração

considering /kənˈsɪdərɪŋ/ *conj, prep* levando em conta

consign /kənˈsaɪn/ *vt* ~ **sb/sth to sth** (*formal*) entregar alguém/algo a algo: *consigned to oblivion* relegado ao esquecimento **consignment** *s* **1** consignação **2** remessa

⚷ **consist** /kənˈsɪst/ *v* PHR V **consist in sth/in doing sth** (*formal*) consistir em algo/fazer algo ♦ **consist of sth** consistir em algo, compor-se de algo

consistency /kənˈsɪstənsi/ *s* (*pl* **consistencies**) **1** consistência **2** (*atitude*) coerência

consistent /kənˈsɪstənt/ *adj* **1** constante **2** (*pessoa*) coerente **3** ~ **with sth** de acordo com algo **consistently** *adv* **1** regularmente **2** (*agir*) coerentemente

consolation /ˌkɑːnsəˈleɪʃn/ *s* consolação, consolo: *consolation prize* prêmio de consolação

console *verbo, substantivo*
▸ *vt* /kənˈsoʊl/ consolar
▸ *s* /ˈkɑːnsoʊl/ painel de controle

consolidate /kənˈsɑːlɪdeɪt/ *vt, vi* consolidar(-se)

consonant /ˈkɑːnsənənt/ *s* consoante

consortium /kənˈsɔːrtiəm/ *s* (*pl* **consortiums** *ou* **consortia** /-ˈsɔːrʃə/) consórcio

conspicuous /kənˈspɪkjuəs/ *adj* **1** visível: *to make yourself conspicuous* fazer-se notar **2** notável LOC **be conspicuous by your absence** ser notado por sua ausência **conspicuously** *adv* notavelmente

conspiracy /kənˈspɪrəsi/ *s* (*pl* **conspiracies**) **1** conspiração **2** trama **conspiratorial** /kənˌspɪrəˈtɔːriəl/ *adj* conspirador

conspire /kənˈspaɪər/ *vi* conspirar

constable /ˈkɑːnstəbl; *GB* ˈkʌn-/ *s* (*esp GB*) agente policial

⚷ **constant** /ˈkɑːnstənt/ *adj, s* constante

⚷ **constantly** /ˈkɑːnstəntli/ *adv* constantemente

constellation /ˌkɑːnstəˈleɪʃn/ *s* constelação

constipated /ˈkɑːnstɪpeɪtɪd/ *adj* com prisão de ventre

constipation /ˌkɑːnstɪˈpeɪʃn/ *s* prisão de ventre

constituency /kənˈstɪtʃuənsi; *GB* -tju-/ *s* (*pl* **constituencies**) (*esp GB*) **1** distrito eleitoral ➲ *Ver nota em* PARLIAMENT **2** eleitorado

constituent /kənˈstɪtʃuənt; *GB* -tju-/ *s* **1** (*Pol*) constituinte **2** componente

constitute /ˈkɑːnstətuːt; *GB* -stɪtjuːt/ *vt* (*formal*) constituir

constitution /ˌkɑːnstəˈtuːʃn; *GB* -stɪˈtjuː-/ *s* constituição **constitutional** *adj* constitucional

constraint /kənˈstreɪnt/ *s* **1** coação **2** restrição

constrict /kənˈstrɪkt/ *vt* **1** apertar **2** comprimir

⚷ **construct** /kənˈstrʌkt/ *vt* construir ❶ A palavra mais comum é **build**.

construction /kənˈstrʌkʃn/ *s* construção

constructive /kənˈstrʌktɪv/ *adj* construtivo

construe /kənˈstruː/ *vt* (*formal*) interpretar (o significado de)

consul /ˈkɑːnsl/ *s* cônsul, consulesa

consulate /ˈkɑːnsələt; *GB* -sjə-/ *s* consulado

consult /kənˈsʌlt/ *vt, vi* consultar: *consulting room* consultório **consultancy** *s* (*pl* consultancies) **1** empresa de consultoria **2** [*não contável*] consultoria **consultant** *s* **1** consultor, -ora **2** (*GB*) (*Med*) especialista **consultation** /ˌkɑːnslˈteɪʃn/ *s* consulta

consume /kənˈsuːm; *GB* -ˈsjuːm/ *vt* (*formal*) consumir: *He was consumed with envy.* Ele estava tomado de inveja.

consumer /kənˈsuːmər; *GB* -ˈsjuː-/ *s* consumidor, -ora **consumerism** *s* consumismo **consumerist** *adj* consumista

consummate *adjetivo, verbo*
▸ *adj* /ˈkɑːnsəmət; *GB* kənˈsʌmət/ (*formal*) **1** consumado **2** (*habilidade, etc.*) extraordinário
▸ *vt* /ˈkɑːnsəmeɪt/ (*formal*) **1** completar **2** (*matrimônio*) consumar

consumption /kənˈsʌmpʃn/ *s* consumo

contact /ˈkɑːntækt/ *substantivo, verbo*
▸ *s* contato LOC **get in/make contact (with sb)** entrar em contato (com alguém)
▸ *vt* entrar em contato com **contactable** *adj* contatável

ˈ**contact lens** *s* (*pl* lenses) lente de contato

contactless /ˈkɑːntæktləs/ *adj* (*pagamento*) sem contato

contagious /kənˈteɪdʒəs/ *adj* contagioso

contain /kənˈteɪn/ *vt* conter: *to contain yourself* controlar-se

container /kənˈteɪnər/ *s* **1** recipiente **2**: *container truck/ship* caminhão/navio contêiner

contaminate /kənˈtæmɪneɪt/ *vt* contaminar

contemplate /ˈkɑːntəmpleɪt/ **1** *vt, vi* contemplar, meditar (sobre) **2** *vt* considerar: *to contemplate doing sth* pensar em fazer algo

contemporary /kənˈtempəreri; *GB* -prəri/ *adjetivo, substantivo*
▸ *adj* **1** contemporâneo **2** da mesma época
▸ *s* (*pl* contemporaries) contemporâneo, -a

contempt /kənˈtempt/ *s* **1** desprezo **2** (*tb* conˌtempt of ˈcourt) desacato (ao tribunal) LOC **beneath contempt** desprezível ao extremo ◆ **hold sb/sth in contempt** desprezar alguém/algo **contemptible** *adj* (*formal*) desprezível **contemptuous** *adj* desdenhoso, depreciativo

contend /kənˈtend/ **1** *vi* ~ **(for sth)** competir, lutar (por algo) **2** *vt* (*formal*) afirmar PHR V **contend with sth** enfrentar algo **contender** *s* adversário, -a

container

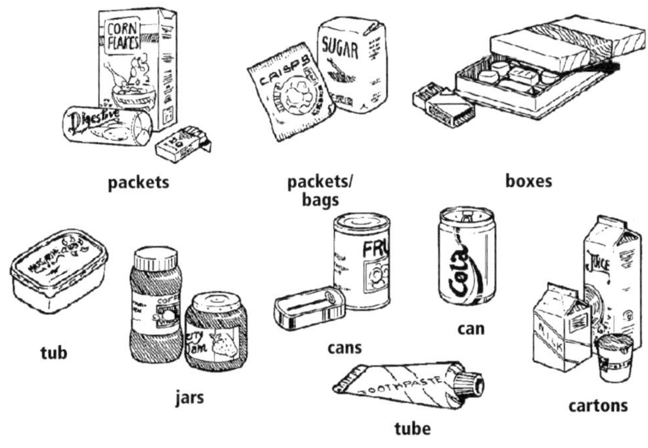

packets
packets/bags
boxes
tub
jars
cans
can
tube
cartons

C

content¹ /ˈkɑːntent/ *s* (*tb* **contents** [*pl*]) conteúdo: *table of contents* índice

content² /kənˈtent/ *adjetivo, verbo*

▸ *adj* ~ **(with sth/to do sth)** contente (com algo/em fazer algo); satisfeito (com algo)

▸ *vt* ~ **yourself with sth** contentar-se com algo **contented** *adj* satisfeito **contentment** *s* contentamento, satisfação

contention /kənˈtenʃn/ *s* (*formal*) disputa, discórdia LOC **in/out of contention (for sth)** na/fora da luta (por algo) *Ver tb* BONE **contentious** *adj* (*formal*) **1** controvertido **2** altercador

contest *substantivo, verbo*

▸ *s* /ˈkɑːntest/ **1** concurso, competição **2** ~ **(for sth)** concorrência, luta (por algo)

▸ *vt* /kənˈtest/ **1** (*prêmio, eleição, etc.*) disputar **2** (*afirmação*) contestar **3** (*decisão*) impugnar **contestant** /kənˈtestənt/ *s* concorrente

context /ˈkɑːntekst/ *s* contexto

continent /ˈkɑːntɪnənt/ *s* **1** continente **2 the Continent** (*GB*) a Europa continental **continental** /ˌkɑːntɪˈnentl/ *adj* continental

contingency /kənˈtɪndʒənsi/ *s* (*pl* contingencies) **1** eventualidade **2** contingência: *contingency plan* plano de emergência

contingent /kənˈtɪndʒənt/ *s* **1** (*Mil*) contingente **2** representantes: *the Brazilian contingent at the conference* os representantes brasileiros na conferência

continual /kənˈtɪnjuəl/ *adj* [*antes do substantivo*] constante, contínuo **continually** *adv* continuamente

Continual ou **continuous**? **Continual** (e **continually**) costumam descrever ações que se repetem sucessivamente e que, em geral, têm um aspecto negativo: *His continual phone calls started to annoy her.* Os telefonemas insistentes dele começaram a irritá-la. **Continuous** (e **continuously**) são usados para descrever ações ininterruptas: *There has been a continuous improvement in his work.* O trabalho dele tem demonstrado uma melhora contínua. ◇ *It has been raining continuously for three days.* Tem chovido sem parar há três dias.

continuation /kənˌtɪnjuˈeɪʃn/ *s* continuação

continue /kənˈtɪnjuː/ **1** *vi* ~ **(doing sth/ to do sth)** continuar, prosseguir (a fazer algo) **2** *vt, vi* ~ **(with) sth** continuar (com) algo **continued** (*tb* **continuing**) *adj* [*antes do substantivo*] contínuo

continuity /ˌkɑːntəˈnuːəti; *GB* -tɪˈnjuː-/ *s* continuidade

continuous /kənˈtɪnjuəs/ *adj* constante, contínuo ➲ *Ver nota em* CONTINUAL

continuously /kənˈtɪnjuəsli/ *adv* continuamente, sem parar

contort /kənˈtɔːrt/ **1** *vt* contorcer **2** *vi* contorcer-se, retorcer-se

contour /ˈkɑːntʊr/ *s* contorno

contraband /ˈkɑːntrəbænd/ *s* contrabando

contraception /ˌkɑːntrəˈsepʃn/ *s* contracepção **contraceptive** *adj, s* anticoncepcional

contract *substantivo, verbo*

▸ *s* /ˈkɑːntrækt/ contrato LOC **under contract (to sb/sth)** contratado (por alguém/algo)

▸ *v* /kənˈtrækt/ **1** *vt* (*trabalhador*) contratar **2** *vt* (*matrimônio, enfermidade, dívidas*) contrair **3** *vi* contrair-se, encolher-se **contractor** /kənˈtræktər/ *s* contratante; empreiteiro, -a

contraction /kənˈtrækʃn/ *s* contração

contradict /ˌkɑːntrəˈdɪkt/ *vt* contradizer **contradiction** *s* contradição **contradictory** /ˌkɑːntrəˈdɪktəri/ *adj* contraditório

contrary /ˈkɑːntreri; *GB* -trəri/ *adj, s* ~ **(to sth)** contrário (a algo): *Contrary to popular belief...* Contrariamente à crença popular... LOC **on the contrary** pelo contrário

contrast *verbo, substantivo*

▸ *vt, vi* /kənˈtræst; *GB* -ˈtrɑːst/ ~ **(A and/with B)**; ~ **(with sth)** contrastar (A e/com B); contrastar(-se) (com algo)

▸ *s* /ˈkɑːntræst; *GB* -trɑːst/ contraste

contrasting /kənˈtræstɪŋ; *GB* -ˈtrɑːstɪŋ/ *adj* contrastante

contribute /kənˈtrɪbjuːt; *GB tb* ˈkɒntrɪbjuːt/ **1** *vt, vi* contribuir **2** *vt, vi* ~ **(sth) to sth** (*artigo*) escrever (algo) para algo **3** *vi* ~ **to sth** (*debate*) participar de algo

contribution /ˌkɑːntrɪˈbjuːʃn/ *s* ~ **(to sth) 1** contribuição (para algo); participação (em algo) **2** (*publicação*) artigo (para algo)

contributor /kənˈtrɪbjətər/ *s* **1** contribuinte **2** (*publicação*) colaborador, -ora

contributory /kənˈtrɪbjətɔːri; *GB* -təri/ *adj* **1** que contribui **2** (*plano de aposentadoria*) contributivo

control /kənˈtroʊl/ *substantivo, verbo*

▸ *s* **1** controle, comando, domínio: *to be in control of sth* ter o controle de algo/

ter algo sob controle ◇ *His car went out of control.* O carro dele perdeu a direção. **2 controls** [*pl*] comandos *Ver tb* REMOTE CONTROL LOC **be out of control** estar fora do controle
▸ *vt* (-ll-) **1** controlar, mandar em **2 ~ yourself** controlar-se **3** (*gastos, inflação, etc.*) conter **4** (*carro*) dirigir

con'trol freak *s* (*coloq*) controlador obsessivo, controladora obsessiva

con'trol pad *s* painel de controle

controversial /ˌkɑːntrəˈvɜːrʃl/ *adj* controvertido, polêmico

controversy /ˈkɑːntrəvɜːrsi; *GB tb* kənˈtrɒvəsi/ *s* (*pl* **controversies**) ~ **(over/about sth)** controvérsia (a respeito de algo)

convene /kənˈviːn/ *vt* (*formal*) convocar

convenience /kənˈviːniəns/ *s* **1** [*não contável*] conveniência: *convenience food* comida pronta **2** comodidade *Ver tb* PUBLIC CONVENIENCE

con'venience store *s* loja de conveniências

⚷ **convenient** /kənˈviːniənt/ *adj* **1**: *if it's convenient (for you)* se lhe convier **2** (*momento*) apropriado **3** prático **4** (*acessível*) à mão **5 ~ (for sth)** (*lugar*) bem situado (em relação a algo) **conveniently** *adv* convenientemente

convent /ˈkɑːnvent; -vənt/ *s* convento

⚷ **convention** /kənˈvenʃn/ *s* **1** congresso **2** convenção (*norma, acordo*)

⚷ **conventional** /kənˈvenʃənl/ *adj* convencional LOC **conventional wisdom** a sabedoria popular

converge /kənˈvɜːrdʒ/ *vi* **1** convergir **2 ~ (on...)** (*pessoas*) encontrar-se (em...) **convergence** *s* convergência

conversant /kənˈvɜːrsnt/ *adj* ~ **with sth** (*formal*) versado em algo: *to become conversant with sth* familiarizar-se com algo

⚷ **conversation** /ˌkɑːnvərˈseɪʃn/ *s* conversação: *to get into a conversation with sb* iniciar uma conversa com alguém ◇ *to make conversation* falar de maneira a parecer educado

converse /kənˈvɜːrs/ *vi* (*formal*) conversar

the converse /ˈkɑːnvɜːrs/ *s* o contrário **conversely** *adv* (*formal*) inversamente

conversion /kənˈvɜːrʒn; *GB* -ˈvɜːʃn/ *s* ~ **(from sth) (into/to sth)** conversão (de algo) (em/a algo)

⚷ **convert** *verbo, substantivo*
▸ *vt, vi* /kənˈvɜːrt/ converter(-se): *The sofa converts into/to a bed.* O sofá vira cama. ◇ *to convert to Islam* converter-se ao Islã
▸ *s* /ˈkɑːnvɜːrt/ ~ **(to sth)** convertido, -a (a algo)

convertible /kənˈvɜːrtəbl/ *adj, s* conversível

convey /kənˈveɪ/ *vt* **1** (*formal*) levar, transportar **2** (*ideia, agradecimento*) comunicar, expressar **3** (*saudações*) enviar

conveyor belt /kənˈveɪər belt/ (*tb* **conveyor**) *s* esteira rolante

convict *substantivo, verbo*
▸ *s* /ˈkɑːnvɪkt/ presidiário, -a: *an escaped convict* um presidiário foragido
▸ *vt* /kənˈvɪkt/ ~ **sb (of sth)** condenar alguém (por algo) **conviction** /kənˈvɪkʃn/ *s* **1 ~ (for sth)** condenação (por algo) **2 ~ (that...)** convicção (de que...): *to lack conviction* não ser convincente

⚷ **convince** /kənˈvɪns/ *vt* **1 ~ sb/yourself (of sth)** convencer alguém/convencer-se (de algo) **2 ~ sb (to do sth)** persuadir alguém (a fazer algo) **convinced** *adj* convicto **convincing** *adj* convincente

convulse /kənˈvʌls/ *vt, vi* convulsionar(-se): *convulsed with laughter* morto de rir **convulsion** *s* convulsão

⚷ **cook** /kʊk/ *verbo, substantivo*
▸ *v* **1** *vi* (*pessoa*) cozinhar, preparar a comida **2** *vi* (*comida*) cozinhar **3** *vt* preparar: *The potatoes aren't cooked.* As batatas não estão cozidas. LOC **cook the books** (*coloq, pej*) burlar a contabilidade PHR V **cook sth up** (*coloq*) inventar algo (*desculpa, etc.*)
▸ *s* cozinheiro, -a: *He's a good cook.* Ele cozinha bem.

cookbook /ˈkʊkbʊk/ *s* livro de receitas

⚷ **cooker** /ˈkʊkər/ *s* (*GB*) (*USA* **stove**) fogão

cookery /ˈkʊkəri/ *s* [*não contável*] culinária: *oriental cookery* cozinha oriental

⚷ **cookie** /ˈkʊki/ *s* **1** bolacha, biscoito **2** (*Informát*) cookie

⚷ **cooking** /ˈkʊkɪŋ/ *s* [*não contável*] **1** cozinha: *French cooking* cozinha francesa **2**: *to do the cooking* fazer a comida

cookout /ˈkʊkaʊt/ *s* (*USA, coloq*) refeição ao ar livre, churrasco

⚷ **cool** /kuːl/ *adjetivo, verbo, substantivo*
▸ *adj* (**cooler, -est**) **1** fresco: *to get cool* refrescar(-se) ➲ *Ver nota em* FRIO **2** calmo **3 ~ (about sth); ~ (toward sb)** frio (em relação a algo); frio (com alguém) **4** (*acolhida*) frio **5** (*coloq*) legal: *"I'll meet you at three." "Cool."* —Eu te encontro às três.—Está legal. ◇ *What a cool car!* Que carro maneiro! ◇ *He's really cool.* Ele é um cara muito maneiro. LOC **keep/stay cool** ficar calmo: *Keep cool!* Fica frio!

C

▸ *vt, vi* esfriar(-se) PHR V **cool (sb) down/off 1** resfrescar alguém, refrescar-se **2** acalmar alguém, acalmar-se ◆ **cool sth down/off** esfriar algo
▸ *s* **the cool** [*sing*] o fresco: *in the cool of the night* no fresco da noite LOC **keep/ lose your cool** (*coloq*) manter/perder a calma

coolant /ˈkuːlənt/ *s* refrigerante (*de motor, etc.*)

cooperate /koʊˈɑːpəreɪt/ *vi* **1** ~ **(with sb) (in/on sth)** cooperar (com alguém) (em algo) **2** colaborar **cooperation** *s* **1** cooperação **2** colaboração

cooperative /koʊˈɑːpərətɪv/ *adjetivo, substantivo*
▸ *adj* **1** cooperativo **2** disposto a colaborar
▸ *s* (*coloq* **co-op** /ˈkoʊ ɑːp/) cooperativa

coordinate /koʊˈɔːrdɪneɪt/ *vt* coordenar **coordinator** *s* coordenador, -ora

cop /kɑːp/ *s* (*coloq*) tira: *the cops* a polícia

⚷ **cope** /koʊp/ *vi* ~ **(with sth/sb)** dar conta (de algo); enfrentar algo/alguém: *I can't cope.* Não posso mais.

copious /ˈkoʊpiəs/ *adj* copioso, abundante

copper /ˈkɑːpər/ *s* **1** cobre **2** (*GB, coloq*) tira

⚷ **copy** /ˈkɑːpi/ *substantivo, verbo*
▸ *s* (*pl* **copies**) **1** cópia **2** (*livro, etc.*) exemplar **3** (*revista, etc.*) número **4** texto (*para impressão*)
▸ *vt* (*pt, pp* **copied**) **1** ~ **sth (down/out) (into/onto sth)** copiar algo (em algo) **2** fotocopiar **3** copiar, imitar

copycat /ˈkɑːpikæt/ *s* (*coloq, pej*) maria vai com as outras

copyright /ˈkɑːpiraɪt/ *substantivo, adjetivo*
▸ *s* direitos autorais, copirraite
▸ *adj* registrado, protegido por direitos autorais

coral /ˈkɔːrəl; *GB* ˈkɒrəl/ *substantivo, adjetivo*
▸ *s* (*Zool*) coral
▸ *adj* de coral, coralíneo

cord /kɔːrd/ *s* **1** corda **2** (*GB* **lead**) cabo (elétrico) **3 cords** [*pl*] calças de veludo cotelê ➲ *Ver notas em* CALÇA, PAIR

cordless /ˈkɔːrdləs/ *adj* sem fio

cordon /ˈkɔːrdn/ *substantivo, verbo*
▸ *s* cordão
▸ *v* PHR V **cordon sth off** isolar algo (*área, etc.*)

corduroy /ˈkɔːrdərɔɪ/ (*tb* **cord**) *s* veludo cotelê

⚷ **core** /kɔːr/ *s* **1** (*fruta*) caroço **2** (*fig*) centro, núcleo LOC **to the core** até a medula

coriander /ˌkɔːriˈændər; *GB* ˌkɒriˈ-/ *s* coentro

cork /kɔːrk/ *s* cortiça, rolha

corkscrew /ˈkɔːrkskruː/ *s* saca-rolhas

corn /kɔːrn/ *s* **1** (*USA*) milho **2** (*GB*) cereal **3** calo

corncob /ˈkɔːrnkɑːb/ *s* (*esp GB*) espiga de milho

⚷ **corner** /ˈkɔːrnər/ *substantivo, verbo*
▸ *s* **1** canto **2** esquina **3** (*tb* ˈ**corner kick**) córner, escanteio LOC **(just) around the corner** a um pulo daqui
▸ *v* **1** *vt* encurralar **2** *vi* (*em carro, etc.*) fazer uma curva **3** *vt* monopolizar: *to corner the market in sth* ser o rei de um determinado mercado

cornerstone /ˈkɔːrnərstoʊn/ *s* pedra angular

cornstarch /ˈkɔːrnstɑːrtʃ/ (*GB* **cornflour** /ˈkɔːrnflaʊər/) *s* farinha de milho

corny /ˈkɔːrni/ *adj* (**cornier**, **-iest**) (*coloq*) **1** (*história, etc.*) batido **2** brega

corollary /ˈkɔːrəleri; *GB* kəˈrɒləri/ *s* (*pl* **corollaries**) ~ **(of/to sth)** (*formal*) corolário (de algo)

coronation /ˌkɔːrəˈneɪʃn; *GB* ˌkɒrəˈ-/ *s* coroação

coroner /ˈkɔːrənər; *GB* ˈkɒrə-/ *s* magistrado, -a (*que investiga mortes suspeitas*)

corporal /ˈkɔːrpərəl/ *substantivo, adjetivo*
▸ *s* (*Mil*) cabo
▸ *adj*: *corporal punishment* castigo corporal

corporate /ˈkɔːrpərət/ *adj* **1** coletivo **2** corporativo

corporation /ˌkɔːrpəˈreɪʃn/ *s* **1** municipalidade, junta **2** corporação

corps /kɔːr/ *s* (*pl* **corps** /kɔːrz/) corpo (*diplomático, etc.*)

corpse /kɔːrps/ *s* cadáver

⚷ **correct** /kəˈrekt/ *adjetivo, verbo*
▸ *adj* correto: *Would I be correct in saying...?* Eu estaria certo em dizer...?
▸ *vt* corrigir

correlation /ˌkɔːrəˈleɪʃn; *GB* ˌkɒrəˈ-/ *s* correlação

correspond /ˌkɔːrəˈspɑːnd; *GB* ˌkɒrəˈ-/ *vi* **1** ~ **(to/with sth)** coincidir (com algo) **2** ~ **(to sth)** equivaler (a algo) **3** ~ **(with sb)** (*formal*) corresponder-se (com alguém) **correspondence** *s* correspondência **correspondent** *s* correspondente **corresponding** *adj* correspondente

corridor /ˈkɔːrɪdɔːr; *GB* ˈkɒrɪ-/ *s* corredor

corrosion /kəˈroʊʒn/ *s* corrosão

corrugated /ˈkɔːrəgeɪtɪd; *GB* ˈkɒrə-/ *adj* corrugado, ondulado

corrupt /kəˈrʌpt/ *adjetivo, verbo*
▸ *adj* **1** corrupto **2** depravado
▸ *vt* corromper, depravar **corruption** *s* corrupção

cos (*tb* **'cos, 'cause, coz**) /kəz; *GB tb* kɒz/ *conj* (*GB*, *coloq*) porque

cosmetic /kɑːzˈmetɪk/ *adj, s* cosmético: *cosmetic surgery* cirurgia estética

cosmopolitan /ˌkɑːzməˈpɑːlɪtən/ *adj, s* cosmopolita

cosplay /ˈkɑːspleɪ/ *s* representação de fãs fantasiados de seus personagens preferidos

⚷ **cost** /kɔːst; *GB* kɒst/ *verbo, substantivo*
▸ *vt* **1** (*pt, pp* cost) custar, valer **2** (*pt, pp* costed) (*Com*) estimar, orçar LOC **cost a bomb** (*GB*, *coloq*) custar um dinheirão
▸ *s* **1** custo: *whatever the cost* custe o que custar **2 costs** [*pl*] custas, gastos LOC **at all cost(s)**; **at any cost** a qualquer custo *Ver tb* COUNT

ˈ**co-star** *s* ator, atriz coadjuvante

ˌ**cost-efˈfective** *adj* rentável

costly /ˈkɔːstli; *GB* ˈkɒst-/ *adj* (costlier, -iest) caro

costume /ˈkɑːstuːm; *GB* -stjuːm/ *s* **1** traje **2** (*Teat*) vestuário, fantasia

cosy (*GB*) = COZY

cot /kɑːt/ *s* **1** (*USA*) (*GB* **camp bed**) cama de campanha **2** (*GB*) (*USA* **crib**) berço

⚷ **cottage** /ˈkɑːtɪdʒ/ *s* chalé, casa (*de campo*)

⚷ **cotton** /ˈkɑːtn/ *s* [*não contável*] **1** algodão **2** fio (*de algodão*) **3** (*GB* ˌ**cotton** ˈ**wool**) algodão (de farmácia)

ˌ**cotton** ˈ**candy** (*GB* **candyfloss**) *s* algodão-doce

couch /kaʊtʃ/ *substantivo, verbo*
▸ *s* sofá, divã
▸ *vt* ~ **sth (in sth)** (*formal*) expressar algo (em algo)

couchette /kuːˈʃet/ *s* cama (*em cabine de trem*)

ˈ**couch potato** *s* (*pl* potatoes) (*coloq, pej*) viciado, -a em TV

⚷ **cough** /kɔːf; *GB* kɒf/ *verbo, substantivo*
▸ *v* **1** *vi* tossir **2** *vt* ~ **sth (up)** tossir algo (para fora) PHR V **cough (sth) up** (*coloq*) soltar algo: *He owes us money, but he won't cough (it) up.* Ele nos deve dinheiro, mas não vai soltar um níquel.
▸ *s* tosse **coughing** *s* [*não contável*] tosse: *a fit of coughing* um acesso de tosse

could *Ver* CAN[2]

⚷ **council** /ˈkaʊnsl/ *s* **1** câmara municipal, distrito: *council flat/house* (*GB*): apartamento/casa em conjunto habitacional **2** conselho **councilor** (*GB* **councillor**) *s* conselheiro, -a; vereador, -ora

counsel /ˈkaʊnsl/ *substantivo, verbo*
▸ *s* **1** (*formal*) conselho ❶ Neste sentido a palavra mais comum é **advice** [*não contável*]. **2** advogado, -a ➲ *Ver nota em* ADVOGADO
▸ *vt* (-l- (*GB* -ll-)) **1** ouvir e dar conselho a **2** (*formal*) aconselhar **counseling** (*GB* **counselling**) *s* aconselhamento, orientação **counselor** (*GB* **counsellor**) *s* **1** assessor, -ora; conselheiro, -a **2** (*USA, Irl*) advogado, -a

⚷ **count** /kaʊnt/ *verbo, substantivo*
▸ *v* **1** *vt, vi* ~ **(sth) (up)** contar (algo) **2** *vi* ~ **(as sth)** contar (como algo) **3** *vi* ~ **(for sth)** importar, contar, valer (para algo) **4** *vt*: *to count yourself lucky* considerar-se com sorte LOC **count the cost (of sth)** sofrer as consequências (de algo) PHR V **count down** fazer contagem regressiva: *She's already counting down the days to her birthday.* Ela já está contando nos dedos para o seu aniversário. ♦ **count sb in/out** incluir/excluir alguém ♦ **count on sb/sth** contar com alguém/algo ♦ **count toward sth** contribuir para algo
▸ *s* **1** contagem **2** conde LOC **lose count of sth** perder a conta de algo

countdown /ˈkaʊntdaʊn/ *s* ~ **(to sth)** contagem regressiva (para algo)

countenance /ˈkaʊntənəns/ *vt* (*formal*) aprovar, tolerar

⚷ **counter** /ˈkaʊntər/ *verbo, substantivo, advérbio*
▸ *v* **1** *vt, vi* replicar, contestar **2** *vt* (re)agir contra, prevenir
▸ *s* **1** (*jogo*) ficha **2** contador **3** balcão (*de bar, loja, etc.*) **4** (*GB* **worktop**) superfície de trabalho (*na cozinha*)
▸ *adv* ~ **to sth** ao contrário de algo

counteract /ˌkaʊntərˈækt/ *vt* (re)agir contra, contrapor-se a

counterattack /ˈkaʊntərətæk/ *substantivo, verbo*
▸ *s* contra-ataque
▸ *vt, vi* contra-atacar

counterclockwise /ˌkaʊntərˈklɑːkwaɪz/ (*GB* **anticlockwise**) *adv, adj* em sentido anti-horário

counterfeit /ˈkaʊntərfɪt/ *adj* falsificado

counterpart /ˈkaʊntərpɑːrt/ *s* **1** contrapartida **2** equivalente

counterproductive /ˌkaʊntərprəˈdʌktɪv/ *adj* contraproducente

countess /ˈkaʊntəs; -tes/ *s* condessa

countless /ˈkaʊntləs/ *adj* inumerável

C

country /ˈkʌntri/ *s* (*pl* **countries**) **1** país **2** pátria **3 the country** [*sing*] o campo, o interior: *country life* a vida no campo/no interior **4** zona, terra

ˌ**country and ˈwestern** (*tb* ˈ**country music**) *s* música country

countryman /ˈkʌntrimən/ *s* (*pl* **-men** /ˈkʌntrimən/) **1** compatriota **2** homem do campo/do interior

countryside /ˈkʌntrisaɪd/ *s* [*não contável*] **1** campo, interior **2** paisagem

countrywoman /ˈkʌntriwʊmən/ *s* (*pl* **-women** /-wɪmɪn/) **1** compatriota **2** mulher do campo/do interior

county /ˈkaʊnti/ *s* (*pl* **counties**) condado

coup /kuː/ *s* (*pl* **coups** /kuːz/) **1** (*tb* **coup d'état** /ˌkuː deɪˈtɑː/) (*pl* **coups d'état** /ˌkuː deɪˈtɑː/) golpe (de Estado) **2** conquista (*pessoal*)

couple /ˈkʌpl/ *substantivo, verbo*
▸ *s* casal (*relacionamento amoroso*): *a married couple* um casal (de marido e mulher) ➲ *Comparar com* PAIR LOC **a couple (of)** um par (de), uns/umas, alguns/algumas
▸ *vt* **1** associar a: *coupled with sth* junto com algo **2** acoplar

coupon /ˈkuːpɑːn; ˈkjuː-/ *s* cupom, vale

courage /ˈkɜːrɪdʒ; *GB* ˈkʌrɪdʒ/ *s* coragem LOC *Ver* DUTCH, PLUCK **courageous** /kəˈreɪdʒəs/ *adj* corajoso

courgette /kʊrˈʒet/ *s* (*GB*) (*USA* **zucchini**) abobrinha

courier /ˈkʊriər/ *s* **1** mensageiro, -a **2** (*GB*) guia turístico (*pessoa*)

course /kɔːrs/ *s* **1** curso, transcurso **2** (*barco, avião, rio, etc.*) rumo, curso: *to be on/off course* estar dentro/fora do curso **3** ~ **(in/on sth)** (*Educ*) curso (de algo) **4** ~ **of sth** (*Med*) tratamento de algo **5** (*Golfe*) campo **6** (*corrida*) pista **7** (*comida*) prato: *the first/main course* a entrada/o prato principal LOC **a course of action** uma linha de ação ◆ **in/over the course of sth** no decorrer de algo ◆ **of course** é claro *Ver tb* DUE, MATTER, MIDDLE

coursebook /ˈkɔːrsbʊk/ *s* livro-texto

court /kɔːrt/ *substantivo, verbo*
▸ *s* **1** tribunal: *a court case* um caso (jurídico) ◇ *a court order* uma ordem judicial *Ver tb* HIGH COURT, SUPREME COURT **2** (*Esporte*) quadra **3** corte (*de um monarca*) LOC **go to court (over sth)** entrar na justiça (por algo) ◆ **take sb to court** processar alguém
▸ *vt* **1** cortejar **2** (*formal*) (*perigo, etc.*) expor-se a

courteous /ˈkɜːrtiəs/ *adj* cortês

courtesy /ˈkɜːrtəsi/ *s* (*pl* **courtesies**) cortesia LOC **(by) courtesy of sb/sth** (por) cortesia/gentileza de alguém/algo

ˌ**court ˈmartial** *s* (*pl* **courts martial**) corte marcial

courtship /ˈkɔːrtʃɪp/ *s* noivado

courtyard /ˈkɔːrtjɑːrd/ *s* pátio

cousin /ˈkʌzn/ (*tb* ˌ**first ˈcousin**) *s* primo (irmão), prima (irmã)

cove /koʊv/ *s* enseada

covenant /ˈkʌvənənt/ *s* convênio, pacto

cover /ˈkʌvər/ *verbo, substantivo*
▸ *v* **1** *vt* ~ **sth (up/over) (with sth)** cobrir algo (com algo) **2** *vt* ~ **sb/sth in/with sth** cobrir alguém/algo de/com algo **3** *vt* (*panela, rosto*) tapar **4** *vt* (*timidez, etc.*) dissimular **5** *vt* incluir **6** *vt* custear **7** *vt* tratar de, encarregar-se de: *the salesman covering the area* o vendedor que cobre a área **8** *vt* percorrer: *We covered 300 miles per day.* Nós percorremos 300 milhas por dia. **9** *vt* regravar (*canção*) PHR V **cover for sb** substituir alguém (*no trabalho*) ◆ **cover sth up** (*pej*) encobrir algo ◆ **cover up for sb** dar cobertura a alguém
▸ *s* **1** abrigo **2** coberta **3** (*livro, revista*) capa: *front cover* capa **4 the covers** [*pl*] as cobertas (de cama) **5** ~ **(for sth)** (*fig*) disfarce (para algo) **6** identidade falsa **7** (*Mil*) proteção **8** ~ **(for sb)** substituição (para/de alguém) **9** (*tb* ˈ**cover version**) regravação LOC **from cover to cover** da primeira à última página ◆ **take cover (from sth)** resguardar-se (de algo) ◆ **under cover of sth** sob a proteção de algo: *under cover of darkness* protegidos pela escuridão *Ver tb* DIVE

coverage /ˈkʌvərɪdʒ/ *s* [*não contável*] **1** cobertura (*de fatos, notícias, etc.*) **2** (*GB* **cover**) ~ **(against sth)** (*seguro*) cobertura (contra algo)

coveralls /ˈkʌvərɔːlz/ (*GB* **overalls**) *s* [*pl*] macacão ➲ *Ver ilustração em* OVERALL ➲ *Ver notas em* CALÇA, PAIR

covered /ˈkʌvərd/ *adj* ~ **(in/with sth)** coberto (de/com algo)

covering /ˈkʌvərɪŋ/ *s* **1** cobertura, revestimento **2** capa

ˈ**cover letter** (*GB* ˌ**covering ˈletter**) *s* carta de apresentação

covert /ˈkoʊvɜːrt; *GB* ˈkʌvət/ *adj* (*formal*) **1** secreto, encoberto **2** (*olhar*) furtivo

ˈ**cover-up** *s* (*pej*) acobertamento

covet /ˈkʌvət/ *vt* (*formal*) cobiçar

cow /kaʊ/ *s* vaca ➲ *Ver nota em* CARNE

coward /ˈkaʊərd/ *s* covarde **cowardice** /ˈkaʊərdɪs/ *s* covardia **cowardly** *adj* covarde

cowboy /ˈkaʊbɔɪ/ *s* **1** vaqueiro **2** (*GB, coloq, pej*) trambiqueiro (*comerciante, profissional, etc.*)

co-worker /ˈkoʊ wɜːrkər/ *s* colega de trabalho

coy /kɔɪ/ *adj* **1** (que finge ser) tímido e inocente **2** reservado

cozy (*GB* **cosy**) /ˈkoʊzi/ *adj* (**cozier**, **-iest**) **1** acolhedor **2** confortável: *I felt cozy there.* Senti-me confortável lá.

crab /kræb/ *s* caranguejo, siri

crack /kræk/ *verbo, substantivo*

▸ *v* **1** *vt, vi* rachar: *a cracked cup* uma xícara rachada **2** *vt* ~ **sth (open)** quebrar algo (*para abrir*) **3** *vi* ~ **(open)** romper-se **4** *vt* ~ **sth (on/against sth)** bater algo (contra algo) **5** *vt, vi* estalar **6** *vi* desmoronar **7** *vt* resolver, decifrar **8** *vi* (*voz*) quebrar(-se) **9** *vt* (*coloq*) (*piada*) contar LOC **get cracking** (*esp GB, coloq*) pôr mãos à obra PHR V **crack down (on sb/sth)** tomar medidas enérgicas (contra alguém/algo) ◆ **crack up** (*coloq*) ter um colapso (*físico ou mental*)

▸ *s* **1** ~ **(in sth)** rachadura (em algo) **2** ~ **(in sth)** (*fig*) defeito (em algo) **3** fenda, abertura **4** estalo, estampido **5** (*droga*) crack LOC **the crack of dawn** (*coloq*) o raiar do dia

crackdown /ˈkrækdaʊn/ *s* ~ **(on sb/sth)** medidas enérgicas (contra alguém/algo)

cracker /ˈkrækər/ *s* **1** bolacha de água e sal **2** (*GB*) (*tb* ˌ**Christmas** ˈ**cracker**) embrulho em forma de tubo, geralmente presenteado no Natal e que estala ao se romper

crackle /ˈkrækl/ *verbo, substantivo*

▸ *vi* crepitar, estalar

▸ *s* (*tb* **crackling**) crepitação, estalido

cradle /ˈkreɪdl/ *substantivo, verbo*

▸ *s* **1** berço (*com balanço*) **2** (*fig*) berço

▸ *vt* ninar

craft /kræft; *GB* krɑːft/ *substantivo, verbo*

▸ *s* **1** artesanato: *a craft fair* uma feira de artesanato **2** (*destreza*) arte **3** [*sing*] ofício **4** (*pl* **craft**) nave

▸ *vt* elaborar

craftsman /ˈkræftsmən; *GB* ˈkrɑːfts-/ *s* (*pl* **-men** /ˈkræftsmən; *GB* ˈkrɑːfts-/) artesão **craftsmanship** *s* **1** artesanato **2** arte

craftswoman /ˈkræftswʊmən; *GB* ˈkrɑːfts-/ *s* (*pl* **-women** /-wɪmɪn/) , artesã

crafty /ˈkræfti; *GB* ˈkrɑːf-/ *adj* (**craftier**, **-iest**) (*ger pej*) astuto, ladino

crag /kræg/ *s* penhasco **craggy** *adj* escarpado

cram /kræm/ **1** *vt* ~ **A into B** enfiar A em B; abarrotar B com A; meter A em B (*com força*): *The bus was crammed with people.* O ônibus estava lotado. **2** *vi* ~ **into sth** meter-se com dificuldade em algo; abarrotar algo **3** *vi* rachar de estudar (*antes de provas*)

cramp /kræmp/ *substantivo, verbo*

▸ *s* **1** (*muscular*) cãibra **2 cramps** (*tb* **stomach cramps**) [*pl*] cólicas estomacais

▸ *vt* (*movimento, desenvolvimento*) impedir, atrapalhar **cramped** *adj* **1** (*espaço*) apertado **2** (*letra*) espremido

cranberry /ˈkrænberi; *GB* -bəri/ *s* (*pl* **cranberries**) oxicoco

crane /kreɪn/ *s* **1** (*Mec*) grua, guindaste **2** (*ave*) grou

crank /kræŋk/ *s* **1** (*Mec*) manivela **2** (*pej*) excêntrico, -a **3** pessoa com o pavio curto

cranky /ˈkræŋki/ *adj* (*coloq*) **1** (*esp USA*) ranzinza **2** (*GB, pej*) excêntrico

crap /kræp/ *substantivo, adjetivo*

▸ *s* [*não contável*] (*gíria*) **1** asneira: *He's so full of crap.* Ele só fala asneira.**2** droga: *The movie is a bunch of crap.* O filme é uma droga.

▸ *adj* (*GB, gíria*) droga: *The show was crap.* O show foi uma droga.

crash /kræʃ/ *substantivo, verbo, adjetivo*

▸ *s* **1** estrondo **2** acidente, batida (de carro): *crash helmet* capacete **3** (*Com*) quebra **4** (*bolsa de valores*) queda **5** travamento (*do computador*)

▸ *v* **1** *vt, vi* (*carro*) sofrer um acidente (de) **2** *vt, vi* ~ **(sth) (into sth)** (*veículo*) bater (algo) (em/contra algo): *He crashed (his car) into a lamp post.* Ele bateu (o carro) num poste. **3** *vt, vi* (*Informát*) travar **4** *vi* ~ **(out)** (*coloq*) apagar (de sono)

▸ *adj* (*curso, dieta*) intensivo

ˌ**crash** ˈ**landing** *s* aterrissagem forçada

crass /kræs/ *adj* **1** estúpido **2** sumo: *crass stupidity* estupidez extrema

crate /kreɪt/ *s* **1** caixote **2** engradado (*de garrafas*)

crater /ˈkreɪtər/ *s* cratera

crave /kreɪv/ *vt* estar com desejo de **craving** *s* ~ **(for sth)** ânsia, vontade (de algo)

crawl /krɔːl/ *verbo, substantivo*

▸ *vi* **1** engatinhar, arrastar-se **2** ~ **(along/by)** (*tráfego*) arrastar-se **3** ~ **(to sb)** (*coloq, pej*) bajular (alguém) LOC **be crawling with sth** (*coloq*) estar

C

coberto de algo: *The ground was crawling with ants.* O chão estava coberto de formigas.

▸ *s* **1** [*sing*] passo de tartaruga **2** (*tb* **the crawl**) nado livre

C

crayfish /ˈkreɪfɪʃ/ (*tb* **crawfish** /ˈkrɔːfɪʃ/) *s* (*pl* **crayfish/crawfish**) camarão de água doce

crayon /ˈkreɪən/ *s* **1** giz de cera **2** (*Arte*) pastel

craze /kreɪz/ *s* ~ **(for sth)** moda, febre (de algo)

⚷ **crazy** /ˈkreɪzi/ *adj* (**crazier**, **-iest**) (*coloq*) **1** louco: *to be crazy about sb/sth* ser louco por alguém/algo **2** doido: *My Mom will go crazy if I get home late.* Minha mãe vai ficar doida se eu chegar em casa tarde. **3** (*ideia*) maluco LOC **like crazy** (*coloq*) como um louco

creak /kriːk/ *verbo, substantivo*

▸ *vi* ranger, estalar

▸ *s* (*tb* **creaking** /ˈkriːkɪŋ/) rangido

⚷ **cream** /kriːm/ *substantivo, verbo*

▸ *s* **1** nata, creme: *cream cheese* queijo cremoso *Ver tb* ICE CREAM **2** creme, pomada **3** (*cor*) creme **4 the ~ of sth** a nata de algo

▸ *vt* bater/amassar até tornar cremoso PHR V **cream sb/sth off** selecionar alguém/algo (*os melhores de um grupo, etc.*) **creamy** *adj* (**creamier**, **-iest**) cremoso

crease /kriːs/ *substantivo, verbo*

▸ *s* **1** vinco, prega **2** (*calça*) vinco

▸ *vt, vi* fazer vincos (em), enrugar(-se)

⚷ **create** /kriˈeɪt/ *vt* criar, produzir: *to create a fuss* armar uma confusão **creation** *s* criação **creative** *adj* criativo **creator** *s* criador, -ora

creationism /kriˈeɪʃnɪzəm/ *s* criacionismo

⚷ **creature** /ˈkriːtʃər/ *s* criatura: *living creatures* seres vivos ◇ *a creature of habit* uma pessoa metódica ◇ *creature comforts* bens que proporcionam conforto material

crèche (*tb* **creche**) /kreʃ/ *s* **1** (*USA*) (*GB* **crib**) presépio **2** (*GB*) (*USA* **daycare center**) creche

credentials /krəˈdenʃlz/ *s* [*pl*] **1** credenciais **2** (*para um trabalho*) qualificações

credibility /ˌkredəˈbɪləti/ *s* credibilidade

credible /ˈkredəbl/ *adj* verossímil, crível

⚷ **credit** /ˈkredɪt/ *substantivo, verbo*

▸ *s* **1** crédito, empréstimo bancário: *credit card* cartão de crédito ◇ *on credit* a crédito **2** (*GB*) saldo (positivo): *to be in credit* ter saldo (positivo) **3** (*contabilidade*) haver **4** mérito: *to give sb credit for sth* dar crédito a alguém por algo **5 credits** [*pl*] (*Cinema, TV*) créditos LOC **be a credit to sb/sth** ser uma honra para alguém/algo ◆ **do sb credit**; **do credit to sb/sth** dar o devido crédito a alguém/algo

▸ *vt* **1** (*Fin*) creditar **2** ~ **sb/sth with sth** atribuir o mérito/crédito de algo a alguém/algo **3** (*GB*) acreditar em **creditable** *adj* (*formal*) louvável **creditor** *s* credor, -ora

creed /kriːd/ *s* credo

creek /kriːk/ *s* **1** (*esp USA*) riacho **2** (*GB*) enseada LOC **be up the creek (without a paddle)** (*coloq*) estar em dificuldades

creep /kriːp/ *verbo, substantivo*

▸ *vi* (*pt, pp* **crept** /krept/) **1** mover-se furtivamente, insinuar-se: *to creep up on sb* pegar alguém desprevenido ➲ *Ver nota em* ANDAR[1] **2** (*fig*): *A feeling of drowsiness crept over him.* Uma sensação de torpor o invadiu. **3** (*planta*) trepar

▸ *s* (*coloq*) **1** pé no saco: *He's a nasty little creep!* Ele é um pé no saco! **2** (*GB*) bajulador, -ora LOC **give sb the creeps** (*coloq*) dar calafrios em alguém **creepy** *adj* (**creepier**, **-iest**) (*coloq*) arrepiador

cremation /krəˈmeɪʃn/ *s* cremação

crematorium /ˌkreməˈtɔːriəm/ *s* (*pl* **crematoriums** *ou* **crematoria** /-riə/) (*tb* **crematory** /ˈkriːmətɔːri; ˈkremə-/) crematório

crêpe (*tb* **crepe**) /kreɪp/ *s* (*Cozinha*) crepe, panqueca

crept *pt, pp de* CREEP

crescendo /krəˈʃendoʊ/ *s* (*pl* **crescendos**) **1** (*Mús*) crescendo **2** (*fig*) ponto máximo

crescent /ˈkresnt; *GB tb* ˈkreznt/ *s* **1** crescente: *crescent moon* meia-lua **2** rua em forma de semicírculo

cress /kres/ *s* agrião-dos-jardins

crest /krest/ *s* **1** crista **2** (*colina*) topo **3** (*brasão*) timbre

crestfallen /ˈkrestfɔːlən/ *adj* cabisbaixo

crevice /ˈkrevɪs/ *s* fenda (*em rocha*)

crew /kruː/ *s* **1** tripulação *Ver tb* CABIN CREW **2** (*remo, Cinema*) equipe

ˈ**crew cut** *s* corte de cabelo à escovinha

ˌ**crew ˈneck** *s* decote careca

crib /krɪb/ *substantivo, verbo*

▸ *s* **1** (*GB* **cot**) berço **2** manjedoura **3** (*GB*) (*USA* **crèche**) presépio **4** (*coloq*) plágio, cola

▸ *vt, vi* (**-bb-**) plagiar, colar

cricket /ˈkrɪkɪt/ *s* **1** (*Zool*) grilo **2** (*Esporte*) críquete **cricketer** *s* jogador, -ora de críquete

cried *pt, pp de* CRY

cries *Ver* CRY

crime /kraɪm/ *s* **1** delito, crime **2** delinquência

criminal /ˈkrɪmɪnl/ *adjetivo, substantivo*
▸ *adj* **1** criminal, criminoso: *a criminal record* antecedentes criminais ◇ *criminal damage* dano culposo **2** (*direito*) penal **3** imoral
▸ *s* delinquente; criminoso, -a

crimson /ˈkrɪmzn/ *adj* carmim

cringe /krɪndʒ/ *vi* **1** encolher-se (*de medo*) **2** (*fig*) morrer de vergonha

cripple /ˈkrɪpl/ *verbo, substantivo*
▸ *vt* **1** aleijar **2** (*fig*) prejudicar seriamente
▸ *s* (*antiq ou ofen*) aleijado, -a ➲ *Ver nota em* DEFICIENTE **crippling** *adj* **1** (*doença*) que deixa inválido **2** (*dívida*) descomunal

crisis /ˈkraɪsɪs/ *s* (*pl* **crises** /-siːz/) crise

crisp /krɪsp/ *adjetivo, substantivo*
▸ *adj* (**crisper**, **-est**) **1** crocante **2** (*frutas, legumes*) fresco **3**: *crisp new bank notes* notas (de dinheiro) novinhas em folha ◇ *a crisp white shirt* uma camisa branca impecável **4** (*tempo*) seco e frio **5** (*modos, maneiras*) incisivo
▸ *s* (*GB*) (*tb* **poˌtato ˈcrisp**) (*USA* **chip, poˈtato chip**) batata frita (*em sacos*) ➲ *Ver ilustração em* BATATA **crisply** *adv* incisivamente **crispy** *adj* crocante

crispbread /ˈkrɪspbred/ *s* bolacha (*salgada e fina*)

criterion /kraɪˈtɪriən/ *s* (*pl* **criteria** /-riə/) critério

critic /ˈkrɪtɪk/ *s* **1** crítico, -a (*de cinema, etc.*) **2** detrator, -ora

critical /ˈkrɪtɪkl/ *adj* **1** ~ (**of sb/sth**) crítico (em relação a alguém/algo): *critical acclaim* reconhecimento da crítica **2** (*momento*) crítico, crucial **3** (*Med*) crítico **critically** /ˈkrɪtɪkli/ *adv* **1** de maneira crítica **2**: *critically ill* gravemente enfermo

ˌcritical ˈmass *s* massa crítica

criticism /ˈkrɪtɪsɪzəm/ *s* **1** crítica **2** [*não contável*] críticas: *He can't take criticism.* Ele não tolera críticas. **3** [*não contável*] crítica: *literary criticism* crítica literária

criticize (*GB tb* **-ise**) /ˈkrɪtɪsaɪz/ *vt* criticar

critique /krɪˈtiːk/ *s* análise crítica

croak /kroʊk/ *verbo, substantivo*
▸ *vi* **1** coaxar **2** (*pessoa*) rouquejar
▸ *s* coaxo

crochet /kroʊˈʃeɪ; *GB* ˈkroʊʃeɪ/ *s* crochê

crockery /ˈkrɑːkəri/ *s* [*não contável*] **1** (*esp GB*) louça **2** (*USA*) louça resistente ao forno

crocodile /ˈkrɑːkədaɪl/ *s* crocodilo

crocus /ˈkroʊkəs/ *s* (*pl* **crocuses**) (*Bot*) açafrão

croissant /krwɑːˈsɑ̃ː; krəˈsɑːnt; *GB* ˈkrwæsɒ̃/ *s* croissant ➲ *Ver ilustração em* PÃO

crony /ˈkroʊni/ *s* (*pl* **cronies**) (*ger pej*) comparsa

crook /krʊk/ *s* (*coloq*) trapaceiro, -a

crooked /ˈkrʊkɪd/ *adj* **1** torto **2** (*caminho*) tortuoso **3** (*pessoa, ação*) desonesto

crop /krɑːp/ *substantivo, verbo*
▸ *s* **1** colheita, produção **2** cultivo **3** [*sing*] **a ~ of sth** uma safra de algo
▸ *vt* (**-pp-**) **1** (*cabelo*) tosar **2** (*foto*) (re)cortar **3** (*animais*) pastar **PHR V** **crop up** aflorar, aparecer (*inesperadamente*)

ˈcrop top *s* top (*roupa feminina*)

croquet /kroʊˈkeɪ; *GB* ˈkroʊkeɪ/ *s* croqué

cross /krɔːs; *GB* krɒs/ *substantivo, verbo, adjetivo*
▸ *s* **1** cruz **2** ~ (**between A and B**) cruzamento, misto (entre A e B)
▸ *v* **1** *vt, vi* cruzar, atravessar: *Shall we cross over?* Devemos passar para o outro lado? **2** *vt, vi* ~ (**each other/one another**) cruzar-se: *Our paths crossed several times.* Nossos caminhos se cruzaram muitas vezes. **3** *vt, vi* (*Futebol, etc.*) cruzar, fazer um cruzamento **4** *vt* ~ **yourself** persignar-se **5** *vt* contrariar **6** *vt* ~ **A with/and B** (*Zool, Bot*) cruzar A com B **LOC** **cross your fingers (for me)** torça por mim: *Keep your fingers crossed!* Vamos fazer figa! ◆ **cross your mind** passar pela cabeça, ocorrer a alguém: *It crossed my mind that…* Passou-me pela cabeça que… *Ver tb* DOT, WIRE **PHR V** **cross sb/sth off (sth)** riscar o nome de alguém (de algo) ◆ **cross sth off/out/through** riscar algo
▸ *adj* (**crosser**, **-est**) (*esp GB*) zangado: *to get cross* zangar-se

crossbar /ˈkrɔːsbɑːr; *GB* ˈkrɒs-/ *s* **1** barra (*de bicicleta*) **2** (*Futebol*) travessão

crossbow /ˈkrɔːsboʊ; *GB* ˈkrɒs-/ *s* (*arco*) besta

ˌcross-ˈcountry *adj, adv* através de campos e matas: *cross-country (running)* (corrida em) corta-mato

ˌcross-eˈxamine *vt* interrogar

ˌcross-ˈeyed *adj* estrábico, vesgo

crossfire /ˈkrɔːsfaɪər; *GB* ˈkrɒs-/ *s* fogo cruzado, tiroteio (cruzado) **LOC** **get**

caught in the crossfire ficar no meio do tiroteio

crossing /ˈkrɔːsɪŋ; *GB* ˈkrɒsɪŋ/ *s* **1** (*viagem*) travessia **2** (*estrada*) cruzamento **3**: *border crossing* fronteira *Ver tb* LEVEL CROSSING, ZEBRA CROSSING

cross-legged /ˌkrɔːs ˈlegd; ˈlegɪd; *GB* ˌkrɒs/ *adj, adv* de/com pernas cruzadas

cross-legged

cross-legged

with her legs crossed

crossly /ˈkrɔːsli; *GB* ˈkrɒsli/ *adv* com irritação

crossover /ˈkrɔːsoʊvər; *GB* ˈkrɒs-/ *s* mescla (*de estilos musicais*)

ˌ**cross-ˈpost** *vt, vi* (*Internet*) fazer posts cruzados (de)

ˌ**cross ˈpurposes** *s* LOC **at cross purposes**: *We're (talking) at cross purposes.* Há um mal-entendido entre nós.

ˌ**cross-ˈreference** *s* remissão (*em um texto*)

crossroads /ˈkrɔːsroʊdz; *GB* ˈkrɒs-/ *s* (*pl* crossroads) **1** cruzamento **2** (*fig*) encruzilhada LOC **at a/the crossroads** (*fig*) num momento crucial

ˈ**cross section** *s* **1** seção (transversal) **2** (*estatística*) amostra representativa

crosswalk /ˈkrɔːswɔːk; *GB* ˈkrɒs-/ (*GB* **zebra crossing**) *s* faixa para pedestres

crosswind /ˈkrɔːswɪnd; *GB* ˈkrɒs-/ *s* vento lateral

crossword /ˈkrɔːswɜːrd; *GB* ˈkrɒs-/ (*tb* ˈ**crossword puzzle**) *s* palavras cruzadas

crotch /krɑːtʃ/ *s* virilha

crouch /kraʊtʃ/ *vi* agachar-se, curvar-se

crow /kroʊ/ *substantivo, verbo*
▸ *s* gralha LOC **as the crow flies** em linha reta
▸ *vi* **1** (*galo*) cantar **2** ~ **(about/over sth)** (*pej*) gabar-se (de algo)

crowbar /ˈkroʊbɑːr/ *s* pé-de-cabra

⚷ **crowd** /kraʊd/ *substantivo, verbo*
▸ *s* **1** multidão: *crowds of people* uma multidão de gente **2** (*espectadores*) público **3** (*coloq*) gente, turma (de amigos) **4 the crowd** [*sing*] (*ger pej*) a(s) massa(s) LOC *Ver* FOLLOW
▸ *vt* (*espaço*) abarrotar PHR V **crowd around (sb/sth)** amontoar-se (ao redor de alguém/algo) ◆ **crowd (sb/sth) in; crowd (sb/sth) into/onto sth** amontoar alguém/algo (em algo), apinhar-se em algo

⚷ **crowded** /ˈkraʊdɪd/ *adj* **1** lotado, abarrotado **2** repleto

crowdfunding /ˈkraʊdfʌndɪŋ/ *s* [*não contável*] financiamento de um projeto levantando-se pequenas somas de dinheiro entre muitas pessoas

crowdsourcing /ˈkraʊdsɔːrsɪŋ/ *s* [*não contável*] (*Internet*) obtenção de informações ou ajuda para um projeto entre muitas pessoas

⚷ **crown** /kraʊn/ *substantivo, verbo*
▸ *s* **1** coroa: *crown prince* príncipe herdeiro **2 the Crown** (*GB*) (*Jur*) a Coroa **3** (*cabeça, colina*) topo **4** (*chapéu*) copa **5** (*dente*) coroa
▸ *vt* coroar

⚷ **crucial** /ˈkruːʃl/ *adj* ~ **(to/for sb/sth)** crucial (para alguém/algo)

crucifix /ˈkruːsəfɪks/ *s* crucifixo

crucify /ˈkruːsɪfaɪ/ *vt* (*pt, pp* **-fied**) crucificar

crude /kruːd/ *adjetivo, substantivo*
▸ *adj* (**cruder, -est**) **1** bruto **2** grosseiro
▸ *s* (*tb* ˌ**crude ˈoil**) petróleo cru

⚷ **cruel** /ˈkruːəl/ *adj* (**crueller, -est**) ~ **(to sb/sth)** cruel (com alguém/algo) **cruelty** *s* (*pl* **cruelties**) crueldade

cruise /kruːz/ *verbo, substantivo*
▸ *vi* **1** navegar (*em um navio*); fazer um cruzeiro (marítimo) **2** (*avião, automóvel*) ir (em velocidade constante)
▸ *s* cruzeiro (marítimo) **cruiser** *s* **1** navio de guerra **2** (*tb* ˈ**cabin cruiser**) lancha a motor com cabine

crumb /krʌm/ *s* migalha

crumble /ˈkrʌmbl/ **1** *vi* ~ **(away)** desmoronar, desfazer-se **2** *vt* desfazer **3** *vt, vi* (*Cozinha*) desmanchar(-se) **crumbly** *adj* que se desfaz, farelento

crumple /ˈkrʌmpl/ *vt, vi* ~ **(sth) (up)** amassar, enrugar (algo)

crunch /krʌntʃ/ *verbo, substantivo*
▸ *v* **1** *vt, vi* ~ **(sth/on sth)** morder (algo) (*ruidosamente*) **2** *vi* estalar
▸ *s* **1** ruído áspero **2 the crunch** [*sing*] (*coloq*) situação delicada: *when it comes to the crunch* na hora H **crunchy** *adj* crocante

crusade /kruːˈseɪd/ *s* cruzada **crusader** *s* (*lit e fig*) cruzado, -a: *moral crusaders* pregadores morais

crush /krʌʃ/ *verbo, substantivo*
▸ *vt* **1** esmagar: *to be crushed to death* morrer esmagado **2** ~ **sth (up)** (*rocha, etc.*) triturar algo: *crushed ice* gelo picado **3** (*alho, etc.*) amassar **4** (*fruta*) espremer **5** moer **6** (*tecido*) amassar **7** (*ânimo*) abater
▸ *s* **1** (*pessoas*) aglomeração **2** ~ **(on sb)** queda (por alguém): *I had a crush on my teacher.* Tive uma queda por meu professor. **3** (*esp GB*) (*fruta*) suco **crushing** *adj* (*derrota, golpe*) arrasador

crust /krʌst/ *s* casca (*de pão, bolo*) ➲ *Ver ilustração em* PÃO **crusty** *adj* (de casca) crocante

crutch /krʌtʃ/ *s* **1** muleta **2** (*fig*) apoio

crux /krʌks/ *s* xis (*da questão*)

cry /kraɪ/ *verbo, substantivo*
▸ *v* (*pt, pp* **cried**) **1** *vi* ~ **(about/over sb/sth)** chorar (por alguém/algo): *to cry for joy* chorar de alegria **2** *vt, vi* ~ **(out) (sth)** gritar (algo) LOC **cry your eyes/heart out** chorar amargamente ◆ **it's no use crying over spilled milk** não adianta chorar pelo leite derramado PHR V **cry off** (*GB, coloq*) dar para trás ◆ **cry out for sth** necessitar algo
▸ *s* (*pl* **cries**) **1** grito **2** choro: *to have a (good) cry* desabafar-se chorando

crybaby /ˈkraɪbeɪbi/ *s* (*pl* **crybabies**) (*coloq, pej*) chorão, -ona

crying /ˈkraɪɪŋ/ *adj* LOC **a crying shame** (*coloq*) uma verdadeira lástima

crypt /krɪpt/ *s* cripta

cryptic /ˈkrɪptɪk/ *adj* críptico

crystal /ˈkrɪstl/ *s* (*Quím*) cristal
ℹ Quando **crystal** se refere a vidro, indica que é de qualidade muito alta. Para o cristal de qualidade normal, diz-se **glass**.
LOC **crystal clear 1** cristalino **2** (*significado*) claro como o dia

ˈcrystal meth *s Ver* METH

cub /kʌb/ *s* **1** (*leão, tigre, raposa, urso*) filhote **2** lobinho **3 Cub** (*GB*) (*USA* **Cub Scout**) lobinho (escoteiro)

cube /kjuːb/ *s* **1** (*Geom*) cubo **2** (*alimento*) cubinho: *sugar cube* cubo de açúcar **cubic** *adj* cúbico

cubicle /ˈkjuːbɪkl/ *s* **1** cubículo **2** provador **3** (*piscina*) vestiário **4** (*banheiro*) vaso sanitário, privada

cuckoo /ˈkʊkuː/ *s* (*pl* **cuckoos**) cuco

cucumber /ˈkjuːkʌmbər/ *s* pepino

cuddle /ˈkʌdl/ *verbo, substantivo*
▸ *vt, vi* abraçar(-se), acariciar(-se) PHR V **cuddle up (to/against sb)** aconchegar-se a alguém
▸ *s* abraço, afago **cuddly** *adj* (*coloq*) mimoso, fofo: *cuddly toy* brinquedo de pelúcia

cue /kjuː/ *substantivo, verbo*
▸ *s* **1** ~ **(for sth/to do sth)** sinal (para algo/fazer algo) **2** (*Teat*) deixa: *He missed his cue.* Ele perdeu a deixa. **3** taco (*de bilhar*) LOC **(right) on cue** no momento exato ◆ **take your cue from sb/sth** pegar a deixa de alguém/algo
▸ *vt* dar o sinal/a deixa a

cuff /kʌf/ *substantivo, verbo*
▸ *s* **1** (*roupa*) punho **2** tapa LOC **off the cuff** de improviso
▸ *vt* dar um tapa em

ˈcuff link *s* abotoadura

cuisine /kwɪˈziːn/ *s* culinária

cul-de-sac /ˈkʌl də sæk/ *s* (*pl* **cul-de-sacs** *ou* **culs-de-sac** /ˈkʌl də sæk/) rua sem saída, beco

cull /kʌl/ *vt* abater (*para controle do número de animais*) PHR V **cull sth from sth** selecionar algo entre algo

culminate /ˈkʌlmɪneɪt/ *vi* ~ **(in sth)** (*formal*) culminar (em algo) **culmination** *s* (*formal*) auge

culottes /kuːˈlɑːts; *GB* kjuːˈ-/ *s* [*pl*] saia-calça ➲ *Ver notas em* CALÇA, PAIR

culprit /ˈkʌlprɪt/ *s* acusado, -a

cult /kʌlt/ *s* **1** ~ **(of sb/sth)** culto (a alguém/algo): *a cult movie* um filme cultuado (por um público específico) **2** moda

cultivate /ˈkʌltɪveɪt/ *vt* (*lit e fig*) cultivar **cultivated** *adj* **1** (*pessoa*) culto **2** refinado **cultivation** *s* [*não contável*] cultivo

cultural /ˈkʌltʃərəl/ *adj* cultural

culture /ˈkʌltʃər/ *s* **1** cultura: *culture shock* choque cultural **2** (*Biol*) cultura **cultured** *adj* **1** (*pessoa*) culto **2** (*célula, bactéria, pérola*) cultivado

cum /kʌm/ *prep* (*esp GB*): *a kitchen-cum-dining room* uma cozinha com sala de jantar

cumbersome /ˈkʌmbərsəm/ *adj* **1** incômodo **2** volumoso **3** emperrado

cumulative /ˈkjuːmjəleɪtɪv; *GB* -lətɪv/ *adj* **1** acumulado **2** cumulativo

cunning /ˈkʌnɪŋ/ *adjetivo, substantivo*
▸ *adj* **1** (*pej*) (*pessoa*) astuto **2** (*aparelho, ação*) engenhoso
▸ *s* [*não contável*] astúcia, manha **cunningly** *adv* astuciosamente

cup /kʌp/ *substantivo, verbo*
▸ *s* **1** xícara: *paper/plastic cup* copo de papel/plástico **2** (*prêmio*) taça: *cup final* a final (da Taça) ◇ *the World Cup* a Copa

do Mundo LOC **(not) be sb's cup of tea** (*esp GB, coloq*) (não) fazer o gênero de alguém
▸ *vt* (-pp-) (*mãos*) juntar em concha: *She cupped a hand over the receiver.* Ela cobriu o fone com a mão. ◇ *to cup your chin/face in your hands* apoiar o queixo/o rosto com as mãos

cup

cupboard /ˈkʌbərd/ *s* armário ➲ *Comparar com* CLOSET

cupcake *s* /ˈkʌpkeɪk/ (*GB tb* **fairy cake**) *s* cupcake

cupful /ˈkʌpfʊl/ *s* (*unidade de medida*) xícara

curate /ˈkjʊrət/ *s* cura (*na igreja anglicana*)

curative /ˈkjʊrətɪv/ *adj* (*formal*) medicinal

curator /kjʊˈreɪtər/ *s* conservador, -ora (*de museu, etc.*)

curb /kɜːrb/ *substantivo, verbo*
▸ *s* **1** (*GB* **kerb**) meio-fio **2** ~ **(on sth)** freio (em algo)
▸ *vt* refrear

curdle /ˈkɜːrdl/ *vt, vi* (*leite, etc.*) coalhar

cure /kjʊr/ *verbo, substantivo*
▸ *vt* **1** ~ **sb (of sth)** curar alguém (de algo) **2** (*problema*) sanar **3** (*alimentos*) curar
▸ *s* **1** cura, restabelecimento **2** (*fig*) remédio

curfew /ˈkɜːrfjuː/ *s* toque de recolher

curiosity /ˌkjʊriˈɑːsəti/ *s* (*pl* **curiosities**) **1** curiosidade **2** coisa rara

curious /ˈkjʊriəs/ *adj* **1** ~ **(about sth)** (*interessado*) curioso (sobre algo): *I'm curious to know what happened.* Tenho curiosidade em saber o que aconteceu. **2** (*estranho*) curioso ❶ No sentido de "estranho", *curioso* traduz-se geralmente por **odd** ou **strange**. No sentido de "intrometido" dizemos **nosy** ou **inquisitive**.

curl /kɜːrl/ *verbo, substantivo*
▸ *v* **1** *vt, vi* encaracolar(-se), enrolar(-se) **2** *vi*: *The smoke curled upwards.* A fumaça subiu em espiral. PHR V **curl up 1** encaracolar(-se) **2** sentar-se/deitar-se encolhido
▸ *s* **1** cacho **2** (*fumaça*) espiral

curly /ˈkɜːrli/ *adj* (**curlier**, **-iest**) ondulado

currant /ˈkɜːrənt; *GB* ˈkʌrənt/ *s* **1** (uva) passa **2** groselha

currency /ˈkɜːrənsi; *GB* ˈkʌrən-/ *s* (*pl* **currencies**) **1** moeda (*de um país*): *foreign/hard currency* moeda estrangeira/forte **2** uso corrente: *to gain currency* generalizar-se/entrar em uso

current /ˈkɜːrənt; *GB* ˈkʌrənt/ *substantivo, adjetivo*
▸ *s* (*água, eletricidade*) corrente
▸ *adj* **1** atual: *current affairs* (assuntos de) atualidades **2** generalizado

ˈ**current account** *s* (*GB*) (*USA* **checking account**) conta corrente

currently /ˈkɜːrəntli; *GB* ˈkʌrənt-/ *adv* atualmente ➲ *Comparar com* ACTUALLY

curriculum /kəˈrɪkjələm/ *s* (*pl* **curricula** /-lə/ *ou* **curriculums**) currículo (*escolar*)

curriculum vitae /kəˌrɪkjələm ˈviːtaɪ/ *s* (*GB*) *Ver* CV

curry /ˈkɜːri; *GB* ˈkʌri/ *substantivo, verbo*
▸ *s* (*pl* **curries**) (prato ao) curry, cari
▸ *vt* (*pt, pp* **curried**) LOC **curry favor (with sb)** (*pej*) bajular (alguém)

curse /kɜːrs/ *substantivo, verbo*
▸ *s* **1** palavrão **2** (*praga*) maldição
▸ *v* **1** *vt, vi* xingar **2** *vt* amaldiçoar LOC **be cursed with sth** estar amaldiçoado com algo: *He was cursed with bad luck.* Ele estava amaldiçoado com o azar.

cursor /ˈkɜːrsər/ *s* (*Informát*) cursor

cursory /ˈkɜːrsəri/ *adj* apressado, superficial

curt /kɜːrt/ *adj* abrupto (*ao falar*)

curtail /kɜːrˈteɪl/ *vt* (*formal*) encurtar, reduzir **curtailment** *s* (*formal*) **1** (*poder*) limitação **2** interrupção

curtain /ˈkɜːrtn/ *s* **1** cortina: *to draw the curtains* abrir/fechar as cortinas ◇ *lace/net curtains* cortina de renda/filó **2** (*Teat*) pano de boca LOC **be curtains (for sb)** (*coloq*) ser o fim (para alguém)

curtsy (*tb* **curtsey**) /ˈkɜːrtsi/ *verbo, substantivo*
▸ *vi* (*pt, pp* **curtsied** *ou* **curtseyed**) fazer uma reverência ❶ Usa-se **curtsy** somente para mulheres. Para os homens, diz-se **bow**.
▸ *s* (*pl* **curtsies**, **curtseys**) reverência

curve /kɜːrv/ *substantivo, verbo*
▸ *s* curva *Ver tb* LEARNING CURVE
▸ *vi* **1** curvar(-se) **2** fazer uma curva

curved /kɜːrvd/ *adj* **1** curvo **2** em curva, arqueado

cushion /ˈkʊʃn/ *substantivo, verbo*
▸ *s* **1** almofada **2** (*fig de ar, etc.*) colchão

▸ *vt* **1** amortecer **2** ~ **sb/sth (against/from sth)** (*fig*) proteger alguém/algo (de algo)

cushy /ˈkʊʃi/ *adj* (**cushier**, **-iest**) (*coloq*): *What a cushy job!* Esse trabalho é moleza.

custard /ˈkʌstərd/ *s* creme (de baunilha)

custodian /kʌˈstoʊdiən/ *s* **1** (*GB* **caretaker**) zelador, -ora; porteiro, -a **2** guardião, -ã **3** (*museu, etc.*) depositário, -a

custody /ˈkʌstədi/ *s* custódia: *to take sb into/keep sb in custody* prender alguém/manter alguém sob custódia

🔑 **custom** /ˈkʌstəm/ *s* **1** costume, hábito **2** (*GB, formal*) clientela **customary** /ˈkʌstəmeri; *GB* -məri/ *adj* costumeiro, habitual: *It is customary to...* É costume...

customize (*GB tb* **-ise**) *vt* personalizar

🔑 **customer** /ˈkʌstəmər/ *s* cliente

ˌcustom-ˈmade *adj* feito sob medida

🔑 **customs** /ˈkʌstəmz/ *s* [*pl*] **1** (*tb* **Customs**) alfândega **2** (*tb* **ˈcustoms duty/duties**) impostos aduaneiros

🔑 **cut** /kʌt/ *verbo, substantivo*

▸ *v* (*pt, pp* **cut**; *part pres* **cutting**) **1** *vt, vi* cortar(-se): *to cut sth in half* partir algo ao meio **2** *vt* (*pedra, vidro*) lapidar, talhar **3** *vt* reduzir, (re)cortar **4** *vt* (*suprimir*) cortar **5** *vt* (*fig*) ferir LOC **cut it/that out!** (*coloq*) chega!, deixa disso! ◆ **cut it/things fine** (*coloq*) deixar pouca margem (de tempo) ◆ **cut sb/sth short** interromper alguém/algo *Ver tb* CLASS

PHR V **cut across sth 1** atravessar algo **2** (*tb* **cut through sth**) cortar caminho (por um atalho)

cut sth back 1 (*tb* **cut back on sth**) reduzir algo consideravelmente **2** (*árvore, etc.*) podar algo

cut down (on sth) reduzir algo: *to cut down on smoking* fumar menos ◆ **cut sth down 1** cortar, derrubar algo **2** reduzir algo

cut in (*GB* **push in**) furar fila ◆ **cut in (on sb/sth) 1** interromper (alguém/algo) **2** cortar (*outro carro*)

cut sb off 1 (*telefone*): *I've been cut off.* Cortaram a linha. **2** deserdar alguém ◆ **cut sth off 1** cortar algo: *to cut two seconds off the record* diminuir o recorde em dois segundos **2** (*povoação*) isolar algo: *to be cut off* ficar incomunicável

cut out (*motor*) desligar ◆ **cut sth out 1** (*roupa, molde*) cortar algo **2** (*informação*) omitir algo **3** cortar algo, deixar de fazer algo: *to cut out candy* deixar de comer doces ◆ **be cut out for sth; be cut out to be sth** (*coloq*) ser feito para algo: *He's not cut out for teaching.* Ele não foi feito para ensinar.

cut through sth *Ver* CUT ACROSS STH

cut sth up cortar, picar algo

▸ *s* **1** corte, incisão **2** redução, corte **3** (*carne*) corte, peça *Ver tb* COLD CUTS **4** (*roupa*) corte **5** (*lucros*) parte LOC **a cut above sb/sth** superior a alguém/algo

cutback /ˈkʌtbæk/ *s* redução, corte

cute /kjuːt/ *adj* (**cuter**, **-est**) **1** bonitinho, atraente **2** (*esp USA, coloq*) engraçadinho

cutlery /ˈkʌtləri/ *s* (*GB*) (*USA* **silverware**) [*não contável*] talheres

cutlet /ˈkʌtlət/ *s* costeleta (*de carne*)

ˈcut-off (*tb* **ˈcut-off point**) *s* limite: *cut-off date* data limite

ˌcut-ˈrate (*GB* **ˌcut-ˈprice**) *adj* de oferta

cutthroat /ˈkʌtθroʊt/ *adj* (*competição*) sem piedade

cutting /ˈkʌtɪŋ/ *substantivo, adjetivo*

▸ *s* **1** (*Bot*) muda **2** (*GB*) (*USA* **clipping**) (*jornal, etc.*) recorte

▸ *adj* (*comentário*) mordaz

ˌcutting-ˈedge *adj* de ponta: *cutting-edge technology* tecnologia de ponta

CV /ˌsiː ˈviː/ *s* (*abrev de* **curriculum vitae**) (*GB*) (*USA* **résumé**) curriculum vitae, histórico profissional

cyanide /ˈsaɪənaɪd/ *s* cianeto

cyberbully /ˈsaɪbərbʊli/ *s* (*pl* **-ies**) ciberagressor, -ora

cybercafé (*tb* **cybercafe**) /ˈsaɪbərkæfeɪ/ *s* cybercafé

cybernetics /ˌsaɪbərˈnetɪks/ *s* [*não contável*] cibernética

cybersex /ˈsaɪbərseks/ *s* sexo virtual

cyberspace /ˈsaɪbərspeɪs/ *s* ciberespaço

🔑 **cycle** /ˈsaɪkl/ *substantivo, verbo*

▸ *s* **1** bicicleta **2** ciclo **3** (*obras*) série

▸ *vi* andar de bicicleta: *to go cycling* andar de bicicleta

cyclic /ˈsaɪklɪk; ˈsɪ-/ (*tb* **cyclical** /ˈsaɪklɪkl; ˈsɪ-/) *adj* cíclico

🔑 **cycling** /ˈsaɪklɪŋ/ *s* ciclismo

cyclist /ˈsaɪklɪst/ *s* ciclista

cyclone /ˈsaɪkloʊn/ *s* ciclone

cylinder /ˈsɪlɪndər/ *s* **1** cilindro **2** (*gás*) tambor **cylindrical** /səˈlɪndrɪkl/ *adj* cilíndrico

cymbal /ˈsɪmbl/ *s* (*Mús*) prato

cynic /ˈsɪnɪk/ *s* cético, -a **cynical** *adj* **1** cético **2** cínico **cynicism** *s* **1** ceticismo **2** cinismo

cypress /ˈsaɪprəs/ *s* cipreste

cyst /sɪst/ *s* quisto

cystic fibrosis /ˌsɪstɪk faɪˈbroʊsɪs/ *s* [*não contável*] fibrose pulmonar

C

Dd

D, d /diː/ *s* (*pl* **Ds, D's, d's**) **1** D, d ➲ *Ver nota em* A, A **2** (*Mús*) ré

dab /dæb/ *verbo, substantivo*
▸ *vt, vi* (-bb-) ~ **(at) sth** tocar algo levemente PHR V **dab sth on (sth)** aplicar algo em pequenas quantidades (sobre algo)
▸ *s* pequena quantidade, pincelada

dad /dæd/ (*tb* **daddy** /ˈdædi/) *s* (*coloq*) papai

daffodil /ˈdæfədɪl/ *s* tipo de narciso amarelo

daft /dæft; *GB* dɑːft/ *adj* (**dafter, -est**) (*coloq*) tolo, ridículo

dagger /ˈdæɡər/ *s* punhal, adaga LOC **look daggers at sb** lançar um olhar fulminante a alguém

daily /ˈdeɪli/ *adjetivo, advérbio, substantivo*
▸ *adj* diário, cotidiano
▸ *adv* todo dia, diariamente
▸ *s* (*pl* **dailies**) diário (*jornal*)

dairy /ˈderi/ *substantivo, adjetivo*
▸ *s* (*pl* **dairies**) **1** leiteria **2** usina de leite
▸ *adj* lácteo, leiteiro: *dairy farm* fazenda de gado leiteiro ◇ *dairy products/produce* laticínios ◇ *dairy farming* produção de laticínios

daisy /ˈdeɪzi/ *s* (*pl* **daisies**) margarida

dam /dæm/ *substantivo, verbo*
▸ *s* represa, barragem
▸ *vt* represar

damage /ˈdæmɪdʒ/ *verbo, substantivo*
▸ *vt* **1** danificar **2** prejudicar **3** estragar
▸ *s* **1** [*não contável*] dano, prejuízo: *brain damage* lesão cerebral **2 damages** [*pl*] indenização (por perdas e danos)
damaging *adj* prejudicial

Dame /deɪm/ *s* (*GB*) dama (*título honorífico*)

damn /dæm/ *interjeição, adjetivo, verbo, substantivo*
▸ *interj* (*coloq*) droga!
▸ *adj* (*tb* **damned** /dæmd/) (*coloq*) maldito
▸ *vt* condenar (ao inferno), amaldiçoar
▸ *s* LOC **not give a damn (about sb/sth)** (*coloq*) não dar a mínima (a alguém/algo) **damnation** /dæmˈneɪʃn/ *s* condenação **damning** /ˈdæmɪŋ/ *adj* contundente (*críticas, provas*)

damp /dæmp/ *adjetivo, substantivo, verbo*
▸ *adj* (**damper, -est**) úmido ➲ *Ver nota em* MOIST
▸ *s* umidade
▸ *vt* (*tb* **dampen**) umedecer PHR V **damp down sth** sufocar algo (*sentimentos*): *to damp down sb's enthusiasm* acabar com o entusiasmo de alguém

dance /dæns; *GB* dɑːns/ *verbo, substantivo*
▸ *vt, vi* dançar
▸ *s* dança, baile

dancer /ˈdænsər; *GB* ˈdɑːn-/ *s* dançarino, -a: *to be a good dancer* dançar bem

dancing /ˈdænsɪŋ; *GB* ˈdɑːn-/ *s* dança

dandelion /ˈdændɪlaɪən/ *s* dente-de-leão

dandruff /ˈdændrʌf/ *s* caspa

danger /ˈdeɪndʒər/ *s* perigo LOC **be in danger of sth** correr o risco de algo: *They're in danger of losing their jobs.* Eles estão correndo o risco de perder o emprego.

dangerous /ˈdeɪndʒərəs/ *adj* **1** perigoso **2** nocivo

dangle /ˈdæŋɡl/ **1** *vt, vi* balançar **2** *vi* estar pendurado

dank /dæŋk/ *adj* frio e úmido

dare /der/ **1** *v modal, vi* (*neg* **dare not** *ou* **daren't** /dernt/, **don't/doesn't dare**, *pt* **dared not** *ou* **didn't dare**) (*em orações negativas e interrogativas*) atrever-se a

> Quando **dare** é um verbo modal é seguido pelo infinitivo sem **to** e dispensa o auxiliar **do** nas orações negativas, interrogativas e no passado: *Nobody dared speak.* Ninguém se atreveu a falar. ◇ *I daren't ask my boss for a day off.* Não me atrevo a pedir um dia de folga a meu chefe.

2 *vt* ~ **sb (to do sth)** desafiar alguém (a fazer algo) LOC **don't you dare** (*coloq*) não se atreva: *Don't (you) dare tell her!* Não ouse contar para ela! ◆ **how dare you, etc.** como você se atreve, etc. ◆ **I dare say...** eu diria...

daring /ˈderɪŋ/ *substantivo, adjetivo*
▸ *s* atrevimento, ousadia
▸ *adj* atrevido, ousado

dark /dɑːrk/ *adjetivo, substantivo*
▸ *adj* (**darker, -est**) **1** escuro: *dark green* verde-escuro ◇ *to get/grow dark* escurecer/anoitecer **2** (*pessoa, tez*) moreno **3** oculto **4** triste, de mau agouro: *These are dark days.* Estes são tempos difíceis. **5** (*chocolate*) amargo LOC **a dark horse** uma pessoa de talentos ocultos
▸ *s* **the dark** [*sing*] a escuridão LOC **before/after dark** antes/depois do anoitecer

darken /ˈdɑːrkən/ *vt, vi* escurecer

ˌdark ˈglasses *s* [*pl*] óculos escuros

darkly /ˈdɑːrkli/ *adv* **1** ameaçadoramente **2** pessimistamente

darkness /ˈdɑːrknəs/ *s* escuridão, trevas: *in darkness* no escuro

darkroom /ˈdɑːrkruːm; -rʊm/ *s* (*Fot*) quarto escuro

the ˌdark ˈweb *s* a Web negra

darling /ˈdɑːrlɪŋ/ *s* (*coloq*) querido, -a: *Hello, darling!* Oi, querida!

dart /dɑːrt/ *substantivo, verbo*
▸ *s* dardo: *to play darts* jogar dardos
▸ *vi* precipitar-se **PHR V dart away/off** sair em disparada

dash /dæʃ/ *substantivo, verbo*
▸ *s* **1 ~ (of sth)** pingo, pitada (de algo) **2** travessão ➲ *Ver pág. 310* **3** corrida curta e rápida: *100-meter dash* 100 metros rasos **LOC make a dash for sth** apressar-se para fazer algo: *to make a dash for the bus* correr para pegar o ônibus
▸ *vi* **1** apressar-se: *I must dash.* Tenho de apressar-me. **2** disparar: *He dashed across the room.* Ele cruzou a sala em disparada. ◇ *I dashed upstairs.* Subi as escadas correndo. **LOC dash sb's hopes** acabar com as esperanças de alguém **PHR V dash sth off** rabiscar algo com pressa

dashboard /ˈdæʃbɔːrd/ (*tb* **dash**) *s* painel (de carro)

⚷ **data** /ˈdætə; ˈdeɪtə; *GB tb* ˈdɑːtə/ *s* **1** (*Informát*) dados **2** informação

database /ˈdætəbeɪs; ˈdeɪtə-/ (*tb* **databank** /ˈdætəbæŋk; ˈdeɪtə-/) *s* banco de dados

⚷ **date** /deɪt/ *substantivo, verbo*
▸ *s* **1** data: *What's the date today?* Que dia é hoje? *Ver tb* PULL DATE **2** época **3** encontro (*romântico*): *Did he ask you out for a date?* Ele te convidou para sair? **4** pessoa com quem se vai encontrar (romanticamente) **5** tâmara *Ver tb* OUT OF DATE, UP TO DATE **LOC to date** até hoje
▸ *v* **1** *vt* datar **2** *vt* (*fósseis, quadros, etc.*) datar **3** *vt, vi* sair com: *Are you dating at the moment?* Você está saindo com alguém no momento? **PHR V date back (to...); date from...** remontar a..., datar de...

datebook /ˈdeɪtbʊk/ (*GB* **diary**) *s* agenda

dated /ˈdeɪtɪd/ *adj* fora de moda *Ver tb* DATE

⚷ **daughter** /ˈdɔːtər/ *s* filha

ˈdaughter-in-law *s* (*pl* **daughters-in-law**) nora

daunting /ˈdɔːntɪŋ/ *adj* intimidante: *a daunting task* uma tarefa de enormes proporções

dawn /dɔːn/ *substantivo, verbo*
▸ *s* amanhecer, madrugada: *from dawn until dusk* do nascer ao pôr do sol **LOC** *Ver* CRACK
▸ *vi* amanhecer **PHR V dawn on sb** ocorrer a alguém (*repentinamente*)

⚷ **day** /deɪ/ *s* **1** dia: *all day* o dia todo ◇ *by day* durante o dia **2** jornada (*de trabalho, etc.*) **3 days** [*pl*] época **LOC carry/win the day** (*formal*) sair vitorioso ◆ **day after day** dia após dia ◆ **day by day** dia a dia ◆ **day in, day out** entra dia, sai dia ◆ **from day to day; from one day to the next** de um dia para o outro ◆ **one/some day; one of these days** algum dia, um dia destes ◆ **the day after tomorrow** depois de amanhã ◆ **the day before yesterday** anteontem ◆ **these days** (*coloq*) hoje em dia ◆ **to this day** até hoje *Ver tb* BETTER, CALL, CLEAR, EARLY, PRESENT

ˈday care center (*GB* ˈ**day nursery, nursery**) *s* creche

daydream /ˈdeɪdriːm/ *substantivo, verbo*
▸ *s* sonho acordado, devaneio
▸ *vi* (*pt, pp* **daydreamed** *ou* **daydreamt** /ˈdeɪdremt/) sonhar acordado, devanear ➲ *Ver nota em* DREAM

daylight /ˈdeɪlaɪt/ *s* luz do dia: *in daylight* de dia **LOC** *Ver* BROAD

ˌday ˈoff *s* (*pl* **days off**) dia livre/de folga

ˌday reˈturn *s* (*GB*) passagem de ida e volta para o mesmo dia

daytime /ˈdeɪtaɪm/ *s* dia (*entre o nascer e o pôr do sol*): *in the daytime* de dia

ˌday-to-ˈday *adj* diário

ˈday trip *s* excursão de um dia **ˈday tripper** *s* (*GB*) excursionista (*de um dia*)

daze /deɪz/ *s* **LOC in a daze** aturdido, confuso **dazed** *adj* aturdido, confuso

dazzle /ˈdæzl/ *vt* ofuscar, deslumbrar **dazzling** *adj* deslumbrante

⚷ **dead** /ded/ *adjetivo, advérbio, substantivo*
▸ *adj* **1** morto **2** (*folhas*) seco **3** (*GB* **flat**) (*bateria*) descarregado **4** (*telefone*): *The line's gone dead.* O telefone está mudo. **5** (*esp GB*) (*braços, etc.*) dormente **LOC** *Ver* DROP, FLOG
▸ *adv* (*coloq*) completamente, absolutamente: *You're dead right.* Você está absolutamente certo.
▸ *s* **LOC in the dead of night** (*GB tb* **at dead of night**) em plena noite

deaden /ˈdedn/ *vt* **1** (*som*) abafar **2** (*dor*) aliviar **3** (*impacto*) amortecer

ˌdead ˈend *s* (*lit e fig*) beco sem saída

ˌdead ˈheat *s* empate

deadline /ˈdedlaɪn/ *s* prazo/data de entrega (limite)

deadlock /ˈdedlɑːk/ *s* impasse

D

deadly /ˈdedli/ *adj* (deadlier, -iest) mortal, fatal

deaf /def/ *adjetivo, substantivo*
▸ *adj* (deafer, -est) surdo: *deaf and dumb* surdo-mudo
▸ *s* **the deaf** [*pl*] os surdos **deafen** *vt* ensurdecer **deafening** *adj* ensurdecedor **deafness** *s* surdez

deal /diːl/ *substantivo, verbo*
▸ *s* **1** trato: *It's a deal!* Negócio fechado! **2** contrato LOC **a good/great deal** muito, uma boa quantia: *It's a good/great deal warmer today.* Está bem mais quente hoje. *Ver tb* BIG
▸ *v* (*pt, pp* dealt /delt/) **1** *vt, vi* (*golpe*) dar **2** *vt* (*Cartas*) distribuir, dar ➲ *Ver nota em* BARALHO LOC **deal with it** segura a onda PHR V **deal in sth** comercializar, traficar algo: *to deal in drugs/arms* traficar drogas/armas ◆ **deal with sb** **1** tratar com alguém **2** ocupar-se com alguém ◆ **deal with sth 1** (*problema*) resolver algo **2** (*situação*) lidar com algo **3** (*tema*) tratar de algo

ˈdeal-breaker *s* algo que leva a alguém a rejeitar uma ideia, um acordo, etc.

dealer /ˈdiːlər/ *s* **1** vendedor, -ora; comerciante: *antiques dealer* antiquário **2** (*de drogas, armas*) traficante **3** (*Cartas*) carteador, -ora

dealing /ˈdiːlɪŋ/ *s* (*drogas, armas*) tráfico LOC **have dealings with sb/sth** ter negócios/tratar com alguém/algo

dealt *pt, pp de* DEAL

dean /diːn/ *s* **1** deão, deã (*na igreja anglicana*) **2** (*universidade*) diretor, -ora (*de departamento, etc.*)

dear /dɪr/ *adjetivo, substantivo*
▸ *adj* (dearer, -est) **1** querido **2** (*carta*): *Dear Sir* Caro/Prezado senhor ◇ *Dear Jason,…* Caro/Querido Jason… **3** (*GB*) caro LOC **oh dear!** oh, meu Deus!
▸ *s* querido, -a **dearly** *adv* muito

death /deθ/ *s* morte: *death penalty/sentence* pena/sentença de morte ◇ *death certificate* certidão de óbito ◇ *to beat sb to death* matar alguém a pauladas LOC **catch your death (of cold)** (*antiq, coloq*) pegar uma gripe forte ◆ **put sb to death** executar alguém *Ver tb* MATTER **deathly** *adj, adv* mortal: *deathly cold/pale* frio/pálido com um morto

debase /dɪˈbeɪs/ *vt* degradar

debatable /dɪˈbeɪtəbl/ *adj* discutível

debate /dɪˈbeɪt/ *substantivo, verbo*
▸ *s* debate
▸ *vt, vi* debater

debit /ˈdebɪt/ *substantivo, verbo*
▸ *s* débito: *debit card* cartão de débito
▸ *vt* debitar, cobrar

debris /dəˈbriː; *GB* ˈdebriː/ *s* [*não contável*] escombros

debt /det/ *s* dívida LOC **be in debt** estar endividado: *He's 10,000 dollars in debt.* Ele deve 10.000 dólares. **debtor** *s* devedor, -ora

debut (*tb* **début**) /deɪˈbjuː; *GB* ˈdeɪbjuː/ *s* estreia

decade /ˈdekeɪd; dɪˈkeɪd/ *s* década

decadent /ˈdekədənt/ *adj* decadente **decadence** *s* decadência

decaf /ˈdiːkæf/ *s* (café) descafeinado

decaffeinated /ˌdiːˈkæfɪneɪtɪd/ *adj* descafeinado

decay /dɪˈkeɪ/ *verbo, substantivo*
▸ *vi* **1** decompor-se **2** (*dentes*) cariar **3** decair
▸ *s* [*não contável*] **1** decomposição **2** (*tb* ˈ**tooth decay**) cárie

deceased /dɪˈsiːst/ *adjetivo, substantivo*
▸ *adj* (*formal*) falecido
▸ *s* **the deceased** (*pl* the deceased) (*formal*) o falecido, a falecida

deceit /dɪˈsiːt/ *s* **1** desonestidade **2** engano **deceitful** *adj* **1** mentiroso **2** desonesto **3** enganoso

deceive /dɪˈsiːv/ *vt* enganar

December /dɪˈsembər/ *s* (*abrev* **Dec.**) dezembro ➲ *Ver nota em* JANUARY

decency /ˈdiːsnsi/ *s* decência, decoro

decent /ˈdiːsnt/ *adj* **1** decente, correto **2** adequado, aceitável

deception /dɪˈsepʃn/ *s* trapaça, fraude

deceptive /dɪˈseptɪv/ *adj* enganoso

decide /dɪˈsaɪd/ **1** *vi* ~ **(against sth)** decidir(-se) (contra algo) **2** *vi* ~ **on sb/sth** optar por alguém/algo **3** *vt* decidir, determinar **decided** *adj* **1** [*antes do substantivo*] (*claro*) visível **2** ~ **(about sth)** decidido, resolvido (quanto a algo)

decimal /ˈdesɪml/ *adj, s* decimal: *decimal point* vírgula decimal

decipher /dɪˈsaɪfər/ *vt* decifrar

decision /dɪˈsɪʒn/ *s* ~ **(on/about sth)** decisão (sobre algo): *decision-making* tomada de decisões

decisive /dɪˈsaɪsɪv/ *adj* **1** decisivo **2** decidido, resoluto

deck /dek/ *s* **1** (*Náut*) convés **2** (*tb* ˌ**deck of** ˈ**cards**) (*GB* **pack**) baralho **3** (*esp GB*) (*ônibus*) andar **4** terraço de madeira (*atrás de uma casa*) **5**: *cassette/tape deck* toca-fitas

ˈdeck chair *s* cadeira de praia

declaration /ˌdekləˈreɪʃn/ *s* declaração

declare /dɪˈkler/ *vt* declarar PHR V **declare for/against sb/sth** (*GB, formal*) pronunciar-se a favor/contra alguém/algo

decline /dɪˈklaɪn/ *verbo, substantivo*
▸ *v* **1** *vi* decair **2** *vi* ~ **to do sth** (*formal*) negar-se a fazer algo **3** *vt, vi* (*Gram*) declinar
▸ *s* **1** declínio **2** decadência, deterioração

decoder /ˌdiːˈkoʊdər/ *s* decodificador

decompose /ˌdiːkəmˈpoʊz/ *vt, vi* decompor(-se), apodrecer

decor /deɪˈkɔːr; *GB* ˈdeɪkɔː(r)/ *s* [*não contável*] decoração (de interior)

decorate /ˈdekəreɪt/ *vt* **1** ~ **sth (with sth)** decorar, ornamentar algo (com algo) **2** (*esp GB*) decorar, pintar **3** ~ **sb (for sth)** condecorar alguém (por algo)

decoration /ˌdekəˈreɪʃn/ *s* **1** decoração **2** ornamento **3** condecoração

decorative /ˈdekəreɪtɪv; *GB* -rətɪv/ *adj* decorativo

decoy /ˈdiːkɔɪ/ *s* isca

decrease *verbo, substantivo*
▸ *v* /dɪˈkriːs/ **1** *vi* diminuir **2** *vt* reduzir
▸ *s* /ˈdiːkriːs/ ~ **(in/of sth)** decréscimo (em/de algo)

decree /dɪˈkriː/ *substantivo, verbo*
▸ *s* decreto
▸ *vt* (*pt, pp* **decreed**) decretar

decrepit /dɪˈkrepɪt/ *adj* decrépito

decriminalization (*GB tb* **-isation**) /diːˌkrɪmɪnələˈzeɪʃn; *GB* -laɪˈ-/ *s* descriminalização

dedicate /ˈdedɪkeɪt/ *vt* dedicar **dedication** *s* **1** dedicação **2** dedicatória

deduce /dɪˈduːs; *GB* dɪˈdjuːs/ *vt* (*formal*) deduzir (*teoria, conclusão, etc.*)

deduct /dɪˈdʌkt/ *vt* ~ **sth (from sth)** deduzir algo (de algo) (*impostos, gastos, etc.*)

deduction /dɪˈdʌkʃn/ *s* dedução

deed /diːd/ *s* **1** (*formal*) ação, obra **2** (*formal*) ato, feito **3** (*Jur*) escritura

deem /diːm/ *vt* (*formal*) considerar

deep /diːp/ *adjetivo, advérbio*
▸ *adj* (**deeper**, **-est**) **1** profundo, fundo **2** de profundidade: *This pool is only one meter deep.* Esta piscina tem apenas um metro de profundidade. **3** (*respiração*) fundo **4** (*voz, som, etc.*) grave **5** (*cor*) intenso **6** ~ **in sth** concentrado, absorto em algo
▸ *adv* (**deeper**, **-est**) muito profundo, em profundidade: *Don't go in too deep!* Não vá muito fundo. LOC **deep down** lá no fundo ◆ **go/run deep** (*atitudes, crenças*) estar muito enraizado

deepen /ˈdiːpən/ *vt, vi* aprofundar, aumentar

ˌdeep ˈfreezer (*GB* **ˌdeep ˈfreeze**) *s* *Ver* FREEZER

ˌdeep-ˈfry *vt* (*pt, pp* **deep-fried**) fritar com muito óleo

deeply /ˈdiːpli/ *adv* profundamente, a fundo, muitíssimo

ˈdeep-sea *adj* submarino (*em águas profundas*)

deer /dɪr/ *s* (*pl* **deer**) cervo, veado ➲ *Ver nota em* VEADO

default /dɪˈfɔːlt; ˈdiːfɔːlt/ *substantivo, verbo*
▸ *s* **1** descumprimento **2** revelia **3** (*Informát*) valor assumido automaticamente: *default option* opção padrão LOC **by default 1** por não comparecimento **2** por omissão
▸ *vi* ~ **(on sth)** deixar de cumprir (algo)

defeat /dɪˈfiːt/ *verbo, substantivo*
▸ *vt* **1** derrotar **2** (*esperanças, objetivos, etc.*) frustrar **3** não ser compreendido por: *The instruction manual completely defeated me.* Eu não entendi o manual de instruções.
▸ *s* derrota: *to admit/accept defeat* dar-se por vencido

defect[1] /ˈdiːfekt; dɪˈfekt/ *s* defeito ➲ *Ver nota em* MISTAKE **defective** /dɪˈfektɪv/ *adj* defeituoso

defect[2] *vi* /dɪˈfekt/ *vi* **1** ~ **(from sth)** desertar (algo) **2** ~ **to sth** passar para algo: *One of our spies has defected (to the enemy).* Um de nossos espiões passou para o lado do inimigo. **defection** *s* **1** deserção **2** exílio **defector** *s* desertor, -ora

defend /dɪˈfend/ *vt* ~ **sb/sth (against/from sb/sth)** defender, proteger alguém/algo (de alguém/algo) **defendant** *s* acusado, -a **defender** *s* **1** (*Esporte*) zagueiro, -a **2** ~ **(of sth)** defensor, -ora (de algo)

defense (*GB* **defence**) /dɪˈfens/ *s* **1** defesa **2 the defense** [*sing*] (*judiciário*) a defesa **defenseless** (*GB* **defenceless**) *adj* indefeso

defensive /dɪˈfensɪv/ *adjetivo, substantivo*
▸ *adj* **1** defensivo **2** ~ **(about sth)** na defensiva (contra/sobre algo)
▸ *s* LOC **on/onto the defensive** na defensiva

defer /dɪˈfɜːr/ *vt* (-rr-) adiar PHR V **defer to sb/sth** (*formal*) acatar alguém/algo (*opinião, etc.*): *On technical matters, I defer to the experts.* Em questões técnicas, eu acato a opinião dos especialistas. **deference** /ˈdefərəns/ *s* deferência, respeito LOC **out of/in deference to sb/sth** por respeito a alguém/algo

D

D

defiance /dɪˈfaɪəns/ *s* desafio, desobediência **defiant** *adj* desafiador

deficiency /dɪˈfɪʃnsi/ *s* (*pl* **deficiencies**) deficiência **deficient** *adj* ~ **(in sth)** deficiente (em/de algo)

defied *pt, pp de* DEFY

define /dɪˈfaɪn/ *vt* ~ **sth (as sth)** definir algo (como algo)

definite /ˈdefɪnət/ *adj* **1** definido, concreto **2** ~ **(about sth/that...)** seguro, definitivo (sobre algo/de que...) **3** definido: *the definite article* o artigo definido

definitely /ˈdefɪnətli/ *adv* **1** sem dúvida alguma: *Definitely not!* Nem pensar! **2** definitivamente

definition /ˌdefɪˈnɪʃn/ *s* definição

definitive /dɪˈfɪnətɪv/ *adj* definitivo

deflate /dɪˈfleɪt/ **1** *vt, vi* esvaziar (*balão, etc.*) **2** *vt* (*pessoa*) diminuir de importância

deflect /dɪˈflekt/ *vt* desviar

deforestation /ˌdiːˌfɔːrɪˈsteɪʃn; *GB* -ˌfɒrɪˈ-/ *s* desmatamento

deform /dɪˈfɔːrm/ *vt* deformar **deformed** *adj* disforme, deformado **deformity** *s* (*pl* **deformities**) deformidade

defriend /ˌdiːˈfrend/ *vt Ver* UNFRIEND

defrost /ˌdiːˈfrɔːst; *GB* -ˈfrɒst/ *vt* descongelar

deft /deft/ *adj* habilidoso

defunct /dɪˈfʌŋkt/ *adj* (*formal*) morto, extinto

defuse /ˌdiːˈfjuːz/ *vt* **1** (*bomba*) desativar **2** (*tensão, crise*) atenuar

defy /dɪˈfaɪ/ *vt* (*pt, pp* **defied**) **1** desafiar, desobedecer a **2** ~ **sb to do sth** desafiar alguém a fazer algo

degenerate /dɪˈdʒenəreɪt/ *vi* ~ **(into sth)** degenerar(-se) (em algo) **degeneration** *s* degeneração

degrade /dɪˈɡreɪd/ *vt* degradar **degradation** /ˌdeɡrəˈdeɪʃn/ *s* degradação

degree /dɪˈɡriː/ *s* **1** grau: *to some/a certain degree* até certo grau **2** diploma, título: *college degree* diploma universitário ◇ *degree course* curso universitário LOC **by degrees** pouco a pouco

deign /deɪn/ *vi* ~ **to do sth** (*pej*) dignar-se a fazer algo

deity /ˈdeɪəti/ *s* (*pl* **deities**) deidade, divindade

dejected /dɪˈdʒektɪd/ *adj* desanimado

delay /dɪˈleɪ/ *verbo, substantivo*
▸ *v* **1** *vt* atrasar: *The train was delayed.* O trem se atrasou. **2** *vi* adiar, atrasar-se: *Don't delay!* Não (se) demore! **3** *vt* retardar: *delaying tactics* táticas de retardamento
▸ *s* atraso LOC **without delay** sem demora

delegate *substantivo, verbo*
▸ *s* /ˈdelɪɡət/ delegado, -a; representante
▸ *vt* /ˈdelɪɡeɪt/ ~ **sth (to sb)** delegar algo (a alguém) **delegation** *s* delegação

delete /dɪˈliːt/ *vt* **1** apagar, riscar **2** (*Informát*) apagar **deletion** *s* omissão, eliminação

deliberate *adjetivo, verbo*
▸ *adj* /dɪˈlɪbərət/ deliberado
▸ *vi* /dɪˈlɪbəreɪt/ deliberar **deliberation** *s* [*ger pl*] deliberação

deliberately /dɪˈlɪbərətli/ *adv* deliberadamente

delicacy /ˈdelɪkəsi/ *s* **1** delicadeza **2** (*pl* **delicacies**) iguaria

delicate /ˈdelɪkət/ *adj* delicado: *a delicate flavor/color* um sabor delicado/uma cor suave ◇ *delicate china* porcelana fina

delicatessen /ˌdelɪkəˈtesn/ (*tb* **deli** /ˈdeli/) *s* casa de frios, queijos, biscoitos finos, etc.

delicious /dɪˈlɪʃəs/ *adj* delicioso

delight /dɪˈlaɪt/ *substantivo, verbo*
▸ *s* deleite: *the delights of traveling* as delícias de viajar LOC **take delight in (doing) sth 1** ter prazer em (fazer) algo **2** (*pej*) sentir prazer em (fazer) algo
▸ *vt* encantar PHR V **delight in sth/doing sth** sentir prazer em (fazer) algo

delighted /dɪˈlaɪtɪd/ *adj* **1** ~ **(by/at/with sth)** encantado (com algo) **2** ~ **(to do sth/that...)** encantado (em fazer algo/que...)

delightful /dɪˈlaɪtfl/ *adj* encantador

delinquent /dɪˈlɪŋkwənt/ *adj, s* delinquente **delinquency** *s* delinquência (juvenil)

delirious /dɪˈlɪriəs/ *adj* delirante: *delirious with joy* louco de alegria **delirium** *s* delírio

deliver /dɪˈlɪvər/ **1** *vt* (*correspondência, mercadoria*) entregar **2** *vt* (*recado*) comunicar **3** *vt* (*discurso, palestra, sermão*) fazer **4** *vt* ~ **a baby** ajudar uma mulher a dar à luz: *The baby was delivered by Cesarean section.* O bebê nasceu de cesária. **5** *vt, vi* ~ **(on sth)** cumprir (com) algo (*promessa, etc.*): *If you can't deliver improved sales figures, you're fired.* Se você não conseguir gerar um maior número de vendas, será demitido. **6** *vt* (*golpe*) dar

delivery /dɪˈlɪvəri/ *s* (*pl* **deliveries**) **1** entrega **2** parto LOC *Ver* CASH

delta /ˈdeltə/ *s* delta

delude /dɪˈluːd/ *vt* enganar, iludir: *Don't be deluded into thinking that we've won.* Não se iluda com a ideia de que ganhamos.

deluge /ˈdeljuːdʒ/ *substantivo, verbo*
▸ *s (lit e fig)* aguaceiro, dilúvio
▸ *vt* ~ **sb/sth (with sth)** inundar alguém/algo (com algo)

delusion /dɪˈluːʒn/ *s* engano, ilusão

deluxe /ˌdəˈlʌks; -ˈlʊks/ *adj* de luxo

demand /dɪˈmænd; *GB* dɪˈmɑːnd/ *substantivo, verbo*
▸ *s* **1** ~ **(for sth/that...)** exigência (de algo/de que...) **2** ~ **(for sth/sb)** demanda, procura (por algo/alguém) LOC **in demand** (muito) solicitado/procurado ◆ **on demand** a pedidos *Ver tb* SUPPLY
▸ *vt* **1** exigir **2** requerer **demanding** *adj* **1** exigente **2** *(trabalho, etc.)* desgastante

demise /dɪˈmaɪz/ *s* **1** *(negócio, ideia, etc.)* fracasso: *the demise of the business* o fracasso do negócio **2** *(formal ou hum)* falecimento

demo /ˈdemoʊ/ *s (pl* **demos**) *(coloq)* **1** *(esp GB)* manifestação **2** demonstração: *demo tape* fita de demonstração

democracy /dɪˈmɑːkrəsi/ *s (pl* **democracies**) democracia **democrat** /ˈdeməkræt/ *s* **1** democrata **2 Democrat** *(abrev* **Dem., D**) *(USA) (Pol)* democrata **democratic** /ˌdeməˈkrætɪk/ *adj* **1** democrático **2 Democratic** *(USA) (Pol)* democrata

demographic /ˌdeməˈɡræfɪk/ *adjetivo, substantivo*
▸ *adj* demográfico
▸ *s* **1 demographics** *[pl] (Estatística)* demografia **2** *[sing] (Com)* população: *The target demographic is 18-30.* A população alvo é de 18-30 anos.

demolish /dɪˈmɑːlɪʃ/ *vt* demolir **demolition** /ˌdeməˈlɪʃn/ *s* demolição

demon /ˈdiːmən/ *s* demônio **demonic** /diˈmɑːnɪk/ *adj* demoníaco

demonstrate /ˈdemənstreɪt/ **1** *vt* demonstrar **2** *vi* ~ **(against/in favor of sb/sth)** manifestar-se (contra/a favor de alguém/algo) **demonstration** *s* **1** ~ **(against/for sth/sb)** manifestação, passeata (contra/a favor de algo/alguém) **2** demonstração

demonstrative /dɪˈmɑːnstrətɪv/ *adj* **1** carinhoso, expressivo **2** *(Gram)* demonstrativo

demonstrator /ˈdemənstreɪtər/ *s* manifestante

demoralize *(GB tb* **-ise**) /dɪˈmɔːrəlaɪz; *GB* dɪˈmɒrə-/ *vt* desmoralizar

demure /dɪˈmjʊr/ *adj* recatado

den /den/ *s* **1** toca **2** *(pej)* covil **3** sala de TV

denial /dɪˈnaɪəl/ *s* **1** ~ **(of sth/that...)** negação (de algo/de que...) **2** ~ **of sth** negação de algo; recusa em fazer algo

denied *pt, pp de* DENY

denim /ˈdenɪm/ *s* brim: *denim jacket* jaqueta de brim

denomination /dɪˌnɑːmɪˈneɪʃn/ *s (formal) (Relig, moeda)* denominação

denounce /dɪˈnaʊns/ *vt* ~ **sb/sth (as sth)** denunciar alguém/algo (como algo)

dense /dens/ *adj* (**denser, -est**) **1** denso **2** *(coloq)* estúpido **density** *s (pl* **densities**) densidade

dent /dent/ *substantivo, verbo*
▸ *s* amassado
▸ *vt* amassar *(esp carro)*

dental /ˈdentl/ *adj* dental

dentist /ˈdentɪst/ *s* dentista

denunciation /dɪˌnʌnsiˈeɪʃn/ *s* denúncia, crítica

Denver boot /ˈdenvər buːt/ *(tb* **boot**) *(GB* **clamp, ˈwheel clamp**) *s* bloqueador de roda *(para carro estacionado ilegalmente)*

deny /dɪˈnaɪ/ *vt (pt, pp* **denied**) **1** negar **2** *(rumores, etc.)* desmentir

deodorant /diˈoʊdərənt/ *s* desodorante

depart /dɪˈpɑːrt/ *vi* ~ **(for...) (from...)** *(formal)* partir (para...) (de...)

department /dɪˈpɑːrtmənt/ *s (abrev* **Dept**) **1** departamento, seção **2** ministério, secretaria **departmental** /ˌdiːpɑːrtˈmentl/ *adj* departamental

deˈpartment store *s* loja de departamentos

departure /dɪˈpɑːrtʃər/ *s* ~ **(from...)** partida (de...)

depend /dɪˈpend/ *vi* LOC **that depends; it (all) depends** (isso) depende PHR V **depend on sb/sth 1** contar com alguém/algo **2** confiar em alguém/algo ◆ **depend on sb/sth (for sth)** depender de alguém/algo (para algo) **dependable** *adj* confiável **dependence** *s* ~ **(on sb/sth)** dependência (de alguém/algo)

dependent /dɪˈpendənt/ *adjetivo, substantivo*
▸ *adj* **1** ~ **on sb/sth** que depende de alguém/algo: *The festival is heavily dependent on sponsorship.* O festival depende intensamente de patrocínio. **2** *(pessoa)* dependente
▸ *s (GB tb* **dependant**) dependente

depict /dɪˈpɪkt/ *vt* representar, descrever

depleted /dɪˈpliːtɪd/ *adj* reduzido, depauperado

D

D

deplore /dɪˈplɔːr/ *vt* (*formal*) **1** condenar **2** lamentar

deploy /dɪˈplɔɪ/ *vt* dispor em formação de combate

deport /dɪˈpɔːrt/ *vt* deportar **deportation** /ˌdiːpɔːrˈteɪʃn/ *s* deportação

depose /dɪˈpoʊz/ *vt* destituir, depor (*um governante*)

⚷ **deposit** /dɪˈpɑːzɪt/ *substantivo, verbo*
▸ *s* **1** ~ **(on sth)** depósito, entrada (para comprar algo): *to put down a deposit on sth* pagar o sinal de algo **2** (*aluguel*) fiança **3** depósito, sedimento
▸ *vt* **1** depositar, colocar **2** ~ **sth (in sth/ with sb)** (*bens*) deixar algo (em algo/a cargo de alguém)

depot /ˈdiːpoʊ; *GB* ˈdepoʊ/ *s* **1** depósito, armazém **2** (*USA*) (estação) terminal (*de trem ou ônibus*) **3** (*GB*) (*para veículos*) garagem

⚷ **depress** /dɪˈpres/ *vt* deprimir

⚷ **depressed** /dɪˈprest/ *adj* **1** deprimido **2** (*zona*) desfavorecido

⚷ **depressing** /dɪˈpresɪŋ/ *adj* deprimente

depression /dɪˈpreʃn/ *s* depressão

deprivation /ˌdeprɪˈveɪʃn/ *s* pobreza, privação

deprive /dɪˈpraɪv/ *vt* ~ **sb/sth of sth** privar alguém/algo de algo **deprived** *adj* necessitado

⚷ **depth** /depθ/ *s* profundidade LOC **in depth** a fundo, em profundidade ◆ **out of your depth** perdido: *He felt out of his depth in his new job.* Ele se sentiu perdido no seu novo trabalho.

deputation /ˌdepjuˈteɪʃn/ *s* delegação

deputize (*GB tb* **-ise**) /ˈdepjutaɪz/ *vi* ~ **(for sb)** representar alguém

deputy /ˈdepjuti/ *s* (*pl* **deputies**) **1** substituto, -a; suplente: *deputy chairman* vice-presidente **2** (*Pol*) deputado, -a
ℹ A tradução mais comum de *deputado* no sentido político é **congressman** ou **congresswoman** nos Estados Unidos e **MP** na Grã-Bretanha.

derail /dɪˈreɪl/ *vt* descarrilhar **derailment** *s* descarrilhamento

deranged /dɪˈreɪndʒd/ *adj* transtornado, louco

derby /ˈdɜːrbi; *GB* ˈdɑː-/ *s* (*pl* **derbies**) **1** (*USA*) (*GB* **bowler**) chapéu-coco **2** (*GB*) (*Esporte*) clássico (*jogo entre equipes rivais*)

deregulation /ˌdiːˌregjuˈleɪʃn/ *s* liberação, desregulação (*de preços, serviços, etc.*)

derelict /ˈderəlɪkt/ *adj* abandonado (*edifício*) (*terras*)

deride /dɪˈraɪd/ *vt* (*formal*) ridicularizar, zombar de

derision /dɪˈrɪʒn/ *s* escárnio **derisive** /dɪˈraɪsɪv/ *adj* ridicularizante **derisory** /dɪˈraɪsəri/ *adj* (*formal*) irrisório

derivation /ˌderɪˈveɪʃn/ *s* derivação

derivative /dɪˈrɪvətɪv/ *s* derivado

⚷ **derive** /dɪˈraɪv/ **1** *vt* ~ **sth from sth** (*formal*) obter, tirar algo de algo: *to derive comfort from sth* achar consolo em algo **2** *vt, vi* ~ **from sth; be derived from sth** derivar de algo

derogatory /dɪˈrɑːgətɔːri; *GB* -tri/ *adj* depreciativo, pejorativo

descend /dɪˈsend/ *vt, vi* (*formal*) descer: *in descending order* em ordem decrescente **descendant** *s* descendente

descent /dɪˈsent/ *s* **1** descida **2** ascendência (*familiar*)

⚷ **describe** /dɪˈskraɪb/ *vt* ~ **sb/sth (as sth)** descrever, qualificar alguém/algo (como algo)

⚷ **description** /dɪˈskrɪpʃn/ *s* descrição

⚷ **desert** *substantivo, verbo*
▸ *s* /ˈdezərt/ deserto: *desert regions* regiões desérticas ◇ *a desert island* uma ilha deserta
▸ *v* /dɪˈzɜːrt/ **1** *vt* abandonar **2** *vi* (*Mil*) desertar **deserter** *s* desertor, -ora

⚷ **deserted** /dɪˈzɜːrtɪd/ *adj* deserto, abandonado

desertification /dɪˌzɜːrtɪfɪˈkeɪʃn/ *s* desertificação

⚷ **deserve** /dɪˈzɜːrv/ *vt* merecer LOC *Ver* RICHLY **deserving** *adj* (*formal*) digno

⚷ **design** /dɪˈzaɪn/ *substantivo, verbo*
▸ *s* **1** ~ **(for/of sth)** desenho (de algo) **2** projeto **3** design
▸ *vt* **1** desenhar **2** projetar

designate /ˈdezɪgneɪt/ *vt* ~ **sb/sth (as) sth** designar, nomear alguém/algo como/para algo

designer /dɪˈzaɪnər/ *substantivo, adjetivo*
▸ *s* designer, estilista, projetista
▸ *adj* [*antes do substantivo*] de grife: *designer jeans* jeans de grife

desirable /dɪˈzaɪərəbl/ *adj* (*formal*) desejável

⚷ **desire** /dɪˈzaɪər/ *substantivo, verbo*
▸ *s* **1** ~ **(for sb/sth);** ~ **(to do sth)** desejo (por/de alguém/algo); desejo (de fazer algo) **2** ~ **(for sth/to do sth)** vontade (de algo/fazer algo): *He had no desire to see her.* Ele não tinha vontade alguma de vê-la.
▸ *vt* desejar

⚷ **desk** /desk/ *s* mesa (de escritório): *information desk* balcão de informações

desktop /ˈdesktɑːp/ *adj*: *desktop computer* computador (de mesa) ◇ *desktop publishing* editoração eletrônica ➲ *Ver ilustração em* COMPUTADOR

desolate /ˈdesələt/ *adj* **1** (*paisagem*) desolado, deserto **2** (*pessoa*) desolado **desolation** *s* (*formal*) **1** desolação **2** abandono

despair /dɪˈsper/ *verbo, substantivo*
▸ *vi* **1** ~ **(of sth/doing sth)** perder as esperanças (de algo/fazer algo) **2** ~ **of sb** desesperar-se com alguém
▸ *s* desespero **despairing** *adj* desesperado

despatch /dɪˈspætʃ/ *s, vt* (*GB*) = DISPATCH

⚷ **desperate** /ˈdespərət/ *adj* **1** desesperado **2** (*situação*) desesperador

despicable /dɪˈspɪkəbl/ *adj* (*formal*) desprezível

despise /dɪˈspaɪz/ *vt* desprezar

⚷ **despite** /dɪˈspaɪt/ *prep* apesar de

despondent /dɪˈspɑːndənt/ *adj* ~ **(over/about sth)** desanimado, desesperançado (com algo)

despot /ˈdespɑːt/ *s* déspota

dessert /dɪˈzɜːrt/ *s* sobremesa

dessertspoon /dɪˈzɜːrtspuːn/ *s* **1** colher de sobremesa **2** (*tb* **dessertspoonful**) colher de sobremesa (*medida*)

destination /ˌdestɪˈneɪʃn/ *s* destino (*de avião, barco, etc.*)

destined /ˈdestɪnd/ *adj* ~ **(for sth)** (*formal*) destinado (a algo): *It was destined to fail.* Estava condenado ao fracasso.

destiny /ˈdestəni/ *s* (*pl* **destinies**) destino

destitute /ˈdestɪtuːt; *GB* -tjuːt/ *adj* destituído, indigente

⚷ **destroy** /dɪˈstrɔɪ/ *vt* destruir **destroyer** *s* (*Náut*) contratorpedeiro, destroier

⚷ **destruction** /dɪˈstrʌkʃn/ *s* destruição **destructive** *adj* destrutivo

detach /dɪˈtætʃ/ *vt, vi* ~ **(sth) (from sth)** descolar (algo) (de algo) **detachable** *adj* destacável, separável

detached /dɪˈtætʃt/ *adj* **1** imparcial **2** distante **3** (*casa*) isolado, não ligado a outra casa

detachment /dɪˈtætʃmənt/ *s* **1** imparcialidade **2** distanciamento **3** (*Mil*) destacamento

⚷ **detail** /dɪˈteɪl; ˈdiːteɪl/ *substantivo, verbo*
▸ *s* detalhe, pormenor LOC **go into detail(s)** entrar em detalhes ◆ **in detail** em detalhe, detalhadamente
▸ *vt* detalhar

⚷ **detailed** /dɪˈteɪld; ˈdiːteɪld/ *adj* detalhado

detain /dɪˈteɪn/ *vt* deter **detainee** /ˌdiːteɪˈniː/ *s* detido, -a (*pela polícia*)

detect /dɪˈtekt/ *vt* **1** detectar **2** (*fraude, crime, etc.*) descobrir **detectable** *adj* detectável **detection** *s* detecção: *to escape detection* passar despercebido

detective /dɪˈtektɪv/ *s* detetive: *detective story* história policial

detention /dɪˈtenʃn/ *s* detenção: *detention center* centro de detenção preventiva

deter /dɪˈtɜːr/ *vt* (-rr-) ~ **sb (from doing sth)** dissuadir alguém (de fazer algo)

detergent /dɪˈtɜːrdʒənt/ *s* **1** detergente **2** sabão em pó

deteriorate /dɪˈtɪriəreɪt/ *vi* deteriorar(-se), piorar **deterioration** *s* deterioração

⚷ **determination** /dɪˌtɜːrmɪˈneɪʃn/ *s* determinação

⚷ **determine** /dɪˈtɜːrmɪn/ *vt* determinar, decidir: *to determine the cause of an accident* determinar a causa de um acidente ◇ *determining factor* fator determinante

⚷ **determined** /dɪˈtɜːrmɪnd/ *adj* ~ **(to do sth)** determinado (a fazer algo)

determiner /dɪˈtɜːrmɪnər/ *s* (*Gram*) determinante

deterrent /dɪˈtɜːrənt; *GB* dɪˈterənt/ *s* **1** impedimento, empecilho **2** dissuasão: *nuclear deterrent* força nuclear de dissuasão

detest /dɪˈtest/ *vt* detestar

detonate /ˈdetəneɪt/ *vt, vi* detonar

detour /ˈdiːtʊr/ *s* desvio: *We had to make a detour to avoid the area.* Tivemos que dar uma volta para desviar da área.

detox /ˈdiːtɑːks/ *s* (*coloq*) (cura de) desintoxicação

detract /dɪˈtrækt/ *vi* ~ **from sth** diminuir (o valor de) algo: *The incident detracted from our enjoyment of the evening.* O incidente nos tirou o prazer da noite.

detriment /ˈdetrɪmənt/ *s* LOC **to the detriment of sb/sth** (*formal*) em detrimento de alguém/algo **detrimental** /ˌdetrɪˈmentl/ *adj* ~ **(to sb/sth)** prejudicial (para/a alguém/algo)

devalue /ˌdiːˈvæljuː/ *vt, vi* desvalorizar(-se) **devaluation** *s* desvalorização

devastate /ˈdevəsteɪt/ *vt* **1** devastar, assolar **2** (*pessoa*) desolar: *She was devastated by his death.* Ela ficou arrasada com a morte dele. **devastating** *adj* **1** devastador **2** arrasador **devastation** *s* devastação

D

D

develop /dɪˈveləp/ **1** *vt, vi* desenvolver **2** *vt* (*plano, estratégia*) elaborar **3** *vt* (*terreno*) urbanizar **4** *vt* (*Fot*) revelar **5** *vt* (*doença*) contrair **developed** *adj* desenvolvido **developer** *s* **1** construtora: *property developers* empreendedores imobiliários **2**: *software developer* programador

developing /dɪˈveləpɪŋ/ *adjetivo, substantivo*
- *adj* em desenvolvimento
- *s* (*Fot*) revelação

development /dɪˈveləpmənt/ *s* **1** desenvolvimento, evolução: *There has been a new development.* Aconteceu algo novo. **2** (*de terrenos*) urbanização **3** complexo (*comercial, habitacional*)

deviant /ˈdiːviənt/ *adj, s* **1** transviado, -a **2** (*sexual*) pervertido, -a

deviate /ˈdiːvieɪt/ *vi* ~ **(from sth)** desviar(-se) (de algo) **deviation** *s* ~ **(from sth)** desvio (de algo): *a deviation from the rules* uma divergência das regras

device /dɪˈvaɪs/ *s* **1** aparelho, dispositivo, mecanismo: *explosive/nuclear device* dispositivo nuclear/explosivo **2** (*plano*) esquema, estratagema LOC *Ver* LEAVE

devil /ˈdevl/ *s* demônio, diabo: *You lucky devil!* Seu sortudo!

devious /ˈdiːviəs/ *adj* **1** (*pessoa, método*) desonesto **2** tortuoso

devise /dɪˈvaɪz/ *vt* idealizar, elaborar

devoid /dɪˈvɔɪd/ *adj* ~ **of sth** (*formal*) desprovido, isento de algo

devolution /ˌdevəˈluːʃn; *GB* ˌdiːvəˈ-/ *s* **1** descentralização **2** (*de poderes*) delegação

devote /dɪˈvoʊt/ *v* PHR V **devote sth to sth 1** dedicar algo a algo **2** (*recursos*) destinar algo a algo ♦ **devote yourself to sb/sth** dedicar-se a alguém/algo

devoted /dɪˈvoʊtɪd/ *adj* ~ **(to sb/sth)** fiel, devotado (a alguém/algo): *They're devoted to each other.* Eles são dedicados um ao outro.

devotee /ˌdevəˈtiː/ *s* devoto, -a

devotion /dɪˈvoʊʃn/ *s* ~ **(to sb/sth)** dedicação (a alguém/algo)

devour /dɪˈvaʊər/ *vt* devorar

devout /dɪˈvaʊt/ *adj* **1** devoto, piedoso **2** (*esperança, desejo*) sincero **devoutly** *adv* **1** piedosamente, com devoção **2** sinceramente

dew /duː; *GB* djuː/ *s* orvalho

dexterity /dekˈsterəti/ *s* destreza

diabetes /ˌdaɪəˈbiːtiːz/ *s* [*não contável*] diabetes **diabetic** /ˌdaɪəˈbetɪk/ *adj, s* diabético, -a

diabolical /ˌdaɪəˈbɑːlɪkl/ *adj* (*esp GB, coloq*) diabólico

diagnose /ˌdaɪəgˈnoʊs; *GB* ˈdaɪəgnoʊz/ *vt* diagnosticar: *She was diagnosed with cancer.* Ela foi diagnosticada com câncer. ◇ *I've been diagnosed as having hepatitis.* Diagnosticaram que eu tenho hepatite. **diagnosis** /ˌdaɪəgˈnoʊsɪs/ *s* (*pl* diagnoses /-siːz/) diagnóstico **diagnostic** /ˌdaɪəgˈnɑːstɪk/ *adj* diagnóstico

diagonal /daɪˈægənl/ *adj, s* diagonal **diagonally** *adv* diagonalmente

diagram /ˈdaɪəgræm/ *s* diagrama

dial /ˈdaɪəl/ *substantivo, verbo*
- *s* **1** (*instrumento*) mostrador **2** (*relógio*) face **3** (*telefone*) disco
- *vt* (-l- (*GB* -ll-)) discar: *to dial a wrong number* discar o número errado

dialect /ˈdaɪəlekt/ *s* dialeto

ˈdialling code *s* (*GB*) (*USA* **area code**) prefixo (de DDD)

dialogue (*USA tb* **dialog**) /ˈdaɪəlɑːg/ *s* diálogo

ˈdial tone (*GB* **ˈdialling tone**) *s* tom de discar

diameter /daɪˈæmɪtər/ *s* diâmetro: *It is 15 cm in diameter.* Tem 15 cm de diâmetro.

diamond /ˈdaɪəmənd/ *s* **1** diamante **2** losango **3**: *diamond jubilee* sexagésimo aniversário **4 diamonds** [*pl*] (*naipe*) ouros ➲ *Ver nota em* BARALHO LOC *Ver* ANNIVERSARY, WEDDING

diaper /ˈdaɪpər; *GB* ˈdaɪəpə(r)/ (*GB* **nappy**) *s* fralda

diaphragm /ˈdaɪəfræm/ *s* diafragma

diarrhea (*GB* **diarrhoea**) /ˌdaɪəˈriːə; *GB* -ˈrɪə/ *s* [*não contável*] diarreia

diary /ˈdaɪəri/ *s* (*pl* **diaries**) **1** diário **2** (*GB*) (*USA* **datebook**) agenda

dice /daɪs/ *substantivo, verbo*
- *s* (*pl* **dice**) (*tb* **die**) (*jogo*) dado: *to roll/throw the dice* lançar os dados ◇ *to play dice* jogar dados
- *vt* (*Cozinha*) cortar em cubinhos

dictate /ˈdɪkteɪt; *GB* dɪkˈteɪt/ *vt, vi* ~ **(sth) (to sb)** ditar (algo) (a alguém) PHR V **dictate to sb** dar ordens a alguém com rispidez: *You can't dictate to people how to live.* Você não pode impor às pessoas o modo de viver. **dictation** *s* ditado: *Our English teacher gave us a dictation.* Nosso professor de inglês nos deu um ditado.

dictator /ˈdɪkteɪtər; *GB* dɪkˈteɪtə(r)/ *s* (*pej*) ditador, -ora **dictatorship** *s* ditadura

dictionary /ˈdɪkʃəneri; *GB* -ʃənri/ *s* (*pl* **dictionaries**) dicionário

did *pt de* DO

didactic /daɪˈdæktɪk/ *adj* (*formal*) didático

didn't /ˈdɪdnt/ = DID NOT *Ver* DO

die /daɪ/ *verbo, substantivo*
▸ *vi* (*pt, pp* **died**; *part pres* **dying**) morrer: *to die of/from sth* morrer de algo LOC **be dying for sth/to do sth** (*coloq*) morrer de vontade de fazer algo PHR V **die away 1** desvanecer **2** (*ruído*) desaparecer aos poucos ◆ **die down 1** apagar-se, diminuir gradualmente **2** (*vento*) amainar ◆ **die off** morrer um após o outro ◆ **die out 1** (*animais, plantas, etc.*) extinguir-se **2** (*tradições*) desaparecer
▸ *s Ver* DICE

diesel /ˈdiːzl/ *s* **1** diesel **2** carro a diesel

diet /ˈdaɪət/ *substantivo, verbo*
▸ *s* dieta: *to be/go on a diet* estar de/começar uma dieta ◇ *diet drinks* bebidas dietéticas ➲ *Ver nota em* LOW-CAL
▸ *vi* estar de dieta **dietary** /ˈdaɪəteri; *GB* -təri/ *adj* **1** dietético **2** alimentar: *dietary habits/requirements* hábitos/necessidades alimentares

differ /ˈdɪfər/ *vi* **1** ~ **(from sb/sth)** diferir, ser diferente (de alguém/algo) **2** ~ **(with sb) (about/on sth)** não concordar (com alguém) (sobre algo); discordar (de alguém) (quanto a algo)

difference /ˈdɪfrəns/ *s* ~ **(between A and B)** diferença (em relação a/entre A e B): *to make up the difference (in price)* compensar a diferença (no preço) ◇ *a difference of opinion* uma diferença de opinião LOC **it makes all the difference** isto muda tudo ◆ **it makes no difference** dá no mesmo ◆ **what difference does it make?** que diferença isso faz?

different /ˈdɪfrənt/ *adj* ~ **(from/than/to sb/sth)** diferente, distinto (de alguém/algo) ❶ **Different than sb/sth** é somente usado nos Estados Unidos, e **different to sb/sth** na Grã-Bretanha.

differentiate /ˌdɪfəˈrenʃieɪt/ *vt, vi* ~ **(between) A and B**; ~ **A from B** distinguir, diferenciar entre A e B/A de B **differentiation** *s* diferenciação

differently /ˈdɪfrəntli/ *adv* de uma maneira diferente, de maneira distinta

difficult /ˈdɪfɪkəlt/ *adj* difícil

difficulty /ˈdɪfɪkəlti/ *s* (*pl* **difficulties**) **1** dificuldade **2** (*situação difícil*) apuro, aperto: *to get/run into difficulties* ver-se/ficar em apuros ◇ *to make difficulties for sb* colocar obstáculos a alguém

diffident /ˈdɪfɪdənt/ *adj* (*pessoa*) inseguro **diffidence** *s* insegurança

dig /dɪg/ *verbo, substantivo*
▸ *vt, vi* (*pt, pp* **dug** /dʌg/; *part pres* **digging**) cavar: *to dig for sth* cavar em busca de algo LOC **dig your heels in** manter-se firme (*em uma posição, opinião, etc.*) PHR V **dig in; dig into sth** (*coloq*) (*comida*) atacar (algo) ◆ **dig (sth) into sth** cravar algo, cravar-se em algo ◆ **dig sb/sth out** retirar alguém/algo (cavando) ◆ **dig sth up 1** (*planta*) arrancar algo da terra **2** (*rua, gramado, etc.*) revolver algo **3** (*objeto, fatos, etc.*) desenterrar algo
▸ *s* **1** escavação **2** ~ **(at sb)** provocação verbal (contra alguém): *to have a dig at sb* provocar verbalmente alguém

digest *substantivo, verbo*
▸ *s* /ˈdaɪdʒest/ **1** resumo **2** condensação
▸ *vt, vi* /daɪˈdʒest; dɪˈ/ digerir **digestion** /daɪˈdʒestʃən; dɪˈ-/ *s* digestão

digestive system /daɪˈdʒestɪv sɪstəm/ *s* sistema digestório

digger /ˈdɪgər/ *s* escavadeira

digit /ˈdɪdʒɪt/ *s* dígito

digital /ˈdɪdʒɪtl/ *adj* digital: *digital camera/TV* câmera/televisão digital

ˌdigital ˈfootprint *s* pegada digital

ˌdigital ˈnative *s* nativo, -a digital

digitization (*GB tb* **digitisation**) /ˌdɪdʒɪtəˈzeɪʃn; *GB* -taɪˈ-/ (*tb* **digitalization, digitalisation** /ˌdɪdʒɪtələˈzeɪʃn; *GB* -laɪˈ-/) *s* digitalização

dignified /ˈdɪgnɪfaɪd/ *adj* digno

dignitary /ˈdɪgnɪteri; *GB* -təri/ *s* (*pl* **dignitaries**) dignitário

dignity /ˈdɪgnəti/ *s* dignidade

digression /daɪˈgreʃn/ *s* digressão

dike = DYKE

dilapidated /dɪˈlæpɪdeɪtɪd/ *adj* **1** arruinado **2** (*veículo*) deteriorado

dilemma /dɪˈlemə; daɪˈ-/ *s* dilema

dilute /daɪˈluːt; *GB tb* -ˈljuːt/ *vt* **1** diluir **2** (*fig*) suavizar, debilitar

dim /dɪm/ *adjetivo, verbo*
▸ *adj* (**dimmer, -est**) **1** (*luz*) fraco, tênue **2** (*lugar*) escuro **3** (*lembrança, noção*) vago **4** (*perspectivas*) pouco promissor, sombrio **5** (*visão*) turvo **6** (*esp GB, coloq*) (*pessoa*) estúpido
▸ *v* (**-mm-**) **1** *vt* (*luz*) diminuir **2** *vi* (*luz*) apagar-se pouco a pouco **3** *vt, vi* (*fig*) empanar (o brilho de), apagar-se, turvar **4** *vt* (*farol de um carro*) baixar

dime /daɪm/ *s* (*Can, USA*) (moeda de) 10 centavos: *dime store* loja de 1,99 ➲ *Ver pág. 760*

dimension /daɪˈmenʃn; dɪˈ-/ *s* dimensão, medida

D

diminish /dɪˈmɪnɪʃ/ *vt, vi* diminuir **diminishing** *adj* minguante

diminutive /dɪˈmɪnjətɪv/ *adjetivo, substantivo*
▸ *adj* (*formal*) diminuto
▸ *s* diminutivo

D

dimly /ˈdɪmli/ *adv* **1** (*iluminar*) fracamente **2** (*recordar*) vagamente **3** (*ver*) apenas

dimple /ˈdɪmpl/ *s* covinha (*do rosto*)

din /dɪn/ *s* [*sing*] **1** (*de gente*) alarido **2** (*de máquinas*) barulhada

dine /daɪn/ *vi* ~ **(on sth)** (*formal*) jantar, comer (algo) PHR V **dine out** jantar/comer fora

diner /ˈdaɪnər/ *s* **1** comensal **2** pequeno restaurante (*de estrada*)

dinghy /ˈdɪŋi/ *s* (*pl* **dinghies**) **1** bote, pequeno veleiro **2** (*GB*) barco inflável

dingy /ˈdɪndʒi/ *adj* (**dingier**, **-iest**) **1** (*deprimente*) lúgubre **2** encardido

ˈ**dining room** *s* sala de jantar

dinner /ˈdɪnər/ *s* **1** [*não contável*] jantar, almoço: *to have dinner* jantar/almoçar/comer ℹ **Dinner** utiliza-se para se referir à principal refeição do dia. **2** ceia, jantar (de gala) **3** (*tb* ˈ**dinner party**) (*entre amigos*) jantar ➲ *Ver nota em* NATAL

ˈ**dinner jacket** *s* (*GB*) (*USA* **tuxedo**) smoking

dinnertime /ˈdɪnərtaɪm/ *s* hora do jantar/almoço ➲ *Ver nota em* DINNER

dinosaur /ˈdaɪnəsɔːr/ *s* dinossauro

diocese /ˈdaɪəsɪs/ *s* (*pl* **dioceses** /-siːz/) diocese

dioxide /daɪˈɑːksaɪd/ *s* dióxido

dip /dɪp/ *verbo, substantivo*
▸ *v* (**-pp-**) **1** *vt* ~ **sth (in/into sth)** mergulhar, molhar, banhar algo (em algo) **2** *vi* descer: *The land dips (down) gently to the south.* As terras descem suavemente em direção ao sul. **3** *vt* (*GB*) (*USA* **dim**) (*farol de um carro*) baixar
▸ *s* **1** (*coloq*) mergulho: *to go for a dip in the ocean* dar um mergulho no mar **2** (*Geog*) depressão **3** declive **4** (*preços, etc.*) baixa **5** (*Cozinha*) pasta (*para molhar petiscos*)

diphthong /ˈdɪfθɑːŋ; ˈdɪpθɑːŋ/ *s* ditongo

diploma /dɪˈploʊmə/ *s* diploma

diplomacy /dɪˈploʊməsi/ *s* diplomacia **diplomat** /ˈdɪpləmæt/ *s* diplomata **diplomatic** /ˌdɪpləˈmætɪk/ *adj* (*lit e fig*) diplomático **diplomatically** /ˌdɪpləˈmætɪkli/ *adv* diplomaticamente, com diplomacia

dire /ˈdaɪər/ *adj* (**direr**, **-est**) **1** (*formal*) terrível, calamitoso: *The firm is in dire straits and may go bankrupt.* A firma está numa situacão calamitosa e pode ir à falência. **2** (*GB, coloq*) fatal

direct /dəˈrekt; dɪˈ-; daɪˈ-/ *verbo, adjetivo, advérbio*
▸ *vt* dirigir: *Could you direct me to...?* Poderia indicar-me o caminho para...?
▸ *adj* **1** direto **2** franco **3** exato
▸ *adv* **1** diretamente: *The train goes direct to London.* O trem vai direto para Londres. **2** pessoalmente: *I prefer to deal with him direct.* Eu prefiro tratar diretamente com ele.

diˌrect ˈbilling (*GB* **diˌrect ˈdebit**) *s* débito automático

direction /dəˈrekʃn; dɪˈ-; daɪˈ-/ *s* **1** direção, sentido **2** **directions** [*pl*] instruções: *to ask (sb) for directions* pedir orientação

directive /dəˈrektɪv; dɪˈ-; daɪˈ-/ *s* diretriz

directly /dəˈrektli; dɪˈ-; daɪˈ-/ *adv* **1** diretamente: *directly opposite (sth)* bem em frente (a algo) **2** imediatamente

directness /dəˈrektnəs; dɪˈ-; daɪˈ-/ *s* franqueza

director /dəˈrektər; dɪˈ-; daɪˈ-/ *s* diretor, -ora *Ver tb* MANAGING DIRECTOR

directorate /dəˈrektərət; dɪˈ-; daɪˈ-/ *s* **1** quadro de diretores, diretoria **2** diretório

directory /dəˈrektəri; dɪˈ-; daɪˈ-/ *s* (*pl* **directories**) catálogo, lista (telefônica): *directory assistance/enquiries* auxílio à lista

dirt /dɜːrt/ *s* **1** sujeira **2** terra **3** (*coloq*) sujeira: *to get hold of/dig up all the dirt on sb* descobrir/procurar os podres de alguém LOC *Ver* TREAT

ˌ**dirt ˈcheap** *adj, adv* (*coloq*) baratíssimo

dirty /ˈdɜːrti/ *adjetivo, verbo*
▸ *adj* (**dirtier**, **-iest**) **1** sujo: *dirty joke/word* piada suja/palavrão **2** (*história*) cabeludo **3** (*coloq*) injusto: *dirty trick* golpe sujo/baixo
▸ *vt, vi* (*pt, pp* **dirtied**) sujar(-se)

disability /ˌdɪsəˈbɪləti/ *s* (*pl* **disabilities**) **1** incapacidade **2** (*Med*) deficiência, invalidez

disabled /dɪsˈeɪbld/ *adjetivo, substantivo*
▸ *adj* incapacitado, inválido
▸ *s* **the disabled** [*pl*] os deficientes ➲ *Ver nota em* DEFICIENTE

disadvantage /ˌdɪsədˈvæntɪdʒ; *GB* -ˈvɑːn-/ *s* desvantagem: *to be at a disadvantage* estar em desvantagem **disadvantaged** *adj* desfavorecido **disadvantageous** /ˌdɪsædvænˈteɪdʒəs/ *adj* (*formal*) desvantajoso

disagree /ˌdɪsəˈgriː/ *vi* (*pt, pp* **disagreed**) ~ **(with sb/sth) (about/on sth)** não estar de acordo (com alguém/algo) (sobre algo): *He disagreed with her on how to spend the money.* Ele discordava dela quanto à maneira de gastar o dinheiro. PHR V **disagree with sb** *(comida, clima)* fazer mal a alguém **disagreeable** *adj (formal)* desagradável

disagreement /ˌdɪsəˈgriːmənt/ *s* **1** desacordo **2** discussão

disappear /ˌdɪsəˈpɪr/ *vi* desaparecer: *It disappeared into the bushes.* Desapareceu no matagal. **disappearance** *s* desaparecimento

disappoint /ˌdɪsəˈpɔɪnt/ *vt* **1** decepcionar, desapontar **2** *(esperanças)* frustrar

disappointed /ˌdɪsəˈpɔɪntɪd/ *adj* **1** ~ **(at/by sth)** decepcionado, desapontado (com/por algo) **2** ~ **(in/with sb/sth)** decepcionado (com alguém/algo): *I'm disappointed in you.* Estou decepcionado com você.

disappointing /ˌdɪsəˈpɔɪntɪŋ/ *adj* decepcionante

disappointment /ˌdɪsəˈpɔɪntmənt/ *s* decepção

disapproval /ˌdɪsəˈpruːvl/ *s* desaprovação

disapprove /ˌdɪsəˈpruːv/ *vi* **1** ~ **(of sth)** desaprovar (algo) **2** ~ **(of sb)** ter má opinião (de alguém)

disapproving /ˌdɪsəˈpruːvɪŋ/ *adj* de desaprovação, de censura

disarm /dɪsˈɑːrm/ *vt, vi* desarmar(-se) **disarmament** *s* desarmamento

disassociate /ˌdɪsəˈsoʊʃieɪt/ = DISSOCIATE

disaster /dɪˈzæstər; *GB* dɪˈzɑːstə(r)/ *s* desastre, calamidade **disastrous** *adj* desastroso, catastrófico

disband /dɪsˈbænd/ *vt, vi (grupo)* dissolver(-se)

disbelief /ˌdɪsbɪˈliːf/ *s* descrença

disc = DISK

discard /dɪsˈkɑːrd/ *vt* descartar, desfazer-se de

discern /dɪˈsɜːrn/ *vt (formal)* **1** perceber **2** discernir **discernible** *adj* perceptível

discharge *verbo, substantivo*
▸ *vt* /dɪsˈtʃɑːrdʒ/ **1** *(resíduos)* descarregar, despejar **2** *(Mil)* dispensar **3** *(Med, paciente)* dar alta a **4** *(formal) (dever)* cumprir
▸ *s* /ˈdɪstʃɑːrdʒ/ **1** *(elétrica, de artilharia)* descarga **2** *(resíduo)* emissão **3** *(Mil)* dispensa **4** *(Jur)*: *conditional discharge* liberdade condicional **5** *(Med)* supuração, corrimento **6** *(paciente)* alta

disciple /dɪˈsaɪpl/ *s* discípulo, -a

disciplinary /ˈdɪsəpləneri; *GB* -plɪnəri/ *adj* disciplinar

discipline /ˈdɪsəplɪn/ *substantivo, verbo*
▸ *s* disciplina
▸ *vt* disciplinar

ˈdisc jockey *s Ver* DJ

disclose /dɪsˈkloʊz/ *vt* revelar **disclosure** /dɪsˈkloʊʒər/ *s (formal)* revelação *(de um segredo)*

disco /ˈdɪskoʊ/ *s (pl* **discos**) discoteca *(lugar)*

discolor *(GB* **discolour**) /dɪsˈkʌlər/ **1** desbotar **2** *vt* manchar

discomfort /dɪsˈkʌmfərt/ *s [não contável]* desconforto, incômodo

disconcerted /ˌdɪskənˈsɜːrtɪd/ *adj* desconcertado **disconcerting** *adj* desconcertante

disconnect /ˌdɪskəˈnekt/ *vt* **1** desconectar **2** *(luz, telefone, etc.)* cortar **disconnected** *adj* desconexo, incoerente

discontent /ˌdɪskənˈtent/ *(tb* **discontentment**) *s* ~ **(at/over/with sth)** descontentamento (com algo) **discontented** *adj* descontente, insatisfeito

discontinue /ˌdɪskənˈtɪnjuː/ *vt* suspender, interromper

discord /ˈdɪskɔːrd/ *s* **1** *(formal)* discórdia **2** *(Mús)* dissonância **discordant** /dɪsˈkɔːrdənt/ *adj* **1** *(formal) (opiniões)* discordante **2** *(som)* dissonante

discount *verbo, substantivo*
▸ *vt* /ˈdɪskaʊnt; dɪsˈkaʊnt/ **1** *(Com)* descontar, abaixar **2** *(formal)* descartar, ignorar
▸ *s* /ˈdɪskaʊnt/ desconto LOC **at a discount** com desconto

discourage /dɪsˈkɜːrɪdʒ; *GB* -ˈkʌrɪdʒ/ *vt* **1** desanimar, desencorajar **2** desaconselhar: *a campaign to discourage smoking among teenagers* uma campanha de conscientização contra o uso do cigarro por adolescentes **3** ~ **sb from doing sth** dissuadir alguém de fazer algo **discouraging** *adj* desencorajador, desanimador

discover /dɪˈskʌvər/ *vt* descobrir

discovery /dɪˈskʌvəri/ *s (pl* **discoveries**) descoberta, descobrimento

discredit /dɪsˈkredɪt/ *vt* desacreditar

discreet /dɪˈskriːt/ *adj* discreto

discrepancy /dɪsˈkrepənsi/ *s (pl* **discrepancies**) discrepância

discretion /dɪˈskreʃn/ *s* **1** discrição **2** discernimento LOC **at sb's discretion** a critério de alguém

discriminate /dɪˈskrɪmɪneɪt/ *vi* **1** ~ **(between A and B)** distinguir (entre A e B) **2** ~ **against sb** discriminar contra alguém **3** ~ **in favor of sb** favorecer alguém **discriminating** *adj* perspicaz **discrimination** *s* **1** discriminação **2** discernimento, bom gosto

discuss /dɪˈskʌs/ *vt* ~ **sth (with sb)** discutir, tratar de algo (com alguém)

discussion /dɪˈskʌʃn/ *s* **1** debate, discussão ➲ *Comparar com* ARGUMENT, ROW[2] **2** discernimento, bom gosto

disdain /dɪsˈdeɪn/ *s* desdém

disease /dɪˈziːz/ *s* enfermidade, doença

Em geral, usa-se **disease** para enfermidades específicas como *heart disease*, *Parkinson's disease*, ao passo que **illness** refere-se à enfermidade como um estado ou o período em que se está doente. ➲ *Ver exemplos em* ILLNESS

diseased /dɪˈziːzd/ *adj* enfermo

disembark /ˌdɪsɪmˈbɑːrk/ *vi* ~ **(from sth)** (*formal*) desembarcar (de algo)

disenchanted /ˌdɪsɪnˈtʃæntɪd; *GB* -ˈtʃɑːn-/ *adj* ~ **(with sb/sth)** desencantado, desiludido (com alguém/algo)

disentangle /ˌdɪsɪnˈtæŋgl/ *vt* **1** desembaraçar, desenredar **2** ~ **sth/sb (from sth)** deslindar, livrar algo/alguém (de algo)

disfigure /dɪsˈfɪgjər; *GB* -ˈfɪgə(r)/ *vt* desfigurar

disgrace /dɪsˈgreɪs/ *verbo, substantivo*
▸ *vt* desonrar: *to disgrace yourself* cair em desgraça
▸ *s* **1** desgraça, desonra **2** [*sing*] **a** ~ **(to sb/sth)** uma vergonha (para alguém/algo) LOC **in disgrace (with sb)** desacreditado (perante alguém) **disgraceful** *adj* vergonhoso

disgruntled /dɪsˈgrʌntld/ *adj* ~ **(at sb/sth)** desapontado (com alguém/algo)

disguise /dɪsˈgaɪz/ *verbo, substantivo*
▸ *vt* **1** ~ **sb/yourself (as sb/sth)** disfarçar alguém/disfarçar-se (em alguém/algo) **2** dissimular
▸ *s* disfarce LOC **in disguise** disfarçado *Ver tb* BLESSING

disgust /dɪsˈgʌst/ *s* nojo, repugnância

disgusting /dɪsˈgʌstɪŋ/ *adj* **1** nojento **2** repugnante

dish /dɪʃ/ *substantivo, verbo*
▸ *s* **1** (*iguaria*) prato: *the national dish* o prato típico do país **2 the dishes** [*pl*] a louça: *to do the dishes* lavar a louça **3** travessa (*para servir*) *Ver tb* SATELLITE DISH
▸ *v* PHR V **dish sth out 1** (*coloq*) distribuir algo em grandes quantidades **2** (*comida*) servir algo ◆ **dish (sth) up** servir (algo)

disheartened /dɪsˈhɑːrtnd/ *adj* desanimado, desalentado **disheartening** *adj* desencorajador, desanimador

disheveled (*GB* **dishevelled**) /dɪˈʃevld/ *adj* **1** (*cabelo*) despenteado **2** (*roupa, aparência*) desalinhado

dishonest /dɪsˈɑːnɪst/ *adj* **1** desonesto **2** fraudulento **dishonesty** *s* desonestidade

dishonor (*GB* **dishonour**) /dɪsˈɑːnər/ *substantivo, verbo*
▸ *s* (*formal*) desonra
▸ *vt* (*formal*) desonrar **dishonorable** (*GB* **dishonourable**) *adj* desonroso

ˈ**dish towel** (*GB* **tea towel**) *s* pano de prato

dishwasher /ˈdɪʃwɔːʃər; *GB* -wɒʃə(r)/ *s* lava-louças

dishwashing liquid /ˈdɪʃwɑːʃɪŋ lɪkwɪd/ (*GB* **washing-up liquid**) *s* detergente (*líquido*)

disillusion /ˌdɪsɪˈluːʒn/ *vt* desiludir, decepcionar **disillusioned** *adj* ~ **(by/with sb/sth)** desencantado, desapontado (com alguém/algo) **disillusionment** (*tb* **disillusion**) *s* desilusão, decepção

disinfect /ˌdɪsɪnˈfekt/ *vt* desinfetar **disinfectant** *s* desinfetante

disintegrate /dɪsˈɪntɪgreɪt/ *vt, vi* desintegrar(-se), desmoronar(-se) **disintegration** *s* desintegração, desmoronamento

disinterested /dɪsˈɪntrəstɪd; -trestɪd/ *adj* desinteressado

disjointed /dɪsˈdʒɔɪntɪd/ *adj* desconexo

disk /dɪsk/ *s* **1** (*GB tb* **disc**) disco **2** (*Informát*) disco

dislike /dɪsˈlaɪk/ *verbo, substantivo*
▸ *vt* não gostar de, ter aversão a
▸ *s* ~ **(of/for sb/sth)** aversão (a/por alguém/algo); antipatia (por alguém) LOC **take a dislike to sb/sth** antipatizar com alguém, tomar aversão a alguém/algo

dislocate /ˈdɪsloʊkeɪt; dɪsˈloʊkeɪt; *GB* ˈdɪsləkeɪt/ *vt* deslocar **dislocation** *s* deslocamento

dislodge /dɪsˈlɑːdʒ/ *vt* ~ **sth/sb (from sth)** deslocar, desalojar algo/alguém (de algo)

disloyal /dɪsˈlɔɪəl/ *adj* ~ **(to sb/sth)** desleal (com alguém/algo) **disloyalty** *s* deslealdade

dismal /ˈdɪzməl/ *adj* **1** triste, sombrio **2** (*coloq*) péssimo

dismantle /dɪsˈmæntl/ *vt* **1** desmontar, desfazer **2** (*edifício, organização, navio*) desmantelar

dismay /dɪsˈmeɪ/ *substantivo, verbo*
▸ *s* consternação
▸ *vt* consternar

dismember /dɪsˈmembər/ *vt* desmembrar

⚷ **dismiss** /dɪsˈmɪs/ *vt* **1** ~ **sb (from sth)** demitir, destituir, dispensar alguém (de algo) **2** ~ **sb/sth (as sth)** descartar, desconsiderar alguém/algo (como algo) **dismissal** *s* **1** demissão (*não voluntário*) **2** repúdio **dismissive** *adj* desdenhoso

dismount /dɪsˈmaʊnt/ *vi* ~ **(from sth)** desmontar, apear(-se) (de algo)

disobedient /ˌdɪsəˈbiːdiənt/ *adj* desobediente **disobedience** *s* desobediência

disobey /ˌdɪsəˈbeɪ/ *vt, vi* desobedecer

disorder /dɪsˈɔːrdər/ *s* **1** desordem **2** distúrbio: *eating disorders* distúrbios alimentares **disorderly** *adj* (*formal*) **1** indisciplinado, desordeiro **2** desordenado, desarrumado

disorganized (*GB tb* **-ised**) /dɪsˈɔːrgənaɪzd/ *adj* desorganizado

disorient /dɪsˈɔːrient/ (*GB tb* **disorientate** /dɪsˈɔːriənteɪt/) *vt* desorientar

disown /dɪsˈoʊn/ *vt* repudiar a

dispatch (*GB tb* **despatch**) /dɪˈspætʃ/ *verbo, substantivo*
▸ *vt* (*formal*) enviar
▸ *s* **1** (*formal*) envio **2** (*Jornalismo*) matéria enviada (por correspondente ou agência)

dispel /dɪˈspel/ *vt* (**-ll-**) dissipar

dispense /dɪˈspens/ *vt* distribuir, dispensar PHR V **dispense with sb/sth** dispensar alguém/algo, prescindir de alguém/algo

disperse /dɪˈspɜːrs/ *vt, vi* dispersar(-se) **dispersal** (*tb* **dispersion**) *s* (*formal*) dispersão

displace /dɪsˈpleɪs/ *vt* **1** deslocar **2** substituir

⚷ **display** /dɪˈspleɪ/ *verbo, substantivo*
▸ *vt* **1** expor, exibir **2** (*emoção, etc.*) mostrar, manifestar **3** (*Informát*) exibir na tela
▸ *s* **1** exposição, exibição **2** demonstração **3** (*Informát*) (informação apresentada na) tela LOC **on display** em exposição

disposable /dɪˈspoʊzəbl/ *adj* **1** descartável **2** (*Fin*) disponível

disposal /dɪˈspoʊzl/ *s* **1** despejo: *garbage disposal* despejo de lixo **2** venda (*de parte de uma empresa*) LOC **at your/sb's disposal** à sua disposição/à disposição de alguém

disposed /dɪˈspoʊzd/ *adj* (*formal*) disposto: *to be ill/well disposed toward sb* estar maldisposto/bem-disposto com relação a alguém

disposition /ˌdɪspəˈzɪʃn/ *s* índole, temperamento

disproportionate /ˌdɪsprəˈpɔːrʃənət/ *adj* desproporcional, desproporcionado

disprove /ˌdɪsˈpruːv/ *vt* refutar (*teoria, alegação*)

dispute /dɪˈspjuːt/ *substantivo, verbo*
▸ *s* **1** discussão **2** conflito, controvérsia LOC **in dispute 1** em discussão **2** (*Jur*) em litígio
▸ *vt* **1** discutir, colocar em dúvida **2** disputar

disqualify /dɪsˈkwɑːlɪfaɪ/ *vt* (*pt, pp* **-fied**) desqualificar: *to disqualify sb from doing sth* impedir/incapacitar alguém de fazer algo

disregard /ˌdɪsrɪˈgɑːrd/ *verbo, substantivo*
▸ *vt* ignorar (*conselho, erro*)
▸ *s* ~ **(for/of sb/sth)** indiferença, desconsideração (por alguém/algo)

disreputable /dɪsˈrepjətəbl/ *adj* **1** de má reputação **2** (*método*) desonesto

disrepute /ˌdɪsrɪˈpjuːt/ *s* descrédito

disrespect /ˌdɪsrɪˈspekt/ *s* falta de respeito

disrupt /dɪsˈrʌpt/ *vt* romper, interromper **disruption** *s* transtorno, interrupção **disruptive** *adj* desordeiro, perturbador

dissatisfaction /ˌdɪsˌsætɪsˈfækʃn/ *s* ~ **(with/at sb/sth)** insatisfação (com alguém/algo)

dissatisfied /dɪsˈsætɪsfaɪd/ *adj* ~ **(with sb/sth)** descontente (com alguém/algo)

dissent /dɪˈsent/ *s* discordância **dissenting** *adj* discordante, contrário

dissertation /ˌdɪsərˈteɪʃn/ *s* ~ **(on sth)** dissertação (sobre algo)

dissident /ˈdɪsɪdənt/ *s* dissidente

dissimilar /dɪˈsɪmɪlər/ *adj* ~ **(from/to sb/sth)** diferente (de alguém/algo)

dissociate /dɪˈsoʊʃieɪt/ (*tb* **disassociate**) *vt* ~ **sb/sth/yourself (from sb/sth)** desassociar alguém/algo; desassociar-se (de alguém/algo)

⚷ **dissolve** /dɪˈzɑːlv/ **1** *vt, vi* dissolver(-se) **2** *vi* desvanecer(-se)

D

dissuade /dɪˈsweɪd/ *vt* ~ **sb (from sth/doing sth)** dissuadir alguém (de algo/fazer algo)

distance /ˈdɪstəns/ *substantivo, verbo*
▸ *s* distância: *at/from a distance* a distância ◇ *a distance runner* um corredor de fundo *Ver tb* LONG-DISTANCE LOC **in the distance** ao longe
▸ *vt* ~ **yourself (from sb/sth)** distanciar-se (de alguém/algo) **distant** *adj* **1** distante, longínquo **2** (*parente*) distante

distaste /dɪsˈteɪst/ *s* ~ **(for sb/sth)** aversão (a alguém/algo) **distasteful** *adj* desagradável

distill (*GB* **distil**) /dɪˈstɪl/ *vt* (-ll-) destilar **distillery** *s* (*pl* **distilleries**) destilaria

distinct /dɪˈstɪŋkt/ *adj* **1** claro, nítido **2** ~ **(from sth)** distinto (de algo): *as distinct from sth* em contraposição a algo **distinction** *s* **1** distinção **2** honra **distinctive** *adj* peculiar

distinguish /dɪˈstɪŋgwɪʃ/ **1** *vt* ~ **A (from B)** distinguir A (de B) **2** *vi* ~ **between A and B** distinguir entre A e B **3** *vt* ~ **yourself (as sth)** destacar-se (como algo)

distort /dɪˈstɔːrt/ *vt* **1** deformar, distorcer **2** (*fig*) distorcer **distortion** *s* distorção

distract /dɪˈstrækt/ *vt* ~ **sb (from sth)** desviar a atenção de alguém (de algo) **distracted** *adj* distraído, preocupado **distraction** *s* distração: *to drive sb to distraction* levar alguém à loucura

distraught /dɪˈstrɔːt/ *adj* consternado

distress /dɪˈstres/ *s* **1** sofrimento **2** desgraça **3** perigo: *a distress signal* um sinal de perigo **distressed** *adj* aflito **distressing** *adj* angustiante, penoso

distribute /dɪˈstrɪbjuːt/ *vt* ~ **sth (to/among sb/sth)** distribuir, repartir algo (a/entre alguém/algo) **distributor** *s* distribuidor, -ora

distribution /ˌdɪstrɪˈbjuːʃn/ *s* distribuição

district /ˈdɪstrɪkt/ *s* **1** distrito, região **2** zona

distrust /dɪsˈtrʌst/ *substantivo, verbo*
▸ *s* desconfiança
▸ *vt* desconfiar de **distrustful** *adj* desconfiado

disturb /dɪˈstɜːrb/ *vt* **1** perturbar, interromper: *I'm sorry to disturb you.* Desculpe incomodá-lo. ➲ *Comparar com* BOTHER, MOLEST **2** (*papéis, etc.*) mexer **3** (*silêncio, sono*) perturbar LOC **do not disturb** não perturbe **disturbance** *s* **1** perturbação: *to cause a disturbance* perturbar a ordem **2** distúrbio **disturbed** *adj* perturbado

disturbing /dɪˈstɜːrbɪŋ/ *adj* inquietante

disuse /dɪsˈjuːs/ *s* desuso: *to fall into disuse* cair em desuso **disused** /ˌdɪsˈjuːzd/ *adj* abandonado

ditch /dɪtʃ/ *substantivo, verbo*
▸ *s* valeta
▸ *vt* (*coloq*) abandonar, livrar-se de

dither /ˈdɪðər/ *vi* ~ **(over sth)** (*coloq*) vacilar (sobre algo)

ditto /ˈdɪtoʊ/ *s* idem

> **Ditto** refere-se ao símbolo (") que se utiliza para evitar as repetições em uma lista.

dive /daɪv/ *verbo, substantivo*
▸ *vi* (*pt* **dived** (*USA tb* **dove** /doʊv/), *pp* **dived**) **1** ~ **(from/off sth) (into sth)** mergulhar (de algo) (em algo) **2** ~ **(down) (for sth)** (*pessoa*) mergulhar (em busca de algo) **3** (*submarino*) submergir **4** (*avião*) picar **5** ~ **into/under sth** jogar-se em/debaixo de algo LOC **dive for cover** procurar abrigo (rapidamente)
▸ *s* salto de cabeça (*na água*) **diver** *s* mergulhador, -ora

diverge /daɪˈvɜːrdʒ/ *vi* (*formal*) **1** divergir **2** ~ **from sth** separar-se de algo: *Many species have diverged from a single ancestor.* Muitas espécies partiram do mesmo ancestral único. **divergence** *s* (*formal*) divergência **divergent** *adj* divergente

diverse /daɪˈvɜːrs/ *adj* diverso, diversificado **diversification** *s* diversificação **diversify** *vt, vi* (*pt, pp* **-fied**) diversificar(-se)

diversion /daɪˈvɜːrʒn; *GB* -ˈvɜːʃn/ *s* **1** (*GB*) (*USA* **detour**) desvio **2** (*formal*) (*diversão*) distração

diversity /daɪˈvɜːrsəti/ *s* diversidade

divert /daɪˈvɜːrt/ *vt* ~ **sb/sth (from sth)** desviar, distrair alguém/algo (de algo)

divide /dɪˈvaɪd/ **1** *vt, vi* ~ **(sth) (up) (into sth)** dividir algo; dividir-se (em algo) **2** *vt* ~ **sth (up/out) (between/among sb)** dividir, repartir algo (entre alguém) **3** *vt* ~ **sth (between A and B)** dividir, repartir algo (entre A e B) **4** *vt* separar **5** *vt* ~ **sth by sth** (*Mat*) dividir algo por algo **divided** *adj* dividido

di,vided 'highway (*GB* **dual carriageway**) *s* autoestrada, rodovia (*com pista dupla*)

dividend /ˈdɪvɪdend/ *s* dividendo

divine /dɪˈvaɪn/ *adj* divino

diving /ˈdaɪvɪŋ/ *s* (*Esporte*) mergulho, salto *Ver tb* SKIN DIVING

'diving board *s* trampolim (*em piscina*)

division /dɪˈvɪʒn/ *s* **1** divisão **2** seção, departamento *(de uma empresa)* **divisional** *adj* divisório

divorce /dɪˈvɔːrs/ *substantivo, verbo*
▸ *s* divórcio
▸ *vt, vi* divorciar-se (de): *to get divorced* divorciar-se **divorcé** /dɪˌvɔːrˈseɪ/ *s (USA)* divorciado, -a **divorcée** /dɪˌvɔːrˈseɪ/ *s (USA)* divorciada **divorcee** /dɪˌvɔːrˈseɪ; *GB* -ˈsiː/ *s (GB)* divorciado, -a

divulge /daɪˈvʌldʒ/ *vt (formal)* revelar, divulgar

DIY /ˌdiː aɪ ˈwaɪ/ *s (abrev de* **do-it-yourself***)* *(GB)* faça você mesmo

dizzy /ˈdɪzi/ *adj* tonto, vertiginoso **dizziness** *s* tontura, vertigem

DJ /ˈdiː dʒeɪ/ *s (abrev de* **disc jockey***)* disc-jóquei

do /duː/ *verbo, substantivo*
▸ *vt, vi (3a pess sing pres* **does** /dʌz/, *pt* **did** /dɪd/, *pp* **done** /dʌn/*)*

- **1** fazer ℹ Utilizamos **do** quando falamos de uma atividade sem dizer exatamente do que se trata, por exemplo, quando vai acompanhado por palavras como *something, nothing, anything, everything,* etc.: *What are you doing this evening?* O que vai fazer hoje à noite? ◇ *Are you doing anything tomorrow?* Você vai fazer alguma coisa amanhã? ◇ *We'll do what we can to help you.* Faremos o possível para ajudar você. ◇ *What does she want to do?* O que ela quer fazer? ◇ *I have nothing to do.* Não tenho nada para fazer. ◇ *What can I do for you?* Em que posso servi-lo? ◇ *I have a number of things to do today.* Tenho várias coisas para fazer hoje. ◇ *Do as you please.* Faça como quiser. ◇ *Do as you're told!* Faça o que lhe mandam! ➲ *Ver exemplos em* MAKE
- **do + the, my, etc. + -ing 2** *vt (obrigações, hobbies)* fazer: *to do the ironing* passar (a) roupa ◇ *to do the/your shopping* fazer (as) compras ➲ *Ver nota em* ESPORTE
- **do + (the, my, etc) + substantivo 3** *vt*: *to do your homework* fazer a lição de casa ◇ *to do business* fazer negócios ◇ *to do your duty* fazer/cumprir sua obrigação ◇ *to do your job* fazer seu trabalho ◇ *to do the housework* fazer o serviço de casa ◇ *to do your hair/to have your hair done* fazer um penteado/ir ao cabeleireiro ◇ *to do a test/an exam/an English course* fazer uma prova/um exame/um curso de inglês ℹ Neste caso, nos Estados Unidos usa-se o verbo ***take***.
- **outros usos 4** *vi* ser suficiente, servir, bastar: *Will $10 do?* $10 será suficiente? ◇ *All right, a pencil will do.* Tudo bem, um lápis serve. **5** *vt*: *to do your best* dar o melhor de si/fazer o melhor possível ◇ *to do good* fazer o bem ◇ *to do sb a favor* fazer um favor a alguém **6** *vi* ir: *She's doing well at school.* Ela está indo bem na escola. ◇ *How's the business doing?* Como vai o negócio? ◇ *He did badly on the test.* Ele foi mal no exame. **7** *vi*: *Will next Friday do?* Pode ser na próxima sexta? **8** *vt (distância)* andar, fazer: *How many miles did you do during your tour?* Quantas milhas você percorreu na sua viagem? **9** *vt (período de tempo)* passar LOC **be/have to do with sb/sth** ter a ver com alguém/algo: *What is it to do with you?* O que isso tem a ver com você? ◇ *She won't have anything to do with him.* Ela não quer nada com ele. ◆ **could do with sth** *(coloq)*: *I could do with a good night's sleep.* Uma boa noite de sono me faria muito bem. ◇ *We could do with a vacation.* Umas férias nos fariam bem. ◆ **it/that will never do/won't do** *(esp GB)*: *It (simply) won't do.* Não pode ser. ◇ *It would never do to…* Não daria para… ◆ **that does it!** *(coloq)* chega! ◆ **that's done it!** *(GB, coloq)* era só o que faltava! ◆ **that will do!** basta! ℹ Para outras expressões com **do**, ver os verbetes do substantivo, adjetivo, etc, p.ex. **do your bit** em BIT. PHR V **do away with sth** *(coloq)* desfazer-se de algo, abolir algo ◆ **do sth up 1** abotoar, fechar algo *(roupas)* **2** *(GB)* *(USA* **fix sth up***)* reformar algo *(casa)* **3** *(GB)* *(USA* **wrap sth up***)* embrulhar algo ◆ **do without (sb/sth)** passar sem alguém/algo

▸ *v aux* ℹ Não se traduz para o português o auxiliar **do**, pois ele indica apenas o tempo e/ou a pessoa do verbo principal da oração.

- **orações interrogativas e negativas 1**: *Does she speak French?* Ela fala francês? ◇ *Did you go home?* Você foi para casa? ◇ *She didn't go to Paris.* Ela não foi a Paris. ◇ *He doesn't want to come with us.* Ele não quer vir conosco.
- **question tags 2 do + n't + sujeito (pronome pessoal)?** *(em orações afirmativas)*: *John lives here, doesn't he?* John mora aqui, não mora/não é? **3 do + sujeito (pronome pessoal)?** *(em orações negativas)*: *Mary doesn't know, does she?* Mary não sabe, sabe? **4 do + sujeito (pronome pessoal)?** *(em orações afirmativas)*: *So you told them, did you?* Então você contou para eles, não é?
- **em afirmativas com uso enfático 5**: *He does look tired.* Ele parece realmente cansado. ◇ *Well, I did warn you.*

Bem, eu o avisei. ◇ *Oh, do be quiet!* Ah, fique quieto!

• **para evitar repetições 6**: *He drives better than he did a year ago.* Ele está dirigindo melhor do que há um ano. ◇ *She knows more than he does.* Ela sabe mais do que ele. ◇ *"Who won?" "I did."* —Quem ganhou? —Eu. ◇ *"He smokes." "So do I."* —Ele fuma. —Eu também. ◇ *Peter didn't go and neither did I.* Peter não foi e eu também não. ◇ *You didn't know her but I did.* Você não a conheceu, mas eu sim.

▸ *s* (*pl* **dos**, **do's**) (*GB*, *coloq*) festa LOC **dos and don'ts** (*coloq*) regras

do

present simple

afirmativo	**negativo** *formas contraídas*
I **do**	I **don't**
you **do**	you **don't**
he/she/it **does**	he/she/it **doesn't**
we **do**	we **don't**
you **do**	you **don't**
they **do**	they **don't**
forma em -ing	**doing**
past simple	**did**
particípio passado	**done**

docile /ˈdɑːsl; *GB* ˈdoʊsaɪl/ *adj* dócil

dock /dɑːk/ *substantivo, verbo*
▸ *s* **1** doca **2 docks** [*pl*] docas **3** (*esp GB*) (*Jur*) banco dos réus
▸ *v* **1** *vt, vi* (*Náut*) entrar no porto, atracar **2** *vi* chegar de barco **3** *vt, vi* (*naves espaciais*) acoplar(-se) **4** *vt* ~ **sth (from/off sth)** (*salário*) deduzir algo (de algo)

⚷ **doctor** /ˈdɑːktər/ *substantivo, verbo*
▸ *s* (*abrev* **Dr.**) **1** (*Med*) médico, -a ➲ *Ver nota em* POLICIAL **2 doctor's** consultório médico: *to go to the doctor* ir ao médico **3** ~ **(of sth)** (*título*) doutor, -ora (em algo)
▸ *vt* **1** falsificar **2** (*bebida, comida*) alterar

doctorate /ˈdɑːktərət/ *s* doutorado

doctrine /ˈdɑːktrɪn/ *s* doutrina

⚷ **document** *substantivo, verbo*
▸ *s* /ˈdɑːkjumənt/ documento
▸ *vt* /ˈdɑːkjument/ documentar

documentary /ˌdɑːkjuˈmentri/ *substantivo, adjetivo*
▸ *s* (*pl* **documentaries**) documentário
▸ *adj* documental

dodge /dɑːdʒ/ **1** *vt* fugir de: *to dodge awkward questions* fugir de perguntas embaraçosas ◇ *to dodge paying your taxes* sonegar os impostos **2** *vi* esquivar-se: *She dodged around the corner.* Ela se esquivou dobrando a esquina. **3** *vt* (*perseguidor*) ludibriar

dodgy /ˈdɑːdʒi/ *adj* (**dodgier**, **-iest**) (*GB*, *coloq*) **1** suspeito **2** ruim **3** (*situação*) arriscado

doe /doʊ/ *s* cerva, rena (fêmea), lebre (fêmea) ➲ *Ver notas em* COELHO, VEADO

does /dʌz/ *Ver* DO

doesn't /ˈdʌznt/ = DOES NOT *Ver* DO

⚷ **dog** /dɔːg; *GB* dɒg/ *substantivo, verbo*
▸ *s* cachorro, cão ➲ *Ver nota em* CÃO
▸ *vt* (**-gg-**) perseguir: *He was dogged by misfortune.* Ele foi perseguido pela desgraça.

ˈ**dog-eared** *adj* com orelhas (*livro, etc.*)

dogged /ˈdɔːgɪd; *GB* ˈdɒgɪd/ *adj* tenaz
doggedly *adv* tenazmente

doggy (*tb* **doggie**) /ˈdɔːgi; *GB* ˈdɒgi/ *s* (*pl* **doggies**) (*coloq*) cachorrinho, -a

ˈ**doggy bag** (*tb* ˈ**doggie bag**) *s* (*coloq*) quentinha (*para levar sobras do restaurante*)

dogsbody /ˈdɔːgzbɑːdi; *GB* ˈdɒgz-/ *s* (*pl* **dogsbodies**) (*GB*, *coloq*) pau para toda obra

ˌ**do-it-your**ˈ**self** *s Ver* DIY

the dole /doʊl/ *s* [*sing*] (*GB*, *coloq*) seguro-desemprego: *to be/go on the dole* estar/ficar desempregado

doll /dɑːl/ *s* boneco, -a

⚷ **dollar** /ˈdɑːlər/ *s* dólar: *a dollar bill* uma nota de dólar ➲ *Ver pág. 760*

dolly /ˈdɑːli/ *s* (*pl* **dollies**) bonequinha

dolphin /ˈdɑːlfɪn/ *s* golfinho

domain /doʊˈmeɪn; *GB* dəˈ-/ *s* **1** propriedade, domínio **2** campo (de conhecimento): *outside my domain* fora de minha alçada ◇ *in the public domain* em domínio público **3** (*Internet*) domínio

dome /doʊm/ *s* cúpula, abóbada
domed *adj* abobadado

⚷ **domestic** /dəˈmestɪk/ *adj* **1** doméstico **2** nacional **domesticated** *adj* **1** domesticado **2** caseiro

dominant /ˈdɑːmɪnənt/ *adj* dominante
dominance *s* predominância

⚷ **dominate** /ˈdɑːmɪneɪt/ *vt, vi* dominar
domination *s* domínio, dominação

domineering /ˌdɑːməˈnɪrɪŋ; *GB* -mɪˈ-/ *adj* (*pej*) dominador

dominion /dəˈmɪniən/ *s* (*formal*) domínio

domino /ˈdɑːmənoʊ; *GB* -mɪnoʊ/ *s* **1** (*pl* **dominoes**) (pedra de) dominó

2 dominoes [*não contável*]: *to play dominoes* jogar dominó

donate /ˈdoʊneɪt; *GB* doʊˈneɪt/ *vt* doar **donation** *s* **1** donativo **2** [*não contável*] doação

done /dʌn/ *adj* **1** concluído: *When you're done, perhaps I can say something.* Quando você tiver terminado, talvez eu possa dizer alguma coisa. **2** (*comida*) pronto *Ver tb* DO

donkey /ˈdɔːŋki; *GB* ˈdɒŋ-/ *s* (*pl* **donkeys**) asno

donor /ˈdoʊnər/ *s* doador, -ora

don't /doʊnt/ = DO NOT *Ver* DO

donut = DOUGHNUT

doodle /ˈduːdl/ *verbo, substantivo*
▸ *vi* rabiscar
▸ *s* rabisco

doom /duːm/ *s* [*não contável*] perdição, morte: *to meet your doom* encontrar a sua morte LOC **doom and gloom** pessimismo ◆ **prophets of doom**; **doom merchants** profetas do apocalipse **doomed** *adj* condenado: *doomed to failure* condenado ao fracasso

⚷ **door** /dɔːr/ *s* **1** porta **2** *Ver* DOORWAY *Ver tb* FRENCH DOOR, NEXT DOOR LOC **(from) door to door** de porta em porta: *a door-to-door salesman* um vendedor em domicílio ◆ **out of doors** ao ar livre *Ver tb* BACK

doorbell /ˈdɔːrbel/ *s* campainha (*de porta*)

doorknob /ˈdɔːrnɑːb/ *s* maçaneta

doorman /ˈdɔːrmən/ *s* (*pl* **-men** /ˈdɔːrmən/) zelador, porteiro

doormat /ˈdɔːrmæt/ *s* capacho

doorstep /ˈdɔːrstep/ *s* degrau da porta LOC **on the/your doorstep** a um passo (da sua casa)

doorway /ˈdɔːrweɪ/ *s* entrada, porta

dope /doʊp/ *substantivo, verbo*
▸ *s* **1** (*coloq*) droga (*esp maconha*) **2** droga usada no doping: *dope test* teste antidoping **3** (*coloq*) imbecil
▸ *vt* dopar, drogar

dormant /ˈdɔːrmənt/ *adj* (*vulcão*) inativo

dormitory /ˈdɔːrmətɔːri; *GB* -tri/ *s* (*pl* **dormitories**) (*coloq* **dorm**) **1** (*GB* **hall**, ˌ**hall of** ˈ**residence**) residência universitária **2** dormitório (*coletivo*)

dosage /ˈdoʊsɪdʒ/ *s* dosagem

dose /doʊs/ *s* dosagem, dose

⚷ **dot** /dɑːt/ *substantivo, verbo*
▸ *s* ponto LOC **on the dot** (*coloq*) na hora exata: *at 5 o'clock on the dot* às 5 em ponto
▸ *vt* (**-tt-**) colocar um pingo (sobre), pontilhar LOC **dot your i's and cross your t's** dar os últimos retoques

dot-com /ˌdɑːt ˈkɑːm/ (*tb* **dotcom**) *s* ponto com (*empresa de comercialização eletrônica*)

dote /doʊt/ *vi* ~ **on sb/sth** adorar alguém/algo **doting** *adj* devotado

D

⚷ **double** /ˈdʌbl/ *adjetivo, advérbio, substantivo, verbo*
▸ *adj* duplo: *double figures* números de dois algarismos ◇ *double bed* cama de casal
▸ *adv*: *She earns double what he does.* Ela ganha o dobro dele. ◇ *to see double* ver em dobro ◇ *bent double* curvado/dobrado (em dois) ◇ *to fold a blanket double* dobrar um cobertor no meio
▸ *s* **1** dobro, duplo **2** (*Cinema*) dublê **3** (*bebida*) dose dupla **4 doubles** [*não contável*] (*Esporte*) duplas: *mixed doubles* duplas mistas
▸ *v* **1** *vt, vi* duplicar **2** *vt* ~ **sth (over)** dobrar algo (em dois) **3** *vi* ~ **(up) as sth** fazer as vezes de algo PHR V **double back** dar meia-volta ◆ **double (sb) up/over**: *to be doubled up with laughter* morrer de rir ◇ *to double over/up with pain* dobrar-se de dor

double-barreled (*GB* **double-barrelled**) /ˌdʌbl ˈbærəld/ *adj* **1** (*arma*) de cano duplo **2** (*GB*) (*sobrenome*) composto

ˌ**double** ˈ**bass** *s* contrabaixo (*acústico*)

double-breasted /ˌdʌbl ˈbrestɪd/ *adj* (*casaco, jaqueta*) transpassado

ˌ**double-**ˈ**check** *vt* verificar novamente

ˌ**double-**ˈ**click** *vt, vi* ~ **(sth/on sth)** (*Informát*) clicar duas vezes (em algo)

ˌ**double-**ˈ**cross** *vt* enganar

double-decker /ˌdʌbl ˈdekər/ (*tb* **double-**ˌ**decker** ˈ**bus**) *s* ônibus de dois andares

ˌ**double-**ˈ**edged** *adj* **1** (*faca*) de fio duplo **2** (*comentário*) de duplo sentido

double glazing /ˌdʌbl ˈgleɪzɪŋ/ *s* [*não contável*] (*esp GB*) (*USA* ˈ**storm windows** [*pl*]) janelas com vidro duplo **double-glazed** *adj* (*esp GB*) com vidro duplo

doubly /ˈdʌbli/ *adv* duplamente: *to make doubly sure of sth* tornar a assegurar-se de algo

⚷ **doubt** /daʊt/ *substantivo, verbo*
▸ *s* ~ **(as to/about sth)** dúvida (quanto a/sobre algo) LOC **be in doubt** ser duvidoso ◆ **beyond (any) doubt** sem dúvida alguma ◆ **cast/throw doubt on sth** lançar suspeita sobre algo ◆ **no doubt**; **without (a) doubt** sem dúvida *Ver tb*

BENEFIT
▸ *vt, vi* duvidar **doubter** *s* cético, -a

doubtful /ˈdaʊtfl/ *adj* duvidoso, incerto: *to be doubtful about (doing) sth* ter dúvidas quanto a (fazer) algo **doubtfully** *adv* sem convicção

doubtless /ˈdaʊtləs/ *adv* sem dúvida

dough /doʊ/ *s* massa

doughnut (*tb* **donut**) /ˈdoʊnʌt/ *s* (*Cozinha*) sonho em forma de anel

dour /dʊr; ˈdaʊər/ *adj* severo, austero

douse (*tb* **dowse**) /daʊs/ *vt* ~ **sb/sth in/with sth** jogar algo em alguém/algo (*esp água*)

dove[1] /dʌv/ *s* pomba

dove[2] /doʊv/ *pt de* DIVE

dowdy /ˈdaʊdi/ *adj* (*pej*) **1** (*roupa*) sem graça **2** (*pessoa*) malvestido

down /daʊn/ *advérbio, preposição, adjetivo, substantivo* ❶ Para o uso de **down** em PHRASAL VERBS, ver os verbetes dos verbos correspondentes, p.ex. **go down** em GO.

▸ *adv* **1** para baixo: *face down* olhar para baixo ◇ *Inflation is down this month.* A inflação abaixou este mês. ◇ *to be $50 down* estar com $50 a menos **2**: *Ten down, five to go.* Dez a menos, faltam cinco. LOC **be down to sb** (*coloq*) ser da responsabilidade de alguém ♦ **be down to sb/sth** ser causado por alguém/algo: *It's all down to luck.* É uma questão de sorte. ♦ **down under** (*coloq*) para/na Austrália/Nova Zelândia ♦ **down with sb/sth!** abaixo alguém/algo!

▸ *prep* abaixo: *down the hill* morro abaixo ◇ *down the corridor on the right* descendo o corredor, à direita ◇ *He ran his eyes down the list.* Ela percorreu a lista de cima a baixo.

▸ *adj* **1** (*coloq*) deprimido **2** (*Informát*): *The system's down.* O computador teve uma pane.

▸ *s* **1** penugem **2** buço LOC *Ver* UP

ˈ**down-and-out** *s* vagabundo, -a

downcast /ˈdaʊnkæst; *GB* -kɑːst/ *adj* abatido, deprimido

downer /ˈdaʊnər/ *s* (*coloq*) **1** [*ger pl*] sedativo **2** experiência deprimente: *He's on a downer.* Ele está deprimido.

downfall /ˈdaʊnfɔːl/ *s* [*sing*] queda: *Drink will be your downfall.* A bebida será sua ruína.

downgrade /ˌdaʊnˈgreɪd/ *vt* ~ **sb/sth (from sth) (to sth)** rebaixar alguém/algo (de algo) (a algo)

downhearted /ˌdaʊnˈhɑːrtɪd/ *adj* desanimado

downhill *advérbio, adjetivo, substantivo*

▸ *adv, adj* /ˌdaʊnˈhɪl/ morro abaixo LOC **be (all) downhill; be downhill all the way** (*coloq*) **1** (*tb* **go downhill**) ir de mal a pior, decair **2** ser moleza

▸ *s* /ˈdaʊnhɪl/ downhill (*modalidade de esqui alpino*)

download *verbo, substantivo*

▸ *vt* /ˌdaʊnˈloʊd/ (*Informát*) baixar

▸ *s* /ˈdaʊnloʊd/ (*Informát*) download (*informação baixada de computador remoto*) **downloadable** /ˌdaʊnˈloʊdəbl/ *adj* descarregável

ˌ**down** ˈ**payment** *s* entrada (*pagamento inicial*)

downplay /ˌdaʊnˈpleɪ/ *vt* amenizar

downpour /ˈdaʊnpɔːr/ *s* toró

downright /ˈdaʊnraɪt/ *adjetivo, advérbio*

▸ *adj* [*antes do substantivo*] total: *downright stupidity* completa estupidez

▸ *adv* completamente

downscale /ˌdaʊnˈskeɪl/ (*GB* **downmarket** /ˌdaʊnˈmɑːrkɪt/) *adj* (*pej*) de massa, vulgar

downside /ˈdaʊnsaɪd/ *s* [*sing*] inconveniente, desvantagem

downsize /ˈdaʊnsaɪz/ *vt, vi* (*Com*) reduzir (o número de empregados)

ˈ**Down's syndrome** *s* síndrome de Down

downstairs /ˌdaʊnˈsterz/ *adv, adj, s* (para o/no/do) andar de baixo

downstream /ˌdaʊnˈstriːm/ *adv* rio abaixo

ˌ**down-to-**ˈ**earth** *adj* prático, realista

downtown /ˌdaʊnˈtaʊn/ *advérbio, adjetivo, substantivo*

▸ *adv, adj* ao/no centro (*da cidade*)

▸ *s* centro da cidade

downtrodden /ˈdaʊntrɑːdn/ *adj* oprimido

downturn /ˈdaʊntɜːrn/ *s* queda: *a downturn in sales* uma queda nas vendas

downward /ˈdaʊnwərd/ *adjetivo, advérbio*

▸ *adj* para baixo: *a downward trend* uma tendência a baixar

▸ *adv* (*tb* **downwards**) para baixo

downy /ˈdaʊni/ *adj* felpudo

dowry /ˈdaʊri/ *s* (*pl* **dowries**) dote (de casamento)

dowse = DOUSE

doze /doʊz/ *verbo, substantivo*

▸ *vi* dormitar PHR V **doze off** cochilar

▸ *s* [*sing*] cochilo, soneca

dozen /ˈdʌzn/ *s* (*abrev* **doz.**) dúzia: *There were dozens of people.* Havia dezenas de pessoas. ◇ *two dozen eggs* duas dúzias de ovos

dozy /ˈdoʊzi/ *adj* (*esp GB*, *coloq*) sonolento

drab /dræb/ *adj* (**drabber**, **-est**) monótono, sem graça

draft /dræft; *GB* drɑːft/ *substantivo, adjetivo, verbo*

▸ *s* **1** esboço, rascunho: *a draft bill* um (ante)projeto de lei **2** (*Fin*) ordem de pagamento, letra de câmbio **3 the draft** a convocação (para o Exército) **4** (*GB* **draught**) corrente (*de ar*)

▸ *adj* (*GB* **draught**) de barril: *draft beer* chope

▸ *vt* **1** esboçar, rascunhar **2** (*Mil*) convocar (para o serviço militar) **3 ~ sb/sth (in)** convocar alguém/algo (para algo)

draftsman (*GB* **draughtsman**) /ˈdræftsmən; *GB* ˈdrɑːfts-/ *s* (*pl* **-men** /ˈdræftsmən; *GB* ˈdrɑːfts-/) projetista, desenhista

draftswoman (*GB* **draughtswoman**) /ˈdræftswʊmən; *GB* ˈdrɑːfts-/ *s* (*pl* **-women** /-wɪmɪn/) projetista, desenhista (*mulher*)

drafty (*GB* **draughty**) /ˈdræfti; *GB* ˈdrɑːf-/ *adj* (**draftier**, **-iest**) com muita corrente (*de ar*)

drag /dræg/ *verbo, substantivo*

▸ *v* (**-gg-**) **1** *vt, vi* arrastar(-se) **2** *vi* **~ (on)** (*tempo*) arrastar-se: *How much longer is this meeting going to drag on?* Por mais quanto tempo esta reunião vai se arrastar? **3** *vt* (*Náut*) dragar

▸ *s* (*coloq*) **1 a drag** [*sing*] (*coisa, pessoa*) um tédio **2**: *a man in drag* um homem vestido de mulher **3** trago (*de cigarro*)

ˌdrag-and-ˈdrop *adj* (*Informát*) arrastar-e-soltar

dragon /ˈdrægən/ *s* dragão

dragonfly /ˈdrægənflaɪ/ *s* (*pl* **dragonflies**) libélula

drain /dreɪn/ *substantivo, verbo*

▸ *s* **1** esgoto **2** bueiro LOC **be a drain on sth** consumir/exaurir algo

▸ *vt* **1** (*pratos, verduras, etc.*) escorrer **2** (*terreno, lago, etc.*) drenar **3** esvaziar **drainage** /ˈdreɪnɪdʒ/ *s* drenagem

drainboard /ˈdreɪnbɔːrd/ (*GB* ˈ**draining board**) *s* superfície para escorrer louça

drained /dreɪnd/ *adj* esgotado

drainpipe /ˈdreɪnpaɪp/ *s* cano de esgoto

drama /ˈdrɑːmə/ *s* **1** peça de teatro **2** teatro: *drama school/student* escola/estudante de arte dramática **3** [*não contável*] emoção (*de uma situação*)

ˈ**drama queen** *s* (*coloq, pej*) fricoteiro, -a

dramatic /drəˈmætɪk/ *adj* dramático, drástico

dramatically /drəˈmætɪkli/ *adv* dramaticamente, radicalmente

dramatist /ˈdræmətɪst/ *s* dramaturgo, -a **dramatization** (*GB tb* **-isation**) /ˌdræmətəˈzeɪʃn; *GB* -taɪˈ-/ *s* dramatização **dramatize** (*GB tb* **-ise**) *vt, vi* dramatizar

drank *pt de* DRINK

drape /dreɪp/ *vt* **1 ~ sth across/around/over sth** (*tecido*) jogar algo sobre algo: *She had a shawl draped around her shoulders.* Ela tinha um xale jogado sobre os ombros. **2 ~ sb/sth in/with sth** cobrir, envolver alguém/algo com/em algo

drapes /dreɪps/ (*tb* **draperies** /ˈdreɪpəriz/) *s* [*pl*] cortinas

drastic /ˈdræstɪk/ *adj* **1** drástico **2** grave **drastically** /ˈdræstɪkli/ *adv* drasticamente

draught (*GB*) = DRAFT

draughts /dræfts; *GB* drɑːfts/ *s* (*GB*) (*USA* **checkers**) [*não contável*] (jogo de) damas

draughtsman, draughtswoman (*GB*) = DRAFTSMAN *Ver* DRAFTSWOMAN

draughty (*GB*) = DRAFTY

draw /drɔː/ *verbo, substantivo*

▸ *v* (*pt* **drew** /druː/, *pp* **drawn** /drɔːn/) **1** *vt, vi* desenhar, traçar **2** *vt, vi* mover(-se): *I drew my chair up to the table.* Movi minha cadeira até a mesa. ◇ *to draw near* aproximar-se ◇ *The train drew into/out of the station.* O trem entrou/saiu lentamente na/da estação. ◇ *to draw level with sb* alcançar alguém **3** *vt* (*cortinas*) correr **4** *vt*: *to draw conclusions* tirar conclusões ◇ *to draw an analogy/a distinction* estabelecer uma analogia/fazer uma distinção ◇ *to draw comfort from sb/sth* consolar-se com alguém/algo ◇ *to draw inspiration from sth* inspirar-se em algo **5** *vt* (*pensão, salário*) retirar **6** *vt* provocar, causar **7** *vt* **~ sb (to sb/sth)** atrair alguém (para alguém/algo) **8** *vt, vi* (*esp GB*) (*Esporte*) empatar LOC **draw the line (at sth)** estabelecer um limite (para algo) *Ver tb* CLOSE[2]

PHR V **draw back** retroceder, retirar-se ◆ **draw sth back** retirar algo, puxar algo

draw on/upon sth fazer uso de algo

draw up estacionar ◆ **draw sth up** redigir, preparar algo

▸ *s* **1** (*USA tb* **drawing**) sorteio **2** (*esp GB*) (*USA* **tie**) empate

drawback /ˈdrɔːbæk/ *s* **~ (of/to sth)** inconveniente, desvantagem (de algo)

drawer /drɔːr/ *s* gaveta

drawing /ˈdrɔːɪŋ/ *s* desenho, esboço

ˈ**drawing pin** *s (GB) (USA* **thumbtack***)* tachinha

ˈ**drawing room** *s (formal ou antiq)* sala de visitas

drawl /drɔːl/ *s* fala arrastada

drawn /drɔːn/ *adj* abatido *(aparência) Ver tb* DRAW

dread /dred/ *verbo, substantivo*

▸ *vt* temer: *I dread to think what will happen.* Temo pensar no que acontecerá.

▸ *s* terror **dreaded** *adj [antes do substantivo]* temido **dreadful** *adj (esp GB)* **1** péssimo: *I'm feeling dreadful.* Sinto-me horrível. ◇ *I feel dreadful about what happened.* Sinto-me horrível pelo que aconteceu. ◇ *How dreadful!* Que horror! **2** terrível, espantoso **dreadfully** *adv (esp GB)* **1** muito: *I'm dreadfully sorry.* Sinto muitíssimo. **2** terrivelmente

dreadlocks /ˈdredlɑːks/ *(coloq* **dreads** /dredz/*) s [pl]* tranças tipo Rastafari

dream /driːm/ *substantivo, verbo*

▸ *s* sonho: *to have a dream about sth* sonhar com algo ◇ *to go around in a dream/live in a dream world* viver num mundo de sonhos ◇ *It's my dream house.* É a casa de meus sonhos.

▸ *v (pt, pp* **dreamed** *ou* **dreamt** /dremt/*)*

Alguns verbos possuem tanto formas regulares quanto irregulares para o passado e o particípio passado: **spell**:**spelled/spelt**, **spill**:**spilled/spilt**, etc. No inglês americano, preferem-se as formas regulares (**spelled**, **spilled**, etc.), ao passo que, no inglês britânico, preferem-se as formas irregulares (**spelt**, **spilt**, etc.).

1 *vt, vi* ~ **(of/about sb/sth/doing sth)** sonhar (com alguém/algo/em fazer algo): *I dreamed (that) I could fly.* Sonhei que podia voar. ◇ *She dreamed of being famous one day.* Ela sonhava em ser famosa um dia. **2** *vt* imaginar: *I never dreamed (that) I'd see you again.* Nunca imaginei que o veria de novo. **dreamer** *s* sonhador, -ora **dreamily** *adv* distraidamente **dreamy** *adj* (**dreamier**, **-iest**) sonhador, distraído

ˈ**dream ticket** *s [sing]* candidatos com grandes chances de ganhar eleição

dreary /ˈdrɪri/ *adj* (**drearier**, **-iest**) **1** deprimente **2** chato

dredge /dredʒ/ *vt, vi* dragar **dredger** *s* draga

dregs /dregz/ *s [pl]* **1** resto *(em garrafa)* **2** escória *(da sociedade)*

drench /drentʃ/ *vt* ensopar: *to get drenched to the skin/drenched through* molhar-se até os ossos/encharcar-se

dress /dres/ *substantivo, verbo*

▸ *s* **1** vestido **2** *[não contável]* roupa: *formal dress* traje de gala *Ver tb* FANCY DRESS

▸ *v* **1** *vt, vi* vestir(-se): *to dress in black* vestir-se de preto ◇ *He was dressed as a woman.* Ele estava vestido de mulher. ◇ *to dress smartly* vestir-se bem ❶ Quando nos referimos ao ato de vestir-se dizemos **get dressed**. **2** *vt (ferimento)* colocar curativo em **3** *vt (salada)* temperar PHR V **dress up** arrumar-se ◆ **dress (sb) up (as sb/sth)** fantasiar-se, fantasiar alguém (de alguém/algo) ◆ **dress sth up** disfarçar algo

ˌ**dress** ˈ**circle** *s (esp GB) (USA* **first balcony***) (Teat)* balcão nobre

dresser /ˈdresər/ *s* **1** *(GB) (USA* **hutch***)* armário de cozinha **2** *(USA) (tb esp GB* **chest of drawers***)* cômoda

dressing /ˈdresɪŋ/ *s* **1** curativo **2** tempero (de salada)

ˈ**dressing gown** *s (GB) (USA* **bathrobe***)* roupão de banho, robe

ˈ**dressing room** *s* **1** vestiário, camarim **2** *(GB* **fitting room***)* provador

ˈ**dressing table** *s* penteadeira

dressmaker /ˈdresmeɪkər/ *s* costureiro, -a **dressmaking** *s* corte e costura

ˌ**dress re**ˈ**hearsal** *s (Teat)* ensaio geral

drew *pt de* DRAW

dribble /ˈdrɪbl/ **1** *vi* babar **2** *vt, vi (Futebol)* driblar

dried *pt, pp de* DRY

drier = DRYER

drift /drɪft/ *verbo, substantivo*

▸ *vi* **1** flutuar **2** *(areia, neve)* amontoar-se **3** ir à deriva: *to drift into (doing) sth* fazer algo por acaso/inércia

▸ *s* **1** *[sing]* ideia geral **2** acúmulo feito pelo vento: *snow drifts* montes de neve **3**: *population drift from rural areas* a mudança lenta da população para fora de áreas rurais ◇ *the drift toward war* a marcha para a guerra **drifter** *s (pej)* pessoa que troca constantemente de emprego ou casa sem objetivo real

drill /drɪl/ *substantivo, verbo*

▸ *s* **1** broca: *power drill* furadeira elétrica **2** *[não contável] (Mil)* treinamento **3** *(Educ)* exercício (repetitivo) **4** (treinamento de) rotina: *fire drill* simulação de incêndio

▸ *v* **1** *vt* furar, perfurar **2** *vi* fazer furo/perfuração: *to drill for oil* perfurar poços de petróleo **3** *vt* treinar

drily = DRYLY

drink /drɪŋk/ *substantivo, verbo*
▸ *s* bebida: *to have a drink of water* tomar um gole d'água ◇ *to go for a drink* sair para beber *Ver tb* SOFT DRINK
▸ *vt, vi* (*pt* **drank** /dræŋk/, *pp* **drunk** /drʌŋk/) beber: *Don't drink and drive.* Não dirija depois de beber. LOC **drink sb's health** (*GB*) beber à saúde de alguém PHR V **drink to sb/sth** fazer um brinde a alguém/algo ◆ **drink sth in** embeber-se em algo ◆ **drink (sth) up** beber algo de um trago/gole **drinker** *s* bebedor, -ora **drinking** *s* a bebida, o consumo do álcool

ˈ**drinking water** *s* água potável

drip /drɪp/ *verbo, substantivo*
▸ *vi* (-pp-) pingar, gotejar LOC **be dripping with sth** estar molhado/coberto de algo
▸ *s* **1** gota, gotejar **2** (*Med*) tubo (para soro): *to be on a drip* estar ligado a tubos **dripping** *adj* ~ **(with sth)** encharcado (de algo)

drive /draɪv/ *verbo, substantivo*
▸ *v* (*pt* **drove** /droʊv/, *pp* **driven** /ˈdrɪvn/) **1** *vt, vi* (*veículo*) dirigir: *Can you drive?* Você sabe dirigir? **2** *vi* andar de carro: *Did you drive here?* Você veio de carro? **3** *vt* levar (de carro) **4** *vt*: *to drive sb crazy* deixar alguém louco ◇ *to drive sb to drink* levar alguém à bebida **5** *vt* ~ **sth into/through sth** introduzir, enfiar algo em/através de algo LOC **drive a hard bargain** negociar duro ◆ **what sb is driving at**: *What are you driving at?* O que você está insinuando/querendo dizer? PHR V **drive away/off** ir embora de carro ◆ **drive sb/sth away/off** afugentar alguém/algo
▸ *s* **1** passeio, viagem (*de carro*): *to go for a drive* dar uma volta de carro **2** (*tb* **driveway**) entrada da garagem (*em uma casa*) **3** impulso: *sex drive* libido **4** campanha **5** (*Mec*) mecanismo de transmissão: *four-wheel drive* tração nas quatro rodas ◇ *a left-hand drive car* um carro com o volante à esquerda **6** (*Esporte*) chute/tacada/raquetada forte **7** (*Informát*) acionador: *hard drive* acionador do disco rígido

ˈ**drive-in** *s* (cinema ou restaurante) drive-in

driven *pp de* DRIVE

driver /ˈdraɪvər/ *s* **1** motorista **2**: *train driver* maquinista LOC **be in the driver's seat** (*GB* **be in the driving seat**) estar no controle

ˈ**driver's license** (*GB* ˈ**driving licence**) *s* carteira de motorista

ˈ**drive-through** (*coloq* ˈ**drive-thru**) *s* drive-thru

driveway /ˈdraɪvweɪ/ *s Ver* DRIVE

ˈ**driving school** *s* autoescola

ˈ**driving test** *s* exame para tirar carteira (de motorista)

drizzle /ˈdrɪzl/ *substantivo, verbo*
▸ *s* garoa
▸ *vi* garoar

drone /droʊn/ *verbo, substantivo*
▸ *vi* zumbir PHR V **drone on (about sth)** falar (sobre algo) em tom monótono
▸ *s* **1** zumbido **2** drone

drool /druːl/ *vi* babar: *to drool over sb/sth* babar por alguém/algo

droop /druːp/ *vi* **1** pender **2** (*flor*) murchar **3** (*ânimo*) desanimar **droopy** *adj* penso, caído

drop /drɑːp/ *verbo, substantivo*
▸ *v* (-pp-) **1** *vi* cair: *He dropped to his knees.* Ele caiu de joelhos. **2** *vt* deixar/fazer cair: *She dropped her book.* Ela deixou o livro cair. ◇ *to drop a bomb* jogar uma bomba

> Se você deixa um objeto cair, o verbo é **drop**: *Be careful you don't drop that plate!* Tome cuidado para não derrubar o prato.Quando se trata de um líquido, utiliza-se **spill**: *She spilled coffee on her skirt.* Ela derramou café na saia.

3 *vi* cair de cansaço: *I feel ready to drop.* Estou morto de cansaço. ◇ *to work till you drop* matar-se de trabalhar **4** *vt, vi* diminuir: *to drop prices* reduzir os preços **5** *vt* ~ **sb/sth (off)** (*passageiro, pacote*) deixar alguém/algo em algum lugar **6** *vt* excluir: *He's been dropped from the team.* Ele foi excluído do time. **7** *vt* (*amigos*) romper relações com **8** *vt* (*hábito, atitude*) deixar (de): *Drop everything!* Deixe tudo! ◇ *Can we drop the subject?* Vamos mudar de assunto? LOC **drop (sb) a hint** dar uma indireta (a alguém) ◆ **drop dead** (*coloq*) cair morto: *Drop dead!* Vá pro inferno! ◆ **drop sb a line** (*coloq*) mandar uma carta a alguém *Ver tb* ANCHOR, LET PHR V **drop back/behind** ficar para trás ◆ **drop in on sb; drop by/in** (*GB tb* **drop round**) fazer uma visitinha (a alguém): *Why don't you drop by?* Por que você não dá um pulo lá em casa? ◇ *They dropped in for lunch.* Eles passaram para o almoço. ◆ **drop off** (*GB, coloq*) cochilar ◆ **drop out (of sth)** desistir, retirar-se (de algo): *to drop out (of college)* sair da universidade ◇ *to drop out (of society)* afastar-se da sociedade *Ver tb* DROPOUT
▸ *s* **1** gota, pingo: *Would you like a drop of*

wine? Você gostaria de um pouquinho de vinho? ◇ *eye drops* colírio **2** queda: *a drop in prices/temperature* uma queda nos preços/de temperatura ◇ *a sheer drop* um precipício LOC **at the drop of a hat** sem pensar duas vezes ♦ **be (only) a drop in the bucket** (*GB* **be (only) a drop in the ocean**) ser apenas uma gota no oceano

ˌdrop-ˈdead *adv (coloq)*: *He's drop-dead gorgeous!* Ele é extremamente bonito. Um arraso!

ˌdrop-down ˈmenu *s (Informát)* menu de escolha

dropout /ˈdrɑːpaʊt/ *s* **1** marginal **2** estudante que abandona os estudos

droppings /ˈdrɑːpɪŋz/ *s [pl]* excremento *(de animais)*

drought /draʊt/ *s* seca

drove *pt de* DRIVE

drown /draʊn/ *vt, vi* afogar(-se)
PHR V **drown sb/sth out** encobrir alguém/algo: *His words were drowned out by the music.* Suas palavras foram abafadas pela música.

drowsy /ˈdraʊzi/ *adj* (**drowsier, -iest**) sonolento: *This drug can make you drowsy.* Este remédio pode provocar sonolência.

drudgery /ˈdrʌdʒəri/ *s [não contável]* trabalho monótono

⚷ **drug** /drʌg/ *substantivo, verbo*
▸ *s* **1** droga: *to be on/take drugs* consumir drogas ◇ *hard/soft drugs* drogas pesadas/leves **2** *(Med)* remédio, medicamento: *drug company* empresa farmacêutica
▸ *vt* (**-gg-**) drogar

drug addict *s* drogado, -a; toxicômano, -a **drug addiction** *s* vício, toxicomania

⚷ **drugstore** /ˈdrʌgstɔːr/ *s (GB* **chemist's**) farmácia que também vende comida, jornais, etc. ℹ Uma **drugstore** vende remédios e também comida, revistas, etc., mas uma **chemist's** vende somente remédios.

⚷ **drum** /drʌm/ *substantivo, verbo*
▸ *s* **1** *(Mús)* tambor, bateria: *to play the drums* tocar bateria **2** tambor, barril
▸ *v* (**-mm-**) **1** *vi* tocar tambor, batucar **2** *vt, vi* ~ **(sth) on sth** tamborilar (com algo) em algo PHR V **drum sth into sb/into sb's head** martelar algo na cabeça de alguém ♦ **drum sb out (of sth)** expulsar alguém (de algo) ♦ **drum sth up** lutar para conseguir algo *(apoio, clientes, etc.)*: *to drum up interest in sth* levantar o interesse em algo **drummer** *s* baterista

drumstick /ˈdrʌmstɪk/ *s* **1** *(Mús)* baqueta **2** *(Cozinha)* perna *(de frango, etc.)*

⚷ **drunk** /drʌŋk/ *adjetivo, substantivo*
▸ *adj* bêbado: *drunk with joy* ébrio de felicidade LOC **drunk and disorderly**: *to be charged with being drunk and disorderly* ser acusado de embriaguez e mau comportamento ♦ **get drunk** embriagar-se
▸ *s (antiq* **drunkard** /ˈdrʌŋkərd/) bêbado, -a *Ver tb* DRINK

ˌdrunk ˈdriving (*GB tb* **ˌdrink-ˈdriving**) *s* direção alcoolizada

drunken /ˈdrʌŋkən/ *adj [antes do substantivo]* bêbado: *to be charged with drunken driving* ser acusado de dirigir embriagado **drunkenness** *s* embriaguez

⚷ **dry** /draɪ/ *adjetivo, verbo*
▸ *adj* (**drier, driest**) **1** seco: *Tonight will be dry.* Esta noite não vai chover. **2** árido **3** *(humor)* irônico LOC **run dry** secar *Ver tb* HIGH, HOME
▸ *vt, vi (pt, pp* **dried**) secar, enxugar: *He dried his eyes.* Ele enxugou os olhos.
PHR V **dry (sth) out** ressecar(-se), ressecar algo ♦ **dry up** *(rio, etc.)* secar ♦ **dry (sth) up** *(GB)* enxugar (algo) *(pratos, etc.)*

ˌdry-ˈclean *vt* lavar a seco **ˌdry-ˈcleaners** *s [pl]* tinturaria ➲ *Ver nota em* AÇOUGUE **ˌdry-ˈcleaning** *s* lavagem a seco

dryer (*tb* **drier**) /ˈdraɪər/ *s* secador, secadora

ˌdry ˈland *s* terra firme

dryly (*tb* **drily**) /ˈdraɪli/ *adv* secamente

dryness /ˈdraɪnəs/ *s* **1** secura **2** aridez **3** *(humor)* ironia

DST /ˌdiː es ˈtiː/ *abrev de* **daylight saving time** horário de verão

dual /ˈduːəl; *GB* ˈdjuː-/ *adj* duplo

ˌdual ˈcarriageway *s (GB) (USA* **divided highway**) autoestrada, rodovia

dub /dʌb/ *vt* (**-bb-**) **1** dublar: *dubbed into English* dublado em inglês **2** apelidar **dubbing** *s* dublagem

dubious /ˈduːbiəs; *GB* ˈdjuː-/ *adj* **1 be ~ (about sth)** ter dúvidas (a respeito de algo) **2** *(pej) (atitude)* suspeito **3** *(plano, resultado, etc.)* duvidoso **dubiously** *adv* **1** de maneira suspeita **2** em tom duvidoso

duchess /ˈdʌtʃəs/ *s* duquesa

duck /dʌk/ *substantivo, verbo*
▸ *s* pato ➲ *Ver nota em* PATO
▸ *v* **1** *vi* abaixar-se, abaixar a cabeça: *He ducked behind a rock.* Ele se abaixou atrás de uma rocha. **2** *vt* desviar-se de *(rapidamente)*: *He ducked the blow.*

Desviou-se do golpe rapidamente. **3** *vt, vi* ~ **(out of) sth** (*responsabilidade*) livrar-se de algo **4** *vt* dar caldo em

duckling /ˈdʌklɪŋ/ *s* patinho

duct /dʌkt/ *s* **1** (*Anat*) canal **2** (*líquido, gás, ar, etc.*) tubo

dud /dʌd/ *adjetivo, substantivo*
▸ *adj* [*antes do substantivo*] **1** defeituoso **2** inutilizável **3** (*cheque*) sem fundos
▸ *s* (*coloq*): *This battery is a dud.* Esta pilha está com defeito.

dude /du:d; *GB tb* dju:d/ *s* (*esp USA, gíria*) cara

due /du:; *GB* dju:/ *adjetivo, substantivo, advérbio*
▸ *adj* **1**: *The bus is due (in) at five o'clock.* O ônibus deve chegar às cinco horas. ◇ *She's due to arrive soon.* Ela deve chegar logo. ◇ *She's due back on Thursday.* A volta dela está prevista para quinta-feira. **2**: *the money due to them* o dinheiro devido a eles ◇ *Our thanks are due to...* Devemos nossos agradecimentos a... ◇ *Payment is due on the fifth.* O pagamento vence no dia cinco.
3 ~ **(for) sth**: *I reckon I'm due (for) a vacation.* Creio que mereço umas férias.
4 ~ **to sth/sb** devido a algo: *The project had to be abandoned due to a lack of funding.* O projeto teve de ser cancelado devido à falta de financiamento. ◇ *It's all due to her efforts.* Tudo se deve a seus esforços. **5** (*formal*) devido: *with all due respect* com o devido respeito
LOC **in due course** em seu devido tempo
▸ *s* **1 your/sb's** ~: *It was no more than his due.* Não foi mais do que merecido. ◇ *to give sb their due* ser justo com alguém
2 dues [*pl*] cota
▸ *adv*: *due south* exatamente ao/para o sul

duel /ˈdu:əl; *GB* ˈdju:-/ *s* duelo

duet /duˈet; *GB* djuˈ-/ *s* (*Mús*) dueto

duffel bag /ˈdʌfl bæg/ *s* **1** (*GB* **holdall**) saco de viagem ➲ *Ver ilustração em* BAG
2 (*GB*) bornal (*bolsa*)

duffel coat /ˈdʌfl koʊt/ *s* japona com capuz (*de baeta*)

dug *pt, pp de* DIG

duke /du:k; *GB* dju:k/ *s* duque

dull /dʌl/ *adj* (**duller, -est**) **1** chato, monótono **2** (*cor*) apagado **3** (*superfície*) sem brilho **4** (*luz*) sombrio: *a dull glow* um brilho amortecido **5** (*tempo*) cinzento **6** (*ruído*) abafado **7** (*dor*) indefinido **dully** /ˈdʌlli/ *adv* desanimadamente

duly /ˈdu:li; *GB* ˈdju:-/ *adv* **1** (*formal*) devidamente **2** no tempo devido

dumb /dʌm/ *adj* (**dumber, -est**) **1** (*esp USA, coloq*) estúpido: *to act dumb* fazer-se de bobo **2** (*antiq*) mudo: *to be deaf and dumb* ser surdo-mudo **dumbly** *adv* sem falar

dumbfounded /dʌmˈfaʊndɪd/ (*tb* **dumbstruck** /ˈdʌmstrʌk/) *adj* atônito

dummy /ˈdʌmi/ *substantivo, adjetivo*
▸ *s* (*pl* **dummies**) **1** manequim **2** imitação **3** (*USA, coloq*) imbecil **4** (*GB*) (*USA* **pacifier**) chupeta
▸ *adj* [*antes do substantivo*] falso: *dummy run* ensaio

dump /dʌmp/ *verbo, substantivo*
▸ *v* **1** *vt, vi* jogar (fora), despejar: *No dumping.* Proibido jogar lixo. ◇ *dumping ground* depósito de lixo **2** *vt* desfazer-se de **3** *vt* (*coloq*) (*namorado, etc.*) terminar com
▸ *s* **1** depósito de lixo **2** (*Mil*) depósito **3** (*coloq, pej*) espelunca

dumpling /ˈdʌmplɪŋ/ *s* bolinho de massa cozido

dumps /dʌmps/ *s* [*pl*] LOC **(down) in the dumps** (*coloq*) deprimido

Dumpster® /ˈdʌmpstər/ (*GB* **skip**) *s* contêiner (*para entulho*)

dune /du:n; *GB* dju:n/ (*tb* **sand dune**) *s* duna

dung /dʌŋ/ *s* esterco

dungarees /ˌdʌŋgəˈri:z/ *s* [*pl*] **1** (*USA*) jardineira (*roupa*) **2** (*GB*) (*USA* **overalls**) macacão ➲ *Ver notas em* CALÇA, PAIR

dungeon /ˈdʌndʒən/ *s* masmorra

duo /ˈdu:oʊ; *GB* ˈdju:-/ *s* (*pl* **duos**) dupla

dupe /du:p; *GB* dju:p/ *vt* enganar: *He was duped into giving them his money.* Ele foi enganado e deu o dinheiro.

duplex /ˈdu:pleks; *GB* ˈdju:-/ *s* **1** (*GB* ˌ**semi-deˌtached ˈhouse**) casa geminada **2** apartamento dúplex

duplicate *verbo, adjetivo, substantivo*
▸ *vt* /ˈdu:plɪkeɪt; *GB* ˈdju:-/ **1** copiar, duplicar **2** repetir
▸ *adj, s* /ˈdu:plɪkət; *GB* ˈdju:-/ duplicado: *a duplicate (letter)* uma cópia (da carta)

durable /ˈdʊrəbl; *GB* ˈdjʊ-/ *adj* durável, duradouro **durability** /ˌdʊrəˈbɪləti; *GB* ˌdjʊ-/ *s* durabilidade

ˌ**durable ˈgoods** (*GB* **conˌsumer ˈdurables**) *s* [*pl*] bens duráveis

duration /duˈreɪʃn; *GB* djuˈ-/ *s* (*formal*) duração LOC **for the duration** (*coloq*) pelo tempo que durar

duress /duˈres; *GB* djuˈ-/ *s* LOC **do sth under duress** (*formal*) fazer algo sob coação

during /ˈdʊrɪŋ; *GB* ˈdjʊ-/ *prep* durante ➲ *Ver exemplos em* FOR ➲ *Ver nota em* DURANTE

D

dusk /dʌsk/ *s* crepúsculo: *at dusk* ao anoitecer

dusky /ˈdʌski/ *adj (formal)* moreno

dust /dʌst/ *substantivo, verbo*

▸ *s* pó: *gold dust* ouro em pó

▸ *v* **1** *vt, vi* tirar (o) pó (de) **2** *vt* ~ **sth (with sth)** polvilhar algo (com algo) PHR V **dust sb/sth down/off** tirar o pó de alguém/algo

dustbin /ˈdʌstbɪn/ *s (GB) (USA* **garbage can, trash can**) lata de lixo ➲ *Ver ilustração em* GARBAGE CAN

dustman /ˈdʌstmən/ *s (pl* **-men** /ˈdʌstmən/) *(GB) (USA* **garbage man**) carregador de lixo, lixeiro

dustpan /ˈdʌstpæn/ *s* pá de lixo ➲ *Ver ilustração em* BRUSH

dusty /ˈdʌsti/ *adj* (**dustier, -iest**) empoeirado

Dutch /dʌtʃ/ *adj* neerlandês LOC **Dutch courage** *(GB, coloq)* coragem adquirida através de uma bebida ◆ **go Dutch (with sb)** dividir a conta (com alguém)

dutiful /ˈduːtɪfl; *GB* ˈdjuː-/ *adj* obediente, respeitoso

duty /ˈduːti; *GB* ˈdjuː-/ *s (pl* **duties**) **1** dever, obrigação: *to do your duty (by sb)* cumprir com seu dever (para com alguém) **2** função: *the duties of the president* as funções do presidente ◇ *duty officer* oficial de plantão **3** ~ **(on sth)** taxa, imposto (sobre algo) LOC **be on/off duty** estar/não estar de plantão/serviço

ˌ**duty-ˈfree** *adj* isento (de impostos de importação)

duvet /duːˈveɪ; ˈduːveɪ/ *s (GB) (USA* **comforter**) edredom

DVD /ˌdiː viː ˈdiː/ *s* DVD

dwarf /dwɔːrf/ *substantivo, verbo*

▸ *s (pl* **dwarfs** *ou* **dwarves** /dwɔːrvz/) anão, anã

▸ *vt* tornar menor: *a house dwarfed by skyscrapers* uma casa apequenada pelos arranha-céus

dwell /dwel/ *vi (pt, pp* **dwelled** *ou* **dwelt** /dwelt/) *(formal)* morar PHR V **dwell on/upon sth 1** insistir em algo, estender-se sobre algo *(assunto)* **2** deixar-se obcecar por algo **dwelling** *s (formal)* habitação, residência

dwindle /ˈdwɪndl/ *vi* diminuir, reduzir-se: *to dwindle (away) (to nothing)* reduzir-se (a nada)

dye /daɪ/ *verbo, substantivo*

▸ *vt, vi (3a pess sing pres* **dyes**; *pt, pp* **dyed**; *part pres* **dyeing**) tingir: *to dye sth blue* tingir algo de azul

▸ *s* corante *(para roupas, alimentos, etc.)*

dying /ˈdaɪɪŋ/ *adj* **1** *(pessoa)* moribundo, agonizante **2** *(palavras, momentos, etc.)* último: *her dying wish* o último desejo dela ◇ *a dying breed* uma espécie em extinção

dyke /daɪk/ *s* **1** dique **2** *(gíria, ofen)* sapatão

dynamic /daɪˈnæmɪk/ *adj* dinâmico

dynamics /daɪˈnæmɪks/ *s* **1** *[pl]* dinâmica **2** *[não contável] (Ciência)* dinâmica

dynamism /ˈdaɪnəmɪzəm/ *s* dinamismo

dynamite /ˈdaɪnəmaɪt/ *substantivo, verbo*

▸ *s (lit e fig)* dinamite

▸ *vt* dinamitar

dynamo /ˈdaɪnəmoʊ/ *s (pl* **dynamos**) dínamo

dynasty /ˈdaɪnəsti; *GB* ˈdɪ-/ *s (pl* **dynasties**) dinastia

dysentery /ˈdɪsənteri; *GB* -tri/ *s* disenteria

dyslexia /dɪsˈleksiə/ *s* dislexia **dyslexic** *adj, s* disléxico, -a

dystrophy /ˈdɪstrəfi/ *s* distrofia

Ee

E, e /iː/ *s (pl* **Es, E's, e's**) **1** E, e ➲ *Ver nota em* A, A **2** *(Mús)* mi

e- /iː/ *pref* ❶ O prefixo **e-** é utilizado para se formar palavras que são relacionadas com a comunicação eletrônica, por internet: *e-commerce* comércio eletrônico ◇ *e-learning* aprendizagem eletrônica (à distância).

each /iːtʃ/ *adjetivo, pronome, advérbio*

▸ *adj* cada

> Geralmente traduz-se **each** como "cada (um/uma)" e **every** como "todo(s)". Uma importante exceção ocorre quando se expressa a repetição de algo em intervalos fixos de tempo: *The Olympics are held every four years.* As Olímpiadas ocorrem de quatro em quatro anos. ➲ *Ver nota em* EVERY

▸ *pron, adv* cada um *(de dois ou mais)*: *each for himself* cada um por si ◇ *We have two each.* Temos dois cada um.

each ˈother *pron* um ao outro, uns aos outros *(mutuamente)*

> É cada vez maior a tendência de usar **each other** e **one another**

indistintamente, ainda que **one another** seja muito mais frequente. Pode-se dizer tanto: *They all looked at each other.* como: *They all looked at one another.* Todos se entreolharam.

eager /ˈiːgər/ *adj* ~ **(for sth/to do sth)** ávido (por algo); ansioso (para fazer algo): *eager to please* preocupado em agradar **eagerly** *adv* com impaciência, ansiosamente **eagerness** *s* ânsia, entusiasmo

eagle /ˈiːgl/ *s* águia

ear /ɪr/ *s* **1** orelha **2** ouvido: *to have an ear/a good ear for sth* ter (bom) ouvido para algo **3** espiga (*de milho, etc.*) LOC **be all ears** (*coloq*) ser todo ouvidos ♦ **play it by ear** (*coloq*) improvisar ♦ **play (sth) by ear** tocar (algo) de ouvido ♦ **up to your ears in sth** até o pescoço de/com algo *Ver tb* PRICK

earache /ˈɪreɪk/ *s* dor de ouvido

eardrum /ˈɪrdrʌm/ *s* tímpano

earl /ɜːrl/ *s* conde

early /ˈɜːrli/ *adjetivo, advérbio*

▸ *adj* (**earlier**, **-iest**) **1** cedo: *at an early age* cedo (na vida) ◇ *in the early afternoon* no começo da tarde **2** primeiro: *Mozart's early works* as primeiras obras de Mozart ◇ *my earliest memories* minhas recordações mais antigas ◇ *He's in his early twenties.* Ele tem pouco mais de 20 anos. **3** precoce **4** antecipado **5** (*morte*) prematuro LOC **early bird** (*hum*) madrugador ♦ **it's early days (yet)** (*GB*) é muito cedo ainda ♦ **the early bird catches/gets the worm** (*refrão*) Deus ajuda quem cedo madruga ♦ **the early hours** a madrugada *Ver tb* NIGHT

▸ *adv* (**earlier**, **-iest**) **1** cedo: *Come as early as possible.* Venha o mais cedo possível. **2** mais cedo **3** prematuramente **4** no início de: *early last week* no começo da semana passada LOC **as early as...**: *as early as 1988* já em 1988 ♦ **at the earliest** não antes de ♦ **early on** logo no começo: *earlier on* anteriormente

earmark /ˈɪrmɑːrk/ *vt* destinar

earn /ɜːrn/ *vt* **1** (*dinheiro*) ganhar: *to earn a living* ganhar a vida **2** render (*juros, dividendos*) **3** merecer *Ver tb* WELL EARNED

earnest /ˈɜːrnɪst/ *adj* **1** (*caráter*) sério **2** (*desejo, etc.*) fervoroso LOC **in earnest** **1** de verdade **2** a sério: *She was in deadly earnest.* Ela falava a sério. **earnestly** *adv* seriamente, com empenho **earnestness** *s* fervor, seriedade

earnings /ˈɜːrnɪŋz/ *s* [*pl*] ganhos

earphones /ˈɪrfoʊnz/ *s* [*pl*] fones de ouvido

earring /ˈɪrɪŋ/ *s* brinco

earshot /ˈɪrʃɑːt/ *s* LOC **out of/within earshot** longe/perto dos ouvidos (de alguém)

earth /ɜːrθ/ *substantivo, verbo*

▸ *s* **1** (*tb* **the Earth**) (*planeta*) a Terra **2** (*Geol*) terra **3** (*GB*) (*USA* **ground**) (*Eletrôn*) fio terra LOC **charge, cost, pay, etc. the earth** (*GB, coloq*) cobrar, custar, pagar, etc. uma fortuna ♦ **come back/down to earth (with a bang/bump)** (*coloq*) colocar os pés no chão ♦ **how, why, where, who, etc. on earth** (*coloq*): *How on earth can she afford that?* Como diabo pode ela dar-se ao luxo daquilo? ◇ *What on earth are you doing?* Que diabo você está fazendo?

▸ *vt* (*GB*) (*USA* **ground**) (*Eletrôn*) ligar o fio terra de

earthenware /ˈɜːrθnwer/ *adj, s* (peças) de barro

earthly /ˈɜːrθli/ *adj* **1** (*formal*) terreno **2** possível: *You haven't an earthly chance of winning.* Você não tem a mais remota possibilidade de vencer. ℹ Neste sentido é utilizado somente em orações negativas ou interrogativas.

earthquake /ˈɜːrθkweɪk/ *s* terremoto

earthworm /ˈɜːrθwɜːrm/ *s* minhoca

earworm /ˈɪrwɜːrm/ *s* música que não sai da cabeça

ease /iːz/ *substantivo, verbo*

▸ *s* **1** facilidade **2** conforto LOC **at (your) ease** à vontade *Ver tb* ILL, MIND

▸ *v* **1** *vt, vi* (*dor*) aliviar(-se) **2** *vt, vi* (*tensão, tráfego, etc.*) diminuir **3** *vt* (*situação*) amenizar **4** *vt* (*restrição*) afrouxar LOC **ease sb's mind** tranquilizar (a mente de) alguém PHR V **ease (sb/sth) across, along, etc. sth** mover (alguém/algo) cuidadosamente através, ao longo, etc. de algo ♦ **ease off/up** tornar-se menos intenso

easel /ˈiːzl/ *s* cavalete (*de pintura*)

easily /ˈiːzəli/ *adv* **1** facilmente **2** muito provavelmente **3** certamente: *It's easily the best.* É certamente o melhor. ◇ *There's easily enough for everyone.* Tem de longe o suficiente para todo mundo.

east /iːst/ *substantivo, adjetivo, advérbio*

▸ *s* (*tb* **East**) (*abrev* **E**) **1** leste: *New York is in the east of the US.* Nova York fica no leste dos Estados Unidos. **2 the East** (o) Oriente

▸ *adj* (do) leste, oriental: *east winds* ventos do leste

▸ *adv* para o leste: *They headed east.* Eles foram para o leste.

E

eastbound /ˈiːstbaʊnd/ *adj* em direção ao leste

Easter /ˈiːstər/ *s* Páscoa: *Easter egg* ovo de Páscoa

eastern (*tb* **Eastern**) /ˈiːstərn/ *adj* (do) leste, oriental

eastward /ˈiːstwərd/ (*tb* **eastwards**) *adv* em direção ao leste

E

easy /ˈiːzi/ *adjetivo, advérbio*

▸ *adj* (**easier, -iest**) **1** fácil **2** tranquilo: *My mind is easier now.* Estou mais tranquilo agora. LOC **I'm easy** (*GB, coloq*) tanto faz (para mim) *Ver tb* FREE

▸ *adv* (**easier, -iest**) LOC **easier said than done** falar é fácil, fazer é que é difícil ◆ **go easy on sb** (*coloq*) pegar leve com alguém ◆ **go easy on/with sth** (*coloq*) maneirar em algo ◆ **take it easy** (*coloq*) calma! ◆ **take it/things easy** ir com calma, relaxar

easygoing /ˌiːziˈgoʊɪŋ/ *adj* (*pessoa*) tranquilo: *She's very easygoing.* Ela é uma pessoa bastante fácil de lidar.

eat /iːt/ *vt, vi* (*pt* **ate** /eɪt; *GB* et/, *pp* **eaten** /ˈiːtn/) comer LOC **eat out of sb's hand** estar dominado por alguém: *She had him eating out of her hand.* Ela o tinha na palma da mão. ◆ **eat your words** engolir suas palavras ◆ **what's eating him, you, etc?** (*coloq*) o que está o, te, etc. inquietando? *Ver tb* CAKE PHR V **eat away at sth; eat sth away 1** causar a erosão de algo **2** (*fig*) consumir algo ◆ **eat into sth 1** corroer, desgastar algo **2** consumir algo (*reservas, etc.*) ◆ **eat out** comer fora ◆ **eat (sth) up** comer tudo ◆ **eat sth up** (*fig*) devorar algo: *This car eats up gas!* Este carro bebe um monte de gasolina. ◆ **be eaten up with sth** estar/ser tomado por algo **eater** *s*: *He's a big eater.* Ele é um comilão.

eavesdrop /ˈiːvzdrɑːp/ *vi* (**-pp-**) ~ **(on sb/sth)** escutar escondido (alguém/algo)

ebb /eb/ *verbo, substantivo*

▸ *vi* **1** (*formal*) (*maré*) baixar **2** ~ **(away)** (*fig*) diminuir

▸ *s* **the ebb** [*sing*] a vazante LOC **the ebb and flow (of sth)** o ir e vir (de algo)

Ebola fever /iːˈboʊlə fiːvər/ *s* febre ebola

ebony /ˈebəni/ *s* ébano

ˈ**e-book** *s* livro digital

eccentric /ɪkˈsentrɪk/ *adj, s* excêntrico, -a **eccentricity** /ˌeksenˈtrɪsəti/ *s* (*pl* **eccentricities**) excentricidade

echo /ˈekoʊ/ *substantivo, verbo*

▸ *s* (*pl* **echoes**) eco, ressonância

▸ *v* **1** *vi* ~ **(to/with sth)** ecoar (algo) **2** *vt* ~ **sth (back)** repetir, refletir algo: *The tunnel echoed back their words.* O eco do túnel repetiu as palavras deles.

ˈ**e-cigarette** *s* cigarro eletrônico

eclipse /ɪˈklɪps/ *substantivo, verbo*

▸ *s* eclipse

▸ *vt* ofuscar

eco-friendly /ˌiːkoʊ ˈfrendli/ *adj* inofensivo para o meio ambiente

ecological /ˌiːkəˈlɑːdʒɪkl/ *adj* ecológico **ecologically** /ˌiːkəˈlɑːdʒɪkli/ *adv* ecologicamente

ecologist /iˈkɑːlədʒɪst/ *s* ecologista

ecology /iˈkɑːlədʒi/ *s* ecologia

economic /ˌiːkəˈnɑːmɪk; ˌekəˈ-/ *adj* **1** (*desenvolvimento, política, etc.*) econômico ➲ *Comparar com* ECONOMICAL **2** rentável

economical /ˌiːkəˈnɑːmɪkl; ˌekəˈ-/ *adj* econômico (*combustível, aparelho, estilo*)

> Ao contrário de **economic**, **economical** pode ser qualificado por palavras como *more, less, very*, etc: *a more economical car* um carro mais econômico.

LOC **be economical with the truth** não contar toda a verdade **economically** /ˌiːkəˈnɑːmɪkli; ˌekəˈ-/ *adv* economicamente

economics /ˌiːkəˈnɑːmɪks; ˌekəˈ-/ *s* [*não contável*] economia: *the economics of the project* o lado econômico do projeto *Ver tb* HOME ECONOMICS **economist** /ɪˈkɑːnəmɪst/ *s* economista

economize (*GB tb* **-ise**) /ɪˈkɑːnəmaɪz/ *vi* economizar: *to economize on gas* economizar gasolina

economy /ɪˈkɑːnəmi/ *s* (*pl* **economies**) economia: *to make economies* economizar ◇ *economy size* embalagem econômica

ecosystem /ˈiːkoʊsɪstəm/ *s* ecossistema

ecotourism /ˈiːkoʊtʊrɪzəm/ *s* ecoturismo

ecstasy /ˈekstəsi/ *s* (*pl* **ecstasies**) **1** êxtase: *to be in/go into ecstasy/ecstasies over sth* extasiar-se com algo **2 Ecstasy** (*abrev* **E**) ecstasy **ecstatic** /ɪkˈstætɪk/ *adj* extasiado

edge /edʒ/ *substantivo, verbo*

▸ *s* **1** fio (*de faca, etc.*) **2** borda: *on the edge of town* nos limites da cidade **3** [*sing*] ~ **(on/over sb/sth)** vantagem (sobre alguém/algo) LOC **be on edge** estar com os nervos à flor da pele ◆ **take the edge off sth** suavizar, reduzir algo: *to take the edge off your appetite* reduzir o apetite

▸ *v* **1** *vt, vi* ~ **(your way) along, away, etc.** avançar, aproximar-se, etc. pouco a pouco: *I edged slowly toward the door.*

Avancei lentamente em direção à porta. **2** *vt* ~ **sth (with/in sth)** contornar algo (com algo)

edgy /ˈedʒi/ *adj (coloq)* nervoso

EDI /ˌiː diː ˈaɪ/ *s (abrev de* **electronic data interchange**) *(Informát)* intercâmbio eletrônico de dados

edible /ˈedəbl/ *adj* comestível

edit /ˈedɪt/ *verbo, substantivo*

▸ *vt* **1** *(livro, jornal, site, etc.)* editar **2** *(texto)* revisar

▸ *s* revisão

edition /ɪˈdɪʃn/ *s* edição

editor /ˈedɪtər/ *s* diretor, -ora *(de livro, jornal, revista, etc.)*: *the arts editor* o editor (da seção) de cultura

editorial /ˌedɪˈtɔːriəl/ *adj, s* editorial

educate /ˈedʒukeɪt/ *vt* educar *(academicamente)*: *He was educated abroad.* Ele estudou no exterior. ➲ *Comparar com* BRING SB UP *em* BRING, RAISE

educated /ˈedʒukeɪtɪd/ *adj* culto **LOC** **an educated guess** uma previsão fundamentada

education /ˌedʒuˈkeɪʃn/ *s* **1** educação, ensino **2** pedagogia **educational** *adj* educativo, educacional, pedagógico

eel /iːl/ *s* enguia

eerie /ˈɪri/ *adj* misterioso, horripilante

effect /ɪˈfekt/ *substantivo, verbo*

▸ *s* efeito: *It had no effect on her.* Não teve qualquer efeito sobre ela. *Ver tb* SIDE EFFECT **LOC** **for effect** para impressionar ◆ **in effect** na realidade ◆ **take effect 1** surtir efeito **2** *(tb* **come into effect**) entrar em vigor ◆ **to no effect** em vão ◆ **to this/that effect** com este propósito *Ver tb* WORD

▸ *vt (formal)* efetuar *(cura, mudança)*

effective /ɪˈfektɪv/ *adj* **1** *(sistema, remédio, etc.)* eficaz **2** de grande efeito **effectiveness** *s* eficácia

effectively /ɪˈfektɪvli/ *adv* **1** eficazmente **2** efetivamente

effeminate /ɪˈfemɪnət/ *adj* afeminado

efficient /ɪˈfɪʃnt/ *adj* **1** *(pessoa)* eficiente **2** *(máquina, sistema, etc.)* eficaz **efficiency** *s* eficiência

efficiently *adv* eficientemente

effort /ˈefərt/ *s* esforço: *to make an effort* esforçar-se

e.g. /ˌiː ˈdʒiː/ *abrev* por exemplo *(abrev* p. ex.)

egg /eg/ *substantivo, verbo*

▸ *s* **1** ovo: *an egg cup* um porta-ovo **2** *(Biol)* óvulo **LOC** **put all your eggs in one basket** arriscar tudo (em uma só coisa)

▸ *v* **PHR V** **egg sb on** provocar, incitar alguém

eggplant /ˈegplænt; *GB* -plɑːnt/ *(GB* **aubergine**) *s* berinjela

eggshell /ˈegʃel/ *s* casca de ovo

ego /ˈiːgoʊ/ *s (pl* **egos**) ego: *to boost sb's ego* massagear o ego de alguém

Eid /iːd/ *s* Eid *(celebração muçulmana no final do Ramadã ou da peregrinação à Meca)*

E

eight /eɪt/ *adj, pron, s* oito ➲ *Ver exemplos em* FIVE **eighth** /eɪtθ/ **1** *adj, adv, pron* oitavo **2** *s* oitava parte, oitavo ➲ *Ver exemplos em* FIFTH

eighteen /ˌeɪˈtiːn/ *adj, pron, s* dezoito ➲ *Ver exemplos em* FIVE **eighteenth 1** *adj, adv, pron* décimo oitavo **2** *s* décima oitava parte, dezoito avos ➲ *Ver exemplos em* FIFTH

eighty /ˈeɪti/ *adj, pron, s* oitenta ➲ *Ver exemplos em* FIFTY, FIVE **eightieth 1** *adj, adv, pron* octogésimo **2** *s* octogésima parte, oitenta avos ➲ *Ver exemplos em* FIFTH

either /ˈaɪðər; ˈiːðər/ *adjetivo, pronome, advérbio*

▸ *adj* **1** qualquer um dos dois: *Either kind of flour will do.* Qualquer um dos dois tipos de farinha serve. ◇ *either way...* de qualquer uma das duas maneiras... **2** ambos: *on either side of the road* em ambos os lados da rua **3** *(em orações negativas)* nenhum dos dois

▸ *pron* **1** qualquer, um ou outro **2** *(em orações negativas)* nenhum: *I don't want either of them.* Eu não quero nenhum deles. ➲ *Ver nota em* NENHUM

▸ *adv* **1** *(em orações negativas)* tampouco, também não: *"I'm not going." "I'm not either."* —Eu não vou. —Eu também não (vou). **2 either... or...** ou... ou..., nem... nem... ➲ *Comparar com* ALSO, TOO ➲ *Ver nota em* NEITHER

eject /iˈdʒekt/ **1** *vt (formal)* expulsar **2** *vt* expelir **3** *vi* ejetar

eke /iːk/ *v* **PHR V** **eke sth out** esticar algo *(para que dure mais)*

elaborate *adjetivo, verbo*

▸ *adj* /ɪˈlæbərət/ complicado

▸ *vi* /ɪˈlæbəreɪt/ ~ **(on sth)** dar detalhes (sobre algo)

elapse /ɪˈlæps/ *vi (formal) (tempo)* decorrer

elastic /ɪˈlæstɪk/ *adjetivo, substantivo*

▸ *adj* **1** elástico **2** flexível

▸ *s* elástico *(material)*

eˌlastic ˈband *s (GB) (USA* **rubber band**) (tira de) elástico

elated /iˈleɪtɪd/ *adj* ~ **(at/by sth)** feliz e entusiasmado (com algo)

elbow /ˈelboʊ/ *s* cotovelo

elder /ˈeldər/ *adj, s* mais velho: *Pitt the Elder* Pitt, o Velho

Os comparativos mais comuns de **old** são **older** e **oldest**: *He is older than me.* Ele é mais velho do que eu. ◇ *the oldest building in the city* o edifício mais antigo da cidade. Quando comparamos as idades das pessoas, principalmente dos membros de uma família, utilizamos com frequência **elder** e **eldest** como adjetivos e pronomes: *my eldest brother* meu irmão mais velho ◇ *the elder of the two brothers* o mais velho dos dois irmãos. Note que **elder** e **eldest** não podem ser empregados com **than** e como adjetivos só podem anteceder o substantivo.

elderly /ˈeldərli/ *adjetivo, substantivo*
▸ *adj* idoso
▸ *s* **the elderly** [*pl*] os idosos

eldest /ˈeldɪst/ *adj, s* mais velho ➲ *Ver nota em* ELDER

elect /ɪˈlekt/ *vt* eleger **electoral** /ɪˈlektərəl/ *adj* eleitoral **electorate** /ɪˈlektərət/ *s* eleitorado

election /ɪˈlekʃn/ *s* eleição

electric /ɪˈlektrɪk/ *adj* **1** elétrico **2** (*ambiente*) eletrizante **electrician** /ɪˌlekˈtrɪʃn/ *s* eletricista

electrical /ɪˈlektrɪkl/ *adj* elétrico ➲ *Ver nota em* ELÉTRICO

electricity /ɪˌlekˈtrɪsəti/ *s* eletricidade: *to turn off the electricity* desligar a eletricidade

electrify /ɪˈlektrɪfaɪ/ *vt* (*pt, pp* **-fied**) **1** eletrificar **2** (*fig*) eletrizar **electrification** *s* eletrificação

electrocute /ɪˈlektrəkjuːt/ *vt* eletrocutar

electrode /ɪˈlektroʊd/ *s* eletrodo

electron /ɪˈlektrɑːn/ *s* elétron

electronic /ɪˌlekˈtrɑːnɪk/ *adj* eletrônico **electronics** *s* [*não contável*] eletrônica

elegant /ˈelɪgənt/ *adj* elegante **elegance** *s* elegância

element /ˈelɪmənt/ *s* elemento

elementary /ˌelɪˈmentri/ *adj* elementar

ˌeleˈmentary school (*GB* **primary school**) *s* escola de ensino fundamental I

elephant /ˈelɪfənt/ *s* elefante *Ver tb* WHITE ELEPHANT

elevator /ˈelɪveɪtər/ (*GB* **lift**) *s* elevador

eleven /ɪˈlevn/ *adj, pron, s* onze ➲ *Ver exemplos em* FIVE **eleventh 1** *adj, adv, pron* décimo primeiro **2** *s* décima primeira parte, onze avos ➲ *Ver exemplos em* FIFTH

elf /elf/ *s* (*pl* **elves** /elvz/) duende, elfo

elicit /ɪˈlɪsɪt/ *vt* (*formal*) obter (*esp com dificuldade*)

eligible /ˈelɪdʒəbl/ *adj*: *to be eligible for sth* ter direito a algo ◇ *to be eligible to do sth* estar qualificado/capacitado para fazer algo ◇ *an eligible bachelor* um bom partido

eliminate /ɪˈlɪmɪneɪt/ *vt* **1** eliminar **2** (*doença, miséria*) erradicar

elite /eɪˈliːt; ɪˈ-/ *s* elite

elk /elk/ *s* alce

elm /elm/ (*tb* **ˈelm tree**) *s* olmo

elope /ɪˈloʊp/ *vi* fugir com o/a amante

eloquent /ˈeləkwənt/ *adj* eloquente

else /els/ *adv* ❶ Se usa com pronomes indefinidos, interrogativos ou negativos e com advérbios: *Did you see anyone else?* Você viu mais alguém? ◇ *anybody else* qualquer outra pessoa ◇ *everyone/everything else* todos os outros/todas as outras coisas ◇ *It must have been somebody else.* Deve ter sido outra pessoa. ◇ *no one else* mais ninguém ◇ *Anything else?* Mais alguma coisa? ◇ *somewhere else* em/a algum outro lugar ◇ *What else?* Que mais? LOC **or else 1** ou então, senão: *Run or else you'll be late.* Corra, senão chegará atrasado. **2** (*coloq*): *Stop that, or else!* Pare com isso, senão...

elsewhere /ˌelsˈwer/ *adv* em/para outro lugar

elude /iˈluːd/ *vt* **1** escapar de **2**: *I recognize her face, but her name eludes me.* Eu reconheço o rosto dela, mas não consigo me lembrar do nome. **elusive** /iˈluːsɪv/ *adj* esquivo: *an elusive word* uma palavra difícil de lembrar

elves *pl de* ELF

emaciated /ɪˈmeɪʃieɪtɪd; ɪˈmeɪsi-/ *adj* definhado, emaciado

e-mail /ˈiː meɪl/ (*tb* **email**) *substantivo, verbo*
▸ *s* **1** e-mail: *My e-mail address is sjones@oup.com.* O meu e-mail é sjones@oup.com. ❶ Pronuncia-se "s jones at oup dot com". **2** e-mail
▸ *vt* **1 ~ sth** enviar algo por e-mail **2 ~ sb** enviar um e-mail para alguém

emanate /ˈeməneɪt/ *vi* **~ from sth** (*formal*) emanar, provir de algo

emancipation /ɪˌmænsɪˈpeɪʃn/ *s* emancipação

embankment /ɪmˈbæŋkmənt/ *s* dique, aterro

embargo /ɪmˈbɑːrgoʊ/ *s* (*pl* **embargoes**) proibição, embargo

embark /ɪmˈbɑːrk/ *vt, vi* embarcar **PHR V** **embark on sth** (*fig*) embarcar em algo

embarrass /ɪmˈbærəs/ *vt* envergonhar, atrapalhar

embarrassed /ɪmˈbærəst/ *adj* constrangido: *to be embarrassed at/about sth* envergonhar-se com algo

embarrassing /ɪmˈbærəsɪŋ/ *adj* embaraçoso

embarrassment /ɪmˈbærəsmənt/ *s* **1** vergonha **2** ~ **(to/for sb)** embaraço (para alguém) **3** (*pessoa*): *You're an embarrassment.* Faz-nos passar vergonha.

embassy /ˈembəsi/ *s* (*pl* **embassies**) embaixada

embedded /ɪmˈbedɪd/ *adj* **1** encravado, embutido **2** (*dentes, espada*) cravado, fincado

ember /ˈembər/ *s* [*ger pl*] tição

embezzle /ɪmˈbezl/ *vt, vi* desviar (fundos) **embezzlement** *s* desfalque

embittered /ɪmˈbɪtərd/ *adj* amargurado

emblem /ˈembləm/ *s* símbolo

embody /ɪmˈbɑːdi/ *vt* (*pt, pp* **-died**) encarnar, incorporar **embodiment** *s* (*formal*) personificação

embrace /ɪmˈbreɪs/ *verbo, substantivo*
▸ *v* (*formal*) **1** *vt, vi* abraçar **2** *vt* (*oferta, oportunidade*) agarrar **3** *vt* abarcar
▸ *s* abraço

embroider /ɪmˈbrɔɪdər/ *vt, vi* bordar **embroidery** *s* [*não contável*] bordado

embryo /ˈembrioʊ/ *s* (*pl* **embryos**) embrião

emerald /ˈemərəld/ *s* esmeralda

emerge /iˈmɜːrdʒ/ *vi* ~ **(from sth)** emergir, surgir (de algo): *It emerged that ...* Descobriu-se que... **emergence** *s* surgimento, aparição

emergency /iˈmɜːrdʒənsi/ *s* (*pl* **emergencies**) emergência: *emergency exit* saída de emergência

eˈmergency brake (*GB* **handbrake**) *s* freio de mão

eˈmergency room (*abrev* **ER**) (*USA*) (*GB* **accident and emergency**) *s* pronto-socorro

emigrate /ˈemɪɡreɪt/ *vi* emigrar **emigrant** *s* emigrante **emigration** *s* emigração

eminent /ˈemɪnənt/ *adj* eminente

emission /iˈmɪʃn/ *s* emissão

emit /iˈmɪt/ *vt* (**-tt-**) (*formal*) **1** (*raios, sons*) emitir **2** (*odores, vapores*) liberar

emo /ˈiːmoʊ/ *s* **1** (*Mús*) emo **2** (*pl* **-os**) fã de emo

emoji /iˈmoʊdʒi; *GB* ɪ-/ *s* (*pl* **emoji** *ou* **emojis**) emoji

emoticon /ɪˈmoʊtɪkɑːn/ *s* emoticon

emotion /ɪˈmoʊʃn/ *s* emoção **emotive** /iˈmoʊtɪv/ *adj* emotivo

emotional /ɪˈmoʊʃənl/ *adj* emocional, emotivo: *to get emotional* emocionar-se

empathy /ˈempəθi/ *s* empatia

emperor /ˈempərər/ *s* imperador

emphasis /ˈemfəsɪs/ *s* (*pl* **emphases** /-siːz/) ~ **(on sth)** ênfase (em algo) **emphatic** /ɪmˈfætɪk/ *adj* categórico, enfático

emphasize (*GB tb* **-ise**) /ˈemfəsaɪz/ *vt* enfatizar

empire /ˈempaɪər/ *s* império

employ /ɪmˈplɔɪ/ *vt* empregar: *to be employed as a teacher* ser contratado como professor

employee /ɪmˈplɔɪiː/ *s* empregado, -a

employer /ɪmˈplɔɪər/ *s* empregador, -ora

employment /ɪmˈplɔɪmənt/ *s* emprego, trabalho ➲ *Ver nota em* WORK

empress /ˈemprəs/ *s* imperatriz

empty /ˈempti/ *adjetivo, verbo*
▸ *adj* **1** vazio **2** vão, inútil
▸ *v* (*pt, pp* **emptied**) **1** *vt* ~ **sth (out)** esvaziar algo: *She emptied the water out of the vase.* Ela esvaziou o vaso de água. **2** *vi* esvaziar-se, ficar vazio **3** *vt* (*habitação, edifício*) desalojar **emptiness** *s* **1** vazio **2** (*fig*) inutilidade

ˌempty-ˈhanded *adj* de mãos vazias

enable /ɪˈneɪbl/ *vt* ~ **sb to do sth** permitir, possibilitar a alguém fazer algo

enact /ɪˈnækt/ *vt* **1** (*Jur*) promulgar **2** (*formal*) (*Teat*) representar **3 be enacted** (*formal*) suceder

enamel /ɪˈnæml/ *s* (*dentes, panela*) esmalte

enchanting /ɪnˈtʃæntɪŋ; *GB* ɪnˈtʃɑːn-/ *adj* encantador

encircle /ɪnˈsɜːrkl/ *vt* (*formal*) rodear, cercar

enclose /ɪnˈkloʊz/ *vt* **1** ~ **sth (in/with sth)** cercar algo (de algo) **2** anexar (*em envelope*): *I enclose...* Segue anexo... **enclosed** *adj* **1** (*espaço*) fechado **2** (*abrev* **encl.**) (*em correspondências, etc.*) anexo **enclosure** /ɪnˈkloʊʒər/ *s* **1** cercado **2** documento anexo

encore /ˈɑːŋkɔːr/ *interjeição, substantivo*
▸ *interj* bis!
▸ *s* repetição, bis

E

encounter /ɪn'kaʊntər/ *verbo, substantivo*
▸ *vt* deparar-se com
▸ *s* encontro

encourage /ɪn'kɜːrɪdʒ; GB ɪn'kʌrɪdʒ/ *vt* **1 ~ sb (in sth/to do sth)** encorajar, animar alguém (para algo/fazer algo) **2** fomentar, estimular **encouraging** *adj* encorajador

E

encouragement /ɪn'kɜːrɪdʒmənt; GB ɪn'kʌrɪdʒ-/ *s* **~ (to sb) (to do sth)** estímulo, encorajamento (a alguém) (para fazer algo)

encrypt /ɪn'krɪpt/ *vt* (*Informát*) criptografar **encryption** *s* criptografia

encyclopedia (*GB tb* **encyclopaedia**) /ɪnˌsaɪklə'piːdiə/ *s* enciclopédia

end /end/ *substantivo, verbo*
▸ *s* **1** (*tempo*) fim, final: *at the end of sth* no fim de algo ◇ *from beginning to end* do princípio ao fim ➲ *Ver nota à pág. 137* **2** (*espaço*) final, extremo: *from end to end* de ponta a ponta **3** (*bastão, corda, etc.*) ponta, extremidade **4**: *the east end of town* o leste da cidade **5** propósito, fim **6** (*Esporte*) lado (do campo/quadra) *Ver tb* DEAD END **LOC** **(be) at an end** (estar/haver) terminado ◆ **be at the end of your rope** (*GB* **be at the end of your tether**) não aguentar mais ◆ **in the end** no final ◆ **make ends meet** sustentar-se com o que ganha ◆ **on end**: *for days on end* por dias a fio *Ver tb* LOOSE, MEANS, ODDS
▸ *vt, vi* terminar, acabar **PHR V** **end in sth** terminar em algo: *Their argument ended in tears.* A discussão deles terminou em lágrimas. ◆ **end up (as sth/doing sth)** acabar (sendo/fazendo algo) ◆ **end up (in...)** ir parar (em...) (*lugar*)

endanger /ɪn'deɪndʒər/ *vt* colocar em perigo

endangered /ɪn'deɪndʒərd/ *adj* ameaçado de extinção: *endangered species* espécies em (perigo de) extinção

endear /ɪn'dɪr/ *vt* **~ sb/yourself to sb** tornar alguém/tornar-se querido por alguém; conquistar a simpatia de alguém **endearing** *adj* afetuoso

endeavor (*GB* **endeavour**) /ɪn'devər/ *substantivo, verbo*
▸ *s* (*formal*) empenho
▸ *vi* **~ to do sth** (*formal*) empenhar-se para fazer algo

ending /'endɪŋ/ *s* final

endless /'endləs/ *adj* **1** interminável, sem fim: *endless possibilities* infinitas possibilidades **2** infinito

endorse /ɪn'dɔːrs/ *vt* **1** aprovar **2** (*cheque, etc.*) endossar **endorsement** *s* **1** aprovação **2** endosso **3** (*GB*) (*em carta de motorista*) nota de advertência

endow /ɪn'daʊ/ *vt* dotar **PHR V** **be endowed with sth** ser dotado de algo **endowment** *s* doação (*dinheiro*)

'end product *s* produto final

endurance /ɪn'dʊrəns; GB ɪn'djʊ-/ *s* resistência

endure /ɪn'dʊr; GB ɪn'djʊə(r)/ **1** *vt* suportar, resistir ❶ Em negativas é mais comum utilizar-se **can't bear** ou **can't stand**. **2** *vi* (*formal*) perdurar **enduring** *adj* duradouro

enemy /'enəmi/ *s* (*pl* **enemies**) inimigo, -a

energetic /ˌenər'dʒetɪk/ *adj* enérgico

energy /'enərdʒi/ *s* (*pl* **energies**) energia

enforce /ɪn'fɔːrs/ *vt* fazer cumprir (*lei*) **enforcement** *s* aplicação (*da lei*)

engage /ɪn'geɪdʒ/ **1** *vt* (*formal*) (*atenção*) prender **2** *vt* (*formal*) (*pensamentos*) ocupar **3** *vi* **~ with sth/sb** dedicar-se a algo/alguém (*tentando compreender*): *She has the ability to engage with young minds.* Ela sabe muito bem como lidar com jovens e entendê-los. **4** *vt* **~ sb (as sth)** (*formal*) contratar alguém (como algo) **PHR V** **engage in sth** dedicar-se a algo, envolver-se em algo ◆ **engage sb in sth** envolver alguém em algo

engaged /ɪn'geɪdʒd/ *adj* **1 ~ (in/on sth)** ocupado, comprometido (com algo) **2 ~ (to sb)** comprometido (com alguém): *to get engaged* ficar noivo **3** (*GB*) (*USA* **busy**) (*telefone*) ocupado

engagement /ɪn'geɪdʒmənt/ *s* **1 ~ (to sb)** (compromisso de) noivado (com alguém) **2** (*período*) noivado **3** hora, compromisso

engaging /ɪn'geɪdʒɪŋ/ *adj* atraente

engine /'endʒɪn/ *s* **1** motor

Em geral a palavra **engine** refere-se a um motor movido a combustível, como o de um veículo, e **motor** a um motor elétrico, como o de um eletrodoméstico.

2 locomotiva *Ver tb* SEARCH ENGINE

engineer /ˌendʒɪ'nɪr/ *substantivo, verbo*
▸ *s* **1** engenheiro, -a **2** (*telefone, manutenção, etc.*) técnico, -a **3** (*GB* **'engine driver**) (*trem*) maquinista
▸ *vt* **1** (*ger pej*) maquinar **2** construir

engineering /ˌendʒɪ'nɪrɪŋ/ *s* engenharia

English /'ɪŋglɪʃ/ *adj, s* inglês: *the English* os ingleses

engrave /ɪnˈgreɪv/ *vt* ~ **B on A**; ~ **A with B** gravar B em A; gravar A com B **engraving** *s* **1** gravação **2** (*Arte*) gravura

engrossed /ɪnˈgroʊst/ *adj* absorto

enhance /ɪnˈhæns; *GB* ɪnˈhɑːns/ *vt* **1** aumentar, melhorar **2** (*aspecto*) realçar **enhanced** *adj* (*qualidade, valor*) ampliado, maior

enjoy /ɪnˈdʒɔɪ/ *vt* **1** desfrutar de: *Enjoy your meal!* Bom apetite! **2** ~ **doing sth** gostar de fazer algo **3** ~ **yourself** divertir-se: *Enjoy yourself!* Divirta-se! LOC **enjoy!** (*coloq*) bom proveito!

enjoyable /ɪnˈdʒɔɪəbl/ *adj* agradável, divertido

enjoyment /ɪnˈdʒɔɪmənt/ *s* prazer, satisfação: *He spoiled my enjoyment of the movie.* Ele me tirou o prazer do filme. ◇ *to get enjoyment out of/from sth* divertir-se com algo

enlarge /ɪnˈlɑːrdʒ/ *vt* ampliar **enlargement** *s* ampliação

enlighten /ɪnˈlaɪtn/ *vt* ~ **sb (as to/about sth)** (*formal*) esclarecer algo a alguém, **enlightened** *adj* **1** (*pessoa*) culto **2** (*política*) inteligente **enlightenment** *s* esclarecimento

enlist /ɪnˈlɪst/ **1** *vt* ~ **sb/sth (in sth)** recrutar alguém/algo (para algo) **2** *vt, vi* ~ **(sb) (in/into/for sth)** (*Mil*) alistar alguém, alistar-se (em algo)

enmity /ˈenməti/ *s* (*pl* **enmities**) inimizade

enormous /ɪˈnɔːrməs/ *adj* enorme **enormously** *adv* enormemente: *I enjoyed it enormously.* Eu gostei muitíssimo.

enough /ɪˈnʌf/ *adj, pron, adv* suficiente, bastante: *Is that enough food for ten?* A comida é suficiente para dez pessoas? ◇ *I've saved up enough to go on vacation.* Economizei o suficiente para sair de férias. ◇ *Is it near enough to go on foot?* É perto (o suficiente) para irmos a pé? ◇ *That's enough!* Basta!

Note que **enough** sempre vem depois do adjetivo e **too** diante deste: *You're not old enough./You're too young.* Você é muito jovem./Você é jovem demais. Quando **enough** é usado depois de um adjetivo positivo como *nice* ou *happy*, expressa que o seu entusiamo é relativo: *He's pleasant enough, but not much fun.* Ele é até agradável, mas não muito divertido.

LOC **curiously, funnily, oddly, etc. enough** o curioso, estranho, etc. é que... ◆ **have had enough (of sth/sb)** estar farto (de algo/alguém) *Ver tb* FAIR, SURE

enquire = INQUIRE

enquiry = INQUIRY

enrage /ɪnˈreɪdʒ/ *vt* enfurecer

enrich /ɪnˈrɪtʃ/ *vt* enriquecer

enroll (*GB* **enrol**) /ɪnˈroʊl/ *vt, vi* inscrever(-se), matricular(-se) **enrollment** (*GB* **enrolment**) *s* inscrição, matrícula

en suite /ˌɑ̃ː ˈswiːt; *GB* ˌɒ̃ ˈ-/ *adjetivo, advérbio, substantivo*

▸ *adj, adv* (*banheiro*) privativo

▸ *s* **en-suite** banheiro privativo

ensure (*USA tb* **insure**) /ɪnˈʃʊr/ *vt* assegurar, garantir

entangle /ɪnˈtæŋgl/ *vt* ~ **sb/sth (in/with sth)** enredar alguém/algo (em algo) **entanglement** *s* enredamento

enter /ˈentər/ **1** *vt, vi* entrar (em): *The thought never entered my head.* A ideia nunca me passou pela cabeça. **2** *vt, vi* ~ **(sth/for sth)** inscrever-se (em algo) **3** *vt* (*colégio, universidade*) matricular-se em **4** *vt* (*hospital, sociedade*) ingressar em **5** *vt* ~ **sth (in/into/on sth)** anotar, digitar algo (em algo): *Enter your password here.* Digite sua senha aqui. PHR V **enter into sth** (*formal*) **1** entrar em algo (*discussão*) **2** (*negociações*) iniciar algo **3** (*um acordo*) chegar a algo **4** ter a ver com algo: *What he wants doesn't enter into it.* O que ele quer não tem nada a ver com isso.

enterprise /ˈentərpraɪz/ *s* **1** (*atividade*) empresa, empreendimento **2** espírito empreendedor **enterprising** *adj* empreendedor

entertain /ˌentərˈteɪn/ **1** *vt, vi* receber (convidados) (*em casa*) **2** *vt, vi* (*divertir*) entreter **3** *vt* (*formal*) (*ideia*) cogitar

entertainer /ˌentərˈteɪnər/ *s* artista de variedades

entertaining /ˌentərˈteɪnɪŋ/ *adj* interessante, divertido

entertainment /ˌentərˈteɪnmənt/ *s* entretenimento, diversão

enthralling /ɪnˈθrɔːlɪŋ/ *adj* cativante

enthusiasm /ɪnˈθuːziæzəm; *GB* ɪnˈθjuː-/ *s* entusiasmo **enthusiast** *s* entusiasta

enthusiastic /ɪnˌθuːziˈæstɪk; *GB* ɪnˌθjuː-/ *adj* entusiasmado

entice /ɪnˈtaɪs/ *vt* atrair

entire /ɪnˈtaɪər/ *adj* [*antes do substantivo*] inteiro, todo **entirety** /ɪnˈtaɪərəti/ *s* (*formal*) totalidade

entirely /ɪnˈtaɪərli/ *adv* totalmente, completamente

entitle /ɪnˈtaɪtl/ *vt* **1** ~ **sb to sth/to do sth** dar direito a alguém a algo/de fazer

E

algo **2** (*livro, etc.*) intitular **entitlement** *s* (*formal*) direito

entity /ˈentəti/ *s* (*pl* **entities**) (*formal*) entidade, ente

entrance /ˈentrəns/ *s* **1** ~ **(to/of sth)** entrada (de algo) **2** ~ **(to sth)** admissão (para algo): *They were refused entrance.* Eles não foram admitidos. ◇ *entrance fee* taxa de entrada

E

entrant /ˈentrənt/ *s* ~ **(to sth) 1** recém-admitido, -a (em algo) **2** (*competição, exame, etc.*) inscrito, -a (em algo)

entrepreneur /ˌɑːntrəprəˈnɜːr/ *s* empresário, -a

entrust /ɪnˈtrʌst/ *vt* ~ **sth to sb**; ~ **sb with sth** confiar algo a alguém

entry /ˈentri/ *s* (*pl* **entries**) **1** ~ **(into/to sth)** entrada, ingresso (em algo): *No entry.* Proibida a entrada. **2** (*diário*) apontamento, anotação **3** (*dicionário*) verbete

ˈ**entry-level** *adj* (*produto, trabalho, etc.*) de nível básico

Entryphone® /ˈentrifoʊn/ *s* (*GB*) (*USA* **intercom**) porteiro eletrônico

enunciate /ɪˈnʌnsieɪt/ *vt, vi* pronunciar, articular

envelop /ɪnˈveləp/ *vt* ~ **sb/sth (in sth)** (*formal*) envolver alguém/algo (em algo)

envelope /ˈenvəloʊp; ˈɑːn-/ *s* envelope

enviable /ˈenviəbl/ *adj* invejável **envious** *adj* invejoso: *to be envious of sb* ter inveja de alguém

environment /ɪnˈvaɪrənmənt/ *s* **1** ambiente **2 the environment** o meio ambiente

environmental /ɪnˌvaɪrənˈmentl/ *adj* ambiental **environmentalist** *s* ambientalista

enˌvironmentally ˈfriendly *adj* ecologicamente correto

envision /ɪnˈvɪʒn/ (*tb* **envisage** /ɪnˈvɪzɪdʒ/) *vt* prever, imaginar

envoy /ˈenvɔɪ/ *s* enviado, -a

envy /ˈenvi/ *substantivo, verbo*
▸ *s* inveja
▸ *vt* (*pt, pp* **envied**) invejar

enzyme /ˈenzaɪm/ *s* enzima

ephemeral /ɪˈfemərəl/ *adj* (*formal*) efêmero

epic /ˈepɪk/ *substantivo, adjetivo*
▸ *s* épico, epopeia
▸ *adj* épico

epidemic /ˌepɪˈdemɪk/ *s* epidemia

epilepsy /ˈepɪlepsi/ *s* epilepsia **epileptic** /ˌepɪˈleptɪk/ *adj, s* epiléptico, -a

episode /ˈepɪsoʊd/ *s* episódio

epitaph /ˈepɪtæf; *GB* -tɑːf/ *s* epitáfio

epitome /ɪˈpɪtəmi/ *s* LOC **be the epitome of sth** ser a mais pura expressão de algo

epoch /ˈepək; *GB* ˈiːpɒk/ *s* (*formal*) época

equal /ˈiːkwəl/ *adjetivo, substantivo, verbo*
▸ *adj, s* igual: *equal opportunities* igualdade de oportunidades ◇ *He doesn't feel equal to the task.* Ele não se sente à altura da tarefa. LOC **be on equal terms (with sb)** ter uma relação de igual para igual (com alguém)
▸ *vt* (-l-) (*GB* -ll-) **1** igualar **2** (*Mat*): *13 plus 29 equals 42.* 13 mais 29 é igual a 42.

equality /iˈkwɑːləti/ *s* igualdade

equalize (*GB tb* **-ise**) /ˈiːkwəlaɪz/ **1** *vt* igualar **2** *vt, vi* (*GB*) (*Futebol*) empatar **equalizer** (*GB tb* **-iser**) *s* (*GB*) (*Futebol*) gol de empate

equally /ˈiːkwəli/ *adv* igualmente

equation /ɪˈkweɪʒn/ *s* (*Mat*) equação

equator /ɪˈkweɪtər/ *s* equador

equilibrium /ˌiːkwɪˈlɪbriəm; ˌekwɪˈ-/ *s* equilíbrio

equinox /ˈiːkwɪnɑːks; ˈekwɪ-/ *s* equinócio

equip /ɪˈkwɪp/ *vt* (-pp-) ~ **sb/sth (with sth) (for sth)** equipar, preparar alguém/algo (com algo) (para algo)

equipment /ɪˈkwɪpmənt/ *s* [*não contável*] equipamento

equitable /ˈekwɪtəbl/ *adj* (*formal*) equitativo, justo

equivalent /ɪˈkwɪvələnt/ *adj, s* equivalente

era /ˈɪrə; ˈerə/ *s* era

eradicate /ɪˈrædɪkeɪt/ *vt* erradicar

erase /ɪˈreɪs; *GB* ɪˈreɪz/ *vt* ~ **sth (from sth)** apagar algo (de algo) **eraser** (*GB* **rubber**) *s* borracha (de apagar)

ˈ**e-reader** *s* leitor eletrônico

erect /ɪˈrekt/ *verbo, adjetivo*
▸ *vt* (*formal*) erigir
▸ *adj* **1** (*formal*) erguido **2** (*pênis*) ereto **erection** *s* ereção

erode /ɪˈroʊd/ **1** *vt* causar a erosão de **2** *vi* sofrer erosão

erosion /ɪˈroʊʒn/ *s* erosão

erotic /ɪˈrɑːtɪk/ *adj* erótico

errand /ˈerənd/ *s* serviço de rua: *to run errands for sb* fazer serviço de rua para alguém

erratic /ɪˈrætɪk/ *adj* (*ger pej*) irregular

error /ˈerər/ *s* erro: *to make an error* cometer um erro ◇ *The letter was sent to you in error.* A carta lhe foi enviada por engano. ➲ *Ver nota em* MISTAKE LOC *Ver* TRIAL

erupt /ɪˈrʌpt/ *vi* **1** (*vulcão*) entrar em erupção **2** (*violência*) irromper

escalate /ˈeskəleɪt/ *vt, vi* **1** aumentar **2** intensificar(-se) **escalation** *s* escalada (*aumento*)

escalator /ˈeskəleɪtər/ *s* escada rolante

escapade /ˌeskəˈpeɪd; ˈeskəpeɪd/ *s* aventura

escape /ɪˈskeɪp/ *verbo, substantivo*
▸ *v* **1** *vi* ~ **(from sb/sth)** escapar (de alguém/algo) **2** *vt, vi* escapar: *They escaped unharmed.* Eles saíram ilesos. **3** *vi* (*gás, líquido*) vazar LOC **escape sb's notice** passar despercebido a alguém
▸ *s* **1** ~ **(from sth)** fuga (de algo): *to make your escape* fugir **2** (*de gás, líquido*) vazamento *Ver tb* FIRE ESCAPE LOC *Ver* NARROW

escort *substantivo, verbo*
▸ *s* /ˈeskɔːrt/ **1** escolta **2** acompanhante (*para eventos sociais*)
▸ *vt* /ɪˈskɔːrt/ **1** acompanhar **2** (*Mil*) escoltar

Eskimo /ˈeskɪmoʊ/ *s* (*pl* Eskimo, Eskimos) esquimó ➲ *Ver nota em* ESQUIMÓ

especially /ɪˈspeʃəli/ *adv* especialmente, sobretudo ➲ *Ver nota em* SPECIALLY

espionage /ˈespiənɑːʒ/ *s* espionagem

espresso /eˈspresoʊ/ *s* (*pl* espressos) café expresso

essay /ˈeseɪ/ *s* **1** (*Liter*) ensaio **2** (*escola*) redação

essence /ˈesns/ *s* essência

essential /ɪˈsenʃl/ *adj* **1** ~ **(to/for sth)** imprescindível (para algo) **2** fundamental

essentially /ɪˈsenʃəli/ *adv* basicamente

establish /ɪˈstæblɪʃ/ *vt* **1** estabelecer **2** determinar **established** *adj* **1** (*empresa, profissional, etc.*) bem estabelecido **2** (*religião*) oficial **establishment** *s* **1** (*formal*) fundação **2** estabelecimento **3 the Establishment** (*ger pej*) o sistema

estate /ɪˈsteɪt/ *s* **1** propriedade **2** (*bens*) patrimônio **3** (*GB*) loteamento, conjunto residencial

eˈstate agent *s* (*GB*) (*USA* **real estate agent**) corretor, -ora de imóveis

eˈstate car *s* (*GB*) (*USA* **station wagon**) carro tipo perua

esteem /ɪˈstiːm/ *s* LOC **hold sb/sth in high, low, etc. esteem** (*formal*) ter uma boa, má, etc. opinião a respeito de alguém/algo

esthetic = AESTHETIC

estimate *substantivo, verbo*
▸ *s* /ˈestɪmət/ **1** estimativa **2** avaliação **3** orçamento
▸ *vt* /ˈestɪmeɪt/ estimar **estimation** *s* opinião

estranged /ɪˈstreɪndʒd/ *adj* LOC **be estranged from sb** (*formal*) **1** estar brigado com alguém **2** estar separado de alguém

estuary /ˈestʃueri; *GB* -tʃuəri/ *s* (*pl* estuaries) estuário

etching /ˈetʃɪŋ/ *s* gravura (a água-forte)

eternal /ɪˈtɜːrnl/ *adj* eterno **eternity** *s* eternidade

ether /ˈiːθər/ *s* éter

ethereal /iˈθɪriəl/ *adj* (*formal*) etéreo

ethic /ˈeθɪk/ *s* [*sing*] ética: *the work ethic* a ética do trabalho *Ver tb* ETHICS

ethical /ˈeθɪkl/ *adj* ético

ethics /ˈeθɪks/ *s* **1** [*pl*] (*princípios morais*) ética **2** [*não contável*] (*Filosofia*) ética

ethnic /ˈeθnɪk/ *adj* étnico

ethos /ˈiːθɑːs/ *s* [*sing*] (*formal*) espírito, mentalidade

ˈE-ticket™ (*tb* ˈ**e-ticket**) *s* bilhete eletrônico

etiquette /ˈetɪket; -kət/ *s* etiqueta (*regras*)

EU /ˌiː ˈjuː/ *abrev de* **European Union** União Europeia

eucalyptus /ˌjuːkəˈlɪptəs/ *s* (*pl* eucalyptuses *ou* eucalypti /-taɪ/) eucalipto

euro /ˈjʊroʊ/ *s* (*pl* euros *ou* euro) euro

euthanasia /ˌjuːθəˈneɪʒə; *GB* -ˈneɪziə/ *s* eutanásia

evacuate /ɪˈvækjueɪt/ *vt* evacuar (*pessoas*) **evacuee** /ɪˌvækjuˈiː/ *s* evacuado, -a

evade /ɪˈveɪd/ *vt* sonegar, evitar

evaluate /ɪˈvæljueɪt/ *vt* avaliar

evangelical /ˌiːvænˈdʒelɪkl/ *adj* evangélico

evaporate /ɪˈvæpəreɪt/ *vt, vi* evaporar(-se) **evaporation** *s* evaporação

evasion /ɪˈveɪʒn/ *s* evasão **evasive** /ɪˈveɪsɪv/ *adj* evasivo

eve /iːv/ *s* véspera: *on the eve of the war* em véspera de guerra

even /ˈiːvn/ *advérbio, adjetivo, verbo*
▸ *adv* **1** (*uso enfático*) até, (nem) mesmo: *He didn't even open the letter.* Ele nem sequer abriu a carta. **2** (*com adjetivos ou advérbios comparativos*) ainda: *You know even less than I do.* Você sabe ainda menos do que eu. LOC **even if**; **even though** ainda que, mesmo que ◆ **even so** mesmo assim, não obstante
▸ *adj* **1** (*superfície*) plano, liso **2** (*cor*) uniforme **3** (*temperatura*) constante **4** (*competição, pontuação*) igual **5** (*número*) par

LOC be/get even (with sb) (*coloq*) desforrar-se (com alguém)
▸ *v* **PHR V even out** aplainar-se, nivelar-se ◆ **even sth out** dividir algo equitativamente ◆ **even sth up** nivelar, equilibrar algo

evening /ˈiːvnɪŋ/ *s* **1** (final de) tarde, noite: *tomorrow evening* amanhã à noite ◇ *evening class* aula noturna ◇ *evening dress* traje de noite ◇ *the evening meal* o jantar ➲ *Ver notas em* MORNING, TARDE[1] **2** entardecer **LOC good evening** boa noite ➲ *Ver nota em* NOITE

E

evenly /ˈiːvnli/ *adv* **1** de maneira uniforme **2** (*repartir, etc.*) equitativamente

event /ɪˈvent/ *s* evento, acontecimento **LOC in any event; at all events** em todo caso ◆ **in the event** no final ◆ **in the event of sth** na eventualidade de algo **eventful** *adj* cheio de acontecimentos

eventual /ɪˈventʃuəl/ *adj* final

eventually /ɪˈventʃuəli/ *adv* finalmente

ever /ˈevər/ *adv* nunca, já: *Nothing ever happens in this place.* Nunca acontece nada neste lugar. ◇ *more than ever* mais que nunca ◇ *for ever (and ever)* para sempre ◇ *Has it ever happened before?* Isto já aconteceu antes? **LOC ever since** desde então ➲ *Ver notas em* ALWAYS, NUNCA

evergreen /ˈevərgriːn/ *adj, s* sempre-viva

every /ˈevri/ *adj* cada, todos: *every (single) time* toda vez ◇ *every 10 minutes* a cada 10 minutos

Utilizamos **every** para nos referirmos a todos os elementos de um grupo em conjunto: *Every player was in top form.* Todos os jogadores estavam em plena forma. **Each** é utilizado para nos referirmos individualmente a cada um deles: *The president shook hands with each player after the game.* O presidente apertou a mão de cada um dos jogadores depois do jogo. ➲ *Ver nota em* EACH

LOC every last...; every single... até o último... ◆ **every now and again/then** de vez em quando ◆ **every other** um sim, outro não: *every other week* uma semana sim, outra não ◆ **every so often** de tempos em tempos

everybody /ˈevribɑːdi/ *pron Ver* EVERYONE

everyday /ˈevrideɪ/ *adj* cotidiano, de todos os dias: *for everyday use* para uso diário ◇ *in everyday use* de uso corrente ❶ **Everyday** só é utilizado antes de um substantivo. Não deve ser confundido com a expressão **every day**, que significa "todos os dias".

everyone /ˈevriwʌn/ (*tb* **everybody**) *pron* todos, todo mundo

Everyone, anyone e **someone** são seguidos por verbo no singular, mas substituídos por pronome no plural, exceto na linguagem formal: *Everyone does what they want to.* Todo mundo faz o que quer.

everything /ˈevriθɪŋ/ *pron* tudo

everywhere /ˈevriwer/ (*USA, coloq* **everyplace** /ˈevripleɪs/) *adv* (em/por) toda parte/todo lugar

evict /ɪˈvɪkt/ *vt* ~ **sb (from sth)** expulsar, despejar alguém (de algo)

evidence /ˈevɪdəns/ *s* [*não contável*] **1** ~ **(of/for sth)** (*Jur*) prova, evidência (de/para algo): *insufficient evidence* falta de provas **2** testemunho (*em um tribunal*) **evident** *adj* ~ **(to sb) (that...)** evidente (para alguém) (que...) **evidently** *adv* obviamente

evil /ˈiːvl/ *adjetivo, substantivo*
▸ *adj* mau, muito desagradável
▸ *s* (*formal*) mal

evocative /ɪˈvɑːkətɪv/ *adj* evocativo

evoke /ɪˈvoʊk/ *vt* evocar

evolution /ˌiːvəˈluːʃn/ *s* evolução

evolve /iˈvɑːlv/ *vt, vi* desenvolver(-se)

ewe /juː/ *s* ovelha

ex /eks/ *s* (*pl* **exes**) (*coloq*) ex

exact /ɪgˈzækt/ *adj* exato

exacting /ɪgˈzæktɪŋ/ *adj* exigente

exactly /ɪgˈzæktli/ *adv* **1** exatamente **2 exactly!** exato!

exaggerate /ɪgˈzædʒəreɪt/ *vt* exagerar

exaggerated /ɪgˈzædʒəreɪtɪd/ *adj* exagerado

exaggeration /ɪgˌzædʒəˈreɪʃn/ *s* exagero

exam /ɪgˈzæm/ *s* (*Educ*) exame: *to take an exam* prestar um exame

examination /ɪgˌzæmɪˈneɪʃn/ *s* **1** (*formal*) exame **2** investigação

examine /ɪgˈzæmɪn/ *vt* **1** examinar, investigar **2** (*Jur*) interrogar

example /ɪgˈzæmpl; *GB* ɪgˈzɑːm-/ *s* exemplo **LOC for example** (*abrev* **e.g.**) por exemplo ◆ **set a good/bad example (to sb)** dar bom/mau exemplo (a alguém)

exasperate /ɪɡˈzæspəreɪt; *GB tb* ɪɡˈzɑːspə-/ *vt* exasperar **exasperation** *s* exasperação

excavate /ˈekskəveɪt/ *vt, vi* escavar **excavation** *s* escavação

exceed /ɪkˈsiːd/ *vt* **1** exceder, superar **2** *(poder, responsabilidade, etc.)* exceder-se em **exceedingly** *adv (formal)* extremamente

excel /ɪkˈsel/ *vi* (-ll-) ~ **(in/at sth)** sobressair-se, destacar-se (em algo)

⚷ **excellent** /ˈeksələnt/ *s* excelente **excellence** *adj* excelência

⚷ **except** /ɪkˈsept/ *preposição, conjunção*
▸ *prep* ~ **(for) sb/sth** exceto alguém/algo
▸ *conj* ~ **(that...)** exceto que...

⚷ **exception** /ɪkˈsepʃn/ *s* exceção
LOC **make an exception** abrir uma exceção ♦ **take exception to sth** fazer objeção a algo **exceptional** *adj* excepcional

excerpt /ˈeksɜːrpt/ *s* ~ **(from sth)** *(livro, filme, música)* passagem (de algo)

excess /ɪkˈses/ *s* excesso **excessive** *adj* excessivo

⚷ **exchange** /ɪksˈtʃeɪndʒ/ *substantivo, verbo*
▸ *s* **1** troca, intercâmbio *Ver tb* PART EXCHANGE **2** *(Fin)* câmbio: *exchange rate* taxa de câmbio
▸ *vt* **1** ~ **A for B** trocar A por B **2** ~ **sth (with sb)** trocar algo (com alguém)

the Exchequer /ɪksˈtʃekər/ *s (GB)* o Ministério da Fazenda

⚷ **excite** /ɪkˈsaɪt/ *vt* excitar **excitable** *adj* excitável

⚷ **excited** /ɪkˈsaɪtɪd/ *adj* ~ **(about/at/by sth)** excitado, emocionado (com algo)

⚷ **excitement** /ɪkˈsaɪtmənt/ *s* excitação

⚷ **exciting** /ɪkˈsaɪtɪŋ/ *adj* emocionante

exclaim /ɪkˈskleɪm/ *vt, vi* exclamar

exclamation /ˌekskləˈmeɪʃn/ *s* exclamação

ˌ**exclaˈmation point** *(GB* **exclaˈmation mark***)* *s* ponto de exclamação
➲ *Ver pág. 310*

⚷ **exclude** /ɪkˈskluːd/ *vt* ~ **sb/sth (from sth)** excluir alguém/algo (de algo) **exclusion** *s* ~ **(of sb/sth) (from sth)** exclusão (de alguém/algo) (de algo)

exclusive /ɪkˈskluːsɪv/ *adj* **1** exclusivo **2** ~ **of sb/sth** sem incluir alguém/algo

excursion /ɪkˈskɜːrʒn; *GB* ɪkˈskɜːʃn/ *s* excursão

⚷ **excuse** *substantivo, verbo*
▸ *s* /ɪkˈskjuːs/ ~ **(for sth/doing sth)** desculpa (por/para algo/fazer algo)
▸ *vt* /ɪkˈskjuːz/ **1** ~ **sb/sth (for sth/doing sth)** desculpar alguém/algo (por algo/fazer algo) **2** ~ **sb (from sth)** dispensar alguém (de algo)

Diz-se **excuse me** quando queremos interromper ou abordar alguém e quando temos de pedir perdão por algo que fizemos: *Excuse me, sir!* Com licença, senhor! ◇ *Did I hit you? Excuse me!* Eu acertei você? Desculpe-me. Na Grã-Bretanha diz-se **sorry** para pedir perdão: *I'm sorry I'm late.* Desculpe-me o atraso.

execute /ˈeksɪkjuːt/ *vt* executar **execution** *s* execução **executioner** *s* carrasco, -a

⚷ **executive** /ɪɡˈzekjətɪv/ *s* executivo, -a

exempt /ɪɡˈzempt/ *adjetivo, verbo*
▸ *adj* ~ **(from sth)** dispensado (de algo)
▸ *vt* ~ **sb/sth (from sth)** *(formal)* eximir alguém/algo (de algo); dispensar alguém (de algo) **exemption** *s* isenção

⚷ **exercise** /ˈeksərsaɪz/ *substantivo, verbo*
▸ *s* exercício
▸ *v* **1** *vi* fazer exercício **2** *vt (formal) (direito, poder)* exercer

ˈ**exercise book** *s (GB) (USA* **notebook***)* caderno

exert /ɪɡˈzɜːrt/ *vt* **1** exercer **2** ~ **yourself** esforçar-se **exertion** *s* esforço

exhaust /ɪɡˈzɔːst/ *substantivo, verbo*
▸ *s* **1** *[não contável] (tb* **exˈhaust fumes** *[pl])* gás de escapamento **2** *(tb* **exˈhaust pipe***)* (cano de) escapamento
▸ *vt* esgotar **exhausted** *adj* exausto, esgotado **exhausting** *adj* esgotante **exhaustion** *s* esgotamento **exhaustive** *adj* exaustivo

⚷ **exhibit** /ɪɡˈzɪbɪt/ *substantivo, verbo*
▸ *s* objeto em exposição
▸ *v* **1** *vt, vi* expor **2** *vt (formal)* demonstrar

⚷ **exhibition** /ˌeksɪˈbɪʃn/ *s* **1** *(tb* **exhibit***)* exposição **2** demonstração

exhilarating /ɪɡˈzɪləreɪtɪŋ/ *adj* estimulante, emocionante **exhilaration** *s* euforia

exile /ˈeksaɪl; ˈeɡzaɪl/ *substantivo, verbo*
▸ *s* **1** exílio **2** *(pessoa)* exilado, -a
▸ *vt* exilar

⚷ **exist** /ɪɡˈzɪst/ *vi* **1** existir **2** ~ **(on sth)** sobreviver (à base de/com algo) **existing** *adj* existente

⚷ **existence** /ɪɡˈzɪstəns/ *s* existência

⚷ **exit** /ˈeksɪt; ˈeɡzɪt/ *s* saída

exotic /ɪɡˈzɑːtɪk/ *adj* exótico

⚷ **expand** /ɪkˈspænd/ *vt, vi* **1** *(metal, etc.)* dilatar(-se) **2** *(negócio)* expandir(-se)
PHR V **expand on sth** fornecer detalhes sobre algo

expanse /ɪkˈspæns/ *s* (*área*) extensão

expansion /ɪkˈspænʃn/ *s* **1** expansão **2** desenvolvimento

expansive /ɪkˈspænsɪv/ *adj* expansivo

expatriate /ˌeksˈpeɪtriət; *GB* -ˈpætri-/ (*coloq* **expat** /ˌeksˈpæt/) *s* expatriado, -a

⚷ **expect** /ɪkˈspekt/ *vt* **1 ~ sth (from/of sb/sth)** esperar algo (de alguém/algo) ➲ *Ver nota em* ESPERAR **2** (*esp GB, coloq*) supor: *"Will you be late?" "I expect so."* —Você vai chegar tarde? —Acho que sim. **expectancy** *s* expectativa, esperança: *life expectancy* expectativa de vida ➲ *Comparar com* EXPECTATION **expectant** *adj* **1** cheio de expectativa **2**: *expectant mothers* mulheres grávidas

⚷ **expectation** /ˌekspekˈteɪʃn/ *s* **~ (of sth)** expectativa (de algo): *to fall short of sb's expectations* não corresponder às expectativas de alguém ➲ *Comparar com* EXPECTANCY *em* EXPECT LOC **against/contrary to (all) expectation(s)** contra todas as expectativas

expedition /ˌekspəˈdɪʃn/ *s* expedição

expel /ɪkˈspel/ *vt* (-ll-) **1 ~ sb (from sth)** expulsar alguém (de algo) **2 ~ sth (from sth)** expelir algo (de algo)

expend /ɪkˈspend/ *vt* **~ sth (in/on sth/doing sth)** (*formal*) (*tempo, dinheiro*) empregar algo (em algo/fazer algo) **expendable** *adj* (*formal*) **1** (*coisas*) descartável **2** (*pessoa*) dispensável

expenditure /ɪkˈspendɪtʃər/ *s* [*ger não contável*] gasto(s)

⚷ **expense** /ɪkˈspens/ *s* gasto(s), custo

⚷ **expensive** /ɪkˈspensɪv/ *adj* caro, custoso

⚷ **experience** /ɪkˈspɪriəns/ *substantivo, verbo*
- ▸ *s* experiência
- ▸ *vt* experimentar

⚷ **experienced** /ɪkˈspɪriənst/ *adj* **~ (in sth)** experiente (em algo)

⚷ **experiment** /ɪkˈsperɪmənt/ *substantivo, verbo*
- ▸ *s* experimento
- ▸ *vi* **~ (on sb/sth)**; **~ (with sth)** fazer experimentos (em alguém/algo); submeter algo a experiência

⚷ **expert** /ˈekspɜːrt/ *adj, s* **~ (at/in/on sth/doing sth)** especialista; perito, -a (em algo/fazer algo): *expert advice* conselhos de especialista **expertise** /ˌekspɜːrˈtiːz/ *s* [*não contável*] conhecimento especializado, perícia

expiration /ˌekspəˈreɪʃn/ (*GB* **expiry** /ɪkˈspaɪəri/) *s* vencimento

expiˈration date (*GB* **exˈpiry date**) *s* (prazo de) validade

expire /ɪkˈspaɪər/ *vi* (*prazo, etc.*) vencer: *My passport expired.* Meu passaporte venceu.

⚷ **explain** /ɪkˈspleɪn/ *vt* **~ sth (to sb)** explicar, esclarecer algo (a alguém): *Explain this to me.* Explique-me isto. **explanatory** /ɪkˈsplænətɔːri; *GB* -tri/ *adj* explicativo

⚷ **explanation** /ˌekspləˈneɪʃn/ *s* **~ (for sth)** explicação, esclarecimento (para algo)

explicit /ɪkˈsplɪsɪt/ *adj* explícito

⚷ **explode** /ɪkˈsploʊd/ *vt, vi* explodir, estourar

exploit *substantivo, verbo*
- ▸ *s* /ˈeksplɔɪt/ proeza, façanha
- ▸ *vt* /ɪkˈsplɔɪt/ **1** explorar: *to exploit oil reserves* explorar reservas de petróleo **2** (*pej*) abusar de, explorar (*pessoas, recursos*): *They exploited her generosity.* Eles abusaram da generosidade dela. **exploitation** /ˌeksplɔɪˈteɪʃn/ *s* exploração

⚷ **explore** /ɪkˈsplɔːr/ *vt, vi* explorar (*um lugar*) **exploration** *s* exploração, investigação **explorer** *s* explorador, -ora

⚷ **explosion** /ɪkˈsploʊʒn/ *s* explosão **explosive** /ɪkˈsploʊsɪv/ *adj, s* explosivo

⚷ **export** *substantivo, verbo*
- ▸ *s* /ˈekspɔːrt/ (artigo de) exportação
- ▸ *vt, vi* /ɪkˈspɔːrt/ exportar **exporter** /ekˈspɔːrtər/ *s* exportador, -ora

⚷ **expose** /ɪkˈspoʊz/ *vt* **1 ~ sb/sth/yourself (to sth)** expor alguém/algo, expor-se (a algo) **2** (*culpado*) desmascarar **3** (*ignorância, fraqueza*) revelar **exposed** *adj* exposto **exposure** /ɪkˈspoʊʒər/ *s* **1 ~ (to sth)** exposição (a algo): *to die of exposure* morrer de (exposição ao) frio **2** (*de falta*) descoberta, revelação

⚷ **express** /ɪkˈspres/ *adjetivo, advérbio, verbo, substantivo*
- ▸ *adj* **1** (*trem, ônibus, etc.*) expresso **2** (*entrega*) rápido **3** (*formal*) (*desejo*) expresso
- ▸ *adv* por entrega rápida
- ▸ *vt* expressar, exprimir: *to express yourself* expressar-se
- ▸ *s* **1** (*tb* **exˈpress train**) trem expresso **2** (*GB*) serviço de entrega rápida

⚷ **expression** /ɪkˈspreʃn/ *s* **1** expressão **2** demonstração, expressão: *as an expression of his gratitude* como mostra de sua gratidão **3** expressividade

expressive /ɪkˈspresɪv/ *adj* expressivo

expressly /ɪkˈspresli/ *adv* (*formal*) expressamente

expressway /ɪkˈspresweɪ/ *s* via expressa ➲ *Ver nota em* RODOVIA

expulsion /ɪkˈspʌlʃn/ *s* expulsão

exquisite /ɪkˈskwɪzɪt; ˈekskwɪzɪt/ *adj* refinado

extend /ɪkˈstend/ **1** *vt* estender, prolongar **2** *vi* estender-se: *to extend as far as sth* chegar até algo **3** *vt* (*circunstância, vida*) prolongar **4** *vt* (*prazo, crédito*) prorrogar **5** *vt* (*mão*) estender **6** *vt* (*formal*) (*boas-vindas*) dar

extension /ɪkˈstenʃn/ *s* **1** extensão **2** ~ **(to sth)** ampliação, anexo (de algo): *to build an extension to sth* construir um anexo a algo **3** (*período*) prolongação **4** (*prazo*) prorrogação **5** (*telefone*) extensão **6** (*número*) ramal

extensive /ɪkˈstensɪv/ *adj* **1** extenso **2** (*danos*) grande **3** (*conhecimento, pesquisa*) amplo **4** (*uso*) frequente **extensively** *adv* **1** extensivamente: *He traveled extensively throughout Europe.* Ele viajou por toda a Europa. **2** (*usar*) frequentemente

extent /ɪkˈstent/ *s* **1** alcance, grau: *the full extent of the losses* o valor total das perdas **2** (*área*) extensão LOC **to a large/great extent** em grande parte ◆ **to a lesser extent** em menor grau ◆ **to some/a certain extent** até certo ponto ◆ **to what extent** até que ponto

exterior /ɪkˈstɪriər/ *adjetivo, substantivo*
▸ *adj* externo
▸ *s* **1** exterior **2** (*pessoa*) aspecto

exterminate /ɪkˈstɜːrmɪneɪt/ *vt* exterminar **extermination** *s* exterminação, extermínio

external /ɪkˈstɜːrnl/ *adj* externo, exterior

extinct /ɪkˈstɪŋkt/ *adj* (*espécie, vulcão*) extinto: *to become extinct* extinguir-se **extinction** *s* extinção: *to be in danger of extinction* estar em extinção

extinguish /ɪkˈstɪŋgwɪʃ/ *vt* (*fogo*) extinguir, apagar ❶ A expressão mais comum é **put sth out**. **extinguisher** (*tb* **fire extinguisher**) *s* extintor (*de incêndio*)

extort /ɪkˈstɔːrt/ *vt* ~ **sth (from sb) 1** (*dinheiro*) extorquir algo (de alguém) **2** (*confissão*) arrancar algo (a/de alguém) por força **extortion** *s* extorsão

extortionate /ɪkˈstɔːrʃənət/ *adj* (*pej*) **1** (*preço*) exorbitante **2** (*exigência*) excessivo

extra /ˈekstrə/ *adjetivo, advérbio, substantivo*
▸ *adj* **1** adicional, a mais, extra: *extra charge* taxa adicional ◇ *Wine is extra.* O vinho não está incluído (na conta). **2** de sobra
▸ *adv* super, extra: *to pay extra* pagar a mais
▸ *s* **1** extra **2** suplemento **3** (*Cinema*) figurante

extract *verbo, substantivo*
▸ *vt* /ɪkˈstrækt/ **1** ~ **sth (from sth)** extrair algo (de algo) **2** ~ **sth (from sb/sth)** arrancar algo (de alguém/algo)
▸ *s* /ˈekstrækt/ **1** extrato **2** (*texto, filme, música*) passagem

extra-curricular /ˌekstrə kəˈrɪkjələr/ *adj* (*Educ*) extracurricular

extradite /ˈekstrədaɪt/ *vt* extraditar **extradition** /ˌekstrəˈdɪʃn/ *s* extradição

extraordinary /ɪkˈstrɔːrdəneri; *GB* -dnri/ *adj* extraordinário

extraterrestrial /ˌekstrətəˈrestriəl/ *adj, s* extraterrestre

ˌextra ˈtime *s* (*GB*) (*USA* **overtime**) [*não contável*] prorrogação

extravagant /ɪkˈstrævəgənt/ *adj* **1** extravagante **2** exagerado **extravagance** *s* **1** esbanjamento **2** luxo: *Going to the theater is our only extravagance.* Ir ao teatro é o nosso único luxo.

extreme /ɪkˈstriːm/ *adj, s* extremo: *with extreme care* com extremo cuidado ◇ *the extreme right* a extrema direita ◇ *extreme sports* esportes radicais **extremism** *s* extremismo **extremist** *s* extremista **extremity** /ɪkˈstreməti/ *s* (*pl* **extremities**) extremidade, extremo

extremely /ɪkˈstriːmli/ *adv* extremamente

extricate /ˈekstrɪkeɪt/ *vt* ~ **sb/sth/yourself (from sth)** (*formal*) livrar alguém/algo livrar-se (de algo)

extrovert /ˈekstrəvɜːrt/ *s* extrovertido, -a

exuberant /ɪgˈzuːbərənt; *GB* ɪgˈzjuː-/ *adj* exuberante

exude /ɪgˈzuːd; *GB* ɪgˈzjuːd/ *vt, vi* **1** exsudar **2** (*fig*) irradiar

eye /aɪ/ *substantivo, verbo*
▸ *s* **1** olho: *at eye level* à altura dos olhos ◇ *to have sharp eyes* ter vista afiada ◇ *to make eye contact* entreolhar-se **2** (*agulha*) buraco *Ver tb* PRIVATE EYE LOC **catch sb's eye** chamar a atenção de alguém ◆ **have your eye on sb/sth** (*esp GB*) estar de olho em alguém/algo ◆ **in front of/before sb's (very) eyes** diante do nariz de alguém ◆ **in the eyes of sb; in sb's eyes** na opinião de alguém ◆ **in the eyes of the law** de acordo com a lei ◆ **keep an eye on sb/sth** dar uma olhada em alguém/algo ◆ **not see eye to eye with sb (on sth)** não concordar (sobre algo) com alguém ◆ **up to your eyes in sth** até o pescoço de/com algo

E

Ver tb BAT, BLIND, CLOSE[1], CRY, MEET, MIND, NAKED, TEAR[1]
▸ *vt* (*pt, pp* **eyed**; *part pres* **eyeing**) olhar

eyeball /ˈaɪbɔːl/ *s* globo ocular

eyebrow /ˈaɪbraʊ/ *s* sobrancelha
LOC *Ver* RAISE

ˈ**eye-catching** *adj* vistoso

eyelash /ˈaɪlæʃ/ *s* cílio

eyelid /ˈaɪlɪd/ *s* pálpebra LOC *Ver* BAT

eyeliner /ˈaɪlaɪnər/ *s* [*não contável*] delineador

eyeshadow /ˈaɪʃædoʊ/ *s* sombra para os olhos

eyesight /ˈaɪsaɪt/ *s* visão

eyesore /ˈaɪsɔːr/ *s* horror: *The building's an eyesore!* O prédio é um horror!

eyewitness /ˈaɪwɪtnəs/ *s* testemunha ocular

Ff

F, f /ef/ *s* (*pl* **Fs, F's, f's**) **1** F, f ➲ *Ver nota em* A, A **2** (*Mús*) fá

fable /ˈfeɪbl/ *s* fábula

fabric /ˈfæbrɪk/ *s* **1** tecido ➲ *Ver nota em* PANO **2** [*sing*] **the ~ (of sth)** (*formal*) a estrutura (de algo)

fabulous /ˈfæbjələs/ *adj* **1** (*coloq*) fabuloso **2** (*formal*) lendário

facade /fəˈsɑːd/ *s* (*lit e fig*) fachada

⚷ **face** /feɪs/ *substantivo, verbo*
▸ *s* **1** face, rosto: *to wash your face* lavar o rosto **2** face, lado: *the south face of Everest* a face sul do Everest ◇ *a rock face* uma parede de pedra **3** mostrador (*de relógio*) **4** superfície LOC **face to face** frente a frente: *to come face to face with sth* enfrentar algo ◆ **face up/down** **1** virado para cima/baixo **2** barriga para cima/baixo ◆ **in the face of sth** **1** apesar de algo **2** diante de algo ◆ **on the face of it** (*coloq*) aparentemente ◆ **pull/make faces/a face (at sb)** fazer careta(s) (para alguém) ◆ **to sb's face** na cara de alguém ➲ *Comparar com* BEHIND SB'S BACK *em* BACK; *Ver tb* BRAVE, SAVE, STRAIGHT
▸ *vt* **1** estar de frente a: *They sat down facing each other.* Eles se sentaram de frente um para o outro. **2** ter vista para: *a house facing the park* uma casa que dá para o parque **3** enfrentar **4** encarar: *to face (the) facts* encarar os fatos ◇ *Let's face it.* Sejamos realistas. **5** (*sentença, multa*) correr o risco de receber **6** revestir PHR V **face up to sb/sth** enfrentar alguém/algo

faceless /ˈfeɪsləs/ *adj* anônimo

facelift /ˈfeɪslɪft/ *s* **1** (cirurgia) plástica (*facial*) **2** reforma (*de edifício, etc.*)

facet /ˈfæsɪt/ *s* faceta

facetious /fəˈsiːʃəs/ *adj* (*pej*) engraçadinho

ˌ**face** ˈ**value** *s* valor nominal LOC **accept/take sth at (its) face value** levar algo ao pé da letra

facial /ˈfeɪʃl/ *adjetivo, substantivo*
▸ *adj* facial
▸ *s* limpeza de pele

facile /ˈfæsl; *GB* -saɪl/ *adj* (*pej*) simplista

facilitate /fəˈsɪlɪteɪt/ *vt* (*formal*) facilitar

⚷ **facility** /fəˈsɪləti/ *s* **1 facilities** [*pl*]: *sports/banking facilities* instalações desportivas/serviços bancários **2** serviço: *credit facilities* serviço de crédito **3** [*sing*] **~ (for sth)** facilidade (para algo)

⚷ **fact** /fækt/ *s* fato: *the fact that...* o fato de que... LOC **facts and figures** dados concretos ◆ **in fact** na verdade ◆ **the facts of life** informações sobre sexualidade (para crianças) *Ver tb* ACTUAL, MATTER, POINT

faction /ˈfækʃn/ *s* facção

⚷ **factor** /ˈfæktər/ *s* fator

⚷ **factory** /ˈfæktri/ *s* (*pl* **factories**) fábrica: *a shoe factory* uma fábrica de sapatos ◇ *factory workers* operários (de fábrica)

factual /ˈfæktʃuəl/ *adj* baseado em fatos

faculty /ˈfæklti/ *s* (*pl* **faculties**) **1** faculdade: *to be in possession of all your faculties* estar em posse de todas as suas faculdades ◇ *Arts Faculty* Faculdade de Filosofia e Letras **2** corpo docente (*de uma universidade*)

fad /fæd/ *s* **1** mania **2** moda

fade /feɪd/ *vt, vi* **1** descolorir(-se) **2** (*tecido*) desbotar PHR V **fade away** desaparecer aos poucos

fag /fæg/ *s* **1** (*USA, gíria, ofen*) (*homossexual*) bicha **2** (*GB, coloq*) cigarro

Fahrenheit /ˈfærənhaɪt/ (*abrev* **F**) *adj* Fahrenheit ➲ *Ver nota em* CENTÍGRADO

⚷ **fail** /feɪl/ *verbo, substantivo*
▸ *v* **1** *vi* **~ (in sth)** fracassar (em algo): *to fail in your duty* faltar ao dever **2** *vi* **~ to do sth**: *They failed to notice anything unusual.* Eles não notaram nada estranho. ◇ *The letter failed to arrive.* A carta não chegou. ◇ *He never fails to write.* Ele nunca deixa de escrever. **3** *vt, vi* (*exame, etc.*) ser reprovado (em) **4** *vt* (*candidato, etc.*) reprovar **5** *vi* (*forças, motor*) falhar **6** *vi* (*saúde*) deteriorar-se

7 *vi* (*colheita*) arruinar-se **8** *vi* (*negócio*) quebrar
▸ *s* reprovação LOC **without fail** sem falta

failing /ˈfeɪlɪŋ/ *substantivo, preposição*
▸ *s* **1** falha **2** fraqueza
▸ *prep* na falta de: *Failing this...* Se isto não for possível...

failure /ˈfeɪljər/ *s* **1** fracasso **2** ~ **to do sth**: *His failure to answer puzzled her.* Ela estranhou que ele deixara de lhe responder. **3** falha: *engine failure* falha do motor ◇ *heart failure* parada cardíaca

faint /feɪnt/ *verbo, adjetivo*
▸ *vi* desmaiar
▸ *adj* (**fainter**, **-est**) **1** (*luz, som*) fraco **2** (*rastro*) leve **3** (*semelhança*) ligeiro **4** (*esperança*) pequeno **5** zonzo: *to feel faint* sentir-se tonto

faintly /ˈfeɪntli/ *adv* **1** debilmente **2** vagamente

fair /fer/ *adjetivo, advérbio, substantivo*
▸ *adj* (**fairer**, **-est**) **1** ~ **(to/on sb)** justo, imparcial (com alguém) **2** bastante grande: *It's a fair size.* É bastante grande. ◇ *a fair number of people* um montão de gente **3** (suficientemente) bom: *There's a fair chance we might win.* Temos boas chances de ganhar. ◇ *I have a fair idea of what happened.* Eu tenho uma boa ideia do que aconteceu. **4** (*cabelo*) loiro ➲ *Ver nota em* LOIRO **5** (*tempo*) bom LOC **fair enough** (*esp GB, coloq*) nada mais justo ◆ **(more than) your fair share of sth**: *We had more than our fair share of rain.* Já tivemos mais chuva do que merecíamos.
▸ *adv* LOC **fair and square 1** merecidamente **2** (*GB*) claramente
▸ *s* **1** (*GB tb* **funfair**) parque de diversões **2** feira: *a trade fair* uma feira comercial

ˌfair ˈgame *s* [*não contável*] presa fácil

ˌfair-ˈhaired *adj* loiro ➲ *Ver nota em* LOIRO

fairly /ˈferli/ *adv* **1** justamente, honestamente **2** (*antes de adjetivo ou advérbio*) bastante: *It's fairly easy.* É bem fácil. ◇ *It's fairly good.* Não está mau. ◇ *fairly quickly* razoavelmente rápido

Os advérbios **fairly**, **pretty**, **quite** e **rather** modificam a intensidade dos adjetivos ou advérbios que os acompanham e podem significar "bastante", "até certo ponto" ou "não muito".

Fairly é o de grau mais baixo, e pode ter conotações negativas. Nos Estados Unidos, **quite** e **rather** não se usam normalmente desta maneira.

ˌfair ˈplay *s* jogo limpo

ˌfair-ˈtrade *adj* de comércio justo

fairy /ˈferi/ *s* (*pl* **fairies**) fada: *fairy tale* conto de fadas ◇ *fairy godmother* fada madrinha

ˈfairy cake *s* (*GB*) (*tb esp USA* **cupcake**) cupcake

faith /feɪθ/ *s* ~ **(in sb/sth)** fé (em alguém/algo) LOC **in bad/good faith** de má-fé/boa-fé ◆ **put your faith in sb/sth** confiar em alguém/algo

faithful /ˈfeɪθfl/ *adj* ~ **(to sb/sth)** fiel, leal (a alguém/algo)

faithfully /ˈfeɪθfəli/ *adv* fielmente LOC **Yours faithfully** (*GB, formal*) Atenciosamente ➲ *Ver nota em* SINCERELY

fake /feɪk/ *substantivo, adjetivo, verbo*
▸ *s* imitação
▸ *adj* (*pej*) falso
▸ *v* **1** *vt* (*assinatura, documento, etc.*) falsificar **2** *vt, vi* fingir

falcon /ˈfælkən; *GB* ˈfɔːl-/ *s* falcão

fall /fɔːl/ *verbo, substantivo*
▸ *vi* (*pt* **fell** /fel/, *pp* **fallen** /ˈfɔːlən/) **1** cair **2** (*preço, temperatura*) baixar

Às vezes o verbo **fall** tem o sentido de "tornar-se", "ficar", "pôr-se": *to fall sick* ficar doente ◇ *He fell asleep.* Ele pegou no sono.

LOC **fall in love (with sb)** apaixonar-se (por alguém) ◆ **fall short of sth** ficar aquém de algo ◆ **fall victim to sth** sucumbir a algo, ficar doente com algo *Ver tb* FOOT

PHR V **fall apart 1** fazer-se em pedaços **2** desfazer-se

fall back retroceder ◆ **fall back on sb/sth** recorrer a alguém/algo

fall behind (sb/sth) ficar para trás, ficar atrás (de alguém/algo) ◆ **fall behind with sth** atrasar-se em algo (*pagamento, etc.*)

fall down 1 (*pessoa, objeto*) cair **2** (*plano*) falhar

fall for sb (*coloq*) ficar caído por alguém

fall for sth (*coloq*) acreditar em algo: *He fell for it immediately.* Ele caiu na história na mesma hora.

fall off diminuir, decair

fall out (with sb) brigar (com alguém)

fall over cair ◆ **fall over sb/sth** tropeçar em alguém/algo

fall through fracassar, afundar
▸ *s* **1** queda **2** baixa, diminuição **3** (*GB* **autumn**) outono **4**: *a fall of snow* uma nevasca **5 falls** [*pl*] (*Geog*) catarata

fallen /ˈfɔːlən/ *adj* caído *Ver tb* FALL

F

false /fɔːls/ *adj* **1** falso: *a false move* um passo em falso **2** (*dentes, etc.*) postiço **3** (*reclamação*) fraudulento

ˌ**false** ˈ**friend** *s* falso cognato

ˌ**false** ˈ**start** *s* **1** (*Esporte*) saída nula **2** tentativa frustrada

falsify /ˈfɔːlsɪfaɪ/ *vt* (*pt, pp* **-fied**) falsificar

falter /ˈfɔːltər/ *vi* **1** (*economia, interesse, etc.*) oscilar **2** (*pessoa*) vacilar **3** (*voz*) titubear

F

fame /feɪm/ *s* fama

familiar /fəˈmɪliər/ *adj* **1** ~ **(to sb)** (*conhecido*) familiar (para alguém) **2** ~ **with sth** familiarizado com algo LOC **be on familiar terms (with sb)** ser íntimo (de alguém) **familiarity** /fəˌmɪliˈærəti/ *s* **1** ~ **with sth** conhecimento de algo **2** familiaridade

family /ˈfæməli/ *s* (*pl* **families**) família: *family man* homem de família ◊ *family name* sobrenome ◊ *family tree* árvore genealógica ➲ *Ver nota em* FAMÍLIA LOC **run in the family** estar no sangue

famine /ˈfæmɪn/ *s* fome ➲ *Ver nota em* FOME

famous /ˈfeɪməs/ *adj* ~ **(for/as sth)** famoso (por/como algo)

fan /fæn/ *substantivo, verbo*

▸ *s* **1** fã; torcedor, -ora: *fan club* fã-clube **2** ventilador **3** leque

▸ *vt* (**-nn-**) **1** abanar **2** (*formal*) (*disputa, fogo*) atiçar PHR V **fan out** espalhar-se em (forma de) leque

fanatic /fəˈnætɪk/ *s* fanático, -a **fanatical** *adj* fanático

fanciful /ˈfænsɪfl/ *adj* (*pej*) (*ideia*) extravagante

fancy /ˈfænsi/ *adjetivo, substantivo, verbo*

▸ *adj* (**fancier, -iest**) extravagante: *nothing fancy* nada luxuoso/exagerado

▸ *s* (*esp GB*) **1** capricho **2** fantasia LOC **catch/take sb's fancy** agradar a alguém: *whatever takes your fancy* o que lhe agradar ◆ **take a fancy to sb/sth** ficar interessado em alguém/algo

▸ *vt* (*pt, pp* **fancied**) (*esp GB*) **1** (*coloq*) gostar de: *I don't fancy him.* Ele não me atrai. **2** (*coloq*) querer: *Do you fancy a drink?* Você está a fim de beber alguma coisa? **3** ~ **yourself (as) sth** achar-se algo **4** (*formal*) imaginar

ˌ**fancy** ˈ**dress** *s* [*não contável*] (*GB*) fantasia (*roupa*)

ˈ**fanny pack** (*GB* **bumbag**) *s* pochete

fantastic /fænˈtæstɪk/ *adj* fantástico

fantasy /ˈfæntəsi/ *s* (*pl* **fantasies**) fantasia

fanzine /ˈfænziːn/ *s* revista para fãs de músicos, esportistas, etc.

FAQ /ˌef eɪ ˈkjuː/ *abrev de* **frequently asked questions** perguntas mais frequentes

far /fɑːr/ *adjetivo, advérbio*

▸ *adj* (*comp* **farther** *ou* **further**, *superl* **farthest** *ou* **furthest**) **1** mais distante: *the far end* o outro extremo **2** oposto: *on the far bank* na margem oposta *Ver tb* FARTHER, FARTHEST

▸ *adv* (*comp* **farther** *ou* **further**, *superl* **farthest** *ou* **furthest**) **1** longe: *Is it far?* Fica longe? ◊ *How far is it?* A que distância fica?

Utiliza-se **far** sobretudo em orações negativas ou interrogativas. Em orações afirmativas é mais comum utilizar-se **a long way**: *Manaus is a long way from Rio.* Manaus fica muito longe do Rio.

2 (*com comparativos e preposições*) muito: *It's far easier for him.* É muito mais fácil para ele. ◊ *far above/far beyond sth* muito acima/além de algo *Ver tb* FARTHER, FARTHEST LOC **as far as** até ◆ **as far as; in so far as** na medida em que: *as far as I know* até onde eu sei/que eu saiba ◆ **as/so far as sb/sth is concerned** no que se refere a alguém/algo ◆ **be far from (doing) sth** estar longe de (fazer) algo ◆ **by far** de longe: *She is by far the best.* Ela é de longe a melhor. ◆ **far and wide** por todo lugar ◆ **far away** muito longe ◆ **far from it** (*coloq*) longe disso ◆ **go too far** ir longe demais ◆ **in so far as** *Ver* AS FAR AS *em* FAR ◆ **so far 1** até agora: *So far, so good.* Até aqui, tudo bem. **2** (*coloq*) até certo ponto *Ver tb* AFIELD, FEW

faraway /ˈfɑːrəweɪ/ *adj* **1** remoto **2** (*expressão*) distraído

fare /fer/ *substantivo, verbo*

▸ *s* tarifa, preço de passagem

▸ *vi* ~ **well, badly, etc.** sair-se bem, mal, etc.

the ˌ**Far** ˈ**East** *s* o Extremo Oriente

farewell /ˌferˈwel/ *interjeição, substantivo*

▸ *interj* (*antiq ou formal*) adeus

▸ *s* despedida: *farewell party* festa de despedida LOC **bid/say farewell to sb/sth** despedir-se de alguém/algo

farm /fɑːrm/ *substantivo, verbo*

▸ *s* fazenda: *farm worker* trabalhador rural *Ver tb* WIND FARM

▸ *v* **1** *vt, vi* cultivar **2** *vt* (*animais*) criar

farmer /ˈfɑːrmər/ *s* fazendeiro, -a; agricultor, -ora

farmhouse /ˈfɑːrmhaʊs/ *s* sede (de fazenda)

🔑 **farming** /ˈfɑːrmɪŋ/ *s* agricultura, cultivo: *fish farming* piscicultura

farmland /ˈfɑːrmlænd/ *s* [*não contável*] terra cultivada

farmyard /ˈfɑːrmjɑːrd/ *s* terreiro (de fazenda)

farsighted /ˌfɑːrˈsaɪtɪd/ *adj* **1** (*GB* **long-sighted**) hipermetrope **2** previdente

fart /fɑːrt/ *substantivo, verbo*
▸ *s* (*coloq*) peido
▸ *vi* (*coloq*) peidar

🔑 **farther** /ˈfɑːrðər/ *adv* (*comp de* **far**) mais longe/distante: *I can swim farther than you.* Consigo nadar mais longe do que você. ◇ *Which is farther?* Qual é mais distante? ◇ *How much farther is it to Oxford?* Quanto falta para (chegar a) Oxford? ➲ *Ver nota em* FURTHER

🔑 **farthest** /ˈfɑːrðɪst/ *adj, adv* (*superl de* **far**) o mais distante: *the farthest corner of Europe* o ponto mais distante da Europa

fascinate /ˈfæsɪneɪt/ *vt* fascinar **fascinating** *adj* fascinante

fascism /ˈfæʃɪzəm/ *s* fascismo **fascist** *adj, s* fascista

🔑 **fashion** /ˈfæʃn/ *substantivo, verbo*
▸ *s* **1** moda: *to have no fashion sense* não saber se vestir **2** [*sing*] (*formal*) maneira LOC **be/go out of fashion** estar fora/sair de moda ◆ **be in/come into fashion** estar/entrar na moda
▸ *vt* amoldar, fazer

🔑 **fashionable** /ˈfæʃnəbl/ *adj* da moda

fashionista /ˌfæʃnˈiːstə/ *s* **1** pessoa que anda sempre na última moda **2** estilista

🔑 **fast** /fæst; *GB* fɑːst/ *adjetivo, advérbio, verbo, substantivo*
▸ *adj* (**faster**, **-est**) **1** rápido ➲ *Ver nota em* RÁPIDO **2** (*relógio*) adiantado **3** (*cor*) que não desbota LOC *Ver* BUCK
▸ *adv* (**faster**, **-est**) **1** depressa, rápido, rapidamente **2**: *fast asleep* dormindo profundamente LOC *Ver* STAND
▸ *vi* jejuar
▸ *s* jejum

🔑 **fasten** /ˈfæsn; *GB* ˈfɑːsn/ **1** *vt* ~ **sth (up)** fechar algo **2** *vt* ~ **sth (down)** prender algo **3** *vt* ~ **A to B**; ~ **A and B (together)** fixar A em B; juntar A e B **4** *vi* fechar-se, prender-se

ˌ**fast** ˈ**food** *s* comida rápida

fastidious /fæˈstɪdiəs/ *adj* meticuloso, exigente

🔑 **fat** /fæt/ *adjetivo, substantivo*
▸ *adj* (**fatter**, **-est**) gordo: *You're getting fat.* Você está engordando. ➲ *Ver nota em* GORDO
▸ *s* **1** gordura **2** banha

fatal /ˈfeɪtl/ *adj* **1** mortal **2** fatídico **fatality** /fəˈtæləti/ *s* (*pl* **fatalities**) vítima (mortal)

fate /feɪt/ *s* destino, sorte LOC *Ver* QUIRK, TEMPT **fated** *adj* predestinado **fateful** *adj* fatídico

ˌ**fat** ˈ**finger** *substantivo, verbo* (*coloq*)
▸ *s* dedo gordo (*erro de digitação*)
▸ *vt* ˌ**fat-**ˈ**finger** teclar errado (*por tocar em duas teclas ao mesmo tempo*)

🔑 **father** /ˈfɑːðər/ *substantivo, verbo*
▸ *s* pai LOC **like father, like son** tal pai, tal filho
▸ *vt* engendrar **fatherhood** *s* paternidade **fatherly** *adj* paternal

ˌ**Father** ˈ**Christmas** *s* (*GB*) (*tb esp USA* **Santa Claus**) Papai Noel ➲ *Ver nota em* NATAL

ˈ**father-in-law** *s* (*pl* **fathers-in-law**) sogro

fatigue /fəˈtiːg/ *s* fadiga, cansaço

fatten /ˈfætn/ *vt* (*animal*) cevar **fattening** *adj* que engorda muito: *Butter is very fattening.* Manteiga engorda muito.

fatty /ˈfæti/ *adj* **1** (**fattier**, **-iest**) (*alimento*) gorduroso **2** (*Med*) adiposo

🔑 **faucet** /ˈfɔːsɪt/ (*GB* **tap**) *s* torneira

🔑 **fault** /fɔːlt/ *substantivo, verbo*
▸ *s* **1** defeito, falha ➲ *Ver nota em* MISTAKE **2** culpa: *Whose fault is it?* De quem é a culpa? ◇ *to be at fault for sth* ter culpa de algo **3** (*Tênis*) falta **4** (*Geol*) falha LOC *Ver* FIND
▸ *vt* criticar: *He can't be faulted.* Ele não pode ser criticado.

faultless /ˈfɔːltləs/ *adj* sem defeito, impecável

faulty /ˈfɔːlti/ *adj* defeituoso, imperfeito

fauna /ˈfɔːnə/ *s* fauna

faux pas /ˌfoʊ ˈpɑː/ *s* (*pl* **faux pas** /ˈpɑːz/) gafe: *to make a faux pas* dar uma gafe

fava bean /ˈfɑːvə biːn/ (*GB* **broad bean**) *s* fava

fave /feɪv/ *adj, s* (*coloq*) favorito, -a: *That song is one of my faves.* Aquela música é uma das minhas favoritas.

🔑 **favor** (*GB* **favour**) /ˈfeɪvər/ *substantivo, verbo*
▸ *s* favor: *to ask a favor of sb* pedir um favor a alguém ◇ *Can you do me a favor?* Você pode me fazer um favor? LOC **in favor (of sb/sth/doing sth)** a favor (de alguém/algo/fazer algo) *Ver tb* CURRY
▸ *vt* **1** favorecer **2** preferir, ser

F

partidário de (*ideia*) **favorable** (*GB* **favourable**) *adj* **1** favorável **2** ~ **(to/for sb/sth)** a favor (de alguém/algo)

⚷ **favorite** (*GB* **favourite**) /ˈfeɪvərɪt/ *substantivo, adjetivo*
▸ *s* favorito, -a
▸ *adj* preferido **favoritism** (*GB* **favouritism**) *s* (*pej*) favoritismo

fawn /fɔːn/ *adjetivo, substantivo*
▸ *adj, s* bege
▸ *s* cervo (com menos de um ano) ➲ *Ver nota em* VEADO

fax /fæks/ *substantivo, verbo*
▸ *s* fax
▸ *vt* **1** ~ **sb** passar um fax a alguém **2** ~ **sth (to sb)** enviar algo por fax (a alguém)

faze /feɪz/ *vt* (*coloq*) perturbar

FBI /ˌef biː ˈaɪ/ *abrev de* **Federal Bureau of Investigation** Agência do Departamento de Justiça Americano

⚷ **fear** /fɪr/ *verbo, substantivo*
▸ *vt* temer
▸ *s* ~ **(of sb/sth/doing sth)** medo (de alguém/algo/fazer algo); temor (a alguém/algo/de fazer algo): *to shake with fear* tremer de medo LOC **for fear of (doing) sth** por/com medo de (fazer) algo ◆ **for fear (that)...** por/com temor de que... ◆ **in fear of sb/sth** com medo de alguém/algo **fearful** *adj* (*formal*) **1 be** ~ **(for sb)** temer (por alguém) **2 be** ~ **(of sth)** estar temeroso (de algo) **3** horrendo, terrível **fearless** *adj* intrépido **fearsome** *adj* (*formal*) terrível

feasible /ˈfiːzəbl/ *adj* viável **feasibility** /ˌfiːzəˈbɪləti/ *s* viabilidade

feast /fiːst/ *substantivo, verbo*
▸ *s* (*formal*) **1** festim, banquete **2** (*Relig*) festa, festividade
▸ *vi* ~ **(on sth)** banquetear-se (comendo algo)

feat /fiːt/ *s* proeza, realização

⚷ **feather** /ˈfeðər/ *s* pena

⚷ **feature** /ˈfiːtʃər/ *substantivo, verbo*
▸ *s* **1** característica, aspecto **2** ~ **(on sth)** (*revista, TV, etc.*) matéria (especial) (sobre algo) **3 features** [*pl*] feições *Ver tb* WATER FEATURE
▸ *vt* apresentar (como atração/característica principal): *featuring Brad Pitt* apresentando Brad Pitt (como principal atração) **featureless** *adj* sem traços marcantes

⚷ **February** /ˈfebrueri; *GB* -bruəri/ *s* (*abrev* **Feb.**) fevereiro ➲ *Ver nota em* JANUARY

fed *pt, pp de* FEED

⚷ **federal** /ˈfedərəl/ *adj* federal

federation /ˌfedəˈreɪʃn/ *s* federação

ˌ**fed ˈup** *adj* ~ **(with sb/sth)** (*coloq*) farto, cheio (de alguém/algo)

⚷ **fee** /fiː/ *s* **1** honorários **2** cota (*de clube*) **3**: *school fees* anuidade/mensalidade escolar

feeble /ˈfiːbl/ *adj* (**feebler, -est**) **1** débil **2** (*desculpa, argumento, etc.*) fraco

⚷ **feed** /fiːd/ *verbo, substantivo*
▸ *v* (*pt, pp* **fed** /fed/) **1** *vi* ~ **(on sth)** alimentar-se, nutrir-se (de algo) **2** *vt* dar de comer a, alimentar **3** *vt* (*dados, etc.*) fornecer
▸ *s* [*não contável*] **1** alimento **2** ração **3** (*Internet*) lista atualizada: *news feed* feed de notícias **feeding** *s* alimentação

feedback /ˈfiːdbæk/ *s* [*não contável*] comentário(s) (*sobre o trabalho de alguém*)

⚷ **feel** /fiːl/ *verbo, substantivo*
▸ *v* (*pt, pp* **felt** /felt/) **1** *vt* sentir, tocar: *He feels the cold a lot.* Ele é muito sensível ao frio. ◇ *She felt the water.* Ela experimentou a temperatura da água. **2** *vi* sentir-se: *I felt like a fool.* Eu me senti como um idiota. ◇ *to feel sick/sad* sentir-se mal/triste ◇ *to feel cold/hungry* ter/sentir frio/fome **3** *vi* parecer: *It feels like leather.* Parece de couro. ◇ *It feels like rain.* Parece que vai chover. **4** *vt, vi* (*pensar*) achar (de): *How do you feel about him?* O que você acha dele? **5** *vi* ~ **(around/about) for sth** procurar algo (*apalpando, com as mãos*) LOC **feel free (to do sth)** sentir-se a vontade (de fazer algo) ◆ **feel good** sentir-se bem ◆ **feel like...; feel as if/as though...**: *I feel like I'm going to throw up.* Sinto que vou vomitar. ◆ **feel like (doing) sth** ter vontade de fazer algo: *I felt like hitting him.* Tive vontade de bater nele. ◇ *I feel like a cup of coffee.* Estou com vontade de tomar um café. ◆ **feel your way** andar/mover-se apalpando, ir com cautela ◆ **not feel yourself** não se sentir bem *Ver tb* COLOR PHR V **feel for sb** sentir pena de alguém ◆ **feel up to sth/doing sth** sentir-se capaz de algo/fazer algo
▸ *s* [*sing*]: *Let me have a feel.* Deixe-me tocá-lo. LOC **get the feel of sth/doing sth** (*coloq*) pegar o jeito de algo/fazer algo ◆ **have a feel for sth** ter jeito para algo

ˈ**feel-good** *adj* alto-astral: *a feel-good movie* um filme alto-astral LOC **the feel-good factor** (*GB*) o fator de otimismo

⚷ **feeling** /ˈfiːlɪŋ/ *s* **1** ~ **(of sth)** sensação (de algo): *I have a feeling that...* Tenho a sensação/impressão de que... **2** opinião **3 feelings** [*pl*] sentimentos **4** sensibilidade: *to lose all feeling* perder toda a sensibilidade LOC **bad/ill feeling(s)** ressentimento, rancor *Ver tb* MIXED

feet *pl de* FOOT

fell /fel/ *vt* **1** (*árvore*) cortar **2** (*formal*) derrubar *Ver tb* FALL

fella (*tb* **feller**) /ˈfelər/ *s* (*coloq*) **1** cara, sujeito **2** namorado, -a

⚷ **fellow** /ˈfeloʊ/ *substantivo, adjetivo*
▸ *s* **1** (*esp GB*, *coloq*) cara: *He's a nice fellow.* Ele é um cara legal. **2** companheiro, -a
▸ *adj*: *fellow passenger* companheiro de viagem ◇ *fellow countryman* compatriota ◇ *fellow Brazilians* compatriotas brasileiros **fellowship** *s* **1** companheirismo **2** associação **3** bolsa de pesquisa (*pós-doutorado, etc.*)

felt /felt/ *s* feltro *Ver tb* FEEL

ˌfelt-tip ˈpen (*tb* ˈ**felt tip**) *s* caneta hidrográfica

⚷ **female** /ˈfiːmeɪl/ *adjetivo, substantivo*
▸ *adj* **1** feminino

Female e **male** aplicam-se às características físicas das mulheres e dos homens: *the female figure* a figura feminina, e **feminine** e **masculine** aplicam-se às qualidades que consideramos típicas de uma mulher ou de um homem: *That haircut makes you look very masculine.* Aquele corte de cabelo te faz parecer um homem.

Female e **male** também especificam o sexo de pessoas ou animais: *a female friend, a male colleague; a female rabbit, a male eagle, etc.*

2 fêmea **3** de mulher: *female equality* a igualdade da mulher
▸ *s* fêmea

feminine /ˈfemənɪn/ *adj, s* feminino ➲ *Ver nota em* FEMALE

feminism /ˈfemənɪzəm/ *s* feminismo **feminist** *s* feminista

⚷ **fence** /fens/ *substantivo, verbo*
▸ *s* **1** cerca **2** alambrado LOC *Ver* SIT
▸ *v* **1** *vt* cercar **2** *vi* praticar esgrima **fencing** *s* esgrima

fend /fend/ PHR V **fend for yourself** cuidar de si mesmo ◆ **fend sth/sb off** defender-se de algo/alguém

fender /ˈfendər/ *s* **1** (*GB* **wing**) (*carro, etc.*) para-lama **2** (*GB* **mudguard**) (*bicicleta*) para-lama **3** (*lareira*) guarda-fogo

ferment *verbo, substantivo*
▸ *vt, vi* /fərˈment/ fermentar
▸ *s* /ˈfɜːrment/ (*formal*) ebulição, agitação (*política*)

fern /fɜːrn/ *s* samambaia

ferocious /fəˈroʊʃəs/ *adj* feroz

ferocity /fəˈrɑːsəti/ *s* ferocidade

ferry /ˈferi/ *substantivo, verbo*
▸ *s* (*pl* **ferries**) balsa: *car ferry* balsa para carros
▸ *vt* (*pt, pp* **ferried**) transportar

fertile /ˈfɜːrtl; *GB* -taɪl/ *adj* **1** fértil, fecundo **2** (*fig*) frutífero

fertility /fərˈtɪləti/ *s* fertilidade

fertilization (*GB tb* **-isation**) /ˌfɜːrtələˈzeɪʃn; *GB* -laɪˈ-/ *s* fertilização

fertilize (*GB tb* **-ise**) /ˈfɜːrtəlaɪz/ *vt* **1** fertilizar **2** adubar **fertilizer** (*GB tb* **-iser**) *s* **1** fertilizante **2** adubo

fervent /ˈfɜːrvənt/ *adj* ardente

fess /fes/ *v* PHR V **fess up** (*coloq*) confessar algo

fester /ˈfestər/ *vi* infeccionar(-se)

⚷ **festival** /ˈfestɪvl/ *s* **1** (*de arte, cinema, etc.*) festival **2** (*Relig*) festa

festive /ˈfestɪv/ *adj* **1** festivo **2** (*GB*) do Natal: *the festive season* a época das festas de Natal

festivity /feˈstɪvəti/ *s* **1 festivities** [*pl*] festividades **2** [*não contável*] alegria

⚷ **fetch** /fetʃ/ *vt* **1** (*esp GB*) trazer **2** (*esp GB*) buscar, mandar vir: *She's gone to fetch the kids from school.* Ela foi buscar as crianças na escola. ➲ *Ver ilustração em* TAKE **3** atingir (*preço*)

fête (*tb* **fete**) /feɪt/ *s* (*GB*) tipo de quermesse ao ar livre: *the village fête* a quermesse do vilarejo

fetus (*GB* **foetus**) /ˈfiːtəs/ *s* (*pl* **fetuses/foetuses**) feto

feud /fjuːd/ *substantivo, verbo*
▸ *s* rixa (*entre famílias ou classes*)
▸ *vi* ~ **(with sb)** ter rixa (com alguém)

feudal /ˈfjuːdl/ *adj* feudal **feudalism** *s* feudalismo

⚷ **fever** /ˈfiːvər/ *s* (*lit e fig*) febre **feverish** *adj* febril

⚷ **few** /fjuː/ *adj, pron* **1** (**fewer**, **-est**) poucos: *every few minutes* no/com intervalo de alguns minutos ◇ *fewer than six* menos de seis ➲ *Ver nota em* LESS **2 a few** alguns/algumas, uns/umas

Few ou **a few**? **Few** tem sentido negativo e equivale a "pouco": *Few people turned up.* Veio pouca gente. **A few** tem sentido mais positivo, equivalendo a "uns, alguns": *I have a few friends coming for dinner.* Alguns amigos estão vindo para jantar. ➲ *Ver nota em* POUCO

LOC **few and far between** escasso, contado ◆ **quite a few** (*GB tb* **a good**

few) um bom número (de), muitos *Ver tb* PRECIOUS

fiancé (*fem* **fiancée**) /ˌfiːɑːnˈseɪ; *GB* fiˈɒnseɪ/ *s* noivo, -a

fiasco /fiˈæskoʊ/ *s* (*pl* **fiascoes** *ou* **fiascos**) fiasco

fib /fɪb/ *substantivo, verbo*
▸ *s* (*coloq*) lorota, mentira
▸ *vi* (-bb-) (*coloq*) contar lorota

fiber (*GB* **fibre**) /ˈfaɪbər/ *s* fibra **fibrous** /ˈfaɪbrəs/ *adj* fibroso

fiberglass (*GB* **fibreglass**) /ˈfaɪbərglæs; *GB* -glɑːs/ *s* fibra de vidro

ˌ**fiber** ˈ**optics** (*GB* ˌ**fibre** ˈ**optics**) *s* [*não contável*] fibra ótica ˌ**fiber-**ˈ**optic** (*GB* ˌ**fibre-**ˈ**optic**) *adj* de fibra ótica

fickle /ˈfɪkl/ *adj* (*pej*) **1** (*pessoa*) volúvel **2** (*tempo*) instável

fiction /ˈfɪkʃn/ *s* ficção *Ver tb* SCIENCE FICTION

fictional /ˈfɪkʃənl/ *adj* de ficção

fiddle /ˈfɪdl/ *substantivo, verbo*
▸ *s* (*coloq*) **1** violino **2** (*GB*) fraude
▸ *v* **1** *vi* ~ **(around/about) with sth** brincar com algo (nas mãos) **2** *vt* (*coloq*) (*gastos, etc.*) falsificar LOC *Ver* FIT PHR V **fiddle around** perder tempo, enrolar **fiddler** *s* violinista

fiddly /ˈfɪdli/ *adj* (*GB*, *coloq*) complicado

fidelity /fɪˈdeləti/ *s* fidelidade ❶ A palavra mais comum é **faithfulness**.

fidget /ˈfɪdʒɪt/ *vi* **1** mexer-se com inquietação **2** ~ **with sth** mexer algo com inquietação **fidgety** *adj* (*coloq*) irrequieto, agitado

⚷ **field** /fiːld/ *substantivo, verbo*
▸ *s* (*lit e fig*) campo *Ver tb* PLAYING FIELD, TRACK AND FIELD
▸ *v* **1** *vt, vi* (*beisebol*, *Críquete*) agarrar e arremessar de novo, agarrar a bola e arremessá-la de novo **2** *vt* escalar (*candidato, equipe, etc.*)

ˈ**field hockey** (*GB* **hockey**) *s* hóquei sobre grama

ˈ**field house** *s* **1** vestiário (*esportes*) **2** ginásio de esportes

fieldwork /ˈfiːldwɜːrk/ *s* trabalho de campo

fiend /fiːnd/ *s* **1** demônio **2** (*coloq*) entusiasta **fiendish** *adj* diabólico

fierce /fɪrs/ *adj* (**fiercer**, **-est**) **1** (*animal*) feroz **2** (*oposição*) intenso

⚷ **fifteen** /ˌfɪfˈtiːn/ *adj, pron, s* quinze ➲ *Ver exemplos em* FIVE **fifteenth 1** *adj, adv, pron* décimo quinto **2** *s* décima quinta parte, quinze avos ➲ *Ver exemplos em* FIFTH

⚷ **fifth** /fɪfθ/ (*abrev* **5th**) *adjetivo, advérbio, pronome, substantivo*
▸ *adj, adv, pron* quinto: *We live on the fifth floor.* Moramos no quinto andar. ◇ *It's his fifth birthday today.* Ele completa cinco anos hoje. ◇ *She came fifth in the world championships.* Ela chegou em quinto lugar no campeonato mundial. ◇ *the fifth to arrive* o quinto a chegar ◇ *I was fifth on the list.* Eu era o quinto da lista. ◇ *I've had four cups of coffee already, so this is my fifth.* Já tomei quatro xícaras de café, então esta é a quinta.
▸ *s* **1** quinto, quinta parte: *three fifths* três quintos **2 the fifth** o dia cinco: *They'll be arriving on the fifth of March.* Eles chegarão no dia cinco de março. **3** (*tb* ˌ**fifth** ˈ**gear**) quinta (marcha): *to change into fifth* colocar em quinta (marcha)

A abreviação dos numerais ordinais é feita colocando-se o numeral seguido das últimas letras da palavra: *1st, 2nd, 3rd, 20th*, etc. ➲ *Para mais informação sobre números, datas, etc., ver págs. 756-761.*

⚷ **fifty** /ˈfɪfti/ *adj, pron, s* cinquenta: *the fifties* os anos cinquenta ◇ *to be in your fifties* ter cinquenta e poucos anos (de idade) ➲ *Ver exemplos em* FIVE LOC **go fifty-fifty (on sth)** (*coloq*) dividir (algo) meio a meio (*conta, etc.*) **fiftieth 1** *adj, pron* quinquagésimo **2** *s* quinquagésima parte, quinquagésimo ➲ *Ver exemplos em* FIFTH *e págs. 756-761.*

fig /fɪg/ *s* **1** figo **2** (*tb* **fig tree**) figueira

⚷ **fight** /faɪt/ *verbo, substantivo*
▸ *v* (*pt, pp* **fought** /fɔːt/) **1** *vt, vi* lutar: *They fought (against/with) the Germans.* Eles lutaram contra os alemães. **2** *vt, vi* ~ **(sb/with sb) (about/over sth)** brigar (com alguém) (por algo); discutir (com alguém) (sobre algo): *They fought (with) each other about/over the money.* Eles brigaram pelo dinheiro. **3** *vt* (*corrupção, droga, etc.*) combater LOC **fight a battle (against sth)** lutar/travar uma batalha (contra algo) ◆ **fight it out**: *They must fight it out between them.* Eles devem resolver isso entre eles. ◆ **fight tooth and nail** lutar com unhas e dentes ◆ **fight your way across, through, etc. sth** abrir caminho (à força) através de, por, etc. algo PHR V **fight back** contra-atacar, defender-se ◆ **fight for sth** lutar por algo ◆ **fight sb/sth off** repelir, rechaçar alguém/algo
▸ *s* **1** luta, briga: *A fight broke out in the bar.* Saiu uma briga no bar. **2** ~ **(for/against sb/sth)**; ~ **(to do sth)** (*fig*) luta

(por/contra alguém/algo); luta (para fazer algo) **3** combate

Quando se trata de um conflito prolongado (normalmente em situações de guerra), utiliza-se **fighting**: *There has been heavy/fierce fighting in the capital.* Têm ocorrido combates intensos/encarniçados na capital.

LOC **give up without a fight** desistir sem lutar ◆ **put up a good/poor fight** colocar muito/pouco empenho *Ver tb* PICK

fighter /ˈfaɪtər/ *s* **1** lutador, -ora; combatente **2** (avião de) caça

⚷ **figure** /ˈfɪɡjər; *GB* ˈfɪɡə(r)/ *substantivo, verbo*

▸ *s* **1** cifra, número **2** quantia, soma **3** (*pessoa*) figura: *a key figure* uma figura importante **4** tipo, corpo: *to have a good figure* ter um corpo bonito **5** silhueta LOC **put a figure on sth** dar o número de algo, pôr preço em algo *Ver tb* FACT

▸ *v* **1** *vi* ~ **(in/among sth)** figurar (em algo) **2** *vt* (*esp USA, coloq*) calcular: *It's what I figured.* É o que eu pensava. LOC **go figure** (*USA, coloq*) quem entende isso, quem diria ◆ **it/that figures** faz sentido PHR V **figure sb/sth out** entender alguém/algo ◆ **figure sth out** calcular algo (*quantidade, custo, etc.*)

⚷ **file** /faɪl/ *substantivo, verbo*

▸ *s* **1** fichário, pasta suspensa (*para arquivo*) **2** arquivo: *to be on file* estar em arquivo **3** lixa **4** fila: *in single file* em fila indiana LOC *Ver* RANK

▸ *v* **1** *vt* ~ **sth (away)** arquivar algo **2** *vt* (*reclamação, apelo*) registrar, protocolar **3** *vt* lixar **4** *vi* ~ **in, out, etc.** entrar/sair em fileiras: *to file past sth* desfilar diante de algo

ˈ**file cabinet** (*GB* ˈ**filing cabinet**) *s* arquivo (*móvel*)

filet (*tb esp GB* **fillet**) /fɪˈleɪ; *GB* ˈfɪlɪt/ *s* filé

⚷ **fill** /fɪl/ **1** *vt, vi* ~ **(sth) (with sth)** encher algo, encher-se (de/com algo) **2** *vt* (*buraco, fenda*) fechar **3** *vt* (*dente*) obturar **4** *vt* (*cargo*) ocupar LOC **fill your boots** (*coloq*) aproveite *Ver tb* BILL PHR V **fill in (for sb)** substituir alguém ◆ **fill sb in (on sth)** colocar alguém a par (de algo) ◆ **fill sth in/out** preencher algo (*formulário, etc.*)

filling /ˈfɪlɪŋ/ *substantivo, adjetivo*

▸ *s* **1** obturação **2** recheio

▸ *adj* (*comida*) que satisfaz

⚷ **film** /fɪlm/ *substantivo, verbo*

▸ *s* **1** (*esp GB*) (*tb esp USA* **movie**) filme: *film star* estrela de cinema **2** película *Ver tb* CLING FILM

▸ *vt* filmar **filming** *s* filmagem

filmmaker /ˈfɪlmmeɪkər/ *s* cineasta

filmmaking *s* cinema (*arte*)

filter /ˈfɪltər/ *substantivo, verbo*

▸ *s* filtro

▸ *vt, vi* filtrar(-se)

filth /fɪlθ/ *s* [*não contável*] **1** imundície **2** (*revistas, etc.*) obscenidade

filthy /ˈfɪlθi/ *adj* (**filthier, -iest**) **1** imundo **2** obsceno **3** (*esp GB, coloq*) desagradável

fin /fɪn/ *s* nadadeira, barbatana

⚷ **final** /ˈfaɪnl/ *substantivo, adjetivo*

▸ *s* **1** final: *the men's final(s)* a final masculina **2 finals** [*pl*] exames finais

▸ *adj* **1** último, final **2** definitivo: *I'm not coming, and that's final.* Eu não vou, e assunto encerrado. LOC *Ver* ANALYSIS, STRAW **finalist** *s* finalista

⚷ **finally** /ˈfaɪnəli/ *adv* **1** por último **2** finalmente **3** por fim, ao final

⚷ **finance** /ˈfaɪnæns; faɪˈnæns; fəˈ-/ *substantivo, verbo*

▸ *s* finança: *finance company* (companhia) financeira ◇ *the Minister of Finance* o ministro da Fazenda

▸ *vt* financiar

⚷ **financial** /faɪˈnænʃl; fəˈ-/ *adj* financeiro, econômico

⚷ **find** /faɪnd/ *vt* (*pt, pp* **found** /faʊnd/) **1** encontrar, achar **2** buscar, procurar: *They came here to find work.* Eles vieram aqui em busca de trabalho. **3** (*formal*) (*Jur*): *to find sb guilty* declarar alguém culpado LOC **find fault (with sb/sth)** encontrar problemas/falhas (em alguém/algo) ◆ **find your feet** acostumar-se ◆ **find your way** encontrar/descobrir o caminho *Ver tb* BEARING, MATCH, NOWHERE PHR V **find (sth) out** informar-se (de algo), descobrir (algo) ◆ **find sb out** descobrir, desmascarar alguém (*que está fazendo algo errado*) **finding** *s* **1** [*ger pl*] conclusão, descoberta **2** (*Jur*) decisão

⚷ **fine** /faɪn/ *adjetivo, advérbio, substantivo, verbo*

▸ *adj* (**finer, -est**) **1** excelente **2** bem: *I'm fine.* Estou bem. **3** (*seda, pó, etc.*) fino **4** (*traços*) delicado **5** (*tempo*) bom: *a fine day* um lindo dia **6** (*diferença*) sutil

▸ *adv* (*coloq*) bem: *That suits me fine.* Para mim está bem. LOC *Ver* CUT

▸ *s* multa

▸ *vt* ~ **sb (for sth/doing sth)** multar alguém (por algo/fazer algo)

fine ˈ**art** *s* [*não contável*] (*tb* **fine** ˈ**arts** [*pl*]) belas-artes

the ˌ**fine** ˈ**print** (*tb esp GB* **the small print**) *s* o texto em letra miúda (*num contrato*)

F

F

finger /ˈfɪŋgər/ *substantivo, verbo*
▸ *s* dedo (*da mão*): *little finger* dedo mindinho ◇ *forefinger/index finger* dedo indicador ◇ *middle finger* dedo médio ◇ *ring finger* dedo anular ➲ *Comparar com* TOE LOC **put your finger on sth** apontar algo (com precisão) (*erro, problema, etc.*) *Ver tb* CROSS, WORK
▸ *vt* **1** manusear **2** ~ **sb (as/for sth)** (*esp USA, coloq*) dedurar alguém (como/por algo): *Who fingered him for the burglaries?* Quem o denunciou pelos roubos?

fingermark /ˈfɪŋgərmɑːrk/ *s* marca de dedo

fingernail /ˈfɪŋgərneɪl/ *s* unha (*da mão*)

fingerprint /ˈfɪŋgərprɪnt/ *s* impressão digital

fingertip /ˈfɪŋgərtɪp/ *s* ponta do dedo LOC **have sth at your fingertips** ter algo à mão

finish /ˈfɪnɪʃ/ *verbo, substantivo*
▸ *v* **1** *vt, vi* ~ **(sth/doing sth)** terminar (algo/de fazer algo) **2** *vt* ~ **sth (off/up)** (*comida, bebida*) acabar (com) algo; terminar algo PHR V **finish up** acabar: *He could finish up dead.* Ele poderia acabar morto.
▸ *s* **1** final **2** acabamento

ˈ**finish line** (*GB* ˈ**finishing line**) *s* linha de chegada

fir /fɜːr/ (*tb* ˈ**fir tree**) *s* abeto

fire /ˈfaɪər/ *substantivo, verbo*
▸ *s* **1** fogo **2** incêndio **3** fogueira **4** [*não contável*] disparo(s): *to open fire on sb* atirar em alguém LOC **be/come under fire 1** estar/vir sob fogo inimigo **2** (*fig*) ser bastante criticado/atacado ◆ **catch fire** pegar fogo ◆ **on fire** em chamas: *to be on fire* estar em chamas ◆ **set fire to sth; set sth on fire** botar fogo em algo *Ver tb* FRYING PAN
▸ *v* **1** *vt, vi* disparar: *to fire at sb* atirar em alguém **2** *vt* demitir (*do trabalho*) **3** *vt* ~ **sth (at sb)** (*insultos, perguntas, etc.*) lançar algo (sobre alguém) **4** *vt* (*imaginação*) estimular

firearm /ˈfaɪərɑːrm/ *s* [*ger pl*] (*formal*) arma de fogo

ˈ**fire department** (*GB* ˈ**fire brigade**) *s* corpo de bombeiros

ˈ**fire engine** *s* carro de bombeiros

ˈ**fire escape** *s* escada de incêndio

firefighter /ˈfaɪərfaɪtər/ *s* bombeiro, -a

fireman /ˈfaɪərmən/ *s* (*pl* **-men** /-mən/) bombeiro, -a ➲ *Ver nota em* POLICIAL

fireplace /ˈfaɪərpleɪs/ *s* lareira

fireproof /ˈfaɪərpruːf/ *adj* à prova de fogo

ˈ**fire sale** *s* (*liquidação*) queima total

ˈ**fire station** *s* unidade do corpo de bombeiros

ˈ**fire truck** *s* carro de bombeiros

firewall /ˈfaɪərwɔːl/ *s* (*Informát*) firewall (*proteção de segurança*)

firewood /ˈfaɪərwʊd/ *s* lenha

firework /ˈfaɪərwɜːrk/ *s* **1** fogo de artifício **2 fireworks** [*pl*] (show de) fogos de artifício

firing /ˈfaɪərɪŋ/ *s* tiroteio: *firing line* linha de fogo ◇ *firing squad* pelotão de fuzilamento

firm /fɜːrm/ *substantivo, adjetivo, advérbio*
▸ *s* firma, empresa
▸ *adj* (**firmer**, **-est**) firme LOC **a firm hand** mão/pulso firme ◆ **be on firm ground** pisar terreno seguro *Ver tb* BELIEVE
▸ *adv* LOC **hold firm to sth** (*formal*) aferrar-se, manter-se fiel a algo *Ver tb* STAND

first /fɜːrst/ (*abrev* **1st**) *adjetivo, advérbio, pronome, substantivo*
▸ *adj* primeiro: *the first night* a estreia LOC **at first hand** em primeira mão ◆ **first things first** primeiro o mais importante *Ver tb* THING
▸ *adv* **1** primeiro **2** pela primeira vez: *I first came to Oxford in 1999.* A primeira vez que vim a Oxford foi em 1999. **3** em primeiro lugar **4** antes: *Finish your dinner first.* Termine seu jantar primeiro. LOC **at first** a princípio ◆ **come first 1** (*Esporte, competição*) chegar em primeiro lugar **2** (*prioridade*) vir em primeiro lugar ◆ **first come, first served** por ordem de chegada ◆ **first of all 1** antes de tudo **2** em primeiro lugar ◆ **put sb/sth first** pôr alguém/algo em primeiro lugar *Ver tb* HEAD
▸ *pron* o(s) primeiro(s), a(s) primeira(s)
▸ *s* **1 the first** o dia primeiro **2** (*tb* ˌ**first** ˈ**gear**) primeira (marcha) ➲ *Ver exemplos em* FIFTH LOC **from first to last** do princípio ao fim ◆ **from the (very) first** desde o primeiro momento

ˌ**first** ˈ**aid** *s* [*não contável*] primeiros socorros

ˌ**first** ˈ**balcony** /ˌfɜːrst ˈbælkəni/ (*GB* **dress circle**) *s* (*Teat*) balcão nobre

ˌ**first** ˈ**class** *substantivo, advérbio, adjetivo*
▸ *s* **1** primeira (classe) **2** (*GB*) correio prioritário
▸ *adv* **1** de primeira classe: *to travel first class* viajar de primeira classe **2** (*GB*): *to send sth first class* enviar algo por correio prioritário
▸ *adj* ˌ**first-**ˈ**class 1** de primeira (classe):

a first-class ticket um bilhete de primeira classe **2** (*GB*): *a first-class stamp* um selo de correio prioritário

ˌfirst ˈfloor *s* **1** (*USA*) (*GB* **ground floor**) (andar) térreo ➲ *Ver nota em* FLOOR **2** (*GB*) primeiro andar

firsthand /ˌfɜːrstˈhænd/ (*tb* **ˌfirst-ˈhand**) *adj, adv* de primeira mão

ˌfirst ˈlady *s* (*pl* **first ladies**) primeira-dama

firstly /ˈfɜːrstli/ *adv* em primeiro lugar

ˈfirst name *s* (pre)nome

ˌfirst-ˌpast-the-ˈpost *adj* [*antes do substantivo*] (*nas eleições britânicas*) de maioria simples

ˌfirst-ˈrate *adj* excelente, de primeira (categoria)

ˈfirst-time *adj* [*antes do substantivo*] de primeira viagem

fish /fɪʃ/ *substantivo, verbo*

▸ *s* **1** [*contável*] peixe **2** [*não contável*] (carne de) peixe: *fish and chips* peixe empanado com batata frita

Como substantivo contável, **fish** tem duas formas de plural: **fish** e **fishes**. **Fish** é a forma mais comum. **Fishes** é uma forma antiquada, técnica ou literária.

LOC **have bigger/other fish to fry** ter coisas mais importantes para fazer ♦ **like a fish out of water** como um peixe fora d'água *Ver tb* BIG

▸ *vt, vi* pescar: *to go fishing* ir pescar

PHR V **fish sth out (of sth)** retirar algo (de algo)

fisherman /ˈfɪʃərmən/ *s* (*pl* **-men** /ˈfɪʃərmən/) pescador, -ora

fishing /ˈfɪʃɪŋ/ *s* pesca: *fishing rod/boat* vara/barco de pesca

fishmonger /ˈfɪʃmʌŋgər/ *s* (*esp GB*) **1** peixeiro, -a **2 fishmonger's** peixaria ➲ *Ver nota em* AÇOUGUE

fishy /ˈfɪʃi/ *adj* (**fishier, -iest**) **1** (*cheiro, gosto*) de peixe **2** (*coloq*) suspeito, duvidoso: *There's something fishy going on.* Aqui há dente de coelho.

fist /fɪst/ *s* punho, mão fechada **fistful** *s* punhado

ˈfist bump *substantivo, verbo* (*coloq*)

▸ *s* soquinho de punho fechado

▸ *vt* **ˈfist-bump** dar um soquinho de punho fechado em

ˈfist pump *substantivo, verbo* (*esp USA, coloq*)

▸ *s* soco no ar (*para celebrar sucesso ou vitória*)

▸ *vi* **ˈfist-pump** dar socos no ar

fit /fɪt/ *adjetivo, verbo, substantivo*

▸ *adj* (**fitter, -est**) **1** em (boa) forma: *to keep fit* manter-se em forma **2** ~ **(for sb/sth)**; ~ **(to do sth)** apto, adequado (para alguém/algo); em condições (para fazer algo): *a meal fit for a king* uma refeição digna de um rei **3** ~ **to do sth** (*GB, coloq*) pronto (para fazer algo) **4** (*GB, coloq*) gostoso LOC **be (as) fit as a fiddle** (*coloq*) estar em ótima forma ♦ **fit for purpose** (*sistema, produto, etc.*) adequado à finalidade

▸ *v* (*pt, pp* **fit**; (*GB* **fitted**), *part pres* **fitting**) **1** *vi* ~ **(in)**; ~ **(into sth)** caber (em algo): *It doesn't fit in/into the box.* Isso não cabe na caixa. **2** *vt, vi* servir: *These shoes don't fit (me).* Estes sapatos não me servem. **3** *vt* ~ **sth with sth** equipar algo com algo **4** *vt* ~ **sth on/onto sth** colocar algo em algo **5** *vt* enquadrar-se em: *to fit a description* enquadrar-se em uma descrição LOC **fit (sb) like a glove** cair como uma luva (em alguém) *Ver tb* BILL

PHR V **fit in (with sb/sth)** ajustar-se (a alguém/em algo) ♦ **fit sb/sth in; fit sb/sth in/into sth** achar tempo/lugar para alguém/algo (em algo)

▸ *s* **1** ataque (*de riso, choro, etc.*): *She'll have/throw a fit!* Ela vai ter um ataque! **2 be a good, tight, etc.** ~ (*roupas*) ficar bem/justo

fitness /ˈfɪtnəs/ *s* boa forma (física)

fitted /ˈfɪtɪd/ *adj* **1** (*carpete*) instalado **2** (*armários*) embutido **3** (*quarto*) mobiliado **4** (*cozinha*) feito sob medida *Ver tb* FIT

fitting /ˈfɪtɪŋ/ *adjetivo, substantivo*

▸ *adj* (*formal*) apropriado

▸ *s* **1** [*ger pl*] acessório, peça **2** (*vestido*) prova

ˈfitting room *s* provador

five /faɪv/ *adj, pron, s* cinco: *page/chapter five* página/capítulo cinco ◇ *five after/past nine* nove (horas) e cinco (minutos) ◇ *all five of them* todos os cinco ◇ *There were five of us.* Éramos cinco. *Ver tb* HIGH FIVE ➲ *Para mais informação sobre números, datas, etc., ver págs. 756-761.*

ˌfive-and-ˈten (*tb* **ˌfive-and-ˈdime**) *s* loja de artigos com preços baixos

fiver /ˈfaɪvər/ *s* (*GB, coloq*) nota de cinco (libras)

fix /fɪks/ *verbo, substantivo*

▸ *vt* **1** fixar, prender **2** consertar **3** estabelecer **4** ~ **sth (for sb)**; ~ **sb sth** (*comida, bebida*) preparar algo (para alguém) **5** (*coloq*) (*eleições, jurados, etc.*) manipular **6** (*reunião*) marcar **7** (*coloq*) acertar as contas com PHR V **fix on sb/sth** decidir-se por alguém/algo ♦ **fix sb up (with sth)** (*coloq*) providenciar algo para alguém ◆ **fix sth up 1** consertar algo **2** reformar algo

▸ *s* **1** [*sing*] dificuldade: *to be in/get yourself into a fix* estar/meter-se numa enrascada **2** [*sing*] (*coloq*) (*droga*) dose **3** (*coloq*) solução fácil ou temporária

fixed /fɪkst/ *adj* fixo LOC **(of) no fixed abode/address** sem endereço fixo

fixings /ˈfɪksɪŋz/ *s* [*pl*] (*comida*) acompanhamento

fixture /ˈfɪkstʃər/ *s* **1** acessório fixo/integrante de uma casa **2** (*GB*) evento esportivo, partida **3** (*coloq*) pessoa/coisa/parte integrante de um lugar: *He's been here so long he's become a fixture.* Ele já está aqui há tanto tempo que se tornou parte integrante da empresa.

fizz /fɪz/ *vi* **1** efervescer **2** chiar

fizzy /ˈfɪzi/ *adj* (**fizzier**, **-iest**) com gás, gasoso

flabbergasted /ˈflæbərgæstɪd; *GB* -gɑːstɪd/ *adj* (*coloq*) pasmo

flabby /ˈflæbi/ *adj* (*coloq*, *pej*) flácido

flag /flæg/ *substantivo, verbo*

▸ *s* **1** bandeira **2** bandeirola

▸ *vi* (**-gg-**) fraquejar, decair

flagrant /ˈfleɪgrənt/ *adj* flagrante

flair /fler/ *s* **1** [*sing*] ~ **for sth** talento para algo **2** [*não contável*] estilo

flak (*tb* **flack**) /flæk/ *s* [*não contável*] (*coloq*) críticas: *You'll get some flak when you get home.* Você vai levar uma dura quando chegar em casa.

flake /fleɪk/ *substantivo, verbo*

▸ *s* **1** floco **2** (*USA*, *coloq*) avoado, -a

▸ *vi* ~ **(off)** descascar(-se)

flaky /ˈfleɪki/ *adj* **1** que pode se esfarelar: *flaky pastry* massa folhada **2** (*coloq*) (*pessoa*) desligado **3** (*esp GB*, *coloq*) (*Informát*) instável, quebradiço

flamboyant /flæmˈbɔɪənt/ *adj* **1** (*pessoa*) extravagante, vistoso **2** (*vestido*) chamativo

flame /fleɪm/ *substantivo, verbo*

▸ *s* chama

▸ *vt* (*coloq*) (*Internet*) mandar um flame a

flamingo /fləˈmɪŋgoʊ/ *s* (*pl* **flamingos** *ou* **flamingoes**) flamingo

flammable /ˈflæməbl/ *adj* inflamável ➲ *Ver nota em* INFLAMMABLE

flan /ˈflæn/ *s* torta ➲ *Ver nota à pág. 610*

flank /flæŋk/ *substantivo, verbo*

▸ *s* **1** lado **2** (*animal*, *Mil*, *Esporte*) flanco

▸ *vt* **be flanked by sb/sth** ser ladeado por alguém/algo: *He left the courtroom flanked by guards.* Ele saiu da sala do tribunal escoltado por guardas.

flannel /ˈflænl/ *s* **1** flanela **2** (*GB*) (*USA* **washcloth**) toalhinha de rosto

flap /flæp/ *substantivo, verbo*

▸ *s* **1** (*envelope*, *bolso*) aba **2** (*Aeronáut*) flap **3** batida (*de asas, etc.*) **4** [*sing*] (*coloq*) sobressalto

▸ *v* (**-pp-**) **1** *vt, vi* agitar(-se) **2** *vt* (*asas*) bater

flare /fler/ *verbo, substantivo*

▸ *vi* **1** relampejar **2** ~ **(up)** (*fig*) explodir: *Tempers flared.* Os ânimos se exaltaram. PHR V **flare up 1** (*fogo*) avivar-se **2** (*problema*) reaparecer **3** (*pessoa*) explodir

▸ *s* **1** foguete de sinalização **2** clarão **3 flares** [*pl*] (*esp GB*) calça boca de sino

flash /flæʃ/ *substantivo, verbo*

▸ *s* **1** clarão: *a flash of lightning* um relâmpago **2** ~ **of sth** (*fig*) lampejo de algo: *a flash of genius* um lance de gênio **3** (*Fot*) flash LOC **a flash in the pan**: *It was no flash in the pan.* Não foi apenas um sucesso passageiro. ◆ **in/like a flash** num piscar de olhos

▸ *v* **1** *vi* relampejar, brilhar: *It flashed on and off.* Ele acendeu e apagou. **2** *vt* ~ **sth (at sb)** piscar algo (para alguém): *to flash your headlights* piscar os faróis do carro **3** *vt* mostrar rapidamente **4** *vi* ~ **by, past, etc.** passar/cruzar como um raio

ˈ**flash drive** *s* (*Informát*) pen drive

flashlight /ˈflæʃlaɪt/ (*USA*) (*GB* **torch**) *s* lanterna

flashmob *s* flashmob (*mobilização repentina de um grupo de pessoas, organizada via celular ou internet*)

flashy /ˈflæʃi/ *adj* (**flashier**, **-iest**) (*coloq*, *ger pej*) ostentoso, chamativo

flask /flæsk; *GB* flɑːsk/ *s* **1** garrafa de bolso **2** (*GB*) garrafa térmica

flat /flæt/ *adjetivo, substantivo, advérbio*

▸ *adj* (**flatter**, **-est**) **1** plano, liso, achatado **2** (*pneu*) furado **3** (*bebida*) choco **4** (*Mús*) desafinado **5** (*Mús*) bemol **6** (*GB*) (*USA* **dead**) (*bateria*) descarregado **7** (*comércio*) estagnado

▸ *s* **1** (*GB*) apartamento **2** pneu furado **3** (*Mús*) bemol **4** [*ger pl*] (*Geog*): *mud flats* brejo **5** [*sing*] **the ~ of sth** (*GB*) a parte plana de algo: *the flat of your hand* a palma da mão

▸ *adv* (**flatter**): *to lie down flat* deitar-se completamente esticado LOC **flat out** (*coloq*) (*trabalhar, correr, etc.*) a toda ◆ **in ten seconds, etc. flat** (*coloq*) em apenas dez segundos, etc.

flatbread /ˈflætbred/ *s* pão sírio

flatly /ˈflætli/ *adv* completamente (*negar, rechaçar, etc.*)

flatmate /ˈflætmeɪt/ *s* (*GB*) (*USA* **roommate**) companheiro, -a de apartamento

ˌ**flat ˈrate** *s* taxa fixa

flatten /ˈflætn/ **1** *vt* ~ **sth (out)** aplainar, alisar algo **2** *vt* derrotar, arrasar **3** *vi* ~ **(out)** (*paisagem*) aplainar-se

flatter /ˈflætər/ *vt* **1** adular, bajular: *I was flattered by your invitation.* Fiquei lisonjeado com seu convite. **2** (*roupa, etc.*) favorecer **3** ~ **yourself (that…)** ter a ilusão (de que…) **flattering** *adj* **1** lisonjeiro **2** favorecedor

flaunt /flɔːnt/ *vt* (*pej*) alardear

flavor (*GB* **flavour**) /ˈfleɪvər/ *substantivo, verbo*
▸ *s* sabor, gosto
▸ *vt* condimentar

flaw /flɔː/ *s* **1** (*objeto*) defeito **2** (*plano, caráter*) falha, defeito **flawed** *adj* defeituoso **flawless** *adj* impecável

flea /fliː/ *s* pulga: *flea market* mercado de pulgas

fleck /flek/ *s* partícula, pingo (*pó, cor*)

flee /fliː/ (*pt, pp* **fled** /fled/ *v*) **1** *vi* fugir, escapar **2** *vt* abandonar

fleece /fliːs/ *s* **1** lã de carneiro **2** casaco forrado para o inverno

fleet /fliːt/ *s* frota

flesh /fleʃ/ *s* **1** carne **2** (*de fruta*) polpa LOC **flesh and blood** corpo humano, natureza humana ♦ **in the flesh** em pessoa ♦ **your (own) flesh and blood** (parente) do seu próprio sangue

flew *pt de* FLY

flex /fleks/ *substantivo, verbo*
▸ *s* (*GB*) (*USA* **cord**) cabo (elétrico)
▸ *vt* flexionar

flexible /ˈfleksəbl/ *adj* flexível

flick /flɪk/ *verbo, substantivo*
▸ *v* **1** *vt* ~ **sth (away, off, etc.)** remover algo com piparotes: *She flicked the dust off her lapel.* Ela bateu a poeira da lapela. ◇ *Please don't flick ash on the carpet!* Por favor, não jogue cinzas no carpete! **2** *vt* ~ **sb with sth**; ~ **sth (at sb)** acertar algo (em alguém) **3** *vt, vi* mover, bater em algo rapidamente PHR V **flick through sth** folhear algo rapidamente
▸ *s* **1** movimento rápido: *a flick of the wrist* um movimento de pulso **2** pancadinha rápida **3** (*antiq, coloq*) filme

flicker /ˈflɪkər/ *verbo, substantivo*
▸ *vi* tremeluzir: *a flickering light* uma luz tremulante
▸ *s* **1** (*luz*) tremulação **2** (*fig*) vislumbre

flier = FLYER

flies *pl de* FLY

flight /flaɪt/ *s* **1** voo **2** fuga **3** (*escadas*) lance LOC **take flight** fugir

ˈ**flight attendant** *s* comissário, -a de bordo

flimsy /ˈflɪmzi/ *adj* (**flimsier, -iest**) **1** (*objeto, desculpa*) fraco **2** (*tecido*) fino

flinch /flɪntʃ/ *vi* **1** retroceder **2** ~ **from sth/doing sth** esquivar-se diante de algo/de fazer algo

fling /flɪŋ/ *verbo, substantivo*
▸ *vt* (*pt, pp* **flung** /flʌŋ/) **1** ~ **sth (at sth)** arrojar, lançar algo (contra algo): *She flung her arms around him.* Ela jogou os braços ao redor do pescoço dele. **2** empurrar, jogar (*com força*): *He flung open the door.* Ele abriu a porta de um só golpe.
▸ *s* (*coloq*) **1** farra **2** aventura amorosa

flint /flɪnt/ *s* **1** pederneira **2** pedra (*de isqueiro*)

flip /flɪp/ (**-pp-**) **1** *vt* lançar: *to flip a coin* tirar cara ou coroa **2** *vt, vi* ~ **(sth) (over)** virar (algo) **3** *vi* ~ **(out)** (*coloq*) ficar uma fera

ˈ**flip chart** *s* bloco grande de folhas de papel usado para presentações

ˈ**flip-flop** *s* chinelo de dedo

flippant /ˈflɪpənt/ *adj* irreverente, frívolo

flipper /ˈflɪpər/ *s* **1** (*animais*) barbatana **2** (*para nadar*) pé de pato

flirt /flɜːrt/ *verbo, substantivo*
▸ *vi* flertar
▸ *s* namorador, namoradeira

flit /flɪt/ *vi* (**-tt-**) esvoaçar

float /floʊt/ *verbo, substantivo*
▸ *v* **1** *vi* flutuar **2** *vi* (*nadador*) boiar **3** *vt* (*barco*) fazer flutuar **4** *vt* (*projeto, ideia*) propor
▸ *s* **1** boia **2** flutuador **3** (*carnaval*) carro alegórico

flock /flɑːk/ *substantivo, verbo*
▸ *s* **1** rebanho (*de ovelhas, cabras*) ➲ *Comparar com* HERD **2** bando (*de aves, pessoas*)
▸ *vi* **1** ~ **(together)** agrupar-se **2** ~ **to sth** ir em bando a algo

flog /flɑːg/ *vt* (**-gg-**) **1** açoitar **2** ~ **sth (off) (to sb)** (*GB, coloq*) vender algo (a alguém) LOC **flog a dead horse** (*GB, coloq*) esforçar-se por nada

flood /flʌd/ *substantivo, verbo*
▸ *s* **1** inundação **2 the Flood** (*Relig*) o Dilúvio **3** (*fig*) jorro, enxurrada
▸ *vt, vi* inundar(-se) PHR V **flood in**; **flood into sth** chegar em enormes quantidades (a algo) **flooded** *adj* inundado

F

flooding /ˈflʌdɪŋ/ *s [não contável]* inundação

floodlight /ˈflʌdlaɪt/ *substantivo, verbo*
▸ *s* holofote
▸ *vt* (*pt, pp* **floodlit** /ˈflʌdlɪt/) iluminar com holofote

floodplain /ˈflʌdpleɪn/ *s* planície alagável

floor /flɔːr/ *substantivo, verbo*
▸ *s* **1** assoalho: *on the floor* no chão **2** andar, piso

Na Grã-Bretanha, o andar térreo chama-se *ground floor*, o primeiro andar *first floor*, etc. Nos Estados Unidos, o andar térreo pode ser tanto *ground floor* ou *first floor*. O primeiro andar é o *second floor*.

3 (*mar, vale*) fundo
▸ *vt* **1** (*oponente*) derrubar ao chão **2** (*fig*) confundir, derrotar

floorboard /ˈflɔːrbɔːrd/ *s* tábua (*de assoalho*)

flop /flɑːp/ *substantivo, verbo*
▸ *s* (*coloq*) fracasso
▸ *vi* (-pp-) **1** despencar **2** (*coloq*) (*obra, negócio*) fracassar

floppy /ˈflɑːpi/ *adj* (**floppier, -iest**) **1** frouxo, flexível **2** (*orelhas*) caído

flora /ˈflɔːrə/ *s* flora

floral /ˈflɔːrəl/ *adj* floral: *floral tribute* coroa de flores

florist /ˈflɔːrɪst; *GB* ˈflɒrɪst/ *s* **1** florista **2 florist's** (*GB*) (*USA* ˈ**flower shop**) floricultura (*loja*) ➲ *Ver nota em* AÇOUGUE

floss /flɔːs; *GB* flɒs/ (*tb* ˈ**dental floss**) *s* fio dental

flounder /ˈflaʊndər/ *vi* **1** vacilar **2** atrapalhar-se **3** debater-se **4** mover-se com dificuldade

flour /ˈflaʊər/ *s* farinha

flourish /ˈflɜːrɪʃ; *GB* ˈflʌrɪʃ/ *verbo, substantivo*
▸ *vi* prosperar, florescer
▸ *s* floreio: *to do sth with a flourish* fazer algo com movimentos exagerados

flow /floʊ/ *substantivo, verbo*
▸ *s* **1** fluxo **2** corrente **3** circulação **4** escoamento LOC **go with the flow** (*coloq*) desencanar *Ver tb* EBB
▸ *vi* **1** fluir: *to flow into the sea* desaguar no mar ◇ *Letters of complaint flowed in.* Choveram cartas de reclamação. **2** circular **3** cair: *Her hair flowed down over her shoulders.* Seus cabelos caíam sobre os ombros. PHR V **flow in/out** (*maré*) subir/baixar

flower /ˈflaʊər/ *substantivo, verbo*
▸ *s* flor
▸ *vi* florescer, dar flores

ˈ**flower bed** *s* canteiro (de flores)

flowering /ˈflaʊərɪŋ/ *substantivo, adjetivo*
▸ *s* florescimento
▸ *adj* que dá flores

flowerpot /ˈflaʊərpɑːt/ *s* vaso (*para planta*)

flown *pp de* FLY

flu /fluː/ (*tb* **the flu**) *s [não contável]* gripe

fluctuate /ˈflʌktʃueɪt/ *vi* flutuar, variar

fluent /ˈfluːənt/ *adj* fluente: *She speaks fluent French.* Ela domina o francês. **fluency** *s* fluência

fluff /flʌf/ *s* **1** felpa: *a piece of fluff* uma felpa **2** (*aves*) penugem **fluffy** *adj* (**fluffier, -iest**) **1** peludo, felpudo, coberto de penugem **2** fofo, macio

fluid /ˈfluːɪd/ *adjetivo, substantivo*
▸ *adj* **1** fluido, líquido **2** (*formal*) (*estilo, movimento*) gracioso, solto **3** (*formal*) (*situação*) variável, instável **4** (*formal*) (*plano*) flexível
▸ *s* fluido, líquido

fluke /fluːk/ *s* (*coloq*) (golpe de) sorte

flung *pt, pp de* FLING

flunk /flʌŋk/ (*esp USA, coloq*) **1** *vt, vi* (*Educ*) ser reprovado (em) **2** *vt* (*candidato, etc.*) reprovar PHR V **flunk out (of sth)** (*USA, coloq*) ser expulso (de algo) (*por ter notas baixas*)

fluorescent /ˌflʊˈresnt; ˌflɔːˈ-/ *adj* fluorescente

fluoride /ˈflʊraɪd; ˈflɔːraɪd/ *s* flúor

flurry /ˈflɜːri; *GB* ˈflʌri/ *s* (*pl* **flurries**) **1** ~ **(of sth)** (*de atividade, emoção*) onda (de algo) **2** (*vento*) rajada **3** (*neve*) nevada

flush /flʌʃ/ *substantivo, verbo*
▸ *s* rubor: *hot flushes* ondas de calor
▸ *v* **1** *vi* ruborizar-se **2** *vt, vi* (*vaso sanitário*) dar descarga (em)

fluster /ˈflʌstər/ *vt* aturdir: *to get flustered* ficar nervoso

flute /fluːt/ *s* flauta

flutter /ˈflʌtər/ *verbo, substantivo*
▸ *v* **1** *vi* (*pássaros, etc.*) esvoaçar **2** *vt, vi* (*asas*) agitar(-se), bater(-se) **3** *vi* (*bandeira, etc.*) tremular **4** *vt* (*objeto*) agitar
▸ *s* **1** (*asas*) bater **2** (*cílios*) pestanejar **3**: *all of a/in a flutter* numa grande agitação

fly /flaɪ/ *verbo, substantivo*
▸ *v* (*pt* **flew** /fluː/, *pp* **flown** /floʊn/) **1** *vi* voar: *to fly away/off* sair voando **2** *vi* (*pessoa*) ir/viajar de avião: *to fly in/out/back* chegar/partir/voltar de avião **3** *vt* (*avião*) pilotar **4** *vt* (*passageiros, carga*)

transportar (de avião) **5** *vi* ir rápido: *I must fly.* Eu tenho de correr. **6** *vi (repentinamente)*: *The wheel flew off.* A roda saiu em disparada. ◇ *The door flew open.* A porta abriu-se de repente. **7** *vt, vi (bandeira)* hastear(-se) **8** *vt (pipa, papagaio)* soltar LOC **fly high** ir longe, alcançar êxito ◆ **fly off the handle** *(coloq)* estourar de raiva *Ver tb* CROW, LET, TANGENT PHR V **fly at sb** lançar-se sobre alguém
▸ *s (pl* **flies***)* **1** mosca **2** *(GB tb* **flies** *[pl])* braguilha

flyer *(tb* **flier***)* /ˈflaɪər/ *s* folheto de propaganda

⚷ **flying** /ˈflaɪɪŋ/ *substantivo, adjetivo*
▸ *s* voo, aviação: *flying lessons* aulas de voo
▸ *adj* voador

ˌ**flying** ˈ**saucer** *s* disco voador

ˌ**flying** ˈ**start** *s* LOC **get off to a flying start** começar bem

flyover /ˈflaɪoʊvər/ *(USA* **overpass***) s* viaduto

foal /foʊl/ *s* potro ➲ *Ver nota em* POTRO

foam /foʊm/ *substantivo, verbo*
▸ *s* **1** espuma **2** *(tb* ˌ**foam** ˈ**rubber***)* espuma (de enchimento)
▸ *vi* espumar

⚷ **focus** /ˈfoʊkəs/ *substantivo, verbo*
▸ *s (pl* **focuses** *ou* **foci** /ˈfoʊsaɪ/*)* foco LOC **be in focus/out of focus** estar enfocado/desfocado
▸ *vt, vi* (**-s-**, **-ss-**) ~ **(sth) (on sb/sth) 1** focalizar algo (em alguém/algo): *It took a few moments for her eyes to focus in the dark.* Levou-lhe algum tempo para ajustar a vista ao escuro. **2** concentrar algo, concentrar-se em algo: *to focus (your attention/mind) on sth* concentrar-se em algo

fodder /ˈfɑːdər/ *s* forragem

foetus *(GB)* = FETUS

fog /fɔːg; *GB* fɒg/ *substantivo, verbo*
▸ *s* neblina ➲ *Comparar com* HAZE, MIST
▸ *vt, vi* (**-gg-**) ~ **(sth) (up)** embaçar algo, embaçar-se

foggy /ˈfɔːgi; *GB* ˈfɒgi/ *adj* (**foggier**, **-iest**) nevoento: *a foggy day* um dia de neblina

foil /fɔɪl/ *substantivo, verbo*
▸ *s* lâmina/folha (de metal): *aluminum foil* papel-alumínio
▸ *vt* frustrar

⚷ **fold** /foʊld/ *verbo, substantivo*
▸ *v* **1** *vt, vi* ~ **(sth) (back, down, over, etc.)** dobrar algo, dobrar-se; fechar algo, fechar-se **2** *vi (empresa)* fechar **3** *vi (peça de teatro)* sair de cartaz LOC **fold your arms** cruzar os braços
▸ *s* **1** prega, dobra **2** cercado

folder /ˈfoʊldər/ *s (Informát, para documentos, etc.)* pasta

⚷ **folding** /ˈfoʊldɪŋ/ *adj [antes do substantivo]* dobrável: *a folding table* uma mesa dobrável

foliage /ˈfoʊliɪdʒ/ *s [não contável]* folhagem

folk /foʊk/ *substantivo, adjetivo*
▸ *s* **1** *(tb* **folks** *[pl])* pessoas: *country folk* gente do campo/interior **2 folks** *[pl] (coloq)* pessoal **3 folks** *[pl] (coloq)* pais, parentes **4** música folk
▸ *adj [antes do substantivo]* folclórico, popular

folklore /ˈfoʊklɔːr/ *s* folclore

⚷ **follow** /ˈfɑːloʊ/ **1** *vt, vi* seguir, acompanhar **2** *vt, vi (explicação)* entender **3** *vi* ~ **(from sth)** resultar, ser a consequência (de algo) LOC **as follows** como (se) segue ◆ **follow the crowd** ir com/acompanhar a maioria PHR V **follow on** ir/vir depois ◆ **follow sth through** prosseguir com algo até o fim ◆ **follow sth up 1** complementar, acompanhar algo: *Follow up your phone call with a letter.* Segue uma carta reafirmando a reclamação feita por telefone. **2** investigar algo **follower** *s* seguidor, -ora

⚷ **following** /ˈfɑːloʊɪŋ/ *adjetivo, substantivo, preposição*
▸ *adj* seguinte
▸ *s* **1** *[ger sing]* seguidores **2 the following** o seguinte
▸ *prep* após: *following the burglary* depois do roubo

ˈ**follow-up** *s* continuação

fond /fɑːnd/ *adj* (**fonder**, **-est**) **1 be ~ of sb** ter carinho por alguém **2 be ~ of sth/doing sth** gostar muito de algo/fazer algo **3** *[antes do substantivo]* carinhoso: *fond memories* lembranças queridas **4** *(esperança)* ingênuo

fondle /ˈfɑːndl/ *vt* acariciar

font /fɑːnt/ *s* **1** *(Tipografia)* fonte **2** *(igreja)* pia batismal

⚷ **food** /fuːd/ *s* alimento, comida *Ver tb* HEALTH FOOD, JUNK FOOD LOC **food for thought** algo em que pensar

foodie /ˈfuːdi/ *s (coloq)* amante da culinária

ˈ**food mile** *s [ger pl]* quilometragem dos alimentos

ˈ**food processor** *s* processador de alimentos

foodstuffs /ˈfuːdstʌfs/ *s [pl]* gêneros alimentícios

fool /fuːl/ *substantivo, verbo*
▸ *s* bobo, -a LOC **act/play the fool**

F

fazer-se de bobo ◆ **be no/nobody's fool** não ser (nenhum) bobo ◆ **make a fool of sb/yourself** fazer alguém de bobo, fazer papel de bobo
▸ *vt* ~ **sb (into doing sth)** enganar alguém, levar alguém a fazer algo
PHR V **fool around** (*GB tb* **fool about**) **1** perder tempo **2** brincar: *Stop fooling about with that knife!* Pare de brincar com essa faca!

F

foolish /ˈfuːlɪʃ/ *adj* **1** bobo **2** ridículo

foolproof /ˈfuːlpruːf/ *adj* infalível

⚷ **foot** /fʊt/ *substantivo, verbo*
▸ *s* **1** (*pl* **feet** /fiːt/) pé: *at the foot of the stairs* ao pé das escadas **2** (*pl* **feet** *ou* **foot**) (*abrev* **ft.**) (*unidade de comprimento*) pé (*30,48 centímetros*) ➲ *Ver pág. 759*
LOC **fall/land on your feet** safar-se de uma situação difícil (por sorte) ◆ **on foot** a pé ◆ **put your feet up** descansar ◆ **put your foot down** bater o pé (contra algo) ◆ **put your foot in your mouth** (*GB tb* **put your foot in it**) dar um fora *Ver tb* COLD, FIND, SWEEP
▸ *vt* LOC **foot the bill (for sth)** (*coloq*) pagar a conta (de algo)

ˌ**foot-and-**ˈ**mouth disease** *s* febre aftosa

⚷ **football** /ˈfʊtbɔːl/ *s* **1** (*GB* Aˌmerican ˈ**football**) futebol americano: *football player* jogador de futebol americano **2** (*GB*) (*USA* **soccer**) futebol ➲ *Ver nota em* FUTEBOL **3** bola (de futebol) **footballer** *s* (*GB*) jogador, -ora de futebol

footing /ˈfʊtɪŋ/ *s* [*sing*] **1** equilíbrio: *to lose your footing* perder o equilíbrio **2** situação: *on an equal footing* em igualdade de condições

footnote /ˈfʊtnoʊt/ *s* nota de rodapé

footpath /ˈfʊtpæθ; *GB* -pɑːθ/ *s* trilha, caminho para pedestres: *public footpath* caminho público

footprint /ˈfʊtprɪnt/ *s* [*ger pl*] pegada

footstep /ˈfʊtstep/ *s* pisada, passo

footwear /ˈfʊtwer/ *s* [*não contável*] calçados

footy /ˈfʊti/ *s* [*não contável*] (*GB*, *coloq*) futebol ➲ *Ver nota em* FUTEBOL

⚷ **for** /fər; fɔːr/ *preposição, conjunção* ❶ Para o uso de **for** em PHRASAL VERBS, ver os verbetes do verbo, p.ex. **fall for sb** em FALL.
▸ *prep* **1** para: *a letter for you* uma carta para você ◇ *What's it for?* Para que é isso? ◇ *the train for Boston* o trem para Boston ◇ *It's time for supper.* Está na hora de jantar. **2** por: *What can I do for you?* O que posso fazer por você? ◇ *to fight for your country* lutar por seu país **3** (*em expressões temporais*) durante, por: *They are going for a month.* Eles estão indo por um mês. ◇ *How long are you here for?* Por quanto tempo você vai ficar aqui? ◇ *I haven't seen him for two days.* Eu não o vejo há dois dias.

> **For** ou **since**? Quando **for** traduz-se por "há", "faz", pode ser confundido com **since**, "desde". As duas palavras são utilizadas para expressar o tempo que dura a ação do verbo, mas **for** especifica a duração da ação e **since** o início da dita ação: *I've been living here for three months.* Moro aqui há três meses. ◇ *I've been living here since August.* Moro aqui desde agosto. Note que em ambos os casos utilizamos o *present perfect* ou o *past perfect* do inglês, nunca o presente. ➲ *Ver nota em* AGO

4 (*com infinitivo*): *There's no need for you to go.* Você não precisa ir. ◇ *It's impossible for me to do it.* É impossível que eu faça isto. **5** (*outros usos*): *I for island* I de ilha ◇ *for miles and miles* por milhas e milhas ◇ *What does he do for a job?* Com o que ele trabalha? LOC **be for/against sth** ser/estar a favor/contra algo ◆ **be for it** *Ver* BE IN FOR STH *em* IN ◆ **for all** **1** apesar de: *for all his wealth* apesar de toda a sua riqueza **2**: *for all I know* pelo que eu saiba
▸ *conj* (*antiq ou formal*) visto que

forbid /fərˈbɪd/ *vt* (*pt* **forbade** /fərˈbæd/, *pp* **forbidden** /fərˈbɪdn/) ~ **sb from doing sth**; ~ **sb to do sth** proibir alguém de fazer algo: *They forbade them from entering.* Eles proibiram a entrada deles. ◇ *It is forbidden to smoke.* É proibido fumar. **forbidding** *adj* imponente, amedrontador

⚷ **force** /fɔːrs/ *substantivo, verbo*
▸ *s* força: *the armed forces* as forças armadas LOC **by force** à força ◆ **in force** em vigor: *to be in/come into force* estar/entrar em vigor
▸ *vt* ~ **sb/sth (to do sth)**; ~ **sb/sth (into sth/doing sth)** forçar, obrigar alguém/algo (a fazer algo) PHR V **force sth on sb** impor algo a alguém **forced** *adj* forçado

forcible /ˈfɔːrsəbl/ *adj* forçado **forcibly** *adv* **1** à força **2** energicamente

ford /fɔːrd/ *substantivo, verbo*
▸ *s* vau
▸ *vt* vadear

fore /fɔːr/ *adjetivo, substantivo*
▸ *adj* (*formal*) dianteiro, anterior
▸ *s* proa LOC **be at/come to the fore** destacar-se

forearm /ˈfɔːrɑːrm/ *s* antebraço

🔑 **forecast** /ˈfɔːrkæst; *GB* -kɑːst/ *verbo, substantivo*
▸ *vt* (*pt, pp* **forecast** *ou* **forecasted**) prognosticar, prever
▸ *s* prognóstico, previsão

forefinger /ˈfɔːrfɪŋgər/ *s* (dedo) indicador

forefront /ˈfɔːrfrʌnt/ *s* LOC **at/in/to the forefront of sth** à frente de algo

foreground /ˈfɔːrgraʊnd/ *s* primeiro plano

forehead /ˈfɔːrhed; ˈfɔːred/ *s* (*Anat*) testa

🔑 **foreign** /ˈfɔːrən; *GB* ˈfɒrən/ *adj* **1** estrangeiro **2** exterior: *foreign exchange* câmbio exterior ◇ *foreign news* notícias internacionais ◇ *Foreign Office/Secretary* Ministério/Ministro das Relações Exteriores (em Grã-Bretanha) **3** ~ **to sb/sth** (*formal*) alheio, estranho a alguém/algo

foreigner /ˈfɔːrənər; *GB* ˈfɒrə-/ *s* estrangeiro, -a

foremost /ˈfɔːrmoʊst/ *adjetivo, advérbio*
▸ *adj* mais importante, principal
▸ *adv* principalmente

forerunner /ˈfɔːrʌnər/ *s* precursor, -ora

foresee /fɔːrˈsiː/ *vt* (*pt* **foresaw** /fɔːrˈsɔː/, *pp* **foreseen** /fɔːrˈsiːn/) prever **foreseeable** *adj* previsível LOC **for/in the foreseeable future** em um futuro próximo

foresight /ˈfɔːrsaɪt/ *s* previsão

🔑 **forest** /ˈfɔːrɪst; *GB* ˈfɒrɪst/ *s* floresta

forestry /ˈfɔːrɪstri; *GB* ˈfɒrɪ-/ *s* silvicultura

foretell /fɔːrˈtel/ *vt* (*pt, pp* **foretold** /fɔːrˈtoʊld/) (*formal*) profetizar

🔑 **forever** /fərˈevər/ *adv* **1** (*GB tb* **for ever**) para sempre **2** (*GB tb* **for ever**) muito tempo: *It takes her forever to get dressed.* Ela leva uma eternidade para se vestir. **3** (*uso enfático com tempos contínuos*) constantemente

foreword /ˈfɔːrwɜːrd/ *s* prefácio

forgave *pt de* FORGIVE

forge /fɔːrdʒ/ *substantivo, verbo*
▸ *s* forja, ferraria
▸ *vt* **1** (*metal*) forjar **2** (*dinheiro, etc.*) falsificar **3** (*relacionamento, laços*) estabelecer PHR V **forge ahead** progredir com rapidez

forgery /ˈfɔːrdʒəri/ *s* (*pl* **forgeries**) falsificação

🔑 **forget** /fərˈget/ (*pt* **forgot** /fərˈgɑːt/, *pp* **forgotten** /fərˈgɑːtn/) **1** *vt, vi* ~ **(sth/to do sth)** esquecer(-se) (de algo/fazer algo): *He forgot to pay me.* Ele se esqueceu de me pagar. **2** *vt* deixar de pensar em, esquecer LOC **not forgetting...** sem esquecer de... PHR V **forget about sb/sth 1** esquecer alguém/algo **2** esquecer-se de alguém/algo **forgetful** *adj* esquecido

🔑 **forgive** /fərˈgɪv/ *vt* (*pt* **forgave** /fərˈgeɪv/, *pp* **forgiven** /fərˈgɪvn/) ~ **sb (for sth/doing sth)** perdoar alguém (por algo/fazer algo): *Forgive me for interrupting.* Perdoe-me por interromper. **forgiveness** *s* perdão: *to ask (for) forgiveness* pedir perdão **forgiving** *adj* clemente

forgot *pt de* FORGET

forgotten *pp de* FORGET

🔑 **fork** /fɔːrk/ *substantivo, verbo*
▸ *s* **1** garfo **2** (*Agric*) forcado **3** bifurcação
▸ *vi* **1** (*estrada, rio*) bifurcar-se **2** (*pessoa*): *to fork left* virar à esquerda PHR V **fork out (sth) (for/on sth)** (*coloq*) desembolsar algo (para algo)

🔑 **form** /fɔːrm/ *substantivo, verbo*
▸ *s* **1** forma: *in the form of sth* na forma de algo **2** formulário: *application form* formulário de inscrição/solicitação **3** (*esp GB*) forma (física): *in/on form* em forma ◇ *off/out of form* fora de forma **4** (*GB*) (*USA* **grade**) (*Educ*) série: *in the first form* na primeira série *Ver tb* SIXTH FORM **5** (*esp GB*) formalidades: *as a matter of form* por formalidade LOC *Ver* SHAPE
▸ *v* **1** *vt* formar, constituir: *to form an idea (of sth)* formar uma ideia (de algo) **2** *vi* formar-se

🔑 **formal** /ˈfɔːrml/ *adj* **1** (*maneiras*) cerimonioso **2** (*comida, roupa, etc.*) formal **3** (*declaração, etc.*) oficial **4** (*formação*) convencional

formality /fɔːrˈmæləti/ *s* (*pl* **formalities**) **1** formalidade, cerimônia **2** [*ger pl*] trâmite: *legal formalities* formalidades legais

🔑 **formally** /ˈfɔːrməli/ *adv* **1** oficialmente **2** formalmente

format /ˈfɔːrmæt/ *substantivo, verbo*
▸ *s* formato
▸ *vt* (*Informát*) formatar

formation /fɔːrˈmeɪʃn/ *s* formação

🔑 **former** /ˈfɔːrmər/ *adjetivo, pronome*
▸ *adj* **1** anterior, prévio: *the former champion* o campeão anterior ◇ *the former president* o ex-presidente **2** antigo: *in former times* em tempos passados **3** primeiro (*de duas coisas mencionadas*): *the former option* a primeira opção
▸ *pron* **the former** o primeiro ℹ Usa-se **the former** para se referir ao primeiro de dois elementos mencionados: *The former was much better than the latter.*

F

O primeiro foi muito melhor do que o último.

formerly /ˈfɔːrmərli/ *adv* **1** anteriormente **2** antigamente

formidable /ˈfɔːrmɪdəbl; fərˈmɪdəbl/ *adj* **1** extraordinário, formidável **2** (*tarefa*) tremendo

formula /ˈfɔːrmjələ/ *s* (*pl* **formulas** *ou* **formulae** /-liː/) fórmula

F

forsake /fərˈseɪk/ *vt* (*pt* **forsook** /fərˈsʊk/, *pp* **forsaken** /fərˈseɪkən/) (*formal*) **1** renunciar a **2** abandonar

fort /fɔːrt/ *s* fortificação, forte

forth /fɔːrθ/ *adv* (*formal*) para frente/diante: *from that day forth* daquele dia em diante LOC **and (so on and) so forth** e assim por diante *Ver tb* BACK

forthcoming /ˌfɔːrθˈkʌmɪŋ/ *adj* **1** próximo, vindouro: *the forthcoming election* as próximas eleições ◇ *the forthcoming edition* a próxima edição (a ser lançada) **2** [*nunca antes do substantivo*] disponível: *No offer was forthcoming.* Não havia nenhuma oferta. **3** [*nunca antes do substantivo*] (*pessoa*) prestativo

forthright /ˈfɔːrθraɪt/ *adj* **1** (*pessoa*) direto **2** (*opinião*) franco

fortieth *Ver* FORTY

fortification /ˌfɔːrtɪfɪˈkeɪʃn/ *s* fortalecimento, fortificação

fortify /ˈfɔːrtɪfaɪ/ *vt* (*pt, pp* **fortified**) **1** fortificar **2** (*pessoa*) fortalecer

fortnight /ˈfɔːrtnaɪt/ *s* (*GB*) quinzena: *a fortnight today* daqui a quinze dias

fortnightly /ˈfɔːrtnaɪtli/ *adjetivo, advérbio*
▸ *adj* (*GB*) quinzenal
▸ *adv* (*GB*) a cada quinze dias, quinzenalmente

fortress /ˈfɔːrtrəs/ *s* fortaleza

fortunate /ˈfɔːrtʃənət/ *adj* afortunado: *to be fortunate* ter sorte **fortunately** *adv* felizmente

fortune /ˈfɔːrtʃən; *GB* -tʃuːn/ *s* **1** sorte **2** fortuna: *to be worth a (small) fortune* valer uma fortuna

ˈfortune-teller *s* adivinho, -a; cartomante

forty /ˈfɔːrti/ *adj, pron, s* quarenta ➲ *Ver exemplos em* FIFTY, FIVE **fortieth 1** *adj, adv, pron* quadragésimo **2** *s* quadragésima parte, quarenta avos ➲ *Ver exemplos em* FIFTH

forum /ˈfɔːrəm/ *s* fórum (*espaço para debates*)

forward /ˈfɔːrwərd/ *adjetivo, advérbio, verbo, substantivo*
▸ *adj* **1** para frente **2** dianteiro: *a forward position* uma posição avançada **3** para o futuro: *forward planning* planejamento para o futuro **4** atrevido
▸ *adv* **1** (*tb* **forwards**) para frente, adiante **2** em diante: *from that day forward* daquele dia em diante LOC *Ver* BACKWARD
▸ *vt* ~ **sth (to sb)**; ~ **sb sth** (*carta, encomenda*) remeter algo (a alguém): *please forward* por favor envie (para novo endereço) ◇ *forwarding address* endereço novo para onde se devem enviar as cartas
▸ *s* (*Esporte*) atacante

fossil /ˈfɑːsl/ *s* fóssil: *fossil fuels* combustíveis fósseis

foster /ˈfɔːstər; *GB* ˈfɒstə(r)/ *verbo, adjetivo*
▸ *vt* **1** fomentar **2** acolher em uma família
▸ *adj*: *foster parents* pais de criação

fought *pt, pp de* FIGHT

foul /faʊl/ *adjetivo, substantivo, verbo*
▸ *adj* **1** (*linguagem, água, etc.*) sujo **2** (*comida, odor, sabor*) nojento **3** (*caráter, humor, tempo*) horrível
▸ *s* (*Esporte*) falta
▸ *vt* (*Esporte*) cometer uma falta contra
PHR V **foul sth up** (*coloq*) estragar algo

ˌfoul ˈplay *s* **1** crime violento **2** (*Esporte*) jogo sujo

found /faʊnd/ *vt* **1** fundar **2** ~ **sth (on sth)** fundamentar algo (em algo): *founded on fact* baseado em fatos *Ver tb* FIND

foundation /faʊnˈdeɪʃn/ *s* **1** fundação **2 foundations** [*pl*] fundações **3** fundamento **4** (*tb* **founˈdation cream**) (*maquiagem*) base

founder /ˈfaʊndər/ *s* fundador, -ora

fountain /ˈfaʊntn; *GB* -tən/ *s* fonte, bebedouro

ˈfountain pen *s* caneta-tinteiro

four /fɔːr/ *adj, pron, s* quatro ➲ *Ver exemplos em* FIVE

ˌfour-by-ˈfour *s* (*abrev* **4x4**) 4x4 (*veículo*)

fourteen /ˌfɔːrˈtiːn/ *adj, pron, s* quatorze ➲ *Ver exemplos em* FIVE **fourteenth 1** *adj, adv, pron* décimo quarto **2** *s* décima quarta parte, quatorze avos ➲ *Ver exemplos em* FIFTH

fourth /fɔːrθ/ (*abrev* **4th**) *adjetivo, advérbio, pronome, substantivo*
▸ *adj, adv, pron* quarto
▸ *s* **1** (*tb esp GB* **quarter**) quarto, quarta parte: *three fourths* três quartos **2 the fourth** o dia quatro **3** (*tb* **ˌfourth ˈgear**) quarta (marcha) ➲ *Ver exemplos em* FIFTH

ˌfourth oˈfficial *s* (*Futebol*) quarto árbitro, quarta árbitra

the ˌFourth of Juˈly *s Ver* INDEPENDENCE DAY

ˌfour-ˈwheeler (*GB* **quad bike**) *s* quadriciclo

fowl /faʊl/ *s* ave (*doméstica*)

fox /fɑːks/ *s* raposa

foyer /ˈfɔɪər; *GB* ˈfɔɪeɪ/ *s* hall de entrada

fracking /ˈfrækɪŋ/ *s* [*não contável*] fraturamento hidráulico

fraction /ˈfrækʃn/ *s* fração

fracture /ˈfræktʃər/ *substantivo, verbo*
▸ *s* fratura
▸ *vt, vi* fraturar(-se)

fragile /ˈfrædʒl; *GB* -dʒaɪl/ *adj* frágil, delicado

fragment *substantivo, verbo*
▸ *s* /ˈfrægmənt/ fragmento, parte
▸ *vt, vi* /frægˈment/ fragmentar(-se)

fragrance /ˈfreɪgrəns/ *s* fragrância ➲ *Ver nota em* SMELL

fragrant /ˈfreɪgrənt/ *adj* aromático, fragrante

frail /freɪl/ *adj* frágil, fraco ❶ Aplica-se sobretudo a pessoas mais velhas ou enfermas.

⚷ **frame** /freɪm/ *substantivo, verbo*
▸ *s* **1** moldura **2** armação, estrutura **3** (*óculos*) armação LOC **frame of mind** estado de espírito
▸ *vt* **1** emoldurar **2** (*pergunta, etc.*) formular **3** ~ **sb (for sth)** (*coloq*) incriminar alguém (por algo) (*pessoa inocente*): *I've been framed.* Caí numa cilada.

framework /ˈfreɪmwɜːrk/ *s* **1** armação, estrutura **2** sistema, conjuntura

franchise /ˈfræntʃaɪz/ *substantivo, verbo*
▸ *s* franquia
▸ *vt* franquiciar

frank /fræŋk/ *adj* franco, sincero

frantic /ˈfræntɪk/ *adj* **1** frenético **2** desesperado

fraternal /frəˈtɜːrnl/ *adj* fraterno

fraternity /frəˈtɜːrnəti/ *s* (*pl* **fraternities**) **1** (*USA*) (*coloq* **frat** /fræt/) associação de acadêmicos (*em universidades americanas*) **2** (*formal*) fraternidade **3** irmandade, confraria, sociedade

fraud /frɔːd/ *s* **1** (*delito*) fraude **2** (*pessoa*) impostor, -ora

fraught /frɔːt/ *adj* **1** ~ **with sth** cheio, carregado de algo: *fraught with danger* cheio de perigo **2** (*esp GB*) preocupante, tenso

fray /freɪ/ *vt, vi* puir(-se), desfiar(-se)

freak /friːk/ *substantivo, adjetivo, verbo*
▸ *s* **1** (*coloq*) fanático, -a: *a sports freak* um fanático por esporte **2** (*pej*) excêntrico, -a
▸ *adj* [*antes do substantivo*] incomum
▸ *vt, vi* ~ **(sb) (out)** (*coloq*) **1** chocar alguém; escandalizar-se **2** assustar alguém; assustar-se: *Snakes really freak me out.* Eu morro de medo de cobras.

freckle /ˈfrekl/ *s* sarda **freckled** *adj* sardento

⚷ **free** /friː/ *adjetivo, advérbio, verbo*
▸ *adj* (**freer** /ˈfriːər/, **freest** /ˈfriːɪst/) **1** livre: *to be free of/from sth* estar livre de algo ◇ *free will* livre-arbítrio ◇ *free speech* liberdade de expressão ◇ *to set sb free* colocar alguém em liberdade **2** (*sem prender*) solto, livre **3** grátis, gratuito: *free admission* entrada grátis ◇ *free of charge* grátis **4** (*ger pej*) atrevido: *to be too free (with sb)* tomar liberdades (com alguém) LOC **free and easy** descontraído, informal ◆ **get, have, etc. a free hand** ter total liberdade, ter carta branca (*para fazer algo*) ◆ **of your own free will** por vontade própria *Ver tb* FEEL, HOME, WORK
▸ *adv* grátis
▸ *vt* (*pt, pp* **freed**) **1** ~ **sb/sth (from sth)** libertar alguém/algo (de algo) **2** ~ **sb/sth of/from sth** livrar, eximir alguém/algo de algo **3** ~ **sb/sth (from sth)** soltar alguém/algo (de algo)

freebie /ˈfriːbi/ *s* (*coloq*) brinde (*de uma empresa*)

⚷ **freedom** /ˈfriːdəm/ *s* **1** liberdade: *freedom of speech* liberdade de expressão **2** ~ **from sth** imunidade contra algo

freegan /ˈfriːgən/ *s* pessoa que come sem pagar apenas alimentos que seriam descartados

ˌfree ˈkick *s* chute/tiro livre

freelance /ˈfriːlæns; *GB* -lɑːns/ *adj, adv* freelance (*trabalho autônomo*)

⚷ **freely** /ˈfriːli/ *adv* **1** livremente, copiosamente **2** generosamente

ˌfree-ˈrange *adj* (*galinhas, etc.*) criado em espaço aberto: *free-range eggs* ovos de galinha caipira ➲ *Comparar com* BATTERY

freestyle /ˈfriːstaɪl/ *s* nado livre

freeway /ˈfriːweɪ/ (*GB* **motorway**) *s* rodovia ➲ *Ver nota em* RODOVIA

⚷ **freeze** /friːz/ *verbo, substantivo*
▸ *v* (*pt* **froze** /froʊz/, *pp* **frozen** /ˈfroʊzn/) **1** *vt, vi* gelar, congelar: *I'm freezing!* Estou morrendo de frio! ◇ *freezing point* ponto de solidificação **2** *vt* (*comida, salários, etc.*) congelar **3** *vi* ficar imóvel: *Freeze!* Não se mova!
▸ *s* **1** frio intenso (*abaixo de zero*) **2** (*salários, preços*) congelamento

freezer /ˈfriːzər/ *s* congelador

F

freezing /ˈfriːzɪŋ/ *adj* **1** gelado: *It's freezing.* Está um gelo! **2** (*temperatura*) muito baixo

freight /freɪt/ *s* carga, frete: *freight car/train* vagão/trem de carga

French door /ˌfrentʃ ˈdɔːr/ (*GB* **French window** /ˌfrentʃ ˈwɪndoʊ/) *s* porta francesa

French fry /ˌfrentʃ ˈfraɪ/ *s* (*pl* **fries**) (*GB* **chip**) batata frita ➲ *Ver ilustração em* BATATA

F

French press /ˌfrentʃ ˈpres/ (*GB* **cafetière**) *s* cafeteira (*de vidro com filtro de metal*)

frenzied /ˈfrenzid/ *adj* frenético, enlouquecido

frenzy /ˈfrenzi/ *s* [*ger sing*] frenesi

frequency /ˈfriːkwənsi/ *s* (*pl* **frequencies**) frequência

frequent *adjetivo, verbo*
▸ *adj* /ˈfriːkwənt/ frequente
▸ *vt* /friˈkwent/ (*formal*) frequentar

frequently /ˈfriːkwəntli/ *adv* com frequência, frequentemente ➲ *Ver nota em* ALWAYS

fresh /freʃ/ *adj* (**fresher, -est**) **1** (*alimentos, ar, tempo*) fresco **2** novo, outro: *to make a fresh start* começar do zero **3** recente **4** (*água*) doce

freshen /ˈfreʃn/ **1** *vt* ~ **sth (up)** dar nova vida a algo **2** *vi* (*vento*) refrescar PHR V **freshen (yourself) up** lavar-se, aprontar-se

freshly /ˈfreʃli/ *adv* recém: *freshly baked* recém-saído do forno

freshman /ˈfreʃmən/ *s* (*pl* **-men** /ˈfreʃmən/) (*GB, coloq* **fresher**) calouro, -a

freshness /ˈfreʃnəs/ *s* **1** frescor **2** novidade

freshwater /ˈfreʃwɔːtər/ *adj* de água doce

fret /fret/ *vi* (**-tt-**) ~ **(about/over sth)** (*esp GB*) ficar ansioso, preocupar-se (por algo)

friar /ˈfraɪər/ *s* frade

friction /ˈfrɪkʃn/ *s* **1** fricção, roçar **2** conflito, desavença

Friday /ˈfraɪdeɪ; -di/ *s* (*abrev* **Fri.**) sexta-feira ➲ *Ver exemplos em* MONDAY LOC **Good Friday** Sexta-feira Santa

fridge /frɪdʒ/ *s* (*coloq*) geladeira

ˌfridge-ˈfreezer *s* (*GB*) geladeira com freezer

fried /fraɪd/ *adj* frito *Ver tb* FRY

friend /frend/ *s* **1** amigo, -a; colega **2** ~ **of/to sth** amigo, -a; partidário, -a de algo *Ver tb* FALSE FRIEND LOC **be/make friends with sb** ser/tornar-se amigo de alguém ◆ **have friends in high places** ter grandes contatos/pistolões ◆ **make friends** fazer amigos

friendly /ˈfrendli/ *adj* (**friendlier, -iest**) **1** ~ **(to/toward sb)** (*pessoa*) simpático, amável (com alguém) ❶ Note que **sympathetic** traduz-se por *solidário, compreensivo*. **2 be/become ~ with sb** ser/fazer-se amigo de alguém **3** (*relação, conselho*) amigável **4** (*gesto, palavras*) amável **5** (*ambiente, lugar*) acolhedor **6** (*jogo*) amistoso *Ver tb* ENVIRONMENTALLY FRIENDLY, USER-FRIENDLY **friendliness** *s* simpatia, cordialidade

friendship /ˈfrendʃɪp/ *s* amizade

fright /fraɪt/ *s* susto: *to give sb/get a fright* dar um susto em alguém/levar um susto

frighten /ˈfraɪtn/ *vt* assustar, dar medo a/em PHR V **frighten sb/sth away/off** afugentar alguém/algo

frightened /ˈfraɪtnd/ *adj* assustado: *to be frightened (of sth)* ter medo (de algo) LOC *Ver* WIT

frightening /ˈfraɪtnɪŋ/ *adj* alarmante, aterrorizante

frightful /ˈfraɪtfl/ *adj* **1** horrível, espantoso **2** (*coloq*) terrível: *a frightful mess* uma bagunça terrível **frightfully** *adv* (*esp GB, antiq*): *I'm frightfully sorry.* Sinto muitíssimo.

frigid /ˈfrɪdʒɪd/ *adj* frígido

frill /frɪl/ *s* **1** (*costura*) babado **2 frills** [*pl*] adornos: *a no-frills airline* uma companhia aérea de baixo custo **frilly** *adj* (enfeitado) com babados

fringe /frɪndʒ/ *substantivo, verbo*
▸ *s* **1** franja **2** (*GB*) (*USA* **bangs** [*pl*]) (*cabelo*) franja **3** (*fig*) margem: *fringe benefits* benefícios adicionais
▸ *vt* LOC **be fringed by/with sth** estar cercado por algo

frisk /frɪsk/ **1** *vt* revistar **2** *vi* ~ **(around)** saltar **frisky** *adj* saltitante, brincalhão

frivolity /frɪˈvɑːləti/ *s* (*pl* **frivolities**) (*ger pej*) frivolidade

frivolous /ˈfrɪvələs/ *adj* (*pej*) frívolo

frizzy /ˈfrɪzi/ *adj* frisado (*cabelo*)

fro /froʊ/ *adv* LOC *Ver* TO

frock /frɑːk/ *s* vestido

frog /frɔːg; *GB* frɒg/ *s* **1** rã **2 Frog** (*pej*) francês, -esa

frogman /ˈfrɔːgmən; *GB* ˈfrɒg-/ *s* (*pl* **-men** /ˈfrɔːgmən; *GB* ˈfrɒg-/) homem-rã

from /frəm; frʌm; frɑːm/ *prep* ❶ Para o uso de **from** em PHRASAL VERBS, ver os verbetes dos verbos correspondentes,

p. ex. **hear from sb** em HEAR. **1** *(procedência)* de: *from São Paulo to Washington* de São Paulo para Washington ◇ *I'm from New Zealand.* Sou da Nova Zelândia. ◇ *the train from London* o trem (procedente) de Londres ◇ *a present from a friend* um presente de um amigo ◇ *to take sth away from sb* tirar algo de alguém **2** *(tempo, situação)* desde: *from yesterday* desde ontem ◇ *from bad to worse* de mal a pior ◇ *from time to time* de vez em quando ◇ *from above/below* de cima/baixo ➲ *Ver nota em* SINCE **3** por: *from what I can gather* pelo que consigo entender **4** entre: *to choose from...* escolher entre... **5** de: *Wine is made from grapes.* Vinho é feito de uvas. **6** *(Mat)*: *13 from 34 is 21.* 34 menos 13 são 21. LOC **from... on**: *from now on* de agora em diante ◇ *from then on* dali em diante/desde então

front /frʌnt/ *substantivo, adjetivo*
▸ *s* **1 the ~ (of sth)** a frente, a parte dianteira (de algo): *to sit at the front of the class* sentar-se na frente da classe ◇ *The number is shown on the front of the bus.* O número está escrito na parte da frente do ônibus. ◇ *to lie on your front* deitar de bruços **2** *(Mil)* fronte **3** fachada: *a front for sth* uma fachada para algo **4** terreno: *on the financial front* na área econômica LOC **in front** em frente: *the row in front* a fila da frente ➲ *Ver ilustração em* FRENTE ◆ **in front of 1** diante de ❶ Note que *em frente de* traduz-se por **across from** ou **opposite** quando os objetos estão de frente um para o outro. **2** ante ◆ **up front** *(coloq) (pagamento)* adiantado *Ver tb* BACK, CASH
▸ *adj (roda, casa, etc.)* dianteiro, da frente

front 'door *s* porta da frente

frontier /frʌn'tɪr; *GB* 'frʌntɪə(r)/ *s* fronteira ➲ *Ver nota em* BORDER

front 'page *s* primeira página

front row /ˌfrʌnt 'roʊ/ *s* primeira fila

frost /frɔːst; *GB* frɒst/ *substantivo, verbo*
▸ *s* **1** geada **2** gelo (da geada)
▸ *vt, vi* **~ (sth) (over/up)** cobrir algo, cobrir-se com geada

frostbite /'frɔːstbaɪt; *GB* 'frɒst-/ *s* enregelamento, ulceração produzida pelo frio

frosting /'frɔːstɪŋ; *GB* 'frɒstɪŋ/ *(GB* **icing**) *s* glacê LOC *Ver* CAKE

frosty /'frɔːsti; *GB* 'frɒsti/ *adj* (**frostier, -iest**) **1** gelado **2** coberto de geada **3** *(fig)* frio

froth /frɔːθ; *GB* frɒθ/ *substantivo, verbo*
▸ *s* espuma *(de cerveja, milk shake, etc.)*
▸ *vi* espumar

frown /fraʊn/ *substantivo, verbo*
▸ *s* carranca
▸ *vi* franzir as sobrancelhas/o cenho PHR V **frown on/upon sth** desaprovar algo

froze *pt de* FREEZE

frozen /'froʊzn/ *adj* congelado *Ver tb* FREEZE

fruit /fruːt/ *s* **1** *[ger não contável]* fruta(s): *fruit and vegetables* frutas e legumes ◇ *tropical fruit(s)* frutas tropicais ◇ *fruit trees* árvores frutíferas **2** fruto: *the fruit(s) of your labors* o fruto de seu trabalho

fruitful /'fruːtfl/ *adj* frutífero, proveitoso

fruition /fru'ɪʃn/ *s (formal)* realização: *to come to fruition* realizar-se

fruitless /'fruːtləs/ *adj* infrutífero

'fruit machine *s (GB) (USA* **slot machine**) caça-níqueis

frustrate /'frʌstreɪt; *GB* frʌ'streɪt/ *vt* frustrar, desbaratar **frustrating** *adj* frustrante **frustration** *s* frustração

fry /fraɪ/ *verbo, substantivo*
▸ *vt, vi (pt, pp* **fried** /fraɪd/) fritar LOC *Ver* FISH
▸ *s Ver* FRENCH FRY

'frying pan *s* frigideira ➲ *Ver ilustração em* POT LOC **out of the frying pan into the fire** da frigideira para o fogo

fudge /fʌdʒ/ *s* doce de leite, caramelo

fuel /'fjuːəl/ *s* **1** combustível **2** estímulo

fugitive /'fjuːdʒətɪv/ *s* **~ (from sb/sth)** fugitivo, -a (de alguém/algo)

fulfill *(GB* **fulfil**) /fʊl'fɪl/ *vt* **1** *(promessa, dever)* cumprir **2** *(tarefa, função)* realizar **3** *(desejo, requisitos)* satisfazer **fulfillment** *(GB* **fulfilment**) *s* realização *(de um sonho, etc.)*

full /fʊl/ *adjetivo, advérbio*
▸ *adj* (**fuller, -est**) **1 ~ (of sth)** cheio (de algo) **2** *(informações, nome, etc.)* completo **3** *(hotel)* lotado **4 ~ (up)** satisfeito *(depois de comer)* **5 ~ of sth** *(entusiasmado)* tomado por algo **6** *(discussões)* extenso **7** *(sentido)* amplo **8** *(investigação)* detalhado **9** *(roupa)* folgado LOC **(at) full blast** a toda ◆ **(at) full speed** a toda velocidade ◆ **come, turn, etc. full circle** voltar ao ponto de partida ◆ **full of yourself** *(pej)* cheio de si ◆ **in full** detalhadamente, completamente ◆ **in full swing** em plena atividade ◆ **to the full/fullest** ao máximo
▸ *adv* **1**: *full in the face* bem no rosto

F

2 muito: *You know full well that…* Você sabe muito bem que…

fullback /ˈfʊlbæk/ *s (Futebol)* lateral; zagueiro, -a

ˌfull-ˈfat *adj (esp GB)* gorduroso: *full-fat milk* leite integral

ˌfull-ˈlength *adj* **1** *(espelho, retrato)* de corpo inteiro **2** *(roupa)* longo

ˌfull-ˈon *adj (coloq)* extraordinário: *It was a full-on night out with the boys.* Foi uma saída e tanto com os caras.

ˌfull-ˈscale *adj* **1** *(ataque, etc.)* em massa **2** *(cópia, etc.)* em tamanho natural

ˌfull ˈstop *(tb* **ˌfull ˈpoint***) s (GB) (USA* **period***) (Ortografia)* ponto final ➲ *Ver pág. 310*

ˌfull-ˈtime *adj, adv* (de) período integral: *full-time students* alunos de período integral ◇ *I work full-time.* Trabalho em horário integral.

⚷ **fully** /ˈfʊli/ *adv* **1** completamente **2** de todo **3** *(formal)*: *fully two hours* duas horas completas LOC *Ver* BOOK

fumble /ˈfʌmbl/ *vi* **1 ~ with sth** brincar com algo (nas mãos) **2 ~ (around) for sth** procurar algo *(tateando)*

fume /fjuːm/ *vi* estar furioso

fumes /fjuːmz/ *s [pl]* **1 2** fumaça: *poisonous fumes* gases tóxicos

⚷ **fun** /fʌn/ *substantivo, adjetivo*

▸ *s [não contável]* diversão: *The party was great fun.* A festa estava divertidíssima. ◇ *to have fun* divertir-se ◇ *to take the fun out of sth* tirar a graça/o prazer de algo LOC **make fun of sb/sth; poke fun at sb/sth** ridicularizar alguém/algo

▸ *adj* divertido

Fun ou **funny**?

Fun utiliza-se com o verbo **be** para dizer que alguém ou algo proporciona entretenimento ou é divertido. Tem o mesmo significado que **enjoyable**, apesar de ser mais coloquial: *Aerobics is more fun than jogging.* Fazer aeróbica é mais divertido do que correr.

Funny utiliza-se para falar de algo que faz rir porque é engraçado: *a funny joke/clown* uma piada engraçada/um palhaço engraçado. Quando a leitura de um livro é prazerosa, o que se diz é: *The book was great fun.*, ao passo que, se a leitura causa riso, o que se diz é: *The book was very funny.* **Funny** pode também significar "estranho, esquisito": *The car was making a funny noise.* O carro estava fazendo um barulho estranho.

⚷ **function** /ˈfʌŋkʃn/ *substantivo, verbo*

▸ *s* **1** função **2** cerimônia

▸ *vi* **1** funcionar **2 ~ as sth** servir, fazer as vezes de algo

functionality /ˌfʌŋkʃəˈnæləti/ *s (pl* **-ies***) [não contável]* funcionalidade

⚷ **fund** /fʌnd/ *substantivo, verbo*

▸ *s* **1** fundo *(beneficente, etc.)* **2 funds** *[pl]* fundos

▸ *vt* financiar, subvencionar **funding** /ˈfʌndɪŋ/ *s [não contável]* financiamento

⚷ **fundamental** /ˌfʌndəˈmentl/ *adjetivo, substantivo*

▸ *adj* **~ (to sth)** fundamental (para algo)

▸ *s [ger pl]* fundamento(s)

fundamentalism /ˌfʌndəˈmentəlɪzəm/ *s* fundamentalismo **fundamentalist** *adj, s* fundamentalista

fundraising /ˈfʌndreɪzɪŋ/ *s [não contável]* angariação de fundos

⚷ **funeral** /ˈfjuːnərəl/ *s* **1** funeral, enterro: *funeral home/parlor* (casa) funerária ◇ *funeral director* agente funerário **2** cortejo fúnebre

funfair /ˈfʌnfer/ *s (GB) Ver* FAIR

fungus /ˈfʌŋgəs/ *s (pl* **fungi** /-giː; -gaɪ; ˈfʌndʒaɪ/ *ou* **funguses***)* fungo

funky /ˈfʌŋki/ *adj* (**funkier, -iest**) *(coloq)* **1** *(Mús)* ritmado **2** original **3** malcheiroso

funnel /ˈfʌnl/ *substantivo, verbo*

▸ *s* **1** funil **2** *(de barco, locomotiva)* chaminé

▸ *vt* (-l- (*GB* -ll-)) canalizar

funnily /ˈfʌnəli/ *adv* LOC **funnily enough** por estranho que pareça

⚷ **funny** /ˈfʌni/ *adj* (**funnier, -iest**) **1** engraçado, divertido: *What's so funny?* Do que você está rindo? **2** estranho, esquisito ➲ *Ver nota em* FUN

⚷ **fur** /fɜːr/ *s* **1** pelo *(de animal)* **2** pele: *a fur coat* um casaco de peles

furious /ˈfjʊriəs/ *adj* **1 ~ (at sb/sth); ~ (with sb)** furioso (com alguém/algo) **2** *(esforço, luta, tormenta)* violento **3** *(debate)* acalorado **furiously** *adv* violentamente, furiosamente

furnace /ˈfɜːrnɪs/ *s* caldeira

furnish /ˈfɜːrnɪʃ/ *vt* **1** mobiliar: *a furnished flat* um apartamento mobiliado **2 ~ sb/sth with sth** *(formal)* prover algo a alguém/algo **furnishings** *s [pl]* mobília

⚷ **furniture** /ˈfɜːrnɪtʃər/ *s [não contável]* mobília, móveis: *a piece of furniture* um móvel

furrow /ˈfɜːroʊ; *GB* ˈfʌroʊ/ *s* sulco

furry /ˈfɜːri/ *adj* **1** peludo **2** de/como pele

further /ˈfɜːrðər/ *advérbio, adjetivo*

▸ *adv* **1** mais: *to hear nothing further* não ter mais notícias **2** (*esp GB*) *Ver* FARTHER

Farther ou **further**? Ambos são formas comparativas de **far**, mas somente são sinônimos quando se referem a distâncias: *Which is further/farther?* Qual é mais distante? Algumas pessoas nos Estados Unidos acreditam que somente **farther** deve ser usado quando se fala de distância.

3 ~ **to...** (*formal*) além disso: *Further to my letter...* Com referência à minha carta... LOC *Ver* AFIELD

▸ *adj* mais: *for further details/information...* para mais detalhes/informações... ◇ *until further notice* até novo aviso

further eduˈcation *s* (*abrev* **FE**) (*GB*) educação para adultos, educação continuada

furthermore /ˌfɜːrðərˈmɔːr/ *adv* (*formal*) além disso

furthest /ˈfɜːrðɪst/ *adj, adv* = FARTHEST

fury /ˈfjʊri/ *s* fúria, raiva

fuse /fjuːz/ *substantivo, verbo*

▸ *s* **1** fusível **2** pavio **3** (*USA tb* **fuze**) estopim, detonador

▸ *v* **1** *vt, vi* ~ **(sth) (together)** soldar algo, soldar-se **2** *vt, vi* fundir(-se) **3** *vi* (*GB*) (*fusível, lâmpada*) queimar

fusion /ˈfjuːʒn/ *s* fusão

fuss /fʌs/ *substantivo, verbo*

▸ *s* [*não contável*] estardalhaço, preocupação exagerada LOC **make a fuss of/over sb** dar muita atenção a alguém ◆ **make, raise, etc. a fuss (about/over sth)** fazer um escândalo/uma cena (por algo)

▸ *vi* **1** ~ **(around)**; ~ **(about sth)** preocupar-se (com algo) (*ninharias*) **2** ~ **over sb** dar muita atenção a alguém

fussy /ˈfʌsi/ *adj* (**fussier, -iest**) ~ **(about sth)** enjoado (com algo)

futile /ˈfjuːtl; *GB* -taɪl/ *adj* inútil, fútil

futon /ˈfuːtɑːn/ *s* futon (*cama japonesa*)

future /ˈfjuːtʃər/ *adj, s* futuro: *in the near future* num futuro próximo LOC **in the future** (*GB* **in future**) no futuro, de agora em diante *Ver tb* FORESEE

fuze = FUSE

fuzzy /ˈfʌzi/ *adj* (**fuzzier, -iest**) **1** felpudo, peludo **2** borrado **3** (*ideias, definição, etc.*) confuso

FYI /ˌef waɪ ˈaɪ/ *abrev de* **for your information** para sua informação

Gg

G, g /dʒiː/ *s* (*pl* **Gs, G's, g's**) **1** G, g ➲ *Ver nota em* A, A **2** (*Mús*) sol

gable /ˈɡeɪbl/ *s* empena

gadget /ˈɡædʒɪt/ *s* aparelho, dispositivo

Gaelic /ˈɡælɪk; ˈɡeɪlɪk/ *adj, s* gaélico (*língua falada na Irlanda e Escócia*)

gag /ɡæɡ/ *substantivo, verbo*

▸ *s* **1** mordaça **2** (*coloq*) piada (de comediante)

▸ *vt* (**-gg-**) (*lit e fig*) amordaçar

gage (*USA*) = GAUGE

gaiety /ˈɡeɪəti/ *s* alegria

gain /ɡeɪn/ *verbo, substantivo*

▸ *v* **1** *vt* ganhar, obter: *to gain control* obter controle **2** *vt* aumentar, subir, ganhar: *to gain speed* ganhar velocidade ◇ *to gain two kilograms* engordar dois quilos **3** *vi* ~ **by/from sth** beneficiar-se de algo **4** *vt, vi* (*relógio*) adiantar(-se) PHR V **gain on sb/sth** aproximar-se de alguém/algo

▸ *s* **1** ganho, lucro **2** aumento

gait /ɡeɪt/ *s* [*sing*] (*formal*) (modo de) andar, passo

galaxy /ˈɡæləksi/ *s* (*pl* **galaxies**) galáxia

gale /ɡeɪl/ *s* **1** vendaval **2** (*no mar*) temporal

gallant /ˈɡælənt/ *adj* **1** (*formal*) valente **2** galante **gallantry** *s* (*formal*) **1** valentia **2** galanteio

gallery /ˈɡæləri/ *s* (*pl* **galleries**) **1** (*tb* ˈ**art gallery**) galeria de arte ➲ *Ver nota em* MUSEU **2** (*lojas, Teat*) galeria

galley /ˈɡæli/ *s* (*pl* **galleys**) **1** cozinha (*de avião ou barco*) **2** (*Náut*) galé

gallon /ˈɡælən/ *s* (*abrev* **gal.**) galão

ℹ Um galão equivale a 3,8 litros nos Estados Unidos e 4,5 litros na Grã-Bretanha. ➲ *Ver pág. 758*

gallop /ˈɡæləp/ *verbo, substantivo*

▸ *vt, vi* galopar

▸ *s* galope

the gallows /ˈɡæloʊz/ *s* [*pl*] a forca

gamble /ˈɡæmbl/ *verbo, substantivo*

▸ *vt, vi* jogar (*a dinheiro*) PHR V **gamble on sth/doing sth** confiar/apostar em algo/fazer algo, arriscar algo/fazer algo

▸ *s* [*sing*] jogada LOC **be a gamble** ser arriscado ◆ **take a gamble (on sth)** arriscar-se (em algo) (*esperando bom sucesso*) **gambler** *s* jogador, -ora

gambling /ˈɡæmblɪŋ/ *s* jogo (de azar)

game /geɪm/ *substantivo, adjetivo*
▸ *s* **1** jogo: *game show* programa de jogos (na televisão) **2** (*Esporte, cartas, etc.*) partida **3** [*não contável*] caça (*carne*) *Ver tb* BALL GAME, FAIR GAME **LOC** *Ver* MUG
▸ *adj*: *Are you game?* Você topa?

ˈgame controller (*tb* **controller**) *s* controlador de jogos

gameplay /ˈgeɪmpleɪ/ *s* [*não contável*] jogabilidade

gamer /ˈgeɪmər/ *s* (*coloq*) gamer (*louco por jogos de computador*)

G

gaming /ˈgeɪmɪŋ/ *s* [*não contável*] jogar jogos de computador

gammon /ˈgæmən/ *s* [*não contável*] (*GB*) pernil curado

gang /gæŋ/ *substantivo, verbo*
▸ *s* **1** bando, quadrilha **2** (*coloq*) turma (*de amigos*)
▸ *v* **PHR V** **gang up (on/against sb)** (*coloq*) juntar-se (contra alguém)

gangsta /ˈgæŋstə/ *s* (*USA, gíria*) membro de gangue de rua

gangster /ˈgæŋstər/ *s* gângster

gangway /ˈgæŋweɪ/ *s* **1** passadiço **2** (*GB*) corredor (*entre fileiras, etc.*)

gaol /dʒeɪl/ = JAIL

gap /gæp/ *s* **1** vão, fenda **2** espaço **3** (*tempo*) intervalo **4** separação, diferença **5** (*deficiência*) lacuna, vazio **LOC** *Ver* BRIDGE

gape /geɪp/ *vi* **1** ~ **(at sb/sth)** olhar boquiaberto (para alguém/algo) **2** ~ **(open)** abrir-se **gaping** *adj* enorme: *a gaping hole* um buraco enorme

ˈgap year *s* intervalo nos estudos

> Muitos jovens na Grã-Bretanha interrompem seus estudos por um ano, entre o final do colegial e o início da faculdade, para viajar e/ou arranjar um emprego e ganhar dinheiro.

garage /gəˈrɑːʒ; gəˈrɑːdʒ; *GB* ˈgærɑːʒ/ *s* **1** garagem **2** oficina mecânica **3** posto de gasolina e borracheiro

garbage /ˈgɑːrbɪdʒ/ *s* [*não contável*] **1** (*GB* **rubbish**) lixo

> Dentro de uma casa, **garbage** significa normalmente restos de alimentos, enquanto que **trash** é composto de papel, papelão e outros materiais secos. Na Grã-Bretanha, usa-se **rubbish** para ambos os tipos de lixo, e **garbage** e **trash** só são usados em sentido figurado.

2 (*fig*) besteira: *It's garbage.* É uma porcaria.

ˈgarbage can (*GB* **dustbin, bin**) *s* lata de lixo

garbage can

trash can

garbage can

garbage can (*tb* **trash can**)

wastebasket

ˈgarbage man *s* (*pl* men) (*tb* ˈ**garbage collector**) (*GB* **dustman**) carregador, -ora de lixo; lixeiro

garbanzo /gɑːrˈbɑːnzoʊ; *GB* -ˈbæn-/ *s* (*pl* garbanzos) (*GB* **chickpea**) grão-de-bico

garbled /ˈgɑːrbld/ *adj* (*mensagem*) confuso

garden /ˈgɑːrdn/ *substantivo, verbo*
▸ *s* jardim: *vegetable garden* horta
▸ *vi* trabalhar num jardim **gardener** *s* jardineiro, -a **gardening** *s* jardinagem

ˈgarden center (*GB* ˈ**garden centre**) *s* loja de plantas e acessórios

gargle /ˈgɑːrgl/ *vi* fazer gargarejo

garish /ˈgerɪʃ/ *adj* berrante (*cor, roupa*)

garland /ˈgɑːrlənd/ *s* grinalda

garlic /ˈgɑːrlɪk/ *s* [*não contável*] alho: *clove of garlic* dente de alho

garment /ˈgɑːrmənt/ *s* (*formal*) peça de roupa

garnish /ˈgɑːrnɪʃ/ *verbo, substantivo*
▸ *vt* decorar, enfeitar (*pratos, comida*)
▸ *s* guarnição (*de um prato*)

garrison /ˈgærɪsn/ *s* guarnição (*militar*)

garter /ˈgɑːrtər/ (*GB* **suspender**) *s* liga (*de meia feminina*)

gas /gæs/ *substantivo, verbo*
▸ *s* **1** (*pl* gases) gás: *gas mask* máscara de gás **2** (*tb* **gasoline** /ˈgæsəliːn/) (*GB* **petrol**) gasolina **3** (*GB* **wind**) [*não contável*] (*Med*) gases
▸ *vt* (-ss-) asfixiar com gás

gash /gæʃ/ *s* ferida profunda

gasp /gæsp; *GB* gɑːsp/ *verbo, substantivo*
▸ *v* **1** *vi* dar um grito sufocado **2** *vi* arfar: *to gasp for air* fazer esforço para

respirar **3** *vt* ~ **sth (out)** dizer algo com voz entrecortada
▸ *s* arfada, grito sufocado

ˈ**gas pedal** (*GB* **accelerator**) *s* acelerador

ˈ**gas station** (*GB* **petrol station**) *s* posto de gasolina

gastric band /ˌgæstrɪk ˈbænd/ *s* banda gástrica

gate /geɪt/ *s* **1** portão, porteira, cancela **2** dinheiro arrecadado (*num evento esportivo*)

gatecrash /ˈgeɪtkræʃ/ *vt, vi* entrar de penetra (em) **gatecrasher** *s* penetra

gateway /ˈgeɪtweɪ/ *s* **1** entrada, porta **2** ~ **to sth** (*fig*) passaporte para algo

gather /ˈgæðər/ **1** *vi* juntar-se, reunir-se **2** *vt* ~ **sb/sth (together)** reunir, juntar alguém/algo **3** *vi* (*multidão*) formar-se **4** *vt* (*flores, frutas*) colher **5** *vt* deduzir, crer **6** *vt* (*velocidade*) ganhar **7** *vt* ~ **sth (in)** (*costura*) franzir algo PHR V **gather around** aproximar-se ◆ **gather around sb/sth** agrupar-se em torno de alguém/algo ◆ **gather sth up** recolher algo **gathering** *s* reunião

gaudy /ˈgɔːdi/ *adj* (**gaudier, -iest**) (*pej*) espalhafatoso, chamativo

gauge (*USA tb* **gage**) /geɪdʒ/ *substantivo, verbo*
▸ *s* **1** medidor **2** medida **3** (*Ferrovia*) bitola
▸ *vt* **1** medir, calcular **2** julgar

gaunt /gɔːnt/ *adj* abatido

gauze /gɔːz/ *s* gaze

gave *pt de* GIVE

gay /geɪ/ *adjetivo, substantivo*
▸ *adj, s* homossexual
▸ *adj* [*nunca antes do substantivo*] (*gíria, pej*) chato

gaydar /ˈgeɪdɑːr/ *s* [*não contável*] (*coloq*) capacidade de homossexuais de reconhecerem outros homossexuais
❶ A palavra **gaydar** resulta da combinação humorística das palavras **gay** e **radar**.

gaze /geɪz/ *verbo, substantivo*
▸ *vi* ~ **(at sb/sth)** contemplar fixamente (alguém/algo): *They gazed into each other's eyes.* Eles se olharam fixamente nos olhos. ➲ *Ver nota em* OLHAR[1] LOC *Ver* SPACE
▸ *s* [*sing*] olhar intenso

GCSE /ˌdʒiː siː es ˈiː/ *s* (*abrev de* **General Certificate of Secondary Education**)

Os **GCSE** são exames que fazem os estudantes de dezesseis anos na Grã-Bretanha para finalizar a primeira fase do ensino secundário. ➲ *Ver nota em* A LEVEL

g'day /gəˈdeɪ/ *interj* (*Aus, NZ*) olá ➲ *Ver nota em* OLÁ!

gear /gɪr/ *substantivo, verbo*
▸ *s* **1** equipamento: *camping gear* equipamento de camping **2** (*automóvel*) marcha, velocidade: *to change gear* trocar de marcha ◇ *out of gear* em ponto morto **3** (*Mec*) engrenagem
▸ *v* PHR V **gear sth to/toward sth** destinar algo para algo, adaptar algo a algo ◆ **gear (sb/sth) up (for sth/to do sth)** preparar-se, preparar alguém/algo (para algo/fazer algo)

gearbox /ˈgɪrbɑːks/ *s* caixa de marchas

gearshift /ˈgɪrʃɪft/ (*GB* ˈ**gear lever, gearstick** /ˈgɪrstɪk/) *s* alavanca de câmbio

gecko /ˈgekoʊ/ *s* (*pl* **geckos** *ou* **geckoes**) lagartixa

geek /giːk/ *s* (*coloq, pej*) **1** nerd: *a computer geek* um fanático por computadores **2** deslocado, -a; pessoa fora de moda

geese *pl de* GOOSE

gel /dʒel/ *s* gel: *hair gel* gel para cabelo

gem /dʒem/ *s* **1** pedra preciosa **2** (*fig*) joia

Gemini /ˈdʒemɪnaɪ/ *s* Gêmeos ➲ *Ver exemplos em* AQUÁRIO

gender /ˈdʒendər/ *s* **1** sexo, gênero **2** (*Gram*) gênero

gene /dʒiːn/ *s* gene

general /ˈdʒenrəl/ *adjetivo, substantivo*
▸ *adj* geral: *as a general rule* de modo geral ◇ *the general public* o público/as pessoas em geral LOC **in general** em geral
▸ *s* general

ˌ**general eˈlection** *s* eleições gerais

generalize (*GB tb* **-ise**) /ˈdʒenrəlaɪz/ *vi* ~ **(about sth)** generalizar (sobre algo) **generalization** (*GB tb* **-isation**) /ˌdʒenrələˈzeɪʃn; *GB* -laɪˈ-/ *s* generalização

generally /ˈdʒenrəli/ *adv* geralmente, em geral: *generally speaking...* em termos gerais...

ˌ**general ˈpractice** *s* (*esp GB*) clínica geral

ˌ**general pracˈtitioner** *s* (*esp GB*) *Ver* GP

ˌ**general-ˈpurpose** *adj* de uso geral

generate /ˈdʒenəreɪt/ *vt* gerar

generation /ˌdʒenəˈreɪʃn/ *s* **1** geração: *the older/younger generation* a geração mais velha/jovem ◇ *the generation gap* o conflito de gerações **2** produção (*de eletricidade, etc.*)

generator /ˈdʒenəreɪtər/ *s* gerador

generosity /ˌdʒenəˈrɑːsəti/ *s* generosidade

generous /ˈdʒenərəs/ *adj* **1** (*pessoa, presente*) generoso **2** (*porção*) abundante

genetic /dʒəˈnetɪk/ *adj* genético

genetically modified /dʒəˌnetɪkli ˈmɑːdɪfaɪd/ *adj* (*abrev* **GM**) modificado geneticamente, transgênico

genetics /dʒəˈnetɪks/ *s* [*não contável*] genética

G

genial /ˈdʒiːniəl/ *adj* afável

genie /ˈdʒiːni/ *s* (*pl* **genies** *ou* **genii** /-aɪ/) gênio (*espírito*)

genital /ˈdʒenɪtl/ *adj* genital **genitals** (*tb* **genitalia** /ˌdʒenɪˈteɪliə/) *s* [*pl*] (*formal*) genitália

genius /ˈdʒiːniəs/ *s* (*pl* **geniuses**) gênio: *to have a genius for sth* ter talento para algo

genocide /ˈdʒenəsaɪd/ *s* genocídio

genome /ˈdʒiːnoʊm/ *s* genoma

genomics /dʒiˈnɑːmɪks/ *s* [*não contável*] (*Biol*) genômica

gent /dʒent/ *s* (*GB*) **1** (*antiq ou hum*) cavalheiro **2 the Gents** [*sing*] (*coloq*) banheiro público masculino

genteel /dʒenˈtiːl/ *adj* **1** refinado **2** (*pej*) afetado **gentility** /dʒenˈtɪləti/ *s* (*formal*) fineza

gentle /ˈdʒentl/ *adj* (**gentler** /ˈdʒentlər/, **-est** /-lɪst/) **1** (*pessoa, caráter*) amável, benévolo **2** (*brisa, exercício, descida, etc.*) suave **3** (*animal*) manso **gentleness** *s* **1** amabilidade **2** suavidade **3** mansidão

gentleman /ˈdʒentlmən/ *s* (*pl* **-men** /ˈdʒentlmən/) cavalheiro: *Ladies and gentlemen...* Senhoras e senhores...

gently /ˈdʒentli/ *adv* **1** suavemente **2** (*cozinhar*) em fogo brando **3** (*persuadir*) aos poucos

gentrification /ˌdʒentrɪfɪˈkeɪʃn/ *s* gentrificação

genuine /ˈdʒenjuɪn/ *adj* **1** (*quadro, etc.*) autêntico **2** (*pessoa*) sincero

geography /dʒiˈɑːɡrəfi/ *s* geografia **geographer** *s* geógrafo, -a **geographical** /ˌdʒiːəˈɡræfɪkl/ *adj* geográfico

geolocation /ˌdʒiːoʊloʊˈkeɪʃn/ *s* geolocalização

geology /dʒiˈɑːlədʒi/ *s* geologia **geological** /ˌdʒiːəˈlɑːdʒɪkl/ *adj* geológico **geologist** /dʒiˈɑːlədʒɪst/ *s* geólogo, -a

geometric /ˌdʒiːəˈmetrɪk/ (*tb* **geometrical** /ˌdʒiːəˈmetrɪkl/) *adj* geométrico

geometry /dʒiˈɑːmətri/ *s* geometria

geranium /dʒəˈreɪniəm/ *s* gerânio

gerbil /ˈdʒɜːrbɪl/ *s* gerbo (*pequeno roedor semelhante a um rato*)

geriatric /ˌdʒeriˈætrɪk/ *adj* geriátrico

germ /dʒɜːrm/ *s* germe, micróbio

German measles /ˌdʒɜːrmən ˈmiːzlz/ *s* [*não contável*] rubéola

German shepherd /ˌdʒɜːrmən ˈʃepərd/ *s* pastor alemão (*raça canina*)

gesture /ˈdʒestʃər/ *substantivo, verbo*
▸ *s* gesto: *a gesture of friendship* um gesto de amizade ◇ *What a nice gesture!* Que delicadeza da sua parte!
▸ *vi* fazer um gesto, indicar com um gesto: *to gesture at/to/toward sth* acenar para algo

gesundheit /ɡəˈzʊndhaɪt/ *interj* saúde (*após um espirro*)

get /ɡet/ (*pt* **got** /ɡɑːt/, *pp* **gotten** /ˈɡɑːtn/ *ou* (*GB* **got**), *part pres* **getting**)

- **get + sth 1** *vt* receber, obter, conseguir: *to get a letter* receber uma carta ◇ *How much did you get for your car?* Quanto você conseguiu pelo seu carro? ◇ *to get a shock* levar um susto ◇ *She gets bad headaches.* Ela sofre de fortes dores de cabeça. ◇ *I didn't get the joke.* Eu não entendi a piada.
- **get sb/sth doing sth/to do sth 2** *vt* fazer com que, conseguir que alguém/algo faça algo: *to get him talking* fazer com que ele fale ◇ *to get the car to start* fazer o carro pegar
- **get sth done 3** *vt* ❶ Utiliza-se com atividades que queremos que sejam realizadas para nós por outra pessoa: *to get your hair cut* cortar o cabelo (no cabeleireiro) ◇ *You should get your watch repaired.* Você deveria levar seu relógio para consertar.
- **get + sth + adjetivo 4** *vt* (*conseguir que algo se torne/faça...*): *to get sth right* acertar algo ◇ *to get the children ready for school* aprontar as crianças para a escola ◇ *to get (yourself) ready* arrumar-se
- **get + adjetivo 5** *vi* tornar-se, ficar: *It's getting late.* Está ficando tarde. ◇ *to get better* melhorar/recuperar-se ◇ *to get wet* molhar-se
- **get + particípio 6** *vi*: *to get fed up with sth* ficar farto de algo ◇ *to get used to sth* acostumar-se com algo ◇ *to get lost* perder-se

Algumas combinações comuns de **get + particípio** se traduzem por verbos pronominais/reflexivos: *to get bored* entediar-se/ficar entediado ◇ *to get* *divorced* divorciar-se ◇ *to get dressed* vestir-se ◇ *to get drunk* embebedar--se/ficar bêbado ◇ *to get married* casar-se. Para conjugá-los, utilizamos a forma correspondente de **get**: *She soon got used to that.* Ela logo se acostumou com aquilo. ◇ *I'm getting dressed.* Estou me vestindo. ◇ *We'll get married in the summer.* Nós vamos nos casar no verão.

Get + particípio também é utilizado para expressar ações que ocorrem ou se realizam de forma acidental, inesperada ou repentina: *I got caught in a heavy rainstorm.* Fui pego por uma forte tempestade. ◇ *Simon got hit by a ball.* O Simon levou uma bolada.

• **outros usos 7** *vi* ~ **to do sth** chegar a fazer algo: *to get to know sb* (vir a) conhecer alguém **8** *vt* **have got sth** ter algo *Ver tb* HAVE **9** *vt* **have got to do sth** ter que fazer algo *Ver tb* HAVE **10** *vi* ~ **(to...)** *(movimento)* chegar (a...): *How do you get to Springfield?* Como se chega a Springfield? ◇ *Where have they got to?* Até onde eles chegaram? **LOC be getting on** *(coloq)* **1** *(pessoa)* estar envelhecendo **2** *(hora)* estar ficando tarde ◆ **get away from it all** *(coloq)* ficar longe de tudo ◆ **get it** *(USA, coloq)*: *You'll get it!* Você vai se dar mal! ◆ **get (sb) nowhere; not get (sb) anywhere** *(coloq)* não chegar a lugar algum, não levar alguém a lugar algum ◆ **get there** chegar lá, conseguir algo ◆ **what are you, is he, etc. getting at?** *(coloq)* o que você, ele, etc. está insinuando? ❶ Para outras expressões com **get**, ver os verbetes correspondentes ao substantivo, adjetivo, etc, p.ex. **get the hang of sth** em HANG.

PHR V get about *Ver* GET AROUND

get sth across (to sb) comunicar algo (a alguém), fazer-se entender (por alguém)

get ahead (of sb) ultrapassar alguém, adiantar-se

get along *(GB tb* **get on***)* ir/sair-se (bem): *How did you get along?* Como você se saiu? ◇ *I don't know how he's going to get along.* Não sei como ele vai se virar. ◆ **get along with sb; get along (together)** *(GB tb* **get on***)* dar-se bem (com alguém)

get around *(GB tb* **get about***)* **1** *(pessoa, animal)* sair, mover-se **2** *(boato, notícia)* circular, correr ◆ **get around to sth** encontrar tempo para algo: *I never get around to phoning him.* Nunca encontro tempo para telefonar para ele.

get at sb pegar no pé (de alguém)

get away (from...) sair (de...), afastar--se (de...) ◆ **get away with sth/doing sth** sair impune de algo/fazer algo

get back regressar ◆ **get sth back** recuperar algo, pegar algo de volta ◆ **get back at sb** *(coloq)* vingar-se de alguém

get behind (with sth) atrasar-se (com/em algo)

get by (on/in/with sth) virar-se (com algo)

get down baixar ◆ **get sb down** *(coloq)* deprimir alguém ◆ **get down to sth/doing sth** começar algo/a fazer algo: *Let's get down to business.* Vamos aos negócios.

get in; get into sth 1 chegar (a algum lugar) **2** *(pessoa)* voltar (para casa) **3** entrar (em algo) *(veículo)* **4** *(colégio, universidade)* ser aceito (em algo) **5** ser eleito (para algo) ◆ **get sth in** recolher algo ◆ **get into sth 1** *(profissão, problema)* entrar em algo **2** *(roupa)* caber em algo **3** *(hábito)* adquirir algo: *How did she get into drugs?* Como ela foi se viciar em drogas? **4** *(coloq)* interessar-se por algo

get off (sth) 1 sair (do trabalho com permissão) **2** *(trem, ônibus)* sair (de algo) ◆ **get sth off (sth)** tirar algo (de algo) ◆ **get off with sb** *(GB, coloq)* envolver-se, ficar com alguém

get on *Ver* GET ALONG ◆ **get on; get onto sth** entrar em algo ◆ **get sth on** vestir algo ◆ **get on to sth** começar a falar de algo, passar a considerar algo ◆ **get on with sb; get on (together)** *(GB) Ver* GET ALONG WITH SB ◆ **get on with sth** prosseguir com algo: *Get on with your work!* Continue com o seu trabalho!

get out (of sth) sair (de algo): *Get out (of here)!* Fora daqui! ◆ **get out of sth** livrar-se de algo ◆ **get sth out of sb/sth** tirar algo de alguém/algo

get over sth 1 *(problema, timidez)* superar algo **2** esquecer algo **3** recuperar--se de algo ◆ **get sth over with** passar por algo *(desagradável mas necessário)*

get through sth 1 *(dinheiro, comida)* consumir, usar algo **2** *(tarefa)* terminar, completar algo ◆ **get through (to sb) 1** fazer-se entender (por alguém) **2** conseguir falar (com alguém) *(por telefone)*

get to sb *(coloq)* mexer com alguém *(importunar)*

get together (with sb) reunir-se (com alguém) ◆ **get sb/sth together** reunir alguém/algo

get up levantar-se ◆ **get sb up** levantar, acordar alguém ◆ **get up to sth**

G

1 chegar a algo **2** meter-se em algo *(problema, etc.)*

getaway /ˈgetəweɪ/ *s* fuga: *getaway car* carro de fuga

GF *(tb* **gf***)* /ˌdʒiː ˈef/ *abrev de* **girlfriend** *(coloq) (esp em mensagens de texto, etc.)* namorada

ghastly /ˈgæstli; *GB* ˈgɑːst-/ *adj* (**ghastlier, -iest**) medonho: *the whole ghastly business* todo esse assunto terrível

gherkin /ˈgɜːrkɪn/ *s (GB) (USA* **pickle***)* pepino especial para picles

G

ghetto /ˈgetoʊ/ *s (pl* **ghettoes** *ou* **ghettos***)* gueto

ghost /goʊst/ *s* fantasma: *a ghost story* una história de terror **ghostly** *adj* fantasmagórico

⚷ **giant** /ˈdʒaɪənt/ *s* gigante

gibberish /ˈdʒɪbərɪʃ/ *s [não contável] (coloq)* absurdo, besteira

giddy /ˈgɪdi/ *adj* (**giddier, -iest**) zonzo: *The dancing made her giddy.* A dança a deixou tonta.

⚷ **gift** /gɪft/ *s* **1** presente **2** ~ **(for sth)** dom (para algo) **3** *(coloq)* moleza: *That exam question was an absolute gift!* Aquela pergunta do exame foi uma verdadeira moleza! **LOC** *Ver* LOOK **gifted** *adj* talentoso

ˈ**gift certificate** *(GB* ˈ**gift token**, ˈ**gift voucher***) s* vale-presente

ˈ**gift wrap** *substantivo, verbo*

▸ *s [não contável]* papel de presente

▸ *vt* ˈ**gift-wrap** (-pp-) embrulhar para presente

gig /gɪg/ *s (coloq)* apresentação *(de jazz, pop, etc.)*

gigabyte /ˈgɪgəbaɪt/ *(coloq* **gig***) s (abrev* **GB***) (Informát)* gigabyte

gigantic /dʒaɪˈgæntɪk/ *adj* gigantesco

giggle /ˈgɪgl/ *verbo, substantivo*

▸ *vi* ~ **(at/about sb/sth)** dar risadinhas (de alguém/algo) ➲ *Ver nota em* RIR

▸ *s* **1** risinho **2** *(GB, coloq)* gozação: *I only did it for a giggle.* Eu só fiz isso de brincadeira. **3 the giggles** *[pl] coloq: a fit of the giggles* um ataque de riso

gilded /ˈgɪldɪd/ *(tb* **gilt** /gɪlt/*) adj* dourado

gimmick /ˈgɪmɪk/ *s (ger pej)* truque, golpe publicitário

gin /dʒɪn/ *s* gim: *a gin and tonic* um gim-tônica

ginger /ˈdʒɪndʒər/ *substantivo, adjetivo*

▸ *s* gengibre

▸ *adj (GB) (cabelo)* castanho-avermelhado

gingerly /ˈdʒɪndʒərli/ *adv* cautelosamente, cuidadosamente

gipsy = GYPSY

giraffe /dʒəˈræf; *GB* -ˈrɑːf/ *s* girafa

⚷ **girl** /gɜːrl/ *s* menina, moça, garota

⚷ **girlfriend** /ˈgɜːrlfrend/ *s* **1** namorada **2** amiga

gist /dʒɪst/ *s* **LOC get the gist of sth** captar o essencial de algo

⚷ **give** /gɪv/ *verbo, substantivo*

▸ *v (pt* **gave** /geɪv/, *pp* **given** /ˈgɪvn/*)* **1** *vt* ~ **sb sth; ~ sth (to sb)** dar algo (a alguém): *I gave each of the boys an apple.* Eu dei uma maçã a cada um dos meninos. ◇ *It gave us a big shock.* Isso nos deu um bom susto.

> Alguns verbos como **give, buy, send, take**, etc. têm dois objetos, um direto e um indireto. O objeto indireto só pode ser uma pessoa e vem antes do objeto direto: *Give* ***me*** *the book. I bought* ***her*** *a present.* Quando o objeto indireto vem depois, usamos uma preposição, normalmente **to** ou **for**: *Give the book* ***to me****. I bought a present* ***for her****.*

2 *vi* ~ **(to sth)** fazer doação (a algo) **3** *vi* ceder **4** *vt (tempo, pensamento)* dedicar **5** *vt (doença)* passar: *You've given me your cold.* Você me passou seu resfriado. **6** *vt* conceder: *I'll give you that.* Admito que você está certo. **7** *vt* dar: *to give a lecture* dar uma palestra **LOC don't give me that!** *(coloq)* não me venha com essa! ◆ **give or take sth**: *an hour and a half, give or take a few minutes* uma hora e meia, mais ou menos ❶ Para outras expressões com **give**, ver os verbetes do substantivo, adjetivo, etc., p.ex. **give rise to sth** em RISE.

PHR V give sth away entregar algo (de presente) ◆ **give sth/sb away** delatar algo/alguém

give (sb) back sth; give sth back (to sb) devolver algo (a alguém)

give in (to sb/sth) entregar os pontos (a alguém/algo) ◆ **give sth in** *(GB) (USA* **hand sth in***)* entregar algo *(trabalho escolar, etc.)*

give sth out distribuir algo

give up desistir, render-se ◆ **give sth up; give up doing sth** deixar algo, deixar de fazer algo: *to give up smoking* parar de fumar ◇ *to give up hope* perder as esperanças

▸ *s* **LOC give and take** concessões mútuas, troca de favores

given /ˈgɪvn/ *adj, prep* dado, determinado *Ver tb* GIVE

ˈ**given name** *s* (pre)nome

glacier /ˈgleɪʃər; *GB* ˈglæsiə(r)/ *s* geleira

glad /glæd/ *adj* **1 be ~ (about sth/to do sth)** estar contente (com algo/por fazer algo): *I'm glad (that) you could come.* Estou feliz por você ter vindo. **2 be ~ to do sth** ter prazer em fazer algo: *"Can you help?" "I'd be glad to."* —Você pode me ajudar? —Seria um prazer. **3 be ~ of sth** estar grato por algo

Utilizamos **glad** e **pleased** para nos referirmos a circunstâncias ou fatos concretos: *Are you glad/pleased about getting a job?* Você está contente de ter conseguido um emprego? **Happy** descreve um estado mental e pode preceder o substantivo que o acompanha: *Are you happy in your new job?* Você está contente em seu novo emprego? ◇ *a happy occasion* uma ocasião feliz/alegre ◇ *happy memories* boas lembranças.

gladly *adv* com prazer

glamor (*GB* **glamour**) /ˈglæmər/ *s* glamour **glamorous** *adj* glamouroso

glamping /ˈglæmpɪŋ/ *s* (*GB*) tipo de acampamento mais confortável e mais caro que os usuais ❶ A palavra **glamping** resulta da combinação das palavras **glamour** e **camping**.

glance /glæns; *GB* glɑːns/ *verbo, substantivo*

▸ *vi* **~ at/down/over/through sth** dar uma olhadela em algo ➲ *Ver nota em* OLHAR[1]

▸ *s* olhada (rápida): *to take a glance at sth* dar uma olhada em algo LOC **at a glance** num relance, só de olhar

gland /glænd/ *s* glândula

glare /gler/ *verbo, substantivo*

▸ *vi* **~ at sb/sth** olhar ferozmente para alguém/algo ➲ *Ver nota em* OLHAR[1]

▸ *s* **1** luz/brilho ofuscante **2** olhar penetrante **glaring** *adj* **1** (*erro*) evidente **2** (*expressão*) feroz **3** (*luz*) ofuscante **glaringly** *adv*: *glaringly obvious* extremamente óbvio

glass /glæs; *GB* glɑːs/ *s* **1** [*não contável*] vidro: *broken glass* vidro quebrado ◇ *a pane of glass* uma vidraça **2** copo: *a glass of wine* um copo de vinho ◇ *a wine glass* um copo para vinho *Ver tb* MAGNIFYING GLASS LOC *Ver* RAISE

glasses /ˈglæsɪz; *GB* ˈglɑːsɪz/ *s* [*pl*] óculos: *I need a new pair of glasses.* Preciso de uns óculos novos. ➲ *Ver nota em* PAIR

glaze /gleɪz/ *substantivo, verbo*

▸ *s* **1** (*cerâmica*) verniz para vitrificação **2** (*Cozinha*) calda de açúcar ou de ovos para dar brilho a assados e tortas

▸ *v* **1** *vt* (*cerâmica*) vitrificar **2** *vt* (*Cozinha*) pincelar com calda de açúcar/ovos **3** *vi* **~ (over)** (*olhos*) pestanejar (*de sono, tédio, etc*) *Ver tb* DOUBLE GLAZING **glazed** *adj* **1** (*olhos*) inexpressivo **2** (*cerâmica*) vitrificado

gleam /gliːm/ *verbo, substantivo*

▸ *vi* **1** cintilar **2** brilhar, reluzir

▸ *s* **1** lampejo **2** vislumbre (*de emoção, qualidade*) **gleaming** *adj* reluzente

glean /gliːn/ *vt* obter (*informação*)

glee /gliː/ *s* regozijo **gleeful** *adj* eufórico **gleefully** *adv* com euforia

glen /glen/ *s* vale estreito (*esp na Escócia*)

G

glide /glaɪd/ *verbo, substantivo*

▸ *vi* **1** deslizar **2** (*no ar*) planar

▸ *s* deslizamento **glider** *s* planador

glimmer /ˈglɪmər/ *s* **1** luz trêmula **2 ~ (of sth)** (*fig*) vislumbre (de algo): *a glimmer of hope* um raio de esperança

glimpse /glɪmps/ *verbo, substantivo*

▸ *vt* vislumbrar

▸ *s* vislumbre, olhada LOC **catch a glimpse of sb/sth** avistar alguém/algo

glint /glɪnt/ *verbo, substantivo*

▸ *vi* **1** reluzir **2** (*olhos*) brilhar

▸ *s* **1** lampejo **2** (*olhos*) brilho

glisten /ˈglɪsn/ *vi* reluzir (*esp superfície molhada*)

glitch /glɪtʃ/ *s* (*coloq*) falha

glitter /ˈglɪtər/ *verbo, substantivo*

▸ *vi* reluzir

▸ *s* **1** brilho **2** (*fig*) falso brilho **3** purpurina

gloat /gloʊt/ *vi* **~ (about/at/over sth)** contar vantagem (com algo)

global /ˈgloʊbl/ *adj* **1** mundial: *global warming* aquecimento global **2** (*visão, soma, etc.*) global, total

globalization (*GB tb* **-isation**) /ˌgloʊbələˈzeɪʃn; *GB* -laɪˈ-/ *s* globalização

globalize (*GB tb* **-ise**) *vt, vi* globalizar

globe /gloʊb/ *s* **1** globo **2 the globe** [*sing*] o globo terrestre

gloom /gluːm/ *s* **1** desânimo **2** penumbra LOC *Ver* DOOM **gloomy** *adj* (**gloomier, -iest**) **1** (*lugar*) escuro **2** (*dia*) cinzento, lúgubre **3** (*prognóstico, futuro*) pouco promissor **4** (*aspecto, voz, etc.*) deprimido **5** (*caráter*) melancólico

glorious /ˈglɔːriəs/ *adj* **1** (*formal*) glorioso **2** esplêndido

glory /ˈglɔːri/ *substantivo, verbo*

▸ *s* **1** glória **2** esplendor

▸ *v* (*pt, pp* **-ried**) PHR V **glory in sth** **1** vangloriar-se de algo **2** orgulhar-se de algo

gloss /glɑːs/ *substantivo, verbo*

▸ *s* **1** brilho (*de uma superfície*) **2** (*tb* ˌ**gloss** ˈ**paint**) tinta brilhante ➲ *Comparar com*

MATTE **3** (*fig*) falso brilho, falsa aparência

▸ *v* **PHR V** **gloss over sth** tratar de algo por alto, encobrir algo **glossy** *adj* (**glossier, -iest**) reluzente, lustroso

glossary /ˈglɑːsəri/ *s* (*pl* **glossaries**) glossário

glove /glʌv/ *s* luva **LOC** *Ver* FIT

glow /gloʊ/ *verbo, substantivo*

▸ *vi* **1** incandescer **2** reluzir **3** ~ **(with sth)** resplandecer (com/de algo) (*saúde, satisfação, etc.*) **4** (*rosto*) corar

▸ *s* [*sing*] **1** luz suave **2** rubor **3** (sentimento de) arrebatamento

glucose /ˈgluːkoʊs/ *s* glicose

glue /gluː/ *substantivo, verbo*

▸ *s* cola (adesiva)

▸ *vt* (*pt, pp* **glued**; *part pres* **gluing**) colar

glutton /ˈglʌtn/ *s* **1** (*pej*) glutão, -ona **2** ~ **for sth** (*fig*) amante de algo; maníaco, -a por algo: *to be a glutton for punishment* adorar sofrer

GM /ˌdʒiː ˈem/ *abrev Ver* GENETICALLY MODIFIED

gnarled /nɑːrld/ *adj* **1** (*árvore, mão*) retorcido **2** (*tronco*) nodoso

gnarly /ˈnɑːrli/ *adj* (*USA, gíria*) do caralho

gnaw /nɔː/ *vt, vi* ~ **(at/on) sth** roer algo **PHR V** **gnaw at sb** atormentar alguém

gnome /noʊm/ *s* gnomo

go /goʊ/ *verbo, substantivo*

▸ *vi* (*3a pess sing pres* **goes** /goʊz/, *pt* **went** /went/, *pp* **gone** /gɔːn; *GB* gɒn/) **1** ir: *I went to bed at ten o'clock.* Fui para a cama às dez horas. ◇ *to go home* ir para casa

> **Been** é utilizado como particípio passado de **go** para dizer que alguém foi a um lugar e já voltou: *Have you ever been to London?* Você já foi (alguma vez) a Londres?
>
> **Gone** implica que essa pessoa ainda não regressou: *John's gone to Peru. He'll be back in May.* John foi para o Peru. Voltará em maio. ➲ *Ver nota em* IR

2 ir-se (embora) **3** (*trem, etc.*) partir **4** **go + -ing**: *to go fishing/swimming/camping* ir pescar/nadar/acampar ➲ *Ver nota em* ESPORTE **5** **go for a + substantivo** ir: *to go for a walk* ir dar um passeio **6** (*progredir*) ir, sair(-se): *How's it going?* Como está indo? ◇ *Everything went well.* Deu tudo certo. **7** (*máquina*) funcionar **8** **go + adjetivo** tornar-se, ficar: *to go crazy/blind/pale* ficar louco/cego/pálido **9** fazer (*um som*): *Cats go "meow".* Os gatos fazem "miau". ◇ *How does that song go?* Como é mesmo aquela música? **10** desaparecer, terminar: *My headache's gone.* Minha dor de cabeça passou. ◇ *Is it all gone?* Acabou tudo? **11** falhar, estragar **12** (*tempo*) passar **13** ~ **(in/into sth)** caber (em algo) **LOC** **be going to do sth**: *We're going to buy a house.* Vamos comprar uma casa. ◇ *He's going to fall!* Ele vai cair! ❶ Para outras expressões com **go**, ver os verbetes dos substantivos, adjetivos, etc., p.ex. **go astray** em ASTRAY.

PHR V **go about** *Ver* GO AROUND ◆ **go about sth**: *How should I go about telling him?* Como eu deveria contar a ele?

go ahead (with sth) ir em frente (com algo)

go along with sth/sb concordar com algo/alguém

go around (*GB tb* **go round**) **1** andar à roda **2** ser suficiente para todos **3** (*GB tb* **go about**) (*com adjetivo ou -ing*) andar (por aí): *to go around naked* andar pelado **4** (*GB tb* **go about**) (*boato*) circular

go away **1** ir-se (embora), ir viajar **2** (*mancha, cheiro*) desaparecer

go back voltar ◆ **go back on sth** faltar a algo (*palavra, etc.*)

go by passar: *as time goes by* com o (passar do) tempo ◆ **go by sth** seguir algo (*regra*)

go down **1** cair **2** (*embarcação*) afundar **3** (*sol*) pôr-se ◆ **go down (with sb)** (*filme, obra*) ser recebido (por alguém): *The movie went down well with the audience.* O filme foi bem recebido pelo público. ◆ **go down with sth** (*esp GB*) pegar algo (*doença*)

go for sb atacar alguém ◆ **go for sb/sth** **1** ser válido para alguém/algo: *That goes for you too.* Isso vale para você também. **2** buscar alguém/algo **3** ter inclinação por alguém/algo: *She always goes for tall guys.* Ela prefere os homens altos.

go in **1** entrar **2** (*sol*) esconder-se (atrás de uma nuvem) ◆ **go in for sth** interessar-se por algo (*hobby, etc.*) ◆ **go into sth** **1** entrar em algo (*profissão*) **2** examinar algo: *to go into (the) details* entrar em detalhes **3** (*esp GB*) (*veículo*) chocar em algo

go off **1** ir-se (embora) **2** (*arma*) disparar **3** (*bomba*) explodir **4** (*alarme*) soar **5** (*luz, eletricidade*) apagar-se **6** (*alimentos*) estragar **7** (*acontecimento*) ocorrer: *It went off well.* Correu tudo bem. ◆ **go off sb/sth** (*GB, coloq*) perder o interesse em alguém/algo ◆ **go off with sth** levar algo (que não lhe pertence)

go on **1** seguir em frente **2** (*situação*) continuar, durar **3** ocorrer: *What's going on here?* O que está acontecendo

aqui? **4** *(luz, etc.)* acender-se ◆ **go on (about sb/sth)** não parar de falar (de alguém/algo) ◆ **go on (with sth/doing sth)** continuar (com algo/a fazer algo)
go out 1 sair **2** *(luz, fogo)* apagar-se
go over sth *(tb* **go through sth***)* **1** examinar algo **2** repassar algo *(lição, etc.)* ◆ **go over to sth** passar para algo *(opinião, partido)*
go round *(GB) Ver* GO AROUND
go through ser aprovado *(lei, etc.)* ◆ **go through sth 1** *Ver* GO OVER STH **2** sofrer, passar por algo ◆ **go through with sth** levar algo a cabo, prosseguir com algo
go together *Ver* GO WITH STH
go under 1 submergir **2** *(coloq)* falir
go up 1 subir **2** *(edifício)* erguer-se **3** ir pelos ares, explodir
go with sth *(tb* **go together***)* **1** *(cores, etc.)* combinar (com algo) **2** andar junto (com algo) *(estar associados)*
go without (sth) passar sem algo
▸ *s (pl* **goes** /goʊz/*) (GB)* **1** *[não contável] (coloq)* energia **2** *(tb esp USA* **turn***)* turno, vez: *Whose go is it now?* De quem é a vez agora? LOC **be on the go** *(coloq)* não parar, estar no pique ◆ **have a go (at sth/doing sth)** dar uma experimentada (em algo), tentar (algo/fazer algo) ◆ **make a go of sth** *(coloq)* ser bem-sucedido em algo

goad /goʊd/ *vt* ~ **sb (into sth/doing sth)** provocar alguém (a algo/fazer algo)

ˈ**go-ahead** *substantivo, adjetivo*
▸ *s* **the go-ahead** *[sing]* sinal verde
▸ *adj* empreendedor

⚷ **goal** /goʊl/ *s* **1** gol **2** *(fig)* meta *Ver tb* OWN GOAL

goalkeeper /ˈgoʊlkiːpər/ *(coloq* **goalie** /ˈgoʊli/*) s* goleiro, -a

goalpost /ˈgoʊlpoʊst/ *s (Futebol)* trave

goat /goʊt/ *s* bode, cabra ➲ *Ver nota em* BODE

goatee /goʊˈtiː/ *s* cavanhaque

gobble /ˈgɑːbl/ *vt* ~ **sth (up/down)** devorar algo

ˈ**go-between** *s* intermediário, -a

goblet /ˈgɑːblət/ *s* taça de vinho

gobsmacked /ˈgɑːbsmækt/ *adj (GB, coloq)* pasmo

⚷ **god** /gɑːd/ *s* **1** deus **2 God** *[sing]* Deus LOC *Ver* KNOW, SAKE

godchild /ˈgɑːdtʃaɪld/ *s (pl* **godchildren** /-tʃɪldrən/*)* afilhado, -a

ˈ**god-daughter** *s* afilhada

goddess /ˈgɑːdəs; *GB* -des/ *s* deusa

godfather /ˈgɑːdfɑːðər/ *s* padrinho (de batismo)

godmother /ˈgɑːdmʌðər/ *s* madrinha (de batismo)

godparent /ˈgɑːdperənt/ *s* **1** padrinho, madrinha **2 godparents** *[pl]* padrinhos (de batismo)

godsend /ˈgɑːdsend/ *s* dádiva do céu

godson /ˈgɑːdsʌn/ *s* afilhado, -a

gofer *(tb* **gopher***)* /ˈgoʊfər/ *s (coloq)* pau-para-toda-obra

goggles /ˈgɑːglz/ *s [pl]* óculos de natação/proteção

going /ˈgoʊɪŋ/ *substantivo, adjetivo*
▸ *s* **1** *[sing] (formal)* partida *(de um lugar)* **2** *[não contável]*: *That was good going.* Essa foi rápida. ◇ *It was slow going.* Avançava muito devagar. ◇ *The path was rough going.* O caminho estava em mau estado. LOC *Ver* GOOD
▸ *adj* LOC **a going concern** um negócio próspero ◆ **the going rate (for sth)** a tarifa atual (para algo)

ˈ**go-kart** *(tb* ˈ**go-cart***) s* kart *(carro de corrida)* ˈ**go-karting** *s* (corrida de) kart

⚷ **gold** /goʊld/ *s* ouro: *a gold bracelet* uma pulseira de ouro ◇ *solid gold* ouro maciço ◇ *gold dust* ouro em pó ◇ *gold-plated* banhado a ouro LOC **(be) as good as gold** (comportar-se) como um anjo

golden /ˈgoʊldən/ *adj* **1** de ouro **2** *(cor, fig)* dourado LOC *Ver* ANNIVERSARY, WEDDING

goldfish /ˈgoʊldfɪʃ/ *s (pl* **goldfish***)* peixe dourado

golf /gɑːlf/ *s* golfe: *golf course* campo de golfe

ˈ**golf club** *s* **1** *(tb* **club***)* taco de golfe **2** clube de golfe

golfer /ˈgɑːlfər/ *s* golfista

gone /gɔːn; *GB* gɒn/ *prep (GB, coloq)*: *It was gone midnight.* Já passava da meia-noite. *Ver tb* GO

gonna /ˈgɔːnə; *GB* ˈgənə/ *(coloq)* = GOING TO *Ver* GO ❶ Essa forma não é considerada gramaticalmente correta.

⚷ **good** /gʊd/ *adjetivo, substantivo*
▸ *adj (comp* **better** /ˈbetər/, *superl* **best** /best/*)* **1** bom: *to be good at sth* ser bom em algo ◇ *Vegetables are good for you.* Legumes são bons para a saúde. ◇ *She's very good with children.* Ela tem muito jeito com crianças. ◇ *good nature* bom coração **2** ~ **to sb** bom para alguém; amável com alguém LOC **as good as** praticamente ◆ **be good to go** estar pronto ◆ **good for you, her, etc!** *(coloq)* muito bem! ◆ **while the getting is good** *(GB* **while the going is good***)* enquanto as coisas ainda estão bem ❶ Para

G

outras expressões com **good**, ver os verbetes do substantivo, adjetivo, etc., p.ex. **a good many** em MANY.

▸ *s* **1** bem **2 the good** [*pl*] os bons LOC **be no good; not be any/much good 1** não valer nada: *This gadget isn't much good.* Essa engenhoca não presta para nada. **2** não ser bom ◆ **do sb good** fazer bem a alguém ◆ **for good** para sempre

goodbye /ˌɡʊdˈbaɪ/ *interj, s* adeus: *to say goodbye* despedir-se

A palavra **bye** é mais informal do que **goodbye**. Na Grã-Bretanha, há ainda **cheers** e **cheerio**, que também são informais.

LOC *Ver* WAVE

ˌgood-ˈhumored (*GB* **ˌgood-ˈhumoured**) *adj* **1** afável **2** bem-humorado

ˌgood-ˈlooking *adj* bonito

ˌgood-ˈnatured *adj* **1** amável **2** de bom coração

goodness /ˈɡʊdnəs/ *substantivo, interjeição*

▸ *s* **1** bondade **2** valor nutritivo LOC *Ver* KNOW, SAKE

▸ *interj* (*coloq*) céus!

goods /ɡʊdz/ *s* [*pl*] **1** bens **2** artigos, mercadorias, produtos

goodwill /ˌɡʊdˈwɪl/ *s* boa vontade

goof /ɡuːf/ *verbo, substantivo*

▸ *vi* (*esp USA, coloq*) fazer uma burrice PHR V **goof around** (*esp USA, coloq*) enrolar ◆ **goof off** (*USA, coloq*) ficar enrolando (*esp quando deveria estar trabalhando*)

▸ *s* (*esp USA, coloq*) burrice

google /ˈɡuːɡl/ *vt, vi* (*Internet*) pesquisar no Google®

goose /ɡuːs/ *s* (*pl* **geese** /ɡiːs/) ganso

gooseberry /ˈɡuːsberi; *GB* ˈɡʊzbəri/ *s* (*pl* gooseberries) groselha-espinhosa

goosebumps /ˈɡuːsbʌmps/ (*tb* ˈ**goose pimples**) *s* [*pl*] pele arrepiada

gorge /ɡɔːrdʒ/ *s* (*Geog*) garganta

gorgeous /ˈɡɔːrdʒəs/ *adj* **1** (*coloq*) maravilhoso, lindo **2** magnífico

gorilla /ɡəˈrɪlə/ *s* gorila

gory /ˈɡɔːri/ *adj* (**gorier, -iest**) **1** sangrento **2** ensanguentado

ˌgo-ˈslow *s* (*GB*) (*USA* **slowdown**) greve branca

gospel /ˈɡɑːspl/ *s* evangelho

gossip /ˈɡɑːsɪp/ *substantivo, verbo*

▸ *s* (*pej*) **1** [*não contável*] fofoca: *gossip column* coluna social **2** fofoqueiro, -a

▸ *vi* ~ **(about sb/sth)** fofocar (sobre algo)

got *pt, pp de* GET

Gothic /ˈɡɑːθɪk/ *adj* gótico

gotta /ˈɡɑːtə/ (*coloq*) = GOT TO *Ver* HAVE

ℹ Esta forma não é considerada gramaticalmente correta.

gotten *pp de* GET

gouge /ɡaʊdʒ/ *vt* furar PHR V **gouge sth out (of sth)** arrancar algo (de algo) (*com dedos ou ferramenta*)

govern /ˈɡʌvərn; *GB* -vn/ **1** *vt, vi* governar **2** *vt* (*ação, negócio*) reger, dirigir **governing** *adj* **1** (*partido*) governante **2** (*organismo*) diretor, regulador

government /ˈɡʌvərnmənt/ *s* governo: *to be in government* estar no governo **governmental** /ˌɡʌvərnˈmentl; *GB* ˌɡʌvnˈmentl/ *adj* governamental

governor /ˈɡʌvərnər/ *s* **1** governador, -ora **2** diretor, -ora

gown /ɡaʊn/ *s* **1** vestido longo **2** (*Educ, Jur*) toga, beca **3** (*Med*) avental

GP /ˌdʒiː ˈpiː/ *s* (*abrev de* **general practitioner**) (*esp GB*) clínico, -a geral

GPA /ˌdʒiː piː ˈeɪ/ *s* (*abrev de* **grade point average**) nota média do aluno (*no sistema educacional americano*)

GPS /ˌdʒiː piː ˈes/ *s* (*abrev de* **global positioning system**) GPS

grab /ɡræb/ *verbo, substantivo*

▸ *v* (-bb-) **1** *vt* agarrar **2** *vi* ~ **at/for sb/sth** tentar agarrar alguém/algo **3** *vt* ~ **sth (from sb/sth)** arrancar algo (de alguém/algo) **4** *vt* (*atenção*) chamar

▸ *s* LOC **make a grab at/for sth** tentar agarrar algo

grace /ɡreɪs/ *substantivo, verbo*

▸ *s* **1** graça, elegância **2** prazo extra: *five days' grace* cinco dias a mais de prazo **3**: *to say grace* rezar em agradecimento (pela refeição)

▸ *vt* (*formal*) **1** enfeitar **2** ~ **sb/sth (with sth)** honrar alguém/algo (com algo) **graceful** *adj* gracioso, elegante

gracious /ˈɡreɪʃəs/ *adj* **1** afável **2** elegante, luxuoso

grad /ɡræd/ *s* (*esp USA, coloq*) *Ver* GRADUATE

grade /ɡreɪd/ *substantivo, verbo*

▸ *s* **1** classe, categoria **2** (*GB* **mark**) (*Educ*) nota: *to get a good/bad grade* tirar uma nota boa/ruim ➲ *Ver nota em* A, A **3** (*GB* **year**) (*Educ*) série LOC **make the grade** (*coloq*) atingir a média

▸ *vt* **1** classificar **2** (*GB* **mark**) (*exames, exercícios, etc.*) dar nota a, corrigir **graded** *adj* graduado **grader** *s*: *the first/seventh graders* os alunos do primeiro/sétimo ano **grading** *s* classificação

ˈ**grade point average** *s Ver* GPA

ˈ**grade school** *s* (*USA*, *coloq*) escola primária

gradient /ˈgreɪdiənt/ (*tb* **grade**) *s* (*Geog*) declive

gradual /ˈgrædʒuəl/ *adj* **1** gradual, paulatino **2** (*inclinação*) suave

gradually /ˈgrædʒuəli/ *adv* gradativamente, aos poucos

graduate *substantivo, verbo*
▸ *s* /ˈgrædʒuət/ **1** ~ **(in sth)** graduado, -a (em algo) **2** (*USA*) formado, -a; diplomado, -a
▸ *v* /ˈgrædʒueɪt/ **1** *vi* ~ **(in sth)**; ~ **(from...)** graduar-se (em algo); graduar-se (por...) **2** *vi* ~ **(from...)** (*USA*) formar-se, diplomar-se (por...) **3** *vt* graduar
graduation *s* graduação

graffiti /grəˈfiːti/ *s* [*não contável*] pichação, grafite

graft /græft; *GB* grɑːft/ *substantivo, verbo*
▸ *s* (*Bot*, *Med*) enxerto
▸ *vt* enxertar

grain /greɪn/ *s* **1** [*não contável*] cereais **2** grão **3** veio, fibra (*da madeira*) LOC **be/go against the grain** ser/ir contra a natureza

gram (*GB tb* **gramme**) /græm/ *s* (*abrev* **g**) grama ➲ *Ver pág. 758*

grammar /ˈgræmər/ *s* gramática

ˈ**grammar school** *s* **1** (*USA*, *antiq*) escola primária **2** (*GB*) escola de ensino médio

grammatical /grəˈmætɪkl/ *adj* **1** gramatical **2** (gramaticalmente) correto

gramme (*GB*) = GRAM

grand /grænd/ *adjetivo, substantivo*
▸ *adj* (**-er**, **-est**) **1** esplêndido, magnífico, grandioso **2 Grand** (*títulos*) grão **3** (*coloq*) estupendo
▸ *s* **1** (*pl* **grand**) (*coloq*) mil dólares/libras **2** (*tb* ˌ**grand piˈano**) piano de cauda

grandad (*tb* **granddad**) /ˈgrændæd/ *s* (*coloq*) vô, vovô

grandchild /ˈgræntʃaɪld/ *s* (*pl* **grandchildren** /-tʃɪldrən/) neto, -a

granddaughter /ˈgrændɔːtər/ *s* neta

grandeur /ˈgrændʒər/ *s* grandiosidade, grandeza

grandfather /ˈgrænfɑːðər/ *s* avô

grandma /ˈgrænmɑː/ *s* (*coloq*) vó, vovó

grandmother /ˈgrænmʌðər/ *s* avó

grandpa /ˈgrænpɑː/ *s* (*coloq*) vô, vovô

grandparent /ˈgrænperənt/ *s* avô, avó

Grand Prix /ˌgrɑ̃ː ˈpriː; *GB* ˌgrɒ̃ ˈ-/ *s* (*pl* **Grands Prix** /ˌgrɑ̃ː ˈpriː; *GB* ˌgrɒ̃ ˈ-/) Grande Prêmio

grandson /ˈgrænsʌn/ *s* neto, -a

grandstand /ˈgrænstænd/ *s* (*Esporte*) tribuna (de honra)

granite /ˈgrænɪt/ *s* granito

granny /ˈgræni/ *s* (*pl* **grannies**) (*coloq*) vó, vovó

granola /grəˈnoʊlə/ *s* granola

grant /grænt; *GB* grɑːnt/ *verbo, substantivo*
▸ *vt* ~ **sth (to sb)** conceder algo (a alguém) LOC **take sb/sth for granted** não dar valor a alguém/algo, dar algo por certo
▸ *s* **1** subvenção **2** (*Educ*) bolsa de estudos

grape /greɪp/ *s* uva

grapefruit /ˈgreɪpfruːt/ *s* (*pl* **grapefruit** *ou* **grapefruits**) toranja

grapevine /ˈgreɪpvaɪn/ *s* videira LOC **hear sth through/on the grapevine** ouvir algo por aí

graph /græf; *GB tb* grɑːf/ *s* gráfico: *graph paper* papel quadriculado

graphene /ˈgræfiːn/ *s* grafeno

graphic /ˈgræfɪk/ *adjetivo, substantivo*
▸ *adj* **1** gráfico: *graphic design* design gráfico **2** (*detalhes, relato*) vívido
▸ *s* **1** gráfico **2 graphics**: *computer graphics* imagens por computador

grapple /ˈgræpl/ *vi* ~ **(with sb/sth)** (*lit e fig*) atracar-se (com alguém/algo)

grasp /græsp; *GB* grɑːsp/ *verbo, substantivo*
▸ *vt* **1** agarrar **2** (*oportunidade*) aproveitar **3** compreender
▸ *s* **1** controle: *within/beyond the grasp of sb* dentro/fora do alcance/poder de alguém **2** conhecimento

grasping /ˈgræspɪŋ; *GB* ˈgrɑːspɪŋ/ *adj* (*pej*) ganancioso

grass /græs; *GB* grɑːs/ *s* **1** grama **2** capim **3** (*gíria*) maconha

grasshopper /ˈgræshɑːpər; *GB* ˈgrɑːs-/ *s* gafanhoto

grassland /ˈgræslænd; *GB* ˈgrɑːs-/ *s* [*não contável*] (*tb* **grasslands** [*pl*]) pasto(s)

ˌ**grass ˈroots** *s* [*pl*] (comunidades de) bases (*de um partido, etc.*)

grassy /ˈgræsi; *GB* ˈgrɑːsi/ *adj* gramado, coberto de capim

grate /greɪt/ *verbo, substantivo*
▸ *v* **1** *vt* ralar **2** *vi* ranger **3** *vi* ~ **(on/with sb)** irritar alguém
▸ *s* grelha (*de lareira*)

grateful /ˈgreɪtfl/ *adj* ~ **(to sb) (for sth)** agradecido (a alguém) (por algo)

grater /ˈgreɪtər/ *s* ralador

gratitude /ˈgrætɪtuːd; *GB* -tjuːd/ *s* gratidão

G

grave /greɪv/ *adjetivo, substantivo*
▸ *adj* (**graver**, **-est**) (*formal*) grave, sério ❶ A palavra mais comum é **serious**.
▸ *s* túmulo

gravel /ˈgrævl/ *s* cascalho

gravestone /ˈgreɪvstoʊn/ *s* lápide (*em túmulos*)

graveyard /ˈgreɪvjɑːrd/ *s* cemitério de igreja ➲ *Comparar com* CEMETERY

gravity /ˈgrævəti/ *s* **1** (*Fís*) gravidade **2** (*formal*) seriedade ❶ Neste sentido a palavra mais comum é **seriousness**.

G

gravy /ˈgreɪvi/ *s* molho (*feito com o caldo da carne assada*)

gray (*GB* **grey**) /greɪ/ *adjetivo, substantivo*
▸ *adj* **1** cinza **2** (*cabelo*) branco, grisalho: *to go/turn gray* ficar grisalho ◇ *gray-haired* de cabelos grisalhos
▸ *s* (*cor*) cinza

graze /greɪz/ *verbo, substantivo*
▸ *v* **1** *vi* pastar **2** *vt* ~ **sth (against/on sth)** (*perna, etc.*) raspar algo (com/em algo) **3** *vt* roçar **4** ~ **(on sth)** (*coloq*) beliscar (algo)
▸ *s* arranhão

grease /griːs/ *substantivo, verbo*
▸ *s* **1** gordura **2** (*Mec*) graxa, lubrificante
▸ *vt* **1** engraxar, lubrificar **2** untar

greasy *adj* (**greasier**, **-iest**) gorduroso

great /greɪt/ *adjetivo, advérbio, substantivo*
▸ *adj* (**greater**, **-est**) **1** grande, grandioso: *in great detail* com grande detalhe ◇ *the world's greatest tennis player* o melhor tenista do mundo ◇ *We're great friends.* Somos grandes amigos. ◇ *I'm not a great reader.* Não sou um grande leitor. **2** (*coloq*) magnífico: *We had a great time.* Nós nos divertimos imensamente. ◇ *It's great to see you!* Que bom te ver! **3** (*coloq*) muito: *a great big dog* um cachorro enorme **4** (*distância*) grande **5** (*idade*) avançado **6** (*cuidado*) muito **7** ~ **at sth** muito bom em algo **8 great-** (*relação de parentesco*): *my great-grandfather* meu bisavô ◇ *her great-grandson* o bisneto dela ◇ *his great-aunt* a tia-avó dele LOC **great minds think alike** (*coloq, hum*) os gênios se entendem *Ver tb* BELIEVE, DEAL, EXTENT, MANY, PAIN
▸ *adv* (*coloq*) muito bem
▸ *s* [*ger pl*] (*coloq*): *one of the all-time greats* uma das grandes figuras de todos os tempos **greatness** *s* grandeza

greatly /ˈgreɪtli/ *adv* muito: *greatly exaggerated* muito exagerado ◇ *It varies greatly.* Varia muito.

greed /griːd/ *s* **1** ~ **(for sth)** ganância (de/por algo) **2** gula **greedily** *adv* **1** gananciosamente **2** vorazmente **greedy** *adj* (**greedier**, **-iest**) **1** ~ **(for sth)** ganancioso (de/por algo) **2** guloso

green /griːn/ *adjetivo, substantivo*
▸ *adj* (**greener**, **-est**) verde
▸ *s* **1** verde **2 greens** [*pl*] verduras **3** (*Golfe*) green (*área em torno do buraco*) **4** (*GB*) parque público (gramado) **5 the Greens** [*pl*] (*Pol*) o Partido Verde

ˌgreen ˈbelt *s* [*ger sing*] cinturão verde (*nos arredores de uma cidade*)

ˌgreen ˈcard *s* visto de residência permanente nos Estados Unidos

greenery /ˈgriːnəri/ *s* [*não contável*] verde, folhagem

greengrocer /ˈgriːngroʊsər/ *s* (*esp GB*) **1** verdureiro, -a **2 greengrocer's** quitanda ➲ *Ver nota em* AÇOUGUE

greenhouse /ˈgriːnhaʊs/ *s* estufa de plantas: *greenhouse effect* efeito estufa

greening /ˈgriːnɪŋ/ *s* [*não contável*] ecologização

ˌgreen ˈonion (*GB* **spring onion**) *s* cebolinha

greenwash /ˈgriːnwɔːʃ; *GB* -wɒʃ/ *s* [*não contável*] (*pej*) esverdeamento (*de empresas, etc.*)

greet /griːt/ *vt* **1** cumprimentar: *He greeted me with a smile.* Ele me cumprimentou com um sorriso. **2** ~ **sb/sth (with sth)** receber, acolher alguém/algo (com algo) **greeting** *s* saudação: *season's greetings* votos de boas-festas

grenade /grəˈneɪd/ *s* granada (*de mão*)

grew *pt de* GROW

grey (*esp GB*) = GRAY

greyhound /ˈgreɪhaʊnd/ *s* galgo

grid /grɪd/ *s* **1** grade **2** (*esp GB*) (*eletricidade, gás*) rede **3** (*mapa*) linhas de coordenadas **4** (*tb* ˈ**starting grid**) (*Automobilismo*) grid de largada

gridlock /ˈgrɪdlɑːk/ *s* [*não contável*] congestionamento (*trânsito*)

grief /griːf/ *s* ~ **(over/at sth)** dor, pesar (por algo) LOC **come to grief** (*esp GB, coloq*) **1** fracassar **2** sofrer um acidente

grievance /ˈgriːvəns/ *s* **1** (motivo de) queixa **2** (*de trabalhadores*) reivindicação

grieve /griːv/ **1** *vi* ~ **(for/over sb/sth)** chorar a perda (de alguém/algo) **2** *vi* ~ **at/over sth** lamentar(-se), afligir-se por algo **3** *vt* (*formal*) afligir, causar grande dor a

grill /grɪl/ *substantivo, verbo*
▸ *s* **1** grelha **2** (*prato*) grelhado **3** (*tb* **grille**) grade (*de proteção*)
▸ *vt* **1** grelhar, assar na grelha **2** ~ **sb (about sth)** (*coloq*) crivar alguém de perguntas (sobre algo)

grim /grɪm/ *adj* (grimmer, -est) **1** *(pessoa)* sério, carrancudo **2** *(lugar)* triste, lúgubre **3** deprimente, desagradável

grimace /grɪˈmeɪs; ˈgrɪməs/ *substantivo, verbo*
▸ *s* careta
▸ *vi* ~ **(at sb/sth)** fazer careta (para alguém/algo)

grime /graɪm/ *s* sujeira **grimy** *adj* (grimier, -iest) encardido

grin /grɪn/ *verbo, substantivo*
▸ *vi* (-nn-) ~ **(at sb/sth)** sorrir de orelha a orelha (para alguém/algo) LOC **grin and bear it** aguentar firme (sem reclamar)
▸ *s* sorriso largo

grind /graɪnd/ *verbo, substantivo*
▸ *vt* (*pt, pp* ground /graʊnd/) **1** moer, triturar **2** afiar **3** *(dentes)* ranger **4** *(GB* **mince***)* *(carne)* moer LOC **grind to a halt, come to a grinding halt 1** parar aos poucos **2** *(processo)* parar gradualmente *Ver tb* AX
▸ *s* *(coloq)* **1** [*sing*]: *the daily grind* a rotina diária **2** *(USA)* *(GB* **swot***)* *(coloq, pej)* cê-dê-efe

grip /grɪp/ *verbo, substantivo*
▸ *v* (-pp-) **1** *vt, vi* agarrar(-se) **2** *vt* *(atenção)* absorver
▸ *s* **1** ~ **(on sb/sth)** ato de segurar (alguém/algo): *Keep a tight grip on the rope.* Segure a corda com firmeza. **2** aderência **3** ~ **(on sb/sth)** *(fig)* domínio, controle, pressão (sobre alguém/algo) **4** cabo, puxador LOC **come/get to grips with sb/sth** *(fig)* atracar-se, lidar com alguém/algo

gripping /ˈgrɪpɪŋ/ *adj* fascinante, que prende a atenção

grit /grɪt/ *substantivo, verbo*
▸ *s* **1** areia, arenito **2** coragem, determinação
▸ *vt* (-tt-) cobrir com areia LOC **grit your teeth 1** cerrar os dentes **2** *(fig)* tomar coragem

groan /groʊn/ *verbo, substantivo*
▸ *vi* **1** ~ **(at/with sth)** gemer (de/com algo): *They all groaned at his terrible jokes.* Todos ficaram aborrecidos com as piadas horríveis dele. **2** *(móveis, etc.)* ranger
▸ *s* **1** gemido **2** rangido

grocer /ˈgroʊsər/ *s* merceeiro, -a

grocery /ˈgroʊsəri/ *s* (*pl* groceries) **1** *(USA* **grocery store** [*pl*]*)* *(GB* **grocer's***)* mercearia, armazém ➲ *Ver nota em* AÇOUGUE **2 groceries** [*pl*] comestíveis

groggy /ˈgrɑːgi/ *adj* (groggier, -iest) *(coloq)* tonto, zonzo

groin /grɔɪn/ *s* virilha: *a groin injury* um ferimento na virilha

groom /gruːm/ *substantivo, verbo*
▸ *s* **1** cavalariço **2** *Ver* BRIDEGROOM
▸ *vt* **1** *(cavalo)* cuidar de **2** *(pelo)* escovar **3** ~ **sb (for/as sth)** preparar alguém (para algo)

groove /gruːv/ *s* ranhura, estria, sulco

grope /groʊp/ **1** *vi* ~ **(around) for sth** tatear em busca de algo; procurar algo apalpando **2** *vi* mover-se às cegas **3** *vt* *(coloq)* tocar *(sexualmente)*

gross /groʊs/ *adjetivo, verbo*
▸ *adj* (grosser, -est) **1** *(total, peso)* bruto **2** [*antes do substantivo*] *(formal)* *(Jur)* grave *(violação, etc.)* **3** *(exagero)* flagrante **4** *(erro)* crasso **5** *(coloq)* nojento **6** grosseiro **7** repulsivamente gordo
▸ *vt* receber *(como renda total)*

grossly /ˈgroʊsli/ *adv* extremamente

grotesque /groʊˈtesk/ *adj* grotesco

grotto /ˈgrɑːtoʊ/ *s* (*pl* grottoes *ou* grottos) gruta *(esp artificial)*

grotty /ˈgrɑːti/ *adj* (grottier, -iest) *(GB, coloq)* **1** fuleiro **2** doente: *I'm feeling pretty grotty.* Eu estou me sentindo péssimo.

grouch /graʊtʃ/ *s* *(coloq)* rabugice **grouchy** *adj* *(coloq)* rabugento

ground /graʊnd/ *substantivo, adjetivo, verbo*
▸ *s* **1** solo, chão, terra **2** *(fig)* terreno **3** *(GB)* área, campo *(de esportes)* **4 grounds** [*pl*] jardins, terreno *(ao redor de uma mansão)* **5** [*ger pl*] motivo(s), razão **6 grounds** [*pl*] borra, sedimento **7** *(GB* **earth***)* *(Eletrôn)* fio terra *Ver tb* BREEDING GROUND LOC **get (sth) off the ground** (fazer algo) decolar *(negócio, etc.)* ♦ **give/lose ground (to sb/sth)** ceder/perder terreno (para alguém/algo) ♦ **on the ground** *(fig)* entre as massas ♦ **to the ground** *(destruir)* completamente *Ver tb* FIRM, MIDDLE, THIN
▸ *adj* moído: *ground beef* carne moída
▸ *vt* **1** *(avião)* impedir a decolagem de **2** *(coloq)* colocar de castigo **3** *(GB* **earth***)* *(Eletrôn)* ligar o fio terra de *Ver tb* GRIND

ground ˈbeef *(GB* **mince***)* *s* [*não contável*] carne moída

groundbreaking /ˈgraʊndbreɪkɪŋ/ *adj* [*antes do substantivo*] inovador

ground ˈfloor *s* *(esp GB)* *(USA* **first floor***)* andar térreo: *a ground-floor flat* um apartamento no térreo ➲ *Ver nota em* FLOOR

Groundhog Day /ˈgraʊndhɑːg deɪ/ *s*

Em 2 de fevereiro, nos Estados Unidos, há uma festa para ver a marmota sair de seu buraco. A lenda diz que, se a

G

marmota não vir sua própria sombra, a primavera irá chegar mais cedo. Mas se a vir, haverá mais seis semanas de inverno.

grounding /ˈgraʊndɪŋ/ *s [sing]* ~ **(in sth)** base, fundamentos (de algo)

groundless /ˈgraʊndləs/ *adj* infundado

group /gruːp/ *substantivo, verbo*
▸ *s* grupo
▸ *vt, vi* ~ **(sb/sth) (together)** agrupar alguém/algo, agrupar-se **grouping** *s* agrupamento, comissão

G

grouse /graʊs/ *s (pl* **grouse***)* galo silvestre

grove /groʊv/ *s* arvoredo

grovel /ˈgrɑːvl/ *vi* (-l- (*GB* -ll-)) ~ **(to sb)** (*pej*) humilhar-se (ante alguém) **groveling** (*GB* **grovelling**) *adj* servil

grow /groʊ/ (*pt* **grew** /gruː/, *pp* **grown** /groʊn/) **1** *vi* crescer **2** *vt* (*cabelo, barba*) deixar crescer **3** *vt* cultivar **4** *vi* (*com adjetivos*) tornar-se: *to grow old/rich* envelhecer/enriquecer **5** *vi* ~ **to do sth** passar a fazer algo: *He grew to rely on her.* Ele passou a depender dela cada vez mais. PHR V **grow into sth** tornar-se algo ◆ **grow on sb** tornar-se cada vez mais atraente para alguém ◆ **grow out of sth 1**: *He's grown out of his school uniform.* O uniforme ficou pequeno a ele. **2** (*vício, hábito*) perder algo ◆ **grow up 1** crescer: *when I grow up* quando eu crescer ◇ *Oh, grow up!* Deixe de ser criança! *Ver tb* GROWN-UP **2** desenvolver-se **growing** *adj* crescente

growl /graʊl/ *verbo, substantivo*
▸ *vi* rosnar
▸ *s* rosnado

grown /groʊn/ *adj* adulto: *a grown man* um homem adulto *Ver tb* GROW

grown-up *adjetivo, substantivo*
▸ *adj* /ˌgroʊn ˈʌp/ adulto
▸ *s* /ˈgroʊn ʌp/ adulto, -a

growth /groʊθ/ *s* **1** crescimento **2** ~ **(in/of sth)** aumento (de algo) **3** tumor

grub /grʌb/ *s* **1** larva **2** (*coloq*) (*comida*) boia

grubby /ˈgrʌbi/ *adj* (**grubbier**, **-iest**) sujo

grudge /grʌdʒ/ *substantivo, verbo*
▸ *s* ressentimento: *to bear sb a grudge/have a grudge against sb* guardar rancor/ter ressentimento de alguém
▸ *vt* (*GB*) *Ver* BEGRUDGE **grudgingly** *adv* de má vontade, com relutância

grueling (*GB tb* **gruelling**) /ˈgruːəlɪŋ/ *adj* muito difícil, penoso

gruesome /ˈgruːsəm/ *adj* medonho, horrível

gruff /grʌf/ *adj* áspero (*voz, comportamento*)

grumble /ˈgrʌmbl/ *verbo, substantivo*
▸ *vi* ~ **(about/at sb/sth)** resmungar, queixar-se (de alguém/algo)
▸ *s* queixa

grumpy /ˈgrʌmpi/ *adj* (**grumpier**, **-iest**) (*coloq*) resmungão

grunge /grʌndʒ/ *s* **1** (*coloq*) sujeira **2** música/moda grunge

grunt /grʌnt/ *verbo, substantivo*
▸ *vi* grunhir
▸ *s* grunhido

GSM /ˌdʒiː es ˈem/ *s* (*abrev de* **Global System/Standard for Mobile Communication(s)**) GSM (*Sistema Global de Comunicações*)

guarantee /ˌgærənˈtiː/ *substantivo, verbo*
▸ *s* ~ **(of sth/that...)** garantia (de algo/de que...)
▸ *vt* **1** garantir **2** (*empréstimo*) avalizar

guard /gɑːrd/ *verbo, substantivo*
▸ *vt* **1** proteger, guardar **2** (*prisioneiro*) vigiar PHR V **guard against sth** prevenir-se contra algo
▸ *s* **1** guarda, vigilância: *to be on guard* estar de guarda ◇ *guard dog* cão de guarda **2** guarda, sentinela **3** (*grupo de soldados*) guarda **4** (*máquina*) dispositivo de segurança **5** (*GB*) (*Ferrovia*) revisor, -ora LOC **be off/on your guard** estar desprevenido/alerta **guarded** *adj* cauteloso, precavido

guardian /ˈgɑːrdiən/ *s* **1** guardião, -ã: *guardian angel* anjo da guarda **2** tutor, -ora

guerrilla (*tb* **guerilla**) /gəˈrɪlə/ *s* guerrilheiro, -a: *guerrilla war(fare)* guerrilha

guess /ges/ *verbo, substantivo*
▸ *vt, vi* **1** adivinhar **2** ~ **(at) sth** imaginar algo **3 I guess** (*esp USA*, *coloq*) creio, penso: *I guess so/not.* Suponho que sim/não.
▸ *s* suposição, conjectura, cálculo: *to have/make a guess (at sth)* tentar adivinhar (algo) LOC **it's anyone's guess** (*coloq*) ninguém sabe *Ver tb* EDUCATED, HAZARD

guesswork /ˈgeswɜːrk/ *s [não contável]* conjecturas

guest /gest/ *s* **1** convidado, -a **2** hóspede, -a: *guest house* hospedaria/pensão LOC **be my guest** (*coloq*) fique à vontade

GUI /ˈguːi/ *s* (*abrev de* **graphical user interface**) interface gráfica de usuário

guidance /ˈgaɪdns/ *s [não contável]* ~ **(on sth)** orientação, supervisão (em algo)

guide /gaɪd/ *substantivo, verbo*
▸ *s* **1** (*pessoa*) guia: *tour guide* guia

turístico **2** (*tb* **guidebook** /ˈgaɪdbʊk/) guia (*de turismo*) **3 Guide** (*GB*) (*USA* ˌ**Girl** ˈ**Scout**) escoteira
▸ *vt* **1** guiar, orientar: *to guide sb to sth* levar alguém a algo **2** influenciar
guided *adj* acompanhado (*por guia*)

guideline /ˈgaɪdlaɪn/ *s* diretriz, pauta

guilt /gɪlt/ *s* culpa, culpabilidade

guilty /ˈgɪlti/ *adj* (**guiltier**, **-iest**) culpado **LOC** *Ver* PLEAD

guinea pig /ˈgɪni pɪg/ *s* (*lit e fig*) porquinho-da-índia, cobaia

guise /gaɪz/ *s* (falsa) aparência, disfarce

guitar /gɪˈtɑːr/ *s* **1** violão **2** (*elétrico*) guitarra **guitarist** *s* **1** violonista **2** guitarrista

gulf /gʌlf/ *s* **1** (*Geog*) golfo **2 the Gulf** o Golfo Pérsico **3** (*fig*) abismo: *the gulf between rich and poor* o abismo entre ricos e pobres **LOC** *Ver* BRIDGE

gull /gʌl/ (*tb* **seagull**) *s* gaivota

gullible /ˈgʌləbl/ *adj* crédulo

gulp /gʌlp/ *verbo, substantivo*
▸ *v* **1** *vt* ~ **sth (down)** engolir/tragar algo apressadamente **2** *vi* engolir saliva, engolir em seco
▸ *s* trago

gum /gʌm/ *s* **1** (*Anat*) gengiva **2** goma, resina **3** chiclete

gun /gʌn/ *substantivo, verbo*
▸ *s* arma (*de fogo*) *Ver tb* MACHINE GUN
▸ *v* (-nn-) **PHR V gun sb down** matar/ferir alguém a tiros

gunfire /ˈgʌnfaɪər/ *s* tiroteio

gunk /gʌŋk/ (*GB tb* **gunge** /gʌndʒ/) *s* [*não contável*] (*coloq*) substância viscosa e grudenta

gunman /ˈgʌnmən/ *s* (*pl* -men /ˈgʌnmən/) pistoleiro

gunpoint /ˈgʌnpɔɪnt/ *s* **LOC at gunpoint** sob a ameaça de uma arma

gunpowder /ˈgʌnpaʊdər/ *s* pólvora

gunshot /ˈgʌnʃɑːt/ *s* disparo

gurgle /ˈgɜːrgl/ *vi* **1** (*água*) gorgolejar **2** (*bebê*) regorjear

guru /ˈgʊruː/ *s* guru

gush /gʌʃ/ *vi* **1** ~ **(out of/from sth)** jorrar, verter (de algo) **2** ~ **(over sth/sb)** (*pej*) falar/escrever com entusiasmo excessivo (de/sobre algo/alguém)

gust /gʌst/ *s* rajada (*de vento*)

gusto /ˈgʌstoʊ/ *s* entusiasmo

gut /gʌt/ *substantivo, verbo, adjetivo*
▸ *s* **1** intestino **2 guts** [*pl*] tripas **3** (*coloq*) barriga **4 guts** [*pl*] (*fig*) coragem, peito
▸ *vt* (-tt-) **1** destripar **2** (*prédio, etc.*) destruir por dentro
▸ *adj* [*antes do substantivo*] visceral: *a gut reaction* uma reação instintiva

gutted /ˈgʌtɪd/ *adj* (*GB, coloq*) devastado, muito triste

gutter /ˈgʌtər/ *s* **1** sarjeta: *the gutter press* a imprensa marrom **2** calha

guy /gaɪ/ *s* (*coloq*) **1** cara, sujeito **2 guys** [*pl*]

Utiliza-se para se dirigir a um grupo de pessoas, homens ou mulheres: *Hi guys!* Oi, pessoal! ◇ *Are you guys coming or not!* Vocês vêm ou não?

guzzle /ˈgʌzl/ *vt* (*coloq, ger pej*) encher a cara de, empanturrar-se de

gym /dʒɪm/ *s* **1** ginásio (de esportes) ❶ Em linguagem formal diz-se **gymnasium** /dʒɪmˈneɪziəm/ [*pl* **gymnasiums** *ou* **gymnasia**/-ziə/]. **2** (*coloq*) (*Educ*) educação física

gymnast /ˈdʒɪmnæst/ *s* ginasta

gymnastics /dʒɪmˈnæstɪks/ *s* [*não contável*] ginástica (olímpica)

gynecologist (*GB* **gynaecologist**) /ˌgaɪnəˈkɑːlədʒɪst/ *s* ginecologista

gypsy /ˈdʒɪpsi/ *s* (*pl* **gypsies**) cigano, -a

H, h /eɪtʃ/ *s* (*pl* **Hs, H's, h's**) H, h ➲ *Ver nota em* A, A

habit /ˈhæbɪt/ *s* **1** hábito, costume **2** (*Relig*) hábito

habitat /ˈhæbɪtæt/ *s* habitat

habitation /ˌhæbɪˈteɪʃn/ *s* habitação: *not fit for human habitation* inadequado para habitação

habitual /həˈbɪtʃuəl/ *adj* habitual

hack /hæk/ *vt, vi* **1** ~ **(at) sth** cortar algo aos golpes **2** ~ **(into) sth** (*coloq*) (*Informát*) acessar algo ilegalmente **hacker** *s* violador, -ora de um sistema de computação **hacking** *s* invasão ilegal de um sistema

hacktivist /ˈhæktɪvɪst/ *s* pessoa que acessa ilegalmente sistemas de informações (*com fins políticos*)

had /həd; əd; hæd/ *Ver* HAVE

hadn't /ˈhædnt/ = HAD NOT *Ver* HAVE

haemo- (*GB*) = HEMOGLOBIN, HEMORRHAGE

haggard /ˈhægərd/ *adj* abatido

haggle /ˈhægl/ *vi* ~ **(over sth)** pechinchar (por algo)

hail /heɪl/ *substantivo, verbo*
▸ *s* **1** [*não contável*] granizo **2** [*sing*] **a ~ of sth** uma chuva de algo
▸ *v* **1** *vt* chamar (*para saudar ou atrair a atenção*) **2** *vt* ~ **sb/sth (as) sth** aclamar alguém/algo como algo **3** *vi* cair granizo

hailstone /ˈheɪlstoʊn/ *s* pedra (*de granizo*)

hailstorm /ˈheɪlstɔːrm/ *s* tempestade de granizo

hair /her/ *s* **1** cabelo, fio de cabelo **2** pelo **3 -haired**: *a fair-/dark-haired girl* uma garota de cabelo claro/escuro

hairband /ˈherbænd/ *s* tiara, arco (*para cabelo*)

hairbrush /ˈherbrʌʃ/ *s* escova (*de cabelo*) ➲ *Ver ilustração em* BRUSH

haircut /ˈherkʌt/ *s* corte de cabelo: *to have/get a haircut* cortar o cabelo (no cabeleireiro)

hairdo /ˈherduː/ *s* (*pl* **hairdos**) (*coloq*) penteado (*de mulher*)

hairdresser /ˈherdresər/ *s* **1** cabeleireiro, -a **2 hairdresser's** salão de cabeleireiro ➲ *Ver nota em* AÇOUGUE **hairdressing** *s* trato, corte e penteado dos cabelos

hair dryer (*tb* **hair drier**) /ˈher draɪər/ *s* secador (*de cabelo*)

hairpin /ˈherpɪn/ *s* **1** grampo (de cabelo) **2** (*tb* ˌ**hairpin** ˈ**turn**) (*GB* ˌ**hairpin** ˈ**bend**) curva em U

ˈ**hair-raising** *adj* horripilante

hairslide /ˈherslaɪd/ *s* (*GB*) (*USA* **barrette**) prendedor de cabelo

hairspray /ˈhersprei/ *s* fixador de cabelo

hair straighteners /ˈher streɪtnərz/ (*tb* **straighteners**) *s* [*pl*] alisadores de cabelo

hairstyle /ˈherstaɪl/ *s* penteado, corte **hairstylist** *s* cabeleireiro, -a

hairy /ˈheri/ *adj* (**hairier**, **-iest**) peludo, cabeludo

halal /ˈhælæl/ *adj* halal (*carne abatida segundo normas muçulmanas*)

half /hæf; *GB* hɑːf/ *substantivo, adjetivo, pronome, advérbio*
▸ *s* (*pl* **halves** /hævz; *GB* hɑːvz/) metade, meio: *the second half of the book* a segunda metade do livro ◇ *two and a half hours* duas horas e meia ◇ *Two halves make a whole.* Duas metades fazem um inteiro. LOC **break, etc. sth in half** partir, etc. algo ao meio ◆ **go half and half/go halves (with sb)** dividir a conta meio a meio (com alguém) *Ver tb* MIND
▸ *adj, pron* metade de, meio: *half the team* metade do time ◇ *to cut sth by half* cortar algo pela metade ◇ *half an hour* meia hora LOC **half past one, two, etc.** uma, duas, etc. e meia

> Nos Estados Unidos, esta expressão é relativamente formal e é muito mais comum dizer *one thirty*, *two thirty*, etc. Na Grã-Bretanha não é formal, e as pessoas também dizem *half one*, *half two*, etc.

▸ *adv* meio, pela metade: *The job will have been only half done.* O trabalho estará apenas pela metade. ◇ *half built* construído pela metade

ˈ**half-brother** *s* meio-irmão

ˌ**half-ˈhearted** *adj* pouco entusiasmado ˌ**half-ˈheartedly** *adv* sem entusiasmo

ˈ**half-pipe** *s* half-pipe (*rampa ou túnel em formato de U para skate, etc.*)

ˈ**half-sister** *s* meia-irmã

ˌ**half-ˈterm** *s* (*GB*) semana de férias na metade de um período de aulas

ˌ**half-ˈtime** *s* (*Esporte*) meio-tempo

halfway /ˌhæfˈweɪ; *GB* ˌhɑːf-/ *adj, adv* a meio caminho, na metade: *halfway between Rio and São Paulo* a meio caminho entre Rio e São Paulo

hall /hɔːl/ *s* **1** (*tb* **hallway**) corredor **2** (*tb* **hallway**) vestíbulo, entrada **3** sala (*de concertos ou reuniões*) **4** (*tb* ˌ**hall of** ˈ**residence**) (*GB*) (*USA* **dormitory**) residência universitária *Ver tb* CITY HALL, TOWN HALL

hallmark /ˈhɔːlmɑːrk/ *s* **1** marca de qualidade (*de metais preciosos*) **2** (*fig*) marca característica

Halloween (*tb* **Hallowe'en**) /ˌhæloʊˈiːn/ *s*

> **Halloween** é a noite de fantasmas e bruxas no dia 31 de outubro, véspera de Todos os Santos. É costume esvaziar-se uma abóbora (do tipo moranga), desenhar um rosto nela e colocar uma vela dentro. As crianças se disfarçam e passam pelas casas pedindo doces ou dinheiro. Quando as pessoas abrem as portas, as crianças dizem **trick or treat** ("dê algo para a gente ou faremos uma traquinagem").

hallucination /həˌluːsɪˈneɪʃn/ *s* alucinação

hallway /ˈhɔːlweɪ/ *s Ver* HALL

halo /ˈheɪloʊ/ *s* (*pl* **haloes** *ou* **halos**) halo, auréola

halt /hɔːlt; *GB tb* hɒlt/ *verbo, substantivo*
▸ *vt, vi* parar, deter(-se): *Halt!* Alto!
▸ *s* parada, alto, interrupção LOC *Ver* GRIND

halting /ˈhɔːltɪŋ/ *adj* vacilante, titubeante

halve /hæv; *GB* hɑːv/ *vt* **1** dividir na metade **2** reduzir à metade

halves *Ver* HALF

ham /hæm/ *s* presunto

hamburger /ˈhæmbɜːrgər/ *s* hambúrguer

hamlet /ˈhæmlət/ *s* aldeia, vilarejo

⚷ **hammer** /ˈhæmər/ *substantivo, verbo*
▸ *s* martelo
▸ *v* **1** *vt* martelar: *to hammer sth in* pregar algo (com martelo) **2** *vt, vi* ~ **(at/on) sth** martelar (algo) **3** *vt* (*coloq*) (*fig*) arrasar

hammock /ˈhæmək/ *s* rede (de dormir)

hamper /ˈhæmpər/ *verbo, substantivo*
▸ *vt* tolher, impedir
▸ *s* (*GB*) cesta (*de piquenique, Natal*)

hamster /ˈhæmstər/ *s* hamster

⚷ **hand** /hænd/ *substantivo, verbo*
▸ *s* **1** mão **2 a hand** [*sing*] (*coloq*) uma ajuda: *to give/lend sb a hand* dar uma mão a alguém **3** (*relógio, etc.*) ponteiro, agulha ➲ *Ver ilustração em* RELÓGIO **4** peão, -oa; operário, -a **5** (*Náut*) tripulante **6** (*baralho*) jogada **7** (*medida*) palmo LOC **by hand** à mão: *made by hand* feito à mão ◇ *delivered by hand* entregue em mão(s) ◆ **(close/near) at hand** à mão, perto: *I always keep my glasses close at hand.* Eu sempre deixo meus óculos à mão. ◆ **hand in hand 1** de mãos dadas **2** (*fig*) muito unidos, juntos ◆ **hands up! 1** levante a mão! **2** mãos para cima! ◆ **hold hands (with sb)** ficar de mãos dadas (com alguém) ◆ **hold/put your hands up (to sth)** reconhecer algo ◆ **in hand 1** disponível, de reserva **2** sob controle ◆ **on hand** à disposição ◆ **on (the) one hand... on the other (hand)...** por um lado... por outro lado ... ◆ **out of hand 1** fora de controle: *The situation is getting out of hand.* A situação está saindo de controle. **2** sem pensar (duas vezes) ◆ **to hand** à mão *Ver tb* CHANGE, EAT, FIRM, FIRST, FREE, HEAVY, HELP, MATTER, PALM, SHAKE, UPPER
▸ *vt* ~ **sb sth**; ~ **sth (to sb)** passar algo (a alguém) ➲ *Ver nota em* GIVE PHR V **hand sth back** devolver algo ◆ **hand sth in** entregar algo (*trabalho escolar, etc.*) ◆ **hand sth out** distribuir algo ◆ **hand over (to sb)**: *She resigned and handed over to the assistant manager.* Ela pediu demissão e passou o cargo para o subgerente. ◆ **hand sth over (to sb)** entregar algo (a alguém) (*cargo*)

handbag /ˈhændbæg/ (*USA tb* **purse**) *s* bolsa (*de mão*) ➲ *Ver ilustração em* BAG

handball /ˈhændbɔːl/ *s* handebol

handbook /ˈhændbʊk/ *s* manual, guia

handbrake /ˈhændbreɪk/ *s* (*esp GB*) (*USA* **emergency brake**) freio de mão

handcuff /ˈhændkʌf/ *vt* algemar

handcuffs /ˈhændkʌfs/ *s* [*pl*] algemas

handful /ˈhændfʊl/ *s* (*pl* **handfuls**) (*lit e fig*) punhado: *a handful of students* um punhado de estudantes LOC **be a (real) handful** (*coloq*) ser insuportável: *The children are a real handful.* As crianças são difíceis de controlar.

handgun /ˈhændgʌn/ *s* revólver

handheld /ˌhændˈheld/ *adj, s* (dispositivo) de mão

handicap /ˈhændikæp/ *substantivo, verbo*
▸ *s* **1** (*Med*) deficiência (*física ou mental*) **2** (*Esporte*) desvantagem
▸ *vt* (-pp-) prejudicar **handicapped** *adj* deficiente (*físico ou mental*) ➲ *Ver nota em* DEFICIENTE

handicrafts /ˈhændikræfts; *GB* -krɑːfts/ *s* [*pl*] artesanato

handkerchief /ˈhæŋkərtʃɪf; -tʃiːf/ *s* (*pl* handkerchiefs *ou* handkerchieves /-tʃiːvz/) lenço (*de bolso*)

⚷ **handle** /ˈhændl/ *substantivo, verbo*
▸ *s* **1** (*de ferramenta, panela*) cabo ➲ *Ver ilustração em* POT **2** (*de mala, etc.*) alça **3** (*de xícara, etc.*) asa ➲ *Ver ilustração em* CUP **4** (*de porta, etc.*) puxador, maçaneta LOC *Ver* FLY
▸ *vt* **1** manusear **2** (*máquina*) operar **3** (*pessoas*) tratar **4** suportar

handlebar /ˈhændlbɑːr/ *s* [*ger pl*] guidom

handmade /ˌhændˈmeɪd/ *adj* feito à mão, artesanal

> Em inglês, podem-se formar adjetivos compostos para todas as habilidades manuais, p.ex. **hand-built** (construído à mão), **hand-knitted** (tricotado à mão), **hand-painted** (pintado à mão), etc.

handout /ˈhændaʊt/ *s* **1** (*ger pej*) donativo **2** folheto **3** (*Educ*) folha (*de exercícios, etc.*)

handprint /ˈhændprɪnt/ *s* marca de mão

ˈ**hands-free** *adj* (*aparelho*) com fone de ouvido: *a hands-free cellphone* um celular com fone de ouvido

H

handshake /ˈhændʃeɪk/ *s* aperto de mão

handsome /ˈhænsəm/ *adj* **1** atraente ❶ Refere-se principalmente a homens. **2** (*presente*) generoso

ˌ**hands-ˈon** *adj* prático: *hands-on training* treinamento prático

handstand /ˈhændstænd/ *s* bananeira: *to do a handstand* plantar bananeira

handwriting /ˈhændraɪtɪŋ/ *s* **1** escrita **2** letra manuscrita, caligrafia

handwritten /ˌhændˈrɪtn/ *adj* escrito à mão

H

handy /ˈhændi/ *adj* (**handier, -iest**) (*coloq*) **1** prático **2** à mão **3** conveniente LOC **come in handy** (*coloq*) ser útil

⚷ **hang** /hæŋ/ *verbo, substantivo*

▸ *v* (*pt, pp* **hung** /hʌŋ/) **1** *vt* pendurar **2** *vi* estar pendurado **3** *vi* (*roupa, cabelo, etc.*) cair **4** (*pt, pp* **hanged**) *vt, vi* enforcar, ir à forca **5** *vi* ~ **(above/over sb/sth)** pender, pairar (sobre alguém/algo) LOC *Ver* BALANCE PHR V **hang around** (*GB tb* **hang about**) (*coloq*) esperar (*sem fazer nada*) ◆ **hang on 1** segurar (firme), aguardar **2** (*coloq*) esperar: *Hang on a minute!* Espere aí! ◆ **hang out** passar o tempo ◆ **hang sth out** estender algo (*roupa no varal*) ◆ **hang up (on sb)** (*coloq*) desligar/bater o telefone (na cara de alguém)

▸ *s* LOC **get the hang of sth** (*coloq*) pegar o jeito de algo

hangar /ˈhæŋər/ *s* hangar

hanger /ˈhæŋər/ (*tb* ˈ**clothes**/ˈ**coat hanger**) *s* cabide

ˈ**hang-glider** *s* asa-delta ˈ**hang-gliding** *s* voo de asa-delta

hangman /ˈhæŋmən/ *s* **1** (*pl* **-men** /ˈhæŋmən/) carrasco (*de forca*) **2** (*jogo*) forca

ˈ**hang-out** *s* (*coloq*) lugar predileto

hangover /ˈhæŋoʊvər/ *s* ressaca (*de bebida*)

ˈ**hang-up** *s* ~ **(about sth)** (*coloq*) trauma, complexo (de algo)

hanky (*tb* **hankie**) /ˈhæŋki/ *s* (*pl* **hankies**) (*coloq*) lenço (*de bolso*)

haphazard /hæpˈhæzərd/ *adj* ao acaso, aleatório

⚷ **happen** /ˈhæpən/ *vi* ocorrer, acontecer: *whatever happens/no matter what happens* o que quer que aconteça ◇ *if you happen to go into town* se por acaso você for ao centro LOC **as it happens** para falar a verdade **happening** *s* acontecimento, fato

⚷ **happily** /ˈhæpɪli/ *adv* **1** alegremente, com satisfação **2** felizmente

⚷ **happiness** /ˈhæpinəs/ *s* felicidade

⚷ **happy** /ˈhæpi/ *adj* (**happier, -iest**) **1** feliz: *a happy marriage/memory/child* um casamento/uma lembrança/uma criança feliz **2** contente: *Are you happy in your work?* Você está contente com seu trabalho? ➲ *Ver nota em* GLAD LOC **a/the happy medium** um/o meio-termo

ˈ**happy hour** *s* (*coloq*) período em que um bar serve bebidas a preços promocionais

harass /ˈhærəs; həˈræs/ *vt* assediar, atormentar **harassment** *s* assédio, ação de atormentar: *sexual harassment* assédio sexual

harbor (*GB* **harbour**) /ˈhɑːrbər/ *substantivo, verbo*

▸ *s* porto

▸ *vt* **1** proteger, abrigar **2** (*suspeitas, dúvidas*) nutrir

⚷ **hard** /hɑːrd/ *adjetivo, advérbio*

▸ *adj* (**harder, -est**) **1** duro **2** difícil: *It's hard to tell.* É difícil dizer (com certeza). ◇ *hard to please* difícil de agradar **3** duro, cansativo, intenso: *a hard worker* uma pessoa trabalhadora **4** (*pessoa, trato*) difícil, severo, cruel **5** (*bebida*) com alto teor alcoólico LOC **be hard on sb 1** ser severo com alguém **2** ser uma injustiça para alguém ◆ **give sb a hard time** (*coloq*) dar trabalho a alguém ◆ **hard luck** (*esp GB, coloq*) azar ◆ **take a hard line (on/over sth)** adotar uma linha dura (a respeito de algo) ◆ **the hard way** o caminho mais difícil *Ver tb* DRIVE

▸ *adv* (**harder, -est**) **1** muito, com força: *She hit her head hard.* Ela bateu a cabeça com força. ◇ *to try hard* esforçar-se ◇ *It's raining hard.* Está chovendo forte. **2** (*olhar*) fixamente LOC **be hard put to do sth** ter dificuldade em fazer algo ◆ **be hard up** (*coloq*) estar duro (*sem dinheiro*)

ˌ**hard** ˈ**cash** *s* (*GB*) (*USA* **cold cash**) dinheiro vivo

ˌ**hard-**ˈ**core** *adj* **1** radical, intransigente **2** (*pornografia*) explícito

hardcover /ˈhɑːrdkʌvər/ *s* (*esp USA*) (*tb esp GB* **hardback** /ˈhɑːrdbæk/) livro de capa dura: *hardcover edition* edição de capa dura ➲ *Comparar com* PAPERBACK

ˌ**hard** ˈ**disk** *s* (*Informát*) disco rígido

harden /ˈhɑːrdn/ *vt, vi* endurecer(-se): *hardened criminal* criminoso calejado **hardening** *s* endurecimento

⚷ **hardly** /ˈhɑːrdli/ *adv* **1** apenas: *I hardly know her.* Eu mal a conheço. **2** dificilmente: *He's hardly the world's best cook.*

Ele está longe de ser o melhor cozinheiro do mundo. ◇ *It's hardly surprising.* Não é surpresa alguma. **3**: *hardly anyone/ever* quase ninguém/nunca

hardship /ˈhɑːrdʃɪp/ *s* dificuldade, privação

ˌ**hard ˈshoulder** *s* (*GB*) (*USA* **break-down lane**) acostamento

hardware /ˈhɑːrdwer/ *s* **1** ferragens: *hardware store* loja de ferragens **2** (*Informát*) hardware **3** (*Mil*) armamentos

ˌ**hard-ˈworking** *adj* trabalhador

hardy /ˈhɑːrdi/ *adj* (**hardier**, **-iest**) **1** robusto **2** (*Bot*) resistente

hare /her/ *s* lebre

haricot /ˈhærɪkoʊ/ (*tb* ˌ**haricot ˈbean**) *s* (*GB*) (*USA* **navy bean**) feijão branco

🔑 **harm** /hɑːrm/ *substantivo, verbo*

▸ *s* dano, mal: *He meant no harm.* Ele não queria fazer mal. ◇ *There's no harm in asking.* Não há mal algum em perguntar/pedir. ◇ *(There's) no harm done.* Não aconteceu nada (de mal). LOC **do more harm than good** fazer mais mal do que bem ◆ **out of harm's way** em lugar seguro

▸ *vt* **1** (*pessoa*) prejudicar **2** (*coisa*) danificar

🔑 **harmful** /ˈhɑːrmfl/ *adj* ~ **(to sb/sth)** daninho, nocivo, prejudicial (a alguém/ algo)

🔑 **harmless** /ˈhɑːrmləs/ *adj* **1** inócuo **2** inocente, inofensivo

harmonica /hɑːrˈmɑːnɪkə/ *s* gaita

harmony /ˈhɑːrməni/ *s* (*pl* **harmonies**) harmonia

harness /ˈhɑːrnɪs/ *substantivo, verbo*

▸ *s* arreios

▸ *vt* **1** (*cavalo*) arrear **2** (*recursos naturais*) aproveitar

harp /hɑːrp/ *substantivo, verbo*

▸ *s* harpa

▸ *v* PHR V **harp on (about) sth** falar repetidamente sobre algo

harpoon /hɑːrˈpuːn/ *s* arpão

harsh /hɑːrʃ/ *adj* (**harsher**, **-est**) **1** (*castigo, professor, etc.*) severo **2** (*palavras*) duro **3** (*textura, voz*) áspero **4** (*clima*) rigoroso **5** (*ruído*) estridente **6** (*luz*) forte **7** (*cor*) berrante **harshly** *adv* duramente, severamente

harvest /ˈhɑːrvɪst/ *substantivo, verbo*

▸ *s* colheita

▸ *vt* colher

has /həz; əz; hæz/ *Ver* HAVE

hash /hæʃ/ *s* **1** picadinho de carne com batatas **2** (*tb* ˈ**hash sign**) (*GB*) (*USA* **pound sign**) cerquilha: *hash key* tecla jogo da velha LOC **make a hash of sth** (*coloq*) meter os pés pelas mãos

ˌ**hash ˈbrowns** *s* [*pl*] prato feito com batatas e cebolas picadas e fritas

hashtag /ˈhæʃtæg/ *s* hashtag

hasn't /ˈhæznt/ = HAS NOT *Ver* HAVE

hassle /ˈhæsl/ *substantivo, verbo*

▸ *s* (*coloq*) **1** (*complicação*) trabalheira, atrapalhação: *It's a big hassle.* Dá muito trabalho. **2** discussão: *Don't give me any hassle!* Deixe-me em paz!

▸ *vt* (*coloq*) perturbar

haste /heɪst/ *s* (*formal*) pressa LOC **in haste** com pressa **hasten** /ˈheɪsn/ **1** *vi* apressar-se **2** *vt* (*formal*) acelerar **hastily** *adv* apressadamente **hasty** *adj* (**hastier**, **-iest**) apressado

🔑 **hat** /hæt/ *s* **1** chapéu **2** gorro *Ver tb* TOP HAT LOC *Ver* DROP

hatch /hætʃ/ *substantivo, verbo*

▸ *s* **1** portinhola **2** abertura (*para passar comida*)

▸ *v* **1** *vi* ~ **(out)** sair do ovo **2** *vi* (*ovo*) chocar **3** *vt* chocar, incubar **4** *vt* ~ **sth (up)** tramar algo

hatchback /ˈhætʃbæk/ *s* carro tipo coupé

🔑 **hate** /heɪt/ *verbo, substantivo*

▸ *vt* **1** odiar **2** lamentar: *I hate to bother you, but...* Sinto atrapalhá-lo, mas...

▸ *s* **1** ódio **2** (*coloq*): *Men with beards are one of my pet hates.* Uma das coisas que odeio é homem com barba. **hateful** *adj* odioso

🔑 **hatred** /ˈheɪtrɪd/ *s* ~ **(for/of sb/sth)** ódio (a/de algo/alguém)

ˈ**hat trick** *s* três gols, pontos, etc. marcados por um mesmo jogador em uma partida: *to score a hat trick* marcar três gols na partida

haul /hɔːl/ *verbo, substantivo*

▸ *vt* puxar, arrastar

▸ *s* **1** (*distância*) percurso: *a long-haul flight* um voo de longa distância **2** ganho, despojo: *a haul of weapons* um carregamento de armas **3** quantidade (*de peixes*)

haunt /hɔːnt/ *verbo, substantivo*

▸ *vt* **1** (*fantasma*) assombrar **2** (*lugar*) frequentar **3** (*pensamento*) atormentar

▸ *s* lugar predileto **haunted** *adj* (*casa*) assombrado

🔑 **have** /həv; hæv/ *verbo*

▸ *vt* **1** (*tb* **have got**) ter: *She's got a new car.* Ela tem um carro novo. ◇ *to have flu/a headache* estar com gripe/dor de cabeça ➲ *Ver nota em* TER **2** ~ **(got) sth to do** ter algo a fazer; ter que fazer algo:

I've got a bus to catch. Tenho que pegar um ônibus. **3** ~ **(got) to do sth** ter que fazer algo: *I've got to go to the bank.* Tenho que ir ao banco. ◇ *Did you have to pay a fine?* Você teve que pagar uma multa? ◇ *It has to be done.* Tem que ser feito. **4** (*tb* **have got**) ter: *Do you have any money on you?* Você tem algum dinheiro (com você)? ❶ Nos Estados Unidos **have got** é normalmente usado em perguntas ou em orações negativas. **5** tomar: *to have a cup of coffee* tomar um café ◇ *to have breakfast/lunch/dinner* tomar café da manhã/almoçar/jantar

Note que a estrutura **have + substantivo** às vezes se traduz apenas por um verbo em português: *to have a wash* lavar-se ◇ *to have a drink* tomar um trago.

6 ~ **sth done** fazer/mandar fazer algo: *to have your hair cut* cortar o cabelo (no cabeleireiro) ◇ *to have a dress made* fazer um vestido (com uma costureira) ◇ *She had her bag stolen.* Roubaram a bolsa dela. **7** aceitar: *I won't have it!* Não aceitarei isso. LOC **have (got) it in for sb** (*coloq*): *He has it in for me.* Ele tem implicância comigo. ◆ **have had it** (*coloq*): *The TV has had it.* A TV já deu o que tinha que dar. ◆ **have had it (with sb/sth)** estar de saco cheio (de alguém/algo) ◆ **have it (that...)**: *Rumor has it that...* Dizem que... ◇ *As luck would have it...* O destino quis que... ◆ **have (sth) to do with sb/sth** ter (algo) a ver com alguém/algo: *It has nothing to do with me.* Não tem nada a ver comigo. ❶ Para outras expressões com **have**, ver os verbetes do substantivo, adjetivo, etc, p.ex. **have a sweet tooth** em SWEET. PHR V **have sth back** receber algo de volta: *Let me have the book back soon.* Devolva-me logo o livro. ◆ **have sb on** (*esp GB, coloq*) ridicularizar alguém: *You're having me on!* Você está me gozando! ◆ **have (got) sth on 1** (*roupa*) vestir algo: *He's got a tie on today.* Ele está de gravata hoje. **2** (*equipamento*) ter algo ligado **3** (*GB*) estar ocupado: *I've got a lot on.* Estou muito ocupado. ◇ *Have you got anything on tonight?* Você tem algum plano para hoje à noite? ◆ **have sth out**: *I had to have my appendix out.* O meu apêndice teve de ser retirado.

▸ *v aux*

Como auxiliar do *present perfect*, o verbo **have** geralmente não tem tradução em português e toda a expressão pode ser traduzida ou no passado ou no presente, conforme o caso: *I've lived here since last year.* Moro aqui desde o ano passado. ◇ *"I've finished my work." "So have I."* —Eu terminei meu trabalho. —Eu também. ◇ *He's gone home, hasn't he?* Ele foi para casa, não foi? ◇ *"Have you seen that?" "Yes, I have./No, I haven't."* —Você viu aquilo? —Sim, eu vi./Não, eu não vi.

haven't /ˈhævnt/ = HAVE NOT *Ver tb* HAVE

haven /ˈheɪvn/ *s* refúgio *Ver tb* TAX HAVEN

havoc /ˈhævək/ *s* [*não contável*] estragos, devastação LOC **play/wreak havoc with/on sth** fazer estragos em algo

hawk /hɔːk/ *s* falcão, gavião

hay /heɪ/ *s* feno: *hay fever* rinite sazonal

hazard /ˈhæzərd/ *substantivo, verbo*
▸ *s* perigo, risco: *a health hazard* um perigo para a saúde
▸ *vt* LOC **hazard a guess** arriscar um palpite **hazardous** *adj* perigoso, arriscado

haze /heɪz/ *s* bruma ➲ *Comparar com* FOG, MIST

hazel /ˈheɪzl/ *s* **1** aveleira **2** (*cor*) avelã, castanho-claro

hazelnut /ˈheɪzlnʌt/ *s* avelã

have

present simple			past simple
afirmativo		**negativo**	
	formas contraídas	*formas contraídas*	*formas contraídas*
I **have**	I**'ve**	I **haven't**	I**'d**
you **have**	you**'ve**	you **haven't**	you**'d**
he/she/it **has**	he**'s**/she**'s**/it**'s**	he/she/it **hasn't**	he**'d**/she**'d**/it**'d**
we **have**	we**'ve**	we **haven't**	we**'d**
you **have**	you**'ve**	you **haven't**	you**'d**
they **have**	they**'ve**	they **haven't**	they**'d**

forma em -ing **having** *past simple* **had** *particípio passado* **had**

hazy /ˈheɪzi/ *adj* (**hazier**, **-iest**) **1** brumoso **2** (*ideia, etc.*) vago **3** (*pessoa*) confuso

HD /ˌeɪtʃ ˈdiː/ de alta definição

he /hiː/ *pronome, substantivo*
▸ *pron* ele: *He's in Paris.* Ele está em Paris. ❶ O pronome pessoal não pode ser omitido em inglês. ➲ *Comparar com* HIM
▸ *s*: *Is it a he or a she?* É um macho ou uma fêmea?

head /hed/ *substantivo, verbo*
▸ *s* **1** cabeça: *It never entered my head.* Isso nunca me ocorreu. **2** cabeceira: *the head of the table* a cabeceira da mesa **3** chefe: *the heads of government* os chefes de governo **4** (*GB*) *Ver* HEAD TEACHER LOC **a/per head** por cabeça: *ten dollars a head* dez dólares por pessoa ◆ **be/go over sb's head** estar além da compreensão de alguém ◆ **go to sb's head** subir à cabeça de alguém ◆ **have a (good) head for sth** ter jeito para algo ◆ **head first** de cabeça ◆ **heads or tails?** cara ou coroa? ◆ **head over heels (in love)** loucamente apaixonado ◆ **not make head nor/or tail of sth** não conseguir entender algo: *I can't make head or tail of it.* Não consigo entender nada disso. *Ver tb* HIT, IDEA, SHAKE, TOP
▸ *vt* **1** encabeçar, liderar **2** (*Futebol*) cabecear PHR V **be heading/headed for sth** dirigir-se a algo, ir a caminho de algo

headache /ˈhedeɪk/ *s* dor de cabeça

headdress /ˈheddres/ *s* ornamento para cabeça

heading /ˈhedɪŋ/ *s* título, divisão de livro/texto

headlight /ˈhedlaɪt/ (*tb* **headlamp** /ˈhedlæmp/) *s* farol (*de veículo*)

headline /ˈhedlaɪn/ *s* **1** manchete **2 the headlines** [*pl*] as manchetes

headmaster /ˌhedˈmæstər; *GB* -ˈmɑːstə(r)/ *s* diretor (*de uma escola*)

headmistress /ˌhedˈmɪstrəs/ *s* diretora (*de uma escola*)

ˌhead ˈoffice *s* sede (*de uma empresa*)

ˌhead-ˈon *adj, adv* de frente: *a head-on collision* uma colisão de frente

headphones /ˈhedfoʊnz/ *s* [*pl*] fones de ouvido

headquarters /ˈhedkwɔːrtərz; *GB* ˌhedˈkwɔːtəz/ *s* (*pl* **headquarters**) (*abrev* **HQ**) **1** sede **2** quartel-general

headscarf /ˈhedskɑːrf/ *s* (*pl* **headscarves** /-skɑːrvz/) lenço de cabeça

headstand /ˈhedstænd/ *s* parada sobre a cabeça: *to do a headstand* fazer uma invertida

ˌhead ˈstart *s* [*sing*] vantagem: *You had a head start over me.* Você teve uma vantagem sobre mim.

ˌhead ˈteacher *s* (*GB*) (*USA* **principal**) diretor, -ora (*de uma escola*)

headway /ˈhedweɪ/ *s* LOC **make headway** avançar, progredir

heal /hiːl/ **1** *vi* cicatrizar, sarar **2** *vt* (*antiq ou formal*) (*pessoa*) curar, sarar

health /helθ/ *s* saúde: *health center* posto de saúde/ambulatório LOC *Ver* DRINK

healthcare /ˈhelθker/ *s* [*não contável*] assistência médica

ˈhealth food *s* alimento natural

healthy /ˈhelθi/ *adj* (**healthier**, **-iest**) **1** sadio **2** saudável (*estilo de vida, etc.*)

heap /hiːp/ *substantivo, verbo*
▸ *s* montão, pilha
▸ *vt* ~ **sth (up)** amontoar, empilhar algo

hear /hɪr/ (*pt, pp* **heard** /hɜːrd/ *v*) **1** *vt, vi* ouvir: *I heard someone laughing.* Ouvi alguém rindo. ◇ *I couldn't hear a thing.* Não ouvi nada. ➲ *Ver nota em* OUVIR **2** *vt* escutar ➲ *Ver nota em* ESCUTAR **3** *vi* ~ **(about sth)** ficar sabendo (de algo) **4** *vi* ~ **(about sb)** ouvir falar (de alguém) **5** *vt* (*provas, causa, etc.*) ouvir, julgar LOC *Ver* GRAPEVINE, VOICE PHR V **hear (sth) from sb** ter notícias de alguém ◆ **hear (sth) of sb/sth** ouvir falar de alguém/algo

hearing /ˈhɪrɪŋ/ *s* **1** (*tb* ˌ**sense of ˈhearing**) audição **2** (*Jur*) audiência

hearse /hɜːrs/ *s* carro funerário

heart /hɑːrt/ *s* **1** coração: *heart attack/failure* ataque cardíaco/parada cardíaca **2** [*sing*] **the ~ of sth** o centro de algo: *the heart of the matter* o x da questão **3** (*de alface, etc.*) miolo **4 hearts** [*pl*] (*naipe*) copas ➲ *Ver nota em* BARALHO LOC **at heart** em essência ◆ **by heart** de memória/cor ◆ **lose heart** perder o ânimo ◆ **set your heart on sth**; **have your heart set on sth** desejar algo ardentemente ◆ **take heart** animar-se ◆ **take sth to heart** levar algo a sério ◆ **your heart sinks**: *When I saw the line my heart sank.* Quando vi a fila, perdi o ânimo. *Ver tb* CAPTURE, CHANGE, CRY

heartbeat /ˈhɑːrtbiːt/ *s* batida (do coração), batimento cardíaco

heartbreak /ˈhɑːrtbreɪk/ *s* sofrimento, angústia **heartbreaking** *adj* de partir o coração, angustiante **heartbroken** *adj* de coração partido, angustiado

heartburn /ˈhɑːrtbɜːrn/ *s* azia

hearten /ˈhɑːrtn/ *vt* animar **heartening** *adj* animador

H

heartfelt /ˈhɑːrtfelt/ *adj* sincero

hearth /hɑːrθ/ *s* **1** lareira **2** (*formal*) (*fig*) lar

heartless /ˈhɑːrtləs/ *adj* desumano, cruel

hearty /ˈhɑːrti/ *adj* (**heartier, -iest**) **1** (*cumprimento*) cordial: *a hearty welcome* uma recepção calorosa **2** (*pessoa*) expansivo (*às vezes demais*) **3** (*comida*) abundante

⚷ **heat** /hiːt/ *substantivo, verbo*
▸ *s* **1** calor **2** (*Esporte*) prova classificatória *Ver tb* DEAD HEAT LOC **be in heat** (*GB* **be on heat**) estar no cio ♦ **in the heat of the moment** no auge da irritação
▸ *vt, vi* ~ **(sth) (up)** aquecer algo, aquecer-se **heated** *adj* **1** aquecido: *centrally heated* com aquecimento central **2** (*discussão, pessoa*) inflamado **heater** *s* aquecedor

heath /hiːθ/ *s* charneca

heathen /ˈhiːðn/ *s* pagão, -ã

heather /ˈheðər/ *s* urze

⚷ **heating** /ˈhiːtɪŋ/ *s* calefação

heatwave /ˈhiːtweɪv/ *s* onda de calor

heave /hiːv/ *verbo, substantivo*
▸ *v* **1** *vt* arrastar, levantar (*com esforço*) **2** *vi* ~ **(at/on sth)** dar um puxão (em algo) puxar algo com esforço **3** *vt* lançar (*algo pesado*)
▸ *s* puxão, empurrão

⚷ **heaven** (*tb* **Heaven**) /ˈhevn/ *s* (*Relig*) céu ❶ Note que **heaven** no sentido religioso não é acompanhado por artigo. LOC *Ver* KNOW, SAKE

heavenly /ˈhevnli/ *adj* **1** (*Relig*) celestial **2** celeste: *heavenly bodies* corpos celestes **3** (*coloq*) divino

⚷ **heavily** /ˈhevɪli/ *adv* **1** bem, muito: *heavily loaded* muito carregado ◇ *to rain heavily* chover forte **2** pesadamente

⚷ **heavy** /ˈhevi/ *adj* (**heavier, -iest**) **1** pesado: *How heavy is it?* Quanto pesa? **2** intenso, mais do que o normal: *heavy traffic* tráfego intenso ◇ *heavy rain* chuva forte ◇ *to be a heavy drinker/sleeper* beber muito/ter o sono pesado **3** ~ **on sth** (*coloq*): *Older cars are heavy on gas.* Carros velhos gastam muito combustível. ◇ *Don't go so heavy on the garlic.* Não exagere no alho. LOC **with a heavy hand** com mão firme *Ver tb* TOLL

heavyweight /ˈheviweɪt/ *s* **1** (*Esporte*) peso pesado **2** (*fig*) pessoa de peso

heckle /ˈhekl/ *vt, vi* perturbar (um orador) (*com cochichos, etc.*)

hectare /ˈhekter; *GB tb* -tɑː(r)/ *s* (*abrev* **ha**) hectare ➲ *Ver pág. 759*

hectic /ˈhektɪk/ *adj* frenético

he'd /hiːd/ **1** = HE HAD *Ver* HAVE **2** = HE WOULD *Ver* WOULD

hedge /hedʒ/ *substantivo, verbo*
▸ *s* sebe
▸ *vi* embromar (*numa resposta*)

hedgehog /ˈhedʒhɔːg; *GB* -hɒg/ *s* ouriço

heed /hiːd/ *verbo, substantivo*
▸ *vt* (*formal*) prestar atenção a
▸ *s* LOC **take heed (of sth)** (*formal*) dar atenção (a algo)

⚷ **heel** /hiːl/ *s* **1** calcanhar **2** (*sapato*) salto: *to wear high heels* usar salto (alto) LOC *Ver* DIG, HEAD

hefty /ˈhefti/ *adj* (**heftier, -iest**) **1** robusto **2** (*objeto*) pesado **3** (*golpe*) forte **4** (*quantidade*) considerável

⚷ **height** /haɪt/ *s* **1** altura **2** estatura ➲ *Ver nota em* ALTO **3** (*Geog*) altitude **4** (*fig*) cume, auge: *at/in the height of summer* em pleno verão ◇ *the height of fashion* a última moda

heighten /ˈhaɪtn/ *vt, vi* intensificar(-se), aumentar

heir /er/ *s* ~ **(to sth)**; ~ **(of sb)** herdeiro, -a (de algo); herdeiro, -a (de alguém)

heiress /ˈeres/ *s* herdeira ➲ *Ver nota em* HERDEIRO

held *pt, pp de* HOLD

helicopter /ˈhelɪkɑːptər/ *s* helicóptero

⚷ **hell** (*tb* **Hell**) /hel/ *s* inferno ❶ Note que **hell** no sentido religioso não é acompanhado por artigo: *to go to hell* ir para o inferno. LOC **a/one hell of a...** (*coloq*): *I got a hell of a shock.* Eu levei um tremendo susto. ♦ **catch hell** (*GB* **catch it**) (*coloq*): *You'll catch hell!* Você vai se dar mal! ♦ **like hell** (*coloq*): *to work like hell* trabalhar como louco ◇ *My head hurts like hell.* Minha cabeça está explodindo de dor. ♦ **what, where, who, etc. the hell...?** (*coloq*): *Who the hell is he?* Quem diabos é ele? *Ver tb* CATCH **hellish** *adj* (*esp GB, coloq*) infernal

he'll /hiːl/ = HE WILL *Ver* WILL

⚷ **hello** /həˈloʊ/ *interj, s* **1** olá: *Say hello to Liz for me.* Diga oi para a Liz por mim. ➲ *Ver nota em* OLÁ! **2** (*ao telefone*) alô

helm /helm/ *s* timão

helmet /ˈhelmɪt/ *s* capacete

⚷ **help** /help/ *verbo, substantivo*
▸ *v* **1** *vt, vi* ajudar: *How can I help you?* Em que posso servi-lo? ◇ *Help!* Socorro! **2** *vt* ~ **yourself (to sth)** servir-se (de algo): *Help yourself to some salad.* Sirva-se de salada. LOC **cannot/could not help sth**: *He can't help it.* Ele

não consegue evitar. ◇ *I couldn't help laughing.* Não pude deixar de rir. ◇ *It can't be helped.* Não há remédio. ◆ **give/lend (sb) a helping hand** dar uma mão (a alguém) PHR V **help (sb) out** dar uma mão (a alguém), socorrer alguém
▸ *s* [*não contável*] **1** ajuda: *It wasn't much help.* Não ajudou muito. **2** assistência
helper *s* ajudante

helpful /ˈhelpfl/ *adj* **1** prestativo **2** atencioso **3** (*conselho, etc.*) útil
helping /ˈhelpɪŋ/ *s* porção (*de comida*): *to have a second helping* repetir a comida
helpless /ˈhelpləs/ *adj* **1** indefeso **2** desamparado **3** incapaz
helpline /ˈhelplaɪn/ *s* linha telefônica para assistência
helter-skelter /ˌheltər ˈskeltər/ *substantivo, adjetivo*
▸ *s* (*GB*) tobogã (*em espiral*)
▸ *adj* atabalhoado
hem /hem/ *substantivo, verbo*
▸ *s* bainha
▸ *vt* (-mm-) fazer a bainha em PHR V **hem sb/sth in 1** cercar alguém/algo **2** encurralar alguém/algo
hemisphere /ˈhemɪsfɪr/ *s* hemisfério
hemoglobin (*GB* **haemoglobin**) /ˌhiːməˈgloʊbɪn/ *s* hemoglobina
hemorrhage (*GB* **haemorrhage**) /ˈhemərɪdʒ/ *s* hemorragia
hen /hen/ *s* galinha

hence /hens/ *adv* (*formal*) **1** (*tempo*) desde já: *three years hence* daqui a três anos **2** (*por conseguinte*) daí, portanto
henceforth /ˌhensˈfɔːrθ/ *adv* (*formal*) de agora em diante
ˈ**hen party** *s* (*pl* **hen parties**) (*tb* ˈ**hen night**) (*GB*) despedida de solteira ➲ *Comparar com* STAG NIGHT
hepatitis /ˌhepəˈtaɪtɪs/ *s* [*não contável*] hepatite

her /hər; ɜːr; ər; hɜːr/ *pronome, adjetivo*
▸ *pron* **1** (*como objeto direto*) a, ela: *I saw her.* Eu a vi. ◇ *I asked her to come.* Pedi a ela que viesse. **2** (*como objeto indireto*) lhe, a ela: *I gave her the book.* Eu entreguei o livro para ela. **3** (*depois de preposição e do verbo* **be**) ela: *I said it to her.* Eu disse isso a ela. ◇ *I think of her often.* Penso muito nela. ◇ *She took it with her.* Ela o levou consigo. ◇ *It wasn't her.* Não foi ela. ➲ *Comparar com* SHE
▸ *adj* dela: *her book* o livro dela ➲ *Comparar com* HERS ➲ *Ver nota em* MY
herald /ˈherəld/ *substantivo, verbo*
▸ *s* arauto; mensageiro, -a
▸ *vt* (*formal*) anunciar (*chegada, início*)
heraldry *s* heráldica

herb /ɜːrb; *GB* hɜːb/ *s* erva **herbal** *adj* relativo a ervas: *herbal tea* chá de ervas ◇ *herbal medicine* medicina natural
herbalism /ˈɜːrblɪzəm; *GB* ˈhɜː-/ *s* herbalismo
herbivorous /ɜːrˈbɪvərəs; *GB* hɜːˈ-/ *adj* herbívoro
herd /hɜːrd/ *substantivo, verbo*
▸ *s* rebanho, manada, vara ➲ *Comparar com* FLOCK
▸ *vt* conduzir (*rebanho*)

here /hɪr/ *advérbio, interjeição*
▸ *adv* aqui: *I live a mile from here.* Moro a uma milha daqui. ◇ *Please sign here.* Assine aqui, por favor.

Nas orações que começam com **here**, o verbo vem depois do sujeito se este for um pronome: *Here they are, at last!* Aqui estão eles, finalmente! ◇ *Here it is, on the table!* Aí está, em cima da mesa! Se o sujeito for um substantivo, o verbo vem antes dele: *Here comes the bus.* Aqui vem o ônibus.

LOC **be here** chegar: *They'll be here any minute.* Eles vão chegar a qualquer momento. ◆ **here and there** aqui e ali ◆ **here you are** aqui está
▸ *interj* **1** (*oferecendo algo*) tome! **2** (*GB*) ei! **3** (*resposta*) presente!
hereditary /həˈredɪteri; *GB* -tri/ *adj* hereditário
heresy /ˈherəsi/ *s* (*pl* **heresies**) heresia
heritage /ˈherɪtɪdʒ/ *s* patrimônio
hermit /ˈhɜːrmɪt/ *s* eremita

hero /ˈhɪroʊ/ *s* (*pl* **heroes**) herói, heroína: *sporting heroes* os heróis do esporte
heroic /həˈroʊɪk/ *adj* heroico
heroin /ˈheroʊɪn/ *s* heroína (*droga*)
heroine /ˈheroʊɪn/ *s* heroína (*pessoa*)
heroism /ˈheroʊɪzəm/ *s* heroísmo
herring /ˈherɪŋ/ *s* arenque *Ver tb* RED HERRING

hers /hɜːrz/ *pron* o(s)/a(s) dela: *a friend of hers* um amigo dela ◇ *Where are hers?* Onde estão os dela?

herself /hɜːrˈself/ *pron* **1** (*uso reflexivo*) se, ela mesma: *She bought herself a book.* Ela comprou um livro para si mesma. **2** (*depois de preposição*) si (mesma): *"I am free", she said to herself.* —Estou livre, disse ela para si. **3** (*uso enfático*) ela mesma: *She told me the news herself.* Ela mesma me deu a notícia. LOC **(all) by herself** (completamente) sozinha
he's /hiːz/ **1** = HE IS *Ver* BE **2** = HE HAS *Ver* HAVE

H

hesitant /ˈhezɪtənt/ *adj* hesitante, indeciso: *to be hesitant about doing sth* hesitar em fazer algo

hesitate /ˈhezɪteɪt/ *vi* ~ **(about/over sth/ doing sth)** hesitar sobre algo/em fazer algo: *I didn't hesitate for a moment about taking the job.* Eu não pensei duas vezes para aceitar o emprego. ◇ *Don't hesitate to call.* Não deixe de telefonar. **hesitation** *s* hesitação, dúvida

heterogeneous /ˌhetərəˈdʒiːniəs/ *adj* *(formal)* heterogêneo

heterosexual /ˌhetərəˈsekʃuəl/ *adj, s* heterossexual

H

hexagon /ˈheksəɡɑːn; GB -ɡən/ *s* hexágono

hey /heɪ/ *interj* **1** ei! *(para chamar a atenção)* **2** *(esp USA, coloq)* olá! ➲ *Ver nota em* OLÁ!

heyday /ˈheɪdeɪ/ *s* auge, apogeu

hi /haɪ/ *interj (coloq)* oi ➲ *Ver nota em* OLÁ!

hibernate /ˈhaɪbərneɪt/ *vi* hibernar **hibernation** *s* hibernação

hiccup /ˈhɪkʌp/ *(tb* **hiccough***)* *s* **1** soluço: *I got (the) hiccups.* Eu estava com soluço. **2** *(coloq)* problema

hick /hɪk/ *s (esp USA, coloq) (GB* **yokel***)* caipira

hidden /ˈhɪdn/ *adj* oculto, escondido *Ver tb* HIDE

hide /haɪd/ *verbo, substantivo*

▸ *v (pt* **hid** /hɪd/, *pp* **hidden** /ˈhɪdn/) **1** *vt* ~ **sth (from sb)** ocultar algo (de alguém): *The trees hid the house from view.* As árvores ocultavam a casa. **2** *vi* ~ **(from sb)** esconder-se, ocultar-se (de alguém): *The child was hiding under the bed.* A criança estava escondida debaixo da cama.

▸ *s* pele *(de animal)*

ˌhide-and-ˈseek *s* esconde-esconde: *to play hide-and-seek* brincar de esconde-esconde

hideous /ˈhɪdiəs/ *adj* horrendo

hiding /ˈhaɪdɪŋ/ *s* **1**: *in hiding* escondido ◇ *to go into/come out of hiding* esconder-se/sair do esconderijo **2** *(esp GB, coloq)* surra

hierarchy /ˈhaɪərɑːrki/ *s (pl* **hierarchies***)* hierarquia

hieroglyphics /ˌhaɪərəˈɡlɪfɪks/ *s [pl]* hieróglifos

hi-fi /ˈhaɪ faɪ/ *adj, s* (aparelho) de alta fidelidade

high /haɪ/ *adjetivo, advérbio, substantivo*

▸ *adj* (**higher**, **-est**) **1** *(preço, velocidade, teto, etc.)* alto

> **High**, como seu antônimo, **low**, combina-se às vezes a um substantivo para criar adjetivos como **high-speed** *(de alta velocidade)*, **high-fiber** *(com alto teor de fibra)*, **high-risk** *(de alto risco)*, etc.
> ➲ *Ver nota em* ALTO

2: *to have a high opinion of sb* ter alguém em alta estima ◇ *high hopes* grandes expectativas ◇ *high priority* prioridade máxima **3** *(ideais, ambições, etc.)* elevado: *to set high standards* impor padrões altos ◇ *I have it on the highest authority.* Sei de fonte segura/ da mais alta fonte. ◇ *She has friends in high places.* Ela tem amigos influentes. **4**: *the high point of the evening* o melhor momento da noite ◇ *the high life* a vida de luxo **5** *(vento)* forte **6** *(som)* agudo **7**: *in high summer* em pleno verão ◇ *high season* alta temporada **8** ~ **(on sth)** *(coloq)* intoxicado (de algo) *(drogas, álcool)* LOC **be X meters, feet, etc. high** medir X metros, pés, etc. de altura: *The wall is six feet high.* A parede tem dois metros de altura. ◇ *How high is it?* Qual é a altura disso? ◆ **high and dry** em dificuldades: *to leave sb high and dry* deixar alguém em apuros *Ver tb* FLY, PROFILE

▸ *adv* (**higher**, **-est**) alto, a grande altura

▸ *s* ponto alto, pico

highbrow /ˈhaɪbraʊ/ *adj (ger pej)* erudito, intelectual

ˌhigh-ˈclass *adj* de categoria

ˌHigh ˈCourt *s* Supremo Tribunal Federal

ˌhigh-defiˈnition *(abrev* **HD***)* *adj [antes do substantivo]* de alta definição

ˌhigh-ˈend *adj* de categoria superior

ˌhigher eduˈcation *s* ensino superior

ˌhigh ˈfive *s* gesto no qual duas pessoas batem as palmas das mãos: *Way to go! High five!* Toca aqui!

the ˈhigh jump *s* salto em altura

highland /ˈhaɪlənd/ *adjetivo, substantivo*

▸ *adj* montanhoso

▸ *s [ger pl]* região montanhosa

ˌhigh-ˈlevel *adj* de alto nível

highlight /ˈhaɪlaɪt/ *substantivo, verbo*

▸ *s* **1** ponto alto, melhor momento **2 highlights** *[pl] (no cabelo)* mechas

▸ *vt* **1** ressaltar **2** assinalar *(com marca-texto)*

highlighter /ˈhaɪlaɪtər/ *s* **1** *(tb* **ˈhighlighter pen***)* (caneta) marca-texto **2** caneta iluminadora

highly /ˈhaɪli/ *adv* **1** muito, altamente, extremamente: *highly unlikely* muito improvável **2**: *to think/speak highly* *of sb* ter alguém em alta estima/falar muito bem de alguém

Highness /ˈhaɪnəs/ *s* Alteza: *His/Her/Your Highness* Sua/Vossa Alteza

ˌhigh-ˈpitched *adj (som)* agudo

ˌhigh-ˈpowered *adj* **1** *(carro)* de alta potência **2** *(pessoa)* enérgico, dinâmico **3** *(cargo)* de alta responsabilidade

ˌhigh ˈpressure *substantivo, adjetivo*
▸ *s (weather)* alta pressão
▸ *adj* **ˌhigh-ˈpressure** *(trabalho)* estressante: *high-pressure sales techniques* técnicas de venda insistentes

ˌhigh-resoˈlution *(tb* **ˌhi-ˈres, ˌhigh-ˈres***) adj (imagem)* de/em alta resolução

ˈhigh-rise *substantivo, adjetivo*
▸ *s* edifício de muitos andares
▸ *adj* **1** *(edifício)* de muitos andares **2** *(apartamento)* de um espigão

ˈhigh school *s* **1** *(USA)* escola de ensino médio **2** *(GB)* escola secundária *(de 11 a 16/18 anos) Ver tb* JUNIOR HIGH SCHOOL, SENIOR HIGH SCHOOL

ˈhigh street *s (GB) (USA* **main street***)* rua principal: *high-street shops* lojas da rua principal

ˌhigh-ˈstrung *(GB* **ˌhighly ˈstrung***) adj* tenso, irritadiço

high-tech *(tb* **hi-tech***)* /ˌhaɪ ˈtek/ *adj (coloq)* de alta tecnologia

high-visibility /ˌhaɪ vɪzəˈbɪləti/ *adj (coloq* **ˌhigh-ˈvis, ˌhi-ˈvis** /ˌhaɪ ˈvɪz/*)* **1** *(roupas)* de alta visibilidade **2** *(campanha, etc.)* de grande visibilidade

⚷ **highway** /ˈhaɪweɪ/ *s* **1** *(esp USA)* estrada, rodovia ➲ *Ver nota em* RODOVIA; *Ver tb* DIVIDED HIGHWAY **2** *(GB, formal)* via pública: *Highway Code* Código Nacional de Trânsito

hijab /hɪˈdʒɑːb/ *s* hijab *(véu islâmico para cobrir os cabelos)*

hijack /ˈhaɪdʒæk/ *verbo, substantivo*
▸ *vt* **1** sequestrar *(esp avião)* **2** *(pej) (fig)* monopolizar
▸ *s (tb* **hijacking***)* sequestro **hijacker** *s* sequestrador, -ora *(de avião)*

hike /haɪk/ *substantivo, verbo*
▸ *s* **1** caminhada, excursão a pé **2** ~ **(in sth)** *(esp USA, coloq)* escalada (de algo) *(preços, etc.)*
▸ *v* **1** *vi* fazer uma excursão a pé: *to go hiking* fazer uma caminhada (em trilha) **2** *vt* ~ **sth (up)** aumentar algo **hiker** *s* caminhante, excursionista **hiking** *s* excursionismo

hilarious /hɪˈleriəs/ *adj* hilariante, divertido

⚷ **hill** /hɪl/ *s* **1** colina, monte **2** ladeira, subida **hilly** *adj* (**hillier, -iest**) acidentado *(região)*

hillside /ˈhɪlsaɪd/ *s* encosta

hilt /hɪlt/ *s* punho *(de espada)* LOC **(up) to the hilt 1** completamente **2** *(apoiar)* incondicionalmente

⚷ **him** /hɪm/ *pron* **1** *(como objeto direto)* o, ele: *I hit him.* Eu o acertei. **2** *(como objeto indireto)* lhe, a ele: *I gave him the book.* Eu entreguei o livro para ele. **3** *(depois de preposição e do verbo* **be***)* ele: *Give it to him.* Dê isso a ele. ◇ *He always has it with him.* Ele o tem sempre consigo. ◇ *It must be him.* Deve ser ele. ➲ *Comparar com* HE

⚷ **himself** /hɪmˈself/ *pron* **1** *(uso reflexivo)* se, ele mesmo **2** *(depois de preposição)* si (mesmo): *"I tried", he said to himself.* —Tentei, disse a si mesmo. **3** *(uso enfático)* ele mesmo: *He said so himself.* Ele mesmo disse isso. LOC **(all) by himself** (completamente) sozinho

hinder /ˈhɪndər/ *vt* dificultar, atrapalhar: *It seriously hindered him in his work.* O trabalho dele foi seriamente dificultado. ◇ *Our progress was hindered by bad weather.* O mau tempo dificultou nosso trabalho.

hindrance /ˈhɪndrəns/ *s* ~ **(to sth/sb)** estorvo, impedimento (para algo/alguém)

hindsight /ˈhaɪndsaɪt/ *s*: *with the benefit of hindsight/in hindsight* em retrospectiva

Hindu /ˈhɪnduː/ *adj, s* hindu **Hinduism** *s* hinduísmo

hinge /hɪndʒ/ *substantivo, verbo*
▸ *s* dobradiça
▸ *v* PHR V **hinge on sth** depender de algo

hint /hɪnt/ *substantivo, verbo*
▸ *s* **1** insinuação, indireta **2** indício **3** dica
▸ *v* **1** *vi* ~ **at sth** fazer alusão a algo **2** *vt, vi* ~ **(to sb) that...** insinuar (a alguém) que...

⚷ **hip** /hɪp/ *substantivo, adjetivo*
▸ *s* quadril
▸ *adj* (**hipper, -est**) *(coloq)* na moda

ˈhip-hop *s* hip-hop

hippie *(tb* **hippy***)* /ˈhɪpi/ *s (pl* **hippies***)* hippie

hippo /ˈhɪpoʊ/ *s (pl* **hippos***) (coloq)* hipopótamo

hippopotamus /ˌhɪpəˈpɑːtəməs/ *s (pl* **hippopotamuses** *ou* **hippopotami** /-maɪ/*)* hipopótamo

hipster /ˈhɪpstər/ *s* hipster; antenado, -a

⚷ **hire** /ˈhaɪər/ *verbo, substantivo*
▸ *vt* **1** *(esp GB) (USA* **rent***)* alugar ➲ *Ver nota em* ALUGAR **2** *(esp USA) (pessoa)* contratar

H

▸ *s (esp GB)* aluguel: *Bicycles for hire.* Alugam-se bicicletas. ◇ *hire purchase* compra a prazo

⚷ **his** /hɪz/ *adjetivo, pronome*
▸ *adj* dele: *his bag* a sacola dele ➲ *Ver nota em* MY
▸ *pron* o(s)/a(s) dele: *a friend of his* um amigo dele ◇ *He lent me his.* Ele me emprestou o dele.

Hispanic /hɪˈspænɪk/ *adj, s* hispânico, -a

hiss /hɪs/ *verbo, substantivo*
▸ *v* **1** *vi* ~ **(at sb/sth)** assobiar, silvar (para algo/alguém) **2** *vt, vi (desaprovação)* vaiar
▸ *s* assobio, silvo

ˈ**hissy fit** *s (coloq)* piti, escândalo

historian /hɪˈstɔːriən/ *s* historiador, -ora

historic /hɪˈstɔːrɪk; *GB* hɪˈstɒrɪk/ *adj* histórico *(de importância histórica)*

⚷ **historical** /hɪˈstɔːrɪkl; *GB* hɪˈstɒrɪ-/ *adj* histórico *(relativo à história)*

⚷ **history** /ˈhɪstri/ *s (pl* **histories***)* **1** história **2** *(Med, etc.)* histórico

⚷ **hit** /hɪt/ *verbo, substantivo*
▸ *vt (pt, pp* **hit**; *part pres* **hitting***)* **1** bater: *to hit a nail* bater num prego **2** acertar: *He's been hit in the leg by a bullet.* Ele levou um tiro na perna. **3** colidir com **4** ~ **sth (on/against sth)** bater (com) algo (em/contra algo): *I hit my knee against the table.* Bati com o joelho na mesa. **5** *(bola)* sacar **6** afetar: *Rural areas have been worst hit by the strike.* As zonas rurais foram as que mais sofreram com a greve. LOC **hit it off (with sb)** *(coloq)* entrosar-se (com alguém) ◆ **hit the nail on the head** acertar na mosca *Ver tb* HOME, PATCH PHR V **hit back (at sb/sth)** revidar (a alguém/algo) ◆ **hit on sb** *(USA, gíria)* dar em cima de alguém ◆ **hit out (at sb/sth)** atacar (alguém/algo)
▸ *s* **1** golpe **2** sucesso *(canção, filme, etc.)* **3** *(Internet)* visita

ˌ**hit-and-**ˈ**run** *adj*: *a hit-and-run driver* um motorista que atropela alguém e foge

hitch /hɪtʃ/ *verbo, substantivo*
▸ *v* **1** *vt, vi* pegar carona: *to hitch a ride* pegar carona ◇ *Can I hitch a ride with you as far as the station?* Pode me dar uma carona até a estação? **2** *vt* ~ **sth (up)** *(calças, etc.)* arregaçar algo **3** *vt* ~ **sth (to sth)** prender, amarrar algo (a algo)
▸ *s* problema: *without a hitch* sem nenhum problema

hitchhike /ˈhɪtʃhaɪk/ *vi* pedir carona

hitchhiker *s* pessoa que viaja de carona

ˌ**hi-**ˈ**tech** = HIGH-TECH

HIV /ˌeɪtʃ aɪ ˈviː/ *abrev de* **human immunodeficiency virus** vírus HIV: *to be HIV-positive* ser soropositivo

hive /haɪv/ *(tb* **beehive***) s* colmeia

hoard /hɔːrd/ *substantivo, verbo*
▸ *s* **1** tesouro **2** provisão
▸ *vt* acumular

hoarding /ˈhɔːrdɪŋ/ *s (GB) (USA* **billboard***)* outdoor

hoarse /hɔːrs/ *adj* rouco

hoax /hoʊks/ *s* trote: *a bomb hoax* um falso alerta de bomba

hob /hɑːb/ *s (GB) (USA* **stovetop***)* placa de aquecimento *(de fogão)*

⚷ **hobby** /ˈhɑːbi/ *s (pl* **hobbies***)* hobby *(atividade de lazer)*

hockey /ˈhɑːki/ *s* **1** *(USA) (GB* **ice hockey***)* hóquei no gelo **2** *(GB) (USA* **field hockey***)* hóquei

hoe /hoʊ/ *s* enxada

hog /hɔːg; *GB* hɒg/ *substantivo, verbo*
▸ *s* porco
▸ *vt* **(-gg-)** monopolizar

Hogmanay /ˈhɑːgməneɪ/ *s* véspera do Ano-Novo na Escócia

hoist /hɔɪst/ *vt* içar, levantar

⚷ **hold** /hoʊld/ *verbo, substantivo*
▸ *v (pt, pp* **held** /held/*)* **1** *vt* segurar, prender na mão **2** *vt* agarrar-se a **3** *vt, vi (peso)* aguentar **4** *vt (criminoso, refém, etc.)* reter, deter **5** *vt (opinião)* sustentar **6** *vt* acomodar: *It won't hold you all.* Não vai haver lugar para todos. **7** *vt (posto, cargo)* ocupar **8** *vt (conversação)* manter **9** *vt (reunião, eleições)* realizar **10** *vt (possuir)* ter **11** *vt (formal)* considerar **12** *vi (oferta, acordo)* ser válido **13** *vt (título) (recorde)* deter **14** *vi (ao telefone)* esperar LOC **hold it** *(coloq)* aguarde ❶ Para outras expressões com **hold**, ver os verbetes do substantivo, adjetivo, etc, p.ex. **hold sb to ransom** em RANSOM.
PHR V **hold sth against sb** ter algo contra alguém
hold sb/sth back 1 conter alguém/algo **2** refrear alguém/algo ◆ **hold sth back** ocultar algo
hold sb/sth down segurar alguém/algo
hold forth discursar
hold on 1 *(coloq)* esperar **2** aguentar *(numa situação difícil)* ◆ **hold on (to sb/sth); hold onto sb/sth** agarrar-se (a alguém/algo) ◆ **hold sth on** segurar algo
hold out 1 *(provisões, etc.)* durar **2** *(pessoa)* aguentar ◆ **hold sth out** estender, oferecer algo
hold sb/sth up atrasar alguém/algo: *I got held up in traffic.* Fiquei preso no

trânsito. ◆ **hold sth up** assaltar algo (*banco, etc.*)

hold with sth concordar com algo

▸ *s* **1**: *to keep a firm hold of sth* manter-se agarrado a algo **2** (*judô, etc.*) chave **3** ~ **(on/over sb/sth)** influência, controle (sobre alguém/algo) **4** (*barco, avião*) porão LOC **catch, get, grab, take, etc. (a) hold of sb/sth** agarrar alguém/algo ◆ **get hold of sb** contatar alguém ◆ **get hold of sth** encontrar, conseguir algo

holdall /ˈhoʊldɔːl/ *s* (*GB*) (*USA* **duffel bag**) saco de viagem ➲ *Ver ilustração em* BAG

holder /ˈhoʊldər/ *s* **1** titular (*de uma conta, etc.*) **2** portador, -ora (*de um passaporte, etc.*) **3** detentor, -ora (*de um recorde*) **4** suporte

holdup /ˈhoʊldʌp/ *s* **1** atraso **2** (*esp GB*) (*trânsito*) engarrafamento **3** assalto

⚷ **hole** /hoʊl/ *s* **1** buraco **2** orifício **3** furo **4** toca **5** (*coloq, pej*) muquifo LOC *Ver* PICK

⚷ **holiday** /ˈhɑːlədeɪ; *GB tb* -di/ *substantivo, verbo*

▸ *s* **1** feriado **2** (*esp GB*) (*USA* **vacation**) férias: *to be/go on holiday* estar/sair de férias

▸ *vi* (*GB*) (*USA* **vacation**) passar as férias

holidaymaker /ˈhɑːlədeɪmeɪkər; *GB tb* -dimeɪ-/ (*USA* **vacationer**) *s* pessoa que está de férias, turista

holiness /ˈhoʊlinəs/ *s* santidade

⚷ **hollow** /ˈhɑːloʊ/ *adjetivo, substantivo, verbo*

▸ *adj* **1** oco **2** (*rosto, olhos*) fundo **3** (*som*) surdo **4** (*fig*) insincero, falso

▸ *s* **1** buraco **2** cavidade **3** depressão

▸ *v* PHR V **hollow sth out** escavar algo

holly /ˈhɑːli/ *s* (*pl* **hollies**) azevinho (*usado como decoração no Natal*)

holocaust /ˈhɑːləkɔːst/ *s* holocausto

hologram /ˈhɑːləgræm; ˈhoʊlə-/ *s* holograma

holster /ˈhoʊlstər/ *s* coldre

⚷ **holy** /ˈhoʊli/ *adj* (**holier**, **-iest**) **1** santo **2** sagrado **3** bento

homage /ˈhɑːmɪdʒ/ *s* (*formal*) homenagem: *to pay homage to sb/sth* prestar homenagem a alguém/algo

⚷ **home** /hoʊm/ *substantivo, adjetivo, advérbio*

▸ *s* **1** (*domicílio*) casa, lar **2** (*de idosos, etc.*) asilo, lar **3** [*sing*] **the ~ of sth** o berço de algo **4** (*Zool*) hábitat **5** (*corrida*) meta LOC **at home 1** em casa **2** à vontade: *to make yourself at home* sentir-se em casa **3** no meu, seu, nosso, etc. país

▸ *adj* [*antes do substantivo*] **1** familiar: *home life* vida familiar ◇ *home comforts* comodidades do lar **2** (*comida, filmes, etc.*) caseiro **3** (*esp GB*) nacional: *the Home Office* o Ministério do Interior **4** (*povo, país*) natal **5** (*Esporte*) de/em casa

▸ *adv* **1** para casa: *to go home* ir para casa **2** (*fixar, prender, etc.*) até o fundo LOC **bring sth home to sb** deixar algo claro para alguém ◆ **hit/strike home** acertar em cheio ◆ **home free** (*GB* **home and dry**) fora de perigo

homeboy /ˈhoʊmbɔɪ/ *s* (*USA, coloq*) conterrâneo

ˌhome ecoˈnomics *s* [*não contável*] economia doméstica

homegirl /ˈhoʊmgɜːrl/ *s* (*USA, coloq*) conterrânea

homeland /ˈhoʊmlænd/ *s* terra natal, pátria

homeless /ˈhoʊmləs/ *adjetivo, substantivo*

▸ *adj* sem lar

▸ *s* **the homeless** [*pl*] os sem-teto **homelessness** *s* condição de não se ter moradia: *the rise in homelessness* o aumento do número dos sem-teto

homely /ˈhoʊmli/ *adj* (**homelier**, **-iest**) **1** (*USA, pej*) feio **2** (*GB*) (*USA* **homey**) (*ambiente, lugar*) caseiro **3** (*GB*) (*pessoa*) simples, despretensioso

homemade /ˌhoʊmˈmeɪd/ *adj* caseiro, feito em casa

homemaker /ˈhoʊmmeɪkər/ *s* dono, -a de casa

homeopath /ˈhoʊmiəpæθ/ *s* homeopata

homeopathy /ˌhoʊmiˈɑːpəθi/ *s* homeopatia

ˈhome page *s* (*Internet*) página inicial

ˌhome ˈrun *s* (*beisebol*) rebatida quádrupla

homeschooling /ˌhoʊmˈskuːlɪŋ/ *s* [*não contável*] método de educação de crianças em casa

ˌHome ˈSecretary *s* (*GB*) Ministro, -a do Interior

homesick /ˈhoʊmsɪk/ *adj* saudoso (de casa): *to be/feel homesick* ter/sentir saudade de casa

homesourcing /ˈhoʊmsɔːrsɪŋ/ *s* [*não contável*] transferência do local de trabalho para a casa do funcionário

hometown /ˈhoʊmtaʊn/ *s* cidade natal

⚷ **homework** /ˈhoʊmwɜːrk/ *s* [*não contável*] (*escola*) dever de casa

homey (*tb* **homy**) /ˈhoʊmi/ (*GB* **homely**) *adj* (*ambiente, lugar*) caseiro

H

homicide /ˈhɑːmɪsaɪd/ *s* homicídio ➲ *Comparar com* MANSLAUGHTER, MURDER **homicidal** /ˌhɑːmɪˈsaɪdl/ *adj* homicida

homogeneous /ˌhoʊməˈdʒiːniəs; *GB* ˌhɒməˈ-/ *adj* homogêneo

homosexual /ˌhoʊməˈsekʃuəl/ *adj, s* homossexual **homosexuality** /ˌhoʊməˌsekʃuˈæləti/ *s* homossexualismo

homy = HOMEY

⚷ **honest** /ˈɑːnɪst/ *adj* **1** *(pessoa)* honesto **2** *(afirmação)* franco, sincero **3** *(salário)* digno

⚷ **honestly** /ˈɑːnɪstli/ *adv* **1** honestamente **2** *(uso enfático)* de verdade, francamente

honesty /ˈɑːnəsti/ *s* **1** honestidade, honradez **2** franqueza

honey /ˈhʌni/ *s* **1** mel **2** *(coloq)* *(tratamento)* querido, -a

honeymoon /ˈhʌnimuːn/ *s* lua de mel

honk /hɑːŋk/ **1** *vi* ~ **(at sb/sth)** *(carro)* buzinar (para alguém/algo) **2** *vt* *(buzina)* tocar

⚷ **honor** *(GB* **honour***)* /ˈɑːnər/ *substantivo, verbo*

▸ *s* **1** honra **2** *(título)* condecoração **3 honors** *[pl]* distinção: *(first class) honors degree* diploma (com distinção) **4 His/Her/Your Honor** Vossa/Sua Excelência LOC **in honor of sb/sth; in sb's/sth's honor** em homenagem a alguém/algo

▸ *vt* **1** honrar **2** condecorar **3** *(compromisso, dívida)* honrar

honorable *(GB* **honourable***)* /ˈɑːnərəbl/ *adj* **1** honrado **2** nobre

honorary /ˈɑːnəreri; *GB* -rəri/ *adj* **1** honorífico **2** *(título universitário)* honoris causa **3** honorário: *an honorary doctorate* um doutorado honorário

hood /hʊd/ *s* **1** capuz **2** *(USA)* *(GB* **bonnet***)* *(carro)* capô **3** *(esp GB)* *(USA* **sunroof***)* *(carro)* teto solar

hoodie *(tb* **hoody***)* /ˈhʊdi/ *s (pl* **-ies***)* *(coloq)* moletom com capuz

hoof /huːf/ *s (pl* **hoofs** *ou* **hooves** /huːvz/*)* casco, pata

⚷ **hook** /hʊk/ *substantivo, verbo*

▸ *s* **1** gancho: *coat hook* cabide **2** *(pesca)* anzol LOC **get/let sb off the hook** *(coloq)* tirar alguém de um aperto ◆ **off the hook** fora do gancho *(telefone)*

▸ *vt, vi* enganchar(-se), fisgar LOC **be/get hooked (on sth)** *(coloq)* ser viciado/viciar-se (em algo)

hooker /ˈhʊkər/ *s (esp USA, coloq)* prostituta

hooligan /ˈhuːlɪgən/ *s (esp GB)* vândalo, -a **hooliganism** *s* vandalismo

hoop /huːp/ *s* arco

hooray *(tb* **hurray***)* /huˈreɪ/ *(tb* **hurrah** /həˈrɑː/*)* *interj* ~ **(for sb/sth)** viva (alguém/algo)

hoot /huːt/ *substantivo, verbo*

▸ *s* **1** *(coruja)* pio **2** *(buzina)* buzinada

▸ *v* **1** *vi* *(coruja)* piar **2** *vi* ~ **(at sb/sth)** *(carro)* buzinar (para alguém/algo) **3** *vt* *(buzina)* tocar

hoover /ˈhuːvər/ *substantivo, verbo*

▸ *s* *(tb* **Hoover®***)* *(GB)* *(USA* ˈ**vacuum cleaner***)* aspirador de pó

▸ *vt, vi* *(GB)* *(USA* **vacuum***)* passar o aspirador (em)

hooves *Ver* HOOF

hop /hɑːp/ *verbo, substantivo*

▸ *vi* (-pp-) **1** *(pessoa)* pular num pé só **2** *(animal)* saltitar

▸ *s* **1** pulo **2 hops** *[pl]* *(Bot)* lúpulo

⚷ **hope** /hoʊp/ *substantivo, verbo*

▸ *s* ~ **(of/for sth)**; ~ **(of doing sth)** esperança (de/para algo); esperança (de fazer algo) LOC *Ver* DASH

▸ *vt, vi* ~ **(for sth/to do sth)** esperar (algo/fazer algo): *I hope not/so.* Espero que não/sim. ◇ *We're hoping for a white Christmas.* Vamos torcer para que tenhamos um Natal com neve. LOC **I should hope not!** *(coloq)* era só o que faltava! ◆ **I should hope so!** *(coloq)* espero que sim! ➲ *Ver nota em* ESPERAR

hopeful /ˈhoʊpfl/ *adj* **1** *(pessoa)* esperançoso, otimista: *to be hopeful that...* ter esperança de que... **2** *(situação)* promissor **hopefully** *adv* **1** com otimismo, com esperança **2** com sorte: *Hopefully we'll get there by four.* Se tudo der certo, chegamos lá até as quatro.

hopeless /ˈhoʊpləs/ *adj* **1** inútil **2** *(tarefa)* impossível **hopelessly** *adv* irremediavelmente: *hopelessly lost* totalmente perdido

horde /hɔːrd/ *s (ger pej)* horda: *hordes of people* um bando de gente

horizon /həˈraɪzn/ *s* **1 the horizon** *[sing]* o horizonte **2** *[ger pl]* *(fig)* perspectiva

⚷ **horizontal** /ˌhɔːrəˈzɑːntl; *GB* ˌhɒrɪˈ-/ *adj, s* horizontal

hormone /ˈhɔːrmoʊn/ *s* hormônio

⚷ **horn** /hɔːrn/ *s* **1** corno, chifre **2** *(Mús)* trompa **3** *(carro)* buzina

horny /ˈhɔːrni/ *adj* (**hornier**, **-iest**) *(coloq)* excitado *(sexualmente)*

horoscope /ˈhɔːrəskoʊp; *GB* ˈhɒrə-/ *s* horóscopo

horrendous /həˈrendəs/ *adj* **1** horrendo **2** *(excessivo)* tremendo

horrible /ˈhɔːrəbl; *GB* ˈhɒrə-/ *adj* horrível

horrid /ˈhɔːrɪd; *GB* ˈhɒrɪd/ *adj* horrível, antipático

horrific /həˈrɪfɪk/ *adj* horripilante, espantoso

horrify /ˈhɔːrɪfaɪ; *GB* ˈhɒrɪ-/ *vt* (*pt, pp* **-fied**) horrorizar **horrifying** *adj* tenebroso, horripilante

horror /ˈhɔːrər; *GB* ˈhɒrə(r)/ *s* horror: *horror movie* filme de terror

horse /hɔːrs/ *s* cavalo LOC *Ver* DARK, FLOG, LOOK

horseback riding /ˈhɔːrsbæk raɪdɪŋ/ (*GB* **riding**, ˈ**horse riding**) *s* equitação: *I like horseback riding.* Gosto de andar a cavalo.

horseman /ˈhɔːrsmən/ *s* (*pl* **-men** /ˈhɔːrsmən/) cavaleiro

horsepower /ˈhɔːrspaʊər/ *s* (*pl* **horsepower**) (*abrev* **hp**) cavalo-vapor

horseshoe /ˈhɔːrʃʃuː; *GB* ˈhɔːsʃuː/ *s* ferradura

horsewoman /ˈhɔːrswʊmən/ *s* (*pl* **-women** /-wɪmɪn/) amazona

horticulture /ˈhɔːrtɪkʌltʃər/ *s* horticultura **horticultural** /ˌhɔːrtɪˈkʌltʃərəl/ *adj* hortícola

hose /hoʊz/ (*GB tb* **hosepipe** /ˈhoʊzpaɪp/) *s* mangueira (*tubo*)

hospice /ˈhɑːspɪs/ *s* hospital (*para moribundos*)

hospitable /hɑːˈspɪtəbl; ˈhɑːspɪtəbl/ *adj* hospitaleiro

hospital /ˈhɑːspɪtl/ *s* hospital

hospitality /ˌhɑːspɪˈtæləti/ *s* hospitalidade

host /hoʊst/ *substantivo, verbo*
▸ *s* **1** anfitrião, -ã **2** (*TV*) apresentador, -ora **3** ~ **of sb/sth** multidão, montão de alguém/algo: *a host of admirers* um monte de admiradores **4 the Host** (*Relig*) a hóstia
▸ *vt* sediar: *Brazil hosted the 2014 World Cup.* O Brasil sediou a Copa do Mundo de 2014. *Ver tb* WEB HOSTING

hostage /ˈhɑːstɪdʒ/ *s* refém

hostel /ˈhɑːstl/ *s* hospedaria: *youth hostel* albergue da juventude

hostess /ˈhoʊstəs/ *s* **1** anfitriã **2** (*TV*) apresentadora **3** cicerone *Ver tb* AIR HOSTESS

hostile /ˈhɑːstl; ˈhɑːstaɪl/ *adj* **1** hostil **2** (*território*) inimigo

hostility /hɑːˈstɪləti/ *s* hostilidade

hot /hɑːt/ *adj* (**hotter**, **-est**) **1** (*água, comida, objeto*) quente ➲ *Ver nota em* QUENTE **2** (*tempo*) calorento: *in hot weather* quando faz calor **3** (*pessoa*): *I'm really hot.* Estou com muito calor. **4** (*sabor*) picante **5** (*coloq*) (*novo, badalado*) quente

ˌ**hot-ˈblooded** *adj* impetuoso ➲ *Comparar com* WARM-BLOODED

ˌ**hot cross ˈbun** *s* (*GB*) pão doce com passas tradicional da Páscoa

ˈ**hot-desking** *s* [*não contável*] sistema em que os funcionários usam a mesa que estiver disponível ao invés de ter sua própria

ˈ**hot dog** *s* cachorro-quente

hotel /hoʊˈtel/ *s* hotel

hothead /ˈhɑːthed/ *s* exaltado, -a

hotline /ˈhɑːtlaɪn/ *s* linha direta

hotly /ˈhɑːtli/ *adv* ardentemente, energicamente

ˈ**hot spot** *s* área de conflito

hound /haʊnd/ *substantivo, verbo*
▸ *s* cão de caça
▸ *vt* acossar

hour /ˈaʊər/ *s* **1** (*abrev* **hr, hr.**) hora: *half an hour* meia hora **2 hours** [*pl*] horário: *opening hours* horário de abertura **3** [*ger sing*] momento *Ver tb* HAPPY HOUR LOC **after hours** após o horário normal de funcionamento de um bar ◆ **on the hour** na hora exata *Ver tb* EARLY, WEE **hourly** *adv, adj* de hora em hora

house *substantivo, verbo*
▸ *s* /haʊs/ (*pl* **houses** /ˈhaʊzɪz/) **1** casa **2** (*Teat*) sala de espetáculos: *There was a full house.* Lotou o teatro. *Ver tb* BOARDING HOUSE, FIELD HOUSE, OPEN HOUSE, PUBLIC HOUSE, WHITE HOUSE LOC **on the house** cortesia da casa *Ver tb* MOVE
▸ *vt* /haʊz/ alojar, acomodar

houseboat /ˈhaʊsboʊt/ *s* casa flutuante (*barco*)

household /ˈhaʊshoʊld/ *s*: *a large household* uma casa cheia de gente (geralmente da mesma família) ◇ *household chores* tarefas domésticas **householder** *s* dono, -a da casa

househusband /ˈhaʊshʌzbənd/ *s* homem que cuida da casa enquanto sua esposa trabalha

housekeeper /ˈhaʊskiːpər/ *s* governanta **housekeeping** *s* **1** administração do lar **2** despesas domésticas

the ˌHouse of ˈCommons (*tb* **the Commons**) *s* (*GB*) a Câmara dos Comuns ➲ *Ver nota em* PARLIAMENT

the ˌHouse of ˈLords (*tb* **the Lords**) *s* (*GB*) a Câmara dos Lordes ➲ *Ver nota em* PARLIAMENT

H

the ˌHouse of Repreˈsentatives *s* (*USA*) a Câmara dos Deputados ➲ *Ver nota em* CONGRESS

the ˌHouses of ˈParliament *s* [*pl*] o Parlamento (britânico) ➲ *Ver nota em* PARLIAMENT

housewarming /ˈhaʊs wɔːrmɪŋ/ *s* festa de inauguração (*casa nova*)

housewife /ˈhaʊswaɪf/ *s* (*pl* **housewives**) dona de casa

housework /ˈhaʊswɜːrk/ *s* [*não contável*] trabalhos domésticos

⚷ **housing** /ˈhaʊzɪŋ/ *s* [*não contável*] habitação, alojamento

H

ˈ**housing development** (*GB tb* ˈ**housing estate**) *s* loteamento, conjunto residencial

hover /ˈhʌvər; *GB* ˈhɒvə(r)/ *vi* **1** (*ave*) pairar **2** (*objeto*) ficar suspenso (no ar) **3** (*pessoa*) rondar

hoverboard /ˈhʌvərbɔːrd; *GB* ˈhɒvə-/ *s* (*in* SCIENCE FICTION *stories*) skate voador

⚷ **how** /haʊ/ *adv* **1** como: *How are you?* Como (é que você) vai? ◇ *How is your job going?* Como vai o trabalho? ◇ *How can that be?* Como é que pode? ◇ *Tell me how to spell it.* Diz para mim como se escreve. **2** (*antes de adjetivo ou advérbio*): *How old are you?* Quantos anos você tem? ◇ *How fast were you going?* A que velocidade você ia? **3** (*para expressar surpresa*) que...!: *How cold it is!* Que frio! ◇ *How you've grown!* Como você cresceu! **4** como: *I dress how I like.* Eu me visto como quero. LOC **how about...?** *Ver* ABOUT ◆ **how come...?** como é que...? ◆ **how do you do?** muito prazer

> **How do you do?** é usado em apresentações formais e se responde com *how do you do?* Já **how are you?** é empregado em situações mais informais e a pessoa responde conforme esteja se sentindo: *fine, good, very well, not too well, etc.* ➲ *Ver nota em* OLÁ!

◆ **how ever** como: *How ever did she do it?* Como ela conseguiu fazer isso? *Ver tb* HOWEVER ◆ **how many?** quantos?: *How many letters did you write?* Quantas cartas você escreveu? ◆ **how much?** quanto?: *How much is it?* Quanto é?

⚷ **however** /haʊˈevər/ *adv* **1** por mais que: *however strong you are* por mais forte que você seja ◇ *however hard he tries* por mais que ele tente **2** contudo **3** como: *however you like* como você quiser *Ver tb* HOW EVER *em* HOW

howl /haʊl/ *substantivo, verbo*
▸ *s* **1** uivo **2** grito
▸ *vi* **1** uivar **2** berrar

HQ *Ver* HEADQUARTERS

HR /ˌeɪtʃ ˈɑːr/ *abrev de* **human resources** [*v sing ou pl*] recursos humanos (*abrev* RH)

HTML /ˌeɪtʃ tiː em ˈel/ *abrev de* **Hypertext Markup Language** (*Informát*) HTML (*Linguagem de Marcação de Hipertexto*)

hub /hʌb/ *s* **1** (*roda*) cubo **2** ~ **(of sth)** (*fig*) centro (de algo)

hubbub /ˈhʌbʌb/ *s* vozerio, algazarra

huddle /ˈhʌdl/ *verbo, substantivo*
▸ *vi* ~ **(up) 1** aconchegar-se **2** apinhar--se
▸ *s* aglomerado

huff /hʌf/ *s* LOC **be in a huff** (*coloq*) estar com raiva

hug /hʌg/ *substantivo, verbo*
▸ *s* abraço: *to give sb a hug* dar um abraço em alguém
▸ *vt* (**-gg-**) abraçar

⚷ **huge** /hjuːdʒ/ *adj* enorme

hull /hʌl/ *s* casco (*de navio*)

hum /hʌm/ *substantivo, verbo*
▸ *s* **1** zumbido **2** (*vozes*) murmúrio
▸ *v* (**-mm-**) **1** *vi* zumbir **2** *vt, vi* cantarolar com a boca fechada **3** *vi* agitar-se: *to hum with activity* ferver de agitação

⚷ **human** /ˈhjuːmən/ *adj, s* humano: *human beings* seres humanos ◇ *human rights* direitos humanos ◇ *human nature* a natureza humana

humane /hjuːˈmeɪn/ *adj* humanitário, humano

humanitarian /hjuːˌmænɪˈteriən/ *adj* humanitário

humanity /hjuːˈmænəti/ *s* **1** humanidade **2 humanities** [*pl*] humanidades

humble /ˈhʌmbl/ *adjetivo, verbo*
▸ *adj* (**humbler, -est**) humilde
▸ *vt* **1** dar uma lição de humildade a **2**: *to humble yourself* ter uma atitude humilde

humid /ˈhjuːmɪd/ *adj* quente e úmido **humidity** /hjuːˈmɪdəti/ *s* umidade

> **Humid** e **humidity** somente se referem à umidade atmosférica. ➲ *Ver nota em* MOIST

humiliate /hjuːˈmɪlieɪt/ *vt* humilhar **humiliating** *adj* humilhante, vergonhoso **humiliation** *s* humilhação

humility /hjuːˈmɪləti/ *s* humildade

hummingbird /ˈhʌmɪŋbɜːrd/ *s* beija-flor

humongous (*tb* **humungous**) /hjuːˈmʌŋgəs/ *adj* (*coloq*) enorme

humor (*GB* **humour**) /ˈhjuːmər/ *substantivo, verbo*
▸ *s* **1** humor: *sense of humor* senso de humor **2** (*comicidade*) graça
▸ *vt* fazer a vontade de, comprazer

humorous /ˈhjuːmərəs/ *adj* humorístico, divertido

hump /hʌmp/ *s* corcova, giba

hunch /hʌntʃ/ *substantivo, verbo*
▸ *s* palpite
▸ *vt, vi* curvar(-se): *to hunch your shoulders* curvar os seus ombros

hunchback /ˈhʌntʃbæk/ *s* (*ofen*) corcunda

hundred /ˈhʌndrəd/ *adjetivo, pronome, substantivo*
▸ *adj, pron* cem, cento ➲ *Ver notas em* CEM, MILLION ➲ *Ver exemplos em* FIVE
▸ *s* cento, centena **hundredth 1** *adj, pron* centésimo **2** *s* centésima parte ➲ *Ver exemplos em* FIFTH

hung *pt, pp de* HANG

hunger /ˈhʌŋgər/ *substantivo, verbo*
▸ *s* fome ➲ *Ver nota em* FOME
▸ *v* PHR V **hunger for/after sth** (*formal*) ansiar por algo, ter sede de algo

hungry /ˈhʌŋgri/ *adj* (**hungrier**, **-iest**) faminto: *I'm hungry.* Estou com fome.

hunk /hʌŋk/ *s* gostosão (*homem*)

hunt /hʌnt/ *verbo, substantivo*
▸ *vt, vi* **1** caçar, ir à caça **2 ~ (for) sb/sth** andar à procura de alguém/algo
▸ *s* **1** caça, caçada **2** perseguição, busca **hunter** *s* caçador, -ora

hunting /ˈhʌntɪŋ/ *s* caça

hurdle /ˈhɜːrdl/ *s* **1** (*Esporte*) barreira **2** (*fig*) obstáculo

hurl /hɜːrl/ *vt* **1** lançar com força, arremessar **2** (*insultos, etc.*) proferir

hurrah, hurray = HOORAY

hurricane /ˈhɜːrəkən; -keɪn; *GB* ˈhʌrɪkən/ *s* furacão

hurried /ˈhɜːrid; *GB* ˈhʌrid/ *adj* apressado, rápido

hurry /ˈhɜːri; *GB* ˈhʌri/ *substantivo, verbo*
▸ *s* [*sing*] pressa LOC **be in a hurry** estar com pressa
▸ *vt, vi* (*pt, pp* **hurried**) apressar(-se), andar depressa PHR V **hurry up** (*coloq*) apressar-se

hurt /hɜːrt/ (*pt, pp* **hurt**) **1** *vt* ferir, machucar: *to get hurt* machucar-se **2** *vi* doer: *My leg hurts.* Estou com dor na perna. **3** *vt* ferir, magoar **4** *vt* (*interesses, reputação, etc.*) prejudicar, causar dano em **hurtful** *adj* ofensivo, cruel, prejudicial

hurtle /ˈhɜːrtl/ *vi* despencar-se

husband /ˈhʌzbənd/ *s* marido

hush /hʌʃ/ *substantivo, verbo*
▸ *s* [*sing*] silêncio
▸ *v* PHR V **hush sth up** abafar algo (*escândalo, etc.*)

husky /ˈhʌski/ *adjetivo, substantivo*
▸ *adj* (**huskier**, **-iest**) **1** rouco **2** gostoso (*homem*)
▸ *s* (*pl* **huskies**) cão esquimó

hustle /ˈhʌsl/ *verbo, substantivo*
▸ *v* **1** *vi* (*USA, coloq*) agir rápido e com agressividade **2** *vt* empurrar
▸ *s* LOC **hustle and bustle** corre-corre

hut /hʌt/ *s* choupana, cabana

hutch /hʌtʃ/ *s* **1** gaiola (*para coelhos, etc.*) **2** (*GB* **dresser**) armário de cozinha

H

hyaena = HYENA

hybrid /ˈhaɪbrɪd/ *adj, s* híbrido

hydrant /ˈhaɪdrənt/ (*tb* ˈ**fire hydrant**) *s* hidrante

hydraulic /haɪˈdrɔːlɪk; *GB tb* -ˈdrɒlɪk/ *adj* hidráulico

hydroelectric /ˌhaɪdroʊɪˈlektrɪk/ *adj* hidrelétrico

hydrofoil /ˈhaɪdrəfɔɪl/ *s* hidrofólio

hydrogen /ˈhaɪdrədʒən/ *s* hidrogênio

hyena (*tb* **hyaena**) /haɪˈiːnə/ *s* hiena

hygiene /ˈhaɪdʒiːn/ *s* higiene **hygienic** /haɪˈdʒenɪk; *GB* -ˈdʒiːnɪk/ *adj* higiênico

hymn /hɪm/ *s* hino religioso, cântico

hype /haɪp/ *substantivo, verbo*
▸ *s* [*não contável*] (*coloq, pej*) propaganda (exagerada)
▸ *vt* **~ sth (up)** (*coloq, pej*) promover algo exageradamente

hyperlink /ˈhaɪpərlɪŋk/ *s* (*Informát*) link

hypermarket /ˈhaɪpərmɑːrkɪt/ *s* (*GB*) hipermercado

hypertext /ˈhaɪpərtekst/ *s* (*Informát*) hipertexto

hyphen /ˈhaɪfn/ *s* hífen ➲ *Ver pág. 310*

hypnosis /hɪpˈnoʊsɪs/ *s* hipnose

hypnotic /hɪpˈnɑːtɪk/ *adj* hipnótico

hypnotism /ˈhɪpnətɪzəm/ *s* hipnotismo **hypnotist** *s* hipnotizador, -ora

hypnotize (*GB tb* **-ise**) /ˈhɪpnətaɪz/ *vt* hipnotizar

hypochondriac /ˌhaɪpəˈkɑːndriæk/ *s* hipocondríaco, -a

hypocrisy /hɪˈpɑːkrəsi/ *s* (*pl* **hypocrisies**) hipocrisia

hypocrite /ˈhɪpəkrɪt/ *s* hipócrita **hypocritical** /ˌhɪpəˈkrɪtɪkl/ *adj* hipócrita

hypothesis /haɪˈpɑːθəsɪs/ *s* (*pl* **hypotheses** /-siːz/) hipótese

hypothetical /ˌhaɪpəˈθetɪkl/ *adj* hipotético

hysteria /hɪˈstɪriə/ *s* histeria

hysterical /hɪˈsterɪkl/ *adj* **1** (*riso, etc.*) histérico **2** (*coloq*) hilariante

hysterics /hɪˈsterɪks/ *s* [*pl*] **1** crise de histeria **2** (*coloq*) ataque de riso

Ii

I, i /aɪ/ *s* (*pl* **Is, I's, i's**) I, i ➲ *Ver nota em* A, A

🔑 **I** /aɪ/ *pron* eu: *I am 15 (years old).* Tenho quinze anos. ❶ O pronome pessoal não pode ser omitido em inglês. ➲ *Comparar com* ME

IBS /ˌaɪ biː ˈes/ *s Ver* IRRITABLE BOWEL SYNDROME

🔑 **ice** /aɪs/ *substantivo, verbo*
▸ *s* [*não contável*] gelo: *ice cube* cubo de gelo
▸ *vt* cobrir com glacê **iced** *adj* (*bebidas, etc.*) (*bebidas, sopas*) gelado

iceberg /ˈaɪsbɜːrg/ *s* iceberg

icebox /ˈaɪsbɑːks/ *s* (*USA, antiq*) geladeira

icebreaker /ˈaɪsbreɪkər/ *s* **1** (*navio*) quebra-gelo **2** atividade para relaxar em um primeiro encontro

ˈ**ice cap** *s* calota polar

🔑 ˈ**ice cream** *s* sorvete

ˈ**ice hockey** *s* (*GB*) (*USA* **hockey**) hóquei no gelo

ˌ**ice** ˈ**lolly** (*tb* **lolly**) *s* (*pl* **lollies**) (*GB*) (*USA* **Popsicle®**) picolé

ˈ**ice skate** *substantivo, verbo*
▸ *s* (*tb* **skate**) patim de gelo
▸ *vi* ˈ**ice-skate** patinar sobre gelo ˈ**ice skating** *s* patinação sobre gelo

icicle /ˈaɪsɪkl/ *s* pingente de gelo

icing /ˈaɪsɪŋ/ *s* glacê: *icing sugar* açúcar para glacê LOC *Ver* CAKE

icon /ˈaɪkɑːn/ *s* (*Relig, Informát*) ícone

iconic /aɪˈkɑːnɪk/ *adj* icônico

ICT /ˌaɪ siː ˈtiː/ *s* (*abrev de* **information and communications technology**) (*GB*) (*Educ*) TIC (*Tecnologia da Informação e Comunicação*)

icy /ˈaɪsi/ *adj* **1** gelado **2** (*voz, atitude, etc.*) glacial

ID /ˌaɪ ˈdiː/ *s* identidade: *ID card* carteira de identidade

I'd /aɪd/ **1** = I HAD *Ver* HAVE **2** = I WOULD *Ver* WOULD

🔑 **idea** /aɪˈdiːə; *GB* aɪˈdɪə/ *s* **1** ideia **2** sugestão: *What an idea!* Que ideia! LOC **get the idea** entender ◆ **get the idea (that)...** ter a impressão de que... ◆ **give sb ideas; put ideas into sb's head** dar esperança a alguém ◆ **have no idea** não ter a menor ideia

🔑 **ideal** /aɪˈdiːəl/ *adj, s* ideal

idealism /aɪˈdiːəlɪzəm/ *s* idealismo **idealist** *s* idealista **idealistic** /ˌaɪdiəˈlɪstɪk/ *adj* idealista

idealize (*GB tb* **-ise**) /aɪˈdiːəlaɪz/ *vt* idealizar

🔑 **ideally** /aɪˈdiːəli/ *adv* **1** preferencialmente: *Ideally, they should all help.* O ideal seria que todos ajudassem. **2** idealmente: *to be ideally suited* complementar-se de forma ideal

identical /aɪˈdentɪkl/ *adj* ~ **(to/with sb/ sth)** idêntico (a alguém/algo)

identification /aɪˌdentɪfɪˈkeɪʃn/ *s* identificação: *identification papers* documentos de identidade

🔑 **identify** /aɪˈdentɪfaɪ/ *vt, vi* (*pt, pp* **-fied**) identificar(-se)

🔑 **identity** /aɪˈdentəti/ *s* (*pl* **identities**) identidade: *identity card* carteira de identidade ◇ *a case of mistaken identity* um erro de identificação

ideology /ˌaɪdiˈɑːlədʒi/ *s* (*pl* **ideologies**) ideologia

idiom /ˈɪdiəm/ *s* expressão idiomática, locução

idiosyncrasy /ˌɪdiəˈsɪŋkrəsi/ *s* (*pl* **idiosyncrasies**) idiossincrasia

idiot /ˈɪdiət/ *s* (*coloq*) idiota **idiotic** /ˌɪdiˈɑːtɪk/ *adj* estúpido

IDK *abrev de* **I don't know** (*esp em mensagens de texto, etc.*) não sei

idle /ˈaɪdl/ *adj* **1** preguiçoso **2** ocioso **3** (*máquina*) parado **4** vão, inútil: *an idle threat* uma ameaça vazia **idleness** *s* ociosidade, preguiça

idol /ˈaɪdl/ *s* ídolo **idolize** (*GB tb* **-ise**) *vt* idolatrar

idyllic /aɪˈdɪlɪk; *GB* ɪˈ-/ *adj* idílico

🔑 **i.e.** /ˌaɪ ˈiː/ *abrev* isto é

🔑 **if** /ɪf/ *conj* **1** se: *If he were here...* Se ele estivesse aqui... **2** quando, sempre que: *if in doubt* em caso de dúvida **3** (*tb* **even if**) mesmo que LOC **if I were you** se eu fosse você, no seu lugar ◆ **if only** quem dera: *If only I had known!* Se eu soubesse! ◆ **if so** se assim for, em caso afirmativo

iffy /ˈɪfi/ *adj* (*coloq*) (*esp GB*) duvidoso

igloo /ˈɪgluː/ *s* (*pl* **igloos**) iglu

ignite /ɪgˈnaɪt/ *vt, vi* botar fogo em, incendiar(-se) **ignition** /ɪgˈnɪʃn/ *s* **1** combustão **2** (*Mec*) ignição

ignominious /ˌɪgnəˈmɪniəs/ *adj (formal)* vergonhoso

ignorance /ˈɪgnərəns/ *s* ignorância

ignorant /ˈɪgnərənt/ *adj* ignorante: *to be ignorant about/of sth* desconhecer algo

ignore /ɪgˈnɔːr/ *vt* **1** desconsiderar **2** não fazer caso de **3** não dar ouvidos a

ill /ɪl/ *adjetivo, advérbio, substantivo*
▸ *adj* **1** *(esp GB) (USA* **sick***)* doente: *to fall/be taken ill* ficar doente ◇ *to feel ill* sentir-se mal ➲ *Ver nota em* DOENTE **2** mau
▸ *adv* mal: *to speak ill of sb* falar mal de alguém

A palavra **ill** emprega-se muito em palavras compostas, p.ex. **ill-fated** (= malfadado), **ill-equipped** (= despreparado, inadequado), **ill-advised** (= imprudente, desaconselhável)

LOC **ill at ease** constrangido, pouco à vontade *Ver tb* BODE, FEELING
▸ *s (formal)* mal, infortúnio

I'll /aɪl/ **1** = *Ver* SHALL **2** = *Ver* WILL

illegal /ɪˈliːgl/ *adj, s* ilegal

illegible /ɪˈledʒəbl/ *adj* ilegível

illegitimate /ˌɪləˈdʒɪtəmət/ *adj* ilegítimo

ˌill ˈhealth *s* saúde precária

illicit /ɪˈlɪsɪt/ *adj* ilícito

illiterate /ɪˈlɪtərət/ *adj* **1** analfabeto **2** ignorante

illness /ˈɪlnəs/ *s* doença: *mental illness* doença mental ◇ *absences due to illness* ausência por motivos de saúde ➲ *Ver nota em* DISEASE

illogical /ɪˈlɑːdʒɪkl/ *adj* ilógico

ˌill-ˈtreat *vt* maltratar **ˌill-ˈtreatment** *s* maus-tratos

illuminate /ɪˈluːmɪneɪt/ *vt* iluminar **illuminating** *adj* esclarecedor **illumination** *s* **1** iluminação **2 illuminations** *[pl] (GB)* luminárias

illusion /ɪˈluːʒn/ *s* ilusão *(ideia falsa)*
LOC **be under the illusion (that)...** ter ilusão de que...: *She's under the illusion that she'll get the job.* Ela tem a ilusão de que vai conseguir o emprego.

illusory /ɪˈluːsəri/ *adj (formal)* ilusório

illustrate /ˈɪləstreɪt/ *vt* ilustrar **illustration** *s* **1** ilustração **2** exemplo

illustrious /ɪˈlʌstriəs/ *adj (formal)* ilustre

I'm /aɪm/ = I AM *Ver* BE

image /ˈɪmɪdʒ/ *s* imagem **imagery** *s [não contável]* imagens

imaginary /ɪˈmædʒɪneri; *GB* -nəri/ *adj* imaginário

imagination /ɪˌmædʒɪˈneɪʃn/ *s* imaginação

imaginative /ɪˈmædʒɪnətɪv/ *adj* imaginativo

imagine /ɪˈmædʒɪn/ *vt, vi* imaginar(-se)

imbalance /ɪmˈbæləns/ *s* desequilíbrio

imbecile /ˈɪmbəsl; *GB* -siːl/ *s* imbecil

imitate /ˈɪmɪteɪt/ *vt* imitar

imitation /ˌɪmɪˈteɪʃn/ *s* **1** *(ato ou efeito)* imitação **2** cópia, reprodução

immaculate /ɪˈmækjələt/ *adj* **1** imaculado **2** *(roupa)* impecável

immaterial /ˌɪməˈtɪriəl/ *adj* irrelevante

immature /ˌɪməˈtʃʊr; -ˈtʊr; *GB* -ˈtjʊə(r)/ *adj* imaturo

immeasurable /ɪˈmeʒərəbl/ *adj (formal)* incomensurável

immediate /ɪˈmiːdiət/ *adj* **1** imediato: *to take immediate action* agir de imediato **2** *(família, parentes)* mais próximo **3** *(necessidade, etc.)* urgente

immediately /ɪˈmiːdiətli/ *advérbio, conjunção*
▸ *adv* **1** imediatamente: *immediately after the game* logo depois do jogo **2** diretamente
▸ *conj (esp GB)* assim que: *immediately I saw her* assim que a vi

immense /ɪˈmens/ *adj* imenso

immerse /ɪˈmɜːrs/ *vt (lit e fig)* submergir **immersion** *s* imersão

immigrant /ˈɪmɪgrənt/ *adj, s* imigrante

immigration /ˌɪmɪˈgreɪʃn/ *s* imigração

imminent /ˈɪmɪnənt/ *adj* iminente

immobile /ɪˈmoʊbl; *GB* -baɪl/ *adj* imóvel

immobilize *(GB tb* -ise*)* /ɪˈmoʊbəlaɪz/ *vt* imobilizar

immoral /ɪˈmɔːrəl; *GB* ɪˈmɒrəl/ *adj* imoral

immortal /ɪˈmɔːrtl/ *adj* **1** *(alma, vida)* imortal **2** *(fama)* eterno **immortality** /ˌɪmɔːrˈtæləti/ *s* imortalidade

immovable /ɪˈmuːvəbl/ *adj* **1** *(objeto)* fixo **2** *(pessoa, atitude)* inflexível

immune /ɪˈmjuːn/ *adj* ~ **(to sth)** imune (a algo): *immune system/deficiency* sistema imunológico/imunodeficiência **immunity** *s* imunidade

immunize *(GB tb* -ise*)* /ˈɪmjunaɪz/ *vt* ~ **sb/sth (against sth)** imunizar alguém/algo (contra algo) **immunization** *(GB tb* -isation*)* /ˌɪmjunəˈzeɪʃn; *GB* -naɪˈ-/ *s* imunização

IMO /ˌaɪ em ˈoʊ/ *(tb* **IMHO** /ˌaɪ em eɪtʃ ˈoʊ/*) abrev de* **in my (humble) opinion** *(esp em e-mails, foros, etc.)* na minha (modesta) opinião

impact *substantivo, verbo*
▸ *s* /ˈɪmpækt/ **1** impacto **2** choque (*de carro*)
▸ *vi* /ɪmˈpækt/ ~ **on sth** ter impacto em algo

impair /ɪmˈper/ *vt* (*formal*) deteriorar, prejudicar: *impaired vision* vista fraca **impairment** *s* deterioração

impart /ɪmˈpɑːrt/ *vt* (*formal*) **1** conferir **2** ~ **sth (to sb)** comunicar algo (a alguém)

impartial /ɪmˈpɑːrʃl/ *adj* imparcial

impasse /ˈɪmpæs; *GB* ˈæmpɑːs/ *s* impasse

impassioned /ɪmˈpæʃnd/ *adj* fervoroso

impassive /ɪmˈpæsɪv/ *adj* impassível

impatience /ɪmˈpeɪʃns/ *s* impaciência

impatient /ɪmˈpeɪʃnt/ *adj* impaciente: *to get impatient* impacientar-se

impeccable /ɪmˈpekəbl/ *adj* impecável

impede /ɪmˈpiːd/ *vt* (*formal*) impedir, retardar

impediment /ɪmˈpedɪmənt/ *s* **1** ~ **(to sth)** obstáculo (para algo) **2** (*fala*) defeito

impel /ɪmˈpel/ *vt* (-ll-) impelir

impending /ɪmˈpendɪŋ/ *adj* [*antes do substantivo*] iminente

impenetrable /ɪmˈpenɪtrəbl/ *adj* impenetrável, incompreensível

imperative /ɪmˈperətɪv/ *adjetivo, substantivo*
▸ *adj* **1** imperativo, imprescindível **2** (*tom de voz*) autoritário
▸ *s* imperativo

imperceptible /ˌɪmpərˈseptəbl/ *adj* imperceptível

imperfect /ɪmˈpɜːrfɪkt/ *adjetivo, substantivo*
▸ *adj* defeituoso, imperfeito
▸ *s* **the imperfect** (*Gram*) o imperfeito

imperial /ɪmˈpɪriəl/ *adj* imperial **imperialism** *s* imperialismo

impersonal /ɪmˈpɜːrsənl/ *adj* impessoal

impersonate /ɪmˈpɜːrsəneɪt/ *vt* **1** personificar **2** fazer-se passar por

impertinent /ɪmˈpɜːrtnənt; *GB* ɪmˈpɜːtɪnənt/ *adj* impertinente

impetus /ˈɪmpɪtəs/ *s* impulso, ímpeto

implant *verbo, substantivo*
▸ *vt* /ɪmˈplænt; *GB* ɪmˈplɑːnt/ ~ **sth (in/into sth) 1** (*Med*) implantar algo (em algo) **2** arraigar algo (em algo)
▸ *s* /ˈɪmplænt; *GB* -plɑːnt/ implante

implausible /ɪmˈplɔːzəbl/ *adj* inverossímil

implement *substantivo, verbo*
▸ *s* /ˈɪmplɪmənt/ instrumento
▸ *vt* /ˈɪmplɪment/ **1** implementar, executar **2** (*decisão*) pôr em prática **3** (*lei*) aplicar **implementation** *s* **1** realização, execução **2** (*lei*) aplicação

implicate /ˈɪmplɪkeɪt/ *vt* ~ **sb (in sth)** envolver alguém (em algo)

implication /ˌɪmplɪˈkeɪʃn/ *s* **1** ~ **(for/of sth)** consequência (para/de algo) **2** conexão (*com delito*)

implicit /ɪmˈplɪsɪt/ *adj* **1** ~ **(in sth)** implícito (em algo) **2** (*confiança*) absoluto

implore /ɪmˈplɔːr/ *vt* (*formal*) implorar, suplicar

imply /ɪmˈplaɪ/ *vt* (*pt, pp* **implied**) **1** dar a entender, insinuar **2** sugerir **3** implicar

impolite /ˌɪmpəˈlaɪt/ *adj* mal-educado

import *verbo, substantivo*
▸ *vt* /ɪmˈpɔːrt/ importar
▸ *s* /ˈɪmpɔːrt/ (artigo de) importação **importer** /ɪmˈpɔːrtər/ *s* importador, -ora

importance /ɪmˈpɔːrtns/ *s* importância

important /ɪmˈpɔːrtnt/ *adj* importante: *vitally important* de suma importância

impose /ɪmˈpoʊz/ **1** *vt* ~ **sth (on sb/sth)** impor algo (a alguém/algo) **2** *vi* ~ **(on sb/sth)** abusar (da hospitalidade) (de alguém/algo) **imposing** *adj* imponente **imposition** /ˌɪmpəˈzɪʃn/ *s* **1** [*não contável*] imposição (*restrição, etc.*) **2** incômodo

impossible /ɪmˈpɑːsəbl/ *adjetivo, substantivo*
▸ *adj* **1** impossível **2** insuportável
▸ *s* **the impossible** [*sing*] o impossível **impossibility** /ɪmˌpɑːsəˈbɪləti/ *s* impossibilidade

impotence /ˈɪmpətəns/ *s* impotência **impotent** *adj* impotente

impoverished /ɪmˈpɑːvərɪʃt/ *adj* empobrecido

impractical /ɪmˈpræktɪkl/ *adj* pouco prático

impress /ɪmˈpres/ **1** *vt, vi* impressionar, causar boa impressão (em) **2** *vt* ~ **sth on/upon sb** (*formal*) incutir algo em alguém

impression /ɪmˈpreʃn/ *s* **1** impressão: *to be under the impression that…* ter a impressão de que… ◇ *to make a good impression on sb* causar boa impressão em alguém **2** imitação (*de pessoa*)

impressive /ɪmˈpresɪv/ *adj* impressionante

imprison /ɪmˈprɪzn/ *vt* encarcerar **imprisonment** *s* encarceramento: *life imprisonment* prisão perpétua

improbable /ɪmˈprɑːbəbl/ *adj* improvável

impromptu /ɪmˈprɑːmptuː; *GB* -tjuː/ *adj* improvisado

improper /ɪmˈprɑːpər/ *adj* **1** incorreto, inconveniente **2** (*formal*) impróprio **3** (*transação*) desonesto

⚷ **improve** /ɪmˈpruːv/ *vt, vi* melhorar PHR V **improve on sth** aperfeiçoar algo

⚷ **improvement** /ɪmˈpruːvmənt/ *s* **1** ~ **(on/in sth)** melhora (de algo): *to be an improvement on sth* constituir uma melhora em algo ◇ *home improvements* melhoramentos na casa ◇ *There are signs of improvement in her condition.* Há sinais de recuperação na saúde dela. **2** melhoria

improvise /ˈɪmprəvaɪz/ *vt, vi* improvisar

impulse /ˈɪmpʌls/ *s* impulso LOC **on impulse** sem pensar

impulsive /ɪmˈpʌlsɪv/ *adj* impulsivo

⚷ **in** /ɪn/ *preposição, advérbio, adjetivo, substantivo* ℹ Para o uso de **in** em PHRASAL VERBS, ver os verbetes dos verbos correspondentes, p.ex. **go in** em GO.
▸ *prep* **1** em: *in here/there* aqui/ali dentro **2** (*depois de superlativo*) de: *the best stores in town* as melhores lojas da cidade **3** (*tempo*) de: *in the morning* de manhã ◇ *in the daytime* de dia ◇ *in summer* no verão ◇ *ten in the morning* dez da manhã **4**: *I'll see you in two days.* Vejo você daqui a dois dias. ◇ *He did it in two days.* Ele o fez em dois dias. **5**: *one in ten people* uma em cada dez pessoas **6** (*descrição, método*): *the girl in glasses* a garota de óculos ◇ *covered in mud* coberto de lama ◇ *Speak in English.* Fale em inglês. **7** + **ing**: *In saying that, you're contradicting yourself.* Ao dizer isso, você se contradiz. LOC **in that** (*formal*) já que
▸ *adv* **1 be in** estar (*em casa*): *Is anyone in?* Há alguém em casa? **2 be/get in** chegar: *Applications must be in by...* Os formulários devem ser entregues até... ◇ *The train gets in at six o'clock.* O trem chega às seis. LOC **be/get in on sth** (*coloq*) estar por dentro de algo, inteirar-se de algo ◆ **be in for it** (*GB tb* **be for it**) (*coloq*): *He's in for it now!* Agora ele está frito! ◆ **be in for sth** (*coloq*) estar a ponto de passar por algo desagradável: *He's in for a surprise!* Que surpresa ele vai levar!
▸ *adj* (*coloq*) na moda: *Red is the in color this year.* O vermelho é a cor da moda este ano.
▸ *s* LOC **the ins and outs (of sth)** os pormenores (de algo)

⚷ **inability** /ˌɪnəˈbɪləti/ *s* ~ **(to do sth)** incapacidade (para fazer algo)

inaccessible /ˌɪnækˈsesəbl/ *adj* ~ **(to sb)** **1** inacessível (para alguém) **2** incompreensível (para alguém)

inaccurate /ɪnˈækjərət/ *adj* inexato, impreciso

inaction /ɪnˈækʃn/ *s* (*ger pej*) inatividade

inadequate /ɪnˈædɪkwət/ *adj* **1** inadequado, insuficiente **2** incapaz

inadvertently /ˌɪnədˈvɜːrtəntli/ *adv* inadvertidamente, sem querer

inappropriate /ˌɪnəˈproʊpriət/ *adj* ~ **(to/for sb/sth)** pouco apropriado, inadequado (para alguém/algo)

inaugural /ɪˈnɔːgjərəl/ *adj* **1** inaugural **2** (*discurso*) de posse

inaugurate /ɪˈnɔːgjəreɪt/ *vt* **1** ~ **sb (as sth)** empossar alguém (como algo) **2** inaugurar

inbox /ˈɪnbɑːks/ *s* caixa de entrada (*para e-mails*)

incapable /ɪnˈkeɪpəbl/ *adj* **1** ~ **of sth/doing sth** incapaz de algo/fazer algo **2** incapacitado

incapacity /ˌɪnkəˈpæsəti/ *s* ~ **(to do sth)** incapacidade (para fazer algo)

incense /ˈɪnsens/ *s* incenso

incensed /ɪnˈsenst/ *adj* ~ **(by/at sth)** furioso (por/com algo)

incentive /ɪnˈsentɪv/ *s* ~ **(to do sth)** incentivo, estímulo (para fazer algo)

incessant /ɪnˈsesnt/ *adj* (*ger pej*) incessante **incessantly** *adv* sem parar

incest /ˈɪnsest/ *s* incesto

⚷ **inch** /ɪntʃ/ *s* (*abrev* **in.**) polegada (*25,4 milímetros*) ➲ *Ver pág. 759* LOC **not give an inch** não ceder nem um milímetro

incidence /ˈɪnsɪdəns/ *s* ~ **of sth** (*formal*) incidência, taxa, casos de algo

⚷ **incident** /ˈɪnsɪdənt/ *s* incidente, episódio: *without incident* sem maiores problemas

incidental /ˌɪnsɪˈdentl/ *adj* **1** ~ **(to sth)** secundário (a algo) **2** eventual, casual **3** (*custos, vantagem, etc.*) adicional: *incidental expenses* despesas adicionais **incidentally** *adv* **1** a propósito **2** incidentalmente

incisive /ɪnˈsaɪsɪv/ *adj* **1** (*comentário*) incisivo **2** (*mente*) perspicaz

incite /ɪnˈsaɪt/ *vt* ~ **sb (to sth)** incitar alguém (a algo)

inclination /ˌɪnklɪˈneɪʃn/ *s* **1** ~ **for/toward sth**; ~ **to do sth** disposição para algo/fazer algo: *She had neither the time nor the inclination to help them.* Ela não tinha tempo nem disposição para ajudá-los. **2** inclinação, tendência

incline *verbo, substantivo*
▸ *vt, vi* /ɪnˈklaɪn/ inclinar(-se)
▸ *s* /ˈɪnklaɪn/ (*formal*) declive

inclined /ɪnˈklaɪnd/ *adj* **1 be ~ (to do sth)** (*vontade*) estar disposto (a fazer algo); desejar fazer algo **2 be ~ to do sth** (*tendência*) ser/estar propenso a fazer algo

⚷ **include** /ɪnˈkluːd/ *vt* incluir

⚷ **including** /ɪnˈkluːdɪŋ/ *prep* inclusive

inclusion /ɪnˈkluːʒn/ *s* inclusão

inclusive /ɪnˈkluːsɪv/ *adj* **1** incluído: *The fully inclusive fare for the trip is 52 reals.* O preço da viagem é R$52 com tudo incluído. ◇ *to be inclusive of sth* incluir algo **2** inclusivo LOC **from... to... inclusive** (*GB*) de... a..., inclusive

incoherent /ˌɪnkoʊˈhɪrənt/ *adj* incoerente

⚷ **income** /ˈɪnkʌm/ *s* rendimentos: *income tax* imposto de renda

incoming /ˈɪnkʌmɪŋ/ *adj* entrante, novo

incompetent /ɪnˈkɑːmpɪtənt/ *adj, s* incompetente

incomplete /ˌɪnkəmˈpliːt/ *adj* incompleto

incomprehensible /ɪnˌkɑːmprɪˈhensəbl/ *adj* incompreensível

inconceivable /ˌɪnkənˈsiːvəbl/ *adj* inconcebível

inconclusive /ˌɪnkənˈkluːsɪv/ *adj* inconcluso: *The meeting was inconclusive.* Não se decidiu nada na reunião.

incongruous /ɪnˈkɑːŋgruəs/ *adj* incongruente

inconsiderate /ˌɪnkənˈsɪdərət/ *adj* (*pej*) sem consideração

inconsistent /ˌɪnkənˈsɪstənt/ *adj* **1** inconsistente **2** incoerente

inconspicuous /ˌɪnkənˈspɪkjuəs/ *adj* pouco visível, que não se nota facilmente: *to make yourself inconspicuous* não chamar a atenção

inconvenience /ˌɪnkənˈviːniəns/ *substantivo, verbo*
▸ *s* **1** [*não contável*] inconveniente **2** estorvo
▸ *vt* incomodar

inconvenient /ˌɪnkənˈviːniənt/ *adj* **1** inconveniente, incômodo **2** (*momento*) inoportuno

incorporate /ɪnˈkɔːrpəreɪt/ *vt* **~ sth (in/into sth)** incorporar algo (a algo); incluir algo (em algo) **incorporated** *adj* (*Com*): *incorporated company* sociedade anônima

incorrect /ˌɪnkəˈrekt/ *adj* incorreto

⚷ **increase** *substantivo, verbo*
▸ *s* /ˈɪŋkriːs/ **~ (in sth)** aumento (de algo) LOC **on the increase** em alta
▸ *vt, vi* /ɪnˈkriːs/ **1** aumentar **2** elevar(-se) **increased** /ɪnˈkriːst/ *adj* [*antes do substantivo*] maior **increasing** *adj* crescente

⚷ **increasingly** /ɪnˈkriːsɪŋli/ *adv* cada vez mais

incredible /ɪnˈkredəbl/ *adj* incrível

indecisive /ˌɪndɪˈsaɪsɪv/ *adj* **1** indeciso **2** sem resultado

⚷ **indeed** /ɪnˈdiːd/ *adv* (*formal*) **1** (*comentário, resposta, reconhecimento*) realmente, mesmo: *Did you indeed?* É mesmo? **2** na verdade, de fato **3** (*esp GB*) (*uso enfático*) muitíssimo: *Thank you very much indeed!* Muitíssimo obrigado!

indefensible /ˌɪndɪˈfensəbl/ *adj* injustificável (*comportamento*)

indefinite /ɪnˈdefɪnət/ *adj* **1** indefinido: *indefinite article* artigo indefinido **2** vago **indefinitely** *adv* **1** indefinidamente **2** por tempo indeterminado

indelible /ɪnˈdeləbl/ *adj* indelével

indemnity /ɪnˈdemnəti/ *s* (*pl* **indemnities**) (*formal*) (*Jur*) **1** indenização **2** garantia

⚷ **independence** /ˌɪndɪˈpendəns/ *s* independência

Indeˈpendence Day *s* Dia da Independência

> **Independence Day** é um feriado comemorado em 4 de julho nos Estados Unidos, também chamado de **Fourth of July**. As festividades incluem fogos de artifício e paradas.

⚷ **independent** /ˌɪndɪˈpendənt/ *adj* **1** independente **2** (*colégio*) particular

ˌin-ˈdepth *adj* exaustivo, detalhado: *an in-depth report* um relatório detalhado

indescribable /ˌɪndɪˈskraɪbəbl/ *adj* indescritível

⚷ **index** /ˈɪndeks/ *s* **1** (*pl* **indexes**) (*livro, dedo*) índice: *index finger* dedo indicador **2** (*pl* **indexes** *ou* **indices** /-dɪsiːz/) índice: *the consumer price index* o índice de preços ao consumidor ◇ *index-linked* vinculado ao índice do custo de vida **3** (*GB*) (*tb* ˈ**card index**) (*USA* ˈ**card catalog**) fichário

⚷ **indicate** /ˈɪndɪkeɪt/ **1** *vt* indicar **2** *vi* (*GB*) indicar com o pisca-pisca

⚷ **indication** /ˌɪndɪˈkeɪʃn/ *s* indício, sinal

indicative /ɪnˈdɪkətɪv/ *adj, s* indicativo

indicator /ˈɪndɪkeɪtər/ *s* **1** indicador **2** (*GB*) (*USA* **turn signal**) (*carro*) pisca-pisca

indices *pl de* INDEX
indictment /ɪnˈdaɪtmənt/ *s* **1** acusação **2** incriminação **3** ~ **(of/on sth)** crítica (de algo)
indie /ˈɪndi/ *adjetivo, substantivo*
▸ *adj* (*empresa, produto, Mús*) independente
▸ *s* pequena empresa independente
indifference /ɪnˈdɪfrəns/ *s* indiferença
indifferent /ɪnˈdɪfrənt/ *adj* **1** indiferente **2** (*qualidade*) medíocre
indigenous /ɪnˈdɪdʒənəs/ *adj* (*formal*) indígena, nativo
indigestion /ˌɪndɪˈdʒestʃən/ *s* [*não contável*] indigestão: *to get indigestion* ter/dar indigestão
indignant /ɪnˈdɪɡnənt/ *adj* ~ **(at/about sth)** indignado (com algo)
indignation /ˌɪndɪɡˈneɪʃn/ *s* indignação
indignity /ɪnˈdɪɡnəti/ *s* (*pl* **indignities**) humilhação
⚷ **indirect** /ˌɪndəˈrekt; -daɪˈ-/ *adj* indireto
⚷ **indirectly** /ˌɪndəˈrektli; -daɪˈ-/ *adv* indiretamente
indiscreet /ˌɪndɪˈskriːt/ *adj* indiscreto
indiscretion /ˌɪndɪˈskreʃn/ *s* indiscrição, deslize
indiscriminate /ˌɪndɪˈskrɪmɪnət/ *adj* indiscriminado
indispensable /ˌɪndɪˈspensəbl/ *adj* indispensável
indisputable /ˌɪndɪˈspjuːtəbl/ *adj* irrefutável, indiscutível
indistinct /ˌɪndɪˈstɪŋkt/ *adj* confuso (*pouco claro*)
⚷ **individual** /ˌɪndɪˈvɪdʒuəl/ *adjetivo, substantivo*
▸ *adj* **1** individual **2** pessoal **3** particular, próprio **4** distinto
▸ *s* indivíduo **individualism** *s* individualismo **individually** *adv* **1** separadamente **2** individualmente
indoctrination /ɪnˌdɑːktrɪˈneɪʃn/ *s* doutrinação
⚷ **indoor** /ˈɪndɔːr/ *adj* interno, interior: *indoor (swimming) pool* piscina coberta
⚷ **indoors** /ˌɪnˈdɔːrz/ *adv* no interior, em casa
induce /ɪnˈduːs; *GB* ɪnˈdjuːs/ *vt* **1** ~ **sb to do sth** (*formal*) induzir alguém a fazer algo **2** (*formal*) causar **3** (*Med*) induzir (o parto de)
induction /ɪnˈdʌkʃn/ *s* iniciação: *induction course* curso de introdução
indulge /ɪnˈdʌldʒ/ **1** *vt, vi* ~ **yourself (with sth)**; ~ **in sth** dar-se ao luxo/capricho (de algo) **2** *vt* (*capricho*) condescender com, satisfazer
indulgence /ɪnˈdʌldʒəns/ *s* **1** (*ger pej*) vício, prazer **2** (*formal*) tolerância **indulgent** *adj* indulgente
⚷ **industrial** /ɪnˈdʌstriəl/ *adj* **1** industrial: *industrial park* parque industrial **2** de trabalho: *industrial unrest* agitação de trabalhadores **industrialist** *s* industrial (*pessoa*)
industrialize (*GB tb* **-ise**) /ɪnˈdʌstriəlaɪz/ *vt* industrializar **industrialization** (*GB tb* **-isation**) *s* industrialização
industrious /ɪnˈdʌstriəs/ *adj* trabalhador
⚷ **industry** /ˈɪndəstri/ *s* (*pl* **industries**) **1** indústria **2** (*formal*) diligência
inedible /ɪnˈedəbl/ *adj* não comestível
ineffective /ˌɪnɪˈfektɪv/ *adj* **1** ineficaz **2** (*pessoa*) ineficiente
inefficiency /ˌɪnɪˈfɪʃənsi/ *s* (*pl* **inefficiencies**) **1** ineficiência **2** incompetência
inefficient /ˌɪnɪˈfɪʃnt/ *adj* **1** ineficiente **2** incompetente
ineligible /ɪnˈelɪdʒəbl/ *adj* **be** ~ **(for sth/to do sth)** não ter direito (a algo/a fazer algo)
inept /ɪˈnept/ *adj* inepto
inequality /ˌɪnɪˈkwɑːləti/ *s* (*pl* **inequalities**) desigualdade
inert /ɪˈnɜːrt/ *adj* inerte
inertia /ɪˈnɜːrʃə/ *s* inércia
inescapable /ˌɪnɪˈskeɪpəbl/ *adj* inelutável
⚷ **inevitable** /ɪnˈevɪtəbl/ *adj* inevitável
⚷ **inevitably** /ɪnˈevɪtəbli/ *adv* inevitavelmente
inexcusable /ˌɪnɪkˈskjuːzəbl/ *adj* imperdoável
inexhaustible /ˌɪnɪɡˈzɔːstəbl/ *adj* inesgotável
inexpensive /ˌɪnɪkˈspensɪv/ *adj* econômico
inexperience /ˌɪnɪkˈspɪriəns/ *s* inexperiência **inexperienced** *adj* inexperiente: *inexperienced in business* sem experiência em negócios
inexplicable /ˌɪnɪkˈsplɪkəbl/ *adj* inexplicável
infallible /ɪnˈfæləbl/ *adj* infalível **infallibility** /ɪnˌfæləˈbɪləti/ *s* infalibilidade
infamous /ˈɪnfəməs/ *adj* (*formal*) infame
infancy /ˈɪnfənsi/ *s* **1** infância: *in infancy* na infância **2** (*fig*): *It was still in its infancy.* Ainda estava dando os primeiros passos.
infant /ˈɪnfənt/ *s* criança pequena: *infant mortality rate* taxa de mortalidade

I

infantil ◇ *infant school* pré-primário ❶ Com exceção destes exemplos, **infant** é uma palavra bastante formal, e **baby**, **toddler** e **child** são palavras mais comuns.

infantile /ˈɪnfəntaɪl/ *adj (pej)* infantil

infantry /ˈɪnfəntri/ *s* infantaria

infatuated /ɪnˈfætʃueɪtɪd/ *adj* ~ **(with sb/sth)** apaixonado (por alguém/algo) **infatuation** *s* ~ **(with/for sb/sth)** gamação (por alguém/algo)

⚷ **infect** /ɪnˈfekt/ *vt* **1** ~ **sb/sth (with sth)** infectar alguém/algo (com algo) **2** ~ **sb (with sth)** *(entusiasmo, etc.)* contagiar alguém (com algo)

⚷ **infection** /ɪnˈfekʃn/ *s* infecção

⚷ **infectious** /ɪnˈfekʃəs/ *adj* contagioso

infer /ɪnˈfɜːr/ *vt* (-rr-) **1** deduzir **2** inferir **inference** /ˈɪnfərəns/ *s* conclusão: *by inference* por dedução

inferior /ɪnˈfɪriər/ *adj, s* ~ **(to sb/sth)** inferior (a alguém/algo) **inferiority** /ɪnˌfɪriˈɔːrəti; *GB* -ˈɒrə-/ *s* inferioridade: *inferiority complex* complexo de inferioridade

infertile /ɪnˈfɜːrtl; *GB* -taɪl/ *adj* estéril **infertility** /ˌɪnfɜːrˈtɪləti/ *s* infertilidade

infest /ɪnˈfest/ *vt* infestar **infestation** *s* infestação

infidelity /ˌɪnfɪˈdeləti/ *s (pl* **infidelities**) infidelidade

infiltrate /ˈɪnfɪltreɪt/ *vt, vi* infiltrar(-se)

infinite /ˈɪnfɪnət/ *adj* infinito **infinitely** *adv* muito

infinitive /ɪnˈfɪnətɪv/ *s* infinitivo

infinity /ɪnˈfɪnəti/ *s* **1** infinidade **2** infinito

infirm /ɪnˈfɜːrm/ *adjetivo, substantivo*
▸ *adj* débil, enfermo
▸ **the infirm** *s [pl]* os enfermos **infirmity** *s (pl* **infirmities**) **1** enfermidade **2** fraqueza

infirmary /ɪnˈfɜːrməri/ *s (pl* **infirmaries**) enfermaria

inflamed /ɪnˈfleɪmd/ *adj* **1** *(Med)* inflamado **2** *(ânimos, etc.)* exaltado

inflammable /ɪnˈflæməbl/ *adj* inflamável ❶ Note que **inflammable** e **flammable** são sinônimos.

inflammation /ˌɪnfləˈmeɪʃn/ *s* inflamação

inflatable /ɪnˈfleɪtəbl/ *adj* inflável

inflate /ɪnˈfleɪt/ *vt, vi* inflar(-se), encher(-se)

inflation /ɪnˈfleɪʃn/ *s* inflação

inflexible /ɪnˈfleksəbl/ *adj* inflexível

inflict /ɪnˈflɪkt/ *vt* ~ **sth (on sb) 1** *(sofrimento, derrota)* infligir algo (a alguém) **2** *(dano)* causar algo (a alguém)

⚷ **influence** /ˈɪnfluəns/ *substantivo, verbo*
▸ *s* ~ **(on/over sb/sth)** influência (em/para alguém/algo): *to be a good/bad influence on sb* ser uma boa/má influência para alguém ◇ *under the influence of alcohol* sob o efeito de álcool
▸ *vt* influir em, influenciar

influential /ˌɪnfluˈenʃl/ *adj* influente

influenza /ˌɪnfluˈenzə/ *s (formal)* gripe

influx /ˈɪnflʌks/ *s* afluxo

infographic /ˌɪnfoʊˈgræfɪk/ *s* infográfico

infomercial /ˌɪnfoʊˈmɜːrʃl/ *s* infomercial

⚷ **inform** /ɪnˈfɔːrm/ *vt* ~ **sb (of/about sth)** informar alguém (de algo): *to keep sb informed about sth* manter alguém a par de algo PHR V **inform on sb** delatar alguém

⚷ **informal** /ɪnˈfɔːrml/ *adj* **1** informal **2** *(linguagem)* coloquial

informant /ɪnˈfɔːrmənt/ *s* informante

⚷ **information** /ˌɪnfərˈmeɪʃn/ *s [não contável]* ~ **(on/about sb/sth)** informação (sobre alguém/algo): *a piece of information* uma informação ◇ *I need some information on…* Preciso de informação sobre… ➲ *Ver nota em* CONSELHO

infor̩mation tech'nology *s (abrev* IT) informática

informative /ɪnˈfɔːrmətɪv/ *adj* informativo

informer /ɪnˈfɔːrmər/ *s* delator, -ora

infrastructure /ˈɪnfrəstrʌktʃər/ *s* infraestrutura

infrequent /ɪnˈfriːkwənt/ *adj* infrequente

infringe /ɪnˈfrɪndʒ/ *vt* infringir, violar

infuriate /ɪnˈfjʊrieɪt/ *vt* enfurecer **infuriating** *adj* de dar raiva

ingenious /ɪnˈdʒiːniəs/ *adj* engenhoso

ingenuity /ˌɪndʒəˈnuːəti; *GB* -ˈnjuː-/ *s* engenhosidade

ingrained /ɪnˈgreɪnd/ *adj* arraigado

⚷ **ingredient** /ɪnˈgriːdiənt/ *s* ingrediente

inhabit /ɪnˈhæbɪt/ *vt* habitar

inhabitant /ɪnˈhæbɪtənt/ *s* habitante

inhale /ɪnˈheɪl/ **1** *vi* inalar **2** *vi (fumante)* tragar **3** *vt* aspirar **inhaler** *s* inalador

inherent /ɪnˈhɪrənt/ *adj* ~ **(in sb/sth)** inerente (a alguém/algo) **inherently** *adv* inerentemente

inherit /ɪnˈherɪt/ *vt* herdar **inheritance** *s* herança

inhibit /ɪnˈhɪbɪt/ *vt* **1** ~ **sb (from doing sth)** impedir alguém (de fazer algo) **2** dificultar (*um processo, etc.*) **inhibited** *adj* inibido **inhibition** *s* inibição

inhospitable /ˌɪnhɑːˈspɪtəbl/ *adj* **1** inospitaleiro **2** (*lugar*) inóspito

inhuman /ɪnˈhjuːmən/ *adj* desumano, cruel

⚷ **initial** /ɪˈnɪʃl/ *adjetivo, substantivo, verbo*
- ▸ *adj, s* inicial
- ▸ *vt* (-l- (*GB* -ll-)) rubricar

⚷ **initially** /ɪˈnɪʃəli/ *adv* no início, inicialmente

initiate /ɪˈnɪʃieɪt/ *vt* **1** ~ **sb (into sth)** iniciar alguém (em algo) **2** (*formal*) (*processo*) abrir **initiation** *s* iniciação

⚷ **initiative** /ɪˈnɪʃətɪv/ *s* iniciativa

inject /ɪnˈdʒekt/ *vt* injetar **injection** *s* injeção

⚷ **injure** /ˈɪndʒər/ *vt* ferir, machucar: *Five people were injured in the crash.* Cinco pessoas ficaram feridas no acidente. ➲ *Ver nota em* FERIMENTO

⚷ **injured** /ˈɪndʒərd/ *adj* **1** ferido, machucado **2** (*tom*) ofendido

⚷ **injury** /ˈɪndʒəri/ *s* (*pl* **injuries**) **1** ferimento, lesão ➲ *Ver nota em* FERIMENTO **2** (*esp Jur*) dano **3** (*GB*) (*Esporte*): *injury time* tempo de acréscimo

injustice /ɪnˈdʒʌstɪs/ *s* injustiça

⚷ **ink** /ɪŋk/ *s* tinta

inkling /ˈɪŋklɪŋ/ *s* [*sing*] ~ **(of sth/that…)** suspeita, ideia vaga (de algo/de que…)

inland *adjetivo, advérbio*
- ▸ *adj* /ˈɪnlænd/ interior
- ▸ *adv* /ˌɪnˈlænd/ para o interior

the ˌInland ˈRevenue *s* (*GB*) a Receita Federal ➲ *Comparar com* INTERNAL REVENUE SERVICE

ˈin-laws *s* [*pl*] (*coloq*) família do marido/da esposa

inlet /ˈɪnlet/ *s* **1** enseada **2** entrada (*de ar, gasolina, etc.*)

ˌin-line ˈskate *s* patim de rodas (*em linha*)

inmate /ˈɪnmeɪt/ *s* presidiário, -a; interno, -a

inn /ɪn/ *s* **1** (*USA*) hospedaria **2** (*GB, antiq*) taverna

innate /ɪˈneɪt/ *adj* inato

⚷ **inner** /ˈɪnər/ *adj* [*antes do substantivo*] **1** interior **2** íntimo

ˌinner ˈcity *s* bairro pobre próximo ao centro da cidade

innermost /ˈɪnərmoust/ *adj* **1** mais íntimo **2** mais profundo

⚷ **innocent** /ˈɪnəsnt/ *adj* inocente **innocence** *s* inocência

innocuous /ɪˈnɑːkjuəs/ *adj* (*formal*) **1** (*comentário*) inofensivo **2** (*substância*) inócuo

innovate /ˈɪnəveɪt/ *vi* inovar **innovation** *s* inovação **innovative** /ˈɪnəveɪtɪv; *GB tb* -vətɪv/ *adj* inovador

innuendo /ˌɪnjuˈendoʊ/ *s* (*pl* **innuendoes** *ou* **innuendos**) (*pej*) insinuação

innumerable /ɪˈnuːmərəbl; *GB* ɪˈnjuː-/ *adj* inumerável

inoculate /ɪˈnɑːkjuleɪt/ *vt* vacinar **inoculation** *s* vacinação

inpatient /ˈɪnpeɪʃnt/ *s* paciente internado, -a ➲ *Comparar com* OUTPATIENT

input /ˈɪnpʊt/ *s* **1** contribuição, produção **2** (*Informát*) entrada

inquest /ˈɪŋkwest/ *s* ~ **(on/into sth)** inquérito (judicial) (a respeito de algo)

inquire (*tb esp GB* **enquire**) /ɪnˈkwaɪər/ (*formal*) **1** *vt* perguntar **2** *vi* ~ **(about sb/sth)** pedir informação (sobre alguém/algo) **inquiring** (*tb esp GB* **enquiring**) *adj* **1** (*mente*) curioso **2** (*olhar*) inquisitivo

⚷ **inquiry** (*tb esp GB* **enquiry**) /ˈɪnkwəri; *GB* ɪnˈkwaɪəri/ *s* (*pl* **inquiries**) **1** pergunta **2** investigação **3 inquiries** [*pl*] (*GB*) seção de informações

inquisition /ˌɪnkwɪˈzɪʃn/ *s* **1** (*formal ou hum*) inquérito **2 the Inquisition** (*Hist*) a Inquisição

inquisitive /ɪnˈkwɪzətɪv/ *adj* curioso

insane /ɪnˈseɪn/ *adj* louco

insanity /ɪnˈsænəti/ *s* demência, loucura

insatiable /ɪnˈseɪʃəbl/ *adj* insaciável

inscribe /ɪnˈskraɪb/ *vt* ~ **sth (in/on sth)** inscrever, gravar algo (em algo): *a plaque inscribed with a quotation from Dante* uma placa inscrita com uma citação de Dante

inscription /ɪnˈskrɪpʃn/ *s* **1** inscrição (*em pedra, etc.*) **2** dedicatória (*de um livro*)

⚷ **insect** /ˈɪnsekt/ *s* inseto

insecticide /ɪnˈsektɪsaɪd/ *s* inseticida

insecure /ˌɪnsɪˈkjʊr/ *adj* inseguro **insecurity** *s* insegurança

insensitive /ɪnˈsensətɪv/ *adj* ~ **(to sth) 1** (*pessoa*) insensível (a algo) **2** (*ato*) imune (a algo) **insensitivity** /ɪnˌsensəˈtɪvəti/ *s* insensibilidade

inseparable /ɪnˈseprəbl/ *adj* inseparável

⚷ **insert** /ɪnˈsɜːrt/ *vt* introduzir, inserir

⚷ **inside** *preposição, advérbio, substantivo, adjetivo*
- ▸ *prep* /ˌɪnˈsaɪd/ (*tb esp USA* **inˈside of**)

dentro de: *Is there anything inside the box?* Há alguma coisa dentro da caixa?
▸ *adv* /ˌɪnˈsaɪd/ dentro: *Let's go inside.* Vamos entrar. ◇ *Pete's inside.* Pete está lá dentro.
▸ *s* /ˌɪnˈsaɪd/ **1** interior: *The door was locked from the inside.* A porta estava trancada por dentro. **2 insides** *[pl]* *(coloq)* entranhas **LOC inside out** do avesso: *You have your sweater on inside out.* O seu suéter está do avesso. ➲ *Ver ilustração em* CONTRÁRIO; *Ver tb* KNOW
▸ *adj* /ˈɪnsaɪd/ *[antes do substantivo]* **1** interior, interno: *the inside pocket* o bolso de dentro **2** interno: *inside information* informação obtida dentro da própria organização **insider** /ɪnˈsaɪdər/ *s* alguém de dentro *(empresa, grupo)*

I

insight /ˈɪnsaɪt/ *s* **1** perspicácia, argúcia **2 ~ (into sth)** percepção (de algo)

insignificant /ˌɪnsɪɡˈnɪfɪkənt/ *adj* insignificante **insignificance** *s* insignificância

insincere /ˌɪnsɪnˈsɪr/ *adj* insincero, falso **insincerity** /ˌɪnsɪnˈserəti/ *s* insinceridade

insinuate /ɪnˈsɪnjueɪt/ *vt* insinuar **insinuation** *s* insinuação

⚷ **insist** /ɪnˈsɪst/ *vi* **1 ~ (on sth)** insistir (em algo) **2 ~ on sth/doing sth** teimar em algo/fazer algo: *She always insists on a room to herself.* Ela sempre teima em ter um quarto só para ela.

insistence /ɪnˈsɪstəns/ *s* insistência **insistent** *adj* insistente

insofar as *Ver* AS FAR AS *em* FAR

insolent /ˈɪnsələnt/ *adj* insolente **insolence** *s* insolência

insomnia /ɪnˈsɑːmniə/ *s* insônia

inspect /ɪnˈspekt/ *vt* **1** inspecionar **2** *(equipamento)* vistoriar **inspection** *s* fiscalização **inspector** *s* **1** inspetor, -ora **2** *(GB)* *(de bilhetes)* fiscal

inspiration /ˌɪnspəˈreɪʃn/ *s* inspiração

inspire /ɪnˈspaɪər/ *vt* **1** inspirar **2 ~ sb (with sth); ~ sth (in sb)** infundir alguém (com algo) *(entusiasmo, etc.)*

instability /ˌɪnstəˈbɪləti/ *s* instabilidade

⚷ **install** /ɪnˈstɔːl/ *vt* instalar

installation /ˌɪnstəˈleɪʃn/ *s* instalação

installment *(GB tb* **instalment***)* /ɪnˈstɔːlmənt/ *s* **1** *(publicações)* fascículo **2** *(televisão)* capítulo **3** *(pagamento)* prestação: *to pay in installments* pagar a prestações

⚷ **instance** /ˈɪnstəns/ *s* caso **LOC for instance** por exemplo

instant /ˈɪnstənt/ *substantivo, adjetivo*
▸ *s* instante
▸ *adj* imediato: *instant coffee* café solúvel **instantly** *adv* imediatamente, de imediato

instantaneous /ˌɪnstənˈteɪniəs/ *adj* instantâneo

⚷ **instead** /ɪnˈsted/ *adv* em vez disso

⚷ **inˈstead of** *prep* em vez de

instep /ˈɪnstep/ *s* peito do pé

instigate /ˈɪnstɪɡeɪt/ *vt* instigar **instigation** *s* instigação

instill *(GB* **instil***)* /ɪnˈstɪl/ *vt* (-ll-) **~ sth (in/into sb)** incutir algo (em alguém)

instinct /ˈɪnstɪŋkt/ *s* instinto **instinctive** /ɪnˈstɪŋktɪv/ *adj* instintivo

⚷ **institute** /ˈɪnstɪtuːt; *GB* -tjuːt/ *substantivo, verbo*
▸ *s* instituto, associação
▸ *vt* *(formal)* iniciar *(investigação)*

⚷ **institution** /ˌɪnstɪˈtuːʃn; *GB* -ˈtjuː-/ *s* instituição **institutional** *adj* institucional

ˌin-ˈstore *adj [antes do substantivo]* dentro de um estabelecimento maior

instruct /ɪnˈstrʌkt/ *vt* *(formal)* **1 ~ sb (in sth)** instruir alguém (em/sobre algo) **2** dar instruções a

⚷ **instruction** /ɪnˈstrʌkʃn/ *s* **1 instructions** *[pl]* instrução, instruções **2 ~ (in sth)** *(formal)* instrução, ensino (em/sobre algo) **instructive** *adj* instrutivo

instructor /ɪnˈstrʌktər/ *s* instrutor, -ora; professor, -ora

⚷ **instrument** /ˈɪnstrəmənt/ *s* instrumento

instrumental /ˌɪnstrəˈmentl/ *adjetivo, substantivo*
▸ *adj* **1 be ~ in sth/doing sth** contribuir decisivamente para a realização de algo **2** *(Mús)* instrumental
▸ *s* *(Mús)* instrumental

insufficient /ˌɪnsəˈfɪʃnt/ *adj* insuficiente

insular /ˈɪnsələr; *GB* -sjə-/ *adj* bitolado

insulate /ˈɪnsəleɪt; *GB* -sjuleɪt/ *vt* isolar **insulation** *s* isolamento

⚷ **insult** *substantivo, verbo*
▸ *s* /ˈɪnsʌlt/ insulto
▸ *vt* /ɪnˈsʌlt/ insultar

⚷ **insulting** /ɪnˈsʌltɪŋ/ *adj* insultante

⚷ **insurance** /ɪnˈʃʊrəns/ *s [não contável]* seguro: *to take out life insurance* fazer seguro de vida

insure /ɪnˈʃʊr/ *vt* **1 ~ sb/sth (against sth)** segurar alguém/algo (contra algo): *to insure sth for 5,000 dollars* segurar algo em 5.000 dólares **2** = ENSURE

intake /ˈɪnteɪk/ *s* **1** *(pessoas)* admissão: *We have an annual intake of 20.* Admitimos 20 a cada ano. **2** *(de comida, etc.)* consumo

integral /ˈɪntɪgrəl/ *adj* **1** ~ **(to sth)** essencial, fundamental (para algo) **2** *(sistema)* integrado

integrate /ˈɪntɪgreɪt/ *vt, vi* integrar(-se) **integration** *s* integração

integrity /ɪnˈtegrəti/ *s* integridade

intellectual /ˌɪntəˈlektʃuəl/ *adj, s* intelectual **intellectually** *adv* intelectualmente

⚷ **intelligence** /ɪnˈtelɪdʒəns/ *s* inteligência

⚷ **intelligent** /ɪnˈtelɪdʒənt/ *adj* inteligente **intelligently** *adv* inteligentemente

⚷ **intend** /ɪnˈtend/ *vt* **1** ~ **to do sth** pretender fazer algo; ter a intenção de fazer algo **2** ~ **sb to do sth**: *I intend you to take over.* Tenho planos de que você tome posse. ◇ *You weren't intended to hear that remark.* Não era para você ter ouvido aquele comentário. **3** ~ **sth as sth**: *It was intended as a joke.* Era para ser uma piada.

⚷ **intended** /ɪnˈtendɪd/ *adj* **1** pretendido **2** ~ **for sb/sth**; ~ **as sth** destinado a alguém/algo; destinado como algo: *It is intended for Sally.* É para Sally. ◇ *They're not intended for eating/to be eaten.* Não são para comer.

intense /ɪnˈtens/ *adj* **1** intenso **2** *(emoções)* ardente, forte **3** *(pessoa)* emotivo, sério: *She's so intense about everything.* Ela leva tudo a sério. **intensely** *adv* intensamente, extremamente **intensify** *vt, vi (pt, pp* **-fied***)* intensificar(-se), aumentar **intensity** *s* intensidade, força

intensive /ɪnˈtensɪv/ *adj* intensivo: *intensive care* tratamento intensivo

intent /ɪnˈtent/ *adjetivo, substantivo*
▸ *adj* **1** *(concentrado)* atento **2** ~ **on/upon sth/doing sth** *(formal)* resolvido a algo/fazer algo **3** ~ **on/upon sth** absorto em algo
▸ *s* LOC **to all intents and purposes** para todos os efeitos

⚷ **intention** /ɪnˈtenʃn/ *s* intenção: *to have the intention of doing sth* ter a intenção de fazer algo ◇ *I have no intention of doing it.* Não tenho intenção de fazer isso. **intentional** *adj* intencional **intentionally** *adv* de propósito

intently /ɪnˈtentli/ *adv* atentamente

interact /ˌɪntərˈækt/ *vi* **1** *(pessoas)* interagir **2** *(coisas)* mesclar-se **interaction** *s* **1** relacionamento *(entre pessoas)* **2** interação

interactive /ˌɪntərˈæktɪv/ *adj* interativo

intercept /ˌɪntərˈsept/ *vt* interceptar

interchange *verbo, substantivo*
▸ *vt* /ˌɪntərˈtʃeɪndʒ/ intercambiar
▸ *s* /ˈɪntərtʃeɪndʒ/ intercâmbio **interchangeable** /ˌɪntərˈtʃeɪndʒəbl/ *adj* intercambiável

intercom /ˈɪntərkɑːm/ *s* **1** interfone **2** *(GB* **Entryphone®***)* porteiro eletrônico

interconnect /ˌɪntərkəˈnekt/ *vi* **1** interligar-se, conectar-se entre si **2** *(quartos)* comunicar-se entre si **interconnected** *adj*: *to be interconnected* estar interligado **interconnection** *s* conexão

intercourse /ˈɪntərkɔːrs/ *s [não contável]* relações sexuais, coito

⚷ **interest** /ˈɪntrəst/ *substantivo, verbo*
▸ *s* **1** ~ **(in sth)** interesse (por algo): *It is of no interest to me.* Não me interessa. **2** passatempo: *her main interest in life* o que mais lhe interessa na vida **3** *[não contável] (Fin)* juro(s) *Ver tb* VESTED INTEREST LOC **in sb's interest(s)** no interesse de alguém ◆ **in the interest(s) of sth** pelo bem de algo: *in the interest(s) of the economy/safety* por razões econômicas/de segurança
▸ *vt* **1** interessar **2** ~ **sb in sth** fazer com que alguém se interesse por algo

⚷ **interested** /ˈɪntrəstɪd/ *adj* interessado: *to be interested in sth* interessar-se por algo ➲ *Ver nota em* BORING

⚷ **interesting** /ˈɪntrəstɪŋ/ *adj* interessante ➲ *Ver nota em* BORING **interestingly** *adv* curiosamente

interface /ˈɪntərfeɪs/ *s (Informát)* interface

interfere /ˌɪntərˈfɪr/ *vi* ~ **(in sth)** intrometer-se (em algo) PHR V **interfere with sth 1** interpor-se a algo, dificultar algo **2** mexer em algo **interference** *s [não contável]* **1** ~ **(in sth)** intromissão (em algo) **2** *(Rádio)* interferência **interfering** *adj* intrometido

interim /ˈɪntərɪm/ *adjetivo, substantivo*
▸ *adj [antes do substantivo]* provisório
▸ *s* LOC **in the interim** neste ínterim

⚷ **interior** /ɪnˈtɪriər/ *adj, s* interior

interjection /ˌɪntərˈdʒekʃn/ *s* interjeição

interlude /ˈɪntərluːd/ *s* intervalo

intermediate /ˌɪntərˈmiːdiət/ *adj* intermediário

intermission /ˌɪntərˈmɪʃn/ *(GB* **interval***)* *s (Teat)* intervalo

intern *verbo, substantivo*
▸ *vt* /ɪnˈtɜːrn/ internar, prender
▸ *s* /ˈɪntɜːrn/ **1** residente *(estudante de medicina)* **2** estagiário, -a

I

internal /ɪn'tɜːrnl/ *adj* interno, interior: *internal affairs/injuries* assuntos/ferimentos internos **internally** *adv* internamente, interiormente

the In,ternal 'Revenue Service *s* (*abrev* **IRS**) (*USA*) a Receita Federal ➲ *Comparar com* INLAND REVENUE

international /ˌɪntər'næʃnəl/ *adjetivo, substantivo*
▸ *adj* internacional
▸ *s* (*GB*) (*Esporte*) **1** partida internacional **2** jogador, -ora internacional **internationally** *adv* internacionalmente

Internet (*tb* **the Internet**) /'ɪntərnet/ *s* internet: *to look for sth on the Internet* procurar algo na internet ◇ *Internet access* acesso à internet ◇ *Internet café* cybercafé ➲ *Ver ilustração e nota à pág. 164*

internship /'ɪntɜːrnʃɪp/ (*GB* **(work) placement**) *s* **1** estágio **2** residência (*médica*)

interpret /ɪn'tɜːrprɪt/ *vt* **1** interpretar, entender **2** traduzir

> **Interpret** refere-se à tradução oral e **translate** à tradução escrita.

interpretation /ɪnˌtɜːrprɪ'teɪʃn/ *s* interpretação

interpreter /ɪn'tɜːrprɪtər/ *s* intérprete ➲ *Comparar com* TRANSLATOR

interrelated /ˌɪntərɪ'leɪtɪd/ *adj* inter-relacionado

interrogate /ɪn'terəgeɪt/ *vt* interrogar **interrogation** *s* **1** interrogação **2** interrogatório (*de polícia*) **interrogator** *s* interrogador, -ora

interrogative /ˌɪntə'rɑːgətɪv/ *adj, s* interrogativo

interrupt /ˌɪntə'rʌpt/ *vt, vi* interromper: *I'm sorry to interrupt but there's a phone call for you.* Desculpe interromper, mas há uma ligação para você.

interruption /ˌɪntə'rʌpʃn/ *s* interrupção

intersect /ˌɪntər'sekt/ *vi* cruzar-se **intersection** *s* intersecção, cruzamento

interspersed /ˌɪntər'spɜːrst/ *adj* ~ **with sth** entremeado com/de algo

interstate /'ɪntərsteɪt/ *s* rodovia ➲ *Ver nota em* RODOVIA

intertwine /ˌɪntər'twaɪn/ *vt, vi* entrelaçar(-se)

interval /'ɪntərvl/ *s* intervalo

intervene /ˌɪntər'viːn/ *vi* **1** ~ **(in sth)** intervir (em algo) **2** interpor-se **3** (*formal*) (*tempo*) decorrer **intervening** *adj* interveniente

intervention /ˌɪntər'venʃn/ *s* intervenção

interview /'ɪntərvjuː/ *substantivo, verbo*
▸ *s* entrevista
▸ *vt* entrevistar **interviewee** /ˌɪntərvjuː'iː/ *s* entrevistado, -a **interviewer** /'ɪntərvjuːər/ *s* entrevistador, -ora

interweave /ˌɪntər'wiːv/ *vt, vi* (*pt* **-wove** /-'woʊv/, *pp* **-woven** /-'woʊvn/) entrelaçar(-se)

intestine /ɪn'testɪn/ *s* intestino: *small/large intestine* intestino delgado/grosso

intimacy /'ɪntɪməsi/ *s* intimidade

intimate *adj* /'ɪntɪmət/ *adj* **1** (*amigo, restaurante, etc.*) íntimo **2** (*amizade*) estreito **3** (*conhecimento*) profundo

intimidate /ɪn'tɪmɪdeɪt/ *vt* ~ **sb (into sth/doing sth)** intimidar alguém (em/a fazer algo) **intimidation** *s* intimidação

into /'ɪntə; -tuː/ *prep* ℹ Para o uso de **into** em PHRASAL VERBS, ver os verbetes dos verbos correspondentes, p.ex. **bump into sb** em BUMP. **1** (*direção*) em, dentro de: *to come into a room* entrar num quarto/numa sala ◇ *He put it into the box.* Ele colocou isso dentro da caixa. ◇ *He fell into the water.* Ele caiu na água. ◇ *to get into a car* entrar num carro **2** para: *She went into town.* Ela foi ao centro. ◇ *to translate into Spanish* traduzir para o espanhol **3** (*tempo, distância*): *long into the night* noite adentro ◇ *far into the distance* até perder de vista **4** (*Mat*): *12 into 144 goes 12 times.* 144 dividido por 12 é 12. LOC **be into sth** (*coloq*) gostar de algo: *She's into motorcycles.* Ela é ligada em motocicleta.

intolerable /ɪn'tɑːlərəbl/ *adj* intolerável, insuportável

intolerance /ɪn'tɑːlərəns/ *s* intolerância, intransigência

intolerant /ɪn'tɑːlərənt/ *adj* intolerante

intonation /ˌɪntə'neɪʃn/ *s* entonação

intoxicated /ɪn'tɑːksɪkeɪtɪd/ *adj* (*formal*) (*lit e fig*) embriagado **intoxication** *s* embriaguez

Intranet /'ɪntrənet/ *s* Intranet

intransitive /ɪn'trænsətɪv/ *adj* intransitivo

intrepid /ɪn'trepɪd/ *adj* (*formal*) intrépido

intricate /'ɪntrɪkət/ *adj* intrincado, complexo

intrigue *substantivo, verbo*
▸ *s* /'ɪntriːg; ɪn'triːg/ intriga
▸ *vt* /ɪn'triːg/ intrigar **intriguing** /ɪn'triːgɪŋ/ *adj* intrigante, fascinante

intrinsic /ɪnˈtrɪnsɪk; ɪnˈtrɪnzɪk/ *adj* intrínseco

introduce /ˌɪntrəˈduːs; *GB* -ˈdjuːs/ *vt* **1 ~ sb/sth (to sb)** apresentar alguém/algo (a alguém) ➲ *Ver nota em* APRESENTAR **2 ~ sb to sth; ~ sth to sb** iniciar alguém em algo **3** (*produto, reforma, etc.*) introduzir

introduction /ˌɪntrəˈdʌkʃn/ *s* **1** [*não contável*] introdução (*produto, reforma, etc.*) **2** apresentação **3 ~ (to sth)** prólogo (de algo) **4** [*sing*] **~ (to sth)** iniciação (a/em algo) **introductory** /ˌɪntrəˈdʌktəri/ *adj* **1** (*capítulo, curso*) introdutório **2** (*oferta*) de lançamento

introvert /ˈɪntrəvɜːrt/ *s* introvertido, -a

intrude /ɪnˈtruːd/ *vi* **1 ~ (into/on/upon sth)** intrometer-se, intervir (em algo) **2 ~ (on/upon sb)** incomodar, perturbar (alguém) **intruder** *s* intruso, -a **intrusion** *s* **1 ~ (into/on/upon sth)** invasão (de algo) **2** intromissão **intrusive** *adj* intruso

intuition /ˌɪntuˈɪʃn; *GB* ˌɪntju-/ *s* intuição

intuitive /ɪnˈtuːɪtɪv; *GB* ɪnˈtjuː-/ *adj* intuitivo

Inuit /ˈɪnjuɪt; -nu-/ *s* **the Inuit** [*pl*] esquimós ➲ *Ver nota em* ESQUIMÓ

inundate /ˈɪnʌndeɪt/ *vt* **~ sb/sth (with sth)** inundar alguém/algo (de algo): *We were inundated with applications.* Fomos inundados com candidaturas.

invade /ɪnˈveɪd/ *vt, vi* invadir, entrar à força **invader** *s* invasor, -ora

invalid *substantivo, adjetivo*
▸ *s* /ˈɪnvəlɪd/ inválido, -a
▸ *adj* /ɪnˈvælɪd/ nulo

invalidate /ɪnˈvælɪdeɪt/ *vt* invalidar, anular

invaluable /ɪnˈvæljuəbl/ *adj* inestimável ➲ *Comparar com* VALUABLE

invariably /ɪnˈveriəbli/ *adv* invariavelmente

invasion /ɪnˈveɪʒn/ *s* invasão

invent /ɪnˈvent/ *vt* inventar

invention /ɪnˈvenʃn/ *s* **1** invenção **2** invento

inventive /ɪnˈventɪv/ *adj* **1** imaginativo **2** (*capacidade*) inventivo **inventiveness** *s* inventividade

inventor /ɪnˈventər/ *s* inventor, -ora

inventory /ˈɪnvəntɔːri; *GB* -tri/ *s* (*pl* **inventories**) **1** (*lista de mercadoria*) inventário **2** (*tb* **stock**) estoque

invert /ɪnˈvɜːrt/ *vt* (*formal*) inverter

invertebrate /ɪnˈvɜːrtɪbrət/ *s* invertebrado

inˌverted ˈcommas *s* [*pl*] (*GB*) aspas ➲ *Ver pág. 310*

invest /ɪnˈvest/ *vt, vi* **~ (sth) (in sth)** investir (algo) (em algo)

investigate /ɪnˈvestɪgeɪt/ *vt, vi* investigar, inquirir

investigation /ɪnˌvestɪˈgeɪʃn/ *s* **~ (into sth)** investigação (de algo)

investigative /ɪnˈvestɪgeɪtɪv; *GB* -gətɪv/ *adj* investigativo

investigator /ɪnˈvestɪgeɪtər/ *s* investigador, -ora

investment /ɪnˈvestmənt/ *s* **~ (in sth)** investimento (em algo)

investor /ɪnˈvestər/ *s* investidor, -ora

invigorating /ɪnˈvɪgəreɪtɪŋ/ *adj* revigorante, estimulante

invincible /ɪnˈvɪnsəbl/ *adj* invencível

invisible /ɪnˈvɪzəbl/ *adj* invisível

invitation /ˌɪnvɪˈteɪʃn/ *s* convite

invite *verbo, substantivo*
▸ *vt* /ɪnˈvaɪt/ **1 ~ sb (to/for sth)** convidar alguém (para algo): *They invited me to go swimming.* Eles me convidaram para nadar. ◇ *to invite trouble* procurar encrenca **2** (*sugestões, opiniões*) pedir, solicitar PHR V **invite sb back 1** convidar alguém (*em retribuição a um convite*) **2** convidar alguém a voltar consigo para casa ◆ **invite sb in** convidar alguém para entrar ◆ **invite sb out** convidar alguém para sair ◆ **invite sb over** (*GB tb* **invite sb around/round**) convidar alguém para sua casa
▸ *s* /ˈɪnvaɪt/ (*coloq*) convite **inviting** /ɪnˈvaɪtɪŋ/ *adj* **1** convidativo, tentador **2** (*comida*) apetitoso

invoice /ˈɪnvɔɪs/ *substantivo, verbo*
▸ *s* **~ (for sth)** fatura (de algo)
▸ *vt* **~ sb (for sth)** fazer/dar uma fatura (de algo) para alguém

involuntary /ɪnˈvɑːlənteri; *GB* -tri/ *adj* involuntário

involve /ɪnˈvɑːlv/ *vt* **1** supor, implicar: *The job involves me/my living in London.* O trabalho exige que eu more em Londres. ◇ *the costs involved in the project* os custos do projeto **2 ~ sb in sth** fazer alguém participar em algo **3 ~ sb in sth** meter, envolver alguém em algo: *Don't involve me in your problems.* Não me envolva em seus problemas. **4 ~ sb in sth** enredar, implicar alguém em algo (*esp crime*)

involved /ɪnˈvɑːlvd/ *adj* **1** envolvido: *to become/get involved in sth* ficar envolvido em algo ◇ *He doesn't want to get involved.* Ele não quer se envolver. **2** complicado, arrevesado **3 be/get ~ (with sb)** estar ligado/ligar-se (com alguém): *I don't want to get too involved.* Eu não quero uma relação muito séria. *Ver tb* INVOLVE

involvement /ɪn'vɑːlvmənt/ *s* **1** ~ **(in/with sth)** envolvimento, comprometimento, participação (em algo) **2** ~ **(with sb)** compromisso, relacionamento (com alguém)

inward /'ɪnwərd/ *adjetivo, advérbio*

▸ *adj* **1** [*antes do substantivo*] (*pensamentos, etc.*) interior, íntimo: *to give an inward sigh* suspirar para si mesmo **2** (*direção*) para dentro

▸ *adv* (*tb* **inwards**) para dentro **inwardly** *adv* **1** por dentro **2** (*suspirar, sorrir, etc.*) para si

I

iPad® /'aɪpæd/ *s* iPad®

iPhone® /'aɪfoʊn/ *s* iPhone®

IQ /ˌaɪ 'kjuː/ *s* (*abrev de* **intelligence quotient**) quociente de inteligência: *She has an IQ of 120.* Ela tem um QI de 120.

iris /'aɪrɪs/ *s* (*Anat, Bot*) íris

Irish /'aɪrɪʃ/ *adj, s* irlandês, -esa

iron /'aɪərn/ *substantivo, verbo*

▸ *s* **1** (*metal*) ferro *Ver tb* CAST IRON, WROUGHT IRON **2** ferro de passar roupa

▸ *vt, vi* passar (roupa) PHR V **iron sth out** **1** (*vincos*) alisar algo **2** (*problemas, etc.*) resolver, solucionar algo

ironic /aɪ'rɑːnɪk/ *adj* irônico: *It is ironic that we only won the last match.* É irônico só termos ganho a última partida. ◇ *He gave an ironic smile.* Ele sorriu com ironia. **ironically** /aɪ'rɑːnɪkli/ *adv* ironicamente, com ironia

ironing /'aɪərnɪŋ/ *s* **1**: *to do the ironing* passar roupa ◇ *ironing board* tábua de passar roupa **2** roupa passada ou para passar

irony /'aɪrəni/ *s* (*pl* **ironies**) ironia

irrational /ɪ'ræʃənl/ *adj* irracional **irrationality** /ɪˌræʃə'næləti/ *s* irracionalidade **irrationally** *adv* de forma irracional

irrelevant /ɪ'reləvənt/ *adj* irrelevante: *irrelevant remarks* observações descabidas **irrelevance** *s* irrelevância

irresistible /ˌɪrɪ'zɪstəbl/ *adj* irresistível **irresistibly** *adv* irresistivelmente

irrespective of /ɪrɪ'spektɪv əv/ *prep* (*formal*) independente de, sem levar em conta: *irrespective of age* independente da idade

irresponsible /ˌɪrɪ'spɑːnsəbl/ *adj* irresponsável: *It was irresponsible of you.* Foi uma irresponsabilidade de sua parte. **irresponsibility** /ˌɪrɪˌspɑːnsə'bɪləti/ *s* irresponsabilidade **irresponsibly** *adv* de forma irresponsável

irrigation /ˌɪrɪ'geɪʃn/ *s* irrigação

irritable /'ɪrɪtəbl/ *adj* irritável **irritability** /ˌɪrɪtə'bɪləti/ *s* irritabilidade **irritably** *adv* com irritação

ˌirritable 'bowel syndrome *s* (*abrev* IBS) síndrome do intestino irritável

irritate /'ɪrɪteɪt/ *vt* irritar: *He's easily irritated.* Ele se irrita com facilidade. **irritation** *s* irritação

irritating /'ɪrɪteɪtɪŋ/ *adj* irritante

IRS /ˌaɪ ɑːr 'es/ *abrev Ver* INTERNAL REVENUE SERVICE

is /ɪz/ *Ver* BE

ish /ɪʃ/ *adv* (*GB, coloq*) ih, eita: *I've finished. Ish. I still need to make the sauce.* Terminei. Ih, ainda preciso preparar o molho.

Islam /'ɪzlɑːm; ɪz'lɑːm/ *s* islã, islamismo **Islamic** /ɪz'læmɪk; ɪz'lɑːmɪk/ *adj* islâmico **Islamism** /'ɪzləmɪzəm/ *s* islamismo **Islamist** *s* islamita

island /'aɪlənd/ *s* (*abrev* **I.**, **Is.**) ilha: *a desert island* uma ilha deserta **islander** *s* ilhéu, -oa

isle /aɪl/ *s* (*abrev* **I.**, **Is.**) ilha ❶ Usa-se sobretudo em nomes de lugares, p.ex: *the Isle of Man.*

isn't /'ɪznt/ = IS NOT *Ver* BE

isolate /'aɪsəleɪt/ *vt* ~ **sb/sth (from sb/sth)** isolar alguém/algo (de alguém/algo) **isolated** *adj* isolado **isolation** *s* isolamento LOC **in isolation (from sb/sth)** isolado (de alguém/algo): *Looked at in isolation...* Considerado fora do contexto...

ISP /ˌaɪ es 'piː/ *abrev de* **Internet Service Provider** provedor de serviço de internet

issue /'ɪʃuː; *GB tb* 'ɪsjuː/ *substantivo, verbo*

▸ *s* **1** assunto, questão **2** problema: *Let's not make an issue of it.* Vamos deixar isso para trás. **3** emissão, provisão **4** número (*de revista*) LOC **take issue with sb (about/on/over sth)** (*formal*) discordar de alguém (sobre algo)

▸ *vt* **1** ~ **sth (to sb)** distribuir algo (a alguém) **2** ~ **sb with sth** prover alguém de algo **3** (*visto, etc.*) expedir **4** publicar **5** (*selos, etc.*) emitir **6** (*chamada*) fazer

IT /ˌaɪ 'tiː/ *s* (*abrev de* **information technology**) tecnologia da informação

it /ɪt/ *pron*

• **como sujeito e objeto** ❶ **It** substitui um animal ou uma coisa. Pode também ser utilizado para se referir a um bebê. **1** (*como sujeito*) ele, ela: *Where is it?* Onde está? ◇ *The baby is crying, I think* *it's hungry.* O bebê está chorando, acho que está com fome. ◇ *Who is it?* Quem é? ◇ *It's me.* Sou eu. ❶ O pronome pessoal não pode ser omitido em inglês. **2** (*como objeto direto*) o, a: *Did you buy it?* Você comprou (isso/aquilo)? ◇ *Give it to me.* Dê-me (isso). **3** (*como objeto indireto*) lhe: *Give it some milk.* Dá um pouco de leite para ele/ela. **4** (*depois de preposição*): *That box is heavy. What's inside it?* Essa caixa está pesada. O que é que tem dentro?

• **orações impessoais**

Em muitos casos, **it** não tem significado e é utilizado como sujeito gramatical para construir orações que, em português, costumam ser impessoais. Em geral, não é traduzido.

5 (*de tempo, distância e condição atmosférica*): *It's ten after/past one.* É uma e dez. ◇ *It's May 12.* Hoje é 12 de maio. ◇ *It's a long time since they left.* Faz muito tempo que eles partiram. ◇ *It's two miles to the beach.* São duas milhas até a praia. ◇ *It's raining.* Está chovendo. ◇ *It's hot.* Faz calor. **6** (*em outras construções*): *Does it matter what color the hat is?* Faz diferença a cor do chapéu? ◇ *I'll come at seven if it's convenient.* Virei às sete se não for atrapalhar. ◇ *It's Jim who's the smart one, not his brother.* O Jim é que é o esperto, não o irmão. LOC **that's it** **1** é isso aí: *That's just it.* Aí é que está o problema. **2** é tudo **3** é assim mesmo ♦ **this is it** **1** chegou a hora **2** é isso

italics /ɪˈtælɪks/ *s* [*pl*] itálico

itch /ɪtʃ/ *substantivo, verbo*
▸ *s* coceira
▸ *vi* **1** coçar: *My leg itches.* Estou com coceira na perna. **2** ~ **for sth/to do sth** (*coloq*) estar louco por algo/para fazer algo **itchy** *adj* que coça. *My skin is itchy* Estou com coceira na pele.

it'd /ˈɪtəd/ **1** = IT HAD *Ver* HAVE **2** = IT WOULD *Ver* WOULD

⚷ **item** /ˈaɪtəm/ *s* **1** item **2** (*tb* ˈ**news item**) notícia LOC **be an item** (*coloq*) namorar firme

itinerary /aɪˈtɪnəreri; *GB* -rəri/ *s* (*pl* **itineraries**) itinerário

it'll /ˈɪtl/ = IT WILL *Ver* WILL

⚷ **its** /ɪts/ *adj* dele(s), dela(s), seu(s), sua(s): *The table isn't in its place.* A mesa está fora de lugar. ❶ Utiliza-se para referir-se a coisas, animais ou bebês. ➲ *Ver nota em* MY

it's /ɪts/ **1** = IT IS *Ver* BE **2** = IT HAS *Ver* HAVE ➲ *Comparar com* ITS

⚷ **itself** /ɪtˈself/ *pron* **1** (*uso reflexivo*) se: *The cat was washing itself.* O gato estava se lavando. **2** (*uso enfático*) ele mesmo, ela mesma **3**: *She is kindness itself.* Ela é a bondade personificada. LOC **(all) by itself** **1** por si **2** (completamente) sozinho ♦ **in itself** em si

I've /aɪv/ = I HAVE *Ver* HAVE

ivory /ˈaɪvəri/ *s* marfim

ivy /ˈaɪvi/ *s* (*pl* **ivies**) hera

the ˌIvy ˈLeague *s* grupo de universidades de prestígio nos Estados Unidos

Jj

J, j /dʒeɪ/ *s* (*pl* **Js, J's, j's**) J, j ➲ *Ver nota em* A, A

jab /dʒæb/ *verbo, substantivo*
▸ *vt, vi* (**-bb-**) espetar, dar um golpe rápido (em): *She jabbed at a potato with her fork.* Ela espetou uma batata com o garfo. ◇ *to jab sb in the ribs* golpear as costelas de alguém ◇ *to jab your finger at the door* apontar o dedo para a porta PHR V **jab sth into sb/sth** fincar algo em alguém/algo
▸ *s* **1** golpe, murro **2** espetada **3** (*GB, coloq*) injeção

jack /dʒæk/ *s* **1** (*Mec*) macaco **2** (*Cartas*) valete ➲ *Ver nota em* BARALHO

jackal /ˈdʒækl/ *s* chacal

jackdaw /ˈdʒækdɔː/ *s* gralha

⚷ **jacket** /ˈdʒækɪt/ *s* **1** casaco curto, jaqueta *Ver tb* DINNER JACKET, LIFE JACKET **2** paletó **3** (*de um livro*) sobrecapa **4** (*de disco*) capa

ˌ**jacket poˈtato** *s* (*pl* **jacket potatoes**) (*GB*) (*USA* ˌ**baked poˈtato**) batata assada

jackpot /ˈdʒækpɑːt/ *s* sorte grande, bolada

jade /dʒeɪd/ *s* jade

jaded /ˈdʒeɪdɪd/ *adj* cheio, enfastiado

jagged /ˈdʒægɪd/ *adj* denteado, pontiagudo

jaguar /ˈdʒægjuər/ *s* jaguar

jail (*tb* **gaol**) /dʒeɪl/ *s* cadeia

jalopy /dʒəˈlɑːpi/ *s* (*pl* **jalopies**) (*GB* **banger**) (*coloq*) (*carro*) calhambeque: *an old jalopy* uma lata velha

⚷ **jam** /dʒæm/ *substantivo, verbo*
▸ *s* **1** geleia ➲ *Comparar com* MARMALADE **2** obstrução: *traffic jam* engarrafamento LOC **be in a jam** (*coloq*) estar num aperto
▸ *v* (**-mm-**) **1** *vt* ~ **sth into, under, etc. sth** forçar algo dentro, debaixo, etc. de

algo: *He jammed the flowers into a vase.* Ele meteu as flores em um vaso às pressas. **2** *vt, vi* amontoar(-se): *The three of them were jammed into the back of the car.* Os três estavam amontoados na parte de trás do carro. **3** *vt, vi* emperrar, espremer-se: *Nearly 1,000 students jammed into the hall.* Quase 1.000 alunos tiveram que se espremer no saguão. **4** *vt* (*Rádio*) interferir

jangle /ˈdʒæŋgl/ **1** *vt* chacoalhar **2** *vt, vi* (fazer) soar (*de maneira estridente*)

janitor /ˈdʒænɪtər/ (*GB* **caretaker**) *s* zelador, -ora

January /ˈdʒænjueri; *GB* -njuəri/ *s* (*abrev* Jan.) janeiro: *They're getting married this January/in January.* Vão se casar em janeiro. ◇ *on January 1st* no dia primeiro de janeiro ◇ *every January* todo o ano em janeiro ◇ *next January* em janeiro do ano que vem ❶ Os nomes dos meses em inglês se escrevem com maiúscula.

J

jar /dʒɑːr/ *substantivo, verbo*
▸ *s* **1** frasco, pote ➲ *Ver ilustração em* CONTAINER **2** jarro
▸ *v* (-rr-) **1** *vt, vi* ~ **(sth) (on sth)** chacoalhar algo; bater (algo) (em algo) **2** *vi* ~ **(on sth)** irritar algo **3** *vi* ~ **(with sth)** destoar (de algo)

jargon /ˈdʒɑːrgən/ *s* jargão

jasmine /ˈdʒæzmɪn/ *s* jasmim

jaundice /ˈdʒɔːndɪs/ *s* icterícia **jaundiced** *adj* amargurado, despeitado

javelin /ˈdʒævlɪn/ *s* dardo

jaw /dʒɔː/ *s* (*tb* **jaws** [*pl*]) mandíbula, maxilar

jay /dʒeɪ/ *s Ver* BLUE JAY

jazz /dʒæz/ *substantivo, verbo*
▸ *s* jazz
▸ *v* PHR V **jazz sth up** (*coloq*) animar algo **jazzy** *adj* (*coloq*) espalhafatoso

jealous /ˈdʒeləs/ *adj* **1** ciumento: *He's very jealous of her male friends.* Ele tem muito ciúme dos amigos homens dela. **2** invejoso: *I'm very jealous of your new car.* Estou com muita inveja do seu carro novo. **jealousy** *s* [*ger não contável*] ciúme, inveja

jeans /dʒiːnz/ *s* [*pl*] jeans ➲ *Ver notas em* CALÇA, PAIR

Jeep® /dʒiːp/ *s* jipe

jeer /dʒɪr/ *verbo, substantivo*
▸ *vt, vi* ~ **(sb/at sb)** vaiar (alguém); zombar de alguém
▸ *s* **1** zombaria **2** vaia

jeggings /ˈdʒegɪŋz/ *s* [*pl*] calça feminina de brim mais fino com elastano ➲ *Ver notas em* CALÇA, PAIR

Jell-O® /ˈdʒeloʊ/ (*USA*) (*GB* **jelly**) *s* gelatina

jelly /ˈdʒeli/ *s* (*pl* **jellies**) geleia

ˈ**jelly bean** *s* bala de goma

jellyfish /ˈdʒelifɪʃ/ *s* (*pl* **jellyfish**) (*Zool*) água-viva

jeopardize (*GB tb* **-ise**) /ˈdʒepərdaɪz/ *vt* pôr em perigo

jeopardy /ˈdʒepərdi/ *s* LOC **in jeopardy** em perigo

jerk /dʒɜːrk/ *substantivo, verbo*
▸ *s* **1** solavanco, sacudida **2** (*coloq*) idiota
▸ *vt, vi* sacudir, dar solavancos

Jesus /ˈdʒiːzəs/ (*tb* ˌ**Jesus** ˈ**Christ**) *s* Jesus Cristo

jet /dʒet/ *s* **1** (avião) jato **2** (*de água, gás*) jorro **3** azeviche: *jet-black* da cor do azeviche

ˈ**jet lag** *s* fadiga de voo: *He's suffering from jet lag.* Ele está muito cansado devido à diferença de fuso horário.

the ˈ**jet set** *s* [*sing*] a alta sociedade

ˈ**Jet Ski™** *s* (*pl* **Jet Skis**) jet ski ˈ**jet-skiing** *s* andar de jet ski

jetty /ˈdʒeti/ *s* (*pl* **jetties**) cais, quebra-mar

Jew /dʒuː/ *s* judeu, -ia

jewel /ˈdʒuːəl/ *s* **1** joia **2** pedra preciosa **jeweler** (*GB* **jeweller**) *s* joalheiro, -a

jewelry (*GB* **jewellery**) /ˈdʒuːəlri/ *s* [*não contável*] joias: *jewelry box/case* porta-joias ◇ *jewelry store* joalheria ❶ Na Grã-Bretanha, para *joalheria* diz-se **jeweller's**.

Jewish /ˈdʒuːɪʃ/ *adj* judaico

jigsaw /ˈdʒɪgsɔː/ (*tb* ˈ**jigsaw puzzle**) *s* quebra-cabeça

jihad /dʒɪˈhɑːd/ *s* jihad **jihadi** /dʒɪˈhɑːdi/ (*tb* **jihadist** /dʒɪˈhɑːdɪst/) *s* jihadista

jingle /ˈdʒɪŋgl/ *substantivo, verbo*
▸ *s* **1** [*sing*] tilintar **2** anúncio cantado
▸ *vt, vi* tilintar

jinx /dʒɪŋks/ *substantivo, verbo*
▸ *s* [*sing*] ~ **(on sb/sth)** mau-olhado (em alguém/algo)
▸ *vt* trazer azar a

the jitters /ˈdʒɪtərz/ *s* [*pl*] (*coloq*) frio na barriga

job /dʒɑːb/ *s* **1** trabalho, emprego ➲ *Ver nota em* WORK **2** tarefa **3** dever, responsabilidade LOC **a good job** (*coloq*): *It's a good job you've come.* Ainda bem que você veio. ♦ **do the job** (*coloq*) resolver o problema ♦ **good/nice job!** (*esp USA, coloq*) bom trabalho! ♦ **out of a job** desempregado

ˈjob centre *s (GB)* agência de empregos (do governo)

jobless /ˈdʒɑːbləs/ *adj* desempregado

jockey /ˈdʒɑːki/ *s (pl* **jockeys***)* jóquei

jog /dʒɑːg/ *substantivo, verbo*

▸ *s [sing]* **1**: *to go for a jog* fazer cooper/ir correr **2** sacudidela

▸ *v* (-gg-) **1** *vi* fazer cooper **2** *vt* empurrar de leve LOC **jog sb's memory** refrescar a memória de alguém

PHR V **jog along** *(GB, coloq)* **1** ir seguindo *(na mesma)* **2** *(tb* **jog on***)* cair fora **jogger** *s* corredor, -ora **jogging** *s* cooper, jogging: *to go jogging* (ir) correr

join /dʒɔɪn/ *verbo, substantivo*

▸ *v* **1** *vt* ~ **sth to/onto sth**; ~ **A and B (together/up)** unir, juntar algo a algo; unir, juntar A com B **2** *vi* ~ **(together/up)** unir-se, juntar-se **3** *vt* reunir-se com **4** *vt, vi (clube, etc.)* associar-se, afiliar-se (a) **5** *vt, vi (empresa)* entrar (para) **6** *vt, vi (organização internacional)* ingressar (em) PHR V **join in (sth)** tomar parte (em algo) ◆ **join up (with sb)** juntar-se (com alguém), unir-se (a alguém)

▸ *s* **1** junção **2** costura

joiner /ˈdʒɔɪnər/ *s (GB) (USA* **carpenter***)* marceneiro, -a

joint /dʒɔɪnt/ *adjetivo, substantivo*

▸ *adj* conjunto, mútuo, coletivo

▸ *s* **1** *(Anat)* articulação **2** junta, união **3** *(coloq)* espelunca **4** *(coloq)* baseado **5** *(GB)* quarto de carne **jointed** *adj* articulado, flexível

ˌjoint ˈventure *s (Com)* projeto conjunto

joke /dʒoʊk/ *substantivo, verbo*

▸ *s* **1** piada: *to tell a joke* contar uma piada **2** brincadeira: *to play a joke on sb* pregar uma peça em alguém **3** *[sing] (coloq)* piada: *The new traffic law is a joke.* A nova lei do trânsito é uma piada.

▸ *vi* ~ **(with sb) (about sth)** brincar (com alguém) (sobre algo) LOC **joking apart/aside** *(GB)* falando sério ◆ **you're joking; you must be joking** *(coloq)* você só pode estar brincando!

joker /ˈdʒoʊkər/ *s* **1** brincalhão, -ona **2** *(coloq)* palhaço, -a **3** *(Cartas)* curinga

jolly /ˈdʒɑːli/ *adjetivo, advérbio*

▸ *adj* (**jollier**, **-iest**) alegre, animado

▸ *adv (GB, antiq, coloq)* muito

jolt /dʒoʊlt/ *verbo, substantivo*

▸ *v* **1** *vi* sacolejar **2** *vt* sacudir

▸ *s* **1** sacudida **2** susto

jostle /ˈdʒɑːsl/ *vt, vi* empurrar(-se), acotovelar(-se)

jot /dʒɑːt/ *v* (-tt-) PHR V **jot sth down** anotar algo

journal /ˈdʒɜːrnl/ *s* **1** revista, jornal *(especializado)* **2** diário

journalism /ˈdʒɜːrnəlɪzəm/ *s* jornalismo

journalist /ˈdʒɜːrnəlɪst/ *s* jornalista

journey /ˈdʒɜːrni/ *s (pl* **journeys***)* viagem, trajeto ➲ *Ver nota em* VIAGEM

joy /dʒɔɪ/ *s* **1** alegria: *to jump for joy* pular de alegria **2** deleite: *The show was a joy to watch.* Assitir ao show foi um deleite. LOC *Ver* PRIDE **joyful** *adj* alegre **joyfully** *adv* alegremente

joyrider /ˈdʒɔɪraɪdər/ *s* pessoa que dirige um carro roubado **joyriding** /ˈdʒɔɪraɪdɪŋ/ *s* passear em carro roubado

joystick /ˈdʒɔɪstɪk/ *s* alavanca de controle, joystick

jubilant /ˈdʒuːbɪlənt/ *adj* jubiloso **jubilation** *s* júbilo

jubilee /ˈdʒuːbɪliː/ *s* jubileu

Judaism /ˈdʒuːdəɪzəm; *GB* -deɪɪ-/ *s* judaísmo

judge /dʒʌdʒ/ *substantivo, verbo*

▸ *s* **1** juiz, juíza **2** *(de competição)* árbitro, -a **3**: *to be a good judge of sth* ser um bom conhecedor de algo

▸ *vt, vi* julgar, considerar, calcular: *judging by/from...* a julgar por...

judgment *(GB tb* **judgement***)* /ˈdʒʌdʒmənt/ *s* julgamento, juízo: *to use your own judgment* agir de acordo com a sua própria consciência

judicious /dʒuˈdɪʃəs/ *adj (formal)* judicioso **judiciously** *adv* judiciosamente

judo /ˈdʒuːdoʊ/ *s* judô

jug /dʒʌg/ *s* **1** botija **2** *(GB) (USA* **pitcher***)* jarro

juggle /ˈdʒʌgl/ **1** *vi* ~ **(with sth)** fazer malabarismos (com algo) **2** *vt* ~ **sth (with sth)** conciliar algo (com algo): *She juggles home, career and children.* Ela tem que conciliar a casa, carreira e os filhos. **juggler** *s* malabarista **juggling** *s* malabarismo

juice /dʒuːs/ *s* suco, sumo **juicer** *s* espremedor **juicy** *adj* (**juicier**, **-iest**) **1** suculento **2** *(coloq) (história, etc.)* picante

jukebox /ˈdʒuːkbɑːks/ *s* máquina que toca música quando se coloca uma moeda ou ficha

July /dʒuˈlaɪ/ *s (abrev* **Jul.***)* julho ➲ *Ver nota em* JANUARY

jumble /ˈdʒʌmbl/ *verbo, substantivo*

▸ *vt* ~ **sth (together/up)** misturar algo

▸ *s* **1** *[sing]* ~ **(of sth)** bagunça (de algo) **2** *(GB)* objetos ou roupas vendidos em bazar de caridade: *jumble sale* bazar de usados

jumbo /ˈdʒʌmboʊ/ *adj (coloq)* (de tamanho) gigante

jump /dʒʌmp/ *verbo, substantivo*

▸ *v* **1** *vt, vi* saltar: *to jump up and down* pular de alegria ◇ *to jump rope* pular corda ◇ *to jump up* levantar-se com um salto **2** *vi* sobressaltar-se: *It made me jump.* Isso me deu um susto. **3** *vi* aumentar LOC **jump the line** (*GB* **jump the queue**) furar a fila ◆ **jump the shark** (*novela, série de TV*) exagerar na cena ◆ **jump to conclusions** tirar conclusões precipitadas *Ver tb* BANDWAGON PHR V **jump at sth** agarrar uma oportunidade com unhas e dentes

▸ *s* **1** salto **2** alta (*de preços, etc.*)

jumper /ˈdʒʌmpər/ *s* **1** (*USA*) avental **2** (*GB*) (*USA* **sweater**) pulôver, suéter **3** saltador, -ora

jumpy /ˈdʒʌmpi/ *adj (coloq)* nervoso

junction /ˈdʒʌŋkʃn/ *s* **1** (*USA* **intersection**) (*de ruas*) cruzamento **2** (*USA* **intersection**) (*de rodovias*) saída **3** (*de ferrovias*) entroncamento

June /dʒuːn/ *s* (*abrev* **Jun.**) junho ➲ *Ver nota em* JANUARY

jungle /ˈdʒʌŋgl/ *s* selva

junior /ˈdʒuːniər/ *adjetivo, substantivo*

▸ *adj* **1** (*cargo*) subalterno **2** (*Esporte*) júnior **3** (*abrev* **Jnr., Jr.**) (*em nomes*) júnior **4** (*GB*): *junior school* escola de ensino fundamental

▸ *s* **1** subalterno, -a **2** (*USA*) estudante no penúltimo ano do ensino médio **3** (*GB*) aluno, -a de ensino fundamental LOC **be two, etc. years sb's junior; be sb's junior (by two, etc. years)** ser (dois, etc. anos) mais novo do que alguém

ˌjunior ˈcollege *s* curso sequencial

ˌjunior ˈhigh school (*tb* **ˌjunior ˈhigh**) *s* escola de ensino fundamental II

junk /dʒʌŋk/ *s* [*não contável*] **1** traste **2** ferro-velho, velharias

ˈjunk food (*tb* **junk**) *s* [*não contável*] (*coloq*) comida/lanche sem valor nutritivo

junkie /ˈdʒʌŋki/ *s* (*coloq*) drogado, -a

ˈjunk mail *s* (*pej*) correspondência/propaganda não solicitada

Jupiter /ˈdʒuːpɪtər/ *s* Júpiter

juror /ˈdʒʊrər/ *s* jurado, -a

jury /ˈdʒʊri/ *s* (*pl* **juries**) júri

just /dʒʌst/ *advérbio, adjetivo*

▸ *adv* **1** justamente, exatamente: *It's just what I need.* É exatamente o que eu preciso. ◇ *It's just as I thought.* É exatamente como imaginei. ◇ *That's just it!* É isso mesmo! ◇ *just here* aqui mesmo **2** ~ **as** bem na hora em que, exatamente quando: *She arrived just as we were leaving.* Ela chegou bem na hora em que estávamos indo embora. **3** ~ **as... as...** tão... quanto...: *She's just as smart as her mother.* Ela é tão inteligente quanto a mãe. **4 have ~ done sth** acabar de fazer algo: *She's just left.* Ela acabou de sair. ◇ *We had just arrived when...* Tínhamos acabado de chegar quando... ◇ *"Just married"* "Recém-casados" **5 ~ over/under**: *It's just over/under a kilogram.* É um pouco mais/menos de um quilo. **6 (only) ~** (*GB*) por pouco: *I can (only) just reach the shelf.* Por pouco não alcanço a prateleira. **7** já: *I'm just going.* Já vou. **8 be ~ about/going to do sth** estar prestes a fazer algo: *I was just about/going to phone you.* Eu já ia te telefonar. **9** simplesmente: *It's just one of those things.* Não é nada de mais. **10** só, somente: *I waited an hour just to see you.* Esperei uma hora só para te ver. ◇ *just for fun* só de brincadeira **11**: *Just let me say something!* Deixe-me só dizer uma coisa! LOC **it's just as well (that...)** ainda bem que... ◆ **just about** (*coloq*) quase: *I know just about everyone.* Conheço praticamente todo mundo. ◆ **just like 1** igual a: *It was just like old times.* Foi como nos velhos tempos. **2** típico de: *It's just like her to be late.* É típico que ela se atrase. ◆ **just like that** sem mais nem menos ◆ **just now 1** no momento **2** agora mesmo

▸ *adj* **1** justo **2** merecido

justice /ˈdʒʌstɪs/ *s* **1** justiça **2** (*tb* **Justice**) juiz, juíza: *justice of the peace* juiz de paz LOC **bring sb to justice** levar alguém à justiça ◆ **do justice to sb/sth; do sb/sth justice** fazer justiça a alguém/algo: *We couldn't do justice to her cooking.* Impossível fazer justiça à sua comida. ◆ **do yourself justice**: *He didn't do himself justice in the exam.* Ele não mostrou o que era capaz na prova. *Ver tb* MISCARRIAGE

justifiable /ˈdʒʌstɪfaɪəbl; ˌdʒʌstɪˈfaɪəbl/ *adj* justificável **justifiably** *adv* justificadamente: *She was justifiably angry.* Ela estava zangada com razão.

justify /ˈdʒʌstɪfaɪ/ *vt* (*pt, pp* **-fied**) justificar

justly /ˈdʒʌstli/ *adv* justamente, com razão

jut /dʒʌt/ *vi* (-tt-) ~ **(out) (from/into/over sth)** sobressair (de/em/sobre algo)

juvenile /ˈdʒuːvənl; *GB* -naɪl/ *adjetivo, substantivo*

▸ *adj* **1** (*formal*) (*Jur*) juvenil **2** (*pej*) pueril

▸ *s* (*formal*) (*Jur*) jovem, menor

juxtapose /ˌdʒʌkstəˈpoʊz/ *vt* (*formal*) justapor **juxtaposition** /ˌdʒʌkstəpəˈzɪʃn/ *s* justaposição

Kk

K, k /keɪ/ *s* (*pl* **Ks, K's, k's**) K, k ➲ *Ver nota em* A, A

kaleidoscope /kəˈlaɪdəskoʊp/ *s* caleidoscópio

kangaroo /ˌkæŋgəˈruː/ *s* (*pl* **kangaroos**) canguru

karaoke /ˌkæriˈoʊki/ *s* karaokê

karat (*GB* **carat**) /ˈkærət/ *s* quilate

karate /kəˈrɑːti/ *s* caratê

kart /kɑːrt/ *s* kart

kayak /ˈkaɪæk/ *s* caiaque **kayaking** *s* andar de caiaque

kebab /kɪˈbæb/ *s* churrasquinho, espetinho

keel /kiːl/ *substantivo, verbo*

▸ *s* quilha

▸ *v* PHR V **keel over** desmaiar, cair no chão

⚷ **keen** /kiːn/ *adj* (**keener, -est**) **1** entusiasmado **2 be ~ (to do sth/on doing sth)** (*esp GB*) estar a fim (de fazer algo); estar ansioso (para fazer algo) **3 be ~ on sb/sth** (*esp GB, coloq*) gostar de alguém/algo **4** (*interesse*) grande **5** (*olfato*) aguçado **6** (*ouvido, inteligência*) agudo **keenly** *adv* **1** com entusiasmo **2** (*sentir*) profundamente

⚷ **keep** /kiːp/ *verbo, substantivo*

▸ *v* (*pt, pp* **kept** /kept/) **1** *vi* ficar, permanecer: *to keep warm* manter-se aquecido ◇ *Keep still!* Não se mexa! ◇ *Keep quiet!* Cale-se! **2** *vi* ~ **(on) doing sth** continuar a fazer algo; não parar de fazer algo: *He keeps interrupting me.* Ele não para de me interromper. **3** *vt* (*com adjetivo, advérbio ou -ing*) manter, causar: *to keep sb amused/happy* entreter/alegrar alguém ◇ *Don't keep us in suspense.* Não nos deixe em suspense. ◇ *to keep sb waiting* fazer alguém esperar **4** *vt* atrasar, reter: *What kept you?* Por que você se atrasou? **5** *vt* guardar, conservar: *Will you keep my place in line?* Pode guardar o meu lugar na fila? ◇ *to keep a secret* guardar um segredo **6** *vt* (*não devolver*) ficar com: *Keep the change.* Fique com o troco. **7** *vt* (*negócio*) ter, ser proprietário de **8** *vt* (*animais*) criar, ter **9** *vi* (*alimentos*) conservar-se (fresco), durar **10** *vt* (*diário*) escrever, manter **11** *vt* (*contas, registro*) anotar **12** *vt* (*família, pessoa*) sustentar **13** *vt* (*encontro*) comparecer a **14** *vt* (*promessa*) cumprir *Ver tb* WELL KEPT

🛈 Para expressões com **keep**, ver os verbetes do substantivo, adjetivo, etc, p.ex. **keep your word** em WORD.

PHR V **keep (sb/sth) away (from sb/sth)** manter alguém/algo, manter-se afastado (de alguém/algo)

keep sth down manter algo num nível baixo

keep (yourself) from doing sth evitar fazer algo ◆ **keep sb from sth/doing sth** impedir algo a alguém, impedir alguém de fazer algo ◆ **keep sth (back) from sb** ocultar algo de alguém

keep off (sth) manter-se afastado (de algo), não tocar (em algo): *Keep off the grass.* Não pise na grama. ◆ **keep sb/sth off (sb/sth)** não deixar alguém/algo se aproximar (de alguém/algo): *Keep your hands off me!* Não me toque!

keep on (at sb) (about sb/sth) (*esp GB*) não parar de azucrinar (alguém) (sobre alguém/algo)

keep out (of sth) não entrar (em algum lugar): *Keep Out!*Entrada proibida! ◆ **keep sb/sth out (of sth)** impedir alguém/algo de entrar (em algo)

keep (yourself) to yourself ficar na sua ◆ **keep sth to yourself** guardar algo para si

keep up (with sb/sth) acompanhar (alguém/algo) (*seguir o ritmo*) ◆ **keep sth up** manter o padrão de algo, continuar fazendo algo: *Keep it up!* Continue assim!

▸ *s* [*não contável*] sustento

keeper /ˈkiːpər/ *s* **1** (*zoo, museu*) guarda **2** zelador, -ora

keeping /ˈkiːpɪŋ/ *s* LOC **in/out of keeping (with sth)** em harmonia/desarmonia (com algo) ◆ **in sb's keeping** sob os cuidados de alguém

kennel /ˈkenl/ *s* **1** (*tb esp GB* **kennels** [*pl*]) canil **2** casa de cachorro

kept *pt, pp de* KEEP

kerb (*GB*) = CURB

kerosene /ˈkerəsiːn/ *s* querosene ➲ *Ver nota em* QUEROSENE

ketchup /ˈketʃəp/ *s* ketchup

kettle /ˈketl/ *substantivo, verbo*

▸ *s* (*USA tb* **teakettle**) chaleira

▸ *vt, vi* (*polícia*) cercar, encurralar

key /kiː/ *substantivo, adjetivo, verbo*
▸ *s* (*pl* **keys**) **1** chave: *the car keys* as chaves do carro ◇ *key ring* chaveiro **2** (*Mús*) clave **3** tecla ➲ *Ver ilustração em* COMPUTADOR **4** ~ **(to sth)** chave (de algo): *Exercise is the key to good health.* O exercício é a chave da boa saúde. **5** (*em mapas, tabelas, etc.*) legenda **6** (*de exercícios*) respostas *Ver tb* LOW-KEY
▸ *adj* chave, essencial
▸ *vt* ~ **sth (in)**; ~ **sth (into sth)** teclar, digitar algo (em algo)

keyboard /ˈkiːbɔːrd/ *s* teclado ➲ *Ver ilustração em* COMPUTADOR

keyhole /ˈkiːhoʊl/ *s* buraco da fechadura

keypad /ˈkiːpæd/ *s* teclado (*numérico*)

ˌkey ˈworker *s* (*GB*) trabalhador, -ora nos serviços públicos essenciais

K

khaki /ˈkɑːki/ *adj, s* cáqui

kick /kɪk/ *verbo, substantivo*
▸ *v* **1** *vt* dar um pontapé em **2** *vt* (*bola*) chutar: *to kick the ball into the river* chutar a bola para dentro do rio **3** *vi* (*pessoa*) espernear **4** *vi* (*animal*) dar coice(s) **5** *vt* ~ **yourself** (*coloq*) (*fig*) matar-se **6** *vt* (*vício*) abandonar LOC **kick the bucket** (*coloq*) bater as botas *Ver tb* ALIVE PHR V **kick off** dar o pontapé inicial ◆ **kick sth off; kick off (with sth)** iniciar (algo) (com algo) ◆ **kick sb out (of sth)** (*coloq*) botar alguém para fora (de algo)
▸ *s* **1** pontapé, chute: *goal kick* tiro de meta **2** (*coloq*): *to do sth for kicks* fazer algo pela adrenalina ◇ *He gets a kick out of driving fast cars.* Dirigir carros velozes faz subir sua adrenalina.

kickboxing /ˈkɪkbɑːksɪŋ/ *s* kickboxing

kicking /ˈkɪkɪŋ/ *adj* (*coloq*) (*bar, boate, etc.*) fervendo

kickoff /ˈkɪkɔːf; *GB* -kɒf/ *s* pontapé inicial

kid /kɪd/ *substantivo, verbo*
▸ *s* **1** (*coloq*) garoto, -a: *How are your wife and the kids?* Como vão sua mulher e as crianças? **2** (*esp USA, coloq*): *his kid sister* a irmã mais nova dele **3** (*Zool*) cabrito **4** (*pele*) pelica
▸ *v* (-dd-) (*coloq*) **1** *vt, vi* brincar: *Are you kidding?* Você está brincando? **2** *vt* ~ **yourself** enganar a si mesmo

kidnap /ˈkɪdnæp/ *vt* (-pp-) sequestrar **kidnapper** *s* sequestrador, -ora **kidnapping** *s* sequestro

kidney /ˈkɪdni/ *s* (*pl* **kidneys**) rim

kill /kɪl/ *verbo, substantivo*
▸ *vt, vi* matar: *Smoking kills.* O fumo mata. ◇ *She was killed in a car crash.* Ela morreu num acidente de carro. LOC **kill time** matar o tempo PHR V **kill sb/sth off** dar fim em alguém/algo, aniquilar algo
▸ *s* LOC **go/move in for the kill** atacar **killer** *s* assassino, -a: *a killer disease* uma doença mortal

killing /ˈkɪlɪŋ/ *s* assassinato LOC **make a killing** (*coloq*) faturar uma (boa) nota

kiln /kɪln/ *s* forno para cerâmica, etc.

kilogram (*GB tb* **kilogramme**) /ˈkɪləgræm/ (*tb* **kilo** /ˈkiːloʊ/) *s* (*abrev* **kg**) quilograma ➲ *Ver pág. 758*

kilometer (*GB* **kilometre**) /kɪˈlɑːmɪtər/ *s* (*abrev* **km**) quilômetro ➲ *Ver pág. 759*

kilt /kɪlt/ *s* saiote escocês

kin /kɪn/ *s Ver* NEXT OF KIN

kind /kaɪnd/ *adjetivo, substantivo*
▸ *adj* (**kinder, -est**) amável: *She's always kind to animals.* Ela sempre trata bem os animais.
▸ *s* tipo, classe: *the best of its kind* o melhor do gênero LOC **in kind 1** em espécie **2** (*formal*) (*fig*) na mesma moeda ◆ **kind of** (*coloq*) de certo modo: *kind of scared* um pouco assustado ◆ **nothing of the kind** nada do tipo

kindly /ˈkaɪndli/ *advérbio, adjetivo*
▸ *adv* **1** amavelmente **2** (*formal*): *Kindly leave me alone!* Por favor, me deixe em paz! LOC **not take kindly to sth/sb** não gostar de algo/alguém
▸ *adj* (*formal*) amável

kindness /ˈkaɪndnəs/ *s* **1** amabilidade, bondade **2** favor

king /kɪŋ/ *s* rei

kingdom /ˈkɪŋdəm/ *s* reino

kingfisher /ˈkɪŋfɪʃər/ *s* (*ave*) martim-pescador

kiosk /ˈkiːɑːsk/ *s* quiosque, banca

kiss /kɪs/ *verbo, substantivo*
▸ *vt, vi* beijar(-se)
▸ *s* beijo LOC **the kiss of life** (*GB*) respiração boca a boca

kit /kɪt/ *s* **1** equipamento: *first-aid kit* kit de primeiros socorros **2** kit para montar

kitchen /ˈkɪtʃɪn/ *s* cozinha

kite /kaɪt/ *s* pipa, papagaio

kitesurfing /ˈkaɪtsɜːrfɪŋ/ (*tb* **kiteboarding** /ˈkaɪtbɔːrdɪŋ/) *s* kitesurf

kitten /ˈkɪtn/ *s* gatinho ➲ *Ver nota em* GATO

kiwi /ˈkiːwiː/ *s* (*pl* **kiwis**) **1** (*tb* ˈ**kiwi fruit**) (*fruta*) kiwi **2 Kiwi** (*coloq*) (*pessoa*) neozelandês, -esa

klutz /klʌts/ *s (esp USA, coloq)* estabanado, -a

knack /næk/ *s* jeito: *to get the knack of sth* aprender o macete de algo

knead /ni:d/ *vt* amassar *(barro, massa de pão)*

knee /ni:/ *s* joelho LOC **be/go (down) on your knees** estar/ficar ajoelhado

kneecap /ˈni:kæp/ *s* rótula

kneel /ni:l/ *vi (pt, pp* **knelt** /nelt/; *(USA tb* **kneeled**)) ~ **(down)** ajoelhar-se ➲ *Ver nota em* DREAM

kneepad /ˈni:pæd/ *s* joelheira

knew *pt de* KNOW

knickers /ˈnɪkərz/ *s (GB) (USA* **panties**) *[pl]* calcinha ➲ *Ver notas em* CALÇA, PAIR

knife /naɪf/ *substantivo, verbo*
▸ *s (pl* **knives** /naɪvz/) faca
▸ *vt* esfaquear

knight /naɪt/ *substantivo, verbo*
▸ *s* **1** cavaleiro **2** *(Xadrez)* cavalo
▸ *vt* conceder o título de Sir a **knighthood** *s* título de cavaleiro/Sir

knit /nɪt/ *(pt, pp* **knit** *ou* **knitted**, *part pres* **knitting**) **1** *vt* tricotar **2** *vi* fazer tricô *Ver tb* CLOSE-KNIT

knitting /ˈnɪtɪŋ/ *s [não contável]* (trabalho de) tricô: *knitting needle* agulha de tricô

knitwear /ˈnɪtwer/ *s [não contável]* roupa de malha ou lã *(tricotada)*

knob /nɑ:b/ *s* **1** *(de porta)* maçaneta **2** *(de gaveta)* puxador **3** *(de rádio, televisão)* botão

knock /nɑ:k/ *verbo, substantivo*
▸ *v* **1** *vt, vi* ~ **(sth) (against/on sth)** bater (algo) (em algo): *to knock your head on the ceiling* bater a cabeça no teto **2** *vi* ~ **(at/on sth)** *(porta, etc.)* bater (em algo) **3** *vt (coloq)* criticar LOC **knock it off!** *(coloq)* dá um tempo! *Ver tb* WOOD
PHR V **knock sb down** derrubar, atropelar alguém ◆ **knock sth down** demolir algo
knock off (sth) *(coloq)*: *to knock off (work)* terminar o expediente ◆ **knock sb/sth off (sth)** derrubar alguém/algo (de algo) ◆ **knock sth off (sth)** descontar algo (de algo) *(preço)*
knock sb out 1 nocautear alguém **2** *(coloq)* deixar alguém impressionado ◆ **knock sb out (of sth)** eliminar alguém (de algo) *(competição)*
knock sb/sth over derrubar alguém/algo
▸ *s* **1**: *There was a knock at the door.* Bateram na porta. **2** golpe

knockout /ˈnɑ:kaʊt/ *substantivo, adjetivo*
▸ *s (abrev* **KO**) nocaute
▸ *adj (esp GB)*: *knockout competition* competição com eliminatórias

knot /nɑ:t/ *substantivo, verbo*
▸ *s* **1** nó **2** grupo *(de pessoas)*
▸ *vt* (-tt-) dar um nó em, atar

know /noʊ/ *verbo, substantivo*
▸ *v (pt* **knew** /nu:; *GB* nju:/, *pp* **known** /noʊn/) **1** *vt, vi* ~ **(how to do sth)** saber (fazer algo): *to know how to swim* saber nadar ◇ *Let me know if...* Avise-me se... **2** *vt* conhecer: *to get to know sb* conhecer alguém (melhor) **3** *vt*: *I've never known anyone to sleep as much as her!* Nunca vi ninguém dormir tanto como ela! LOC **for all you, I, they, etc. know** pelo (pouco) que se sabe ◆ **God/goodness/heaven knows** *(coloq)* sabe Deus ◆ **know best** saber o que se está fazendo ◆ **know better**: *You ought to know better!* Você não aprende mesmo! ◇ *I should have known better.* Eu devia ter percebido. ◆ **know sb/sth inside out**; **know sb/sth like the back of your hand** *(coloq)* conhecer alguém/algo como a palma da mão ◆ **you know** *(coloq)* **1** então, veja bem, olha **2** você sabe ◆ **you never know** *(coloq)* nunca se sabe *Ver tb* ANSWER, ROPE PHR V **know of sb/sth** saber de alguém/algo: *Not that I know of.* Que eu saiba, não.
▸ *s* LOC **be in the know** *(coloq)* estar por dentro

knowing /ˈnoʊɪŋ/ *adj (olhar, etc.)* de cumplicidade **knowingly** *adv* **1** de propósito **2** maliciosamente

ˈ**know-it-all** *(GB tb* ˈ**know-all**) *s (coloq, pej)* sabe-tudo

knowledge /ˈnɑ:lɪdʒ/ *s [não contável]* **1** conhecimento: *not to my knowledge* que eu saiba, não **2** saber LOC **in the knowledge that...** sabendo que... *Ver tb* BEST **knowledgeable** *adj* perito

known /noʊn/ *adj [antes do substantivo]* conhecido *Ver tb* KNOW

knuckle /ˈnʌkl/ *substantivo, verbo*
▸ *s* nó dos dedos
▸ *v* PHR V **knuckle down (to sth)** *(coloq)* pôr mãos à obra (em algo) ◆ **knuckle under** *(coloq)* ceder

koala /koʊˈɑ:lə/ *(tb* koˌala ˈbear) *s* coala

Koran /kəˈrɑ:n/ *s* Alcorão

Koranic /kəˈrænɪk/ *adj* corânico

kung fu /ˌkʌŋ ˈfu:/ *s* kung fu

kvetch /kvetʃ/ *vi (USA, coloq)* queixar-se

K

Ll

L, l /el/ *s* (*pl* **Ls, L's, l's**) L, l ➲ *Ver nota em* A, A

lab /læb/ *s* (*coloq*) laboratório

label /ˈleɪbl/ *substantivo, verbo*
▸ *s* rótulo, etiqueta ➲ *Ver ilustração em* RÓTULO
▸ *vt* (-l- (*GB* -ll-)) **1** etiquetar, pôr etiqueta em **2** ~ **sb/sth (as) sth** (*fig*) rotular alguém/algo de algo

labor (*GB* **labour**) /ˈleɪbər/ *substantivo, verbo*
▸ *s* [*não contável*] **1** trabalho **2** mão de obra: *parts and labor* peças e mão de obra ◇ *labor relations* relações trabalhistas **3** parto: *to go into labor* entrar em trabalho de parto **4 Labor** (*tb* **the Labor Party**) (*GB*) o Partido Trabalhista
▸ *vi* trabalhar duro **labored** (*GB* **laboured**) *adj* **1** (*estilo*) forçado **2** (*respiração*) difícil **laborer** (*GB* **labourer**) *s* operário, -a

laboratory /ˈlæbrətɔːri; *GB* ləˈbɒrətri/ *s* (*pl* **laboratories**) laboratório

laborious /ləˈbɔːriəs/ *adj* laborioso

ˈ**labor union** (*GB* **trade union**) *s* sindicato

labyrinth /ˈlæbərɪnθ/ *s* labirinto

lace /leɪs/ *substantivo, verbo*
▸ *s* **1** renda **2** cadarço
▸ *vt* amarrar (*sapatos, etc.*)

lack /læk/ *verbo, substantivo*
▸ *vt* carecer de LOC **be lacking** faltar ◆ **be lacking in sth** carecer de algo
▸ *s* [*não contável*] falta, carência

lacquer /ˈlækər/ *s* laca, verniz

lacy /ˈleɪsi/ *adj* rendado

lad /læd/ *s* (*GB, antiq, coloq*) rapaz

ladder /ˈlædər/ *s* **1** escada de mão **2** (*fig*) escala (*social, profissional, etc.*) **3** (*GB*) (*USA* **run**) fio corrido (*em meia, etc.*)

laden /ˈleɪdn/ *adj* ~ **(with sth)** carregado (de algo)

ˈ**ladies' room** *s* (*GB* **ladies** [*sing*]) banheiro feminino ➲ *Ver nota em* BATHROOM

ladle /ˈleɪdl/ *s* concha (*de cozinha*)

lady /ˈleɪdi/ *s* (*pl* **ladies**) **1** senhora: *Ladies and gentlemen…* Senhoras e senhores… **2** dama *Ver tb* FIRST LADY **3 Lady** (*título*) lady *Ver tb* LORD **ladyship** *s* Senhoria: *your/his Ladyship* Vossa/Sua Senhoria

ladybug /ˈleɪdibʌg/ (*GB* **ladybird** /ˈleɪdibɜːrd/) *s* joaninha

lag /læg/ *verbo, substantivo*
▸ *vi* (-gg-) LOC **lag behind (sb/sth)** ficar para trás (em relação a alguém/algo)
▸ *s* (*tb* ˈ**time lag**) defasagem *Ver tb* JET LAG

lager /ˈlɑːgər/ *s* cerveja clara

lagoon /ləˈguːn/ *s* **1** lagoa **2** laguna

laid *pt, pp de* LAY

ˌ**laid-ˈback** *adj* (*coloq*) relaxado, descontraído

lain *pp de* LIE[2]

laissez-faire /ˌleseɪ ˈfer/ *adj* laissez-faire: *a laissez-faire economy* uma economia de livre mercado ◇ *They have a laissez-faire approach to bringing up their children.* Eles adotam uma abordagem pouco controladora na criação dos filhos.

lake /leɪk/ *s* lago

lamb /læm/ *s* cordeiro ➲ *Ver nota em* CARNE

lame /leɪm/ *adj* **1** coxo, manco **2** (*desculpa, etc.*) pouco convincente

lament /ləˈment/ *vt, vi* (*formal*) lamentar(-se) (de)

lamp /læmp/ *s* abajur, luminária

lamppost /ˈlæmppoʊst/ (*tb* ˈ**lamp post**) *s* poste de luz

lampshade /ˈlæmpʃeɪd/ *s* abajur

land /lænd/ *substantivo, verbo*
▸ *s* **1** [*não contável*] terra: *by land* por terra ◇ *on dry land* em terra firme **2** [*não contável*] terreno(s), terra(s): *arable land* terra cultivável ◇ *a plot of land* um lote **3 the land** [*sing*] o solo, o campo: *to work on the land* trabalhar a terra **4** (*formal*) país: *the finest in the land* o melhor do país
▸ *v* **1** *vi* aterrissar **2** *vt* pousar (*avião*) **3** *vi* (*pássaro*) pousar **4** *vt, vi* desembarcar **5** *vi* cair: *The ball landed in the water.* A bola caiu na água. **6** *vt* (*coloq*) conseguir, obter LOC *Ver* FOOT PHR V **land sb/yourself with sth** (*coloq*) impingir algo a alguém/a si mesmo: *I got landed with washing the dishes.* Deixaram a louça para eu lavar.

landfill /ˈlændfɪl/ *s* aterro sanitário

landing /ˈlændɪŋ/ *s* **1** aterrissagem **2** desembarque **3** (*escada*) patamar

landlady /ˈlændleɪdi/ *s* (*pl* **landladies**) **1** senhoria **2** (*GB*) proprietária (*de um pub ou pensão*)

landline /ˈlændlaɪn/ *s* telefone fixo

landlord /ˈlændlɔːrd/ *s* **1** senhorio **2** (*GB*) proprietário, -a (*de um pub ou pensão*)

landmark /ˈlændmɑːrk/ *s* **1** ponto de referência **2** ~ **(in sth)** marco (em algo)

ˈ**land mine** *s* mina (terrestre)

landowner /ˈlændoʊnər/ *s* proprietário, -a de terras

landscape /ˈlændskeɪp/ *substantivo, verbo*
▸ *s* paisagem ➲ *Ver nota em* SCENERY
▸ *vt* ajardinar

landslide /ˈlændslaɪd/ *s* **1** deslizamento (de terra) **2** (*tb* ˌ**landslide** ˈ**victory**) vitória esmagadora (*em eleições*)

lane /leɪn/ *s* **1** senda **2** ruela **3** pista, faixa: *slow/fast lane* faixa da direita/de velocidade **4** (*Esporte*) raia

language /ˈlæŋgwɪdʒ/ *s* **1** idioma, língua **2** linguagem: *to use bad language* dizer palavrões

lantern /ˈlæntərn/ *s* lanterna

lap /læp/ *substantivo, verbo*
▸ *s* **1** colo **2** (*Esporte*) volta
▸ *vi* (-pp-) (*água*) marulhar PHR V **lap sth up 1** (*animais*) beber algo às lambidas **2** (*coloq*) deliciar-se de algo

lapel /ləˈpel/ *s* lapela

lapse /læps/ *substantivo, verbo*
▸ *s* **1** erro, lapso **2** ~ **(into sth)** deslize (em algo) **3** (*de tempo*) lapso, intervalo
▸ *vi* **1** (*contrato, acordo, etc.*) caducar **2** acabar-se (*pouco a pouco*): *The custom has lapsed over the years.* O costume foi se acabando ao longo dos anos. PHR V **lapse into sth** entrar em algo (*estado*): *to lapse into silence* calar-se

laptop /ˈlæptɑːp/ (*tb* ˌ**laptop com**ˈ**puter**) *s* laptop ➲ *Ver ilustração em* COMPUTADOR

larder /ˈlɑːrdər/ *s* (*esp GB*) despensa

large /lɑːrdʒ/ *adj* (**larger**, **-est**) **1** grande: *small, medium or large* pequeno, médio ou grande ◇ *to a large extent* em grande parte ➲ *Ver nota em* BIG **2** extenso, amplo LOC **at large 1** em geral: *the world at large* o mundo inteiro **2** à solta ◆ **by and large** de modo geral *Ver tb* EXTENT

largely /ˈlɑːrdʒli/ *adv* em grande parte

ˌ**large-**ˈ**scale** *adj* **1** em grande escala, extenso **2** (*mapa, etc.*) ampliado

lark /lɑːrk/ *s* cotovia

larva /ˈlɑːrvə/ *s* (*pl* **larvae** /-viː/) larva

lasagna (*tb* **lasagne**) /ləˈzænjə/ *s* lasanha

laser /ˈleɪzər/ *s* laser: *laser printer* impressora a laser

lash /læʃ/ *substantivo, verbo*
▸ *s* **1** chicotada **2** *Ver* EYELASH
▸ *vt* **1** chicotear **2** (*rabo*) sacudir com força PHR V **lash out (at sb/sth) 1** atacar (alguém/algo) violentamente **2** revoltar-se (contra alguém/algo)

lass /læs/ *s* moça (*esp Escócia e norte da Inglaterra*)

last /læst; *GB* lɑːst/ *adjetivo, advérbio, substantivo, verbo*
▸ *adj* **1** último ➲ *Ver nota em* LATE **2** passado: *last month* o mês passado ◇ *last night* ontem à noite ◇ *the night before last* anteontem à noite LOC **as a last resort; in the last resort** em último caso ◆ **have the last laugh** levar a melhor ◆ **the last minute/moment** última hora: *Don't leave the decision until the last minute.* Não deixe a decisão para a última hora. ◆ **the last word (in sth)** a última palavra (em algo) *Ver tb* ANALYSIS, EVERY, FIRST, STRAW, THING
▸ *adv* **1** último: *He came last.* Ele chegou por último. **2** da última vez LOC **last but not least** por último, porém não menos importante
▸ *s* **the last** (*pl* **the last**) **1** o último/a última, os últimos/as últimas **2** o/a anterior LOC **at (long) last** finalmente ◆ **next/second to last** (*GB tb* **last but one**) penúltimo
▸ *v* **1** *vt, vi* ~ **(for) hours, days, etc.** durar horas, dias, etc. **2** *vi* continuar **lasting** *adj* durável, duradouro

lastly /ˈlæstli; *GB* ˈlɑːst-/ *adv* por último

ˌ**last-**ˈ**minute** *adj* de última hora: *a last-minute change of plan* uma mudança de planos de última hora

ˈ**last name** (*tb esp GB* **surname**) *s* sobrenome

latch /lætʃ/ *substantivo, verbo*
▸ *s* **1** tranca **2** trinco
▸ *v* PHR V **latch on (to sth)** (*coloq*) captar algo (*explicação, etc.*)

late /leɪt/ *adjetivo, advérbio*
▸ *adj* (**later**, **-est**) **1** tardio, atrasado: *to be late* atrasar-se ◇ *My flight was an hour late.* Meu voo atrasou uma hora. **2**: *in the late 19th century* no final do século XIX ◇ *in her late twenties* beirando os trinta **3 latest** último, mais recente

O superlativo latest significa "mais recente", "mais novo": *the latest technology* a tecnologia mais avançada. O adjetivo last significa o último de uma série: *The last bus is at twelve.* O último ônibus sai à meia-noite.

4 [*antes do substantivo*] falecido LOC **at the latest** o mais tardar *Ver tb* NIGHT
▸ *adv* (*comp* **later**) tarde: *He arrived half an hour late.* Ele chegou meia hora

L

atrasado. LOC **later on** mais tarde *Ver tb* BETTER, SOON

lately /ˈleɪtli/ *adv* ultimamente

lather /ˈlæðər; *GB* ˈlɑːðə(r)/ *s* espuma (*de sabão*)

Latin /ˈlætn; *GB* -tɪn/ *s, adj* **1** (*idioma*) latim **2** (*latinoamericano*) latino, -a

Latina /læˈtiːnə/ *s* latina (*esp nos Estados Unidos*)

Latino /læˈtiːnoʊ/ *adj, s* (*pl* **Latinos**) latino, -a (*esp nos Estados Unidos*)

latitude /ˈlætɪtuːd; *GB* -tjuːd/ *s* latitude

latter /ˈlætər/ *adjetivo, pronome*

▸ *adj* segundo, último: *the latter option* a segunda opção

▸ *pron* **the latter** o último ❶ Usa-se **the latter** para se referir ao último de dois elementos mencionados: *The latter was not as good as the former.* O último não foi tão bom quanto o primeiro.

L

latte /ˈlɑːteɪ/ (*tb* **caffè latte** /ˌkæfeɪ ˈlɑːteɪ/) *s* café com leite

laugh /læf; *GB* lɑːf/ *verbo, substantivo*

▸ *vi* rir(-se) ➲ *Ver nota em* RIR LOC *Ver* BURST PHR V **laugh at sb/sth 1** rir de alguém/algo **2** zombar de alguém/algo

▸ *s* **1** riso, gargalhada **2 a laugh** [*sing*] (*coloq*) (*incidente, pessoa*): *What a laugh!* Que engraçado! LOC **have a (good) laugh (about sth)** dar (boas) risadas (sobre algo) *Ver tb* LAST **laughable** *adj* risível **laughter** *s* [*não contável*] risada: *to roar with laughter* dar gargalhadas

launch /lɔːntʃ/ *verbo, substantivo*

▸ *vt* **1** (*projétil, ataque, campanha*) lançar **2** (*navio recém-construído*) lançar ao mar PHR V **launch (yourself) into sth** dar início a algo (*com entusiasmo*)

▸ *s* **1** lançamento **2** lancha

launder /ˈlɔːndər/ *vt* (*dinheiro*) lavar: *money laundering* lavagem de dinheiro

laundromat® /ˈlɔːndrəmæt/ (*GB* **launderette** /lɔːnˈdret/) *s* lavanderia self-service ➲ *Comparar com* LAUNDRY

laundry /ˈlɔːndri/ *s* **1** [*não contável*] roupa para lavar: *to do the laundry* lavar roupa **2** (*pl* **laundries**) lavanderia: *laundry service* serviço de lavanderia ➲ *Comparar com* LAUNDROMAT®

lava /ˈlɑːvə/ *s* lava

lavatory /ˈlævətɔːri; *GB* -tri/ *s* (*pl* **lavatories**) banheiro ➲ *Ver nota em* BATHROOM

lavender /ˈlævəndər/ *s* alfazema, lavanda

lavish /ˈlævɪʃ/ *adj* **1** extravagante **2** ~ **(with/in sth)** pródigo (em algo); generoso (com algo)

law /lɔː/ *s* **1** lei: *against the law* contra a lei **2** (*carreira*) direito LOC **law and order** a ordem pública *Ver tb* EYE **lawful** *adj* (*formal*) legal, legítimo

lawn /lɔːn/ *s* gramado

lawnmower /ˈlɔːnmoʊər/ *s* cortador de grama

lawsuit /ˈlɔːsuːt; *GB tb* -sjuːt/ *s* ação judicial, processo

lawyer /ˈlɔːjər/ *s* advogado, -a ➲ *Ver nota em* ADVOGADO

laxative /ˈlæksətɪv/ *s* laxante

lay /leɪ/ *verbo, adjetivo*

▸ *vt* (*pt, pp* **laid** /leɪd/) **1** colocar, pôr **2** (*fiação, etc.*) instalar **3** cobrir **4** (*ovos*) pôr ➲ *Ver nota em* LIE[2] ❶ Para expressões com **lay**, ver os verbetes do substantivo, adjetivo, etc, p.ex. **lay claim to sth** em CLAIM. PHR V **lay sth aside** (*formal*) colocar algo de lado

lay sth down 1 largar algo (*sobre a mesa, no chão, etc.*) **2** (*armas*) depor algo **3** (*regra, etc.*) estipular, estabelecer algo

lay off (sb) (*coloq*) deixar alguém em paz ◆ **lay sb off** (*coloq*) demitir alguém (*por corte de pessoal*)

lay sth on (*GB, coloq*) prover algo

lay sth out 1 (*mapa, tela, etc.*) abrir, desenrolar algo **2** (*jardim, cidade, etc.*) planejar algo: *well laid out* bem planejado/programado

▸ *adj* [*antes do substantivo*] leigo

ˈ**lay-by** *s* (*pl* **lay-bys**) (*GB*) acostamento (*estrada*)

layer /ˈler; *GB* ˈleɪə(r)/ *s* **1** camada **2** (*Geol*) estrato **layered** *adj* em camadas

layman /ˈleɪmən/ *s* (*pl* **-men** /ˈleɪmən/) leigo, -a

layoff /ˈleɪɔːf; *GB* ˈleɪɒf/ *s* demissão (*por corte de pessoal*)

layout /ˈleɪaʊt/ *s* **1** visual **2** (*revista, etc.*) diagramação **3** (*edifício, etc.*) planta

laze /leɪz/ *vi* ~ **(around/about)** descansar, relaxar

lazy /ˈleɪzi/ *adj* (**lazier, -iest**) **1** (*pej*) vadio **2** preguiçoso

LCD /ˌel siː ˈdiː/ *s* (*abrev de* **liquid crystal display**) LCD (*monitor de cristal líquido*)

lead[1] /liːd/ *verbo, substantivo*

▸ *v* (*pt, pp* **led** /led/) **1** *vt* levar, conduzir **2** *vi* ~ **from/to sth** (*caminho, porta, etc.*) conduzir, levar de/a algo: *This road leads to town.* Esta estrada leva à cidade. ◇ *The door leads from the house into the garden.* Esta porta vai dar no jardim. **3** *vt* ~ **sb (to sth/to do sth)** levar alguém (a algo/fazer algo) **4** *vi* ~ **to sth** dar lugar a algo **5** *vt* (*vida*) levar **6** *vi* estar na frente **7** *vt* encabeçar **8** *vi* (*Cartas*) começar (a partida) LOC **lead sb astray** levar alguém para o mau caminho ♦ **lead sb to believe (that)...** levar alguém a crer (que)... ♦ **lead the way (to sth)** mostrar o caminho (até algo) PHR V **lead up to sth 1** preceder a algo **2** conduzir a algo

▸ *s* **1** [*sing*] (*competição*) vantagem: *to be in/take the lead* estar na/tomar a frente **2** exemplo, iniciativa: *If we take the lead, others will follow.* Se dermos o exemplo, outros nos seguirão. **3** (*indício*) pista **4** (*Teat*) papel principal **5** (*Mús*): *lead guitarist* guitarrista principal ◇ *lead singer* vocalista **6** (*GB*) (*USA* **leash**) (*de cão, etc.*) trela **7** (*GB*) (*USA* **cord**) cabo (elétrico)

lead² /led/ *s* chumbo **leaded** *adj* com chumbo

leader /ˈliːdər/ *s* líder, chefe **leadership** *s* **1** liderança **2** (*pessoas que dirigem*) direção, liderança

ˈ**leader board** *s* tabela de líderes (*em jogos*)

leading /ˈliːdɪŋ/ *adj* principal, mais importante

leaf /liːf/ *substantivo, verbo*

▸ *s* (*pl* **leaves** /liːvz/) folha LOC **take a leaf from/out of sb's book** seguir o exemplo de alguém *Ver tb* NEW

▸ *v* PHR V **leaf through sth** folhear algo rapidamente

leaflet /ˈliːflət/ *s* folheto

leafy /ˈliːfi/ *adj* (**leafier, -iest**) frondoso: *leafy vegetables* verduras

league /liːg/ *s* **1** liga **2** (*coloq*) categoria: *I'm not in her league.* Eu não estou à altura dela. LOC **in league (with sb)** em conluio (com alguém)

leak /liːk/ *verbo, substantivo*

▸ *v* **1** *vi* (*recipiente*) gotejar, vazar **2** *vi* (*gás, líquido*) vazar, escapar: *Water was leaking through the ceiling.* Estava pingando água do teto. **3** *vt* deixar escapar **4** *vt* ~ **sth (to sb)** (*informação, etc.*): *The news was leaked to the press.* A notícia vazou para os jornais.

▸ *s* **1** buraco, goteira **2** vazamento, escape **3** (*informação, etc.*) vazamento

lean /liːn/ *verbo, adjetivo*

▸ *v* (*pt, pp* **leaned**; (*tb esp GB* **leant** /lent/)) ➲ *Ver nota em* DREAM **1** *vi* inclinar(-se), debruçar(-se): *to lean out of the window* debruçar-se na janela ◇ *to lean back/forward* recostar-se/inclinar-se para a frente **2** *vt* ~ **sth against/on sth** encostar, apoiar algo em algo **3** *vi* ~ **against/on sth** encostar-se, apoiar-se em algo

▸ *adj* (**leaner, -est**) **1** (*pessoa, animal*) delgado, esguio **2** (*carne*) magro

lean

She's **leaning against** a tree. He's **leaning out of** a window.

leaning /ˈliːnɪŋ/ *s* ~ **(toward sth)** inclinação (para algo)

leap /liːp/ *verbo, substantivo*

▸ *vi* (*pt, pp* **leaped** *ou* **leapt** /lept/) ➲ *Ver nota em* DREAM **1** saltar, pular **2** (*coração*) disparar

▸ *s* salto

ˈ**leap year** *s* ano bissexto

learn /lɜːrn/ *vt, vi* (*pt, pp* **learned**; (*tb esp GB* **learnt** /lɜːrnt/)) ➲ *Ver nota em* DREAM **1** aprender **2** ~ **(of/about) sth** ficar sabendo de algo LOC *Ver* ROPE **learner** *s* aprendiz, principiante, estudante: *learners of English* estudantes de inglês ◇ *to be a slow learner* ter dificuldade para aprender **learning** *s* **1** (*ação*) aprendizagem: *students with learning disabilities* alunos com necessidades especiais **2** (*conhecimentos*) erudição

ˈ**learning curve** *s* curva de aprendizagem

lease /liːs/ *substantivo, verbo*

▸ *s* leasing, arrendamento LOC **a (new) lease on life** (*GB* **a (new) lease of life**) uma nova vida

▸ *vt* ~ **sth (to/from sb)** arrendar algo (a/de alguém) (*proprietário ou inquilino*)

leash /liːʃ/ *s* (*de cão, etc.*) coleira

least /liːst/ *pronome, advérbio, adjetivo*

▸ *pron, adv* menos: *It's the least I can do.* É o mínimo que eu posso fazer. ◇ *when I least expected it* quando eu menos esperava LOC **at least** pelo menos, no mínimo ♦ **not in the least** de maneira nenhuma ♦ **not least** especialmente

Ver tb LAST
▸ *adj* menor

leather /ˈleðər/ *s* couro

leave /liːv/ *verbo, substantivo*
▸ *v* (*pt, pp* **left** /left/) **1** *vt* deixar: *Leave it to me.* Deixa comigo. **2** *vt, vi* ir-se (de), sair (de) **3** *vt* **be left** faltar: *You only have two days left.* Só te faltam dois dias. LOC **leave sb to their own devices/to themselves** deixar alguém por conta de si mesmo *Ver tb* ALONE PHR V **leave sb/sth behind** deixar alguém/algo para trás, esquecer alguém/algo ◆ **leave sb/sth out (of sth)** deixar alguém/algo fora (de algo): *I felt left out.* Eu me senti excluído. ◆ **be left over (from sth)** sobrar (de algo): *Is there any food left over?* Sobrou alguma comida?
▸ *s* licença: *to be on sick leave* estar de licença por motivo de doença

leaves *pl de* LEAF

lecture /ˈlektʃər/ *substantivo, verbo*
▸ *s* **1** palestra: *to give a lecture* dar uma palestra **2** (*reprimenda*) sermão
▸ *v* **1** *vi* ~ **(in/on sth)** dar palestras/uma palestra (sobre algo) **2** *vt* ~ **sb (about/on sth)** passar um sermão em alguém (por causa de algo) **lecturer** *s* **1** conferencista **2** (*GB*) (*USA* **professor**) ~ **(in sth)** (*de universidade*) professor, -ora (de algo)

ˈlecture hall (*GB* **ˈlecture theatre**) *s* anfiteatro

LED /ˌel iː ˈdiː/ *s* (*abrev de* **light emitting diode**) LED (*diodo emissor de luz*)

led *pt, pp de* LEAD[1]

ledge /ledʒ/ *s* **1** peitoril, saliência: *the window ledge* o peitoril da janela **2** (*Geog*) saliência (de rocha)

leek /liːk/ *s* alho-poró

left /left/ *adjetivo, advérbio, substantivo*
▸ *adj* esquerdo
▸ *adv* à esquerda: *Turn/Go left.* Vire à esquerda.
▸ *s* **1** esquerda: *on the left* à esquerda **2 the Left** (*Pol*) a esquerda *Ver tb* LEAVE

ˈleft-hand *adj* [*antes do substantivo*] esquerdo, da esquerda: *on the left-hand side* do lado esquerdo

ˌleft-ˈhanded *adj* canhoto

ˌleft ˈluggage office /ˌleft ˈlʌgɪdʒ ɔːfɪs; *GB* ɒfɪs/ *s* (*GB*) depósito de bagagem

leftover /ˈleftoʊvər/ *adj* restante **leftovers** *s* [*pl*] sobras (*de comida*)

ˌleft ˈwing *s* (*Pol*) esquerda **left-wing** *adj* de esquerda, esquerdista

leg /leg/ *s* **1** perna ➲ *Ver nota em* ARM **2** (*de porco assada*) pernil LOC **not have a leg to stand on** (*coloq*) não ter como se justificar *Ver tb* PULL, STRETCH

legacy /ˈlegəsi/ *s* (*pl* **legacies**) **1** legado **2** (*fig*) patrimônio

legal /ˈliːgl/ *adj* jurídico, legal: *to take legal action against sb* abrir um processo contra alguém **legality** /liːˈgæləti/ *s* (*pl* **legalities**) legalidade **legalization** (*GB tb* **-isation**) /ˌliːgələˈzeɪʃn; *GB* -laɪˈ-/ *s* legalização **legalize** (*GB tb* **-ise**) *vt* legalizar

ˌlegal ˈhigh *s* droga legal

legend /ˈledʒənd/ *s* lenda **legendary** /ˈledʒənderi; *GB* -dri/ *adj* legendário

leggings /ˈlegɪŋz/ *s* [*pl*] legging ➲ *Ver notas em* CALÇA, PAIR

legible /ˈledʒəbl/ *adj* legível

legion /ˈliːdʒən/ *s* legião

legislate /ˈledʒɪsleɪt/ *vi* ~ **(for/against sth)** legislar (a favor de/contra algo) **legislation** *s* legislação **legislative** /ˈledʒɪsleɪtɪv; *GB* -lətɪv/ *adj* (*formal*) legislativo **legislature** /ˈledʒɪsleɪtʃər/ *s* (*formal*) assembleia legislativa

legit /lɪˈdʒɪt/ *adj* (*coloq*) limpo, legal

legitimacy /lɪˈdʒɪtɪməsi/ *s* (*formal*) legitimidade

legitimate /lɪˈdʒɪtɪmət/ *adj* **1** legítimo, legal **2** justo, válido

leisure /ˈliːʒər; *GB* ˈleʒə(r)/ *s* lazer: *leisure time* tempo livre LOC **at your leisure** (*formal*) quando lhe convier

ˈleisure centre *s* (*GB*) centro de lazer (e esporte)

leisurely /ˈliːʒərli; *GB* ˈleʒə-/ *adjetivo, advérbio*
▸ *adj* pausado, relaxado
▸ *adv* tranquilamente

lemon /ˈlemən/ *s* limão amarelo ❶ O limão verde (galego) chama-se **lime**.

lemonade /ˌleməˈneɪd/ *s* **1** limonada **2** (*GB*) refrigerante de limão

lend /lend/ *vt* (*pt, pp* **lent** /lent/) ~ **sb sth**; ~ **sth (to sb)** emprestar algo (a alguém) ➲ *Ver nota em* GIVE ➲ *Ver ilustração em* BORROW

length /leŋθ/ *s* **1** comprimento, extensão: *20 meters in length* 20 metros de comprimento **2** duração: *for some length of time* por bastante tempo LOC **go to any, some, great, etc. lengths (to do sth)** fazer todo o possível (para realizar algo) **lengthen** *vt, vi* encompridar(-se), alongar(-se) **lengthy** *adj* (**lengthier, -iest**) comprido, demorado

lenient /ˈliːniənt/ *adj* **1** indulgente **2** (*tratamento*) tolerante

lens /lenz/ *s* (*pl* **lenses**) **1** lente *Ver* CONTACT LENS **2** (*câmera*) objetiva *Ver tb* ZOOM LENS

Lent /lent/ *s* Quaresma

lent *pt, pp de* LEND

lentil /ˈlentl/ *s* lentilha

Leo /ˈliːoʊ/ *s* (*pl* **Leos**) Leão ➲ *Ver exemplos em* AQUÁRIO

leopard /ˈlepərd/ *s* leopardo

leotard /ˈliːətɑːrd/ *s* malha de ginástica/balé

lesbian /ˈlezbiən/ *s* lésbica

less /les/ *adj, adv, pron* ~ **(than...)** menos (que/de...): *I have less than you.* Tenho menos do que você. ◇ *less often* com menos frequência

Less é usado como comparativo de **little** e acompanha normalmente substantivos não contáveis: "*I have very little money.*" "*I have even less money (than you).*" —Tenho pouco dinheiro. —Tenho menos ainda (que você). **Fewer** é o comparativo de **few** e é usado em geral com substantivos no plural: *fewer accidents, people, etc.* menos acidentes, pessoas, etc. Entretanto, no inglês falado usa-se mais **less** do que **fewer**, ainda que seja com substantivos no plural. ➲ *Ver nota em* POUCO

LOC **less and less** cada vez menos *Ver tb* MORE

lessen **1** *vi* diminuir **2** *vt* reduzir

lesser /ˈlesər/ *adj* [*antes do substantivo*] menor LOC *Ver* EXTENT

lesson /ˈlesn/ *s* **1** aula: *four English lessons a week* quatro aulas de inglês por semana **2** lição: *to learn your lesson* aprender a lição ◇ *to teach sb a lesson* dar uma lição/servir de lição a alguém

let /let/ *vt* (*pt, pp* **let**; *part pres* **letting**) **1** deixar, permitir: *to let sb do sth* deixar alguém fazer algo ◇ *My dad won't let me have a TV in my bedroom.* Meu pai não me deixa ter uma TV no meu quarto. ➲ *Ver nota em* ALLOW **2 let's** ❶ **Let us** + infinitivo sem **to** é usado para fazer sugestões. Exceto em uso formal, normalmente se utiliza a contração **let's**: *Let's go!* Vamos! A forma negativa é **let's not**: *Let's not argue.* Não vamos brigar. **3** (*GB*) (*USA* **rent**) ~ **sth (out) (to sb)** alugar algo (a alguém): *Flat to let.* Aluga-se apartamento. ➲ *Ver nota em* ALUGAR LOC **let alone** quanto mais: *I can't afford new clothes, let alone a vacation.* Não tenho dinheiro para comprar roupa nova, quanto mais para viajar. ◆ **let fly at sb/sth** atacar alguém/algo ◆ **let fly with sth** disparar algo ◆ **let off steam** (*coloq*) desabafar(-se) ◆ **let sb/sth go; let go of sb/sth** soltar alguém/algo ◆ **let sb know sth** informar alguém sobre algo ◆ **let sb/sth loose** libertar alguém/algo ◆ **let slip sth**: *I let it slip that I was married.* Deixei escapar que era casado. ◆ **let's say** digamos ◆ **let the cat out of the bag** dar com a língua nos dentes ◆ **let the matter drop/rest** pôr um ponto final no assunto ◆ **let yourself go** deixar-se levar pelo instinto *Ver tb* HOOK, LIGHTLY PHR V **let sb down** decepcionar alguém ◆ **let sb in/out** deixar alguém entrar/sair ◆ **let sb off (sth)** liberar alguém (de algo): *Don't let him off lightly.* Não o deixe escapar tão fácil assim. ◆ **let sth off 1** (*arma*) disparar algo **2** (*fogos de artifício*) soltar algo

lethal /ˈliːθl/ *adj* letal

lethargy /ˈleθərdʒi/ *s* letargia **lethargic** /ləˈθɑːrdʒɪk/ *adj* letárgico

let's /lets/ = LET US *Ver* LET

letter /ˈletər/ *s* **1** letra **2** carta: *to mail a letter* colocar uma carta no correio *Ver tb* COVER LETTER LOC **to the letter** ao pé da letra

ˈletter box *s* (*GB*) **1** (*USA* **mailbox**) caixa do correio (*na rua*) **2** (*USA* **mail slot**) fenda na porta de uma casa para a correspondência ➲ *Ver ilustração em* MAILBOX

ˈletter carrier (*GB* **postman, postwoman**) *s* carteiro, -a

lettuce /ˈletɪs/ *s* alface

leukemia (*GB* **leukaemia**) /luːˈkiːmiə/ *s* leucemia

level /ˈlevl/ *substantivo, adjetivo, verbo*
▸ *s* nível: *sea level* nível do mar ◇ *noise levels* níveis de poluição sonora ◇ *high-/low-level negotiations* negociações de alto/baixo nível
▸ *adj* **1** plano **2** ~ **(with sb/sth)** no mesmo nível (de alguém/algo)
▸ *vt* (-l- (*GB* -ll-)) nivelar PHR V **level sth against/at sb/sth** dirigir algo a alguém/algo (*críticas, etc.*) ◆ **level off/out** estabilizar-se

ˌlevel ˈcrossing *s* (*GB*) (*USA* ˈ**railroad crossing**) passagem de nível

lever /ˈlevər; *GB* ˈliːvə(r)/ *s* alavanca **leverage** *s* **1** (*formal*) influência **2** potência de alavanca, sistema de alavancas

levy /ˈlevi/ *verbo, substantivo*
▸ *vt* (*pt, pp* **levied**) cobrar (*impostos, etc.*)
▸ *s* (*pl* **levies**) imposto

LGBT /ˌel dʒiː biː ˈtiː/ *abrev de* **lesbian, gay, bisexual or transgender** LGBT (*lésbica, gay, bissexual ou transgênero*)

liability /ˌlaɪəˈbɪləti/ *s* (*pl* **liabilities**) **1** [*não contável*] ~ **(for sth)** responsabilidade (por algo) **2** (*coloq*) peso: *The senator's comments have made him a liability for the party.* Os comentários do senador fizeram dele um peso para o partido.

liable /ˈlaɪəbl/ *adj* [*nunca antes do substantivo*] **1** responsável: *to be liable for sth* ser responsável por algo **2 be ~ to do sth** ser suscetível de fazer algo **3 ~ to sth** propenso a algo **4 ~ to sth** sujeito a algo

L

liaison /liˈeɪzɑːn; ˈliəzɑːn; *GB* liˈeɪzn/ *s* **1** vínculo **2** caso amoroso (*esp extraconjugal*)

liar /ˈlaɪər/ *s* mentiroso, -a

Lib Dem /ˌlɪb ˈdem/ *abrev de* **Liberal Democrat** (*GB*) (*Pol*) liberal democrata

libel /ˈlaɪbl/ *s* calúnia, difamação

liberal /ˈlɪbərəl/ *adjetivo, substantivo*
▸ *adj* **1** (*tb* **Liberal**) liberal **2** livre
▸ *s* (*tb* **Liberal**) liberal

liberate /ˈlɪbəreɪt/ *vt* ~ **sb/sth (from sth)** libertar alguém/algo (de algo) **liberated** *adj* liberado **liberation** *s* liberação

liberty /ˈlɪbərti/ *s* (*pl* **liberties**) liberdade ❶ A palavra mais comum é **freedom**. LOC **take liberties with sth/sb** faltar com o respeito com algo/alguém

Libra /ˈliːbrə/ *s* Libra ➲ *Ver exemplos em* AQUÁRIO

⚿ **library** /ˈlaɪbreri; *GB* -brəri/ *s* (*pl* **libraries**) biblioteca **librarian** /laɪˈbreriən/ *s* bibliotecário, -a

lice *pl de* LOUSE

⚿ **license** /ˈlaɪsns/ *substantivo, verbo*
▸ *s* (*GB* **licence**) **1** licença: *a driver's license* uma carteira de motorista **2** (*formal*) permissão
▸ *vt* licenciar

ˈ**license plate** (*GB* **number plate**) *s* placa (*de carro*): *license (plate) number* número da placa

lick /lɪk/ *verbo, substantivo*
▸ *vt* lamber
▸ *s* lambida

licorice (*GB* **liquorice**) /ˈlɪkərɪʃ; -rɪs/ *s* alcaçuz

⚿ **lid** /lɪd/ *s* **1** tampa ➲ *Ver ilustração em* POT **2** *Ver* EYELID

⚿ **lie¹** /laɪ/ *verbo, substantivo*
▸ *vi* (*pt, pp* **lied**; *part pres* **lying**) ~ **(to sb) (about sth)** mentir (para alguém) (sobre algo)
▸ *s* mentira: *to tell lies* mentir

⚿ **lie²** /laɪ/ *vi* (*pt* **lay** /leɪ/, *pp* **lain** /leɪn/, *part pres* **lying**) **1** deitar-se, jazer **2** estar: *the life that lay ahead of him* a vida que se desenrolava à frente dele ◇ *The problem lies in...* O problema reside em... **3** estender-se PHR V **lie around** (*GB tb* **lie about**) **1** estar/ficar à toa **2** estar espalhado (por): *Don't leave all your clothes lying around.* Não deixe suas roupas espalhadas por aí. ◆ **lie back** recostar-se ◆ **lie down** deitar-se ◆ **lie in** (*GB*) (*USA* ˌ**sleep** ˈ**in**) ficar na cama até tarde

> Compare os verbos **lie** e **lay**. O verbo **lie (lay, lain, lying)** é intransitivo e significa "estar deitado": *I was feeling sick, so I lay down on the bed for a while.* Eu estava passando mal, então me deitei um pouco. É importante não confundir com **lie (lied, lied, lying)**, que significa "mentir". Por outro lado, **lay (laid, laid, laying)** é transitivo e significa "colocar sobre": *She laid her dress on the bed to keep it neat.* Ela colocou o vestido sobre a cama para que não amassasse.

lieutenant /luːˈtenənt; *GB* lefˈ-/ *s* tenente

⚿ **life** /laɪf/ *s* (*pl* **lives** /laɪvz/) **1** vida: *a friend for life* um amigo para a vida inteira ◇ *late in life* com uma idade avançada ◇ *home life* a vida doméstica *Ver tb* LONG-LIFE **2** (*tb* ˈ**life sentence**, ˌ**life im**ˈ**prisonment**) prisão perpétua *Ver tb* STILL LIFE LOC **bring sb/sth to life** animar algo/alguém ◆ **come to life** animar-se ◆ **get a life** (*coloq*) mexa-se!: *Stop complaining and get a life!* Pare de reclamar e se mexa! ◆ **take your (own) life** suicidar-se *Ver tb* BREATHE, CHARM, FACT, KISS, MATTER, PRIME, RISK, SPRING, TIME, TRUE, WALK, WAY

lifebelt /ˈlaɪfbelt/ (*tb* **lifebuoy** /ˈlaɪfbuːi; *GB* -bɔɪ/) *s* (*esp GB*) cinto salva-vidas

lifeboat /ˈlaɪfboʊt/ *s* barco salva-vidas

lifeguard /ˈlaɪfgɑːrd/ *s* salva-vidas

ˈ**life jacket** (*tb* ˈ**life preserver**, ˈ**life vest**) *s* colete salva-vidas

lifelike /ˈlaɪflaɪk/ *adj* realista, natural

lifelong /ˈlaɪflɔːŋ; *GB* -lɒŋ/ *adj* que dura a vida inteira

lifestyle /ˈlaɪfstaɪl/ *s* estilo de vida

lifetime /ˈlaɪftaɪm/ *s* existência: *It lasts a lifetime.* Dura toda a vida. LOC **the chance, etc. of a lifetime** uma oportunidade, etc. única

lift /lɪft/ *verbo, substantivo*

▸ *v* **1** *vt* ~ **sb/sth (up)** levantar alguém/algo **2** *vt* (*embargo, toque de recolher, etc.*) suspender **3** *vi* (*neblina, nuvens*) dispersar-se PHR V **lift off** decolar (*esp nave espacial*)

▸ *s* **1** [*sing*] estímulo **2** (*GB*) (*USA* **elevator**) elevador **3** carona: *to give sb a lift* dar uma carona a alguém

ˈ**lift-off** *s* decolagem (*de nave espacial*)

light /laɪt/ *substantivo, adjetivo, advérbio, verbo*

▸ *s* **1** luz: *to turn on/off the light* acender/apagar a luz **2** (*tb* **lights** [*pl*], **traffic light**) semáforo **3 a light** [*sing*]: *Do you have a light?* Tem fogo? LOC **come to light** vir à luz ◆ **in the light of sth** considerando algo ◆ **set light to sth** botar fogo em algo

▸ *adj* (**lighter, -est**) **1** (*residência*) iluminado, claro **2** (*cor, tom*) claro **3** leve: *two kilograms lighter* dois quilos a menos **4** (*golpe, vento*) brando

▸ *adv*: *to travel light* viajar com pouca bagagem

▸ *v* (*pt, pp* **lit** /lɪt/ *ou* **lighted**) **1** *vt, vi* acender(-se) **2** *vt* iluminar, clarear

Geralmente se usa **lighted** como adjetivo antes do substantivo: *a lighted candle* uma vela acesa, e **lit** como verbo: *He lit the candle.* Ele acendeu a vela.

PHR V **light (sth) up 1** iluminar algo, iluminar-se **2** (*cigarro, etc.*) acender algo

ˈ**light bulb** *s* lâmpada

lighten /ˈlaɪtn/ *vt, vi* **1** iluminar(-se) **2** tornar(-se) mais leve **3** descontrair(-se)

lighter /ˈlaɪtər/ *s* isqueiro

lightheaded /ˌlaɪtˈhedɪd/ *adj* tonto

lighthearted /ˌlaɪtˈhɑːrtɪd/ *adj* **1** despreocupado **2** (*comentário*) despretensioso

lighthouse /ˈlaɪthaʊs/ *s* farol

lighting /ˈlaɪtɪŋ/ *s* iluminação

lightly /ˈlaɪtli/ *adv* **1** ligeiramente, levemente, suavemente **2** agilmente **3** às pressas LOC **get off/be let off lightly** (*coloq*) livrar a cara

lightness /ˈlaɪtnəs/ *s* **1** claridade **2** leveza **3** suavidade **4** agilidade

lightning /ˈlaɪtnɪŋ/ *substantivo, adjetivo*

▸ *s* [*não contável*] relâmpago, raio

▸ *adj* (*esp GB*) relâmpago: *a lightning trip* uma viagem relâmpago

lightweight /ˈlaɪtweɪt/ *adjetivo, substantivo*

▸ *adj* **1** leve **2** (*boxeador*) peso leve **3** (*pej*) medíocre

▸ *s* **1** (*Boxe*) peso leve **2** (*coloq, pej*) medíocre

likable (*GB tb* **likeable**) /ˈlaɪkəbl/ *adj* agradável

like /laɪk/ *verbo, preposição, conjunção, substantivo*

▸ *vt* **1** gostar de: *Do you like fish?* Você gosta de peixe? ◇ *I like swimming.* Gosto de nadar. ◇ *Would you like (to have) a drink?* Você quer uma bebida? ➲ *Ver nota em* GOSTAR **2** (*redes sociais*) curtir: *Like our Facebook page.* Curta a nossa página no Facebook. LOC **if you like** se você quiser

▸ *prep* como, igual a: *He cried like a child.* Ele chorou como uma criança. ◇ *He acted like our leader.* Ele se comportou como se fosse nosso líder. ◇ *European countries like Spain, France, etc.* países europeus (tais) como a Espanha, a França, etc. ◇ *It's like baking a cake.* É como fazer um bolo. ◇ *to look/be like sb* parecer-se com alguém ◇ *What's she like?* Como é que ela é? ➲ *Comparar com* AS LOC *Ver* JUST

▸ *conj* (*coloq*) **1** como: *It didn't end quite like I expected it to.* Não terminou exatamente como eu esperava. **2** como se: *She acts like she owns the place.* Ela age como se fosse a dona do lugar.

▸ *s* (*coloq*) **1 likes** [*pl*] gosto, preferência: *likes and dislikes* as coisas das quais você gosta ou não gosta **2** (*redes sociais*) curtida: *The band has thousands of likes.* A banda tem milhares de curtidas.

likely /ˈlaɪkli/ *adjetivo, advérbio*

▸ *adj* (**likelier, -iest**) **1** provável: *It isn't likely to rain.* Não é muito provável que chova. ◇ *She's very likely to call me/It's very likely that she'll call me.* É bem capaz de ela me ligar. **2** apropriado

▸ *adv* LOC **not likely!** (*esp GB, coloq*) nem pensar! **likelihood** *s* [*sing*] probabilidade

L

liken /ˈlaɪkən/ *vt* ~ **sth/sb to sth/sb** (*formal*) comparar algo/alguém com algo/alguém

likeness /ˈlaɪknəs/ *s* semelhança: *a family likeness* traços de parentesco

likewise /ˈlaɪkwaɪz/ *adv* (*formal*) **1** da mesma forma: *to do likewise* fazer o mesmo **2** também

liking /ˈlaɪkɪŋ/ *s* LOC **take a liking to sb** simpatizar com alguém ◆ **to sb's liking** (*formal*) do agrado de alguém

lilac /ˈlaɪlək/ *s* (*Bot, cor*) lilás

lily /ˈlɪli/ *s* (*pl* **lilies**) lírio *Ver tb* WATER LILY

lima bean /ˈliːmə biːn/ *s* fava

limb /lɪm/ *s* braço, perna (*de uma pessoa*) LOC *Ver* RISK

lime /laɪm/ *s* **1** limão ➲ *Ver nota em* LEMON **2** (*tb* ˈ**lime tree**) limoeiro **3** (*tb* ˌ**lime** ˈ**green**) (*cor*) verde-limão **4** cal

limelight /ˈlaɪmlaɪt/ *s* [*sing*]: *to be in the limelight* ser o centro das atenções

limestone /ˈlaɪmstoʊn/ *s* [*não contável*] pedra calcária

limit /ˈlɪmɪt/ *substantivo, verbo*

▸ *s* limite: *the speed limit* o limite de velocidade LOC **within limits** até um certo ponto

▸ *vt* ~ **sb/sth (to sth)** limitar alguém/algo (a algo) **limitation** *s* limitação

limited /ˈlɪmɪtɪd/ *adj* limitado

limiting /ˈlɪmɪtɪŋ/ *adj* restritivo

limitless /ˈlɪmɪtləs/ *adj* ilimitado

limousine /ˈlɪməziːn; ˌlɪməˈziːn/ (*coloq* **limo** /ˈlɪmoʊ/) *s* limusine

limp /lɪmp/ *adjetivo, verbo, substantivo*

▸ *adj* **1** mole, frouxo **2** débil

▸ *vi* puxar da perna, mancar

▸ *s*: *to have a limp* ser/estar coxo

line /laɪn/ *substantivo, verbo*

▸ *s* **1** linha, reta **2** fila **3** linha: *fishing line* linha de pescar **4 lines** [*pl*] (*Teat*): *to learn your lines* decorar seu texto **5** linha (telefônica): *The line is busy.* A linha está ocupada. **6**: *the official line* o parecer oficial LOC **along/on the same, etc. lines** no mesmo, etc. estilo ◆ **in line with sth** de acordo com algo ◆ **out of line** (*GB* **out of order**) que sai da linha, inadequado *Ver tb* DRAW, DROP, HARD, JUMP, OVERSTEP, TOE

▸ *vt* **1** ~ **sth (with sth)** forrar, revestir algo (de algo) **2** enfileirar(-se) PHR V **line up** fazer fila **lined** *adj* **1** forrado, revestido **2** (*papel*) pautado **3** (*rosto*) enrugado

ˈ**line drawing** *s* desenho a lápis ou a pena

linen /ˈlɪnɪn/ *s* **1** linho **2** roupa de cama/mesa

liner /ˈlaɪnər/ *s* transatlântico

lineup /ˈlaɪnʌp/ *s* **1** (*evento*) convidados **2** (*Esporte*) equipe titular **3** (*TV, etc.*) programação

linger /ˈlɪŋgər/ *vi* **1** (*pessoa*) custar para ir embora, demorar-se **2** ~ **(on)** (*dúvida, odor, memória*) perdurar, persistir

lingerie /ˌlɑːndʒəˈreɪ; *GB* ˈlænʒəri/ *s* lingerie, roupa íntima

linguist /ˈlɪŋgwɪst/ *s* **1** poliglota **2** linguista **linguistic** /lɪŋˈgwɪstɪk/ *adj* linguístico **linguistics** *s* [*não contável*] linguística

lining /ˈlaɪnɪŋ/ *s* **1** forro **2** revestimento

link /lɪŋk/ *substantivo, verbo*

▸ *s* **1** conexão: *satellite link* conexão via satélite **2** laço **3** vínculo **4** elo **5** (*Informát*) link, vínculo

▸ *vt* **1** unir: *to link arms* dar o braço **2** vincular, relacionar PHR V **link up (with sb/sth)** unir-se (com alguém/algo)

lion /ˈlaɪən/ *s* leão: *lion tamer* domador de leões

lioness /ˈlaɪənes/ *s* leoa

lip /lɪp/ *s* lábio

ˈ**lip-read** *vi* (*pt, pp* **lip-read**) ler os lábios

lipstick /ˈlɪpstɪk/ *s* batom

liqueur /lɪˈkɜːr; *GB* lɪˈkjʊə(r)/ *s* licor

liquid /ˈlɪkwɪd/ *s, adj* líquido **liquidize** (*GB tb* **-ise**) *vt* liquidificar **liquidizer** (*GB tb* **-iser**) *s* (*GB*) (*USA* **blender**) liquidificador

liquor /ˈlɪkər/ *s* [*não contável*] bebida alcoólica destilada

liquorice (*GB*) = LICORICE

ˈ**liquor store** (*GB* **off-licence**) *s* loja de bebidas alcoólicas

lisp /lɪsp/ *substantivo, verbo*

▸ *s* ceceio

▸ *vt, vi* cecear, falar com a língua presa

list /lɪst/ *substantivo, verbo*

▸ *s* lista: *to make a list* fazer uma lista ◇ *waiting list* lista de espera *Ver tb* BUCKET LIST, MAILING LIST

▸ *vt* **1** enumerar, fazer uma lista de **2** listar

listen /ˈlɪsn/ *vi* **1** ~ **(to sb/sth)** escutar (alguém/algo) ➲ *Ver nota em* ESCUTAR **2** ~ **to sb/sth** dar ouvidos a alguém/algo PHR V **listen (out) for sth** prestar atenção a algo **listener** *s* **1** (*Rádio*) ouvinte

2: *a good listener* uma pessoa que sabe escutar os outros

listings /ˈlɪstɪŋz/ *s [pl]* roteiro (*de filmes, shows, etc.*): *listings magazine* revista com programação cultural

lit *pt, pp de* LIGHT

liter (*GB* **litre**) /ˈliːtər/ *s* (*abrev* **l**) litro ➲ *Ver pág. 758*

literacy /ˈlɪtərəsi/ *s* alfabetização, capacidade de ler e escrever

literal /ˈlɪtərəl/ *adj* literal **literally** *adv* literalmente

literary /ˈlɪtəreri; *GB* -rəri/ *adj* literário

literate /ˈlɪtərət/ *adj* alfabetizado: *Are you computer literate?* Você tem conhecimentos de informática?

literature /ˈlɪtrətʃʊr; -tʃər/ *s* [*não contável*] **1** literatura **2** ~ **(on sth)** (*coloq*) folhetos (sobre algo): *sales literature* folhetos de promoções

litre (*esp GB*) = LITER

litter /ˈlɪtər/ *substantivo, verbo*
▸ *s* **1** lixo (*papel, etc. na rua*) **2** (*Zool*) ninhada
▸ *vt* entulhar: *Newspapers littered the floor.* Havia jornais espalhados pelo chão.

ˈ**litter bin** *s* (*GB*) (*USA* **trash can**) lata de lixo ➲ *Ver ilustração em* GARBAGE CAN

little /ˈlɪtl/ *adjetivo, pronome, advérbio*
▸ *adj* ℹ O comparativo **littler** e o superlativo **littlest** são pouco frequentes; normalmente se usa **smaller** e **smallest**.
1 pequeno: *When I was little...* Quando eu era pequeno... ◇ *my little brother* meu irmão caçula ◇ *little finger* dedo mindinho ◇ *Poor little thing!* Pobrezinho! ➲ *Ver nota em* SMALL **2** pouco: *to wait a little while* esperar um pouco ➲ *Ver nota em* LESS LOC *Ver* PRECIOUS
▸ *pron* pouco: *I only want a little.* Só quero um pouquinho. ◇ *There was little anyone could do.* Ninguém podia fazer nada.

Little ou **a little**? **Little** tem um sentido negativo e equivale a "pouco": *I have little hope.* Tenho pouca esperança. **A little** tem uma acepção muito mais positiva e significa "um pouco de": *You should always carry a little money with you.* Você deveria sempre sair de casa com um pouco de dinheiro. ➲ *Ver nota em* POUCO

▸ *adv* pouco: *little more than an hour ago* faz pouco mais de uma hora LOC **little by little** pouco a pouco ◆ **little or nothing** quase nada

live[1] /lɪv/ *vi* **1** morar: *Where do you live?* Onde você mora? **2** (*fig*) permanecer vivo PHR V **live for sth/sb** viver para algo/alguém ◆ **live on** continuar a viver ◆ **live on sth** viver de algo ◆ **live through sth** sobreviver a algo ◆ **live up to sth** mostrar-se à altura de algo (*expectativa, padrão, etc.*) ◆ **live with sth** tolerar algo

live[2] /laɪv/ *adjetivo, advérbio*
▸ *adj* **1** vivo **2** (*TV, Mús*) ao vivo **3** (*Eletrôn*) eletrizado **4** (*bomba, etc.*) ativado
▸ *adv* ao vivo

livelihood /ˈlaɪvlihʊd/ *s* (meio de) vida/subsistência

lively /ˈlaɪvli/ *adj* (**livelier**, **-iest**) **1** (*pessoa, imaginação*) vivo **2** (*conversa, festa*) animado

liver /ˈlɪvər/ *s* fígado

lives *pl de* LIFE

livestock /ˈlaɪvstɑːk/ (*tb* **stock**) *s* gado

living /ˈlɪvɪŋ/ *substantivo, adjetivo*
▸ *s* sustento: *to earn/make a living* ganhar a vida ◇ *What do you do for a living?* O que você faz na vida? ◇ *cost/standard of living* custo/padrão de vida
▸ *adj* [*antes do substantivo*] vivo: *living creatures* seres vivos ➲ *Comparar com* ALIVE LOC **within/in living memory** de que se tem notícia

ˈ**living room** *s* sala de estar

lizard /ˈlɪzərd/ *s* lagarto

llama /ˈlɑːmə/ *s* lhama

LMS /ˌel em ˈes/ *s* (*abrev* **learning management system**) sistema de gestão de aprendizagem

load /loʊd/ *substantivo, verbo*
▸ *s* **1** carga **2** (*tb* **loads** [*pl*]) ~ **(of sth)** (*coloq*) um montão (de algo): *What a load of garbage!* Que asneira!
▸ *v* **1** *vt, vi* ~ **(sth) (up) (with sth)** carregar algo, carregar-se (com/de algo) **2** *vt* ~ **sth (into/onto sth)** carregar algo (com/de algo): *The sacks were loaded onto the truck.* O caminhão foi carregado de sacos. **3** *vt* ~ **sb/sth (down)** atulhar alguém/algo **loaded** *adj* **1** ~ **(with sth)** carregado (de algo) **2** (*pergunta, etc.*) capcioso

loaf /loʊf/ *s* (*pl* **loaves** /loʊvz/) pão (*de forma, redondo, etc.*): *a loaf of bread* um pão ➲ *Ver ilustração em* PÃO

loan /loʊn/ *substantivo, verbo*
▸ *s* empréstimo *Ver tb* PAYDAY LOAN
▸ *vt* ~ **sb sth**; ~ **sth (to sb)** emprestar algo (a alguém) ➲ *Ver nota em* GIVE ➲ *Ver ilustração em* BORROW

L

ˈ**loan shark** *s (pej)* agiota

loathe /loʊð/ *vt* abominar **loathing** *s (formal)* repugnância

loaves *Ver* LOAF

lobby /ˈlɑːbi/ *substantivo, verbo*
▸ *s (pl* **lobbies***)* **1** vestíbulo **2** *(Pol)* grupo de pressão
▸ *vt, vi (pt, pp* **lobbied***)* ~ **(sb) (for/against sth)** pressionar (alguém) (para apoiar/opor-se a algo)

lobster /ˈlɑːbstər/ *s* lagosta

🔑 **local** /ˈloʊkl/ *adjetivo, substantivo*
▸ *adj* **1** local, do lugar: *local schools* escolas municipais **2** *(Med)* localizado: *local anesthetic* anestesia local
▸ *s [ger pl]* pessoa do lugar

🔑 **locally** /ˈloʊkəli/ *adv* na vizinhança

🔑 **locate** /ˈloʊkeɪt; GB loʊˈkeɪt/ *vt* **1** localizar **2** situar

L

🔑 **location** /loʊˈkeɪʃn/ *s* **1** local **2** localização **3** *(pessoa)* paradeiro LOC **on location** *(Cinema)*: *to be filmed/shot on location* ser filmado em locações

loch /lɑːk/ *s (Escócia)* lago

🔑 **lock** /lɑːk/ *substantivo, verbo*
▸ *s* **1** fechadura **2** *(canal)* eclusa **3** *(de cabelo)* mecha
▸ *vt, vi* **1** trancar(-se) **2** *(volante, etc.)* travar PHR V **lock sb in/out** trancar alguém dentro/fora ◆ **lock sb up** *(coloq)* trancafiar alguém ◆ **lock sth up/away** guardar algo a sete chaves

locker /ˈlɑːkər/ *s* armário com chave

ˈ**locker room** *(GB* **changing room***)* *s* vestiário *(para esportes)*

locksmith /ˈlɑːksmɪθ/ *s* chaveiro, -a

lodge /lɑːdʒ/ *substantivo, verbo*
▸ *s* **1** casa do guarda *(numa propriedade)* **2** cabana *(de caça, pesca, etc.)* **3** portaria
▸ *v* **1** *vt* ~ **sth (with sb)** *(queixa)* apresentar algo (a alguém) **2** *vt, vi* ~ **(sth) in sth** *(ficar preso)* alojar algo, alojar-se em algo **lodger** *s (esp GB)* hóspede; inquilino, -a **lodging** *s [não contável]* alojamento

loft /lɔːft; GB lɒft/ *s* **1** apartamento *(adaptado numa parte de antiga fábrica, etc.)* **2** *(USA)* parte mais elevada de um cômodo **3** *(esp GB)* sótão

log /lɔːg; GB lɒg/ *substantivo, verbo*
▸ *s* **1** tronco **2** lenha **3** diário de bordo/de voo
▸ *vt* (-gg-) registrar PHR V **log in/on; log into/onto sth** *(Informát)* iniciar a sessão, conectar-se (a algo) ◆ **log off; log out (of sth)** *(Informát)* encerrar a sessão, desconectar-se (de algo) ➲ *Ver nota em* COMPUTADOR

🔑 **logic** /ˈlɑːdʒɪk/ *s* lógica

🔑 **logical** /ˈlɑːdʒɪkl/ *adj* lógico

login /ˈlɔːgɪn; GB ˈlɒgɪn/ *(tb* **logon** /ˈlɔːgɑːn; GB ˈlɒgɒn/*)* *s [não contável]* login

logo /ˈloʊgoʊ/ *s (pl* **logos***)* logotipo

LOL /ˌel oʊ ˈel/ *abrev (abrev* **laugh out loud***)* *(esp em mensagens de texto)* rsrs, kkkk

lollipop /ˈlɑːlipɑːp/ *(GB, coloq* **lolly** /ˈlɑːli/*)* *s* pirulito

🔑 **lonely** /ˈloʊnli/ *adj (***lonelier, -iest***)* **1** só: *to feel lonely* sentir-se só ➲ *Ver nota em* ALONE **2** solitário **loneliness** *s* solidão **loner** *s* solitário, -a

🔑 **long** /lɔːŋ; GB lɒŋ/ *adjetivo, advérbio, verbo*
▸ *adj (***longer** /ˈlɔːŋgər; GB ˈlɒŋ-/, **longest** /-gɪst/*)* **1** *(comprimento)* longo: *It's two meters long.* Tem dois metros de comprimento. **2** *(tempo)*: *a long time ago* há muito tempo ◇ *How long is the vacation?* Quanto tempo duram as férias? LOC **a long way (away)** bem longe: *It's a long way (away) from here.* Fica bem longe daqui. ◆ **at the longest** no máximo ◆ **in the long run** no final das contas *Ver tb* TERM
▸ *adv (***longer, -est***)* **1** muito tempo: *long ago* há muito tempo ◇ *long before/after* muito antes/depois ◇ *Stay as long as you like.* Fique o tempo que quiser. **2** todo: *the whole night long* a noite inteira ◇ *all day long* o dia inteiro LOC **as/so long as** contanto que ◆ **for long** por muito tempo ◆ **no longer; not any longer**: *I can't stay any longer.* Não posso ficar mais. ◆ **so long** *(coloq)* até logo
▸ *vi* **1** ~ **for sth/to do sth** ansiar por algo/fazer algo **2** ~ **for sb to do sth** desejar que alguém faça algo

ˌ**long-ˈdistance** *adjetivo, advérbio*
▸ *adj* de longa distância: *a long-distance runner* um corredor de longa distância
▸ *adv* ˌ**long ˈdistance**: *to call long distance* fazer um telefonema interurbano

longing /ˈlɔːŋɪŋ; GB ˈlɒŋɪŋ/ *s* desejo

longitude /ˈlɑːndʒətuːd; GB ˈlɒŋgɪtjuːd/ *s (Geog)* longitude

the ˈ**long jump** *s* salto em distância

ˌ**long-ˈlife** *adj* de longa duração

ˈ**long-range** *adj* **1** a longo prazo **2** de longo alcance

longsighted /ˌlɔːŋˈsaɪtɪd; GB ˌlɒŋ-/ *adj (GB) (USA* **farsighted***)* hipermetrope

ˌ**long-ˈstanding** *adj* muito antigo
ˌ**long-ˈsuffering** *adj* resignado
ˌ**long-ˈterm** *adj* a longo prazo: *the long-term risks* os riscos a longo prazo
loo /luː/ *s* (*pl* **loos**) (*GB*, *coloq*) banheiro
➲ *Ver nota em* BATHROOM
⚷ **look** /lʊk/ *verbo, substantivo*
▸ *vi* **1** olhar: *She looked out of the window.* Ela olhou pela janela. ➲ *Ver nota em* OLHAR[1] **2** parecer: *You look tired.* Você parece cansado. ◇ *That photo doesn't look like her.* Aquela foto não se parece com ela. **3** dar para: *The hotel looks out over the river.* O hotel tem vista para o rio. ◇ *The house looks east.* A casa tem face leste. LOC **don't look a gift horse in the mouth** (*refrão*) de cavalo dado não se olha os dentes ◆ **look on the bright side** ver o lado bom das coisas ◆ **look sb up and down** olhar para alguém de cima a baixo ◆ **look your age** aparentar a idade que se tem ◆ **not look yourself** parecer abatido/cansado *Ver tb* SPACE
PHR V **look after sb/sth/yourself** cuidar de alguém/algo, cuidar-se
look ahead (to sth) fazer uma prognóstico (de algo), antecipar algo: *Looking ahead a few years, there will be a shortage of doctors.* Fazendo um prognóstico, em poucos anos haverá falta de médicos.
look around (*GB tb* **look round**) **1** olhar para trás **2** dar uma comparada ◆ **look around sth** (*GB tb* **look round sth**) visitar algo (*cidade, museu, etc.*)
look at sb/sth olhar para alguém/algo ◆ **look at sth 1** examinar algo **2** considerar algo
look back (on sth) pensar sobre o passado, recordar algo
look down on sb/sth desprezar alguém/algo
look for sb/sth procurar alguém/algo
look forward to sth/doing sth aguardar algo, esperar fazer algo (*ansiosamente*)
look into sth investigar algo
look on assistir
look out: *Look out!* Cuidado! ◆ **look out for sb/sth** estar atento a alguém/algo
look sth over checar algo
look round (*GB*) *Ver* LOOK AROUND
look up 1 erguer a vista **2** (*coloq*) melhorar ◆ **look sth up** procurar algo (*num dicionário ou livro*) ◆ **look up to sb** admirar alguém
▸ *s* **1** olhar, olhada: *to have/take a look at sth* dar uma olhada em algo **2**: *to have a look for sth* buscar algo **3** aspecto, aparência **4** [*sing*] estilo (*moda*) **5 looks** [*pl*] físico: *good looks* boa aparência
lookout /ˈlʊkaʊt/ *s* vigia LOC **be on the lookout/keep a lookout (for sb/sth)** estar atento a alguém/algo
loom /luːm/ *substantivo, verbo*
▸ *s* tear
▸ *vi* **1** ~ **(up)** surgir, assomar(-se) **2** (*fig*) ameaçar
loony /ˈluːni/ *adj, s* (*pl* **loonies**) (*coloq*) maluco, -a
loop /luːp/ *substantivo, verbo*
▸ *s* **1** curva, volta **2** laço (*com nó*) LOC **in/out of the loop** (*coloq*) dentro/fora de um processo de decisão
▸ *v* **1** *vt* enlaçar: *She looped the strap over her shoulder.* Enlaçou o ombro com a alça. **2** *vi* dar laçadas
loophole /ˈluːphoʊl/ *s* escapatória: *a legal loophole* uma saída legal
⚷ **loose** /luːs/ *adjetivo, substantivo*
▸ *adj* (**looser**, **-est**) **1** solto: *loose change* (dinheiro) trocado **2** frouxo: *The screw has come loose.* O parafuso ficou frouxo. **3** (*vestido*) folgado, largo **4** (*antiq*) (*moral*) corrupto LOC **be at a loose end** estar sem ter o que fazer *Ver tb* LET, WORK
▸ *s* LOC **be on the loose** estar à solta
⚷ **loosely** /ˈluːsli/ *adv* **1** sem apertar **2** livremente, aproximadamente
loosen /ˈluːsn/ **1** *vt, vi* afrouxar, soltar(-se), desatar(-se) **2** *vt* (*controle*) relaxar PHR V **loosen up 1** descontrair-se, soltar-se **2** (*Esporte*) aquecer-se
loot /luːt/ *substantivo, verbo*
▸ *s* saque
▸ *vt, vi* saquear **looting** *s* saque (*ato*)
lop /lɑːp/ *vt* (**-pp-**) podar PHR V **lop sth off (sth)** cortar algo (de algo)
lopsided /ˌlɑːpˈsaɪdɪd/ *adj* **1** torto **2** (*fig*) destorcido
⚷ **lord** /lɔːrd/ *s* **1** lorde **2 the Lord** o Senhor: *the Lord's Prayer* o pai-nosso **3 Lord** (*GB*) (*título*) lorde **4 the Lords** (*GB*) *Ver* HOUSE OF LORDS **lordship** *s* Senhoria: *your/his Lordship* Vossa/Sua Senhoria
⚷ **lorry** /ˈlɔːri; *GB* ˈlɒri/ *s* (*pl* **lorries**) (*GB*) (*USA* **truck**) caminhão
⚷ **lose** /luːz/ (*pt, pp* **lost** /lɔːst; *GB* lɒst/ *v*) **1** *vt, vi* perder: *He lost his title to the Russian.* Ele perdeu o título para o russo. **2** *vt* ~ **sb sth** fazer alguém perder algo: *It lost*

L

us the game. Isso nos custou a partida. **3** *vi* (*relógio*) atrasar-se ❶ Para expressões com **lose**, ver os verbetes do substantivo, adjetivo, etc, p.ex. **lose heart** em HEART.

PHR V **lose out (on sth)** (*coloq*) sair perdendo (em algo) ◆ **lose out to sb/sth** (*coloq*) perder terreno para alguém/algo **loser** *s* perdedor, -ora; fracassado, -a

loss /lɔːs; *GB* lɒs/ *s* perda LOC **be at a loss** estar desorientado

lost /lɔːst; *GB* lɒst/ *adj* perdido: *to get lost* perder-se LOC **get lost!** (*coloq*) cai fora! *Ver tb* LOSE

ˌlost-and-ˈfound (*GB* ˌ**lost ˈproperty**) *s* [*não contável*] objetos achados e perdidos

lot /lɑːt/ *pronome, adjetivo, advérbio, substantivo*

▸ *pron, adj* **a lot (of)** (*coloq* **lots**) muito(s): *He spends a lot on clothes.* Ele gasta muito com roupa. ◇ *lots of people* uma porção de gente ◇ *What a lot of presents!* Quantos presentes! ➲ *Ver nota em* MANY LOC **see a lot of sb** ver alguém com frequência

▸ *adv* **a lot** (*coloq* **lots**) muito: *It's a lot colder today.* Faz muito mais frio hoje. ◇ *Thanks a lot.* Muito obrigado.

▸ *s* **1 the (whole) lot** [*sing*] (*esp GB*) tudo: *That's the lot!* Isso é tudo! **2** (*esp GB*) grupo: *What do you lot want?* O que é que vocês querem? ◇ *I don't go out with that lot.* Não ando com essa turma. **3** lote (*quantidade*) **4** sorte (*destino*)

lotion /ˈloʊʃn/ *s* loção

lottery /ˈlɑːtəri/ *s* (*pl* **lotteries**) loteria

loud /laʊd/ *adjetivo, advérbio*

▸ *adj* (**louder, -est**) **1** (*volume*) alto **2** (*grito*) forte **3** (*cor*) berrante **4** (*roupa, etc.*) chamativo

▸ *adv* (**louder, -est**) alto: *Speak louder.* Fale mais alto. LOC **out loud** em voz alta

loudspeaker /ˌlaʊdˈspiːkər/ *s* alto-falante

lounge /laʊndʒ/ *verbo, substantivo*

▸ *vi* ~ **(about/around)** ficar à toa

▸ *s* **1** sala, salão: *departure lounge* sala de embarque **2** (*GB*) (*USA* **living room**) sala de estar

louse /laʊs/ *s* (*pl* **lice** /laɪs/) piolho

lousy /ˈlaʊzi/ *adj* (**lousier, -iest**) (*coloq*) péssimo

lout /laʊt/ *s* (*GB*) arruaceiro, -a; grosseiro, -a

lovable (*tb* **loveable**) /ˈlʌvəbl/ *adj* adorável

love /lʌv/ *substantivo, verbo*

▸ *s* **1** amor: *love story/song* história/canção de amor ◇ *her love life* sua vida amorosa ❶ Note que, com relação a pessoas, diz-se **love for sb** enquanto que com coisas, **love of sth**. **2** (*Esporte*) zero LOC **give/send sb your love** dar/mandar lembranças a alguém ◆ **in love (with sb)** apaixonado (por alguém) ◆ **(lots of) love (from...)** (*em carta, etc.*) beijos, um abraço (de...) ◆ **make love (to sb)** fazer amor (com alguém) *Ver tb* FALL

▸ *vt* **1** amar: *Do you love me?* Você me ama? **2** adorar: *She loves horses.* Ela adora cavalos. ◇ *I'd love to come.* Gostaria muito de ir.

lovely /ˈlʌvli/ *adj* (**lovelier, -iest**) (*esp GB*) **1** lindo **2** encantador **3** muito agradável: *We had a lovely time.* Nós nos divertimos bastante.

lovemaking /ˈlʌvmeɪkɪŋ/ *s* [*não contável*] relações sexuais

lover /ˈlʌvər/ *s* amante: *an art lover* um amante de arte

loving /ˈlʌvɪŋ/ *adj* carinhoso **lovingly** *adv* amorosamente

low /loʊ/ *adjetivo, advérbio, substantivo*

▸ *adj* (**lower, -est**) **1** baixo: *low pressure/temperatures* pressão baixa/temperaturas baixas ◇ *lower lip* lábio inferior ◇ *the lower middle classes* a classe média baixa ➲ *Comparar com* UPPER **2** (*voz, som*) grave **3** abatido LOC *Ver* PROFILE

▸ *adv* (**lower, -est**) baixo: *to shoot low* atirar para baixo LOC *Ver* STOOP

▸ *s* mínima: *The government's popularity has hit a new low.* A popularidade do governo sofreu uma nova queda.

ˌlow-ˈalcohol *adj* de baixo teor alcoólico

low-cal /ˌloʊ ˈkæl/ *adj* (*coloq*) baixo em calorias

> **Low-cal** (o **low-calorie**) é o termo usual para se referir a produtos de baixo teor calórico ou "light". Para bebidas, usa-se **diet**: *diet drinks* bebidas de baixa caloria.

ˌlow-ˈcarb *adj* de baixo carboidrato

ˌlow-ˈcost *adj* barato

ˈlow-end *adj* de categoria inferior

lower /ˈloʊər/ *adjetivo, advérbio, verbo*
▸ *adj, adv Ver* LOW
▸ *vt, vi* rebaixar(-se) PHR V **lower yourself (by doing sth)** rebaixar-se (fazendo algo)

lowercase /ˌloʊərˈkeɪs/ (*tb* **lower case**) *s* [*não contável*] minúscula: *(letters in) lower case* minúsculas

ˌlow-ˈfat *adj* magro: *low-fat yogurt* iogurte de baixa caloria

ˌlow-ˈkey *adj* discreto

lowland /ˈloʊlənd/ *adjetivo, substantivo*
▸ *adj* de planície
▸ *s* **lowlands** [*pl*] planícies

loyal /ˈlɔɪəl/ *adj* ~ **(to sb/sth)** leal, fiel (a alguém/algo) **loyalist** *s* partidário, -a do regime, legalista **loyalty** *s* (*pl* **loyalties**) lealdade

luck /lʌk/ *substantivo, verbo*
▸ *s* sorte: *a stroke of luck* um golpe de sorte LOC **be in/out of luck** estar com/sem sorte ◆ **no such luck** que nada! *Ver tb* HARD, PUSH
▸ *v* PHR V **luck out** (*USA, coloq*) dar sorte

lucky /ˈlʌki/ *adj* (**luckier**, **-iest**) **1** (*pessoa*) sortudo **2**: *It's lucky she's still here.* Por sorte, ela ainda está aqui. ◇ *a lucky number* um número de sorte **luckily** *adv* por sorte

lucrative /ˈluːkrətɪv/ *adj* lucrativo

ludicrous /ˈluːdɪkrəs/ *adj* ridículo

luggage /ˈlʌgɪdʒ/ *s* [*não contável*] bagagem: *carry-on/hand luggage* bagagem de mão ➲ *Ver ilustração em* BAG

ˈluggage rack *s* bagageiro

lukewarm /ˌluːkˈwɔːrm/ *adj* (*ger pej*) morno

lull /lʌl/ *verbo, substantivo*
▸ *vt* **1** acalmar **2** acalentar
▸ *s* calmaria

lullaby /ˈlʌləbaɪ/ *s* (*pl* **lullabies**) cantiga de ninar

lumber /ˈlʌmbər/ *substantivo, verbo*
▸ *s* (*GB* **timber**) [*não contável*] madeira
▸ *v* **1** *vi* mover-se pesadamente **2** *vt* ~ **sb with sb/sth** (*coloq*) empurrar alguém/algo para alguém **lumbering** *adj* desajeitado, pesado

lumberjack /ˈlʌmbərdʒæk/ *s* lenhador, -ora

lump /lʌmp/ *substantivo, verbo*
▸ *s* **1** pedaço: *sugar lump* torrão de açúcar **2** coágulo **3** caroço, galo
▸ *vt* ~ **A and B together** juntar A com B indiscriminadamente

ˌlump ˈsum *s* quantia paga de uma só vez

lumpy /ˈlʌmpi/ *adj* (**lumpier**, **-iest**) **1** (*mistura, etc.*) encaroçado **2** (*colchão, etc.*) disforme

lunacy /ˈluːnəsi/ *s* [*não contável*] loucura

lunatic /ˈluːnətɪk/ *s* louco, -a

lunch /lʌntʃ/ *substantivo, verbo*
▸ *s* almoço: *to have lunch* almoçar ◇ *the lunch hour* a hora do almoço
▸ *vi* (*formal*) almoçar

lunchtime /ˈlʌntʃtaɪm/ *s* hora do almoço

lung /lʌŋ/ *s* pulmão: *lung infection* infecção pulmonar

lurch /lɜːrtʃ/ *verbo, substantivo*
▸ *vi* **1** cambalear **2** dar uma guinada
▸ *s* guinada

lure /lʊr/ *substantivo, verbo*
▸ *s* atrativo
▸ *vt* (*pej*) atrair (*engodo*)

lurid /ˈlʊrɪd/ *adj* (*pej*) **1** (*cor*) berrante **2** (*descrição, história*) sensacionalista

lurk /lɜːrk/ *vi* espreitar

luscious /ˈlʌʃəs/ *adj* (*comida*) apetitoso

lush /lʌʃ/ *adj* (*vegetação*) exuberante

lust /lʌst/ *substantivo, verbo*
▸ *s* **1** luxúria **2** ~ **for sth** sede de algo
▸ *vi* ~ **after/for sb/sth** desejar alguém; cobiçar algo

luxurious /lʌgˈʒʊriəs/ *adj* luxuoso

luxury /ˈlʌkʃəri/ *s* (*pl* **luxuries**) luxo: *a luxury hotel* um hotel de luxo

Lycra® /ˈlaɪkrə/ *s* Lycra®

lying *Ver* LIE[1,2]

lyrical /ˈlɪrɪkl/ *adj* lírico

lyrics /ˈlɪrɪks/ *s* [*pl*] letra (*de canção*)

L

Mm

M, m /em/ *s* (*pl* **Ms, M's, m's**) M, m ➲ *Ver nota em* A, A

mac (*tb* **mack**) /mæk/ *s* (*GB*) (*USA* **raincoat**) capa de chuva

macabre /mə'kɑːbrə/ *adj* macabro

macaroni /ˌmækə'rouni/ *s* [*não contável*] macarrão (furadinho)

macchiato /ˌmæki'ɑːtou/ *s* (*pl* **-os**) (café) expresso com leite

⚷ **machine** /mə'ʃiːn/ *s* máquina

ma'chine gun *s* metralhadora

⚷ **machinery** /mə'ʃiːnəri/ *s* maquinaria

macro /'mækrou/ *s* (*pl* **macros**) macro

⚷ **mad** /mæd/ *adj* (**madder, -est**) **1** ~ **(at/with sb)**; ~ **(about sth)** (*esp USA, coloq*) furioso (com alguém); furioso (por algo) **2** (*esp GB*) louco: *to be/go mad* estar/ficar louco **3** ~ **about/on sth/sb** (*GB, coloq*) louco por algo/alguém LOC **like mad** (*esp GB, coloq*) como um louco

madam /'mædəm/ *s* [*sing*] (*formal*) senhora

maddening /'mædnɪŋ/ *adj* exasperante

made *pt, pp de* MAKE

madhouse /'mædhaus/ *s* (*coloq*) casa de loucos (*lugar com confusão e barulho*)

madly /'mædli/ *adv* loucamente: *to be madly in love with sb* estar perdidamente apaixonado por alguém

madness /'mædnəs/ *s* [*não contável*] loucura

⚷ **magazine** /'mægəziːn; *GB* ˌmægə'ziːn/ *s* revista

maggot /'mægət/ *s* larva de mosca (*nos alimentos*)

⚷ **magic** /'mædʒɪk/ *substantivo, adjetivo*
▸ *s* magia, mágica LOC **like magic** como que por magia
▸ *adj* **1** mágico **2** (*coloq*) (*maravilhoso*) mágico **magical** *adj* mágico **magician** /mə'dʒɪʃn/ *s* mago, -a; mágico, -a

magistrate /'mædʒɪstreɪt/ *s* magistrado, -a; juiz, juíza: *the magistrates' court* o Juizado de paz

magnet /'mægnət/ *s* ímã **magnetic** /mæg'netɪk/ *adj* magnético: *magnetic field* campo magnético **magnetism** /'mægnətɪzəm/ *s* magnetismo **magnetize** (*GB tb* **-ise**) *vt* magnetizar

magnificent /mæg'nɪfɪsnt/ *adj* magnífico **magnificence** *s* magnificência

magnify /'mægnɪfaɪ/ *vt* (*pt, pp* **-fied**) aumentar **magnification** *s* (capacidade de) ampliação

'magnifying glass *s* lupa

magnitude /'mægnɪtuːd; *GB* -tjuːd/ *s* (*formal*) magnitude

magpie /'mægpaɪ/ *s* pega (*ave*)

mahogany /mə'hɑːgəni/ *s* mogno

maid /meɪd/ *s* **1** empregada **2** (*tb* **maiden** /'meɪdn/) (*antiq*) donzela

'maiden name *s* nome de solteira
ℹ Nos países de língua inglesa, muitas mulheres adotam o sobrenome do marido ao se casar.

⚷ **mail** /meɪl/ *substantivo, verbo*
▸ *s* [*não contável*] correio

> A palavra **post** é mais usual do que **mail** no inglês britânico, embora **mail** seja bastante comum, principalmente em palavras compostas como **e-mail** e **junk mail**.

▸ *vt* **1** ~ **sth (to sb)**; ~ **(sb) sth** mandar algo (para alguém) pelo correio **2** ~ **sb (sth)** escrever a alguém; mandar algo por correio eletrônico a alguém

'mail bomb *substantivo, verbo*
▸ *s* **1** bombardeio de e-mails **2** (*GB* **'letter bomb**) carta-bomba
▸ *vt* **'mail-bomb** bombardear de e-mails

mailbox /'meɪlbɑːks/ (*GB* **letter box**) *s* caixa de correio

mailbox

postbox (*GB*) **mail slot** (*GB* **letter box**) **mailboxes**

'mail carrier *s Ver* LETTER CARRIER

'mailing list *s* mailing

mailman /'meɪlmæn/ (*USA*) (*GB* **postman**) *s* (*pl* **-men** /-men/) carteiro, -a

ˌmail 'order *s* venda por correspondência

'mail slot (*USA*) (*GB* **letter box**) *s* fenda na porta de uma casa para a correspondência ➲ *Ver ilustração em* MAILBOX

maim /meɪm/ *vt* mutilar

⚷ **main** /meɪn/ *adjetivo, substantivo*
▸ *adj* principal: *main course* prato principal ◇ *the main character* o protagonista
▸ *s* **1** cano principal: *gas main* cano de gás **2 the mains** [*pl*] (*GB*) a rede elétrica LOC **in the main** em geral

mainland /'meɪnlænd/ *s* terra firme, continente: *mainland Europe* Europa continental

⚷ **mainly** /'meɪnli/ *adv* principalmente

mainstream /ˈmeɪnstriːm/ *substantivo, adjetivo*
▸ *s* **the mainstream** [*sing*] a tendência dominante
▸ *adj* convencional, dominante: *mainstream education* educação convencional ◇ *mainstream political parties* partidos políticos majoritários

ˈ**main street** (*GB* **high street**) *s* rua principal

maintain /meɪnˈteɪn/ *vt* **1** manter **2** conservar: *well maintained* bem cuidado **3** sustentar

maintenance /ˈmeɪntənəns/ *s* **1** manutenção **2** (*GB*) (*Jur*) pensão alimentícia

maisonette /ˌmeɪzəˈnet/ *s* (*GB*) apartamento com dois andares

maize /meɪz/ *s* (*GB*) (*USA* **corn**) milho
❶ Na Grã-Bretanha, diz-se **sweetcorn** para se referir ao milho verde.

majestic /məˈdʒestɪk/ *adj* majestoso

majesty /ˈmædʒəsti/ *s* (*pl* **majesties**) **1** majestade **2 His/Her/Your Majesty** Sua/Vossa Majestade

major /ˈmeɪdʒər/ *adjetivo, substantivo, verbo*
▸ *adj* **1** muito importante: *to make major changes* realizar mudanças consideráveis ◇ *a major road/problem* uma estrada principal/um problema sério **2** (*Mús*) maior
▸ *s* **1** (*Mil*) major **2** (*universidade*) matéria principal **3** estudante que estuda uma matéria como o principal componente do curso: *She's a French major.* Ela estuda Francês como matéria principal.
▸ *v* PHR V **major in sth** especializar-se em algo (*na universidade*)

majority /məˈdʒɔːrəti; *GB* məˈdʒɒrə-/ *s* (*pl* **majorities**) maioria: *The majority was/were in favor.* A maioria foi a favor. ◇ *majority rule* governo majoritário

Na Grã-Bretanha, a forma mais comum de traduzir "a maioria das pessoas, de meus amigos, etc." é *most people, most of my friends*, etc. Esta expressão é seguida de verbo no plural: *Most of my friends go to the same school as me.* A maioria dos meus amigos vai para a mesma escola que eu.

ˈ**major league** *substantivo, adjetivo* (*USA*)
▸ *s* (*Esporte*) liga principal
▸ *adj* **major-league 1** da liga principal **2** de primeira linha

make /meɪk/ *verbo, substantivo*
▸ *vt* (*pt, pp* **made** /meɪd/) **1** (*causar, criar, levar a cabo, propor*) fazer: *to make a noise/hole/list* fazer barulho/um buraco/uma lista ◇ *to make a comment* fazer um comentário ◇ *to make a mistake* cometer um erro ◇ *to make an excuse* dar uma desculpa ◇ *to make an impression (on sb)* impressionar (alguém) ◇ *to make a note of sth* anotar algo ◇ *to make a change* fazer uma mudança ◇ *to make progress/an effort* fazer progresso/um esforço ◇ *to make a phone call* fazer uma ligação (telefônica) ◇ *to make a visit/trip* fazer uma visita/uma viagem ◇ *to make a decision* tomar uma decisão ◇ *to make an offer/a promise* fazer uma oferta/uma promessa ◇ *to make plans* fazer planos **2 ~ sth (from/out of sth)** fazer algo (com/de algo): *He made a meringue from egg white.* Ele fez um merengue com a clara do ovo. ◇ *What's it made (out) of?* É feito de quê? ◇ *made in China* fabricado na China **3 ~ sth (for sb)** fazer algo (para alguém): *She makes films for children.* Ela faz filmes para criança. ◇ *I'll make you a meal/cup of coffee.* Vou te fazer uma comida/um café. **4 ~ sth into sth** converter algo em algo; fazer algo com algo: *We can make this room into a bedroom.* Podemos converter este cômodo num quarto. **5 ~ sb/sth + adjetivo/substantivo**: *He made me angry.* Ele me irritou. ◇ *That will only make things worse.* Isso só vai piorar as coisas. ◇ *He made my life hell.* Ele tornou minha vida um inferno. **6 ~ sb/sth do sth** fazer com que alguém/algo faça algo

O verbo que se segue após **make** no infinitivo não leva **to**, exceto na voz passiva: *I can't make him do it.* Não posso obrigá-lo a fazer isso. ◇ *You've made her feel guilty.* Você a fez se sentir culpada. ◇ *He was made to wait at the police station.* Ele foi obrigado a esperar na delegacia.

7 ~ sb sth fazer algo de alguém: *to make sb king* fazer alguém rei **8** tornar-se: *He'll make a good teacher.* Ele vai ser um bom professor. **9** (*dinheiro*) ganhar: *She makes lots of money.* Ela ganha uma fortuna. **10** (*coloq*) (*conseguir, comparecer*): *We aren't going to make the deadline.* Não vamos conseguir cumprir o prazo. ◇ *Can you make it (to the party)?* Você vai poder vir (à festa)? LOC **make do (with sth)** contentar-se (com algo) ◆ **make it 1** triunfar **2**: *We made it just in time.* Chegamos bem na hora. ◇ *I can't make it tomorrow.* Amanhã não poderei comparecer. ◆ **make the most of sth** aproveitar algo ao máximo ❶ Para outras expressões com **make**, ver os verbetes

M

do substantivo, adjetivo, etc, p.ex. **make love** em LOVE.
PHR V **be made for sb; be made for each other** ser feito para alguém, serem feitos um para o outro ♦ **make for sth 1** dirigir-se para algo: *to make for home* dirigir-se para casa **2** contribuir para algo: *Constant arguing doesn't make for a happy marriage.* Brigas constantes não contribuem para um casamento feliz.
make sth of sb/sth ter uma opinião sobre alguém/algo: *What do you make of it all?* O que você acha disso tudo?
make off (with sth) fugir (com algo)
make out (with sb) (*USA, coloq*) envolver-se, ficar com alguém ♦ **make sb/sth out 1** distinguir alguém/algo: *to make out sb's handwriting* decifrar a letra de alguém **2** compreender alguém/algo ♦ **make sb/sth out (to be sth)** fazer algo/alguém parecer algo: *He's not as rich as people make out.* Ela não é rica como as pessoas a fazem parecer. ♦ **make sth out** escrever algo (*cheque, formulário, etc.*): *to make out a check for $10* fazer um cheque no valor de dez dólares
make up (with sb) fazer as pazes (com alguém) ♦ **make (yourself/sb) up** maquiar-se/maquiar alguém ♦ **make sth up 1** constituir algo: *the groups that make up our society* os grupos que constituem a nossa sociedade **2** inventar algo: *to make up an excuse* inventar uma desculpa ♦ **make up for sth** compensar algo
▸ *s* marca (*eletrodomésticos, carros, etc.*)
➲ *Comparar com* BRAND

makeover /ˈmeɪkoʊvər/ *s* **1** (*casa*) reforma **2** (*pessoa*) recauchutada

maker /ˈmeɪkər/ *s* fabricante

makeshift /ˈmeɪkʃɪft/ *adj* provisório, improvisado

⚷ **makeup** /ˈmeɪkʌp/ (*tb* **make-up**) *s* [*não contável*] **1** maquiagem **2** constituição **3** caráter

making /ˈmeɪkɪŋ/ *s* fabricação LOC **be the making of sb** ser a chave do êxito de alguém ♦ **have the makings of sth 1** (*pessoa*) ter potencial para algo **2** (*coisa*) ter as condições para tornar-se algo

⚷ **male** /meɪl/ *adjetivo, substantivo*
▸ *adj* **1** masculino ➲ *Ver nota em* FEMALE **2** macho
▸ *s* macho, varão

malice /ˈmælɪs/ *s* maldade, malícia **malicious** /məˈlɪʃəs/ *adj* mal-intencionado

malignant /məˈlɪgnənt/ *adj* maligno

⚷ **mall** /mɔːl/ *s* centro comercial

malnutrition /ˌmælnuːˈtrɪʃn; *GB* -njuː-/ *s* desnutrição

malt /mɔːlt; *GB tb* mɒlt/ *s* malte

malware /ˈmælwer/ *s* malware, software malicioso

mammal /ˈmæml/ *s* mamífero

mammoth /ˈmæməθ/ *substantivo, adjetivo*
▸ *s* mamute
▸ *adj* colossal

⚷ **man** /mæn/ *substantivo, verbo*
▸ *s* (*pl* **men** /men/) homem: *a man's shirt* uma camisa de homem ◊ *a young man* um rapaz

> **Man** e **mankind** são utilizados com o significado geral de "todos os homens e mulheres". Todavia, muitos consideram tal uso discriminatório, e preferem usar palavras como **humanity**, **the human race** [*singular*] ou **humans**, **human beings**, ou **people** [*singular*].

LOC **the man (and/or woman) in/on the street** o cidadão comum *Ver tb* ODD
▸ *vt* (-nn-) **1** (*escritório*) prover de pessoal **2** (*navio*) tripular PHR V **man up** (*coloq*) agir como homem

⚷ **manage** /ˈmænɪdʒ/ **1** *vt, vi* ~ **(sth/to do sth)** conseguir algo/fazer algo: *Can you manage all of it?* Você dá conta disso tudo? ◊ *Can you manage six o'clock?* Dá para você vir às seis? ◊ *I couldn't manage another mouthful.* Não pude dar nem mais uma garfada. **2** *vi* ~ **(with/on/without sb/sth)** arranjar-se (com/sem alguém/algo): *I can't manage on $300 a week.* Não consigo viver com apenas 300 dólares por semana. **3** *vt* (*empresa*) gerenciar **4** *vt* (*propriedades, etc.*) administrar **manageable** *adj* **1** manejável **2** (*pessoa, animal*) acessível, dócil **managed** *adj* [*antes do substantivo*] gerido

⚷ **management** /ˈmænɪdʒmənt/ *s* direção, gestão: *management committee* comitê/conselho administrativo ◊ *management consultant* consultor em administração

⚷ **manager** /ˈmænɪdʒər/ *s* **1** diretor, -ora; gerente **2** administrador, -ora (*de uma propriedade*) **3** (*Teat, etc.*) empresário, -a **4** (*Esporte*) técnico, -a **managerial** /ˌmænəˈdʒɪriəl/ *adj* diretivo, administrativo, gerencial

ˌ**managing diˈrector** *s* diretor, -ora geral

mandate /ˈmændeɪt/ *s* ~ **(for sth/to do sth)** mandato (para algo/fazer algo) **mandatory** /ˈmændətɔːri; *GB tb* mænˈdeɪtəri/ *adj* (*formal*) obrigatório

mane /meɪn/ *s* **1** (*cavalo*) crina **2** (*leão*) juba

maneuver (*GB* **manoeuvre**) /məˈnuːvər/ *substantivo, verbo*
▸ *s* manobra
▸ *vt, vi* manobrar
manfully /ˈmænfəli/ *adv* valentemente
manga /ˈmæŋgə/ *s* (*pl* **manga**) mangá
mangle /ˈmæŋgl/ *vt* mutilar, estropiar
mango /ˈmæŋgoʊ/ *s* (*pl* **mangoes**) manga
manhood /ˈmænhʊd/ *s* **1** idade adulta (*de um homem*) **2** virilidade
mania /ˈmeɪniə/ *s* mania **maniac** /ˈmeɪniæk/ *adj, s* maníaco, -a: *to drive like a maniac* dirigir como um louco
manic /ˈmænɪk/ *adj* **1** (*coloq*) frenético **2** maníaco
manicure /ˈmænɪkjʊr/ *s* manicure: *to have a manicure* fazer as mãos
manifest /ˈmænɪfest/ *vt* (*formal*) manifestar, mostrar: *to manifest itself* manifestar-se **manifestation** *s* (*formal*) manifestação **manifestly** *adv* (*formal*) visivelmente
manifesto /ˌmænɪˈfestoʊ/ *s* (*pl* **manifestos** *ou* **manifestoes**) manifesto
manifold /ˈmænɪfoʊld/ *adj* (*formal*) múltiplo
manioc /ˈmæniɑːk/ *s Ver* CASSAVA
manipulate /məˈnɪpjuleɪt/ *vt* **1** manipular **2** manejar **manipulation** *s* manipulação **manipulative** /məˈnɪpjəleɪtɪv; *GB* -lətɪv/ *adj* manipulador
mankind /mænˈkaɪnd/ *s* humanidade ➲ *Ver nota em* MAN
manly /ˈmænli/ *adj* másculo, viril
ˌman-ˈmade *adj* artificial
manned /mænd/ *adj* tripulado
mannequin /ˈmænɪkɪn/ *s* (*antiq*) manequim
⚷ **manner** /ˈmænər/ *s* **1** [*sing*] (*formal*) maneira, modo **2** [*sing*] atitude, comportamento **3 manners** [*pl*] educação: *good/bad manners* boa/má educação ◇ *It's bad manners to stare.* É falta de educação encarar os outros. ◇ *He has no manners.* Ele é muito mal-educado.
mannerism /ˈmænərɪzəm/ *s* maneirismo
manoeuvre (*GB*) = MANEUVER
manor /ˈmænər/ *s* (*GB*) **1** (*tb* ˈ**manor house**) solar **2** (*terra*) senhorio
manpower /ˈmænpaʊər/ *s* mão de obra
mansion /ˈmænʃn/ *s* mansão
manslaughter /ˈmænslɔːtər/ *s* homicídio involuntário ➲ *Comparar com* HOMICIDE, MURDER
mantel /ˈmæntl/ (*GB* **mantelpiece** /ˈmæntlpiːs/) *s* consolo da lareira
manual /ˈmænjuəl/ *adj, s* manual: *manual jobs* trabalhos braçais ◇ *a training manual* um manual de instruções **manually** *adv* manualmente
⚷ **manufacture** /ˌmænjuˈfæktʃər/ *vt* fabricar: *to manufacture evidence* fabricar provas
⚷ **manufacturer** /ˌmænjuˈfæktʃərər/ *s* fabricante
⚷ **manufacturing** /ˌmænjuˈfæktʃərɪŋ/ *s* indústria
manure /məˈnʊr; *GB* məˈnjʊə(r)/ *s* estrume
manuscript /ˈmænjuskrɪpt/ *s* manuscrito
⚷ **many** /ˈmeni/ *adj, pron* **1** muito(s), muita(s): *Many people would disagree.* Muita gente discordaria. ◇ *I don't have many left.* Não me sobram muitos. ◇ *In many ways, I regret it.* Sob vários pontos de vista, lamento o que aconteceu.

> **Muito** traduz-se conforme o substantivo ao qual acompanha ou substitui. Em orações afirmativas usa-se **a lot (of)** ou **lots of**: *She has a lot of money.* Ela tem muito dinheiro. ◇ *Lots of people are poor.* Muita gente é pobre. Em orações negativas e interrogativas usa-se **many** ou **a lot of** quando o substantivo é contável: *There aren't many women taxi drivers.* Não há muitas mulheres dirigindo táxis. Usa-se **much** ou **a lot of** quando o substantivo é não contável: *I haven't eaten much (food).* Não tenho comido muito. ➲ *Ver tb* MUITO

2 ~ a sth (*formal*): *Many a politician has been ruined by scandal.* Muitos políticos foram arruinados por causa de escândalos. ◇ *many a time* muitas vezes
LOC **a good/great many** muitíssimos
Ver tb AS, HOW, SO, TOO
Maori /ˈmaʊri/ *adj, s* maori
⚷ **map** /mæp/ *substantivo, verbo*
▸ *s* mapa LOC **put sb/sth on the map** tornar alguém/algo conhecido
▸ *vt* (**-pp-**) fazer o mapa de, mapear
PHR V **map sth out** planejar algo
maple /ˈmeɪpl/ *s* bordo (*árvore*)
marathon /ˈmærəθɑːn; *GB* -θən/ *s* maratona: *to run a marathon* participar de uma maratona ◇ *The interview was a real marathon.* A entrevista foi exaustiva.
marble /ˈmɑːrbl/ *s* **1** mármore **2** bola de gude
⚷ **March** /mɑːrtʃ/ *s* (*abrev* **Mar.**) março ➲ *Ver nota em* JANUARY
⚷ **march** /mɑːrtʃ/ *verbo, substantivo*
▸ *vi* **1** marchar **2** fazer uma passeata:

M

The students marched on parliament. Os estudantes fizeram uma passeata até o Parlamento. LOC **get your marching orders** (*GB, coloq*) ser despedido PHR V **march sb away/off** conduzir alguém à força • **march in** entrar impetuosamente • **march past (sb)** desfilar (diante de alguém) • **march up/over to sb** abordar alguém com resolução
▸ *s* marcha LOC **on the march** em marcha **marcher** *s* manifestante

mare /mer/ *s* **1** égua **2** (*GB, coloq*) pesadelo

margarine /ˈmɑːrdʒərən; *GB* ˌmɑːdʒəˈriːn/ *s* margarina

margin /ˈmɑːrdʒən; *GB* -dʒɪn/ *s* margem: *margin of error* margem de erro **marginal** *adj* pequeno (*diferença, etc.*) **marginally** *adv* ligeiramente

marijuana (*tb* **marihuana**) /ˌmærəˈwɑːnə/ *s* maconha

marina /məˈriːnə/ *s* marina

marinade /ˌmærɪˈneɪd/ *s* escabeche

marine /məˈriːn/ *adjetivo, substantivo*
▸ *adj* **1** marinho **2** marítimo
▸ *s* fuzileiro naval

marital /ˈmærɪtl/ *adj* conjugal: *marital status* estado civil

maritime /ˈmærɪtaɪm/ *adj* marítimo

mark /mɑːrk/ *substantivo, verbo*
▸ *s* **1** marca **2** sinal: *punctuation marks* sinais de pontuação *Ver tb* CHECK MARK, QUESTION MARK **3** (*GB*) (*USA* **grade**) (*Educ*) nota: *to get a good/bad mark* receber uma nota boa/ruim ➲ *Ver nota em* A, A LOC **be up to the mark** (*GB*) corresponder às expectativas • **make your/a mark (on sth)** ganhar nome (em algo) • **on your marks, get set, go!** ficar em posição, preparar, vai! *Ver tb* OVERSTEP
▸ *v* **1** *vt* marcar **2** *vt* assinalar **3** *vt, vi* manchar(-se) **4** (*USA* **grade**) *vt* (*exames, exercícios, etc.*) dar nota a, corrigir **5** *vt* (*Esporte*) marcar LOC **mark time 1** matar tempo **2** (*Mil*) marcar passo PHR V **mark sth up/down** aumentar/baixar o preço de algo

marked /mɑːrkt/ *adj* marcante **markedly** /ˈmɑːrkɪdli/ *adv* (*formal*) marcadamente

marker /ˈmɑːrkər/ *s* **1** marcador: *a marker buoy* uma boia de sinalização **2** (*GB tb* ˈ**marker pen**) caneta hidrográfica

market /ˈmɑːrkɪt/ *substantivo, verbo*
▸ *s* mercado, feira LOC **in the market for sth** interessado em comprar algo • **on the market** no mercado: *to put sth on the market* colocar algo à venda
▸ *vt* vender, promover a venda de **marketable** *adj* comercializável

marketing /ˈmɑːrkɪtɪŋ/ *s* marketing

marketplace /ˈmɑːrkɪtpleɪs/ *s* **1 the marketplace** [*sing*] (*Econ*) o mercado **2** (*tb* ˌ**market** ˈ**square**) (local da) feira

ˌ**market reˈsearch** *s* [*não contável*] pesquisa de mercado

marmalade /ˈmɑːrməleɪd/ *s* geleia (*de frutos cítricos*) ➲ *Comparar com* JAM

maroon /məˈruːn/ *adjetivo, substantivo, verbo*
▸ *adj, s* (*cor*) vinho
▸ *vt* abandonar (*num lugar isolado, p. ex. uma ilha*)

marquee /mɑːrˈkiː/ *s* **1** toldo **2** marquise

marriage /ˈmærɪdʒ/ *s* **1** (*instituição*) matrimônio **2** (*cerimônia*) casamento ➲ *Ver nota em* CASAMENTO

married /ˈmærid/ *adj* ~ **(to sb)** casado (com alguém): *to get married* casar-se ◇ *a married couple* um casal

marrow /ˈmæroʊ/ *s* **1** *Ver* BONE MARROW **2** (*GB*) abobrinha colhida grande

marry /ˈmæri/ *vt, vi* (*pt, pp* **married**) casar(-se) *Ver tb* MARRIED

Mars /mɑːrz/ *s* Marte

marsh /mɑːrʃ/ *s* pântano

marshal /ˈmɑːrʃl/ *substantivo, verbo*
▸ *s* **1** marechal **2** (*USA*) espécie de xerife
▸ *vt* (-l- (*GB* -ll-)) (*formal*) **1** (*tropas*) formar **2** (*ideias, dados*) ordenar

marshy /ˈmɑːrʃi/ *adj* pantanoso

martial art /ˌmɑːrʃl ˈɑːrt/ *s* [*ger pl*] arte marcial

martyr /ˈmɑːrtər/ *s* mártir **martyrdom** /ˈmɑːrtərdəm/ *s* martírio

marvel /ˈmɑːrvl/ *substantivo, verbo*
▸ *s* maravilha, prodígio
▸ *vi* (-l- (*GB* -ll-)) ~ **(at sth)** maravilhar-se (com algo) **marvelous** (*GB* **marvellous**) *adj* maravilhoso, excelente: *We had a marvelous time.* Nós nos divertimos à beça. ◇ *(That's) marvelous!* Que maravilha!

Marxism /ˈmɑːrksɪzəm/ *s* marxismo **Marxist** *adj, s* marxista

marzipan /ˈmɑːrtsəpæn; ˈmɑːrzə-; *GB* ˈmɑːzɪpæn/ *s* marzipã

mascara /mæˈskærə; *GB* mæˈskɑːrə/ *s* rímel

mascot /ˈmæskɑːt; *GB* -skət/ *s* mascote

masculine /ˈmæskjəlɪn/ *adj, s* masculino ➲ *Ver nota em* FEMALE **masculinity** /ˌmæskjuˈlɪnəti/ *s* masculinidade

mash /mæʃ/ *verbo, substantivo*
▸ *vt* **1** ~ **sth (up)** amassar, esmagar algo **2** fazer purê de: *mashed potatoes* purê

de batatas
▸ *s* (*esp GB*) purê (de batatas)

mask /mæsk; *GB* mɑːsk/ *substantivo, verbo*
▸ *s* **1** máscara, disfarce **2** (*cirúrgica, cosmética*) máscara
▸ *vt* mascarar **masked** *adj* **1** mascarado **2** (*assaltante*) encapuzado

masochism /ˈmæsəkɪzəm/ *s* masoquismo **masochist** *s* masoquista

mason /ˈmeɪsn/ *s* **1** pedreiro **2 Mason** maçom **Masonic** /məˈsɑːnɪk/ *adj* maçônico

masonry /ˈmeɪsənri/ *s* alvenaria

masquerade /ˌmæskəˈreɪd; *GB tb* ˌmɑːskəˈ-/ *substantivo, verbo*
▸ *s* mascarada, farsa
▸ *vi* ~ **as sth** fazer-se passar por algo; disfarçar-se de algo

mass /mæs/ *substantivo, adjetivo, verbo*
▸ *s* **1** ~ **(of sth)** massa (de algo) **2 masses (of sth)** (*coloq*) um montão (de algo): *masses of letters* um montão de cartas **3** (*tb* **Mass**) (*Relig, Mús*) missa **4 the masses** [*pl*] as massas **LOC be a mass of sth** estar coberto/cheio de algo ◆ **the (great) mass of...** a (grande) maioria de...
▸ *adj* [*antes do substantivo*] de massa: *mass media* meios de comunicação de massa ◇ *mass hysteria* histeria coletiva
▸ *vt, vi* **1** juntar(-se) (em massa), reunir(-se) **2** (*Mil*) formar(-se), concentrar(-se)

massacre /ˈmæsəkər/ *substantivo, verbo*
▸ *s* massacre
▸ *vt* massacrar

massage /məˈsɑːʒ; *GB* ˈmæsɑːʒ/ *substantivo, verbo*
▸ *s* massagem
▸ *vt* fazer massagem em, massagear

massive /ˈmæsɪv/ *adj* **1** maciço, sólido **2** enorme, monumental **massively** *adv* extremamente

ˌ**mass-proˈduce** *vt* produzir em massa

ˌ**mass proˈduction** *s* produção em massa

mast /mæst; *GB* mɑːst/ *s* **1** (*barco*) mastro **2** (*TV, Rádio*) torre

master /ˈmæstər; *GB* ˈmɑːstə(r)/ *substantivo, verbo, adjetivo*
▸ *s* **1** amo, dono, senhor **2** mestre **3** (*fita, cópia*) matriz
▸ *vt* **1** dominar **2** controlar
▸ *adj*: *master bedroom* dormitório principal ◇ *master plan* plano infalível **masterful** *adj* **1** autoritário **2** (*tb* **masterly** /ˈmæstərli; *GB* ˈmɑːstə-/) magistral

mastermind /ˈmæstərmaɪnd; *GB* ˈmɑːstə-/ *substantivo, verbo*
▸ *s* cabeça (*de uma conspiração, etc.*)
▸ *vt* planejar, dirigir

masterpiece /ˈmæstərpiːs; *GB* ˈmɑːstə-/ *s* obra-prima

ˈ**master's degree** (*tb* **master's**) *s* mestrado

mastery /ˈmæstəri; *GB* ˈmɑːstə-/ *s* **1** ~ **(of sth)** domínio (de algo) **2** ~ **(of/over sb/sth)** controle (sobre alguém/algo)

masturbate /ˈmæstərbeɪt/ *vi* masturbar-se **masturbation** *s* masturbação

mat /mæt/ *s* **1** esteira, capacho **2** colchonete **3** descanso para pratos **4** emaranhamento

match /mætʃ/ *substantivo, verbo*
▸ *s* **1** (*Esporte*) partida, jogo **2** fósforo **3** [*sing*] complemento: *The curtains and carpet are a good match.* As cortinas e o tapete combinam bem. **LOC be a match/no match for sb** (não) estar à altura de alguém: *I was no match for him at tennis.* Eu não era páreo para ele no tênis. ◆ **find/meet your match** encontrar alguém à sua altura
▸ *v* **1** *vt, vi* combinar, fazer jogo (com): *That blouse doesn't match your skirt.* Essa blusa não combina com a sua saia. **2** *vt* igualar **PHR V match up (with sth)** coincidir (com algo) ◆ **match sth up (with sth)** juntar algo (a algo) ◆ **match up to sb/sth** equiparar-se a alguém/algo

matchbox /ˈmætʃbɑːks/ *s* caixa de fósforos

ˈ**match-fixing** *s* [*não contável*] (*Esporte*) manipulação de resultados

matching /ˈmætʃɪŋ/ *adj* [*antes do substantivo*] que faz jogo (*móveis, roupas, etc.*): *matching shoes and handbag* sapatos e bolsa da mesma cor

mate /meɪt/ *substantivo, verbo*
▸ *s* **1** (*esp GB, coloq*) colega; companheiro, -a **2** ajudante **3** (*Náut*) imediato **4** (*Zool*) parceiro, -a **5** xeque-mate
▸ *vt, vi* acasalar(-se)

material /məˈtɪriəl/ *substantivo, adjetivo*
▸ *s* **1** material: *raw materials* matérias-primas **2** tecido ➲ *Ver nota em* PANO
▸ *adj* material **materially** *adv* substancialmente

materialism /məˈtɪriəlɪzəm/ *s* materialismo **materialist** *s* materialista **materialistic** /məˌtɪriəˈlɪstɪk/ *adj* materialista

materialize (*GB tb* **-ise**) /məˈtɪriəlaɪz/ *vi* concretizar-se

maternal /məˈtɜːrnl/ *adj* **1** maternal **2** (*familiares*) materno

maternity /məˈtɜːrnəti/ *s* maternidade

math /mæθ/ (*GB* **maths** /mæθs/) *s* [*não contável*] matemática

mathematical /ˌmæθəˈmætɪkl/ *adj* matemático **mathematician** /ˌmæθəməˈtɪʃn/ *s* matemático, -a

M

mathematics /ˌmæθəˈmætɪks/ *s* [*não contável*] (*formal*) matemática

matinée (*tb* **matinee**) /ˌmætnˈeɪ; *GB* ˈmætɪneɪ/ *s* matinê (*Cinema, Teatro*)

mating /ˈmeɪtɪŋ/ *s* acasalamento: *mating season* época de cio

matrimony /ˈmætrɪmoʊni; *GB* -məni/ *s* (*formal*) matrimônio **matrimonial** /ˌmætrɪˈmoʊniəl/ *adj* (*formal*) matrimonial

matte (*GB tb* **matt**) /mæt/ *adj* **1** fosco **2** (*tb* ˈ**matte paint**) tinta mate ➲ *Comparar com* GLOSS

matted /ˈmætɪd/ *adj* emaranhado

matter /ˈmætər/ *substantivo, verbo*

▸ *s* **1** assunto: *I have nothing further to say on the matter.* Não tenho mais nada a acrescentar ao assunto. **2** (*Fís*) matéria **3** material: *printed matter* impressos *Ver tb* SUBJECT MATTER **LOC a matter of hours, minutes, etc.** coisa de horas, minutos, etc. ◆ **a matter of life and death** uma questão de vida ou morte ◆ **a matter of opinion** uma questão de opinião ◆ **as a matter of course** como de costume ◆ **as a matter of fact** na verdade ◆ **be the matter (with sb/sth)**: *What's the matter with him?* O que ele tem? ◇ *Is anything the matter?* O que é que há? ◇ *What's the matter with my dress?* O que há de errado com o meu vestido? ◆ **for that matter** tampouco ◆ **it's just/only a matter of time** é apenas uma questão de tempo ◆ **no matter who, what, where, etc.**: *no matter what he says* não importa o que ele disser ◇ *no matter how rich he is* por mais rico que ele seja ◇ *no matter what* aconteça o que acontecer ◆ **take matters into your own hands** agir por conta própria *Ver tb* LET, WORSE

▸ *vi* ~ **(to sb)** importar (a alguém): *It doesn't matter.* Não faz mal.

ˌ**matter-of-**ˈ**fact** *adj* **1** pragmático **2** (*pessoa*) impassível **3** (*estilo*) prosaico

mattress /ˈmætrəs/ *s* colchão

mature /məˈtʃʊr; məˈtʊr/ *adjetivo, verbo*

▸ *adj* **1** maduro **2** (*seguro, etc.*) vencido

▸ *v* **1** *vi* amadurecer **2** *vt, vi* (*vinho, etc.*) envelhecer **3** *vi* (*Com*) vencer **maturity** *s* maturidade

maul /mɔːl/ *vt* **1** maltratar **2** (*fera*) estraçalhar

mausoleum /ˌmɔːsəˈliːəm/ *s* mausoléu

mauve /moʊv/ *adj, s* malva (*cor*)

maverick /ˈmævərɪk/ *adj s* inconformista

maxim /ˈmæksɪm/ *s* máxima

maximize (*GB tb* **-ise**) /ˈmæksɪmaɪz/ *vt* maximizar

maximum /ˈmæksɪməm/ *adj, s* (*pl* **maxima** /-mə/) (*abrev* **max**) máximo

May /meɪ/ *s* maio ➲ *Ver nota em* JANUARY

may /meɪ/ *v modal* (*pt* **might** /maɪt/, *neg* **might not** *ou* (*GB* **mightn't** /ˈmaɪtnt/))

> **May** é um verbo modal, seguido de infinitivo sem **to**; as orações interrogativas e negativas são construídas sem o auxiliar **do**. Tem apenas duas formas: presente, **may**, e passado, **might**.

1 (*permissão*) poder: *You may come if you wish.* Você pode vir se quiser. ◇ *May I go to the bathroom?* Posso ir ao banheiro? ◇ *You may as well go home.* Vale mais a pena você ir para casa.

> Para pedir permissão, **may** é mais cortês do que **can**, embora **can** seja muito mais usual: *Can I come in?* Posso entrar? ◇ *I'll take a seat, if I may.* Você se importa se eu me sentar? Todavia, no passado usa-se **could** muito mais do que **might**: *She asked if she could come in.* Ela perguntou se podia entrar.

2 (*tb* **might**) (*possibilidade*) pode ser que: *They may not come.* Pode ser que não venham. ➲ *Ver nota em* PODER[1] **LOC be that as it may** (*formal*) seja como for

maybe /ˈmeɪbi/ *adv* talvez

mayhem /ˈmeɪhem/ *s* [*não contável*] caos

mayonnaise /ˈmeɪəneɪz; *GB* ˌmeɪəˈneɪz/ *s* maionese

mayor /ˈmeɪər; *GB* meə(r)/ *s* prefeito, -a **mayoress** /ˈmeɪərəs; *GB* meəˈres/ *s* **1** prefeita **2** esposa do prefeito

maze /meɪz/ *s* labirinto

me /miː/ *pron* **1** (*como objeto*) me: *Don't hit me.* Não me bata. ◇ *Tell me all about it.* Conte-me tudo. **2** (*depois de preposição*) mim: *as for me* quanto a mim ◇ *Come with me.* Venha comigo. **3** (*sozinho ou depois do verbo* **be**) eu: *Hello, it's me.* Oi, sou eu. ➲ *Comparar com* I

meadow /ˈmedoʊ/ *s* prado

meager (*GB* **meagre**) /ˈmiːgər/ *adj* escasso, magro

meal /miːl/ *s* refeição **LOC make a meal of sth** (*coloq*) perder tempo com algo *Ver tb* SQUARE

mealtime /ˈmiːltaɪm/ *s* hora da refeição

mean /miːn/ *verbo, adjetivo*

▸ *vt* (*pt, pp* **meant** /ment/) **1** querer dizer, significar: *Do you know what I mean?* Você me entende? ◇ *What does "tutu" mean?* O que quer dizer "tutu"? **2** ~ **sth (to sb)** significar algo (para alguém): *You know how much Patrizia means to me.* Você sabe o quanto a Patrizia

significa para mim. ◇ *That name doesn't mean anything to me.* Esse nome não me diz nada. **3** implicar: *His new job means him traveling more.* Seu novo emprego exige que ele viaje mais. **4** pretender: *I didn't mean to.* Não tive a intenção. ◇ *I meant to wash the car today.* Era para eu lavar o carro hoje. **5** falar a sério: *I'm never coming back. I mean it!* Nunca mais vou voltar, estou falando sério! ◇ *She meant it as a joke.* Ela falou de brincadeira. LOC **be meant for each other** serem feitos um para o outro ◆ **be meant to be/do sth**: *This restaurant is meant to be excellent.* Este restaurante é considerado excelente. ◇ *Is this meant to happen?* Isto tem que acontecer? ◆ **I mean** (*coloq*) quero dizer: *It's very warm, isn't it? I mean, for this time of year.* Faz muito calor, não? Quero dizer, para esta época do ano. ◇ *We went there on Tuesday, I mean Thursday.* Fomos lá na terça, quero dizer, quinta. ◆ **mean business** (*coloq*) não estar para brincadeiras ◆ **mean well** ter boas intenções *Ver tb* WELL MEANING
▸ *adj* (meaner, -est) **1** ~ **(to sb)** duro, mau (com alguém) **2** (*GB*) (*USA* **cheap**) pão-duro

meander /mi'ændər/ *vi* **1** (*rio*) serpentear **2** (*pessoa*) perambular **3** (*conversa*) divagar

⚷ **meaning** /'mi:nɪŋ/ *s* significado *Ver tb* WELL MEANING **meaningful** *adj* significativo **meaningless** *adj* sem sentido

⚷ **means** /mi:nz/ *s* **1** (*pl* means) ~ **(of sth/doing sth)** meio (de algo/fazer algo) **2** [*pl*] recursos (*financeiros*) LOC **a means to an end** um meio para se atingir um fim ◆ **by all means** claro que sim ◆ **by means of sth** (*formal*) por meio de algo *Ver tb* WAY

meant *pt, pp de* MEAN

meantime /'mi:ntaɪm/ *s* LOC **in the meantime** nesse ínterim

⚷ **meanwhile** /'mi:nwaɪl/ *adv* enquanto isso

measles /'mi:zlz/ *s* [*não contável*] sarampo *Ver tb* GERMAN MEASLES

measurable /'meʒərəbl/ *adj* **1** mensurável **2** notável

⚷ **measure** /'meʒər/ *verbo, substantivo*
▸ *vt* medir PHR V **measure (sb/sth) up** tirar a(s) medida(s) (de alguém/algo): *The tailor measured me up for a suit.* O alfaiate tirou minhas medidas para fazer um terno. ◆ **measure up (to sth)** estar à altura (de algo)
▸ *s* **1** medida: *weights and measures* pesos e medidas ◇ *to take measures to do sth* tomar medidas para fazer algo **2** [*sing*] ~ **of sth**: *a/some measure of knowledge/success* um certo grau de conhecimento/sucesso **3** [*sing*] **a ~ of sth** uma medida de algo: *It is a measure of how bad the situation is.* É uma medida de quão ruim é a situação. **4** (*GB* **bar**) (*Mús*) compasso *Ver tb* TAPE MEASURE LOC **for good measure** para ficar bem servido ◆ **made to measure** (*GB*) (*USA* **custom-made**) feito sob medida

measured /'meʒərd/ *adj* **1** (*linguagem*) comedido **2** (*passos*) pausado

⚷ **measurement** /'meʒərmənt/ *s* **1** medição **2** medida

⚷ **meat** /mi:t/ *s* carne

meatball /'mi:tbɔ:l/ *s* almôndega

meaty /'mi:ti/ *adj* (meatier, -iest) **1** carnudo **2** (*livro, etc.*) com substância

mechanic /mə'kænɪk/ *s* mecânico, -a **mechanical** *adj* mecânico **mechanically** /mə'kænɪkli/ *adv* mecanicamente: *I'm not mechanically minded.* Não tenho jeito para máquinas.

mechanics /mə'kænɪks/ *s* **1** [*não contável*] mecânica (*Ciência*) **2** [*pl*] **the ~ (of sth)** (*fig*) o mecanismo, o funcionamento (de algo)

mechanism /'mekənɪzəm/ *s* mecanismo

medal /'medl/ *s* medalha **medalist** (*GB* **medallist**) *s* ganhador, -ora de medalha

medallion /mə'dæliən/ *s* medalhão

meddle /'medl/ *vi* (*pej*) **1** ~ **(in/with sth)** intrometer-se (em algo) **2** ~ **with sth** mexer em algo

⚷ **media** /'mi:diə/ *s* **1 the media** [*pl*] os meios de comunicação: *media coverage* cobertura da mídia ◇ *media studies* Comunicação Social *Ver tb* SOCIAL MEDIA
ℹ A palavra **media** pode ser utilizada com verbo no singular ou no plural: *The media was/were accused of influencing the decision.* A mídia foi acusada de influenciar na decisão. **2** *pl de* MEDIUM

mediaeval = MEDIEVAL

mediate /'mi:dieɪt/ *vi* mediar **mediation** *s* mediação **mediator** *s* mediador, -ora

medic /'medɪk/ *s* (*esp GB, coloq*) **1** médico, -a **2** estudante de medicina

⚷ **medical** /'medɪkl/ *adjetivo, substantivo*
▸ *adj* **1** médico: *medical student* estudante de medicina **2** clínico
▸ *s* (*esp GB*) (*USA* **physical**) exame médico

medication /ˌmedɪ'keɪʃn/ *s* medicação

medicinal /mə'dɪsɪnl/ *adj* medicinal

⚷ **medicine** /'medɪsn; *GB* 'medsn/ *s* medicina, remédio

medieval (*tb* **mediaeval**) /ˌmi:d'i:vl; ˌmedi'i:vl/ *adj* medieval

M

mediocre /ˌmiːdiˈoʊkər/ *adj* medíocre **mediocrity** /ˌmiːdiˈɑːkrəti/ *s* **1** mediocridade **2** (*pl* **mediocrities**) (*pessoa*) medíocre

meditate /ˈmedɪteɪt/ *vi* ~ **(on sth)** meditar (sobre algo) **meditation** *s* meditação

medium /ˈmiːdiəm/ *substantivo, adjetivo*
▸ *s* **1** (*pl* **media** *ou* **mediums**) meio *Ver tb* MEDIA **2** (*pl* **mediums**) médium **LOC** *Ver* HAPPY
▸ *adj* médio: *I'm medium.* Uso tamanho médio. ◇ *medium-sized* de tamanho médio

medley /ˈmedli/ *s* (*pl* **medleys**) pot-pourri, miscelânea

meek /miːk/ *adj* (**meeker**, **-est**) manso, submisso **meekly** *adv* submissamente

meet /miːt/ *verbo, substantivo*
▸ *v* (*pt, pp* **met** /met/) **1** *vt, vi* encontrar(-se): *What time shall we meet?* A que horas a gente se encontra? ◇ *Will you meet me at the station?* Você vai me esperar na estação? ◇ *Our eyes met across the table.* Nossos olhares se cruzaram por cima da mesa. **2** *vi* reunir-se **3** *vt, vi* conhecer(-se): *I'd like you to meet...* Gostaria de te apresentar... **4** *vt, vi* enfrentar(-se) (*numa competição*) **5** *vt* (*requisito*) satisfazer: *They failed to meet payments on their loan.* Não conseguiram pagar o empréstimo. **LOC** **meet sb's eye** olhar alguém nos olhos ♦ **nice/pleased to meet you** prazer em conhecê-lo *Ver tb* END, MATCH
PHR V **meet up (with sb)** encontrar-se (com alguém) ♦ **meet with sb** reunir-se com alguém
▸ *s* **1** (*esp USA*) (*GB tb* **meeting**) (*Esporte*) competição **2** (*GB*) encontro de caçadores

meeting /ˈmiːtɪŋ/ *s* **1** reunião: *Annual General Meeting* Assembleia geral anual **2** encontro: *meeting place* ponto de encontro **3** (*Pol*) Assembleia

meetup /ˈmiːtʌp/ *s* encontro informal

mega /ˈmegə/ *adj, adv* (*coloq*) mega: *a mega hit* um megassucesso ◇ *to be mega rich* ser super-rico

megabyte /ˈmegəbaɪt/ (*coloq* **meg**) *s* (*abrev* **MB**) (*Informát*) megabyte

megacity /ˈmegəsɪti/ *s* (*pl* **-ies**) megacidade

megaphone /ˈmegəfoʊn/ *s* megafone

melancholy /ˈmelənkɑːli; *GB* -kəli/ *substantivo, adjetivo*
▸ *s* (*formal*) melancolia
▸ *adj* **1** (*pessoa*) melancólico **2** (*coisa*) triste

melee (*tb* **mêlée**) /ˈmeɪleɪ; *GB* ˈmeleɪ/ *s* briga, tumulto

mellow /ˈmeloʊ/ *adjetivo, verbo*
▸ *adj* (**mellower**, **-est**) **1** (*cor, sabor*) suave **2** (*som*) melodioso **3** (*atitude*) amadurecido, sereno **4** (*coloq*) alegre (*devido à bebida*)
▸ *vt, vi* (*pessoa*) abrandar(-se)

melodic /məˈlɑːdɪk/ *adj* melódico

melodious /məˈloʊdiəs/ *adj* melodioso

melodrama /ˈmelədrɑːmə/ *s* melodrama **melodramatic** /ˌmelədrəˈmætɪk/ *adj* melodramático

melody /ˈmelədi/ *s* (*pl* **melodies**) melodia

melon /ˈmelən/ *s* melão

melt /melt/ *vt, vi* **1** derreter(-se): *melting point* ponto de fusão **2** dissolver(-se) **3** (*fig*) enternecer(-se) **LOC** **melt in your mouth** desfazer-se na boca **PHR V** **melt away** dissolver-se, fundir-se ♦ **melt sth down** fundir algo **melting** *s* **1** derretimento **2** fundição

ˈ**melting pot** *s* cadinho (*de raças, culturas, etc.*) **LOC** **in the melting pot** (*esp GB*) em processo de mudança

member /ˈmembər/ *s* **1** membro: *a member of the audience* um membro da plateia ◇ *Member of Parliament* deputado **2** sócio, -a (*de um clube*) **3** (*Anat*) membro

membership /ˈmembərʃɪp/ *s* **1** [*não contável*] associação: *to apply for membership* candidatar-se a sócio ◇ *membership card/fee* carteira/taxa de sócio **2** (número de) sócios

membrane /ˈmembreɪn/ *s* membrana

meme /miːm/ *s* (*Internet*) meme

memento /məˈmentoʊ/ *s* (*pl* **mementoes** *ou* **mementos**) lembrança (*objeto*)

memo /ˈmemoʊ/ *s* (*pl* **memos**) memorando, circular: *an inter-office memo* uma circular interna

memoirs /ˈmemwɑːrz/ *s* [*pl*] memórias

memorabilia /ˌmemərəˈbɪliə/ *s* [*pl*] peças de colecionador

memorable /ˈmemərəbl/ *adj* memorável

memorandum /ˌmeməˈrændəm/ *s* (*pl* **memoranda** /-də/) (*formal*) *Ver* MEMO

memorial /məˈmɔːriəl/ *s* ~ **(to sb/sth)** monumento comemorativo (de alguém/algo)

Meˈmorial Day *s* Dias dos Veteranos de Guerra ➲ *Ver nota em* REMEMBRANCE SUNDAY

memorize (*GB tb* **-ise**) /ˈmeməraɪz/ *vt* decorar

memory /ˈmeməri/ *s* (*pl* **memories**) **1** memória: *to recite a poem from memory* recitar um poema de memória **2** recordação **LOC** **in memory of sb**; **to**

the memory of sb em memória de alguém *Ver tb* JOG, LIVING, REFRESH

ˈ**memory card** *s* cartão de memória

ˈ**memory stick** *s* (*esp GB*) pen drive

men *pl de* MAN

menace /ˈmenəs/ *substantivo, verbo*

▸ *s* **1** ~ **(to sb/sth)** ameaça (para alguém/algo) **2** (*coloq*) (*pessoa ou coisa importuna*) praga

▸ *vt* (*formal*) ameaçar **menacing** *adj* ameaçador

mend /mend/ *verbo, substantivo*

▸ *v* **1** *vt* (*esp GB*) (*USA* **repair**) consertar **2** *vi* recuperar-se LOC **mend your ways** emendar-se

▸ *s* remendo LOC **on the mend** (*coloq*) melhorando

meningitis /ˌmenɪnˈdʒaɪtɪs/ *s* [*não contável*] meningite

menopause /ˈmenəpɔːz/ *s* menopausa

ˈ**men's room** *s* banheiro masculino ➲ *Ver nota em* BATHROOM

menstrual /ˈmenstruəl/ *adj* menstrual

menstruation /ˌmenstruˈeɪʃn/ *s* menstruação

menswear /ˈmenzwer/ *s* [*não contável*] roupa masculina

⚷ **mental** /ˈmentl/ *adj* **1** mental: *mental hospital* hospital psiquiátrico **2** (*GB, gíria*) pirado

mentality /menˈtæləti/ *s* (*pl* **mentalities**) mentalidade

⚷ **mentally** /ˈmentəli/ *adv* mentalmente: *mentally ill/disturbed* doente mental

⚷ **mention** /ˈmenʃn/ *verbo, substantivo*

▸ *vt* mencionar, dizer, falar de: *worth mentioning* digno de nota LOC **don't mention it** não tem de quê ◆ **not to mention...** sem falar de..., para não falar de...

▸ *s* menção, alusão

mentor /ˈmentɔːr/ *s* mentor, -ora

⚷ **menu** /ˈmenjuː/ *s* **1** menu, cardápio **2** (*Informát*) menu

meow (*GB* **miaow**) /miˈaʊ/ *interjeição, substantivo, verbo*

▸ *interj* miau

▸ *s* miado

▸ *vi* miar

mercantile /ˈmɜːrkəntaɪl; -tiːl/ *adj* (*formal*) mercantil

mercenary /ˈmɜːrsəneri; *GB* -nəri/ *substantivo, adjetivo*

▸ *s* (*pl* **mercenaries**) mercenário, -a

▸ *adj* **1** mercenário **2** (*fig*) interesseiro

merchandise /ˈmɜːrtʃəndaɪz/ *s* [*não contável*] mercadoria(s) **merchandising** *s* comercialização, promoção

merchant /ˈmɜːrtʃənt/ *substantivo, adjetivo*

▸ *s* **1** comerciante, atacadista (*que comercia com o exterior*) **2** (*Hist*) mercador LOC *Ver* DOOM

▸ *adj* [*antes do substantivo*]: *merchant bank* banco mercantil ◇ *merchant navy* marinha mercante

merciful /ˈmɜːrsɪfl/ *adj* **1** piedoso, misericordioso **2** (*sucesso*) afortunado **mercifully** *adv* **1** misericordiosamente, piedosamente **2** felizmente

merciless /ˈmɜːrsɪləs/ *adj* impiedoso

Mercury /ˈmɜːrkjəri/ *s* Mercúrio

mercury /ˈmɜːrkjəri/ *s* mercúrio

mercy /ˈmɜːrsi/ *s* **1** [*não contável*] piedade, misericórdia: *to have mercy on sb* ter piedade de alguém ◇ *mercy killing* eutanásia **2** (*pl* **mercies**) (*coloq*) benção: *It's a mercy that...* É uma sorte que... LOC **at the mercy of sb/sth** à mercê de alguém/algo

⚷ **mere** /mɪr/ *adj* mero, simples: *mere coincidence* mera coincidência ◇ *the mere thought of him* só de pensar nele ◇ *He's a mere child.* Ele não passa de uma criança. LOC **the merest...** o menor...: *The merest glimpse was enough.* Um simples olhar foi suficiente.

⚷ **merely** /ˈmɪrli/ *adv* simplesmente, apenas

merge /mɜːrdʒ/ *vt, vi* ~ **(sth) (with/into sth) 1** (*Com*) fundir algo, fundir-se (com/em algo): *Three small companies merged into one.* Três pequenas empresas se fundiram em uma só. **2** (*fig*) mesclar algo, mesclar-se (com algo); unir algo, unir-se (com algo): *Past and present merge in Oxford.* Em Oxford, o passado se mescla com o presente. **merger** *s* fusão (*de empresas*)

meringue /məˈræŋ/ *s* merengue, suspiro

merit /ˈmerɪt/ *substantivo, verbo*

▸ *s* mérito: *to judge sth on its merits* julgar algo pelo seu mérito

▸ *vt* (*formal*) merecer, ser digno de

mermaid /ˈmɜːrmeɪd/ *s* sereia

merry /ˈmeri/ *adj* (**merrier**, **-iest**) **1** alegre: *Merry Christmas!* Feliz Natal! **2** (*esp GB, coloq*) alegre (*devido à bebida*) **merriment** *s* (*formal*) alegria, regozijo

ˈ**merry-go-round** *s* carrossel

mesh /meʃ/ *s* malha: *wire mesh* aramado

mesmerize (*GB tb* **-ise**) /ˈmezməraɪz/ *vt* hipnotizar

⚷ **mess** /mes/ *substantivo, verbo*

▸ *s* **1** bagunça: *This kitchen's a mess!* Esta cozinha está uma bagunça! **2** confusão, embrulhada: *to make a mess of sth* fazer uma confusão em algo **3** [*sing*]

M

desleixado, -a **4** (*coloq*) (*de animal*) cocô **5** (*tb* ˈ**mess hall**) (*Mil*) refeitório
▸ *vt* (*esp USA*, *coloq*) bagunçar
PHR V **mess around** (*GB tb* **mess about**) **1** enrolar **2** fazer algo de forma despreocupada ♦ **mess sb around/about** (*GB*) enrolar alguém ♦ **mess around with sb** andar com alguém (*relação sexual*) ♦ **mess around with sth** (*GB tb* **mess about with sth**) mexer em algo (*sem cuidado*)
mess sb up (*coloq*) fazer mal a alguém (emocionalmente) ♦ **mess sth up 1** sujar, desarrumar algo: *Don't mess up my hair!* Não me despenteie! **2** (*tb* **mess up**) fazer algo malfeito, estragar algo
mess with sb/sth mexer com alguém/algo

🔑 **message** /ˈmesɪdʒ/ *s* **1** recado **2** mensagem *Ver tb* TEXT MESSAGE LOC **get the message** (*coloq*) sacar, entender

ˈ**message board** *s* painel de mensagens (*numa web*)

messaging /ˈmesɪdʒɪŋ/ *s* [*não contável*] serviço de mensagem: *instant messaging* serviço de mensagem instantânea

messenger /ˈmesɪndʒər/ *s* mensageiro, -a

Messiah (*tb* **messiah**) /məˈsaɪə/ *s* Messias

messy /ˈmesi/ *adj* (**messier**, **-iest**) **1** sujo **2** bagunçado, desarrumado **3** (*situação*) enrolado

met *pt, pp de* MEET

metabolism /məˈtæbəlɪzəm/ *s* metabolismo

metadata /ˈmetədætə; -deɪtə/ *s* [*não contável*] metadados

🔑 **metal** /ˈmetl/ *s* metal **metallic** /məˈtælɪk/ *adj* metálico

metamorphose /ˌmetəˈmɔːrfoʊz/ *vt, vi* (*formal*) transformar(-se), metamorfosear(-se) **metamorphosis** /ˌmetəˈmɔːrfəsɪs/ *s* (*pl* **metamorphoses** /-siːz/) (*formal*) metamorfose

metaphor /ˈmetəfər; -fɔːr/ *s* metáfora **metaphorical** /ˌmetəˈfɔːrɪkl; *GB* -ˈfɒrɪ-/ *adj* metafórico

metaphysics /ˌmetəˈfɪzɪks/ *s* [*não contável*] metafísica **metaphysical** *adj* metafísico

meteor /ˈmiːtiər; -tiɔːr/ *s* meteoro **meteoric** /ˌmiːtiˈɔːrɪk; *GB* -ˈɒrɪk/ *adj* meteórico

meteorite /ˈmiːtiəraɪt/ *s* meteorito

🔑 **meter** /ˈmiːtər/ *substantivo, verbo*
▸ *s* **1** (*GB* **metre**) (*abrev* **m**) metro ➲ *Ver pág. 759* **2** medidor
▸ *vt* medir

meth /meθ/ (*tb* **crystal meth, crystal**) *s* (*coloq*) metanfetamina

methane /ˈmeθeɪn; *GB* ˈmiːθeɪn/ *s* metano

🔑 **method** /ˈmeθəd/ *s* método: *a method of payment* uma modalidade de pagamento **methodical** /məˈθɑːdɪkl/ *adj* metódico

Methodist /ˈmeθədɪst/ *adj, s* metodista

methodology /ˌmeθəˈdɑːlədʒi/ *s* (*pl* **methodologies**) metodologia

methylated spirit /ˌmeθəleɪtɪd ˈspɪrɪt/ (*GB*, *coloq* **meths** /meθs/) *s* álcool metílico

meticulous /məˈtɪkjələs/ *adj* meticuloso

metre (*GB*) = METER

metric /ˈmetrɪk/ *adj* métrico: *the metric system* o sistema métrico decimal

metrics /ˈmetrɪks/ *s* [*pl*] indicadores

metropolis /məˈtrɑːpəlɪs/ *s* (*pl* **metropolises**) metrópole **metropolitan** /ˌmetrəˈpɑːlɪtən/ *adj* metropolitano

metrosexual /ˌmetrəˈsekʃuəl/ *adj, s* (*coloq*) metrossexual

miaow (*GB*) = MEOW

mice *pl de* MOUSE

microbe /ˈmaɪkroʊb/ *s* micróbio

microblog /ˈmaɪkroʊblɑːg/ *s* (*Internet*) microblog

microbrewery /ˈmaɪkroʊbruːəri/ *s* (*pl* **-ies**) microcervejaria

microchip /ˈmaɪkroʊtʃɪp/ *s* microchip

microcosm /ˈmaɪkroʊkɑːzəm/ *s* microcosmo

microlight /ˈmaɪkroʊlaɪt/ *s* (*GB*) (*USA* **ultralight**) ultraleve (*avião*)

ˌ**micro-**ˈ**organism** *s* micro-organismo

micropayment /ˈmaɪkroʊpeɪmənt/ *s* micropagamento

microphone /ˈmaɪkrəfoʊn/ *s* microfone

microprocessor /ˌmaɪkroʊˈproʊsesər/ *s* microprocessador

microscope /ˈmaɪkrəskoʊp/ *s* microscópio **microscopic** /ˌmaɪkrəˈskɑːpɪk/ *adj* microscópico

microwave /ˈmaɪkrəweɪv/ *substantivo, verbo*
▸ *s* (forno de) micro-ondas
▸ *vt* aquecer/cozinhar no micro-ondas

mid- /mɪd/ *prep*: *in mid-July* em meados de julho ◇ *mid-morning* (no) meio da manhã ◇ *in mid sentence* no meio da frase

ˌ**mid-**ˈ**air** *s*: *in mid-air* em pleno ar ◇ *to leave sth in mid-air* deixar algo sem resolver

🔑 **midday** /ˌmɪdˈdeɪ/ *s* meio-dia

M

middle /ˈmɪdl/ *substantivo, adjetivo*
▸ *s* **1 the middle** [*sing*] o meio, o centro: *in the middle of the night* no meio da noite **2** (*coloq*) cintura LOC **be in the middle of sth/doing sth** estar ocupado com algo/fazendo algo: *They were in the middle of dinner when I called.* Eles estavam no meio do jantar quando telefonei. ◆ **in the middle of nowhere** (*coloq*) no fim do mundo
▸ *adj* central, médio: *middle finger* dedo médio ◇ *middle management* executivos de nível intermediário LOC **(steer, take, etc.) a middle course** (seguir, ficar em, etc.) um meio-termo ◆ **the middle ground** a ala/tendência moderada

ˌmiddle ˈage *s* meia-idade **ˌmiddle-ˈaged** *adj* de meia-idade

the ˌMiddle ˈAges *s* [*pl*] a Idade Média

ˌmiddle ˈclass *substantivo, adjetivo*
▸ *s* (*tb* **middle classes** [*pl*]) classe média
▸ *adj* **ˌmiddle-ˈclass** de classe média

the ˌMiddle ˈEast *s* o Oriente Médio

middleman /ˈmɪdlmæn/ *s* (*pl* **-men** /-men/) intermediário, -a

ˌmiddle ˈname *s* segundo nome
ℹ Nos países de língua inglesa, geralmente se usam dois nomes e um sobrenome.

ˌmiddle-of-the-ˈroad *adj* moderado

ˈmiddle school *s* ensino fundamental de quinta a oitava séries

midfield /ˈmɪdfiːld; ˌmɪdˈfiːld/ *s* meio de campo **midfielder** (*tb* **midfield player**) *s* (jogador, -ora de) meio de campo

midge /mɪdʒ/ *s* mosquito pequeno (*esp na Escócia*)

midget /ˈmɪdʒɪt/ *s* (*ofen*) anão, anã

midlife /mɪdˈlaɪf/ *s* [*não contável*] meia-idade: *midlife crisis* crise da meia-idade

midnight /ˈmɪdnaɪt/ *s* meia-noite

midriff /ˈmɪdrɪf/ *s* abdome

midst /mɪdst/ *s* (*formal*) meio LOC **in our, their, etc. midst** (*formal*) entre nós, eles, etc. ◆ **in the midst of sth** no meio de algo

midsummer /ˌmɪdˈsʌmər/ *s* período próximo ao solstício de verão (*21 de junho*): *Midsummer('s) Day* dia de São João (24 de junho)

midway /ˌmɪdˈweɪ/ *adv* ~ **(between… and…)** no meio, a meio caminho (entre… e…)

midweek /ˌmɪdˈwiːk/ *substantivo, advérbio*
▸ *s* o meio da semana
▸ *adv* no meio da semana

the Midwest /ˌmɪdˈwest/ *s* o Meio-Oeste (*dos Estados Unidos*)

midwife /ˈmɪdwaɪf/ *s* (*pl* **midwives** /-waɪvz/) parteira, doula

midwinter /ˌmɪdˈwɪntər/ *s* período próximo ao solstício de inverno (*21 de dezembro*)

miffed /mɪft/ *adj* (*coloq*) chateado

might /maɪt/ *verbo, substantivo*
▸ *v modal* (*neg* **might not** *ou* **mightn't** /ˈmaɪtnt/)

> **Might** é um verbo modal, seguido de infinitivo sem **to**. As orações interrogativas e negativas são construídas sem o auxiliar **do**.

1 *pt de* MAY **2** (*tb* **may**) (*possibilidade*) poder (ser que): *They might not come.* Pode ser que eles não venham. ◇ *I might be able to.* Talvez eu possa. **3** (*formal*): *Might I make a suggestion?* Eu poderia fazer uma sugestão? ◇ *And who might she be?* E quem será ela? **4**: *You might at least offer to help!* Você poderia ao menos oferecer ajuda! ◇ *You might have told me!* Você poderia ter me dito! ➲ *Ver notas em* MAY, PODER[1]
▸ *s* [*não contável*] (*formal*) força, poder: *with all their might* com todas as suas forças ◇ *military might* poderio militar

mighty /ˈmaɪti/ *adj* (**mightier**, **-iest**) **1** poderoso, potente **2** imenso

migraine /ˈmaɪgreɪn; *GB* ˈmiːgreɪn/ *s* enxaqueca

migrant /ˈmaɪgrənt/ *s* **1** (*pessoa*) migrante **2** ave/animal migratório

migrate /ˈmaɪgreɪt; *GB* maɪˈgreɪt/ *vi* migrar **migration** /maɪˈgreɪʃn/ *s* migração **migratory** /ˈmaɪgrətɔːri; *GB* -tri/ *adj* migratório

mike /maɪk/ *s* (*coloq*) microfone

mild /maɪld/ *adj* (**milder**, **-est**) **1** (*sabor, etc.*) suave **2** (*clima*) ameno **3** (*enfermidade, castigo*) leve **4** ligeiro **5** (*caráter*) meigo **mildly** *adv* levemente, um tanto: *mildly surprised* um tanto surpreso LOC **to put it mildly** para não dizer outra coisa, por assim dizer

mildew /ˈmɪlduː; *GB* -djuː/ *s* mofo

mild-mannered /ˌmaɪld ˈmænərd/ *adj* gentil, manso

mile /maɪl/ *s* **1** milha ➲ *Ver pág. 759* **2 the mile** [*sing*] (corrida de) milha **3** (*tb* **miles** [*pl*]) (*coloq*) muitíssimo: *He's miles better.* Ele é muito melhor. LOC **be miles away** (*coloq*) estar longe (em pensamento/sonhando) ◆ **miles from anywhere** no fim do mundo ◆ **see, tell, smell, etc. sth a mile off** (*coloq*) ver, notar, farejar, etc. algo de longe

mileage /ˈmaɪlɪdʒ/ *s* **1** quilometragem, distância percorrida em milhas

M

2 (*coloq*) vantagem: *to get a lot of mileage out of sth* explorar algo ao máximo/tirar bastante proveito de algo

milestone /ˈmaɪlstoʊn/ *s* **1** marco (*de estrada*) **2** (*fig*) marco

milieu /miːˈljɜː/ *s* (*pl* **mileux** *ou* **milieus** /-ˈljɜːz/) (*formal*) meio social

militant /ˈmɪlɪtənt/ *adj, s* militante

⚷ **military** /ˈmɪləteri; *GB* -tri/ *adjetivo, substantivo*

▸ *adj* militar

▸ *s* **the military** [*sing*] os militares, o exército

militia /məˈlɪʃə/ *s* milícia **militiaman** *s* (*pl* **-men** /-mən/) miliciano

⚷ **milk** /mɪlk/ *substantivo, verbo*

▸ *s* leite: *milk products* laticínios LOC *Ver* CRY

▸ *vt* **1** ordenhar **2** (*pej*) tirar, extrair (*desonestamente*): *to milk sb of their money* sugar o dinheiro de alguém

milkman /ˈmɪlkmən/ *s* (*pl* **-men** /ˈmɪlkmən/) leiteiro

milkshake /ˈmɪlkʃeɪk/ (*tb* **shake**) *s* leite batido

milky /ˈmɪlki/ *adj* **1** (*café, chá, etc.*) com bastante leite **2** leitoso

the ˌMilky ˈWay *s* a Via Láctea

mill /mɪl/ *substantivo, verbo*

▸ *s* **1** moinho **2** moedor **3** fábrica: *steel mill* siderúrgica

▸ *vt* moer PHR V **mill around** (*GB tb* **mill about**) circular (confusamente em grupo)

millennium /mɪˈleniəm/ *s* (*pl* **millenia** /-niə/ *ou* **milleniums**) milênio

millet /ˈmɪlɪt/ *s* (*Bot*) painço

⚷ **milligram** (*GB tb* **miligramme**) /ˈmɪligræm/ *s* (*abrev* **mg**) miligrama ➲ *Ver pág. 758*

millimeter (*GB* **millimetre**) /ˈmɪlimiːtər/ *s* (*abrev* **mm**) milímetro ➲ *Ver pág. 759*

⚷ **million** /ˈmɪljən/ *adj, s* milhão

> Para nos referirmos a dois, três, etc. milhões, dizemos **two, three, etc. million** sem "s": *four million euros*. A forma **millions** significa "muito(s)": *The company is worth millions.* A empresa vale milhões. ◇ *I have millions of things to do.* Tenho milhões de coisas para fazer. O mesmo se aplica às palavras **hundred**, **thousand** e **billion**.

LOC **one, etc. in a million** uma raridade **millionth 1** *adj* milionésimo **2** *s* milionésima parte ➲ *Ver exemplos em* FIFTH

millionaire /ˌmɪljəˈner/ *s* milionário, -a

milometer (*tb* **mileometer**) /maɪˈlɑːmɪtər/ *s* (*GB*) (*USA* **odometer**) hodômetro

mime /maɪm/ *substantivo, verbo*

▸ *s* mímica: *mime artist* mímico

▸ *v* **1** *vi* fazer mímica **2** *vt* imitar

mimic /ˈmɪmɪk/ *verbo, substantivo*

▸ *vt* (*pt, pp* **mimicked**; *part pres* **mimicking**) arremedar, imitar

▸ *s* imitador, -ora **mimicry** *s* [*não contável*] imitação

mince /mɪns/ *verbo, substantivo*

▸ *vt* moer (*carne*) LOC **not mince (your) words** não fazer rodeios, não medir as (próprias) palavras

▸ *s* (*GB*) (*USA* **ground beef**) carne moída

mincemeat /ˈmɪnsmiːt/ *s* (*esp GB*) recheio de frutas secas LOC **make mincemeat of sb** (*coloq*) fazer picadinho de alguém

mincemeat pie /ˌmɪnsmiːt ˈpaɪ/ (*GB* ˌ**mince** ˈ**pie**) *s* torta de Natal recheada com frutas secas

⚷ **mind** /maɪnd/ *substantivo, verbo*

▸ *s* **1** mente, cérebro **2** espírito **3** pensamento: *My mind was on other things.* Minha cabeça estava em outras coisas. **4** juízo: *to be sound in mind and body* estar em seu juízo perfeito LOC **be of two minds about (doing) sth** (*GB* **be in two minds (about doing sth)**) estar indeciso quanto a (fazer) algo ◆ **be on your mind**: *What's on your mind?* Com que você está preocupado? ◆ **be out of your mind** estar louco/fora de si ◆ **come/spring to mind** ocorrer a alguém ◆ **go out of/lose your mind** enlouquecer ◆ **have a good mind/half a mind to do sth** estar pensando em fazer algo ◆ **have a mind of your own** ter opinião própria ◆ **have sb/sth in mind (for sth)** ter alguém/algo em mente (para algo) ◆ **in your mind's eye** na sua imaginação ◆ **keep your mind on sth** concentrar-se em algo ◆ **make up your mind** decidir(-se) ◆ **put/set sb's mind at ease/rest** tranquilizar alguém ◆ **put/set/turn your mind to sth; set your mind on sth** concentrar-se em algo, dedicar-se a algo ◆ **take your mind off sth** distrair-se de algo ◆ **to my mind** no meu parecer *Ver tb* BACK, BEAR, CHANGE, CLOSE², CROSS, EASE, FRAME, GREAT, PREY, SIGHT, SLIP, SPEAK, STATE, UPPERMOST

▸ *v* **1** *vt, vi* (*importar*) incomodar-se, importar-se: *Do you mind if I open the window?* Você se incomoda se eu abrir a janela? ◇ *I don't mind.* Eu não me incomodo. ◇ *Would you mind going tomorrow?* Você se importaria de ir amanhã? ◇ *I wouldn't mind a drink.* Uma bebida não seria má ideia. **2** *vt* preocupar-se com: *Don't mind him.* Não se importe com ele. **3** *vt* cuidar de **4** *vt, vi* (*GB*) (*USA* **watch**) ter cuidado com: *Mind your head!* Cuidado com a cabeça! LOC **do you mind?** (*irôn*) você se importa(ria)? ♦ **mind you; mind** (*GB, coloq*) veja bem ♦ **mind your own business** (*coloq*) vá cuidar da sua vida ♦ **never mind** não tem importância ♦ **never you mind** (*coloq*) nem pergunte PHR V **mind out (for sb/sth)** (*GB*) ter cuidado (com alguém/algo)

ˈ**mind-blowing** *adj* (*coloq*) muito impressionante

mind-boggling /ˈmaɪnd bɑːglɪŋ/ *adj* (*coloq*) incrível

minder /ˈmaɪndər/ *s* (*esp GB*) **1** pessoa que cuida de/ajuda outra pessoa **2** guarda-costas

mindful /ˈmaɪndfl/ *adj* (*formal*) consciente **mindfulness** *s* [*não contável*] consciência plena

mindless /ˈmaɪndləs/ *adj* idiota, descuidado

⚷ **mine** /maɪn/ *pronome, substantivo, verbo*
▸ *pron* meu(s), minha(s): *a friend of mine* um amigo meu ◇ *Where's mine?* Onde está o meu? ➲ *Comparar com* MY
▸ *s* mina: *mine worker* mineiro
▸ *v* **1** *vt* extrair (*minerais*) **2** *vt, vi* minar, escavar (uma mina) **3** *vt* colocar minas (explosivas) em **miner** *s* mineiro, -a

minefield /ˈmaɪnfiːld/ *s* **1** campo minado **2** (*fig*) terreno perigoso

⚷ **mineral** /ˈmɪnərəl/ *s* mineral: *mineral water* água mineral

mingle /ˈmɪŋgl/ **1** *vt, vi* combinar(-se), misturar(-se) **2** *vi* circular (*numa festa, etc.*)

miniature /ˈmɪnətʃʊr; -tʃər/ *s* miniatura

minibus /ˈmɪnibʌs/ *s* micro-ônibus

minicab /ˈmɪnikæb/ *s* (*GB*) radiotáxi

minimal /ˈmɪnɪməl/ *adj* mínimo

minimize (*GB tb* **-ise**) /ˈmɪnɪmaɪz/ *vt* minimizar

⚷ **minimum** /ˈmɪnɪməm/ *adj, s* (*pl* **minima** /-mə/) (*abrev* **min.**) mínimo: *There is a minimum charge of...* Há uma taxa mínima de... ◇ *with a minimum of effort* com um mínimo de esforço

mining /ˈmaɪnɪŋ/ *s* mineração

miniskirt /ˈmɪniskɜːrt/ *s* minissaia

⚷ **minister** /ˈmɪnɪstər/ *substantivo, verbo*
▸ *s* **1** (*esp GB*) (*USA* **secretary**) ~ **(for/of sth)** ministro, -a (de algo) **2** ministro, -a (*protestante*) ➲ *Ver nota em* PRIEST
▸ *v* PHR V **minister to sb/sth** (*formal*) atender a alguém/algo **ministerial** /ˌmɪnɪˈstɪriəl/ *adj* ministerial

⚷ **ministry** /ˈmɪnɪstri/ *s* (*pl* **ministries**) **1** (*esp GB*) (*USA* **department**) (*Pol*) ministério **2 the ministry** [*sing*] o clero (*protestante*): *to enter the ministry* tornar-se pastor

minivan /ˈmɪnivæn/ (*GB* **people carrier**) *s* minivan

mink /mɪŋk/ *s* visom

⚷ **minor** /ˈmaɪnər/ *adjetivo, substantivo*
▸ *adj* **1** secundário: *minor repairs* pequenos reparos ◇ *minor injuries/offences* ferimentos/delitos leves **2** (*Mús*) menor
▸ *s* menor (de idade)

⚷ **minority** /maɪˈnɔːrəti; *GB* -ˈnɒrə-/ *s* (*pl* **minorities**) minoria: *a minority vote* um voto minoritário LOC **be in a/the minority** estar em minoria

mint /mɪnt/ *substantivo, verbo*
▸ *s* **1** menta, hortelã **2** bala de menta/hortelã **3** Casa da Moeda LOC **in mint condition** em perfeitas condições
▸ *vt* cunhar (*moeda*)

minus /ˈmaɪnəs/ *preposição, adjetivo, substantivo*
▸ *prep* **1** menos **2** (*temperatura*) abaixo de zero: *minus five* cinco abaixo de zero **3** (*coloq*) sem: *I'm minus my car today.* Estou sem meu carro hoje.
▸ *adj* (*Mat, Educ*) menos: *B minus (B-)* B menos
▸ *s* **1** (*tb* ˈ**minus sign**) sinal de subtração **2** (*coloq*) desvantagem: *the pluses and minuses* os prós e os contras

⚷ **minute**[1] /ˈmɪnɪt/ *s* **1** (*abrev* **min.**) minuto: *the minute hand* o ponteiro dos minutos **2** [*sing*] (*coloq*) minuto, momento: *Wait a minute!/Just a minute!* Espere um minuto!/(Só) um momento! **3** [*sing*] instante: *at that very minute* naquele exato momento **4 the minutes** [*pl*] a ata (*de uma reunião*) LOC **(at) any minute (now)** a qualquer momento ♦ **not for a/one minute** nem por um segundo ♦ **the minute (that)...** assim que... *Ver tb* LAST

minute[2] /maɪˈnuːt; *GB* -ˈnjuːt/ *adj* (**minutest**) **1** minúsculo **2** minucioso **minutely** *adv* minuciosamente

miracle /ˈmɪrəkl/ *s* milagre: *a miracle cure* uma cura milagrosa LOC *Ver* WORK **miraculous** /mɪˈrækjələs/ *adj* milagroso: *He had a miraculous escape.* Ele escapou por milagre.

mirage /məˈrɑːʒ; *GB* ˈmɪrɑːʒ/ *s* miragem

⚷ **mirror** /ˈmɪrər/ *substantivo, verbo*
▸ *s* **1** espelho: *mirror image* réplica exata/imagem invertida **2** (*no carro*) (espelho) retrovisor
▸ *vt* refletir

mirth /mɜːrθ/ *s* [*não contável*] (*formal*) **1** riso **2** alegria

M

misadventure /ˌmɪsədˈventʃər/ *s* **1** (*formal*) desgraça **2** (*GB*) (*Jur*): *death by misadventure* morte acidental
misbehave /ˌmɪsbɪˈheɪv/ *vi* comportar-se mal **misbehavior** (*GB* **misbehaviour**) *s* mau comportamento
miscalculation /ˌmɪskælkjuˈleɪʃn/ *s* erro de cálculo
miscarriage /ˈmɪskærɪdʒ; *GB tb* ˌmɪsˈkærɪdʒ/ *s* (*Med*) aborto (*espontâneo*) ➲ *Comparar com* ABORTION LOC **miscarriage of justice** erro judicial
miscellaneous /ˌmɪsəˈleɪniəs/ *adj* variado: *miscellaneous expenditure* gastos diversos
mischief /ˈmɪstʃɪf/ *s* [*não contável*] travessura, diabrura: *to keep out of mischief* não fazer travessuras **mischievous** /ˈmɪstʃɪvəs/ *adj* (*criança, sorriso*) travesso
misconception /ˌmɪskənˈsepʃn/ *s* ideia equivocada: *It is a popular misconception that...* É um erro comum crer que...
misconduct /ˌmɪsˈkɑːndʌkt/ *s* (*formal*) **1** (*Jur*) má conduta: *professional misconduct* má conduta/erro profissional **2** (*Com*) má administração
miser /ˈmaɪzər/ *s* sovina **miserly** *adj* (*pej*) **1** avarento **2** mísero
miserable /ˈmɪzrəbl/ *adj* **1** triste, infeliz **2** desprezível **3** horrível: *miserable weather* tempo horrível ◇ *I had a miserable time.* Foi horrível. **miserably** *adv* **1** tristemente **2** miseravelmente: *Their efforts failed miserably.* Seus esforços foram um fracasso total.
misery /ˈmɪzəri/ *s* (*pl* **miseries**) **1** tristeza, sofrimento: *a life of misery* uma vida miserável **2** miséria, pobreza **3** (*GB, coloq*) infeliz; rabugento, -a LOC **put sb out of their misery** (*coloq*) acabar com o sofrimento de alguém
misfortune /ˌmɪsˈfɔːrtʃuːn/ *s* desgraça, infortúnio
misgiving /ˌmɪsˈɡɪvɪŋ/ *s* [*ger pl*] dúvida, apreensão
misguided /ˌmɪsˈɡaɪdɪd/ *adj* equivocado: *misguided generosity* generosidade mal-empregada
mishap /ˈmɪshæp/ *s* **1** contratempo **2** percalço
misinform /ˌmɪsɪnˈfɔːrm/ *vt* ~ **sb (about sth)** informar mal alguém (sobre algo)
misinterpret /ˌmɪsɪnˈtɜːrprɪt/ *vt* interpretar mal **misinterpretation** *s* interpretação errônea
misjudge /ˌmɪsˈdʒʌdʒ/ *vt* **1** julgar mal **2** calcular mal

mislay /ˌmɪsˈleɪ/ *vt* (*pt, pp* **mislaid** /-ˈleɪd/) (*esp GB*) extraviar, pôr/guardar em lugar errado
mislead /ˌmɪsˈliːd/ *vt* (*pt, pp* **misled** /-ˈled/) ~ **sb (about sth)** induzir alguém em erro (a respeito de algo): *Don't be misled by...* Não se deixe enganar por... **misleading** *adj* enganoso
mismanagement /ˌmɪsˈmænɪdʒmənt/ *s* má administração
misogynist /mɪˈsɑːdʒɪnɪst/ *s* misógino
misplaced /ˌmɪsˈpleɪst/ *adj* **1** colocado em lugar errado, fora de propósito **2** (*afeto, confiança*) imerecido
misprint /ˈmɪsprɪnt/ *s* erro de impressão
misread /ˌmɪsˈriːd/ *vt* (*pt, pp* **misread** /-ˈred/) **1** ler mal **2** interpretar mal
misrepresent /ˌmɪsˌreprɪˈzent/ *vt* apresentar uma falsa imagem de, deturpar as palavras de
Miss /mɪs/ *s* senhorita ➲ *Ver nota em* SENHORITA
⚷ **miss** /mɪs/ *verbo, substantivo*
▸ *v* **1** *vt, vi* não acertar, errar: *to miss your footing* tropeçar **2** *vt* perder, não chegar a tempo para **3** *vt* não ver/entender: *I missed what you said.* Não entendi o que você disse. ◇ *to miss the point of sth* não entender o significado de algo ◇ *You can't miss it.* Você não tem como errar. **4** *vt* sentir falta/saudades de **5** *vt* evitar: *to narrowly miss (hitting) sth* não bater em algo por pouco LOC **not miss much; not miss a trick** (*coloq*) ser muito vivo PHR V **miss out (on sth)** perder (a oportunidade de) algo ◆ **miss sb/sth out** (*GB*) deixar alguém/algo de fora
▸ *s* falha, tiro errado LOC **give sth a miss** (*esp GB, coloq*) decidir não fazer algo (*habitual*)
ˌ**mis-**ˈ**sell** *vt* (*pt, pp* **mis-sold**) fraudar a venda de
missile /ˈmɪsl; *GB* -saɪl/ *s* **1** projétil **2** (*Mil*) míssil
⚷ **missing** /ˈmɪsɪŋ/ *adj* **1** extraviado **2** que falta: *He has a tooth missing.* Ele não tem um dente. **3** desaparecido: *missing persons* pessoas desaparecidas
mission /ˈmɪʃn/ *s* missionário
missionary /ˈmɪʃəneri; *GB* -ʃənri/ *s* (*pl* **missionaries**) missionário, -a
mist /mɪst/ *substantivo, verbo*
▸ *s* **1** névoa ➲ *Comparar com* FOG, HAZE **2** (*fig*) bruma: *lost in the mists of time* perdido nas brumas do tempo
▸ *vt, vi* ~ **(sth) (up)**; ~ **over** embaçar algo, embaçar-se
⚷ **mistake** /mɪˈsteɪk/ *substantivo, verbo*
▸ *s* erro, equívoco: *to make a mistake* errar LOC **by mistake** por engano

As palavras **mistake**, **error**, **fault** e **defect** estão relacionadas. **Mistake** e **error** têm o mesmo significado, mas **error** é mais formal. No entanto, em algumas construções utiliza-se apenas **error**: *human error* falha humana ◊ *an error of judgement* um erro de julgamento/ equívoco.

Fault indica a culpabilidade de uma pessoa: *It's all your fault.* É tudo culpa sua. Pode também indicar uma imperfeição: *an electric fault* uma falha elétrica ◊ *He has many faults.* Ele tem muitos defeitos. **Defect** é uma imperfeição mais grave.

▸ *vt* (*pt* **mistook** /mɪˈstʊk/, *pp* **mistaken**) equivocar-se a respeito de: *I mistook your meaning/what you meant.* Eu entendi mal o que você queria dizer. ◊ *There's no mistaking her.* É impossível confundi-la com outra pessoa. PHR V **mistake sb/sth for sb/sth** confundir alguém/algo com alguém/algo

mistaken /mɪˈsteɪkən/ *adj* ~ **(about sb/ sth)** equivocado (sobre alguém/algo): *if I'm not mistaken* se não me engano **mistakenly** *adv* erroneamente, por engano

mister /ˈmɪstər/ *s* (*abrev* **Mr.**) senhor

mistletoe /ˈmɪsltoʊ/ *s* (*Bot*) visco

mistreat /ˌmɪsˈtriːt/ *vt* maltratar

mistress /ˈmɪstrəs/ *s* **1** amante **2** senhora **3** (*de situação, animal*) dona

mistrust /ˌmɪsˈtrʌst/ *verbo, substantivo*
▸ *vt* desconfiar de
▸ *s* desconfiança

misty /ˈmɪsti/ *adj* **1** (*tempo*) com cerração **2** (*fig*) embaçado

misunderstand /ˌmɪsʌndərˈstænd/ *vt, vi* (*pt, pp* **misunderstood** /-ˈstʊd/) compreender mal, interpretar mal **misunderstanding** *s* **1** mal-entendido **2** desavença

misuse *substantivo, verbo*
▸ *s* /ˌmɪsˈjuːs/ **1** abuso **2** (*palavra*) emprego incorreto **3** (*fundos*) malversação
▸ *vt* /ˌmɪsˈjuːz/ **1** abusar de **2** (*palavra*) empregar incorretamente **3** (*fundos*) malversar

mitigate /ˈmɪtɪgeɪt/ *vt* (*formal*) mitigar, atenuar

mitten /ˈmɪtn/ *s* luva (*com separação apenas para o polegar*)

mix /mɪks/ *verbo, substantivo*
▸ *v* **1** *vt, vi* misturar(-se): *She mixed a drink for me.* Ela preparou uma bebida para mim. **2** *vi* ~ **(with sb)** relacionar-se (com alguém): *She mixes well with other children.* Ela se relaciona bem com outras crianças. LOC **be/get mixed up in sth** estar metido/meter-se em algo PHR V **mix sth in (with sth); mix sth into sth** adicionar algo (a algo) ◆ **mix sb/sth up (with sb/sth)** confundir alguém/ algo (com alguém/algo)
▸ *s* **1** mistura **2** preparado (*Cozinha, etc.*)

mixed /mɪkst/ *adj* **1** misto **2** sortido **3** (*acolhida, etc.*) desigual **4** (*tempo*) variável LOC **have mixed feelings (about sb/ sth)** ter sentimentos contraditórios (sobre alguém/algo)

ˌmixed-ˈrace *adj* mestiço

ˌmixed-ˈup *adj* (*coloq*) desequilibrado, confuso: *a mixed-up kid* um menino com problemas

mixer /ˈmɪksər/ *s* (*de alimentos*) misturador, batedeira LOC **be a good/bad mixer** ser/não ser sociável

mixture /ˈmɪkstʃər/ *s* **1** mistura **2** combinação

ˈmix-up *s* (*coloq*) confusão

MLA /ˌem el ˈeɪ/ *s* (*abrev de* **Member of the Legislative Assembly**) deputado, -a (*no Canadá*)

ˈm-learning (*tb* **ˌmobile ˈlearning**) *s* [*não contável*] aprendizagem móvel

MMO /ˌem em ˈoʊ/ *s* (*pl* **MMOs**) (*tb* **MMORPG** /ˌem em oʊ ˌɑːr piː ˈdʒiː/) (*abrev de* **massively multiplayer online (role-playing game)**) MMO (*jogo on-line multi-usuário*)

MMS /ˌem em ˈes/ *s* (*abrev de* **Multimedia Messaging Service**) MMS (*serviço de mensagens multimídia*)

moan /moʊn/ *verbo, substantivo*
▸ *v* **1** *vi* gemer **2** *vt* dizer gemendo **3** *vi* ~ **(on) (about sth)**; ~ **(on) (at sb)** (*coloq*) queixar-se (de algo); queixar-se (para alguém)
▸ *s* **1** gemido **2** (*esp GB, coloq*) queixa

moat /moʊt/ *s* fosso (*de castelo*)

mob /mɑːb/ *substantivo, verbo*
▸ *s* **1** turba **2 the Mob** [*sing*] (*coloq*) a Máfia **3** (*esp GB, coloq*) bando (*de amigos, etc.*)
▸ *vt* (-bb-) acossar

mobile /ˈmoʊbl; *GB* -baɪl/ *adjetivo, substantivo*
▸ *adj* **1** móvel: *mobile library* biblioteca itinerante ◊ *mobile home* trailer **2** (*rosto, traços*) expressivo **3**: *a mobile workforce* uma força de trabalho flexível
▸ *s* **1** (*GB*) *Ver* MOBILE PHONE **2** móbile **mobility** /moʊˈbɪləti/ *s* mobilidade

ˌmobile ˈhome /ˌmoʊbl ˈhoʊm; *GB* -baɪl/ *s* (*GB*) (*USA* **trailer**) trailer

ˌmobile ˈphone (*tb* **mobile**) *s* (*GB*) (*USA* **cell phone**) (telefone) celular

mobilize (*GB tb* **-ise**) /ˈmoʊbəlaɪz/ *vt, vi* mobilizar(-se)

M

mock /mɑːk/ *verbo, adjetivo, substantivo*
▸ *vt, vi* zombar (de): *a mocking smile* um sorriso de zombaria
▸ *adj* [*antes do substantivo*] **1** fictício: *mock battle* batalha simulada **2** falso, de imitação
▸ *s* (*GB, coloq*) (*Educ*) simulado **mockery** /ˈmɑːkəri/ *s* **1** [*não contável*] zombaria **2** [*sing*] ~ **(of sth)** (*pej*) paródia (de algo) LOC **make a mockery of sth** ridicularizar algo

mode /moʊd/ *s* **1** meio (*de transporte*) **2** modo (*de produção, Informát*) **3** forma (*de pensar*)

model /ˈmɑːdl/ *substantivo, verbo*
▸ *s* **1** modelo **2** maquete: *scale model* maquete/modelo (em miniatura) ◇ *model car* carro em miniatura
▸ *v* (-l- (*GB* -ll-)) **1** *vi* posar como modelo, ser modelo **2** *vt* desfilar: *Gisele Bündchen modeled several dresses.* Gisele Bündchen desfilou diversos vestidos. PHR V **model sth/yourself on sb/sth** tomar algo/alguém como modelo **modeling** (*GB* **modelling**) *s* **1** modelagem **2** trabalho de modelo

M

modem /ˈmoʊdem/ *s* modem

moderate *adjetivo, substantivo, verbo*
▸ *adj* /ˈmɑːdərət/ **1** moderado: *Cook over a moderate heat.* Cozinhar em fogo moderado. **2** regular
▸ *s* /ˈmɑːdərət/ moderado, -a
▸ *vt, vi* /ˈmɑːdəreɪt/ moderar(-se): *a moderating influence* uma influência moderadora

moderation /ˌmɑːdəˈreɪʃn/ *s* moderação LOC **in moderation** com moderação

moderator /ˈmɑːdəreɪtər/ *s* mediador, -ora

modern /ˈmɑːdərn; *GB* -dn/ *adj* moderno: *to study modern languages* estudar línguas modernas **modernity** /məˈdɜːrnəti/ *s* modernidade **modernize** (*GB tb* **-ise**) /ˈmɑːdərnaɪz/ *vt, vi* modernizar(-se)

ˌmodern-ˈday *adj* [*antes do substantivo*] moderno

modest /ˈmɑːdɪst/ *adj* **1** ~ **(about sth)** modesto (em relação a algo) **2** pequeno, moderado **3** (*soma, preço*) módico **4** recatado **modesty** *s* modéstia

modify /ˈmɑːdɪfaɪ/ *vt* (*pt, pp* **-fied**) modificar ❶ A palavra mais comum é **change**.

module /ˈmɑːdʒuːl; *GB* -djuːl/ *s* módulo **modular** /ˈmɑːdʒələr; *GB* -djə-/ *adj* modular

mogul /ˈmoʊgl/ *s* magnata

moist /mɔɪst/ *adj* úmido: *a rich, moist fruit cake* um bolo de frutas úmido e saboroso ◇ *in order to keep your skin soft and moist* para manter sua pele macia e hidratada

Tanto **moist** quanto **damp** se traduzem por *úmido*; porém **damp** é o termo mais frequente e pode ter um sentido mais negativo: *damp walls* paredes úmidas ◇ *Use a damp cloth.* Use um pano umedecido. ◇ *cold damp weather* tempo frio e chuvoso.

moisten /ˈmɔɪsn/ *vt, vi* umedecer(-se)

moisture /ˈmɔɪstʃər/ *s* umidade **moisturize** (*GB tb* **-ise**) *vt* hidratar **moisturizer** (*GB tb* **-iser**) *s* (creme) hidratante

molar /ˈmoʊlər/ *s* molar

mold (*GB* **mould**) /moʊld/ *substantivo, verbo*
▸ *s* **1** molde, fôrma **2** mofo
▸ *vt, vi* moldar(-se) **moldy** (*GB* **mouldy**) *adj* mofado: *to go moldy* embolorar

mole /moʊl/ *s* **1** pinta **2** (*Zool*) toupeira **3** (*fig*) informante

molecule /ˈmɑːlɪkjuːl/ *s* molécula **molecular** /məˈlekjələr/ *adj* molecular

molest /məˈlest/ *vt* agredir/molestar sexualmente ➲ *Comparar com* BOTHER, DISTURB

mollify /ˈmɑːlɪfaɪ/ *vt* (*pt, pp* **-fied**) (*formal*) acalmar, apaziguar

molten /ˈmoʊltən/ *adj* fundido

mom /mɑːm/ (*GB* **mum**) *s* (*coloq*) mamãe

moment /ˈmoʊmənt/ *s* momento, instante: *One moment/Just a moment/Wait a moment.* Um momento/Só um momento/Aguarde um momento. ◇ *I'll only be/I won't be a moment.* Não vou demorar. LOC **at a moment's notice** imediatamente, sem avisar ◆ **(at) any moment (now)** a qualquer momento ◆ **at the moment** no momento, atualmente ◆ **for the moment** no momento, por enquanto ◆ **not for a/one moment** nem por um segundo ◆ **the moment of truth** a hora da verdade ◆ **the moment (that)...** assim que... *Ver tb* HEAT, LAST, SPUR

momentarily /ˌmoʊmənˈterəli; *GB* ˈmoʊməntrəli/ *adv* **1** momentaneamente **2** imediatamente

momentary /ˈmoʊmənteri; *GB* -tri/ *adj* momentâneo

momentous /moʊˈmentəs; *GB* məˈ-/ *adj* de enorme importância

momentum /moʊˈmentəm; *GB* məˈ-/ *s* **1** impulso, ímpeto **2** (*Fís*) momento: *to gain/gather momentum* ganhar velocidade

mommy /ˈmɑːmi/ *s* (*pl* **mommies**) (*GB* **mummy**) mamãe

monarch /ˈmɑːnərk; -nɑːrk/ *s* monarca **monarchy** *s* (*pl* **monarchies**) monarquia

monastery /ˈmɑːnəsteri; *GB* -stri/ *s* (*pl* monasteries) mosteiro

monastic /məˈnæstɪk/ *adj* monástico

⚷ **Monday** /ˈmʌndeɪ; -di/ *s* (*abrev* **Mon.**) segunda-feira ❶ Em inglês, os nomes dos dias da semana têm inicial maiúscula: *every Monday* toda segunda-feira ◇ *last/next Monday* segunda-feira passada/que vem ◇ *the Monday before last/after next* duas segundas atrás/daqui a duas segundas ◇ *Monday morning/evening* segunda-feira de manhã/noite ◇ *Monday week/a week on Monday* na outra segunda-feira ◇ *I'll see you (on) Monday.* Até segunda! ◇ *We usually play tennis on Mondays/on a Monday.* Costumamos jogar tênis às segundas-feiras. ◇ *The museum is open Monday through Friday.* O museu abre de segunda a sexta. ◇ *Did you read the article in Monday's paper?* Você leu o artigo no jornal de segunda?

monetary /ˈmɑːnɪteri; *GB* ˈmʌnɪtri/ *adj* monetário

⚷ **money** /ˈmʌni/ *s* [*não contável*] dinheiro: *to spend/save money* gastar/guardar dinheiro ◇ *to earn/make money* ganhar/fazer dinheiro ◇ *money worries* preocupações com dinheiro LOC **get your money's worth** obter um produto/serviço de boa qualidade *Ver tb* ROLL

⚷ **monitor** /ˈmɑːnɪtər/ *substantivo, verbo*
▸ *s* **1** (*TV, Informát*) monitor ➲ *Ver ilustração em* COMPUTADOR **2** (*eleições*) supervisor, -ora
▸ *vt* **1** controlar, observar **2** (*Rádio, etc.*) fazer uma escuta de **monitoring** *s* controle, supervisão

monk /mʌŋk/ *s* monge

monkey /ˈmʌŋki/ *s* (*pl* monkeys) **1** macaco (*com rabo*) **2** (*esp GB, coloq*) (*criança*) capetinha

monogamy /məˈnɑːgəmi/ *s* monogamia **monogamous** *adj* monogâmico

monolithic /ˌmɑːnəˈlɪθɪk/ *adj* (*lit e fig*) monolítico

monologue (*USA tb* **monolog**) /ˈmɑːnəlɔːg; *GB* -lɒg/ *s* monólogo

monopoly /məˈnɑːpəli/ *s* (*pl* monopolies) monopólio **monopolize** (*GB tb* -ise) *vt* monopolizar

monorail /ˈmɑːnoʊreɪl/ *s* monotrilho

monoxide /mənˈɑːksaɪd/ *s* monóxido

monsoon /ˌmɑːnˈsuːn/ *s* monção, época das chuvas

monster /ˈmɑːnstər/ *s* monstro **monstrous** /ˈmɑːnstrəs/ *adj* monstruoso

monstrosity /mɑːnˈstrɑːsəti/ *s* (*pl* monstrosities) monstruosidade

⚷ **month** /mʌnθ/ *s* mês: *$14 a month* 14 dólares por mês ◇ *I haven't seen her for months.* Eu não a vejo há meses.

monthly /ˈmʌnθli/ *adjetivo, advérbio, substantivo*
▸ *adj* mensal
▸ *adv* mensalmente
▸ *s* (*pl* monthlies) publicação mensal

monument /ˈmɑːnjumənt/ *s* monumento **monumental** /ˌmɑːnjuˈmentl/ *adj* **1** monumental **2** excepcional **3** enorme

moo /muː/ *vi* (*pt, pp* mooed; *part pres* mooing) mugir

⚷ **mood** /muːd/ *s* **1** humor: *to be in a good/bad mood* estar de bom/mau humor **2** mau humor: *He's in a mood.* Ele está mal-humorado. **3** ambiente **4** (*Gram*) modo LOC **be in the mood/in no mood to do sth/for (doing) sth** (não) estar a fim de (fazer) algo **moody** *adj* (moodier, -iest) **1** de lua, de humor instável **2** mal-humorado

⚷ **moon** /muːn/ *substantivo, verbo*
▸ *s* lua LOC **over the moon** (*esp GB, coloq*) contente da vida *Ver tb* ONCE
▸ *v* PHR V **moon about/around** (*GB, coloq*) ficar/andar sem fazer nada

moonlight /ˈmuːnlaɪt/ *substantivo, verbo*
▸ *s* luar
▸ *vi* (*pt, pp* moonlighted) (*coloq*) ter um bico/outro trabalho **moonlit** *adj* enluarado

moor /mʊr; *GB* mɔː(r)/ *substantivo, verbo*
▸ *s* (*GB tb* **moorland** /ˈmʊrlənd; *GB* ˈmɔːlənd/) charneca
▸ *vt* ~ **sth (to sth)** (*Náut*) atracar algo (a algo) **mooring** *s* **1 moorings** [*pl*] amarras **2** ancoradouro

moose /muːs/ *s* (*pl* moose) alce

mop /mɑːp/ *substantivo, verbo*
▸ *s* **1** esfregão **2** (*cabelo*) madeixa
▸ *vt* (-pp-) **1** enxugar, esfregar **2** (*rosto*) enxugar PHR V **mop sth up** enxugar algo

mope /moʊp/ *vi* deprimir-se PHR V **mope around** (*GB tb* **mope about**) (*pej*) ficar/andar deprimido

moped /ˈmoʊped/ *s* mobilete

⚷ **moral** /ˈmɔːrəl; *GB* ˈmɒrəl/ *substantivo, adjetivo*
▸ *s* **1 morals** [*pl*] moralidade **2** moral
▸ *adj* moral: *a moral tale* uma história com moral

morale /məˈræl; *GB* məˈrɑːl/ *s* moral (*ânimo*): *to raise sb's morale* levantar o moral de alguém

moralistic /ˌmɔːrəˈlɪstɪk; *GB* ˌmɒrəˈ-/ *adj* (*ger pej*) moralista

M

morality /məˈræləti/ *s* moral, moralidade: *standards of morality* padrões/valores morais

moralize (*GB tb* **-ise**) /ˈmɔːrəlaɪz; *GB* ˈmɒrə-/ *vi* (*ger pej*) moralizar, dar lição de moral

🔑 **morally** /ˈmɔːrəli; *GB* ˈmɒrə-/ *adv* moralmente: *to behave morally* comportar-se honradamente

the ˌmoral maˈjority *s* [*v sing ou pl*] a maioria moral

morbid /ˈmɔːrbɪd/ *adj* mórbido

🔑 **more** /mɔːr/ *adjetivo, pronome, advérbio*
▸ *adj, pron* mais: *more than $50* mais do que 50 dólares ◇ *more money than sense* mais dinheiro que juízo ◇ *more food than could be eaten* mais comida do que se conseguia comer ◇ *You've had more to drink than me/than I have.* Você bebeu mais do que eu. ◇ *I'll take three more.* Eu vou levar mais três. ◇ *I hope we'll see more of you.* Espero ver você com mais frequência.
▸ *adv* **1** mais ❶ É utilizado para formar o comparativo de adjetivos e advérbios de duas ou mais sílabas: *more quickly* mais rápido ◇ *more expensive* mais caro **2** mais: *once more* mais uma vez ◇ *It's more of a hindrance than a help.* Mais atrapalha do que ajuda. ◇ *even more so* ainda mais ◇ *That's more like it!* Assim, sim! LOC **be more than happy, glad, willing, etc. to do sth** ter o maior prazer em fazer algo ◆ **more and more** cada vez mais, mais e mais ◆ **more or less** mais ou menos: *more or less finished* quase pronto ◆ **the more, less, etc..., the more, less, etc...** quanto mais, menos, etc..., mais, menos, etc... ◆ **what is more** e mais, além disso *Ver tb* ALL

🔑 **moreover** /mɔːrˈoʊvər/ *adv* (*formal*) além disso, de mais a mais

morgue /mɔːrg/ *s* necrotério

🔑 **morning** /ˈmɔːrnɪŋ/ *s* **1** manhã: *on Sunday morning* no domingo de manhã ◇ *tomorrow morning* amanhã de manhã ◇ *on the morning of the wedding* na manhã do casamento ◇ *a morning paper/flight* um jornal/voo matutino **2** madrugada: *in the early hours of Sunday morning* nas primeiras horas da madrugada de domingo ◇ *at three in the morning* às três da madrugada LOC **good morning** bom dia ❶ Em situações informais, muitas vezes se diz simplesmente **morning!** em vez de **good morning!** ◆ **in the morning 1** de/pela manhã: *eleven o'clock in the morning* onze horas da manhã **2** amanhã de manhã: *I'll call her in the morning.* Vou telefonar para ela amanhã de manhã.

Utilizamos a preposição **in** com **morning**, **afternoon** e **evening** para nos referirmos a um determinado período do dia: *at three o'clock in the afternoon* às três da tarde, e **on** para nos referirmos a um ponto no calendário: *on a cool May morning* em uma manhã fresca de maio ◇ *on Monday afternoon* na tarde de segunda-feira ◇ *on the morning of 4 June* na manhã de 4 de junho. No entanto, em combinação com **tomorrow**, **this**, **that** e **yesterday**, não utilizamos preposição: *They'll leave this evening.* Eles vão embora esta noite. ◇ *I saw her yesterday morning.* Eu a vi ontem de manhã.

moron /ˈmɔːrɑːn/ *s* (*coloq*) imbecil

morose /məˈroʊs/ *adj* carrancudo **morosely** *adv* com mau humor

morphine /ˈmɔːrfiːn/ *s* morfina

morsel /ˈmɔːrsl/ *s* bocado (*de comida*)

mortal /ˈmɔːrtl/ *adj, s* mortal **mortality** /mɔːrˈtæləti/ *s* **1** mortalidade **2** mortandade

mortar /ˈmɔːrtər/ *s* **1** argamassa **2** (*Mil*) morteiro **3** pilão

mortgage /ˈmɔːrgɪdʒ/ *substantivo, verbo*
▸ *s* hipoteca: *mortgage (re)payment* pagamento de hipoteca
▸ *vt* hipotecar

mortician /mɔːrˈtɪʃn/ (*GB* **undertaker**) *s* agente funerário, -a

mortify /ˈmɔːrtɪfaɪ/ *vt* (*pt, pp* **-fied**) humilhar

mortuary /ˈmɔːrtʃueri; *GB* -tʃəri/ *s* (*pl* **mortuaries**) sala/capela mortuária

mosaic /moʊˈzeɪɪk/ *s* mosaico

Moslem *adj, s Ver* MUSLIM

mosque /mɑːsk/ *s* mesquita

mosquito /məˈskiːtoʊ; *GB tb* mɒˈ-/ *s* (*pl* **mosquitoes** *ou* **mosquitos**) mosquito: *mosquito net* mosquiteiro

moss /mɔːs; *GB* mɒs/ *s* musgo

🔑 **most** /moʊst/ *adjetivo, pronome, advérbio*
▸ *adj* **1** mais, a maior parte de: *Who got (the) most votes?* Quem conseguiu a maioria dos votos? ◇ *We spent most time in Rome.* Passamos a maior parte do tempo em Roma. **2** a maioria de, quase todos: *most days* quase todos os dias
▸ *pron* **1**: *I ate (the) most.* Fui eu quem comeu mais. ◇ *the most I could offer you* o máximo que eu poderia oferecer a você **2** ~ **(of sth)** a maioria (de algo): *most of the day* a maior parte do dia ◇ *Most of you know.* A maioria de vocês sabe.

Most é o superlativo de **much** e de **many**, sendo utilizado tanto com substantivos não contáveis quanto com substantivos no plural: *Who has most time?* Quem (é que) tem mais tempo? ◇ *most children* a maioria das crianças. No entanto, diante de pronomes, de substantivos precedidos por **the** ou de adjetivos possessivos e demonstrativos, utilizamos **most of**: *most of my friends* a maioria dos meus amigos ◇ *most of us* a maioria de nós ◇ *most of these books* a maior parte destes livros.

▸ *adv* **1** mais ❶ É utilizado para formar o superlativo de locuções adverbiais, adjetivos e advérbios de duas ou mais sílabas: *This is the most interesting book I've read for a long time.* Este é o livro mais interessante que eu li em muito tempo. ◇ *What upset me (the) most was that...* O que mais me aborreceu foi que... ◇ *most of all* sobretudo **2** muito: *most likely* muito provavelmente LOC **at (the) most** no máximo, quanto muito

⚷ **mostly** /ˈmoʊstli/ *adv* principalmente, em geral

motel /moʊˈtel/ *s* hotel (*na estrada, com estacionamento*) ➲ *Ver nota à pág. 195*

moth /mɔːθ; GB mɒθ/ *s* **1** mariposa **2** traça

⚷ **mother** /ˈmʌðər/ *substantivo, verbo*
▸ *s* mãe: *mother-to-be* futura mamãe
▸ *vt* **1** criar (como mãe) **2** mimar
motherhood *s* maternidade (*estado*)
motherly *adj* maternal

ˈ**mother-in-law** *s* (*pl* mothers-in-law) sogra

ˌ**mother-of-ˈpearl** *s* madrepérola

motif /moʊˈtiːf/ *s* **1** motivo, desenho **2** tema

⚷ **motion** /ˈmoʊʃn/ *substantivo, verbo*
▸ *s* **1** movimento **2** (*em reunião*) moção LOC **go through the motions (of doing sth)** fazer algo maquinalmente/para cumprir com as formalidades ◆ **put/set sth in motion** colocar algo em movimento/funcionamento *Ver tb* SLOW
▸ *vt, vi* ~ **to sb (to do sth)**; ~ **(for) sb to do sth** fazer sinal a/para alguém (para que faça algo) **motionless** *adj* imóvel

ˌ**motion ˈpicture** *s* filme (*de cinema*)

motivate /ˈmoʊtɪveɪt/ *vt* motivar **motivation** *s* motivação

motive /ˈmoʊtɪv/ *s* ~ **(for sth)** motivo, razão (de algo): *He had an ulterior motive.* Ele tinha segundas intenções. ❶ A tradução mais comum de *motivo* é **reason**.

motocross /ˈmoʊtoʊkrɔːs; GB -krɒs/ *s* motocross

⚷ **motor** /ˈmoʊtər/ *s* motor ➲ *Ver nota em* ENGINE

⚷ **motorbike** /ˈmoʊtərbaɪk/ *s* motocicleta ➲ *Ver nota em* MOTOCICLETA

motorboat /ˈmoʊtərboʊt/ *s* lancha (a motor)

ˈ**motor car** *s* (*GB, formal*) carro

⚷ **motorcycle** /ˈmoʊtərsaɪkl/ *s* motocicleta ➲ *Ver nota em* MOTOCICLETA **motorcycling** *s* andar de motocicleta **motorcyclist** *s* motociclista

ˈ**motor home** *s* motor-home

motoring /ˈmoʊtərɪŋ/ *s* (*esp GB*) automobilismo: *motoring offences* infrações de trânsito

motorist /ˈmoʊtərɪst/ *s* motorista

motorized (*GB tb* **-ised**) /ˈmoʊtəraɪzd/ *adj* motorizado

ˈ**motor racing** *s* (*esp GB*) (*USA* **auto racing**) (*Esporte*) automobilismo

motorsport /ˈmoʊtərspɔːrt/ *s* [*não contável*] (*USA tb* **motorsports** /ˈmoʊtərspɔːrts/ [*pl*]) esportes automotivos

motorway /ˈmoʊtərweɪ/ *s* (*GB*) (*USA* **freeway**) rodovia ➲ *Ver nota em* RODOVIA

mottled /ˈmɑːtld/ *adj* mosqueado

motto /ˈmɑːtoʊ/ *s* (*pl* **mottoes** *ou* **mottos**) lema

mould, mouldy (*GB*) = MOLD

mound /maʊnd/ *s* **1** montículo **2** monte (*de areia, arroz, etc.*)

⚷ **mount** /maʊnt/ *substantivo, verbo*
▸ *s* **1 Mount** (*abrev* **Mt.**) (*Geog*) monte **2** suporte, montagem **3** (*de quadro*) moldura
▸ *v* **1** *vt* (*cavalo, etc.*) montar a/em **2** *vt* (*quadro*) emoldurar **3** *vt* organizar, montar **4** *vt* instalar **5** *vi* crescer, aumentar

⚷ **mountain** /ˈmaʊntn; GB -tən/ *s* **1** montanha: *mountain range* cadeia de montanhas **2 the mountains** [*pl*] (*em contraposição à costa*) as montanhas **3 a ~ of sth** (*tb* **mountains** [*pl*]) (*coloq*) um monte de algo

ˈ**mountain bike** *s* mountain bike
ˈ**mountain biking** *s* fazer mountain bike

mountaineer /ˌmaʊntnˈɪr; GB -təˈnɪə(r)/ *s* alpinista **mountaineering** /ˌmaʊntnˈɪrɪŋ; GB -təˈnɪərɪŋ/ *s* alpinismo

mountainous /ˈmaʊntənəs/ *adj* montanhoso

mountainside /ˈmaʊntnsaɪd; GB -tən-/ *s* encosta

mounting /ˈmaʊntɪŋ/ *adj* [*antes do substantivo*] crescente

mourn /mɔːrn/ **1** *vi* estar de luto **2** *vt, vi* ~ **(sth/for sth)** lamentar-se, lamentar

M

algo **3** *vt, vi* ~ **sb/for sb** chorar a morte de alguém **mourner** *s* pessoa que comparece a enterro ou velório **mournful** *adj* triste, depressivo **mourning** *s* luto, dor: *in mourning* de luto

mouse /maʊs/ *substantivo, verbo*
▸ *s* **1** (*pl* mice /maɪs/) camundongo **2** (*pl* mice *ou* mouses) (*Informát*) mouse ➲ *Ver ilustração em* COMPUTADOR
▸ *v*
PHR V **mouse over sth** (*Informát*) passar o mouse sobre algo

ˈ**mouse pad** (*GB* ˈ**mouse mat**) *s* (*Informát*) mouse pad

mousetrap /ˈmaʊstræp/ *s* ratoeira

mousse /muːs/ *s* mousse

moustache (*GB*) = MUSTACHE

mouth /maʊθ/ *s* (*pl* mouths /maʊðz/) **1** boca **2** foz (*de rio*) LOC *Ver* FOOT, LOOK, MELT **mouthful** *s* **1** (*comida*) bocado **2** (*líquido*) trago

ˈ**mouth organ** *s* (*GB*) (*USA* **harmonica**) gaita

mouthpiece /ˈmaʊθpiːs/ *s* **1** (*Mús*) boquilha **2** bocal (*de telefone*) **3** ~ **(of/for sb)** porta-voz (de alguém)

mouthwash /ˈmaʊθwɔːʃ; *GB* -wɒʃ/ *s* antisséptico bucal

movable (*tb* **moveable**) /ˈmuːvəbl/ *adj* móvel

move /muːv/ *verbo, substantivo*
▸ *v* **1** *vt, vi* mover(-se): *Don't move!* Não se mexa! ◇ *It's your turn to move.* É a sua vez de jogar. **2** *vt, vi* mudar(-se) de local: *I'm going to move the car before they give me a ticket.* Eu vou mudar o carro de lugar antes que me multem. ◇ *They sold the house and moved to Scotland.* Eles venderam a casa e se mudaram para a Escócia. ◇ *He has been moved to Miami.* Ele foi enviado para Miami. **3** *vt* comover **4** *vt* ~ **sb (to do sth)** (*formal*) convencer alguém (a fazer algo) LOC **get moving** (*coloq*) ir andando ♦ **get sth moving** (*coloq*) fazer algo andar ♦ **move house** mudar (de casa), mudar-se *Ver tb* KILL PHR V **move around** (*GB tb* **move about**) andar de lá para cá ♦ **move (sth) away** afastar-se, afastar algo ♦ **move forward** avançar ♦ **move in; move into sth** instalar-se (em algo) ♦ **move on (to sth)** mudar (*de assunto, atividade, etc.*) ♦ **move out** mudar-se: *They had to move out.* Eles tiveram que se mudar da casa.
▸ *s* **1** movimento **2** (*de casa, trabalho*) mudança **3** (*Xadrez, etc.*) jogada, vez **4** passo, medida LOC **get a move on** (*coloq*) apressar-se ♦ **make a move** (*GB, coloq*) **1** agir **2** ir(-se) embora

movement /ˈmuːvmənt/ *s* **1** movimento **2** ~ **(away from/toward sth)** tendência (a afastar-se de algo/em direção a algo)

movie /ˈmuːvi/ *s* filme (*de cinema*): *to go to the movies* ir ao cinema ◇ *movie stars* estrelas de cinema

ˈ**movie theater** *s Ver* THEATER

moving /ˈmuːvɪŋ/ *adj* **1** móvel **2** comovente

mow /moʊ/ *vt* (*pt* mowed, *pp* mown /moʊn/ *ou* mowed) aparar, cortar PHR V **mow sb down** aniquilar alguém **mower** *s* cortador de grama

MP /ˌem ˈpiː/ *s* (*abrev de* **Member of Parliament**) (*GB*) deputado, -a ➲ *Ver nota em* PARLIAMENT

mph /ˌem piː ˈeɪtʃ/ *abrev de* **miles per hour** milhas por hora

MPV /ˌem piː ˈviː/ *s* (*abrev de* **multi-purpose vehicle**) (*GB*) minivan

Mr. /ˈmɪstər/ *abrev* senhor (*abrev* Sr.)

Mrs. /ˈmɪsɪz/ *abrev* senhora (*abrev* Sra.)

Ms. /mɪz; məz/ *abrev* senhora (*abrev* Sra.) ➲ *Ver nota em* SENHORITA

much /mʌtʃ/ *adj, pron, adv* muito: *much-needed* muito necessário ◇ *so much traffic* tanto tráfego ◇ *too much* demais ◇ *much too cold* frio demais ◇ *How much is it?* Quanto é? ◇ *as much as you can* quanto você puder ◇ *for much of the day* pela maior parte do dia ◇ *Much to her surprise...* Para grande surpresa dela... ➲ *Ver nota em* MANY LOC **much as** por mais que ♦ **much the same** praticamente igual ♦ **not much of a...**: *He's not much of an actor.* Ele não é grande coisa como ator. *Ver tb* AS, SO

muck /mʌk/ *substantivo, verbo*
▸ *s* **1** esterco **2** (*esp GB, coloq*) porcaria
▸ *v* PHR V **muck about/around** (*GB, coloq*) enrolar, perder tempo ♦ **muck sth up** (*esp GB, coloq*) **1** fazer algo malfeito, estragar algo **2** sujar, desarrumar algo **mucky** *adj* (*esp GB, coloq*) sujo

mucus /ˈmjuːkəs/ *s* [*não contável*] muco

MUD /mʌd/ *s* (*abrev de* **multi-user dungeon/dimension**) (*jogo de computador*) MUD (*dimensão multiusuário*)

mud /mʌd/ *s* barro, lama LOC *Ver* CLEAR

muddle /ˈmʌdl/ *verbo, substantivo*
▸ *vt* (*esp GB*) **1** ~ **sth (up)** misturar, bagunçar algo **2** ~ **sb (up)** confundir alguém **3** ~ **sth (up)**; ~ **A (up) with B** confundir algo; confundir A com B
▸ *s* (*esp GB*) **1** desordem, bagunça **2** ~ **(about/over sth)** confusão (com algo): *to get (yourself) into a muddle* meter-se em confusão **muddled** *adj* (*esp GB*) confuso

M

muddy /ˈmʌdi/ *adj* (**muddier**, **-iest**) **1** lamacento: *muddy footprints* pegadas de barro **2** turvo, pouco claro

mudguard /ˈmʌdɡɑːrd/ *s* (*GB*) (*USA* **fender**) para-lama (*em bicicleta*)

muesli /ˈmjuːzli/ *s* mistura de cereais, frutas secas, etc. servida com leite no café da manhã

muffin /ˈmʌfɪn/ *s* **1** bolinho (*bolo pequeno*) **2** (*GB*) (*USA* ˌ**English** ˈ**muffin**) tipo de pãozinho redondo e achatado

muffled /ˈmʌfld/ *adj* (*grito, voz*) abafado

muffler /ˈmʌflər/ *s* **1** (*GB* **silencer**) (*carro*) silenciador **2** (*antiq*) cachecol

mug /mʌɡ/ *substantivo, verbo*

▸ *s* **1** caneca: *beer mug* caneca de cerveja ➲ *Ver ilustração em* CUP **2** (*gíria*) (*rosto*) cara **3** (*coloq*) otário, -a LOC **a mug's game** (*esp GB, pej*) uma perda de tempo

▸ *vt* (**-gg-**) assaltar **mugger** *s* assaltante **mugging** *s* assalto

muggy /ˈmʌɡi/ *adj* (*tempo*) abafado

mulberry /ˈmʌlberi; *GB* -bəri/ *s* (*pl* **mulberries**) **1** (*tb* ˈ**mulberry tree**) amoreira **2** amora **3** (*cor*) amora

mule /mjuːl/ *s* **1** mula **2** chinelo (de quarto)

mull /mʌl/ *v* PHR V **mull sth over** refletir sobre algo

multicolored (*GB* **multicoloured**) /ˌmʌltiˈkʌlərd/ *adj* multicor

multicultural /ˌmʌltiˈkʌltʃərəl/ *adj* multicultural **multiculturalism** *s* multiculturalismo

multilingual /ˌmʌltiˈlɪŋɡwəl/ *adj* poliglota

multimedia /ˌmʌltiˈmiːdiə/ *adj, s* multimídia

multinational /ˌmʌltiˈnæʃnəl/ *adj, s* multinacional

multiplayer /ˈmʌltipleɪər/ *adj* (*jogo de computador*) multijogador

multiple /ˈmʌltɪpl/ *adj, s* múltiplo

ˌ**multiple-**ˈ**choice** *adj* de múltipla escolha: *multiple-choice test* teste de múltipla escolha

multiple sclerosis /ˌmʌltɪpl skləˈroʊsɪs/ *s* (*abrev* **MS**) esclerose múltipla

multiplex /ˈmʌltɪpleks/ *s* complexo com várias salas de cinema

multiplication /ˌmʌltɪplɪˈkeɪʃn/ *s* multiplicação: *multiplication sign/table* sinal de multiplicação/tabuada

⚷ **multiply** /ˈmʌltɪplaɪ/ *vt, vi* (*pt, pp* **-plied**) multiplicar(-se)

multi-purpose /ˌmʌlti ˈpɜːrpəs/ *adj* para diversas finalidades

multitasking /ˌmʌltiˈtæskɪŋ; *GB* -ˈtɑːskɪŋ/ *s* capacidade de executar diversas tarefas ao mesmo tempo

multitude /ˈmʌltɪtuːd; *GB* -tjuːd/ *s* (*formal*) multidão

mum /mʌm/ *s* (*GB, coloq*) = MOM

mumble /ˈmʌmbl/ *vt, vi* murmurar, resmungar

mummy /ˈmʌmi/ *s* (*pl* **mummies**) **1** múmia **2** (*GB, coloq*) = MOMMY

mumps /mʌmps/ *s* [*não contável*] caxumba

munch /mʌntʃ/ *vt, vi* ~ **(sth/on sth)** mascar, mastigar algo

mundane /mʌnˈdeɪn/ *adj* (*ger pej*) comum, mundano

municipal /mjuːˈnɪsɪpl/ *adj* municipal

munitions /mjuːˈnɪʃnz/ *s* [*pl*] munições, armamentos

mural /ˈmjʊrəl/ *s* (*Arte*) mural

⚷ **murder** /ˈmɜːrdər/ *substantivo, verbo*

▸ *s* **1** assassinato, homicídio ➲ *Comparar com* HOMICIDE, MANSLAUGHTER **2** (*coloq*) um pesadelo: *The traffic was murder today.* O trânsito estava um pesadelo hoje. LOC **get away with murder** (*coloq*) sair/escapar impune

▸ *vt* assassinar, matar ➲ *Ver nota em* ASSASSINAR **murderer** *s* assassino, -a **murderous** *adj* **1** homicida **2** (*muito desagradável*) de matar: *a murderous look* um olhar fulminante

murky /ˈmɜːrki/ *adj* (**murkier**, **-iest**) **1** (*água, assunto, caráter, etc.*) turvo, obscuro **2** (*dia, etc.*) lúgubre, sombrio

murmur /ˈmɜːrmər/ *substantivo, verbo*

▸ *s* murmúrio LOC **without a murmur** sem um pio

▸ *vt, vi* sussurrar, murmurar

⚷ **muscle** /ˈmʌsl/ *substantivo, verbo*

▸ *s* **1** músculo: *muscle injury* lesão muscular ◇ *Don't move a muscle!* Não mexa um dedo! **2** (*fig*) poder

▸ *v* PHR V **muscle in (on sth)** (*coloq, pej*) intrometer-se (em algo) **muscular** /ˈmʌskjələr/ *adj* **1** muscular **2** musculoso

muse /mjuːz/ *substantivo, verbo*

▸ *s* musa

▸ *v* **1** *vi* ~ **(about/over/on sth)** meditar, refletir (sobre algo) **2** *vt*: *"How interesting," he mused.* —Que interessante, disse ele pensativo.

⚷ **museum** /mjuˈziːəm/ *s* museu ➲ *Ver nota em* MUSEU

mushroom /ˈmʌʃrʊm; -ruːm/ *substantivo, verbo*

▸ *s* cogumelo

▸ *vi* crescer rapidamente

M

mushy /ˈmʌʃi/ *adj* (mushier, -iest) **1** mole, pastoso **2** (*coloq*, *pej*) piegas

music /ˈmjuːzɪk/ *s* **1** música: *a piece of music* uma peça musical/uma música **2** (*texto*) partitura

musical /ˈmjuːzɪkl/ *adjetivo, substantivo*
▸ *adj* musical, de música: *to be musical* ter talento para música
▸ *s* (comédia) musical

musician /mjuˈzɪʃn/ *s* músico, -a; musicista **musicianship** *s* conhecimento/ habilidade musical

musk /mʌsk/ *s* (perfume de) almíscar

Muslim /ˈmʊzlɪm; ˈmʌz-; -ləm/ (*tb* **Moslem** /ˈmɑːzləm/) *adj, s* muçulmano, -a

mussel /ˈmʌsl/ *s* mexilhão

must *verbo, substantivo*
▸ *v modal* /məst; mʌst/ (*neg* **must not** *ou* **mustn't** /ˈmʌsnt/)

> **Must** é um verbo modal, seguido de infinitivo sem **to**. As orações interrogativas e negativas são construídas sem o auxiliar **do**: *Must you go?* Você tem que ir? ◇ *We mustn't tell her.* Não devemos contar a ela.**Must** tem apenas a forma do presente: *I must leave early.* Tenho que sair cedo. Quando necessitamos de outras formas, utilizamos **have to**: *He'll have to come tomorrow.* Ele terá que vir amanhã. ◇ *We had to eat quickly.* Tivemos que comer depressa.

• **obrigação e proibição 1** dever, ter que/de: *"Must you go so soon?" "Yes, I must."* —Você tem que ir tão cedo? —Sim, eu tenho.

> Emprega-se **must** para dar ordens ou mesmo para fazer com que alguém (ou a pessoa que fala) siga determinado comportamento: *The children must be back by four.* As crianças têm que estar de volta antes das quatro. ◇ *I must quit smoking.* Tenho que deixar de fumar. Quando as ordens são impostas por um agente externo, p.ex. por uma lei, uma regra, etc., utilizamos **have to**: *The doctor says I have to quit smoking.* O médico disse que eu tenho que parar de fumar. ◇ *You have to send it before Tuesday.* Você tem que enviá-lo antes de terça. Em orações negativas, **must not** ou **mustn't** expressam proibição: *You mustn't open other people's mail.* Você não deve abrir a correspondência de outras pessoas. No entanto, **don't have to** indica que algo não é necessário, ou seja, que há ausência de obrigação: *You don't have to go if you don't want to.* Você não tem que ir se não quiser. ➲ *Comparar com* SHOULD

• **sugestão, recomendação, conselho 2** ter que: *You must come to lunch one day.* Você tem que vir almoçar um dia destes. ℹ Na maioria dos casos, para fazer sugestões e dar conselhos, utiliza-se **ought to** ou **should**.

• **probabilidade, conclusões 3** dever: *You must be hungry.* Você deve estar com fome. ◇ *You must be Mr. Smith.* O senhor deve ser o Sr. Smith. LOC **if I, you, etc. must** se não há outro jeito
▸ *s* /mʌst/ (*coloq*): *It's a must.* É imprescindível. ◇ *His new book is a must.* Você não pode deixar de ler o último livro dele.

mustache (*GB* **moustache**) /ˈmʌstæʃ; məˈstæʃ; *GB* məˈstɑːʃ/ *s* bigode

mustard /ˈmʌstərd/ *s* mostarda

muster /ˈmʌstər/ *vt* ~ **sth (up)** reunir, juntar algo: *to muster (up) enthusiasm* ganhar entusiasmo ◇ *to muster a smile* conseguir sorrir

musty /ˈmʌsti/ *adj* (mustier, -iest) mofado: *to smell musty* cheirar a mofo

mutant /ˈmjuːtənt/ *adj, s* mutante

mutate /ˈmjuːteɪt; *GB* mjuːˈteɪt/ *vi* ~ **(into sth) 1** transformar-se (em algo) **2** sofrer mutação (para algo) **mutation** *s* mutação

mute /mjuːt/ *adjetivo, substantivo, verbo*
▸ *adj* mudo
▸ *s* (*Mús*) surdina
▸ *vt* **1** abafar (*som*) **2** (*Mús*) colocar surdina em **muted** *adj* **1** (*som*) abafado **2** (*cor*) apagado **3** (*crítica, etc.*) velado **4** (*Mús*) em surdina

mutilate /ˈmjuːtɪleɪt/ *vt* mutilar

mutiny /ˈmjuːtəni/ *s* (*pl* **mutinies**) motim **mutinous** *adj* **1** rebelde **2** amotinado

mutter /ˈmʌtər/ **1** *vt, vi* ~ **(sth) (to sb) (about sth)** falar entre os dentes, murmurar (algo) (para alguém) (sobre algo) **2** *vi* ~ **(about sth)** resmungar (de algo)

mutton /ˈmʌtn/ *s* (carne de) carneiro ➲ *Ver nota em* CARNE

mutual /ˈmjuːtʃuəl/ *adj* **1** mútuo **2** comum: *a mutual friend* um amigo (em) comum **mutually** *adv* mutuamente: *mutually beneficial* mutuamente vantajoso

muzzle /ˈmʌzl/ *substantivo, verbo*
▸ *s* **1** focinho **2** focinheira **3** boca (*de arma de fogo*)
▸ *vt* **1** colocar focinheira em **2** (*fig*) amordaçar

my /maɪ/ *adj* meu(s), minha(s): *It was my fault.* Foi culpa minha. ◊ *My God!* Meu Deus!

Em inglês, utiliza-se o possessivo diante de partes do corpo e de peças de roupa: *My feet are cold.* Meus pés estão frios. ➲ *Comparar com* MINE

MYOB *abrev de* **mind your own business** *(coloq) (esp em mensagens de texto, etc.)* vá cuidar da sua vida

myopia /maɪˈoʊpiə/ *s* miopia **myopic** /maɪˈɑːpɪk/ *adj* míope

myself /maɪˈself/ *pron* **1** *(uso reflexivo)* me: *I cut myself.* Eu me cortei. ◊ *I said to myself...* Eu disse a mim mesmo... **2** *(uso enfático)* eu mesmo, -a: *I myself will do it.* Eu mesma o farei. LOC **(all) by myself** (completamente) sozinho

mysterious /mɪˈstɪriəs/ *adj* misterioso

mystery /ˈmɪstri/ *s (pl* **mysteries***)* **1** mistério: *It's a mystery to me.* É um mistério para mim. **2**: *mystery tour* viagem surpresa ◊ *the mystery assailant* o agressor anônimo **3** romance, filme, etc. de mistério

mystic /ˈmɪstɪk/ *substantivo, adjetivo*
▸ *s* místico, -a
▸ *adj (tb* **mystical** /ˈmɪstɪkl/*)* místico **mysticism** *s* misticismo, mística

mystification /ˌmɪstɪfɪˈkeɪʃn/ *s* **1** mistério, perplexidade **2** *(pej)* confusão *(deliberada)*

mystify /ˈmɪstɪfaɪ/ *vt (pt, pp* **-fied***)* intrigar, deixar perplexo **mystifying** *adj* intrigante

mystique /mɪˈstiːk/ *s* (ar de) mistério

myth /mɪθ/ *s* mito **mythical** *adj* mítico, fictício

mythology /mɪˈθɑːlədʒi/ *s (pl* **mythologies***)* mitologia **mythological** /ˌmɪθəˈlɑːdʒɪkl/ *adj* mitológico

Nn

N, n /en/ *s (pl* **Ns, N's, n's***)* N, n ➲ *Ver nota em* A, A

naff /næf/ *adj (GB, coloq)* cafona, vulgar

nag /næg/ *vt, vi* (**-gg-**) **~ (at) sb 1** atazanar alguém: *She's always nagging (at) me to get a haircut.* Ela sempre está me atazanando para eu cortar o cabelo. **2** dar bronca em alguém **3** *(dor, suspeita)* incomodar alguém **nagging** *adj* **1** *(dor, suspeita)* persistente **2** *(pessoa)* ranzinza, chato

nail /neɪl/ *substantivo, verbo*
▸ *s* **1** unha: *nail file/brush* lixa/escova de unhas ◊ *nail polish* esmalte de unhas **2** prego LOC *Ver* FIGHT, HIT, TOUGH
▸ *vt* **~ sth to sth** pregar algo em algo PHR V **nail sb down (to sth)** conseguir que alguém se comprometa (com algo), conseguir uma resposta concreta de alguém (sobre algo)

naive *(tb* **naïve***)* /naɪˈiːv/ *adj* ingênuo

naked /ˈneɪkɪd/ *adj* **1** nu *Ver tb* BUCK NAKED, STARK NAKED

Há três traducões possíveis para *nu* em inglês: **bare**, **naked** e **nude**. Utilizamos **bare** para nos referir às partes do corpo: *bare arms*, **naked** geralmente para nos referirmos a todo o corpo: *a naked body*, e **nude** para nus artísticos e eróticos: *a nude figure*.

2 *(lâmpada)* sem cúpula/lustre **3** puro: *the naked truth* a pura verdade ◊ *naked aggression* pura agressão LOC **with the naked eye** a olho nu

name /neɪm/ *substantivo, verbo*
▸ *s* **1** nome: *What's your name?* Qual é o seu nome? ◊ *first/given name* prenome/nome de batismo **2** sobrenome **3** reputação: *to make a name for yourself* fazer um/seu nome **4** *(pessoa famosa)* personalidade LOC **by name** de nome ◆ **by the name of...** *(formal)* chamado... ◆ **enter your name/put your name down for sth** inscrever-se em algo *(numa lista, num concurso, etc.)* ◆ **in the name of sb/sth**; **in sb's/sth's name** em nome de alguém/algo *Ver tb* BIG, CALL
▸ *vt* **1 ~ sb/sth sth** chamar alguém/algo de algo **2 ~ sb/sth (after/for sb)** dar nome a alguém/algo; colocar em alguém/algo o nome de alguém **3** *(identificar)* nomear **4** *(data, preço)* fixar LOC **you name it** qualquer coisa (que você imaginar): *You name it, she makes it.* O que você imaginar, ela faz.

nameless /ˈneɪmləs/ *adj* anônimo, sem nome

namely /ˈneɪmli/ *adv* a saber

namesake /ˈneɪmseɪk/ *s* homônimo, xará

nanny /ˈnæni/ *s (pl* **nannies***)* babá ➲ *Comparar com* BABYSITTER *em* BABYSIT, CHILDMINDER

nap /næp/ *s* soneca, sesta: *to have/take a nap* tirar uma soneca

nape /neɪp/ *s* **~ (of sb's neck)** nuca

napkin /ˈnæpkɪn/ *s* guardanapo *Ver tb* SANITARY NAPKIN

nappy /ˈnæpi/ *s (pl* **nappies***) (GB) (USA* **diaper***)* fralda

narcotic /nɑːrˈkɑːtɪk/ *adj, s* narcótico

narrate /ˈnæreɪt; *GB* nəˈreɪt/ *vt* narrar, contar **narrator** *s* narrador, -ora

narrative /ˈnærətɪv/ *substantivo, adjetivo*
▸ *s* **1** relato **2** narrativa
▸ *adj* narrativo

⚷ **narrow** /ˈnæroʊ/ *adjetivo, verbo*
▸ *adj* (**narrower, -est**) **1** estreito **2** limitado **3** (*vantagem, maioria*) pequeno **LOC have a narrow escape** escapar por pouco
▸ *vt, vi* tornar(-se) mais estreito, estreitar(-se), diminuir **PHR V narrow sth down (to sth)** reduzir algo (a algo) **narrowly** *adv*: *He narrowly escaped drowning.* Ele não se afogou por pouco.

ˌ**narrow-ˈminded** *adj* de mente estreita, intolerante

nasal /ˈneɪzl/ *adj* **1** nasal **2** (*voz*) anasalado

nasty /ˈnæsti; *GB* ˈnɑːsti/ *adj* (**nastier, -iest**) **1** desagradável **2** (*odor*) repugnante **3** (*pessoa*) antipático: *to be nasty to sb* tratar alguém mal **4** (*situação, crime*) feio **5** grave, perigoso: *That's a nasty cut.* Que corte feio!

N

⚷ **nation** /ˈneɪʃn/ *s* nação

⚷ **national** /ˈnæʃnəl/ *adjetivo, substantivo*
▸ *adj* nacional: *national service* serviço militar
▸ *s* cidadão, -ã

ˌ**National ˈHealth Service** *s* (*abrev* **NHS**) sistema público de saúde (*na Grã-Bretanha*)

ˌ**National Inˈsurance** *s* (*GB*) previdência social

nationalism /ˈnæʃnəlɪzəm/ *s* nacionalismo **nationalist** *adj, s* nacionalista

nationality /ˌnæʃəˈnæləti/ *s* (*pl* **nationalities**) nacionalidade

nationalize (*GB tb* **-ise**) /ˈnæʃnəlaɪz/ *vt* nacionalizar

nationally /ˈnæʃnəli/ *adv* nacionalmente, em escala nacional

nationwide /ˌneɪʃnˈwaɪd/ *adj, adv* em escala nacional, em todo o território nacional

native /ˈneɪtɪv/ *substantivo, adjetivo*
▸ *s* **1** nativo, -a; natural **2** (*antiq, pej*) indígena **3** (*traduz-se por adjetivo*) originário: *The koala is a native of Australia.* O coala é originário da Austrália.
▸ *adj* **1** natal: *native land* terra natal **2** indígena, nativo **3 ~ to...** originário de... **4**: *native speaker* falante nativo ◇ *native language* língua materna **5** inato

ˌ**Native AˈmerIcan** *adj, s* índio, -a (*nativo da América do Norte*)

⚷ **natural** /ˈnætʃrəl/ *adj* **1** natural **2** nato, inato

ˌ**natural ˈhistory** *s* história natural

naturalist /ˈnætʃrəlɪst/ *s* naturalista

⚷ **naturally** /ˈnætʃrəli/ *adv* **1** naturalmente, com naturalidade **2** claro, evidentemente

⚷ **nature** /ˈneɪtʃər/ *s* **1** (*tb* **Nature**) natureza: *nature reserve* área protegida **2** caráter: *It's not in my nature to...* Não faz parte da minha natureza... ◇ *good nature* bom coração **3** [*sing*] tipo, índole **LOC in the nature of sth** da mesma natureza de algo

naughty /ˈnɔːti/ *adj* (**naughtier, -iest**) **1** travesso: *to be naughty* comportar-se mal **2** (*coloq*) malicioso, picante

nausea /ˈnɔːziə; ˈnɔːsi-/ *s* náusea **nauseating** *adj* asqueroso, nauseante

nautical /ˈnɔːtɪkl/ *adj* náutico

naval /ˈneɪvl/ *adj* naval, marítimo

nave /neɪv/ *s* nave (*de igreja*)

navel /ˈneɪvl/ *s* umbigo

navigate /ˈnævɪgeɪt/ **1** *vt, vi* navegar (por) **2** *vi* (*em carro*) dar a direção: *If you drive, I'll navigate.* Se você dirigir, eu serei o copiloto. **3** *vt* (*barco*) pilotar **navigation** *s* navegação **navigator** *s* navegador, -ora

⚷ **navy** /ˈneɪvi/ *s* **1** (*pl* **navies**) armada, frota **2 the navy, the Navy** a Marinha **3** (*tb* ˌ**navy ˈblue**) azul-marinho

ˈ**navy bean** (*GB* **haricot,** ˌ**haricot ˈbean**) *s* feijão-branco

Nazi /ˈnɑːtsi/ *s* (*pl* **Nazis**) nazista

⚷ **near** /nɪr/ *adjetivo, advérbio, preposição, verbo*
▸ *adj* (**nearer, -est**) próximo: *Which town is nearer?* Que cidade está mais próxima? ◇ *in the near future* em um futuro próximo

Note que antes de substantivo utiliza-se o adjetivo **nearby** ao invés de **near**: *a nearby town* uma cidade nas proximidades. No entanto, quando queremos utilizar outras formas do adjetivo, como o superlativo, temos de utilizar **near**: *the nearest store* a loja mais próxima.

▸ *adv* (**nearer, -est**) perto: *I live quite near.* Moro bem perto. ◇ *We are getting near to Christmas.* Estamos nos aproximando do Natal.

Note que *I live nearby* é mais comum do que *I live near*, mas **nearby** não pode ser modificado por **pretty**, **very**, etc.: *I live pretty near.*

LOC be nowhere near; not be anywhere near não chegar nem perto: *It's nowhere near the color I'm looking for.*

Isso não se parece em nada com a cor que eu estou procurando. *Ver tb* HAND
▸ *prep* perto de: *I live near the station.* Moro perto da estação. ◇ *Is there a bank near here?* Há um banco por aqui? ◇ *near the beginning* próximo do começo
▸ *vt, vi* aproximar(-se) (de)

nearby /ˌnɪrˈbaɪ/ *adjetivo, advérbio*
▸ *adj* próximo
▸ *adv* perto: *She lives nearby.* Ela mora perto (daqui). ➲ *Ver nota em* NEAR

nearly /ˈnɪrli/ *adv* quase: *He nearly won.* Ele quase ganhou. ➲ *Ver nota em* QUASE LOC **not nearly** nem de perto, nem: *We aren't nearly ready for the inspection.* Nós não estamos nem um pouco prontos para a inspeção.

nearsighted /ˌnɪrˈsaɪtɪd/ (*GB* **short-sighted**) *adj* míope

neat /niːt/ *adj* (**neater**, **-est**) **1** em ordem, arrumado **2** (*pessoa*) organizado, asseado **3** (*letra*) caprichado **4** (*USA, coloq*) genial **5** (*GB*) (*USA* **straight**) (*bebidas alcoólicas*) puro (*sem água*)

neatly /ˈniːtli/ *adv* **1** organizadamente, asseadamente **2** habilmente

necessarily /ˌnesəˈserəli; *GB tb* ˈnesəsərəli/ *adv* forçosamente, necessariamente

necessary /ˈnesəseri; *GB* -səri/ *adj* **1** necessário: *Is it necessary for us to meet/necessary that we meet?* É necessário que nos encontremos? ◇ *if necessary* se necessário **2** inevitável

necessitate /nəˈsesɪteɪt/ *vt* (*formal*) requerer

necessity /nəˈsesəti/ *s* (*pl* **necessities**) **1** necessidade **2** artigo de primeira necessidade

neck /nek/ *s* **1** pescoço: *to break your neck* quebrar o pescoço **2** (*de roupa*) gola LOC **neck and neck (with sb/sth)** emparelhado (com alguém/algo) ◆ **up to your neck in sth** com algo até o pescoço *Ver tb* BREATHE, RISK, SCRUFF, WRING

necklace /ˈnekləs/ *s* colar

neckline /ˈneklaɪn/ *s* decote

necktie /ˈnektaɪ/ *s* gravata

nectarine /ˈnektəriːn/ *s* nectarina

need /niːd/ *verbo, substantivo*
▸ *vt* **1** necessitar: *Do you need any help?* Você necessita de ajuda? ◇ *It needs painting.* Está precisando de uma pintura. **2** ~ **to do sth** (*obrigação*) ter que fazer algo: *Do we really need to leave so early?* Precisamos mesmo sair tão cedo? ❶ Neste sentido, é possível utilizar o verbo modal, porém este seria mais formal: *Need we really leave so early?*
▸ *v modal* (*neg* **need not** *ou* **needn't** /ˈniːdnt/) (*obrigação*) precisar: *Need I explain it again?* Preciso explicar de novo? ◇ *You needn't have come.* Você não precisava ter vindo.

> Quando **need** é um verbo modal, é seguido por um infinitivo sem **to** e as orações interrogativas e negativas se constroem sem o auxiliar **do**.

▸ *s* ~ **(for sth)** necessidade (de algo) LOC **be in need of sth** necessitar de algo ◆ **if need be** se (for) necessário

needle /ˈniːdl/ *s* agulha LOC *Ver* PIN

needless /ˈniːdləs/ *adj* desnecessário LOC **needless to say** nem é preciso dizer que

needlework /ˈniːdlwɜːrk/ *s* [*não contável*] costura, bordado

needy /ˈniːdi/ *adj* (**needier**, **-iest**) **1** necessitado **2** (*de afeto*) carente

NEET /niːt/ *s* (*abrev de* **not in education, employment or training**) (*GB*) nem-nem (*jovem que não estuda, nem trabalha, nem faz treinamento profissional*)

negative /ˈnegətɪv/ *adj, s* negativo

neglect /nɪˈglekt/ *verbo, substantivo*
▸ *vt* **1** negligenciar **2** ~ **to do sth** (*formal*) esquecer-se de fazer algo
▸ *s* abandono

negligence /ˈneglɪdʒəns/ *s* (*formal*) negligência

negligent /ˈneglɪdʒənt/ *adj* (*formal*) negligente

negligible /ˈneglɪdʒəbl/ *adj* insignificante

negotiate /nɪˈgoʊʃieɪt/ **1** *vt, vi* ~ **(sth) (with sb)**; ~ **for/about sth** negociar (algo) (com alguém) **2** *vt* (*obstáculo*) contornar

negotiation *s* negociação

neigh /neɪ/ *verbo, substantivo*
▸ *vi* relinchar
▸ *s* relincho

neighbor (*GB* **neighbour**) /ˈneɪbər/ *s* **1** vizinho, -a **2** (*formal*) próximo, -a

neighboring (*GB* **neighbouring**) *adj* vizinho, contíguo

neighborhood (*GB* **neighbourhood**) /ˈneɪbərhʊd/ *s* **1** (*distrito*) bairro **2** (*pessoas*) vizinhança

neither /ˈnaɪðər; ˈniːðər/ *adjetivo, pronome, advérbio*
▸ *adj, pron* nenhum, -uma ➲ *Ver nota em* NENHUM
▸ *adv* **1** nem, também não

> Quando **neither** significa "tampouco/nem", pode ser substituído por **nor**. Com ambos utilizamos a estrutura: **neither/nor + v aux/v modal + sujeito**: *"I*

N

didn't go." "Neither/Nor did I." —Eu não fui. —Nem eu. ◇ *I can't swim and neither/nor can my brother.* Eu não sei nadar e meu irmão também não.

Either pode significar "tampouco/também não", mas requer um verbo na negativa e ocupa uma posição diferente na oração: *I don't like it, and I can't afford it either.* Eu não gosto dele, nem tenho dinheiro para comprá-lo. ◇ *My sister didn't go either.* Minha irmã também não foi. ◇ *"I haven't seen that movie." "I haven't either."* —Eu não vi aquele filme. —Eu também não.

2 neither... nor nem... nem

neoliberal /ˌniːoʊˈlɪbərəl/ *adj (Pol)* neoliberal

neon /ˈniːɑːn/ *s* néon

⚷ **nephew** /ˈnefjuː/ *s* sobrinho: *I have two nephews and one niece.* Tenho dois sobrinhos e uma sobrinha.

Neptune /ˈneptuːn; *GB* -tjuːn/ *s* Netuno

N

nerd /nɜːrd/ *s (coloq, pej)* **1** nerd: *He's a complete computer nerd.* Ele é um completo nerd dos computadores. **2** deslocado, -a; pessoa fora de moda

⚷ **nerve** /nɜːrv/ *s* **1** nervo: *nerve cells* células nervosas **2** coragem: *to lose your nerve* perder a coragem **3** *(pej, coloq)*: *You have some nerve!* Você é cara de pau! LOC **get on sb's nerves** *(coloq)* dar nos nervos de alguém

ˈ**nerve-racking** *adj* angustiante

⚷ **nervous** /ˈnɜːrvəs/ *adj* ~ **(about/of sth/doing sth)** nervoso (com algo/a ideia de fazer algo): *nervous breakdown* colapso nervoso **nervousness** *s* nervosismo

⚷ **nest** /nest/ *s (lit e fig)* ninho

nestle /ˈnesl/ **1** *vi* acomodar-se, aconchegar-se **2** *vt, vi* ~ **(sth) against, on, etc. sb/sth** recostar algo, recostar-se a alguém/algo **3** *vi (vilarejo)* estar situado

⚷ **net** /net/ *substantivo, adjetivo*

▸ *s* **1** rede **2** *[não contável]* tela, tule: *net curtains* cortinas de filó **3 the Net** *(coloq)* a rede: *to surf the Net* navegar na rede

▸ *adj (GB tb* **nett***)* **1** *(peso, salário)* líquido **2** *(resultado)* final

netball /ˈnetbɔːl/ *s* tipo de basquete

netbook /ˈnetbʊk/ *s* netbook

netiquette /ˈnetɪket/ *s [não contável] (coloq)* regras de comportamento da internet

netizen /ˈnetɪzn/ *s* internauta

netting /ˈnetɪŋ/ *s [não contável]* rede: *a veil with white netting* um véu de filó branco

nettle /ˈnetl/ *s* urtiga

⚷ **network** /ˈnetwɜːrk/ *substantivo, verbo*

▸ *s* **1** rede, sistema **2** *(TV, Rádio)* cadeia

▸ *v* **1** *vt (Informát)* interligar em rede **2** *vt* retransmitir, transmitir em cadeia **3** *vi* fazer (uma rede de) contatos **networking** *s [não contável]* estabelecimento de redes de contatos profissionais: *The dinners provide the opportunity for informal networking.* Os jantares oferecem oportunidades para networking informal. *Ver tb* SOCIAL NETWORKING

neurotic /nʊˈrɑːtɪk; *GB* njʊˈ-/ *adj, s* neurótico, -a

neutral /ˈnuːtrəl; *GB* ˈnjuː-/ *adjetivo, substantivo*

▸ *adj* neutro

▸ *s (carro)* ponto morto

⚷ **never** /ˈnevər/ *adv* **1** nunca **2**: *That will never do.* Isto não serve (de maneira alguma). LOC **well, I never (did)!** *(antiq)* veja(m) só! ➲ *Ver notas em* ALWAYS, NUNCA

⚷ **nevertheless** /ˌnevərðəˈles/ *adv* no entanto, todavia

⚷ **new** /nuː; *GB* njuː/ *adj* (**newer, -est**) **1** novo: *What's new?* Quais as novidades? **2** outro: *a new job* um novo emprego **3** ~ **(to sth)** novo (em algo) LOC **(as) good as new** como novo ◆ **turn over a new leaf** começar vida nova

ˌ**New** ˈ**Age** *adj* Nova Era

newborn /ˈnuːbɔːrn; *GB* ˈnjuː-/ *adj [antes do substantivo]* recém-nascido

newcomer /ˈnuːkʌmər; *GB* ˈnjuː-/ *s* recém-chegado, -a

ˌ**new-**ˈ**found** *adj [antes do substantivo]* recém-encontrado

⚷ **newly** /ˈnuːli; *GB* ˈnjuː-/ *adv* recém

newlywed /ˈnuːliwed; *GB* ˈnjuː-/ *adj, s* recém-casado, -a

newness /ˈnuːnəs; *GB* ˈnjuː-/ *s* novidade

⚷ **news** /nuːz; *GB* njuːz/ *s* **1** *[não contável]* notícia(s), novidade(s): *The news is not good.* As notícias não são boas. ◇ *Do you have any news?* Você tem alguma notícia/novidade? ◇ *It's news to me.* Isto é novidade para mim. ◇ *a piece of news* uma notícia ➲ *Ver nota em* CONSELHO **2 the news** *[sing]* as notícias, o noticiário LOC *Ver* BREAK

newscast /ˈnuːzkæst; *GB* ˈnjuːzkɑːst/ *s* notícias, noticiário **newscaster** *(GB tb* **newsreader***) s* apresentador, -ora do noticiário

newsdealer /ˈnuːzdiːlər; *GB* ˈnjuːz-/ *(GB* **newsagent***)* /ˈnuːzeɪdʒənt; *GB* ˈnjuːz-/ *s* jornaleiro, -a

newsflash /ˈnuːzflæʃ; *GB* ˈnjuːz-/ *s* (*TV, Rádio*) notícia importante divulgada durante a programação

newsgroup /ˈnuːzgruːp; *GB* ˈnjuːz-/ *s* (*Internet*) grupo de discussão

newsletter /ˈnuːzletər; *GB* ˈnjuːz-/ *s* publicação interna em clubes, organizações, etc.

⚷ **newspaper** /ˈnuːzpeɪpər; *GB* ˈnjuːz-/ *s* jornal (impresso)

newsreader /ˈnuːzriːdər; *GB* ˈnjuːz-/ *s* (*GB*) (*USA* **newscaster**) apresentador, -ora do noticiário

newsstand /ˈnuːzstænd; *GB* ˈnjuːz-/ *s* banca de jornais

ˌnew ˈyear (*tb* **New Year**) *s* Ano-Novo: *New Year's Day/Eve* dia/véspera de Ano-Novo

⚷ **next** /nekst/ *adjetivo, advérbio, substantivo*
▸ *adj* **1** próximo, seguinte: *(the) next time you see her* a próxima vez que você a vir ◇ *(the) next day* o dia seguinte ◇ *next month/Monday* mês/segunda-feira que vem **2** (*contíguo*) ao lado **LOC the next few days, months, etc.** os próximos dias, meses, etc. *Ver tb* DAY
▸ *adv* **1** depois, agora: *What did they do next?* O que eles fizeram depois? ◇ *What shall we do next?* O que devemos fazer agora? **2**: *when we next meet* na próxima vez em que nos encontrarmos **3** (*comparação*): *the next oldest* o próximo em idade **LOC** *Ver* LAST
▸ *s* **the next** [*sing*] o/a seguinte, o próximo, a próxima: *Who's next?* Quem é o próximo?

ˌnext ˈbest *adj* segundo melhor: *the next best thing/solution* a segunda melhor solução ◇ *It's not ideal, but it's the next best thing.* Não é o ideal mas é o que melhor temos no momento.

ˌnext ˈdoor *advérbio, adjetivo*
▸ *adv* ao/do lado: *They live next door.* Eles moram na casa ao lado. ◇ *the room next door* o quarto vizinho
▸ *adj* **next-door** [*antes do substantivo*]: *the next-door neighbor* o vizinho ao lado

ˌnext of ˈkin *s* (*pl* next of kin) parente(s) mais próximo(s)

⚷ **ˈnext to** *prep* **1** (*posição*) ao lado de, junto a **2** (*ordem*) depois de **3** quase: *next to nothing* quase nada ◇ *next to last* penúltimo

NGO /ˌen dʒiː ˈoʊ/ *s* (*abrev de* **non-governmental organization**) ONG ➲ *Ver nota em* ONG

NHS /ˌen eɪtʃ ˈes/ *abrev de* **National Health Service** sistema público de saúde (*na Grã-Bretanha*)

nibble /ˈnɪbl/ *vt, vi* ~ **(at) sth** beliscar, lambiscar algo

⚷ **nice** /naɪs/ *adj* (nicer, -est) **1** bonito: *You look nice.* Você está bonito. **2** agradável: *It smells nice.* Tem cheiro bom. ◇ *to have a nice time* divertir-se **3** ~ **(to sb)** simpático, amável (com alguém) ❶ A palavra **sympathetic** traduz-se por *compreensivo, solidário*. **4** (*tempo*) bom **LOC nice and...** (*coloq*) bem: *nice and warm* bem quentinho *Ver tb* JOB, MEET

⚷ **nicely** /ˈnaɪsli/ *adv* **1** (muito) bem **2** de maneira amável/agradável

niche /niːʃ; nɪtʃ/ *s* **1** nicho **2** (*fig*) oportunidade, lugar: *a niche in the market* um nicho de mercado

nick /nɪk/ *substantivo, verbo*
▸ *s* **1** entalhe, pequeno corte, brecha **2 the nick** [*sing*] (*GB, coloq*) a prisão, a delegacia **LOC in the nick of time** (*coloq*) na hora H
▸ *vt* **1** cortar, entalhar **2** ~ **sth (from sb/sth)** (*GB, coloq*) roubar algo (de alguém/algo)

nickel /ˈnɪkl/ *s* **1** níquel **2** (*USA, Can*) moeda de 5 centavos ➲ *Ver pág. 760*

nickname /ˈnɪkneɪm/ *substantivo, verbo*
▸ *s* apelido, alcunha
▸ *vt* apelidar

nicotine /ˈnɪkətiːn/ *s* nicotina

⚷ **niece** /niːs/ *s* sobrinha

⚷ **night** /naɪt/ *s* **1** noite: *at/by night* à/de noite ◇ *ten o'clock at night* dez da noite ◇ *the night before last* anteontem à noite ◇ *night shift* turno da noite ◇ *night school* escola noturna **2** (*Teat*) apresentação: *first/opening night* noite de estreia *Ver tb* STAG NIGHT **LOC good night** boa noite, até manhã (*fórmula de despedida*) ➲ *Ver nota em* NOITE ◆ **have an early/a late night** ir dormir cedo/tarde *Ver tb* DEAD

nightclub /ˈnaɪtklʌb/ *s* clube, boate

nightfall /ˈnaɪtfɔːl/ *s* (*formal*) anoitecer

nightgown /ˈnaɪtgaʊn/ (*GB* **nightdress** /ˈnaɪtdres/) (*coloq* **nightie** /ˈnaɪti/) *s* camisola

nightingale /ˈnaɪtɪŋgeɪl/ *s* rouxinol

nightlife /ˈnaɪtlaɪf/ *s* vida noturna

nightly /ˈnaɪtli/ *adjetivo, advérbio*
▸ *adj* **1** noturno **2** (*regular*) de todas as noites
▸ *adv* todas as noites, toda noite

nightmare /ˈnaɪtmer/ *s* (*lit e fig*) pesadelo **nightmarish** *adj* de pesadelo, apavorante

nighttime /ˈnaɪttaɪm/ *s* [*não contável*] noite

nil /nɪl/ *s* **1** nada **2** (*esp GB*) (*Esporte*) zero

nimble /ˈnɪmbl/ *adj* (nimbler, -est) **1** ágil **2** (*mente*) esperto

N

🔑**nine** /naɪn/ *adj, pron, s* nove ➲ *Ver exemplos em* FIVE **ninth 1** *adj, adv, pron* nono **2** *s* nona parte, nono ➲ *Ver exemplos em* FIFTH

🔑**nineteen** /ˌnaɪnˈtiːn/ *adj, pron, s* dezenove ➲ *Ver exemplos em* FIVE **nineteenth 1** *adj, adv, pron* décimo nono **2** *s* décima nona parte, dezenove avos ➲ *Ver exemplos em* FIFTH

🔑**ninety** /ˈnaɪnti/ *adj, pron, s* noventa ➲ *Ver exemplos em* FIFTY, FIVE **ninetieth 1** *adj, adv, pron* nonagésimo **2** *s* nonagésima parte, noventa avos ➲ *Ver exemplos em* FIFTH

nip /nɪp/ (-pp-) **1** *vt* beliscar, morder **2** *vi* ~ **down, out, etc.** (*GB, coloq*) descer, sair, etc. por um momento

nipple /ˈnɪpl/ *s* mamilo, bico do seio

nitrogen /ˈnaɪtrədʒən/ *s* nitrogênio

🔑**no** /noʊ/ *interjeição, adjetivo, advérbio*

▸ *interj* não

▸ *adj* **1** nenhum: *No two people think alike.* Não há duas pessoas que pensem da mesma maneira. ➲ *Ver nota em* NENHUM **2** (*proibição*): *No smoking.* Proibido fumar. **3** (*para enfatizar uma negação*): *She's no fool.* Ela não é nenhuma tola. ◇ *It's no joke.* Não é brincadeira.

▸ *adv* (*antes de adjetivo comparativo e advérbio*) não: *His car is no bigger/more expensive than mine.* O carro dele não é maior/mais caro que o meu.

nobility /noʊˈbɪləti/ *s* nobreza

noble /ˈnoʊbl/ *adj, s* (**nobler, -est**) nobre

🔑**nobody** /ˈnoʊbədi/ *pronome, substantivo*

▸ *pron Ver* NO ONE

▸ *s* (*pl* **nobodies**) joão-ninguém, pessoa sem importância

ˌno-ˈbrainer *s* (*coloq*) problema de solução óbvia

nocturnal /nɑːkˈtɜːrnl/ *adj* noturno

nod /nɑːd/ *verbo, substantivo*

▸ *v* (-dd-) **1** *vt, vi* afirmar com a cabeça: *He nodded (his head) in agreement.* Ele assentiu (com a cabeça). **2** *vi* ~ **(to/at sb)** saudar com a cabeça (a alguém) **3** *vt, vi* indicar/fazer sinal com a cabeça **4** *vi* pescar (dormindo) PHR V **nod off** (*coloq*) cochilar

▸ *s* movimento da cabeça LOC **give sb the nod** (*coloq*) dar permissão a alguém

🔑**noise** /nɔɪz/ *s* ruído, barulho LOC **make a noise (about sth)** (*coloq*) fazer barulho/escândalo (por algo) *Ver tb* BIG

🔑**noisily** /ˈnɔɪzɪli/ *adv* ruidosamente, escandalosamente

🔑**noisy** /ˈnɔɪzi/ *adj* (**noisier, -iest**) **1** ruidoso **2** barulhento

nomad /ˈnoʊmæd/ *s* nômade **nomadic** /noʊˈmædɪk/ *adj* nômade

nominal /ˈnɑːmɪnl/ *adj* nominal, simbólico **nominally** *adv* de nome, na aparência

nominate /ˈnɑːmɪneɪt/ *vt* **1** ~ **sb (for/as sth)** nomear, indicar alguém (para/como algo) **2** ~ **sth (as sth)** estabelecer, designar algo (como algo) **nomination** *s* nomeação

nominee /ˌnɑːmɪˈniː/ *s* candidato, -a; pessoa nomeada/indicada

nonalcoholic /ˌnɑːnˌælkəˈhɔːlɪk; *GB* -ˈhɒlɪk/ *adj* (*bebida*) não alcoólico

nondescript /ˈnɑːndɪskrɪpt/ *adj* sem qualidades especiais

🔑**none** /nʌn/ *pronome, advérbio*

▸ *pron* **1** nenhum, -a: *None (of them) is/are alive now.* Nenhum deles ainda está vivo.

> A forma plural é mais comum no inglês falado. Quando se refere a duas pessoas ou coisas, usamos **neither** no lugar de **none**: *Neither of my parents lives nearby.* Nenhum dos meus pais mora perto daqui. ➲ *Ver nota em* NENHUM

2 (*com substantivos ou pronomes não contáveis*) nada: *"Is there any bread left?" "No, none."* —Ainda temos pão? —Não, não sobrou nada. **3** (*formal*) ninguém: *and none more so than...* e ninguém mais do que... LOC **none but** (*formal*) apenas ◆ **none other than** nada mais nada menos do que

▸ *adv* **1** (*com* **the** + *comparativo*): *I'm none the wiser.* Continuo sem entender nada. ◇ *He's none the worse for it.* Não lhe fez mal. **2** (*com* **too** + *adjetivo ou advérbio*): *none too clean* não muito limpo

nonetheless /ˌnʌnðəˈles/ *adv* (*formal*) todavia

nonexistent /ˌnɑːnɪɡˈzɪstənt/ *adj* inexistente

nonfiction /ˌnɑːnˈfɪkʃn/ *s* [*não contável*] (livros de) não ficção

nonprofit /ˌnɑːnˈprɑːfɪt/ (*GB tb* **ˌnon-ˈprofit-making**) *adj* sem fins lucrativos

🔑**nonsense** /ˈnɑːnsens; *GB* -sns/ *s* [*não contável*] **1** absurdo, besteira **2** tolice, palhaçada **nonsensical** /nɑːnˈsensɪkl/ *adj* absurdo

nonsmoker /ˌnɑːnˈsmoʊkər/ *s* não fumante **nonsmoking** *adj*: *non-smoking area* área de não fumantes

nonstop /ˌnɑːnˈstɑːp/ *adjetivo, advérbio*

▸ *adj* **1** (*voo, viagem, etc.*) direto **2** ininterrupto

▸ *adv* **1** diretamente, sem

escalas **2** (*falar, trabalhar, etc.*) sem parar, ininterruptamente

nonverbal /ˌnɑːnˈvɜːrbl/ *adj* não verbal

noob /nuːb/ *s* (*coloq*) (*jogos de computador*) principiante

noodle /ˈnuːdl/ *s* macarrão tipo espaguete

noon /nuːn/ *s* meio-dia: *at noon* ao meio-dia ◇ *twelve noon* meio-dia

ˈno one (*tb* **nobody**) *pron* ninguém

Em inglês, não se podem utilizar duas negativas na mesma oração. Como as palavras **no one**, **nothing** e **nowhere** são negativas, o verbo sempre fica no afirmativo: *No one saw him.* Ninguém o viu. ◇ *She said nothing.* Ela não disse nada. ◇ *Nothing happened.* Não aconteceu nada. Quando o verbo está na negativa, temos que utilizar **anyone**, **anything** e **anywhere**: *I didn't see anyone.* Eu não vi ninguém. ◇ *She didn't say anything.* Ela não disse nada. **No one** é seguido de verbo no singular, porém costuma ser seguido de **they**, **them**, ou **their**, que são formas de plural: *No one else came, did they?* Ninguém veio, não é?

noose /nuːs/ *s* nó corrediço, laço

nope /noʊp/ *interj* (*coloq*) não

nor /nɔːr/ *conj, adv* **1** nem **2** tampouco, nem: *Nor do I.* Nem eu. ➲ *Ver nota em* NEITHER

norm /nɔːrm/ *s* norma

normal /ˈnɔːrml/ *adj, s* normal: *Things are back to normal.* As coisas voltaram ao normal.

normally /ˈnɔːrməli/ *adv* normalmente ➲ *Ver nota em* ALWAYS

norovirus /ˈnɔːroʊvaɪrəs; -rəvaɪ-/ *s* norovírus

north /nɔːrθ/ *substantivo, adjetivo, advérbio*
▸ *s* (*tb* **North**) (*abrev* **N**) norte: *Leeds is in the north of England.* Leeds fica no norte da Inglaterra.
▸ *adj* (do) norte: *north winds* ventos do norte
▸ *adv* para o norte: *We are going north on Tuesday.* Nós estamos indo para o norte na terça-feira.

northbound /ˈnɔːrθbaʊnd/ *adj* em direção ao norte

northeast /ˌnɔːrθˈiːst/ (*tb* **north-east**) *substantivo, adjetivo, advérbio*
▸ *s* (*abrev* **NE**) nordeste
▸ *adj* (do) nordeste
▸ *adv* para o nordeste **northeastern** *adj* (do) nordeste

northern (*tb* **Northern**) /ˈnɔːrðərn/ *adj* do norte: *She has a northern accent.* Ela tem sotaque do norte. ◇ *the northern hemisphere* o hemisfério norte **northerner** *s* nortista

northward /ˈnɔːrθwərd/ (*tb* **northwards**) *adv* em direção ao norte

northwest /ˌnɔːrθˈwest/ (*tb* **north-west**) *substantivo, adjetivo, advérbio*
▸ *s* (*abrev* **NW**) noroeste
▸ *adj* (do) noroeste
▸ *adv* para o noroeste **northwestern** *adj* (do) noroeste

nose /noʊz/ *substantivo, verbo*
▸ *s* **1** nariz **2** (*avião*) nariz, parte dianteira **3** [*sing*] **a ~ for sth** faro para algo
▸ *v* PHR V **nose around** (*GB tb* **nose about**) (*coloq*) bisbilhotar

nosebleed /ˈnoʊzbliːd/ *s* sangramento no nariz

ˈnose ring *s* argola de nariz

ˌno-ˈshow *s* (*coloq*) **1** pessoa que não comparece **2** não comparecimento

nostalgia /nəˈstældʒə; nɑːˈ-/ *s* nostalgia **nostalgic** *adj* nostálgico

nostril /ˈnɑːstrəl/ *s* narina

nosy (*tb* **nosey**) /ˈnoʊzi/ *adj* (**nosier, -iest**) (*coloq, pej*) curioso, xereta

not /nɑːt/ *adv* não: *I hope not.* Espero que não. ◇ *I'm afraid not.* Infelizmente não. ◇ *Certainly not!* Claro que não! ◇ *Not any more.* Não mais. ◇ *Not even…* Nem mesmo…

Not é utilizado para formar a negativa com verbos auxiliares e modais (**be, do, have, can, must**, etc.) e muitas vezes é utilizado em sua forma contraída **-n't**: *She is not/isn't going. We did not/didn't go. I must not/mustn't go.* A forma não contraída (**not**) tem um uso mais formal ou enfático e é utilizada para formar a negativa dos verbos subordinados: *He warned me not to be late.* Ele me avisou para não chegar tarde. ◇ *I suppose not.* Suponho que não. ➲ *Comparar com* NO

LOC **not at all 1** (*resposta*) de nada **2** nada, nem um pouco ◆ **not that…** não que…: *It's not that I mind…* Não que eu me importe…

notable /ˈnoʊtəbl/ *adj* notável **notably** *adv* particularmente

notary /ˈnoʊtəri/ *s* (*pl* **notaries**) (*tb* ˌ**notary ˈpublic** (*pl* **notaries public**)) tabelião (público), tabeliã (pública)

notch /nɑːtʃ/ *substantivo, verbo*
▸ *s* **1** entalhe **2** grau (*em escala*)
▸ *v* PHR V **notch sth up** (*coloq*) conseguir algo

N

note /noʊt/ *substantivo, verbo*
▸ *s* **1** nota: *to make a note (of sth)* tomar nota (de algo) ◇ *to take notes* tomar notas **2** (*Mús*) nota **3** (*GB*) (*USA* **bill**) nota (*de dinheiro*) **4** (*piano, etc.*) tecla **5** tom: *an optimistic note* um tom otimista
▸ *vt* notar, observar PHR V **note sth down** anotar algo

notebook /ˈnoʊtbʊk/ *s* **1** caderno **2** (*tb* ˌ**notebook comˈputer**) laptop

noted /ˈnoʊtɪd/ *adj* ~ **(for/as sth)** célebre, conhecido (por algo/por ser algo)

notepad /ˈnoʊtpæd/ *s* bloco de anotações

notepaper /ˈnoʊtpeɪpər/ *s* papel de carta

noteworthy /ˈnoʊtwɜːrði/ *adj* digno de nota

nothing /ˈnʌθɪŋ/ *pron* **1** nada ➲ *Ver nota em* NO ONE **2** zero LOC **be/have nothing to do with sb/sth** não ter nada a ver com alguém/algo ♦ **for nothing 1** grátis **2** em vão ♦ **nothing much** nada de mais

notice /ˈnoʊtɪs/ *substantivo, verbo*
▸ *s* **1** aviso, anúncio **2** aviso: *until further notice* até novo aviso/segunda ordem ◇ *to give one month's notice* avisar com um mês de antecedência **3** (carta de) demissão LOC **take no notice/not take any notice (of sb/sth)** fazer pouco caso (de alguém/algo) *Ver tb* ESCAPE, MOMENT
▸ *vt* **1** dar-se conta de **2** prestar atenção a, notar

noticeable /ˈnoʊtɪsəbl/ *adj* perceptível, evidente

noticeboard /ˈnoʊtɪsbɔːrd/ *s* (*GB*) (*USA* **bulletin board**) quadro de avisos

notify /ˈnoʊtɪfaɪ/ *vt* (*pt, pp* **-fied**) ~ **sb (of sth)** (*formal*) notificar alguém (de algo)

notion /ˈnoʊʃn/ *s* ~ **(of sth/that...)** noção, ideia (de algo/de que...): *without any notion of what he would do* sem a mínima noção do que ele faria

notorious /noʊˈtɔːriəs/ *adj* ~ **(for/as sth)** (*pej*) conhecido, infame (por algo/por ser algo)

notwithstanding /ˌnɑːtwɪθˈstændɪŋ/ *preposição, advérbio*
▸ *prep* (*formal*) apesar de
▸ *adv* (*formal*) todavia, ainda assim

nought /nɔːt/ *s* (*GB*) (*USA* **zero**) zero

ˌ**noughts and ˈcrosses** *s* (*GB*) (*USA* **tic-tac-toe**) jogo da velha

noun /naʊn/ *s* substantivo

nourish /ˈnɜːrɪʃ; *GB* ˈnʌrɪʃ/ *vt* **1** nutrir **2** (*formal*) (*fig*) alimentar **nourishing** *adj* nutritivo

novel /ˈnɑːvl/ *adjetivo, substantivo*
▸ *adj* original
▸ *s* romance **novelist** *s* romancista

novelty /ˈnɑːvlti/ *s* (*pl* **novelties**) novidade

November /noʊˈvembər/ *s* (*abrev* **Nov.**) novembro ➲ *Ver nota em* JANUARY

novice /ˈnɑːvɪs/ *s* novato, -a; principiante

now /naʊ/ *advérbio, conjunção*
▸ *adv* **1** agora: *by now* já/até agora ◇ *right now* agora mesmo **2** então LOC **(every) now and again/then** de vez em quando
▸ *conj* ~ **(that...)** agora que..., já que...

nowadays /ˈnaʊədeɪz/ *adv* hoje em dia

nowhere /ˈnoʊwer/ *adv* a/em lugar nenhum: *There's nowhere to park.* Não há lugar para estacionar. ➲ *Ver nota em* NO ONE LOC **be nowhere to be found/seen** não se encontrar em lugar algum ♦ **get/go nowhere**; **get sb nowhere** não chegar em/não levar alguém a lugar nenhum *Ver tb* MIDDLE, NEAR

nozzle /ˈnɑːzl/ *s* bocal

nuance /ˈnuːɑːns; *GB* ˈnjuː-/ *s* matiz

nuclear /ˈnuːkliər; *GB* ˈnjuː-/ *adj* nuclear: *nuclear power/waste* energia/lixo nuclear

nucleus /ˈnuːkliəs; *GB* ˈnjuː-/ *s* (*pl* **nuclei** /-kliaɪ/) núcleo

nude /nuːd; *GB* njuːd/ *adjetivo, substantivo*
▸ *adj* nu (*artístico e erótico*) ➲ *Ver nota em* NAKED
▸ *s* nu (artístico) LOC **in the nude** nu **nudity** *s* nudez

nudge /nʌdʒ/ *vt* **1** dar uma cotovelada em **2** empurrar gentilmente

nuisance /ˈnuːsns; *GB* ˈnjuː-/ *s* **1** incômodo: *I don't want to be a nuisance.* Não quero incomodar. **2** (*pessoa*) chato, -a: *Stop making a nuisance of yourself.* Pare de amolar.

ˈ**nuisance call** *s* telefonema indesejado

null /nʌl/ *adj* LOC **null and void** nulo

numb /nʌm/ *adjetivo, verbo*
▸ *adj* (*parte do corpo*) dormente: *numb with shock* paralisado de susto
▸ *vt* **1** entorpecer **2** (*fig*) paralisar

number /ˈnʌmbər/ *substantivo, verbo*
▸ *s* (*abrev* **No.**) número LOC **a number of...** vários/certos...
▸ *vt* **1** numerar **2** ser em número de: *We numbered 20 in all.* Éramos 20 no total.

ˈ**number plate** *s* (*GB*) (*USA* **license plate**) placa (*de carro*)

numeracy /ˈnuːmərəsi; *GB* ˈnjuː-/ *s* [*não contável*] habilidade numérica

numerical /nuːˈmerɪkl; *GB* njuːˈ-/ *adj* numérico

numerous /ˈnuːmərəs; GB ˈnjuː-/ *adj (formal)* numeroso

nun /nʌn/ *s* freira

nurse /nɜːrs/ *substantivo, verbo*

▸ *s* enfermeiro, -a ➲ *Ver nota em* POLICIAL

▸ *v* **1** *vt* cuidar de *(um enfermo)* **2** *vt (formal) (sentimentos)* alimentar **3** *vt, vi (mãe)* amamentar **4** *vi (bebê)* mamar **5** *vt* abraçar **nursing** *s* **1** enfermagem: *nursing home* casa de repouso para idosos **2** cuidado *(de enfermos)*

nursery /ˈnɜːrsəri/ *s (pl* **nurseries)** **1** quarto de crianças **2** *(GB tb* ˈ**day nursery)** creche **3** *(GB) (USA* **preschool)**: *nursery school* pré-escola **4** viveiro de plantas

ˈ**nursery rhyme** *s* canção infantil

nurture /ˈnɜːrtʃər/ *vt (formal)* **1** nutrir **2** *(ideia, relação, etc.)* alimentar **3** *(criança)* criar

nut /nʌt/ *s* **1** noz: *Brazil nut* castanha-do-pará **2** porca *(de parafuso)* **3** *(tb* ˈ**nut case)** *(GB tb* **nutter)** *(coloq)* maluco, -a **4** *(coloq)* fanático, -a: *He's a real fitness nut.* Ele é um verdadeiro fanático por saúde.

nutcrackers /ˈnʌtkrækərz/ *s [pl]* quebra-nozes

nutmeg /ˈnʌtmeg/ *s* noz-moscada

nutrient /ˈnuːtriənt; GB ˈnjuː-/ *s* nutriente, substância nutritiva

nutrition /nuˈtrɪʃn; GB njuˈ-/ *s* nutrição **nutritional** *adj* nutritivo **nutritious** *adj* nutritivo

nuts /nʌts/ *adj (coloq)* **1** maluco **2** ~ **about sb/sth** louco por alguém/algo

nutshell /ˈnʌtʃel/ *s* casca *(de noz)* LOC **(put sth) in a nutshell** (dizer algo) em poucas palavras

nutter /ˈnʌtər/ *s Ver* NUT

nutty /ˈnʌti/ *adj* **(nuttier, -iest)** **1**: *a nutty flavor* um sabor de castanhas **2** *(coloq)* maluco

NVQ /ˌen viː ˈkjuː/ *s (abrev de* **National Vocational Qualification)** *(GB)* qualificação profissional nacional

nylon /ˈnaɪlɑːn/ *s* náilon, nylon

nymph /nɪmf/ *s* ninfa

Oo

O, o /oʊ/ *s (pl* **Os, O's, o's)** **1** O, o ➲ *Ver nota em* A, A **2** zero

Quando se menciona o zero em uma série de números, p.ex. 0245, este é pronunciado como a letra **o**: /ˌoʊ tuː fɔːr ˈfaɪv/.

oak /oʊk/ *(tb* ˈ**oak tree)** *s* carvalho

oar /ɔːr/ *s* remo

oasis /oʊˈeɪsɪs/ *s (pl* **oases** /-siːz/) oásis

oath /oʊθ/ *s (pl* **oaths** /oʊðz/) **1** juramento **2** *(antiq)* palavrão LOC **on/under oath** sob juramento

oats /oʊts/ *s [pl]* (grãos de) aveia

obedient /əˈbiːdiənt/ *adj* obediente **obedience** *s* obediência

obese /oʊˈbiːs/ *adj* obeso **obesity** *s* obesidade

obey /əˈbeɪ/ *vt, vi* obedecer

obituary /oʊˈbɪtʃueri; GB əˈbɪtʃuəri/ *s (pl* **obituaries)** obituário *(seção de jornal)*

object *substantivo, verbo*

▸ *s* /ˈɑːbdʒekt; GB -dʒɪkt/ **1** objeto **2** objetivo, propósito **3** *(Gram)* objeto LOC **expense, money, etc. is no object** os gastos, o dinheiro, etc. não é problema

▸ *vi* /əbˈdʒekt/ ~ **(to sb/sth)** fazer objeção (a alguém/algo); ser contra (alguém/algo): *If he doesn't object…* Se ele não tiver nada contra…

objection /əbˈdʒekʃn/ *s* ~ **(to sth/doing sth)** objeção, oposição (a algo/a fazer algo): *to raise an objection to sth* levantar uma objeção a algo ◇ *I have no objection to her coming.* Não me oponho a que ela venha.

objective /əbˈdʒektɪv/ *adj, s* objetivo: *to remain objective* manter a objetividade

obligation /ˌɑːblɪˈgeɪʃn/ *s* **1** obrigação **2** *(Com)* compromisso LOC **be under an/no obligation (to do sth)** ter/não ter obrigação (de fazer algo)

obligatory /əˈblɪgətɔːri; GB -tri/ *adj (formal)* obrigatório, de rigor

oblige /əˈblaɪdʒ/ *vt* **1** obrigar **2** ~ **sb (with sth/by doing sth)** fazer um favor a alguém; satisfazer a alguém (fazendo algo) **obliged** *adj* ~ **(to sb) (for sth)** *(formal)* agradecido (a alguém) (por algo): *I am much obliged to you for helping us.* Eu sou muito agradecido por você ter nos ajudado. **obliging** *adj* atencioso

obliterate /əˈblɪtəreɪt/ *vt* eliminar

oblivion /əˈblɪviən/ *s* esquecimento

oblivious /əˈblɪviəs/ *adj* ~ **(of/to sth)** não consciente (de algo)

oblong /ˈɑːblɔːŋ; GB -blɒŋ/ *substantivo, adjetivo*

▸ *s* retângulo

▸ *adj* retangular

obnoxious /əbˈnɑːkʃəs/ *adj* ofensivo, odioso

oboe /ˈoʊboʊ/ *s* oboé

obscene /əbˈsiːn/ *adj* obsceno

obscure /əbˈskjʊr/ *adjetivo, verbo*

▸ *adj* **1** obscuro **2** desconhecido

▸ *vt* obscurecer, esconder

observant /əbˈzɜːrvənt/ *adj* observador

observation /ˌɑːbzərˈveɪʃn/ *s* observação

observatory /əbˈzɜːrvətɔːri; *GB* -tri/ *s* (*pl* **observatories**) observatório

observe /əbˈzɜːrv/ *vt* **1** (*formal*) observar **2** (*formal*) comentar **3** (*lei, etc.*) observar **4** (*formal*) (*festividade*) celebrar **observer** *s* observador, -ora

obsess /əbˈses/ **1** *vt* obcecar: *to be/become obsessed by/with sth* estar/ficar obcecado com/por algo **2** *vi* estar obcecado **obsession** *s* ~ **(with sth/sb)** obsessão (com algo/alguém) **obsessive** *adj* obsessivo

obsolete /ˌɑːbsəˈliːt; *GB* ˈɒbsəliːt/ *adj* obsoleto

obstacle /ˈɑːbstəkl/ *s* obstáculo

obstetrician /ˌɑːbstəˈtrɪʃn/ *s* obstetra

obstinacy /ˈɑːbstɪnəsi/ *s* teimosia

obstinate /ˈɑːbstɪnət/ *adj* obstinado

obstruct /əbˈstrʌkt/ *vt* obstruir

obstruction /əbˈstrʌkʃn/ *s* obstrução

obtain /əbˈteɪn/ *vt* (*formal*) obter **obtainable** *adj* alcançável, disponível

obvious /ˈɑːbviəs/ *adj* óbvio

obviously /ˈɑːbviəsli/ *adv* obviamente

O

occasion /əˈkeɪʒn/ *s* **1** ocasião **2** acontecimento **3** oportunidade LOC **on the occasion of sth** (*formal*) na ocasião de algo

occasional /əˈkeɪʒənl/ *adj* esporádico: *She reads the occasional book.* Ela lê um livro ocasionalmente.

occasionally /əˈkeɪʒnəli/ *adv* de vez em quando ➲ *Ver nota em* ALWAYS

occupant /ˈɑːkjəpənt/ *s* (*formal*) ocupante

occupation /ˌɑːkjuˈpeɪʃn/ *s* **1** ocupação **2** profissão ➲ *Ver nota em* WORK

occupational /ˌɑːkjuˈpeɪʃənl/ *adj* **1** profissional: *occupational hazards* riscos profissionais **2** (*terapia*) ocupacional

occupier /ˈɑːkjupaɪər/ *s* (*formal*) ocupante

occupy /ˈɑːkjupaɪ/ *vt* (*pt, pp* **occupied**) **1** ocupar **2** ~ **sb/yourself (in doing sth/with sth)** ocupar alguém (com algo); ocupar-se (fazendo/com algo)

occur /əˈkɜːr/ *vi* (-rr-) **1** (*formal*) ocorrer, acontecer **2** existir PHR V **occur to sb** (*ideia, pensamento*) ocorrer a alguém

occurrence /əˈkɜːrəns; *GB* əˈkʌrəns/ *s* **1** acontecimento, caso **2** existência, aparecimento **3** frequência

OCD /ˌoʊ siː ˈdiː/ *s* (*abrev de* **obsessive compulsive disorder**) TOC, transtorno obsessivo compulsivo

ocean /ˈoʊʃn/ *s* oceano ➲ *Ver nota em* MAR LOC *Ver* DROP

o'clock /əˈklɑːk/ *adv*: *six o'clock* seis horas

> A palavra **o'clock** pode ser omitida quando se fala das horas em ponto: *between five and six (o'clock)* entre as cinco e as seis (horas). Não se pode omitir quando acompanha outro substantivo: *the ten o'clock news* o jornal das dez.

October /ɑːkˈtoʊbər/ *s* (*abrev* **Oct.**) outubro ➲ *Ver nota em* JANUARY

octopus /ˈɑːktəpəs/ *s* (*pl* **octopuses**) polvo

odd /ɑːd/ *adj* **1** (**odder, -est**) estranho, peculiar **2** (*número*) ímpar **3** (*artigo de um par*) solto **4** (*sapato*) desparelhado **5** restante, a mais **6**: *thirty-odd* trinta e poucos ◇ *twelve pounds odd* doze libras e pouco **7 the odd** um ou outro: *He has the odd beer.* Ele toma uma cerveja de vez em quando. LOC **be the odd man/one out** ser o único/sem par, ser diferente: *Which is the odd one out?* Qual é diferente/a exceção?

oddball /ˈɑːdbɔːl/ *s* (*coloq*) esquisitão, -ona

oddity /ˈɑːdəti/ *s* (*pl* **oddities**) **1** excentricidade **2** (*pessoa*) excêntrico, -a **3** (*tb* **oddness**) estranheza, peculiaridade

ˌodd ˈjobs *s* [*pl*] bicos

oddly /ˈɑːdli/ *adv* de maneira estranha: *Oddly enough...* Curiosamente...

odds /ɑːdz/ *s* [*pl*] **1** probabilidades: *against (all) the odds* contra (todas) as probabilidades ◇ *The odds are that...* O mais provável é que... **2** apostas **3**: *The odds are five to one on that horse.* As apostas neste cavalo são de cinco contra um. LOC **be at odds (with sb) (over/on sth)** estar brigado (com alguém) (por algo), desentender-se (com alguém) (a respeito de algo) ◆ **it makes no odds** (*esp GB, coloq*) dá no mesmo ◆ **odds and ends** (*coloq*) coisas sem valor, quinquilharias

odometer /oʊˈdɑːmɪtər/ (*GB* **milometer**) *s* hodômetro

odor (*GB* **odour**) /ˈoʊdər/ *s* (*formal*) odor: *body odor* cheiro de suor ➲ *Ver nota em* SMELL

of /əv; ʌv/ *prep* **1** de: *a girl of six* uma menina de seis anos ◇ *It's made of wood.* É feito de madeira. ◇ *two kilograms of rice* dois quilos de arroz ◇ *It was very kind of him.* Foi muito gentil da parte dele. **2** (*com possessivos*) de: *a friend of John's* um amigo do John ◇ *a cousin of mine* um primo meu **3** (*com quantidades*): *There were five of us.*

Éramos cinco. ◇ *most of all* acima de tudo ◇ *The six of us went.* Fomos nós seis. **4** (*datas e tempo*) de: *the first of March* o dia primeiro de março **5** (*causa*) de: *What did she die of?* Do que ela morreu?

off /ɔːf; GB ɒf/ *advérbio, preposição, adjetivo*
ℹ Para o uso de **off** em PHRASAL VERBS, ver os verbetes dos verbos correspondentes, p.ex. **go off** em GO.
▸ *adv* **1** (*de distância*): *five miles off* a cinco milhas de distância ◇ *some way off* a certa distância ◇ *not far off* não muito distante **2**: *You left the lid off.* Você deixou destampado. ◇ *with her shoes off* descalça **3**: *I must be off.* Tenho que ir embora. **4**: *The meeting is off.* A reunião está cancelada. **5** (*gás, eletricidade, etc.*) desconectado **6** (*máquinas, etc.*) desligado **7** (*torneira*) fechado **8**: *a day off* um dia de folga **9**: *five per cent off* cinco por cento de desconto *Ver tb* WELL OFF
LOC **be off (for sth)** (*esp GB, coloq*): *How are you off for cash?* Como você está de dinheiro? ◆ **off and on**; **on and off** de tempos em tempos
▸ *prep* **1** de: *to fall off sth* cair de algo **2**: *a street off the main road* uma rua que sai da principal **3**: *off the coast* a certa distância da costa **4** (*GB, coloq*) sem vontade de: *to be off your food* estar sem fome
▸ *adj* (*GB*) **1** (*comida*) estragado **2** (*leite*) azedado

offal /ˈɔːfl; GB ˈɒfl/ *s* [*não contável*] víscera de animais (*como alimento*)

ˈ**off day** *s* (*coloq*) dia ruim (*em que nada dá certo*)

ˌ**off-ˈduty** *adj* de folga

offend /əˈfend/ *vt* ofender: *to be offended* ofender-se **offender** *s* **1** infrator, -ora **2** criminoso, -a

offense (*GB* **offence**) /əˈfens/ *s* **1** delito **2** ofensa **LOC** **take offense (at sth)** ofender-se (por algo)

offensive /əˈfensɪv/ *adjetivo, substantivo*
▸ *adj* **1** ofensivo, insultante **2** (*formal*) (*odor, etc.*) repugnante
▸ *s* ofensiva

offer /ˈɔːfər; GB ˈɒfə(r)/ *verbo, substantivo*
▸ *vt* ~ **sb sth**; ~ **sth (to sb)** oferecer algo (a alguém): *to offer to do sth* oferecer-se para fazer algo ➲ *Ver nota em* GIVE
▸ *s* oferta **offering** *s* **1** oferecimento **2** oferenda

offhand /ˌɔːfˈhænd; GB ˌɒf-/ *advérbio, adjetivo*
▸ *adv* de improviso, sem pensar
▸ *adj* (*pej*) brusco

office /ˈɔːfɪs; GB ˈɒfɪs/ *s* **1** escritório: *She's an office worker.* Ela trabalha num escritório. ◇ *office hours* horário de expediente *Ver tb* BOOKING OFFICE, BOX OFFICE, HEAD OFFICE, POST OFFICE, REGISTRY OFFICE **2** (*GB* **surgery**) consultório **3** cargo: *to take office* tomar posse (de cargo) **LOC** **in office** no poder

officer /ˈɔːfɪsər; GB ˈɒfɪ-/ *s* **1** (*exército*) oficial **2** (*governo*) funcionário, -a **3** (*tb* **police officer**) policial ➲ *Ver nota em* POLICIAL

ˌ**office supˈply store** (*GB* **stationer's**) *s* papelaria

official /əˈfɪʃl/ *adjetivo, substantivo*
▸ *adj* oficial, formal
▸ *s* funcionário, -a

officially /əˈfɪʃəli/ *adv* oficialmente

ˈ**off-licence** *s* (*GB*) (*USA* **liquor store**) loja de bebidas alcoólicas

offline /ˌɔːfˈlaɪn; GB ˌɒf-/ *adj, adv* não conectado a outro computador ou à internet

ˌ**off-ˈpeak** *adj* **1** (*preço, tarifa*) de baixa temporada **2** (*período*) de menor consumo

ˈ**off-putting** *adj* (*esp GB, coloq*) **1** desconcertante **2** (*pessoa*) desagradável

offset /ˈɔːfset; GB ˈɒf-/ *vt* (*pt, pp* **offset**; *part pres* **offsetting**) compensar

offshore /ˌɔːfˈʃɔːr; GB ˌɒf-/ *adj* **1** próximo da costa **2** (*brisa*) terrestre **3** (*pesca*) costeiro **4** (*empresa, investimentos*) offshore (*num paraíso fiscal*)

offside /ˌɔːfˈsaɪd; GB ˌɒf-/ *adjetivo, substantivo*
▸ *adj* (*Esporte*) impedido
▸ *s* (*Esporte*) impedimento

offspring /ˈɔːfsprɪŋ; GB ˈɒf-/ *s* (*pl* **offspring**) (*formal ou hum*) **1** filho(s), descendência **2** cria

ˌ**off-the-ˈshelf** *adj* [*antes do substantivo*] (*produto*) comercialmente disponível

often /ˈɑːfn; ˈɑːftən/ *adv* **1** com frequência, muitas vezes: *How often do you see her?* Com que frequência você a vê? **2** geralmente ➲ *Ver nota em* ALWAYS **LOC** *Ver* EVERY

oh /oʊ/ *interj* **1** ó, ah **2**: *Oh yes I will!* Com certeza, eu vou! ◇ *Oh no you won't!* Ah, não vai, não!

oil /ɔɪl/ *substantivo, verbo*
▸ *s* **1** petróleo: *oil well* poço de petróleo ◇ *oil field* campo petrolífero ◇ *oil tanker* petroleiro **2** óleo **3** (*Arte*) tinta a óleo
▸ *vt* lubrificar **oily** *adj* (**oilier**, **-iest**) **1** oleoso **2** engordurado

ˈ**oil rig** *s* plataforma de petróleo

ointment /ˈɔɪntmənt/ *s* pomada

OK (*tb* **okay**) /oʊˈkeɪ/ *interjeição, adjetivo, advérbio, substantivo, verbo*
▸ *interj* (*coloq*) tudo bem
▸ *adj* (*coloq*) bom

O

▸ *adv* (*coloq*) bem
▸ *s* (*coloq*) consentimento, aprovação
▸ *vt* (*coloq*) aprovar

okra /ˈoʊkrə/ *s* [*não contável*] quiabo

⚷ **old** /oʊld/ *adjetivo, substantivo*
▸ *adj* (**older**, **-est**) ➲ *Ver nota em* ELDER
1 velho: *old people* idosos ◇ *the Old Testament* o Antigo Testamento **2**: *How old are you?* Quantos anos você tem? ◇ *She is two (years old).* Ela tem dois anos.

Para falar "tenho dez anos", dizemos *I am ten* ou *I am ten years old*. No entanto, para falar "um menino de dez anos", dizemos *a boy of ten* ou *a ten-year-old boy*. ➲ *Ver nota em* YEAR

3 (*anterior*) antigo **LOC** *Ver* CHIP, TOUGH
▸ *s* **the old** [*pl*] os idosos

ˌold ˈage *s* velhice

⚷ **ˌold-ˈfashioned** *adj* **1** fora de moda, antiquado **2** tradicional

olive /ˈɑːlɪv/ *substantivo, adjetivo*
▸ *s* **1** azeitona: *olive oil* azeite **2** (*tb* **ˈolive tree**) oliveira
▸ *adj* **1** (*tb* **ˌolive ˈgreen**) verde-oliva **2** (*pele*) azeitonado

the Olympic Games /ði əˌlɪmpɪk ˈgeɪmz/ (*tb* **the Olympics**) *s* [*pl*] os Jogos Olímpicos/as Olimpíadas **Olympic** /əˈlɪmpɪk/ *adj* olímpico

ombudsman /ˈɑːmbʊdzmən; -mæn/ *s* (*pl* **-men** /ˈɑːmbʊdzmən; -men/) ombudsman (*pessoa encarregada de receber reclamações dirigidas a um órgão público*)

omelet (*tb* **omelette**) /ˈɑːmlət/ *s* omelete

omen /ˈoʊmən/ *s* presságio

OMG *abrev de* **oh my God** (*esp em mensagens de texto, etc.*) ai meu Deus

ominous /ˈɑːmɪnəs/ *adj* agourento

omission /əˈmɪʃn/ *s* omissão, ausência

omit /əˈmɪt/ *vt* (**-tt-**) (*formal*) **1** omitir **2** ~ **to do sth** deixar de fazer algo

omnipotent /ɑːmˈnɪpətənt/ *adj* (*formal*) onipotente

⚷ **on** /ɑːn; ɔːn/ *preposição, advérbio* ❶ Para o uso de **on** em PHRASAL VERBS, ver os verbetes dos verbos correspondentes, p.ex. **get on** em GET.
▸ *prep* **1** (*tb* **upon**) em, sobre: *on the table* sobre a mesa ◇ *on the wall* na parede **2** (*transport*): *to go on the train/bus* ir de trem/ônibus ◇ *to go on foot* ir a pé **3** (*datas*): *on Sunday(s)* no domingo/aos domingos ◇ *on May 3* no dia três de maio **4** (*tb* **upon**) (*com -ing*): *on arriving home* ao chegar em casa **5** (*a respeito de*) sobre **6** (*consumo*): *to live on fruit/on $50 a week* viver de frutas/com 50 dólares por semana ◇ *to be on drugs* estar usando drogas **7**: *to speak on the telephone* falar ao telefone **8** (*atividade, estado, etc.*) de: *on vacation* de férias ◇ *to be on duty* estar de serviço
▸ *adv* **1** (*com sentido de continuidade*): *to play on* continuar tocando ◇ *further on* mais adiante ◇ *from that day on* daquele dia em diante **2** (*roupa, etc.*) vestido: *I have my glasses on.* Estou de óculos. **3** (*máquinas, etc.*) conectado, ligado **4** (*torneira*) aberto **5** programado: *When is the movie on?* A que horas começa o filme? **LOC** **on and off** *Ver* OFF ◆ **on and on** sem parar

⚷ **once** /wʌns/ *advérbio, conjunção*
▸ *adv* uma vez: *once a week* uma vez por semana **LOC** **at once 1** imediatamente **2** de uma só vez ◆ **once again/more** mais uma vez ◆ **once and for all** de uma vez por todas ◆ **once in a blue moon** bem raramente ◆ **(every) once in a while** de vez em quando ◆ **once or twice** algumas vezes ◆ **once upon a time** era uma vez
▸ *conj* uma vez que: *Once he'd gone...* Assim que ele saiu...

oncoming /ˈɑːnkʌmɪŋ/ *adj* (*trânsito*) em direção contrária

ˈon-deˈmand *adj* sob demanda

⚷ **one** /wʌn/ *adjetivo, substantivo, pronome*
▸ *adj, s, pron* **1** um, uma: *one morning* uma manhã ➲ *Ver exemplos em* FIVE

A palavra **one** nunca funciona como artigo indefinido (**a/an**), e quando precede um substantivo, indica quantidade: *I'm going with just one friend.* Eu vou com apenas um amigo. ◇ *I'm going with a friend, not with my family.* Eu vou com um amigo, não com minha família.

2 único: *the one way to succeed* a única maneira de ter êxito **3** mesmo: *of one mind* da mesma opinião **LOC** **(all) in one** tudo em um ◆ **one by one** um a um ◆ **one or two** alguns *Ver tb* LAST
▸ *pron* **1** (*depois de adjetivo*): *the little ones* os pequenos ◇ *I prefer this/that one.* Prefiro este/aquele. ◇ *Which one?* Qual? ◇ *another one* (um) outro ◇ *It's better than the old one.* É melhor que o antigo. **2 the one(s)** o(s), a(s): *the one at the end* o que está no final **3** um, uma: *I need a pen. Do you have one?* Preciso de uma caneta. Você tem uma? ◇ *one of her friends* um de seus amigos ◇ *to tell one from the other* distinguir um do outro **4** (*formal*) (*como sujeito indeterminado*): *One must be sure.* Deve-se ter certeza. ➲ *Ver nota em* YOU

🔑 ˌ**one aˈnother** *pron* um ao outro, uns aos outros ➲ *Ver nota em* EACH OTHER

ˌ**one-on-ˈone** (*GB* ˌ**one-to-ˈone**) *adj* **1** (*reunião, etc.*) individual **2** exato

oneself /wʌnˈself/ *pron* **1** (*uso reflexivo*): *to cut oneself* cortar-se **2** (*uso enfático*) mesmo, -a: *to do it oneself* fazer sozinho

ˈ**one-shot** (*GB* ˌ**one-ˈoff**) *adj* [*antes do substantivo*] excepcional, único

onesie /ˈwʌnzi/ *s* pijama macacão

ˌ**one-size-fits-ˈall** *adj* [*antes do substantivo*] tamanho único

ˈ**one-stop** *adj* (*loja, etc.*) tudo em um

ˌ**one-ˈway** *adj* **1** (*rua*) de mão única **2** (*passagem*) de ida

ongoing /ˈɑːngoʊɪŋ/ *adj* **1** em andamento **2** atual

🔑 **onion** /ˈʌnjən/ *s* cebola *Ver tb* GREEN ONION, SPRING ONION

online /ˌɑːnˈlaɪn/ *adj, adv* (*Informát*) conectado, em linha

onlooker /ˈɑːnlʊkər/ *s* espectador, -ora

🔑 **only** /ˈoʊnli/ *advérbio, adjetivo, conjunção*

▸ *adv* somente, apenas **LOC not only... but also...** não só... mas também... ◆ **only just 1**: *I've only just arrived.* Acabo de chegar. **2**: *I can only just see.* Eu mal consigo ver. ◇ *I only just caught the train.* Peguei o trem bem em cima da hora. *Ver tb* IF

▸ *adj* [*antes do substantivo*] único: *He is an only child.* Ele é filho único.

▸ *conj* (*coloq*) só que, mas

ˌ**on-ˈscreen** *adj* (*Informát, Cinema, TV*) na tela

onset /ˈɑːnset/ *s* [*sing*] chegada, início

onslaught /ˈɑːnslɔːt/ *s* ~ **(on sb/sth)** investida violenta (contra alguém/algo)

🔑 **onto** (*tb* **on to**) /ˈɑːntə; -tu/ *prep* em, sobre, a: *to climb (up) onto sth* subir em algo **PHR V be onto sb** (*coloq*) estar atrás de alguém ◆ **be onto sth** ter descoberto algo importante

onus /ˈoʊnəs/ *s* [*sing*] (*formal*) ônus

onward /ˈɑːnwərd/ *adjetivo, advérbio*

▸ *adj* (*formal*) para diante/frente: *your onward journey* a continuação da sua viagem

▸ *adv* (*tb* **onwards**) **1** em diante: *from then onwards* dali em diante **2** (*formal*) para frente

oops /ʊps; uːps/ *interj* opa

ooze /uːz/ **1** *vt, vi* ~ **(with) sth** soltar, transpirar algo **2** *vi* ~ **out**; ~ **from/out of sth** vazar, escorrer de algo

opaque /oʊˈpeɪk/ *adj* opaco

🔑 **open** /ˈoʊpən/ *adjetivo, verbo, substantivo*

▸ *adj* **1** aberto: *Don't leave the door open.* Não deixe a porta aberta. **2** (*pessoa*) sincero, aberto: *to be open to sth* ser receptivo a algo **3** (*vista*) desimpedido **4** público **5** (*fig*): *to leave sth open* deixar algo em aberto **LOC in the open air** ao ar livre *Ver tb* BURST, SLIT, WIDE

▸ *v* **1** *vt, vi* abrir(-se) **2** *vt, vi* (*edifício, exposição, etc.*) inaugurar(-se) **3** *vt* (*processo*) começar **PHR V open into/onto sth** dar (acesso) para algo ◆ **open sth out** abrir algo ◆ **open up** (*coloq*) (*pessoa*) abrir-se, soltar-se ◆ **open (sth) up** abrir (algo), abrir-se: *Open up!* Abra!

▸ *s* **the open** o ar livre **LOC bring sth (out) into the open** levar algo a público ◆ **come (out) into the open** vir a público

ˌ**open-ˈair** *adj* ao ar livre

opener /ˈoʊpnər/ *s* abridor

ˌ**open ˈhouse** (*GB* ˈ**open day**) *s* dia de visitação (*em escola, empresa, etc.*)

🔑 **opening** /ˈoʊpnɪŋ/ *substantivo, adjetivo*

▸ *s* **1** (*fresta*) abertura **2** (*ato*) abertura: *opening times/hours* horário de atendimento **3** começo **4** inauguração **5** (*tb* ˌ**opening ˈnight**) (*Teat*) estreia **6** (*trabalho*) vaga **7** oportunidade

▸ *adj* [*antes do substantivo*] primeiro

🔑 **openly** /ˈoʊpənli/ *adv* abertamente

ˌ**open-ˈminded** *adj* aberto, de mente aberta

openness /ˈoʊpənnəs/ *s* franqueza

ˌ**open-ˈpit** (*GB* **opencast** /ˈoʊpənkæst; *GB* -kɑːst/) *adj* (*mina*) a céu aberto

ˌ**open-ˈplan** *adj*: *an open-plan office* um escritório sem divisórias

ˌ**open-ˈsource** *adj* (*software*) de código aberto

opera /ˈɑːprə/ *s* ópera: *opera house* teatro de ópera *Ver tb* SOAP OPERA

🔑 **operate** /ˈɑːpəreɪt/ **1** *vi* funcionar, operar **2** *vt* (*máquina*) operar **3** *vt* (*serviço*) oferecer **4** *vi* ~ **(on sb) (for sth)** (*Med*) operar (alguém) (de algo)

ˈ**operating room** (*GB* ˈ**operating theatre, theatre**) *s* sala de cirurgia

🔑 **operation** /ˌɑːpəˈreɪʃn/ *s* **1** operação: *rescue operation* operação de resgate ◇ *I had an operation on my leg.* Eu fiz uma operação na perna. **2** funcionamento **LOC be in/come into operation 1** estar/entrar em funcionamento **2** (*Jur*) estar/entrar em vigor **operational** *adj* **1** operacional **2** operante, em funcionamento

operative /ˈɑːpərətɪv; -reɪtɪv/ *adjetivo, substantivo*

▸ *adj* **1** em funcionamento **2** (*Jur*) em vigor **3** (*Med*) operatório

▸ *s* (*formal*) operário, -a

operator /ˈɑːpəreɪtər/ *s* operador, -ora: *switchboard operator* telefonista

O

opinion /əˈpɪnjən/ *s* ~ **(of/about/on sb/sth)** opinião, parecer (de/sobre/a respeito de alguém/algo): *in my opinion* na minha opinião ◇ *public opinion* a opinião pública LOC *Ver* MATTER

oˈpinion poll *Ver* POLL

opponent /əˈpoʊnənt/ *s* **1** adversário, -a; oponente **2**: *to be an opponent of sth* ser contrário a algo

opportunity /ˌɑːpərˈtuːnəti; *GB* -ˈtjuː-/ *s* (*pl* **opportunities**) ~ **(to do sth)**; ~ **(for/of doing sth)** oportunidade (de fazer algo): *to take the opportunity to do sth/of doing sth* aproveitar a oportunidade para fazer algo

oppose /əˈpoʊz/ *vt* **1** ~ **sth** opor-se a algo **2** ~ **sb** enfrentar alguém

opposed /əˈpoʊzd/ *adj* contrário: *to be opposed to sth* ser contrário a algo LOC **as opposed to** (*formal*): *quality as opposed to quantity* qualidade e não quantidade

opposing /əˈpoʊzɪŋ/ *adj* contrário

opposite /ˈɑːpəzət; *GB* -zɪt/ *adjetivo, advérbio, preposição, substantivo*

▸ *adj* **1** contrário: *the opposite sex* o sexo oposto **2** de frente: *the house opposite* a casa em frente/do outro lado da rua

▸ *adv* em frente: *She was sitting opposite.* Ela estava sentada do outro lado.

▸ *prep* (*tb* **across from**) de frente para, em frente de: *opposite each other* um de frente para o outro

▸ *s* ~ **(of sth)** contrário (de algo) ➲ *Ver ilustração em* FRENTE

opposition /ˌɑːpəˈzɪʃn/ *s* **1** ~ **(to sb/sth)** oposição (a alguém/algo) **2 the Opposition** [*sing*] (*Pol*) a oposição

oppress /əˈpres/ *vt* **1** oprimir **2** angustiar **oppressed** *adj* oprimido **oppression** *s* opressão **oppressive** *adj* **1** opressivo **2** angustiante, sufocante

opt /ɑːpt/ *vi* ~ **for sth/to do sth** optar por algo/fazer algo PHR V **opt out (of sth)** optar por não fazer algo, não participar (de algo)

optical /ˈɑːptɪkl/ *adj* óptico: *optical illusion* ilusão de óptica

optician /ɑːpˈtɪʃn/ *s* **1** óptico, -a **2** (*GB*) (*USA* **optometrist**) optometrista **3** (*loja*) ótica

optics /ˈɑːptɪks/ *s Ver* FIBER OPTICS

optimism /ˈɑːptɪmɪzəm/ *s* otimismo **optimist** *s* otimista **optimistic** /ˌɑːptɪˈmɪstɪk/ *adj* ~ **(about sth)** otimista (sobre/a respeito de algo)

optimum /ˈɑːptɪməm/ (*tb* **optimal** /ˈɑːptɪməl/) *adj* [*antes do substantivo*] ideal

O

option /ˈɑːpʃn/ *s* opção **optional** *adj* opcional, optativo

optometrist /ɑːpˈtɑːmətrɪst/ *s* optometrista

or /ɔːr/ *conj* **1** ou *Ver tb* EITHER **2** (*de outro modo*) ou, senão **3** (*depois de negativa*) nem *Ver tb* NEITHER LOC **or so**: *an hour or so* uma hora mais ou menos

oral /ˈɔːrəl/ *adjetivo, substantivo*

▸ *adj* **1** (*falado*) oral **2** (*Anat*) bucal, oral

▸ *s* (exame) oral

orange /ˈɔːrɪndʒ; *GB* ˈɒrɪndʒ/ *substantivo, adjetivo*

▸ *s* **1** laranja **2** (*tb* ˈ**orange tree**) laranjeira **3** (*cor*) laranja

▸ *adj* (*cor*) laranja, alaranjado

orbit /ˈɔːrbɪt/ *substantivo, verbo*

▸ *s* (*lit e fig*) órbita

▸ *vt, vi* ~ **(around) sth** descrever uma órbita, orbitar ao redor de algo

orchard /ˈɔːrtʃərd/ *s* pomar

orchestra /ˈɔːrkɪstrə/ *s* **1** orquestra **2 the orchestra** [*sing*] (*GB* **the stalls** [*pl*]) (*no teatro*) plateia

orchid /ˈɔːrkɪd/ *s* orquídea

ordeal /ɔːrˈdiːl/ *s* experiência penosa, suplício

order /ˈɔːrdər/ *substantivo, verbo*

▸ *s* **1** (*disposição, boa organização*) ordem: *in alphabetical order* por/em ordem alfabética **2** (*instrução*) ordem **3** (*Com*) encomenda: *to place an order for sth* encomendar algo *Ver tb* MAIL ORDER, SIDE ORDER, STANDING ORDER **4** (*Mil, Relig*) ordem LOC **in order 1** em ordem, segundo as regras **2** (*formal*) (*aceitável*) permitido ♦ **in order that...** (*formal*) para que... ♦ **in order to do sth** para fazer algo ♦ **in running/working order** em perfeito estado de funcionamento ♦ **out of order 1** quebrado: *It's out of order.* Não funciona. **2** (*GB*) (*USA* **out of line**) (*coloq*) que sai da linha, inadequado *Ver tb* LAW, MARCH, PECK

▸ *v* **1** *vt* ~ **sb to do sth** ordenar, mandar alguém fazer algo

Para se dizer a alguém que faça algo, pode-se utilizar os verbos **tell** e **order**. **Tell** é o verbo que se emprega com mais frequência. É mais ameno e se utiliza em situações cotidianas: *She told him to put everything away.* Ela disse para ele jogar tudo fora. **Order** é uma palavra mais forte, utilizada por pessoas que têm uma posição de autoridade: *I'm not asking you, I'm ordering you.* Eu não estou pedindo a você, eu estou mandando. ◇ *He ordered his troops to retreat.* Ele ordenou que suas tropas recuassem.

2 *vt* ~ **sth (from/for sb)** pedir, encomendar algo (a/para alguém) **3** *vt, vi* ~ **(sth) (for sb)** *(comida, etc.)* pedir (algo) (para alguém) **4** *vt (formal)* colocar em ordem, ordenar, organizar PHR V **order sb around** *(GB tb* **order sb about***)* dar ordens a alguém, ser autoritário com alguém **ordered** *adj* ordenado

orderly /ˈɔːrdərli/ *adj* **1** organizado, arrumado **2** disciplinado, pacífico

ordinary /ˈɔːrdneri; *GB* ˈɔːdnri/ *adj* corrente, normal, comum: *ordinary people* pessoas comuns LOC **out of the ordinary** fora do comum, extraordinário

ore /ɔːr/ *s* minério: *gold/iron ore* minério de ouro/ferro

oregano /əˈreɡənoʊ; *GB* ˌɒrɪˈɡɑːnoʊ/ *s* orégano

organ /ˈɔːrɡən/ *s (Mús, Anat)* órgão *Ver tb* MOUTH ORGAN

organic /ɔːrˈɡænɪk/ *adj* orgânico

organism /ˈɔːrɡənɪzəm/ *s* organismo

organization *(GB tb* **-isation***)* /ˌɔːrɡənəˈzeɪʃn; *GB* -naɪˈ-/ *s* organização **organizational** *(GB tb* **-isational***)* *adj* organizacional

organize *(GB tb* **-ise***)* /ˈɔːrɡənaɪz/ **1** *vt, vi* organizar(-se): *to get yourself organized* organizar-se **2** *vt (pensamentos)* colocar em ordem **organizer** *(GB tb* **-iser***)* *s* organizador, -ora

organized *(GB tb* **-ised***)* /ˈɔːrɡənaɪzd/ *adj [antes do substantivo]* organizado: *to get yourself organized* organizar-se

orgy /ˈɔːrdʒi/ *s (pl* **orgies***)* *(lit e fig)* orgia

orient /ˈɔːriənt/ *(GB tb* **orientate** /ˈɔːrienteɪt/*)* *vt* ~ **sth/sb (to/toward sth/sb)** orientar algo/alguém (para algo/alguém): *to orient yourself* orientar-se **orientation** *s* orientação

the Orient /ði ˈɔːriənt/ *s* o Oriente **oriental** /ˌɔːriˈentl/ *adj* oriental

origin /ˈɔːrɪdʒɪn; *GB* ˈɒrɪ-/ *s* **1** origem **2** *[ger pl]* origens, ascendência *(de uma pessoa)*

original /əˈrɪdʒənl/ *adjetivo, substantivo*
▸ *adj* **1** original **2** primeiro, primitivo
▸ *s* original LOC **in the original** no original **originality** /əˌrɪdʒəˈnæləti/ *s* originalidade

originally /əˈrɪdʒənəli/ *adv* originalmente, a princípio

originate /əˈrɪdʒɪneɪt/ *(formal)* **1** *vi* ~ **in sth** originar-se, ter sua origem em algo **2** *vi* ~ **from sth** provir de algo **3** *vt* originar, produzir

ornament /ˈɔːrnəmənt/ *s* (objeto de) enfeite, ornamento **ornamental** /ˌɔːrnəˈmentl/ *adj* decorativo, de enfeite

ornate /ɔːrˈneɪt/ *adj* **1** ornamentado, decorado **2** *(linguagem, estilo)* floreado

orphan /ˈɔːrfn/ *substantivo, verbo*
▸ *s* órfão, -ã
▸ *vt*: *to be orphaned* ficar órfão

orphanage /ˈɔːrfənɪdʒ/ *s* orfanato

orthodox /ˈɔːrθədɑːks/ *adj* ortodoxo

osteopath /ˈɑːstiəpæθ/ *s* osteopata

osteopathy /ˌɑːstiˈɑːpəθi/ *s* osteopatia

ostracize *(GB tb* **-ise***)* /ˈɑːstrəsaɪz/ *vt (formal)* ignorar

ostrich /ˈɑːstrɪtʃ/ *s* avestruz

other /ˈʌðər/ *adjetivo, pronome*
▸ *adj* outro: *other books* outros livros ◇ *Do you have other plans?* Você tem outros planos? ◇ *All their other children have left home.* Todos os outros filhos deles já saíram de casa. ◇ *That other car was better.* Aquele outro carro era melhor. ◇ *some other time* (alguma) outra hora ➲ *Ver nota em* OUTRO LOC **the other day, morning, week, etc.** outro dia, outra manhã/semana, etc. *Ver tb* EVERY, WORD
▸ *pron* **1 others** *[pl]* outros, -as: *Others have said this before.* Outros já disseram isso antes. ◇ *Do you have any others?* Você tem mais? **2 the other** o outro, a outra: *I'll keep one and she can have the other.* Eu fico com um e ela pode ficar com o outro. **3 the others** *[pl]* os/as demais: *This shirt is too small and the others are too big.* Esta camisa é pequena demais e as outras são muito grandes. LOC **other than 1** exceto: *He never speaks to me other than to ask for something.* Ele não fala comigo a não ser para pedir alguma coisa. **2** *(formal)*: *I have never known him to behave other than selfishly.* Eu nunca o vi comportar-se de uma maneira que não fosse egoísta. ◆ **sb/sth/somewhere or other** *(coloq)* alguém/algo/em algum lugar

ˌother ˈhalf *s (GB) (USA* **better half***)* *(coloq, hum)* outra metade

otherwise /ˈʌðərwaɪz/ *adv* **1** senão, se não fosse assim: *Shut the window. Otherwise it'll get too cold.* Feche a janela, caso contrário vai ficar muito frio. **2** fora isso **3** de outra maneira: *mulled wine, otherwise known as glühwein* vinho quente, também conhecido como glühwein

otter /ˈɑːtər/ *s* lontra

ouch /aʊtʃ/ *interj* ai!

ought to /ˈɔːt tə; tu/ *v modal (neg* **ought not** *ou* **oughtn't** /ˈɔːtnt/*)*

Ought to é um verbo modal, e as orações interrogativas e negativas se constroem sem o auxiliar **do**.

O

1 *(sugestões e conselhos)*: *You ought to do it.* Você deveria fazê-lo. ◇ *I ought to have gone.* Eu deveria ter ido. ➲ *Comparar com* MUST **2** *(probabilidade)*: *Five ought to be enough.* Cinco devem ser suficientes.

ounce /aʊns/ *s (abrev* **oz.**) onça *(28,35 gramas)* ➲ *Ver pág. 758*

⚷ **our** /ɑːr; ˈaʊər/ *adj* nosso(s), nossa(s): *Our house is in the center.* Nossa casa fica no centro. ➲ *Ver nota em* MY

⚷ **ours** /ɑːrz; ˈaʊərz/ *pron* nosso(s), nossa(s): *a friend of ours* uma amiga nossa ◇ *Where's ours?* Onde está o nosso?

⚷ **ourselves** /ɑːrˈselvz; ˌaʊərˈselvz/ *pron* **1** *(uso reflexivo)* nós **2** *(uso enfático)* nós mesmos LOC **(all) by ourselves** (completamente) sozinhos

⚷ **out** /aʊt/ *advérbio, substantivo* ❶ Para o uso de **out** em PHRASAL VERBS, ver os verbetes dos verbos correspondentes, p.ex. **eat out** em EAT.
▸ *adv* **1** fora: *to be out* não estar (em casa) **2**: *The sun is out.* O sol já saiu. **3** fora de moda **4** *(possibilidade, etc.)* descartado **5** *(luz, etc.)* apagado **6**: *to call out (loud)* chamar em voz alta **7** *(cálculo)* errado: *The bill is out by five dollars.* A conta está errada em cinco dólares. **8** *(jogador)* eliminado **9** *(bola)* fora *(da quadra) Ver tb* OUT OF LOC **be out for sth/to do sth** buscar (fazer) algo
▸ *s* LOC *Ver* IN

outage /ˈaʊtɪdʒ/ *(tb* ˈ**power outage**) *(GB* ˈ**power cut**) *s* corte de energia

the outback /ˈaʊtbæk/ *s [sing]* o interior *(na Austrália)*

outbreak /ˈaʊtbreɪk/ *s* **1** irrupção **2** *(guerra)* deflagração

outburst /ˈaʊtbɜːrst/ *s* **1** *(emoção)* acesso: *an outburst of anger* um acesso de cólera **2** explosão

outcast /ˈaʊtkæst; *GB* -kɑːst/ *s* excluído, -a; pária

outcome /ˈaʊtkʌm/ *s* resultado

outcry /ˈaʊtkraɪ/ *s (pl* **outcries**) protesto

outdated /ˌaʊtˈdeɪtɪd/ *adj* ultrapassado, desatualizado

outdo /ˌaʊtˈduː/ *vt (3a pess sing pres* **outdoes** /-ˈdʌz/, *pt* **outdid** /-ˈdɪd/, *pp* **outdone** /-ˈdʌn/) superar

⚷ **outdoor** /ˈaʊtdɔːr/ *adj* ao ar livre: *outdoor swimming pool* piscina ao ar livre

outdoors /ˌaʊtˈdɔːrz/ *advérbio, substantivo*
▸ *adv* ao ar livre, fora
▸ *s* **the outdoors** *[sing]* o campo

⚷ **outer** /ˈaʊtər/ *adj [antes do substantivo]* externo, exterior

outfit /ˈaʊtfɪt/ *s* **1** *(roupa)* conjunto **2** equipamento

outgoing /ˈaʊtgoʊɪŋ/ *adj* **1** extrovertido **2** *(Pol)* que está saindo, em final de mandato **3** *(voo, chamada, etc.)* para fora, de saída

outgrow /ˌaʊtˈgroʊ/ *vt (pt* **outgrew** /-ˈgruː/, *pp* **outgrown** /-ˈgroʊn/) **1**: *He's outgrown his shoes.* Os sapatos dele ficaram pequenos. **2** *(hábito, etc.)* cansar-se de, abandonar

outing /ˈaʊtɪŋ/ *s* excursão *(rápida e curta)*

outlandish /aʊtˈlændɪʃ/ *adj (ger pej)* esquisito

outlaw /ˈaʊtlɔː/ *verbo, substantivo*
▸ *vt* declarar ilegal
▸ *s* foragido, -a

outlet /ˈaʊtlet/ *s* **1** *(GB* **socket**) tomada *(na parede, etc.)* ➲ *Ver ilustração em* TOMADA **2** ~ **(for sth)** escape (para algo) **3** *(Com)* ponto de venda **4** escoadouro, saída

⚷ **outline** /ˈaʊtlaɪn/ *substantivo, verbo*
▸ *s* **1** contorno, perfil **2** linhas gerais, esboço
▸ *vt* **1** delinear, esboçar **2** expor em linhas gerais

outlive /ˌaʊtˈlɪv/ *vt* sobreviver a: *The machine had outlived its usefulness.* A máquina tinha deixado de ser útil.

outlook /ˈaʊtlʊk/ *s* **1** ~ **(on sth)** ponto de vista (sobre algo) **2** ~ **(for sth)** perspectiva, prognóstico (para algo)

outnumber /ˌaʊtˈnʌmbər/ *vt* superar em número a

ˈ**out of** *prep* **1** fora de: *I want that dog out of the house.* Quero aquele cachorro fora da casa. ◇ *to jump out of bed* pular da cama **2** de: *eight out of every ten* oito em cada dez ◇ *to copy sth out of a book* copiar algo de um livro **3** *(causa)* por: *out of interest* por interesse **4** *(material)* de, com: *made out of plastic* (feito) de plástico **5** sem: *to be out of work* estar sem trabalho

ˌ**out of** ˈ**date** *adj* **1** desatualizado: *out-of-date ideas* ideias antiquadas **2** *(passaporte, etc.)* vencido ➲ *Ver nota em* WELL BEHAVED ➲ *Comparar com* UP TO DATE

ˈ**out-of-pocket** *adj*: *out-of-pocket expenses* pequenas despesas reembolsáveis

ˌ**out-of-**ˈ**state** *adj [antes do substantivo]* fora do estado *(nos Estados Unidos)*

outpatient /ˈaʊtpeɪʃnt/ *s* paciente de ambulatório ➲ *Comparar com* INPATIENT

outpost /ˈaʊtpoʊst/ *s* posto avançado

⚷ **output** /ˈaʊtpʊt/ *s* **1** produção **2** *(Fís)* potência

outrage /ˈaʊtreɪdʒ/ *substantivo, verbo*
▸ *s* **1** *[não contável]* escândalo **2** revolta **3** atrocidade

▸ *vt* ultrajar **outrageous** /aʊtˈreɪdʒəs/ *adj* **1** escandaloso, ultrajante **2** extravagante

outright /ˈaʊtraɪt/ *advérbio, adjetivo*

▸ *adv* **1** (*sem reservas ou rodeios*) francamente, diretamente **2** imediatamente, instantaneamente **3** definitivamente, completamente **4** (*vencer*) indiscutivelmente

▸ *adj* [*antes do substantivo*] **1** absoluto **2** franco **3** (*vencedor*) indiscutível **4** (*negativa*) definitivo

outset /ˈaʊtset/ *s* LOC **at/from the outset (of sth)** no/desde o princípio (de algo)

⚷ **outside** *substantivo, preposição, advérbio, adjetivo*

▸ *s* /ˌaʊtˈsaɪd/ exterior: *on/from the outside* por/de fora

▸ *prep* /ˌaʊtˈsaɪd/ (*tb esp USA* **outside of**) fora de: *Wait outside the door.* Espere do lado de fora da porta.

▸ *adv* /ˌaʊtˈsaɪd/ (do lado de) fora, para fora

▸ *adj* /ˈaʊtsaɪd/ [*antes do substantivo*] **1** externo, de fora **2** (*chance*) pequeno

outsider /ˌaʊtˈsaɪdər/ *s* **1** forasteiro, -a; estranho, -a **2** (*pej*) intruso, -a **3** (*competidor, cavalo*) azarão

outskirts /ˈaʊtskɜːrts/ *s* [*pl*] subúrbios, arredores

outsource /ˈaʊtsɔːrs/ *vt* (*Com*) terceirizar **outsourcing** *s* [*não contável*] terceirização

outspoken /aʊtˈspoʊkən/ *adj* sincero, franco

⚷ **outstanding** /aʊtˈstændɪŋ/ *adj* **1** destacado, excepcional **2** (*visível*) saliente **3** (*pagamento, trabalho*) pendente

outstretched /ˌaʊtˈstretʃt/ *adj* estendido, aberto

outward /ˈaʊtwərd/ *adjetivo, advérbio*

▸ *adj* [*antes do substantivo*] **1** externo, superficial **2** (*viagem*) de ida

▸ *adv* (*tb* **outwards**) para fora **outwardly** *adv* por fora, aparentemente

outweigh /ˌaʊtˈweɪ/ *vt* pesar mais que, importar mais que

oval /ˈoʊvl/ *adj* oval, ovalado

ovary /ˈoʊvəri/ *s* (*pl* **ovaries**) ovário

⚷ **oven** /ˈʌvn/ *s* forno

⚷ **over** /ˈoʊvər/ *advérbio, preposição* ❶ Para o uso de **over** em PHRASAL VERBS, ver os verbetes dos verbos correspondentes, p.ex. **blow over** em BLOW.

▸ *adv* **1**: *to knock sth over* derrubar/entornar algo ◇ *to fall over* cair **2**: *to turn sth over* virar algo **3** (*lugar*): *over here/there* (por/logo) aqui/ali/lá ◇ *They came over to see us.* Eles vieram para nos ver. **4 left over** sobrando: *Is there any food left over?* Sobrou (alguma) comida? **5** (*mais*): *children of five and over* crianças de cinco anos para cima **6** terminado LOC **(all) over again** (tudo) outra vez, (tudo) de novo ◆ **over and done with** completamente terminado ◆ **over and over (again)** repetidas vezes *Ver tb* ALL

▸ *prep* **1** sobre, por cima de: *clouds over the mountains* nuvens sobre as montanhas **2** do outro lado de: *He lives over the hill.* Ele mora do outro lado da colina. **3** mais de: *(for) over a month* (durante) mais de um mês **4** durante, enquanto: *We'll discuss it over lunch.* Discutiremos isso durante o almoço. **5** (*por causa de*): *an argument over money* uma discussão por questões de dinheiro **6** (*via rádio ou telefone*): *We heard it over the radio.* Ouvimos isso no rádio. ◇ *I don't want to talk about it over the phone.* Eu não quero falar sobre isso por telefone. LOC **over and above** além de

over- /ˈoʊvər/ *pref* **1** excessivamente: *over-ambitious* extremamente ambicioso **2** (*idade*) maior de: *the over-60s* os maiores de 60 anos

⚷ **overall** *adjetivo, advérbio, substantivo*

▸ *adj* /ˌoʊvərˈɔːl/ **1** total **2** (*geral*) global **3** (*vencedor*) absoluto

▸ *adv* /ˌoʊvərˈɔːl/ **1** no total **2** em geral

▸ *s* /ˈoʊvərɔːl/ **1 overalls** [*pl*] (*USA*) (*GB* **dungarees**) jardineira (*roupa*) **2 overalls** [*pl*] (*GB*) (*USA* **coveralls**) macacão ➲ *Ver notas em* CALÇA, PAIR **3** (*GB*) (*USA* ˈ**lab coat**) avental

overalls

overalls
(*GB* **dungarees**)

coveralls
(*GB* **overalls**)

overbearing /ˌoʊvərˈberɪŋ/ *adj* (*pej*) dominador

overboard /ˈoʊvərbɔːrd/ *adv* pela borda: *to fall overboard* cair ao mar LOC **go overboard (about sb/sth)** (*coloq*) ficar extremamente entusiasmado (com alguém/algo)

O

overcast /ˌoʊvərˈkæst; *GB* -ˈkɑːst/ *adj* nublado, encoberto

overcharge /ˌoʊvərˈtʃɑːrdʒ/ *vt, vi* ~ **(sb) (for sth)** cobrar a mais (de alguém) (por algo)

overcoat /ˈoʊvərkoʊt/ *s* sobretudo

overcome /ˌoʊvərˈkʌm/ *vt* (*pt* **overcame** /-ˈkeɪm/, *pp* **overcome**) **1** (*dificuldade, etc.*) superar, dominar **2** (*adversário*) derrotar **3** invadir, tomar: *overcome by fumes/smoke* invadido por gases/fumaça ◇ *overcome with/by emotion* tomado por emoções

overcrowded /ˌoʊvərˈkraʊdɪd/ *adj* superlotado **overcrowding** *s* superlotação

overdo /ˌoʊvərˈduː/ *vt* (*3a pess sing pres* **overdoes** /-ˈdʌz/, *pt* **overdid** /-ˈdɪd/, *pp* **overdone** /-ˈdʌn/) **1** exagerar, usar muito **2** cozinhar demais LOC **overdo it/things** exagerar (*trabalhando, estudando, etc.*)

overdose /ˈoʊvərdoʊs/ *substantivo, verbo*
▸ *s* overdose
▸ *vi* (*coloq* **OD**) ~ **(on sth)** tomar um overdose (de algo)

overdraft /ˈoʊvərdræft; *GB* -drɑːft/ *s* saldo negativo (*de conta bancária*)

overdrawn /ˌoʊvərˈdrɔːn/ *adj* (*Fin*) com saldo negativo

overdue /ˌoʊvərˈduː; *GB* -ˈdjuː/ *adj* **1** atrasado **2** (*Fin*) vencido (sem pagamento)

overestimate /ˌoʊvərˈestɪmeɪt/ *vt* superestimar

overflow *verbo, substantivo*
▸ *v* /ˌoʊvərˈfloʊ/ **1** *vt, vi* transbordar **2** *vi* ~ **(with sth)** estar abarrotado (com/de algo)
▸ *s* /ˈoʊvərfloʊ/ **1** transbordamento **2** excesso (*de gente, etc.*) **3** (*tb* ˈ**overflow pipe**) (*cano*) ladrão

overgrown /ˌoʊvərˈgroʊn/ *adj* **1** ~ **(with sth)** (*jardim*) coberto (de algo) **2** (*ger pej*) crescido demais, grande demais

overhang /ˌoʊvərˈhæŋ/ *vt, vi* (*pt, pp* **overhung** /-ˈhʌŋ/) projetar-se (sobre) **overhanging** *adj* que se projeta (sobre): *overhanging trees* árvores que fazem sombra

overhaul *verbo, substantivo*
▸ *vt* /ˌoʊvərˈhɔːl/ (*máquina, etc.*) fazer a revisão de
▸ *s* /ˈoʊvərhɔːl/ revisão (completa)

overhead *adjetivo, advérbio, substantivo*
▸ *adj* /ˈoʊvərhed/ **1** elevado **2** (*cabos, fios*) aéreo **3** (*luz*) de teto
▸ *adv* /ˌoʊvərˈhed/ por cima da cabeça, no alto, pelo alto
▸ *s* /ˈoʊvərhed/ (*GB* **overheads** [*pl*]) (*Com*) despesa fixa

overhear /ˌoʊvərˈhɪr/ *vt* (*pt, pp* **overheard** /-ˈhɜːrd/) ouvir (*por acaso*)

overhung *pt, pp de* OVERHANG

overjoyed /ˌoʊvərˈdʒɔɪd/ *adj* **1** ~ **(at sth)** eufórico (por/com algo) **2** ~ **(to do sth)** contentíssimo (de fazer algo)

overland /ˈoʊvərlænd/ *adjetivo, advérbio*
▸ *adj* terrestre
▸ *adv* por terra

overlap *verbo, substantivo*
▸ *v* /ˌoʊvərˈlæp/ (-pp-) **1** *vt, vi* sobrepor(-se) **2** *vi* (*fig*) coincidir em parte
▸ *s* /ˈoʊvərlæp/ **1** sobreposição **2** (*fig*) coincidência

overleaf /ˌoʊvərˈliːf/ *adv* no verso (*de página*)

overload *verbo, substantivo*
▸ *vt* /ˌoʊvərˈloʊd/ ~ **sb/sth (with sth)** sobrecarregar alguém/algo (com algo)
▸ *s* /ˈoʊvərloʊd/ sobrecarga

overlook /ˌoʊvərˈlʊk/ *vt* **1** não notar **2** (*perdoar*) deixar passar **3** dar para, ter vista para

overnight *advérbio, adjetivo*
▸ *adv* /ˌoʊvərˈnaɪt/ **1** durante a noite: *to travel overnight* viajar de noite **2** da noite para o dia
▸ *adj* /ˈoʊvərnaɪt/ **1** durante a noite, para a noite **2** (*sucesso*) repentino

overpass /ˈoʊvərpæs; *GB* -pɑːs/ (*GB* **flyover**) *s* viaduto

overpopulated /ˌoʊvərˈpɑːpjuleɪtɪd/ *adj* superpopuloso **overpopulation** /ˌoʊvərˌpɑːpjuˈleɪʃn/ *s* superpopulação

overpower /ˌoʊvərˈpaʊər/ *vt* dominar, vencer, subjugar **overpowering** *adj* esmagador, insuportável

overprotective /ˌoʊvərprəˈtektɪv/ *adj* superprotetor

overran *pt de* OVERRUN

overrate /ˌoʊvərˈreɪt/ *vt* superestimar, supervalorizar

overreact /ˌoʊvəriˈækt/ *vi* exagerar (*reação*)

override /ˌoʊvərˈraɪd/ *vt* (*pt* **overrode** /-ˈroʊd/, *pp* **overridden** /-ˈrɪdn/) **1** (*decisão*) rejeitar **2** (*objeção*) refutar **3** (*Jur*) revogar ❶ Para os significados 1, 2 e 3, usa-se também o verbo **overrule**/ˌoʊvərˈruːl/. **4** ter preferência/prioridade a **5** (*processo automático*) passar para o modo manual **overriding** *adj* capital, prioritário

overrun /ˌoʊvəˈrʌn/ (*pt* **overran** /-ˈræn/, *pp* **overrun**) **1** *vt* invadir **2** *vt, vi* ultrapassar (o tempo/orçamento)

overseas /ˌoʊvərˈsiːz/ *adjetivo, advérbio*
▸ *adj* exterior, estrangeiro
▸ *adv* no/do/ao estrangeiro

oversee /ˌoʊvərˈsiː/ *vt* (*pt* **oversaw** /-ˈsɔː/, *pp* **overseen** /-ˈsiːn/) supervisionar, inspecionar

overshadow /ˌoʊvərˈʃædoʊ/ *vt* **1** (*pessoa, realização*) ofuscar **2** (*entristecer*) ensombrecer

oversight /ˈoʊvərsaɪt/ *s* omissão, descuido

oversimplify /ˌoʊvərˈsɪmplɪfaɪ/ *vt* (*pp* **-fied**) simplificar excessivamente

oversleep /ˌoʊvərˈsliːp/ *vi* (*pt, pp* **overslept** /-ˈslept/) perder a hora (*dormindo*)

overspend /ˌoʊvərˈspend/ (*pt, pp* **overspent** /-ˈspent/ *v*) **1** *vi* gastar em excesso **2** *vt* (*orçamento*) ultrapassar

overstate /ˌoʊvərˈsteɪt/ *vt* exagerar

overstep /ˌoʊvərˈstep/ *vt* (**-pp-**) ultrapassar (*limites*) LOC **overstep the line/mark** passar dos limites

overt /oʊˈvɜːrt; ˈoʊvɜːrt/ *adj* (*formal*) declarado, público

overtake /ˌoʊvərˈteɪk/ (*pt* **overtook** /-ˈtʊk/, *pp* **overtaken** /-ˈteɪkən/) **1** *vt* superar **2** *vt, vi* (*esp GB*) (*USA* **pass**) (*carro*) ultrapassar **3** *vt* pegar de surpresa

ˌover-the-ˈcounter *adj* [*antes do substantivo*] (*medicamentos*) sem receita

overthink /ˌoʊvərˈθɪŋk/ *vt, vi* (*pt, pp* **overthought** /-ˈθɔːt/) pensar demais (sobre)

overthrow *verbo, substantivo*
▸ *vt* /ˌoʊvərˈθroʊ/ (*pt* **overthrew** /-ˈθruː/, *pp* **overthrown** /-ˈθroʊn/) depor, derrubar
▸ *s* /ˈoʊvərθroʊ/ deposição

overtime /ˈoʊvərtaɪm/ *s* [*não contável*] **1** hora(s) extra(s) **2** (*GB* **extra time**) (*Esporte*) prorrogação

overtone /ˈoʊvərtoʊn/ *s* [*ger pl*] conotação, insinuação

overtook *pt de* OVERTAKE

overture /ˈoʊvərtʃər; *GB* -tʃʊə(r)/ *s* (*Mús*) abertura LOC **make overtures (to sb)** tentar uma aproximação/negociação (com alguém)

overturn /ˌoʊvərˈtɜːrn/ **1** *vt, vi* virar **2** *vt, vi* (*carro*) capotar **3** *vt* (*decisão*) anular

overview /ˈoʊvərvjuː/ *s* panorama (geral)

overweight /ˌoʊvərˈweɪt/ *adj*: *to be overweight* estar com excesso de peso ➲ *Ver nota em* GORDO

overwhelm /ˌoʊvərˈwelm/ *vt* **1** derrotar, derrubar **2** (*emoção*) desarmar **3** sobrecarregar (*de trabalho, perguntas, etc.*) **overwhelming** *adj* esmagador

overwork /ˌoʊvərˈwɜːrk/ *vt, vi* (fazer) trabalhar demais

overworked /ˌoʊvərˈwɜːrkt/ *adj* sobrecarregado (de trabalho)

ow /aʊ/ *interj* ai!

🔑 **owe** /oʊ/ *vt* dever, estar em dívida (com)

ˈowing to *prep* devido a, por causa de

owl /aʊl/ *s* coruja

🔑 **own** /oʊn/ *adjetivo, pronome, verbo*
▸ *adj, pron* próprio: *It was my own idea.* Foi ideia minha. LOC **(all) on your own** **1** completamente só **2** por si só, sem ajuda ◆ **get your own back (on sb)** (*coloq*) vingar-se (de alguém) ◆ **of your own** próprio: *a house of your own* uma casa própria
▸ *vt* possuir, ter, ser dono de PHR V **own up (to sth)** confessar (algo), confessar-se culpado de algo

🔑 **owner** /ˈoʊnər/ *s* proprietário, -a **ownership** *s* [*não contável*] propriedade

ˌown ˈgoal *s* (*GB*) gol contra

ox /ɑːks/ *s* (*pl* **oxen** /ˈɑːksn/) boi

oxygen /ˈɑːksɪdʒən/ *s* oxigênio

oyster /ˈɔɪstər/ *s* ostra

ozone /ˈoʊzoʊn/ *s* ozônio: *ozone layer* camada de ozônio

Pp

P, p /piː/ *s* (*pl* **Ps, P's, p's**) P, p ➲ *Ver nota em* A, A

PA /ˌpiː ˈeɪ/ *s* **1** (*abrev de* **public address system**) (sistema de) alto-falantes **2** (*abrev de* **ˌpersonal asˈsistant**) (*esp GB*) assistente pessoal

🔑 **pace** /peɪs/ *substantivo, verbo*
▸ *s* **1** passo **2** ritmo LOC **keep pace (with sb/sth)** acompanhar o ritmo (de alguém/algo) ◆ **set the pace** ditar o ritmo (*no mercado, etc.*)
▸ *vt, vi* (*com inquietude*) andar de um lado para o outro: *to pace up and down (a room)* andar de um lado para o outro (numa sala) ➲ *Ver nota em* ANDAR[1]

pacemaker /ˈpeɪsmeɪkər/ *s* (*Med*) marca-passo

pacifier /ˈpæsɪfaɪər/ (*GB* **dummy**) *s* chupeta

pacifism /ˈpæsɪfɪzəm/ *s* pacifismo **pacifist** *adj, s* pacifista

pacify /ˈpæsɪfaɪ/ *vt* (*pt, pp* **-fied**) **1** (*temores, ira*) apaziguar **2** (*região*) pacificar

🔑 **pack** /pæk/ *verbo, substantivo*
▸ *v* **1** *vt* (*mala*) fazer **2** *vi* fazer as malas **3** *vt* embalar: *The pottery was packed in boxes.* As louças foram colocadas em caixas. **4** *vt* carregar **5** *vt* ~ **sth in/with sth** envolver algo em/com algo **6** *vt* (*caixa*) encher **7** *vt* (*comida*) embalar,

conservar em **8** *vt* (*sala, espaço*) lotar LOC **pack your bags** (*coloq*) (fazer as malas e) ir embora PHR V **pack sth in** (*coloq*) deixar, abandonar algo: *I packed in my job.* Eu deixei meu emprego. ◆ **pack into sth** espremer-se em algo (*num lugar limitado*) ◆ **pack sb/sth into sth** espremer alguém/algo, acumular algo (*num período ou lugar limitado*) ◆ **pack up 1** empacotar, fazer as malas **2** (*esp GB, coloq*) quebrar (*deixar de funcionar*)
▸ *s* **1** (*esp GB*) (*tb esp USA* **set**) pacote: *The pack contains a pen, writing paper, and ten envelopes.* O pacote contém uma caneta, papel de carta, e dez envelopes. ➲ *Ver nota em* PACKAGE **2** (*cigarros*) maço **3** carga (*de animal*) **4** mochila **5** (*cachorros*) matilha **6** (*lobos*) alcateia **7** (*GB*) (*USA* **deck**) (*cartas*) baralho

⚷ **package** /ˈpækɪdʒ/ *substantivo, verbo*
▸ *s* **1** (*tb esp GB* **parcel**) (*bagagem*) volume **2** pacote

Package (*tb esp GB* **parcel**) é utilizado para nos referirmos a pacotes enviados pelo correio. **Pack** (*GB* **packet**) é o termo mais comum para um pacote ou uma bolsa que contém algum produto à venda em uma loja: *a pack of cigarettes/chips* um maço de cigarros/um pacote de batatas fritas. **Pack** também é utilizado para nos referirmos a um conjunto de coisas diferentes que são vendidas juntas, sobretudo na Grã-Bretanha: *The pack contains needles and thread.* O pacote contém agulhas e linha. ◇ *information pack* pacote de informações. ➲ *Ver ilustração em* CONTAINER

▸ *vt* empacotar

ˈpackage tour (*GB tb* **ˈpackage holiday**) *s* pacote turístico

⚷ **packaging** /ˈpækɪdʒɪŋ/ *s* embalagem

packed /pækt/ *adj* **1** lotado **2** ~ **with sth** abarrotado, cheio de algo

ˌpacked ˈlunch *s* (*GB*) *Ver* BAG LUNCH

⚷ **packet** /ˈpækɪt/ *s* **1** (*USA*) (*GB* **sachet**) sachê **2** (*GB*) pacote ➲ *Ver ilustração em* CONTAINER ➲ *Ver nota em* PACKAGE

packing /ˈpækɪŋ/ *s* **1** processo de embalar/fazer as malas: *Did you finish your packing yet?* Você já terminou de fazer as suas malas? **2** embalagem, material para acondicionamento

pact /pækt/ *s* pacto

pad /pæd/ *substantivo, verbo*
▸ *s* **1** enchimento: *shoulder/shin pads* ombreiras/protetores de queixo **2** (*papel*) bloco **3** (*tb* **ˌsanitary ˈpad**) absorvente (higiênico) *Ver tb* MOUSE PAD
▸ *vt* (-dd-) **1** acolchoar **2** ~ **along, around, etc. (sth)** andar (de leve) (por, ao redor de, etc. algo) PHR V **pad sth out** encher linguiça (*livro, texto, etc.*) **padding** *s* **1** enchimento **2** encheção de linguiça

paddle /ˈpædl/ *substantivo, verbo*
▸ *s* **1** remo de cabo curto **2** (*USA*) (*GB* **bat**) raquete (*de pingue-pongue*) **3 a paddle** [*sing*] (*GB*) (*no rio ou no mar*): *to go for/have a paddle* andar pela água/molhar os pés LOC *Ver* CREEK
▸ *v* **1** *vt* (*barco, canoa*) dirigir (remando) **2** *vi* remar **3** *vi* (*GB*) (*USA* **wade**) andar com os pés na água

paddock /ˈpædək/ *s* prado (*onde pastam cavalos*)

padlock /ˈpædlɑːk/ *s* cadeado

paediatrician (*GB*) = PEDIATRICIAN

paedophile (*GB*) = PEDOPHILE

pagan /ˈpeɪgən/ *adj, s* pagão, -ã

⚷ **page** /peɪdʒ/ *substantivo, verbo*
▸ *s* (*abrev* **p.**) página
▸ *vt* chamar/procurar por alto-falante

pager /ˈpeɪdʒər/ *s* pager, bip

paid /peɪd/ *adj* **1** (*empregado*) assalariado **2** (*trabalho, férias*) remunerado LOC **put paid to sth** (*coloq*) acabar com algo *Ver tb* PAY

pail /peɪl/ *s* balde

⚷ **pain** /peɪn/ *s* dor: *Is she in pain?* Ela está com dor? ◇ *I have a pain in my back.* Estou com dor nas costas. LOC **a pain (in the neck)** (*coloq*) um chato ◆ **be at/go to/take (great) pains to do sth** esforçar-se para fazer algo ◆ **take (great) pains with/over sth** esmerar-se muito em algo **pained** *adj* **1** aflito **2** ofendido

⚷ **painful** /ˈpeɪnfl/ *adj* **1** dolorido: *to be painful* doer **2** doloroso **3** (*dever, missão*) penoso **4** (*decisão*) difícil **painfully** *adv* terrivelmente

painkiller /ˈpeɪnkɪlər/ *s* analgésico

painless /ˈpeɪnləs/ *adj* **1** sem dor **2** (*procedimento*) sem dificuldades

painstaking /ˈpeɪnzteɪkɪŋ/ *adj* laborioso

⚷ **paint** /peɪnt/ *substantivo, verbo*
▸ *s* tinta
▸ *vt, vi* pintar

paintbrush /ˈpeɪntbrʌʃ/ *s* pincel, broxa ➲ *Ver ilustração em* BRUSH

⚷ **painter** /ˈpeɪntər/ *s* pintor, -ora

⚷ **painting** /ˈpeɪntɪŋ/ *s* **1** pintura **2** quadro

paintwork /ˈpeɪntwɜːrk/ *s* pintura (*superfície*)

⚷ **pair** /per/ *substantivo, verbo*
▸ *s* **1** par: *a pair of pants* umas calças/uma calça

P

As palavras que designam objetos compostos por dois elementos (como pinça, tesoura, calça, etc.) são seguidas de verbo no plural: *My pants are very tight.* Minha calça está muito apertada. Quando nos referimos a mais de um objeto, utilizamos a palavra **pair**: *I have two pairs of pants.* Tenho duas calças.

2 casal: *the winning pair* o par vencedor ➲ *Comparar com* COUPLE
▸ *v* PHR V **pair off/up (with sb)** formar par (com alguém) ♦ **pair sb off/up (with sb)** emparceirar alguém (com alguém)

pajamas (*GB* **pyjamas**) /pəˈdʒæməz; *GB* pəˈdʒɑːməz/ *s* [*pl*] pijama: *a pair of pajamas* um pijama ❶ **Pajamas** se usa no singular quando precede outro substantivo: *pajama pants* calça do pijama. ➲ *Ver nota em* PAIR

pal /pæl/ *s* (*coloq*) **1** companheiro, -a; amigo, -a **2** colega *Ver tb* PEN PAL

⚷ **palace** /ˈpæləs/ *s* palácio

palate /ˈpælət/ *s* **1** paladar **2** palato

⚷ **pale** /peɪl/ *adjetivo, substantivo*
▸ *adj* (**paler**, **-est**) **1** pálido: *to go/turn pale* empalidecer **2** (*cor*) claro **3** (*luz*) tênue
▸ *s* LOC **beyond the pale** (*conduta*) inaceitável

pallid /ˈpælɪd/ *adj* pálido

pallor /ˈpælər/ *s* palidez

palm /pɑːm/ *substantivo, verbo*
▸ *s* **1** (*mão*) palma **2** (*tb* ˈ**palm tree**) palmeira LOC **have sb in the palm of your hand** ter alguém na palma da mão
▸ *v* PHR V **palm sb off with sth; palm sth off on sb** (*coloq*) empurrar algo para alguém ♦ **palm sth off as sth** (*coloq*) empurrar algo como algo

paltry /ˈpɔːltri/ *adj* insignificante

pamper /ˈpæmpər/ *vt* mimar

pamphlet /ˈpæmflət/ *s* **1** folheto **2** (*político*) panfleto

⚷ **pan** /pæn/ *s* panela ➲ *Ver ilustração em* POT LOC *Ver* FLASH

pancake /ˈpænkeɪk/ *s* panqueca ➲ *Ver nota em* TERÇA-FEIRA

panda /ˈpændə/ *s* panda

pander /ˈpændər/ *v* PHR V **pander to sb/sth** (*pej*) ser conivente, condescender com alguém/algo

pane /peɪn/ *s* vidraça: *pane of glass* lâmina de vidro

⚷ **panel** /ˈpænl/ *s* **1** (*revestimento, de instrumentos, TV, etc.*) painel **2** comissão de jurados, júri **paneled** (*GB* **panelled**) *adj* revestido **paneling** (*GB* **panelling**) *s* revestimento: *oak paneling* revestimento de carvalho

pang /pæŋ/ *s* pontada (*de fome, ciúme, etc.*)

panic /ˈpænɪk/ *substantivo, verbo*
▸ *s* pânico
▸ *vt, vi* (**-ck-**) entrar em pânico, assustar(-se)

ˈ**panic-stricken** *adj* em pânico

panini /pəˈniːni/ (*tb* **panino** /pəˈniːnoʊ/) *s* (*pl* **panini** *ou* **paninis**) sanduíche feito com pão italiano

pant /pænt/ *vi* arfar

panther /ˈpænθər/ *s* **1** pantera **2** puma

panties /ˈpæntiz/ *s* [*pl*] calcinha: *a pair of panties* uma calcinha ➲ *Ver notas em* CALÇA, PAIR

pantomime /ˈpæntəmaɪm/ *s* (*GB*) **1** pantomima de Natal **2** (*fig*) farsa

pantry /ˈpæntri/ *s* (*pl* **pantries**) despensa

⚷ **pants** /pænts/ *s* [*pl*] **1** (*USA*) (*GB* **trousers**) calça **2** (*GB*) (*USA* **underpants**) cueca, calcinha ➲ *Ver notas em* CALÇA, PAIR, UNDERPANTS **3** (*GB, gíria*) uma porcaria

pantyhose /ˈpæntihoʊz/ (*GB* **tights**) *s* [*pl*] meia-calça

paparazzo /ˌpæpəˈrætsoʊ/ *s* (*pl* **paparazzi** /-si/) fotógrafo, -a que persegue celebridades

papaya /pəˈpaɪə/ *s* mamão

⚷ **paper** /ˈpeɪpər/ *substantivo, verbo*
▸ *s* **1** [*não contável*] papel: *a piece of paper* uma folha/um pedaço de papel ◇ *writing paper* papel de carta **2** jornal **3 papers** [*pl*] papéis, papelada **4 papers** [*pl*] documentação **5** (*tb* **wallpaper**) papel de parede **6** exame (*escrito*) **7** (*acadêmico*) trabalho, artigo *Ver tb* WHITE PAPER LOC **on paper 1** por escrito **2** em teoria, no papel
▸ *vt* revestir com papel de parede

paperback /ˈpeɪpərbæk/ *s* livro tipo brochura ➲ *Comparar com* HARDCOVER

ˈ**paper boy** *s* entregador de jornal (*menino*)

ˈ**paper clip** *s* clipe

ˈ**paper girl** *s* entregadora de jornal

paperwork /ˈpeɪpərwɜːrk/ *s* [*não contável*] **1** tarefas administrativas **2** papelada

par /pɑːr/ *s* LOC **below/under par** abaixo do esperado ♦ **on a par with sb/sth** em pé de igualdade com alguém/algo

parable /ˈpærəbl/ *s* parábola (*estória*)

parachute /ˈpærəʃuːt/ *substantivo, verbo*
▸ *s* paraquedas
▸ *vi* saltar de paraquedas **parachuting** *s* paraquedismo

parade /pəˈreɪd/ *substantivo, verbo*
▸ *s* **1** desfile **2** (*Mil*) parada

P

▸ *v* **1** *vi* desfilar **2** *vi* (*Mil*) passar em revista **3** *vi* pavonear-se **4** *vt* exibir **5** *vt* (*pej*) (*conhecimentos*) alardear

paradise /ˈpærədaɪs/ *s* paraíso

paradox /ˈpærədɑːks/ *s* paradoxo

paraffin /ˈpærəfɪn/ *s* (*GB*) (*USA* **kerosene**) querosene

paragliding /ˈpærəglaɪdɪŋ/ *s* voo de parapente

paragraph /ˈpærəgræf; *GB* -grɑːf/ *s* parágrafo

parakeet /ˈpærəkiːt/ *s* periquito

⚷ **parallel** /ˈpærəlel/ *adjetivo, substantivo*
▸ *adj* (em) paralelo
▸ *s* paralelo

the Paralympics /ˌpærəˈlɪmpɪks/ *s* [*pl*] as Paraolimpíadas

paralysis /pəˈræləsɪs/ *s* **1** (paralyses /-siːz/) paralisia **2** [*não contável*] (*fig*) paralisação

paralyze (*GB* **paralyse**) /ˈpærəlaɪz/ *vt* paralisar **paralyzed** (*GB* **paralysed**) *adj* **1** paralítico **2** (*fig*) paralisado (*pelo medo, pela greve, etc.*)

paramedic /ˌpærəˈmedɪk/ *s* paramédico, -a

paramount /ˈpærəmaʊnt/ *adj* primordial: *of paramount importance* de suma importância

paranoia /ˌpærəˈnɔɪə/ *s* paranoia

paranoid /ˈpærənɔɪd/ *adj* paranoico

paraphrase /ˈpærəfreɪz/ *vt* parafrasear

parasite /ˈpærəsaɪt/ *s* parasita

parcel /ˈpɑːrsl/ *s* **1** (*terreno*) lote **2** (*esp GB*) (*USA* **package**) pacote ➲ *Ver nota em* PACKAGE

parched /pɑːrtʃt/ *adj* **1** ressecado **2** (*coloq*) (*pessoa*) sedento

parchment /ˈpɑːrtʃmənt/ *s* pergaminho

pardon /ˈpɑːrdn/ *interjeição, substantivo, verbo*
▸ *interj* (*tb* ˌ**pardon** ˈ**me**) **1** como (disse)?, desculpe, o que você disse? **2** perdão
▸ *s* **1** (*Jur*) indulto **2** (*formal*) perdão **LOC** *Ver* BEG
▸ *vt* perdoar

⚷ **parent** /ˈperənt/ *s* mãe, pai: *my parents* os meus pais ◇ *parent company* (empresa) matriz **parentage** /ˈperəntɪdʒ/ *s* **1** ascendência **2** pais **parental** /pəˈrentl/ *adj* dos pais **parenthood** /ˈperənthʊd/ *s* maternidade, paternidade

parenthesis /pəˈrenθəsɪs/ *s* (*pl* **parentheses** /-siːz/) (*GB* **bracket**) parêntese: *in parentheses* entre parênteses

ˈ**parents-in-law** *s* [*pl*] sogros

parish /ˈpærɪʃ/ *s* paróquia: *parish priest* pároco

⚷ **park** /pɑːrk/ *substantivo, verbo*
▸ *s* **1** parque: *national/business park* parque nacional/industrial **2** (*USA*) campo de esportes *Ver tb* CAR PARK
▸ *vt, vi* estacionar

parking /ˈpɑːrkɪŋ/ *s* estacionamento: *parking ticket/fine* multa por estacionamento proibido ◇ *There is free parking.* Há um estacionamento gratuito. ◇ *parking meter* parquímetro

ˈ**parking garage** (*GB* ˌ**multi-storey** ˈ**car park**) *s* estacionamento vertical (*em um prédio*)

ˈ**parking lot** (*GB* **car park**) *s* estacionamento

parkland /ˈpɑːrklænd/ *s* [*não contável*] área verde, parque

⚷ **parliament** /ˈpɑːrləmənt/ *s* parlamento, congresso: *Member of Parliament* deputado

> O Parlamento Britânico está dividido em duas câmaras: a Câmara dos Comuns (**the House of Commons**) e a Câmara dos Lordes (**the House of Lords**). A Câmara dos Comuns é composta por 650 deputados (**Members of Parliament** ou **MPs**) eleitos pelos cidadãos britânicos. Cada um desses deputados representa um distrito eleitoral (**constituency**).

parliamentary /ˌpɑːrləˈmentri/ *adj* parlamentar

parlor (*GB* **parlour**) /ˈpɑːrlər/ *s* salão: *ice-cream/beauty parlor* sorveteria/salão de beleza

parody /ˈpærədi/ *s* (*pl* **parodies**) paródia

parole /pəˈroʊl/ *s* liberdade condicional

parrot /ˈpærət/ *s* (*Zool*) papagaio

parsley /ˈpɑːrsli/ *s* salsinha

parsnip /ˈpɑːrsnɪp/ *s* alcaravia

⚷ **part** /pɑːrt/ *substantivo, verbo*
▸ *s* **1** parte **2** peça (*de máquina*) **3** (*TV, livro, etc.*) episódio **4** papel (*para ator*) **5** (*USA*) (*GB* **parting**) (*do cabelo*) risca **6 parts** [*pl*] (*antiq, coloq*) região: *She's not from these parts.* Ela não é daqui. **LOC for my, his, their, etc. part** da minha parte, da parte dele, deles, etc. ◆ **for the most part** no geral ◆ **on the part of sb; on sb's part**: *It was an error on my part.* Foi um erro de minha parte. ◆ **take part (in sth)** tomar parte (em algo) ◆ **take sb's part** tomar partido de alguém ◆ **the best/better part of sth** a maior parte de algo: *for the best part of a year* durante a maior parte do ano
▸ *v* **1** *vt, vi* separar(-se) **2** *vt, vi* afastar(-se) **3** *vt* (*cabelo*) dividir **LOC part**

company (with/from sb) separar-se, despedir-se (de alguém) PHR V **part with sth 1** renunciar a algo, dar algo **2** (*dinheiro*) gastar algo

ˌpart exˈchange *s* (*GB*): *in part exchange* como parte do pagamento

partial /ˈpɑːrʃl/ *adj* **1** parcial **2 ~ (to sb/sth)** (*antiq*) apreciador (de alguém/algo) **3 ~ (toward sb/sth)** (*pej*) parcial (a favor de alguém/algo) **partially** *adv* **1** parcialmente **2** de maneira parcial

participant /pɑːrˈtɪsɪpənt/ *s* participante

participate /pɑːrˈtɪsɪpeɪt/ *vi* **~ (in sth)** participar (em/de algo) **participation** *s* participação

participle /ˈpɑːrtɪsɪpl; *GB* pɑːˈtɪsɪpl/ *s* particípio

particle /ˈpɑːrtɪkl/ *s* partícula

particular /pərˈtɪkjələr/ *adjetivo, substantivo*
▸ *adj* **1** (*em especial*) em particular: *in this particular case* neste caso em particular **2** (*excepcional*) especial **3 ~ (about sth)** exigente (em relação a algo)
▸ *s* **particulars** [*pl*] (*formal*) dados

particularly /pərˈtɪkjələrli/ *adv* **1** particularmente, especialmente **2** em particular

parties *pl de* PARTY

parting /ˈpɑːrtɪŋ/ *s* **1** despedida, separação **2** (*GB*) (*USA* **part**) (*do cabelo*) risca

partisan /ˈpɑːrtəzn; *GB* ˌpɑːtɪˈzæn/ *adjetivo, substantivo*
▸ *adj* parcial
▸ *s* **1** partidário, -a **2** (*Mil*) guerrilheiro, -a

partition /pɑːrˈtɪʃn/ *s* **1** divisória **2** (*Pol*) divisão

partly /ˈpɑːrtli/ *adv* em parte

partner /ˈpɑːrtnər/ *s* **1** (*relação, baile, jogo*) parceiro, -a **2** (*Com*) sócio, -a

partnership /ˈpɑːrtnərʃɪp/ *s* **1** associação, parceria **2** (*Com*) sociedade

ˌpart of ˈspeech *s* classe gramatical

partridge /ˈpɑːrtrɪdʒ/ *s* perdiz

ˌpart-ˈtime *adj, adv* de meio período, de período parcial

party /ˈpɑːrti/ *substantivo, verbo*
▸ *s* (*pl* **parties**) **1** (*reunião*) festa: *to have a party* fazer uma festa **2** (*Pol*) partido **3** grupo **4** (*Jur*) parte *Ver tb* THIRD PARTY LOC **be (a) party to sth** (*formal*) participar de algo
▸ *vi* (*coloq*) farrear

ˈparty animal *s* baladeiro, -a

pass /pæs; *GB* pɑːs/ *verbo, substantivo*
▸ *v* **1** *vt, vi* passar **2** *vt, vi* ultrapassar **3** *vt* (*barreira*) cruzar **4** *vt* (*limite*) superar **5** *vt* (*exame, lei*) aprovar **6** *vi* acontecer PHR V **pass sth around (sth)** (*GB tb* **pass sth round (sth)**) circular algo (por algo)
pass as sb/sth *Ver* PASS FOR SB/STH
pass away morrer
pass by (sb/sth) passar ao lado (de alguém/algo) • **pass sb/sth by** (*oportunidade*) passar despercebido a alguém/algo
pass for sb/sth (*tb* **pass as sb/sth**) passar, ser tomado por alguém/algo
pass sb/sth off as sb/sth fazer alguém/algo passar como alguém/algo
pass out desmaiar
pass sth round (sth) *Ver* PASS STH AROUND (STH)
pass sth up (*coloq*) deixar passar, não aproveitar algo (*oportunidade*)
▸ *s* **1** (*exame*) aprovação **2** (*permissão, ônibus, Esporte*) passe *Ver tb* BOARDING PASS **3** (*montanha*) passo LOC **make a pass at sb** (*coloq*) passar uma cantada em alguém

passable /ˈpæsəbl; *GB* ˈpɑːsə-/ *adj* **1** aceitável **2** transitável

passage /ˈpæsɪdʒ/ *s* **1** (*tb* **passageway** /ˈpæsɪdʒweɪ/) passagem, corredor **2** (*citação*) passagem **3**: *the passage of time* o passar do tempo

passenger /ˈpæsɪndʒər/ *s* passageiro, -a

passerby /ˌpæsərˈbaɪ; *GB* ˌpɑːsəˈ-/ (*tb* **ˌpasser-ˈby**) *s* (*pl* **passersby** *ou* **passers-by**) transeunte

passing /ˈpæsɪŋ; *GB* ˈpɑːsɪŋ/ *adjetivo, substantivo*
▸ *adj* **1** passageiro **2** (*referência*) casual **3** (*tráfego*) que passa
▸ *s* **1** passagem **2** (*formal*) final LOC **in passing** casualmente

passion /ˈpæʃn/ *s* paixão **passionate** *adj* apaixonado, ardente

passive /ˈpæsɪv/ *adjetivo, substantivo*
▸ *adj* passivo: *passive smoking* tabagismo passivo
▸ *s* (*tb* **ˌpassive ˈvoice**) (voz) passiva

Passover /ˈpæsoʊvər; *GB* ˈpɑːsoʊ-/ *s* Páscoa judaica

passport /ˈpæspɔːrt; *GB* ˈpɑːspɔːt/ *s* passaporte

password /ˈpæswɜːrd; *GB* ˈpɑːs-/ *s* senha ➲ *Ver nota em* COMPUTADOR

past /pæst; *GB* pɑːst/ *adjetivo, substantivo, preposição, advérbio*
▸ *adj* **1** passado **2** antigo: *past students* antigos alunos **3** último: *the past few days* os últimos dias **4** (*tempo*) acabado: *The time is past.* Acabou o tempo.
▸ *s* **1** passado **2** (*tb* **ˌpast ˈtense**) pretérito, passado
▸ *prep* **1** para lá de, depois de: *past midnight* depois da meia-noite ◇ *It's past five o'clock.* Já passou das cinco. **2** (*GB*)

P

(*USA* **after**) (*hora*): *half past two* duas e meia **3** (*com verbos de movimento*): *He walked straight past me.* Ele passou direto por mim. LOC **not put it past sb (to do sth)** crer que alguém seja capaz (de fazer algo)
▸ *adv* ao lado, pela frente: *to walk past* passar por/pela frente

pasta /ˈpɑːstə; *GB* ˈpæstə/ *s* massa(s), macarrão

paste /peɪst/ *substantivo, verbo*
▸ *s* **1** pasta, massa **2** cola **3** patê
▸ *vt, vi* colar

pastime /ˈpæstaɪm; *GB* ˈpɑːstaɪm/ *s* passatempo

pastor /ˈpæstər; *GB* ˈpɑːstə(r)/ *s* pastor, -ora (*sacerdote*)

pastoral /ˈpæstərəl; *GB* ˈpɑːstə-/ *adj* **1** pastoril, bucólico **2**: *pastoral care* aconselhamento (de pastor/educador)

pastry /ˈpeɪstri/ *s* **1** [*não contável*] massa (*de torta, etc.*) **2** (*pl* **pastries**) doce (*de massa*)

pasture /ˈpæstʃər; *GB* ˈpɑːs-/ *s* pasto

pat /pæt/ *verbo, substantivo*
▸ *vt* (-tt-) **1** dar palmadas em, dar tapinhas em **2** acariciar
▸ *s* **1** palmada, tapinha **2** carícia
LOC **give sb a pat on the back (for sth)** (*fig*) felicitar alguém (por algo)

patch /pætʃ/ *substantivo, verbo*
▸ *s* **1** (*tecido*) remendo **2** (*cor*) mancha **3** (*neblina, etc.*) zona **4** pedaço de terra (*onde se cultivam verduras, etc.*) **5** (*GB, coloq*) (*área de trabalho*) zona **6** (*Informát*) patch, correção LOC **go through/hit a bad patch** (*coloq*) passar por uma fase ruim ◆ **not be a patch on sb/sth** (*esp GB, coloq*) não ter nem comparação com alguém/algo
▸ *vt* remendar PHR V **patch sth up 1** remendar, consertar algo **2** (*disputa, briga*) resolver algo **patchy** *adj* **1** irregular: *patchy rain/fog* áreas de chuva/neblina **2** desigual **3** (*conhecimento*) com lacunas

patchwork /ˈpætʃwɜːrk/ *s* **1** colcha/trabalho de retalhos **2** [*sing*] (*fig*) miscelânea

patchy /ˈpætʃɪ/ *adj* irregular, incompleto

pâté /pɑːˈteɪ; *GB* ˈpæteɪ/ *s* patê

patent *substantivo, verbo, adjetivo*
▸ *s* /ˈpætnt; *GB tb* ˈpeɪtnt/ patente
▸ *vt* /ˈpætnt; *GB tb* ˈpeɪtnt/ patentear
▸ *adj* /ˈpætnt; ˈpeɪtnt/ **1** (*formal*) patente, óbvio **2** (*Com*) patenteado **patently** *adv* claramente

paternal /pəˈtɜːrnl/ *adj* **1** paternal **2** (*familiares*) paterno

paternity /pəˈtɜːrnəti/ *s* paternidade

⚷ **path** /pæθ; *GB* pɑːθ/ (*tb* **pathway** /ˈpæθweɪ; *GB* ˈpɑːθ-/) *s* **1** trilha, caminho (para pedestres) **2** passo **3** trajetória **4** (*fig*) caminho

pathetic /pəˈθetɪk/ *adj* **1** patético **2** (*coloq*) ridículo

pathological /ˌpæθəˈlɑːdʒɪkl/ *adj* patológico

pathology /pəˈθɑːlədʒi/ *s* patologia

pathos /ˈpeɪθɑːs/ *s* patos

⚷ **patience** /ˈpeɪʃns/ *s* **1** paciência **2** (*GB*) (*USA* **solitaire**) (*Cartas*) paciência LOC *Ver* TRY

⚷ **patient** /ˈpeɪʃnt/ *s, adj* paciente

patio /ˈpætioʊ/ *s* (*pl* **patios**) **1** terraço **2** pátio

patriarch /ˈpeɪtriɑːrk/ *s* patriarca

patriot /ˈpeɪtriət; *GB tb* ˈpætri-/ *s* patriota **patriotic** /ˌpeɪtriˈɑːtɪk/ *adj* patriótico **patriotism** /ˈpeɪtriətɪzəm; *GB tb* ˈpætri-/ *s* patriotismo

patrol /pəˈtroʊl/ *verbo, substantivo*
▸ *vt, vi* (-ll-) **1** patrulhar **2** (*guarda*) fazer a ronda (por)
▸ *s* patrulha

patron /ˈpeɪtrən/ *s* **1** patrocinador, -ora **2** mecenas **3** (*formal*) freguês, -esa **patronage** /ˈpætrənɪdʒ; ˈpeɪtrə-/ *s* **1** patrocínio, apoio **2** clientela

patronize (*GB tb* **-ise**) /ˈpeɪtrənaɪz; *GB* ˈpætrə-/ *vt* **1** (*pej*) tratar com condescendência **2** (*formal*) frequentar (*estabelecimento*) **patronizing** (*GB tb* **-ising**) *adj* (*pej*) condescendente

⚷ **pattern** /ˈpætərn; *GB* -tn/ *s* **1** padrão, tendência **2** estampa (*em tecido, etc.*) **3** (*costura*) modelo **patterned** *adj* estampado

patty /ˈpæti/ *s* (*pl* **patties**) rodela de carne moída

⚷ **pause** /pɔːz/ *substantivo, verbo*
▸ *s* pausa
▸ *vi* fazer uma pausa, parar

pave /peɪv/ *vt* pavimentar LOC **pave the way (for sb/sth)** preparar o caminho (para alguém/algo)

pavement /ˈpeɪvmənt/ *s* **1** (*USA*) pavimentação **2** (*GB*) (*USA* **sidewalk**) calçada

pavilion /pəˈvɪliən/ *s* (*em exposição, etc.*) pavilhão, tenda

paving /ˈpeɪvɪŋ/ *s* pavimento: *paving stone* pedra de calçamento

paw /pɔː/ *substantivo, verbo*
▸ *s* **1** pata **2** (*coloq*) mão
▸ *vt, vi* ~ **(at) sth 1** (*cavalo*) dar patadas em algo; escavar o solo **2** tocar algo com as mãos

pawn /pɔːn/ *substantivo, verbo*
▸ *s* (*lit e fig*) peão
▸ *vt* penhorar

pawnbroker /ˈpɔːnbroʊkər/ *s* agiota

⚿ **pay** /peɪ/ *verbo, substantivo*

▸ *v* (*pt, pp* **paid**) **1** *vt* ~ **sb sth (for sth)**; ~ **sth (to sb) (for sth)** pagar algo (a alguém) (por algo): *She paid him 50 euros for the picture.* Ela pagou a ele 50 euros pelo quadro. ➲ *Ver nota em* GIVE **2** *vt, vi* ~ **(sb) (for sth)** pagar (alguém) (por algo): *Who paid for the ice creams?* Quem pagou pelos sorvetes? **3** *vi* ~ **for sth** pagar algo **4** *vi* ser rentável **5** *vi* valer a pena **6** *vt, vi* compensar LOC **pay attention (to sb/sth)** prestar atenção (em alguém/algo) ◆ **pay sb a compliment** elogiar alguém ◆ **pay sb/sth a visit** visitar alguém/algo PHR V **pay sb back (for sth)** vingar-se de alguém (por algo) ◆ **pay sb back (sth)**; **pay sth back (to sb)** devolver algo (a alguém) (*dinheiro*)

pay sth in; **pay sth into sth** depositar algo (em algo) (*em banco*)

pay off (*coloq*) dar resultado, valer a pena ◆ **pay sb off 1** pagar e despedir alguém **2** (*coloq*) subornar alguém ◆ **pay sth off** acabar de pagar algo

pay up liquidar uma dívida

▸ *s* [*não contável*] salário, pagamento: *a pay raise/increase* um aumento de salário ◇ *pay claim* pedido de aumento salarial **payable** *adj* devido, pagável

ˌ**pay-as-you-ˈgo** *adj* pré-pago

paycheck /ˈpeɪtʃek/ *s* **1** (*GB* ˈ**pay cheque**) cheque de pagamento, salário **2** (*GB* **payslip**) contracheque

payday /ˈpeɪdeɪ/ *s* (*coloq*) dia de pagamento

ˌ**payday ˈlender** *s* financiadora de empréstimos consignados

ˌ**payday ˈloan** *s* empréstimo consignado (*a juros altos*)

⚿ **payment** /ˈpeɪmənt/ *s* **1** pagamento **2** [*não contável*]: *in/as payment for sth* como recompensa/pagamento por algo

ˈ**pay-off** *s* (*coloq*) **1** pagamento, suborno **2** recompensa

ˌ**pay-per-ˈview** *s* (*abrev* **PPV**) (*TV*) pay-per-view

ˈ**pay phone** *s* telefone público

payroll /ˈpeɪroʊl/ *s* folha de pagamento

payslip /ˈpeɪslɪp/ *s* (*GB*) (*USA* **paycheck** /ˈpeɪtʃek/) contracheque

paywall /ˈpeɪwɔːl/ *s* (*Internet*) paywall (*acesso pago*)

PC /ˌpiː ˈsiː/ *abrev* **1** (*abrev de* **personal computer**) (*pl* **PCs**) microcomputador **2** (*abrev de* **police constable**) (*pl* **PCs**) (*GB*) policial **3** (*abrev de* **politically correct**) politicamente correto

PDF /ˌpiː diː ˈef/ (*abrev de* **Portable Document Format**) *s* (*Informát*) PDF

P.E. (*GB tb* **PE**) /ˌpiː ˈiː/ *abrev de* **physical education** educação física

pea /piː/ *s* ervilha *Ver tb* SWEET PEA

⚿ **peace** /piːs/ *s* **1** paz **2** tranquilidade: *peace of mind* paz de espírito LOC **at peace (with sb/sth)** em paz (com alguém/algo) ◆ **make (your) peace with sb** fazer as pazes com alguém ◆ **peace and quiet** paz e tranquilidade

⚿ **peaceful** /ˈpiːsfl/ *adj* **1** pacífico **2** tranquilo

peach /piːtʃ/ *s* **1** pêssego **2** (*tb* ˈ**peach tree**) pessegueiro **3** (*cor*) pêssego

peacock /ˈpiːkɑːk/ *s* pavão

⚿ **peak** /piːk/ *substantivo, adjetivo, verbo*

▸ *s* **1** (*montanha*) pico, cume **2** ponto máximo **3** ponta **4** (*GB*) (*USA* **bill, visor**) viseira (*de boné, quepe*)

▸ *adj* [*antes do substantivo*] máximo: *peak hours/season* horas de pico/alta temporada ◇ *in peak condition* em ótima forma

▸ *vi* atingir o ponto máximo **peaked** *adj* **1** em ponta **2** (*boné, quepe*) com viseira

peal /piːl/ *s* **1** (*sinos*) repique **2**: *peals of laughter* gargalhadas

peanut /ˈpiːnʌt/ *s* **1** amendoim **2 peanuts** [*pl*] (*coloq*) uma ninharia (*de dinheiro*)

pear /per/ *s* **1** pera **2** (*tb* ˈ**pear tree**) pereira

pearl /pɜːrl/ *s* **1** pérola **2** (*fig*) joia

ˈ**pear-shaped** *adj* em forma de pera LOC **go pear-shaped** (*GB, coloq*) dar errado

peasant /ˈpeznt/ *s* **1** camponês, -esa **2** (*coloq, pej*) grosseirão, -ona

peat /piːt/ *s* turfa

pebble /ˈpebl/ *s* pedrinha

pecan /pɪˈkɑːn; *GB* ˈpiːkən/ *s* noz-pecã

peck /pek/ *verbo, substantivo*

▸ *v* **1** *vt, vi* ~ **(sth/at sth)** bicar (algo) **2** *vt* (*coloq*) dar um beijinho em (*na bochecha*) LOC **pecking order** (*coloq*) ordem de importância

▸ *s* **1** bicada **2** (*coloq*) beijinho

peckish /ˈpekɪʃ/ *adj* (*GB, coloq*): *to be/feel peckish* ter vontade de comer algo

peculiar /pɪˈkjuːliər/ *adj* **1** estranho, excêntrico **2** especial, particular **3** ~ **(to sb/sth)** típico, próprio (de alguém/algo) **peculiarity** /pɪˌkjuːliˈærəti/ *s* (*pl* **peculiarities**) **1** peculiaridade **2** [*não contável*] excentricidade **peculiarly** *adv* **1** particularmente **2** tipicamente **3** de maneira estranha

pedal /ˈpedl/ *substantivo, verbo*

▸ *s* pedal *Ver tb* GAS PEDAL

▸ *vi* (-l- (*GB* -ll-)) pedalar

P

pedantic /pɪˈdæntɪk/ *adj* (*pej*) **1** detalhista **2** pedante

pedestrian /pəˈdestriən/ *substantivo, adjetivo*
▸ *s* pedestre
▸ *adj* **1**: *pedestrian precinct* área de pedestres ◇ *pedestrian bridge* passarela **2** (*pej*) prosaico

pediatrician (*GB* **paediatrician**) /ˌpiːdiəˈtrɪʃn/ *s* pediatra

pedigree /ˈpedɪgriː/ *substantivo, adjetivo*
▸ *s* **1** (*animal*) pedigree **2** (*pessoa*) ascendência, árvore genealógica **3** passado
▸ *adj* **1** com pedigree **2** (*cavalo*) de raça

pedophile (*GB* **paedophile**) /ˈpiːdoʊfaɪl/ *s* pedófilo, -a

pee /piː/ *verbo, substantivo*
▸ *vi* (*coloq*) fazer xixi
▸ *s* (*coloq*) xixi

peek /piːk/ *vi* ~ **(at sb/sth)** dar uma espiada (*rápida e furtiva*) (em alguém/algo) ➲ *Ver nota em* OLHAR[1]

peel /piːl/ *verbo, substantivo*
▸ *vt, vi* descascar(-se) PHR V **peel (sth) away/off/back 1** (*pintura, pele, etc.*) descascar algo, descascar-se **2** (*papel de parede, película, etc.*) descolar algo, descolar-se **3** soltar algo, soltar-se
▸ *s* [*não contável*] **1** pele (de fruta) **2** casca

Para cascas duras, como a de noz ou ovo, utilizamos **shell** ao invés de **peel**. Para a casca do limão, utilizamos **rind** ou **peel**, embora apenas a última seja utilizada para a laranja. **Skin** é utilizada para a casca da banana e de outras frutas com casca mais fina, como o pêssego.

P

peeler /ˈpiːlər/ *s* descascador: *potato peeler* descascador de batatas

peep /piːp/ *verbo, substantivo*
▸ *vi* **1** ~ **(at sb/sth)** dar uma espiada (*rápida e muitas vezes cautelosa*) (em alguém/algo) ➲ *Ver nota em* OLHAR[1] **2** ~ **over, through, etc. sth**; ~ **out/through** aparecer por cima de, através de, etc. algo
▸ *s* espiada: *to have/take a peep at sth* dar uma espiada em algo

peer /pɪr/ *verbo, substantivo*
▸ *vi* ~ **at sb/sth** fitar alguém/algo: *to peer out of the window* olhar para fora da janela ➲ *Ver nota em* OLHAR[1]
▸ *s* **1** igual, par **2** contemporâneo, -a: *peer (group) pressure* pressão exercida pelo grupo **3** (*GB*) nobre **peerage** /ˈpɪrɪdʒ/ *s* [*sing*] (*GB*) os pares (do Reino), a nobreza

ˌpeer-to-ˈpeer *adj* (*abrev* **P2P**) (*Informát*) ponto a ponto, P2P

peeved /piːvd/ *adj* ~ **(about sth)** (*coloq*) irritado (com algo)

peg /peg/ *substantivo, verbo*
▸ *s* **1** (*na parede*) gancho **2** (*tb* ˈ**clothes peg**) (*GB*) (*USA* **clothespin**) pregador (de roupa) LOC **bring/take sb down a peg (or two)** abaixar a crista de alguém
▸ *vt* (**-gg-**) **1** ~ **sth (out)** pendurar algo **2** ~ **sth to sth** prender algo a/em algo **3** (*preços, salários*) fixar (o nível de)

pejorative /pɪˈdʒɔːrətɪv; *GB* pɪˈdʒɒrə-/ *adj* (*formal*) pejorativo

pelican /ˈpelɪkən/ *s* pelicano

pellet /ˈpelɪt/ *s* **1** (*papel, etc.*) bola **2** bala de chumbo, chumbinho **3** (*fertilizantes, etc.*) grânulo

pelt /pelt/ *substantivo, verbo*
▸ *s* pele (*de animal*)
▸ *v* **1** *vt* ~ **sb with sth** atirar algo em alguém **2** *vi* ~ **down (with rain)** chover a cântaros **3** *vi* ~ **along, down, up, etc. (sth)** (*GB*) correr a toda velocidade (por algum lugar): *They pelted down the hill.* Eles desceram o morro correndo.

pelvis /ˈpelvɪs/ *s* pélvis **pelvic** *adj* pélvico

⚷ **pen** /pen/ *s* **1** caneta **2** cercado (*para animais*)

penalize (*GB tb* **-ise**) /ˈpiːnəlaɪz/ *vt* **1** penalizar, punir **2** prejudicar

penalty /ˈpenəlti/ *s* (*pl* **penalties**) **1** (*castigo*) pena **2** multa **3** desvantagem **4** (*Esporte*) penalidade **5** (*Futebol*) pênalti

ˌpenalty ˈshoot-out *s* (*Futebol*) decisão por pênaltis

⚷ **pence** /pens/ *s* (*GB*) (*abrev* **p**) pence ❶ É a forma plural de **penny**, que é a centésima parte da libra. Com quantidades exatas, utiliza-se normalmente a abreviatura **p**: *It costs 50p.* ➲ *Ver pág. 759*

⚷ **pencil** /ˈpensl/ *s* lápis

ˈ**pencil case** *s* estojo (*de lápis e canetas*)

pendant /ˈpendənt/ *s* pingente

pending /ˈpendɪŋ/ *adjetivo, preposição*
▸ *adj* (*formal*) pendente
▸ *prep* (*formal*) à espera de

pendulum /ˈpendʒələm; *GB* -djə-/ *s* pêndulo

penetrate /ˈpenətreɪt/ **1** *vt, vi* ~ **(sth/into sth)** penetrar (em algo): *The company is trying to penetrate new markets.* A empresa está tentado introduzir-se em novos mercados. **2** *vt, vi* ~ **(through) sth** atravessar algo **3** *vt* (*organização*) infiltrar **penetrating** *adj* **1** perspicaz **2** (*olhar, som*) penetrante

penfriend /ˈpenfrend/ *s* (*GB*) *Ver* PEN PAL

penguin /ˈpeŋgwɪn/ *s* pinguim

penicillin /ˌpenɪˈsɪlɪn/ *s* penicilina

peninsula /pəˈnɪnsələ; *GB* -sjə-/ *s* península

penis /ˈpiːnɪs/ *s* pênis

penitentiary /ˌpenɪˈtenʃəri/ *s* (*pl* **penitentiaries**) penitenciária

penknife /ˈpennaɪf/ *s* (*pl* **penknives** /-naɪvz/) canivete

penniless /ˈpeniləs/ *adj* sem dinheiro

⚷ **penny** /ˈpeni/ *s* **1** (*pl* **pennies**) (*Can*, *USA*) centavo **2** (*pl* **pence** /pens/) (*GB*) pêni ➲ *Ver pág. 759* LOC **every penny**: *It was worth every penny.* Valeu cada centavo.

ˈ**pen pal** (*GB tb* **penfriend**) *s* amigo, -a por correspondência

⚷ **pension** /ˈpenʃn/ *substantivo, verbo*
▸ *s* pensão (*de aposentadoria*)
▸ *v* PHR V **pension sb off** (*esp GB*) aposentar alguém **pensioner** *s* aposentado, -a

the Pentagon /ˈpentəgɑːn; *GB* -gən/ *s* o Pentágono

penthouse /ˈpenthaʊs/ *s* (apartamento de) cobertura

pent-up /ˌpent ˈʌp/ *adj* **1** (*sentimento*) contido **2** (*desejo*) reprimido

penultimate /penˈʌltɪmət/ *adj* penúltimo

⚷ **people** /ˈpiːpl/ *substantivo, verbo*
▸ *s* **1** [*pl*] gente: *People are saying that...* (As pessoas) estão dizendo que... **2** pessoas: *ten people* dez pessoas ➲ *Ver nota em* PERSON **3 the people** [*pl*] (*público*) o povo **4** [*contável*] (*nação*) povo
▸ *vt* povoar

ˈ**people carrier** *s* (*GB*) (*USA* **minivan**) minivan

⚷ **pepper** /ˈpepər/ *s* **1** pimenta **2** (*GB*) (*USA* **bell pepper**) (*legume*) pimentão

peppercorn /ˈpepərkɔːrn/ *s* grão de pimenta

peppermint /ˈpepərmɪnt/ *s* **1** hortelã-pimenta **2** bala de hortelã/menta

pepperoni /ˌpepəˈroʊni/ *s* [*não contável*] tipo de salame

ˈ**pepper spray** *s* spray de pimenta

peppy /ˈpepi/ *adj* (**peppier**, **-iest**) (*esp USA*, *coloq*) animado

⚷ **per** /pər/ *prep* por: *per person* por pessoa ◇ *60 euros per day* 60 euros por dia ◇ *per annum* por/ao ano

perceive /pərˈsiːv/ *vt* (*formal*) **1** (*observar*) perceber, notar **2 ~ sth (as sth)** (*considerar*) interpretar algo (como algo)

percent /pərˈsent/ (*tb* **per cent**) *s adj, adv* por cento **percentage** /pərˈsentɪdʒ/ *s* porcentagem: *percentage increase* aumento percentual

perceptible /pərˈseptəbl/ *adj* (*formal*) **1** perceptível **2** (*melhora, etc.*) sensível

perception /pərˈsepʃn/ *s* (*formal*) **1** percepção **2** sensibilidade, perspicácia **3** ponto de vista

perceptive /pərˈseptɪv/ *adj* perspicaz

perch /pɜːrtʃ/ *substantivo, verbo*
▸ *s* **1** poleiro (*para pássaros*) **2** posição elevada **3** (*pl* **perch**) (*peixe*) perca
▸ *vi* **~ (on sth) 1** (*pássaro*) pousar, empoleirar-se (em algo) **2** (*coloq*) (*pessoa, edifício*) colocar-se em lugar alto, empoleirar-se (em algo)

percussion /pərˈkʌʃn/ *s* percussão

perennial /pəˈreniəl/ *adj* perene

⚷ **perfect** *adjetivo, verbo*
▸ *adj* /ˈpɜːrfɪkt/ **1** perfeito **2 ~ for sb/sth** ideal para alguém/algo **3** [*antes do substantivo*] completo: *a perfect stranger* um perfeito estranho
▸ *vt* /pərˈfekt/ aperfeiçoar

perfection /pərˈfekʃn/ *s* perfeição LOC **to perfection** à perfeição **perfectionist** *s* perfeccionista

⚷ **perfectly** /ˈpɜːrfɪktli/ *adv* **1** perfeitamente **2** completamente

perforate /ˈpɜːrfəreɪt/ *vt* perfurar, picotar **perforated** *adj* perfurado **perforation** *s* **1** perfuração **2** picote

⚷ **perform** /pərˈfɔːrm/ **1** *vt* (*função, papel*) desempenhar **2** *vt* (*operação, ritual, trabalho*) realizar **3** *vt* (*compromisso*) cumprir **4** *vt* (*peça, dança, música*) representar, interpretar **5** *vi* atuar, apresentar-se: *to perform on the flute* executar a flauta

⚷ **performance** /pərˈfɔːrməns/ *s* **1** (*deveres*) cumprimento **2** (*estudante, empregado*) desempenho **3** (*empresa*) resultados **4** (*Mús*) interpretação, apresentação **5** (*Teat*) representação: *the evening performance* a sessão da noite

⚷ **performer** /pərˈfɔːrmər/ *s* **1** (*Mús*) intérprete **2** (*Teat*) ator, atriz **3** artista (*de variedades*)

the perˌforming ˈarts *s* [*pl*] as artes performáticas

perfume /pərˈfjuːm; *GB* ˈpɜːfjuːm/ *s* perfume ➲ *Ver nota em* SMELL

⚷ **perhaps** /pərˈhæps/ *adv* talvez, porventura: *perhaps not* talvez não

peril /ˈperəl/ *s* (*formal*) perigo, risco

perimeter /pəˈrɪmɪtər/ *s* perímetro

⚷ **period** /ˈpɪriəd/ *s* **1** período: *over a period of two years* em um período de dois anos **2** época: *period dress* vestuário de época **3** (*Educ*) aula **4** (*Med*) menstruação, regras **5** (*GB* **full stop**) (*Ortografia*) ponto final ➲ *Ver pág. 310*

periodic /ˌpɪriˈɑːdɪk/ (*tb* **periodical**) *adj* periódico

periodical /ˌpɪriˈɑːdɪkl/ *s* periódico

peripheral /pəˈrɪfərəl/ *adjetivo, substantivo*
▸ *adj* (*formal*) secundário
▸ *s* (*Informát*) periférico

P

perish /ˈperɪʃ/ *vi* (*formal*) perecer, falecer **perishable** *adj* perecível

perjury /ˈpɜːrdʒəri/ *s* perjúrio

perk /pɜːrk/ *verbo, substantivo*
▸ *v* (*coloq*) PHR V **perk up 1** animar-se, sentir-se melhor **2** (*negócios, etc.*) melhorar
▸ *s* [*ger pl*] (*coloq*) benefício (adicional) (*de um emprego, etc.*)

perm /pɜːrm/ *substantivo, verbo*
▸ *s* permanente (de cabelo)
▸ *vt*: *to have your hair permed* fazer permanente no cabelo

⚷ **permanent** /ˈpɜːrmənənt/ *adj* **1** permanente, fixo **2** (*dano*) irreparável

⚷ **permanently** /ˈpɜːrmənəntli/ *adv* permanentemente, para sempre

permissible /pərˈmɪsəbl/ *adj* (*formal*) permissível, admissível

⚷ **permission** /pərˈmɪʃn/ *s* ~ **(for sth/to do sth)** permissão, autorização (para algo/fazer algo)

permissive /pərˈmɪsɪv/ *adj* permissivo

⚷ **permit** *verbo, substantivo*
▸ *vt, vi* /pərˈmɪt/ (-tt-) (*formal*) permitir: *If time permits...* Se der tempo... ➲ *Ver nota em* ALLOW
▸ *s* /ˈpɜːrmɪt/ **1** permissão, autorização: *work permit* visto de trabalho **2** (*de entrada*) passe

perpendicular /ˌpɜːrpənˈdɪkjələr/ *adj* **1** ~ **(to sth)** perpendicular (a algo) **2** (*rochedo a pique*) vertical

perpetrate /ˈpɜːrpətreɪt/ *vt* (*formal*) cometer, perpetrar

perpetual /pərˈpetʃuəl/ *adj* **1** perpétuo, contínuo **2** constante, interminável

perpetuate /pərˈpetʃueɪt/ *vt* (*formal*) perpetuar

perplexed /pərˈplekst/ *adj* perplexo

persecute /ˈpɜːrsɪkjuːt/ *vt* ~ **sb (for sth)** perseguir alguém (por algo) (*raça, religião, etc.*) **persecution** *s* perseguição

persevere /ˌpɜːrsəˈvɪr; *GB* -sɪˈ-/ *vi* **1** ~ **(in/with sth)** perseverar (em algo) **2** ~ **(with sb)** persistir (com alguém) **perseverance** *s* perseverança

persist /pərˈsɪst/ *vi* **1** ~ **(in sth/in doing sth)** persistir, insistir (em algo/fazer algo) **2** ~ **with sth** continuar com algo **3** persistir **persistence** *s* **1** perseverança **2** persistência **persistent** *adj* **1** teimoso, pertinaz **2** contínuo, persistente

⚷ **person** /ˈpɜːrsn/ *s* pessoa

> Normalmente, o plural de **person** é **people**. Utiliza-se **persons** somente na linguagem formal: *a list of missing persons* uma lista de pessoas desaparecidas.

LOC **in person** em pessoa

⚷ **personal** /ˈpɜːrsənl/ *adj* pessoal, particular: *personal column(s)* anúncios pessoais ◊ *personal assistant* secretário particular LOC **get personal** passar a nível pessoal

⚷ **personality** /ˌpɜːrsəˈnæləti/ *s* (*pl* **personalities**) **1** (*caráter*) personalidade **2** celebridade

personalize (*GB tb* **-ise**) /ˈpɜːrsənəlaɪz/ *vt* **1** personalizar **2** marcar com as suas iniciais/o seu nome

⚷ **personally** /ˈpɜːrsənəli/ *adv* pessoalmente: *to know sb personally* conhecer alguém pessoalmente LOC **take sth personally** ofender-se com algo

ˌpersonal ˈorganizer (*GB tb* **-iser**) *s* **1** (agenda) filofax **2** agenda eletrônica

personify /pərˈsɑːnɪfaɪ/ *vt* (*pt, pp* **-fied**) personificar

personnel /ˌpɜːrsəˈnel/ *s* (departamento de) pessoal: *personnel officer* funcionário do departamento de pessoal

perspective /pərˈspektɪv/ *s* perspectiva LOC **keep/put sth in perspective** manter/colocar algo em perspectiva

perspire /pərˈspaɪər/ *vi* (*formal*) transpirar **perspiration** /ˌpɜːrspəˈreɪʃn/ *s* **1** suor **2** transpiração ❶ A palavra mais comum é **sweat**.

⚷ **persuade** /pərˈsweɪd/ *vt* **1** ~ **sb to do sth**; ~ **sb into sth/doing sth** persuadir alguém a fazer algo **2** ~ **sb (of sth)**; ~ **sb (that...)** convencer alguém (de algo/de que...) **persuasion** *s* **1** persuasão **2** crença, opinião **persuasive** *adj* **1** convincente **2** persuasivo

pertinent /ˈpɜːrtnənt; *GB* ˈpɜːtɪnənt/ *adj* (*formal*) pertinente

perturb /pərˈtɜːrb/ *vt* (*formal*) perturbar

pervade /pərˈveɪd/ *vt* (*formal*) **1** (*odor*) espalhar-se por **2** (*luz*) difundir-se por **3** (*obra, livro*) percorrer **pervasive** /pərˈveɪsɪv/ (*tb* **pervading**) *adj* difundido

perverse /pərˈvɜːrs/ *adj* **1** (*pessoa*) obstinado, mal-intencionado **2** (*decisão, comportamento*) amoral **3** (*prazer, desejo*) perverso **perversion** /pərˈvɜːrʒn; *GB* -ˈvɜːʃn/ *s* **1** corrupção **2** perversão **3** deturpação

pervert *verbo, substantivo*
▸ *vt* /pərˈvɜːrt/ **1** deturpar **2** corromper
▸ *s* /ˈpɜːrvɜːrt/ pervertido, -a

pessimism /ˈpesɪmɪzəm/ *s* pessimismo **pessimist** *s* pessimista **pessimistic** /ˌpesɪˈmɪstɪk/ *adj* pessimista

pest /pest/ *s* **1** inseto ou animal nocivo: *pest control* controle de pragas **2** (*coloq*) (*fig*) peste

pester /ˈpestər/ *vt* incomodar
pesticide /ˈpestɪsaɪd/ *s* pesticida
pet /pet/ *substantivo, adjetivo, verbo*
▸ *s* **1** animal de estimação **2** (*ger pej*) favorito, -a
▸ *adj* **1** predileto **2** (*animal*) domesticado
▸ *vt* (*tb esp GB* **stroke**) afagar
petal /ˈpetl/ *s* pétala
peter /ˈpiːtər/ *v* PHR V **peter out** **1** extinguir-se pouco a pouco **2** (*conversa*) esgotar-se
petite /pəˈtiːt/ *adj* (*mulher*) mignon ➲ *Ver nota em* MAGRO
petition /pəˈtɪʃn/ *s* petição
petrol /ˈpetrəl/ *s* (*GB*) (*USA* **gasoline**, **gas**) gasolina
petroleum /pəˈtroʊliəm/ *s* petróleo
ˈ**petrol station** *s* (*GB*) (*USA* **gas station**) posto de gasolina
petticoat /ˈpetɪkoʊt/ *s* combinação, anágua
petty /ˈpeti/ *adj* **1** (*ger pej*) insignificante **2** (*ger pej*) (*pessoa, conduta*) mesquinho **3** (*delito, despesa*) pequeno: *petty cash* fundo para pequenas despesas
pew /pjuː/ *s* banco de igreja
phantom /ˈfæntəm/ *substantivo, adjetivo*
▸ *s* fantasma
▸ *adj* imaginário
pharmaceutical /ˌfɑːrməˈsuːtɪkl/ *adj* farmacêutico
pharmacist /ˈfɑːrməsɪst/ (*GB tb* **chemist**) *s* farmacêutico, -a
pharmacy /ˈfɑːrməsi/ *s* (*pl* **pharmacies**) farmácia ❶ As palavras mais comuns são **drugstore** em inglês americano e **chemist's** em inglês britânico.
phase /feɪz/ *substantivo, verbo*
▸ *s* fase, etapa
▸ *vt* escalonar PHR V **phase sth in/out** introduzir/retirar algo por etapas
phat /fæt/ *adj* (*esp USA, gíria*) maneiro, legal
Ph.D. (*GB tb* **PhD**) /ˌpiː eɪtʃ ˈdiː/ *s* (*abrev de* **Doctor of Philosophy**) PhD
pheasant /ˈfeznt/ *s* faisão
phenomenal /fəˈnɑːmɪnl/ *adj* fenomenal
phenomenon /fəˈnɑːmɪnən/ *s* (*pl* **phenomena** /-nə/) fenômeno
phew /fjuː/ *interj* ufa!
philanthropist /fɪˈlænθrəpɪst/ *s* filantropo, -a
philosopher /fəˈlɑːsəfər/ *s* filósofo, -a
philosophical /ˌfɪləˈsɑːfɪkl/ *adj* filosófico
philosophy /fəˈlɑːsəfi/ *s* (*pl* **philosophies**) filosofia
phishing /ˈfɪʃɪŋ/ *s* [*não contável*] phishing (*tipo de fraude eletrônica*)
phlegm /flem/ *s* **1** fleuma **2** (*Med*) catarro **phlegmatic** /flegˈmætɪk/ *adj* fleumático
phobia /ˈfoʊbiə/ *s* fobia
phone /foʊn/ *Ver* TELEPHONE
ˈ**phone booth** /ˈfoʊn buːθ; *GB* buːð/ (*tb* ˈ**telephone booth**) (*GB tb* ˈ**phone box**, ˈ**telephone box**) *s* cabine telefônica
ˈ**phone hacking** *s* hacking de telefone
ˈ**phone-in** *s* programa de rádio ou TV com participação do público
phonetic /fəˈnetɪk/ *adj* fonético **phonetics** *s* [*não contável*] fonética
phony (*tb* **phoney**) /ˈfoʊni/ *adj* (**phonier**, **-iest**) (*coloq, pej*) falso
photo /ˈfoʊtoʊ/ *s* (*pl* **photos**) foto: *to take a photo* tirar uma foto
photocopier /ˈfoʊtoʊkɑːpiər/ *s* copiadora
photocopy /ˈfoʊtoʊkɑːpi/ *verbo, substantivo*
▸ *vt* (*pt, pp* **-pied**) fotocopiar, fazer/tirar xerox®
▸ *s* (*pl* **photocopies**) fotocópia, xerox®
photogenic /ˌfoʊtoʊˈdʒenɪk/ *adj* fotogênico
photograph /ˈfoʊtəgræf; *GB* -grɑːf/ *substantivo, verbo*
▸ *s* fotografia
▸ *v* **1** *vt* fotografar **2** *vi* ~ **well, badly, etc.** ser/não ser fotogênico
photographer /fəˈtɑːgrəfər/ *s* fotógrafo, -a
photographic /ˌfoʊtəˈgræfɪk/ *adj* fotográfico
photography /fəˈtɑːgrəfi/ *s* fotografia (*arte*)
photoshop /ˈfoʊtoʊʃɑːp/ *vt* (**-pp-**, **-pp-**) tratar com photoshop
phrasal verb /ˌfreɪzl ˈvɜːrb/ *s* verbo cujo significado se altera dependendo da preposição ou partícula adverbial que o acompanha
phrase /freɪz/ *substantivo, verbo*
▸ *s* **1** ❶ Um **phrase** é um sintagma, um conjunto de frases que não contém verbo principal: *a bar of chocolate* uma barra de chocolate ◇ *running fast* correndo rapidamente. **2** expressão, locução: *phrase book* guia de conversação ➲ *Comparar com* SENTENCE LOC *Ver* TURN
▸ *vt* expressar
physical /ˈfɪzɪkl/ *adjetivo, substantivo*
▸ *adj* físico: *physical fitness* boa forma física
▸ *s* exame médico
physically /ˈfɪzɪkli/ *adv* fisicamente: *physically fit* em boa forma física

P

◇ *physically handicapped* deficiente físico

ˌ**physical ˈtherapy** (*GB* **physiotherapy** /ˌfɪzioʊˈθerəpi/) *s* fisioterapia ˌ**physical ˈtherapist** (*GB* **physiotherapist**) *s* fisioterapeuta

physician /fɪˈzɪʃn/ *s* (*esp USA*, *formal*) médico, -a

physicist /ˈfɪzɪsɪst/ *s* físico, -a

⚷ **physics** /ˈfɪzɪks/ *s* [*não contável*] física

physiology /ˌfɪziˈɑːlədʒi/ *s* fisiologia

physique /fɪˈziːk/ *s* físico (*aspecto*)

pianist /ˈpiːənɪst; *GB* ˈpɪənɪst/ *s* pianista

⚷ **piano** /piˈænoʊ/ *s* (*pl* **pianos**) piano: *piano stool* banqueta de piano

pic /pɪk/ *s* (*coloq*) foto

⚷ **pick** /pɪk/ *verbo, substantivo*

▸ *v* **1** *vt* escolher, selecionar **2** *vt* (*flor, fruta, etc.*) colher **3** *vt* escarafunchar: *to pick your teeth* palitar os dentes ◇ *to pick your nose* botar o dedo no nariz ◇ *to pick a hole in sth* fazer um buraco em algo **4** *vt* ~ **sth from/off sth** tirar, remover algo de algo **5** *vt* (*fechadura*) forçar LOC **pick a fight/quarrel (with sb)** comprar briga (com alguém) ◆ **pick and choose** ser exigente ◆ **pick holes in sth** achar defeito em algo ◆ **pick sb's brains** (*coloq*) explorar os conhecimentos de alguém ◆ **pick sb's pocket** bater a carteira de alguém ◆ **pick up speed** ganhar velocidade *Ver tb* BONE

PHR V **pick at sth** lambiscar algo, comer algo aos bocadinhos

pick on sb 1 implicar com alguém **2** escolher alguém (*para algo desagradável*)

pick sb/sth out 1 escolher alguém/algo **2** distinguir alguém/algo (*numa multidão, etc.*) ◆ **pick sth out 1** identificar algo **2** destacar algo

pick up 1 melhorar **2** (*vento*) soprar mais forte **3** (*coloq*) continuar de onde se parou ◆ **pick sb up 1** buscar alguém (*esp com carro*) **2** (*coloq*) cantar alguém (*num bar, numa festa*): *He goes to clubs to pick up girls.* Ele vai a discotecas pegar meninas. **3** (*coloq*) prender alguém ◆ **pick sb/sth up** apanhar alguém/algo ◆ **pick sth up 1** aprender algo **2** (*doença, sotaque, costume*) pegar algo **3** recolher algo **4** arrumar algo ◆ **pick yourself up** levantar-se

▸ *s* **1** (direito de) escolha, seleção: *Take your pick.* Escolha o/a que quiser. **2** [*sing*] **the ~ of sth** o melhor de algo

pickax (*GB* **pickaxe**) /ˈpɪkæks/ (*tb* **pick**) *s* picareta

picket /ˈpɪkɪt/ *s* **1** (*numa greve*) piquete; piqueteiro, -a **2**: *picket fence* cerca de madeira

pickle /ˈpɪkl/ *s* **1** (*USA*) (*GB* **gherkin**) pepino em conserva **2** (*GB*) picles LOC **in a pickle** (*coloq*) em apuros

pickpocket /ˈpɪkpɑːkɪt/ *s* batedor, -ora de carteira **pickpocketing** *s* furto de carteira

pickup /ˈpɪkʌp/ (*tb* ˈ**pickup truck**) *s* caminhonete, picape

picky /ˈpɪki/ *adj* (*coloq*) enjoado

picnic /ˈpɪknɪk/ *s* piquenique

pictorial /pɪkˈtɔːriəl/ *adj* **1** ilustrado **2** (*Arte*) pictórico

⚷ **picture** /ˈpɪktʃər/ *substantivo, verbo*

▸ *s* **1** quadro **2** ilustração **3** foto: *to take a picture* tirar uma foto **4** retrato **5** (*TV*) imagem **6** imagem, ideia **7** filme LOC **be/look a picture** parecer uma pintura ◆ **get the picture** (*coloq*) poder imaginar ◆ **put/keep sb in the picture** (*coloq*) pôr/manter alguém a par da situação

▸ *vt* **1** ~ **sb/sth (as sth)** imaginar alguém/algo (como algo) **2** ~ **sb/sth as sth** retratar alguém/algo como algo **3** retratar, fotografar

picturesque /ˌpɪktʃəˈresk/ *adj* pitoresco

pie /paɪ/ *s* **1** (*doce*) torta: *apple pie* torta de maçã **2** (*salgado*) empadão

> **Pie** é uma torta ou empadão de massa que tem cobertura e recheio doce ou salgado. **Tart** e **flan** se referem às tortas doces com uma base de massa, mas sem cobertura.

⚷ **piece** /piːs/ *substantivo, verbo*

▸ *s* **1** pedaço **2** peça **3** parte **4** (*de papel*) folha **5**: *a piece of advice/news* um conselho/uma notícia ❶ **A piece of...** ou **pieces of...** são usados com substantivos não contáveis. ⮊ *Ver nota em* CONSELHO **6** (*Mús*) obra **7** (*Jornalismo*) artigo **8** moeda LOC **a piece of cake** (*coloq*) uma barbada ◆ **in one piece** ileso ◆ **to pieces**: *to pull/tear sth to pieces* desfazer algo em pedaços ◇ *to fall to pieces* cair aos pedaços ◇ *to take sth to pieces* desmontar algo ◇ *to smash sth to pieces* espatifar algo ◇ *to go to pieces* abater-se *Ver tb* BIT

▸ *v* PHR V **piece sth together 1** (*provas, dados, etc.*) juntar algo **2** (*passado*) reconstruir, reconstituir algo

piecemeal /ˈpiːsmiːl/ *advérbio, adjetivo*

▸ *adv* (*ger pej*) pouco a pouco

▸ *adj* (*ger pej*) gradual

pier /pɪr/ *s* píer, molhe

pierce /pɪrs/ *vt* **1** (*bala, faca*) atravessar **2** perfurar: *to have your ears pierced* furar as orelhas **3** (*som*) (*luz*) penetrar em

piercing /ˈpɪrsɪŋ/ *adjetivo, substantivo*

▸ *adj* **1** (*grito*) agudo **2** (*olhar*) penetrante

▸ *s* piercing (*na orelha, língua, etc.*)

P

piety /ˈpaɪəti/ *s* abnegação, devoção *(religiosa)*

pig /pɪg/ *s* **1** porco ➲ *Ver notas em* CARNE, PORCO **2** *(coloq, pej)* glutão, -ona: *You greedy pig!* Seu porco guloso!

pigeon /ˈpɪdʒɪn/ *s* pombo

pigeonhole /ˈpɪdʒɪnhoʊl/ *s* escaninho

piglet /ˈpɪglət/ *s* leitão, -oa; porquinho ➲ *Ver nota em* PORCO

pigment /ˈpɪgmənt/ *s* pigmento

pigsty /ˈpɪgstaɪ/ *s* *(pl* **pigsties**) *(lit e fig)* pocilga, chiqueiro

pigtail /ˈpɪgteɪl/ *s* trança *(em forma de maria-chiquinha)*

Pilates /pɪˈlɑːtiːz/ *s* Pilates

pile /paɪl/ *substantivo, verbo*
▸ *s* **1** pilha **2 a ~ of sth** *(tb* **piles** *[pl])* *(coloq)* um monte de algo
▸ *v* **1** *vt* **~ sth (up)** amontoar, empilhar algo **2** *vt* encher até não caber mais: *to be piled (high) with sth* estar entulhado de algo **3** *vi* **~ in, out, etc.** *(coloq)* entrar, sair, etc. desordenadamente PHR V **pile up** acumular

pileup /ˈpaɪlʌp/ *s* colisão em cadeia, engavetamento

pilgrim /ˈpɪlgrɪm/ *s* peregrino, -a **pilgrimage** /ˈpɪlgrɪmɪdʒ/ *s* peregrinação

pill /pɪl/ *s* **1** pílula: *sleeping pill* sonífero **2 the pill** *[sing]* a pílula *(anticoncepcional)*

pillar /ˈpɪlər/ *s* pilar, coluna

pillow /ˈpɪloʊ/ *s* travesseiro

pillowcase /ˈpɪloʊkeɪs/ *s* fronha

pilot /ˈpaɪlət/ *substantivo, adjetivo*
▸ *s* **1** piloto **2** *(TV)* programa piloto
▸ *adj* piloto *(experimental)*

pimple /ˈpɪmpl/ *s* *(na pele)* espinha

PIN /pɪn/ *(tb* ˈ**PIN number**) *s* *(abrev de* **personal identification number**) senha *(de cartão de banco)*

pin /pɪn/ *substantivo, verbo*
▸ *s* **1** alfinete **2** *(GB* **brooch**) broche **3** cavilha *Ver tb* DRAWING PIN, ROLLING PIN, SAFETY PIN LOC **pins and needles** formigamento
▸ *vt* (-nn-) **1** *(com alfinete)* prender, segurar **2** *(pessoa, braços)* segurar PHR V **pin sb down 1** imobilizar alguém *(no chão)* **2** fazer com que alguém se posicione

pins

safety pin

pin

pin

pinball /ˈpɪnbɔːl/ *s* fliperama

pincer /ˈpɪnsər/ *s* **1** *(Zool)* pinça **2 pincers** *[pl]* torquês ➲ *Ver nota em* PAIR

pinch /pɪntʃ/ *verbo, substantivo*
▸ *v* **1** *vt* beliscar **2** *vt, vi* *(sapatos, etc.)* apertar **3** *vt* **~ sth (from sb/sth)** *(GB, coloq)* surrupiar algo (de alguém/algo)
▸ *s* **1** beliscão **2** *(sal, etc.)* pitada LOC **in a pinch** *(GB* **at a pinch**) em último caso

pine /paɪn/ *substantivo, verbo*
▸ *s* *(tb* ˈ**pine tree**) pinheiro: *pine cone* pinha
▸ *vi* **1 ~ (away)** definhar, consumir-se *(de tristeza)* **2 ~ for sb/sth** sentir falta de alguém/algo; ansiar por alguém/algo

pineapple /ˈpaɪnæpl/ *s* abacaxi

ping /pɪŋ/ *s* **1** tinido **2** *(de bala)* sibilo

Ping-Pong® /ˈpɪŋ pɔːŋ; *GB* pɒŋ/ *s* pingue-pongue

pink /pɪŋk/ *adjetivo, substantivo*
▸ *adj* **1** cor-de-rosa, rosado **2** *(de vergonha, etc.)* corado
▸ *s* **1** (cor-de-)rosa **2** *(Bot)* cravina

pinnacle /ˈpɪnəkl/ *s* **1 ~ of sth** auge de algo **2** *(Arquit)* pináculo **3** *(de montanha)* pico

pinpoint /ˈpɪnpɔɪnt/ *vt* **1** localizar com precisão **2** pôr o dedo em, precisar

pint /paɪnt/ *s* **1** *(abrev* **pt.**) quartilho ℹ Um **pint** equivale a 0,473 litros nos Estados Unidos e a 0,568 litros na Grã-Bretanha. ➲ *Ver pág. 758* **2** *(GB)*: *to go for/have a pint* ir tomar uma cerveja (no bar)

pinup /ˈpɪnʌp/ *s* foto *(de pessoa atraente, pregada na parede)*

pioneer /ˌpaɪəˈnɪr/ *substantivo, verbo*
▸ *s* pioneiro, -a
▸ *vt* ser o pioneiro em **pioneering** *adj* pioneiro

pious /ˈpaɪəs/ *adj* **1** pio, devoto **2** *(pej)* beato

pip /pɪp/ *s* *(esp GB)* *(USA* **seed**) semente *(de fruta)* ➲ *Ver nota em* SEMENTE

pipe /paɪp/ *substantivo, verbo*
▸ *s* **1** tubo, cano **2 pipes** *[pl]* encanamento **3** cachimbo **4** *(Mús)* flauta **5 pipes** *[pl]* gaita de foles
▸ *vt* canalizar *(através de tubos, gasoduto, oleoduto, etc.)* PHR V **pipe down** *(coloq)* calar a boca

pipeline /ˈpaɪplaɪn/ *s* tubulação, gasoduto, oleoduto LOC **be in the pipeline 1** *(pedido)* estar encaminhado **2** *(mudanças, propostas, etc.)* estar prestes a ser implementado

ˌ**piping** ˈ**hot** *adj* fervendo

piracy /ˈpaɪrəsi/ *s* pirataria

piranha /pɪˈrɑːnə/ *s* piranha *(peixe)*

P

pirate /ˈpaɪrət/ *substantivo, verbo*
▸ *s* pirata
▸ *vt* piratear

Pisces /ˈpaɪsiːz/ *s* Peixes ➲ *Ver exemplos em* AQUÁRIO

pistachio /pɪˈstæʃioʊ/ *s* (*pl* **pistachios**) pistache

pistol /ˈpɪstl/ *s* pistola

piston /ˈpɪstən/ *s* pistão

pit /pɪt/ *substantivo, verbo*
▸ *s* **1** fossa **2** mina (*de carvão*) **3** marca (*da varíola, etc.*) **4** (*GB* **stone**) caroço (*de fruta*) **5 the pit** (*tb* **the pits** [*pl*]) (*Automobilismo*) o box **6** (*esp GB*) (*Teat*) plateia LOC **be the pits** (*coloq*) ser o fim da picada
▸ *v* (-tt-) PHR V **pit sb/sth against sb/sth** opor alguém/algo a alguém/algo

⚿ **pitch** /pɪtʃ/ *substantivo, verbo*
▸ *s* **1** (*intensidade*) grau, ponto mais alto **2** (*Mús*) tom **3** (*propaganda*) mensagem **4** (*USA*) (*Beisebol*) arremesso **5** (*GB*) (*USA* **field**) (*Esporte*) campo **6** (*telhado*) inclinação **7** (*GB*) ponto (*em mercado, rua*) **8** piche: *pitch-black* preto como a asa da graúna
▸ *v* **1** *vt* lançar, arremessar **2** *vi* cair **3** *vi* (*barco*) trepidar **4** *vt* ~ **sth (at sth)** nivelar algo (em algo) **5** *vt* armar (*barraca*) PHR V **pitch in** (*coloq*) pôr mãos à obra ◆ **pitch in (with sth)** (*coloq*) contribuir, colaborar (com algo)

pitcher /ˈpɪtʃər/ *s* **1** (*USA*) (*GB* **jug**) jarro **2** (*GB*) cântaro **3** (*Beisebol*) arremessador, -ora

pitfall /ˈpɪtfɔːl/ *s* cilada

pith /pɪθ/ *s* parte branca da casca (*dos frutos cítricos*)

pitiful /ˈpɪtɪfl/ *adj* **1** lamentável, comovente **2** desprezível

pitiless /ˈpɪtiləs/ *adj* **1** impiedoso **2** (*fig*) implacável

⚿ **pity** /ˈpɪti/ *substantivo, verbo*
▸ *s* **1** ~ **(for sb/sth)** pena, compaixão (por alguém/algo) **2 a pity** [*sing*] uma lástima, uma pena LOC **take pity on sb** ter pena de alguém
▸ *vt* (*pt, pp* **pitied**) compadecer-se de: *I pity you.* Tenho pena de você.

pivot /ˈpɪvət/ *s* **1** eixo **2** (*fig*) pivô

pizza /ˈpiːtsə/ *s* pizza

placard /ˈplækɑːrd/ *s* placar, cartaz

placate /ˈpleɪkeɪt; *GB* pləˈkeɪt/ *vt* apaziguar, aplacar

⚿ **place** /pleɪs/ *substantivo, verbo*
▸ *s* **1** lugar **2** (*na superfície*) parte **3** (*assento, posição*) posto, lugar, vaga **4**: *It's not my place to...* Não me compete... **5** [*sing*] casa LOC **all over the place** (*coloq*) **1** por toda parte **2** desarrumado ◆ **change/swap places (with sb) 1** trocar de lugar (com alguém) **2** (*fig*) colocar-se no lugar (de alguém) ◆ **in place 1** no devido lugar **2** preparado ◆ **in the first, second, etc. place** em primeiro, segundo, etc. lugar ◆ **out of place 1** desordenado, fora do lugar **2** descabido, deslocado ◆ **take place** realizar-se, ocorrer *Ver tb* FRIEND
▸ *vt* **1** pôr, colocar **2** identificar **3** ~ **sth (with sb/sth)**: *to place an order for sth with sb* encomendar algo a alguém ◇ *to place a bet on sb/sth* apostar em alguém/algo **4** situar

placement /ˈpleɪsmənt/ (*tb* ˈ**work placement**) *s* (*GB*) (*USA* **internship**) estágio

plague /pleɪg/ *substantivo, verbo*
▸ *s* **1** (*tb* **the plague**) [*não contável*] peste **2** ~ **of sth** praga de algo
▸ *vt* **1** importunar, atormentar **2** acossar

plaice /pleɪs/ *s* (*pl* **plaice**) solha

plaid /plæd/ *s* tecido xadrez de origem escocesa

⚿ **plain** /pleɪn/ *adjetivo, advérbio, substantivo*
▸ *adj* (**plainer, -est**) **1** claro, evidente **2** franco, direto **3** liso, neutro, sem estampa: *plain paper* papel sem pauta **4** simples: *plain yogurt* iogurte natural **5** (*GB*) (*USA* **dark**) (*chocolate*) amargo **6** (*físico*) sem atrativos LOC **make sth plain (to sb)** deixar algo claro (para alguém)
▸ *adv* (*coloq*) simplesmente: *It's just plain stupid.* É simplesmente uma estupidez.
▸ *s* planície

ˌ**plain** ˈ**clothes** *substantivo, adjetivo*
▸ *s* [*pl*]: *in plain clothes* (vestido) em trajes civis
▸ *adj* ˌ**plain-**ˈ**clothes**: *a plain-clothes police officer* agente da polícia à paisana

plainly /ˈpleɪnli/ *adv* **1** claramente, com clareza **2** evidentemente

plaintiff /ˈpleɪntɪf/ *s* querelante

plait /plæt/ *s* (*GB*) (*USA* **braid**) trança

⚿ **plan** /plæn/ *substantivo, verbo*
▸ *s* **1** plano, programa **2** planta **3** projeto
▸ *v* (-nn-) **1** *vt* planejar, projetar: *What do you plan to do?* O que você pretende fazer? **2** *vi* fazer planos PHR V **plan on (doing) sth** planejar (fazer) algo ◆ **plan sth out** planejar algo

⚿ **plane** /pleɪn/ *s* **1** avião: *plane crash* acidente aéreo **2** plano **3** plaina

⚿ **planet** /ˈplænɪt/ *s* planeta

plank /plæŋk/ *s* **1** tábua, prancha **2** ponto central (*de plataforma política, etc.*)

P

planner /ˈplænər/ *s* **1** planejador, -ora **2** (*tb* ˌ**city**/ˌ**town** ˈ**planner**) urbanista

planning /ˈplænɪŋ/ *s* planejamento

plant /plænt; *GB* plɑːnt/ *substantivo, verbo*
▸ *s* **1** planta: *house plant* planta para o interior da casa **2** (*Mec*) maquinaria, aparelhagem **3** fábrica *Ver tb* POWER PLANT
▸ *vt* **1** plantar **2** (*jardim, campo*) semear **3** (*bomba, etc.*) esconder **4** (*objeto incriminatório, etc.*) plantar: *He claims that the drugs were planted on him.* Ele alega que as drogas foram colocadas no bolso dele. **5** (*dúvidas, etc.*) semear

plantation /plænˈteɪʃn; *GB* plɑːnˈ-/ *s* **1** (*fazenda*) plantação **2** arvoredo

plaque /plæk; *GB tb* plɑːk/ *s* **1** placa **2** placa (dental)

ˈ**plasma screen** *s* tela de plasma

plaster /ˈplæstər; *GB* ˈplɑːstə(r)/ *substantivo, verbo*
▸ *s* **1** gesso, reboco **2** gesso: *to put sth in plaster* engessar algo **3** (*GB*) (*USA* ˈ**Band Aid™**) band-aid®
▸ *vt* **1** rebocar (*parede*) **2** emplastrar **3** (*fig*) encher, cobrir

plastic /ˈplæstɪk/ *s, adj* (de) plástico

Plasticine® /ˈplæstəsiːn/ *s* (*GB*) (*USA* **Play-Doh®**) massa de modelar

ˌ**plastic** ˈ**surgery** *s* cirurgia plástica

ˈ**plastic wrap** (*GB* **cling film**) *s* papel filme (*para embalar comida*)

plate /pleɪt/ *s* **1** prato **2** (*metal*) placa, vidro, chapa: *plate glass* vidro laminado **3** baixela (*de ouro, prata*) **4** (*imprensa*) chapa *Ver tb* LICENSE PLATE, NUMBER PLATE

plateau /plæˈtoʊ; *GB* ˈplætoʊ/ *s* (*pl* **plateaus** *ou* **plateaux** /plæˈtoʊz; *GB* ˈplætoʊz/) platô

platform /ˈplætfɔːrm/ *s* **1** tribuna **2** plataforma **3** (*Pol*) programa

platinum /ˈplætɪnəm/ *s* platina

platoon /pləˈtuːn/ *s* (*Mil*) pelotão

plausible /ˈplɔːzəbl/ *adj* **1** plausível **2** (*pessoa*) convincente

play /pleɪ/ *verbo, substantivo*
▸ *v* **1** *vt, vi* brincar, jogar ➲ *Ver nota em* ESPORTE **2** *vt* ~ **sb** (*Esporte*) jogar com/contra alguém: *They're playing Arsenal tomorrow.* Eles vão jogar com/contra o Arsenal amanhã. **3** *vt, vi* (*instrumento*) tocar: *to play the guitar* tocar violão **4** *vt* (*carta*) jogar **5** *vt* (*CD, etc.*) pôr **6** *vi* (*música*) tocar **7** *vt* (*tacada*) dar **8** *vt* pregar (*uma peça*) **9** *vt* (*papel dramático*) interpretar, fazer **10** *vt, vi* (*cena, texto teatral*) representar(-se) **11** *vt* (*função*) desempenhar **12** *vt* fazer-se de: *to play the fool* fazer-se de bobo ❶ Para expressões com **play**, ver os verbetes do substantivo, adjetivo, etc, p.ex. **play sth by ear** em EAR. **PHR V** **play along (with sb)** fazer o jogo (de alguém) ◆ **play sth down** minimizar (a importância de) algo ◆ **play A off B** (*GB* **play A off against B**) opor A a B ◆ **play (sb) up** (*esp GB, coloq*) dar trabalho (a alguém)
▸ *s* **1** jogo, brincadeira: *children at play* crianças brincando **2** (*Teat*) peça **3** (*movimento*) folga **4** (*de forças, personalidades, etc.*) interação *Ver tb* FAIR PLAY, FOUL PLAY **LOC** **a play on words** um jogo de palavras *Ver tb* CHILD

Play-Doh® /ˈpleɪ doʊ/ (*GB* **Plasticine®**) *s* massa de modelar

player /ˈpleɪər/ *s* **1** jogador, -ora **2** (*Mús*) músico, -a **3** leitor, -ora: *DVD player* leitor de DVD

playful /ˈpleɪfl/ *adj* **1** brincalhão **2** (*comentário, etc.*) jocoso

playground /ˈpleɪgraʊnd/ *s* **1** pátio de recreio **2** área de recreação infantil

ˈ**play group** *s* (*GB*) (*USA* **preschool**) pré-escola

ˈ**playing card** *s* carta de baralho

ˈ**playing field** *s* campo de esportes

playmaker /ˈpleɪmeɪkər/ *s* meia--armador, -ora

playoff /ˈpleɪɔːf; *GB* ˈpleɪɒf/ *s* partida de desempate, mata-mata

playpen /ˈpleɪpen/ *s* cercadinho (*para bebê*)

playtime /ˈpleɪtaɪm/ *s* (*esp GB*) recreio

playwright /ˈpleɪraɪt/ *s* dramaturgo, -a

plea /pliː/ *s* **1** ~ **(for sth)** (*formal*) súplica (por algo): *to make a plea for sth* fazer um apelo por algo **2** (*Jur*) declaração, alegação: *plea of guilty/not guilty* declaração de culpa/inocência

plead /pliːd/ (*pt, pp* **pleaded**; (*USA tb* **pled** /pled/)) **1** *vi* ~ **(with sb) (for sth)** suplicar, pedir (a alguém) (por algo) **2** *vi* ~ **for sb** (*Jur*) defender alguém **3** *vt* (*defesa*) alegar **LOC** **plead guilty/not guilty** declarar-se culpado/inocente

pleasant /ˈpleznt/ *adj* (**pleasanter, -est**) agradável

pleasantly /ˈplezntli/ *adv* **1** agradavelmente, prazerosamente **2** amavelmente

please /pliːz/ *interjeição, verbo*
▸ *interj* por favor: *Please come in.* Entre, por favor. ◇ *Please do not smoke.* Favor não fumar.

Normalmente usamos **please** em respostas afirmativas e **thank you** ou **thanks** (*mais coloq*) em negativas: *"Would you like another cookie?" "Yes,* *please/No, thank you."* Estas palavras são utilizadas com maior frequência em inglês do que em português, e em geral se considera pouco educado omiti-las: *Could you pass the salt, please?*

LOC **please do!** claro!
▸ *v* **1** *vt, vi* agradar **2** *vt* dar prazer a **3** *vi*: *for as long as you please* o tempo que você quiser ◇ *I'll do whatever I please.* Vou fazer o que me der vontade. LOC **as you please** como quiser ◆ **please yourself** você é quem sabe

pleased /pli:zd/ *adj* **1** contente ➲ *Ver nota em* GLAD **2** ~ **(with sb/sth)** satisfeito (com alguém/algo) LOC **be pleased to do sth** alegrar-se em fazer algo, ter o prazer de fazer algo: *I'd be pleased to come.* Gostaria muito de ir. *Ver tb* MEET

pleasing /ˈpli:zɪŋ/ *adj* prazeroso, agradável

pleasure /ˈpleʒər/ *s* prazer: *It gives me pleasure to...* Tenho o prazer de... LOC **my pleasure** não há de quê ◆ **take pleasure in sth** gostar de fazer algo ◆ **with pleasure** com muito prazer **pleasurable** *adj* prazeroso

pled *pt, pp de* PLEAD

pledge /pledʒ/ *substantivo, verbo*
▸ *s* promessa, compromisso
▸ *vt* **1** ~ **sth (to sb/sth)** prometer algo (para alguém/algo) **2** ~ **sb/yourself to sth** comprometer alguém/ comprometer-se com algo

plentiful /ˈplentɪfl/ *adj* abundante LOC *Ver* SUPPLY

plenty /ˈplenti/ *pronome, advérbio*
▸ *pron* **1** muito, de sobra: *plenty to do* muito que fazer **2** bastante: *That's plenty, thank you.* Chega, obrigado.
▸ *adv* **1** ~ **big, long, etc. enough** (*coloq*) grande o bastante, longo o bastante, etc.: *plenty high enough* suficientemente alto **2** muito LOC **plenty more 1** de sobra **2** muito mais: *There's room for plenty more (of them).* Há espaço para muitos mais.

pliable /ˈplaɪəbl/ (*tb* **pliant** /ˈplaɪənt/) *adj* **1** flexível **2** influenciável

plied *pt, pp de* PLY

pliers /ˈplaɪərz/ *s* [*pl*] alicate: *a pair of pliers* um alicate ➲ *Ver nota em* PAIR

plight /plaɪt/ *s* [*sing*] situação difícil, apuro

plod /plɑ:d/ *vi* (-dd-) caminhar com dificuldade ➲ *Ver nota em* ANDAR[1]
PHR V **plod along/on (at sth); plod through sth** executar algo a duras penas (*esp trabalho*)

plonk /plɑ:ŋk/ (*GB*) = PLUNK

plot /plɑ:t/ *substantivo, verbo*
▸ *s* **1** complô, intriga **2** (*livro, filme, etc.*) trama **3** (*terreno*) lote
▸ *v* (-tt-) **1** *vi* conspirar, fazer intriga **2** *vt* (*intriga*) tramar **3** *vt* (*direção, etc.*) traçar

plow (*GB* **plough**) /plaʊ/ *substantivo, verbo*
▸ *s* arado
▸ *vt, vi* arar, lavrar a terra PHR V **plow sth back (in/into sth)** (*lucros*) reinvestir algo (em algo) ◆ **plow into sb/sth** chocar-se contra alguém/algo ◆ **plow (your way) through sth** abrir caminho através de algo

ploy /plɔɪ/ *s* ardil, estratagema

pluck /plʌk/ *verbo, substantivo*
▸ *vt* **1** colher, arrancar **2** depenar **3** (*sobrancelhas, etc.*) tirar **4** (*corda*) tanger LOC **pluck up courage (to do sth)** criar coragem (para fazer algo)
▸ *s* (*coloq*) coragem, peito

plug /plʌg/ *substantivo, verbo*
▸ *s* **1** plugue, tomada (*macho*) **2** tomada (*de parede*) ➲ *Ver ilustração em* TOMADA **3** (*GB* **stopper**) tampão **4** *Ver* SPARK PLUG **5** (*coloq*) propaganda: *He managed to get in a plug for his new book.* Ele conseguiu incluir uma propaganda do seu novo livro.
▸ *vt* (-gg-) **1** (*buraco*) tapar **2** (*escape*) vedar **3** (*ouvidos*) tampar **4** (*cavidade*) encher **5** fazer propaganda de PHR V **plug sth in; plug sth into sth** ligar algo (a algo)

ˈ**plug-in** *adj, s* (*Informát*) (acessório) que pode ser ligado a um computador principal

plum /plʌm/ *s* **1** ameixa **2** (*tb* ˈ**plum tree**) ameixeira

plumage /ˈplu:mɪdʒ/ *s* plumagem

plumber /ˈplʌmər/ *s* encanador, -ora; bombeiro, -a (*hidráulico*) **plumbing** *s* encanamento

plummet /ˈplʌmɪt/ *vi* **1** despencar, tombar **2** (*fig*) despencar

plump /plʌmp/ *adjetivo, verbo*
▸ *adj* roliço, rechonchudo ➲ *Ver nota em* GORDO
▸ *v* PHR V **plump for sb/sth** (*coloq*) decidir-se, optar por alguém/algo

plunder /ˈplʌndər/ *vt* saquear

plunge /plʌndʒ/ *verbo, substantivo*
▸ *v* **1** *vi* despencar, baixar drasticamente **2** *vi* mergulhar **3** *vt* submergir PHR V **plunge sth in; plunge sth into sth** meter, enfiar algo (em algo) ◆ **plunge sb/sth into sth** afundar alguém/algo em algo (*numa depressão, guerra, etc.*)
▸ *s* **1** mergulho **2** salto **3** (*preços*) queda

LOC take the plunge *(coloq)* topar a parada

plunk /plʌŋk/ *(GB* **plonk***)* *v* **PHR V plunk sth/yourself down** deixar algo/deixar--se cair pesadamente

plural /ˈplʊrəl/ *adj, s* plural

⚷ **plus** /plʌs/ *preposição, substantivo, adjetivo, conjunção*
▸ *prep* **1** *(Mat)* mais: *Five plus six equals eleven.* Cinco mais seis é igual a onze. **2** além de: *plus the fact that…* além de…
▸ *s* **1** *(pl* **pluses***)* *(coloq)* ponto a favor: *the pluses and minuses of sth* os prós e os contras de algo **2** *(tb* ˈ**plus sign***)* sinal de adição
▸ *adj* **1** no mínimo: *£500 plus* no mínimo 500 libras ◇ *He must be forty plus.* Ele deve ter mais de quarenta (anos). **2** *(Mat, Educ)* positivo
▸ *conj* além

plush /plʌʃ/ *adj (coloq)* luxuoso, de luxo

plutonium /pluːˈtoʊniəm/ *s* plutônio

ply /plaɪ/ *vt, vi (pt, pp* **plied** /plaɪd/*)* *(formal)* *(rota)* trafegar: *This ship plied between the Indies and Spain.* Este navio trafegava entre as Índias e a Espanha. **LOC ply your trade** exercer o seu ofício **PHR V ply sb with sth 1** *(bebida, comida)* encher alguém de algo **2** *(perguntas)* bombardear alguém com algo

plywood /ˈplaɪwʊd/ *s* madeira compensada

⚷ **p.m.** *(tb* **P.M.***)* /ˌpiː ˈem/ *abrev* da tarde, da noite: *at 4:30 p.m.* às quatro e meia da tarde

Note que quando usamos **a.m.** ou **p.m.** com horas, não podemos dizer **o'clock**: *Let's meet at three o'clock/3 p.m.* Vamos nos encontrar às três (da tarde).

PMS /ˌpiː em ˈesː/ *(GB tb* **PMT** /ˌpiː em ˈtiː/*)* *s* *(abrev de* **premenstrual syndrome/tension***)* tensão pré-menstrual *(abrev* TPM*)*

pneumatic /nuːˈmætɪk; *GB* njuːˈ-/ *adj* pneumático

pneumonia /nuːˈmoʊniə; *GB* njuːˈ-/ *s* *[não contável]* pneumonia

PO /ˌpiː ˈoʊ/ *abrev de* **Post Office**

poach /poʊtʃ/ **1** *vt* cozinhar **2** *vt (ovos)* fazer pochê **3** *vt, vi* caçar/pescar clandestinamente **4** *vt* ~ **sb/sth (from sb/sth)** roubar alguém/algo (de alguém/algo) *(ideias, empregados, etc.)* **poacher** *s* caçador, -ora furtivo/a; pescador, -ora furtivo/a

⚷ **pocket** /ˈpɑːkɪt/ *substantivo, verbo*
▸ *s* **1** bolso: *pocket-sized* tamanho de bolso ◇ *pocket money* mesada **2** *(fig)* núcleo **LOC be out of pocket** *(esp GB)* ficar sem dinheiro *Ver tb* PICK
▸ *vt* **1** meter no bolso **2** embolsar

pocketknife /ˈpɑːkɪtnaɪf/ *s (pl* **pocketknives** /-naɪvz/*)* canivete

pod /pɑːd/ *s* vagem *(de feijão, etc.)*

podcast /ˈpɑːdkæst; *GB* -kɑːst/ *s* podcast *(transmissão por internet)*

podiatrist /pəˈdaɪətrɪst/ *(GB tb* **chiropodist***)* *s* podólogo, -a **podiatry** *(GB tb* **chiropody***)* *s* podologia

podium /ˈpoʊdiəm/ *s* pódio

⚷ **poem** /ˈpoʊəm; *GB* ˈpoʊɪm/ *s* poema

poet /ˈpoʊət; *GB* ˈpoʊɪt/ *s* poeta

poetic /poʊˈetɪk/ *adj* poético: *poetic justice* justiça divina

⚷ **poetry** /ˈpoʊətri/ *s* poesia

poignant /ˈpɔɪnjənt/ *adj* comovente

poinsettia /ˌpɔɪnˈsetiə/ *s* bico-de-papagaio

⚷ **point** /pɔɪnt/ *substantivo, verbo*
▸ *s* **1** ponto *Ver tb* STARTING POINT, TURNING POINT **2** ponta **3** *(Mat)* vírgula, ponto **4** fato: *The point is…* O fato é que… **5** sentido: *What's the point?* Para quê? ◇ *There's no point (in) shouting.* Não há razão para gritar. ◇ *to miss the point* não entender o principal **6** *(GB)* *(tb* ˈ**power point***)* *(USA* **outlet***)* tomada *(na parede, etc.)* **LOC be beside the point** não ter nada a ver ◆ **in point of fact** na verdade ◆ **make a point of doing sth** fazer questão de fazer algo ◆ **make your point** deixar claro o que se pensa, sente, etc. ◆ **on the point of (doing) sth** a ponto de (fazer) algo ◆ **point of view** ponto de vista ◆ **take sb's point** levar em conta o que alguém tem a dizer ◆ **to the point** a propósito, relevante *Ver tb* PROVE, SORE, STRONG
▸ *v* **1** *vi* ~ **(at/to/toward sb/sth)** indicar (com o dedo), apontar (para alguém/algo) **2** *vt* ~ **sth (at sb)** apontar algo (para alguém): *to point your finger (at sb/sth)* apontar o dedo (para alguém/algo) **3** *vi* ~ **to sth** *(fig)* indicar, apontar para algo **PHR V point sth out (to sb)** chamar a atenção (de alguém) para algo

ˌ**point-**ˈ**blank** *adjetivo, advérbio*
▸ *adj* **1**: *at point-blank range* à queima--roupa **2** *(recusa)* categórico
▸ *adv* **1** à queima-roupa **2** *(fig)* de forma categórica

⚷ **pointed** /ˈpɔɪntɪd/ *adj* **1** aguçado, pontudo **2** *(crítica)* intencional

pointer /ˈpɔɪntər/ *s* **1** *(coloq)* dica **2** indicador **3** ponteiro **4** indicativo

P

pointless /ˈpɔɪntləs/ *adj* **1** sem sentido **2** inútil

poise /pɔɪz/ *s* **1** porte **2** aplomb **poised** *adj* **1** suspenso **2** com desembaraço, seguro de si

poison /ˈpɔɪzn/ *substantivo, verbo*
▸ *s* veneno
▸ *vt* **1** envenenar **2** *(ambiente, etc.)* corromper **poisoning** *s* envenenamento: *food poisoning* intoxicação alimentar

poisonous /ˈpɔɪzənəs/ *adj* venenoso

poke /poʊk/ **1** *vt* cutucar *(com o dedo, etc.)*: *to poke your finger into sth* meter o dedo em algo **2** *vi* ~ **out/through**; ~ **out of, through, etc. sth** sair (de algo) LOC *Ver* FUN PHR V **poke around** *(GB tb* **poke about**) *(coloq)* bisbilhotar

poker /ˈpoʊkər/ *s* **1** pôquer **2** atiçador

ˈ**poker-faced** *adj (coloq)* de semblante impassível

poky *(tb* **pokey**) /ˈpoʊki/ *adj (coloq)* (**pokier, -iest**) **1** apertado **2** *(pej)* lento

polar /ˈpoʊlər/ *adj* polar: *polar bear* urso polar

pole /poʊl/ *s* **1** *(Geog, Fís)* polo **2** vara **3** *(telegráfico)* poste LOC **be poles apart** divergir inteiramente

the ˈ**pole vault** *s* salto com vara

police /pəˈliːs/ *substantivo, verbo*
▸ *s [pl]* polícia: *police force* polícia ◇ *police station* delegacia (de polícia) ◇ *police state* estado policial
▸ *vt* policiar, vigiar **policing** *s* policiamento

policeman /pəˈliːsmən/ *s (pl* **-men** /pəˈliːsmən/) policial ➲ *Ver nota em* POLICIAL

poˈ**lice officer** *s* policial

policewoman /pəˈliːswʊmən/ *s (pl* **-women** /-wɪmɪn/) policial *(mulher)* ➲ *Ver nota em* POLICIAL

policy /ˈpɑːləsi/ *s (pl* **policies**) **1** política **2** *(seguro)* apólice

polio /ˈpoʊlioʊ/ *s [não contável]* pólio

polish /ˈpɑːlɪʃ/ *verbo, substantivo*
▸ *vt* **1** dar brilho a, polir **2** *(sapatos)* engraxar **3** *(fig)* aperfeiçoar PHR V **polish sb off** *(esp USA, coloq)* dar um fim em alguém • **polish sth off** *(coloq)* **1** devorar algo **2** *(trabalho)* acabar algo de uma vez
▸ *s* **1** lustre **2** brilho **3** *(móveis)* polimento **4** *(sapatos)* graxa **5** *(unhas)* esmalte **6** *(fig)* requinte, refinamento **polished** *adj* **1** brilhoso, polido **2** *(maneira, estilo)* refinado, elegante **3** *(atuação)* impecável

polite /pəˈlaɪt/ *adj* **1** cortês, educado **2** *(comportamento)* apropriado

political /pəˈlɪtɪkl/ *adj* político

politically correct /pəˌlɪtɪkli kəˈrekt/ *adj (abrev* **PC**) politicamente correto

politician /ˌpɑːləˈtɪʃn/ *s* político, -a

politics /ˈpɑːlətɪks/ *s* **1** *[não contável]* política **2** *[pl]* princípios políticos **3** *[não contável] (matéria)* ciências políticas

polka dot /ˈpoʊlkə dɑːt; *GB* ˈpɒl-/ *s* bolinha

poll /poʊl/ *s* **1** *(tb* **opinion poll**) pesquisa, sondagem **2** eleição **3** votação: *to take a poll on sth* submeter algo a votação **4 the polls** *[pl]* as urnas

pollen /ˈpɑːlən/ *s* pólen

pollute /pəˈluːt/ *vt* **1** ~ **sth (with sth)** contaminar, poluir algo (com algo) **2** *(fig)* corromper

pollution /pəˈluːʃn/ *s* poluição, contaminação

polo /ˈpoʊloʊ/ *s (Esporte)* polo *Ver tb* WATER POLO

ˈ**polo neck** *s (GB) (USA* **turtleneck**) gola rulê

polyester /ˌpɑːliˈestər/ *s* poliéster

polyethylene /ˌpɑːliˈeθəliːn/ *(GB* **polythene** /ˈpɑːlɪθiːn/) *s* polietileno

polystyrene /ˌpɑːliˈstaɪriːn/ *s (GB) (USA* **Styrofoam®**) poliestireno, isopor

pomp /pɑːmp/ *s* **1** pompa **2** *(pej)* ostentação

pompous /ˈpɑːmpəs/ *adj (pej)* **1** pomposo **2** *(pessoa)* pretensioso

pond /pɑːnd/ *s* tanque, lago pequeno

ponder /ˈpɑːndər/ *vt, vi* ~ **(about/on/over sth)** *(formal)* refletir (sobre algo)

pony /ˈpoʊni/ *s (pl* **ponies**) pônei: *pony-trekking* excursão em pônei

ponytail /ˈpoʊniteɪl/ *s* rabo de cavalo

poodle /ˈpuːdl/ *s* poodle

pool /puːl/ *substantivo, verbo*
▸ *s* **1** *Ver* SWIMMING POOL **2** poça **3** charco **4** poço *(num rio)* **5** *(luz)* facho **6** ~ **(of sth)** acervo (de algo) *(de carros, etc. compartilhados por um grupo)* **7** bilhar americano ➲ *Ver nota em* BILHAR **8 (football) pools** *[pl] (GB)* loteria esportiva
▸ *vt (recursos, ideias, etc.)* reunir, juntar

poop /puːp/ *(GB* **poo** /puː/) *substantivo, verbo*
▸ *s* cocô
▸ *vi (USA, coloq)* fazer cocô

poor /pɔːr; pʊr/ *adjetivo, substantivo*
▸ *adj* (**poorer, -est**) **1** pobre **2** mau: *in poor taste* de mau gosto **3** *(nível)* baixo LOC *Ver* FIGHT
▸ *s* **the poor** *[pl]* os pobres

poorly /ˈpʊrli; ˈpɔːr-/ *advérbio, adjetivo*
▸ *adv* **1** mal **2** insuficientemente
▸ *adj (GB, coloq)* mal, adoentado

pop /pɑːp/ *substantivo, verbo, advérbio*
▸ *s* **1** (*tb* ˈ**pop music**) (música) pop **2** estalo **3** estouro **4** *Ver* SODA **5** (*esp USA, coloq*) papai
▸ *v* (-pp-) **1** *vi* estalar **2** *vi* fazer bum! **3** *vt, vi* (*balão*) estourar **4** *vt* (*rolha*) fazer saltar
PHR V **pop across, back, down, out, etc.** (*GB, coloq*) atravessar, voltar, descer, sair, etc. (*rápida ou subitamente*) ◆ **pop sth back, in, etc.** (*esp GB, coloq*) devolver, colocar, etc. algo (*rápida ou subitamente*) ◆ **pop in** (*GB, coloq*) visitar (*rapidamente*) ◆ **pop out (of sth)** (*esp GB*) sair (de algo) (*subitamente*) ◆ **pop up** (*coloq*) aparecer (*de repente*)
▸ *adv*: *to go pop* estourar/rebentar

popcorn /ˈpɑːpkɔːrn/ *s* pipoca

pope /poʊp/ *s* papa

poplar /ˈpɑːplər/ *s* **1** álamo **2** choupo

poppy /ˈpɑːpi/ *s* (*pl* **poppies**) papoula

Popsicle® /ˈpɑːpsɪkl/ (*USA*) (*GB* **ice lolly**) *s* picolé

popular /ˈpɑːpjələr/ *adj* **1** popular: *to be popular with sb* cair/estar nas graças de alguém **2** na moda: *Turtlenecks are very popular this season.* As golas rulês são a coqueluche da estação. **3** (*crença, apoio, etc.*) geral **4** (*cultura, etc.*) de massa: *the popular press* a imprensa popular **popularity** /ˌpɑːpjuˈlærəti/ *s* popularidade **popularize** (*GB tb* **-ise**) /ˈpɑːpjələraɪz/ *vt* **1** popularizar **2** vulgarizar

population /ˌpɑːpjuˈleɪʃn/ *s* população: *population explosion* explosão demográfica

ˈ**pop-up** *adj, s* (*Informát, restaurante, loja, etc.*) pop-up: *pop-up menu/window* menu/janela pop-up

porcelain /ˈpɔːrsəlɪn/ *s* porcelana

porch /pɔːrtʃ/ *s* **1** alpendre **2** (*USA*) (*GB* **veranda**) varanda

porcupine /ˈpɔːrkjupaɪn/ *s* porco-espinho

pore /pɔːr/ *substantivo, verbo*
▸ *s* poro
▸ *v* PHR V **pore over sth** estudar algo detalhadamente

pork /pɔːrk/ *s* carne de porco ➲ *Ver nota em* CARNE

pornography /pɔːrˈnɑːgrəfi/ (*coloq* **porn** /pɔːrn/) *s* pornografia **pornographic** /ˌpɔːrnəˈgræfɪk/ *adj* pornográfico

porous /ˈpɔːrəs/ *adj* poroso

porpoise /ˈpɔːrpəs/ *s* boto, tipo de golfinho

porridge /ˈpɔːrɪdʒ; *GB* ˈpɒrɪdʒ/ *s* [*não contável*] mingau (de aveia)

port /pɔːrt/ *s* **1** porto **2** vinho do Porto **3** (*barco*) bombordo

portable /ˈpɔːrtəbl/ *adj* portátil

portal /ˈpɔːrtl/ *s* (*Informát*) portal

porter /ˈpɔːrtər/ *s* **1** (*estação, hotel*) carregador, -ora; bagageiro, -a **2** (*GB*) (*USA* **doorman**) zelador, -ora; porteiro, -a **3** (*GB*) (*USA* **orderly**) maqueiro, -a (*em hospital*)

porthole /ˈpɔːrthoʊl/ *s* vigia

portion /ˈpɔːrʃn/ *s* **1** porção **2** (*comida*) ração

portrait /ˈpɔːrtrət; *GB* -treɪt/ *s* **1** retrato **2** descrição

portray /pɔːrˈtreɪ/ *vt* **1** retratar **2** ~ **sb/sth (as sth)** representar alguém/algo (como algo) **portrayal** *s* representação

pose /poʊz/ *verbo, substantivo*
▸ *v* **1** *vi* posar (*para retrato*) **2** *vi* (*pej*) comportar-se de forma afetada **3** *vi* ~ **as sb** fazer-se passar por alguém **4** *vt* (*perigo, ameaça, etc.*) representar **5** *vt* (*dificuldade, pergunta*) colocar
▸ *s* **1** postura **2** (*pej*) pose

posh /pɑːʃ/ *adj* (**posher, -est**) (*coloq*) **1** (*carro, etc.*) de luxo **2** (*ambiente*) chique **3** (*GB*) (*sotaque*) afetado, requintado **4** (*GB, pej*) soberbo, metido a besta

position /pəˈzɪʃn/ *substantivo, verbo*
▸ *s* **1** posição **2** situação **3** ~ **(on sth)** ponto de vista (com respeito a algo) **4** (*formal*) (*trabalho*) cargo LOC **be in a/no position to do sth** estar/não estar em condição de fazer algo
▸ *vt* colocar, situar

positive /ˈpɑːzətɪv/ *adj* **1** positivo **2** definitivo, categórico **3** ~ **(about sth/that...)** certo (de algo/de que...) **4** (*coloq*) total, verdadeiro: *a positive disgrace* uma vergonha total **positively** *adv* **1** positivamente **2** com otimismo **3** categoricamente **4** verdadeiramente

possess /pəˈzes/ *vt* **1** (*formal*) possuir **2** (*formal*) (*emoção, etc.*) dominar **3**: *What possessed you to do that?* O que houve com você para fazer aquilo? **possessive** *adj* possessivo

possession /pəˈzeʃn/ *s* **1** (*formal*) posse, possessão **2** **possessions** [*pl*] bens LOC **be in possession of sth** (*formal*) ter posse de algo

possibility /ˌpɑːsəˈbɪləti/ *s* (*pl* **possibilities**) **1** possibilidade: *within/beyond the bounds of possibility* dentro/além do possível **2** **possibilities** [*pl*] potencial

possible /ˈpɑːsəbl/ *adj* possível: *if possible* se (for) possível ◇ *as quickly as possible* o mais rápido possível LOC **make sth possible** possibilitar algo

P

possibly /ˈpɑːsəbli/ *adv* possivelmente: *You can't possibly go.* Você não pode ir de maneira alguma. ◊ *Could you possibly help me?* Você poderia me ajudar?

post /poʊst/ *substantivo, verbo*
▸ *s* **1** poste, estaca, esteio **2** (*trabalho*) cargo **3** (*GB*) (*USA* **mail**) correio ➲ *Ver nota em* MAIL **4** (*Futebol*) trave **5** (*Internet*) post, postagem
▸ *vt* **1** (*anúncio*) afixar **2** (*GB*) (*USA* **mail**) pôr no correio, mandar pelo correio **3** *vt, vi* (*Internet*) postar **4** (*empregado*) enviar (*para trabalhar*) **5** (*soldado*) postar LOC **keep sb posted (about/on sth)** manter alguém informado (sobre algo)

postage /ˈpoʊstɪdʒ/ *s* porte, franquia: *postage and handling* embalagem e porte ◊ *postage stamp* selo postal

postal /ˈpoʊstl/ *adj* postal, de correio

postbox /ˈpoʊstbɑːks/ *s* (*GB*) (*USA* **mailbox**) caixa do correio (*na rua*) ➲ *Ver ilustração em* MAILBOX

postcard /ˈpoʊstkɑːrd/ *s* cartão-postal

postcode /ˈpoʊstkoʊd/ *s* (*GB*) (*USA* **zip code**) código de endereçamento postal

postdoctoral /ˌpoʊstˈdɑːktərəl/ *adj* de pós-doutorado

poster /ˈpoʊstər/ *s* **1** (*anúncio*) cartaz **2** pôster **3** (*Internet*) postador, -ora

P

posterity /pɑːˈsterəti/ *s* posteridade

postgraduate /ˌpoʊstˈɡrædʒuət/ (*esp GB*, *coloq* **postgrad** /ˈpoʊstɡræd/) *s* pós-graduado, -a

posthumous /ˈpɑːstʃəməs; *GB* ˈpɒstjʊməs/ *adj* póstumo

ˈ**Post-it** (*tb* ˈ**Post-it note**) *s* Post-it® (*bloco de recados autocolante*)

postman /ˈpoʊstmən/ *s* (*pl* **-men** /ˈpoʊstmən/) (*esp GB*) (*USA* **mailman, letter carrier**) carteiro

postmark /ˈpoʊstmɑːrk/ *s* carimbo de postagem

postmortem /ˌpoʊstˈmɔːrtəm/ *s* autópsia

ˈ**post office** *s* (agência do) correio

postpone /poʊˈspoʊn; *GB* pəˈ-/ *vt* adiar

postscript /ˈpoʊstskrɪpt/ *s* **1** (*abrev* **P.S.**) pós-escrito **2** (*fig*) desfecho

posture /ˈpɑːstʃər/ *s* **1** postura **2** atitude

postwar /ˌpoʊstˈwɔːr/ *adj* de/do pós-guerra

postwoman /ˈpoʊstwʊmən/ *s* (*pl* **-women** /-wɪmɪn/) (*GB*) (*USA* **letter carrier**) carteiro (*mulher*)

pot /pɑːt/ *s* **1** caçarola, panela: *pots and pans* panelas **2** vasilhame **3** (*decorativo*) pote **4** (*planta*) vaso **5** (*coloq*) maconha *Ver tb* MELTING POT LOC **go to pot** (*coloq*) degringolar

pots and pans

potassium /pəˈtæsiəm/ *s* potássio

potato /pəˈteɪtoʊ/ *s* (*pl* **potatoes**) batata *Ver tb* SWEET POTATO

potent /ˈpoʊtnt/ *adj* potente, poderoso
potency *s* potência

potential /pəˈtenʃl/ *adj, s* potencial

potentially *adv* potencialmente

pothole /ˈpɑːthoʊl/ *s* **1** (*Geol*) cova **2** (*estrada*) buraco

potion /ˈpoʊʃn/ *s* poção

potter /ˈpɑːtər/ *substantivo, verbo*
▸ *s* ceramista; oleiro, -a
▸ *vi* (*GB*) = PUTTER

pottery /ˈpɑːtəri/ *s* cerâmica

potty /ˈpɑːti/ *adjetivo, substantivo*
▸ *adj* ~ **(about sb/sth)** (*GB*, *coloq*) louco (por alguém/algo)
▸ *s* (*pl* **potties**) (*coloq*) penico (*de criança*)

pouch /paʊtʃ/ *s* **1** pochete **2** (*tabaco*) tabaqueira **3** (*Zool*) bolsa

poultry /ˈpoʊltri/ *s* [*não contável*] aves (*para consumo de carne ou ovos*)

pounce /paʊns/ *vi* ~ **(on sb/sth)** lançar-se (sobre alguém/algo) PHR V **pounce on sth** atacar algo (*palavras, atos, etc.*)

pound /paʊnd/ *substantivo, verbo*
▸ *s* **1** (*abrev* **lb.**) libra (*0,454 quilograma*) ➲ *Ver pág. 758* **2** (*dinheiro*) libra (£) ➲ *Ver pág. 760*
▸ *v* **1** *vi* ~ **(away) (at/against/on sth)** golpear (algo) **2** *vi* caminhar/correr pesadamente **3** *vi* ~ **(with sth)** bater fortemente (de algo) (*medo, emoção, etc.*) **4** *vt* triturar, socar **5** *vt* esmurrar **pounding** *s* **1** [*não contável*] pancadas **2** (*coração, etc.*) batida **3** (*ondas*) marulho **4** surra

ˈ**pound sign** /ˈpaʊnd saɪn/ *s* **1** (*USA*) (*GB* **hash, hash sign**) cerquilha, jogo da velha **2** (*GB*) símbolo da libra britânica (£)

pour /pɔːr/ **1** *vi* fluir, correr **2** *vt* despejar **3** *vt* (*bebida*) servir **4** *vi* ~ **(with rain)** chover a cântaros **5** *vi* ~ **in/out;**

~ **into/out of sth** entrar de enxurrada (em algo), sair de enxurrada (de algo) PHR V **pour sth out 1** (*bebida*) servir algo **2** desabafar algo

pout /paʊt/ *vi* **1** ficar de tromba **2** (*com provocação*) fazer beicinho

poverty /ˈpɑːvərti/ *s* **1** pobreza: *poverty-stricken* desprovido **2** miséria

powder /ˈpaʊdər/ *substantivo, verbo*
▸ *s* pó *Ver tb* WASHING POWDER
▸ *vt* pulverizar, empoar: *to powder your face* passar pó no rosto **powdered** *adj* em pó

power /ˈpaʊər/ *substantivo, verbo*
▸ *s* **1** poder: *power sharing* divisão de poder **2** (*tb* **powers** [*pl*]) capacidade, faculdade **3** força **4** potência **5** energia **6** (*eletricidade*) luz LOC **the powers that be** os mandachuvas
▸ *vt* propulsar, acionar **powered** *adj* (*ger em compostos*) alimentado: *battery-powered tools* ferramentas (alimentadas) à bateria

powerful /ˈpaʊərfl/ *adj* **1** poderoso **2** (*máquina*) potente **3** (*braços, golpe, bebida*) forte **4** (*imagem, obra*) marcante

powerless /ˈpaʊərləs/ *adj* **1** ineficaz, impotente **2** ~ **to do sth** impossibilitado de fazer algo

ˈ**power plant** (*GB tb* ˈ**power station**) *s* central elétrica

poxy /ˈpɑːksi/ *adj* (*GB, coloq*) mixuruca

PR /ˌpiː ˈɑːr/ *s* (*abrev de* **public relations**) relações públicas

practicable /ˈpræktɪkəbl/ *adj* (*formal*) viável

practical /ˈpræktɪkl/ *adj* prático: *Let's be practical.* Vamos ser práticos. ◇ *practical joke* brincadeira de mau gosto

practically /ˈpræktɪkli/ *adv* **1** praticamente **2** de forma prática

practice /ˈpræktɪs/ *substantivo, verbo*
▸ *s* **1** prática **2** (*Esporte*) treinamento **3** (*profissão*) exercício **4** (*Med*) consultório *Ver tb* GENERAL PRACTICE **5** escritório (*de advocacia*) LOC **be/get out of practice** estar fora de forma/perder a prática
▸ *v* (*GB* **practise**) **1** *vt, vi* praticar **2** *vi* (*Esporte*) exercitar-se **3** *vt, vi* ~ **(sth/as sth)** (*profissão*) exercer (algo): *to practice as a lawyer* trabalhar como advogado **practiced** (*GB* **practised**) *adj* ~ **(in sth)** experiente (em algo) **practicing** (*GB* **practising**) *adj* [*antes do substantivo*] praticante

practitioner /prækˈtɪʃənər/ *s* (*formal*) **1** praticante **2** médico, -a *Ver tb* GP

pragmatic /prægˈmætɪk/ *adj* pragmático

prairie /ˈpreri/ *s* pradaria

praise /preɪz/ *verbo, substantivo*
▸ *vt* **1** elogiar **2** (*Relig*) louvar
▸ *s* [*não contável*] **1** elogio(s) **2** (*Relig*) louvor **praiseworthy** /ˈpreɪzwɜːrði/ *adj* (*formal*) louvável, digno de elogio

pram /præm/ *s* (*GB*) (*USA* **baby carriage**) carrinho de bebê

prank /præŋk/ *s* brincadeira, peça

prawn /prɔːn/ *s* (*GB*) (*USA* **shrimp**) camarão

pray /preɪ/ *vi* rezar, orar

prayer /prer/ *s* prece, oração

preach /priːtʃ/ **1** *vt, vi* (*Relig*) pregar **2** *vi* ~ **(at/to sb)** (*pej*) fazer sermão (a alguém) **3** *vt* exortar **preacher** *s* pastor, -ora; pregador, -ora

precarious /prɪˈkeriəs/ *adj* precário

precaution /prɪˈkɔːʃn/ *s* precaução **precautionary** /prɪˈkɔːʃəneri; *GB* -nəri/ *adj* de precaução

precede /prɪˈsiːd/ *vt* **1** preceder a **2** (*discurso*) introduzir

precedence /ˈpresɪdəns/ *s* prioridade, precedência

precedent /ˈpresɪdənt/ *s* precedente

preceding /prɪˈsiːdɪŋ/ *adj* **1** precedente **2** (*tempo*) anterior

precinct /ˈpriːsɪŋkt/ *s* **1** (*USA*) distrito (*eleitoral, policial, etc.*) **2** (*GB*) zona comercial para pedestres: *pedestrian precinct* zona de pedestres **3** [*ger pl*] recinto

precious /ˈpreʃəs/ *adjetivo, advérbio*
▸ *adj* precioso
▸ *adv* (*coloq*) LOC **precious little/few** muito pouco/poucos

precipice /ˈpresəpɪs/ *s* precipício

precise /prɪˈsaɪs/ *adj* **1** exato, preciso **2** (*explicação*) claro **3** (*pessoa*) meticuloso

precisely /prɪˈsaɪsli/ *adv* **1** exatamente, precisamente **2** (*hora*) em ponto **3** com precisão

precision /prɪˈsɪʒn/ *s* exatidão, precisão

precocious /prɪˈkoʊʃəs/ *adj* precoce

preconceived /ˌpriːkənˈsiːvd/ *adj* preconcebido

preconception /ˌpriːkənˈsepʃn/ *s* ideia preconcebida

precondition /ˌpriːkənˈdɪʃn/ *s* condição prévia

predator /ˈpredətər/ *s* predador **predatory** /ˈpredətɔːri; *GB* -tri/ *adj* **1** (*animal*) predatório **2** (*pessoa*) oportunista

predecessor /ˈpredəsesər; *GB* ˈpriːdɪse-/ *s* predecessor, -ora

predicament /prɪˈdɪkəmənt/ *s* situação difícil, apuro

predict /prɪˈdɪkt/ *vt* **1** predizer, prever **2** prognosticar **predictable** *adj*

P

previsível **prediction** *s* previsão, prognóstico

predominant /prɪˈdɑːmɪnənt/ *adj* predominante **predominantly** *adv* predominantemente

preempt /priˈempt/ (*tb* **pre-empt**) *vt* antecipar-se a

preface /ˈprefəs/ *s* prefácio, prólogo

prefer /prɪˈfɜːr/ *vt* (-rr-) preferir: *Would you prefer cake or cookies?* Você prefere bolo ou biscoitos? ➲ *Ver nota em* PREFERIR **preferable** /ˈprefrəbl/ *adj* preferível **preferably** *adv* preferivelmente

preference /ˈprefrəns/ *s* preferência LOC **in preference to sb/sth** em vez de alguém/algo **preferential** /ˌprefəˈrenʃl/ *adj* preferencial

prefix /ˈpriːfɪks/ *s* prefixo

pregnant /ˈpregnənt/ *adj* **1** grávida **2** (*animal*) prenhe **pregnancy** *s* (*pl* **pregnancies**) gravidez

prehistoric /ˌpriːhɪˈstɔːrɪk; *GB* -ˈstɒrɪk/ *adj* pré-histórico

prejudice /ˈpredʒudɪs/ *substantivo, verbo*
▸ *s* **1** [*não contável*] preconceito(s) **2** prejuízo **3** parcialidade LOC **without prejudice to sb/sth** (*Jur*) sem danos para alguém/algo
▸ *vt* **1** (*pessoa*) predispor **2** (*decisão, resultado*) influir em **3** (*formal*) prejudicar **prejudiced** *adj* **1** parcial **2** preconceituoso LOC **be prejudiced against sb/sth** ter preconceito contra alguém/algo

preliminary /prɪˈlɪmɪneri; *GB* -nəri/ *adjetivo, substantivo*
▸ *adj* preliminar
▸ *s* **1** preliminar **2** (*Esporte*) eliminatório

preloved /ˌpriːˈlʌvd/ *adj* de segunda mão

prelude /ˈpreljuːd/ *s* **1** (*Mús*) prelúdio **2** ~ **(to sth)** início (de algo)

premature /ˌpriːməˈtʃʊr; -ˈtʊr; *GB* ˈprematʃə(r)/ *adj* prematuro

premier /prɪˈmɪr; -ˈmjɪr; *GB* ˈpremiə(r)/ *adjetivo, substantivo*
▸ *adj* principal: *the Premier League* a primeira divisão da liga inglesa de futebol
▸ *s* primeiro-ministro, primeira--ministra

première /prɪˈmɪr; -ˈmjɪr; *GB* ˈpremieə(r)/ *s* estreia

premiership /prɪˈmɪrʃɪp; -ˈmjɪr-; *GB* ˈpremiəʃɪp/ *s* mandato/posição de primeiro-ministro

premises /ˈpremɪsɪz/ *s* [*pl*] **1** edifício **2** (*loja, bar, etc.*) local **3** (*empresa*) escritório(s)

premium /ˈpriːmiəm/ *s* (*pagamento*) prêmio LOC **at a premium** a peso de ouro (*por ser difícil de se obter*)

preoccupation /priˌɑːkjuˈpeɪʃn/ *s* ~ **(with sth)** preocupação (com algo) **preoccupied** *adj* ~ **(with sth) 1** preocupado (com algo) **2** absorto (em algo)

preparation /ˌprepəˈreɪʃn/ *s* **1** preparação **2 preparations** [*pl*] preparativos

preparatory /prɪˈpærətɔːri; *GB* -tri/ *adj* (*formal*) preparatório

prepare /prɪˈper/ **1** *vi* ~ **for sth/to do sth** preparar-se para algo/fazer algo; fazer preparativos para algo **2** *vt* preparar LOC **be prepared to do sth** estar disposto a fazer algo

preposition /ˌprepəˈzɪʃn/ *s* (*Gram*) preposição

preposterous /prɪˈpɑːstərəs/ *adj* (*formal*) absurdo

preppy (*tb* **preppie**) /ˈprepi/ *adj* (*USA, coloq*) típico de quem estuda em colégios particulares caros

ˈ**prep school** (*formal* **preˈparatory school**) *s* **1** (*USA*) escola preparatória para a faculdade **2** (*GB*) escola preparatória para colégio privado ➲ *Ver nota em* ESCOLA

prerequisite /ˌpriːˈrekwəzɪt/ *s* ~ **(for/of/to sth)** (*formal*) pré-requisito, condição prévia (para algo)

prerogative /prɪˈrɑːgətɪv/ *s* (*formal*) prerrogativa

preschool /ˈpriːskuːl/ *s* pré-escola, escola de educação infantil

prescribe /prɪˈskraɪb/ *vt* **1** (*remédio*) receitar **2** recomendar

prescription /prɪˈskrɪpʃn/ *s* **1** receita (*para medicamento*) **2** (*ação*) prescrição

presence /ˈprezns/ *s* **1** presença **2** comparecimento **3** existência

present *adjetivo, substantivo, verbo*
▸ *adj* /ˈpreznt/ **1** ~ **(at/in sth)** presente (em algo) **2** (*tempo*) atual **3** (*mês, ano*) corrente **4** (*Gram*) presente LOC **to the present day** até hoje
▸ *s* /ˈpreznt/ **1** presente: *to give sb a present* dar um presente a alguém **2 the present** (*tempo*) o presente **3** (*tb* ˌ**present** ˈ**tense**) presente LOC **at present** no momento, atualmente ➲ *Comparar com* ACTUALLY ◆ **for the present** no momento, por enquanto
▸ *vt* /prɪˈzent/ **1** apresentar: *to present yourself* apresentar-se ❶ Ao apresentar uma pessoa a outra usa-se o verbo **introduce**: *Let me introduce you to Peter.* Deixe-me apresentá-lo ao Peter. **2** ~ **sb with sth; ~ sth (to sb)** entregar algo (a alguém): *to present sb with a problem* causar um problema a alguém

3 *(argumento)* expor **4 ~ itself (to sb)** *(oportunidade)* apresentar-se (a alguém) **5** *(Teat)* representar **presentable** /prɪˈzentəbl/ *adj* **1** apresentável **2** *(decente)* de boa aparência: *to make yourself presentable* arrumar-se

presentation /ˌpriːzenˈteɪʃn; *GB* ˌpreznˈteɪʃn/ *s* **1** apresentação **2** *(prêmio)* entrega **3** *(argumento)* exposição **4** *(Teat)* representação

ˌpresent-ˈday *adj* atual

presenter /prɪˈzentər/ *s* apresentador, -ora

presently /ˈprezntli/ *adv* **1** *(esp USA)* *(GB* **currently***)* no momento **2** *(GB)* *(futuro: geralmente no final da frase)* em breve, dentro em pouco **3**: *I will follow on presently.* Vou em seguida. **4** *(GB)* *(passado: geralmente no princípio da frase)* logo em seguida: *Presently he got up to go.* Logo em seguida, ele se levantou para ir embora.

preservation /ˌprezərˈveɪʃn/ *s* conservação, preservação

preservative /prɪˈzɜːrvətɪv/ *adj, s* preservativo, conservante

preserve /prɪˈzɜːrv/ *verbo, substantivo*
▸ *vt* **1** preservar **2** conservar *(comida, etc.)* **3 ~ sb/sth (from sth)** resguardar, proteger alguém/algo (de algo)
▸ *s* **1** *[sing]* **~ (of sb)** domínio (de alguém): *the exclusive preserve of party members* o reduto exclusivo dos membros do partido **2** *(de caça, natural)* reserva **3** *[ger pl]* conserva, compota

preside /prɪˈzaɪd/ *vi* **~ (at/over sth)** presidir (algo)

presidency /ˈprezɪdənsi/ *s* *(pl* **presidencies***)* presidência

president /ˈprezɪdənt/ *s* presidente, -a **presidential** /ˌprezɪˈdenʃl/ *adj* presidencial

press /pres/ *substantivo, verbo*
▸ *s* **1** *(tb* **the Press***)* a imprensa: *press release* comunicado à imprensa ◇ *press conference* entrevista coletiva ◇ *press clipping* recorte de jornal **2** prensa, espremedor *(de alho, frutas, etc.)* **3** *(tb* **ˈprinting press***)* impressora, prelo
▸ *v* **1** *vt, vi* apertar **2** *vt* espremer, prensar **3** *vi* **~ (up) against sb** apoiar-se em alguém **4** *vt (uvas)* pisar **5** *vt (azeitonas, flores)* prensar **6** *vt (roupas)* passar **7** *vt, vi* **~ sb (for sth/to do sth)**; **~ sb (into sth/into doing sth)** pressionar alguém (por algo/a fazer algo) LOC **be pressed for time** estar com pouco tempo PHR V **press ahead/on (with sth)** seguir em frente (com algo) ◆ **press for sth** pressionar por algo

pressing /ˈpresɪŋ/ *adj* premente, urgente

ˈpress-up *s (GB) (USA* **push-up***)* flexão

pressure /ˈpreʃər/ *substantivo, verbo*
▸ *s* pressão: *blood pressure* pressão arterial ◇ *pressure gauge* manômetro ◇ *pressure group* grupo de pressão *Ver tb* HIGH PRESSURE LOC **put pressure on sb (to do sth)** pressionar alguém (a fazer algo)
▸ *vt* **~ sb into sth/doing sth** pressionar alguém a fazer algo

ˈpressure cooker *s* panela de pressão ➲ *Ver ilustração em* POT

pressurize *(GB tb* **-ise***)* /ˈpreʃəraɪz/ *vt* **1** *(GB)* = PRESSURE **2** *(Fís)* pressurizar

prestige /preˈstiːʒ/ *s* prestígio **prestigious** /preˈstɪdʒəs/ *adj* prestigioso

presumably /prɪˈzuːməbli; *GB* -ˈzjuː-/ *adv* presumivelmente

presume /prɪˈzuːm; *GB* -ˈzjuːm/ *vt* supor: *I presume so.* Suponho que sim.

presumption /prɪˈzʌmpʃn/ *s* **1** suposição **2** *(formal)* atrevimento

presumptuous /prɪˈzʌmptʃuəs/ *adj* presunçoso

presuppose /ˌpriːsəˈpoʊz/ *vt (formal)* pressupor

preteen /ˈpriːtiːn/ *adj, s* pré-adolescente

pretend /prɪˈtend/ *verbo, adjetivo*
▸ *v* **1** *vt, vi* fingir, simular **2** *vi* **~ to be sth** fingir ser algo: *They're pretending to be explorers.* Eles estão fazendo de conta que são exploradores. PHR V **pretend to sth** ter pretensões a algo
▸ *adj (coloq)* **1** de brincadeira **2** falso

pretense *(GB* **pretence***)* /ˈpriːtens; *GB* prɪˈtens/ *s* **1** *[não contável]* fingimento: *They abandoned all pretense of objectivity.* Eles deixaram de fingir que eram objetivos. **2 ~ (to sth/doing sth)** *(formal)* pretensão (a algo/de fazer algo)

pretentious /prɪˈtenʃəs/ *adj* pretensioso

pretext /ˈpriːtekst/ *s* pretexto

pretty /ˈprɪti/ *adjetivo, advérbio*
▸ *adj* **(prettier, -iest) 1** bonito **2** *(mulher)* atraente LOC **not be a pretty sight** não ser nada agradável (de se olhar)
▸ *adv* bastante: *It's pretty cold today.* Hoje está bastante frio. ➲ *Ver nota em* FAIRLY LOC **pretty much/near/well** praticamente, quase

prevail /prɪˈveɪl/ *vi (formal)* **1** prevalecer **2 ~ (against/over sb/sth)** triunfar (contra/sobre alguém/algo) **3** *(lei, condições)* imperar PHR V **prevail on/upon sb to do sth** *(formal)* convencer alguém a fazer algo **prevailing** *adj* **1** dominante **2** *(vento)* característico

prevalent /ˈprevələnt/ *adj* (*formal*) **1** difundido **2** predominante **prevalence** *s* (*formal*) **1** difusão **2** predomínio

prevent /prɪˈvent/ *vt* **1** ~ **sb from doing sth** impedir alguém de fazer algo **2** evitar, prevenir

prevention /prɪˈvenʃn/ *s* prevenção

preventive /prɪˈventɪv/ *adj* preventivo

preview /ˈpriːvjuː/ *s* **1** pré-estreia **2** (*tb* **trailer**) (*Cinema, etc.*) trailer

previous /ˈpriːviəs/ *adj* anterior LOC **previous to (doing) sth** antes de (fazer) algo

previously /ˈpriːviəsli/ *adv* anteriormente

prewar /ˌpriːˈwɔːr/ *adj* do pré-guerra

prey /preɪ/ *substantivo, verbo*

▸ *s* [*não contável*] (*lit e fig*) presa: *bird of prey* ave de rapina

▸ *vi* LOC **prey on sb's mind** atormentar alguém PHR V **prey on sb** viver às custas de alguém ◆ **prey on sth** (*animal, ave de rapina*) caçar algo

price /praɪs/ *substantivo, verbo*

▸ *s* preço: *to go up/down in price* aumentar/baixar de preço ◇ *price tag* etiqueta do preço ➲ *Ver ilustração em* RÓTULO LOC **at any price** a qualquer preço ◆ **not at any price** por nada no mundo *Ver tb* CHEAP

▸ *vt* **1** fixar o preço de **2** comparar os preços de **3** pôr preço em **priceless** *adj* inestimável **pricey** *adj* (**pricier, -iest**) (*coloq*) caro **pricing** *s* [*não contável*] fixação de preços

prick /prɪk/ *verbo, substantivo*

▸ *vt* **1** picar **2** (*consciência*) atormentar LOC **prick up your ears 1** (*animal*) empinar as orelhas **2** (*pessoa*) aguçar os ouvidos

▸ *s* **1** picada **2** alfinetada

prickly /ˈprɪkli/ *adj* (**pricklier, -iest**) **1** espinhoso **2** que pica **3** (*coloq*) irritadiço

pride /praɪd/ *substantivo, verbo*

▸ *s* **1** ~ **(in sth)** orgulho (de algo): *to take pride in sth* orgulhar-se de algo/levar algo muito a sério **2** (*pej*) orgulho, soberba LOC **sb's pride and joy** a menina dos olhos de alguém

▸ *v* PHR V **pride yourself on sth/doing sth** orgulhar-se de algo/fazer algo

pried *pt, pp de* PRY

priest /priːst/ *s* sacerdote, -isa; padre **priesthood** *s* **1** sacerdócio **2** clero

> Em inglês, usa-se a palavra **priest** para referir-se, em geral, aos padres católicos. Os párocos anglicanos chamam-se **clergyman** ou **vicar**, e os das demais religiões protestantes, **minister**.

prig /prɪg/ *s* (*pej*) pessoa metida a besta **priggish** *adj* (*pej*) pedante

prim /prɪm/ *adj* (**primmer, -est**) (*pej*) **1** pudico **2** (*aspecto*) recatado

primarily /praɪˈmerəli; *GB tb* ˈpraɪmərəli/ *adv* principalmente, fundamentalmente

primary /ˈpraɪmeri; *GB* -məri/ *adjetivo, substantivo*

▸ *adj* **1** primário **2** primordial **3** principal

▸ *s* (*pl* **primaries**) (*tb* ˌ**primary eˈlection**) (*USA*) eleição primária

ˈ**primary school** *s* (*esp GB*) (*USA* **elementary school**) escola de ensino fundamental I

prime /praɪm/ *adjetivo, substantivo, verbo*

▸ *adj* **1** principal **2** de primeira: *a prime example* um exemplo perfeito

▸ *s* LOC **in your prime; in the prime of life** no auge (da vida)

▸ *vt* **1** ~ **sb (for sth)** preparar alguém (para algo) **2** ~ **sb (with sth)** instruir alguém (com algo)

ˌ**prime ˈminister** (*tb* ˌ**Prime ˈMinister**) *s* (*abrev* **PM**) primeiro-ministro, primeira-ministra

ˈ**prime time** *s* [*não contável*] (*TV*) horário nobre

primeval (*GB tb* **primaeval**) /praɪˈmiːvl/ *adj* primevo, primitivo

primitive /ˈprɪmətɪv/ *adj* primitivo

primrose /ˈprɪmroʊz/ *s* **1** primavera, prímula **2** (*cor*) amarelo-claro

prince /prɪns/ *s* príncipe

princess /ˌprɪnˈses/ *s* princesa

principal /ˈprɪnsəpl/ *adjetivo, substantivo*

▸ *adj* principal

▸ *s* **1** (*USA*) (*GB* **head teacher**) diretor, -ora (*de uma escola*) **2** (*GB*) reitor, -ora (*de universidade*)

principle /ˈprɪnsəpl/ *s* princípio: *as a matter of principle/on principle* por princípio ◇ *a woman of principle* uma mulher de princípios LOC **in principle** em princípio

print /prɪnt/ *verbo, substantivo*

▸ *vt* **1** imprimir **2** (*Jornalismo*) publicar **3** escrever em letra de imprensa **4** (*tecido*) estampar PHR V **print (sth) off/out** imprimir (algo)

▸ *s* **1** (*Tipografia*) letra *Ver tb* FINE PRINT **2**: *the print media* os meios de comunicação impressos **3** impressão **4** (*Arte*) gravura, estampa **5** (*Fot*) cópia **6** tecido estampado LOC **in print 1** (*livro*) à venda **2** publicado ◆ **out of print** fora do prelo

printer /ˈprɪntər/ *s* **1** (*máquina*) impressora **2** (*pessoa*) tipógrafo, -a **3 printer's** (*GB*) (*USA* ˈ**print shop**) (*local*) gráfica ➲ *Ver nota em* AÇOUGUE

P

printing /ˈprɪntɪŋ/ *s* **1** imprensa (*técnica*): *a printing error* um erro tipográfico **2** (*livros, etc.*) impressão

printout /ˈprɪntaʊt/ *s* cópia impressa (*esp Informát*)

prior /ˈpraɪər/ *adjetivo, preposição*
▸ *adj* anterior, prévio
▸ *prep* **prior to** (*formal*) **1** ~ **to doing sth** antes de fazer algo **2** ~ **to sth** anterior a algo

prioritize (*GB tb* **-ise**) /praɪˈɔːrətaɪz; *GB* -ˈɒrə-/ *vt* priorizar

priority /praɪˈɔːrəti; *GB* -ˈɒrə-/ *s* (*pl* **priorities**) ~ **(over sb/sth)** prioridade (sobre alguém/algo) LOC **get your priorities right** saber estabelecer prioridades

prise (*GB*) *Ver* PRY

prison /ˈprɪzn/ *s* prisão: *prison camp* campo de detenção

prisoner /ˈprɪznər/ *s* **1** presidiário, -a; preso, -a **2** (*cativo*) prisioneiro, -a **3** detido, -a **4** (*em julgamento*) acusado, -a; réu, ré LOC **hold/take sb prisoner** manter alguém em cativeiro/capturar alguém

privacy /ˈpraɪvəsi; *GB* ˈprɪ-/ *s* privacidade

private /ˈpraɪvət/ *adjetivo, substantivo*
▸ *adj* **1** privado **2** (*do indivíduo*) particular **3** (*pessoa*) reservado **4** (*lugar*) isolado
▸ *s* **1** (*Mil*) soldado raso **2** **privates** [*pl*] (*coloq*) partes (íntimas) LOC **in private** em particular

ˌ**private** ˈ**eye** *s* detetive particular

privately /ˈpraɪvətli/ *adv* em particular

privatization (*GB tb* **-isation**) /ˌpraɪvətəˈzeɪʃn; *GB* -taɪˈ-/ *s* [*não contável*] privatização

privatize (*GB tb* **-ise**) /ˈpraɪvətaɪz/ *vt* privatizar

privilege /ˈprɪvəlɪdʒ/ *s* **1** privilégio **2** (*Jur*) imunidade **privileged** *adj* **1** privilegiado **2** (*informação*) confidencial

privy /ˈprɪvi/ *adj* LOC **be privy to sth** (*formal*) estar inteirado de algo

prize /praɪz/ *substantivo, adjetivo, verbo*
▸ *s* prêmio
▸ *adj* **1** premiado **2** (*estudante, exemplar, etc.*) de primeira (qualidade) **3** (*idiota, erro*) total: *a prize idiot* um completo idiota
▸ *vt* **1** valorizar **2** *Ver* PRY **prized** *adj* [*antes do substantivo*] precioso

prizewinner /ˈpraɪzwɪnər/ *s* vencedor, -ora (do prêmio) **prizewinning** *adj* vencedor de prêmios

pro /proʊ/ *s* (*coloq*) profissional LOC **the pros and (the) cons** os prós e os contras

proactive /ˌproʊˈæktɪv/ *adj* pró-ativo

probability /ˌprɑːbəˈbɪləti/ *s* (*pl* **probabilities**) probabilidade LOC **in all probability** com toda a probabilidade

probable /ˈprɑːbəbl/ *adj* provável: *It seems probable that he'll arrive tomorrow.* É provável que ele chegue amanhã.

probably /ˈprɑːbəbli/ *adv* provavelmente

> Em inglês, costuma-se usar o advérbio nos casos em que se usaria *é provável que* em português: *They will probably go.* É provável que eles irão.

probation /proʊˈbeɪʃn; *GB* prəˈ-/ *s* **1** liberdade condicional **2** (*funcionário*) em (período de) experiência: *a three-month probation period* um período de experiência de três meses **3** (*Educ*) recuperação

probe /proʊb/ *substantivo, verbo*
▸ *s* **1** ~ **(into sth)** escrutínio (de algo) **2** sonda
▸ *v* **1** *vt* (*Med*) sondar **2** *vt, vi* ~ **(sth/into sth)** investigar (algo) **3** *vt, vi* explorar **4** *vt* ~ **sb about/on sth** interrogar alguém sobre algo **probing** *adj* (*pergunta*) inquisitivo

problem /ˈprɑːbləm/ *s* problema LOC **no problem** (*coloq*) **1** não tem problema **2** não tem de quê *Ver tb* TEETHE

problematic /ˌprɑːbləˈmætɪk/ *adj* **1** problemático **2** (*discutível*) duvidoso

procedure /prəˈsiːdʒər/ *s* **1** procedimento **2** (*administração*) trâmite(s)

proceed /proʊˈsiːd; *GB* prəˈ-/ *vi* **1** ~ **(with sth)** continuar, ir em frente (com algo) **2** prosseguir **3** ~ **to sth/to do sth** passar a algo/fazer algo **4** (*formal*) avançar, seguir **proceedings** *s* [*pl*] (*formal*) **1** sessão **2** (*Jur*) processo **3** (*reunião*) ata **proceeds** /ˈproʊsiːdz/ *s* [*pl*] ~ **(of/from sth)** renda (de algo)

process /ˈprɑːses; *GB* ˈproʊses/ *substantivo, verbo*
▸ *s* processo, técnica LOC **in the process** ao fazer (algo) ◆ **be in the process of (doing) sth** estar fazendo algo
▸ *vt* **1** (*alimento, matéria-prima*) tratar **2** (*requisição*) dar andamento a **3** (*Informát*) processar **4** (*Fot*) revelar **processing** *s* **1** tratamento **2** (*Informát*) processamento: *word processing* processamento de textos **3** (*Fot*) revelação

procession /prəˈseʃn/ *s* desfile, procissão

processor /ˈprɑːsesər; ˈproʊse-/ *s* processador

ˌ**pro-**ˈ**choice** *adj* a favor do direito de aborto

proclaim /prəˈkleɪm/ *vt* proclamar **proclamation** /ˌprɑːkləˈmeɪʃn/ *s* **1** pronunciamento **2** (*ato*) proclamação

P

prod /prɑːd/ *verbo, substantivo*
▸ *vt, vi* (-dd-) ~ **(at) sb/sth** cutucar alguém/algo
▸ *s* **1** empurrão **2** objeto pontudo

prodigious /prəˈdɪdʒəs/ *adj* prodigioso

prodigy /ˈprɑːdədʒi/ *s* (*pl* **prodigies**) prodígio

produce *verbo, substantivo*
▸ *vt* /prəˈduːs; *GB* -ˈdjuːs/ **1** produzir **2** (*cria*) dar **3** ~ **sth (from/out of sth)** sacar algo (de algo) **4** (*Cinema, TV*) produzir **5** (*Teat*) pôr em cena
▸ *s* /ˈprɑːduːs; *GB* -djuːs/ [*não contável*] produtos (agrícolas): *Produce of France* Produto da França ➲ *Ver nota em* PRODUCT

producer /prəˈduːsər; *GB* -ˈdjuː-/ *s* **1** (*Cinema, TV, Agric, etc.*) produtor, -ora **2** (*Teat*) diretor, -ora

product /ˈprɑːdʌkt/ *s* produto

> **Product** é usado para referir-se a produtos industrializados, enquanto **produce** se aplica a produtos agrícolas.

production /prəˈdʌkʃn/ *s* produção: *production line* linha de montagem

productive /prəˈdʌktɪv/ *adj* produtivo **productivity** /ˌprɑːdʌkˈtɪvəti; ˌproʊdʌkˈ-/ *s* produtividade

profess /prəˈfes/ *vt* (*formal*) **1** ~ **to be sth** pretender ser algo; declarar-se algo **2** ~ **(yourself) sth** declarar(-se) algo: *She still professes her innocence.* Ela continua a declarar sua inocência. **3** (*Relig*) professar **professed** *adj* (*formal*) **1** declarado **2** suposto

profession /prəˈfeʃn/ *s* profissão ➲ *Ver nota em* WORK

professional /prəˈfeʃənl/ *adj, s* profissional

professor /prəˈfesər/ *s* (*abrev* **Prof.**) **1** (*USA*) professor, -ora de ensino técnico ou universitário **2** (*GB*) catedrático, -a

proficiency /prəˈfɪʃnsi/ *s* [*não contável*] ~ **(in sth/doing sth)** competência, proficiência (em algo/para fazer algo) **proficient** *adj* ~ **(in/at sth/doing sth)** competente (em algo/fazer algo): *She's proficient in French.* Ela é proficiente em francês.

profile /ˈproʊfaɪl/ *s* perfil LOC **a high/low profile**: *The issue has had a high profile recently.* Recentemente a questão tem tido um grande destaque. ◇ *to keep a low profile* procurar passar despercebido

profit /ˈprɑːfɪt/ *substantivo, verbo*
▸ *s* **1** lucro, ganho: *to do sth for profit* fazer algo com fins lucrativos ◇ *to make a profit of $20* ter um lucro de 20 dólares ◇ *to sell at a profit* vender com lucro ◇ *profit-making* lucrativo **2** (*formal*) (*fig*) vantagem, proveito
▸ *v* **1** *vi* ~ **(by/from sth)** (*formal*) beneficiar-se (de algo) **2** *vt* ser vantajoso para **profitable** *adj* **1** rentável **2** proveitoso

profound /prəˈfaʊnd/ *adj* profundo **profoundly** *adv* profundamente, extremamente

profusely /prəˈfjuːsli/ *adv* profusamente

profusion /prəˈfjuːʒn/ *s* (*formal*) profusão, abundância LOC **in profusion** em abundância

program (*GB* **programme**) /ˈproʊgræm/ *substantivo, verbo*
▸ *s* programa ❶ Em linguagem de computação escreve-se **program**, inclusive na Grã-Bretanha.
▸ *vt, vi* (-mm-) programar **programmer** (*tb* **comˌputer ˈprogrammer**) *s* programador, -ora **programming** *s* programação

progress *substantivo, verbo*
▸ *s* /ˈprɑːgres; -grəs; *GB* ˈproʊgres/ [*não contável*] **1** progresso **2** (*movimento*) avanço: *to make progress* avançar LOC **in progress** (*formal*) em curso
▸ *vi* /prəˈgres/ progredir, avançar

progressive /prəˈgresɪv/ *adj* **1** progressivo **2** (*Pol*) progressista

prohibit /proʊˈhɪbɪt; prəˈ-/ *vt* ~ **sth**; ~ **sb from doing sth** (*formal*) **1** proibir algo; proibir alguém de fazer algo **2** impedir algo; impedir alguém de fazer algo **prohibition** /ˌproʊəˈbɪʃn; *GB* ˌproʊɪˈ-/ *s* proibição

project *substantivo, verbo*
▸ *s* /ˈprɑːdʒekt/ **1** projeto **2** (*tb* ˈ**housing project**) complexo habitacional (*para famílias pobres*)
▸ *v* /prəˈdʒekt/ **1** *vt* projetar **2** *vi* sobressair **projection** /prəˈdʒekʃn/ *s* projeção **projector** *s* projetor (*de cinema*): *overhead projector* retroprojetor

ˌ**pro-ˈlife** *adj* antiaborto

prolific /prəˈlɪfɪk/ *adj* prolífico

prologue /ˈproʊlɔːg; *GB* -lɒg/ *s* ~ **(to sth)** prólogo (de algo)

prolong /prəˈlɔːŋ; *GB* -ˈlɒŋ/ *vt* prolongar, estender

prom /prɑːm/ *s* baile de estudantes

promenade /ˌprɑːməˈneɪd; *GB* -ˈnɑːd/ (*GB, coloq* **prom**) *s* passeio (à beira-mar)

prominent /ˈprɑːmɪnənt/ *adj* **1** proeminente **2** importante

promiscuous /prəˈmɪskjuəs/ *adj* promíscuo

promise /ˈprɑːmɪs/ *substantivo, verbo*
▸ *s* **1** promessa: *to make/keep/break a*

promise fazer/manter/quebrar uma promessa **2** [*não contável*]: *to show promise* ser promissor
▸ *vt, vi* prometer **promising** *adj* promissor

promote /prəˈmoʊt/ *vt* **1** promover, estimular **2** (*no trabalho*) promover **3** (*Com*) fazer promoção de **4** (*esp GB*) (*Esporte*): *They were promoted last season.* Eles subiram de divisão na última temporada. **promoter** *s* patrocinador, -ora

promotion /prəˈmoʊʃn/ *s* **1** promoção, desenvolvimento **2** (*esp GB*) (*Esporte*) subida de categoria

prompt /prɑːmpt/ *adjetivo, advérbio, verbo*
▸ *adj* **1** sem atraso: *They are always prompt in answering my e-mails.* Eles sempre respondem de imediato aos meus e-mails. **2** (*serviço*) rápido **3** (*pessoa*) pontual
▸ *adv* pontualmente
▸ *v* **1** *vt* ~ **sb to do sth** incitar alguém a fazer algo **2** *vt* (*reação*) provocar **3** *vt, vi* (*Teat*) servir de ponto (a)

promptly /ˈprɑːmptli/ *adv* **1** com prontidão **2** pontualmente **3** em seguida

prone /proʊn/ *adj* ~ **to sth/to do sth** propenso a algo/fazer algo: *accident-prone* predisposto a acidentes

pronoun /ˈproʊnaʊn/ *s* pronome

pronounce /prəˈnaʊns/ *vt* **1** pronunciar **2** declarar **pronounced** *adj* **1** (*sotaque, opinião*) forte **2** (*melhora*) notável **3** (*movimento*) acentuado

pronunciation /prəˌnʌnsiˈeɪʃn/ *s* pronúncia

proof /pruːf/ *s* **1** [*não contável*] prova(s) **2** comprovação

prop /prɑːp/ *substantivo, verbo*
▸ *s* **1** apoio **2** (*num edifício, etc.*) arrimo
▸ *vt* (-pp-) ~ **sth/sb (up) (against sth)** apoiar algo/alguém (em algo)
PHR V **prop sth up 1** escorar algo **2** (*fig*) respaldar algo

propaganda /ˌprɑːpəˈgændə/ *s* (*ger pej*) propaganda ❶ Em inglês, a palavra **propaganda** só é utilizada no sentido político.

propel /prəˈpel/ *vt* (-ll-) **1** impulsionar **2** (*Mec*) propulsar **propellant** *s* propulsor

propeller /prəˈpelər/ *s* hélice

propensity /prəˈpensəti/ *s* (*pl* **propensities**) ~ **(for sth/to do sth)** (*formal*) propensão (a algo/fazer algo)

proper /ˈprɑːpər/ *adj* **1** apropriado **2** adequado **3** (*GB, coloq*) de verdade **4** correto **5** conveniente **6** [*nunca antes do substantivo*]: *the city proper* a cidade propriamente dita

properly /ˈprɑːpərli/ *adv* **1** bem **2** adequadamente **3** (*comportar-se*) direito

property /ˈprɑːpərti/ *s* (*pl* **properties**) **1** [*não contável*] bens: *personal property* pertences **2** propriedade, imóvel

prophecy /ˈprɑːfəsi/ *s* (*pl* **prophecies**) profecia

prophesy /ˈprɑːfəsaɪ/ (*pt, pp* **-sied**) **1** *vt* predizer **2** *vi* profetizar

prophet /ˈprɑːfɪt/ *s* profeta LOC *Ver* DOOM

proportion /prəˈpɔːrʃn/ *s* proporção: *sense of proportion* senso de proporção LOC **get/keep sth/things in proportion** considerar/manter algo/as coisas dentro de suas devidas proporções ◆ **out of (all) proportion 1** desproporcionadamente **2** desproporcional **proportional** *adj* ~ **(to sth)** proporcional a algo; em proporção (a algo)

proposal /prəˈpoʊzl/ *s* **1** proposta **2** pedido de casamento

propose /prəˈpoʊz/ **1** *vt* (*formal*) (*sugestão*) propor **2** *vt* ~ **to do sth/doing sth** propor-se a fazer algo **3** *vt, vi*: *to propose (marriage) to sb* pedir a mão de alguém

proposition /ˌprɑːpəˈzɪʃn/ *s* **1** proposição **2** proposta

proprietor /prəˈpraɪətər/ *s* (*formal*) proprietário, -a

prose /proʊz/ *s* prosa

prosecute /ˈprɑːsɪkjuːt/ *vt* ~ **sb (for sth/doing sth)** processar alguém (por algo/fazer algo): *prosecuting lawyer* promotor público **prosecution** *s* **1** acusação, (instauração de) processo **2 the prosecution** (*Jur*) a acusação **prosecutor** *s* promotor público, promotora pública

prospect /ˈprɑːspekt; *GB* prəˈspekt/ *s* **1** ~ **(of sth/doing sth)** expectativa(s), possibilidade(s) (de algo/fazer algo) **2** perspectiva **3 prospects** [*pl*] ~ **(for/of sth)** perspectivas (de/ para algo) **prospective** /prəˈspektɪv/ *adj* **1** futuro **2** provável

prospectus /prəˈspektəs/ *s* folheto promocional (*de colégio, universidade*)

prosper /ˈprɑːspər/ *vi* prosperar **prosperity** /prɑːˈsperəti/ *s* prosperidade **prosperous** /ˈprɑːspərəs/ *adj* próspero

prostitute /ˈprɑːstətuːt; *GB* -stɪtjuːt/ *s* prostituto, -a **prostitution** *s* prostituição

prostrate /ˈprɑːstreɪt; *GB* prɒˈstreɪt/ *adj* (*formal*) **1** prostrado **2** ~ **(with sth)** abatido (por algo)

P

protagonist /prəˈtæɡənɪst/ *s* (*formal*) **1** protagonista ❶ Quando se fala de filmes, livros, etc., normalmente se diz **main character**. **2** ~ **(of sth)** defensor, -ora (de algo)

⚷ **protect** /prəˈtekt/ *vt* ~ **sb/sth (against/from sth)** proteger alguém/algo (contra/de algo)

⚷ **protection** /prəˈtekʃn/ *s* ~ **(for/against sth)** proteção (de/para/contra algo)

protective /prəˈtektɪv/ *adj* ~ **(of/toward sb/sth)** protetor (de alguém/algo)

protein /ˈproʊtiːn/ *s* proteína

⚷ **protest** *substantivo, verbo*
▸ *s* /ˈproʊtest/ protesto
▸ *v* /prəˈtest/ **1** *vi* ~ **(about/at/against sth)** protestar (por/contra algo) **2** *vt* afirmar **protester** /prəˈtestər/ *s* manifestante

Protestant /ˈprɑːtɪstənt/ *adj, s* protestante

prototype /ˈproʊtətaɪp/ *s* protótipo

protrude /proʊˈtruːd; *GB* prəˈ-/ *vi* ~ **(from sth)** (*formal*) sobressair (de algo): *protruding teeth* dentes salientes

⚷ **proud** /praʊd/ *adj* (**prouder, -est**) **1** ~ **(of sb/sth)** orgulhoso (de alguém/algo) **2** ~ **(to do sth/that...)** orgulhoso (de fazer algo/de que...) **3** (*pej*) soberbo

⚷ **proudly** /ˈpraʊdli/ *adv* orgulhosamente

⚷ **prove** /pruːv/ (**proved** *ou pp* **proven** /ˈproʊvn; *GB* ˈpruːvn/) **1** *vt* ~ **sth (to sb)** provar, demonstrar algo (a alguém) **2** *vt, vi* ~ **(yourself) (to be) sth** revelar-se (como sendo) algo: *The task proved (to be) very difficult.* A tarefa acabou sendo mais difícil do que se esperava. LOC **prove your point** provar que se tem razão

proven /ˈproʊvn; *GB* ˈpruːvn/ *adj* comprovado *Ver tb* PROVE

proverb /ˈprɑːvɜːrb/ *s* provérbio **proverbial** /prəˈvɜːrbiəl/ *adj* **1** proverbial **2** notório

⚷ **provide** /prəˈvaɪd/ *vt* ~ **sb (with sth)**; ~ **sth (for sb)** munir alguém (com algo); fornecer algo (a alguém) PHR V **provide for sb** prover alguém (de algo): *He provided for his wife in his will.* Em seu testamento ele proveu às necessidades da esposa. ♦ **provide for sth** (*formal*) **1** prevenir algo **2** (*lei, etc.*) prever algo

⚷ **provided** /prəˈvaɪdɪd/ (*tb* **providing**) *conj* ~ **(that...)** com a condição de que, contanto que

province /ˈprɑːvɪns/ *s* **1** província **2** [*sing*] (*formal*) alçada, campo de ação: *It's not my province.* Está fora da minha alçada. **3 the provinces** [*pl*] (*GB*) o interior **provincial** /prəˈvɪnʃl/ *adj* **1** provincial **2** (*ger pej*) do interior, provinciano

provision /prəˈvɪʒn/ *s* **1** fornecimento, abastecimento **2**: *to make provision for sb* assegurar o futuro de alguém ◇ *to make provision against/for sth* precaver-se contra algo **3 provisions** [*pl*] mantimentos, provisões **4** (*Jur*) cláusula, estipulação

provisional /prəˈvɪʒənl/ *adj* provisório

proviso /prəˈvaɪzoʊ/ *s* (*pl* **provisos**) condição

provocation /ˌprɑːvəˈkeɪʃn/ *s* provocação **provocative** /prəˈvɑːkətɪv/ *adj* provocador, provocante

provoke /prəˈvoʊk/ *vt* **1** provocar, causar **2** (*pessoa*) provocar **3** ~ **sb into sth/doing sth** induzir, instigar alguém a fazer algo

prow /praʊ/ *s* proa

prowess /ˈpraʊəs/ *s* (*formal*) **1** proeza **2** destreza

prowl /praʊl/ *vt, vi* ~ **(around, about, etc.) (sth)** rondar (algo)

proximity /prɑːkˈsɪməti/ *s* (*formal*) proximidade

proxy /ˈprɑːksi/ *s* (*pl* **proxies**) **1** procurador, -ora **2** procuração: *by proxy* por procuração

prude /pruːd/ *s* (*pej*) pudico, -a

prudent /ˈpruːdnt/ *adj* prudente

prune /pruːn/ *substantivo, verbo*
▸ *s* ameixa seca
▸ *vt* **1** podar **2** (*gastos, etc.*) cortar **pruning** *s* [*não contável*] poda

pry /praɪ/ (*pt, pp* **pried** /praɪd/ *v*) **1** *vt* (*tb* **prize**, *GB* **prise**) ~ **sth apart, off, open, etc.** separar, tirar, abrir, etc. algo à força **2** *vi* ~ **(into sth)** intrometer-se (em algo); bisbilhotar

P.S. /ˌpiː ˈes/ *abrev de* **postscript** post-scriptum

psalm /sɑːm/ *s* salmo

pseudonym /ˈsuːdənɪm; *GB tb* ˈsjuː-/ *s* pseudônimo

PSHE /ˌpiː es eɪtʃ ˈiː/ *abrev de* **personal, social and health education** (*GB*) (*Educ*) educação pessoal, social e em saúde

psyche /ˈsaɪki/ *s* psique, psiquismo

psychiatry /saɪˈkaɪətri/ *s* psiquiatria **psychiatric** /ˌsaɪkiˈætrɪk/ *adj* psiquiátrico **psychiatrist** /saɪˈkaɪətrɪst/ *s* psiquiatra

psychic /ˈsaɪkɪk/ *adj* **1** psíquico **2** (*pessoa*): *to be psychic* ser paranormal

psychoanalysis /ˌsaɪkoʊəˈnæləsɪs/ (*tb* **analysis**) *s* psicanálise

psychology /saɪˈkɑːlədʒi/ *s* psicologia **psychological** /ˌsaɪkəˈlɑːdʒɪkl/ *adj* psicológico **psychologist** /saɪˈkɑːlədʒɪst/ *s* psicólogo, -a

psychopath /ˈsaɪkəpæθ/ *s* psicopata

pub /pʌb/ *s* (*GB*) bar ➲ *Ver nota à pág. 238*

puberty /ˈpjuːbərti/ *s* puberdade

pubic /ˈpjuːbɪk/ *adj* púbico: *pubic hair* pelos púbicos

public /ˈpʌblɪk/ *adjetivo, substantivo*
▸ *adj* público
▸ *s* **1** público **2 the public** [*sing*] o público **LOC in public** em público

publication /ˌpʌblɪˈkeɪʃn/ *s* publicação

ˌpublic conˈvenience *s* (*GB, formal*) banheiro público

ˌpublic ˈhouse *s* (*GB, formal*) bar

publicity /pʌbˈlɪsəti/ *s* publicidade: *publicity campaign* campanha publicitária

publicize (*GB tb* **-ise**) /ˈpʌblɪsaɪz/ *vt* **1** divulgar **2** promover

publicly /ˈpʌblɪkli/ *adv* publicamente

ˌpublic reˈlations *s* relações públicas

ˌpublic ˈschool *s* **1** (*USA*) escola pública **2** (*GB*) escola particular ➲ *Ver nota em* ESCOLA

publish /ˈpʌblɪʃ/ *vt* **1** publicar **2** tornar público **publisher** *s* **1** editora **2** editor, -ora

publishing /ˈpʌblɪʃɪŋ/ *s* mundo editorial: *publishing house* editora

pudding /ˈpʊdɪŋ/ *s* **1** pudim **2** (*GB*) (*USA* **dessert**) sobremesa ➲ *Ver nota em* NATAL **3** (*GB*): *black pudding* morcela

puddle /ˈpʌdl/ *s* poça

puff /pʌf/ *verbo, substantivo*
▸ *v* **1** *vt, vi* ~ **(at/on) sth** (*cachimbo, etc.*) dar tragadas em algo **2** *vt* (*fumo*) lançar baforadas **3** *vi* (*coloq*) arquejar **PHR V puff sth out/up** inflar algo ◆ **puff up** inflar-se
▸ *s* **1** (*cigarro, etc.*) tragada **2** (*fumo*) baforada **3** (*vapor*) jato **4** sopro **5** (*esp GB, coloq*) fôlego **puffed** (*tb* **ˌpuffed ˈout**) *adj* (*GB, coloq*) sem fôlego **puffy** *adj* (**puffier, -iest**) inchado (*esp rosto*)

puke /pjuːk/ *verbo, substantivo*
▸ *vt, vi* ~ **(sth) (up)** (*coloq*) vomitar (algo)
▸ *s* vômito

pull /pʊl/ *verbo, substantivo*
▸ *v* **1** *vt* dar um puxão em, puxar ➲ *Ver ilustração em* PUSH **2** *vt, vi* ~ **(at/on) sth** estirar algo: *to pull a muscle* estirar um músculo **3** *vt* (*rolha, revólver*) sacar **4** *vt* (*gatilho*) puxar **5** *vt* (*dente*) extrair **LOC pull sb's leg** (*coloq*) gozar de alguém ◆ **pull strings/wires (for sb)** (*coloq*) mexer os pauzinhos, usar pistolão (para alguém) ◆ **pull your socks up** (*GB, coloq*) tomar jeito ◆ **pull your weight** fazer a sua parte *Ver tb* FACE
PHR V pull sth apart separar, romper algo
pull sth down (*edifício*) demolir algo
pull in (to sth); pull into sth 1 (*trem*) chegar (em algo) **2** (*carro*) encostar (em algo)
pull sth off (*coloq*) ser bem-sucedido em algo
pull out (of sth) 1 retirar-se (de algo) **2** (*veículo*) arrancar (de algo) ◆ **pull sb/sth out (of sth)** retirar alguém/algo (de algo) ◆ **pull sth out** arrancar algo
pull over (*carro, etc.*) encostar, sair para a lateral ◆ **pull sb over** (*veículo*) mandar alguém encostar
pull yourself together controlar-se
pull up (*veículo*) parar ◆ **pull sth up 1** levantar algo **2** (*planta*) arrancar algo **3** (*cadeira*) puxar algo
▸ *s* **1** ~ **(at/on sth)** puxão (em algo) **2 the ~ of sth** a atração, o chamado de algo *Ver tb* RING PULL

ˈpull date (*GB* **sell-by date**) *s* (prazo de) validade

pulley /ˈpʊli/ *s* (*pl* **pulleys**) roldana

pullover /ˈpʊloʊvər/ *s* pulôver

pulp /pʌlp/ *s* **1** polpa **2** (*de madeira, papel*) pasta

pulpit /ˈpʊlpɪt/ *s* púlpito

pulsate /ˈpʌlseɪt; *GB* pʌlˈseɪt/ (*tb* **pulse**) *vi* palpitar, pulsar

pulse /pʌls/ *s* **1** (*Med*) pulso **2** ritmo **3** pulsação **4 pulses** [*pl*] grãos (*feijão, etc.*)

pumice /ˈpʌmɪs/ (*tb* **ˈpumice stone**) *s* pedra-pomes

pummel /ˈpʌml/ *vt* (**-l-** (*GB* **-ll-**)) esmurrar

pump /pʌmp/ *substantivo, verbo*
▸ *s* **1** bomba: *gasoline pump* bomba de gasolina **2** (*USA*) escarpim **3** (*GB*) sapatilha
▸ *v* **1** *vt* bombear **2** *vt* mover rapidamente (*para cima e para baixo*) **3** *vi* (*coração*) bater **4** *vt* ~ **sb (for sth)** (*coloq*) sondar alguém; tirar informação de alguém **PHR V pump sth up** encher algo (*com bomba*)

pumpkin /ˈpʌmpkɪn/ *s* abóbora: *pumpkin pie* torta de abóbora

pun /pʌn/ *s* ~ **(on sth)** trocadilho (com algo)

punch /pʌntʃ/ *verbo, substantivo*
▸ *vt* **1** dar um soco em **2** perfurar, picotar: *to punch a hole in sth* fazer um

P

buraco em algo PHR V **punch in** (*GB* **clock in/on**) marcar o ponto (*na chegada ao trabalho*) ♦ **punch out** (*GB* **clock out/off**) marcar o ponto (*na saída do trabalho*)
▸ *s* **1** soco **2** punção **3** (*para bilhetes*) furador **4** (*bebida*) ponche

punchline /ˈpʌntʃlaɪn/ *s* frase-clímax (*em uma piada*)

ˈ**punch-up** *s* (*GB, coloq*) briga

punctual /ˈpʌŋktʃuəl/ *adj* pontual ➲ *Ver nota em* PONTUAL **punctuality** /ˌpʌŋktʃuˈæləti/ *s* pontualidade

punctuate /ˈpʌŋktʃueɪt/ *vt* **1** (*Gram*) pontuar **2** ~ **sth (with sth)** interromper algo (com algo)

punctuation /ˌpʌŋktʃuˈeɪʃn/ *s* pontuação: *punctuation mark* sinal de pontuação

puncture /ˈpʌŋktʃər/ *substantivo, verbo*
▸ *s* furo
▸ *v* **1** *vt, vi* furar **2** *vt* (*Med*) perfurar

pundit /ˈpʌndɪt/ *s* entendido, -a (*conhecedor*)

pungent /ˈpʌndʒənt/ *adj* **1** acre **2** pungente **3** (*crítica, etc.*) mordaz

⚷ **punish** /ˈpʌnɪʃ/ *vt* castigar

⚷ **punishment** /ˈpʌnɪʃmənt/ *s* ~ **(for sth)** castigo (para algo)

punitive /ˈpjuːnətɪv/ *adj* (*formal*) **1** punitivo **2** oneroso

punk /pʌŋk/ *substantivo, adjetivo*
▸ *s* **1** punk **2** (*esp USA, coloq*) arruaceiro, -a
▸ *adj* punk

punt /pʌnt/ *s* (*GB*) chalana

punter /ˈpʌntər/ *s* (*GB, coloq*) **1** apostador, -ora **2** cliente; freguês, -esa

pup /pʌp/ *s* **1** *Ver* PUPPY **2** filhote

⚷ **pupil** /ˈpjuːpl/ *s* **1** (*esp GB*) aluno, -a ❶ Hoje em dia a palavra **student** é muito mais comum. **2** discípulo, -a **3** pupila (*de olho*)

puppet /ˈpʌpɪt/ *s* **1** marionete **2** (*ger pej*) (*fig*) fantoche

puppy /ˈpʌpi/ (*pl* **puppies**) (*tb* **pup**) *s* cachorrinho, -a ➲ *Ver nota em* CÃO

⚷ **purchase** /ˈpɜːrtʃəs/ *substantivo, verbo*
▸ *s* (*formal*) compra, aquisição
▸ *vt* (*formal*) comprar **purchaser** *s* (*formal*) comprador, -ora

⚷ **pure** /pjʊr/ *adj* (**purer**, **-est**) puro

purée /pjʊˈreɪ; *GB* ˈpjʊəreɪ/ *s* purê: *tomato purée* extrato de tomate

⚷ **purely** /ˈpjʊrli/ *adv* puramente, simplesmente

purge /pɜːrdʒ/ *verbo, substantivo*
▸ *vt* ~ **sb/sth (of/from sth)** expurgar alguém/algo (de algo)
▸ *s* (*Pol*) expurgo

purify /ˈpjʊrɪfaɪ/ *vt* (*pt, pp* **-fied**) purificar

puritan /ˈpjʊrɪtən/ *adj, s* puritano, -a **puritanical** /ˌpjʊrɪˈtænɪkl/ *adj* (*ger pej*) puritano

purity /ˈpjʊrəti/ *s* pureza

⚷ **purple** /ˈpɜːrpl/ *adj, s* roxo

purport /pərˈpɔːrt/ *vt* (*formal*): *It purports to be...* Isso pretende ser...

⚷ **purpose** /ˈpɜːrpəs/ *s* **1** propósito, motivo: *for this purpose* para este fim **2** determinação: *to have a/no sense of purpose* ter/não ter um objetivo na vida *Ver tb* CROSS PURPOSES LOC **for the purpose of sth** para fins de algo ♦ **on purpose** de propósito *Ver tb* INTENT

ˌ**purpose-ˈbuilt** *adj* (*GB*) construído com um fim específico

purposeful /ˈpɜːrpəsfl/ *adj* decidido

purposely /ˈpɜːrpəsli/ *adv* intencionalmente

purr /pɜːr/ *vi* ronronar ➲ *Ver nota em* GATO

purse /pɜːrs/ *substantivo, verbo*
▸ *s* **1** (*GB* **handbag**) bolsa (*de mão*) ➲ *Ver ilustração em* BAG **2** (*esp GB*) (*USA* **change purse**) porta-moedas
▸ *vt*: *to purse your lips* franzir os lábios

⚷ **pursue** /pərˈsuː; *GB* -ˈsjuː/ *vt* (*formal*) **1** perseguir ❶ A palavra mais comum é **chase**. **2** (*plan, conversa, etc.*) continuar (com) **3** (*atividade*) dedicar-se a **4** (*objetivo*) dedicar-se a

pursuit /pərˈsuːt; *GB* -ˈsjuːt/ *s* (*formal*) **1** ~ **of sth** busca de algo **2** [*ger pl*] atividade LOC **in pursuit (of sb/sth)** perseguindo (alguém/algo) ♦ **in pursuit of sth** em busca de algo

pus /pʌs/ *s* pus

⚷ **push** /pʊʃ/ *verbo, substantivo*
▸ *v* **1** *vt, vi* empurrar: *to push past sb* passar por alguém empurrando **2** *vt* (*botão, etc.*) apertar **3** *vt* ~ **sb (into sth/doing sth)**; ~ **sb (to do sth)** (*coloq*) pressionar alguém (a fazer algo) **4** *vt* (*coloq*) (*ideia, produto*) promover **5** *vt*: *to push wages up/down* aumentar/baixar os salários LOC **be pushed for sth** (*coloq*) ter pouco de algo ♦ **push your luck**; **push it/things** (*coloq*) abusar da sorte PHR V **push ahead/forward (with sth)** prosseguir (com algo) ♦ **push sb around** (*GB tb* **push sb about**) (*coloq*) ser mandão com alguém ♦ **push for sth** exercer pressão para obter algo ♦ **push in** (*GB*) (*USA* **cut in**) furar fila ♦ **push off** (*GB, coloq*) suma daqui!

▸ *s* empurrão LOC **get the push** (*GB, coloq*) ser despedido ◆ **give sb the push** (*GB, coloq*) despedir alguém

push

push

pull

pushchair /ˈpʊʃtʃer/ *s* (*GB*) (*USA* **stroller**) carrinho de passeio (*para criança*)

pusher /ˈpʊʃər/ (*tb* ˈ**drug pusher**) *s* (*coloq*) vendedor, -ora de drogas ilegais

ˈ**push-up** (*GB tb* **press-up**) *s* flexão

pushy /ˈpʊʃi/ *adj* (**pushier**, **-iest**) (*coloq, pej*) (*pessoa*) insistente, entrão

put /pʊt/ *vt* (*pt, pp* **put**; *part pres* **putting**) **1** pôr, colocar, meter: *Did you put sugar in my tea?* Você pôs açúcar no meu chá? ◇ *Put them together.* Coloque-os juntos. ◇ *to put sb out of work* deixar alguém sem trabalho **2** dizer, expressar **3** (*pergunta, sugestão*) fazer ❶ Para expressões com **put**, ver os verbetes do substantivo, adjetivo, etc, p.ex. **put sth right** em RIGHT.

PHR V **put sth across/over** comunicar algo ◆ **put yourself across/over** expressar-se

put sth aside 1 pôr, deixar algo de lado **2** (*tb esp GB* **put sth by**) (*dinheiro*) economizar, reservar algo

put sth away guardar algo

put sth back 1 recolocar algo em seu lugar, guardar algo **2** (*pospor*) adiar algo **3** (*relógio*) atrasar algo

put sth by *Ver* PUT STH ASIDE

put sb down (*coloq*) humilhar, depreciar alguém ◆ **put sth down 1** pôr algo (no chão, etc.) **2** largar, soltar algo **3** (*escrever*) anotar algo **4** (*rebelião*) sufocar algo **5** (*animal*) sacrificar algo (*por causa de uma doença ou velhice*) ◆ **put sth down to sth** atribuir algo a algo

put sth forward 1 (*proposta*) apresentar algo **2** (*sugestão*) fazer algo **3** (*relógio*) adiantar algo

put sth in; put sth into sth 1 dedicar algo (a algo) **2** investir algo (em algo)

put sb off 1 adiar/cancelar um encontro com alguém **2** perturbar, distrair alguém ◆ **put sb off (sth)** fazer alguém perder a vontade (de algo) ◆ **put sth off 1** adiar algo **2** (*luz, etc.*) apagar algo

put sb on ◆ **put sth on 1** (*roupa*) vestir, pôr algo **2** (*luz, etc.*) acender algo **3** engordar: *to put on weight* engordar ◇ *to put on two kilograms* engordar dois quilos **4** (*obra teatral*) produzir, apresentar algo **5** fingir algo

put sb out 1 dar trabalho a alguém **2 be put out** estar aborrecido, ser ofendido ◆ **put sth out 1** tirar algo **2** (*luz, fogo*) apagar algo **3** (*informação, etc.*) divulgar algo ◆ **put yourself out (for sb)** (*coloq*) dispor-se a fazer algo (por alguém)

put sth over *Ver* PUT YOURSELF ACROSS/OVER

put sb through sth submeter alguém a algo ◆ **put sb through (to sb)** pôr alguém em contato (com alguém) (*por telefone*) ◆ **put sth through** concluir algo (*plano, reforma, etc.*)

put sth to sb 1 sugerir algo a alguém **2** perguntar algo a alguém

put sth together preparar, montar algo

put sb up alojar alguém ◆ **put sth up 1** (*mão*) levantar algo **2** (*edifício*) construir, levantar algo **3** (*cartaz, etc.*) pôr algo **4** (*preço*) aumentar algo ◆ **put up with sb/sth** aguentar alguém/algo

putrid /ˈpjuːtrɪd/ *adj* **1** podre, putrefato **2** (*coloq*) (*cor, etc.*) asqueroso

putter /ˈpʌtər/ (*GB* **potter**) *v* PHR V **putter around** entreter-se fazendo uma coisa e outra

putty /ˈpʌti/ *s* massa de vidraceiro

putz /pʌts/ *v* PHR V **putz around** (*coloq*) enrolar (*sem chegar a lugar algum*)

puzzle /ˈpʌzl/ *substantivo, verbo*

▸ *s* **1**: *jigsaw puzzle* quebra-cabeça ◇ *crossword puzzle* palavras cruzadas **2** mistério

▸ *vt* desconcertar PHR V **puzzle sth out** resolver algo ◆ **puzzle over sth** quebrar a cabeça com algo **puzzled** *adj* perplexo

PVR /ˌpiː viː ˈɑːr/ *s* (*abrev de* **personal video recorder**) PVR (*gravador de vídeo pessoal*)

pygmy /ˈpɪgmi/ *substantivo, adjetivo*

▸ *s* (*pl* **pygmies**) pigmeu, -eia

▸ *adj* anão: *pygmy horse* cavalo anão

pyjamas (*GB*) = PAJAMAS

pylon /ˈpaɪlɑːn; -lən/ *s* torre de transmissão elétrica

P

pyramid /ˈpɪrəmɪd/ *s* pirâmide
python /ˈpaɪθɑːn; *GB* -θən/ *s* píton *(serpente)*

Qq

Q, q /kjuː/ *s* (*pl* **Qs, Q's, q's**) Q, q ➲ *Ver nota em* A, A
QE /ˌkjuː ˈiː/ *abrev Ver* QUANTITATIVE EASING
QR code® /ˌkjuː ˈɑːr koʊd/ *s* código QR® *(para leitura no celular)*
quack /kwæk/ *substantivo, verbo*
▸ *s* **1** grasnido **2** (*coloq, pej*) charlatão, -ona
▸ *vi* grasnar
ˈ**quad bike** *s* (*GB*) (*USA* **four-wheeler**) quadriciclo
quadruple *adjetivo, verbo*
▸ *adj* /kwɑːˈdruːpl; *GB* ˈkwɒdrʊpl/ quádruplo
▸ *vt, vi* /kwɑːˈdruːpl/ quadruplicar(-se)
quagmire /ˈkwægmaɪər; *GB tb* ˈkwɒg-/ *s* (*lit e fig*) atoleiro
quail /kweɪl/ *s* codorna
quaint /kweɪnt/ *adj* **1** (*ideia, costume, etc.*) curioso **2** (*lugar, edifício*) pitoresco
quake /kweɪk/ *verbo, substantivo*
▸ *vi* tremer
▸ *s* (*coloq*) terremoto
🔑 **qualification** /ˌkwɑːlɪfɪˈkeɪʃn/ *s* **1** (*diploma, etc.*) título **2** requisito **3** condição: *without qualification* sem limitação **4** qualificação
🔑 **qualified** /ˈkwɑːlɪfaɪd/ *adj* **1** diplomado **2** qualificado, capacitado **3** (*êxito, etc.*) limitado
🔑 **qualify** /ˈkwɑːlɪfaɪ/ (*pt, pp* **-fied**) **1** *vt* ~ **sb (for sth/to do sth)** capacitar alguém (a algo/fazer algo); dar direito a alguém (de algo/fazer algo) **2** *vi* ~ **for sth/to do sth** ter direito a algo/de fazer algo **3** *vi* ~ **(as sth)** obter o título (de algo) **4** *vi* ~ **as sth** ser considerado algo: *He doesn't exactly qualify as our best writer.* Ele não é exatamente o nosso melhor escritor. **5** *vi* ~ **(for sth)** preencher os requisitos (para algo) **6** *vi* ~ **(for sth)** (*Esporte*) classificar-se (para algo) **7** *vt* (*declaração*) modificar **qualifying** *adj* eliminatório
🔑 **quality** /ˈkwɑːləti/ *substantivo, adjetivo*
▸ *s* (*pl* **qualities**) **1** qualidade **2** classe **3** característica
▸ *adj* [*antes do substantivo*] de qualidade
qualm /kwɑːm/ *s* escrúpulo
quandary /ˈkwɑːndəri/ *s* LOC **be in a quandary** estar num dilema
quantify /ˈkwɑːntɪfaɪ/ *vt* (*pt, pp* **-fied**) quantificar
ˌ**quantitative** ˈ**easing** (*abrev* **QE**) *s* [*não contável*] (*Fin*) flexibilização quantitativa
🔑 **quantity** /ˈkwɑːntəti/ *s* (*pl* **quantities**) quantidade
quarantine /ˈkwɔːrəntiːn; *GB* ˈkwɒrən-/ *s* quarentena
quarrel /ˈkwɔːrəl; *GB* ˈkwɒrəl/ *substantivo, verbo*
▸ *s* **1** briga **2** queixa LOC *Ver* PICK
▸ *vi* (-l- (*GB* -ll-)) ~ **(with sb) (about/over sth)** brigar (com alguém) (sobre/por algo) **quarrelsome** *adj* briguento
quarry /ˈkwɔːri; *GB* ˈkwɒri/ *s* (*pl* **quarries**) **1** pedreira **2** [*sing*] presa (*numa caçada*)
quart /kwɔːrt/ *s* (*abrev* **qt.**) quarto de galão (= 0,95 litro) ➲ *Ver pág. 758*
🔑 **quarter** /ˈkwɔːrtər/ *s* **1** quarto, quarta parte: *It's (a) quarter to/after one.* Faltam quinze para a uma./É uma e quinze. ◇ *to cut sth into quarters* cortar algo em quatro partes **2** trimestre (*para pagamento de faturas, etc.*) **3** bairro **4** (*Can, USA*) vinte e cinco centavos ➲ *Ver pág. 760* **5 quarters** [*pl*] (*esp Mil*) alojamento LOC **in/from all quarters** em/de toda parte
quarterback /ˈkwɔːrtərbæk/ *s* lançador, -ora
ˌ**quarter-**ˈ**final** *s* quarta de final
quarterly /ˈkwɔːrtərli/ *adjetivo, advérbio, substantivo*
▸ *adj* trimestral
▸ *adv* trimestralmente
▸ *s* (*pl* **quarterlies**) revista trimestral
quartet /kwɔːrˈtet/ *s* quarteto
quartz /kwɔːrts/ *s* quartzo
quash /kwɔːʃ; *GB* kwɒʃ/ *vt* **1** (*sentença*) anular **2** (*rebelião*) sufocar **3** (*boato, suspeita, etc.*) pôr fim a
quay /kiː/ (*tb* **quayside** /ˈkiːsaɪd/) *s* cais
queasy /ˈkwiːzi/ *adj* enjoado
🔑 **queen** /kwiːn/ *s* **1** rainha *Ver tb* DRAMA QUEEN **2** (*Cartas*) dama ➲ *Ver nota em* BARALHO
queer /kwɪr/ *adjetivo, substantivo*
▸ *adj* (**queerer, -est**) **1** (*antiq*) esquisito **2** (*gíria, ofen*) efeminado
▸ *s* (*gíria, ofen*) bicha
quell /kwel/ *vt* **1** (*revolta, etc.*) reprimir **2** (*medo, dúvidas, etc.*) dissipar
quench /kwentʃ/ *vt* **1** (*sede*) saciar **2** (*fogo, paixão*) apagar, extinguir
query /ˈkwɪri/ *substantivo, verbo*
▸ *s* (*pl* **queries**) dúvida, pergunta: *Do you have any queries?* Você tem alguma dúvida?

▸ *vt* (*pt, pp* **queried**) perguntar, pôr em dúvida

quest /kwest/ *s* (*formal*) busca

question /ˈkwestʃən/ *substantivo, verbo*
▸ *s* **1** pergunta: *to ask/answer a question* fazer/responder a uma pergunta **2** ~ **(of sth)** questão (de algo) LOC **bring/call/throw sth into question** pôr algo em dúvida ♦ **out of the question** fora de questão
▸ *vt* **1** fazer perguntas a, interrogar **2** duvidar de, questionar **questionable** *adj* questionável

questioning /ˈkwestʃənɪŋ/ *substantivo, adjetivo*
▸ *s* interrogatório
▸ *adj* inquisitivo

ˈ**question mark** *s* ponto de interrogação ➲ *Ver pág. 310*

questionnaire /ˌkwestʃəˈner/ *s* questionário

ˈ**question tag** *s* expressão interrogativa que segue uma afirmação, para confirmar a mensagem

queue /kjuː/ *substantivo, verbo*
▸ *s* (*GB*) (*USA* **line**) fila (*de pessoas, etc.*) LOC *Ver* JUMP
▸ *vi* ~ **(up)** (*GB*) (*USA* ˈ**line up**) fazer fila

quick /kwɪk/ *adjetivo, advérbio*
▸ *adj* (**quicker**, **-est**) **1** rápido: *Be quick!* Seja rápido! ➲ *Ver nota em* RÁPIDO **2** (*pessoa, mente, etc.*) rápido, agudo LOC **be quick to do sth** ser rápido para fazer algo *Ver tb* BUCK, TEMPER
▸ *adv* (**quicker**, **-est**) rápido, rapidamente

quicken /ˈkwɪkən/ *vt, vi* **1** acelerar(-se) **2** (*ritmo, interesse*) avivar(-se)

quickly /ˈkwɪkli/ *adv* depressa, rapidamente

ˌ**quick-**ˈ**thinking** *adj* que pensa rápido

quid /kwɪd/ *s* (*pl* **quid**) (*GB, coloq*) libra: *It's five quid each.* São cinco libras cada um.

quiet /ˈkwaɪət/ *adjetivo, substantivo, verbo*
▸ *adj* (**quieter**, **-est**) **1** calado: *Be quiet!* Cale-se! **2** silencioso **3** (*lugar, vida*) tranquilo
▸ *s* **1** silêncio **2** tranquilidade LOC **on the quiet** secretamente, em surdina *Ver tb* PEACE
▸ *vt, vi* (*GB tb* **quieten** /ˈkwaɪətn/) ~ **(sb/sth) (down)** acalmar alguém/algo; acalmar-se

quietly /ˈkwaɪətli/ *adv* **1** em silêncio **2** tranquilamente **3** em voz baixa

quietness /ˈkwaɪətnəs/ *s* tranquilidade, silêncio

quilt /kwɪlt/ *s* **1** colcha: *patchwork quilt* colcha de retalhos **2** (*GB*) (*USA* **comforter**) edredom

quinoa /kiˈnoʊə; ˈkiːnwɑː/ *s* quinoa

quintet /kwɪnˈtet/ *s* quinteto

quirk /kwɜːrk/ *s* singularidade (de comportamento) LOC **a quirk of fate** uma ironia do destino **quirky** *adj* esquisito

quit /kwɪt/ (*pt, pp* **quit**; (*GB tb* **quitted**), *part pres* **quitting**) **1** *vt* deixar **2** *vi* (*trabalho, etc.*) demitir-se **3** *vt* ~ **sth/doing sth** (*esp USA, coloq*) parar algo/de fazer algo **4** *vt, vi* ir embora (de)

quite /kwaɪt/ *adv* **1** muito: *You'll be quite comfortable here.* Você vai ficar bem confortável aqui. **2** (*GB*) (*USA* **pretty**) bastante: *He played quite well.* Ele jogou bastante bem. ➲ *Ver nota em* FAIRLY **3** (*GB*) totalmente, absolutamente: *quite empty/sure* absolutamente vazio/seguro LOC **not quite** (*esp USA*): *These shoes don't quite fit.* Estes sapatos não servem muito bem. ◇ *There's not quite enough bread for breakfast.* Praticamente não há pão o suficiente para o café da manhã. ♦ **quite a**; **quite some** um e tanto: *It gave me quite a shock.* Ele me deu um susto e tanto. ♦ **quite a few**; **quite a lot (of sth)** um número considerável (de algo)

quiver /ˈkwɪvər/ *verbo, substantivo*
▸ *vi* tremer, estremecer(-se)
▸ *s* tremor, estremecimento

quiz /kwɪz/ *substantivo, verbo*
▸ *s* (*pl* **quizzes**) **1** prova, exame **2** competição, prova (*de conhecimento*)
▸ *vt* (**-zz-**) ~ **sb (about sb/sth)** interrogar alguém (sobre alguém/algo)

quorum /ˈkwɔːrəm/ *s* [*sing*] quórum

quota /ˈkwoʊtə/ *s* **1** quota **2** cota, parte

quotation /kwoʊˈteɪʃn/ *s* **1** (*tb* **quote**) (*de um livro, etc.*) citação **2** (*tb* **quote**) orçamento **3** (*Fin*) cotação

quoˈtation marks (*tb* **quotes**) (*GB tb* **inverted commas**) *s* [*pl*] aspas ➲ *Ver pág. 310*

quote /kwoʊt/ *verbo, substantivo*
▸ *v* **1** *vt, vi* citar **2** *vt* dar um orçamento **3** *vt* cotar
▸ *s* (*coloq*) **1** *Ver* QUOTATION **2 quotes** [*pl*] *Ver* QUOTATION MARKS

R, r /ɑːr/ *s* (*pl* **Rs**, **R's**, **r's**) R, r ➲ *Ver nota em* A, A

rabbit /ˈræbɪt/ *s* coelho ➲ *Ver nota em* COELHO

rabid /ˈræbɪd/ *adj* **1** raivoso **2** (*pej*) (*pessoa*) fanático

rabies /ˈreɪbiːz/ *s* [*não contável*] raiva (*doença*)

raccoon /ræˈkuːn; *GB* rəˈ-/ *s* guaxinim

race /reɪs/ *substantivo, verbo*
▸ *s* **1** corrida **2** raça: *race relations* relações raciais *Ver tb* RAT RACE
▸ *v* **1** *vt, vi* ~ **(against) sb** disputar uma corrida com alguém **2** *vi* (*em corrida*) correr **3** *vi* correr a toda velocidade **4** *vi* competir **5** *vi* (*pulso, coração*) bater muito rápido **6** *vt* (*cavalo, etc.*) fazer correr, apresentar em corrida

ˈ**race car** (*tb* ˈ**racing car**) *s* carro de corrida

racehorse /ˈreɪshɔːrs/ *s* cavalo de corrida

racetrack /ˈreɪstræk/ *s* **1** (*tb esp GB* **racecourse** /ˈreɪskɔːrs/) hipódromo **2** circuito (de automobilismo, etc)

racial /ˈreɪʃl/ *adj* racial

racing /ˈreɪsɪŋ/ *s* [*não contável*] corrida: *horse racing* corridas de cavalos ◇ *racing bike* bicicleta de corrida

racism /ˈreɪsɪzəm/ *s* racismo **racist** *adj, s* racista

rack /ræk/ *substantivo, verbo*
▸ *s* suporte: *plate/wine rack* escorredor de louças/estante para vinhos *Ver tb* LUGGAGE RACK, ROOF RACK
▸ *vt* LOC **rack your brain(s)** quebrar a cabeça

racket /ˈrækɪt/ *s* **1** (*tb* **racquet**) raquete **2** [*sing*] (*coloq*) alvoroço **3** (*coloq*) atividade ilegal/fraudulenta

racy /ˈreɪsi/ *adj* (**racier**, **-iest**) **1** (*estilo*) animado **2** (*piada, etc.*) picante

radar /ˈreɪdɑːr/ *s* [*não contável*] radar

radiant /ˈreɪdiənt/ *adj* ~ **(with sth)** radiante (de algo) **radiance** *s* esplendor

radiate /ˈreɪdieɪt/ *vt, vi* (*luz, alegria*) irradiar

radiation /ˌreɪdiˈeɪʃn/ *s* radiação: *radiation sickness* intoxicação radioativa

radiator /ˈreɪdieɪtər/ *s* radiador

radical /ˈrædɪkl/ *adj, s* radical

radio /ˈreɪdioʊ/ *s* (*pl* **radios**) rádio: *radio station* estação de rádio

radioactive /ˌreɪdioʊˈæktɪv/ *adj* radioativo **radioactivity** /ˌreɪdioʊækˈtɪvəti/ *s* radioatividade

radish /ˈrædɪʃ/ *s* rabanete

radius /ˈreɪdiəs/ *s* (*pl* **radii** /-diaɪ/) (*Geom*) raio

raffle /ˈræfl/ *s* rifa

raft /ræft; *GB* rɑːft/ *s* jangada: *life raft* bote salva-vidas

rafter /ˈræftər; *GB* ˈrɑːf-/ *s* viga (*de telhado*)

rafting /ˈræftɪŋ; *GB* ˈrɑːf-/ *s* rafting: *to go white-water rafting* fazer rafting

rag /ræg/ *s* **1** trapo **2 rags** [*pl*] farrapos **3** (*coloq, ger pej*) jornaleco

rage /reɪdʒ/ *substantivo, verbo*
▸ *s* (*ira*) fúria: *to fly into a rage* enfurecer-se *Ver tb* ROAD RAGE LOC **be all the rage** (*coloq*) estar na moda
▸ *vi* **1** ~ **(at/about/against sth)** esbravejar, enfurecer-se (contra algo) **2** (*tempestade*) estrondear **3** (*batalha*) seguir com ímpeto **4** (*epidemia*) (*fogo, etc.*) alastrar-se

ragged /ˈrægɪd/ *adj* **1** (*roupa*) esfarrapado **2** (*pessoa*) maltrapilho

raging /ˈreɪdʒɪŋ/ *adj* **1** (*dor, sede*) alucinante **2** (*mar*) revolto **3** (*tempestade*) violento

raid /reɪd/ *substantivo, verbo*
▸ *s* ~ **(on sth) 1** ataque (contra algo) **2** (*polícia*) batida (em algo) **3** (*roubo*) assalto (a algo)
▸ *vt* **1** (*polícia*) fazer uma batida em **2** assaltar **3** saquear **raider** *s* atacante, assaltante

rail /reɪl/ *s* **1** balaustrada **2** (*cortinas*) trilho **3** trilho (*de trem*) **4** (*Ferrovia*): *rail strike* greve de ferroviários ◇ *by rail* de trem

railing /ˈreɪlɪŋ/ *s* [*ger pl*] grade

railroad /ˈreɪlroʊd/ (*GB* **railway** /ˈreɪlweɪ/) *s* estrada de ferro: *railroad station* estação ferroviária ◇ *railroad crossing/track* passagem de nível/linha do trem

rain /reɪn/ *substantivo, verbo*
▸ *s* chuva: *It's pouring with rain.* Chove a cântaros. ◇ *a rain of arrows* uma chuva de flechas
▸ *vi* chover: *It's raining hard.* Está chovendo à beça. PHR V **be rained out** (*GB* **be rained off**) ser cancelado/interrompido (*por causa da chuva*)

rainbow /ˈreɪnboʊ/ *s* arco-íris

ˈ**rain check** *s* LOC **take a rain check (on sth)** (*esp USA, coloq*) deixar (algo) para a próxima

raincoat /ˈreɪnkoʊt/ *s* capa de chuva

rainfall /ˈreɪnfɔːl/ *s* [*não contável*] precipitação (atmosférica)

rainforest /ˈreɪnfɔːrɪst; *GB* -fɒrɪst/ *s* floresta tropical

rainy /ˈreɪni/ *adj* (**rainier**, **-iest**) chuvoso

raise /reɪz/ *verbo, substantivo*
▸ *vt* **1** levantar **2** (*salários, preços, etc.*) aumentar **3** (*fundos*) angariar: *to raise a loan* obter um empréstimo **4** (*nível*) elevar **5** (*esperanças*) dar **6** (*alarme*) soar **7** (*assunto*) pôr em discussão **8** (*filhos, animais*) criar ➲ *Comparar com* BRING SB UP *em* BRING, EDUCATE **9** (*exército*) recrutar LOC **raise your eyebrows (at sth)**

torcer o nariz (para algo) ◆ **raise your glass (to sb)** brindar à saúde (de alguém)
▸ *s* (*GB* **rise**) aumento (*salarial*)

raisin /ˈreɪzn/ *s* (uva) passa

rake /reɪk/ *substantivo, verbo*
▸ *s* ancinho
▸ *vt, vi* revolver/limpar algo com ancinho PHR V **rake in sth** (*coloq*) fazer algo (*dinheiro*) ◆ **rake sth up** (*coloq, pej*) desenterrar algo (*passado, etc.*)

rally /ˈræli/ *substantivo, verbo*
▸ *s* (*pl* **rallies**) **1** comício **2** (*Tênis, etc.*) rebatida **3** (*carros*) rali
▸ *v* (*pt, pp* **rallied**) **1** *vi* ~ **(around)** unir-se **2** *vt, vi* ~ **(sb/sth) (around/behind/to sb/sth)** congregar alguém/algo, unir-se (em volta de alguém/algo) **3** *vi* recuperar-se

RAM /ræm/ *s* (*abrev de* **random access memory**) (*Informát*) memória RAM

ram /ræm/ *substantivo, verbo*
▸ *s* carneiro
▸ *v* (-mm-) **1** *vt, vi* ~ **(into) sth** bater contra/em algo **2** *vt* ~ **sth in, into, on, etc. sth** meter algo em algo à força **3** *vt* (*porta, etc.*) empurrar com força

ramble /ˈræmbl/ *verbo, substantivo*
▸ *vi* ~ **(on) (about sb/sth)** (*fig*) divagar (sobre alguém/algo)
▸ *s* (*esp GB*) excursão a pé **rambler** *s* **1** (*Bot*) trepadeira **2** (*esp GB*) caminhante **rambling** *adj* **1** labiríntico **2** (*discurso*) desconexo **3** (*Bot*) trepador

ramp /ræmp/ *substantivo, verbo*
▸ *s* **1** rampa **2** (*em estrada*) lombada
▸ *v* PHR V **ramp sth up** aumentar algo

rampage *verbo, substantivo*
▸ *vi* /ˈræmpeɪdʒ/ alvoroçar-se
▸ *s* /ˈræmpeɪdʒ/ alvoroço, tumulto LOC **be/go on the rampage** causar tumulto

rampant /ˈræmpənt/ *adj* **1** desenfreado **2** (*vegetação*) exuberante

ramshackle /ˈræmʃækl/ *adj* desconjuntado, caindo aos pedaços

ran *pt de* RUN

ranch /ræntʃ; *GB* rɑːntʃ/ *s* fazenda, estância

ˈ**ranch house** (*GB* **bungalow**) *s* casa térrea, bangalô

rancid /ˈrænsɪd/ *adj* rançoso

random /ˈrændəm/ *adjetivo, substantivo*
▸ *adj* **1** fortuito **2** (*coloq*) esquisito
▸ *s* LOC **at random** ao acaso

rang *pt de* RING[2]

⚷ **range** /reɪndʒ/ *substantivo, verbo*
▸ *s* **1** gama **2** linha (*de produtos*) **3** escala **4** (*visão, som*) extensão **5** (*armas*) alcance **6** (*montanhas*) cadeia **7** (*GB* **cooker**) fogão
▸ *v* **1** *vi* ~ **from sth to sth** estender-se, ir de algo até algo **2** *vi* ~ **from sth to sth**; ~ **between sth and sth** (*cifra*) oscilar entre algo e algo **3** *vt* ordenar **4** *vi* ~ **(over/through sth)** vaguear (por algo)

ranger /ˈreɪndʒər/ *s* guarda-florestal

⚷ **rank** /ræŋk/ *substantivo, verbo*
▸ *s* **1** (*Mil, hierarquia*) posto, graduação **2** categoria LOC **the rank and file** a massa (*de soldado rasos, etc.*)
▸ *vt, vi* ~ **sb/sth (as sth)** classificar alguém/algo (como algo); considerar alguém/algo (algo): *He ranks among our top players.* Ele figura entre os nossos melhores jogadores. ◇ *high-ranking* de alto escalão

ranking /ˈræŋkɪŋ/ *s* ranking, classificação

ransack /ˈrænsæk/ *vt* **1** ~ **sth (for sth)** revistar algo (em busca de algo) **2** pilhar

ransom /ˈrænsəm/ *s* resgate LOC **hold sb to ransom** (*lit e fig*) chantagear alguém

rant /rænt/ *verbo, substantivo*
▸ *vi* ~ **(on) (about sth)** (*pej*) esbravejar (contra algo) LOC **rant and rave** (*pej*) fazer um escândalo
▸ *s* (*pej*) crítica (severa)

rap /ræp/ *substantivo, verbo*
▸ *s* **1** (*Mús*) rap **2** pancada seca
▸ *vt, vi* (-pp-) **1** dar uma pancada seca (em) **2** (*Mús*) cantar rap

rape /reɪp/ *verbo, substantivo*
▸ *vt* violentar, estuprar
▸ *s* estupro **rapist** *s* estuprador, -ora

⚷ **rapid** /ˈræpɪd/ *adj* rápido **rapidity** /rəˈpɪdəti/ *s* (*formal*) rapidez

⚷ **rapidly** /ˈræpɪdli/ *adv* rapidamente

rapids /ˈræpɪdz/ *s* [*pl*] corredeira

rappel /ræˈpel/ *verbo, substantivo*
▸ *vi* (*GB* **abseil**) fazer rapel
▸ *s* (*GB* **abseiling**) rapel

rapper /ˈræpər/ *s* rapero, -a

rapport /ræˈpɔːr/ *s* entrosamento

rapture /ˈræptʃər/ *s* (*formal*) êxtase **rapturous** *adj* entusiástico

⚷ **rare** /rer/ *adj* (**rarer**, **-est**) **1** raro: *a rare opportunity* uma oportunidade rara **2** (*carne*) malpassado ➲ *Ver nota em* BIFE

⚷ **rarely** /ˈrerli/ *adv* raramente ➲ *Ver nota em* ALWAYS

rarity /ˈrerəti/ *s* (*pl* **rarities**) raridade

rash /ræʃ/ *substantivo, adjetivo*
▸ *s* erupção cutânea, irritação na pele
▸ *adj* imprudente, precipitado: *In a rash moment I promised her…* Num momento impensado prometi a ela…

R

raspberry /ˈræzberi; *GB* ˈrɑːzbəri/ *s* (*pl* raspberries) framboesa

rat /ræt/ *s* rato

rate /reɪt/ *substantivo, verbo*

▸ *s* **1** proporção, razão: *at a rate of 50 a/per week* numa proporção de cinquenta por semana ◇ *at a rate of 100 km an hour* à velocidade de 100 km por hora **2** taxa: *birth/exchange/interest rate* taxa de natalidade/câmbio/juros **3** tarifa: *an hourly rate of pay* um pagamento por hora *Ver tb* FLAT RATE LOC **at any rate** (*coloq*) de qualquer modo ◆ **at this/that rate** (*coloq*) desse jeito *Ver tb* GOING

▸ *v* **1** *vt* avaliar, estimar: *highly rated* de prestígio **2** *vt* considerar

rather /ˈræðər; *GB* ˈrɑːðə(r)/ *adv* um tanto, bastante: *I rather suspect...* Acho...

> **Rather** seguido de palavra com sentido positivo indica surpresa por parte do falante: *It was a rather nice present.* Foi um presente e tanto. É também utilizado quando queremos criticar algo: *This room looks rather messy.* Este quarto está uma bela bagunça. Nos Estados Unidos **rather** é uma palavra bastante formal.

LOC **or rather** ou melhor ◆ **rather do sth (than...)** preferir fazer algo (que...): *I'd rather walk than wait for the bus.* Prefiro ir a pé a esperar o ônibus. ◆ **rather than** em vez de: *I'll have a sandwich rather than a full meal.* Eu vou querer um sanduíche em vez de uma refeição.

rating /ˈreɪtɪŋ/ *s* **1** índice: *a high/low popularity rating* um alto/baixo índice de popularidade **2 the ratings** [*pl*] (*TV*) os índices de audiência

ˈ**ratings agency** *s* (*pl* -ies) (*tb* ˈ**credit rating(s) agency**) agência de avaliação de risco

ratio /ˈreɪʃioʊ/ *s* (*pl* ratios) proporção: *The ratio of boys to girls in this class is three to one.* Nesta turma a proporção é de três garotos para uma garota.

ration /ˈræʃn/ *substantivo, verbo*

▸ *s* ração

▸ *vt* racionar: *The villagers were rationed to ten litres of water a day.* A água dos moradores foi racionada a dez litros por dia.

rational /ˈræʃnəl/ *adj* racional, razoável

rationale /ˌræʃəˈnæl; *GB* -ˈnɑːl/ *s* ~ (**behind/for/of sth**) (*formal*) razão (por trás de/para algo)

rationalize /ˈræʃnəlaɪz/ (*GB tb* **-ise**) *vt* racionalizar **rationalization** (*GB tb* **-isation**) /ˌræʃnələˈzeɪʃn; *GB* -laɪˈ-/ *s* racionalização

rationing /ˈræʃənɪŋ/ *s* racionamento

the ˈ**rat race** *s* [*sing*] (*pej*) a luta por um lugar ao sol

rattle /ˈrætl/ *verbo, substantivo*

▸ *v* **1** *vt, vi* (fazer) retinir **2** *vi* ~ **along, off, past, etc.** mover-se fazendo muito barulho **3** *vt* abalar (*emocionalmente*) PHR V **rattle sth off** falar em disparada

▸ *s* **1** (*som*) chocalhar **2** chocalho, guizo

rattlesnake /ˈrætlsneɪk/ *s* cascavel

ravage /ˈrævɪdʒ/ *vt* devastar

rave /reɪv/ *vi* **1** ~ (**about sb/sth**) vibrar (com alguém/algo) **2** ~ (**at sb**) soltar os cachorros (em alguém) LOC *Ver* RANT

raven /ˈreɪvn/ *s* corvo

ravenous /ˈrævənəs/ *adj* faminto

raw /rɔː/ *adj* **1** cru **2** bruto: *raw silk* seda bruta ◇ *raw material* matéria-prima **3** (*ferida*) em carne viva

ray /reɪ/ *s* raio

razor /ˈreɪzər/ *s* navalha (de barba): *electric razor* barbeador elétrico

ˈ**razor blade** *s* lâmina de barbear

reach /riːtʃ/ *verbo, substantivo*

▸ *v* **1** *vt* chegar a: *to reach an agreement* chegar a um acordo **2** *vt* alcançar **3** *vi* ~ (**out**) **for sth** estender a mão para pegar algo **4** *vt* comunicar-se com PHR V **reach out to sb** atingir a alguém (*através de um projeto, etc.*)

▸ *s* alcance: *beyond/out of/within (sb's) reach* fora do alcance/ao alcance (de alguém) LOC **within (easy) reach (of sb/sth)** próximo (de alguém/algo)

react /riˈækt/ *vi* **1** ~ (**to sth/sb**) reagir (a algo/alguém) **2** ~ **against sb/sth** insurgir-se contra alguém/algo

reaction /riˈækʃn/ *s* ~ (**to sth/sb**) reação (a algo/alguém) **reactionary** *adj, s* (*pl* reactionaries) reacionário, -a

reactor /riˈæktər/ (*tb* ˌ**nuclear re**ˈ**actor**) *s* reator nuclear

read /riːd/ (*pt, pp* read /red/ *v*) **1** *vt, vi* ~ (**about/of sth/sb**) ler (sobre algo/alguém) **2** *vt* ~ **sth (as sth)** interpretar algo (como algo) **3** *vt* (*placa, etc.*) dizer, rezar **4** *vt* (*termômetro, etc.*) marcar PHR V **read sth into sth** atribuir algo a algo: *Don't read too much into it.* Não dê tanta importância a isso. ◆ **read on** continuar a ler ◆ **read sth out** ler algo em voz alta ◆ **read sth over/through** ler algo cuidadosamente **readable** *adj* agradável de ler

reader /ˈriːdər/ *s* **1** leitor, -ora **2** edição simplificada (*para estudantes*) **readership** *s* [*não contável*] (número de) leitores

reading /ˈriːdɪŋ/ *s* leitura: *reading glasses* óculos para leitura

R

ready /ˈredi/ *adj* (readier, -iest) **1** ~ **(for sth/to do sth)** pronto, preparado (para algo/fazer algo) **2** ~ **(to do sth)** disposto (a fazer algo): *He's always ready to help his friends.* Ele está sempre disposto a ajudar seus amigos. **3** ~ **to do sth** prestes a fazer algo **4** disponível LOC **get ready 1** preparar-se **2** arrumar-se **readily** *adv* **1** prontamente **2** facilmente **readiness** *s* prontidão: *her readiness to help* sua prontidão em ajudar ◇ *to do sth in readiness for sth* fazer algo em preparação a algo

ˌready-ˈmade *adj* (já) feito: *ready-made meals* comida pronta

real /ˈri:əl; *GB ger* rɪəl/ *adj* **1** real, verdadeiro: *real life* a vida real **2** genuíno, autêntico: *That's not his real name.* Esse não é o nome dele de verdade. ◇ *The meal was a real disaster.* A comida foi um verdadeiro desastre. LOC **be for real** ser sério ◆ **get real** (*coloq*) cair na real

ˈreal estate *s* [*não contável*] (*esp USA*) bens imobiliários

ˈreal estate agent (*GB* **estate agent**) *s* corretor, -ora de imóveis

realism /ˈri:əlɪzəm; *GB tb* ˈrɪəlɪzəm/ *s* realismo **realist** *s* realista

realistic /ˌri:əˈlɪstɪk; *GB tb* ˌrɪəˈlɪstɪk/ *adj* realista

reality /riˈæləti/ *s* (*pl* **realities**) realidade LOC **in reality** na realidade

reˈality check *s* (*coloq*) choque de realidade

reˌality TˈV *s* TV-realidade

realize (*GB tb* **-ise**) /ˈri:əlaɪz; *GB tb* ˈrɪəlaɪz/ **1** *vt, vi* dar-se conta (de), perceber: *Not realizing that...* Sem dar-se conta de que... **2** *vt* (*plano, ambição*) realizar **realization** (*GB tb* **-isation**) /ˌri:ələˈzeɪʃn; *GB* -laɪˈ-/ *s* compreensão

really /ˈri:əli; *GB tb* ˈrɪəli/ *adv* **1** de verdade: *I really mean that.* Estou falando sério. ◇ *Is it really true?* É verdade mesmo? **2** muito, realmente: *This is a really complex subject.* Esse é um assunto muito complexo. **3** (*para expressar surpresa, dúvida, etc.*): *Really?* É mesmo?

realm /relm/ *s* terreno: *the realms of possibility* o terreno das possibilidades

ˌreal ˈtime *substantivo, adjetivo*
▸ *s* (*Informát*) tempo real
▸ *adj* **ˌreal-ˈtime** em tempo real

Realtor® /ˈri:əltər/ (*GB* **estate agent**) *s* corretor, -ora de imóveis

ˈreal-world *adj* do mundo real

reap /ri:p/ *vt* **1** ceifar **2** (*fig*) colher

reappear /ˌri:əˈpɪr/ *vi* reaparecer **reappearance** *s* reaparição

rear /rɪr/ *substantivo, adjetivo, verbo*
▸ *s* **the rear** [*sing*] a parte traseira LOC **bring up the rear** estar em último lugar
▸ *adj* traseiro: *the rear window* a janela traseira
▸ *v* **1** *vt* criar **2** *vi* ~ **(up)** (*cavalo, etc.*) empinar-se **3** *vi* erguer-se

rearrange /ˌri:əˈreɪndʒ/ *vt* **1** reorganizar **2** (*planos*) mudar

reason /ˈri:zn/ *substantivo, verbo*
▸ *s* **1** ~ **(for sth/doing sth)** razão, motivo (de/para algo/para fazer algo) **2** ~ **(why.../that...)** razão, motivo (pela/pelo qual.../que...) **3** razão, bom senso LOC **in/within reason** dentro do possível ◆ **make sb see reason** chamar alguém à razão *Ver tb* STAND
▸ *vi* raciocinar

reasonable /ˈri:znəbl/ *adj* **1** razoável, sensato **2** tolerável, regular

reasonably /ˈri:znəbli/ *adv* **1** suficientemente **2** de forma sensata

reasoning /ˈri:zənɪŋ/ *s* argumentação

reassure /ˌri:əˈʃʊr/ *vt* tranquilizar, reconfortar **reassurance** *s* [*ger não contável*] **1** reconforto, confiança **2** palavras reconfortantes **reassuring** *adj* reconfortante

rebate /ˈri:beɪt/ *s* dedução, desconto

rebel *substantivo, verbo*
▸ *s* /ˈrebl/ rebelde
▸ *vi* /rɪˈbel/ (-ll-) rebelar-se **rebellion** /rɪˈbeljən/ *s* rebelião **rebellious** /rɪˈbeljəs/ *adj* rebelde

rebirth /ˌri:ˈbɜ:rθ/ *s* **1** renascimento **2** ressurgimento

reboot /ˌri:ˈbu:t/ *vt, vi* reiniciar (*computador*)

rebound *verbo, substantivo*
▸ *vi* /rɪˈbaʊnd/ **1** ~ **(from/off sth)** ricochetear (em algo) **2** ~ **(on sb)** (*formal*) recair (sobre alguém)
▸ *s* /ˈri:baʊnd/ ricochete LOC **on the rebound** (*fig*) na fossa

rebuff /rɪˈbʌf/ *substantivo, verbo*
▸ *s* **1** esnobada **2** recusa
▸ *vt* **1** esnobar **2** rechaçar

rebuild /ˌri:ˈbɪld/ *vt* (*pt, pp* **rebuilt** /-ˈbɪlt/) reconstruir

rebuke /rɪˈbju:k/ *verbo, substantivo*
▸ *vt* (*formal*) repreender
▸ *s* (*formal*) reprimenda

recall /rɪˈkɔ:l/ *vt* **1** (*formal*) recordar **2** (*produto defeituoso*) recolher **3** (*embaixador, etc.*) chamar de volta

recapture /ˌri:ˈkæptʃər/ *vt* **1** recobrar, recapturar **2** (*emoção, etc.*) reviver, recriar

R

recede /rɪˈsiːd/ *vi* **1** retroceder **2**: *receding hair/a receding hairline* entradas

receipt /rɪˈsiːt/ *s* **1** ~ **(for sth)** *(formal)* recibo, recebimento (de algo): *a receipt for your expenses* um recibo de suas despesas ◇ *to acknowledge receipt of sth* acusar o recebimento de algo **2 receipts** *[pl]* *(Com)* receitas

receive /rɪˈsiːv/ *vt* **1** receber, acolher **2** *(ferimento)* sofrer

receiver /rɪˈsiːvər/ *s* **1** *(telefone)* fone: *to lift/pick up the receiver* levantar o fone **2** *(TV, Rádio)* receptor **3** destinatário, -a

recent /ˈriːsnt/ *adj* recente: *in recent years* nos últimos anos

recently /ˈriːsntli/ *adv* **1** recentemente: *until recently* até pouco tempo atrás **2** recém: *a recently appointed director* um diretor recém-nomeado

reception /rɪˈsepʃn/ *s* **1** *(tb* ˈ**wedding reception)** recepção de casamento **2** acolhida **3** *(esp GB)* *(USA* **lobby)** recepção **4**: *reception desk* (mesa de) recepção **receptionist** *s* recepcionista

receptive /rɪˈseptɪv/ *adj* ~ **(to sth)** receptivo (a algo)

recess /ˈriːses/ *s* **1** *(GB* **break)** *(Educ)* recreio **2** *(congresso, etc.)* recesso **3** *(nicho)* vão **4** *[ger pl]* esconderijo, recôndito

recession /rɪˈseʃn/ *s* recessão

recharge /ˌriːˈtʃɑːrdʒ/ *vt* recarregar **rechargeable** *adj* recarregável

R

recipe /ˈresəpi/ *s* **1** ~ **(for sth)** *(Cozinha)* receita (de algo) **2** ~ **for sth** *(fig)* receita para/de algo

recipient /rɪˈsɪpiənt/ *s* *(formal)* **1** destinatário, -a **2** *(dinheiro)* beneficiário, -a

reciprocal /rɪˈsɪprəkl/ *adj* recíproco

reciprocate /rɪˈsɪprəkeɪt/ *vt, vi* retribuir

recital /rɪˈsaɪtl/ *s* recital

recite /rɪˈsaɪt/ *vt* **1** recitar **2** enumerar

reckless /ˈrekləs/ *adj* **1** temerário **2** imprudente

reckon /ˈrekən/ *vt* **1** *(esp GB, coloq)* crer: *Joe reckons he won't come.* Joe acha que não vai vir. **2** *(coloq)* calcular **3 be reckoned (to be sth)** ser considerado (algo) PHR V **reckon on/with sth** contar com algo ◆ **reckon with sb/sth** contar com alguém/algo: *There is still your father to reckon with.* Você ainda tem que se haver com seu pai. **reckoning** *s* **1** cálculo(s): *by my reckoning* segundo os meus cálculos **2** contas

reclaim /rɪˈkleɪm/ *vt* **1** recuperar **2** *(materiais, etc.)* reciclar **reclamation** /ˌrekləˈmeɪʃn/ *s* recuperação

recline /rɪˈklaɪn/ *vt, vi* reclinar(-se), recostar(-se) **reclining** *adj* *(assento)* reclinável

recognition /ˌrekəgˈnɪʃn/ *s* reconhecimento: *in recognition of sth* em reconhecimento de algo ◇ *to have changed beyond recognition* estar irreconhecível

recognize *(GB tb* **-ise)** /ˈrekəgnaɪz/ *vt* **1** reconhecer **2** *(título, etc.)* convalidar **recognizable** *(GB tb* **-isable)** *adj* reconhecível

recoil /rɪˈkɔɪl/ *vi* **1** ~ **(from sb/sth)**; ~ **(at sth)** retroceder (perante algo/alguém) **2** ~ **(from sth/doing sth)**; ~ **(at sth)** recuar (perante a ideia de fazer algo)

recollect /ˌrekəˈlekt/ *vt* *(formal)* recordar, lembrar **recollection** *s* *(formal)* recordação, lembrança

recommend /ˌrekəˈmend/ *vt* recomendar **recommendation** *s* recomendação

recompense /ˈrekəmpens/ *verbo, substantivo*

▸ *vt* ~ **sb (for sth)** *(formal)* recompensar alguém (por algo)

▸ *s [não contável]* *(formal)* recompensa

reconcile /ˈrekənsaɪl/ *vt* **1** ~ **sth (with sth)** conciliar algo (com algo) **2** ~ **sb (with sb)** reconciliar alguém (com alguém) **3** ~ **yourself (to sth)** resignar-se (a algo) **reconciliation** *s* **1** *[não contável]* conciliação **2** reconciliação

reconfigure /ˌriːkənˈfɪgjər; *GB* -ˈfɪgə(r)/ *vt* *(Informát)* reconfigurar

reconnaissance /rɪˈkɑːnɪsns/ *s* *(Mil)* reconhecimento

reconsider /ˌriːkənˈsɪdər/ **1** *vt* reconsiderar **2** *vi* reavaliar

reconstruct /ˌriːkənˈstrʌkt/ *vt* ~ **sth (from sth)** reconstruir algo (de algo)

record *substantivo, verbo*

▸ *s* /ˈrekərd; *GB* -kɔːd/ **1** registro: *to make/keep a record of sth* anotar algo ◇ *the coldest winter on record* o inverno mais frio registrado **2** antecedentes: *a criminal record* uma ficha na polícia **3** disco: *a record company* uma gravadora **4** recorde: *to set/break a record* alcançar/bater um recorde **5**: *record holder* recordista *Ver tb* TRACK RECORD LOC **put/set the record straight** corrigir um equívoco

▸ *v* /rɪˈkɔːrd/ **1** *vt* registrar, anotar **2** *vt, vi* ~ **(sth) (from sth) (on sth)** gravar (algo) (de algo) (em algo) **3** *vt* *(termômetro, etc.)* marcar

ˈ**record-breaking** *adj* sem precedentes

recorder /rɪˈkɔːrdər/ *s* **1** flauta doce **2** *Ver* TAPE RECORDER

recording /rɪˈkɔːrdɪŋ/ *s* gravação

ˈ**record player** *s* toca-discos

recount /rɪˈkaʊnt/ *vt* ~ **sth (to sb)** (*formal*) relatar algo (a alguém)

recourse /ˈriːkɔːrs; *GB* rɪˈkɔːs/ *s* (*formal*) recurso LOC **have recourse to sth/sb** recorrer a algo/alguém

recover /rɪˈkʌvər/ **1** *vt* recuperar, recobrar: *to recover consciousness* recobrar os sentidos **2** *vi* ~ **(from sth)** recuperar-se, refazer-se (de algo)

recovery /rɪˈkʌvəri/ *s* (*pl* **recoveries**) **1** ~ **(from sth)** restabelecimento (de algo) **2** recuperação, resgate

recreation /ˌrekriˈeɪʃn/ *s* **1** recreio: *recreation ground* área de lazer **2** (*GB*) passatempo, recreação

recruit /rɪˈkruːt/ *substantivo, verbo*
▸ *s* recruta
▸ *vt* recrutar **recruitment** *s* recrutamento

rectangle /ˈrektæŋgl/ *s* retângulo

recuperate /rɪˈkuːpəreɪt/ (*formal*) **1** *vi* ~ **(from sth)** recuperar-se, restabelecer-se (de algo) **2** *vt* recuperar

recur /rɪˈkɜːr/ *vi* (-rr-) repetir-se, voltar a ocorrer

recycle /ˌriːˈsaɪkl/ *vt* reciclar **recyclable** *adj* reciclável **recycling** *s* reciclagem

red /red/ *adjetivo, substantivo*
▸ *adj* (**redder**, **-est**) **1** vermelho: *a red dress* um vestido vermelho **2** (*cabelo*) ruivo **3** (*rosto*) ruborizado **4** (*vinho*) tinto
▸ *s* vermelho LOC **be in the red** (*coloq*) estar no vermelho **reddish** *adj* avermelhado

the ˌred ˈcarpet *s* [*sing*] o tapete vermelho

ˈ**red currant** (*tb* **redcurrant**) *s* groselha (vermelha)

redeem /rɪˈdiːm/ *vt* **1** redimir: *to redeem yourself* redimir-se **2** compensar **3** (*dívida*) resgatar **4** (*cupom*) trocar

redemption /rɪˈdempʃn/ *s* **1** (*formal*) salvação **2** (*Fin*) resgate

redesign /ˌriːdɪˈzaɪn/ *verbo, substantivo*
▸ *vt* remodelar
▸ *s* reformulação

redevelopment /ˌriːdɪˈveləpmənt/ *s* reedificação, reurbanização

ˌ**red-ˈhanded** *adj* LOC **catch sb red-handed** pegar alguém em flagrante

redhead /ˈredhed/ *s* ruivo, -a

ˌ**red ˈherring** *s* pista falsa

redirect *verbo, substantivo*
▸ *vt* /ˌriːdəˈrekt/ **1** redirecionar **2** (*recursos*) realocar
▸ *s* /ˈriːdərekt/ (*Internet*) redirecionamento (*de e-mails, etc.*)

redneck /ˈrednek/ *s* (*USA, coloq, pej*) pessoa do campo simples e ignorante

redo /ˌriːˈduː/ *vt* (*3a pess sing pres* **redoes** /-ˈdʌz/, *pt* **redid** /-ˈdɪd/, *pp* **redone** /-ˈdʌn/) refazer

ˌ**red ˈtape** *s* [*não contável*] (*pej*) papelada, burocracia

reduce /rɪˈduːs; *GB* rɪˈdjuːs/ **1** *vt* ~ **sth (from sth) (to sth)** reduzir, diminuir algo (de algo) (a algo) **2** *vt* ~ **sth (by sth)** diminuir, baixar algo (em algo) **3** *vi* reduzir-se **4** *vt* ~ **sb/sth (from sth) to sth**: *The house was reduced to ashes.* A casa ficou reduzida a cinzas. ◇ *to reduce sb to tears* levar alguém às lágrimas **reduced** *adj* reduzido

reduction /rɪˈdʌkʃn/ *s* **1** ~ **(in sth)** redução (de algo) **2** ~ **(of sth)** abatimento, desconto (em algo): *a reduction of 5%* um abatimento de 5%

redundancy /rɪˈdʌndənsi/ *s* (*pl* **redundancies**) (*GB*) (*USA* **layoff**) demissão (*por corte de pessoal*): *redundancy pay* indenização por demissão por motivo de extinção de postos de trabalho

redundant /rɪˈdʌndənt/ *adj* **1** (*GB*): *to be made redundant* ser demitido por motivo de extinção de postos de trabalho **2** supérfluo

reed /riːd/ *s* junco

reef /riːf/ *s* recife

reek /riːk/ *vi* ~ **(of sth)** (*pej*) feder (a algo)

reel /riːl/ *substantivo, verbo*
▸ *s* **1** (*tb esp USA* **spool**) bobina, carretel **2** (*filme*) rolo
▸ *vi* **1** cambalear **2** (*cabeça*) rodar PHR V **reel sth off** recitar algo (de uma tacada só)

ˌ**re-ˈenter** *vt* entrar de novo, reingressar em ˌ**re-ˈentry** *s* reingresso

refer /rɪˈfɜːr/ (-rr-) **1** *vi* ~ **to sb/sth** referir-se a alguém/algo **2** *vt, vi* recorrer

referee /ˌrefəˈriː/ *substantivo, verbo*
▸ *s* **1** (*Esporte*) árbitro, -a: *assistant referee* árbitro assistente **2** mediador, -ora; árbitro, -a **3** (*GB*) (*USA* **reference**) (*para emprego*) referência (*pessoa*)
▸ *vt, vi* arbitrar

reference /ˈrefrəns/ *s* referência LOC **in/with reference to sth/sb** (*formal*) com referência a algo/alguém

referendum /ˌrefəˈrendəm/ *s* (*pl* **referendums** *ou* **referenda** /-də/) referendum, plebiscito

refill *verbo, substantivo*
▸ *vt* /ˌriːˈfɪl/ reabastecer
▸ *s* /ˈriːfɪl/ refil, carga

refine /rɪˈfaɪn/ *vt* **1** refinar **2** (*modelo, técnica, etc.*) aprimorar **refinement** *s*

R

1 requinte, refinamento **2** (*Mec*) refinação **3** aperfeiçoamento **refinery** *s* (*pl* refineries) refinaria

reflect /rɪˈflekt/ **1** *vt* refletir **2** *vi* ~ **(on/upon sth)** refletir (sobre algo) LOC **reflect well, badly, etc. on sb/sth** afetar positivamente, negativamente, etc. a imagem de alguém/algo **reflection** *s* **1** reflexo **2** (*ação, pensamento*) reflexão LOC **be a reflection on sb/sth** apontar a falha de alguém/algo ◆ **on reflection** pensando bem

reflex /ˈriːfleks/ (*tb* ˈ**reflex action**) *s* reflexo

reforestation /ˌriːfɔːrɪˈsteɪʃn; *GB* -fɒrɪˈ-/ *s* reflorestamento

reform /rɪˈfɔːrm/ *verbo, substantivo*
▸ *vt, vi* reformar(-se)
▸ *s* reforma **reformation** /ˌrefərˈmeɪʃn/ *s* **1** (*formal*) reforma **2 the** ˌ**Refor**ˈ**mation** a Reforma

refrain /rɪˈfreɪn/ *verbo, substantivo*
▸ *vi* ~ **(from sth)** (*formal*) abster-se (de algo): *Please refrain from smoking in the hospital.* Por favor abstenha-se de fumar no hospital.
▸ *s* refrão

refresh /rɪˈfreʃ/ *vt* refrescar LOC **refresh sb's memory (about sb/sth)** refrescar a memória de alguém (sobre alguém/algo) **refreshing** *adj* **1** refrescante **2** (*fig*) reconfortador

refreshments /rɪˈfreʃmənts/ *s* [*pl*] lanches: *Refreshments will be served after the concert.* Será servido um lanche após o concerto.

Refreshment é usado no singular quando antecede outro substantivo: *There will be a refreshment stop.* Haverá uma parada para o lanche.

refrigerate /rɪˈfrɪdʒəreɪt/ *vt* refrigerar **refrigeration** *s* refrigeração

refrigerator /rɪˈfrɪdʒəreɪtər/ *s* geladeira

refuel /ˌriːˈfjuːəl/ *vi* (-l- (*GB* -ll-)) reabastecer (*combustível*)

refuge /ˈrefjuːdʒ/ *s* **1** ~ **(from sb/sth)** refúgio (de alguém/algo): *to take refuge* refugiar-se **2** (*Pol*) asilo

refugee /ˌrefjuˈdʒiː/ *s* refugiado, -a

refund *verbo, substantivo*
▸ *vt* /rɪˈfʌnd/ reembolsar
▸ *s* /ˈriːfʌnd/ reembolso

refusal /rɪˈfjuːzl/ *s* **1** recusa, rejeição **2** ~ **(to do sth)** recusa (em fazer algo)

refuse[1] /rɪˈfjuːz/ **1** *vi* ~ **(to do sth)** negar-se (a fazer algo) **2** *vt* recusar, rejeitar: *to refuse an offer* recusar uma oferta ◇ *to refuse sb entry (to sth)* proibir a entrada de alguém (em algo)

refuse[2] /ˈrefjuːs/ *s* [*não contável*] refugo, lixo

regain /rɪˈgeɪn/ *vt* recuperar: *to regain consciousness* recuperar os sentidos

regal /ˈriːgl/ *adj* real, régio

regard /rɪˈgɑːrd/ *verbo, substantivo*
▸ *vt* **1** ~ **sb/sth as sth** considerar alguém/algo como algo **2** ~ **sb/sth (with sth)** (*formal*) olhar para alguém/algo (com algo) LOC **as regards sb/sth** (*formal*) no que se refere a alguém/algo
▸ *s* **1** ~ **to/for sb/sth** (*formal*) respeito a/por alguém/algo: *with no regard to/for speed limits* sem respeitar os limites de velocidade **2 regards** [*pl*] cumprimentos **3 regards** [*pl*] (*em correspondência*) cordialmente LOC **in this/that regard** (*formal*) a este/esse respeito ◆ **in/with regard to sb/sth** (*formal*) com respeito a alguém/algo

regarding /rɪˈgɑːrdɪŋ/ *prep* com relação a

regardless /rɪˈgɑːrdləs/ *adv* apesar de tudo **re**ˈ**gardless of** *prep* indiferente a, sem levar em conta

reggae /ˈregeɪ/ *s* reggae

regime /reɪˈʒiːm/ *s* regime (*governo*)

regiment /ˈredʒɪmənt/ *s* regimento **regimented** *adj* (*pej*) regrado

region /ˈriːdʒən/ *s* região LOC **in the region of sth** por volta de algo **regional** *adj* regional

register /ˈredʒɪstər/ *substantivo, verbo*
▸ *s* **1** registro **2** (*esp GB*) (*no colégio*) (lista de) chamada
▸ *v* **1** *vt* ~ **sth (in sth)** registrar algo (em algo) **2** *vi* ~ **(at/for/with sth)** matricular-se, inscrever-se (em/para/com algo) **3** *vt* (*formal*) (*surpresa, etc.*) indicar, demonstrar **4** *vt* (*correio*) registrar

ˌ**registered** ˈ**mail** (*GB tb* ˌ**registered** ˈ**post**) *s* porte registrado: *to send sth by registered mail* mandar algo por porte registrado

ˈ**register office** (*tb* ˈ**registry office**) *s* (*GB*) cartório

registrar /ˌredʒɪˈstrɑːr/ *s* **1** escrivão, -ã (*de registro civil, etc.*) **2** (*Educ*) secretário, -a (*encarregado de matrículas, exames, etc.*)

registration /ˌredʒɪˈstreɪʃn/ *s* **1** registro **2** inscrição **3** matrícula **4** (*GB*) (*tb* **regi**ˈ**stration number**) (*USA* ˈ**license (plate) number**) número da placa

regret /rɪˈgret/ *verbo, substantivo*
▸ *vt* (-tt-) **1** arrepender-se de **2** (*formal*) lamentar
▸ *s* **1** ~ **(at/about sth)** lástima (por algo) **2** arrependimento **regretfully** *adv* com pesar, pesarosamente

R

regrettable *adj* lamentável **regrettably** *adv* lamentavelmente

⚷ **regular** /ˈregjələr/ *adjetivo, substantivo*
▸ *adj* **1** regular: *to get regular exercise* fazer exercício regularmente **2** habitual **3** de tamanho normal: *Regular or large fries?* Batata frita média ou grande?
▸ *s* cliente habitual **regularity** /ˌregjuˈlærəti/ *s* regularidade

⚷ **regularly** /ˈregjələrli/ *adv* **1** regularmente **2** com regularidade

regulate /ˈregjuleɪt/ *vt* regular, regulamentar

⚷ **regulation** /ˌregjuˈleɪʃn/ *s* **1** [*ger pl*] norma: *safety regulations* normas de segurança **2** regulamento

rehab /ˈriːhæb/ *s* [*não contável*] reabilitação (*de dependentes químicos*)

rehabilitate /ˌriːəˈbɪlɪteɪt/ *vt* reabilitar **rehabilitation** *s* reabilitação

rehearse /rɪˈhɜːrs/ *vt, vi* ~ **(sth/for sth)** ensaiar (algo/para algo) **rehearsal** *s* ensaio: *a dress rehearsal* um ensaio geral

reign /reɪn/ *substantivo, verbo*
▸ *s* reinado
▸ *vi* **1** ~ **(over sb/sth)** reinar (sobre alguém/algo) **2**: *the reigning champion* o atual campeão

reimburse /ˌriːɪmˈbɜːrs/ *vt* ~ **sb (for sth)** reembolsar alguém (por algo)

rein /reɪn/ *s* rédea

reincarnation /ˌriːɪnkɑːrˈneɪʃn/ *s* reincarnação

reindeer /ˈreɪndɪr/ *s* (*pl* **reindeer**) rena

reinforce /ˌriːɪnˈfɔːrs/ *vt* reforçar **reinforcement** *s* **1 reinforcements** [*pl*] (*Mil*) reforços **2** consolidação, reforço

reinstate /ˌriːɪnˈsteɪt/ *vt* ~ **sb/sth (in/as sth)** reintegrar alguém/algo (em/como algo)

⚷ **reject** *substantivo, verbo*
▸ *s* /ˈriːdʒekt/ **1** artigo defeituoso **2** rejeitado, -a; enjeitado, -a
▸ *vt* /rɪˈdʒekt/ rejeitar **rejection** /rɪˈdʒekʃn/ *s* rejeição

rejoice /rɪˈdʒɔɪs/ *vi* ~ **(at/in/over sth)** (*formal*) alegrar-se (com/em algo)

rejoin /ˌriːˈdʒɔɪn/ *vt* **1** reincorporar-se a **2** voltar a unir-se a

relapse *verbo, substantivo*
▸ *vi* /rɪˈlæps/ ~ **(into sth)** recair (em algo)
▸ *s* /rɪˈlæps; ˈriːlæps/ recaída

⚷ **relate** /rɪˈleɪt/ **1** *vt* ~ **sth to/with sth** relacionar algo com algo **2** *vt* ~ **sth (to sb)** (*formal*) relatar algo (a alguém) PHR V **relate to sth/sb 1** estar relacionado com algo/alguém **2** identificar-se com algo/alguém

⚷ **related** /rɪˈleɪtɪd/ *adj* **1** ~ **(to sth/sb)** relacionado (com algo/alguém) **2** ~ **(to sb)** aparentado (com alguém): *to be related by marriage* ser parente por afinidade

⚷ **relation** /rɪˈleɪʃn/ *s* **1** ~ **(to sth/between…)** relação (com algo/entre …) **2** parente **3** parentesco: *What relation are you?* Qual é o seu parentesco? ◇ *Is he any relation (to you)?* Ele é parente seu? *Ver tb* PUBLIC RELATIONS LOC **in/with relation to sth** (*formal*) em/com relação a algo *Ver tb* BEAR

⚷ **relationship** /rɪˈleɪʃnʃɪp/ *s* **1** ~ **(between A and B)**; ~ **(of A to/with B)** relação entre A e B **2** relação (*sentimental ou sexual*) **3** (relação de) parentesco

⚷ **relative** /ˈrelətɪv/ *substantivo, adjetivo*
▸ *s* parente
▸ *adj* relativo

⚷ **relatively** /ˈrelətɪvli/ *adv* relativamente

⚷ **relax** /rɪˈlæks/ **1** *vt, vi* relaxar **2** *vt* afrouxar **relaxation** /ˌriːlækˈseɪʃn/ *s* **1** relaxamento **2** descontração **3** passatempo

⚷ **relaxed** /rɪˈlækst/ *adj* descontraído, relaxado

⚷ **relaxing** /rɪˈlæksɪŋ/ *adj* relaxante

relay *substantivo, verbo*
▸ *s* /ˈriːleɪ/ **1** (*tb* ˈ**relay race**) corrida de revezamento **2** turma (de trabalhadores), turno
▸ *vt* /ˈriːleɪ; rɪˈleɪ/ (*pt, pp* **relayed**) transmitir

⚷ **release** /rɪˈliːs/ *verbo, substantivo*
▸ *vt* **1** libertar **2** pôr em liberdade **3** soltar: *to release your grip on sb/sth* soltar alguém/algo **4** (*notícia*) dar **5** (*produto*) lançar **6** (*filme*) estrear
▸ *s* **1** libertação **2** soltura **3** (*produto*) lançamento **4** (*CD, etc.*) novidade **5** (*filme*) entrada em cartaz: *The movie is on general release.* O filme entrou em cartaz em vários cinemas.

relegate /ˈrelɪgeɪt/ *vt* **1** relegar **2** (*esp GB*) (*Esporte*) rebaixar **relegation** *s* **1** afastamento **2** (*esp GB*) (*Esporte*) rebaixamento

relent /rɪˈlent/ *vi* ceder **relentless** *adj* **1** implacável **2** contínuo

⚷ **relevant** /ˈreləvənt/ *adj* pertinente, relevante **relevance** *s* relevância

reliable /rɪˈlaɪəbl/ *adj* **1** (*pessoa*) de confiança **2** (*método, aparelho*) seguro **3** (*dados*) confiável **4** (*fonte*) fidedigno **reliability** /rɪˌlaɪəˈbɪləti/ *s* confiabilidade

reliance /rɪˈlaɪəns/ *s* ~ **on/upon sb/sth** dependência de alguém/algo; confiança em alguém/algo

relic /ˈrelɪk/ *s* relíquia

relied *pt, pp de* RELY

R

relief /rɪˈliːf/ *s* **1** alívio: *much to my relief* para meu alívio **2** assistência, auxílio **3** (*Arte, Geog*) relevo **4** (*pessoa*) substituto, -a

relieve /rɪˈliːv/ *vt* **1** aliviar **2** ~ **yourself** fazer suas necessidades **3** substituir PHR V **relieve sb of sth** tirar algo de alguém

religion /rɪˈlɪdʒən/ *s* religião

religious /rɪˈlɪdʒəs/ *adj* religioso

relinquish /rɪˈlɪŋkwɪʃ/ *vt* (*formal*) **1** renunciar a **2** abandonar ❶ A expressão mais comum é **give sth up**.

relish /ˈrelɪʃ/ *substantivo, verbo*
▸ *s* **1** tipo de molho para carne, queijo, etc. **2** ~ **(for sth)** gosto (por algo)
▸ *vt* apreciar

reluctant /rɪˈlʌktənt/ *adj* ~ **(to do sth)** relutante (em fazer algo) **reluctance** *s* relutância **reluctantly** *adv* de má vontade, relutantemente

rely /rɪˈlaɪ/ *v* (*pt, pp* **relied**) PHR V **rely on/upon sb/sth 1** depender de alguém/algo **2** confiar em alguém/algo, contar com alguém/algo (para fazer algo)

remain /rɪˈmeɪn/ *vi* (*formal*) **1** (*continuar*) permanecer, continuar sendo **2** ficar ❶ A palavra mais comum é **stay**. **remainder** *s* [*sing*] (*Mat, etc.*) restante, resto **remaining** *adj* remanescente

remains /rɪˈmeɪnz/ *s* [*pl*] **1** restos **2** ruínas

R

remake /ˈriːmeɪk/ *s* refilmagem, regravação

remand /rɪˈmænd; *GB* rɪˈmɑːnd/ *verbo, substantivo*
▸ *vt*: *to remand sb in custody/on bail* pôr alguém sob prisão preventiva/em liberdade sob fiança
▸ *s* custódia LOC **on remand** sob prisão preventiva

remark /rɪˈmɑːrk/ *verbo, substantivo*
▸ *vt* comentar, observar PHR V **remark on/upon sth/sb** fazer um comentário sobre algo/alguém
▸ *s* comentário

remarkable /rɪˈmɑːrkəbl/ *adj* **1** extraordinário **2** ~ **(for sth)** notável (por algo)

rematch /ˈriːmætʃ/ *s* (*Esporte*) revanche

remedial /rɪˈmiːdiəl/ *adj* **1** (*ação, medidas*) reparador, corretivo **2** (*aulas*) para crianças com dificuldade de aprendizado

remedy /ˈremədi/ *substantivo, verbo*
▸ *s* (*pl* **remedies**) remédio
▸ *vt* (*pt, pp* **-died**) remediar

remember /rɪˈmembər/ *vt, vi* lembrar-se (de): *as far as I remember* pelo que me lembro ◇ *Remember that we have visitors tonight.* Lembre que temos visita hoje à noite. ◇ *Remember to call your mother.* Lembre-se de telefonar para a sua mãe.

Remember varia de significado dependendo de ser usado com infinitivo ou com uma forma em **-ing**. Quando é seguido de infinitivo, faz referência a uma ação que ainda não se realizou: *Remember to mail that letter.* Lembre-se de pôr essa carta no correio. Quando é seguido de uma forma em **-ing**, refere-se a uma ação que já ocorreu: *I remember mailing that letter.* Lembro que pus aquela carta no correio. ➲ *Comparar com* REMIND

PHR V **remember sb to sb** dar lembranças de alguém a alguém: *Remember me to Anna.* Dê lembranças minhas a Anna.

Remembrance Sunday /rɪˌmembrəns ˈsʌndeɪ; -di/ (*tb* **Reˈmembrance Day**) *s* Dia da Memória

O domingo mais próximo ao 11 de novembro é conhecido como **Remembrance Sunday**, ou **Poppy Day**, ou ainda **Veterans Day**, nos EUA. Neste dia, as pessoas levam papoulas de papel para lembrar os mortos na guerra. As papoulas representam as que floresciam nos campos de batalha de Flandres e simbolizam os soldados que lá morreram. Elas são vendidas, e o dinheiro arrecadado é destinado aos veteranos e às viúvas de guerra. Nos EUA, o **Memorial Day** é também comemorado na última segunda-feira de maio.

remind /rɪˈmaɪnd/ *vt* ~ **sb (about/of sth)**; ~ **sb (to do sth)** lembrar alguém (de algo); lembrar alguém (de fazer algo): *Remind me to call my mother.* Lembre-me de telefonar à minha mãe. ➲ *Comparar com* REMEMBER PHR V **remind sb of sb/sth 1** lembrar alguém de alguém/algo **2** ❶ A construção **remind sb of sb/sth** é utilizada quando uma coisa ou pessoa fazem lembrar de algo ou de alguém: *Your brother reminds me of John.* O seu irmão me lembra o John. ◇ *That song reminds me of my first girlfriend.* Essa música me lembra a minha primeira namorada. **reminder** *s* **1** lembrete **2** aviso

reminisce /ˌremɪˈnɪs/ *vi* ~ **(about sth/sb)** relembrar (algo/alguém)

reminiscent /ˌremɪˈnɪsnt/ *adj* ~ **of sb/sth** evocativo de alguém/algo **reminiscence** *s* reminiscência, evocação

remnant /ˈremnənt/ *s* **1** resto **2** vestígio **3** retalho (*tecido*)

remorse /rɪˈmɔːrs/ *s* [*não contável*] **~ (for sth)** remorso (por algo) **remorseless** *adj* **1** impiedoso **2** implacável

remote /rɪˈmoʊt/ *adj* (**remoter**, **-est**) **1** remoto, distante, afastado **2** (*pessoa*) distante **3** (*possibilidade*) remoto **remotely** *adv* remotamente: *I'm not remotely interested.* Não estou nem um pouco interessado.

reˌmote conˈtrol (*coloq* **remote**) *s* controle remoto

removable *adj* removível

removal /rɪˈmuːvl/ *s* **1** eliminação **2** (*GB*) mudança

remove /rɪˈmuːv/ *vt* **1 ~ sth (from sth)** tirar algo (de algo): *to remove your coat* tirar o casaco ❶ É mais comum dizer **take sth off**, **take sth out**, etc. **2** (*obstáculos, dúvidas, etc.*) eliminar **3 ~ sb (from sth)** demitir, destituir alguém (de algo)

the Renaissance /ˈrenəsɑːns; *GB* rɪˈneɪsns/ *s* o Renascimento

render /ˈrendər/ *vt* (*formal*) **1** (*serviço, etc.*) prestar **2**: *She was rendered speechless.* Ela ficou perplexa. **3** (*Mús, Arte*) interpretar

rendezvous /ˈrɑːndɪvuː; -deɪ-/ *s* (*pl* **rendezvous** /-vuːz/) **1** encontro **2** local de encontro

renew /rɪˈnuː; *GB* rɪˈnjuː/ *vt* **1** renovar **2** retomar, reatar **3** reafirmar **renewable** *adj* renovável **renewal** *s* renovação

renounce /rɪˈnaʊns/ *vt* (*formal*) renunciar a: *He renounced his right to be king.* Ele renunciou ao seu direito ao trono.

renovate /ˈrenəveɪt/ *vt* restaurar **renovation** *s* reforma (*em edifícios, etc.*)

renowned /rɪˈnaʊnd/ *adj* **~ (as/for sth)** famoso (como/por algo)

rent /rent/ *substantivo, verbo*
▸ *s* aluguel **LOC for rent** aluga(m)-se ➲ *Ver nota em* ALUGAR
▸ *vt* **1 ~ sth (from sb)** alugar algo (de alguém): *I rent a garage from a neighbor.* Alugo a garagem de um vizinho. **2 ~ sth (out) (to sb)** (*GB tb* **let sth (to sb)**) alugar algo (a alguém): *We rented out the house to some students.* Alugamos a nossa casa a uns estudantes. **rental** *s* aluguel (*carros, vídeos, etc.*)

reorganize (*GB tb* **-ise**) /riˈɔːrgənaɪz/ *vt, vi* reorganizar(-se)

rep /rep/ *s Ver* SALES REPRESENTATIVE

repair /rɪˈper/ *verbo, substantivo*
▸ *vt* **1** consertar **2** remediar
▸ *s* reparo: *It's beyond repair.* Não tem conserto. **LOC in a good state of/in good repair** (*formal*) em bom estado de conservação

repay /rɪˈpeɪ/ *vt* (*pt, pp* **repaid**) **1** (*dinheiro, favor*) devolver **2** (*pessoa*) reembolsar **3** (*empréstimo, dívida*) pagar **4** (*cortesia*) retribuir **repayment** *s* **1** reembolso, devolução **2** (*quantidade*) pagamento

repeat /rɪˈpiːt/ *verbo, substantivo*
▸ *v* **1** *vt, vi* repetir(-se) **2** *vt* (*confidência*) contar
▸ *s* repetição

repeated /rɪˈpiːtɪd/ *adj* **1** repetido **2** reiterado **repeatedly** *adv* repetidamente, em repetidas ocasiões

repel /rɪˈpel/ *vt* (**-ll-**) **1** (*formal*) repelir **2** repugnar

repellent /rɪˈpelənt/ *adjetivo, substantivo*
▸ *adj* **~ (to sb)** (*formal*) repelente (para alguém)
▸ *s* (*tb* ˈ**insect repellent**) repelente

repent /rɪˈpent/ *vt, vi* **~ (of) sth** arrepender-se de algo **repentance** *s* arrependimento

repercussion /ˌriːpərˈkʌʃn/ *s* [*ger pl*] repercussão

repertoire /ˈrepərtwɑːr/ *s* repertório (*de um músico, ator, etc.*)

repetition /ˌrepəˈtɪʃn/ *s* repetição **repetitive** /rɪˈpetətɪv/ *adj* repetitivo

replace /rɪˈpleɪs/ *vt* **1 ~ sb/sth (with sb/sth)** substituir alguém/algo (por alguém/algo) **2** trocar: *to replace a broken window* trocar o vidro quebrado de uma janela **3** repor **replacement** *s* **1** substituição, troca **2** (*pessoa*) substituto, -a **3** (*peça*) reposição

replay /ˈriːpleɪ/ *s* **1** partida de desempate **2** (*TV*) repetição: *instant replay* replay instantâneo

replenish /rɪˈplenɪʃ/ *vt* **~ sth (with sth)** (*formal*) reabastecer algo (com algo)

reply /rɪˈplaɪ/ *verbo, substantivo*
▸ *vi* (*pt, pp* **replied**) responder, replicar
▸ *s* (*pl* **replies**) resposta, réplica

report /rɪˈpɔːrt/ *verbo, substantivo*
▸ *v* **1** *vt* informar sobre, comunicar **2** *vi* **~ (on sth)** (*TV, Rádio*) cobrir (algo) **3** *vt* (*crime, culpado*) denunciar **4** *vi* **~ (for sth)** (*trabalho, etc.*) apresentar-se (em/para algo): *to report sick* faltar por motivo de doença **PHR V report to sb** prestar contas a alguém
▸ *s* **1** informação **2** notícia **3** (*Jornalismo*) reportagem **4** (*GB*) (*USA* **reˈport card**) boletim escolar **reportedly** *adv* segundo consta **reporter** *s* repórter

represent /ˌreprɪˈzent/ *vt* **1** representar **2** descrever **representation** *s* representação

representative /ˌreprɪˈzentətɪv/ *adjetivo, substantivo*
▸ *adj* representativo

R

▸ *s* **1** representante **2 Representative** (*abrev* **Rep.**) (*USA*) (*Pol*) deputado, -a ➲ *Ver nota em* CONGRESS

repress /rɪˈpres/ *vt* **1** reprimir **2** conter **repression** *s* repressão **repressive** *adj* repressor

reprieve /rɪˈpriːv/ *s* **1** suspensão temporária de uma pena **2** (*fig*) adiamento

reprimand /ˈreprɪmænd; *GB* -mɑːnd/ *verbo, substantivo*
▸ *vt* ~ **sb (for sth)** (*formal*) repreender alguém (por algo)
▸ *s* (*formal*) reprimenda

reprisal /rɪˈpraɪzl/ *s* represália

reproach /rɪˈproʊtʃ/ *verbo, substantivo*
▸ *vt* ~ **sb (for/with sth)** (*formal*) repreender alguém (por algo)
▸ *s* (*formal*) repreensão LOC **above/beyond reproach** irrepreensível

⚷ **reproduce** /ˌriːprəˈduːs; *GB* -ˈdjuːs/ *vt, vi* reproduzir(-se) **reproduction** /ˌriːprəˈdʌkʃn/ *s* reprodução **reproductive** *adj* reprodutivo

reptile /ˈreptl; -taɪl/ *s* réptil

republic /rɪˈpʌblɪk/ *s* república **republican** *adj, s* **1** republicano, -a **2 Republican** (*abrev* **Rep., R**) (*USA*) (*Pol*) republicano, -a **3 Republican** (*GB*) (*Pol*) partidário, -a de uma Irlanda unificada

repugnant /rɪˈpʌgnənt/ *adj* (*formal*) repugnante

repulsive /rɪˈpʌlsɪv/ *adj* repulsivo

reputable /ˈrepjətəbl/ *adj* **1** (*pessoa*) de boa reputação, respeitado **2** (*empresa*) conceituado

⚷ **reputation** /ˌrepjuˈteɪʃn/ *s* ~ **(for sth/doing sth)** reputação, fama (de algo/fazer algo)

repute /rɪˈpjuːt/ *s* (*formal*) reputação, fama **reputed** *adj* segundo consta: *He is reputed to be…* Ele é tido como…/ Dizem que é… **reputedly** *adv* segundo consta

⚷ **request** /rɪˈkwest/ *substantivo, verbo*
▸ *s* ~ **(for sth)** pedido, solicitação (de algo): *to make a request for sth* pedir algo
▸ *vt* ~ **sth (from sb)** (*formal*) solicitar algo (a/de alguém): *We request that passengers remain seated.* Solicitamos aos passageiros que permaneçam sentados. ❶ A expresão mais comum é **ask for sth**.

⚷ **require** /rɪˈkwaɪər/ *vt* (*formal*) **1** requerer **2** necessitar ❶ A palavra mais comum é **need**. **3** ~ **sb to do sth** exigir de alguém que faça algo

⚷ **requirement** /rɪˈkwaɪərmənt/ *s* **1** necessidade **2** requisito

resat *pt, pp de* RESIT

⚷ **rescue** /ˈreskjuː/ *verbo, substantivo*
▸ *vt* ~ **sb/sth (from sb/sth)** resgatar, salvar alguém/algo (de alguém/algo)
▸ *s* resgate, salvamento: *rescue operation/team* operação/equipe de resgate LOC **come/go to sb's rescue** socorrer alguém **rescuer** *s* salvador, -ora

⚷ **research** *substantivo, verbo*
▸ *s* /rɪˈsɜːrtʃ; ˈriːsɜːrtʃ/ [*não contável*] ~ **(into/on sth/sb)** pesquisa (sobre algo/alguém)
▸ *vt, vi* /rɪˈsɜːrtʃ/ ~ **(into/in/on) sth** pesquisar (sobre) algo **researcher** *s* investigador, -ora; pesquisador, -ora

resemble /rɪˈzembl/ *vt* parecer(-se) com **resemblance** *s* semelhança LOC *Ver* BEAR

resent /rɪˈzent/ *vt* ressentir(-se) de/com **resentful** *adj* **1** ~ **(of/at/about sth)** ressentido (com algo) **2** (*olhar, etc.*) de ressentimento **resentment** *s* ressentimento

⚷ **reservation** /ˌrezərˈveɪʃn/ *s* **1** reserva **2** (*dúvida*) reserva: *I have reservations on that subject.* Tenho algumas reservas sobre esse assunto.

⚷ **reserve** /rɪˈzɜːrv/ *verbo, substantivo*
▸ *vt* **1** reservar **2** (*direito*) reservar-se
▸ *s* **1** reserva(s) **2** (*área protegida*) reserva: *game/nature reserve* reserva de caça/natural **3 reserves** [*pl*] (*Mil*) reservistas LOC **in reserve** de reserva **reserved** *adj* reservado

reservoir /ˈrezərvwɑːr/ *s* **1** reservatório **2** (*formal*) (*fig*) acúmulo, grande quantidade

reshuffle /ˌriːˈʃʌfl/ *s* remanejamento (*de governo*)

reside /rɪˈzaɪd/ *vi* (*formal*) residir

residence /ˈrezɪdəns/ *s* (*formal*) **1** residência (*esp oficial*); mansão **2** [*não contável*] residência: *residence hall* residência de estudantes universitários

⚷ **resident** /ˈrezɪdənt/ *substantivo, adjetivo*
▸ *s* **1** residente **2** (*hotel*) hóspede
▸ *adj* residente: *to be resident abroad* residir no exterior **residential** /ˌrezɪˈdenʃl/ *adj* **1** (*zona*) residencial **2** (*curso, etc.*) com alojamento incluído

residue /ˈrezɪduː; *GB* -djuː/ *s* resíduo

resign /rɪˈzaɪn/ **1** *vi* ~ **(from/as sth)** demitir-se de algo **2** *vt* renunciar a PHR V **resign yourself to sth** resignar-se a algo **resignation** /ˌrezɪgˈneɪʃn/ *s* **1** demissão **2** resignação

resilient /rɪˈzɪliənt/ *adj* **1** (*material*) elástico **2** (*pessoa*) resistente **resilience** *s*

R

1 elasticidade **2** resistência, capacidade de recuperação

⚿ **resist** /rɪˈzɪst/ **1** *vt, vi* resistir (a): *I had to buy it, I couldn't resist it.* Tive que comprar, não consegui resistir. **2** *vt (pressão, reforma)* opor-se, opor resistência a

⚿ **resistance** /rɪˈzɪstəns/ *s* ~ **(to sb/sth)** resistência (a alguém/algo): *He didn't put up/offer much resistance.* Ele não demonstrou/ofereceu muita resistência. ◇ *the body's resistance to diseases* a resistência do organismo às doenças **resistant** *adj* ~ **(to sth)** resistente (a algo)

resit *verbo, substantivo*
▸ *vt* /ˌriːˈsɪt/ (*pt, pp* **resat** /-ˈsæt/; *part pres* **resitting**) *(GB)* (*USA* **retake**) refazer *(exames, provas, etc.)*
▸ *s* /ˈriːsɪt/ *(GB)* (*USA* **retake**) *(Educ)* exame/prova de recuperação

resolute /ˈrezəluːt/ *adj* resoluto, decidido ❶ A palavra mais comum é **determined**. **resolutely** *adv* **1** com determinação **2** resolutamente

resolution /ˌrezəˈluːʃn/ *s* **1** resolução **2** propósito: *New Year's resolutions* resoluções de Ano-Novo

⚿ **resolve** /rɪˈzɑːlv/ *(formal)* **1** *vt (disputa, crise, etc.)* resolver **2** *vi* ~ **to do sth** resolver(-se) a fazer algo **3** *vi* decidir: *The senate resolved that...* O Senado decidiu que...

⚿ **resort** /rɪˈzɔːrt/ *substantivo, verbo*
▸ *s*: *a coastal resort* um centro turístico à beira-mar ◇ *a ski resort* uma estação de esqui LOC *Ver* LAST
▸ *v* PHR V **resort to sth** recorrer a algo: *to resort to violence* recorrer à violência

resounding /rɪˈzaʊndɪŋ/ *adj* ressoante: *a resounding success* um sucesso retumbante

⚿ **resource** /ˈriːsɔːrs; *GB* rɪˈsɔːs/ *s* recurso **resourceful** /rɪˈsɔːrsfl/ *adj* de recursos, desembaraçado: *She is very resourceful.* Ela é muito desembaraçada.

⚿ **respect** /rɪˈspekt/ *substantivo, verbo*
▸ *s* **1** ~ **(for sb/sth)** respeito, consideração (por alguém/algo) **2** sentido: *in this respect* neste sentido LOC **with respect to sth** *(formal)* com respeito a algo
▸ *vt* ~ **sb/sth (for sth)** respeitar alguém/algo (por algo) **respectful** *adj* respeitoso

respectable /rɪˈspektəbl/ *adj* **1** respeitável, decente **2** *(resultado, quantidade)* considerável

respective /rɪˈspektɪv/ *adj* respectivo: *They all got on with their respective jobs.* Todos se dedicaram aos respectivos trabalhos.

respite /ˈrespɪt; *GB* -spaɪt/ *s* **1** pausa **2** trégua

⚿ **respond** /rɪˈspɑːnd/ *vi* **1** *(formal)* responder: *I wrote to them last week but they haven't responded.* Escrevi a eles na semana passada, mas não responderam. ❶ Neste sentido, **answer** e **reply** são palavras mais comuns. **2** ~ **(to sth)** reagir (a algo): *The patient is responding to treatment.* O paciente está reagindo ao tratamento.

⚿ **response** /rɪˈspɑːns/ *s* ~ **(to sb/sth)** **1** resposta (a alguém/algo): *In response to your inquiry...* Em resposta à sua pergunta... **2** reação (a alguém/algo)

⚿ **responsibility** /rɪˌspɑːnsəˈbɪləti/ *s* (*pl* **responsibilities**) ~ **(for sth/sb)**; ~ **(to/toward sb)** responsabilidade (por algo/alguém); responsabilidade (perante alguém): *to take full responsibility for sb/sth* assumir toda a responsabilidade por alguém/algo

⚿ **responsible** /rɪˈspɑːnsəbl/ *adj* ~ **(for sb/sth/doing sth)**; ~ **(to sb/sth)** responsável (por alguém/algo/fazer algo); responsável (por/perante alguém/algo): *She's responsible for five patients.* Ela é responsável por cinco pacientes. ◇ *to act in a responsible way* agir de maneira responsável

responsive /rɪˈspɑːnsɪv/ *adj* **1** ~ **(to sth/sb)** sensível (a algo/alguém): *Companies have to be responsive to the market.* As empresas precisam reagir aos movimentos do mercado. **2** receptivo: *a responsive audience* um público receptivo

⚿ **rest** /rest/ *verbo, substantivo*
▸ *v* **1** *vt, vi* descansar **2** *vt, vi* ~ **(sth) on/against sth** apoiar algo; apoiar-se em/contra algo **3** *vi*: *to let the matter rest* encerrar o assunto
▸ *s* **1** *[sing]* **the** ~ **(of sth)** o resto (de algo) **2 the rest** *[pl]* os/as demais, os outros, as outras: *the rest of the players* os outros jogadores **3** descanso: *to have a rest/get some rest* descansar LOC **at rest** em repouso ◆ **come to (a) rest** parar *Ver tb* MIND

⚿ **restaurant** /ˈrestrɑːnt; -stərɑːnt/ *s* restaurante

restful /ˈrestfl/ *adj* tranquilo, sossegado

restless /ˈrestləs/ *adj* **1** inquieto: *to become/get restless* ficar impaciente **2** agitado **3**: *to have a restless night* ter/passar uma noite agitada

restoration /ˌrestəˈreɪʃn/ *s* **1** devolução **2** restauração **3** restabelecimento

⚿ **restore** /rɪˈstɔːr/ *vt* **1** *(ordem, paz, etc.)* restabelecer **2** ~ **sb/sth to sth** *(condição anterior)* devolver alguém/algo a algo **3** *(edifício, obra de arte)* restaurar

R

4 ~ **sth (to sb/sth)** *(formal)* restituir algo (a alguém/algo)

restrain /rɪˈstreɪn/ *vt* **1** ~ **sb/sth (from sth/doing sth)** impedir alguém/algo (de fazer algo) **2** *(pessoa, inflação, etc.)* conter **3** ~ **yourself** controlar-se **restrained** *adj* moderado, comedido

restraint /rɪˈstreɪnt/ *s* **1** *[ger pl]* ~ **(on sb/sth)** restrição (de/a alguém/algo) **2** compostura **3** comedimento

⚷ **restrict** /rɪˈstrɪkt/ *vt* restringir

⚷ **restricted** /rɪˈstrɪktɪd/ *adj* ~ **(to sth)** restrito (a algo)

⚷ **restriction** /rɪˈstrɪkʃn/ *s* restrição

restrictive /rɪˈstrɪktɪv/ *adj* restritivo

restroom /ˈrestruːm; -rʊm/ *s* banheiro (público) ➲ *Ver nota em* BATHROOM

⚷ **result** /rɪˈzʌlt/ *substantivo, verbo*
▸ *s* resultado: *As a result of...* Em resultado de...
▸ *vi* ~ **(from sth)** resultar, originar-se (de algo) PHR V **result in sth** resultar em algo

resume /rɪˈzuːm; *GB* rɪˈzjuːm/ *(formal)* **1** *vt, vi* reatar **2** *vt* recuperar, retomar **resumption** /rɪˈzʌmpʃn/ *s (formal)* reatamento, retomada

résumé *(tb* **resume***)* /ˈrezəmeɪ; *GB* -zjumeɪ/ *(GB* **CV, curriculum vitae***)* *s* currículo, histórico profissional

resurgence /rɪˈsɜːrdʒəns/ *s* ressurgimento

resurrect /ˌrezəˈrekt/ *vt* **1** ressuscitar **2** *(tradição, etc.)* reavivar **resurrection** *s* ressurreição

resuscitate /rɪˈsʌsɪteɪt/ *vt* reanimar **resuscitation** *s* reanimação

retail /ˈriːteɪl/ *substantivo, verbo*
▸ *s* varejo: *retail price* preço de venda ao público
▸ *vt, vi* vender(-se) a varejo **retailer** *s* varejista

ˌretail ˈtherapy *s [não contável] (ger hum)* terapia do consumo

⚷ **retain** /rɪˈteɪn/ *vt (formal)* **1** ficar com **2** conservar **3** reter: *I find it difficult to retain so much new vocabulary.* Acho difícil reter na memória tanto vocabulário novo.

retake *verbo, substantivo*
▸ *vt* /ˌriːˈteɪk/ *(pt* **retook** /-ˈtʊk/, *pp* **retaken** /-ˈteɪkən/*)* **1** retomar, tomar de volta **2** refazer *(exames, provas, etc.)*
▸ *s* /ˈriːteɪk/ exame/prova de recuperação

retaliate /rɪˈtælieɪt/ *vi* ~ **(against sb/sth)** vingar-se (de alguém/algo); retaliar (alguém/algo) **retaliation** *s* ~ **(against sb/sth)**; ~ **(for sth)** represália (contra alguém/algo); represália (por algo)

retarded /rɪˈtɑːrdɪd/ *adj (antiq, pej)* retardado ➲ *Ver nota em* RETARDADO

retch /retʃ/ *vi* ter ânsia de vômito

retention /rɪˈtenʃn/ *s (formal)* retenção

rethink /ˌriːˈθɪŋk/ *vt (pt, pp* **rethought** /-ˈθɔːt/*)* reconsiderar

reticent /ˈretɪsnt/ *adj* ~ **(about sth)** reticente (sobre algo) **reticence** *s (formal)* reticência

⚷ **retire** /rɪˈtaɪər/ *vi* **1** ~ **(from sth)** aposentar-se (de algo) **2** *(formal)* ir deitar-se

⚷ **retired** /rɪˈtaɪərd/ *adj* aposentado

⚷ **retirement** /rɪˈtaɪərmənt/ *s* aposentadoria, retiro: *retirement home* lar de assistência

retiring *adj* **1** retraído **2** prestes a reformar-se

retook *pt de* RETAKE

retort /rɪˈtɔːrt/ *substantivo, verbo*
▸ *s* réplica, contestação
▸ *vt* replicar

retrace /rɪˈtreɪs/ *vt*: *to retrace your steps* refazer o mesmo caminho

retract /rɪˈtrækt/ **1** *vt (formal) (declaração)* retratar **2** *vt (formal)* recuar em *(promessa, etc.)* **3** *vt, vi (garra, unha, etc.)* retrair(-se)

retreat /rɪˈtriːt/ *verbo, substantivo*
▸ *vi* bater em retirada, retirar-se
▸ *s* **1** retirada **2** retiro **3** refúgio

retrial /ˌriːˈtraɪəl/ *s* novo julgamento

retribution /ˌretrɪˈbjuːʃn/ *s (formal)* **1** castigo merecido **2** vingança

retrieval /rɪˈtriːvl/ *s (formal)* recuperação

retrieve /rɪˈtriːv/ *vt* **1** *(formal)* recobrar **2** *(Informát)* acessar **3** *(cão de caça)* buscar *(a presa abatida)* **retriever** *s* perdigueiro

retro /ˈretroʊ/ *adj* retrô

retrograde /ˈretrəgreɪd/ *adj (formal, pej)* retrógrado

retrospect /ˈretrəspekt/ *s* LOC **in retrospect** em retrospectiva

retrospective /ˌretrəˈspektɪv/ *adjetivo, substantivo*
▸ *adj* **1** retrospectivo **2** retroativo
▸ *s* exposição retrospectiva

⚷ **return** /rɪˈtɜːrn/ *verbo, substantivo*
▸ *v* **1** *vi* voltar, regressar **2** *vt* devolver, retornar **3** *vi (sintoma)* reaparecer **4** *vt (formal)* declarar: *The jury returned a verdict of not guilty.* O júri proferiu um veredicto de inocência. **5** *vt (GB) (Pol)* eleger
▸ *s* **1** volta, retorno: *on my return* na minha volta ◇ *on the return journey* na viagem de volta **2** *[sing]* ~ **to sth** retorno a algo **3** reaparecimento **4** devolução **5** declaração: *(income) tax return*

R

declaração de renda **6** ~ **(on sth)** rendimento (de algo) **7** *(GB)* *(tb* **re,turn 'ticket***)* *(USA* **round-trip ticket***)* passagem de ida e volta ➲ *Comparar com* SINGLE LOC **in return (for sth)** em troca (de algo)

returnable /rɪ'tɜːrnəbl/ *adj* **1** *(formal)* *(dinheiro)* reembolsável **2** *(vasilhame)* restituível

retweet *verbo, substantivo*
▸ *vt* /ˌriː'twiːt/ retuitar
▸ *s* /'riːtwiːt/ retuíte

reunion /ˌriː'juːniən/ *s* reunião, reencontro

reunite /ˌriːjuː'naɪt/ *vt, vi* **1** reunir(-se), reencontrar(-se) **2** reconciliar(-se)

reuse *substantivo, verbo*
▸ *s* /ˌriː'juːs/ reaproveitamento
▸ *vt* /ˌriː'juːz/ reutilizar **reusable** /ˌriː'juːzəbl/ *adj* reutilizável

rev /rev/ *substantivo, verbo*
▸ *s* *(coloq)* rotação *(de motor)*
▸ *v* (-vv-) PHR V **rev (sth) up** acelerar (algo)

revalue /ˌriː'væljuː/ *vt* **1** *(propriedade, etc.)* reavaliar **2** *(moeda)* revalorizar **revaluation** *s* **1** reavaliação **2** revalorização

revamp *verbo, substantivo*
▸ *vt* /ˌriː'væmp/ modernizar
▸ *s* /'riːvæmp/ *[sing]* renovação

reveal /rɪ'viːl/ *vt* **1** *(segredos, dados, etc.)* revelar **2** mostrar, expor **revealing** *adj* **1** revelador **2** *(roupa)* ousado

revel /'revl/ *vi* (-l- *(GB* -ll-*))* PHR V **revel in sth** deleitar-se com algo/em fazer algo

revelation /ˌrevə'leɪʃn/ *s* revelação

revenge /rɪ'vendʒ/ *substantivo, verbo*
▸ *s* vingança LOC **take (your) revenge (on sb)** vingar-se (de alguém)
▸ *v* PHR V **revenge yourself on sb; be revenged on sb** *(formal)* vingar-se de alguém

revenue /'revənuː; *GB* -njuː/ *s [não contável]* receita: *a source of government revenue* uma fonte de rendimentos do governo

reverberate /rɪ'vɜːrbəreɪt/ *vi* **1** ecoar **2** *(formal)* *(fig)* ter repercussões **reverberation** *s* **1** *[ger pl]* reverberação **2 reverberations** *[pl]* *(fig)* repercussões

revere /rɪ'vɪr/ *vt* *(formal)* venerar

reverence /'revərəns/ *s* *(formal)* reverência *(veneração)*

reverend /'revərənd/ *adj* *(abrev* **Rev.***)* reverendo

reverent /'revərənt/ *adj* *(formal)* reverente

reversal /rɪ'vɜːrsl/ *s* **1** mudança *(de política, decisão, etc.)* **2** *(sorte, fortuna)* revés **3** *(Jur)* anulação **4** *(de papéis)* inversão

reverse /rɪ'vɜːrs/ *substantivo, verbo*
▸ *s* **1 the reverse** *[sing]* o contrário: *quite the reverse* exatamente o oposto **2** reverso **3** *(papel)* verso **4** *(tb* **re,verse 'gear***)* marcha à ré
▸ *v* **1** *vt* inverter **2** *vt, vi* pôr em/ir em marcha à ré **3** *vt* *(decisão)* anular LOC **reverse (the) charges** *(GB)* *(USA* **call collect***)* telefonar a cobrar

reversible /rɪ'vɜːrsəbl/ *adj* reversível

revert /rɪ'vɜːrt/ *vi* **1** ~ **to sth** reverter a algo *(estado, assunto, etc. anterior)* **2** ~ **(to sb/sth)** *(propriedade, etc.)* reverter (a alguém/algo)

review /rɪ'vjuː/ *substantivo, verbo*
▸ *s* **1** exame, revisão **2** informe **3** crítica *(de cinema, etc.)*, resenha **4** *(GB* **revision***)* revisão *(para prova)*
▸ *v* **1** *vt* reconsiderar **2** *vt* examinar **3** *vt* *(Jornalismo)* fazer uma crítica de **4** *vt, vi* *(GB* **revise***)* rever, fazer uma revisão: *to review for a test* estudar para uma prova **reviewer** *s* crítico, -a

revise /rɪ'vaɪz/ **1** *vt* rever **2** *vt* corrigir **3** *vt, vi* *(GB)* *Ver* REVIEW

revision /rɪ'vɪʒn/ *s* **1** revisão **2** correção **3** *[não contável]* *(GB)* *(USA* **review***)* revisão *(para prova)*: *to do some revision* estudar

revival /rɪ'vaɪvl/ *s* **1** restabelecimento **2** *(moda)* ressurgimento, resgate **3** *(Teat)* reapresentação

revive /rɪ'vaɪv/ **1** *vt, vi* *(doente)* reanimar(-se) **2** *vt* *(debate, etc.)* reavivar **3** *vt, vi* *(economia)* reativar(-se) **4** *vt* *(Teat)* reapresentar

revoke /rɪ'voʊk/ *vt* *(formal)* revogar

revolt /rɪ'voʊlt/ *verbo, substantivo*
▸ *v* **1** *vi* ~ **(against sb/sth)** revoltar-se, rebelar-se (contra alguém/algo) **2** *vt* repugnar, dar nojo a: *The smell revolted him.* O cheiro lhe dava nojo.
▸ *s* revolta, rebelião

revolting /rɪ'voʊltɪŋ/ *adj* repugnante

revolution /ˌrevə'luːʃn/ *s* revolução **revolutionary** /ˌrevə'luːʃəneri; *GB* -nəri/ *adj, s* *(pl* **revolutionaries***)* revolucionário, -a **revolutionize** *(GB tb* **-ise***)* *vt* revolucionar

revolve /rɪ'vɑːlv/ *vt, vi* (fazer) girar PHR V **revolve around sb/sth** *(GB tb* **revolve round sb/sth***)* girar ao redor de alguém/algo

revolver /rɪ'vɑːlvər/ *s* revólver

revulsion /rɪ'vʌlʃn/ *s* *(formal)* repugnância

reward /rɪ'wɔːrd/ *substantivo, verbo*
▸ *s* recompensa, prêmio
▸ *vt* ~ **sb (for sth)** recompensar alguém (por algo) **rewarding** *adj* gratificante

R

rewind /ˌriːˈwaɪnd/ *vt* (*pt, pp* **rewound** /-ˈwaʊnd/) rebobinar

rewrite /ˌriːˈraɪt/ *vt* (*pt* **rewrote** /-ˈroʊt/, *pp* **rewritten** /-ˈrɪtn/) reescrever

rhetoric /ˈretərɪk/ *s* (*formal*) retórica

rheumatism /ˈruːmətɪzəm/ *s* reumatismo

rhino /ˈraɪnoʊ/ *s* (*pl* **rhinos**) (*coloq*) rinoceronte

rhinoceros /raɪˈnɑːsərəs/ *s* (*pl* **rhinoceros** *ou* **rhinoceroses**) rinoceronte

rhubarb /ˈruːbɑːrb/ *s* ruibarbo

rhyme /raɪm/ *substantivo, verbo*
▸ *s* **1** rima **2** (*poema*) verso *Ver tb* NURSERY RHYME
▸ *vt, vi* ~ **(with sth)** rimar (com algo)

⚷ **rhythm** /ˈrɪðəm/ *s* ritmo

rib /rɪb/ *s* costela

ribbon /ˈrɪbən/ *s* laço LOC **cut, tear, etc. sth to ribbons** cortar algo em tiras

ˈ**rib cage** *s* caixa torácica

⚷ **rice** /raɪs/ *s* arroz: *brown rice* arroz integral ◇ *rice pudding* arroz-doce ◇ *rice field* arrozal

⚷ **rich** /rɪtʃ/ *adjetivo, substantivo*
▸ *adj* (**richer, -est**) **1** rico: *to become/get rich* enriquecer ◇ *to be rich in sth* ser rico em algo **2** (*luxuoso*) suntuoso **3** (*terra*) fértil **4** (*comida*) pesado, enjoativo
▸ *s* **the rich** [*pl*] os ricos **riches** *s* [*pl*] riqueza(s)

richly /ˈrɪtʃli/ *adv* LOC **richly deserve sth** merecer muito algo

rickety /ˈrɪkəti/ *adj* **1** (*estrutura*) desconjuntado **2** (*móvel*) bambo

ricochet /ˈrɪkəʃeɪ; *GB tb* -ʃet/ *vi* (*pt, pp* **ricocheted** /-ʃeɪd/) ~ **(off sth)** ricochetear (em algo)

⚷ **rid** /rɪd/ *vt* (*pt, pp* **rid**; *part pres* **ridding**) ~ **sb/sth of sb/sth** (*formal*) livrar alguém/algo de alguém/algo; eliminar algo de algo LOC **get rid of sb/sth** livrar-se de alguém/algo

ridden /ˈrɪdn/ *adj* ~ **with sth** afligido, atormentado por algo *Ver tb* RIDE

riddle /ˈrɪdl/ *substantivo, verbo*
▸ *s* **1** charada, adivinhação **2** mistério, enigma
▸ *vt* crivar (*de balas*) LOC **be riddled with sth** estar cheio/repleto de algo (*indesejável*)

⚷ **ride** /raɪd/ *verbo, substantivo*
▸ *v* (*pt* **rode** /roʊd/, *pp* **ridden** /ˈrɪdn/) **1** *vt* (*cavalo*) montar a **2** *vi* andar a cavalo **3** *vt* (*bicicleta, moto*) andar de: *I usually ride my bike to school.* Eu geralmente vou de bicicleta para a escola. **4** *vi* (*veículo*) viajar/ir de
▸ *s* **1** (*a cavalo*) passeio **2** (*de veículo*) volta: *to go for a ride* dar uma volta **3** (*GB* **lift**) carona: *to give sb a ride* dar uma carona a alguém ◇ *She offered me a ride to the station.* Ela me ofereceu uma carona até a estação. **4** atração (*de parque de diversões*) LOC **take sb for a ride** (*coloq*) (*fig*) dar gato por lebre a alguém

⚷ **rider** /ˈraɪdər/ *s* **1** cavaleiro, -a; amazona **2** ciclista **3** motociclista

ridge /rɪdʒ/ *s* **1** (*montanha*) cume **2** (*telhado*) cumeeira

ridicule /ˈrɪdɪkjuːl/ *substantivo, verbo*
▸ *s* ridículo
▸ *vt* ridicularizar

⚷ **ridiculous** /rɪˈdɪkjələs/ *adj* ridículo, absurdo

riding /ˈraɪdɪŋ/ *s Ver* HORSEBACK RIDING

rife /raɪf/ *adj* **1** ~ **(with sth)** cheio (de algo) (*indesejável*) **2** alastrado, predominante

rifle /ˈraɪfl/ *s* fuzil, espingarda

rift /rɪft/ *s* **1** divisão, distanciamento **2** (*Geog*) fenda

rig /rɪg/ *verbo, substantivo*
▸ *vt* (**-gg-**) manipular PHR V **rig sth up** armar, instalar algo (*de forma improvisada*)
▸ *s* **1** *Ver* OIL RIG **2** (*tb* **rigging** /ˈrɪgɪŋ/) aparelho (*de navio*), enxárcia

⚷ **right** /raɪt/ *adjetivo, advérbio, substantivo, verbo, interjeição*
▸ *adj* **1** (*pé, mão*) direito **2** correto, certo: *You are absolutely right.* Você está absolutamente certo. ◇ *Are these figures right?* Estes números estão corretos? **3** adequado, correto: *Is this the right color for the curtains?* Esta é a cor adequada para as cortinas? **4** (*momento*) oportuno: *It wasn't the right time to say that.* Não era o momento oportuno para dizer aquilo. **5** justo: *It's not right to pay people so badly.* Não é justo pagar tão mal às pessoas. ◇ *He was right to do that.* Ele agiu certo ao fazer isso. **6** (*GB, coloq, ger pej*) completo: *a right fool* um perfeito idiota *Ver tb* ALL RIGHT LOC **get sth right 1** acertar, fazer algo bem **2** entender algo direito ◆ **put/set sb/sth right** corrigir alguém/algo, consertar algo *Ver tb* CUE, PRIORITY, SIDE, TRACK
▸ *adv* **1** à direita: *to turn right* virar à direita **2** bem, corretamente, direito: *Have I spelled your name right?* Escrevi direito o seu nome? **3** exatamente: *right beside you* exatamente ao seu lado **4** completamente: *right to the end* até o final **5** (*coloq*) imediatamente: *I'll be right back.* Volto num instante. LOC **right away** imediatamente ◆ **right now** agora mesmo *Ver tb* CARD, SERVE
▸ *s* **1** direita: *on the right* à direita

R

2 certo: *right and wrong* o certo e o errado **3** ~ **(to sth/to do sth)** direito (a algo/de fazer algo): *human rights* direitos humanos **4 the Right** (*Pol*) a direita **LOC be in the right** ter razão ♦ **by rights 1** de direito **2** em teoria ♦ **in your own right** por direito próprio
▸ *vt* **1** endireitar **2** corrigir
▸ *interj* (*GB*, *coloq*) **1** certo, está bem **2 right?** certo?: *That's ten dollars each, right?* São dez dólares cada, certo?

ˈ**right angle** *s* ângulo reto

ˌ**right-ˈclick** *vt, vi* ~ **sth**; ~ **(on sth)** clicar (algo/em algo) com o botão direito do mouse

righteous /ˈraɪtʃəs/ *adj* (*formal*) **1** (*pessoa*) justo, honrado **2** (*indignação*) justificado

rightful /ˈraɪtfl/ *adj* [*antes do substantivo*] (*formal*) legítimo: *the rightful heir* o herdeiro legítimo

ˈ**right-hand** *adj* [*antes do substantivo*] direito, da direita: *on the right-hand side* do lado direito **LOC right-hand man** braço direito

ˌ**right-ˈhanded** *adj* destro

🔑 **rightly** /ˈraɪtli/ *adv* corretamente, justificadamente: *rightly or wrongly* pelo certo ou pelo errado

ˌ**right ˈwing** *s* (*Pol*) direita ˌ**right-ˈwing** *adj* de direita, direitista

rigid /ˈrɪdʒɪd/ *adj* **1** rígido **2** (*atitude*) inflexível

rigor (*GB* **rigour**) /ˈrɪɡər/ *s* rigor **rigorous** *adj* rigoroso

rim /rɪm/ *s* **1** borda **2** (*óculos, roda, etc.*) aro

rind /raɪnd/ *s* **1** casca (*de queijo, limão*) ➲ *Ver nota em* PEEL **2** pele (*de bacon*)

🔑 **ring**[1] /rɪŋ/ *substantivo, verbo*
▸ *s* **1** anel: *nose ring* piercing de argola para o nariz **2** aro **3** círculo **4** (*tb* ˈ**boxing ring**) ringue **5** (*tb* ˈ**circus ring**) picadeiro (*de circo*)
▸ *vt* (*pt, pp* **ringed**) **1** ~ **sb/sth (with sth)** rodear alguém/algo (de algo) **2** (*esp pássaro*) pôr anel em

🔑 **ring**[2] /rɪŋ/ *verbo, substantivo*
▸ *v* (*pt* **rang** /ræŋ/, *pp* **rung** /rʌŋ/) **1** *vi* soar **2** *vt* (*campainha*) tocar **3** *vi* ~ **(for sb/sth)** chamar (alguém/algo) **4** *vi* (*ouvidos*) zumbir **5** *vt, vi* (*GB*) (*USA* **call**) ~ **(sb/sth) (up)** telefonar (para alguém/algo) **LOC ring a bell** (*coloq*) parecer familiar: *His name rings a bell.* Esse nome não me parece estranho. **PHR V ring (sb) back** (*GB*) (*USA* **call sb back**) ligar de volta (para alguém)
▸ *s* **1** (*campainha*) toque **2** (*sino*) badalada **3** [*sing*] ressonância **LOC give sb a ring** (*GB*, *coloq*) dar uma ligada para alguém

ringleader /ˈrɪŋliːdər/ *s* (*pej*) cabeça (*de uma gangue, etc.*)

ringlet /ˈrɪŋlət/ *s* cacho (*de cabelo*)

ˈ**ring pull** *s* (*GB*) (*USA* ˈ**pull tab, tab**) anel da tampa

ˈ**ring road** *s* (*GB*) (*USA* **beltway**) anel rodoviário

ringtone /ˈrɪŋtoʊn/ *s* campainha (*esp de celular*)

rink /rɪŋk/ *s* **1** (*tb* ˈ**ice rink**) pista (de gelo) **2** (*tb* ˈ**skating rink**) pista (de patinação)

rinse /rɪns/ *verbo, substantivo*
▸ *vt* ~ **sth (out)** enxaguar algo
▸ *s* **1** enxaguada: *I gave the glass a rinse.* Eu dei uma enxaguada no copo. **2** rinsagem

riot /ˈraɪət/ *substantivo, verbo*
▸ *s* distúrbio, motim: *riot police* tropa(s) de choque **LOC run riot** desenfrear-se
▸ *vi* causar distúrbios, amotinar-se
rioter *s* desordeiro, -a **rioting** *s* desordem **riotous** *adj* **1** (*festa*) desenfreado, tumultuado **2** (*formal*) (*Jur*) desordeiro

rip /rɪp/ *verbo, substantivo*
▸ *vt, vi* (**-pp-**) **1** rasgar(-se): *to rip sth open* abrir algo rasgando **2** (*arquivos de som, vídeo*) copiar **PHR V rip sb off** (*coloq*) cobrar uma fortuna de alguém, explorar alguém ♦ **rip sth off/out; rip sth out of sth** arrancar algo (de algo) ♦ **rip sth up** rasgar algo
▸ *s* rasgão

ripe /raɪp/ *adj* (**riper, -est**) **1** (*fruta, queijo*) maduro **2** ~ **(for sth)** pronto (para algo): *The time is ripe for his return.* Está na hora de ele voltar. **ripen** *vt, vi* amadurecer

ˈ**rip-off** *s* (*coloq*) trapaça, exploração

ripple /ˈrɪpl/ *substantivo, verbo*
▸ *s* **1** ondulação, encrespamento **2** ~ **of sth** onda de algo (*riso, aplausos, etc.*)
▸ *vt, vi* ondular(-se)

🔑 **rise** /raɪz/ *verbo, substantivo*
▸ *vi* (*pt* **rose** /roʊz/, *pp* **risen** /ˈrɪzn/) **1** subir **2** ascender (*em posição*) **3** (*formal*) (*pessoa*) levantar-se ❶ Neste sentido, a expressão mais comum é **get up**. **4** (*voz*) erguer **5** (*sol*) nascer **6** (*lua*) surgir **7** ~ **(up) (against sb/sth)** (*formal*) sublevar-se (contra alguém/algo) **8** (*rio*) nascer **9** (*nível de um rio*) subir
▸ *s* **1** [*sing*] subida, ascensão **2** ~ **(in sth)** (*quantidade*) elevação, aumento (de algo) **3** aclive **4** (*GB*) (*USA* **raise**) aumento (*salarial*) *Ver tb* HIGH-RISE **LOC give rise to sth** (*formal*) ocasionar algo

rising /ˈraɪzɪŋ/ *substantivo, adjetivo*
▸ *s* (*Pol*) insurreição
▸ *adj* **1** crescente **2** (*sol*) nascente

R

risk /rɪsk/ *substantivo, verbo*
▸ *s* ~ **(of sth/that…)** risco (de algo/de que…) LOC **at risk** em perigo ◆ **run the risk (of doing sth)** correr o risco (de fazer algo) ◆ **take a risk; take risks** arriscar-se
▸ *vt* **1** arriscar(-se) **2** ~ **doing sth** expor-se, arriscar-se a fazer algo LOC **risk life and limb; risk your neck** arriscar o pescoço **risky** *adj* (riskier, -iest) arriscado

risqué /rɪˈskeɪ; *GB* ˈrɪskeɪ/ *adj* (*comentário, etc.*) apimentado

rite /raɪt/ *s* rito

ritual /ˈrɪtʃuəl/ *substantivo, adjetivo*
▸ *s* ritual, rito
▸ *adj* ritual

rival /ˈraɪvl/ *substantivo, adjetivo, verbo*
▸ *s* ~ **(to sb/sth) (for sth)** rival (de alguém/algo) (para/em algo)
▸ *adj* rival
▸ *vt* (-l- (*GB* -ll-)) ~ **sb/sth (for/in sth)** competir com alguém/algo (em algo) **rivalry** *s* (*pl* rivalries) rivalidade

river /ˈrɪvər/ *s* rio: *river bank* margem do rio ➲ *Ver nota em* RIO

riverside /ˈrɪvərsaɪd/ *s* beira/orla do rio

rivet /ˈrɪvɪt/ *vt* **1** rebitar **2** fascinar: *to be riveted by sth* ficar fascinado por algo **riveting** *adj* fascinante

roach /roʊtʃ/ *s* (*USA, coloq*) barata

road /roʊd/ *s* **1** (*entre cidades*) estrada: *across/over the road* do outro lado da estrada ◇ *road sign* placa de sinalização ◇ *road safety/accident* segurança/acidente de trânsito **2** (*abrev* **Rd.**) (*em cidades*) rua

> Note que **road, street, avenue**, etc. são escritos com inicial maiúscula quando precedidos pelo nome da rua: *Banbury Road* rua Banbury. ➲ *Ver nota em* RUA

LOC **by road** por terra ◆ **on the road 1** na/de estrada **2** em turnê ◆ **on the road to sth** a caminho de algo

roadblock /ˈroʊdblɑːk/ *s* barreira (policial)

ˈ**road map** *s* **1** mapa rodoviário **2** (*fig*) plano de ação

ˈ**road rage** *s* violência no trânsito

roadside /ˈroʊdsaɪd/ *s* [*sing*] beira da estrada: *roadside café* café de beira de estrada

roadway /ˈroʊdweɪ/ *s* pista (*da estrada*)

roadwork /ˈroʊdwɜːrk/ *s* [*não contável*] (*GB* **roadworks** [*pl*]) obras: *The bridge was closed because of roadwork.* A ponte estava fechada, em obras.

roam /roʊm/ **1** *vt* vagar por **2** *vi* vagar, perambular

roaming /ˈroʊmɪŋ/ *s* [*não contável*] (*telefonia móvel*) roaming

roar /rɔːr/ *verbo, substantivo*
▸ *v* **1** *vi* (*leão, etc.*) rugir **2** *vi* berrar: *to roar with laughter* dar gargalhadas **3** *vt* berrar
▸ *s* **1** (*leão, etc.*) rugido **2** estrondo: *roars of laughter* gargalhadas

roaring /ˈrɔːrɪŋ/ *adj* LOC **do a roaring trade (in sth)** fazer um negócio da China (em algo)

roast /roʊst/ *verbo, adjetivo, substantivo*
▸ *v* **1** *vt, vi* (*carne, batatas, etc.*) assar **2** *vt, vi* (*café, etc.*) torrar **3** *vi* (*coloq*) (*pessoa*) tostar-se
▸ *adj, s* assado: *roast beef* rosbife

rob /rɑːb/ *vt* (-bb-) ~ **sb/sth (of sth)** roubar (algo) de alguém/algo

> Os verbos **rob** e **steal** significam *roubar*. **Rob** é utilizado com complementos de pessoa ou lugar: *He robbed me (of all my money).* Ele me roubou (todo o dinheiro). **Steal** é usado quando mencionamos o objeto roubado (de um lugar ou de uma pessoa): *He stole all my money (from me).* Ele roubou todo o meu dinheiro. **Burglarize** (**burgle** na Grã-Bretanha) refere-se a roubos a casas particulares ou lojas, normalmente quando os donos estão fora: *The house was burglarized.* A casa foi roubada.

robber /ˈrɑːbər/ *s* **1** ladrão, ladra **2** (*tb* ˈ**bank robber**) assaltante de banco ➲ *Ver nota em* THIEF

robe /roʊb/ *s* **1** *Ver* BATHROBE **2** (*cerimônia*) toga

robin /ˈrɑːbɪn/ *s* pintarroxo

robot /ˈroʊbɑːt/ *s* robô

robust /roʊˈbʌst/ *adj* robusto, forte

rock /rɑːk/ *substantivo, verbo*
▸ *s* **1** rocha: *rock climbing* alpinismo **2** (*USA*) (*tb* **stone**) pedra **3** (*tb* ˈ**rock music**) (música) rock LOC **on the rocks 1** em crise **2** (*bebida*) com gelo
▸ *v* **1** *vt, vi* balançar(-se) **2** *vt* (*criança*) embalar **3** *vt, vi* abalar, sacudir(-se)

ˌ**rock** ˈ**bottom** *substantivo, adjetivo*
▸ *s* (*coloq*) o ponto mais baixo: *The marriage had reached rock bottom.* O casamento havia chegado ao fundo do poço.
▸ *adj* ˌ**rock-**ˈ**bottom** (*coloq*): *rock-bottom prices* preços baixíssimos

rocket /ˈrɑːkɪt/ *substantivo, verbo*
▸ *s* **1** foguete **2** (*GB*) (*USA* **arugula**) rúcula LOC **it's not rocket science** (*coloq*) não é nada do outro mundo
▸ *vi* (*preços, desemprego, etc.*) disparar

R

ˈ**rocking chair** *s* cadeira de balanço

rocky /ˈrɑːki/ *adj* (**rockier**, **-iest**) **1** rochoso **2** (*situação*) instável

rod /rɑːd/ *s* **1** vareta **2** (*tb* ˈ**fishing rod**) vara (de pescar)

rode *pt de* RIDE

rodent /ˈroʊdnt/ *s* roedor

roe /roʊ/ *s* ovas (*de peixe*)

ROFL (*tb* **ROTFL**) *abrev de* **roll(ing) on the floor laughing** (*coloq*) (*esp em mensagens de texto, etc.*) rolando de tanto rir

rogue /roʊg/ *s* **1** (*hum*) brincalhão, -ona **2** (*antiq*) patife

⚷ **role** /roʊl/ *s* papel: *role model* modelo (a imitar)

ˈ**role-play** *s* encenação (*atividade em que se interpreta diferentes papéis*)

⚷ **roll** /roʊl/ *substantivo, verbo*

▸ *s* **1** rolo **2** (*tb* ˌ**bread** ˈ**roll**) pãozinho ➲ *Ver ilustração em* PÃO **3** (*com recheio*) folheado *Ver tb* SAUSAGE ROLL **4** balanço **5** registro, lista: *The teacher called the roll.* O professor fez a chamada. **6** maço (*de dinheiro*)

▸ *v* **1** *vt, vi* (fazer) rolar **2** *vt, vi* dar voltas (em) **3** *vt, vi* ~ **(sth) (up)** enrolar algo, enrolar-se **4** *vt, vi* ~ **(sth/sb/yourself) (up)** embrulhar algo, embrulhar-se; cobrir alguém **5** *vt* (*massa*) aplainar com um rolo **6** *vt, vi* balançar(-se) LOC **be rolling in it/money** (*coloq*) estar cheio da grana *Ver tb* BALL PHR V **roll in** (*coloq*) chegar em grande quantidade ◆ **roll sth out** estender algo ◆ **roll over** dar voltas ◆ **roll up** (*coloq*) chegar

roller /ˈroʊlər/ *s* **1** rolo **2** bob (*para cabelo*)

Rollerblade® /ˈroʊlərbleɪd/ *substantivo, verbo*

▸ *s* patim de rodas (*em linha*)

▸ *vi* **Rollerblade** patinar

ˈ**roller coaster** *s* montanha-russa

ˈ**roller skate** (*tb* **skate**) *substantivo, verbo*

▸ *s* patim (de roda)

▸ *vi* andar de patins, patinar ˈ**roller skating** *s* patinação (sobre rodas)

rolling /ˈroʊlɪŋ/ *adj* (*paisagem*) ondulado

ˈ**rolling pin** *s* rolo (de massa)

ˈ**roll-out** *s* (*Com*) lançamento (*de um produto*)

ROM /rɑːm/ *s* (*abrev de* **read-only memory**) (*Informát*) memória ROM

romance /ˈroʊmæns; *GB* roʊˈmæns/ *s* **1** romance, caso amoroso: *a holiday romance* um romance de verão **2** romantismo: *the romance of foreign lands* o romantismo das terras estrangeiras **3** história de amor

⚷ **romantic** /roʊˈmæntɪk/ *adj* romântico

romp /rɑːmp/ *vi* ~ **(around/about)** brincar animadamente, traquinar

⚷ **roof** /ruːf/ *s* (*pl* **roofs**) **1** telhado **2** (*carro, etc.*) teto **roofing** *s* [*não contável*] material para telhados

ˈ**roof rack** *s* bagageiro (*de carro*)

rooftop /ˈruːftɑːp/ *s* (cimo do) telhado

rook /rʊk/ *s* **1** gralha **2** (*Xadrez*) torre

rookie /ˈrʊki/ *s* novato, -a

⚷ **room** /ruːm; rʊm/ *s* **1** aposento, quarto, sala **2** lugar: *Is there room for me?* Há lugar para mim? ◇ *It takes up a lot of room.* Ocupa muito espaço. ◇ *room to breathe* espaço para respirar **3**: *There's no room for doubt.* Não há a menor dúvida. ◇ *There is room for improvement.* Há como melhorar.

roommate /ˈruːmmeɪt; ˈrʊm-/ *s* **1** companheiro, -a de quarto **2** (*USA*) (*GB* **flatmate**) companheiro, -a de apartamento

ˈ**room service** *s* serviço de quarto

ˈ**room temperature** *s* temperatura ambiente

roomy /ˈruːmi; ˈrʊmi/ *adj* (**roomier**, **-iest**) espaçoso

roost /ruːst/ *substantivo, verbo*

▸ *s* poleiro

▸ *vi* empoleirar-se

rooster /ˈruːstər/ (*GB tb* **cock**) *s* galo

⚷ **root** /ruːt/ *substantivo, verbo*

▸ *s* **1** raiz **2** base, origem: *the root cause of the problem* a verdadeira origem do problema *Ver tb* GRASS ROOTS, SQUARE ROOT LOC **put down roots** criar raízes

▸ *vi* ~ **(around/about) (for sth)** vasculhar algo (em busca de algo); xeretar algo PHR V **root for sb/sth** (*coloq*) torcer por alguém/algo ◆ **root sth out 1** erradicar algo, arrancar algo pela raiz **2** encontrar algo

ˈ**root beer** *s* refrigerante de gengibre e outras raízes

⚷ **rope** /roʊp/ *substantivo, verbo*

▸ *s* corda: *rope ladder* escada de corda ◇ *jump rope* corda de pular ❶ Na Grã-Bretanha, a *corda de pular* é chamada de **skipping rope**. LOC **show sb/know/learn the ropes** (*coloq*) colocar alguém/estar/ficar por dentro do assunto *Ver tb* END

▸ *v* PHR V **rope sb in (to do sth); rope sb into sth** (*coloq*) persuadir alguém (a fazer algo) ◆ **rope sth off** isolar algo (*com cordas*)

rosary /ˈroʊzəri/ *s* (*pl* **rosaries**) rosário (*prece e contas*)

rose /roʊz/ *s* rosa *Ver tb* RISE

rosé /roʊˈzeɪ; *GB* ˈroʊzeɪ/ *s* (vinho) rosé

R

rosemary /ˈroʊzmeri; *GB* -məri/ *s* alecrim
rosette /roʊˈzet/ *s* roseta
rosy /ˈroʊzi/ *adj* (**rosier, -iest**) **1** rosado **2** (*futuro, imagem, etc.*) cor-de-rosa
rot /rɑːt/ *vt, vi* (**-tt-**) apodrecer
rota /ˈroʊtə/ *s* (*GB*) rodízio (*de tarefas*)
rotary /ˈroʊtəri/ *s* (*pl* **rotaries**) (*GB* **roundabout**) rotatória
rotate /ˈroʊteɪt; *GB* roʊˈteɪt/ **1** *vt, vi* (fazer) girar **2** *vt, vi* alternar(-se) **rotation** *s* **1** rotação **2** alternância LOC **in rotation** por turnos
rotten /ˈrɑːtn/ *adj* **1** podre **2** (*coloq*) péssimo **3** (*coloq*) corrupto
rough /rʌf/ *adjetivo, advérbio, substantivo, verbo*
▸ *adj* (**rougher, -est**) **1** (*superfície*) áspero **2** (*cálculo*) aproximado **3** (*comportamento, bairro, etc.*) violento **4** (*tratamento*) grosseiro **5** (*mar*) agitado **6** (*GB*) mal: *I feel a bit rough.* Não estou me sentindo bem. LOC **be rough (on sb)** (*coloq*) ser duro (com alguém)
▸ *adv* duro
▸ *s* LOC **in rough** (*esp GB*) em rascunho
▸ *vt* LOC **rough it** (*coloq*) passar aperto
roughly /ˈrʌfli/ *adv* **1** aproximadamente **2** asperamente
roulette /ruːˈlet/ *s* roleta
round /raʊnd/ *adjetivo, advérbio, preposição, substantivo, verbo* ❶ Para o uso de **round** em PHRASAL VERBS, ver os verbetes dos verbos correspondentes, p.ex. **come round** em COME.
▸ *adj* (**rounder, -est**) redondo
▸ *adv* (*esp GB*) *Ver* AROUND: *all year round* o ano inteiro ◇ *a shorter way round* um caminho mais curto ◇ *round at Maria's* na casa de Maria LOC **round about 1** nos arredores: *the houses round about* as casas da vizinhança **2** (*aproximadamente*) por volta de
▸ *prep* (*esp GB*) *Ver* AROUND
▸ *s* **1** ciclo: *a round of talks* um ciclo de palestras **2** percurso (*do carteiro*) **3** (*de médico, enfermeira*) visita **4** rodada (*de bebidas*): *It's my round.* Esta rodada é por minha conta. **5** (*Esporte*) partida, rodada **6** (*Boxe*) assalto **7**: *a round of applause* uma salva de palmas **8** tiro
▸ *vt* dobrar (*uma esquina*) PHR V **round sth off** completar algo ◆ **round sb/sth up** reunir alguém/algo: *to round up cattle* arrebanhar o gado ◆ **round sth up/down** arredondar algo (*cifra, preço, etc.*)
roundabout /ˈraʊndəbaʊt/ *adjetivo, substantivo*
▸ *adj* indireto: *in a roundabout way* de forma indireta/dando voltas
▸ *s* (*GB*) **1** (*USA* **traffic circle, rotary**) rotatória **2** (*USA* **merry-go-round, carousel**) carrossel
ˌround-the-ˈclock *adj* (*GB*) = AROUND-THE-CLOCK
ˌround ˈtrip *s* viagem de ida e volta
ˌround-trip ˈticket (*GB* **return, reˌturn ˈticket**) *s* passagem de ida e volta
rouse /raʊz/ *vt* **1** (*formal*) despertar **2** (*formal*) suscitar **3 ~ sb/yourself (to sth/to do sth)** animar, incitar alguém; animar-se (com algo/a fazer algo) **rousing** *adj* **1** (*discurso*) inflamado **2** (*aplauso*) caloroso
rout /raʊt/ *substantivo, verbo*
▸ *s* [*sing*] derrota
▸ *vt* derrotar
route /raʊt; ruːt/ *s* rota
router /ˈraʊtər; *GB* ˈruːtə(r)/ *s* (*Informát*) roteador
routine /ruːˈtiːn/ *substantivo, adjetivo*
▸ *s* rotina
▸ *adj* de rotina, rotineiro **routinely** *adv* regularmente
row[1] /roʊ/ *verbo, substantivo*
▸ *vt, vi* remar, navegar com remos: *She rowed the boat to the bank.* Ela remou até a margem. ◇ *Will you row me across the river?* Pode me levar (de barco) para o outro lado do rio? ◇ *to row across the lake* atravessar o lago de barco
▸ *s* **1** [*ger sing*]: *to go for a row* ir remar **2** fila, fileira LOC **in a row** enfileirado: *the third week in a row* a terceira semana consecutiva ◇ *four days in a row* quatro dias seguidos
row[2] /raʊ/ *substantivo, verbo*
▸ *s* (*esp GB, coloq*) **1 ~ (about/over sth)** briga (sobre algo): *to have a row* ter uma briga/discussão ➲ *Comparar com* ARGUMENT, DISCUSSION **2** algazarra **3** barulho
▸ *vi* (*GB, coloq*) brigar, discutir
rowboat /ˈroʊboʊt/ (*GB* ˈ**rowing boat**) *s* barco a remo
rowdy /ˈraʊdi/ *adj* (**rowdier, -iest**) **1** (*pessoa*) barulhento, bagunceiro **2** (*reunião*) tumultuado
ˈ**row house** (*GB* **terraced house**) *s* casa geminada (*dos dois lados*)
rowing /ˈroʊɪŋ/ *s* (*Esporte*) remo
royal /ˈrɔɪəl/ *adj* real
ˌRoyal ˈHighness *s*: *Your/His/Her Royal Highness* Vossa/Sua Alteza Real
royalty /ˈrɔɪəlti/ *s* **1** [*não contável*] realeza **2** (*pl* **royalties**) [*ger pl*] direitos autorais
RPG /ˌɑːr piː ˈdʒiː/ *s* (*abrev de* **role-playing game**) RPG (*jogo de representação*)
rub /rʌb/ *verbo, substantivo*
▸ *v* (**-bb-**) **1** *vt* esfregar: *to rub your hands together* esfregar as mãos **2** *vt* friccionar **3** *vi* **~ (on/against sth)** roçar (em/

R

contra algo) PHR V **rub off (on/onto sb)** exercer influência (em alguém), passar para alguém ♦ **rub sth out** (*GB*) apagar algo (*com borracha*)

▸ *s* [*ger sing*] esfregada: *to give sth a rub* esfregar/polir algo

rubber /ˈrʌbər/ *s* **1** borracha: *rubber stamp* carimbo **2** (*GB*) (*USA* **eraser**) borracha (*de apagar*) **3** (*esp USA*, *coloq*, *antiq*) camisinha, preservativo

ˌrubber ˈband *s* (tira de) elástico

ˌrubber ˈboot (*GB* **wellington**, **ˌwellington ˈboot**) *s* bota de borracha

rubbish /ˈrʌbɪʃ/ *s* (*esp GB*) (*USA* **garbage**, **trash**) [*não contável*] **1** lixo: *rubbish dump/tip* depósito de lixo ➲ *Ver nota em* GARBAGE ➲ *Ver ilustração em* GARBAGE CAN **2** (*coloq*) porcaria **3** (*coloq*) asneiras

rubble /ˈrʌbl/ *s* [*não contável*] entulho

ruby /ˈruːbi/ *s* (*pl* **rubies**) rubi

rucksack /ˈrʌksæk/ *s* (*GB*) (*USA* **backpack**) mochila ➲ *Ver ilustração em* BAG

rudder /ˈrʌdər/ *s* leme

rude /ruːd/ *adj* (**ruder**, **-est**) **1** grosseiro, mal-educado: *It's rude to interrupt.* Não é educado interromper. **2** indecente **3** (*piada, etc.*) obsceno

rudimentary /ˌruːdɪˈmentri/ *adj* (*formal*) rudimentar

ruffle /ˈrʌfl/ *vt* **1** (*superfície*) agitar **2** (*cabelo*) despentear **3** (*plumas*) encrespar **4** (*tecido*) amarrotar **5** perturbar, irritar

rug /rʌg/ *s* **1** tapete **2** (*GB*) manta

rugby /ˈrʌgbi/ *s* rúgbi

rugged /ˈrʌgɪd/ *adj* **1** (*terreno*) acidentado **2** (*montanha*) escarpado **3** (*feições masculinas*) robusto, atraente

ruin /ˈruːɪn/ *substantivo, verbo*

▸ *s* (*lit e fig*) ruína

▸ *vt* **1** arruinar, destruir **2** estragar, pôr a perder

rule /ruːl/ *substantivo, verbo*

▸ *s* **1** regra, norma **2** hábito **3** domínio, governo **4** mandato (*de um governo*) **5** (*de monarca*) reinado LOC **a rule of thumb** uma regra prática ♦ **as a (general) rule** em geral, por via de regra

▸ *v* **1** *vi* ~ **(over sb/sth)** (*Pol*) governar (alguém/algo) **2** *vt* dominar, governar **3** *vt, vi* ~ **(sth/on sth)** (*Jur*) decretar (algo); decidir (algo/sobre algo) **4** *vt* (*linha*) traçar PHR V **rule sb/sth out** descartar alguém/algo

ruler /ˈruːlər/ *s* **1** governante **2** (*instrumento*) régua

ruling /ˈruːlɪŋ/ *adjetivo, substantivo*

▸ *adj* **1** dominante **2** (*Pol*) no poder

▸ *s* ~ **(on sth)** (*Jur*) parecer (sobre algo)

rum /rʌm/ *s* rum

rumble /ˈrʌmbl/ *verbo, substantivo*

▸ *vi* **1** retumbar, ressoar **2** (*estômago*) roncar

▸ *s* estrondo, ribombo

rummage /ˈrʌmɪdʒ/ *vi* **1** ~ **around/about** remexer, revistar **2** ~ **among/in/through sth (for sth)** remexer, vasculhar algo (em busca de algo)

ˈrummage sale (*GB* **ˈjumble sale**) *s* bazar de caridade

rumor (*GB* **rumour**) /ˈruːmər/ *s* boato, rumor: *Rumor has it that...* Corre o boato de que...

rump /rʌmp/ *s* **1** garupa, anca **2** (*tb* **ˈrump steak**) (filé de) alcatra

run /rʌn/ *verbo, substantivo*

▸ *v* (*pt* **ran** /ræn/, *pp* **run**, *part pres* **running**) **1** *vt, vi* correr: *I had to run to catch the bus.* Tive que correr para apanhar o ônibus. ◇ *I ran ten kilometers.* Corri dez quilômetros. **2** *vt, vi* passar: *to run your fingers through sb's hair* passar os dedos pelo cabelo de alguém ◇ *to run your eyes over sth* dar uma olhada em algo ◇ *She ran her eye around the room.* Ela deu uma olhada geral no quarto. ◇ *A shiver ran down her spine.* Ela sentiu um frio na espinha. ◇ *The tears ran down her cheeks.* As lágrimas corriam pelo rosto dela. **3** *vt, vi* (*máquina, sistema, organização*) (fazer) funcionar: *Everything is running smoothly.* Tudo está funcionando bem. ◇ *Run the engine for a few minutes before you start off.* Deixe o motor aquecer por alguns minutos antes de arrancar. **4** *vi* estender-se: *The cable runs the length of the wall.* O fio se estende por toda a parede. ◇ *A fence runs around the field.* Uma cerca circunda o campo. **5** *vi* (*ônibus, trem, etc.*): *The buses run every hour.* Os ônibus passam de hora em hora. ◇ *The train is running an hour late.* O trem está atrasado uma hora. **6** *vt* (*coloq*) levar (*de carro*): *Can I run you to the station?* Posso te levar até a estação? **7** *vt* (*veículo*) manter **8** *vt* (*negócio, etc.*) administrar, dirigir **9** *vi* ~ **(for...)** (*Teat*) continuar em cartaz (por...) **10** *vt* (*serviço, curso, etc.*) organizar, oferecer **11** *vt*: *to run a bath* encher a banheira (para o banho) **12** *vi*: *to leave the faucet running* deixar a torneira aberta **13** *vi* (*nariz*) escorrer **14** *vi* (*tinta*) soltar **15** *vt* (*Informát*) executar **16** *vi* ~ **(for sth)** (*Pol*) candidatar-se (a algo) **17** *vt* (*Jornalismo*) publicar LOC **run for it** dar no pé ❶ Para outras expressões com **run**, ver os verbetes do substantivo, adjetivo, etc, p.ex. **run dry** em DRY.

PHR V **run across sb/sth** topar com alguém/algo

run after sb perseguir alguém

R

run around (*GB tb* **run about**) correr para todos os lados

run at sth estar em algo: *Inflation is running at 25%.* A inflação está em 25%.

run away (from sb/sth) fugir (de alguém/algo)

run sb/sth down 1 (*tb* **run into sb/sth**) bater em alguém/algo, atropelar alguém/algo **2** falar mal de alguém/algo

run into sb/sth topar com alguém/algo ◆ **run sth into sth**: *He ran the car into a tree.* Ele bateu o carro numa árvore.

run off (with sth) fugir, escapar (com algo)

run out 1 acabar, esgotar-se **2** vencer, expirar ◆ **run out of sth** ficar sem algo

run sb/sth over atropelar alguém/algo

▸ *s* **1** corrida: *to go for a run* ir correr ◇ *to break into a run* pôr-se a correr **2** passeio (*de carro, etc.*) **3** período: *a run of bad luck* um período de azar **4** (*Cinema, Teat*) temporada **5** (*GB* **ladder**) fio corrido (*em meia, etc.*) *Ver tb* HOME RUN LOC **be on the run** estar foragido ◆ **make a run for it** tentar escapar *Ver tb* LONG

runaway /ˈrʌnəweɪ/ *adjetivo, substantivo*

▸ *adj* **1** fugitivo **2** fora de controle **3**: *runaway inflation* inflação galopante ◇ *a runaway success* um sucesso imediato

▸ *s* fugitivo, -a

ˌ**run-ˈdown** *adj* **1** (*edifício, bairro*) negligenciado, abandonado **2** (*pessoa*) exaurido

rung /rʌŋ/ *s* degrau *Ver tb* RING²

runner /ˈrʌnər/ *s* corredor, -ora

ˌ**runner-ˈup** *s* (*pl* **runners-up**) segundo colocado, segunda colocada

running /ˈrʌnɪŋ/ *substantivo, adjetivo*

▸ *s* **1**: *to go running* ir correr ◇ *running shoes* tênis de corrida **2** funcionamento **3** gestão (*de empresa*) LOC **be in/out of the running (for sth)** (*coloq*) ter/não ter chance (de conseguir algo)

▸ *adj* **1** consecutivo: *four days running* quatro dias seguidos **2** (*água*) corrente **3** contínuo LOC *Ver* ORDER

runny /ˈrʌni/ *adj* (**runnier, -iest**) (*coloq*) **1** aguado **2**: *to have a runny nose* estar com coriza

ˈ**run-up** *s* ~ **(to sth)** período anterior (a algo)

runway /ˈrʌnweɪ/ *s* **1** pista (*de decolagem*) **2** (*GB* **catwalk**) passarela (*moda*)

rupture /ˈrʌptʃər/ *substantivo, verbo*

▸ *s* ruptura

▸ *vt, vi* romper(-se)

rural /ˈrʊrəl/ *adj* rural

rush /rʌʃ/ *verbo, substantivo*

▸ *v* **1** *vi* andar com pressa, apressar-se: *They rushed to help her.* Eles se apressaram em ajudá-la. ◇ *They rushed out of school.* Eles saíram correndo da escola. **2** *vt, vi* ~ **(sb) (into sth/doing sth)** apressar alguém; precipitar-se (em algo/a fazer algo): *Don't rush me!* Não me apresse! ◇ *We don't want to rush into having a baby.* Não queremos nos precipitar a ter um bebê. **3** *vt* levar às pressas: *He was rushed to hospital.* Ele foi levado às pressas para o hospital.

▸ *s* **1** [*sing*] investida: *There was a rush to the exit.* Houve uma debandada em direção à saída. **2** pressa: *I'm in a terrible rush.* Estou morrendo de pressa. ◇ *There's no rush.* Não há pressa. ◇ *the rush hour* a hora do rush **rushed** *adj* apressado: *Let's start now so we're not too rushed at the end.* Vamos começar agora para não precisarmos correr no final.

rust /rʌst/ *substantivo, verbo*

▸ *s* ferrugem

▸ *vt, vi* enferrujar

rustic /ˈrʌstɪk/ *adj* rústico

rustle /ˈrʌsl/ *verbo, substantivo*

▸ *vt, vi* (fazer) farfalhar, (fazer) sussurrar PHR V **rustle sth up** (*coloq*) preparar algo: *I'll rustle up some coffee for you.* Vou te preparar um café.

▸ *s* farfalhada, sussurro, ruge-ruge

rusty /ˈrʌsti/ *adj* **1** enferrujado **2** (*coloq*) fora de prática

rut /rʌt/ *s* sulco LOC **be (stuck) in a rut** estar estagnado

ruthless /ˈruːθləs/ *adj* impiedoso, implacável **ruthlessly** *adv* impiedosamente **ruthlessness** *s* crueldade, desumanidade

RV /ˌɑːr ˈviː/ *s* (*abrev de* **recreational vehicle**) (*GB* **camper, camper van**) motor-home

rye /raɪ/ *s* centeio

Ss

S, s /es/ *s* (*pl* **Ss, S's, s's**) S, s ➲ *Ver nota em* A, A

the Sabbath /ˈsæbəθ/ *s* **1** (*para os cristãos*) domingo **2** (*para os judeus*) sábado

sabotage /ˈsæbətɑːʒ/ *substantivo, verbo*

▸ *s* sabotagem

▸ *vt* sabotar

saccharin /ˈsækərɪn/ *s* sacarina

sachet /sæˈʃeɪ; *GB* ˈsæʃeɪ/ *s* (*GB*) (*USA* **packet**) sachê

sack /sæk/ *substantivo, verbo*

▸ *s* **1** saca, saco **2 the sack** [*sing*] (*GB*,

coloq) demissão: *to give sb the sack* despedir alguém ◇ *to get the sack* ser despedido
▸ *vt* (*esp GB*, *coloq*) (*USA* **fire**) despedir

sacrament /ˈsækrəmənt/ *s* sacramento

sacred /ˈseɪkrɪd/ *adj* sagrado, sacro

sacrifice /ˈsækrɪfaɪs/ *substantivo, verbo*
▸ *s* sacrifício: *to make sacrifices* fazer sacrifícios/sacrificar-se
▸ *vt* ~ **sth (for sb/sth)** sacrificar algo (por alguém/algo)

sacrilege /ˈsækrəlɪdʒ/ *s* sacrilégio

sad /sæd/ *adj* (**sadder**, **-est**) **1** ~ **(about sth)** triste (com/por algo) **2** (*situação*) lamentável **3** (*esp GB*, *coloq*) ridículo, antiquado: *You'd have to be sad to wear a shirt like that.* Você teria de ser antiquado para usar uma camisa como aquela **sadden** *vt* (*formal*) entristecer

saddle /ˈsædl/ *substantivo, verbo*
▸ *s* **1** (*para cavalo*) sela **2** (*para bicicleta ou moto*) selim
▸ *vt* selar PHR V **saddle sb/yourself with sth** sobrecarregar alguém/sobrecarregar-se com algo

sadism /ˈseɪdɪzəm/ *s* sadismo **sadist** *s* sádico, -a

sadly /ˈsædli/ *adv* **1** lamentavelmente, infelizmente **2** tristemente, com tristeza

sadness /ˈsædnəs/ *s* tristeza, melancolia

safari /səˈfɑːri/ *s* (*pl* **safaris**) safári

saˈfari park *s* parque com animais soltos (*tipo Simba Safari*)

safe /seɪf/ *adjetivo, substantivo*
▸ *adj* (**safer**, **-est**) **1** ~ **(from sb/sth)** a salvo (de alguém/algo) **2** seguro: *Your secret is safe with me.* Seu segredo está seguro comigo. **3** ileso **4** (*motorista*) prudente **5** (*GB*, *coloq*) legal *'You want some?' 'Yeah, safe.'* "Você quer um pouco?" "Sim, legal". LOC **on the safe side** por via das dúvidas: *It's best to be on the safe side.* É melhor não correr risco. ◆ **play (it) safe** não correr riscos ◆ **safe and sound** são e salvo *Ver tb* BETTER
▸ *s* cofre

safeguard /ˈseɪfgɑːrd/ *substantivo, verbo*
▸ *s* ~ **(against sth)** salvaguarda, proteção (contra algo)
▸ *vt* ~ **sth/sb (against sth/sb)** proteger algo/alguém (de algo/alguém)

safely /ˈseɪfli/ *adv* **1** sem acidente, em segurança **2** tranquilamente, sem perigo: *safely locked away* guardado num lugar seguro

safety /ˈseɪfti/ *s* segurança

ˈsafety belt *s Ver* SEAT BELT

ˈsafety net *s* **1** rede de segurança **2** (*fig*) (rede de) proteção financeira

ˈsafety pin *s* alfinete de segurança
➲ *Ver ilustração em* PIN

sag /sæg/ *vi* (**-gg-**) **1** (*cama, sofá*) afundar **2** (*madeira*) vergar

Sagittarius /ˌsædʒɪˈteriəs/ *s* Sagitário
➲ *Ver exemplos em* AQUÁRIO

said *pt, pp de* SAY

sail /seɪl/ *verbo, substantivo*
▸ *v* **1** *vt, vi* navegar, velejar: *to sail around the world* dar a volta ao mundo de barco **2** *vi* ~ **(from...) (for/to...)** zarpar (de...) (para...): *The ship sails at noon.* O navio parte ao meio-dia. **3** *vi* (*objeto*) voar deslizando PHR V **sail through (sth)** tirar (algo) de letra: *She sailed through her exams.* Ela tirou os exames de letra.
▸ *s* vela LOC **set sail (from/for...)** (*formal*) zarpar (de/rumo a...)

sailboard /ˈseɪlbɔːrd/ *s* prancha de windsurfe

sailboat /ˈseɪlboʊt/ (*GB* **ˈsailing boat**) *s* barco à vela

sailing /ˈseɪlɪŋ/ *s* **1** vela, navegação: *to go sailing* ir velejar ◇ *sailing club* clube de regata **2** partida: *There are three sailings a day.* Há três saídas diárias.

sailor /ˈseɪlər/ *s* marinheiro, -a; marujo, -a

saint /seɪnt/ *s* (*abrev* **St.**) são; santo, -a: *Saint Bernard/Teresa* São Bernardo/Santa Teresa

sake /seɪk/ *s* LOC **for God's, goodness', heaven's, etc. sake** pelo amor de Deus ◆ **for the sake of sb/sth**; **for sb's/sth's sake** por alguém/algo, pelo bem de alguém/algo

salad /ˈsæləd/ *s* salada

salami /səˈlɑːmi/ *s* (*pl* **salamis**) salame

salary /ˈsæləri/ *s* (*pl* **salaries**) salário, ordenado (*mensal*) ➲ *Comparar com* WAGE

sale /seɪl/ *s* **1** venda: *sales department* departamento de vendas **2** liquidação: *to hold/have a sale* estar em liquidação LOC **for sale** à venda: *For sale.* Vende-se. ◆ **on sale** à venda

ˈsales clerk (*GB* **shop assistant**) *s* vendedor, -ora

salesman /ˈseɪlzmən/ *s* (*pl* **-men** /ˈseɪlzmən/) vendedor, -ora ➲ *Ver nota em* POLICIAL

salesperson /ˈseɪlzpɜːrsn/ *s* (*pl* **-people**) vendedor, -ora

ˈsales representative (*coloq* **ˈsales rep, rep**) *s* representante de vendas

ˈsales tax *s* imposto sobre circulação de mercadorias

saleswoman /ˈseɪlzwʊmən/ *s* (*pl* **-women** /-wɪmɪn/) vendedora ➲ *Ver nota em* POLICIAL

S

saliva /səˈlaɪvə/ *s* saliva

salmon /ˈsæmən/ *s* (*pl* **salmon**) salmão

salon /səˈlɑːn; *GB* ˈsælɒn/ *s* salão (*de beleza*)

saloon /səˈluːn/ *s* **1** (*USA*) bar **2** (*GB*) (*USA* **sedan**) sedã

salsa /ˈsɑːlsə; *GB* ˈsæl-/ *s* **1** (*Mús, baile*) salsa **2** (*Cozinha*) molho (*servido frio e separado*)

salt /sɔːlt; *GB tb* sɒlt/ *s* sal **salted** *adj* salgado

ˈ**salt shaker** (*GB* ˈ**salt cellar**) *s* saleiro

saltwater /ˈsɔːltwɔːtər/ *adj* de água salgada

salty /ˈsɔːlti; *GB tb* ˈsɒl-/ *adj* (**saltier, -iest**) salgado

salutary /ˈsæljəteri; *GB* -tri/ *adj* salutar

salute /səˈluːt/ *verbo, substantivo*
- *vt, vi* fazer continência (a) (*um militar*)
- *s* **1** continência **2** saudação **3** salva

salvage /ˈsælvɪdʒ/ *substantivo, verbo*
- *s* salvamento
- *vt* recuperar

salvation /sælˈveɪʃn/ *s* salvação

same /seɪm/ *adjetivo, advérbio, pronome*
- *adj* mesmo, igual: *the same thing* o mesmo ◇ *I left that same day.* Saí naquele dia mesmo. ❶ Às vezes é usado para dar ênfase à frase: *the very same man* o próprio. LOC **at the same time** **1** ao mesmo tempo **2** não obstante, apesar disso ◆ **be in the same boat** estar na mesma situação
- *adv* **the same** da mesma forma, igualmente: *to treat everyone the same* tratar a todos da mesma forma
- *pron* **the ~ (as sb/sth)** o mesmo, a mesma, etc. (que alguém/algo): *They're both the same.* Eles são iguais. ◇ *I think the same as you.* Penso como você. LOC **all/just the same** mesmo assim ◆ **be all the same to sb** dar na mesma para alguém: *It's all the same to me.* Para mim tanto faz. ◆ **same here** (*coloq*) eu também ◆ **(the) same to you** (*coloq*) igualmente

ˈ**same-sex** *adj* [*antes do substantivo*] do mesmo sexo: *a same-sex relationship* uma relação homossexual

samey /ˈseɪmi/ *adj* (*GB, coloq, pej*) repetitivo

sample /ˈsæmpl; *GB* ˈsɑːm-/ *substantivo, verbo*
- *s* amostra
- *vt* provar **sampling** *s* [*não contável*] (*Mús*) sampling

sanatorium /ˌsænəˈtɔːriəm/ *s* (*pl* **sanatoriums** *ou* **sanatoria** /-ˈteriə/) (*tb* **sanitarium** /ˌsænəˈteriəm/) sanatório

sanction /ˈsæŋkʃn/ *substantivo, verbo*
- *s* **1 ~ (against sth)** sanção (contra algo): *to impose/lift sanctions* impor/suspender as sanções **2** (*formal*) aprovação
- *vt* (*formal*) autorizar

sanctuary /ˈsæŋktʃueri; *GB* -tʃuəri/ *s* (*pl* **sanctuaries**) **1** santuário **2** refúgio: *The rebels took sanctuary in the church.* Os rebeldes se refugiaram na igreja.

sand /sænd/ *s* areia

sandal /ˈsændl/ *s* sandália

sandcastle /ˈsændkæsl; *GB* -kɑːsl/ *s* castelo de areia

sandpaper /ˈsændpeɪpər/ *s* lixa

sandwich /ˈsænwɪtʃ/ *substantivo, verbo*
- *s* sanduíche
- *v* PHR V **sandwich sb/sth between sb/sth** encaixar alguém/algo entre alguém/algo (*entre duas pessoas ou coisas*): *I was sandwiched between two men on the bus.* Eu estava prensado entre dois homens no ônibus.

sandy /ˈsændi/ *adj* (**sandier, -iest**) arenoso

sane /seɪn/ *adj* (**saner, -est**) **1** são **2** sensato

sang *pt de* SING

sanitarium (*USA*) = SANATORIUM

sanitary /ˈsænəteri; *GB* -tri/ *adj* higiênico

ˈ**sanitary napkin** (*GB* ˈ**sanitary towel**) *s* absorvente (higiênico)

sanitation /ˌsænɪˈteɪʃn/ *s* saneamento

sanity /ˈsænəti/ *s* **1** sanidade **2** sensatez

sank *pt de* SINK

Santa Claus /ˈsæntə klɔːz/ (*tb* **Santa**) (*GB tb* **Father Christmas**) *s* Papai Noel ➲ *Ver nota em* NATAL

sap /sæp/ *substantivo, verbo*
- *s* seiva
- *vt* (**-pp-**) (*energia, confiança, etc.*) esgotar, minar

sapphire /ˈsæfaɪər/ *adj, s* safira

sappy /ˈsæpi/ (*GB* **soppy**) *adj* (**sappier, -iest**) (*coloq*) sentimental

sarcasm /ˈsɑːrkæzəm/ *s* sarcasmo **sarcastic** /sɑːrˈkæstɪk/ *adj* sarcástico

sardine /ˌsɑːrˈdiːn/ *s* sardinha

sarong /səˈrɔːŋ; *GB* səˈrɒŋ/ *s* canga

sash /sæʃ/ *s* faixa

sassy /ˈsæsi/ *adj* (**sassier, -iest**) (*esp USA, coloq*) **1** (*GB* **cheeky**) (*pej*) atrevido **2** moderno, desinibido

sat *pt, pp de* SIT

SAT® /ˌes eɪ ˈtiː/ *s* (*abrev de* **Scholastic Aptitude Test**) exame para entrar na faculdade nos Estados Unidos: *to take the SAT* prestar o SAT

satellite /ˈsætəlaɪt/ *s* satélite: *satellite TV* televisão via satélite

S

ˈ**satellite dish** *s* antena parabólica
satin /ˈsætn; *GB* -tɪn/ *s* cetim
satire /ˈsætaɪər/ *s* sátira **satirical** /səˈtɪrɪkl/ *adj* satírico
🔑 **satisfaction** /ˌsætɪsˈfækʃn/ *s* satisfação
satisfactory /ˌsætɪsˈfæktəri/ *adj* satisfatório
🔑 **satisfied** /ˈsætɪsfaɪd/ *adj* ~ **(with sb/sth)** satisfeito (com alguém/algo)
🔑 **satisfy** /ˈsætɪsfaɪ/ *vt* (*pt, pp* **-fied**) **1** satisfazer **2** (*requisitos, etc.*) preencher **3** ~ **sb (of sth/that...)** convencer alguém (de algo/de que...)
🔑 **satisfying** /ˈsætɪsfaɪɪŋ/ *adj* satisfatório: *a satisfying meal* uma refeição que satisfaz
satnav /ˈsætnæv/ (*tb* **sat nav**) *s* (*abrev de* **satellite navigation**) (*GB*) (*USA* **GPS**) GPS
saturate /ˈsætʃəreɪt/ *vt* **1** encharcar **2** ~ **sth (with sth)** saturar algo (de algo): *The market is saturated.* O mercado está saturado. **saturation** *s* saturação
🔑 **Saturday** /ˈsætərdeɪ; -di/ *s* (*abrev* **Sat.**) sábado ➲ *Ver exemplos em* MONDAY
Saturn /ˈsætɜːrn/ *s* Saturno
🔑 **sauce** /sɔːs/ *s* molho
saucepan /ˈsɔːspæn; *GB* -spən/ *s* panela, caçarola ➲ *Ver ilustração em* POT
saucer /ˈsɔːsər/ *s* pires *Ver tb* FLYING SAUCER ➲ *Ver ilustração em* CUP
sauna /ˈsɔːnə/ *s* sauna
saunter /ˈsɔːntər/ *vi* caminhar vagarosamente: *He sauntered over to the bar.* Ele se dirigiu lentamente para o bar.
sausage /ˈsɔːsɪdʒ; *GB* ˈsɒsɪdʒ/ *s* salsicha, linguiça
ˌ**sausage** ˈ**roll** *s* (*GB*) folheado de linguiça
savage /ˈsævɪdʒ/ *adjetivo, verbo*
▸ *adj* **1** selvagem **2** (*cachorro, etc.*) feroz **3** (*ataque, regime, etc.*) brutal: *savage cuts in the budget* cortes drásticos no orçamento
▸ *vt* atacar ferozmente **savagery** *s* selvageria
savannah /səˈvænə/ *s* savana
🔑 **save** /seɪv/ *verbo, substantivo*
▸ *v* **1** *vt* ~ **sb (from sth)** salvar alguém (de algo) **2** *vt, vi* ~ **(sth) (up) (for sth)** (*dinheiro*) economizar (algo) (para algo) **3** *vt* (*Informát*) salvar **4** *vt* ~ **(sb) sth/doing sth** poupar (alguém) de algo/fazer algo: *That will save us a lot of trouble.* Isso vai nos evitar muitos problemas. **5** *vt* (*Esporte*) defender LOC **save face** salvar as aparências
▸ *s* defesa (*de bola*) **saver** *s* poupador, -ora
🔑 **saving** /ˈseɪvɪŋ/ *s* **1** economia: *to make a saving of $5* economizar cinco dólares **2 savings** [*pl*] poupança
savior (*GB* **saviour**) /ˈseɪvjər/ *s* salvador, -ora
savor (*GB* **savour**) /ˈseɪvər/ *vt* saborear
savory (*GB* **savoury**) /ˈseɪvəri/ *adjetivo, substantivo*
▸ *adj* **1** saboroso **2** salgado
▸ *s* (*pl* **-ies**) [*ger pl*] salgadinho
savvy /ˈsævi/ *adj* (**savvier, -iest**) (*coloq*) descolado, consciente
saw /sɔː/ *substantivo, verbo*
▸ *s* serra
▸ *vt* (*pt* **sawed**, *pp* **sawed** *ou* **sawn** /sɔːn/) serrar PHR V **saw sth down** derrubar algo com uma serra ◆ **saw sth off (sth)** cortar algo (de algo) com uma serra: *a sawed-off shotgun* uma espingarda de cano serrado ◆ **saw sth up (into sth)** serrar algo (em algo) (*em pedaços*) *Ver tb* SEE
sawdust /ˈsɔːdʌst/ *s* serragem
saxophone /ˈsæksəfoʊn/ (*coloq* **sax** /sæks/) *s* saxofone
🔑 **say** /seɪ/ *verbo, substantivo*
▸ *vt* (*3a pess sing pres* **says** /sez/; *pt, pp* **said** /sed/) **1** ~ **sth (to sb)** dizer algo (a alguém): *to say yes* dizer (que) sim

Say costuma acompanhar palavras textuais ou introduzir uma oração de estilo indireto precedida por **that**: *"I'll leave at nine," he said.* —Vou sair às nove, ele disse. ◇ *He said that he would leave at nine.* Ele disse que ia sair às nove. **Tell** é utilizado para introduzir uma oração de estilo indireto, e deve ser seguido de um substantivo, pronome ou nome próprio: *He told me that he would leave at nine.* Ele me disse que ia sair às nove. Com ordens ou conselhos costuma-se usar **tell**: *I told them to hurry up.* Eu disse a eles que se apressassem. ◇ *She's always telling me what I ought to do.* Ela está sempre me dizendo o que eu devo fazer.

2: *Let's take any writer, say Dickens...* Tomemos como exemplo um escritor qualquer, digamos Dickens... ◇ *Say there are 30 in a class...* Digamos que haja 30 em uma turma... **3** mostrar: *The map says the hotel is on the right.* O mapa diz que o hotel fica à direita. ◇ *What time does it say on that clock?* Que horas são nesse relógio? LOC **it goes without saying that...** é óbvio que... ◆ **that is to say** ou seja *Ver tb* DARE, FAREWELL, LET, NEEDLESS, SORRY

S

▸ *s* ~ **(in sth)**: *to have a say/no say in the matter* ter/não ter poder de decisão no assunto ◇ *to have the final say* ter a última palavra LOC **have your say** (*coloq*) expressar sua opinião

saying /ˈseɪɪŋ/ *s* ditado, provérbio

scab /skæb/ *s* casca (*de ferida*)

scads /skædz/ *s* [*pl*] ~ **(of sth)** (*esp USA, coloq*) um montão (de algo)

scaffolding /ˈskæfəldɪŋ/ *s* [*não contável*] andaime(s)

scald /skɔːld/ *verbo, substantivo*

▸ *vt* escaldar

▸ *s* escaldadura **scalding** *adj* escaldante

⚷ **scale** /skeɪl/ *substantivo, verbo*

▸ *s* **1** escala: *on a large scale* em grande escala ◇ *a large-scale map* um mapa em grande escala ◇ *a scale model* uma maquete em escala **2** alcance, magnitude, envergadura: *the scale of the problem* a magnitude do problema *Ver tb* FULL-SCALE **3** (*tb esp GB* **scales** [*pl*]) balança **4** escama LOC **to scale** em escala

▸ *vt* (*formal*) escalar, trepar em

scallion /ˈskæliən/ *s Ver* GREEN ONION

scallop /ˈskæləp; *GB* ˈskɒləp/ *s* vieira

scalp /skælp/ *s* couro cabeludo

scalpel /ˈskælpəl/ *s* bisturi

scalper /ˈskælpər/ (*GB* **tout**) *s* cambista

scam /skæm/ *s* (*coloq*) falcatrua

scamper /ˈskæmpər/ *vi* correr aos pulos

scan /skæn/ *verbo, substantivo*

▸ *vt* (-nn-) **1** esquadrinhar, perscrutar **2** dar uma olhada em **3** (*Med*) examinar com ultrassom **4** (*Informát*) escanear

▸ *s* exame ultrassom, ultrassonografia

scandal /ˈskændl/ *s* **1** escândalo **2** fofoca **scandalize** (*GB tb* **-ise**) *vt* escandalizar **scandalous** *adj* escandaloso

scanner /ˈskænər/ *s* **1** (*Informát*) scanner **2** (*Med*) aparelho de ultrassom

scant /skænt/ *adj* escasso

scanty /ˈskænti/ *adj* (**scantier**, **-iest**) escasso **scantily** *adv* escassamente: *scantily dressed* vestido sumariamente

scapegoat /ˈskeɪpgoʊt/ *s* bode expiatório: *She has been made a scapegoat for what happened.* Fizeram-na de bode expiatório dos acontecimentos.

scar /skɑːr/ *substantivo, verbo*

▸ *s* cicatriz

▸ *vt* (-rr-) marcar (com uma cicatriz)

scarce /skers/ *adj* (**scarcer**, **-est**) escasso: *Food was scarce.* Havia escassez de comida.

scarcely /ˈskersli/ *adv* **1** mal: *There were scarcely a hundred people present.* Mal havia cem pessoas presentes. **2**: *You can scarcely expect me to believe that.* Você não espera que eu acredite nisso.

scarcity /ˈskersəti/ *s* (*pl* **scarcities**) escassez

⚷ **scare** /sker/ *verbo, substantivo*

▸ *vt* assustar PHR V **scare sb away/off** afugentar alguém

▸ *s* susto: *bomb scare* suspeita de bomba

scarecrow /ˈskerkroʊ/ *s* espantalho

⚷ **scared** /skerd/ *adj* assustado: *to be scared of sth* estar com/ter medo de algo LOC *Ver* WIT

scarf /skɑːrf/ *s* (*pl* **scarfs** *ou* **scarves** /skɑːrvz/) **1** cachecol, echarpe **2** lenço de cabeça

scarlet /ˈskɑːrlət/ *adj, s* escarlate

scary /ˈskeri/ *adj* (**scarier**, **-iest**) (*coloq*) assustador

scathing /ˈskeɪðɪŋ/ *adj* **1** feroz: *a scathing attack on the government* um ataque feroz contra o governo **2** (*crítica*) mordaz

scatter /ˈskætər/ **1** *vt, vi* dispersar(-se) **2** *vt* espalhar **scattered** *adj* espalhado, disperso: *scattered showers* pancadas (de chuva) isoladas

scatterbrain /ˈskætərbreɪn/ *s* (*coloq*) cabeça de vento; avoado, -a

scavenge /ˈskævɪndʒ/ *vi* **1** ir em busca de carniça **2** (*pessoa*) remexer (*no lixo*) **scavenger** *s* **1** animal/ave que se alimenta de carniça **2** pessoa que remexe no lixo

scenario /səˈnærioʊ; *GB* səˈnɑːri-/ *s* (*pl* **scenarios**) hipótese, perspectiva

⚷ **scene** /siːn/ *s* **1** cenário: *the scene of the crime* o local do crime **2** cena: *a scene in the movie* uma cena no filme ◇ *a change of scene* uma mudança de ares **3** escândalo: *to make a scene* fazer um escândalo **4 the scene** [*sing*] (*coloq*) o panorama: *the music scene* o panorama musical LOC **behind the scenes** nos bastidores ◆ **set the scene for sth** **1** desencadear algo **2** descrever o cenário de algo

scenery /ˈsiːnəri/ *s* [*não contável*] **1** paisagem

A palavra **scenery** tem uma forte conotação positiva, costuma ser acompanhada de adjetivos como *beautiful, spectacular, stunning*, etc., e é utilizada fundamentalmente para descrever paisagens naturais. Por outro lado, **landscape** costuma se referir a paisagens construídas pelo homem: *an urban/industrial landscape* uma paisagem urbana/industrial ◇ *Trees and hedges are typical features of the British landscape.* Árvores e cercas

S

vivas são componentes típicos da paisagem britânica.

2 (*Teat*) cenário

scenic /ˈsiːnɪk/ *adj* pitoresco, panorâmico

scent /sent/ *s* **1** aroma (*agradável*) ➲ *Ver nota em* SMELL **2** perfume **3** rastro, pista **scented** *adj* perfumado

sceptic (*GB*) = SKEPTIC

⚷ **schedule** /ˈskedʒuːl; -dʒəl; *GB* ˈʃedjuːl/ *substantivo, verbo*

▸ *s* **1** programa: *to be two months ahead of/behind schedule* estar dois meses adiantado/atrasado (em relação ao calendário previsto) ◇ *to arrive on schedule* chegar na hora prevista **2** (*GB* **timetable**) horário

▸ *vt* programar: *scheduled flights* voos regulares

⚷ **scheme** /skiːm/ *substantivo, verbo*

▸ *s* **1** conspiração **2** (*GB*) (*USA* **program, plan**) programa: *training scheme* programa de treinamento ◇ *savings/pension scheme* plano de poupança/pensão **3**: *color scheme* combinação de cores

▸ *vi* conspirar

schizophrenia /ˌskɪtsəˈfriːniə/ *s* esquizofrenia **schizophrenic** /ˌskɪtsəˈfrenɪk/ *adj, s* esquizofrênico, -a

schlep /ʃlep/ *verbo, substantivo*

▸ *vt, vi* (-pp-) ~ **(sth) (around, over, etc. sth)** (*coloq*) arrastar-se, arrastar algo (em, por, etc...)

▸ *s* [*sing*] jornada arrastada

schlock /ʃlɑːk/ *s* [*não contável*] (*USA, coloq*) coisa de quinta categoria **schlocky** *adj* (*USA, coloq*) de quinta categoria

schmuck /ʃmʌk/ *s* (*esp USA, coloq, pej*) palerma

scholar /ˈskɑːlər/ *s* **1** erudito, -a **2** aluno, -a bolsista **scholarship** *s* **1** bolsa de estudo **2** erudição

⚷ **school** /skuːl/ *s* **1** colégio, escola: *school age/uniform* idade/uniforme escolar

Utilizamos as palavras **school** e **church** sem artigo quando se vai ao colégio para estudar ou lecionar ou à igreja para rezar: *I enjoyed being at school.* Eu gostava de ir ao colégio. ◇ *We go to church every Sunday.* Vamos à igreja todos os domingos. Usamos o artigo quando nos referimos a esses lugares por algum outro motivo: *I have to go to the school to talk to John's teacher.* Tenho que ir ao colégio para falar com o professor de John. ➲ *Ver nota em* ESCOLA

2 aulas: *School begins at nine o'clock.* As aulas começam às nove. **3** (*USA, coloq*) universidade **4** faculdade: *law school* faculdade de direito **5** (*Arte, Liter*) escola LOC **school of thought** doutrina, filosofia

ˈ**school bag** *s* mochila (*da escola*)

schoolboy /ˈskuːlbɔɪ/ *s* aluno

schoolchild /ˈskuːltʃaɪld/ *s* (*pl* schoolchildren /-tʃɪldrən/) aluno, -a

schooldays /ˈskuːldeɪz/ *s* [*pl*] época do colégio

schoolgirl /ˈskuːlgɜːrl/ *s* aluna

schooling /ˈskuːlɪŋ/ *s* educação, instrução

ˌ**school-ˈleaver** *s* (*GB*) jovem que recém terminou o ensino fundamental

schoolteacher /ˈskuːltiːtʃər/ *s* professor, -ora

schoolwork /ˈskuːlwɜːrk/ *s* trabalho de escola

⚷ **science** /ˈsaɪəns/ *s* ciência LOC *Ver tb* ROCKET

ˌ**science ˈfiction** (*coloq* ˈ**sci-fi**) *s* ficção científica

⚷ **scientific** /ˌsaɪənˈtɪfɪk/ *adj* científico **scientifically** /ˌsaɪənˈtɪfɪkli/ *adv* cientificamente

⚷ **scientist** /ˈsaɪəntɪst/ *s* cientista

⚷ **scissors** /ˈsɪzərz/ *s* [*pl*] tesoura: *a pair of scissors* uma tesoura ➲ *Ver nota em* TESOURA

scoff /skɔːf; *GB* skɒf/ *vi* ~ **(at sb/sth)** zombar (de alguém/algo)

scold /skoʊld/ *vt* ~ **sb (for sth)** (*formal*) ralhar com alguém (por algo)

scoop /skuːp/ *substantivo, verbo*

▸ *s* **1** pá: *ice-cream scoop* concha de sorvete **2** colherada: *a scoop of ice cream* uma bola de sorvete **3** (*Jornalismo*) furo

▸ *vt* ~ **sth (up/out)** escavar, tirar algo (*com pá, colher, etc.*)

scooter /ˈskuːtər/ *s* **1** lambreta, Vespa® **2** patinete

scope /skoʊp/ *s* **1** ~ **(for sth/to do sth)** oportunidade (para algo/fazer algo) **2** âmbito, alcance: *within/beyond the scope of this dictionary* dentro/fora do âmbito deste dicionário

scorch /skɔːrtʃ/ *vt, vi* chamuscar(-se), queimar(-se) **scorching** *adj* escaldante

⚷ **score** /skɔːr/ *substantivo, verbo*

▸ *s* **1** contagem: *to keep the score* marcar os pontos ◇ *The final score was 4–3.* O placar foi 4–3. **2** (*Educ*) pontos **3 scores** [*pl*] muitos **4** (*Mús*) partitura **5** (*pl* score) vintena LOC **on this/that score** quanto a isso

S

▸ *v* **1** *vt, vi* (*Esporte*) marcar **2** *vt* (*Educ*) tirar (*nota*) **scorer** *s* jogador, -ora que marca o ponto/gol: *the top scorer in the Premier League* o melhor artilheiro no campeonato inglês

scoreboard /ˈskɔːrbɔːrd/ *s* marcador

scorn /skɔːrn/ *substantivo, verbo*
▸ *s* ~ **(for sb/sth)** desdém (por alguém/algo)
▸ *vt* desdenhar **scornful** *adj* desdenhoso

Scorpio /ˈskɔːrpioʊ/ *s* (*pl* **Scorpios**) Escorpião ➲ *Ver exemplos em* AQUÁRIO

scorpion /ˈskɔːrpiən/ *s* escorpião

Scotch /skɑːtʃ/ *s* uísque escocês

ˈ**Scotch tape®** (*GB* **Sellotape®**) *s* durex®, fita adesiva

Scottish /ˈskɑːtɪʃ/ *adj* escocês

scour /ˈskaʊər/ *vt* **1** arear **2** ~ **sth (for sb/sth)** esquadrinhar, vasculhar algo (à procura de alguém/algo)

scourge /skɜːrdʒ/ *s* (*formal*) açoite

scout /skaʊt/ *s* **1** (*Mil*) explorador, -ora **2** (*esp GB*) (*USA* ˌ**Boy** ˈ**Scout**) escoteiro **3** (*esp GB*) (*USA* ˌ**Girl** ˈ**Scout**) (*GB tb* **Guide**, ˌ**Girl** ˈ**Guide**) escoteira

scowl /skaʊl/ *verbo, substantivo*
▸ *vi* olhar com um ar carrancudo
▸ *s* carranca

scrabble /ˈskræbl/ *vi* ~ **(around/about) (for sth)** (*esp GB*) tatear (em busca de algo)

scramble /ˈskræmbl/ *verbo, substantivo*
▸ *vi* **1** trepar (*esp com dificuldade*): *He scrambled to his feet and ran off.* Ergueu-se rápido como pôde e fugiu. **2** ~ **(for sth)** lutar (por algo)
▸ *s* [*sing*] ~ **(for sth)** luta (por algo)

ˌ**scrambled** ˈ**eggs** *s* [*pl*] ovos mexidos

scrap /skræp/ *substantivo, verbo*
▸ *s* **1** fragmento: *a scrap of paper* um pedaço de papel **2** [*não contável*] refugo: *scrap paper* papel de rascunho **3 scraps** [*pl*] sobras (*de comida*) **4** [*sing*] pequena quantidade: *It won't make a scrap of difference.* Não vai fazer um pingo de diferença. **5** (*coloq*) briga
▸ *v* (-pp-) **1** *vt* descartar, jogar fora **2** *vi* (*coloq*) brigar

scrapbook /ˈskræpbʊk/ *s* álbum de recortes

scrape /skreɪp/ *verbo, substantivo*
▸ *v* **1** *vt* raspar **2** *vi* ~ **(against sth)** roçar (em algo) PHR V **scrape sth away/off; scrape sth off sth** tirar algo (de algo) raspando ◆ **scrape in; scrape into sth** conseguir algo com dificuldade: *She just scraped into college.* Ela entrou na universidade de raspão. ◆ **scrape through (sth)** passar (em algo) raspando ◆ **scrape sth together/up** juntar algo com dificuldade
▸ *s* arranhão, risco

scratch /skrætʃ/ *verbo, substantivo*
▸ *v* **1** *vt, vi* arranhar(-se) **2** *vt, vi* coçar(-se) **3** *vt* riscar PHR V **scratch sth away/off** tirar algo raspando
▸ *s* **1** arranhão, unhada **2** [*sing*]: *The dog gave itself a good scratch.* O cachorro se coçou para valer. LOC **(be/come) up to scratch** (estar) à altura ◆ **(start sth) from scratch** (começar algo) do zero

ˈ**scratch card** *s* raspadinha

scrawl /skrɔːl/ *verbo, substantivo*
▸ *v* **1** *vt* rabiscar **2** *vi* fazer garranchos
▸ *s* letra ilegível

scream /skriːm/ *verbo, substantivo*
▸ *vt, vi* gritar: *to scream with excitement* gritar de emoção
▸ *s* **1** guincho, grito: *a scream of pain* um grito de dor **2** [*sing*] (*antiq, coloq*) alguém/algo muito engraçado

screech /skriːtʃ/ *verbo, substantivo*
▸ *vi* guinchar, gritar de forma estridente
▸ *s* guincho, grito estridente

screen /skriːn/ *s* **1** tela: *an eight-screen movie theater* um cinema de oito salas ➲ *Ver ilustração em* COMPUTADOR *Ver tb* TOUCH SCREEN **2** biombo **3** cinema, televisão

ˈ**screen saver** *s* (*Informát*) protetor de tela

screenshot /ˈskriːnʃɑːt/ *s* (*Informát*) captura de tela

screw /skruː/ *substantivo, verbo*
▸ *s* parafuso
▸ *vt* **1** aparafusar, prender com parafuso **2** atarraxar **3** (*gíria*) sacanear PHR V **screw sth up 1** (*papel*) amassar algo **2** (*rosto*) contrair algo **3** (*gíria*) (*planos, situação, etc.*) estragar algo

screwdriver /ˈskruːdraɪvər/ *s* chave de fenda

scribble /ˈskrɪbl/ *verbo, substantivo*
▸ *v* **1** *vt* garatujar **2** *vi* rabiscar
▸ *s* garatuja, rabisco

script /skrɪpt/ *s* **1** roteiro **2** letra **3** escrita

scripture (*tb* **Scripture**) /ˈskrɪptʃər/ *s* [*não contável*] (*tb* **the Scriptures** [*pl*]) a Sagrada Escritura

scriptwriter /ˈskrɪptraɪtər/ *s* roteirista

scroll /skroʊl/ *substantivo, verbo*
▸ *s* rolo (*de papel*)
▸ *vi* ~ **(down/up)** (*Informát*) rolar (para baixo/cima)

ˈ**scroll bar** *s* (*Informát*) barra de rolagem

Scrooge /skruːdʒ/ *s* (*coloq, pej*) pão-duro

scrounge /skraʊndʒ/ *vt, vi* ~ **(sth) (off/from sb)** (*coloq, pej*) filar, surrupiar algo

S

(de alguém) **scrounger** *s* surrupiador, -ora

scrub /skrʌb/ *verbo, substantivo*
▸ *vt* (-**bb**-) esfregar
▸ *s* **1** [*sing*]: *Give your nails a good scrub.* Esfregue bem as unhas. **2** [*não contável*] mato

scruff /skrʌf/ *s* LOC **by the scruff of the neck** pelo cangote

scruffy /ˈskrʌfi/ *adj* (**scruffier**, **-iest**) (*coloq*) desleixado

scrum /skrʌm/ *s* (*Rúgbi*) luta pela posse da bola

scruples /ˈskru:plz/ *s* [*pl*] escrúpulo(s)

scrupulous /ˈskru:pjələs/ *adj* escrupuloso **scrupulously** *adv* escrupulosamente: *scrupulously clean* imaculadamente limpo

scrutinize (*GB tb* **-ise**) /ˈskru:tənaɪz/ *vt* **1** examinar minuciosamente **2** inspecionar

scrutiny /ˈskru:təni/ *s* (*formal*) **1** exame minucioso **2** (*Pol, etc.*) escrutínio

scuba-diving /ˈsku:bə daɪvɪŋ/ *s* mergulho (*com tubo de oxigênio*)

scuff /skʌf/ *vt* esfolar

scuffle /ˈskʌfl/ *s* **1** tumulto **2** briga

sculptor /ˈskʌlptər/ *s* escultor, -ora

sculpture /ˈskʌlptʃər/ *s* escultura

scum /skʌm/ *s* **1** espuma (*de sujeira*) **2** [*pl*] (*coloq*) escória

scurry /ˈskɜ:ri; *GB* ˈskʌri/ *vi* (*pt, pp* **scurried**) correr a passos rápidos: *She scurried around putting things away.* Ela correu de lá para cá guardando coisas.

scuttle /ˈskʌtl/ *vi*: *She scuttled back to her car.* Ela correu de volta para seu carro. ◇ *to scuttle away/off* escapulir-se

scuzzy /ˈskʌzi/ *adj* (**scuzzier**, **-iest**) (*esp USA, coloq*) escuso

scythe /saɪð/ *s* foice grande

SD card /ˌes ˈdi: kɑ:rd/ *s* (*abrev de* **secure digital card**) cartão SD

SDHC card /ˌes di: eɪtʃ ˈsi: kɑ:rd/ *s* (*abrev de* **secure digital high capacity card**) cartão SD de alta capacidade

🔑 **sea** /si:/ *s* **1** mar: *sea creatures* animais marinhos ◇ *the sea air/breeze* a brisa marinha ◇ *sea port* porto marítimo ➲ *Ver nota em* MAR **2 seas** [*pl*] mar: *heavy/rough seas* mar agitado **3** [*sing*] ~ **of sth** multidão de algo: *a sea of people* um mar de gente LOC **at sea 1** em alto-mar **2** (*fig*) confuso

seabed /ˈsi:bed/ *s* fundo do mar

seafood /ˈsi:fu:d/ *s* [*não contável*] marisco(s), frutos do mar

the seafront /ˈsi:frʌnt/ *s* [*sing*] a beira-mar

seagull /ˈsi:gʌl/ *s* gaivota

🔑 **seal** /si:l/ *substantivo, verbo*
▸ *s* **1** foca **2** selo
▸ *vt* **1** selar **2** (*envelope*) fechar PHR V **seal sth off** isolar, interditar algo

seam /si:m/ *s* **1** costura **2** (*Geol*) filão

🔑 **search** /sɜ:rtʃ/ *substantivo, verbo*
▸ *s* **1** ~ **(for sb/sth)** busca (de alguém/algo) **2** (*polícia*) revista
▸ *v* **1** *vt, vi* ~ **(sth) (for sth/sb)** buscar (algo/alguém) (em algo): *She searched in vain for her passport.* Ela procurou em vão pelo passaporte. **2** *vt* ~ **sb/sth (for sth)** revistar alguém/algo (em busca de algo): *They searched the house for drugs.* Revistaram a casa à procura de drogas. **searchable** *adj* (*base de dados*) pesquisável **searching** *adj* **1** (*exame, investigação, etc.*) minucioso **2** (*olhar*) penetrante

ˈ**search engine** *s* (*Internet*) ferramenta de busca

searchlight /ˈsɜ:rtʃlaɪt/ *s* (*foco*) holofote

seashell /ˈsi:ʃel/ *s* concha marinha

the seashore /ˈsi:ʃɔ:r/ *s* [*sing*] o litoral

seasick /ˈsi:sɪk/ *adj* mareado, enjoado

seaside /ˈsi:saɪd/ *adjetivo, substantivo*
▸ *adj* da costa: *seaside resort* balneário
▸ *s* **the seaside** [*sing*] (*esp GB*) costa, litoral

🔑 **season** /ˈsi:zn/ *substantivo, verbo*
▸ *s* **1** estação **2** temporada: *season ticket* bilhete de temporada LOC **in season** (que está) na estação
▸ *vt* temperar, condimentar **seasonal** *adj* **1** sazonal, de estação **2** (*trabalho*) de temporada **seasoned** *adj* **1** (*pessoa*) calejado **2** condimentado **seasoning** *s* tempero

🔑 **seat** /si:t/ *substantivo, verbo*
▸ *s* **1** (*veículo*) assento **2** (*avião*) poltrona **3** (*parque*) banco **4** (*Teat*) lugar **5** (*Pol*) cadeira **6** (*GB*) (*Pol*) distrito eleitoral LOC *Ver* DRIVER
▸ *vt* acomodar: *The stadium can seat 5,000 people.* O estádio tem capacidade para acomodar 5.000 pessoas.

ˈ**seat belt** (*tb* **safety belt**) *s* cinto de segurança

seating /ˈsi:tɪŋ/ *s* [*não contável*] assentos

seaweed /ˈsi:wi:d/ *s* [*não contável*] alga marinha

secluded /sɪˈklu:dɪd/ *adj* (*lugar*) retirado **seclusion** *s* **1** isolamento **2** privacidade

🔑 **second** /ˈsekənd/ (*abrev* **2nd**) *adjetivo, advérbio, pronome, substantivo, verbo*
▸ *adj* segundo LOC **second thoughts**: *We had second thoughts.* Nós reconsideramos. ◇ *On second thoughts…* Pensando bem…
▸ *adv, pron* o(s) segundo(s), a(s) segunda(s): *She came/finished second.* Ela

S

chegou/terminou em segundo lugar. ◇ *He's the second tallest in the class.* Ele é o segundo mais alto na classe. ◇ *the second to last* o penúltimo LOC *Ver* LAST
▸ *s* **1** (*tempo*) segundo: *the second hand* o ponteiro de segundos *Ver tb* SPLIT SECOND **2 the second** o dia dois **3** (*tb* ˌ**second** ˈ**gear**) segunda (marcha) ➲ *Ver exemplos em* FIFTH
▸ *vt* secundar

secondary /ˈsekənderi; *GB* -dri/ *adj* secundário

ˈ**secondary school** *s* escola secundária (*de 11 a 16/18 anos*)

ˌ**second** ˈ**best** *adj* segundo melhor: *He was tired of feeling second best.* Ele estava cansado de se sentir em segundo lugar. ➲ *Ver nota em* WELL BEHAVED

ˌ**second** ˈ**class** *substantivo, advérbio, adjetivo*
▸ *s* segunda classe
▸ *adv* de segunda classe: *to travel second class* viajar de segunda classe
▸ *adj* ˌ**second-**ˈ**class 1** de segunda classe: *a second-class ticket* um bilhete de segunda classe **2** (*GB*) (*correio*) de porte comum: *second-class stamp* selo mais barato para entrega comum

secondhand /ˌsekəndˈhænd/ (*tb* **second-hand**) *adj, adv* de segunda mão

secondly /ˈsekəndli/ *adv* em segundo lugar

ˌ**second-**ˈ**rate** *adj* de segunda categoria

S

secret /ˈsiːkrət/ *adjetivo, substantivo*
▸ *adj* secreto *Ver tb* TOP SECRET
▸ *s* segredo **secrecy** *s* [*não contável*] **1** sigilo **2** segredo

secretarial /ˌsekrəˈteriəl/ *adj* **1** (*pessoal*) administrativo **2** (*trabalho*) de secretaria

secretary /ˈsekrəteri; *GB* -tri/ *s* (*pl* **secretaries**) **1** secretário, -a **2 Secretary** ministro, -a *Ver tb* HOME SECRETARY

ˌ**Secretary of** ˈ**State** *s* **1** (*USA*) Ministro, -a das Relações Exteriores **2** (*GB*) ministro, -a

secrete /sɪˈkriːt/ *vt* **1** secretar **2** (*formal*) esconder **secretion** *s* secreção

secretive /ˈsiːkrətɪv/ *adj* reservado

secretly /ˈsiːkrətli/ *adv* secretamente

sect /sekt/ *s* seita

sectarian /sekˈteriən/ *adj* sectário

section /ˈsekʃn/ *s* **1** seção, parte **2** (*estrada*) faixa **3** (*sociedade*) setor **4** (*lei, código*) artigo *Ver tb* CROSS SECTION

sector /ˈsektər/ *s* setor

secular /ˈsekjələr/ *adj* secular

secure /səˈkjʊr; *GB* sɪˈ-/ *adjetivo, verbo*
▸ *adj* **1** seguro **2** (*prisão*) de alta segurança
▸ *vt* **1** (*formal*) (*acordo, contrato*) conseguir **2** prender **3** assegurar **securely** *adv* firmemente

security /səˈkjʊrəti; *GB* sɪˈ-/ *s* (*pl* **securities**) **1** segurança: *security guard* (guarda de) segurança **2** (*empréstimo*) fiança *Ver tb* SOCIAL SECURITY

sedan /sɪˈdæn/ (*GB* **saloon**) *s* sedã

sedate /sɪˈdeɪt/ *adjetivo, verbo*
▸ *adj* comedido
▸ *vt* sedar **sedation** *s* sedação LOC **be under sedation** estar sob o efeito de sedativos **sedative** /ˈsedətɪv/ *adj, s* sedativo

sedentary /ˈsednteri; *GB* -tri/ *adj* sedentário

sediment /ˈsedɪmənt/ *s* sedimento

seduce /sɪˈduːs; *GB* sɪˈdjuːs/ *vt* seduzir **seduction** /sɪˈdʌkʃn/ *s* sedução **seductive** *adj* sedutor

see /siː/ (*pt* **saw** /sɔː/, *pp* **seen** /siːn/) **1** *vt, vi* ver: *I saw a program on TV about that.* Vi um programa na TV sobre isso. ◇ *to go and see a movie* ir ver um filme ◇ *She'll never see again.* Ela nunca voltará a enxergar. ◇ *See page 158.* Ver página 158. ◇ *Go and see if the mailman's been.* Vá ver se chegou carta. ◇ *Let's see.* Vamos ver. **2** *vt* encontrar com: *I'm seeing Sue tonight.* Vou encontrar com a Sue hoje à noite. **3** *vt* sair com: *Are you seeing anyone?* Você está saindo com alguém? **4** *vt* acompanhar: *He saw her to the door.* Ele a acompanhou até a porta. **5** *vt* encarregar-se: *I'll see that it's done.* Tomarei providências para isso. **6** *vt, vi* compreender LOC **seeing that...** visto que... ◆ **see you (around/later)** (*coloq*) até logo: *See you tomorrow!* Até amanhã! ◆ **you see** (*coloq*) veja bem ❶ Para outras expressões com **see**, ver os verbetes do substantivo, adjetivo, etc, p.ex. **see sense** em SENSE. PHR V **see about sth/doing sth** encarregar-se de algo/fazer algo ◆ **see sb off** despedir-se de alguém ◆ **see through sb/sth** não se deixar enganar por alguém/algo ◆ **see to sth** encarregar-se de algo

seed /siːd/ *substantivo, verbo*
▸ *s* **1** semente, germe **2** (*Tênis*) cabeça de chave
▸ *vt* [*ger passiva*] (*Tênis*) escolher como cabeça de chave

seedy /ˈsiːdi/ *adj* (**seedier, -iest**) (*pej*) sórdido

seek /siːk/ (*pt, pp* **sought** /sɔːt/ *v*) (*formal*) **1** *vt* buscar, procurar **2** *vi* ~ **to do sth** tentar fazer algo PHR V **seek sb/sth out** perseverar na busca de alguém/algo

seem /siːm/ *vi* parecer: *It seems that...* Parece que... ❶ Não é usado em tempos contínuos. **seemingly** *adv* aparentemente

seen *pp de* SEE

seep /siːp/ *vi* infiltrar-se

seething /ˈsiːðɪŋ/ *adj* ~ **with sth**: *seething with rage* fervendo de raiva ◇ *seething with people* fervilhando de gente

ˈsee-through *adj* transparente

segment /ˈsegmənt/ *s* **1** segmento **2** (*de laranja, etc.*) gomo

segregate /ˈsegrɪgeɪt/ *vt* ~ **sb/sth (from sb/sth)** segregar alguém/algo (de alguém/algo)

seize /siːz/ *vt* **1** agarrar: *to seize hold of sth* agarrar algo ◇ *We were seized by panic.* Fomos acometidos de pânico. **2** (*armas, drogas, etc.*) apreender **3** (*Mil, pessoas*) capturar **4** (*bens*) confiscar **5** (*controle*) tomar **6** (*oportunidade, etc.*) aproveitar: *to seize the initiative* tomar a iniciativa PHR V **seize on/upon sth** aproveitar-se de algo ◆ **seize up** (*motor*) gripar **seizure** /ˈsiːʒər/ *s* **1** (*de contrabando, etc.*) confisco **2** apreensão **3** (*Med*) ataque

seldom /ˈseldəm/ *adv* raramente: *We seldom go out.* Raramente saímos. ➲ *Ver nota em* ALWAYS

select /sɪˈlekt/ *verbo, adjetivo*
▸ *vt* ~ **sb/sth (as/for sth)** escolher alguém/algo (como/para/em função de algo)
▸ *adj* [*antes do substantivo*] seleto

selection /sɪˈlekʃn/ *s* **1** seleção **2** variedade

selective /sɪˈlektɪv/ *adj* seletivo

self /self/ *s* (*pl* **selves** /selvz/) eu, ego: *She's her old self again.* Ela voltou a ser a mesma de sempre.

ˌself-aˈware *adj* consciente de si mesmo, autoconsciente

ˌself-ˈcatering *adj* (*GB*) (*acomodação*) com cozinha: *self-catering accommodations* acomodação tipo flat

ˌself-ˈcentered (*GB* **ˌself-ˈcentred**) *adj* egocêntrico

ˌself-ˈconfident (*tb* **ˌself-asˈsured**) *adj* seguro de si **ˌself-ˈconfidence** *s* autoconfiança

ˌself-ˈconscious *adj* inibido, sem naturalidade

ˌself-conˈtained *adj* (*apartamento*) independente

ˌself-conˈtrol *s* autocontrole

ˌself-deˈfense (*GB* **ˌself-deˈfence**) *s* autodefesa, legítima defesa

ˌself-deˌtermiˈnation *s* autodeterminação

ˌself-emˈployed *adj* (*trabalhador*) autônomo

ˌself-eˈsteem *s* autoestima

selfie /ˈselfiː/ *s* (*coloq*) selfie, autorretrato

ˌself-imˈprovement *s* crescimento pessoal

ˌself-ˈinterest *s* interesse próprio

selfish /ˈselfɪʃ/ *adj* egoísta

ˌself-ˈpity *s* autopiedade

ˌself-ˈportrait *s* autorretrato

ˌself-reˈspect *s* amor-próprio

ˌself-ˈrighteous *adj* (*pej*) (*pessoa*) com falsa santidade, hipócrita

ˌself-ˈsatisfied *adj* cheio de si

ˌself-ˈservice *adj* de autosserviço

ˌself-sufˈficient *adj* autossuficiente

ˌself-ˈtaught *adj* autodidata

sell /sel/ (*pt, pp* **sold** /sould/ *v*) **1** *vt* ~ **sb sth**; ~ **sth (to sb)** vender algo (a alguém) ➲ *Ver nota em* GIVE **2** *vi* ~ **(at/for sth)** vender(-se) (por algo) PHR V **sell sth off** liquidar algo ◆ **sell out; be sold out** (*entradas, produtos*) esgotar-se ◆ **sell out (of sth); be sold out (of sth)** estar com o estoque (de algo) esgotado

ˈsell-by date *s* (*GB*) (*USA* **pull date**) (prazo de) validade

seller /ˈselər/ *s* vendedor, -ora

selling /ˈselɪŋ/ *s* venda

Sellotape® /ˈselәteɪp/ *substantivo, verbo*
▸ *s* (*GB*) (*USA* **Scotch tape™**) durex®, fita adesiva
▸ *vt* (*GB*) colar com durex

sellout /ˈselaut/ *s* (*filme, show, partida, etc.*) sucesso de bilheteria

selves *Ver* SELF

semester /sɪˈmestər/ *s* semestre: *the spring/fall semester* o primeiro/segundo semestre

semi /ˈsemi/ *s* (*pl* **semis** /-miːz/) **1** semifinal **2** (*GB, coloq*) (*USA* **duplex**) casa geminada

semicircle /ˈsemisɜːrkl/ *s* **1** semicírculo **2** semicircunferência

semicolon /ˈsemikoulən; *GB* ˌsemiˈkoulən/ *s* ponto e vírgula ➲ *Ver pág. 310*

ˌsemi-deˈtached *adj* (*esp GB*) geminado: *a semi-detached house* uma casa geminada

semifinal /ˌsemiˈfaɪnl/ *s* semifinal **semifinalist** *s* semifinalista

seminar /ˈsemɪnɑːr/ *s* seminário (*aula*)

senate (*tb* **Senate**) /ˈsenət/ *s* **1** (*Pol*) Senado ➲ *Ver nota em* CONGRESS **2** (*universidade*) junta administrativa

S

senator (*tb* **Senator**) /ˈsenətər/ *s* (*abrev* **Sen.**) senador, -ora

send /send/ *vt* (*pt, pp* **sent** /sent/) **1** ~ **sb sth**; ~ **sth (to sb)** enviar, mandar algo (a alguém): *She was sent to bed without any supper.* Ela foi mandada para a cama sem jantar. ➲ *Ver nota em* GIVE **2** fazer (com que): *The news sent prices soaring.* As notícias fizeram os preços dispararem. ◇ *The story sent shivers down my spine.* A história me deu calafrios. LOC *Ver* LOVE PHR V **send for sb** chamar, mandar buscar alguém ◆ **send sb in** enviar alguém (*esp tropas, polícia, etc.*) ◆ **send sth in/off** enviar algo (*pelo correio*) ◆ **send sb off** (*GB*) (*Esporte*) expulsar alguém ◆ **send off for sth** pedir algo pelo correio, encomendar algo ◆ **send sth out 1** (*raios, etc.*) emitir algo **2** (*convites, etc.*) enviar algo ◆ **send sb/sth up** (*esp GB, coloq*) parodiar alguém/algo **sender** *s* remetente

senile /ˈsiːnaɪl/ *adj* senil **senility** /səˈnɪləti/ *s* senilidade

senior /ˈsiːniər/ *adjetivo, substantivo*
▸ *adj* **1** superior: *senior partner* sócio principal **2** (*abrev* **Snr., Sr.**) sênior: *John Brown, Sr.* John Brown, sênior
▸ *s* mais velho: *She is two years my senior.* Ela é dois anos mais velha do que eu. **seniority** /ˌsiːniˈɔːrəti; *GB* -ˈɒrə-/ *s* antiguidade (*posição, anos, etc.*)

ˌsenior ˈcitizen (*tb* **senior**) *s* idoso, -a

ˌsenior ˈhigh school (*tb* ˌ**senior ˈhigh**) *s* escola de ensino médio

sensation /senˈseɪʃn/ *s* sensação **sensational** *adj* **1** sensacional **2** (*pej*) sensacionalista

sense /sens/ *substantivo, verbo*
▸ *s* **1** sentido: *sense of smell/touch/taste* olfato/tato/paladar ◇ *a sense of humor* senso de humor **2** sensação: *It gives him a sense of security.* Isso o faz se sentir seguro. **3** bom senso, sensatez: *to come to your senses* recobrar o juízo ◇ *to make sb see sense* trazer alguém à razão *Ver tb* COMMON SENSE LOC **in a sense** de certo modo ◆ **make sense** fazer sentido ◆ **make sense of sth** decifrar algo ◆ **see sense** cair em si
▸ *vt* **1** sentir, perceber **2** (*máquina*) detectar

senseless /ˈsensləs/ *adj* **1** (*pej*) sem sentido **2** inconsciente, desacordado

sensibility /ˌsensəˈbɪləti/ *s* (*pl* **sensibilities**) sensibilidade

sensible /ˈsensəbl/ *adj* **1** sensato ❶ A palavra *sensível* traduz-se por **sensitive**. **2** (*decisão*) acertado **sensibly** *adv* **1** (*comportar-se*) com prudência **2** (*vestir-se*) adequadamente

sensitive /ˈsensətɪv/ *adj* **1** sensível: *She's very sensitive to criticism.* Ela é muito sensível à crítica. **2** (*assunto, pele*) delicado: *sensitive documents* documentos confidenciais **sensitively** *adv* com sensibilidade **sensitivity** /ˌsensəˈtɪvəti/ *s* **1** sensibilidade **2** suscetibilidade **3** (*assunto, pele*) delicadeza

sensual /ˈsenʃuəl/ *adj* sensual **sensuality** /ˌsenʃuˈæləti/ *s* sensualidade

sensuous /ˈsenʃuəs/ *adj* sensual

sent *pt, pp de* SEND

sentence /ˈsentəns/ *substantivo, verbo*
▸ *s* **1** (*Gram*) frase, oração ➲ *Comparar com* PHRASE **2** sentença: *a life sentence* prisão perpétua
▸ *vt* ~ **sb (to sth)** sentenciar, condenar alguém (a algo)

sentiment /ˈsentɪmənt/ *s* **1** (*formal*) sentimento **2** [*não contável*] sentimentalismo **sentimental** /ˌsentɪˈmentl/ *adj* **1** sentimental **2** (*ger pej*) melodramático **sentimentality** /ˌsentɪmenˈtæləti/ *s* (*pej*) sentimentalismo, melodrama

sentry /ˈsentri/ *s* (*pl* **sentries**) sentinela

separate *adjetivo, verbo*
▸ *adj* /ˈseprət/ **1** separado **2** diferente: *It happened on three separate occasions.* Aconteceu em três ocasiões diferentes.
▸ *v* /ˈsepəreɪt/ **1** *vt, vi* separar(-se) **2** *vt* dividir: *We separated the children into three groups.* Dividimos as crianças em três grupos.

separately /ˈseprətli/ *adv* separadamente

separation /ˌsepəˈreɪʃn/ *s* separação

September /sepˈtembər/ *s* (*abrev* **Sept.**) setembro ➲ *Ver nota em* JANUARY

sequel /ˈsiːkwəl/ *s* **1** (*filme, livro, etc.*) continuação **2** resultado

sequence /ˈsiːkwəns/ *s* sequência, série

serene /səˈriːn/ *adj* sereno

sergeant /ˈsɑːrdʒənt/ *s* sargento

serial /ˈsɪriəl/ *s* série, seriado: *serial number* número de série ◇ *a radio serial* um seriado de rádio ➲ *Ver nota em* SERIES

series /ˈsɪriːz/ *s* (*pl* **series**) **1** série, sucessão **2** (*TV, Rádio*) série, seriado

> Em inglês, utilizamos a palavra **series** para nos referirmos às séries que contam uma história diferente a cada episódio, e **serial** quando se trata de uma única história dividida em capítulos.

Ver tb WORLD SERIES®

serious /ˈsɪriəs/ *adj* **1** sério: *Is he serious (about it)?* Ele está falando sério?

◇ *to be serious about sth* levar algo a sério **2** (*doença, erro, crime*) grave

seriously /ˈsɪriəsli/ *adv* **1** a sério **2** gravemente

seriousness /ˈsɪriəsnəs/ *s* **1** seriedade **2** gravidade

sermon /ˈsɜːrmən/ *s* sermão

servant /ˈsɜːrvənt/ *s* empregado, -a; serviçal *Ver tb* CIVIL SERVANT

serve /sɜːrv/ *verbo, substantivo*
▸ *v* **1** *vt* ~ **sb sth**; ~ **sth (to sb)** servir algo (a alguém) ➲ *Ver nota em* GIVE **2** *vi* ~ **(in/on/with sth)** servir (em algo): *He served with the eighth squadron.* Ele serviu no oitavo esquadrão. **3** *vt* (*cliente*) atender **4** *vi* ~ **(as sth)** servir (de algo): *The couch will serve as a bed.* O sofá vai servir de cama. **5** *vt* (*pena*) cumprir **6** *vt, vi* (*Tênis, etc.*) sacar LOC **it serves sb right (for doing sth)**: *It serves them right for being so stupid!* Benfeito para eles por serem tão burros! *Ver tb* FIRST PHR V **serve sth up** servir algo (*comida*)
▸ *s* (*Tênis, etc.*) saque: *Whose serve is it?* Quem é que saca?

server /ˈsɜːrvər/ *s* **1** (*Informát*) servidor **2** garçom, garçonete **3** (*Tênis, etc.*) sacador, -ora **4** [*ger pl*] (*Cozinha*) talher: *salad servers* talheres de salada

service /ˈsɜːrvɪs/ *substantivo, verbo*
▸ *s* **1** serviço: *10% extra for service* 10% a mais pelo serviço ◇ *service charge* taxa de serviço ◇ *on active service* na ativa *Ver tb* ROOM SERVICE, SOCIAL SERVICES **2** culto: *morning service* culto matinal **3** (*veículo, etc.*) revisão **4** (*jogo de raquete*) saque
▸ *vt* (*veículo, etc.*) fazer a revisão de

ˈservice industry *s* (*pl* **-ies**) (*Econ*) setor de serviços

serviceman /ˈsɜːrvɪsmən/ *s* (*pl* **-men** /ˈsɜːrvɪsmən/) militar

ˈservice station *s* **1** posto de gasolina **2** (*GB*) (*tb* **ˈservice area**, **services** [*pl*]) posto de serviços (*em rodovias*)

servicewoman /ˈsɜːrvɪswʊmən/ *s* (*pl* **-women** /-wɪmɪn/) militar

serviette /ˌsɜːrviˈet/ *s* (*GB*) (*USA* **napkin**) guardanapo

sesame /ˈsesəmi/ *s* [*não contável*] gergelim: *sesame seeds* gergelim

session /ˈseʃn/ *s* sessão

set /set/ *verbo, substantivo, adjetivo*
▸ *v* (*pt, pp* **set**; *part pres* **setting**) **1** *vt* pôr, colocar: *He set a bowl of soup in front of me.* Ele colocou um prato de sopa na minha frente. **2** *vt* (*mudança de estado*): *They set the prisoners free.* Libertaram os prisioneiros. ◇ *It set me thinking.* Isso me fez pensar. **3** *vt* (*filme, livro, etc.*): *The movie is set in Austria.* O filme é ambientado na Áustria. **4** *vt* (*preparar*) colocar: *I set the alarm clock for seven.* Coloquei o despertador para as sete. ◇ *Did you set the TV to record that movie?* Você programou a televisão para gravar aquele filme? ◇ *to set the table* pôr a mesa **5** *vt* (*fixar*) estabelecer: *She set a new world record.* Ela estabeleceu um novo recorde mundial. ◇ *Can we set a limit to the cost of the trip?* Podemos estabelecer um limite para o custo da viagem? ◇ *They haven't set a date for their wedding yet.* Eles ainda não marcaram a data do casamento. **6** *vt* (*esp GB*) (*mandar*) passar: *She set them a difficult task.* Ela deu uma tarefa difícil a eles. **7** *vt*: *to set an example* dar o exemplo **8** *vi* solidificar-se, endurecer: *Put the Jell-O in the fridge to set.* Ponha a gelatina na geladeira para que endureça. **9** *vt* (*osso quebrado*) engessar **10** *vt* (*cabelo*) fazer **11** *vi* (*sol*) pôr-se **12** *vt* (*joias*) engastar ❶ Para expressões com **set**, ver os verbetes do substantivo, adjetivo, etc, p.ex. **set light to sth** em LIGHT. PHR V **set about sth/doing sth** pôr-se a fazer algo
set sth apart (for sth) separar algo (para algo)
set sth aside 1 reservar algo **2** deixar algo de lado
set sth/sb back atrasar algo/alguém
set off/out partir: *to set off on a journey* partir de viagem ◇ *They set out (from London) for Australia.* Partiram (de Londres) para a Austrália. ◆ **set sth off 1** detonar algo **2** (*alarme*) fazer algo disparar **3** ocasionar algo
set out to do sth propor-se a fazer algo
set sth up 1 erigir algo **2** montar algo **3** criar algo **4** organizar algo
▸ *s* **1** jogo: *a set of saucepans* um jogo de panelas **2** círculo (*de pessoas*) **3** (*Eletrôn*) aparelho **4** (*Tênis, Voleibol, etc.*) partida, set **5** (*Teat*) cenário **6** (*Cinema*) set
▸ *adj* **1** fixo **2** inflexível **3** ~ **for sth/to do sth** pronto para algo/fazer algo

setback /ˈsetbæk/ *s* revés, problema

ˌset ˈtext (*tb* **ˌset ˈbook**) *s* (*GB*) leitura obrigatória

setting /ˈsetɪŋ/ *s* **1** armação **2** ambientação, cenário **3 settings** [*pl*] (*máquina*) ajuste **4 settings** [*pl*] (*Informát*) configuração

settle /ˈsetl/ **1** *vt* (*disputa*) resolver **2** *vt* decidir **3** *vi* estabelecer-se, ficar para morar **4** *vi* ~ **(on sth)** pousar (em algo) **5** *vt* (*conta, dívida*) pagar **6** *vt* (*estômago, nervos, etc.*) acalmar **7** *vi* (*sedimento*) depositar-se PHR V **settle down**

S

1 acalmar-se, assentar-se: *to marry and settle down* casar-se e tomar juízo **2** acomodar-se ◆ **settle for sth** aceitar algo ◆ **settle in; settle into sth** adaptar-se (a/em algo) ◆ **settle on sth** decidir-se por algo ◆ **settle up (with sb)** acertar contas (com alguém) **settled** *adj* estável

settlement /ˈsetlmənt/ *s* **1** acordo **2** (*Jur*) contrato **3** povoado **4** colonização

settler /ˈsetlər/ *s* colono, -a; colonizador, -ora

setup /ˈsetʌp/ (*tb* **set-up**) *s* (*coloq*) organização, sistema

⚿ **seven** /ˈsevn/ *adj, pron, s* sete ➲ *Ver exemplos em* FIVE **seventh 1** *adj, adv, pron* sétimo **2** *s* sétima parte, sétimo ➲ *Ver exemplos em* FIFTH

⚿ **seventeen** /ˌsevnˈtiːn/ *adj, pron, s* dezessete ➲ *Ver exemplos em* FIVE **seventeenth 1** *adj, adv, pron* décimo sétimo **2** *s* décima sétima parte, dezessete avos ➲ *Ver exemplos em* FIFTH

⚿ **seventy** /ˈsevnti/ *adj, pron, s* setenta ➲ *Ver exemplos em* FIFTY, FIVE **seventieth 1** *adj, adv, pron* septuagésimo **2** *s* septuagésima parte, setenta avos ➲ *Ver exemplos em* FIFTH

sever /ˈsevər/ *vt* (*formal*) **1** ~ **sth (from sth)** cortar algo (de algo) **2** (*relações*) romper

⚿ **several** /ˈsevrəl/ *adj, pron* vários, -as

⚿ **severe** /sɪˈvɪr/ *adj* (**severer**, **-est**) **1** (*expressão, castigo*) severo **2** (*tempestade, geada, dor, pancada*) forte **3** (*problema, etc.*) sério

S

⚿ **sew** /soʊ/ *vt, vi* (*pt* **sewed**, *pp* **sewn** /soʊn/ *ou* **sewed**) coser, costurar PHR V **sew sth up 1** costurar algo: *to sew up a hole* cerzir um furo **2** (*coloq*) arranjar algo (*situação favorável*)

sewage /ˈsuːɪdʒ; *GB tb* ˈsjuː-/ *s* [*não contável*] efluentes dos esgotos

sewer /ˈsuːər; *GB tb* ˈsjuː-/ *s* (cano de) esgoto

⚿ **sewing** /ˈsoʊɪŋ/ *s* [*não contável*] costura: *sewing machine* máquina de costura

sewn *pp de* SEW

⚿ **sex** /seks/ *substantivo, verbo*
▸ *s* **1** sexo **2** relações sexuais: *to have sex (with sb)* ter relações sexuais (com alguém) ◇ *sex life* vida sexual
▸ *v* PHR V **sex sth up** (*coloq*) dar uma apimentada em algo

sexism /ˈseksɪzəm/ *s* sexismo **sexist** *adj, s* sexista

sext /sekst/ *substantivo, verbo*
▸ *s* sext (*mensagem com conteúdo sexual enviado por celular*)
▸ *vt, vi* enviar sexts (a)

⚿ **sexual** /ˈsekʃuəl/ *adj* sexual: *sexual intercourse* relações sexuais **sexuality** /ˌsekʃuˈæləti/ *s* sexualidade

sexy /ˈseksi/ *adj* (**sexier**, **-iest**) (*coloq*) **1** (*pessoa, roupa*) sexy, sedutor **2** (*livro, filme, etc.*) erótico

shabby /ˈʃæbi/ *adj* (**shabbier**, **-iest**) **1** (*roupa*) surrado **2** (*coisas*) gasto, em mau estado **3** (*pessoa*) malvestido **4** (*comportamento*) mesquinho

shack /ʃæk/ *s* cabana

⚿ **shade** /ʃeɪd/ *substantivo, verbo*
▸ *s* **1** sombra ➲ *Ver ilustração em* SOMBRA **2** abajur (*de lâmpada*) **3** (*GB* **blind**) persiana **4** (*cor*) tom **5** (*significado*) vestígio **6 shades** [*pl*] (*coloq*) óculos escuros
▸ *vt* sombrear

⚿ **shadow** /ˈʃædoʊ/ *substantivo, verbo, adjetivo*
▸ *s* **1** sombra ➲ *Ver ilustração em* SOMBRA **2** (*tb* **shadows** [*pl*]) trevas
▸ *vt* seguir e vigiar secretamente
▸ *adj* (*GB*) (*Pol*) da oposição: *the shadow cabinet* o gabinete da oposição **shadowy** *adj* **1** (*lugar*) sombreado **2** (*fig*) obscuro, sombrio

shady /ˈʃeɪdi/ *adj* (**shadier**, **-iest**) sombreado

shaft /ʃæft; *GB* ʃɑːft/ *s* **1** haste **2** eixo **3**: *the elevator shaft* o poço do elevador **4** ~ **(of sth)** (*luz*) raio (de algo)

shaggy /ˈʃægi/ *adj* (**shaggier**, **-iest**) peludo: *shaggy eyebrows* sobrancelhas cerradas ◇ *shaggy hair* cabelo desgrenhado

⚿ **shake** /ʃeɪk/ *verbo, substantivo*
▸ *v* (*pt* **shook** /ʃʊk/, *pp* **shaken** /ˈʃeɪkən/) **1** *vt* sacudir, agitar **2** *vi* tremer **3** *vt* ~ **sb (up)** perturbar alguém LOC **shake sb's hand; shake hands (with sb)** apertar a mão (de alguém) ◆ **shake your head** negar com a cabeça PHR V **shake sb off** livrar-se de alguém
▸ *s* **1** [*ger sing*] sacudida: *Give the bottle a good shake.* Agite bem a garrafa. ◇ *a shake of the head* uma negação com a cabeça **2** *Ver* MILKSHAKE **shaky** *adj* (**shakier**, **-iest**) **1** trêmulo **2** pouco firme

shale gas /ˌʃeɪl ˈgæs/ *s* gás de xisto

⚿ **shall** /ʃəl; ʃæl/ *v modal* (*contração* **'ll**, *neg* **shall not** *ou* **shan't** /ʃænt; *GB* ʃɑːnt/)

Shall é um verbo modal, seguido de infinitivo sem **to**. As orações interrogativas e negativas se constroem sem o auxiliar **do**.

1 (*esp GB*) para formar o futuro: *As we shall see...* Como veremos... ◇ *I shall tell her tomorrow.* Direi a ela amanhã.

Shall e **will** são usados para formar o futuro em inglês. Sobretudo na

Grã-Bretanha, utiliza-se **shall** com a primeira pessoa do singular e do plural, **I** e **we**, e **will** com as demais pessoas. Mas, no inglês oral, tende-se a utilizar **will** (ou a forma contraída **'ll**) com todos os pronomes.

2 *(oferta, sugestão)*: *Shall we pick you up?* Vamos te buscar? ❶ Nos Estados Unidos usa-se também **should** em vez de **shall** neste sentido. **3** *(formal) (vontade, determinação)*: *I shan't go.* Não irei. ❶ Neste sentido, **shall** é mais formal do que **will**, especialmente quando se usa com pronomes que não sejam *I* e *we*.

shallow /ˈʃæloʊ/ *adj* (**shallower**, **-est**) **1** *(água)* raso **2** *(pej) (pessoa)* superficial

shambles /ˈʃæmblz/ *s [sing] (coloq)* confusão: *to be (in) a shambles* estar numa confusão só

shame /ʃeɪm/ *substantivo, verbo*
▸ *s* **1** vergonha **2** desonra **3 a shame** *[sing]* (uma) pena: *What a shame!* Que pena! LOC **put sb/sth to shame** deixar alguém/algo em situação constrangedora *Ver tb* CRYING
▸ *vt* **1** envergonhar **2** *(formal)* desonrar

shameful /ˈʃeɪmfl/ *adj* vergonhoso

shameless /ˈʃeɪmləs/ *adj (pej)* descarado, sem-vergonha

shampoo /ʃæmˈpuː/ *substantivo, verbo*
▸ *s (pl* **shampoos***)* xampu
▸ *vt (pt, pp* **shampooed***; part pres* **shampooing***)* lavar com xampu

shamrock /ˈʃæmrɑːk/ *s* trevo *(emblema nacional da Irlanda)*

shan't /ʃænt; *GB* ʃɑːnt/ = SHALL NOT *Ver* SHALL

shanty town /ˈʃænti taʊn/ *s* favela

shape /ʃeɪp/ *substantivo, verbo*
▸ *s* **1** forma **2** figura LOC **in any (way,) shape or form** *(coloq)* de qualquer tipo ◆ **in shape** em forma ◆ **out of shape 1** deformado **2** fora de forma ◆ **take shape** tomar forma, concretizar-se
▸ *vt* **1** ~ **sth (into sth)** dar forma (de algo) a algo **2** formar PHR V **shape up 1** tomar forma **2** *(coloq)* entrar nos eixos **shapeless** *adj* sem forma definida

share /ʃer/ *verbo, substantivo*
▸ *v* **1** *vt, vi* ~ **(sth) (with sb)** compartilhar (algo) (com alguém) **2** *vt* ~ **sth (out) (among/between sb)** repartir algo (entre/com alguém)
▸ *s* **1** ~ **(of/in sth)** parte (de/em algo) **2** *(Fin)* ação LOC *Ver* FAIR

shareholder /ˈʃerhoʊldər/ *s* acionista

sharia /ʃəˈriːə/ *s* charia *(direito islâmico)*

shark /ʃɑːrk/ *s* tubarão *Ver tb* LOAN SHARK LOC *Ver* JUMP

sharp /ʃɑːrp/ *adjetivo, substantivo, advérbio*
▸ *adj* (**sharper**, **-est**) **1** *(faca, etc.)* afiado **2** *(mudança)* acentuado, brusco **3** nítido **4** *(som, dor)* agudo **5** *(mente, vista)* aguçado **6** *(vento)* cortante **7** *(curva)* fechado **8** *(sabor)* ácido **9** *(cheiro)* acre **10** *(Mús)* sustenido **11** *(roupa)* elegante
▸ *s* sustenido ➲ *Comparar com* FLAT
▸ *adv* em ponto: *at two o'clock sharp* às duas horas em ponto **sharpen** *vt* **1** afiar **2** *(lápis)* apontar **sharpener** *s*: *pencil sharpener* apontador (de lápis) ◇ *knife sharpener* amolador

shatter /ˈʃætər/ **1** *vt, vi* despedaçar(-se) **2** *vt* destruir **shattered** *adj* **1** arrasado **2** *(GB, coloq)* exausto **shattering** *adj* avassalador

shave /ʃeɪv/ **1** *vt, vi* barbear(-se): *shaving cream/foam* creme/espuma de barbear **2** *vt (corpo)* raspar LOC *Ver* CLOSE[1] **shaver** *s* barbeador (elétrico)

shawl /ʃɔːl/ *s* xale

she /ʃiː/ *pronome, substantivo*
▸ *pron* ela: *She didn't come.* Ela não veio. ❶ O pronome pessoal não pode ser omitido em inglês. ➲ *Comparar com* HER
▸ *s* fêmea: *Is it a he or a she?* É macho ou fêmea?

shear /ʃɪr/ *vt (pt* **sheared**, *pp* **sheared** *ou* **shorn** /ʃɔːrn/*)* **1** *(ovelha)* tosquiar **2** cortar

shears /ʃɪrz/ *s [pl]* tesoura de jardim

sheath /ʃiːθ/ *s (pl* **sheaths** /ʃiːðz/*)* bainha

shed /ʃed/ *substantivo, verbo*
▸ *s* barracão
▸ *vt (pt, pp* **shed***; part pres* **shedding***)* **1** desfazer-se de **2** *(folhas)* perder **3** *(a pele)* mudar **4** *(formal) (lágrimas, sangue)* derramar **5** ~ **sth (on sb/sth)** *(luz)* lançar, espalhar algo (sobre alguém/algo)

she'd /ʃiːd/ **1** = SHE HAD *Ver* HAVE **2** = SHE WOULD *Ver* WOULD

sheep /ʃiːp/ *s (pl* **sheep***)* ovelha *Ver tb* EWE, RAM ➲ *Ver nota em* CARNE

sheepish /ˈʃiːpɪʃ/ *adj* tímido, encabulado

sheer /ʃɪr/ *adj* **1** *[antes do substantivo]* puro, absoluto: *The concert was a sheer delight.* O concerto foi um prazer absoluto. **2** *(tecido)* diáfano, translúcido **3** *(quase vertical)* íngreme

sheet /ʃiːt/ *s* **1** *(para cama)* lençol **2** *(de papel)* folha **3** *(de vidro, metal)* chapa

sheikh *(tb* **sheik***)* /ʃeɪk/ *s* xeque

shelf /ʃelf/ *s (pl* **shelves** /ʃelvz/*)* estante, prateleira

shell /ʃel/ *substantivo, verbo*
▸ *s* **1** *(de molusco)* concha **2** *(de ovo, noz)* casca ➲ *Ver nota em* PEEL **3** *(de tartaruga,*

S

crustáceo, inseto) carapaça **4** obus, granada **5** *(de edifício)* estrutura **6** *(de barco)* casco
▸ *vt* bombardear

she'll /ʃiːl/ = SHE WILL *Ver* WILL

shellfish /ˈʃelfɪʃ/ *s (pl* **shellfish***)* **1** *(Zool)* crustáceo **2** *(como alimento)* marisco

🔑 **shelter** /ˈʃeltər/ *substantivo, verbo*
▸ *s* **1** ~ **(from sth)** abrigo, refúgio (contra algo): *to take shelter* refugiar-se **2** *(lugar)* refúgio
▸ *v* **1** *vt* ~ **sb/sth (from sb/sth)** proteger, abrigar alguém/algo (de/contra alguém/algo) **2** *vi* ~ **(from sth)** refugiar-se, abrigar-se (de/contra algo) **sheltered** *adj* **1** *(lugar)* abrigado **2** *(vida)* protegido

shelve /ʃelv/ *vt* engavetar

shelves *pl de* SHELF

shelving /ˈʃelvɪŋ/ *s [não contável]* prateleiras

shepherd /ˈʃepərd/ *s* pastor, -ora *Ver tb* GERMAN SHEPHERD

sheriff /ˈʃerɪf/ *s* xerife

sherry /ˈʃeri/ *s (pl* **sherries***)* xerez

she's /ʃiːz/ **1** = SHE IS *Ver* BE **2** = SHE HAS *Ver* HAVE

shied *pt, pp de* SHY

shield /ʃiːld/ *substantivo, verbo*
▸ *s* escudo
▸ *vt* ~ **sb/sth (from sb/sth)** proteger alguém/algo (de/contra alguém/algo)

🔑 **shift** /ʃɪft/ *verbo, substantivo*
▸ *vt, vi* mover(-se), mudar(-se), mudar de posição/lugar: *She shifted uneasily in her seat.* Pouco à vontade, ela mudou de posição na cadeira.
▸ *s* **1** mudança: *a shift in public opinion* uma mudança na opinião pública **2** *(trabalho)* turno **3** *(tb* ˈ**shift key***)* *(Informát)* tecla shift

shifty /ˈʃɪfti/ *adj* (**shiftier**, **-iest**) *(coloq)* duvidoso

shiitake *(tb* **shitake***)* /ʃɪˈtɑːki/ *(tb* ˌ**shiitake** ˈ**mushroom***)* *s* shiitake *(tipo de cogumelo)*

Shiite *(tb* **Shiʼite***)* /ˈʃiːaɪt/ *adj, s (Relig)* xiita

shimmer /ˈʃɪmər/ *vi* **1** *(água, seda)* brilhar **2** *(luz)* bruxulear **3** *(luz em água)* tremeluzir

shin /ʃɪn/ *s* **1** canela *(da perna)* **2** *(tb* ˈ**shin bone***)* tíbia

🔑 **shine** /ʃaɪn/ *verbo, substantivo*
▸ *v (pt, pp* **shone** /ʃoʊn; *GB* ʃɒn/*)* **1** *vi* brilhar: *His face shone with excitement.* O rosto dele irradiava entusiasmo. **2** *vt* iluminar *(com lanterna)* **3** *vi* ~ **(at/in sth)** brilhar (em algo): *She's always shone at languages.* Ela sempre se destacou em idiomas.
▸ *s [sing]* brilho

shingle /ˈʃɪŋgl/ *s* **1** telha de madeira **2** *[não contável]* seixos

🔑 **shiny** /ˈʃaɪni/ *adj* (**shinier**, **-iest**) brilhante, reluzente

🔑 **ship** /ʃɪp/ *substantivo, verbo*
▸ *s* barco, navio: *a merchant ship* um navio mercante ◇ *The captain went on board ship.* O capitão subiu a bordo. ➲ *Ver nota em* BOAT
▸ *vt* (**-pp-**) enviar *(esp por via marítima)*

shipbuilding /ˈʃɪpbɪldɪŋ/ *s* construção naval

shipment /ˈʃɪpmənt/ *s* **1** *[não contável]* expedição **2** carregamento

shipping /ˈʃɪpɪŋ/ *s* navegação, navios: *shipping lane* via de navegação

shipwreck /ˈʃɪprek/ *substantivo, verbo*
▸ *s* naufrágio
▸ *vt* **be shipwrecked** naufragar

shipyard /ˈʃɪpjɑːrd/ *s* estaleiro

🔑 **shirt** /ʃɜːrt/ *s* camisa

shiver /ˈʃɪvər/ *verbo, substantivo*
▸ *vi* **1** ~ **(with sth)** arrepiar-se (de/com algo) **2** estremecer
▸ *s* calafrio

shoal /ʃoʊl/ *s* cardume

🔑 **shock** /ʃɑːk/ *substantivo, verbo*
▸ *s* **1** choque **2** *(tb* eˌ**lectric** ˈ**shock***)* choque elétrico **3** *[não contável]* *(Med)* choque
▸ *v* **1** *vt* chocar, transtornar **2** *vt, vi* escandalizar(-se) **shocked** *adj* ~ **(by/at sth)** chocado (com algo)

🔑 **shocking** /ˈʃɑːkɪŋ/ *adj* **1** *(notícia, crime, etc.)* chocante **2** *(comportamento)* escandaloso **3** *(esp GB, coloq)* horrível, péssimo

shoddy /ˈʃɑːdi/ *adj* (**shoddier**, **-iest**) **1** *(produto)* de má qualidade **2** *(trabalho)* malfeito

🔑 **shoe** /ʃuː/ *substantivo, verbo*
▸ *s* **1** sapato: *shoe store/shop* sapataria ◇ *shoe polish* graxa ◇ *What shoe size do you wear?* Que número você calça? ➲ *Ver nota em* PAIR **2** *Ver* HORSESHOE
LOC **be in/put yourself in sb's shoes** estar/pôr-se na pele de alguém
▸ *vt (pt, pp* **shod** /ʃɑːd/*)* *(cavalo)* ferrar

shoestring /ˈʃuːstrɪŋ/ *(tb* **shoelace** /ˈʃuːleɪs/*)* *s* cadarço LOC **on a shoestring** *(coloq)* com pouco dinheiro

shone *pt, pp de* SHINE

shook *pt de* SHAKE

🔑 **shoot** /ʃuːt/ *verbo, substantivo*
▸ *v (pt, pp* **shot** /ʃɑːt/*)* **1** *vt, vi* ~ **(sth) (at sb/sth)** disparar (algo) (em alguém/algo); atirar em/contra alguém/algo: *She was shot in the leg.* Ela levou um tiro na perna. ◇ *to shoot sb dead* matar alguém

S

a tiros ◇ *to shoot rabbits* caçar coelhos **2** *vt* fuzilar **3** *vt* (*olhar*) lançar **4** *vt* (*filme*) filmar **5** *vi* ~ **along, past, out, etc.** ir, passar, sair, etc, disparado **6** *vi* (*Esporte*) chutar PHR V **shoot sb down** matar alguém (a tiro) ♦ **shoot sth down** abater algo (a tiro) ♦ **shoot up 1** (*planta, criança*) crescer rapidamente **2** (*preços*) disparar
▸ *s* (*Bot*) broto

shooter /ˈʃuːtər/ *s* **1** (*ger em compostos*) atirador, -ora **2** (*coloq*) arma (*de fogo*)

⚷ **shooting** /ˈʃuːtɪŋ/ *s* tiroteio

⚷ **shop** /ʃɑːp/ *substantivo, verbo*
▸ *s* **1** (*esp GB*) (*tb esp USA* **store**) loja: *a clothes shop* uma loja de roupa ◇ *I'm going to the shops.* Vou fazer compras. ◇ *shop window* vitrine **2** *Ver* WORKSHOP LOC *Ver* TALK
▸ *vi* (-pp-) ir às compras, fazer compras: *She's gone shopping.* Ela foi às compras. ◇ *to shop for sth* procurar algo (nas lojas) PHR V **shop around (for sth)** ver o que há (nas lojas), comparar preços (de algo)

shopaholic /ˌʃɑːpəˈhɔːlɪk; *GB* -ˈhɒlɪk/ *adj, s* (*coloq*) viciado, -a em compras

ˈ**shop assistant** *s* (*GB*) (*USA* **sales clerk**) dependiente, -a

shopkeeper /ˈʃɑːpkiːpər/ (*USA tb* **storekeeper**) *s* comerciante, lojista

shoplifting /ˈʃɑːplɪftɪŋ/ *s* [*não contável*] furto (*em loja*): *She was charged with shoplifting.* Ela foi acusada de ter roubado da loja. **shoplifter** *s* ladrão, -a de lojas ➲ *Ver nota em* THIEF

shopper /ˈʃɑːpər/ *s* comprador, -ora

⚷ **shopping** /ˈʃɑːpɪŋ/ *s* [*não contável*] compra(s): *to do the shopping* fazer compras ◇ *shopping bag/cart* sacola/carrinho de compras *Ver tb* SHOP

ˈ**shopping center** (*GB* ˈ**shopping centre**) (*tb* ˈ**shopping mall**) *s* centro comercial

shore /ʃɔːr/ *s* **1** costa: *to go on shore* desembarcar **2** orla (*de mar, lago*): *on the shore(s) of Loch Ness* nas margens do lago Ness ➲ *Comparar com* BANK

shorn *pp de* SHEAR

⚷ **short** /ʃɔːrt/ *adjetivo, advérbio, substantivo*
▸ *adj* (shorter, -est) **1** (*tempo, distância, cabelo, vestido*) curto: *I was only there for a short while.* Estive ali só um instante. ◇ *a short time ago* há pouco tempo **2** (*pessoa*) baixo **3** ~ **(of sth)** com falta de algo: *Water is short.* Está faltando água. ◇ *I'm a bit short on time just now.* Neste exato momento estou um pouco sem tempo. ◇ *I'm $5 short.* Faltam-me cinco dólares. **4** ~ **for sth**: *Ben is short for Benjamin.* Ben é o diminutivo de Benjamin. LOC *Ver* SUPPLY, TEMPER, TERM
▸ *adv* LOC *Ver* CUT, FALL, STOP
▸ *s* (*Cinema*) curta-metragem *Ver tb* SHORTS LOC **for short** para abreviar: *He's called Ben for short.* A gente o chama de Ben para abreviar. ♦ **in short** em resumo

shortage /ˈʃɔːrtɪdʒ/ *s* escassez

ˌ**short** ˈ**circuit** *substantivo, verbo*
▸ *s* (*coloq* **short**) curto-circuito
▸ *v* ˌ**short-**ˈ**circuit** (*coloq* **short**) **1** *vi* entrar em curto-circuito **2** *vt* causar um curto-circuito em

shortcoming /ˈʃɔːrtkʌmɪŋ/ *s* [*ger pl*] deficiência, falha

shortcut /ˈʃɔːrtkʌt/ *s* atalho

shorten /ˈʃɔːrtn/ *vt, vi* encurtar(-se)

shorthand /ˈʃɔːrthænd/ *s* taquigrafia

ˈ**short list** (*tb* **shortlist**) *s* lista final de candidatos

ˌ**short-**ˈ**lived** *adj* de curta duração

⚷ **shortly** /ˈʃɔːrtli/ *adv* **1** pouco: *shortly afterwards* pouco depois **2** dentro em pouco

shorts /ʃɔːrts/ *s* [*pl*] **1** calça curta, short **2** cuecas ➲ *Ver notas em* CALÇA, PAIR

shortsighted /ˌʃɔːrtˈsaɪtɪd/ *adj* **1** (*esp GB*) (*USA* **nearsighted**) míope **2** (*fig*) imprudente

ˌ**short-**ˈ**staffed** *adj* (*empresa*) com poucos funcionários

ˌ**short-**ˈ**term** *adj* a curto prazo: *short-term plans* planos de curto prazo

⚷ **shot** /ʃɑːt/ *substantivo, adjetivo*
▸ *s* **1** ~ **(at sb/sth)** tiro (em/contra alguém/algo) **2** ~ **(at sth/doing sth)** (*coloq*) tentativa (com algo/de fazer algo): *to have a shot at (doing) sth* experimentar (fazer) algo **3** (*Esporte*) tacada, chute **4** foto **5** (*coloq*) injeção, pico LOC *Ver* BIG
▸ *adj* [*nunca antes do substantivo*] (*coloq*) detonado *Ver tb* SHOOT

shotgun /ˈʃɑːtgʌn/ *s* espingarda

the ˈ**shot put** *s* [*sing*] (*Esporte*) lançamento de peso

⚷ **should** /ʃəd; ʃʊd/ *v modal* (*neg* **should not** *ou* **shouldn't** /ˈʃʊdnt/)

Should é um verbo modal, seguido de infinitivo sem **to**. As orações interrogativas e negativas se constroem sem o auxiliar **do**.

1 (*sugestões, conselhos*) dever: *You shouldn't drink and drive.* Você não deveria dirigir depois de beber. ➲ *Comparar com* MUST **2** (*probabilidade*) dever: *They should be there by now.* Eles já devem ter chegado. **3**: *How should I know?* E como é que eu posso saber?

S

4 (*GB* **shall**): *Should we pick you up?* Vamos te buscar?

shoulder /ˈʃəʊldər/ *substantivo, verbo*

▸ *s* **1** ombro: *shoulder bag* bolsa tiracolo **2** (*GB* **hard shoulder**) acostamento LOC *Ver* CHIP

▸ *vt* (*responsabilidade, culpa*) arcar com

ˈ**shoulder blade** *s* omoplata

shout /ʃaʊt/ *verbo, substantivo*

▸ *vt, vi* ~ **(sth) (at/to sb)** gritar (algo) (a/para alguém)

Quando utilizamos **shout** com **at sb**, o verbo tem o sentido de "repreender", mas quando o utilizamos com **to sb**, tem o sentido de "dizer aos gritos": *Don't shout at him, he's only little.* Não grite com ele, é muito pequeno. ◇ *She shouted the number out to me from the car.* Do carro, ela me gritou o número.

PHR V **shout sb down** fazer alguém calar com gritos

▸ *s* grito

shove /ʃʌv/ *verbo, substantivo*

▸ *v* **1** *vt, vi* empurrar **2** *vt* (*coloq*) meter

▸ *s* [*ger sing*] empurrão

shovel /ˈʃʌvl/ *substantivo, verbo*

▸ *s* pá

▸ *vt* (-l- (*GB* -ll-)) remover com pá

show /ʃəʊ/ *substantivo, verbo*

▸ *s* **1** espetáculo, show: *a TV show* um programa de TV **2** exposição, feira **3** demonstração, alarde: *a show of force* uma demonstração de força ◇ *to make a show of sth* fazer alarde de algo LOC **for show 1** (*comportamento*) para impressionar **2** (*artigo de exposição*) de adorno ◆ **on show** em exposição

▸ *v* (*pt* **showed**, *pp* **shown** /ʃəʊn/ *ou* **showed**) **1** *vt* mostrar, ensinar **2** *vt* demonstrar **3** *vi* ver-se, notar-se **4** *vt* (*filme*) passar **5** *vt* (*Arte*) expor LOC *Ver* ROPE PHR V **show off (to sb)** (*coloq, pej*) exibir-se (para alguém) ◆ **show sb/sth off** exibir alguém/algo ◆ **show up** (*coloq*) aparecer ◆ **show sb up** (*GB, coloq*) envergonhar alguém

ˈ**show business** (*coloq* **showbiz** /ˈʃəʊbɪz/) *s* mundo do espetáculo

showcase /ˈʃəʊkeɪs/ *substantivo, verbo*

▸ *s* ~ **(for sb/sth)** vitrine (para alguém/algo)

▸ *vt* exibir (*boas qualidades*)

showdown /ˈʃəʊdaʊn/ *s* confrontação

shower /ˈʃaʊər/ *substantivo, verbo*

▸ *s* **1** ducha: *to take a shower* tomar um banho de chuveiro **2** aguaceiro, chuvarada **3** ~ **(of sth)** (*fig*) chuva (de algo) **4**: *bridal/baby shower* chá de cozinha/bebê

▸ *v* **1** *vi* tomar um banho (*de chuveiro*) **2** *vt, vi* ~ **sb with sth**; ~ **(down) on sb/sth** cobrir alguém de algo; chover sobre alguém/algo **3** *vt* ~ **sb with sth** (*fig*) cobrir alguém de algo **showery** *adj* chuvoso

showing /ˈʃəʊɪŋ/ *s* **1** (*Cinema*) exibição **2** atuação

showjumping /ˈʃəʊdʒʌmpɪŋ/ *s* [*não contável*] salto de obstáculo (a cavalo)

shown *pp de* SHOW

ˈ**show-off** *s* (*coloq, pej*) exibido, -a

showroom /ˈʃəʊruːm; -rʊm/ *s* sala de exposição

shrank *pt de* SHRINK

shrapnel /ˈʃræpnəl/ *s* metralha

shred /ʃred/ *substantivo, verbo*

▸ *s* **1** (*de papel, etc.*) tira: *to cut sth into shreds* cortar algo em tiras **2** (*de tecido*) retalho **3** ~ **of sth** (*fig*) sombra de algo

▸ *vt* (-dd-) cortar em tiras

shrewd /ʃruːd/ *adj* (**shrewder**, **-est**) **1** astuto, perspicaz **2** (*decisão*) inteligente, acertado **shrewdness** *s* perspicácia

shriek /ʃriːk/ *verbo, substantivo*

▸ *v* **1** *vi* ~ **(with sth)** gritar, guinchar (de algo): *to shriek with laughter* rir às gargalhadas **2** *vt, vi* ~ **(sth) (at sb)** gritar (algo) (a alguém)

▸ *s* grito, guincho

shrill /ʃrɪl/ *adj* (**shriller**, **-est**) **1** agudo, esganiçado **2** (*protesto*) estridente

shrimp /ʃrɪmp/ *s* camarão

shrine /ʃraɪn/ *s* **1** santuário **2** sepulcro

shrink /ʃrɪŋk/ *verbo, substantivo*

▸ *vt, vi* (*pt* **shrank** /ʃræŋk/ *ou* **shrunk** /ʃrʌŋk/, *pp* **shrunk**) encolher(-se), reduzir(-se) PHR V **shrink from sth** esquivar-se de algo

▸ *s* (*gíria, hum*) psiquiatra, psicólogo

shrivel /ˈʃrɪvl/ *vt, vi* (-l- (*GB* -ll-)) ~ **(sth) (up) 1** secar algo, secar-se; murchar (algo) **2** enrugar algo, enrugar-se

shroud /ʃraʊd/ *substantivo, verbo*

▸ *s* **1** mortalha **2** ~ **(of sth)** (*formal*) (*fig*) manto, véu (de algo)

▸ *vt* ~ **sth in sth** envolver algo em algo: *shrouded in secrecy* rodeado do maior segredo

Shrove Tuesday /ˌʃrəʊv ˈtuːzdeɪ; -di; *GB* ˈtjuːz-/ *s* terça-feira de carnaval ➔ *Ver nota em* TERÇA-FEIRA

shrub /ʃrʌb/ *s* arbusto

shrug /ʃrʌg/ *verbo, substantivo*

▸ *vt, vi* (-gg-) ~ **(your shoulders)** encolher os ombros PHR V **shrug sth off** não dar importância a algo

▸ *s* dar de ombros

shrunk *pp de* SHRINK

shudder /ˈʃʌdər/ *verbo, substantivo*

▸ *vi* **1** ~ **(with/at sth)** estremecer (de/com

algo) **2** sacudir
▸ *s* **1** estremecimento, arrepio
2 sacudida

shuffle /ˈʃʌfl/ **1** *vi* ~ **(along)** andar arrastando os pés **2** *vt* ~ **your feet** arrastar os pés **3** *vt, vi* (*Cartas*) embaralhar ➲ *Ver nota em* BARALHO

shun /ʃʌn/ *vt* (-nn-) evitar

shush /ʃʊʃ/ *interjeição, verbo*
▸ *interj* silêncio!
▸ *vt* pedir silêncio a

⚷ **shut** /ʃʌt/ *verbo, adjetivo*
▸ *vt, vi* (*pt, pp* shut; *part pres* shutting) fechar(-se)
PHR V **shut sb/sth away** encerrar alguém/algo
shut (sth) down fechar (algo)
shut sth in sth trancar algo em algo
shut sth off cortar algo (*fornecimento*)
◆ **shut sb/sth/yourself off from sth** isolar alguém/algo, isolar-se de algo
shut sb/sth out (of sth) **1** excluir alguém/algo (de algo) **2** não deixar alguém/algo entrar (em algo)
shut up (*coloq*) calar(-se) ◆ **shut sb up** (*coloq*) mandar alguém calar ◆ **shut sth up** fechar algo ◆ **shut sb/sth up (in sth)** trancar alguém/algo (em algo)
▸ *adj* [*nunca antes do substantivo*] fechado: *The door was shut.* A porta estava fechada. ➲ *Comparar com* CLOSED

shutter /ˈʃʌtər/ *s* **1** veneziana **2** (*Fot*) obturador

shuttle /ˈʃʌtl/ *s* **1** linha regular (*de transporte*): *I'm catching the seven o'clock shuttle to Washington.* Vou pegar a ponte aérea das sete para Washington.
2 (*tb* ˈ**space shuttle**) ônibus espacial

⚷ **shy** /ʃaɪ/ *adjetivo, verbo*
▸ *adj* (shyer, -est) tímido: *to be shy of/about doing sth* ser acanhado com/para fazer algo
▸ *vi* (*pt, pp* shied /ʃaɪd/) PHR V **shy away from sth** evitar algo (*por medo ou timidez*)

shyness *s* timidez

sibling /ˈsɪblɪŋ/ *s* (*formal*) irmão, -ã ❶ Em inglês, é mais comum utilizar as palavras **brother** e **sister**.

⚷ **sick** /sɪk/ *adjetivo, substantivo*
▸ *adj* **1** (*GB tb* **ill**) doente ➲ *Ver nota em* DOENTE **2** enjoado: *I feel sick. It was that fish I ate.* Estou enjoada. Foi aquele peixe que comi. **3** ~ **of sb/sth** (*coloq*) farto de alguém/algo: *to be sick to death of sth* estar cheio de algo **4** (*coloq*) mórbido: *a sick joke* uma piada de mau gosto **5** (*gíria*) máximo: *I love that song . It's sick!* Adoro essa música. É demais!
LOC **be sick** vomitar ◆ **make sb sick** deixar alguém doente (de raiva)
▸ *s* [*não contável*] (*GB, coloq*) vômito

sicken *vt* enojar **sickening** *adj* **1** repugnante **2** (*esp GB, coloq*) (*pessoa, comportamento*) irritante

sickly /ˈsɪkli/ *adj* (sicklier, -iest) **1** doentio **2** (*gosto, odor*) enjoativo

sickness /ˈsɪknəs/ *s* **1** doença **2** náusea

⚷ **side** /saɪd/ *substantivo, verbo*
▸ *s* **1** lado: *on the other side* do outro lado ◇ *to sit at/by sb's side* sentar(-se) ao lado de alguém **2** (*de uma casa*) fachada lateral: *a side door* uma porta lateral **3** (*Anat*) flanco **4** (*de montanha*) encosta **5** (*de lago ou rio*) beira **6** lado, parte: *to change sides* mudar de lado ◇ *to be on our side* estar do nosso lado ◇ *Whose side are you on?* De que lado você está? **7** aspecto: *the different sides of a question* os diferentes aspectos de uma questão **8** (*GB*) (*USA* **team**) (*Esporte*) equipe LOC **get on the right/wrong side of sb** conquistar/não conquistar a simpatia de alguém ◆ **on/from all sides/every side** por/de todos os lados/toda parte ◆ **put sth on/to one side** deixar algo de lado ◆ **side by side** lado a lado ◆ **take sides (with sb)** tomar o partido (de alguém) *Ver tb* LOOK, SAFE
▸ *v* PHR V **side with sb (against sb)** pôr-se ao lado de alguém (contra alguém)

sidebar /ˈsaɪdbɑːr/ *s* (*Informát*) barra lateral

sideboard /ˈsaɪdbɔːrd/ *s* (*esp GB*) (*USA* **buffet**) aparador

sideburn /ˈsaɪdbɜːrn/ (*GB tb* **sideboard**) *s* [*ger pl*] costeleta

ˈ**side effect** *s* efeito colateral

ˈ**side order** (*tb* ˈ**side dish**, *coloq* **side**) *s* (*refeição*) acompanhamento, porção

ˈ**side street** (*tb* ˈ**side road**) *s* rua transversal

sidetrack /ˈsaɪdtræk/ *vt* desviar (*do objetivo principal*)

sidewalk /ˈsaɪdwɔːk/ (*GB* **pavement**) *s* calçada

⚷ **sideways** /ˈsaɪdweɪz/ *adv, adj* **1** de lado **2** (*olhar*) de soslaio

siege /siːdʒ/ *s* **1** sítio **2** cerco policial

sieve /sɪv/ *substantivo, verbo*
▸ *s* peneira
▸ *vt* peneirar

sift /sɪft/ **1** *vt* peneirar **2** *vt, vi* ~ **(through) sth** (*fig*) examinar algo minuciosamente

sifter /ˈsɪftər/ (*GB* **sieve**) *s* peneira

sigh /saɪ/ *verbo, substantivo*
▸ *vi* suspirar
▸ *s* suspiro

⚷ **sight** /saɪt/ *s* **1** vista: *to have poor sight* ter a vista curta **2 the sights** [*pl*] os lugares de interesse LOC **at/on sight** no ato ◆ **catch sight of sb/sth** avistar

S

alguém/algo ◆ **in sight** à vista ◆ **lose sight of sb/sth** perder alguém/algo de vista: *We must not lose sight of the fact that...* Devemos ter em mente o fato de que... ◆ **out of sight, out of mind** o que os olhos não veem, o coração não sente *Ver tb* PRETTY

sighting /ˈsaɪtɪŋ/ *s* visão: *the first sighting of Mars* a primeira visão de Marte

sightseeing /ˈsaɪtsiːɪŋ/ *s* turismo: *to go sightseeing* fazer um passeio (turístico)

⚷ **sign** /saɪn/ *substantivo, verbo*
▸ *s* **1** signo: *What's your (star) sign?* Qual é o seu signo? **2** letreiro, placa: *road/traffic signs* sinais de trânsito **3** sinal: *to make a sign at sb* fazer um sinal a alguém ◇ *sign language* linguagem de sinais **4** ~ **(of sth)** sinal, indício (de algo): *a good/bad sign* um bom/mau sinal ◇ *There are signs that...* Há indícios de que... **5** ~ **(of sth)** (*Med*) sintoma (de algo)
▸ *vt, vi* assinar PHR V **sign in/out** registrar a entrada/saída ◆ **sign sb on/up** contratar alguém ◆ **sign up (for sth)** **1** inscrever-se (em algo) **2** associar-se (a algo)

⚷ **signal** /ˈsɪgnəl/ *substantivo, verbo*
▸ *s* sinal *Ver tb* TURN SIGNAL
▸ *v* (-l- (*GB* -ll-)) **1** *vt, vi* fazer sinal (a): *to signal (to) sb to do sth* fazer sinal a alguém para que faça algo **2** *vt* mostrar: *to signal your discontent* dar mostra de descontentamento **3** *vt* assinalar

S

⚷ **signature** /ˈsɪgnətʃər/ *s* assinatura

⚷ **significant** /sɪgˈnɪfɪkənt/ *adj* significativo **significance** *s* **1** importância **2** significado

signify /ˈsɪgnɪfaɪ/ *vt* (*pt, pp* -**fied**) (*formal*) **1** significar **2** indicar

signing /ˈsaɪnɪŋ/ *s* **1** assinatura **2** (*GB*) (*Esporte*) contratado, -a

signpost /ˈsaɪnpoʊst/ *s* poste de sinalização

⚷ **silence** /ˈsaɪləns/ *substantivo, interjeição, verbo*
▸ *s, interj* silêncio
▸ *vt* silenciar

silencer /ˈsaɪlənsər/ *s* (*GB*) (*USA* **muffler**) (*de carro*) silenciador

⚷ **silent** /ˈsaɪlənt/ *adj* **1** silencioso **2** calado **3** (*filme, letra*) mudo

silhouette /ˌsɪluˈet/ *substantivo, verbo*
▸ *s* silhueta
▸ *vt* **be silhouetted (against sth)** estar em silhueta (contra algo)

⚷ **silk** /sɪlk/ *s* seda **silky** *adj* sedoso

sill /sɪl/ *s* parapeito

⚷ **silly** /ˈsɪli/ *adj* (**sillier, -iest**) **1** tolo: *That was a very silly thing to say.* Você disse uma bobagem muito grande. ➲ *Ver nota em* TOLO **2** ridículo: *to feel/look silly* sentir-se/parecer ridículo

⚷ **silver** /ˈsɪlvər/ *substantivo, adjetivo*
▸ *s* **1** prata: *silver-plated* banhado a prata ◇ *silver paper* papel prateado **2** [*não contável*] moedas (de prata) **3** [*não contável*] prataria LOC *Ver* ANNIVERSARY, WEDDING
▸ *adj* **1** de prata **2** (*cor*) prateado **silvery** *adj* prateado

silverware /ˈsɪlvərwer/ (*GB* **cutlery**) *s* [*não contável*] talheres

SIM card /ˈsɪm kɑːrd/ *s* cartão SIM (*que armazena dados pessoais em celulares*)

⚷ **similar** /ˈsɪmələr/ *adj* ~ **(to sb/sth)** semelhante (a alguém/algo): *They are similar in character.* Eles têm uma personalidade parecida. ◇ *to be similar to sth* parecer-se a algo **similarity** /ˌsɪməˈlærəti/ *s* (*pl* **similarities**) semelhança

⚷ **similarly** /ˈsɪmələrli/ *adv* **1** de maneira semelhante **2** do mesmo modo, igualmente

simile /ˈsɪməli/ *s* comparação

simmer /ˈsɪmər/ *vt, vi* cozinhar em fogo brando

⚷ **simple** /ˈsɪmpl/ *adj* (**simpler, -est**) **1** simples **2** fácil

simplicity /sɪmˈplɪsəti/ *s* simplicidade

simplify /ˈsɪmplɪfaɪ/ *vt* (*pt, pp* -**fied**) simplificar

simplistic /sɪmˈplɪstɪk/ *adj* (*pej*) simplista

⚷ **simply** /ˈsɪmpli/ *adv* **1** simplesmente, absolutamente **2** de maneira simples, modestamente **3** meramente

simulate /ˈsɪmjuleɪt/ *vt* simular

simultaneous /ˌsaɪmlˈteɪniəs; *GB* ˌsɪml-/ *adj* ~ **(with sth)** simultâneo (a algo) **simultaneously** *adv* simultaneamente

sin /sɪn/ *substantivo, verbo*
▸ *s* pecado
▸ *vi* (-**nn**-) pecar

⚷ **since** /sɪns/ *preposição, conjunção, advérbio*
▸ *prep* desde: *It was the first time they'd won since 1974.* Foi a primeira vez que ganharam desde 1974.

> Tanto **since** quanto **from** são traduzidos por *desde*, e são usados para especificar o ponto de partida da ação do verbo. Usa-se **since** quando a ação se estende no tempo até o momento presente: *She has been here since three.* Ela está aqui desde as três horas. Usa-se **from** quando a ação já terminou ou ainda não teve início: *I was there from three until four.* Estive

lá desde às três até às quatro. ◇ *I'll be there from three.* Estarei lá a partir das três horas. ➲ *Ver nota em* FOR

▸ *conj* **1** desde que: *How long has it been since we visited your mother?* Quanto tempo faz desde que visitamos a sua mãe? **2** visto que

▸ *adv* desde então: *We haven't heard from him since.* Desde então, não tivemos mais notícias dele.

⚷ **sincere** /sɪnˈsɪr/ *adj* sincero

⚷ **sincerely** /sɪnˈsɪrli/ *adv* sinceramente **LOC Sincerely (yours)** (*GB* **Yours Sincerely**) (*formal*) Atenciosamente

Na Grã-Bretanha, se considera mais correto usar **Yours faithfully** para a carta que não começa com o nome do destinatário, ou seja, quando se começa com uma saudação como *Dear Sir*, *Dear Madam*, etc.

sincerity /sɪnˈserəti/ *s* sinceridade

sinful /ˈsɪnfl/ *adj* **1** pecador **2** pecaminoso

⚷ **sing** /sɪŋ/ *vt, vi* (*pt* **sang** /sæŋ/, *pp* **sung** /sʌŋ/) ~ **(sth) (for/to sb)** cantar (algo) (para alguém)

⚷ **singer** /ˈsɪŋər/ *s* cantor, -ora

⚷ **singing** /ˈsɪŋɪŋ/ *s* [*não contável*] canto, cantar

⚷ **single** /ˈsɪŋgl/ *adjetivo, substantivo, verbo*

▸ *adj* **1** só, único: *single-sex school* escola para meninos/meninas ◇ *every single day* todo santo dia **2** solteiro: *single parent* mãe solteira/pai solteiro **3** (*cama, quarto*) individual **4** (*GB*) (*USA* **one-way**) (*passagem*) de ida **LOC in single file** em fila indiana *Ver tb* EVERY

▸ *s* **1** (*Mús*) single **2 singles** [*não contável*] (*Esporte*) individuais **3 singles** [*pl*] solteiros **4** (*GB*) (*USA* ˌ**one-way** ˈ**ticket**) passagem de ida ➲ *Comparar com* ROUND-TRIP TICKET

▸ *v* **PHR V single sb/sth out (for/as sth)** escolher alguém/algo (para/como algo)

ˌ**single-ˈhanded** (*tb* ˌ**single-ˈhandedly**) *adv* sem ajuda

ˌ**single-ˈminded** *adj* decidido, tenaz

singular /ˈsɪŋgjələr/ *adjetivo, substantivo*

▸ *adj* **1** (*Gram*) singular **2** (*formal*) extraordinário, singular

▸ *s* (*Gram*) singular: *in the singular* no singular

sinister /ˈsɪnɪstər/ *adj* sinistro, ameaçador

⚷ **sink** /sɪŋk/ *verbo, substantivo*

▸ *v* (*pt* **sank** /sæŋk/, *pp* **sunk** /sʌŋk/) **1** *vt, vi* afundar(-se) **2** *vi* baixar **3** *vi* (*sol*) ocultar-se **4** *vt* (*coloq*) (*planos*) arruinar **LOC be sunk in sth** estar mergulhado em algo *Ver tb* HEART **PHR V sink in 1** (*líquido*) absorver-se **2** (*ideia*) assimilar-se: *It hasn't sunk in yet that…* Ainda não me entrou na cabeça que… ◆ **sink into sth 1** (*líquido*) penetrar em algo **2** cair em algo (*depressão, sono, etc.*) ◆ **sink sth into sth** cravar algo em algo (*dentes, punhal, etc.*)

▸ *s* **1** (*tb esp GB* **washbasin**) pia, lavabo **2** (*tb* ˌ**kitchen** ˈ**sink**) pia

sinus /ˈsaɪnəs/ *s* (*pl* **sinuses**) seio (*de osso da cabeça*)

sip /sɪp/ *verbo, substantivo*

▸ *vt, vi* (**-pp-**) bebericar

▸ *s* gole

⚷ **sir** /sɜːr/ *s* **1**: *Yes, sir.* Sim, senhor. **2 Dear Sir** (*em cartas*) Prezado Senhor **3 Sir** (*GB*) (*título de nobreza*): *Sir Paul McCartney*

siren /ˈsaɪrən/ *s* sirene (*de polícia, etc.*)

⚷ **sister** /ˈsɪstər/ *s* **1** irmã **2 Sister** (*Relig*) irmã **3** (*GB*) (*Med*) enfermeira-chefe **4**: *sister ship* navio gêmeo ◇ *sister organization* organização congênere

ˈ**sister-in-law** *s* (*pl* **sisters-in-law**) cunhada

⚷ **sit** /sɪt/ (*pt, pp* **sat** /sæt/; *part pres* **sitting**) **1** *vi* sentar(-se), estar sentado **2** *vt* ~ **sb (down)** sentar alguém **3** *vi* (*objeto*) estar **4** *vi* ~ **in/on sth** exercer (oficialmente) a posição de algo; ser membro de algo **5** *vi* (*parlamento*) permanecer em sessão **6** *vi* (*comitê*) reunir-se **7** *vt* (*GB*) (*USA* **take**) (*exame*) fazer **LOC sit on the fence** ficar em cima do muro **PHR V sit around** (*GB tb* **sit about**) não fazer nada: *to sit around doing nothing* passar o dia sentado, sem fazer nada ◆ **sit back** acomodar-se, relaxar ◆ **sit (yourself) down** sentar-se ◆ **sit for sb/sth** (*Arte*) posar para alguém/algo ◆ **sit through sth** aguentar algo (*até o final*) ◆ **sit up 1** endireitar-se na cadeira **2** passar a noite acordado

sitcom /ˈsɪtkɑːm/ *s* (*TV*) comédia (*de costumes*)

⚷ **site** /saɪt/ *s* **1** local: *construction site* terreno de construção **2** (*de acontecimento*) lugar **3** (*Internet*) site

sitting /ˈsɪtɪŋ/ *s* **1** sessão **2** (*para comer*) turno

ˈ**sitting room** *s* (*esp GB*) sala de estar

situated /ˈsɪtʃueɪtɪd/ *adj* situado, localizado

⚷ **situation** /ˌsɪtʃuˈeɪʃn/ *s* situação **LOC** *Ver* WIN

ˈ**sit-up** *s* abdominal (*exercício físico*)

⚷ **six** /sɪks/ *adj, pron, s* seis ➲ *Ver exemplos em* FIVE

S

ˈ**six-pack** *s* **1** embalagem com seis unidades (*cervejas ou refrigerantes*) **2** (*coloq*) abdomen tipo "tanquinho"

⚿ **sixteen** /ˌsɪksˈtiːn/ *adj, pron, s* dezesseis ➲ *Ver exemplos em* FIVE **sixteenth 1** *adj, adv, pron* décimo sexto **2** *s* décima sexta parte, dezesseis avos ➲ *Ver exemplos em* FIFTH

sixth /sɪksθ/ **1** *adj, adv, pron* sexto **2** *s* sexta parte, sexto ➲ *Ver exemplos em* FIFTH

ˈ**sixth form** *s* (*GB*) dois últimos anos (eletivos) do ensino secundário

⚿ **sixty** /ˈsɪksti/ *adj, pron, s* sessenta ➲ *Ver exemplos em* FIFTY, FIVE **sixtieth 1** *adj, adv, pron* sexagésimo **2** *s* sexagésima parte, sessenta avos ➲ *Ver exemplos em* FIFTH

⚿ **size** /saɪz/ *substantivo, verbo*
▸ *s* **1** tamanho **2** (*roupa, calçado*) tamanho, número: *I wear size seven.* Calço número 38.
▸ *v* PHR V **size sb/sth up** (*coloq*) avaliar alguém/algo: *She sized him up immediately.* Na mesma hora ela formou uma opinião sobre ele. **sizable** (*tb* **sizeable**) /ˈsaɪzəbl/ *adj* considerável

ˌ**size** ˈ**zero** *s* tamanho zero

skate /skeɪt/ *substantivo, verbo*
▸ *s* **1** patim de gelo **2** patim (de roda)
▸ *vi* patinar **skater** *s* **1** patinador, -ora **2** skatista **skating** *s* patinação

skateboard /ˈskeɪtbɔːrd/ *s* skate **skateboarder** *s* skatista **skateboarding** *s* skate (*Esporte*)

skatepark /ˈskeɪtpɑːrk/ *s* pista de skate

skeleton /ˈskelɪtn/ *s* **1** esqueleto **2**: *skeleton staff/service* pessoal/serviço mínimo

skeptic (*GB* **sceptic**) /ˈskeptɪk/ *s* cético, -a **skeptical** (*GB* **sceptical**) *adj* ~ **(about/of sth)** cético (acerca de algo) **skepticism** (*GB* **scepticism**) *s* ceticismo

sketch /sketʃ/ *substantivo, verbo*
▸ *s* **1** esboço **2** (*Teat*) esquete
▸ *vt, vi* esboçar **sketchy** *adj* (**sketchier, -iest**) superficial, incompleto

ski /skiː/ *substantivo, verbo*
▸ *s* esqui: *ski lift* teleférico
▸ *vi* (*pt, pp* **skied**; *part pres* **skiing**) esquiar **skiing** *s* esqui: *to go skiing* fazer esqui

skid /skɪd/ *verbo, substantivo*
▸ *vi* (**-dd-**) **1** (*carro*) derrapar **2** (*pessoa*) escorregar
▸ *s* derrapagem

skies *pl de* SKY

⚿ **skill** /skɪl/ *s* **1** ~ **(in/at sth/doing sth)** habilidade (para algo/fazer algo) **2** destreza

⚿ **skilled** /skɪld/ *adj* ~ **(in/at sth/doing sth)** habilitado (a algo/fazer algo); especialista (em algo/fazer algo): *skilled work/worker* trabalho/trabalhador qualificado

skillet /ˈskɪlɪt/ (*GB* **frying pan**) *s* frigideira

⚿ **skillful** (*GB* **skilful**) /ˈskɪlfl/ *adj* **1** ~ **(at/in sth/doing sth)** hábil (para algo/fazer algo) **2** (*pintor, jogador*) habilidoso

skim /skɪm/ (**-mm-**) **1** *vt* desnatar, tirar a espuma de **2** *vt* roçar **3** *vt, vi* ~ **(through/over) sth** ler algo por alto

ˌ**skim** ˈ**milk** (*GB tb* ˌ**skimmed** ˈ**milk**) *s* leite desnatado

⚿ **skin** /skɪn/ *substantivo, verbo*
▸ *s* **1** (*animal, pessoa*) pele **2** (*fruta, embutidos*) pele, casca ➲ *Ver nota em* PEEL **3** (*leite*) nata **4** capa (*para smartfone, etc.*) LOC **by the skin of your teeth** (*coloq*) por um triz
▸ *vt* (**-nn-**) descascar, tirar a pele

ˈ**skin diving** *s* mergulho (*sem roupa de borracha*)

skinhead /ˈskɪnhed/ *s* cabeça raspada

skinny /ˈskɪni/ *adj* (**skinnier, -iest**) (*coloq, ger pej*) magricela ➲ *Ver nota em* MAGRO

skint /skɪnt/ *adj* (*GB, coloq*) duro

skip /skɪp/ *verbo, substantivo*
▸ *v* (**-pp-**) **1** *vi* saltar **2** *vi* (*GB*) (*USA* **jump**) pular corda **3** *vt* (*página, refeição, etc.*) pular LOC *Ver* CLASS
▸ *s* **1** salto **2** (*GB*) (*USA* **Dumpster®**) contêiner (*para entulho*)

skipper /ˈskɪpər/ *s* **1** capitão, -ã (*de navio*) **2** (*esp GB, coloq*) (*Esporte*) capitão, -ã

skirmish /ˈskɜːrmɪʃ/ *s* escaramuça

⚿ **skirt** /skɜːrt/ *substantivo, verbo*
▸ *s* saia
▸ *vt, vi* ~ **(around) sth 1** contornar algo **2** (*tema*) evitar algo

ˈ**skirting board** *s* (*GB*) (*USA* **baseboard**) rodapé

skull /skʌl/ *s* caveira, crânio

skunk /skʌŋk/ *s* gambá

⚿ **sky** /skaɪ/ *s* (*pl* **skies**) céu

skydiving /ˈskaɪdaɪvɪŋ/ *s* paraquedismo

ˌ**sky-**ˈ**high** *adj* elevadíssimo

skylight /ˈskaɪlaɪt/ *s* claraboia

skyline /ˈskaɪlaɪn/ *s* linha do horizonte (*esp numa cidade*)

Skype® /skaɪp/ *substantivo, verbo*
▸ *s* Skype®
▸ *vt, vi* ~ **(sb)** falar (com alguém) via Skype®

skyscraper /ˈskaɪskreɪpər/ *s* arranha-céu

slab /slæb/ *s* **1** (*mármore, madeira*) placa **2** (*concreto*) laje, bloco **3** (*chocolate*) barra

S

slack /slæk/ *adj* (**slacker, -est**) **1** frouxo **2** *(pessoa)* descuidado

slacken /ˈslækən/ *vt, vi* afrouxar

slain *pp de* SLAY

slam /slæm/ (**-mm-**) **1** *vt, vi* ~ **(sth) (to/shut)** fechar algo, fechar-se; bater algo, bater-se *(com violência)* **2** *vt* atirar, lançar *(bruscamente)* **3** *vt (criticar)* malhar **4** *vt*: *to slam on your brakes* frear de repente

slam dunk /ˈslæm dʌŋk/ *s (Basquete)* enterrar *(a bola na cesta)*

slander /ˈslændər; GB ˈslɑːn-/ *substantivo, verbo*
▸ *s* calúnia
▸ *vt* caluniar

slang /slæŋ/ *s* gíria

slant /slænt; GB slɑːnt/ *verbo, substantivo*
▸ *v* **1** *vt, vi* inclinar(-se), pender **2** *vt* apresentar de forma tendenciosa
▸ *s* **1** inclinação **2** ~ **(on sth)** perspectiva (sobre algo); enfoque (a algo)

slap /slæp/ *verbo, substantivo, advérbio*
▸ *vt* (**-pp-**) **1** *(rosto)* esbofetear **2** *(ombro)* dar tapas em **3** atirar, jogar *(descuidadamente)*: *He slapped the newspaper down on the desk.* Ele jogou o jornal sobre a mesa. PHR V **slap sth on (sth)** jogar algo (em algo)
▸ *s* **1** *(rosto)* bofetada **2** *(ombro)* tapa
▸ *adv (coloq)* em cheio: *slap in the middle* bem no meio

slapdash /ˈslæpdæʃ/ *adj* apressado *(sem cuidados)*

slash /slæʃ/ *verbo, substantivo*
▸ *vt* **1** cortar **2** destruir a facadas *(pneus, pinturas)* **3** *(preços, etc.)* achatar
▸ *s* **1** navalhada, facada **2** talho, corte **3** *(tb* ˈ**forward slash**) *(Informát)* barra (inclinada) ➲ *Comparar com* BACKSLASH ➲ *Ver pág. 310*

slate /sleɪt/ *s* **1** ardósia **2** telha (de ardósia)

slaughter /ˈslɔːtər/ *substantivo, verbo*
▸ *s* **1** *(animais)* abate **2** *(pessoas)* massacre
▸ *vt* **1** abater *(em matadouro)* **2** massacrar **3** *(coloq) (Esporte)* dar uma surra em

slave /sleɪv/ *substantivo, verbo*
▸ *s* escravo, -a
▸ *vi* ~ **(away) (at sth)** trabalhar como um escravo (em algo)

slavery /ˈsleɪvəri/ *s* escravidão

slay /sleɪ/ *vt (pt* **slew** /sluː/, *pp* **slain** /sleɪn/) matar *(violentamente)* ❶ O verbo **slay** é antiquado ou muito formal.

sleazy /ˈsliːzi/ *adj* (**sleazier, -iest**) *(coloq)* sórdido

sleb /sleb/ *s (GB, coloq)* celebridade *(da TV, música, etc.)*

sled /sled/ *(GB tb* **sledge** /sledʒ/) *s* trenó *(para neve)* ➲ *Comparar com* SLEIGH

sleek /sliːk/ *adj* (**sleeker, -est**) liso e lustroso

sleep /sliːp/ *verbo, substantivo*
▸ *v (pt, pp* **slept** /slept/) **1** *vi* dormir: *sleeping pill* comprimido para dormir **2** *vt* acomodar, ter camas para PHR V **sleep in** ficar na cama até tarde ◆ **sleep sth off** dormir para recuperar-se de algo *(ressaca)* ◆ **sleep on sth** *(coloq)* consultar o travesseiro sobre algo ◆ **sleep through sth** não ser despertado por algo ◆ **sleep with sb** dormir com alguém
▸ *s* **1** sono: *Did you have a good sleep?* Você dormiu bem? **2** *[não contável] (coloq)* remela LOC **go to sleep** adormecer, ir dormir

sleeper /ˈsliːpər/ *s* **1**: *to be a heavy/light sleeper* ter sono pesado/leve **2** *(tb* ˈ**sleeping car**) *(no trem)* vagão-leito

ˈ**sleeping bag** *s* saco de dormir

sleepless /ˈsliːpləs/ *adj* sem sono

sleepover /ˈsliːpoʊvər/ *s* festa do pijama

sleepwalker /ˈsliːpwɔːkər/ *s* sonâmbulo, -a

sleepy /ˈsliːpi/ *adj* (**sleepier, -iest**) **1** sonolento: *to be/feel sleepy* estar com/sentir sono **2** *(lugar)* tranquilo

sleet /sliːt/ *s* chuva com neve

sleeve /sliːv/ *s* **1** manga *(de roupa)* **2** *(esp GB) (tb esp USA* **jacket**) *(de disco)* capa LOC **have/keep sth up your sleeve** ter algo escondido **sleeveless** *adj* sem mangas

sleigh /sleɪ/ *s* trenó *(esp puxado a cavalo)* ➲ *Comparar com* SLED

slender /ˈslendər/ *adj* (**slenderer, -est**) **1** delgado **2** *(pessoa)* esbelto **3** *(vantagem, etc.)* escasso

slept *pt, pp de* SLEEP

slew *pt de* SLAY

slice /slaɪs/ *substantivo, verbo*
▸ *s* **1** fatia ➲ *Ver ilustração em* PÃO **2** *(coloq)* porção, pedaço
▸ *v* **1** *vt* ~ **sth (up)** cortar algo *(em fatias)* **2** *vi* ~ **through/into sth** cortar algo com facilidade

slick /slɪk/ *adjetivo, substantivo*
▸ *adj* (**slicker, -est**) **1** *(campanha, atuação, etc.)* sofisticado, astucioso **2** *(apresentação)* bem-sucedido **3** *(vendedor)* de muita lábia
▸ *s (tb* ˈ**oil slick**) mancha de petróleo *(de vazamento)*

slide /slaɪd/ *verbo, substantivo*
▸ *v (pt, pp* **slid** /slɪd/) **1** *vi* escorregar, deslizar **2** *vt* deslizar, correr
▸ *s* **1** declínio **2** *Ver* LANDSLIDE **3** escorregador *Ver tb* WATER SLIDE **4** diapositivo:

S

slide projector projetor de slides **5** *(microscópio)* lâmina

slider /ˈslaɪdər/ *s* **1** *(de volume, etc.)* controle deslizante **2** *(Informát)* ícone deslizante

ˌsliding ˈdoor *s* porta corrediça

⚷ **slight** /slaɪt/ *adj* (**slighter**, **-est**) **1** mínimo, leve: *without the slightest difficulty* sem a menor dificuldade **2** *(pessoa)* delgado, franzino **LOC not in the slightest** em absoluto

⚷ **slightly** /ˈslaɪtli/ *adv* ligeiramente: *He's slightly better.* Ele está um pouco melhor.

slim /slɪm/ *adjetivo, verbo*
▸ *adj* (**slimmer**, **-est**) **1** *(pessoa)* magro ➲ *Ver nota em* MAGRO **2** *(vantagem, etc.)* escasso **3** *(esperança)* ligeiro
▸ *vi* (**-mm-**) ~ **(down)** *(esp GB)* emagrecer

slime /slaɪm/ *s* **1** lodo **2** baba **slimy** *adj* (**slimier**, **-iest**) lodoso, viscoso

sling /slɪŋ/ *substantivo, verbo*
▸ *s* tipoia
▸ *vt* (*pt, pp* **slung** /slʌŋ/) **1** *(coloq)* lançar *(com força)* **2** suspender

slingshot /ˈslɪŋʃɑːt/ *(GB* **catapult***)* *s* estilingue, atiradeira

slink /slɪŋk/ *vi* (*pt, pp* **slunk** /slʌŋk/) mover-se *(furtivamente)*: *to slink away* fugir furtivamente

⚷ **slip** /slɪp/ *verbo, substantivo*
▸ *v* (**-pp-**) **1** *vt, vi* escorregar, deslizar **2** *vi* ~ **from/out of/through sth** escapar de/por/entre algo **3** *vt* pôr, passar *(sorrateiramente)* **LOC slip your mind**: *It slipped my mind.* Fugiu-me da cabeça. *Ver tb* LET **PHR V slip away** escapulir: *She knew that time was slipping away.* Ela sabia que o tempo estava se esgotando. ◆ **slip sth off/on** tirar/vestir algo *(rapidamente)* ◆ **slip out 1** dar uma fugida **2**: *It just slipped out.* Simplesmente me escapou. ◆ **slip up** *(coloq)* cometer uma gafe
▸ *s* **1** escorregão **2** erro, lapso: *a slip of the tongue* um lapso verbal **3** *(roupa)* combinação **4** *(de papel)* tira **LOC give sb the slip** *(coloq)* escapar de alguém

slipper /ˈslɪpər/ *s* chinelo

slippery /ˈslɪpəri/ *adj* **1** escorregadio **2** *(coloq)* *(pessoa)* inescrupuloso

slit /slɪt/ *substantivo, verbo*
▸ *s* **1** fenda **2** *(numa saia)* rasgo **3** corte **4** rachadura, abertura
▸ *vt* (*pt, pp* **slit**; *part pres* **slitting**) cortar: *to slit sb's throat* degolar alguém **LOC slit sth open** abrir algo cortando

slither /ˈslɪðər/ *vi* **1** escorregar **2** resvalar, patinar

sliver /ˈslɪvər/ *s* **1** lasca **2** estilhaço **3** fatia fina

slob /slɑːb/ *s* *(coloq, pej)* **1** desleixado, -a **2** porcalhão, -ona

slog /slɑːg/ *vi* (**-gg-**) *(coloq)* **1** ~ **(away) (at sth)** suar sangue (com/em algo) **2** caminhar pesadamente

slogan /ˈsloʊgən/ *s* slogan

slop /slɑːp/ (**-pp-**) **1** *vt, vi* derramar(-se) **2** *vt* fazer transbordar

⚷ **slope** /sloʊp/ *substantivo, verbo*
▸ *s* **1** ladeira **2** encosta **3** *(de esqui)* pista
▸ *vi* inclinar(-se), formar declive

sloppy /ˈslɑːpi/ *adj* (**sloppier**, **-iest**) **1** *(trabalho)* descuidado, feito de qualquer jeito **2** desmazelado **3** *(esp GB, coloq)* piegas

slot /slɑːt/ *substantivo, verbo*
▸ *s* **1** ranhura, fenda **2** espaço: *a ten-minute slot on TV* um espaço de dez minutos na tevê *Ver tb* MAIL SLOT
▸ *v* (**-tt-**) **1** *vt* ~ **sth (in/together)**; ~ **sth (into sth)** enfiar, meter algo (em algo) **2** *vi* ~ **(in/together)** encaixar-se

ˈslot machine *s* **1** *(USA)* *(GB* **fruit machine***)* caça-níqueis **2** *(GB)* máquina (de venda automática) *(de bebidas, cigarros, etc.)*

⚷ **slow** /sloʊ/ *adjetivo, advérbio, verbo*
▸ *adj* (**slower**, **-est**) **1** lento: *We're making slow progress.* Estamos avançando lentamente. **2** lerdo: *He's a bit slow.* Ele demora a entender as coisas. **3** *(negócio)* fraco: *Business is awfully slow today.* O movimento está bem fraco hoje. **4** *(relógio)* atrasado: *That clock is five minutes slow.* Aquele relógio está cinco minutos atrasado. **LOC be slow to do sth/(in) doing sth** demorar em fazer algo ◆ **in slow motion** em câmera lenta
▸ *adv* (**slower**, **-est**) devagar
▸ *v* **1** *vt* ~ **sth (down/up)** reduzir a velocidade de algo: *to slow up the development of research* atrasar o desenvolvimento da pesquisa **2** *vi* ~ **(down/up)** reduzir a velocidade, ir mais devagar: *Production has slowed (up/down).* O ritmo da produção diminuiu.

slowdown /ˈsloʊdaʊn/ *(GB* **go-slow***)* *s* greve branca

⚷ **slowly** /ˈsloʊli/ *adv* **1** devagar **2** lentamente

sludge /slʌdʒ/ *s* *[não contável]* **1** lodo **2** sedimento

slug /slʌg/ *s* lesma **sluggish** *adj* **1** lento **2** moroso **3** *(economia, etc.)* fraco

slum /slʌm/ *s* bairro pobre, favela

ˈslumber party *(GB* **sleepover***)* *s* (*pl* **-ies**) festa do pijama

slump /slʌmp/ *verbo, substantivo*
▸ *vi* **1** ~ **(down)** despencar(-se) **2** *(Com)*

sofrer uma queda
▸ *s* depressão, baixa

slung *pt, pp de* SLING

slunk *pt, pp de* SLINK

slur /slɜːr/ *verbo, substantivo*
▸ *vt* (-rr-) pronunciar indistintamente
▸ *s* insulto, calúnia

slush /slʌʃ/ *s* neve meio derretida e suja

sly /slaɪ/ *adj* **1** (*pej*) dissimulado, sonso **2** (*olhar*) furtivo

smack /smæk/ *verbo, substantivo*
▸ *vt* dar uma palmada em PHR V **smack of sth** cheirar a algo (*hipocrisia, falsidade, etc.*)
▸ *s* palmada

⚷ **small** /smɔːl/ *adj* (**smaller, -est**) **1** pequeno: *a small number of people* um pequeno número de pessoas ◇ *small change* trocado

Small costuma ser utilizado como antônimo de **big** ou **large** e pode ser modificado por advérbios: *Our house is smaller than yours.* A nossa casa é menor do que a sua.◇ *I have a fairly small income.* A minha renda é bastante pequena.**Little** não costuma ser acompanhado por advérbios e com frequência segue outro adjetivo: *He's a horrid little man.* É um homenzinho horrível. ◇ *What a beautiful little house!* Que casinha adorável!

2 (*letra*) minúscula LOC **it's a small world** (*refrão*) como o mundo é pequeno ◆ **look/feel small** parecer/sentir-se pequeno

smallpox /ˈsmɔːlpɑːks/ *s* varíola

the ˌsmall ˈprint *Ver* FINE PRINT

ˌsmall-ˈscale *adj* **1** em pequena escala **2** (*mapa, etc.*) em escala reduzida

ˈsmall talk *s* [*não contável*] conversa fiada: *to make small talk* bater papo

⚷ **smart** /smɑːrt/ *adjetivo, verbo*
▸ *adj* (**smarter, -est**) **1** esperto, vivo **2** (*esp GB*) elegante **3** (*cartão, bomba, etc.*) inteligente
▸ *vi* arder

ˈsmart card *s* cartão inteligente

smarten /ˈsmɑːrtn/ *v* PHR V **smarten sb/yourself up** (*esp GB*) arrumar alguém/arrumar-se ◆ **smarten sth up** (*esp GB*) melhorar a aparência de algo

smartphone /ˈsmɑːrtfoʊn/ *s* smartphone ➲ *Ver ilustração em* COMPUTADOR

smartwatch /ˈsmɑːrtwɑːtʃ/ *s* relógio inteligente

⚷ **smash** /smæʃ/ *verbo, substantivo*
▸ *v* **1** *vt* despedaçar, quebrar **2** *vi* fazer-se em pedaços **3** *vt, vi* ~ **(sth) against, into, etc. sth** bater (algo); espatifar algo, espatifar-se contra, em, etc. algo PHR V **smash sth up** destroçar algo
▸ *s* **1** [*sing*] estrondo **2** (*tb* ˌ**smash ˈhit**) (*canção, filme, etc.*) grande sucesso **3** (*GB*) (*USA* **crash**) colisão (*de veículos*)

smashing /ˈsmæʃɪŋ/ *adj* (*GB, coloq, antiq*) estupendo

smear /smɪr/ *vt* **1** ~ **A on/over B**; ~ **B with A** untar A em B; untar B com A **2** ~ **sth with sth** manchar algo de algo

⚷ **smell** /smel/ *verbo, substantivo*
▸ *v* (*pt, pp* **smelled**; (*GB tb* **smelt** /smelt/)) ➲ *Ver nota em* DREAM **1** *vi* ~ **(of sth)** cheirar (a algo): *It smells of/like fish.* Cheira a peixe. ◇ *What does it smell like?* Cheira a quê? **2** *vt* cheirar: *Smell this rose!* Cheira esta rosa!

É muito comum o uso do verbo **smell** com **can** ou **could**: *I can smell something burning.* Estou sentindo cheiro de queimado. ◇ *I could smell gas.* Cheirava a gás.

3 *vt, vi* farejar
▸ *s* **1** cheiro: *a smell of gas* um cheiro de gás

Smell é uma palavra genérica. Para odores agradáveis, podem se utilizar **aroma, fragrance, perfume** ou **scent**. Todas estas palavras costumam ser usadas em contextos mais formais, assim como **odor**, que implica frequentemente um odor desagradável. Para odores repulsivos, usa-se **stink** ou **stench**.

2 (*tb* ˌ**sense of ˈsmell**) olfato: *My sense of smell isn't very good.* Meu olfato não é muito bom. **smelly** *adj* (**smellier, -iest**) (*coloq*) malcheiroso: *It's smelly in here.* Cheira mal aqui.

⚷ **smile** /smaɪl/ *verbo, substantivo*
▸ *vi* sorrir
▸ *s* sorriso: *to give sb a smile* dar um sorriso a alguém ◇ *to bring a smile to sb's face* fazer alguém sorrir

smiley /ˈsmaɪli/ *s* (*pl* **smileys**) emoticon, carinha sorridente

smirk /smɜːrk/ *verbo, substantivo*
▸ *vi* sorrir com afetação
▸ *s* sorriso falso ou presumido

smog /smɑːg/ *s* mistura de nevoeiro e poluição

⚷ **smoke** /smoʊk/ *verbo, substantivo*
▸ *v* **1** *vt, vi* fumar: *to smoke a pipe* fumar cachimbo **2** *vi* soltar fumaça **3** *vt* (*peixe, etc.*) defumar
▸ *s* **1** fumaça **2**: (*coloq*) *to have a smoke* fumar um cigarro **smoker** *s* fumante

⚷ **smoking** /ˈsmoʊkɪŋ/ *s* fumar: *"No Smoking"* "Proibido fumar"

S

smoky /ˈsmoʊki/ *adj* (**smokier**, **-iest**) **1** (*sala*) enfumaçado **2** (*fogo*) fumacento **3** (*sabor*) defumado **4** (*cor*) fumê

smolder (*GB* **smoulder**) /ˈsmoʊldər/ *vi* queimar, arder (*sem chama*)

smooth /smuːð/ *adjetivo, verbo*
▸ *adj* (**smoother**, **-est**) **1** liso **2** (*pele, bebida alcoólica, etc.*) suave **3** (*estrada*) plano **4** (*viagem, período, etc.*) sem problemas: *to ensure the smooth running of the business* assegurar o bom andamento dos negócios **5** (*molho, etc.*) uniforme, sem caroços **6** (*ger pej*) (*pessoa*) bajulador
▸ *vt* alisar PHR V **smooth sth over** remover algo (*dificuldades*)

smoothie /ˈsmuːði/ *s* **1** vitamina (*bebida*) **2** (*coloq*) homem com lábia para impressionar

smoothly /ˈsmuːðli/ *adv*: *to go smoothly* ir às mil maravilhas

smother /ˈsmʌðər/ *vt* **1** (*pessoa*) asfixiar **2** ~ **sth/sb with/in sth** cobrir algo/alguém com algo **3** (*chamas*) abafar

SMS /ˌes em ˈes/ *s* (*abrev de* **short message service**) **1** [*não contável*] serviço de mensagem de texto **2** torpedo (*mensagem em celular*)

smudge /smʌdʒ/ *substantivo, verbo*
▸ *s* borrão, mancha
▸ *vt, vi* manchar(-se)

smug /smʌg/ *adj* (*pej*) presunçoso, convencido

smuggle /ˈsmʌgl/ *vt* contrabandear PHR V **smuggle sth/sb in/out** fazer entrar/sair algo/alguém às escondidas **smuggler** *s* contrabandista **smuggling** *s* contrabando (*ato*)

snack /snæk/ *substantivo, verbo*
▸ *s* refeição ligeira, lanche: *to have a snack* fazer um lanche ◇ *snack bar* lanchonete
▸ *vi* ~ **on sth** lambiscar algo

snafu /snæˈfuː/ *s* [*sing*] (*USA, coloq*) confusão

snag /snæg/ *s* obstáculo

snail /sneɪl/ *s* caracol

snake /sneɪk/ *substantivo, verbo*
▸ *s* serpente, cobra
▸ *vi* serpentear (*estrada, etc.*)

snap /snæp/ *verbo, substantivo, adjetivo*
▸ *v* (**-pp-**) **1** *vt, vi* quebrar(-se) com um estalo **2** *vi* estalar: *to snap open/closed* abrir/fechar com um estalo **3** *vi* ~ **(at sb)** falar/responder (a alguém) bruscamente
▸ *s* **1** (*ruído seco*) estalo **2** (*tb* **snapshot** /ˈsnæpʃɑːt/) (*Fot*) instantâneo
▸ *adj* repentino (*decisão*)

snare /sner/ *substantivo, verbo*
▸ *s* laço, armadilha
▸ *vt* apanhar em armadilha

snarf /snɑːrf/ *vt* (*esp USA, coloq*) engolir (*comer/beber muito rápido*)

snarl /snɑːrl/ *verbo, substantivo*
▸ *vi* rosnar
▸ *s* rosnado

snatch /snætʃ/ *verbo, substantivo*
▸ *vt* **1** agarrar, arrancar **2** roubar com um puxão **3** raptar **4** (*oportunidade*) aproveitar, agarrar-se a: *I tried to snatch an hour's sleep.* Tentei tirar uma hora de sono. PHR V **snatch at sth 1** (*objeto*) tentar agarrar algo, agarrar algo bruscamente **2** (*oportunidade*) aproveitar algo
▸ *s* **1** (*conversa, canção*) fragmento **2** (*esp GB*): *to make a snatch at sth* tentar agarrar algo

sneak /sniːk/ *verbo, substantivo*
▸ *v* (*pt, pp* **sneaked** *ou* **snuck** /snʌk/) **1** *vi* ~ **in, out, away, etc.** entrar, sair, ir embora, etc. às escondidas **2** *vi* ~ **into, out of, past, etc. sth** entrar em, sair de, passar, etc. por algo às escondidas **3** *vt*: *to sneak a look at sth* dar uma espiada em algo ◇ *I managed to sneak him a note.* Consegui passar um bilhete a ele às escondidas.
▸ *s* (*GB, coloq, antiq*) dedo-duro

sneaker /ˈsniːkər/ (*GB* **trainer**) *s* [*ger pl*] tênis (*calçado*)

sneer /snɪr/ *verbo, substantivo*
▸ *vi* ~ **(at sb/sth)** sorrir desdenhosamente (de alguém/algo)
▸ *s* **1** expressão de desdém **2** comentário desdenhoso

sneeze /sniːz/ *verbo, substantivo*
▸ *vi* espirrar
▸ *s* espirro

snicker /ˈsnɪkər/ (*tb esp GB* **snigger** /ˈsnɪgər/) *verbo, substantivo*
▸ *vi* ~ **(at sb/sth)** rir (com sarcasmo) (de alguém/algo) ➲ *Ver nota em* RIR
▸ *s* riso contido

sniff /snɪf/ *verbo, substantivo*
▸ *v* **1** *vi* fungar **2** *vi* farejar **3** *vt, vi* ~ **(at) sth** cheirar algo **4** *vt* inalar
▸ *s* fungada

snip /snɪp/ *vt* (**-pp-**) cortar (com tesoura) PHR V **snip sth off** recortar algo

sniper /ˈsnaɪpər/ *s* franco-atirador, -ora

snob /snɑːb/ *s* esnobe **snobbery** *s* esnobismo **snobbish** *adj* esnobe

snog /snɑːg/ *vt, vi* (**-gg-**) (*GB, coloq*) beijar e acariciar

snooker /ˈsnuːkər/ *s* (*esp GB*) sinuca ➲ *Ver nota em* BILHAR

snoop /snuːp/ *verbo, substantivo*
▸ *vi* ~ **(around sth)** (*coloq, pej*) bisbilhotar (algo)

▸ *s* [*sing*] LOC **have a snoop around (sth)** bisbilhotar (algo)

snooty /ˈsnuːti/ *adj* (**snootier**, **-iest**) (*pej*) arrogante, metido

snore /snɔːr/ *vi* roncar

snorkel /ˈsnɔːrkl/ *s* tubo para respirar **snorkeling** (*GB* **snorkelling**) *s* mergulho (*com snorkel*)

snort /snɔːrt/ *verbo, substantivo*
▸ *vi* **1** (*animal*) bufar **2** (*pessoa*) bufar, gargalhar
▸ *s* bufada

snout /snaʊt/ *s* focinho

⚷ **snow** /snoʊ/ *substantivo, verbo*
▸ *s* neve
▸ *vi* nevar LOC **be snowed in/up** estar/ficar isolado pela neve ◆ **be snowed under (with sth)**: *I was snowed under with work.* Eu estava atolado de trabalho.

snowball /ˈsnoʊbɔːl/ *substantivo, verbo*
▸ *s* bola de neve
▸ *vi* (*problema, etc.*) tornar-se uma bola de neve

snowboard /ˈsnoʊbɔːrd/ *s* prancha na neve **snowboarder** *s* pessoa que pratica surfe na neve **snowboarding** *s* snowboard, surfe na neve

snowdrift /ˈsnoʊdrɪft/ *s* monte de neve levada pelo vento

snowdrop /ˈsnoʊdrɑːp/ *s* galanto (*flor*)

snowfall /ˈsnoʊfɔːl/ *s* nevada

snowflake /ˈsnoʊfleɪk/ *s* floco de neve

snowman /ˈsnoʊmæn/ *s* (*pl* **-men** /-men/) boneco de neve

snowy /ˈsnoʊi/ *adj* **1** coberto de neve **2** (*dia, etc.*) de/com neve

snub /snʌb/ *verbo, substantivo*
▸ *vt* (**-bb-**) esnobar, desdenhar
▸ *s* ~ **(to sb)** insulto (a alguém)

snuck *pt, pp de* SNEAK

snug /snʌg/ *adj* aconchegante, confortável

snuggle /ˈsnʌgl/ *vi* ~ **(up to sb)** aconchegar-se (a alguém)

⚷ **so** /soʊ/ *advérbio, conjunção*
▸ *adv* **1** tão: *Don't be so silly!* Não seja tão bobo! ◇ *It's so cold!* Está tão frio! ◇ *I'm so sorry!* Sinto muito/tanto! **2** assim: *So it seems.* Assim parece. ◇ *Hold out your hand, (like) so.* Estenda a mão, assim. ◇ *The table is about so big.* A mesa é mais ou menos deste tamanho. ◇ *If so, ...* Se for esse o caso, ... **3**: *I believe/think so.* Eu creio/acho que sim. ◇ *I expect/hope so.* Espero que sim. **4** (*para expressar concordância*): *"I'm hungry." "So am I."* —Estou com fome. —Eu também. ❶ Neste caso o pronome ou o substantivo vão após o verbo. **5** (*para exprimir surpresa*): *"Philip's gone home." "So he has."* —O Philip foi para casa. —Ele foi mesmo. **6** (*uso enfático*): *He's as smart as his brother, maybe more so.* Ele é tão esperto quanto o irmão, talvez até mais. ◇ *She has complained, and rightly so.* Ela reclamou, e com razão. LOC **and so on (and so forth)** etcetera, etcetera ◆ **is that so?** não me diga! ◆ **so as to do sth** para fazer algo ◆ **so many** tantos ◆ **so much** tanto
▸ *conj* **1** por isso: *The stores were closed so I didn't get any milk.* As lojas estavam fechadas, por isso eu não comprei leite. **2 so (that...)** para que...: *She whispered so (that) no one could hear.* Ela sussurrou para que ninguém pudesse ouvir. **3** então: *So why did you do it?* Então, por que você fez isso? LOC **so?**; **so what?** (*coloq*) e daí?

soak /soʊk/ **1** *vt* encharcar, colocar de molho **2** *vi* estar de molho LOC **be/get soaked (through)** estar encharcado/encharcar-se PHR V **soak into/through sth; soak in** penetrar (em algo) ◆ **soak sth up 1** (*líquido*) absorver algo **2** embeber-se de/em algo (*em contemplação*) **soaked** (*tb* **soaking**, ˌ**soaking** ˈ**wet**) *adj* encharcado, ensopado

so-and-so /ˈsoʊ ən soʊ/ *s* (*pl* **so-and-sos**) (*coloq*) fulano: *Mr So-and-so* o senhor fulano de tal ◇ *He's an ungrateful so-and-so.* Ele é um fulano mal-agradecido.

⚷ **soap** /soʊp/ *s* [*ger não contável*] **1** sabão: *soap powder* sabão em pó **2** sabonete: *a bar of soap* um sabonete

ˈ**soap opera** (*coloq* **soap**) *s* novela (*de televisão*)

soapy /ˈsoʊpi/ *adj* com/como sabão

soar /sɔːr/ *vi* **1** (*preços, inflação, etc.*) disparar **2** (*ave*) pairar **3** (*avião*) subir

sob /sɑːb/ *verbo, substantivo*
▸ *vi* (**-bb-**) (*chorar*) soluçar
▸ *s* soluço **sobbing** *s* [*não contável*] (*choro*) soluços

sober /ˈsoʊbər/ *adjetivo, verbo*
▸ *adj* **1** sóbrio **2** sério
▸ *v* PHR V **sober (sb) up** (fazer alguém) ficar sóbrio

ˌ**so-**ˈ**called** *adj* suposto, chamado

soccer /ˈsɑːkər/ *s* futebol ➲ *Ver nota em* FUTEBOL

sociable /ˈsoʊʃəbl/ *adj* sociável

⚷ **social** /ˈsoʊʃl/ *adj* social

ˌ**social** ˈ**gaming** *s* [*não contável*] jogos em rede social

socialism /ˈsoʊʃəlɪzəm/ *s* socialismo **socialist** *s* socialista

S

socialize (*GB tb* **-ise**) /ˈsoʊʃəlaɪz/ *vi* ~ **(with sb)** relacionar-se socialmente (com alguém): *He doesn't socialize much.* Ele não sai muito.

ˌ**social** ˈ**media** *[não contável, pl]* mídia social: *Social media is/are changing the way people communicate.* As mídias sociais estão transformando o modo como as pessoas se comunicam.

ˌ**social** ˈ**networking** *s [não contável]* comunicação em redes sociais

ˌ**social se**ˈ**curity** *s* previdência social

ˌ**social** ˈ**services** *s [pl]* serviços de assistência social

ˈ**social work** *s* assistência social

ˈ**social worker** *s* assistente social

⚷ **society** /səˈsaɪəti/ *s (pl* **societies***)* **1** sociedade: *high/polite society* alta sociedade **2** associação **3** *(formal)* companhia *Ver tb* BUILDING SOCIETY

sociological /ˌsoʊsiəˈlɑːdʒɪkl/ *adj* sociológico

sociologist /ˌsoʊsiˈɑːlədʒɪst/ *s* sociólogo, -a

sociology /ˌsoʊsiˈɑːlədʒi/ *s* sociologia

⚷ **sock** /sɑːk/ *s* meia *(curta)* ➲ *Ver nota em* PAIR LOC *Ver* PULL

socket /ˈsɑːkɪt/ *s* **1** *(olho)* cavidade **2** *(esp GB) (USA* **outlet***)* tomada *(na parede, etc.)* ➲ *Ver ilustração em* TOMADA **3** *(esp GB) (televisão, computador, etc.)* conector *(de entrada/saída)* **4** *(tb* ˈ**light socket***) (esp GB)* soquete de lâmpada

soda /ˈsoʊdə/ *s* **1** *(tb* ˈ**soda pop, pop***)* refrigerante **2** *(tb* ˈ**soda water***)* água com gás **3** *(Quím)* soda

sodden /ˈsɑːdn/ *adj* encharcado

sodium /ˈsoʊdiəm/ *s* sódio

sofa /ˈsoʊfə/ *s* sofá: *sofa bed* sofá-cama

⚷ **soft** /sɔːft; *GB* sɒft/ *adj* **(softer, -est) 1** macio, mole: *the soft option* o caminho mais fácil **2** *(pele, cor, luz, som, voz)* suave **3** *(brisa)* leve **4** ~ **(on sb/sth)**; ~ **(with sb)** brando (com alguém); permissivo (com algo) LOC **have a soft spot for sb/sth** *(coloq)* ter uma queda por alguém/algo

softball /ˈsɔːftbɔːl; *GB* ˈsɒft-/ *s* softbol

ˌ**soft** ˈ**drink** *s* bebida não alcoólica

soften /ˈsɔːfn; *GB* ˈsɒfn/ **1** *vt, vi* abrandar(-se), amolecer **2** *vt, vi* suavizar(-se) **3** *vt (impacto)* atenuar **softener** *(tb* ˈ**fabric softener***) s* amaciante

⚷ **softly** /ˈsɔːftli; *GB* ˈsɒft-/ *adv* suavemente

ˌ**soft** ˈ**skills** *s [pl]* competências socioemocionais

ˌ**soft-**ˈ**spoken** *adj* de voz suave

⚷ **software** /ˈsɔːftwer; *GB* ˈsɒft-/ *s [não contável]* software

soggy /ˈsɑːgi/ *adj* **(soggier, -iest) 1** encharcado **2** *(pão, etc.)* empapado

⚷ **soil** /sɔɪl/ *substantivo, verbo*
▸ *s* solo, terra
▸ *vt (formal)* **1** sujar **2** *(reputação)* manchar

solace /ˈsɑːləs/ *s (formal)* conforto, consolo

solar /ˈsoʊlər/ *adj* solar: *solar energy/system* energia/sistema solar

sold *pt, pp de* SELL

⚷ **soldier** /ˈsoʊldʒər/ *s* soldado

sole /soʊl/ *adjetivo, substantivo*
▸ *adj [antes do substantivo]* **1** único: *her sole interest* seu único interesse **2** exclusivo
▸ *s* **1** planta (do pé) **2** sola **3** *(pl* **sole***)* linguado, solha

solemn /ˈsɑːləm/ *adj* **1** *(aspecto, maneira)* sério **2** *(acontecimento, promessa)* solene **solemnity** /səˈlemnəti/ *s* solenidade

solicitor /səˈlɪsɪtər/ *s* **1** *(USA)* vendedor, -ora *(ambulante, de televendas)* **2** *(GB)* advogado, -a ➲ *Ver nota em* ADVOGADO **3** *(Can, USA)* procurador, -ora

⚷ **solid** /ˈsɑːlɪd/ *adjetivo, substantivo*
▸ *adj* **1** sólido **2** compacto **3** *(evidência, desempenho)* consistente **4** *(coloq)* contínuo: *I slept for ten hours solid.* Dormi por dez horas seguidas.
▸ *s* **1** sólido **2 solids** *[pl]* alimentos sólidos **solidly** *adv* **1** solidamente **2** sem parar

solidarity /ˌsɑːlɪˈdærəti/ *s* solidariedade

solidify /səˈlɪdɪfaɪ/ *vt, vi (pt, pp* **-fied***)* solidificar(-se)

solidity /səˈlɪdəti/ *(tb* **solidness** /ˈsɑːlɪdnəs/*) s* solidez

solitaire /ˈsɑːləter; *GB* ˌsɒlɪˈteə(r)/ *s* **1** *(USA) (GB* **patience***) (Cartas)* paciência **2** *(GB)* resta um

solitary /ˈsɑːləteri; *GB* -tri/ *adj* **1** solitário: *to lead a solitary life* levar uma vida solitária **2** *(lugar)* afastado **3** único

solitude /ˈsɑːlətuːd; *GB* -lɪtjuːd/ *s* solidão

solo /ˈsoʊloʊ/ *adjetivo, advérbio, substantivo*
▸ *adj, adv* desacompanhado
▸ *s (pl* **solos***) (Mús)* solo **soloist** *s* solista

solstice /ˈsɑːlstəs; *GB* -stɪs/ *s* solstício

soluble /ˈsɑːljəbl/ *adj* solúvel

⚷ **solution** /səˈluːʃn/ *s* ~ **(to sth)** solução (para algo)

⚷ **solve** /sɑːlv/ *vt* resolver

solvent /ˈsɑːlvənt/ *adj, s* solvente

somber *(GB* **sombre***)* /ˈsɑːmbər/ *adj* **1** sombrio **2** *(cor)* escuro **3** *(humor)* melancólico

S

some /səm/ *adj, pron* **1** um pouco (de): *There's some ice in the freezer.* Há um pouco de gelo no congelador. ◇ *Would you like some?* Quer um pouco? **2** uns, alguns: *Do you want some potato chips?* Você quer batatas fritas?

Some ou **any**? Ambos são utilizados com substantivos incontáveis ou no plural e, embora muitas vezes não sejam traduzidos no português, não podem ser omitidos no inglês. Geralmente, **some** é utilizado nas orações afirmativas e **any** nas negativas e interrogativas: *I have some money.* Tenho (algum) dinheiro. ◇ *Do you have any children?* Você tem filhos? ◇ *I don't want any candy.* Eu não quero doces.

No entanto, **some** pode ser utilizado em orações interrogativas quando se espera uma resposta afirmativa, por exemplo, quando se pede ou se oferece algo: *Would you like some coffee?* Você quer café? ◇ *Can I have some bread, please?* Pode me trazer pão, por favor?

Quando **any** é utilizado em orações afirmativas, significa "qualquer": *Any parent would have worried.* Qualquer pai teria ficado preocupado. ➲ *Ver exemplos em* ANY ➲ *Ver nota em* UM[1]

somebody /ˈsʌmbədi/ *pron Ver* SOMEONE

someday /ˈsʌmdeɪ/ (*tb* **some day**) *adv Ver* SOMETIME

somehow /ˈsʌmhaʊ/ *adv* **1** de alguma maneira: *Somehow we had gotten completely lost.* De alguma maneira nós ficamos completamente perdidos. **2** por alguma razão: *I somehow get the feeling that I've been here before.* Por alguma razão tenho a sensação de já ter estado aqui antes.

someone /ˈsʌmwʌn/ (*tb* **somebody**) *pron* alguém: *someone else* outra pessoa 🛈 A diferença entre **someone** e **anyone**, ou entre **somebody** e **anybody**, é a mesma que há entre **some** e **any**. ➲ *Ver nota em* SOME

someplace /ˈsʌmpleɪs/ *adv Ver* SOMEWHERE

somersault /ˈsʌmərsɔːlt/ *substantivo, verbo*
▸ *s* **1** cambalhota: *to do a forward/backward somersault* dar uma pirueta para frente/trás **2** (*de acrobata*) salto mortal **3** (*de carro*) capotagem
▸ *vi* (*carro*) capotar

something /ˈsʌmθɪŋ/ *pron* algo: *something else* (alguma) outra coisa ◇ *something to eat* algo para comer 🛈 A diferença entre **something** e **anything** é a mesma que existe entre **some** e **any**. ➲ *Ver nota em* SOME

sometime /ˈsʌmtaɪm/ *adv* **1** (*tb* **someday**) algum/um dia: *sometime or other* um dia destes **2** em algum momento: *Can I see you sometime today?* Posso falar em algum momento hoje com você?

sometimes /ˈsʌmtaɪmz/ *adv* **1** às vezes **2** de vez em quando ➲ *Ver nota em* ALWAYS

someway /ˈsʌmweɪ/ (*tb* **someways** /ˈsʌmweɪz/) *adv* (*USA, coloq*) *Ver* SOMEHOW

somewhat /ˈsʌmwʌt; *GB* -wɒt/ *adv* algo, um tanto, bastante: *I have a somewhat different question.* Tenho uma pergunta um pouco diferente. ◇ *We missed the bus, which was somewhat unfortunate.* Perdemos o ônibus, o que foi uma certa falta de sorte.

somewhere /ˈsʌmwer/ (*tb* **someplace**) *adv* em algum lugar: *I've seen your glasses somewhere downstairs.* Eu vi seus óculos em algum lugar lá em baixo. ◇ *somewhere else* em algum outro lugar ◇ *to have somewhere to go* ter para onde ir 🛈 A diferença entre **somewhere** e **anywhere** é a mesma que há entre **some** e **any**. ➲ *Ver nota em* SOME

son /sʌn/ *s* filho, -a LOC *Ver* FATHER

song /sɔːŋ; *GB* sɒŋ/ *s* **1** canção **2** canto

songwriter /ˈsɔːŋraɪtər; *GB* ˈsɒŋ-/ *s* compositor, -ora (*de canções*)

ˈson-in-law *s* (*pl* **sons-in-law**) genro

soon /suːn/ *adv* (**sooner, -est**) logo, dentro em pouco LOC **as soon as** assim que, tão logo: *as soon as possible* o mais rápido possível ◆ **(just) as soon do sth (as do sth)**: *I'd (just) as soon stay at home as go for a walk.* Para mim tanto faz ficar em casa ou sair para um passeio. ◆ **no sooner… than…**: *No sooner had she said it than she burst into tears.* Ela mal havia acabado de dizer isso quando desatou a chorar. ◆ **sooner or later** (mais) cedo ou (mais) tarde ◆ **the sooner the better** quanto antes, melhor

soot /sʊt/ *s* fuligem

soothe /suːð/ *vt* **1** (*pessoa, etc.*) acalmar **2** (*dor, etc.*) aliviar

sophisticated /səˈfɪstɪkeɪtɪd/ *adj* sofisticado **sophistication** *s* sofisticação

sophomore /ˈsɑːfəmɔːr/ *s* estudante de segundo ano de faculdade

soppy /ˈsɑːpi/ *adj* (**soppier, -iest**) (*GB*) (*USA* **sappy**) (*coloq*) sentimental

sorbet /ˈsɔːrbət; *GB* -beɪ/ *s* sorvete de frutas com água

sordid /ˈsɔːrdɪd/ *adj* **1** sórdido **2** (*comportamento*) abominável

S

sore /sɔːr/ *adjetivo, substantivo*
▸ *adj* dolorido: *to have a sore throat* ter dor de garganta ◇ *I have sore eyes.* Estou com dor nos olhos. LOC **a sore point** um assunto delicado
▸ *s* machucado: *cold sore* herpes oral/labial

sorely /ˈsɔːrli/ *adv*: *She will be sorely missed.* Ela fará bastante falta. ◇ *I was sorely tempted to do it.* Eu fiquei bastante tentado a fazê-lo.

sorority /səˈrɔːrəti; *GB* səˈrɒrə-/ *s* (*pl* -ies) associação de acadêmicas (*em universidades americanas*)

sorrow /ˈsɑːroʊ/ *s* pesar: *to my great sorrow* para meu grande pesar

sorry /ˈsɑːri/ *adjetivo, interjeição*
▸ *adj* **1**: *I'm sorry I'm late.* Desculpe-me pelo atraso. ◇ *I'm so sorry!* Sinto muito! **2 ~ (for/about sth)**: *He's very sorry for what he's done.* Ele está arrependido do que fez. ◇ *You'll be sorry!* Você vai se arrepender!

Sorry for ou **sorry about**? Quando **sorry** é usado para pedir desculpas, pode-se utilizar **for** ou **about**: *I'm sorry for waking you up last night.* Desculpe-me por ter acordado você na noite passada. ◇ *We're sorry about the mess.* Desculpe-nos pela bagunça. Para expressar pesar pelo que aconteceu a outra pessoa, usa-se **about**: *I'm sorry about your car/sister.* Eu sinto pelo que aconteceu ao seu carro/à sua irmã. Para dizer que se sente pena de alguém, utiliza-se **for**: *I felt sorry for the children.* Fiquei com pena das crianças. ◇ *Stop feeling sorry for yourself!* Pare de sentir pena de si mesmo!

3 (*estado*) lamentável LOC **say you are sorry** desculpar-se *Ver tb* BETTER
▸ *interj* **1** (*para desculpar-se*) desculpe(-me) ➲ *Ver nota em* EXCUSE **2 sorry?** o que disse?, como?

sort /sɔːrt/ *substantivo, verbo*
▸ *s* **1** tipo: *They sell all sorts of gifts.* Eles vendem todo tipo de presentes. **2** (*esp GB, coloq*): *He's not a bad sort really.* Ele não é má pessoa. LOC **a sort of sth**: *It's a sort of autobiography.* É uma espécie de autobiografia. ◆ **nothing of the sort** nada do tipo ◆ **sort of**: (*coloq*) *I feel sort of uneasy.* Eu me sinto um pouco inquieto.
▸ *vt* **1 ~ sth (into sth)** classificar algo (em algo) **2** (*esp GB, coloq*) dar um jeito em: *I'm really busy. Can you sort it?* Estou muito ocupada. Você pode dar um jeito nisso? PHR V **sort sth out 1** (*coloq*) arrumar algo **2** resolver algo ◆ **sort through sth** classificar, organizar algo **sorted** *adj* [*nunca antes do substantivo*] (*GB, coloq*) resolvido, arrumado: *Let's get it sorted.* Vamos dar um jeito.

ˌso-ˈso *adj, adv* (*coloq*) mais ou menos

sought *pt, pp de* SEEK

ˈsought after *adj* cobiçado

soul /soʊl/ *s* alma: *There wasn't a soul to be seen.* Não se via uma alma viva. ◇ *Poor soul!* (Pobre) coitado! LOC *Ver* BODY

sound /saʊnd/ *substantivo, verbo, adjetivo, advérbio*
▸ *s* **1** som: *sound effects/waves* efeitos sonoros/ondas sonoras **2** ruído: *I could hear the sound of voices.* Eu ouvia som de vozes. ◇ *She opened the door without a sound.* Ela abriu a porta sem fazer barulho. **3 the sound** [*sing*] o volume: *to turn the sound up/down* aumentar/baixar o volume
▸ *v* **1** *vi* soar: *Your voice sounds a little strange.* Sua voz soa um pouco estranha. **2** *vi* parecer: *She sounded very surprised.* Ela parecia muito surpresa. ◇ *He sounds like a very nice person from his letter.* A julgar pela carta, ele parece uma pessoa bastante agradável. ◇ *It sounds as if she already decided.* Parece que ela já decidiu. **3** *vt* (*alarme*) dar **4** *vt* (*trombeta, etc.*) tocar **5** *vt* pronunciar: *You don't sound the "h".* Não se pronuncia o "h". PHR V **sound sb out (about/on sth)** sondar alguém (a respeito de algo)
▸ *adj* (**sounder**, **-est**) **1** são **2** (*estrutura*) sólido **3** (*conselho, decisão*) bom LOC *Ver* SAFE
▸ *adv* LOC **sound asleep** dormindo profundamente

ˈsound bite *s* declaração de efeito

soundproof /ˈsaʊndpruːf/ *adjetivo, verbo*
▸ *adj* à prova de som
▸ *vt* tornar algo à prova de som

soundtrack /ˈsaʊndtræk/ *s* trilha sonora

soup /suːp/ *s* sopa, caldo: *soup spoon* colher de sopa

sour /ˈsaʊər/ *adj* azedo LOC **go/turn sour** azedar

source /sɔːrs/ *substantivo, verbo*
▸ *s* **1** fonte: *They didn't reveal their sources.* Eles não revelaram suas fontes. ◇ *a source of income* uma fonte de renda **2** (*rio*) nascente
▸ *vt* **~ sth (from...)** (*Com*) adquirir algo (de...)

south /saʊθ/ *substantivo, adjetivo, advérbio*
▸ *s* (*tb* **South**) (*abrev* **S**) sul: *Brighton is in the South of England.* Brighton fica no

S

sul da Inglaterra.
▸ *adj* (do) sul: *south winds* ventos do sul
▸ *adv* para o sul: *The house faces south.* A casa dá para o sul.

southbound /ˈsaʊθbaʊnd/ *adj* em direção ao sul

southeast /ˌsaʊθˈiːst/ (*tb* **south-east**) *substantivo, adjetivo, advérbio*
▸ *s* (*abrev* **SE**) sudeste
▸ *adj* (do) sudeste
▸ *adv* para o sudeste **southeastern** *adj* (do) sudeste

⚷ **southern** (*tb* **Southern**) /ˈsʌðərn/ *adj* do sul, meridional: *southern Italy* o sul da Itália ◇ *the southern hemisphere* o hemisfério sul **southerner** *s* sulista

southward /ˈsaʊθwərd/ (*tb* **southwards**) *adv* em direção ao sul

southwest /ˌsaʊθˈwest/ (*tb* **south-west**) *substantivo, adjetivo, advérbio*
▸ *s* (*abrev* **SW**) sudoeste
▸ *adj* (do) sudoeste
▸ *adv* para o sudoeste **southwestern** *adj* (do) sudoeste

souvenir /ˌsuːvəˈnɪr; ˈsuːvənɪr/ *s* lembrança (*objeto*)

sovereign /ˈsɑːvrən; *GB* -rɪn/ *adj, s* soberano, -a **sovereignty** *s* soberania

sow[1] /saʊ/ *s* (*Zool*) porca ➲ *Ver nota em* PORCO

sow[2] /soʊ/ *vt* (*pt* sowed, *pp* sown /soʊn/ *ou* sowed) semear

soy /sɔɪ/ (*GB* **soya** /ˈsɔɪə/) *s* soja

soybean /ˈsɔɪbiːn/ (*GB* ˈ**soya bean**) *s* semente/grão de soja

spa /spɑː/ *s* **1** (*tb* ˈ**health spa**) spa **2** estância hidromineral

⚷ **space** /speɪs/ *substantivo, verbo*
▸ *s* **1** [*não contável*] lugar, espaço: *Leave some space for the dogs.* Deixe lugar para os cachorros. ◇ *There's no space for my suitcase.* Não há espaço para a minha mala. **2** (*Aeronáut*) espaço: *a space flight* um voo espacial **3** (*período*) intervalo: *in a short space of time* em um curto espaço de tempo **LOC** **look/stare/gaze into space** ficar olhando o vazio *Ver tb* WASTE
▸ *vt* ~ **sth (out)** espaçar algo

ˈ**space bar** *s* (*Informát*) barra de espaço ➲ *Ver ilustração em* COMPUTADOR

spacecraft /ˈspeɪskræft; *GB* -skrɑːft/ *s* (*pl* spacecraft) (*tb* **spaceship** /ˈspeɪsʃɪp/) nave espacial

spaceman /ˈspeɪsmæn/ *s* (*pl* -men /-men/) astronauta (*homem*)

spacesuit /ˈspeɪssuːt; *GB tb* -sjuːt/ *s* macacão de astronauta

spacewoman /ˈspeɪswʊmən/ *s* (*pl* -women /-wɪmɪn/) astronauta (*mulher*)

spacious /ˈspeɪʃəs/ *adj* espaçoso, amplo

spade /speɪd/ *s* **1** pá **2** **spades** [*pl*] (*naipe*) espadas ➲ *Ver nota em* BARALHO

spaghetti /spəˈgeti/ *s* [*não contável*] espaguete

spam /spæm/ *s* (*coloq*) (*Informát*) spam ➲ *Ver nota à pág. 236* **spammer** *s* (*coloq*) pessoa que envia spam

span /spæn/ *substantivo, verbo*
▸ *s* **1** (*de tempo*) período, duração: *time span* lapso/espaço de tempo ◇ *life span* expectativa de vida ◇ *to have a short attention span* ter pouca concentração **2** (*de ponte*) vão
▸ *vt* (-nn-) **1** abarcar **2** (*ponte*) cruzar

spank /spæŋk/ *vt* dar uma surra em, dar palmadas em

spanner /ˈspænər/ *s* (*GB*) (*USA* **wrench**) chave (*inglesa, de porca, etc.*)

⚷ **spare** /sper/ *adjetivo, substantivo, verbo*
▸ *adj* **1** disponível, de sobra: *There are no spare seats.* Não há mais lugares. ◇ *the spare room* o quarto de hóspedes **2** de reposição, de reserva: *a spare tire/part* um estepe/uma peça de reposição **3** (*tempo*) livre
▸ *s* **1** peça de reposição **2** estepe
▸ *vt* **1** ~ **sth (for sb/sth)** (*tempo, dinheiro, etc.*) dispensar, oferecer algo (para alguém/algo) **2** ~ **sb (from) sth** dispensar alguém de algo: *Spare me the gory details.* Poupe-me dos detalhes desagradáveis. **3** (*formal*) poupar (*a vida de alguém*) **4** economizar: *No expense was spared.* Não se pouparam gastos. **LOC** **to spare** de sobra: *with two minutes to spare* faltando dois minutos **sparing** *adj* ~ **with sth** parco em algo; econômico com algo

spark /spɑːrk/ *substantivo, verbo*
▸ *s* faísca, fagulha
▸ *vt* ~ **sth (off)** provocar, ocasionar algo

sparkle /ˈspɑːrkl/ *verbo, substantivo*
▸ *vi* cintilar, faiscar
▸ *s* centelha **sparkling** *adj* **1** (*coloq* **sparkly**) cintilante **2** (*bebida*) gasoso **3** (*vinho*) espumante

ˈ**spark plug** *s* vela (de ignição)

sparrow /ˈspæroʊ/ *s* pardal

sparse /spɑːrs/ *adj* (sparser, -est) **1** escasso, esparso **2** (*população*) disperso **3** (*cabelo*) ralo

spartan /ˈspɑːrtn/ *adj* espartano

spasm /ˈspæzəm/ *s* espasmo

spat *pt, pp de* SPIT

spate /speɪt/ *s* avalanche, onda

spatial /ˈspeɪʃl/ *adj* de espaço: *to develop spatial awareness* desenvolver a noção de espaço

S

spatter /ˈspætər/ (*tb* **splatter**) *vt* ~ **sb/sth with sth**; ~ **sth (on/over sb/sth)** salpicar alguém/algo com algo; respingar algo (em alguém/algo)

spatula /ˈspætʃələ/ *s* (*Cozinha*) espátula

speak /spiːk/ (*pt* **spoke** /spoʊk/, *pp* **spoken** /ˈspoʊkən/) **1** *vi* ~ **(to sb) (about sth/sb)** falar (com alguém) (sobre algo/alguém): *Can I speak to you, please?* Posso falar com você, por favor? ➲ *Ver nota em* FALAR **2** *vt* dizer, falar: *to speak the truth* dizer a verdade ◇ *Do you speak French?* Você fala francês? **3** *vi* fazer um discurso, pronunciar-se LOC **be on speaking terms (with sb)**; **be speaking (to sb)** estar se falando, estar falando com alguém ◆ **generally, relatively, etc. speaking** falando em termos gerais, relativamente falando, etc. ◆ **so to speak** por assim dizer ◆ **speak for itself/themselves**: *The statistics speak for themselves.* As estatísticas falam por si mesmas. ◆ **speak your mind** falar sem rodeios *Ver tb* STRICTLY PHR V **speak for sb** falar em favor de alguém ◆ **speak out (against sth)** declarar-se publicamente (contra algo) ◆ **speak up** falar mais alto

speaker /ˈspiːkər/ *s* **1** falante: *Portuguese speakers* falantes de português **2** (*em público*) orador, -ora; conferencista **3** alto-falante

spear /spɪr/ *s* lança

special /ˈspeʃl/ *adjetivo, substantivo*
▸ *adj* **1** especial: *special effects* efeitos especiais **2** particular: *nothing special* nada (em) especial **3** (*reunião, edição, etc.*) extraordinário
▸ *s* **1** (*edição, programa, etc.*) especial **2** (*coloq*) oferta especial **3** (*coloq*) prato do dia

specialist /ˈspeʃəlɪst/ *s* especialista

specialize (*GB tb* **-ise**) /ˈspeʃəlaɪz/ *vi* ~ **(in sth)** especializar-se (em algo) **specialization** (*GB tb* **-isation**) /ˌspeʃələˈzeɪʃn; *GB* -laɪˈ-/ *s* especialização **specialized** (*GB tb* **-ised**) *adj* especializado

specially /ˈspeʃəli/ *adv* especialmente

> Ainda que **specially** e **especially** tenham significados semelhantes, são utilizados de maneiras diferentes. **Specially** é utilizado basicamente com particípios: *specially designed for schools* projetado especialmente para escolas, e **especially** como conector entre frases: *He likes dogs, especially poodles.* Ele gosta de cães, principalmente de poodles. Porém, em linguagem coloquial, e sobretudo na Grã-Bretanha, usa-se também **specially** neste último sentido: *I hate homework, specially history.* Eu detesto lição de casa, principalmente de História.

specialty /ˈspeʃəlti/ (*GB* **speciality** /ˌspeʃiˈæləti/) *s* (*pl* **specialties/specialities**) especialidade

species /ˈspiːʃiːz/ *s* (*pl* **species**) espécie

specific /spəˈsɪfɪk/ *adj* específico, preciso, concreto

specifically /spəˈsɪfɪkli/ *adv* especificamente, concretamente, especialmente

specification /ˌspesɪfɪˈkeɪʃn/ *s* **1** especificação **2** [*ger pl*] especificações, plano detalhado

specify /ˈspesɪfaɪ/ *vt* (*pt, pp* **-fied**) especificar, precisar

specimen /ˈspesɪmən/ *s* espécime, exemplar, amostra

speck /spek/ *s* **1** (*de sujeira*) mancha **2** (*de pó*) partícula **3**: *a speck on the horizon* um ponto no horizonte

spectacle /ˈspektəkl/ *s* espetáculo

spectacles /ˈspektəklz/ *s* [*pl*] (*formal*) (*esp GB, coloq* **specs** /speks/) óculos ❶ A palavra mais comum é **glasses**. ➲ *Ver nota em* PAIR

spectacular /spekˈtækjələr/ *adj* espetacular

spectator /ˈspekteɪtər; *GB* spekˈteɪtə(r)/ *s* espectador, -ora

specter (*GB* **spectre**) /ˈspektər/ *s* (*lit e fig*) espectro, fantasma: *the specter of another war* a ameaça de uma nova guerra

spectrum /ˈspektrəm/ *s* (*pl* **spectra** /-trə/) **1** espectro (*de cores, luz*) **2** [*ger sing*] gama, leque (*de ideias, etc.*)

speculate /ˈspekjuleɪt/ *vi* ~ **(about/on sth)** especular (sobre/acerca de algo) **speculation** *s* ~ **(about/over sth)** especulação (sobre algo)

speculative /ˈspekjəleɪtɪv; -lətɪv/ *adj* especulativo

speculator /ˈspekjuleɪtər/ *s* especulador, -ora

sped *pt, pp de* SPEED

speech /spiːtʃ/ *s* **1** fala: *to lose the power of speech* perder a capacidade da fala ◇ *freedom of speech* liberdade de expressão ◇ *speech therapy* fonoaudiologia **2** discurso: *to make/deliver/give a speech* fazer um discurso **3** linguagem: *children's speech* linguagem de criança **speechless** /ˈspiːtʃləs/ *adj* sem fala, mudo: *She was speechless with rage.* Ela perdeu a fala de tanta raiva.

speed /spiːd/ *substantivo, verbo*
▸ *s* velocidade, rapidez LOC **at speed** a toda velocidade *Ver tb* FULL, PICK

▸ *vi* (*pt, pp* **speeded**) **1** ir a toda velocidade ℹ Neste sentido, utiliza-se também a forma passada **sped**/sped/. **2** exceder o limite de velocidade: *I was fined for speeding.* Eu fui multado por excesso de velocidade. PHR V **speed (sth) up** acelerar (algo) **speeding** *s* [*não contável*] excesso de velocidade: *I was fined for speeding.* Fui multado por excesso de velocidade.

speedboat /ˈspiːdbout/ *s* lancha

ˈ**speed bump** (*GB tb* ˈ**speed hump**) *s* lombada, quebra-molas

ˈ**speed dating** *s* [*não contável*] encontro de poucos minutos (*entre solteiros*)

speedily /ˈspiːdəli/ *adv* rapidamente

speedometer /spiːˈdɑːmɪtər/ *s* velocímetro

speedy /ˈspiːdi/ *adj* (**speedier**, **-iest**) rápido, pronto: *a speedy recovery* um pronto restabelecimento

⚷ **spell** /spel/ *verbo, substantivo*

▸ *v* (*pt, pp* **spelled**; **spelt** /spelt/) ➲ *Ver nota em* DREAM **1** *vt, vi* soletrar, escrever **2** *vt* ~ **sth (for sb/sth)** resultar em algo; significar algo (para alguém/algo) PHR V **spell sth out 1** soletrar algo **2** explicar algo claramente

▸ *s* **1** período, intervalo: *a spell of cold weather* uma onda de frio **2** temporada **3** feitiço, encanto LOC *Ver* CAST

spellchecker /ˈspeltʃekər/ (*tb* ˈ**spell check**) *s* corretor ortográfico

⚷ **spelling** /ˈspelɪŋ/ *s* ortografia

spelt *pt, pp de* SPELL

⚷ **spend** /spend/ *verbo, substantivo*

▸ *v* (*pt, pp* **spent** /spent/) **1** *vt, vi* ~ **(sth) (on sth)** gastar (algo) (em algo) **2** *vt* (*tempo livre, férias, etc.*) passar **3** *vt* ~ **sth on sth** dedicar algo a algo: *How long did you spend on your homework?* Quanto tempo você gastou na sua lição de casa?

▸ *s* [*sing*] (*coloq*) gasto **spending** *s* [*não contável*] gasto: *public spending* o gasto público

spendthrift /ˈspendθrɪft/ *s* (*pej*) gastadeiro, -a

spendy /ˈspendi/ *adj* (**spendier**, **-iest**) (*coloq*) caro

sperm /spɜːrm/ *s* **1** (*pl* **sperm** *ou* **sperms**) espermatozoide **2** [*não contável*] esperma

SPF /ˌes piː ˈef/ *abrev de* **sun protection factor** fator de proteção solar

sphere /sfɪr/ *s* esfera

sphinx /sfɪŋks/ (*tb* **the Sphinx**) *s* esfinge

⚷ **spice** /spaɪs/ *substantivo, verbo*

▸ *s* **1** tempero, especiaria **2** (*fig*) interesse: *to add spice to a situation* tornar uma situação interessante

▸ *vt* ~ **sth (up) 1** temperar algo **2** (*fig*) dar mais sabor a algo

⚷ **spicy** /ˈspaɪsi/ *adj* (**spicier**, **-iest**) (*lit e fig*) picante

⚷ **spider** /ˈspaɪdər/ *s* aranha: *spider web* teia de aranha

spied *pt, pp de* SPY

spies *pl de* SPY

spike /spaɪk/ *s* **1** ponta (*de ferro, etc.*), ferrão **2** cravo (*de calçado esportivo*) **spiky** *adj* cheio de pontas, pontiagudo: *spiky hair* cabelo espetado

spill /spɪl/ *verbo, substantivo*

▸ *v* (*pt, pp* **spilled** *ou* **spilt** /spɪlt/) ➲ *Ver nota em* DREAM **1** *vt* derramar **2** *vi* cair ➲ *Ver nota em* DROP LOC *Ver* CRY PHR V **spill over** transbordar, vazar

▸ *s* (*formal* **spillage** /ˈspɪlɪdʒ/) **1** vazamento **2** o que foi derramado

⚷ **spin** /spɪn/ *verbo, substantivo*

▸ *v* (*pt, pp* **spun** /spʌn/; *part pres* **spinning**) **1** *vi* ~ **(around)** girar, dar voltas **2** *vt* ~ **sth (around)** (fazer) girar algo; dar voltas em algo **3** *vt, vi* (*máquina de lavar*) centrifugar **4** *vt* fiar PHR V **spin sth out** espichar, prolongar algo

▸ *s* **1** volta, giro **2** (*bola*) efeito **3** (*Pol, etc.*) interpretação de forma conveniente: *The government is trying to put a positive spin on budget cuts.* O governo está tentando dar uma impressão positiva aos cortes de orçamento. **4** (*coloq*) (*passeio em carro ou moto*) volta: *to go for a spin* dar uma volta

spinach /ˈspɪnɪtʃ/ *s* [*não contável*] espinafre

spinal /ˈspaɪnl/ *adj* da espinha: *spinal column* coluna vertebral

spine /spaɪn/ *s* **1** (*Anat*) espinha **2** (*Bot, Zool*) espinho **3** (*de livro*) lombada

spinster /ˈspɪnstər/ *s* (mulher) solteira, solteirona ℹ Esta palavra tornou-se antiquada e pode ser depreciativa. ➲ *Comparar com* BACHELOR

spiral /ˈspaɪrəl/ *substantivo, adjetivo, verbo*

▸ *s* espiral

▸ *adj* (em) espiral, helicoidal: *a spiral staircase* uma escada em espiral

▸ *vi* (*preços, etc.*) subir vertiginosamente

spire /ˈspaɪər/ *s* (*Arquitetura*) pináculo, agulha

⚷ **spirit** /ˈspɪrɪt/ *s* **1** espírito, alma **2 spirits** [*pl*] estado de ânimo, humor: *in high spirits* de muito bom humor **3** coragem, ânimo **4** atitude **5** fantasma **6 spirits** [*pl*] (*bebida alcoólica*) destilados **spirited** *adj* animado, vigoroso

⚷ **spiritual** /ˈspɪrɪtʃuəl/ *adj* espiritual

S

spit /spɪt/ *verbo, substantivo*
▸ *v* (*pt, pp* **spat** /spæt/ *ou* **spit**, *part pres* **spitting**) **1** *vt, vi* cuspir: *to spit at sb* cuspir em alguém **2** *vt* (*insulto, etc.*) lançar **3** *vi* (*fogo, etc.*) crepitar PHR V **spit sth out** cuspir algo
▸ *s* **1** saliva, cuspe **2** ponta (*de terra*) **3** (*para assar*) espeto

spite /spaɪt/ *substantivo, verbo*
▸ *s* despeito, ressentimento: *out of/from spite* por despeito LOC **in spite of sth** apesar de algo
▸ *vt* perturbar, incomodar **spiteful** *adj* malicioso, despeitado

splash /splæʃ/ *verbo, substantivo*
▸ *v* **1** *vi* chapinhar **2** *vt* ~ **sb/sth (with sth)**; ~ **sth (on/over sb/sth)** molhar alguém/algo (com algo); respingar algo (em alguém/algo) PHR V **splash out (on sth)** (*GB, coloq*) queimar dinheiro (em algo), dar-se ao luxo de comprar (algo)
▸ *s* **1** chape **2** salpico **3** (*de cor*) mancha LOC **make a splash** (*coloq*) causar sensação

splatter /ˈsplætər/ *Ver* SPATTER

splendid /ˈsplendɪd/ *adj* esplêndido, magnífico

splendor (*GB* **splendour**) /ˈsplendər/ *s* esplendor

spliff /splɪf/ *s* (*GB, gíria*) baseado

splint /splɪnt/ *s* tala (*para imobilizar membro*)

splinter /ˈsplɪntər/ *substantivo, verbo*
▸ *s* farpa, estilhaço
▸ *vt, vi* **1** estilhaçar(-se) **2** dividir(-se)

S

split /splɪt/ *verbo, substantivo, adjetivo*
▸ *v* (*pt, pp* **split**; *part pres* **splitting**) **1** *vt, vi* partir(-se): *to split (sth) in two* partir (algo) em dois **2** *vt, vi* dividir(-se) **3** *vt* repartir **4** *vi* ~ **(open)** fender(-se), rachar(-se) PHR V **split up (with sb)** separar-se (de alguém)
▸ *s* **1** divisão, ruptura **2** abertura, fenda
▸ *adj* partido, dividido

ˌsplit ˈsecond *s* fração de segundo

splutter /ˈsplʌtər/ *verbo, substantivo*
▸ *v* **1** *vt, vi* gaguejar, balbuciar **2** *vi* (*tb* **sputter**) (*fogo, etc.*) crepitar
▸ *s* crepitar

spoil /spɔɪl/ (*pt, pp* **spoiled**; (*GB tb* **spoilt** /spɔɪlt/)) ➲ *Ver nota em* DREAM **1** *vt, vi* estragar(-se), arruinar(-se) **2** *vt* (*criança*) mimar

spoiled /spɔɪld/ (*GB tb* **spoilt** /spɔɪlt/) *adj* mimado *Ver tb* SPOIL

spoils /spɔɪlz/ *s* [*pl*] espólio (*de roubo, guerra*)

spoilsport /ˈspɔɪlspɔːrt/ *s* (*coloq*) desmancha-prazeres

spoke /spoʊk/ *s* raio (*de roda*) *Ver tb* SPEAK

spoken /ˈspoʊkən/ *adj* falado: *spoken commands* comandos de voz *Ver tb* SPEAK

spokesman /ˈspoʊksmən/ *s* (*pl* **-men** /ˈspoʊksmən/) porta-voz ➲ *Ver nota em* POLICIAL

spokesperson /ˈspoʊkspɜːrsn/ *s* (*pl* **spokespersons** *ou* **spokespeople**) porta-voz

spokeswoman /ˈspoʊkswʊmən/ *s* (*pl* **-women** /-wɪmɪn/) porta-voz (*mulher*) ➲ *Ver nota em* POLICIAL

sponge /spʌndʒ/ *substantivo, verbo*
▸ *s* **1** esponja **2** (*GB*) (*tb* ˈ**sponge cake**) pão de ló
▸ *vi* ~ **(off/on sb)** (*coloq, pej*) aproveitar-se (de alguém); viver às custas de alguém

ˈsponge bag *s* (*GB*) (*USA* **toiletry bag**) necessaire

sponger /ˈspʌndʒər/ *s* (*coloq, pej*) parasita (*pessoa*)

sponsor /ˈspɑːnsər/ *substantivo, verbo*
▸ *s* patrocinador, -ora
▸ *vt* patrocinar **sponsorship** *s* patrocínio

spontaneous /spɑːnˈteɪniəs/ *adj* espontâneo **spontaneity** /ˌspɑːntəˈneɪəti/ *s* espontaneidade

spook /spuːk/ *vt, vi* (*esp USA, coloq*) assustar

spooky /ˈspuːki/ *adj* (**spookier, -iest**) (*coloq*) **1** de aspecto assustador, assombrado **2** misterioso

spool /spuːl/ *s* bobina, carretel

spoon /spuːn/ *substantivo, verbo*
▸ *s* **1** colher: *serving spoon* colher de servir **2** (*tb* **spoonful** /ˈspuːnfʊl/) colherada
▸ *vt* tirar (*com colher*): *She spooned the mixture out of the bowl.* Ela tirou a mistura da tigela com uma colher.

sporadic /spəˈrædɪk/ *adj* esporádico

sport /spɔːrt/ *s* esporte: *sports center/field* centro/campo esportivo ◇ *sports facilities* instalações esportivas LOC **be a (good) sport** (*coloq*) ser gente boa **sporting** *adj* esportivo

ˈsports car *s* carro esporte

ˈsports drink *s* bebida isotônica

sportsman /ˈspɔːrtsmən/ *s* (*pl* **-men** /ˈspɔːrtsmən/) esportista ➲ *Ver nota em* POLICIAL **sportsmanlike** *adj* que tem espírito esportivo **sportsmanship** *s* espírito esportivo

sportswoman /ˈspɔːrtswʊmən/ *s* (*pl* **-women** /-wɪmɪn/) esportista (*mulher*) ➲ *Ver nota em* POLICIAL

sporty /ˈspɔːrti/ *adj* (**sportier, -iest**) **1** (*carro*) esporte **2** (*esp GB, coloq*) ligado a esportes

spot /spɑːt/ *verbo, substantivo*
▸ *vt* (-tt-) encontrar, notar: *He finally spotted a shirt he liked.* Ele finalmente encontrou uma camisa da qual gostou. ◇ *Nobody spotted the mistake.* Ninguém notou o erro.
▸ *s* **1** lugar *Ver tb* HOT SPOT **2** (*em animais, etc.*) mancha **3** (*GB*) (*USA* **polka dot**) (*estampa*) bolinha: *a blue skirt with red spots on it* uma saia azul com bolinhas vermelhas **4** (*esp GB*) (*USA* **pimple**) (*na pele*) espinha **5** ~ **of sth** (*GB, coloq*): *Would you like a spot of lunch?* Quer comer um pouquinho? ◇ *You seem to be having a spot of bother.* Você parece estar com algum problema. **6** (*TV, etc.*) espaço LOC *Ver* SOFT

spotless /ˈspɑːtləs/ *adj* **1** (*casa*) imaculado **2** (*reputação*) intocável

spotlight /ˈspɑːtlaɪt/ *s* **1** (*coloq* **spot**) holofote **2 the spotlight** [*sing*]: *to be in the spotlight* ser o centro das atenções

spotted /ˈspɑːtɪd/ *adj* **1** (*animal*) com manchas **2** (*GB*) (*roupa*) de bolinhas

spotty /ˈspɑːti/ *adj* **1** (*USA*) (*GB* **patchy**) incompleto, irregular **2** (*GB*) cheio de espinhas

spouse /spaʊs/ *s* (*Jur*) cônjuge

spout /spaʊt/ *substantivo, verbo*
▸ *s* **1** (*de chaleira, bule*) bico **2** calha
▸ *v* **1** *vi* ~ **(out/up) (from sth)** jorrar, brotar (de algo) **2** *vt* ~ **sth (out/up)** fazer jorrar algo **3** *vi* ~ **(off/on) (about sth)** (*coloq, pej*) dissertar, discursar (sobre algo) **4** *vt* (*coloq, pej*) declamar

sprain /spreɪn/ *verbo, substantivo*
▸ *vt* torcer (*pulso, tornozelo*)
▸ *s* entorse

sprang *pt de* SPRING

sprawl /sprɔːl/ *vi* **1** escarrapachar-se, estatelar-se **2** (*cidade, etc.*) espalhar-se, estender-se (*desordenadamente*)

spray /spreɪ/ *substantivo, verbo*
▸ *s* **1** borrifo **2**: *I gave the plants a quick spray.* Eu dei uma rápida borrifada de água nas plantas. **3** (*atomizador*) pulverizador, spray **4** (*para cabelo, etc.*) spray
▸ *v* **1** *vt* ~ **sb/sth (with sth)**; ~ **sth (on/over sb/sth)** borrifar alguém/algo (com algo); pulverizar algo (em alguém/algo) **2** *vi* ~ **(over, across, etc. sb/sth)** espirrar (em alguém/algo)

ˈspray tan *s* bronzeamento com spray

spread /spred/ *verbo, substantivo*
▸ *v* (*pt, pp* **spread**) **1** *vt* ~ **sth (out) (on/over sth)** estender, espalhar algo (em/sobre/por algo) **2** *vt, vi* estender(-se), propagar(-se) **3** *vt* ~ **sth with sth** cobrir algo com/de algo **4** *vt, vi* untar(-se) **5** *vt, vi* (*notícia*) espalhar(-se) **6** *vt* ~ **sth (out) (over sth)** distribuir algo (em algo)
▸ *s* **1** (*de infecção, fogo*) propagação **2** (*de informação*) difusão **3** (*crime, armas, etc.*) proliferação **4** extensão **5** leque (*de opções, etc.*) **6** pasta, patê, geleia, etc. para passar no pão **7** (*asas*) envergadura

spreadsheet /ˈspredʃiːt/ *s* planilha

spree /spriː/ *s* farra: *to go on a shopping/spending spree* sair gastando dinheiro

spring /sprɪŋ/ *substantivo, verbo*
▸ *s* **1** primavera **2** mola **3** elasticidade **4** nascente **5** salto
▸ *vi* (*pt* **sprang** /spræŋ/, *pp* **sprung** /sprʌŋ/) saltar LOC **spring into action/life** pôr-se em ação *Ver tb* MIND PHR V **spring from sth** (*formal*) provir, originar-se de algo ◆ **spring sth on sb** pegar alguém de surpresa com algo

springboard /ˈsprɪŋbɔːrd/ *s* (*lit e fig*) trampolim

ˌspring-ˈclean *vt, vi* fazer uma faxina geral

ˌspring ˈonion *s* (*GB*) (*USA* **green onion, scallion**) cebolinha

springtime /ˈsprɪŋtaɪm/ *s* primavera

sprinkle /ˈsprɪŋkl/ **1** *vt* ~ **sth (with sth)** borrifar, polvilhar algo (com algo) **2** *vt* ~ **sth (on/over sth)** aspergir, salpicar algo (sobre algo) **3** *vi* (*GB* **drizzle**) garoar **sprinkling** *s* ~ **(of sb/sth)** uns poucos/umas poucas, um pouquinho (de algo)

sprint /sprɪnt/ *verbo, substantivo*
▸ *vi* correr (a toda) (*pequena distância*)
▸ *s* corrida de velocidade **sprinter** *s* velocista

sprog /sprɑːg/ *s* (*GB, coloq, hum*) pirralho, -a

sprout /spraʊt/ *verbo, substantivo*
▸ *v* **1** *vi* brotar, crescer **2** *vt* (*Bot*) lançar (*flores, brotos, etc.*)
▸ *s* **1** broto **2** *Ver* BRUSSELS SPROUT

sprung *pp de* SPRING

spun *pt, pp de* SPIN

spur /spɜːr/ *substantivo, verbo*
▸ *s* **1** espora **2** ~ **(to sth)** estímulo (para algo) LOC **on the spur of the moment** impulsivamente
▸ *vt* (-rr-) ~ **sb/sth (on)** incitar alguém; estimular algo

spurn /spɜːrn/ *vt* desprezar

spurt /spɜːrt/ *verbo, substantivo*
▸ *vi* ~ **(out) (from sth)** jorrar (de algo)
▸ *s* **1** jorro **2** acelerada (*de atividade, crescimento, etc.*)

sputter /ˈspʌtər/ *Ver* SPLUTTER

spy /spaɪ/ *substantivo, verbo*
▸ *s* (*pl* **spies**) espião, -ã: *spy thriller* história de espionagem
▸ *vi* (*pt, pp* **spied**) ~ **(on sb/sth)** espionar (alguém/algo)

S

spyware /ˈspaɪwer/ *s [não contável] (Informát)* spyware *(programa espião)*
squabble /ˈskwɑːbl/ *verbo, substantivo*
▸ *vi* ~ **(with sb) (about/over sth)** discutir (com alguém) (por algo)
▸ *s* bate-boca
squad /skwɑːd/ *s* **1** *(Mil, polícia)* esquadrão: *the drug squad* o esquadrão antidrogas **2** *(Esporte)* elenco, seleção: *the Brazil squad* a seleção brasileira
squadron /ˈskwɑːdrən/ *s* esquadrão
squalid /ˈskwɑːlɪd/ *adj (pej)* sórdido
squalor /ˈskwɑːlər/ *s* miséria
squander /ˈskwɑːndər/ *vt* ~ **sth (on sth)** *(dinheiro, tempo, etc.)* desperdiçar algo (em algo)
⚷ **square** /skwer/ *adjetivo, substantivo, verbo*
▸ *adj* quadrado: *one square meter* um metro quadrado LOC **a square meal** uma refeição substancial ◆ **be (all) square (with sb) 1** estar quite (com alguém) **2** *(Esporte)* estar empatado (com alguém) *Ver tb* FAIR
▸ *s* **1** *(forma)* quadrado **2** *(abrev* **Sq.**) praça **3** *(em um tabuleiro)* casa LOC **back to square one** de volta ao ponto de partida
▸ *v* PHR V **square up (with sb)** acertar (uma dívida) (com alguém) ◆ **square (sth) with sth** conciliar algo, conciliar-se com algo
squarely /ˈskwerli/ *adv* diretamente, honestamente
ˌsquare ˈroot *s* raiz quadrada
squash /skwɑːʃ/ *verbo, substantivo*
▸ *v* **1** *vt* esmagar: *It was squashed flat.* Estava completamente esmagado. **2** *vt, vi* ~ **(sb/sth) into, against, etc. sth** espremer alguém/algo, espremer-se em, contra, etc. algo
▸ *s* **1** *(Bot)* abóbora **2** *(Esporte)* squash **3** *[sing]*: *What a squash!* Que aperto! **4** *(GB)* refresco (de frutas)
squat /skwɑːt/ *verbo, adjetivo, substantivo*
▸ *v* (-tt-) **1** *vi* ~ **(down)** agachar-se, ficar de cócoras **2** *vt, vi* ocupar (uma casa) ilegalmente
▸ *adj* atarracado
▸ *s (esp GB)* habitação ocupada ilegalmente **squatter** *s* invasor, -ora de propriedade
squawk /skwɔːk/ *verbo, substantivo*
▸ *vi* grasnar, guinchar
▸ *s* grasnido, guincho
squeak /skwiːk/ *verbo, substantivo*
▸ *vi* **1** *(animal, etc.)* guinchar **2** *(sapatos, etc.)* ranger
▸ *s* **1** *(animal, etc.)* guincho **2** *(sapatos, etc.)* rangido **squeaky** *adj* **1** *(voz)* esganiçado **2** *(sapatos, etc.)* rangente
squeal /skwiːl/ *verbo, substantivo*
▸ *vt, vi* gritar, guinchar
▸ *s* grito, guincho
squeamish /ˈskwiːmɪʃ/ *adj* muito sensível: *I'm squeamish about blood.* Eu não posso ver sangue.
⚷ **squeeze** /skwiːz/ *verbo, substantivo*
▸ *v* **1** *vt* apertar **2** *vt* espremer, torcer **3** *vt, vi* ~ **(sb/sth) into, past, through, etc. (sth)**: *to squeeze through a gap in the hedge* passar com dificuldade por um vão na sebe ◇ *Can you squeeze past/by?* Você consegue passar? ◇ *Can you squeeze anything else into that case?* Você consegue colocar mais alguma coisa naquela maleta?
▸ *s* **1** apertão **2**: *a squeeze of lemon* um pouquinho de limão **3** *[sing]* aperto **4** *[ger sing] (Fin)* restrições *(em salários, empregos, etc.)*
squid /skwɪd/ *s* lula
squint /skwɪnt/ *verbo, substantivo*
▸ *vi* **1** ~ **(at/through sth)** olhar (algo/através de algo) com olhos semicerrados **2** ser estrábico
▸ *s* estrabismo
squirm /skwɜːrm/ *vi* **1** contorcer-se **2** envergonhar-se
squirrel /ˈskwɜːrəl; *GB* ˈskwɪrəl/ *s* esquilo
squirt /skwɜːrt/ *verbo, substantivo*
▸ *v* **1** *vt* ~ **sb/sth (with sth)** esguichar (algo) em alguém/algo: *to squirt soda water into a glass* esguichar soda em um copo **2** *vi* ~ **(out of/from sth)** esguichar para fora (de algo)
▸ *s* esguicho
squishy /ˈskwɪʃi/ *adj (coloq)* amolecido e molhado
stab /stæb/ *verbo, substantivo*
▸ *vt* (-bb-) **1** apunhalar **2** cravar
▸ *s* punhalada, facada LOC **have/make/take a stab at (doing) sth** *(coloq)* tentar (fazer) algo
stabbing /ˈstæbɪŋ/ *substantivo, adjetivo*
▸ *s* esfaqueamento
▸ *adj (dor)* pungente
stability /stəˈbɪləti/ *s* estabilidade
stabilize *(GB tb* **-ise**) /ˈsteɪbəlaɪz/ *vt, vi* estabilizar(-se)
⚷ **stable** /ˈsteɪbl/ *adjetivo, substantivo*
▸ *adj* **1** estável **2** equilibrado
▸ *s* **1** cavalariça **2** haras
stack /stæk/ *substantivo, verbo*
▸ *s* **1** pilha *(de livros, pratos, etc.)* **2** ~ **of sth** *(esp GB, coloq)* monte de algo
▸ *vt* ~ **sth (up)** empilhar, amontoar algo
stadium /ˈsteɪdiəm/ *s (pl* **stadiums** *ou* **stadia** /-diə/) estádio

S

staff /stæf; GB stɑːf/ *substantivo, verbo*
▸ *s* pessoal, empregados: *The whole staff is working long hours.* Todo o pessoal está trabalhando até mais tarde. ◇ *teaching staff* corpo docente
▸ *vt* prover com pessoal: *The center is staffed by volunteers.* O centro é servido por voluntários.

stag /stæg/ *s* cervo ➲ *Ver nota em* VEADO

stage /steɪdʒ/ *substantivo, verbo*
▸ *s* **1** etapa: *to do sth in stages* fazer algo por etapas ◇ *at this stage* a esta altura/neste momento **2** palco **3 the stage** [*sing*] o teatro (*profissão*): *to be/go on the stage* ser/tornar-se ator/atriz LOC **stage by stage** passo a passo
▸ *vt* **1** apresentar (*uma peça, etc.*) **2** (*evento*) organizar

stagger /ˈstægər/ *verbo, substantivo*
▸ *v* **1** *vi* cambalear: *He staggered back home.* Ele voltou cambaleando para casa. ◇ *He staggered to his feet.* Ele se pôs em pé cambaleando. ➲ *Ver nota em* ANDAR[1] **2** *vt* deixar atônito **3** *vt* (*viagem, férias*) escalonar
▸ *s* cambaleio

staggering /ˈstægərɪŋ/ *adj* assombroso

stagnant /ˈstægnənt/ *adj* estagnado

stagnate /ˈstægneɪt; GB stægˈneɪt/ *vi* estagnar **stagnation** *s* estagnação

ˈstag night (*tb* **ˈstag party**) *s* (*GB*) (*USA* **bachelor party**) despedida de solteiro ➲ *Comparar com* HEN PARTY

stain /steɪn/ *substantivo, verbo*
▸ *s* **1** mancha **2** tinta (*para madeira*)
▸ *v* **1** *vt, vi* manchar(-se) **2** *vt* tingir

ˌstained ˈglass *s* [*não contável*] vitral

stainless steel /ˌsteɪnləs ˈstiːl/ *s* aço inoxidável

stair /ster/ *s* **1 stairs** [*pl*] escada: *to go up/down the stairs* subir/descer as escadas ➲ *Ver nota em* ESCADA **2** degrau

staircase /ˈsterkeɪs/ *s* escadaria ➲ *Ver nota em* ESCADA

stairway /ˈsterweɪ/ *s* escadaria

stake /steɪk/ *substantivo, verbo*
▸ *s* **1** estaca **2 the stake** [*sing*] a fogueira **3** (*investimento*) participação **4** [*ger pl*] aposta LOC **at stake** em jogo: *His reputation is at stake.* A reputação dele está em jogo.
▸ *vt* **1** ~ **sth (on sth)** apostar algo (em algo) **2** apoiar com uma estaca LOC **stake a/your claim to/on sth** reivindicar (um direito a) algo

stale /steɪl/ *adj* **1** (*pão*) velho **2** (*alimento*) passado **3** (*ar, cheiro*) viciado **4** (*ideias, etc.*) gasto

stalemate /ˈsteɪlmeɪt/ *s* impasse

stalk /stɔːk/ *substantivo, verbo*
▸ *s* **1** talo, haste **2** (*de fruta*) cabo
▸ *v* **1** *vt* perseguir (*de emboscada*) **2** *vt* perseguir, stalkear **3** *vi* ~ **(away/off/out)** retirar-se arrogantemente **stalker** *s* espreitador, -ora; stalker

stall /stɔːl/ *substantivo, verbo*
▸ *s* **1** (*em banheiro público*) boxe **2** (*em estábulo*) baia **3** (*esp GB*) (*em feira, mercado*) banca **4 the stalls** [*pl*] (*GB*) (*USA* **the orchestra** [*sing*]) (*no teatro*) plateia
▸ *v* **1** *vt, vi* (*carro, motor*) (fazer) morrer: *I stalled the engine twice.* Eu fiz o motor morrer duas vezes. **2** *vi* ser evasivo

stallion /ˈstæliən/ *s* garanhão

stalwart /ˈstɔːlwərt/ *substantivo, adjetivo*
▸ *s* partidário, -a fiel
▸ *adj* leal, fiel

stamina /ˈstæmɪnə/ *s* resistência

stammer /ˈstæmər/ (*tb* **stutter**) *verbo, substantivo*
▸ *vi* gaguejar
▸ *s* gagueira

stamp /stæmp/ *substantivo, verbo*
▸ *s* **1** (*de correio, fiscal*) selo: *stamp collecting* filatelia **2** carimbo **3** (*para metal*) cunho **4** (*com o pé*) batida
▸ *v* **1** *vt, vi* bater (o pé), andar batendo o pé: *He stamped (his feet) on the ground to keep warm.* Ele batia com os pés no chão para aquecer-se. **2** *vt* (*carta*) selar, franquear **3** *vt* imprimir, estampar **4** *vt* timbrar, carimbar PHR V **stamp sth out** erradicar algo, acabar com algo

stampede /stæmˈpiːd/ *substantivo, verbo*
▸ *s* debandada
▸ *vi* debandar

stance /stæns; GB *tb* stɑːns/ *s* **1** postura **2** ~ **(on sth)** postura, atitude (em relação a algo)

stand /stænd/ *verbo, substantivo*
▸ *v* (*pt, pp* **stood** /stʊd/) **1** *vi* estar/ficar de pé: *Stand still.* Não se mova. **2** *vi* ~ **(up)** ficar de pé, levantar-se **3** *vt* pôr, colocar **4** *vi* encontrar-se: *A house once stood here.* Antes havia uma casa aqui. **5** *vi* permanecer, estar: *as things stand* do modo como vão as coisas **6** *vi* medir: *The tower stands 30 metres high.* A torre tem trinta metros de altura. **7** *vi* (*oferta, etc.*) continuar em pé **8** *vt* aguentar, suportar ❶ Neste sentido, usa-se sobretudo em orações negativas e interrogativas: *I can't stand him.* Eu não o aguento. **9** *vi* ~ **(for/as sth)** (*esp GB*) (*USA* **run (for sth)**) (*Pol*) candidatar-se (a algo) LOC **it/that stands to reason** é lógico ◆ **stand a chance (of sth)** ter chance/possibilidade (de algo) ◆ **stand fast/firm** manter-se firme *Ver tb* AWE, LEG, TRIAL PHR V **stand aside/back** afastar-se ◆ **stand by** manter-se inerte ◆ **stand by**

S

sb ficar do lado de alguém ♦ **stand for sth 1** significar, representar algo **2** ser a favor de algo **3** tolerar algo ❶ Neste sentido, utiliza-se somente em orações negativas. ♦ **stand in (for sb)** substituir alguém ♦ **stand out** destacar-se ♦ **stand sb up** (*coloq*) deixar alguém esperando ♦ **stand up for sb/sth** defender alguém/algo ♦ **stand up to sb** fazer frente a alguém

▸ *s* **1** ~ **(on sth)** postura, atitude (em relação a algo) **2** banca, estande **3** (*geralmente em compostos*) pé, suporte, apoio: *music stand* estante para partitura **4** (*Esporte*) arquibancada **5** (*Jur*) banco das testemunhas LOC **make a stand (against sb/sth)** opor resistência (a alguém/algo) ♦ **take a stand (on sth)** posicionar-se (em relação a algo)

⚷ **standard** /ˈstændərd/ *substantivo, adjetivo*

▸ *s* padrão: *up to/below standard* acima/abaixo do padrão ◇ *standard of living* nível/padrão de vida

▸ *adj* padrão, normal

standardize (*GB tb* **-ise**) /ˈstændərdaɪz/ *vt* padronizar

standby /ˈstændbaɪ/ *substantivo, adjetivo*

▸ *s* (*pl* **standbys**) **1** (*objeto*) recurso **2** (*pessoa*) reserva LOC **on standby 1** à disposição **2** em lista de espera

▸ *adj*: *standby ticket* passagem em lista de espera

ˈ**stand-in** *s* **1** substituto, -a **2** (*Cinema*) dublê

standing /ˈstændɪŋ/ *substantivo, adjetivo*

▸ *s* **1** prestígio **2**: *of long standing* de longa data **3 standings** [*pl*] (*Esporte*) classificação (*numa competição*)

▸ *adj* permanente, constante

ˌ**standing** ˈ**order** *s* (*GB*) débito automático

standout /ˈstændaʊt/ *adj, s* (*coloq*) (de) destaque: *The songs on the album are good, though none is a standout.* As músicas do álbum são boas, embora nenhuma se destaque.

standpoint /ˈstændpɔɪnt/ *s* ponto de vista

standstill /ˈstændstɪl/ *s* [*sing*] parada: *to be at/come to a standstill* estar parado/parar ◇ *to bring sth to a standstill* paralisar algo

stank *pt de* STINK

staple /ˈsteɪpl/ *adjetivo, substantivo, verbo*

▸ *adj* principal

▸ *s* grampo (*de papel*)

▸ *vt* grampear **stapler** *s* grampeador

⚷ **star** /stɑːr/ *substantivo, verbo*

▸ *s* estrela, astro: *movie star* estrela de cinema ◇ *a four-star hotel* um hotel quatro estrelas

▸ *vi* (-rr-) ~ **(in sth)** protagonizar algo: *a starring role* um papel de protagonista

starboard /ˈstɑːrbərd/ *s* estibordo

starch /stɑːrtʃ/ *s* **1** amido **2** goma (*para roupa*) **starched** *adj* com amido, engomado

stardom /ˈstɑːrdəm/ *s* estrelato

⚷ **stare** /ster/ *vi* ~ **(at sb/sth)** olhar fixamente (para alguém/algo) ➲ *Ver nota em* OLHAR[1] LOC *Ver* SPACE

starfish /ˈstɑːrfɪʃ/ *s* (*pl* **starfish**) estrela-do-mar

starfruit /ˈstɑːrfruːt/ *s* (*pl* **starfruit**) carambola

stark /stɑːrk/ *adj* (**starker, -est**) **1** desolador **2** cru **3** (*contraste*) marcante

stark ˈ**naked** *adj* (*GB*) (*USA* **buck naked**) nu em pelo

starry /ˈstɑːri/ *adj* estrelado

the ˌ**Stars and** ˈ**Stripes** *s* [*sing*] bandeira dos Estados Unidos

A bandeira dos Estados Unidos tem listas e estrelas. As 13 listas representam os 13 estados que originaram a nação e as 50 estrelas representam os estados que existem atualmente.

ˈ**star sign** *s* signo (do zodíaco)

⚷ **start** /stɑːrt/ *verbo, substantivo*

▸ *v* **1** *vt, vi* começar

Ainda que **start** e **begin** possam ser seguidos por um infinitivo ou pela forma **-ing**, quando se referem a um tempo contínuo só podem ser acompanhados por verbos no infinitivo: *It started raining/to rain.* Começou a chover. ◇ *It is starting to rain.* Está começando a chover.

2 *vt, vi* (*carro, motor*) ligar, dar partida (em) **3** *vt* (*boato*) iniciar **4** *vt* (*incêndio*) provocar LOC **to start (off) with** para começar *Ver tb* BALL, SCRATCH PHR V **start off 1** começar **2** partir ♦ **start out** começar: *I started out writing a short story, but it turned into a novel.* Eu comecei a escrever um conto, mas ele tornou-se um romance. ♦ **start over** recomeçar ♦ **start (sth) up 1** (*motor*) colocar algo em movimento, dar partida (em algo) **2** (*negócio*) começar (algo)

▸ *s* **1** princípio **2 the start** [*sing*] (*Esporte*) a saída *Ver tb* FALSE START, FLYING START LOC **for a start** (*coloq*) para começar ♦ **get off to a good, bad, etc. start** começar bem, mal, etc.

starter /ˈstɑːrtər/ *s* (*esp GB*) (*USA* **appetizer**) (prato de) entrada

ˈ**starting point** *s* ponto de partida

startle /ˈstɑːrtl/ *vt* sobressaltar **startling** *adj* assombroso

ˈ**start-up** *adjetivo, substantivo*
▸ *adj* [*antes do substantivo*] (*Com*) inicial: *start-up costs* custos de implementação
▸ *s* empresa iniciante

starve /stɑːrv/ **1** *vi* passar fome: *to starve (to death)* morrer de fome **2** *vt* matar de fome, fazer passar fome LOC **be starving/starved** (*coloq*) estar morto de fome PHR V **starve sb/sth of/for sth** privar alguém/algo de algo **starvation** *s* fome ➲ *Ver nota em* FOME

stash /stæʃ/ *vt* (*coloq*) guardar (*em lugar seguro ou secreto*)

state /steɪt/ *substantivo, adjetivo, verbo*
▸ *s* **1** estado: *to be in no state to drive* não estar em condições de dirigir **2** (*tb* **State**) (*Pol*) estado: *the State* o Estado **3 the States** (*coloq*) os Estados Unidos LOC **state of affairs** conjuntura ◆ **state of mind** estado de espírito *Ver tb* REPAIR
▸ *adj* estatal: *a state visit* uma visita oficial ◇ *state education* educação pública
▸ *vt* **1** declarar, afirmar: *State your name.* Declare seu nome. **2** estabelecer: *within the stated limits* dentro dos limites estabelecidos

ˌ**stately** ˈ**home** *s* (*GB*) casa de campo grande com valor histórico

statement /ˈsteɪtmənt/ *s* declaração: *to issue a statement* dar uma declaração ◇ *bank statement* extrato bancário

ˌ**state of the** ˈ**art** *adj* de última geração, com tecnologia de ponta ➲ *Ver nota em* WELL BEHAVED

statesman /ˈsteɪtsmən/ *s* (*pl* **-men** /ˈsteɪtsmən/) estadista

static /ˈstætɪk/ *adjetivo, substantivo*
▸ *adj* estático
▸ *s* [*não contável*] **1** (*Rádio, TV*) interferência **2** (*tb* ˌ**static elec**ˈ**tricity**) (eletricidade) estática

station /ˈsteɪʃn/ *substantivo, verbo*
▸ *s* **1** estação: *train station* estação de trem **2**: *police station* delegacia de polícia *Ver tb* FIRE STATION, GAS STATION, SERVICE STATION **3** (*TV, Rádio*) emissora
▸ *vt* postar

stationary /ˈsteɪʃəneri; *GB* -ʃənri/ *adj* parado, estacionário

stationer's /ˈsteɪʃənərz/ *s* (*GB*) (*USA* **office supply store**) papelaria ➲ *Ver nota em* AÇOUGUE

stationery /ˈsteɪʃəneri; *GB* -ʃənri/ *s* [*não contável*] material de papelaria

ˈ**station wagon** (*GB* **estate car**) *s* carro tipo perua

statistic /stəˈtɪstɪk/ *s* **1** (*coloq* **stat** /stæt/) [*ger pl*] estatística (*informação*) **2 statistics** [*não contável*] estatística (*Ciência*)

statue /ˈstætʃuː/ *s* estátua

stature /ˈstætʃər/ *s* (*formal*) **1** renome **2** (*altura*) estatura

status /ˈstætəs; ˈsteɪtəs/ *s* posição: *social status* posição social ◇ *status symbol* símbolo de status ◇ *marital status* estado civil

statute /ˈstætʃuːt/ *s* estatuto: *statute book* código (de leis) **statutory** /ˈstætʃətɔːri; *GB* -tri/ *adj* estatutário

staunch /stɔːntʃ/ *adj* (**stauncher**, **-est**) incondicional

stave /steɪv/ *v* PHR V **stave sth off 1** (*crise*) evitar algo **2** (*ataque*) rechaçar algo

stay /steɪ/ *verbo, substantivo*
▸ *vi* ficar: *to stay (at) home* ficar em casa ◇ *What hotel are you staying at?* Em que hotel você está? ◇ *I don't know how they stay together.* Eu não sei como eles continuam juntos. ◇ *to stay sober* ficar sóbrio LOC *Ver* ALIVE, CLEAR, COOL PHR V **stay away (from sb/sth)** ficar longe (de alguém/algo) ◆ **stay behind** ficar para trás (*depois que os outros foram embora*) ◆ **stay in** ficar em casa ◆ **stay on (at...)** ficar (em...) ◆ **stay out** ficar fora (*à noite*) ◆ **stay up** ficar acordado: *to stay up late* ficar acordado até tarde
▸ *s* estadia

steady /ˈstedi/ *adjetivo, verbo*
▸ *adj* (**steadier**, **-iest**) **1** firme: *to hold sth steady* segurar algo firme **2** constante, regular: *a steady boyfriend* um namorado firme ◇ *a steady job/income* um emprego/salário fixo
▸ *v* (*pt, pp* **steadied**) **1** *vi* estabilizar(-se) **2** *vt* ~ **yourself** recuperar o equilíbrio

steak /steɪk/ *s* bife, filé

steal /stiːl/ *verbo, substantivo*
▸ *v* (*pt* **stole** /stoʊl/, *pp* **stolen** /ˈstoʊlən/) **1** *vt, vi* ~ **(sth) (from sb/sth)** roubar (algo) (de alguém/algo) ➲ *Ver nota em* ROB **2** *vi* ~ **in, out, away, etc.**: *He stole into the room.* Ele entrou no quarto às escondidas. ◇ *They stole away.* Eles saíram às escondidas. ◇ *to steal up on sb* aproximar-se de alguém sem ser notado
▸ *s* LOC **be a steal** (*esp USA, coloq*) ser uma pechincha

stealth /stelθ/ *s* sigilo, procedimento furtivo: *by stealth* às escondidas **stealthy** *adj* sigiloso

steam /stiːm/ *substantivo, verbo*
▸ *s* vapor: *steam engine* máquina a vapor LOC **run out of steam** (*coloq*) perder o ânimo *Ver tb* LET
▸ *v* **1** *vi* soltar vapor: *steaming hot coffee*

S

café fumegante **2** *vt* cozinhar no vapor LOC **be/get steamed (up) (about/over sth)** (*coloq*) ficar agitado (por algo) PHR V **steam up** embaçar(-se) (*com vapor*)

steamer /ˈstiːmər/ *s* **1** navio a vapor **2** panela para cozimento a vapor ➲ *Ver ilustração em* POT

steamroller /ˈstiːmroʊlər/ *s* rolo compressor

🔑 **steel** /stiːl/ *substantivo, verbo*
- ▸ *s* aço
- ▸ *vt* ~ **yourself (for/against sth)** armar-se de coragem (para/contra algo)

🔑 **steep** /stiːp/ *adj* (**steeper**, **-est**) **1** íngreme: *a steep mountain* uma montanha escarpada **2** (*aumento, queda*) acentuado **3** (*coloq*) (*preço, etc.*) excessivo

steeple /ˈstiːpl/ *s* (*Arquit*) agulha da torre (*numa igreja*)

🔑 **steeply** /ˈstiːpli/ *adv* de maneira bastante inclinada: *The plane was climbing steeply.* O avião estava subindo vertiginosamente. ◇ *Share prices fell steeply.* As ações despencaram.

🔑 **steer** /stɪr/ **1** *vt, vi* dirigir, navegar, guiar: *to steer by the stars* navegar pelas estrelas ◇ *to steer north* seguir rumo ao norte **2** *vt* conduzir: *He steered the discussion away from the subject.* Ele levou a conversa para outro lado. LOC *Ver* CLEAR **steering** *s* direção (*de um veículo*)

ˈ**steering wheel** (*tb* **wheel**) *s* volante

stem /stem/ *substantivo, verbo*
- ▸ *s* haste
- ▸ *vt* (**-mm-**) estancar PHR V **stem from sth** originar-se de algo

ˈ**stem cell** *s* (*Biol*) célula-tronco

stench /stentʃ/ *s* [*sing*] fedor ➲ *Ver nota em* SMELL

🔑 **step** /step/ *verbo, substantivo*
- ▸ *vi* (**-pp-**) dar um passo, andar: *to step over sth* passar por cima de algo ◇ *to step on sth* pisar (em) algo PHR V **step down** deixar um cargo ◆ **step in** intervir ◆ **step sth up** aumentar algo
- ▸ *s* **1** passo **2** degrau, grau **3 steps** [*pl*] escadas ➲ *Ver nota em* ESCADA LOC **be in step/out of step (with sb/sth) 1** estar no mesmo passo (que alguém/algo)/fora de passo (com alguém/algo) **2** (*fig*) estar de acordo/em desacordo (com alguém/algo) ◆ **step by step** passo a passo ◆ **take steps to do sth** tomar medidas para fazer algo *Ver tb* WATCH

stepbrother /ˈstepbrʌðər/ *s* irmão de criação

stepchild /ˈsteptʃaɪld/ *s* (*pl* **stepchildren** /-tʃɪldrən/) enteado, -a

stepdaughter /ˈstepdɔːtər/ *s* enteada

stepfather /ˈstepfɑːðər/ *s* padrasto

stepladder /ˈsteplædər/ *s* escada (de mão)

stepmother /ˈstepmʌðər/ *s* madrasta

stepparent /ˈstepperənt/ *s* padrasto, madrasta

stepsister /ˈstepsɪstər/ *s* irmã de criação

stepson /ˈstepsʌn/ *s* enteado

stereo /ˈsterioʊ/ *s* (*pl* **stereos**) estéreo

stereotype /ˈsteriətaɪp/ *s* estereótipo

sterile /ˈsterəl; *GB* -raɪl/ *adj* estéril **sterility** /stəˈrɪləti/ *s* esterilidade **sterilize** (*GB tb* **-ise**) /ˈsterəlaɪz/ *vt* esterilizar

sterling /ˈstɜːrlɪŋ/ *adjetivo, substantivo*
- ▸ *adj* **1** (*prata*) de lei **2** (*formal*) excelente
- ▸ *s* (*GB*) libra esterlina

stern /stɜːrn/ *adjetivo, substantivo*
- ▸ *adj* (**sterner**, **-est**) severo, duro
- ▸ *s* popa

steroid /ˈstɪrɔɪd/ *s* esteroide

stew /stuː; *GB* stjuː/ *verbo, substantivo*
- ▸ *vt, vi* cozinhar, ensopar
- ▸ *s* guisado, ensopado

steward /ˈstuːərd; *GB* ˈstjuː-/ *s* (*em avião*) comissário de bordo

stewardess /ˈstuːərdəs; *GB* ˌstjuːəˈdes/ *s* (*antiq*) (*em avião*) aeromoça

🔑 **stick** /stɪk/ *verbo, substantivo*
- ▸ *v* (*pt, pp* **stuck** /stʌk/) **1** *vt* enfiar, espetar: *to stick a needle in your finger* espetar uma agulha no dedo ◇ *to stick your fork into a potato* espetar uma batata com o garfo **2** *vt, vi* grudar: *Jam sticks to your fingers.* A geleia gruda nos dedos. **3** *vt* (*coloq*) colocar: *He stuck the pen behind his ear.* Ele pôs a caneta atrás da orelha. **4** *vt* ficar preso: *The elevator got stuck between floors six and seven.* O elevador ficou preso entre o sexto e o sétimo andar. ◇ *The bus got stuck in the mud.* O ônibus ficou atolado na lama. **5** *vt* (*GB, coloq*) aguentar ❶ Usa-se sobretudo em orações negativas e interrogativas: *I can't stick it any longer.* Eu não aguento mais isso.

PHR V **stick around** (*coloq*) ficar por perto

stick at sth persistir em algo

stick by sb continuar a apoiar alguém ◆ **stick by sth** manter-se fiel a algo

stick out 1 sobressair-se: *His ears stick out.* As orelhas dele são muito salientes. **2** destacar-se ◆ **stick it/sth out** (*coloq*) aguentar algo ◆ **stick sth out** esticar algo: *to stick your head out of the window* pôr a cabeça para fora da janela

stick to sth ater-se a algo

stick together (*coloq*) manter-se unidos

stick up sobressair-se ◆ **stick up for sb/sth/yourself** defender alguém/algo, defender-se
▸ *s* **1** pau, vara **2** (*esp GB*) *Ver* WALKING STICK **3** barra, talo: *a stick of celery* um talo de salsão ◇ *a stick of dynamite* um cartucho de dinamite **4 the sticks** [*pl*] (*coloq*) os cafundós

sticker /ˈstɪkər/ *s* colante

ˈ**stick shift** *s Ver* GEARSHIFT

⚷ **sticky** /ˈstɪki/ *adj* (**stickier, -iest**) **1** pegajoso **2** (*coloq*) (*situação*) difícil

sties *pl de* STY

⚷ **stiff** /stɪf/ *adjetivo, advérbio*
▸ *adj* (**stiffer, -est**) **1** rígido, duro **2** (*articulação*) enrijecido: *My arm feels stiff after playing tennis.* Meu braço ficou duro depois de eu ter jogado tênis. ◇ *to have a stiff neck* ter torcicolo **3** (*sólido*) espesso **4** difícil, duro **5** (*pessoa*) formal, frio **6** (*brisa, bebida alcoólica*) forte
▸ *adv* LOC **be bored, scared, frozen, etc. stiff** (*coloq*) estar morto de tédio, medo, frio, etc.

stiffen /ˈstɪfn/ *vi* **1** ficar tenso **2** (*articulação*) enrijecer-se

stifle /ˈstaɪfl/ **1** *vt, vi* sufocar(-se) **2** *vt* (*rebelião*) conter **3** *vt* (*bocejo*) segurar **4** *vt* (*ideias*) sufocar, reprimir **stifling** *adj* sufocante

stigma /ˈstɪgmə/ *s* estigma

⚷ **still** /stɪl/ *advérbio, adjetivo*
▸ *adv* **1** ainda

Still ou **yet**? **Still** é utilizado em orações afirmativas e interrogativas, e se coloca depois de verbos auxiliares e modais e antes dos demais verbos: *He still talks about her.* Ele ainda fala dela. ◇ *Are you still here?* Você ainda está aqui? **Yet** é utilizado em orações negativas e sempre vem ao final da oração: *Aren't they here yet?* Eles ainda não chegaram? ◇ *He hasn't done it yet.* Ele ainda não o fez. No entanto, pode-se utilizar **still** em orações negativas quando queremos dar ênfase ao enunciado. Neste caso, sempre é colocado antes do verbo, mesmo que este seja um auxiliar ou um modal: *He still hasn't done it.* Ele ainda não o fez. ◇ *He still can't do it.* Ele ainda não consegue fazê-lo.

2 ainda assim, contudo, todavia: *Still, it didn't turn out badly.* Ainda assim, não saiu mal.
▸ *adj* **1** quieto: *Stand still!* Não se mova! **2** (*águas, vento*) calmo **3** (*GB*) (*USA* ˌ**non-ˈcarbonated**) (*bebida*) sem gás

ˌ**still ˈlife** *s* (*pl* **still lifes**) natureza morta

stillness /ˈstɪlnəs/ *s* calma, quietude

stilt /stɪlt/ *s* **1** perna de pau **2** palafita

stilted /ˈstɪltɪd/ *adj* (*fala, linguagem*) artificial

stimulant /ˈstɪmjələnt/ *s* estimulante

stimulate /ˈstɪmjuleɪt/ *vt* estimular **stimulating** *adj* **1** estimulante **2** interessante

stimulus /ˈstɪmjələs/ *s* (*pl* **stimuli** /-laɪ/) estímulo, incentivo

⚷ **sting** /stɪŋ/ *verbo, substantivo*
▸ *v* (*pt, pp* **stung** /stʌŋ/) **1** *vt, vi* picar **2** *vi* arder **3** *vt* (*fig*) ofender
▸ *s* **1** (*USA tb* **stinger** /ˈstɪŋər/) ferrão **2** picada, ferroada **3** dor aguda

stingy /ˈstɪndʒi/ *adj* (**stingier, -iest**) sovina

stink /stɪŋk/ *verbo, substantivo*
▸ *vi* (*pt* **stank** /stæŋk/ *ou* **stunk** /stʌŋk/, *pp* **stunk**) ~ **(of sth)** (*coloq*) **1** feder (a algo) **2** (*fig*): *"What do you think of the idea?" "I think it stinks."* —O que você acha da ideia? —Eu acho que é péssima.
PHR V **stink sth out** empestear algo
▸ *s* (*coloq*) mau cheiro, fedor ➲ *Ver nota em* SMELL **stinking** *adj* **1** (*coloq* **stinky** /ˈstɪŋki/) fedorento **2** (*esp GB, coloq*) horrível

stint /stɪnt/ *s* período: *a training stint in Minas Gerais* um período de treinamento em Minas Gerais

stipulate /ˈstɪpjuleɪt/ *vt* (*formal*) estipular

⚷ **stir** /stɜːr/ *verbo, substantivo*
▸ *v* (**-rr-**) **1** *vt* mexer, misturar **2** *vt, vi* mover(-se) **3** *vt* (*imaginação, etc.*) despertar PHR V **stir sth up** provocar algo
▸ *s* **1**: *to give sth a stir* mexer algo **2** [*sing*] alvoroço **stirring** *adj* emocionante

ˈ**stir-fry** *verbo, substantivo*
▸ *vt* (*pt, pp* **stir-fried**) fritar (*rapidamente em óleo bem quente*)
▸ *s* prato frito à chinesa

stirrup /ˈstɪrəp/ *s* estribo

stitch /stɪtʃ/ *substantivo, verbo*
▸ *s* **1** (*costura, Med*) ponto **2** pontada: *I got a stitch.* Deu-me uma pontada. LOC **in stitches** (*coloq*) morrendo de rir
▸ *vt, vi* costurar **stitching** *s* costura

⚷ **stock** /stɑːk/ *substantivo, verbo, adjetivo*
▸ *s* **1** estoque: *out of/in stock* fora de/em estoque **2** ~ **(of sth)** sortimento, reserva (de algo) **3** [*ger pl*] (*Fin*) ações **4** [*não contável*] (*de empresa*) capital social **5** *Ver* LIVESTOCK **6** (*Cozinha*) caldo (*de galinha, etc.*) LOC **take stock (of sth)** fazer balanço (de algo)
▸ *vt* estocar PHR V **stock up (on/with sth)** abastecer-se (de algo)
▸ *adj* (*pej*) (*frase, etc.*) batido, convencional

S

stockbroker /ˈstɑːkbroʊkər/ (*tb* **broker**) *s* corretor, -ora de bolsa de valores

ˈ**stock exchange** (*tb* ˈ**stock market**) *s* bolsa de valores

stocking /ˈstɑːkɪŋ/ *s* meia (*de seda ou nylon*)

stocky /ˈstɑːki/ *adj* (**stockier**, **-iest**) robusto (*pessoa*)

stodgy /ˈstɑːdʒi/ *adj* (*coloq*, *pej*) (*comida, livro*) pesado

stoke /stoʊk/ *vt* ~ **sth (up) (with sth)** alimentar algo (com algo)

stole *pt de* STEAL

stolen *pp de* STEAL

stolid /ˈstɑːlɪd/ *adj* (*pej*) impassível

⚷ **stomach** /ˈstʌmək/ *substantivo, verbo*
▸ *s* **1** estômago **2** abdome **3** ~ **for sth** (*fig*) vontade de algo LOC **have no stomach for sth** não ter estômago para algo
▸ *vt* aguentar ❶ Usa-se sobretudo em orações negativas e interrogativas: *I can't stomach too much violence in movies.* Eu não suporto muita violência em filmes.

stomachache /ˈstʌməkeɪk/ *s* dor de estômago

⚷ **stone** /stoʊn/ *substantivo, verbo*
▸ *s* **1** pedra: *the Stone Age* a Idade da Pedra **2** (*esp GB*) (*USA* **pit**) caroço (*de fruta*) **3** (*pl* **stone**) (*abrev* **st**) (*GB*) unidade de peso equivalente a 14 libras ou 6,348 kg
▸ *vt* apedrejar

ˌ**stone** ˈ**cold** *adj* frio de rachar (*quando deveria estar quente*)

stoned /stoʊnd/ *adj* (*coloq*) chapado (*esp com maconha*)

stony /ˈstoʊni/ *adj* (**stonier**, **-iest**) **1** pedregoso, coberto de pedras **2** (*olhar*) frio **3** (*silêncio*) sepulcral

stood *pt, pp de* STAND

stool /stuːl/ *s* banquinho, banqueta

stoop /stuːp/ *verbo, substantivo*
▸ *vi* ~ **(down)** inclinar-se, curvar-se LOC **stoop so low (as to do sth)** (*formal*) chegar tão baixo (a ponto de fazer algo)
▸ *s*: *to walk with/have a stoop* andar curvado

⚷ **stop** /stɑːp/ *verbo, substantivo*
▸ *v* (**-pp-**) **1** *vt, vi* parar, deter(-se) **2** *vt* ~ **sth/doing sth** deixar algo/de fazer algo: *Stop it!* Pare com isso! **3** *vt* ~ **sb/sth (from) doing sth** impedir que alguém/algo faça algo: *to stop yourself doing sth* esforçar-se para não fazer algo **4** *vt* (*processo*) interromper **5** *vt* (*injustiça, etc.*) acabar com, pôr fim a **6** *vt* cancelar **7** *vt* (*pagamento*) suspender **8** *vt* (*cheque*) sustar **9** *vi* (*GB, coloq*) ficar (*por pouco tempo*) LOC **stop short of (doing) sth** não fazer algo por pouco PHR V **stop off (at/in...)** dar uma parada (em...)
▸ *s* **1** parada, pausa: *to come to a stop* parar **2** (*ônibus, trem, etc.*) ponto **3** (*GB*) *Ver* FULL STOP

stopgap /ˈstɑːpgæp/ *s* recurso provisório, quebra-galho

stoplight /ˈstɑːplaɪt/ (*GB* **traffic light**) *s* semáforo

stopover /ˈstɑːpoʊvər/ *s* escala (*em uma viagem*)

stoppage /ˈstɑːpɪdʒ/ *s* **1** paralisação, greve **2** (*Esporte*) interrupção: *stoppage time* tempo de acréscimo

stopper /ˈstɑːpər/ *s* tampão

stopwatch /ˈstɑːpwɑːtʃ/ *s* cronômetro

storage /ˈstɔːrɪdʒ/ *s* armazenamento, armazenagem: *storage space* espaço para armazenagem

⚷ **store** /stɔːr/ *substantivo, verbo*
▸ *s* **1** loja, armazém: *store window* vitrine ❶ Na Grã-Bretanha, utiliza-se a palavra **shop** para pequenas lojas. **2** provisão, reserva **3 stores** [*pl*] provisões, víveres LOC **in store for sb** reservado para alguém (*surpresa, etc.*)
▸ *vt* ~ **sth (away/up)** armazenar, guardar, estocar algo

storekeeper /ˈstɔːrkiːpər/ (*GB* **shopkeeper**) *s* comerciante, lojista

storeroom /ˈstɔːruːm; -rʊm/ *s* depósito, despensa

stork /stɔːrk/ *s* cegonha

⚷ **storm** /stɔːrm/ *substantivo, verbo*
▸ *s* tempestade, temporal: *a storm of criticism* uma enxurrada de críticas ◇ *storm windows* janelas com vidro duplo
▸ *v* **1** *vt* (*edifício*) assaltar **2** *vi* ~ **in/off/out** entrar/ir-se/sair furiosamente **stormy** *adj* (**stormier**, **-iest**) **1** tempestuoso **2** (*debate*) inflamado **3** (*relação*) turbulento

⚷ **story** /ˈstɔːri/ *s* (*pl* **stories**) **1** história **2** conto: *short story* conto **3** (*Jornalismo*) notícia **4** (*GB* **storey**) piso, andar

stout /staʊt/ *adj* (**stouter**, **-est**) **1** forte **2** corpulento

⚷ **stove** /stoʊv/ *s* **1** fogão **2** aquecedor

stovetop /ˈstoʊvtɑːp/ (*GB* **hob**) *s* placa de aquecimento (*de fogão*)

stow /stoʊ/ *vt* ~ **sth (away)** guardar algo

straddle /ˈstrædl/ *vt* pôr-se de cavalinho sobre

straggle /ˈstrægl/ *vi* **1** (*cidade, etc.*) espalhar-se, estender-se (*desordenadamente*) **2** (*pessoa*) ir ficando para trás **straggler** *s* retardatário, -a **straggly** *adj* desalinhado, desgrenhado

⚷ **straight** /streɪt/ *adjetivo, advérbio*
▸ *adj* (**straighter**, **-est**) **1** reto: *straight hair* cabelo liso **2** em ordem **3** direto

S

4 *(honesto)* franco **5** *(GB* **neat***)* *(bebidas alcóólicas)* puro *(sem água)* **6** *[antes do substantivo]* consecutivo **7** *(coloq)* heterossexual LOC **get sth straight** deixar algo claro ♦ **keep a straight face** manter uma cara séria *Ver tb* RECORD
▸ *adv* (straighter, -est) **1** em linha reta: *Look straight ahead.* Olhe bem em frente. **2** *(ir)* diretamente **3** *(sentar-se)* direito **4** *(pensar)* de maneira clara LOC **straight away** *(tb* **straightaway** /ˌstreɪtəˈweɪ/) imediatamente ♦ **straight off/out** *(coloq)* sem vacilar

straighten /ˈstreɪtn/ **1** *vt, vi* ~ **(sth) (out)** endireitar algo; tornar-se reto **2** *vt, vi* ~ **(sth) (up)** *(as costas)* endireitar algo, endireitar-se **3** *vt (gravata, saia)* arrumar PHR V **straighten sth out** acertar algo

straightforward /ˌstreɪtˈfɔːrwərd/ *adj* **1** *(pessoa)* franco **2** *(resposta)* direto **3** *(processo, solução)* simples

⚷ **strain** /streɪn/ *verbo, substantivo*
▸ *v* **1** *vi* esforçar-se **2** *vt (músculo, costas)* distender **3** *vt (ouvido)* aguçar **4** *vt (vista, voz, coração)* forçar **5** *vt (relações)* tornar tenso **6** *vt (infraestrutura)* exceder o limite de capacidade de **7** *vt (paciência)* esgotar **8** *vt* ~ **sth (off)** peneirar algo
▸ *s* **1** pressão, tensão: *Their relationship is showing signs of strain.* A relação deles apresenta sinais de tensão. **2** distensão: *eye strain* vista cansada **strained** *adj* **1** tenso, preocupado **2** *(riso, tom de voz)* forçado

strainer /ˈstreɪnər/ *s* coador

strait /streɪt/ *s* **1** *(tb* **straits** *[pl])* estreito: *the Straits of Gibraltar* o estreito de Gibraltar **2 straits** *[pl]*: *in dire straits* em uma situação desesperadora

strand /strænd/ *s* **1** linha, fio **2** mecha

stranded /ˈstrændɪd/ *adj* abandonado: *to be left stranded* ficar/ser abandonado

⚷ **strange** /streɪndʒ/ *adj* (stranger, -est) **1** estranho: *I find it strange that...* Eu acho estranho que... **2** desconhecido

⚷ **strangely** /ˈstreɪndʒli/ *adv* de forma estranha, surpreendentemente: *Strangely enough,...* Por mais estranho que pareça,...

⚷ **stranger** /ˈstreɪndʒər/ *s* **1** desconhecido, -a **2** forasteiro, -a

strangle /ˈstræŋgl/ *vt* estrangular, sufocar

strap /stræp/ *substantivo, verbo*
▸ *s* **1** correia, tira ➲ *Ver ilustração em* RELÓGIO **2** *(de vestido)* alça
▸ *vt* **1** amarrar, prender *(com correia)*: *Are you strapped in?* Você colocou o cinto de segurança? **2** ~ **sth (up)** *(Med)* enfaixar algo

⚷ **strategy** /ˈstrætədʒi/ *s (pl* strategies) estratégia **strategic** /strəˈtiːdʒɪk/ *adj* estratégico

straw /strɔː/ *s* **1** palha: *a straw hat* um chapéu de palha **2** canudo *(para beber)* LOC **the last/final straw** a gota-d'água

strawberry /ˈstrɔːberi; *GB* -bəri/ *s (pl* strawberries) morango: *strawberries and cream* morango com chantilly

stray /streɪ/ *verbo, adjetivo*
▸ *vi* **1** extraviar-se, desgarrar-se **2** afastar-se
▸ *adj* **1** extraviado: *a stray dog* um cão vadio **2** perdido: *a stray bullet* uma bala perdida

streak /striːk/ *substantivo, verbo*
▸ *s* **1** risca **2** *(de caráter)* traço **3** *(de sorte)* período: *to be on a winning/losing streak* estar numa maré de sorte/azar
▸ *v* **1** *vt* ~ **sth (with sth)** riscar, raiar algo (de algo) **2** *vi* correr/passar como um raio

⚷ **stream** /striːm/ *substantivo, verbo*
▸ *s* **1** riacho, córrego **2** *(de líquidos, palavras)* torrente **3** *(de gente)* fluxo **4** *(de carros)* sucessão
▸ *v* **1** *vi (água, sangue, lágrimas)* escorrer **2** *vi (pessoas, carros)* movimentar-se *(em grande número)* **3** *vi (luz)* jorrar **4** *vt (Internet)* transmitir, fazer um streaming de

streamer /ˈstriːmər/ *s* serpentina

streaming /ˈstriːmɪŋ/ *s [não contável]* **1** *(Internet)* streaming **2** *(GB) (Educ)* separação de alunos conforme suas habilidades

streamline /ˈstriːmlaɪn/ *vt* **1** tornar aerodinâmico **2** *(processo, organização)* racionalizar

⚷ **street** /striːt/ *s (abrev* **St.***)* rua: *the Main/High Street* a rua principal ➲ *Ver notas em* ROAD, RUA LOC **(right) up your street** *(esp GB) Ver tb* ALLEY ♦ **streets ahead (of sb/sth)** *(GB, coloq)* muito à frente (de alguém/algo) *Ver* MAN

streetcar /ˈstriːtkɑːr/ *(GB* **tram***)* *s* bonde

streetwise /ˈstriːtwaɪz/ *(tb* ˈ**street-smart***)* *adj (coloq)* descolado

⚷ **strength** /streŋθ/ *s* **1** força **2** *[não contável] (material)* resistência **3** *[não contável] (luz, emoção)* intensidade **4** ponto forte LOC **on the strength of sth** com base em algo, confiando em algo **strengthen** *vt, vi* fortalecer(-se), reforçar(-se)

strenuous /ˈstrenjuəs/ *adj* **1** árduo, extenuante **2** vigoroso

S

strep throat /ˌstrep ˈθroʊt/ *s* [*não contável*] (*USA, coloq*) infecção de garganta

stress /stres/ *substantivo, verbo*
▸ *s* **1** estresse, tensão (nervosa) **2** (*pressão física*) tensão **3** ~ **(on sth)** ênfase (em algo) **4** (*Ling*) acento
▸ *v* **1** *vt* enfatizar, acentuar **2** *vt, vi* ~ **(sb) (out)** estressar alguém, estressar-se **stressed** (*coloq* ˌ**stressed** ˈ**out**) *adj* estressado **stressful** *adj* estressante

stretch /stretʃ/ *verbo, substantivo*
▸ *v* **1** *vt, vi* esticar(-se), alargar(-se) **2** *vi* espreguiçar-se **3** *vi* (*área, terreno*) estender-se **4** *vt* (*pessoa*) exigir o máximo de LOC **stretch your legs** (*coloq*) esticar as pernas PHR V **stretch (yourself) out** estirar-se
▸ *s* **1** ~ **(of sth)** (*terreno*) trecho (de algo) **2** (*tempo*) intervalo, período **3**: *to have a stretch* espreguiçar-se **4** elasticidade LOC **at a stretch** sem interrupção, contínuo

stretcher /ˈstretʃər/ *s* maca

strewn /struːn/ *adj* **1** ~ **on, over, across, etc. sth** esparramado por, sobre, em, etc. algo **2** ~ **with sth** coberto de algo

stricken /ˈstrɪkən/ *adj* ~ **(with/by sth)** (*formal*) afligido (por algo): *drought-stricken area* área afetada pela seca

strict /strɪkt/ *adj* (**stricter, -est**) **1** severo **2** estrito, preciso LOC **in (the) strictest confidence** com o maior sigilo

strictly /ˈstrɪktli/ *adv* **1** severamente **2** estritamente: *strictly prohibited* terminantemente proibido LOC **strictly speaking** a rigor

S

stride /straɪd/ *verbo, substantivo*
▸ *vi* (*pt* **strode** /stroʊd/) **1** andar a passos largos ➲ *Ver nota em* ANDAR[1] **2** ~ **up to sb/sth** aproximar-se resolutamente de alguém/algo
▸ *s* **1** passada **2** (*modo de andar*) passo LOC **take sth in stride** (*GB* **take sth in your stride**) enfrentar algo com calma

strident /ˈstraɪdnt/ *adj* estridente

strife /straɪf/ *s* [*não contável*] (*formal*) luta, conflito

strike /straɪk/ *verbo, substantivo*
▸ *v* (*pt, pp* **struck** /strʌk/) **1** *vt* (*formal*) golpear, acertar ❶ A palavra mais comum é **hit**. **2** *vt* (*formal*) chocar(-se) contra **3** *vt* (*raio*) atingir **4** *vi* atacar **5** *vt*: *It strikes me that…* Ocorre-me que… **6** *vt* impressionar, chamar a atenção de: *I was struck by the similarity between them.* Fiquei impressionado pela semelhança entre eles. **7** *vt, vi* (*relógio*) bater **8** *vt* (*fósforo*) acender **9** *vt* (*ouro, etc.*) encontrar **10** *vi* ~ **(for sth)** entrar/estar em greve (por algo) LOC *Ver* HOME PHR V **strike back (at/against sb/sth)** revidar (a/contra alguém/algo) ♦ **strike out** (*USA, coloq*) fracassar ♦ **strike up (sth)** começar a tocar (algo) ♦ **strike up sth (with sb)** começar algo (com alguém)
▸ *s* **1** greve: *to go on strike* entrar em greve **2** (*Mil*) ataque **3** (*Beisebol*) falha (*no rebate*) **4** ~ **(against sb/sth)** (*USA, coloq*) ponto negativo (contra alguém/algo)

striker /ˈstraɪkər/ *s* **1** grevista **2** (*Futebol*) atacante

striking /ˈstraɪkɪŋ/ *adj* chamativo, notável

string /strɪŋ/ *substantivo, verbo*
▸ *s* **1** barbante: *I need some string to tie up this package.* Preciso de barbante para amarrar este pacote. **2** (*de pérolas*) cordão **3** série, sucessão: *He owns a string of hotels.* Ele é dono de uma cadeia de hotéis. **4** (*Mús*) corda LOC **(with) no strings attached**; **without strings** sem restrições, sem compromisso *Ver tb* PULL
▸ *vt* (*pt, pp* **strung** /strʌŋ/) ~ **sth (up)** pendurar algo (*com um cordão*) PHR V **string sb along** (*coloq*) enrolar alguém ♦ **string sth out** prolongar algo ♦ **string sth together** colocar algo em ordem (*para formar frases*)

stringent /ˈstrɪndʒənt/ *adj* (*formal*) rigoroso

strip /strɪp/ *verbo, substantivo*
▸ *v* (**-pp-**) **1** *vt, vi* ~ **sb**; ~ **off** despir alguém, despir-se **2** *vt* ~ **sth (off)** (*roupa, pintura, etc.*) arrancar, tirar algo **3** *vt* ~ **sth (down)** (*máquina*) desmantelar algo **4** *vt* ~ **sb of sth** despojar alguém de algo
▸ *s* **1** (*de papel, metal, etc.*) tira **2** (*de terra, etc.*) faixa **3** (*GB*) (*USA* **uniform**) camisa (*do time*)

stripe /straɪp/ *s* listra

striped /straɪpt/ *adj* listrado

strive /straɪv/ *vi* (*pt* **strove** /stroʊv/, *pp* **striven** /ˈstrɪvn/) ~ **(for sth/to do sth)** (*formal*) esforçar-se (para obter/fazer algo)

strode *pt de* STRIDE

stroke /stroʊk/ *substantivo, verbo*
▸ *s* **1** golpe: *a stroke of luck* um golpe de sorte **2** (*Natação*) braçada, estilo **3** traço (*de lápis, caneta*) **4** batida (*de sino, relógio*) **5** (*Med*) derrame **6** [*ger sing*] (*esp GB*) carícia LOC **at a/one stroke** de um golpe ♦ **not do a stroke (of work)** (*esp GB*) não trabalhar
▸ *vt* acariciar

stroll /stroʊl/ *verbo, substantivo*
▸ *vi* dar uma volta, passear (*a pé*) ➲ *Ver nota em* ANDAR[1]
▸ *s* passeio: *to go for/take a stroll* dar um passeio

stroller /ˈstroʊlər/ (*GB* **pushchair**) *s* carrinho de passeio (*para criança*)

strong /strɔːŋ; *GB* strɒŋ/ *adj* (**stronger** /ˈstrɔːŋgər; *GB* ˈstrɒŋ-/, **strongest** /-gɪst/) **1** forte **2** (*opinião*) firme **3** (*provas, argumento*) de peso **4** (*relação*) sólido LOC **be going strong** (*coloq*) continuar firme ◆ **be sb's strong point/suit** ser o forte de alguém

strongly /ˈstrɔːŋli; *GB* ˈstrɒŋ-/ *adv* **1** firmemente, bastante **2**: *to smell/taste strongly of sth* ter um cheiro/sabor forte de algo

ˌ**strong-ˈminded** *adj* determinado (*pessoa*)

stroppy /ˈstrɑːpi/ *adj* (*GB, coloq*) (**stroppier, -est**) rabugento

strove *pt de* STRIVE

struck *pt, pp de* STRIKE

structural /ˈstrʌktʃərəl/ *adj* estrutural

structure /ˈstrʌktʃər/ *substantivo, verbo*
▸ *s* **1** estrutura **2** construção
▸ *vt* estruturar

struggle /ˈstrʌgl/ *verbo, substantivo*
▸ *vi* ~ **(for sth/to do sth)**; ~ **(against/with sb/sth)** lutar (por algo/para fazer algo); lutar (contra/com alguém/algo): *The old man struggled up the hill.* O velho subiu a ladeira com dificuldade.
▸ *s* **1** luta **2** esforço

strung *pt, pp de* STRING

strut /strʌt/ *vi* (-tt-) ~ **(along/around)** pavonear-se

stub /stʌb/ *substantivo, verbo*
▸ *s* **1** (*de lápis, cigarro, etc.*) toco **2** (*de cheque*) canhoto
▸ *vt* (-bb-) ~ **your toe (against/on sth)** dar uma topada (contra/em algo) PHR V **stub sth out** apagar algo (*cigarro, etc.*)

stubble /ˈstʌbl/ *s* [*não contável*] **1** restolho (*de lavoura*) **2** barba (por fazer)

stubborn /ˈstʌbərn/ *adj* **1** (*ger pej*) teimoso, tenaz **2** (*mancha, tosse*) insistente

stuck /stʌk/ *adj* **1** preso: *to get stuck* ficar preso ◇ *I hate being stuck at home all day.* Eu odeio ficar em casa o dia todo. **2** ~ **(on sth)** empacado (em algo): *If you get stuck, ask the teacher for help.* Se você ficar empacado, peça ajuda ao professor. **3** (*esp GB, coloq*): *I was/got stuck with him for the whole journey.* Eu tive que ficar com ele durante toda a viagem. *Ver tb* STICK

ˌ**stuck-ˈup** *adj* (*coloq, pej*) esnobe

stud /stʌd/ *s* **1** tacha **2** piercing **3** (*GB*) (*em chuteira*) cravo **4** garanhão **5** (*tb* ˈ**stud farm**) haras **6** (*coloq*) (*homem*) garanhão

student /ˈstuːdnt; *GB* ˈstjuː-/ *s* estudante

studied /ˈstʌdid/ *adj* deliberado *Ver tb* STUDY

studio /ˈstuːdioʊ; *GB* ˈstjuː-/ *s* (*pl* **studios**) **1** estúdio (*Cinema, TV*) **2** ateliê **3** (*tb* ˈ**studio apartment**) (*GB* ˈ**studio flat**) conjugado, kitinete

studious /ˈstuːdiəs; *GB* ˈstjuː-/ *adj* estudioso

study /ˈstʌdi/ *verbo, substantivo*
▸ *vt, vi* (*pt, pp* **studied**) estudar: *to study for your exams* estudar para as suas provas
▸ *s* (*pl* **studies**) **1** estudo **2** escritório (*em uma casa*)

stuff /stʌf/ *substantivo, verbo*
▸ *s* [*não contável*] (*coloq*) **1** material, substância **2** coisas
▸ *vt* **1** ~ **sth (with sth)** encher, rechear algo (com algo) **2** ~ **sth in**; ~ **sth into, under, etc. sth** meter algo (à força) (em, debaixo de, etc. algo) **3** ~ **yourself (with sth)** empanturrar-se (de algo) **4** (*animal*) empalhar LOC **get stuffed!** (*GB, coloq*) pare de encher! **stuffed** *adj* (*coloq*) empanturrado **stuffing** *s* recheio

stuffy /ˈstʌfi/ *adj* (**stuffier, -iest**) **1** (*ambiente*) abafado **2** (*coloq, pej*) (*pessoa*) antiquado

stumble /ˈstʌmbl/ *vi* **1** ~ **(over/on sth)** tropeçar (em algo) **2** ir tropeçando **3** ~ **(over/through sth)** equivocar-se (com/em/durante algo) (*ao falar, ler, etc.*) PHR V **stumble across/on sth/sb** topar com algo/alguém

ˈ**stumbling block** *s* obstáculo

stump /stʌmp/ *s* **1** toco **2** cotoco

stun /stʌn/ *vt* (-nn-) **1** aturdir **2** assombrar, chocar **stunned** *adj* estarrecido **stunning** *adj* atordoante, impressionante

stung *pt, pp de* STING

stunk *pp de* STINK

stunt /stʌnt/ *verbo, substantivo*
▸ *vt* atrofiar
▸ *s* (*coloq*) **1** acrobacia **2** (*Cinema*) cena perigosa: *He does all his own stunts.* Ele não precisa de dublê nas cenas de perigo. **3** truque: *publicity stunt* golpe publicitário **stuntman** *s* (*pl* **-men** /ˈstʌntmen/) dublê (*para cenas perigosas*) **stuntwoman** *s* (*pl* **-women** /ˈstʌntwɪmɪn/) dublê (*mulher*)

stupendous /stuːˈpendəs; *GB* stjuːˈ-/ *adj* estupendo

stupid /ˈstuːpɪd; *GB* ˈstjuː-/ *adj* (**stupider, -est**) tonto, estúpido ➲ *Ver nota em* TOLO **stupidity** /stuːˈpɪdəti; *GB* stjuːˈ-/ *s* (*pl* **stupidities**) estupidez, burrice

S

stupor /ˈstuːpər; *GB* ˈstjuː-/ *s* [*sing*] estupor: *a drunken stupor* um estupor alcoólico

sturdy /ˈstɜːrdi/ *adj* (**sturdier, -iest**) **1** (*pessoa, planta*) robusto **2** (*constituição, mesa, etc.*) sólido **3** (*sapatos, etc.*) resistente

stutter /ˈstʌtər/ *vi, s Ver* STAMMER

sty /staɪ/ *s* **1** (*pl* **sties**) chiqueiro **2** (*tb* **stye**) (*pl* **sties** *ou* **styes**) terçol

⚷ **style** /staɪl/ *s* **1** estilo **2** maneira **3** modelo: *the latest style* a última moda **stylish** *adj* de muito estilo **stylist** (*tb* **hairstylist**) *s* cabelereiro, -a

Styrofoam® /ˈstaɪrəfoʊm/ (*GB* **polystyrene**) *s* poliestireno, isopor

suave /swɑːv/ *adj* lisonjeiro (*por interesse*)

sub /sʌb/ *s* (*coloq*) **1** submarino **2** (*Esporte*) reserva **3** *Ver* SUBMARINE

subconscious /ˌsʌbˈkɑːnʃəs/ *adj, s* subconsciente

subdivide /ˈsʌbdɪvaɪd; ˌsʌbdɪˈvaɪd/ *vt, vi* ~ **(sth) (into sth)** subdividir algo, subdividir-se (em algo)

subdue /səbˈduː; *GB* -ˈdjuː/ *vt* controlar, subjugar **subdued** *adj* **1** (*pessoa*) abatido **2** (*luz, cor*) suave **3** (*som*) baixo

⚷ **subject** *substantivo, adjetivo, verbo*
▸ *s* /ˈsʌbdʒɪkt; -dʒekt/ **1** assunto **2** matéria **3** tema **4** (*pessoa, Gram*) sujeito **5** súdito, -a
▸ *adj* /ˈsʌbdʒɪkt; -dʒekt/ ~ **to sth** sujeito a algo
▸ *v* /səbˈdʒekt/ PHR V **subject sb/sth to sth** sujeitar, expor alguém/algo a algo

subjective /səbˈdʒektɪv/ *adj* subjetivo

ˈ**subject matter** *s* [*não contável*] tema

subjunctive /səbˈdʒʌŋktɪv/ *s* subjuntivo

sublime /səˈblaɪm/ *adj* sublime

submarine /ˌsʌbməˈriːn; ˈsʌbməriːn/ *substantivo, adjetivo*
▸ *s* (*coloq* **sub**) **1** submarino **2** (*tb* ˌ**submarine** ˈ**sandwich**) sanduíche de metro
▸ *adj* submarino

submerge /səbˈmɜːrdʒ/ **1** *vi* submergir **2** *vt* submergir, inundar

submission /səbˈmɪʃn/ *s* **1** submissão **2** (*documento, decisão*) apresentação

submissive /səbˈmɪsɪv/ *adj* submisso

submit /səbˈmɪt/ (**-tt-**) **1** *vt* ~ **sth (to sb/sth)** apresentar algo (a alguém/algo): *Applications must be submitted by May 31.* As inscrições devem ser entregues até o dia 31 de maio. **2** *vi* ~ **(to sb/sth)** submeter-se (a algo); render-se (a alguém/algo)

subordinate *adjetivo, substantivo, verbo*
▸ *adj, s* /səˈbɔːrdɪnət/ subordinado, -a
▸ *vt* /səˈbɔːrdɪneɪt/ ~ **sb/sth (to sb/sth)** subordinar alguém/algo (a alguém/algo)

subscribe /səbˈskraɪb/ *vi* ~ **(to sth)** fazer a assinatura (de algo) PHR V **subscribe to sth** (*formal*) concordar com algo (*opinião*) **subscriber** *s* assinante **subscription** /səbˈskrɪpʃn/ *s* **1** (*revista, TV a cabo, etc.*) assinatura **2** (*GB*) (*clube, etc.*) cota

subsequent /ˈsʌbsɪkwənt/ *adj* (*formal*) posterior **subsequently** *adv* (*formal*) posteriormente, mais tarde

subside /səbˈsaɪd/ *vi* **1** (*chuva, vento*) acalmar **2** (*emoção*) acalmar-se **3** (*enchente*) baixar **subsidence** /səbˈsaɪdns; ˈsʌbsɪdns/ *s* afundamento (*de muro, etc.*)

subsidiary /səbˈsɪdieri; *GB* -diəri/ *adjetivo, substantivo*
▸ *adj* secundário, subsidiário
▸ *s* (*pl* **subsidiaries**) filial

subsidize (*GB tb* **-ise**) /ˈsʌbsɪdaɪz/ *vt* subvencionar

subsidy /ˈsʌbsədi/ *s* (*pl* **subsidies**) subvenção

subsist /səbˈsɪst/ *vi* ~ **(on sth)** subsistir (à base de algo) **subsistence** *s* subsistência

⚷ **substance** /ˈsʌbstəns/ *s* **1** substância **2** fundamento **3** essência

⚷ **substantial** /səbˈstænʃl/ *adj* **1** considerável, importante **2** (*formal*) (*construção*) sólido

⚷ **substantially** /səbˈstænʃəli/ *adv* **1** consideravelmente **2** (*formal*) essencialmente

⚷ **substitute** /ˈsʌbstɪtuːt; *GB* -tjuːt/ *substantivo, verbo*
▸ *s* **1** ~ **(for sb)** substituto, -a (de alguém): *substitute teacher* professor substituto **2** ~ **(for sth)** substitutivo (para algo) **3** (*coloq* **sub**) (*Esporte*) reserva
▸ *v* **1** *vt* ~ **sb/sth (for sb/sth)** substituir alguém/algo (por alguém/algo): *Substitute honey for sugar.* Substituir açúcar por mel. **2** *vi* ~ **for sb/sth** substituir alguém/algo

subtext /ˈsʌbtekst/ *s* subtexto

subtitle /ˈsʌbtaɪtl/ *s* [*ger pl*] (*Cinema*) legenda

subtle /ˈsʌtl/ *adj* (**subtler, -est**) **1** sutil **2** (*sabor*) delicado **3** (*odor, cor*) suave **4** (*atitude, etc.*) perspicaz **subtlety** *s* (*pl* **subtleties**) sutileza

subtract /səbˈtrækt/ *vt, vi* ~ **(sth) (from sth)** subtrair (algo) (de algo) **subtraction** *s* subtração

S

suburb /ˈsʌbɜːrb/ *s* subúrbio ➲ *Ver nota em* SUBÚRBIO **suburban** *adj* /səˈbɜːrbən/ suburbano

subversive /səbˈvɜːrsɪv/ *adj* subversivo

subway /ˈsʌbweɪ/ *s* **1** (*USA*) (*GB* **underground**) metrô **2** (*GB*) passagem subterrânea

⚷ **succeed** /səkˈsiːd/ **1** *vi* ter sucesso, triunfar **2** *vi* ~ **in doing sth** conseguir fazer algo **3** *vt* (*cargo, período, etc.*) suceder a **4** *vi* ~ **(to sth)** herdar algo: *to succeed to the throne* suceder/subir ao trono

⚷ **success** /səkˈses/ *s* sucesso: *to be a success* ser um sucesso ◇ *Hard work is the key to success.* O trabalho árduo é o segredo do sucesso.

⚷ **successful** /səkˈsesfl/ *adj* bem-sucedido: *a successful writer* um escritor de sucesso ◇ *the successful candidate* o candidato vitorioso ◇ *to be successful in doing sth* ter sucesso em fazer algo

succession /səkˈseʃn/ *s* **1** sucessão **2** série LOC **in succession**: *three times in quick succession* três vezes seguidas

successor /səkˈsesər/ *s* ~ **(to sb/sth)** sucessor, -ora (a/de alguém/algo)

succumb /səˈkʌm/ *vi* ~ **(to sth)** sucumbir (a algo)

⚷ **such** /sʌtʃ/ *adj, pron* **1** semelhante, tal: *Whatever gave you such an idea?* De onde você tirou tal ideia? ◇ *I did no such thing!* Eu não fiz isso! ◇ *There's no such thing as ghosts.* Fantasmas não existem. **2** (*uso enfático*) tão, tanto: *We had such a wonderful time.* Nós nos divertimos tanto. ◇ *I'm in such a hurry.* Estou com muita pressa.

> **Such** é utilizado com adjetivos que acompanham um substantivo e **so** com adjetivos desacompanhados. Compare os seguintes exemplos: *The food was so good.* ◇ *We had such good food.* ◇ *You are so intelligent.* ◇ *You are such an intelligent person.*

LOC **as such** como tal: *It's not a promotion as such.* Não é uma promoção propriamente dita. ◆ **in such a way that...** de tal maneira que... ◆ **such as** por exemplo

⚷ **suck** /sʌk/ **1** *vt, vi* chupar **2** *vt, vi* (*bomba*) aspirar, bombear **3** *vi* (*gíria*) ser uma droga: *Their new album sucks!* O novo álbum deles é uma droga!

sucker /ˈsʌkər/ *s* (*coloq*) **1** otário, -a; bobo, -a **2 be a ~ for sb/sth** ser vidrado em alguém/algo

sucky /ˈsʌki/ *adj* (**suckier, -iest**) (*USA, coloq*) abominável

⚷ **sudden** /ˈsʌdn/ *adj* súbito, repentino LOC **all of a sudden** de repente

⚷ **suddenly** /ˈsʌdənli/ *adv* de repente

suds /sʌdz/ *s* [*pl*] espuma (*de sabão*)

sue /suː; *GB tb* sjuː/ **1** *vt* ~ **sb (for sth)** processar alguém (por algo) **2** *vi* abrir um processo

suede /sweɪd/ *s* camurça

⚷ **suffer** /ˈsʌfər/ **1** *vi* ~ **(from sth)** sofrer (de algo) **2** *vt* (*dor, derrota*) sofrer **3** *vi* ser prejudicado

⚷ **suffering** /ˈsʌfərɪŋ/ *s* [*não contável*] sofrimento

⚷ **sufficient** /səˈfɪʃnt/ *adj* suficiente

suffix /ˈsʌfɪks/ *s* sufixo

suffocate /ˈsʌfəkeɪt/ **1** *vt, vi* asfixiar(-se) **2** *vi* sufocar(-se) **suffocating** *adj* sufocante **suffocation** *s* asfixia

suffragette /ˌsʌfrəˈdʒet/ *s* sufragista (*mulher que lutou pelo direito de voto*)

⚷ **sugar** /ˈʃʊgər/ *s* açúcar: *sugar cube/lump* cubo/torrão de açúcar ◇ *sugar bowl* açucareiro ◇ *sugar cane* cana-de-açúcar

ˈ**sugar rush** *s* ataque hiperglicêmico

⚷ **suggest** /səgˈdʒest; səˈ-/ *vt* **1** sugerir: *I suggest you go to the doctor.* Eu sugiro que você vá ao médico. **2** indicar **3** insinuar

⚷ **suggestion** /səgˈdʒestʃən; səˈ-/ *s* **1** sugestão **2** proposta **3** insinuação

⚷ **suggestive** /səgˈdʒestɪv; səˈ-/ *adj* **1** ~ **(of sth)** indicativo (de algo) **2** insinuante

suicidal /ˌsuːɪˈsaɪdl; *GB tb* ˌsjuː-/ *adj* **1** a ponto de se suicidar **2** suicida

suicide /ˈsuːɪsaɪd; *GB tb* ˈsjuː-/ *s* **1** suicídio: *to commit suicide* suicidar-se ◇ *suicide bomber* homem-bomba **2** (*formal*) suicida

⚷ **suit** /suːt; *GB tb* sjuːt/ *substantivo, verbo*
▸ *s* **1** (*de homem*) terno: *a three-piece suit* um terno de três peças **2** (*de mulher*) tailleur **3** traje: *diving suit* roupa de mergulho **4** (*Cartas*) naipe ➲ *Ver nota em* BARALHO LOC *Ver* STRONG
▸ *vt* **1** cair bem a: *Does this skirt suit me?* Esta saia fica bem em mim? **2** convir a **3** fazer bem a: *The climate here doesn't suit me.* O clima daqui não me faz bem.

suitability /ˌsuːtəˈbɪləti; *GB tb* ˌsjuː-/ *s* conveniência, adequação

⚷ **suitable** /ˈsuːtəbl; *GB tb* ˈsjuː-/ *adj* ~ **(for sb/sth) 1** adequado (para alguém/algo) **2** conveniente (para alguém/algo) **suitably** *adv* devidamente

⚷ **suitcase** /ˈsuːtkeɪs; *GB tb* ˈsjuːt-/ (*tb* **case**) *s* mala ➲ *Ver ilustração em* BAG

suite /swi:t/ *s* **1** (*hotel, Mús*) suíte **2** conjunto: *a dining-room suite* um jogo de sala de jantar

⚷ **suited** /ˈsu:tɪd; *GB tb* ˈsju:-/ *adj* ~ **(to/for sb/sth)** adequado (para alguém/algo): *He and his wife are well suited (to each other).* Ele e a esposa são feitos um para o outro.

sulfur (*GB* **sulphur**) /ˈsʌlfər/ *s* enxofre

sulk /sʌlk/ *vi* (*pej*) emburrar, fazer cara feia **sulky** *adj* (*pej*) emburrado

sullen /ˈsʌlən/ *adj* (*pej*) carrancudo

sultan /ˈsʌltən/ *s* sultão

sultana /sʌlˈtænə; *GB* -ˈtɑ:nə/ *s* (*GB*) (*USA* ˌ**golden** ˈ**raisin**) (uva) passa (*sem sementes*)

sultry /ˈsʌltri/ *adj* **1** úmido e quente **2** sensual

⚷ **sum** /sʌm/ *substantivo, verbo*

▸ *s* **1** soma, total: *the sum of $200* a soma de 200 dólares **2** (*esp GB*) conta: *to be good at sums* ser bom em cálculo

▸ *v* (-mm-) PHR V **sum (sth) up** resumir (algo): *To sum up...* Em resumo... ◆ **sum sb/sth up** definir alguém/algo

summarize (*GB tb* **-ise**) /ˈsʌməraɪz/ *vt, vi* resumir

⚷ **summary** /ˈsʌməri/ *s* (*pl* **summaries**) resumo

⚷ **summer** /ˈsʌmər/ (*tb* **summertime** /ˈsʌmərtaɪm/) *s* verão: *a summer's day* um dia de verão ◇ *summer weather/time* clima/horário de verão **summery** *adj* de verão

S

summit /ˈsʌmɪt/ *s* **1** cume **2** cúpula: *summit conference/meeting* conferência/encontro de cúpula

summon /ˈsʌmən/ *vt* **1** (*formal*) convocar, chamar: *to summon help* pedir ajuda **2** ~ **sth (up)** (*coragem, etc.*) juntar algo; armar-se de algo: *I couldn't summon (up) the energy.* Eu não tive energia.

summons /ˈsʌmənz/ *s* (*pl* **summonses** /-mənzɪz/) intimação (judicial)

⚷ **sun** /sʌn/ *substantivo, verbo*

▸ *s* sol: *The sun was shining.* Estava ensolarado.

▸ *vt* (-nn-) ~ **yourself** tomar sol

sunbathe /ˈsʌnbeɪð/ *vi* tomar (banho de) sol

sunbeam /ˈsʌnbi:m/ *s* raio de sol

sunbed /ˈsʌnbed/ *s* espreguiçadeira

sunblock /ˈsʌnblɑ:k/ *s Ver* SUNSCREEN

sunburn /ˈsʌnbɜ:rn/ *s* [*não contável*] queimadura de sol: *to get sunburn* queimar-se **sunburned** (*GB tb* **sunburnt**) *adj* queimado de sol

suncream /ˈsʌnkri:m/ *s* (*esp GB*) bronzeador

⚷ **Sunday** /ˈsʌndeɪ; -di/ *s* (*abrev* **Sun.**) domingo ➲ *Ver exemplos em* MONDAY

sundry /ˈsʌndri/ *adj* [*antes do substantivo*] (*formal*) vários, diversos: *on sundry occasions* em diversas ocasiões LOC **all and sundry** (*coloq*) todo o mundo

sunflower /ˈsʌnflaʊər/ *s* girassol

sung *pp de* SING

sunglasses /ˈsʌnglæsɪz; *GB* -glɑ:sɪz/ *s* [*pl*] óculos escuros: *a pair of sunglasses* uns óculos escuros ➲ *Ver nota em* PAIR

ˈ**sun hat** *s* chapéu de sol

sunk *pp de* SINK

sunken /ˈsʌŋkən/ *adj* afundado

sunlight /ˈsʌnlaɪt/ *s* luz do sol

sunlit /ˈsʌnlɪt/ *adj* iluminado pelo sol

sunlounger /ˈsʌnlaʊndʒər/ *s* (*esp GB*) espreguiçadeira

Sunni /ˈsʊni; ˈsʌni/ *adj, s* (*Relig*) sunita

sunny /ˈsʌni/ *adj* (**sunnier, -iest**) **1** ensolarado: *It's sunny today.* Está ensolarado hoje. **2** (*personalidade*) alegre

sunrise /ˈsʌnraɪz/ *s* nascer do sol

sunroof /ˈsʌnru:f/ *s* teto solar

sunscreen /ˈsʌnskri:n/ (*tb* **sunblock**) *s* bloqueador solar

sunset /ˈsʌnset/ *s* pôr do sol

sunshade /ˈsʌnʃeɪd/ *s* guarda-sol

sunshine /ˈsʌnʃaɪn/ *s* sol: *Let's sit in the sunshine.* Vamos nos sentar ao sol.

sunstroke /ˈsʌnstroʊk/ *s* [*não contável*] insolação: *to get sunstroke* ter uma insolação

suntan /ˈsʌntæn/ *s* bronzeado: *to get a suntan* bronzear-se **suntanned** *adj* bronzeado

super /ˈsu:pər; *GB tb* ˈsju:-/ *adjetivo, advérbio*

▸ *adj* (*coloq*) estupendo, excelente

▸ *adv* (*coloq*) super: *a super hot day* um dia superquente

superb /su:ˈpɜ:rb/ *adj* magnífico **superbly** *adv* magnificamente: *a superbly situated house* uma casa situada em um lugar magnífico

the ˈ**Super Bowl®** *s* a final do campeonato anual de futebol americano

superficial /ˌsu:pərˈfɪʃl/ *adj* superficial **superficiality** /ˌsu:pərˌfɪʃiˈæləti/ *s* superficialidade **superficially** /ˌsu:pərˈfɪʃəli/ *adv* superficialmente, aparentemente

superfluous /su:ˈpɜ:rfluəs/ *adj* supérfluo, desnecessário

superfood *s* /ˈsu:pərfu:d; *GB tb* ˈsju:-/ superalimento

supergroup /ˈsuːpərgruːp/ *s* (*Mús*) super banda
superhero /ˈsuːpərhɪroʊ/ *s* (*pl* -oes) super-heroi
superhuman /ˌsuːpərˈhjuːmən/ *adj* sobre-humano
superimpose /ˌsuːpərɪmˈpoʊz/ *vt* ~ **sth (on/onto sth)** sobrepor algo (em/a algo)
superintendent /ˌsuːpərɪnˈtendənt; *GB tb* ˌsjuː-/ *s* **1** comissário, -a (*de polícia*) **2** encarregado, -a; superintendente **3** zelador, -ora; porteiro, -a
superior /suːˈpɪriər/ *adjetivo, substantivo*
▸ *adj* **1** ~ **(to sb/sth)** superior (a alguém/algo) **2** (*pessoa, atitude*) soberbo
▸ *s* superior, -ora: *Mother Superior* madre superiora **superiority** /suːˌpɪriˈɔːrəti; *GB* -ˈɒrə-/ *s* ~ **(in sth)**; ~ **(to/over sth/sb)** superioridade (em algo); superioridade (sobre algo/alguém)
superlative /suːˈpɜːrlətɪv; *GB* suˈ-/ *adj, s* superlativo
supermarket /ˈsuːpərmɑːrkət; *GB* -kɪt/ *s* supermercado
supermodel /ˈsuːpərmɑːdl/ *s* top model
supernatural /ˌsuːpərˈnætʃrəl/ *adj, s* sobrenatural
superpower /ˈsuːpərpaʊər/ *s* superpotência
supersede /ˌsuːpərˈsiːd/ *vt* suplantar, substituir
superstar /ˈsuːpərstɑːr/ *s* (*Cinema, Esporte, etc.*) estrela
superstition /ˌsuːpərˈstɪʃn/ *s* superstição **superstitious** *adj* supersticioso
superstore /ˈsuːpərstɔːr/ *s* hipermercado
supervise /ˈsuːpərvaɪz/ *vt* supervisionar **supervision** /ˌsuːpərˈvɪʒn/ *s* supervisão, orientação **supervisor** /ˈsuːpərvaɪzər/ *s* supervisor, -ora; orientador, -ora
supper /ˈsʌpər/ *s* ceia, jantar: *to have supper* cear
supple /ˈsʌpl/ *adj* flexível
supplement *substantivo, verbo*
▸ *s* /ˈsʌplɪmənt/ ~ **(to sth) 1** suplemento, complemento (a/de algo) **2** (*de livro*) apêndice (de algo)
▸ *vt* /ˈsʌplɪment/ ~ **sth (with sth)** complementar, completar algo (com algo)
supplemental /ˌsʌplɪˈmentl/ (*tb esp GB* **supplementary** /ˌsʌplɪˈmentri/) *adj* adicional, complementar
supplier /səˈplaɪər/ *s* provedor, -ora; fornecedor, -ora
supply /səˈplaɪ/ *verbo, substantivo*
▸ *vt* (*pt, pp* **supplied**) **1** ~ **sb (with sth)** prover, abastecer alguém (com algo) **2** ~ **sth (to sb)** fornecer, proporcionar algo (a alguém)
▸ *s* (*pl* **supplies**) **1** suprimento, provisão **2 supplies** [*pl*] provisões LOC **be in short/plentiful supply** escassear/abundar ◆ **supply and demand** oferta e procura
support /səˈpɔːrt/ *verbo, substantivo*
▸ *vt* **1** (*causa*) apoiar, dar respaldo a: *a supporting role* um papel secundário **2** (*pessoa*) sustentar **3** (*peso*) suster, suportar **4** (*GB*) (*Esporte*) torcer para: *Which team do you support?* Para que time você torce?
▸ *s* **1** ~ **(for sb/sth)** apoio (a alguém/algo) **2** suporte
supporter /səˈpɔːrtər/ *s* **1** (*Pol*) partidário, -a **2** (*GB*) (*Esporte*) torcedor, -ora **3** (*de teoria*) seguidor, -ora
supportive /səˈpɔːrtɪv/ *adj* que ajuda: *to be supportive of sb* dar apoio a alguém
suppose /səˈpoʊz/ *vt* **1** supor, imaginar **2** (*sugestão*): *Suppose we change the subject?* Que tal mudarmos de assunto? LOC **be supposed to be/do sth** dever ser/fazer algo: *This is supposed to be the best restaurant in town.* Este deve ser o melhor restaurante na cidade. ◇ *The plane was supposed to arrive an hour ago.* O avião deveria ter chegado uma hora atrás. **supposed** *adj* suposto **supposedly** /səˈpoʊzɪdli/ *adv* supostamente **supposing** *conj* ~ **(that...)** se, no caso de (que...)
suppress /səˈpres/ *vt* **1** (*ger pej*) (*rebelião, etc.*) reprimir **2** (*informação*) omitir **3** (*sentimento*) conter, reprimir **4** (*bocejo*) segurar
supremacy /suːˈpreməsi; *GB tb* sjuːˈ-/ *s* ~ **(over sb/sth)** supremacia (sobre alguém/algo)
supreme /suːˈpriːm; *GB tb* sjuːˈ-/ *adj* supremo, sumo
the Suˌpreme ˈCourt *s* o Supremo Tribunal
surcharge /ˈsɜːrtʃɑːrdʒ/ *s* ~ **(on sth)** sobretaxa (sobre algo)
sure /ʃʊr/ *adjetivo, advérbio*
▸ *adj* (**surer, surest**) **1** seguro, certo: *He's sure to be elected/of being elected.* Ele será eleito com certeza. **2** confiante, firme **3** ~ **of yourself** seguro de si mesmo LOC **be sure to do sth; be sure and do sth** não deixar de fazer algo: *Be sure to write to me.* Não deixe de me escrever. ◆ **for sure** (*coloq*) com certeza ◆ **make sure (of sth/that...)** assegurar-se (de algo/de que...): *Make sure you are home by nine.* Esteja em

S

casa às nove sem falta.
▸ *adv* (*esp USA, coloq*) **1** claro **2** com certeza: *It sure is hot today.* Hoje está quente com certeza. LOC **sure enough** efetivamente

⚷ **surely** /ˈʃʊrli/ *adv* **1** certamente, seguramente, com certeza: *This will surely cause problems.* Isso vai certamente causar problemas. ◇ *Surely he won't mind?* Certeza que ele não vai se importar? **2** (*para expressar surpresa*): *Surely you can't agree?* Certamente você não está de acordo!

surf /sɜːrf/ *substantivo, verbo*
▸ *s* espuma (*das ondas do mar*)
▸ *v* **1** *vt, vi* surfar: *I've never surfed the Pacific.* Eu nunca surfei no Pacífico. **2** *vt* ~ **the Net/Internet** navegar na rede **surfer** *s* surfista **surfing** *s* surfe: *to go surfing* ir surfar

⚷ **surface** /ˈsɜːrfɪs/ *substantivo, verbo*
▸ *s* **1** superfície: *the earth's surface* a superfície da terra ◇ *a surface wound* um ferimento superficial **2** face (*de um prisma*)
▸ *v* **1** *vi* subir à superfície **2** *vi* aparecer **3** *vt* ~ **sth (with sth)** recobrir algo (com algo)

surfboard /ˈsɜːrfbɔːrd/ *s* prancha de surfe

surge /sɜːrdʒ/ *verbo, substantivo*
▸ *vi* avançar (*em profusão*): *They surged into the stadium.* Eles entraram em tropel no estádio.
▸ *s* ~ **(of sth)** onda (de algo)

surgeon /ˈsɜːrdʒən/ *s* cirurgião, -ã **surgery** *s* (*pl* **surgeries**) **1** cirurgia: *to undergo surgery* submeter-se a uma cirurgia ◇ *brain surgery* neurocirurgia **2** (*GB*) (*USA* **office**) consultório: *surgery hours* horas de consulta **surgical** *adj* cirúrgico

surly /ˈsɜːrli/ *adj* (**surlier, -iest**) rude

surmount /sərˈmaʊnt/ *vt* (*formal*) superar

⚷ **surname** /ˈsɜːrneɪm/ *s* (*esp GB*) (*tb esp USA* **last name**) sobrenome

surpass /sərˈpæs; *GB* -ˈpɑːs/ *vt* (*formal*) superar

surplus /ˈsɜːrpləs/ *adj, s* (*pl* **surpluses**) excedente

⚷ **surprise** /sərˈpraɪz/ *substantivo, verbo*
▸ *s* surpresa LOC **take sb/sth by surprise** tomar alguém/algo de surpresa
▸ *vt* surpreender: *I wouldn't be surprised if it rained.* Eu não me surpreenderia se chovesse.

⚷ **surprised** /sərˈpraɪzd/ *adj* ~ **(at/by sb/sth)** surpreso (por alguém/algo)

⚷ **surprising** /sərˈpraɪzɪŋ/ *adj* surpreendente

surrender /səˈrendər/ *verbo, substantivo*
▸ *v* **1** *vi* ~ **(to sb)** render-se (a alguém) **2** *vt* ~ **sth/sb (to sb)** (*formal*) entregar algo/alguém (a alguém)
▸ *s* **1** rendição **2** entrega

surreptitious /ˌsɜːrəpˈtɪʃəs; *GB* ˌsʌrəpˈ-/ *adj* sub-reptício, furtivo

surrogate /ˈsɜːrəgət; *GB* ˈsʌrə-/ *s* substituto, -a: *surrogate mother* mãe de aluguel

⚷ **surround** /səˈraʊnd/ *vt* ~ **sb/sth (with sth)** rodear, cercar alguém/algo (de algo)

⚷ **surrounding** /səˈraʊndɪŋ/ *adj* circundante: *the surrounding countryside* o campo dos arredores

⚷ **surroundings** /səˈraʊndɪŋz/ *s* [*pl*] arredores

surveillance /sɜːrˈveɪləns/ *s* vigilância: *to keep sb under surveillance* manter alguém sob vigilância

⚷ **survey** *substantivo, verbo*
▸ *s* /ˈsɜːrveɪ/ **1** levantamento, pesquisa **2** (*Geog*) estudo, mapeamento **3** (*GB*) (*USA* **inspection**) inspeção (*de uma casa, etc. antes da compra*)
▸ *vt* /sərˈveɪ/ **1** observar, contemplar **2** pesquisar, fazer levantamento de **3** (*Geog*) fazer levantamento topográfico de, mapear **4** (*GB*) (*USA* **inspect**) inspecionar (*um edifício*) **surveyor** /sərˈveɪər/ *s* **1** agrimensor, -ora; topógrafo, -a **2** (*GB*) vistoriador, -ora (*de imóveis*)

survival /sərˈvaɪvl/ *s* sobrevivência

⚷ **survive** /sərˈvaɪv/ **1** *vt, vi* sobreviver (a) **2** *vi* ~ **(on sth)** subsistir (à base de algo) **survivor** *s* sobrevivente

susceptible /səˈseptəbl/ *adj* **1** ~ **(to sth)** sensível, suscetível (a algo) **2** ~ **to sth** (*Med*) propenso a algo

⚷ **suspect** *verbo, adjetivo, substantivo*
▸ *vt* /səˈspekt/ **1** suspeitar **2** (*motivo, etc.*) duvidar de **3** ~ **sb (of sth/doing sth)** suspeitar de alguém; suspeitar que alguém tenha feito algo
▸ *adj, s* /ˈsʌspekt/ suspeito, -a

suspend /səˈspend/ *vt* **1** ~ **sth (from sth)** pendurar algo (em algo): *to suspend sth from the ceiling* pendurar algo no teto ❶ A palavra mais comum é **hang**. **2** suspender: *suspended sentence* suspensão da pena

suspender /səˈspendər/ *s* **1 suspenders** [*pl*] (*USA*) (*GB* **braces**) suspensório(s)

S

2 [ger pl] (GB) (USA **garter**) liga (*de meia feminina*)

suspense /sə'spens/ *s* suspense, tensão

suspension /sə'spenʃn/ *s* suspensão: *suspension bridge* ponte suspensa

suspicion /sə'spɪʃn/ *s* suspeita, receio: *He was arrested on suspicion of murder.* Ele foi preso por suspeita de assassinato.

suspicious /sə'spɪʃəs/ *adj* **1** ~ **(of/about sb/sth)** receoso (de alguém/algo): *They're suspicious of foreigners.* Eles desconfiam de estrangeiros. **2** suspeito: *He died in suspicious circumstances.* Ele morreu em circunstâncias suspeitas.

sustain /sə'steɪn/ *vt* **1** (*vida, interesse, etc.*) manter: *People have a limited capacity to sustain interest in politics.* As pessoas têm capacidade limitada para se manterem interessadas em política. **2** sustentar: *It is difficult to sustain this argument.* É difícil sustentar este argumento. **3** (*formal*) (*lesão, perda, etc.*) sofrer **sustainability** *s* sustentabilidade **sustainable** *adj* sustentável

SUV /ˌes juː 'viː/ *abrev de* **sport utility vehicle** 4x4 (*veículo*)

swagger /'swægər/ *vi* pavonear-se

swallow /'swɑːloʊ/ *verbo, substantivo*
▸ *v* **1** *vt, vi* engolir **2** *vt* (*tolerar, crer*) engolir **3** *vt* ~ **sth (up)** (*fig*) consumir algo
▸ *s* **1** trago **2** andorinha

swam *pt de* SWIM

swamp /swɑːmp/ *substantivo, verbo*
▸ *s* pântano
▸ *vt* **1** inundar **2** ~ **sb/sth (with sth)** (*fig*) atolar alguém/algo (com algo)

swan /swɑːn/ *s* cisne

swanky /'swæŋki/ *adj* (**swankier, -iest**) (*tb* **swank**) (*coloq*) chique, de luxo

swap (*tb* **swop**) /swɑːp/ *vt, vi* (-pp-) ~ **(sth) (with sb)**; ~ **sth for sth** trocar (algo) (com alguém); trocar algo por algo: *to swap sth around* trocar algo de lugar LOC *Ver* PLACE

swarm /swɔːrm/ *substantivo, verbo*
▸ *s* **1** (*abelhas, moscas*) enxame **2** (*gente*) multidão: *swarms of people* um mar de gente
▸ *v* ~ **in/out**; ~ **into/out of sth** entrar/sair em tropa (de algo) PHR V **swarm with sb/sth** estar repleto de alguém/algo

swat /swɑːt/ *vt* (-tt-) esmagar (*esp inseto*)

sway /sweɪ/ *verbo, substantivo*
▸ *v* **1** *vt, vi* balançar, oscilar **2** *vi* rebolar **3** *vt* influenciar
▸ *s* **1** balanço **2** rebolado **3** (*formal*) domínio

swear /swer/ (*pt* **swore** /swɔːr/, *pp* **sworn** /swɔːrn/) **1** *vi* dizer palavrões: *swear word* palavrão ◇ *Your sister swears a lot.* Sua irmã fala muitos palavrões. **2** *vi* ~ **at sb/sth** xingar alguém/algo **3** *vt, vi* jurar: *to swear to tell the truth* jurar dizer a verdade PHR V **swear by sb/sth** **1** jurar por alguém/algo **2** confiar plenamente em alguém/algo ◆ **swear sb in** tomar juramento de alguém

sweat /swet/ *substantivo, verbo*
▸ *s* suor
▸ *v* **1** *vt, vi* suar **2** *vi* ~ **(over sth)** trabalhar duro (em algo) LOC **don't sweat it** (*USA, coloq*) não esquente a cabeça ◆ **sweat it out** (*coloq*) aguentar firme

sweater /'swetər/ *s* suéter

sweatpants /'swetpænts/ (*GB* **tracksuit bottoms**) *s* [*pl*] calça de moletom ➲ *Ver notas em* CALÇA, PAIR

sweatshirt /'swetʃɜːrt/ *s* (blusão de) moletom

sweatsuit /'swetsuːt; *GB tb* -sjuːt/ (*coloq* **sweats** [*pl*]) (*GB* **tracksuit**) *s* conjunto de moletom

sweaty /'sweti/ *adj* (**sweatier, -est**) **1** suado **2** que faz suar

sweep /swiːp/ *verbo, substantivo*
▸ *v* (*pt, pp* **swept** /swept/) **1** *vt, vi* varrer **2** *vt* (*chaminé*) vasculhar **3** *vt* arrastar **4** *vi*: *She swept out of the room.* Ela saiu da sala majestosamente. **5** *vt, vi* ~ **(through, over, across, etc.) sth** percorrer algo; estender-se por algo LOC **sweep sb off their feet** arrebatar o coração de alguém PHR V **sweep (sth) up** varrer, limpar (algo)
▸ *s* **1** varrida **2** movimento, gesto (amplo) **3** extensão, alcance

sweeping /'swiːpɪŋ/ *adj* **1** (*mudança*) amplo, radical **2** (*pej*) (*afirmação*) taxativo **3** (*pej*) (*generalização*) excessivo

sweet /swiːt/ *adjetivo, substantivo*
▸ *adj* (**sweeter, -est**) **1** doce **2** (*odor*) cheiroso **3** (*som*) melodioso **4** (*caráter*) meigo, gentil **5** (*esp GB*) lindo: *You look sweet in this photo.* Você está uma graça nesta foto. LOC **have a sweet tooth** (*coloq*) adorar doces
▸ *s* **1 sweets** [*pl*] doces **2** (*GB*) (*USA* **candy**) doce (*caramelo, bombom, etc.*) **3** (*GB*) (*USA* **dessert**) sobremesa **sweetness** *s* doçura

sweetcorn /'swiːtkɔːrn/ *s* (*GB*) (*USA* **corn**) milho verde

sweeten /'swiːtn/ *vt* **1** adoçar, pôr açúcar em **2** ~ **sb (up)** (*coloq*) abrandar alguém **sweetener** *s* adoçante

S

sweetheart /ˈswiːthɑːrt/ *s* **1** *(antiq)* namorado, -a **2** *(tratamento)* benzinho

ˌ**sweet ˈpea** *s* ervilha-de-cheiro

ˌ**sweet poˈtato** *s (pl* potatoes*)* batata-doce

⚷ **swell** /swel/ *vt, vi (pt* swelled, *pp* swollen /ˈswoʊlən/ *ou* swelled*)* inchar(-se)

⚷ **swelling** /ˈswelɪŋ/ *s* inchaço, protuberância

swept *pt, pp de* SWEEP

swerve /swɜːrv/ *vi* desviar(-se) bruscamente: *The car swerved to avoid the child.* O carro desviou bruscamente para não pegar a criança.

swift /swɪft/ *adj* (swifter, -est) rápido, pronto: *a swift reaction* uma reação imediata

swill /swɪl/ *vt* ~ **sth (out/down)** *(esp GB)* enxaguar algo

⚷ **swim** /swɪm/ *verbo, substantivo*

▸ *v (pt* swam /swæm/, *pp* swum /swʌm/, *part pres* swimming*)* **1** *vt, vi* nadar: *to swim breaststroke* nadar de peito ◇ *to swim the English Channel* atravessar o canal da Mancha a nado ◇ *to go swimming* ir nadar **2** *vi (cabeça)* rodar *(de tontura)*

▸ *s* nadada: *to go for a swim* (ir) nadar **swimmer** *s* nadador, -ora

⚷ **swimming** /ˈswɪmɪŋ/ *s* natação

⚷ ˈ**swimming pool** *s* piscina

swimsuit /ˈswɪmsuːt; *GB tb* -sjuːt/ *(GB tb* ˈ**swimming costume***)* *s* maiô *(esp de mulher)*

swindle /ˈswɪndl/ *verbo, substantivo*

▸ *vt* ~ **sb (out of sth)** fraudar, trapacear alguém (em algo)

▸ *s* fraude, trapaça **swindler** *s* trapaceiro, -a

⚷ **swing** /swɪŋ/ *verbo, substantivo*

▸ *v (pt, pp* swung /swʌŋ/*)* **1** *vt, vi* balançar(-se) **2** *vt, vi* girar, rodar: *to swing around* dar meia-volta **3** *vi* oscilar **4** *vi* ~ **open/shut** *(porta, janela)* abrir-se/fechar-se **5** *vt, vi* ~ **(sth) (at sb/sth)** (tentar) acertar algo (em alguém/algo); (tentar) dar um golpe (em alguém/algo) (com algo)

▸ *s* **1** balanço **2** oscilação **3** mudança: *mood swings* alterações de humor LOC *Ver* FULL

swipe /swaɪp/ **1** *vt (coloq)* afanar **2** *vt* passar o crachá magnético em: *swipe card* crachá magnético de acesso **3** *vt, vi* ~ **(sth) (on/across sth)** *(celular, etc.)* deslizar algo (sobre algo): *Swipe across the screen to unlock it.* Deslize a tela para desbloquear. PHR V **swipe at sb/sth** tentar golpear alguém/algo

swirl /swɜːrl/ *vt, vi* rodopiar: *Flakes of snow swirled in the cold wind.* Flocos de neve faziam redemoinhos no vento frio.

⚷ **switch** /swɪtʃ/ *substantivo, verbo*

▸ *s* **1** interruptor **2** *(tb* **switchover** /ˈswɪtʃoʊvər/*)* mudança: *a switch in policy* uma mudança de política

▸ *v* **1** *vt, vi* ~ **(sth) (from sth) (to sth)** mudar (algo) (de algo) (para algo) **2** *vt* ~ **sth (with sb/sth)** trocar algo (com alguém/algo) **3** *vt* ~ **sth around** trocar algo de lugar PHR V **switch off 1** apagar-se, desligar-se **2** *(coloq) (pessoa)* desligar-se ◆ **switch sth off** apagar, desligar algo ◆ **switch on** acender-se, ligar-se ◆ **switch sth on** acender, ligar algo

switchboard /ˈswɪtʃbɔːrd/ *s* (painel de) telefonista

ˌ**switched ˈon** *adj* ~ **(to sth)** *(esp GB)* interessado (em/por algo) *Ver tb* SWITCH

swivel /ˈswɪvl/ *vt, vi* (-l- *(GB* -ll-*)*) ~ **(sth) (around)** girar (algo)

swollen /ˈswoʊlən/ *adj* inchado *Ver tb* SWELL

swoop /swuːp/ *verbo, substantivo*

▸ *vi* ~ **(down) (on sb/sth)** arremeter-se (sobre alguém/algo)

▸ *s* investida: *Police made a dawn swoop.* A polícia atacou ao amanhecer.

swop = SWAP

sword /sɔːrd/ *s* espada

swore *pt de* SWEAR

sworn *pp de* SWEAR

swot /swɑːt/ *substantivo, verbo*

▸ *s (GB) (USA* **grind***)* *(coloq, pej)* cê-dê-efe

▸ *vt, vi* ~ **(up) (for sth)**; ~ **sth up** *(GB, coloq)* rachar de estudar (algo) (para algo)

swum *pp de* SWIM

swung *pt, pp de* SWING

syllable /ˈsɪləbl/ *s* sílaba

syllabus /ˈsɪləbəs/ *s (pl* syllabuses *ou* syllabi /-baɪ/*)* currículo escolar, programa *(de estudos)*: *Does the syllabus cover modern literature?* O currículo inclui literatura moderna?

⚷ **symbol** /ˈsɪmbl/ *s* ~ **(of/for sth)** símbolo (de algo) **symbolic** /sɪmˈbɑːlɪk/ *adj* simbólico **symbolism** /ˈsɪmbəlɪzəm/ *s* simbolismo **symbolize** *(GB tb* **-ise***)* /-laɪz/ *vt* simbolizar

symmetry /ˈsɪmətri/ *s* simetria **symmetrical** /sɪˈmetrɪkl/ *(tb* **symmetric** /sɪˈmetrɪk/*)* *adj* simétrico

⚷ **sympathetic** /ˌsɪmpəˈθetɪk/ *adj* **1** ~ **(to/toward sb)** compreensivo, solidário (com alguém): *They were very sympathetic when I told them I could not sit the*

S

exam. Eles foram bastante compreensivos quando eu lhes falei que não poderia fazer o exame. ❶ Note que *simpático* traduz-se por **nice** em inglês. **2** ~ **(to/toward sb/sth)** favorável (a alguém/algo): *lawyers sympathetic to the peace movement* advogados que apoiam o movimento pacifista

sympathize (*GB tb* **-ise**) /ˈsɪmpəθaɪz/ *vi* **1** ~ **(with sb/sth)** compadecer-se (de alguém); ser compreensivo (com alguém/algo) **2** ~ **with sb/sth** ser favorável a alguém/algo

⚷ **sympathy** /ˈsɪmpəθi/ *s* (*pl* **sympathies**) ~ **(for/toward sb)** solidariedade (a alguém/algo)

symphony /ˈsɪmfəni/ *s* (*pl* **symphonies**) sinfonia

symptom /ˈsɪmptəm/ *s* sintoma: *The riots are a symptom of a deeper problem* Os motins são sintoma de um problema mais grave.

synagogue /ˈsɪnəgɑːg/ *s* sinagoga

synchronize (*GB tb* **-ise**) /ˈsɪŋkrənaɪz/ *vt, vi* ~ **(sth) (with sth)** sincronizar (algo) (com algo)

syndicate /ˈsɪndɪkət/ *s* sindicato

syndrome /ˈsɪndroʊm/ *s* síndrome

synonym /ˈsɪnənɪm/ *s* sinônimo **synonymous** /sɪˈnɑːnɪməs/ *adj* ~ **(with sth)** sinônimo (de algo)

syntax /ˈsɪntæks/ *s* sintaxe

synthesizer (*GB tb* **-iser**) /ˈsɪnθəsaɪzər/ *s* sintetizador

synthetic /sɪnˈθetɪk/ *adj* **1** sintético **2** (*pej*) artificial

syringe /sɪˈrɪndʒ/ *s* seringa

syrup /ˈsɪrəp/ *s* **1** calda de açúcar **2** xarope

⚷ **system** /ˈsɪstəm/ *s* sistema: *the metric/solar system* o sistema métrico/solar ◇ *different systems of government* diferentes sistemas de governo **LOC** **get sth out of your system** (*coloq*) colocar algo para fora (*emoções*) **systematic** /ˌsɪstəˈmætɪk/ *adj* **1** sistemático **2** metódico

Tt

T, t /tiː/ *s* (*pl* **Ts, T's, t's**) T, t ➲ *Ver nota em* A, A

ta /tɑː/ *interj* (*GB, coloq*) obrigado

tab /tæb/ *s* **1** (*tb* ˈ**pull tab**) (*GB* **ring pull**) (*de lata de bebida*) anel da tampa **2** etiqueta **3** conta: *to pick up the tab* pagar a conta

⚷ **table** /ˈteɪbl/ *s* **1** mesa: *to lay/set the table* pôr a mesa ◇ *bedside/coffee table* criado-mudo/mesa de centro *Ver tb* DRESSING TABLE **2** tabela: *table of contents* índice (de um livro) **LOC** *Ver* CARD

tablecloth /ˈteɪblklɔːθ; *GB* -klɒθ/ *s* toalha de mesa

tablespoon /ˈteɪblspuːn/ *s* **1** colher de sopa **2** (*tb* **tablespoonful** /ˈteɪblspuːnfʊl/) colherada (de sopa)

⚷ **tablet** /ˈtæblət/ *s* **1** comprimido **2** (*computador*) tablet ➲ *Ver ilustração em* COMPUTADOR

ˈ**table tennis** *s* tênis de mesa

tabloid /ˈtæblɔɪd/ *s* tabloide: *the tabloid press* a imprensa sensacionalista

taboo /təˈbuː/ *adj, s* (*pl* **taboos**) tabu: *a taboo subject* um assunto tabu

tacit /ˈtæsɪt/ *adj* tácito

tack /tæk/ *verbo, substantivo*
▸ *vt* pregar (*com tachinha*) **PHR V** **tack sth on; tack sth onto sth** (*coloq*) anexar algo (a algo)
▸ *s* **1** tachinha **2** estratégia: *to change tack/take a different tack* mudar de tática

⚷ **tackle** /ˈtækl/ *verbo, substantivo*
▸ *vt* **1** enfrentar: *to tackle a problem* lidar com um problema **2** ~ **sb (about sth)** tratar com alguém (sobre algo): *I tackled him about the money he owed me.* Eu falei com ele sobre o dinheiro que me devia. **3** (*Esporte*) dar uma entrada em
▸ *s* **1** (*Esporte*) entrada **2** [*não contável*] equipamento, material: *fishing tackle* equipamento de pesca

tacky /ˈtæki/ *adj* (**tackier, -iest**) **1** (*substância*) pegajoso **2** (*coloq*) brega

tact /tækt/ *s* tato, discrição

tactful /ˈtæktfl/ *adj* diplomático, discreto

tactic /ˈtæktɪk/ *s* [*ger pl*] tática **tactical** *adj* **1** tático **2** estratégico: *a tactical decision* uma decisão estratégica

tactless /ˈtæktləs/ *adj* indiscreto, pouco diplomático: *It was tactless of you to ask him his age.* Foi falta de tato de sua parte perguntar a idade dele.

tadpole /ˈtædpoʊl/ *s* girino

tae kwon do /ˌtaɪ ˌkwɑːn ˈdoʊ/ *s* tae kwon do

taffy /ˈtæfi/ *s* (*pl* **taffies**) (bala de) caramelo

tag /tæg/ *substantivo, verbo*
▸ *s* **1** etiqueta ➲ *Ver ilustração em* RÓTULO **2** (*fig*) rótulo **3** (*Informát*) marcação (*de dados*) **4** (*em pichação, etc.*) tag (*assinatura ou símbolo de pichador/grafiteiro*) *Ver tb* QUESTION TAG
▸ *vt* (**-gg-**) **1** etiquetar **2** (*fig*) rotular

3 *(Informát)* inserir marcação em **4** *(em mídia social)* marcar PHR V **tag along (behind/with sb)** acompanhar alguém, seguir alguém de perto

ˈ**tag cloud** *s (Internet)* nuvem de tags

tail /teɪl/ *substantivo, verbo*
▸ *s* **1** rabo, cauda **2 tails** *[pl]* fraque LOC *Ver* HEAD
▸ *vt* perseguir PHR V **tail away/off 1** diminuir, esvanecer(-se) **2** *(ruído, etc.)* sumir

tailback /ˈteɪlbæk/ *s* congestionamento *(de trânsito)*

tailgate /ˈteɪlgeɪt/ *substantivo, verbo*
▸ *s* **1** porta traseira *(de veículos)* **2** *(tb* ˈ**tailgate party***)* festa de fãs antes de um evento esportivo
▸ *vt, vi (esp USA, coloq)* colar *(no trânsito)*

tailor /ˈteɪlər/ *substantivo, verbo*
▸ *s* alfaiate
▸ *vt* ~ **sth to/for sb/sth** *(fig)* fazer algo sob medida para alguém/algo

ˌ**tailor-**ˈ**made** *adj (lit e fig)* feito sob medida

tailpipe /ˈteɪlpaɪp/ *s* (cano de) escapamento

taint /teɪnt/ *vt (formal)* **1** contaminar **2** *(reputação)* manchar

take /teɪk/ *vt (pt* **took** /tʊk/, *pp* **taken** /ˈteɪkən/*)* **1** ~ **sb/sth (with you)** levar alguém/algo (com você): *Take the dog with you.* Leve o cachorro com você. ◇ *I'll take the green one.* Vou levar o verde. **2** ~ **sb sth**; ~ **sth (to sb)** levar algo (a alguém) ➲ *Ver nota em* GIVE **3** tomar: *to take the bus* tomar o ônibus **4** pegar: *Who has taken my pen?* Quem pegou a minha caneta? ◇ *She took my purse by mistake.* Ela pegou a minha bolsa por engano. ◇ *to take sb's hand/take sb by the hand* pegar a mão de alguém **5** ~ **sth out of/from sth** retirar algo de algo **6** ~ **sth (from sb)** tirar algo (de alguém): *I took the knife from the baby.* Tirei a faca do bebê. **7** receber: *How did she take the news?* Como foi que ela recebeu a notícia? ◇ *She took it as a compliment.* Ela recebeu (o comentário) como um elogio. **8** aceitar: *Do you take credit cards?* Vocês aceitam cartão de crédito? **9** *(tolerar)* suportar **10** *(tempo)* levar: *It takes an hour to get there.* Leva-se uma hora até lá. ◇ *It won't take long.* Não vai demorar muito. **11** *(qualidade)* necessitar de, precisar de: *It takes courage to speak out.* É preciso coragem para se falar o que se pensa. **12** *(esp GB) (USA* **wear***)* *(roupa, sapatos)* usar: *What size shoes do you take?* Que número você calça? **13** *(foto)* tirar **14** *(curso, exame)* fazer LOC **take it (that...)** supor (que...) ◆ **take some/a lot of doing** *(coloq)* dar trabalho ❶ Para outras expressões com **take**, ver os verbetes do substantivo, adjetivo, etc, p.ex. **take place** em PLACE.

take

Bring the newspaper.

Fetch the newspaper.

Take the newspaper.

PHR V **take after sb** ser a cara de alguém, parecer-se com alguém *(mais velho da família)*

take sth apart desmontar algo

take sth away 1 fazer algo desaparecer *(dor, sensação, etc.)* **2** *(GB) Ver* TAKE STH OUT

take sth back 1 devolver algo *(em loja ou biblioteca)* **2** *(loja)* receber algo de volta **3** retirar algo *(que se disse)*

take sth down 1 trazer/levar algo para baixo **2** desmontar algo **3** tomar nota de algo

take sb in 1 acolher alguém **2** enganar alguém ◆ **take sth in** entender, assimilar algo

take off 1 decolar **2** *(ideia, produto, etc.)* tornar-se um sucesso ◆ **take sth off 1** *(roupa, óculos, etc.)* tirar algo **2** tirar algo de folga: *to take the day off* tirar o dia livre

take sb on contratar alguém ◆ **take sth on** aceitar algo *(trabalho)*

take it/sth out on sb descontar algo em alguém ◆ **take sb out** convidar/levar alguém para sair: *I'm taking him out to/for dinner.* Eu vou levá-lo para jantar. ◆ **take sth out 1** tirar, extrair algo **2** *(GB*

T

take sth away) (*comida*) levar algo para viagem
take over from sb substituir alguém ♦ **take sth over 1** assumir o controle de algo (*empresa*) **2** tomar conta de algo
take to sb/sth gostar de alguém/algo: *I took to his parents immediately.* Gostei dos pais dele imediatamente.
take up sth ocupar algo (*espaço, tempo*) ♦ **take sth up** começar algo (*como hobby*) ♦ **take sb up on sth** (*coloq*) aceitar algo de alguém (*oferta, desafio*) ♦ **take sth up with sb** discutir algo com alguém

takeoff /ˈteɪkɔːf; *GB* -kɒf/ *s* decolagem

takeout /ˈteɪkaʊt/ (*GB* **takeaway** /ˈteɪkəweɪ/) *s* **1** comida para viagem **2** restaurante que vende comida para viagem

takeover /ˈteɪkoʊvər/ *s* **1** (*empresa*) aquisição **2** (*Mil*) tomada do poder

takings /ˈteɪkɪŋz/ *s* [*pl*] arrecadação, renda

talcum powder /ˈtælkəm paʊdər/ (*coloq* **talc** /tælk/) *s* talco

tale /teɪl/ *s* **1** conto, história **2** fofoca

talent /ˈtælənt/ *s* ~ **(for sth)** talento (para algo) **talented** *adj* talentoso, de talento

talk /tɔːk/ *verbo, substantivo*
▸ *v* **1** *vi* ~ **(to/with sb) (about sb/sth)** conversar (com alguém) (sobre alguém/algo) ➲ *Ver nota em* FALAR **2** *vt* falar de: *to talk business* falar de negócios ◇ *to talk sense* falar algo sensato **3** *vi* comentar
LOC **talk shop** (*ger pej*) falar de trabalho ♦ **talk your way out of (doing) sth** livrar-se de (fazer) algo com lábia
PHR V **talk down to sb** falar com alguém como se este fosse estúpido ♦ **talk sb into/out of (doing) sth** persuadir alguém a fazer/não fazer algo ♦ **talk sth over/through** discutir algo (*em detalhe*)
▸ *s* **1** conversa, papo: *to have a talk with sb* ter uma conversa com alguém ◇ *talk show* programa de entrevistas *Ver tb* SMALL TALK **2 talks** [*pl*] negociações **3** palestra: *to give a talk* dar/fazer uma palestra

talkative /ˈtɔːkətɪv/ *adj* tagarela

ˈ**talking-to** *s* [*sing*] (*coloq*) bronca

tall /tɔːl/ *adj* (**taller, -est**) alto: *a tall tree* uma árvore alta ◇ *How tall are you?* Quanto você tem de altura? ◇ *Tom is six feet tall.* Tom tem 1,80 m de altura. ➲ *Ver nota em* ALTO

tally /ˈtæli/ *vi* (*pt, pp* **-ied**) ~ **(with sth)** conferir (com algo)

tambourine /ˌtæmbəˈriːn/ *s* pandeiro

tame /teɪm/ *adjetivo, verbo*
▸ *adj* (**tamer, -est**) **1** domesticado **2** manso **3** (*coloq*) (*festa, livro, etc.*) sem graça
▸ *vt* domar

tamper /ˈtæmpər/ *v* PHR V **tamper with sth** mexer em algo

tampon /ˈtæmpɑːn/ *s* tampão

tan /tæn/ *verbo, substantivo*
▸ *vt, vi* (**-nn-**) bronzear(-se)
▸ *s* **1** bronzeado: *to get a tan* bronzear-se **2** (*cor*) castanho-amarelado

tangent /ˈtændʒənt/ *s* tangente LOC **go/fly off at a tangent** sair pela tangente

tangerine /ˈtændʒəriːn; *GB* ˌtændʒəˈriːn/ *s* **1** tangerina **2** (*cor*) laranja-escuro

tangle /ˈtæŋgl/ *substantivo, verbo*
▸ *s* **1** emaranhado **2** confusão: *to get into a tangle* entrar numa enrascada
▸ *vt, vi* ~ **(sth) (up)** emaranhar algo, emaranhar-se **tangled** *adj* emaranhado

tank /tæŋk/ *s* (*reservatório*) (*Mil*) tanque: *gas tank* tanque de gasolina *Ver tb* THINK TANK

tanker /ˈtæŋkər/ *s* **1** petroleiro **2** carro-tanque

tanned /tænd/ *adj* bronzeado

tantalize (*GB tb* **-ise**) /ˈtæntəlaɪz/ *vt* atormentar **tantalizing** (*GB tb* **-ising**) *adj* tentador

tantrum /ˈtæntrəm/ *s* acesso de raiva: *Peter threw/had a tantrum.* Peter teve um acesso de raiva.

tap /tæp/ *verbo, substantivo*
▸ *v* (**-pp-**) **1** *vt* ~ **sb/sth (on/with sth)** dar tapinhas em alguém/algo (com algo): *to tap sb on the shoulder* dar tapinhas no ombro de alguém **2** *vi* ~ **(at/on sth)** bater levemente (em algo) **3** *vt, vi* ~ **(into) sth** explorar algo **4** *vt* (*telefone*) grampear
▸ *s* **1** pancadinha **2** (*USA tb* **faucet**) torneira: *to turn the tap on/off* abrir/fechar a torneira

tape /teɪp/ *substantivo, verbo*
▸ *s* fita: *adhesive tape* fita adesiva ◇ *to have sth on tape* ter algo gravado *Ver tb* RED TAPE
▸ *vt* **1** ~ **sth (up)** fechar algo com fita **2** gravar

ˈ**tape measure** *s* fita métrica

ˈ**tape recorder** *s* gravador

tapestry /ˈtæpəstri/ *s* (*pl* **tapestries**) tapeçaria

tar /tɑːr/ *s* alcatrão

target /ˈtɑːrgɪt/ *substantivo, verbo*
▸ *s* **1** alvo, objetivo: *military targets* alvos militares **2** meta: *I'm not going to meet my weekly target.* Não vou conseguir cumprir minha meta semanal.
▸ *vt* **1** dirigir-se a: *We're targeting young drivers.* Temos como alvo motoristas jovens. **2** ~ **sth at sb/sth** dirigir algo a alguém/algo

T

tariff /ˈtærɪf/ *s* **1** lista de preços **2** taxa de importação

Tarmac® /ˈtɑːrmæk/ *s* **1** (*tb* **blacktop**) asfalto **2 the tarmac** pista (*de aeroporto*)

tarnish /ˈtɑːrnɪʃ/ **1** *vt, vi* embaçar, perder o brilho **2** *vt* (*reputação, etc.*) manchar

tart /tɑːrt/ *s* **1** torta ➲ *Ver nota em pág. 610* **2** (*GB, coloq, pej*) vadia

tartan /ˈtɑːrtn/ *s* (tecido de) xadrez escocês

Taser® /ˈteɪzər/ *substantivo, verbo*
▸ *s* pistola de choque
▸ *vt* **Taser** (*tb* **tase**) disparar uma pistola de choque em

task /tæsk; *GB* tɑːsk/ *s* tarefa

taste /teɪst/ *substantivo, verbo*
▸ *s* **1** sabor **2 ~ (for/in sth)** gosto (por algo): *to have taste/bad taste* ter bom/mau gosto **3 a ~ (of sth)** (*comida, bebida*) um pouco (de algo) **4** [*sing*] **~ (of sth)** amostra (de algo): *her first taste of life in the city* sua primeira experiência da vida na cidade
▸ *v* **1** *vi* **~ (of sth)** ter gosto (de algo) **2** *vt* sentir o gosto de: *I can't taste anything.* Não consigo sentir o gosto de nada. **3** *vt* provar **4** *vt* (*fig*) experimentar, conhecer

tasteful /ˈteɪstfl/ *adj* de bom gosto

tasteless /ˈteɪstləs/ *adj* **1** insípido, sem gosto **2** de mau gosto

tasty /ˈteɪsti/ *adj* (**tastier, -iest**) saboroso

tattered /ˈtætərd/ *adj* esfarrapado

tatters /ˈtætərz/ *s* [*pl*] farrapos LOC **in tatters** em farrapos

tattoo /tæˈtuː; *GB* təˈ-/ *substantivo, verbo*
▸ *s* (*pl* **tattoos**) tatuagem
▸ *vt* tatuar

T

tatty /ˈtæti/ *adj* (*esp GB, coloq*) (**tattier, -iest**) em mau estado

taught *pt, pp de* TEACH

taunt /tɔːnt/ *verbo, substantivo*
▸ *vt* zombar de
▸ *s* zombaria

Taurus /ˈtɔːrəs/ *s* (*pl* **Tauruses**) Touro ➲ *Ver exemplos em* AQUÁRIO

taut /tɔːt/ *adj* esticado, tenso

tavern /ˈtævərn/ *s* (*antiq*) taverna

tax /tæks/ *substantivo, verbo*
▸ *s* imposto: *tax return* declaração de imposto de renda
▸ *vt* **1** (*artigos*) taxar **2** (*pessoas*) cobrar imposto de **3** (*recursos*) exigir demais de **4** (*paciência*) esgotar, abusar de **taxable** *adj* tributável **taxation** *s* tributação **taxing** *adj* extenuante, cansativo

ˌtax-ˈfree *adj* livre de impostos

tax haven /ˈtæks heɪvn/ *s* paraíso fiscal

taxi /ˈtæksi/ *substantivo, verbo*
▸ *s* (*tb* **taxicab** /ˈtæksikæb/) táxi: *taxi stand* ponto de táxi ◇ *taxi driver* taxista
▸ *vi* (*pt, pp* **taxied**; *part pres* **taxiing**) (*Aeronáut*) taxiar

taxpayer /ˈtækspeɪər/ *s* contribuinte (*do imposto de renda*)

TBC /ˌtiː biː ˈsiː/ *abrev de* **to be confirmed** (*eventos*) a confirmar

tea /tiː/ *s* **1** chá: *tea bag* saquinho de chá **2** (*GB*) lanche, chá da tarde **3** (*GB*) jantar LOC *Ver* CUP

teach /tiːtʃ/ (*pt, pp* **taught** /tɔːt/) **1** *vt* ensinar: *Jeremy is teaching us how to use the computer.* Jeremy está nos ensinando a usar o computador. **2** *vt, vi* lecionar

teacher /ˈtiːtʃər/ *s* professor, -ora: *English teacher* professor de inglês *Ver tb* HEAD TEACHER

teaching /ˈtiːtʃɪŋ/ *s* magistério: *a teaching career* uma carreira de professor ◇ *teaching materials* material didático

teacup /ˈtiːkʌp/ *s* xícara de chá

teakettle /ˈtiːketl/ (*GB* **kettle**) *s* chaleira

team /tiːm/ *substantivo, verbo*
▸ *s* equipe, time
▸ *v* PHR V **team up (with sb)** trabalhar em equipe (com alguém)

teammate /ˈtiːmmeɪt/ *s* colega de equipe

teamwork /ˈtiːmwɜːrk/ *s* [*não contável*] trabalho em equipe

teapot /ˈtiːpɑːt/ *s* bule de chá

tear¹ /tɪr/ *s* lágrima: *He was in tears.* Ele estava chorando. LOC **bring tears to sb's eyes** fazer alguém chorar **tearful** *adj* choroso

tear² /ter/ *verbo, substantivo*
▸ *v* (*pt* **tore** /tɔːr/, *pp* **torn** /tɔːrn/) **1** *vt, vi* rasgar(-se) **2** *vi* **~ along, past, etc.** andar, passar, etc. a toda velocidade LOC **be torn (between A and B)** estar dividido (entre A e B) PHR V **tear yourself away (from sth)** desgrudar-se (de algo) ◆ **tear sth down** derrubar algo ◆ **tear sth out** arrancar algo ◆ **tear sth up** fazer algo em pedaços
▸ *s* rasgo LOC *Ver* WEAR

tear

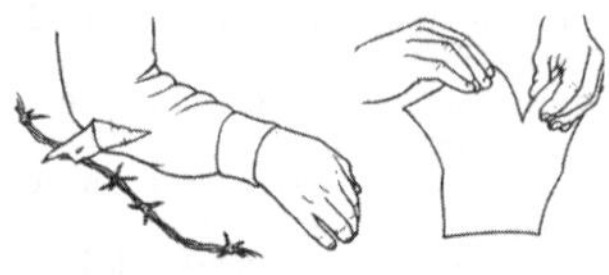

"Oh no! I just **tore** my shirt!"

She **tore** the letter in half.

tearoom /ˈtiːruːm; -rʊm/ (*GB tb* ˈ**tea shop**) *s* casa de chá
tease /tiːz/ *vt* caçoar de, atormentar
teaspoon /ˈtiːspuːn/ *s* **1** colher de chá **2** (*tb* **teaspoonful**) colherada de chá
teatime /ˈtiːtaɪm/ *s* (*GB*) hora do chá
ˈ**tea towel** *s* (*GB*) (*USA* **dish towel**) pano de prato
techie (*tb* **techy**) /ˈteki/ *s* (*pl* **techies**) (*coloq*) perito, -a em tecnologia
technical /ˈteknɪkl/ *adj* técnico: *a technical point* uma questão técnica **technicality** /ˌteknɪˈkæləti/ *s* (*pl* **technicalities**) **1 technicalities** [*pl*] detalhes técnicos **2** (mero) detalhe **technically** /ˈteknɪkli/ *adv* **1** tecnicamente, em termos técnicos **2** estritamente
ˈ**technical college** (*tb* **technical school**) *s* escola superior (técnica)
technician /tekˈnɪʃn/ *s* técnico, -a
technique /tekˈniːk/ *s* técnica
technology /tekˈnɑːlədʒi/ *s* (*pl* **technologies**) tecnologia **technological** /ˌteknəˈlɑːdʒɪkl/ *adj* tecnológico
teddy bear /ˈtedi ber/ (*tb* **teddy**) *s* ursinho de pelúcia
tedious /ˈtiːdiəs/ *adj* tedioso
tedium /ˈtiːdiəm/ *s* tédio
teem /tiːm/ *vi* ~ **with sth/sb** estar repleto de algo/alguém
teenage /ˈtiːneɪdʒ/ (*coloq* **teen** /tiːn/) *adj* (de) adolescente **teenager** (*coloq* **teen**) *s* adolescente
teens /tiːnz/ *s* [*pl*] adolescência: *She's in her teens.* Ela é uma adolescente.
ˈ**tee shirt** = T-SHIRT
teeth *pl de* TOOTH
teethe /tiːð/ *vi*: *The baby is teething.* Os dentes do bebê estão nascendo. LOC **teething problems/troubles** dificuldades iniciais (*de empresa, produto, etc.*)
telecommunications /ˌtelikəˌmjuːnɪˈkeɪʃnz/ *s* [*pl*] telecomunicações
teleconference /ˈtelikɑːnfərəns/ *s* teleconferência
telemarketing /ˈtelimɑːrkɪtɪŋ/ (*GB tb* **telesales** /ˈteliseɪlz/) *s* [*não contável*] telemarketing
telepathy /təˈlepəθi/ *s* telepatia
telephone /ˈtelɪfoʊn/ *substantivo, verbo*
▸ *s* (*tb* **phone**) telefone: *telephone call* ligação telefônica ◇ *telephone book/directory* lista telefônica LOC **be on the telephone 1** estar (falando) ao telefone **2** ter telefone: *We're not on the telephone.* Não temos telefone.
▸ *vt, vi* (*esp GB, formal*) telefonar (para)
telescope /ˈtelɪskoʊp/ *s* telescópio
televangelist /ˌtelɪˈvændʒəlɪst/ *s* pregador, -ora em programa de TV **televangelism** *s* evangelização por TV
televise /ˈtelɪvaɪz/ *vt* televisionar
television /ˈtelɪvɪʒn/ *s* (*abrev* **TV**) **1** televisão: *to watch television* assistir à televisão **2** (*tb* ˈ**television set**) televisor
teleworking /ˈteliwɜːrkɪŋ/ *s* [*não contável*] (*GB*) teletrabalho
tell /tel/ (*pt, pp* **told** /toʊld/) **1** *vt* ~ **sb (sth)**; ~ **sth to sb** dizer (algo) a alguém: *to tell the truth* dizer a verdade ◇ *Did you tell him?* Você disse a ele?

No discurso indireto, **tell** geralmente é seguido por um objeto direto: *Tell him to wait.* Diga a ele para esperar. ◇ *She told him to hurry up.* Ela disse a ele para se apressar. ➲ *Ver notas em* ORDER, SAY

2 *vt, vi* contar: *Tell me all about it.* Conte-me tudo. ◇ *Promise you won't tell.* Prometa que você não vai contar. **3** *vt, vi* saber: *You can tell she's French.* Dá para notar que ela é francesa. **4** *vt* ~ **A from B**; ~ **A and B apart** distinguir entre A e B LOC **I told you (so)** (*coloq*) eu lhe disse/avisei ◆ **tell time** (*GB* **tell the time**) dizer as horas ◆ **there's no telling** é impossível saber/dizer ◆ **you never can tell** nunca se sabe ◆ **you're telling me!** (*coloq*) isso não é novidade para mim! PHR V **tell sb off (for sth/doing sth)** (*coloq*) dar bronca em alguém (por algo/fazer algo) ◆ **tell on sb** (*coloq*) dedurar alguém
teller /ˈtelər/ *s* caixa (*de banco*)
telling /ˈtelɪŋ/ *adj* revelador, significativo
ˌ**telling-**ˈ**off** *s* (*pl* **tellings-off**) (*esp GB, coloq*) bronca
telly /ˈteli/ *s* (*pl* **tellies**) (*GB, coloq*) TV
temp /temp/ *substantivo, verbo*
▸ *s* empregado temporário, empregada temporária
▸ *vi* (*coloq*) trabalhar em emprego(s) temporário(s)
temper /ˈtempər/ *substantivo, verbo*
▸ *s* humor, temperamento: *to keep your temper* manter a calma LOC **get into a temper/lose your temper** perder a calma ◆ **have a quick/short temper** ser irritadiço ◆ **in a (bad, foul, rotten, etc.) temper** de mau humor
▸ *vt* ~ **sth (with sth)** (*formal*) moderar algo (com algo)
temperament /ˈtemprəmənt/ *s* temperamento
temperamental /ˌtemprəˈmentl/ *adj* temperamental

T

temperate /ˈtempərət/ *adj (clima, região)* temperado

temperature /ˈtemprətʃʊr; *GB* -tʃə(r)/ *s* temperatura *Ver tb* ROOM TEMPERATURE **LOC have/run a temperature** ter febre

template /ˈtemplət; *GB* -pleɪt/ *s* molde

temple /ˈtempl/ *s* **1** *(Relig)* templo **2** *(Anat)* têmpora

tempo /ˈtempoʊ/ *s (pl* **tempos**) **1** *(Mús)* andamento ❶ Neste sentido, utiliza-se também o plural **tempi**/ˈtempiː/ **2** *(de vida, etc.)* ritmo

temporarily /ˌtempəˈrerəli; *GB* ˈtemprərəli/ *adv* temporariamente

temporary /ˈtempəreri; *GB* -prəri/ *adj* temporário, provisório

tempt /tempt/ *vt* tentar, provocar **LOC tempt fate** brincar com a sorte **temptation** *s* tentação **tempting** *adj* tentador

ten /ten/ *adj, pron, s* dez ➲ *Ver exemplos em* FIVE **tenth 1** *adj, adv, pron* décimo **2** *s* décima parte, décimo ➲ *Ver exemplos em* FIFTH

tenacious /təˈneɪʃəs/ *adj (formal)* tenaz

tenacity /təˈnæsəti/ *s (formal)* tenacidade

tenant /ˈtenənt/ *s* inquilino, -a; arrendatário, -a **tenancy** *s (pl* **tenancies**) aluguel, arrendamento

tend /tend/ **1** *vi* ~ **to (do) sth** tender, ter tendência a (fazer) algo **2** *vt, vi* ~ **(to) sb/sth** cuidar de alguém/algo; atender a alguém/algo

tendency /ˈtendənsi/ *s (pl* **tendencies**) tendência, propensão

tender /ˈtendər/ *adj* (**tenderer, -est**) **1** *(olhar, palavras, etc.)* carinhoso **2** *(planta, carne)* tenro **3** *(ferida)* dolorido **tenderly** *adv* ternamente, com ternura **tenderness** *s* ternura

tendon /ˈtendən/ *s* tendão

tenement /ˈtenəmənt/ *s* prédio *(esp em área pobre)*

tenner /ˈtenər/ *s (GB, coloq)* (nota de) dez libras

tennis /ˈtenɪs/ *s* tênis

tenor /ˈtenər/ *s* tenor

tenpin bowling /ˌtenpɪn ˈboʊlɪŋ/ *s* jogo de boliche com 10 pinos

tense /tens/ *adjetivo, substantivo*
▸ *adj* (**tenser, -est**) tenso
▸ *s (Gram)* tempo *(verbal)*: *in the past tense* no (tempo) passado

tension /ˈtenʃn/ *s* tensão, ansiedade

tent /tent/ *s* **1** barraca *(de camping)* **2** *(de circo, etc.)* toldo

tentacle /ˈtentəkl/ *s* tentáculo

tentative /ˈtentətɪv/ *adj* **1** provisório, experimental **2** cauteloso

tenth *Ver* TEN

tenuous /ˈtenjuəs/ *adj* tênue

tenure /ˈtenjər/ *s* **1** *(de um cargo)* mandato: *security of tenure* direito de posse **2** *(de terra, propriedade)* posse

tepid /ˈtepɪd/ *adj* tépido, morno

terabyte /ˈterəbaɪt/ *s (abrev* **TB**) *(Informát)* terabyte

term /tɜːrm/ *substantivo, verbo*
▸ *s* **1** período, prazo: *term of office* mandato (de um governo) **2** período letivo: *the autumn/spring/summer term* o primeiro/segundo/terceiro trimestre do ano letivo **3** expressão, termo *Ver tb* TERMS **LOC in the long/short term** a longo/curto prazo
▸ *vt (formal)* considerar como

terminal /ˈtɜːrmɪnl/ *adj, s* terminal

terminate /ˈtɜːrmɪneɪt/ *(formal)* **1** *vt (contrato)* rescindir **2** *vt (acordo, etc.)* encerrar **3** *vi* terminar: *This train terminates at Grand Central.* O ponto final deste trem é Grand Central.

terminology /ˌtɜːrməˈnɑːlədʒi; *GB* -mɪˈ-/ *s (pl* **terminologies**) terminologia

terminus /ˈtɜːrmɪnəs/ *s (pl* **termini** /-naɪ/) (estação) terminal

termite /ˈtɜːrmaɪt/ *s* térmite, cupim

terms /tɜːrmz/ *s [pl]* **1** condições **2** termos **LOC be on good, bad, etc. terms (with sb)** manter boas, más, etc. relações (com alguém) ◆ **come to terms with sth** aceitar algo *Ver tb* EQUAL, FAMILIAR, SPEAK

terrace /ˈterəs/ *s* **1** terraço **2** *(GB)* fileira de casas **3 the terraces** *[pl] (GB) (USA* **bleachers**) *(Esporte)* arquibancada descoberta **4** *(Agric)* terraço

ˌterraced ˈhouse *(USA* **row house, ˈtown house**) *s* casa geminada *(dos dois lados)*

terrain /təˈreɪn/ *s* terreno

terrestrial /təˈrestriəl/ *adj* terrestre

terrible /ˈterəbl/ *adj* **1** terrível, horrível **2** *(coloq)* péssimo

terribly /ˈterəbli/ *adv* terrivelmente, extremamente: *I'm terribly sorry.* Sinto muitíssimo.

terrific /təˈrɪfɪk/ *adj (coloq)* **1** maravilhoso: *The food was terrific value.* A comida tinha um preço ótimo. **2** enorme

terrify /ˈterɪfaɪ/ *vt (pt, pp* **-fied**) aterrorizar **terrified** *adj* aterrorizado: *She's terrified of flying.* Ela morre de medo de voar. **LOC** *Ver* WIT **terrifying** *adj* aterrorizante, amedrontador

territorial /ˌterəˈtɔːriəl/ *adj* territorial

T

territory /ˈterətɔːri; *GB* -tri/ *s* (*pl* **territories**) território

terror /ˈterər/ *s* terror: *to scream with terror* gritar de medo

terrorism /ˈterərɪzəm/ *s* terrorismo

terrorist *s* terrorista

terrorize (*GB tb* **-ise**) /ˈterəraɪz/ *vt* aterrorizar

terse /tɜːrs/ *adj* lacônico: *a terse reply* uma resposta seca

test /test/ *substantivo, verbo*

▸ *s* **1** (*Educ*) prova, exame: *I'll give you a test on Thursday.* Eu vou dar uma prova na quinta. **2** (*Med*) exame: *blood/AIDS test* exame de sangue/AIDS **3** (*de um produto, uma máquina, etc.*) teste

▸ *vt* **1** ~ **sb (on sth)** (*Educ*) avaliar alguém (quanto a/em algo) **2** (*Med*) examinar: *She was tested for hepatitis.* Ela fez um exame de hepatite. ◇ *to test positive/negative for steroids* dar positivo/negativo no exame de esteroides **3** ~ **sth (on sb/sth)**; ~ **sth (for sth)** testar algo (em alguém/algo); testar algo (em função de algo)

testament /ˈtestəmənt/ *s* **1 Testament** (*Relig*) Testamento **2** ~ **(to sth)** (*formal*) prova (de algo)

testicle /ˈtestɪkl/ *s* testículo

testify /ˈtestɪfaɪ/ *vt, vi* (*pt, pp* **-fied**) testemunhar

testimony /ˈtestɪmoʊni; *GB* -məni/ *s* (*pl* **testimonies**) testemunho

ˈ**test tube** *s* tubo de ensaio: *test-tube baby* bebê de proveta

tether /ˈteðər/ *verbo, substantivo*

▸ *vt* (*animal*) prender (*com corda, etc.*)

▸ *s* LOC *Ver* END

Tex-Mex /ˌteks ˈmeks/ *adj* [*antes do substantivo*] (*comida, música, etc.*) típico do Texas, no estilo mexicano

text /tekst/ *substantivo, verbo*

▸ *s* **1** texto *Ver tb* SET TEXT **2** *Ver* TEXT MESSAGE

▸ *vt, vi* (*tb* ˈ**text-message**) enviar mensagem (a) (*pelo celular*)

textbook /ˈtekstbʊk/ (*tb* **text**) *s* livro-texto

textile /ˈtekstaɪl/ *s* tecido

ˈ**text message** *substantivo, verbo*

▸ *s* (*tb* **text**) mensagem (de texto), torpedo

▸ *vt, vi* ˈ**text-message** *Ver* TEXT

textspeak /ˈtekstspiːk/ *s* [*não contável*] (*coloq*) linguagem de SMS

texture /ˈtekstʃər/ *s* textura

than /ðən; ðæn/ *conj, prep* **1** (*depois de comparativo*) (do) que: *faster than ever* mais rápido (do) que nunca ◇ *better than he thought* melhor do que ele pensava **2** (*com tempo e distância*) de: *more than an hour/a kilometer* mais de uma hora/um quilômetro

thank /θæŋk/ *vt* ~ **sb (for sth/doing sth)** agradecer alguém (por algo/fazer algo); dizer obrigado a alguém (por algo/fazer algo) LOC **thank you** obrigado ➲ *Ver nota em* PLEASE

thankful /ˈθæŋkfl/ *adj* agradecido

thankfully *adv* felizmente

thanks /θæŋks/ *interjeição, substantivo*

▸ *interj* obrigado: *Thanks for coming!* Obrigado por ter vindo! ➲ *Ver nota em* PLEASE

▸ *s* [*pl*] agradecimento LOC *Ver* VOTE

Thanksgiving /ˌθæŋksˈgɪvɪŋ/ *s* (dia de) Ação de Graças

> **Thanksgiving** é celebrado nos Estados Unidos na quinta-feira da quarta semana de novembro. A comida tradicional consiste em peru assado (**turkey**) e torta de abóbora (**pumpkin pie**).

that *adjetivo, pronome, conjunção, advérbio*

▸ *adj* /ðæt/ (*pl* **those** /ðoʊz/) esse, aquele ➲ *Comparar com* THIS

▸ *pron* /ðæt/ **1** (*pl* **those** /ðoʊz/) isso; esse, -a, esses, -as; aquilo; aquele, -a, aqueles, -as **2** (*sujeito*) que: *The letter that came is from him.* A carta que chegou é dele. **3** (*objeto*) que: *These are the books (that) I bought.* Estes são os livros que eu comprei. ◇ *the job (that) I applied for* o emprego para o qual me candidatei **4** (*com expressões temporais*) em que: *the year that he died* o ano em que ele morreu LOC **that is (to say)** ou seja ♦ **that's it; that's right** é isso

▸ *conj* /ðət; ðæt/ que: *I told him that he should wait.* Eu disse a ele que esperasse.

▸ *adv* /ðæt/ tão: *It's that long.* É comprido assim. ◇ *that much worse* tanto pior

thatch /θætʃ/ *substantivo, verbo*

▸ *s* telhado de palha/sapé

▸ *vt* cobrir com telhado de palha/sapé

thatched *adj* com telhado de palha/sapé

thaw /θɔː/ *verbo, substantivo*

▸ *vt, vi* degelar

▸ *s* degelo

the /ðə/ ❶ Pronuncia-se /ði/antes de vogal ou /ðiː/ quando se quer dar ênfase. *art* o, a, os, as LOC **the more/less..., the more/less...** quanto mais/menos..., mais/menos...

> **O artigo definido em inglês:**
>
> **1** Não é utilizado com substantivos contáveis quando falamos em termos gerais: *Books are expensive.* Os livros

T

são caros. ◇ *Children learn very fast.* Criança aprende muito rápido.

2 É omitido com substantivos incontáveis quando se refere a uma substância ou a uma ideia em geral: *I like cheese/pop music.* Eu gosto de queijo/música pop.

3 Geralmente é omitido com nomes próprios e substantivos que indicam relações familiares: *Mrs. Smith* a Sra. Smith ◇ *Ana's mother* a mãe de Ana ◇ *Grandma came yesterday.* A vovó veio ontem.

4 Com as partes do corpo e objetos pessoais, utiliza-se o possessivo ao invés do artigo: *Give me* ***your hand****.* Dê a mão. ◇ *He put* ***his tie*** *on.* Ele colocou a gravata.

5 **School** e **church** podem ser precedidos de artigo ou não, mas o significado difere. ➲ *Ver nota em* SCHOOL

theater (*GB* **theatre**) /ˈθiːətər; *GB* ˈθɪətə(r)/ *s* **1** teatro **2** (*tb* **movie theater**) (*GB* **cinema**) (sala de) cinema

theatrical /θiˈætrɪkl/ *adj* teatral, de teatro

theft /θeft/ *s* roubo

Theft é o termo utilizado para roubos que se realizam sem que ninguém os veja ou sem uso de violência: *car/cattle thefts* roubo de carros/gado. **Robbery** refere-se a roubos que fazem uso de violência ou ameaças: *armed/bank robbery* assalto à mão armada/de banco. **Burglary** refere-se a roubos de casas e lojas quando os donos estão ausentes. ➲ *Ver notas em* ROB, THIEF

T

their /ðer/ *adj* dele(s), dela(s): *What colour is their cat?* De que cor é o gato deles? ➲ *Ver nota em* MY

theirs /ðerz/ *pron* o(s)/a(s) deles/delas: *a friend of theirs* um amigo deles ◇ *Our apartment is not as big as theirs.* Nosso apartamento não é tão grande quanto o deles.

them /ðəm; ðem/ *pron* **1** (*como objeto direto*) os, as: *I saw them yesterday.* Eu os vi ontem. **2** (*como objeto indireto*) lhes: *Tell them to wait.* Diga-lhes para esperar. **3** (*depois de preposição e do verbo* **be**) eles, elas: *Go with them.* Vá com eles. ◇ *They took it with them.* Elas o levaram consigo. ◇ *Was it them at the door?* Eram eles que estavam batendo à porta? ➲ *Comparar com* THEY

theme /θiːm/ *s* tema: *theme song/tune* música-tema **themed** *adj* (*GB*) (*evento, lugar, etc.*) temático

ˈ**theme park** *s* parque temático

themselves /ðəmˈselvz/ *pron* **1** (*uso reflexivo*) se: *They enjoyed themselves a lot.* Eles se divertiram bastante. **2** (*depois de preposição*) si mesmos, -as: *They were talking about themselves.* Eles estavam falando sobre si mesmos. **3** (*uso enfático*) eles mesmos, elas mesmas: *Did they paint the house themselves?* Elas mesmas pintaram a casa? LOC **(all) by themselves** (completamente) sozinhos

then /ðen/ *adv* **1** então: *until then* até então ◇ *from then on* desde então **2** naquela época: *Life was hard then.* A vida era difícil naquela época. **3** logo, depois: *the soup and then the chicken* a sopa e depois o frango **4** (*assim*) nesse caso, então: *You're not coming, then?* Então você não vem?

theology /θiˈɑːlədʒi/ *s* (*pl* **theologies**) teologia **theological** /ˌθiːəˈlɑːdʒɪkl/ *adj* teológico

theoretical /ˌθiːəˈretɪkl; *GB* ˌθɪəˈretɪkl/ *adj* teórico

theory /ˈθɪri/ *s* (*pl* **theories**) teoria: *in theory* em/na teoria

therapeutic /ˌθerəˈpjuːtɪk/ *adj* terapêutico

therapist /ˈθerəpɪst/ *s* terapeuta

therapy /ˈθerəpi/ *s* (*pl* **therapies**) terapia: *to be in therapy* fazer terapia

there /ðer/ *adv* **1** aí, ali, lá: *My car is there, in front of the bar.* Meu carro está ali, em frente ao bar.

• **there + be 2**: *There's someone at the door.* Há alguém à porta. ◇ *How many are there?* Quantos há? ◇ *There'll be twelve guests at the party.* Serão doze os convidados para a festa. ◇ *There was a terrible accident yesterday.* Aconteceu um acidente horrível ontem. ◇ *There has been very little rain recently.* Tem chovido muito pouco ultimamente. ➲ *Ver nota em* HAVER

• **there + v modal + be 3**: *There must be no mistakes.* Não deve haver erro algum. ◇ *There might be rain later.* Pode chover mais tarde. ◇ *There shouldn't be any problems.* Creio que não haverá problema algum. ◇ *How can there be that many?* Como pode haver tantos? ❶ **There** é utilizado também com **seem** e **appear**: *There seem/appear to be two ways of looking at this problem.* Parece haver duas maneiras de se considerar este problema. LOC **there and then** no ato, ali mesmo *Ver tb* HERE

thereafter /ˌðerˈæftər; *GB* -ˈɑːf-/ *adv* (*formal*) depois disso

thereby /ˌðerˈbaɪ/ *adv* (*formal*) **1** por isso **2** desse modo

therefore /ˈðerfɔːr/ *adv* portanto, por conseguinte

thermal /ˈθɜːrml/ *adj* **1** térmico **2** (*fonte*) termal

thermometer /θərˈmɑːmɪtər/ *s* termômetro

Thermos® /ˈθɜːrməs/ (*tb* ˈ**Thermos bottle**) (*GB tb* ˈ**Thermos flask**) *s* garrafa térmica

thermostat /ˈθɜːrməstæt/ *s* termostato

these *pl de* THIS

thesis /ˈθiːsɪs/ *s* (*pl* **theses** /-siːz/) tese

they /ðeɪ/ *pron* eles, -as: *They didn't like it.* Eles não gostaram. ❶ O pronome pessoal não pode ser omitido em inglês. ➲ *Comparar com* THEM

they'd /ðeɪd/ **1** = THEY HAD *Ver* HAVE **2** = THEY WOULD *Ver* WOULD

they'll /ðeɪl/ = THEY WILL *Ver* WILL

they're /ðer/ = THEY ARE *Ver* BE

they've /ðeɪv/ = THEY HAVE *Ver* HAVE

thick /θɪk/ *adjetivo, advérbio, substantivo*

▸ *adj* (**thicker**, **-est**) **1** grosso: *The ice was six inches thick.* O gelo tinha seis polegadas de grossura. **2** espesso: *This sauce is too thick.* Este molho está muito grosso. **3** (*barba*) cerrado **4** (*sotaque*) carregado **5** (*coloq*) (*pessoa*) estúpido

▸ *adv* (**thicker**, **-est**) espesso: *Don't spread the butter too thick.* Não ponha uma camada muito grossa de manteiga.

▸ *s* LOC **in the thick of sth** envolvido em algo ◆ **through thick and thin** para o que der e vier **thicken** *vt, vi* engrossar

thickly /ˈθɪkli/ *adv* **1** espessamente, de maneira grossa **2** (*povoado*) densamente

thickness /ˈθɪknəs/ *s* espessura, grossura

thief /θiːf/ *s* (*pl* **thieves** /θiːvz/) ladrão, -a

Thief é o termo geral utilizado para designar um ladrão que rouba coisas, geralmente sem ser visto ou sem recorrer à violência. **Robber** refere-se à pessoa que rouba bancos, lojas, etc, geralmente valendo-se de violência ou ameaças. **Burglar** é o ladrão que rouba uma casa ou uma loja quando não há ninguém dentro e **shoplifter** é a pessoa que leva coisas de uma loja sem pagar. ➲ *Ver notas em* ROB, THEFT

thigh /θaɪ/ *s* coxa

thimble /ˈθɪmbl/ *s* dedal

thin /θɪn/ *adjetivo, advérbio, verbo*

▸ *adj* (**thinner**, **-est**) **1** fino, delgado **2** (*pessoa*) magro ➲ *Ver nota em* MAGRO **3** (*sopa, cabelo*) ralo LOC **disappear, vanish, etc. into thin air** desaparecer misteriosamente ◆ **thin on the ground** (*GB*) escasso *Ver tb* THICK

▸ *adv* (**thinner**, **-est**) (*tb* **thinly**) fino

▸ *v* (**-nn-**) **1** *vt* diluir **2** *vi* ~ **(out)** tornar-se menos denso, dispersar-se

thing /θɪŋ/ *s* **1** coisa: *What's that thing on the table?* O que é isso sobre a mesa? ◇ *to take things seriously* levar as coisas a sério ◇ *The way things are going...* Do modo como está a situação... ◇ *Forget the whole thing.* Esqueça todo o assunto. ◇ *the first thing* a primeira coisa ◇ *the main thing* o mais importante **2 things** [*pl*] coisas: *You can put your things in that drawer.* Você pode colocar as suas coisas naquela gaveta. **3 a thing** [*sing*]: *I can't see a thing.* Não consigo ver nada. **4 the thing** [*sing*]: *It's just the thing business people need.* É exatamente o que as pessoas de negócios precisam. **5**: *Poor (little) thing!* Coitadinho! LOC **be a good thing (that)...** ainda bem que... ◆ **do your own thing** (*coloq*) seguir seu próprio caminho ◆ **first/last thing** na primeira/última hora ◆ **for one thing** para começar ◆ **the thing is...** (*coloq*) a questão é... ❶ Para outras expressões com **thing**, ver os verbetes do substantivo, adjetivo, etc., p.ex. **the main thing** em MAIN.

thingy /ˈθɪŋi/ (*GB tb* **thingummy** /ˈθɪŋəmi/) *s* (*pl* **thingies/thingummies**) (*coloq*) ❶ Estas palavras são usadas para se referir a objetos ou pessoas cujos nomes não lembramos: *one of those thingummies for keeping papers together* um daqueles troços para segurar papel ◇ *Is thingummy going to be there?* A tal vai estar lá?

think /θɪŋk/ *verbo, substantivo*

▸ *v* (*pt, pp* **thought** /θɔːt/) **1** *vt, vi* pensar: *What are you thinking (about)?* No que você está pensando? ◇ *Who'd have thought it?* Quem teria pensado nisso? ◇ *The job took longer than we thought.* O trabalho levou mais tempo do que havíamos imaginado. ◇ *Just think!* Imagina! **2** *vt* crer: *I think so/I don't think so.* Acho que sim/não. ◇ *What do you think (of her)?* O que você acha (dela)? ◇ *It would be nice, don't you think?* Seria legal, você não acha? ◇ *I think this is the house.* Acho que a casa é esta. **3** *vi* refletir LOC **I should think so!** eu espero que sim! ◆ **think out of/outside the box** pensar de maneira criativa ◆ **think the world, highly, etc. of sb/sth** ter alguém/algo em alta consideração *Ver tb* GREAT

PHR V **think about/of sb/sth 1** pensar em alguém/algo: *I'll think about it.* Vou pensar nisso. **2** levar alguém/algo em conta **3** lembrar-se de alguém/algo

T

think sth out/over/through refletir sobre algo: *a well thought out plan* um plano bem pensado
think sth up (*coloq*) inventar algo, pensar em algo
▸ *s* [*sing*] LOC **have a think (about sth)** (*coloq*) dar uma pensada (em algo)

thinker /ˈθɪŋkər/ *s* pensador, -ora

thinking /ˈθɪŋkɪŋ/ *substantivo, adjetivo*
▸ *s* [*não contável*] **1**: *I had to do some quick thinking.* Eu tive que pensar rápido. ◇ *Good thinking!* Bem pensado! **2** modo de pensar: *What's your thinking on this?* O que você pensa disso? ◇ *the thinking behind the new law* a intenção da nova lei
▸ *adj* [*antes do substantivo*] racional, inteligente

ˈ**think tank** *s* grupo de especialistas (*esp para aconselhar governos*)

thinly /ˈθɪnli/ *adv Ver* THIN

third /θɜːrd/ (*abrev* **3rd**) *adjetivo, advérbio, pronome, substantivo*
▸ *adj, adv, pron* terceiro
▸ *s* **1** terço, terça parte **2 the third** o dia três **3** (*tb* ˌ**third** ˈ**gear**) terceira (marcha) ➲ *Ver exemplos em* FIFTH **thirdly** *adv* em terceiro lugar (*numa enumeração*)

ˌ**third** ˈ**party** *s* (*formal*) (*Jur*) terceiros

the ˌ**third** ˈ**sector** *s* [*sing*] (*Econ*) setor constituído por ONGs

the ˌ**Third** ˈ**World** *s* o terceiro mundo

thirst /θɜːrst/ *s* ~ **(for sth)** sede (de algo)

thirsty /ˈθɜːrsti/ *adj* (**thirstier, -iest**) sedento: *to be thirsty* estar com sede

thirteen /ˌθɜːrˈtiːn/ *adj, pron, s* treze ➲ *Ver exemplos em* FIVE **thirteenth 1** *adj, adv, pron* décimo terceiro **2** *s* décima terceira parte, treze avos ➲ *Ver exemplos em* FIFTH

thirty /ˈθɜːrti/ *adj, pron, s* trinta ➲ *Ver exemplos em* FIFTY, FIVE **thirtieth 1** *adj, adv, pron* trigésimo **2** *s* trigésima parte, trinta avos ➲ *Ver exemplos em* FIFTH

this /ðɪs/ *adjetivo, pronome, advérbio*
▸ *adj* (*pl* **these** /ðiːz/) isto; este, esta: *I don't like this color.* Eu não gosto desta cor. ◇ *This one suits me.* Este fica bem em mim. ◇ *These shoes are more comfortable than those.* Estes sapatos são mais confortáveis do que aqueles. ➲ *Comparar com* THAT
▸ *pron* (*pl* **these** /ðiːz/) **1** isto; este, esta: *This is John's father.* Este é o pai de John. ◇ *I prefer these.* Eu prefiro estes. **2** isto: *Listen to this...* Escute isto...
▸ *adv*: *this high/far* alto/longe assim

thistle /ˈθɪsl/ *s* cardo (*planta*)

thong /θɔːŋ; *GB* θɒŋ/ *s* **1** tanga **2** (*GB* **flip-flop**) chinelo de dedo

thorn /θɔːrn/ *s* espinho **thorny** *adj* (**thornier, -iest**) (*lit e fig*) espinhoso

thorough /ˈθɜːroʊ; *GB* ˈθʌrə/ *adj* **1** (*exame, conhecimento, etc.*) profundo **2** (*pessoa*) meticuloso

thoroughly /ˈθɜːrəli; *GB* ˈθʌrə-/ *adv* **1** a fundo **2** completamente

those *pl de* THAT

though /ðoʊ/ *conjunção, advérbio*
▸ *conj* embora, ainda que
▸ *adv* de qualquer forma, mesmo assim

thought /θɔːt/ *s* **1** pensamento: *deep/lost in thought* absorto/perdido em seus próprios pensamentos **2** ~ **(of sth/doing sth)** ideia (de algo/fazer algo); intenção (de fazer algo) LOC *Ver* FOOD, SCHOOL, SECOND, TRAIN *Ver tb* THINK **thoughtful** *adj* **1** pensativo **2** atencioso: *It was very thoughtful of you.* Foi muito gentil da sua parte. **thoughtless** *adj* desatencioso, impensado, descuidado

ˈ**thought-provoking** *adj* que faz pensar

thousand /ˈθaʊznd/ *adj, pron, s* mil: *thousands of people* milhares de pessoas ➲ *Ver notas em* MIL, MILLION ➲ *Ver exemplos em* FIVE **thousandth 1** *adj, pron* milésimo **2** *s* milésima parte ➲ *Ver exemplos em* FIFTH

thrash /θræʃ/ *vt* **1** dar uma surra em **2** (*esp GB, coloq*) arrasar **thrashing** *s* surra

thread /θred/ *substantivo, verbo*
▸ *s* **1** fio: *a needle and thread* agulha e linha **2** (*Internet*) tópico (*de discussão*)
▸ *vt* **1** (*agulha*) colocar linha em **2** (*pérolas, contas, etc.*) colocar em um fio **3** (*corda, cabo, etc.*) passar

threat /θret/ *s* ~ **(to sb/sth)** ameaça (para/a alguém/algo): *a threat to national security* uma ameaça à segurança nacional

threaten /ˈθretn/ *vt* **1** ~ **sb (with sth)** ameaçar alguém (com algo) **2** ~ **to do sth** ameaçar fazer algo

threatening /ˈθretnɪŋ/ *adj* ameaçador

three /θriː/ *adj, pron, s* três ➲ *Ver exemplos em* FIVE

three-dimensional /ˌθriː daɪˈmenʃənl; dɪ-/ (*tb* **3-D** /ˌθriː ˈdiː/) *adj* tridimensional

threshold /ˈθreʃhoʊld/ *s* **1** umbral, limiar **2** limiar, limite (mínimo): *to have a low pain threshold* ser suscetível à dor

threw *pt de* THROW

thrift shop /ˈθrɪft ʃɑːp/ (*tb* ˈ**thrift store**) (*GB* **charity shop**) *s* loja de roupas e objetos usados, cuja venda reverte-se em caridade

T

thrill /θrɪl/ *s* **1** emoção: *What a thrill!* Que emocionante! **2** calafrio **thrilled** *adj* entusiasmado, emocionado **thriller** *s* obra de suspense (*filme, romance*) **thrilling** *adj* emocionante

thrive /θraɪv/ *vi* ~ **(on sth)** desenvolver-se, crescer (em/com algo) **thriving** *adj* próspero

throat /θroʊt/ *s* garganta: *a sore throat* dor de garganta

throb /θrɑːb/ *verbo, substantivo*
▸ *vi* (-bb-) ~ **(with sth)** vibrar, latejar, palpitar (com/de algo)
▸ *s* [*sing*] vibração, latejamento

throne /θroʊn/ *s* trono

through /θruː/ *preposição, advérbio, adjetivo* ❶ Para o uso de **through** em PHRASAL VERBS, ver os verbetes dos verbos correspondentes, p.ex. **fall through** em FALL.
▸ *prep* **1** através de, por: *She made her way through the traffic.* Ela abriu caminho através do trânsito. ◇ *to breathe through your nose* respirar pelo nariz **2** durante, ao longo de: *We worked right through the night.* Trabalhamos durante toda a noite. ◇ *I'm halfway through the book.* Eu estou na metade do livro. **3** por causa de: *through carelessness* por descuido **4** por meio de: *I got the job through my uncle.* Eu consegui o emprego através do meu tio. **5** (*coloq* **thru**) até…(inclusive): *Tuesday through Friday* de terça a sexta
▸ *adv* **1** de um lado para o outro: *Can you get through?* Você consegue passar? **2** do princípio ao fim: *I read the poem through once.* Eu li o poema inteiro uma vez. ◇ *all night through* durante toda a noite **3** (*conexão telefônica*): *I tried to call you but I couldn't get through.* Eu tentei ligar para você, mas sem sucesso. ◇ *Could you put me through to the manager?* Você poderia passar a minha ligação para o gerente?
▸ *adj* [*antes do substantivo*] **1** direto: *a through train* um trem direto ◇ *No through road* Rua sem saída **2** ~ **(with sth/sb)**: *I'm through with smoking.* Eu parei de fumar. ◇ *Keith and I are through.* Eu e Keith terminamos.

throughout /θruːˈaʊt/ *preposição, advérbio*
▸ *prep* por todo, durante todo: *throughout his life* (durante) toda a sua vida
▸ *adv* **1** por toda parte **2** todo o tempo

throw /θroʊ/ *verbo, substantivo*
▸ *vt* (*pt* **threw** /θruː/, *pp* **thrown** /θroʊn/) **1** ~ **sb sth**; ~ **sth (to sb)** atirar, lançar algo (a/para alguém): *Throw the ball to Mary.* Jogue a bola para a Mary. ➲ *Ver nota em* GIVE **2** ~ **sth (at sb/sth)** atirar, jogar algo (em alguém/algo) ❶ **Throw sth at sb/sth** indica a intenção de acertar um objeto ou uma pessoa: *Don't throw stones at the cat.* Não atire pedras no gato. **3** (*com advérbio*) jogar: *He threw back his head.* Ele jogou a cabeça para trás. ◇ *She threw up her hands in horror.* Ela levantou as mãos horrorizada. **4** deixar (*de certa forma*): *We were thrown into confusion by the news.* As notícias nos deixaram confusos. ◇ *to be thrown out of work* ser mandado embora do trabalho **5** (*coloq*) desconcertar **6** (*cavalo*) derrubar **7** (*luz, sombra*) projetar, fazer LOC *Ver* BALANCE, CAUTION, DOUBT, QUESTION PHR V **throw sth around** (*GB tb* **throw sth about**) esparramar algo • **throw sth away 1** jogar algo fora **2** (*oportunidade*) desperdiçar algo • **throw sb out** expulsar alguém • **throw sth out 1** jogar algo fora **2** (*proposta*) recusar algo • **throw (sth) up** vomitar (algo)
▸ *s* **1** lançamento **2** (*dados, basquete, etc.*) lance: *It's your throw.* É sua vez (de jogar).

ˈ**throw-in** *s* (*Futebol, Rúgbi*) arremesso lateral

thru (*USA, coloq*) = THROUGH

thrust /θrʌst/ *verbo, substantivo*
▸ *v* (*pt, pp* **thrust**) **1** *vt* meter **2** *vt, vi* ~ **sth at sb**; ~ **at sb (with sth)** lançar-se sobre alguém (com algo): *He thrust a knife at me.* Ele avançou em mim com uma faca. **3** *vt, vi* empurrar, dar um empurrão: *She thrust past him angrily.* Ela passou por ele dando-lhe um empurrão. ◇ *to thrust your way through the crowd* abrir caminho entre a multidão PHR V **thrust sth/sb on/upon sb** impor algo/alguém a alguém, obrigar alguém a aceitar algo/alguém
▸ *s* **1** [*sing*] **the** ~ **(of sth)** a ideia fundamental (de algo) **2** empurrão **3** (*de espada*) estocada

thud /θʌd/ *substantivo, verbo*
▸ *s* ruído surdo, baque surdo
▸ *vi* (-dd-) **1** fazer um ruído surdo, cair com um baque: *to thud against/into sth* chocar-se contra algo (com um baque) **2** (*coração*) bater com força

thug /θʌg/ *s* barra-pesada; bandido, -a

thumb /θʌm/ *substantivo, verbo*
▸ *s* polegar LOC **be all (fingers and) thumbs** ser atrapalhado (com as mãos) • **thumbs up/down**: *The proposals were given the thumbs up/down.* As propostas foram aceitas/rejeitadas. *Ver tb* RULE, TWIDDLE
▸ *vt, vi*: *to thumb a lift/ride* pedir carona PHR V **thumb through sth** folhear algo

T

thumbtack /ˈθʌmtæk/ (*GB* **drawing pin**) *s* tachinha

thump /θʌmp/ *verbo, substantivo*
▸ *v* **1** *vt* golpear, dar um golpe em **2** *vi* (*coração*) bater com força
▸ *s* **1** baque **2** (*GB, coloq*) golpe, soco

thunder /ˈθʌndər/ *substantivo, verbo*
▸ *s* [*não contável*] trovão: *a clap of thunder* uma trovoada
▸ *vi* **1** trovejar **2** estrondar **thundery** *adj*: *It's thundery today.* O tempo está carregado hoje.

thunderstorm /ˈθʌndərstɔːrm/ *s* tempestade

Thursday /ˈθɜːrzdeɪ; -di/ *s* (*abrev* **Thur.**, **Thurs.**) quinta-feira ➲ *Ver exemplos em* MONDAY

thus /ðʌs/ *adv* (*formal*) **1** assim, desta maneira **2** (*por esta razão*) portanto, assim que

thwart /θwɔːrt/ *vt* frustrar, impedir

thyme /taɪm/ *s* tomilho

tick /tɪk/ *verbo, substantivo*
▸ *v* **1** *vi* (*relógio, etc.*) fazer tique-taque **2** *vt* (*GB*) (*USA* **check**) marcar com um X PHR V **tick away/by** passar (*tempo*) ◆ **tick sb/sth off** (*GB*) (*USA* **check sb/sth off**) ticar alguém/algo de uma lista ◆ **tick over** (*GB*) (*tb esp USA* **turn over**) funcionar em marcha lenta
▸ *s* **1** (*de relógio, etc.*) tique-taque **2** (*GB*) (*USA* **check, check mark**) (*marca*) tique ➲ *Ver ilustração em* CHECK **3** carrapato

ticket /ˈtɪkɪt/ *substantivo, verbo*
▸ *s* **1** (*trem, etc.*) passagem **2** (*Teat, Cinema, etc.*) ingresso **3** (*GB*) (*tb esp USA* **card**) (*biblioteca*) ficha, carteirinha **4** etiqueta **5** multa (*de trânsito*) *Ver tb* DREAM TICKET
▸ *vt* prover ingressos/bilhetes a

tickle /ˈtɪkl/ *verbo, substantivo*
▸ *vt, vi* fazer cócegas (em)
▸ *s* cócegas, coceira

ticklish /ˈtɪklɪʃ/ *adj* que tem cócegas: *to be ticklish* ter cócegas

tic-tac-toe /ˌtɪk tæk ˈtoʊ/ (*GB* **noughts and crosses**) *s* jogo da velha

tidal /ˈtaɪdl/ *adj* de/da maré

ˈ**tidal wave** *s* maremoto

tide /taɪd/ *s* **1** maré: *high/low tide* maré alta/baixa ◇ *The tide is coming in/going out.* A maré está subindo/baixando. **2** corrente (*de opinião*)

tidy /ˈtaɪdi/ *adjetivo, verbo*
▸ *adj* (**tidier, -iest**) **1** organizado, ordeiro **2** (*aparência*) arrumado, asseado
▸ *vt, vi* (*pt, pp* **tidied**) ~ **(sth) (up)** (*esp GB*) arrumar, organizar (algo) PHR V **tidy sth away** (*GB*) (*tb esp USA* **clear sth away**) arrumar algo, pôr algo em ordem

tie /taɪ/ *verbo, substantivo*
▸ *v* (*pt, pp* **tied**; *part pres* **tying**) **1** *vt, vi* amarrar(-se) **2** *vt* (*gravata*) colocar **3** *vt, vi* (*Esporte*) empatar PHR V **tie sb/yourself down** comprometer alguém/comprometer-se: *Having young children really ties you down.* Ter filhos pequenos realmente prende a gente. ◆ **tie sb/sth up** amarrar alguém/algo
▸ *s* **1** gravata **2** [*ger pl*] laço: *family ties* laços de família **3** (*Esporte*) empate

tier /tɪr/ *s* grau, nível, camada

tiger /ˈtaɪgər/ *s* tigre

tight /taɪt/ *adjetivo, advérbio*
▸ *adj* (**tighter, -est**) **1** apertado, justo: *These shoes are too tight.* Estes sapatos estão muito apertados. ◇ *to keep a tight hold/grip on sth* segurar firme em algo **2** esticado **3** (*controle*) rigoroso **4** (*curva*) fechado
▸ *adv* (**tighter, -est**) firme, com força: *Hold tight!* Agarre-se firme!

ˈ**tight-ass** (*GB* ˈ**tight-arse**) *s* (*coloq, pej*) **1** caretão, -ona **2** (*GB*) pão-duro, pão-dura

tighten /ˈtaɪtn/ **1** *vt, vi* ~ **(sth) (up)** apertar algo, apertar-se **2** *vt* (*controle*) tornar mais rigoroso

tightly /ˈtaɪtli/ *adv* com firmeza, com força, rigorosamente

tightrope /ˈtaɪtroʊp/ *s* corda bamba

tights /taɪts/ *s* [*pl*] **1** (*GB*) (*USA* **pantyhose**) meia-calça **2** (*para balé, etc.*) malha ➲ *Ver nota em* PAIR

tile /taɪl/ *substantivo, verbo*
▸ *s* **1** telha **2** azulejo, ladrilho
▸ *vt* **1** cobrir com telha **2** ladrilhar **3** azulejar

till /tɪl/ *conjunção, preposição, substantivo*
▸ *conj, prep Ver* UNTIL
▸ *s* caixa (registradora): *to pay at the till* pagar na caixa

tilt /tɪlt/ *verbo, substantivo*
▸ *vt, vi* inclinar(-se)
▸ *s* inclinação, tendência

timber /ˈtɪmbər/ *s* **1** [*não contável*] árvores (*para corte*) **2** [*não contável*] madeira **3** madeiramento, viga

time /taɪm/ *substantivo, verbo*
▸ *s* **1** tempo: *You've been gone a long time!* Você demorou muito! **2** hora: *What time is it?/What's the time?* Que horas são? ◇ *It's time we were going/time for us to go.* Está na hora de irmos embora. ◇ *by the time we reached home* quando chegamos em casa ◇ *(by) this time next year* nesta data no ano que vem ◇ *at the present time* atualmente **3** vez, ocasião: *last time* a última vez

◇ *every time* toda vez ◇ *for the first time* pela primeira vez **4** tempo, época: *at one time* em certa época *Ver tb* BIG TIME, EXTRA TIME, PRIME TIME, REAL TIME LOC **ahead of/behind time** adiantado/atrasado ◆ **all the time** todo o tempo ◆ **(and) about time (too)** já está/estava na hora ◆ **at all times** a qualquer hora ◆ **at a time** por vez: *one at a time* um de cada vez ◆ **at the time** naquele momento/tempo ◆ **at times** às vezes ◆ **behind the times** ultrapassado ◆ **for a time** por um momento, durante algum tempo ◆ **for the time being** por enquanto, de momento ◆ **from time to time** de vez em quando ◆ **have a good time** divertir-se ◆ **have the time of your life** divertir-se muito ◆ **in a week's, month's, etc. time** daqui a uma semana, um mês, etc. ◆ **in good time** cedo, com tempo ◆ **in time** com o tempo ◆ **in time (for sth/to do sth)** a tempo (para algo/de fazer algo) ◆ **on time** na hora, pontualmente ➲ *Ver nota em* PONTUAL ◆ **take your time (over sth/to do sth/doing sth)** não se apressar (com algo/para fazer algo) ◆ **time after time**; **time and (time) again** repetidamente *Ver tb* BIDE, HARD, KILL, MARK, MATTER, NICK, ONCE, PRESS, SAME, TELL

▸ *vt* **1** programar, prever **2**: *to time sth well/badly* escolher o momento oportuno/errado para (fazer) algo **3** medir o tempo de, cronometrar

ˈtime-consuming *adj* demorado

timeline /ˈtaɪmlaɪn/ *s* linha de tempo

timely /ˈtaɪmli/ *adj* oportuno

ˌtime ˈoff *s* [*não contável*] licença (*de trabalho*)

timeout /ˈtaɪmaʊt/ *s* **1** (*Esporte*) tempo técnico **2** (*Informát*) tempo esgotado

timer /ˈtaɪmər/ *s* timer

times /taɪmz/ *prep* (*coloq*) multiplicado por: *Three times four is twelve.* Três vezes quatro é doze.

⚷ **timetable** /ˈtaɪmteɪbl/ (*tb esp USA* **schedule**) *s* horário

timid /ˈtɪmɪd/ *adj* tímido, assustado

timing /ˈtaɪmɪŋ/ *s* **1** (escolha do) momento: *the timing of the election* a data das eleições **2** sincronização **3** cronometragem

⚷ **tin** /tɪn/ *s* **1** estanho **2** (*GB*) (*USA* **can**) lata ➲ *Ver ilustração em* CONTAINER

tinfoil /ˈtɪnfɔɪl/ *s* papel-alumínio

tinge /tɪndʒ/ *verbo, substantivo*

▸ *vt* ~ **sth (with sth)** (*lit e fig*) tingir algo (com/de algo)

▸ *s* pincelada, tom

tingle /ˈtɪŋgl/ *vi* **1** formigar **2** ~ **with sth** tremer com/de algo (*emoção*)

tinker /ˈtɪŋkər/ *vi* ~ **(with sth)** fazer pequenos ajustes (em algo)

tinned /tɪnd/ *adj* (*GB*) (*USA* **canned**) enlatado, de lata

ˈtin opener *s* (*GB*) (*USA* **can opener**) *s* abridor de latas

tinsel /ˈtɪnsl/ *s* ouropel

tint /tɪnt/ *s* **1** tonalidade **2** tintura (*para cabelo*) **tinted** *adj* **1** (*cabelo*) tingido **2** (*vidro*) escurecido

⚷ **tiny** /ˈtaɪni/ *adj* (**tinier**, **-iest**) diminuto, minúsculo

⚷ **tip** /tɪp/ *substantivo, verbo*

▸ *s* **1** ponta **2** (*GB*) (*USA* **dump**) depósito de lixo **3** gorjeta **4** ~ **(on/for sth)** dica (de/para algo)

▸ *v* (**-pp-**) **1** *vt, vi* inclinar(-se) **2** *vt* virar, derrubar **3** *vt, vi* dar gorjeta (a) PHR V **tip sb off (about sth)** (*coloq*) dar uma dica a alguém (sobre algo) ◆ **tip up/over** virar-se ◆ **tip sth up/over** derrubar algo

tipsy /ˈtɪpsi/ *adj* (*coloq*) levemente embriagado

tiptoe /ˈtɪptoʊ/ *substantivo, verbo*

▸ *s* LOC **on tiptoe** na ponta dos pés

▸ *vi*: *to tiptoe in/out* entrar/sair na ponta dos pés

⚷ **tire** /ˈtaɪər/ *substantivo, verbo*

▸ *s* (*GB* **tyre**) pneu

▸ *vt, vi* cansar(-se) PHR V **tire of sth/sb** cansar-se de algo/alguém ◆ **tire sb/yourself out** esgotar alguém/esgotar-se

⚷ **tired** /ˈtaɪərd/ *adj* **1** cansado ➲ *Ver nota em* BORING **2** ~ **of sb/sth/doing sth** farto de alguém/algo/fazer algo: *to get tired of sth* cansar-se de algo LOC **tired out** esgotado **tiredness** *s* cansaço

tireless /ˈtaɪərləs/ *adj* incansável

tiresome /ˈtaɪərsəm/ *adj* **1** (*tarefa*) tedioso **2** (*pessoa*) chato

⚷ **tiring** /ˈtaɪərɪŋ/ *adj* cansativo: *a long and tiring journey* uma viagem longa e cansativa ➲ *Ver nota em* BORING

tissue /ˈtɪʃuː; *GB tb* ˈtɪsjuː/ *s* **1** (*Biol, Bot*) tecido **2** lenço de papel **3** (*tb* ˈ**tissue paper**) papel de seda

tit /tɪt/ *s* **1** (*gíria*) teta (*de mulher*) **2** (*pássaro*) chapim LOC **tit for tat** olho por olho, dente por dente

⚷ **title** /ˈtaɪtl/ *substantivo, verbo*

▸ *s* **1** título: *title page* página de rosto ◇ *title role* papel principal **2** título de nobreza **3** forma de tratamento **4** ~ **(to sth)** (*Jur*) direito (a algo): *title deed* título de propriedade

▸ *vt* intitular

titter /ˈtɪtər/ *verbo, substantivo*

▸ *vi* rir dissimuladamente ➲ *Ver nota*

T

em RIR
▸ *s* risada nervosa

TLC /ˌtiː el ˈsiː/ *s* (*abrev de* **tender loving care**) (*coloq*) paparico

to /tə; tu; tuː/ *prep* ℹ Para o uso de **to** em PHRASAL VERBS, ver os verbetes dos verbos correspondentes, p.ex. **come to** em COME. **1** (*direção*) para, a: *the road to London* a estrada para Londres ◇ *Move to the left.* Mover-se para a esquerda. ◇ *to go to the beach* ir à praia **2** (*com objeto indireto*) para, a: *He gave it to Bob.* Ele o deu para Bob. **3** até: *faithful to the end/last* leal até o fim **4** (*duração*): *It lasts two to three hours.* Dura de duas a três horas. **5** (*tempo*): *ten to one* dez para a uma **6** de: *the key to the door* a chave da porta **7** (*comparação*) a: *I prefer walking to climbing.* Eu prefiro andar a escalar. **8** (*proporção*) por: *How many kilometers to the liter?* Quantos quilômetros por litro? **9** (*propósito*): *to go to sb's aid* ir em ajuda de alguém **10** para: *to my surprise* para minha surpresa **11** (*opinião*) a, para: *It looks red to me.* Parece vermelho para mim. LOC **to and fro** de lá para cá

A partícula **to** é utilizada para formar o infinitivo em inglês e tem vários usos: *to go* ir ◇ *to eat* comer ◇ *I came to see you.* Eu vim para ver você. ◇ *He didn't know what to do.* Ele não sabia o que fazer. ◇ *It's for you to decide.* Você é que tem de decidir.

toad /toʊd/ *s* sapo

toadstool /ˈtoʊdstuːl/ *s* cogumelo (*esp venenoso*)

toast /toʊst/ *substantivo, verbo*
▸ *s* **1** [*não contável*] torrada: *a slice/piece of toast* uma torrada ◇ *toast and jam* torrada com geleia ◇ *Would you like some toast?* Gostaria de umas torradas? **2** brinde: *to drink a toast to sb* fazer um brinde a alguém
▸ *vt* **1** tostar, torrar **2** brindar a **toaster** *s* torradeira

tobacco /təˈbækoʊ/ *s* (*pl* tobaccos) tabaco **tobacconist** /təˈbækənɪst/ *s* **1** dono, -a de tabacaria **2 tobacconist's** tabacaria ➲ *Ver nota em* AÇOUGUE

toboggan /təˈbɑːgən/ *s* tobogã

today /təˈdeɪ/ *adv, s* **1** hoje **2** hoje em dia: *Today's cell phones are quite small.* Os celulares de hoje são bem pequenos. LOC *Ver* WEEK

toddler /ˈtɑːdlər/ *s* criança (*que começa a andar*)

to-ˈdo list *s* lista de afazeres

T

toe /toʊ/ *substantivo, verbo*
▸ *s* **1** dedo (*do pé*): *big toe* dedão do pé ➲ *Comparar com* FINGER **2** ponta (*de meia, calçado*) LOC **keep sb on their toes** manter alguém alerta
▸ *vt* (*pt, pp* toed; *part pres* toeing) LOC **toe the line** seguir as regras

TOEFL® /ˈtoʊfl/ *s* (*abrev de* **Test of English as a Foreign Language**) teste de proficiência de inglês

TOEIC® /ˈtoʊɪk/ *s* (*abrev de* **Test of English for International Communication**) teste de proficiência em comunicação em inglês

toenail /ˈtoʊneɪl/ *s* unha do pé

toffee /ˈtɔːfi; *GB* ˈtɒfi/ *s* (bala de) caramelo

together /təˈgeðər/ *adv* ℹ Para o uso de **together** em PHRASAL VERBS, ver os verbetes do verbo correspondente, p.ex. **stick together** em STICK. **1** juntos: *Can we have lunch together?* Podemos almoçar juntos? ◇ *Get everything together before you start cooking.* Prepare todos os ingredientes antes de começar a cozinhar. **2** ao mesmo tempo: *Don't all talk together.* Não falem todos juntos. LOC **together with** junto com, além de *Ver tb* ACT **togetherness** *s* unidade, harmonia

toil /tɔɪl/ *verbo, substantivo*
▸ *vi* (*formal*) trabalhar duramente
▸ *s* [*não contável*] (*formal*) trabalho pesado

toilet /ˈtɔɪlət/ *s* **1** vaso sanitário, privada: *toilet paper* papel higiênico **2** (*GB*) (*USA* **bathroom**) (*em casa*) banheiro **3** (*GB*) (*USA* **restroom**) (*público*) toalete, sanitário ➲ *Ver nota em* BATHROOM

toiletries /ˈtɔɪlətriz/ *s* [*pl*] artigos de higiene

ˈtoiletry bag (*GB* **sponge bag, ˈtoilet bag**) *s* necessaire

token /ˈtoʊkən/ *substantivo, adjetivo*
▸ *s* **1** sinal, mostra **2** ficha (*de telefone, máquina, etc.*) **3** vale
▸ *adj* simbólico (*pagamento, mostra, etc.*)

told *pt, pp de* TELL

tolerate /ˈtɑːləreɪt/ *vt* tolerar **tolerance** *s* tolerância **tolerant** *adj* ~ **(of/toward sb/sth)** tolerante (com alguém/algo)

toll /toʊl/ *s* **1** pedágio **2** número de vítimas LOC **take a heavy toll/take its toll (on sth/sb)** causar (sério) dano (a algo/alguém), provocar perda (de algo)

ˌtoll-ˈfree *adj* (*telefone*) gratuito

tom /tɑːm/ *s Ver* TOMCAT

tomato /təˈmeɪtoʊ; *GB* təˈmɑːtoʊ/ *s* (*pl* tomatoes) tomate

tomb /tuːm/ *s* tumba

tombstone /ˈtuːmstoʊn/ *s* lápide

tomcat /ˈtɑːmkæt/ (*tb* **tom**) *s* gato macho ➲ *Ver nota em* GATO

🔑 **tomorrow** /təˈmɔːroʊ; *GB* təˈmɒroʊ/ *adv, s* amanhã: *tomorrow morning* amanhã de manhã ◇ *See you tomorrow.* Até amanhã. ◇ *a week from tomorrow* dentro de uma semana **LOC** *Ver* DAY, WEEK

🔑 **ton** /tʌn/ *s* **1** (*pl* **tons** *ou* **ton**) 2.000 libras (907 kg) nos Estados Unidos ou 2.240 libras (1.016 kg) na Grã-Bretanha ➲ *Comparar com* TONNE **2 tons** [*pl*] **(of sth)** (*coloq*) toneladas (de algo)

🔑 **tone** /toʊn/ *substantivo, verbo*
▸ *s* **1** tom: *Don't speak to me in that tone of voice.* Não me fale neste tom. **2** tonalidade **3** (*telefone*) sinal (de chamada)
▸ *v* **PHR V** **tone sth down** moderar algo (*crítica, etc.*)

tongs /tɔːŋz; *GB* tɒŋz/ *s* [*pl*] tenaz: *a pair of tongs* uma tenaz ➲ *Ver nota em* PAIR

🔑 **tongue** /tʌŋ/ *s* **1** (*Anat*) língua: *to put/stick your tongue out* mostrar a língua **2** (*formal*) língua, idioma: *mother tongue* língua materna **LOC** **(with) tongue in cheek** ironicamente

ˌtongue-in-ˈcheek *adj* jocoso

ˈtongue-twister *s* trava-língua

tonic /ˈtɑːnɪk/ *s* **1** tônico **2** (*tb* ˈ**tonic water**) (água) tônica

🔑 **tonight** /təˈnaɪt/ *adv, s* esta noite: *What's on TV tonight?* O que tem na TV hoje à noite?

🔑 **tonne** /tʌn/ *s* (*pl* **tonnes** *ou* **tonne**) (*esp GB*) (*USA* ˌ**metric** ˈ**ton**) tonelada (métrica) ➲ *Comparar com* TON

tonsil /ˈtɑːnsl/ *s* amígdala **tonsillitis** /ˌtɑːnsəˈlaɪtɪs/ *s* [*não contável*] amigdalite

🔑 **too** /tuː/ *adv* **1** também: *I've been to Paris too.* Eu também estive em Paris. ➲ *Ver nota em* TAMBÉM **2** demais, muito: *It's too cold outside.* Está muito frio lá fora. **3** bem, ainda por cima: *Her purse was stolen. And on her birthday too.* A bolsa dela foi roubada. E bem no aniversário dela. **4** muito: *I'm not too sure.* Não estou bem certo. **LOC** **too many** demasiados ◆ **too much** demasiado

took *pt de* TAKE

🔑 **tool** /tuːl/ *s* ferramenta: *tool box/kit* caixa/jogo de ferramentas

toolbar /ˈtuːlbɑːr/ *s* (*Informát*) barra de ferramentas

🔑 **tooth** /tuːθ/ *s* (*pl* **teeth** /tiːθ/) dente: *to have a tooth pulled* arrancar um dente ◇ *false teeth* dentadura postiça **LOC** *Ver* FIGHT, GRIT, SKIN, SWEET

toothache /ˈtuːθeɪk/ *s* dor de dente

toothbrush /ˈtuːθbrʌʃ/ *s* escova de dentes ➲ *Ver ilustração em* BRUSH

toothpaste /ˈtuːθpeɪst/ *s* pasta de dente

toothpick /ˈtuːθpɪk/ *s* palito de dente

🔑 **top** /tɑːp/ *substantivo, adjetivo, verbo*
▸ *s* **1** parte de cima, alto: *the top of the page* o alto da página **2** (*de montanha, profissão, etc.*) cume, topo **3** (*de uma lista*) topo **4** tampão **5** blusa, parte de cima (*de biquíni, conjunto, etc.*) **LOC** **at the top of your voice** (*gritar*) o mais alto possível ◆ **be on top (of sth)** estar no controle (de algo) ◆ **off the top of your head** (*coloq*) sem pensar ◆ **on top** por cima ◆ **on top of sth 1** sobre algo **2** além de algo: *And on top of all that…* E além disso tudo…
▸ *adj* **1** superior, de cima: *a top-floor apartment* um apartamento no último andar **2** superior, melhor: *top quality* de alta qualidade ◇ *a top Brazilian scientist* um cientista brasileiro de primeira categoria **3** máximo: *at top speed* em velocidade máxima
▸ *vt* (-pp-) **1** cobrir: *ice cream topped with chocolate sauce* sorvete com cobertura de chocolate **2** superar: *and to top it all…* e para finalizar… **PHR V** **top sth up** (*esp GB*) completar, encher algo (*copo, tanque*)

ˌtop ˈhat *s* cartola

🔑 **topic** /ˈtɑːpɪk/ *s* tópico (*tema*) **LOC** **off/on topic** fora/dentro do tema **topical** *adj* atual

topless /ˈtɑːpləs/ *adj* topless

topping /ˈtɑːpɪŋ/ *s* cobertura (*em comida*)

topple /ˈtɑːpl/ *vt, vi* ~ **(sth) (over)** (fazer) cair (algo)

ˌtop ˈsecret *adj* extremamente sigiloso

torch /tɔːrtʃ/ *s* **1** tocha **2** (*GB*) (*USA* **flashlight**) lanterna

tore *pt de* TEAR²

torment *substantivo, verbo*
▸ *s* /ˈtɔːrment/ (*formal*) tormento
▸ *vt* /tɔːrˈment/ **1** (*formal*) atormentar **2** aborrecer

torn *pp de* TEAR²

tornado /tɔːrˈneɪdoʊ/ *s* (*pl* **tornadoes** *ou* **tornados**) furacão

torpedo /tɔːrˈpiːdoʊ/ *substantivo, verbo*
▸ *s* (*pl* **torpedoes**) torpedo
▸ *vt* (*pt, pp* **torpedoed**; *part pres* **torpedoing**) torpedear

tortoise /ˈtɔːrtəs/ *s* tartaruga (*terrestre*) ➲ *Comparar com* TURTLE

torture /ˈtɔːrtʃər/ *substantivo, verbo*
▸ *s* **1** tortura **2** (*coloq*) tormento
▸ *vt* **1** torturar **2** (*fig*) atormentar **torturer** *s* torturador, -ora

Tory /ˈtɔːri/ *adj, s* (*pl* **Tories**) (*GB, coloq*) (*Pol*) conservador, -ora: *the Tory Party* o partido Conservador

toss /tɔːs; *GB* tɒs/ *verbo, substantivo*
▸ *v* **1** *vt* jogar, atirar (*descuidadamente*) **2** *vt* (*cabeça*) sacudir **3** *vi* agitar-se: *to toss and turn* dar voltas (na cama) **4** *vt, vi* (*moeda*) tirar cara ou coroa: *to toss sb for sth* tirar cara ou coroa com alguém para decidir algo ◇ *to toss (up) for sth* tirar cara ou coroa para algo **5** *vt* (*Cozinha*) dar uma revirada em
▸ *s* **1** (*cabeça*) sacudida **2** (*moeda*) tirada de sorte: *to win/lose the toss* ganhar/perder em cara ou coroa

total /ˈtoʊtl/ *adjetivo, substantivo, verbo*
▸ *adj, s* total
▸ *vt* (-l- (*GB* -ll-)) **1** somar **2** totalizar

totally /ˈtoʊtəli/ *adv* totalmente

totter /ˈtɑːtər/ *vi* **1** cambalear **2** balançar

touch /tʌtʃ/ *verbo, substantivo*
▸ *v* **1** *vt, vi* tocar(-se) **2** *vt* roçar **3** *vt* (*esp em orações negativas*) provar: *You've hardly touched your steak.* Você mal provou o bife. **4** *vt* comover **5** *vt* (*esp em orações negativas*) igualar LOC **touch base (with sb)** (*coloq*) falar (com alguém) de novo *Ver tb* WOOD PHR V **touch down** aterrissar ◆ **touch on/upon sth** mencionar algo, tocar em algo ◆ **touch sth up** retocar algo
▸ *s* **1** toque: *to put the finishing touches to sth* dar os retoques finais em algo **2** (*tb* ˌ**sense of** ˈ**touch**) tato: *soft to the touch* macio ao tato **3 a ~ (of sth)** [*sing*] um pingo, um pouco (de algo): *I have a touch of flu.* Estou um pouco gripada. ◇ *a touch more garlic* um pouco mais de alho ◇ *It's a touch colder today.* Está um pouco mais frio hoje. **4** [*sing*] jeito: *He hasn't lost his touch.* Ele não perdeu o jeito. ◇ *She likes to add her personal touch.* Ela gosta de acrescentar seu toque pessoal. LOC **in/out of touch (with sb)** em/fora de contato (com alguém): *I'm trying to get in touch with Jane.* Estou tentando entrar com contato com a Jane. ◆ **in/out of touch (with sth)** a par/desinformado (sobre algo)

touched /tʌtʃt/ *adj* comovido

touching /ˈtʌtʃɪŋ/ *adj* comovente

touchpad /ˈtʌtʃpæd/ (*tb* **trackpad**) *s* (*Informát*) touchpad

ˈ**touch screen** *s* (*Informát*) tela de toque

touchy /ˈtʌtʃi/ *adj* (**touchier, -iest**) **1 ~ (about sth)** (*pessoa*) suscetível (a respeito de algo) **2** (*situação, tema, etc.*) delicado

tough /tʌf/ *adj* (**tougher, -est**) **1** duro **2** forte, sólido **3** (*medida*) rígido **4** (*carne*) duro **5** (*decisão, etc.*) difícil: *to have a tough time* passar por uma situação difícil **6** (*coloq*): *Tough (luck)!* Azar o seu! LOC **(as) tough as nails/old boots** (*coloq*) duro na queda ◆ **be/get tough (with sb)** ser rigoroso (com alguém) **toughen** *vt, vi* **~ (sth/sb) (up)** tornar algo/alguém, tornar-se mais rígido/forte/difícil **toughness** *s* **1** dureza, resistência **2** firmeza

tour /tʊr/ *substantivo, verbo*
▸ *s* **1** viagem, excursão (*para vários lugares diferentes*): *to go on a cycling/walking tour* viajar de bicicleta/fazer um circuito a pé ➲ *Ver nota em* VIAGEM **2** visita (curta): *guided tour* visita com guia ◇ *tour guide* guia turístico **3** turnê: *to be on tour/go on tour in Spain* estar em turnê/fazer uma turnê pela Espanha
▸ *v* **1** *vt* visitar **2** *vi* viajar **3** *vt, vi* (*artistas, etc.*) fazer turnê (por)

tourism /ˈtʊrɪzəm/ *s* turismo: *medical/health tourism* turismo médico

tourist /ˈtʊrɪst/ *s* turista: *tourist attraction* atração turística **touristy** *adj* (*coloq, pej*) turístico demais

tournament /ˈtʊrnəmənt/ *s* torneio

tout /taʊt/ (*tb* ˈ**ticket tout**) *s* (*GB*) (*USA* **scalper**) cambista

tow /toʊ/ *verbo, substantivo*
▸ *vt* rebocar PHR V **tow sth away** rebocar algo
▸ *s* [*sing*] reboque LOC **in tow** (*coloq*): *He had his family in tow.* Ele trazia a família toda a reboque.

toward /tɔːrd; *GB* təˈwɔːd/ (*tb* **towards** /tɔːrdz; *GB* təˈwɔːdz/) *prep* **1** (*direção, tempo*) em direção a: *toward the end of the movie* quase no final do filme **2** (para) com: *to be friendly toward sb* ser amável com alguém **3** (*propósito*) para: *to put money toward sth* colocar dinheiro para algo

towel /ˈtaʊəl/ *s* toalha (*de banho, etc.*) *Ver tb* TEA TOWEL

tower /ˈtaʊər/ *substantivo, verbo*
▸ *s* torre
▸ *v* PHR V **tower over/above sb/sth** erguer-se acima de alguém/algo: *At six feet, he towers over his mother.* Com 1,80 m, ele é muito mais alto do que a mãe.

ˈ**tower block** *s* (*GB*) (*tb esp USA* **high-rise**) edifício de muitos andares

town /taʊn/ *s* **1** cidade (*média ou pequena*) ➲ *Ver nota em* CIDADE **2** centro (da cidade): *to go into town* ir ao centro LOC **go to town (on sth)** (*coloq*) cair na farra (com algo) ◆ **(out) on the town** (*coloq*) de folga (*divertindo-se na cidade*)

ˌ**town** ˈ**hall** *s* prefeitura, câmara municipal (*edifício*)

townhouse /ˈtaʊnhaʊs/ *s* **1** (*USA*) *Ver* ROW HOUSE **2** (*esp GB*) casa na cidade

T

toxic /ˈtɑːksɪk/ *adj* tóxico

toxin /ˈtɑːksɪn/ *s* toxina

toy /tɔɪ/ *substantivo, verbo*
▸ *s* brinquedo: *a toy car* um carro de brinquedo
▸ *v* PHR V **toy with sth 1** cogitar algo (*sem muito compromisso*): *to toy with the idea of doing sth* considerar a ideia de fazer algo **2** brincar com algo

trace /treɪs/ *substantivo, verbo*
▸ *s* rastro, pista: *to disappear without a trace* desaparecer sem deixar pistas ◇ *He speaks without a trace of an accent.* Ele fala sem qualquer sinal de sotaque.
▸ *vt* **1** seguir a pista de, localizar **2** ~ **sb/sth (to sth)** descobrir alguém/algo (em algo) **3** descobrir a origem de: *It can be traced back to the Middle Ages.* Isto remonta à Idade Média. **4** ~ **sth (out)** delinear, traçar algo **5** fazer cópia (*decalcando*)

track /træk/ *substantivo, verbo*
▸ *s* **1** [*ger pl*] rastro (*de animal, roda, etc.*) **2** caminho, trilha **3** (*Esporte*) pista, circuito **4** (*Ferrovia*) trilho **5** faixa (*de álbum*) LOC **keep/lose track of sb/sth** seguir/perder a pista de alguém/algo: *to lose track of time* perder a noção do tempo ◆ **make tracks** (*coloq*) partir (*esp para casa*) ◆ **on/off track** na direção certa/fora dos eixos: *Curtis is on track for the gold medal.* Parece que Curtis vai ganhar a medalha de ouro. ◆ **on the right/wrong track** no caminho certo/errado *Ver tb* BEAT
▸ *vt* **1** seguir a pista de **2** (*encomenda, etc.*) rastrear PHR V **track sb/sth down** localizar alguém/algo

ˌtrack and ˈfield (*GB* **athletics**) *s* [*não contável*] atletismo

trackpad /ˈtrækpæd/ *s* (*Informát*) touchpad

ˈtrack record *s* histórico (*de um profissional ou uma empresa*)

tracksuit /ˈtræksuːt; *GB tb* ˈtræksjuːt/ *s* conjunto de moletom: *tracksuit bottoms* calça do moletom

tractor /ˈtræktər/ *s* trator

ˈtractor-trailer *s* carreta

trade /treɪd/ *substantivo, verbo*
▸ *s* **1** comércio: *fair trade* comércio justo **2** indústria: *the tourist trade* a indústria do turismo **3** ofício: *He's a carpenter by trade.* Ele é carpinteiro por profissão. ➲ *Ver nota em* WORK LOC *Ver* PLY, ROARING, TRICK
▸ *v* **1** *vi* comercializar, negociar **2** *vt* ~ **(sb) sth (for sth)** trocar algo (por algo) (com alguém) PHR V **trade sth in (for sth)** dar algo como parte do pagamento (de algo)

trademark /ˈtreɪdmɑːrk/ *s* marca registrada

trader /ˈtreɪdər/ *s* comerciante

tradesman /ˈtreɪdzmən/ *s* (*pl* **-men** /ˈtreɪdzmən/) (*esp GB*) **1** fornecedor, -ora: *tradesmen's entrance* entrada de serviço **2** comerciante

ˌtrade ˈunion *s* (*GB*) (*USA* **labor union**) sindicato

trading /ˈtreɪdɪŋ/ *s* [*não contável*] comércio

tradition /trəˈdɪʃn/ *s* tradição

traditional /trəˈdɪʃənl/ *adj* tradicional

traffic /ˈtræfɪk/ *substantivo, verbo*
▸ *s* trânsito
▸ *vi* (*pt, pp* **trafficked**; *part pres* **trafficking**) ~ **(in sth)** traficar (com algo) **trafficker** *s* traficante

ˈtraffic circle (*GB* **roundabout**) *s* rotatória

ˈtraffic jam *s* engarrafamento

ˈtraffic light *s* semáforo

ˈtraffic warden *s* (*GB*) guarda de trânsito

tragedy /ˈtrædʒədi/ *s* (*pl* **tragedies**) tragédia

tragic /ˈtrædʒɪk/ *adj* trágico

trail /treɪl/ *substantivo, verbo*
▸ *s* **1** vestígio (*de sangue, etc.*) **2** esteira (*de fumaça*) **3** rastro (*de um animal, etc.*): *to be on sb's trail* estar no encalço de alguém **4** trilha
▸ *v* **1** *vt, vi* arrastar(-se): *I trailed my hand in the water.* Eu deixei minha mão deslizar na água. **2** *vi* ~ **(behind sb/sth)** seguir (alguém/algo) a passos lentos e cansados **3** *vt, vi* perder (contra): *trailing by two goals to three* perdendo de dois gols contra três

trailer /ˈtreɪlər/ *s* **1** reboque **2** (*GB* **mobile home**) trailer **3** (*esp GB*) (*USA* **preview**) (*Cinema*) trailer

train /treɪn/ *substantivo, verbo*
▸ *s* **1** trem: *by train* de trem ◇ *train station* estação ferroviária/de trem ◇ *train track(s)* trilho(s) do trem **2** sequência, série LOC **a train of thought** uma linha de raciocínio
▸ *v* **1** *vi* estudar, formar-se: *She trained to be a lawyer.* Ela estudou direito. ◇ *to train as a nurse* estudar enfermagem **2** *vt* formar, preparar **3** *vt, vi* (*Esporte*) treinar, preparar(-se) **4** *vt* adestrar **trainee** /ˌtreɪˈniː/ *s* estagiário, -a; aprendiz

trainer /ˈtreɪnər/ *s* **1** (*atletas*) treinador, -ora **2** (*animais*) adestrador, -ora **3** [*ger pl*] (*GB*) (*USA* **sneaker**) tênis (*calçado*)

T

training /ˈtreɪnɪŋ/ *s* **1** formação, instrução **2** (*Esporte*) treinamento

ˈ**train wreck** *s* (*coloq*) (*fig*) desastre

trait /treɪt/ *s* traço (*de personalidade*)

traitor /ˈtreɪtər/ *s* traidor, -ora

tram /træm/ *s* (*GB*) (*USA* **streetcar**) bonde

tramp /træmp/ *verbo, substantivo*
▸ *v* **1** *vi* caminhar com passos pesados **2** *vt* percorrer a pé
▸ *s* vagabundo, -a

trample /ˈtræmpl/ *vt, vi* ~ **sb/sth (down)**; ~ **on sb/sth** pisar com força em alguém/algo

trampoline /ˈtræmpəliːn/ *s* cama elástica

tranquilize (*GB tb* **-ise**) /ˈtræŋkwəlaɪz/ *vt* tranquilizar (*esp com sedativos*) **tranquilizer** (*GB tb* **-iser**) *s* tranquilizante: *She's on tranquilizers.* Ela toma tranquilizantes.

transaction /trænˈzækʃn/ *s* transação

transfer *verbo, substantivo*
▸ *v* /trænsˈfɜːr/ (-rr-) **1** *vt, vi* transferir(-se) **2** *vi* ~ **(from...) (to...)** fazer baldeação (de...) (para...) **3** *vt* transmitir
▸ *s* /ˈtrænsfɜːr/ **1** transferência, transmissão, traslado **2** (*Esporte*) transferência **3** baldeação

transform /trænsˈfɔːrm/ *vt* ~ **sth/sb (from sth) (into sth)** transformar algo/alguém (de algo) (em/para algo) **transformation** *s* transformação **transformer** *s* (*Eletrôn*) transformador

transfusion /trænsˈfjuːʒn/ (*tb* ˈ**blood transfusion**) *s* transfusão de sangue

transgender /trænzˈdʒendər/ *adj* transgênero

transgenic /ˌtrænzˈdʒenɪk/ *adj* (*Biol*) transgênico

transitive /ˈtrænsətɪv/ *adj* (*Gram*) transitivo

translate /trænsˈleɪt/ *vt, vi* **(sth) (from sth) (into sth)** traduzir algo, traduzir-se (de algo) (para algo): *to translate sth from French into Dutch* traduzir algo do francês para o holandês ◇ *It translates as "fatherland".* Traduz-se como "fatherland". ➲ *Ver nota em* INTERPRET

translation /trænsˈleɪʃn/ *s* tradução: *translation into/from Portuguese* tradução para o/do português ◇ *to do a translation* fazer uma tradução LOC **in translation**: *Jorge Amado in translation* Jorge Amado traduzido

translator /trænsˈleɪtər/ *s* tradutor, -ora ➲ *Comparar com* INTERPRET

transmit /trænsˈmɪt/ *vt* (-tt-) transmitir **transmitter** *s* (*Eletrôn*) transmissor, emissora

transparent /trænsˈpærənt/ *adj* **1** transparente **2** (*mentira, etc.*) evidente

transplant *verbo, substantivo*
▸ *vt* /trænsˈplænt; *GB* -ˈplɑːnt/ (*Bot, Med*) transplantar
▸ *s* /ˈtrænsplænt; *GB* -plɑːnt/ transplante: *a heart transplant* um transplante de coração

transport /trænˈspɔːrt/ *vt* transportar, levar

transportation /ˌtrænspɔːrˈteɪʃn/ (*tb esp GB* **transport** /ˈtrænspɔːrt/) *s* transporte

transvestite /trænzˈvestaɪt/ *s* travesti

trap /træp/ *substantivo, verbo*
▸ *s* armadilha, cilada: *to lay/set a trap* armar uma cilada
▸ *vt* (-pp-) **1** prender, aprisionar **2** ~ **sb (into sth/doing sth)** iludir alguém (em/a fazer algo)

trapdoor /ˈtræpdɔːr/ *s* alçapão

trapeze /træˈpiːz; *GB* trəˈ-/ *s* trapézio (*circo*)

trash /træʃ/ *s* [*não contável*] **1** (*GB* **rubbish**) lixo ➲ *Ver nota em* GARBAGE ➲ *Ver ilustração em* GARBAGE CAN **2** (*fig*) besteira: *It's trash.* É uma porcaria. **3** (*USA, coloq, pej*) ralé **trashy** *adj* (**trashier**, **-iest**) (*coloq*) ruim, que não vale nada

ˈ**trash can** (*GB* **dustbin, bin**) *s* lata de lixo ➲ *Ver ilustração em* GARBAGE CAN

trauma /ˈtraʊmə; *GB* ˈtrɔːmə/ *s* trauma **traumatic** /traʊˈmætɪk; *GB* trɔːˈ-/ *adj* traumático

travel /ˈtrævl/ *verbo, substantivo*
▸ *v* (-l- (*GB* -ll-)) **1** *vi* viajar: *to travel by car, bus, etc.* viajar/ir de carro, ônibus, etc. **2** *vt* percorrer
▸ *s* **1** [*não contável*] viagens: *travel bag* bolsa de viagem **2 travels** [*pl*]: *to be on your travels* estar viajando ◇ *Did you see John on your travels?* Você viu John enquanto esteve fora? ➲ *Ver nota em* VIAGEM

ˈ**travel agency** *s* (*pl* **agencies**) agência de viagens

ˈ**travel agent** *s* agente de viagem

traveler (*GB* **traveller**) /ˈtrævələr/ *s* viajante

ˈ**traveler's check** (*GB* ˈ**traveller's cheque**) *s* cheque de viagem

tray /treɪ/ *s* bandeja

treacherous /ˈtretʃərəs/ *adj* traiçoeiro, pérfido

treachery /ˈtretʃəri/ *s* (*pl* **treacheries**) **1** traição, perfídia **2** falsidade ➲ *Comparar com* TREASON

tread /tred/ (*pt* **trod** /trɑːd/, *pp* **trodden** /ˈtrɑːdn/) **1** *vi* ~ **(on/in sth)** (*esp GB*) pisar (em algo) **2** *vt* ~ **sth (in/down)** pisotear algo LOC **tread carefully** agir de forma cautelosa

treason /ˈtriːzn/ *s* alta traição ❶ **Treason** é usado especificamente para se referir a um ato de traição em relação ao próprio país. ➲ *Comparar com* TREACHERY

treasure /ˈtreʒər/ *substantivo, verbo*

▸ *s* tesouro: *art treasures* tesouros artísticos

▸ *vt* dar grande valor a, guardar bem guardado: *her most treasured possession* o seu bem mais precioso

treasurer /ˈtreʒərər/ *s* tesoureiro, -a

the Treasury /ˈtreʒəri/ *s* o Ministério da Fazenda

⚷ **treat** /triːt/ *verbo, substantivo*

▸ *vt* **1** tratar: *to treat sth as a joke* levar algo na piada **2 ~ sb (to sth)** convidar alguém (para algo): *Let me treat you.* Você é meu convidado. **3 ~ yourself (to sth)** dar-se ao luxo (de algo) LOC **treat sb like dirt** (*coloq*) tratar alguém como lixo

▸ *s* **1** prazer, regalo: *It's a real treat to be here.* É um grande prazer estar aqui. ◇ *as a special treat* como um prêmio ◇ *I got you a little treat.* Eu tenho um presentinho para você. ◇ *to give yourself a treat* presentear-se **2**: *This is my treat.* É por minha conta. LOC **work a treat** (*GB, coloq*) funcionar às mil maravilhas *Ver tb* TRICK **treatable** *adj* (*doença, etc.*) tratável

⚷ **treatment** /ˈtriːtmənt/ *s* **1** tratamento **2** abordagem (*de um tema, etc.*)

treaty /ˈtriːti/ *s* (*pl* **treaties**) tratado

treble /ˈtrebl/ *substantivo, adjetivo, verbo*

▸ *s* **1** (*Mús*) soprano **2** [*não contável*] (*Mús*) agudo **3** (*GB*) (*USA* **triple**) triplo

▸ *adj* de soprano: *treble clef* clave de sol

▸ *vt, vi* (*GB*) (*USA* **triple**) triplicar(-se)

⚷ **tree** /triː/ *s* árvore

ˈ**tree house** *s* casa na árvore (*para crianças*)

trek /trek/ *substantivo, verbo*

▸ *s* caminhada (longa)

▸ *vi* (**-kk-**) **1** (*coloq*) caminhar (*penosamente*) **2 go trekking** fazer trilha

tremble /ˈtrembl/ *verbo, substantivo*

▸ *vi* **~ (with sth)** tremer (de algo)

▸ *s* (*tb* **trembling**) tremor **trembling** *adj* trêmulo

tremendous /trəˈmendəs/ *adj* **1** enorme: *a tremendous number* uma quantidade enorme **2** fantástico **tremendously** *adv* muitíssimo

tremor /ˈtremər/ *s* tremor, estremecimento

trench /trentʃ/ *s* **1** vala **2** (*Mil*) trincheira

⚷ **trend** /trend/ *substantivo, verbo*

▸ *s* tendência LOC **set a/the trend** lançar moda *Ver tb* BUCK

▸ *vi* **1** tender a: *Prices have been trending upwards.* Os preços têm apresentado uma tendência de alta. **2** (*redes sociais*) bombar: *What's trending right now on Twitter?* O que está bombando agora no Twitter?

trendy /ˈtrendi/ *adj* (**trendier, -iest**) (*coloq*) da moda

trespass /ˈtrespəs/ *vi* **~ (on sth)** invadir (algo): *No trespassing* Entrada proibida **trespasser** *s* intruso, -a

⚷ **trial** /ˈtraɪəl/ *s* **1** julgamento, processo **2** prova: *a trial period* um período de experiência ◇ *to take sth on trial* testar algo **3** (*GB*) (*USA* **tryout**) (*Esporte*) teste (*classificatório*) LOC **be/go on trial/stand trial (for sth)** ser julgado (por algo) ◆ **trial and error** (por) tentativa e erro: *She learnt to type by trial and error.* Ela aprendeu a datilografar por tentativas.

⚷ **triangle** /ˈtraɪæŋgl/ *s* triângulo **triangular** /traɪˈæŋgjələr/ *adj* triangular

triathlon /traɪˈæθlən/ *s* triatlo

tribal /ˈtraɪbl/ *adjetivo, substantivo*

▸ *adj* tribal

▸ *s* membro de tribo

tribe /traɪb/ *s* tribo

tributary /ˈtrɪbjəteri; *GB* -tri/ *s* (*pl* **tributaries**) afluente (*de um rio*)

tribute /ˈtrɪbjuːt/ *s* **1** homenagem: *to pay tribute to sb* prestar homenagem a alguém **2** [*sing*] **~ to sth**: *That is a tribute to his skill.* Isso é prova da habilidade dele.

⚷ **trick** /trɪk/ *substantivo, verbo*

▸ *s* **1** truque, brincadeira, trapaça: *to play a trick on sb* pregar uma peça em alguém ◇ *His memory played tricks on him.* A memória dele lhe pregava peças. ◇ *a dirty trick* um golpe baixo ◇ *a trick question* uma pergunta capciosa **2** segredo: *The trick is to wait.* O segredo está em esperar. **3** (*entretenimento*) truque: *card tricks* truques com o baralho ◇ *conjuring tricks* mágicas **4**: *a trick of the light* uma ilusão de óptica *Ver tb* HAT TRICK LOC **do the trick** (*coloq*) dar resultado ◆ **every trick in the book** o possível e o impossível: *I tried every trick in the book.* Tentei de tudo. ◆ **the tricks of the trade** as manhas do ofício ◆ **trick or treat** gostosuras ou travessuras ➲ *Ver nota em* HALLOWEEN *Ver tb* MISS

▸ *vt* enganar PHR V **trick sb into sth/doing sth** iludir alguém em algo/a fazer algo ◆ **trick sb out of sth** trapacear alguém para obter algo **trickery** *s* [*não contável*] trapaça, astúcia

T

trickle /ˈtrɪkl/ *verbo, substantivo*
▸ *vi* escorrer, gotejar
▸ *s* **1** fio: *a trickle of blood* um fio de sangue **2** ~ **(of sth)** (*fig*) punhado (de algo)

tricky /ˈtrɪki/ *adj* (**trickier**, **-iest**) complicado, difícil

tried *pt, pp de* TRY

tries *pl de* TRY

trifle /ˈtraɪfl/ *substantivo, verbo*
▸ *s* **1** ninharia, bagatela **2 a trifle** [*sing*] um pouquinho: *a trifle short* um pouquinho curto **3** (*GB*) sobremesa feita com pão de ló, frutas e creme
▸ *vi* ~ **with sb/sth** (*formal*) fazer pouco de alguém/algo

trigger /ˈtrɪgər/ *substantivo, verbo*
▸ *s* gatilho
▸ *vt* **1** ~ **sth (off)** provocar, desencadear algo **2** (*alarme, etc.*) acionar

trillion /ˈtrɪljən/ *adj, s* trilhão

trim /trɪm/ *verbo, substantivo, adjetivo*
▸ *vt* (-mm-) **1** aparar **2** ~ **sth (off sth)** cortar algo (de algo) **3** ~ **sth (with sth)** (*vestido, etc.*) enfeitar algo (com algo)
▸ *s* **1** aparada: *to have a trim* aparar o cabelo **2** adorno
▸ *adj* **1** bem-cuidado, bem-aparado **2** esbelto, elegante

trimming /ˈtrɪmɪŋ/ *s* **1 trimmings** [*pl*] (*comida*) acompanhamento **2** enfeite

trio /ˈtriːoʊ/ *s* (*pl* **trios**) trio

trip /trɪp/ *substantivo, verbo*
▸ *s* viagem, excursão: *to go on a trip* fazer uma viagem ◇ *a business trip* uma viagem de negócios ◇ *a bus trip* uma excursão de ônibus ➲ *Ver nota em* VIAGEM
▸ *v* (-pp-) **1** *vi* ~ **over/up**; ~ **(over/on sth)** tropeçar (em algo): *She tripped (up) on a stone.* Ela tropeçou numa pedra. **2** *vt* ~ **sb (up)** passar uma rasteira em alguém PHR V **trip (sb) up** confundir alguém, confundir-se

T

triple /ˈtrɪpl/ *adjetivo, substantivo, verbo*
▸ *adj, s* triplo: *at triple the speed* três vezes mais rápido
▸ *vt, vi* triplicar(-se)

the ˈtriple jump *s* salto triplo

triplet /ˈtrɪplət/ *s* trigêmeo, -a

triumph /ˈtraɪʌmf/ *substantivo, verbo*
▸ *s* triunfo, êxito: *to return home in triumph* regressar triunfante para casa ◇ *a shout of triumph* um grito de vitória
▸ *vi* ~ **(over sb/sth)** triunfar (sobre alguém/algo) **triumphant** /traɪˈʌmfənt/ *adj* **1** triunfante **2** exultante **triumphantly** *adv* triunfantemente, vitoriosamente

trivial /ˈtrɪviəl/ *adj* trivial, insignificante **triviality** /ˌtrɪviˈæləti/ *s* (*pl* **trivialities**) trivialidade

trod *pt de* TREAD

trodden *pp de* TREAD

troll /troʊl; *GB* trɒl/ *substantivo, verbo*
▸ *s* **1** gigante ou anão feio **2** (*coloq*) (*Internet*) troll (*pessoa que polui um grupo de discussão com mensagens negativas*)
▸ *vt, vi* trollar

trolley /ˈtrɑːli/ *s* (*pl* **trolleys**) **1** (*USA*) (*GB* **tram**) bonde **2** (*GB*) (*USA* **cart**) carrinho (*de compras, etc.*)

trombone /trɑːmˈboʊn/ *s* trombone

troop /truːp/ *substantivo, verbo*
▸ *s* **1 troops** [*pl*] tropas, soldados **2** bando, manada
▸ *vi* ~ **in, out, etc.** entrar, sair, etc. em bando

trophy /ˈtroʊfi/ *s* (*pl* **trophies**) troféu

tropic /ˈtrɑːpɪk/ *s* **1** trópico **2 the tropics** [*pl*] os trópicos

tropical /ˈtrɑːpɪkl/ *adj* tropical

trot /trɑːt/ *verbo, substantivo*
▸ *vi* (-tt-) trotar, ir a trote PHR V **trot sth out** repetir algo (*velha desculpa, etc.*)
▸ *s* [*sing*] trote LOC **on the trot** (*GB, coloq*): *six days on the trot* seis dias seguidos

trouble /ˈtrʌbl/ *substantivo, verbo*
▸ *s* **1** [*não contável*] problema(s): *The trouble is (that)…* O problema é que… ◇ *What's the trouble?* Qual é o problema? **2** dificuldades: *money troubles* dificuldades financeiras **3** [*não contável*] incômodo, transtorno: *It's no trouble.* Não há problema. ◇ *It's not worth the trouble.* Não vale a pena. **4** [*não contável*] distúrbios, conflito **5** [*não contável*] (*Med*) doença: *back trouble* problemas de coluna LOC **be in trouble** encrencar-se, estar em apuros: *If I don't get home by ten, I'll be in trouble.* Se eu não estiver em casa às dez, vai ter encrenca. ◆ **get into trouble** meter-se/entrar numa fria: *He got into trouble with the police.* Ele entrou numa fria com a polícia. ◆ **go to a lot of trouble (to do sth); take trouble (to do sth/doing sth)** dar-se ao trabalho (de fazer algo) *Ver tb* ASK, TEETHE
▸ *vt* **1** preocupar: *What's troubling you?* O que é que você tem? **2** incomodar: *Don't trouble yourself.* Não se dê ao trabalho. **troubled** *adj* **1** (*expressão, voz, etc.*) preocupado, aflito **2** (*período, relação, etc.*) agitado **3** (*vida*) conturbado

ˌtrouble-ˈfree *adj* **1** sem problemas **2** (*viagem*) sem acidentes

troublemaker /ˈtrʌblmeɪkər/ *s* encrenqueiro, -a; criador, -ora de caso

troubleshoot /ˈtrʌblʃuːt/ *vt, vi* resolver problemas (de) **troubleshooting** *s [não contável]* resolução de problemas

troubleshooter /ˈtrʌblʃuːtər/ *s* quebra-galho

troublesome /ˈtrʌblsəm/ *adj* importuno, problemático

trough /trɔːf; *GB* trɒf/ *s* **1** bebedouro *(de animais)*, cocho **2** *(weather)* cavado de baixa pressão

⚷ **trousers** /ˈtraʊzərz/ *s [pl] (esp GB) (USA* **pants**) calça: *a pair of trousers* uma calça ➲ *Ver notas em* CALÇA, PAIR **trouser** *adj*: *trouser leg/pocket* perna/bolso de calça

trout /traʊt/ *s (pl* **trout**) truta

truant /ˈtruːənt/ *s (Educ)* aluno, -a que mata aula LOC **play truant** *(GB, antiq)* matar aula **truancy** /ˈtruːənsi/ *s* falta às aulas

truce /truːs/ *s* trégua

⚷ **truck** /trʌk/ *s* **1** *(GB tb* **lorry**) caminhão **2** *(GB) (USA* **car**) *(Ferrovia)* vagão *(de carga)*

⚷ **true** /truː/ *adj* (**truer**, **-est**) **1** certo, verdadeiro: *It's too good to be true.* É bom demais para ser verdade. **2** real, autêntico: *the true value of the house* o valor real da casa **3** *(história)* verídico **4** fiel: *to be true to your word/principles* cumprir com o prometido/ser fiel a seus princípios LOC **come true** realizar-se ◆ **true to life** realista

⚷ **truly** /ˈtruːli/ *adv* sinceramente, verdadeiramente, realmente LOC *Ver* WELL

trump /trʌmp/ *s (Cartas)* trunfo: *Hearts are trumps.* Copas valem mais.

ˈ**trump card** *s (Cartas, fig)* trunfo

trumpet /ˈtrʌmpɪt/ *s* trumpete **trumpeter** *s* trumpetista

trundle /ˈtrʌndl/ **1** *vi* rodar **2** *vt* arrastar **3** *vt* empurrar ❶ A palavra **trundle** tem conotações de lentidão e ruído.

trunk /trʌŋk/ *s* **1** *(Anat, Bot)* tronco **2** *(GB* **boot**) porta-mala **3** baú **4** *(elefante)* tromba **5 trunks** *(tb* ˈ**swimming trunks**) *[pl]* calção de banho: *a pair of (swimming) trunks* um calção de banho ➲ *Ver notas em* CALÇA, PAIR

⚷ **trust** /trʌst/ *verbo, substantivo*

▸ *vt* confiar em: *You can trust me not to tell anyone.* Pode ter certeza de que não vou contar a ninguém. PHR V **trust to sth** confiar em algo ◆ **trust sb with sth** confiar algo a alguém

▸ *s* **1** ~ **(in sb/sth)** confiança (em alguém/algo) **2** responsabilidade: *As a teacher you are in a position of trust.* Os professores exercem um papel de responsabilidade. **3** fundação *(de fins sociais ou culturais)* **4** fideicomisso **trusted** *adj* de confiança **trusting** *adj* confiante

trustee /trʌˈstiː/ *s* **1** fideicomissário, -a **2** administrador, -ora

trustworthy /ˈtrʌstwɜːrði/ *adj* digno de confiança

⚷ **truth** /truːθ/ *s (pl* **truths** /truːðz/) verdade LOC *Ver* ECONOMICAL, MOMENT **truthful** *adj* sincero: *to be truthful* dizer a verdade

⚷ **try** /traɪ/ *verbo, substantivo*

▸ *v (pt, pp* **tried**) **1** *vi* tentar: *to try hard to do sth* esforçar-se para fazer algo

Try to + infinitivo significa esforçar-se para fazer algo: *You should try to eat more fruit.* Você deveria tentar comer mais fruta. Coloquialmente, **try to + infinitivo** pode ser substituído por **try and + infinitivo**: *I'll try to/and finish it.* Vou tentar terminar.

Por outro lado, **try doing sth** significa fazer algo para tentar ajudar-se em algo (a emagrecer, a melhorar a saúde, etc.): *If you want to lose weight, you should try eating more fruit.* Se quiser perder peso, você deveria se esforçar para comer mais fruta.

2 *vt* provar: *Can I try the soup?* Posso provar a sopa? **3** *vt* ~ **sb (for sth)** *(Jur)* julgar, processar alguém (por algo) **4** *vt (Jur, caso)* julgar LOC **try sb's patience** fazer alguém perder a paciência *Ver tb* BEST PHR V **try sth on** experimentar algo *(roupa, sapatos, etc.)* ◆ **try sb/sth out** avaliar alguém/algo

▸ *s (pl* **tries**) **1**: *I'll give it a try.* Vou tentar. **2** *(Rúgbi)* ensaio

trying /ˈtraɪɪŋ/ *adj* difícil, árduo

tryout /ˈtraɪaʊt/ *(GB* **trial**) *s (Esporte)* teste *(classificatório)*

ˈ**T-shirt** *(tb* **tee shirt**) *s* camiseta

tsunami /tsuːˈnɑːmi/ *s (pl* **tsunamis**) tsunami, maremoto

TTYL *abrev de* **talk to you later** *(esp em mensagens de texto, etc.)* falo com você depois

tub /tʌb/ *s* **1** tina **2** pote ➲ *Ver ilustração em* CONTAINER **3** vaso grande *(para flores)* **4** banheira

⚷ **tube** /tuːb; *GB* tjuːb/ *s* **1** ~ **(of sth)** tubo (de algo) ➲ *Ver ilustração em* CONTAINER *Ver tb* TEST TUBE **2 the tube** *[sing] (GB) (USA* **subway**) o metrô *(de Londres)*: *by tube* de metrô

tuberculosis /tuːˌbɜːrkjəˈloʊsɪs; *GB* tjuːˌbɜːkjuˈ-/ *s (abrev* **TB**) tuberculose

tuck /tʌk/ *vt* **1** ~ **sth in**; ~ **sth into, under, etc. sth** enfiar algo (em, embaixo de, etc. algo) **2** ~ **sth around sb/sth** cobrir alguém/algo com algo: *to tuck sth around*

T

you cobrir-se com algo PHR V **be tucked away 1** (*dinheiro, etc.*) estar guardado **2** (*vilarejo, edifício*) estar escondido ◆ **tuck sb in/up** aconchegar alguém (*na cama*)

Tuesday /ˈtuːzdeɪ; -di; *GB* ˈtjuːz-/ *s* (*abrev* **Tue., Tues.**) terça-feira ➲ *Ver exemplos em* MONDAY

tuft /tʌft/ *s* **1** (*cabelo*) mecha **2** (*plumas*) penacho **3** (*grama*) tufo

tug /tʌg/ *verbo, substantivo*
▸ *vt, vi* (-gg-) ~ **(at/on) sth** puxar (algo) com força: *He tugged at his mother's coat.* Ele puxou com força o casaco da mãe.
▸ *s* **1** ~ **(at/on sth)** puxão (em algo) **2** (*tb* **tugboat** /ˈtʌgboʊt/) rebocador

tuition /tuˈɪʃn; *GB* tjuˈ-/ *s* [*não contável*] **1** (*tb* **tuˈition fees** [*pl*]) (taxa de) matrícula **2** (*formal*) ensino, aulas: *private tuition* aulas particulares

tulip /ˈtuːlɪp; *GB* ˈtjuː-/ *s* tulipa

tumble /ˈtʌmbl/ *verbo, substantivo*
▸ *vi* ~ **(down)** cair, tombar
▸ *s* [*ger sing*] tombo

tumbler /ˈtʌmblər/ *s* copo (sem pé)

tummy /ˈtʌmi/ *s* (*pl* **tummies**) (*coloq*) barriga: *tummy ache* dor de barriga

tumor (*GB* **tumour**) /ˈtuːmər; *GB* ˈtjuː-/ *s* tumor

tuna /ˈtuːnə; *GB* ˈtjuː-/ *s* atum

tune /tuːn; *GB* tjuːn/ *substantivo, verbo*
▸ *s* melodia LOC **in/out of tune** (*Mús*) afinado/desafinado ◆ **in/out of tune (with sb/sth)** em harmonia/desarmonia (com alguém/algo) *Ver tb* CHANGE
▸ *vt* **1** (*instrumento*) afinar **2** (*motor*) regular PHR V **tune in (to sth)** sintonizar (algo): *Tune in to us again tomorrow.* Sintonize novamente conosco amanhã. ◆ **tune (sth) up** afinar (algo) **tuneful** *adj* melodioso

tunic /ˈtuːnɪk; *GB* ˈtjuː-/ *s* túnica

tunnel /ˈtʌnl/ *substantivo, verbo*
▸ *s* **1** túnel **2** galeria
▸ *v* (-l- (*GB* -ll-)) **1** *vi* ~ **(into/through/under sth)** abrir um túnel (em/através de/debaixo de algo) **2** *vt, vi* escavar

turban /ˈtɜːrbən/ *s* turbante

turbulence /ˈtɜːrbjələns/ *s* [*não contável*] turbulência **turbulent** *adj* **1** turbulento **2** agitado

turf /tɜːrf/ *substantivo, verbo*
▸ *s* [*não contável*] gramado
▸ *vt* relvar PHR V **turf sb out (of sth)** (*GB, coloq*) colocar alguém para fora (de algo)

turkey /ˈtɜːrki/ *s* (*pl* **turkeys**) peru

turmoil /ˈtɜːrmɔɪl/ *s* tumulto

turn /tɜːrn/ *verbo, substantivo*
▸ *v* **1** *vi* virar, dar voltas **2** *vt* fazer girar, dar voltas em **3** *vt, vi* virar(-se): *She turned her back on Simon and walked off.* Ela virou as costas para o Simon e foi embora. ◇ *to turn left* virar à esquerda **4** *vt* (*página*) virar **5** *vt* (*esquina*) dobrar **6** *vi* ficar, tornar-se: *to turn white/red* ficar branco/vermelho **7** *vt, vi* ~ **(sb/sth) (from A) into B** transformar alguém/algo, transformar-se (de A) em B **8** *vt, vi* (*atenção*) dirigir(-se): *His thoughts turned to his wife.* Seu pensamentos dirigiram-se à sua esposa. **9** *vt*: *to turn 40* fazer 40 anos ❶ Para expressões com **turn**, ver os verbetes do substantivo, adjetivo, etc, p.ex. **turn over a new leaf** em NEW.
PHR V **turn around** (*GB tb* **turn round**) virar-se ◆ **turn sb/sth around** (*GB tb* **turn sb/sth round**) girar alguém/algo
turn away (from sb/sth) afastar-se (de alguém/algo) ◆ **turn sb away (from sth)** mandar alguém embora (de algo), negar-se a ajudar alguém
turn back virar-se para trás ◆ **turn sb back** mandar alguém retornar
turn sb/sth down rejeitar alguém/algo ◆ **turn sth down** abaixar algo (*volume, temperatura, etc.*)
turn sth in entregar algo (*a uma autoridade, um superior, etc.*)
turn off (sth) sair (de algo) (*caminho*) ◆ **turn sb off** (*coloq*) cortar o interesse/a simpatia de alguém *Ver tb* TURN-OFF ◆ **turn sth off 1** (*luz*) apagar algo **2** (*Rádio, TV, etc., motor*) desligar algo **3** (*torneira*) fechar algo
turn sb on (*coloq*) excitar alguém ◆ **turn sth on 1** (*luz*) acender algo **2** (*Rádio, TV, etc., motor*) ligar algo **3** (*torneira*) abrir algo
turn out 1 comparecer, apresentar-se **2** resultar, sair ◆ **turn sb out (of/from sth)** botar alguém para fora (de algo) ◆ **turn sth out** apagar algo (*luz*)
turn over funcionar em marcha lenta ◆ **turn (sth/sb) over** virar (algo/alguém)
turn round *Ver* TURN AROUND
turn to sb recorrer a alguém
turn up chegar, aparecer ◆ **turn sth up** aumentar algo (*volume, temperatura, etc.*)
▸ *s* **1** volta **2** (*GB tb* **turning** /ˈtɜːrnɪŋ/) virada, saída: *Take the first turn on your right.* Vire na primeira à direita. ◇ *to take a wrong turn* dobrar no lugar errado **3** (*cabeça*) movimento **4** curva **5** (*circunstâncias*) mudança: *to take a turn for the better/worse* mudar para melhor/pior **6** turno, vez: *It's your turn.* É a sua vez. LOC **a turn of phrase** um modo de se expressar ◆ **do sb a good/bad turn** fazer um favor/desfavor a

T

alguém ♦ **in turn** por sua vez, um atrás do outro ♦ **take turns (in sth/to do sth)** revezar-se (em/para fazer algo) ♦ **the turn of the century/year** a virada do século/ano

turnaround /ˈtɜːrnəraʊnd/ (*GB tb* **turnround** /ˈtɜːrnraʊnd/) *s* (*numa situação*) reviravolta

ˈ**turning point** *s* momento decisivo

turnip /ˈtɜːrnɪp/ *s* nabo

ˈ**turn-off** *s* **1** saída (*estrada*) **2** (*coloq*) balde de água fria: *I find arrogance a real turn-off.* Considero a arrogância uma coisa desestimulante.

turnout /ˈtɜːrnaʊt/ *s* **1** assistência, comparecimento **2** presença (de eleitores)

turnover /ˈtɜːrnoʊvər/ *s* **1** (*negócio*) faturamento **2** (*mercadorias*) circulação **3** (*funcionários*) rotatividade

turnpike /ˈtɜːrnpaɪk/ *s* autoestrada com pedágio

ˈ**turn signal** (*GB* **indicator**) *s* pisca-pisca

turntable /ˈtɜːrnteɪbl/ *s* (*toca-discos*) prato

turpentine /ˈtɜːrpəntaɪn/ (*coloq* **turps** /tɜːrps/) *s* aguarrás

turquoise /ˈtɜːrkwɔɪz/ *substantivo, adjetivo*

▸ *s* turquesa

▸ *adj* azul-turquesa

turret /ˈtɜːrət; *GB* ˈtʌrət/ *s* torreão

turtle /ˈtɜːrtl/ *s* **1** (*tb* ˈ**sea turtle**) tartaruga (*marinha*) **2** (*USA, coloq*) tartaruga (*terrestre*) ➲ *Comparar com* TORTOISE

turtleneck /ˈtɜːrtlnek/ (*GB* **polo neck**) *s* (pulôver de) gola rulê

tusk /tʌsk/ *s* defesa, presa (*de elefante, etc.*)

tutor /ˈtuːtər; *GB* ˈtjuː-/ *s* **1** professor, -ora particular **2** (*esp GB*) (*universidade*) professor, -ora

tutorial /tuːˈtɔːriəl; *GB* tjuːˈ-/ *s* seminário (*aula*)

tuxedo /tʌkˈsiːdoʊ/ *s* (*pl* **tuxedos**) (*coloq* **tux** /tʌks/) (*GB tb* **dinner jacket**) smoking

TV /ˌtiː ˈviː/ *s* televisão

twang /twæŋ/ *s* nasalização

tweet /twiːt/ *substantivo, verbo*

▸ *s* **1** pio **2** (*tb* **twitter**) tuíte

▸ *v* tuitar **tweetable** *adj* tuitável

tweezers /ˈtwiːzərz/ *s* [*pl*] pinça (de sobrancelhas) ➲ *Ver nota em* PAIR

⚷ **twelve** /twelv/ *adj, pron, s* doze ➲ *Ver exemplos em* FIVE **twelfth 1** *adj, adv, pron* décimo segundo **2** *s* duodécima parte, doze avos ➲ *Ver exemplos em* FIFTH

twenty /ˈtwenti/ *adj, pron, s* vinte ➲ *Ver exemplos em* FIFTY, FIVE **twentieth 1** *adj, adv, pron* vigésimo **2** *s* vigésima parte, vinte avos ➲ *Ver exemplos em* FIFTH

twerk /twɜːrk/ *vi* (*coloq*) dançar rebolando

⚷ **twice** /twaɪs/ *adv* duas vezes: *twice as much/many* o dobro LOC *Ver* ONCE

twiddle /ˈtwɪdl/ *vt, vi* ~ **(with) sth** (*GB*) brincar com algo; girar algo LOC **twiddle your thumbs** ficar à toa

twig /twɪg/ *s* graveto

twilight /ˈtwaɪlaɪt/ *s* crepúsculo

⚷ **twin** /twɪn/ *s* **1** gêmeo, -a **2** (*de um par*) gêmeo, -a; casal, dupla **3**: *twin bed* cama de solteiro

twinge /twɪndʒ/ *s* pontada: *a twinge of pain/regret* uma pontada de dor/remorso

twinkle /ˈtwɪŋkl/ *vi* **1** cintilar, brilhar **2** ~ **(with sth)** (*olhos*) reluzir (de algo)

twirl /twɜːrl/ **1** *vt, vi* ~ **(sth/sb) around** girar, rodopiar (algo/alguém) **2** *vt* retorcer

⚷ **twist** /twɪst/ *verbo, substantivo*

▸ *v* **1** *vt, vi* torcer(-se), retorcer(-se) **2** *vt, vi* enrolar(-se), enroscar(-se) **3** *vi* (*caminho, rio*) serpentear **4** *vt* (*palavras, etc.*) deturpar

▸ *s* **1** giro, volta: *She gave the lid a twist and it came off.* Ela deu uma torcida e a tampa saiu. **2** (*mudança*) virada **3** (*caminho, rio*) dobra, curva **4** (*limão, papel*) pedacinho

twit /twɪt/ *s* (*esp GB, coloq*) idiota

twitch /twɪtʃ/ *substantivo, verbo*

▸ *s* **1** contração **2** tique (nervoso) **3** puxão

▸ *vt, vi* **1** contrair(-se), crispar(-se) **2** dar um puxão (em)

twitter /ˈtwɪtər/ *substantivo, verbo*

▸ *s* **1** (*tb* **twittering** /ˈtwɪtərɪŋ/) [*sing*] pio **2** (*tb* **Twitter®**) tuíte

▸ *v* **1** *vi* gorjear **2** *vt, vi* (*tb* **tweet**) tuitar

Twitterati /ˌtwɪtəˈrɑːtiː/ *s* [*pl*] (*coloq*) loucos, -as por Twitter®

the Twitterverse /ðə ˈtwɪtərvɜːrs/ (*tb* **the Twittersphere** /ðə ˈtwɪtərsfɪr/) *s* [*sing*] a Twitteresfera

⚷ **two** /tuː/ *adj, pron, s* dois, duas ➲ *Ver exemplos em* FIVE LOC **put two and two together** tirar conclusões *Ver tb* ONE

ˌ**two-ˈfaced** *adj* falso

ˌ**two-ˈway** *adj* **1** (*processo, trânsito*) duplo: *two-way traffic* trânsito de mão dupla **2** (*comunicação*) recíproco

tycoon /taɪˈkuːn/ *s* magnata

tying *Ver* TIE

⚷ **type** /taɪp/ *substantivo, verbo*

▸ *s* **1** tipo, espécie: *all types of jobs* todos os tipos de trabalho **2** [*sing*] (*coloq*) tipo:

T

He's not my type (of person). Ele não é meu tipo. ◇ *She's not the artistic type.* Ela não é chegada às artes.
▸ *vt, vi* ~ **(sth) (out/up)** digitar, datilografar (algo)

typewriter /ˈtaɪpraɪtər/ *s* máquina de escrever

typhoid /ˈtaɪfɔɪd/ *s* febre tifoide

⚷ **typical** /ˈtɪpɪkl/ *adj* típico, característico

⚷ **typically** /ˈtɪpɪkli/ *adv* **1** tipicamente **2** como de costume

typify /ˈtɪpɪfaɪ/ *vt* (*pt, pp* **-fied**) tipificar, ser o protótipo de

typing /ˈtaɪpɪŋ/ *s* digitação, datilografia

typist /ˈtaɪpɪst/ *s* digitador, -ora; datilógrafo, -a

tyranny /ˈtɪrəni/ *s* (*pl* **tyrannies**) tirania

tyrant /ˈtaɪrənt/ *s* tirano, -a

tyre (*GB*) = TIRE

Uu

U, u /juː/ *s* (*pl* **Us, U's, u's**) U, u ➲ *Ver nota em* A, A

ubiquitous /juːˈbɪkwɪtəs/ *adj* (*formal*) onipresente

UFO /ˌjuː ef ˈoʊ/ *s* (*pl* **UFOs**) OVNI

ugh /ɜː; ʊx/ *interj* uf!, puf!

⚷ **ugly** /ˈʌgli/ *adj* (**uglier, -iest**) **1** feio **2** ameaçador, perigoso

U.K. /ˌjuː ˈkeɪ/ *abrev de* **United Kingdom** Reino Unido ➲ *Ver nota em* GRÃ-BRETANHA

ulcer /ˈʌlsər/ *s* úlcera

⚷ **ultimate** /ˈʌltɪmət/ *adj* **1** último, final **2** supremo **3** fundamental

⚷ **ultimately** /ˈʌltɪmətli/ *adv* **1** no final, finalmente **2** fundamentalmente

ultimatum /ˌʌltɪˈmeɪtəm/ *s* (*pl* **ultimatums** *ou* **ultimata** /-tə/) ultimatum

ultra- /ˈʌltrə/ *pref* ultra: *ultra-modern* ultramoderno ◇ *ultra-fit* supermalhado

ultralight /ˈʌltrəlaɪt/ (*GB* **microlight**) *s* ultraleve (*avião*)

⚷ **umbrella** /ʌmˈbrelə/ *s* (*lit e fig*) guarda-chuva

umpire /ˈʌmpaɪər/ *s* árbitro, -a (*de tênis, beisebol, críquete*)

umpteen /ˌʌmpˈtiːn/ *adj, pron* (*coloq*) inúmeros **umpteenth** *adj* (*coloq*): *for the umpteenth time* pela milésima vez

UN /ˌjuː ˈen/ *abrev de* **United Nations** ONU

⚷ **unable** /ʌnˈeɪbl/ *adj* ~ **to do sth** incapaz, impossibilitado de fazer algo

⚷ **unacceptable** /ˌʌnəkˈseptəbl/ *adj* inaceitável

unaccustomed /ˌʌnəˈkʌstəmd/ *adj* (*formal*) **1 be ~ to sth/doing sth** não estar acostumado a algo/fazer algo **2** desacostumado, insólito

unadventurous /ˌʌnədˈventʃərəs/ *adj* pouco aventureiro, pouco ousado

unaffected /ˌʌnəˈfektɪd/ *adj* **1** ~ **(by sth)** não afetado (por algo) **2** (*pessoa*) natural

unambiguous /ˌʌnæmˈbɪgjuəs/ *adj* inequívoco

unanimous /juˈnænɪməs/ *adj* unânime

unarmed /ˌʌnˈɑːrmd/ *adj* **1** desarmado, sem armas **2** indefeso

unattractive /ˌʌnəˈtræktɪv/ *adj* pouco atraente

unavailable /ˌʌnəˈveɪləbl/ *adj* indisponível

unavoidable /ˌʌnəˈvɔɪdəbl/ *adj* inevitável

unaware /ˌʌnəˈwer/ *adj* **be ~ of sth/that...** desconhecer algo/que...

unbearable /ʌnˈberəbl/ *adj* insuportável

unbeatable /ʌnˈbiːtəbl/ *adj* invencível, inigualável

unbeaten /ʌnˈbiːtn/ *adj* (*Esporte*) invicto, não vencido

unbelievable /ˌʌnbɪˈliːvəbl/ *adj* inacreditável

unblock /ˌʌnˈblɑːk/ *vt* desbloquear

unbroken /ʌnˈbroʊkən/ *adj* **1** intacto **2** ininterrupto **3** (*recorde*) mantido

uncanny /ʌnˈkæni/ *adj* **1** misterioso **2** assombroso

⚷ **uncertain** /ʌnˈsɜːrtn/ *adj* **1** inseguro, duvidoso, indeciso **2** incerto: *It is uncertain whether...* Não se sabe se... **3** inconstante **uncertainty** *s* (*pl* **uncertainties**) incerteza, dúvida

unchanged /ʌnˈtʃeɪndʒd/ *adj* inalterado, sem modificação

uncheck /ˌʌnˈtʃek/ *vt* desmarcar (*em formulário eletrônico*)

⚷ **uncle** /ˈʌŋkl/ *s* tio

unclear /ˌʌnˈklɪr/ *adj* pouco claro, confuso: *to be unclear about sth* estar confuso sobre algo

⚷ **uncomfortable** /ʌnˈkʌmfərtəbl; ʌnˈkʌmftəbl/ *adj* incômodo **uncomfortably** *adv* desconfortavelmente: *The exams are getting uncomfortably close.* Os exames estão se aproximando de forma preocupante.

uncommon /ʌnˈkɑːmən/ *adj* incomum, excepcional

uncompromising /ʌnˈkɑːmprəmaɪzɪŋ/ *adj* inflexível, intransigente

unconcerned /ˌʌnkənˈsɜːrnd/ *adj* **1 ~ (about/by/with sth)** indiferente (a algo) **2** despreocupado

unconditional /ˌʌnkənˈdɪʃənl/ *adj* incondicional

🔑 **unconscious** /ʌnˈkɑːnʃəs/ *adjetivo, substantivo*

▸ *adj* **1** inconsciente **2 be ~ of sth** não se dar conta de algo

▸ *s* **the unconscious** [*sing*] o inconsciente

uncontrollable /ˌʌnkənˈtroʊləbl/ *adj* incontrolável

uncontrolled /ˌʌnkənˈtroʊld/ *adj* descontrolado

unconventional /ˌʌnkənˈvenʃənl/ *adj* não convencional

unconvincing /ˌʌnkənˈvɪnsɪŋ/ *adj* não convincente

uncool /ˌʌnˈkuːl/ *adj* (*coloq*) careta, fora de moda: *He's so uncool.* Ele é tão careta. ◇ *Smoking is uncool.* Fumar está fora de moda.

uncountable /ʌnˈkaʊntəbl/ *adj* (*Gram*) não contável

uncouth /ʌnˈkuːθ/ *adj* grosseiro

uncover /ʌnˈkʌvər/ *vt* **1** destampar, descobrir **2** (*fig*) desvendar

undecided /ˌʌndɪˈsaɪdɪd/ *adj* **1** pendente, por decidir **2 ~ (about sb/sth)** indeciso (sobre alguém/algo)

undeniable /ˌʌndɪˈnaɪəbl/ *adj* inegável, indiscutível **undeniably** *adv* indubitavelmente

🔑 **under** /ˈʌndər/ *prep* **1** embaixo de: *It was under the bed.* Estava embaixo da cama. **2** (*idade*) menor de **3** (*quantidade*) menos que **4** (*governo, ordem, etc.*) sob **5** (*Jur*) segundo (*uma lei, etc.*) **6**: *under construction* em construção

under- /ˈʌndər/ *pref* **1**: *Women are under-represented in the group.* Há menos mulheres no grupo do que o desejado. ◇ *under-used* desperdiçado **2** (*idade*) menor de: *the under-fives/under-18s* os menores de cinco/dezoito anos ◇ *the under-21 team* a turma dos menores de 21

underage /ˈʌndəreɪdʒ/ *adj* [*antes do substantivo*] menor de idade: *underage drinking* o consumo de bebidas alcoólicas por menores de idade

undercover /ˌʌndərˈkʌvər/ *adj* **1** (*polícia*) à paisana, secreto **2** (*operação*) secreto, clandestino

underdeveloped /ˌʌndərdɪˈveləpt/ *adj* subdesenvolvido **underdevelopment** *s* subdesenvolvimento

underdog /ˈʌndərdɔːg; *GB* -dɒg/ *s* (*Esporte, Sociol*) prejudicado, -a: *the underdogs of society* os desamparados da sociedade

underestimate /ˌʌndərˈestɪmeɪt/ *vt* subestimar, não dar o devido valor a

undergo /ˌʌndərˈgoʊ/ *vt* (*pt* **underwent** /-ˈwent/, *pp* **undergone** /-ˈgɔːn; *GB* -ˈgɒn/) **1** experimentar, sofrer **2** (*experimento*) passar por **3** (*tratamento, cirurgia*) submeter-se a

undergraduate /ˌʌndərˈgrædʒuət/ *s* estudante universitário, -a

🔑 **underground** *adjetivo, advérbio, substantivo*

▸ *adj* /ˈʌndərgraʊnd/ **1** subterrâneo **2** (*fig*) clandestino

▸ *adv* /ˌʌndərˈgraʊnd/ **1** debaixo da terra **2** (*fig*) clandestinamente

▸ *s* /ˈʌndərgraʊnd/ **1** (*tb* **the ˈUnderground**) (*GB*) (*USA* **subway**) metrô **2** organização clandestina

undergrowth /ˈʌndərgroʊθ/ *s* vegetação rasteira

underlie /ˌʌndərˈlaɪ/ *vt* (*pt* **underlay** /-ˈleɪ/, *pp* **underlain** /-ˈleɪn/) (*formal*) (*fig*) formar a base de

underline /ˌʌndərˈlaɪn/ *vt* (*lit e fig*) sublinhar

underlying /ˌʌndərˈlaɪɪŋ/ *adj* subjacente

undermine /ˌʌndərˈmaɪn/ *vt* minar, solapar

🔑 **underneath** /ˌʌndərˈniːθ/ *preposição, advérbio, substantivo*

▸ *prep* embaixo de

▸ *adv* debaixo

▸ *s* **the underneath** [*sing*] a parte inferior

underpants /ˈʌndərpænts/ *s* [*pl*] calcinha, cueca(s): *a pair of underpants* uma calcinha/cueca ❶ Nos Estados Unidos, usa-se **underpants** para homens e mulheres, mas na Grã-Bretanha usa-se apenas para homens. ➲ *Ver notas em* CALÇA, PAIR

underpass /ˈʌndərpæs; *GB* -pɑːs/ *s* passagem subterrânea

underprivileged /ˌʌndərˈprɪvəlɪdʒd/ *adj* desfavorecido

underscore *verbo, substantivo*

▸ *vt* /ˌʌndərˈskɔːr/ sublinhar

▸ *s* /ˈʌndərskɔːr/ (*Informát*) (símbolo de) sublinhado ➲ *Ver pág. 310*

undershirt /ˈʌndərʃɜːrt/ (*GB* **vest**) *s* camiseta (*roupa de baixo*)

underside /ˈʌndərsaɪd/ *s* parte inferior, base

U

understand /ˌʌndərˈstænd/ *(pt, pp* **understood** /-ˈstʊd/ *v)* **1** *vt, vi* entender, compreender **2** *vt (saber lidar)* entender de **3** *vt (formal)* ficar sabendo, concluir **understandable** *adj* compreensível **understandably** *adv* naturalmente

understanding /ˌʌndərˈstændɪŋ/ *substantivo, adjetivo*
▸ *s* **1** entendimento, compreensão **2** conhecimento **3** acordo (informal) **4** ~ **(of sth)** interpretação (de algo)
▸ *adj* compreensivo

understate /ˌʌndərˈsteɪt/ *vt* dizer que algo é menos importante do que é **understated** /ˌʌndərˈsteɪtɪd/ *adj (estilo, cor)* discreto

understatement /ˈʌndərsteɪtmənt/ *s*: *To say they are disappointed would be an understatement.* Dizer que estão desiludidos seria um eufemismo.

understood *pt, pp de* UNDERSTAND

undertake /ˌʌndərˈteɪk/ *vt (pt* **undertook** /-ˈtʊk/, *pp* **undertaken** /-ˈteɪkən/) *(formal)* **1** empreender **2** ~ **to do sth** comprometer-se a fazer algo

undertaker /ˈʌndərteɪkər/ *s (esp GB)* **1** *(USA* **mortician***)* agente funerário, -a **2 undertaker's** *(USA* ˈ**funeral parlor***)* (casa) funerária ➲ *Ver nota em* AÇOUGUE

undertaking /ˌʌndərˈteɪkɪŋ/ *s* **1** *(Com)* empreendimento **2** *(formal)* compromisso, obrigação

underwater /ˌʌndərˈwɔːtər/ *adjetivo, advérbio*
▸ *adj* subaquático
▸ *adv* embaixo d'água

underwear /ˈʌndərwer/ *s* roupa de baixo

underwent *pt de* UNDERGO

underworld /ˈʌndərwɜːrld/ *s [sing]* **1** submundo (do crime) **2 the underworld** o inferno

undesirable /ˌʌndɪˈzaɪərəbl/ *adj, s* indesejável

undisputed /ˌʌndɪˈspjuːtɪd/ *adj* inquestionável, indiscutível

undisturbed /ˌʌndɪˈstɜːrbd/ *adj* **1** *(coisa)* sem ser tocado **2** *(pessoa)* sem ser perturbado, tranquilo

undo /ʌnˈduː/ *vt (3a pess sing pres* **undoes** /ʌnˈdʌz/, *pt* **undid** /ʌnˈdɪd/, *pp* **undone***)* **1** desfazer **2** desabotoar **3** desatar **4** *(invólucro)* tirar **5** anular: *to undo the damage* reparar o dano **undone** *adj* **1** desabotoado, desatado: *to come undone* desabotoar-se/desatar-se **2** inacabado

undoubtedly /ʌnˈdaʊtɪdli/ *adv* indubitavelmente

undress /ʌnˈdres/ *vt, vi* despir(-se) ❶ A expressão mais comum é **get undressed**. **undressed** *adj* nu

undue /ˌʌnˈduː; *GB* -ˈdjuː/ *adj [antes do substantivo] (formal)* excessivo **unduly** *adv (formal)* excessivamente, em demasia

unearth /ʌnˈɜːrθ/ *vt* desenterrar, trazer a público

unease /ʌnˈiːz/ *s* mal-estar

uneasy /ʌnˈiːzi/ *adj* **1** ~ **(about sth)** inquieto (por algo) **2** *(relação, acordo, etc.)* precário **3** *(silêncio)* incômodo

uneducated /ʌnˈedʒukeɪtɪd/ *adj* inculto

unemployed /ˌʌnɪmˈplɔɪd/ *adjetivo, substantivo*
▸ *adj* desempregado
▸ *s* **the unemployed** *[pl]* os desempregados

unemployment /ˌʌnɪmˈplɔɪmənt/ *s* desemprego

unequal /ʌnˈiːkwəl/ *adj* **1** desigual **2** ~ **to sth** *(formal)*: *to feel unequal to sth* não se sentir à altura de algo

uneven /ʌnˈiːvn/ *adj* **1** desigual **2** *(terreno)* desnivelado **3** *(pulso)* irregular

uneventful /ˌʌnɪˈventfl/ *adj* sem incidentes, tranquilo

unexpected /ˌʌnɪkˈspektɪd/ *adj* inesperado, imprevisto

unfair /ˌʌnˈfer/ *adj* **1** ~ **(on/to sb)** injusto (para/para com alguém) **2** *(concorrência)* desleal **3** *(despedimento)* injusto

unfaithful /ʌnˈfeɪθfl/ *adj* ~ **(to sb)** infiel (a alguém)

unfamiliar /ˌʌnfəˈmɪliər/ *adj* **1** não familiar **2** *(pessoa, cara)* desconhecido **3** ~ **with sth** não familiarizado com algo

unfashionable /ʌnˈfæʃnəbl/ *adj* fora de moda

unfasten /ʌnˈfæsn; *GB* ʌnˈfɑːsn/ *vt* **1** desabotoar, desatar **2** abrir **3** soltar

unfavorable *(GB* **unfavourable***)* /ʌnˈfeɪvərəbl/ *adj* **1** adverso, desfavorável **2** não propício

unfinished /ʌnˈfɪnɪʃt/ *adj* inacabado: *unfinished business* assuntos pendentes

unfit /ʌnˈfɪt/ *adj* **1** ~ **(for sth/to do sth)** inadequado, incapacitado (para algo/fazer algo) **2** impróprio: *unfit for consumption* impróprio para consumo **3** *(esp GB)* fora de forma

unfold /ʌnˈfoʊld/ **1** *vt* estender, desdobrar **2** *vt, vi (acontecimentos, etc.)* revelar(-se)

unfollow /ˌʌnˈfɑːloʊ/ *vt (redes sociais)* deixar de seguir

unforeseen /ˌʌnfɔːrˈsiːn/ *adj* imprevisto

unforgettable /ˌʌnfərˈgetəbl/ *adj* inesquecível
unforgivable /ˌʌnfərˈgɪvəbl/ *adj* imperdoável
unfortunate /ʌnˈfɔːrtʃənət/ *adj* **1** infeliz: *It is unfortunate (that)...* É de lamentar que... **2** *(acidente)* lamentável **3** *(comentário)* inoportuno
unfortunately /ʌnˈfɔːrtʃənətli/ *adv* infelizmente, lamentavelmente
unfriend /ˌʌnˈfrend/ *(tb* **defriend***) vt (coloq) (redes sociais)* excluir como amigo
unfriendly /ʌnˈfrendli/ *adj* ~ **(to/toward sb)** antipático (com alguém)
ungrateful /ʌnˈgreɪtfl/ *adj* **1** mal-agradecido **2** ~ **(to sb)** ingrato (com alguém)
unhappiness /ʌnˈhæpinəs/ *s* infelicidade
unhappy /ʌnˈhæpi/ *adj* (**unhappier, -iest**) **1** infeliz, triste **2** ~ **(about/at/with sth)** preocupado, descontente (com algo): *I'm unhappy about her traveling on her own.* Fico preocupado por ela viajar sozinha.
unharmed /ʌnˈhɑːrmd/ *adj* ileso
unhealthy /ʌnˈhelθi/ *adj* **1** doentio **2** insalubre: *an unhealthy diet* uma dieta prejudicial à saúde **3** *(interesse)* mórbido
unheard-of /ʌnˈhɜːrd ʌv; *GB* ɒv/ *adj* desconhecido
unhelpful /ʌnˈhelpfl/ *adj* que não ajuda
unhurt /ʌnˈhɜːrt/ *adj* ileso
uniform /ˈjuːnɪfɔːrm/ *substantivo, adjetivo*
▸ *s* **1** uniforme **2** *(GB* **strip***)* camisa *(do time)* LOC **in uniform** de uniforme
▸ *adj* uniforme
unify /ˈjuːnɪfaɪ/ *vt (pt, pp* **-fied***)* unificar
unimportant /ˌʌnɪmˈpɔːrtnt/ *adj* sem importância, insignificante
uninhabited /ˌʌnɪnˈhæbɪtɪd/ *adj* desabitado
uninhibited /ˌʌnɪnˈhɪbɪtɪd/ *adj* desinibido
uninstall /ˌʌnɪnˈstɔːl/ *vt (Informát)* desinstalar
unintentional /ˌʌnɪnˈtenʃənl/ *adj* involuntário **unintentionally** /ˌʌnɪnˈtenʃənəli/ *adv* sem querer
uninterested /ʌnˈɪntrəstɪd/ *adj* ~ **(in sb/sth)** indiferente (a alguém/algo); desinteressado (em alguém/algo)
union /ˈjuːniən/ *s* **1** união **2** *Ver* LABOR UNION, TRADE UNION
the ˌUnion ˈJack *s* bandeira da Grã-Bretanha

A bandeira da Grã-Bretanha é formada por elementos das bandeiras da Inglaterra, Escócia e Irlanda do Norte (p.ex. a cruz vermelha vem da bandeira inglesa, e o fundo azul da escocesa).

unique /juˈniːk/ *adj* **1** único **2** *(incomum)* excepcional, extraordinário **3** ~ **to sth/sb** exclusivo de algo/alguém
unison /ˈjuːnɪsn/ *s* LOC **in unison (with sb/sth)** em uníssono (com alguém/algo)
unit /ˈjuːnɪt/ *s* **1** unidade **2** *(esp GB) (de mobiliário)* módulo: *kitchen unit* móvel de cozinha
unite /juˈnaɪt/ **1** *vi* ~ **(in sth/in doing sth)** unir-se, juntar-se (em algo/para fazer algo) **2** *vt, vi* unir(-se)
unity /ˈjuːnəti/ *s* unidade
universal /ˌjuːnɪˈvɜːrsl/ *adj* universal, geral **universally** *adv* universalmente, mundialmente
universe /ˈjuːnɪvɜːrs/ *s* universo
university /ˌjuːnɪˈvɜːrsəti/ *s (pl* **universities***)* universidade ➲ *Ver nota em* UNIVERSIDADE
unjust /ˌʌnˈdʒʌst/ *adj* injusto
unkempt /ˌʌnˈkempt/ *adj* **1** desarranjado, descuidado **2** *(cabelo)* despenteado
unkind /ˌʌnˈkaɪnd/ *adj* **1** *(pessoa)* não amável, cruel **2** *(comentário)* cruel
unknown /ˌʌnˈnoʊn/ *adj* ~ **(to sb)** desconhecido (para alguém)
unlawful /ʌnˈlɔːfl/ *adj (formal)* ilegal, ilícito
unleaded /ˌʌnˈledɪd/ *adj* sem chumbo
unleash /ʌnˈliːʃ/ *vt* ~ **sth (on/upon sb/sth)** desencadear algo (contra alguém/algo)
unless /ənˈles/ *conj* a menos que, a não ser que
unlike /ˌʌnˈlaɪk/ *preposição, adjetivo, verbo*
▸ *prep* **1** distinto de **2** ao contrário de **3** não típico de: *It's unlike him to be late.* É muito raro ele chegar tarde.
▸ *adj [nunca antes do substantivo]* diferente
▸ *vt (Internet)* não curtir, descurtir
unlikely /ʌnˈlaɪkli/ *adj* (**unlikelier, -iest**) **1** improvável: *He is very sick and unlikely to recover.* Ele está muito doente e é improvável que se recupere. **2** *(história, desculpa, etc.)* inverossímil
unlimited /ʌnˈlɪmɪtɪd/ *adj* ilimitado, sem limites
unload /ˌʌnˈloʊd/ *vt, vi* descarregar
unlock /ˌʌnˈlɑːk/ *vt* **1** abrir *(com chave)* **2** *(celular)* desbloquear
unlucky /ʌnˈlʌki/ *adj* (**unluckier, -iest**) **1** infeliz, azarado: *to be unlucky* ter azar **2** azarento
unmarried /ˌʌnˈmærid/ *adj* solteiro

U

unmistakable /ˌʌnmɪˈsteɪkəbl/ *adj* inconfundível, inequívoco
unmoved /ˌʌnˈmuːvd/ *adj* impassível
unnatural /ʌnˈnætʃrəl/ *adj* **1** não natural, anormal **2** antinatural **3** afetado, sem naturalidade
unnecessary /ʌnˈnesəseri; *GB* -səri/ *adj* **1** desnecessário **2** (*comentário*) gratuito
unnoticed /ˌʌnˈnoʊtɪst/ *adj* despercebido
unobtrusive /ˌʌnəbˈtruːsɪv/ *adj* (*formal*) discreto
unofficial /ˌʌnəˈfɪʃl/ *adj* não oficial
unorthodox /ʌnˈɔːrθədɑːks/ *adj* não ortodoxo
unpack /ˌʌnˈpæk/ **1** *vi* desfazer as malas **2** *vt* desempacotar, desembrulhar **3** *vt* (*mala*) desfazer
unpaid /ˌʌnˈpeɪd/ *adj* **1** não pago **2** (*pessoa, trabalho*) não remunerado
unpleasant /ʌnˈpleznt/ *adj* **1** desagradável **2** (*pessoa*) antipático
unplug /ˌʌnˈplʌg/ *vt* (-gg-) desligar da tomada
unplugged® /ˌʌnˈplʌgd/ *adj* (*Mús*) acústico
unpopular /ʌnˈpɑːpjələr/ *adj* impopular: *She's very unpopular at work.* Ninguém gosta dela no trabalho.
unprecedented /ʌnˈpresɪdentɪd/ *adj* sem precedente
unpredictable /ˌʌnprɪˈdɪktəbl/ *adj* imprevisível
unqualified /ˌʌnˈkwɑːlɪfaɪd/ *adj* **1** desqualificado **2** ~ **(to do sth)** não habilitado (a/para fazer algo) **3** (*apoio, sucesso*) absoluto
unravel /ʌnˈrævl/ *vt, vi* (-l- (*GB* -ll-)) (*lit e fig*) desemaranhar(-se), desenredar(-se)
unreal /ˌʌnˈriːəl; *GB* -ˈrɪəl/ *adj* irreal, ilusório
unrealistic /ˌʌnriːəˈlɪstɪk; *GB* -rɪəˈlɪstɪk/ *adj* não realista
unreasonable /ʌnˈriːznəbl/ *adj* **1** não razoável, insensato **2** excessivo
unreliable /ˌʌnrɪˈlaɪəbl/ *adj* não confiável
unrest /ʌnˈrest/ *s* [*não contável*] **1** agitação, intranquilidade **2** (*Pol*) distúrbios
unroll /ʌnˈroʊl/ *vt, vi* desenrolar(-se)
unruly /ʌnˈruːli/ *adj* indisciplinado, rebelde
unsafe /ʌnˈseɪf/ *adj* perigoso, inseguro
unsatisfactory /ˌʌnˌsætɪsˈfæktəri/ *adj* insatisfatório, inaceitável
unsavory (*GB* **unsavoury**) /ʌnˈseɪvəri/ *adj* desagradável

unscathed /ʌnˈskeɪðd/ *adj* **1** ileso **2** (*fig*) incólume
unscrew /ˌʌnˈskruː/ *vt, vi* **1** desparafusar(-se) **2** (*tampa, etc.*) desenroscar(-se)
unscrupulous /ʌnˈskruːpjələs/ *adj* sem escrúpulos, inescrupuloso
unseen /ˌʌnˈsiːn/ *adj* despercebido, não visto
unsettle /ˌʌnˈsetl/ *vt* perturbar, inquietar **unsettled** *adj* **1** variável, incerto **2** (*situação*) instável **3** (*pessoa*) inquieto **4** (*assunto*) pendente **unsettling** *adj* perturbador, inquietante
unshaven /ˌʌnˈʃeɪvn/ *adj* não barbeado
unsightly /ʌnˈsaɪtli/ *adj* antiestético, feio
unskilled /ˌʌnˈskɪld/ *adj* **1** (*trabalhador*) não qualificado **2** (*trabalho*) não especializado
unsolved /ˌʌnˈsɑːlvd/ *adj* sem solução
unspoiled /ˌʌnˈspɔɪld/ (*GB tb* **unspoilt** /ˌʌnˈspɔɪlt/) *adj* intacto, não destruído
unspoken /ˌʌnˈspoʊkən/ *adj* (*formal*) tácito, não expresso
unstable /ʌnˈsteɪbl/ *adj* instável
unsteady /ʌnˈstedi/ *adj* **1** inseguro, vacilante **2** (*mão, voz*) trêmulo
unstuck /ˌʌnˈstʌk/ *adj* descolado
LOC **come unstuck 1** descolar(-se) **2** (*GB, coloq*) fracassar
unsubscribe /ˌʌnsəbˈskraɪb/ *vi* ~ **(from sth)** cancelar a assinatura (de algo)
unsuccessful /ˌʌnsəkˈsesfl/ *adj* malsucedido, fracassado: *to be unsuccessful in doing sth* não conseguir fazer algo **unsuccessfully** *adv* sem êxito
unsuitable /ʌnˈsuːtəbl; *GB tb* ʌnˈsjuː-/ *adj* **1** ~ **(for sb/sth)** impróprio, inadequado (para alguém/algo) **2** (*momento*) inoportuno
unsure /ˌʌnˈʃʊr/ *adj* **1 be ~ (about/of sth)** estar na dúvida (sobre algo) **2** ~ **(of yourself)** inseguro (de si mesmo)
unsuspecting /ˌʌnsəˈspektɪŋ/ *adj* que não desconfia de nada
unsympathetic /ˌʌnˌsɪmpəˈθetɪk/ *adj* **1** incompreensivo **2** antipático
untangle /ˌʌnˈtæŋgl/ *vt* desembaraçar
unthinkable /ʌnˈθɪŋkəbl/ *adj* impensável, inconcebível
untidy /ʌnˈtaɪdi/ *adj* (**untidier, -iest**) **1** desarrumado **2** (*aparência*) desleixado, descuidado **3** (*cabelo*) despenteado
untie /ʌnˈtaɪ/ *vt* (*pt, pp* **untied**; *part pres* **untying**) desamarrar
until /ənˈtɪl/ *conjunção, preposição*
▸ *conj* (*coloq* **till, til**) até que
▸ *prep* (*coloq* **till, til**) até: *until recently* até há pouco tempo ➲ *Ver nota em* ATÉ

untouched /ʌnˈtʌtʃt/ *adj* **1** ~ **(by sth)** intacto, não tocado (por algo) **2** *(comida)* não provado

untrue /ʌnˈtruː/ *adj* **1** falso **2** ~ **(to sb/sth)** *(formal)* desleal (a/com alguém/algo)

unused *adj* **1** /ˌʌnˈjuːzd/ não usado **2** /ʌnˈjuːst/ ~ **to sth** não acostumado a algo

⚷ **unusual** /ʌnˈjuːʒuəl; -ʒəl/ *adj* **1** incomum, pouco frequente, raro **2** fora do comum, extraordinário

⚷ **unusually** /ʌnˈjuːʒuəli; -ʒəli/ *adv* inusitadamente, excepcionalmente: *unusually talented* com um talento fora do comum

unveil /ˌʌnˈveɪl/ *vt* **1** *(estátua, etc.)* desvelar **2** *(plano, produto, etc.)* divulgar

unwanted /ˌʌnˈwɑːntɪd/ *adj* indesejado: *an unwanted pregnancy* uma gravidez não desejada ◇ *to feel unwanted* sentir-se rejeitado

unwarranted /ʌnˈwɔːrəntɪd; *GB* ʌnˈwɒrən-/ *adj* *(formal)* injustificado

unwelcome /ʌnˈwelkəm/ *adj* inoportuno, desagradável: *to make sb feel unwelcome* fazer alguém sentir-se indesejado

unwell /ʌnˈwel/ *adj* indisposto

⚷ **unwilling** /ʌnˈwɪlɪŋ/ *adj* **1** ~ **to do sth** não disposto a fazer algo **2** *[antes do substantivo]* relutante **unwillingness** *s* falta de vontade, relutância

unwind /ˌʌnˈwaɪnd/ *(pt, pp* **unwound** /-ˈwaʊnd/) **1** *vt, vi* desenrolar(-se) **2** *vi* relaxar

unwise /ˌʌnˈwaɪz/ *adj* imprudente

unwittingly /ʌnˈwɪtɪŋli/ *adv* inconscientemente

unwound *pt, pp de* UNWIND

unwrap /ʌnˈræp/ *vt* (-pp-) desembrulhar

unzip /ˌʌnˈzɪp/ *vt* (-pp-) abrir *(zíper, arquivos)*

⚷ **up** /ʌp/ *advérbio, preposição, substantivo*
ℹ Para o uso de **up** em PHRASAL VERBS, ver os verbetes dos verbos correspondentes, p.ex. **go up** em GO.
▸ *adv* **1** mais alto, mais acima: *Pull your socks up.* Puxe as meias para cima. **2** ~ **(to sb/sth)**: *He came up (to me).* Ele se aproximou (de mim). **3** colocado: *Are the curtains up yet?* As cortinas já estão penduradas? **4** em pedaços: *to tear sth up* rasgar algo **5** *(terminado)*: *Your time is up.* O seu tempo terminou. **6** em pé: *Is he up yet?* Ele já levantou? **7** *(firmemente)*: *to lock sth up* fechar algo à chave LOC **be up (with sb)**: *What's up with you?* O que está acontecendo com você? ◆ **be up to sb** depender de alguém, ser decisão de alguém: *It's up to you.* Você que sabe. ◆ **not be up to much** *(GB)* não valer grande coisa ◆ **up and down** para cima e para baixo: *to jump up and down* dar pulos ◆ **up and running** em funcionamento ◆ **up to sth** **1** *(tb* **up until sth**) até algo: *up to now* até agora **2** capaz de algo, à altura de algo: *I don't feel up to it.* Não me sinto capaz de fazê-lo. **3** *(coloq)*: *What are you up to?* O que é que você está fazendo? ◇ *He's up to no good.* Ele está tramando alguma.
▸ *prep* acima: *further up the road* mais acima (na rua) LOC **up and down sth** de um lado para o outro em algo
▸ *s* LOC **ups and downs** altos e baixos

up-and-ˈcoming *adj* promissor

upbringing /ˈʌpbrɪŋɪŋ/ *s* criação, educação *(em casa)*

upcoming /ˈʌpkʌmɪŋ/ *adj [antes do substantivo]* próximo: *the upcoming election* as próximas eleições

upcycle /ˈʌpsaɪkl/ *vt (artigo usado)* transformar *(em algo melhor)*

update *verbo, substantivo*
▸ *vt* /ˌʌpˈdeɪt/ **1** atualizar **2** ~ **sb (on sth)** pôr alguém a par de algo
▸ *s* /ˈʌpdeɪt/ **1** atualização **2** ~ **(on sth)** informação atualizada (sobre algo)

upgrade *verbo, substantivo*
▸ *vt* /ˌʌpˈɡreɪd/ **1** melhorar **2** *(pessoa)* promover
▸ *s* /ˈʌpɡreɪd/ atualização, melhoria

upheaval /ʌpˈhiːvl/ *s* **1** transtorno *(emocional)* **2** mudança importante *(num sistema)* **3** *[não contável]* *(Pol)* agitação

uphill /ˌʌpˈhɪl/ *adj, adv* encosta acima: *an uphill struggle* uma luta difícil

uphold /ʌpˈhoʊld/ *vt (pt, pp* **upheld** /ʌpˈheld/) **1** *(lei, direitos)* defender **2** *(decisão, tradição, etc.)* manter

upholstered /ʌpˈhoʊlstərd/ *adj* estofado **upholstery** *s [não contável]* estofamento

upkeep /ˈʌpkiːp/ *s* manutenção

uplifting /ˌʌpˈlɪftɪŋ/ *adj* inspirador

upload /ˌʌpˈloʊd/ *vt (Informát)* carregar, fazer o upload de

upmarket /ˌʌpˈmɑːrkɪt/ *adj (GB) Ver* UPSCALE

upon /əˈpɑːn/ *prep (formal) Ver* ON

⚷ **upper** /ˈʌpər/ *adj* **1** superior, de cima: *upper limit* limite máximo **2** alto: *the upper class* a classe alta ➲ *Comparar com* LOW LOC **gain, get, have, etc. the upper hand** ficar por cima

uppercase /ˌʌpərˈkeɪs/ *(tb* **upper case**) *s [não contável]* maiúscula: *(letters in) upper case* letras maiúsculas

U

uppermost /ˈʌpərmoʊst/ *adj (formal)* mais alto *(posição)* LOC **be uppermost in sb's mind** ser o que domina os pensamentos de alguém

upright /ˈʌpraɪt/ *adjetivo, advérbio*
▸ *adj* **1** *(posição)* vertical **2** *(pessoa)* honesto, honrado
▸ *adv* direito, em posição vertical

uprising /ˈʌpraɪzɪŋ/ *s* insurreição

uproar /ˈʌprɔːr/ *s [não contável]* tumulto, alvoroço

uproot /ˌʌpˈruːt/ *vt* **1** arrancar *(com as raízes)* **2** ~ **yourself/sb** desenraizar-se/ desenraizar alguém

upscale /ˌʌpˈskeɪl/ *adjetivo, verbo*
▸ *adj (GB* **upmarket***)* de/para o cliente com dinheiro, caro
▸ *vt* ampliar, aprimorar

upset *verbo, adjetivo, substantivo*
▸ *vt* /ˌʌpˈset/ *(pt, pp* **upset***)* **1** transtornar, contrariar **2** *(plano, etc.)* contrariar **3** *(recipiente)* virar, entornar **4**: *Shellfish often upset my stomach.* Marisco geralmente me faz mal.
▸ *adj* /ˌʌpˈset/ ❶ Pronuncia-se /ˈʌpset/ antes de substantivo. **1** contrariado, incomodado: *to get upset about sth* ficar chateado com algo **2**: *to have an upset stomach* estar com o estômago virado
▸ *s* /ˈʌpset/ **1** transtorno, contrariedade **2** *(Med)* indisposição

the upshot /ˈʌpʃɑːt/ *s [sing]* ~ **(of sth)** a consequência (de algo)

ˌupside ˈdown *adj, adv* ao contrário, de cabeça para baixo ➲ *Ver ilustração em* CONTRÁRIO LOC **turn sth upside down** virar algo de cabeça para baixo

upstairs /ˌʌpˈsterz/ *adv, adj, s* (para o/ no/do) andar de cima

U

upstate *advérbio, adjetivo*
▸ *adv* /ˌʌpˈsteɪt/ longe das cidades grandes
▸ *adj* /ˈʌpsteɪt/: *in upstate New York* no interior de Nova York

upstream /ˌʌpˈstriːm/ *adv* contra a corrente *(de um rio, etc.)*

upsurge /ˈʌpsɜːrdʒ/ *s* ~ **(in/of sth)** *(formal)* aumento, onda (de algo)

uptake /ˈʌpteɪk/ *s [sing]* LOC **be quick/ slow on the uptake** *(coloq)* ser rápido/ lerdo para entender

ˌup to ˈdate *adj* **1** moderno: *the most up-to-date equipment* o equipamento mais avançado **2** em dia, atualizado: *up-to-date methods* métodos atualizados ➲ *Ver nota em* WELL BEHAVED LOC **be/ keep up to date** estar/manter-se em dia ♦ **bring/keep sb up to date** colocar/ manter alguém em dia ♦ **bring sth up to date** atualizar algo ➲ *Comparar com* OUT OF DATE

upturn /ˈʌptɜːrn/ *s* ~ **(in sth)** melhora, aumento (em algo)

upturned /ˌʌpˈtɜːrnd/ *adj* **1** *(caixa, etc.)* virado de cabeça para baixo **2** *(nariz)* arrebitado

upward /ˈʌpwərd/ *adjetivo, advérbio*
▸ *adj* ascendente: *an upward trend* uma tendência de alta
▸ *adv* **1** *(tb* **upwards***)* para cima **2 upwards of** mais de: *upwards of 100 people* mais de 100 pessoas

uranium /juˈreɪniəm/ *s* urânio

Uranus /ˈjʊrənəs; jʊˈreɪnəs/ *s* Urano

urban /ˈɜːrbən/ *adj* urbano

urge /ɜːrdʒ/ *verbo, substantivo*
▸ *vt* ~ **sb to do sth** instar, tentar convencer alguém a fazer algo PHR V **urge sb on** incitar alguém
▸ *s* ~ **(to do sth)** vontade, impulso (de fazer algo)

urgency /ˈɜːrdʒənsi/ *s* urgência, premência

urgent /ˈɜːrdʒənt/ *adj* **1** urgente: *to be in urgent need of sth* precisar de algo urgentemente **2** premente

urine /ˈjʊrən; *GB* -rɪn/ *s* urina **urinate** /ˈjʊrəneɪt; *GB* -rɪneɪt/ *vi (formal)* urinar

URL /ˌjuː ɑːr ˈel/ *s (abrev de* **uniform/universal resource locator***)* endereço na internet

urn /ɜːrn/ *s* urna *(funeral)*

us /əs; ʌs/ *pron* **1** *(como objeto)* nos: *She gave us the job.* Ela nos deu o emprego. ◇ *He ignored us.* Ele nos ignorou. ➲ *Ver nota em* LET **2** *(depois de preposição e do verbo* **be***)* nós: *behind us* atrás de nós ◇ *both of us* nós dois ◇ *It's us.* Somos nós. ➲ *Comparar com* WE

U.S. /ˌjuː ˈes/ *(tb* **U.S.A.** /ˌjuː es ˈeɪ/*) abrev de* **United States (of America)** EUA

usage /ˈjuːsɪdʒ/ *s* uso

USB /ˌjuː es ˈbiː/ *abrev de* **universal serial bus** *(Informát)* USB

use *verbo, substantivo*
▸ *vt* /juːz/ *(pt, pp* **used** /juːzd/*)* **1** utilizar, usar, fazer uso de **2** consumir, gastar **3** *(pej)* usar, aproveitar-se de *(uma pessoa)* PHR V **use sth up** esgotar, acabar algo
▸ *s* /juːs/ uso: *for your own use* para seu próprio uso ◇ *a machine with many uses* uma máquina com muitas aplicações ◇ *to find a use for sth* encontrar alguma utilidade para algo LOC **be no use 1** não servir para nada **2** ser (um) inútil ♦ **be of use** *(formal)* ser útil ♦ **have the use of sth** poder usar algo ♦ **in use** em uso ♦ **make use of sth/sb** aproveitar algo/aproveitar-se de alguém ♦ **what's**

the use (of doing sth)? de que serve (fazer algo)?: *What's the use?* Para quê?

used[1] /juːzd/ *adj* usado, de segunda mão

used[2] /juːst/ *adj* ~ **to sth/doing sth** acostumado a algo/fazer algo: *to get used to doing sth* acostumar-se a fazer algo

used to /ˈjuːst tə; tu/ *v modal*

Utiliza-se **used to + infinitivo** para descrever hábitos e situações que ocorriam no passado e que deixaram de ocorrer: *I used to live in London.* Eu antes morava em Londres. As orações interrogativas ou negativas geralmente se formam com **did**: *He didn't use to be fat.* Ele não era gordo. ◇ *You used to smoke, didn't you?* Você fumava, não fumava?

useful /ˈjuːsfl/ *adj* útil, proveitoso **usefulness** *s* utilidade

useless /ˈjuːsləs/ *adj* **1** inútil, inutilizável **2** ~ **(at sth/doing sth)** *(coloq)* incompetente (em algo/para fazer algo)

user /ˈjuːzər/ *s* usuário, -a

ˌuser-ˈfriendly *adj* fácil de usar

username /ˈjuːzərneɪm/ *s* nome do usuário

usher /ˈʌʃər/ *s* lanterninha

usherette /ˌʌʃəˈret/ *s* lanterninha *(mulher)*

usual /ˈjuːʒuəl; -ʒəl/ *adj* usual, habitual, normal: *more than usual* mais que de costume ◇ *later than usual* mais tarde que o normal ◇ *the usual* o de sempre **LOC as usual** como de costume

usually /ˈjuːʒuəli; ˈjuʒəli/ *adv* normalmente ➲ *Ver nota em* ALWAYS

utensil /juːˈtensl/ *s [ger pl]* utensílio

utility /juːˈtɪləti/ *substantivo, adjetivo*
▸ *s* **1** *(pl* **utilities**) serviços de utilidade pública *(água, luz, etc.)* **2** *[não contável] (formal)* utilidade
▸ *adj [antes do substantivo]* polivalente

utmost /ˈʌtmoʊst/ *adjetivo, substantivo*
▸ *adj* maior: *with the utmost care* com o maior cuidado
▸ *s* **LOC do your utmost (to do sth)** fazer todo o possível (para fazer algo)

utter /ˈʌtər/ *verbo, adjetivo*
▸ *vt (formal)* pronunciar, proferir
▸ *adj [antes do substantivo]* total, absoluto **utterly** *adv* totalmente, completamente

ˈU-turn *s* **1** *(trânsito)* curva de 180° **2** *(coloq) (Pol, etc.)* reviravolta

UVA /ˌjuː viː ˈeɪ/ *s* UVA *(radiação ultravioleta longa)*

UVB /ˌjuː viː ˈbiː/ *s* UVB *(radiação ultravioleta curta)*

Vv

V, v /viː/ *s (pl* **Vs, V's, v's**) V, v ➲ *Ver nota em* A, A

vacant /ˈveɪkənt/ *adj* **1** vago **2** *(expressão)* distraído **vacancy** *s (pl* **vacancies**) vaga **vacantly** *adv* distraidamente

vacate /ˈveɪkeɪt; *GB* vəˈkeɪt/ *vt (formal)* desocupar, vagar

vacation /vəˈkeɪʃn; veɪˈ-/ *substantivo, verbo*
▸ *s (GB tb* **holiday**) férias

Na Grã-Bretanha, usa-se **vacation** sobretudo para as férias das universidades e dos tribunais de justiça. Nos outros casos, a palavra mais comum é **holiday.** Nos Estados Unidos, usa-se **vacation** de maneira mais generalizada.

▸ *vi (GB* **holiday**) passar as férias **vacationer** *(GB* **holidaymaker**) *s* pessoa que está de férias, turista

vaccinate /ˈvæksɪneɪt/ *vt* vacinar **vaccination** *s* **1** vacinação **2** vacina: *polio vaccinations* vacinas contra a pólio

vaccine /vækˈsiːn; *GB* ˈvæksiːn/ *s* vacina

vacuum /ˈvækjuəm/ *substantivo, verbo*
▸ *s (pl* **vacuums**) **1** vácuo: *vacuum-packed* embalado a vácuo **2** *(tb* **ˈvacuum cleaner**) aspirador de pó **LOC in a vacuum** isolado *(de outras pessoas ou acontecimentos)*
▸ *vt, vi* passar o aspirador (em)

vagina /vəˈdʒaɪnə/ *s* vagina

vague /veɪg/ *adj* (**vaguer, -est**) **1** vago **2** *(pessoa)* indeciso **3** *(gesto, expressão)* distraído **vaguely** *adv* **1** vagamente **2** ligeiramente: *It looks vaguely familiar.* Parece ligeiramente familiar. **3** distraidamente

vain /veɪn/ *adj* **1** *(pej)* vaidoso **2** inútil **LOC in vain** em vão

valentine /ˈvæləntaɪn/ *(tb* **ˈvalentine card**) *s* cartão para o dia dos Namorados

ˈValentine's Day *s* Dia dos Namorados

Nos Estados Unidos e na Grã-Bretanha o dia dos namorados é comemorado em 14 de fevereiro. As pessoas enviam um cartão anônimo (**valentine** ou **valentine card**) para a pessoa querida. As pessoas que mandam ou recebem estes cartões são chamados **valentines**.

valiant /ˈvæliənt/ *adj (formal)* valente

valid /ˈvælɪd/ *adj* válido **validity** /vəˈlɪdəti/ *s* validade

valley /ˈvæli/ *s* (*pl* **valleys**) vale

valuable /ˈvæljuəbl/ *adj* valioso ➲ *Comparar com* INVALUABLE **valuables** *s* [*pl*] objetos de valor

valuation /ˌvæljuˈeɪʃn/ *s* (*Fin*) avaliação

value /ˈvælju:/ *substantivo, verbo*
▸ *s* **1** valor *Ver tb* FACE VALUE **2 values** [*pl*] (*moral*) valores LOC **be good, etc. value** estar com preço bom, etc.
▸ *vt* **1** ~ **sth (at sth)** avaliar algo (em algo) **2** ~ **sb/sth (as/for sth)** valorizar, apreciar alguém/algo (como/por algo)

valve /vælv/ *s* válvula: *safety valve* válvula de segurança

vampire /ˈvæmpaɪər/ *s* vampiro

van /væn/ *s* furgão, caminhonete

vandal /ˈvændl/ *s* vândalo, -a **vandalism** *s* vandalismo **vandalize** (*GB tb* **-ise**) *vt* destruir (*intencionalmente*)

the vanguard /ˈvængɑ:rd/ *s* [*sing*] a vanguarda

vanilla /vəˈnɪlə/ *substantivo, adjetivo*
▸ *s* baunilha
▸ *adj* (*coloq*) comum: *This is only the vanilla version of the software.* Esta é apenas a versão standard do programa.

vanish /ˈvænɪʃ/ *vi* desaparecer

vanity /ˈvænəti/ *s* (*pl* **vanities**) vaidade

vantage point /ˈvæntɪdʒ pɔɪnt; *GB* ˈvɑ:n-/ *s* posição estratégica

vape /veɪp/ *vt, vi* fumar (cigarros eletrônicos)

vapor (*GB* **vapour**) /ˈveɪpər/ *s* vapor

variable /ˈveriəbl; ˈværi-/ *adj, s* variável

variance /ˈveriəns; ˈværi-/ *s* (*formal*) discordância LOC **be at variance (with sb/sth)** (*formal*) estar em desacordo (com alguém/algo)

variant /ˈveriənt; ˈværi-/ *s* variante

variation /ˌveriˈeɪʃn/ *s* ~ **(in/on/of sth)** variação, variante (em/de algo)

varied /ˈverid; ˈværid/ *adj* variado

variety /vəˈraɪəti/ *s* (*pl* **varieties**) variedade: *a variety of subjects* uma diversidade de temas ◊ *variety show* espetáculo de variedades

various /ˈveriəs; ˈværi-/ *adj* vários, diversos

varnish /ˈvɑ:rnɪʃ/ *substantivo, verbo*
▸ *s* verniz
▸ *vt* envernizar

vary /ˈveri; ˈværi/ *vt, vi* (*pt, pp* **varied**) variar **varying** *adj* variado: *in varying amounts* em diversas quantidades

vase /veɪs; veɪz; *GB* vɑ:z/ *s* vaso, jarra

vast /væst; *GB* vɑ:st/ *adj* vasto, imenso: *the vast majority* a grande maioria **vastly** *adv* imensamente

VAT /ˌvi: eɪ ˈti:; væt/ *s* (*abrev de* **value added tax**) (*GB*) ICMS

vat /væt/ *s* tonel

vault /vɔ:lt/ *substantivo, verbo*
▸ *s* **1** abóbada **2** cripta **3** (*tb* ˈ**bank vault**) caixa-forte **4** salto *Ver tb* POLE VAULT
▸ *vt, vi* ~ **(over) sth** saltar algo (*apoiando-se nas mãos ou com vara*)

VCR /ˌvi: si: ˈɑ:r/ *s* (*abrev de* **video (cassette) recorder**) videocassete

VDT /ˌvi: di: ˈti:/ (*GB* **VDU** /ˌvi: di: ˈju:/) *s* (*abrev de* **video display terminal/visual display unit**) (*Informát*) monitor

veal /vi:l/ *s* vitela ➲ *Ver nota em* CARNE

veer /vɪr/ *vi* **1** virar, desviar(-se): *to veer off course* sair do rumo **2** (*vento*) mudar (de direção)

veg /vedʒ/ *substantivo, verbo*
▸ *s* (*pl* **veg**) (*GB, coloq*) verdura, legume
▸ *v* (**-gg-**) PHR V **veg out** (*coloq*) vegetar

vegan /ˈvi:gən/ *substantivo, adjetivo*
▸ *s* vegano, -a (*que não consome nenhum derivado animal*)
▸ *adj* (*comida*) sem derivados animais

vegetable /ˈvedʒtəbl/ *s* **1** verdura, legume: *vegetable oil* óleo vegetal **2** (*pessoa*) vegetal

vegetarian /ˌvedʒəˈteriən/ (*GB, coloq* **veggie** /ˈvedʒi/) *adj, s* vegetariano, -a

vegetation /ˌvedʒəˈteɪʃn/ *s* vegetação

vehement /ˈvi:əmənt/ *adj* veemente, intenso

vehicle /ˈvi:hɪkl; *GB* ˈvi:əkl/ *s* **1** veículo **2** ~ **(for sth)** (*fig*) veículo, meio (de algo)

veil /veɪl/ *substantivo, verbo*
▸ *s* (*lit e fig*) véu
▸ *vt* **1** cobrir com um véu **2** encobrir, dissimular **veiled** *adj* **1** coberto com véu **2** (*formal*) (*ameaça, etc.*) velado: *veiled in secrecy* rodeado de sigilo

vein /veɪn/ *s* **1** veia **2** (*Geol*) veio **3** [*sing*] ~ **(of sth)** (*fig*) veia, rasgo (de algo) **4** [*sing*] tom, estilo

Velcro® /ˈvelkroʊ/ *s* velcro®

velocity /vəˈlɑ:səti/ *s* (*pl* **velocities**) velocidade ❶ Usa-se **velocity** sobretudo em contextos científicos ou formais. A palavra mais comum é **speed**.

velvet /ˈvelvɪt/ *s* veludo

vending machine /ˈvendɪŋ məʃi:n/ *s* máquina de vender

vendor /ˈvendər/ *s* vendedor, -ora

veneer /vəˈnɪr/ *s* **1** (*madeira, plástico*) folheado **2** [*sing*] ~ **(of sth)** (*formal*) (*fig*) aparência, fachada (de algo)

V

vengeance /ˈvendʒəns/ *s* vingança: *to take vengeance on sb* vingar-se de alguém LOC **with a vengeance** (*coloq*) furiosamente, em excesso

venison /ˈvenɪsn/ *s* (carne de) veado

venom /ˈvenəm/ *s* **1** veneno **2** (*formal*) (*fig*) veneno, ódio **venomous** *adj* (*lit e fig*) venenoso

vent /vent/ *substantivo, verbo*
▸ *s* orifício: *air vent* respiradouro LOC **give (full) vent to sth** (*formal*) desabafar algo, dar vazão a algo
▸ *vt* ~ **sth (on sb)** (*formal*) descarregar algo (em alguém)

ventilate /ˈventɪleɪt/ *vt* ventilar **ventilation** *s* ventilação **ventilator** *s* ventilador

ventriloquist /venˈtrɪləkwɪst/ *s* ventríloco, -a

venture /ˈventʃər/ *substantivo, verbo*
▸ *s* projeto, empreendimento
▸ *v* **1** *vi* aventurar-se, arriscar-se **2** *vt* (*formal*) (*opinião, etc.*) aventurar

venue /ˈvenjuː/ *s* **1** lugar (*de reunião*) **2** local (*para música*) **3** campo (*para uma partida de futebol, etc.*)

Venus /ˈviːnəs/ *s* Vênus

veranda (*tb* **verandah**) /vəˈrændə/ *s* varanda

verb /vɜːrb/ *s* verbo

verbal /ˈvɜːrbl/ *adj* verbal

verdict /ˈvɜːrdɪkt/ *s* veredicto

verge /vɜːrdʒ/ *substantivo, verbo*
▸ *s* (*GB*) borda de grama (*em caminho, jardim, etc.*) LOC **on the verge of (doing) sth** prestes a (fazer) algo
▸ *v* PHR V **verge on sth** chegar às raias de algo

verification /ˌverɪfɪˈkeɪʃn/ *s* **1** verificação, comprovação **2** ratificação

verify /ˈverɪfaɪ/ *vt* (*pt, pp* **-fied**) **1** verificar, comprovar **2** ratificar **3** (*suspeita, receio*) confirmar

veritable /ˈverɪtəbl/ *adj* (*formal*) verdadeiro

versatile /ˈvɜːrsətl; *GB* -taɪl/ *adj* versátil

verse /vɜːrs/ *s* **1** poesia, verso **2** estrofe **3** versículo

versed /vɜːrst/ *adj* ~ **in sth** versado em algo

version /ˈvɜːrʒn; *GB* ˈvɜːʃn/ *s* versão

versus /ˈvɜːrsəs/ *prep* (*abrev* **vs., v.**) (*Esporte*) versus

vertebra /ˈvɜːrtɪbrə/ *s* (*pl* **vertebrae** /-breɪ; -briː/) vértebra **vertebrate** /ˈvɜːrtɪbrət/ *adj, s* vertebrado

vertical /ˈvɜːrtɪkl/ *adj, s* vertical

vertigo /ˈvɜːrtɪgoʊ/ *s* [*não contável*] tontura

verve /vɜːrv/ *s* verve, entusiasmo

very /ˈveri/ *advérbio, adjetivo*
▸ *adv* **1** muito: *I'm very sorry.* Sinto muito. ◇ *not very much* não muito **2**: *the very best* o melhor possível ◇ *at the very latest* o mais tardar **3** mesmo: *the very next day* logo no dia seguinte ◇ *your very own pony* um pônei só para você
▸ *adj* **1**: *at that very moment* naquele mesmo momento ◇ *You're the very man I need.* Você é exatamente o homem de quem preciso. **2**: *at the very end/beginning* bem no fim/começo **3**: *the very idea/thought of...* a mera ideia/só de pensar em... LOC *Ver* EYE, FIRST

vessel /ˈvesl/ *s* **1** (*formal*) navio, barco **2** (*formal*) vasilha **3** (*Anat*) vaso (*sanguíneo, etc.*)

vest /vest/ *s* **1** (*GB* **waistcoat**) colete **2** (*GB*) (*USA* **undershirt**) camiseta (*roupa de baixo*)

ˌvested ˈinterest *s* LOC **have a vested interest in sth** ter interesse em algo (*por esperar vantagens*)

vestige /ˈvestɪdʒ/ *s* (*formal*) vestígio

vet /vet/ *verbo, substantivo*
▸ *vt* (**-tt-**) (*GB*) investigar
▸ *s* **1** (*coloq*) veterano de guerra **2** (*esp GB*) *Ver* VETERINARIAN

veteran /ˈvetərən/ *s* **1** veterano, -a **2** veterano, -a de guerra

ˈVeterans Day *s* Dia dos Veteranos de Guerra ➲ *Ver nota em* REMEMBRANCE SUNDAY

veterinarian /ˌvetərɪˈneriən/ (*tb esp GB* **vet**) *s* veterinário, -a

veto /ˈviːtoʊ/ *substantivo, verbo*
▸ *s* (*pl* **vetoes**) veto
▸ *vt* (*pt, pp* **vetoed**; *part pres* **vetoing**) vetar

via /ˈvaɪə; ˈviːə/ *prep* por, via: *via Paris* via Paris

viable /ˈvaɪəbl/ *adj* viável

vibes /vaɪbz/ *s* [*pl*] (*tb* **vibe** /vaɪb/ [*sing*]) (*coloq*) astral, vibração

vibrate /ˈvaɪbreɪt; *GB* vaɪˈbreɪt/ *vt, vi* (fazer) vibrar **vibration** *s* vibração

vicar /ˈvɪkər/ *s* pastor, -ora (*anglicano*) ➲ *Ver nota em* PRIEST **vicarage** /ˈvɪkərɪdʒ/ *s* (*GB*) residência paroquial

vice /vaɪs/ *s* **1** vício: *the vice squad* a delegacia de costumes **2** (*GB*) = VISE

vice- /vaɪs/ *pref* vice-

ˌvice ˈpresident (*tb* **ˌvice-ˈpresident**) *s* (*abrev* **VP**) vice-presidente, -a

vice versa /ˌvaɪs ˈvɜːrsə/ *adv* vice-versa

the vicinity /vəˈsɪnəti/ *s* [*sing*] LOC **in the vicinity (of sth)** nas proximidades (de algo)

vicious /ˈvɪʃəs/ *adj* **1** maldoso, cruel **2** (*ataque, pancada*) violento **3** (*cachorro,*

V

etc.) feroz LOC **a vicious circle** um círculo vicioso

victim /ˈvɪktɪm/ *s* vítima LOC *Ver* FALL **victimize** (*GB tb* **-ise**) *vt* escolher como vítima, tratar injustamente

victor /ˈvɪktər/ *s* (*formal*) vencedor, -ora **victorious** /vɪkˈtɔːriəs/ *adj* **1** ~ **(in sth)** vitorioso (em algo) **2** (*equipe*) vencedor **3 be** ~ **(over sb/sth)** triunfar (sobre alguém/algo)

victory /ˈvɪktəri/ *s* (*pl* **victories**) vitória, triunfo

video /ˈvɪdioʊ/ *s* (*pl* **videos**) **1** vídeo **2** (*GB*) (*tb* **video (cassette) recorder**) (*USA* **VCR**) videocassete

videoconference /ˈvɪdioʊkɑːnfərəns/ *s* videoconferência

view /vjuː/ *substantivo, verbo*

▸ *s* **1** vista **2** (*imagem*) visão **3** ~ **(about/on sth)** opinião, parecer (sobre algo): *in my view* na minha opinião **4** (*modo de entender*) critério, conceito **5** (*tb* **viewing**) sessão: *We had a private view of the movie.* Assistimos ao filme numa sessão privada. LOC **in view of sth** (*formal*) em vista de algo ◆ **with a view to doing sth** (*formal*) com a intenção de fazer algo *Ver tb* POINT

▸ *vt* **1** ~ **sb/sth (as sth)** ver, considerar alguém/algo (como algo) **2** ver, olhar **viewer** *s* **1** telespectador, -ora **2** espectador, -ora

viewpoint /ˈvjuːpɔɪnt/ *s* ponto de vista

vigil /ˈvɪdʒɪl/ *s* vigília

vigilant /ˈvɪdʒɪlənt/ *adj* (*formal*) vigilante, alerta

vigorous /ˈvɪgərəs/ *adj* vigoroso, enérgico

vile /vaɪl/ *adj* (**viler**, **vilest**) repugnante, asqueroso

villa /ˈvɪlə/ *s* casa de campo/praia (*esp para férias*)

village /ˈvɪlɪdʒ/ *s* povoado, aldeia

> Nos Estados Unidos, usa-se a palavra **village** apenas para povoados tradicionais de outros países.

villager *s* habitante (*de uma aldeia*)

villain /ˈvɪlən/ *s* **1** (*Cinema, Teat, etc.*) vilão, -ã **2** (*GB, coloq*) criminoso, -a

vindicate /ˈvɪndɪkeɪt/ *vt* (*formal*) **1** vindicar **2** justificar

vindictive /vɪnˈdɪktɪv/ *adj* vingativo

vine /vaɪn/ *s* **1** videira, parreira **2** trepadeira

vinegar /ˈvɪnɪgər/ *s* vinagre

vineyard /ˈvɪnjərd/ *s* vinha, vinhedo

vintage /ˈvɪntɪdʒ/ *substantivo, adjetivo*

▸ *s* **1** safra **2** vindima

▸ *adj* **1** (*vinho*) de boa safra **2** (*fig*) clássico

vinyl /ˈvaɪnl/ *s* vinil

viola /viˈoʊlə/ *s* viola (*tipo de violino*)

violate /ˈvaɪəleɪt/ *vt* (*formal*) **1** violar (*leis, normas*) **2** (*intimidade*) invadir ❶ Quase nunca se usa **violate** no sentido sexual. Nesse sentido, utiliza-se **rape**.

violence /ˈvaɪələns/ *s* violência

violent /ˈvaɪələnt/ *adj* violento

violet /ˈvaɪələt/ *s* (*Bot, cor*) violeta

violin /ˌvaɪəˈlɪn/ *s* violino **violinist** *s* violinista

VIP /ˌviː aɪ ˈpiː/ *s* (*abrev de* **very important person**) VIP

viral /ˈvaɪrəl/ *adj* (*infecção, Internet*) viral: *viral marketing* marketing viral ◇ *The video went viral within a few hours.* O vídeo viralizou em poucas horas.

virgin /ˈvɜːrdʒɪn/ *adj, s* virgem **virginity** /vərˈdʒɪnəti/ *s* virgindade

Virgo /ˈvɜːrgoʊ/ *s* (*pl* **Virgos**) Virgem ➲ *Ver exemplos em* AQUÁRIO

virile /ˈvɪrəl; *GB* -raɪl/ *adj* viril, varonil

virtual /ˈvɜːrtʃuəl/ *adj* virtual: *virtual reality* realidade virtual

virtually /ˈvɜːrtʃuəli/ *adv* virtualmente, praticamente

virtue /ˈvɜːrtʃuː/ *s* **1** virtude **2** mérito LOC **by virtue of sth** (*formal*) em virtude de algo **virtuous** *adj* virtuoso

virus /ˈvaɪrəs/ *s* (*pl* **viruses**) (*Biol, Informát*) vírus

visa /ˈviːzə/ *s* visto

vis-à-vis /ˌviːz ɑː ˈviː/ *prep* **1** com relação a **2** em comparação com

viscous /ˈvɪskəs/ *adj* viscoso

vise (*GB* **vice**) /vaɪs/ *s* torninho (*de carpinteiro*)

visible /ˈvɪzəbl/ *adj* **1** visível **2** (*fig*) patente **visibly** *adv* visivelmente, obviamente

vision /ˈvɪʒn/ *s* **1** vista **2** (*previsão, sonho*) visão

visit /ˈvɪzɪt/ *verbo, substantivo*

▸ *vt, vi* visitar

▸ *s* visita LOC *Ver* PAY **visiting** *adj* visitante (*equipe, professor*): *visiting hours* horário de visita **visitor** *s* **1** visitante, visita **2** turista

visor /ˈvaɪzər/ *s* **1** visor **2** (*GB* **peak**) viseira (*de boné, quepe*)

vista /ˈvɪstə/ *s* (*formal*) **1** vista, panorama **2** (*fig*) perspectiva

visual /ˈvɪʒuəl/ *adj* visual **visualize** (*GB tb* **-ise**) *vt* **1** visualizar **2** prever

vital /ˈvaɪtl/ *adj* ~ **(for/to sb/sth)** vital, imprescindível (para alguém/algo)

V

vitally *adv*: *vitally important* de importância vital
vitality /vaɪˈtæləti/ *s* vitalidade
vitamin /ˈvaɪtəmɪn; *GB* ˈvɪ-/ *s* vitamina
vivacious /vaɪˈveɪʃəs; vɪˈ-/ *adj* vivaz (*esp mulher*)
vivid /ˈvɪvɪd/ *adj* vivo (*cores, imaginação, etc.*) **vividly** *adv* vivamente
vixen /ˈvɪksn/ *s* raposa fêmea
ˈ**V-neck** *s* gola em V ˈ**V-necked** *adj* com gola em V
vocabulary /vəˈkæbjəleri; *GB* -ləri/ *s* (*pl* **vocabularies**) (*coloq* **vocab** /ˈvoʊkæb/) vocabulário
vocal /ˈvoʊkl/ *adjetivo, substantivo*
▸ *adj* **1** vocal: *vocal cords* cordas vocais **2** (*crítica, etc.*) que se faz ouvir: *a group of very vocal supporters* um grupo de admiradores muito barulhentos
▸ *s* [*ger pl*]: *backing vocals* vocais de apoio ◇ *to be on vocals* cantar
vocalist /ˈvoʊkəlɪst/ *s* vocalista
vocation /voʊˈkeɪʃn/ *s* ~ **(for sth)** vocação (para algo) **vocational** *adj* técnico-profissional: *vocational training* formação profissional
vociferous /voʊˈsɪfərəs; *GB* vəˈ-/ *adj* (*formal*) vociferante
vodka /ˈvɑːdkə/ *s* vodka
vogue /voʊg/ *s* ~ **(for sth)** moda (de algo) LOC **in vogue** em voga
voice /vɔɪs/ *substantivo, verbo*
▸ *s* voz: *to raise/lower your voice* levantar/baixar a voz ◇ *to have no voice in the matter* não ter voz ativa na questão LOC **make your voice heard** fazer-se ouvir *Ver tb* TOP
▸ *vt* exprimir
ˈ**voice mail** (*tb* **voicemail**) *s* correio de voz
void /vɔɪd/ *substantivo, adjetivo*
▸ *s* (*formal*) vazio
▸ *adj* **1** ~ **(of sth)** (*formal*) desprovido (de algo) **2** (*Jur*) nulo: *to make sth void* anular algo LOC *Ver* NULL
volatile /ˈvɑːlətl; *GB* -taɪl/ *adj* **1** (*pessoa*) inconstante **2** (*situação*) instável
volcano /vɑːlˈkeɪnoʊ/ *s* (*pl* **volcanoes**) vulcão
volition /voʊˈlɪʃn; vəˈ-/ *s* LOC **of your own volition** (*formal*) por sua própria vontade
volley /ˈvɑːli/ *s* (*pl* **volleys**) **1** (*Esporte*) voleio **2** (*pedras, balas, insultos, etc.*) saraivada
volleyball /ˈvɑːlibɔːl/ *s* voleibol: *beach volleyball* vôlei de praia
volt /voʊlt/ *s* volt **voltage** /ˈvoʊltɪdʒ/ *s* voltagem: *high voltage* alta tensão
volume /ˈvɑːljuːm; -jəm/ *s* volume
voluminous /vəˈluːmɪnəs/ *adj* (*formal*) **1** (*roupa*) amplo **2** (*texto*) extenso
voluntary /ˈvɑːlənteri; *GB* -tri/ *adj* voluntário
volunteer /ˌvɑːlənˈtɪr/ *substantivo, verbo*
▸ *s* voluntário, -a
▸ *v* **1** *vi* ~ **(for sth/to do sth)** oferecer-se (como voluntário) (para algo/fazer algo) **2** *vt* oferecer (*informação, sugestão*)
voluntourism /ˌvɑːlənˈtʊrɪzəm/ *s* [*não contável*] voluntourismo
vomit /ˈvɑːmɪt/ *verbo, substantivo*
▸ *vt, vi* vomitar ❶ A expressão mais comum é **throw up**.
▸ *s* [*não contável*] vômito **vomiting** *s* [*não contável*] vômitos
voracious /vəˈreɪʃəs/ *adj* (*formal*) voraz, insaciável
vote /voʊt/ *verbo, substantivo*
▸ *v* **1** *vt, vi* votar: *to vote for/against sb/sth* votar a favor de/contra alguém/algo ◇ *He was voted best actor.* Ele foi eleito o melhor ator. **2** *vt* aprovar (*por votação*) **3** *vt* ~ **(that...)** propor (que...)
▸ *s* **1** ~ **(for/against sth)** voto (a favor de/contra algo) **2** votação: *to take a vote on sth/put sth to the vote* submeter algo a votação **3 the vote** [*sing*] o direito de voto LOC **vote of confidence/no confidence** voto de confiança/censura ◆ **vote of thanks** palavras de agradecimento **voter** *s* eleitor, -ora **voting** *s* [*não contável*] votação
vouch /vaʊtʃ/ *v* PHR V **vouch for sb** responder por alguém ◆ **vouch for sth** garantir algo
voucher /ˈvaʊtʃər/ *s* vale
vow /vaʊ/ *substantivo, verbo*
▸ *s* voto, juramento
▸ *vt* jurar
vowel /ˈvaʊəl/ *s* vogal
voyage /ˈvɔɪɪdʒ/ *s* viagem ➲ *Ver nota em* VIAGEM
VPN /ˌviː piː ˈen/ *s* (*abrev de* **virtual private network**) (*Internet*) VPN, rede privada virtual
ˈ**V-shaped** *adj* em forma de V
vulgar /ˈvʌlgər/ *adj* **1** vulgar **2** (*piada, etc.*) grosseiro
vulnerable /ˈvʌlnərəbl/ *adj* vulnerável
vulture /ˈvʌltʃər/ *s* abutre, urubu

Ww

W, w /ˈdʌbljuː/ *s* (*pl* **Ws, W's, w's**) W, w ➲ *Ver nota em* A, A

wacky /ˈwæki/ *adj* (**wackier**, **-iest**) *(coloq)* excêntrico

wade /weɪd/ **1** *vi* caminhar com dificuldade por água, lama, etc. **2** *vt (riacho)* vadear **3** *vi (GB* **paddle***)* andar com os pés na água PHR V **wade through sth** ler/lidar com algo *(pesado ou chato)*

wafer /ˈweɪfər/ *s* biscoito de baunilha

waffle /ˈwɑːfl/ *substantivo, verbo*
▸ *s* **1** waffle **2** *[não contável] (esp GB, coloq)* enrolação *(ao falar e em textos escritos)*
▸ *vi (coloq)* **1** ~ **(on/over sth)** *(USA)* estar indeciso (sobre algo) **2** ~ **(on) (about sth)** *(esp GB, pej)* enrolar (sobre algo) *(ao falar e em textos escritos)*

wag /wæg/ *vt, vi* (**-gg-**) *(rabo)* abanar

wage /weɪdʒ/ *substantivo, verbo*
▸ *s [ger pl]* ordenado *(semanal)* ➲ *Comparar com* SALARY
▸ *vt* LOC **wage (a) war/a battle (against/on sb/sth)** travar guerra/batalha (contra alguém/algo)

wagon /ˈwægən/ *s* **1** *(GB tb* **waggon***)* carroça **2** *(GB) (USA* ˈ**freight car***) (trem)* vagão (de carga)

wail /weɪl/ *verbo, substantivo*
▸ *vi* **1** gemer, lamentar-se **2** *(sirene)* apitar
▸ *s* **1** gemido, lamento **2** *(sirene)* apito

waist /weɪst/ *s* cintura

waistband /ˈweɪstbænd/ *s* cós

waistcoat /ˈweskət; ˈweɪskoʊt/ *s (GB) (USA* **vest***)* colete

waistline /ˈweɪstlaɪn/ *s* cintura *(dimensão)*

wait /weɪt/ *verbo, substantivo*
▸ *v* **1** *vi* ~ **(for sb/sth)** esperar (alguém/algo): *Wait a minute.* Espere um minuto. ◇ *I can't wait to...* Não vejo a hora de... ➲ *Ver nota em* ESPERAR **2** *vt (vez)* esperar LOC **keep sb waiting** fazer alguém esperar PHR V **wait behind** ficar *(esp para falar com alguém)* ◆ **wait on sb** servir alguém *(esp em restaurante)* ◆ **wait up (for sb)** esperar acordado (por alguém)
▸ *s* espera: *We had a three-hour wait for the bus.* Esperamos três horas pelo ônibus.

waiter /ˈweɪtər/ *s* garçom

ˈ**waiting list** *s* lista de espera

ˈ**waiting room** *s* sala de espera

waitress /ˈweɪtrəs/ *s* garçonete

waive /weɪv/ *vt* **1** *(pagamento, direito)* renunciar a **2** *(norma)* não aplicar

wake /weɪk/ *verbo, substantivo*
▸ *vt, vi (pt* **woke** /woʊk/, *pp* **woken** /ˈwoʊkən/) ~ **(sb) (up)** acordar, despertar alguém; acordar-se, despertar-se LOC **wake up and smell the coffee** *(coloq)* cai na real! PHR V **wake (sb) up** *(fig)* (fazer alguém) abrir os olhos ◆ **wake up to sth** dar-se conta de algo
▸ *s* **1** velório **2** *(Náut)* esteira LOC **in the wake of sth** em seguida a algo

ˈ**wake-up call** *s* **1** chamada para acordar *(em hotéis)* **2** *(fig)* alerta

walk /wɔːk/ *verbo, substantivo*
▸ *v* **1** *vi* andar ➲ *Ver nota em* ANDAR[1] **2** *vt* acompanhar: *I'll walk you home.* Acompanho você até a sua casa. **3** *vt* passear: *to walk the dog* levar o cachorro para passear **4** *vt* percorrer (a pé) PHR V **walk away/off** ir embora ◆ **walk away/off with sth** *(coloq)* conseguir algo de barbada ◆ **walk into sth/sb** chocar(-se) contra algo/alguém ◆ **walk out (on sb)** *(coloq)* abandonar alguém, mandar-se ◆ **walk out (of sth)** sair de repente (de algo)
▸ *s* **1** passeio, caminhada: *to go for a walk* (ir) dar um passeio ◇ *It's a ten-minute walk.* É uma caminhada de dez minutos. **2** *[sing]* andar LOC **a walk of life**: *people of/from all walks of life* pessoas de todas as classes e profissões

walker /ˈwɔːkər/ *s* caminhante

walking /ˈwɔːkɪŋ/ *s* andar: *walking shoes* sapatos para caminhar

ˈ**walking stick** *s* bengala

walkout /ˈwɔːkaʊt/ *s* greve

walkover /ˈwɔːkoʊvər/ *s* vitória fácil

wall /wɔːl/ *s* **1** muro, parede **2** *(de cidade, fig)* muralha **3** *(esp GB) (Futebol)* barreira LOC **up the wall** *(coloq)* **1** louco **2** doido da vida *Ver tb* BACK **walled** *adj* **1** amuralhado **2** murado

wallet /ˈwɑːlɪt/ *s* carteira *(de dinheiro)*

wallpaper /ˈwɔːlpeɪpər/ *s* papel de parede

ˈ**Wall Street** *s* centro financeiro de Nova York

walnut /ˈwɔːlnʌt/ *s* **1** noz **2** *(árvore, madeira)* nogueira

waltz /wɔːls; wɔːlts/ *substantivo, verbo*
▸ *s* valsa
▸ *vi* valsar

WAN /wæn/ *s (pl* **WANs***) (abrev de* **wide area network***) (Informát)* WAN *(rede de área ampla)*

wand /wɑːnd/ *s* varinha: *magic wand* varinha mágica

wander /ˈwɑːndər/ **1** *vi* andar ao acaso

> Frequentemente, o verbo **wander** é seguido de **around**, **about** ou de outras preposições ou advérbios. Nesses casos, é traduzido por diferentes

W

verbos em português e tem o sentido de "andar distraidamente, sem nenhum propósito": *to wander in* entrar distraidamente ◇ *She wandered across the road.* Ela atravessou a rua distraidamente.

2 *vi* ~ **away/off** afastar-se **3** *vt* (*ruas, etc.*) vagar por **4** *vi* (*pensamentos*) devanear **5** *vi* (*olhar*) passear

wane /weɪn/ *verbo, substantivo*
▸ *vi* minguar, diminuir (*poder, entusiasmo*)
▸ *s* [*sing*] LOC **be on the wane** minguar, diminuir

wanna /ˈwɑːnə/ (*coloq*) = WANT TO *Ver* WANT ❶ Essa forma não é considerada gramaticalmente correta.

wannabe /ˈwɑːnəbi/ *s* (*coloq, pej*) pessoa que imita alguém famoso: *He's a rock star wannabe.* Ele quer ser um astro do rock.

want /wɑːnt/ *verbo, substantivo*
▸ *v* **1** *vt, vi* querer: *I want some cheese.* Quero queijo. ◇ *Do you want to go?* Você quer ir?

A expressão **would like** também significa *querer*. É mais cortês e utiliza-se sobretudo para oferecer alguma coisa ou quando se convida alguém: *Would you like to come to dinner?* Você quer vir jantar lá em casa? ◇ *Would you like something to eat?* Você quer comer alguma coisa?

2 *vt* procurar, precisar: *You're wanted upstairs/on the phone.* Estão procurando você lá em cima./Querem falar com você ao telefone. **3** *vt* (*esp GB, coloq*) precisar: *This house wants a good clean.* Esta casa precisa de uma boa limpeza.
▸ *s* (*formal*) **1** [*ger pl*] necessidade, vontade **2** ~ **of sth** falta de algo: *for want of sth* por falta de algo ◇ *not for want of trying* não por não tentar **3** miséria, pobreza
wanted *adj* procurado (*pela polícia*)
wanting *adj* ~ **(in sth)** (*formal*) carente (de algo)

ˈwant ads *s* [*pl*] classificados

WAP /wæp/ *abrev de* **wireless application protocol** WAP (*para aplicações sem fio*)

war /wɔːr/ *s* **1** guerra: *at war* em guerra **2** conflito **3** ~ **(against/on sb/sth)** (*fig*) luta (contra alguém/algo) LOC *Ver* WAGE

ward /wɔːrd/ *substantivo, verbo*
▸ *s* ala (*de hospital*)
▸ *v* PHR V **ward sb/sth off** proteger-se, defender-se de alguém/algo

warden /ˈwɔːrdn/ *s* guarda *Ver tb* TRAFFIC WARDEN

wardrobe /ˈwɔːrdroʊb/ *s* **1** (*esp GB*) (*USA* **closet**) armário, guarda-roupa ➲ *Comparar com* CUPBOARD **2** (*vestimenta*) guarda-roupa (*de inverno, etc.*)

warehouse /ˈwerhaʊs/ *s* armazém

warfare /ˈwɔːrfer/ *s* [*não contável*] guerra, combate

warhead /ˈwɔːrhed/ *s* ogiva (*míssil*)

warlike /ˈwɔːrlaɪk/ *adj* (*formal*) belicoso

warm /wɔːrm/ *adjetivo, verbo*
▸ *adj* (**warmer, -est**) **1** (*clima*) quente, temperado: *It's warm today.* Está quente hoje. ➲ *Ver nota em* QUENTE **2** (*coisa*) quente **3** (*pessoa*): *to be/get warm* sentir calor/aquecer-se **4** (*roupa*) de agasalho, quente **5** (*atitude*) caloroso, cordial
▸ *vt, vi* ~ **(sth/sb/yourself) (up)** esquentar (algo); aquecer alguém, aquecer-se PHR V **warm up 1** (*Esporte*) fazer o aquecimento **2** (*motor*) esquentar **warming** *s*: *global warming* aquecimento global **warmly** *adv* **1** calorosamente **2**: *warmly dressed* bem agasalhado **3** (*agradecer*) efusivamente

ˌwarm-ˈblooded *adj* com sangue quente ➲ *Comparar com* HOT-BLOODED

warmth /wɔːrmθ/ *s* **1** calor **2** simpatia, amabilidade, entusiasmo

ˈwarm-up *s* aquecimento

warn /wɔːrn/ **1** *vt* ~ **sb (about/of sth)** avisar alguém (sobre/de algo); prevenir alguém (contra/sobre algo): *They warned us about/of the strike.* Eles nos avisaram sobre a greve. ◇ *They warned us about the neighbors.* Eles nos preveniram sobre os vizinhos. **2** *vt* ~ **sb that...** advertir alguém de que...: *I warned them that it would be expensive.* Eu os adverti de que seria caro. **3** *vt, vi* ~ **(sb) against doing sth**; ~ **sb not to do sth** avisar (alguém) para não fazer algo: *They warned (us) against going into the forest.* Eles nos advertiram de que não entrássemos na floresta.

warning /ˈwɔːrnɪŋ/ *s* aviso, advertência

warp /wɔːrp/ *vt, vi* empenar **warped** *adj* (*pej*) pervertido: *a warped sense of humor* um senso de humor deturpado

warrant /ˈwɔːrənt; *GB* ˈwɒrənt/ *substantivo, verbo*
▸ *s* (*Jur*) autorização: *search warrant* mandado de busca
▸ *vt* (*formal*) justificar

warranty /ˈwɔːrənti; *GB* ˈwɒrən-/ *s* (*pl* **warranties**) garantia

warren /ˈwɔːrən; *GB* ˈwɒrən/ *s* **1** coelheira **2** (*fig*) labirinto

W

warrior /ˈwɔːriər; *GB* ˈwɒri-/ *s* guerreiro, -a

warship /ˈwɔːrʃɪp/ *s* navio de guerra

wart /wɔːrt/ *s* verruga

wartime /ˈwɔːrtaɪm/ *s* (tempo de) guerra

wary /ˈweri/ *adj* (**warier**) cauteloso: *to be wary of sb/sth* desconfiar de alguém/algo

was /wəz; wʌz/ *Ver* BE

wash /wɑːʃ/ *verbo, substantivo*
▸ *v* **1** *vt, vi* lavar(-se): *to wash yourself* lavar-se **2** *vt* ~ **sb/sth (away)** levar, arrastar alguém/algo: *to be washed overboard* ser lançado ao mar pela correnteza PHR V **wash off** sair ao lavar ◆ **wash sth off** tirar algo lavando ◆ **wash sth out** lavar algo ◆ **wash over sth** espalhar-se sobre algo ◆ **wash up 1** (*USA*) lavar-se (*as mãos e o rosto*) **2** (*GB*) lavar os pratos/a louça ◆ **wash sth up 1** (*mar*) arrastar algo até a praia **2** (*GB*) (*pratos*) lavar algo
▸ *s* **1** lavagem: *to have a wash* lavar-se **2 the wash** [*sing*] roupa lavada ou para lavar: *All my shirts are in the wash.* Todas as minhas camisas estão para lavar. **3** [*sing*] (*Náut*) esteira *Ver tb* CAR WASH **washable** *adj* lavável

washbasin /ˈwɑːʃbeɪsn/ *s* (*esp GB*) (*tb esp USA* **sink**) pia (*de banheiro*)

washcloth /ˈwɑːʃklɔːθ; *GB* -klɒθ/ (*GB* **flannel**) *s* toalhinha de (lavar o) rosto

washing /ˈwɑːʃɪŋ/ *s* **1** lavagem **2** (*GB*) (*USA* **wash**) roupa lavada ou para lavar

ˈ**washing machine** *s* máquina de lavar roupa

ˈ**washing powder** *s* (*GB*) (*USA* **detergent**) sabão em pó

ˌ**washing-ˈup** *s* (*GB*) lavagem da louça: *to do the washing-up* lavar a louça

washing-ˈup liquid *s* (*GB*) (*USA* **dishwashing liquid**) detergente (*líquido*)

washroom /ˈwɑːʃruːm; -rʊm/ *s* banheiro (público)

wasn't /ˈwʌznt; *GB* ˈwɒznt/ = WAS NOT *Ver* BE

wasp /wɑːsp/ *s* vespa

waste /weɪst/ *verbo, substantivo, adjetivo*
▸ *vt* **1** esbanjar **2** (*tempo, ocasião*) perder **3** (*não usar*) desperdiçar LOC **waste your breath** perder seu tempo PHR V **waste away** definhar
▸ *s* **1** perda, desperdício **2** (*ação*) esbanjamento **3** [*não contável*] resíduos, sobras, lixo: *nuclear waste* lixo nuclear LOC **a waste of space** (*coloq*) (*pessoa*) um inútil ◆ **go/run to waste** ser desperdiçado, desperdiçar-se
▸ *adj* **1**: *waste material/products* resíduos **2** baldio (*terreno*) **wasted** *adj* [*antes do substantivo*] **1** inútil (*viagem, esforço*) **2** (*gíria*) chapado **wasteful** *adj* **1** esbanjador **2** (*método, processo*) antieconômico

wastebasket /ˈweɪstbæskɪt; *GB* -bɑːskɪt/ (*GB* ˌ**waste-ˈpaper basket**) *s* cesta de papéis ➲ *Ver ilustração em* GARBAGE CAN

wasteland /ˈweɪstlænd/ *s* terreno baldio

wastewater /ˈweɪstwɔːtər/ *s* [*não contável*] águas residuais

watch /wɑːtʃ/ *verbo, substantivo*
▸ *v* **1** *vt, vi* observar, olhar ➲ *Ver nota em* OLHAR[1] **2** *vt* (*TV, Esporte*) assistir a **3** *vt, vi* (*espiar*) vigiar, observar **4** *vt* ter cuidado com, prestar atenção a: *Watch your language.* Modere a linguagem. LOC **watch it** (*coloq*) preste atenção ◆ **watch your step** (*fig*) andar na linha PHR V **watch out (for sth); watch for sth** ter cuidado (com alguém/algo), estar atento (a algo), esperar algo: *Watch out!* Cuidado! ◆ **watch over sb/sth** tomar conta de alguém/algo
▸ *s* **1** relógio (*de pulso*) ➲ *Ver ilustração em* RELÓGIO **2** vigilância **3** sentinela, vigia LOC **keep watch (on/over sb/sth)** vigiar (alguém/algo): *The government is keeping a close watch on the situation.* O governo está acompanhando a situação de perto. *Ver tb* CLOSE[1]

watchdog /ˈwɑːtʃdɔːg; *GB* -dɒg/ *s* órgão em defesa dos direitos do consumidor

watchful /ˈwɑːtʃfl/ *adj* vigilante, atento

water /ˈwɔːtər/ *substantivo, verbo*
▸ *s* água: *water sports* esportes aquáticos LOC **under water 1** embaixo d'água, debaixo d'água **2** inundado *Ver tb* FISH
▸ *v* **1** *vt* (*planta*) regar **2** *vi* (*olhos*) lacrimejar **3** *vi* (*boca*) salivar PHR V **water sth down 1** diluir algo com água **2** (*crítica, etc.*) amenizar algo

watercolor (*GB* **watercolour**) /ˈwɔːtərkʌlər/ *s* aquarela

ˈ**water cooler** *s* refrigerador de água

watercress /ˈwɔːtərkres/ *s* [*não contável*] agrião

waterfall /ˈwɔːtərfɔːl/ *s* cascata, cachoeira

ˈ**water feature** *s* fonte ornamental

waterfront /ˈwɔːtərfrʌnt/ *s* orla (*do mar, rio, etc.*): *a waterfront apartment* um apartamento à beira-mar

ˈ**watering can** *s* regador

ˈ**water lily** *s* (*pl* **lilies**) vitória-régia

W

watermelon /ˈwɔːtərmelən/ *s* melancia

ˈ**water park** *s* parque aquático

ˈ**water pistol** *s* pistola de água

ˈ**water polo** *s* polo aquático

waterproof /ˈwɔːtərpruːf/ *adj, s* impermeável

ˈ**water-resistant** *adj* resistente à água

watershed /ˈwɔːtərʃed/ *s* momento decisivo

waterski /ˈwɔːtərskiː/ *v* fazer esqui aquático **waterskiing** *s* esqui aquático

ˈ**water slide** *s* (*piscina*) tobogã

watertight /ˈwɔːtərtaɪt/ *adj* **1** (*recipiente*) à prova d'água, hermético **2** (*argumento, etc.*) irrefutável

waterway /ˈwɔːtərweɪ/ *s* via navegável, canal

watery /ˈwɔːtəri/ *adj* **1** (*pej*) aguado **2** (*cor*) pálido **3** (*olhos*) lacrimoso

watt /wɑːt/ *s* watt

⚷ **wave** /weɪv/ *substantivo, verbo*

▸ *s* **1** onda *Ver tb* TIDAL WAVE **2** (*fig*) enxurrada **3** aceno

▸ *v* **1** *vt, vi* ~ **(your hand) (at/to sb)** acenar (para alguém) **2** *vt* ~ **sth (at sb)**; ~ **sth (around)** fazer um aceno com algo (a alguém); agitar algo **3** *vt, vi* ondular(-se) **4** *vi* (*bandeira*) tremular LOC **wave goodbye (to sb)** dar adeus (a alguém) PHR V **wave sth aside** ignorar algo (*objeções*)

wavelength /ˈweɪvleŋθ/ *s* comprimento de onda

waver /ˈweɪvər/ *vi* **1** fraquejar **2** (*voz*) tremer **3** vacilar

wavy /ˈweɪvi/ *adj* **1** ondulado **2** ondulante

wax /wæks/ *substantivo, verbo*

▸ *s* cera

▸ *vt*: *to wax your legs/have your legs waxed* depilar as pernas

⚷ **way** /weɪ/ *substantivo, advérbio*

▸ *s* **1** forma, maneira: *Do it your own way!* Faça do seu jeito! **2** ~ **(from… to…)** caminho (de…a…) : *to ask/tell sb the way* perguntar/informar o caminho a alguém ◇ *across/over the way* em frente/do outro lado da rua ◇ *a long way (away)* muito longe ➲ *Ver nota em* FAR **3** direção: *"Which way?" "That way."* —Por onde? —Por ali. ◇ *Is it the right/wrong way around/up?* Está do lado certo?/Não está do lado errado? **4** passagem, caminho: *He was standing in my way.* Ele estava me atrapalhando. ◇ *Get out of my way!* Sai da minha frente! **5 ways** [*ger pl*] costumes **6 Way** (*em nomes*) via LOC **by the way** a propósito ♦ **divide, split, etc. sth two, three, etc. ways** dividir algo em dois, três, etc. ♦ **get/have your own way** conseguir o que se quer ♦ **give way (to sb/sth) 1** ceder (a alguém/algo) **2** (*GB*) (*USA* **yield**) (*trânsito*) dar preferência (a alguém/algo) ♦ **give way to sth 1** ceder a algo **2** dar lugar a algo ♦ **go out of your way (to do sth)** dar-se ao trabalho (de fazer algo) ♦ **in a/one way**; **in some ways** de certo modo ♦ **lose your way** perder-se ♦ **make way (for sb/sth)** abrir caminho (para alguém/algo) ♦ **make your way (to/toward sth)** ir-se (para/em direção a algo) ♦ **no way!** (*coloq*) nem pensar! ♦ **one way or another** de um jeito ou de outro ♦ **on the/your/its way** no/a caminho: *I'm on my way.* Estou a caminho. ♦ **the other way around 1** às avessas **2** ao contrário ♦ **under way** em andamento ♦ **way of life** estilo de vida ♦ **ways and means** meios *Ver tb* BAR, DOWNHILL, FEEL, FIGHT, FIND, HARD, HARM, LEAD[1], LONG, MEND, PAVE, TALK

▸ *adv* muito: *way ahead* muito adiante LOC **way back** muito tempo atrás: *way back in the fifties* lá pelos anos cinquenta

ˌ**way** ˈ**out** *s* (*GB*) saída

WC /ˌdʌbljuː ˈsiː/ *s* banheiro (público) ➲ *Ver nota em* BATHROOM

⚷ **we** /wiː/ *pron* nós: *Why don't we go?* Por que não vamos? ℹ O pronome pessoal não pode ser omitido em inglês. ➲ *Comparar com* US

⚷ **weak** /wiːk/ *adj* (**weaker, -est**) **1** fraco **2** (*Med*) debilitado **3** (*bebida*) aguado **4** ~ **(at/in/on sth)** deficiente (em algo) **weaken** *vt, vi* enfraquecer(-se)

⚷ **weakness** /ˈwiːknəs/ *s* **1** debilidade **2** fraqueza

⚷ **wealth** /welθ/ *s* **1** [*não contável*] riqueza **2** [*sing*] ~ **of sth** abundância de algo **wealthy** *adj* (**wealthier, -iest**) rico

⚷ **weapon** /ˈwepən/ *s* arma

⚷ **wear** /wer/ *verbo, substantivo*

▸ *v* (*pt* **wore** /wɔːr/, *pp* **worn** /wɔːrn/) **1** *vt* (*roupa, óculos, etc.*) usar **2** *vt* (*expressão*) ter **3** *vt, vi* gastar(-se) **4** *vt* (*buraco, etc.*) fazer **5** *vi* ~ **(well)** durar PHR V **wear (sth) away/down/out** desgastar algo, desgastar-se ♦ **wear sb down** exaurir alguém ♦ **wear off** desaparecer, passar (*novidade, efeito de uma droga, etc.*) ♦ **wear sb out** esgotar alguém

▸ *s* [*não contável*] **1** roupa: *ladies' wear* roupa feminina **2** desgaste **3** uso LOC **wear and tear** desgaste

wearable /ˈwerəbl/ *adj* (*roupa, etc.*) confortável (de usar)

W

weary /ˈwɪri/ *adj* (**wearier, -iest**) cansado, exausto

weather /ˈweðər/ *substantivo, verbo*
▸ *s* tempo: *What's the weather like?* Como está o tempo? ◇ *weather forecast* previsão do tempo LOC **under the weather** (*coloq*) indisposto
▸ *v* **1** *vt, vi* (fazer) mudar de cor/forma (*sob ação do sol, vento, etc.*) **2** *vt* superar (*crise*)

weathergirl /ˈweðərgɜːrl/ *s* (*coloq*) mulher do tempo

weatherman /ˈweðərmæn/ *s* (*pl* **-men** /-men/) (*coloq*) homem do tempo

weave /wiːv/ (*pt* **wove** /woʊv/, *pp* **woven** /ˈwoʊvn/) **1** *vt* tecer **2** *vt* ~ **sth into sth** (*narrativa*) entrelaçar algo com algo **3** *vi* (*pt, pp* **weaved**) ziguezaguear

web /web/ *s* **1** teia (de aranha) **2** (*fig*) rede **3** (*mentiras*) emaranhado **4 the Web** [*sing*] a Web: *web page* página web

webcam /ˈwebkæm/ *s* webcam

webcast /ˈwebkæst; *GB* -kɑːst/ *s* webcast (*transmissão pela internet*)

webhead /ˈwebhed/ *s* (*coloq*) pessoa que usa muito a internet

ˈ**web hosting** *s* [*não contável*] (*Internet*) hospedagem de site

webinar /ˈwebɪnɑːr/ *s* seminário na Web

weblog /ˈweblɔːg; *GB* -blɒg/ *s* *Ver* BLOG

webmaster /ˈwebmæstər; *GB* -mɑːstə(r)/ *s* webmaster (*responsável por um site*)

website /ˈwebsaɪt/ *s* site

we'd /wiːd/ **1** = WE HAD *Ver* HAVE **2** = WE WOULD *Ver* WOULD

wedding /ˈwedɪŋ/ *s* casamento: *wedding ring/cake* aliança/bolo de casamento ➲ *Ver nota em* CASAMENTO LOC **diamond/golden/silver wedding** (*GB*) bodas de diamante/ouro/prata

W

wedge /wedʒ/ *substantivo, verbo*
▸ *s* **1** calço **2** (*queijo, bolo*) fatia **3** (*limão*) quarto
▸ *vt* **1**: *to wedge itself/get wedged* apertar-se **2** (*esp pessoas*) entalar **3** ~ **sth open/shut** manter algo aberto/fechado com calço

Wednesday /ˈwenzdeɪ; -di/ *s* (*abrev* **Wed., Weds.**) quarta-feira ➲ *Ver exemplos em* MONDAY

wee /wiː/ *adj* (*coloq*) **1** (*esp Escócia*) pequenino **2**: *just a wee bit* só um pouquinho LOC **in the wee hours** de madrugada

weed /wiːd/ *substantivo, verbo*
▸ *s* **1** erva daninha **2** [*não contável*] (*na água*) alga **3** [*não contável*] (*coloq*) maconha **4** (*GB, coloq, pej*) fracote **5** (*GB, coloq, pej*) pessoa covarde: *He's a weed.* Ele é um cagão.
▸ *vt* capinar PHR V **weed sth/sb out** livrar-se de algo/alguém

weedkiller /ˈwiːdkɪlər/ *s* herbicida

week /wiːk/ *s* semana: *35-hour week* semana de 35 horas LOC **a week from Monday, etc.** (*GB* **a week on Monday, etc., Monday, etc. week**) daqui a duas segundas-feiras, etc. ◆ **a week from today/tomorrow** de hoje/amanhã a oito dias

weekday /ˈwiːkdeɪ/ *s* dia de semana

weekend /ˈwiːkend; *GB* ˌwiːkˈend/ *s* fim de semana

> Nos Estados Unidos diz-se **on the weekend**, mas na Grã-Bretanha, **at the weekend**. Em ambos os países, utiliza-se também a preposição **over**: *Let's meet up at/on/over the weekend.* Vamos nos encontrar no fim de semana.

weekender /ˌwiːkˈendər/ *s* pessoa que passa apenas o final de semana em um lugar

weekly /ˈwiːkli/ *adjetivo, advérbio, substantivo*
▸ *adj* semanal
▸ *adv* semanalmente
▸ *s* (*pl* **weeklies**) semanário

weep /wiːp/ *vi* (*pt, pp* **wept** /wept/) (*formal*) chorar: *weeping willow* salgueiro-chorão

weigh /weɪ/ **1** *vt, vi* pesar **2** *vt* ~ **sth (up)** ponderar algo **3** *vi* ~ **(against sb/sth)** pesar (contra alguém/algo) LOC *Ver* ANCHOR PHR V **weigh sb down** sobrecarregar alguém (*com problemas, etc.*) ◆ **weigh sb/sth down**: *to be weighed down with luggage* estar carregado de bagagem

weight /weɪt/ *substantivo, verbo*
▸ *s* peso: *by weight* por peso ◇ *to lift weights* levantar pesos LOC **lose/put on weight** (*pessoa*) emagrecer/engordar *Ver tb* CARRY, PULL
▸ *vt* **1** pôr peso(s) em **2** ~ **sth (down) (with sth)** sobrecarregar algo (com algo) **weightless** *adj* imponderável **weighty** *adj* (**weightier, -iest**) (*formal*) **1** de peso, importante **2** pesado

weightlifting /ˈweɪtlɪftɪŋ/ *s* levantamento de peso

weir /wɪr/ *s* represa (*em rio*)

weird /wɪrd/ *adjetivo, verbo*
▸ *adj* (**weirder, -est**) estranho, esquisito
▸ *v* PHR V **weird sb out** (*coloq*) causar estranheza a alguém

weirdo /ˈwɪrdoʊ/ *s* (*pl* **weirdos**) (*coloq, pej*) esquisito, -a

welcome /ˈwelkəm/ *adjetivo, substantivo, verbo*

▸ *adj* **1** bem-vindo **2** agradável LOC **be welcome to (do) sth** (*coloq*): *You're welcome to use my car.* Meu carro está à sua disposição. ◇ *You're welcome to stay.* Você pode ficar, se quiser. ◆ **you're welcome** de nada

▸ *s* boas-vindas, acolhida

▸ *vt* **1** dar as boas-vindas a, receber **2** acolher **3** apreciar **welcoming** *adj* acolhedor

weld /weld/ *vt, vi* soldar(-se)

welfare /ˈwelfer/ *s* **1** bem-estar **2** assistência: *the Welfare State* o Estado-Previdência **3** (*GB* **social security**) previdência social

well /wel/ *advérbio, adjetivo, interjeição, substantivo, verbo*

▸ *adv* (*comp* **better** /ˈbetər/, *superl* **best** /best/) **1** bem: *a well-dressed woman* uma mulher bem-vestida ➲ *Ver nota em* WELL BEHAVED **2** (*depois de* ***can, could, may, might***): *I can well believe it.* Não duvido. ◇ *I can't very well leave.* Não posso ir embora sem mais nem menos. ◇ *You may well be right.* É bem possível que você tenha razão. LOC **as well** também ➲ *Ver nota em* TAMBÉM ◆ **as well as** assim como ◆ **be doing well** (*paciente*) estar recuperando-se ◆ **do well** ser bem-sucedido ◆ **may/might (just) as well do sth**: *We may as well go home.* O melhor a fazer é ir para casa. ◆ **well and truly** (*esp GB, coloq*) completamente *Ver tb* JUST, MEAN, PRETTY

▸ *adj* (*comp* **better**, *superl* **best**) bem: *to be well* estar bem ◇ *to get well* ficar bom

▸ *interj* **1** (*surpresa*) puxa: *Well, look who's here!* Puxa, veja só quem está aqui. **2** (*resignação*) paciência: *Oh well, that's that then.* Paciência, o que se pode fazer? **3** (*interrogação*) e então? **4** (*dúvida*) pois é: *Well, I don't know...* Pois é, não sei...

▸ *s* poço

▸ *vi* ~ **(up)** brotar

we'll /wiːl/ **1** = WE SHALL *Ver* SHALL **2** = WE WILL *Ver* WILL

ˌwell beˈhaved *adj* bem-comportado

Os adjetivos compostos formados por **well** com outra palavra não possuem hífen quando aparecem depois de um verbo: *They are always well behaved.* Eles sempre se comportam bem., mas são hifenizadas quando antecedem a um substantivo: *well-behaved children* crianças bem-comportadas. O mesmo ocorre com outros adjetivos compostos como **out of date** e **second best**.

ˈwell-being *s* bem-estar

ˌwell ˈbuilt *adj* **1** (*pessoa*) encorpado **2** (*edifício, máquina*) sólido, resistente ➲ *Ver nota em* WELL BEHAVED

ˌwell ˈdone *adj* (*filete, etc.*) bem-passado ➲ *Ver notas em* BIFE, WELL BEHAVED

ˌwell ˈearned *adj* merecido ➲ *Ver nota em* WELL BEHAVED

ˌwell ˈeducated *adj* instruído, culto ➲ *Ver nota em* WELL BEHAVED

wellington /ˈwelɪŋtən/ (*tb* **ˌwellington ˈboot**) (*coloq* **welly** /ˈweli/) *s* (*GB*) (*USA* **rubber boot**) bota de borracha

ˌwell ˈkept *adj* **1** bem cuidado, bem conservado **2** (*segredo*) bem guardado ➲ *Ver nota em* WELL BEHAVED

ˌwell ˈknown *adj* conhecido, famoso: *It's a well-known fact that...* É sabido que... ➲ *Ver nota em* WELL BEHAVED

ˌwell ˈmeaning *adj* bem-intencionado ➲ *Ver nota em* WELL BEHAVED

wellness /ˈwelnəs/ *s* [*não contável*] saúde

ˌwell ˈoff (*tb* **ˌwell-to-ˈdo**) *adj* próspero, rico ➲ *Ver nota em* WELL BEHAVED

ˌwell ˈpaid *adj* bem remunerado ➲ *Ver nota em* WELL BEHAVED

Welsh /welʃ/ *adj, s* galês

went *pt de* GO

wept *pt, pp de* WEEP

were /wɜːr/ *Ver* BE

we're /wɪr/ = WE ARE *Ver* BE

weren't /wɜːrnt/ = WERE NOT *Ver* BE

werewolf /ˈwerwʊlf/ *s* (*pl* **werewolves** /-wʊlvz/) lobisomem

west /west/ *substantivo, adjetivo, advérbio*

▸ *s* (*tb* **West**) (*abrev* **W**) **1** oeste: *I live in the west of Scotland.* Moro no oeste da Escócia. **2 the West** (o) Ocidente, os países ocidentais

▸ *adj* do oeste, ocidental: *west winds* ventos do oeste

▸ *adv* para o oeste: *They headed west.* Eles foram para o oeste.

westbound /ˈwestbaʊnd/ *adj* em direção ao oeste

western /ˈwestərn/ *adjetivo, substantivo*

▸ *adj* (*tb* **Western**) do oeste, ocidental

▸ *s* filme/livro de caubói *Ver tb* COUNTRY AND WESTERN **westerner** *s* ocidental (*pessoa*)

westernize (*GB tb* **-ise**) /ˈwestərnaɪz/ *vt* ocidentalizar

the West Indies /ðə ˌwest ˈɪndiz; -diːz/ *s* [*pl*] as ilhas do Caribe **ˌWest ˈIndian** *adj, s* originário, -a das ilhas do Caribe

W

westward /ˈwestwərd/ (*tb* **westwards**) *adv* em direção ao oeste

⚷ **wet** /wet/ *adjetivo, verbo, substantivo*
▸ *adj* (**wetter, -est**) **1** molhado: *to get wet* molhar-se **2** úmido: *in wet places* em lugares úmidos **3** (*tempo*) chuvoso **4** (*tinta, etc.*) fresco **5** (*GB, coloq, pej*) (*pessoa*) mole
▸ *vt* (*pt, pp* **wet** *ou* **wetted**) **1** molhar, umedecer **2** ~ **yourself** fazer xixi na calça LOC **wet the/your bed** fazer xixi na cama
▸ *s* **1 the wet** [*sing*] (*esp GB*) a chuva: *Come in out of the wet.* Sai da chuva. **2** umidade

ˌ**wet** ˈ**blanket** *s* (*coloq, pej*) estraga-prazer

wetsuit /ˈwetsuːt; *GB tb* -sjuːt/ *s* roupa de borracha (*para mergulho*)

we've /wiːv/ = WE HAVE *Ver* HAVE

whack /wæk/ *verbo, substantivo*
▸ *vt* (*coloq*) bater em
▸ *s* (*coloq*) pancada

whale /weɪl/ *s* baleia: *killer whale* orca

whammy /ˈwæmi/ *s* (*pl* **-ies**) (*coloq*) golpe: *a double whammy of tax increases and welfare cuts* um duplo golpe com aumento de impostos e corte de salários

wharf /wɔːrf/ *s* (*pl* **wharves** /wɔːrvz/) cais

⚷ **what** /wɑːt/ *pronome, adjetivo, interjeição*
▸ *pron* o que: *What did you say?* O que você disse? ◇ *I know what you're thinking.* Eu sei o que você está pensando. ◇ *What's her phone number?* Qual é o número do telefone dela? ◇ *What's your name?* Qual é o seu nome?

> **Which** ou **what**? **Which** refere-se a um ou mais membros de um determinado grupo: *Which is your car, this one or that one?* Qual é o seu carro, este ou aquele? **What** é usado quando há mais opções: *What are your favorite books?* Quais são os seus livros preferidos?

LOC **what about...?** *Ver* ABOUT ◆ **what if...?** e se...?: *What if it rains?* E se chover?
▸ *adj* **1** que: *What time is it?* Que horas são? ◇ *What color is it?* (De) que cor é? ◇ *What a pity!* Que pena! **2** o/a que: *what money I have* todo o dinheiro que eu tenho
▸ *interj* (*coloq*) **1 what?** (o) quê?, como? **2 what!** o quê!

⚷ **whatever** /wətˈevər; *GB* wɒtˈ-/ *pronome, adjetivo, advérbio*
▸ *pron* **1** (tudo) o que: *Give whatever you can.* Dê o quanto você puder. **2**: *whatever happens* o que quer que aconteça **3** que diabo: *Whatever can it be?* Que diabo pode ser? **4** (*coloq, irôn*) tanto faz: *"What would you like to do today?" "Whatever." —*O que você gostaria de fazer hoje? —Tanto faz. LOC **or whatever** (*coloq*) ou seja lá o que for: *... basketball, swimming or whatever ...* basquete, natação ou seja lá o que for
▸ *adj* qualquer: *I'll be in whatever time you come.* Estarei em casa não importa a hora em que você vier.
▸ *adv* (*tb* **whatsoever** /ˌwʌtsoʊˈevər; *GB* ˌwɒt-/) em absoluto: *nothing whatever* absolutamente nada

wheat /wiːt/ *s* trigo

⚷ **wheel** /wiːl/ *substantivo, verbo*
▸ *s* **1** roda **2** volante
▸ *v* **1** *vt* (*bicicleta, etc.*) empurrar **2** *vt* (*pessoa*) levar (*em cadeira de rodas, etc.*) **3** *vi* (*pássaro*) voar em círculo **4** *vi* ~ **(around)** dar a volta

wheelbarrow /ˈwiːlbæroʊ/ *s* carrinho de mão

wheelchair /ˈwiːltʃer/ *s* cadeira de rodas

wheeze /wiːz/ *vi* chiar, respirar ruidosamente

⚷ **when** /wen/ *advérbio, conjunção*
▸ *adv* **1** quando: *When did he die?* Quando ele morreu? ◇ *I don't know when she arrived.* Não sei quando ela chegou. **2** em que: *There are times when...* Há momentos em que...
▸ *conj* quando: *It was raining when I arrived.* Estava chovendo quando eu cheguei. ◇ *I'll call you when I'm ready.* Eu lhe chamo quando eu estiver pronto.

⚷ **whenever** /wenˈevər/ *conjunção, advérbio*
▸ *conj* **1** quando (quer que): *Come whenever you like.* Venha quando quiser. **2** (*todas as vezes que*) sempre que: *You can borrow my car whenever you want.* Você pode usar meu carro sempre que quiser.
▸ *adv* quando (diabo): *Whenever did you find time to do it?* Mas quando você teve tempo de fazer isso?

⚷ **where** /wer/ *advérbio, conjunção*
▸ *adv* onde, aonde: *I don't know where it is.* Não sei onde é. ◇ *Where are you going?* Aonde você vai? ◇ *the town where I was born* a cidade onde eu nasci
▸ *conj* onde: *Stay where you are.* Fique onde está.

whereabouts *advérbio, substantivo*
▸ *adv* /ˌwerəˈbaʊts/ onde
▸ *s* /ˈwerəbaʊts/ paradeiro

⚷ **whereas** /ˌwerˈæz/ *conj* ao passo que

W

whereby /wer'baɪ/ *adv (formal)* pelo/ pela qual

whereupon /ˌwerə'pɑːn/ *conj (formal)* após o que

wherever /wer'evər/ *conjunção, advérbio*
▸ *conj* onde (quer que): *wherever you like* onde você quiser
▸ *adv* onde (diabo)

whet /wet/ *vt* (-tt-) LOC **whet sb's appetite** dar água na boca de alguém

whether /'weðər/ *conj* se: *I'm not sure whether to resign or stay on.* Não sei se devo pedir demissão ou não. ◇ *It depends on whether the letter arrives on time.* Depende de a carta chegar a tempo. LOC **whether or not**: *whether or not it rains/whether it rains or not* chova ou não chova

which /wɪtʃ/ *pronome, adjetivo*
▸ *pron* **1** qual: *Which is your favorite?* Qual é o seu favorito? ➲ *Ver nota em* WHAT **2** *(sujeito, objeto)* que: *the book which is on the table* o livro que está em cima da mesa ◇ *the article (which) I read yesterday* o artigo que li ontem ➲ *Ver nota em* QUE[1] **3** *(depois de preposição)* o/a qual: *her work, about which I know nothing...* seu trabalho, sobre o qual não sei nada... ◇ *in which case* caso em que ◇ *the bag in which I put it* a bolsa onde o coloquei ❶ Este uso é muito formal. É mais comum colocar a preposição no final: *the bag which I put it in*, ou então omitir a palavra **which**: *the bag I put it in*.
▸ *adj* que: *Which book did you take?* Que livro você levou? ◇ *Do you know which one is yours?* Você sabe qual é o seu? ➲ *Ver nota em* WHAT

whichever /wɪtʃ'evər/ *pronome, adjetivo*
▸ *pron* o que (quer que): *whichever you like* o que você quiser
▸ *adj* qualquer: *It's the same, whichever route you take.* Não importa o caminho que você tomar.

whiff /wɪf/ *s* ~ **(of sth)** baforada, sopro (de algo)

while /waɪl/ *conjunção, substantivo, verbo*
▸ *conj (GB tb formal* **whilst** /waɪlst/) **1** *(tempo, contraste)* enquanto: *I drink coffee while she prefers tea.* Eu bebo café, ela no entanto prefere chá. **2** embora: *While I admit that...* Embora eu admita que... LOC **while you're, I'm, etc. at it** aproveitando a ocasião
▸ *s [sing]* (período de) tempo, momento: *for a while* durante algum tempo LOC *Ver* ONCE, WORTH
▸ *v* PHR V **while sth away** passar o tempo de forma relaxada: *to while the morning away* passar a manhã numa boa

whim /wɪm/ *s* capricho, veneta

whimper /'wɪmpər/ *verbo, substantivo*
▸ *vi* choramingar
▸ *s* lamúria

whine /waɪn/ *verbo, substantivo*
▸ *vi* **1** gemer **2** ~ **(about sth)** queixar-se (sobre algo)
▸ *s* gemido **whiny** *adj (pej)* lamuriento

whip /wɪp/ *substantivo, verbo*
▸ *s* **1** açoite, chicote **2** *(Pol)* líder de bancada parlamentar
▸ *vt* (-pp-) **1** chicotear **2** ~ **sth (up) (into sth)** *(Cozinha)* bater algo (até obter algo): *whipped cream* creme chantilly **3** *(esp USA, coloq)* arrasar PHR V **whip sth out** sacar algo de repente ♦ **whip sth up 1** incitar, fomentar algo **2** *(comida)* preparar algo rapidamente

whir *(tb* **whirr**) /wɜːr/ *verbo, substantivo*
▸ *vi* zumbir
▸ *s* zumbido

whirl /wɜːrl/ *verbo, substantivo*
▸ *v* **1** *vt, vi* (fazer) rodar **2** *vi (folhas)* redemoinhar **3** *vi (cabeça)* rodar
▸ *s [sing]* **1** giro **2** rodopio: *a whirl of dust* um redemoinho de pó LOC **be in a whirl** *(cabeça)* estar dando voltas

whirlpool /'wɜːrlpuːl/ *s* redemoinho

whirlwind /'wɜːrlwɪnd/ *substantivo, adjetivo*
▸ *s* redemoinho de vento
▸ *adj* relâmpago: *a whirlwind tour of Europe* uma viagem relâmpago pela Europa

whirr = WHIR

whisk /wɪsk/ *substantivo, verbo*
▸ *s* batedor, batedeira (elétrica)
▸ *vt* **1** *(Cozinha)* bater **2** ~ **sb/sth away, off, etc.** levar alguém/algo rapidamente

whiskers /'wɪskərz/ *s [pl]* **1** *(de animal)* bigode **2** *(de homem)* suíças

whiskey *(tb esp GB* **whisky**) /'wɪski/ *s (pl* whiskeys/whiskies) uísque

whisper /'wɪspər/ *verbo, substantivo*
▸ *v* **1** *vi* cochichar **2** *vt* falar em voz baixa **3** *vi (vento, etc.)* sussurrar
▸ *s* **1** cochicho **2** sussurro

whistle /'wɪsl/ *substantivo, verbo*
▸ *s* **1** silvo, assobio **2** apito
▸ *vt, vi* assobiar, apitar

white /waɪt/ *adjetivo, substantivo*
▸ *adj* (whiter, -est) **1** branco, pálido: *white bread* pão branco **2** ~ **(with sth)** pálido (de algo)
▸ *s* **1** branco **2** *(pessoa)* branco, -a **3** clara *(de ovo)*

W

whiteboard /ˈwaɪtbɔːrd/ *s* quadro (branco)

ˌ**white-ˈcollar** *adj* de escritório: *white-collar workers* funcionários de escritório ➲ *Comparar com* BLUE-COLLAR

ˌ**white ˈelephant** *s* elefante branco

the ˈWhite House *s* a Casa Branca

whiteness /ˈwaɪtnəs/ *s* brancura

ˌ**White ˈPaper** *s* (*GB*) relatório oficial (*do governo*)

whitewash /ˈwaɪtwɑːʃ/ *substantivo, verbo*

▸ *s* cal

▸ *vt* **1** caiar **2** (*pej*) (*erros, reputação, etc.*) encobrir

whiz (*GB tb* **whizz**) /wɪz/ *verbo, substantivo*

▸ *vi* (-zz-) passar zunindo

▸ *s* ~ **(at sth)** (*coloq*) fera (em algo): *whiz kid* prodígio

whizzy /ˈwɪzi/ *adj* (**whizzier, -iest**) (*coloq*) (*tecnología, etc.*) inovador, moderno

⚷ **who** /huː/ *pron* **1** quem: *Who are they?* Quem são eles? ◇ *Who did you meet?* Quem você encontrou? ◇ *Who is it?* Quem é? ◇ *They wanted to know who had rung.* Eles perguntaram quem tinha ligado. **2** (*sujeito, objeto*) que: *people who eat garlic* gente que come alho ◇ *the man who wanted to meet you* o homem que queria conhecer você ◇ *all those who want to go* todos os que quiserem ir ◇ *I bumped into a woman (who) I knew.* Encontrei com uma conhecida. ◇ *the man (who) I had spoken to* o homem com o qual eu havia falado ➲ *Ver notas em* WHOM, QUE[1]

⚷ **whoever** /huːˈevər/ *pron* **1** qualquer um que: *Whoever gets the job...* Quem quer que consiga o emprego... **2** quem (quer que): *Whoever calls, I'm not in.* Não importa quem telefone, eu não estou.

W

⚷ **whole** /hoʊl/ *adjetivo, substantivo*

▸ *adj* **1** inteiro: *a whole bottle* uma garrafa inteira **2** todo: *to forget the whole thing* esquecer tudo **3** (*leite*) integral

▸ *s* todo: *the whole of August* o mês de agosto inteiro LOC **as a whole** como um todo ◆ **on the whole** de um modo geral

ˈ**whole food** (*tb* **whole foods** [*pl*]) *s* comida natural

wholehearted /ˌhoʊlˈhɑːrtəd; *GB* -tɪd/ *adj* irrestrito **wholeheartedly** *adv* sem reservas

wholesale /ˈhoʊlseɪl/ *adjetivo, advérbio*

▸ *adj* **1** (*Com*) por atacado **2** em grande escala: *wholesale destruction* destruição em grande escala

▸ *adv* por atacado **wholesaler** *s* atacadista

wholesome /ˈhoʊlsəm/ *adj* sadio, saudável

wholewheat /ˈhoʊlwiːt/ (*GB tb* **wholemeal** /ˈhoʊlmiːl/) *adj* integral: *wholewheat bread* pão integral

wholly /ˈhoʊlli/ *adv* (*formal*) totalmente

⚷ **whom** /huːm/ *pron* (*formal*) quem: *Whom did you meet there?* Quem você encontrou lá? ◇ *To whom did you give the money?* Para quem você deu o dinheiro? ◇ *the person to whom this letter was addressed* a pessoa a quem esta carta foi endereçada ◇ *the investors, some of whom bought shares* os investidores, alguns dos quais compraram ações ℹ A palavra **whom** é muito formal. O mais comum é dizer: *Who did you meet there?* ◇ *Who did you give the money to?* ◇ *the person this letter was addressed to.*

whoops /wʊps/ *interj* opa!

⚷ **whose** /huːz/ *adjetivo, pronome*

▸ *adj* de quem: *Whose house is that?* De quem é aquela casa?

▸ *pron* **1** de quem: *I wonder whose it is.* Gostaria de saber de quem é isso. **2** cujo(s), cuja(s): *the people whose house we stayed in* as pessoas em cuja casa ficamos

⚷ **why** /waɪ/ *adv* por que: *Why was she so late?* Por que ela chegou tão tarde? ◇ *Can you tell me the reason why you are so unhappy?* Você pode me dizer por que está tão infeliz? LOC **why not** por que não?: *Why not go to the movies?* Por que não vamos ao cinema?

wicked /ˈwɪkɪd/ *adj* (**wickeder, -est**) **1** malvado **2** travesso **3** (*gíria*) ótimo **wickedness** *s* maldade

wicker /ˈwɪkər/ *s* vime

⚷ **wide** /waɪd/ *adjetivo, advérbio*

▸ *adj* (**wider, -est**) **1** largo: *How wide is it?* Quanto tem de largura? ◇ *It's three feet wide.* Tem quase um metro de largura. ➲ *Ver nota em* BROAD **2** amplo: *a wide range of possibilities* uma gama imensa de possibilidades **3** extenso

▸ *adv* completamente: *wide awake* bem acordado LOC **wide open 1** (*janela, porta*) escancarado **2** (*competição*) sem favoritos *Ver tb* FAR

⚷ **widely** /ˈwaɪdli/ *adv* muito: *widely used* muito utilizado

widen /ˈwaɪdn/ *vt, vi* alargar(-se), ampliar(-se)

ˌ**wide-ˈranging** *adj* abrangente, de grande alcance (*investigação, debate, etc.*)

widescreen /ˈwaɪdskriːn/ *s* (*TV*) tela plana
widespread /ˈwaɪdspred/ *adj* espalhado, difundido
widget /ˈwɪdʒɪt/ *s* **1** (*Informát*) widget **2** (*coloq*) treco
widow /ˈwɪdoʊ/ *s* viúva **widowed** *adj* viúvo **widower** *s* viúvo
⚷ **width** /wɪdθ; wɪtθ/ *s* largura, amplitude
wield /wiːld/ *vt* **1** (*poder*) exercer **2** (*arma, etc.*) empunhar, brandir
⚷ **wife** /waɪf/ *s* (*pl* **wives** /waɪvz/) mulher, esposa
Wi-Fi® /ˈwaɪ faɪ/ *s* (*Informát*) Wi-Fi®
wig /wɪg/ *s* peruca
wiggle /ˈwɪgl/ *vt, vi* (*coloq*) menear(-se)
wiki /ˈwɪki/ *s* (*Internet*) wiki (*site com informações alimentadas por usuários*)
⚷ **wild** /waɪld/ *adjetivo, substantivo*
▸ *adj* (**wilder**, **-est**) **1** selvagem **2** (*planta*) silvestre **3** (*paisagem*) agreste **4** desenfreado: *The crowd went wild.* A multidão foi à loucura. **5** ~ **(about sb/sth)** (*coloq*) louco (por alguém/algo) **6** (*revoltado*) furioso **7** (*tempo*) tempestuoso
▸ *s* **1 the wild** [*sing*] a selva: *in the wild* em estado selvagem **2 the wilds** [*pl*] (o) mato
wilderness /ˈwɪldərnəs/ *s* **1** terra inculta, deserto **2** (*fig*) selva
wildlife /ˈwaɪldlaɪf/ *s* fauna
⚷ **wildly** /ˈwaɪldli/ *adv* **1** loucamente, desatinadamente **2** violentamente, furiosamente
⚷ **will** /wɪl/ *verbo, substantivo*
▸ *v aux, v modal* (*contração* **'ll**, *neg* **will not** *ou* **won't** /woʊnt/)

Will é um verbo modal seguido de infinitivo sem **to**. As orações interrogativas e negativas são formadas sem o auxiliar **do**.

1 (*para formar o futuro*): *He'll come, won't he?* Ele vai vir, não vai? ◇ *I hope it won't rain.* Espero que não chova. ◇ *That'll be the mailman.* Deve ser o carteiro. ➲ *Ver nota em* SHALL **2** (*vontade, determinação*): *She won't go.* Ela não quer ir. ◇ *You'll do as you're told.* Você vai fazer o que mandarem. ◇ *Will the car start?* Esse carro vai pegar ou não? **3** (*oferta, pedido*): *Will you stay for tea?* Você quer ficar para o chá? ◇ *Won't you sit down?* Sente-se, por favor. ◇ *Will you help me?* Você pode me ajudar? **4** (*regra geral*): *Oil will float on water.* O óleo flutua na água.
▸ *vt* ~ **sb to do sth** desejar que alguém faça algo
▸ *s* **1** vontade **2** [*sing*] desejo **3** testamento LOC **at will** à vontade *Ver tb* FREE

willful (*tb* **wilful**) /ˈwɪlfl/ *adj* (*pej*) **1** (*ato*) deliberado, intencional **2** (*pessoa*) voluntarioso **willfully** (*tb* **wilfully**) *adv* (*pej*) deliberadamente
⚷ **willing** /ˈwɪlɪŋ/ *adj* **1** ~ **(to do sth)** disposto (a fazer algo) **2** prestativo, solícito **3** (*apoio, etc.*) espontâneo
⚷ **willingly** /ˈwɪlɪŋli/ *adv* de boa vontade, de bom grado
⚷ **willingness** /ˈwɪlɪŋnəs/ *s* ~ **(to do sth)** disposição (para fazer algo); vontade (de fazer algo)
willow /ˈwɪloʊ/ (*tb* ˈ**willow tree**) *s* salgueiro
willpower /ˈwɪlpaʊər/ *s* força de vontade
wilt /wɪlt/ *vi* **1** murchar **2** (*coloq*) (*pessoa*) esmorecer
wimp /wɪmp/ *s* (*coloq, pej*) fraco, -a (*fisicamente ou de personalidade*)
⚷ **win** /wɪn/ *verbo, substantivo*
▸ *v* (*pt, pp* **won** /wʌn/; *part pres* **winning**) **1** *vi* ganhar **2** *vt* vencer, obter **3** *vt* (*vitória*) conquistar, lograr **4** *vt* (*apoio, amigos*) conquistar, granjear LOC **a win-win situation** uma situação em que todos saem ganhando *Ver tb* DAY PHR V **win sth/sb back** reconquistar algo/alguém ◆ **win sb over/around (to sth)** convencer alguém (de algo)
▸ *s* vitória
wince /wɪns/ *vi* **1** contrair-se **2** fazer cara de dor/constrangimento
⚷ **wind**[1] /wɪnd/ *s* **1** vento: *wind instruments* instrumentos de sopro **2** [*não contável*] (*GB*) (*USA* **gas**) (*Med*) gases **3** fôlego, resistência LOC **get wind of sth** (*coloq*) tomar conhecimento de algo *Ver tb* CAUTION
⚷ **wind**[2] /waɪnd/ (*pt, pp* **wound** /waʊnd/) **1** *vi* serpentear **2** *vt* ~ **sth around/onto sth** enrolar algo ao redor de algo **3** *vt* ~ **sth (up)** dar corda em algo PHR V **wind down 1** (*pessoa*) relaxar **2** (*atividade*) findar ◆ **wind sb up** (*GB, coloq*) provocar alguém, zombar de alguém ◆ **wind (sth) up** terminar, concluir (algo) ◆ **wind sth up** liquidar algo (*negócio*) **winding** *adj* tortuoso, sinuoso
windfall /ˈwɪndfɔːl/ *s* **1** fruta caída (da árvore) **2** (*fig*) dinheiro caído do céu
wind farm /ˈwɪnd fɑːrm/ *s* parque eólico
windmill /ˈwɪndmɪl/ *s* moinho de vento
⚷ **window** /ˈwɪndoʊ/ *s* **1** janela **2** (*bilheteria*) guichê **3** (*tb* **windowpane** /ˈwɪndoʊpeɪn/) vidraça, vidro (*da janela*) **4** vitrine

W

ˈ**window box** *s* floreira (*na janela*)
ˈ**window-shopping** *s* [*não contável*] prática de ver vitrines sem comprar nada: *to go window-shopping* ir ver vitrines
windowsill /ˈwɪndoʊsɪl/ *s* parapeito
windshield /ˈwɪndʃiːld/ (*GB* **windscreen** /ˈwɪndskriːn/) *s* para-brisa: *windshield wiper* limpador de para-brisa
windsurf /ˈwɪndsɜːrf/ *vi* fazer windsurfe **windsurfer** *s* **1** prancha de windsurfe **2** windsurfista **windsurfing** *s* windsurfe
wind turbine /ˈwɪnd tɜːrbaɪn/ *s* turbina eólica
windy /ˈwɪndi/ *adj* (**windier**, **-iest**) **1** ventoso: *It's windy today.* Está ventando hoje. **2** (*lugar*) exposto ao vento
⚷ **wine** /waɪn/ *s* vinho: *wine glass* copo de vinho
winery /ˈwaɪnəri/ *s* (*pl* **-ies**) vinícola
⚷ **wing** /wɪŋ/ *s* **1** asa **2** (*Pol*, *Esporte*, *de edifício*) ala: *the right/left wing of the party* a facção de direita/esquerda do partido **3** (*GB*) (*USA* **fender**) para-lama (*em carro, etc.*) **4 the wings** [*pl*] (*Teat*) os bastidores
winger /ˈwɪŋər/ *s* (*Futebol*) ponta
wink /wɪŋk/ *verbo, substantivo*
▸ *v* **1** *vi* ~ **(at sb)** piscar o olho (para alguém) **2** *vi* (*luz*) piscar, cintilar
▸ *s* piscadela
⚷ **winner** /ˈwɪnər/ *s* vencedor, -ora
⚷ **winning** /ˈwɪnɪŋ/ *adj* **1** vencedor **2** premiado **3** atraente, encantador **winnings** *s* [*pl*] ganhos
⚷ **winter** /ˈwɪntər/ *substantivo, verbo*
▸ *s* (*tb* **wintertime** /ˈwɪntərtaɪm/) inverno
▸ *vi* hibernar, passar o inverno **wintry** /ˈwɪntri/ *adj* invernal
wipe /waɪp/ *verbo, substantivo*
▸ *vt* **1** ~ **sth (from/off sth)**; ~ **sth away/off/up** limpar, enxugar algo (de algo) **2** ~ **sth (from/off sth)** (*eliminar*) apagar algo (de algo) PHR V **wipe sth out 1** aniquilar algo **2** (*doença, crime*) erradicar algo **3** (*ganhos*) reduzir algo a zero
▸ *s* **1** limpada: *Can you give the table a wipe?* Você pode dar uma limpada na mesa? **2** (*tb* ˌ**wet** ˈ**wipe**) lenço descartável umedecido
⚷ **wire** /ˈwaɪər/ *substantivo, verbo*
▸ *s* **1** arame *Ver tb* BARBED WIRE **2** (*Eletrôn*) fio **3** alambrado LOC **get your wires crossed** (*coloq*) entender outra coisa: *I arranged to meet her at seven, but we must have got our wires crossed.* Eu combinei de nos encontrarmos às sete, mas devemos ter nos confundido. ◆ **go, come, etc. (right) down to the wire** (*coloq*) (*resultado, situação*) definir-se no último momento *Ver tb* PULL
▸ *vt* **1** ~ **sth (up)** fazer a instalação elétrica de algo **2** ~ **sth (up) to sth** ligar algo a algo **wiring** *s* [*não contável*] **1** instalação elétrica **2** fiação
wired /ˈwaɪərd/ *adj* **1** conectado (*a um sistema de computadores*) **2** (*coloq*) elétrico **3** (*esp USA, coloq*) chapado
wireless /ˈwaɪərləs/ *adj* (*Internet*) sem fio
wisdom /ˈwɪzdəm/ *s* **1** sabedoria: *wisdom tooth* dente do siso **2** sensatez, bom senso LOC *Ver* CONVENTIONAL
⚷ **wise** /waɪz/ *adjetivo, verbo*
▸ *adj* (**wiser**, **-est**) **1** sábio **2** sensato, prudente LOC **be none the wiser**; **not be any the wiser** continuar sem entender nada
▸ *v* PHR V **wise up (to something)** (*coloq*) cair na real
⚷ **wish** /wɪʃ/ *verbo, substantivo*
▸ *v* **1** *vt* (*algo pouco provável ou impossível*): *I wish he'd go away.* Eu gostaria que ele fosse embora. ◇ *She wished she had gone.* Ela se arrependeu de não ter ido. ❶ O uso de **were**, e não **was**, com **I**, **he**, ou **she** depois de **wish** é considerado mais correto: *I wish I were rich!* Quem me dera ser rico! **2** *vt* (*formal*) querer **3** *vi* ~ **for sth** desejar algo **4** *vt* ~ **sb sth** desejar algo a alguém **5** *vi* expressar um desejo
▸ *s* **1** ~ **(for sth/to do sth)** vontade (de algo/fazer algo): *against my wishes* contra a minha vontade **2** desejo: *to make a wish* fazer um pedido **3 wishes** [*pl*]: *Best wishes, Mary.* Abraços, Mary.
wishful thinking /ˌwɪʃfl ˈθɪŋkɪŋ/ *s* [*não contável*] : *It's wishful thinking on my part.* Estou sonhando acordado.
wistful /ˈwɪstfl/ *adj* triste, melancólico
wit /wɪt/ *s* **1** humor, presença de espírito **2** (*pessoa*) espirituoso, -a **3 wits** [*pl*] inteligência, sagacidade LOC **frightened/scared/terrified out of your wits** morto de medo ◆ **have/keep your wits about you** estar preparado para pensar rápido
witch /wɪtʃ/ *s* bruxa
witchcraft /ˈwɪtʃkræft; *GB* -krɑːft/ *s* [*não contável*] bruxaria
ˈ**witch-hunt** *s* (*lit e fig*) caça às bruxas
⚷ **with** /wɪð; wɪθ/ *prep* ❶ Para o uso de **with** em PHRASAL VERBS, ver os verbetes dos verbos correspondentes, p.ex. **deal with sth** em DEAL. **1** com: *I'll be with you in a minute.* Estarei com você daqui a um minuto. ◇ *He's with the BBC.* Ele trabalha para a BBC. **2** (*descrições*) de, com: *the man with the scar* o homem da cicatriz ◇ *a house with a garden* uma

W

casa com jardim **3** de: *Fill the glass with water.* Encha o copo de água. **4** *(apoio, conformidade)* (de acordo) com **5** *(por causa de)* de: *to tremble with fear* tremer de medo LOC **be with sb** entender o que alguém diz: *I'm not with you.* Não estou te entendendo. ◆ **with it** *(coloq)* **1** em dia **2** da moda **3**: *He's not with it today.* Ele não está muito ligado hoje.

withdraw /wɪð'drɔː; wɪθ'-/ *(pt* withdrew /-'druː/, *pp* withdrawn) **1** *vt, vi* retirar(-se) **2** *vt (dinheiro)* sacar **3** *vt (formal) (palavras)* retratar **withdrawal** /wɪð'drɔːəl; wɪθ'-/ *s* **1** retirada, retratação **2** *(Med)*: *withdrawal symptoms* síndrome de abstinência **withdrawn** *adj* retraído, introvertido

wither /'wɪðər/ *vt, vi* ~ **(sth) (away)** murchar, secar (algo)

withhold /wɪð'hoʊld; wɪθ'-/ *vt (pt, pp* withheld /-'held/) *(formal)* **1** reter **2** *(informação)* ocultar **3** *(consentimento)* negar

within /wɪ'ðɪn/ *preposição, advérbio*
▸ *prep* **1** *(tempo)* no prazo de: *within a month* dentro de um mês **2** *(distância)* a menos de **3** ao alcance de: *It's within walking distance.* Dá para ir a pé. **4** *(formal)* dentro de
▸ *adv (formal)* dentro

without /wɪ'ðaʊt/ *prep* sem: *without saying goodbye* sem se despedir ◇ *without him/his knowing* sem ele saber ◇ *to do/go without sth* abrir mão de algo

withstand /wɪð'stænd; wɪθ'-/ *vt (pt, pp* withstood /-'stʊd/) *(formal)* resistir a

witness /'wɪtnəs/ *substantivo, verbo*
▸ *s* ~ **(to sth)** testemunha (de algo)
▸ *vt* **1** presenciar **2** ser testemunha de

'**witness stand** (*GB* '**witness box**) *s* banco das testemunhas

witty /'wɪti/ *adj* (wittier, -iest) espirituoso, com senso de humor

wives *pl de* WIFE

wizard /'wɪzərd/ *s* mago, feiticeiro

WLAN /ˌdʌbljuː 'læn/ *abrev de* **wireless local area network** *(Informát)* WLAN *(rede local sem fio)*

wobble /'wɑːbl/ **1** *vi (cadeira, etc.)* balançar **2** *vi (pessoa)* cambalear **3** *vi (gelatina)* tremer **4** *vt* mover **wobbly** *adj (coloq)* **1** pouco firme **2** bambo **3** cambaleante

woe /woʊ/ *s (antiq)* desgraça, infortúnio LOC **woe betide (sb)** coitado de (alguém): *Woe betide me if I forget!* Coitado de mim se me esquecer!

wok /wɑːk/ *s* frigideira chinesa ➲ *Ver ilustração em* POT

woke *pt de* WAKE

woken *pp de* WAKE

wolf /wʊlf/ *s (pl* wolves /wʊlvz/) lobo

woman /'wʊmən/ *s (pl* women /'wɪmɪn/) mulher

womb /wuːm/ *s* útero

'**women's room** *s* banheiro feminino ➲ *Ver nota em* BATHROOM

won *pt, pp de* WIN

wonder /'wʌndər/ *verbo, substantivo*
▸ *v* **1** *vt, vi* perguntar-se: *It makes you wonder.* Faz a gente pensar. ◇ *I wonder if/whether he's coming.* Será que ele vem? **2** *vi* ~ **(at sth)** admirar-se (de/com algo)
▸ *s* **1** assombro **2** maravilha LOC **it's a wonder (that)...** é um milagre que... ◆ **no wonder (that)...** não admira que... *Ver tb* WORK

wonderful /'wʌndərfl/ *adj* maravilhoso, estupendo

won't /woʊnt/ = WILL NOT *Ver* WILL

wood /wʊd/ *s* **1** madeira **2** lenha **3** *(tb* **woods** *[pl])* bosque: *We went into the woods.* Fomos ao bosque. LOC **knock on wood** (*GB* **touch wood**) bater na madeira **wooded** *adj* arborizado

wooden /'wʊdn/ *adj* **1** de madeira **2** *(perna)* de pau

woodland /'wʊdlənd/ *s (tb* **woodlands** *[pl])* bosque

woodpecker /'wʊdpekər/ *s* pica-pau

woodwind /'wʊdwɪnd/ *s* instrumentos de sopro *(de madeira)*

woodwork /'wʊdwɜːrk/ *s [não contável]* **1** madeiramento **2** *(GB) (USA* **woodworking** /'wʊdwɜːrkɪŋ/) carpintaria

wool /wʊl/ *s* lã **woolen** (*GB* **woollen**) *(tb* **wooly,** *GB* **woolly)** *adj* de lã

woozy /'wuːzi/ *adj (coloq)* **1** tonto **2** *(esp USA)* mareado

word /wɜːrd/ *substantivo, verbo*
▸ *s* **1** palavra **2 words** *[pl]* letra *(de música)* LOC **give sb your word (that...)** dar sua palavra a alguém (de que...) ◆ **have a word (with sb) (about sth)** falar (com alguém) (sobre algo) ◆ **in other words** em outras palavras, isto é ◆ **keep/break your word** cumprir/faltar com a palavra ◆ **put in a (good) word for sb** recomendar alguém, interceder por alguém ◆ **take sb's word for it (that...)** acreditar em alguém (quando diz que...) ◆ **without a word** sem dizer uma palavra ◆ **words to that effect**: *He told me to get out, or words to that effect.* Ele me mandou sair, ou coisa parecida. *Ver tb* BREATHE, EAT, LAST, MINCE, PLAY
▸ *vt* exprimir, redigir **wording** *s* termos, texto

wordplay /ˈwɜːrdpleɪ/ *s* [*não contável*] jogo de palavras

ˈ**word processor** *s* processador de textos ˈ**word processing** *s* processamento de textos

wore *pt de* WEAR

⚷ **work** /wɜːrk/ *verbo, substantivo*

▸ *v* (*pt, pp* **worked**) **1** *vi* ~ **(at/on sth)** trabalhar (em algo): *to work as a lawyer* trabalhar como advogado ◇ *to work on the assumption that…* basear-se na hipótese de que… **2** *vi* ~ **for sth** esforçar-se por algo **3** *vi* (*Mec*) funcionar **4** *vt* (*máquina, etc.*) operar **5** *vi* surtir efeito: *It will never work.* Não vai dar certo nunca. **6** *vt* (*pessoa*) fazer trabalhar **7** *vt* (*mina*) explorar **8** *vt* (*terra*) cultivar LOC **work free/loose** soltar-se, afrouxar ◆ **work like a charm** ter um efeito mágico ◆ **work miracles/wonders** fazer milagres/maravilhas ◆ **work your fingers to the bone** matar-se de trabalhar PHR V **work out 1** fazer exercício **2** resultar, dar certo ◆ **work sb out** entender alguém ◆ **work sth out 1** calcular algo **2** solucionar algo **3** planejar, elaborar algo

work sb/yourself up 1 irritar alguém/irritar-se: *She had worked herself up into a rage.* Ela havia se enfurecido. ◇ *to get worked up (about/over sth)* ficar nervoso (com algo) **2** entusiasmar alguém/entusiasmar-se: *I can't get worked up about cars.* Não me interesso por carros. ◆ **work sth up** gerar algo: *to work up an appetite* abrir o apetite ◆ **work up to sth**: *I began by jogging in the park and worked up to running five miles a day.* Eu comecei correndo no parque, até passar a fazer cinco milhas por dia.

▸ *s* **1** [*não contável*] trabalho: *to leave work* sair do trabalho ◇ *work experience* experiência profissional *Ver tb* SOCIAL WORK

A diferença entre **work** e **job** é que **work** é incontável e **job** é contável: *I've found work/a new job at the hospital.* Encontrei trabalho no hospital. **Employment** é mais formal que **work** e **job**: *Many women are in part-time employment.* Muitas mulheres trabalham em meio expediente. **Occupation** é o termo que se utiliza nos impressos oficiais: *Occupation: student* Profissão: estudante. A palavra **profession** é usada para se referir aos trabalhos que requerem um curso universitário: *the medical profession* a profissão médica. **Trade** é usado para designar os ofícios que requerem uma formação especial: *He's a carpenter by trade.* Ele é carpinteiro por profissão.

2 obra: *a piece of work* uma obra/um trabalho ◇ *the complete works of Shakespeare* as obras completas de Shakespeare ◇ *Is this your own work?* Foi você mesmo que fez isso? **3 works** [*pl*] obras: *Danger! Works ahead.* Perigo! Obras. ❶ A palavra mais comum é **roadwork**, ou **roadworks** [*pl*] na Grã-Bretanha. LOC **at work 1** trabalhando: *He is still at work on the painting.* Ele continua trabalhando no quadro. **2** (*influências*) em jogo ◆ **get/go/set to work (on sth)** pôr-se a trabalhar (em algo) *Ver tb* STROKE

workable /ˈwɜːrkəbl/ *adj* praticável, viável

workaholic /ˌwɜːrkəˈhɔːlɪk; *GB* -ˈhɒlɪk/ *s* (*coloq*) pessoa viciada em trabalho

Workaholic é um termo humorístico que resulta da combinação da palavra **work** e do sufixo **-holic**, que é o final da palavra **alcoholic**. Existem outras palavras novas que foram criadas com este sufixo, como **chocaholic** e **shopaholic** (pessoa viciada em chocolate/compras).

workbook /ˈwɜːrkbʊk/ *s* livro de exercícios

⚷ **worker** /ˈwɜːrkər/ *s* **1** trabalhador, -ora: *farm/office worker* trabalhador rural/funcionário de escritório **2** operário, -a

workfare /ˈwɜːrkfer/ *s* [*não contável*] programa ocupacional mantido pelo governo para desempregados

workflow /ˈwɜːrkfloʊ/ *s* fluxo de trabalho

workforce /ˈwɜːrkfɔːrs/ *s* força de trabalho, mão de obra

⚷ **working** /ˈwɜːrkɪŋ/ *adjetivo, substantivo*

▸ *adj* **1** ativo **2** de trabalho **3** útil: *working day* dia útil **4** que funciona **5** (*conhecimento*) básico LOC *Ver* ORDER

▸ *s* [*ger pl*] ~ **(of sth)** funcionamento (de algo)

ˌ**working** ˈ**class** *substantivo, adjetivo*

▸ *s* (*GB tb* **working classes** [*pl*]) classe operária

▸ *adj* ˌ**working-**ˈ**class** de classe operária

workload /ˈwɜːrkloʊd/ *s* carga de trabalho

workman /ˈwɜːrkmən/ *s* (*pl* **-men** /ˈwɜːrkmən/) operário **workmanship** *s* [*não contável*] **1** (*de pessoa*) arte **2** (*de produto*) fabricação

W

workmate /ˈwɜːrkmeɪt/ *s* (*esp GB*) colega de trabalho

workout /ˈwɜːrkaʊt/ *s* sessão de exercícios físicos, malhação

workplace /ˈwɜːrkpleɪs/ *s* local de trabalho

worksheet /ˈwɜːrkʃiːt/ *s* folha de exercícios

workshop /ˈwɜːrkʃɑːp/ *s* oficina

workspace /ˈwɜːrkspeɪs/ *s* espaço de trabalho (*esp em escritório*)

workstation /ˈwɜːrksteɪʃn/ *s* estação de trabalho

worktop /ˈwɜːrktɑːp/ *s* (*GB*) (*USA* **counter**) superfície de trabalho (*na cozinha*)

⚷ **world** /wɜːrld/ *s* mundo: *all over the world/the world over* no mundo inteiro ◇ *world-famous* famoso no mundo inteiro ◇ *the world population* a população mundial ◇ *world record* recorde mundial ◇ *world history* história universal LOC *Ver* SMALL **worldly** *adj* (*formal*) **1** mundano **2** (*bens*) material **3** experiente, conhecedor do mundo

ˌ**world-ˈclass** *adj* de nível mundial

the ˌWorld ˈSeries® *s* (*beisebol*) o Campeonato de Beisebol dos Estados Unidos

worldwide *adjetivo, advérbio*
▸ *adj* /ˈwɜːrldwaɪd/ mundial, universal
▸ *adv* /ˌwɜːrldˈwaɪd/ por todo o mundo

the ˌWorld Wide ˈWeb (*tb* **the Web**) (*abrev* **WWW**) *s* (*Internet*) a Rede

worm /wɜːrm/ *s* **1** verme **2** minhoca LOC *Ver* EARLY

worn *pp de* WEAR

ˌ**worn ˈout** *adj* **1** gasto **2** (*pessoa*) esgotado

⚷ **worried** /ˈwɜːrid; *GB* ˈwʌrid/ *adj* ~ **(about sb/sth)** preocupado (com alguém/algo): *I'm worried that he might get lost.* Preocupa-me que ele possa se perder.

⚷ **worry** /ˈwɜːri; *GB* ˈwʌri/ *verbo, substantivo*
▸ *v* (*pt, pp* **worried**) **1** *vi* ~ **(about/over sb/sth)** preocupar-se (com alguém/algo) **2** *vt* ~ **sb/yourself (about sb/sth)** preocupar, inquietar alguém (a respeito de alguém/algo); preocupar-se (com/por alguém/algo)
▸ *s* (*pl* **worries**) **1** [*não contável*] preocupação **2** problema: *financial worries* problemas econômicos

⚷ **worrying** /ˈwɜːriɪŋ; *GB* ˈwʌri-/ *adj* inquietante, preocupante

⚷ **worse** /wɜːrs/ *adjetivo, advérbio, substantivo*
▸ *adj* (*comp de* **bad**) ~ **(than sth/doing sth)** pior (que algo/fazer algo): *to make sth worse/to get worse* tornar algo pior/piorar *Ver tb* BAD, WORST LOC **to make matters/things worse** para piorar as coisas *Ver tb* CHANGE
▸ *adv* (*comp de* **badly**) pior: *She speaks German even worse than I do.* Ela fala alemão até pior do que eu.
▸ *s* pior: *to take a turn for the worse* piorar **worsen** *vt, vi* agravar(-se), piorar

⚷ **worship** /ˈwɜːrʃɪp/ *substantivo, verbo*
▸ *s* ~ **(of sb/sth) 1** (*Relig*) culto (a alguém/algo) **2** veneração (de alguém/algo)
▸ *v* (**-p-**, **-pp-**) **1** *vt, vi* render culto (a) **2** *vt* adorar (*uma pessoa*) **worshiper** (*tb esp GB* **worshipper**) *s* devoto, -a

⚷ **worst** /wɜːrst/ *adjetivo, advérbio, substantivo*
▸ *adj* (*superl de* **bad**) pior: *My worst fears were confirmed.* Aconteceu o que eu mais temia. *Ver tb* BAD, WORSE
▸ *adv* (*superl de* **badly**) pior: *the worst hit areas* as áreas mais atingidas
▸ *s* **the worst** [*sing*] o pior LOC **at (the) worst; if (the) worst comes to (the) worst** na pior das hipóteses

⚷ **worth** /wɜːrθ/ *adjetivo, substantivo*
▸ *adj* **1** com um valor de, que vale: *It's worth fifty dollars.* Isto vale cinquenta dólares. **2** ~ **sth/doing sth**: *It's worth reading.* Vale a pena ler. LOC **be worth it** valer a pena ◆ **be worth sb's while (to do sth)** valer a pena (fazer algo)
▸ *s* **1** (*em dinheiro*): *$10 worth of gas* dez dólares de gasolina **2** (*em tempo*): *two weeks' worth of supplies* provisões para duas semanas **3** valor LOC *Ver* MONEY **worthless** *adj* **1** sem valor **2** (*pessoa*) desprezível

worthwhile /ˌwɜːrθˈwaɪl/ *adj* que vale a pena: *to be worthwhile doing/to do sth* valer a pena fazer algo

worthy /ˈwɜːrði/ *adj* (**worthier**, **-iest**) **1** ~ **(of sb/sth)** (*formal*) digno (de alguém/algo) **2** merecedor **3** (*causa*) nobre **4** (*pessoa*) respeitável

⚷ **would** /wəd; wʊd/ *v modal* (*contração* **'d**, *neg* **would not** *ou* **wouldn't** /ˈwʊdnt/)

Would é um verbo modal, seguido de infinitivo sem **to**. As orações interrogativas e negativas são construídas sem o auxiliar **do**.

1 (*condicional*): *He said he would come at five.* Ele disse que viria às cinco. ◇ *Would you do it if I paid you?* Você o faria se eu lhe pagasse? **2** (*oferecimento, pedido*): *Would you like a drink?* Quer tomar alguma coisa? ◇ *Would you come this way?* Quer vir por aqui? **3** (*propósito*): *I left a note so (that) they'd call us.* Deixei um bilhete para que nos

W

telefonassem. **4** (*vontade*): *He wouldn't shake my hand.* Ele não queria apertar a minha mão.

wouldn't = WOULD NOT *Ver tb* WOULD

wound[1] /waʊnd/ *pt, pp de* WIND[2]

⚷ **wound**[2] /wuːnd/ *substantivo, verbo*
▸ *s* ferimento
▸ *vt* ferir: *He was wounded in the back during the war.* Ele foi ferido nas costas durante a guerra. ➲ *Ver nota em* FERIMENTO

⚷ **wounded** /ˈwuːndɪd/ *adjetivo, substantivo*
▸ *adj* ferido
▸ *s* **the wounded** [*pl*] os feridos

wove *pt de* WEAVE

woven *pp de* WEAVE

wow /waʊ/ *interj* (*coloq*) uau!

ˈ**wow factor** *s* [*sing*] (*coloq*) fator "uau"

wrangle /ˈræŋgl/ *substantivo, verbo*
▸ *s* ~ **(over sth)** disputa (sobre algo)
▸ *vi* ~ **(over/about sth)** discutir (sobre algo)

⚷ **wrap** /ræp/ *verbo, substantivo*
▸ *vt* (-pp-) **1** ~ **sth (up)** embrulhar algo **2** ~ **sth around sth/sb** enrolar algo ao redor de algo/alguém LOC **be wrapped up in sb/sth** estar absorto em alguém/algo PHR V **wrap (sb/yourself) up** agasalhar alguém, agasalhar-se ◆ **wrap sth up** (*coloq*) concluir algo
▸ *s* **1** xale **2** sanduíche enrolado no pão de folha *Ver tb* PLASTIC WRAP **wrapper** *s* invólucro

⚷ **wrapping** /ˈræpɪŋ/ *s* embalagem: *wrapping paper* papel de embrulho

wrath /ræθ; GB rɒθ/ *s* (*antiq ou formal*) ira

wreak /riːk/ *vt* LOC *Ver* HAVOC

wreath /riːθ/ *s* (*pl* **wreaths** /riːðz/) coroa (*de flores, Natal*)

wreck /rek/ *substantivo, verbo*
▸ *s* **1** navio naufragado **2** veículo, avião, etc. destroçado **3** (*coloq*) (*pessoa, relação, casa, etc.*) caco, ruína: *to be a nervous wreck* estar uma pilha de nervos
▸ *vt* destruir, afundar **wreckage** /ˈrekɪdʒ/ *s* [*não contável*] destroços (*acidente, etc.*) **wrecked** *adj* **1** [*antes do substantivo*] destroçado **2** [*nunca antes do substantivo*] (*GB, gíria*) chapado

wrench /rentʃ/ *verbo, substantivo*
▸ *vt* ~ **sth from/out of sth**; ~ **sth off (sth)** tirar, arrancar algo (de algo) (*com um puxão*)
▸ *s* **1** (*GB tb* **spanner**) chave inglesa **2** puxão **3** [*sing*] golpe (*emocional*)

wrestle /ˈresl/ *vi* (*Esporte, fig*) lutar **wrestler** *s* lutador, -ora **wrestling** *s* luta livre

wretch /retʃ/ *s* desgraçado, -a

wretched /ˈretʃɪd/ *adj* **1** infeliz, desconsolado **2** (*coloq*) maldito

wriggle /ˈrɪgl/ *vt, vi* **1** remexer(-se), mover(-se) **2** contorcer(-se): *to wriggle free* conseguir soltar-se

wring /rɪŋ/ *vt* (*pt, pp* **wrung** /rʌŋ/) ~ **sth (out)** espremer, torcer algo LOC **wring sb's neck** (*coloq*) torcer o pescoço de alguém PHR V **wring sth from/out of sb** arrancar algo de alguém (*confissão, etc.*)

wrinkle /ˈrɪŋkl/ *substantivo, verbo*
▸ *s* ruga
▸ *v* **1** *vt, vi* enrugar(-se) **2** *vt* (*cenho, nariz*) franzir

⚷ **wrist** /rɪst/ *s* pulso

wristband /ˈrɪstbænd/ *s* munhequeira

writ /rɪt/ *s* (*Jur*) intimação

⚷ **write** /raɪt/ *vt, vi* (*pt* **wrote** /roʊt/, *pp* **written** /ˈrɪtn/) escrever

> Em inglês americano, diz-se **write sb** para "escrever a alguém": *Write me while you're away.* Escreva-me quando estiver viajando. No inglês britânico, usa-se **write to sb**: *I'm writing to you to ask for your help.* Estou te escrevendo para pedir a sua ajuda.

PHR V **write back (to sb)** responder (a alguém) (*por escrito*)
write sth down anotar algo
write in (to sb/sth) escrever (a alguém/algo) (*periódico, empresa, etc.*)
write off/away (to sb/sth) for sth escrever (a alguém/algo) pedindo algo
◆ **write sb/sth off (as sth)** desconsiderar, descartar alguém/algo (por algo)
◆ **write sth off 1** anular, cancelar algo (*dívida impagável*) **2** (*GB*) destruir algo (*esp veículo*) *Ver tb* WRITE-OFF
write sth out passar algo a limpo, copiar algo
write sth up redigir algo

ˈ**write-off** *s* **1** (*Com*) anulação, cancelamento (*de dívida impagável*) **2** (*GB*) estrago: *The car was a write-off.* O carro ficou um estrago só.

⚷ **writer** /ˈraɪtər/ *s* escritor, -ora

writhe /raɪð/ *vi* contorcer-se: *to writhe in agony* contorcer-se de dor

⚷ **writing** /ˈraɪtɪŋ/ *s* **1** escrita **2** escrito **3** estilo de redação **4** letra **5** **writings** [*pl*] obras, escritos LOC **in writing** por escrito

⚷ **written** /ˈrɪtn/ *adj* por escrito *Ver tb* WRITE

⚷ **wrong** /rɔːŋ; GB rɒŋ/ *adjetivo, advérbio, substantivo*
▸ *adj* **1** errado, incorreto, falso: *to be wrong* estar enganado/enganar-se

2 inoportuno, equivocado: *the wrong way up/around* de cabeça para baixo/ ao contrário **3** mau, injusto: *It is wrong to...* Não está certo... ◇ *He was wrong to say that.* Ele errou em dizer aquilo. **4**: *What's wrong?* Qual é o problema? LOC *Ver* SIDE, TRACK
▸ *adv* mal, equivocadamente, incorretamente LOC **get sb wrong** (*coloq*) interpretar mal alguém ♦ **get sth wrong** (*coloq*) enganar-se em algo ♦ **go wrong** **1** enganar-se **2** (*máquina*) quebrar **3** dar-se/ir mal
▸ *s* **1** [*não contável*] mal **2** (*formal*) injustiça LOC **be in the wrong** não ter razão **wrongful** *adj* injusto, ilegal

wrongly /ˈrɔːŋli; *GB* ˈrɒŋ-/ *adv* mal, incorretamente

wrote *pt de* WRITE

wrought iron /ˌrɔːt ˈaɪərn/ *s* ferro forjado

wrung *pt, pp de* WRING

wuss /wʊs/ *s* (*gíria*) molenga

X, x /eks/ *s* (*pl* Xs, X's, x's) X, x ➲ *Ver nota em* A, A

xenophobia /ˌzenəˈfoʊbiə/ *s* xenofobia **xenophobic** *adj* xenofóbico

Xerox® /ˈzɪrɑːks/ *substantivo, verbo*
▸ *s* **1** copiadora **2** fotocópia, xerox
▸ *vt* **xerox** xerocar

ˈ**X factor** *s* [*sing*] fator indispensável

Xmas /ˈkrɪsməs; ˈeks-/ *s* (*coloq*) Natal

X-ray /ˈeks reɪ/ *substantivo, verbo*
▸ *s* **1** [*ger pl*] raio X **2** radiografia
▸ *vt* tirar uma radiografia de

xylophone /ˈzaɪləfoʊn/ *s* xilofone

Yy

Y, y /waɪ/ *s* (*pl* Ys, Y's, y's) Y, y ➲ *Ver nota em* A, A

yacht /jɑːt/ *s* iate **yachting** *s* iatismo

yak /jæk/ *vi* (-kk-) (*coloq*) tagarelar

yam /jæm/ *s* inhame

yank /jæŋk/ *vt, vi* (*coloq*) puxar bruscamente, dar um puxão PHR V **yank sth off/out** arrancar, tirar algo bruscamente

Yankee /ˈjæŋki/ (*tb* **Yank**) *s* **1** (*USA*) pessoa do nordeste dos Estados Unidos **2** (*esp GB, coloq, ger pej*) ianque

yard /jɑːrd/ *s* **1** (*USA*) (*GB* **garden**) jardim **2** (*GB*) pátio ➲ *Ver nota em* BACKYARD **3** (*abrev* **yd.**) jarda (*0,9144 m*) ➲ *Ver pág. 759*

yardstick /ˈjɑːrdstɪk/ *s* padrão, referência

yarn /jɑːrn/ *s* **1** [*não contável*] fio **2** (*coloq*) longa história

ˈ**yarn bombing** *s* [*não contável*] (*coloq*) decoração de itens urbanos com tecidos coloridos, crochê, etc.

yawn /jɔːn/ *substantivo, verbo*
▸ *s* bocejo
▸ *vi* bocejar **yawning** *adj* (*abismo*) enorme

yeah /jeə/ *interj* (*coloq*) sim!

year /jɪr/ *s* **1** ano: *for years* durante/há muitos anos **2** (*GB*) (*USA* **grade**) (*escola*) série **3**: *a two-year-old (child)* uma criança de dois anos ◇ *I am ten (years old).* Tenho dez anos. ❶ Note que, ao se dizer a idade, pode-se omitir a expressão **years old**. ➲ *Ver nota em* OLD LOC *Ver* TURN

yearly /ˈjɪrli/ *adjetivo, advérbio*
▸ *adj* anual
▸ *adv* anualmente, cada ano

yearn /jɜːrn/ *vi* (*formal*) **1** ~ **(for sth/sb)** suspirar (por algo/alguém) **2** ~ **(to do sth)** ansiar (por fazer algo) **yearning** *s* (*formal*) **1** ~ **(for sb/sth)** desejo (de alguém/algo); anseio (por algo) **2** ~ **(to do sth)** ânsia (por/de fazer algo)

yeast /jiːst/ *s* fermento

yell /jel/ *verbo, substantivo*
▸ *vt, vi* ~ **(out) (sth) (at sb/sth)** gritar (algo) (para alguém/algo): *She yelled out in pain.* Ela gritou de dor.
▸ *s* grito, gritaria

yellow /ˈjeloʊ/ *adj, s* amarelo

yelp /jelp/ *vi* **1** (*animal*) ganir **2** (*pessoa*) gritar

yep /jep/ *interj* (*coloq*) sim

yes /jes/ *interj, s* (*pl* **yesses** *ou* **yeses** /ˈjesɪz/) sim

yesterday /ˈjestərdeɪ; -di/ *adv, s* ontem: *yesterday morning* ontem de manhã LOC *Ver* DAY

yet /jet/ *advérbio, conjunção*
▸ *adv* **1** (*em orações negativas*) ainda: *not yet* ainda não ◇ *They haven't called yet.* Ainda não telefonaram. ➲ *Ver nota em* STILL **2** (*em orações interrogativas*) já

Yet ou already?

Só se usa **yet** em orações interrogativas, e sempre no final da sentença: *Have you finished it yet?* Você já terminou? **Already** é usado em orações afirmativas e interrogativas. Normalmente vai depois dos verbos auxiliares ou modais e na frente dos demais verbos: *Have you finished already?* Você já terminou? ◇ *He already knew her.* Ele já a conhecia. Quando **already** indica surpresa com o fato de uma ação se haver realizado antes do esperado, pode ser usado no final da sentença: *He's found a job already!* Ele já arrumou emprego! ◇ *Is it there already? That was quick!* Já está lá? Que rapidez! ➲ *Ver exemplos em* ALREADY

3 (*depois de superlativo*): *her best novel yet* seu melhor romance até hoje **4** (*antes de comparativo*) ainda: *yet more work* mais trabalho ainda LOC **as yet** até agora ◆ **yet again** outra vez, novamente
▸ *conj* contudo: *It's incredible yet true.* É inacreditável, mas é verdade.

yew /juː/ (*tb* ˈ**yew tree**) *s* teixo

yield /jiːld/ *verbo, substantivo*
▸ *v* **1** *vt* produzir, dar **2** *vt* (*Fin*) render **3** *vi* ~ **(to sth/sb)** (*formal*) render-se, ceder (a algo/alguém) ℹ A expressão mais comum é **give in**.
▸ *s* **1** produção **2** colheita **3** (*Fin*) rendimento **yielding** *adj* (*formal*) **1** flexível **2** submisso

yoga /ˈjoʊgə/ *s* yoga

yogurt (*tb* **yoghurt**) /ˈjoʊgərt; *GB* ˈjɒgət/ *s* iogurte

yoke /joʊk/ *s* jugo

yokel /ˈjoʊkl/ *s* caipira

yolk /joʊk/ *s* gema (*de ovo*)

⚷ **you** /juː/ *pron* **1** (*como sujeito*) tu, você(s), o(s) senhor(es), a(s) senhora(s): *You said that...* Você disse que... ℹ O pronome pessoal não pode ser omitido em inglês. **2** (*em orações impessoais*): *You can't smoke in here.* Não se pode fumar aqui.

Nas orações impessoais pode-se usar **one** com o mesmo significado que **you**, mas é muito mais formal.

3 (*como objeto direto*) te, o(s), a(s), você(s), o(s) senhor(es), a(s) senhora(s) **4** (*como objeto indireto*) te, lhe(s), a você(s), ao(s) senhor(es), à(s) senhora(s): *I told you to wait.* Eu disse a você que esperasse. **5** (*depois de preposição*) ti, você(s), o(s) senhor(es), a(s) senhora(s): *Can I go with you?* Posso ir com vocês?

you'd /juːd/ **1** = YOU HAD *Ver* HAVE **2** = YOU WOULD *Ver* WOULD

you'll /juːl/ = YOU WILL *Ver* WILL

⚷ **young** /jʌŋ/ *adjetivo, substantivo*
▸ *adj* (younger /ˈjʌŋgər/, youngest /-gɪst/) jovem: *young people* jovens ◇ *He's two years younger than me.* Ele é dois anos mais novo do que eu.
▸ *s* [*pl*] **1 the young** os jovens **2** (*de animais*) crias, filhotes

youngster /ˈjʌŋstər/ *s* jovem

⚷ **your** /jʊr; jər; *GB* jɔː(r)/ *adj* teu(s), tua(s), seu(s), sua(s), de você(s), do(s) senhor(es), da(s) senhora(s): *Your room is ready.* O seu quarto está pronto. ◇ *to break your arm* quebrar o braço ➲ *Ver nota em* MY

you're /jʊr; jər/ = YOU ARE *Ver* BE

⚷ **yours** /jərz; jɔːrz; jʊrz/ *pron* o(s) teu(s), a(s) tua(s), o(s) seu(s), a(s) sua(s), o de você(s), o do(s) senhor(es), o da(s) senhora(s): *Is she a friend of yours?* Ela é amiga sua/de vocês/dos senhores? ◇ *Where is yours?* Onde está o teu/o seu/o de vocês? LOC *Ver* SINCERELY

⚷ **yourself** /jɔːrˈself; jʊrˈ-; jərˈ-/ *pron* (*pl* yourselves /-ˈselvz/) **1** (*uso reflexivo*) te, se; o(s), a(s): *Enjoy yourselves!* Divirtam-se! **2** (*depois de preposição*) ti/si mesmo(s): *proud of yourself* orgulhoso de si mesmo **3** (*uso enfático*) você(s) mesmo(s), -a(s) LOC **(all) by yourself/yourselves** (completamente) sozinho(s) ◆ **be yourself/yourselves** ser natural: *Just be yourself.* Simplesmente seja você mesma.

⚷ **youth** /juːθ/ *s* **1** juventude: *In my youth...* Quando eu era jovem... ◇ *youth club/hostel* clube/centro/albergue para jovens **2** (*pl* youths /juːðz/) (*ger pej*) jovem **youthful** *adj* juvenil

you've /juːv/ = YOU HAVE *Ver* HAVE

yo-yo (*tb* **Yo Yo**®) /ˈjoʊ joʊ/ *s* (*pl* yo-yos) ioiô

yuck (*tb* **yuk**) /jʌk/ *interj* (*coloq*) eca! **yucky** (*tb* **yukky**) *adj* (*coloq*) asqueroso

yum /jʌm/ (*tb* ˌ**yum-**ˈ**yum**) *interj* (*coloq*) humm! **yummy** *adj* (*coloq*) delicioso

Zz

Z, z /ziː; *GB* zed/ *s* (*pl* Zs, Z's, z's) Z, z ➲ *Ver nota em* A, A

zap /zæp/ (-pp-) (*coloq*) **1** *vt* exterminar **2** *vi* mudar de canal rapidamente (*com controle remoto*)

zeal /ziːl/ *s* (*formal*) entusiasmo, fervor **zealous** /ˈzeləs/ *adj* (*formal*) entusiasta

zebra /ˈzebrə; ˈziːbrə/ *s* zebra

ˌ**zebra** ˈ**crossing** *s* (*GB*) (*USA* **crosswalk**) faixa para pedestres

zenith /ˈzenɪθ/ *s* zênite

⚷ **zero** /ˈzɪroʊ/ *adj, pron, s* (*pl* **zeros**) (*GB tb* **nought**) zero

zest /zest/ *s* ~ **(for sth)** entusiasmo, paixão (por algo)
zigzag /ˈzɪgzæg/ *adjetivo, substantivo, verbo*
▸ *adj* em zigue-zague
▸ *s* zigue-zague
▸ *vi* (-gg-) ziguezaguear
zilch /zɪltʃ/ *s* [*não contável*] (*coloq*) nada
zinc /zɪŋk/ *s* zinco
zip /zɪp/ (-pp-) **1** *vt* ~ **sth (up)** fechar o zíper de algo **2** *vi* ~ **(up)** fechar com zíper
ˈ**zip code** (*tb* **ZIP code**) (*GB* **postcode**) *s* código postal, CEP
ˈ**zip line** (*tb* ˈ**zip wire**) *s* tirolesa
zipper /ˈzɪpər/ (*GB* **zip**) *s* zíper
zit /zɪt/ *s* (*coloq*) espinha (*no rosto*)
zodiac /ˈzoʊdiæk/ *s* zodíaco
zombie /ˈzɑːmbi/ *s* (*coloq*) zumbi
⚷ **zone** /zoʊn/ *s* zona
zonked /zɑːŋkt/ *adj* (*gíria*) ~ **(out) 1** (*por alcool, drogas*) chapado **2** (*de cansaço*) pregado
zoo /zuː/ *s* (*pl* **zoos**) (jardim) zoológico
zoology /zuˈɑːlədʒi; zoʊˈ-/ *s* zoologia
zoologist *s* zoólogo, -a
zoom /zuːm/ *vi* ir muito depressa: *to zoom past* passar zunindo PHR V **zoom in (on sb/sth)** enfocar (alguém/algo) (*com um zum*)
ˈ**zoom lens** *s* zum
zucchini /zuˈkiːni/ *s* (*pl* **zucchini** *ou* **zucchinis**) (*GB* **courgette**) abobrinha

Z

Expressões numéricas

Numerais

Cardinais		Ordinais	
1	one	1st	first
2	two	2nd	second
3	three	3rd	third
4	four	4th	fourth
5	five	5th	fifth
6	six	6th	sixth
7	seven	7th	seventh
8	eight	8th	eighth
9	nine	9th	ninth
10	ten	10th	tenth
11	eleven	11th	eleventh
12	twelve	12th	twelfth
13	thirteen	13th	thirteenth
14	fourteen	14th	fourteenth
15	fifteen	15th	fifteenth
16	sixteen	16th	sixteenth
17	seventeen	17th	seventeenth
18	eighteen	18th	eighteenth
19	nineteen	19th	nineteenth
20	twenty	20th	twentieth
21	twenty-one	21st	twenty-first
22	twenty-two	22nd	twenty-second
30	thirty	30th	thirtieth
40	forty	40th	fortieth
50	fifty	50th	fiftieth
60	sixty	60th	sixtieth
70	seventy	70th	seventieth
80	eighty	80th	eightieth
90	ninety	90th	ninetieth
100	a/one hundred	100th	hundredth
101	a/one hundred and one	101st	hundred and first
200	two hundred	200th	two hundredth
1,000	a/one thousand	1,000th	thousandth
10,000	ten thousand	10,000th	ten thousandth
100,000	a/one hundred thousand	100,000th	hundred thousandth
1,000,000	a/one million	1,000,000th	millionth

Exemplos

528 *five hundred and twenty-eight*
2,976 *two thousand, nine hundred and seventy-six*
50,439 *fifty thousand, four hundred and thirty-nine*
2,250,321 *two million, two hundred and fifty thousand, three hundred and twenty-one*

ⓘ Em inglês, utiliza-se uma vírgula para marcar o milhar, por exemplo *25,000*.

Números como *100*, *1,000*, *1,000,000*, etc., podem ser lidos de duas maneiras, **one hundred** ou **a hundred**, **one thousand** ou **a thousand**, etc.

0 (zero) lê-se **zero**, **nothing**, **o** /oʊ/, ou **nought** (*GB*), dependendo da expressão em que é usado.

Expressões matemáticas

+	plus
–	minus
x	times *ou* multiplied by
÷	divided by
=	equals
%	percent
3^2	three squared
5^3	five cubed
6^{10}	six to the tenth power (*GB* to the power of ten)

Exemplos

6 + 9 = 15 *Six **plus** nine equals/is fifteen.*
5 x 6 = 30 *Five **times** six equals thirty /Five **multiplied by** six is thirty.*
10 – 5 = 5 *Ten **minus** five equals five./Ten **take away** five is five.*
40 ÷ 5 = 8 *Forty **divided by** five equals eight/is eight.*

Decimais

0.1	(zero) point one	(nought) point one (*GB*)
0.25	(zero) point two five	(nought) point two five (*GB*)
1.75	one point seven five	

❶ Em inglês utiliza-se um ponto (e não uma vírgula) para marcar os decimais.

Frações

$^1/_2$	a half
$^1/_3$	a/one third
$^1/_4$	a quarter
$^3/_5$	three fifths
$^1/_8$	an/one eighth
$^1/_{10}$	a/one tenth
$^1/_{16}$	a/one sixteenth
$1^1/_2$	one and a half
$2^3/_8$	two and three eighths

Exemplos

one eighth of the cake
two thirds of the population

Quando uma fração acompanha um número inteiro, usa-se a conjunção **and** para uni-los:

$2^1/_4$ *two **and** a quarter*
$5^2/_3$ *five **and** two thirds*
$1^1/_2$pts. *one **and** a half pints*

Porcentagens

35% thirty-five percent
60% sixty percent
73% seventy-three percent

Quando as porcentagens são usadas com um substantivo não contável ou no singular, o verbo fica normalmente no singular:

*25% of the information on this website **comes** from government sources.*
*60% of the area **is** flooded.*
*75% of the class **has** passed.*

Se o substantivo for contável e estiver no plural, o verbo irá ficar no plural:

*80% of students **agree**.*

Peso

		Sistema americano	Sistema métrico
		1 ounce (oz.)	= 28.35 grams (g)
16 ounces	=	**1 pound** (lb.)	= 0.454 kilogram (kg)
2,000 pounds	=	**1 ton**	= 0.907 metric ton

Exemplos
The baby weighed 7 lb. 4 oz. (seven pounds four ounces).
For this recipe you need 500 g (five hundred grams) of flour.
The price of copper fell by $50 a ton.

Capacidade

		Sistema americano	Sistema métrico
		1 cup	= 0.2371 liter (l)
2 cups	=	**1 pint**	= 0.4731 liter (l)
2 pints	=	**1 quart**	= 0.9461 liter (l)
8 pints	=	**1 gallon** (gal.)	= 3.7851 liter (l)

Exemplos
Add two cups of water to the mixture.
I bought a quart of milk at the store.
The gas tank holds 12 gallons.

Comprimento

	Sistema americano	Sistema métrico
	1 inch (in.)	= 25.4 millimeters (mm)
12 inches	= **1 foot** (ft.)	= 30.48 centimeters (cm)
3 feet	= **1 yard** (yd.)	= 0.914 meter (m)
1,760 yards	= **1 mile**	= 1.609 kilometers (km)

Exemplos

Height: 5 ft. 9 in. (five foot nine/five feet nine/five nine).
The hotel is 30 yds. (thirty yards) from the beach.
The car was doing 50 mph (fifty miles per/an hour).
The room is 11' x 9'6" (eleven foot by nine foot six/eleven feet by nine feet six/eleven by nine six).

ⓘ Quando não houver a necessidade de sermos precisos, podemos utilizar expressões como **several inches** (um palmo), **an inch** (dois dedos), etc.

Superfície

	Sistema americano	Sistema métrico
	1 square inch (sq in.)	= 6.452 square centimeters
144 square inches	= **1 square foot** (sq ft.)	= 929.03 square centimeters
9 square feet	= **1 square yard** (sq yd.)	= 0.836 square meter
4,840 square yards	= **1 acre**	= 0.405 hectare
640 acres	= **1 square mile**	= 2.59 square kilometers/ 259 hectares

Exemplos

5,000 square meters of floor space
They have a 200-acre farm.
The fire destroyed 40 square miles of woodland.

Datas

Como escrevê-las	Como dizê-las
4/15/18 (*GB* 15/4/18)	*The fifteenth of April, twenty eighteen*
April 15(th), 2018	*April fifteenth, twenty eighteen (GB April the fifteenth)*

Exemplos

Her birthday is on April 9(th) (April ninth/the ninth of April).
The new store opened in 2016 (twenty sixteen).
The baby was born on April 18 2008 (April eighteenth/the eighteenth of April two thousand and eight).
I'll be twenty-five in 2029 (twenty twenty-nine)!

Moeda

Nos Estados Unidos

	Valor da moeda/nota	Nome da moeda/nota
1¢	a/one cent	a penny
5¢	five cents	a nickel
10¢	ten cents	a dime
25¢	twenty-five cents	a quarter
$1	a dollar	a dollar bill/coin
$5	five dollars (five bucks)	a five-dollar bill
$10	ten dollars (ten bucks)	a ten-dollar bill
$20	twenty dollars (twenty bucks)	a twenty-dollar bill
$50	fifty dollars (fifty bucks)	a fifty-dollar bill
$100	a hundred dollars (a hundred bucks)	a hundred-dollar bill

ⓘ **Buck** é uma forma coloquial de se referir a **dollar**: *It cost fifty bucks.*

Exemplos

$5.75: five seventy-five
$0.79: seventy-nine cents
The apples are $2.79 (two dollars seventy-nine/two seventy-nine) a pound.
We pay $900 (nine hundred dollars) a month for rent.

Na Grã-Bretanha

	Valor da moeda/nota	Nome da moeda/nota
1p	a penny (one p)	a penny
2p	two pence (two p)	a two-pence piece
5p	five pence (five p)	a five-pence piece
10p	ten pence (ten p)	a ten-pence piece
20p	twenty pence (twenty p)	a twenty-pence piece
50p	fifty pence (fifty p)	a fifty-pence piece
£1	a pound	a pound (coin)
£2	two pounds	a two-pound coin
£5	five pounds	a five-pound note
£10	ten pounds	a ten-pound note
£20	twenty pounds	a twenty-pound note
£50	fifty pounds	a fifty-pound note

ⓘ As expressões que aparecem entre parênteses são mais coloquiais. Note que a pronúncia de *one p, two p,* etc. é /wʌn piː/, /tuː piː/, etc.

Exemplos

£9.99: nine pounds ninety-nine
25p: twenty-five pence
Grapes are £2.50 (two pounds fifty) a pound.

A hora

- A forma de se dizer a hora varia de acordo com o grau de formalidade e se o inglês é americano ou britânico:

It's: *five fifteen*
(a) quarter after five
(a) quarter past five (GB)

It's: *six thirty*
half past six
half six (GB, coloq)

It's: *three forty-five*
(a) quarter to/of four
(a) quarter to four (GB)

It's: *eleven ten*
ten (minutes) after eleven
ten (minutes) past eleven (GB)

It's: *eleven forty*
twenty (minutes) to/of twelve
twenty (minutes) to twelve (GB)

- A palavra ***minutes*** pode ser omitida após 5, 10, 20 e 25, mas quase sempre é utilizada após os outros números:

  It's five after two.
  mas *It's eleven minutes after five.*

- O "relógio de 24 horas" (**the 24-hour clock**) é utilizado principalmente para horários de trens, ônibus, etc., ou em avisos.

- Para distinguirmos entre o período da manhã, da tarde e da noite, usamos ***in the morning, in the afternoon*** ou ***in the evening***:

  6:00 *six o'clock in the morning*
  15:30 *half past three in the afternoon*
  22:00 *ten o'clock in the evening*

- Em uma linguagem mais formal, utiliza-se ***a.m./p.m.***

  Office hours are 9 a.m. to 4:30 p.m.
  ➔ *Ver tb nota em* P.M.

Números de telefone

- Para dizer o número de um telefone, normalmente deve-se ler cada número em separado:

  555 – 1212 *five five five one two one two*
  2584460 *two five eight four four six o*
  (212) 555 – 1200 *two one two five five five twelve hundred*

- Quando se trata de uma empresa com central telefônica, os números dos ramais aparecem entre parênteses:

  (x3545) *extension three five four five*

Nomes geográficos

Afghanistan /æf'gænɪstɑːn, -stæn/	Afghan /'æfgæn/
Africa /'æfrɪkə/	African /'æfrɪkən/
Albania /æl'beɪniə/	Albanian /æl'beɪniən/
Algeria /æl'dʒɪriə/	Algerian /æl'dʒɪriən/
America /ə'merɪkə/	American /ə'merɪkən/
Angola /æŋ'goʊlə/	Angolan /æŋ'goʊlən/
Antarctica /æn'tɑːrktɪkə/	Antarctic /æn'tɑːrktɪk/
Antigua and Barbuda /æn,tiːgwə ən bɑr'bjuːdə; *GB* -gə/	Antiguan /æn'tiːgwən; *GB* -gən/, Barbudan /bɑr'bjuːdən/
Argentina /,ɑːrdʒən'tiːnə/	Argentinian /,ɑːrdʒən'tɪniən/, Argentine /'ɑːrdʒəntaɪn/
Armenia /ɑːr'miːniə/	Armenian /ɑːr'miːniən/
Asia /'eɪʒə/	Asian /'eɪʒn/
Australia /ɔː'streɪliə; *GB* ɒ's-/	Australian /ɔː'streɪliən; *GB* ɒ's-/
Austria /'ɔːstriə; *GB* 'ɒs-/	Austrian /'ɔːstriən; *GB* 'ɒs-/
Azerbaijan /,æzərbaɪ'dʒɑːn/	Azerbaijani /,æzərbaɪ'dʒɑːni/, Azeri /ə'zeri/
(the) Bahamas /bə'hɑːməz/	Bahamian /bə'heɪmiən/
Bangladesh /,bæŋglə'deʃ/	Bangladeshi /,bæŋglə'deʃɪ/
Barbados /bɑːr'beɪdɑːs, -doʊs/	Barbadian /bɑːr'beɪdiən/
Belarus /,belə'ruːs/	Belarusian /,belə'ruːsiən, -'rʌʃn/
Belgium /'beldʒəm/	Belgian /'beldʒən/
Belize /bə'liːz/	Belizean /bə'liːziən/
Bolivia /bə'lɪviə/	Bolivian /bə'lɪviən/
Bosnia and Herzegovina /,bɑːzniə ən ,hɜːrtsəgə'viːnə/	Bosnian /'bɑːzniən/, Herzegovinian /,hɜːrtsəgə'viːniən/
Brazil /brə'zɪl/	Brazilian /brə'zɪliən/
Bulgaria /bʌl'geriə/	Bulgarian /bʌl'geriən/
Burma /'bɜːrmə/ (*tb* **Myanmar** /mɪ,æn'mɑːr/)	Burmese /bɜːr'miːz/
Cambodia /kæm'boʊdiə/	Cambodian /kæm'boʊdiən/
Canada /'kænədə/	Canadian /kə'neɪdiən/
Cape Verde /,keɪp 'vɜːrd/	Cape Verdean /,keɪp 'vɜːrdiən/
(the) Caribbean Sea /kærə,biːən 'siː, kə,rɪbiən/	Caribbean /,kærə'biːən, kə'rɪbiən/
Chad /tʃæd/	Chadian /'tʃædiən/
Chile /'tʃɪli, 'tʃɪleɪ/	Chilean /tʃɪ'leɪən; *GB* 'tʃɪliən/
China /'tʃaɪnə/	Chinese /tʃaɪ'niːz/
Colombia /kə'lʌmbiə, -'lɑːm-/	Colombian /kə'lʌmbiən, -'lɑːm-/
Costa Rica /,koʊstə 'riːkə, ,kɑːstə/	Costa Rican /,koʊstə 'riːkən, ,kɑːstə/
Croatia /kroʊ'eɪʃə/	Croatian /kroʊ'eɪʃn/, Croat /'kroʊæt/
Cuba /'kjuːbə/	Cuban /'kjuːbən/
Cyprus /'saɪprəs/	Cypriot /'sɪpriət/
(the) Czech Republic /,tʃek rɪ'pʌblɪk/	Czech /tʃek/

Denmark /'denmɑːrk/	Danish /'deɪnɪʃ/, Dane /deɪn/
Dominica /ˌdɑːmə'niːkə/	Dominican /ˌdɑːmə'niːkən/
(the) Dominican Republic /dəˌmɪnɪkən rɪ'pʌblɪk/	Dominican /də'mɪnɪkən/
East Timor /ˌiːst 'tiːmɔːr/	East Timorese /ˌiːst timə'riːz/
Ecuador /'ekwədɔːr/	Ecuadorian, Ecuadorean /ˌekwə'dɔːriən/
Egypt /'iːdʒɪpt/	Egyptian /ɪ'dʒɪpʃn/
El Salvador /ˌel 'sælvədɔːr/	Salvadorean /ˌsælvə'dɔːriən/
England /'ɪŋglənd/	English /'ɪŋglɪʃ/, Englishman /'ɪŋglɪʃmən/, Englishwoman /'ɪŋglɪʃwʊmən/, (the English)
Estonia /e'stoʊniə/	Estonian /e'stoʊniən/
Ethiopia /ˌiːθɪ'oʊpiə/	Ethiopian /ˌiːθɪ'oʊpiən/
Europe /'jʊrəp/	European /ˌjʊrə'piːən/
Finland /'fɪnlənd/	Finnish /'fɪnɪʃ/, Finn /fɪn/
(the) Former Yugoslav Republic of Macedonia (FYROM) /ˌfɔːrmər ˌjuːgəslav rɪˌpʌblɪk əv ˌmæsə'doʊniə/	Macedonian /ˌmæsə'doʊniən/
France /fræns; *GB* frɑːns/	French /frentʃ/, Frenchman /'frentʃmən/, Frenchwoman /'frentʃwʊmən/, (the French)
Georgia /'dʒɔːrdʒə/	Georgian /'dʒɔːrdʒən/
Germany /'dʒɜːrməni/	German /'dʒɜːrmən/
Great Britain /ˌgreɪt 'brɪtn/	British /'brɪtɪʃ/, Briton /'brɪtn/, (the British)
Greece /griːs/	Greek /griːk/
Grenada /grə'neɪdə/	Grenadian /grə'neɪdiən/
Guatemala /ˌgwɑːtə'mɑlə/	Guatemalan /ˌgwɑːtə'mɑːlən/
Guinea /'gɪni/	Guinean /'gɪniən/
Guinea-Bissau /ˌgɪni bɪ'saʊ/	Guinean /'gɪniən/
Guyana /gaɪ'ænə/	Guyanese /ˌgaɪə'niːz/
Haiti /'heɪti/	Haitian /'heɪʃn/
Holland /'hɑːlənd/ *Ver* **(the) Netherlands**	
Honduras /hɑːn'dʊrəs; *GB* -'djʊr-/	Honduran /hɑːn'dʊrən; *GB* -'djʊr-/
Hungary /'hʌŋgəri/	Hungarian /hʌŋ'geriən/
Iceland /'aɪslənd/	Icelandic /aɪs'lændɪk/, Icelander /'aɪsləndər/
India /'ɪndiə/	Indian /'ɪndiən/
Indonesia /ˌɪndə'niːʒə/	Indonesian /'ɪndə'niːʒn/
Iran /ɪ'rɑːn, ɪ'ræn/	Iranian /ɪ'reɪniən/
Iraq /ɪ'rɑːk, ɪ'ræk/	Iraqi /ɪ'rɑːki, ɪ'ræki/
(the Republic of) Ireland /'aɪərlənd/	Irish /'aɪrɪʃ/, Irishman /'aɪrɪʃmən/, Irishwoman /'aɪrɪʃwʊmən/, (the Irish)
Israel /'ɪzreɪl/	Israeli /ɪz'reɪli/

Italy /ˈɪtəli/	Italian /ɪˈtæliən/
Jamaica /dʒəˈmeɪkə/	Jamaican /dʒəˈmeɪkən/
Japan /dʒəˈpæn/	Japanese /ˌdʒæpəˈniːz/
Jordan /ˈdʒɔːrdn/	Jordanian /dʒɔːrˈdeɪniən/
Kazakhstan /ˌkæzækˈstɑːn, -ˈstæn/	Kazakh /ˈkæzæk, kəˈzæk/
Kenya /ˈkenjə, ˈkiːnjə/	Kenyan /ˈkenjən, ˈkiːnjən/
Korea /kəˈriə/ **North Korea, South Korea**	North Korean /ˌnɔːrθ kəˈriən/, South Korean /ˌsaʊθ kəˈriən/
Kuwait /kʊˈweɪt/	Kuwaiti /kʊˈweɪti/
Kyrgyzstan /ˌkɪrgɪˈstɑːn, -ˈstæn; *GB tb* ˌkɜː-/	Kyrgyz /ˈkɪrgɪz; *GB tb* ˈkɜː-/
Latvia /ˈlætviə/	Latvian /ˈlætviən/
Lebanon /ˈlebənɑːn, -nən/	Lebanese /ˌlebəˈniːz/
Libya /ˈlɪbiə/	Libyan /ˈlɪbiən/
Liechtenstein /ˈlɪktenstaɪn/	Liechtenstein, Liechtensteiner /ˈlɪktənstaɪnər/
Lithuania /ˌlɪθjuˈeɪniə/	Lithuanian /ˌlɪθjuˈeɪniən/
Luxembourg /ˈlʌksəmbɜːrg/	Luxembourg, Luxembourger /ˈlʌksəmbɜːrgər/
Malaysia /məˈleɪʒə/	Malaysian /məˈleɪʒn/
Mexico /ˈmeksɪkoʊ/	Mexican /ˈmeksɪkən/
Moldova /mɑːlˈdoʊvə, mɔːl-/	Moldovan /mɑːlˈdoʊvn, mɔːl-/
Mongolia /mɑːŋˈgoʊliə/	Mongolian /mɑːŋˈgoʊliən/, Mongol /ˈmɑːŋgl/
Montenegro /ˌmɑːntəˈnegroʊ/	Montenegrin /ˌmɑːntəˈnegrɪn/
Morocco /məˈrɑːkoʊ/	Moroccan /məˈrɑːkən/
Mozambique /ˌmoʊzæmˈbiːk/	Mozambican /ˌmoʊzæmˈbiːkən/
(the) Netherlands /ˈneðərləndz/	Dutch /dʌtʃ/, Dutchman /ˈdʌtʃmən/, Dutchwoman /ˈdʌtʃwʊmən/, (the Dutch)
New Zealand /ˌnuː ˈziːlənd; *GB* ˌnjuː/	New Zealand, New Zealander /ˌnuː ˈziːləndər; *GB* ˌnjuː/
Nicaragua /ˌnɪkəˈrɑːgwə; *GB* -ˈræg-/	Nicaraguan /ˌnɪkəˈrɑːgwən; *GB* -ˈræg-/
Nigeria /naɪˈdʒɪriə/	Nigerian /naɪˈdʒɪriən/
Northern Ireland /ˌnɔːrðərn ˈaɪərlənd/	Northern Irish /ˌnɔːrðərn ˈaɪərɪʃ/ (*adj*)
Norway /ˈnɔːrweɪ/	Norwegian /nɔːrˈwiːdʒən/
Pakistan /ˌpækɪˈstɑːn, ˌpɑːkɪ-, -ˈstæn/	Pakistani /ˌpækɪˈstɑːnɪ, ˌpɑːkɪ- , -ˈstæni/
Panama /ˈpænəmɑː/	Panamanian /ˌpænəˈmeɪniən/
Paraguay /ˈpærəgwaɪ, -gweɪ/	Paraguayan /ˌpærəˈgwaɪən, -ˈgweɪən/
Peru /pəˈruː/	Peruvian /pəˈruːviən/
(the) Philippines /ˈfɪlɪpiːnz/	Philippine /ˈfɪlɪpiːn/, Filipino /ˌfɪlɪˈpiːnoʊ/, Filipina /ˌfɪlɪˈpiːnə/
Poland /ˈpoʊlənd/	Polish /ˈpoʊlɪʃ/, Pole /poʊl/
Portugal /ˈpɔːrtʃəgl/	Portuguese /ˌpɔːrtʃəˈgiːz, ˈpɔːrtʃəgiːz/
Romania /roʊˈmeɪniə; *GB* ruˈm-/	Romanian /roʊˈmeɪniən; *GB* ruˈm-/
Russia /ˈrʌʃə/	Russian /ˈrʌʃn/
São Tomé and Príncipe /ˌsaʊ təˌmeɪ ən ˈprɪnsɪpeɪ/	São Tomean /ˌsaʊ təˈmeɪən/

Saudi Arabia /ˌsɔːdi əˈreɪbiə; *GB* ˌsaʊdi/	Saudi /ˈsɔːdi; *GB* ˈsaʊdi/, Saudi Arabian /ˌsɔːdi əˈreɪbiən; *GB* ˌsaʊdi/
Scandinavia /ˌskændɪˈneɪviə/	Scandinavian /ˌskændɪˈneɪviən/
Scotland /ˈskɑːtlənd/	Scottish /ˈskɑːtɪʃ/, Scot /skɑːt/, Scotsman /ˈskɑːtsmən/, Scotswoman /ˈskɑːtswʊmən/, (the Scots)
Serbia /ˈsɜːrbiə/	Serbian /ˈsɜːrbiən/, Serb /sɜːrb/
Singapore /ˈsɪŋəpɔːr, ˈsɪŋgə-; *GB tb* ˌsɪŋəˈpɔː(r)/	Singaporean /ˌsɪŋəˈpɔːriən, ˌsɪŋgə-/
Slovakia /sloʊˈvɑːkiə; *GB* sləˈvækiə/	Slovak /ˈsloʊvɑːk; *GB* -væk/, Slovakian /sloʊˈvɑːkiən; *GB* sləˈvækiən/
Slovenia /sloʊˈviːniə; *GB* slə-/	Slovene /ˈsloʊviːn/, Slovenian /sloʊˈviːniən; *GB* slə-/
South Africa /ˌsaʊθ ˈæfrɪkə/	South African /ˌsaʊθ ˈæfrɪkən/
Spain /speɪn/	Spanish /ˈspænɪʃ/, Spaniard /ˈspænɪərd/, (the Spanish)
St. Kitts and Nevis /seɪnt ˌkɪts ən ˈniːvɪs; *GB* snt/	Kittitian /kɪˈtɪʃn/, Nevisian /nəˈvɪʒn; *GB* nəˈvɪsiən/
St. Lucia /ˌseɪnt ˈluːʃə; *GB* ˌsnt/	St. Lucian /ˌseɪnt ˈluːʃən; *GB* ˌsnt/
St. Vincent and the Grenadines /seɪnt ˌvɪnsnt ən ðə ˈgrenədiːnz; *GB* snt/	Vincentian /vɪnˈsenʃn/
Suriname /ˌsʊrɪˈnɑːm/	Surinamese /ˌsʊrɪnəˈmiːz/
Sweden /ˈswiːdn/	Swedish /ˈswiːdɪʃ/, Swede /swiːd/
Switzerland /ˈswɪtsərlənd/	Swiss /swɪs/, (the Swiss)
Syria /ˈsɪriə/	Syrian /ˈsɪriən/
Tajikistan /tæˌdʒiːkɪˈstɑːn, -ˈstæn/	Tajik /tæˈdʒiːk/
Thailand /ˈtaɪlænd; *GB* -lənd/	Thai /taɪ/
Trinidad and Tobago /ˌtrɪnɪdæd ən təˈbeɪgoʊ/	Trinidadian /ˌtrɪnɪˈdædiən/, Tobagan /təˈbeɪgən/, Tobagonian /ˌtoʊbəˈgoʊniən/
Tunisia /tuːˈniːʒə; *GB* tjuˈnɪziə/	Tunisian /tuːˈniːʒn; *GB* tjuˈnɪziən/
Turkey /ˈtɜːrki/	Turkish /ˈtɜːrkɪʃ/, Turk /tɜːrk/
Turkmenistan /tɜːrkˌmenɪˈstɑːn, -ˈstæn/	Turkmen /ˈtɜːrkmen/
Ukraine /juːˈkreɪn/	Ukrainian /juːˈkreɪniən/
(the) United Kingdom /juˌnaɪtɪd ˈkɪŋdəm/	
(the) United States of America /juˌnaɪtɪd ˌsteɪts əv əˈmerɪkə/	American /əˈmerɪkən/
Uruguay /ˈjʊrəgwaɪ, -gweɪ/	Uruguayan /ˌjʊrəˈgwaɪən, -ˈgweɪən/
Uzbekistan /ʊzˌbekɪˈstɑːn, -ˈstæn/	Uzbek /ˈʊzbek/
Venezuela /ˌvenəˈzweɪlə/	Venezuelan /ˌvenəˈzweɪlən/
Vietnam /ˌviːetˈnɑːm, ˌvjet-, -ˈnæm/	Vietnamese /viːˌetnəˈmiːz, ˌvjet-/
Wales /weɪlz/	Welsh /welʃ/, Welshman /ˈwelʃmən/, Welshwoman /ˈwelʃwʊmən/, (the Welsh)
(the) West Indies /ˌwest ˈɪndɪz, -diːz/	West Indian /ˌwest ˈɪndiən/
Yemen /ˈjemən/	Yemeni /ˈjeməni/
Zimbabwe /zɪmˈbɑːbweɪ, -wi/	Zimbabwean /zɪmˈbɑːbweɪən, -wiən/

The United States of America and Canada
Os Estados Unidos da América e Canadá

Estados que fazem parte dos EUA

Alabama /ˌæləˈbæmə/
Alaska /əˈlæskə/
Arizona /ˌærəˈzoʊnə/
Arkansas /ˈɑːrkənsɔː/
California /ˌkæləˈfɔːrnjə/
Colorado /ˌkɑːləˈrædoʊ; *GB* -ˈrɑːd-/
Connecticut /kəˈnetɪkət/
Delaware /ˈdeləwer/
Florida /ˈflɔːrɪdə; *GB* ˈflɒr-/
Georgia /ˈdʒɔːrdʒə/
Hawaii /həˈwaii/
Idaho /ˈaɪdəhoʊ/
Illinois /ˌɪləˈnɔɪ/
Indiana /ˌɪndiˈænə/
Iowa /ˈaɪəwə/
Kansas /ˈkænzəs/
Kentucky /kenˈtʌki/
Louisiana /luˌiːziˈænə/
Maine /meɪn/
Maryland /ˈmerələnd/
Massachusetts /ˌmæsəˈtʃuːsɪts/
Michigan /ˈmɪʃɪgən/
Minnesota /ˌmɪnəˈsoʊtə/
Mississippi /ˌmɪsəˈsɪpi/
Missouri /məˈzʊri; *GB* mɪˈz-/
Montana /mɑːnˈtænə/
Nebraska /nəˈbræskə/
Nevada /nəˈvɑːdə, nəˈvædə/
New Hampshire /ˌnuː ˈhæmpʃər; *GB* ˌnjuː/
New Jersey /ˌnuː ˈdʒɜːrzi; *GB* ˌnjuː/
New Mexico /ˌnuː ˈmeksɪkoʊ; *GB* ˌnjuː/
New York /ˌnuː ˈjɔːrk; *GB* ˌnjuː/
North Carolina /ˌnɔːrθ kærəˈlaɪnə/
North Dakota /ˌnɔːrθ dəˈkoʊtə/
Ohio /oʊˈhaɪoʊ/
Oklahoma /ˌoʊkləˈhoʊmə/
Oregon /ˈɔːrəgən, -gɑːn; *GB* ˈɒrɪgən/
Pennsylvania /ˌpenslˈveɪnjə/
Rhode Island /ˌroʊd ˈaɪlənd/
South Carolina /ˌsaʊθ kærəˈlaɪnə/
South Dakota /ˌsaʊθ dəˈkoʊtə/
Tennessee /ˌtenəˈsiː/
Texas /ˈteksəs/
Utah /ˈjuːtɑː/
Vermont /vərˈmɑːnt/
Virginia /vərˈdʒɪnjə/
Washington /ˈwɑːʃɪŋtən/
West Virginia /ˌwest vərˈdʒɪnjə/
Wisconsin /wɪsˈkɑːnsɪn/
Wyoming /waɪˈoʊmɪŋ/

Províncias e territórios do Canadá

Alberta /ælˈbɜːrtə/
British Columbia /ˌbrɪtɪʃ kəˈlʌmbiə/
Manitoba /ˌmænəˈtoʊbə/
New Brunswick /ˌnuː ˈbrʌnzwɪk; *GB* ˌnjuː/
Newfoundland and Labrador /ˌnuːfəndlənd ən ˈlæbrədɔːr; *GB* ˌnjuː-/
Northwest Territories /ˌnɔːrθwest ˈterətɔːriz; *GB* ˈterətriz/
Nova Scotia /ˌnoʊvə ˈskoʊʃə/
Nunavut /ˈnʊnəvʊt/
Ontario /ɑːnˈterioʊ/
Prince Edward Island /ˌprɪnsˈedwərd aɪlənd/
Quebec /kwɪˈbek/
Saskatchewan /səˈskætʃəwən/
Yukon /ˈjuːkɑːn/

Principais cidades dos EUA e Canadá

Atlanta /ətˈlæntə/
Baltimore /ˈbɔːltɪmɔːr/
Boston /ˈbɔːstən; *GB* ˈbɒs-/
Chicago /ʃɪˈkɑːgoʊ/
Dallas /ˈdæləs/
Denver /ˈdenvər/
Detroit /dɪˈtrɔɪt/
Houston /ˈhjuːstən/
Los Angeles /ˌlɔːs ˈændʒələs; *GB* ˌlɒs ˈændʒəliːz/
Miami /maɪˈæmɪ/
Minneapolis /ˌmɪniˈæpəlɪs/
Montreal /ˌmɑːntriˈɔːl/
New Orleans /ˌnuː ˈɔːrlɪənz; *GB* ˌnjuː ɔːˈliːənz/
New York /ˌnuː ˈjɔːrk; *GB* ˌnjuː/
Ottawa /ˈɑːtəwə/
Philadelphia /ˌfɪləˈdelfiə/
Pittsburgh /ˈpɪtsbɜːrg/
Quebec City /kwɪˌbek ˈsɪti/
San Diego /ˌsæn diˈeɪgoʊ/
San Francisco /ˌsæn frənˈsɪskoʊ/
Seattle /siˈætl/
St. Louis /ˌseɪnt ˈluːɪs; *GB* ˌsnt/
Toronto /təˈrɑːntoʊ/
Vancouver /vænˈkuːvər/
Washington D.C. /ˌwɑːʃɪŋtən diː ˈsiː/
Winnipeg /ˈwɪnɪpeg/

ALASKA
0 1000 km
Arctic Ocean
ALASKA
Anchorage
YUKON
NORTHWEST TERRITORIES
NUNAVUT
BRITISH COLUMBIA
C A N A D A
ALBERTA
MANITOBA
NEWFOUNDLAND & LABRADOR
SASKATCHEWAN
QUEBEC
Vancouver
Seattle
WASHINGTON
ONTARIO
Winnipeg
PRINCE EDWARD I.
NEW BRUNSWICK
NOVA SCOTIA
Quebec City
Montreal
Ottawa
Toronto
OREGON
MONTANA
NORTH DAKOTA
MINNESOTA
MAINE
IDAHO
WYOMING
SOUTH DAKOTA
Minneapolis
WISCONSIN
MICHIGAN
VERMONT
NEW HAMPSHIRE
Boston
MASSACHUSETTS
NEW YORK
CONN.
R.I.
NEVADA
San Francisco
UTAH
NEBRASKA
IOWA
Milwaukee
Chicago
Detroit
Cleveland
PENN.
New York
N.J.
Philadelphia
Pittsburgh
Baltimore
UNITED STATES
Denver
COLORADO
KANSAS
Kansas City
MISSOURI
ILLINOIS
St Louis
INDIANA
Indianapolis
OHIO
Cincinnati
W VIRGINIA
Washington D.C.
DELAWARE
MARYLAND
VIRGINIA
KENTUCKY
CALIFORNIA
Los Angeles
San Diego
ARIZONA
NEW MEXICO
OKLAHOMA
ARKANSAS
TENNESSEE
NORTH CAROLINA
SOUTH CAROLINA
Atlanta
GEORGIA
ALABAMA
MISSISSIPPI
Dallas
TEXAS
LOUISIANA
Houston
New Orleans
FLORIDA
Miami
Atlantic Ocean
Pacific Ocean
Gulf of Mexico
HAWAII
Honolulu
250 km
Caribbean Sea
international boundary
province/state boundary
capital city
city or town
500
1000 km

The British Isles

As Ilhas Britânicas

Great Britain (GB) ou **Britain** é formada pela Inglaterra (**England** /ˈɪŋglənd/), Escócia (**Scotland** /ˈskɑːtlənd/) e País de Gales (**Wales** /weɪlz/).

A designação correta para o estado político é **the United Kingdom of Great Britain and Northern Ireland (UK)**, que, além da Grã-Bretanha, inclui também a Irlanda do Norte. A designação **Great Britain** é, no entanto, muitas vezes usada como sinônimo de **the United Kingdom** (o Reino Unido).

Quando falamos de **the British Isles** nos referimos à ilha da Grã-Bretanha e à ilha da Irlanda (**Ireland** /ˈaɪərlənd/).

Principais cidades das Ilhas Britânicas

Aberdeen /ˌæbərˈdiːn/
Bath /bæθ; *GB* bɑːθ/
Belfast /ˈbelfæst; *GB* ˈbelfɑːst, belˈfɑːst/
Berwick-upon-Tweed /ˌberɪk əpɑːn ˈtwiːd/
Birmingham /ˈbɜːrmɪŋəm; *USA tb* ˈbɜːrmɪŋhæm/
Blackpool /ˈblækpuːl/
Bournemouth /ˈbɔːrnməθ/
Bradford /ˈbrædfərd/
Brighton /ˈbraɪtn/
Bristol /ˈbrɪstl/
Caernarfon /kərˈnɑːrvn; *USA tb* kɑːr-/
Cambridge /ˈkeɪmbrɪdʒ/
Canterbury /ˈkæntərbəri; *USA tb* -beri/
Cardiff /ˈkɑːrdɪf/
Carlisle /ˈkɑːrlaɪl; *GB* kɑːˈlaɪl/
Chester /ˈtʃestər/
Colchester /ˈkoʊltʃestər/
Cork /kɔːrk/
Coventry /ˈkɑːvəntri/
Derby /ˈdɑːrbi; *USA tb* ˈdɜːrbi/
Douglas /ˈdʌgləs/
Dover /ˈdoʊvər/
Dublin /ˈdʌblɪn/
Dundee /dʌnˈdiː/
Durham /ˈdʌrəm; *USA tb* ˈdɜːrəm/
Eastbourne /ˈiːstbɔːrn/
Edinburgh /ˈedɪnbrə, -bərə/
Ely /ˈiːli/
Exeter /ˈeksɪtər/
Galway /ˈgɔːlweɪ/
Glasgow /ˈglæzgoʊ; *GB* ˈglɑːz-/
Gloucester /ˈglɑːstər/
Hastings /ˈheɪstɪŋz/
Hereford /ˈherɪfərd/
Holyhead /ˈhɑːlɪhed/
Inverness /ˌɪnvərˈnes/
Ipswich /ˈɪpswɪtʃ/
Keswick /ˈkezɪk/
Kingston upon Hull /ˌkɪŋstən əpɑːn ˈhʌl/
Leeds /liːdz/
Leicester /ˈlestər/
Limerick /ˈlɪmərɪk/
Lincoln /ˈlɪŋkən/
Liverpool /ˈlɪvərpuːl/
London /ˈlʌndən/
Londonderry /ˈlʌndənderi/
Luton /ˈluːtn/
Manchester /ˈmæntʃɪstər/
Middlesbrough /ˈmɪdlzbrə/
Newcastle upon Tyne /ˌnuːkæsl əpɑːn ˈtaɪn; *GB* ˌnjuːkɑːsl/
Norwich /ˈnɑːrɪdʒ/
Nottingham /ˈnɑːtɪŋəm; *USA tb* ˈnɑːtɪŋhæm/
Oxford /ˈɑːksfərd/
Plymouth /ˈplɪməθ/
Poole /puːl/
Portsmouth /ˈpɔːrtsməθ/
Ramsgate /ˈræmzgeɪt/
Reading /ˈredɪŋ/
Salisbury /ˈsɔːlzbəri; *USA tb* -beri/
Sheffield /ˈʃefiːld/
Shrewsbury /ˈʃroʊzbəri; *USA tb* -beri/
Southampton /saʊˈθæmptən/
St Andrews /ˌseɪnt ˈændruːz; *GB* ˌsnt/
Stirling /ˈstɜːrlɪŋ/
Stoke-on-Trent /ˌstoʊk ɑːn ˈtrent/
Stratford-upon-Avon /ˌstrætfərd əpɑːn ˈeɪvn/
Swansea /ˈswɑnzi/
Taunton /ˈtɔːntən/
Warwick /ˈwɔːrwɪk *GB* ˈwɒrɪk/
Worcester /ˈwʊstər/
York /jɔːrk/

international boundary
national boundary
capital city
city or town
0
50
100 km
Shetland Islands
Orkney Islands
Outer Hebrides
Inner Hebrides
SCOTLAND
Inverness
Aberdeen
Atlantic Ocean
Dundee
St Andrews
Stirling
Glasgow
Edinburgh
NORTHERN IRELAND
Berwick-upon-Tweed
North Sea
Londonderry
Belfast
Carlisle
Newcastle upon Tyne
Durham
Keswick
Middlesbrough
ISLE OF MAN
Douglas
York
Irish Sea
Blackpool
Leeds
Kingston upon Hull
Bradford
Galway
Anglesey
Dublin
Holyhead
Liverpool
Manchester
Sheffield
Chester
ENGLAND
Caernarfon
Stoke-on-Trent
Lincoln
Nottingham
Limerick
Shrewsbury
Derby
Birmingham
Leicester
WALES
Norwich
Coventry
Cork
Worcester
Warwick
Cambridge
Hereford
Stratford-upon-Avon
Ipswich
Gloucester
Luton
Colchester
REPUBLIC OF IRELAND
Swansea
Oxford
Cardiff
London
Bristol
Ramsgate
Bath
Reading
Canterbury
Taunton
Salisbury
Dover
Strait of Dover
Southampton
Hastings
Brighton
Bournemouth
Exeter
Portsmouth
Eastbourne
Poole
Plymouth
Isle of Wight
Isles of Scilly
English Channel

Australia and New Zealand
Austrália e Nova Zelândia

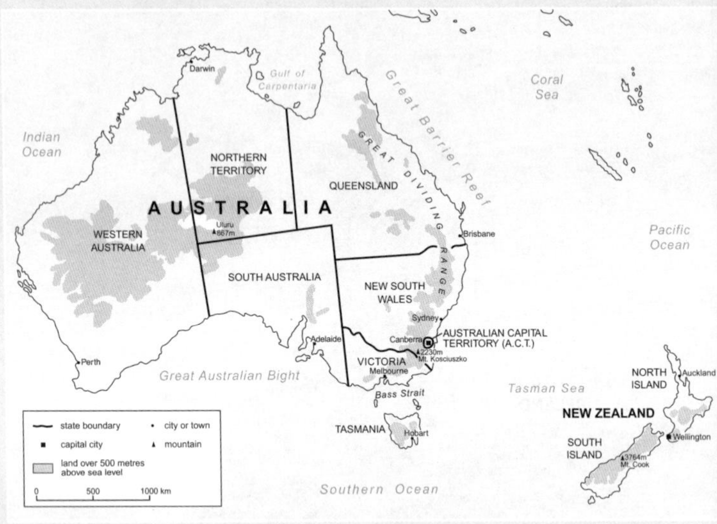

Principais cidades da Austrália e Nova Zelândia

Adelaide /ˈædəleɪd/

Alice Springs /ˌælɪs ˈsprɪŋz/

Auckland /ˈɔːklənd/

Brisbane /ˈbrɪzbən/

Canberra /ˈkænbərə; *USA tb* -berə/

Christchurch /ˈkraɪstʃɜːrtʃ/

Darwin /ˈdɑːrwɪn/

Dunedin /dʌˈniːdɪn/

Geelong /dʒɪˈlɔːŋ; *GB* -ˈlɒŋ/

Hamilton /ˈhæmɪltən/

Hobart /ˈhoʊbɑːrt/

Melbourne /ˈmelbərn/

Newcastle /ˈnuːkæsl; *GB* ˈnjuːkɑːsl/

Perth /pɜːrθ/

Sydney /ˈsɪdni/

Townsville /ˈtaʊnzvɪl/

Wellington /ˈwelɪŋtən/

Estados que fazem parte da Austrália

Australian Capital Territory (ACT) /ɔːˌstreɪliən kæpɪtl ˈterətɔːri; *GB* ɒˌstreiliən, ˈterətri/

New South Wales /ˌnuː saʊθ ˈweɪlz; *GB* ˌnjuː/

Northern Territory /ˌnɔːrðərn ˈterətɔːri; *GB* ˈterətri/

Queensland /ˈkwiːnzlənd/

South Australia /ˌsaʊθ ɔːˈstreɪliə; *GB* ɒˈs-/

Tasmania /tæzˈmeɪniə/

Victoria /vɪkˈtɔːriə/

Western Australia /ˌwestərn ɔːˈstreɪliə; *GB* ɒˈs-/

Abreviaturas e símbolos

abrev	abreviatura
adj	adjetivo
adv	advérbio
Aeronáut	Aeronáutica
Agric	Agricultura
Anat	Anatomia
antiq	termo antiquado
Arquit	Arquitetura
art	artigo
Astrol	Astrologia
Astron	Astronomia
Biol	Biologia
Bot	Botânica
Can	inglês canadense
coloq	termo coloquial
Com	termo comercial
comp	comparativo
conj	conjunção
Econ	Economia
Educ	Educação
Eletrôn	Eletrônica
esp	especialmente
fem	feminino
fig	sentido figurado
Fin	Finanças
Fís	Física
Fot	Fotografia
GB	inglês britânico
Geog	Geografia
Geol	Geologia
Geom	Geometria
ger	geralmente
Gram	Gramática
Hist	História
hum	termo humorístico
Informát	Informática
interj	interjeição
Irl	inglês irlandês
irôn	termo irônico
Jur	termo jurídico
Ling	Linguística
lit	sentido literal
Liter	Literatura
masc	masculino
Mat	Matemática
Mec	Mecânica
Med	Medicina
Meteor	Meteorologia
Mil	termo militar
Mús	Música
Náut	Náutica
neg	negativo
num	numeral
ofen	termo ofensivo
pág.	página
part pres	particípio presente
pej	termo pejorativo
pl	plural
Pol	Política
pp	particípio passado
pref	prefixo
prep	preposição
pres	presente
pron	pronome
pt	pretérito
Quím	Química
Relig	Religião
s	substantivo
sb	somebody
sf	substantivo feminino
sing	singular
sm	substantivo masculino
smf	substantivo masculino e feminino
sm-sf	substantivo com desinências diferentes para o masculino e o feminino
sm ou sf	substantivo masculino ou feminino
Sociol	Sociologia
sth	something
superl	superlativo
tb	também
Teat	Teatro
TV	Televisão
USA	inglês americano
v	verbo
v aux	verbo auxiliar
vi	verbo intransitivo
v imp	verbo impessoal
v modal	verbo modal
vp	verbo pronominal
vt	verbo transitivo
Zool	Zoologia

LOC	locuções e expressões
PHR V	seção de *phrasal verbs*
🔑	informação sobre as palavras de uso mais frequente
▸	mudança de classe gramatical (adjetivo, verbo, etc.)
❶	introduz uma breve nota sobre a palavra consultada
➲	remete a outra página, onde há informação relacionada
+	seguido de
®	marca registrada

Verbos irregulares

Infinitivo	Pretérito	Particípio
arise	arose	arisen
awake	awoke	awoken
babysit	babysat	babysat
be	was/were	been
bear	bore	borne
beat	beat	beaten
become	became	become
begin	began	begun
bend	bent	bent
bet	bet	bet
bid	bid	bid
bind	bound	bound
bite	bit	bitten
bleed	bled	bled
blow	blew	blown
break	broke	broken
breed	bred	bred
bring	brought	brought
broadcast	broadcast	broadcast
build	built	built
burn	burned, burnt	burned, burnt
burst	burst	burst
bust	busted, bust	busted, bust
buy	bought	bought
cast	cast	cast
catch	caught	caught
choose	chose	chosen
cling	clung	clung
come	came	come
cost	cost, costed	cost, costed
creep	crept	crept
cut	cut	cut
deal	dealt	dealt
dig	dug	dug
dive	dived, *USA tb* dove	dived
do	did	done
draw	drew	drawn
dream	dreamed, dreamt	dreamed, dreamt
drink	drank	drunk
drive	drove	driven
dwell	dwelled, dwelt	dwelled, dwelt
eat	ate	eaten
fall	fell	fallen
feed	fed	fed
feel	felt	felt
fight	fought	fought
find	found	found
flee	fled	fled
fling	flung	flung

Infinitivo	Pretérito	Particípio
fly	flew	flown
forbid	forbade	forbidden
forecast	forecast, forecasted	forecast, forecasted
forget	forgot	forgotten
forgive	forgave	forgiven
forsake	forsook	forsaken
freeze	froze	frozen
get	got	gotten, *GB* got
give	gave	given
go	went	gone
grind	ground	ground
grow	grew	grown
hang	hung, hanged	hung, hanged
have	had	had
hear	heard	heard
hide	hid	hidden
hit	hit	hit
hold	held	held
hurt	hurt	hurt
keep	kept	kept
kneel	knelt, *USA tb* kneeled	knelt, *USA tb* kneeled
know	knew	known
lay	laid	laid
lead[1]	led	led
lean	leaned, *tb esp GB* leant	leaned, *tb esp GB* leant
leap	leaped, leapt	leaped, leapt
learn	learned, *tb esp GB* learnt	learned, *tb esp GB* learnt
leave	left	left
lend	lent	lent
let	let	let
lie[1]	lay	lain
light	lit, lighted	lit, lighted
lose	lost	lost
make	made	made
mean	meant	meant
meet	met	met
mislay	mislaid	mislaid
mislead	misled	misled
misread	misread	misread
mistake	mistook	mistaken
misunderstand	misunderstood	misunderstood
mow	mowed	mown, mowed
offset	offset	offset
outdo	outdid	outdone
outgrow	outgrew	outgrown
overcome	overcame	overcome
overdo	overdid	overdone
overhear	overheard	overheard

Infinitivo	Pretérito	Particípio
override	overrode	overridden
oversleep	overslept	overslept
overtake	overtook	overtaken
overthrow	overthrew	overthrown
pay	paid	paid
plead	pleaded, *USA tb* pled	pleaded, *USA tb* pled
prove	proved	proven, proved
put	put	put
quit	quit, *GB tb* quitted	quit, *GB tb* quitted
read	read	read
redo	redid	redone
retake	retook	retaken
rewind	rewound	rewound
rid	rid	rid
ride	rode	ridden
ring[2]	rang	rung
rise	rose	risen
run	ran	run
saw	sawed	sawn, *tb USA* sawed
say	said	said
see	saw	seen
seek	sought	sought
sell	sold	sold
send	sent	sent
set	set	set
sew	sewed	sewn, sewed
shake	shook	shaken
shear	sheared	sheared, shorn
shed	shed	shed
shine	shone	shone
shoe	shod	shod
shoot	shot	shot
show	showed	shown, showed
shrink	shrank, shrunk	shrunk
shut	shut	shut
sing	sang	sung
sink	sank	sunk
sit	sat	sat
slay	slew	slain
sleep	slept	slept
slide	slid	slid
sling	slung	slung
slit	slit	slit
smell	smelled, *GB tb* smelt	smelled, *GB tb* smelt
sow[2]	sowed	sown, sowed
speak	spoke	spoken
speed	speeded, sped	speeded, sped
spell	spelled, spelt	spelled, spelt
spend	spent	spent
spill	spilled, *tb GB* spilt	spilled, *tb GB* spilt
spin	spun	spun
spit	spat, *USA tb* spit	spat, *USA tb* spit
split	split	split
spoil	spoiled, *tb GB* spoilt	spoiled, *tb GB* spoilt
spread	spread	spread
spring	sprang	sprung
stand	stood	stood
steal	stole	stolen
stick	stuck	stuck
sting	stung	stung
stink	stank, stunk	stunk
stride	strode	—
strike	struck	struck
string	strung	strung
strive	strove	striven
swear	swore	sworn
sweep	swept	swept
swell	swelled	swollen, swelled
swim	swam	swum
swing	swung	swung
take	took	taken
teach	taught	taught
tear[2]	tore	torn
tell	told	told
think	thought	thought
throw	threw	thrown
tread	trod	trodden
undergo	underwent	undergone
understand	understood	understood
undertake	undertook	undertaken
undo	undid	undone
unwind	unwound	unwound
uphold	upheld	upheld
upset	upset	upset
wake	woke	woken
wear	wore	worn
weave	wove, weaved	woven, weaved
weep	wept	wept
wet	wet, wetted	wet, wetted
win	won	won
wind[2]	wound	wound
withdraw	withdrew	withdrawn
withhold	withheld	withheld
withstand	withstood	withstood
wring	wrung	wrung
write	wrote	written